Rapid Guide to

Trade Names and Synonyms of Environmentally Regulated Chemicals

Rapid Guide to Trade Names and Synonyms of Environmentally Regulated Chemicals

Richard P. Pohanish

VAN NOSTRAND REINHOLD
I(T)P® A Division of International Thomson Publishing Inc.

New York • Albany • Bonn • Boston • Detroit • London • Madrid • Melbourne
Mexico City • Paris • San Francisco • Singapore • Tokyo • Toronto

Copyright © 1998 by Richard P. Pohanish

I(T)P® Published by Van Nostrand Reinhold,
 an International Thomson Publishing Company
 The ITP logo is a registered trademark used herein under license

Printed in the United States of America

For more information, contact:

Van Nostrand Reinhold
115 Fifth Avenue
New York, NY 10003

Chapman & Hall GmbH
Pappelallee 3
69469 Weinheim
Germany

Chapman & Hall
2-6 Boundary Row
London
SE1 8HN
United Kingdom

International Thomson Publishing Asia
221 Henderson Road #05-10
Henderson Building
Singapore 0315

Thomas Nelson Australia
102 Dodds Street
South Melbourne, 3205
Victoria, Australia

International Thomson Publishing Japan
Hirakawacho Kyowa Building, 3F
2-2-1 Hirakawacho
Chiyoda-ku, 102 Tokyo
Japan

Nelson Canada
1120 Birchmount Road
Scarborough, Ontario
Canada M1K 5G4

International Thomson Editores
Seneca 53
Col. Polanco
11560 Mexico D.F. Mexico

All rights reserved. No part of this work covered by the copyright hereon may be reproduced or used in any form or by any means—graphic, electronic, or mechanical, including photocopying, recording, taping, or information storage and retrieval systems—without the written permission of the publisher.

1 2 3 4 5 6 7 8 9 10 RRDCV 01 00 99 98 97

Library of Congress Cataloging-in-Publication Data

Pohanish, Richard P.
  Rapid guide to trade names and synonyms of environmentally
regulated chemicals / Richard P. Pohanish.
     p. cm.
  Includes indexes.
  ISBN 0-442-02594-7 (pbk.)
  1. Chemicals—Handbooks, manuals, etc.   I. Title.
TP200.P63   1997
604.7′01′4—dc21   97-44408
                                                                    CIP

*In loving memory of
Francis J. Calpin
(January 3, 1924–October 5, 1974)*

Contents

Preface ix
Acknowledgments xiii
The Rapid Guide 1
Chemical Substance/Trade Name-EPA Name
    Cross Reference Index 375
CAS Number Index 827

NOTICE: This reference is intended to provide identifying names and numbers related to hazardous chemicals that are regulated under major federal and state environmental laws. It cannot be assumed that all necessary information is contained in this work and that other, or additional information, or assessments may not be required. Extreme care has been taken in the preparation of this work and, to the best knowledge of the publisher and author, the information presented is accurate. Information may not be available for some chemicals; consequently, an absence of data or other information does not necessarily mean that a substance is not regulated under a specific law or statute. Neither the publisher nor the author assumes any liability or responsibility for completeness or accuracy of the information presented or any alleged damages resulting in connection with, or arising from, the use of any information appearing in this book. The publisher and author strongly encourage all readers to use this book as a guide only. If data are required for legal purposes, the original source documents and appropriate agencies, which are referenced, should be consulted.

Preface

This book contains nearly 30,000 chemical names, trade names, synonyms, and other identifiers for hazardous substances listed in federal and state environmental regulations. The primary EPA name (also known as "listing name") for each chemical was compiled from some 26 different listings, including Clean Air Act (CAA), Clean Water Act (CWA), Resource Conservation and Recovery Act (RCRA), Safe Drinking Water Act (SDWA), Comprehensive Environmental Response, Compensation and Liability Act (CERCLA), Emergency Planning and Community Right-to-Know Act (EPCRA), Hazardous Materials Transportation Act's list of Marine Pollutants, and California's "Proposition 65" list of Hazardous Chemicals known to cause cancer and reproductive toxicity, and the United States Environmental Protection Agency's Title III List of Lists.

Given the fact that chemicals must often be reported by their listing names, this volume should save time and money for facilities that manufacture, process, or otherwise use chemicals subject to Section 313 reporting for the Toxic Chemical Release Inventory (TRI).

This RAPID GUIDE to TRADE NAMES and SYNONYMS of ENVIRONMENTALLY REGULATED CHEMICALS can be used to match trade, common, or foreign names, DOT ID, RTECS numbers, RCRA or EPA waste codes, STCC (Railroad Commodity Codes) or other identifiers to the CAS number, and other synonyms. Using the EPA listing names as a key, both the RAPID GUIDE to TRADE NAMES and SYNONYMS of ENVIRONMENTALLY REGULATED CHEMICALS and RAPID GUIDE to CHEMICALS in the ENVIRONMENT can be used together. This set of stand-alone volumes can form a useful and handy tool for environmental regulatory personnel, environmental scientists, plant managers, safety specialists, attorneys, and students.

This book contains three sections. The first section provides chemical names ordered by EPA's Consolidated List of Lists. Additional chemicals found on regulatory lists were added in alphabetical order by listing name. This section also contains CAS Registry Numbers and synonyms. The second section features a cross-index in alphabetical order, of chemical names, trade names, and synonyms, including identifiers that allow users to access other data sources employing Registry of Toxic Effects of Chemical Substances (RTECS) numbers, Resource Conservation and Reconstruction Act (RCRA) waste codes, European Inventory of Existing Commercial Chemical Substances (EINECS) numbers, European Economic Community (EEC), DOT ID numbers with United Nations (UN) or North America (NA) prefix, STCC (Railroad Commodity Codes), and similar identifiers. Interpolations and prefixes, such as bi-, bis-, cyclo-, di-, mono-, penta-, tetra-, and tri-, are treated as part of the name. Organic chemical prefixes and interpolations, such as α, β, γ, δ; (o-) ortho-, (m-) meta-; (p-) para-; cis-, trans-; sec- (secondary), trans-, cis-, and (n-) normal-, are not treated as part of the name for the purposes of alphabetization. The third section presents a CAS Registry Number, Cross-Index, and EPA name.

Every attempt has been made to ensure the accuracy of the trade names, synonyms, and identifiers found in this volume, but errors are inevitable in compilations of this magnitude. Please note that this volume may not include the names of all products currently in commerce, particularly mixtures, that may contain regulated chemicals.

You are encouraged to use the following information if additional guidance or compliance assistance is needed:

CAA Information

The EPA's Control Technology Center, at (919) 541-0800, provides general assistance and information on CAA standards. The Stratospheric Ozone Information Hotline at (800) 296-1996, provides general information about regulations promulgated under Title VI of the CAA, and EPA's EPCRA Hotline at (800) 535-0202, answers questions about accidental release prevention under CAA, Section 112(r). In addition, the Technology Transfer Network Bulletin Board System [modem access (919) 541-5742)] includes recent CAA rules, EPA guidance documents, and updates of EPA activities.

CWA Information

The EPA's office of Water, at (202) 260-5700, will direct callers with questions about CWA to the appropriate EPA office. EPA also maintains a bibliographic database of Office of Water publications, which can be accessed through the Ground Water Drinking Water Resource Center, at (202) 260-7786.

RCRA Information

The EPA's RCRA/Superfund/UST Hotline, at (800) 424-9346 or (800) 535-0202, responds to questions and distributes guidance regarding all RCRA regulations. The RCRA Hotline operates from 8:30 A.M. to 7:30 P.M., EST, excluding federal holidays.

SDWA Information

The EPA's Safe Drinking Water Hotline, at (800) 426-4791, answers questions and distributes guidance pertaining to SDWA standards. The Hotline operates from 9:00 A.M. through 5:30 P.M., EST, excluding federal holidays.

CERCLA Information

The EPA's RCRA/Superfund/UST Hotline, at (800) 424-9346 responds to questions and distributes guidance regarding all RCRA regulations. The RCRA Hotline operates from 8:30 a.m. to 7:30 p.m., EST, excluding federal holidays.

EPCRA Information

EPA's EPCRA Hotline, at (800) 535-0202, answers questions and distributes guidance regarding the emergency planning and community right-to-know regulations. The EPCRA Hotline operates weekdays from 8:30 a.m. to 7:30 p.m., EST, excluding federal holidays.

Abbreviations, Prefixes, and Interpolations

a-	alpha. Used as a prefix to denote the carbon atom in a straight chain compound to which the principal group is attached.
as-	Prefix for asymmetric.
asym-	Prefix for asymmetric.
b-	beta.
cis-	(Latin, "on this side"). Indicating one of two geometrical isomers in which certain atoms or groups are on the same side of a plane.
comp.	compounded
conc.	concentrated
cyclo-	(Greek, "circle"). Cyclic, ring structure; ascyclohexane
deriv.	derivative
DOT	U.S. Department of Transportation
EINECS	European Inventory of Existing Commercial Chemical Substances
EEC	European Economic Community
EPA	U.S. Environmental Protection Agency
iso-	(Greek, "equal, alike"). Usually denoting an isomer of a compound.
m-	meta, a prefix used to distinguish between isomers or nearly related compounds.
n-	Prefix for normal
N-	bond to the nitrogen atom
n.o.s.	not otherwise specified
o-	ortho-, a prefix used to distinguish between isomers or nearly related compounds.
p-	para-, a prefix used to distinguish between isomers or nearly related compounds.
prim-	Prefix for primary
RTECS	Registry of Toxic Effects of Chemical Substances
sec-	Prefix for secondary
sym-	Prefix for symmetric(al)
t-	Prefix for tertiary
tert-	Prefix for tertiary
trans-	(Latin, across). Indicating that one of two geometrical isomers in which certain atoms or groups are on opposite sides of a plane.
unsym-	Prefix for asymmetric
>	Symbol for more than
<	Symbol for less than

Acknowledgments

Various friends, family, and colleagues have assisted me in the preparation of this manuscript. I wish to express my thanks to Daniel R. Bushman, Ph.D., Office of Pollution Prevention and Toxics, United States Environmental Protection Agency, and Maria J. Doa, Ph.D., of the Office of Toxic Substances United States Environmental Protection Agency for providing updated information on synonyms and TRI lists. Also, I am grateful to Nancy Olsen, former publisher, Environmental Health and Safety, Deirdre Marino-Vasquez, Caroline McCarra Sullivan, and other Van Nostrand Reinhold staff members for their help in the preparation of this work. My daughter, Jennifer Pohanish, deserves special mention for the preliminary editing and typing of sections of this difficult manuscript. Last, but not least, special thanks are due to my wife, Dina, for her patience and constant support.

- A -

EPA NAME: A2213
CAS: 30558-43-1
SYNONYMS: ETHANIMIDOTHIOIC ACID, 2-(DIMETHYLAMI-NO)-N-HYDROXY-2-OXO-, METHYL ESTER ● RCRA No. U394

EPA NAME: ABAMECTIN
CAS: 71751-41-2
SYNONYMS: AFFIRM ● AVERMECTIN B1 ● AVERMECTIN B₁ ● AVOMEC ● MK 936

EPA NAME: ACENAPHTHENE
CAS: 83-32-3
SYNONYMS: ACENAFTENO (Spanish) ● ACENAPHTHYLENE, 1,2-DIHYDRO- ● 1,8-ETHYLENENAPHTHALENE ● NAPH-THALENEETHYLENE ● PERIETHYLENENAPHTHALENE ● RTECS No. AB1000000

EPA NAME: ACENAPHTHYLENE
CAS: 208-96-8
SYNONYMS: CYCLOPENTA(de)NAPHTHALENE ● RTECS No. AB1254000

EPA NAME: ACEPHATE
CAS: 30560-19-1
SYNONYMS: 75 SP ● A13-27822 ● ACEFATO (Spanish) ● ACEP-HAT (German) ● ACEPHATE TECHNICAL ● ACETAMIDO-PHOS ● ACETYLPHOSPHORAMIDOTHIOIC ACID ESTER ● N-ACETYL-PHOSPHORAMIDOTHIOIC ACID O,O-DIMETH-YL ESTER ● ACETYLPHOSPHORAMIDOTHIOIC ACID O,S-DIMETHYL ESTER ● CASWELL No. 002A ● CHEVRON RE 12,420 ● O,S-DIMETHYL ACETYLPHOSPHORAMIDOTH-IOATE ● DMAP ● ENT 27822 ● EPA PESTICIDE CHEMICAL CODE 103301 ● N-(METHOXY(METHYLTHIO)PHOSPHI-NOYL)ACETAMIDE ● ORTHENE ● ORTHENE-755 ● ORTHO 12420 ● ORTRAN ● ORTRIL ● PHOSPHORAMIDOTHIOIC ACID, ACETYL-, O,S-DIMETHYL ESTER ● PHOSPHORAMI-DOTHIOIC ACID, N-ACETYL-, O,S-DIMETHYL ● RE 12420 ● RTECS No. TB4760000 ● UN 2783 (organophosphorus pesticides, solid, toxic) ● UN 3018 (organophosphorus pesticides, liquid, toxic)

EPA NAME: ACETALDEHYDE
CAS: 75-07-0
SYNONYMS: ACETALDEHIDO (Spanish) ● ACETALDEHYD (German) ● ACETIC ALDEHYDE ● ACETEHYDE ● ACETIC EH-YDE ● ALDEHYDE ACETIQUE (French) ● ALDEIDE ACETICA (Italian) ● EEC No. 605-003-00-6 ● EHYDE ACETIQUE (French) ● EIDE ACETICA (Italian) ● EINECS No. 200-836-8 ● ETHANAL

• ETHYL ALDEHYDE • ETHYL EHYDE • FEMA No. 2003 • NCI-C56326 • OCTOWY EHYD (Polish) • RCRA No. U001 • RTECS No. AB1925000 • STCC 4907210 • UN 1089

EPA NAME: ACETALDEHYDE, TRICHLORO-
CAS: 75-87-6
SYNONYMS: ACETALDEHYDE, TRICHLORO- (9CI) • ANHYDROUS CHLORAL • CHLORAL • CHLORAL, ANHYDROUS, INHIBITED (DOT) • CLORALIO • ETHANAL, TRICHLORO- • GRASEX • RCRA No. U034 • RTECS No. FM7870000 • TRICHLOROACETALDEHYDE • 2,2,2-TRICHLOROACETALDEHYDE • TRICHLOROETHANAL • TRICLOROACETALDEHIDO (Spanish) • UN 2075 (inhibited)

EPA NAME: ACETAMIDE
CAS: 60-35-5
SYNONYMS: ACETAMIDA (Spanish) • ACETIC ACID AMIDE • ACETIMIDIC ACID • AMID KYSELINY OCTOVE (Polish) • ETHANAMIDE • METHANECARBOXAMIDE • NCI-C02108 • RTECS No. AB4025000

EPA NAME: ACETIC ACID
CAS: 64-19-7
SYNONYMS: ACETIC ACID, GLACIAL • ACETICO ACIDO (Spanish) • ACIDE ACETIQUE (French) • ACIDO ACETICO (Italian) • ALUMINUM ETCH 16-1-1-2 • ALUMINUM ETCH 82-3-15-0 • AS-1 • AS-1400 • AS-ICE • AS-5CE • AS-CZ5E • AS-18CZ10A • AS-18CZ6E • AZIJNZUUR (Dutch) • CEA-100 MICROCHROME ETCHANT • COPPER, BRASS BRITE DIP 127 • COPPER, BRASS BRITE DIP 1127 • DAZZLENS CLEANER • EEC No. (85% in water) 607-002-00-6 • EEC No. (100%) 607-002-01-3 • EINECS No. 200-580-7 • EPF B20 FIXER • ESSIGSAEURE (German) • 777 ETCH • ETHANOIC ACID • ETHYLIC ACID • FEMA No. 2006 • FRECKLE ETCH • GLACIAL ACETIC ACID • GLASS ETCH • KODAK 33 STOP BATH • KOVAR BRIGHT DIP (412X) • KTI ALUMINUM ETCH I/II • LENS CLEANER M6015 • MAE ETCHANTS • METAL ETCH • METHANE CARBOXYLIC ACID • MIXED ACID ETCH (6-1-1) • MIXED ACID ETCH (5-2-2) • OCTOWY KWAS (Polish) • PAD ETCH • PFC • POLY ETCH 95% • PROCESSOR FIXER CONCENTRATE • RAPID FILM FIX • RDH LIME SOLVENT • RTECS No. AF1225000 • SILICON ETCH SOLUTION • STCC 4931401 • STRESS RELIEF ETCH • UN2789 (more than 80% acid) • UN2790 (10-80% acid) • VINEGAR ACID • WET K-ETCH • WRIGHT ETCH

EPA NAME: ACETIC ACID (2,4-DICHLOROPHENOXY)-
[see 2,4-D]
CAS: 94-75-7

EPA NAME: ACETIC ACID, ETHENYL ESTER
[see VINYL ACETATE]
CAS: 108-05-4

EPA NAME: ACETIC ANHYDRIDE
CAS: 108-24-7
SYNONYMS: ACETANHYDRIDE ● ACETIC ACID, ANHYDRIDE ● ACETIC ACID, ANHYDRIDE (9CI) ● ACETIC OXIDE ● ACETYL ANHYDRIDE ● ACETYL ETHER ● ACETYL OXIDE ● ANHIDRIDO ACETICO (Spanish) ● ANHYDRIDE ACETIQUE (French) ● ANHYDRID KYSELINY OCTOVE (Polish) ● ANIDRIDE ACETICA (Italian) ● AZIJNZUURANHYDRIDE (Dutch) ● EEC No. 607-008-00-9 ● EINECS No. 203-564-8 ● ESSIGSAEUREANHYDRID (German) ● ETHANOIC ANHYDRATE ● ETHANOIC ANHYDRIDE ● OCTOWY BEZWODNIK (Polish) ● RTECS No. AK1925000 ● STCC 4931304 ● UN 1715

EPA NAME: ACETONE
CAS: 67-64-1
SYNONYMS: ACETON (Dutch, German, Polish) ● ACETONA (Spanish) ● ACETONE OILS ● ARC CLEANER ● CHEVRON ACETONE ● DAZZLENS CLEANER (LENS CLEANER M6015) ● DIMETHYL KETONE ● DIMETHYLFORMALDEHYDE ● DIMETHYLFORMEHYDE ● DIMETHYLKETAL ● EINECS No. 200-662-2 ● FEMA No. 3326 ● GENESOLV DFX ● GENESOLV 404 AZEOTROPE ● KETONE PROPANE ● KETONE, DIMETHYL ● β-KETOPROPANE ● KTI PBR I CLEANING COMPOUND ● 3M SCOTCHKOTE ELECTRICAL COATING ● METHYL KETONE ● MS-114 CONFORMAL COATING STRIPPER ● PROPANONE ● 2-PROPANONE ● PYROACETIC ETHER ● PYROACETIC ACID ● RCRA No. U002 ● REDUCER DTR602 ● RTECS No. AL3150000 ● SASETONE ● STCC 4908105 ● UN 1090 ● WAXIVATION COMPOUND

EPA NAME: ACETONE CYANOHYDRIN
[see 2-METHYLLACTONITRILE]
CAS: 75-86-5

EPA NAME: ACETONE THIOSEMICARBAZIDE
CAS: 1752-30-3
SYNONYMS: THIOSEMICARBAZONE ACETONE ● TIOSEMICARBAZONA de la ACETONA (Spanish) ● RTECS No. AL7350000

EPA NAME: ACETONITRILE
CAS: 75-05-8
SYNONYMS: ACETONITRIL (German) ● ACETONITRIL (Dutch) ● ACETONITRILE ● ACETONITRILO (Spanish) ● CYANOMETHANE ● CYANURE de METHYL (French) ● EEC No. 608-001-00-3 ● EINECS No. 200-835-2 ● ETHANENITRILE ● ETHYL NITRIL ● ETHYL NITRILE ● METHANECARBONITRIL ● METHANECARBONITRILE ● METHANE, CYANO- ● METHYL CYANIDE ● NCI-C60822 ● RCRA No. U003 ● USAF EK-488 ● RTECS No. AL7700000 ● STCC 4909202 ● UN 1648

EPA NAME: ACETOPHENONE
CAS: 98-86-2

SYNONYMS: ACETYLBENZENE • ACETOFENONA (Spanish) • BENZOYL METHIDE • BENZOYL METHIDE HYPNONE • DYMEX • EINECS No. 202-708-7 • FEMA No. 2009 • HYPNONE • KETONE METHYL PHENYL • METHYL PHENYL KETONE • 1-PHENYLETHANONE • PHENYL METHYL KETONE • RCRA No. U004 • USAF EK-496 • RTECS No. AM5250000 • STCC No. 4915185

EPA NAME: 2-ACETYLAMINOFLUORENE
CAS: 53-96-3
SYNONYMS: AAF • 2-AAF • ACETAMIDE,N-FLUOREN-2-YL- • ACETAMIDE,N-9H-FLUOREN-2-YL • 2-ACETAMIDOFLUORENE • 2-2-ACETYLAMIDOFLUORENE • ACETOMINOFLUORINE • 2-ACETYLAMINO-FLUOREN (German) • N-ACETYL-2-AMINOFLUORENE • 2-ACETYLAMINOFLUORENE • AZETYLAMINOFLUOREN • FAA • 2-FAA • 2-FLUORENYLACETAMIDE • N-2-FLUORENYLACETAMIDE • RCRA No. U005 • RTECS No. AB9450000

EPA NAME: ACETYL BROMIDE
CAS: 506-96-7
SYNONYMS: ACETIC BROMIDE • ACETILO de BROMURA (Spanish) • RTECS No. AO5955000 • STCC 4931705 • UN 1716

EPA NAME: ACETYL CHLORIDE
CAS: 75-36-5
SYNONYMS: ACETIC ACID CHLORIDE • ACETIC CHLORIDE • CLORURO de ACETILO (Spanish) • EEC No. 607-011-00-5 • EINECS No. 200-865-6 • ETHANOYL CHLORIDE • RCRA No. U006 • RTECS No. AO6390000 • STCC 4907601 • UN 1717

EPA NAME: ACETYLENE
CAS: 74-86-2
SYNONYMS: ACETILENO (Spanish) • ACETYLEN • ACETYLENE, DISSOLVED • EEC No. 601-015-00-0 • ETHENE • ETHINE • ETHYNE • NARCYLEN • RTECS No. AO9600000 • STCC 4905701 • UN 1001 • WELDING GAS

EPA NAME: ACETYLPHOSPHORAMIDOTHIOIC ACID O,S-DIMETHYL
[see ACEPHATE]
CAS: 30560-19-1

EPA NAME: 1-ACETYL-2-THIOUREA
CAS: 591-08-2
SYNONYMS: ACETAMIDE, N-(AMINOTHIOXOMETHYL)- • ACETYL THIOUREA • RCRA No. P002 • USAF EK-4890 • RTECS No. YR77000000

EPA NAME: ACIFLUORFEN, SODIUM SALT
CAS: 62476-59-9
SYNONYMS: ACIFLUORFENO, SAL SODICA (Spanish) • ACIFLUORFEN • ACIFLUORFEN SODIUM • BENZOIC ACID,-5-(2-CHLORO-4-(TRIFLUOROMETHYL)PHENOXY)-2-NITRO-, SODIUM SALT • BLAZER • 5-(2-CHLORO-4-(TRIFLUORO-

METHYL)PHENOXY)-2-NITROBENZOIC ACID SODIUM SALT • BLAZER 2S • CARBOFLUORFEN • CASWELL No. 755D • EPA PESTICIDE CHEMICAL CODE 114402 • LS 80.1213 • RH6201 • SCIFLUORFEN • SODIUM ACIFLUORFEN • SODIUM 5-((2,-CHLORO-α, α, α-TRIFLUORO-P-TOLYL)-2-NITROBENZOATE • SODIUM 5-((2,-CHLORO-4-TRIFLUOROMETHYL)PHENOXY)-2-NITROBENZOATE • SODIUM SALT OF ACIFLUORFEN • TACKLE • TACKLE 2AS • TACKLE 2S

EPA NAME: ACROLEIN
CAS: 107-02-8
SYNONYMS: ACQUINITE • ACRALDEHYDE • ACREHYDE • ACROLEINA (Italian) • ACROLEINA (Spanish) • ACROLEINE (Dutch, French) • ACRYLEHYD (German) • ACRYLEHYDE • ACRYLIC ALDEHYDE • ACRYLALDEHYDE • ACRYLIC EHYDE • AKROLEIN (Czech) • AKROLEINA (Polish) • ALLYL ALDEHYDE • ALLYL EHYDE • AQUALIN • AQUALINE • BIOCIDE • EEC No. 605-008-00-3 • EHYDE ACRYLIQUE (French) • EIDE ACRILICA (Italian) • ETHYLENE ALDEHYDE • ETHYLENE EHYDE • MAGNACIDE H • NSC 8819 • PROPENAL • 2-PROPENAL • PROP-2-EN-1-AL • 2-PROPEN-1-ONE • RCRA No. P003 • SLIMICIDE • STCC 4906410 • RTECS No. AS1050000 • UN 1092 (inhibited) • UN 2607 (dimer, stabilized)

EPA NAME: ACRYLAMIDE
CAS: 79-06-1
SYNONYMS: ACRILAMIDA (Spanish) • ACRYLAMIDE, 30% • ACRYLAMIDE, 50% • ACRYLAMIDE MONOMER • ACRYLIC ACID AMIDE (30%) • ACRYLIC ACID AMIDE (50%) • ACRYLIC AMIDE • ACRYLIC AMIDE 30% • ACRYLIC AMIDE 50% • AKRYLAMID (Czech) • EEC No. 616-003-00-0 • ETHYLENECARBOXAMIDE • ETHYLENE MONOCLINIC TABLETS CARBOXAMIDE • PROPENAMIDE • 2-PROPENAMIDE • STCC 4960133 • VINYL AMIDE • RCRA No. U007 • RTECS No. AS3325000 • UN 2074

EPA NAME: ACRYLIC ACID
CAS: 79-10-7
SYNONYMS: ACIDO ACRILICO (Spanish) • ACROLEIC ACID • ACRYLIC ACID, INHIBITED • ACRYLIC ACID, GLACIAL • EEC No. 607-061-00-8 • EINECS No. 201-177-9 • ETHYLENECARBOXYLIC ACID • GLACIAL ACRYLIC ACID • PROPANEACID • 2-PROPENOIC ACID • PROPENOIC ACID • SIPOMER β-CEA • STCC 4931405 • VINYLFORMIC ACID • RCRA No. U008 • RTECS No. AS4375000 • UN 2218 (inhibited)

EPA NAME: ACRYLONITRILE
CAS: 107-13-1
SYNONYMS: ACRILONITRILO (Spanish) • ACRYLNITRIL (German) • ACRYLNITRIL (Dutch) • ACRYLON • ACRYLONITRILE MONOMER • AKRYLONITRYL (Polish) • AN • CARBACRYL • CIANURO di VINILE (Italian) • CIANURO

VINILICO (Spanish) • CYANOETHENE • CYANOETHYLENE • CYANURE de VINYLE (French) • EEC No. 608-003-00-4 • EINECS No. 203-466-5 • ENT 54 • FUMIGRAIN • MILLER'S FUMIGRAIN • NITRILE ACRILICO (Italian) • NITRILE ACRYLIQUE (French) • PROPENENITRILE • 2-PROPENI-TRILE • 2-PROPENENITRILE • PROPENONITRILO (Spanish) • RCRA No. U009 • RTECS No. AT5250000 • STCC 4906420 • TL 314 • VCN • VENTOX • VINYL CYANIDE • VINYL CYA-NIDE, PROPENENITRILE • UN 1093 (inhibited)

EPA NAME: ACRYLYL CHLORIDE
CAS: 814-68-6
SYNONYMS: ACRYLIC ACID CHLORIDE • ACRYLOYL CHLO-RIDE • CLORURO de ACRILOILO (Spanish) • 2-PROPENOYL CHLORIDE • RTECS No. AT7350000

EPA NAME: ADIPIC ACID
CAS: 124-04-9
SYNONYMS: ACIDO ADIPICO (Spanish) • ACIFLOCTIN • ACI-NETTEN • ADILAC-TETTEN • ADIPINIC ACID • 1,4-BUTA-NEDICARBOXYLIC ACID • EEC No. 607-144-00-9 • EINECS No. 204-673-3 • FEMA No. 2011 • HEXANEDIOIC ACID • 1,6-HEXANEDIOIC ACID • KYSELINA ADIPOVA (Czech), MOL-TEN ADIPIC ACID • RTECS No. AU8400000 • STCC 4915185 • UN 9077

EPA NAME: ADIPONITRILE
CAS: 111-69-3
SYNONYMS: ADIPIC ACID DINITRILE • ADIPIC ACID NITRILE • ADIPODINITRILE • ADIPONITRILO (Spanish) • 1,4-DICYA-NOBUTANE • HEXANEDINITRILE • HEXANEDIOIC ACID, DINITRILE • NITRILE ADIPICO (Italian) • STCC 4915185 • TETRAMETHYLENE CYANIDE • RTECS No. AV2625000 • UN 2205

EPA NAME: ALACHLOR
CAS: 15972-60-8
SYNONYMS: ACETAMIDE,2-CHLORO-N-(2,6-DIETHYL-PHENYL)-N-(METHOXYMETHYL)- • ACETANILIDE,2-CHLO-RO-2',6'-DIETHYL-N-METHOXYMETHYL)- • AL3-51506 • ALACHLORE • ALANEX • ALANOX • ALATOX 480 • CAS-WELL No. 011 • α-CHLORO-2',6'-DIETHYL-N-(METHOXY-METHYL)ACETANILIDE • 2-CHLORO-N-(2,6-DIETHYLPHE-NYL)-N-(METHOXYMETHYL)ACETAMIDE • EPA PESTICIDE CHEMICAL CODE 090501 • GLYPHOSATE ISO-PROPYLAMINE SALT • LASSAGRIN • LASSO • LASSO MI-CRO-TECH • LAZO • METACHLOR • METHACHLOR • N-(METHOXYMETHYL)2,6-DIETHYLCHLOROACETAMIDE • PILLARZO • RTECS No. AE1225000

EPA NAME: ALDICARB
CAS: 116-06-3
SYNONYMS: A13-27093 • ALDECARB • ALDECARBE (French) • AMBUSH • CARBAMIC ACID,METHYL-,O-((2-METHYL-2-(METHYLTHIO)PROPYLIDENE)AMINO) DERIV. • CARBA-

NOLATE • CASWELL No. 011A • ENT 27,093 • EPA PESTI-
CIDE CHEMICAL CODE 098301 • 2-METHYL-2-
(METHYLTHIO)PROPANAL, o-((METHYLAMINO)
CARBONYL)OXIME • 2-METHYL-2-(METHYLTHIO)PRO-
PANALDEHYDE, o-(METHYLCARBAMOYL)OXIME • 2-
METHYL-2-METHYLTHIO-PROPIONALDEHYD-O-(N-METH-
YL-CARBAMOYL)-OXIM (German) • 2-METIL-2-TIOMETIL-
PROPIONALDEID- O-(N-METIL-CARBAMOIL)-OSSIMA
(Italian) • NCI-CO8640 • NSC 379586 • OMS-771 • PERMETH-
RIN • PROPIONALDEHYDE,2-METHYL-2-(METHYLTHIO)-,
O-(METHYLCARBAMOYL)OXIME • PROPANAL,2-METHYL-
2-(METHYTHIO)-,O- ((METHYLAMINO)CARBONYL)OXIME
• SULFONE ALDOXYCARB • TEMIC • TEMIK • TEMIK 10 G
• TEMIK G10 • UC21149 (UNION CARBIDE) • UNION CAR-
BIDE 21149 • UNION CARBIDE UC-21149 • RCRA No. P070 •
RTECS No. UE2275000 • UN 2992 (carbamate pesticides, liquid,
toxic) • UN 2757 (carbamate pesticides, solid, toxic)

EPA NAME: ALDRIN
CAS: 309-00-2
SYNONYMS: ALDOCIT • ALDREX • ALDREX-30 • ALDREX-40
• ALDRINA (Spanish) • ALDRINE (French) • ALDRIN y
DIELDRIN (Spanish) • ALDRITE • ALDROSOL • ALTOX •
COMPOUND 118 • 1,4,5,8-DIMETHANONAPHTHA-
LENE,1,2,3,4,10,10-HEXACHLORO-1,4,4a,5,8,8a-HEXAHY-
DRO- (1α,4α,4β,5α,8α,8β)- • 1,4:5,8-DIMETHANONAPHTHA-
LENE,1,2,3,4,10,10-HEXACHLORO-1,4,4a,5,8,8a-
HEXAHYDRO-, ENDO, EXO- • DRINOX • ENT 15949 •
HEXACHLOROHEXAHYDRO-ENDO-EXO-DIMETHANO-
NAPHTHALENE • 1,2,3,4,10,10-HEXACHLORO-1,4,4a,5,8,8a-
HEXAHYDRO-1,4,5,8-DIMETHANONAPHTHALENE •
1,2,3,4,10,10-HEXACHLORO-1,4,4a,5,8,8a-HEXAHYDRO-EXO-
1,4-ENDO-5,8-DIMETHANONAPHTHALENE • 1,2,3,4,10,10-
HEXACHLORO-1,4,4A,5,8,8A-HEXAHYDRO-1,4-ENDO-EXO-
5,8-DIMETHANO NAPHTHALENE • HHDN • NCI-C00044 •
OCTALENE • SEEDRIN • 1,2,3,4,10-10-HEXACHLORO-
1,4,4A,5,8,8A-HEXAHYDRO-1,4,5,8-ENDO,EXO-DIMETHANO
NAPHTHALENE • OCTALENE • RCRA No. P004 • SEDRIN •
STCC 4921403 • RTECS No. IO2100000 • UN 2762 (liquid) •
UN 2761 (solid)

EPA NAME: d-trans-ALLETHRIN
CAS: 28057-48-9
SYNONYMS: d-(E)-ALLETHRIN • d-trans-ALETRINA (Spanish) •
DL-ALLYL-4-HYDROXY-3-METHYL-2-CYCLOPENTEN-1-0NE,
d-(E)-CHRYSANTHEMUMONOCARBOXYLIC ESTER • DL-AL-
LYL-4-HYDROXY-3-METHYL-2-CYCLOPENTEN-1-0NE, d-(E)-
CHRYSANTHEMUMONOCARBOXYLIC ESTER • d-trans-
CHRYSANTHEMUMONOCARBOXYLIC ESTER • CASWELL
No. 025A • d-(E)-CHRYSANTHEMIC ACID of ALLETHRONE •
d-trans-CHRYSANTHEMIC ACID of ALLETHRONE • d-(E)-

CHRYSANTHEMUMONOCARBOXYLIC ESTER ● d-trans-CHRYSANTHEMUMONOCARBOXYLIC ESTER ● EPA PESTICIDE CHEMICAL CODE 004003

EPA NAME: ALLYL ALCOHOL
CAS: 107-18-6
SYNONYMS: AA ● ALCOOL ALLILCO (Italian) ● ALCOOL ALLYLIQUE (French) ● ALILICO ALCOHOL (Spanish) ● ALLILOWY ALKOHOL (Polish) ● ALLYL AL ● ALLYL ALCOHOL ● ALLYLALKOHOL (German) ● ALLYLIC ALCOHOL ● EEC No. 603-015-00-6 ● 3-HYDROXYPROPENE ● ORVINYLCARBINOL ● PROPENOL ● 2-PROPENOL ● 2-PROPEN-1-OL ● PROPEN-1-OL-3 ● 1-PROPEN-3-OL ● PROPENYL ALCOHOL ● 2-PROPENYL ALCOHOL ● SHELL UNKRAUTTED A ● STCC 4907425 ● VINYL CARBINOL ● VINYL CARBINOL,2-PROPENOL ● WEED DRENCH ● RCRA No. P005 ● RTECS No. BA5075000 ● UN 1098

EPA NAME: ALLYLAMINE
CAS: 107-11-9
SYNONYMS: A13-23214 ● ALILAMINA (Spanish) ● 3-AMINOPROPENE ● 3-AMINO-1-PROPENE ● 3-AMINOPROPYLENE ● MONOALLYLAMINE ● 2-PROPENAMINE ● 2-PROPEN-1-AMINE ● 2-PROPENYLAMINE ● RTECS No. BA5425000 ● UN 2334

EPA NAME: ALLYL CHLORIDE
CAS: 107-05-1
SYNONYMS: ALLILE (CLORURO di) (Italian) ● ALLYLCHLORID (German) ● ALLYL CHLORIDE ● ALLYLE (CHLORURE d') (French) ● CHLORALLYLENE ● 3-CHLOROPRENE ● 1-CHLORO PROPENE-2 ● 1-CHLORO-2-PROPENE ● 3-CHLOROPROPENE-1 ● 3-CHLOROPROPENE ● 3-CHLORO-1-PROPENE ● 3-CHLOROPROPYLENE ● α-CHLOROPROPYLENE ● 3-CHLORO-1-PROPYLENE ● 3-CHLORPROPEN (German) ● CLORURO de ALILO (Spanish) ● EEC No. 602-029-00-x ● NCI-C04615 ● 3-PROPENE, 3-CHLORO ● 1-PROPENE, 3-CHLORO ● 3-PROPENYL CHLORIDE ● RTECS No. UC7350000 ● STCC 4907412 ● UN 1100

EPA NAME: ALUMINUM (FUME or DUST)
CAS: 7429-90-5
SYNONYMS: AA 00 ● AA 95 ● AA 99 ● AA 995 ● AA 999 ● AA 1099 ● AA 1199 ● AD 1 ● AD1M ● ADO ● AE ● ALAUN (German) ● ALLBRI ALUMINUM PASTE AND POWDER ● ALUMINA FIBRE ● ALUMINIO (Spanish) ● ALUMINIUM ● ALUMINIUM BRONZE ● ALUMINIUM FLAKE ● ALUMINUM 27 ● ALUMINUM DEHYDRATED ● ALUMINUM, METALLIC, POWDER ● ALUMINUM POWDER ● AO A1 ● AR2 ● AV00 ● AV000 ● C.I. 77000 ● EINECS No. 231-072-3 ● EMANAY ATOMIZED ALUMINUM POWDER ● JISC 3108 ● JISC 3110 ● L16 ● METANA ● METANA ALUMINUM PASTE ● NORAL ALUMINUM ● NORAL EXTRA FINE LINING GRADE ● NORAL INK GRADE ALUMINUM ● NORAL NON-LEAFING GRADE ● PAP-1 ●

RCRA No. DOO3 • RTECS No. BD0330000 • UN 1309 (powder, coated) • UN 1383 (pyrophoric metals or alloys, n.o.s.) • UN 1396 (powder, uncoated)

EPA NAME: ALUMINUM OXIDE (FIBROUS FORMS)
CAS: 1344-28-1
SYNONYMS: A 1 (SORBENT) • A-2 • A1-0109 P • ABRAEX • ACTIVATED ALUMINUM OXIDE • ALCAN AA-100 • ALCAN C-70 • ALCAN C-71 • ALCAN C-72 • ALCAN C-73 • ALCAN C-75 • ALCOA F1 • ALEXITE • ALFRAX B301 • ALMITE • ALON • ALON C • ALOXITE • ALUFRIT • ALUMINA • α-ALUMINA • β-ALUMINA • γ-ALUMINA • ALUMINITE 37 • α-ALUMINUM OXIDE • β-ALUMINUM OXIDE • γ-ALUMINUM OXIDE • ALUMINUM OXIDE (2:3) • ALUMINUM OXIDE C • ALUMINUM SESQUIOXIDE • ALUMINUM TRIOXIDE • ALUMITE • ALUMITE (OXIDE) • ALUNDUM • ALUNDUM 600 • BACKLAP SLURRY • BAUXITE • BAYERITE • BOEHMITE • BRASIVOL • BROCKMANN, ALUMINUM OXIDE • C-1 • CAB-O-GRIP • CATAPAL S • COMPALOX • CONOPAL • CORUNDUM • D-201 • DIALUMINUM TRIOXIDE • DIASPORE • DIASPORE DIRUBIN • DIRUBIN • DISPAL • DISPAL ALUMINA • DISPAL M • DOTMENT 324 • DOTMENT 358 • DURAL • DYCRON • EINECS No. 215-691-6 • EMERY • EXOLON XW 60 • F 360 (ALUMINA) • FASERTON • FASERTONERDE • FAST CURE 45 EPOXY • FLAME GUARD • G2 (OXIDE) • GIBBSITE • GK (OXIDE) • GO (OXIDE) • HYPALOX II • ITALCOR • JUBENON R • KA 101 • KETJEN B • KHP 2 • LA 6 • LUCALOX • LUDOX CL • MAFTEC • MAFTECMARTIPOL • MARTIPOL • MARTISORB • MARTOXIN • MICROGRIT WCA • MICROPOLISH ALUMINA • OXIDO ALUMINICO (Spanish) • PORAMINAR • PS-1 (ALUMINA) • PURDOX • Q-LOID A 30 • RC 172DBM • REALOX • REWAGIT • RTECS No. BD1200000 • S-201 • SAFFIL • SELEXSORB COS • T-64 • T-1061 • VERSAL 150

EPA NAME: ALUMINUM PHOSPHIDE
CAS: 20859-73-8
SYNONYMS: AIP • AL-PHOS • ALUMINUM FOSFIDE (Dutch) • ALUMINUM PHOSPHIDE INSECTICIDE • ALUMINUM PHOSPHITE • ALUMINUM MONOPHOSPHIDE • CASWELL No. 031 • CELPHOS (Indian) • DELICIA • DELICIA GASTOXIN (Dia-Chemie, Germany) • DETIA • DETIA EX-B • DETIA-EX-B • DETIA GAS EX-B • DETIA GAS EX-T • DETIA PHOSPHINE PELLETS • EEC No. 015-004-00-8 • EPA PESTICIDE CHEMICAL CODE 066501 • FOSFURI di ALLUMINIO (Italian) • FOSFURO ALUMINICO (Spanish) • FUMITOXIN • PHOSPHURES d'ALUMIUM (French) • PHOSTOXIN • PHOSTOXIN A • POWER PHOSPHINE PELLETS • QUICKPHOS • RCRA No. P006 • RTECS No. BD1400000 • TALUNEX • UN 1397 • UN 3048 (pesticide)

EPA NAME: ALUMINUM SULFATE
CAS: 10043-01-3

SYNONYMS: ALFERRIC • ALUM • ALUMINOFERRIC • ALUMINUM ALUM • ALUMINUM SULFATE (2:3) • ALUMINUM SULFATE, LIQUID • ALUMINUM TRISULFATE • ALUNOGENITE • CAKE ALUM • CAKE ALUMINUM • CLAR ION A410P • DIALUMINUM SULFATE • DIALUMINUM TRISULFATE • FILTER ALUM • HYDRANGEA COLOURANT • LAPOTAN • NA 1760 (solution) • NA 9078 (solid) • PATENT ALUM • PATENT ALUMINUM • PERL ALUM • PAPER MAKER'S ALUM • PICKEL ALUM • RTECS No. BD1700000 • STCC 4944165 (liquid) • STCC 4963303 (solid) • SULFATO ALUMINICO (Spanish) • SULFURIC ACID, ALUMINUM SALT (3:2) • UN 9078 (solid) • UN 1760 (solution)

EPA NAME: AMETRYN
CAS: 834-12-8
SYNONYMS: AMETREX • AMIGAN • N-ETHYL-N'-(1-METHYLETHYL)-6-(METHYLTHIOL)-1,3,5,-TRIAZINE-2,4-DIAMINE • NSC-163044 • PRIMATOL Z 80 • 1,3,5-TRIAZINE-2,4-DIAMINE,N-ETHYL-N'-(1-METHYLETHYL)-6-(METHYLTHIO)- • s-TRIAZINE-2-(ETHYLAMINO)-4-(ISOPROPYLAMINO)-6-(METHYLTHIO)- • s-TRIAZINE,2-ETHYLAMINO-4-ISOPROPYLAMINO-6-METHYLTHIO- • TRINATOX D • RTECS No. XY9100000

EPA NAME: 2-AMINOANTHRAQUINONE
CAS: 117-79-3
SYNONYMS: 2-AMINO-9,10-ANTHRACENEDIONE • 2-AMINO-9,10-ANTHRAQUINONE • β-AMINOANTHRAQUINONE • AMINOANTRAQUINONA (Spanish) • 9,10-ANTHRACENEDIONE, 2-AMINO- • β-ANTHRAQUINONYLAMINE • ANTHRAQUINONE, 2-AMINO- • NCI-C01876 • RTECS No. CB5120000

EPA NAME: 4-AMINOAZOBENZENE
CAS: 60-09-3
SYNONYMS: AAB • 4-AMINOAZOBENCENO (Spanish) • p-AMINOAZOBENCENO (Spanish) • AMINOAZOBENZENE • p-AMINOAZOBENZENE • 4-AMINOAZOBENZENE • 4-AMINOAZOBENZOL • 4-AMINO-1,1'-AZOBENZENE • p-AMINOAZOBENZOL • p-AMINODIPHEYNYINIDE • ANILINE YELLOW • BENZENAMINE, 4-(PHENYLAZO)- • BRASILAZINA OIL YELLOW G • CELLITAZOL R • CERES YELLOW R • C.I. 11000 • C.I. SOLVENT YELLOW 1 • FAST SPIRIT YELLOW • FAT YELLOW AAB • OIL SOLUBLE ANILING YELLOW • OIL YELLOW AAB • OIL YELLOW AB • OIL YELLOW AN • OIL YELLOW B • ORGANOL YELLOW 2A • PARAPHENOLAZO ANILINE • 4-PHENYLAZO ANILINE • p-(PHENYLAZO)ANILINE • 4-(PHENYLAZO)BENZENAMINE • RTECS No. BY8225000 • SOLVENT YELLOW 1 • SOMALIA YELLOW 2G • SUDAN YELLOW R • USAF EK-1375

EPA NAME: 4-AMINOBIPHENYL
CAS: 92-67-1

SYNONYMS: 4-AMINOBIFENILO (Spanish) • p-AMINOBIFENILO (Spanish) • 4-AMINOBIPHENYL • p-AMINOBIPHENYL • 4-AMINODIFENIL (Spanish) • 4-AMINODIPHENYL • p-AMINODIPHENYL • 4-BIPHENYLAMINE • [1,1'-BIPHENYL]-4-AMINE • p-BIPHENYLAMINE • 4-PHENYLANILINE • p-PHENYLANILINE • RTECS No. DU8925000 • p-XENYLAMINE • XENYLAMIN (Chech) • XENYLAMINE

EPA NAME: 1-AMINO-2-METHYLANTHRAQUINONE
CAS: 82-28-0
SYNONYMS: ACETATE FAST ORANGE R • ACETOQUINONE LIGHT ORANGE JL • 1-AMINO-2-METILANTRAQUINONA (Spanish) • 1-AMINO-2-METHYL-9,10-ANTHRACENEDIONE • 9,10-ANTHRACENEDIONE, 1-AMINO-2-METHYL- • ARTISIL ORANGE 3RP • CELLITON ORANGE R • C.I. 60700 • C.I. DISPERSE ORANGE 11 • CILLA ORANGE R • DISPERSE ORANGE • DURANOL ORANGE G • 2-METHYL-1-ANTHRAQUINONYLAMINE • MICROSETILE ORANGE RA • NCI-C01901 • NYLOQUINONE ORANGE JR • PERLITON ORANGE 3R • SERISOL ORANGE YL • SUPRACET ORANGE R • RTECS No. CB5740000

EPA NAME: 5-(AMINOMETHYL)-3-ISOXAZOLOL
[see MUSCIMOL]
CAS: 2763-96-4

EPA NAME: AMINOPTERIN
CAS: 54-62-6
SYNONYMS: 4-ACIDO AMINOPTEROILGLUTAMICO (Spanish) • 4-AMINO-4-DEOXYPTEROYLGLUTAMATE • 4-AMINO-PGA • AMINOPTERIDINE • AMINOPTERINA (Spanish) • 4-AMINOPTEROYLGLUTAMIC ACID • APGA • ENT 26,079 • FOLIC ACID, 4-AMINO- • NSC 739 • RTECS No. MA1050000

EPA NAME: 4-AMINOPYRIDINE
CAS: 504-24-5
SYNONYMS: 4-AMINOPIRIDINA (Spanish) • AMINO-4-PYRIDINE • γ-AMINOPYRIDINE • p-AMINOPYRIDINE • 4-AP • AVITROL • 4-PYRIDINAMINE • 4-PYRIDYLAMINE • PYRIDINE, 4-AMINO- • RCRA No. P008 • RTECS No. US1750000 • UN 2671 • VMI 10-3

EPA NAME: AMITON
CAS: 78-53-5
SYNONYMS: CHIPMAN 6200 • CITRAM • S-(2-DIETHYLAMINO)ETHYL)PHOSPHOROTHIOIC ACID-O,O-DIETHYL ESTER • DIETHYL-S-2-DIETHYLAMINOETHYL PHOSPHOROTHIOATE • O,O-DIETHYL-S-(2-DIETHYLAMINOETHYL) THIOPHOSPHATE • O,O-DIETHYL-S-2-DIETHYLAMINOETHYL PHOSPHOROTHIOATE • O,O-DIETHYL-S-(β-DIETHYLAMINO)ETHYL PHOSPHOROTHIOLATE • O,O-DIETHYL-S-DIETHYLAMINO ETHYL PHOSPHOROTHIOLATE • O,O-DIETHYL-S-2-DIETHYLAMINOETHYL PHOSPHORO-

THIOLATE • DSDP • ENT 24,980-x • INFERNO • METRAMAC • METRAMAK • R-5,158 • RHODIA-6200 • TETRAM • RTECS No. TF0525000

EPA NAME: AMITON OXALATE
CAS: 3734-97-2
SYNONYMS: ACID OXALATE • CHIPMAN 6199 • CHIPMAN R-6, 199 • CITRAM • 2-(2-DIETHYLAMINO)ETHYL)-O,O-DIETHYL ESTER, OXALATE (1:1) • S-(2-DIETHYLAMINOETHYL)-O,O-DIETHYLPHOSPHOROTHIOATE HYDROGEN OXALATE • O,O-DIETHYL-S-(2-DIETHYLAMINO)ETHYLPHOSPHOROTHIOATE HYDROGEN OXALATE • O,O-DIETHYL-S-(β-DIETHYLAMINO)ETHYLPHOSPHOROTHIOATE HYDROGEN OXALATE • O,O-DIETHYL-S-(2-ETHYL-N,N-DIETHYLAMINO)ETHYLPHOSPHOROTHIOATE HYDROGEN OXALATE • ENT 20,993 • HYDROGEN OXALATE OF AMITON • PHOSPHOROTHIOC ACID • TETRAM • TETRAM MONOOXALATE • RTECS No. TF1400000

EPA NAME: AMITRAZ
CAS: 33089-61-1
SYNONYMS: ACARAC • A13-27967 • AMITRAZ ESTRELLA • BAAM • N,N-BIS(2,4-XYLYLIMINOMETHYL)METHYLAMINE • BOOTS BTS 27419 • BTS 27,419 • 1,5-DI-(2,4-DIMETHYLPHENYL)-3-METHYL-1,3,5-TRIAZAPENTA-1,4-DIENE • N'-(2,4-DIMETHYLPHENYL)-3-METHYL-1,3,5-TRIAZAPENTA-1,4-DIENE • N'-(2,4-DIMETHYLPHENYL)-N-(((2,4-DIMETHYLPHENYL)IMINO)METHYL)-N-METHYLMETHANIM IDAMIDE • N,N-DI-(2,4-XYLYLIMINOMETHYL)METHYLAMINE • ENT 27967 • EPA PESTICIDE CHEMICAL CODE 106201 • FORMAMIDINE, N-METHYL-N'-2,4-XYLYL-N-(N-2,4-XYLYLFORMIMIDOYL)- • N-METHYLBIS(2,4-XYLYLIMINOMETHYL)AMINE • 2METHYL-1,3-DI(2,4-XYLYLIMINO)-2-AZAPROPANE • N,N'-((METHYLIMINO)DIMETHYLIDYNE)BIS(2,4-XYLIDINE) • N,N'-((METHYLIMINO)DIMETHYLIDYNE)D-2,4-XYLIDINE • MITAC • NSC 324552 • R.D. 27419 • TACTIC • UPJOHN U-36059 • 2,4-XYLIDINE,N,N'-(METHYLIMINODIMETHYLIDYNE)BIS- • RTECS No. ZF0480000

EPA NAME: AMITROLE
CAS: 61-82-5
SYNONYMS: AMEROL • AMINOTRIAZOLE • 2-AMINOTRIAZOLE • 3-AMINOTRIAZOLE • AMINOTRIAZOLE BAYER • 3-AMINO-S-TRIAZOLE • 3-AMINO-1,2,4-TRIAZOLE • 2-AMINO-1,3,4-TRIAZOLE • 3-AMINO-1H-1,2,4-TRIAZOLE • AMINO TRIAZOLE WEEDKILLER 90 • AMITOL • AMITRIL • AMITROLE • AMITROL 90 • AMITROL-T • AMIZOL • AMIZOL DP NAU • AMIZOL F • AT • 3-AT • AT-90 • ATA • ATLAZIN • ATLAZINE FLOWABLE • AT LIQUID • ATRAFLOW PLUS • AZAPLANT • AZAPLANT KOMBI • AZOLAN • AZOLE • BOROFLOW A/ATA • BOROFLOW S/ATA • CAMPAPRIM A 1544 • CASWELL No. 040 • CDA SIMFLOW PLUS •

CHIPMAN PATH WEEDKILLER • CLEARWAY • CYTROL • CYTROL AMITROLE-T • CYTROLE • DIUROL • DIUROL 5030 • DOMATOL • DOMATOL 88 • ELMASIL • EMISOL • EMISOL F • ENT 25445 • EPA PESTICIDE CHEMICAL CODE 004401 • FARMCO • FENAMINE • FENAVAR • HERBAZIN PLUS SC • HERBICIDE TOTAL • HERBIZOLE • KLEER-LOT • MASCOT HIGHWAY • MSS AMINOTRIAZOLE • MSS SIMAZINE • NSC 34809 • ORGA-414 • PRIMATOL AD 85 WP • PRIMATROL SE 500 FW • RADOXONE TL • RAMIZOL • RASSAPRON • RCRA No. U011 • RTECS No. XZ3850000 • SIMAZOL • SIMFLOW PLUS • SOLUTION CNCENTREE T271 • SYNCHEMICALS TOTAL WEED KILLER • SYNTOX TOTAL WEED KILLER • TORAPRON • 1,2,4-TRIAZOL-3-AMINE • TRIAZOLAMINE • 1H-1,2,4-TRIAZOL-3-AMINE • s-TRIAZOLE, 3-AMINO- • δ-2-1,2,2,4-TRIAZOLINE, 5-IMINO- • 1H-1,2,4-TRIAZOL-3-YLAMINE • USAF XR-22 • VOROX • VOROX AS • WEEDAR ADS • WEEDAR AT • WEEDAZIN • WEEDAZIN ARGINIT • WEEDAZOL • WEEDAZOL GP2 • WEEDAZOL SUPER • WEEDAZOL T • WEEDAZOL TL • WEEDEX GRANULAT • WEEDOCLOR • X-ALL, liquid

EPA NAME: AMMONIA
CAS: 7664-41-7
SYNONYMS: AM-FOL • AMMONIA GAS • AMMONIA, ANHYDROUS • AMMONIAC (French) • AMMONIACA (Italian) • AMMONIALE (German) • AMMONIUM AMIDE • AMMONIUM HYDROXIDE • AMONIACO (Spanish) • AMONIACO ANHIDRO (Spanish) • AMONIAK (Polish) • ANHYDROUS AMMONIA • AQUA AMMONIA • CLEARVIEW GLASS CLEANER • DAXAD-32S • EEC No. 007-001-00-5 (anhydrous) • EINECS No. 231-635-3 • HIGH SPEED ENDURA-ETCH STARTER • LIQUID AMMONIA • NF SOLDER STRIPPER 3114B • NITRO-SIL • PRO 330 CLEAR THIN SPREAD • R 717 • R717 • RTECS No. BO0875000 • SPIRIT OF HARTSHORN • STCC 4904210 • SUPER SOLDER STRIP 1805 • UN 1005 (anhydrous, anhydrous liquified or solutions with more than 50% ammonia) • UN 2073 (solutions with more than 35% but not more than 50% ammonia) • UN 2672 (solutions with more than 10% but not more than 35% ammonia)

EPA NAME: AMMONIUM ACETATE
CAS: 631-61-8
SYNONYMS: ACETIC ACID, AMMONIUM SALT • ACETATO AMONICO (Spanish) • EINECS No. 211-162-9 • RTECS No. AF3675000 • STCC 4966708 • UN 9079

EPA NAME: AMMONIUM BENZOATE
CAS: 1863-63-4
SYNONYMS: BENZOATO AMONICO (Spanish) • BENZOIC ACID, AMMONIUM SALT • RTECS No. DG3378000 • STCC 4966304 • UN 9080

EPA NAME: AMMONIUM BICARBONATE
CAS: 1066-33-7

SYNONYMS: ABC-TRIEB ● ACID AMMONIUM CARBONATE ● ACID AMMONIUM CARBONATE, MONOAMMONIUM SALT ● AMMONIUM HYDROGEN CARBONATE ● BICARBONATO AMONICO (Spanish) ● CARBONIC ACID, MONOAMMONIUM SALT ● RTECS No. BO8600000 ● STCC 4966308 ● UN 9081

EPA NAME: AMMONIUM BICHROMATE
CAS: 7789-09-5
SYNONYMS: AMMONIUM DICHROMATE ● AMMONIUM DICHROMATE (VI) ● BICROMATO AMONICO (Spanish) ● EEC No. 024-003-00-1 ● RTECS No. HX7650000 ● UN 9086

EPA NAME: AMMONIUM BIFLUORIDE
CAS: 1341-49-7
SYNONYMS: AMMONIUM HYDROGEN FLUORIDE ● AMMONIUM HYDROGEN DIFLUORIDE ● ACID AMMONIUM FLUORIDE ● AMMONIUM ACID FLUORIDE ● BIFLUORURO AMONICO (Spanish) ● RTECS No. BQ9200000 ● UN 1727 (solid) ● UN 2817 (solution)

EPA NAME: AMMONIUM BISULFITE
CAS: 10192-30-0
SYNONYMS: AMMONIUM HYDROGEN SULFITE ● AMMONIUM HYDROSULFITE ● AMMONIUM MONOSULFITE ● BISULFITO AMONICO (Spanish) ● RTECS No. WT3595000 ● STCC 4932348 ● UN 2693

EPA NAME: AMMONIUM CARBAMATE
CAS: 1111-78-0
SYNONYMS: AMMONIUM AMINOFORMATE ● ANHYDRIDE OF AMMONIUM CARBONATE ● CARBAMATO AMONICO (Spanish) ● CARBAMIC ACID, MONOAMMONIUM SALT ● CARBAMIC ACID, AMMONIUM SALT ● RTECS No. EY8587000 ● STCC 4941145 ● UN 9083

EPA NAME: AMMONIUM CARBONATE
CAS: 506-87-6
SYNONYMS: AMMONIUMCARBONAT (German) ● CARBONATO AMONICO (Spanish) ● CARBONIC ACID, AMMONIUM SALT ● CARBONIC ACID, DIAMMONIUM SALT ● DIAMMONIUM CARBONATE ● CRYSTAL AMMONIA ● HARTSHORN ● SAL VOLATILE ● STCC 4941149 ● RTECS No. BP1925000 ● UN 9084

EPA NAME: AMMONIUM CHLORIDE
CAS: 12125-02-9
SYNONYMS: AMCHLORIDE ● AMMONERIC ● AMCHLOR ● AMMONIUM MURIATE ● AM SOLDER FLUX ● CLORURO AMONICO (Spanish) ● EEC No. 017-014-00-8 ● EINECS No. 235-186-4 ● RTECS No. BP4550000 ● SAL AMMONIAC ● SALAMAC ● SALMIAC ● SLAGO ● STCC 4966316 ● UN 9085

EPA NAME: AMMONIUM CHROMATE
CAS: 7788-98-9

SYNONYMS: CROMATO AMONICO (Spanish) • NEUTRAL AMMONIUM CHROMATE • DIAMMONIUM CHROMATE • RTECS No. GB2880000 • STCC 4963302 • UN 9086

EPA NAME: AMMONIUM CITRATE, DIBASIC
CAS: 3012-65-5
SYNONYMS: AMMONIUM CITRATE • CITRIC ACID, AMMONIUM SALT • CITRATO AMONICO DIBASICO (Spanish) • CITRIC ACID, DIAMMONIUM SALT • DIAMMONIUM CITRATE • 1,2,3-PROPANE TRICARBOXYLIC ACID, 2-HYDROXY-, AMMONIUM SALT • RTECS No. GE7573000 • STCC 4966320 • UN 9087

EPA NAME: AMMONIUM FLUOBORATE
CAS: 13826-83-0
SYNONYMS: AMMONIUM BOROFLUORIDE • AMMONIUM FLUOROBORATE • AMMONIUM TETRAFLUOBORATE • AMMONIUM TETRAFLUOBORATE(1-) • FLUOBORATO AMONICO (Spanish) • RTECS No. BQ6100000 • STCC 4944125 • UN 9088

EPA NAME: AMMONIUM FLUORIDE
CAS: 12125-01-8
SYNONYMS: AMMONIUM FLUORURE (French) • B-ETCH • BOE (BUFFERED OXIDE ETCH) • EEC No. 009-006-00-8 • 777 ETCH • FLUOURO AMONICO (Spanish) • GLASS ETCH • IMAHE ETCH • KTI BUFFERED OXIDE ETCH 6:1 • KTI BUFFERED OXIDE ETCH 50:1 • NEUTRAL AMMONIUM FLUORIDE • PAD ETCH • POLY SILICON ETCH • PRE-METAL ETCH • PRE-SPUTTER CLEAN • PRE-SPUTTER ETCH • RTECS No. BQ6300000 • STCC 4944105 • SUPER Q ETCH • UN 2505 • VAPOX ETCH • WET K-ETCH

EPA NAME: AMMONIUM HYDROXIDE
CAS: 1336-21-6
SYNONYMS: AMMONIA AQUEOUS • AMMONIA WATER • AQUA AMMONIA • AQUEOUS AMMONIA • BURMAR LAB CLEAN • EEC No. 007-001-01-2 • ENPLATE NI-418B • EN-STRIP NP-1 • HIDROXIDO AMONICO (Spanish) • HOUSEHOLD AMMONIA • POLY SILICON ETCH • PPD 5932 DEVELOPER • PRE-METAL ETCH • RCA CLEAN (STEP 1) • RTECS No. BQ9625000 • SCAN KLEEN • SCRUBBER-VAPOX • STCC 4935234 • UN 2672 solution, with more than 10% but not more than 35% ammonia. • UN 2073 solution, with more than 35% but not more than 50% ammonia.

EPA NAME: AMMONIUM NITRATE (SOLUTION)
CAS: 6484-52-2
SYNONYMS: AMMONIUM(I) NITRATE (1:1) • AMMONIUM SALTPETER • ANSAX • HERCO PRILLS • NITRAM • NITRATO AMONICO (Spanish) • NITRIC ACID, AMMONIUM SALT • NORWAY SALTPETER • RTECS No. BR9050000 • STCC 4918312 • VARIOFORM I • UN 2426 liquid, hot concentrated solution • UN 1942 (not >0.2% of combustible substances

EPA NAME: **AMMONIUM OXALATE**
CAS: 5972-73-6
SYNONYMS: ETHANEDIOIC ACID, MONOAMMONIUM SALT, MONOHYDRATE ● OXALATO AMONICO (Spanish) ● STCC 4940350 ● UN 2449

EPA NAME: **AMMONIUM OXALATE**
CAS: 6009-70-7
SYNONYMS: AMMONIUM OXALATE HYDRATE ● AMMONIUM OXALATE, MONOHYDRATE ● DIAMMONIUM OXALATE ● ETHANEDIOIC ACID, DIAMMONIUM SALT, MONOHYDRATE ● OXALATO AMONICO (Spanish) ● STCC 4940350 ● UN 2449

EPA NAME: **AMMONIUM OXALATE**
CAS: 14258-49-2
SYNONYMS: OXALIC ACID, AMMONIUM SALT ● OXALIC ACID, DIAMMONIUM SALT ● DIAMMONIUM OXALATE ● ETHANEDIOIC ACID, AMMONIUM SALT ● OXALATO AMONICO (Spanish) ● RTECS No. RO2750000 ● STCC 4940350 ● UN 2449

EPA NAME: **AMMONIUM PICRATE**
CAS: 131-74-8
SYNONYMS: AMMONIUM CARBAZOATE ● AMMONIUM PICRATE, DRY ● AMMONIUM PICRATE, WET ● AMMONIUM PICRATE (YELLOW) ● OBELINE PICRATE ● PHENOL, 2,4,6-TRINITRO-, AMMONIUM SALT (9CI) ● AMMONIUM PICRONITRATE ● EXPLOSIVE D ● PICTAROL ● PICRIC ACID, AMMONIUM SALT ● PICRATOL ● RCRA No. P009 ● RTECS No. BS3856000 ● 2,4,6-TRINIRTOPHENOL AMMONIUM SALT ● UN 0004 (dry or wetted with >10% water, by weight ● UN 1310 (wetted with <10% water, by weight)

EPA NAME: **AMMONIUM SILICOFLUORIDE**
CAS: 16919-19-0
SYNONYMS: AMMONIUM FLUOROSILICATE ● AMMONIUM HEXAFLUOROSILICATE ● AMMONIUM SILICON FLUORIDE ● DIAMMONIUM FLUOSILICATE ● DIAMMONIUM SILICON HEXAFLUORIDE ● FLUOSILICATE de AMMONIUM (French) ● PICRATO AMONICO (Spanish) ● RTECS No. GQ9450000 ● STCC 4944135 ● UN 2854

EPA NAME: **AMMONIUM SULFAMATE**
CAS: 7773-06-0
SYNONYMS: AMCIDE ● AMICIDE ● AMMAT ● AMMATE ● AMMATE HERBICIDE ● AMMONIUM AMINOSULFONATE ● AMMONIUM AMIDOSULPHATE ● AMMONIUM SALZ der AMIDOSULFONSAURE (German) ● AMMONIUM SULPHAMATE ● AMMONIUM AMIDOSULFONATE ● AMS ● IKURIN ● MONOAMMONIUM SULFAMATE ● MONOAMMONIUM SALT OF SULFAMIC ACID ● SULFAMATE ● SULFAMATO AMONICO (Spanish) ● SULFAMINSAURE (German) ● SULFAMIC ACID, MONOAMMONIUM SALT ● RTECS No. WO6125000 ● STCC 4966735 ● UN 9089

EPA NAME: AMMONIUM SULFATE
CAS: 7783-20-2
SYNONYMS: ALDRICH AMMONIUM SULFATE • AMMONIUM HYDROGEN SULFATE • AMMONIUM SULPHATE • DIAMMONIUM SULFATE • EINECS No. 231-984-1 • HELCO AMMONIUM SULFATE • NIPRO • NIPRO (ii) • SHOWA DENCO AMMONIUM SULFATE • SULFATO AMONICO (Spanish) • SULFURIC ACID, DIAMMONIUM SALT • AMMONIUM SULFATE (2:1) • RTECS No. BS4500000

EPA NAME: AMMONIUM SULFIDE
CAS: 12135-76-1
SYNONYMS: AMMONIUM BISULFIDE • AMMONIUM HYDROGEN SULFIDE • AMMONIUM HYDROGEN SULFIDE SOLUTION • AMMONIUM MONOSULFIDE • AMMONIUM SULFHYDRATE SOLUTION • AMMONIUM SULFIDE SOLUTION • DIAMMONIUM SULFIDE SOLUTION • SULFURO AMONICO (Spanish) • TRUE AMMONIUM SULFIDE • RTECS No. BS4920000 • STCC 4909303 • UN 2683 (solution)

EPA NAME: AMMONIUM SULFITE
CAS: 10196-04-0
SYNONYMS: STCC 4966332 • SULFITO AMONICO (Spanish) • UN 9090

EPA NAME: AMMONIUM TARTRATE
CAS: 3164-29-2
SYNONYMS: AMMONIUM TARTRATE • AMMONIUM-d-TARTRATE • BUTANEDIOIC ACID,2,3-DIHYDROXY-(R-(R*,R*))-, DIAMMONIUM SALT • DIAMMONIUM TARTRATE • 2,3-DIHYDROXY-BUTANEDIOIC ACID, DIAMMONIUM SALT (9CI) • l-TARTARIC ACID, DIAMMONIUM SALT • TARTARIC ACID, AMMONIUM SALT • TARTARIC ACID, DIAMMONIUM SALT • RTECS No. WW8050000 • TARTRATO AMONICO (Spanish) • STCC 4966336 • UN 9091

EPA NAME: AMMONIUM TARTRATE
CAS: 14307-43-8
SYNONYMS: STCC 4966336 • TARTRATO AMONICO (Spanish) • UN 9091

EPA NAME: AMMONIUM THIOCYANATE
CAS: 1762-95-4
SYNONYMS: AMMONIUM SULFOCYANATE • AMMONIUM RHODANATE • AMMONIUM RHODANIDE • AMMONIUM SULFOCYANIDE • CARBO-TECH AMMONIUM THIOCYANATE • DEGUSSA AMMONIUM THIOCYANATE • EINECS No. 217-175-6 • RTECS No. XK7875000 • STCC 4966738 (solid) • STCC 4966744 (solution) • THIOCYANIC ACID, AMMONIUM SALT • TIOCIANATO AMONICO (Spanish) • WITCO/ARGUS AMMONIUM THIOCYANATE

EPA NAME: AMMONIUM VANADATE
CAS: 7803-55-6

SYNONYMS: AMMONIUM METAVANADATE • VANADIC ACID, AMMONIUM SALT • VANADATE (V031-), AMMONIUM • RCRA No. P119 • RTECS No. YW0875000 • UN 2859 • VANADATO AMONICO (Spanish) • VANADIC ACID, AMMONIUM SALT

EPA NAME: AMPHETAMINE
CAS: 300-62-9
SYNONYMS: ACTEDRON • ADIPAN • ALLODENE • dl-AMPHETAMINE • ANFETAMINA (Spanish) • ANOREXIDE • BENZEDRINE • dl-BENZEDRINE • DEOXYNOREPHEDRINE • racemic-DESOXYNOREPHEDRINE • ELASTONON • ISOAMYCIN • ISOMYN • MECODRIN • α-METHYLBENZENEETHANEAMINE • dl-α-METHYLBENZENEETHANEAMINE • NOREPHEDRANE • NOVYDRINE • ORTEDRINE • PHENEDRINE • dl-1-PHENYL-2-AMINOPROPANE • PROFAMINA • PROPISAMINE • PSYCHEDRINE • RAPHETAMINE • SIMPATEDRIN • SYMPAMINE • SYMPATEDRINE • WECKAMINE • RTECS No. SH9450000

EPA NAME: AMYL ACETATE
CAS: 628-63-7
SYNONYMS: ACETATE d'AMYLE (French) • ACETATO de AMILO (Spanish) • ACETIC ACID, AMYL ESTER • ACETIC ACID, n-AMYL ESTER • ACETIC ACID, PENTYL ESTER • AMYL ACETATE, MIXED ISOMERS • AMYL ACETIC ESTER • AMYL ACETIC ETHER • AMYAZETAT (German) • AMYLESTER KYSELINY OCTOVE (Polish) • BIRNENOEL • EEC No. 607-130-00-2 • OCTAN AMYLU (Polish) • PEAR OIL • PENTACETATE • PENTA AMYL ACETATE • 1-PENTANOL ACETATE • 1-PENTYL ACETATE • PENTYL ACETATE • n-PENTYL ACETATE • PENTYL ESTER OF ACETIC ACID • n-AMYL ACETATE • 1-PENTANOL ACETATE • PRIMARY AMYL ACETATE • RTECS No. AJ1925000 • STCC 4909111 • UN 1104

EPA NAME: iso-AMYL ACETATE
CAS: 123-92-2
SYNONYMS: ACETIC ACID, ISOPENTYL ESTER • ACETO de ISOAMILO (Spanish) • AMYL ACETATE • AMYLACETIC ESTER • BANANA OIL • ISOAMYL ETHANOATE • ISOPENTYL ACETATE • 3-METHYL-1-BUTYL ACETATE • 3-METHYL-1-BUTANOL ACETATE • 3-METHYLBUTYL ESTER OF ACETIC ACID • 3-METHYLBUTYL ETHANOATE • METHYLBUTYL ETHANOATE • PEAR OIL • RTECS No. NS9800000 • UN 1104

EPA NAME: sec-AMYL ACETATE
CAS: 626-38-0
SYNONYMS: ACETIC ACID, 2-PENTYL ESTER • ACETATO de sec-AMILO (Spanish) • 2-ACETOXYPENTANE • AMYL ACETATE • AMYLACETIC ESTER • sek-AMYLESTER KYSELINY OCTOVE (Polish) • 2-AMYLESTER KYSELINY OCTOVE (Polish) • EEC No. 607-130-00-2 • ISOAMYL ETHANOATE • ISOPENTYL ACETATE • 3-METHYL-1-BUTANOL ACETATE • 1-

METHYLBUTYL ACETATE • 1-METHYLBUTYL ETHANOATE • 2-PENTANOL ACETATE • 2-PENTYL ACETATE • 2-PENTYLACETATE • RTECS No. AJ2100000 • UN 1104

EPA NAME: tert-AMYL ACETATE
CAS: 625-16-1
SYNONYMS: ACETATO de AMILO TERCIARIO (Spanish) • EEC No. 607-130-00-2 • tert-PENTYL ACETATE • UN 1104

EPA NAME: ANILAZINE
CAS: 101-05-3
SYNONYMS: A13-26058 • ANILAZIN • B-622 • BORTRYSAN • CASWELL No. 302 • 2,4-DICHLORO-6-(2-CHLOROANILINO)-1,3,5-TRIAZINE • 2,4-DICHLORO-6-(O-CHLOROANILINO)-s-TRIAZINE • 4,6-DICHLORO-N-(2-CHLOROPHENYL)-1,3,5-TRIAZIN-2-AMINE • (O-CHLOROANILINO)DICHLOROTRIAZINE • 2-CHLORO-N-(4,6-DICHLORO-1,3,5-TRIAZIN-2-YL)ANILINE • DIREZ • DYRENE • DYRENE 50W • ENT 26,058 • EPA PESTICIDE CHEMICAL CODE 080811 • KEMATE • NCI-C08684 • 1,3,5-TRIAZIN-2-AMINE,4,6-DICHLORO-N-(2-CHLOROPHENYL)- • TRIAZINE • S-TRIAZINE, 2,4-DICHLORO-6-(o-CHLOROANILINO)- • TRIAZINE (PESTICIDE) • ZINOCHLOR • RTECS No. XY7175000 • UN 2763 (triazine pesticide, solid, toxic, n.o.s.)

EPA NAME: ANILINE
CAS: 62-53-3
SYNONYMS: AMINOBENZENE • AMINOPHEN • ANILINA (Spanish) • ANILINE OIL • ANYVIM • BENZENEAMINE • BENZENE, AMINO- • BLUE OIL • C.I. 76000 • EEC No. 612-008-00-7 • HUILE d' ANILINE (French) • NCI-C03736 • PHENYLAMINE • RCRA No. U012 • RTECS No. BW6650000 • STCC 4921410 • UN 1547

EPA NAME: ANILINE, 2,4,6-TRIMETHYL-
CAS: 88-05-1
SYNONYMS: AMINOMESITYLENE • 2-AMINOMESITYLENE • 1-AMINO-2,4,6-TRIMETHYLBENZEN (Czech) • 2-AMINO-1,3,5-TRIMETHYLBENZENE • MESIDIN (Czech) • MESITYAMINE • MEZIDINE • 2,4,6-TRIMETHYLANILINE • 2,4,6-TRIMETHYLBENZENAMINE • RTECS No. BZ0700000

EPA NAME: o-ANISIDINE
CAS: 90-04-0
SYNONYMS: o-AMINOANISOLE • 2-AMINOANISOLE • ortho-AMINOANISOLE • ANISIDINE-ortho • o-ANISIDINA (Spanish) • 2-ANISIDINE • o-ANISYLAMINE • o-METHOXYANILINE • 2-METHOXYANILINE • 2-METHOXYBENZENAMINE • o-METHOXYPHENYLAMINE • AMINE (9CI), o-METHOXYPHENYLAMINE • RTECS No. BZ5410000 • UN 2431

EPA NAME: p-ANISIDINE
CAS: 104-94-9

SYNONYMS: p-AMINOANISOLE • 4-AMINOANISOLE • 1-AMINO-4-METHOXYBENZENE • para-AMINOANISOLE • p-ANISIDINA (Spanish) • 4-ANISIDINE • ANISIDINE-para • p-METHOXYANILINE • 4-METHOXYANILINE • 4-METHOXYBENZENAMINE • 4-METHOXYBENZENEAMINE • RTECS No. BZ5450000 • UN 2431

EPA NAME: o-ANISIDINE HYDROCHLORIDE
CAS: 134-29-2
SYNONYMS: C.I. 37115 • CLORHIDRATO de o-ANISIDINA (Spanish) • 2-METHOXYANILINE HYDROCHLORIDE • NCI C03747 • RTECS No. BZ5410000 • UN 2431

EPA NAME: ANTHRACENE
CAS: 120-12-7
SYNONYMS: ANTHRACEN (German) • ANTHRACENE POLYCYCLIC AROMATIC COMPOUND • ANTHRACIN • ANTRACENO (Spanish) • GREEN OIL • PARANAPHTHALENE • STERILITE HOP DEFOLIANT • TETRA OLIVE N2G • RTECS No. CA1350000

EPA NAME: ANTIMONY
CAS: 7440-36-0
SYNONYMS: AMSPEC ANTIMONY • ANTIMONIO (Spanish) • ANTIMONY BLACK • ANTIMONY POWDER • ANTIMONY, REGULUS • ANTYMON (Polish) • ATOMERGIC ANTIMONY • C.I. 77050 • EINECS No. 231-146-5 • RTECS No. CC4025000 • SILVER GLO 3KBP • SILVER GLO 33BP • SILVER GLO BP • STIBIUM • THERMOGUARD CPA • TOXIC CHEMICAL CATEGORY CODE, N010 • UN 2871 (powder)

EPA NAME: ANTIMONY PENTACHLORIDE
CAS: 7647-18-9
SYNONYMS: ANTIMONIC CHLORIDE • ANTIMONIO (PENTACLORURO di) (Italian) • ANTIMONPENTACHLORID (German) • ANTIMONY(V) CHLORIDE, ANTIMONY PERCHLORIDE • ANTIMOONPENTACHLORIDE (Dutch) • ATOMERGIC ANTIMONY PENTACHLORIDE • EEC No. 051-022-00-3 • EINECS No. 231-601-8 • BUTTER OF ANTIMONY • PENTACHLOROANTIMONY • PENTACLORURO de ANTIMONIO (Spanish) • TENTACHLORURE d'ANTIMOINE (French) • PERCHLORURE d'ANTIMOINE (French) • RTECS No. CC5075000 • STCC 4932310 • UN 1730 (liquid) • UN 1731 (solutions)

EPA NAME: ANTIMONY PENTAFLUORIDE
CAS: 7783-70-2
SYNONYMS: ATOCHEM ANTIMONY PENTAFLUORIDE • ATOMERGIC ANTIMONY PENTAFLUORIDE • ANTIMONY FLUORIDE • ANTIMONY(V) FLUORIDE • ANTIMONY(5+) FLUORIDE • ANTIMONY(V) PENTAFLUORIDE • ANTIMONY(5+) PENTAFLUORIDE • EINECS No. 232-021-8 • PENTAFLUOROANTIMONY • PENTAFLUORURO de ANTIMONIO (Spanish) • STCC 4932005 • UN 1732

EPA NAME: ANTIMONY POTASSIUM TARTRATE
CAS: 28300-74-5
SYNONYMS: ANTIMONATE (2-), BIS μ-2,3-DIHYDROXYBU-TANEDIOATA (4-)-01,02:03,04DI-, DIPOTASSIUM, TRIHYDRATE, STEREOISOMER • ANTIMONYL POTASSIUM TARTRATE • EMETIQUE (French) • ENT 50,434 • POTASSIUM ANTIMONYL TARTRATE • POTASSIUM ANTIMONYL-d-TARTRATE • POTASSIUM ANTIMONY TARTRATE • RTECS No. CC 6825000 • STCC 4941114 • TARTARIC ACID, ANTIMONY POTASSIUM SALT • TARTAR EMETIC • TARTARIZED ANTIMONY • TARTRATED ANTIMONY • TARTRATO de ANTIMONIO y POTASIO (Spanish) • TASTOX • UN 1551

EPA NAME: ANTIMONY TRIBROMIDE
CAS: 7789-61-9
SYNONYMS: ANTIMONOUS BROMIDE • ANTIMONY BROMIDE • EEC No. 051-003-00-9 • STCC 4932319 • STIBINE, TRIBROMO- • TRIBROMO STIBINE • TRIBROMURO de ANTIMONIO (Spanish) • RTECS No. CC4400000 • NA 1549

EPA NAME: ANTIMONY TRICHLORIDE
CAS: 10025-91-9
SYNONYMS: ANTIMONIUS CHLORIDE • ANTIMONY(III) CHLORIDE • TRICHLORO STIBINE • ANTIMOINE (TRICHLORURE d') (French) • ANTIMONIO (TRICHLORURO di) (Italian) • ANTIMONY BUTTER • ANTIMOONTRICHLRIDE (Dutch) • BUTTER OF ANTIMONY • CHLORID ANTIMONITY • C.I. 77056 • STCC 4932316 • STIBINE, TRICHLORO- • TRICHLOROSTIBINE • TRICHLORURE d' ANTIMOINE (French) • TRICLORURO de ANTIMONIO (Spanish) • RTECS No. CC4900000 • UN 1733

EPA NAME: ANTIMONY TRIFLUORIDE
CAS: 7783-56-4
SYNONYMS: ANTIMOINE FLUORURE (French) • ANTIMONOUS FLUORIDE • ANTIMONY(III) FLUORIDE (1:3) • TRIFLUOROANTIMONY, STIBINE, TRIFLUORO- • RTECS No. CC5150000 • STCC 4932335 • STIBINE, TRIFLUORO- (9CI) • TRIFLUOROANTIMONY • TRIFLUOROSTIBINE • TRIFLUORURO de ANTIMONIO (Spanish) • NA 1549

EPA NAME: ANTIMONY TRIOXIDE
CAS: 1309-64-4
SYNONYMS: ANTIMONOUS OXIDE • ANTIMONY PEROXIDE • ANTIMONY SESQUIOXIDE • ANTIMONY, WHITE • CYSTIC PREFIL F • DIANTIMONY TRIOXIDE • EINECS No. 215-175-0 • EXITELITE • FIRESHIELD H • FIRESHIELD HPM • FIRESHIELD L • FLOWERS OF ANTIMONY • NCI-C55152 • NIHON KAGAKU SANGYO ANTIMONY TRIFLUORIDE • OCTOGUARD FR-10 • OCTOGUARD FR-15 • PETCAT R-9 • RTECS No. CC5650000 • SENARMONTITE • STCC 4966905 • SUMIKON EME 6300 • SUMIKON EME 6300H • SUMIKON EME 6300HC • SUMIKON EME 8150 • SUMIKON EME 9300H

• TRIOXIDO de ANTIMONIO (Spanish) • ULTRAFINE II • UN 9201 • VALENTINITE • WEISSPIESSGLANZ • WHITE ANTIMONY

EPA NAME: ANTIMYCIN
CAS: 1397-94-0
SYNONYMS: ANTIMICINA A (Spanish) • ANTIMYCIN A • ANTIPIRICULLIN • VIROSIN • RTECS No. CD0350000

EPA NAME: ANTIMYCIN A
[see ANTIMYCIN]
CAS: 1397-94-0

EPA NAME: ANTU
CAS: 86-88-4
SYNONYMS: ALPHANAPHTHYL THIOUREA • ALPHANAPHTYL THIOUREE (French) • ALRATO • ANTURAT • BANTU • CHEMICAL 109 • DIRAX • KILL KANTZ • KRYSID • KRYSID PI • 1-NAFTIL-TIOUREA (Italian) • 1-NAFTYL-THIOUREUM (Dutch) • α-NAPHTHOTHIOUREA • α-NAPHTHYLTHIOCARBAMIDE • 1-NAPHTHYL-THIOHARNSTOFF (German) • 1-NAPHTHYL THIOUREA • n-(1-NAPHTHYL)-2-THIOUREA • α-NAPHTHYLTHIOUREA • 1-(1-NAPHTHYL)-2-THIOUREA • 1-NAPHTHYL-THIOUREE (French) • NAPHTOX • RATTRACK • RCRA No. P072 • RATTU • RTECS No. YT9275000 • SMEESANA • THIOUREA, 1-NAPHTHALENYL- • U-5227 • UN 1651 • UREA,1-(1-NAPHTHYL)-2-THIO- • USAF EK-P-5976

EPA NAME: ARAMITE
CAS: 140-57-8
SYNONYMS: ACRACIDE • ARACIDE • ARAMITE • ARMITEAR-ARAMITE-15W • ARATRON • BUTYLPHENOXYISO-PROPYLCHLOROETHYL SULFITE • 2-(p-BUTYLPHENOXY) ISOPROPYL 2-CHLOROETHYL SULFITE • 2-(4-tert-BUTYL-PHENOXY)ISOPROPYL 2-CHLOROETHYL SULFITE • 2-(p-tert-BUTYLPHENOXY)ISOPROPYL 2′-CHLOROETHYL SULFITE • 2-(p-tert-BUTYLPHENOXY)-1-METHYLETHYL 2-CHLOROETHYL ESTER of SULPHUROUS ACID • 2-(p-BUTYLPHENOXY)-1-METHLYETHYL 2-CHLOROETHYL SULFITE • 2-(p-tert-BUTYLPHENOXY)-1-METHLYETHYL 2-CHLOROETHYL SULFITE ESTER • 2-(p-tert-BUTYLPHE-NOXY)-1-METHLYETHYL 2′-CHLOROETHYL SULPHITE • 2-(p-tert-BUTYLPHENOXY)-1-METHLYETHYL SULPHITE of 2-CHLOROETHANOL • 2-(p-tert-BUTYLPHENOXY)-2-PROPANOL-2-CHLOROETHYL SULFITE • CES • 2-CHLOROETHANOL-2-(p-tert-BUTYLPHENOXY)-1-METHYLETHYL SULFITE • 2-CHLOROETHANOL ESTER with 2-(p-tert-BUTYLPHENOXY)-1-METHYLETHYL SULFITE • β-CHLOROETHYL-β′-(p-tert-BUTYLPHENOXY)-α′-METH-YLETHYL SULFITE • β-CHLOROETHYL-β-(p-tert-BUTYL-PHENOXY)-α-METHYLETHYL SULPHITE • 2-CHLOROETH-YL 1-METHYL-2(p-tert-BUTYLPHENOXY)ETHYL SULPHITE

• 2-CHLOROETHYL SULFUROUS ACID-2-(4-(1,1-DIMETH-YLETHYL)PHENOXY)-1-METHYLETHYL ESTER • 2-CHLO-ROETHYL SULPHITE of 1-(p-tert-BUTYLPHENOXY)-2-PRO-PANOL • COMPOUND 88R • ENT 16519 • ISOPROPYL 2-CHLOROETHYL SULFITE • NIAGRAMITE • ORTHO-MITE • 88-R • SULFUROUS ACID, 2-CHLOROETHYL 2-(4-(1,1-DI-METHYLETHYL)PHENOXY)-1-METHYLETHYL ESTER • SULFUROUS ACID, 2-(p-tert-BUTYLPHENOXY)-1-METHYL-ETHYL-2-CHLOROETHYL ESTER

EPA NAME: AROCLOR 1016
CAS: 12674-11-2
SYNONYMS: AROCHLOR 1016 • PCB-1016 • POLYCHLORINAT-ED BIPHENYL (AROCLOR 1016) • STCC 4861666 • UN 2315

EPA NAME: AROCLOR 1221
CAS: 11104-28-2
SYNONYMS: AROCHLOR 1221 • CHLORIERTE BIPHENYLE, CHLORGEHALT 21% (German) • CHLORODIPHENYL (21% CI) • PCB-1221 • POLYCHLORINATED BIPHENYL (AROC-LOR 1221) • RTECS No. TQ1352000 • STCC 4861666 • UN 2315

EPA NAME: AROCLOR 1232
CAS: 11141-16-5
SYNONYMS: AROCHLOR 1232 • CHLORIERTE BIPHENYLE, CHLORGEHALT 32% (German) • CHLORODIPHENYL (32% CI) • PCB-1232 • POLYCHLORINATED BIPHENYL (AROC-LOR 1232) • RTECS No. TQ1354000 • STCC 4861666 • UN 2315

EPA NAME: AROCLOR 1242
CAS: 53469-21-9
SYNONYMS: AROCHLOR 1242 • CHLORIERTE BIPHENYLE, CHLORGEHALT 42% (German) • CHLORODIPHENYL (42% CI) • PCB-1242 • POLYCHLORINATED BIPHENYL (AROC-LOR 1242) • RTECS No. TQ1356000 • STCC 4861666 • UN 2315

EPA NAME: AROCLOR 1248
CAS: 12672-29-6
SYNONYMS: AROCHLOR 1248 • CHLORIERTE BIPHENYLE, CHLORGEHALT 48% (German) • CHLORODIPHENYL (48% CI) • PCB-1248 • POLYCHLORINATED BIPHENYL (AROC-LOR 1248) • RTECS No. TQ13580000 • STCC 4861666 • UN 2315

EPA NAME: AROCLOR 1254
CAS: 11097-69-1
SYNONYMS: AROCHLOR 1254 • CHLORIERTE BIPHENYLE, CHLORGEHALT 54% (German) • CHLORODIPHENYL (54% CI) • PCB-1254 • POLYCHLORINATED BIPHENYL (AROC-LOR 1254) • RTECS No. TQ1360000 • STCC 4861666 • UN 2315

EPA NAME: AROCLOR 1260
CAS: 11096-82-5
SYNONYMS: AROCHLOR 1260 • CHLORIERTE BIPHENYLE, CHLORGEHALT 60% (German) • CHLORODIPHENYL (60% CI) • PCB-1260 • POLYCHLORINATED BIPHENYL (AROCLOR 1260) • RTECS No. TQ13620000 • STCC 4861666 • UN 2315

EPA NAME: ARSENIC
CAS: 7440-38-2
SYNONYMS: ACCUSPIN ASX-10 SPIN-ON DOPANT • ARSEN (German, Polish) • ARSENICALS • ARSENIC-75 • ARSENIC BLACK • ARSENIC, METALLIC • ARSENIC, SOLID • ARSENICO (Spanish) • AS-120 • AS-217 • BRIGHTENER E-3 • COLLOIDAL ARSENIC • GREY ARSENIC • METALLIC ARSENIC • RUBY ARSENIC • REALGAR • BUTTER OF ARSENIC • RTECS No. CG0525000 • TOXIC CHEMICAL CATEGORY CODE, N020 • UN 1558

EPA NAME: ARSENIC ACID
CAS: 1327-52-2
SYNONYMS: ACIDO ARSENICO (Spanish) • ARSENATE • ARSENIC PENTOXIDE • O-ARSENIC ACID • ORTHOARSENIC ACID • RCRA No. P010 • ZOTOX • RTECS No. CG0700000 • STCC 4923106 • UN 1553 (liquid) • UN 1554 (solid)

EPA NAME: ARSENIC ACID
CAS: 7778-39-4
SYNONYMS: ACIDE ARSENIQUE LIQUIDE (French) • ACIDO ARSENICO (Spanish) • o-ARSENIC ACID • ARSENATE • ortho-ARSENIC ACID • ARSENATE • DESICCANT L-10 • HI-YIELD DESICCANT H-10 • ORTHOARSENIC ACID • RCRA No. PO10 • STCC 4923106 • ZOTOX • ZOTOX CRAB GRASS KILLER • UN 1553 (liquid) • UN 1554 (solid)

EPA NAME: ARSENIC DISULFIDE
CAS: 1303-32-8
SYNONYMS: DISULFURO de ARSENICO (Spanish) • REALGAR • RED ARSENIC GLASS • RED ARSENIC SULFIDE • RED ORPIMENT • RUBY ARSENIC • STCC 4923208 • UN 1557

EPA NAME: ARSENIC PENTOXIDE
CAS: 1303-28-2
SYNONYMS: ANHYDRIDE ARSENIQUE (French) • ARSENIC ACID ANHYDRIDE • ARSENIC ANHYDRIDE • ARSENIC OXIDE • ARSENIC(V) OXIDE • ARSENIC ACID ANHYDRIDE • ARSENIC PENTAOXIDE • DIARSENIC PENTOXIDE • FOTOX • PEROXIDO de ARSENICO (Spanish) • RCRA No. P011 • RTECS No. CG2275000 • STCC 4923112 • UN 1559

EPA NAME: ARSENIC TRICHLORIDE
CAS: 7784-34-1
[see ARSENOUS TRICHLORIDE]

EPA NAME: ARSENIC TRIOXIDE
CAS: 1327-53-3
SYNONYMS: ACIDE ARSENIEUX (French) • ANHYDRIDE ARSENIEUX (French) • ARSENIC BLANC (French) • ARSENIC(III) OXIDE • ARSENIC SESQUIOXIDE • ARSENIC TRIOXIDE, SOLID • ARSENICUM ALBUM • ARSENIGEN SAURE (German) • ARSENIOUS ACID • ARSENIOUS OXIDE • ARSENIOUS TRIOXIDE • ARSENOUS OXIDE • ARSENITE • ARSENOLITE • ARSENOUS ACID • ARSENOUS ACID ANHYDRIDE • ARSENOUS ANHYDRIDE • ARSENOUS OXIDE • ARSENOUS OXIDE ANHYDRIDE • ARSENIC SESQUIOXIDE • ARSENTRIOXIDE • ARSODENT • EEC No. 033-003-00-0 • EINECS No. 215-481-4 • CLAUDELITE • CLAUDETITE • CRUDE ARSENIC • DIARSENIC TRIOXIDE • RCRA No. P012 • RTECS No. CG3325000 • SPINRITE ARSENIC • STCC 4923115 • TRIOXIDO de ARSENICO (Spanish) • WHITE ARSENIC • UN 1561

EPA NAME: ARSENIC TRISULFIDE
CAS: 1303-33-9
SYNONYMS: ARSENIC SULFIDE • ARSENIC SESQUISULFIDE • ARSENIC SULFIDE YELLOW • ARSENIC TERSULFIDE • ARSENIC YELLOW • ARSENOUS SULFIDE • AURIPIGMENT • C.I. 77086 • C.I. PIGMENT YELLOW • DIARSENIC TRISULFIDE • KING'S GOLD • KING'S YELLOW • ORPIMENT • YELLOW ARSENIC SULFIDE • RTECS No. CG2638000 • STCC 4923222 • TRISULFURO de ARSENICO (Spanish) • UN 1557

EPA NAME: ARSENOUS OXIDE
[see ARSENIC TRIOXIDE]
CAS: 1327-53-3

EPA NAME: ARSENOUS TRICHLORIDE
CAS: 7784-34-1
SYNONYMS: ARSENIC BUTTER • ARSENIC CHLORIDE • ARSENIC(III) CHLORIDE • ARSENIC TRICHLORIDE • ARSENOUS CHLORIDE • ARSENOUS TRICHLORIDE • ARSENOUS TRICHLORIDE (9CI) • BUTTER OF ARSENIC • CAUSTIC ARSENIC CHLORIDE • CHLORURE d'ARSENIC (French) • EEC No. 033-002-00-5 • FUMING LIQUID ARSENIC • TRICHLOROARSINE • TRICHLORURE d'ARSENIC (French) • TRICLORURO de ARSENICO (Spanish) • RTECS No. CG1750000 • STCC 4923209 • UN 1560

EPA NAME: ARSINE
CAS: 7784-42-1
SYNONYMS: ARSENIC ANHYDRIDE • ARSENIC TRIHYDRIDE • ARSENIURETTED HYDROGEN • ARSENOUS HYDRIDE • ARSENOWODOR (Polish) • ARSENWASSERSTOFF (German) • ARSINA (Spanish) • HYDROGEN ARSENIDE • RTECS No. CG6475000 • STCC 4920135 • UN 2188

EPA NAME: **ASBESTOS (FRIABLE)**
CAS: 1332-21-4
SYNONYMS: AMIANTHUS • AMOSITE (OBS) • AMPHIBOLE • ASBEST (German) • ASBESTO (Spanish) • ASBESTOSE (German) • ASBESTOS FIBER • ASCARITE • FIBEROUS GRUNERITE • NCI-C08991 • SERPENTINE • RTECS No. CI6475000 • STCC 4945705 • STCC 4945706 (WHITE) • NA 2212 (blue, brown) • UN 2590 (white)

EPA NAME: **ATRAZINE**
CAS: 1912-24-9
SYNONYMS: A 361 • AATRAM • AATREX • AATREX 4L • AATREX NINE-O • AATREX 80W • AATREX HERBICIDE • ACTINITE PK • 2-AETHYLAMINO-4-CHLOR-6-ISOPROPYLAM INO-1,3,5-TRIAZIN (German) • AI3-28244 • AKTIKON • AKTIKON PK • AKTINIT A • AKTINIT PK • ARGEZIN • ATAZINAX • ATRANEX • ATRASINE • ATRATOL • ATRATOL A • ATRAZIN • ATRAZIN 80 • ATRAZINA (Spanish) • ATRED • ATREX • CANDEX • CASWELL No. 063 • CEKUZINA-T • 2-CHLORO-4-ETHYLAMINEISOPROPYLAMINE-S-TRIAZINE • 1-CHLORO-3-ETHYLAMINO-5-ISOPROPYLAMINO-S-TRIAZINE • 1-CHLORO-3-ETHYLAMINO-5-ISOPROPYLAMINO-2,4,6-TRIAZINE • 2-CHLORO-4-ETHYLAMINO-6-ISOPROPYLAMINO-S-TRIAZINE • 2-CHLORO-4-ETHYLAMINO-6-ISOPROPYLAMINO-1,3,5-TRIAZINE • 6-CHLORO-N-ETHYL-N'-(1-METHYLETHYL)-1,3,5-TRIAZINE-2,4-DIAMINE • 2-CHLORO-4-ETHYLAMONO-6-ISOPROPYLAMINO- • 6-CHLORO-N-ETHYL-N-ISOPROPYL-1,3,5-TRIAZINEDIYL-2,4-DIAMINE • 2-CHLORO-4-(2-PROPYLAMINO)-6-ETHYLAMINO-S-TRIAZINE • CRISAZINE • CHROMOZIN • CRISATRINA • CRISAZINE • CYAZIN • EPA PESTICIDE CHEMICAL CODE 080803 • 2-ETHYLAMINO-4-ISOPROPYL-AMINO-6-CHLORO-s-TRIAZINE • FARMCO ATRIZINE • FENAMIN • FENAMINE • FENATROL • G30027 • GEIGY 30,027 • GESAPRIM • GESAPRIM 50 • GESAPRIM 500L • GESOPRIM • GRIFFEX • HUNGAZIN • HUNGAZIN PK • INAKOR • NEW CHLOREA • NSC 163046 • OLEOGESAPRIM • PENATROL • PLANT EXTRACT, CORN GROWN IN ATRIZINE-TREATED SOIL • PRIMATOL • PRIMATOL A • PRIMAZE • RADAZIN • RADIZINE • RESIDOX • TRIPART ATRAZINE 50 SC • SHELL ATRAZINE HERBICIDE • STRAZINE • TRIAZINE A 1294 • s-TRIAZINE, ZEAZIN • s-TRIAZINE, 2-CHLORO-4-(ETHYLAMINO)-6-(ISOPROPYLAMINO)- • 1,3,5-TRIAZINE-2,4-DIAMINE,6-CHLORO-N-ETHYL-N'-(1-METHYLETHYL)- • 1,3,5-TRIAZINE-2,4-DIAMINE,6-CHLORO-N-ETHYL-N'-(1-METHYLETHYL)-(9CI) • VECTAL • VECTAL SC • WEEDEX • WEEDEX A • WONUK • ZEAPOS • ZEAZIN • ZEAZIN 50 • ZEAZINE • RTECS No. XY5600000 • UN 2763 (triazine pesticide, solid, toxic, n.o.s.)

EPA NAME: **AURAMINE**
[*see* C.I. SOLVENT YELLOW 34]
CAS: 492-80-8

EPA NAME: AVERMECTIN B1
[see ABAMECTIN]
CAS: 71751-41-2

EPA NAME: AZASERINE
CAS: 115-02-6
SYNONYMS: AZASERIN • 1-AZASERINE • AZS • CI-337 • CL-377 • CN-15,757 • DIAZOACETATE (ESTER)-1-SERINE • 1-DIAZOACETATE (ESTER)-1-SERINE • DIAZO-ACETIC ACID ESTER WITH SERINE • o-DIAZOACETYL-1-SERINE • NSC-742 • P-165 • RCRA No. U015 • 1-SERINE DIAZOACETATE • 1-SERINE DIAZOACETATE (ESTER) • RTECS No. VT9625000

EPA NAME: 1H-AZEPINE-1-CARBOTHIOIC ACID, HEXAHYDRO-S-ETHYL ESTER
(see MOLINATE]
CAS: 2212-67-1

EPA NAME: AZINPHOS-ETHYL
CAS: 2642-71-9
SYNONYMS: ATHYL-GUSATHION • AZINFOS-ETHYL (Dutch) • AZINOS • AZINPHOS-AETHYL (German) • AZINPHOS ETILE (Italian) • BAY 16225 • BAYER 16259 • BENZOTRIAZINE derivative of an ETHYL DITHIOPHOSPHATE • COTNION-ETHYL • CRYSTHION • CRYSTHYON • ETHYL AZINPHOS • O,O-DIETHYL-S-(4-OXOBEZOTRIAZIN-3-METHYL)-DITHIOPHOSPHAT (German) • 4-O,O,O-DIETHYL-S-((4-OXO-3H-1,2,3-BEZOTRIAZIN-3-YL)-METHYL)-DITHIOPHOSPHAT (German) • O,O-DIETHYL-S-((4-OXO-3H-1,2,3-BEZOTRIAZINE-3-YL) METHYL)-DITHIOPHOSPHATE • O,O-DIETHYL-S-(4-OXOBEZOTRIAZINO-3-METHYL)-PHOSPHORODITHIOATE • O,O-DIETHYLPHOSPHORODITHIOATE-ESTER WITH 3-(MERCAPTOMETHYL)-1,2,3-BENZOTRIAZIN-4(3H)-ONE • O,O-DIETHYL-S-((4-OXO-3H-1,2,3-BENZOTRIAZIN-3YL)METHYL)-DITHIO FOSFAAT (Dutch) • O,O-DIETIL-S-((4-OXO-3H-1,2,3-BEZOTRIAZIN-3IL)METIL)-DITIOFOSFATO (Italian) • 3,4-DIHYDRO-4-OXO-3-BENZOTRIAZINYLMETHYL O,O-DIETHYL PHOSPHORODITHIOATE • S-(3,4-DIHYDRO-4-OXO-1,2,3-BENZOTRIAZIN-3-YLMETHYL)O,O-DIETHYL PHOSPHORODITHIOATE • ENT 22,014 • ETHYL GUTHION • ETIL AZINFOS (Spanish) • ETILTRIAZOTION • GUSATHION A • GUSATHION A INSECTICIDE • GUSATHION ETHYL • GUTHION ETHYL • GUTHION INSECTICIDE • R 1513 • TRIAZOTION (Russian) • RTECS No. TD8400000

EPA NAME: AZINPHOS-METHYL
CAS: 86-50-0
SYNONYMS: AZINFOS-METHYL (Dutch) • AZINPHOSMETILE (Italian) • AZINPHOS-METHYL • AZINPHOS-METHYL GUTHION • BAY 9027 • BAYER 17147 • BENZOTRIAZINE derivative of a METHYL DITHIOPHOSPHATE • BENZOTRIAZINEDITHIOPHOSPHORIC ACID DIMETHOXY ESTER • CARFENE • COTNION METHYL • CRYSTHION 2L • CRYS-

THYON • DBD • S-(3,4-DIHYDRO-4-OXOBENZO
[a][1,2,3]TRIAZIN-3-YLMETHYL)O,O-DIMETHYL PHOSPHO-
RODITHIOATE • S-(3,4-DIHYDRO-4-OXOBENZOL [d]
[1,2,3]TRIAZIN-3-YLMETHYL) O,O-DIMETHYL PHOSPHO-
RODITHIOATE • S-(3,4-DIHYDRO-4-OXO-1,2,3-BENZO-
TRIAZIN-3-YLMETHYL)O,O-DIMETHYL PHOSPHORODITH-
IOATE • O,O-DIMETHYL-S-(1,2,3-BEZOTRIAZINYL-4-KETO)
METHYLPHOSPHORODITHIOATE • O,O-DIMETHYL-S-(3,4-
DIHYDRO-4-KETO-1,2,3-BEZOTRIAZINYL-3-METHYL) • DI-
THIOPHOSPHATE • O,O-DIMETHYL-S-(4-OXO-1,2,3-BEZO-
TRIAZIN-3(4H)-YL METHYL)PHOSPHORODITHIOATE •
DIMETHYLDITHIOPHOSPHORIC ACID N-METHYL-
BENZAZIMIDE ESTER • O,O-DIMETHYL-S-(4-OXO-3H-1,2,3-
BENZOTRIAZINE-3-METHYL) PHOSPHORODITHIOATE •
O,O-DIMETHYL-S-(4-OXO-BENZOTRIAZINO-3-METHYL)
PHOSPHORODITHIOATE • O,O-DIMETHYL-S-(4-OXO-1,2,3-
BENZOTRIAZINO(3)-METHYL)THIOPHOSPHORODITH-
IOATE • O,O-DIMETHYL-S-(4-OXO-3H-1,2,3-BENZOTRIAZIN-
3-YL)-METHYL)DITHIOFOSFAAT (Dutch) • O,O-DIMETHYL-
S-((4-OXO-3H-1,2,3-BENZOTRIAZIN-3-YL)-METHYL)
DITHIOPHOSPHAT (German) • O,O-DIMETHYL-S-OXO-1,2,3-
BENZOTRIAZIN-3-(4H)-YL-METHYL)PHOSPHODITHIOATE
• O,O-DIMETIL-S-((4-OXO-3H-1,2,3-BENZOTRIAZIN-3-IL-ME-
TIL)-DITIOFOSFATO (Italian) • ENT 23,233 • GOTHNION •
GUSATHION • GUSATHION INSECTICIDE • GUSATHION M
• GUTHION • GUTHION INSECTICIDE • 3-(MERCAPTO-
METHYL)-1,2,3-BENZOTRIAZIN-4(3H)-ONE-O,O-DIMETHYL
PHOSPHORODITHIOATE • 3-(MERCAPTOMETHYL)-1,2,3-
BENZOTRIAZIN-4(3H)-ONE-O,O-DIMETHYL PHOS- PHORO-
DITHIOATE-S-ESTER • METHYL AZINPHOS • n-METHYL-
BENZAZIMIDE, DIMETHYLDITHIOPHOSPHORIC ACID
ESTER • METHYL GUTHION • METIL AZINFOS (Spanish) •
METILTRIAZOTION • NCI-C00066 • R 1582 • RTECS No.
TE1925000 • STCC 4921528 • UN 2783

EPA NAME: AZIRIDINE
[see ETHYLENEIMINE]
CAS: 151-56-4

EPA NAME: AZIRIDINE, 2-METHYL-
[see PROPYLENEIMINE]
CAS: 75-55-8

- B -

EPA NAME: BARBAN
CAS: 101-27-9
SYNONYMS: BARBAN CARBAMATE HERBICIDE ● BARBANE, CARBYNE ● 4-CHLORO-2-BUTYNYL-(3-CHLOROPHENYL) CARBAMATE ● UN 2757 (carbamate pesticides, solid, toxic) ● UN 2992 (carbamate pesticides, liquid, toxic)

EPA NAME: BARIUM
CAS: 7440-39-3
SYNONYMS: BARIO (Spanish) ● BARIUM, ELEMENTAL ● BARIUM METAL ● EINECS No. 231-149-1 ● RCRA No. D005 ● RTECS No. CA8370000 ● TOXIC CHEMICAL CATEGORY CODE, N040 ● UN 1400

EPA NAME: BARIUM CYANIDE
CAS: 542-62-1
SYNONYMS: BARIUM CYANIDE, SOLID ● BARIUM DICYANIDE ● CIANURO BARICO (Spanish) ● RCRA No. P013 ● RTECS No. CQ8785000 ● STCC 4923410 ● UN 1565

EPA NAME: BENDIOCARB
CAS: 22781-23-3
SYNONYMS: AI3-27695 ● BENCARBATE ● BENDIOCARBE ● 1,3-BENZODIOXOLE, 2,2-DIMETHYL-1,3-BENZODIOXOL-4-OL METHYLCARBAMATE ● 2,2-DIMETHYL-4-(N-METHYL-AMINOCARBOXYLATO)- ● 1,3-BENZODIOXOLE, 2,2-DIMETHYL-4-(N-METHYLCARBAMATO)- ● 1,3-BENZODIOXOL-4-OL, 2,2-DIMETHYL-,METHYLCRBAMATE ● BICAM ULV ● CARBAMIC ACID, METHYL-, 2,3-(ISOPROPYLIDENE-DIOXY)PHENYL ESTER ● CARBAMIC ACID, METHYL-, 2,3-(DIMETHYLMETHYLENEDIOXY)PHENYL ESTER 2,2-DIMETHYL-1,3-BENZODIOXOL-4-YL-N-METHYLCARBAMATE ● 2,2-DIMETHYLBENZO-1,3-BENZODIOXOL-4-YL-N-METHYLCARBAMATE ● 2,2-DIMETHYL-4-(N-METHYL-AMINOCARBOXYLATO)-1,3-BENXODIOXOLE ● 2,2-DIMETHYLBENZO-1,3-DIOXOL-4-YL METHYLCARBAMATE ● DYCARB ● FICAM ● FICAM D ● FICAM ULV ● FICAM W ● FICAM 80W ● FUAM ● GARVOX ● GARVOX 3G ● MC 6897 ● 2,3-ISOPROPYLIDENE-DIOXYPHENYL METHYL-CARBAMATE ● METHYLCARBAMIC ACID 2,3-(ISOPROPYLIDENEDIOXY)PHENYL ESTER ● MULTAMAT ● MULTIMET ● NC 6897 ● NIOMIL ● OMS-1394 ● RCRA No. U278 ● ROTATE ● RTECS No. FC1140000 ● SEEDOX ● SEEDOX SC ● TATTOO ● TURCAM ● UN 2757 (carbamate pesticides, solid, toxic, n.o.s.)

EPA NAME: BENDIOCARB PHENOL
CAS: 22961-82-6
SYNONYMS: RCRA No. U364

EPA NAME: BENEZENEAMINE, 2,6-DINITRO-N,N-DIPROPYL-4-(TRIFLUOROMETHYLANILINE)
[see TRIFLURALIN]
CAS: 1582-09-8

EPA NAME: BENFLURALIN
CAS: 1861-40-1
SYNONYMS: BALAN • BALFIN • BENEFEX • BENEFIN • BENFLURALINE • BENZENAMINE, N-BUTYL-N-ETHYL-2,6-DINITRO-4-(TRIFLUOROMETHYL)- • BETHRODINE • BLULAN • N-BUTYL-2,6-DINITRO-N-ETHYL-4-TRIFLUOROMETHYLANILINE • N-BUTYL-N-ETHYL-2,6-DINITRO-4-TRIFLUOROMETHYLBENZENAMINE • N-BUTYL-N-ETHYL-2,6-DINITRO-4-(TRIFLUROMETHYL)BENZENEAMINE • N-BUTYL-N-ETHYL-2,6-DINITRO-4-TRIFLUOROMETHYLANILINE • N-BUTYL-N-ETHYL-α,α,α-TRIFLUORO-2,6-DINITRO-p-TOLUIDINE • CASWELL No. 130 • EL-110 • EMBLEM • EPA PESTICIDE CHEMICAL CODE 084301 • QUILAN • RTECS No. XU4550000 • p-TOLUIDINE,N-BUTYL-N-ETHYL-α,α,α-TRIFLUORO-2,6-DINITRO- • α,α,α-TRIFLUORO-2,6-DINITRO-N,N-ETHYLBUTYL-p-TOLUIDINE

EPA NAME: BENOMYL
CAS: 17804-35-2
SYNONYMS: AGROCIT • ARILATE • BBC • BENEX • BENLAT • BENLATE • BENLATE 50 • BENLATE 40 W • BENLATE 50 W • BENOMILO (Spanish) • BENOMYL (ISO) • 2-BENZIMIDAZOLECARBAMIC ACID, 1-(BUTYLCARBAMOYL)-, METHYL ESTER • BNM • 1-(BUTYLAMINO)CARBONYL-1H-BENZIMIDAZOL-2-YL-, METHYL ESTER • 1-(BUTYLCARBAMOYL)-2-BENZIMIDAZOLEC ARBAMIC ACID, METHYL ESTER • 1-(n-BUTYLCARBAMOYL)-2-(METHOXY-CARBOXAMIDO)-BENZAMIDAZOL (German) • 1-(n-BUTYLCARBAMOYL)-2-(METHOXY-CARBOXAMIDO)-BENZIMIDAZOL (German) • CARBAMIC ACID, 1-(BUTYLAMINO)CARBONYL- 1H-BENZIMIDAZOL-2YL, METHYL ESTER • D 1991 • DUPONT 1991 • F 1991 • FUNDAZOL • FUNGICIDE 1991 • MBC • METHYL 1-(BUTYLCARBAMOYL)-2-BENZIMIDAZOLYLCARBAMATE • RCRA No. U271 • RTECS No. DD6475000 • TARSAN • TERSAN 1991

EPA NAME: BEN[c]ACRIDINE
CAS: 225-51-4
SYNONYMS: 12-AZABENZ(a)ANTHRACENE • B(c)AC • 3,4-BENZACRIDINE • 7,8-BENZACRIDINE • 3,4-BENZOACRIDINE • α-CHRYSIDINE • α-NAPHTHACRIDINE • RCRA No. U016 • RTECS No. CU2975000

EPA NAME: BENZAL CHLORIDE
CAS: 98-87-3
SYNONYMS: BENZYL DICHLORIDE • BENZYLENE CHLORIDE • BENZYLIDENE CHLORIDE • CHLOROBENZAL • CHLORURE de BENZYLIDENE (French) • CLORURO de BENZAL

(Spanish) • (DICHLOROMETHYL)BENZENE • α,α-DICHLO-
ROTOLUENE • EEC No. 602-058-00-8 • TOLUENE, α,α-DI-
CHLORO- • BENZENE, DICHLORO METHYL- • RCRA No.
U017 • RTECS No. CZ5075000 • UN 1886

EPA NAME: BENZAMIDE
CAS: 55-21-0
SYNONYMS: BENZAMIDA (Spanish) • BENZOIC ACID AMIDE •
BENZOYLAMIDE • PHENYLCARBOXYAMIDE • RTECS No.
CU8700000

EPA NAME: BENZAMIDE, 3,5-DICHLORO-N-(1,1-DIMETH-YL-2-PROPYNYL)
[see PRONAMIDE]
CAS: 23950-58-5

EPA NAME: BENZ[a]ANTHRACENE
CAS: 56-55-3
SYNONYMS: A13-50599 • BA • BENZANTHRACENE • 1,2-BEN-
ZANTHRACENE • 1,2-BENZ(a)ANTRHRACENE • 1,2-BEN-
ZANTHRAZEN (German) • BENZANTHRENE • 1,2-BENZAN-
THRENE • BENZO(a)ANTHRENE • BENZO(a)ANTHRACENE
• 1,2-BENZO(a)ANTHRACENE • BENZO(b)PHENANTHRENE
• 2,3-BENZOPHENANTHRENE • 2,3-BENZPHENANTHRENE
• NAPHTHAANTHRACENE • NSC 30970 • RCRA No. U018 •
TETRAPHENE • RTECS No. CV9275000

EPA NAME: BENZENEAMINE, 3-(TRIFLUOROMETHYL)-
CAS: 98-16-8
SYNONYMS: m-AMINOBENZAL FLUORIDE • m-AMINOBEN-
ZALTRIFLUORIDE • m-AMINOBENZOTRIFLUORIDE • 3-
AMINOBENZOTRIFLUORIDE • m-(TRIFLUOROMETHYL)
ANILINE • 3-(TRIFLUOROMETHYL)ANILINE • m-(TRIFLU-
OROMETHYL)BENZENAMINE • 3-(TRIFLUOROMETHYL)
BENZENAMINE • USAF MA-4 • RTECS No. XU9180000

EPA NAME: BENZENE
CAS: 71-43-2
SYNONYMS: (6) ANNULENE • BENCENO (Spanish) • BENZEEN
(Dutch) • BENZELENE • BENZEN (Polish) • BENZOL • BEN-
ZOLE • BENZELENE • BENZOLO (Italian) • BICARBURET of
HYDROGEN • CARBON OIL • CARBON NAPHTHA • COAL
NAPHTHA • COAL NAPHTHA, PHENYL HYDRIDE • COAL
TAR NAPHTHA • CYCLOHEXATRIENE • EEC No. 601-020-
00-8 • EINECS No. 200-753-7 • FENZEN (Chech) • MINERAL
NAPHTHA • MOTOR BENZOL • NCI-C55276 • NITRATION
BENZENE • PHENYL HYDRIDE • PHENE • PYROBENZOL •
PYROBENZOLE • RCRA No. U109 • RTECS No. CY1400000 •
STCC 4908110 • UN 1114

EPA NAME: BENZENEACETIC ACID, 4-CHLORO-α-(4-CHLOROPHENYL)-α-HYDROXY-, ETHYL ESTER
[see CHLOROBENZILATE]
CAS: 510-15-6

EPA NAME: BENZENEAMINE, N-HYDROXY-N-NITROSO, AMMONIUM SALT
[see CUPFERRON]
CAS: 135-20-6

EPA NAME: BENZENEARSONIC ACID
CAS: 98-05-5
SYNONYMS: ACIDO FENILARSONICO (Spanish) • PHENYL ARSENIC ACID • PHENYLARSONIC ACID • RTECS No. CY3150000

EPA NAME: BENZENE, 1-(CHLOROMETHYL)-4-NITRO-
CAS: 100-14-1
SYNONYMS: p-NITROBENZYL CHLORIDE • α-CHLORO-p-NITROTOLUENE • RTECS No. XS9093000

EPA NAME: 1,3-BENZENEDICARBONITRILE,2,4,6,6-TETRACHLORO-
[see CHLOROTHALONIL]
CAS: 1897-45-6

EPA NAME: BENZENE, 2,4-DICHLORO-1-(4-NITROPHENOXY)-
[see NITROFEN]
CAS: 1836-75-5

EPA NAME: BENZENE, 2,4-DIISOCYANATO-1-METHYL-
[see TOLUENE-2,4-DIISOCYANATE]
CAS: 584-84-9

EPA NAME: BENZENE, 1,3-DIISOCYANATO-2-METHYL-
[see TOLUENE-2,6-DIISOCYANATE]
CAS: 91-08-7

EPA NAME: BENZENE, 1,3-DIISOCYANATOMETHYL-
[see TOLUENEDIISOCYANATE (MIXED ISOMERS)]
CAS: 26471-62-5

EPA NAME: BENZENE-m-DIMETHYL-
[see m-XYLENE]
CAS: 108-38-3

EPA NAME: BENZENE-o-DIMETHYL
[see o-XYLENE]
CAS: 95-47-6

EPA NAME: BENZENE-p-DIMETHYL
[see p-XYLENE]
CAS: 106-42-3

EPA NAME: BENZENEETHANAMINE,α,α-DIMETHYL-
CAS: 122-09-8
SYNONYMS: α, α-DIMETHYLPHENETHYLAMINE • 1,1-DIMETHYL-2-PHENYLETHANEAMINE • α, α-DIMETHYL-β-PHENYLETHYLAMINE • DUROMINE • IONAMIN • LIPO-

PILL • LONAMIN • MG 18370 • MG 18570 • MIRAPRONT • PHENTERMINE • 2-PHENYL-tert-BUTYLAMINE • RCRA No. P046 • RTECS No. SH4025000 • WILPO

EPA NAME: BENZENEMETHANOL, 4-CHLORO-α-(4-CHLOROPHENYL)-α-(TRICHLOROMETHYL)-
[see DICOFOL]
CAS: 115-32-2

EPA NAME: BENZENESULFONYL CHLORIDE
CAS: 98-09-9
SYNONYMS: BENZENESULFONIC ACID CHLORIDE • BENZENESULFONYL CHLORIDE • BENZENE SULFONECHLORIDE • BENZENE SULFONE-CHLORIDE • BENZENESULFONIC (ACID) CHLORIDE • BENZENOSULFOCHLOREK (Polish) • BENZENOSULPHOCHLORIDE • BENZENE SULFOCHLORIDE • BSC-REFINED D • BENZENESULFONIC ACID CHLORIDE • RCRA No. U020 • RTECS No. DB8750000 • UN 2225

EPA NAME: BENZENETHIOL
CAS: 108-98-5
SYNONYMS: EINECS No. 203-635-3 • MERCAPTOBENZENE • PHENOL, THIO- • PHENYL MERCAPTAN (DOT) • PHENYLTHIOL • RCRA No. P014 • RTECS No. DC0525000 • THIOPHENOL • USAF XR-19 • UN 2337

EPA NAME: BENZENE,1,1'-(2,2,2-TRICHLOROETHYLIDENE)BIS[4-METHOXY-]
[see METHOXYCHLOR]
CAS: 72-43-5

EPA NAME: BENZIDINE
CAS: 92-87-5
SYNONYMS: BENCIDINA (Spanish) • BENZIDIN (Czech) • BENZIDINA (Italian) • BENZYDYNA (Polish) • P,P-BIANILINE • 4,4'-BIANILINE • (1,1'-BIFENYL)-4,4'-DIAMINE • (1,1'-BIPHENYL)-4,4'-DIAMINE (9CI) • 4,4'-BIPHENYLDIAMINE • BIPHENYL, 4,4'-DIAMINO- • 4,4'-BIPHENYLENEDIAMINE • C.I. 37225 • C.I. AZOIC DIAZO • C.I. AZOIC DIAZO COMPONENT 112 • COMPONENT 112 • P,P'-DIAMINOBIPHENYL • 4,4'-DIAMINOBIPHENYL • 4,4'-DIAMINO-1,1'-BIPHENYL • P-DIAMINODIPHENYL • 4,4'-DIAMINODIPHENYL • P,P'-DIANILINE • 4,4'-DIPHENYLENEDIAMINE • EEC No. 612-042-00-2 • (1,1'-BIPHENYL)-4,4'DIAMINE • FAST CORINTH BASE B • NCI-C03361 • RCRA No. U021 • RTECS No. DC9625000 • UN 1885

EPA NAME: BENZIMIDAZOLE, 4,5-DICHLORO-2-(TRIFLUOROMETHYL)-
CAS: 3615-21-2
SYNONYMS: CHLORFLURAZOLE • CHLOROFLURAZOLE • 4,5-DICHLORO-2-TRIFLUOROMETHYLBENZIMIDAZOLE • NC 3363 • RTECS No. DD7350000

EPA NAME: BENZO[b]FLUORANTHENE
CAS: 205-99-2
SYNONYMS: B(b)F • 3,4-BENZ(e)ACEPHENANTHRYLENE • BENZ(e)ACEPHENANTHRYLENE • 3,4-BENZFLUORANTHENE • 2,3-BENZFLUORANTHENE • 2,3-BENZOFLUORANTHENE • 3,4-BENZOFLUORANTHENE • 4,5-BENZOFLUORANTHENE • BENZO(e)FLUORANTHENE • 3,4-BENZFLUORANTHRENE • 2,3-BENZFLUORANTHRENE • NSC 89265 • RTECS No. DF6350000

EPA NAME: BENZO[j]FLUORANTHENE
CAS: 205-82-3
SYNONYMS: 10,11-BENZFLUORANTHENE • BENZ(j)FLUORANTHENE • 10, 11-BENZOFLOURANTHENE • BENZO-12,13-FLOURANTHENE • 7,8-BENZOFLOURANTHENE • BENZO(l)FLOURANTHENE • B(j)F • DIBENZO(a,jk)FLUORENE • RTECS No. DF6300000

EPA NAME: BENZO[k]FLUORANTHENE
CAS: 207-08-9
SYNONYMS: 8,9-BENZFLUORANTHENE • BENZ(k)FLUORANTHENE • 11,12-BENZOFLOURANTHENE, 19,9-BENZOFLOURANTHENE • 11,12-BENZO(k)FLOURANTHENE • 2,3,1′,8′-BINAPHTHYLENE • DIBENZO(b,jk)FLUORINE • RTECS No. DF6350000

EPA NAME: BENZOIC ACID
CAS: 65-85-0
SYNONYMS: ACIDE BENZOIQUE (French) • ACIDO BENZOICO (Spanish) • BENZENECARBOXYLIC ACID • BENZENEFORMIC ACID • BENZENEMETHANOIC ACID • BENZOATE • BENZOESAEURE (German) • CARBOXYBENZENE • CARBOXYLBENZENE • DRACYCLIC ACID • EINECS No. 200-618-2 • KYSELINA BENZOOVA (Czech) • PHENYL CARBOXYLIC ACID • PHENYLFORMIC ACID • RETARDER BA • RETARDER BAX • SALVO • STCC 4966304 • TENNPLAS • RTECS No. DG0875000 • UN 9094

EPA NAME: BENZOIC ACID, 3-AMINO-2,5-DICHLORO-
[see CHLORAMBEN]
CAS: 133-90-4

EPA NAME: BENZOIC ACID, 5-(2-CHLORO-4-(TRIFLUOROMETHYL)PHENOXY)-2-NITRO-2-ETHOXY-1-METHYL-2-OXOETHY L ESTER
[see LACTOFEN]
CAS: 77501-63-4

EPA NAME: BENZOIC TRICHLORIDE
CAS: 98-07-7
SYNONYMS: BENZENE, TRICHLOROMETHYL- • BENZENYL CHLORIDE • BENZENYL TRICHLORIDE • BENZOTRICHLORIDE • BENZYLIDYNECHLORIDE • BENZOTRICLORURO (Spanish) • BENZYL TRICHLORIDE • CHLORURE de BENZE-

NYLE (French) • PHENYL CHLOROFORM • PHENYLCHLOROFORM • PHENYLTRICHLOROMETHANE • RCRA No. UO23 • RTECS No. XT9275000 • TOLUENE TRICHLORIDE • TRICHLOORMETHYLBENZEEN (Dutch) • TRICHLORMETHYLBENZOL (German) • TRICHLOROMETHYLBENZENE • 1-(TRICHLOROMETHYL)BENZENE • TRICHLOROPHENYLMETHANE • α, α, α-TRICHLOROTOLUENE • ω,ω,ω-TRICHLOROTOLUENE • TRICLOROMETILBENZENE (Italian) • TRICLOROTOLUENE (Italian)

EPA NAME: BENZONITRILE
CAS: 100-47-0
SYNONYMS: BENZENE, CYANO- • BENZENENITRILE • BENZOIC ACID NITRILE • BENZONITRILO (Spanish) • CYANOBENZENE • EEC No. 608-012-00-3 • EINECS No. 202-855-7 • FENYLKYANID • PHENYL CYANIDE • RTECS No. DI2450000 • STCC 4913134 • UN 2224

EPA NAME: BENZO(rst)PENTAPHENE
[see DIBENZ[a,i]PYRENE]
CAS: 189-55-9

EPA NAME: BENZO[ghi]PERYLENE
CAS: 191-24-2
SYNONYMS: 1,12-BENZPERYLENE • 1,12-BENZOPERYLENE • RTECS No. DI6200500

EPA NAME: BENZO(a)PHENANTHRENE
[see CHRYSENE]
CAS: 218-01-9

EPA NAME: BENZO(a)PYRENE
CAS: 50-32-8
SYNONYMS: B(a)P • BENZO(d,e,f)CHRYSENE • 3,4-BENZOPIRENE (Italian) • BENZOPIRENO (Spanish) • BENZOPYRENE • BAP • BP • 3,4-BP • 3,4-BENZOPYRENE • 3,4-BENZOPIRENE (Italian) • 6,7-BENZOPIRENE (Italian) • 6,7-BENZOPYRENE • 3,4-BENZPYREN (German) • 6,7-BENZPYREN (German) • 3,4-BENZ(a)PYRENE • 3,4-BENZYPYRENE • NSC 21914 • RCRA No. U022 • RTECS No. DJ3675000

EPA NAME: p-BENZOQUINONE
[see QUINONE]
CAS: 106-51-4

EPA NAME: BENZOTRICHLORIDE
[see BENZOIC TRICHLORIDE]
CAS: 98-07-7

EPA NAME: BENZOYL CHLORIDE
CAS: 98-88-4
SYNONYMS: BENZALDEHYDE, α-chloro- • BENZENECARBONYL CHLORIDE • BENZOIC ACID, CHLORIDE • α-CHLOROBENZALDEHYDE • CLORURO de BENZOILO (Spanish) • RTECS No. DM660000 • STCC 4931725 • UN 1736

EPA NAME: BENZOYL PEROXIDE
CAS: 94-36-0
SYNONYMS: ABCURE S-40-25 • ACETOXYL • ACNEGEL • AZTEC BPO • AZTEC BENZOYL PEROXIDE 70 • AZTEC BENZOYL PEROXIDE 77 • AZTEC BPO-DRY • BENOXYL • BENOX L-40V • BENZAC • BENZOIC ACID • BENZOIC ACID PEROXIDE • BENZOIC ACID BENZOPEROXIDE • BENZOPEROXIDE • BENZOYLPEROXID (German) • BENZOYLPEROXYDE (Dutch) • BPZ-250 • BPO-W40 • CADOX BTW-50 • BENZOYL SUPEROXIDE • BENOXYL • BENZAKNEW • BZF-60 • CADET • CADET BPO-70W • CADOX • CADOX 40E • CADOX BENZOYL PEROXIDE-W40 • CLEARASIL BENZOYL PEROXIDE LOTION • CLEARASIL ACNE TREATMENT CREAM • CLEARASIL ANTIBACTERIAL ACNE LOTION • CLEARASIL SUPER STRENGTH • CUTICURA ACNE CREAM • DEBROXIDE • DERMOXYL • DIBENZOYL PEROXIDE • DIBENZOYLPEROXID (German) • DIPHENYLGLYOXAL PEROXIDE • EINECS No. 202-327-6 • ELOXYL • EPICLEAR • FLOROX • FOSTEX • GAROX • INCIDOL • LOROXIDE-HC LOTION • LUCIDOL • LUCIDOL 75-FP • LUCIDOL-78 • LUCIDOL GS • LUCIPAL • LUPERCO A • LUPERCO AA • LUPERCO AC • LUPERCO AFR • LUPERCO AFR-250 • LUPERCOL • LUPEROX FL • NERICUR GEL 5 • NOROX • NOVADELOX • NOVADELOX • OXY-5 ACNE PIMPLE MEDICATION • OXY-10 • OXYLITE • OXY WASH ANTIBACTERIAL SKIN WASH • PAN OXYL • PANOXYL • PANOXYL AQUAGEL • PANOXYL WASH • PERLYGEL • PEROXIDO de BENZOILO (Spanish) • PEROXYDE de BENZOYLE (French) • PERSADOX • PERSADOX CREAM LOTION • PERSADOX HP CREAM LOTION • PEROXIDE, DIBENZOYL • PERSA-GEL • QUINOLOR COMPOUND • RTECS No. DM8575000 • STCC 4919113 • SULFOXYL LOTION • THERADERM • TOPEX • UN 2085 • UN 2087 • UN 2088 • UN 2089 • UN 2090 • VANOXIDE-HC LOTION • XERAC

EPA NAME: BENZYL CHLORIDE
CAS: 100-44-7
SYNONYMS: BENZENE, (CHLOROMETHYL)- • BENZILE (CLORURO di) (Italian) • BENZYLE (CHLORURE de) (French) • BENZYLCHLORID (German) • CHLOROMETHYLBENZENE • CHLOROPHENYLMETHANE • α-CHLOROTOLUENE • ω-CHLOROTOLUENE • α-CHLORTOLUOL (German) • CLORURO de BENCILO (Spanish) • CHLORURE de BENZYLE (French) • NCI-C06360 • STCC 4936012 • TOLYL CHLORIDE • RCRA No. P028 • RTECS No. XS8925000 • UN 1738

EPA NAME: BENZYL CYANIDE
CAS: 140-29-0
SYNONYMS: BENZENEACETONITRILE • BENZYLKYANID • BENZYL NITRILE • CIANURO de BENCILO (Spanish) • (CYANOMETHYL) BENZENE • α-CYANOTOLUENE • PHE-

NYLACETONITRILE • 2-PHENYLACETONITRILE • PHENYL ACETYL NIRTILE • RTECS No. AM1400000 • α-TOLUNITRILE • USAF KF-21 • UN 2470

EPA NAME: BERYLLIUM
CAS: 7440-41-7
SYNONYMS: BERILIO (Spanish) • BERYLLIUM-9 • BERYLLIUM DUST • BERYLLIUM METAL POWDER • EINECS No. 231-150-7 • GLUCINIUM • GLUCINUM • RCRA No. P015 • RTECS No. DS1750000 • TOXIC CHEMICAL CATEGORY CODE: N050 • UN 1566 (compounds, n.o.s.) • UN 1567 (powder)

EPA NAME: BERYLLIUM CHLORIDE
CAS: 7787-47-5
SYNONYMS: BERYLLIUM DICHLORIDE • CLORURO de BERILO (Spanish) • RTECS No. DS2625000 • STCC 4923305 • UN 1566

EPA NAME: BERYLLIUM FLUORIDE
CAS: 7787-49-7
SYNONYMS: BERYLLIUM DIFLUORIDE • FLUORURO de BERILIO (Spanish) • RTECS No. DS2800000 • STCC 4923310 • UN 1566

EPA NAME: BERYLLIUM NITRATE
CAS: 7787-55-5
SYNONYMS: BERYLLIUM NITRATE (HYDRATED) • BERYLLIUM NITRATE TRIHYDRATE • NITRATO de BERILO (Spanish) • NITRIC ACID, BERYLLIUM SALT, TRIHYDRATE • STCC 4918759 • UN 2464

EPA NAME: BERYLLIUM NITRATE
CAS: 13597-99-4
SYNONYMS: BERYLLIUM DINITRATE • BERYLLIUM NITRATE (DOT) • NITRATO de BERILO (Spanish) • NITRIC ACID, BERYLLIUM SALT • UN 2464 (DOT) • RTECS No. DS3675000 • STCC 4918759 • UN 2464

EPA NAME: alpha-BHC
[see α-HEXACHLOROCYCLOHEXANE]
CAS: 319-84-6

EPA NAME: beta-BHC
CAS: 319-85-7
[see β-HEXACHLOROCYCLOHEXANE]

EPA NAME: delta-BHC
CAS: 319-86-8
[see δ-HEXACHLOROCYCLOHEXANE]

EPA NAME: BICYCLO[2.2.1]HEPTANE-2-CARBONITRILE, 5-CHLORO-6-((((METHYAMINO)CARBONYL)OXY)IMINO)-,(1ST-(1-α,2-β,4-α,5-α,6e))-
CAS: 15271-41-7

SYNONYMS: endo-3-CHLORO-exo-6-CYANO-2-NORBORNA-NONE-o-(METHYLCARBOMOYL)OXIME ● 2-exo-3-CHLORO-6-endo-CYANO-2-NORBORNANONE-o-(METHYL-CARBOMOYL)OXIME2-CARBONITRILE ● 3-CHLORO-6-CYANONORBORNANONE-2-OXIME-o, N-METHYLCARBAMATE ● 5-CHLORO-6-((((METHYAMINO)CARBONYL)OXY)IMINO)BICYCLO[2.2.1]HEPTAN ● COMPOUND UC-20047 A ● ENT 25,962 ● TRANID ● RTECS No. RB7700000 ● UC 20047 ● UC 26089 ● UC 20047 ● UNION CARBIDE UC 20047

EPA NAME: BIFENTHRIN
CAS: 82657-04-3
SYNONYMS: BIPHENTHRIN ● CASWELL No. 463F ● CYCLO-PROPANECARBOXYLIC ACID,3-(2-CHLORO-3,3,3-TRIFLUO-RO-1-PROPENYL)-2,2-DIMETHYL-,(2-METHYL(1,1'-BIPHE-NYL)3-YL)METHYL ESTER,(Z)- ● EPA PESTICIDE CHEMICAL CODE 128825 ● FMC 54800 ● FMC 58000 ● TALSTAR

EPA NAME: 2,2'-BIOXIRANE
[see DIEPOXYBUTANE]
CAS: 1464-53-5

EPA NAME: BIPHENYL
CAS: 92-52-4
SYNONYMS: BIBENZENE ● 1,1'-BIPHENYL ● DIBENZENE ● DI-PHENYL ● 1,1'-DIPHENYL ● DOWTHERM A ● EINECS No. 202-163-5 ● LEMONENE ● PHENADOR-X ● PHENYLBEN-ZENE ● PHPH ● RTECS No. DU8050000 ● XENENE

EPA NAME: BIS(2-CHLOROETHOXY)METHANE
CAS: 111-91-1
SYNONYMS: A13-01455 ● BIS(β-CHLORETHYL)FORMAL ● BIS(CHLORETHYL)FORMAL ● BIS(2-CLOROETOXI)META-NO (Spanish) ● β,β-DICHLORODIETHYL FORMAL ● DICHLORODIETHYL FORMAL ● DICHLORODIETHYL METHYLAL ● 2,2-DICHLOROETHYL FORMAL ● DI-2-CHLO-ROETHYL FORMAL ● DICHLOROETHYL FORMAL ● DI-CHLOROMETHOXY ETHANE ● ETHANE,1,1'-(METHYL-ENEBIS(OXY))BIS(2-CHLORO- ● FORMALDEHYDE BIS(β-CHLOROETHYL)ACETAL ● FORMALDEHYDE BIS(2-CHLOROETHYL)ACETAL ● METHANE,BIS(2-CHLOROETHOXY)- ● 1,1-(METHYLENEBIS(OXY))BIS(2-CHLOROETHANE) ● NSC 5212 ● RCRA No. U024 ● RTECS No. PA3675000

EPA NAME: BIS(2-CHLOROETHYL)ETHER
CAS: 111-44-4
SYNONYMS: BCEE ● BIS(β-CHLOROETHYL) ETHER ● BIS(2-CHLOROETHYL) ETHER ● BIS(2-CLOROETIL)ETER (Spanish) ● CHLOREX ● 1-CHLORO-2-(β-CHLOROETHOXY)ETHANE ● CHLOROETHYL ETHER (DOT) ● CLOREX ● DCEE ● DICHLOROETHYL ETHER ● 2,2'-DICHLOORETHYLETHER

(Dutch) • 2,2'-DICHLORO-DIETHYLETHER • 2,2'-DICHLOR-DIAETHYLAETHER (German) • DICHLOROETHYL ETHER • 2,2'-DICHLORETHYL ETHER (DOT) • β, β-DICHLORODIETHYL ETHER • DICHLOROETHER • DICHLOROETHYL ETHER • DI(β-CHLOROETHYL)ETHER • DI(2-CHLOROETHYL) ETHER • β,β'-DICHLOROETHYL ETHER • sym-DICHLOROETHYL ETHER • 2,2'-DICHLOROETHYL ETHER • DICHLOROETHYL OXIDE • 2,2'-DICLOROETILETERE (Italian) • DWUCHLORODWUETYLOWY ETER (Polish) • ENT 4,504 • ETHANE, 1,1'-OXYBIS 2-CHLORO- • ETHER DICHLORE (French) • 1,1'-OXYBIS(2-CHLORO)ETHANE • OXYDE de CHLORETHYLE (French) • RCRA No. U025 • RTECS No. KN0875000 • STCC 4921550 • UN 1916

EPA NAME: BIS(CHLOROMETHYL)ETHER
CAS: 542-88-1
SYNONYMS: BCME • BIS(2-CHLOROMETHYL)ETHER • BIS(CLOROMETIL)ETER (Spanish) • BIS-CME • CHLORO(CHLOROMETHOXY)METHANE • CHLOROMETHYL ETHER • DICHLORODIMETHYL ETHER • DICHLORODIMETHYL ETHER, SYMMETRICAL (DOT) • α,α'-DICHLORODIMETHYL ETHER • DICHLORDIMETHYLAETHER (German) • sym-DICHLORODIMETHYL ETHER • DICHLOROMETHYL ETHER • sym-DICHLOROMETHYL ETHER • DIMETHYL-1,1'-DICHLOROETHER • ETHER, BIS(CHLOROMETHYL) • METHANE OXYBIS(CHLORO-) • MONOCHLOROMETHYL ETHER • OXYBIS(CHLOROMETHANE) • RCRA No. P016 • RTECS No. KN1575000 • UN2249

EPA NAME: BIS(2-CHLORO-1-METHYLETHYL)ETHER
CAS: 108-60-1
SYNONYMS: BIS(β-CHLOROISOPROPYL)ETHER • BIS(1-CHLORO-2-PROPYL) ETHER • BIS(CHLOROMETHYL) ETHER • BIS(2-CLOROMETIL)ETER (Spanish) • (2-CHLORO-1-METHYLETHYL)ETHER • DCIP (NEMATOCIDE) • DICHLORODIISOPROPYL ETHER (DOT) • β,β'-DICHLORODIISOPROPYL ETHER • DICHLOROISOPROPYL ETHER (DOT) • 2,2'-DICHLOROISOPROPYL ETHER • ETHER, BIS(2-CHLORO-1-METHYLETHYL) • NCI-C50044 • NEMAMORT • 2,2'-OXYBIS(1-CHLOROPROPANE) • PROPANE, 2,2'-OXYBIS(1-CHLORO-) • PROPANE,2,2'-OXYBIS(1-CHLORO)- • RCRA No. U027 • RTECS No. KN1750000 • UN2490

EPA NAME: BIS(CHLOROMETHYL)KETONE
CAS: 534-07-6
SYNONYMS: sym-DICHLOROACETONE • α,α'-DICHLOROACETONE • α, γ'-DICHLOROACETONE • 1,3-DICHLOROACETONE (DOT) • 1,3-DICHLORO-2-PROPANONE • RTECS No. UC1430000 • UN 2649

EPA NAME: BIS(DIMETHYLTHIOCARBAMOYL) SULFIDE
CAS: 97-74-5

SYNONYMS: ACETO TMTM • BIS(DIMETHYLTHIOCARBA-MOYL) MONOSULFIDE • CARBAMIC ACID, DIMETHYL-DITHIO-, ANHYDROSULFIDE • MONEX • MONOTHIURAD • MONOTHIURAM • PENNAC MS • RTECS No. WQ1750000 • TETRAMETHYLTHIURAMMONIUM SULFIDE • TETRA-METHYLTHIURAM MONOSULFIDE • TETRAMETHYL-THIURAM SULFIDE • TETRAMETHYLTRITHIO CARBAMIC ANHYDRIDE • 1,1'-THIOBIS(N,N-DIMETHYLTHIO)FORM-AMIDE • THIONEX • THIONEX RUBBER ACCELERATOR • TMTM • TMTMS • UNADS • USAF B-32 • USAF EK-P-6255 • VULKACIT THIURAM MS/CUN • UN 2757 (carbamate pesticides, solid, poisonous) • UN 2992 (carbamate pesticides, liquid, poisonous)

EPA NAME: BIS(2-ETHYLHEXYL)ADIPATE
CAS: 103-23-1
SYNONYMS: ADIMOL DO • ADIPIC ACID BIS(2-ETHYLHEXYL) ESTER • ADIPOL 2EH • BEHA • BIOFLEX DOA • DEHA • DIESTER OF 2-ETHYLHEXYL ALCOHOL AND ADIPIC ACID • DI-(2-ETHYLHEXYL)ADIPATE • DI-2-ETHYLHEXYL ADI-PATE • DIOCTYL ADIPATE • DOA • EFFEMOLL DOA • EINECS No. 203-090-1 • ERGOPLAST AdDO • FLEXOL A 26 • GOOD-RITE GP-223 • HEXANEDIOIC ACID, BIS (2-ETH-YLHEXYL) ESTER • HEXANEDIOIC ACID, DIOCTYL ESTER • JAYFLEX DOA • KODAFLEX DIOCTYL ADIPATE-DOA • MONOPLEX DOA • MONOPLEX DIOCTYL ADIPATE • NCI-C54386 • OCTYL ADIPATE • PALATINOL DIOCTYL ADI-PATE • PLASTHALL DIOCTYL ADIPATE • PLASTOMOLL DIOCTYL ADIPATE • POLYCIZER 332 • PX-238 • REOMOL DOA • RTECS No. AU9700000 • RUCOFLEX PLASTICIZER DOA • SICOL 250 • TRUFLEX DOA • UNIFLEX DIOCTYL ADIPATE • VESTINOL OA • WICKENOL 158 • WITAMOL 320 • WITICIZER 412

EPA NAME: BIS(2-ETHYLHEXYL)PHTHALATE
[see DI(2-ETHYLHEXYL)PHTHALATE]
CAS: 117-81-7

EPA NAME: N,N'-BIS(1-METHYLETHYL)-6-METHYLTHIO-1,3,5-TRIAZINE-2,4-DIAMINE
[see PROMETHRYN]
CAS: 7287-19-6

EPA NAME: 1,4-BIS(METHYLISOCYANATE)CYCLOHEXANE
CAS: 10347-54-3
SYNONYMS: 1,4-BIS(ISOCYANATOMETHYL)CYCLOHEXANE • CYCLOHEXANE, 1,4-BIS(ISOCYANATOMETHYL)- • 1,4-CY-CLOHEXANE BIS(METHYLISOCYANATE)

EPA NAME: 1,3-BIS(METHYLISOCYANATE)CYCLOHEXANE
CAS: 38661-72-2
SYNONYMS: 1,3-BIS(ISOCYANATOMETHYL)CYCLOHEXANE • CYCLOHEXANE, 1,3-BIS(ISOCYANATOMETHYL)- • 1,3-CY-CLOHEXANE BIS(METHYLISOCYANATE)

EPA NAME: BIS(TRIBUTYLTIN) OXIDE
CAS: 56-35-9
SYNONYMS: A13-24979 • BIOMET • BIOMET 66 • BIOMET SRM • BIOMET TBTO • BIS-(TRI-N-BUTYLCIN)OXID (Czech) • BIS(TRIBUTYLOXIDE) OF TIN • BIS(TRIBUTYLSTANNYL)OXIDE • BIS(TRI-N-BUTYLZINN OXYD (German) • BIS(TRIBUTYLTIN) OF TIN • BIS(TRIBUTYLSTANNIUM) OXIDE • BIS(TRI-n-BUTYLTIN)OXIDE • BTO • BUTINOX • CASWELL No. 101 • C-Sn-9 • CISTANNOXANE, HEXABUTYL- • ENT 24,979 • EPA PESTICIDE CHEMICAL CODE 083001 • HEXABUTYLDISTANNOXANE • HEXABUTYLDITIN • KEYCIDE X-10 • KYSLICNIK TRI-N-BUTYLCINICITY (Czech) • LASTANOX F • LASTANOX Q • LASTANOX T • LASTANOX T 20 • L.S. 3394 • OTBE • 6-OXA-5,7-DISTANNAUNDECANE,5,5,7,7-TETRABUTYL- • OXYBIS(TRIBUTYLSTANNANE) • OXYBIS(TRIBUTYLTIN) • OXYDE de TRIBUTYLETAIN (French) • RTECS No. JN8750000 • STANNICIDE A • TBOT • TBTO • TIN, BIS(TRIBUTYL)-,OXIDE • TBTO • TIN, BIS(TRIBUTYL)-, OXIDE • TRI-n-BUTYL-STANNANE OXIDE • TRIBUTYLTIN OXIDE • VIKOL AF-25 • VIKOL LO-25

EPA NAME: BITOSCANATE
CAS: 4044-65-9
SYNONYMS: BISCOMATE • 1,4-DIISOTHIOCYANATOBENZENE • ISOTHIOCYANIC ACID-p-PHENYLENE ESTER • JONIT • PHENYLENE-1,4-DIISOTHIOCYANATE • PHENYLENE THIOCYANATE • RTECS No. NX9150000

EPA NAME: BORANE, TRICHLORO-
[see BORON TRICHLORIDE]
CAS: 10294-34-5

EPA NAME: BORANE, TRIFLUORO-
[see BORON TRIFLUORIDE]
CAS: 7637-07-2

EPA NAME: BORON TRICHLORIDE
CAS: 10294-34-5
SYNONYMS: BORANE, TRICHLORO- • BORON CHLORIDE • CHLORURE de BORE (French) • EEC No. 005-002-00-5 • EINECS No. 233-658-4 • RTECS No. ED1925000 • STCC 4932011 • TRICLORURO de BORO (Spanish) • TRONA BORON TRICHLORIDE • UN1741

EPA NAME: BORON TRIFLUORIDE
CAS: 7637-07-2
SYNONYMS: BORANE, TRIFLUORO- • BORON FLUORIDE • FLUORURE de BORE (French) • LEECURE B • LEECURE, B SERIES • TRIFLUOROBORANE • TRIFLUOROBORON • TRIFLUORURO de BORO (Spanish) • RTECS No. ED2275000 • UN 1008

EPA NAME: BORON TRIFLUORIDE COMPOUND with METHYL ETHER (1:1)
CAS: 353-42-4

SYNONYMS: BORON TRIFLUORIDE DIMETHYL ETHERATE ● BORON TRIFLUORIDE-DIMETHYL ETHER ● BORON, TRIFLUORO(OXYBIS[METHANE])-,(T-4)- ● ETERATO de TRIFLUORURO de BORO (Spanish) ● FLUORID BORITY-DIMETHYLETHER (1:1) ● RTECS No. ED8400000 ● UN 2965

EPA NAME: BORON, TRIFLUORO(OXYBIS(METHANE))-, (T-4)-
[see BORON TRIFLUORIDE COMPOUND with METHYL ETHER (1:1)]

EPA NAME: BROMACIL
CAS: 314-40-9
SYNONYMS: BOREA ● BROMACIL 1.5 ● α-BROMACIL 80 WP ● BROMAZIL ● 5-BROMO-3-sec-BUTYL-6-METHYLURACIL ● 5-BROMO-6-METHYL-3-(1-METHYLPROPYL)-2,4-(1H,3H)-PYRIMIDINEDIONE ● BOROCIL EXTRA ● BROMAZIL ● 5-BROMO-6-METHYL-3-(1-METHYLPROPYL)-2,4(1H,3H)-PYRIMIDINEDIONE ● 3-sek-BUTYL-5-BROM-6-METHYLURACIL (German) ● BROMAX ● CROPTEX ONYX ● CYNOGAN ● DUPONT HERBICIDE 976 ● EEREX ● EEREX GRANULAR WEED KILLER ● EEREX WATER SOLUBLE GRANULAR WEED KILLER ● FENOCIL ● HERBICIDE 976 ● HYDON ● HYVAR ● HYVAREX ● HYVAR-EX ● HYVAR X ● HYVAR X-7 ● HYVAR X-WS ● HYVAR X BROMACIL ● HYVAR X WEED KILLER ● KROVAR II ● NALKIL ● 2,4(1H,3H)-PYRIMIDINEDIONE, 5-BROMO-6-METHYL-3-(1-METHYLPROPYL)- ● RTECS No. YQ9100000 ● URACIL, 5-BROMO-3-sec-BUTYL-6-METHYL ● URAGAN ● URAGON ● UROX ● UROX B WATER SOLUBLE CONCENTRATE WEED KILLER ● URACIL, 5-BROMO-3-sec-BUTYL-6-METHYL ● UROX B ● UROX-HX ● UROX HX GRANULAR WEED KILLER

EPA NAME: BROMACIL, LITHIUM SALT
CAS: 53404-19-6
SYNONYMS: 5-BROMO-3-sec-BUTYL-6-METHYLPYRIMIDINE-2,4(1H,3H)-DIONE, LITHIUM SALT ● CASWELL No. 111A ● EPA PESTICIDE CHEMICAL CODE 012302 ● 2,4-(1H,3H)-PYRIMIDINEDIONE, 5-BROMO-6-METHYL-3-(1-METHYLPROPYL)-,LITHIUM SALT

EPA NAME: BROMADIOLONE
CAS: 28772-56-7
SYNONYMS: 2H-1-BENZOPYRAN-2-ONE, 3-(3-(4′-BROMO(1,1′-BIPHENYL)-4-YL)-3-HYDROXY-1-PHENYLPROPYL)-4-HYDROXY- ● BROMADIALONE ● 3-(3-(4′-BROMO(1,1′-BIPHENYL)-4-YL)3-HYDROXY-1-PHENYLPROPYL)-4-HYDROXY-2H-1-BE NZOPYRAN-2-ONE ● 3-(3-(4′-BROMOBIPHENYL)-4-YL)3-HYDROXY-1-PHENYLPROPYL)-4-HYDROXYCOUMARIN ● 3-(α-(P-(P-BROMOPHENYL)-β-HYDROXYPHENETHYL)BENZYL)-4-HYDROXYCOUMARIN ● CANADIEN 2000 ● CONTRAC ● COUMARIN, 3-(α-(P-(P-BROMOPHENYL)-β-HYDROXYPHENETHYL)BEN-

ZYL)-4-HYDROXY- • (HYDROXY-4-COUMARINYL 3)-3 PHE-
NYL-3(BROMO-4 BIPHENYL-4)-1 PROPANOL-1 (French) •
LM-637 • MAKI • RATIMUS • RENTOKIL DEADLINE •
SLAYMOR • SUPERCAID • SUPER-CAID • SUPER-ROZOL •
SUP'ORATS • TEMUS • RTECS No. GN493470000 • UN 3027
(coumarin derivative pesticide, solid, poisonous)

EPA NAME: BROMINE
CAS: 7726-95-6
SYNONYMS: BROM (German) • BROME (French) • BROMO (Italian, Spanish) • BROOM (Dutch) • CASWELL No. 112 • EINECS No. 231-778-1 • EPA PESTICIDE CHEMICAL CODE 008701 • RTECS No. EF9100000 • STCC 4936110 • UN 1744

EPA NAME: BROMOACETONE
CAS: 598-31-2
SYNONYMS: ACETONYL BROMIDE • ACETYL METHYL BROMIDE • BROMOACETONA (Spanish) • BROMOPROPANE • 1-BROMO-2-PROPANONE • BROMO-2-PROPANONE • BROMOMETHYL METHYL KETONE • MONOBROMOACETONE • RCRA No. P017 • RTECS No. UC0525000 • UN 1569

EPA NAME: 1-BROMO-1-(BROMOMETHYL)-1,3-PROPANE-DICARBONITRILE
CAS: 35691-65-7
SYNONYMS: 2-BROMO-2-(BROMOMETHYL) GLUTARONITRILE • 2-BROMO-2(BROMOMETHYL)PENTANEDINITRILE • CASWELL No. 114G • 1,2-DIBROMO-2,4-DICYANOBUTANE • EPA PESTICIDE CHEMICAL CODE 111001 • EUXYL K400 • GLUTARONITRILE, 2-BROMO-2-(BROMOMETHYL)- • METACIDE 38 • METHYLDIBROMO GLUTARONITRILE • PENTANEDINITRILE, 2-BROMO-2-(BROMOMETHYL)- • TEKTAMER 38 • TEKTAMER 38 L.V. • TEKTAMER 38 A.D. • RTECS No. MA5599000

EPA NAME: BROMOCHLORODIFLUOROMETHANE
CAS: 353-59-3
SYNONYMS: CHLORODIFLUOROBROMOMETHANE • CHLORODIFLUOROMONOBROMOMETHANE • FLUGEX 12B1 • FLUOROCARBON 1211 • FREON 12B1 • HALON 1211 • R12B1 • RTECS No. PA5270000 • UN 1974

EPA NAME: O-(4-BROMO-2-CHLOROPHENYL)-O-ETHYL-S-PROPYLPHOSPHOROTHIOATE
[see PROFENOFOS]
CAS: 41198-08-7

EPA NAME: BROMOFORM
CAS: 75-25-2
SYNONYMS: BROMOFORME (French) • BROMOFORMIO (Italian) • BROMOFORMO (Spanish) • METHENYL TRIBROMIDE • NCI-C55130 • METHANE, TRIBROMO- • METHYL TRIBROMIDE • TRIBROMMETHAAN (Dutch) • TRIBROMMETHAN (German) • TRIBROMOMETHANE • TRIBROMOMETAN (Italian) • RCRA No. U225 • RTECS No. PB5600000 • UN 2515

EPA NAME: BROMOMETHANE
CAS: 74-83-9
SYNONYMS: BROM-METHAN (German) • BROMOMETANO (Italian, Spanish) • BROM-O-GAS • BROMURE de METHYLE (French) • BROMURO di METILE (Italian) • BROOMMETHAAN (Dutch) • DAWSON 100 • DOWFUME • DOWFUME MC-2 SOIL FUMIGANT • EDCO • EEC No. 602-002-00-3 • EMBAFUME • HALON 1001 • ISCOBROME • KAYAFUME • M-B-C FUMIGANT • MEBR • METAFUME • METHOGAS • METH-O-GAS • METHYLBROMID (German) • METHYL BROMIDE (DOT) • METYLU BROMEK (Polish) • MONOBROMOMETHANE • R 40B1 • RCRA No. U029 • ROTOX • TERABOL • TERROGAS • TERR-O-GAS 100 • ZYTOX • RTECS No. PA4900000 • STCC 4921440 • UN 1062

EPA NAME: 5-BROMO-6-METHYL-3-(1-METHYLPROPYL)-2,4-(1H,3H)-PYRIMIDINEDIONE
[see BROMACIL]
CAS: 314-40-9

EPA NAME: 2-BROMO-2-NITROPROPANE-1,3-DIOL
CAS: 52-51-7
SYNONYMS: A13-61639 • BIOBAN • BIOBAN BNPD-40 • 2-BROMO-2-NITRO-1,3-PROPANEDIOL • 2-BROMO-2-NITROPROPANE-1,3-DIOL • β-BROMO-β-NITROTRIMETHYLENEGLYCOL • BRONOCOT • BRONOPOL • BRONOSOL • CANGUARD 409 • CASWELL No. 116A • EPA PESTICIDE CHEMICAL CODE 216400 • LEXGARDBRONOPOL • MYACIDE • MYACIDE AS • MYACIDE AS PLUS • MYACIDE S-1 • MYACIDE S-2 • 2-NITRO-2-BROMO-1,3-PROPANEDIOL • NSC 141021 • ONYXIDE 500 • 1,3-PROPANEDIOL, 2-BROMO-2-NITRO- • RTECS No. TY3385000

EPA NAME: 4-BROMOPHENYL PHENYL ETHER
CAS: 101-55-3
SYNONYMS: BENZENE, 1-BROMO-4-PHENOXY- • BENZENE, 2-BROMO-4-PHENOXY-

EPA NAME: BROMOTRIFLUORETHYLENE
CAS: 598-73-2
SYNONYMS: BROMOTRIFLUORETILENO (Spanish) • BROMOTRIFLUORETHENE • ETHENE, BROMOTRIFLUORO- • TRIFLUOROBROMOETHYLENE • TRIFLUOROVINYLBROMIDE • RTECS No. KU8830000 • UN 2419

EPA NAME: BROMOTRIFLUOROMETHANE
CAS: 75-63-8
SYNONYMS: BROMOFLUROFPRM • BROMOTRIFLUORMETANO (Spanish) • CARBON MONOBROMIDE TRIFLUORIDE • F 13 B1 • FC 13 B1 • FLUGEX 13 B1 • FLUOROCARBON 1301 • FREON 13 B1 • HALON 1301 • METHANE BROMOTRIFLUORO • R 13 B1 • REFRIGERANT 1301 • TRIFLUOROBROMO-

METHANE • TRIFLUOROMETHYL BROMIDE • TRIFLUO-
ROMONOBROMOMETHANE • RTECS No. PA5425000 • UN
1009

EPA NAME: BROMOXYNIL
CAS: 1689-84-5
SYNONYMS: BENSONITRILE, 3,5-DIBROMO-4-HYDROXY- • BENZONITRILE, 3,5-DIBROMO-4-HYDROXY- • BRUCIL • BRITTOX • BROMINAL • BROMINEX • BROMINAL • BRO-MINAL ME4 • BROMINIL • BROMOXYNIL NITRILE HERBI-CIDE • BRONATE • BROXYNIL • BUCTRIL • BUCTRIL IN-DUSTRIAL • BUTILCHLOROFOS • CASWELL No. 119 • CHIPCO BUCTRIL • CHIPCO CRAB-KLEEN • 2,6-DIBROMO-4-CYANOPHENOL • 2,6-DIBROMO-4-HYDROXYBENZONI-TRILE • 2,6-DIBROMO-4-PHENYLCYANIDE • 3,5-DIBROMO-4-HYDROXYBENZONITRILE • 3,5-DIBROMO-4-HYDROXYPHENYL CYANIDE • ENT 20,852 • EPA PESTICIDE CHEMICAL CODE 035301 • HOBANE • 4-HY-DROXY-3,5-DIBROMOBENZONITRILE • LABUCTRIL • MB 10064 • M&B 10064 • MB 10731 • M&B 10731 • ME4 BROMI-NAL • NU-LAWN WEEDER • OXYTRIL M • PARDNER • RTECS No. DI3150000 • TORCH • UN 3276 (nitriles, n.o.s.)

EPA NAME: BROMOXYNIL OCTANOATE
CAS: 1689-99-2
SYNONYMS: ADVANCE • ASSET • ASTROL • ATLAS MINERVA • BANVEL B • BENZONITRILE, 3,5-DIBROMO-4-OCTANOY-LOXY- • BROMOXYNIL OCTANOATE NITRILE HERBICIDE • BROXOLON • BUCTRILIN • CASWELL No. 119A • CER-TROL E • CHAFER CURBISOL 580 • CLEAN TP • CR205 • CORNOXYNIL • CRUSADER S • CRUSADER EF • CRUSAD-ER 730 • DELOXIL • 2,6-DIBROMO-4-CYANOPHENYL OC-TANOATE • 3,5-DIBROMO-4-HYDROXYBENZONITRILE OC-TANOATE • 3,5-DIBROMO-4-OCTANOYLOXY-BENZONITRILE • DICTATOR T • DOUBLET • EPA PESTICIDE CHEMICAL CODE 035302 • FR1001 • HARNESS • HOBANE • MECOBROM • M&B 10731 • NORTRON LEY-CLENE • NOVACORN • NU-LAWN • OCTANOIC ACID, 2,6-DIBROMO-4-CYANOPHENYL ESTER • OCTANOIC ACID ES-TER OF 3,5-DIBROMO-4-HYDROXYBENZONITRILE • OXYTRIL CM • RTECS No. DI3325000 • STELLOX 400 EC • SWIPE 560 EC • TERSET • TETRONE • TOPPER 2+2 • TWIN-TAK • UN 3276 (nitriles, n.o.s.) • VULCAN • WEDER

EPA NAME: BRONOPOL
[see 2-BROMO-2-NITROPROPANE-1,3-DIOL]
CAS: 52-51-7

EPA NAME: BRUCINE
CAS: 357-57-3
SYNONYMS: BRUCINA (Italian, Spanish) • (-)BRUCINE • (-)BRU-CINE DIHYDRATE • BRUCINE HYDRATE • DIMETHOXY STRYCHNINE • 2,3-DIMETHOXYSTRICHNIDIN-10-ONE •

2,3-DIMETHOXYSTRYCHNINE • 10,11-DIMETHOXYS-
TRYCHNINE • 10,11-DIMETHYLSTRYCHNINE • EEC No.
614-006-00-1 • STRYCHNIDIN-10-ONE, 2,3-DIMETHOXY-
(9CI) • STRYCHNINE, 2,3-DIMETHOXY- • RCRA No. P018 •
RTECS No. EH8925000 • STCC 4921411 • UN 1570

EPA NAME: 1,3-BUTADIENE
CAS: 106-99-0
SYNONYMS: BIETHYLENE • BIVINYL • BUTADIEEN (Dutch) •
1,3-BUTADIENO (Spanish) • BUTA-1,3-DIEEN (Dutch) • BUTA-
DIEN (Polish) • BUTA-1,3-DIEN (German) • BUTADIENE •
BUTA-1,3-DIENE • α-γ-BUTADIENE • DIVINYL • ERYTH-
RENE • NCI-C50602 • PYRROLYLENE • VINYLETHYLENE •
RTECS No. EI9275000 • STCC 4905704 • UN 1010 (inhibited)

EPA NAME: 1,3-BUTADIENE, 2-METHYL-
[see ISOPRENE]
CAS: 78-79-5

EPA NAME: BUTANE
CAS: 106-97-8
SYNONYMS: A-17 • BU-GAS • n-BUTANE • BUTANEN (Dutch) •
BUTANI (Italian) • BUTANO (Spanish) • BUTYL HYDRIDE •
DIETHYL • DIETHYL, LIQUIFIED PETROLEUM GAS • EI-
NECS No. 203-448-7 • METHYLETHYLMETHANE • METHYL
ETHYL METHANE • RTECS No. EJ4200000 • STCC 4905706 •
TWINKLE STAINLESS STEEL CLEANER • UN 1011 • UN
1075

EPA NAME: BUTANE, 2-METHYL-
[see ISOPENTANE]
CAS: 78-78-4

EPA NAME: 2-BUTENAL
[see CROTONALDEHYDE]
CAS: 4170-30-3

EPA NAME: 2-BUTENAL, (E)
[see CROTONALDEHYDE, (E)]
CAS: 123-73-9

EPA NAME: BUTENE
CAS: 25167-67-3
SYNONYMS: 1-BUTENE • n-BUTENE • BUTENO-1 (Spanish) •
BUTYLENE (DOT) • α-BUTYLENE • n-BUTYLENE • BUTYL-
ENE (DOT) • ETHYLETHYLENE • RTECS No. EM2893000 •
UN 1012

EPA NAME: 2-BUTENE-cis
CAS: 590-18-1
SYNONYMS: (Z)-2-BUTENE • 2-BUTENE, (Z)- • cis-2-BUTENE •
cis-BUTENO-2 (Spanish)

EPA NAME: 2-BUTENE, (E)-
CAS: 624-64-6

SYNONYMS: (E)-2-BUTENE • 2-BUTENE, trans • 2-BUTENE-trans trans-2-BUTENE • trans-BUTENO (Spanish)

EPA NAME: 2-BUTENE, trans
[see 2-BUTENE, (E)-]
CAS: 624-64-6

EPA NAME: 1-BUTENE
CAS: 106-98-9
SYNONYMS: 1-BUTENE • n-BUTENE • BUTENO-1 (Spanish) • BUTYLENE (DOT) • α-BUTYLENE • n-BUTYLENE • BUTYLENE • ETHYLETHYLENE • RTECS EM2893000 • UN 1012

EPA NAME: 2-BUTENE
CAS: 107-01-7
SYNONYMS: BUTENO-2 (Spanish) • 2-BUTYLENE • β-BUTYLENE • pseudo-BUTYLENE • PSEUDOBUTYLENE • RTECS No. EM2932000

EPA NAME: 2-BUTENE, 1,4-DICHLORO-
[see 1,4-DICHLORO-2-BUTENE]
CAS: 764-41-0

EPA NAME: 1-BUTEN-3-YNE
[see VINYL ACETYLENE]
CAS: 689-97-4

EPA NAME: 2,4-D BUTOXYETHYL ESTER
CAS: 1929-73-3
SYNONYMS: ACETIC ACID,(2,4-DICHLOROPHENOXYL)-, BUTOXYETHYL ESTER • AQUA-KLEEN • 2,4-D-BEE • BRUS KILLER 64 • BUTOXY-D 3 • 2,4-D BUTOXYETHANOL ESTER • BUTOXYETHANOL ESTER OF 2,4-DICHLOROPHENOXYACETIC ACID • 2,4-D (BUTOXYETHYL) • BUTOXYETHYL 2,4-DICHLOROPHENOXYACETATE • 2-BUTOXYETHYL 2,4-DICHLOROPHENOXYACETATE • 2,4-D 2-BUTOXYETHYL ESTER • 2,4-D BUTOXYETHYL ESTER • CASWELL No. 315AI • 2,4-DICHLOROPHENOXYACETIC ACID BUTOXYETHYL ESTER • 2,4-DICHLOROPHENOXYACETIC ACID BUTOXYETHANOL ESTER • (2,4-DICHLOROPHENOXY)ACETIC ACID BUTOXYETHYL ESTER • 2,4-DICHLOROPHENOXYACETIC ACID 2-BUTOXYETHYL ESTER • 2,4-DICHLOROPHENOXYACETIC ACID ETHYLENE GLYCOL BUTYL ETHER ESTER • EPA PESTICIDE CHEMICAL CODE 030053 • EASTERON 99 CONCENTRATE • LO-ESTASOL • SILVAPROP 1 • WEEDONE 100 EMULSIFIABLE • WEEDONE 638 • WEEDONE LV 4 • WEEDONE LV-6 • WEEDRHAP LV-4D

EPA NAME: BUTYL ACETATE
CAS: 123-86-4
SYNONYMS: 6-6 EPOXY CHEM RESIN FINISH, CLEAR CURING AGENT • ACETATO de BUTILO (Spanish) • n-ACETATO de BUTILO (Spanish) • ACETATE de BUTYLE (French) • ACETIC

ACID, BUTYL ESTER • ACETIC ACID, n-BUTYL ESTER • ARISTOLINE (+) • AZ 1350J (+) • AZ THINNER • AZ 1310-SF (+) • AZ 1312-SFD (+) • AZ 1370 (+) • AZ 1370-SF (+) • AZ 1375 (+) • AZ 1470 (+) • AZ 4140 (+) • AZ 4210 (+) • AZ 4330 (+) • AZ 4620 (+) • BUTILE (ACETATI di) (Italian) • n-BUTYL ESTER OF ACETIC ACID • BUTYL ETHANOATE • BUTYLACETAT (German) • 1-BUTYL ACETATE • n-BUTYL ACETATE • BUTYLACETATEN (Dutch) • BUTYLE (ACETATE de) (French) • EINECS No. 204-658-1 • FEMA No. 2174 • GOODRITE NR-R • KTI II (+) • KTI 1300 THINNER • KTI 1350 J (+) • KTI 1370/1375 (+) • KTI 1470 (+) • MICROPOSIT 111S (+) • MICROPOSIT 119 THINNER • MICROPOSIT 119S (+) • MICROPOSIT 1375 (+) • MICROPOSIT 1400-33 (+) • MICROPOSIT 1400S (+) • MICROPOSIT 1470 (+) • MICROPOSIT 6009 (+) • MICROPOSIT SAL 601-ER7 (+) • MICROPOSIT XP-6012 (+) • NORMAL BUTYL ACETATE • OCTAN n-BUTYLU (Polish) • RTECS No. AF7350000 • STCC 4909128 • TSMR 8800 (+) • TSMR 8800 BE • ULTRAMAC PR-1024 MB-628 RESIN • ULTRAMAC SOLVENT EPA • UN 1123 • WAYCOAT 204 (+) • WAYCOAT HPR 205/207 (+) • WAYCOAT RX 507 (+) • XANTHOCHROME (+) • XIR-3000-T RESIN

EPA NAME: iso-BUTYL ACETATE
CAS: 110-19-0
SYNONYMS: ACETATE d'ISOBUTYLE (French) • ACETIC ACID, ISOBUTYL ESTER • ACETIC ACID, 2-METHYLPROPYL ESTER • ACETATO de ISOBUTILO (Spanish) • EEC No. 607-026-00-7 • EINECS No. 203-745-1 • FEMA No. 2175 • ISOBUTYL ACETATE (DOT) • ISOBUTYLESTER KYSELINY OCTOVE (Czech) • 2-METHYLPROPYL ACETATE • 2-METHYL-1-PROPYL ACETATE • β-METHYLPROPYL ETHANOATE • RTECS No. AI4025000 • STCC 4909207 • UN 1213

EPA NAME: sec-BUTYL ACETATE
CAS: 105-46-4
SYNONYMS: ACETATE de BUTYLE SECONDAIRE (French) • ACETIC ACID, 2-BUTOXY ESTER • ACETIC ACID, 1-METHYLPROPYL ESTER (9CI) • ACETATO de BUTILO-sec (Spanish) • s-BUTYL ACETATE • sec-BUTYL ACETATE • 2-BUTYL ACETATE • sec-BUTYL ALCOHOL ACETATE • 1-METHYL PROPYL ACETATE • RTECS No. AF7380000 • SECONDARY BUTYL ACETATE • STCC 4909128 • UN 1123

EPA NAME: tert-BUTYL ACETATE
CAS: 540-88-5
SYNONYMS: ACETIC ACID-t-BUTYL ESTER • ACETIC ACID-tert-BUTYL ESTER • ACETIC ACID, 1,1-DIMETHYLETHYL ESTER (9CI) • ACETATO de terc-BUTILO (Spanish) • t-BUTYL ACETATE • EINECS No. 208-760-7 • TEXACO LEAD APPRECIATOR • TLA • ACETIC ACID, TERTIARY BUTYL ESTER- • RTECS No. AF7400000 • STCC 4909128 • UN 1123

EPA NAME: BUTYL ACRYLATE
CAS: 141-32-2

SYNONYMS: ACRILATO de n-BUTILO (Spanish) • ACRYLIC ACID, BUTYL ESTER • ACRYLIC ACID n-BUTYL ESTER • BUTYLACRYLATE, INHIBITED • n-BUTYL ACRYLATE • BUTYL-2-PROPENOATE • EINECS No. 205-480-7 • NORMAL BUTYL ACRYLATE • 2-PROPENOIC ACID, BUTYL ESTER • RTECS No. UD3150000 • STCC 4912215 • UN 2348

EPA NAME: n-BUTYL ALCOHOL
CAS: 71-36-3
SYNONYMS: ALCOHOL BUTILICO-n (Spanish) • ALCOOL BUTYLIQUE (French) • BUTAN-1-OL • BUTANOL • 1-BUTANOL • n-BUTANOL • BUTANOLEN (Dutch) • BUTANOLO (Italian) • BUTYL ALCOHOL (DOT) • BUTYL HYDROXIDE • BUTYLOWY ALKOHOL (Polish) • BUTYRIC ALCOHOL • CCS 203 • CEM 420 • DAG 154 • EINECS No. 200-751-6 • 6-6 EPOXY CHEM RESIN FINISH, CLEAR CURING AGENT • EPOXY SOLVENT CURE AGENT • FEMA No. 2178 • 1-HYDROXYBUTANE • ISANOL • KESTER 5612 PROTECTO • METHYLOLPROPANE • NORMAL BUTYL ALCOHOL • NORMAL PRIMARY BUTYL ALCOHOL • PROPYL CARBINOL • PROPYL METHANOL • PROTECTO 5612 • RCRA No. U031 • RTECS No. EO1400000 • TEBOL-88 • TEBOL-99 • UN 1120

EPA NAME: sec-BUTYL ALCOHOL
CAS: 78-92-2
SYNONYMS: ALCOHOL sec-BUTILICO (Spanish) • ALCOOL BUTYLIQUE SECONDAIRE (French): sec-BUTANOL • BUTAN-2-OL • BUTANOL-2 • 2-BUTANOL • 2-BUTYL ALCOHOL • BUTYLENE HYDRATE • CCS 301 • ETHYLMETHYL CARBINOL • 2-HYDROXYBUTANE • METHYL ETHYL CARBINOL • 1-METHYPROPYL ALCOHOL • RTECS No. EO1750000 • S.B.A. • SECONDARY BUTYL ALCOHOL • TANOL SECONDAIRE (French)

EPA NAME: tert-BUTYL ALCOHOL
CAS: 75-65-0
SYNONYMS: ALCOHOL terc-BUTILICO (Spanish) • ALCOOL BUTYLIQUE TERTIAIRE (French) • 1-BUTANOL • tert-BUTANOL • BUTANOL TERTIAIRE (French) • tert-BUTYL HYDROXIDE • 1,1-DIM,ETHYLETHANOL • METHANOL, TRIMETHYL- • 2-METHYL-2-PROPANOL • NCI-C55367 • 2-PROPANOL, 2-METHYL- • TERTIARY BUTYL ALCOHOL • TBA • TRIMETHYL CARBINOL • TRIMETHYL METHANOL • RTECS No. EO1925000

EPA NAME: BUTYLAMINE
CAS: 109-73-9
SYNONYMS: 1-AMINO-BUTAAN (Dutch) • 1-AMINOBUTAN (German) • 1-AMINOBUTANE • 1-BUTANAMINE • n-BUTILAMINA (Italian, Spanish) • n-BUTYLAMIN (German) • n-BUTYLAMINE (DOT) • EINECS No. 203-699-2 • MONOBUTYLAMINE • MONO-n-BUTYLAMINE • NORMAL BUTYLAMINE • NORVALAMINE • RTECS No. EO2975000 • UN 1125

EPA NAME: iso-BUTYLAMINE
CAS: 78-81-9
SYNONYMS: 1-AMINO-2-METHYLPROPANE • ISOBUTILAMINA (Spanish) • ISOBUTYLAMINE • MONOISOBUTYLAMINE • 2-METHYLPROPYLAMINE • NSC-8028 • 1-PROPANAMINE, 2-METHYL- • RTECS No. NP9900000 • STCC 4908186 • VALAMINE • UN 2734 (polyalkylamines, liquid, corrosive, flammable, n.o.s.)

EPA NAME: sec-BUTYLAMINE
CAS: 513-49-5
SYNONYMS: sec-BUTILAMINA (Spanish) • sec-BUTYLAMINE, (S)- • RTECS No. EO3327000 • UN 2734 (polyalkylamines, liquid, corrosive, flammable, n.o.s.)

EPA NAME: sec-BUTYLAMINE
CAS: 13952-84-6
SYNONYMS: 2-AB • 2-AMINOBUTANE • 2-AMINOBUTANE BASE • BUTAFUME • 2-BUTANAMINE • BUTILAMINA-sec (Spanish) • CSC 2-AMINOBUTANE • DECOTANE • DECCOTANE • FRUCOTE • 1-METHYLPROPYLAMINE • PROPYLAMINE, 1-METHYL • SECONDARY BUTYL AMINE • TUTANE • RTECS No. EO3327000 • UN 2734 (polyalkylamines, liquid, corrosive, flammable, n.o.s.)

EPA NAME: tert-BUTYLAMINE
CAS: 75-64-9
SYNONYMS: 2-AMINOISOBUTANE • 2-AMINO-2-METHYLPROPANE • BUTILAMINA-terc (Spanish) • BUTYLAMINE, TERTIARY • 1,1-DIMETHYLETHYLAMINE • 2-METHYL-2-PROPANAMINE • TRIMETHYLAMINOMETHANE • TRIMETHYLCARBINYLAMINE • RTECS No. EO3330000 • UN 2734 (polyalkylamines, liquid, corrosive, flammable, n.o.s.)

EPA NAME: BUTYLATE
CAS: 2008-41-5
SYNONYMS: ANELDA • BIS(2-METHYLPROPYL)CARBAMOTHIOC ACID-S-ETHYL ESTER • BUTILATE • CARBAMIC ACID, DIISOBUTYLTHIO-, S-ETHYL ESTER • CARBAMOTHIOIC ACID, BIS(2-METHYLPROPYL)-, S-ETHYL ESTER • DIISOBUTYLTHIOCARBAMIC ACID-S-ETHYL ESTER • DIISOCARB • S-ETHYL BIS(2-METHYLPROPYL)CARBAMOTHIOATE • S-ETHYL BIS(2-METHYLPROPYL)CARBAMOTHIOATE • S-ETHYLDIISOBUTYLTHIOCARBAMATE • S-ETHYL DI-ISOBUTYLTHIOCARBAMATE • S-ETHYL N,N-DIISOBUTYLTHIOCARBAMATE • S-ETHYLDIISOBUTYL THIOCARBAMATE • ETHYL-N,N-DIISOBUTYL THIOCARBAMATE • R-1910 • RTECS NO. EZ7525000 • SUTAN

EPA NAME: BUTYL BENZYL PHTHALATE
CAS: 85-68-7
SYNONYMS: ASHLAND BUTYL BENZYL PHTHALATE • BBP • 1,2-BENZENEDICARBOXYLIC ACID, BUTYL PHENYLMETHYL ESTER • BENZYL BUTYL PHTHALATE • n-BEN-

ZYL BUTYL PHTHALATE • FTALATO de BUTILBENCILO (Spanish) • MONSANTO BUTYL BENZYL PHTHALATE • NCI-C54375 • NORMAL BUTYL BENZYL PHTHALATE • PALATINOL BB • SANTICIZER 160 • SICOL • UNIMOLL BB • RTECS No. TH9990000

EPA NAME: α-BUTYL-α-(4-CHLOROPHENYL)-1H-1,2,4-TRIAZOLE-1-PROPANENITRILE
[see MYCLOBUTANIL]
CAS: 88671-89-0

EPA NAME: 1,2-BUTYLENE OXIDE
CAS: 106-88-7
SYNONYMS: 1-BUTENE OXIDE • BUTYLENE OXIDE • EPOXY BUTANE • 1,2-EPOXY BUTANE • ETHYLENE OXIDE, ETHYL- • ETHYL ETHYLENE OXIDE • ETHYLOXIRANE • 2-ETHYLOXIRANE • NCI-C55527 • OXIDO de 1,2-BUTILENO (Spanish) • OXIRANE, ETHYL- • PROPYL OXIRANE • RTECS No. EK3675000 • STCC 4908144 • UN 3022 (stabilized)

EPA NAME: BUTYLETHYLCARBAMOTHIOIC ACID S-PROPYL ESTER
[see PEBULATE]
CAS: 1114-71-2

EPA NAME: N-BUTYL-N-ETHYL-2,6-DINITRO-4-(TRIFLUROMETHYL)BENZENEAMINE
[see BENFLURALIN]
CAS: 1861-40-1

EPA NAME: n-BUTYL PHTHALATE
[see DIBUTYL PHTHALATE]
CAS: 84-74-2

EPA NAME: 1-BUTYNE
CAS: 107-00-6
SYNONYMS: 1-BUTINO (Spanish) • ETHYL ACETYLENE, INHIBITED (DOT) • ETHYLETHYNE • RTECS No. ER9553000 • UN 2452 (inhibited)

EPA NAME: BUTYRALDEHYDE
CAS: 123-72-8
SYNONYMS: ALDEHYDE BUTYRIQUE (French) • ALDEIDE BUTIRRICA (Italian) • BUTAL • BUTALDEHYDE • BUTALYDE • BUTANAL • n-BUTANAL (Czech) • BUTIRRALDEHIDO (Spanish) • BUTYRAL • n-BUTYRALDEHYDE • BUTYRALDEHYD (German) • BUTYL ALDEHYDE • n-BUTYL ALDEHYDE • BUTYRIC ACID • BUTYRIC ALDEHYDE • EINECS No. 204-646-6 • FEMA No. 2219 • NCI-C56291 • RTECS No. ES2275000 • STCC 4908119 • UN 1129

EPA NAME: BUTYRIC ACID
CAS: 107-92-6

SYNONYMS: ACIDO BUTIRICO (Spanish) ● BUTANIC ACID ● BUTANOIC ACID ● n-BUTANOIC ACID ● BUTTERSAEURE (German) ● BUTYRIC ACID ● n-BUTYRIC ACID ● ETHYLACETIC ACID ● FEMA No. 2221 ● NORMAL BUTYRIC ACID ● 1-PROPANECARBOXYLIC ACID ● PROPYLFORMIC ACID ● RTECS No. ES5425000 ● STCC 4931414 ● UN 2820

EPA NAME: iso-BUTYRIC ACID
CAS: 79-31-2
SYNONYMS: ACETIC ACID, DIMETHYL- ● ACIDO ISOBUTIRICO (Spanish) ● DIMETHYLACETIC ACID ● EINECS No. 201-195-7 ● FEMA No. 2222 ● ISOBUTANOIC ACID ● ISOBUTYRIC ACID ● ISOPROPYLFORMIC ACID ● KYSELINA ISOMASELNA ● α-METHYLPROPANOIC ACID ● 2-METHYLPROPANOIC ACID ● α-METHYLPROPIONIC ACID ● PROPANE-2-CARBOXYLIC ACID ● PROPIONIC ACID, 2-METHYL- ● STCC 4931438

- C -

EPA NAME: CACODYLIC ACID
CAS: 75-60-5
SYNONYMS: ACIDE CACODYLIQUE (French) • ACIDE DIMETH-YLARSINIQUE (French) • ACIDO CACODILICO (Spanish) • AGENT BLUE • ANSAR • ANSAN • ARSINIC ACID, DIMETHYL-(9CI) • BOLLS-EYE • CHEXMATE • COTTONAIDE HC • DILIC • DIMETHYLARSENIC ACID • DIMETHYLARSINIC ARSINIC ACID • DMAA • ERASE • HYDROXYDIMETHYL-ARSINE OXIDE • DIMETHYLARSINIC ACID • KYSELINA KAKODYLOVA (Czech) • MONOCIDE • MONTAR • PHYLAR • PHYTAR 138 • PHYTAR 560 • PHYTAR 600 • RAD-E-CATE 25 • RCRA No. U136 • SALVO • SILVISAR 510 • RTECS No. CH7525000 • UN 1572

EPA NAME: CADMIUM
CAS: 7440-43-9
SYNONYMS: CADMIO (Spanish) • C.I. 77180 • COLLOIDAL CADMIUM • EINECS No. 231-152-8 • KADMIUM (German) • KADMU (Polish) • RTECS No. EV9800000 • TOXIC CHEMICAL CATEGORY CODE, N078

EPA NAME: CADMIUM ACETATE
CAS: 543-90-8
SYNONYMS: ACETO CADMIO (Spanish) • ACETIC ACID, CADMIUM SALT • BIS(ACETOXY)CADMIUM • CADMIUM(II) ACETATE • CADMIUM DIACETATE • C.I. 77185 • RTECS No. EV98100000 • STCC 4962303 • UN 2570 (cadmium compound)

EPA NAME: CADMIUM BROMIDE
CAS: 7789-42-6
SYNONYMS: BROMURO de CADMIO (Spanish) • CADMIUM DIBROMIDE • RTECS No. EU9935000 • STCC 4962305 • UN 2570 (cadmium compound)

EPA NAME: CADMIUM CHLORIDE
CAS: 10108-64-2
SYNONYMS: CADDY • CADMIUM DICHLORIDE • CLORURO de CADMIO (Spanish) • KADMIUMCHLORID(Germany) • VI-CAD • RTECS No. EV0175000 • STCC 4962505 • UN 2570 (cadmium compound)

EPA NAME: CADMIUM OXIDE
CAS: 1306-19-0
SYNONYMS: CADMIUM OXIDE BROWN • EINECS No. 215-146-2 • KADMU TLENEK (Polish) • OXIDO de CADMIO (Spanish) • RTECS No. EV1930000 • UN 2570 (cadmium compound)

EPA NAME: CADMIUM STEARATE
CAS: 2223-93-0

SYNONYMS: ESTEARATO de CADMIO (Spanish) • KADMIUM-STEARAT (German) • OCTADECANOIC ACID, CADMIUM SALT • STEARIC ACID, CADMIUM SALT • RTECS No. RG1050000 • UN 2570 (cadmium compound)

EPA NAME: CALCIUM ARSENATE
CAS: 7778-44-1
SYNONYMS: ARSENIATO CALCICO (Spanish) • ARSENIC ACID, CALCIUM SALT (2:3) • ARSENATE de CALCIUM (French) • CALCIUMARSENAT (German) • CALCIUM ORTHOARSENATE • CHIP-CAL • CUCUMBER DUST • FENCAL • FLAC • KALO • KALZIUMARSENIAT (German) • KILMAG • PENCAL • SECURITY • SPRACAL • TRICALCIUM ARSENATE • TRICALCIUMARSENAT (German) • RTECS No. CG0830000 • STCC 4923217 • TURF-CAL • UN 1573

EPA NAME: CALCIUM ARSENITE
CAS: 52740-16-6
SYNONYMS: ARSENITO CALCICO (Spanish) • ARSENOUS ACID, CALCIUM SALT • ARSONIC ACID, CALCIUM SALT (1:1) • MONOCALCIUM ARSENITE • RTECS No. CG3380000 • STCC 4923219 • UN 1574

EPA NAME: CALCIUM CHROMATE
CAS: 13765-19-0
SYNONYMS: CALCIUM CHROMATE(VI) • CALCIUM CHROME YELLOW • CALCIUM CHROMIUM OXIDE • CALCIUM MONOCHROMATE • CHROMATO CALCICO (Spanish) • C.I. 77223 • CHROMIC ACID, CALCIUM SALT (1:1) • C.I. 77223 • C.I. PIGMENT YELLOW 33 • GELBIN • RCRA No. U032 • RTECS No. GB2750000 • STCC 4963307 • UN 9096 • YELLOW ULTRAMARINE

EPA NAME: CALCIUM CYANAMIDE
CAS: 156-62-7
SYNONYMS: AERO-CYANAMID • AERO-CYANAMID, SPECIAL GRADE • ALZODEF • CALCIUM CARBIMIDE • CALCIUM CYANAMID • CCC • CIANAMIDA CALCICA (Spanish) • CY-L 500 • CYANAMID • CYANAMIDE • CYANAMIDE, CALCIUM SALT (1:1) • CYANAMIDE CALCIQUE (French) • CYANAMID GRANULAR • CYANAMID SPECIAL GRADE • LIME NITROGEN • NCI-C02937 • NITROGEN LIME • NITROLIME • USAF CY-2 • RTECS No. GS6000000 • UN 1403

EPA NAME: CALCIUM CYANIDE
CAS: 592-01-8
SYNONYMS: CALCID • CALCYAN • CALCYANIDE • CIANURO CALCICO (Spanish) • CYANOGAS • CYANURE de CALCIUM (French) • RCRA No. P021 • RTECS No. EW0700000 • STCC 4923223 • UN 1575

EPA NAME: CALCIUM DODECYLBENZENESULFONATE
CAS: 26264-06-2

SYNONYMS: BENZENESULFONIC ACID, DODECYL-, CALCIUM SALT ● CALCIUM n-DODECYLBENZENESULFONATE ● DOT No. NA9097 ● RTECS No. DB6620000 ● SINNOZON NCX 70

EPA NAME: CALCIUM HYPOCHLORITE
CAS: 7778-54-3
SYNONYMS: B-K POWDER ● BLEACHING POWDER ● CALCIUM CHLOROHYDROCHLORITE ● CALCIUM HYPOCHLORIDE ● CALCIUM OXYCHLORIDE ● CAPORIT ● CCH ● CHLORIDE OF LIME ● CHLORINATED LIME ● EINECS No. 231-908-7 ● HIPOCLORITO CALCICO (Spanish) ● HTH ● HYCHLOR ● HYPOCHLOROUS ACID, CALCIUM ● HYPORIT ● INDUCLOR ● LIME CHLORIDE ● LO-BAX ● LOSANTIN ● PERCHLORON ● PITTABS ● PITTCIDE ● PITTCHLOR ● PRESTOCHLOR ● PULSAR ● RTECS No. NH3485000 ● SENTRY ● STELLOS ● STCC 4918715 ● SWIM CLEAR ● UN 1748 ● UN 2880 ● UN 2208

EPA NAME: CAMPHECHLOR
[see TOXAPHENE]
CAS: 8001-35-2

EPA NAME: CAMPHENE, OCTACHLORO-
[see TOXAPHENE]
CAS: 8001-35-2

EPA NAME: CANTHARIDIN
CAS: 56-25-7
SYNONYMS: CANTHARIDES CAMPHOR ● CANTHARIDINE ● CANTHARONE ● EXO-1,2-CIS-DIMETHYL-3,6-EPOXYHEXAHYDROPHTHALIC ANHYDRIDE ● 2,3-DIMETHYL-7-OXABICYCLO(2,2,1)HEPTANE-2,3-DICARBOXYLIC ANHYDRIDE ● HEXAHYDRO-3A,7A-DIMETHYL-4,7-EPOXYISOBENZOFURAN-1,3-DIONE ● RTECS No. RN8575000

EPA NAME: CAPROLACTUM
CAS: 105-60-2
SYNONYMS: AMINOCAPROIC LACTAM ● 6-AMINOHEXANOIC ACID CYCLIC LACTAM ● 2-AZACYCLOHEPTANONE ● CAPROLACTAMA (Spanish) ● 6-CAPROLACTUM ● ε-CAPROLACTAM ● CAPROLATTAME (French) ● CYCLOHEXANONE ISO-OXIME ● EPSYLON KAPROLAKTAM (Czech, Polish) ● HEXAHYDRO-2-AZEPINONE ● HEXAHYDRO-2H-AZEPIN-2-ONE ● HEXAHYDRO-2H-AZEPINE-2-ONE ● 6-HEXANELACTUM ● HEXANONE ISOXIME ● HEXANONISOXIM (German) ● 1,6-HEXOLACTAM ● .epsilon.-KAPROLAKTAM (Czech, Polish) ● 2-KETOHEXAMETHYLENEIMINE ● 2-KETOHEXAMETHYLENIMINE ● NCI-C50646 ● 2-OXOHEXAMETHYLENEIMINE ● 2-OXOHEXAMETHYLENIMINE ● 2-PERHYDROAZEPINONE ● RTECS No. CM3675000

EPA NAME: CAPTAN
CAS: 133-06-2

SYNONYMS: AACAPTAN • AGROSOL S • AGROX 2-WAY and 3-WAY • AMERCIDE • BANGTON • BEAN SEED PROTECTANT • CAPTANCAPTENEET 26,538 • CAPTANE • CAPTAF • CAPTAF 85W • CAPTAN 50W • CAPTEX • 4-CYCLOHEXENE-1,2-DICARBOXIMIDE,N-((TRICHLOROMETHYL)MERCAPTO • ENT 26538 • ESSO FUNGICIDE 406 • FLIT 406 • FUNGUS BAN TYPE II • FUNGICIDE 406 • GLYODEX 37-22 • HEXACAP • 1H-ISOINDOLE-1,3(2H)-DIONE,3a,4,7,7a-TETRAHYDRO-2-((TRICHLOROMETHYL)THIOL)- • ISOPTO CARBACHOL • ISOTOX SEED TREATER D and F • KAPTAN • LE CAPTANE (French) • MALIPUR • MERPAN • MICROCHECK 12 • MIOSTAT • NERACID • NCI-0077 • ORTHOCIDE • ORTHOCIDE 7.5 • ORTHOCIDE 50 • ORTHOCIDE 75 • ORTHOCIDE 83 • ORTHOCIDE 406 • OSOCIDE • RTECS No. GW5075000 • SR406 • STAUFFER CAPTAN • STCC 4961164 (solid) • STCC 4961167 (solution) • N-TRICHLOROMETHYLMERCAPTO-4-CYCLOHEXENE-1,2-DICARBOXIMIDE • N-(TRICHLOROMETHYLMERCAPTO)-δ^4-TETRAHYDROPHTHALIMIDE • N-TRICHLOROMETHYLTHIOCYCLOHEX-4-ENE-1,2-DICARBOXIMIDE • N-TRICHLOROMETHYLTHIO-cis-δ^4-CYCLOHEXENE-1,2-DICARBOXIMIDE • n-TRICHLOROMETHYLTHIOCYCLOHEX-4-ENE-1,2-DICARBOXIMIDE • n-TRICHLOROMETHYLTHIO-cis-Δ^4-CYCLOHEXENE-1,2-DICARBOXIMIDE • N-((TRICHLOROMETHYL)THIO)-4-CYCLOHEXENE-1,2-DICARBOXIMIDE • N-((TRICHLOROMETHYL)THIO)TETRAHYDROPHTHALIMIDE • N-((TRICHLOROMETHYL)THIO)-δ^4-TETRAHYDROPHTHALIMIDE • N-TRICHLOROMETHYLTHIO-3A,4,7,7A-TETRAHYDROPHTHALIMIDE • TRIMEGOL • VANCIDE 89 • VANCIDE 89RE • VANCIDE P-75 • VANICIDE • VANGARD K • VONDCAPTAN

EPA NAME: CARBACHOL CHLORIDE
CAS: 51-83-2
SYNONYMS: 2-((AMINOCARBONYL)OXY)-N,N,N-TRIMETHYLETHANAMINIUM CHLORIDE • CARBACHOL • CARBACHOLIN • CARBACHOLINE CHLORIDE • CABACOLINA • CARBAMIC ACID, ESTER WITH CHOLINE CHLORIDE • CARBAMIOTIN • CARBAMOYLCHOLINE CHLORIDE • CARBAMYLCHOLINE CHLORIDE • CARBOCHOL • CARBOCHOLIN • CARBYL • CARCHOLIN • CHOLINE CARBAMATE CHLORIDE • CHOLINE CHLORINE CARBAMATE • CHOLINE, CHLORINE CARBAMATE (ESTER) • COLETYL • DORYL (PHARMACEUTICAL) • (2-HYDROXYETHYL)TRIMETHYLAMMONIUM CHLORIDE CARBAMATE • ISOPTO CARBACHOL • JESTRYL • LENTIN • LENTINE (French) • MIOSTAT • MISTURA C • MORYL • P.V. CARBACHOL • RTECS No. GA0875000 • TL 457 • VASOPERIF

EPA NAME: CARBAMIC ACID, DIETHYLTHIO-S, -(P-CHLOROBENZYL) ESTER
[see THIOBENCARB]
CAS: 28249-77-6

EPA NAME: CARBAMIC ACID, ETHYL ESTER
[see URETHANE]
CAS: 51-79-6

EPA NAME: CARBAMIC ACID, METHYL-,O-(((2,4-DIMETH-YL-1,3-DITHIOLAN-2-YL)METHYLENE)AMINO)-
[see TRIPATE]
CAS: 26419-73-8

EPA NAME: CARBAMODITHIOIC ACID, DIBUTYL-, SODIUM SALT
CAS: 136-30-1
SYNONYMS: BUTYL NAMATE • CARBAMIC ACID, DIBUTYL-DITHIO-, SODIUM SALT • DIBUTYLDITHIOCARBAMIC ACID SODIUM SALT • PENNAC • RTECS No. EZ3880000 • SODIUM DBDT • SODIUM DIBUTYLDITHIOCARBAMATE • TEPIDONE • TEPIDONE RUBBER ACCELERATOR • UN 2757 (carbamate pesticides, solid, poisonous) • UN 2992 (carbamate pesticides, liquid, poisonous) • USAF B-35 • VULCACURE

EPA NAME: CARBAMODITHIOIC ACID, DIETHYL-, SODIUM SALT
CAS: 148-18-5
SYNONYMS: CARBAMIC ACID, DIETHYLDITHIO-, SODIUM SALT • CUPRAL • DDC • DEDC • DEDK • DIETHYLCAR-BAMODITHIOIC ACID, SODIUM SALT • DIETHYLDITHIO-CARBAMATE SODIUM • DIETHYLDITHIOCARBAMIC ACID SODIUM • DIETHYLDITHIOCARBAMIC ACID, SODIUM SALT • DIETHYL SODIUM DITHIOCARBAMATE • DITHIO-CARB • DITHIOCARBAMATE • NCI-CO2835 • RTECS No. EZ6475000 • SODIUM DEDT • SODIUM N,N DIETHYLDI-THIOCARBAMATE • SODIUM DIETHYLDITHIOCARBA-MATE • SODIUM SALT of N,NDIETHYLDITHIOCARBAMIC ACID • THIOCARB • UN 2757 (carbamate pesticides, solid, poisonous) • UN 2992 (carbamate pesticides, liquid, poisonous) • USAF EK-2596

EPA NAME: CARBAMODITHIOIC ACID, 1,2-ETHANEDIYL-BIS-, MANGANESE SALT
[see MANEB]
CAS: 12427-38-2

EPA NAME: CARBAMODITHIOIC ACID, 1,2-ETHANEDIYL-BIS-, ZINC COMPLEX
[see ZINEB]
CAS: 12122-67-7

EPA NAME: CARBAMODITHIOIC ACID, BIS(1-METHYLETH-YL)-S-(2,3-DICHLORO-Z-PROPENYL) ESTER
[see DIALLATE]
CAS: 2303-16-4

EPA NAME: CARBAMOTHIOIC ACID, DIPROPYL-, S-PROPYL ESTER
CAS: 1929-77-7
SYNONYMS: CARBAMIC ACID, DIPROPYLTHIO-, S-PROPYL ESTER • DIPROPYLCARBAMOTHIOIC ACID, S-PROPYL ESTER • DIPROPYLTHIOCARBAMIC ACID S-PROPYL ESTER • PERBULATE • PPTC • PROPYL DIPROPYLCARBAMATE • S-PROPYL DIPROPYLCARBAMOTHIOATE • S-PROPYL DIPROPYLTHIOCARBAMATE • S-PROPYL DIPROPYL(THIOCARBAMATE) • R-1607 • UN 2757 (carbamate pesticides, solid, poisonous) • UN 2992 (carbamate pesticides, liquid, poisonous) • VANALATE • VERNAM • VERNOLATE

EPA NAME: CARBAMOTHIOIC ACID, DIPROPYL-, S-(PHENYLMETHYL) ESTER
CAS: 52888-80-9
SYNONYMS: UN 2757 (carbamate pesticides, solid, poisonous) • UN 2992 (carbamate pesticides, liquid, poisonous)

EPA NAME: CARBARYL
CAS: 63-25-2
SYNONYMS: CARBAMINE • ARILAT • ARILATE • ARYLAM • BERCEMA NMC50 • CAPROLIN • CARBAMIC ACID, METHYL-, 1-NAPHTHYL ESTER • CARBARIL (Italian) • CARBARYL, NAC • CARBATOX • CARBATOX 60 • CARBATOX 75 • CARBAVUR • CARBOMATE • CARPOLIN • COMPOUND 7744 • CARYLDERM • CRAG SEVIN • DENAPON • DICARBAM • DYNA-CARBYL • ENT 23969 • EXPERIMENTAL INSECTICIDE 7744 • GAMONIL • GERMAIN'S • HEXAVIN • KARBARYL (Polish) • KARBASPRAY • KARBATOX • KARBOSEP • N-METHYLCARBAMATE de 1-NAPHTYLE (French) • METHYLCARBAMATE 1-NAPHTHALENOL • MENAPHAM • METHYLCARBAMIC ACID, 1-NAPHTHYL ESTER • N-METHYL-1-NAFTYL-CARBAMAAT (Dutch) • N-METHYL-1-NAPHTHYL-CARBAMAT (German) • N-METHYL-α-NAPHTHYL-CARBAMATE • N-METHYL-1-NAPHTHYL CARBAMATE • N-METHYL-α-NAPHTHYLURETHAN • N-METIL-1-NAFTIL-CARBAMMATO (Italian) • MICROCARB • MUGAN • MURVIN • MURVIN 85 • NAC • α-NAFTYL-N-METHYL-KARBAMAT (Czech) • α-NAPHTHYL N-METHYL-CARBAMATE • 1-NAPHTHYLMETHYLCARBAMATE • 1-NAPHTHOL • 1-NAPHTHYL N-METHYLCARBAMATE • 1-NAPHTHYL N-METHYL-CARBAMATE • NMC 50 • OMS-29 • OMS 629 • OLTITOX • PANAM • POMEX • PROSEVOR 85 • RAVYON • RTECS No. FC595000 • SEPTENE • SEFFEIN • SEVIMOL • SEVIN • SEVIN 4 • SEWIN • SOK • STCC 4941121 (liquid) • STCC 4941122 (solid) • TERCYL • THINSEC • TORNADO • TRICARNAM • COMPOUND 7744 • UC 7744 (UNION CARBIDE) • UN 2992 (carbamate pesticides, liquid, toxic) • UN 2757 (carbamate pesticides, solid, toxic) • UNION CARBIDE 7,744 • VIOXAN

EPA NAME: CARBENDAZIM
CAS: 10605-21-7
SYNONYMS: BAS-3460 ● BAS 67054 ● BAVISTIN ● BCM ● BENZ-IMIDAZOLE-2-CARBAMIC ACID, METHYL ESTER ● 1H-BENZIMIDAZOL-2-YLCARBAMIC ACID, METHYL ESTER ● N-2-(BENZIMIDAZOYL)CARBAMATE ● BMC ● CARBENDAZYM ● CTR 6699 ● CUSTOS ● DELSENE ● DEROSAL ● EQUITDAZIM ● HOE 17411 ● KEMDAZIN ● MBC ● 2-(METHOXYCARBONYLAMINO)-BENZIMIDAZOL ● 2-(METHOXYCARBONYLAMINO)BENZIMIDAZOLE ● METHYL BENZEMEDAZOL-2-YL CARBAMATE ● METHYL 1H-BENZEMIDAZOL-2-YLCARBAMATE ● METHYL-2-BENZEMIDAZOLCARBAMATE ● PILLARSTIN ● RTECS NO. DD6500000 ● STEMPOR ● TRITICOL ● U-32,104

EPA NAME: CARBOFURAN
CAS: 1563-66-2
SYNONYMS: BAY 70143 ● A13-27164 ● AU'ULTRAMICIN ● BAY 704143 ● BAY 78537 ● 7-BENZOFURANOL, 2,3-DIHYDRO-2,2-DIMETHYL-,METHYLCARBAMATE ● BRIFUR ● CARBAMIC ACID, METHYL-, 2,2-DIMETHYL-2,3-DIHYDROBENZOFURAN-7-YL ESTER ● CARBOFURANO (Spanish) ● CARBOSIP 5G ● CASWELL No. 160A ● CRISFURAN ● CRISFURAN ● CURATERR ● CHINUFUR ● D 1221 ● 2,3-DIHYDRO-2,2-DIMETHYLBENZOFURANYL-7-N-METHYLCARBAMATE ● 2,3-DIHYDRO-2,2-DIMETHYL-7-BENZOFURANOLMETHYLCARBAMATE ● 2,3-DIHYDRO-2,2-DIMETHYL-7-BENZOFURANOL-N-METHYLCARBAMATE ● 2,3-DIHYDRO-2,2-DIMETHYLBENZOFURANYL-7-N-METHYLCARBAMATE ● 2,3-DIHYDRO-2,2-DIMETHYLBENZOFURAN-7-YL METHYLCARBAMATE ● 2,2-DIMETHYL-7-COUMARANYL N-METHYLCARBAMATE ● 2,2-DIMETHYL-2,3-DIHYDROBENZOFURANYL-7 N-METHYLCARBAMATE ● 2,2-DIMETHYL-2,3-DIHYDRO-7-BENZOFURANYL-N-METHYLCARBAMATE ● ENT 27,164 ● EPA PESTICIDE CHEMICAL CODE 090601 ● FMC 10242 ● FURADAN ● FURADAN 10G ● FURADAN 3G ● FURADAN 4F ● FURADAN G ● FURODAN ● KENOFURAN ● METHYL CARBAMIC ACID 2,3-DIHYDRO-2,2-DIMETHYL-7-BENZOFURANYL ESTER ● NEX ● NIA-10242 ● NIAGRA 10242 ● NIAGRA NIA-10242 ● NSC 167822 ● PILLARFURAN ● NIAGARA 10242 ● RTECS No. FB9450000 ● STCC 4921525 ● UN 2992 (carbamate pesticides, liquid, toxic) ● UN 2757 (carbamate pesticides, solid, toxic) ● YALTOX

EPA NAME: CARBOFURAN PHENOL
CAS: 1563-38-8
SYNONYMS: N/A

EPA NAME: CARBON DISULFIDE
CAS: 75-15-0
SYNONYMS: CARBON BISULFIDE ● CARBON BISULPHIDE ● CARBON DISULPHIDE ● CARBONE (SUFURE de) (French) ● CARBONIO (SOLFURO di) (Italian) ● CARBON SULFIDE ●

DISULFURO de CARBONO (Spanish) • DITHIOCARBONIC ANHYDRIDE • EINECS No. 200-843-6 • KOHLENDISULFID (SCHWEFELKOHLENSTOFF) (German) • KOOLSTOFDISULFIDE (ZWAVELKOOLSTOF) (Dutch) • NCI-4591 • RCRA No. P022 • RTECS No. FF6650000 • SCHWEFELKOHLENSTOFF (German) • SULPHOCARBONIC ANHYDRIDE • SOLFURO di CARBONIO (Italian) • UN 1131 • WEEVILTOX • WEGLA DWUSIARCZEK (Polish)

EPA NAME: CARBONIC DIFLUORIDE
CAS: 353-50-4
SYNONYMS: CARBON DIFLUORIDE OXIDE • CARBON FLUORIDE OXIDE • CARBON OXYFLUORIDE • CARBONYL DIFLUORIDE • CARBONYL FLUORIDE (DOT) • DIFLUOROFORMALDEHYDE • FLUOPHOSGENE • FLUORURO de CARBONILO (Spanish) • FLUOROFORMYL FLUORIDE • FLUOROPHOSGENE • RCRA No. U033 • RTECS No. FG6125000 • UN 2417

EPA NAME: CARBONIC DICHLORIDE
[see PHOSGENE]
CAS: 75-44-5

EPA NAME: CARBONOCHLORIDIC ACID, METHYLESTER
[see METHYL CHLOROCARBONATE]
CAS: 79-22-1

EPA NAME: CARBONOCHLORIDIC ACID, 1-METHYLESTER ESTER
[see ISOPROPYL CHLOROFORMATE]
CAS: 108-23-6

EPA NAME: CARBONOCHLORIDIC ACID, PROPYLESTER
[see PROPYL CHLOROFORMATE]
CAS: 109-61-5

EPA NAME: CARBON OXIDE SULFIDE (COS)
[see CARBONYL SULFIDE]
CAS: 463-58-1

EPA NAME: CARBON TETRACHLORIDE
CAS: 56-23-5
SYNONYMS: BENZINOFORM • CARBONA • CARBON CHLORIDE • CARBON TET • CZTEROCHLOREK WEGLA (Polish) • EINECS No. 200-262-8 • ENT 4705 • FASCIOLIN • FLUKOIDS • FREON 10 • HALON 104 • KATHARIN • METHANE TETRACHLORIDE • METHANE, TETRACHLORO- • NECATORINA • NECATORINE • PERCHLOROMETHANE • R 10 • RCRA No. U211 • RTECS No. FG4900000 • STCC 4940320 • TETRACHLOORKOOLSTOF (Dutch) • TETRACHLOORMETAN • TETRACHLORKOHLENSTOFF, TETRA (German) • TETRACHLORMETHAN (German) • TETRACHLOROCARBON • TETRACHLOROMETHANE • TETRACHLORURE de CARBONE (French) • TETRACLOROMETANO (Italian) • TET-

RACLORURO di CARBONIO (Italian) • TETRACLORURO de CARBONO (Spanish) • TETRAFINOL • TETRAFORM • TETRASOL • TWAWPIT • UN 1846 • UNIVERM • VERMOESTRICID

EPA NAME: CARBONYL SULFIDE
CAS: 463-58-1
SYNONYMS: CARBON MONOXIDE MONOSULFIDE • CARBON OXYGEN SULFIDE • CARBON OXYGEN SULPHIDE • CARBON OXYSULFIDE • CARBON OXYSULPHIDE • CARBONYL SULFIDE-(32)S • CARBONYL SULPHIDE • OXYCARBON SULFIDE • OXYCARBON SULPHIDE • SULFURO de CARBONILO (Spanish) • SCO • RTECS No. FG6400000 • UN 2204

EPA NAME: CARBOPHENOTHION
CAS: 786-19-6
SYNONYMS: ACARITHION • AKARITHION • CARBOFENOTHION (Dutch) • S-((p-CHLOROPHENYLTHIO)METHYL)-O,O-DIETHYL PHOSPHORODITHIOATE • S-(4-CHLOROPHENYLTHIOMETHYL)DIETHYL PHOSPHOROTHIOLOTHIONATE • DAGANIP • O,O-DIETHY-S-P-CHLOROPHENYLTHIOMETHYL DITHIOPHOSPHATE • O,O-DIAETHY-S-((4-CHLOR-PHENYL-THIO)-METHYL)DITHIOPHOSPHAT (German) • O,O-DIETHY-S-((4-CHLOOR-FENYL-THIO)-METHYL)DITHIOFOSFAAT (Dutch) • O,O-DIETHYL-S-p-CHLORFENYLTHIOMETHYLESTER KYSELINY DITHIOFOSFORECNE (Czech) • O,O-DIETHY-S-(p-CHLOROPHENYLTHIOMETHYL)PHOSPHORODITHIOATE • O,O-DIETHYL-p-CHLOROPHENYLMERCAPTOMETHYL DITHIOPHOSPHATE • O,O-DIETHYL-4-CHLOROPHENYLMERCAPTOMETHYL DITHIOPHOSPHATE • O,O-DIETHYDITHIOPHOSPHORIC ACID, p-CHLOROPHENYLTHIOMETHYL ESTER • O,O-DIETIL-S-((4-CLOROFENIL-TIO)-METILE)-DITIOFOSFATO (Italian) • O,O-DIETIL-S-((p-CLOROFENIL-TIO)-METILE)-DITIOFOSFATO (Italian) • DITHIOPHOSPHATE de O,O-DIETHYLE et de (4-CHLOROPHENYL) THIOMETHYLE (French) • ENDYL • ENT 23,708 • GARRATHION • LETHOX • NEPHOCARP • OLEOAKARITHION • R-1303 • RTECS No. TD5250000 • STAUFFER R-1,303 • TRITHION MITICIDE

EPA NAME: CARBOSULFAN
CAS: 55285-14-8
SYNONYMS: ADVANTAGE • CARBAMIC ACID, ((DIBUTYLAMINO)THIO)METHYL-, 2,3-DIHYDRO-2,2-DIMETHYL-7-BENZOFURANYL ESTER • DBSC • ((DIBUTYLAMINO)THIO) METHYLCARBAMIC ACID 2,3-DIHYDRO-2,2-DIMETHYL-7-BENZOFURANYL ESTER • 2,3-DIHYDRO-2,2-DIMETHYL-BENZOFURAN-7-YL(DIBUTYLAMINOTHIO)METHYL-CARBAMATE • 2,3-DIHYDRO-2,2-DIMETHYL-7-BENZOFURANYL ((DIBUTYLAMINO)THIO)

METHYLCARBAMATE ● FMC 35001 ● MARSHAL ● MARSHALL ● POSSE ● UN 2757 (carbamate pesticides, solid, poisonous) ● UN 2992 (carbamate pesticides, liquid, poisonous)

EPA NAME: **CARBOXIN**
CAS: 5234-68-4
SYNONYMS: CARBATHIIN ● 5-CARBOXANILIDO-2,3-DIHYDRO-6-METHYL-1,4-OXATHIIN ● CARBOXINE ● CARBOXIN OXATHION PESTICIDE ● CASWELL No. 165 A ● D-735 ● DCMO ● 2,3-DIHYDRO-5-CARBOXANILIDO-6-METHYL-1,4-OXATHIIN ● 2,3-DIHYDRO-6-METHYL-1,4-OXATHIIN-5-CARBOXANILIDE ● 5,6-DIHYDRO-2-METHYL-1,4-OXATHIIN-3-CARBOXANILIDE ● 5,6-DIHYDRO-2-METHYL-N-PHENYL-1,4-OXATHIIN-3-CARBOXAMIDE ● 2,3-DIHYDRO-6-METHYL-5-PHENYLCARBAMOYL-1,4-OXATHIIN ● DMOC ● EPA PESTICIDE CHEMICAL CODE 090201 ● F-735 ● FLO PRO V SEED PROTECTANT ● NSC 263492 ● 1,4-OXATHIIN-3-CARBOXAMIDE,5,6-DIHYDRO-2-METHYL-N-PHENYL ● 1,4-OXATHIIN-3-CARBOXANILIDE,5,6-DIHYDRO-2-METHYL ● 1,4-OXATHIIN-3-CARBOXANILIDE,5,6-DIHYDRO-2-METHYL- ● 1,4-OXATHIIN-2,3-DIHYDRO-5-CARBOXANILIDO-6-METHYL- ● RTECS No. RP4550000 ● VITAFLO ● VITAVAX ● VITAVAX 100 ● VITAVAX 735D ● VITAVAX 75 PM ● VITAVAX 75W ● V 4X

EPA NAME: **CATECHOL**
CAS: 120-80-9
SYNONYMS: BENZENE, o-DIHYDROXY- ● o-BENZENEDIOL ● 1,2-BENZENEDIOL ● BURMAR NOPHENOL-922 HB ● CATACOL (Spanish) ● CATECHIN ● C.I. 76500 ● C.I. OXIDATION BASE 26 ● o-DIHYDROXYBENZENE ● 1,2-DIHYDROXYBENZENE ● o-DIOXYBENZENE ● o-DIPHENOL ● DURAFUR DEVELOPER C ● EINECS No. 204-427-5 ● FOURAMINE PCH ● FOURRINE 68 ● o-HYDROQUINONE ● o-HYDROXYPHENOL ● 2-HYDROXYPHENOL ● NCI-C55856 ● OXYPHENIC ACID ● P-370 ● PELAGOL GREY C ● o-PHENYLENEDIOL ● PYROCATECHIN ● PYROCATECHINE ● PYROCATECHINIC ACID ● PYROCATECHOL ● PYROCATECHUIC ACID ● RTECS No. UX10500000

EPA NAME: **CFC-11**
[see TRICHLOROFLUOROMETHANE]
CAS: 75-69-4

EPA NAME: **CFC-13**
[see CHLOROTRIFLUOROMETHANE]
CAS: 75-72-9

EPA NAME: **CFC-12**
[see DICHLORODIFLUOROMETHANE]
CAS: 75-71-8

EPA NAME: CFC-114
[see DICHLOROTETRAFLUOROETHANE]
CAS: 76-14-2

EPA NAME: CFC-115
[see MONOCHLOROPENTAFLUOROETHANE]
CAS: 76-15-3

EPA NAME: CHINOMETHIONAT
CAS: 2439-01-2
SYNONYMS: A13-25606 • BAY 36205 • BAYER 36205 • BAYER 4964 • BAYER SS2074 • CARBONIC ACID, DITHIO-, CYCLIC S,S-(6-METHYL-2,3-QUINOXALINEDIYL)ESTER • CASWELL No. 576 • DITHILOL(4,5-b)QUINOXALIN-2-ONE,6-METHYL- • 1,3-DITHILOL(4,5-b)QUINOXALIN-2-ONE,6-METHYL- • DITHIOQUINOX • N-DODECYLGUANIDINE ACETATE • ENT 25,606 • EPA PESTICIDE CHEMICAL CODE 054101 • ERADE • FUNGICIDE 5223 • LAURYL GUANIDINE ACETATE • MELPREX • MILPREX • 6-METHYLDITHIOLO(4,5-b)QUINOXALIN-2-ONE • 6-METHYL-1,3-DITHIOLO(4,5-b)QUINOXALIN-2-ONE • 6-METHYL-2-OXO-1,3-DITHIOLO(4,5-b)QUINOXALIN • 6-METHYL-2-OXO-1,3-DITHIO(4,5-b)QUINOXALINE • 6-METHYL-2,3-QUINOXALIN DITHIOCARBONATE • 6-METHYL-2,3-QUINOXALINEDITHIO CYCLIC CARBONATE • 6-METHYL-2,3-QUINOXALINEDITHIO CYCLIC S,S-DITHIOCARBONATE • 6-METHYL-2,3-QUINOXALINEDITHIO CYCLIC DITHIOCARBONATE • 6-METHYLQUINOXALINE-2,3-DITHIOCYCLICARBONATE • S,S-(6-METHYLQUINOXALINE-2,3-DIYL)DITHIOCARBONATE • MORESTAN 2 • MORSTANE • MQD • MSC 379587 • OXYTHIOQUINOX • QUINOMETHIONATE • 2,3-QUINOXALINEDITHIOL,6-METHYL-, CYCLIC DITHIOCARBONATE (ESTER) • 2,3-QUINOXALINEDITHIOL, 6-METHYL-, CYCLIC CARBONATE • RTECS No. FG1400000 • SYLLIT • TSITREX • VENTUROL VONODINE

EPA NAME: CHLORAMBEN
CAS: 133-90-4
SYNONYMS: AMBEN • AMBIBEN • AMIBEN • AMIBIN • ACP-M-728 • 3-AMINO-2,5-DICHLOROBENZOIC ACID • AMOBEN • BENZOIC ACID, 3-AMINO-2,5-DICHLORO- • CHLORAMBED • CHLORAMBENE • CHLORAMBEN, AROMATIC CARBOXYLIC ACID • CHLORAMBEN BENZOIC ACID HERBICIDE • BENZOIC ACID, 3-AMINO-2,5-DICHLORO- • 3-AMINO-2,6-DICHLOROBENZOIC ACID • 2,5-DICHLORO-3-AMINOBENZOIC ACID • NCI-C00055 • ORNAMENTAL WEEDER • RTECS No. DG1925000 • UN 2769 (benzoic derivative pesticides, solid, toxic) • UN 2770 (liquid) • VEGABEN • VEGIBEN • WEEDONE GARDEN WEEDER

EPA NAME: CHLORAMBUCIL
CAS: 305-03-3

SYNONYMS: AMBOCHLORIN • AMBOCLORIN • BENZENEBUTANOIC ACID, 4-(BIS(2-CHLOROETHYL)AMINO)- • 4-(BIS(2-CHLOROETHYL)AMINO)BENZENEBUTANOIC ACID • γ-(p-BIS(2-CHLOROETHYL)AMINOPHENYL)BUTYRIC ACID • 4-(p-BIS(β-CHLOROETHYL)AMINOPHENYL)BUTYRIC ACID • 4-(p-(BIS(2-CHLOROETHYL)AMINO)PHENYL)BUTYRIC ACID • CB 1348 • CHLOROAMINOPHEN • CHLORAMINOPHENE • CHLOROAMBUCIL • CHLOROBUTIN • CHLOROBUTINE • CLORAMBUCIL (Spanish) • N,N-DI-2-CHLOROETHYL-γ-p-AMINOPHENYLBUTYRIC ACID • p-N,N-DI-(β-CHLOROETHYL)AMINOPHENYLBUTYRIC ACID • p-(N,N-DI-2-CHLOROETHYL)AMINOPHENYL BUTYRIC ACID • γ(p-DI-(2-CHLOROETHYL)AMINOPHENYL)BUTYRIC ACID • ECORIL • ELCORIL • LEUKERAN • LEUKERSAN • LEUKORAN • LINFOLIZIN • LINFOLYSIN • NCI-CO3485 • NSC-3088 • PHENYLBUYYRIC ACID NITROGEN MUSTARD • RCRA No. U035 • RTECS No. ES7525000

EPA NAME: CHLORDANE
CAS: 57-74-9
SYNONYMS: ASPON-CHLORDANE • BELT • CD 68 • CHLOORDAAN (Dutch) • CHLORDAN • γ-CHLORDAN • CHLORINDAN • CHLOR KIL • CHLORODANE • CLORDAN (Italian) • CLORDANO (Spanish) • CORODANE • CORTILAN-NEU • DICHLOROCHLORDENE • DOWCHLOR • ENT 9,932 • ENT 25,552-X • HCS 3260 • KYPCHLOR • M 140 • M 410 • 4,7-METHANOINDAN, 1,2,3,4,5,6,7,8,8-OCTACHLORO-2,3,3a,4,7,7a-HEXAHYDRO- • 4,7-METHANO-1H-INDENE,1,2,4,5,6,7,8,8-OCTACHLORO-2,3,3A,4,7,7A-HEXAHYDRO- • 4,7-METHANOINDAN, 1,2,4,5,6,8,8-OCTACHLORO 3a,4,7,7a-TETRAHYDRO • NCI-C00099 • NIRAN • OCTACHLOR • OCTACHLORODIHYDRODICYCLOPENTADIENE • 1,2,4,5,6,7,8,8-OCTACHLORO-2,3,3A,4,7,7A-HEXAHYDRO-4,7-METHANOINDENE • 1,2,4,5,6,7,8,8-OCTACHLORO-2,3,3A,4,7,7A-HEXAHYDRO-4,7-METHANO-1H-INDENE • 1,2,4,5,6,7,8,8-OCTACHLORO-3A,4,7,7A-HEXAHYDRO-4,7-METHYLENE INDANE • OCTACHLORO-4,7-METHANOHYDROINDANE • OCTACHLORO-4,7-METHANOTETRAHYDROINDANE • 1,2,4,5,6,7,8,8-OCTACHLORO-4,7-METHANO-3A,4,7,7A-TETRAHYDROINDANE • 1,2,4,5,6,7,8,8-OCTACHLOOR-3A,4,7,7A-TETRAHYDRO-4,7-ENDO-METHANO-INDAAN (Dutch) • 1,2,4,5,6,7,8,8-OCTACHLORO-3A,4,7,7A-TETRAHYDRO-4,7-METHANOINDAN • 1,2,4,5,6,7,8,8-OCTACHLORO-3A,4,7,7A-TETRAHYDRO-4,7-METHANOINDANE • 1,2,4,5,6,7,10,10-OCTACHLORO-4,7,8,9-TETRAHYDRO-4,7-METHYLENEINDANE • 1,2,4,5,6,7,8,8-OCTACHLOR-3A,4,7,7A-TETRAHYDRO-4,7-ENDO-METHANO-INDAN (German) • OCTA-KLOR • OKTATERR • OMS 1437 • 1,2,4,5,6,7,8,8-OTTOCHLORO-3A,4,7,7A-TETRAIDRO-4,7-ENDO-METANO-INDANO (Italian) • ORTHO-KLOR • RCRA No. U036 • RTECS No. PB9800000 • SD 5532 • SHELL SD-5532

• STCC 4909320 • SYNKLOR • TAT • TAT CHLOR 4 • TOPICHLOR 20 • TOPICLOR • TOPICLOR 20 • TOXICHLOR • VELSICOL 1068 UN 2762

EPA NAME: CHLORENDIC ACID
CAS: 115-28-6
SYNONYMS: ACIDO CLORENDICO (Spanish) • BICYCLO(2.2.1) HEPT-5-ENE-2,3-DICARBOXYLIC ACID, 1,4,5,6,7,7-HEXACHLORO- • HET ACID • 1,4,5,6,7,7-HEXACHLOROBICYCLO (2.2.1)-5-HEPTENE-2,3-DICARBOXYLIC ACID • HEXACHLORO-ENDO-METHYLENETRAHYDROPHTHALIC ACID • 1,4,5,6,7,7-HEXACHLORO-5-NORBORNENE-2,3-DICARBOXYLIC ACID • 1,4,5,6,7,7-HEXACHLORO-8,9,10-TRINOBORN-5-ENE-2,3-DICARBOXYLIC ACID • KYSELINA 3,6-ENDOMETHYLEN-3,4,5,6,7,7-HEXACHLOR-δ'-TETRAHYDROFTALOVA (Czech) • NCI-C55072 • KYSELINA HET (Czech) • 5-NORBORNENE-2,3-DICARBOXYLIC ACID, 1,4,5,6,7,7-HEXACHLORO- • NSC 22231 • RTECS No. RB9000000

EPA NAME: CHLORFENVINFOS
CAS: 470-90-6
SYNONYMS: APACHLOR • BENZYL ALCOHOL,2,4-DICHLORO-α-(CHLOROMETHYLENE)-, DIETHYL PHOSPHATE • BIRLANE • BIRLANE LIQUID • C8949 • C-10015 • CFV • CGA 26351 • CLORFENVINFOS (Spanish) • o-2-CHLOOR-1-(2,4-DICHLOOR-FENYL)-VINYL-O,O-DIETHYLFOSFAAT (Dutch) • o-2-CHLOR-1-(2,4-DICHLOR-PHENYL)-VINYL-O,O-DIAETHYLPHOSPHAT (German) • CHLORFENVINPHOS • 2-CHLORO-1-(2,4-DICHLOROPHENYL)VINYL DIETHYL PHOSPHATE • β-2-CHLORO-1-(2',4'-DICHLOROPHENYL) VINYL DIETHYLPHOSPHATE • CHLOROFENVINPHOS • CHLORPHENVINFOS • CHLORPHENVINPHOS • CLOFENVINFOS • o-2-CLORO-1-(2,4-DICLORO-FENIL)-VIN IL-O,O-DI ETILFOSFATO (Italian) • COMPOUND 4072 • CVP • o,o-DIETHYLO-(2-CHLORO-1-(2',4'-DICHLOROPHENYL)VINYL) PHOSPHATE • DIETHYL1-(2,4-DICHLOROPHENYL)-2-CHLOROVINYL PHOSPHATE • ENT 24969 • GC 4072 • OMS 1328 • PHOSPHATE DE O,O-DIETHYLE ETDEO-2-CHLORO-1-(2.4-DICHLOROPHENYL) VINYLE (French) • PHOSPHORIC ACID, 2-CHLORO-1-(2,4-DICHLOROPHENYL)ETHENYLDIETHYL ESTER • RTECS No. TB8750000 • SAPECRON • SAPRECON C • SAPECRON 240 • SAPECRON 10FGEC • SD 4072 • SD 7859 • SHELL 4072 • SUPONA • SUPONE • UN 3018 (organophorus pesticide, liquid, poisonous) • UNITOX • VINYLPHARE • VINYLPHATE

EPA NAME: CHLORIMURON ETHYL
CAS: 90982-32-4
SYNONYMS: ETHYL-2-((((4-CHLORO-6-METHOXYPYRIMIDIN-2-YL)-CARBONYL)-AMINO)SULFONYL)BENZOAT E

EPA NAME: CHLORINE
CAS: 7782-50-5

SYNONYMS: BERTHOLITE • CHLOOR (Dutch) • CHLOR (German) • CHLORE (French) • CHLORINE MOLECULAR (C12) • CLORO (Italian, Spanish) • DIATOMIC CHLORINE • DICHLORINE • MOLECULAR CHLORINE • POLY I GAS • RTECS No. FO2100000 • STCC 4904120 • UN 1017

EPA NAME: CHLORINE DIOXIDE
CAS: 10049-04-4
SYNONYMS: ALCIDE • ANTHIUM DIOXCIDE • CHLORINE OXIDE (ClO2) • CHLORINE(IV) OXIDE • CHLORINE PEROXIDE • CHLOROPEROXYL • CHLORYL RADICAL: ClO$_2$ • DOXCIDE 50 • DIOXIDO de CLORO (Spanish) • EZ FLOW • PUROGENE • RTECS No. FO3000000 • UN 9191 (hydrate, frozen)

EPA NAME: CHLORINE MONOXIDE
CAS: 7791-21-1
SYNONYMS: CHLORINE OXIDE • DICHLORINE OXIDE • MONOXIDO de CLORO (Spanish)

EPA NAME: CHLORINE OXIDE
[see CHLORINE MONOXIDE]
CAS: 7791-21-1

EPA NAME: CHLORINE OXIDE (ClO2)
[see CHLORINE DIOXIDE]
CAS: 10049-04-4

EPA NAME: CHLORMEPHOS
CAS: 24934-91-6
SYNONYMS: DOTAN • MC2188 • S-(CHLOROMETHYL)-O,O-DIETHYL PHOSPHORODITHIOATE • S-CHLOROMETHYL-O,O-DIETHYL PHOSPHORODITHIOATE • S-CHLOROMETHYL-O,O-DIETHYL PHOSPHORODITHIOTHIOLOTHIONATE • S-(CHLOROMETHYL)-O,O-DIETHYL PHOSPHORODITHIOIC ACID • S-(CHLOROMETHYL) O,O-DIETHYL ESTER PHOSPHORODITHIOIC ACID • DOTAN • MC 2188 • PHOSPHORODITHIOIC ACID, S-(CHLOROMETHYL) O,O-DIETHYL ESTER • RTECS No. TD5170000 • UN 2783 (organophosphate compound, solid)

EPA NAME: CHLORMEQUAT CHLORIDE
CAS: 999-81-5
SYNONYMS: AC 38555 • ANTYWYLEGACZ • CCC PLANT GROWTH REGULANT • AMMONIUM, (2-CHLOROETHYL)TRIMETHYL-, CHLORIDE 2-CHLORO-N,N,N-TRIMETHYLETHANAMINIUM CHLORIDE • CE CE CE • CHOLINE DICHLORIDE • 2-CHLORAETHYL-TRIMETHYL-AMMONIUMCHLORID (German) • 2-CHLOROETHYL TRIMETHYLAMMONIUM CHLORIDE • CHLORCHOLINCHLORID • CHLORCHOLINE CHLORIDE • CHLORMEQUAT • CHLOROCHOLINE CHLORIDE • (β-CHLOROETHYL)TRIMETHYLAMMONIUM CHLORIDE • 2-CHLORO-N,N,N-TRIMETHYLAMMONIUM CHLORIDE • (2-CHLOROETHYL)TRIMETHYLAMMONIUM CHLORIDE • 2-

CHLORO-N,N,N-ETHYL)TRIMETHYLETHANAMINIUM
CHLORIDE ● 60-CS-16 ● CLORMECUATO de CLOROACETI-
LO (Spanish) ● CYCLOCEL ● CYCOCEL ● CYCOCEL-EXTRA ●
CYCOGAN ● CYCOGAN EXTRA ● CYOCEL ● EI 38,555 ●
ETHANAMINIUM, 2-CHLORO-N,N,N-TRIMETHYL-, CHLO-
RIDE (9CI) ● HICO CCC ● HORMOCEL-2CCC ● INCRECEL ●
LIHOCIN ● NCI-C02960 ● RETACEL ● STABILAN ● TRI-
METHYL-β-CHLORETHYLAMMONIUMCHLORID ● TUR ●
TRIMETHYL-β-CHLOROETHYL AMMONIUM CHLORIDE ●
TUR ● RTECS No. BP5250000

EPA NAME: CHLORNAPHAZINE
CAS: 494-03-1
SYNONYMS: 2-BIS(2-CHLOROETHYL)AMINONAPHTHALENE ●
N,N-BIS(2-CHLOROETHYL)-2-NAPHTHYLAMINE ● BIS(2-
CHLOROETHYL)-β-NAPHTHYLAMINE ● CHLORNAFTINA ●
CHLORNAPHAZIN ● CHLORNAPHTHIN ● CHLORONAFTI-
NA ● CHLORONAPHTHINE ● CLORNAPHAZINE ● DICHLO-
ROETHYL-β-NAPHTHYLAMINE ● DI(2-CHLOROETHYL)-β-
NAPHTHLAMINE ● N,N-DI(2-CHLOROETHYL)-β-
NAPHTHLAMINE ● 2-N,N-DI(2-CHLOROETHYL)
NAPHTHLAMINE ● ERYSAN ● NAPHTHLAMINE MUSTARD
● β-NAPHTHL-BIS(β-CHLOROETHYL)AMINE ● 2-NAPHTHL-
BIS(β-CHLOROETHYL)AMINE ● β-NAPHTHL-DI(2-CHLORO-
ETHYL)AMINE ● 2-NAPHTHALENAMINE, N,N-BIS(2-CHLO-
ROETHYL)- ● NSC-62209 ● R48 ● RCRA No. U026 ● RTECS
No. QM2450000

EPA NAME: CHLOROACETALDEHYDE
CAS: 107-20-0
SYNONYMS: ACETALDEHYDE, CHLORO- ● 2-CHLOROACE-
TALDEHYDE ● CHLOROACETALDEHYDE MONOMER ● 2-
CHLOROETHANAL ● 2-CHLORO-1-ETHANAL ● CHLOROA-
CETALDEHYDE (40% AQUEOUS) ● CLOROACETALDEHIDO
(Spanish) ● MONOCHLOROACETALDEHYDE ● RCRA No.
P023 ● RTECS No. AB2450000 ● UN 2232

EPA NAME: CHLOROACETIC ACID
CAS: 79-11-8
SYNONYMS: ACIDE CHLORACETIQUE (French) ● ACIDE MO-
NOCHLORACETIQUE (French) ● ACIDO CLOROACETICO
(Spanish) ● ACIDOMONOCLOROACETICO (Italian) ● ACETIC
ACID, CHLORO- ● CHLORACETIC ACID ● CHLOROETHA-
NOIC ACID ● MCA ● MONOCHLORACETIC ACID ● MONO-
CHLOORAZIJNZUUR (Dutch) ● MONOCHLORESSIGSAEURE
(German) ● MONOCHLOROACETIC ACID ● MONOCHLO-
ROETHANOIC ACID ● NCI-C60231 ● RTECS No. AF8575000 ●
UN 1750 (liquid) ● UN 1751 (solid)

EPA NAME: 2-CHLOROACETOPHENONE
CAS: 532-27-4
SYNONYMS: ACETOPHENONE, 2-CHLORO- ● CAF ● CAP ●
CHEMICAL MACE ● CHLOROACETOPHENONE (DOT) ● 1-
CHLOROACETOPHENONE ● ε-CHLOROACETOPHENONE ●

α-CHLOROACETOPHENONE • CHLOROMETHYL PHENYL KETONE • 2-CHLORO-1-PHENYLETHANONE • a-CLOROACETOFENONA (Spanish) • CN • ETHANONE, 2-CHLORO-1-PHENYL- • MACE • MACE (LACRIMATOR) • NCI-C55107 • PHENACYL CHLORIDE • PHENYL CHLOROMETHYL KETONE • RTECS No. AM6300000 • UN 1697

EPA NAME: 1-(3-CHLORALLYL)-3,5,7-TRIAZA-1-AZONIAADAMANTANE CHLORIDE
CAS: 4080-31-3
SYNONYMS: CASWELL No. 181 • N-(3-CHLOROALLYL)HEXAMINIUM CHLORIDE • CHLOROALLYL METHENAMINE CHLORIDE • 1-(3-CHLORO-2-PROPENYL)-3,5,7-TRIAZA-1-AZONIATRICYCLO(3.3.1)DECANE CHLORIDE • CINARTC 200 • VLORURO de 1(3-CLOROALI)-3,5,7-TRIAZA-AZONIAADAMANTANO (Spanish) • DOWCIDE 184 • DOWICIDE Q • DOWICIL 75 • DOWICIL 100 • DOWCO 184 • EPA PESTICIDE CHEMICAL CODE 017901 • METHENAMINE 3-CHLOROALLYLOCHLORIDE • NSC 172971 • QUATERNIUM-15 • 3,5,7-TRIAZA-1-AZONIAADAMANTANE, 1-(3-CHLORALLYL)-, CHLORIDE • 3,5,7-TRIAZA-1-AZONIATRICYCLO(3.3.1.1) DECANE, 1-(3-CHLORO-2-PROPENYL)- • 3,5,7-TRIAZA-1-AZONIATRICYCLO(3.3.1.1)-1-DECANE, 1-(3-CHLORO-2-PROPENYL)- • 3,5,7-TRIAZA-1-AZONIATRICYCLO(3.3.1.13,7) DECANE, 1-(3-CHLORO-2-PROPENYL)-, CHLORIDE • CYCLOHEXANE, 5-ISOCYANATO-1-(ISOCYANATOMETHYL)-1,3,3,-TRIMETHYL- • IPDI • 5-ISOCYANATO-1-(ISOCYANATOMETHYL)-1,3,3,-TRIMETHYLCYCLOHEXANE • 3-ISOCYANATOMETHYL-3,5,5-TRIMETHYLCYCLOHEXYLISOCYANATE • ISOCYANIC ACID, METHYLENE-(3,5,5-TRIMETHYL-3,1-CYCLOHEXYLENE)ESTER • ISOPHORONE DIAMINE DIISOCYANATE • RTECS No. NQ9370000

EPA NAME: p-CHLOROANILINE
CAS: 106-47-8
SYNONYMS: 1-AMINO-4-CHLOROBENZENE • BENZENEAMINE, 4-CHLORO- • 4-CHLORANILINE (Czech) • p-CHLOROAMINOBENZENE • 4-CHLORO-1-AMINOBENZENE • 4-CHLRANILINE • 4-CHLOROANILINE • 4-CHLOROBENZENAMINE • 4-CHLOROBENZENEAMINE • 4-CHLOROPHENYLAMINE • p-CLOROANILINA (Spanish) • EEC No. 612-010-00-8 • NCI-C02039 • RCRA No. P024 • RTECS No. BX0700000 • UN 2018 (solid) • UN 2019 (liquid)

EPA NAME: CHLOROBENZENE
CAS: 108-90-7
SYNONYMS: ABLUTON T-30 • BENZENE, CHLORO- • BENZENE CHLORIDE • CHLOROBENZOL • CLOROBANCENO (Spanish) • CHLOORBENZEEN (Dutch) • CHLORBENZEN • CHLOROBENZEN (Polish) • CLOROBENCENO (Spanish) • EINECS No. 203-628-5 • KTI PMMA-STANDARD 496K/950K • MONOCHLOORBENZEEN (Dutch) • MONOCHLOROBENZENE • PHENYL CHLORIDE • MCB • MONOCHLORBEN-

ZOL (German) • NCI-C54886 • PHENYL CHLORIDE • RCRA No. U037 • RTECS No. CZ01750000 • STCC 4909153 • UN 1134

EPA NAME: CHLOROBENZILATE
CAS: 510-15-6
SYNONYMS: ACAR • ACARABEN • ACARABEN 4E • AKAR 338 • BENZENEACETIC ACID, 4-CHLORO-α-(4-CHLOROPHE-NYL)-α-HYDROXY-,ETHYL ESTER • BENZILAN • BENZILIC ACID, 4,4'-DICHLORO-,ETHYL ESTER • BENZILIC ACID,4,4'-DICHLORO, ETHYL ESTER • BENZ-O-CHLOR • CHLORBENZILAT • CHLORBENZALATE • 4-CHLORO-α-(4-CHLORPHENYL)-α-HYDROXYBENZENEACETIC ACID ETHYL ETHER • COMPOUND 338 • 4,4'-CICHLOR-BENZILSAEUREAETHYLESTER (German) • 4,4'-DICHLORO-BENZILIC ACID ETHYL ESTER • 4,4'-DICHLOROBENZI-LATE • ECB • ENT 18,596 • ETHYL 4-CHLORO-α-(4-CHLOROPHENYL)-α-HYDROXYBENZENE ACETATE • ETHYL-p,p'-DICHLOROBENZILATE • ETHYL 4,4'-DICHLO-ROBENZILATE • ETHYL-4,4'-DICHLORODIPHENYL GLY-COLLATE • ETHYL-4,4'-DICHLOROPHENYL GLYCOLLATE • ETHYL ESTER OF 4,4'-DICHLOROBENZILIC ACID • ETH-YL 2-HYDROXY-2,2-BIS(4-CHLOROPHENYL)ACETATE • FOLBEX • FOLBEX SMOKE STRIPS • G 338 • G 23992 • GEIGY 338 • KOP MITE • NCI-C00408 • NCI-C60413 • RCRA No. U038 • RTECS No. DD2275000

EPA NAME: 2-(4-((6-CHLORO-2-BENZOXAZOLYLEN)OXY) PHENOXY)PROPANOIC ACID, ETHYL ESTER
[see FENOXAPROP ETHYL]
CAS: 66441-23-4

EPA NAME: 2-CHLORO-N-(2-CHLOROETHYL)-N-METHYL-ETHANAMINE
[see NITROGEN MUSTARD]
CAS: 51-75-2

EPA NAME: p-CHLORO-m-CRESOL
CAS: 59-50-7
SYNONYMS: APTAL • BAKTOL • BAKTOLAN • CANDASEPTIC • p-CHLOR-m-CRESOL • CHLOROCRESOL • p-CHLOROCRE-SOL • 4-CHLORO-m-CRESOL • 6-CHLORO-m-CRESOL • 2-CHLORO-HYDROXYTOLUENE • 6-CHLORO-3-HYDROXY-TOLUENE • 4-CHLORO-3-METHYLPHENOL • 4-CLORO-3-METILFENOL (Spanish) • 3-METHYL-4-CHLOROPHENOL • OTTAFACT • PARMETOL • PARSOL • PCMC • PREVENTOL CMK • RASCHIT • RASEN-ANICON • RCRA No. U039 • RTECS No. GO7100000 • UN 2669 (liquid) • UN 2669 (solid)

EPA NAME: 2,4-D CHLOROCROTYL ESTER
CAS: 2971-38-2
SYNONYMS: ACETIC ACID, (2,4-DICHLOROPHENOXY)-, 4-CHLORO-2-BUTENYL ESTER • 2,4-D α-CHLOROCROTYL ES-TER • 2,4-D CHLOROCROTYL ESTER • CHLOROCROTYL

ESTER of 2,4-D ● CROTILINE ● 2,4-D ESTERS ● 2,4-DICHLO-ROPHENOXYACETIC ACID, 4-CHLOROCROTONYL ESTER ● KROTILINE ● RTECS No. AG8200000

EPA NAME: CHLORODIBROMOMETHANE
CAS: 124-48-1
SYNONYMS: CDBM ● CLORODIBROMOMETANO (Spanish) ● DIBROMOCHLOROMETHANE ● NCI-C55254 ● RTECS No. PA6360000

EPA NAME: 1-CHLORO-1,1-DIFLUOROETHANE
CAS: 75-68-3
SYNONYMS: CFC 142b ● α-CHLOROETHYLIDENE FLUORIDE ● CHLORODIFLUOROETHANE ● 1,1,1-CHLORODIFLUOROETHANE ● α-CHLOROETHYLIDENE FLUORIDE ● CHLOROETHYLIDENE FLUORIDE ● CHLOFLUOROCARBON 142b ● DIFLUORO-1-CHLOROETHANE ● 1,1,1-DIFLUOROCHLOROETHANE ● 1,1-DIFLUORO-1-CHLOROETHANE ● DIFLUOROMONOCHLOROETHANE ● ETHANE, 1-CHLORO-1,1-DIFLUORO- ● FC 142b ● FLUOROCARBON 142b ● FLUOROCARBON FC 142b ● FREON 142 ● FREON 142b ● GENETRON 101 ● GENETRON 142b ● GENTRON 142B ● HCFC-142b ● HYDROCHLOROFLUOROCARBON 142b ● DIFLUORO-1-CHLOROETHANE ● PROPELLANT 142b ● R 142B ● RTECS No. KH7650000

EPA NAME: CHLORODIFLUOROMETHANE
CAS: 75-45-6
SYNONYMS: ALGEON 22 ● ALGOFRENE 22 ● ALGOFRENE TYPE 6 ● ARCTON 4 ● ARCTON 22 ● CFC 22 ● CHLOROFLUOROCARBON 22 ● DIAFLON 22 ● DIFLUOROCHLOROMETHANE ● DIFLUOROMONOCHLOROMETHANE ● DYMEL 22 ● ELECTRO-CF 22 ● ESKIMON 22 ● F 22 ● FC 22 ● FLUGENE 22 ● FLUOROCARBON 22 ● FORANE 22 ● FORANE 22 B ● FREON ● FREON 22 ● FRIGEN ● FRIGEN 22 ● GENETRON 22 ● HCFC-22 ● HYDROCHLOROFLUOROCARBON 22 ● ISCEON 22 ● ISOTRON 22 ● KHALADON 22 ● KHLADON 22 ● METHANE, CHLORODIFLUORO- ● MONOCHLORODIFLUOROMETHANE ● PROPELLANT 22 ● R-22 ● REFRIGERANT 22 ● RTECS No. PA6390000 ● UCON 22 ● UCON 22/HALOCARBON 22

EPA NAME: 5-CHLORO-3-(1,1-DIMETHYLETHYL)-6-METHYL-2,4(1H,3H)-PYRIMIDINEDIONE
[see TERBACIL]
CAS: 5902-51-2

EPA NAME: CHLOROETHANE
CAS: 75-00-3
SYNONYMS: AETHYLCHLORID (German) ● AETHYLIS ● AETHYLIS CHLORIDUM ● ANODYNON ● ANESTHETIC CHLORYL ● CHELEN ● CHLOORETHAAN (Dutch) ● CHLORENE ● CHLORETHYL ● CHLORIDUM ● CHLORURE d'ETHYLE (French) ● CHLORYL ● CHLORYL ANESTHETIC ● CLOROE-

TANO (Italian) • CLORURO di ETILE (Italian) • CLORETILO • CLOROETANO (Spanish) • DUBLOFIX • ETHANE, CHLORO- • ETHER CHLORATUS • ETHER HYDROCHLORIC • ETHER MURIATIC • ETHYL CHLORIDE (DOT) • ETYLU CHLOREK (Polish) • HYDROCHLORIC ETHER • KELENE • MONO-CHLORETHANE • MONOCHLOROETHANE • MURIATIC ETHER • NARCOTILE • NCI-C06224 • RTECS No. KH7525000 • STCC 4908162 • UN 1037

EPA NAME: CHLOROETHANOL
CAS: 107-07-3
SYNONYMS: AETHYLENECHLORHYDRIN (German) • 2-CHLOORETHANOL (Dutch) • 2-CHLOROETHANOL • 2-CHLORETHANOL (German) • β-CHLOROETHANOL • δ-CHLOROETHANOL • CHLOROETHYLOWY ALKOHOL (Polish) • β-CHLORETHYL ALCOHOL • 2-CHLOROETHYL ALCOHOL • CLOROETANOL (Spanish) • 2-CLOROETANOL (Spanish) • ETHANOL, 2-CHLORO- • ETHYLENE CHLORHYDRIN • ETHYLENE CHLOROHYDRINE • GLYCOL CHLOROHYDRIN • GLYCOL MONOCHLOROHYDRIN • 2-MONOCHLOROETHANOL • MONOCHLORHYDRINE du GLYCOL (French) • 2-MONOCHLOROETHANOL • NCI-C50135 • RTECS No. KK0875000

EPA NAME: CHLOROETHYL CHLOROFORMATE
CAS: 627-11-2
SYNONYMS: CARBONOCHLORIDIC ACID-2-CHLOROETHYL ESTER • (2-CHLOROETHOXY)CARBONYL CHLORIDE • 2-CHLOROETHYL CHLOROCARBONATE • 2-CHLOROETHYL CHLOROFORMATE • β-CHLOROETHYL CHLOROFORMATE • CHLOROFORMIC ACID-2-CHLOROETHYL ESTER • TL 207 • RTECS No. LQ5950000 • UN 2742 (chloroformates, n.o.s.)

EPA NAME: 6-CHLORO-N-ETHYL-N'-(1-METHYLETHYL)-1,3,5-TRIAZINE-2,4-DIAMINE
[see ATRAZINE]
CAS: 1912-24-9

EPA NAME: 2-CHLOROETHYL VINYL ETHER
CAS: 110-75-8
SYNONYMS: 2-CHLORETHYL VINYL ETHER • (2-CHLOROETHOXY)ETHENE • 2-CLOROETILO VINIL ETER (Spanish) • RCRA No. U042 • VINYL-β-CHLOROETHYL ETHER • VINYL-2-CHLOROETHYL ETHER • RTECS No. KN630000

EPA NAME: CHLOROFORM
CAS: 67-66-3
SYNONYMS: CHLOROFORME (French) • CLOROFORMIO (Italian) • CLOROFORMO (Spanish) • EINECS No. 200-663-8 • FORMYL TRICHLORIDE • FREON 20 • METHANE, TRICHLORO- • METHANE TRICHLORIDE • METHENYL TRICHLORIDE • METHYL TRICHLORIDE • NCI-C02686 • R 20 REFRIGERANT • RCRA No. U044 • REFRIGERANT 20 • RTECS No. FS9100000 • STCC 4940311 • TCM • TRICHLOOR-

METHAAN (Dutch) • TRICHLORMETHAN (Czech) • TRI-CHLOROFORM • TRICHLOROMETHANE • TRICLOROMETANO (Italian) • UN 1888

EPA NAME: CHLOROMETHANE
CAS: 74-87-3
SYNONYMS: ARTIC • CHLOOR-METHAAN (Dutch) • CHLORMETHAN (German) • CHLORURE de METHYLE (French) • CLOROMETANO (Italian, Spanish) • CLORURO di METILE (Italian) • FREON 40 • METHANE, CHLORO- • METHYLCHLORID (German) • METHYL CHLORIDE (DOT) • METYLU CHLOREK (Polish) • MONOCHLOROMETHANE • R 40 • REFRIGERANT 40 • RCRA No. U045 • RTECS No. PA6300000 • STCC 4905761 • UN 1063

EPA NAME: 2-CHLORO-N-(((4-METHOXY-6-METHYL-1,3,5-TRIAZIN-2-YL)AMINO)CARBONYL)BENZENESULF ON-AMIDE
[see CHLORSULFURON]
CAS: 64902-72-3

EPA NAME: 4-CHLORO-5-(METHYLAMINO)-2-[3-(TRIFLUOROMETHYL)PHENYL]-3(2H)-PYRIDAZINONE
[see NORFLURAZON]
CAS: 27314-13-2

EPA NAME: CHLOROMETHYL ETHER
[see BIS(CHLOROMETHYL)ETHER]
CAS: 542-88-1

EPA NAME: 4-CHLORO-α-(1-METHYLETHYL)BENZENEACETIC ACID CYANO(3-PHENOXYPHENYL)METHYL ESTER
[see FENVALERATE]
CAS: 51630-58-1

EPA NAME: 2-CHLORO-N-(1-METHYLETHYL)-N-PHENYLACETAMIDE
[see PROPACHLOR]
CAS: 1918-16-7

EPA NAME: 3-CHLORO-2-METHYL-1-PROPENE
CAS: 563-47-3
SYNONYMS: A13-14901 • 3-CHLOR-2-METHYL-PROP-1-EN (German) • γ-CHLOROISOBUTYLENE • 3-CHLORO-2-METHYL-PROP-1-ENE • CHLORURE de METHALLYLE (French) • 3-CHLORO-2-METHYLPROPENE • 1-CHLORO-2-METHYL-2-PROPENE • 3-CHLOROMETHYLPROPENE • 3-CLORO-2-METIL-PROP-1-ENE (Italian) • 3-CLORO-2-METIL-1-PROPENO (Spanish) • CLORURO di METALLILE (Italian) • ISOBUTENYL CHLORIDE • β-METHALLYL CHLORIDE • 2-METHALLYL CHLORIDE • METHALLYL CHLORIDE • METHYLALLYL CHLORIDE (DOT) • α-METHYLALLYL CHLORIDE • β-METHYL ALLYL CHLORIDE • 2-METHYL-

ALLYLCHLORID (German) • 2-METHYLALLYL CHLORIDE • 2-METHYL-2-PROPENYL CHLORIDE • NCI-C54820 • 1-PROPENE, 3-CHLORO-2-METHYL- • PROPENE, 3-CHLORO-2-METHYL- • RTECS No. UC8050000 • UN 2554

EPA NAME: (4-CHLORO-2-METHYLPHENOXY) ACETATE SODIUM SALT
[see METHOXONE SODIUM SALT]
CAS: 3653-48-3

EPA NAME: (4-CHLORO-2-METHYLPHENOXY) ACETIC ACID
[see METHOXONE]
CAS: 94-74-6

EPA NAME: 2-CHLORONAPHTHALENE
CAS: 91-58-7
SYNONYMS: CLORONAFTALENO (Spanish) • β-CHLORONAPHTHALENE • RCRA No. U047 • RTECS No. QJ2275000

EPA NAME: CHLOROMETHYL METHYL ETHER
CAS: 107-30-2
SYNONYMS: CHLORDIMETHYLETHER (Czech) • CHLORODIMETHYL ETHER • CHLOROMETHOXYMETHANE • α,α-DICHLORODIMETHYL ETHER • CMME • DIMETHYLCHLOROETHER • ETHER, CHLOROMETHYL METHYL • ETHER, DIMETHYL CHLORO • ETHER METHYLIQUE MONOCHLORE (French) • METHANE, CHLOROMETHOXY- • METHOXYCHLOROMETHANE • METHOXYMETHYL CHLORIDE • METHYL CHLOROMETHYL ETHER (DOT) • MONOCHLORODIMETHYL ETHER • MONOCHLOROMETHYL METHYL ETHER • RCRA No. U046 • RTECS No. KN6650000 • STCC 4907430 • UN 1239

EPA NAME: CHLOROPHACINONE
CAS: 3691-35-8
SYNONYMS: AFNOR • CAID • CLOORFACINON (Dutch) • 2(2-(4-CLOOR-FENYL-2-FENYL)-ACETYL)-INDAAN-1,3-DION (Dutch) • CHLORFACINON (German) • 2-(α-p-CHLOROPHENYLACETYL)INDANE-1,3-DIONE • 2-((p-CHLOROPHENYL) PHENYLACETYL)-1,3-INDANDIONE • 2(2-(4-CHLOROPHENYL)-2-PHENYLACETYL)INDAN-1,3-DIONE • 2((4-CHLOROPHENYL)PHENYLACETYL)-1H-INDENE-1,3(2H)-DIONE • CLORPHACINON (Italian) • ((4-CHLOROPHENYL)-1-PHENYL)-ACETYL-1,3-INDANDION (German) • 1-(4-CHLORPHENYL)-1-PHENYL-ACETYL INDAN-1,3-DION (German) • CLOROFACINONA (Spanish) • CHLORPHACINON (Italian) • DELTA • DRAT • 1H-INDENE-1,3(2H)-DIONE, 2-((4-CHLOROPHENYL)PHENYLACETYL)- • 1,3-INDANDIONE, 2-((P-CHLOROPHENYL)PHENYLACETYL)- • LIPHADIONE • LM 91 • MICROZUL • MURIOL • 2-(2-PHENYL-2-(4-CHLOROPHENYL)ACETYL)-1,3-INDANDIONE • QUICK • RAMUCIDE • RANAC • RATOMET • RAVIAC • ROZOL • RTECS No. NK5335000 • TOPITOX

EPA NAME: 2-CHLOROPHENOL
CAS: 95-57-8
SYNONYMS: PHENOL, o-CHLORO • PHENOL, 2-CHLORO • o-CHLOROPHENOL • o-CHLORPHENOL (German) • o-CLOROFENOL (Spanish) • PHENOL, 2-CHLORO- • PHENOL, o-CHLORO- • RCRA No. U048 • RTECS No. SK2625000 • TOXIC CHEMICAL CATEGORY CODE, N084 • UN 2021 (liquid)

EPA NAME: 1-(4-CHLOROPHENOXY)-3,3-DIMETHYL-1-(1H-1,2,4-TRIAZOL-1-YL)-2-BUTANONE
[see TRIADIMEFON]
CAS: 43121-43-3

EPA NAME: α-(2-CHLOROPHENYL)-α-4-CHLOROPHENYL)-5-PYRIMIDINEMETHANOL
[see FENARIMOL]
CAS: 60168-88-9

EPA NAME: p-CHLOROPHENYL ISOCYANATE
CAS: 104-12-1
SYNONYMS: BENZENE, 1-CHLORO-4-ISOCYANATO- • p-CHLORFENYLISOKYANAT (Czech) • 4-CHLOROISOCYANATOBENZENE • 1-CHLORO-4-ISOCYANATOBENZENE • 4-CHLOROPHENYL ISOCYANATE • para-CHLOROPHENYL ISOCYANATE • ISOCIANATO de p-CLOROFENILO (Spanish) • ISOCYANIC ACID, p-CHLOROPHENYL ESTER • NSC 76589 • PCPI • RTECS No. NQ8575000 • UN 2478 • UN 3080

EPA NAME: 4-CHLOROPHENYL PHENYL ETHER
CAS: 7005-72-3
SYNONYMS: BENZENE, 1-CHLORO-4-PHENOXY-

EPA NAME: CHLOROPICRIN
CAS: 76-06-2
SYNONYMS: ACQUINITE • CHLOORPIKRINE (Dutch) • CHLOR-O-PIC • CHLOROPICRINE (French) • CHLORPIKRIN (German) • CLORPICRINA (Italian, Spanish) • LARVACIDE 100 • METHANE, TRICHLORONITRO- • MYCROLYSIN • NITROTRICHLOROMETHANE • NITROCHLOROFORM • PICFUME • PIC-CHLOR • PICRIDE • PROFUME A • PS • TRICHLORONITROMETHANE • TRICHLOR • RTECS No. PB6300000 • STCC 4921414 • UN 1580 • UN1583 (absorbed)

EPA NAME: CHLOROPRENE
CAS: 126-99-8
SYNONYMS: 1,3-BUTADIENE, 2-CHLORO- • 2-CHLOOR-1,3-BUTADIEEN (Dutch) • 1,3-CHLOR-2-BUTADIENE • 2-CHLOR-1,3-BUTADIEN (German) • 2-CHLOROBUTADIENE • 2-CHLOROBUTA-1,3-DIENE • 2-CHLORO-1,3-BUTADIENE • CHLOROPREEN (Dutch) • CHLOROPREN (German) • CHLOROPREN (Polish) • β-CHLOROPRENE • β-CLOROPRENO (Spanish) • 2-CLORO-1,3-BUTADIENE (Italian) • CLOROPRENE (Italian) • NEOPRENE (polymerized product) • RTECS No. EI9625000 • STCC 4907223 • UN 1991 (inhibited)

EPA NAME: 3-CHLOROPROPIONITRILE
CAS: 542-76-7
SYNONYMS: A13-28526 • 1-CHLORO-2-CYANOETHANE • 3-CHLOROPROPANENITRILE • 3-CHLOROPROPANONITRILE • β-CHLOROPROPIONITRILE • 3-CHLOROPROPIONITRILE • PROPANENITRILE, 3-CHLORO- • PROPIONITRILE, 3-CHLORO- • USAF A-8798 • RTECS No. UG1400000

EPA NAME: 2-CHLOROPROPYLENE
CAS: 557-98-2
SYNONYMS: 2-CHLORO-1-PROPENE • 2-CHLOROPROPENE (DOT) • 1-PROPENE, 2-CHLORO- • 2-PROPENYL CHLORIDE • UN 2456

EPA NAME: 1-CHLOROPROPYLENE
CAS: 590-21-6
SYNONYMS: CHLOROPROPENE • 1-CHLOROPROPENE • 1-CHLORO-1-PROPENE • 1-PROPENE, 1-CHLORO- • PROPENYL CHLORIDE • RTECS No. UC7175000

EPA NAME: 2-[4-[(6-CHLORO-2-QUINOXALINYL) OXY]PHENOXY]PROPANOIC ACID ETHYL ESTER
[see QUIZALOFOP-ETHYL]
CAS: 76578-14-8

EPA NAME: CHLOROSULFONIC ACID
CAS: 7790-94-5
SYNONYMS: ACIDO CLOROSULFONICO (Spanish) • CHLOROSULFURIC ACID • 4-CHLORO-o-TOLUIDINE, HYDROCHLORIDE • para-CHLORO-ortho-TOLUIDINE HYDROCHLORIDE • MONOCHLOROSULFURIC ACID • SULFONIC ACID, MONOCHLORIDE • SULFURIC CHLOROHYDRIN • RTECS No. FX5730000 • STCC 4930204 • UN 1754

EPA NAME: CHLOROTETRAFLUOROETHANE
CAS: 63938-10-3
SYNONYMS: CLOROTETRAFLUOROETANO (Spanish) • 1-CHLORO-1,1,2,2-TETRAFLUOROETHANE • ETHANE, CHLOROTETRAFLUORO- • HALON 241 • F-124 • R-124 • MONOCHLOROTETRAFLUOROETHANE • RTECS No. KH8000000 • UN 1021

EPA NAME: 1-CHLORO-1,1,2,2-TETRAFLUOROETHANE
CAS: 354-25-6
SYNONYMS: ETHANE, 2-CHLORO-1,1,2,2-TETRAFLUORO- • FREON 124a • HCFC-124a • PROPELLANT 124a • R 124a • REFRIGERANT 124a • 1,1,2,2-TETRAFLUORO-2-CHLOROETHANE

EPA NAME: 2-CHLORO-1,1,1,2-TETRAFLUOROETHANE
CAS: 2837-89-0
SYNONYMS: ETHANE, 2-CHLORO-1,1,1,2-TETRAFLUORO- • FREON 124 • HCFC-124 • 1,1,1,2-TETRAFLUORO-2-CHLOROETHANE

EPA NAME: CHLOROTHALONIL
CAS: 1897-45-6
SYNONYMS: BB CHLOROTHALONIL • 1,3-BENZENEDICARBONITRILE,2,4,6,6-TETRACHLORO- • BOMBARDIER • BRAVO • BRAVO 6F • BRAVO 500 • BRAVO 6F • BRAVO-W-75 • CHILTERN OLE • CHLOROTHALONIL • CHLORTHALONIL (German) • CONTACT 75 • DAC 2787 • DACONIL • DACONIL 2787 FUNGICIDE • DACONIL 2787 W • DACONIL F • DACONIL M • DACONIL TURF • DACOSOIL • 1,3-DICYANOTETRACHLOROBENZENE • EXOTHERM • EXOTHERM TERMIL • FORTURF • GROUTICIDE 75 • IMPACT EXCEL • ISOPHTHALONITRILE,TETRACHLORO • JUPITAL • METATETRACHLOROPHTHALODINITRILE • NCI-C00102 • NOPCOCIDE • NOPCOCIDE 54DB • NOPCOCIDE N-40-D • NOPCOCIDE N-96 • NOPOCIDE N-96-S • NUOCIDE • POWER CHLOROTHALONIL 50 • REPULSE • RTECS No. NT2600000 • SICLOR • SIPCAM UK ROVER 5000 • SWEEP • TER-MIL • 2,4,5,6-TETRACHLORO-1,3-BENZENEDICARBONITRILE • 2,4,5,6-TETRACHLORO-1,3-DICYANOBENZENE • TETRACHLOROISOPHTHALONITRILE • meta-TETRACHLOROPHTHALODINITRILE • TETRACHLOROPHTHALODINITRILE, meta- • THALONIL • TPN • TPN (PESTICIDE) • TRIPART FABER • TRIPART ULTRAFABER

EPA NAME: p-CHLORO-o-TOLUIDINE
CAS: 95-69-2
SYNONYMS: AMARTHOL FAST RED TR BASE • 2-AMINO-5-CHLOROTOLUENE • ASYMMETRIC META-CHLORO-ORTHO-TOLUIDINE • asym-METACHLOROORTHOTOLUIDINE • AZOENE FAST RED TR BASE • AZOGENE FAST RED TR • AZOIC DIAZO COMPONENT 11, BASE • BENZENAMINE, 4-CHLORO-2-METHYL • BRENTAMINE FAST RED TR BASE • CASWELL No. 216H • 4-CHLORO-2-METHYLBENZENAMINE • 5-CHLORO-2-AMINOTOLUENE • 3-CHLORO-6-AMINOTOLUENE • 4-CHLORO-2-METHYLANILINE • 4-CHLORO-6-METHYLANILINE • 4-CHLORO-2-TOLUIDINE • 4-CHLORO-o-TOLUIDINE • 4-CLORO-o-TOLUIDINA (Spanish) • DAITO RED BASE TR • DEVAL RED K • DEVAL RED TR • DIAZO FAST RED TRA • FAST RED 5CT BASE • FAST RED BASE TR • FAST RED TR • FAST RED TR11 • FAST RED TR BASE • FAST RED TRO BASE • KAKO RED TR BASE • KAMBAMINE RED TR • 2-METHYL-4-CHLOROANILINE • MITSUI RED TR BASE • para-CHLORO-ortho-TOLUIDINE • RED BASE CIBA IX • RED BASE IRGA IX • RED BASE NTR • RED TR BASE • SANYO FAST RED TR BASE • o-TOLUIDINE, 4-CHLORO- • TULABASE FAST RED TR • RTECS No. XU500000 • UN 2239

EPA NAME: 4-CHLORO-o-TOLUIDINE, HYDROCHLORIDE
CAS: 3165-93-3
SYNONYMS: 2-AMINO-5-CHLOROTOLUENE HYDROCHLORIDE • AMARTHOL FAST RED TR BASE • AMARTHOL FAST RED TR SALT • AZANIL RED SALT TRD • AZOENE

FAST RED TR SALT • AZOIC DIAZO COMPONENT 11 BASE • AZOGENE FAST RED TR • BENZENEAMINE, 4-CHLORO-2-METHYL-,HYDROCHLORIDE • BRENTAMINE FAST RED TR SALT • CHLORHYDRATE DE 4-CHLOROORTHOTOLUIDINE (French) • 5-CHLORO-2-AMINOTOLUENE HYDROCHLORIDE • 4-CHLORO-2-METHYLBENZENAMINE HYDROCHLORIDE • 4-CHLORO-2-METHYLANILINE HYDROCHLORIDE • 4-CHLORO-6-METHYLANILINE YDROCHLORIDE • 4-CHLORO-2-TOLUIDINE HYDROCHLORIDE • CLORHIDRATO de 4-CLORO-o-TOLUIDINA (Spanish) • C.I. 37085 • C.I. AZOIC DIAZO COMPONENT 11 • DAITO RED SALT TR • DEVOL RED K • DEVOL RED TA SALT • DEVOL RED TR • DIAZO FAST RED TR • DIAZO FAST RED TRA • FAST RED 5CT SALT • FAST RED SALT TR • FAST RED SALT TRA • FAST RED SALT TRN • FAST RED TR SALT • HINDASOL RED TR SALT • KROMON GREEN B • 2-METHYL-4-CHLOROANILINE HYDROCHLORIDE • NATASOL FAST RED TR SALT • NCI-C02368 • NEUTROSEL RED TRVA • OFNA-PERL SALT RRA • RCRA No. U049 • RED BASE CIBA IX • RED BASE IRGA IX • RED SALT CIBA IX • RED SALT IRGA IX • RED TRS SALT • RTECS No. XU5250000 • SANYO FAST RED SALT TR • UN 1579

EPA NAME: 4-CHLORO-6-(TRICHLOROMETHYL)PYRIDINE
[see NITRAPYRIN]
CAS: 1929-82-4

EPA NAME: 2-CHLORO-1,1,1-TRIFLUOROETHANE
CAS: 75-88-7
SYNONYMS: CHLOROTRIFLUOROETHANE (DOT) • CHLORO-1,1,1-TRIFLUOROETHANE • 1-CHLORO-2,2,2-TRIFLUOROETHANE • ETHANE, 2-CHLORO-1,1,1-TRIFLUORO • FREON 133a • HCFC-133a • HYDROCHLOROFLUOROCARBON 133a • 2,2,2-TRIFLUOROCHLOROETHANE • 1,1,1-TRIFLUORO-2-CHLOROETHANE • 1,1,1-TRIFLUOROETHYL CHLORIDE • RTECS No. KH8008500 • UN 1983

EPA NAME: CHLOROTRIFLUOROMETHANE
CAS: 75-72-9
SYNONYMS: CFC-13 • F 13 • FLUOROCARBON-13 • FREON-13 • FRIGEN 13 • GENETRON 13 • HALOCARBON 13/UCON 13 • METHANE, CHLOROTRIFLUORO- • METHANE, MONOCHLOROTRIFLUORO- • MONOCHLOROTRIFLUOROMETHANE • PROPELLANT 13 • R-13 • REFRIGERANT 13 • TRIFLUOROCHLOROMETHANE • TRIFLUOROMETHYL CHLORIDE • TRIFLUOROMONOCHLOROMETHANE • UCON 13 • UCON 13/HALOCARBON 13 • RTECS No. PA6410000 • UN 1022

EPA NAME: 5-(2-CHLORO-4-(TRIFLUOROMETHYL)PHENOXY)-2-NITROBENZOIC ACID, SODIUM SALT
[see ACIFLUOREN, SODIUM SALT]
CAS: 62476-59-9

EPA NAME: 5-(2-CHLORO-4-(TRIFLUOROMETHYL)PHENOXY)-N-METHYLSULFONYL)-2-NITROBENZAMIDE
[see FOMESAFEN]
CAS: 72178-02-0

EPA NAME: 5-(2-CHLORO-4-(TRIFLUOROMETHYL)PHENOXY)-2-NITRO-2-ETHOXY-1-METHYL-2-OXO, ETHYL ESTER
[see LACTOFEN]
CAS: 77501-63-4

EPA NAME: N-[2-CHLORO-4-(TRIFLUOROMETHYL)PHENYL]-DL-VALINE(+)-CYANO(3-PHENOXYLPHENYL) METHYL ESTER
[see FLUVALINATE]
CAS: 69409-94-5

EPA NAME: 3-CHLORO-1,1,1-TRIFLUOROPROPANE
CAS: 460-35-5
SYNONYMS: 1-CHLORO-3,3,3-TRIFLUOROPROPANE • FREON 253fb • HCFC 253fb • PROPANE, 3-CHLORO-1,1,1-TRIFLUORO- • 1,1,1-TRIFLUORO-3-CHLOROPROPANE

EPA NAME: 3-(2-CHLORO-3,3,3-TRIFLUORO-1-PROPENYL)-2,2-DIMETHYLCYCLOPROPANECARBOXYLIC ACID CYANO(3-PHENOXYPHENYL)METHYL ESTER
[see CYHALOTHRIN]
CAS: 68085-85-8

EPA NAME: CHLOROXURON
CAS: 1982-47-4
SYNONYMS: C 1983 • N'-(4-(4-CHLOROPHENOXY)PHENYL-N,N-DIMETHYLUREA • 3-(4-(4-CHLOROPHENOXY)PHENYL-1,1-DIMETHYLUREA • 3-(p-(p-CHLOROPHENOXY)PHENYL-1,1-DIMETHYLUREA • CHLOROXIFENIDUM • CIBA 1983 • CLOROXURON (Spanish) • NOREX • RTECS No. YS6125000 • TENORAN • UREA, N'-(4-(4-CHLOROPHENOXY)PHENYL)-N,N-DIMETHYL- • UREA, 3-(p-(p-CHLOROPHENOXY)PHENYL)-1,1-DIMETHYL-

EPA NAME: CHLORPYRIFOS
CAS: 2921-88-2
SYNONYMS: BRODAN • α CHLORPYRIFOS 48EC (α) • CHLORPYRIFOS-ETHYL • CLORPIRIFOS (Spanish) • DETMOL U.A. • o,o-DIETHYL • DOWCO 179 • DURSBAN 4 • DURSBAN 5G • DURSBAN • DURSBAN F • EF 121 • ENT 27311 • ERADEX • GLOBAL CRAWLING INSECT BAIT • LORSBAN • o-3,5,6-TRICHLORO-2-PYRIDYLPHOSPHOROTHIOATE • o,o-DIAETHYL-O-3,5,6-TRICHLOR-2-PYRIDYLMONOTHIOPHOSPHAT (German) • O,O-DIMETHYL O-(3,5,6-TRICHLORO-2-PYRIDINYL)PHOSPHOROTHIOATE • MURPHY SUPER ROOT GUARD • PHOSPHOROTHIOIC ACID, O,O-DIETHYL O-(3,5,6-TRICHLORO-2-PYRIDINYL)ES-

TER • 2-PYRIDINOL, 3,5,6-TRICHLORO-,O-ESTER WITH
O,O-DIETHYL PHOSPHOROTHIOATE • PYRINEX • RTECS
No. TF6300000 • STCC 4941125 • SPANNIT • TALON • TWIN-
SPAN • UN 2783

EPA NAME: CHLORPYRIFOS METHYL
CAS: 5598-13-0
SYNONYMS: CLORPIRIFOS METIL (Spanish) • O,O-DIMETHYL-
O-(3,5,6-TRICHLORO-2-PYRIDYL)PHOSPHOROTHIOATE •
O,O-DIMETHYL-O-3,5,6-TRICHLORO-2-PYRIDYL PHOSPHO-
ROTHIOATE • DOWCO 214 • DOWCO 217 • DURSBAN
METHYL • ENT 27520 • METHYL CHLORPYRIFOS • METH-
YL DURSBAN • NOLTRAN • NSC 60380 • OMS 1155 • PHOS-
PHOROTHIOIC ACID, O,O-DIMETHYL O-(3,5,6-TRICHLORO-
2-PYRIDINYL) ESTER • PHOSPHOROTHIOIC ACID, O,O-
DIMETHYL O-(3,5,6-TRICHLORO-2-PYRIDYL) ESTER •
RELDAN • RTECS No. TG0700000 • ZERTELL

EPA NAME: CHLORSULFURON
CAS: 64902-72-3
SYNONYMS: BENZENESULFONAMIDE, 2-CHLORO-N-(((4-ME-
THOXY-6-METHYL-1,3,5-TRIAZIN-2-YL)AMINO)CARBON-
YL) • 2-CHLORO-N-(((4-METHOXY-6-METHYL-1,3,5-TRIAZ-
IN-2-YL)AMINO)CARBONYL)BENZENESULFONAMIDE •
CASWELL No. 194AA • 1-((o-CHLOROPHENYL)SULFONYL)-
3-(4-METHOXY-6-METHYL-s-TRIAZIN-2-YL)UREA •
1-(CHLOROPHENYLSULFONYL)-3-(4-METHOXY-6-METH-
YL-1,3,5-TRIAZIN-2-YL)UREA • 1-(C-1-(2-CHLOROPHENYL-
SULFONYL)-3-(4-METHOXY-6-METHYL-1,3,5-TRIAZIN-2-YL)
UREA • 1-(2-CHLOROPHENYLSULPHONYL)-3-(4-ME-
THOXY-6-METHYL-1,3,5-TRIAZIN-2-YL)UREA • 2-CHLORO-
N-(((4-METHOXY-6-METHYL-1,3,5-TRIAZIN-2-YL)AMINO)
CARBONYL)BENZENESULFONAMIDE • CHLORSULFON •
2-CHLORSULFURON • DPX 4189 • EPA PESTICIDE CHEMI-
CAL CODE 118601 • GLEAN • GLEAN 20DF • TELAR •
UREA, 1-((o-CHLOROPHENYL)SULFONYL)-3-(4-METHOXY-
6-METHYL-s-TRIAZIN-2-YL)-

EPA NAME: CHLORTHIOPHOS
CAS: 21923-23-9
SYNONYMS: CELAMERCK S-2957 • CELA S-2957 • CELATHION
• CM S 2957 • CHLORTHIOPHOS • O-(DICHLORO(METHYL-
THIO)PHENYL)O,O-DIETHYL PHOSPHOROTHIOATE (3 iso-
mers) • O,O-(DIETHYL-O-2,4,5-DICHLORO(METHYLTHIO)
PHENYL THIONOPHOSPHATE • ENT 27,635 • NSC 195164 •
OMS 1342 • RTECS No. TF1590000 • S 2957

EPA NAME: CHROMIC ACETATE
CAS: 1066-30-4
SYNONYMS: ACETIC ACID, CHROMIUM(3+) SALT • ACETATO
CROMICO (Spanish) • CHROMIC ACETATE(III) • CHROMI-
UM ACETATE • CHROMIUM(III) ACETATE • CHROMIUM
TRIACETATE • RTECS No. AG2975000 • STCC 4963312 • UN
9101

EPA NAME: CHROMIC ACID
CAS: 7738-94-5
SYNONYMS: ACIDO CROMICO (Spanish) ● ACIDE CHROMIQUE (French) ● CHROMIC(VI) ACID ● CHROMIC(6+) ACID ● CHROMIC ANHYDRIDE ● CHROMIUM TRIOXIDE ● CHROMIUM ANHYDRIDE ● RTECS No. GB2450000 ● STCC 4918510 ● UN 1463 (solid or dry) ● UN 1755 (solution)

EPA NAME: CHROMIC ACID (ESTER)
CAS: 11115-74-5
SYNONYMS: ACIDO CROMICO (Spanish) ● CHROMIC ACID ESTER ● CHROMIC ACID, SOLID ● CHROMIC ACID, SOLUTION, CHROMIC ANHYDRIDE ● CHROMIC TRIOXIDE ● CHROMIC(IV) ACID ● CHROMIUM OXIDE ● CHROMIUM TRIOXIDE ● CHROMIUM TRIOXIDE, ANHYDROUS ● CHROMIUM(4+) TRIOXIDE ● CHROMIUM(IV) OXIDEMONOCHROMIUM OXIDE ● MONOCHROMIUM TRIOXIDE ● PURATRONIC CHROMIUM TRIOXIDE ● RTECS No. GB6650000 ● STCC 4918510 ● UN1463 (solid or dry) ● UN 1755 (solution)

EPA NAME: CHROMIC CHLORIDE
CAS: 10025-73-7
SYNONYMS: CLORURO CROMICO (Spanish) ● CHROMIUM CHLORIDE ● CHROMIUM CHLORIDE (III) ANHYDROUS ● CHROMIUM(III) CHLORIDE (1:3) ● CHROMIUM CHLORIDE, ANHYDROUS ● CHROMIUM SESQUICHLORIDE ● CHROMIUM TRICHLORIDE ● C.I. 77295 ● EINECS No. 233-038-3 ● PURATRONIC CHROMIUM CHLORIDE ● RTECS No. GB5425000 ● TRICHLOROCHROMIUM

EPA NAME: CHROMIC SULFATE
CAS: 10101-53-8
SYNONYMS: CHROMIC SULPHATE ● CHROMIUM(III) SULFATE ● CHROMIUM(3+) SULFATE ● CHROMIUM SULFATE (2:3) ● CHROMIUM SULPHATE ● CHROMIUM SULPHATE (2:3) ● C.I.77305 ● DICHROMIUM SULFATE ● DICHROMIUM SULPHATE ● DICHROMIUM TRISULFATE ● DICHROMIUM TRISULPHATE ● SULFATO CROMICO (Spanish) ● SULFURIC ACID, CHROMIUM(3+) SALT (3:2) ● RTECS No. GB7200000 ● STCC 4963314 ● UN 9100

EPA NAME: CHROMIUM
CAS: 7440-47-3
SYNONYMS: CHROMIUM, ELEMENT ● CHROMIUM METAL ● CROMO (Spanish) ● EINECS No. 231-157-5 ● RTECS No. GB4200000 ● TOXIC CHEMICAL CATEGORY CODE, N090

EPA NAME: CHROMOUS CHLORIDE
CAS: 10049-05-5
SYNONYMS: CHROMIUM DICHLORIDE ● CLORURO CROMOSO (Spanish) ● RTECS No. GB5250000 ● STCC 4963322 ● UN 9102

EPA NAME: d-trans-CHRYSANTHEMIC ACID of ALLETHRONE

[see d-trans-ALLETHRIN]
CAS: 28057-48-9

EPA NAME: CHRYSENE
CAS: 218-01-9
SYNONYMS: A13-00867 • BENZO(a)PHENANTHRENE • 1,2-BENZOPHENANTHRENE • 1,2-BENZPHENANTHRENE • 1,2-BENZOFENANTRENO (Spanish) • BENZ(a)PHENANTHRENE • CRISENO (Spanish) • 1,2,5,6-DIBENZONAPHTHALENE • RCRA No. U050 • RTECS No. GC0700000

EPA NAME: C.I. ACID GREEN 3
CAS: 4680-78-8
SYNONYMS: ACIDAL GREEN G • ACID GREEN • ACID GREEN 2G • ACID GREEN 3 • ACID GREEN B • ACID GREEN S • ACID GREEN 3G • ACID GREEN F • ACID GREEN B • ACID GREEN B • A.F. GREEN B • A.F. GREEN No. 1 • AMICID GREEN B • BENZENEMETHANAMINIUM, N-ETHYL-N-(4((4-(ETHYL(3-SULFOPHENYL)METHYL)AMAMINO)PHENYL) PHENYLMETHYLENE)-2, 5-CYCLOHEXADIEN-1-YLIDENE)-3-SULFO-,HYDROXIDE, INNER SALT • BRILLIANT GREEN 3EMBL • BUACID GUINEA GREEN BA • CALCOCID GREEN G • C.I. 42085 • C.I. ACID GREEN 3, SODIUM SALT • C.I. FOOD GREEN • FD AND C GREEN No. 1 • FENAZO GREEN L • GUINEA GREEN • GUINEA GREEN b • GUINEA GREEN GB • JAPAN GREEN 1 • KITON GREEN F • KITON GREEN FC • LEATHER GREEN B • MERANTINE GREEN G • NAPHTHALENE GREEN G • NAPHTHALENE LAKE GREEN G • NAPHTHALENE LEATHER GREEN G • NERAN BRILLIANT GREEN G • PONTACYL GREEN B • PONTACYL GREEN 2B • RTECS No. BQ4375000 • SULFACID BRILLIANT GREEN 1B • VONDACID GREEN L

EPA NAME: C.I. ACID RED 114
CAS: 6459-94-5
SYNONYMS: ACID LEATHER RED BG • ACID RED 114 • AMACID MILLING RED PRS • BENZYL FAST RED BG • BENZYL RED BR • CERVEN KYSELIA 114 • C.I. 23635 • C.I. ACID RED 114, DISODIUM SALT • DISODIUM 8-((3,3'-DIMETHYL-4'-(4-(4-METHYLPHENYLSULPHONYLOXY)PHENYLAZO) (1,1'-BIPHENYL)- 4-YL)AZO)-7-HYDROXYNAPHTHALENE-1,3-DISULPHONATE • ELCACID MILLING FAST RED RS • ERIONYL RED RS • FENAFOR RED PB • FOLAN RED B • INTRAZONE RED BR • KAYANOL MILLING RED RS • LEATHER FAST RED • LEATHER FAST RED B • LEVANOL RED GG • MIDLON RED PRS • MILLING FAST RED B • MILLING RED B • MILLING RED BB • MILLING RED SWB • 1,3-NAPHTHALENEDISULFONIC ACID,8-((3,3'-DIMETHYL-4'-((4-(((4-METHYLPHENYL)SULFONYL)OXY)PHENYL)AZO) (1,1-BIPHENYL)-4-YL)AZO)-7-HYDROXY-, DISODIUM SALT • NCI C61096 • POLAR RED RS • RTECS No. QJ6475500 •

SANDOLAN RED N-RS • SELLA FAST RED RS • SULPHONOL MILLING RED RS • SUMINOL MILLING RED RS • SUPRANOL FAST RED 3G • SUPRANOL FAST RED GG • SUPRANOL RED PBX-CF • SUPRANOL RED R • TELON FAST RED GG • TETRACID MILLING RED B • TETRACID MILLING RED G • VONDAMOL FAST RED RS

EPA NAME: C.I. BASIC GREEN 4
CAS: 569-64-2
SYNONYMS: ACRYL BRILLIANT GREEN B • ADC MALACHITE GREEN CRYSTALS • AIZEN MALACHITE GREEN • AIZEN MALACHITE GREEN CRYSTALS • ANILINE GREEN • ASTRA MALACHITE GREEN • ASTRA MALACHITE GREEN B • ATLANTIC MALACHITE GREEN • BASIC GREEN 4 • BENZALDEHYDE GREEN • BENZAL GREEN • BRONZE GREEN TONER A-8002 • BURMA GREEN B • CALCOZINE GREEN V • CHINA GREEN • C.I. 42000 • C.I. BASIC GREEN 4 • DIABASIC MALACHITE GREEN • DIAMOND GREEN B • DIAMOND GREEN BX • DIAMOND GREEN P EXTRA • FAST GREEN • GREEN MX • GRENOBLE GREEN • HIDACO MALACHITE GREEN BASE • HIDACO MALACHITE GREEN LC • HIDACO MALACHITE GREEN SC • LIGHT GREEN N • MALACHITE GREEN • MALACHITE GREEN A • MALACHITE GREEN AN • MALACHITE GREEN CHLORIDE • MALACHITE GREEN CP • MALACHITE GREEN CRYSTALS • MALACHITE GREEN BPC • MALACHITE GREEN J 3E • MALACHITE GREEN POWDER • MALACHITE GREEN WS • MALACHITE LAKE GREEN A • METHANAMINIUM, N-[4-[[4-4-(DIMETHYLAMINO)PHENYL]PHENYLMETHYLENE]-2,5-CYCLOHEXADIEN-1-YLIDENE]- N-METHYL-,CHLORIDE • MITSUI MALACHITE GREEN • NEW VICTORIA GREEN EXTRA I • NEW VICTORIA GREEN EXTRA II • NEW VICTORIA GREEN EXTRA O • OJI MALACHITE GREEN • RTECS No. BQ1180000 • SOLID GREEN CRYSTALS O • SOLID GREEN O • TETRAMETHYL DIAPARAAMIDO-TRIPHENYL CARBINOL • TETROPHENE GREEN M • TOKYO ANILINE MALACHITE GREEN • VERONA BASIC GREEN M • VICTORIA GREEN B • VICTORIA GREEN(BASIC DYE) • VICTORIA GREEN S • VICTORIA GREEN WB • VICTORIA GREEN WPS

EPA NAME: C.I. BASIC RED 1
CAS: 989-38-8
SYNONYMS: AIZEN RHODAMINE 6GCP • BENZOIC ACID, o-(6(ETHYLAMINO)-3-(ETHYLIMINO)-2,7-DIMETHYL-3H-XANTHEN-9-YL)-,ETHYL ESTER, MONOHYDROCHLORIDE • BENZOIC ACID, 2-(6(ETHYLAMINO)-3-(ETHYLIMINO)-2,7-DIMETHYL-3H-XANTHEN-9-YL)-,ETHYL ESTER, MONOHYDROCHLORIDE • CALCOZINE RED 6G • CALCOZINE RHODAMINE 6GX • C.I. 45130 • ELJON PINK TONER • FANAL PINK B • FANAL PINK GFK • FANAL RED 25532 • FLEXO RED 482 • HELIOSTABLE BRILLIANT PINK B EXTRA • MITSUI RHODAMINE 6GCP • NYCO LIQUID RED GF • RHODA-

MIN 6G • RHODAMINE 4GD • RHODAMINE 4GH • RHODAMINE 590 CHLORIDE • RHODAMINE 5GDN • RHODAMINE 5GL • RHODAMINE 6G • RHODAMINE 6GB • RHODAMINE 6GBN • RHODAMINE 6G CHLORIDE 6GCP • RHODAMINE 6GD • RHODAMINE 6GDN • RHODAMINE 6GDN EXTRA • RHODAMINE 6GEX ETHYL ESTER • RHODAMINE 6G EXTRA • RHODAMINE 6G EXTRA BASE • RHODAMINE 6GH • RHODAMINE 6GO • RHODAMINE 6GX • RHODAMINE 6JH • RHODAMINE 6ZH-DN • RHODAMINE F 5G • RHODAMINE F 5GL • RHODAMINE GDN • RHODAMINE Y 20-7425 • RHODAMINE ZH • RTECS No. DH0175000 • SILOSUPER PINK B • VALI FAST RED 1308 • XANTHYLIUM,9-(2-(ETHOXYCARBONYL)PHENYL)-3,6-BIS(ETHYLAMINO)-2,7-DIMETHYL-,CHLORIDE

EPA NAME: C.I. DIRECT BLACK 38
CAS: 1937-37-7
SYNONYMS: AHCO DIRECT BLACK GX • AIREDALE BLACK ED • AIZEN DIRECT DEEP BLACK EH • AIZEN DIRECT DEEP BLACK GH • AIZEN DIRECT DEEP BLACK RH • AMANIL BLACK GL • AMANIL BLACK WD • APOMINE BLACK GX • ATLANTIC BLACK BD • ATLANTIC BLACK C • ATLANTIC BLACK E • ATLANTIC BLACK EA • ATLANTIC BLACK GAC • ATLANTIC BLACK GG • ATLANTIC BLACK GXCW • ATLANTIC BLACK GXOO • ATLANTIC BLACK SD • ATUL BLACK E • AZINE DIRECT BLACK E • AZINE DEEP BLACK EW • AZOCARD BLACK EW • AZOMINE BLACK EWO • BELAMINE BLACK GX • BENCIDAL BLACK E • BENZANIL BLACK E • BENZO DEEP BLACK E • BENZOFORM BLACK BCN-CF • BENZO LEATHER BLACK E • BLACK 2EMBL • BLACK 4EMBL • BRASILAMINA BLACK GN • BRILLIANT CHROME LEATHER BLACK H • CALCOMINE BLACK • CALCOMINE BLACK EXL • CARBIDE BLACK E • CHLORAMINE BLACK C • CHLORAMINE BLACK EC • CHLORAMINE BLACK ERT • CHLORAMINE BLACK EX • CHLORAMINE BLACK EXR • CHLORAMINE BLACK XO • CHLORAMINE CARBON BLACK S • CHLORAMINE CARBON BLACK SJ • CHLORAMINE CARBON BLACK SJ • CHLORAMINE CARBON BLACK SN • CHLORAZOL BLACK EA • CHLORAZOL BLACK EN • CHLORAZOL BURL BLACK E • CHLORAZOL LEATHER BLACK ENP • CHLORAZOL SILK BLACK G • CHLORAZOL LEATHER BLACK E • CHLORAZOL LEATHER BLACK EC • CHLORAZOL LEATHER BLACK EM • CHROME LEATHER BLACK E • CHROME LEATHER BLACK EC • CHROME LEATHER BLACK EM • CHROME LEATHER BLACK G • CHROME LEATHER BRILLIANT BLACK ER • C.I. 30235 • C.I. DIRECT BLACK 38, DISODIUM SALT • COIR DEEP BLACK F • DIACOTTON DEEP BLACK • DIACOTTON DEEP BLACK RX • DIAMINE DEEP BLACK EC • DIAMINE DIRECT BLACK E • DIAPHTAMINE BLACK V • DIAZINE BLACK E • DIAZINE DIRECT BLACK G • DIAZOL BLACK 2V • DIPHENYL DEEP BLACK G • DIRECT BLACK

38 • DIRECT BLACK A • DIRECT BLACK BRN • DIRECT BLACK CX • DIRECT BLACK CXR • DIRECT BLACK E • DIRECT BLACK EW • DIRECT BLACK EX • DIRECT BLACK FR • DIRECT BLACK GAC • DIRECT BLACK GW • DIRECT BLACK GX • DIRECT BLACK GXR • DIRECT BLACK JET • DIRECT BLACK META • DIRECT BLACK METHYL • DIRECT BLACK N • DIRECT BLACK RX • DIRECT BLACK SD • DIRECT BLACK Z • DIRECT BLACK ZSH • DIRECT DEEP BLACK E • DIRECT DEEP BLACK EAC • DIRECT DEEP BLACK EA-CF • DIRECT DEEP BLACK E-EX • DIRECT DEEP BLACK E EXTRA • DIRECT DEEP BLACK EW • DIRECT DEEP BLACK EX • DIRECT DEEP BLACK WX • DIRECT BLACK WS • ERIE BLACK NUG • ERIE BLACK BF • ERIE BLACK GXOO • ERIE BLACK JET • ERIE BLACK RXOO • ERIE BRILLIANT BLACK S • ERIE FIBRE BLACK VP • FENAMIN BLACK VF • FIXANOL BLACK E • FORMALINE BLACK C • FORMIC BLACK C • FORMIC BLACK CW • FORMIC BLACK EA • FORMIC BLACK MTG • FORMIC BLACK TG • FORMIC BLACK EF • HISPAMIN BLACK EF • INTERCHEM DIRECT BLACK Z • KAYAKU DIRECT DEEP BLACK EX • KAYAKU DIRECT DEEP BLACK GX • KAYAKU DIRECT DEEP BLACK S • KAYAKU DIRECT DEEP BLACK EX • KAYAKU DIRECT SPECIAL BLACK AAX • LURAZOL BLACK BA • META BLACK • MITSUI DIRECT BLACK EX • MITSUI DIRECT BLACK GX • 2,7-NAPHTHALENEDISULFONIC ACID, 4-AMINO-3-((4'-((2,4-DIAMINOPHENYL)AZO)(1,1'-BIPHENYL)-4-YL)AZO)-5-HYDROXY-6-(PHENYLAZO)-,DISODIUM SALT • NIPPON DEEP BLACK • NIPPON DEEP BLACK GX • PAPER BLACK BA • PAPER BLACK T • PAPER DEEP BLACK C • PARAMINE BLACK B • PARAMINE BLACK E • PEERMINE BLACK E • PEERMINE BLACK GXOO • PHENAMINE BLACK E • PHENAMINE BLACK BCN-CF • PHENAMINE BLACK CLPHENAMINE BLACK E 200 • PHENAMINE BLACK EP • PHENO BLACK EP • PHENO BLACK SGN • PONTAMINE BLACK E • PONTAMINE BLACK EBN • RTECS No. QJ6160000 • SANDOPEL BLACK EX • SERISTAN BLACK B • TELON FAST BLACK E • TERTRODIRECT BLACK EFD • TETRAZO DEEP BLACK G • UNION BLACK EM • VONDACEL BLACK N

EPA NAME: C.I. DIRECT BLUE 6
CAS: 2602-46-2
SYNONYMS: AIREDALE BLUE 2BD • AIZEN DIRECT BLUE 2BH • AMANIL BLUE 2BX • ATLANTIC BLUE 2B • ATUL DIRECT BLUE 2B • AZOCARD BLUE 2B • AZOMINE BLUE 2B • BELAMINE BLUE 2B • BENCIDAL BLUE 2B • BENZANIL BLUE 2B • BENZO BLUE BBA-CF • BENZO BLUE GS • BLUE 2B • BLUE 2B SALT • BRASILAMINE BLUE 2B • CALCOMINE BLUE 2B • CHLORAMINE BLUE 2B • CHLORAZOL BLUE BP • CHROME LEATHER BLUE 2B • C.I. 22610 • CRESOTINE BLUE 2B • DIACOTTON BLUE BB • DIAMINE BLUE BB • DIAPHTAMINE BLUE BB • DIAZINE BLUE 2B • DIA-

ZOL BLUE 2B • DIPHENYL BLUE 2B • DIPHENYL BLUE KF
• DIPHENYL BLUE M 2B • DIRECT BLUE 2B • DIRECT
BLUE A • DIRECT BLUE BB • DIRECT BLUE GS • DIRECT
BLUE K • DIRECT BLUE M 2B • DIRECT SKY BLUE K •
ENIANIL BLUE 2BN • FENAMIN BLUE 2B • FIXANOL BLUE
2B • HISPAMIN BLUE 2B • INDIGO BLUE 2B • KAYAKU
DIRECT BLUE BB • MITSUI DIRECT BLUE 2 BN • NAPHTA-
MINE BLUE 2B • 2,7-NAPHTHALENEDISULFONIC, 3,3'-
((1,1'-BIPHENYL)-4,4'-DIYBIS(AZO)BIS(5-AMINO-4-HY-
DROXYTETRASODIUM SALT • NIAGRA BLUE 2B • NIPPON
BLUE BB • PARAMINE BLUE 2B • PARAMINE BLUE BB •
PHENO BLUE 2B • PONTAMINE BLUE BB • RTECS No.
QJ6400000 • SODIUM DIPHENYL-4,4'-BIS-AZO-2"-8"-AMINO-
1"-NAPHTHOL-3",6"DISULPHONATE • TERTODIRECT
BLUE 2B • VONDACEL BLUE 2B

EPA NAME: C.I. DIRECT BLUE 218
CAS: 28407-37-6
SYNONYMS: AMANIL SUPRA BLUE 9GL • C.I. 24401 • COPPER,
(μ^2-((TETRAHYDROGEN, 3,3'-((3,3'-DIHYDROXY-4,4'-BIPHE-
NYLENE)BIS(AZO)BIS(5-AMINO-4-HYDROXY-2,7-NAPH-
THALENEDISULFONATO))(8-)))DI-TETRASODIUM SALT •
CUPRATE(4-),(μ^2-((3,3'-((3,3'-DIHYDROXY(1,1'-BIPHENYL)-
4,4'-DIYL)BIS(AZO)BIS(5-AMINO-4-HYDROXY-2,7-NAPH-
THALENEDISULFONATO))(8-)))DI-TETRASODIUM • 3,3'-
((3,3'-DIHYDROXY-1,1'-BIPHENYL-4,4'-DIY)BIS(AZO)BIS(5-
AMINO-2,7-NAPHTHALENEDISULFONATO-(04,03)))
DICOPPER,TETRASODIUM SALT • DIRECT BLUE 218 •
FASTUSOL BLUE 9GLP • 2,7-NAPHTHALENEDISULFONIC
ACID,3,3'((3,3'-DIHYDROXY(1,1'-BIPHENYL)-4,4-DIYL)BIS
(AZO)BIS(5-AMINO-4-HYDROXY-),SODIUM SALT),COPPER
COMPLEX • NCI C60877 • PONTAMINE BOND BLUE B •
PONTAMINE FAST BLUE 7 GLN • SOLANTINE BLUE 10GL •
TETRASODIUM(:-((3,3'-((3,3'-DIHYDROXY(1,1'-BIPHENYL)
4,4'DIYL)BIS(AZO)BIS(5-AMI NO-4-HYDROXYNAPHTHTHA-
LENE-2,7-DISULPHONATO))(8-)))DICUPRATE(4-)

EPA NAME: C.I. DIRECT BROWN 95
CAS: 16071-86-6
SYNONYMS: AIZEN PRIMULA BROWN BRLH • AIZEN PRIMU-
LA BROWN PLH • AMANIL FAST BROWN BRL • AMINIL
SUPRA BROWN LBL • ATLANTIC FAST BROWN BRL • AT-
LANTIC RESIN FAST BROWN BRL • BELAMINE FAST
BROWN BRL • BENZANIL SUPRA BROWN BRLL • BENZA-
NIL SUPRA BROWN BRLN • BROWN 4EMBL • CALCODUR
BROWN BRL • CHLORAMINE FAST BROWN BRL • CHLO-
RAMINE FAST CUTCH BROWN PL • CHLORANTINE FAST
BROWN PL • CHLORANTINE FAST BROWN BRLL •
CHROME LEATHER BROWN BRLL • CHROME LEATHER
BROWN BRSL • C.I. 30145 • COPPER, (DIHYDROGEN-5-((4'-
((2,6-DIHYDROXY-3-((2-HYDROXY-5-SULFOPHENYL)AZO)
PHENYL)AZO)-4-BIPHENYLYL)AZO)-2-HYDROXYBENZOA-

TO(4-))-,DISODIUM • CUPRATE(2-),(5((4'-((2,6-DIHYDROXY-3-((2-HYDROXY-5-SULFOPHENYL)AZO)PHENYL)AZO))-4-BIPHENYLYL)AZO)(1,1'-BIPHENYL)-4-YL)AZO)-2-HYDROXYBENZOATO(4-))-,DISODIUM • CUPRATE(2-), (5-((4'-((2,6-DIHYDROXY-3-((2-HYDROXY-5-SULFOPHENYL)AZO)PHENYL)AZO)(1,1'-HYDROXY-5-SULFOPHENYL)AZO)(1,1'-BIPHENYL)-4-YL)AZO)-2-HYDROXYBANZOATO(4-))-, DISODIUM • CUPROFIX BROWN GL • DERMA FAST BROWN W-GL • DERMAFIX BROWN PL • DIALUMINOUS BROWN BRS • DIAPHTAMINE LIGHT BROWN BRLL • DIAZINE FAST BROWN RSL • DIAZOL LIGHT BROWN BRN • DICOREL BROWN LMR • DIPHENYL FAST BROWN BRL • DIRECT BROWN BRL • DIRECT FAST BROWN BRL • DIRECT FAST BROWN LMR • DIRECT LIGHT BROWN BRS • DIRECT LIGHTFAST BROWN M • DIRECT SUPRA LIGHT BROWN ML • DURAZOL BROWN BR • DUROFAST BROWN BRL • ELIAMNA LIGHT BROWN BRL • ENIANIL LIGHT BROWN BRL • FASTOLITE BROWN BRL • FASTUSOL BROWN LBRSA • FASTUSOL BROWN LBRSN • FENALUZ BROWN BRL • HELION BROWN BRSL • HISPALUZ BROWN BRL • KAYARUS SUPRA BROWN BRS • KCA LIGHT FAST BROWN BR • NCI-C54568 • PARANOL FAST BROWN BRL • PEERAMINE FAST BROWN BRL • PONTAMINE FAST BROWN BRL • PONTAMINE FAST BROWN NP • PYRAZOL FAST BROWN BRL • PYRAZOLINE BROWN BRL • RTECS No. GL7375000 • SATURN BROWN LBR • SIRIUS SUPRA BROWN BR • SIRIUS SUPRA BROWN BRL • SIRIUS SUPRA BROWN BRS • SOLANTINE BROWN BRL • SOLAR BROWN PL • SOLEX BROWN R • SOLIUS LIGHT BROWN BRLL • SOLIUS LIGHT BROWN BRS • SUMLIGHT SUPRA BROWN BRS • SUPRAZO BROWN BRL • SUPREXCEL BROWN BRL • TERTRODIRECT FAST BROWN BR • TERTAMINE FAST BROWN BRDN EXTRA • TETRAMINE FAST BROWN BRP • TETRAMINE FAST BROWN BRS • TRIANTINE BROWN BRS • TRIANTINE FAST BROWN OG • TRIANTINE FAST BROWN OR • TRIANTINE LIGHT BROWN BRS • TRIANTINE LIGHT BROWN OG

EPA NAME: C.I. DISPERSE YELLOW 3
CAS: 2832-40-8
SYNONYMS: ACETAMIDE, N-(4-((2-HYDROXY-5-METHYLPHENYL)AZO)PHENYL- • ACETAMINE YELLOW CG • ACETATE FAST YELLOW G • ACETOQUINONE LIGHT YELLOW 4JLZ • AMACEL YELLOW G • ARISIL YELLOW 2GN • ARISIL DIRECT YELLOW G • CALCOSYN YELLOW GC • CELLITON DISCHARGE YELLOW GL • CELLITON FAST YELLOW G • CELLITON FAST YELLOW GA-CF • CELUTATE YELLOW GH • C.I. 11855 • C.I. SOLVENT YELLOW 77 • C.I. SOLVENT YELLOW 92 • C.I. SOLVENT YELLOW 99 • CIBACETE YELLOW GBA • CIBACET YELLOW 2GC • CIBACET YELLOW GBA • CILLA FAST YELLOW G • DIACELLITON FAST YELLOW G • DISPERSE YELLOW G • DISPERSOL

FAST YELLOW G • DISPERSOL PRINTING YELLOW G • DISPERSOL YELLOW AG • DURGACET YELLOW G • EASTONE YELLOW GN • ESTERQUINONE LIGHT YELLOW 4JL • FENACET FAST YELLOW G • 1'-((2-HYDROXY-5-METHYLPHENYL)AZO)ACETANILIDE • N-(4-((2-HYDROXY-5-METHYLPHENYL)AZO)PHENYL) • 4'-((6-HYDROXY-m-TOLYL)AZO)ACETANILIDE • ACETANILIDE • INTERCHEM ACETATE YELLOW G • INTERCHEM HISPERSE YELLOW GH • INTRASPERSE YELLOW GBA EXTRA • KAYALON FAST YELLOW G • KAYASET YELLOW G • KCA ACETATE FAST YELLOW G • MICROSETILE YELLOW GR • MIKETON FAST YELLOW G • NACELAN FAST YELLOW CG • NCI-C53781 • NOVALON YELLOW 2GN • NYLOQUINONE YELLOW 4J • OSTACET YELLOW P 2G • PALANIL YELLOW G • PERITON YELLOW G • RELITON YELLOW C • RESIREN YELLOW TG • RTECS No. AC3662000 • SAFARITONE YELLOW G • SERINYL HOSIERY YELLOW GD • SERIPLAS YELLOW GD • SERISOL FAST YELLOW GD • SETACYL YELLOW 2GN • SETACYL YELLOW G • SETACYL YELLOW P 2GL • SILOTRAS YELLOW TSG • SUMIPLAST YELLOW FC • SUPRACET FAST YELLOW G • SYNTEN YELLOW 2G • TERASIL YELLOW 2GC • TERASIL YELLOW GBA EXTRA • TRANSETILE YELLOW P-GR • VONTERYL YELLOW G • YELLOW RELITON G • YELLOW Z

EPA NAME: C.I. FOOD RED 5
CAS: 3761-53-3
SYNONYMS: 1695 RED • ACIDAL PONCEAU G • ACID LEATHER RED KPR • ACID LEATHER RED P 2R • ACID LEATHER SCARLET IRW • ACID PONCEAU 2RL • ACID PONCEAU R • ACID PONCEAU SPECIAL • ACID RED 26 • ACID SCARLET • ACID SCARLET 2B • ACID SCARLET 2R • ACID SCARLET 2RL • ASHCOCID FAST SCARLET R • AIZEN PONCEAU RH • AMACID LAKE SCARLET 2R • CALCOCID SCARLET 2R • CALCOCID SCARLET 2R • CALCOLAKE SCARLET 2R • CERTICOL PONCEAU SPECIAL • D AND C RED No. 5 • 4-((2,4-DIMETHYLPHENYL)AZO)-3-HYDROXY-2,7-NAPHTHALENEDISULFONIC ACID, DISODIUM SALT • 4-((2,4-DIMETHYLPHENYL)AZO)-3-HYDROXY-2,7-NAPHTHALENESULFONIC ACID, DISODIUM SALT • DISODIUM (2,4-DIMETHYLPHENYLAZO)-2-HYDROXYNAPHTHALENE-3,6-DISULFONATE, DISODIUM SALT • (2,4-DIMETHYLPHENYLAZO)-2-HYDROXYNAPHTHALENE-3,6-DISULPHONATE, DISODIUM SALT • DISODIUM SALT OF 1-(2,4-XYLYLAZO)-2-NAPHTHOL-3,6-DISULFONIC ACID • DISODIUM SALT OF 1-(2,4-XYLYLAZO)-2-NAPHTHOL-3,6-DISULPHONIC ACID • EDICOL PONCEAU RS • EDICOL SUPRA PONCEAU R • FENAZO SCARLET 2R • FOOD RED 5 • FOOD RED 101 • HEXACOL PONCEAU 2R • HEXACOL PONCEAU MX • HIDACID SCARLET 2R • 3-HYDROXY-4-(2,4-XYLYLAZO)-3,7-NAPHTHALENEDISULFONIC ACID, DISODIUM SALT • 3-HYDROXY-4-(2,4-XYLYLAZO)-3,7-NA-

PHTHALENEDISULPHONIC ACID, DISODIUM SALT • JAVA PONCEAU 2R • KITON PONCEAU 2R • KITON PONCEAU R • KITON SCARLET 2RC • LAKE SCARLET 2RBN • LAKE SCARLET R • 5-METHYLCHRYSENE • 2,7-NAPHTHALENEDISULFONIC ACID, 4-((2,4-DIMETHYLPHENYL)AZO)-3-HYDROXY-, DISODIUM SALT • NAPTHALENE LAKE SCARLET R • NAPHTHALENE SCARLET R • NAPHTHAZINE SCARLET 2R • NEKACID RED RR • NEW PONCEAU 4R • PAPER RED HRR • PIGMENT PONCEAU R • PONCEAU 2R • PONCEAU 2R EXTRA A EXPORT • PONCEAU 2RL • PONCEAU 2RX • PONCEAU BNA • PONCEAU G • PONCEAU MX • PONCEAU PXM • PONCEAU R • PONCEAU RED R • PONCEAU RR • PONCEAU RR TYPE 8019 • PONCEAU RS • RTECS No. GC1575000 • SCARLET 2R • SCARLET 2RB • SCARLET 2RL BLUISH • SCARLET R • SCARLET RAA • TERTACID PONCEAU 2R • XYLIDINE PONCEAU • XYLIDINE PONCEAU 2R • 1-XYLYLAZO-2-NAPHTHOL-3,6-DISULFONIC ACID, DISODIUM SALT • 1-XYLYLAZO-2-NAPHTHOL-3,6-DISULPHONIC ACID, DISODIUM SALT • XYLIDINE RED

EPA NAME: C.I. FOOD RED 15
CAS: 81-88-9
SYNONYMS: 11411 RED • ACID BRILLIANT PINK B • ADC RHODAMINE B • AIZEN RHODAMINE BH • AIZEN RHODAMINE BHC • AKIRIKU RHODAMINE B • AMMONIUM,(9(o-CARBOXYPHENYL)-6-(DIETHYLAMINO)-3H-XANTHEN-3-YLIDENE)DIETHYL-,CHLORIDE • BASIC VIOLET 10 • CALCOZINE RED BX • CALCOZINE RHODAMINE BXP • 9-o-CARBOXYPHENYL-6-DIETHYLAMINO-3-ETHYLIMINO-3-ISOXANTHRENE, 3-ETHOCHLORIDE • (9-(o-CARBOXYPHENYL)-6-(DIETHYLAMINO)-3-XANTHEN-3-YLIDENE) DIETHYLAMMONIUM CHLORIDE • CERISE TONER X 1127 • C.I. 45170 • C.I. BASIC VIOLET 10 • COSMETIC BRILLIANT PINK BLUISH D CONC. • D AND C RED No. 19 • DIABASIC RHODAMINE B • EDICOL SUPRA ROSE B • EDICOL SUPRA ROSE BS • ERIOSIN RHODAMINE B • ETHANAMINIUM N-(9-(2-CARBOXYPHENYL)-6-(DIETHYLAMINO)-3H-XANTHERN-3-YLIDENE)-N-ETHYL-,CHLORIDE • FD AND C RED No. 19 • FLEXCO RED 540 • HEXACOL RHODAMINE B EXTRA • IKADA RHODAMINE B • JAPAN RED 213 • JAPAN RED No. 213 • MITSUI RHODAMINE BX • RED No. 213 • RHEONINE B • RHODAMINE B • RHODAMINE B 500 • RHODAMINE B 500 HYDROCHLORIDE • RHODAMINE BA • RHODAMINE BA EXPORT • RHODAMINE B EXTRA • RHODAMINE B EXTRA M 310 • RHODAMINE B EXTRA S • RHODAMINE BN • RHODAMINE BS • RHODAMINE BX • RHODAMINE BXL • RHODAMINE BXP • RHODAMINE FB • RHODAMINE LAKE RED B • RHODAMINE O • RHODAMINE S • RHODAMINE S (RUSSIAN) • RHODAMINE, TETRAETHYL- • RTECS No. BP3675000 • SICILIAN CERISE TONER A 7127 • SYMULEX MAGENTA F • SYMULEX RHO-

DAMINE B TONER F • TAKAOKA RHODAMINE B • TETRAETHYLDIAMINO-o-CARBOXYPHENYL-XANTHENYL CHLORIDE • TETRAETHYLRHODAMINE • XANTHYLIUM, 9-(2-CARBOXYPHENYL)-3,6-BIS(DIETHYLAMINO)-,CHLORIDE

EPA NAME: C.I. SOLVENT ORANGE 7
CAS: 3118-97-6
SYNONYMS: AF RED No. 5 • AIZEN FOOD RED No. 5 • BRASILAZINA OIL SCARLET 6G • BRILLIANT OIL SCARLET B • CALCO OIL SCARLET BL • CERES ORANGE RR • CERISOL SCARLET G • CEROTINSCHARLACH G • C.I. 12140 • C.I. SOLVENT ORANGE 7 • 1-((2,4-DIMETHYLPHENYL)AZO)-2-NAPHTHALENOL • EXTRACT D AND C RED No. 14 • FAST OIL ORANGE II • FAT SCARLET 2G • FD AND C RED No. 32 • GRASAN ORANGE 3R • JAPAN RED 5 • JAPAN RED 505 • JAPAN RED No. 5 • LACQUER ORANGE VR • 2-NAPHTHALENOL, 1-((2,4-DIMETHYLPHENYL)AZO)- • OIL ORANGE 2R • OIL ORANGE N EXTRA • OIL ORANGE R • OIL ORANGE X • OIL ORANGE XO • OIL RED XO • OIL SCARLET 371 • OIL SCARLET 6G • OIL SCARLET BL • OIL SCARLET YS • RED No. 5 • RESIN SCARLET 2R • RESOFORM ORANGE R • ROT B (German) • ROT GG FETTLOESLICH (German) • RTECS No. QL5850000 • SOMALIA ORANGE A2R • SOUDAN II • SUDAN II • SUDAN AX • SUDAN ORANGE • SUDAN ORANGE RPA • SUDAN ORANGE RRA • SUDAN RED • SUDAN SCARLET 6G • SUDAN X • WAXAKOL VERMILLION L • 1-XYLYLAZO-2-NAPHTHOL • 1-(2,4-XYLYLAZO)-2-NAPHTHOL • 1-(o-XYLYLAZO)-2-NAPHTHOL

EPA NAME: C.I. SOLVENT YELLOW 3
CAS: 97-56-3
SYNONYMS: AAT • o-AAT • o-AMIDOAZOTOLULOL • o-AMINOAZOTOLUENE • 4'-AMINO-2,3'-AZOTOLUENE • 4'-AMINO-2:3'-AZOTOLUENE • o-AMINOAZOTOLUENO (Spanish) • o-AMINOAZOTOLUOL • 4-AMINO-2',3-DIMETHYLAZOBENZENE • 4-AMINO-2,3'-DIMETHYLAZOBENZENE • o-AT • BENZENAMINE, 2-METHYL-4-((2-METHYLPHENYL)AZO)- • BRASILAZINA OIL YELLOW R • BUTTER YELLOW • C.I. 11160 • C.I. 11160B • C.I. SOLVENT YELLOW 3 • 2',3-DIMETHYL-4-AMINOAZOBENZENE • FAST OIL YELLOW • FAST YELLOW AT • FAST YELLOW B • HIDACO OIL YELLOW • 2-METHYL-4-((o-TOLYL)AZO)ANILINE • OAAT • OIL YELLOW 21 • OIL YELLOW 2681 • OIL YELLOW 2R • OIL YELLOW A • OIL YELLOW AT • OIL YELLOW C • OIL YELLOW I • OIL YELLOW T • ORGANOL YELLOW 25 • ORGANOL YELLOW 2T • RTECS No. XU8800000 • SOMALIA YELLOW R • SUDAN YELLOW RRA • TOLUAZOTOLUIDINE • 0-TOLUENEAZO-o-TOLUIDINE • o-TOLUOL-AZO-o-TOLUIDIN (German) • 5-(o-TOLYAZO)-2-AMINOTOLUENE • 4-(o-TOLYLAZO)-o-TOLUIDINE • WAXAKOL YELLOW NL

EPA NAME: C.I. SOLVENT YELLOW 14
CAS: 842-07-9
SYNONYMS: ATUL ORANGE R • BENZENEAZO-β-NAPHTHOL • BENZENE-1-AZO-2-NAPHTHOL • 1-BENZENEAZO-2-NAPHTHOL • 1-BENZENEAZO-2-NAPHTHOL • BRASILAZINA OIL ORANGE • BRILLIANT OIL ORANGE R • CALCOGAS ORANGE NC • CALCO OIL ORANGE 7078 • CAMPBELLINE OIL ORANGE • CARMINAPH • CERES ORANGE R • CEROTIN ORANGE G • C.I. 12055 • C.I. SOLVENT YELLOW 14 • DISPERSOL ORANGE I • DISPERSOL YELLOW PP • DUNKELGELB (German) • ENIAL ORANGE I • FAST OIL ORANGE • FAST OIL ORANGE I • FAST ORANGE • FAT ORANGE 4A • FAT ORANGE G • FAT ORANGE I • FAT ORANGE R • FAT ORANGE RS • FAT SOLUBLE ORANGE • FETTORANGE R (German) • GRASAN ORANGE • GRASAN ORANGE R • HIDACO OIL ORANGE • 2-HYDROXYNAPHTHYL-1-AZOBENZENE • 2-HYDROXY-1-PHENYLAZONAPHTHALENE • LACQUER ORANGE VG • MORTON ORANGE Y • MOTIORANGE R • 2-NAPHTHALENOL, 1-(PHENYLAZO)- • NCI-C53929 • OIL ORANGE • OIL ORANGE 2311 • OIL ORANGE 2B • OIL ORANGE 31 • OIL ORANGE 7078-V • OIL ORANGE E • OIL ORANGE PEL • OIL ORANGE R • OIL ORANGE Z-7078 • OIL SOLUBLE ORANGE • OLEAL ORANGE-R • ORANGE l'HUILE (French) • ORANGE INSOLUBLE OLG • ORANGE PEL • ORANGE RESENOLE No. 3 • ORANGE SOLUBLE A l'HUILE (French) • ORANGE 3RA SOLUBLE IN GREASE • ORANGE R FAT SOLUBLE • ORGANOL ORANGE • ORIENT OIL ORANGE PS • PETROL ORANGE Y • 1-PHENYLAZO-2-HYDROXYNAPHTHALENE • 1-(PHENYLAZO)-2-NAPHTHAIENOL • α-PHENYLAZO-β-NAPHTHOL • 1-PHENYLAZO-β-NAPHTHOL • 1-(PHENYLAZO)-2-NAPHTHOL • PLASTORESIN ORANGE F 4A • RESINOL ORANGE R • RESOFORM ORANGE G • RTECS No. QL4900000 • SANSEL ORANGE G • SCHARLACH B • SILOTRAS ORANGE TR • SOLVENT YELLOW 14 • SOMALIA ORANGE I • SOUDAN I • SPIRIT ORANGE • SOIRIT YELLOW I • STEARIX ORANGE • SUDAN I • SUDAN ORANGE R • SUDAN ORANGE RA • SUDAN ORANGE RA NEW • TERTROGRAS ORANGE SV • TOYO OIL ORANGE • WAXAKOL ORANGE GL • WAXOLINE YELLOW I • WAXOLINE YELLOW IM • WAXOLINE YELLOW IP • WAXOLINE YELLOW IS

EPA NAME: C.I. SOLVENT YELLOW 34
CAS: 492-80-8
SYNONYMS: APYONINE AURAMARINE BASE • AURAMINA (Spanish) • AURAMINE • AURAMINE BASE • AURAMINE N BASE • AURAMINE OAF • AURAMINE O BASE • AURAMINE SS • BASO YELLOW 124 • BENZENEAMINE, 4,4'-CABONIMIDOYLBIS[N-DIMETHYL- • C.I. SOLVENT YELLOW 34 • BRILLIANT OIL YELLOW • 4,4'-CARBONIMIDOYLBIS(N,N-DIMETHYLBENZENAMINE) • C.I. 41000B • C.I. BASIC YELLOW 2, FREE BASE • C.I. SOLVENT YELLOW 34 • 4,4'-

DIMETHYLAMINOBENZOPHENONIMIDE • GLAURAMINE
• 4,4-(IMIDOCARBONYL)BIS(N,N-DIMETHYLANILINE) •
RCRA No. U014 • RTECS No. BY350000 • TETRAMETHYL-
DIAMINODIPHENYLACETIMINE • WAXOLINE YELLOW O
• YELLOW PYOCTANINE

EPA NAME: C.I. VAT YELLOW 4
CAS: 128-66-5
SYNONYMS: AHCOVAT PRINTING GOLDEN YELLOW GK •
AMANTHRENE GOLDEN YELLOW GK • ANTHRAVAT
GOLDEN YELLOW GK • ARLANTHRENE GOLDEN YEL-
LOW GK • BENZADONE GOLD YELLOW GK • CALCOLOID
GOLDEN YELLOW GKWP • CALEDON GOLDEN YELLOW
GK • CALEDON PRINTING YELLOW GK • CARBAN-
THRENE GOLDEN YELLOW GK • C.I. 59100 • C.I. VAT YEL-
LOW • CIBANONE GOLDEN YELLOW FGK • CIBANONE
GOLDEN YELLOW GK • DIBENZO[b,def]CHRYSENE-7,14-DI-
ONE • DIBENZO[a,b]PYRENE-7,14-DIONE • 2,3,7,8-DIBEN-
ZOPYRENE-1,6-QUINONE • 1′,2′,6′,7′,-DIBENZOPYRENE-
7,14-QUINONE • DIBENZPYRENEQUINONE •
FEMANTHREN GOLDEN YELLOW GK • GOLDEN YELLOW
• GOLDEN YELLOW ZhKh • HELANTHRENE YELLOW •
HELANTHRENE YELLOW GOK • HOSTAVAT GOLDEN YEL-
LOW GK • INDANTHRENE GOLDEN YELLOW GK • IN-
DANTHRENE GOLDEN YELLOW GK • INDANTHREN
GOLDEN YELLOW GK • INDANTHRENE PRINTING YEL-
LOW GOK • LEUCOSOL GOLDEN YELLOW GK • MAYVAT
GOLDEN YELLOW GK • MIKETHRENE GOLD YELLOW GK
• NIHONTHRENE GOLDEN YELLOW GK • NYANTHRENE
GOLDEN YELLOW GK • PALANTHRENE GOLDEN YELLOW
GK • PARADONE GOLDEN YELLOW FGK • PHARMA-
THRENE GOLDEN YELLOW GK • ROMANTRENE GOLDEN
YELLOW FGK • ROMANTHRENE GOLDEN YELLOW GOK •
RTECS No. HO7030000 • SANDOTHRENE GOLDEN YELLOW
NGK • SANDOTHRENE PRINTING YELLOW NGK • SANDO-
THRENE PRINTING YELLOW NH • SOLANTHRENE BRIL-
LIANT YELLOW J • TINON GOLDEN YELLOW GK • TYRI-
AN YELLOW I-GOK • TYRION YELLOW • VAT GOLDEN
YELLOW ZhKh • VAT GOLDEN YELLOW ZhKhD • YELLOW
GK BASE

EPA NAME: COBALT
CAS: 7440-48-4
SYNONYMS: AQUACAT • C.I. 77320 • COBALT-59 • COBALTO
(Spanish) • EINECS No. 231-158-0 • KOBALT (German, Polish) •
NCI-C60311 • SUPER COBALT • RTECS No. GF8750000 •
TOXIC CHEMICAL CATEGORY CODE, N096

EPA NAME: COBALT CARBONYL
CAS: 10210-68-1
SYNONYMS: COBALT OCTACARBONYL • COBALTO TETRA-
CARBONILO (Spanish) • COBALT TETRACARBONYL • CO-
BALT TETRACARBONYL DIMER • DI-mu-CARBONYLHEX-

ACARBONYLDICOBALT • DICOBALT CARBONYL • DICOBALT OCTACARBONYL • OCTACARBONYLDICOBALT • RTECS No. GG0300000

EPA NAME: COBALT, ((2,2′-(1,2-ETHANEDIYLBIS(NITRILO-METHYLIDYNE))BIS(6-FLUOROPHENOLATO))(2)-
CAS: 62207-76-5
SYNONYMS: BIS(3-FLUOROSALICYLALDEHYDE)ETHYLENE-DIIMINE-COBALT • COBALT(II), N,N′-ETHYLENEBIS(3-FLUOROSALICYLIDENEIMINATO)- • N,N′-ETHYLENE BIS (3-FLUORO-SALICYLIDENEIMINATO)COBALT(II) • FLUOMINEL FLUOMINE DUST • RTECS No. GG0575000

EPA NAME: COBALTOUS BROMIDE
CAS: 7789-43-7
SYNONYMS: BROMURO COBALTOSO (Spanish) • COBALT(2+) BROMIDE • COBALT(II) BROMIDE • RTECS No. GF9595000 • UN 9103

EPA NAME: COBALTOUS FORMATE
CAS: 544-18-3
SYNONYMS: COBALT(2+) FORMATE • COBALT (II) FORMATE • FORMIATO COBALTOSO (Spanish) • RTECS No. LQ7450000 • UN 9104

EPA NAME: COBALTOUS SULFAMATE
CAS: 14017-41-5
SYNONYMS: COBALTOUS SULPHAMATE • COBALT(2+) SULFAMATE • COBALT(2+) SULPHAMATE • COBALT(II) SULFAMATE • COBALT(II) SULPHAMATE • UN 9105

EPA NAME: COLCHICINE
CAS: 64-86-8
SYNONYMS: 7-ACETAMIDO-6,7-DIHYDRO-1,2,3,10-TETRAMETHOXYBENZO(a)HEPTALEN-9(5H)-ONE • N-ACETYL TRIMETHYLCOLCHICINIC ACID METHYLETHER • 7-a-H-COLCHICINE • COLCHINEOS • COLCHISOL • COLCIN • COLSALOID • COLQUICINA (Spanish) • CONDYLON • NSC 757 • RTECS No. GH0700000 • N-(5,6,7,9)-TETRAHYDRO-1,2,3,10-TETRAMETHOXY-9-OXOBENZO(a)HEPTALEN-7-YL)-ACETAMIDE • N-(5,6,7,9)-TETRAHYDRO-1,2,3,10-TETRAMETHOXY-9-OXOBENZO(α)HEPTALEN-7-YL)-ACETAMIDE

EPA NAME: COPPER
CAS: 7440-50-8
SYNONYMS: ALLBRI NATURAL COPPER • ALLOY 101 • ALLOY 102 • ALLOY 110 • ALLOY 151 • ALLOY 194 • ALLOY 195 • ALLOY 155 • ALLOY 210 • ALLOY 220 • ALLOY 230 • ALLOY 240 • ALLOY 260 • ALLOY 510 • ALLOY 511 • ALLOY 521 • ALLOY 638 • ALLOY 725 • ALLOY 732 • ALLOY 735 • ALLOY 762 • ALLOY 770 • ANAC 110 • ARWOOD COPPER • BRONZE POWDER • C.I. 77400 • C.I. PIGMENT METAL 2 • CDA 101 • CDA 110 • CDA 122 • CDA 102 • COBRE (Spanish) • COPPER BRONZE • EINECS No. 231-159-6

• 1721 GOLD • GOLD BRONZE • KAFAR COPPER • M2 COPPER • MI (COPPER) • OFHC Cu • RANEY COPPER • RTECS No. GL5325000

EPA NAME: COPPER CYANIDE
CAS: 544-92-3
SYNONYMS: CIANURO de COBRE (Spanish) • COPPER(1+) CYANIDE • COPPER(I) CYANIDE • CUPRICIN • CUPROUS CYANIDE • RCRA No. P029 • RTECS No. GL7150000 • STCC 4923418 • UN 1587

EPA NAME: COUMAPHOS
CAS: 56-72-4
SYNONYMS: ASUNTOL • AZUNTHOL • BAY 21/199 • BAYER 21/199 • BAYMIX • BAYMIX 50 • 3-CHLORO-7-HYDROXY-4-METHYL-COUMARIN O,O-DIETHYL PHOSPHOROTHIOATE • 3-CHLORO-7-HYDROXY-4-METHYL-COUMARIN-O,O-DIETHYLPHOSPHOROTHIONATE • 3-CHLORO-7-HYDROXY-4-METHYL-COUMARIN O-ESTER WITH O,O-DIETHYL-PHOSPHOROTHIOATE • 3-CHLORO-4-METHYL-7-COUMARINYLDIETHYL PHOSPHOROTHIOATE • O-3-CHLORO-4-METHYL-7-COUMARINYL O,O-DIETHYL PHOSPHOROTHIOATE • 3-CHLORO-4-METHYL-7-HYDROXYCOUMARINDIETHYL THIOPHOSPHORIC ACID ESTER • 3-CHLORO-4-METHYLUMBELLIFERONEO-ESTER WITH O,O-DIETHYL PHOSPHOROTHIOATE • CO-RAL • COUMAFOS • CUMAFOS (Dutch, Spanish) • O,O-DIAETHYL-O-(3-CHLOR-4-METHYL-CU MARIN-7-YL)-MONOTHIOPHOSPHAT (German) • O,O-DIETHYL-O-(3-CHLOOR-4-METHYL-CUMARIN-7-YL)MONOTHIOFOSFAAT (Dutch) • O,O-DIETHYLO-(3-CHLORO-4-METHYL-7-COUMARINYL) PHOSPHOROTHIOATE • O,O-DIETHYLO-(3-CHLORO-4-METHYLCOUMARINYL-7)THIOPHOSPHATE • O,O-DIETHYLO-(3-CHLORO-4-METHYL-2-OXO-2H-BENZOPYRAN-7-YL) PHOSPHOROTHIOATE • O,O-DIETHYL3-CHLORO-4-METHYL-7-UMBELLIFERONE THIOPHOSPHATE • O,O-DIETHYLO-(3-CHLORO-4-METHYLUMBELLIFERYL)PHOSPHOROTHIOATE • DIETHYL3-CHLORO-4-METHYLUMBELLIFERYL THIONOPHOSPHATE • DIETHYLTHIOPHOSPHORIC ACID ESTER OF 3-CHLORO-4-METHYL-7-HYDROXYCOUMARIN • O,O-DIETIL-O-(3-CLORO-4-METIL-CUMARIN-7-IL-MONOTIOFOSFATO) (Italian) • DIOLICE • ENT 17,957 • MELDANE • MELDONE • MUSCATOX • NCI-C08662 • PHOSPHOROTHIOIC ACID, O-(3-CHLORO-4-METHYL-2-OXO-2H-1-BENZOPYRAN-7-YL) O,O-DIETHYL ESTER • PHOSPHOROTHIOIC ACID, O,O-DIETHYL ESTER, O-ESTER WITH 3-CHLORO-7-HYDROXY-4-METHYL-COUMARIN • RESITOX • RTECS No. GN63000000 • STCC 4921505 • SUNTOL • THIOPHOSPHATE de O,O-DIETHYLE et de O-(3-CHLORO-4-METHYL-7-COUMARINYLE) (French) • UMBETHION • UN 2783

EPA NAME: COUMATETRALYL
CAS: 5836-29-3
SYNONYMS: BAY 25634 • BAY ENE 11183B • BAYER 25,634 • 2H-1-BENZOPYRAN-2-ONE, 4-HYDROXY-3-(1,2,3,4-TETRA-HYDRO-1-NAPHTHALENYL)- • CUMATETRALYL (German, Dutch) • COUMARIN, 4-HYDROXY-3-(1,2,3,4-TETRAHYDRO-1-NAPHTHYL)- • ENDOX • ENDROCID • ENDROCIDE • ENE 11183 • 4-HYDROXY-3-(1,2,3,4-TETRAHYDRO-1-NAFTYL)-4-CUMARINE (Dutch) • 4-HYDROXY-3-(1,2,3,4-TETRAHYDRO-1-NAPTHALENYL)-2H-1-BENZOPYRAN-2-ONE (9CI) • 4-HYDROXY-3-(1,2,3,4-TETRAHYDRO-1-NAPTHYL)CUMARIN • RACUMIN • RAUCUMIN 57 • RODENTIN • 3-(α-TETRAL)-4-OXYCOUMARIN • 3-(α-TETRAYL)-4-HYDROXYCOUMARIN • 3-(d-TETRAYL)-4-HYDROXYCOUMARIN • UN 3027 (coumarin derivative pesticide, solid, poisonous)

EPA NAME: CREOSOTE
CAS: 8001-58-9
SYNONYMS: AWPA No. 1 • BRICK OIL • COAL TAR DISTILLATE (DOT) • COAL TAR OIL • COAL TAR CREOSOTE • CREOSOTA de ALQUITRAN de HULLA (Spanish) • CREOSOTE, COAL TAR • CREOSOTE, from COAL TAR • CREOSOTE OIL • CREOSOTE P1 • CREOSOTUM • CRESYLIC CREOSOTE • DEAD OIL • HEAVY OIL • LIQUID PITCH OIL • NAPHTHALENE OIL • PRESERV-O-SOTE • RCRA No. U051 • RTECS No. GF8615000 • STCC 4915133 • TAR OIL • UN 1137 • WASH OIL

EPA NAME: p-CRESIDINE
CAS: 120-71-8
SYNONYMS: m-AMINO-p-CRESOL, METHYL ESTER • 3-AMINO-p-CRESOL METHYL ESTER • 1-AMINO-2-METHOXY-5-METHYLBENZENE • 3-AMINO-4-METHOXYTOLUENE • 2-AMINO-4-METHYLANISOLE • o-ANISIDINE,5-METHYL- • AZOIC RED 36 • BENZENEAMINE, 2-METHOXY-5-METHYL- • C.I. AZOIC RED 83 • p-CRESIDINA (Spanish) • CRESIDINE • KREZIDIN (German) • KRESIDINE • KREZIDINE • 2-METHOXY-5-METHYLANILINE • 4-METHYL-2-AMINOANISOLE • 2-METHOXY-5-METHYL-BENZENAMINE (9CI) • 4-METHOXY-m-TOLUIDINE • 4-METHYL-2-AMINOANISOLE • 5-METHYL-o-ANISIDINE • NCI-C02982 • PARACRESOL • RTECS No. BZ6720000

EPA NAME: m-CRESOL
CAS: 108-39-4
SYNONYMS: BENZENE, 3-METHYL- • 3-CRESOL • meta-CRESOL • CRESOL-META • m-CRESYLIC ACID • meta-CRESYLIC ACID • EINECS No. 203-577-9 • 1-HYDROXY-3-METHYLBENZENE • 3-HYDROXYTOLUENE • m-HYDROXYTOLUENE • meta-HYDROXYTOLUENE • m-KRESOL (German) • METACRESOL • 3-METHYLPHENOL • m-METHYLPHENOL

• meta-METHYLPHENOL • PHENOL, 3-METHYL- • m-TOLUOL • meta-TOLUOL • RCRA No. U052 • RTECS No. GO6125000 • UN 2076

EPA NAME: o-CRESOL
CAS: 95-48-7
SYNONYMS: BENZENE, 2-METHYL- • 2-CRESOL • CRESOL-o- • ortho-CRESOL • CRESOL-ORTHO • o-CRESYLIC ACID • ortho-CRESYLIC ACID • EINECS No. 202-432-8 • 1-HYDROXY-2-METHYLBENZENE • 2-HYDROXYTOLUENE • o-HYDROXYTOLUENE • ortho-HYDROXYTOLUENE • o-KRESOL (German) • 2-METHYLPHENOL • o-METHYLPHENOL • ORTHOCRESOL • ortho-METHYLPHENOL • PHENOL, 2-METHYL • o-TOLUOL • ortho-TOLUOL • RCRA No. U052 • RTECS No. GO6300000 • UN 2076

EPA NAME: p-CRESOL
CAS: 106-44-5
SYNONYMS: BENZENE, 4-METHYL • 4-CRESOL • para-CRESOL • CRESOL-PARA • p-CRESYLIC ACID • para-CRESYLIC ACID • EINECS No. 203-398-6 • 1-HYDROXY-4-METHYLBENZENE • 4-HYDROXYTOLUENE • p-HYDROXYTOLUENE • para-HYDROXYTOLUENE • p-KRESOL (German) • 4-METHYLPHENOL • p-METHYLPHENOL • para-METHYLPHENOL • PHENOL, 4-METHYL • p-TOLUOL • para-TOLUOL • RCRA No. U052 • RTECS No. GO6475000 • UN 2076

EPA NAME: CRESOL (MIXED ISOMERS)
CAS: 1319-77-3
SYNONYMS: ACEDE CRESYLIQUE (French) • BACILLOL • CRESOLI (Italian) • CRESOLS (ALL ISOMERS) • CRESOLS AND CRESYLIC ACIDS, MIXED • CRESOL ISOMERS • CRESOLS (o- • m- • p-) • CRESYLIC ACID • HYDROXYTOLUOLE (German) • KRESOLE (German) • KRESOLEN (Dutch) • KREZOL (Polish) • PHENOL, METHYL- (9CI) • METHYLPHENOL • PHENOL, METHYL- • RCRA No. U052 • STCC 4931417 • TEKRESOL • AR-TOLUENOL • TRICRESOL • RTECS No. GO5950000 • UN 2076

EPA NAME: CRIMIDINE
CAS: 535-89-7
SYNONYMS: CASTRIX • 2-CHLOOR-4-DIMETHYLAMINO-6-METHYL-PYRIMIDINE (Dutch) • 2-CHLORO-4-METHYL-6-DIMETHYLAMINOPYRIMIDINE • 2-CLORO-4-DIMETILAMINO-6-METIL-PIRIMIDINA (Italian) • CRIMIDIN (German) • CRIMIDINA (Italian) • PYRIMIDINE, 2-CHLORO-4-(DIMETHYLAMINO)-6-METHYL- • RTECS No. UV8050000 • W 491

EPA NAME: CROTONALDEHYDE
CAS: 4170-30-3
SYNONYMS: ALDEHIDO CROTONICO (Spanish) • ALDEHYDE CROTONIQUE (French) • 2-BUTENAL • β-METHYLACROLEIN • CROTONIC ALDEHYDE • KROTONALDEHYD

(Czech) • PROPYLENE ALDEHYDE • RCRA No. U053 • RTECS No. GP9625000 • STCC 4909137 • TOPENEL • UN 1143 (inhibited or stabilized)

EPA NAME: CROTONALDEHYDE, (E)-
CAS: 123-73-9
SYNONYMS: ALDEHIDO CROTONICO, (E)- (Spanish) • ALDEHYDE CROTONIQUE (E)- (French) • 2-BUTENAL, (E)- • (E)-2-BUTENAL • trans-2-BUTENAL • CROTONAL • CROTONALDEHYDE • CROTONALDEHYDE, (E)- • CROTONALDEHYDE, trans- • CROTONIC ALDEHYDE • ETHYLENE DIPROPIONATE (8CI) • 3-METHYLACROLEINE • NCI-C56279 • PROPYLENE ALDEHYDE-trans • PROPYLENE ALDEHYDE, trans- • PROPYLENE ALDEHYDE, (E)- • RTECS No. GP9499000 • STCC 4909137 • UN 1143 (stabilized)

EPA NAME: CUMENE
CAS: 98-82-8
SYNONYMS: BENZENE ISOPROPYL • BENZENE, (1-METHYLETHYL-)- • CUM • CUMEEN (Dutch) • CUMENO (Spanish) • CUMOL • 2-FENILPROPANO (Italian) • 2-FENYL-PROPAN (Dutch) • ISOPROPYLBENZEEN (Dutch) • ISOPROPILBENZENE (Italian) • ISOPROPYLBENZENE • ISOPROPYLBENZOL • ISOPROPYL-BENZOL (German) • 2-PHENYLPROPANE • 1-METHYLETHYL BENZENE • RCRA No. U055 • RTECS No. GR8575000 • STCC 4913125 • UN 1918

EPA NAME: CUMENE HYDROPEROXIDE
CAS: 80-15-9
SYNONYMS: CUMEENHYDROPEROXYDE (Dutch) • CUMENT HYDROPEROXIDE • CUMENYL HYDROPEROXIDE • CUMOLHYDROPEROXID (German) • CUMYL HYDROPEROXIDE • α-CUMYLHYDROPEROXIDE • α,α-DIMETHYL-BENZYL HYDROPEROXIDE • HIDROPEROXIDO de CUMENO (Spanish) • HYDROPEROXIDE, 1-METHYL-1-PHENYLETHYL- • HYDROPEROXYDE de CUMENE (French) • HYDROPEROXYDE de CUMYLE (French) • HYDROPEROXIDE, 1-METHYL-1-PHENYLETHYL- • HYPERIZ • IDROPEROSSIDO di CUMENE (Italian) • IDROPEROSSIDO di CUMOLO (Italian) • ISOPROPYLBENZENE HYDROPEROXIDE • RCRA No. U096 • RTECS No. MX2450000 • STCC 4919525 • TRIGOROX K 80 • UN 2116

EPA NAME: CUPFERRON
CAS: 135-20-6
SYNONYMS: AMMONIUM-N-NITROSOPHENYLHYDROXYLAMINE • BENZENEAMINE,N-HYDROXY-N-NITROSO, AMMONIUM SALT • HYDROXYLAMINE,N-NITROSO-N-PHENYL-, AMMONIUM SALT • KUPFERRON • NCI-C03258 • N-NITROSOFENYLHYDROXYLAMIN AMONNY (Czech) • N-NITROSO-N-PHENYLHYDROXYLAMINE AMMONIUM SALT • N-NITROSOPHENYLHYDROXYLAMIN AMMONIUM SALZ

(German) • N-NITROSO-N-PHENYLHYDROXYLAMINE AMMONIUM SALT • N-NITROSOPHENYLHYDROXYLAMINE AMMONIUM SALT • RTECS No. NC4725000

EPA NAME: CUPRIC ACETATE
CAS: 142-71-2
SYNONYMS: ACETATE de CUIVRE (French) • ACETATO de COBRE (Spanish) • ACETIC ACID, COPPER(2+) SALT • ACETIC ACID, COPPER(II) SALT • ACETIC ACID, CUPRIC SALT • COPPER(2+) ACETATE • COPPER(II) ACETATE • COPPER ACETATE • COPPER DIACETATE • COPPER(2+) DIACETATE • COPPER(II) DIACETATE • CRYSTALLIZED VERDIGRIS • CRYSTALS OF VENUS • CUPRIC DIACETATE • EINECS No. 205-553-3 • NEUTRAL VERDIGRIS • OCTAN MEDNATY (Czech) • RTECS No. AG3480000 • UN 9106

EPA NAME: CUPRIC ACETOARSENITE
CAS: 12002-03-8
SYNONYMS: ACETOARSENITE de CUIVRE (French) • ACETOARSENITO de COBRE (Spanish) • (ACETO) (TRIMRTAARSENITO)DICOPPER • BASLE GREEN • C.I. 77410 • C.I. PIGMENT GREEN 21 (9CI) • COPPER ACETOARSENITE • EMERALD GREEN • ENT 884 • FRENCH GREEN • IMPERIAL GREEN • KING'S GREEN • MEADOW GREEN • MINERAL GREEN • MITIS GREEN • MOSS GREEN • MOUNTAIN GREEN • NEUWIED GREEN • NEW GREEN • ORTHO P-G BAIT • PARROT GREEN • PATENT GREEN • POWDER GREEN • RTECS No. CL6475000 • SCHWEINFURTERGRUEN (German) • SCHWEINFURT GREEN • SOWBUG & CUTWORM BAIT • SWEDISH GREEN • VIENNA GREEN

EPA NAME: CUPRIC CHLORIDE
CAS: 7447-39-4
SYNONYMS: CLORURO de COBRE (Spanish) • COPPER(2+) CHLORIDE (1:2) • COPPER(II) CHLORIDE (1:2) • CUPRIC CHLORIDE DIHYDRATE • RTECS No. GL7237000 • UN 2802

EPA NAME: CUPRIC NITRATE
CAS: 3251-23-8
SYNONYMS: COPPER DINITRATE • COPPER(2+) NITRATE • COPPER(II) NITRATE • NITRATO de COBRE (Spanish) • NITRIC ACID, COPPER(2+) SALT • NITRIC ACID, COPPER(II) SALT • CUPRIC DINITRATE • RTECS No. QU7400000 • STCC 4918744

EPA NAME: CUPRIC OXALATE
CAS: 814-91-5
SYNONYMS: COPPER(2+) OXALATE • COPPER(II) OXALATE • COPPER OXALATE • OXALIC ACID, COPPER(2+) SALT • OXALIC ACID, COPPER(II) SALT • RTECS No. RO2670000

EPA NAME: CUPRIC SULFATE
CAS: 7758-98-7

SYNONYMS: BCS COPPER FUNGICIDE • BLUE COPPER • BLUE STONE • BLUE VITRIOL • COPPER MONOSULFATE • COPPER SULFATE • COPPER SULFATE (1:1) • COPPER(II) SULFATE • COPPER(II) SULFATE (1:1) • COPPER(2+) SULFATE • COPPER(2+) SULFATE (1:1) • CP BASIC SULFATE • CUPRIC SULFATE ANHYDROUS • CUPRIC SULPHATE • INCRACIDE E 51 • KUPPERSULFAT (German) • ROMAN VITRIOL • SULFATE de CUIVRE (French) • SULFATO de COBRE • SULFURIC ACID, COPPER(2+) SALT (1:1) • SULFURIC ACID, COPPER(II) SALT (1:1) • TNCS 53 • TRIANGLE • RTECS No. GL8800000 • STCC 4961316 • UN 9109

EPA NAME: CUPRIC SULFATE, AMMONIATED
CAS: 10380-29-7

SYNONYMS: COPPER(2+), TETRAAMINE-,SULFATE (1:1), MONOHYDRATE • CUPRAMMONIUM SULFATE • AMMONIUM CUPRIC SULFATE • CUPRIC AMINE SULFATE • COPPER AMMONIUM SULFATE • SULFATO de COBRE AMONIACAL (Spanish) • TETRAAMINE COPPER SULFATE • UN 9110

EPA NAME: CUPRIC TARTRATE
CAS: 815-82-7

SYNONYMS: BUTANEDIOIC ACID, 2,3-DIHYDROXY-(R-(R*,R*))-, COPPER(2+)SALT (1:1) • CUPRIC TARTRATE • TARTARIC ACID, COPPER SALT • UN 9111

EPA NAME: CYANAZINE
CAS: 21725-46-2

SYNONYMS: BLADEX • BLADEX 80WP • CASWELL No. 188C • 2-CHLORO-4-((1-CYANO-1-METHYLETHYL)AMINO)-6-(ETHYLAMINO)-s-TRIAZINE • 2-CHLORO-4-(1-CYANO-1-METHYLETHYLAMINO)-6-ETHYLAMINO-1,3,5-TRIAZINE • 2-CHLORO-4-ETHYLAMINO-6-(1-CYANO-1-METHYL)ETHYLAMINO-s-TRIAZINE • 2-(4-CHLORO-6-ETHYLAMINO-1,3,5-TRIAZIN-2-YLAMINO)-2-METHYLPROPIONITRILE • 2-((4-CHLORO-6-(ETHYLAMINO)-s-TRIAZIN-2-YL)AMINO)-2-METHYLPROPIONITRILE • 2-((4-CHLORO-6-(ETHYLAMINO)-1,3,5-TRIAZIN-2-YL)AMINO)-2-METHYLPROPANENITRILE • 2-((4-CHLORO-6-(ETHYLAMINO)-s-TRIAZIN-2-YL)AMINO)-2-METHYLPROPANENITRILE • CYANAZINE TRIAZINE PESTICIDE • DW 3418 • EPA PESTICIDE CHEMICAL CODE 100101 • FORTROL • PAYZE • PROPANENITRILE, 2-((4-CHLORO-6-(ETHYLAMINO)-1,3,5-TRIAZIN-2-YL)AMINO)-2-METHYL- • PROPANENITRILE, 2-((4-CHLORO-6-(ETHYLAMINO)-s-TRIAZIN-2-YL)AMINO)-2-METHYL- • SD 15418 • s-TRIAZINE, 2-CHLORO-4-ETHYLAMINO-6-(1-CYANO-1-METHYL)ETHYLAMINO- • WL 19805 • UN 2998 (triazine pesticides, liquid, toxic) • UN 2763 (triazine pesticides, solid, toxic)

EPA NAME: CYANIDE
CAS: 57-12-5
SYNONYMS: CARBON NITRIDE ION (CN) ● CIANURO (Spanish) ● CYANIDE ANION ● CYANURE (French) ● ISOCYANIDE ● RCRA No. P030 ● RTECS No. GS7175000 ● STCC 4923224 ● TOXIC CHEMICAL CATEGORY CODE, N106 ● UN 1588 ● UN 1935 (solution, n.o.s.)

EPA NAME: CYANOGEN
CAS: 460-19-5
SYNONYMS: CARBON NITRIDE ● CYANOGENE (French) ● CYANOGEN GAS ● DICYAN ● DICYANOGEN ● ETHANEDINITRILE ● MONOCYANOGEN ● NITRILOACETONITRILE ● OXALIC ACID DINITRILE ● OXALIC NITRILE ● OXALONITRILE ● OXALYL CYANIDE ● PRUSSITE ● RCRA No. P031 ● RTECS No. GT1925000 ● UN 1026

EPA NAME: CYANOGEN BROMIDE
CAS: 506-68-3
SYNONYMS: BROMINE CYANIDE ● BROMOCYAN ● BROMOCYANOGEN ● BROMURE de CYANOGEN (French) ● BROMURO de CIANOGENO (Spanish) ● CAMPILIT ● CYANOBROMIDE ● CYANOGEN MONOBROMIDE ● EINECS No. 208-051-2 ● RCRA No. U246 ● TL 822 ● RCRA No. U246 ● RTECS No. GT2100000 ● STCC 4923229 ● UN 1889

EPA NAME: CYANOGEN CHLORIDE
CAS: 506-77-4
SYNONYMS: CHLORCYAN ● CHLORINE CYANIDE ● CHLOROCYAN ● CHLOROCYANIDE ● CHLOROCYANOGEN ● CHLORURE de CYANOGENE (French) ● CLORURO de CIANOGENO (Spanish) ● CYANOGEN CHLORIDE [(CN)CL] ● CYANOGEN CHLORIDE, containing less than 0.9% water ● RCRA No. P033 ● RTECS No. GT2275000 ● STCC 4920506 ● UN 1589 (inhibited)

EPA NAME: CYANOGEN IODIDE
CAS: 506-78-5
SYNONYMS: IODINE CYANIDE ● JODCYAN ● NCI ● RTECS No. NN1750000 ● YODURO de CIANOGENO (Spanish)

EPA NAME: CYANOPHOS
CAS: 2636-26-2
SYNONYMS: BAY 34727 ● BAYER 34727 ● CIAFOS ● CIANOFOS (Spanish) ● O-P-CYANOPHENYL O,O-DIMETHYL PHOSPHOROTHIOATE ● O-(4-CYANOPHENYL) O,O-DIMETHYL PHOSPHOROTHIOATE ● CYANOPHOS ORGANOPHOSPHATE COMPOUND ● CYANOX ● CYAP ● O,O-DIMETHYL-O-(4-CYANO-PHENYL)-MONOTHIOPHOSPHAT (German) ● O,O-DIMETHYL-O-p-CYANOPHENYL-PHOSPHOROTHIOATE ● O,O-DIMETHYL-O-4-CYANOPHENYL-PHOSPHOROTHIOATE ● O,O-DIMETHYL-O-4-CYANOPHENYL-PHOSPHOROTHIOATE ● ENT 25,675 ● MAY & BAKER S-4084 ● PHOSPHOROTHIOIC ACID, o-(4-CYANOPHENYL)-9,9-DIMETHYL

ESTER • PHOSPHOROTHIOIC ACID, o-(4-CYANOPHENYL)-O.O-DIMETHYL ESTER • PHOSPHOROTHIOIC ACID, O,O-DIMETHYL ESTER, o-ESTER with p-HYDROXYBENZONITRILE • S 4084 • SUMITOMO S 4084 • SUNITOMO S 4084 • RTECS No. TF7600000 • UN 3018 (organophosphorus pesticide, liquid, poisonous)

EPA NAME: **CYANURIC FLUORIDE**
CAS: 675-14-9
SYNONYMS: FLUORURO CIANURICO (Spanish) • RTECS No. XZ1750000 • 2,4,6-TRIFLUORO-s-TRIAZINE

EPA NAME: **CYCLOATE**
CAS: 1134-23-2
SYNONYMS: CARBAMIC ACID, CYCLOHEXYLETHYTHIO-, S-ETHYL ESTER • CARBAMOTHIOIC ACID, CYCLOHEXYL-ETHYL-, S-ETHYL ESTER • CASWELL No. 432A • CYCLOATE CARBAMATE HERBICIDE • CYCLOATE THIOCARBAMATE COMPOUND • CYCLOHEXYLETH-YLCARBAMOTHIOIC ACID S-ETHYL ESTER • CYCLOHEXA-NECARBAMIC ACID, N-ETHYLTHIO-, S-ETHYL ESTER • EPA PESTICIDE CHEMICAL CODE 041301 • S-ETHYL CY-CLOHEXYLETHYLCARBAMOTHIOATE • S-ETHYL N-CY-CLOHEXYL-N-ETHYL(THIOCARBAMATE) • S-ETHYL CY-CLOHEXYLETHYLTHIOCARBAMATE • S-ETHYL N-CYCLOHEXYLETHYLTHIOCARBAMATE • S-ETHYL N-CYCLOHEXANECARBAMOTHIOATE • S-ETHYL N-ETHYLTHIOCYCLOHEXANECARBAMATE • N-ETHYLTHIOCYCLOHEXANECARBAMIC ACID S-ETHYL ESTER • ETSAN • EUREX • HEXYLTHIOCARBAM • R 2063 • RO-NEET • RONIT • RTECS No. GU720000 • SABET • UN 2757 (carbamate pesticides, solid, toxic) • UN 2992 (carbamate pesticides, liquid, toxic)

EPA NAME: **2,5-CYCLOHEXADIENE-1,4-DIONE, 2,3,5-TRIS (1-AZIRIDINYL)-**
[see TRIAZIQUONE]
CAS: 68-76-8

EPA NAME: **CYCLOHEXANAMINE**
(see CYCLOHEXYLAMINE)
CAS: 108-91-8

EPA NAME: **CYCLOHEXANE**
CAS: 110-82-7
SYNONYMS: BENZENE, HEXAHYDRO • CICLOESANO (Italian) • CICLOHEXANO (Spanish) • CYCLOHEXAAN (Dutch) • CYCLOHEXAN (German) • CYKLOHEKSAN (Polish) • EINECS No. 203-806-2 • HEXAHYDROBENZENE • HEXAMETHYLENE • HEXANAPHTHENE • RCRA No. U056 • RTECS No. GU6300000 • STCC 4908132 • UN 1145

EPA NAME: 1,4-CYCLOHEXANE DIISOCYANATE
CAS: 2556-36-7

SYNONYMS: 1,4-CHDIC • CYCLOHEXANE DIISOCYANATE • 1,4-CYCLOHEXYLENEDIISOCYANATE • 1,4-DIISOCYANATOCYCLOHEXANE

EPA NAME: CYCLOHEXANE,1,2,3,4,5,6-HEXACHLORO-, (1 α, 2 α, 3 β, 4 α, 5 α, 6 β)-
[see LINDANE]
CAS: 58-89-9

EPA NAME: CYCLOHEXANOL
CAS: 108-93-0

SYNONYMS: ADRONAL • ANOL • CICLOESANOLO (Italian) • CICLOHEXANOL (Spanish) • 1-CYCLOHEXANOL • CYCLOHEXYL ALCOHOL • CYKLOHEKSANOL (Polish) • EINECS No. 203-630-6 • HEXAHYDROPHENOL • HEXALIN • HYDRALIN • HYDROPHENOL • HYDROXYCYCLOHEXANE • NAXOL • PHENOL, HEXAHYDRO- • RTECS No. GV7875000 • STCC 4915518

EPA NAME: CYCLOHEXANONE
CAS: 108-94-1

SYNONYNS: ANON • ANONE • CICLOESANONE (Italian) • CICLOHEXANONA (Spanish) • CYCLOHEXANON (Dutch) • CYKLOHEKSANON (Polish) • CYCLOHEXYL KETONE • EINECS No. 203-631-1 • HEXALIN • HEXANON • HYDRALIN • HYTROL O • KETOHEXAMETHYLENE • NADONE • NCI-C55005 • OXOCYCLOHEXANE • PIMELIC KETONE • PIMELIN KETONE • POMELIC ACETONE • RCRA No. U057 • RTECS No. GW1050000 • SEXTONE • STCC 4913179 • UN 1915

EPA NAME: CYCLOHEXIMIDE
CAS: 66-81-9

SYNONYMS: ACTI-ACID • ACTIDIONE • ACTIDIONE TGF • ACTIDONE • ACTISPRAY • 3(2-(3,5-DIMETHYL-2-OXOCYCLOHEXYL)-2-HYDROXYETHYL)GLUTARIMIDE • HIZAROCIN • KAKEN • NARAMYCIN • NEOCYCLOHEXIMIDE • NSC-185 • 2,6-PIPERIDINEDIONE, 4-(2-3,5-DIMETHYL-2-OXOCYCLOHEXYL)-2-HYDROXYETHYL-, (IS)-(1α(S*),3α,5β)- • RTECS No. MA4375000 • U-45297

EPA NAME: CYCLOHEXYLAMINE
CAS: 108-91-8

SYNONYMS: AMINOCYCLOHEXANE • AMINOHEXAHYDROBENZENE • ANILINE, HEXAHYDRO- • CHA • CICLOHEXILAMINA (Spanish) • CYCLOHEXANAMINE • CYCLOHEXANEAMINE • EINECS No. 203-629-0 • HEXAHYDROANILINE • HEXAHYDROBENZENAMINE • RTECS No. GX0700000 • STCC 4909139 • UN 2357

EPA NAME: 2-CYCLOHEXYL-4,6-DINITROPHENOL
CAS: 131-89-5

SYNONYMS: 6-CYCLOHEXYL-2,4-DINITROPHENOL ● DINEX ● DINITROCYCLOHEXYLPHENOL ● DINITRO-o-CYCLOHEXYLPHENOL ● 2,4-DINITRO-6-CYCLOHEXYLPHENOL ● 4,6-DINITRO-o-CYCLOHEXYLPHENOL ● DINITROCYCLOHEXYLPHENOL ● DN DRY MIX No. 1 ● DN DUST No. 12 ● DNOCHP ● DOWSPRAY 17 ● DRY MIX NO.1 ● ENT 157 ● PEDINEX (French) ● RCRA No. P034 ● RTECS No. SK6650000 ● SN 46

EPA NAME: CYCLOPHOSPHAMIDE
CAS: 50-18-0
SYNONYMS: ASTA ● ASTA B 518 ● B 518 ● N,N-BIS-(β-CHLORAETHYL)-N',O-PROPYLEN-PHOSPHORSAEURE-ESTER-DIAMID (German) ● 2-(BIS(2-CHLOROETHYL)AMINO)-1-OXA-3-AZA-2-PHOSPHOCYCLOHEXANE 2-OXIDE MONOHYDRATE ● 1-BIS(2-CHLOROETHYL)AMINO-1-OXO-2-AZA-5-OXAPHOSPHORIDINE MONOHYDRATE ● 2-(BIS(2-CHLOROETHYL)AMINO)-2H-1,3, 2-OXAZAPHOSPHORINE 2-OXIDE ● (BIS(CHLORO-2-ETHYL)AMINO)-2-TETRAHYDRO-3,4,5,6-OXAZAPHOSPHORINE-1,3, 2-OXIDE-2 HYDRATE ● 2-(BIS(2-CHLOROETHYL)AMINO)TETRAHYDRO(2H)-1,3,2-OXAZAPHOSPHORINE 2-OXIDE MONOHYDRATE ● N,N-BIS (2-CHLOROETHYL)-N'-(3-HYDROXYPROPYL)PHOSPHORODIAMIDIC ACID INTRAMOL ESTER HYDRATE ● BIS(2-CHLOROETHYL)PHOSPHORAMIDE-CYCLIC PROPANOLAMIDE ESTER ● BIS(2-CHLOROETHYL)PHOSPHORAMIDE CYCLIC PROPANOLAMIDE ESTER MONOHYDRATE ● N,N-BIS(2-CHLOROETHYL)-N',O-PROPYLENEPHOSPHORIC ACID ESTER DIAMIDE ● N,N-BIS(β-CHLOROETHYL)-N',O-PROPYLENEPHOSPHORIC ACID ESTER AMIDEMONOHYDRATE ● N,N-BIS(β-CHLOROETHYL)-N',O-PROPYLENE PHOSPHORIC ACID ESTER DIAMIDEMONOHYDRATE ● N,N-BIS(2-CHLOROETHYL)TETRAHYDRO-2H-1,3,2-OXAPHOSPHORIN-2-AMINE,2-OXIDE MONOHYDRATE ● N,N-BIS(β-CHLOROETHYL)-N',O-TRIM ETHYLENEPHOSPHORIC ACID ESTER DIAMIDE ● CB-4564 ● CLAFEN ● CLAPHENE (French) ● CP ● CPA ● CTX ● CY ● CYCLIC N',O-PROPYLENE ESTER OF N,N-BIS(2-CHLOROETHYL)PHOSPHORODIAMIDIC ACID MONOHYDRATE ● CYCLOPHOSPHAMID ● CYCLOPHOSPHAMIDE ● CYCLOPHOSPHAMIDUM ● CYCLOPHOSPHAN ● CYCLOPHOSPHANE ● CYCLOPHOSPHORAMIDE ● CYTOPHOSPHAN ● CYTOXAN ● 2-(DI(2-CHLOROETHYL)AMINO)-1-OXA-3-AZA-2-PHOSPHACYCLOHEXANE-2-OXIDE MONOHYDRATE ● 2-(DI(2-CHLOROETHYL)AMINO)2-OXIDE, N,N-DI(2-CHLOROETHYL)AMINO-N,O-PROPYLENE PHOSPHORIC ACID ESTER DIAMIDE MONOHYDRATE ● N,N-DI(2-CHLOROETHYL)-N,O-PROPYLENE-PHOSPHORIC ACID ESTER DIAMIDE ● ENDOXAN ● ENDOXANA ● ENDOXAN-ASTA ● ENDOXANE ● ENDOXAN R ● ENDUXAN ● ENDOXANAL ● GENOXAL ● MITOXAN ● NCI-C04900 ● NSC 26271 ● 2-H-1,3,2-OXAZAPHOSPHORINANE ● 2H-1,3,2-OXAZAPHOSPHORIN-2-

AMINE, N,N-BIS(2-CHLOROETHYL)TETRAHYDRO-, 2-OXIDE • PHOSPHORODIAMIDIC ACID, N,N-BIS(2-CHLOROETHYL)-N'-(3-HYDROXYPROPYL)-, INTRAMOL. ESTER • PROCYTOX • RCRA No. U058 • RTECS No. RP5950000 • SEMDOXAN • SENDOXAN • SENDUXAN • ZYKLOPHOSPHAMID (German) • 2H-1,3,2-OXAZAPHOSPHORINE,2-BIS(2-CHLOROETHYL)AINOTETRAHYDRO-2-OXIDE

EPA NAME: CYCLOPROPANE
CAS: 75-19-4
SYNONYMS: CICLOPROPANO (Spanish) • CYCLOPROPANE, LIQUIFIED • RTECS No. GZ0690000 • STCC 4905713 • TRIMETHYLENE • UN 1027

EPA NAME: CYFLUTHRIN
CAS: 68359-37-5
SYNONYMS: SYNONYMS: AI3-29604 • BAY FCR 1272 • BAYTHROID • BAYTHROID H • BAY VL 1704 • CASWELL No. 266E • α-CYANO-4-FLUORO-3-PHENOXYBENZYL 3-(2,2-DICHLOROVINYL)-2,2-DIMETHYLCYCLOPROPANECARBOXYLATE • CYANO(4-FLUORO-3-PHENOXYPHENYL)METHYL-3-(2,2-DICHLORO-ETHENYL)-2,2-DIMETHYL-CYCLOPROPANECARBOXYLATE • CYCLOPROPANE-CARBOXYLIC ACID, 3-(2,2-DICHLOROETHENYL)-2,2-DIMETHYL-,CYANO(4-FLUORO-3-PHENOXYPHENYL)METHYL ESTER • CYCLOPROPANECAR BOXYLIC ACID, 2-(2,2-DICHLOROVINYL)-3,3-DIMETHYL-, ESTER WITH (4-FLUORO-3-PHENOXYPHENYL)HYDROXYACETONITRILE • CYFLUTHIN • CYFLUTHRINE • CYFOXYLATE • 3-(2,2-DICHLORO ETHENYL)-2,2-DIMETHYLCYCLOPROPANECARBOXYLIC ACID, CYANO(4-FLUORO-3-PHENOXYPHENYL)METHYL ESTER • EPA PESTICIDE CHEMICAL CODE 128831 • FCR 1272 • POLY(OXY-1,2-ETHANEDIYL), α-(2-(BIS(2-AMINOETHYL)METHYLAMMONIO)ETHYL)-omega-HYDROXY-, N,N'-DICOCOACYL DERIVATIVES, METHYL SULFATES • (RS)-α-CYANO-4-FLUORO-3-PHENOXYBENZYL (1RS)-cis-trans-3-(2,2-DICHLOROVINYL)-2,2-DIMETHYLCYCLOPROPANECARBOXYLATE • (RS)-α-CYANO-4-FLUORO-3-PHENOXYBENZYL(1RS)-(Z),(E)-3-(2,2-DICHLOROVINYL)-2,2-DIMETHYLCYCLOPROPANECARBOXYLATE • RESPONSAR • SOLFAC • TEMPO

EPA NAME: CYHALOTHRIN
CAS: 68085-85-8
SYNONYMS: α-CYANO-3-PHENOXYBENZYL 3-(2-CHLORO-3,3,3-TRIFLUOROPROP-1-ENYL)-2,2-DIMETHYLCYCLOPROPANECARBOXYLATE • 3-(CHLORO-3,3,3-TRIFLUORO-1-PROPENYL)-2,2-DIMETHYLCYCLOPROPANECARBOXYLIC ACID CYANO(3-PHENOXYPHENYL)METHYL ESTER • CYCLOPROPANECARBOXYLIC ACID, 3-(CHLORO-3,3,3-TRIFLUORO-1-PROPENYL)-2,2-DIMETHYL-, CYANO(3-PHENOXYPHENYL)METHYL ESTER • CYCLOPROPANE-CARBOXYLIC ACID, 3-(2-CHLORO-3,3,3-TRIFLUORO-1-

PROPENYL)-2,2-DIMETHYL-, CYANO(3-PHENOXYPHENYL) METHYL ESTER ● CYHALOTHRINE ● CYHALOTHRIN (3-(2-CHLORO-3,3,3-TRIFLUORO-1-PROPENYL)-2,2-DIMETHYL-CYCLOPROPANECARBOXYLIC ACID CYANO(3-PHENOXY-PHENYL)METHYL ESTER) ● ICI 146814 ● ICI-PP 563 ● PP 563

- D -

EPA NAME: 2,4-D
CAS: 94-75-7
SYNONYMS: ACETIC ACID (2,4-DICHLOROPHENOXY)- • ACIDE 2,4-DICHLORO PHENOXYACETIQUE (French) • ACIDO (2,4-DICLORO-FENOSSI)-ACETICO (Italian) • ACIDO 2,4-DICLOROFENOXIACETICO (Spanish) • AGROTECT • AMIDOX • AMOXONE • AQUA-KLEEN • BARRAGE • BH 2,4-D • BRUSH-RHAP • BUSH KILLER • B-SELEKTONON • CHIPCO TURF HERBICIDE 'D' • CHLOROXONE • CITRUS FIX • CROP RIDER • CROTILIN • D 50 • 2,4-D PHENOXY PESTICIDE • 2,4-D, SALTS AND ESTERS • DACAMINE • DECAMINE • 2,4-D ACID • DEBROUSSAILLANT 600 • DED-WEED • DED-WEED LV-69 • DEHERBAN • DESORMONE • (2,4-DICHLOOR-FENOXY)-AZIJNZUUR (Dutch) • DICHLOROPHENOXYACETIC ACID • 2,4-DICHLORPHENOXYACETIC ACID • 2,4-DICHLOROPHENOXYACETIC ACID, SALTS AND ESTERS • (2,4-DICHLOR-PHENOXY)-ESSIGSAEURE (German) • DICOPUR • DICOTOX • DINOXOL • DMA-4 • DORMONE • 2,4-DWUCHLOROFENOKSYOCTOWY KWAS (Polish) • EEC No. 607-039-00-8 • EMULSAMINE BK • EMULSAMINE E-3 • ENT 8,538 • ENVERT 171 • ENVERT DT • ESTERON • ESTERON 99 • ESTERON 76 BE • ESTERON BRUSH KILLER • ESTERON 99 CONCENTRATE • ESTERONE FOUR • ESTERON 44 WEED KILLER • ESTONE • FARMCO • FERNESTA • FERNIMINE • FERNOXONE • FERXONE • FOREDEX 75 • FORMULA 40 • HEDONAL • HEDONAL (HERBICIDE) • HERBIDAL • IPANER • KROTILINE • KWAS 2,4-DWUCHLOROFENOKSYOCTOWY • KWASU 2,4-DWUCHLOROFENOKSOCTOWEGO • KYSELINA 2,4-DICHLORFENOXYOCTOVA • LAWN-KEEP • MACRONDRAY • MIRACLE • MONOSAN • MOTA MASKROS • MOXONE • NETAGRONE • NETAGRONE 600 • NSC 423 • 2,4-PA • PENNAMINE • PENNAMINE D • PHENOX • PIELIK • PLANOTOX • PLANTGARD • RCRA No. U240 • RHODIA • RTECS No. AG6825000 • SALVO • SPRITZ-HORMIN/2,4-D • SPRITZ-HORMIT/2,4-D • STCC 4941126 • SUPER D WEEDONE • SUPERORMONE CONCENTRE • TRANSAMINE • TRIBUTON • TRINOXOL • U 46 • U 46DP • U-5043 • UN 2765 (phenoxy pesticides, solid, toxic) • UN 3000 (phenoxy pesticides, liquid, toxic) • VERGEMASTER • VERTON • VERTON D • VERTON 2D • VERTRON 2D • VIDON 638 • VISKO • VISKO-RHAP • VISKO-RHAP LOW DRIFT HERBICIDES • VISKO-RHAP LOW VOLATILE 4L • WEED-AG-BAR • WEEDAR • WEEDAR-64 • WEED-B-GON • WEEDEZ WONDER BAR • WEEDONE • WEEDONE LV4 • WEED-RHAP • WEED TOX • WEEDTROL

EPA NAME: 2,4-D ACID
[see 2,4-D]
CAS: 94-75-7

EPA NAME: DAUNOMYCIN
CAS: 20830-81-3
SYNONYMS: ACETYLADRIAMYCIN • CERUBIDIN • DAUNA-MYCIN • DAUNOMICINA (Spanish) • DAUNORUBICIN • DAUNORUBICINE • DM • F16339 • LEUKAEMOMYCIN C • NCI-C04693 • NSC-82151 • RCRA No. U059 • RP 13057 • 13,057 R.P. • RTECS No. HB7875000 • RUBIDOMYCIN • RUBIDOMYCINE • RUBOMYCIN C • RUBOMYCIN C 1 • STREPTOMYCES PEUCETIUS

EPA NAME: DAZOMET
CAS: 533-74-4
SYNONYMS: BASAMID • BASAMID G • BASIMID-GRANULAR • BASIMID P • BASIMID-PUDER • CARBOTHIALDIN • CARBOTHIALDINE • CASWELL No. 840 • CRAG • CRAG FUNGICIDE 974 • CRAG NEMACIDE • CRAG 85W • DAZOMET • DAZOMET-POWDER BASF • DIMETHYLFORMOCARBOTHIALDINE • 3,5-DIMETHYLPERHYDRO-1,3,5-THIADIAZIN-2-THION (Czech, German) • 3,5-DIMETHYL-1,2,3,5-TETRAHYDRO-1,3,5-THIADIAZINETHIONE-2 • 3,5-DIMETHYLTETRAHYDRO-1,3,5-2H-THIADIAZINE-2-THIONE • 3,5-DIMETHYLTETRAHYDRO-1,3,5-THIADIAZINE-2-THIONE • 3,5-DIMETHYL-1,3,5-THIADIAZINANE-2-THIONE • 3,5-DIMETHYL-2-THIONOTETRAHYDRO-1,3,5-THIADIAZINE • 3,5-DIMETIL-PERIDRO-1,3,5-THIADIAZIN-2-TIONE (Italian) • DMTT • EPA PESTICIDE CHEMICAL CODE 035602 • FENNOSAN B 100 • MICO-FUME • MYLON (Czech) • MYLONE • MYLONE 85 • N 521 • NALCON 243 • PRESERVIT • STAUFFER N 521 • TETRAHYDRO-2H-3,5-DIMETHYL-1,3,5-THIADIAZINE-2-THIONE • TETRAHYDRO-3,5-DIMETHYL-1,3,5-THIADIAZINE-2-THIONE • TETRAHYDRO-3,5-DIMETHYL-2H-1,3,5-THIADIAZINE-2-THIONE • 2H-1,3,5-THIADIAZINE-2-THIONE, TETRAHYDRO-3,5-DIMETHYL- • THIADIAZIN (PESTICIDE) • 2-THIO-3,5-DIMETHYLTETRAHYDRO-1,3,5-THIADIAZINE • TIAZON • TROYSAN 142 • RTECS No. X12800000 • UCC 974

EPA NAME: DAZOMET, SODIUM SALT
CAS: 53404-60-7
SYNONYMS: 2H-1,3,5-THIADIAZINE-2-THIONE, TETRAHYDRO-3,5-DIMETHYL-, ION(1-), SODIUM • TETRAHYDRO-3,5-DIMETHYL-2H-1,3,5-THIADIAZINE-2-THIONE, ION(1-), SODIUM

EPA NAME: 2,4-DB
CAS: 94-82-6
SYNONYMS: ACIDO 2,4-DICLOROFENOXIBUTIRICO (Spanish) • BUTANOIC ACID, 4-(2,4-DICHLOROPHENOXY)- • BUTOXONE • BUTOXONE AMINE • BUTOXONE ESTER • BUTY-

RAC • BUTYRAC 118 • BUTYRAC 200 • BUTYRAC ESTER • BUTYRIC ACID, 4-(2,4-DICHLOROPHENOXY)- • CASWELL No. 316 • 4(2,4-DB) • 2,4-D BUTYRIC • 2,4-D BUTYRIC ACID • DESORMONE • 4-(2,4-DICHLOROPHENOXY)BUTANOIC ACID • 4-(2,4-DICHLOROPHENOXY)BUTYRIC ACID • (2,4-DICHLOROPHENOXY)BUTYRIC ACID • γ-(2,4-DICHLOROPHENOXY)BUTANOIC ACID • 2,4-DM • EMBUTOX KLEAN-UP • EPA PESTICIDE CHEMICAL CODE 030801 • LEGUMEX D • NSC 70337 • RTECS No. ES9100000 • UN 2765 (phenoxy pesticides, solid, toxic) • UN 3000 (phenoxy pesticides, liquid, toxic)

EPA NAME: DBCP
[see 1,2-DIBROMO-3-CHLOROPROPANE]
CAS: 96-12-8

EPA NAME: 2,4-D BUTOXYETHYL ESTER
CAS: 1929-73-3
SYNONYMS: ACETIC ACID, (2,4-DICHLOROPHENOXY)-,2-BUTOXYETHYL ESTER • ACETIC ACID, (2,4-DICHLOROPHENOXY)-,BUTOXYETHYL ESTER • AQUA-KLEEN • 2,4-D-BEE • BRUSH KILLER 64 • BUTOXY-D 3 • 2,4-D BUTOXYETHANOL ESTER OF 2,4 DICHLOROPHENOXYACETIC ACID • 2,4-D-(2-BUTOXYETHYL) • BUTOXYETHYL 2,4-DICHLOROPHENOXYACETATE • 2-BUTOXYETHYL 2,4-DICHLOROPHENOXYACETATE • 2,4-D 2-BUTOXYETHYL ESTER • 2,4-D ESTERS • CASWELL No. 315AI • 2,4-DICHLOROPHENOXYACETIC ACID, BUTOXYETHYL ESTER • 2,4-DICHLOROPHENOXYACETIC ACID BUTOXYETHANOL ESTER • 2,4-DICHLOROPHENOXY)ACETIC ACID 2-BUTOXYETHYL ESTER • 2,4-DICHLOROPHENOXYACETIC ACID ETHYLENE GLYCOL BUTYL ESTER • EPA PESTICIDE CHEMICAL CODE 030053 • ESTASOL • ESTER BUTOXIETILO del ACIDO 2,4-DICLOROFENOXIACETICO (Spanish) • RCRA No. U240 • RTECS No. AG7300000 • SILVAPROP 1 • UN 2765 (phenoxy pesticides, solid, toxic) • UN 3000 (phenoxy pesticides, liquid, toxic) • WEEDONE 100 EMULSIFIABLE • WEEDONE 636 • WEEDONE LV 4 • WEEDONE LV-6 • WEED-RHAP LV-4D

EPA NAME: 2,4-D BUTYL ESTER
CAS: 94-80-4
SYNONYMS: ABCO W.K-67 2,4-D WEED KILLER • ACETIC ACID, (2,4-DICHLOROPHENOXY)-, BUTYL ESTER • AI3-08686 • AMOCO 2,4-D WEED KILLER NO 6B • ASSOCIATED SALES 4-POUND 2,4-D ESTER WEED KILLER • BARBER'S 2,4-D ESTER WEED KILLER • BARCO WEED KILLER (ESTER FORMULATION) • BUTYL 400 • BUTYL 2,4-D • BUTYL (2,4-DICHLOROPHENOXY)ACETATE • N-BUTYL 2,4-DICHLOROPHENOXY ACETATE • BUTYL DICHLOROPHENOXYACETATE • BUTYL ESTER 2,4-D • CASWELL No. 315AL • CHIPMAN 2,4-D BUTYL ESTER 334E • CHIPMAN 2,4-D BUTYL ESTER 4E • CHIPMAN 2,4-D BUTYL ESTER 6E • COM-

PONENT ORANGE • CROP RIDER • CROP RIDER 2.67D • CROP RIDER 6D-OS WEED KILLER • CROP RIDER 6D WEED KILLER • 2,4-DB • 2,4-DBE • 2,4-D-BUTYL • 2,4-D-BUTYL ESTER • DED-WEED ME-4 • DE-PESTER • DE-PESTER DED-WEED ME-5 • DE-PESTER DED-WEED ME-6 • DE-PESTER DED-WEED ME-9 • 2,4-D ESTERS • DIAMOND SHAMROCK BUTYL 4D • DIAMOND SHAMROCK BUTYL 6D WEED KILLER • 2,4-DICHLOROPHENOXYACETIC ACID, BUTYL ESTER • (2,4-DICHLOROPHENOXY)ACETIC ACID BUTYL ESTER • 2,4-DICHLOROPHENOXYACETIC ACID N-BUTYL ESTER • 2,4-D N-BUTYL ESTER • EPA PESTICIDE CHEMICAL CODE 030056 • ESSO HERBICIDE 10 • ESTER BUTILICO del ACIDO 2,4-DICLOROFENOXIACETICO (Spanish) • ESTERON 99 CONCENTRATE • FELCO BUTYL ESTER 600 2,4-D WEED KILLER • FELCO HV2 WEED KILLER • FELCO HV4 WEED KILLER • FENCE RIDER 4T BRUSH KILLER • FENCE RIDER 6T BRUSH KILLER • FLORATOX 428 4-POUND 2,4-D ESTER WEED KILLER • FS ESTER 400 WEED KILLER • GENERAL CHEMICAL 2,4-D 3.34 BUTYL ESTER WEED KILLER • GENERAL CHEMICAL 2,4-D 6.00 BUTYL ESTER WEED KILLER • GENERAL CHEMICAL 2,4-D BUTYL ESTER WEED KILLER • GENERAL CHEMICAL 2,4-D 4-BUTYL ESTER WEED KILLER • GREEN CROSS WEED-NO-MORE • T-H DED-WEED ME-6 • T-H DED-WEED ME-9 • HI-ESTER 2,4-D • LINE RIDER 4T • LIRONOX • LIRONOX 326 • LO-ESTASOL • MFA 40% BUTYL ESTER WEED KILLER • MFA NO 4 WEED KILLER • MFA NO 6 WEED KILLER • MILLER'S 4# ESTER • MILLER'S 6# ESTER • MONSANTO 2,4-D BUTYL ESTER • MONSANTO 2,4-D BUTYL ESTER CONCENTRATE • NSC 409767 • OLIN BUTYL ESTER D267 WEED KILLER • OLIN BUTYL ESTER D4 WEED KILLER • OLIN BUTYL ESTER D6 WEED KILLER • ORANGE II COMPONENT • PARSONS 2,4-D WEED KILLER BUTYL ESTER • PATTERSON'S HI-TEST BUTYL ESTER 2,4-D WEED KILLER • PURPLE COMPONENT • RCRA No. U240 • RTECS No. AG8050000 • RHODIA 2,4-D BUTYL ESTER 6L • SURE DEATH 40% BUTYL ESTER TYPE WEEDKILLER • SURE DEATH NO 4 BUTYL ESTER WEED KILLER • SURE DEATH NO 6 BUTYL ESTER WEED KILLER • TECHNE 40% BUTYL ESTER TYPE WEED KILLER • TECHNE BUTYL ESTER WEED KILLER NO 4 • TECHNE BUTYL ESTER WEED KILLER NO 6 • THE CROP RIDER • • UN 2765 (phenoxy pesticides, solid, toxic) • UN 3000 (phenoxy pesticides, liquid, toxic) • UNICO 2,4-D ESTER WEED KILLER • WEEDONE AERO CONCENTRATE • WEEDONE AERO-CONCENTRATE 96 • WEEDONE AERO-CONCENTRATE E • WEEDONE LV4 • WEEDONE LV-6 • WEED-RHAP B-2.67D • WEED-RHAP B-4D • WEED-RHAP B-6D • WEED-RHAP LV-4D

EPA NAME: 2,4-D sec-BUTYL ESTER
CAS: 94-79-1

SYNONYMS: ACETIC ACID, (2,4-DICHLOROPHENOXY), sec-BUTYL ESTER ● ACETIC ACID, (2,4-DICHLOROPHENOXY), 1-METHYL PROPYL ESTER ● sec-BUTYL, 2,4-D ● 2,4-DICHLOROPHENOXYACETIC ACID, sec-BUTYL ESTER ● sec-BUTYL, 2,4-D ESTER ● 2,4-D ESTERS ● 1-METHYL PROPYL 2,4-D ● RCRA No. U240 ● UN 2765 (phenoxy pesticides, solid, toxic) ● UN 3000 (phenoxy pesticides, liquid, toxic)

EPA NAME: 2,4-D CHLOROCROTYL ESTER
CAS: 2971-38-2
SYNONYMS: ACETIC ACID, (2,4-DICHLOROPHENOXY)-, 4-CHLORO-2-BUTENYL ESTER ● 2,4-D α-CHLOROCROTYL ESTER ● 2,4-D CHLOROCROTYL ESTER ● 2,4-D ESTERS ● 2,4-DICHLOROPHENOXYACETIC ACID, CHLOROCROTONYL ESTER ● 2,4-DICHLOROPHENOXYACETIC ACID, α-CHLOROCROTONYL ESTER ● 2,4-DICHLOROPHENOXYACETIC ACID, 4-CHLOROCROTONYL ESTER ● RCRA No. U240 ● UN 2765 (phenoxy pesticides, solid, toxic) ● UN 3000 (phenoxy pesticides, liquid, toxic)

EPA NAME: DDD
CAS: 72-54-8
SYNONYMS: BENZENE, 1,1'-(2,2-DICHLOROETHYLIDENE)BIS[4-CHLORO- ● 1,1-BIS(p-CHLOROPHENYL)-2,2-DICHLOROETHANE ● 1,1-BIS(4-CHLOROPHENYL)-2,2-DICHLOROETHANE ● 2,2-BIS(p-CHLOROPHENYL)-1,1-DICHLOROETHANE ● 2,2-BIS(4-CHLOROPHENYL)-1,1-DICHLOROETHANE ● p,p'-DDD ● 1,1-DICHLOOR-2,2-BIS(p-CHLOOR-FENYL)ETHAAN (Dutch) ● 1,1-DICHLOR-2,2-BIS(4-CHLOR-PHENYL)-AETHAN (German) ● 1,1-DICHLORO-2,2-BIS(p-CHLOROPHENYL) ETHANE ● 1,1-DICHLORO-2,2-BIS(4-CHLOROPHENYL) ETHANE ● 1,1-DICHLORO-2,2-BIS(PARACHLOROPHENYL) ETHANE ● DICHLORODIPHENYLDICHLOROETHANE ● 1,1-DICHLORO-2,2-DI(4-CHLOROPHENYL)ETHANE ● DICLORODIFENILTRICLOROETANO (Spanish) ● p,p'-DICHLORODIPHENYLDICHLOROETHANE ● 1,1-DICLORO-2,2-BIS(4-CLOROFENIL)-ETANO (Italian) ● DILENE ● ENT 4,225 ● ME-1700 ● NCI-C00475 ● RCRA No. U060 ● RHOTHANE ● RHOTHANE D-3 ● ROTHANE ● RTECS No. KI0700000 ● STCC 4940370 ● p,p'-TDE ● TDE ● TETRACHLORODIPHENYLETHANE ● UN 2761

EPA NAME: DDE
CAS: 72-55-9
SYNONYMS: BENZENE, 1,1'-(DICHLOROETHENYLIDENE)BIS(4-CHLORO- ● 2,2-BIS(4-CHLOROPHENYL)-1,1-DICHLOROETHENE ● 2,2-BIS(p-CHLOROPHENYL)-1,1-DICHLOROETHENE ● 2,2-BIS(4-CHLOROPHENYL)-1,1-DICHLOROETHYLENE ● 2,2-BIS(p-CHLOROPHENYL)-1,1-DICHLOROETHYLENE ● 4,4'-DDE ● p,p'-DDE ● DDT DEHYDROCHLORIDE ● p,p'-DDX ● 1,1-DICHLORO-2,2-BIS(p-CHLOROPHENYL)ETHYLENE ● 1,1'-(DICHLOROETHENYLIDENE)BIS(4-CHLORO-BENZENE) ● DICHLORODI-

PHENYLDICHLOROETHYLENE • p,p'-DICHLORODI-
PHENYLDICHLOROETHYLENE • (1,1'-DICHLORO-
ETHENYLIDENE)BIS(4-CHLOROBENZENE) • DICLORO-
DIFENILDICLOROETILENO (Spanish) • ETHYLENE, 1,1-
DICHLORO-2,2-BIS(p-CHLOROPHENYL)- • NCI-C00555

EPA NAME: DDE
CAS: 3547-04-4
SYNONYMS: 1,1-BIS(p-CHLOROPHENYL)- • 2,2-BIS(p-CHLORO-
PHENYL)ETHANE • p,p'-DICHLORODIPHENYLETHANE •
DICLORODIFENILETILENO (Spanish) • RTECS No.
KV9450000

EPA NAME: DDT
CAS: 50-29-3
SYNONYMS: ARKOTINE • AGRITAN • ANOFEX • AZOTOX •
BENZENE, 1,1'-(2,2,2-TRICHLOROETHYLIDENE)BIS(4-CHLO-
RO) • α, α-BIS(P-CHLOROPHENYL)-β,β,β-TRICHLORETHANE
• 1,1-BIS-(p-CHLOROPHENYL)-2,2,2-TRICHLOROETHANE •
2,2-BIS(p-CHLOROPHENYL)-1,1-TRICHLOROETHANE • BO-
SAN SUPRA • BOVIDERMOL • CHLOROPHENOTHAN •
CHLOROPHENOTHANE • α-CHLOROPHENOTHANE •
CHLOROPHENOTOXUM • CITOX • CLOFENOTANE • DI-
CHLORODIPHENYL TRICHLOROETHANE 2,2-BIS(P-CHLO-
ROPHENYL)-1,1,1-TRICHLOROETHANE • p,p'-DDT • 4,4'
DDT • DEDELO • DEOVAL • DETOX • DETOXAN • DIBO-
VAN • DICHLORODIPHENYLTRICHLOROETHANE • p,p'-
DICHLORODIPHENYLTRICHLOROETHANE • 4,4'-
DICHLORODIPHENYLTRICHLOROETHANE •
DICLORODIFENILTRICLOROETANO (Spanish) • DICO-
PHANE • DIDIGAM • DIDIMAC • DIPHENYLTRICHLOROE-
THANE • DODAT • DYKOL • ENT 1,506 • ESTONATE •
ETHANE, 1,1,1-TRICHLORO-2,2-BIS(p-CHLOROPHENYL)- •
GENITOX • GESAFID • GESAPON • GESAREX • GESAROL •
GUESAROL • GYRON • HAVERO-EXTRA • IVORAN • IXO-
DEX • KOPSOL • MUTOXIN • NA 2761 • NCI-C00464 •
NEOCID • OMS 16 • PARACHLOROCIDUM • PEB1 • PENTA-
CHLORIN • PENTECH • PZEIDAN • RCRA No. U061 •
RTECS No. KJ3325000 • RUKSEAM • SANTOBANE • STCC
4941129 • 1,1,1-TRICHLOOR-2,2-BIS(4-CHLOORFENYL)-
ETHAAN (Dutch) • 1,1,1-TRICHLOR-2,2-BIS(4-CHLOR-PHE-
NYL)-AETHAN (German) • TRICHLOROBIS(4-CHLORO-
PHENYL)ETHANE • 1,1,1-TRICHLORO-2,2-BIS(p-
CHLOROPHENYL)ETHANE • 1,1,1-TRICHLORO-2,2-DI(4-
CHLOROPHENYL)-ETHANE • 1,1,1-TRICLORO-2,2-BIS(4-
CLORO-FENIL)-ETANO (Italian) • UN 2761 • ZEIDANE •
ZERDANE

EPA NAME: DECABORANE(14)
CAS: 17702-41-9
SYNONYMS: BORON HYDRIDE • DECABORANE • DECABORA-
NO (Spanish) • DECARBORON TETRADECAHYDRIDE •
RTECS No. HD1400000 • STCC 4916610 • UN 1868

EPA NAME: DECABROMODIPHENYL OXIDE
CAS: 1163-19-5
SYNONYMS: AFR 1021 ● BENZENE, 1,1'-OXYBIS[2,3,4,5,6-PENTABROMO- ● BERKFLAM B 10E ● BIS(PENTABROMOPHENYL) ETHER ● BR 55N ● BROMKAL 81 ● BROMKAL 82-ODE ● BROMKAL 83-1ODE ● DE 83 ● DE 83R ● DECABROM ● DECABROMOBIPHENYL ETHER ● DECABROMOBIPHENYL OXIDE ● DECABROMODIPHENYL ETHER ● DECABROMOPHENYL ETHER ● EB 10FP ● EBR 700 ● ETHER,BIS(PENTABROMOPHENYL) ● FR 300 ● FR 300BA ● FRP 53 ● FR-PE ● 1,1'-OXYBIS(2,3,4,5,6-PENTABROMOBENZENE) (9CI) ● PENTABROMOPHENYL ETHER ● PLANELON DB 100 ● RTECS No. KN3525000 ● SAYTEX 102 ● SAYTEX 102E ● TARDEX 100

EPA NAME: DEF
[see S,S,S-TRIBUTYLTRITHIOPHOSPHATE]
CAS: 78-48-8

EPA NAME: DEHP
[see DI(2-ETHYLHEXYL)PHTHALATE]
CAS: 117-81-7

EPA NAME: DEMETON
CAS: 8065-48-3
SYNONYMS: BAY 10756 ● BAYER 8169 ● BAYER 10756 ● DEMETONA (Spanish) ● DEMETON-O + DEMETON-S ● DEMOX ● DENOX ● DIETHOXY THIOPHOSPHORIC ACID ESTER of 2-ETHYLMERCAPTOETHANOL ● O,O-DIETHYL S-2-(ETHYLTHIO)ETHYL PHOSPHOROTHIOATE mixed with PHOSPHOROTHIOIC ACID,O,O-DIETHYL O-2-(ETHYLTHIO)ETHYL ESTER ● O,O-DIETHYL-2-ETHYLMERCAPTOETHYL THIOPHOSPHATE, DIETHOXYTHIOPHOSPHORIC ACID ● E-1059 ● ENT 17295 ● MERCAPTOPHOS ● PHOSPHOROTHIOIC ACID,O,O-DIETHYL O-2-(ETHYLTHIO)ETHYL ESTER, mixed with O,O-DIETHYL S-2-(ETHYLTHIO)ETHYL PHOSPHOROTHIOATE ● RTECS No. TF3150000 ● SYSTEMOX ● SYSTOX ● UL ● VUN 3018 (organophosphorus pesticide, liquid, toxic) ● UN 2783 (organophosphorus pesticide, solid, toxic)

EPA NAME: DEMETON-S-METHYL
CAS: 919-86-8
SYNONYMS: BAY 18436 ● BAYER 25/154 ● BAYER 18436 ● DEMETON-S-METILE (Italian) ● O,O-DIMETHYL-S-(2-AETHTYL-THIO-AETHYL)-MONOTHIOPHOSPHAT (German) ● O,O-DIMETHYL-S-(2-ETHTHIOETHYL)PHOSPHOROTHIOATE ● DIMETHYL-S-(2-ETHTHIOETHYL)THIOPHOSPHATE ● O,O-DIMETHYL-S-ETHYLMERCAPTOETHYL THIOPHOSPHATE ● O,O-DIMETHYL-S-ETHYLMERCAPTOETHYL THIOPHOSPHATE, THIOLO ISOMER ● O,O-DIMETHYL-S-(S-ETHYLTHIO-ETHYL)-MONOTHIOFOSFAAT (Dutch) ● O,O-DIMETHYL-S-(2-(ETHTHIO)ETHYL)PHOSPHORTHIOATE ● O,O-DIMETHYL-S-(3-THIA-PENTYL)-MONOTHIOPHOSPHAT

(German) ● O,O-DIMETIL-S-(2-ETILITO-ETIL)-MONOTIOFOSFATO (Italian) ● DURATOX ● S-(2-(ETHYLTHIO)ETHYL)-O,O-DIMETHYLPHOSPHOROTHIOATE ● S-(2-(ETHYLTHIO)ETHYL)DIMETHYL PHOSPHOROTHIOLATE ● S-(2-(ETHYLTHIO)ETHYL)-O,O-DIMETHYL THIOPHOSPHATE ● ISOMETASYSTOX ● ISOMETHYLSYSTOX ● METAISOSEPTOX ● METAISOSYSTOX ● METASYSTOX FORTE ● METHYL DEMETON THIOESTER ● METHYL ISOSYSTOX ● METHYLMERCAPTOFOS TEOLOVY ● THIOPHOSPHATE de O,O-DIMETHYLE et de S-2-ETHYLTHIOETHYLE (French) ● RTECS No. TG1750000 ● UN 3018 (organophosphorus pesticide, liquid, toxic) ● UN 2783 (organophosphorus pesticide, solid, toxic)

EPA NAME: DESMEDIPHAM
CAS: 13684-56-5
SYNONYMS: BETAMIX ● BETANAL AM ● BETANEX ● CARBAMIC ACID, (3-(((PHENYLAMINO)CARBONYL)OXY)PHENYL)-,ETHYL ESTER ● CARBAMIC ACID, PHENYLCARBAMOYLOXYPHENYL-, ETHYL ESTER ● CARBANILIC ACID, m-HYDROXY-, ETHYL ESTER, CARBANILATE (ESTER) ● CASWELL No. 447AAA ● DESMEDIPHAME ● EP-475 ● EPA PESTICIDE CHEMICAL CODE 104801 ● 3-ETHOXYCARBONYLAMINOPHENYL-N-PHENYLCARBAMATE ● 3-ETHOXYCARBONYLAMINOPHENYL PHENYLCARBAMATE ● 3-((ETHOXYCARBONYL)AMINO)PHENYL PHENYLCARBAMATE ● ETHYL m-HYDROXYCARBANILATE CARBANILATE (ESTER) ● ETHYL (3-(((PHENYLAMINO)CARBONYL)OXY)PHENYL)CARBAMATE ● ETHYL 3'-PHENYLCARBAMOYLOXYCARBANILATE ● ETHYL PHENYLCARBAMOYLOXYPHENYLCARBAMATE ● ETHYL 3-PHENYLCARBAMOYLOXYPHENYLCARBAMATE ● M-HYDROXYCARBANILIC ACID, ETHYL ESTER, CARBANILATE (ESTER) ● 3-(((PHENYLAMINO)CARBONYL)OXY)PHENYL)CARBAMIC ACID ETHYL ESTER ● SCHERING 38107 ● SN 475 ● RTECS No. FD0425000 ●● UN 2757 (carbamate pesticides, solid, toxic) ● UN 2992 (carbamate pesticides, liquid, toxic)

EPA NAME: 2,4-D ESTERS
[see 2,4-D BUTOXYETHYL ESTER]
CAS: 1929-73-3

EPA NAME: 2,4-D ESTERS
[see 2,4-D BUTYL ESTER]
CAS: 94-80-4

EPA NAME: 2,4-D ESTERS
[see 2,4-D sec-BUTYL ESTER]
CAS: 94-79-1

EPA NAME: 2,4-D ESTERS
[see 2,4-D CHLOROCROTYL ESTER]
CAS: 2971-38-2

EPA NAME: 2,4-D ESTERS
[see 2,4-D ISOPROPYL ESTER]
CAS: 94-11-1

EPA NAME: 2,4-D ESTERS
[see 2,4-D ISOOCTYL ESTER]
CAS: 25168-26-7

EPA NAME: 2,4-D ESTERS
[see 2,4-D METHYL ESTER]
CAS: 1928-38-7

EPA NAME: 2,4-D ESTERS
[see 2,4-D PROPYL ESTER]
CAS: 1928-61-6

EPA NAME: 2,4-D ESTERS
[see 2,4-D PROPYLENE GLYCOL BUTYL ESTER]
CAS: 1320-18-9

EPA NAME: 2,4-D ESTERS
CAS: 53467-11-1
SYNONYMS: 2,4-DICHLOROPHENOXYACETIC ACID ESTER • POLY[OXY(METHYL)-1,2-ETHANEDIYL] ,α-(2,4-DICHLOROPHENOXY)ACETYL-ω-BUTOXY- • RCRA No. U240 • UN 2765 (phenoxy pesticides, solid, toxic) • UN 3000 (phenoxy pesticides, liquid, toxic)

EPA NAME: 2,4-D 2-ETHYLHEXYL ESTER
CAS: 1928-43-4
SYNONYMS: ACETIC ACID, (2,4-DICHLOROPHENOXY)-,2-BUTOXYETHYL ESTER • CASWELL No. 315AS • (2,4-DICHLOROPHENOXY)ACETIC ACID,-,2-ETHYLHEXYL ESTER • EPA PESTICIDE CHEMICAL CODE 030063 • ESTER BUTOXIETILO del ACIDO ETILHEXILO (Spanish) • 2-ETHYLHEXYL(2,4-DICHLOROPHENOXY)ACETATE • 2,4-D 2-ETHYLHEXYL ESTER • RCRA No. U240 • UN 2765 (phenoxy pesticides, solid, toxic) • UN 3000 (phenoxy pesticides, liquid, toxic)

EPA NAME: 2,4-D 2-ETHYL-4-METHYL PENTYL ESTER
CAS: 53404-37-8
SYNONYMS: ACETIC ACID, (2,4-DICHLOROPHENOXY)-,2-ETHYL-4-METHYLPENTYL ESTER • CASWELL No. 315AT • 2,4-DICHLOROPHENOXYACETIC ACID ISOOCTYL(2-ETHYL-4-METHYLPENTYL) ESTER • EPA PESTICIDE CHEMICAL CODE 030064 • ESTER BUTOXIETILO del ACIDO 2-ETIL-4-METIL FENIL (Spanish) • RCRA No. U240 • UN 2765 (phenoxy pesticides, solid, toxic) • UN 3000 (phenoxy pesticides, liquid, toxic)

EPA NAME: DIALIFOR
CAS: 10311-84-9

SYNONYMS: N-(2-CHLORO-1-(DIETHOXYPHOSPHINPTHIOYL-THIO)ETHYL)PHTHALIMIDE • S-(2-CHLORO-1-(1,3-DIHYDRO-1,3-DIOXO-2H-ISOINDOL-2-YL)ETHYL)-O,O-DIETHYL PHOSPHORODITHIOATE • S-(2-CHLORO-1-PHTHALIMIDO-ETHYL)-O,O-DIETHYLPHOSPHORODITHIOATE • O,O-DIETHYL-S-(2-CHLORO-1-PHTHALIMIDOETHYL)PHOSPHORODITHIOATE • O,O-DIETHYL PHOSPHORODITHIOATE S-ESTER WITH V-(2-CHLORO-1-MERCAPTOETHYL) PHTHALIMIDE • ENT 27,320 • HERCULES 14503 • PHOSPHORODITHIOIC ACID-S-(2-CHLORO-1-(1,3-DIHYDRO-1,3-DIOXO-2H-ISOINDOL-2-YL)ETHYL-O,O-DIETHYL ESTER • PHOSPHORODITHIOIC ACID-S-(2-CHLORO-1-PHTHALIMIDOETHYL)-O,O-DIETHYL ESTER • TORAK • RTECS No. TD5165000 • UN 2783 (organophosphorus pesticides, solid, toxic) • UN 3018 (organophosphorus pesticides, liquid, toxic)

EPA NAME: DIALLATE
CAS: 2303-16-4
SYNONYMS: AVADEX • BIS(1-METHYLETHYL) CARBAMOTHIOIC ACID, S-(2,3-DICHLORO-2-PROPENYL)ESTER • CARBAMOTHIOIC ACID, BIS(1-METHYLETHYL)-S-(2,3-DICHLORO-2-PROPENYL) ESTER • CP 15,336 • DATC • 2,3-DCDT • DIALLAAT (Dutch) • DIALLAT (German) • DIALLATE • DIALLATE CARBAMATE HERBICIDE • S-(2,3-DICHLOR-ALLYL)-N,N-DIISOPROPYL-MONOTHIOCARBAMAAT (Dutch) • S-(2,3-DICHLORO-ALLIL)-N,N-DIISOPROPIL-MONOTIOCARBAMMATO (Italian) • DICHLOROALLYLDIISOPROPYLTHIOCARBAMATE • S-2,3-DICHLOROALLYL-DIISOPROPYLTHIOCARBAMATE • 2,3-DICHLOROALLYL N,N-DIISOPROPYLTHIOLCARBAMATE • 2,3-DICHLORO-2-PROPENE-1-THIOL, IISOPROPYLCARBAMATE • DIISOPROPYLTHIOCARBAMIC ACID, -(2,3-DICHLOROALLYL) ESTER • DI-ISOPROPYLTHIOLOCARBAMATE DES-(2,3-DICHLOR ALLYLE) (French) • 2-PROPENE-1-THIOL, 2,3-DICHLORO-, DIISOPROPYLCARBAMATE • RCRA No. U062 • RTECS No. EZ8225000 • S-2,3-DICHLOROALLYL DIISOPROPYLTHIOCARBAMATE • S-2,3-DICHLOROALLYL DI-ISOPROPYL (THIOCARBAMATE) • S-(2,3-DICHLOROALLYL) DIISOPROPYLTHIOCARBAMATE) • S-(2,3-DICHLORO-2-PROPENYL) BIS(1-METHYLETHTL)CARBAMOTHIOATE • UN 2757 (carbamate pesticides, solid, toxic) • UN 2992 (carbamate pesticides, liquid, toxic)

EPA NAME: 2,4-DIAMINOSOLE
CAS: 615-05-4
SYNONYMS: 3-AMINO-4-METHOXYANILINE • 1,3-BENZENEDIAMINE, 4-METHOXY- • C.I. 76050 • C.I. OXIDATION BASE 12 • 2,4-DAA • 2,4-DIAMINEANISOLE • 2,4-DIAMINOANISOLE • m-DIAMINOANISOLE • 1,3-DIAMINO-4-METHOXYBENZENE • 2,4-DIAMINO-1-METHOXYBENZENE • 2,4-DIAMINOPHENYL METHYL ETHER • FURRO L • 4-METHOXY-1,3-BENZENEDIAMINE • p-METHOXY-m-

PHENYLENEDIAMINE • 4-METHOXY-m-PHENYLENEDI-
AMINE • 4-METHOXY-1,3-PHENYLENEDIAMINE • 4-MMPD
• PELAGOL DA • PELAGOL GREY L • PELAGOL L • m-
PHENYLENEDIAMINE, 4-METHOXY- • RTECS No.
BZ8580500

EPA NAME: 2,4-DIAMINOSOLE SULFATE
CAS: 39156-41-7
SYNONYMS: ANISOLE, 2,4-DIAMINO-, HYDROGEN SULFATE •
ANISOLE, 2,4-DIAMINO-, SUFATE • 1,3-BENZENEDIAMINE
• 2,4-DIAMINOANISOLE SULPHATE • 2,4-DIAMINO-ANISOL
SULPHATE • 2,4-DIAMINO-1-METHOXYBENZENE • 4-ME-
THOXY-1,3-BENZENEDIAMINE SULFATE • 4-METHOXY-
1,3-BENZENEDIAMINE SULPHATE • 4-METHOXY-M-PHE-
NYLENEDIAMINE SULFATE • 4-METHOXY-M-
PHENYLENEDIAMINE SULPHATE • 4-METHOXY-,
SULFATE • C.I. 76051 • C.I. OXIDATION BASE 12A • 2,4-DAA
SULFATE • 2,4-DIAMINOANISOLE SULFATE • 2,4-DIAMI-
NOANISOLE SULPHATE • 2,4-DIAMINO-1-METHOXYBEN-
ZENE • 1,3-DIAMINO-4-METHOXYBENZENE SULFATE • 2,4-
DIAMINO-1-METHOXYBENZENE SULFATE • 2,4-
DIAMINOSOLE SULPHATE • DURAFUR BROWN MN •
FOURAMINE BA • FOURRINE 76 • FOURRINE SLA • FUR-
RO SLA • 4-METHOXY-1,3-BENZENEDIAMINE SULFATE • 4-
METHOXY-1,3-BENZENEDIAMINE SULFATE • 4-ME-
THOXY-m-PHENYLENEDIAMINE SULFATE • 4-MMPD
SULFATE • NAKO TSA • NCI-C01989 • OXIDATION BASE
12A • PELAGOL BA • PELAGOL GREY • PELAGOL GREY
SLA • PELAGOL SLA • URSOL SLA • RTECS No. ST2705000 •
ZOBA SLE

EPA NAME: 4,4'-DIAMINOPHENYL ETHER
CAS: 101-80-4
SYNONYMS: p-AMINOPHENYL ETHER • 4-AMINOPHENYL
ETHER • ANILINE, 4,4'-OXYDI- • BENZENAMINE, 4,4'-OXY-
BIS- • BIS(4-AMINOPHENYL) ETHER • BIS(p-AMINOPHE-
NYL) ETHER • 4,4'-DIAMINOFENOL ETER (Spanish) • DIAM-
INODIPHENYL ETHER • 4,4-DIAMINODIPHENYL ETHER •
4,4'-DIAMINOPHENYL ETHER • NCI-C50146 • OXYBIS(4-
AMINOBENZENE) • p,p'-OXYBIS[ANILINE] • 4,4'-OXYBIS
(ANILINE) • 4,4'-OXYDIANILINE • p,p'-OXYDIANILINE •
4,4'-OXYDIPHENYLAMINE • OXYDI-p-PHENYLENEDI-
AMINE • RTECS No. BY7900000

EPA NAME: DIAMINOTOLUENE
CAS: 496-72-0
SYNONYMS: 3,4-DIAMINOTOLUENE • 3,4-DIAMINOTOLUENO
(Spanish) • 4-METHYL-1,2-BENZENEDIAMINE • 3,4-TOLUY-
LENEDIAMINE • TOLUENE-3,4-DIAMINE • RCRA No. U221
• RTECS No. XS9820000

EPA NAME: DIAMINOTOLUENE
CAS: 823-40-5

SYNONYMS: 1,3-BENZENEDIAMINE, 2-METHYL- • 2,6-DIAMINOTOLUENE • 2,6-DIAMINOTOLUENO (Spanish) • 2-METHYL-1,2-BENZENEDIAMINE • RCRA No. U221 • TOLUENE-2,6-DIAMINE • 2,6-TOLUYLENEDIAMINE • 2,6-TOLUENEDIAMINE

EPA NAME: 2,4-DIAMINOTOLUENE
CAS: 95-80-7
SYNONYMS: 3-AMINO-p-TOLUIDINE • 5-AMINO-o-TOLUIDINE • AZOGEN DEVELOPER H • BENZOFUR MT • 1,3-BENZENEDIAMINE, 4-METHYL • C.I. 76035 • C.I. OXIDATION BASE • C.I. OXIDATION BASE 20 • C.I. OXIDATION BASE 35 • C.I. OXIDATION BASE 200 • DEVELOPER B • DEVELOPER DB • DEVELOPER DBJ • DEVELOPER H • DEVELOPER MC • DEVELOPER MT • DEVELOPER MT-CF • DEVELOPER MTD • DEVELOPER T • 1,3-DIAMINO-4-METHYLBENZENE • 2,4-DIAMINO-1-METHYLBENZENE • 2,4-DIAMINOTOLUEN (Czech) • DIAMINOTOLUENE • 2,4-DIAMINO-1-TOLUENE • 2,4-DIAMINOTOLUENO (Spanish) • 2,4-DIAMINOTOLUOL • EUCANINE GB • FOURAMINE • FOURAMINE J • FOURRINE 94 • FOURRINE M • META TOLUYLENE DIAMINE • 4-METHYL-1,3-BENZENEDIAMINE • 4-METHYL-m-PHENYLENEDIAMINE • MTD • NAKO TMT • NCI-C02302 • PELAGOL GREY J • PELAGOL J • PONTAMINE DEVELOPER TN • RCRA No. U221 • RENAL MD • RTECS No. XS9625000 • TDA • TETRAL G • 2,4-TOLAMINE • TOLUENE-2,4-DIAMINE • m-TOLUENEDIAMINE • m-TOLUYLEDIAMIN (Czech) • m-TOLYLENEDIAMINE • 2,4-TOLYLENEDIAMINE • 4-m-TOLYLENEDIAMINE • ZOBA GKE • ZOGEN DEVELOPER H

EPA NAME: DIAMINOTOLUENE (MIXED ISOMERS)
CAS: 25376-45-8
SYNONYMS: BENZENEDIAMINE, AR-METHYL- • DIAMINOTOLUENE • DIAMINOTOLUENO (Spanish) • METHYLPHENYLENEDIAMINE • RCRA No. U221 • RTECS No. XS9445000 • TOLUEN DIAMINA (Spanish) • TOLUENEDIAMINE • TOLUENE-AR,AR-DIAMINE • TOLUENE-AR,AR'-DIAMINE • TOLYLENEDIAMINE • UN 1709

EPA NAME: o-DIANISIDINE DIHYDROCHLORIDE
[see 3,3'-DIMETHOXYBENZIDINE DIHYDROCHLORIDE]
CAS: 20325-40-0

EPA NAME: o-DIANISIDINE HYDROCHLORIDE
[see 3,3'-DIMETHOXYBENZIDINE HYDROCHLORIDE]
CAS: 111984-09-9

EPA NAME: DIAZINON
CAS: 333-41-5
SYNONYMS: AG-500 • AI3-19507 • ALFA-TOX • ANTIGAL • ANTLAK • BASUDIN • BASUDIN 10 G • BASUDIN E • BAZUDEN • CASWELL No. 342 • DAZZEL • O,O-DIAETHYL-O-(2-ISOPROPYL-4-METHYL-PYRIMIDIN-6-YL)-MONOTHIO-

PHOSPHAT (German) • O,O-DIAETHYL-O-(2-ISOPROPYL-4-METHYL-6-PYRIMIDYL)-THIONOPHOSPHAT (German) • DIANON • DIATERR-FOS • DIAZAJET • DIAZATOL • DIAZIDE • DIAZINON AG 500 • DIAZINONE • DIAZITOL • DIAZOL • DICID • O,O-DIETHYL-O-(2-ISOPROPYL-4-METHYL-PYRIMIDIN-6-YL)-MONOTHIOFOSPAAT (Dutch) • DIETHYL 4-(2-ISOPROPYL-6-METHYLPYRIMIDINL)PHOSPHOROTHIONATE • DIETHYL 2-ISOPROPYL-4-METHYL-6-PYRIMIDINL PHOSPHOROTHIONATE • O,O-DIETHYL O-2-ISOPROPYL-6-METHYLPYRIMIDIN-4-YLPHOSPHOROTHIONATE • O,O-DIETHYL-O-(2-ISOPROPYL-4-METHYL-6-PYRIMIDYL)PHOSPHOROTHIONATE • O,O-DIETHYL 2-ISOPROPYL-4-METHYLPYRIMIDYL-6-THIOPHOSPHATE • O,O-DIETHYL O-(2-ISOPROPYL-4-METHYL-6-PYRIMIDYL) THIONOPHOSPHATE • DIETHYL 2-ISOPROPYL-4-METHYL-6-PYRIMIDYLTHIONOPHOSPHATE • O,O-DIETHYL O-6-METHYL-2-ISOPROPYL-4-PYRIMIDINYL PHOSPHORTHIOATE • O,O-DIETHYL O-(6-METHYL-2-(1-METHYLETHYL)-4-PYRIMIDINYL) PHOSPHORTHIOATE • DIMPYLATE • DIPOFENE • DIZIKTOL • DIZINON • DYZOL • ENT 19,507 • EPA PESTICIDE CHEMICAL CODE 057801 • EXODIN • G 301 • G-24480 • GARDENTOX • GEIGY 24480 • ISOPROPYL-METHYLPYRIMIDYL DIETHYL THIOPHOSPHATE • O-2-ISOPROPYL-4-METHYLPYRIMYL-O,O-DIETHYL PHOSPHOROTHIOATE • KAYAZINON • KAYAZOL • NA 2783 (DOT) • NCI-C08673 • NEOCIDOL (OIL) • NEOCIDOL • NIPSAN • NUCIDOL • OLEODIAZINON • PHOSPHORIC ACID, O,O-DIETHYL O-6-METHYL-2-(1-METHYLETHYL)-4-PYRIMIDINYL ESTER • PHOSPHOROTHIOATE, O,O-DIETHYL O-6-(2-ISOPROPYL-4-METHYLPYRIMIDYL • PHOSPHOROTHIOIC ACID, O,O-DIETHYL O-(2-ISOPROPYL-6-METHYL-4-PYRIMIDINL) ESTER • PHOSPHOROTHIOIC ACID, O,O-DIETHYL O-(ISOPROPYLMETHYLPYRIMIDYL) ESTER • PHOSPHOROTHIOIC ACID, O,O-DIETHYL O-(6-METHYL-2-(1-METHYLETHYL)-4-PYRIMIDINYL) ESTER • 4-PYRIMIDINOL, 2-ISOPROPYL-6-METHYL-, O-ESTER WITH O,O-DIETHYL-PHOSPHOROTHIOATE • ROOT GUARD • RTECS No. TF33450000 • SAROLEX • SPECTRACIDE • SPECTRACIDE 25EC • SROLEX • STCC 4941140 • STCC 4941141 • THIOPHOSPHATE de O,O-DIETHYLE et de o-2-ISOPROPYL-4-METHYL 6-PYRIMIDYLE (French) • THIOPHOSPHORIC ACID 2-ISOPROPYL-4-METHYL-6-PYRIMIDYL DIETHYL ESTER • UN 2783

EPA NAME: DIAZOMETHANE
CAS: 334-88-3
SYNONYMS: AZIMETHYLENE • DIAZOMETANO (Spanish) • DIAZIRINE • DIAZONIUM METHYLIDE • METHANE, DIAZO • RTECS No. PA7000000

EPA NAME: DIBENZ(a,h)ACRIDINE
CAS: 226-36-8

SYNONYMS: 7-AZADIBENZ(a,h)ANTHRACINE • DB(a,h)AC • DIBENZ(a,h)ACRIDINA (Spanish) • 1,2,5,6-DIBENZACRIDINE • DIBENZ(a,d)ACRIDINE • 1,2,5,6-DIBENZOACRIDINE • 1,2,5,6-DINAPHTHACRIDINE • RTECS No. HN0875000

EPA NAME: DIBENZ(a,j)ACRIDINE
CAS: 224-42-0
SYNONYMS: 7-AZADIBENZ(a,j)ANTHRACINE • DB(a,j)AC • DIBENZ(a,j)ACRIDINA (Spanish) • 3,4,5,6-DIBENZACRIDINE • 1,2,7,8-DIBENZACRIDINE • 1,2:7,8-DIBENZACRIDINE • DIBENZ(a,f)ACRIDINE • DIBENZACRIDINE • DIBENZO(a,j)ACRIDINE • 3,4,6,7-DINAPHTHACRIDINE • NSC 114903 • RTECS No. HN1050000

EPA NAME: DIBENZ(a,h)ANTHRACINE
CAS: 53-70-3
SYNONYMS: AI3-18996 • 1,2:5,6-BENZANTHRACENE • DBA • 1,2,5,6-DBA • 1,2:5,6-DIBENZ(a)ANTHRACENE • 1,2,5,6-DIBENZANTHRACENE • DIBENZANTHRACENE • DIBENZ(a,h)ANTRACENO (Spanish) • 1,2:5,6-DIBENZANTHRACENE • 1,2:5,6-DIBENZOANTHRACENE • DIBENZ[a,h]ANTRCENO (Spanish) • NSC 22433 • RCRA No. U063 • RTECS No. HN2625000

EPA NAME: 7H-DIBENZO(c,g)CARBAZOLE
CAS: 194-59-2
SYNONYMS: 7-AZA-7H-DIBENZO(c,g)FLUORENE • 7H-DB(c,g)C • 3,4,5,6-DIBENZCARBAZOL • 3,4,5,6-DIBENZCARBAZOLE • 3,4:5,6-DIBENZCARBAZOLE • DIBENZO(c,g)CARBAZOL (Spanish) • DIBENZO(c,g)CARBAZOLE • 3,4,5,6-DIBENZOCARBAZOLE • 3,4,5,6-DINAPHTHACARBAZOLE • NSC 87519 • RTECS No. HO5600000

EPA NAME: DIBENZO(a,e)FLUORANTHENE
CAS: 5385-75-1
SYNONYMS: DIBENZ(a,e)ACEANTHRYLENE • DIBENZO(a,e)FLUORANTENO (Spanish) • 2,3,5,6-DIBENZOFLUORANTHENE

EPA NAME: DIBENZOFURAN
CAS: 132-64-9
SYNONYMS: (1,1'-BIPHENYL)-2,2'-DIYL OXIDE • 2,2'-BIPHENYLENE OXIDE • 2,2'-BIPHENYLYLEME OXIDE • DIBENZO[b,d]FURAN • DIBENZOFURANO (Spanish) • DIPHENYLENE OXIDE • RTECS No. HP4430000

EPA NAME: DIBENZO(a,e)PYRENE
CAS: 192-65-4
SYNONYMS: 1,2:4,5-DIBENZOPYRENE • 1,2,4,5-DIBENZOPYRENE • DIBENZO(a,e)PIRENO (Spanish) • NAPHTHOL(1,2,3,4-def)CHRYSENE • NAPTHOL(1,2,3,4-def)CHRYSENE • RTECS No. QL0175000

EPA NAME: DIBENZO(a,h)PYRENE
CAS: 189-64-0

SYNONYMS: DIBENZO(b,def)CHRYSENE • DIBENZO(a,h)PIRENO (Spanish) • 1,2,6,7-DIBENZOPYRENE • 3,4,8,9-DIBENZOPYRENE • 3,4:8,9-DIBENZOPYRENE • 3,4:8,9-DIBENZOPYRENE • 3,4,8,9-DIBENZPYRENE • RTECS No. HO5775000

EPA NAME: DIBENZO(a,l)PYRENE
CAS: 191-30-0
SYNONYMS: BA 51-090462 • DIBENZO(d,e,f,p)CHRYSENE • DIBENZO(def,p)CHRYSENE • DIBENZO(a,l)PIRENO (Spanish) • 2,3:4,5-DIBENZOPYRENE • 1,2,9,10-DIBENZOPYRENE • 1,2:3,4-DIBENZOPYRENE • DIBENZO(a,d)PYRENE • 4,5,6,7-DIBENZOPYRENE • 1,2,3,4-DIBENZPYRENE • 1,2:3,4-DIBENZPYRENE • NSC 90324 • RTECS No. HO6125000

EPA NAME: DIBENZ(a,i)PYRENE
CAS: 189-55-9
SYNONYMS: BENZO(rst)PENTAPHENE • DIBENZO(a,i)PIRENO (Spanish) • 3,4,9,10-DIBENZOPYRENE • DIBENZO(a,i)PYRENE • DIBENZO(b,h)PYRENE • 1,2,7,8-DIBENZOPYRENE • DIBENZO-3,4,5,9,10-PYRENE • 3,4:9,10-DIBENZOPYRENE • 3,4,9,10-DIBENZPYRENE • DIBENZPYRENE • 3,4,9,10-DIBENZPYRENE • DIBENZ(a,i)PYRENE • 1,2:7,8-DIBENZPYRENE • NSC 87521 • RTECS No. DI5775000

EPA NAME: DIBORANE
CAS: 19287-45-7
SYNONYMS: BOROETHANE • BORON HYDRIDE • DIBORANE (6) • DIBORANO (Spanish) • DIBORANE HEXANHYDRIDE • DIBORON HEXAHYDRIDE • RTECS No. HQ9275000 • STCC No. 4905425 • UN 1911

EPA NAME: 1,2-DIBROMO-3-CHLOROPROPANE
CAS: 96-12-8
SYNONYMS: BBC 12 • 1,2-DIBROMO-3-CLOROPROPANO (Spanish) • 1-CHLORO-2,3-DIBROMOPROPANE • 3-CHLORO-1,2-DIBROMOPROPANE • DBCP • DIBROMCHLORPROPAN (German) • 1,2-DIBROM-3-CHLOR-PROPAN (German) • DIBROMOCHLOROPROPANE • 1,2-DIBROMO-3-CLORO-PROPANO (Italian) • 1,2-DIBROMO-3-CLOROPROPANO (Spanish) • 1,2-DIBROOM-3-CHLOORPROPAAN (Dutch) • FUMAGONE • FUMAZONE • NCI-C00500 • NEMABROM • NEMAFUME • NEMAGON 90 • NEMAGON • NEMAGON 20 • NEMAGONE • NEMAGONE 20G • NEMAGON SOIL FUMIGANT • NEMANAX • NEMAPAZ • NEMASET • NEMATOCIDE • NEMATOX • NEMAZON • OS 1897 • OXY DBCP • PROPANE, 1,2-DIBROMO-3-CHLORO- • RCRA No. U066 • RTECS No. TX8750000 • SD 1897 • UN 2872

EPA NAME: 1,2-DIBROMOETHANE
CAS: 106-93-4
SYNONYMS: AADIBROOM • AETHYLBROMID (German) • BROMOFUME • BROMURO di ETILE (Italian) • CELMIDE • DBE • 1,2-DIBROMAETHAN (German) • 1,2-DIBROMOETANO (Italian, Spanish) • DIBROMOETHANE • α,β-DIBROMOE-

THANE • sym-DIBROMOETHANE • 1,2-DIBROMOETHANE • DIBROMURE d'ETHYLENE (French) • 1,2-DIBROOMETHAAN (Dutch) • DIBROMURO de ETILENO (Spanish) • DOWFUME 40 • DOWFUME EDB • DOWFUME W-8 • DOWFUME W-85 • DWUBROMOETAN (Polish) • EDB • EDB-85 • E-D-BEE • ENT 15,349 • ETHANE, 1,2-DIBROMO- • ETHYLENE BROMIDE • ETHYLENE DIBROMIDE (DOT) • 1,2-ETHYLENE DIBROMIDE • FUMO-GAS • GLYCOL BROMIDE • GLYCOL DIBROMIDE • ISCOBROME D • KOPFUME • NCI-C00522 • NEFIS • NEPHIS • PESTMASTER • PESTMASTER EDB-85 • RCRA No. U067 • RTECS No. KH9275000 • SANHYUUM • SOILBROM • SOILBROM-40 • SOILBROM-85 • SOILBROME-85 • SOILBROM-90EC • SOILFUME • UN 1605 • UNIFUME

EPA NAME: 3,5-DIBROMO-4-HYDROXYBENZONITRILE
[see BROMOXYNIL]
CAS: 1689-84-5

EPA NAME: 2,2-DIBROMO-3-NITRILOPROPIONAMIDE
CAS: 10222-01-2
SYNONYMS: ACETAMIDE, 2-CYANO-2,2-DIBROMO- • ACETAMIDE, 2,2-DIBROMO-2-CYANO- • CASWELL No. 287AA • DBNPA • α,α-DIBROMO-α-CYANOACETAMIDE • 2,2-DIBROMO-2-CARBAMOYLACETONITRILE • 2,2-DIBROMO-2-CYANOACETAMIDE • DIBROMOCYANOACETAMIDE • α,α-DIBROMO-α-NITRILOPROPIONAMIDE • EPA PESTICIDE CHEMICAL CODE 101801 • NSC 98282 • XD-72871 ANTIMICROBIAL

EPA NAME: DIBROMOTETRAFLUOROETHANE
CAS: 124-73-2
SYNONYMS: sim-DIBROMOTETRAFLUOETANO (Spanish) • 1,2-DIBROMOPERFLUOROETHANE • 1,2-DIBROMO-1,1,2,2-TETRAFLUOROETHANE • sym-DIBROMOTETRAFLUOROETHANE • ETHANE, 1,2-DIBROMOTETRAFLUORO • F 114B2 • FC 114B2 • FLUOBRENE • FREON 114B2 • HALON 2402 • KHLADON 114B2 • R 114B2 • RTECS No. KH9370000

EPA NAME: DIBUTYL PHTHALATE
CAS: 84-74-2
SYNONYMS: 1,2-BENZENEDICARBOXYLIC ACID, DIBUTYL ESTER • O-BENZENEDICARBOXYLIC ACID, DIBUTYL ESTER • BENZENE-O-DICARBOXYLIC ACID DI-n-BUTYL ESTER • BIS-n-BUTYL PHTHALATE • BUFA • n-BUTYL PHTHALATE (DOT) • BUTYL PHTHALATE • CELLUFLEX DPB • DBP • DBP (ESTER) • DIBUTYL 1,2-BENZENE DICARBOXYLATE • DI(n-BUTYL) 1,2-BENZENEDICARBOXYLATE • DIBUTYL O-PHTHALATE • DIBUTYL-1,2-BENZENEDICARBOXYLATE • DI-n-BUTYL PHTHALATE • EINECS No. 201-557-4 • ELAOL • ERGOPLAST FDB • FTALATO de n-BUTILO (Spanish) • GENOPLAST B • HEXAPLAS M/B • KODAFLEX DIBUTYL PHTHALATE (DBP) • MORFLEX-240 • NLA-10 • PALATINOL C • PALATINOL DBP • PHTHALIC ACID, DIBUTYL ESTER •

POLYCIZER DBP • PX 104 • RC PLASTICIZER DBP • RCRA No. U069 • RTECS No. TI0875000 • STCC 4960132 • STAFLEX DBP • UNIPLEX 150 • WITCIZER 300 • UN 9095

EPA NAME: **DICAMBA**
CAS: 1918-00-9
SYNONYMS: ACIDO (3,6-DICHLORO-2-METOSSI)-BENZOICO (Italian) • AI3-27556 • O-ANISIC ACID, 3,6-DICHLORO- • BANEX • BANLEN • BANVEL • BANVEL 4S • BANVEL 4WS • BANVEL CST • BANVEL HERBICIDE • BANVEL II HERBICIDE • BENZOIC ACID, 3,6-DICHLORO-2-METHOXY- • BRUSH BUSTER • CASWELL No. 295 • COMPOUND B DICAMBA • DIANAT (Russian) • DIANATE • DICAMBRA • DICAMBA BENZOIC ACID HERBICIDE • 3,6-DICHLOOR-2-METHOXY-BENZOEIZUUR (Dutch) • 3,6-DICHLOR-3-METHOXY-BENZOESAEURE (German) • 3,6-DICHLORO-o-ANISIC ACID • 2,5-DICHLORO-6-METHOXYBENZOIC ACID • 3,6-DICHLORO-2-METHOXYBENZOIC ACID • 3,6-DICHLORO-2-METHOXYBENZOIC ACID • EPA PESTICIDE CHEMICAL CODE 029801 • MDBA • MEDIBEN • 2-METHOXY-3,6-DICHLOROBENZOIC ACID • RTECS No. DG7525000 • STCC 4963334 (liquid) • STCC 4963337 (solid) • VELSICOL 58-CS-11 • VELSICOL COMPOUND R • UN 2769 (solid) • UN 3004 (liquid)

EPA NAME: **DICHLOBENIL**
CAS: 1194-65-6
SYNONYMS: BENZONITRILE, 2,6-DICHLORO- • CASORON • 2,6-DBN • DCB • DECABANE • 2,6-DICHLOROBENZONITRILE • 2,6-DICHLOROCYANOBENZENE • DU-SPREX • DYCLOMEC • H 133 • NIA 5996 • NIAGRA 5006 • NOROSAC • PREFIX D • RTECS No. DI3500000 • STCC 4963814 (solid) • STCC 4963809 (liquid) • UN 2769 (solid) • UN 3004 (liquid)

EPA NAME: **DICHLONE**
CAS: 117-80-6
SYNONYMS: ALGISTAT • COMPOUND 604 • 2,3-DICHLOR-1,4-NAPHTHOCHINON (German) • 2,3-DICHLORO-1,4-NAPHTHALENEDIONE • 2,3-DICHLORO-1,4-NAPHTHOQUINONE • DICHLORONAPHTHOQUINONE • 2,3-DICHLORONAPHTHOQUINONE • 2.3-DICHLORO-α-NAPHTHOQUINONE • 2,3-DICHLORONAPHTHOQUINONE-1,4 • DICLONA (Spanish) • DICLONE • ENT 3,776 • 1,4-NAPTHALENEDIONE, 2,3-DICHLORO- • PHYGON • PHYGON SEED PROTECTANT • PHYGON XL • QUINTAR • QUINTAR 540F • RTECS No. QL7525000 • SANQUINON • STCC 4960616 (solid) • STCC 4960617 (liquid) • UNIROYAL 604 • USR 604 • U.S.RUBBER 604 • UN 2761

EPA NAME: **DICHLORAN**
CAS: 99-30-9
SYNONYMS: AI3-08870 • AI-50 • ANILINE, 2,6-DICHLORO-4-NITRO- • BENZENAMINE, 2,6-DICHLORO-4-NITRO- • BOTRAN • CASWELL No. 311 • CDNA • CNA • DCNA • DO-

CHLORAN (AMINE FUNGICIDE) ● 2,6-DICHLORO-4-NITROANILINE ● 2,6-DICHLORO-4-NITROBENZENAMINE ● EPA PESTICIDE CHEMICAL CODE 031301 ● 4-NITROANILINE, 2,6-DICHLORO- ● 4-NITRO-2,6-DICHLOROANILINE ● U-2069 ● RTECS No. BX2975000

EPA NAME: o-DICHLOROBENZENE
CAS: 95-50-1
SYNONYMS: BENZENE, 1,2-DICHLORO- ● CHLOROBEN ● CHLORODEN ● CLOROBEN ● DCB ● o-DICHLORBENZOL ● o-DICLOROBENCENO (Spanish) ● 1,2-DICHLOROBENZENE ● o-DICHLOROBENZENE ● DICHLOROBENZENE, ORTHO ● DICHLORICIDE ● o-DICHLOROBENZOL ● 1,2-DICLORO-BENCENO (Spanish) ● DILANTIN DB ● DILATIN DB ● DIZENE ● DOWTHERM E ● EINECS No. 202-425-9 ● J100 ● NCI-C54944 ● ODB ● ODCB ● ORTHODICHLOROBENZENE ● ORTHODICHLOROBENZOL ● RCRA No. U070 ● RTECS No. CZ4500000 ● SPECIAL TERMITE FLUID ● STCC 4941127 ● TERMITKIL ● UN 1591 ● ULTRAMAC S40

EPA NAME: 1,2-DICHLOROBENZENE
[see o-DICHLOROBENZENE]
CAS: 95-50-1

EPA NAME: 1,3-DICHLOROBENZENE
CAS: 541-73-1
SYNONYMS: BENZENE, 1,3-DICHLORO- ● BENZENE, m-DICHLORO- ● 1,3-DICLOROBENCENO (Spanish) ● m-DICLOROBENCENO (Spanish) ● m-DICHLOROBENZENE ● m-DICHLOROBENZOL ● METADICHLOROBENZENE ● m-PHENYLENE DICHLORO ● RCRA No. U071 ● RTECS No. CZ4499000

EPA NAME: 1,4-DICHLOROBENZENE
CAS: 106-46-7
SYNONYMS: BENZENE, 1,4-DICHLORO- ● BENZENE, p-DICHLORO- ● p-CHLOROPHENYL CHLORIDE ● DI-CHLORICIDE ● 1,4-DICLOROBENCENO (Spanish) ● p-DICLOROBENCENO (Spanish) ● p-DICHLOROBENZENE ● EINECS No. 203-400-5 ● EVOLA ● PARACIDE ● PARA CRYSTALS ● PARADICHLOROBENZENE ● PARADI ● PARADOW ● PARAMOTH ● PARANUGGETS ● PARAZENE ● PDB ● PERSIAPERAZOL ● RCRA No. U072 ● RTECS No. CZ4550000 ● SANTOCHLOR ● SANTOCLOR ● STCC 4941128 ● UN 1592

EPA NAME: DICHLOROBENZENE (MIXED ISOMERS)
CAS: 25321-22-6
SYNONYMS: AMISIA-MOTTENSCHUTZ ● BENZENE, DICHLORO- ● DICLOROBENCENO (Spanish) ● DCB ● DICLOROBENCENO (Spanish) ● DICHLOROBENZENE (MIXED ISOMERS) ● DILATIN DBI ● MOTTENSCHUTZMITTEL EVAU P ● MOTT-EX ● TOTAMOTT ● RTECS No. CZ4430000

EPA NAME: 3,3'-DICHLOROBENZIDINE
CAS: 91-94-1

SYNONYMS: BENZIDINE, 3,3'-DICHLORO- • [1,1'-BIPHENYL]-4,4'-DIAMINE, 3,3'-DICHLORO- • C.I. 23060 • CURITHANE C 126 • DCB • 4,4'-DIAMINO-3,3'-DICHLOROBIPHENYL • 4,4'-DIAMINO-3,3'-DICHLORODIPHENYL • 3,3'-DICHLOROBENZIDIN (Czech) • 3,3-DICLOROBENCIDINA (Spanish) • DICHLOROBENZIDINE • O,O'-DICHLOROBENZIDINE • 3,3'-DICHLOROBIPHENYL-4,4'-DIAMINE • 3,3'-DICHLORO-4,4'-BIPHENYLDIAMINE • 3,3'-DICHLORO-4,4'-DIAMINOBIPHENYL • 3,3'-DICHLORO-4,4'-DIAMINO(1,1-BIPHENYL) • RCRA No. U073 • RTECS No. DD0525000

EPA NAME: 3,3'-DICHLOROBENZIDINE DIHYDROCHLORIDE
CAS: 612-83-9
SYNONYMS: A13-22046 • BENZIDINE, 3,3'-DICHLORO-, DIHYDROCHLORIDE • (1,1'-BIPHENYL)-4,4'-DIAMINE, 3,3'-DICHLORO-, DIHYDROCHLORIDE • 3,3'-DICHLOROBENZIDINE HYDROCHLORIDE • 3,3'-DICHLORO-(1,1'-BIPHENYL)-4,4'-DIAMINE DIHYDROCHLORIDE • RTECS No. DD0550000

EPA NAME: 3,3'-DICHLOROBENZIDINE SULFATE
CAS: 64969-34-2
SYNONYMS: (1,1'-BIPHENYL)-4,4'-DIAMINE, 3,3'-DICHLORO-, SULFATE (1:2) • 3,3'-DICHLOROBENZIDINE DIHYDROGEN BIS(SULFATE) • 3,3'-DICHLOROBENZIDINE SULPHATE • SULFATO de 3,3-DICLOROBENZIDINA (Spanish)

EPA NAME: DICHLOROBROMOMETHANE
CAS: 75-27-4
SYNONYMS: BDCM • BROMODICHLOROMETHANE • DICHLOROMONOBROMOMETHANE • METHANE, BROMODICHLORO- • MONOBROMODICHLOROMETHANE • NCI-C55243 • RTECS No. PA5130000

EPA NAME: 1,4-DICHLORO-2-BUTENE
CAS: 764-41-0
SYNONYMS: 2-BUTENE, 1,4-DICHLORO- • DCB • 1,4-DCB • 1,4-DICHLORO-2-BUTENE • 1,4-DICHLOROBUTENE-2 • 1,4-DICLORO-2-BUTANO (Spanish) • RCRA No. U074 • RTECS No. EM4900000

EPA NAME: trans-1,4-DICHLORO-2-BUTENE
CAS: 110-57-6
SYNONYMS: AI3-52332 • 2-BUTENE, 1,4-DICHLORO-, (E)- • 2-BUTENE, 1,4-DICHLORO-, trans- • 2-BUTYLENE DICHLORIDE • trans-2,3-DICHLOROBUT-2-ENE • (E)-1,4-DICHLORO-2-BUTENE • trans-1,4-DICHLOROBUTENE • (E)-1,4-DICHLOROBUTENE • trans-1,4-DICHLORO-2-BUTENE • (E)-1,4-DICHLORO-2-BUTENE • 1,4-DICHLOROBUTENE-2 (E)- • 1,4-DICHLOROBUTENE-2, trans- • 1,4-DICHLORO-trans-2-BUTENE • RTECS No. EM4903000

EPA NAME: trans-1,4-DICHLOROBUTENE
CAS: 110-57-6

[see trans-1,4-DICHLORO-2-BUTENE]

EPA NAME: 4,6-DICHLORO-N-(2-CHLOROPHENYL)-1,3,5-TRIAZIN-2-AMINE
[see ANILAZINE]
CAS: 101-05-3

EPA NAME: 1,2-DICHLORO-1,1-DIFLUOROETHANE
CAS: 1649-08-7
SYNONYMS: 1,2-DICHLORO-2,2-DIFLUOROETHANE • ETHANE, 1,2-DICHLORO-1,1-DIFLUORO- • HCFC-132b

EPA NAME: DICHLORODIFLUOROMETHANE
CAS: 75-71-8
SYNONYMS: ALGOFRENE TYPE 2 • ARCTON 6 • ARCTON 12 • CASWELL No. 304 • CFC-12 • DICLORODIFLUOMETANO (Spanish) • DIFLUORODICHLOROMETHANE • DWUCHLORODWUFLUOROMETAN (Polish) • ELECTRO-CF 12 • ESKIMON 12 • F 12 • FC 12 • FLUOROCARBON 12 • FREON 12 • FREON F-12 • FRIGEN 12 • GENETRON 12 • HALOCARBON 12/UCON 12 • HALON • HALON 122 • ISCEON 122 • ISOTRON 2 • ISOTRON 12 • LEDON 12 • METHANE, DICHLORODIFLUORO- • PROPELLANT 12 • R 12 • REFRIGERANT 12 • RCRA No. U075 • RTECS No. PA8200000 • STCC 4904516 • UCON 12 • UCON 12/HALOCARBON 12 • UN 1028

EPA NAME: 1,1-DICHLOROETHANE
[see ETHYLIDENE DICHLORIDE]
CAS: 75-34-3

EPA NAME: 1,2-DICHLOROETHANE
CAS: 107-06-2
SYNONYMS: AETHYLENCHLORID (German) • 1,2-BICHLOROETHANE • BICHLORURE D'ETHYLENE (French) • BORER SOL • BROCIDE • CHLORURE d'ETHYLENE (French) • CLORURO di ETHENE (Italian) • DESTRUXOL BORER-SOL • 1,2-DICHLOORETHAAN (Dutch) • 1,2-DICHLOR-AETHAN (German) • DICHLOREMULSION • DI-CHLOR-MULSION • DICHLORO-1,2-ETHANE (French) • α, β-DICHLOROETHANE • sym-DICHLOROETHANE • 1,2-DICHLOROETHANE • DICHLOROETHYLENE • 1,2-DICLOROETANO (Italian, Spanish) • DUTCH LIQUID • DUTCH OIL • EDC • ENT 1,656 • ETHANE, 1,2-DICHLORO- • ETHANE DICHLORIDE • ETHYLEENDICHLORIDE (Dutch) • ETHYLENE CHLORIDE • ETHYLENE DICHLORIDE • 1,2-ETHYLENE DICHLORIDE • FREON 150 • GLYCOL DICHLORIDE • NCI-C00511 • RCRA No. U077 • RTECS No. KI0525000 • UN 1184

EPA NAME: (3-(2,2-DICHLOROETHENYL)-2,2-DIMETHYLCYCLOPROPANE CARBOXYLIC ACID, (3-PHENOXYPHENYL)METHYL ESTER)
[see PERMETHRIN]
CAS: 52645-53-1

EPA NAME: 3-(2,2-DICHLOROETHENYL)-2,2-DIMETHYL-CYCLOPROPANECARBOXYLIC ACID, CYANO(4-FLUORO-3-PHENOXYPHENYL)METHYL ESTER
[see CYFLUTHRIN]
CAS: 68359-37-5

EPA NAME: DICHLOROETHYLENE
[see VINYLIDENE CHLORIDE]
CAS: 75-35-4

EPA NAME: 1,2-DICHLOROETHYLENE
CAS: 156-60-5
SYNONYMS: trans-ACETYLENE DICHLORIDE • trans-1,2-DICLOROETENO (Spanish) • DIOFORM • ETHENE, 1,2-DICHLORO-, (E)- • ETHENE, trans-1,2-DICHLORO- • trans-DICHLOROETHYLENE • trans-1,2-DICHLOROETHYLENE • RCRA No. U079 • RTECS No. KV940000 • UN 1150

EPA NAME: 1,2-DICHLOROETHYLENE
CAS: 540-59-0
SYNONYMS: ACETYLENE DICHLORIDE • 1,2-DICHLORAETHEN (German) • 1,2-DICLOROETENO (Spanish) • 1,2-DICHLOROETHENE • DICHLORO-1,2-ETHYLENE • sym-DICHLOROETHYLENE • DIOFORM • ETHENE, 1,2-DICHLORO- • ETHYLENE, 1,2-DICHLORO- • NCI-C56031 • RTECS No. KV9400000 • UN 1150

EPA NAME: DICHLOROETHYL ETHER
[see BIS(2-CHLOROETHYL)ETHER]
CAS: 111-44-4

EPA NAME: 1,1-DICHLORO-1-FLUOROETHANE
CAS: 1717-00-6
SYNONYMS: ETHANE, 1,1-DICHLORO-1-FLUORO- • FREON 141 • HCFC-141b • UN 9274

EPA NAME: DICHLOROFLUOROMETHANE
CAS: 75-43-4
SYNONYMS: ALGOFRENE TYPE 5 • DICHLOROMONOFLUOROMETHANE • F 21 • FC 21 • FLUORODICHLOROMETHANE • FREON F 21 • GENETRON 21 • HALON 112 • HCFC-21 • METHANE, DICHLOROFLUORO- • MONOFLUORODICHLOROMETHANE • R 21 (REFRIGERANT) • REFRIGERANT 21 • RTECS No. PA8400000 • UN 1029

EPA NAME: DICHLOROISOPROPYL ETHER
[see BIS(2-CHLORO-1-METHYLETHYL) ETHER]
CAS: 108-60-1

EPA NAME: DICHLOROMETHANE
CAS: 75-09-2
SYNONYMS: AEROTHENE MM • CHLORURE de METHYLENE (French) • CLORURO de METILENO (Spanish) • DCM • DICHLOROMETHANE • DICLOROMETANO (Spanish) • EINECS No. 200-838-9 • FREON 30 • METHANE, DICHLORO- •

METHANE DICHLORIDE • METHYLENE BICHLORIDE • METHYLENE CHLORIDE • METHYLENE DICHLORIDE • METYLENU CHLOREK (Polish) • NARKOTIL • NCI-C50102 • R 30 • RCRA No. U080 • RTECS No. PA8050000 • SOLAESTHIN • SOLMETHINE • STCC 4941132 • UN 1593

EPA NAME: **3,6-DICHLORO-2-METHOXYBENZOIC ACID**
[see DICAMBA]
CAS: 1918-00-9

EPA NAME: **3,6-DICHLORO-2-METHOXYBENZOIC ACID, SODIUM SALT**
[see SODIUM DICAMBA]
CAS: 1982-69-0

EPA NAME: **DICHLOROMETHYL ETHER**
[see BIS(CHLOROMETHYL)ETHER]
CAS: 542-88-1

EPA NAME: **3-[2,4-DICHLORO-5-(1-METHYLETHOXY)PHENYL]-5-(1,1-DIMETHYLET HYL)-1,3,4-OXADIAZOL-2(3H)-ONE**
[see OXYDIAZON]
CAS: 19666-30-9

EPA NAME: **DICHLOROMETHYLPHENYLSILANE**
CAS: 149-74-6
SYNONYMS: DICHLOROMETHYLPHENYLSILANE • METHYLPHENYLDICHLOROSILANE • PHENYLMETHYLDICHLOROSILANE • SILANE, DICHLOROMETHYLPHENYL- • RTECS No. VV3530000 • UN 2437

EPA NAME: **2,6-DICHLORO-4-NITROANILINE**
[see DICHLORAN]
CAS: 99-30-9

EPA NAME: **DICHLOROPENTAFLUOROPROPANE**
CAS: 127564-92-5
SYNONYMS: PROPANE, DICHLOROPENTAFLUORO-

EPA NAME: **2,2-DICHLORO-1,1,1,3,3-PENTAFLUOROPROPANE**
CAS: 128903-21-9
SYNONYMS: 2,2-DICHLORO-1,1,1,3,3-PENTAFLUOROPROPANE • 1,2-DICLOROPROPANO (Spanish) • HCFC-225aa • 1,1,1,3,3-PENTAFLUORO-2,2-DICHLOROPROPANE • PROPANE, 2,2-DICHLORO-1,1,1,3,3-PENTAFLUORO- • R 225AA • REFRIGERANT 225AA

EPA NAME: **2,3-DICHLORO-1,1,1,2,3-PENTAFLUOROPROPANE**
CAS: 422-48-0
SYNONYMS: HCFC-225ba • PROPANE, 2,3-DICHLORO-1,1,1,2,3-PENTAFLUORO-

EPA NAME: 1,2-DICHLORO-1,1,2,3,3-PENTAFLUOROPROPANE
CAS: 422-44-6
SYNONYMS: HCFC-225bb ● PROPANE, 1,2-DICHLORO-1,1,2,3,3-PENTAFLUORO- ● R225ba ● Refrigerant 225ba

EPA NAME: 3,3-DICHLORO-1,1,1,2,2-PENTAFLUOROPROPANE
CAS: 422-56-0
SYNONYMS: 1,1-DICHLORO-2,2,3,3,3-PENTAFLUOROPROPANE ● HCFC 225ca ● R 225ca ● Refrigerant 225ca

EPA NAME: 1,1-DICHLORO-1,2,2,3,3-PENTAFLUOROPROPANE
CAS: 13474-88-9
SYNONYMS: 3,3-DICHLORO-1,1,2,2,3-PENTAFLUOROPROPANE ● HCFC-225cc ● PROPANE, 1,1-DICHLORO-1,2,2,3,3-PENTAFLUORO- ● R 225cc

EPA NAME: 1,3-DICHLORO-1,1,2,2,3-PENTAFLUOROPROPANE
CAS: 507-55-1
SYNONYMS: HCFC-225cb ● PROPANE, 1,3-DICHLORO-1,1,2,2,3-PENTAFLUORO- ● R 225cb

EPA NAME: 1,2-DICHLORO-1,1,3,3,3-PENTAFLUOROPROPANE
CAS: 431-86-7
SYNONYMS: HCFC-225da ● PROPANE, 1,2-DICHLORO-1,1,3,3,3-PENTAFLUORO- ● R 225da

EPA NAME: 1,3-DICHLORO-1,1,2,3,3-PENTAFLUOROPROPANE
CAS: 136013-79-1
SYNONYMS: HCFC-225ea ● PROPANE, 1,3-DICHLORO-1,1,2,3,3-PENTAFLUORO-

EPA NAME: 1,1-DICHLORO-1,2,3,3,3-PENTAFLUOROPROPANE
CAS: 111512-56-2
SYNONYMS: HCFC-225 eb ● PROPANE, 1,1-DICHLORO-1,2,3,3,3-PENTAFLUORO-

EPA NAME: DICHLOROPHENE
CAS: 97-23-4
SYNONYMS: AI3-02370 ● ANTHIPHEN ● BIS(5-CHLORO-2-HYDROXYPHENYL)METHANE ● BIS(CHLOROHYDROXYPHENYL)METHANE ● BIS(2-HYDROXY-5-CHLOROPHENYL)METHANE ● CASWELL No. 563 ● DDDM ● DDM ● 5,5'-DICHLORO-2,2'-DIHYDROXYDIPHENYLMETHANE ● DICHLOROFEN ● DI(5-CHLORO-2-HYDROXYPHENYL)METHANE ● 4,4'-DICHLORO-2,2'-METHYLENEDIPHENOL ● DICHLOROPHEN ● DICHLOROPHEN B ● DICHLOROPHENE 10 ● DICHLORPHEN ● DICLOROFENO (Spanish) ● DIDROXANE ● 2,2'-DIHYDROXY-5,5'-DICHLORODIPHENYLMETHANE ● ((DIHYDROXYDICHLORO)DIPHENYL)METHANE ●

DIPHENTANE 70 • DIPHENTHANE 70 • EPA PESTICIDE CHEMICAL CODE 055001 • FUNGICIDE F • FUNGICIDE GM • FUNGICIDE M • G 4 • GEFIR • GH • HYOSAN • KORIUM • O,O-METHYLEEN-BIS(4-CHLOORFENOL) (Dutch) • 2,2'-METHYLENEBIS(4-CHLOROPHENOL) • 2,2'-METHYL-ENEBIS(4-CHLOROPHENOL • NSC 38642 • PHENOL, 2,2'-METHYLENEBIS(4-CHLORO- • PLATH-LYSE • PREVENTAL • PREVENTOL • PREVENTOL GD • PREVENTOL GDC • SUPER MOSSTOX • TENIATHANE • TAENIATOL • TENIATOL • TENIATHANE • TRIVEX • VERMITHANA • RTECS No. SM0175000 • WESPURIL

EPA NAME: **2,4-DICHLOROPHENOL**
CAS: 120-83-2
SYNONYMS: DCP • 1,3-DICHLORO-4-HYDROXYBENZENE • 4,6-DICHLOROPHENOL • 2,4-DICLOROFENOL (Spanish) • PHENOL, 2,4-DICHLORO- • RCRA No. U081 • RTECS No. DC2100000

EPA NAME: **2,6-DICHLOROPHENOL**
CAS: 87-65-0
SYNONYMS: 2,6-DICHLOROFENOL (Czech) • 2,6-DICLOROFENOL (Spanish) • RCRA No. U082 • RTECS No. SK8750000

EPA NAME: **2-[4-(2,4-DICHLOROPHENOXY)PHENOXY]PROPANOIC ACID, METHYL ESTER**
[see DICLOFOP METHYL]
CAS: 51338-27-3

EPA NAME: **DICHLOROPHENYLARSINE**
CAS: 696-28-6
SYNONYMS: ARSINE, DICHLOROPHENYL- • ARSONOUS DICHLORIDE, PHENYL- • DICLOROFENILARSINA (Spanish) • FENILDICHOROARSINA (Italian) • PHENYLARSINEDICHLORIDE • PHENYLARSONOUS DICHLORIDE • PHENYL ARSONOUS DICHLORIDE • PHENYLDICHLOROARSINE • RCRA No. P036 • TL 69 • RTECS No. CH5425000

EPA NAME: **(3-(3,5-DICHLOROPHENYL)-5-ETHENYL-5-METHYL-2,4-OXAZOLIDINEDIONE)**
[see VINCLOZOLIN]
CAS: 50471-44-8

EPA NAME: **2-(3,4-DICHLOROPHENYL)-4-METHYL-1,2,4-OXADIAZOLIDINE-3,5-DIONE**
[see METHAZOLE]
CAS: 20354-26-1

EPA NAME: **N-(3,4-DICHLOROPHENYL)PROPANAMIDE**
[see PROPANIL]
CAS: 709-98-8

EPA NAME: 1-[2-(2,4-DICHLOROPHENYL)-2-(2-PROPENYLOXY)ETHYL]-1H-IMIDAZOLE
[see IMAZALIL]
CAS: 35554-44-0

EPA NAME: 1-(2-(2,4-DICHLOROPHENYL)-4-PROPYL-1,3-DIOXOLAN-2-YL)-METHYL-1H-1,2,4,-TRIAZOLE
[see PROPICONAZOLE]
CAS: 60207-90-1

EPA NAME: DICHLOROPROPANE
CAS: 26638-19-7
SYNONYMS: DICHLOROPAN • DICLOROPROPANO (Spanish) • PROPANE, DICHLORO- • PROPYLENE DICHLORIDE • UN1279 • RTECS No. TX9350000

EPA NAME: DICHLOROPROPANE - DICHLOROPROPENE (MIXTURE)
CAS: 8003-19-8
SYNONYMS: D-D MIXTURE • D-D MIXTURE VIDDEN D • 1,3-DICHLOROPROPANE and 1,2-DICHLOROPROPENE mixture • DICHLORPROPAN-DICHLORPROPEN GEMISCH (German) • D-D SOIL FUMIGANT • DOWFUME N • ENT 8,420 • MEZCLA de DICLOROPROPENO y DICLOROPROPANO (Spanish) • NEMAFENE • 1-PROPENE, 1,3-DICHLORO mixed with 1,2-DICHLOROPRPANE • TELONE • VIDDEN D • RTECS No. TX9800000

EPA NAME: 1,1-DICHLOROPROPANE
CAS: 78-99-9
SYNONYMS: 1,1-DICLOROPRPANO (Spanish) • PROPYLIDENE CHLORIDE • PROPLIDENE DICHLORIDE • PROPANE, 1,1-DICHLORO- • RTECS No. TX9450000

EPA NAME: 1,2-DICHLOROPROPANE
CAS: 78-87-5
SYNONYMS: BICHLORURE de PROPYLENE (French) • α,β-DICHLOROPROPANE • 1,2-DICLOROPRPANO (Spanish) • DWUCHLOROPROPAN (Polish) • EINECS No. 201-152-2 • ENT 15,406 • NCI-C55141 • PROPANE, 1,2-DICHLORO- • PROPYLENE CHLORIDE • α, β-PROPYLENE DICHLORIDE • PROPYLENE DICHLORIDE • RCRA No. U083 • RTECS No. TX9625000 • UN 1279

EPA NAME: 1,3-DICHLOROPROPANE
CAS: 142-28-9
SYNONYMS: 1,3-DICLOROPRPANO (Spanish) • TRIMETHYLENE DICHLORIDE • RTECS No. TX9660000

EPA NAME: DICHLOROPROPENE
CAS: 26952-23-8
SYNONYMS: DICHLOROPROPYLENE • DICLOROPROPENO (Spanish) • 1-PROPENE, DICHLORO- • RTECS No. UC8280000 • STCC 4909255 • UN2047

EPA NAME: **1,3-DICHLOROPROPENE**
[*see* 1,3-DICHLOROPROPYLENE]
CAS: 542-75-6

EPA NAME: **trans-1,3-DICHLOROPROPENE**
CAS: 10061-02-6
SYNONYMS: (E)-1,3-DICHLORO-1-PROPENE • (E)-1,3-DICHLOROPROPENE • (E)-1,3-DICLOROPROPENO (Spanish) • DITRAPEX • PROPENE, 1,3-DICHLORO-, (E)- • 1-PROPENE, 1,3-DICHLORO-, (E)- • PROPYLENE, 1,3-DICHLORO-, (E)- • PROPYLENE, 1,3-DICHLORO-(trans) • PROPYLENE, 1,3-DICHLORO, trans- • TELONE II • trans-1,3-DICHLORO-1-PROPENE • trans-1,3-DICHLOROPROPYLENE • trans-1,3-DICLOROPROPENO (Spanish) • RTECS No. UC8320000 • UN 2047

EPA NAME: **2,3-DICHLOROPRENE**
CAS: 78-88-6
SYNONYMS: 2-CHLORALLYL CHLORIDE • 2,3-DICHLORO-1-PROPENE • 2,3-DICLOROPROPENO (Spanish) • 2,3-DICHLOROPROPYLENE • NSC-60520 • PROPENE, 2,3-DICHLORO • 1-PROPENE, 2,3-DICHLORO- • RTECS No. UC8400000 • UN 2047

EPA NAME: **2,2-DICHLOROPROPIONIC ACID**
CAS: 75-99-0
SYNONYMS: ACIDO 2,2-DICLOROPROPIONICO (Spanish) • ATLAS LIGNUM (FORMULATION) • BASAPON • BASAPON B • BASAPON/BASAPON N • BASINEX • BH DALAPON • BH TOTAL (FORMULATION) • CRISAPON • DALAPON (USDA) • DALAPON 85 • DALAPON ALIPHATIC ACID HERBICIDE • DED-WEED • DEVIPON • DESTRAL • α-DICHLOROPROPIONIC ACID • α,α-DICHLOROPROPIONIC ACID • DOWPON, DOWPON M • FYDULAN (FORMULATION) • GRAMEVIN • KENAPON • LIROPON • PROPROP • RADAPON • BH RASINOX R (FORMULATION) • REVENGE • SYNCHEMICALS COUCH AND GRASS KILLER • UNIPON • RTECS No. UF0690000 • UN 1760 • VOLUNTEERED

EPA NAME: **1,3-DICHLOROPROPYLENE**
CAS: 542-75-6
SYNONYMS: γ-CHLOROALLYL CHLORIDE • 3-CHLOROALLYL CHLORIDE • 3-CHLOROPROPENYL CHLORIDE • 1,3-D • 1,3-DICHLORO-1-PROPENE • 1,3-DICHLOROPROPENE • 1,3-DICHLORO-2-PROPENE • 1,3-DICLOROPROPENO (Spanish) • α,γ-DICHLOROPROPYLENE • 1-PROPENE, 1,3-DICHLORO- • PROPENE, 1,3-DICHLORO- • RCRA U084 • RTECS No. UC8310000 • TELONE • TELONE II

EPA NAME: **DICHLOROSILANE**
CAS: 4109-96-0
SYNONYMS: CHLOROSILANE • DICLOROSILANO (Spanish) • SILANE, DICHLORO- • SILICON CHLORIDE HYDRIDE • RTECS No. VV3040000 • UN 2189

EPA NAME: DICHLOROTETRAFLUOROETHANE
CAS: 76-14-2
SYNONYMS: ARCTON 33 ● ARCTON 114 ● CFC-114 ● CRYO-FLUORAN ● CRYOFLUORANE ● sym-DICHLOROTETRA-FLUOROETHANE ● 1,2-DICHLORO-1,1,2,2-TETRAFLUORO-ETHANE ● ETHANE, 1,2-DICHLOROTETRAFLUORO- ● ETHANE, 1,2-DICHLORO-1,1,2,2-TETRAFLUORO- ● F 114 ● FC 114 ● FLUORANE 114 ● FLUOROCARBON 114 ● FREON 114 ● FRIGEN 114 ● FRIGIDERM ● GENETRON 114 ● GENETRON 316 ● HALOCARBON 114 ● HALON 242 ● LEDON 114 ● PROPELLANT 114 ● R 114 ● RTECS No. KI1101000 ● sim-DICLOROTETRAFLUOETANO (Spanish) ● 1,1,2,2-TETRA-FLUORO-1,2-DICHLOROETHANE ● UCON 114 ● UN 1958

EPA NAME: DICHLOROTRIFLUOROETHANE
CAS: 34077-87-7
SYNONYMS: DICLOROTRIFLUOETANO (Spanish) ● ETHANE, DICHLOROTRIFLUORO-

EPA NAME: DICHLORO-1,1,2-TRIFLUOROETHANE
CAS: 90454-18-5
SYNONYMS: DICLORO-1,1,2-TRIFLUOETANO (Spanish) ● ETHANE, DICHLORO-1,1,2-TRIFLUORO-

EPA NAME: 1,1-DICHLORO-1,2,2-TRIFLUOROETHANE
CAS: 812-04-4
SYNONYMS: 1,1-DICLORO-1,2,2-TRIFLUOETANO (Spanish) ● ETHANE, 1,1-DICHLORO-1,2,2-TRIFLUORO ● HCFC-123b

EPA NAME: 1,2-DICHLORO-1,1,2-TRIFLUOROETHANE
CAS: 354-23-4
SYNONYMS: 1,2-DICLORO-1,1,2-TRIFLUOETANO (Spanish) ● ETHANE, 1,2-DICHLORO-1,1,2-TRIFLUORO- ● HCFC-123a ● 1,1,2-TRIFLUORO-1,2-DICHLOROETHANE

EPA NAME: 2,2-DICHLORO-1,1,1-TRIFLUOROETHANE
CAS: 306-83-2
SYNONYMS: 2,2-DICLORO-1,1,1-TRIFLUOETANO (Spanish) ● 1,1-DICHLORO-2,2,2-TRIFLUORO ● ETHANE, 2,2-DICHLORO-1,1,1-TRIFLUORO- ● FC 123 ● FREON 123 ● HCFC-123 ● R 123 ● REFRIGERANT 123 ● 1,1,1-TRIFLUORO-2,2-DICHLOROETHANE

EPA NAME: DICHLORVOS
CAS: 62-73-7
SYNONYMS: APAVAP ● ASTROBOT ● ATGARD ● ATGARD V ● BAY 19149 ● BAYER 19149 ● BENFOS ● BIBESOL ● BREVINYL ● BREVINYL E 50 ● CANOGARD ● CEKUSAN ● CHLORVINPHOS ● CYANOPHOS ● CYPONA ● DDVF ● DDVP (INSECTICIDE) ● DEDEVAP ● DERIBAN ● DERRIBANTE ● DES ● DEVIKOL ● DICHLOFOS ● (2,2-DICHLOOR-VINYL)-DIMETHYL-FOSFAAT (Dutch) ● DICHLOORVO (Dutch) ● DICHLORFOS (Polish) ● DICHLORMAN ● 2,2-DICHLOROETHENOL DIMETHYL PHOSPHATE ● 2,2-DICHLOROETHENYL DIMETHYL PHOSPHATE ● 2,2-DICHLOROVINYL DIMETH-

YL PHOSPHATE • DICHLOROVOS • DIMETHYL 2,2-DI-CHLOROETHENYL PHOSPHATE • O,O-DIMETHYL 2,2-DICHLOROVINYL PHOSPHATE • DIMETHYL 2,2-DICHLOROVINYL PHOSPHATE • (2,2-DICHLORVINYL)-DIMETHYL-PHOSPHAT (German) • O-(2,2-DICHLORVINYL)-O,O-DIMETHYLPHOSPHAT (German) • (2,2-DICLORO-VINIL) DIMETILFOSFATO (Italian) • DIMETHYL DICHLOROVINYL PHOSPHATE • DIVIPAN • DQUIGARD • DUO-KILL • DURAVOS • ENT 20,738 • EQUIGARD • EQUIGEL • ESTROSEL • ESTROSOL • ETHENOL, 2,2-DICHLORO-, DIMETHYL PHOSPHATE • FECAMA • FEKAMA • FLY-DIE • FLY FIGHTER • HERKAL • INSECTIGAS D • KRECALVIN • LINDAN • MAFU • MARVEX • MOPARI • NCI-C00113 • NEFRAFOS • NERKOL • NOGOS • NOGOS 50 • NOGOS G • NO-PEST • NO-PEST STRIP • NOVOTOX • NSC-6738 • NUVA • NUVAN • NUVAN 7 • NUVAN 100EC • OKO • OMS 14 • PANAPLATE • PHOSPHATE de DIMETHYLE et de 2,2-DICHLOROVINYLE (French) • PHOSPHORIC ACID, 2,2-DICHLOROETHENYL DIMETHYL ESTER • PHOSPHORIC ACID, 2-DICHLOROETHENYL DIMETHYL ESTER • PHOSPHORIC ACID, 2,2-DICHLOROVINYL DIMETHYL ESTER • PHOSVIT • SD 1750 • RTECS No. TC0350000 • STCC 4921534 (liquid) • STCC 4921537 (solid) • SZKLARNIAK • TAP 9VP • TASK • TASK TABS • TENAC • TETRAVOS • UN 2783 • UNIFOS (PESTICIDE) • UNITOX • VAPONA • VAPONA INSECTICIDE • VAPONITE • VERDICAN • VERDIPOR • VINYLOFOS • VINYLOPHOS • WINYLOPHOS

EPA NAME: DICLOFOP METHYL
CAS: 51338-27-3
SYNONYMS: CASWELL No. 319A • DICHLOFOP-METHYL • DICHLORDIPHENPROP • DICHLORFOP-METHYL • 2-(4-(2,4-DICHLOROPHENOXY)PHENOXY)-METHYL-PROPIONATE • 2-(4-(2,4-DICHLOROPHENOXY)PHENOXY)PROPANOIC ACID, METHYL ESTER • EPA PESTICIDE CHEMICAL CODE 110902 • HOE 23408 • HOE-GRASS • HOELON • HOELON 3EC • ILOXAN • ILLOXAN • METHYL 2-(4-(2,4-DICHLOROPHENOXY)PHENOXY)PROPIONATE • PROPIONIC ACID, 2-(4-(2,4-DICHLOROPHENOXY)PHENOXY)-, METHYL ESTER • RTECS No. UF1180000 • UN 2765 (phenoxy pesticides, solid, toxic) • UN 3000 (phenoxy pesticides, liquid, toxic)

EPA NAME: DICOFOL
CAS: 115-32-2
SYNONYMS: ACARIN • BENZENEMETHANOL, 4-CHLORO-α-(-4-CHLOROPHENYL)-α-(TRICHLOROMETHYL)- • BENZHYDROL, 4,4'-DICHLORO-α-(TRICHLOROMETHYL)- • 1,1-BIS (P-CHLOROPHENYL)-2,2,2-TRICHLOROETHANOL • 1,1-BIS (4-CHLOROPHENYL)-2,2,2-TRICHLOROETHANOL • 4-CHLORO-α-(4-CHLOROPHENYL)-α-(TRICHLOROMETHYL) BENZENE METHANOL • CPCA • DECOFOL • 4,4'-DICHLORO-α- (TRICHLOROMETHYL)BENZHYDROL • DI-

CHLOROKELTHANE • DI(P-CHLOROPHENYL)TRICHLORO-
METHYL CARBINOL • DTMC • ENT 23,648 • ETHANOL,
2,2,2-TRICHLORO-1,1-BIS(4-CHLOROPHENYL)- • FW 293 •
FUMITE DICOFOL • KELTANE • P,P'-KELTHANE • KEL-
THANE • KELTHANE A • KELTHANETHANOL • MILBOL •
MITIGAN • NCI-C00486 • 2,2,2-TRICHLORO-1,1-BIS(4-CHLO-
ROPHENYL)ETHANOL • 2,2,2-TRICHLORO-1,1-BIS(P-CHLO-
ROPHENYL)ETHANOL • 2,2,2-TRICHLORO-1,1-DI(4-CHLO-
ROPHENYL)ETHANOL

EPA NAME: DICROTOPHOS
CAS: 141-66-2
SYNONYMS: BIDIRL • BIDRIN • BIDRIN-R • BIDRIN (SHELL) •
C-709 • C-709 (CIBA-GEIGY) • CARBICRIN • CARBICRON •
CARBOMICRON • CIBA 709 • CROTONAMIDE, 3-HY-
DROXY-N,N-DIMETHYL-, cis-, DIMETHYL PHOSPHATE •
CROTONAMIDE, 3-HYDROXY-N-N-DIMETHYL-, DIMETH-
YLPHOSPHATE, cis- • CROTONAMIDE, 3-HYDROXY-N-N-
DIMETHYL-, DIMETHYLPHOSPHATE, (E)- • DIAPADRIN •
DICROTOFOS (Dutch) • DICROPTOPHOS • DIDRIN • 3-
(DIMETHOXYPHOSPHINYLOXY)-N,N-DIMETHYL-(E)-
CROTONAMIDE • 3-(DIMETHOXYPHOSPHINYLOXY)-
N,N-DIMETHYL-cis-CROTONAMIDE • 3-(DIMETHOXY-
PHOSPHINYLOXY)-N,N-DIMETHYLISOCROTONAMIDE • 3-
(DIMETHYLAMINO)-1-METHYL-3-OXO-1-PROPENYL DI-
METHYL PHOSPHATE • cis-2-DIMETHYLCARBAMOYL-1-
METHYLVINYL DIMETHYLPHOSPHATE • (E)-2-DI-
METHYLCARBAMOYL-1-METHYLVINYL DIMETHYL-
PHOSPHATE • O,O-DIMETHYL-O-(2-DIMETHYL-
CARBAMOYL-1-METHYL-VINYL)PHOSPHAT (German) •
O,O-DIMETHYLO-(N,N-DIMETHYLCARBAMOYL-1-METH-
YLVINYL) PHOSPHATE • O,O-DIMETHYL-O-(1,4-DIMETH-
YL-3-OXO-4-AZA-PENT-1-ENYL)FOSFAAT (Dutch) • O,O-DI-
METHYL-O-(1,4-DIMETHYL-3-OXO-4-AZA-PENT-1-ENYL)
PHOSPHATE • DIMETHYL PHOSPHATE of 3-HYDROXY-
N,N-DIMETHYL-cis-CROTONAMIDE • DIMETHYL PHOS-
PHATE ESTER with 3-HYDROXY-N,N-DIMETHYL-cis-CRO-
TONAMIDE • O,O-DIMETIL-O-(1,4-DIMETIL-3-OXO-4-AZA-
PENT-1-ENIL)-FOSFATO (Italian) • EKTAFOS • EKTOFOS •
ENT 24,482 • 3-HYDROXYDIMETHYL CROTONAMIDE DI-
METHYL PHOSPHATE • 3-HYDROXY-N,N-DIMETHYL-cis-
CROTONAMIDE DIMETHYL PHOSPHATE • 3-HYDROXY-
N,N-DIMETHYL-(E)-CROTONAMIDE DIMETHYL PHOS-
PHATE • KARBICRON • PHOSPHATEDE DIMETHYLE et de
2-DIMETHYLCARBAMOYL 1-METHYL VINYLE (French) •
PHOSPHORIC ACID, 3-(DIMETHYLAMINO)-1-METHYL-3-
OXO-1-PROPENYL DIMETHYL ESTER, (E)- • PHOSPHORIC
ACID, DIMETHYL ESTER, ESTER with cis-3-HYDROXY-N,N-
DIMETHYLCROTONAMIDE • PHOSPHORIC ACID, DI-
METHYL ESTER, ESTER with (E)-3-HYDROXY-N,N-DIMETH-
YLCROTONAMIDE • UN 3017 • RTECS No. TC3850000 • SD
3562 • SHELL SD-3562

EPA NAME: DICYCLOPENTADIENE
CAS: 77-73-6
SYNONYMS: BICYCLOPENTADIENE • BISCYCLOPENTADIENE • 1,3-CYCLOPENTADIENE, DIMER • DCPD • DICICLOPENTADIENO (Spanish) • DICYKLOPENTADIEN (Czech) • DIMER CYKLOPENTADIENU (Czech) • 4,7-METHANO-1H-INDENE • 4,7-METHANO-1H-INDENE, 3a,4,7,7a-TETRAHYDRO- • RTECS No. PC1050000 • STCC 4907219 • 3a,4,7,7a-TETRAHYDRO-4,7-METHANOINDENE • UN 2048

EPA NAME: DIELDRIN
CAS: 60-57-1
SYNONYMS: ALVIT • COMPOUND 497 • DIELDREX • DIELDRINA (Spanish) • DIELDRINE (French) • DIELDRITE • 2,7:3,6-DIMETHANONAPHTHA[2,3B] OXIRENE,3,4,5,6,9,9-HEXACHLORO-1a,2,2a,3,6,6a,7,7a-OCTAHYDRO-(1A α,2β,2Aα,3β,6β,6Aα,7β,7A α) • 1,2,3,4,10,10-HEXACHLORO-6,7-EPOXY-1,4,4a,5,6,7,8,8A-OCTAHYDRO-1,4-endo,exo-5, 8-DIMETHANONAPHTHALENE • 3,4,5,6,9,9-HEXACHLORO-1a,2,2a,3,6,6a,7,7a-OCTAHYDRO-2,7:3,6-DIMETHANO • ENT 16,225 • HEOD • HEXACHLOROEPOXYOCTAHYDRO-endo,exo-DIMETHANONAPHTHALENE • 3,4,5,6,9,9-HEXACHLORO-1a, 2, 2a, 3, 6, 6a, 7, 7a-OCTAHYDRO-2,7:3,6-DIMETHANONAPHTH(2,3-b)OXIRENE • ILLOXOL • KILLGERM DETHLAC INSECTICIDAL LAQUER • NA 2761 (DOT) • NCI-C00124 • OCTALOX • OXRALOX • PANORAM • PANORAM D-31 • (1R,4S,4AS,5R,6R,7S,8S,8AR)1,2,3,4,10,10-HEXACHLORO-1,4,4a,5,6,7,8,8a-OCTAHYDR O-6,7-EPOXY-1,4:5,8-DIMETHANONAPHTHALENE • QUINTOX • RCRA No. P037 • RTECS No. IO1750000 • STCC 4941134 (liquid) • STCC 4941135 (solid) • UN 2761

EPA NAME: DIEPOXYBUTANE
CAS: 1464-53-5
SYNONYMS: 1,1'-BI[ETHYLENE OXIDE] • BIOXIRANE • 2,2'-BIOXIRANE • BUTADIENDIOXYD (German) • BUTADIENE DIEPOXIDE • 1,3-BUTADIENE DIEPOXIDE • BUTADIENE DIOXIDE • BUTANE DIEPOXIDE • BUTANE, 1,2:3,4-DIEPOXY- • DEB • DIOXYBUTADIENE • ENT 26,592 • ERYTHRITOL ANHYDRIDE • RCRA No. U085 • RTECS No. EJ8225000

EPA NAME: DIETHANOLAMINE
CAS: 111-42-2
SYNONYMS: N,N-BIS(2-HYDROXYETHYL)AMINE • BIS(HYDROXYETHYL)AMINE • BIS(2-HYDROXYETHYL) AMINE • DEA • DIAETHANOLAMIN (German) • DIETANOLAMINA (Spanish) • DIETHANOLAMIN (Czech) • N,N-DIETHANOLAMINE • DIETHYLOLAMINE • 2,2'-DIHYDROXYDIETHYLAMINE • DI(2-HYDROXYETHYL)AMINE • DIOLAMINE • EINECS No. 203-868-0 • ETHANOL, 2,2'-IMINOBIS- • ETHANOL, 2,2'-IMINOBIS- • ETHANOL, 2,2'-IMINODI- • 2-((2-HYDROXYETHYL)AMINO)ETHANOL • 2,2'-

IMINOBIS(ETHANOL) • 2,2'-IMINODIETHANOL • 2,2'-IMINODI-1-ETHANOL • IMINODIETHANOL • NCI C55174 • RTECS No. KL2975000

EPA NAME: DIETHATYL ETHYL
CAS: 38727-55-8
SYNONYMS: AC 22,234 • ANTOR • BAY NTN 6867 • CASWELL No. 179 • N-(CHLOROACETYL)-N-(2,6-DIETHYLPHENYL) GLYCINE ETHYL ESTER • ETHYL N-(CHLOROACETYL)-N-(2,6-DIETHYLPHENYL)GLYCINATE • GLYCINE, N-(CHLOROACETYL)-N-(2,6-DIETHYLPHENYL)-, ETHYL ESTER • HERCULES 22234 • RTECS No. MB9200000

EPA NAME: DIETHYLAMINE
CAS: 109-89-7
SYNONYMS: 2-AMINOPENTANE • DEN • DIAETHYAMIN (German) • DIETHAMINE • DIETILAMINA (Italian, Spanish) • EINECS No. 203-716-3 • N,N-DIETHYLAMINE • DWUETYLOAMINA (Polish) • EEC No. 612-003-00-X • N-ETHYL ETHANAMINE • RTECS No. HZ8750000 • STCC 4907815 • UN 1154

EPA NAME: O-(2-(DIETHYLAMINO)-6-METHYL-4-PYRIMIDINYL)-O,O-DIMETHYL PHOSPHOROTHIOATE
[see PIRIMIPHOS METHYL]
CAS: 29232-93-7

EPA NAME: N,N-DIETHYLANILINE
CAS: 91-66-7
SYNONYMS: BENZENAMINE, N,N-DIETHYL- • DEA • N,N-DIETILANILINA (Spanish) • DIAETHYANILIN (German) • N,N-DIETHYLAMINOBENZENE • N,N-DIETHYLANILIN (Czech) • DIETHYLANILINE • N,N-DIETHYLBENZENAMINE • DIETHYLPHENYLAMINE • RTECS No. BX3400000 • UN 2432

EPA NAME: DIETHYLARSINE
CAS: 692-42-2
SYNONYMS: ARSINE, DIETHYL- • DIETILARSINA (Spanish)

EPA NAME: DIETHYLCARBAMAZINE CITRATE
CAS: 1642-54-2
SYNONYMS: BANOCIDE • CARICIDE • CARITROL • DICAROCIDE • DIETHYLCARBAMAZANE CITRATE • DIETHYLCARBAMAZINE ACID CITRATE • E • DIETHYLCARBAMAZINE HYDROGEN CITRATE • 1-DIETHYLCARBAMOYL-4-METHYLPIPERAZINE • 1-DIETHYLCARBAMOYL-4-METHYLPIPERAZINE DIHYDROGEN CITRATE • N,N-DIETHYL-4-METHYL-1-PIPERAZINE CARBOXAMIDE CITRATE • N,N-DIETHYL-4-METHYL-1-PIPERAZINECARBOXAMIDE DIHYDROGEN CITRATE • N,N-DIETHYL-4-METHYL-1-PIPERAZINECARBOXAMIDE-2-HYDROXY-1,2,3-PROPANETRICARBOXY LATE • DITRAZIN • DITRAZIN CITRATE • DITRAZINE • DITRAZINE CITRATE • ETHO-

DRYL CITRATE • FRANOCIDE • FRANOZAN • HETRAZAN • LOXURAN • 1-METHYL-4-DIETHYLCARBAMOYLPIPERAZINE CITRATE • RTECS No. TL1225000

EPA NAME: **DIETHYL CHLOROPHOSPHATE**
CAS: 814-49-3
SYNONYMS: CHLOROPHOSPHORIC ACID DIETHYL ESTER • CLOROFOSFATO de DIETILO (Spanish) • DIETHOXYPHOSPHOROUS OXYCHLORIDE • RTECS No. TD1400000

EPA NAME: **DIETHYLDIISOCYANATOBENZENE**
CAS: 134190-37-7
SYNONYMS: BENZENE, DIETHYLDIISOCYANATO-

EPA NAME: **DI(2-ETHYLHEXYL)PHTHALATE**
CAS: 117-81-7
SYNONYMS: BEHP • 1,2-BENZENEDICARBOXYLIC ACID, BIS (2-ETHYLHEXYL) ESTER • 1,2-BENZENEDICARBOXYLIC ACID, DIOCTYL ESTER • BIS(2-ETILHEXIL)FTALATO (Spanish) • BIS(2-ETHYLHEXYL)-1,2-BENZENEDICARBOXYLATE • BIS(2-ETHYLHEXYL)PHTHALATE • BISOFLEX 81 • BISOFLEX 82 • BISOFLEX DOP • COMPOUND 889 • DAF 68 • DEHP • DIESTER OF 2-ETHYLHEXYL ALCOHOL AND PHTHALIC ACID • DI(2-ETHYLHEXYL)ORTHOPHTHALATE • DI(2-ETHYLHEXYL)PHTHALATE • DI-s-OCTYL PHTHALATE • DI-sec-OCTYL PHTHALATE (DEHP) • DIOCTYL PHTHALATE • DOF • DOF (Russian plasticizer) • DOP • EINECS No. 204-211-0 • ERGOPLAST FDO • ERGOPLAST FDO-S • ETHYLHEXYL PHTHALATE • 2-ETHYLHEXYL PHTHALATE • EVIPLAST 80 • EVIPLAST 81 • FLEXIMEL • FLEXOL DOP • FLEXOL PLASTICIZER DOP • FTALATO de(2-ETILHEXILO) (Spanish) • GOOD-RITE GP 264 • HATCOL DOP • HERCOFLEX 260 • KODAFLEX DOP • MITSUBISHI DOP • MOLLANO • NCI-C52733 • NUOPLAZ DOP • OCTOIL • OCTYL PHTHALATE • OCTYL PHTHALATE, DI-sec • PALATINOL AH • PHTHALIC ACID DIOCTYL ESTER • PITTSBURGH PX-138 • PLATINOL AH • PLATINOL DOP • PLASTHALL DOP • PLASTICIZER 28P • RC PLASTICIZER DOP • POLYCIZER 162 • PX-138 • RCRA No. U028 • REOMOL D 79P • REOMOL DOP • SICOL 150 • STAFLEX DOP • TRUFLEX DOP • VESTINOL AH • VINICIZER 80 • WITCIZER 312 • RTECS No. TI0350000

EPA NAME: **O,O-DIETHYL S-METHYL DITHIOPHOSPHATE**
CAS: 3288-58-2
SYNONYMS: PHOSPHORODITHIOC ACID, O,O-DIETHYL S-METHYL ESTER • RCRA No. U087 • UN 2783 (organophosphorus pesticides, solid, toxic) • UN 3018 (organophosphorus pesticides, liquid, toxic)

EPA NAME: **DIETHYL-p-NITROPHENYL PHOSPHATE**
CAS: 311-45-5
SYNONYMS: CHINORTA • O,O'-DIETHYL-p-NITROPHENYLPHOSPHAT (German) • DIAETHYL-p-NITROPHENYLPHOSPHORSAEUREESTER (German) • DIETHYL-p-NITROFENYL

ESTER KYSELINY FOSFORECNE (Czech) • O,O-DIETHYL-p-NITROPHENYL PHOSPHATE • O,O-DIETHYL-p-NITROPHENYL PHOSPHATE • O,O-DIETHYL O-p-NITROPHENYL PHOSPHATE • DIETHYL PARAOXON • O,O-DIETHYLPHOSPHORIC ACID O-p-NITROPHENYL ESTER • E 600 • ENT 16,087 • ESTER 25 • ETHYL-p-NITROPHENYL ETHYLPHOSPHATE • ETHYL PARAOXON • ETICOL • FOSFAKOL • HC 2072 • MINTACO • MINTACOL • MIOTISAL • MIOTISAL A • O-p-NITROFENILFOSFATO de O,O-DIETILO (Spanish) • p-NITROPHENYL DIEYHYLPHOSPHATE • OXYPARATHION • PARAOXON • PARAOXONE • PAROXAN • PESTOX 101 • PHOSPHACOL • PHOSPHORIC ACID, DIETHYL 4-NITROPHENYL ESTER • PHOSPHORIC ACID, DIETHYL p-NITROPHENYL ESTER • RCRA No. P041 • RTECS No. TC2275000 • SOLUGLACIT • TS 219

EPA NAME: DIETHYL PHTHALATE
CAS: 84-66-2
SYNONYMS: ANOZOL • 1,2-BENZENEDICARBOXYLIC ACID, DIETHYL ESTER • O-BENZENEDICARBOXYLIC ACID DIETHYL ESTER • DEP • DIETHYL 1,2-BENZENEDICARBOXYLATE • DIETHYL-p-PHTHALATE • EINECS No. 201-550-6 • ESTOL 1550 • ETHYL PHTHALATE • FTALATO de DIETILO (Spanish) • NA 9188 (DOT) • NCI-C60048 • NEANTINE • PALATINOL A • PHTHALIC ACID, DIETHYL ESTER • PHTHALOL • PHTHALSAEUREDIAETHYLESTER (German) • PLACIDOL E • RCRA No. U088 • RTECS No. TI1050000 • SOLVANOL • STCC 4962112 • UNIMOLL DA

EPA NAME: O,O-DIETHYL-o-PARAZINYL PHOSPHOROTHIOATE
[see ZINOPHOS]
CAS: 297-97-2

EPA NAME: DIETHYLSTILBESTROL (DES)
CAS: 56-53-1
SYNONYMS: ACNESTROL • AGOSTILBEN • ANTIGESTIL • BIO-DES • 3,4-BIS(p-HYDROPHENYL)-3-HEXENE • BUFTON • CLIMATERINE • COMESTROL • COMESTROL ESTROBENE • CYREN • DAWE'S DESTROL • DEB • DES • DES (SYNTHETIC ESTROGEN) • DESMA • DESTROL • DIASTYL • DIBESTROL • DICORVIN • DI-ESTRYL • trans-4,4'-(1,2-DIETHYL-1,2-ETHENEDIYL)BISPHENOL • 4,4'-(1,2-DIETHYL-1,2-ETHENEDIYL)BIS-PHENOL • α, α'-DIETHYL-STILBENEDIOL • α, α'-DIETHYL-(E)-4,4'D-STILBENEDIOL • trans-α, α'-DIETHYL-STILBENEDIOL • 2,2'-DIETHYL-4,4'-STILBENEDIOL • trans-DIETHYLSTILBESTROL • DIETILESTILBESTROL (Spanish) • 4,4'-DIHYDROXYDIETHYL-STILBENE • 4,4'-DIHYDROXY-α,beta-DIETHYLSTILBENE • 3,4'(4,4'-dihydroxyphenyl)HEX-3-ENE • DISTILBENE • DOMESTROL • DYESTROL • ESTILBEN • ESTRIL • ESTROBENE • ESTROGEN • ESTROMENIN • ESTROSYN • FOLLIDIENE • FONATOL • GRAFESTROL • GYNOPHARM • HIBESTROL •

IDROESTRIL • ISCOVESCO • MAKAROL • MENOSYILBEEN • MICREST • MICROEST • MILESTROL • NEO-OESTRANOL 1 • NSC-3070 • OEKOLP • OESTROGENINE • OESTROL • VETAG • OESTROMENIN • OESTROMENSIL • OESTROMENSYL • OESTROMIENIN • OESTROMON • PABESTROL • PALESTROL • PERCUTATRINE OESTROGENIQUE ISCOVESCO • PROTECTONA • PHENOL, 4,4′-(1,2-DIETHYL-1,2-ETHENEDIYL)BIS-, (E)- • RCRA No. U089 • RUMESTROL 2 • RTECS No. WJ5600000 • SEDESTRAN • SERRAL • SEXOCRETIN • SIBOL • SINTESTROL • STIBILIUM • STIL • STILBESTROL • STILBESTRONE • STILBETIN • STILBOEFRAL • STILBOESTROFORM • STILBOESTROL • STILBOFOLLIN • STILBOL • STILKAP • STIL-ROL • SYNESTRIN • SYNTHOESTRIN • SYNTHOFOLIN • SYNTOFOLIN • TAMPOVAGAN STILBOESTROL • TYLOSTERONE • VAGESTROL

EPA NAME: DIETHYL SULFATE
CAS: 64-67-5
SYNONYMS: DES • DIAETHYLSULFAT (German) • DIETHYLESTER KYSELINY SIROVE (Czech) • DIETHYL ESTER SULFURIC ACID • DIETHYL SULPHATE • DIETHYL TETRAOXOSULFATE • DIETHYL TETRAOXOSULPHATE • DS • ETHYL SULFATE • ETHYL SULPHATE • SULFATO de DIETILO (Spanish) • SULFURIC ACID, DIETHYL ESTER • RTECS No. WS7875000 • UN 1594

EPA NAME: DIFLUBENZURON
CAS: 35367-38-5
SYNONYMS: AI 329054 • BENZAMIDE, N-(((4-CHLOROPHENYL)AMINO)CARBONYL)-2,6-DIFLUORO • N-(((4-CHLOROPHENYL)AMINO)CARBONYL)-2,6-DIFLUOROBENZAMIDE • 1-(4-CHLOROPHENYL)-3-(2,6-DIFLUOROBENZOYL)UREA • DIFLUBENZURON (Spanish) • DIFLURON • DIMILIN • DU 112307 • DUPHAR PH 60-40 • ENT 29,054 • LARVAKIL • OMS 1804 • PDD 60401 • PH 60-40 • PHILIPS-DUPHAR PH 60-40 • TH 6040 • THOMPSON-HAYWARD 6040 • UREA, 1-(p-CHLOROPHENYL)-3-(2,6-DIFLUOROBENZOYL)- • RTECS No. YS6200000 • TH 60-40 • UN 3002 (phenyl urea pesticides, liquid, toxic)

EPA NAME: DIFLUOROETHANE
CAS: 75-37-6
SYNONYMS: ALGOFRENE TYPE 67 • 1,1-DIFLUORETANO (Spanish) • 1,1-DIFLUOROETHANE • 1,1-DIFLUROETHANE • ETHANE, 1,1-DIFLUORO- • ETHYLENE FLUORIDE • ETHYLIDENE DIFLUORIDE • ETHYLIDENE FLUORIDE • FC 152a • FREON 152 • GENETRON 100 • HALOCARBON 152a • R 152A • REFRIGERANT 152a • RTECS No. KI1410000 • UN 1030

EPA NAME: DIGITOXIN
CAS: 71-63-6

SYNONYMS: ACEDOXIN • ASTHENTHILO • CARDIDIGIN • CARDIGIN • CARDITOXIN • CRISTAPURAT • CRYSTALLINE DIGITALIN • CRYSTODIGIN • DIGILONG • DIGIMED • DIGIMERCK • DIGISIDIN • DIGITALIN • DIGITALINE (French) • DIGITALINE CRISTALLISEEL DIGITALINE NATIVELLE • DIGITALINUM VERUM • DIGITOPHYLLIN • DIGITOXIGENIN-TRIDIGITOXOSID (German) • DIGITOXIGENIN TRIDIGITOXOSIDE • DIGITOXINA (Spanish) • DITAVEN • GLUCODIGIN • LANATOXIN • MONOGLYCOCOARD • MYODIGIN • PURODIGIN • PURPURID • TARDIGAL • TRI-DIGITOXOSIDE (German) • UNIDIGIN • RTECS No. IH2275000

EPA NAME: 5,6-DIHYDRO-2-METHYL-N-PHENYL-1,4-OXATHIIN-3-CARBOXAMIDE
[see CARBOXIN]
CAS: 5234-68-4

EPA NAME: DIGLYCIDYL ETHER
CAS: 2238-07-5
SYNONYMS: BIS(2,3-EPOXYPROPYL)ETHER • DGE • DI(2,3-EPOXY)PROPYL ETHER • DIALLYL ETHER DIOXIDE • DI(EPOXYPROPYL) ETHER • ETHER, DIGLYCIDYL • ETHER, BIS(2,3-EPOXYPROPYL)- • DI(EPOXYPROPYL) ETHER • BIS(2-3-EPOXYPROPYL) ETHER • 2-EPOXYPROPYL ETHER • ETHER, DIGLYCIDYL • ETHER, BIS(2,3-EPOXYPROPYL) • NSV 54739 • OXIRANE, 2,2′-OXYBIS (METHYLENE) BIS- • 2,2′-OXYBIS(METHYLENE)BISOXIRANE • RTECS No. KN2350000

EPA NAME: DIGLYCIDYL RESORCINOL ETHER
CAS: 101-90-6
SYNONYMS: ARALDITE ERE 1359 • m-BIS(2,3-EPOXYPROPOXY)BENZENE • 1,3-BIS(2,3-EPOXYPROPOXY)BENZENE • m-BIS(GLYCIDYLOXY)BENZENE • 1,3-DIGLYCIDYLOXY-BENZENE • ERE 1359 • ETER DIGLICIDILICO de la RESORCINA (Spanish) • NCI-C54966 • 2,2′-(1,3-PHENYLENEBIS (OXYMETHYLENE))BISOXIRANE • RDGE • RESORCINOL BIS(2,3-EPOXYPROPYL)ETHER • RESORCINOL DIGLYCIDYL ETHER • RESORCINYL DIGLYCIDYL ETHER • RTECS No. VH1050000

EPA NAME: DIGOXIN
CAS: 20830-75-5
SYNONYMS: CHLOROFORMIC DIGITALIN • DIGACIN • DIGITALIS GLYCOSIDE • DIGOXIGENINTRIDIGITOXOSID (German) • DIGOXINA (Spanish) • DIGOXINE • HOMOLLE'S DIGITALIN • LANICOR • LANOXIN • ROUGOXIN • SK-DIGOXIN • RTECS No. IH6125000

EPA NAME: 2,3,-DIHYDRO-5,6-DIMETHYL-1,4-DITHIIN-1,1,4,4-TETRAOXIDE
[see DIMETHIPIN]
CAS: 55290-64-7

EPA NAME: 5,6-DIHYDRO-2-METHYL-N-PHENYL-1,4-OXA-THIIN-3-CARBOXAMIDE
[see CARBOXIN]
CAS: 5234-68-4

EPA NAME: DIHYDROSAFROLE
CAS: 94-58-6
SYNONYMS: AI3-03435 • BENZENE, 1,2-(METHYLENEDIOXY)-4-PROPYL- • 1,3-BENZODIOXOLE, 5-PROPYL- • DIHIDROSAFROL (Spanish) • DIHYDROISOSAFROLE • DIHYDROSAFROL • 2′,3′-DIHYDROSAFROLE • (1,2-(METHYLENEDIOXY)-4-PROPYL)BENZENE • NSC 27867 • 5-PROPYL-1,3-BENZODIOXOLE • 4-PROPYL-1,2-(METHYLE NEDIOXY) BENZENE • RCRA No. U090 • RTECS No. DA6125000 • SAFROLE, DIHYDRO-

EPA NAME: 4,4′-DIISOCYANATODIPHENYL ETHER
CAS: 4128-73-8
SYNONYMS: BENZENE, 1,1′-OXYBIS(4-ISOCYANATO)- • 1,1′-OXYBIS(4-ISOCYANATOBENZENE)

EPA NAME: 2,4′-DIISOCYANATODIPHENYL SULFIDE
CAS: 75790-87-3
SYNONYMS: BENZENE, 1-ISOCYANATO-2-((4-ISOCYANATOPHENYL)THIO)- • o-((p-ISOCYANATOPHENYL)THIO)PHENYL ISOCYANATE

EPA NAME: DIISOPROPYLFLUOROPHOSPHATE
CAS: 55-91-4
SYNONYMS: DPF • DIFLUPYL • DIFLUROPHATE • DIISOPROPOXYPHOSPHORYL FLUORIDE • DIISOPROPYL FLUOROPHOSPHATE • O,O-DIISOPROPYLFLUOROPHOSPHATE • DIISOPROPYLFLUOROPHOSPHONATE • DIISOPROPYLFLUOROPHOSPHORIC ACID ESTER • DIISOPROPYL-FLUORPHOSPHORSAEUREESTER (German) • DIISOPROPYLPHOSPHOFLUORIDATE • DIISOPROPYL PHOSPHOROFLUORIDATE • O,O′-DIISOPROPYL PHOSPHORYL FLUORIDE • DYFLOS • FLOROPRYL • FLUOPHOSPHORIC ACID, DIISOPROPYL ESTER • FLUORODIISOPROPYL PHOSPHATE • FLUOROPRYL • FLUOSTIGMINE • ISOFLUOROPHATE • ISOFLUORPHATE • ISOFLUROPHATE • ISOPROPYL FLUOPHOSPHATE • ISOPROYL PHOSPHOROFLUORIDATE • NEOGLAUCIT • PF-3 • PHOSPHOROFLUORIDIC ACID, DIISOPROPYL ESTER • RCRA No. P043 • RTECS No. TE5075000 • T-1703 • TL-466

EPA NAME: DIMEFOX
CAS: 115-26-4
SYNONYMS: BPF • BFPO • BIS(DIMETHYLAMIDO)FLUOROPHOSPHATE • BIS(DIMETHYLAMIDO)FLUOROPHOSPHINE OXIDE • BIS(DIMETHYLAMIDO)PHOSPHORYL FLUORIDE • BIS(DIMETHYLAMINO)FLUOROPHOSPHATE • BISDIMETHYLAMINOFLUOROPHOSPHINE OXIDE • CR 409 • DIFO • DMF • ENT 19,109 • FLUOPHOSPHORIC ACID

DI(DIMETHYLAMIDE) • FLORURE de N,N,N',N'-TETRA-METHYLE PHOSPHORO-DIAMIDE (French) • HANANE • PESTOX IV • PESTOX XIV • PESTOX 14 • RTECS No. TD4025000 • T-2002 • TERRA-SYSTAM • TERRA-SYTAM • TERRASYTUM • N,N,N',N'-TETRAMETHYL-DIAMIDO-FOSFORZUUR-FLUORIDE (Dutch) • TETRAMETHYL-DIAMIDOPHOSPHORIC FLUORIDE • N,N,N',N'-TETRA-METHYL-DIAMIDO-PHOSPHORSAEURE-FLUORID (German) • TETRAMETHYLPHOSPHORODIAMIDIC FLUORIDE • N,N,N,N-TETRAMETHYLPHOSPHORODIAMIDIC FLUORIDE • N,N,N',N'-TETRAMETIL-FOSFORODIAMMIDO-FLUORURO (Italian) • TETRA SYSTAM • TL 792 WACKER 14/10

EPA NAME: 1,4,5,8-DIMETHANONAPHTHALENE, 1,2,3,4,10,10-HEXACHLORO-1,4,4a,5,8,8a-HEXAHYDRO-(1 α,4α,4aβ,5α,8α,8aβ)-
[see ALDRIN]
CAS: 309-00-2

EPA NAME: DIMETHIPIN
CAS: 55290-64-7
SYNONYMS: CASWELL No. 472AA • 2,3-DIHYDRO-5,6-DIMETHYL-1,4-DITHIIN-1,1,4,4-TETRAOXIDE • 2,3,-DIHYDRO-5,6-DIMETHYL-1,4-DITHIIN-1,1,4,4-TETRAOXIDE • 2,3-DIHYDRO-5,6-DIMETHYL-1,4-DITHIIN-1,1,4,4-TETROXIDE • P-DITHIANE, 2,3-DEHYDRO-2,3-DIMETHYL-,TETROXIDE • 1,4-DITHIIN, 2,3-DIHYDRO-5,6-DIMETHYL-,1,1,4,4-TETRAOXIDE • EPA PESTICIDE CHEMICAL CODE 118901 • HARVADE-5F • N 252 • OXIDIMETHIIN • OXYDIMETHIIN • TETRATHIIN • UBI-N 252

EPA NAME: DIMETHOATE
CAS: 60-51-5
SYNONYMS: AC 12682 • ACETIC ACID, O,O-DIMETHYL-DITHIOPHOSPHORYL-, N-MONOMETHYLAMIDE SALT • AI3-24650 • AMERICAN CYANAMID 12,880 • BI 58 • 8014 BIS HC • CASWELL No. 358 • CEKUTHOATE • CL 12880 • CYGON • CYGON 2-E • CYGON INSECTICIDE • DAPHENE • DE-FEND • DEMOS-L40 • DEVIGON • DIMATE 267 • DIMET • DIMETATE • DIMETHOAAT (Dutch) • DIMETHOAT (German) • DIMETHOATE-267 • DIMETHOATE 30 EC • DIMETHOAT TECH 95% • DIMETHOAT TECHNISCH 95% (German) • DIMETHOGEN • 2-DIMETHOXYPHOSPHINOTHIOYLTHIO-N-METHYLACETAMIDE • O,O-DIMETHYLDITHIO-PHOSPHORYLACETIC ACID, N-MONOMETHYLAMIDE SALT • O,O-DIMETHYL-DITHIOPHOSPHORYLESSIG-SAEURE MONOMETHYLAMID (German) • O,O-DIMETHYL S-(2-(METHYLAMINO)-2-OXOETHYL) PHOSPHORODITHIOATE • O,O-DIMETHYL-S-(N-METHYLCARBAMOYL)-METHYL-DITHIOFOSFAAT (Dutch) • (O,O-DIMETHYL-S-(N-METHYLCARBAMOYL-METHYL)-CARBAMOYL-METHYL)-DITHIOPHOSPHAT) (German) • O,O-DIMETHYL S-(N-METH-

YLCARBAMOYLMETHYL) DITHIOPHOSPHATE • O,O-DIMETHYL METHYLCARBAMOYLMETHYL PHOSPHORODITHIOATE • O,O-DIMETHYL S-((METHYLCARBAMOYL)METHYL)PHOSPHORODITHIOATE • O,O-DIMETHYL S-(N-METHYLCARBAMOYLMETHYL) PHOSPHORODITHIOATE • O,O-DIMETHYL S-(N-METHYLCARBAMYLMETHYL) THIOTHIONOPHOSPHATE • O,O-DIMETHYL-S-(N- MONOMETHYL)-CARBAMYL METHYL DITHIOPHOSPHATE • O,O-DIMETHYL PHOSPHORODITHIOATE S-ESTER WITH 2-MERCAPTO-N-METHYLACETAMIDE • O,O-DIMETHYL-S-(2-OXO-3-AZA-BUTYL)-DITHIOPHOSPHAT (German) • O,O-DIMETIL-S-(N-METIL-CARBAMOIL-METIL)-DITIOFOSFATO (Italian) • DIMEVUR • DITHIOPHOSPHATE de O,O-DIMETYLE et de S(-N-METHYLCARBAMOYL-METHYLE (French) • EI 12880 • ENT 24,650 • EPA PESTICIDE CHEMICAL CODE 035001 • EXPERIMENTAL INSECTICIDE 12,880 • FERKETHION • FIP • FORTION NM • FOSFAM-ID • FOSFATOX R • FOSFOTOX R • FOSFOTOX R 35 • FOSTION MM • L-395 • LURGO • S-METHYLCARBAMOYLMETHYL-O,O-DIMETHYL PHOSPHORODITHIOATE • N-MONOMETHYLAMIDE of O,O-DIMETHYLDITHIOPHOSPHORYLACETIC ACID • NC-262 • NCI-C00135 • OMS 94 • PEI 75 • PERFECTHION • PERFEKTHION • PERFEKTION • PHOSPHAMID • PHOSPHAMIDE • PHOSPHORODITHIOIC ACID, O,O-DIMETHYL ESTER, S-ESTER WITH 2-MERCAPTO-N-METHYL-ACETAMIDE • PHOSPHORODITHIOIC ACID O,O-DIMETHYL ESTER, ESTER WITH 2-MERCAPTO-N-METHYL-ACETAMIDE • PHOSPHORODITHIOIC ACID, O,O-DIMETHYL S-(2-(METHYLAMINO)-2-OXOETHYL) ESTER • RCRA No. P044 • ROGODIAL • ROGOR • ROGOR 20L • ROXION • ROXION U.A. • RTECS No. TE1750000 • SINORATOX • SOLUT • TRIMETION • UN 3018 (organophosphorus pesticide, liquid, toxic) • UN 2783 (organophosphorus pesticide, solid, toxic)

EPA NAME: 3,3'-DIMETHOXYBENZIDINE
CAS: 119-90-4

SYNONYMS: ACETAMINE DIAZO BLACK RD • AMACEL DEVELOPED NAVY SD • AZOGENE FAST BLUE BASE • AZOGENE FAST BLUE B • AZOFIX BLUE B SALT • BENZIDINE, 3,3'-DIMETHOXY- • 4,4'-BI-O-ANISIDINE • [1,1'-BIPHENYL]-4,4'-DIAMINE, 3,3'-DIMETHOXY- • BLUE BASE IRGA B • BLUE BASE NB • BLUE BN BASE • BRENTAMINE FAST BLUE B BASE • CELLITAZOL B • C.I. 24110 • C.I. AZOIC DIAZO COMPONENT 48 • C.I. DISPERSE BLACK 6 • CIBACETE DIAZO NAVY BLUE 2B • DIACEL NAVY DC • DIACELLITON FAST GREY G • 4,4'-DIAMINO-3,3'-DIMETHOXY-1,1'-BIPHENYL • o-DIANISIDIN (Czech, German) • DIANISIDINA (Italian, Spanish) • o-DIANISIDINA (Italian) • DIANISIDINE • o-DIANISIDINE • O,O'-DIANISIDINE • 3,3'-DIANISIDINE • DIATO BLUE BASE B • 3,3'-DIMETHOXY-4,4'-DIAMINODIPHENYL • 3,3'-DIMETHOXYBENZIDIN

(Czech) • 3,3'-DIMETHOXYBEZIDINE • 3,3'-DIMETOSSIBEN-
ZODINA (Italian) • 3,3'-DIMETOXIBENZIDINA (Spanish) •
FAST BLUE BASE B • FAST BLUE B BASE • FAST BLUE DSC
BASE • HILTONIL FAST BLUE B BASE • HILTOSAL FAST
BLUE B SALT • HINDASOL BLUE B SALT • KAKO BLUE B
SALT • KAYAKU BLUE B BASE • LAKE BLUE B BASE •
MEISEI TERYL DIAZO BLUE HR • MITSUI BLUE B BASE •
NAPHTHANIL BLUE B BASE • NEUTROSEL NAVY BN •
RCRA No. U091 • RTECS No. DD0875000 • SANYO FAST
BLUE SALT B • SETACYL DIAZO NAVY R • SPECTROLENE
BLUE B

**EPA NAME: 3,3'-DIMETHOXYBENZIDINE DIHYDROCHLO-
RIDE**
CAS: 20325-40-0
SYNONYMS: BENZIDINE, 3,3'-DIMETHOXY-, DIHYDROCHLO-
RIDE • (1,1'-BIPHENYL)-4,4'-DIAMINE, 3,3-DIMETHOXY-,
DIHYDROCHLORIDE • (1,1'-BIPHENYL)-4,4'-DIAMINE, 3,3'-
DIMETHOXY-, DIHYDROCHLORIDE • C.I. DISPERSE
BLACK 6 DIHYDROCHLORIDE • o-DIANISIDINE DIHY-
DROCHLORIDE • 3,3'-DIMETHOXY (1,1-BIPHENYL)-4,4'-DI-
AMINE DIHYDROCHLORIDE • 3,3'-DIMETHOXYBIPHE-
NYL-4,4'-YLENE DIAMMONIUM DICHLORIDE • 3,3'-
DIMETHOXY-4,4'-DIAMINOBIPHENYL
DIHYDROCHLORIDE • RTECS No. DD1050000

**EPA NAME: 3,3'-DIMETHOXYBENZIDINE-4,4'-DIISOCYA-
NATE**
CAS: 91-93-0
SYNONYMS: AI3-52494 • 1,1'-BIPHENYL, 4,4'-DIISOCYANATO-
3,3'-DIMETHOXY- • DADI • DIANISIDINE DIISOCYANATE •
4,4'-DIISOCYANATO-3,3'-DIMETHOXY-1,1'-BIPHENYL •
3,3'-DIMETHOXYBENZIDINE-4,4'-DIIOCYANTE • 3,3'-DI-
METHOXY-4,4'-BIPHENYL DIISOCYANATE • 3,3'-DIMETH-
OXY-4,4'-BIPHENYLENE DIISOCYANATE • 3,3'-DIMETH-
OXY-4,4'-BIPHENYLYLENE ISOCYANATE • 3,3'-DI-
METHOXY-4,4'-BIPHENYLYLENE ISOCYANIC ACID ESTER
• 3,3'-DIMETHOXY-4,4'-DIPHENYLYL ISOCYANATE • IANI-
SIDINE DIISOCYANATE • ISOCYANIC ACID 3,3'-DIMETH-
OXY-4,4'-BIPHENYLENE ESTER • ISOCYANIC ACID, ESTER
WITH O,O'-DIMETHOXYBIPHENYL • NCI-C02175 • RTECS
No. NQ8800000

EPA NAME: 3,3'-DIMETHOXYBENZIDINE HYDROCHLORIDE
CAS: 111984-09-9
SYNONYMS: (1,1'-BIPHENYL)-4,4'-DIAMINE, 3,3'-DIMETH-
OXY-, MONOHYDROCHLORIDE • CLROHIDRATO de O-
DIANISIDINA (Spanish) • O-DIANISIDINE HYDROCHLO-
RIDE

EPA NAME: DIMETHYLAMINE
CAS: 124-40-3

SYNONYMS: AI3-15638-X • DIMETHYLAMINE (ANHYDROUS) • DMA • METHANAMINE, N-METHYL- • N-METHYL-METHANAMINE • RCRA U092 • RTECS No. IP8750000 • STCC 4905510 • UN 1032 (anhydrous) • UN 1160 (aqueous solution)

EPA NAME: DIMETHYLAMINE DICAMBA
CAS: 2300-66-5
SYNONYMS: O-ANISIC ACID, 3,6-DICHLORO-, WITH DIMETHYLAMINE (1:1) • BANEX • BANVEL 2S • BANVEL 4S • BENZOIC ACID, 3,6-DICHLORO-2-METHOXY-, WITH N-METHYLMETHANAMINE (1:1) • CASWELL No. 067A • CASWELL No. 295B • DICAMBA AMINE • DICAMBA DIMETHYLAMINE • DICAMBA DIMETHYLAMINE SALT • DICAMBA-DIMETHYLAMMONIUM • 3,6-DICHLORO-O-ANISIC ACID, COMPOUND WITH DIMETHYLAMINE (1:1) • 3,6-DICHLORO-2-METHOXYBENZOIC ACID WITH N-METHYLMETHANAMINE (1:1) • DIMETHYLAMINE-3,6-DICHLORO-O-ANISATE • DIMETHYLAMINE SALT OF DICAMBA • DIMETILAMINA (Spanish) • EPA PESTICIDE CHEMICAL CODE 029802

EPA NAME: 4-DIMETHYLAMINOAZOBENZENE
CAS: 60-11-7
SYNONYMS: BENZENAMINE, N,N-DIMETHYL-4-(PHENYLAZO)- • BRILLIANT FAST OIL YELLOW • BRILLIANT FAST SPIRIT YELLOW • BRILLIANT OIL YELLOW • BUTTER YELLOW • CERASINE YELLOW GG • C.I. 11020 • C.I. SOLVENT YELLOW 2 • DAB • DIMETHYLAMINOAZOBENZENE • P-(DIMETHYLAMINO)AZOBENZENE • 4-(N,N-DIMETHYLAMINO)AZOB ENZENE • N,N-DIMETHYL-P-(PHENYLAZ O) ANILINE • N,N-DIMETHYL-4-PHENYLAZO ANILINE • DIMETHYL YELLOW • DMAB • ENIAL YELLOW 2G • FAST OIL YELLOW B • FAT YELLOW • FAT YELLOW A • FAT YELLOW AD OO • FAT YELLOW ES • FAT YELLOW ES EXTRA • FAT YELLOW EXTRA CONC • FAT YELLOW R • GRASAL BRILLIANT YELLOW • IKETON YELLOW EXTRA • METHYL YELLOW • OIL YELLOW 2625 • OIL YELLOW 20 • OIL YELLOW BB • OIL YELLOW D • OIL YELLOW FN • OIL YELLOW 2G • OIL YELLOW G • OIL YELLOW GG • OIL YELLOW GR • OIL YELLOW II • OIL YELLOW N • OIL YELLOW PEL • OIL YELLOW S • OLEAL YELLOW 2G • ORGANOL YELLOW ADM • ORIENT OIL YELLOW GG • PETROL YELLOW WT • 4-(PHENYLAZO)-N,N-DIMETHYL-ANILINE • RESINOL YELLOW GR • RTECS No. BX7350000 • SILOTRAS YELLOW T 2G • SOMALIA YELLOW A • STEAR YELLOW JB • SUDAN YELLOW GG • SUDAN YELLOW GGA • TOYO OIL YELLOW G • WAXOLINE YELLOW ADS • YELLOW G SOLUBLE IN GREASE

EPA NAME: DIMETHYLAMINOAZOBENZENE
[see 4-DIMETHYLAMINOAZOBENZENE]
CAS: 60-11-7

EPA NAME: N,N-DIMETHYLANILINE
CAS: 121-69-7
SYNONYMS: ANILINE, N,N-DIMETHYL- • BENZENAMINE, N,N-DIMETHYL- • N,N-DIMETHYLAMINOBENZENE • N-DIMETHYL-ANILINE • (DIMETHYLAMINO)BENZENE • DIMETHYLANILINE • N,N-DIMETHYLBENZENAMINE • DIMETHYLPHENYLAMINE • N,N-DIMETHYLPHENYLAMINE • N,N-DIMETILANILINA (Spanish) • DWUMETYLOANILINA (Polish) • EINECS No. 204-493-5 • NCI-C56428 • RTECS No. BX4725000 • UN 2253 • VERSNELLER NL 63/10

EPA NAME: 7,12-DIMETHYLBENZ(a)ANTHRACENE
CAS: 57-97-6
SYNONYMS: AI3-50460 • BENZ(a)ANTHRACENE, 9,10-DIMETHYL- • BENZ(A)ANTHRACENE, 7,12-DIMETHYL- • DBA • 6,7-DIMETHYL-1,2-BENZANTHRACENE • 7,12-DIMETHYL-1,2-BENZANTHRACENE • 1,4-DIMETHYL-2,3-BENZPHENANTHRENE • DIMETHYLBENZ(a)ANTHRACENE • 9,10-DIMETHYLBENZANTHRACENE • 9,10-DIMETHYLBENZ(a)ANTRACENE • 9,10-DIMETHYLBENZ-1,2-BENZANTHRACENE • 9,10-DIMETHYLBENZ-1,2-BENZANTHRAZEN (German) • 7,12-DIMETHYLBENZANTHRACENE • DIMETHYLBENZANTHRACENE • 9,10-DIMETHYL-1,2-BENZANTHRACENE • 7,12-DIMETHYLBENZO(a)ANTHRACENE • 1,4-DIMETHYL-2,3-BENZPHENANTHRENE • 7,12-DIMETILBENZ(a)ANTRACENO (Spanish) • DMBA • 7,12-DMBA • NCI-C03918 • NSC 40823 • RCRA No. U094 • RCRA No. U094 • RTECS No. CW3850000

EPA NAME: 3,3′-DIMETHYLBENZIDINE
CAS: 119-93-7
SYNONYMS: BENZIDINE, 3,3′-DIMETHYL- • BIANISIDINE • (1,1′-BIPHENYL)-4,4′-DIAMINE, 3,3′-DIMETHYL- • 4,4′-BI-o-TOLUIDINE • C.I. 37230 • C.I. AZOIC DIAZO COMPONENT 113 • (4,4′-DIAMINE)-3,3′-DIMETHYL(1,1′-BIPHENYL) • 4,4′-DIAMINO-3,3′-DIMETHYLBIPHENYL • 3,3′-DIMETHYLBENZIDINE • 3,3′-DIMETHYL-4,4′-BIPHENYLDIAMINE • DIAMINODITOLYL • 3,3′-DIMETHYLBENZIDIN (German) • 3,3′-DIMETHYLBENZIDINE • 3,3′-DIMETHYL-4,4′-BIPHENYLDIAMINE • 3,3′-DIMETHYL-4,4′-DIAMINOBIPHENYL • 3,3′-METHYLPHENYL-4,4′-DIAMINE • 3,3′-DIMETHYL-(1,1′-BIPHENYL)-4,4′-DIAMINE • 3,3′-DIMETHYL-4,4′-DIPHENYLDIAMINE • 3,3′-DIMETHYLDIPHENYL-4,4′-DIAMINE • 4,4′-DI-o-TOLUIDINE • FAST DARK BLUE BASE R • RCRA No. U095 • RTECS No. DD1225000 • o-TOLIDIN (German) • 3-TOLIDIN (German) • 2-TOLIDINA (Italian, Spanish) • o-TOLIDINA (Italian, Spanish) • TOLIDINE • 3,3′-TOLIDINE • o-TOLIDINE • O,O′-TOLIDINE • 2-TOLIDINE

EPA NAME: 3,3′-DIMETHYLBENZIDINE DIHYDROCHLORIDE
CAS: 612-82-8

SYNONYMS: BENZIDINE, 3,3'-DIMETHYL-, DIHYDROCHLORIDE • 4,4'-BI-O-TOLUIDINE DIHYDROCHLORIDE • (1,1'-BIPHENYL)-4,4'-DIAMINE, 3,3'-DIMETHYL-, DIHYDROCHLORIDE • 4,4'-DIAMINO-3,3'-DIMETHYLBIPHENYL-DIHYDROCHLORIDE • 3,3'-DIMETHYLBENZIDINE DIHYDROCHLORIDE • 3,3'-DIMETHYLBENZIDINE HYDROCHLORIDE • 3,3'-DIMETHYLBIPHENYL-4,4'-BIPHENYLDIAMINE DIHYDROCHLORIDE • 2,3'-DIMETHYL-BIPHENYL-4,4'-DIAMINE DIHYDROCHLORIDE • NSC 11223 • RTECS No. DD1226000 • o-TOLIDINE DIHYDROCHLORIDE

EPA NAME: 3,3-DIMETHYLBENZIDINE DIHYDROFLUORIDE
CAS: 41766-75-0
SYNONYMS: 3,3-DIMETHYLBENZIDINE DIHYDROFLUORIDE • o-TOLIDINE DIHYDROFLUORIDE

EPA NAME: 2,2-DIMETHYL-1,3-BENZODIOXOL-4-OL METHYLCARBAMATE
[see BENDIOCARB]
CAS: 22781-23-3

EPA NAME: DIMETHYLCARBAMOYL CHLORIDE
CAS: 79-44-7
SYNONYMS: CARBAMIC CHLORIDE, DIMETHYL- • CARBAMOYL CHLORIDE, N,N-DIMETHYLAMINOCARBONYL CHLORIDE • CARBAMYL CHLORIDE, N,N-DIMETHYL- • CHLORID KYSELINY DIMETHYLKARBAMINOVE • CLOROFORMIC ACID DIMETHYLAMIDE • CLORURO de DIMETILCARBAMOLILO (Spanish) • DDC • DIMETHYL-AMID KYSELINY CHLORMRAVENCI (Czech) • (DIMETHYLAMINO)CARBONYL CHLORIDE • N,N-DIMETHYLAMINOCARBONYL CHLORIDE • DIMETHYLCARBAMIC ACID CHLORIDE • N,N-DIMETHYLCARBAMIC ACID CHLORIDE • DIMETHYLCARBAMIC CHLORIDE • DIMETHYLCARBAMIDOYL CHLORIDE • N,N-DIMETHYLCARBAMIDOYL CHLORIDE • N,N-DIMETHYLCARBAMOYL CHLORIDE • DIMETHYLCARBAMOYL CHLORIDE • DIMETHYLCARBAMYL CHLORIDE • N,N-DIMETHYLCARBAMYL CHLORIDE • DIMETHYLCHLOROFORMAMIDE • DIMETHYLKARBAMOYLCHLORID (German) • DMCC • RCRA No. U097 • RTECS No. FD4200000 • UN 2262

EPA NAME: DIMETHYL CHLOROTHIOPHOSPHATE
CAS: 2524-03-0
SYNONYMS: CHLORODIMETHOXYPHOSPHINE SULFIDE • DIMETHOXYTHIOPHOSPHONYL CHLORIDE • DIMETHYLCHLORTHIOFOSFAT (Czech) • DIMETHYL CHLOROTHIONOPHOSPHATE • O,O-DIMETHYL CHLOROTHIONOPHOSPHATE • O,O-DIMETHYL CHLOROTHIOPHOSPHATE • DIMETHYL CHLOROTHIOPHOSPHONATE • O,O-DIMETHYLESTER KYSELINY CHLORTHIOFOSFORECNE (Czech) • DIMETHYL PHOSPHOROCHLORIDOTHIOATE • DIMETH-

YL PHOSPHOROCHLOROTHIOATE • O,O-DIMETHYL PHOSPHOROCHLORIDOTHIOATE • DIMETHYL PHOSPHOROCHLORIDOTHIONATE • O,O-DIMETHYL PHOSPHOROCHLOROTHIOATE • O,O-DIMETHYL PHOSPHOROTHIONOCHLORIDATE • DIMETHYLTHIONOCHLOROPHOSPHATE • O,O-DIMETHYLTHIONOPHOSPHOROCHLORIDATE • DIMETHYL THIONOPHOSPHOROCHLORIDATE • O,O-DIMETHYL THIONOPHOSPHORYL CHLORIDE • O,O-DIMETHYL THIOPHOSPHORIC ACID CHLORIDE • DIMETHYL THIOPHOSPHOROCHLORIDATE • DIMETHYL THIOPHOSPHORYL CHLORIDE • O,O-DIMETHYL THIOPHOSPHORYL CHLORIDE • METHYL PCT • NSC 132984 • PHOSPHONOTHIOIC ACID, CHLORO-, O,O-DIMETHYL ESTER • PHOSPHOROCHLORID OTHIOIC ACID, O,O-DIMETHYL ESTER • RTECS No. TD1830000 • UN 2267

EPA NAME: DIMETHYLDICHLOROSILANE
CAS: 75-78-5
SYNONYMS: A13-51462 • DICHLORODIMETHYLSILANE • DICHLORODIMETHYLSILICONE • DIMETILDICLOROSILANO (Spanish) • INERTON AW-DMCS • INERTON DW-DMC • NSC 77070 • SILANE, DICHLORODIMETHYL- • RTECS No. VV3150000 • STCC 4907610 • UN 1162

EPA NAME: 3,3'-DIMETHYL-4,4'-DIPHENYLENE DIISOCYANATE
CAS: 91-97-4
SYNONYMS: 1,1'-BIPHENYL,4,4'-DIISOCYANATO-3,3'-DIMETHYL- • 3,3'-BITOLYLENE-4,4'-DIISOCYANATE • BITOLYLENE DIISOCYANATE • 4,4'-DIISOCYANATO-3,3'-BITOLYL • 4,4'-DIISOCYANATO-3,3'-DIMETHYL-1,1'-BIPHENYL • 4,4'-DIISOCYANATO-3,3'-DIMETHYLBIPHENYL • 3,3'-DIMETHYLBIPHENYL 4,4'-DIISOCYANATE • 3,3'-DIMETHYLBIPHENYL-4,4'-DIYLDIISOCYANATE • 3,3'-DIMETHYL-4,4'-BIPHENYLENE DIISOCYANATE • 3,3'-DIMETHYL-4,4'-BIPHENYLENE ISOCYANATE • 3,3'-DIMETHYL-4,4'-BIPHENYLYLENE DIISOCYANATE • ISOCYANIC ACID, 3,3'-DIMETHYL-4,4'-BIPHENYLENE ESTER • ISOCYANIC ACID, 3,3'-DIMETHYL-4,4'-BIPHENYLENE ESTER • NACCONATE 200

EPA NAME: 3,3'-DIMETHYLDIPHENYLMETHANE-4,4'-DIISOCYANATE
CAS: 139-25-3
SYNONYMS: BENZENE, 1,1'-METHYLENEBIS(4-ISOCYANATO-3-METHYL- • 4,4'-DIISOCYANATO-3,3'-DIMETHYL-DIPHENYLMETHANE • ISOCYANIC ACID, ESTER with DI-O-TOLUENEMETHANE • ISOCYANIC ACID, METHYLENEBIS(2-METHYL-P-PHENYLENE) ESTER • 1,1'-METHYLENEBIS(4-ISOCYANATO-3-METHYLBENZENE) • 5,5'-METHYLENEBIS(2-ISOCYANATOTOLUENE) • NACCONATE 310 • NSC 84203 • TOLUENE, 5,5'-METHYLENEBIS(2-ISOCYANATO-

EPA NAME: 2,4-D METHYL ESTER
CAS: 1928-38-7

SYNONYMS: ACETIC ACID, (2,4-DICHLOROPHENOXY)-, METHYL ESTER • 2,4-D ESTERS • 2,4-DICHLOROPHENOXYACETIC ACID, METHYL ESTER • RCRA No. U240 • RTECS No. AG8810000 • UN 2765 (phenoxy pesticides, solid, toxic) • UN 3000 (phenoxy pesticides, liquid, toxic)

EPA NAME: N-[5-(1,1-DIMETHYLETHYL)-1,3,4-THIADIAZOL-2-YL)-N,N'-DIMETHYLUREA
[see TEBUTHIURON]
CAS: 34014-18-1

EPA NAME: DIMETHYLFORMAMIDE
CAS: 68-12-2
SYNONYMS: AI3-03311 • CASWELL No. 366A • DIMETHYLFORMAMID (German) • N,N-DIMETHYLFORMAMIDE • N-DIMETHYLFORMAMIDE • N,N-DIMETHYLMETHANAMIDE (DOT) • DIMETILFORMAMIDA (Spanish) • DIMETILFORMAMIDE (Italian) • DIMETYLFORMAMIDU (Czech) • DMF • DMFA • DYNASOLVE 100 • DWUMETHYLOFORMAMID (Polish) • EINECS No. 200-679-5 • EPA PESTICIDE CHEMICAL CODE 366200 • FORMAMIDE, N,N-DIMETHYL- • FORMIC ACID, AMIDE, N,N-DIMETHYL- • N-FORMYLDIMETHYLAMINE • NCI-C60913 • NSC-5356 • U-4224 • RTECS No. LQ2100000 • STCC 4913157 • UN 2265 • WELD-ON P-70 PRIMER

EPA NAME: N,N-DIMETHYLFORMAMIDE
[see DIMETHYLFORMAMIDE]
CAS: 68-12-2

EPA NAME: 1,1-DIMETHYLHYDRAZINE
CAS: 57-14-7
SYNONYMS: DIMAZIN • DIMAZINE • 1,1-DIMETHYL HYDRAZINE • DIMETHYLHYDRAZINE • N,N-DIMETHYLHYDRAZINE • asym-DIMETHYLHYDRAZINE • U-DIMETHYLHYDRAZINE • unsym-DIMETHYLHYDRAZINE • HYDRAZINE, 1,1-DIMETHYL- • RTECS No. MV2450000 • STCC 4906210 • UDMH • UN 1163

EPA NAME: DIMETHYLHYDRAZINE
CAS: 57-14-7
[see 1,1-DIMETHYL HYDRAZINE]

EPA NAME: O,O-DIMETHYL O-[3-METHYL-4-(METHYLTHIO)PHENYL] ESTER, PHOSPHOROTHIOIC ACID
[see FENTHION]
CAS: 55-38-9

EPA NAME: 2,2-DIMETHYL-3-(2-METHYL-1-PROPENYL) CYCLOPROPANECARBOXYLIC ACID (1,3,4,5,6,7-HEXAHYDRO-1,3-DIOXO-2H-ISOINDOL-2-YL)METHYL ESTER
[see TETRAMETHRIN]
CAS: 7696-12-0

EPA NAME: 2,2-DIMETHYL-3-(2-METHYL-1-PROPENYL) CYCLOPROPANECARBOXYLIC ACID (3-PHENOXYPHENYL)METHYL ESTER
[see PHENOTHRIN]
CAS: 26002-80-2

EPA NAME: 2,4-DIMETHYLPHENOL
CAS: 105-67-9
SYNONYMS: 4,6-DIMETHYLPHENOL • 1-HYDROXY-2,4-DIMETHYLBENZENE • 2,4-DIMETILFENOL (Spanish) • 4-HYDROXY-1,3-DIMETHYLBENZENE • PHENOL, 2,4-DIMETHYL- • RCRA No. U101 • RTECS No. ZE5600000 • 2,4-XYLENOL • M-XYLENOL

EPA NAME: 2,6-DIMETHYLPHENOL
CAS: 576-26-1
SYNONYMS: AI3-08524 • 2,6-DIMETILFENOL (Spanish) • 1-HYDROXY-2,6-DIMETHYLBENZENE • PHENOL, 2,6-DIMETHYL- • VIC-m-XYLENOL • XYLENOL 235 • 2,6-XYLENOL

EPA NAME: DIMETHYL-p-PHENYLENEDIAMINE
CAS: 99-98-9
SYNONYMS: DIMETIL-p-FENILENDIAMINA (Spanish) • N,N-DIMETHYL-p-PHENYLENEDIAMINE • RTECS No. ST0874000

EPA NAME: DIMETHYL PHOSPHOROCHLOROTHIOATE
[see DIMETHYL CHLOROTHIOPHOSPHATE]
CAS: 2524-03-0

EPA NAME: DIMETHYL PHTHALATE
CAS: 131-11-3
SYNONYMS: AVOLIN • 1,2-BENZENEDICARBOXYLIC ACID, DIMETHYL ESTER • DIMETHYL 1,2-BENZENEDICARBOXYLATE • DIMETHYL BENZENEORTHODICARBOXYLATE • DIMETHYL O-PHTHALATE • DMF (INSECT REPELLENT) • DMP • EINECS No. 205-011-6 • ENT 262 • FERMINE • FTALATO de DIMETILO (Spanish) • KEMESTER DMP • KODAFLEX DMP • MIPAX • NTM • PALATINOL M • PHTHALIC ACID, DIMET • PHTHALIC ACID, METHYL ESTER • PHTHALSAEUREDIMETHYLESTER (German) • RCRA No. U102 • REPEFTAL • RTECS No. TI1575000 • SOLVANOM • SOLVARONE • UNIMOLL DM • UNIPLEX 110

EPA NAME: 2,2-DIMETHYLPROPANE
CAS: 463-82-1
SYNONYMS: NEOPENTANE • tert-PENTANE (DOT) • PROPANE, 2,2-DIMETHYL- • RTECS No. TY1190000 • UN 2044

EPA NAME: DIMETHYL SULFATE
CAS: 77-78-1
SYNONYMS: DIMETHYLESTER KYSELINY SIROVE (Czech) • DIMETHYL MONOSULFATE • DIMETHYL SULFAAT (Dutch) • DIMETHYLSULFAT (Czech) • DIMETILSULFATO (Italian) • DIMETHYL SULPHATE • DMS • DWUMETYLOWY SIARCZAN (Polish) • MEYHYLE (SULFATE de) (French) • METHYL

SULFATE • RCRA No. U103 • RTECS No. WS8225000 • STCC 4933322 • SULFATE de METHYLE (French) • SULFATE DIMETHYLIQUE (French) • SULFATO de DIMETILO (Spanish) • SULFURIC ACID, DIMETHYL ESTER • UN 1595

EPA NAME: O,O-DIMETHYL-O-(3,5,6-TRICHLORO-2-PYRIDYL)PHOSPHOROTHIOATE
[see CHLORPYRIFOS METHYL]
CAS: 5598-13-0

EPA NAME: DIMETILAN
CAS: 644-64-4
SYNONYMS: CARBAMIC ACID, DIMETHYL-, 1-((DIMETHYLAMINO)CARBONYL)-5-METHYL-1H-PYRAZOL-2-YL ESTER • CARBAMIC ACID, DIMETHYL-, ESTER with 3-HYDROXY-N,N-5-TRIMETHYLPYRAZOLE-1-CARBOXAMIDE • DIMETHYL CARBAMATE ESTER of 3-HYDROXY-N,N-5-TRIMETHYLPYRAZOLE-1-CARBOXAMIDE • DIMETHYLCARBAMIC ACID-1-((DIMETHYLAMINO)CARBONYL)-5-METHYL-1H-PYRAZOL-3-YL ESTER • DIMETHYLCARBAMIC ACID ESTER with 3-HYDROXY-N,N,5-TRIMETHYLPYRAZOLE-1-CARBOXAMIDE • DIMETHYLCARBAMIC ACID-5-METHYL-1H-CARBOXAMINE • DIMETHYLCARBAMIC ACID-5-METHYL-1H-PYRAZOL-3-YL ESTER • 2-DIMETHYLCARBAMOYL-3-METHYLPYRAZOLYL-(5)-N,N-DIMETHYLCARBAMAT • DIMETHYLCARBAMOYL-3-METHYL-5-PYRAZOLYLDIMETHYLCARBAMATE • 1-DIMETHYLCARBAMOYL-5-METHYLPYRAZOL-3-YL DIMETHYLCARBAMATE • DIMETILANE • ENT 25,595-X • ENT 25,922 • GEIGY 22870 • 3-HYDROXY-N,N,5-TRIMETHYLPYRAZOLE-1-CARBOXAMIDEDIMETHYLCARBAMATE (ESTER) • 5-METHYL-1H-PYRAZOL-3-YL DIMETHYLCARBAMATE • RCRA No. P191 • RTECS No. EZ9084000 • SNIP • SNIP FLY • SNIP FLY BANDS

EPA NAME: DINITROBENZENE (MIXED ISOMERS)
CAS: 25154-54-5
SYNONYMS: DINITROBENCENO (Spanish) • DINITROBENZINE, SOLUTION • DINITROBENZINE, SOLID • DINITROBENZOL, SOLID • RTECS No. CZ7340000 • UN 1597

EPA NAME: m-DINITROBENZENE
CAS: 99-65-0
SYNONYMS: m-DINITROBENCENO (Spanish) • BENZENE, 1,3-DINITRO- • BENZENE, m-DINITRO- • 1,3-DINITROBENZENE • DNB • 1,3-DNB • RTECS No. CZ7350000 • UN 1597

EPA NAME: o-DINITROBENZENE
CAS: 528-29-0
SYNONYMS: o-DINITROBENCENO (Spanish) • BENZENE, 1,2-DINITRO- • BENZENE, o-DINITRO- • 1,2-DINITROBENZENE • 1,2-DNB • RTECS No. CZ7450000 • STCC 4921422 (liquid) • STCC 4921421 (solid) • UN 1597

EPA NAME: p-DINITROBENZENE
CAS: 100-25-4
SYNONYMS: p-DINITROBENCENO (Spanish) • DITHANE A-4 • BENZENE, 1,4-DINITRO- • BENZENE, p-DINITRO- • 1,4-DINITROBENZENE • 1,4-DNB • RTECS No. CZ7350000 • UN 1597

EPA NAME: DINITROBUTYL PHENOL
CAS: 88-85-7
SYNONYMS: AATOX • AI3-01122 • ARETIT • BASANITE • BNP 20 • BNP 30 • BUTAPHENE • CALDON • CASWELL No. 392DD • CHEMOX • CHEMOX GENERAL • CHEMOX P.E. • DBNF • DINITRALL • DINITRO • DINITRO-3 • DINITROBUTYLPHENOL • 4,6-DINITRO-2-sec-BUTYLFENOL (Czech) • 2,4-DINITRO-6-sec-BUTYLPHENOL • 4,6-DINITRO-o-sec-BUTYLPHENOL • 4,6-DINITRO-2-sec-BUTYLPHENOL • 4,6-DINITRO-2-(1-METHYL-N-PROPYL)PHENOL • 2,4-DINITRO-6-(1-METHYLPROPYL)PHENOL • 4,6-DINITRO-2-(1-METHYLPROPYL)PHENOL • DINITRO-ortho-sec-BUTYLPHENOL • 4,6-DINITRO-o-sec-BUTYLPHENOL • 2,4-DINITRO-6-sec-BUTYLPHENOL • 4,6-DINITRO-2-sec-BUTYLPHENOL • DINOSEB • DN 289 • DNBP • DNOSBP • DNPB • DNSBP • DOW GENERAL • DOW GENERAL WEED KILLER • DOW SELECTIVE WEED KILLER • DYNAMYTE • DYTOP • ELGETOL 318 • ENT 1,122 • EPA PESTICIDE CHEMICAL CODE 037505 • GEBUTOX • HEL-FIRE • IVOSIT • KILOSEB • KNOXWEED • LADOB • LASEB • LIRO DNBP • 6-(1-METHYL-PROPYL)-2,4-DINITROFENOL (Dutch) • 2-(1-METHYLPROPYL)-4,6-DINITROPHENOL • 6-(1-METIL-PROPIL)-2,4-DINITRNOLO (Italian) • NITROPONE C • NSC 202753 • PHENOL, 2-sec-BUTYL-4,6-DINITRO- • PHENOL, 2-(1-METHYLPROPYL)-4,6-DINITRO- • PHENOL, 2-SEC-BUTYL-4,6-DINITRO- • PHENOTAN • PREMERGE • PREMERGE 3 • RCRA No. P020 • 2-sec-BUTYL-4,6-DINITROPHENOL • SINOX GENERAL • SPARIC • SPURGE • SUBITEX • UNICROP DNBP • VERTAC DINITRO WEED KILLER • VERTAC GENERAL WEED KILLER • VERTAC SELECTIVE WEED KILLER • RTECS No. SJ9800000 • UN 3013 (substituted nitrophenol pesticides, liquid, toxic, flammable)

EPA NAME: 4,6-DINITRO-o-CRESOL
CAS: 534-52-1
SYNONYMS: ANTINONIN • ANTINONNIN • ARBOROL • o-CRESOL, 4,6-DINITRO- • DEGRASSAN • DEKRYSIL • DETAL • DILLEX • DINITRO • DINITROCRESOL • DINITRO-ortho-CRESOL • DINITRODENDTROXAL • 3,5-DINITRO-2-HYDROXYTOLUENE • DINITROL • 4,6-DINITRO-2-METHYLPHENOL • 2,4-DINITRO-6-METHYLPHENOL • DINITROCRESOL • 3,5-DINITRO-o-CRESOL • DINITRO-o-CRESOL (DOT) • 4,6-DINITRO-o-CRESOL and SALTS • DINOC • DINURANIA • DITROSOL • DNOC • EFFUSAN • EFFUSAN 3436 • ELGETOL • ELGETOL 30 • ELIPOL • EXTRAR • FLAVIN-SANDOZ • HEDOLIT • HEDOLITE • K III • K

IV • KREOZAN • KREZOTOL 50 • LIPAN • 2-METHYL-4,6-DINITROPHENOL • 6-METHYL-2,4-DINITROPHENOL • NEUDORFF DN 50 • NITROFAN • PHENOL, 2-METHYL-4,6-DINITRO- • PHENOL, 2-METHYL-4,6-DINITRO- • PROKARBOL • RAFEX • RAFEX 35 • RAPHATOX • RCRA No. P047 • RTECS No. GO9625000 • SANDOLIN • SANDOLIN A • SELINON • SINOX • UN 1598 • WINTERWASH

EPA NAME: DINITROCRESOL
[see 4.6-DINITRO-o-CRESOL]

EPA NAME: 4,6-DINITRO-o-CRESOL AND SALTS
[see 4.6-DINITRO-o-CRESOL]
CAS: 534-52-1

EPA NAME: DINITROPHENOL
CAS: 25550-58-7
SYNONYMS: DINITROFENOL (Dutch, Spanish) • DINITROFENOLO (Italian) • DINITROPHENOL (MIXED ISOMERS) • HYDROXYDINITROBENZENE • PHENOL, DINITRO- • RTECS No. SL2625000 • STCC 4921425 • UN 1320 (wetted with not less than 15% water) • UN 1599 (solution)

EPA NAME: 2,4-DINITROPHENOL
CAS: 51-28-5
SYNONYMS: ALDIFEN • CHEMOX PE • 2,4-DINITROFENOL (Dutch, Spanish) • 2,4-DINITROFENOLO (Italian) • α-DINITROPHENOL • DINOFAN 51285 • 2,4-DNP • FENOXYL CARBON N • 1-HYDROXY-2,4-DINITROBENZENE • MAROXOL-50 • NITRO KLEENUP • NSC-1532 • PHENOL, α-DINITRO- • PHENOL, 2,4-DINITRO- • RCRA No. P048 • RTECS No. SL2800000 • SOLFO BLACK B • SOLFO BLACK BB • SOLFO BLACK 2B SUPRA • SOLFO BLACK G • SOLFO BLACK SB • TERTROSULPHUR BLACK PB • TERTROSULPHUR PBR • UN 1321 (dinitrophenolates, wetted with not less than 15% water)

EPA NAME: 2,5-DINITROPHENOL
CAS: 329-71-5
SYNONYMS: 2,5-DINITROFENOL (Dutch, Spanish) • 2,5-DINITROFENOLO (Italian) • γ-DINITROPHENOL • 2,5-DNP • 1-HYDROXY-2,5-DINITROBENZENE • PHENOL, 2,5-DINITRO- • RTECS No. SL2900000 • UN 1321 (dinitrophenolates, wetted with not less than 15% water)

EPA NAME: 2,6-DINITROPHENOL
CAS: 573-56-8
SYNONYMS: 2,6-DINITROFENOL (Dutch, Spanish) • 2,6-DINITROFENOLO (Italian) • β-DINITROPHENOL • O-O-DINITROPHENOL • 2,6-DNP • 1-HYDROXY-2,6-DINITROBENZENE • PHENOL, 2,6-DINITRO- • RTECS No. SL2975000 • UN 1321 (dinitrophenolates, wetted with not less than 15% water)

EPA NAME: 2,4-DINITROTOLUENE
CAS: 121-14-2

SYNONYMS: BENZENE, 2,4-DNT ● BENZENE, 1-METHYL-2,4-DINITRO- ● 2,4-DINITROTOLUENO (Spanish) ● 2,4-DNT ● 1-METHYL-2,4-DINITOBENZENE ● NCI-C01865 ● RCRA No. U105 ● RTECS No. XT1575000 ● STCC 4963115 (solid) ● STCC 4963120 (solution) ● TOLUENE, 2,4-DINITRO- ● UN 2038 (solid) ● UN 1599 (solution) ● UN 1600 (molten)

EPA NAME: 2,6-DINITROTOLUENE
CAS: 606-20-2
SYNONYMS: BENZENE, 2,6-DNT ● BENZENE, 2-METHYL-1,3-DINITRO- ● 2,6-DINITROTOLUENO (Spanish) ● 2,6-DNT ● 2-METHYL-1,3-DINITOBENZENE ● 1-METHYL-2,6-DINITOBENZENE ● RCRA No. U106 ● RTECS No. XT1925000 ● TOLUENE, 2,6-DINITRO- ● UN 2038 (solid) ● UN 1599 (solution) ● UN 1600 (molten)

EPA NAME: 3,4-DINITROTOLUENE
CAS: 610-39-9
SYNONYMS: BENZENE, 3,4-DNT ● BENZENE, 1-METHYL-3,4-DINITRO- ● 3,4-DINITROTOLUENO (Spanish) ● 3,4-DNT ● 1-METHYL-3,4-DINITOBENZENE ● RTECS No. XT2100000 ● TOLUENE, 3,4-DINITRO- ● 3,4-TOLUENE, 3,4-DINITRO- ● UN 2038 (solid) ● UN 1599 (solution) ● UN 1600 (molten)

EPA NAME: DINITROTOLUENE (MIXED ISOMERS)
CAS: 25321-14-6
SYNONYMS: BENZENE, DNT ● BENZENE, METHYLDINITRO- ● DINITROTOLUENO (Spanish) ● DINITROPHENYLMETHANE ● DNT ● METHYLDINITROBENZENE ● TOLUENE, ar, ar-DINITRO- ● RTECS NO.XT1300000 ● UN 2038 (solid) ● UN 1599 (solution) ● UN 1600 (molten)

EPA NAME: DINOCAP
CAS: 39300-45-3
SYNONYMS: ACTUAL DINOCAP ● ARATHANE ● 2-BUTENOIC ACID, 2-ISOOCTYL-4,6-DINITROPHENYL ESTER ● 2-BUTENOIC ACID, 4-ISOOCTYL-2,6-DINITROPHENYL ESTER ● 2-BUTENOIC ACID 2-(1-METHYLHEPTYL)-4,6-DINITROPHENYL ESTER ● CAPRANE ● CAPRYLDINITROPHENYL CROTONATE ● 2-CAPRYL-4,6-DINITROPHENYL CROTONATE ● CARATHANE ● CASWELL No. 391D ● CPC ● CR 1639 ● CROTONIC ACID 2,4-DINITRO-6-(1-METHYLHEPTYL)PHENYL ESTER ● CROTONIC ACID 2,4-DINITRO-6-(2-OCTYL)PHENYL ESTER ● CROTONIC ACID, 2-(1-METHYLHEPTYL)-4,6-DINITROPHENYL ESTER ● CROTONIC ACID, 4)-(1-METHYLHEPTYL)-2,6)-DINITROPHENYL ESTER ● CROTONIC ACID 2-(1-METHYLHEPTYL)-4,6-DINITROPHENYL ESTER ● CROTOTHANE ● 4,6-DINITRO-2-(2-CAPRYL)PHENYL CROTONATE ● 4,6-DINITRO-2-CAPRYLPHENYL CROTONATE ● DINITROCAPRYLPHENYL CROTONATE ● DINITRO(1-METHYLHEPTYL)PHENYL CROTONATE ● 2,4-DINITRO-6-(1-METHYLHEPTYL)PHENYL CROTONATE ● 4,6-DINITRO-2-(1-METHYLHEPTYL)PHENYL CROTONATE ● DINITRO METHYLHEPTYPHENYL CROTONATE ● 2,4-DINITRO-6-(2-

OCTYL)PHENYL CROTONATE ● 2,4-DINITRO-6-OCTYL-PHENYL CROTONATE ● 2,6-DINITRO-4-OCTYL-PHENYL CROTONATE ● DNOCP ● DNOPC ● DPC ● ENT 24727 ● EPA PESTICIDE CHEMICAL CODE 036001 ● ISCOTHANE ● ISOCOTHANE ● KARATHANE ● KARATHANE WD ● KARATHENE ● (6-(1-METHYL-HEPTYL)-2,4-DINITRO-FENYL)-CROTONAAT (Dutch) ● (6-(1-METHYL-HEPTYL)-2,3-DINITROPHENYL)-CROTONAT (German) ● 2-(1-METHYLHEPTYL)-4,6-DINITROPHENYLCROTONATE ● MILDEX ● PHENOL, 2-(1-METHYLHEPTYL)-4,6-DINITRO-, CROTONATE (ESTER) ● (6-(1-METIL-EPITL)-2,4-DINITROFENIL) CROTONATO (Italian)

EPA NAME: DINOSEB
[see DINITROBUTYL PHENOL]
CAS: 88-85-7

EPA NAME: DINOTERB
CAS: 1420-07-1
SYNONYMS: o-tert-BUTYL-4,6-DINITROPHENOL ● 2-(1,1-DIMETHYLETHYL)-4,6-DINITROPHENOL ● 2,4-DINITRO-6-tert-BUTYLPHENOL ● DINITROTERB ● DNTBP ● HERBOGIL ● PHENOL, 2-(1,1-DIMETHYLETHYL)4,6-DINITRO- ● PHENOL-2-tert-BUTYL-4,6-DINITRO- ● RTECS No. SK0160000

EPA NAME: n-DIOCYTLPHTHALATE
[see DI-n-OCTYPHTHALATE]
CAS: 117-84-0

EPA NAME: DI-n-OCTYLPHTHALATE
CAS: 117-84-0
SYNONYMS: 1,2-BENZENEDICARBOXYLIC ACID, DI-N-OCTYL ESTER ● BIS(2-ETHYLHEXYL)PHTHALATE ● CELLULEX DOP ● DI-N-OCTYL PHTHALATE ● DI-SEC-(2-ETHYLHEXYL)PHTHALATE ● DNOP ● DOP ● DINOPOL NOP ● OCTYL PHTHALATE ● n-OCTYLPHTHALATE ● di-sec-OCTYL PHTHALATE ● PHTHALIC ACID, DIOCTYL ESTER ● PX-138 ● RCRA No. U107 ● VINICIZER-85 ● RTECS No. TI1300000

EPA NAME: 1,4-DIOXANE
CAS: 123-91-1
SYNONYMS: CHLOROTHENE SM SOLVENT ● DIETHYLENE DIOXIDE ● 1,4-DIETHYLENE DIOXIDE ● DIETHYLENE ETHER ● DIETHYLENE OXIDE ● DI(ETHYLENE OXIDE) ● DIOKAN ● DIOKSAN (Polish) ● DIOSSAOXAN (Czech) ● 1,4-DIOXACYCLOHEXANE ● DIOXAN ● DIOXAN-1,4 (German) ● 1,4-DIOXAN (German) ● 1,4-DIOXANE ● DIOXANE ● p-DIOXANE ● DIOXANNE (French) ● 1,4-DIOXIN, TETRAHYDRO- ● DIOXYETHYLENE ETHER ● 6200 DRUM CLEANING SOLVENT ● 6500 DRUM CLEANING SOLVENT ● GLYCOL ETHYLENE ETHER ● NCI-C03689 ● NE 220 ● RCRA No. U108 ● RTECS No. JG8225000 ● SOLVENT 111 ● STCC 4909155 ● TETRAHYDRO-p-DIOXIN ● TETRAHYDRO-1,4-DIOXIN ● UN 1165

EPA NAME: DIOXATHION

CAS: 78-34-2

SYNONYMS: AC 528 • S,S1-1,4-DIOXANE-2,3-DIY1-0,0,0-TETRAETHYL ESTER • DELNAV • DELNATEX • ENT 22879 • HERCULES AC528 • 2,3-DIOXANEDITHIOL S,S-BIS(O,O-DIETHYLPHOSPHORODITHIOATE) • 1,4-DIOXAN-2,3-DIYL S,S-DI(O,O-DIETHYL PHOSPHORODITHIOATE) • S,S′-1,4-DIOXANE-2,3-DIYL BIS(O,O-DIETHYL PHOSPHORODITHIOATE) • S,S′-(1,4-DIOXANE-2,3-DIYL) O,O,O′,O′-TETRAETHYLBIS(PHOSPHORODITHIOATE) • KAVADEL • NAVADEL • NCI-C00395 • S,S′-PARA-DIOXANE-2,3-DIYL BIS(O,O-DIETHYLPHOSPHORODITHIOATE) • PHOSPHORODITHIOIC ACID, S,S′-1,4-DIOXANE-2,3-DIYL-O,O,O′,O′-TETRAETHYL ESTER • PHOSPHORODITHIOIC ACID, O,O-DIETHYL ESTER, S,S-DIESTER WITH p-DIOXAN-2,3-DITHIOL • PHOSPHORODITHIOIC ACID-5-5′-1,4-DIOXANE-2,3-DIYL, O,O,O′,O′-TETRAETHYL ESTER • PHOSPHORODITHIOIC ACID-S,S′-1,4-DIOXANE-2,3-DIYL, O,O,O′,O′-TETRAETHYL ESTER • PHOSPHORODITHIOIC ACID-S,S′-PARA-DIOXANE-2,3-DIYL, O,O,O′,O′-TETRAETHYL ESTER • BIS(DITHIOPHOSPATE de O,O-DIETHYLE) de S,S′-(1,4-DIOXANNE-2,3-DIYLE) (French) • RTECS No. TE3350000 • UN 2783 (organophosphorus pesticides, solid, toxic) • UN 3018 (organophosphorus pesticides, liquid, toxic)

EPA NAME: DIPHACIONE

CAS: 82-66-6

SYNONYMS: DIDANDIN • DIPAXIN • DIPHACIN • DIPHACINON • DIPHENACIN • DIPHENADION • DIPHENADIONE • 2-DIPHENYLACETYL-1,3-DIKETOHYDRINDENE • 2-(DIPHENYLACETYL)INDAN-1,3-INDANDIONE • 2-(DIPHENYLACETYL)-1H-INDENE-1,3(2H)-DIONE • ORAGULANT • PID • PROMAR • RAMIK • RATINDAN 1 • RTECS No. NK5600000 • SOLVAN • U 1363

EPA NAME: DIPHENAMID

CAS: 957-51-7

SYNONYMS: 80W • ACETAMIDE, N,N-DIMETHYL-2,2-DIPHENYL- • BENZENEACETAMIDE, N,N-DIMETHYL-α-PHENYL- • CASWELL No. 395 • DIF 4 • DIFENAMID (Spanish) • N,N-DIMETHYL-α,α-DIPHENYLACETAMIDE • N,N-DIMETHYL-α-PHENYLBENZENEACETAMIDE • N,N-DIMETHYLDIPHENYLACETAMIDE • N,N-DIMETHYL-2,2-DIPHENYLACETAMIDE • N,N-DIMETHYL-α-PHENYLBENZENEACETAMIDE • DIMID • DIPHENAMIDE • DIPHENYLAMIDE • 2,2-DIPHENYL-N,N-DIMETHYLACETAMIDE • DYMID • ENIDE • ENIDE 50W • EPA PESTICIDE CHEMICAL CODE 036601 • FDN • FENAM • L 34314 • LILLY 34314 • RIDEON • U 4513 • ZARUR • RTECS No. AB8050000

EPA NAME: DIPHENYLAMINE

CAS: 122-39-4

SYNONYMS: ACETAMIDE, 2-BIPHENYLYL-N-PYRIDYL- • AI3-00781 • ANILINE, N-PHENYL- • ANILINOBENZENE • BENZENAMINE, N-PHENYL- • BENZENE, ANILINO- • BENZENE, (PHENYLAMINO)- • BIG DIPPER • 2-BIPHENYLYL-N-PYRIDYLACETAMIDE • CASWELL No. 398 • C.I. 10355 • DECCOSCALD 282 • DFA • DIFENILAMINA (Spanish) • DIPHENPYRAMIDE • N,N-DIPHENYLAMINE • DPA • EPA PESTICIDE CHEMICAL CODE 038501 • NO SCALD DPA 283 • NSC 215210 • PHENYLANILINE • N-PHENYLANILINE • N-PHENYLBENZENAMINE • N-PHENYLBENZENEAMINE • POLY(DIPHENYLAMINE) • PYRIDYL-BIPHENYLYL-ACETAMIDE • SCALDIP • Z-876 • RTECS No. JJ7800000

EPA NAME: 1,2-DIPHENYLHYDRAZINE
CAS: 122-66-7
SYNONYMS: BENZENE, 1,1'-HYDRAZOBIS- • N,N'-BIANILINE • 1,2-DIFENILHIDRACINA (Spanish) • N,N'-DIFENILHIDRACINA (Spanish) • N,N'-DIPHENYLHYDRAZINE • sym-DIPHENYLHYDRAZINE • HYDRAZOBENZEN (Czech) • HYDRAZOBENZENE • HYDRAZODIBENZENE • NCI-CO1854 • RCRA No. U109 • RTECS No. MW2625000

EPA NAME: DIPHENYLHYDRAZINE
CAS: 55299-18-8
SYNONYMS: DIFENILHIDRACINA (Spanish) • HYDRAZOBENZENE • RCRA No. U109

EPA NAME: DIPHOSPHORAMIDE, OCTAMETHYL-
CAS: 152-16-9
SYNONYMS: BIS-BISDIMETHYLAMINOPHOSPHONOUS ANHYDRIDE • BIS(BISDIMETHYLAMINOPHOSPHONOUS)ANHYDRIDE • BIS(BISDIMETHYLAMINO)PHOSPHONOUS-ANHYDRIDE • BIS(BISDIMETHYLAMINO)PHOSPHORIC ANHYDRIDE • BIS-N,N,N',N'-TETRAMETHYLPHOSPHORODIAMIDIC ANHYDRIDE • ENT 17,291 • DIPHOSPHORAMIDE, OCTAMETHYL- • LETHA LAIRE G-59 • OCTAMETHYL-DIFORZUUR-TETRAMIDE (Dutch) • OCTAMETHYLPYROPHOSPHORAMIDE • OCTAMETHYL-DIPHOSPHORSAEURE-TETRAMID (German) • OCTAMETHYL PYROPHOSPHORTETRAMIDE • OCTAMETHYL TETRAMIDO PYROPHOSPHATE • OCTAMETILPIROFOSFORAMIDA (Spanish) • OMPA • OMPACIDE • OMPATOX • OMPAX • OTTOMETIL-PIROFOSFORAMMIDE (Italian) • PESTOX • PESTOX 3 • PESTOX III • PYROPHOSPHORIC ACID OCTAMETHYLTERAAMIDE • PYROPHOSPHORYTETRAKISDIMETHYLAMIDE • RCRA No. P085 • RTECS No. UX5950000 • SCHRADAN • SCHRADANE (French) • SYSTAM • SYSTOPHOS • SYTAM • TETRAKISDIMETHYLAMINOPHOSPHONOUS ANHYDRIDE • TETRAKISDIMETHYLAMINOPHOSPHORIC ANHYDRIDE

EPA NAME: DIPOTASSIUM ENDOTHALL
CAS: 2164-07-0

SYNONYMS: CASWELL No. 625B • DIPOTASSIUM ENDOTHAL • DIPOTASSIUM ENDOTHALL DIPOTASSIUM SALT • 7-ENDOTHALL, DIPOTASSIUM SALT • ENDOTAL DISODICO (Spanish) • ENDOTHALL DIPOTASSIUM SALT • ENDOTHAL-POTASSIUM • EPA PESTICIDE CHEMICAL CODE 038904 • 7-OXABICYCLO(2.2.1)HEPTANE-2,3-DICARBOXYLIC ACID, DIPOTASSIUM SALT • RTECS No. RN8223400

EPA NAME: DIPROPYLAMINE
CAS: 142-84-7
SYNONYMS: DI-n-PROPILAMINA (Spanish) • DI-n-PROPYLAMINE • n-DIPROPYLAMINE • N-PROPYL-1-PROPANAMINE • RCRA No. U110 • RTECS No. JL9200000 • STCC 4909157 • UN 2383

EPA NAME: 4-(DIPROPYLAMINO)-3,5-DINITROBENZENE-SULFONAMIDE
[see ORYZALIN]
CAS: 19044-88-3

EPA NAME: DIPROPYL ISOCINCHOMERONATE
CAS: 136-45-8
SYNONYMS: AI3-17591 • CASWELL No. 400 • DI-N-PROPYL ISOCINCHOMERONATE • DI-PROPYLISOCINCHOMERONATE • DIPROPYL PYRIDINE-2,5-DICARBOXYLATE • DIPROPYL 2,5-PYRIDINEDICARBOXYLATE • DI-N-PROPYL 2,5-PYRIDINEDICARBOXYLATE • ENT 17591 • EPA PESTICIDE CHEMICAL CODE 047201 • ISOCINCHOMERONIC ACID, DIPROPYL ESTER • ISOCINCHOMERONYL DIPROPYLESTER • MGK R-326 • MGK REPELLENT-326 • NSC 22364 • 2,5-PYRIDINEDICAR BOXYLIC ACID, DIPROPYL ESTER • R-326 • REPPER 333 • RTECS No. US8000000

EPA NAME: N-NITROSODI-n-PROPYLAMINE
CAS: 621-64-7
SYNONYMS: DI-n-PROPYLNITROSAMINE • DIPROPYLAMINE, N-NITROSO- • DIPROPYLNITROSAMINE • DPN • DPNA • NDPA • NITROSODIPROPYLAMINE • N-NITROSODIPROPYLAMINE • N-NITROSO-N-DIPROPYLAMINE • N-NITROSO-N-PROPYL-1-PROPANAMINE • 1-PROPANAMINE, N-NITROSO-N-PROPYL- • RCRA No. U111 • RTECS No. JL9700000

EPA NAME: DIQUAT
CAS: 85-00-7
SYNONYMS: AQUACIDE • CLEANSWEEP • DEIQUAT • DEXTRONE • 9,10-DIHYDRO-8A,10,-DIAZONIAPHENANTHRENE DIBROMIDE • 9,10-DIHYDRO-8A,10A-DIAZONIAPHENANTHRENE(1,1′-ETHYLENE-2,2′-BIPYRIDYLIUM) DIBRO MIDE • 5,6-DIHYDRO-DIPYRIDO(1,2A,2,1C)PYRAZINIUM DIBROMIDE • 5,6-DIHYDRO-DIPYRIDO(1,2-A:2,1′-C) PYRAZINIUM DIBROMIDE • 6,7-DIHYDROPYRIDO(1,2-A:2′,1′-C)PYRAZINEDIUM DIBROMIDE • 6,7-DIHYDROPYRIDOL(1,2-A:2′,1′-C)PYRAZINEDIUM DIBROMIDE • DIPYRI-

DO(1,2-A:2',1'-C)PYRAZINEDIIUM, 6,7-DIHYDRO-, DIBROMIDE • 1,1'-ETHYLENE-2,2'-BIPYRIDYLIUMDI-BROMIDE • ETHYLENE DIPYRIDYLIUM DIBROMIDE • 1,1-ETHYLENE 2,2-DIPYRIDYLIUM DIBROMIDE • 1,1'-ETHYLENE-2,2'-DIPYRIDYLIUM DIBROMIDE • DIQUAT DIBROMIDE • FARMON PDQ • FB/2 • FEGLOX • GROUNDHOG SOLTAIR • ORTHO DIQUAT • PATHCLEAR • PREEGLONE • REGLON • REGLONE • REGLOX • STCC 4963344 • WEEDOL (ICI) • WEEDTRINE-D • RTECS No. JM5690000 • STCC 4963339 (solution) • STCC 4963344 (solid) • UN 2781 (bipyridilium pesticide, solid, poisonous) • UN 3016 (bipyridilium pesticide, liquid, poisonous)

EPA NAME: DIQUAT
CAS: 2764-72-9
SYNONYMS: 6,7-DIHYDROPYRIDO (1,2-a:2',1'-C)PYRAZINEDIIUM ION • DIPYRIDO(1,2-a:2',1'-c)PYRAZINEDIIUM, 6,7-DIHYDRO- • 1,1-ETHYLENE-2,2'-BIPYRIDYLIUM ION • DIQUAT DIBROMIDE • REGLONE • RTECS No. JM5685000 • UN 2781 (bipyridilium pesticide, solid, poisonous) • UN 3016 (bipyridilium pesticide, liquid, poisonous)

EPA NAME: DISODIUM CYANODITHIOIMIDOCARBONATE
CAS: 138-93-2
SYNONYMS: BUSANAT 586 • CARBAMODITHIOIC ACID, CYANO-, DISODIUM SALT • CASWELL No. 402A • CYANODITHIOIMIDOCARBONIC ACID DISODIUM SALT • DISODIUM CYANODITHIOCARBAMATE • EPA PESTICIDE CHEMICAL CODE 063301 • IMIDOCARBONIC ACID, CYANODITHIO-, DISODIUM SALT • UN 2771 (dithiocarbamate pesticide, solid, toxic) • UN 3006 (dithiocarbamate pesticide, liquid, toxic)

EPA NAME: DISULFIRAM
CAS: 97-77-8
SYNONYMS: ABSTENSIL • ABSTINYL • ALCOPHOBIN • ALKAUBS • ANTABUS • ANTABUSE • ANTADIX • ANTAENYL • ANAETHAN • ANTAETHYL • ANTAETIL • ANTALCOL • ANTETAN • ANTETHYL • ANTIKOL • AVERSAN • AVERZAN • (BIS(DIETHYLAMINO)THIOXOMETHYL) DISULFIDE • (BIS(DIETHYLAMINO)THIOXOMETHYL) DISULPHIDE • BIS(DIETHYLTHIOCARBAMOYL) DISULFIDE • BIS(DIETHYLTHIOCARBAMOYL) DISULPHIDE • BONIBOL • CONTRALIN • CONTRAPOT • CRONETAL • DICUPRAL • DISETIL • DISULFAN • DISULFURAM • DISULPHU-RAM • 1,1'-DITHIOBIS(N,N-DIETHYLTHIOFORMAMIDE) • EKAGOM TEDS • EPHORRAN • ESPERAL • ETABUS • ETHYLTUADS • ETHYL TUEX • EXHORAN • EXHORRAN • HOCA • KROTENAL • NCI-C02959 • NOCBIN • NOXAL • REFUSAL • RO-SULFIRAM • RTECS No. JO1225000 • STOPAETHYL • STOPETHYL • STOPETYL • TATD • TENURID • TENUTEX • TETD • TETIDIS • TETRADIN • TETRADINE • TETRAETHYLTHIOPEROXYDICARBONIC DIAMIDE • TETRAETHYLTHIRAM

DISULFIDE • TETRAETHYLTHIURAM • TETRAETHYL-
THIURAM DISULFIDE • TETRAETHYLTHIURAM DISUL-
PHIDE • N,N,N',N'-TETRAETHYLTHIURAM DISULPHIDE •
TETRAETIL • TETURAM DISULFIDE • TETURAM • TETU-
RAMIN • THIOSAN • THIOSCABIN • THIRERANIDE • THI-
URAM E • THIURANIDE • TILLRAM • TIURAM • TTD •
TTS • UN 2757 (carbamate pesticides, solid, poisonous) • UN
2992 (carbamate pesticides, liquid, poisonous) • USAF B-33

EPA NAME: 2,4-D ISOOCTYL ESTER
CAS: 25168-26-7
SYNONYMS: ACETIC ACID(2,4-DICHLOROPHENOXY)-,ISOOC-
TYL ESTER • • 2,4-D ESTERS • ISOOCTYL ESTER OF DI-
CHLORO 2,4-CHLOROACETIC ACID • RCRA No. U240 •
RTECS No. AG8575000 • • UN 2765 (phenoxy pesticides, solid,
toxic) • UN 3000 (phenoxy pesticides, liquid, toxic)

EPA NAME: 2,4-D ISOPROPYL ESTER
CAS: 94-11-1
SYNONYMS: ACETIC ACID, (2,4-DICHLOROPHENOXY)-,ISO-
PROPYL ESTER • ACETIC ACID, (2,4-DICHLOROPHE-
NOXY)-,1-METHYLETHYL ESTER • AI3-16667 • AMCHEM
WEED KILLER 650 • BARBER'S WEED KILLER (ESTER FOR-
MULATION) • BRIDGEPORT SPOT WEED KILLER • CAS-
WELL No. 315AV • CHEMICAL INSECTICIDE'S ISOPROPYL
ESTER OF 2,4-D LIQUID CONCENTRATE • CROP RIDER
3.34D • CROP RIDER 3-34D-2 • 2,4-D ESTERS • 2,4-DICHLO-
ROPHENOXYACETIC ACID ISOPROPYL ESTER • (2,4-DI-
CHLOROPHENOXY)ACETIC ACID ISOPROPYL ESTER • 2,4-
D-ISOPROPYL • ESTERON 44 • ISOPROPYL 2,4-D ESTER •
ISOPROPYL (2,4-DICHLOROPHENOXY)ACETATE • ISOPRO-
PYL 2,4-DICHLOROPHENOXYACETATE • MONSANTO 2,4-
D ISOPROPYL ESTER • NIAGRA ESTASOL • PARSON'S 2,4-
D WEED KILLER ISOPROPYL ESTER • RCRA No. U240 •
RTECS No. AG8750000 • SWIFT'S GOLD BEAR 44 ESTER •
WEEDONE 128 • UN 2765 (phenoxy pesticides, solid, toxic) •
UN 3000 (phenoxy pesticides, liquid, toxic)

EPA NAME: DISULFOTON
CAS: 298-04-4
SYNONYMS: BAY 19639 • BAYER 19639 • O,O-DIAETHYL-S-(3-
THIA-PENTYL)-DITHIOPHOSPHAT (German) • O,O-DIA-
ETHYL-S-(2-AETHYLTHIO-AETHYL)-DITHIOPHOSPHAT
(German) • O,O-DIETHYL S-(2-ETHTHIOETHYL)PHOSPHO-
RODITHIOATE • O,O-DIETHYL S-(2-ETHTHIOETHYL)
THIOTHIONOPHOSPHATE • O,O-DIETHYL S-(2-ETHYL-
MERCAPTOETHYL)DITHIOPHOSPHATE • O,O-DIETHYL-S-
(2-ETHYLTHIO-ETHYL)-DITHIOFOSFAAT (Dutch) • O,O-DI-
ETHYL 2-ETHYLTHIOETHYLPHOSPHORODITHIOATE •
O,O-DIETHYLS-2-(ETHYLTHIO)ETHYLPHOSPHORODI-
THIOATE • O,O-DIETIL-S-(2-ETILTIO-ETIL)-DITIOFOSFATO
(Italian) • DIMAZ • DISULFATON • DI-SYSTON • DISYSTOX
• DITHIODEMETON • DITHIOPHOSPHATE de O,O-DIETH-

YLE ETDE S-(2-ETHYLTHIO-ETHYLE) (French) • DITHIOSYSTOX • ENT 23,437 • O,O-ETHYL S-2(ETHYLTHIO)ETHYLPHOSPHORODITHIOATE • s-2-(ETHYLTHIO)ETHYL O,O-DIETHYLESTER OF PHOSPHORODITHIOIC ACID • ETHYLTHIODEMETON • FRUMIN-AL • FRUMIN G • M-74 • PHOSPHORODITHIONIC ACID,S-(2-(ETHYLTHIO)ETHYL-O,O-DIETHYLESTER • PHOSPHORODITHIONIC ACID, O,O-DIETHYL S-2-(ETHYLTHIO)ETHYL)ESTER • RCRA No. P039 • RTECS No. TD9275000 • S 276 • SOLVIREX • STCC 4921511 (liquid) • STCC 4921512 (solid) • STCC 4921513 • THIODEMETON • THIODEMETRON • UN 2783

EPA NAME: DITHIAZANINE IODIDE
CAS: 514-73-8
SYNONYMS: ABMINTHIC • ANELMID • ANGUIFUGAN • COMPOUND 01748 • DEJO • DELVEX • DIETHYLTHIADICARBOCYANINE IODIDE • 3,3'-DIETHYLTHIADICARBOCYANINE IODIDE • DILOMBRIN • DITHIAZININE • DITHIAZANINE IODIDE • DITHIAZANIN IODIDE • EASTMAN 7663 • 3-ETHYL-2-(5-(3-ETHYL-2-BENZOTHIAZOLINYLIDENE)-1,3-PENTADIENYL)BENZOTHIAZOLIUM IODIDE • L-01748 • NETOCYD • NK 136 • OMNIPASSIN • PARTEL • TELMICID • TELMID • TELMIDE • VERCIDON • RTECS No. DL7060000

EPA NAME: DITHIOBIURET
CAS: 541-53-7
SYNONYMS: AI3-14762 • BIURET, DITHIO- • BIURET, 2,4-DITHIO- • DITHIOBIURET • 2,4-DITHIOBIURET • 2,4-DITIOBIURET (Spanish) • DTB • IMIDODICARBONIMIDOTHIOIC DIAMIDE • IMIDODICARBONODITHIOIC DIAMIDE • RCRA No. P049 • RTECS No. EC1575000 • THIOIMIDODICARBONIC DIAMIDE • THIO-1-(THIOCARBAMOYL)UREA • UREA, 2-THIO-1-(THIOCARBAMOYL)- • USAF B-44 • USAF EK-P-6281

EPA NAME: 2,4-DITHIOBIURET
[see DITHIOBIURET]
CAS: 541-53-7

EPA NAME: DIURON
CAS: 330-54-1
SYNONYMS: AF 101 • 330541 • AI3-61438 • CASWELL No. 410 • CEKIURON • CRISURON • DAILON • DCMU • DIATER • 3-(3,4-DICHLOOR-FENYL)-1,1-DIMETHYLUREUM (Dutch) • DICHLORFENIDIM • 3-(3,4-DICHLOROPHENOL)-1,1-DIMETHYLUREA • 3-(3,4-DICHLOROPHENYL)-1,1-DEMETHYLUREA • N'-(3,4-DICHLOROPHENYL)-N,N-DIMETHYLUREA • N-(3,4-DICHLOROPHENYL)-N',N'-DIMETHYLUREA • 1-(3,4-DICHLOROPHENYL)-3,3-DIMETHYLUREA • 1,1-DIMETHYL-3-(3,4-DICHLOROPHENYL)UREA • 1(3,4-DICHLOROPHENYL)-3,3-DIMETHYLUREE (French) • 3-(3,4-DICHLOR-PHENYL)-1,1-DIMETHYLHARNSTOFF (German) • 3-(3,4-DICLOROFENIL)-1,1-DIMETILUREA (Spanish) • 3-(3,4-

DICLORO-FENYL)-1,1-DIMETIL-UREA (Italian) • DI-ON • DIUREX • DIUROL • DIURON 4L • DMU • DREXEL • DREXEL DIURON 4L • DURAN • DYNEX • EPA PESTICIDE CHEMICAL CODE 035505 • FARMCO DIURON • HW 920 • KARMEX • KARMEX DIURON HERBICIDE • KARMEX DW • MARMER • RTECS No. YS8925000 • STCC 4962622 • SUP'R FLO • TELVAR • TELVAR DIURON WEED KILLER • TIGREX • UREA, N'-(3,4-DICHLOROPHENYL)-N,N-DIMETHYL- • UN 2767 (solid) • UN 3002 (liquid) • UREA, 3-(3,4-DICHLOROPHENYL)-1,1-DIMETHYL- • UROX D • USAF P-7 • USAF XR-42 • VONDURON • UN 3002 (phenyl urea pesticide, liquid, toxic)

EPA NAME: **DODECYLBENZENESULFONIC ACID**
CAS: 27176-87-0
SYNONYMS: ACIDO DODECILBENCENOSULFONICO (Spanish) • BENZENESULFONIC ACID, DODECYL- • BENZENESULPHONIC ACID, DODECYL- • BENZENE SULFONIC ACID, DODECYL ESTER • BENZENE SULPHONIC ACID, DODECYL ESTER • CALSOFT LAS 99 • DDBSA • DODANIC ACID 83 • DODECYL BENZENESULFONATE • DODECYL BENZENESULPHONATE • N-DODECYL BENZENESULFONIC ACID • N-DODECYL BENZENESULPHONIC ACID • DODECYLBENZENESULPHONIC ACID • E 7256 • EINECS No. 248-289-4 • ELFAN WA SULPHONIC ACID • LAURYLBENZENESULFONATE • LAURYLBENZENESULPHONATE • LAURYLBENZENESULFONIC ACID • LAURYLBENZENESULPHONIC ACID • NA 2584 (DOT) • NACCONOL 98 SA • NANSA SSA • PENTINE ACID 5431 • RHODACAL ABSA • RICHONIC ACID • STCC 4931426 • SULFRAMIN ACID 1298 • UN 2584

EPA NAME: **DODECYLGUANIDINE MONOACETATE**
[see DODINE]
CAS: 2439-10-3

EPA NAME: **DODINE**
CAS: 2439-10-3
SYNONYMS: AC 5223 • ACETO de N-DODECILGUANIDINA (Spanish) • AMERICAN CYANAMID 5223 • APADODINE • CASWELL No. 419 • CARPENE • CURITAN • CYPREX • CYPREX 65W • N-DODECYLGUANIDINEACETAT (German) • N-DODECYLGUANIDINE ACETATE • DODECYLGUANIDINE ACETATE • DODECYLGUANIDINE MONOACETATE • 1-DODECYLGUANIDINIUM ACETATE • DODGUADINE • DODIN • DODINE ACETATE • DODINE, MIXTURE WITH GLYODIN • DOGUADINE • DOQUADINE • ENT 16,436 • EPA PESTICIDE CHEMICAL CODE 044301 • EXPERIMENTAL FUNGICIDE 5223 • GUANIDINE, DODECYL-, ACETATE • GUANIDINE, DODECYL-, MONOACETATE • KARPEN • LAURYLGUANIDINE ACETATE • MELPREX • MELPREX 65 • MILPREX • QUESTURAN • SYLLIT • SYLLIT 65 • TSITREX • VENTUROL • VONDODINE • RTECS No. MF1750000

EPA NAME: 2,4-DP
CAS: 120-36-5
SYNONYMS: ACIDE-2-(2,4-DICHLORO-PHENOXY)PROPIONIQUE (French) ● ACIDO-2-(2,4-DICLORO-FENOSSI)PROPIONICO (Italian) ● ACIDO 2-(2,4-DICLOROFENOXI)PROPIONICO (Spanish) ● BH 2,4-DP ● CASWELL No. 320 ● CELATOX-DP ● CORNOX RD ● CORNOX RK ● DESORMONE ● 2(2,4-DICHLOOR-FENOXY)PROPIONZUUR (Dutch) ● 2,4-DICHLOROPHENOXY-α-PROPIONIC ACID ● α-(2,4-DICHLOROPHENOXY)PROPIONIC ACID ● (±)-2-(2,4-DICHLOROPHENOXY)PROPIONIC ACID ● 2,4-DICHLOROPHENOXYPROPIONIC ACID ● 2-(2,4-DICHLOROPHENOXY) PROPIONIC ACID ● DICHLOROPROP ● 2-(2,4-DICHLORPHENOXY)-PROPIONSAEURE (German) ● DICHLORPROP ● 2,4-DP ● 2-(2,4-DP) ● EMBUTOX ● EPA PESTICIDE CHEMICAL CODE 031401 ● GRAMINON-PLUS ● HEDONAL ● HEDONAL DP ● HERBIZID DP ● HORMATOX ● KILDIP ● NSC 39624 ● POLYCLENE ● POLYMONE ● POLYTOX ● PROPANOIC ACID, 2-(2,4-DICHLOROPHENOXY)- ● PROPIONIC ACID, 2-(2,4-DICHLOROPHENOXY)- ● RD 406 ● SERITOX 50 ● U 46 ● U46 DP-FLUID ● ● UN 2765 (phenoxy pesticides, solid, toxic) ● UN 3000 (phenoxy pesticides, liquid, toxic) ● VISKORHAP ● WEEDONE 170 ● WEEDONE DP

EPA NAME: 2,4-D PROPYLENE GLYCOL BUTYL ETHER ESTER
CAS: 1320-18-9
SYNONYMS: ACETIC ACID, 2,4-DICHLOROPHENOXY-, BUTOXYPROPYL ESTER ● ACETIC ACID, (2,4-DICHLOROPHENOXY)-, BUTOXYPROPYLENE deriv. ● ACETIC ACID, (2,4-DICHLOROPHENOXY)-, PROPYLENE GLYCOL BUTYL ESTER ● 2,4-D ESTERS ● 2,4-DICHLOROPHENOXYACETIC ACID PROPYLENE GLYCOL BUTYL ETHER ESTER ● 2,4-DICHLOROPHENOXY, 2-BUTOXYMETHYLETHYL ESTER ● DuPONT LAWN WEEDER ● ESTERON 99 WEED KILLER ● ESTERON 99 WEED KILLER CONCENTRATE ● ESTERON TEN-TEN ● 2,4-D PGEE ● ESTER PROPILENGLICOLBUTILETER del ACIDO 2,4-DICLOROFENOXIACETICO (Spanish) ● RCRA No. U240 ● RTECS No. AG8886000 ● ● UN 2765 (phenoxy pesticides, solid, toxic) ● UN 3000 (phenoxy pesticides, liquid, toxic) ● VERTON 2D ● VERTON 4D

EPA NAME: 2,4-D PROPYL ESTERS
CAS: 1928-61-6
SYNONYMS: ACETIC ACID, (2,4-DICHLOROPHENOXY)-, PROPYL ESTER ● 2,4-D ESTERS ● 2,4-DICHLOROPHENOXYACETIC ACID, PROPYL ESTER ● PROPYL 2,4-D ESTER ● RCRA No. U240 ● UN 2765 (phenoxy pesticides, solid, toxic) ● UN 3000 (phenoxy pesticides, liquid, toxic)

EPA NAME: 2,4-D SALTS AND ESTERS
[see 2,4-D]
CAS: 94-75-7

EPA NAME: 2,4-D SODIUM SALT
CAS: 2702-72-9
SYNONYMS: ACETIC ACID, (2,4-DICHLOROPHENOXY)-, SODIUM SALT ● AGRION ● CASWELL No. 315D ● 2,4-DICHLOROPHENOXYACETIC ACID, SODIUM SALT ● 2,4-DICLOROFENOXIACETATO SODICO (Spanish) ● DICONIRT D ● DIKONIRT D ● EPA PESTICIDE CHEMICAL CODE 030004 ● FERNOXENE ● FERNOXONE ● HORMIT ● PIELIK E ● RCRA No. U240 ● RTECS No. AG8925000 ● SODIUM, 2,4-D ● SODIUM-2,4-DICHLOROPHENOXYACETATE ● 2,4-D, SODIUM SALT ● SPRAY-HORMITE ● SPRITZ-HORMIT ● UN 2765 (phenoxy pesticides, solid, toxic) ● UN 3000 (phenoxy pesticides, liquid, toxic)

- E -

EPA NAME: EMETINE, DIHYDROCHLORIDE
CAS: 316-42-7
SYNONYMS: AMEBICIDE • 1-EMETINE, DIHYDROCHLORIDE • (-)EMETINE, DIHYDROCHLORIDE • EMETINE, HYDROCHLORIDE • NSC-33669 • RTECS No. JY5250000

EPA NAME: ENDOSULFAN
CAS: 115-29-7
SYNONYMS: BENZOEPIN • BEOSIT • BIO 5,462 • CHLORTHIEPIN • CRISUFAN • CYCLODAN • DEVISULPHAN • ENDOCEL • ENDOSOL • ENDOSULFAN CHLORINATED HYDROCARBON INSECTICIDE • ENDOSULPHAN • ENDOX • ENSODULFAN (Spanish) • ENSURE • ENT 23,979 • FMC5462 • α,β-1,2,3,4,7,7-HEXACHLOROBICLO(2,2,1)HEPTEN-5,6-BIOXYMETHYLENESULFITE • 1,2,3,4,7,7-HEXACHLOROBICLO(2,2,1)HEPTEN-5,6-BIOXYMETHYLENESULFITE • HEXACHLOROHEXAHYDROMETHANO 2,4,3-BENZODIOXATHIEPIN-3-OXIDE • 6,7,8,9,10,10-HEXACHLORO-1,5,5A,6,9,9A-HEXAHYDRO-6,9-METHANO-2,4,3-BENZODIOXAT HIEPIN-3-OXIDE • 1,4,5,6,7,7-HEXACHLORO-5-NORBORENE-2,3-DIMETHANOL CYCLIC SULFITE • C,C'-(1,4,5,6,7,7-HEXACHLORO-8,9,10-TRINORBORN-5-EN-2,3-YLENE)(DIMETHYLSULPHITE)6,7,8,9,10,10-HEEXACHLORO-1,5,5a,6,9,9a-HEXAHYDRO-6,9-METHANO-2,4,3-BENZODIOXATHIEPIN 3-OXIDE • HILDAN • HOE 2671 • INSECTO • INSECTOPHENE • KOP-THIODAN • MALIX • MAUX • 6,9-METHANO-2,4,3-BENZODIOXATHIEPIN, 6,7,8,9,10,10-HEXACHLORO-1,5,5A,6,9,9A-HEXAHYDRO-, 3-OXIDE • NA 2761 (DOT) NCI-C00566 • NIA 5462 • NIAGRA 5,462 • OMS570 • RASAYANSULFAN • RCRA No. P050 • RTECS No. RB9275000 • STCC 4921516 (liquid) • STCC 4921517 (SOLID) • SULFUROUS ACID cyclic ester with 1,4,5,6,7,7-HEXACHLORO-5-NORBORENE-2,3-DIMETHANOL • THIFOR • THIMUL • THIDAN • THIODAN • THIODAN (R) • THIODAN 35 • THIOFOR • THIOMUL • THIONEX • THIOSULFAN • THIOSULFAN THIONEL • TIOVEL • UN 2761

EPA NAME: alpha-ENDOSULFAN
CAS: 959-98-8
SYNONYMS: ENDOSULFAN, ALPHA • α-ENDOSULFAN • a-ENSODULFAN (Spanish) • 6,9-METHANO-2,4,3-BENZODIOXATHIEPIN, 6,7,8,9,10,10-HEXACHLORO-1,5,5A,6,9,9A-HEXAHYDRO-, 3-OXIDE, (3α, 5Aβ,6α,9α,9Aβ)- • 5-NORBORENE-2,3-DIMETHANOL, 1,4,5,6,7,7-HEXACHLOROCYCLIC SULFITE, endo-

EPA NAME: beta-ENDOSULFAN
CAS: 33213-65-9

SYNONYMS: ENDOSULFAN II • ENDOSULFAN, BETA • β-ENDOSULFAN • b-ENSODULFAN (Spanish) • 1,4,5,6,7,7-HEXACHLORO-5-NORBORNENE-2,3-DIMETHANOL, CYCLIC SULFITE, EXO- • 6,9-METHANO-2,4,3-BENZODIOXATHIEPIN, 6,7,8,9,10,10-HEXACHLORO-1,5,5A,6,9,9A-HEXAHYDRO-, 3-OXIDE, (3α, 5Aα,6β,9β,9Aα)- • β-THIODAN • RTECS No. RB9875200

EPA NAME: ENDOSULFAN SULFATE
CAS: 1031-07-8
SYNONYMS: SULFATO ENSODULFAN (Spanish) • 1,4,5,6,7,7-HEXACHLORO-5-NORBORNENE-2,3-DIMETHANOL, CYCLIC SULFITE • 6,9-METHANO-2,4,3-BENZODIOXATHIEPIN, 6,7,8,9,10,10-HEXACHLORO-1,5,5A,6,9,9A-HEXAHYDRO-, 3-DIOXIDE • RTECS No. RB9150000

EPA NAME: ENDOTHALL
CAS: 145-73-3
SYNONYMS: ACCELERATE • AQUATHOL • DES-I-CATE • 1,2-DICARBOXY-3,6-ENDOXOCYCLOHEXANE • 3,6-ENDOOXOHEXAHYDROPHTHALIC ACID • ENDOTHAL CHLOROPHENOXY HERBICIDE • ENDOTHALL • ENDOTHALL HERBICIDE • ENDOTHAL TECHNICAL • 3,6-ENDOXOHEXAHYDROPHTHALIC ACID • 3,6-EPOXYCYCLOHEXANE-1,2-DICARBOXYLIC ACID • 3,6-endo-EPOXY-1,2-CYCLOHEXANEDICARBOXYLIC ACID • HEXAHYDRO-3,6-endo-OXYPHTHALIC ACID • HYDOUT • HYDROTHAL-47 • HYDROTHOL • 7-OXABICYCLO(2.2.1)HEPTANE-2,3-DICARBOXYLIC ACID • RCRA No. P088 • RTECS No. RN7573000 • TRI-ENDOTHAL

EPA NAME: ENDOTHION
CAS: 2778-04-3
SYNONYMS: AC-18,737 • O,O-DIMETHYL-S-(5-METHOXY-4-OXO-4H-PYRAN-2-YL)PHOSPHOROTHIOATE • O,O-DIMETHYL-S-((5-METHOXY-PYRON-2-YL)-METHYL)-THIOLPHOSPHAT (German) • PHOSPHOROTHIOATE • O,O-DIMETHYL-S-(5-METHOXYPYRONYL-2-METHYL) THIOLPHOSPHATE • ENDOCID • ENDOCIDE • ENDOTIONA (Spanish) • ENT 24,653 • EXOTHION • 5-METHOXY-2-(DIMETHOXYPHOSPHINYLTHIOMETHYL)PYRONE-4 • S-5-METHOXY-4-OXOPYRAN-2-YLMETHYL DIMETHYL PHOSPHOROTHIOATE • S-((5-METHOXY-4H-PYRON-2-YL)-METHYL)-O,O-DIMETHYL-MONOTHIOFOSFAAT (Dutch) • S-((5-METHOXY-4H-PYRON-2-YL)-METHYL)-O,O-DIMETHYL-MONOTHIOPHOSPHAT (German) • S-(5-METHOXY-4-PYRON-2-YLMETHYL)DIMETHYLPHOSPHOROTHIOLATE • NIA-5767 • NIAGRA 5767 • PHOSPHATE 100 • PHOSPHOPYRON • PHOSPHOPYRONE • RTECS No. TF8225000 • THIOPHOSPHATE de O,O-DIMETHYLE et de S-((5-METHOXY-4-PYRONYL)-METHYLE) (French)

EPA NAME: ENDRIN
CAS: 72-20-8

SYNONYMS: COMPOUND 269 • 2,7:3,6-DIMETHANONAPHTH (2, 3-B)OXIRENE, 3, 4, 5, 6, 9, 9-HEXACHLORO-1A, 2, 2A, 3, 6, 6A, 7, 7A-OCTAHYDRO-,(Aα, 2β, 2Aβ, 2Aβ, 3α, 6α, 6Aβ, 7β, 7Aα)- • ENDREX • ENDRINA (Spanish) • ENDRIN CHLORINATED HYDROCARBON INSECTICIDE • ENDRINE (French) • ENT 17,251 • (1R, 4S, 4aS, SS, 7R, 8R, 8aR)-1, 2, 3, 4, 10-HEXACHLORO-1, 4, 4a, 5, 6, 7, 8, 8a-OCTAHYDRO-6, 7-EPOXY-1,4:5,8-DIMETHANO NAPHTHALENE • HEXA-CHLOROEPOXYOCTAHYDRO-endo, endo-DIMETHANO-NAPTHALENE • 1, 2, 3, 4, 10, 10-HEXACHLORO-6, 7-EPOXY-1, 4, 4a, 5, 6, 7, 8, 8A-OCTAHYDRO-1, 4-ENDO-ENDO-1, 4, 5, 8-DIMETHANONAPHTHALENE • HEXADRIN • MENDRIN • NCI-C00157 • NENDRIN • RCRA No. P051 • RTECS No. IO1575000 • STCC 4921521 (liquid) • STCC 4921522 (solid) • UN 2761 (organochlorine pesticide, solid, poisonous) • UN 2996 (organochlorine pesticide, liquid, poisonous)

EPA NAME: ENDRIN ALDEHYDE
CAS: 7421-93-4
SYNONYMS: ALDEHIDO de ENDRIN (Spanish) • 1, 2, 4-METHE-NOCYCLOPENTA(CD)PENTALENE-5-CARBOXALDEHYDE, 2, 2A, 3, 3, 4, 7-HEXACHLORODECAHYDRO-,(1α, 2β, 2Aβ, 4β, 4Aβ, 5β, 6Aβ, 6Bβ, 7R*)- • UN 2761 (organochlorine pesticide, solid, poisonous) • UN 2996 (organochlorine pesticide, liquid, poisonous)

EPA NAME: EPICHLOROHYDRIN
CAS: 106-89-8
SYNONYMS: 1-CLOOR-2,3-EPOXY-PROPAAN (Dutch) • 1-CHLOR-2,3-EPOXY-PROPAN (German) • 1-CHLORO-2,3-EPOSSIPROPANO (Italian) • 3-CHLORO-1,2-EPOXYPROPANE • 1-CHLORO-2,3-EPOXYPROPANE • epi-CHLOROHYDRIN • (CHLOROMETHYL)ETHYLENE OXIDE • 2-(CHLOROMETH-YL)OXIRANE • CHLOROMETHYLOXIRANE • (CHLORO-METHYL)OXIRANE • 3-CHLOROPROPENE-1,2-OXIDE • 3-CHLORO-1,2-PROPYLENE OXIDE • CHLOROPROPYLENE OXIDE • γ-CHLOROPROPYLENE OXIDE • 3-CHLOROPRO-PYLENE OXIDE • ECH • EPICHLOORHYDRINE (Dutch) • EPICHLORHYDRIN (German) • EPICHLORHYDRINE (French) • α-EPICHLOROHYDRIN • (dl)-α-EPICHLOROHY-DRIN • EPICHLOROHYDRYNA (Polish) • EPICLORHIDRINA (Spanish) • EPICLORIDRINA (Italian) • 1,2-EPOXY-3-CHLO-ROPROPANE • 2,3-EPOXYPROPYL CHLORIDE • EPOXY RESIN COMPONENT • GLYCEROL EPICHLOROHYDRIN • GLYCIDYL CHLORIDE • OXIRANE, (CHLOROMETHYL)- • PHENOXY RESIN COMPONENT • PROPANE, 1-CHLORO-2,3-EPOXY- • RCRA No. U041 • RTECS No. TX4900000 • UN 2023 • SKEKhG • STCC 4907420

EPA NAME: EPINEPHRINE
CAS: 51-43-4

SYNONYMS: ADNEPHRINE • ADRENAL • ADRENALIN • 1-ADRENALIN • ADRENALIN-MEDIHALER • ADRENAMINE • ADRENAN • ADRENAPAX • ADRENASOL • ADRENATRATE • ADRENODIS • ADRENOHORMA • ADRENUTOL • ADRINE • ASMATANE MIST • ASTHMA METER MIST • ASTHMAHALIN • BALMADREN • BERNARENIN • BIORENINE • BOSMIN • BREVIRENIN • BRONKAID MIST • CHELAFRIN • CORISOL • 3,4-DIHYDROXY-α-((METHYLAMINO)METHYL)BENZYL ALCOHOL • 1-1-(3,4-DIHYDROXYPHENYL)-2-METHYLAMINOETHANOL • DRENAMIST • DYLEPHRIN • DYSPE-INHAL • EPIFRIN • EPINEFRINA (Spanish) • EPINEPHRAN • (-)-EPINEPHRINE • (R)-EPINEPHRINE • 1-EPINEPHRINE • 1-EPINEPHRINE (synthetic) • EPIRENAMINE • EPIRENAN • EPITRATE • ESPHYGMOGENINA • EXADRIN • GLYCIRENAN • HAEMOSTASIN • HEKTALIN • HEMISINE • HEMOSTASIN • (R)-4-(1-HYDROXY-2-(METHYLAMINO)ETHYL)-1,2-BENZENEDIOL(9CI) • HYPERNEPHRIN • HYPORENIN • INTRANEFRIN • KIDOLINE • LEVORENIN • LYOPHRIN • MEDIHALER-EPI • MATANEPHRIN • METHYLARTERENOL • MUCIDRINA • MYOSTHENINE • MYTRATE • NEPHRIDINE • NIERALINE • PARANEPHRIN • PRIMATENE MIST • RCRA No. P042 • RENAGLADIN • RENALEPTINE • RENALINA • RENOFORM • RENOSTYPRICIN • RENOSTYPIN • RTECS No. DO2625000 • SCURENALINE • SINDRENINA • SOLADREN • SPHYGMOGENIN • STRYPTIRENAL • SUPRACAPSULIN • SUPRADIN • SUPRANEPHRANE • SUPRANEPHRINE • SUPRANOL • SUPRARENIN • SUPREL • SURENINE • SUSPHRINE • SYMPATHIN I • TAKAMINA • TOKAMINA • TONOGEN • VAPONEFRIN • VASOCONSTRICTINE • VASOCONSTRICTOR • VASODRINE • VASOTON • VASOTONIN

EPA NAME: EPN
CAS: 2104-64-5
SYNONYMS: O-AETHYL-O-n(4-NITROPHENYL)-PHENYLMONOTHIOPHOSPHONAT (German) • ENT 17,798 • O-ESTER-p-NITROPHENOL with O-ETHYLPHENYL PHOSPHONOTHIOATE • ETHOXY-4-NITROPHENOXYPHENYLPHOSPHINE SULFIDE • O-ETHYL-O-((4-NITROFENYL)-FENYL)MONOTHIOFOSFONAAT (Dutch) • O-ETHYL-O-(4-NITROPHENYL)-BENZENETHIONOPHOSPHONATE • ETHYL-p-NITROPHENYLBENZENETHIONOPHOSPHONATE • ETHYL-p-NITROPHENYL BENZENETHIONOPHOSPHATE • ETHYL-p-NITROPHENYL BENZENETHIOPHOSPHONATE • ETHYL-p-NITROPHENYL PHENYLPHOSPHONOTHIOATE • O-ETHYL-O-p-NITROPHENYL PHENYLPHOSPHONOTHIOATE • O-ETHYL-O-(4-NITROPHENYL PHENYL)PHENYLPHOSPHONOTHIOATE • O-ETHYL-O-p-NITROPHENYL PHENYLPHOSPHONOTHIOATE • ETHYL-p-NITROPHENYL THIONOBENZENEPHOSPHATE • O-ETHYL PHENYL-p-NITRO-

PHENYLTHIOPHOSPHONATE • PIN • RTECS No. TB1925000
• SANTOX • THIONOBENZENEPHOSPHONIC ACID ETHYL-
p-NITROPHENYL ESTER

EPA NAME: EPTC
[see ETHYL DIPROPYLTHIOCARBAMATE]
CAS: 759-94-4

EPA NAME: ERGOCALCIFEROL
CAS: 50-14-6
SYNONYMS: d-ARTHIN • CALCIFEROL • CALCIFERON • CAN-DACAPS • CONDOCAPS • CONDOL • CRTRON • CRYSTAL-LINA • DARAL • DAVITAMON D • DACITIN • DECAPS • DEE-OSTEROL • DEE-RON • DEE-RONAL • DEE-ROUAL • DELTALIN • DERATOL • DETALUP • DIACTOL • ERGO-RONE • ERGOSTERO, ACTIVATED • ERGOSTEROL, IRRA-DIATED • ERTRON • 1,2-ETHYLIDENE DICHLORIDE • FORTODYL • GELTABS • HI-DERATOL • INFRON • IRRA-DIATED ERGOSTA-5,7,22,-TRIEN-3-β-OL • METADEE • MULSIFEROL • MYKOSTIN • OLEOVITAMIN D • OSTELIN • RADIOSTOL • RADSTERIN • RTECS No. KE1050000 • 9,10,SECOERGOSTA-5,7,10(19),22-TETRAEN-3-β-OL • SHOCK-FEROL • STEROGLY • VIGANTOL • VIOSTEROL • VITAMIN D2 • VITAVEL-D

EPA NAME: ERGOTAMINE TARTRATE
CAS: 379-79-3
SYNONYMS: ERCAL • ERGAM • ERGATE • ERGOMAR • ER-GOSTAT • ERGOTAMINE BITARTRATE • ERGOTARTRATE • ETIN • EXMIGRA • FEMERGIN • GOTAMINE TARTRATE • GYNERGEN • LINGRAINE • LINGRAN • MEDIHALER ERGOTAMINE • MIGRAINE DOLVIRAN • NEO-ERGOTIN • RIGETAMIN • RTECS No. KE8225000 • SECAGYN • SECU-PAN • TARTRATO de ERGOSTEROL (Spanish)

EPA NAME: ETHANAMINE
CAS: 75-04-7
SYNONYMS: AETHYLAMINE (German) • AMINOETHANE • 1-AMINOETHANE • EA • ETANAMINA (Spanish) • ETHYL-AMINE • ETILAMINA (Italian, Spanish) • ETYLOAMINA (Polish) • MONOETHYLAMINE • RTECS No. KH2100000 • UN 1036 • UN 2270 (aqueous solution with not less than 50% but not more than 70% ethylamine)

EPA NAME: ETHANE
CAS: 74-84-0
SYNONYMS: BIMETHYL • DIMETHYL • ETANO (Spanish) • ETHYL HYDRIDE • METHYLMETHANE • RTECS No. KH3800000 • STCC 4905731 • UN 1035 (compressed) • UN 1961 (refrigerated liquid)

EPA NAME: ETHANE, CHLORO-
[see CHLOROETHANE]
CAS: 75-00-3

EPA NAME: 1,2-ETHANEDIAMINE
[see ETHYLENEDIAMINE]
CAS: 107-15-3

EPA NAME: ETHANE, 1,1-DIFLUORO-
[see DIFLUOROETHANE]
CAS: 75-37-6

EPA NAME: ETHANEDINITRILE
[see CYANOGEN]
CAS: 460-19-5

EPA NAME: ETHANE, 1,1'-OXYBIS-
[see ETHYL ETHER]
CAS: 60-29-7

EPA NAME: ETHANEPEROXOIC ACID
[see PERACETIC ACID]
CAS: 79-21-0

EPA NAME: ETHANESULFONYL CHLORIDE, 2-CHLORO-
CAS: 1622-32-8
SYNONYMS: β-CHLOROETHANESULFONYL CHLORIDE • 2-CHLOROETHANESULFONYL CHLORIDE • 2-CHLOROETHYLSULFONYL CHLORIDE • RTECS No. KI8050000

EPA NAME: ETHANE, 1,1,1,2-TETRACHLORO-
[see 1,1,1,2-TETRACHLOROETHANE]
CAS: 630-20-6

EPA NAME: ETHANE, 1,1'-THIOBIS(2-CHLORO-
[see MUSTARD GAS]
CAS: 505-60-2

EPA NAME: ETHANETHIOL
[see ETHYL MERCAPTAN]
CAS: 75-08-1

EPA NAME: ETHANE, 1,1,2-TRICHLORO-1,2,2,-TRIFLUORO-
[see FREON 113]
CAS: 76-13-1

EPA NAME: ETHANIMIDOTHIC ACID, N-((METHYL-AMINO]CARBONYL]OXY)-, METHYL ESTER
[see METHOMYL]
CAS: 16752-77-5

EPA NAME: ETHANIMIDOTHIOIC ACID, 2-(DIMETHYLAMINO)-N-HYDROXY-2-OXO-, METHYL ESTER
[see A2213]
CAS: 30558-43-1

EPA NAME: ETHANOL, 1,2-DICHLORO-, ACETATE
CAS: 10140-87-1

SYNONYMS: ACETO de 1,2-DICLOROETILO (Spanish) • 1,2-DICHLOROETHYL ACETATE • RTECS No. KK4200000

EPA NAME: ETHANOL, 2-ETHOXY-
[see 2-ETHOXYETHANOL]
CAS: 110-80-5

EPA NAME: ETHANOL, 2,2'-OXYBIS-, DICARBAMATE
CAS: 5952-26-1
SYNONYMS: N/A

EPA NAME: ETHENE
[see ETHYLENE]
CAS: 74-85-1

EPA NAME: ETHENE, BROMOTRIFLUORO-
[see BROMOTRIFLUORETHYLENE]
CAS: 598-73-2

EPA NAME: ETHENE, CHLORO-
[see VINYL CHLORIDE]
CAS: 75-01-4

EPA NAME: ETHENE, CHLOROTRIFLUORO-
[see TRIFLUOROCHLOROETHYLENE]
CAS: 79-38-9

EPA NAME: ETHENE, 1,1 DICHLORO
[see VINYLIDENE CHLORIDE]
CAS: 75-35-4

EPA NAME: ETHENE, 1,1-DIFLUORO-
[see VINYLIDENE FLUORIDE]
CAS: 75-38-7

EPA NAME: ETHENE, ETHOXY-
[see VINYL ETHYL ETHER]
CAS: 109-92-2

EPA NAME: ETHENE, FLUORO
[see VINYL FLUORIDE]
CAS: 75-02-5

EPA NAME: ETHENE, METHOXY-
[see VINYL METHYL ETHER]
CAS: 107-25-5

EPA NAME: ETHENE, TETRAFLUORO-
[see TETRAFLUOROETHYLENE]
CAS: 116-14-3

EPA NAME: ETHION
CAS: 563-12-2
SYNONYMS: AC 3422 • BIS(S-(DIETHOXYPHOSPHINOTHIOYL) MERCAPTO)METHANE • BIS (DITHIOPHOSPHATEDE O,O-DIETHYLE) de S,S'-METHYLENE (French) • BLADAN •

DIETHION • EMBATHION • ENT 24,105 • ETHANOX • ETHIOL • ETHODAN • ETHYL METHYLENE PHOSPHORODITHIOATE • ETION (Spanish) • FMC-1240 • FOSFONO 50 • HYLEMOX • ITOPAZ • KWIT • METHANEDITHIOL, S,S-DIESTER WITH O,O-DIETHYL PHOSPHORODITHIOATE ACID • METHYLEEN-S,S'-BIS(O,O-DIETHYL-DITH IOFOSFAAT) (Dutch) • METHYLENE-S,S'-BIS(O,O-DIAETHYL-DITHIO-PHOSPHAT) (German) • S,S'-METHYLENE O,O,O',O'-TETRAETHYL PHOSPHORODITHIOATE • METILEN-S,S'-BIS (O,O-DIETIL-DITIOFOSFATO) (Italian) • NA 2783 (DOT) • NIA 1240 • NIAGARA 1240 • NIALATE • PHOSPHORODITHIOIC ACID, O,O-DIETHYL ESTER, S,S-DIESTER with METHANEDITHIOL • PHOSPHOTOX E • RTECS No. TE4550000 • RHODIACIDE • RHODOCIDE • RODOCID • RP 8167 • SOPRATHION • STCC 4921565 • O,O,O',O'-TETRAAETHYL-BIS (DITHIOPHOSPHAT) (German) • O,O,O',O'-TETRAETHYL S,S'-METHYLENEBIS(DITHIOPHOSPHATE) • O,O,O',O'-TETRAETHYL S,S'-METHYLENEBISPHOSPHORDITHIOATE • TETRAETHYL S,S'-METHYLENE BIS(PHOSPHOROTHIOLOTHIONATE) • O,O,O',O'-TETRAETHYL S,S'-METHYLENE DI(PHOSPHORODITHIOATE) • UN 2783 • VEGFRUFOSMITE • A,S'-METHYLENE O,O,O',O'-TETRAETHYL ESTER PHOSPHORODITHIOIC ACID • VEGFRU FOSMITE

EPA NAME: ETHOPROP
CAS: 13194-48-4
SYNONYMS: AI3-27318 • CASWELL No. 434C • ENT 27,318 • EPA PESTICIDE CHEMICAL CODE 041101 • ETHOPROPHOS • O-ETHYL S,S-DIPROPYL DITHIOPHOSPHATE • O-ETHYL S,S-DIPROPYL PHOSPHORODITHIOATE • JOLT • MOBIL V-C 9-104 • MOCAP • MOCAP 10G • PHOSETHOPROP • PHOSPHORODITHIOIC ACID, O-ETHYL S,S-DIPROPYL ESTER • PHOSPHORODITHIOIC ACID O-ETHYL S,S-DIPROPYL ESTER • RTECS No. TE4025000 • V-C 9-104 • V-C CHEMICAL V-C 9-104 • VIRGINIA-CAROLINA VC 9-104

EPA NAME: ETHOPROPHOS
[see ETHOPROP]
CAS: 13194-48-4

EPA NAME: 2-ETHOXYETHANOL
CAS: 110-80-5
SYNONYMS: ATHYLENGLYKOL-MONOATHYLATHER (German) • CELLOSOLVE • CELLOSOLVE SOLVENT • DAG 154 • DEVELOPER 1002 • DOWANOL E • DOWANOL EE • DYNASOLVE MP-500 • DYNASOLVE MP ALUMINIUM GRADE • 2EE • EKTASOLVE EE • EMKANOL • ETHER MONOETHYLIQUE de l'ETHYLENE GLYCOL (French) • ETHANOL, 2-ETHOXY- • β-ETHOXYETHANOL • 2-ETHOXYETHYL ALCOHOL • ETHYL CELLOSOLVE • ETHYLENE GLYCOL ETHYL ETHER • ETHYLENE GLYCOL MONOETHYL ETHER • ETOKSYETYLOWY ALKOHOL (Polish) • GLYCOL ETHYL ETHER • 2-ETOXIETANOL (Spanish) • GLYCOL

MONOETHYL ETHER • HYDROXY ETHER • JEFFERSOL EE • JUSTRITE THINNER AND CLEANER • NCI-C54853 • OXITOL • POLY-SOLV E • POLY-SOLV EE • PYRALIN PI 2563 • RCRA No. U359 • RTECS No. KK8050000 • UN 1171 • ULTRAMAC 55

EPA NAME: 2-[1-(ETHOXYIMINO) BUTYL]-5-[2-(ETHYLTHIO)PROPYL]-3-HYDROXYL-2-CYCLOHEXEN-1-ONE
[see SETHOXYDIM]
CAS: 74051-80-2

EPA NAME: 2-[[ETHOXYL[(1-METHYLETHYL)AMINO]PHOSPHINOTHIOYL]OXY] BENZOIC ACID 1-METHYLETHYL ESTER
[see ISOFENPHOS]
CAS: 25311-71-1

EPA NAME: ETHYL ACETATE
CAS: 141-78-6
SYNONYMS: ACETIC ACID ETHYL ESTER • ACETIC ETHER • ACETO de ETILO (Spanish) • ARSENOSILICA FILM 0308 • AS-1 • AS 1CE • AS 5CE • AS 18CZ5E • AS 18CZ6E • AS 18CZ10A • AS 1400 • CLEANER, INK INDEPENDENT • ETHYL ETHANOATE • ACETIDIN • ACETOXYETHANE • AETHYLACETAT (German) • EINECS No. 205-500-4 • ESSIGESTER (German) • ETHYLACETAAT (Dutch) • ETHYL ACETIC ESTER • ETHYLE (ACETATE d') (French) • ETILE (ACETATO di) (Italian) • FEMA No. 2414 • KTI 1470(+) • MARKEM 320 CLEANER • OCTAN ETYLU (Polish) • RCRA No. U112 • RTECS No. AH5425000 • STCC 4909160 • UN 1173 • VINEGAR NAPHTHA

EPA NAME: ETHYL ACETYLENE
[see 1-BUTYNE]
CAS: 107-00-6

EPA NAME: ETHYL ACRYLATE
CAS: 140-88-5
SYNONYMS: ACRILATO de ETILO (Spanish) • ACRYLATE d'ETHYLE (French) • ACRYLIC ACID, ETHYL ESTER • ACRYLSAEUREAETHYLESTER (German) • AETHYLACRYLAT (German) • ETHOXY CARBONYL ETHYLENE • ETHYLACRYLAAT (Dutch) • ETHYLAKRYLAT (Czech) • ETHYL 2-PROPENOATE • ETHYL PROPENOATE • ETIL ACRILATO (Italian) • ETILACRILATULUI (RUMANIAN) • FEMA No. 2418 • NCI-C50384 • 2-PROPENOIC ACID, ETHYL ESTER • RCRA No. U113 • RTECS No. AT0700000 • STCC 4907215 • UN 1917 (inhibited)

EPA NAME: 3-[(ETHYLAMINO)METHOXYPHOSPHINOTHIOYL]OXY]-2-BUTENOIC ACID, 1-METHYLETHYL ESTER
[see PROPETAMPHOS]
CAS: 31218-83-4

EPA NAME: ETHYLBENZENE
CAS: 100-41-4
SYNONYMS: AETHYLBENZOL (German) • ARISTOLINE(+) • AZ 1470(+) • AZ 4210(+) • BENZENE, ETHYL- • CEM 388 • EB • ETHYLBENZEEN (Dutch) • ETHYLBENZOL • ETILBENCENO (Spanish) • ETILBENZENE (Italian) • ETYLOBENZEN (Polish) • KTI PHOTORESIST STANDARD (-) • KTI 1350J(+) • NCI-C56393 • PHENYLETHANE • RTECS No. DA0700000 • UN 1175 • WAYCOAT 28(-) • WAYCOAT 43(-) • WAYCOAT 59(-) • WAYCOAT 204(-) • WAYCOAT 207(+) • WAYCOAT DEVELOPER(-) • WAYCOAT HNR 80(-) • WAYCOAT HNR 120(-) • WAYCOAT HPR 205 • WAYCOAT HR 200(-) • WAYCOAT RX 507(+) • WAYCOAT SC100(-) • WAYCOAT SC100 CP(+) • WAYCOAT SC180(-) • α-METHYLTOLUENE

EPA NAME: ETHYLBIS(2-CHLOROETHYL)AMINE
CAS: 538-07-8
SYNONYMS: 2,2'-DICHLOROTRIETHYLAMINE • ETHYLBIS(β-CHLOROETHYL)AMINE • ETHYL-S • HNI • RTECS No. YED1225000 • TL329 • TL 1149

EPA NAME: ETHYLCARBAMATE
[see URETHANE]
CAS: 51-79-6

EPA NAME: ETHYL CHLORIDE
[see CHLOROETHANE]
CAS: 75-00-3

EPA NAME: ETHYL CHLOROFORMATE
CAS: 541-41-3
SYNONYMS: CATHYL CHLORIDE • CHLORAMEISENSAE-UREAETHYLESTER (German) • CARBONOCHLORIDIC ACID, ETHYL ESTER • CHLOROCARBONATE d'ETHYLE (French) • CHLOROCARBONIC ACID ETHYL ESTER • CHLOROFORMIC ACID ETHYL ESTER • CLOROFORMIATO de ETILO (Spanish) • ECF • ETHYLCHLOORFORMIAAT (Dutch) • ETHOXYCARBONYL CHLORIDE • ETHYL CARBONO-CHLORIDATE • ETHYL CHLOROCARBONATE • ETHYLE CHLOROFORMIAT d' (French) • ETIL CLOROCARBONATO (Italian) • ETIL CLOROFORMIATO (Italian) • FORMIC ACID, CHLORO-, ETHYL ESTER • RTECS No. LQ6125000 • STCC 4907617 • TL 432 • UN 1182

EPA NAME: ETHYL-2-[[[(4-CHLORO-6-METHOXYPYRIMI-DIN-2-YL)CARBONYL]AMINO]SULFONYL]BENZOATE
[see CHLORIMURON ETHYL]
CAS: 90982-32-4

EPA NAME: ETHYL CYANIDE
[see PROPIONITRILE]
CAS: 107-12-0

EPA NAME: ETHYL DIPROPYLTHIOCARBAMATE
CAS: 759-94-4
SYNONYMS: S-AETHYL-N,N-DIPROPYLTHIOCARBAMAT (German) ● CARBAMIC ACID, DIPROPYLTHIO-, S-ETHYL ESTER ● CARBAMOTHIOIC ACID, DIPROPYL-,S-ETHYL ESTER ● CASWELL No. 435 ● DIPROPYLCARBAMOTHIOIC ACID S-ETHYL ESTER ● N,N-DIPROPYLTHIOCARBAMIC ACID S-ETHYL ESTER ● EPA PESTICIDE CHEMICAL CODE 041401 ● EPTC ● EPTC CARBAMTE HERBICIDE ● EPTAM ● EPTAM 6E ● EPTC ● ERADICANE ● ERADICANE EPTC ● E-TC ● ETHYL DI-N-PROPYLTHIOLCARBAMATE ● S-ETHYL DIPROPYLCARBAMOTHIOATE ● S-ETHYL DIPROPYLTHIO-CARBAMATE ● S-ETHYLDIPROPYLTHIOCARBAMATE ● S-ETHYL-N,N-DI-N-PROPYLTHIOCARBAMATE ● ETHYL N,N-DI-N-PROPYLTHIOLCARBAMATE ● ETHYL N,N-DIPROPYLTHIOLCARBAMATE ● FDA 1541 ● GENEP EPTC ● NSC 40486 ● R-1608 ● RCRA No. U390 ● RTECS No. FA4550000 ● STAUFFER R 1608 ● TORBIN ● UN 2757 (carbamate pesticides, solid, toxic) ● UN 2992 (carbamate pesticides, liquid, toxic)

EPA NAME: ETHYLENE
CAS: 74-85-1
SYNONYMS: ACETENE ● ATHYLEN (German) ● BICARBURRETTED HYDROGEN ● DICARBURETTED HYDROGEN ● ELAYL ● ETENO (Spanish) ● ETHENE ● ETHERIN ● HEAVY CARBURETTED HYDROGEN ● OLEFIANT GAS ● RTECS No. KU5340000 ● STCC 4905732 ● UN 1038 (refrigerated liquid) ● UN 1962 (compressed)

EPA NAME: ETHYLENEBISDITHIOCARBAMIC ACID, SALTS and ESTERS
CAS: 111-54-6
SYNONYMS: ETHYLENEBIS(DITHIOCARBAMIC ACID) ● RCRA No. U114 ● TOXIC CHEMICAL CATEGORY CODE, N171

EPA NAME: ETHYLENEDIAMINE
CAS: 107-15-3
SYNONYMS: AETHALDIAMIN (German) ● AETHYLENEDIAMIN (German) ● β-AMINOETHYLAMINE ● EINECS No. 203-468-6 ● 1,2-ETHYLENEDIAMINE ● ETILENDIAMINA (Spanish) ● 1,2-DIAMINOAETHAN (German) ● 1,2-DIAMINOETHANE, ANHYDROUS ● 1,2-DIAMINO-ETHAAN (Dutch) ● DIMETHYLENEDIAMINE ● 1,2-ETHANEDIAMINE ● NCI-C60402 ● RTECS No. KH8750000 ● SEL-REX CIRCUITPREP SC REPLINISHER/MAKEUP ● SEL-REX XR-170A PRETREATMENT ● UN 1604

EPA NAME: ETHYLENEDIAMINE-TETRAACETIC ACID (EDTA)
CAS: 60-00-4
SYNONYMS: ACETIC ACID (ETHYLENEDINITRILO)TETRA- ● ACIDE ETHYLENEDIAMINETETRACETIQUE (French) ● ACIDO ETILENDIAMINOTETRAACETICO (Spanish) ● ARO-

QUEST 75 • CELON A • CELON ATH • CHEELOX • CHEM-COLOX 340 • COMPLEXON II • 3,6-DIAZAOCTANEDIOIC ACID,3,6-BIS(CARBOXYMETHYL)- • EDATHAMIL • EDETIC • EDETIC ACID • EDTA • EDTA ACID • EINECS No. 200-449-4 • ENDRATE • ETHYLENEDIAMINE-N,N,N',N'-TETRA-ACETIC ACID • ETHYLENEDIAMINETETRAACETATE • ETHYLENEDIAMINETETRAACETIC ACID • ETHYLENE-DINITRILOTETRAACETIC ACID • GLYCINE, N,N'-1,2-ETH-ANEDIYLBIS(N-(CARBOXYMETHYL)-9CI) • HAMP-ENE ACID • HAVIDOTE • KALEX ACIDS • METAQUEST A • NERVANAID B ACID • NULLAPON B ACID • NULLAPON BF ACID • PERMA KLEER 50 ACID • QUESTRIC ACID 5286 • RTECS No. AH4025000 • SEQ-100 • SEQUESTRENE AA • SE-QUESTRIC ACID • SEQUESTROL • TETRINE ACID • TITRI-PLEX • TRICON BW • TRILON B • TRILON BS • TRILON BW • UN 9117 • VERSENE • VERSENE ACID • WARKEE-LATE ACID

EPA NAME: ETHYLENE DIBROMIDE
[see 1,2-DIBROMOETHANE]
CAS: 106-93-4

EPA NAME: ETHYLENE DICHLORIDE
[see 1,2-DICHLOROETHANE]
CAS: 107-06-2

EPA NAME: ETHYLENE FLUOROHYDRIN
CAS: 371-62-0
SYNONYMS: 2-FLUOETANOL (Spanish) • 2-FLUROETHANOL • β-FLUOROETHANOL • TL 741 • RTECS No. KL1575000

EPA NAME: ETHYLENE GLYCOL
CAS: 107-21-1
SYNONYMS: ATHYLENGLYKOL (German) • 1,2-DIHYDROX-YETHANE • DOWTHERM SR 1 • EINECS No. 203-473-3 • EG • ETG • 1,2-ETHANEDIOL • ETHYLENE ALCOHOL • ETH-YLENE DIHYDRATE • ETILENGLICOL (Spanish) • FRIDEX • GLYCOL ALCOHOL • GLYCOL • 2-HYDROXYETHANOL • ILEXAN E • LUTROL-9 • MACROGOL 400 • MACROGOL 400 BPC • MEG • MONOETHYLENE GLYCOL • NCI-C00920 • NORKOOL • RAMP • RTECS No. KW2975000 • TESCOL • UCAR 17 • ZEREX

EPA NAME: ETHYLENEIMINE
CAS: 151-56-4
SYNONYMS: AETHYLENIMIN (German) • AMINOETHYLENE • AZACYCLOPROPANE • AZIRANE • AZIRIDIN (German) • AZIRIDINA (Spanish) • AZIRIDINE • AZIRINE • 1H-AZI-RINE,DIHYDRO- • DIHYDROAZIRINE • DIHYDRO-1H-AZI-RINE • DIMETHYLENEIMINE • DIMETHYLENIMINE • E-1 • EEC No. 613-001-00-1 • ENT 50,324 • ETHYLEENIMINE (Dutch) • ETHYLENEIMINE • ETHYLIMINE • TL 337 • ETI-LENIMINA (Italian) • RCRA No. P054 • RTECS No. KX5075000 • STCC 4906220 • TL 337 • UN 1185 (inhibited)

EPA NAME: ETHYLENE OXIDE
CAS: 75-21-8
SYNONYMS: AETHYLENOXID (German) • AMPROLENE • ANPROLENE • ANPROLINE • DIHYDROOXIRENE • DIMETHYLENE OXIDE • EINECS No. 200-849-9 • ENT 26,263 • E.O. • 1,2-EPOXYAETHAN (German) • EPOXYETHANE • 1,2-EPOXYETHANE • ETHENE OXIDE • ETHYLEENOXIDE (Dutch) • ETHYLENE (OXYDE d') (French) • ETILENE(OSSIDO di) (Italian) • ETO • ETYLENU TLENEK (Polish) • FEMA No. 2433 • MERPOL • NCI-C50088 • OXACYCLOPROPANE • OXANE • OXIDOETHANE • ODIDO de ETILENO (Spanish) • α, β-OXIDOETHANE • OXIRAAN (Dutch) • OXIRANE • OXIRENE, DIHYDRO- • OXYFUME • OXYFUME 12 • T-GAS • RCRA No. U115 • RTECS No. KX2450000 • STERILIZING GAS ETHYLENE OXIDE 100% • T-GAS • UN 1040

EPA NAME: ETHYLENE THIOUREA
CAS: 96-45-7
SYNONYMS: ACCEL 22 • 4,5-DIHYDRO-2-MERCAPTOIMIDAZOLE • AKROCHEM ETU-22 • 4,5-DIHYDROIMIDAZOLE-2(3H)-THIONE • EINECS No. 202-506-9 • 1,3-ETHYLENETHIOUREA • N,N'-ETHYLENETHIOUREA • ETILENTIOUREA (Spanish) • ETU • IMIDAZOLIDINETHIONE • 2-IMIDAZOLIDINETHIONE • 2-IMIDAZOLINE-2-THIOL • IMIDAZOLINE-2-THIOL • IMIDAZOLINE-2(3H)-THIONE • MERCAPTOIMIDAZOLINE • 2-MERCAPTOIMIDAZOLINE • 2-MERCAPTO-2-IMIDAZOLINE • MERCAZIN I • 2-MERKAPTOIMIDAZOLIN (Czech) • NA 22 • NCI-C03372 • NOCCELER 22 • PENNAC CRA • RCRA No. U116 • RHENOGRAN ETU • RHODANIN S-62 (Czech) • RTECS No. NI9625000 • SOXINOL 22 • SODIUM-22 NEOPRENE ACCELERATOR • TETRAHYDRO-2H-IMIDAZOLE-2-THIONE • 2-THIOIMIDAZOLIDINE • 2-THIONOIMIDAZOLIDINE • 2-THIOL-DIHYDROGLYOXALINE • THIOUREA, N,N'-(1,2-ETHANEDIYL)- • USAF EL-62 • VULKACIT NPV/C2 • WARECURE C

EPA NAME: ETHYL ETHER
CAS: 60-29-7
SYNONYMS: AETHER • ANAESTHETIC ETHER • ANESTHESIA ETHER • ANESTHETIC ETHER • DIAETHYLAETHER (German) • DIETHYL ETHER • DIETHYL OXIDE • DWUETYLOWYETER (Polish) • EINECS No. 200-467-2 • ETER ETILICO (Spanish) • ETERE ETILICO (Italian) • ETHANE, 1,1'-OXYBIS- • ETHER • ETHER, ETHYL • ETHER ETHYLIQUE (French) • ETHOXYETHANE • OXYDE d'ETHYLE (French) • RCRA No. U117 • SOLVENT ETHER • SULFURIC ETHER • RTECS No. KI5775000 • UN 1155

EPA NAME: ETHYLIDENE DICHLORIDE
CAS: 75-34-3
SYNONYMS: AETHYLIDENCHLORID (German) • as-DICHLOROETHANE • CHLORINATED HYDROCHLORIC ETHER • CHLORURE D'ETHYLIDENE (French) • CLORURO di ETILI-

DENE (Italian) • 1,1-DICHLOORETHAAN (Dutch) • 1,1-DI-CHLORAETHAN (German) • 1,1-DICLOROETANO (Italian) • 1,1-DICLOROETANO (Spanish) • 1,1-DICHLOROETHANE (DOT) • ETHYLIDENE CHLORIDE • 1,1-ETHYLIDENE CHLORIDE • ETHYLIDENE DICHLORIDE • NCI-C04535 • ETHANE, 1,1-DICHLORO- • DICHLOROMETHYLETHANE • RCRA No. U076 • RTECS No. KV9275000 • UN 2362 • VINYL-IDENE CHLORIDE

EPA NAME: ETHYL MERCAPTAN
CAS: 75-08-1
SYNONYMS: AETHANETHIOL (German) • AETHYLMERCAPTAN (German) • EEC No. 016-022-00-9 • ETANTIOLO (Italian) • ETHAANTHIOL (Dutch) • ETHANETHIOL • ETHYL HYDROSULFIDE • ETHYLMERCAPTAAN (Dutch) • ETHYLMERKAPTAN (Czech) • ETHYL SULFHYDRATE • ETHYL THIOALCOHOL • ETILMERCAPTANO (Italian, Spanish) • LPG ETHYL MERCAPTAN 1010 • MERCAPTOETHANE • THIOETHANOL • THIOETHYL ALCOHOL • RTECS No. KI9625000 • STCC 4908169 • UN 2363

EPA NAME: ETHYL METHACRYLATE
CAS: 97-63-2
SYNONYMS: EINECS No. 202-597-5 • ETHYL 1-2-METHACRYLATE • ETHYL-α-METHYLACRYLATE • 1-2-METHACRYLIC ACID, ETHYL ESTER • METACRILATO de ETILO (Spanish) • 2-METHYLE-2-PROPENOIC ACID, ETHYL ESTER • 2-PROPENOIC ACID, 1-METHYL-, ETHYL ESTER • RHOPLEX • RHOPLEX AC-33 (ROHM & HAAS) • RCRA No. U118 • RTECS No. OZ4550000 • STCC 4907232 • UN 2277 (inhibited)

EPA NAME: ETHYL METHANESULFONATE
CAS: 62-50-0
SYNONYMS: EMS • ENT 26,396 • ETHYL ESTER of METHANESULFONIC ACID • ETHYL ESTER of METHYLSULFONIC ACID • ETHYL ESTER of METHYLSULPHONIC ACID • ETHYL METHANESULPHONATE • ETHYL METHANSULFONATE • ETHYL METHANSULPHONATE • HALF-MYDERAN • METHANESULPHONIC ACID ETHYL ESTER • METHYLSULFONIC ACID, ETHYL ESTER • NSC 26805 • RCRA No. U119 • RTECS No. PB2100000

EPA NAME: N-ETHYL-N'-(1-METHYLETHYL)-6-(METHYLTHIOL)-1,3,5,-TRIAZINE-2,4-DIAMINE
[see AMETRYN]
CAS: 834-12-8

EPA NAME: O-ETHYL O-[4-(METHYLTHIO)PHENYL]PHOSPHORODITHIOIC ACID S-PROPYL ESTER
[see SULPROFOS]
CAS: 35400-43-2

EPA NAME: ETHYL NITRITE
CAS: 109-95-5

SYNONYMS: ETHYLESTER KYSELINY DUSITE • ETHYL NITRITE • NITRITO de ETILO (Spanish) • NITROSYL ETHOXIDE • NITROUS ACID ETHYL ESTER • NITROUS ETHER • NITROUS ETHYL ETHER • RTECS No. RA0810000 • STCC 4907020 • UN 1194 (solution)

EPA NAME: N-(1-ETHYLPROPYL)-3,4-DIMETHYL-2,6-DINITROBENZENAMINE)
[see PENDIMETHALIN]
CAS: 40487-42-1

EPA NAME: S-(2-(ETHYLSULFINYL)ETHYL) O,O-DIMETHYL ESTER PHOSPHOROTHIOIC ACID
[see OXYDEMETON METHYL]
CAS: 301-12-2

EPA NAME: ETHYLTHIOCYANATE
CAS: 542-90-5
SYNONYMS: AETHYLRHODANID (German) • ETHYL RHODANATE • ETHYL SULFOCYANATE • RTECS No. XK9900000 • THIOCYANATOETHANE • THIOCYANIC ACID, ETHYL ESTER

EPA NAME: ETHYL ZIRAM
CAS: 14324-55-1
SYNONYMS: BIS(DIETHYLDITHIOCARBAMATO)- • BIS(DIETHYLDITHIOCARBAMATO)ZINC • DIETHYLDITHIOCARBAMIC ACID, ZINC SALT • ETHAZATE • ETHYL CYMATE • ETHYL ZIMATE • ETHYL ZIRUM • RTECS NO. ZH0350000 • VULCACURE • VULKACIT LDA • ZINC DIETHYLDITHIOCARBAMATE • ZINC-N,N-DIETHYLDITHIOCARBAMATE

EPA NAME: ETHYNE
[see ACETYLENE]
CAS: 74-86-2

- F -

EPA NAME: FAMPHUR
CAS: 52-85-7
SYNONYMS: AC 38023 • AI3-25644 • AMERICAN CYANAMID 38023 • AMERICAN CYANAMID CL-38,023 • BO-ANA • CASWELL No. 456D • CL 38023 • CYFLEE • O-(4-((DIMETHYLAMINO)SULFONYL)PHENYL) O,O-DIMETHYL PHOSPHOROTHIOATE • O-(4-((DIMETHYLAMINO)SULPHONYL)PHENYL) O,O-DIMETHYL THIOPHOSPHATE • O,O-DIMETHYL O-(P-(DIMETHYLSULFAMOYL)PHENYL) PHOSPHOROTHIOATE • O,O-DIMETHYL O-(P-(N,N-DIMETHYLSULFAMOYL)PHENYL) PHOSPHOROTHIOATE • O,O-DIMETHYL PHOSPHOROTHIOATE O-ESTER with P-HYDROXY-N,N-DIMETHYLBENZENESULFONAMIDE • O-4-DIMETHYLSULFAM OYLPHENYL O,O-DIMETHYL PHOSPHOROTHIOATE • O-4-DIMETHYLSULPHA MOYL-PHENYL O,O-DIMETHYL PHOSPHOROTHIOATE • DOVIP • ENT 25,644 • EPA PESTICIDE CHEMICAL CODE 059901 • FAMFOS • FAMFUR (Spanish) • FAMOPHOS • FAMOPHOS WARBEX • FAMPHOS • FANFOS • p-HYDROXY-N,N-DIMETHYLBENZENESULFONAMIDE ESTER with PHOSPHOROTHIOIC ACID O,O-DIMETHYL ESTER • NEMACUR • PHOSPHOROTHIOIC ACID, O-(4-((DIMETHYLAMINO)SULFONYL)PHENYL) O,O-DIMETHYL ESTER • PHOSPHOROTHIOIC ACID, O,O-DIMETHYL ESTER, O-ESTER WITH P-HYDROXY-N,N-DIMETHYLBENZENESULFONAMIDE • RCRA No. P097 • RTECS No. TF7640000 • VARBEX • WARBEX • UN 2783 (organophosphorus pesticide, solid, poisonous)

EPA NAME: FENAMIPHOS
CAS: 22224-92-6
SYNONYMS: o-AETHYL-O-(3-METHYL-4-METHYLTHIOPHENYL)-ISOPROPYLAMIDO-PHOSPHORSAEURE ESTER (German) • BAY 68138 • BAYER 68138 • ENT 27,572 • ETHYL-3-METHYL-4-(METHYLTHIO)PHENYL(1-METHYLETHYL)PHOSPHORAMIDATE • ETHYL-4-(METHYLTHIO)-m-TOLYLISOPROPYLPHOSPHORAMIDATE • FENAMIPHOS NEMATICIDE • FENAMINPHOS • ISOPROPYLAMINO-O-ETHYL-(4-METHYLMER CAPTO-3-METHYLPHENYL)PHOSPHATE • (1-METHYLETHYL) PHOSPHORAMIDIC ACID ETHYL 3-METHYL-4-(METHYLTHIO)PHENYL ESTER • ISOPROPYLPHOSPHORAMIDIC ACID ETHYL 4-(METHYLTHIO)-M-TOYL ESTER • 1-(METHYLETHYL)-ETHYL-3-METHYL-4-(METHYLTHIO)PHENYLPHOSPHORAMIDATE • NEMACUR • NEMACURP • NSC-195106 • PHENAMIPHOS • PHOSPHORAMIDIC ACID, (1-METHYLETHYL)-, ETHYL(3-METHYL-4-(METHYLTHIO)PHENYL)ESTER • PHOSPHORAMIDIC ACID, (1-METHYLETHYL)-, ETHYL 3-METHYL-4-(METHYLTHIO)PHENYL ESTER • PHOSPHORAMIDIC

ACID,ISOPROPYL-, ETHYL 4-(METHYLTHIO)-M-TOLYL ETHYL ESTER • RTECS No. TB3675000 • UN 2783 (organophosphorus pesticide, solid, poisonous)

EPA NAME: FENARIMOL
CAS: 60168-88-9
SYNONYMS: BLOC • CASWELL No. 207AA • (2-CHLOROPHENYL)-α-(4-CHLOROPHENYL)-5-PYRIMIDINEMETHANOL • α-(2-CHLOROPHENYL)-α-(4-CHLOROPHENYL)-5-PYRIMIDINEMETHANOL • COMPOUND 56722 • (±)-2,4′-DICHLORO-α-(PYRIMIDIN-5-YL)BENZHYDRYL ALCOHOL • 2,4′-DICHLORO-α-(PYRIMIDIN-5-YL)BENZHYDRYL ALCOHOL • El 222 • EPA PESTICIDE CHEMICAL CODE 206600 • 5-PYRIMIDINEMETHANOL, α-(2-CHLOROPHENYL)-α-(4-CHLOROPHENYL)- • RIMIDIN • RTECS No. UV9279400 • RUBIGAN

EPA NAME: FENBUTATIN OXIDE
CAS: 13356-08-6
SYNONYMS: AI3-27738 • BENDEX • BIS(TRINEOPHYLTIN) OXIDE • BIS(TRIS(β,β-DIMETHYLPHENETHYL)TIN)OXIDE • BIS(TRIS(2-METHYL-2-PHENYLPROPYL)TIN) OXIDE • CASWELL No. 481DD • DISTANNOXANE, HEXAKIS(β,β-DIMETHYLPHENETHYL)- • DISTANNOXANE, HEXAKIS(2-METHYL-2-PHENYLPROPYL)- • DI(TRI-(2,2-DIMETHYL-2-PHENYLETHYL)TIN)OXIDE • ENT 27738 • EPA PESTICIDE CHEMICAL CODE 104601 • FENBUTATIN-OXYDE • FENYLBUTATIN OXIDE • HEXAKIS(β,β-DIMETHYLPHENETHYL)-DISTANNOXANE • HEXAKIS(2-METHYL-2-PHENYLPROPYL)DISTANNOXANE • 2-(METHYL-2-PHENYLPROPYL)DISTANNOXANE • RTECS No. JN8770000 • SHELL SD-14114 • TORQUE • VENDEX

EPA NAME: FENITROTHION
CAS: 122-14-5
SYNONYMS: ACCOTHION • ACEOTHION • AGRIA 1050 • AGRIYA 1050 • AGROTHION • AMERICAN CYANAMID CL-47,300 • ARBOGAL • BAY 41831 • BAYER 41831 • BAYER S 5660 • CEKUTROTHION • CL 47300 • CP47114 • CYFEN • CYTEL • CYTEN • DICATHION • DICOFEN • O,O-DIMETHYL-O-(3-METHYL-4-NITROFENYL)-MONOTHIOFOSFAAT (Dutch) • O,O-DIMETHYL-O-(3-METHYL-4-NITROPHENYL)-MONOTHIOPHOSPHAT (German) • O,O-DIMETHYL-O-(3-METHYL-4-NITROPHENYL)-PHOSPHOROTHIOATE • O,O-DIMETHYL-O-(3-METHYL-4-NITROPHENYL)-THIOPHOSPHATE • O,O-DIMETHYL-O-(3-METHYL)PHOSPHOROTHIOATE • O,O-DIMETHYL-O-(4-NITRO-3-METHYLPHENYL)THIOPHOSPHATE • O,O-DIMETHYL-O-4-NITRO-m-TOYLPHOSPHOROTHIOATE • DYBAR • EI 47300 • ENT 25,715 • FALITHION • FENITEX • FENITOX • FENITROTHION • FENITROTION (HUNGARIAN) • FOLETHION • FOLITHION • H-35-F 87 (BVM) • 8057HC • KEEN SUPER-KILL ANT AND ROACH EXTERMINATOR • KILLGERM TETRACIDE INSECTICIDAL SPRAY • KOTION • MEP (PESTI-

CIDE) • METATHION • METATHIONE • METATION • METHYLNITROPHOS • MICROMITE • MONSANTO CP 47114 • NITROPHOS • NOVATHION • NUVAND • NUVANOL • OLEOSUMIFENE • OMS 43 • OVADOFOS • PENNWALT C-4852 • PHOSPHOROTHIOIC ACID, O,O-DIMETHYL O-(3-METHYL-4-NITROPHENYL)ESTER • PHOSPHOROTHIOIC ACID, O,O-DIMETHYL O-(4-NITRO-M-TOLYL)ESTER • PHENITROTHION • S 112A • S 5660 • SMT • SUMITHION • THIOPHOSPHATE de O,O-DIMETHYLE et de O-(3-METHYL-4-NITROPHENYLE)(French) • TURBAIR GRAIN STORAGE INSECTICIDE • VERTHION • RTECS No. TG0350000 • UN 3018 (organophosphorus pesticide, liquid, toxic)

EPA NAME: FENOXAPROP ETHYL-
CAS: 66441-23-4
SYNONYMS: CASWELL No. 431C • 2-(4-((6-CHLORO-2-BENZOXAZOLYLEN)OXY)PHENOXY)PROPANOIC ACID, ETHYL ESTER • DEPON • EPA PESTICIDE CHEMICAL CODE 128701 • ETHYL-2-((4-(6-CHLORO-2-BENZOXAZOLYLOXY))-PHENOXY)PROPIONATE • ETHYL-2-(4-((6-CHLOROBENZOXAZOL-2-YL)OXY)PHENOXY)PROPIONATE • (±)ETHYL-2-(4-((6-CHLORO-2-BENZOXAZOLYL)OXY)PHENOXY) PROPIONATE • EXCEL • FURORE • HOE 33171 • HOE-A 25-01 • OPTION • PROPIONIC ACID, 2-(4-((6-CHLORO-2-BENZOXAZOLYL)OXY)PHENOXY)-,ETHYLESTER, (±)- • PUMA • WHIP • UN 2765 (phenoxy pesticides, solid, toxic) • UN 3000 (phenoxy pesticides, liquid, toxic)

EPA NAME: FENOXYCARB
CAS: 72490-01-8
SYNONYMS: AI3-29460 • CARBAMIC ACID, (2-(4-PHENOXYPHENOXY)ETHYL)-, ETHYL ESTER • CASWELL No. 652C • EPA PESTICIDE CHEMICAL CODE 125301 • ETHYL (2-(4-PHENOXYPHENOXY)ETHYL)CARBAMATE • ETHYL(2-(P-PHENOXYPHENOXY)ETHYL)CARBAMATE • 2-(4-PHENOXYPHENOXY)ETHYLCARBAMIC ACID ETHYL ESTER • (2-(4-PHENOXYPHENOXY)ETHYL)CARBAMIC ACID ETHYL ESTER • N-(2-(P-PHENOXYPHENOXY)ETHYL)CARBAMIC ACID • (2-(4-PHENOXY-PHENOXY)-ETHYL)CARBAMIC ACID ETHYL ESTER • RO 13-5223

EPA NAME: FENPROPATHRIN
CAS: 39515-41-8
SYNONYMS: AI3-29234 • CASWELL No. 273H • CYANO-3-PHENOXYBENZYL-2,2,3,3-TETRAMETHYLCYCLOPROPANE-CARBOXYLATE • α-CYANO-3-PHENOXYBENZYL 2,2,3,3-TETRAMETHYLCYCLOPROPANECARBOXYLATE • α-CYANO-3-P HENOXYBENZYL 2,2,3,3-TETRAMETHYL-1-CYCLOPROPANECARBOXYLATE • CYCLOPROPANECARBOXYLIC ACID, 2,2,3,3-TETRAMETHYL-,CYANO(3-PHENOXYPHENYL)METHYL ESTER • EPA PESTICIDE CHEMICAL CODE 127901 • FENPROPANATE • HERALD • RODY •

S 3206 • 2,2,3,3-TETRAMETHYLCYCLOPROPANE CARBOXYLIC ACID CYANO(3-PHENOXYPHENYL)METHYL ESTER • XE-938

EPA NAME: **FENSULFOTHION**
CAS: 115-90-2
SYNONYMS: BAY 25141 • BAYER 25141 • BAYER S767 • CHEMAGRO 25141 • DASANIT • O,O-DIAETHYL-O-4-METHYL-SULFINYL-PHENYL-MONOTHIOPHOSPHAT (German) • O,O-DIETHYL-O-(p-(METHYLSULFINYL)PHENYL)PHOSPHOROTHIOATE • O,O-DIETHYL-O-p-(METHYLSULFINYL)PHENYL)THIOPHOSPHATE • DMSP • ENTPHOSPHOROTHIOATE • ENT 24,945 • FENSULFOTIONA (Spanish) • PHOSPHOROTHIOIC ACID, O,O-DIETHYLO-(P-(METHYLSULFINYL)PHENYL) ESTER • S 767 • RTECS No. TF3850000 • TERRACUR P

EPA NAME: **FENTHION**
CAS: 55-38-9
SYNONYMS: A13-25540 • BAY 29493 • BAYCID • BAYER 29493 • BAYER 9007 • BAYER S-1752 • BAYTEX • CASWELL No. 456F • M-CRESOL, 4-(METHYLTHIO)-, O-ESTER WITH O,O-DIMETHYL PHOSPHOROTHIOATE • DALF • O,O-DIMETHYL O-4-(METHYLMERCAPTO)-3-METHYLPHENYL PHOSPHOROTHIOATE • O,O-DIMETHYL-O-4-(METHYLMERCAPTO)-3-METHYLPHENYL THIOPHOSPHATE • O,O-DIMETHYL O-(3-METHYL-4-METHYLMERCAPTOPHENYL) PHOSPHOROTHIOATE • O,O-DIMETHYL O-(3-METHYL-4-(METHYLTHIO)PHENYL)PHOSPHOROTHIOATE • O,O-DIMETHYL O-(3-METHYL-4-(METHYLTHIO) PHENYL) ESTER, PHOSPHOROTHIOIC ACID • O,O-DIMETHYL O-(4-METHYL-THIO-3-METHYLPHENYL) THIOPHOSPHATE • O,O-DIMETHYL O-(4-METHYLTHIO-3-METHYLPHENYL) PHOSPHOROTHIOATE • O,O-DIMETHYL O-(4-(METHYLTHIO)-M-TOLYL)PHOSPHOROTHIOATE • DMTP • ENT 25,540 • ENTEX • EPA PESTICIDE CHEMICAL CODE 053301 • FENTHION 4E • FENTHIONON • FENTIONA (Spanish) • LEBAYCID • MERCAPTOPHOS • 4-METHYLMERCAPTO-3-METHYLPHENYLDIMETHYLTHIOPHOSPHATE • MPP • NCI-C08651 • OMS 2 • PHENTHION • PHOSPHOROTHIOIC ACID, O,O-DIMETHYL O-(4-(METHYLTHIO)-M-TOLYL) ESTER • PHOSPHOROTHIOIC ACID, O,O-DIMETHYL O-(3-METHYL-4-(METHYLTHIO)PHENYL) ESTER • QUELETOX • RTECS No. TF9625000 • S 1752 • SPOTTON • TOLODEX • THIOPHOSPHATE de O,O-DIMETHYLE et de O-(3-METHYL-4-METHYLTHIOPHENYLE) (French) • TIGUVON

EPA NAME: **FENVALERATE**
CAS: 51630-58-1
SYNONYMS: A13-29235 • BELMARK • BENZENEACETIC ACID, 4-CHLORO-α-(1-METHYLETHYL)-,CYANO(3-PHENOXYPHENYL)METHYL ESTER • CASWELL No. 077A • α-CYANO-3-PHENOXYBENZYL-2-(4-CHLOROPHENYL)-3-METHYBUTY-

RATE ● (IRS)-α-CYANO-3-PHENOXYBENZYL (RS)-2-(4-CHLOROPHENYL)-3-METHYBUTYRATE ● α-CYANO-3-PHENOXYBENZYL 2-(4-CHLOROPHENYL)ISOVALERATE ● CYANO-(3-PHENOXYBENZYL)METHYL 2-(4-CHLOROPHENYL)-3-METHYLBUTYRATE ● CYANO-(3-PHENOXYPHENYL)METHYL-4-CHLORO-α-(1-METHYLETHYL)BENZENEACETATE ● 4-CHLORO-α-(1-METHYLETHYL) BENZENEACETIC ACID CYANO(3-PHENOXYPHENYL) METHYL ESTER ● ECTIN ● EPA RESTICIDE CHEMICAL CODE 109301 ● FENKILL ● FENVALERIATO (Spanish) ● PHENVALERATE ● PYDRIN ● RTECS No. CY1576300 ● S 5602 ● SANMARTON ● SD 43775 ● SUMICIDIN ● SUMICIDINE ● SUMIFLEECE ● SUMIFLY ● SUMIPOWER ● WL 43775

EPA NAME: FERBAM
CAS: 14484-64-1
SYNONYMS: AI3-14689 ● AAFERTIS ● BERCEMA FERTAM 50 ● CARBAMIC ACID, DIMETHYLDITHIO-, IRON SALT ● CASWELL No. 458 ● DIMETHYLCARBAMO DITHIOIC ACID, IRON COMPLEX ● DIMETHYLCARBAMODITHIOIC ACID, IRON(3+) SALT ● DIMETHYLDITHIOCARBAMIC ACID, IRON SALT ● DIMETHYLDITHIOCARBAMIC ACID, IRON (3+) SALT ● EISENDIMETHYLDITHIOCARBAMAT (German) ● EISEN(III)-TRIS(N,N-DIMETHYLDITHIOCARBAMAT) (German) ● ENT 14,689 ● EPA PESTICIDE CHEMICAL CODE 034801 ● FERBAM 50 ● FERBAM, IRON SALT ● FERBECK ● FERMATE FERBAM FUNGICIDE ● FERMOCIDE ● FERRADOUR ● FERRADOW ● FERRIC DIMETHYL DITHIOCARBAMATE ● FUKLASIN ULTRA ● HEXAFERB ● HOKMATE ● IRON DIMETHYLDITHIOCARBAMATE ● IRON(III) DIMETHYLDITHIOCARBAMATE ● IRON, TRIS(DIMETHYLCARBAMODITHIOATO-S,S')-, (OC-6-11)- ● IRON, TRIS(DIMETHYLCARBAMODITHIOATO-S,S'-)- ● IRON, TRIS (DIMETHYLDITHIOCARBAMATO)- ● IRON TRIS(DIMETHYLDITHIOCARBAMATE) ● KARBAM BLACK ● KARBAM CARBAMATE ● KNOCKMATE ● NIACIDE ● RCRA No. U396 ● RTECS No. NO8750000 ● STAUFFER FERBAM ● SUP'R-FLO FERBAM FLOWABLE ● TRIFUNGOL ● TRIS(DIMETHYLCARBAMODITHIOATO-S,S')IRON ● (OC-6-11)-TRIS(DIMETHYLCARBAMODITHIOATO-S,S')IRON ● TRIS(DIMETHYLDITHIOCARBAMATO)IRON ● TRIS(N,N-DIMETHYLDITHIOCARBAMATO)IRON(III) ● VANCIDE FE95

EPA NAME: FERRIC AMMONIUM CITRATE
CAS: 1185-57-5
SYNONYMS: AMMONIUM FERRIC CITRATE ● CITRATO FERRICO AMONICO (Spanish) ● FERRIC AMMONIUM CITRATE, BROWN ● FERRIC AMMONIUM CITRATE, GREEN ● RTECS No. GE7540000 ● STCC 4963349 ● UN 9118

EPA NAME: FERRIC AMMONIUM OXALATE
CAS: 2944-67-4

SYNONYMS: AMMONIUM FERRIOXALATE • AMMONIUM FERRIC OXALATE TRIHYDRATE • AMMONIUM TRIOXALATOFERRATE(3+) • AMMONIUM TRIOXALATOFERRATE (III) • ETHANEDIOIC ACID, AMMONIUM IRON(3+) SALT • ETHANEDIOIC ACID, AMMONIUM IRON(III) SALT • OXALATO FERRICO AMONICO (Spanish) • OXALIC ACID, AMMONIUM IRON(3+) SALT (3:3:1) • OXALIC ACID, AMMONIUM IRON(III) SALT (3:3:1) • STCC 4963352 • UN 9119

EPA NAME: FERRIC AMMONIUM OXALATE
CAS: 55488-87-4; 14221-47-7
SYNONYMS: AMMONIUM FERRIC OXALATE • AMMONIUM FERRIOXALATE • AMMONIUM TRIOXALATOFERRATE(III) • ETHANEDIOIC ACID, AMMONIUM SALT • FERRATE(3-), TRIS(OXALATO)-,TRIAMMONIUM • OXALATO FERRICO AMONICO (Spanish) • FERRATE(3-), TRIS(ETHANEDIOATO (2-)-O,O')-, TRIAMMONIUM, (OC-6-11)- (9CI) • NA 9119 (DOT) • RTECS No. LI8932000 • STCC 4963352 • TRIAMMONIUM TRIS-(ETHANEDIOATO(2-)-O,O')FERRATE(3-1) • UN 9119

EPA NAME: FERRIC CHLORIDE
CAS: 7705-08-0
SYNONYMS: ANHYDROUS FERRIC CHLORIDE • CHLORURE PERRIQUE (French) • CLORURO FERRICO ANHIDRO (Spanish) • EINECS No. 231-729-4 • FLORES MARTIS • IRON CHLORIDE • IRON(3+) CHLORIDE • IRON(III) CHLORIDE • IRON SESQUICHLORIDE • IRON TRICHLORIDE • PERCHLORURE de FER (French) • PF ETCHANT • RTECS No. LJ9100000 • STCC 4932342 (liquid) • STCC 4944138 (solid) • UN 1773 • UN 2582 (solution)

EPA NAME: FERRIC FLUORIDE
CAS: 7783-50-8
SYNONYMS: FLUORURO FERRICO (Spanish) • IRON FLUORIDE • IRON TRIFLUORIDE • RTECS No. NO6865000 • STCC 4962626 • UN 9120

EPA NAME: FERRIC NITRATE
CAS: 10421-48-4
SYNONYMS: FERRIC(3+) NITRATE • FERRIC(III) NITRATE • FERRIC NITRATE, NONHYDRATE • IRON NITRATE • IRON (3+)NITRATE, ANHYDROUS • IRON(III)NITRATE, ANHYDROUS • IRON TRINITRATE • NITRATO FERRICO (Spanish) • NITRIC ACID,IRON(III) SALT • NITRIC ACID,IRON(3+) SALT • RTECS No. QU8915000 • STCC 4918725 • UN 1466

EPA NAME: FERRIC SULFATE
CAS: 10028-22-5
SYNONYMS: DIIRON TRISULFATE • EINECS No. 233-072-9 • ELLIOT'S LAWN SAND • ELLIOT'S MOSS KILLER • GREEN-UP MOSSFREE • GREENMASTER AUTUMN • IRON PERSULFATE • IRON SESQUISULFATE • IRON(III) SULFATE • IRON SULFATE (2:3) • IRON (3+) SULFATE • IRON TERSULFATE • MAXICROP MOSS KILLER • SULFATO FERRICO

(Spanish) • SULFURIC ACID, IRON(III) SALT (3:2) • SULFURIC ACID, IRON(3+) SALT (3:2) • RTECS No. NO8505000 • STCC 4963827 • VITAX MICRO GRAN • VITAX TURF TONIC • UN 9121

EPA NAME: FERROUS AMMONIUM SULFATE
CAS: 10045-89-3
SYNONYMS: AMMONIUM IRON SULFATE • AMMONIUM IRON SULPHATE • FERROUS AMMONIUM SULFATE HEXAHYDRATE • FERROUS AMMONIUM SULPHATE HEXAHYDRATE • FERROUS AMMONIUM SULPHATE • IRON AMMONIUM SULFATE • IRON AMMONIUM SULPHATE • MOHR'S SALT • RTECS No. WS5850000 • SULFATO FERROSO AMONICO (Spanish) • SULFURIC ACID, AMMONIUM IRON(2+), SALT (2:2:1) • RTECS No. WS5850000 • STCC 4963354 • UN 9122

EPA NAME: FERROUS CHLORIDE
CAS: 7758-94-3
SYNONYMS: AP 10 PROCESSOR • CLORURO FERROSO (Spanish) • FERROFLOC • IRON(II) CHLORIDE (1:2) • IRON(2+) CHLORIDE (1:2) • IRON DICHLORIDE • IRON PROTOCHLORIDE • LAWRENCITE • RTECS No. NO5400000 • STCC 4932329 (liquid) • STCC 4941131 (solid) • UN 1759 (solid) • UN 1760 (solution)

EPA NAME: FERROUS SULFATE
CAS: 7720-78-7
SYNONYMS: COPPERAS • DURETTER • DUROFERON • EXSICCATED FERROUS SULFATE • EXSICCATED FERROUS SULPHATE • FEOSOL • FEOSPAN • FER-IN-SOL • FERRO-GRADUMET • FERRALYN • FERROSULFAT (German) • FERROSULFATE • FERROSULPHATE • FERRO-THERON • FERROUS SULPHATE (1:1) • FERSOLATE • GREEN VITRIOL IRON MONOSULFATE • IRON PROTOSULFATE • IRON SULFATE (1:1) • IRON(II) SULFATE • IRON(2+) SULFATE • IRON(2+) SULFATE (1:1) • IRON VITRIOL • IROSPAN • IROSUL • SLOW-FE • SULFATO FERROSO (Spanish) • SULFERROUS • SULFURIC ACID IRON SALT (1:1) • SULFURIC ACID, IRON(2+) SALT (1:1) • SULFURIC ACID, IRON(II) SALT (1:1) • RTECS No. NO8500000 • STCC 4963832 • UN 9125

EPA NAME: FERROUS SULFATE
CAS: 7782-63-0
SYNONYMS: COPPERAS • FEOSOL • FER-IN-SOL • FERO-GRADUMET • FERROUS SULFATE (FCC) • FESOFOR • FESOTYME • GREEN VITROL • HAEMOFORT • IRINATE • IRON(2+) SULFATE HEPTAHYDRATE • IRON(2+) SULPHATE HEPTAHYDRATE • IRON(2+) SULFATE(1:1) HEPTAHYDRATE • IRON(II) SULPHATE HEPTAHYDRATE • IRON(II) SULFATE(1:1) HEPTAHYDRATE • IRON PROTOSULFATE •

IRON PROTOSULPHATE ● IRON VITROL ● IROSUL ● MOL-IRON ● PRESFERSUL ● SULFATO FERROSO (Spanish) ● RTECS No. NO8510000 ● SULFERROUS ● UN 9125

EPA NAME: FLUAZIFOP-BUTYL
CAS: 69806-50-4
SYNONYMS: BUTYL(RS)-2-(4-((5-(TRIFLUOROMETHYL)-2-PYRIDINYL)OXY)PHENOXY)PROPANOATE ● (±)-BUTYL-2-(4-(((5-TRIFLUORO-METHYL)-2-PYRIDINYL)OXY)PHENOXY) PROPANOATE ● BUTYL 2-(4-((5-(TRIFLUOROMETHYL)-2-PYRIDYL)OXY)PHENOXY)PROPIONATE ● CASWELL No. 460C ● EPA PESTICIDE CHEMICAL CODE 122805 ● FLUAZIFOP-BUTYL ● FUSILADE ● HACHE UNO SUPER ● ONESIDE ● PP 009 ● PROPANOIC ACID, 2-(4-((5-(TRIFLUOROMETHYL)-2-PYRIDINYL)OXY)PHENOXY)-,BUTYL ESTER ● PROPIONIC ACID, 2-(P-((5-(TRIFLUOROMETHYL)-2-PYRIDYL)OXY)PHENOXY)-, BUTYLESTER ● SL-236 ● (RS)-2-(4-(5-TRIFLUOROMETHYL-2-PYRIDYLOXY)-PHENOXY)PROPANOIC ACID, BUTYL ESTER ● 2-(4-((5-(TRIFLUOROMETHYL)-2-PYRIDINYL)OXY)-PHENOXY)PROPANOIC ACID, BUTYL ESTER ● RTECS No. UA3000000 ● UN 2765 (phenoxy pesticides, solid, toxic) ● UN 3000 (phenoxy pesticides, liquid, toxic)

EPA NAME: FLUENETIL
CAS: 4301-50-2
SYNONYMS: 4-BIPHENYLACETIC ACID,2-FLUOROETHYL ESTER ● (1,1′-BIPHENYL)-4-ACETIC ACID,2-FLUOROETHYL ESTER ● FLUENYL ● LAMBROL ● RTECS No. DU8335000

EPA NAME: FLUOMETURON
CAS: 2164-17-2
SYNONYMS: C 2059 ● CIBA 2059 ● COTORAN ● COTORAN MULTI 50WP ● COTTONEX ● N,N-DIMETHYL-N′-[3-(TRIFLUOROMETHYL)PHENYL]UREA ● 1,1-DIMETHYL-3-(3-TRIFLUOROMETHYLPHENYL)UREA ● FLUOMETURON ● HERBICIDE C-2059 ● LANEX ● METURONE ● NCI-C08695 ● PAKHTARAN ●● RTECS No. YT1575000 ● 3-(5-TRIFLUORMETHYLPHENYL)-, DIMETHYLHARNSTOFF (German) ● N-(m-TRIFLUOROMETHYLPHENYL)-N′,N′-DIMETHYLUREA ● N-(3-TRIFLUOROMETHYLPHENYL)-N′,N′-DIMETHYLUREA ● 3-(3-TRIFLUOROMETHYLPHENYL)-1,1-DIMETHYLUREA ● 3-(M-TRIFLUOROMETHYLPHENYL)-1,1-DIMETHYLUREA ● UREA, N,N-DIMETHYL-N′-[3-(TRIFLUOROMETHYL)PHENYL]- ● UREA, 1,1-DIMETHYL-3-(α,α,α-TRIFLUORO-M-TOLYL)-

EPA NAME: FLUORANTHENE
CAS: 206-44-0
SYNONYMS: 1,2-BENZACENAPHTHENE ● BENZO(jk)FLUORENE ● FLUORANTENO (Spanish) ● IDRYL ● 1,2-(1,8-NAPHTHALENEDIYL)BENZENE ● 1,2-(1,8-NAPHTHYLENE)BENZENE ● RCRA No. U120 ● RTECS No. LL4025000

EPA NAME: FLUORENE
CAS: 86-73-7
SYNONYMS: 2,2'-METHYLENEBIPHENYL • 9H-FLUORENE • DIPHENYLENEMETHANE • METHANE, DIPHENYLENE • o-BIPHENYLENEMETHANE • α-DIPHENYLENEMETHANE • FLUORENO (Spanish)

EPA NAME: FLUORINE
CAS: 7782-41-4
SYNONYMS: BIFLUORIDEN (Dutch) • FLUOR (Dutch, French, German, Polish, Spanish) • FLUORINE-19 • FLUOR (Spanish) • FLUORO (Italian) • FLUORURES ACIDE (French) • FLUORURI ACIDI (Italian) • RCRA No. P056 • SAEURE FLUORIDE (German) • RCRA No. P056 • RTECS No. LM6475000 • STCC 4904030 • UN 1045 (compressed) • UN 9192 (refrigerated liquid)

EPA NAME: FLUOROACETAMIDE
CAS: 640-19-7
SYNONYMS: AFL 1081 • COMPOUND 1081 • FAA • FLUORAKIL 100 • 2-FLUOROACETAMIDE • FLUOROACETIC ACID AMIDE • FUSSOL • MEGATOX • MONOFLUOROACETAMIDE • NAVRON • RCRA No. P057 • RODEX • RTECS No. AC1225000 • YANOCK

EPA NAME: FLUOROACETIC ACID
CAS: 144-49-0
SYNONYMS: ACIDE MONOFLUORACETIQUE (French) • ACIDO FLUOROACETICO (Spanish) • ACIDO MONOFLUOROACETIO (Italian) • CYMONIC ACID • FAA • FLUOROACETATE • FLUOROETHANOIC ACID • 2-FLUOROACETIC ACID • GIFBLAAR POISON • HFA • MFA • MONOFLUORAZIJNZUUR (Dutch) • MONOFLUORESSIGSAEURE (German) • MONOFLUOROACETATE • MONOFLUOROACETIC ACID • RTECS No. AH5950000 • UN 2642

EPA NAME: FLUOROACETIC ACID, SODIUM SALT
[see SODIUM FLUOROACETATE]
CAS: 62-74-8

EPA NAME: FLUOROACETYL CHLORIDE
CAS: 359-06-8
SYNONYMS: ACETYL CHLORIDE, FLUORO- • RTECS No. AO6825000 • TL 670

EPA NAME: FLUOROURACIL
CAS: 51-21-8
SYNONYMS: AI3-25297 • ADRUCIL • ARUMEL • 2,4-DIOXO-5-FLUOROPYRIMIDINE • EFFLUDERM (free base) • EFUDEX • EFUDIX • EFURIX • FLUOROBLASTIN • FLUOROPLEX • 5-FLUORO-2,4-PYRIMIDINEDIONE • 5-FLUORO-2,4(1H,3H)-PYRIMIDINEDIONE • 5-FLUOROPYRIMIDINE-2,4-DIONE • 5-FLUOROURACIL • 5-FLUOROURACIL • 5-FLUORURACIL (German) • FLUOROURACILE • FLUOROURACILO • FLUOROURACILUM • FLURACILUM • FLURI • FLURIL • FLUROURACIL • FT-207 • FU • 5-FU • KECIMETON • NSC 19893 •

2,4(1H,3H)-PYRIMIDINEDIONE, 5-FLUORO- • QUEROPLEX • RO 2-9757 • RTECS No. YR0350000 • TIMAZIN • U-8953 • ULUP • URACIL, 5-FLUORO-

EPA NAME: 5-FLUOROURACIL
[see FLUOROURACIL]
CAS: 51-21-8

EPA NAME: FLUVALINATE
CAS: 69409-94-5
SYNONYMS: AI3-29426 • CASWELL No. 934 • N-[2-CHLORO-α,α,α-(TRIFLUORO-p-TOLYL)-DL-VALINEALPHA-CYANO-PHENOXYBENZYL ESTER • N-(2-CHLORO-4-(TRIFLUOROMETHYL)PHENYL]-DL-VALINECYANO(3-PHENOXYL-PHENYL)METHYL ESTER] • N-[2-CHLORO-4-(TRIFLUOROMETHYL)PHENYL]-DL-VALINE(±)-CYANO(3-PHENOXYLPHENYL)METHYL ESTER] • (RS)-α-(CYANO-3-PHENOXYBENZYL-N-(2-CHLORO-α,α,α-TRIFLUORO-p-TOLYL)-D-VALINATE • CYANO(3-PHENOXYPHENYL)METHYL-N-(2-CHLORO-4-TRIFLUOROMETHYL)PHENYL))-D-VALINATE • DL-VALINE,N-[2-CHLORO-4-(TRIFLUOROMETHYL)PHENYL]-CYANO(3-PHENOXYLPHENYL)METHYL ESTER • EPA PESTICIDE CHEMICAL CODE 109301 • MAVRIK • MAVRIK HR • RTECS No. YV9397100 • SPUR

EPA NAME: FOLPET
CAS: 133-07-3
SYNONYMS: AI3-26539 • CASWELL No. 464 • COSAN T • ENT 26539 • EPA PESTICIDE CHEMICAL CODE 081601 • FALTAN • FOLNIT • FOLPAN • FOLPEL • FOLPEX • FTALAN • FUNGITROL • FUNGITROL 11 • INTERCIDE TMP • 1H-ISOINDOLE-1,3(2H)-DIONE, 2-((TRICHLOROMETHYL)THIO)- • ORTHOPHALTAN • ORTHOPHALTAN 50WP • PHALTAN • PHALTAN 75 • PHTHALIMIDE, N-((TRICHLOROMETHYL)THIO)- • PHTHALIMIDE • PHTHALTAN • THIOPHAL • SPOLACID • THIOPHAL • N-(TRICHLORMETHYLTHIO)PHTHALIMIDE • N-(TRICHLOROMETHANESULPHENYL)PHTHALIMIDE • N-(TRICHLOROMETHYLMERCAPTO)PHTHALIMIDE • N-(TRICHLOROMETHYLTHIO)PHTHALIMIDE • 2-((TRICHLOROMETHYL)THIO)-1H-ISOINDOLE-1,3(2H)-DIONE • TRICHLOROMETHYLTHIOPHTHALIMIDE • N-((TRICHLOROMETHYL)THIO)PHTHALIMIDE • TROYSAN ANTI-MILDEW O • RTECS No. TI5685000 • VINICOLL

EPA NAME: FOMESAFEN
CAS: 72178-02-0
SYNONYMS: BENZAMIDE, 5-(2-CHLORO-4-(TRIFLUOROMETHYL)PHENOXY)-N-(METHYLSULFONYL)-2-NITRO- • 5-(2-CHLORO-4-(TRIFLUOROMETHYL)PHENOXY)-N-METHYLSULFONYL)-2-NITROBENZAMIDE • 5-(2-CHLORO-α,α,α-TRIFLUORO-p-TOLYLOXY)-N-METHYLSULFONYL-2-NITROBENZAMIDE • 5-(2-CHLORO-4-(TRIFLUOROMETHYL)PHENOXY)-N-(METHYLSULPHONYL)-2-NITROBENZAMIDE • FLEX • PPO21 • REFLEX

EPA NAME: FONOFOS
CAS: 944-22-9
SYNONYMS: o-AETHYL-S-PHENYL-AETHYL-DITHIOPHOSPHO-NAT (German) • CAPFOS • CUDGEL • DIFONATE • DOUBLE DOWN • DYFONATE • DYPHONATE • ENT 25,796 • O-ETHYL-S-PHENYL ETHYLPHOSPHONODITHIOATE • O-ETHYL-S-PHENYL(RS)-ETHYLPHOSPHONODITHIOATE • O-ETHYL-S-PHENYL ETHYLDITHIOPHOSPHONATE • N-2790 • FONOPHOS • PHOSPHONODITHIOIC ACID, ETHYL-O-ETHYL, S-PHENYL ESTER • RTECS No. TA5950000 • STAUFFER N 2790 • UN 3018 (organophosphorus pesticide, liquid, toxic) • UN 2783 (organophosphorus pesticide, solid, toxic)

EPA NAME: FORMALDEHYDE
CAS: 50-00-0
SYNONYMS: ALDEHYDE FORMIQUE (French) • ALDEIDE FORMICA (Italian) • BFV • CUPOSIT CP-74M ELECTROLESS COPPER • CUPOSIT CP-74R COPPER REPLINISHER • DYNOFORM • EEC No. 605-001-00-5 • EINECS No. 200-001-8 • FA • FANNOFORM • FORMALDEHIDO (Spanish) • FORMALDEHYD (Czech) • FORMALDEHYD (Polish) • FORMALIN • FORMALIN 40 • FORMALINA (Italian, Spanish) • FORMALINE (German) • FORMALIN-LOESUNGEN (German) • FORMALITH • FORMIC ALDEHYDE • FORMOL • FYDE • HERCULES 37M6-8 • HOCH • IVALON • KARSAN • LOW DYE-FAST DRY INK • LYSOFORM • MAGNIFLOC 156C FLOCCULANT • METHANAL • METHYL ALDEHYDE • METHYLENE GLYCOL • METHYLENE OXIDE • MORBICID • NCI-C02799 • OPLOSSINGEN (Dutch) • OXOMETHANE • OXYMETHYLENE • POLYOXYMETHYLENE GLYCOLS • RCRA No. U122 • RTECS No. LP8925000 • STCC 4913144 • STERIFORM • SUPERLYSOFORM • TETRAOXYMETHYLENE • TRIOXANE • UN 1198 (solutions) • UN 2209 (solutions, corrosive)

EPA NAME: FORMALDEHYDE CYANOHYDRIN
CAS: 107-16-4
SYNONYMS: CYANOMETHANOL • FORMALDEHIDO CIANHIDRINA (Spanish) • GYYCOLIC NITRILE • GLYCOLONITRILE GLYCONITRILE • HYDROXYACETONITRILE • 2-HYDROXYACETONITRILE • HYDROXYMETHYLINITRILE • RTECS No. AM0350000 • USAF A-8565

EPA NAME: FORMETANATE HYDROCHLORIDE
CAS: 23422-53-9
SYNONYMS: CARZOL SP • DICARZOL • m-(((DI-METHYLAMINO)METHYLENE)AMINO)PHENYLCARBAMATE, HYDROCHLORIDE • 3-DIMETHYLAMINOMETHYLENEAMINOPHENYL-N-METHYLCARBAMATE, HYDROCHLORIDE • ENT 27,566 • EP-332 • FORMETANATE HYDROCHLORIDE • MORTON EP332 • NOR-AM EP 332 • RCRA No. P198 • RTECS No. FC2800000 • SCHERING 36056 • SN 36056

EPA NAME: FORMIC ACID
CAS: 64-18-6

SYNONYMS: ACIDO FORMICO (Spanish) ● ADD-F ● AI3-24237 ● ACIDE FORMIQUE (French) ● ACIDO FORMICO (Italian) ● AMASIL ● AMEISENSAEURE (German) ● AMINIC ACID ● BILORIN ● COLLO-BUEGLATT ● COLLO-DIDAX ● EINECS No. 200-579-1 ● FEMA NO 2487 ● FORMISOTON ● FORMYLIC ACID ● HYDROGEN CARBOXYLIC ACID ● METHANOIC ACID ● MIERENZUR (Dutch) ● MYRMICYL ● RCRA No. U123 ● RTECS No. LQ4900000 ● STCC 4931320 ● SPIRIT OF FORMIC ACID ● UN 1779

EPA NAME: FORMIC ACID, METHYL ESTER
[see METHYL FORMATE]
CAS: 107-31-3

EPA NAME: FORMOTHION
CAS: 2540-82-1
SYNONYMS: AFLIX ● ANTHIO ● ANTIO ● CP 53926 ● O,O-DIMETHYL-S-(N-FORMYL-N-METHYLCARBAMOYLMETHYL) PHOSPHORODITHIOATE ● O,O-DIMETHYL-S-(3-METHYL-2,4-DIOXO-3-AZABUTYL)-DITHIOFOSFAAT (Dutch) ● CARBAMOYLMETHYL PHOSPHORODITHIOATE ● O,O-DIMETHYLDITHIOPHOSPHORYLACETIC ACID-N-METHYL-N-FORMYLAMIDE ● O,O-DIMETHYL-S-(3-METHYL-2,4-DIOXO-3-AZA-BUTYL)-DITHIOPHOSPHAT (German) ● O,O-DIMETHYL-S-(N-METHYL-N-FORMYL-CARBAMOYL-METHYL)-DITHIOPHOSPHAT (German) ● O,O-DIMETHYL-S-(N-METHYL-N-FORMYL-CARBAMOYLMETHYL)-DITHIOPHOSPHATE ● O,O-DIMETHYL-S-(N-METHYL-N-FORMYL-CARBAMOYLMETHYL)-PHOSPHORODITHIOATE ● O,O-DIMETHYLPHOSPHORODITHIOATE N-FORMYL-2-MERCAPTO-N-METHYLACETAMIDE-S-ESTER ● ENT 27,257 ● FORMOTION (Spanish) ● S-(2-(FORMYLMETHYLAMINO) 2-OXOETHYL)-O,O-DIMETHYLPHOSPHORODITHIOATE ● N-FORMYL-N-METHYLCARBAMOYLMETHYL-O,O-DIMETHYLPHOSPHORODITHIOATE ● S-(N-FORMYL-N-METHYLCARBAMOYLMETHYL)-O,O-DIMETHYLPHOSPHORODITHIOATE ● S-(N-FORMYL-N-METHYL-CARBAMOYLMETHYL)DIMETHYLPHOSPHORODITHIOLOTHIONATE ● RTECS No. TE1050000 ● S 6900 ● SAN 244 I ● SAN 6913 I ● SAN 71071 ● SPENCER S-6900 ● VEL 4284

EPA NAME: FORMPARANATE
CAS: 17702-57-7
SYNONYMS: N,N-DIMETHYL-N'(2-METHYL-4(((METHYLAMINO)CARBONYL)OXY)PHENYL)METHANIMIDAMIDE ● ENT 27,305 ● RCRA No. P197 ● RTECS No. FB9880000 ● SCHERING 36103 ● UC 25074

EPA NAME: FOSTHIETAN
CAS: 21548-32-3

SYNONYMS: AC 64475 ● ACCONEM ● CL64475 ● (DIETHOXY-PHOSPHINYLIMINO)-1,3-DITHIETANE ● DIETHOXYPHOS-PHINYLIMINO-2-DITHIETANNE-1,3 (French) ● 1,3-DITHIE-TAN-2-YLIDENE PHOSPHORAMIDIC ACID DIETHYL ESTER ● GEOFOS ● NEM-A-TAK ● RTECS No. NJ6490000

EPA NAME: FREON 113
CAS: 76-13-1
SYNONYMS: ARCTON 63 ● ARKLONE P ● ASAHIFRON 113 ● DAIFLON S 3 ● DISTILLEX DS5 ● EINECS No. 200-936-1 ● ETHANE, 1,1,2-TRICHLORO-1,2,2,-TRIFLUORO- ● F 113 ● FC 113 ● FLUOROCARBON 113 ● FORANE 113 ● FREON 113TR-T ● FREON TF ● FRIGEN 113 ● FRIGEN 113A ● FRIGEN 113TR ● FRIGEN 113TR-N ● FRIGEN 113TR-T ● GENESOLV D SOLVENT ● GENETRON 113 ● ISCEON 113 ● KAISER CHEMICALS 11 ● KHLADON 113 ● LEDON 113 ● MS-180 FREON TF SOLVENT ● R 113 ● REFRIGERANT 113 ● RE-FRIGERANT R 113 ● RTECS No. KJ4000000 ● 1,1,2-TRICHLO-RO-1,2,2-TRIFLUOROETHANE ● 1,1,2-TRICHLOROTRI-FLUOROETHANE ● 1,1,2-TRICLOROFLUOETANO (Spanish) ● 1,1,2-TRIFLUORO-1,2,2-TRICHLOROETHANE ● 1,1,2-TRI-FLUOROTRICHLORO ETHANE

EPA NAME: FUBERIDAZOLE
CAS: 3878-19-1; 55179-31-2
SYNONYMS: BAYCOR ● BAYER 33172 ● BAYTAN ● BITERTA-NOL, FUBERIDAZOLE ● FUBERIDATOL ● FUBERISAZOL ● FUBRIDAZOLE ● 2-(2-FURANYL)-1H-BENZIMIDAZOLE ● 2-(2-FURYL)BENZIMIDAZOLE ● FURIDAZOL ● FURIDAZOLE ● 2-(2′-FURYL)-BENZIMIDAZOLE ● ICI BAYTAN ● NEOVO-RONIT ● RTECS No. DD9010000 ● SIBUTOL ● SIBUTROL ● VORONIT ● VORONITE ● W VII/117

EPA NAME: FUMARIC ACID
CAS: 110-17-8
SYNONYMS: ACIDO FUMARICO (Spanish) ● ALLOMALEIC ACID ● BOLETIC ACID ● 2-BUTENEDIOIC ACID (E) ● trans-BUTEN-EDIOIC ACID ● (E)-BUTENEDIOIC ACID ● BUTENEDIOIC ACID, (E)- ● 1,2-ETHENEDICARBOXYLIC ACID, trans- ● trans-1,2-ETHYLENEDICARBOXYLIC ACID ● trans-ETHYLENE-DICARBOXYLIC ACID ● 1,2-ETHYLENEDICARBOXYLIC ACID, (E) ● KYSELINA FUMAROVA (Czech) ● LICHENIC ACID ● NSC-2752 ● U-1149 ● USAF EK-P-583 ● RTECS No. LS9625000 ● STCC 4966352 ● UN 9126

EPA NAME: FURAN
CAS: 110-00-9
SYNONYMS: DIVINYLENE OXIDE ● FURANO (Spanish) ● FUR-FURAN ● NCI-C56202 ● OXACYCLOPENTADIENE ● OXOLE ● RCRA No. U124 ● TETROLE ● RTECS No. LT8524000 ● UN 2389

EPA NAME: FURAN, TETRAHYDRO-
CAS: 109-99-9

SYNONYMS: BUTANE, 1,4-EPOXY- ● BUTYLENE OXIDE ● CYCLOTETRAMETHYLENE OXIDE ● DIETHYLENE OXIDE ● DYNASOLVE 150 ● 1,4-EPOXYBUTANE ● FURANIDINE ● HYDROFURAN ● NCI-C60560 ● OXACYCLOPENTANE ● OXOLANE ● QO THF ● RCRA No. U213 ● TETRAHYDROFURAN ● TETRAHYDROFURAAN (Dutch) ● TETRAHYDROFURANNE (French) ● TETRAHIDROFURANO (Spanish) ● TETRAIDROFURANO (Italian) ● TETRAMETHYLENE OXIDE ● THF ● RTECS No. LU5950000 ● UN 2056

EPA NAME: FURFURAL
CAS: 98-01-1
SYNONYMS: ARTIFICIAL ANT OIL ● EINECS No. 202-627-7 ● FEMA No. 2489 ● 2-FURANCARBOXALDEHYDE ● FURAL ● FURALE ● 2-FURALDEHYDE ● 2-FURANALDEHYDE ● 2-FURANCARBONAL ● 2-FURANCARBOXALDEHYDE ● FURFURALDEHYDE ● 2-FURYL-METHANAL ● FUROLE ● α-FUROLE ● NCI-C56177 ● OIL OF ANTS, ARTIFICIAL ● PYROMUCIC ALDEHYDE ● RCRA No. U125 ● RTECS No. LT7000000 ● STCC 4913146 ● UN 1199

- G -

EPA NAME: GALLIUM TRICHLORIDE
CAS: 13450-90-3
SYNONYMS: GALLIUM CHLORIDE • GALLIUM(3+) CHLORIDE • GALLIUM(III) CHLORIDE • RTECS No. LW9100000 • TRICLORURO de GALIO (Spanish)

EPA NAME: d-GLUCOSE, 2-DEOXY-2-[[METHYL-NITROSOAMINO)CARBONYL]AMINO]-
CAS: 18883-66-4
SYNONYMS: 2-DEOXY-2-(((METHYLNITROSOAMINO)CARBONYL)AMINO)d-GLUCOPYRANOSE • 2-DEOXY-2-(3-METHYL-3-NITROSOUREIDO)-d-GLUCOPYRANOSE • 2-DEOXY-2-(3-METHYL-3-NITROSOUREIDO)-α(and β)-d-GLUCOPYRANOSE • N-d-GLUCOSYL(2)-N'-NITROSOMETHYLHARSTOFF (German) • N-d-GLUCOSYL-(2)-N'-NITROSOMETHYLUREA • NCI-C03167 • NSC 85598 • NSC-85998 • RCRA No. U206 • RTECS No. LZ5775000 • STR • STREPTOZOCIN • STREPTOZOTICIN • STRZ • STZ • U-9889 • ZANOSAR

EPA NAME: GLYCIDYLALDEHYDE
CAS: 765-34-4
SYNONYMS: EPIHYDRINALDEHYDE • EPIHYDRINE ALDEHYDE • 2,3-EPOXYPROPANAL • 2,3-EPOXY-1-PROPANAL • 2,3-EPOXY-1-PROPANAL • 2,3-EPOXYPROPIONALDEHYDE • GLYCIDAL • OXIRANE-CARBOXALDEHYDE • RCRA No. U126 • RTECS No. MB3150000 • UN 2622

EPA NAME: GUANIDINE, N-METHYL-N'-NITRO-N-NITROSO-
CAS: 70-25-7
SYNONYMS: METHYLNITRONITROSOGUANIDINE • 1-METHYL-3-NITRO-1-NITROSOGUANIDINE • N-METHYL-N'-NITRO-N-NITROSOGUANIDINE • N-METHYL-N'-NITROSONITROGUANIDIN (German) • METHYLNITROSOGUANIDINE • 1-METHYL-1-NITROSO-3-NITROGUANIDINE • N-METHYL-N-NITROSO-N'-NITROGUANIDINE • N-METYLO-N'-NITRO-N-NITROZOGOUANIDYNY (Polish) • MNG • MNNG • N'-NITRO-N-NITROSO-N-METHYLGUANIDINE • NITROSOGUANIDINE • N-NITROSO-N-METHYLNITROGUANIDINE • NSC 9369 • RCRA No. U163 • RTECS No. MF4200000 • UN 1336 (nitroguanidine, wetted with not less than 20% water)

EPA NAME: GUTHION
[see AZINPHOS-METHYL]
CAS: 86-50-0

- H -

EPA NAME: HALON 1211
[see BROMOCHLORODIFLUOROMETHANE]
CAS: 353-59-3

EPA NAME: HALON 1301
[see BROMOTRIFLUROMETHANE]
CAS: 75-63-8

EPA NAME: HALON 2402
[see DIBROMOTETRAFLUOROETHANE]
CAS: 124-73-2

EPA NAME: HCFC-121
[see 1,1,2,2-TETRACHLORO-1-FLUOROETHANE]
CAS: 354-14-3

EPA NAME: HCFC-121a
[see 1,1,2,2-TETRACHLORO-2-FLUOROETHANE]
CAS: 354-11-0

EPA NAME: HCFC-123
[see 2,2-DICHLORO-1,1,1-TRIFLUOROETHANE]
CAS: 306-83-2

EPA NAME: HCFC-123a
[see 1,2-DICHLORO-1,1,2-TRIFLUOROETHANE]
CAS: 354-23-4

EPA NAME: HCFC-123b
[see 1,1-DICHLORO-1,22-TRIFLUOROETHANE]
CAS: 812-04-4

EPA NAME: HCFC-124
[see 2-CHLORO-1,1,1,2-TETRAFLUOROETHANE]
CAS: 2837-89-0

EPA NAME: HCFC-124a
[see 1-CHLORO-1,1,2,2-TETRAFLUOROETHANE]
CAS: 354-25-6

EPA NAME: HCFC-132b
[see 1,2-DICHLORO-1,1-DIFLUOROETHANE]
CAS: 1649-08-7

EPA NAME: HCFC-133a
[see 2-CHLORO-1,1,1-TRIFLUOROETHANE]
CAS: 75-88-7

EPA NAME: HCFC-141b
[see 1,1-DICHLORO-1-FLUOROETHANE]
CAS: 1717-00-6

EPA NAME: HCFC-142b
[see 1-CHLORO-1,1-DIFLUOROETHANE]
CAS: 75-68-3

EPA NAME: HCFC-21
[see DICHLOROFLUOROMETHANE]
CAS: 75-43-4

EPA NAME: HCFC-22
[see CHLORODIFLUOROMETHANE]
CAS: 75-45-6

EPA NAME: HCFC-225aa
[see 2,2-DICHLORO-1,1,1,3,3-PENTAFLUOROPROPANE]
CAS: 128903-21-9

EPA NAME: HCFC-225ba
[see 2,3-DICHLORO-1,1,1,2,3-PENTAFLUOROPROPANE]
CAS: 422-48-0

EPA NAME: HCFC-225bb
[see 1,2-DICHLORO-1,1,2,3,3-PENTAFLUOROPROPANE]
CAS: 422-44-6

EPA NAME: HCFC 225ca
[see 3,3-DICHLORO-1,1,1,2,2-PENTAFLUOROPROPANE]
CAS: 422-56-0

EPA NAME: HCFC-225cb
[see 1,3-DICHLORO-1,1,2,2,3-PENTAFLUOROPROPANE]
CAS: 507-55-1

EPA NAME: HCFC-225cc
[see 1,1-DICHLORO-1,2,2,3,3-PENTAFLUOROPROPANE]
CAS: 13474-88-9

EPA NAME: HCFC-225da
[see 1,2-DICHLORO-1,1,3,3,3-PENTAFLUOROPROPANE]
CAS: 431-86-7

EPA NAME: HCFC-225ea
[see 1,3-DICHLORO-1,1,2,3,3-PENTAFLUOROPROPANE]
CAS: 136013-79-1

EPA NAME: HCFC-225eb
[see 1,1-DICHLORO-1,2,3,3,3-PENTAFLUOROPROPANE]
CAS: 111512-56-2

EPA NAME: HCFC 253fb
[see 3-CHLORO-1,1,1-TRIFLUOROPROPANE]
CAS: 460-35-5

EPA NAME: HEPTACHLOR
CAS: 76-44-8

SYNONYMS: AAHEPTA • AGROCERES • ARBINEX 30TN • 3-CHLOROCHLORDENE • DRINOX • E 3314 • ENT 15,152 • EPTACLORO (Italian) • 1,4,5,6,7,8,8-EPTACLORO-3a,4,7,7a-TETRAIDRO-4,7-endo-METANO-INDENE (Italian) • GPKh • HEPTA • 3,4,5,6,7,8,8-HEPTACHLORODICYCLOPENTA-DIENE • 3,4,5,6,7,8,8a-HEPTACHLORODICYCLOPENTA-DIENE • HEPACHLOOR-3a,4,7,7a-TETRAHYDRO-4,7-endo-METHANO-INDEEN (Dutch) • HEPTACHLORE (French) • HEPTACHLORANE • HEPTACHLORE • 1,4,5,6,7,8,8-HEPTA-CHLORO-3a,4,7,7a-TETRAHYDRO-4,7-METHANO-1H-IN-DENE • 1,4,5,6,7,10,10-HEPTACHLORO-4,7,8,9-TETRAHY-DRO-4,7-ENDOMETHYLENEINDENE • 1,4,5,6,7,8,8a-HEP-TACHLORO-3a,4,7,7a-TETRAHYDRO-4,7-METHANOINDENE • 1,4,5,6,7,8,8-HEPTACHLORO-3a,4,7,7a-TETRAHYDRO-4,7-METHANOINDENE • >1,41(3a),4,5,6,7,8,8-HEPTACHLORO-3a(1),4,7,7a-TETRAHYDRO-4,7-METHANOINDENE • 1,4,5,6,7,8,8-HEPTACHLORO-3a,4,7,7a-TETRAHYDRO-4,7-METHANOL-1H-INDENE • 1,4,5,6,7,8,8-HEPTACHLORO-3a,4,7,7,7a-TETRAHYDRO-4,7-METHELENE INDENE • 1,4,5,6,7,8,8-HEPTACHLOR-3a,4,7,7,7a-TETRAHYDRO-4,7-endo-METHANO INDEN (German) • HEPTACLORO (Spanish) • HEPTAGRAN • HEPTAMUL • HEPTOX • INDENE • 4,7-METHANOINDENE, 1,4,5,6,7,8,8-HEPTACHLORO-3A,4,7,7A-TETRAHYDRO- • NCI-C00180 • RCRA No. P059 • RHO-DIACHLOR • RTECS No. PC0700000 • STCC 4960630 • VELSICOL 104 • UN 2761 (organochlorine pesticide, solid, poisonous) • UN 2996 (organochlorine pesticide, liquid, poisonous)

EPA NAME: **HEPTACHLOR EPOXIDE**
CAS: 1024-57-3
SYNONYMS: ENT 25,584 • HCE • EPOXYHEPTACHLOR • HCE • HEPTACHLOR EPOXIDE • 1,4,5,6,7,8,8-HEPTACHLORO-2,3-EPOXY-2,3,3a,4,7,7a-HEXAHYDRO-4,7-METHANOIN-DENE • 1,4,5,6,7,8,8-HEPTACHLORO-2,3-EPOXY-3a,4,7,7a-TETRAHYDRO-4,7-METHANOINDAN • 2,3,5,6,7,7-HEPTA-CHLORO-1a,1b,5,5a,6,6a-HEXAHYDRO-2,5-METHANO-2H-INDENO(1,2-b) OXIRENE • HEPTACLOREPOXIDO (Spanish) • RCRA No. D031 • RTECS No. PB9450000

EPA NAME: **1,4,5,6,7,8,8-HEPTACHLORO-3a,4,7,7A-TETRAHYDRO-4,7-METHANO- 1H-INDENE**
[see HEPTACHLOR]
CAS: 76-44-8

EPA NAME: **HEXACHLOROBENZENE**
CAS: 118-74-1
SYNONYMS: AMATIN • ANTICARIE • BENZENE, HEXACHLO-RO- • BUNT-CURE • BUNT-NO-MORE • CEKU C.B. • CO-OP HEXA • ESACHLOROBENZENE (Italian) • GRANOX NM • HCB • HEXA C.B. • HEXACHLORBENZOL (German) • HEXA-CLOROBENCENO (Spanish) • JULIN'S CARBON CHLORIDE • NO BUNT • NO BUNT 40 • NO BUNT 80 • NO BUNT LIQUID • PENTACHLOROPHENYL CHLORIDE • PERCHLOROBEN-

ZENE ● RCRA No. U127 ● RTECS No. DA2975000 ● SAATBEN-IZFUNGIZID (German) ● SANOCID ● SANOCIDE ● SMUT-GO ● SNIECIOTOX ● ZAPRAWA NASIENNA SNECIOTOX ● UN 2729

EPA NAME: HEXACHLOROBUTADIENE
[see HEXACHLORO-1,3-BUTADIENE]
CAS: 87-68-3

EPA NAME: HEXACHLORO-1,3-BUTADIENE
CAS: 87-68-3
SYNONYMS: 1,3-BUTADIENE, 1,1,2,3,4,4-HEXACHLORO- ● BUTADIENE, HEXACHLORO- ● C 46 ● DOLEN-PUR ● GP-40-66:120 ● HCBD ● HEXACHLOROBUTADIENE ● HEXACHLOR-1,3-BUTADIEN (Czech) ● HEXACHLORO-1,3-BUTADIENE ● 1,1,2,3,4,4-HEXACHLORO-1,3-BUTADIENE ● HEXACLOROBUTADIENO (Spanish) ● PERCHLORO-1,3-BUTADIENE ● PERCHLOROBUTADIENE ● RCRA No. U128 ● RTECS No. EJ0700000

EPA NAME: HEXACHLOROCYCLOHEXANE (ALL ISOMERS)
CAS: 608-73-1
SYNONYMS: BHC ● COMPOUND 666 ● DBH ● ENT 8,601 ● GAMMEXANE ● HCCH ● HEXA ● HEXHEXANE ● HEXACHLOROCYCLOHEXANE ● HEXACHLOROCYCLOHEXANE ISOMERS ● HEXACHLOROCYCLOHEXANE (MIXED ISOMERS) ● HEXACLOROCICLOHEXANO (Spanish) ● HEXYLAN ● JACUTIN ● LATKA-666

EPA NAME: α-HEXACHLOROCYCLOHEXANE
CAS: 319-84-6
SYNONYMS: A13-09232 ● BENZENE HEXACHLORIDE-α-isomer ● α-BENZENEHEXACHLORIDE ● BENZENE-trans-HEXACHLORIDE ● α-BHC ● CYCLOHEXANE 1,2,3,4,5,6-HEXACHLORO- ● CYCLOHEXANE 1,2,3,4,5,6-HEXACHLORO-(1α,2α,3β,4α,5β,6β)- ● CYCLOHEXANE 1,2,3,4,5,6-HEXACHLORO-(alpha,dl) ● CYCLOHEXANE 1,2,3,4,5,6-HEXACHLORO-alpha ● CYCLOHEXANE 1,2,3,4,5,6-HEXACHLORO-alpha isomer ● CYCLOHEXANE,α-1,2,3,4,5,6-HEXACHLORO- ● ENT 9,232 ● FORLIN ● GAMAPHEX ● α-HCH ● HEXACHLORCYCLOHEXAN (German) ● α-HEXACHLORAN ● α-HEXACHLORANE ● 1,2,3,4,5,6-HEXACHLOROCYCLOHEXANE ● α-1,2,3,4,5,6-HEXACHLORCYCLOHEXANE ● 1A,2A,3B,4A,5B,6B-HEXACHLOROCYCLOHEXANE ● 1-α,2α,3β,4α,5β,6β-HEXACHLOROCYCLOHEXANE ● α-HEXACHLOROCYCLOHEXANE ● HEXACHLOROCYCLOHEXANE ● HEXACHLOROCYCLOHEXAN (German) ● 1,2,3,4,5,6-HEXACLOROCICLOHEXANO (Spanish) ● ISOTOX ● LINDAGAM ● α-LINDANE ● RTECS No. GV3500000 ● SILVANO

EPA NAME: β-HEXACHLOROCYCLOHEXANE
CAS: 319-85-7

197

SYNONYMS: β-BENZENEHEXACHLORIDE • β-BHC • ENT 9,233 • β-HCH • 1-α,2-β,3-α,4-β,5-α,6-β-HEXACHLOROCYCLOHEXANE • β-HEXACHLOROCYCLOHEXANE • β-1,2,3,4,5,6-HEXACHLOROCYCLOHEXANE • β-LINDANE • RTECS No. GV4375000

EPA NAME: δ-HEXACHLOROCYCLOHEXANE
CAS: 319-86-8
SYNONYMS: δ-BENZENEHEXACHLORIDE • δ-BHC • ENT 9,234 • δ-HCH • HCH-DELTA • HCH, δ- • 1-α,2-α,3-α,4-β,5-α,6-β-HEXACHLOROCYCLOHEXAN E • δ-HEXACHLOROCYCLOHEXANE • δ-1,2,3,4,5,6-HEXACHLOROCYCLOHEXANE • δ-LINDANE • RTECS No. GV4550000

EPA NAME: HEXACHLOROCYCLOHEXANE (GAMMA ISOMER)
[see LINDANE]
CAS: 58-89-9

EPA NAME: HEXACHLOROCYCLOPENTADIENE
CAS: 77-47-4
SYNONYMS: C-56 • 1,3-CYCLOPENTADIENE, 1,2,3,4,5,5-HEXACHLORO- • GRAPHLOX • HCCPD • HEXACHLORCYKLOPENTADIEN (Czech) • 1,2,3,4,5,5-HEXACHLORO-1,3-CYCLOPENTADIENE • HEXACHLORO-1,3-CYCLOPENTADIENE • HEXACLOROCICLOPENTADIENO (Spanish) • HRS 1655 • NCI-C55607 • PCL • PERCHLOROCYCLOPENTADIENE • RCRA No. U130 • RTECS No. GY1225000 • STCC 4933015 • UN 2646

EPA NAME: HEXACHLOROETHANE
CAS: 67-72-1
SYNONYMS: AVLOTHANE • CARBON HEXACHLORIDE • DISTOKAL • DISTOPAN • DISTOPIN • EGITOL • EGITOL • ETHANE HEXACHLORIDE • ETHYLENE HEXACHLORIDE • ETHANE, HEXACHLORO- • FALKITOL • FASCIOLIN • HEXACHLORAETHAN (German) • HEXACHLORETHANE • 1,1,1,2,2,2-HEXACHLOROETHANE • HEXACHLOROETHYLENE • HEXACLOROETANO (Spanish) • MOTTENHEXE • NCI-C04604 • PERCHLOROETHANE • PHENOHEP • RCRA No. U131 • RTECS No. KI4025000 • STCC 4941225 • UN 9037

EPA NAME: HEXACHLORONAPHTHALENE
CAS: 1335-87-1
SYNONYMS: HALOWAX 1014 • HEXACHLORNAFTALEN (Czech) • HEXACLORONAFTALENO (Spanish) • NAPHTHALENE, HEXACHLORO- • RTECS No. QJ7350000

EPA NAME: HEXACHLOROPHENE
CAS: 70-30-4
SYNONYMS: ACIGENA • AI3-02372 • ALMEDERM • AT-7 • AT-17 • B 32 • B&B FLEA KONTROLLER FOR DOGS ONLY • BILEVON • BIS(2-HYDROXY-3,5, 6-TRICHLOROPHENYL) METHANE • BIS-2,3,5-TRICHLOR-6-HYDROXYFENYL-METHAN (Czech) • BIS(3,5,6-TRICHLOR O-2-HYDROXYPHE-

NYL)METHANE • BLOCKADE ANTI BACTERIAL FINISH • BREVITY BLUE LIQUID BACTERIOSTATIC SCOURING CREAM • BREVITY BLUE LIQUID SANITIZING SCOURING CREAM • CASWELL No. 566 • COMPOUND G-11 • COTO-FILM • DERMADEX • 2,2'-DIHYDROXY-3,3',5,5',6,6'-HEXA-CHLORODIPHENYLMETHANE • 2,2'-DIHYDROXY-3,5,6,3',5',6'-HEXACHLORODIPHENYLMETHANE • HEXACLOROFENO (Spanish) • DISTODIN • ENDITCH PET SHAMPOO • EN-VIRON D CONCENTRATED PHENOLIC DISINFECTANT • EPA PESTICIDE CHEMICAL CODE 044901 • ESACLOROFENE • EXOFENE • FESIA-SIN • FOMAC • FOSTRIL • G-11 • GAMOPHEN • GAMOPHENE • GERMA-MEDICA • HCP • HEXABALM • 2,2',3,3',5,5'-HEX ACHLORO-6,6'-DIHYDROXYDIPHENYLMETHANE • HEXACHLOROFEN (Czech) • HEXACHLOROPHANE • HEXACHLOROPHEN • HEXACHLOROPHENE • HEXAFEN • HEXAPHENE-LV • HEXIDE • HEXOPHENE • HEXOSAN • HILO CAT FLEA POWDER • HILO FLEA POWDER • HILO FLEA POWDER WITH ROTENONE AND DICHLOROPHRENE • ISOBAC • ISOBAC 20 • METHANE, BIS(2,3,5-TRICHLORO-6-HYDROXYPHENYL) • 2,2'-METHYLENEBIS(3,4,6-TRICHLOROPHENOL) • 2,2'-METHYLENEBIS(3,5,6-TRICHLOROPHENOL) • NABAC • NABAC 25 EC • NCI-C02653 • NEOSEPT V • NSC 4911 • PEDIGREE DOG SHAMPOO BAR • PHENOL, 2,2'-METHYLENEBIS(3,5,6-TRICHLORO- • PHENOL, 2,2'-METHYLENEBIS(3,4,6-TRICHLORO)- • PHISODAN • PHISOHEX • RCRA No. U132 • RITOSEPT • SEPTISOL • SEPTOFEN • STAPHENE O • STERAL • STERASKIN • SURGI-CEN • SURGI-CIN • SUROFENE • TERSASEPTIC • TRICHLOROPHENE • TURGEX • RTECS No. SM0700000 • UN 2875

EPA NAME: HEXACHLOROPROPENE
CAS: 1888-71-7
SYNONYMS: 1,1,2,3,3-HEXACHLOROPROPENE • HEXACHLOROPROPYLENE • 1-PROPENE, 1,1,2,3,3-HEXACHLORO- • RCRA No. U243 • RTECS No. UD0175000

EPA NAME: HEXAETHYL TETRAPHOSPHATE
CAS: 757-58-4
SYNONYMS: BLADAN • BLADAN BASE • ETHYL TETRAPHOSPHATE • ETHYL TETRAPHOSPHATE, HEXA- • HET • HETP • HEXAETHYLETRAFOSFAT • HTP • RCRA No. P062 • RTECS No. XF1575000 • TETRAFOSFATO de HEXAETILO (Spanish) • TETRAPHOSPHATE HEXAETHYLIQUE (French) • UN 1611 (solid) • UN 2783 (mixture, liquid) • UN 1612 (mixture with compressed gas)

EPA NAME: HEXAKIS(2-METHYL-2-PHENYLPROPYL)DISTANNOXANE
[see FENBUTATIN OXIDE]
CAS: 13356-08-6

EPA NAME: HEXAMETHYLENE-1,6-DIISOCYANATE
CAS: 822-06-0
SYNONYMS: AI3-28285 ● DESMODUR H ● DESMODUR N ● DIISOCIANTO de HEXAMETILENO (Spanish) ● 1,6-DIISOCYANATOHEXANE ● HDI ● HEXAMETHYL-1,6-DIISOCYANATE ● 1,6-HEXAMETHYLENE DIISOCYANATE ● HEXAMETHYLENE DIISOCYANATE ● 1,6-HEXANEDIISOCYANATE ● HEXANE, 1,6-DIISOCYANATO- ● 1,6-HEXANEDIOL DIISOCYANATE ● 1,6-HEXYLENE DIISOCYANATE ● HMDI ● ISOCYANIC ACID, DIESTER WITH 1,6-HEXANEDIOL ● ISOCYANIC ACID, HEXAMETHYLENE ESTER ● METYLENOBIS-FENYLOIZOCYJANIAN ● NSC 11687 ● SZESCIOMETYLENODWUIZOCYJANIAN (Polish) ● TL 78 ● RTECS No. MO1740000

EPA NAME: HEXAMETHYLENEDIAMINE, N,N'-DIBUTYL-
CAS: 4835-11-4
SYNONYMS: DBHMD ● DIBUTYLHEXAMETHYLENEDIAMINE ● N,N'-DIBUTYLHEXAMETHYLENEDIAMINE ● N,N'-DIBUTYL-1,6-HEXANEDIAMINE ● 1,6-N,N'-DIBUTYLHEXANEDIAMINE ● RTECS No. MO1250000

EPA NAME: HEXAMETHYLPHOSPHORAMIDE
CAS: 680-31-9
SYNONYMS: EASTMAN INHIBITOR HPT ● ENT 50,882 ● HEMPA ● HEXAMETAPOL ● HEXAMETHYLORTHOPHOSPHORIC TRIAMIDE ● HEXAMETHYLPHOSPHORIC ACID TRIAMIDE ● HEXAMETHYLPHOSPHORIC TRIAMIDE ● N,N,N,N,N,N-HEXAMETHYLPHOSPHORIC TRIAMIDE ● HEXAMETHYLPHOSPHOROTRIAMIDE ● HEXAMETHYLPHOSPHOTRIAMIDE ● HEXAMETHYLPHOSPHORAMIDE ● HMPA ● HMPT ● HMPTA ● HPT ● MEMTA ● PHOSPHORIC ACID HEXAMETHYLTRIAMIDE ● PHOSPHORIC HEXAMETHYLTRIAMIDE ● PHOSPHORIC TRIAMIDE, HEXAMETHYL- ● PHOSPHORIC TRIS(DIMETHYLAMIDE) ● PHOSPHORYL HEXAMETHYLTRIAMIDE ● TRIAMIDA HEXAMETILFOSFORICA (Spanish) ● TRIS(DIMETHYLAMINO) PHOSPHINE OXIDE ● TRIS(DIMETHYLAMINO)PHOSPHINE OXIDE ● TRIS(DIMETHYAMINO)PHOSPHORUS OXIDE ● RTECS No. TD0875000

EPA NAME: HEXANE
[see n-HEXANE]
CAS: 110-54-3

EPA NAME: n-HEXANE
CAS: 110-54-3
SYNONYMS: AI3-24253 ● EXXSOL HEXANE ● GENESOLV 404 AZEOTROPE ● GETTYSOLVE-B ● HEXANE ● HEXANO (Spanish) ● n-HEXANO (Spanish) ● HEXYL HYDRIDE ● NCI-C60571 ● NSC 68472 ● SKELLYSOLVE B ● RTECS No. MN9275000 ● STCC 4908183 ● UN 1208

EPA NAME: HEXAZINONE
CAS: 51235-04-2
SYNONYMS: BRUSHKILLER • CASWELL No. 271AA • 3-CYCLO-HEXYL-6-(DIMETHYLAMINO)-1-METHYL-S-TRIAZINE-2,4 (1H,3H)-DIONE • 3-CYCLOHEXYL-6-DIMETHYLAMINO-1-METHYL-1,2,3,4-TETRAHYDRO-1,3,5-TRIAZINE-2-,4-DIONE • 3-CYCLOHEXYL-6-(DIMETHYLAMINO)-1-METHYL-1,3,5-TRIAZINE-2,4(1H,3H)-DIONE • 3-CYCLOHEXYL-1-METHYL-6-(DIMETHYLAMINO)-S-TRAZINE-2,4(1H,3H)-DIONE • EPA PESTICIDE CHEMICAL CODE 107201 • 1,3,5-TRIAZINE-2,4 (1H,3H)-DIONE, 3-CYCLOHEXYL-6-(DIMETHYLAMINO)-1-METHYL- • S-TRIAZINE-2,4(1H,3H)-DIONE, 3-CYCLOHEX-YL-6-(DIMETHYLAMINO)-1-METHYL- • DPX 3674 • VELPAR • VELPAR WEED KILLER • RTECS No. XY7850000

EPA NAME: HYDRAMETHYLNON
CAS: 67485-29-4
SYNONYMS: AC 217300 • AI3-29349 • AMDRO • CASWELL No. 642AB • CASWELL No. 839A • CL 217,300 • COMBAT • EPA PESTICIDE CHEMICAL CODE 118401 • MATOX • PYRIMIDI-NONE • 2(1H)-PYRIMIDINONE, TETRAHYDRO-5,5-DI-METHYL-,(3-(4-(TRIFLUOROMETHYL)PHENYL)-1-(2-(4-(TRI-FLUOROMETHYL)PHENYL)ETHENYL)-2-PROPENYLIDENE) HYDRAZONE • TETRAHYDRO-5,5-DIMETHYL-2(1H)-PYRI-MIDINONE(1,5-BIS(α,α,α FLUORO-P-TOLYL)-1,4-PENTA-DIEN-3-ONE)HYDRAZONE • TETRAHYDRO-5,5-DIMETH-YL-2(1H)-PYRIMIDINONE(3-(4-(TRIFLUOROMETHYL) PHENYL)-1-(2-(4-(TRIFLUOROMETHYL)PHENYL)ETHE-NYL)-2-PROPENYLIDENE)HYDRAZONE

EPA NAME: HYDRAZINE
CAS: 302-01-2
SYNONYMS: AMERZINE • DIAMIDE • DIAMINE • DIAMINE, HYDRAZINE BASE • HYDRAZINE BASE • HIDRAZINA (Spsnish) • HYDRAZYNA (Polish) • LEVOXINE • MANNITOL MUSTARD • OXYTREAT 35 • RCRA No. U133 • RTECS No. MU7175000 • SCAV-OX • SCAV-OX 35% • SCAV-OX II • STCC 4906225 • ULTRA PURE • UN 2029 (anhydrous) • UN2030 (aqueous solution, with not less than 37% but not more than 64% hydrazine) • UN3293 (aqueous solutions, with not more than 37% hydrazine) • UN2029 (aqueous solutions, with more than 64% hydrazine) • UN2030 (aqueous solutions, with not more than 64% hydrazine) • UN 2030 (hydrate) • ZEROX

EPA NAME: HYDRAZINE, 1,2-DIETHYL-
CAS: 1615-80-1
SYNONYMS: 1,2-DIETILHYDRAZINA (Spanish) • 1,2-DIETHYL-HYDRAZINE • 1,2-DIAETHYLHYDRAZIN (German) • N,N'-DIETHYHYDRAZINE • sym-DIETHYLHYDRAZINE • HY-DRAZOETHANE • HYDROAZOETHANE • RCRA No. U086 • SDEH • RTECS No. MV2775000

EPA NAME: HYDRAZINE, 1,1-DIMETHYL-
[see DIMETHYLHYDRAZINE]
CAS: 57-14-7

EPA NAME: HYDRAZINE, 1,2-DIMETHYL-
CAS: 540-73-8
SYNONYMS: 1,2-DIMETHYLHYDRAZINE • 1,2-DIMETHYL-HYDRAZIN (German) • N,N'-DIMETHYHYDRAZINE • sym-DIMETHYLHYDRAZINE • 1,2-DIMETILHIDRAZINA (Spanish) • sim-DIMETILHIDRAZINA (Spanish) • DMH • HYDRAZOMETHANE • HYDROAZOMETHANE • RCRA No. U099 • RTECS No. MV2625000 • SDMH • symetryczna-DWUMETYLOHYDRAZYNA (Polish) • UN 2382

EPA NAME: HYDRAZINE, 1,2-DIPHENYL-
[see 1,2-DIPHENYLHYDRAZINE]
CAS: 122-66-7

EPA NAME: HYDRAZINE, METHYL-
[see METHYL HYDRAZINE]
CAS: 60-34-4

EPA NAME: HYDRAZINE SULFATE
CAS: 10034-93-2
SYNONYMS: DIAMINE SULFATE • DIAMIDOGEN SULFATE • EINECS No. 233-110-4 • HS • HYDRAZINE DIHYDROGEN SULFATE SALT • HYDRAZINE HYDROGEN SULFATE • HYDRAZINE MONOSULFATE • HYDRAZINE, SULFATE (1:1) • HYDRAZINIUM SULFATE • HYDRAZONIUM SULFATE • HYDROZINE SULFATE • IDRAZINA SOLFATO (Italian) • NSC-150014 • SIRAN HYDRAZINU (Czech) • SULFATO de HIDRAZINA (Spanish) • RTECS No. MV9625000

EPA NAME: HYDRAZOBENZENE
[see 1,2-DIPHENYLHYDRAZINE]
CAS: 122-66-7

EPA NAME: HYDROCHLORIC ACID
CAS: 7647-01-0
SYNONYMS: ACIDO CLORHIDRICO (Spanish) • ACIDE CHLORHYDRIQUE (French) • ACIDO CLORIDRICO (Italian) • ANHYDROUS HYDROGEN CHLORIDE • BASILIN • CHLOORWATERSTOF (Dutch) • CHLOROHYDRIC ACID • CHLOROWODOR (Polish) • CHLORWASSERSTOFF (German) • EINECS No. 231-595-7 • HYDROCHLORIC ACID, ANHYDROUS • HYDROCHLORIDE • HYDROGEN CHLORIDE • HYDROGEN CHLORIDE, ANHYDROUS • HYDROGEN CHLORIDE GAS • MURIATIC ACID • RTECS No. MW4025000 • SPIRITS OF SALT • STCC 4930228 • STCC 4904270 (anhydrous) • UN 1789 • UN 1050 (hydrogen chloride, anhydrous) • UN 2186 (hydrogen chloride, refrigerated liquid)

EPA NAME: HYDROCYANIC ACID
[see HYDROGEN CYANIDE]
CAS: 74-90-8

EPA NAME: HYDROFLUORIC ACID
[see HYDROGEN FLUORIDE]
CAS: 7664-39-3

EPA NAME: HYDROGEN
CAS: 1333-74-0
SYNONYMS: HIDROGENO (Spanish) • HYDROGEN, COMPRESSED • HYDROGEN, REFRIGERATED LIQUID • LIQUID HYDROGEN • PARA HYDROGEN • RTECS No. MW8900000 • STCC 54905745 • UN 1049 • UN 1966 (refrigerated liquid)

EPA NAME: HYDROGEN CYANIDE
CAS: 74-90-8
SYNONYMS: ACIDE CYANHYDRIQUE (French) • ACIDO CIANHIDRICO (Spanish) • ACIDO CIANIDRICO (Italian) • AERO HCN • BLAUSAEURE (German) • BLAUZUUR (Dutch) • CARBON HYDRIDE NITRIDE • CIANURO de HIDROGENO (Spanish) • CYAANWATERSTOF (Dutch) • CYANWASSERSTOFF (German) • CYCLON • CYCLONE B • CYJANOWODOR (Polish) • EVERCYN • FORMIC ANAMMONIDE • FORMONITRILE • HYDROCYANIC ACID • PRUSSIC ACID • RCRA No. P063 • RTECS No. MW6825000 • STCC 4920125 • UN 1051 (anhydrous, stabilized) • UN 1614 (anhydrous, stabilized (absorbed) • UN 1613 (aqueous solution, with not more than 20% hydrogen cyanide) • UN 3294 (solution in alcohol, with not more than 45% hydrogen cyanide) • ZYKLON

EPA NAME: HYDROGEN FLUORIDE
CAS: 7664-39-3
SYNONYMS: ACIDO FLUORHIDRICO (Spanish) • ANHYDROUS HYDROFLUORIC ACID • ANTISAL 2b • BOE (BUFFERED OXIDE ETCH) • C-P 8 SOLUTION • DOPED POLY ETCH • FLUORHYDRIC ACID • FLUORIC ACID • FLUORURO de HIDROGENO (Spanish) • FRECKLE ETCH • HYDROGEN FLUORIDE, ANHYDROUS • HYDROFLUORIC ACID • HYDROFLUORIC ACID GAS • IMPLANTER FUMER • KTI BUFFERED OXIDE ETCH 6:1 • KTI BUFFERED OXIDE ETCH 50:1 • KTI OXIDE ETCH 5:1 • KTI OXIDE ETCH 10:1 • KTI OXIDE ETCH 50:1 • MAE ETCHANTS • MIXED ACID ETCH • POLY ETCH 95% • RCRA No. U134 • RUBIGINE • RTECS No. MW7890000 • SILICON ETCH SOLUTION • STCC 4930022 • STCC 4930024 (anhydrous) • UN 1790 • UN 1052 (anhydrous) • WRIGHT ETCH

EPA NAME: HYDROGEN FLUORIDE (ANHYDROUS)
[see HYDROGEN FLUORIDE]
CAS: 7664-39-3

EPA NAME: HYDROGEN PEROXIDE (CONC. > 52%)
CAS: 7722-84-1
SYNONYMS: ALBONE • CARRO'S ACID • DIHYDROGEN DIOXIDE • EINECS No. 231-765-0 • HYOXYL • HYDROGEN DIOXIDE • HYDROPEROXIDE • HYDROPEROXIDE • INHIBINE •

LEA RONAL NP-A/NP-B SOLDER STRIPPER ● NANOSTRIP ● OXYDOL ● PATCLIN 948 SOLDER STRIPPER ● PERHYDROL ● PERONE ● PEROSSIDO di IDROGENO (Italian) ● PEROXAN ● PEROXIDE ● PEROXYDE d'HYDROGENE (French) ● PEROXIDO de HIDROGENO (Spanish) ● PIRANHA ETCH ● SUPEROXOL ● RCA CLEAN (STEPS 1 AND 2) ● RTECS No. MX0900000 ● STCC 4918335 ● SUPEROXOL ● SUPER SOLDER STRIP 1805 ● T-STUFF ● UN 2015 (aqueous solution, stabilized, with more than 60% hydrogen peroxide) ● UN 2984 (aqueous solution, with not less than 8% but less than 20% hydrogen peroxide) ● UN 2014 (aqueous solution, with not less than 20% but not more than 60% hydrogen peroxide) ● UN 2015 (stabilized) ● WASSERSTOSSPEROXIDE (German) ● WATERSTOFPEROXYDE (Dutch) ● WCD 10BL CORROSION INHIBITOR

EPA NAME: HYDROGEN SELENIDE
CAS: 7783-07-5
SYNONYMS: ANHYDROUS HYDROGEN SELENIDE ● ELECTRONIC E-2 ● SELENIUM HYDRIDE ● RTECS No. MX1050000 ● SELENIURO de HIDROGENO (Spanish) ● STCC 4905415 ● UN 2202 (anhydrous)

EPA NAME: HYDROGEN SULFIDE
CAS: 7783-06-4
SYNONYMS: ACIDE SULHYDRIQUE (French) ● HYDROGENE SULFURE (French) ● DIHYDROGEN MONOSULFIDE ● DIHYDROGEN SULFIDE ● HYDROGEN SULFURIC ACID ● HYDROGEN SULPHIDE ● HYDROSULFURIC ACID ● IDROGENO SOLFORATO (Italian) ● RCRA No. U135 ● SEWER GAS ● SHWEFELWASSERSTOFF (German) ● STCC 4905410 ● STINK DAMP ● SULFURETED HYDROGEN ● SULFURO de HIDROGENO (Spanish) ● SULFUR HYDRIDE ● RCRA No. U135 ● RTECS No. MX1225000 ● UN 1053 ● ZWAVELWATERSTOF (Dutch)

EPA NAME: HYDROPEROXIDE, 1-METHYL-1-PHENYLETHYL-
[see CUMENE HYDROPEROXIDE]
CAS: 80-15-9

EPA NAME: HYDROQUINONE
CAS: 123-31-9
SYNONYMS: ARCTUVIN ● BENZENE, p-DIHYDROXY- ● p-BENZENEDIOL ● 1,4-BENZENEDIOL ● BENZOHYDROQUINONE ● BENZOQUINOL ● BLACK AND WHITE BLEACHING CREAM ● BOYDES PTS DEVELOPER ● CRONAFLEX PDC DEVELOPER ● 1,4-DIHYROXY-BENZEEN (Dutch) ● 1,4-DIHYDROXYBENZEN (Czech) ● DIAK 5 ● DIHYDROQUINONE ● DIHYDROXYBENZENE ● p-DIHYDROXYBENZENE ● 1,4-DIHYDROXYBENZENE ● 1,4-DIHYDROXY-BENZOL (German) ● 1,4-DIIDROBENZENE (Italian) ● p-DIOXOBENZENE ● p-DIOXYBENZENE ● EINECS No. 204-617-8 ● ELDOPAQUE ● ELDOQUIN ● HE 5 ● HIDROQUINONA (Spanish) ● HYDRO-

CHINON (Czech, Polish) ● HYDROQUINOL ● α-HYDROQUINONE ● p-HYDROQUINONE ● 4-HYDROXYPHENOL ● p-HYDROXYPHENOL ● IDROCHINONE (Italian) ● KODAGRAPH LIQUID DEVELOPER ● KODAK 55/66 DEVELOPER ● NCI-C55834 ● PD-86 DEVELOPER ● PHIAQUIN ● PYROGENTISIC ACID ● QUINOL ● β-QUINOL ● SR-201 ● TECQUINOL ● TENOX HQ ● TEQUINOL ● RTECS MX3500000 ● UN 2662 ● USAF EK-356

- I -

EPA NAME: IMAZALIL
CAS: 35554-44-0
SYNONYMS: ALLYL-1-(2,4-DICHLOROPHENYL)-2-IMIDAZOL-1-YLETHYL ETHER ● 1-(β-ALLYLOX Y-2,4-DICHLOROPHEN-ETHYL)IMIDAZOLE ● (±)-1-(β-(ALLYLOXY)-2,4-DICHLO-ROPHENETHYL)IMIDAZOLE ● 1-(2-(ALLYLOXY)-2-(2,4-DICHLOROPHENYL)ETHYL)-1H-IMIDAZOLE ● BAYTAN IM ● BROMAZIL ● CASWELL No. 497AB ● CEREVAX EXTRA ● CHLORAMIZOL ● DECCOZIL ● 1-(2-(2,4-DICHLOROPHE-NYL)-2-(2-PROPENYLOXY)ETHYL)-1H-IMIDAZOLE ● 1-(2-((2,4-DICHLOROPHENYL)-2-PROPENYLOXY)-ETHYL)-1H-IMIDAZOLE ● ENILCONAZOLE ● EPA PESTICIDE CHEMICAL CODE 111901 ● FUNGAFLOR ● FF4961 ● FRESH-GARD ● IMAVEROL ● 1H-IMIDAZOLE, 1-(2-(2,4-DICHLORO-PHENYL)-2-(2-PROPENYLOXY)ETHYL)- ● 1H-IMIDAZOLE, 1-(2-(2,4-DICHLOROPHENYL)-2-(2-PROPENYLOXY)ETHYL)-, (±)- ● MIST-O-MATIC LIQUID SEED TREATMENT ● NU-ZONE ● RTECS No. NI47760000

EPA NAME: INDENO[1,2,3-cd]PYRENE
CAS: 193-39-5
SYNONYMS: IDENO(1,2,3-cd)PYRENE ● INDENOPYRENE ● IP ● 1,10-(1,2-PHENYLENE)PYRENE ● o-PHENYLENEPYRENE ● 2,3-o-PHENYLENEPYRENE ● 2,3-PHENYLENEPYRENE ● 1,10-(ORTHO-PHENYLENE)PYRENE ● 1,10-(o-PHENYLENE)PYRENE ● RCRA No. U137 ● RTECS No. NK9300000

EPA NAME: 3-IODO-2-PROPYNYL BUTYLCARBAMATE
CAS: 55406-53-6
SYNONYMS: CARBAMIC ACID, BUTYL-, 3-IODO-2-PROPYNYL ESTER ● CASWELL No. 501A ● EPA PESTICIDE CHEMICAL CODE 107801 ● TROYSAN KK-108A ● TROYSAN POLY-PHASE ANTI-MILDEW

EPA NAME: IRON CARBONYL (Fe(CO)₅), (TB-5-11)-
[see IRON PENTACARBONYL]
CAS: 13463-40-6

EPA NAME: IRON PENTACARBONYL
CAS: 13463-40-6
SYNONYMS: FER PENTACARBONYLE (French) ● HIERRO PEN-TACARBONILO (Spanish) ● IRON CARBONYL ● IRON CAR-BONYL (FE(CO)5), (TB-5-11)- ● PENTACARBONYLIRON ● RTECS No. NO4900000 ● UN 1994

EPA NAME: ISOBENZAN
CAS: 297-78-9
SYNONYMS: CP 14,957 ● ENT 25,545 ● ENT 25,545-X ● ISOBEN-ZANO (Spanish) ● OCTOCHLORO-HEXAHYDROMETHANO-ISOBENZOFURAN ● 1,3,4,5,6,8,8-OCTOCHLORO-1,3,3a,4,7,7a-

HEXAHYDRO-4,7-METHANOISOBENZOFURAN • 1,3,4,5,6,7,10,10-OCTOCHLORO-4,7-endo-METHYLENE-4,7,8,9-TETRAHYDROPHTHALAN • 1,3,4,5,6,7,8,8-OCTO-CHLORO-2-OXA-3a,4,7,7a-TETRAHYDRO-4,7-METHANOINDENE • OMTAN • R 6700 • SD 440 • SHELL 4402 • SHELL WL 1650 • TELODRIN • WL 1650 • RTECS No. PC1225000

EPA NAME: ISOBUTANE
CAS: 75-28-5
SYNONYMS: 1,1-DIMETHYLETHANE • EINECS No. 200-857-2 • ISOBUTANO (Spanish) • 2-METHYLPROPANE • PROPANE, 2-METHYL • RTECS No. TZ4300000 • STCC 4905747 • TRIMETHYLMETHANE • UN 1969

EPA NAME: ISOBUTYL ALCOHOL
CAS: 78-83-1
SYNONYMS: ALCOHOL ISOBUTILICO (Spanish) • ALCOOL ISOBUTYLIQUE (French) • ALCOWIPE • ALPHA 100 FLUX • ALPHA 850-33 FLUX • AQUA-SOL FLUX • AVANTINE • BORON B-30 • BORON B-40 • BORON B-50 • BORON B-60 • BURMAR LAB CLEAN • C-589 • CHEMTRANIC FLUX STRIPPER • COPPER 2 REAGENT • CP 290B ACTIVATOR • DAG 154 • DAZZLENS CLEANER • EINECS No. 201-148-0 • ENTAC 349 BIOCIDE • ENTEC 327 SURFACTANT • EPOXY CURE AGENT • FC-95 • FEMA No. 2179 • FERMENTATION BUTYL ALCOHOL • FILM REMOVER • 4282 FLUX • GLID-GUARD EPOXY SAFETY BLUE • HARDNESS 2 TEST SOLUTION • HIGH GRADE 1086 • 1-HYDROXYMETHYLPROPANE • IBA • ISOBUTANOL • ISOBUTYLALKOHOL (Czech) • ISOPROPYLCARBINOL • KESTER 103 THINNER • KESTER 108 THINNER • KESTER 145 ROSIN FLUX • KESTER 185 ROSIN FLUX • KESTER 1585 ROSIN FLUX • KTI COP RINSE I/II • KTI MASK PROTECTIVE COATING • KTI NMD-25(+) • KTI PBS RINSE • KTI PMMA RINSE • LENS CLEANER M6015 • MARKEM 320 CLEANER • MAGIC GLASS CLEANER AND ANTIFOGGING FLUID • 2-METHYL-1-PROPANOL • 2-METHYLPROPYL ALCOHOL • MICROPOSIT NPE-210 SOLUTION • OMEGA METER SOLUTION • OPTI SKAN SCAN CLEANER • ORGANO FLUX 3355-11 • PBS DEVELOPER • PBS RINCE • PC-96 SOLVENT SOLUBLE RESIST • PRIMER 910-S • 1-PROPANOL, 2-METHYL- • RCRA No. U140 • RN-10 E-BEAM NEGATIVE RESIST RINSE • RN-11 DEVELOPER • RN-11 E-BEAM NEGATIVE RESIST RINSE • 197 ROSIN FLUX • ROSIN FLUX KESTER 135/1544 MIL • ROSIN FLUX • RP-10 E-BEAM POSITIVE RESIST RINSE • RTECS No. NP9625000 • SCAN KLEEN • SOLDER FLUX • SOLDER FLUX 2163 ORGANIC • SOLDER FLUX THINNER • STCC 4909131 • STERETS PRE-INJECTION SWABS • SURFYNOL 104PA SURFACTANT • TRUE BLUE GLASS CLEANER • UN 1212 • UN 1120 (butyl alcohol) • UVEX PRIMER 910S • VANDALEX 20 • VANDALEX 124 • VWR GLASS CLEANER • WHIRLWIND GLASS CLEANER • WRS 200S SOLUTION • XEROX FILM REMOVER, TIP WIPES • XEROX CLEANER, FORMULKA A

EPA NAME: ISOBUTYRALDEHYDE
CAS: 78-84-2
SYNONYMS: FEMA No. 2220 • ISOBUTALDEHYDE • ISOBUTANAL • ISOBUTIRALDEHIDO (Spanish) • ISOBUTYRAL • ISOBUTYRIC ALDEHYDE • ISOBUTYRYL ALDEHYDE • ISOBUTYL ALDEHYDE (DOT) • ISOBUTYALDEHYD (Czech) • ISOPROPYL ALDEHYDE • ISOPROPYLFORMALDEHYDE • 2-METHYLPROPANAL • METHYLPROPANAL • 2-METHYL-1-PROPANAL • 2-METHYLPROPIONALDEHYDE • α-METHYLPROPIONALDEHYDE • NCI-C60968 • PROPANAL, 2-METHYL- • STCC 4908185 • VALINE ALDEHYDE • RTECS No. NQ4025000 • UN 2045

EPA NAME: ISOBUTYRONITRILE
CAS: 78-82-0
SYNONYMS: 2-CYANOPROPANE • DIMETHYLACETONITRILE • ISOBUTIRONITRILO (Spanish) • ISOPROPYL CYANIDE • ISOPROPYLKYANID • ISOPROPYL NITRILE • 2-METHYLPROPANENITRILE • α-METHYLPROPANENITRILE • α-METHYLPROPIONITRILE • 2-METHYLPROPIONITRILE • PROPANENITRILE, 2-METHYL- • RTECS No. TZ4900000 • STCC 4909208 • UN 2284

EPA NAME: ISOCYANIC ACID-3,4-DICHLOROPHENYL ESTER
CAS: 102-36-3
SYNONYMS: 3,4-DICHLOROFENYLISOKYANAT • 1,2-DICHLORO-4-PHENYL ISOCYANATE • 3,4-DICHLOROPHENYL ISOCYANATE • DICHLOROPHENYL ISOCYANATE • RTECS No. NQ8760000 • UN 2206 • UN 2207 • UN 2478 • UN 3080

EPA NAME: ISODRIN
CAS: 465-73-6
SYNONYMS: AI3-19244 • COMPOUND 711 • 1,4:5,8-DIMETHANO NAPHTHALENE, 1,2,3,4,10,10-HEXACHLORO-1,4,4a,5,8,8a-HEXAHYDRO-, (1α,4α,4Aβ,5β,8β,8Aβ)- • 1,4:5,8-DIMETHANO NAPHTHALENE, 1,2,3,4,10,10-HEXACHLORO-1,4,4a,5,8,8a-HEXAHYDRO-, endo, endo- • ENT 19,244 • EXPERIMENTAL INSECTICIDE 711 • (1α,4α,4a β,5β,8β,8aβ)-1,2,3,4,10,10-HEXACHLORO-1,4,4a,-5,8,8a-HEXAHYDRO-1,4:5,8-DIMETHANONAPHTHALENE • 1,2,3,4,10,10-HEXACHLORO-1,4,4a,5,8,8a-HEXAHYDRO-1,4:5,8-endo, endo-DIMETHANON APHTHALENE • 1,2,3,4,10,10-HEXACHLORO-1,4,4a,5,8,8a-HEXAHYDRO-1,4-endo,endo-5,8-DIMETHANON APHTHALENE • ISODRINA (Spanish) • RCRA No. P060 • RTECS No. IO1925000

EPA NAME: ISOFENPHOS
CAS: 25311-71-1
SYNONYMS: 40 SD • AI3-27748 • AMAZE • BAY-92114 • BAY-SRA-12869 • BENZOIC ACID, 2-((ETHOXY((1-METHYLETHYL)AMINO)PHOSPHINOTHIOYL)OXY), 1-METHYLETHYL ESTER • BENZOIC ACID, 2-((ETHOXY((1-METHYLETHYL)

AMINO)PHOSPHINOTHIOYL)OXY)-, 1-METHYL ESTER • CASWELL No. 447AB • EPA PESTICIDE CHEMICAL CODE 109401 • 2-((ETHOXYL((1-METHYLETHYL)AMINO)PHOS-PHINOTHIOYL)OXY) BENZOIC ACID 1-METHYLETHYL ESTER • 2-((ETHOXY((1-METHYLETHYL)AMINO)PHOSPHINO-THIOYL)OXY)BENZOIC ACID 1-METHYLETHYL ESTER • O-ETHYL O-(2-ISOPROPOXYCARBONYL)PHENYL ISOPRO-PYLPHOSPHORAMIDOTHIOATE • ISOPROPYL O-(ETHOXY (ISOPROPYLAMINO)PHOSPHINOTHIOYL)SALICYLATE • ISOPROPYL O-(ETHOXY-N-ISOPROPYLAMINO(THIOPHOS-PHORYL))SALICYLATE • ISOPROPYL SALICYLATE O-ESTER WITH O-ETHYL ISOPROPYLPHOSPHORAMIDOTHIO-ATE • 1-METHYLETHYL-2-((ETHOXY((1-METHYLETHYL) AMINO)PHOSPHINOTHIOYL)OXY)BENZOATE • PHOSPHO-RAMIDOTH IOIC ACID, ISOPROPYL-, O-ETHYL O-(2-ISO-PROPOXYCARBONYLPHENYL) ESTER • SALICYLIC ACID, ISOPROPYL ESTER, O-ESTER with O-ETHYL ISOPROPYL-PHOSPHORAMIDOTHIOATE • SRA 12869 • SRA 128691 • RTECS No. VO43955000

EPA NAME: ISOFLUORPHATE
[see DIISOPROPYLFLUOROPHOSPHATE]
CAS: 55-91-4

EPA NAME: 1H-ISOINDOLE-1,3(2H)-DIONE,3a,4,7,7a-TET-RAHYDRO-2-[(TRICHLOROMETHYL)THIO]-
[see CAPTAN]
CAS: 133-06-2

EPA NAME: ISOPENTANE
CAS: 78-78-4
SYNONYMS: BUTANE, 2-METHYL- • EINECS No. 201-142-8 • EEC No. 601-006-00-1 • ETHYL DIMETHYL METHANE • EXXSOL ISOPENTANE • ISOAMYL HYDRIDE • ISOPENTA-NO (Spanish) • 2-METHYLBUTANE • PHILLIPS 66 ISOPEN-TANE • RTECS No. EK4430000 • STCC 4908192 • UN 1265

EPA NAME: ISOPHORONE
CAS: 78-59-1
SYNONYMS: 2-CYCLOHEXEN-1-ONE,3,5,5-TRIMETHYL- • EI-NECS No. 201-126-0 • ISOACETOPHORONE • ISOFORON • ISOFORONA (Spanish) • ISOFORONE (Italian) • IZOFORON (Polish) • NCI-C55618 • 1,1,3- TRIMETHYL-3-CYCLOHEX-ENE-5-ONE • 3,5,5-TRIMETHYL-2-CYCLOHEXENE-1- ONE • 3,5,5-TRIMETHYL-2-CYCLOHEXEN-1-ONE (German) • 3,5,5-TRIMETIL-2-CICLOESEN-1-ONE (Italian) • TRIMETHYL-CYCLOHEXENONE • RTECS No. GW7700000 • STCC 4915278 • UN 1993

EPA NAME: ISOPHORONE DIISOCYANATE
CAS: 4098-71-9
SYNONYMS: CYCLOHEXANE, 5-ISOCYANATO-1-(ISOCYA-NATOMETHYL)-1,3,3-TRIMETHYL- • DIISOCIANATO de ISOFORONA (Spanish) • IPDI • 5-ISOCYANATO-1-(ISOCYA-

NATOMETHYL)-1,3,3-TRIMETHYLCYCLOHEXANE ● 3-ISOCYANATOMETHYL-3,5,5-TRIMETHYLCYCLOHEXYL ISOCYANATE ● ISOCYANIC ACID, METHYLENE(3,5,5-TRIMETHYL-3,1-CYCLOHEXYLENE) ESTER ● ISOPHORONE DIAMINE DIISOCYANATE ● RTECS No. NQ9370000 ● TRIISOCYANATOISOCYANURATE of ISOPHORONEDIISOCYANATE ● UN 2290 ● UN 2906 (triisocyanatoisocyanurate, 70% solution)

EPA NAME: ISOPRENE
CAS: 78-79-5
SYNONYMS: 1,3-BUTADIENE, 2-METHYL ● cis-1,4-POLYISOPRENE RUBBER ● (Z)-1,4-POLYISOPRENE RUBBER ● EEC No. 601-014-00-5 ● ISOPRENE RUBBER ● ISOPRENO (Spanish) ● β-METHYLBIVINYL ● 2-METHYLBUTADIENE ● 2-METHYL-1,3-BUTADIENE ● RTECS No. NT4037000 ● STCC 4907230 ● UN 1218 (inhibited)

EPA NAME: ISOPROPANOLAMINE DODECYLBENZENE SULFONATE
CAS: 42504-46-1
SYNONYMS: BENZENE SULFONIC ACID, DODECYL-, WITH 1-AMINO-2-PROPANOL (1:1)

EPA NAME: ISOPROPYL ALCOHOL (MFG-STRONG ACID PROCESS)
CAS: 67-63-0
SYNONYMS: ALCOHOL ISOPROPILICO (Spanish) ● ALCOJEL ● ALCOOL ISOPROPILICO (Italian) ● ALCOOL ISOPROPYLIQUE (French) ● ALCOSOLVE 2 ● ALCOWIPE ● AVANTIN ● AVANTINE ● COMBI-SCHUTZ ● DIMETHYLCARBINOL ● EINECS No. 200-661-7 ● HARTOSOL ● 2-HYDROXYPROPANE ● IMSOL A ● IPA ● I.P.S. ● ISOHOL ● ISOPROPANOL ● ISOPROPYLALKOHOL (German) ● LUTOSOL ● PETROHOL ● PRO ● i-PROPANOL ● PROPAN-2-OL ● N-PROPAN-2-OL ● 2-PROPANOL ● PROPOL ● 2-PROPYL ALCOHOL ● sec-PROPYL ALCOHOL ● i-PROPYLALKOHOL (German) ● SASETONE ● SPECTRAR ● STERISOL HAND DISINFECTANT ● TAKINEOCOL ● RTECS No. NT8050000 ● STCC 4999831 ● UN 1219

EPA NAME: ISOPROPYLAMINE
CAS: 75-31-0
SYNONYMS: 2-AMINO-PROPAAN (Dutch) ● 2-AMONOPROPAN (German) ● 2-AMINOPROPANE ● 2-AMINOPROPANO (Italian) ● ISOPROPILAMINA (Italian, Spanish) ● 1-METHYLETHYLAMINE ● MONOISOPROPYLAMINE ● 2-PROPANAMINE ● 2-PROPYLAMINE ● sec-PROPYLAMINE ● RTECS No. NT8400000 ● UN 1221

EPA NAME: ISOPROPYL CHLORIDE
CAS: 75-29-6
SYNONYMS: 2-CHLOROPROPANE (DOT) ● PROPANE, 2-CHLORO- ● RTECS No. TX4410000 ● UN 2356

EPA NAME: ISOPROPYL CHLOROFORMATE
CAS: 108-23-6
SYNONYMS: CARBONOCHLORIDE ACID-1-METHYL ESTER • CARBONOCHLORIDIC ACID, 1-METHYLETHYL ESTER • CHLOROFORMIC ACID ISOPROPYL ESTER • CLORURO de ISOPROPILO (Spanish) • ISOPROPYL CHLOROCARBONATE • ISOPROPYL CHLOROMETHANOATE • RTECS No. LQ6475000 • UN 2407

EPA NAME: 4,4'-ISOPROPYLIDENEDIPHENOL
CAS: 80-05-7
SYNONYMS: BISFEROL A (German) • 2,2-BIS-4'-HYDROXYFE-NYLPROPAN (Czech) • BIS(4-HYDROXYPHENYL)DIMETH-YLMETHANE • 2,2-BIS(4-HYDROXYPHENYL)PROPANE • p,p'-BISPHENOL A • BISPHENOL A • β,β'-BIS(p-HYDROXY-PHENYL)PROPANE • 2,2-BIS(p-HYDROXYPHENYL)PRO-PANE • BIS(p-HYDROXYPHENYL)PROPANE • DIAN • DI-ANO • p,p'-DIHYDROXYDIPHENYLDIMETHYLMETANE • 4,4'-DIHYDROXYDIPHENYLDIMETHYLMETANE • p,p'-DIHYDROXYDIPHENYLPROPANE • 2,2-(4,4'-DIHYDROXY-DIPHENYL)PROPANE • 4,4'-DIHYDROXYDIPHENYLPRO-PANE • 4,4'-DIHYDROXYDIPHENYL-2,2-PROPANE • 4,4'-DIHYDROXY-2,2-DIPHENYLPROPANE • β-DI-p-HY-DROXYPHENYLPROPANE • 2,2-DI(4-HYDROXYPHENYL) PROPANE • DIMETHYL BIS(p-HYDROXYPHENYL)METH-ANE • DIMETHYLMETHYLENE p,p'-DIPHENOL • 2,2-DI(4-PHENYLOL)PROPANE • DIPHENYLOLPROPANE • EINECS No. 201-245-8 • IPOGNOX 88 • p,p'-ISOPROPILIDENDIFEN-OL (Spanish) • ISOPROPYLIDENEBIS(4-HYDROXYBENZENE) • 4,4'-ISOPROPYLIDENEBIS(PHENOL) • p,p'-ISOPROPYLI-DENEBISPHENOL • p,p'-ISOPROPYLIDENEDIPHENOL • 4,4-ISOPROPYLIDENEDIPHENOL • 4,4'-(1-METHYLETHYL-IDENE)BISPHENOL • NCI-C50635 • PARABIS A • PHENOL, 4,4'-ISOPROPYLIDENEDI- • PHENOL, 4,4'-(1-METHYLETH-YLIDENE)BIS- • PLURACOL 245 • RIKABANOL • RTECS No. SL6300000

EPA NAME: ISOPROPYLMETHYLPYRAZOYL DIMETHYL-CARBAMATE
CAS: 119-38-0
SYNONYMS: DIMETILCARBAMATO de 1-ISOPROPIL-3-METIL-5-PIRAZOLILO (Spanish) • DIMETHYLCARBAMATE-d'l-ISO-PROPYL-3-METHYL-5-PYRAZOYLLE (French) • DIMETHYL-CARBAMIC ACID 3-METHYL-1-(1-METHYLETHYL)-1H-PYRAZOL-5-YL ESTER • ENT 19,060 • GEIGY G-23611 • ISOLAN • ISOLANE (French) • (1-ISOPROPIL-3-METIL-1H-PI-RAZOL-5-IL)-N,N-DIMETIL-CARBAMMATO (Italian) • (1-ISO-PROPYL-3-METHYL-1H-PYRAZOL-5-YL)-N,N-DIMETHYL-CARBAMAAT (Dutch) • (1-ISOPROPYL-3-METHYL-1H-PYRAZOL-5-YL)-N,N-DIMETHYL-CARBAMAT (German) • ISOPROPYLMETHYLPYRAZOLDIMETHYLCARBAMATE • (1-ISOPROPYL-3-METHYL-1H-PYRAZOL-5-YL)-N,N-DI-

METHYL CARBAMATE ● 1-ISOPROPYL-3-METHYL-5-PYRAZOLYL DIMETHYL CARBAMATE ● 1-ISOPROPYL-3-METHYLPYRAZOLYL-(5)-DIMETHYLCARBAMATE ● 5-METHYL-2-ISOPROPYL-3-PYRAZOLYL DIMETHYL-CARBAMATE ● PRIMIN ● RCRA No. P192 ● RTECS No. FA2100000 ● SAOLAN ● UN 2992 (carbamate pesticide, liquid, poisonous) ● UN 2757 (carbamate pesticide, solid, poisonous)

EPA NAME: ISOSAFROLE
CAS: 120-58-1
SYNONYMS: BENZENE, 1,2-(METHYLENEDIOXY)-4-PROPENYL- ● ISOSAFROL (Spanish) ● 1,2-(METHYLENEDIOXY)-4-PROPENYLBENZENE ● 3,4-(METHYLENEDIOXY)-1-PROPENYLBENZENE ● 5-(1-PROPENYL)-1,3-BENZODIOXOLE ● RCRA No. U141 ● RTECS No. DA5950000

EPA NAME: ISOTHIOCYANATOMETHANE
[see METHYL ISOTHIOCYANATE]
CAS: 556-61-6

- K -

EPA NAME: KEPONE
CAS: 143-50-0
SYNONYMS: CHLORDECONE ● CIBA 8514 ● COMPOUND 1189 ● 1,2,3,5,6,7,8,9,10,10-DECACHLORO(5.2.2.0.^{2,6}.0^{3,9}.0^{5,8})DECANO-4-ONE ● DECACHLOROKETONE ● DECACHLOROOCTAHYDRO-1,3,4-METHENO-2H-CYCLOBUTA(cd)-PENTALEN-2-ONE ● DECACHLOROOCTAHYDROKEPONE-2-ONE ● DECACHLOROOCTAHYDRO-1,3,4-METHENO-2H-CYCLOBUTA(cd)PENTALEN-2-ONE ● 1,1a,3,3a,4,5,5,5a,5b,6-DECACHLOROOCTAHYDRO-1,3,4-METHENO-2H-CYCLOBUTA(cd)PENTALEN-2-ONE ● DECACHLOROTETRACYCLODECANONE ● DECACHLOROTETRAHYDRO-4,7-METHANOINDENEONE ● ENT 16,391 ● GC-1189 ● GENERAL CHEMICALS 1189 ● MEREX ● NCI-C00191 ● 1,3,4- METHENO-2H-CYCLOBUTA(cd)PENTALEN-2-ONE,1,1a,3,3a,4,5,5a,5b,6-DECACHLORO-OCTAHYRO- ● RCRA No. U142 ● RTECS No. PC8575000 ● STCC 4960140

- L -

EPA NAME: LACTOFEN
CAS: 77501-63-4
SYNONYMS: BENZOIC ACID, 5-(2-CHLORO-4-(TRIFLUORO-METHYL)PHENOXY)-2-NITRO-2-ETHOXY-1-METHYL-2-OXOETHYL ESTER ● 1'(CARBOETHOXY)ETHYL-5-(2-CHLO-RO-4-(TRIFLUOROMETHYL)PHENOXY)-2-NITROBENZO-ATE ● 5-(2-CHLORO-4-(TRIFLUOROMETHYL)PHENOXY)-2-NITROBENZOIC ACID 2-ETHOXY-1-METHYL-2-OXOETHYL ESTER ● COBRA ● COBRA HERBICIDE ● (+-)-2-ETHOXY-1-METHYL-2-OXOETHYL-5-(2-CHLORO-4-(TRIFLUOROMETH-YL)PHENOXY)-2-NITROBENZOATE

EPA NAME: LACTONITRILE
CAS: 78-97-7
SYNONYMS: 2-HYDROXYPROPIONITRILE ● LACTONITRILO (Spanish) ● NSC-7764 ● PROPIONITRILE, 2-HYDROXY- ● RTECS No. OD8225000

EPA NAME: LASIOCARPINE
CAS: 303-34-4
SYNONYMS: 2-BUTENOIC ACID, 2-METHYL-, 7-((2,3-DIHY-DROXY-2-(1-METHOXYETHYL)-3-METHYL-1-OXOBUTOXY) METHYL)-2,3,5,7A-TET RAHYDRO-1H-PYRROLIZIN-1-YL ESTER,(IS(1α(Z),7(2S*,3R*),7Aα)- ● HELIOTRIDINE ESTER with LASIOCARPUM and ANGELIC ACID ● NCI-C01478 ● RCRA No. U143 ● RTECS No. OE7875000

EPA NAME: LEAD
CAS: 7439-92-1
SYNONYMS: C.I. 77575 ● C.I. PIGMENT METAL 4 ● EINECS 231-100-4 ● GLOVER ● HARO MIX CE-701 ● HARO MIX CK-711 ● HARO MIX MH-204 ● JMI SLOOP ● KS-4 ● LEAD ELEMENT ● LEAD FLAKE ● LEAD S 2 ● LITHARGE ● OLOW (Polish) ● OMAHA ● OMAHA & GRANT ● Pb-S 100 ● PLOMO (Spanish) ● SO ● RCRA No. D008 ● RTECS No. OF7525000 ● TOXIC CHEMICAL CATEGORY CODE, N420

EPA NAME: LEAD ACETATE
CAS: 301-04-2
SYNONYMS: ACETATE de PLOMB (French) ● ACETATO de PLO-MO (Spanish) ● ACETIC ACID, LEAD(2+) SALT ● ACETIC ACID, LEAD(II) SALT ● ARSENIATO de PLOMO (Spanish) ● BLACK MARKING INK, 105E ● BLEIACETAT (German) ● DI-BASIC LEAD ACETATE ● EEC No. 082-001-00-6 ● LEADAC ● LEAD ACETATE TRIHYDRATE ● LEAD ACETATE(II), TRI-HYDRATE ● LEAD DIACETATE ● LEAD(II) ACETATE ● LEAD(2+) ACETATE ● MULTILAYER DIELECTRIC INK HD ● NEUTRAL LEAD ACETATE ● NORMAL LEAD ACETATE ●

PLUMBOUS ACETATE • RCRA No. U144 • RTECS No. AI5250000 • SALT OF SATURN • STCC 4966640 • SUGAR OF LEAD • UN 1616

EPA NAME: LEAD ARSENATE
CAS: 7645-25-2
SYNONYMS: ARSENIC ACID, LEAD SALT • ARSENIATE de PLOMB (French) • ARSENIATO de PLOMO (Spanish) • LEAD ACETATE ACID • PLUMBOUS ARSENATE • RTECS No. CG1000000 • STCC 4923318 • UN 1617

EPA NAME: LEAD ARSENATE
CAS: 7784-40-9
SYNONYMS: ACID LEAD ARSENATE • ACID LEAD ARSENITE • ACID LEAD ORTHOARSENATE • ARSENATE OF LEAD • ARSENIC ACID, LEAD(II) • ARSENIATO de PLOMO (Spanish) • ARSENIC ACID, LEAD(2+) • ARSENIC ACID, LEAD SALT • ARSINETTE • DIBASIC LEAD ARSENATE • GYPSINE • LEAD ACID ARSENATE • ORTHO L10 DUST • ORTHO L40 DUST • PLUMBOUS ARSENATE • SALT ARSENATE OF LEAD • SCHULTENITE • SECURITY • SOPRABEL • STANDARD LEAD ARSENATE • TALBOT • RTECS No. CG1000000 • STCC 4923318 • UN 1617

EPA NAME: LEAD ARSENATE
CAS: 10102-48-4
SYNONYMS: ACID LEAD ARSENATE • ACID LEAD ORTHOARSENATE • ARSENATE of LEAD • ARSENIATO de PLOMO (Spanish) • ARSENIC ACID, LEAD(2+) SALT • ARSINETTE • DIBASIC LEAD ARSENATE • GYPSINE • ORTHO L10 DUST • ORTHO L40 DUST • SCHULTENITE • SECURITY • SOPRABEL • STANDARD LEAD ARSENATE • TALBOT • RTECS No. CG0980000 • STCC 4923318 • UN 1617

EPA NAME: LEAD CHLORIDE
CAS: 7758-95-4
SYNONYMS: CLORURO de PLOMO (Spanish) • LEAD(2+) CHLORIDE • LEAD(II) CHLORIDE • LEAD DICHLORIDE • PLUMBOUS CHLORIDE • RTECS No. OF9450000 • STCC 4944130 • UN 2291

EPA NAME: LEAD FLUOBORATE
CAS: 13814-96-5
SYNONYMS: BORATE(1-), TETRAFLUORO-,LEAD(2+) • FLUOBORATO de PLOMO (Spanish) • LEAD TETRAFLUOROBORATE • TETRAFLUORO BORATE • TETRAFLUORO BORATE (1-), LEAD(2+) • RTECS No. ED2700000 • STCC 4944133 • UN 2291

EPA NAME: LEAD FLUORIDE
CAS: 7783-46-2
SYNONYMS: FLUORURO de PLOMO (Spanish) • LEAD DIFLUORIDE • LEAD(II) FLUORIDE • LEAD(2+) FLUORIDE • PLOMB FLUORURE (French) • PLUMBOUS FLUORIDE • RTECS No. OG1225000 • STCC 4944140 • UN 2811

EPA NAME: LEAD IODIDE
CAS: 10101-63-0
SYNONYMS: LEAD(2+) IODIDE ● LEAD(II) IODIDE ● NA2811 (DOT) ● RTECS No. OG1515000 ● STCC 4966950 ● YODURO de PLOMO (Spanish)

EPA NAME: LEAD NITRATE
CAS: 10099-74-8
SYNONYMS: LEAD DINITRATE ● LEADNI ● LEAD(2+) NITRATE ● LEAD(II) NITRATE ● NITRATE de PLOMB (French) ● NITROTO de PLOMO (Spanish) ● NITRIC ACID, LEAD(II) SALT ● NITRIC ACID, LEAD(2+) SALT ● RTECS No. OG2100000 ● STCC 4918726 ● UN 1469

EPA NAME: LEAD PHOSPHATE
CAS: 7446-27-7
SYNONYMS: BLEIPHOSPHAT (German) ● C.I. 77622 ● FASFATO de PLOMO (Spanish) ● LEAD ORTHOPHOSPHATE ● LEAD PHOSPHATE (3:2) ● LEAD(II) PHOSPHATE ● LEAD(2+) PHOSPHATE ● NORMAL LEAD ORTHOPHOSPHATE ● PERLEX PASTE ● PHOSPHORIC ACID, LEAD SALT ● PHOSPHORIC ACID, LEAD(2+) SALT (2:3) ● PLUMBOUS PHOSPHATE ● RCRA No. U145 ● TRILEAD PHOSPHATE ● RTECS No. OG3675000

EPA NAME: LEAD STEARATE
CAS: 1072-35-1; 7428-48-0
SYNONYMS: BLEISTEARAT (German) ● OCTADECANOIC ACID, LEAD SALT ● STEARIC ACID, LEAD SALT ● RTECS No. WI4300000

EPA NAME: LEAD STEARATE
CAS: 7428-48-0
SYNONYMS: BLEISTEARAT (German) ● ESTEARATO de PLOMO (Spanish) ● OCTADECANOIC ACID, LEAD SALT ● OCTADECANOIC ACID, LEAD(2+) SALT ● OCTADECANOIC ACID, LEAD(II) SALT ● STEARIC ACID, LEAD SALT ● STEARIC ACID, LEAD(2+) SALT ● STEARIC ACID, LEAD(II) SALT ● RTECS No. WI4300000 ● STERIC ACID, LEAD SALT ● STCC 4966960

EPA NAME: LEAD STEARATE
CAS: 52652-59-2; 7428-48-0
SYNONYMS: BLEISTEARAT (German) ● ESTEARATO de PLOMO (Spanish) ● LEAD STEARATE, DIBASIC ● OCTADECANOIC ACID, LEAD SALT ● STEARIC ACID, LEAD SALT ● STEARIC ACID, LEAD SALT, DIBASIC ● RTECS No. WI4300000

EPA NAME: LEAD STEARATE
CAS: 56189-09-4; 7428-48-0
SYNONYMS: BLEISTEARAT (German) ● ESTEARATO de PLOMO (Spanish) ● LEAD, BIS(OCTADECANOATO)DIOXODI- ● OCTADECANOIC ACID, LEAD SALT ● STEARIC ACID, LEAD SALT ● RTECS No. WI4300000

EPA NAME: LEAD SUBACETATE
CAS: 1335-32-6
SYNONYMS: BASIC LEAD ACETATE • BIS(ACETO)DIHYDROXYTRILEAD • BIS(ACETATO)TETRAHYDROXYTRILEAD • BLA • LEAD ACETATE, BASIC • LEAD, BIS(ACETATO-O)TETRAHYDROXYTRI- • LEAD MONOSUBACETATE • MONOBASIC LEAD ACETATE • RCRA No. U146 • SUBACETATE LEAD • SUBACETO de PLOMO (Spanish) • RTECS No. OF8750000 • UN 1616

EPA NAME: LEAD SULFATE
CAS: 7446-14-2
SYNONYMS: ANGLISITE • BLEISULFAT (German) • C.I. 77630 • C.I. PIGMENT WHITE 3 • FAST WHITE • FREEMANS WHITE LEAD • LANARKITE • LEAD BOTTOMS • LEAD(II) SULFATE(1:1) • LEAD(2+) SULFATE(1:1) • LEAD SULPHATE • LEAD(II) SULPHATE (1:1) • LEAD(2+) SULPHATE(1:1) • MILK WHITE • MULHOUSE WHITE • RCRA No. U145 • SULFATE de PLOMB (French) • SULFATO de PLOMO (Spanish) • SULFURIC ACID, LEAD(II) SALT(1:1) • SULFURIC ACID, LEAD(2+) SALT(1:1) • WHITE LEAD • RTECS No. OG4375000 • UN 1794 (with more than 3% free acid)

EPA NAME: LEAD SULFATE
CAS: 15739-80-7
SYNONYMS: ANGLISITE • BLEISULFAT (German) • LEAD(II) SULFATE (1:1) • SULFATE de PLOMB (French) • SULFATO de PLOMO (Spanish) • SULFURIC ACID, LEAD(II) SALT(1:1) • UN 1794 (with more than 3% free acid)

EPA NAME: LEAD SULFIDE
CAS: 1314-87-0
SYNONYMS: C.I. 77640 • GALENA • LEAD MONOSULFIDE • NATURAL LEAD SULFIDE • PLUMBOUS SULFIDE • RTECS No. OG4550000 • SULFURO de PLOMO (Spanish) • STCC 4966987

EPA NAME: LEAD THIOCYANATE
CAS: 592-87-0
SYNONYMS: LEAD SULFOCYANATE • LEAD(2+) THIOCYANATE • LEAD(II) THIOCYANATE • RTECS No. XL1538000

EPA NAME: LEPTOPHOS
CAS: 21609-90-5
SYNONYMS: ABAR • O-(4-BROMO-2,5-DICHLOROPHENYL)O-METHYL PHENYLPHOSPHONOTHIOATE • O-(2,5-DICHLORO-4-BROMOPHENYL) O-METHYL PHENYLTHIOPHOSPHONATE • FOSVEL • K62-105 • MBCP • O-METHYL-O-(4-BROMO-2,5-DICHLOROPHENYL)PHENYL THIOPHOSPHONATE • NK 711 • PHENYLPHOSPHONOTHIOIC ACID O-(4-BROMO-2,5-BROMO-2,5-DICHLOROPHENYL)O-METHYL ESTER • PHOSPHONOTHIOIC ACID, PHENYL-,O-(4-BROMO-2,5-DICHLOROPHENYL)O-METHYL ESTER • PHOSVEL • PSL • V.C.S. • VCS-506 • VELSICOL 506 • VELSICOL VCS 506 • RTECS No. TB1720000 • UN 3077

EPA NAME: LEWISITE
CAS: 541-25-3
SYNONYMS: (2-CHLOROETHENYL)ARSONOUS DICHLORIDE •
β-CHLOROVINYLBICHLOROARSINE • 2-CHLOROVINYLDI-
CHLOROARSINE • (2-CHLOROVINYL)DICHLOROARSINE •
DICHLORO(2-CHLOROVINYL)ARSINE • LEVISTA (Spanish) •
LEWISITE (ARSENIC COMPOUND) • RTECS No. CH2975000

EPA NAME: LINDANE
CAS: 58-89-9
SYNONYMS: AALINDAN • AFICIDE • AGRISOL G-20 • AGRO-
CIDE • AGROCIDE 2 • AGROCIDE 7 • AGROCIDE 6G •
AGROCIDE III • AGROCIDE WP • AGRONEXIT • AMEISEN-
ATOD • AMEISENMITTEL MERCK • APARASIN • APHTIRIA
• APLIDAL • ARBITEX • BBH • BEN-HEX • BENTOX 10 •
BENZENE HEXACHLORIDE • γ-BENZENE HEXACHLORIDE
• BEXOL • BHC • γ-BHC • BENZENE HEXACHLORIDE-
GAMMA ISOMER • CELANEX • CHLORESENE • CODE-
CHINE • 2,5-CYCLOHEXANE,1,2,3,4,5,6-HEXACHLORO-,
(1α,2α,3β,4α,5α,6β)- • DBH • DELSANEX DAIRY FLY SPRAY •
DETMOL-EXTRAKT • DETOX 25 • DEVORAN • DOL GRAN-
ULE • DRILL TOX-SPEZIAL AGLUKON • DUAL MURGANIC
RPB SEED TREATMENT • ENT 7,796 • ENTOMOXAN • EXA-
GAMA • FORLIN • FUMITE TECNALIN SMOKE GENERA-
TORS • GALLOGAMA • GAMMABENZENE HEXACHLORO-
CYCLOHEXANE (GAMMA ISOMER) • GAMMA-BHC •
GAMACID • GAMMA-HCH • GAMAPHEX • GAMENE •
GAMMA-COL • GAMMAHEXA • GAMMAHEXANE • GAM-
MALIN • GAMMALIN 20 • GAMMALEX • GAMMASAN 30 •
GAMMATERR • GAMMAPHEX • GAMMEX • GAMMEXANE
• GAMMEXENE • GAMMOPAZ • GEXANE • HCCH • HCH •
γ-HCH • GAMMA HCH • HCH BHC • HECLOTOX • HEXA •
HEXACHLOROCYCLOHEXANE (GAMMA ISOMER) • HEXA-
CHLORAN • γ-HEXACHLORAN • gamma-HEXACHLORAN •
HEXACHLORANE • γ-HEXACHLORANE • gamma-HEXA-
CHLORANE • γ-HEXACHLOROBENZENE • 1-α,2-α,3-β,4-α,5-
α,6-β-HEXACHLOROCYCLOHEXAN E • γ-HEXACHLOROCY-
CLOHEXANE • HEXACHLOROCYCLOHEXANE, GAMMA
ISOMER • 1,2,3,4,5,6-HEXACHLOR-CYCLOHEXANE • γ-
1,2,3,4,5,6-HEXACHLOROCYCLOHEXANE • 1,2,3,4,5,6-HEX-
ACHLOROCYCLOHEXANE, GAMMA ISOMER • gamma-
HEXACLOROBENZENE • HEXAFLOW • HEXATOX •
HEXAVERM • HEXICIDE • HEXYCLAN • HGI • HORTEX •
INEXIT • ISOTOX • JACUTIN • KOKOTINE • KWELL •
LENDINE • LENTOX • LINDAGRAM • LIDENAL • LINDA-
FOR • LINDAGAM • LINDAGRAIN • LINDAGRANOX • LIN-
DANE • γ-LINDANE • LINDAPOUDRE • LINDATOX • LIN-
DOSEP • LINTOX • LOREXANE • MARSTAN FLY SPRAY •
MERGAMMA 30 • MILBOL 49 • MIST-O-MATIC LINDEX •
MSZYCOL • NCI-C00204 • NEO-SCABICIDOL • NEXEN FB •
NEXIT • NEXIT-STARK • NEXOL-E • NICOCHLORAN • NO-
VIGAM • OMNITOX • OVADZIAK • OWADZIAK • PEDRAC-

ZAK • PFLANZOL • QUELLADA • RCRA No. U129 • RODES-CO INSECT POWDER • RTECS No. GV4900000 • SANG GAMMA • SILVANO • SILVANO L • SPRITZ-RAPIDIN • SPRUEHPFLANZOL • STCC 4941152 • STREUNEX • TAP 85 • TRI-6 • VITON • UN 2761 (organochlorine pesticide, solid, poisonous) • UN 2996 (organochlorine pesticide, liquid, poisonous)

EPA NAME: LINURON
CAS: 330-55-2

SYNONYMS: AFALON • AFALON INURON • ALIBI • ALISTELL • BROADCIDE 20EC • BRONOX • CASWELL No. 528 • CERTOL-LIN ONIONS • CLOVACORN EXTRA • CROP WEED-STOP • 3-(3,4-DICHLOOR-FENYL)-1-METHOXY-1-METHYL-UREUM (Dutch) • 3-(3,4-DICHLORO-FENIL)-1-METOSSI-1-METIL-UREA (Italian) • 3-(3,4-DICHLOROPHENYL)-1-METOXY-1-METHYLUREA • N'-(3,4-DICHLOROPHENYL)-N-METHOXY-N-METHYLUREA • 1-(3,4-DICHLOROPHENYL)-3-METHOXY-3-METHYLUREE (French) • 3-(3,4-DICHLOROPHENYL)-1-METHOXYMETHYLUREA • 3-(3,4-DICHLOROPHENYL)-1-METHOXY-1-METHYLUREA • N-(3,4-DICHLOROPHENYL)-N'-METHYL-N'-METHOXYUREA • 3-(3,4-DICHLOR-PHENYL)-1-METHOXY-1-METHYL-HARNSTOFF (German) • 3-(4,5-DICHLORPHENYL)-1-METHOXY-1-METHYLHARNSTOFF (German) • DU PONT 326 • DUPONT HERBICIDE 326 • EPA PESTICIDE CHEMICAL CODE 035506 • FF6135' HERBICIDE 326 • JANUS • LANDSIDE • LINNET • LINEX 4L • LINOROX • LINUREX • LOREX • LOROX • LOROX LINURON WEED KILLER • MARKSMAN 1 • METHOXYDIURON • 1-METHOXY-1-METHYL-3-(3,4-DICHLOROPHENYL)UREA • NEMINFEST • ONSLAUGHT • PRE-EMPT • PROFALON • ROTILIN • UREA, N'-(3,4-DICHLOROPHENYL)-N-METHOXY-N-METHYL- • UREA, 3-(3,4-DICHLOROPHENYL)-1-METHOXY-1-METHYL- • WARRIOR • RTECS No. YS9100000 • SARCLEX • STAY KLEEN • TEMPO • TRIFARMON FL • TRIFLURON • TRILIN • UN 3002 (phenyl urea pesticides, liquid, toxic) • UN 2767 (phenyl urea pesticides, solid, toxic) • WARRIOR

EPA NAME: LITHIUM CARBONATE
CAS: 554-13-2

SYNONYMS: CAMCOLIT • CANDAMIDE • CARBONATO de LITIO (Spanish) • CARBOLITH • CARBOLITHIUM • CARBONIC ACID, DILITHIUM SALT • CARBONIC ACID LITHIUM SALT • CEGLUTION • CP-15,467-61 • DILITHIUM CARBONATE • ESKALITH • HYPNOREX • LIMAS • LISKONUM • LITHANE • LITARD • LITHEA • LITHICARB • LITHINATE • LITHOBID • LITHONATE • LITHIUM PHASAL • LITHIZINE • LITHO-CARB • LITHONATE • LITHOTABS • MANIALITH • NEUROLEPSIN • NSC 16895 • PFI-LITHIUM • PFL-LITHIUM • PLENUR • PRIADEL • QUILONORM • QUILONUM RETARD • RTECS No. OJ5800000

EPA NAME: LITHIUM CHROMATE
CAS: 14307-35-8
SYNONYMS: CHROMIC ACID, DILITHIUM SALT ● CHROMIUM LITHIUM OXIDE ● DILITHIUM CHROMATE ● STCC 4963720 ● UN 9134

EPA NAME: LITHIUM HYDRIDE
CAS: 7580-67-8
SYNONYMS: HYDRURE de LITHIUM (French) ● HYDRURO de LITIO (Spanish) ● RTECS No. OJ6300000 ● STCC 4916424 ● UN 1414 ● UN 2805 (fused solid)

- M -

EPA NAME: MALATHION
CAS: 121-75-5
SYNONYMS: AI3-17034 • AGRICHEM GREENFLY SPRAY • ALL PURPOSE GARDEN INSECTICIDE • AMERICAN CYANAMID 4,049 • BAN-MITE • S-(1,2-BIS(AETHOXY-CARBONYL)AETHYL)-O,O-DIMETHYL-DITHIOPHOSPHAT (German) • S-(1,2-BIS(CARBETHOXY)ETHYL) O,O-DIMETHYLDITHIOPHOSPHATE • S-(1,2-BIS(ETHOXYCARBONYL)ETHYL)-O,O-DIMETHYL PHOSPHORODITHIOATE • S-1,2-BIS(ETHOXYCARBONYL)ETHYL-O,O-DIMETHYLTHIOPHOSPHATE • S-(1,2-BIS(ETHOXY-CARBONYL)-ETHYL)-O,O-DIMETHYL-DITHIOPHOSFAAT (Dutch) • S-(1,2-BIS(ETOSSI-CARBONIL)ETIL)-O,O-DIMETIL-DITIOFOSFATO (Italian) • BUTANEDIOIC ACID, ((DIMETHOXYPHOSPHINOTHIOYL)THIO)-, DIETHYL ESTER • CALMATHION • CARBETOVUR • CARBETOX • CARBETHOXY MALATHION • CARBOFOS (Russian) • CARBOPHOS (Russian) • CASWELL No. 535 • CELTHION (Indian) • CHEMATHION • CIMEXAN • COMPOUND 4049 • CROMOCIDE • SPRAY CONCENTRATE • CYTHION • DETMOL MA • DETMOL 96% • DETMOL MALATHION • S-(1,2-DICARBETHOXYETHYL) O,O-DIMETHYLPHOSPHORODITHIOATE • DICARBOETHOXYETHYL-O,O-DIMETHYL PHOSPHORODITHIOATE • DIETHYL ((DIMETHOXYPHOSPHINOTHIOYL)THIO)BUTANEDIOATE • DIETHYL (DIMETHOXYPHOSPHINOTHIOYLTHIO)SUCCINATE • DIETHYL (DIMETHOXYTHIOPHOSPHORYLTHIO)SUCCINATE • DIETHYL MERCAPTOSUCCINATE, O,O-DIMETHYL PHOSPHORODITHIOATE • DIETHYL MERCAPTOSUCCINATE, O,O-DIMETHYL DITHIOPHOSPHATE, S-ESTER • DIETHYL MERCAPTOSUCCINATE, O,O-DIMETHYL THIOPHOSPHATE • DIETHYL MERCAPTOSUCCINATE, S-ESTER WITH O,O-DIMETHYL PHOSPHORODITHIOATE • ((DIMETHOXYPHOSPHINOTHIOYL)THIO)BUTANEDIOIC ACID DIETHYL ESTER • O,O-DIMETHYL S-(1,2-DICARBETHOXYETHYL) DITHIOPHOSPHATE • O,O-DIMETHYL S-(1,2-DICARBAETHOXYAETHYL)-DITHIOPHOSPHAT (German) • O,O-DIMETHYL S-(1,2-DICARBETHOXYETHYL)PHOSPHORODITHIOATE • O,O-DIMETHYL S-1,2-DI(ETHOXYCARBAMYL) ETHYL PHOSPHORODITHIOATE • O,O-DIMETHYL S-1,2-DIKARBETOXYETHYLDITIOFOSFAT (Czech) • O,O-DIMETHYLDITHIOPHOSPHATE DIETHYLMERCAPTOSUCCINATE • O,O-DIMETHYL DITHIOPHOSPHATE OF DIETHYL MERCAPTOSUCCINATE • DITHIOPHOSPHATE de O,O-DIMETHYLE et de S-(1,2-DICARBOETHOXYETHYLE) (French) • DURAMITEX • EMMATOS EXTRA • EL 4049 • EMMATOS • ENT 17,034 • EPA PESTICIDE CHEMICAL CODE 057701 • ETHIOLACAR • ETIOL • EVESHIELD CAPTAN/MALATHION

● EXTERMATHION ● FISONS GREENFLY AND BLACKFLY KILLER ● FOG 3 ● FORMAL ● FORTHION ● FOSFOTHION ● FOSFOTION ● FYFANON (Denmark) ● GREENFLY AEROSOL SPRAY ● HILTHION (Indian) ● INSECTICIDE No. 4049 ● KARBOFOS ● KOP-THION ● KYPFOS ● MALACIDE ● MALAFOR ● MALAGRAN ● MALAKILL ● MALAMAR ● MALAMAR 50 ● MALASOL ● MALASPRAY ● MALATAF ● MALATHION 60 ● MALATHION E50 ● MALATHION LV CONCENTRATE ● MALATHION ORGANOPHOSPHOROUS INSECTICIDE ● MALATHON ● MALATION (Spanish) ● MALATHYL ● MALATOL ● MALATOX (Indian) ● MALDISON (Australia, New Zealand) ● MALMED ● MALPHOS ● MERCAPTOSUCCINIC ACID DIETHYL ESTER ● MERCAPTOTHION ● MOSCARDA ● NCI-C00215 ● OLEOPHOSPHOTHION ● ORTHO MALATHION ● PBI CROP SAVER ● PHOSPHOTHION ● PRIODERM ● RTECS No. WM8400000 ● SADOFOS ● SADOPHOS ● SF 60 ● SIPTOX I ● STCC 4941156 ● SUCCINIC ACID, MERCAPTO-, DIETHYL ESTER, S-ESTER WITH O,O-DIMETHYL PHOSPHORODITHIOATE ● SUMITOX ● TAK ● TM-4049 ● VEGFRU (Indian) ● VETIOL ● ZITHIOL ● ZITHIOL ● UN 2783 (organophosphorus pesticides, solid, toxic) ● UN 3018 (organophosphorus pesticides, liquid, toxic)

EPA NAME: MALEIC ACID
CAS: 110-16-7
SYNONYMS: BUTENEDIOIC ACID, (Z)- ● BUTENEDIOIC ACID, (Z)- ● cis-BUTENEDIOIC ACID, (Z)- ● cis-BUTENEDIOIC ANHYDRIDE ● (Z) BUTENEDIOIC ACID ● EINECS No. 203-742-5 ● cis-1,2-ETHYLENEDICARBOXYLIC ACID ● 1,2-ETHYLENEDICARBOXYLIC ACID, (Z) ● cis-1,2-ETHYLENEDICARBOXYLIC ACID, TOXILIC ACID ● (Z)-1,2-ETHYLENEDICARBOXYLIC ACID ● MALEINIC ACID ● MALENIC ACID ● TOXILIC ACID ● RTECS No. OM9625000 ● UN 2215

EPA NAME: MALEIC ANHYDRIDE
CAS: 108-31-6
SYNONYMS: ACIDO MALICO (Spanish) ● BM 10 ● DIHYDRO-2,5-DIOXOFURAN ● 2,5-DIHYDROFURAN-2,5-DIONE ● EINECS No. 203-571-6 ● 2,5-FURANDIONE ● 2,5-FURANEDIONE ● MALEIC ACID ANHYDRIDE ● RCRA No. U147 ● RTECS No. ON3675000 ● TOXILIC ANHYDRIDE ● STCC 4941161 ● UN 2215

EPA NAME: MALEIC HYDRAZIDE
CAS: 123-33-1
SYNONYMS: BH DOCK KILLER ● BOS MH ● BURTOLIN ● CHEMFORM ● DE-CUT ● DESPROUT ● 1,2-DIHYDROPYRIDAZINE-3,6-DIONE ● 1,2-DIHYDRO-3,6-PYRADAZINE-DIONE ● 1,2-DIHYDRO-3,6-PYRIDAZINEDIONE ● DREXEL-SUPER P ● EC 300 ● ENT 18,870 ● FAIR 30 ● FAIR PS ● HYDRAZID KYSELINY MALEINOVE (Czech) ● HYDRAZIDA MALEICA (Spanish) ● 6-HYDROXY-3(2H)-PYRIDAZINONE ● KMH ● MAH ● MAINTAIN 3 ● MALAZIDE ● MALEIC ACID

HYDRAZIDE • MALEIC HYDRAZINE • MALEIC HYDRAZIDE FUNGICIDE • MALEIN 30 • MALEINSAUREHYDRAZID (German) • MAZIDE • N,N-MALEOYLHYDRAZINE • MALZID • MH • MH 30 • MH 40 • MH 36 BAYER • RCRA No. U148 • REGULOX • REGULOX W • REGULOX 50W • RETARD • ROYAL MH 30 • ROYAL SLO-GRO • RTECS No. UR5950000 • SLO-GRO • SPROUT-STOP • STUNTMAN • SUCKER-STUFF • SUPER DE-SPROUT • SUPER SPROUT STOP • SUPER SUCKER STUFF • SUPER SUCKER STUFF HC • 1,2,3-TETRAHYDRO-3,6-DIOXOPYRIDAZINE • VONDALDHYDE • VONDRAX

EPA NAME: MALONONITRILE
CAS: 109-77-3
SYNONYMS: AI3-24285 • CYANOACETONITRILE • α-CYANOACETONITRILE • DICYANMETHANE • DICYANOMETHANE • DWUMETYLOSULFOTLENKU (Polish) • MALONIC ACID DINITRILE • MALONIC DINITRILE • MALONODINITRILE • MALONONITRILO (Spanish) • METHANE, DICYANO- • METHYLENE CYANIDE • METHYLENEDINITRILE • NITRIL KYSELINY MALONOVE (Czech) • NSC 3769 • PROPANEDINITRILE • PROPANEDINITRITE • RCRA No. U149 • USAF A-4600 • USAF KF-19 • RTECS No. OO3150000 • UN 2647

EPA NAME: MANEB
CAS: 12427-38-2
SYNONYMS: AAMANGAN • AKZO CHEMIE MANEB • BASF-MANEB SPRITZPULVER • BAVISTIN M, COSMIC • CARBAMIC ACID, ETHYLENEBIS(DITHIO-), MANGANESE SALT • CARBAMODITHIOIC ACID, 1,2-ETHANEDIYLBIS-, MANGANESE SALT • CHEM NEB • CHLOROBLE M • CLEAN-ACRES • CR 3029 • DELSENE M FLOWABLE • DITHANE M 22 SPECIAL • EBDC • ENT 14,875 • 1,2-ETHANEDIYLBIS(CARBAMODITHIOATO)(2-)-MANGANESE • 1,2-ETHANEDIYLBISCARBAMODITHIOIC ACID, MANGANESE COMPLEX • 1,2-ETHANEDIYLBISCARBAMODITHIOIC ACID, MANGANESE(2+) SALT(1:1) • 1,2-ETHANEDIYLBISMANEB, MANGANESE (2+) SALT (1:1) • ETHYLENEBISDITHIOCARBAMATE MANGANESE • N,N'-ETHYLENE BIS(DITHIOCARBAMATE MANGANEUX) (French) • ETHYLENEBIS(DITHIOCARBAMATO), MANGANESE • ETHYLENEBIS(DITHIOCARBAMIC ACID), MANGANESE SALT • ETHYLENEBIS(DITHIOCARBAMIC ACID) MANGANOUS SALT • 1,2-ETHYLENEDIYLBIS(CARBAMODITHIOATO)MANGANESE • N,N'-ETILEN-BIS(DITIOCARBAMMATO) di MANGANESE (Italian) • F 10 • GRIFFIN MANEX • KYPMAN 80 • LONOCOL M • MANAM • MANEB 80 • MANEBA • MANEBE (French) • MANEBE 80 • MANEBGAN • MANESAN • MANEX • MANGAAN (II)-(N,N'-ETHYLEEN-BIS(DITHIOCARBAMAAT)) (Dutch) • MANGAN (II)-(N,N'-AETHYLEN-BIS(DITHIOCARBAMATE)) (German) • MANGANESE ETHYLENE-1,2-BIS-DITHIOCARBAMATE • MANGANESE(II) ETHYLENE DI

(DITHIOCARBAMATE) • MANGANOUS ETHYLENEBIS(DI-THIOCARBAMATE) • MANOC • MANZATE • MANZATE D • MANZATE MANEB FUNGICIDE • MANZEB • MANZIN • M-DIPHAR • MEB • MNEBD • MULTI-W, KASCADE • NESPOR • PLANTIFOG 160M • POLYRAM M • REMASAN CHLORO-BLE M • RHODIANEHE • SOPRANEBE • SQUADRON AND QUADRANGLE MANEX • SUPERMAN MANEB F • SUP'R FLO • TERSAN-LSR • TRIMANGOL • TRIMANGOL 80 • TRI-MANOC • TRITHAC • TUBOTHANE • UNICROP MANEB • VANCIDE • VANCIDE MANEB 80 • VASSGRO MANEX • RTECS No. OP0700000 • UN 2210 • UN 2968 (stabilized)

EPA NAME: MANGANESE
CAS: 7439-96-5
SYNONYMS: COLLOIDAL MANGANESE • CUTAVAL • EINECS No. 231-105-1 • JIS-G 1213 • MANGACAT • MANGAN (Polish) • MANGANESE-55 • MANGANESE ELEMENT • MANGANESO (Spanish) • MANGAN NITRIDOVANY (Czech) • RTECS No. OO9275000 • TOXIC CHEMICAL CATEGORY CODE, N450 • TRIPART LIQUID MANGANESE • TRONAMAG

EPA NAME: MANGANESE, BIS(DIMETHYL-CARBAMODITHIOATO-S,S')-
CAS: 15339-36-3
SYNONYMS: MANGANESE DIMETHYLDITHIOCARBAMATE • RCRA No. P196

EPA NAME: MANGANESE TRICARBONYL METHYL-CYCLOPENTADIENYL
CAS: 12108-13-3
SYNONYMS: AK-33X • ANTIKNOCK-33 • CI-2 • COMBUSTION IMPROVER-2 • MANGANESE, (METHYLCYCLOPENTA-DIENYL)TRICARBONYL- • METHYLCYCLOPENTADIENYL MANGANESE TRICARBONYL • 2-METHYLCYCLOPENTA-DIENYL MANGANESE TRICARBONYL • METHYLCYKLO-PENTADIENTRIKARBONYLMANGANIUM (German) • MMT • RTECS No. OO9720000 • TRICARBONYL(METHYL-CYCLOPENTADIENYL)MANGANESE

EPA NAME: MBOCA
[see 4,4'-METHYLENEBIS(2-CHLOROANILINE)]
CAS: 101-14-4

EPA NAME: MBT
[see 2-MERCAPTOBENZOTHIAZOLE]
CAS: 149-30-4

EPA NAME: MCPA
[see METHOXONE]
CAS: 94-74-6

EPA NAME: MDI
[see METHYLBIS(PHENYLISOCYANATE)]
CAS: 101-68-8

EPA NAME: MECHLORETHAMINE
[see NITROGEN MUSTARD]
CAS: 51-75-2

EPA NAME: MECOPROP
CAS: 93-65-2
SYNONYMS: ACIDE 2-(4-CHLORO-2-METHYL-PHENOXY)PRO-PIONIQUE (French) • ACIDO 2-(4-CLORO-2-METIL-FENOSSI)-PROPIONICO (Italian) • ASSASSIN • BANVEL P • BANVEL BP • BH MECOPROP • CERIDOR • CHIPCO • CHIPCO TURF HERBICIDE MCPP • 2-(4-CLOOR-2-METHYL-FENOXY)PRO-PIONZUUR (Dutch) • 2-(4-CHLOR-2-METHYL-PHENOXY)-PROPIONSAEURE (German) • 4-CHLORO-2-METHYLPHEN-OXY-α-PROPIONIC ACID • 2-(4-CHLORO-2-METHYL-PHENOXY)PROPANOIC ACID • (+)-α-(4-CHLORO-2-METHYLPHENOXY) PROPIONIC ACID • (4-CHLORO-2-METHYLPHENOXY)PROPIONIC ACID • 2-(4-CHLORO-2-METHYLPHENOXY)PROPIONIC ACID • α-(4-CHLORO-2-METHYLPHENOXY)PROPIONIC ACID • 2-(4-CHLORO-PHENOXY-2-METHYL)PROPIONIC ACID • 2-(4-CHLORO-O-TOLYL)OXYLPROPIONIC ACID • 2-(P-CHLORO-O-TOLYLOXY)PROPIONIC ACID • CLEAVAL • CLENECORN • CMPP • CLOVOTOX • COMPITOX EXTRA • CORNOX PLUS • CR 205 • CRUSADER • DOCKLENE • EXP 419 • GRASLAM • HARNESS • HARRIER • HEDONAL MCPP • HERRISOL • HYMEC • HYTANE EXTRA • IOTOX • ISO-CORNOX • ISO-CORNOX 64 • KILPROP • LIRANOX • 2M-4CP • MCPP • 2-MCPP • MCPP • MCPP 2,4-D • MCPP-D-4 • MCPP K-4 • MECOBROM • MECOMEC • MECOPEOP • MECOPER • ME-COPEX • MECOPROP • MECOTURF • MEPRO • METHOX-ONE • 2-METHYL-4-CHLOROPHENOXY-α-PROPIONIC ACID • 2-(2-METHYL-4-CHLOROPHENOXY)PROPANOIC ACID • α-(2-METHYL-4-CHLOROPHENOXY)PROPIONIC ACID • 2-(2'-METHYL-4'-CHLOROPHENOXY)PROPIONIC ACID • 2M4KhP • MECHLORPROP • N.b. MECOPROP • MYLONE • MUSKETEET • NSC 60282 • POST-KITE • PROPAL • PROPA-NOIC ACID, 2-(4-CHLORO-2-METHYLPHENOXY)- • PROPI-ONIC ACID, 2-(4-CHLORO-2-METHYLPHENOXY) • PROPI-ONIC ACID, 2-((4-CHLORO-O-TOLYL)OXY)- • PROPIONIC ACID, 2-(2-METHYL-4-CHLOROPHENOXY)- • PROPONEX-PLUS • RANKOTEX • RD 4593 • RTECS No. UE9750000 • RUNCATEX • SELOXONE • SCOTLENE • SEL-OXONE • SU-PER GREEN AND WEED • SUPOERTOX • SWIPE 560 EC • TERSET • TETRALEN-PLUS • U 46 • U 46 KV-ESTER • U 46 KV-FLUID • UN 2765 (phenoxy pesticides, solid, toxic) • UN 3000 (phenoxy pesticides, liquid, toxic) • VERDONE • VI-PAR • VI-PEX • VIPEX

EPA NAME: MELPHALAN
CAS: 148-82-3

SYNONYMS: ALANINE, 3-(p-(BIS(2-CHLOROETHYL)AMINO) PHENYL)-L- ● ALANINE NITROGEN MUSTARD ● ALKERAN ● AT-290 ● p-N-BIS(2-CHLOROETHYL)AMINO-L-PHENYLALANINE ● L-3-(p-(BIS(2-CHLOROETHYL)AMINO)PHENYL)ALANINE ● 3-(p-(p-(BIS(2-CHLOROETHYL)AMINO)PHENYL)-L-ALANINE ● 4-(BIS(2-CHLOROETHYL)AMINO)-L-PHENYLALANINE ● CB 3025 ● 2-(DIETHOXYPHOSPHINYLIMINO)-4-METHYL-1,3-DITHIOLANE ● p-N-DI(CHLOROETHYL) AMINOPHENYLALANINE ● p-DI(2-CHLOROETHYL)AMINO-L-PHENYLALANINE ● 3-p-(DI(2-CHLOROETHYL)AMINO)-PHENYL-L-ALANINE ● MELFALANO (Spanish) ● NCI-CO4853 ● NSC-8806 ● L-PAM ● PHENYLALANINE NITROGEN MUSTARD ● L-PHENYLALANINE NITROGEN MUSTARD ● RCRA No. U150 ● L-SARCOLYSIN ● p-L-SARCOLYSIN ● SK-15673 ● RTECS No. AY3685000

EPA NAME: MEPHOSFOLAN
CAS: 950-10-7
SYNONYMS: AC 47470 ● AMERICAN CYANAMID CL-47470 ● CL-47,470 ● CYCLIC PROPYLENE(DIETHOXYPHOSPHINYL) DITHIOIMDOCARBONATE ● CYTROLANE ● p,p-DIETHYL CYCLIC PROPYLENE ESTER of PHOSPHONODITHIOIMIDOCARBONIC ACID ● DIETHYL(4-METHYL-1,3-DITHIOLAN-2-YLIDENE)PHOSPHOROAMIDATE ● 2-(DIETHOXYPHOSPHINYLIMINO)-4-METHYL-1,3-DITHIOLANE ● EI-47470 ● ENT 25,991 ● (4-METHYL-1,3-DITHIOLAN-2-YLIDENE)PHOSPHORAMIDIC ACID, DIETHYL ESTER ● RTECS No. JP1050000

EPA NAME: 2-MERCAPTOBENZOTHIAZOLE
CAS: 149-30-4
SYNONYMS: ACIDO 2-MERCAPTOBENZOTIAZOL (Spanish) ● ACCELERATOR M ● AG 63 ● AI3-00985 ● BENZOTHIAZOLE, MERCAPTO- ● 2-BENZOTHIAZOLETHIOL ● BENZOTHIAZOLE-2-THIOL ● BENZOTHIAZOLETHIOL ● BENZOTHIAZOLE-2-THIONE ● 2-BENZOTHIAZOLETHIONE ● 2(3H)-BENZOTHIAZOLETHIONE ● 2-BENZOTHIAZOLINETHIONE ● 2-BENZOTHIAZOLYL MERCAPTAN ● CAPTAX ● CASWELL No. 541 ● EINECS No. 205-736-8 ● EPA PESTICIDE CHEMICAL CODE 051701 ● KAPTAX ● MBT ● 2-MBT ● MEBETIZOLE ● MEBITHIZOL ● MERCAPTOBENZOTHIAZOL ● MERCAPTOBENZOTHIAZOLE ● MERCAPTOBENZTHIAZOLE ● 2-MERCPTOBENZOTHIAZOLE ● MERTAX ● NCI-C56519 ● NUODEB 84 ● PENNAC MBT POWDER ● PNEUMAX MBT ● ROKON ● ROTAX ● ROYAL MBT ● SOXINOL M ● SULFADENE ● USAF GY-3 ● USAF XR-29 ● VULKACIT M ● VULKACIT MERCAPTO ● VULKACIT MERCAPTO/C ● RTECS No. DL6475000

EPA NAME: MERCAPTODIMETHUR
[see METHIOCARB]
CAS: 2032-65-7

EPA NAME: MERCURIC ACETATE
CAS: 1600-27-7
SYNONYMS: ACETIC ACID, MERCURY(2+) SALT • ACETIC ACID, MERCURY(II) SALT • BIS(ACETYLOXY)MERCURY • DIACETOXYMERCURY • EINECS No. 216-491-1 • MERCURI-ACETATE • MERCURIC DIACETATE • MERCURY ACETATE • MERCURY(2+) ACETATE • MERCURY(II) ACETATE • MERCURY DIACETATE • MERCURYL ACETATE • RTECS No. AI8575000 • UN 1629

EPA NAME: MERCURIC CHLORIDE
CAS: 7487-94-7
SYNONYMS: BICHLORIDE of MERCURY • BICHLORURE de MERCURE (French) • CALOCHLOR • CHLORID RTUTNATY (Czech) • CHLORURE MERCURIQUE (French) • CLORURO MERCURICO (Spanish) • CLORURO di MERCURIO (Italian) • CORROSIVE MERCURY CHLORIDE • EINECS No. 231-299-8 • FUNGCHEX • MC • MERCURIC BICHLORIDE • MERCURY BICHLORIDE • MERCURY(2+) CHLORIDE • MERCURY(II) CHLORIDE • MERCURY PERCHLORIDE • MERCURY VICHLORIDE • NCI-C60173 • QUECKSILBER CHLORID (German) • PERCHLORIDE of MERCURY • SULEMA (Russian) • SUBLIMAT (Czech) • TL 898 • RTECS No. OV9100000 • STCC 4923245 • UN1624

EPA NAME: MERCURIC CYANIDE
CAS: 592-04-1
SYNONYMS: CIANURO MERCURICO (Spanish) • CYANURE de MERCURE (French) • MERCURY(2+) CYANIDE • MERCURY(II) CYANIDE • RTECS No. OW1515000 • STCC 4923246 • UN 1636

EPA NAME: MERCURIC NITRATE
CAS: 10045-94-0
SYNONYMS: MERCURY(2+) NITRATE (1:2) • MERCURY(II) NITRATE (1:2) • MERCURY NITRATE • MERCURY PERNITRATE • NITRATE MERCURIQUE (French) • NITRATO MERCURICO (Spanish) • NITRIC ACID, MERCURY(2+) SALT • NITRIC ACID, MERCURY(II) SALT • RTECS No. OW8225000 • STCC 4918769 • UN 1625

EPA NAME: MERCURIC OXIDE
CAS: 21908-53-2
SYNONYMS: C.I. 77760 • EINECS No. 244-654-7 • KANKEREX • MERCURIC OXIDE, RED • MERCURIC OXIDE, YELLOW • MERCURY OXIDE • OXIDO MERCURICO ROJO (Spanish) • OXIDO MERCURICO AMARILLO (Spanish) • OXYDE de MERCURE (French) • RED OXIDE of MERCURY • RED PRECIPITATE • RTECS No. OW8750000 • STCC 4923251 • SANTAR • YELLOW MERCURIC OXIDE • YELLOW OXIDE of MERCURY • YELLOW PRECIPITATE • UN 1641

EPA NAME: MERCURIC SULFATE
CAS: 7783-35-9

SYNONYMS: MERCURY BISULFATE • MERCURY PERSUL-
FATE • MERCURY(2+) SULFATE (1:1) • MERCURY(II) SUL-
FATE (1:1) • SULFATE MERCURIQUE (French) • SULFATO
MERCURICO (Spanish) • SULFURIC ACID, MERCURY(2+)
SALT (1:1) • SULFURIC ACID, MERCURY(II) SALT (1:1) •
RTECS No. OX0500000 • STCC 4923257 • UN 1645

EPA NAME: **MERCURIC THIOCYANATE**
CAS: 592-85-8
SYNONYMS: BIS(THYOCYANATO)MERCURY • MERCURIC
SULFOCYANATE • MERCURIC SULFO CYANATE, SOLID •
MERCURIC SULFOCYANIDE • MERCURY DITHIOCYA-
NATE • MERCURY THIOCYANATE • RTECS No. XL1550000
• STCC 4923258 • TIOCIANATO MERCURICO (Spanish) • UN
1646

EPA NAME: **MERCUROUS NITRATE**
CAS: 7782-86-7
SYNONYMS: MERCUROUS NITRATE, HYDRATED • MERCU-
ROUS NITRATE MONOHYDRATE • MERCURY PROTONI-
TRATE • NITRATO HIDRATADO MERCURIOSO (Spanish) •
STCC 4918752 • UN 1627

EPA NAME: **MERCUROUS NITRATE**
CAS: 10415-75-5
SYNONYMS: MERCURY(1+) NITRATE (1:1) • MERCURY(I) NI-
TRATE (1:1) • NITRATE MERCUREUX (French) • NITRIC
ACID, MERCURY(1+) SALT • NITRIC ACID, MERCURY(I)
SALT • NITRATO MERCURIOSO (Spanish) • RTECS No.
OW8000000 • STCC 4918752 • UN 1627

EPA NAME: **MERCURY**
CAS: 7439-97-6
SYNONYMS: COLLOIDAL MERCURY • EINECS No. 231-106-7 •
HYDRAGYRUM • KWIK (Dutch) • LIQUID SILVER • MER-
CURE (French) • MERCURIO (Italian) • MERCURY, METAL-
LIC • METALLIC MERCURY • NCI-C60399 • QUECKSILBER
(German) • QUICKSILVER • RCRA No. U151 • RTEC (Polish) •
RTECS No. OV4550000 • STCC 4944325 • TOXIC CHEMICAL
CATEGORY CODE, N458 • UN 2809

EPA NAME: **MERCURY FULMINATE**
CAS: 628-86-4
SYNONYMS: FULMINATO de MERCURIO (Spanish) • FULMINIC
ACID, MERCURY(2+) SALT • FULMINIC ACID, MERCURY
(II) SALT • FULMINATE of MERCURY • FULMINATING
MERCURY • MERCURY(2+) FULMINATE • MERCURY(II)
FULMINATE • RCRA No. P065 • RTECS No. OW4050000

EPA NAME: **MERPHOS**
CAS: 150-50-5
SYNONYMS: AI3-25783 • BUTYL PHOSPHOROTRITHIOITE •
CASWELL No. 865 • CHEMAGRO B-1776 • DELEAF DEFOLI-
ANT • EASY OFF-D • EPA PESTICIDE CHEMICAL CODE
074901 • FOLEX • NSC 27720 • PHOSPHOROTRITHIOUS

ACID, S,S,S-TRIBUTYL ESTER • PHOSPHOROTRITHIOUS ACID, TRIBUTYL ESTER • S,S',S-TRIBUTYL PHOSPHOROTRITHIOITE • TRIBUTYL PHOSPHOROTRITHIOITE • S,S,S-TRIBUTYL PHOSPHOROTRITHIOITE • S,S,S-TRIBUTYL TRITHIOPHOSPHITE • TRIBUTYL TRITHIOPHOSPHITE

EPA NAME: METHACROLEIN DIACETATE
CAS: 10476-95-6
SYNONYMS: ACETIC ACID-2-METHYL-2-PROPENE-1,1-DIOL DIESTER • DIACETATO de METACOLRINA (Spanish) • 2-METHYL-2-PROPENE-1,1'-DIOL DIACETATE • RTECS No. UC9800000

EPA NAME: METHACRYLIC ANHYDRIDE
CAS: 760-93-0
SYNONYMS: ANHIDRIDO METACRILICO (Spanish) • METHACRYLIC ACID ANHYDRIDE • METHACRYLOYL ANHYDRIDE • 2-METHYL-2-PROPENOIC ACID ANHYDRIDE (9CI) • RTECS No. OZ5700000

EPA NAME: METHACRYLONITRILE
CAS: 126-98-7
SYNONYMS: AI3-52399 • 2-CYANO-1-PROPENE • 2-CYANOPROPENE-1 • 2-CYANOPROPENE • ISOPROPENE CYANIDE • ISOPROPENYLNITRILE • METACRILONITRILO (Spanish) • α-METHACRYLONITRILE • α-METHYLACRYLONITRILE • METHYL ACRYLONITRILE • 2-METHYLACRYLONITRILE • 2-METHYLPROPENENITRILE • 2-METHYL-2-PROPENENITRILE • NSC 24145 • 2-PROPENENITRILE, 2-METHYL- • RCRA No. U152 • RTECS No. UD1400000 • UN 3079 (inhibited) • USAF ST-40

EPA NAME: METHACRYLOYL CHLORIDE
CAS: 920-46-7
SYNONYMS: CLORURO de METACRILOILO (Spanish) • METHACRYL CHLORIDE • METHACRYLIC ACID CHLORIDE • METHACRYLIC CHLORIDE • α-METHACRYLOYL CHLORIDE • METHACRYLYL CHLORIDE • 2-METHYLPROPENOIC ACID CHLORIDE • 2-METHYL-2-PROPENOYL CHLORIDE • 2-METHYL-PROPENYL CHLORIDE • RTECS No. OZ5791000

EPA NAME: METHACRYLOYLOXYETHYL ISOCYANATE
CAS: 30674-80-7
SYNONYMS: 2-ISOCYANOTOETHYLMETHACRYLATE • β-ISOCYANOTOETHYLMETHACRYLATE • RTECS No. OZ4950000

EPA NAME: METHAMIDOPHOS
CAS: 10265-92-6
SYNONYMS: ACEPHATE-MET • BAY 71625 • BAYER 71628 • CHEVRON 9006 • CHEVRON ORTHO 9006 • O,S-DIMETHYL ESTER of AMIDE of AMIDOTHIOATE • O,S-DIMETHYL-PHOSPHORAMIDOTHIOATE • ENT 27,396 • GS-13005 • HAMIDOP • METAMIDOFOS (Spanish) • METAMIDOFOS ES-

TRELLA • MONITOR • MTD • MTD 600 • NSC 190987 • ORTHO 9006 • PILLARON • SRA 5172 • SUPRACIDE • TAH-MABON • TAMARON • THIOPHOSPHORSAEURE-O,S-DIMETHYLESTERAMID (German) • RTECS No. TB4970000 • ULTRACIDE • UN 2783 (organophosphorus pesticides, solid, toxic) • UN 3018 (organophosphorus pesticides, liquid, toxic)

EPA NAME: METHAM SODIUM
CAS: 137-42-8
SYNONYMS: BASAMID-FLUID • CARBAM • CARBAMIC ACID, METHYLDITHIO-, MONOSODIUM SALT • CARBAMIC ACID, N-METHYLDITHIO-, SODIUM SALT • CARBAMODITHIOIC ACID, METHYL-, MONOSODIUM SALT • CARBATHION • CARBATHIONE • CARBATION • CARBOTHION • DIETHYLAMINO-2,6-ACETO XYLIDIDE • KARBATION • METAM-FLUID BASF • METAM SODIUM • METHAN-SODIUM • N-METHYLAMINODITHIOFORMIC ACID SODIUM SALT • N-METHYLAMINOMETHANETHIONOTHIOLIC ACID SODIUM SALT • METHYLCARBAMODITHIOIC ACID SODIUM SALT • METHYLDITHIOCARBAMIC ACID, SODIUM SALT • N-869 • RCRA No. U384 • RTECS No. FC2100000 • SISTAN • SMDC • SODIUM METAM • SODIUM METHAM • SODIUM N-METHYLAMINODITHIOFORMATE • SODIUM N-METHYLAMINOMETHANETHIONOTHIOLATE • SODIUM METHYLCARBAMODITHIOATE • SODIUM METHYLDITHIOCARBAMATE • SODIUM METHYLDITHIOCARBAMATE • SODIUM N-METHYLDITHIOCARBAMATE • SODIUM MONOMETHYLDITHIOCARBAMATE • SOLASAN 500 • SOLESAN 500 • TRAPEX • VAPAM • VDM • VPM (fungicide)

EPA NAME: METHANAMINE
CAS: 74-89-5
SYNONYMS: AMINOMETHANE • CARBINAMINE • MERCURIALIN • METHANAMINE (9CI) • METHYLAMINE • METHYLAMINEN (Dutch) • METILAMINE (Italian) • METYLOAMINA (Polish) • MONOMETHYLAMINE • RTECS No. PF6300000 • UN1061 (anhydrous) • UN 1235 (aqueous solution)

EPA NAME: METHAMINE, N,N-DIMETHYL-
[see TRIMETHYLAMINE]
CAS: 75-50-3

EPA NAME: METHANAMINE, N-METHYL-
[see DIMETHYLAMINE]
CAS: 124-40-3

EPA NAME: METHANAMINE, N-METHYL-N-NITROSO-
[see N-NITROSODIMETHYLAMINE]
CAS: 62-75-9

EPA NAME: METHANE
CAS: 74-82-8

SYNONYMS: BIOGAS • FIRE DAMP • MARSH GAS • METANO (Spanish) • METHYL HYDRIDE • NATURAL GAS • RTECS No. PA1490000 • STCC 4905755 • UN 1971

EPA NAME: **METHANE, CHLORO-**
[see CHLOROMETHANE]

EPA NAME: **METHANE, CHLOROMETHOXY-**
[see CHLOROMETHYL METHYL ETHER]
CAS: 107-30-2

EPA NAME: **METHANE, ISOCYANATO-**
[see METHYL ISOCYANATE]
CAS: 624-83-9

EPA NAME: **METHANE OXYBIS-**
[see METHYL ETHER]
CAS: 115-10-6

EPA NAME: **METHANE, OXYBIS[CHLORO-**
[see BIS(CHLOROMETHYL)ETHER]
CAS: 542-88-1

EPA NAME: **METHANESULFENYL CHLORIDE, TRICHLORO-**
[see PERCHLOROMETHYL MERCAPTAN]
CAS: 594-42-3

EPA NAME: **METHANESULFONYL FLUORIDE**
CAS: 558-25-8
SYNONYMS: FUMETTE • METHANESULPHONYL FLUORIDE • MSF • RTECS No. PB2975000

EPA NAME: **METHANE, TETRANITRO-**
[see TETRANITROMETHANE]
CAS: 509-14-8

EPA NAME: **METHANETHIOL**
[see METHYL MERCAPTAN]
CAS: 74-93-1

EPA NAME: **METHANE, TRICHLORO-**
[see CHLOROFORM]
CAS: 67-66-3

EPA NAME: **4,7-METHANOINDAN, 1,2,3,4,5,6,7,8,8-OCTACHLORO-2,3,3a,4,7,7a-HEXAHYDRO-**
[see CHLORDANE]
CAS: 57-74-9

EPA NAME: **METHANOL**
CAS: 67-56-1
SYNONYMS: ALCOHOL METILICO (Spanish) • ALCOOL METHYLIQUE (French) • ALCOOL METILICO (Italian) • CARBINOL • COLONIAL SPIRIT • COLUMBIAN SPIRIT • METANOL (Spanish) • METANOLO (Italian) • METHYL ALCOHOL •

METHYLOL • METHYLALKOHOL (German) • METHYL HYDROXIDE • METYLOWY ALKOHOL (Polish) • MONOHYDROXYMETHANE • PYROXYLIC SPIRIT • RCRA No. U154 • RTECS No. PC1400000 • STCC 4909230 • UN 1230 • WOOD ALCOHOL • WOOD NAPHTHA • WOOD SPIRIT

EPA NAME: **METHAPYRILENE**
CAS: 91-80-5
SYNONYMS: A 3322 • AH-42 • 2-((2-DIMETHYLAMINO)ETHYL)-2-THENYLAMINO)PYRIDINE • N,N-DIMETHYL-N'-2-PYRIDINYL-N'-(2-THIENYLMETHYL)-1,2-ETHANEDIAMIDE • N,-DIMETHYL-N'-PYRID-2-YL-N'-2-THENYLETHYLENEDIAMINE • DORMIN • HISTADYL • LULAMIN • LULLAMIN • METAPIRILENO (Spanish) • NCI-C55550 • PARADORMALENE • PYRATHYN • N-(α-PYRIDYL)-N-(α-THENYL)-N',N'-DIMETHYLETHYLENEDIAMINE • PYRINISTAB • PYRINISTOL • PYRIDINE, 2-[2-(DIMETHYLAMINO)ETHYL]-2-THENYLAMINOL • RCRA No. U155 • REST-ON • RESTRYL • RTECS No. UT1400000 • SEMIKON • SLEEPWELL • TENALIN • THENYLENE • THENYLPYRAMINE • THIONYLAN

EPA NAME: **METHAZOLE**
CAS: 20354-26-1
SYNONYMS: CASWELL No. 549AA • CHLORMETHAZOLE • 2-(3,4-DICHLOROPHENYL)-4-METHYL-1,2,4-OXADIAZOLIDINEDIONE • 2-(3,4-DICHLOROPHENYL)-4-METHYL-1,2,4-OXADIAZOLIDINE-3,5-DIONE • EPA PESTICIDE CHEMICAL CODE 106001 • 1,2,4-OXADIAZOLIDINE-3,5-DIONE, 2-(3,4-DICHLOROPHENYL)-4-METHYL- • OXYDIAZOL • PROBE • TUNIC • RTECS No. RTECS No. RO0835000

EPA NAME: **METHIDATHION**
CAS: 950-37-8
SYNONYMS: CIBA-GEIGY GS 13005 • S-(2,3-DIHYDRO-5-METHOXY-2-OXO-1,4,4-THIADIAZOL-3-METHYL) • O,O-DIMETHYL)-S-(2-METHOXY-1,4,4-THIADIAZOLE-5-(4H)ONYL-(4)METHYL)DITHIOPHOSPHAT (German) • O,O-DIMETHYL)-S-(2-METHOXY-1,3,4-THIADIAZOLE-5(4H)-ONYL-(4)-METHYL)-PHOSPHORODITHIOATE • O,O-DIMETHYL-S-((2-METHOXY-1,3,4(4H)-THIADIAZOL-5-ON-4-YL)-METHYL) DITHIOFOSFAAT (Dutch) • O,O-DIMETIL-S-((2-METOSSOI-1,3,4(4H)-THIADIAZAOL-5-ON-4-IL)-METIL)-DITIFOSFATO (Italian) • O,O-DIMETHYL PHOSPHORODITHIOATE S-ESTER with 4-(MERCAPTOMETHYL)2-METHOXY-δ-1,3,4-THIADIAZOLIN-5-ONE • DMTP (Japan) • ENT 27,193 • FISONS NC 2964 • GEIGY 13005 • GS-13005 • METIDATION (Spanish) • S-((5-METHOXY-2-OXO-1,3,4-THIADIAZOL-3(2H)-YL)METHYL)-O,O-DIMETHYL PHOSPHORDITHIOATE • SOMONIL • SURPRACIDE • ULTRACIDE • RTECS No. TE2100000 • UN 2783 (dry or solid)

EPA NAME: **METHIOCARB**
CAS: 2032-65-7

SYNONYMS: AI3-25726 • B 37344, BAY 5024, BAY 9026, DCR 736, MESUROL, OMS-93, SD 9228 • BAY 37344 • BAYER 37344 • CARBAMIC ACID, METHYL-, 3,5-DIMETHYL-4-(METHYLTHIO)PHENYL ESTER • CARBAMIC ACID, N-METHYL-, 4-(METHYLTHIO)-3,5-XYLYL ESTER • CARBAMIC ACID, METHYL-, 4-(METHYLTHIO)-3,5-XYLYL ESTER • CASWELL No. 578B • 3,5-DIMETHYL-4-METHYLMERCAPTOPHENYL-N-METHYL-CARBAMATE • 3,5-DIMETHYL-4-(METHYLTHIO)PHENOL METHYLCARBAMATE • 3,5-DIMETHYL-4-METHYLTHIOPHENYL N-METHYLCARBAMATE • 3,5-DIMETHYL-4-(METHYLTHIO)PHENYL METHYLCARBAMATE • DRAZA • DRAZA G MICROPELLETS • ENT 25,726 • EPA PESTICIDE CHEMICAL CODE 100501 • H 321 • MERCAPTODIMETHUR • METMERCAPTURON • MESUROL • METHIOCARBE • METHYL CARBAMIC ACID 4-(METHYLTHIO)-3,5-XYLYL ESTER • 4-METHYLMERCAPTO-3,5-DIMETHYLPHENYL N-METHYLCARBAMATE • 4-METHYLMERCAPTO-3,5-XYLYL METHYLCARBAMATE • 4-METHYLTHIO-3,5-DIMETHYLPHENYL METHYLCARBAMATE • 4-(METHYLTHIO)-3,5-XYLYL-N-METHYLCARBAMATE • 4-(METHYLTHIO)-3,5-XYLYL METHYLCARBAMATE • METIOCARB (Spanish) • METMERCAPTURON • OMS-93 • PBI SLUG GARD • PHENOL, 3,5-DIMETHYL-4-(METHYLTHIO)-, METHYLCARBAMATE • RCRA No. P199 • RTECS No. FC5775000 • STCC 4962145 • UN 2757 (solid) • UN 2992 (liquid) • UN 2991 (liquid, flammable)

EPA NAME: METHOMYL

CAS: 16752-77-5

SYNONYMS: ACETIMIDIC ACID, THIO-N-(METHYLCARBAMOYL)OXY-,METHYL ESTER • ACETIMIDOTHIOIC ACID, METHYL-N-(METHYLCARBAMOYL) ESTER • DUPONT INSETICIDE 1179 • ENT 27,341 • ETHANIMIDOTHIC ACID, N-((METHYLAMINO)CARBONYL) • FRAM FLY KILL • IMPROVED BLUE MALRIN SUGAR BAIT • IMPROVED GOLDEN MALRIN BAIT • INSECTICIDE 1,179 • LANNATE • LANOX 90 • LANOX 216 • MESOMILE • METHOMEX • METHYL N-(METHYLAMINO(CARBONYL)OXY)ETHANIMIDO)THIOATE • METHYL-N-(METHYL(CARBAMOYL)OXY)THIOACETIMIDATE • s-METHYL N-(METHYLCARBAMOYLOXY)THIOACETIMIDATE • 2-METHYLTHIO-PROPIONALDEHYD-O-(METHYLCARBAMOYL)OXIM (German) • METOMIL (Italian) • METOMILO (Spanish) • NU-BAIT II • NUDRIN • RCRA No. P066 • RENTOKILL • RENTOKIL FRAM FLY BAIT • RIDECT • SD 14999 • SOREX GOLDEN FLY BAIT • 3-THIABUTAN-2-ONE,O-(METHYLCARBAMOYL)OXIME • WL 18236 • RCRA No. P066 • RTECS No. AK2975000 • UN 2992 (carbamate pesticides, liquid, toxic) • UN 2757 (carbamate pesticides, solid, toxic)

EPA NAME: METHOXONE

CAS: 94-74-6

SYNONYMS: ACETIC ACID (4-CHLORO-2-METHYLPHENOXY)- • ACETIC ACID ((4-CHLORO-o-TOLYL)-OXY)- • ACME MCPA AMINE 4 • AGRITOX • AGROXONE • ANICON KOMBI • ANICON M • BH MCPA • BORDERMASTER • BROMINAL M & PLUS • CASWELL No. 557C • (4-CHLORO-o-CRESOXY) ACETIC ACID • CHIPTOX • 4-CHLORO-o-CRESOXYACETIC ACID • (4-CHLORO-2-METHYLPHENOXY)ACETIC ACID • 4-CHLORO-2-METHYLPHENOXYACETIC ACID • 4-CHLORO-o-TOLOXYACETIC ACID • (4-CHLORO-o-TOLOXY)ACETIC ACID • (4-CHLORO-o-TOLYL)OXY)ACETIC ACID • CHWASTOX • CORNOX M • DED WEED • DICOPUR-M • DICOTEX • DOW MCP AMINE WEED KILLER • EMCEPAN • EMPAL • EPA PESTICIDE CHEMICAL CODE 030501 • HEDAPUR M 52 • HEDAREX M • HEDONAL M • HERBICIDE M • HORMOTUHO • HORNOTUHO • KILSEM • 4K-2M • LEGUMEX DB • LEUNA M • LEYSPRAY • LINORMONE • M 40 • 2M-4C • 2M-4CH • MCP • MCPA • MEPHANAC • METAXON • METHOXONE • METHYLCHLOROPHENOXYACETIC ACID • 2-METHYL-4-CHLOROPHENOXYACETIC ACID • (2-METHYL-4-CHLOROPHENOXY)ACETIC ACID • 2-METHYL-4-CHLOROPHENOXYESSIGSAEURE (German) • 2M-4KH • OKULTIN • PHENOXYLENE 50 • PHENOXYLENE PLUS • PHENOXYLENE SUPER • RAZOL DOCK KILLER • RHONOX • B-SELEKTONON M • SEPPIC MMD • SOVIET TECHNICAL HERBICIDE 2M-4C • TRASAN • U 46 • U 46 M-FLUID • VACATE • VESAKONTUHO • WEEDAR • WEEDAR MCPA CONCENTRATE • WEEDONE MCPA ESTER • WEED RHAP • ZELAN • RTECS No. AG1575000 • UN 2765 (phenoxy pesticides, solid, toxic) • UN 3000 (phenoxy pesticides, liquid, toxic)

EPA NAME: METHOXONE SODIUM SALT
CAS: 3653-48-3
SYNONYMS: ACETIC ACID, (4-CHLORO-2-METHYLPHENOXY)-, SODIUM SALT • ACETIC ACID, ((4-CHLORO-o-TOLYL)OXY)- SODIUM SALT • AGOXONE 3 • CASWELL No. 557K • (4-CHLORO-2-METHYLPHENOXY) ACETATE SODIUM SALT • 4-CHLORO-2-METHYLPHENOXYACETIC ACID SODIUM SALT • p-CHLORO-o-TOLYLOXY)ACETIC ACID SODIUM SALT • CHRYSENE 5-METHYL- • CHWASTOKS • CHWASTOX 80 • DIAMET • DICOTEX 80 • DIKOTEX 30 • EPA PESTICIDE CHEMICAL CODE 030502 • MC-A • MCPA, Na SALT • MCPA SODIUM SALT • METHOXONE • (2-METHYL-4-CHLOROPHENOXY)ACETIC ACID, SODIUM SALT • 2M-4KH, SODIUM SALT • 2M-4X • PHENOXYLENE • SODIUM (4-CHLORO-2-METHYLPHENOXY)ACETATE • SODIUM MCPA • SODIUM (2-METHYL-4-CHLOROPHENOXY)ACETATE • 2M-4KH SODIUM SALT • NSC 407620 • RTECS No. GC1575000 • SYS 67ME

EPA NAME: METHOXYCHLOR
CAS: 72-43-5

SYNONYMS: BENZENE,1,1'-(2,2,2-TRICHLOROETHYLIDENE) BIS[4-METHOXY-] • 2,2-BIS(p-ANISYL)-1,1,1-TRICHLOROETHANE • 1,1-BIS(p-METHOXYPHENYL)-2,2,2-TRICHLOROETHANE • 2,2-BIS(p-METHOXYPHENYL)-1,1,1-TRICHLOROETHANE • CHEMFORM • DIANISYLTRICHLORETHANE • 2,2-DI-p-ANISYL-1,1,1-TRICHLOROETHANE • DIMETHOXY-DDT • p,p'-DIMETHOXYDIPHENYLTRICHLOROETHANE • DIMETHOXY DT • 2,2-(p-METHOXYPHENYL)-1,1,1-TRICHLOROETHANE • DI(p-METHOXYPHENYL)-TRICHLORO METHYL METHANE • DMDT • p,p'-DMDT • ENT 1,716 • MARLATE 50 • MARLATE • METHOXIDE • METHOXO • p,p'-METHOXYCHLOR • METHOXY DDT • METOKSYCHLOR (Polish) • METOX • METOXICLORO (Spanish) • MOXIE • NCI-C00497 • RCRA No. U247 • RTECS No. KJ3675000 • STCC 4960646 • 1,1,1-TRICHLORO-2,2-BIS(4-METHOXY-PHENYL)AETHANE (German) • 1,1,1-TRICHLORO-2,2-BIS(p-ANISYL)ETHANE • 1,1,1-TRICHLORO-2,2-BIS(p-METHOXYPHENOL)ETHANOL • 1,1,1-TRICHLORO-2,2-BIS(p-METHOXYPHENYL)ETHANE • 1,1,1-TRICHLORO-2,2-DI(4-METHOXYPHENYL)ETHANE • 1,1,1-TRICHLORO-2,2-DI(p-METHOXYPHENYL)ETHANE • 1,1-(2,2,2-TRICHLOROETHYLIDENE)BIS (4-METHOXYBENZENE)

EPA NAME: 2-METHOXYETHANOL
CAS: 109-86-4
SYNONYMS: AETHYLENGLYKOL-MONOMETHYLAETHER (German) • DOWANOL EM • EGM • EGME • EKTASOLVE EM • ETHANOL, 2-METHOXY- • ETHER MONOMETHYLIQUE de l'ETHYLENE-GLYCOL (French) • ETHYLENE GLYCOL METHYL ETHER • ETHYLENE GLYCOL MONOMETHYL ETHER • GLYCOL ETHER EM • GLYCOL METHYL ETHER • GLYCOL MONOMETHYL ETHER • 1-HYDROXY-2-METHOXYETHANE • JEFFERSOL EM • MECS • 2-METHOXYAETHANOL (German) • METHOXYETHANOL • 2-METHOXYETHANOL • β-METHOXYETHANOL • 2-METHOXY-1-ETHANOL • 2-METHOXYETHYL ALCOHOL • METHOXYETHYLENE GLYCOL • METHOXYHYDROXYETHANE • METHYL CELLOSOLVE • METHYL ETHOXOL • METHYL GLYCOL • METHYLGLYKOL (German) • METHYL OXITOL • METIL CELLOSOLVE (Italian) • METOKSYETYLOWY ALKOHOL (Polish) • 2-METOSSIETANOLO (Italian) • 2-(β-METOXIETOXI)ETANOL (Spanish) • MONOMETHYL ETHER of ETHYLENE GLYCOL • MONOMETHYLGLYCOL • POLYSOLV EM • PRIST • RTECS No. KL5775000 • UN 1188

EPA NAME: METHOXYETHYLMERCURIC ACETATE
CAS: 151-38-2
SYNONYMS: ACETATO(2-METHOXYETHYL)MERCURY • CEKUSIL UNIVERSAL A • LANDISAN • MEMA • MERCURAN • MERCURY, ACETOXY(2-METHOXYETHYL)- • METHOXY-

ETHYLMERCURY ACETATE • 2-METHOXYETHYL-MERKURIACETAT (German) • PANOGEN • PANOGEN M • PANOGEN METOX • RADOSAN • RTECS No. OV6300000

EPA NAME: 2-(4-METHOXY-6-METHYL-1,3,5-TRIAZIN-2-YL)-METHYLAMINO)CARBONYL)AMINO)SULFONYL)-, METHYL ESTER
[see TRIBENURON METHYL]
CAS: 101200-48-0

EPA NAME: METHYL ACRYLATE
CAS: 96-33-3
SYNONYMS: ACRILATO de METILO (Spanish) • ACRYLATE de METHYLE (French) • ACRYLIC ACID METHYL ESTER • ACRYLSAEUREMETHYLESTER (German) • CURITHANE 103 • EINECS No. 202-500-6 • METHOXYCARBONYLETHYLENE • METHYLACRYLATE • METHYLACRYLAAT (Dutch) • METHYL-ACRYLAT (German) • METHYL PROPENATE • METHYL PROPENOATE • METHYL-2-PROPENOATE • METILACRILATO (Italian) • PROPENOIC ACID METHYL ESTER • 2-PROPENOIC ACID, METHYL ESTER • RCRA No. U238 • TECS No. AT2800000 • STCC 4907245 • UN 1919

EPA NAME: METHYL BROMIDE
[see BROMOMETHANE]
CAS: 74-83-9

EPA NAME: 2-METHYL-1-BUTENE
CAS: 563-46-2
SYNONYMS: 1-BUTENE, 2-METHYL • 2-METIL-1-BUTENO (Spanish) • RTECS No. EM7550000

EPA NAME: 3-METHYL-1-BUTENE
CAS: 563-45-1
SYNONYMS: 1-BUTENE, 3-METHYL • ISOPENTENE • 3-METIL-1-BUTENO (Spanish) • RTECS No. EM7600000

EPA NAME: METHYL tert-BUTYL ETHER
CAS: 1634-04-4
SYNONYMS: tert-BUTOXYMETHANE • tert-BUTYL METHYL ETHER • t-BUTYL METHYL ETHER • 1,1-DIMETHYLETHYL METHYL ETHER • ETHER, tert-BUTYL METHYL • 2-METHOXY-2-METHYLPROPANE • METHYL 1,1-DIMETHYLETHYL ETHER • 2-METHYL-2-METHOXYPROPANE • MTBE • PROPANE, 2-METHOXY-2-METHYL- • RTECS No. KN5250000 • UN 2398

EPA NAME: METHYL CHLORIDE
[see CHLOROMETHANE]
CAS: 74-87-3

EPA NAME: METHYL 2-CHLOROACRYLATE
CAS: 80-63-7

SYNONYMS: 2-CHLOROACRYLIC ACID, METHYL ESTER • 2-CHLORO-2-PROPENOIC ACID METHYL ESTER (9CI) • METHYL-α-CHLOROACRYLATE • RTECS No. AS6380000

EPA NAME: METHYL CHLOROCARBONATE
CAS: 79-22-1
SYNONYMS: CARBONOCHLORIDIC ACID, METHYLESTER • CHLORAMEISENSAEURE METHYLESTER (German) • CHLOROCARBONATE de METHYLE (French) • CHLOROCARBONIC ACID, METHYL ESTER • CHLOROFORMIC ACID, METHYL ESTER • FORMIC ACID, CHLORO-, METHYL ESTER • CLOROFORMIATO de METILO (Spanish) • K-STOFF • MCF • METHOXYCARBONYL CHLORIDE • METHYL CARBONOCHLORIDATE • METHYL CHLOORFORMIAT (Dutch) • METHYL CHLOROFORMATE • METILCHLOROFORMIATO (Italian) • RCRA No. U156 • RTECS No. FG3675000 • STCC 4907429 • TL 438 • UN 1238

EPA NAME: METHYL CHLOROFORM
[see 1,1,1-TRICHLOROETHANE]
CAS: 71-55-6

EPA NAME: METHYL CHLOROFORMATE
[see METHYL CHLOROCARBONATE]
CAS: 79-22-1

EPA NAME: 3-METHYLCHOLANTHRENE
CAS: 56-49-5
SYNONYMS: 1,2-DIHYDRO-3-METHYL-BENZ(j)ACEANTHRYLENE • 3-MCA • METHYLCHOLANTHRENE • 20-METHYLCHOLANTHRENE • RCRA No. U157 • RTECS No. FZ3675000

EPA NAME: 5-METHYLCHRYSENE
CAS: 3697-24-3
SYNONYMS: CHRYSENE, 5-METHYL- • NSC 407620 • RTECS No. GC1575000

EPA NAME: 4-METHYLDIPHENYLMETHANE-3,4-DIISOCYANATE
CAS: 75790-84-0
SYNONYMS: BENZENE, 1-ISOCYANATO-2((4-ISOCYANATOPHENYL)THIO)- • BENZENE, 2-ISOCYANATO-4((4-ISOCYANATOPHENYL)METHYL)-1-METHYL-3,4'-DIISOCYANATO-4-METHYL DIPHENYLMETHANE • 5-(p-ISOCYANATOBENZYL)-o-TOLYL SIOCYANATE

EPA NAME: 6-METHYL-1,3-DITHIOLO[4,5-b]QUINOXALIN-2-ONE
[see CHINOMETHIONAT]
CAS: 2439-01-2

EPA NAME: 4,4'-METHYLENEBIS(2-CHLOROANILINE)
CAS: 101-14-4

SYNONYMS: ANILINE, 4,4'-METHYLENEBIS[2-CHLORO- • BENZENAMINE, 4,4'-METHYLENEBIS[2-CHLORO- • BIS AMINE • BIS(4-AMINO-3-CHLOROPHENYL)METHANE • BIS(3-CHLORO-4-AMINOPHENYL)METHANE • CUAMINE MT • CURALIN M • CURENE 442 • CYANASET • DACPM • DIAMET KH • DI-(4-AMINO-3-CHLOROPHENYL)METHANE • DI-(4-AMINO-3-CHLOROFENIL)METANO (Italian) • 4,4'-DIAMINO-3,3'-DICHLORODIPHENYLMETHANE • 3,3'-DICHLORO-4,4'-DIAMINODIPHENYLMETHANE • 3,3'-DICHLORO-4,4'-DIAMINODIPHENYLMETHAN (German) • 3,3'-DICHLORO-4,4'-DIAMINODIFENILMETANO (Italian) • MBOCA • METHYLENE-4,4'-BIS(o-CHLOROANILINE) • METHYLENE-BIS(3-CHLORO-4-AMINOBENZENE) • 4,4'-METHYLENEBIS(o-CHLOROANILINE) • p,p'-METHYLENEBIS(α-CHLOROANILINE) • p,p'-METHYLENEBIS(o-CHLOROANILINE) • 4,4'-METHYLENEBIS [2-CHLORO-BENZENEAMINE] • 4,4'-METHYLENE(BIS)-CHLOROANILINE • 4,4'-METHYLENEBIS-2-CHLOROBENZENAMINE • METHYLENE-BIS-ORTHO-CHLOROANILINE • p,p'-METILENBIS(o-CLOROANILINA) (Spanish) • 4,4-METILENE-BIS-o-CLOROANILINA (Italian) • MILLIONATE M • MOCA • QUODOROLE • RCRA No. U158 • RTECS No. CY1050000

EPA NAME: 2,2'-METHYLENEBIS(4-CHLOROPHENOL)
[see DICHLOROPHENE]
CAS: 97-23-4

EPA NAME: 4,4'-METHYLENEBIS(N,N-DIMETHYL)BENZENAMINE
CAS: 101-61-1
SYNONYMS: ANILINE, 4,4'-METHYLENEBIS(N,N-DIMETHYL)- • ARNOLD'S BASE • BENZENAMINE, 4,4'-METHYLENEBIS(N,N-DIMETHYL)- • 4,4'-BIS(DIMETHYLAMINO)DIPHENYLMETHANE • p,p'-BIS(DIMETHYLAMINO)DIPHENYLMETHANE • BIS(4-(N,N-DIMETHYLAMINO)PHENYL)METHANE • BIS(p-(DIMETHYLAMINO)PHENYL)METHANE • BIS(4-(DIMETHYLAMINO)PHENYL)METHANE • 4,4'-BIS(DIMETHYLAMINOPHENYL)METHANE • BIS(p-(N,N-DIMETHYLAMINO)PHENYL)METHANE • 4,4'-METHYLENEBIS(N, N-DIMETHYLANILINE) • MICHLER'S BASE • MICHLER'S HYDRIDE • MICHLER'S METHANE • REDUCED MICHLER'S KETONE • NCI-C01990 • TETRABASE • N,N,N',N'-TETRAMETHYL-p,p'-DIAMINODIPHENYLMETHANE • 4,4'-TETRAMETHYLDIAMINODIPHENYLMETHANE • N,N,N',N'-TETRAMETHYL-4,4'-DIAMINODIPHENYLMETHANE • TETRAMETHYLDIAMINODIPHENYLMETHANE • P,P'-TETRAMETHYLDIAMINODIPHENYLMETHANE • RTECS No. BY5250000

EPA NAME: 1,1-METHYLENEBIS(4-ISOCYANATOCYCLOHEXANE)
CAS: 5124-30-1

SYNONYMS: BIS(4-ISOCYANATO CYCLOHEXYL)METHANE • CYCLOHEXANE, 1,1'-METHYLENEBIS(4-ISOCYANATO- • ISOCYANIC ACID, METHYLENEDI-4,1-CYCLOHEXYLENE ESTER • METHYLENE BIS(4-CYCLOHEXYLISOCYANATE) • 1,1'-METHYLENEBIS(4-ISOCYANATOCYCLOHEXANE) • 4,4'-METHYLENEDICYCLOHEXYL DIISOCYANATE • NACCONATE H 12 • RTECS No. NQ9250000

EPA NAME: METHYLBIS(PHENYLISOCYANATE)
CAS: 101-68-8
SYNONYMS: AI3-15256 • BENZENE, 1,1'-METHYLENEBIS(4-ISOCYANATO- • BIS(para-ISOCYANATOPHENYL)METHANE • BIS(4-ISOCYANATOPHENYL)METHANE • BIS(1,4-ISOCYANATOPHENYL)METHANE • BIS(p-ISOCYANATOPHENYL) METHANE • CARADATE 30 • DESMODUR 44 • 4,4'-DIISOCYANATODIPHENYLMETHANE • DI-(4-ISOCYANATOPHENYL)METHANE • 4,4'-DIPHENYLMETHANE DIISOCYANATE • p,p'-DIPHENYLMETHANE DIISOCYANATE • DIPHENYLMETHANE DIISOCYANATE • DIPHENYLMETHANE 4,4'-DIISOCYANATE • DIPHENYLMETHANE p,p'-DIISOCYANATE • DIPHENYL METHANE DIISOCYANATE • para,para'-DIPHENYLMETHANE DIISOCYANATE • HYLENE M-50 • ISOCYANIC ACID, ESTER WITH DIPHENYLMETHANE • ISOCYANIC ACID, METHYLENEDI-p-PHENYLENE ESTER • ISONATE 125M • ISONATE 125 MF • MDI • MDR • METHYLBISPHENYLISOCYANATE • METHYLENEBIS(4-ISOCYANATOBENZENE) • 1,1-METHYLENEBIS(4-ISOCYANATOBENZENE) • 1,1'-METHYLENEBIS(4-ISOCYANATOBENZENE) • METHYLENEBIS(para-PHENYLENE ISOCYANATE) • METHYLENEBIS(para-PHENYLISOCYANATE) • METHYLENEBIS(p-PHENYLENE ISOCYANATE) • METHYLENEBIS(4-PHENYLENE ISOCYANATE) • 4,4'-METHYLENEBIS(PHENYLISOCYANATE) • METHYLENE BIS(4-PHENYLISOCYANATE) • METHYLENE BISPHENYLISOCYANATE • P,P'-METHYLENEBIS(PHENYLISOCYANATE) • METHYLENEBIS(p-PHENYLISOCYANATE) • para,para'-METHYLENEBIS(PHENYLISOCYANATE) • METHYLENEBIS(4,4'-PHENYLISOCYANATE) • METHYLENEBIS(4-PHENYLISOCYANATE) • METHYLENEBIS(4-PHENYLISOCYANATE) • 4,4'-METHYLENEDI(PHENYLDIISOCYANATE) • 4,4'-METHYLENEDI-p-PHENYLENE DIISOCYANATE • METHYLENEDI-para-PHENYLENE DIISOCYANATE • METHYLENEDI(p-PHENYLENE DIISOCYANATE) • METHYLENEDI-para-PHENYLENE ISOCYANATE • METHYLENE DI(PHENYLENE ISOCYANATE) • METHYLENEDI(p-PHENYLENE ISOCYANATE) • 4,4'-METHYLENEDI(PHENYLENE ISOCYANATE) • 4,4'-METHYLENEDIPHENYLISOCYANATE • METILENBIS(FENILISOCIANATO) (Spanish) • NACCONATE 300 • NCI-C50668 • RUBINATE 44 • RTECS No. NQ9350000 • UN 2489

EPA NAME: METHYLENE BROMIDE
CAS: 74-95-3

SYNONYMS: BROMURO de METILENO (Spanish) • DIBROMO-METHANE • METHANE, DIBROMO- • METHYLENE DIBROMIDE • RCRA No. U068 • RTECS No. PA7350000 • UN 2664

EPA NAME: METHYLENE CHLORIDE
[see DICHLOROMETHANE]
CAS: 75-09-2

EPA NAME: 4,4′-METHYLENEDIANILINE
CAS: 101-77-9
SYNONYMS: 4-(4-AMINOBENZYL)ANILINE • ANCAMINE TL • ANILINE, 4,4′-METHYLENEDI- • ARALDITE HARDENER 972 • BENZENAMINE, 4,4′-METHYLENEBIS- • BENZENAMINE, 4,4′-METHYLENEBIS- (ANILINE) • BIS-p-AMINOFENYL-METHAN • BIS(4-AMINOPHENYL)METHANE • BIS(p-AMINOPHENYL)METHANE • BIS(AMINOPHENYL)METHANE • CURITHANE • DADPM • DAPM • DDM • p,p′-DIAMINODIFENYLMETHAN • p,p′-DIAMINODIPHENYLMETHANE • 4,4′-DIAMINODIPHENYLMETHANE • DIAMINODIPHENYLMETHANE • DI-(4-AMINOPHENYL)METHANE • DIANILINEMETHANE • 4,4′-DIPHENYLMETHANEDIAMINE • EPICURE DDM • EPIKURE DDM • HT 972 • JEFFAMINE AP-20 • MDA • 4,4′-METHYLENEBIS(ANILINE) • METHYLENEBIS (ANILINE) • 4,4′-METHYLENEBIS(BENZENEAMINE) • p,p′-METHYLENEDIANILINE • METHYLENEDIANILINE • 4,4′-METHYLENEDIBENZENAMINE • 4,4′-METILENDIANILINA (Spanish) • SUMICURE M • TONOX • RTECS No. BY5425000 • UN2651

EPA NAME: METHYL ETHER
CAS: 115-10-6
SYNONYMS: DIMETHYL ETHER • EINECS No. 204-065-8 • ETER METILICO (Spanish) • OXYBISMETHANE • METHANE OXYBIS- • WOOD ETHER • RTECS No. PM4780000 • UN 1033

EPA NAME: METHYL ETHYL KETONE
CAS: 78-93-3
SYNONYMS: ACETONE, METHYL- • AETHYLMETHYLKETON (German) • BUTANONE • 2-BUTANONE • 3-BUTANONE • BUTANONE 2 (French) • EINECS No. 201-159-0 • ETHYL METHYL CETONE (French) • ETHYLMETHYLKETON (Dutch) • ETHYL METHYL KETONE • MEK • METHYL ACETONE • METHYL KETONE • KETONE, ETHYL METHYL • MEETCO • METIL ETIL CETONA (Spanish) • METILETILCHETONE (Italian) • METYLOETYLOKETON (Polish) • RCRA No. U159 • RTECS No. EL6475000 • STCC 4909243 • UN 1193

EPA NAME: METHYL ETHYL KETONE PEROXIDE
CAS: 1338-23-4
SYNONYMS: 2-BUTANONE, PEROXIDE • EINECS No. 215-661-2 • HI-POINT 90 • LUPERSOL • MEKP • MEK PEROXIDE • METHYLETHYLKETONHYDROPEROXIDE • NCI-C55447 •

PEROXIDO de METIL ETIL CETONA (Spanish) • QUICKSET EXTRA • RCRA No. U160 • RTECS No. EL9450000 • SPRAY-SET MEKP • THERMACURE • UN 2550

EPA NAME: METHYL FORMATE
CAS: 107-31-3
SYNONYMS: FORMIATE de METHYLE (French) • FORMIATO de METILO (Spanish) • FORMIC ACID, METHYL ESTER • METHYLE (FORMIATE de) (French) • METHYLFORMIAAT (Dutch) • METHYLFORMIAT (German) • METHYL METHA-NOATE • METIL (FORMIATO di) (Italian) • RTECS No. LQ8925000 • STCC 4908225 • UN 1243

EPA NAME: METHYL HYDRAZINE
CAS: 60-34-4
SYNONYMS: HYDRAZINE, METHYL- • HYDRAZOMETHANE • 1-METHYL HYDRAZINE • METYLOHYDRAZYNA (Polish) • N-METHYL HYDRAZINE • METILHIDRAZINA (Spanish) • MMH • MONOMETHYLHYDRAZINE • RCRA No. P068 • RTECS No. MV5600000 • STCC 4906230 • UN 1244

EPA NAME: METHYL IODIDE
CAS: 74-88-4
SYNONYMS: EINECS No. 200-819-5 • HALON 10001 • IODOME-TANO (Italian) • IODOMETHANE • IODURE de METHYLE (French) • JOD-METHAN (German) • JOODMETHAAN (Dutch) • METHYLJODID (German) • METHYLJODIDE (Dutch) • ME-TYLU JODEK (Polish) • METHANE, IODO • MONOIODURO di METILE (Italian) • RCRA No. U138 • RTECS No. PA9450000 • UN 2644 • YODURO de METILO (Spanish)

EPA NAME: METHYL ISOBUTYL KETONE
CAS: 108-10-1
SYNONYMS: HEXONE • HEXON (Czech) • ISOBUTYL METHYL KETONE • ISOPROPYLACETONE • METHYL-ISOBUTYL-CE-TONE (French) • METHYLISOBUTYLKETON (Dutch, German) • 4-METHYL-2-OXOPENTANE • 2-METHYL-PENTAN-2-ON (Dutch, German) • 4-METHYL-2-PENTANON (Czech) • 2-METHYL-4-PENTANONE • 4-METHYL-2-PENTANONE • 2-METHYLPROPYL METHYL KETONE • METIL ISOBUTIL CE-TONA (Spanish) • METILISOBUTILCHETONE (Italian) • 4-METILPENTAN-2-ONE (Italian) • METYLOIZOBUTYLO-KETON (Polish) • MIBK • MIK • 2-PENTANONE, 4-METHYL- • RCRA No. U161 • RTECS No. SA9275000 • SHELL MIBK • STCC 4909245 • UN 1245

EPA NAME: METHYL ISOCYANATE
CAS: 624-83-9
SYNONYMS: ISOCYANATE de METHYLE (French) • ISOCIANA-TO de METILO (Spanish) • ISOCYANATOMETHANE • ISO-CYANIC ACID, METHYL ESTER • ISOCYANATE METHANE • METHANE, ISOCYANATO- • METHYLCARBAMYL AMINE • METHYL CARBONIMIDE • METHYL ESTER of ISOCYANIC ACID • METHYLISOCYANAAT (Dutch) • METHYL ISOCYA-

NAT (German) • METIL ISOCIANATO (Italian) • MIC • RCRA No. P064 • TL 1450 • RTECS No. NQ9450000 • STCC 4907448 • UN 2480

EPA NAME: **METHYL ISOTHIOCYANATE**
CAS: 556-61-6
SYNONYMS: AI3-28257 • CASWELL No. 573 • DI-TRAPEX • EP-161E • EPA PESTICIDE CHEMICAL CODE 068103 • ISOTHIOCYANATE de METHYLE (French) • ISOTHIOCYANATO-METHANE • ISOTHIOCYANIC ACID, METHYL ESTER • ISOTIOCIANATO di METILE (Italian) • METHANE, ISOTHIOCYANATO- • METHYLISOTHIOCYANAAT (Dutch) • METHYL-ISOTHIOCYANAT (German) • METHYL MUSTARD • METHYL MUSTARD OIL • METHYLSENFOEL (German) • MIC • MIT • MITC • MORTON WP-161E • TRAPEX • TRAPEX-40 • TRAPEXIDE • VORLEX • VORLEX 201 • VORTEX • WN 12 • RTECS No. PA9625000 • UN 2477

EPA NAME: **2-METHYLLACTONITRILE**
CAS: 75-86-5
SYNONYMS: ACETONA, CIANHIDRINA de (Spanish) • ACETONCIANHIDRINEI (Roumanian) • ACETONCIANIDRINA (Italian) • ACETONCYAANHYDRINE (Dutch) • ACETONCYANHYDRIN (German) • ACETONECYANHYDRINE (French) • ACETONE CYANOHYDRIN • ACETONE CYANOHYDRIN • ACETONKYANHYDRIN (Czech) • CYANHYDRINE d'ACETONE (French) • 2-CYANO-2-PROPONAL • a-HYDROXY ISOBUTYRONITRILE • α-HYDROXY ISOBUTYRONITRILE • EEC No. 608-004-00-X • 2-HYDROXYISOBUTYRONITRILE • HYDROXY ISOBUTYRO NITRITE • 2-HYDROXY-2-METHYL-PROPIONITRILE • 2-METHYLLACTONITRILE • 2-METHYL-LACTONITRILE • 2-PROPANE CYANOHYDRIN • PROPANENITRILE,2-HYDROXY-2-METHYL- • RCRA No. P069 • STCC 4921401 • USAF RH-8 • RTECS No. OD9275000 • UN 1541

EPA NAME: **METHYL MERCAPTAN**
CAS: 74-93-1
SYNONYMS: MERCAPTAN METHYLIQUE (French) • MERCAPTOMETHANE • METANTIOLO (Italian) • METHAANTHIOL (Dutch) • METHANETHIOL • 1-METHANETHIOL • METHANTHIOL (German) • METHYLMERCAPTAAN (Dutch) • METHYL SULFHYDRATE • METILMERCAPTANO (Italian, Spanish) • THIOMETHANOL • THIOMETHYL ALCOHOL • RCRA No. U153 • RTECS No. PB4375000 • UN 1064

EPA NAME: **METHYLMERCURIC DICYANAMIDE**
CAS: 502-39-6
SYNONYMS: AGROSOL • CYANOGUANIDINE METHYL MERCURY DERIV. • CYANO(METHYLMERCURY)GUANIDINE • GUANIDINE, CYANO-, METHYLMERCURY DERIV. • MEMA • METHYLMERCURIC CYANOGUANIDINE • METHYLMERCURY DICYANANDIMIDE • METHYLMERCURY DI-

CYANDIAMIDE • METHYLMERKURIDIKYANDIAMID (German) • MMD • MORSODREN • MORTON EP-227 • MORTON SOIL DRENCH • PANDRINOX • PANO-DRENCH 4 • PANODRIN A-13 • PANOGEN • PANOGEN 15 • PANOGEN 43 • PANOGEN PX • PANOGEN TURF FUNGICIDE • PANOGEN TURF SPRAY • PANOSPRAY 30 • R 8 • R 8 FUNGICIDE • RTECS No. OW1750000 • ZAPRAWA NASIENNA PLYNNA (Polish)

EPA NAME: **METHYL METHACRYLATE**
CAS: 80-62-6
SYNONYMS: ACRYLIC ACID, 2-METHYL-, METHYL ESTER • DIAKON • EINECS No. 201-297-1 • METACRILATO de METILO (Spanish) • METAKRYLAN METYLU (Polish) • METHACRYLATE de METHYLE (French) • METHACRYLIC ACID MET • METHACRYLIC ACID, METHYL ESTER • METHACRYLSAEUREMETHYL ESTER (German) • METHYL ESTER of METHACRYLIC ACID • METHYLMETHACRYLAAT (Dutch) • METHYL-METHACRYLAT (German) • METHYL METHACRYLATE MONOMER • METHYL-α-METHYLACRYLATE • METHYL-2-METHYLPROPENOATE • METHYL-2-METHYL-2-PROPENOATE • 2-METHYL PROPENOIC ACID, METHYL ESTER • METIL METACRILATO (Italian) • MMA • MONOCITE METHACRYLATE MONOMER • MER • NCI-C50680 • PEGALAN • 2-PROPENOIC ACID, 2-METHYL-, METHYL ESTER • RCRA No. U162 • RTECS No. OZ5075000 • STCC 4907250 • NA 1247

EPA NAME: **METHYLMETHANESULFONATE**
CAS: 66-27-3
SYNONYMS: as-DIMETHYL SULFATE • MESYLATE • METHANESULFONIC ACID, METHYL ESTER • METHYL ESTER of MATHANESULFONIC ACID • METHY ESTER of METHYL SULPHONIC ACID • METHYLMETHANESULPHONATE • METHYLMETHANSULFONAT (German) • METHYL METHANSULFONATE • METHYL METHANSULPHONATE • MMS • NSC 50256 • RTECS No. PB2625000

EPA NAME: **N-METHYLOLACRYLAMIDE**
CAS: 924-42-5
SYNONYMS: ACRYLAMIDE, N-(HYDROXYMETHYL)- • AI3-25447 • N-(HYDROXYMETHYL)ACRYLAMIDE • N-(HYDROXYMETHYL)-2-PROPENAMIDE • N-METHANOLACRYLAMIDE • METHYLOLACRYLAMIDE • METILOLACRILAMIDA (Spanish) • MONOMETHYLOLACRYLAMIDE • NCI-C60333 • 2-PROPENAMIDE, N-(HYDROXYMETHYL)- • URAMINE T 80 • RTECS No. AS3600000

EPA NAME: **2-METHYL NAPHTHALENE**
CAS: 91-57-6
SYNONYMS: NAPHTHALENE, 2-METHYL-

EPA NAME: **METHYL PARATHION**
CAS: 298-00-0

SYNONYMS: A-GRO ● AI3-17292 ● AZOFOS ● AZOPHOS ● BAY 11405 ● BAY E-601 ● BLADAN M ● CASWELL No. 372 ● CEKUMETHION ● DALF ● DEVITHION ● DIMETHYL P-NITROPHENYL MONOTHIOPHOSPHATE ● O,O-DIMETHYL O-p-NITROFENYLESTER KYSELINY THIOFOSFORECNE (Czech) ● O,O-DIMETHYL O-(4-NITROFENYL)-MONOTHIOFOSFAAT (Dutch) ● O,O-DIMETHYL O-(4-NITROPHENYL)-MONOTHIOPHOSPHAT (German) ● DIMETHYL -p-NITROPHENYL MONOTHIOPHOSPHATE ● O,O-DIMETHYL O-p-NITROPHENYL PHOSPHOROTHIOATE ● O,O-DIMETHYL O-(4-NITROPHENYL)PHOSPHOROTHIOATE ● O,O-DIMETHYL O-(p-NITROPHENYL) PHOSPHOROTHIOATE ● DIMETHYL p-NITROPHENYL PHOSPHOROTHIONATE ● O,O-DIMETHYL O-4-NITROPHENYL PHOSPHOROTHIOATE ● DIMETHYL 4-NITROPHENYL PHOSPHOROTHIONATE ● O,O-DIMETHYL O-(p-NITROPHENYL) THIONOPHOSPHATE ● DIMETHYL p-NITROPHENYL THIOPHOSPHATE ● O,O-DIMETHYL O-p-NITROPHENYL THIOPHOSPHATE ● O,O-DIMETHYL O-(p-NITROPHENYL) THIOPHOSPHATE ● DIMETHYL PARATHION ● O,O-DIMETIL-O-(4-NITRO-FENIL)-MONOTIOFOSFATO (Italian) ● DREXEL METHYL PARATHION 4E ● E 601 ● ENT 17,292 ● EPA PESTICIDE CHEMICAL CODE 053501 ● FOLIDOC ● FOLIDOL-80 ● FOLIDOL M ● FOLIDOL M-40 ● FOSFERNO M 50 ● 8056HC ● ME-PARATHION ● MEPTOX ● METACID 50 ● METACIDE ● METAFOS (PESTICIDE) ● METAPHOS ● METRON ● METHYL-E 605 ● METHYL FOSFERNO ● METHYL NIRAN ● METHYLTHIOPHOS ● METILPARATIONA (Spanish) ● METILPARATION (Hungarian) ● METRON ● METYLOPARATION (Polish) ● METYLPARATION (Czech) ● NCI-C02971 ● P-NITROPHENYLDIME THYLTHIONOPHOSPHATE ● NITROX ● NITROX 80 ● OLEOVOFOTOX ● PARAPEST M-50 ● M-PARATHION ● PARATHION-METHYL ● PARATHION METILE ● PARTRON M ● PENNCAP M ● PENNCAP MLS ● PHENOL, p-NITRO-, O-ESTER WITH O,O-DIMETHYL PHOSPHOROTHIOATE ● PHOSPHOROTHIOIC ACID, O,O-DIMETHYL O-(p-NITROPHENYL) ESTER ● PHOSPHOROTHIOIC ACID, O,O-DIMETHYL O-(4-NITROPHENYL) ESTER ● QUINOPHOS ● RCRA No. P071 ● RTECS No. TG0175000 ● SINAFID M-48 ● SIXTY-THREE SPECIAL E.C. INSECTICIDE ● STCC 4921442 ● THIOPHENIT ● THYLPAR M-50 ● TOLL ● UN 2783 ● UN 3018 (liquid) ● VERTAC METHYL PARATHION TECHNISCH 80% ● WOFATOX 50 EC

EPA NAME: **METHYL PHENKAPTON**
CAS: 3735-23-7
SYNONYMS: (2,5-DICHLOROPHENYLTHIO)METHANETHIOL-S-ESTER with O,O-DIMETHYL PHOSPHORODITHIOATE ● S-(((2,5-DICHLOROPHENYL)THIO)METHYL)O,O-DIMETHYL PHOSPHORODITHIOATE ● O,O-DIMETHYL S-(2,5-DICHLOROPHENYLTHIO)METHYL PHOSPHORODITHIOATE ● O,O-

DIMETHYL S-(2,5-DICHLOROPHENYLTHIO)METHYL
PHOSPHORODITHIOATE • ENT 25,554 • GEIGY 30494 •
METHYL PHENCAPTON • RTECS No. TD6125000

EPA NAME: METHYL PHOSPHONIC DICHLORIDE
CAS: 676-97-1
SYNONYMS: DICLORURO de METILFOSFONICO (Spanish) •
PHOSPHONIC DICHLORIDE • RTECS No. TA1840000 • NA
9206

EPA NAME: 2-METHYLPROPENE
CAS: 115-11-7
SYNONYMS: γ-BUYLENE • ISOBUTENE • ISOBUTYLENE • LI-
QUIFIED PETROLEUM GAS • 2-METILPROPENO (Spanish) •
1-PROPENE, 2-METHYL • RTECS No. UD0890000 • UN 1055

EPA NAME: 2-METHYLPYRIDINE
CAS: 109-06-8
SYNONYMS: AI3-2409 • AI3-24109 • EINECS No. 203-643-7 • α-
METHYLPYRIDINE • METILPIRIDINA (Spanish) • NSC 3409
• o-PICOLINE • α-PICOLINE • PICOLINE • 2-PICOLINE •
PICOLINE, ALPHA • PYRIDINE, 2-METHYL- • RCRA No.
U191 • RTECS No. TJ4900000

EPA NAME: N-METHYL-2-PYRROLIDONE
CAS: 872-50-4
SYNONYMS: AI3-23116 • 1-METHYLAZACYCLOPENTAN-2-ONE
• N-METHYL-γ-BUTYROLACTAM • N-METHYL-α-PYRROLI-
DINONE • METHYL-2-PYRROLIDINONE • 1-METHYL-2-
PYRROLIDINONE • N-METHYLPYRROLIDINONE • METH-
YL-5-PYRROLIDINONE • 1-METHYL-5-PYRROLIDINONE •
1-METHYLPYRROLIDINONE • N-METHYL-2-PYRROLIDI-
NONE • 1-METHYL-2-PYRROLIDONE • N-METHYL-
PYRROLIDONE • N-METHYL-α-PYRROLIDONE • METHYL-
PYRROLIDONE • 1-METHYLPYRROLIDONE • 1-METHYL-
PYRROLIDONE-(2) • N-METIL-2-PIRROLIDONA (Spanish) •
NMP • NORLEUCINE, 5-OXO-, DL- • M-PYROL • 2-PYRRO-
LIDINONE, 1-METHYL- • RTECS No. UY5790000

EPA NAME: METHYL tert-BUTYL ETHER
[see METHYL tert-BUTYL ETHER]
CAS: 1634-04-4

EPA NAME: METHYL THIOCYANATE
[see THIOCYANIC ACID, METHYL ESTER]
CAS: 556-64-9

EPA NAME: METHYLTHIOURACIL
CAS: 56-04-2
SYNONYMS: ALKIRON • ANTIBASON • BASECIL • BASETHY-
RIN • 2,3-DIHYDRO-6-METHYL-2-THIOXO-4(1H)-PYRIMIDI-
NONE • 2-MERCAPTO-4-HYDROXY-6-,ETHYLPYRIMIDIN-
ONE • 2-MERCAPTO-4-HYDROXY-6-METHYLPYRIMIDINE
• 2-MERCAPTO-6-METHYLPYRIMID-4-ONE • 2-MERCAPTO-
6-METHYL-4-PYRIMIDONE • METACIL • METHIACIL •

METHIOCIL • 6-METHYL-2-THIO-2,4-(1H3H)PYRIMIDINE-DIONE • METHYLTHIOURACIL • 4-METHYL-2-THIOURACIL • 6-METHYL-2-THIOURACIL • 4-METHYLURACIL • 6-METIL-TIOURACILE (Italian) • MTU • MURACIL • ORCANON • PROSTRUMYL • 4(1H)-PYRIMIDIONE,2,3-DIHYDRO-6-METHYL-2-THIOXO- • RCRA No. U164 • RTECS No. YR0875000 • STRUMACIL • THIMECIL • THIOMECIL • 2-THIO-6-METHYL-1,3-PYRIMIDIN-4-ONE • 6-THIO-4-METHYLURACIL • THIOMIDIL • 2-THIO-4-OXO-6-METHYL-1,3-PYRIMIDINE • THIORYL • THIOTHYMIN • THIOTHYRON • THIURYL • THYREONORM • THYREOSTAT • THYRIL • TIOMERACIL • TIORALE M • TIOTIRON • USAF EK-6454

EPA NAME: METHYLTRICHLOROSILANE
CAS: 75-79-6
SYNONYMS: AI3-51465 • METHYLCHLOROSILANE • METHYLSILICOCHLOROFORM • METHYLSILYL TRICHLORIDE • METHYL-TRICHLORSILAN (Czech) • METHYLTRICHLOROSILANE • METILTRICLOROSILANO (Spanish) • MONOMETHYLTRICHLOROSILANE • NSC 77069 • SILANE, METHYLTRICHLORO- • SILANE, TRICHLOROMETHYL • TRICHLOROMETHYLSILANE • TRICHLORO(METHYL)SILANE • TRICHLOROMETHYLSILICON • RTECS No. VV4550000 • SILANE, TRICHLOROMETHYL- • STCC 4907630 • UN 1250

EPA NAME: METHYL VINYL KETONE
CAS: 78-94-4
SYNONYMS: ACETYL ETHYLENE • 3-BUTENE-2-ONE • METHYLENE ACETONE • METHYL-VINYL-CETONE (French) • METHYLVINYLKETON (German) • METIL VINIL CETONA (Spanish) • MVK • γ-OXO-α-BUTYLENE • STCC 4907260 • VINYL METHYL KETONE • UN 1251

EPA NAME: METIRAM
CAS: 9006-42-2
SYNONYMS: AMAREX • CARBAMIC ACID, 1H-BENZIMIDAZOL-2-YL-, CARBATENE • CASWELL No. 041A • EPA PESTICIDE CHEMICAL CODE 014601 • NIA 9102 • POLYCARBACIN • POLYCARBACINE • POLYCARBAZIN • POLYCARBAZINE • POLYMARCIN • POLYMARCINE • POLYMARSIN • POLYMARZIN • POLYMARZINE • POLYRAM • POLYRAM 80 • POLYRAM 80WP • POLYRAM COMBI • RCRA No. U114 • TRIS(AMMINE(ETHYLENEBIS(DITHIOCARBAMATO))) ZINC(2+1)) (TETRAHYDRO-1,2,4,7-DITHIADIAZOCINE-3,8-DITHIONE) POLYMER • UN 2992 (carbamate pesticides, liquid, toxic) • UN 2757 (carbamate pesticides, solid, toxic) • ZINC AMMONIATE ETHYLENEBIS(DITHIOCARBAMATE)-POLY(ETHYLENETHIURAM DISULFIDE) • ZINC METIRAM • ZINEB-ETHYLENE THIURAM DISULFIDE ADDUCT

EPA NAME: METOLCARB
CAS: 1129-41-5
SYNONYMS: CARBAMIC ACID, METHYL-, 3-METHYLPHENYL ESTER • CARBAMIC ACID, METHYL-, 3-TOLYL ESTER • m-CRESYL METHYLCARBAMATE • m-CRESYL ESTER OF N-METHYLCARBAMIC ACID • m-CRESYL METHYL CARBAMATE • DICRESYL • DICRESYL N-METHYLCARBAMATE • DRC 3341 • KUMIAI • METACRATE • METHOLCARB • METHYLCARBAMIC ACID m-TOYL ESTER • 3-METHYL-PHENYL-N-METHYLCARBAMATE • m-METHYLPHENYL METHYLCARBAMATE • METOLCARB • MTMC • RCRA No. P190 • RTECS No. FC8050000 • S 1065 • m-TOLYESTER KYSELINY METHYL KARBAMINOVE • m-TOLYL-N-METHYL-CARBAMATE • 3-TOLYL-N-METHYLCARBAMATE • TSUMACIDE • TSUMAUNKA

EPA NAME: METRIBUZIN
CAS: 21087-64-9
SYNONYMS: 4-AMINO-6-tert-BUTYL-3-(METHYLTHIO)-1,2,4-TRIAZIN-5-ONE • 4-AMINO-6-tert-BUTYL-3-METHYLTHIO-as-TRIAZIN-5-ONE • 4-AMINO-6-(1,1-DIMETHYLETHYL)-3-(METHYLTHIO)-1,2,4-TRIAZIN-5-(4H)ONE • BAY 61597 • BAY DIC 1468 • BAYER 6159H • BAYER 6443H • BAYER 94337 • DIC 1468 • LEXONE • LEXONEEX • METRIBUZINA (Spanish) • RTECS No. XZ2990000 • SENCOR • SENCORAL • SENCOREX • SENCORER • 1,2,4-TRIAZIN-5-(4H)-ONE, 4-AMINO-6-(1,1-DIMETHYLETHYL)-3-(METHYLTHIO)- • as-TRIAZIN-5(4H)-ONE,4-AMINO-6-tert-BUTYL-3-(METHYL-THIO)- • UN 2763 (triazine pesticides, solid, toxic) • UN 2998 (triazine pesticides, liquid, toxic)

EPA NAME: MEVINPHOS
CAS: 7786-34-7
SYNONYMS: AI3-22374 • APAVINPHOS • 2-BUTENOIC ACID, 3-((DIMETHOXYPHOSPHINYL)OXY)-, METHYL ESTER • α-2-CARBOMETHOXY-1-METHYLVINYL DIMETHYL PHOSPHATE • 2-CARBOMETHOXY-1-METHYLVINYL DIMETHYL PHOSPHATE • (α-2-CARBOMETHOXY-1-METHYLVINYL) DIMETHYL PHOSPHATE • 2-CARBOMETHOXY-1-METHYL-VINYL DIMETHYL PHOSOPHATE, ALPHA ISOMER • 2-CARBOMETHOXY-1-PROPEN-2-YL DIMETHYL PHOSPHATE • CASWELL No. 160B • CMDP • COMPOUND 2046 • CROTONIC ACID, 3-HYDROXY-, METHYL ESTER, DIMETHYL PHOSPHATE • CROTONIC ACID, 3-HYDROXY-, METHYL ESTER, DIMETHYL PHOSPHATE, (E)- • 3-((DIMETHOXYPHOSPHINYL)OXY)-2-BUTENOIC ACID METHYL ESTER • O,O-DIMETHYL-O-(2-CARBOMETHOXY-1-METHYLVINYL) PHOSPHATE • O,O-DIMETHYL 1-CARBOMETHOXY-1-PROPEN-2-YL PHOSPHATE • DIMETHYL-1-CARBOMETHOXY-1-PROPEN-2-YL PHOSPHATE • DIMETHYL (2-METHOXY-CARBONYL-1-METHYLVINYL) PHOSPHATE • DIMETHYL METHOXYCARBONYLPROPENYL PHOSPHATE • DIMETH-

YL (1-METHOXYCARBOXYPROPEN-2-YL) PHOSPHATE • O,O-DIMETHYL O-(1-METHYL-2-CARBOXYVINYL) PHOSPHATE • DIMETHYL PHOSPHATE OF METHYL 3-HYDROXY-cis-CROTONATE • DURAPHOS • ENT 22,374 • EPA PESTICIDE CHEMICAL CODE 015801 • GESFID • GESTID • 3-HYDROXYCROTONIC ACID METHYL ESTER DIMETHYL PHOSPHATE • MENITE • cis-2-METHOXYCARBONYL-1-METHYLVINYL DIMETHYLPHOSPHATE • 2-METHOXYCARBONYL-1-METHYLVINYL DIMETHYL PHOSPHATE • (cis-2-METHOXYCARBONYL-1-METHYLVINYL) DIMETHYL PHOSPHATE • 1-METHOXYCARBONYL-1-PROPEN-2-YL DIMETHYL PHOSPHATE • METHYL-3-((DIMETHOXYPHOSPHINYL)OXY)-2-BUTENOATE, ALPHA ISOMER • METHYL 3-((DIMETHOXYPHOSPHINYL)OXY)-2-BUTENOATE • METHYL 3-(DIMETHOXYPHOSPHINYLOXY)CROTONATE • METHYL 3-HYDROXY-α-CROTONATE DIMETHYL PHOSPHATE • METHYL-3-HYDROXY-α-CROTONATE, DIMETHYL PHOSPHATE ESTER • METHYL 3-HYDROXYCROTONATE DIMETHYL PHOSPHATE ESTER • MEVINFOS (Spanish) • NSC 46470 • PD 5 • PHOSDRIN • cis-PHOSDRIN • PHOSFENE • PHOSPHENE • PHOSPHORIC ACID, DIMETHYL ESTER, ESTER WITH METHYL 3-HYDROXYCROTONATE • PHOSPHORIC ACID, (1-METHOXYCARBOXYPROPEN-2-YL) DIMETHYL ESTER • RTECS No. CQ5250000 • UN 2783 (organophosphorus pesticides, solid, toxic) • UN 3018 (organophosphorus pesticides, liquid, toxic)

EPA NAME: MEXACARBATE
CAS: 315-18-4
SYNONYMS: CARBAMATE,4-DIMETHYLAMINO-3,5-XYLYLN-METHYL- • CARBAMIC ACID, METHYL-, METHYLCARBAMATE (ESTER) • CARBAMIC ACID, METHYL-, 4-(DIMETHYLAMINO)-3,5-XYLYL ESTER • 4-(DIMETHYLAMINE)-3,5-XYLYLN-METHYLCARBAMATE • 4-(DIMETHYLAMINO)-3,5-DIMETHYLPHENOL METHYLCARBAMATE (ESTER) • 4-(DIMETHYLAMINO)-3,5-DIMETHYLPHENYL N-METHYLCARBAMATE • 4-(DIMETHYLAMINO)-3,5-XYLENOL, METHYLCARBAMATE (ESTER) • 4-DIMETHYLAMINO-3,5-XYLYLMETHYLCARBAMATE • 4-DIMETHYLAMINO-3,5-XYLYL-N-METHYLCARBAMATE • 4-(N,N-DIMETHYLAMINO)-3,5-XYLYL-N-METHYLCARBAMATE • 5-DIMETHYLPHENOL METHYLCARBAMATE ESTER • DOWCO 139 • ENT 25766 • METHYLCARBAMIC ACID, 4-(DIMETHYLAMINO)-3,5-XYLYL ESTER • METHYL-4-DIMETHYLAMINO-3,5-XYLYLCARBAMATE • METHYL-4-DIMETHYLAMINO-3,5-XYLYL ESTER OF CARBAMIC ACID • NCI-C00544 • OMS-47 • PHENOL, 4-(DIMETHYLAMINO)-3,5- DIMETHYL-METHYLCARBAMATE (ESTER) • RCRA No. P128 • RTECS No. FC0700000 • STCC 4921542 • 3,5-XYLENOL, 4-(DIMETHYLAMINO)-, METHYLCARBAMATE • MEXACARBATO (Spanish) • ZACTRAN • ZECTANE • ZECTRAN • ZEXTRAN

EPA NAME: MICHLER'S KETONE
CAS: 90-94-8
SYNONYMS: BENZOPHENONE, 4,4'-BIS(DIMETHYLAMINO)- • p,p'-BIS(DIMETHYLAMINO)BENZOPHENONE • 4,4'-BIS(DIMETHYLAMINO)BENZOPHENONE • BIS(4-DIMETHYLAMINOPHENYL) KETONE • BIS[P-(N,N-DIMETHYLAMINO)PHENYL]KETONE • CETONA de MICHLER (Spanish) • METHANONE, BIS[4-(DIMETHYLAMINO)PHENYL]- • p,p'-MICHLER'S KETONE • NCI-C02006 • N,N,N',N'-TETRAMETHYL-4,4'-DIAMINOBENZOPHENONE • TETRAMETHYLDIAMINOBENZOPHENONE • RTECS No. DJ0250000

EPA NAME: MITOMYCIN C
CAS: 50-07-7
SYNONYMS: AMETYCIN • 7-AMINO-9-α-METHOXYMITOSANE • 7-AMINO-9-α-METHOXYMITOSANE • MIT-C • MITO-C • MITOCIN-C • MITOMYCIN • MITOMYCIN-C • MITOMYCINUM • MMC • MUTAMYCIN • MYTOMYCIN • NCI-C04706 • NSC 26980 • RCRA No. U010 • RTECS No. CN0700000

EPA NAME: MOLINATE
CAS: 2212-67-1
SYNONYMS: 1H-AZEPINE-1-CARBOTHIOIC ACID, HEXAHYDRO-S-ETHYL ESTER • CASWELL No. 44 • EPA PESTICIDE CHEMICAL CODE 041402 • S-ETHYL AZEPANE-1-CARBOTHIOATE • S-ETHYL ESTER HEXAHYDRO-1H-AZEPINE-1-CARBOTHIOIOATE • S-ETHYL HEXAHYDRO-1H-AZEPINE-1-CARBOTHIOATE • S-ETHYL HEXAHYDRO-1-CARBOTHIOIC • ETHYL 1-HEXAMETHYLENEIMINECARBOTHIOLATE • S-ETHYL 1-HEXAMETHYLENEIMINOTHIOCARBAMATE • S-ETHYL N,N-HEXAMETHYLENEIMINOTHIOCARBAMATE • S-ETHYL N-HEXAMETHYLENEIMINOTHIOCARBAMATE • S-ETHYL PERHYDROAZEPIN-1-CARBOTHIOATE • S-ETHYL PERHYDROAZEPINE-1-THIOCARBOXYLATE • FELAN • HYDRAM • JALAN • ORDRAM • R-4572 • RCRA No. U365 • RTECS No. CM2625000 • STAUFFER R4,572 • YALAN • YULAN

EPA NAME: MOLYBDENUM TRIOXIDE
CAS: 1313-27-5
SYNONYMS: EINECS No. 215-204-7 • MO 1202T • MOLYBDENA • MOLYBDENUM OXIDE • MOLYBDENUM(VI) OXIDE • MOLYBDENUM OXIDE (MOO3) • MOLYBDENUM(VI) OXIDE • MOLYBDENUM(VI) TRIOXIDE • MOLYBDIC ACID ANHYDRIDE • MOLYBDIC ANHYDRIDE • RTECS No. QA4725000 • TRIOXIDO de MOLIBDENO (Spanish)

EPA NAME: MONOCHLOROBENZENE
[see CHLOROBENZENE]
CAS: 108-90-7

EPA NAME: MONOCHLOROPENTAFLUOROETHANE
CAS: 76-15-3

SYNONYMS: CFC-115 • 1-CHLORO-1,1,2,2,2-PENTAFLUORO-METHANE • CHLOROPENTAFLUOROETHANE • ETHANE, CHLOROPENTAFLUORO- • F-115 • FC 115 • FLUROCARBON 115 • FREON 115 • GENETRON 115 • HALOCARBON 115 • HCFC-115 • MONOCLOROPENTAFLUOETANO (Spanish) • PENTAFLUOROMONOCHLOROETHANE • PROPELLENT 115 • R 115 • REFRIGERANT 115 • RTECS No. KH7877500

EPA NAME: MONOCROPTOPHOS
CAS: 6923-22-4
SYNONYMS: APADRIN • AZODRIN • BILOBRAN • BILOBORN • C 1414 • CRISODRIN • CIBA 1414 • CRISODIN • CROTONAMIDE, 3-HYDROXY-N-METHYL-, DIMETHYLPHOSPHATE, cis- • CROTONAMIDE, 3-HYDROXY-N-METHYL-, DIMETHYLPHOSPHATE, (E)- • 3-(DIMETHOXYPHOSPHINYLOXY)N-METHYL-cis-CROTONAMIDE • (E)-DIMETHYL 1-METHYL-3-(METHYLAMINO)-3-OXO-1-PROPENYL PHOSPHATE • o,o-DIMETHYL-O-(2-N-METHYLCARBAMOYL-1-METHYL-VINYL)-FOSFAAT (Dutch) • o,o-DIMETHYL-O-(2-N-METHYLCARBAMOYL-1-METHYL)-VINYL-PHOSPHAT (German) • o,o-DIMETHYL-O-(2-N-METHYLCARBAMOYL-1-METHYL-VINYL) PHOSPHATE • DIMETHYL 1-METHYL-2-(METHYLCARBAMOYL)VINYL PHOSPHATE, cis- • DIMETHYL PHOSPHATE ESTER OF 3-HYDROXY-N-METHYL-cis-CROTONAMIDE • DIMETHYL PHOSPHATE OF 3-HYDROXY-N-METHYL-cis-CROTONAMINE • o,o-DIMETIL-O-(2-N-METILCARBAMOIL-1-METIL-VINIL)-FOSFATO (Italian) • ENT 27,129 • GLORE PHOS 36 • 3-HYDROXY-N-METHYLCROTONAMIDE DIMETHYL PHOSPHATE • 3-HYDROXY-N-METHYL-cis-CROTONAMIDE DIMETHYL PHOSPHATE • cis-1-METHYL-2-METHYL CARBAMOYL VINYL PHOSPHATE • MONOCRON • MONOCROTOFOS (Spanish) • MONODRIN • NUVACRON • PHOSPHATE de DIMETHYLE et de 2-METHYLCARBAMOYL 1-METHYL VINYLE (French) • PHOSPHORIC ACID, DIMETHYL ESTER, ESTER WITH cis-3-HYDROXY-N-METHYLCROTONAMIDE • PILLARDIN • PLANTDRIN • RTECS No. TC4375000 • SD 9129 • SHELL SD 9129 • SUSVIN • ULVAIR • UN 2783 (organophosphorus pesticides, solid, toxic) • UN 3018 (organophosphorus pesticides, liquid, toxic)

EPA NAME: MONOETHYLAMINE
[see ETHANAMINE]
CAS: 75-04-7

EPA NAME: MONOMETHYLAMINE
[see EPA NAME: METHANAMINE]
CAS: 74-89-5

EPA NAME: MONURON
CAS: 150-68-5

SYNONYMS: CASWELL No. 583 • CHLORFENIDIM • 3-para-CHLOROPHENYL-1,1-DIMETHYLUREA • N-(P-CHLOROPHENYL)-N',N'-DIMETHYLUREA • N-(4-CHLOROPHENYL)-N',N'-DIMETHYLUREA • N'-(4-CHLOROPHENYL)-N,N-DIMETHYLUREA • 1-para-CHLOROPHENYL-3,3-DIMETHYLUREA • 3'-(4'-CHLOROPHENYL)-1,1-DIMETHYLUREA • 3-(4-CHLOROPHENYL)-1,1-DIMETHYLUREA • 3-(P-CHLOROPHENYL)-1,1-DIMETHYLUREA • 4-CHLOROPHENYLDIMETHYLUREA • 1-(4-CHLOROPHENYL)-3,3-DIMETHYLUREA • 1-(P-CHLOROPHENYL)-3,3-DIMETHYLUREA • N-para-CHLOROPHENYL-N',N'-DIMETHYLUREA • CMU • CMU WEEDKILLER • 1,1-DIMETHYL-3-(P-CHLOROPHENYL)THIOUREA • 1,1-DIMETHYL-3-(P-CHLOROPHENYL)UREA • N,N-DIMETHYL-N'-(4-CHLOROPHENYL)UREA • N-DIMETHYL-N'-(4-CHLOROPHENYL)UREA • 1,1-DIMETHYL-3-(para-CHLOROPHENYL)UREA • EPA PESTICIDE CHEMICAL CODE 035501 • HERBICIDES, MONURON • KARMEX MONURON HERBICIDE • KARMEX W MONURON HERBICIDE • LIROBETAREX • NCI-C02846 • TELVAR • TELVAR MONURON WEEDKILLER • TELVAR W MONURON WEEDKILLER • UREA, 3-(p-CHLOROPHENYL)-1,1-DIMETHYL- • UREA, N'-(4-CHLOROPHENYL)-N,N-DIMETHYL- • USAF XR-41 • RTECS No. YS6300000

EPA NAME: MUSCIMOL
CAS: 2763-96-4
SYNONYMS: AGARIN • 5-AMINOMETHYL-3-HYDROXYISOXAZOLE • 5-(AMINOMETHYL)-3-ISOXAZOLOL • 5-(AMINOMETHYL)-3-(2H)ISOXAZOLONE • 5-HYDROXY-5-AMINOMETHYLISOXAZOLE • MUSCIMOL • RCRA No. P007 • RTECS No. NY3325000

EPA NAME: MUSTARD GAS
CAS: 505-60-2
SYNONYMS: BIS(β-CHLOROETHYL) SULFIDE • BIS(2-CHLOROETHYL) SULFIDE • 1-CHLORO-2-(β-CHLOROETHYLTHIO)ETHANE • 2,2'-DICHLORODIETHYL SULFIDE • β,β'-DICHLORODIETHYL SULFIDE • β,β'-DICHLOROETHYL SULFIDE • DI-2-CHLOROETHYL SULFIDE • 2,2'-DICHLOROETHYL SULFIDE • DICHLORO DIETHYL SULFIDE • ETHANE, 1,1'-THIOBIS(2-CHLORO- • GAS MOSTAZA (Spanish) • IPRIT • KAMPSTOFF LOST • LOST • SENFGAS • S-LOST • SULFIDE, BIS(2-CHLOROETHYL) • SULFUR MUSTARD • SULFUR MUSTARD GAS • S-YPERITE • 1,1'-THIOBIS[2-CHLOROETHANE] • YELLOW CROSS GAS • YELLOW CROSS LIQUID • YPERITE • WQ9000000

EPA NAME: MYCLOBUTANIL
CAS: 88671-89-0
SYNONYMS: alpha-BUTYL-alpha-(4-CHLOROPHENYL)-1H-1,2,4-TRIAZOLE-1-PROPANENITRILE • CASWELL No. 723K • 2-(4-CHLOROPHENYL)-2-(1H-1,2,4-TRIAZOLE-1-YL-METHYL)HEXANENITRILE • 2-p-CHLOROPHENYL-2-(1H-1,2,4-TRIA-

ZOLE-1-YL-METHYL)HEXANENITRILE ● EPA PESTICIDE CHEMICAL CODE 128857 ● NOVA ● RALLY ● 1H-1,2,4-TRIAZOLE-1-PROPNENITRILE,α-BUTYL-α-(4-CHLOROPHENYL) ● SYSTHANE

- N -

EPA NAME: NABAM
CAS: 142-59-6
SYNONYMS: AI3-04473 • CAMPBELL'S NABAM SOIL FUNGICIDE • CARBAMIC ACID, ETHYLENEBIS(DITHIO-, DISODIUM SALT • CARBAMODITHIOIC ACID, 1,2-ETHANEDIYL-BIS-, DISODIUM SALT • CARBON D • CASWELL No. 585 • CHEM-BAM • DINATRIUMAETHYLENBISDITHIOCARBAMAT (German) • DINATRIUM-(N,N'-AETHYLEN-BIS(DITHIOCARBAMAT) (German) • DINATRIUM-(N,N'-ETHYLEEN-BIS(DITHIOCARBAMAAT) (Dutch) • DISODIUM 1,2-ETHANEDIYLBIS(CARBAMODITHIOATE) • DISODIUM ETHYLENEBIS(DITHIOCARBAMATE) • DISODIUM ETHYLENE-1,2-BIS(DITHIOCARBAMATE) • DISODIUM ETHYLENE BISDITHIOCARBAMATE • DITHANE • DITHANE A-40 • DITHANE D-14 • DSE • EBDC, DISODIUM SALT • EPA PESTICIDE CHEMICAL CODE 014503 • 1,2-ETHANEDIYLBISCARBAMODITHIOIC ACID DISODIUM SALT • ETHYLENEBIS(DITHIOCARBAMATE), DISODIUM SALT • ETHYLENEBIS(DITHIOCARBAMIC ACID), DISODIUM SALT • N,N'-ETILEN-BIS(DITIOCARBAMMATO) di SODIO (Italian) • NABAME (French) • NABASAN • NAFUN IPO • NSC 147803 • PARZATE LIQUID • SODIUM ETHYLENEBIS(DITHIOCARBAMATE) • SPRING-BAK • RTECS No. FA6825000

EPA NAME: NALED
CAS: 300-76-5
SYNONYMS: AI3-24988 • ARTHODIBROM • BROMCHLOPHOS • BROMEX • BRP • CASWELL No. 586 • DIBROM • O-(1,2-DIBROM-2,2-DICHLORAETHYL)-O,O-DIMETHYL-PHOSPHAT (German) • 1,2-DIBROMO-2,2-DICHLOROETHYLDIMETHYL PHOSPHATE • O-(1,2-DIBROMO-2,2-DICHLOROETIL)-O,O-DIMETIL FOSFATO (Italian) • O,O-DIMETHYL-O-(1,2-DIBROMO-2,2-DICHLOROETHYL)PHOSPHATE • DIMETHYL 1,2-DIBROMO-2,2-DICHLOROETHYL PHOSPHATE • O,O-DIMETHYL O-2,2-DICHLORO-1,2-DIBROMOETHYL PHOSPHATE • ENT 24,988 • EPA PESTICIDE CHEMICAL CODE 034401 • ETHANOL, 1,2-DIBROMO-2,2-DICHLORO-, DIMETHYL PHOSPHATE • HIBROM • OMS 75 • ORTHO 4355 • ORTHODIBROM • ORTHODIBROMO • PHOSPHATE de O,O-DIMETHLE et de O-PHOSPHORIC ACID, 1,2-DIBROMO-2,2-DICHLOROETHYL DIMETHYL ESTER • RTECS No. TB9450000 • STCC 4961656 (liquid) • STCC 4961657 (solid) • UN 2783 (organophosphorus pesticides, solid, toxic) • UN 3018 (organophosphorus pesticides, liquid, toxic)

EPA NAME: NAPHTHALENE
CAS: 91-20-3

SYNONYMS: ALBOCARBON • AGITENE 141/SUPER • CAMPHOR TAR • DEZODORATOR • EINECS No. 202-049-5 • MIGHTY 150 • MOTH BALLS • MOTH FLAKES • NAFTALEN (Polish) • NAFTALENO (Spanish) • NAPHTHALINE • NAPTHALENE, MOLETN • NAPTHALIN • NAPTHALINE • NAPTHENE • NCI-C52904 • RCRA No. U165 • RTECS No. QJ0525000 • STCC 4940361 • TAR CAMPHOR • UN 1334 (crude or refined) • UN 2304 (molten) • WHITE TAR

EPA NAME: 1,5-NAPHTHALENE DIISOCYANATE
CAS: 3173-72-6
SYNONYMS: DIISOCIANATO de 1,5-NAFTALENO (Spanish) • 1,5-DIISOCYANATONAPHTHALENE • ISOCYANIC ACID, 1,5-NAPHTHYLENE ESTER • NAPHTHALENE, 1,5-DIISOCYANATO- • NSC 240728

EPA NAME: 1-NAPHTHALENOL, METHYLCARBAMATE
[see CARBARYL]
CAS: 63-25-2

EPA NAME: NAPHTHENIC ACID
CAS: 1338-24-5
SYNONYMS: ACIDO NAFTALICO (Spanish) • AGENAP • AGENAP HMW-H • NAPHID • CYCLOPENTANE CARBOXYLIC ACID • SUNAPTIC ACID B • SUNAPTIC ACID C • RTECS No. QK8750000 • STCC 4962356 • UN 9137

EPA NAME: 1,4-NAPHTHOQUINONE
CAS: 130-15-4
SYNONYMS: 1,4-DIHYDRO-1,4-DIKETONAPHTHALENE • NAFTOQUINONA (Spanish) • 1,4-NAPHTHALENEDIONE • α-NAPHTHOQUINONE • RCRA No. U166 • RTECS No. QL7750000 • USAF CY-10

EPA NAME: α-NAPHTHYLAMINE
CAS: 134-32-7
SYNONYMS: ALFANAFTILAMINA (Italian) • ALFANAFTYLOAMINA (Polish) • 1-AMINONAFTALEN (Czech) • 1-AMINONAPHTHALENE • C.I. AZOIC DIAZO COMPONENT 114 • a-NAFTILAMINA (Spanish) • 1-NAFTILAMINA (Spanish) • α-NAFTYLAMIN (Czech) • 1-NAFTYLAMINE (Dutch) • NAPHTHALIDINE • 1-NAPHTHALENAMINE • NAPTHALIDINE • 1-NAPHTHYLAMIN (German) • α-NAPHTHYLAMINE • NAPHTHYLAMINE • NAPHTHYLAMINE-ALPHA • RCRA No. UI67 • RTECS No. QM1400000 • UN 2077

EPA NAME: β-NAPHTHYLAMINE
CAS: 91-59-8
SYNONYMS: 2-AMINONAFTALEN (Czech) • 2-AMINONAPHTHALENE • b-NAFTILAMINA (Spanish) • 2-NAFTILAMINA (Spanish) • β-NAFTYLOAMINA (Polish) • C.I. 37270 • FAST SCARLET BASE B • NA • β-NAFTYLAMIN (Czech) • β-NAFTILAMINA (Italian) • 2-NAFTYLAMINE (Dutch) • β-NAFTYLOAMINA (Polish) • 2-NAPHTHYLAMINE • 2-NAPHTHALENAMINE • β-NAPHTHAMIN (German) • 2-NAPHTHYLAMIN

(German) • 6-NAPHTHYLAMINE • NAPHTHYLAMINE (beta) (DOT) • 2-NAPHTHYLAMINE MUSTARD • RCRA No. U168 • RTECS No. QM2900000 • UN 1650 • USAF CB-22

EPA NAME: NICKEL
CAS: 7440-02-0
SYNONYMS: ALLOY 725 • ALLOY 732 • ALLOY 735 • ALLOY 762 • ALLOY 770 • C.I. 77775 • EINECS No. 231-111-4 • FM 1208 • HCA 1 • METALLIC NICKEL • Ni • Ni 0901S (HARSHAW) • Ni 233 • Ni 270 • Ni 4303T • NICKEL 0901 S • NICKEL 200 • NICKEL 201 • NICKEL 203 • NICKEL 204 • NICKEL 205 • NICKEL 211 • NICKEL 212 • NICKEL 213 • NICKEL 222 • NICKEL 223 • NICKEL 225 • NICKEL 229 • NICKEL 233 • NICKEL 270 • NICKEL 4303 T • NICKEL, ELEMENTAL • NP 2 • NICKEL SPONGE • NIKLAD 794-A • RANEY ALLOY • RANEY NICKEL • RCH 55/5 • RTECS No. QR5950000 • TOXIC CHEMICAL CATEGORY CODE, N495

EPA NAME: NICKEL AMMONIUM SULFATE
CAS: 15699-18-0
SYNONYMS: AMMONIUM DISULFATONICKELATE (II) • AMMONIUM NICKEL SULFATE • NICKEL AMMONIUM SULPHATE • SULFURIC ACID, AMMONIUM NICKEL(2+) SALT (2:2:1) • SULFATO de NIQUEL y AMONIO (Spanish) • SULFURIC ACID, AMMONIUM NICKEL(II) SALT (2:2:1) • RTECS No. WS6050000 • STCC 4966360 • UN9138

EPA NAME: NICKEL CARBONYL
CAS: 13463-39-3
SYNONYMS: NICHEL TETRACARBONILE (Italian) • NICKEL CARBONYLE (French) • NICKEL TETRACARBONYL • NICKEL TETRACARBONYLE (French) • NIKKELTETRACARBONYL (Dutch) • NIQUEL CARBONILO (Spanish) • RCRA No. P073 • RTECS No. QR6300000 • STCC 4906050 • TETRACARBONYL NICKEL • UN 1259

EPA NAME: NICKEL CHLORIDE
CAS: 7718-54-9
SYNONYMS: NICKELOUS CHLORIDE • NICKEL(2+) CHLORIDE • NICKEL(II) CHLORIDE • NICKEL(2+) CHLORIDE (1:2) • CLORURO de NIQUEL (Spanish) • NICKEL(II) CHLORIDE (1:2) • NICKEL CHLORIDE (OUS) • NICKELOUS CHLORIDE • RTECS No. QR6475000 • STCC 4966364 • UN 9139

EPA NAME: NICKEL CHLORIDE
CAS: 37211-05-5
SYNONYMS: CLORURO de NIQUEL (Spanish) • UN 9139

EPA NAME: NICKEL CYANIDE
CAS: 557-19-7
SYNONYMS: CIANURO de NIQUEL (Spanish) • NICKEL CYANIDE, SOLID • NICKEL(II) CYANIDE • NICKEL(2+)CYANIDE • RCRA No. PO74 • RTECS No. QR6495000 • STCC 4923275 • UN 1653

EPA NAME: NICKEL HYDROXIDE
CAS: 12054-48-7
SYNONYMS: HIDROXIDO NIQUEL (Spanish) • NA 9140 (DOT) • NICKEL BLACK • NICKEL(2+) HYDROXIDE • NICKEL(II) HYDROXIDE • NICKELOUS HYDROXIDE • NICKELIC HYDROXIDE • RTECS No. QR7040000 • STCC 4963863 • UN 9140

EPA NAME: NICKEL NITRATE
CAS: 14216-75-2
SYNONYMS: NITRATO de NIQUEL (Spanish) • NITRIC ACID, NICKEL SALT • STCC 4918789 • UN 2725

EPA NAME: NICKEL NITRATE
CAS: 13138-45-9
SYNONYMS: NICKEL(II) NITRATE (1:2) • NICKEL(2+) NITRATE (1:2) • NICKEL NITRATE HEXAHYDRIDE • NICKEL NITRATE (OUS) • NICKELOUS NITRATE • NITRIC ACID, NICKEL(2+) SALT • NITRIC ACID, NICKEL(II) SALT • RTECS No. QR7200000 • STCC 4918789 • UN 2725

EPA NAME: NICKEL SULFATE
CAS: 7786-81-4
SYNONYMS: NCI-C60344 • NICKELOUS SULFATE • NICKEL(II) SULFATE • NICKEL(2+) SULFATE(1:1) • NCI-C60344 • SULFURIC ACID, NICKEL(2+) SALT • SULFURIC ACID, NICKEL (II) SALT • RTECS No. QR9400000 • STCC 4966368 • SULFATO de NIQUEL (Spanish) • UN 9141

EPA NAME: NICOTINE
CAS: 54-11-5
SYNONYMS: BLACK LEAF • CAMPBELL'S NICO-SOAP • DESTRUXOL ORCHARD SPRAY • EMO-NIB • ENT 3,424 • FLUX MAAG • FUMETO-BAC • MACH-NIC • 1-METHYL-2-(3-PYRIDYL)PYRROLIDINE • 3-(N-METHYLPYRROLIDINO)PYRIDINE • 3-(1-METHYL-2-PYRROLIDINYL)PYRIDINE • (S)-3-(1-METHYL-2-PYRROLIDINYL)PYRIDINE (9CI) • 1-3-(1-METHYL-2-PYRROLIDYL)PYRIDINE • (-)-3-(1-METHYL-2-PYRROLIDYL)PYRIDINE • NIAGRA P.A. DUST • NICO-DUST • NICOFUME • NICOCIDE • NICOTINA (Italian, Spanish) • 1-NICOTINE • NICOTINE ALKALOID • NIKOTIN (German) • NIKOTYNA (Polish) • ORTHO N-4 DUST • ORTHO N-5 DUST • PYRIDINE, 3-(1-METHYL-2-PYRROLIDINYL)- • PYRIDINE, (S)-3-(1-METHYL-2-PYRROLIDINYL)-AND SALTS • PYRIDINE, 3-(TETRAHYDRO-1-METHYLPYRROL-2-YL) • β-PYRIDYL-α-N-METHYLPYRROLIDINE • 3-(1-METHYL-2-PYRROLIDYL) PYRIDINE • RCRA No. P075 • RTECS No. QS5250000 • STCC 4921449 • TENDUST • di-TETRAHYDRONICOTYRINE • XL ALL INSECTICIDE • TOXIC CHEMICAL CATEGORY CODE, N503 • UN 1654

EPA NAME: NICOTINE SULFATE
CAS: 65-30-5

SYNONYMS: ENT 2,435 • 1-1-METHYL-2-(3-PYRIDYL)-PYRROLIDINE SULFATE • (S)-3-(1-METHYL-2-PYRROLIDINYL)PYRIDINE SULFATE (2:1) • 1-3-(1-METHYL-2-PYRROLIDINYL) PYRIDINE SULFATE • NICOTINE SULFATE (2:1) • NICOTINE SULPHATE • NICOTINE SULPHATE (2:1) • NIKOTINSULFAT (German) • PYRIDINE, 3-(1-METHYL-2-PYRROLIDINYL)-, (S)-, SULFATE (2:1) • PYRROLIDINE, 1-METHYL-2-(3-PYRIDYL)-, SULFATE • SULFATE de NICOTINE (French) • SULFATO de NICOTINA (Spanish) • RTECS No. QS9625000 • STCC 4921451 (liquid) • STCC 4921452 (solid) • UN 1658

EPA NAME: NITRAPYRIN
CAS: 1929-82-4
SYNONYMS: CASWELL No. 217 • 4-CHLORO-6-(TRICHLOROMETHYL)PYRIDINE • 2-CHLORO-6-TRICHLOROMETHYLPYRIDINE • 2-CHLORO-6-(TRICHLOROMETHYL)PYRIDINE • DOWCO-163 • EPA PESTICIDE CHEMICAL CODE 069203 • NITRAPYRINE • N-SERVE • N-SERVE NITROGEN STABILIZER • PYRIDINE, 2-CHLORO-6-(TRICHLOROMETHYL)- • RTECS No. US7525000

EPA NAME: NITRIC ACID
CAS: 7697-37-2
SYNONYMS: ACIDE NITRIQUE (French) • ACIDO NITRICO (Italian, Spanish) • ALUMINUM ETCH 16-1-1-2 • ALUMINUM ETCH 82-3-15-0 • ALUMINUM ETCH II • ALUMINUM ETCH III • AQUA FORTIS • AQUA REGIA • AZOTIC ACID • AZOTOWY KWAS (Polish) • C-P 8 SOLUTION • CHROME ETCH KTI • COPPER, BRASS BRITE DIP 127 • COPPER, BRASS BRITE DIP 1127 • COPPERLITE RD-25 • DOPED POLY ETCH • EINECS No. 213-714-2 • FRECKLE ETCH • HYDROGEN NITRATE • KOVAR BRIGHT DIP (RDX-555) • KOVAR BRIGHT DIP (412X) • KTI ALUMINUM ETCH I • KTI CHROME ETCH • KYSELINA DUSICNE (Czech) • MAE ETCHANTS • MIXED ACID ETCH (5-2-2) • MIXED ACID ETCH (6-1-1) • NA 1760 (acid, n.o.s.) • NF SOLDER STRIPPER 3114-B • NITAL • NITRALINE • NITRIC ACID, RED FUMING • NITRIC ACID, WHITE FUMING • NITROUS FUMES • NITRYL HYDROXIDE • PASSIVATION SOLUTION • PATCLIN 958 • POLY ETCH 95% • RED FUMING NITRIC ACID • RFNA • RT-2 STRIPPING SOLUTION • RTECS No. QU5775000 • SALPETERSAURE (German) • SALPETERZUUROPLOSSINGEN (Dutch) • SILICON ETCH SOLUTION • SOLDER STRIP NP-A • STCC 4918528 • STRESS RELIEF ETCH • UN 2031 (other than fuming, with more than 40% acid) • UN 2032 (fuming or red fuming) • WET K-ETCH • WFNA • WHITE FUMING NITRIC ACID

EPA NAME: NITRIC OXIDE
CAS: 10102-43-9

SYNONYMS: BIOXYDE d'AZOTE (French) • MONOXIDO de NITROGENO (Spanish) • NITRIC OXIDE • NITROGEN MONOXIDE • OXYDE NITRIQUE (French) • OXIDO NITRICO (Spanish) • RCRA No. P076 • RTECS No. OX0525000 • STCC 4920330 • STICKMONOXYD (German) • UN 1660

EPA NAME: NITRILOTRIACETIC ACID
CAS: 139-13-9
SYNONYMS: ACETIC ACID, NITRILOTRI- • ACIDO NITRILOTRIACETICO (Spanish) • N,N-BIS(CARBOXYMETHYL)GLYCINE • AMINOTRIACETIC ACID • CHEL 300 • COMPLEXON I • EINECS No. 205-355-7 • GLYCINE, N,N-BIS(CARBOXYMETHYL)- • HAMPSHIRE NTA ACID • KOMPLEXON I • KYSELINA NITRILOTRIOCTOVA • NCI-C02766 • NITRILO-2,2',2''-TRIACETIC ACID • NTA • TITRIPLEX I • TRI(CARBOXYMETHYL)AMINE • TRIGLYCINE • TRIGLYCOLLAMIC ACID • TRILON A • α,α',α''-TRIMETHYLAMINETRICARBOXYLIC ACID • VERSENE NTA ACID • RTECS No. AJ0175000

EPA NAME: o-NITROANILINE
CAS: 88-74-4
SYNONYMS: 1-AMINO-2-NITROBENZENE • AZOENE FAST ORANGE GR BASE • AZOGENE FAST ORANGE GR • AZOIC DIAZO COMPONENT 6 • BENZENAMINE, 2-NITRO- • BRENTAMINE FAST ORANGE GR BASE • C.I. 37025 • C.I. AZOIC DIAZO COMPONENT 6 • DEVOL ORANGE B • DIAZO FAST ORANGE GR • FAST ORANGE BASE GR • FAST ORANGE BASE JR • FAST ORANGE BASE O • FAST ORANGE GR BASE • FAST ORANGE JR BASE • FAST ORANGE O BASE • HILTONIL FAST ORANGE GR BASE • 2-NITROANILINE • o-NITROANILINE • ortho-NITROANILINE • 2-NITROANILINE • o-NITROPHENYLAMINE • ORANGE BASE CIBA II • ORANGE BASE IRGA II • ORANGE SALT CIBA II • ORANGE SALT IRGA II • UN 1661

EPA NAME: p-NITROANILINE
CAS: 100-01-6
SYNONYMS: para-AMINONITROBENZENE • p-AMINONITROBENZENE • 1-AMINO-4-NITROBENZENE • ANILINE, 4-NITRO- • ANILINE, p-NITRO- • AZOIC DIAZO COMPONENT 37 • AZOAMINE RED ZH • AZOFIX RED GG SALT • BENZENAMINE, 4-NITRO- • C.I. 37035 • C.I. AZOIC DIAZO COMPONENT 37 • C.I. DEVELOPER 17 • DEVELOPER P • DEVOL RED GG • DIAZO FAST RED GG • EINECS No. 202-810-1 • FAST RED BASE • FAST RED 2G BASE • FAST RED 2G SALT • FAST RED BASE 2J • FAST RED BASE GG • FAST RED GG BASE • FAST RED GG SALT • FAST RED MP BASE • FAST RED P BASE • FAST RED P SALT • FAST RED SALT 2J • FAST RED SALT GG • NAPHTOELAN RED GG BASE • NCI-C60786 • 4-NITROANILINE • NITRAZOL CF EXTRA • p-NITROANILINA (Spanish) • para-NITROANILINE • NITORANILINE-PARA • p-NITRANILINE • 4-NITRANBINE • 4-

NITROBENZENAMINE • p-NITROPHENYLAMINE • PNA • RCRA No. P077 • RED 2G BASE • SHINNIPPON FAST RED GG BASE • RTECS No. BY7000000 • STCC 4921530 • UN 1661

EPA NAME: 5-NITRO-o-ANISIDINE
CAS: 99-59-2
SYNONYMS: 1-AMINO-2-METHOXY-5-NITROBENZENE • 3-AMINO-4-METHOXYNITROBENZENE • 2-AMINO-1-METHOXY-4-NITROBENZENE • 2-AMINO-4-NITROANISOLE • o-ANISIDINE NITRATE • o-ANISIDINE, 5-NITRO- • AZOAMINE SCARLET • AZOAMINE SCARLET K • AZOGENE ECARLATE R • AZOIC DIAZO COMPONENT 13 BASE • BENZENAMINE, 2-METHOXY-5-NITRO- • BENZENAMINE, C.I. 37130 • C.I. AZOIC DIAZO COMPONENT 13 • C.I. 37130 • FAST SCARLET R • 1-METHOXY-2-AMINO-4-NITROBENZENE • 2-METHOXY-5-NITRO- • 2-METHOXY-5-NITROBENZENAMINE • 2-METHOXY-5-NITROANILINE • 2-METHOXY-5-NITROANILINE • NCI-C01934 • 5-NITRO-2-METHOXYANILINE • 3-NITRO-6-METHOXYANILINE • 5-NITRO-2- METHOXYANILINE • RTECS No. BZ7175000

EPA NAME: NITROBENZENE
CAS: 98-95-3
SYNONYMS: BENZENE, NITRO- • ESSENCE OF MIRBANE • ESSENCE OF MYRBANE • MIRBANE OIL • NCI-C60082 • NITROBENCENO (Spanish) • NITROBENZEEN (Dutch) • NITROBENZEN (Polish) • NITROBENZOL • NITROBENZOL,L • NITRO, LIQUID • OIL OF MIRBANE • OIL OF MYRBANE • RCRA No. U169 • RTECS No. DA6475000 • STCC 4921455 • UN 1662

EPA NAME: 4-NITROBIPHENYL
CAS: 92-93-3
SYNONYMS: Ba 2794 • 1,1'-BIPHENYL, 4-NITRO- • BIPHENYL, 4-NITRO- • p-NITROBIPHENYL • 4-NITRODIPHENYL • p-NITRODIPHENYL • 4-NITROFENOL (Spanish) • p-NITROFENOL (Spanish) • 1-NITRO-4-PHENYLBENZENE • P-PHENYLNITROBENZENE • 4-PHENYLNITROBENZENE • PNB • RTECS No. DV5600000

EPA NAME: NITROCYCLOHEXANE
CAS: 1122-60-7
SYNONYMS: CYCLOHEXANE, NITRO- • RTECS No. GV6600000

EPA NAME: NITROFEN
CAS: 1836-75-5
SYNONYMS: BENZENAMINE, 4-ETHOXY-N-(5-NITRO-2FURANYL)METHYLENE- • BENZENE, 2,4-DICHLORO-1-(4-NITROPHENOXY)- • 2',4'-DICHLORO-4'-NITRODIPHENYL ETHER • 2,4-DICHLORO-1-(4-NITROPHENOXY)BENZENE • 4-(2,4-DICHLOROPHENOXY)NITROBENZENE • 2,4-DICHLOROPHENYL 4-NITROPHENYL ETHER • 2,4-DICHLOROPHENYL p-NITROPHENYL ETHER • 2,4-DICHLOROPHENYL-4-NIRTOPHENYLAETHER (German) • ETHER,2,4-DICHLORO-

PHENYL p-NITROPHENYL • FW 925 • MEZOTOX • NICLOFEN • NIP • NITROCHLOR • 4′-NITRO-2,4-DICHLORODIPHENYL ETHER • 4-NITRO-2′,4′-DICHLORODIPHENYL ETHER • NCI-C00420 • NITROCHLOR • NITROFENE (French) • NITROPHEN • NITROPHENE • PREPARATION 125 • TOK-2 • TOK • TOK E • TOK E 25 • TOK E 40 • TOKKOM • TOKKORN • TOK WP-50 • TRIZILIN • RTECS No. KN8400000

EPA NAME: NITROGEN DIOXIDE
CAS: 10102-44-0
SYNONYMS: AZOTE (French) • AZOTO (Italian) • DINITROGEN TETROXIDE • DIOXIDO de NITROGENO (Spanish) • NITRITO • NITROGEN PEROXIDE • NITROGEN TETROXIDE • NITROUS VAPOR • NTO • RTECS No. QN9800000 • STICKSTOFFDIOXID (German) • STIKSTOFDIOXYDE (Dutch) • UN 1067

EPA NAME: NITROGEN DIOXIDE
CAS: 10544-72-6
SYNONYMS: DINITROGEN DIOXIDE • DINITROGEN DIOXIDE, DI- • DINITROGEN TETROXIDE • DIOXIDO de NITROGENO (Spanish) • NITROGEN TETROXIDE • RTECS No. QX1575000 • UN 1067

EPA NAME: NITROGEN MUSTARD
CAS: 51-75-2
SYNONYMS: BIS(2-CHLOROETHYL)METHYLAMINE • N,N-BIS(2-CHLOROETHYL)METHYLAMINE • BIS(β-CHLOROETHYL)METHYLAMINE • N,N-BIS(2-CHLOROETHYL)METHYLAMINE • CARYOLYSIN • CHLORAMINE • CHLORMETHINE • 2-CHLORO-N-(2-CHLOROETHYL)-N-METHYLETHANAMINE • CLORAMIN • DICHLORAMINE • DICHLOREN (German) • N,N-DI(CHLOROETHYL)METHYLAMINE • β,β′-DICHLORODIETHYL-N-METHYLAMINE • DI(2-CHLOROETHYL)METHYLAMINE • 2,2′-DICHLORO-N-METHYLDIETHYLAMINE • EMBICHIN • ENT-25294 • HN2 • MBA • MECHLORETHAMINE • METHYLBIS(β-CHLOROETHYL)AMINE • N-METHYL-BIS-CHLORAETHYLAMIN (German) • N-METHYL-BIS(β-CHLOROETHYL)AMINE • N-METHYL-BIS(2-CHLOROETHYL)AMINE • N-METHYL-2,2′-DICHLORODIETHYLAMINE • METHYLDI(2-CHLOROETHYL)AMINE • N-METHYL-LOST • MUSTARGEN • MUSTINE • N-LOST (German) • NSC 762 • TL 146 • CHLORETHAZINE • DIETHYLAMINE,2,2′-DICHLORO-N-METHYL-(8CI) • ETHANAMINE,2-CHLORO-N-(2-CHLOROETHYL)-N-METHYL-(9CI) • METHYLBIS(2-CHLOROETHYL)AMINE • MOSTAZA de NITROGENO (Spanish) • RTECS No. IA1750000

EPA NAME: NITROGEN OXIDE (NO)
[see NITRIC OXIDE]
CAS: 10102-43-9

EPA NAME: NITROGLYCERIN
CAS: 55-63-0
SYNONYMS: ANGIBID • ANGININE • ANGIOLINGUAL • ANGORIN • BLASTING GELATIN • BLASTING OIL • CARDMIST • GLONOIN • GLUCOR NITRO • GLYCERINTRITRATE (Czech) • GLYCEROL, NITRIC ACID TRIESTER • GLYCEROLTRINITRAAT (Dutch) • GLYCEROL TRINITRATE • GLYCEROL (TRINITRATE de) (French) • GLYCERYL NITRATE • GLYCERYL TRINITRATE • GTN • KLAVI KORDAL • LENITRAL • MYOCON • MYOGLYCERIN • NG • NIGLYCON • NIONG • NITORA • NITRIC ACID TRIESTER OF GLYCEROL • NITRIN • NITRINE • NITRINE-TDC • NITRO-DUR • NITROGLICERINA (Italian, Spanish) • NITROGLICERYNA (Polish) • NITROGLYCERINE • NITROGLYCEROL • NITROGLYN • NITROL • NITROLAN • NITROLENT • NITROLETTEN • NITROLINGUAL • NITROLOWE • NITRONET • NITRONG • NITRORECTAL • NITRO-SPAN • NITROSTABILIN • NITROSTAT • NITROZELL RETARD • NK-843 • NTG • PERGLOTTAL • 1,2,3-PROPANETROL, TRINITRATE • 1,2,3-PROPANETRIYL NITRATE • PYRO-GLYCERINE • RCRA No. P081 • SK-106N • SNG • SOUP • SPIRIT OF GLONOIN • SPIRIT OF GLYCERYL TRINITRATE • SPIRIT OF TRINITROGLYCERIN • TEMPONITRIN • TNG • TRINITRIN • TRINITROGLYCERIN • TRINITROGLYCEROL • RTECS No. QX2100000 • UN 0143 (desensitized) • UN 0144 (solution in alcohol) • UN 1204 • UN 3064 (solution in alcohol, with more than 1% but not more than 5% niroglycerine) • VASOGLYN

EPA NAME: NITROPHENOL (MIXED ISOMERS)
CAS: 25154-55-6
SYNONYMS: NITROFENOL (Spanish) • NITROPHENOLS • NITROPHENOL (ALL ISOMERS) • UN 1663

EPA NAME: m-NITROPHENOL
CAS: 554-84-7
SYNONYMS: m-HYDROXYNITROBENZENE • 3-HYDROXYNITROBENZENE • m-NITROFENOL (Spanish) • 3-NITROPHENOL • PHENOL, 3-NITRO- • RTECS No. SM1925000 • STCC 4963394 • UN 1663

EPA NAME: p-NITROPHENOL
CAS: 100-02-7
SYNONYMS: CASWELL No. 603 • DEGRADATION PRODUCT OF PARATHION • EPA PESTICIDE CHEMICAL CODE 056301 • 4-HYDROXYNITROBENZENE • NCI-C55992 • NIPHEN • p-NITROFENOL (Czech, Dutch, Spanish) • 4-NITROFENOL (Dutch, Spanish) • 4-NITROPHENOL • PARANITROFENOL (Dutch) • PARANITROFENOLO (Italian) • PARANITROPHENOL (French • German) • PHENOL, 4-NITRO- • PHENOL, P-NITRO • PNP • RCRA No. U170 • RTECS No. SM2275000 • SC 1317 • UN 1663

EPA NAME: 2-NITROPHENOL
CAS: 88-75-5
SYNONYMS: 2-HYDROXYNITROBENZENE • o-NITROFENOL (Spanish) • o-NITROPHENOL • ORTHONITROPHENOL • PHENOL, 2-NITRO- • PHENOL, o-NITRO- • RTECS No. SM2100000 • UN 1663

EPA NAME: 3-NITROPHENOL
[see m-NITROPHENOL]
CAS: 554-84-7

EPA NAME: 4-NITROPHENOL
[see p-NITROPHENOL]
CAS: 100-02-7

EPA NAME: 2-NITROPROPANE
CAS: 79-46-9
SYNONYMS: DIMETHYLNITROMETHANE • EINECS 201-209-1 • ISONITROPROPANE • NIPAR S-20 • NIPAR S-20 SOLVENT • NIPAR S-30 SOLVENT • 2-NITROPROPNO • NITROISOPROPANE • β-NITROPROPANE • sec-NITROPROPANE • 2-NP • PROPANE, 2-NITRO • RCRA No. U171 • RTECS No. TZ5250000 • STCC 4909193 • UN 2608

EPA NAME: 1-NITROPYRENE
CAS: 5522-43-0
SYNONYMS: 3-NITROPYRENE • NSC 81340 • PYRENE, 1-NITRO- • RTECS No. UR2480000

EPA NAME: N-NITROSODI-n-BUTYLAMINE
CAS: 924-16-3
SYNONYMS: 1-BUTANAMINE,N-BUTYL-N-NITROSO- • BUTYLAMINE, N-NITROSODI- • n-BUTYL-N-NITROSO-1-BUTAMINE • DBN • DBNA • DIBUTYLAMINE, N-NITROSO- • DI-n-BUTYLNITROSAMIN (German) • DIBUTYLNITROSAMINE • DI-n-BUTYLNITROSAMINE • N,N-DI-n-BUTYLNITROSAMINE • N,N-DIBUTYLNITROSOAMINE • NDBA • NITROSODIBUTYLAMINE • N-NITROSO-DI-n-BUTYLAMINE • N-NITROSODI-n-BUTYLAMINE • RCRA No. U172 • RTECS No. EJ4025000

EPA NAME: N-NITROSODIETHANOLAMINE
CAS: 1116-54-7
SYNONYMS: BIS(β-HYDROXYAETHYL)NITROSAMIN (German) • BIS(β-HYDROXYETHYL)NITROSAMINE • DIAETHANOLNITROSAMIN (German) • DIETHANOLNITROSOAMINE • 2,2'-DIHYDROXY-N-NITROSODIETHYLAMINE • 2,2'-IMINODI-N-NITROSOETHANOL • NCI-C55583 • NDELA • N-NITROSOAMINODIETHANOL • N-NITROSOBIS(2-HYDROXYETHYL)AMINE • N-NITROSODIAETHANOLAMIN (German) • 2,2'-(NITROSOIMINO)BISETHANOL • RCRA No. U173 • RTECS No. KL9550000

EPA NAME: N-NITROSODIETHYLAMINE
CAS: 55-18-5

SYNONYMS: DANA • DEN • DENA • DIAETHYLNITROSAMIN (German) • DIETHYLAMINE, N-NITROSO- • DIETHYLNITROSAMIDE • DIETHYLNITROSAMINE • DIETHYLNITROSOAMINE • N,N-DIETHYLNITROSOAMINE • ETHANAMINE, N-ETHYL-N-NITROSO- • N-ETHYL-N-NITROSOETHANAMINE • NDEA • N-NITROSODIETILAMINA (Spanish) • N-NITROSODIAETHYLAMIN (German) • NITROSODIETHYLAMINE • N-NITROSO-N,N-DIETHYLAMINE • RCRA No. U174 • RTECS No. IA3500000

EPA NAME: N-NITROSODIMETHYLAMINE
CAS: 62-75-9
SYNONYMS: DIMETHYLAMINE, N-NITROSO- • DIMETHYLNITROSAMIN (German) • DIMETHYLNITROSAMINE • N,N-DIMETHYLNITROSOAMINE • DMN • DMNA • METHANAMINE, N-METHYL-N-NITROSO- • N-METHYL-N-NITROSOMETHANAMINE • NDMA • NITROSODIMETHYLAMINE • N-NITROSO-N,N-DIMETHYLAMINE • N-NITROSODIMETILAMINA (Spanish) • RCRA No. P082 • RTECS No. IQ0525000

EPA NAME: NITROSODIMETHYLAMINE
[see N-NITROSODIMETHYLAMINE]
CAS: 62-75-9

EPA NAME: N-NITROSODIPHENYLAMINE
CAS: 86-30-6
SYNONYMS: BENZENAMINE, N-NITROSO-N-PHENYL- • CURETARD A • DELAC J • DIPHENYLNITROSAMIN (German) • DIPHENYLAMINE, N-NITROSO- AMINE • DIPHENYLNITROSAMINE • N,N-DIPHENYLNITROSAMINE • N,N-DIPHENYL-N-NITROSOAMINE • NCI-C02880 • NDPA • NDPhA • NITROSODIFENYLAMIN (Czech) • NITROSODIPHENYLAMINE • N-NITROSO-N-DIPHENYLAMINE • N-NITROSO-N-PHENYLANILINE • N-NITROSODIFENILAMINA (Spanish) • NITROUS DIPHENYLAMIDE • REDAX • RETARDER J • TJB • VULCALENT A • VALCATARD • VULCATARD A • VULKALENT A (Czech) • VULTROL • RTECS No. JJ9800000

EPA NAME: p-NITROSODIPHENYLAMINE
CAS: 156-10-5
SYNONYMS: BENZENAMINE, 4-NITROSO-N-PHENYL- • DIPHENYLAMINE, 4-NITROSO- • NAUGARD TKB • NCI-C02244 • p-NITROSODIFENILAMINA (Spanish) • p-NITROSODIFENYLAMIN (Czech) • 4-NITROSODIPHENYLAMINE • p-NITROSO-N-PHENYLANILINE • 4-NITROSO-N-PHENYLANILINE • p-PHENYLAMINONITROSOBENZENE • N-PHENYL-p-NITROSOANILINE • TKB • RTECS No. JK0175000

EPA NAME: N-NITROSODI-n-PROPYLAMINE
CAS: 621-64-7
SYNONYMS: DIPROPYLAMINE, N-NITROSO- • DI-n-PROPYLNITROSAMINE • DIPROPYLNITROSAMINE • DPN • DPNA • NDPA • NITROSODIPROPYLAMINE • N-NITROSO-N-DI-

PROPYLAMINE • N-NITROSODIPROPYLAMINE • 1-PROPA-
NAMINE, N-NITROSO-N-PROPYL- • N-NITROSO-N-PROPYL-
PROPANAMINE • RCRA No. U111 • RTECS No. JL9700000

EPA NAME: N-NITROSO-N-ETHYLUREA
CAS: 759-73-9
SYNONYMS: AENH (German) • AETHYLNITROSO-HARNSTOFF (German) • ENU • N-ETHYL-N-NITROSOCARBAMIDE • ETHYLNITROSOUREA • ETHYL-1-NITROSOUREA • 1-ETHYL-1-NITROSOUREA • N-ETHYL-N-NITROSOUREA • NEU • NITROSOETHYLUREA • NSC 45403 • UREA, 1-ETHYL-1-NITROSO- • UREA, N-ETHYL-N-NITROSO- • RCRA No. U176 • RTECS No. YT3150000

EPA NAME: N-NITROSO-N-METHYLUREA
CAS: 684-93-5
SYNONYMS: METHYLNITROSO-HARNSTOFF (German) • N-METHYL-N-NITROSO-HARNSTOFF (German) • N-METHYL-N-NITROSOUREA • METHYLNITROSOUREA • 1-METHYL-1-NITROSOUREA • METHYLNITROSOUREE (French) • MNU • N-NITROSO-N-METHYLCARBAMIDE • N-NITROSO-N-METHYL-HARNSTOFF (German) • NITROSOMETHYLUREA • 1-NITROSO-1-METHYLUREA • NMH • NMM • NMU • NSC-23909 • UREA, N-METHYL-N-NITROSO- • UREA, 1-METHYL-1-NITROSO- • RCRA No. U177 • RTECS No. YT7875000

EPA NAME: N-NITROSO-N-METHYLURETHANE
CAS: 615-53-2
SYNONYMS: ETHYL ESTER of METHYLNITROSO-CARBAMIC ACID • N-METHYL-N-NITROSOCARBAMIC ACID, ETHYL ESTER • METHYLNITROSOURETHAN (German) • METHYLNITROSOURETHANE • N-METHYL-N-NITROSOETHYLCARBAMATE • N-METHYL-N-NITROSO-URETHANE • MNU • NITROSOMETHYLURETHAN (German) • NITROSOMETHYLURETHANE • N-NITROSO-N-METHYLURETHANE • NMUM • NMUT • RCRA No. U178 • RTECS No. FC6300000

EPA NAME: N-NITROSOMETHYLVINYLAMINE
CAS: 4549-40-0
SYNONYMS: ETHENAMINE, N-METHYL-N-NITROSO- • ETHYLENE, N-METHYL-N-NITROSO- • N-METHYL-N-NITROSOVINYLAMINE • METHYLVINYLNITROSAMINE (German) • METHYLVINYLNITROSAMINE • MVNA • N-NITROSO-N-METHYLVINYL AMINE • NMVA • RCRA No. P084 • VINYLAMINE, N-METHYL-N-NITROSO- • RCRA No. P084 • RTECS No. YZ0875000

EPA NAME: N-NITROSOMORPHOLINE
CAS: 59-89-2
SYNONYMS: MORPHOLINE, 4-NITROSO- • 4-NITROSOMORPHOLIN (German) • 4-NITROSOMORPHOLINE • NITROSOMORPHOLINE • NMOR • RTECS No. QE7525000

EPA NAME: N-NITROSONORNICOTINE
CAS: 16543-55-8
SYNONYMS: ANTI-N'-NITROSONORNICOTINE • NICOTINE, 1'-DEMETHYL-1'-NITROSO- • NITROSONORNICOTINE • 1'-NITROSONORNICOTINE • N'-NITROSONORNICOTINE • SYN-N'-NITROSONORNICOTINE • NORNICOTINE, N-NITROSO- • PYRIDINE, 3-(1-NITROSO-2-PYRROLIDINYL)-, (S)- • UN 3144 (nicotine compound, liquid, n.o.s.) • UN 1655 (nicotine compound, solid, n.o.s.)

EPA NAME: N-NITROSOPIPERIDINE
CAS: 100-75-4
SYNONYMS: HEXAHYDRO-N-NITROSOPYRIDINE • NITROSO-PIPERIDIN (German) • 1-NITROSOPIPERIDINE • N-N-PIP • NPIP • NO-PIP • PIPERIDINE, 1-NITROSO • RCRA No. U179 • RTECS No. TN2100000

EPA NAME: N-NITROSOPYRROLIDINE
CAS: 930-55-2
SYNONYMS: N-NITROSOPYRROLIDIN (German) • 1-NITROSO-PYRROLIDINE • NO-PYR • N-N-PYR • NPYR • RCRA No. U180 • RTECS No. UY1575000 • TETRAHYDRO-N-NITROSO-PYRROLE •

EPA NAME: NITROTOLUENE
CAS: 1321-12-6
SYNONYMS: BENZENE, METHYLNITRO- • mixo-NITROTOLUENE • NITROTOLUENE (ALL ISOMERS) • NITROTOLUENE (MIXED ISOMERS) • NITROTOLUENO (Spanish) • TOLUENE, ar-NITRO- • RTECS No. XT2972000 • UN 1664

EPA NAME: m-NITROTOLUENE
CAS: 99-08-1
SYNONYMS: BENZENE, 1-METHYL-3-NITRO- • METANITRO-TOLUENE • 3-METHYLNITROBENZENE • m-METHYL-NITROBENZENE • NITROTOLUENE, 3- • 3-NITROTOLUENE • m-NITROTOLUENO (Spanish) • 3-NITROTOLUOL • MNT • RTECS No. XT3150000 • STCC 4963131 • UN 1664

EPA NAME: o-NITROTOLUENE
CAS: 88-72-2
SYNONYMS: BENZENE, 1-METHYL-2-NITRO- • 2-METHYL-NITROBENZENE • o-METHYLNITROBENZENE • NITRO-TOLUENE, 2- • 2-NITROTOLUENE • o-NITROTOLUENO (Spanish) • o-NITROTOLUOL • ONT • ORTHONITROTO-LUENE • RTECS No. XT3150000 • UN 1664

EPA NAME: p-NITROTOLUENE
CAS: 99-99-0
SYNONYMS: BENZENE, 1-METHYL-4-NITRO- • 4-METHYL-NITROBENZENE • p-METHYLNITROBENZENE • NCI-C60537 • NITROTOLUENE, 4- • 4-NITROTOLUENE • p-NITROTOLUENO (Spanish) • p-NITROTOLUOL • 4-NITRO-TOLUOL • PNT • PARANITROTOLUENE • RTECS No. XT3325000 • UN 1664

EPA NAME: 5-NITRO-o-TOLUENE
CAS: 99-55-8
SYNONYMS: AI3-01557 • AMARTHOL FAST SCARLET G BASE • AMARTHOL FAST SCARLET G SALT • 1-AMINO-2-METHYL-5-NITROB ENZENE • 2-AMINO-4-NITROTOLUENE • AZOENE FAST SCARLET GC BASE • AZOENE FAST SCARLET GC SALT • AZOFIX SCARLET G SALT • AZOGENE FAST SCARLET G • AZOIC DIAZO COMPONENT 12 • BENZENAMINE, 2-METHYL-5-NITRO- • C.I. 37105 • C.I. AZOIC DIAZO COMPONENT 12 • DAINICHI FAST SCARLET G BASE • DAITO SCARLET BASE G • DEVOL SCARLET B • DEVOL SCARLET G SALT • DIABASE SCARLET G • DIAZO FAST SCARLET G • FAST RED SG BASE • FAST SCARLET BASE G • FAST SCARLET BASE J • FAST SCARLET G • FAST SCARLET G BASE • FAST SCARLET GC BASE • FAST SCARLET G SALT • FAST SCARLET J SALT • FAST SCARLET M 4NT BASE • FAST SCARLET T BASE • HILTONIL FAST SCARLET G BASE • HILTONIL FAST SCARLET GC BASE • HILTONIL FAST SCARLET G SALT • KAYAKU SCARLET G BASE • LAKE SCARLET G BASE • LITHOSOL ORANGE R BASE • 2-METHYL-5-NITROANILINE • 6-METHYL-3-NITROANILINE • 2-METHYL-5-NITROBENZENAMINE • 2-METHYL-5-NITRO-BENZENEAMINE • MITSUI SCARLET G BASE • NAPHTHANIL SCARLET G BASE • NAPHTOELAN FAST SCARLET G BASE • NAPHTOELAN FAST SCARLET G SALT • NCI-C01843 • 4-NITRO-2-AMINOTOLUENE • 3-NITRO-6-METHYLANILINE • 5-NITRO-2-METHYLANILINE • 5-NITRO-2-TOLUIDINE • P-NITRO-O-TOLUIDINE • p-NITRO-o-TOLUIDINA (Spanish) • NSC 8947 • PNOT • RCRA No. U181 • RTECS No. XU8225000 • SCARLET BASE CIBA II • SCARLET BASE IRGA II • SCARLET BASE NSP • SCARLET G BASE • SUGAI FAST SCARLET G BASE • SYMULON SCARLET G BASE • O-TOLUIDINE, 5-NITRO- • UN 1664

EPA NAME: NITROUS ACID, ETHYL ESTER
[see ETHYL NITRITE]
CAS: 109-95-5

EPA NAME: NORBORMIDE
CAS: 991-42-4
SYNONYMS: COMPOUND S-6,999 • ENT 51,762 • 5(α-HYDROXY-α-2-PYRIDYLBENZYL)-7-(α-2-PYRIDYLBENZYLIDENE)-5-NORBORENE-2,3-DICARBOXIDE • MCN 1025 • NORBORMIDA (Spanish) • RATICATE • S-6,999 • SHOXIN • RTECS No. RB8750000

EPA NAME: NORFLURAZON
CAS: 27314-13-2
SYNONYMS: CASWELL No. 195AA • 4-CHLORO-5-(METHYLAMINO)-2-(3-(TRIFLUOROMETHYL)PHENYL)-3(2H)-PYRIDAZINONE • 4-CHLORO-5-METHYLAMINO-2-(3-TRIFLUOROMETHYLPHENYL)PYRIDAZIN-3-ONE • 4-CHLORO-5-(METHYLAMINO)-2-(α,α,α-TRIFLUORO-m-TOLYL)-3(2H)-

PYRIDAZINONE ● 4-CHLORO-5-METHYLAMINO-2-(α,α,α-TRIFLUORO-m-TOLYL)PYRIDAZINONE-3(2H)-ONE ● EPA PESTICIDE CHEMICAL CODE: 105801 ● EVITAL ● H 9789 ● MONOMETHFLURAZON ● MONOMETHFLURAZONE ● NORFLURAZON PYRIDAZINE HERBICIDE ● 3(2H)-PYRIDAZINONE,4-CHLORO-5-(METHYLAMINO)-2-(3-(TRIFLUOROMETHYL)PHENYL)- ● 3(2H)-PYRIDAZINONE,4-CHLORO-5-(METHYLAMINO)-2-(α,α,α-TRIFLUORO-m-TOLYL)- ● SAN 9789 H ● SAN 97895 ● SOLICAM ● TELOK ● ZORIAL ● RTECS No. UR6150000

- O -

EPA NAME: OCTACHLORONAPHTHALENE
CAS: 2234-13-1
SYNONYMS: HALOWAX 1051 • NAPHTHALENE, OCTACHLO-RO- • 1,2,3,4,5,6,7,8-OCTACHLORONAPHTHALENE • PERCHLORONAPHTHALENE • PERNA • RTECS No. QK0250000

EPA NAME: OCTANOIC ACID, 2,6-DIBROMO-4-CYANOPHENYL ESTER
[see BROMOXYNIL OCTANOATE]
CAS: 1689-99-2

EPA NAME: OLEUM (FUMING SULFURIC ACID)
CAS: 8014-95-7
SYNONYMS: DISULPHURIC ACID • DITHIONIC ACID • PYROSULPHURIC ACID • SULFURIC ACID (FUMING) • SULFURIC ACID, MIXTURE WITH SULFUR TRIOXIDE • RTECS No. WS5605000 • UN 1831

EPA NAME: ORYZALIN
CAS: 19044-88-3
SYNONYMS: BENZENESULFONAMIDE, 4-(DIPROPYLAMINO)-3,5-DINITRO- • CASWELL No. 623A • COMPOUND 67019 • 3,5-DINITRO-N4,N-4-DIPROPYLSULFANILAMIDE • 3,5-DINITRO-N4,N4-DIPROPYLSULFANILAMIDE • 3,5-DINITRO-N4,N4-DIPROPYLSULPHANILAMIDE • 4-(DIPROPYLAMINO)-3,5-DINITROBENZENESULFONAMIDE • EL-119 • EPA PESTICIDE CHEMICAL CODE 104201 • SULFANILAMIDE, 3,5-DINITRO-N4,N-4-DIPROPYL- • RTECS No. WO9350000

EPA NAME: OSMIUM OXIDE OsO4 (T-4)-
[see OSMIUM TETROXIDE]
CAS: 20816-12-0

EPA NAME: OSMIUM TETROXIDE
CAS: 20816-12-0
SYNONYMS: EINECS No. 244-058-7 • MILAS' REAGENT • NAMED REAGENTS AND SOLUTIONS, MILAS' • OSMIUM (IV) OXIDE • OSMIUM OXIDE OsO4 (T-4)- • RCRA No. P087 • RTECS No. RN1140000 • TETROXIDO de OSMIO (Spanish) • UN 2471

EPA NAME: OUABAIN
CAS: 630-60-4
SYNONYMS: ACOCANTHERIN • ASTROBAIN • GRATIBAIN • GRATUS STROPHANTHIN • G-STROPHANTHIN • OUABAGENIN-l-RHAMNOSID (German) • QUABAGENIN-l-RHAMNOSIDE • OUABAINE • OUBAIN • PUROSTROPHAN • RTECS No. RN3675000 • STROPHANTHIN G • STROPHOPERM

EPA NAME: 7-OXABICYCLO(2.2.1)HEPTANE-2,3-DICARBOXYLIC ACID, DIPOTASSIUM SALT
[see DIPOTASSIUM ENDOTHALL]
CAS: 2164-07-0

EPA NAME: OXAMYL
CAS: 23135-22-0
SYNONYMS: D-1410 • 2-(DIMETHYLAMINO)-N(((METHYLAMINO)CARBONYL)OXY)2-OXOETHANIMIDOTHIOIC ACID METHYL ESTER • 2-DIMETHYLAMINO-1-(METHYLAMINO)GLYOXAL-o-METHYLCARBAMOYLMONOXIME • N,N-DIMETHYL-α-METHYLCARBAMOYLOXYIMINO-α-(METHYLTHIO)ACETAMIDE • N,N-DIMETHYL-N-((METHYLCARBAMOYL)OXY)-1-THIOOXAMIMIDIC ACID METHYL ESTER • DPX 1410 • INSECTICIDE-NEMACIDE 1410 • METHYL-2-(DIMETHYLAMINO)-N-(((METHYLAMINO)CARBONYL)OXY)-2-OXOETHANIMIDOTHIOATE • METHYL-1-(DIMETHYLCARBAMOYL)-N-(METHYLCARBAMOYLOXY)THIOFORMIMIDATE • S-METHYL-1-(DIMETHYLCARBAMOYL)-N-((METHYLCARBAMOYL)OXY)THIOFORMIMIDATE • METHYL-N,N'-DIMETHYL-N-((METHYLCARBAMOYL)OXY)-1-THIOOXAMIMIDATE • OXAMYL CARBAMATE INSECTICIDE • THIOXAMYL • VYDATE • VYDATE 10G • VYDATE L • VYDATE INSECTICIDE/NEMATICIDE • VYDATE OXAMYL INSECTICIDE/NEMATOCIDE • RCRA No. P194 • RTECS No. RP2300000 • UN 2992 (carbamate pesticides, liquid, toxic, n.o.s.) • UN 2757 (carbamate pesticides, solid, toxic, n.o.s.)

EPA NAME: OXETANE, 3,3-BIS(CHLOROMETHYL)-
CAS: 78-71-7
SYNONYMS: 3,3-BIS(CHLOROMETHYL)OXETANE • 3,3-DICHLOROMETHYLOXYCYCLOBUTANE • RTECS No. RQ6826000

EPA NAME: OXIRANE
[see ETHYLENE OXIDE]
CAS: 75-21-8

EPA NAME: OXIRANE, (CHLOROMETHYL)-
[see EPICHLOROHYDRIN]
CAS: 106-89-8

EPA NAME: OXIRANE, METHYL-
[see PROPYLENE OXIDE]
CAS: 75-56-9

EPA NAME: OXYDEMETON METHYL
CAS: 301-12-2
SYNONYMS: AI3-24964 • AIMCO SYSTOX • BAY 21097 • BAYER 21097 • CASWELL No. 455 • DEMETON-O-METHYL SULFOXIDE • DEMETON-S METHYL SULFOXIDE • DEMETON-METHYL SULPHOXIDE • O,O-DIMETHYL S-(2-AETHYLSUL-

FINYL-AETHYL)THIOPHOSPHAT (German) • O,O-DIMETHYL S-(2-ETHTHIONYLETHYL) PHOSPHOROTHIOATE • DIMETHYL S-(2-ETHTHIONYLETHYL) THIOPHOSPHATE • O,O-DIMETHYL S-(2-(ETHYLSULFINYL)ETHYL) O,O-DIMETHYL ESTER PHOSPHOROTHIOIC ACID • S-(2-(ETHYLSULFINYL)ETHYL) MONOTHIOPHOSPHATE • O,O-DIMETHYL S-2-(ETHYL SULFINYLETHYL)PHOSPHOROTHIOATE • O,O-DIMETHYL S-(2-(ETHYLSULFINYL)ETHYL) PHOSPHOROTHIOATE • O,O-DIMETHYL S-(2-ETHYLSULFINYL)ETHYLTHIOPHOSPHATE • O,O-DIMETHYL S-ETHYLSULPHINYLETHYLPHOSPHOROTHIOLATE • ENT 24,964 • EPA PESTICIDE CHEMICAL CODE 058702 • ETHANETHIOL, 2-(ETHYLSULFINYL)-, S-ESTER WITH O,O-DIMETHYLPHOSPHOROTHIOATE • S-(2-(ETHYLSULFINYL)ETHYL) O,O-DIMETHYL ESTER PHOSPHOROTHIOIC ACID • S-(2-(ETHYLSULFINYL)ETHYL) O,O-DIMETHYL PHOSPHOROTHIOATE • S-2-ETHYLSULFINYLETHYL O,O-DIMETHYL PHOSPHOROTHIOATE • S-2-ETHYLSULPHINYLETHYL O,O-DIMETHYL PHOSPHOROTHIOATE • ISOMETHYLSYSTOX SULFOXIDE • METAISOSYSTOX SULFOXIDE • METASYSTEMOX • METASYSTEMOX R • METASYSTOX R • METHYL DEMETON-O-SULFOXIDE • METHYL OXYDEMETON S • NSC 370785 • OXYDEMETONMETHYL • PHOSPHOROTHIOIC ACID, O,O-DIMETHYL S-(2-(ETHYLSULFINYL)ETHYL) ESTER • PHOSPHOROTHIOIC ACID, S-(2-(ETHYLSULFINYL)ETHYL) O,O-DIMETHYL ESTER • R 2170 • RTECS No. TG1420000 • UN 3018 (organophosphorus pesticide, liquid, toxic) • UN 2783 (organophosphorus pesticide, solid, toxic)

EPA NAME: OXYDIAZON
CAS: 19666-30-9
SYNONYMS: 2-tert-BUTYL-4-(2,4-DICHLORO-5-ISOPROPOXYPHENYL)-DELTA2-1,3,4-OXADIAZOLIN-5- ONE • 5-tert-BUTYL-3-(2,4-DICHLORO-5-ISOPROPOXYPHENYL)-1,3,4-OXADIAZOL-2(3H)-ONE • 2-tert-BUTYL-4-(2,4-DICHLORO-5-ISOPROPOXYPHENYL)-δ^2-1,3,4-OXADIAZOLIN-5-ONE • 2-tert-BUTYL-4-(2,4-DICHLORO-5-ISOPROPYLOXYPHENYL)-1,3,4-OXADIAZOLIN-5-ONE • CASWELL No. 624A • 3-(2,4-DICHLORO-5-ISOPROPYLOXY-PHENYL)-DELTA^4-5-(tert-BUTYL)-1,3,4-OXADIAZ OLINE-2-ONE • 3-(2,4-DICHLORO-5-(1-METHYLETHOXY)PHENYL)-5-(1,1-DIMETHYLETHYL)-1,3,4-OXADIAZOL-2(3H)-ONE • EPA PESTICIDE CHEMICAL CODE 109001 • DELTA^2-1,3,4-OXADIAZOLIN-5-ONE, 2-tert-BUTYL-4-(2,4-DICHLORO-5-ISOPROPYLOXYPHENYL)- • δ^2-1,3,4-OXADIAZOLIN-5-ONE,2-tert-BUTYL-4-(2,4-DICHLORO-5-ISOPROPOXYPHENYL)- • 1,3,4-OXADIAZOL -2(3H)-ONE, 3-(2,4-DICHLORO-5-(1-METHYLETHOXY)PHENYL)-5-(1,1-DIMETHYLETHYL)- • OXADIAZON • OXADIAZONE • 1,3,4-OXAZOL-2(3 H)-ONE, 3-(2,4-DICHLORO-5-(1-METHYLETHOXY)PHENYL)-5-(1,1-DIMETHYLETHYL)- • RONSTAR • RONSTAR TX • RTECS No. RO0874000

EPA NAME: OXYDISULFOTON
CAS: 2497-07-6
SYNONYMS: BAY 23323 ● O,O-DIEYHYL-S-((ETHYLSULFINYL)ETHYL)PHOSPHORODITHIOATE ● O,O-DIETHYL S-(2-(ETHYLSULFINYL)ETHYL)PHOSPHORODITHIOATE ● DISULFOTON DISULFIDE ● DISULFOTON SULFOXIDE ● DISYSTON SULFOXIDE ● ETHYLTHIOMELTON SULFOXIDE ● RTECS No. TD8600000 ● UN 3018 (organophosphorus pesticide, liquid, toxic) ● UN 2783 (organophosphorus pesticide, solid, toxic)

EPA NAME: OXYFLUORFEN
CAS: 42874-03-3
SYNONYMS: BENZENE, 2-CHLORO-1-(3-ETHOXY-4-NITROPHENOXY)-4-(TRIFLUOROMETHYL)- ● CASWELL No. 188AAA ● 2-CHLORO-1-(3-ETHOXY-4-NITROPHENOXY)-4-(TRIFLUOROMETHYL)BENZENE ● 2-CHLORO-α,α,α-TRIFLUORO-P-TOLYL 3-ETHOXY-4-NITROPHENYL ETHER ● EPA PESTICIDE CHEMICAL CODE 111601 ● ETHER, 2-CHLORO-α,α,α-TRIFLUORO-P-TOLYL3-ETHOXY-4-NITRO PHENYL ● GOAL ● KOLTAR ● OXYFLUORFENE ● OXYFLUOROFEN ● RH 915 ● RTECS No. DV4725000 ● UN 3000 (phenoxy pesticides, liquid, toxic) ● UN 2765 (phenoxy pesticides, solid, toxic)

EPA NAME: OZONE
CAS: 10028-15-6
SYNONYMS: OZON (Polish) ● OZONO (Spanish) ● OXYGEN mol (O3) ● TRIATOMIC OXYGEN ● RTECS No. RS8225000

- P -

EPA NAME: PARAFORMALDEHYDE
CAS: 30525-89-4
SYNONYMS: ALDACIDE • EINECS No. 200-001-8 • FLO-MORE • FORMALDEHYDE POLYMER • FORMAGENE • PARAFORM • PARAFORM 3 • PARAFORMALDEHIDO (Spanish) • POLYMERIZED FORMALDEHYDE • POLYFORMALDEHYDE • POLYOXYMETHYLENE • POLYOXYMETHYLENE GLYCOL • GRANUFORM • RTECS No. RV0540000 • STCC 4941143 • TRIFORMOL • TRIOXYMETHYLENE • UN 2213

EPA NAME: PARALDEHYDE
CAS: 123-63-7
SYNONYMS: p-ACETALDEHYDE • ACETALDEHYDE, TRIMER • A13-03115 • DEA No. 2585 • ELALDEHYDE • NSC 9799 • PARAACETALDEHYDE • PARACETALDEHYDE • PARAL • PARALDEHIDO (Spanish) • PARALDEHYD (German) • PARALDEHYDE DRAUGHT • PARALDEHYDE ENEMA • PARALDEIDE (Italian) • PCHO • PORAL • RCRA No. U182 • RTECS No. YK0525000 • STCC 4909260 • TRIACETALDEHYDE (French) • 2,4,6-TRIMETHYL-s-TRIOXANE • 2,4,6-TRIMETHYL-1,3,5-TRIOXAAN (Dutch) • 2,4,6-TRIMETHYL-1,3,5-TRIOXACYCLOHEXANE • 2,4,6-TRIMETHYL-1,3,5-TRIOXANE • 1,3,5-TRIMETHYL-2,4,6-TRIOXANE • S-TRIMETHYL-TRIOXYMETHYLENE • s-TRIOXANE,2,4,6-TRIMETHYL • 2,4,6-TRIMETIL-1,3,5-TRIOSSANO (Italian) • UN1264

EPA NAME: PARAQUAT DICHLORIDE
CAS: 1910-42-5
SYNONYMS: AH 501 • AI3-61943 • BIPYRIDINIUM, 1,1'-DIMETHYL-4,4'-, DICHLORIDE • 4,4'-BIPYRIDINIUM, 1,1'-DIMETHYL-, DICHLORIDE • DIMETHYL VIOLGEN CHLORIDE • CASWELL No. 634 • CEKUQUAT • CRISQUAT • DEXTRONE • DEXTRONE-X • 1,1'-DIMETHYL-4, 4'-BIPYRIDINIUM DICHLORIDE • N,N'-DIMETHYL-4,4'-BIPYRIDINIUM DICHLORIDE • N,N'-DIMETHYL-4,4'-BIPYRIDYLIUM DICHLORIDE • 1,1'-DIMETHYL-4,4'-BIPYRIDYNIUM DICHLORIDE • 1,1-DIMETHYL-4,4-DIPYRIDILIUM DICHLORIDE • 4,4'-DIMETHYLDIPYRIDYL DICHLORIDE • 1,1'-DIMETHYL-4,4'-DIPYRIDYLIUM CHLORIDE • N,N'-DIMETHYL-4,4'-DIPYRIDYLIUM DICHLORIDE • 1,1'-DIMETHYL-4,4'-DIPYRIDYLIUM DICHLORIDE • DIMETHYL VIOLOGEN CHLORIDE • EPA PESTICIDE CHEMICAL CODE 061601 • ESGRAM • GAMIXEL • GOLDQUAT 276 • GRAMOXONE • GRAMOXONE D • GRAMOXONE DICHLORIDE • GRAMOXONE S • GRAMOXONE W • HERBOXONE • METHYL VIOLOGEN (REDUCED) • METHYL VIOLOGEN • METHYL VIOLOGEN CHLORIDE • METHYL VIOLOGEN DICHLORIDE • NSC 263500 • NSC 88126 • OK 622 • PARAQUAT • ORTHO PARAQUAT CL • PARA-COL • PARAQUAT

CHLORIDE ● PARAQUAT CL ● PARAQUAT DICHLORIDE BIPYRIDYLNIUM HERBICIDE ● PATHCLEAR ● PILLARQUAT ● PILLARXONE ● PP148 ● RTECS No. DW2275000 ● SWEEP ● TERRAKLENE ● TOXER TOTAL ● UN 2781 (bipyridilium pesticide, solid, poisonous) ● UN 3016 (bipyridilium pesticides, liquid, toxic) ● VIOLOGEN, METHYL- ● WEEDOL

EPA NAME: PARAQUAT METHSULFATE
CAS: 2074-50-2
SYNONYMS: 4,4-BIPYRIDINIUM, 1,1'-DIMETHYL-, BIS(METHYL SULFATE) ● 1,1'-DIMETHYL-4,4'-BIPYRIDYNIUMDIMETHYLSULFATE ● 1,1'-DIMETHYL-4,4'-DIPYRIDYNIUM DI(METHYL SULFATE) ● GRAMOXONE METHYL SULFATE ● PARAQIAT I ● PARAQUAT BIS(METHYL SULFATE) ● PARAQUAT DIMETHOSULFATE ● PARAQUAT DIMETHYL SULPHATE ● PARAQUAT DIMETHYL SULFATE ● PARAQUAT METHSULFATE BIPYRIDYLNIUM HERBICIDE ● RTECS No. DW2010000 ● UN 2781 (bipyridilium pesticide, solid, poisonous) ● UN 3016 (bipyridilium pesticides, liquid, toxic)

EPA NAME: PARATHION
CAS: 56-38-2
SYNONYMS: AAT ● AATP ● ACC 3422 ● ALKRON ● ALLERON ● AMERICAN CYANAMID 3422 ● APHAMITE ● ARALO ● B 404 ● BAY E-605 ● BAYER E-605 ● BLADAN F ● COMPOUND 3422 ● COROTHION ● CORTHION ● CORTHIONE ● DANTHION ● O,O-DIETHYL O-(p-NITROPHENYL) PHOSPHOROTHIOATE ● DIETHYL p-NITROPHENYL PHOSPHOROTHIONATE ● DIETHYL 4-NITROPHENYL PHOSPHOROTHIONATE ● O,O-DIETHYL O-(4-NITROPHENYL) PHOSPHOROTHIOATE ● O,O-DIETHYL-o,p-NITROPHENYL PHOSPHOROTHIOATE ● DIETHYL p-NITROPHENYL THIONOPHOSPHATE ● O,O-DIETHYL o-p-NITROPHENYL THIOPHOSPHATE ● DIETHYL PARATHION ● DNTP ● DPP ● DREXEL PARATHION 8E ● E 605 ● E 605 F ● ECATOX ● EKATIN WF & WF ULV ● EKATOX ● ENT 15,108 ● ETHLON ● ETHYL PARATHION ● ETILON ● FOLIDOL ● FOLIDOL E ● FOLIDOL E-605 ● FOLIDOL E&E 605 ● FOLIDOL OIL ● FOSFERMO ● FOSFERNO ● FOSFEX ● FOSFIVE ● FOSOVA ● FOSTERN ● FOSTOX ● GEARPHOS ● GENITHION ● KALPHOS ● KYPTHION ● LETHALAIRE G-54 ● LIROTHION ● MURFOS ● MURPHOS ● NCI-C00226 ● NIRAN ● NIRAN E-4 ● NITROSTIGMIN (German) ● NITROSTIGMINE ● NIUIF 100 ● NOURITHION ● OLEOFOS 20 ● OLEOPARATHENE ● OLEOPARATHION ● ORTHOPHOS ● OMS 19 ● PAC ● PACOL ● PARAMAR ● PARAMAR 50 ● PANTHION ● PARADUST ● PARAPHOS ● PARATHENE ● PARATHION-ETHYL ● PARATHION THIOPHOS ● PARATIONA (Spanish) ● PARAWET ● PENNCAP E ● PESTOX PLUS ● PETHION ● PHOSKIL ● PHOSPHOROTHIOIC ACID, O,O-DIETHYL-O-(4-NITROPHENYL) ESTER ● PHOSPHOROTHIOIC ACID, O,O-DIETHYL O-(p-NITROPHENYL) ESTER ● PHOSPHOSTIGMINE ● RB ● RCRA No. P089 ● PLEOPARAPHENE ●

RHODIASOL • RHODIATOX • RHODIATROX • RTECS No. TF4550000 • SELEPHOS • SNP • SOPRATHION • STATHION • STCC 4921469 • SULPHOS • SUPER RODIATOX • T-47 • THIOMEX • THIOPHOS • THIOPHOS 3422 • TIOFOS • TOX 47 • TOXOL (3) • UN 2783 (organophosphorus pesticides, solid, toxic) • UN 3018 (organophosphorus pesticides, liquid, toxic) • VAPOPHOS • VITREX

EPA NAME: **PARATHION-METHYL**
[see METHYL PARATHION]
CAS: 298-00-0

EPA NAME: **PARIS GREEN**
[see CUPRIC ACETOARSENITE]
CAS: 12002-03-8

EPA NAME: **PCBs**
[see POLYCHLORINATED BIPHENYLS]
CAS: 1336-36-3

EPA NAME: **PCNB**
[see QUINTOZENE]
CAS: 82-68-8

EPA NAME: **PCP**
[see PENTACHLOROPHENOL]
CAS: 87-86-5

EPA NAME: **PEBULATE**
CAS: 1114-71-2
SYNONYMS: BUTYLETHYLTHIOCARBAMIC ACID S-PROPYL ESTER • PEBC • S-PROPYL-N-AETHYL-N-BUTYL-THIOCARBAMAT (German) • PROPYL-ETHYLBUTYLTHIOCARBAMATE • PROPYL-ETHYL-N-BUTYLTHIOCARBAMATE • PROPYL-N-ETHYL-N-BUTYLTHIOCARBAMATE • N-PROPYL-N-ETHYL-N-(N-BUTYL)THIOCARBAMATE • S-(N-PROPYL)-N-ETHYL-N-N-BUTYL)THIOCARBAMATE • PROPYL-ETHYLBUTYLTHIOCARBAMATE • R-2061 • RCRA No. U391 • RTECS No. EZ0400000 • STAUFFER R-2061 • TILLAM (Russian) • TILLAM-6-E • UN 2757 (carbamate pesticides, solid, toxic) • UN 2992 (carbamate pesticide, liquid, toxic).

EPA NAME: **1-PENDIMETHALIN**
CAS: 40487-42-1
SYNONYMS: AC 92553 • ACCOTAB • N-(AETHYLPROPYL)-3,4-DIMETHYL-2,6-DINITROANILIN (German) • N-(1-AETHYLPROPYL)-2,6-DINITRO-3,4-XYLIDIN (German) • ANILINE, 3,4-DIMETHYL-2,6-DINITRO-N-(1-ETHYLPROPYL)- • BENZENAMINE, 3,4-DIMETHYL-2,6-DINITRO-N-(1-ETHYLPROPYL)- • BENZENAMINE, N-(1-ETHYLPROPYL)-3,4-DIMETHYL-2,6-DINITRO- • CASWELL No. 454BB • 2,5-DINITRO-N-(1-ETHYLPROPYL)-3,4-XYLIDINE • 3,4-DIMETHYL-2,6-DINITRO-N-(1-ETHYLPROPYL)ANILINE • EPA PESTICIDE CHEMICAL CODE 108501 • N-(1-ETHYLPROPYL)-3,4-DI-

METHYL-2,6-DINITROBENZAMINE • N-(1-ETHYLPROPYL)-2,6-DINITRO-3,4-XYLIDINE • GO-GO-SAN • HERBADOX (FORMULATION) • HORBADOX (FORMULATION) • PAY-OFF • PENDIMETHALINE • PENOXALIN • PENOXALINE • N-(3-PENTYL)-3,4- DIMETHYL-2,6-DINITROANILINE • PENOXALINE • PHENOXALIN • PROWL (FORMULATION) • SIPAXOL • STOMP (FORMULATION) • STOMP H (FORMULATION) • STOMP/IPU HERBICIDE (FORMULATION) • STOMP 330 (FORMULATION) • STOMP 330E (FORMULATION) • STOMP 330D (FORMULATION) • TENDIMETHALIN • 3,4-XYLIDINE, 2,6-DINITRO-N-(1-ETHYLPROPYL)- • RTECS No. BX5470000 • UN 1596 (dinitroanilines) • WAX-UP (FORMULATION)

EPA NAME: PENTABORANE
CAS: 19624-22-7
SYNONYMS: DIHYDROPENTABORANE (9) • PENTABORANE (9) • PENTABORANE UNDECAHYDRIDE • PENTABORANO (Spanish) • PENTABORON NONAHYDRIDE • (9)-PENTABORON NONAHYDRIDE • PENTABORON UNDECAHYDRIDE • RTECS No. RY8925000 • STABLE PENTABORANE • STCC 4906060 • UN 1380

EPA NAME: PENTACHLOROBENZENE
CAS: 608-93-5
SYNONYMS: BENZENE, PENTACHLORO- • QCB • RCRA No. U183 • RTECS No. DA6640000

EPA NAME: PENTACHLOROETHANE
CAS: 76-01-7
SYNONYMS: ETHANE PENTACHLORIDE • ETHANE, PENTACHLORO- • NCI-C53894 • PENTACHLOORETHAAN (Dutch) • PENTACHLORAETHAN (German) • PENTACHLORETHANE (French) • PENTACLOROETANO (Italian, Spanish) • PENTALIN • RCRA No. U184 • RTECS No. KI6300000 • UN 3220

EPA NAME: PENTACHLORONITROBENZENE
[see QUINTOZENE]
CAS: 82-68-8

EPA NAME: PENTACHLOROPHENOL
CAS: 87-86-5
SYNONYMS: CHEM-TOL • CHLON • CHLOROPHEN • CRYPTOGIL OL • DOWCIDE 7 • DOWCIDE 7 • DOWCIDE EC-7 • DOWCIDE G • DOW PENTACHLOROPHENOL DP-2 ANTIMICROBIAL • DURA TREET II • DUROTOX • EINECS No. 201-778-6 • EP 30 • FUNGIFEN • GLAZD PENTA • GRUNDIER ARBEZOL • 1-HYDROXYPENTACHLOROBENZENE • LAUXTOL • LAUXTOL A • LIROPREM • NCI-C54933 • NCI-C55378 • NCI-C56655 • PCP • PENCHLOROL • PENTA • PENTACHLOORFENOL (Dutch) • PENTACHLOROFENOL • PENTACLOROFENOLO (Italian) • PENTACHLOROPHENATE • 2,3,4,5,6-PENTACHLOROPHENOL • PENTACHLOROPHENOL, DOWCIDE EC-7 • PENTACHLOROPHENOL, DP-2 •

PENTACHLORPHENOL (German) ● PENTACHLOROPHENOL, TECHNICAL ● PENTACLOROFENOL (Spanish) ● PCP ● PENTACON ● PENTA-KIL ● PENTASOL ● PENWAR ● PERATOX ● PERMACIDE ● PERMAGARD ● PERMASAN ● PERMATOX DP-2 ● PERMATOX PENTA ● PERMITE ● PHENOL, PENTACHLORO- ● POL NU ● PREVENTOL P ● PRILTOX ● RCRA No. D037 ● RCRA No. F027 ● RTECS No. SM3000000 ● SANTOBRITE ● SANTOPHEN ● SANTOPHEN 20 ● SINITUHO ● STCC 4961380 ● TERM-I-TROL ● THOMPSON'S WOOD FIX ● WEEDONE ● WOODTREAT A ● UN 3155

EPA NAME: PENTADECYLAMINE
CAS: 2570-26-5
SYNONYMS: 1-PENTADECANAMINE ● n-PENTADECYLAMINE ● 1-PENTADECYLAMINE ● RTECS No. RZ2120000

EPA NAME: 1,3-PENTADIENE
CAS: 504-60-9
SYNONYMS: (E)-1,3-PENTADIENE ● trans-1,3-PENTADIENE ● 1,3-PENTADIENE-trans ● 1,3-PENTADIENO (Spanish) ● (E)-PIPERYLENE ● trans-PIPERYLENE ● PIPERYLENE-trans ● RCRA No. U186 ● RTECS No. RZ2464000

EPA NAME: PENTANE
CAS: 109-66-0
SYNONYMS: AMYL HYDRIDE ● EINECS No. 203-692-4 ● n-PENTANE ● n-PENTANO (Spanish) ● NORMALPENTANE ● normal-PENTANE ● PENTAN (Polish) ● PENTANEN (Dutch) ● PENTANI (Italian) ● SKELLYSOLVE-A ● RTECS No. RZ9450000 ● STCC 4908255 ● UN 1265

EPA NAME: 1-PENTENE
CAS: 109-67-1
SYNONYMS: AMYLENE ● α-n-AMYLENE ● n-PENTENE ● 1-PENTENO (Spanish) ● PROPYLETHYLENE ● STCC 4908108 ● UN 1108

EPA NAME: 2-PENTENE, (E)-
CAS: 646-04-8
SYNONYMS: β-AMYLENE-trans ● β-AMYLENE, (E) ● trans-β-AMYLENE ● UN 1108

EPA NAME: 2-PENTENE, (Z)-
CAS: 627-20-3
SYNONYMS: β-AMYLENE-cis ● β-AMYLENE, (Z) ● cis-β-AMYLENE ● UN 1108

EPA NAME: PENTOBARBITOL SODIUM
CAS: 57-33-0
SYNONYMS: AUROPAN ● BARBITURIC ACID, 5-ETHYL-5-(1-METHYLBUTYL)-, SODIUM SALT ● BARBITURIC ACID, 5-ETHYL-5-sec-PENTYL-, SODIUM SALT ● BARPENTAL ● BIOSEDAN ● BUTYLMETHYL ETHYL MALONYL UREA SODIUM ● BUTYLONE ● CARBRITAL ● CONTINAL ● DIABUTAL ● EMBUTAL ● ETAMINAL SODIUM ● ETHAMINAL ● ETHAMINAL SODIUM ● 5-ETHYL-5-(1-METHY LBUTYL)

BARBITURIC ACID SODIUM SALT • 5-ETHYL-5-(1-METHYL-BUTYL)-2,4,6(1H,3H,5H)-PYRIMIDINETRIONE MONOSODIUM SALT • EUTHATAL • IPRAL SODIUM • ISOBARB • LETHOBARB • MEBUBARBITAL • MEBUBARBITAL SODIUM • MEBUMAL NATRIUM • MEBUMAL SODIUM • MINTAL • NAPENTAL • NEMBUTAL SODIUM • NSC 10816 • PACIFAN • PALAPENT • PENBAR • PENTABARBITAL SODIUM • PENTAL • PENTOBARBITONE • PENTOBARBITONE SODIUM • PENTONAL • PENTYL • PROPYLMETHYLCARBINYLETHYL BARBITURIC ACID SODIUM SALT • 2,4,6 (1H,3H,5H)-PYRIMIDINETRIONE, 5-ETHYL-5-(1-METHYL-BUTYL)-, MONOSODIUM SALT • RIVADORN • RTECS No. CQ6125000 • SAGATAL • SODITAL • SODIUM ETHAMINAL • SODIUM 5-ETHYL-5-(1-METHYLBUTYL)BARBITURATE • SODIUM NEMBUTAL • SODIUM-PENT • SODIUM PENTABARBITAL • SODIUM PENTABARBITONE • SODIUM PENTOBARBITAL • SODIUM PENTOBARBITONE • SODIUM PENTOBARBITURATE • SOLUBLE PENTOBARBITAL • SOMNOPENTYL • SONTOBARBITAL NABITONE • SOPENTAL • SOTYL • VETBUTAL

EPA NAME: PERACETIC ACID
CAS: 79-21-0
SYNONYMS: ACIDO PERACETICO (Spanish) • ACETIC PEROXIDE • ACETYL HYDROPEROXIDE • ACIDE PERACETIQUE (French) • DESOXON 1 • ESTOSTERIL • ETHANEPEROXOIC ACID • HYDROGEN PEROXIDE and PEROXYACETIC ACID MIXTURE • HYDROPEROXIDE, ACETYL • KYSELINA PEROXYOCTOVA • MONOPERACETIC ACID • OSBON AC • OXYMASTER • PEROXYACETIC ACID • PROXITANE • PROXITANE 4002 • RTECS No. SD8750000 • UN 2131 (solution)

EPA NAME: PERCHLORETHYLENE
[see TETRACHLOROETHYLENE]
CAS: 127-18-4

EPA NAME: PERCHLOROMETHYL MERCAPTAN
CAS: 594-42-3
SYNONYMS: CLAIRSIT • MERCAPTAN METHYLIQUE PERCHLORE (French) • METHANESULFENIC ACID, TRICHLORO-, CHLORIDE • METHANESULFENYL CHLORIDE, TRICHLORO- • MERCAPTAN METHYLIQUE PERCHLORE (French) • METHANESULFENYL CHLORIDE, TRICHLORO- • NSC 66404 • PCM • PERCHLOROMETHANETHIOL • PMM • PERCHLOROMETHYLMERCAPTAN • PERCHLORMETHYLMERKAPTAN (Czech) • PERCLOROMETILMERCAPTANO (Spanish) • PPM • RCRA No. P118 • THIOCARBONYL TETRACHLORIDE • TRICHLORMETHYL SULFUR CHLORIDE • (TRICHLOROMETHANE)SULFENYL CHLORIDE • TRICHLOROMETHANESULFURYL CHLORIDE • TRICHLOROMETHANESULPHENYL CHLORIDE • TRICHLOROMETHYLSULFENYL CHLORIDE • (TRICHLOROMETHYL) SULFENYL

CHLORIDE • TRICHLOROMETHYLSULFOCHLORIDE • TRICHLOROMETHYL SULFUR CHLORIDE • TRICHLOROMETHYLSULPHENYL CHLORIDE • RTECS No. PB0370000 • STCC 4921473 • UN 1670

EPA NAME: PERMETHRIN
CAS: 52645-53-1
SYNONYMS: AI3-29158 • AMBUSH • AMBUSHFOG • ANTIBORER 3768 • BW-21-Z • CASWELL No. 652BB • CHINETRIN • COOPEX • CYCLOPROPANECAR BOXYLIC ACID, 3-(2,2-DICHLOROVINYL)-2,2-DIMETHYL-,3-PHENOXYBENZYL ESTER, (±)-, (cis,trans)- • CYCLOPROPANECAR BOXYLIC ACID, 3-(2,2-DICHLOROETHENYL)-2,2-DIMETHYL-,(3-PHENOXYPHENYL)METHYL ESTER, cis,trans-(+/-)- • 3-(2,2-DICHLOROETHENYL)-2,2-DIMETHYLCYCLOPROPANE CARBOXYLIC ACID, (3-PHENOXYPHENYL)METHYL ESTER • DIFFUSIL H • ECTIBAN • EFMETHRIN • EPA PESTICIDE CHEMICAL CODE 109701 • EXMIN • EXSMIN • FMC 33297 • FMC 41655 • ICI-PP 557 • INDOTHRIN • IPITOX • KAFIL • KESTREL • LE 79-519 • MP 79 • NDRC-143 • NIA 33297 • NIX • OUTFLANK • OUTFLANK-STOCKADE • PEREGIN W • PERIGEN W • PERMASECT • PERMASECT-25EC • PERMETHRIN, (+/-)- • PERMETHRINE • PERMETHRIN,RACEMIC • PERMETHRINUM • PERMETIN (Hungarian) • PERMETRINA (Portugese, Spanish) • PERMITRENE • 3-PHENOXYBENZYL (±)-3-(2,2-DICHLOROVINYL)-2,2 DIMETHYLCYCLOPROPANECARBOXYLATE • (±)-3-PHENOXYBENZYL-3-(2,2-DICHLOROVINYL)-2,2-DIMETHYLCYCLOPROPANECARBOXYLATE • 3-PHENOXYBENZYL (1RS)-cis-trans-3-(2,2-DICHLOROVINYL)-2,2-DIMETHYLCYCLOPROPANECARBOXYLATE • 3-PHENOXYBENZYL (1RS,3RS • 1RS,3SR)-3-(2,2-DICHLOROVINYL)-2,2-DIMETHYLCYCLOPROPANECARBOXYLATE • M-PHENOXYBENZYL (±)-3-(2,2-DICHLOROVINYL)-2,2-DIMETHYLCYCLOPROPANECARBOXYLATE • M-PHENOXYBENZYL 3-(2,2-DICHLOROVINYL)-2,2-DIMETHYLCYCLOPROPANECARBOXYLATE • 3-PHENOXYBENZYL 3-(2,2-DICHLOROVINYL)-2,2-DIMETHYLCYCLOPROPANECARBOXYLATE • 3-PHENOXYBENZYL 2,2-DIMETHYL-3-(2,2-DICHLOROVINYL)CYCLOPROPANECARBOXYLATE • 3-PHENOXYBENZYL DL-cis/trans-3-(2,2-DICHLOROVINYL)-2,2-DIMETHYL-1-CYCLOPROPANECARBOXYLATE • 3-PHENOXYBENZYL (1RS)-cis-trans-3-(2,2-DICHLOROVINYL)-2,2-DIMETHYLCYCLOPROPANECARBOXYLATE • 3-PHENOXYBENZYL (1RS)-(Z)-(E)-3-(2,2-DICHLOROVINYL)-2,2-DIMETHYLCYCLOPROPANECARBOXYLATE • (3-PHENOXYPHENYL)METHYL 3-(2,2-DICHLOROETHENYL)-2,2-DIMETHYLCYCLOPROPANECARBOXYLATE • PICKET • POUNCE • PP 557 • PRAMEX • QAMLIN • S-3151 • SBP-1513 • STOMOXIN P • TALCORD WL 43479

EPA NAME: PHENACETIN
CAS: 62-44-2

SYNONYMS: ACETAMIDE, N-(4-ETHOXYPHENYL)-(9CI) ● 1-ACETAMIDO-4-ETHOXYBENZENE ● ACETANILIDE, 4'-ETHOXY- ● ACETO-p-PHENALIDE ● ACETO-para-PHENALIDE ● p-ACETOPHENETIDE ● ACETO-p-PHENETIDIDE ● ACETO-para-PHENETIDIDE ● p-ACETOPHENETIDIDE ● para-ACETOPHENETIDIDE ● ACETOPHENETIDIN ● ACETOPHENETIDINE ● p-ACETOPHENETIDINE ● ACETO-4-PHENETIDINE ● ACETOPHENETIN ● ACET-p-PHENALIDE ● ACETPHENETIDIN ● P-ACETPHENETIDIN ● ACET-p-PHENETIDIN ● ACETYLPHENETIDIN ● N-ACETYL-p-PHENETIDINE ● ACHROCIDIN ● ANAPAC ● APC ● ASA COMPOUND ● BROMO SELTZER ● BUFF-A-COMP ● CITRA-FORT ● CLISTANOL ● CODEMPIRAL ● COMMOTIONAL ● CONTRADOL ● CONTRADOULEUR ● CORICIDIN ● CORIFORTE ● CORYBAN-D ● DAPRISAL ● DARVON ● DARVON COMPOUND ● DASIKON ● DASIN ● DASIN CH ● DOLOSTOP ● DOLVIRAN ● EDRISAL ● EMPIRAL ● EMPIRIN COMPOUND ● EMPRAZIL ● EMPRAZIL-C ● EPRAGEN ● p-ETHOXYACETANILIDE ● 4-ETHOXYACETANILIDE ● 4'-ETHOXYACETANILIDE ● n-para-ETHOXYPHENYLACETAMIDE ● n-(4-ETHOXYPHENYL)ACETAMIDE ● FENACETINA (Spanish) ● FENIDINA ● FENIA ● FENINA ● FIORINAL ● FORTACYL ● GELONIDA ● GEWODIN ● HELVAGIT ● HJORTON'S POWDER ● HOCOPHEN ● KAFA ● KALMIN ● MALEX ● MELABON ● MELAFORTE ● NORGESIC ● PAMPRIN ● PARACETOPHENETIDIN ● PARAMETTE ● PARATODOL ● PERCOBARB ● PERTONAL ● PHENACET ● p-PHENACETIN ● para-PHENACETIN ● PHENACETINE ● PHENACETINUM ● PHENACITIN ● PHENACON ● PHENAPHEN ● PHENAPHEN PLUS ● PHENAZETIN ● PHENAZETINA ● PHENEDINA ● p-PHENETIDINE, N-ACETYL- ● PHENIDIN ● PHENIN ● PHENODYNE ● PYRAPHEN ● PYRROXATE ● QUADRONAL ● REFORMIN ● RCRA No. U187 ● ROBAXISAL-PH ● SALGYDAL ● SANALGINE ● SARIDON ● SERANEX ● SINEDAL ● SINUBID ● SINUTAB ● SOMA ● STELLACYL ● SUPER ANAHIST ● SUPRALGIN ● SYNALGOS-DC ● SYNALOGOS ● TACOL ● TERRACYDIN ● TETRACYDIN ● THEPHORIN A-C ● TREUPEL ● VEGANINE ● VIDEN ● WIGRAINE ● XARIL ● ZACTIRIN COMPOUND ● RTECS No. AM4375000

EPA NAME: PHENANTHRENE

CAS: 85-01-8

SYNONYMS: A13-00790 ● COAL TAR PITCH VOLATILES ● FENANTRENO (Spanish) ● PHENANTHRENE ● NSC 26256 ● PHENANTHREN (German) ● PHENANTHRIN ● PHENANTRIN ● RTECS No. SF7175000

EPA NAME: PHENOL

CAS: 108-95-2

SYNONYMS: ACIDE CARBOLIQUE (French) ● BAKER'S P and S LIQUID ● BAKER'S P and S OINTMENT ● BENZENE, HYDROXY- ● BENZENOL ● CARBOLIC ACID ● CARBOLSAURE

(German) • ENT 1814 • FENOL (Dutch, Polish, Spanish) • FENOLO (Italian) • HYDROXYBENZENE • MONOHYDROXYBENZENE • MONOPHENOL • NCI-C50124 • OXYBENZENE • PHENIC ACID • PHENOLE (German) • PHENYL ALCOHOL • PHENYL HYDRATE • PHENYL HYDROXIDE • PHENYLIC ACID • PHENYLIC ALCOHOL • RCRA No. U188 • RTECS No. SJ3325000 • STCC 4921220 • UN 2821 (liquid or solution) • UN1671 (solid) • UN2812 (molten)

EPA NAME: PHENOL, 3-(1-METHYLETHYL)-, METHYLCARBAMATE
CAS: 64-00-6
SYNONYMS: COMPOUND 10854 • m-CUMENOL METHYLCARBAMATE • CARBAMIC ACID, METHYL-, m-CUMENYL ESTER • m-CUMENYL METHYLCARBAMATE • ENT 25,500 • ENT 25,543 • H 5727 • H 8757 • HERCULES 5727 • HERCULES AC 5727 • HIP • 3-ISOPROPYLPHENOL METHYLCARBAMATE • 3-ISOPROPYLPHENOL-N-METHYLCARBAMATE • m-ISOPROPYLPHENOL METHYLCARBAMATE • m-ISOPROPYLPHENOL-N-METHYLCARBAMATE • 3-(1-METHYLETHYL)PHENOL METHYLCARBAMATE • METHYLCARBAMIC ACID M-CUMENYL ESTER • m-PSOPROPYLPHENYL METHYLCARBAMATE • m-ISOPROPYLPHENYL-N-METHYLCARBAMATE • 3-ISOPROPYLPHENYL METHYLCARBAMATE • N-METHYL-m-ISOPROPYLPHENYL CARBAMATE • N-METHYL-3-ISOPROPYLPHENYL CARBAMATE • OMS-15 • UC 10854 • UNION CARBIDE UC 10,854 • RTECS No. FB7875000 • UN 2757 (carbamate pesticides, solid, toxic) • UN 2992 (carbamate pesticide, liquid, toxic)

EPA NAME: PHENOL, 2-(1-METHYLETHOXY)-, METHYLCARBAMATE
[see PROPOXUR]
CAS: 114-26-1

EPA NAME: PHENOL, 2,2′-THIOBIS(4-CHLORO-6-METHYL-
CAS: 4418-66-0
SYNONYMS: CHLORBISAN • 2,2′-DIHYDROXY-3,3′-DIMETHYL-5,5′-DICHLORODIPHENYL SULFIDE • PHENOL, 2,2′-THIOBIS(4-CHLORO-6-METHYL- (9CI)- • 2,2′THIOBIS(4-CHLORO-6-METHYLPHENOL • RTECS No. GP3325000 • UN 2021 (chlorophenols, liquid) • UN 2020 (chlorophenols, solid)

EPA NAME: PHENOTHRIN
CAS: 26002-80-2
SYNONYMS: AI3-29062 • CASWELL No. 652B • CYCLOPROPANECARBOXYLIC ACID, 2,2-DIMETHYL-3-(2-METHYL-1-PROPENYL)-,(3-PHENOXYPHENYL) METHYL ESTER • CYCLOPROPANECARBOXYLIC ACID, 2,2-DIMETHYL-3-(2-METHYLPROPENYL)-, M-PHENOXYBENZYL ESTER • CYCLOPROPANECARBOXYLIC ACID, 2,2-DIMETHYL-3-(2-METHYL-1-PROPENYL)-,(3-PHENOXYPHENYL)METHYL ESTER • 2,2-DIMETHYL-3-(2-METHYL-1-PROPENYL)CY-

CLOPROPANECARBOXYLIC ACID (3-PHENOXYPHENYL) METHYL ESTER • ENT 27972 • EPA PESTICIDE CHEMICAL CODE 069005 • FENOTRINA (Spanish) • FENOTHRIN, (+/-)- • (+)-trans,cis-FENOTHRIN • FENOTHRIN, (+)-trans,cis- • FENOTHRIN • S-2539 FORTE • (+)-cis,trans-PHENOTHRIN • D-PHENOTHRIN • 3-PHENOXYBENZYLD-Z/E CHRYSANTHEMATE • 3-PHENOXYBENZYLD-cis, trans-CHRYSANTHEMATE • 3-PHENOXYBENZYL cis,trans-CHRYSANTHEMATE • 3-PHENOXYBENZYL (1RS)-cis,trans-CHRYSANTHEMATE • 3-PHENOXYBENZYL (+/-)-cis,trans-CHRYSANTHEMATE • M-PHENOXYBENZYL 2,2-DIMETHYL-3-(2-METHYLPROPENYL)CYCLOPROPANECARBOXYLATE • 3-PHENOXYBENZYL 2-DIMETHYL-3-(METHYLPROPENYL)CYCLOPROPANECARBOXYLATE • 3-PHENOXYBENZYL (1RS,3RS • 1RS,3SR)-2,2-DIMETHYL-3-(2-METHYLPROP-1-ENYL)CYCLOPROPANECARBOXYLATE • 3-PHENOXYBENZYL(1RS)-cis,trans-2,2-DIMETHYL-3-(2-METHYLPROP-1-ENYL)CYCLOPROPANECARBOXYLATE • 3-PHENOXYBENZYL(1RS)-(Z),(E)-2,2-DIMETHYL-3-(2-METHYLPROP-1-ENYL)CYCLOPROPANECARBOXYLATE • PHENOXYTHRIN • S-2539 • SUMETHRIN • SUMITHRIN

EPA NAME: PHENOXARSINE, 10,10′-OXYDI-
CAS: 58-36-6
SYNONYMS: BIS(PHENOXARSIN-10-YL)ETHER • BIS(10-PHENOXARSINL)OXIDE • BIS(10-PHENOXARSYL)OXIDE • BIS(10-PHENOXYARSINYL)OXIDE • 10,10′-BIS(PHENOXYARSINYL)OXIDE • DID 47 • OBPA • 10-10′-OXYBISPHENOXYARSINE • 10-10′-OXIDIPHENOXARSINE • PHENOXAKSINE OXIDE • PXO • SA 546 • VINADINE • VINYZENE • VINYZENE bp 5 • VINYZENE bp 5-2 • VINYZENE (PESTICIDE) • VINYZENE SB 1 • RTECS No. SP6790000

EPA NAME: [2-(4-PHENOXY-PHENOXY)ETHYL]CARBAMIC ACID ETHYL ESTER
[see FENOXYCARB]
CAS: 72490-01-8

EPA NAME: PHENYL DICHLOROARSINE
[see DICHLOROPHENYLARSINE]
CAS: 696-28-6

EPA NAME: (1,2-PHENYLENEBIS (IMINOCARBONOTHIOYL)) BISCARBAMIC ACID DIETHYL ESTER
[see THIOPHANATE ETHYL]
CAS: 23564-06-9

EPA NAME: 1,2-PHENYLENEDIAMINE
CAS: 95-54-5
SYNONYMS: AI3-24343 • 2-AMINOANILINE • o-BENZENEDIAMINE • 1,2-BENZENEDIAMINE • C.I. 76010 • C.I. OXIDATION BASE 16 • o-DIAMINOBENZENE • 1,2-DIAMINOBENZENE • 1,2-FENILENDIAMINA (Spanish) • o-FENILENDIA-

MINA (Spanish) ● o-FENYLENDIAMIN (Czech) ● o-FENYL-ENODWUAMINA (Polish) ● OPDA ● ORTHAMINE ● o-PHENYLENEDIAMINE ● PHENYLENEDIAMINE, ortho- ● PODA ● RTECS No. SS7875000 ● UN 1673

EPA NAME: p-PHENYLENEDIAMINE
CAS: 106-50-3
SYNONYMS: 4-AMINOANILINE ● p-AMINOANILINE ● BASF URSOL D ● p-BENZENEDIAMINE ● 1,4-BENZENEDIAMINE ● BENZOFUR D ● C.I. 76060 ● C.I. DEVELOPER 13 ● C.I. OXIDATION BASE 10 ● DEVELOPER PF ● p-DIAMINOBENZENE ● 1,4-DIAMINOBENZENE ● 1,4-DIAMINOBENZOL ● DURAFUR BLACK R ● EINECS No. 203-404-7 ● 1,4-FENILENDIAMINA (Spanish) ● p-FENILENDIAMINA (Spanish) ● p-FENYLENDIAMIN (Czech) ● p-FENYLENODWUAMINA (Polish) ● FOURAMINE D ● FOURRINE 1 ● FOURRINE D ● FUR BLACK 41867 ● FUR BROWN 41866 ● FURRO D ● FUR YELLOW ● FUTRAMINE D ● NAKO H ● ORSIN ● PELAGOL D ● PELAGOL DR ● PELAGOL GREY D ● PELTOL D ● 1,4-PHENYLENEDIAMINE ● PHENYLENEDIAMINE, PARA ● PHENYLENE DIAMINE, para- ● PPD ● RENAL PF ● RTECS No. SS8050000 ● SANTOFLEX IC ● TERTRAL D ● URSOL D ● USAF EK-394 ● VULKANOX 4020 ● ZOBA BLACK D ● UN 1653

EPA NAME: 1,3-PHENYLENEDIAMINE
CAS: 108-45-2
SYNONYMS: AI3-52607 ● 3-AMINOANILINE ● m-AMINOANILINE ● meta-AMINOANILINE ● AMINOANILINE, meta- ● APCO 2330 ● meta-BENZENEDIAMINE ● m-BENZENEDIAMINE ● 1,3-BENZENEDIAMINE ● BENZENE, 1,3-DIAMINO- ● C.I. 76025 ● C.I. DEVELOPER 11 ● DEVELOPER 11 ● DEVELOPER C ● DEVELOPER H ● DEVELOPER M ● meta-DIAMINOBENZENE ● m-DIAMINOBENZENE ● 1,3-DIAMINOBENZENE ● DIRECT BROWN BR ● DIRECT BROWN GG ● EINECS No. 203-584-7 ● 1,3-FENILENDIAMINA (Spanish) ● m-FENILENDIAMINA (Spanish) ● m-FENYLENDIAMIN (Czech) ● m-FENYLENODWUAMINA (Polish) ● METAPHENYLENEDIAMINE ● 3-PHENYLENEDIAMINE ● m-PHENYLENEDIAMINE ● PHENYLENEDIAMINE, meta- ● RTECS No. SS7700000 ● UN 1673

EPA NAME: 1,2-PHENYLENEDIAMINE DIHYDROCHLORIDE
CAS: 615-28-1
SYNONYMS: AI3-50519 ● 1,2-BENZENEDIAMINEDIHYDROCHLORIDE ● o-PHENYLENEDIAMINE DIHYDROCHLORIDE ● USAF EK-678 ● UN 1673

EPA NAME: 1,4-PHENYLENEDIAMINE DIHYDROCHLORIDE
CAS: 624-18-0
SYNONYMS: 4-AMINOANILINE DIHYDROCHLORIDE ● p-AMINOANILINE DIHYDROCHLORIDE ● 1,4-BENZENEDIAMINE DIHYDROCHLORIDE ● p-BENZENEDIAMINE DIHYDROCHLORIDE ● BENZENE-1,4-DIAMINE DIHYDROCHLORIDE

• 1,4-BENZENEDIAMINE HYDROCHLORIDE • C.I. 76061 • C.I. OXIDATION BASE 10A • 1,4-DIAMINOBENZENE DIHYDROCHLORIDE • p-DIAMINOBENZENE DIHYDROCHLORIDE • DURAFUR BLACK RC • FOURRINE 64 • FOURRINE DS • NCI-C03930 • NSC 112725 • OXIDATION BASE 10A • p-PDAHCL • PELAGOL CD • PELAGOL GREY CD • PHENYLENEDIAMINE DIHYDROCHLORIDE • p-PHENYLENEDIAMINE DIHYDROCHLORIDE • p-PHENYLENEDIAMINE, DIHYDROCHLORIDE • p-PHENYLENEDIAMINE HCL • p-PHENYLENEDIAMINE HYDROCHLORIDE • 1,4-PHENYLENEDIAMINE HYDROCHLORIDE • UN 1673

EPA NAME: 1,4-PHENYLENE DIISOCYANATE
CAS: 104-49-4
SYNONYMS: BENZENE, 1,4-DIISOCYANATO- • 1,4-DIISOCYANATOBENZENE • 1,4-FENILENDIISOCIANATO (Spanish) • p-FENILENDIISOCIANATO (Spanish) • ISOCYANIC ACID, p-PHENYLENE ESTER • NSC 94776 • p-PHENYLENE DIISOCYANATE • p-PHENYLENE ISOCYANATE

EPA NAME: 1,3-PHENYLENE DIISOCYANATE
CAS: 123-61-5
SYNONYMS: AI3-28286 • BENZENE 1,3-DIISOCYANATE • BENZENE-1,3-DIISOCYANATE • BENZENE, m-DIISOCYANATO- • BENZENE, 1,3-DIISOCYANATO- • 1,3-DIISOCYANATOBENZENE • 1,3-FENILENDIISOCIANATO (Spanish) • m-FENILENDIISOCIANATO (Spanish) • ISOCYANIC ACID, m-PHENYLENE ESTER • NACCONATE 400 • NSC 511721 • m-PHENYLENE DIISOCYANATE • m-PHENYLENE ISOCYANATE

EPA NAME: PHENYLHYDRAZINE HYDROCHLORIDE
CAS: 59-88-1
SYNONYMS: PHENYLHYDRAZINE MONOHYDROCHLORIDE • PHENYLHYDRAZIN HYDROCHLORID (German) • PHENYLHYDRAZINIUM CHLORIDE • RTECS No. MV9000000 • STCC 4960132

EPA NAME: PHENYLMERCURIC ACETATE
[see PHENYLMERCURY ACETATE]
CAS: 62-38-4

EPA NAME: PHENYLMERCURY ACETATE
CAS: 62-38-4
SYNONYMS: ACETATE PHENYLMERCURIQUE (French) • (ACEATO)PHENYLMERCURY • ACETATO FENILMERCURIO (Spanish) • ACETIC ACID, PHENYLMERCURY DERIVITIVE • AGROSAN • AGROSAND • AGROSAN GN 5 • ALGIMYCIN • ANTIMUCIN WDR • BENZENE, (ACETOXYMERCURI)- • BENZENE, (ACETOXYMERCURIO) • BUFEN • CEKUSIL • CELMER • CERESAN • CERESAN UNIVERSAL • CERESOL • CONTRA CREME • DYNACIDE • EINECS No. 200-532-5 • FEMMA • FENYLMERCURIACETAT (Czech) • FMA • FUNGITOX OR • GALLOTOX • HL-331 • HONG KIEN • HOSTA-

QUICK • KWIKSAN • LEYTOSAN • LIQUIPHENE • MERCU-
RIPHENYL ACETATE • MERCURY(II) ACETATE, PHENYL •
MERCURY, (ACETOXY)PHENYL- • MERGAMMA • MER-
SOLITE • MERSOLITE 8 • METASOL 30 • NORFORMS •
NYMERATE • OCTAN FENYLRTUTNATY (Czech) • PAMI-
SAN • PHENMAD • PHENOMERCURY ACETATE • PHENYL-
MURCURIACETATE • PHENYLMERCURIC ACETATE •
PHENYLQUECKSILBERACETAT (German) • PHIX • PMA •
PMAC • PMACETATE • PMAL • PMAS • PURASAN-SC-10 •
PURATURF 10 • QUICKSAN • RCRA No. P092 • SANITIZED
SPG • SC-110 • SCUTL • SEEDTOX • SHIMMEREX • SPOR-
KIL • TAG • TAG 331 • TAG HL 331 • TAG FUNGICIDE •
TRIGOSAN • ZIARNIK • RTECS No. OV6475000 • UN 1674

EPA NAME: 5-(PHENYLMETHYL)-3-FURANYL)METHYL 2,2-DIMETHYL-3-(2-METHYL-1-PROPENYL)CYCLOPRO-PANECARBOXYLATE
[see RESMETHRIN]
CAS: 10453-86-8

EPA NAME: 2-PHENYLPHENOL
CAS: 90-43-7
SYNONYMS: ANTHRAPOLE 73 • 2-BIPHENYLOL • o-BIPHENY-
LOL • (1,1'-BIPHENYL)-2-OL • o-BIPHENYLOL • o-DIPHENY-
LOL • DOWICIDE 1 • DOWCIDE 1 ANTIMICROBIAL • EI-
NECS No. 201-993-5 • o-FENILFENOL (Spanish) • 2-
HYDROXYBIFENYL (Czech) • 2-HYDROXYBIPHENYL • o-
HYDROXYBIPHENYL • 2-HYDROXY-1,1'-BIPHENYL • o-
HYDROXYDIPHENYL • 2-HYDROXYDIPHENYL •
INVALON OP • KIWIYDIPHENYL • NECTRYL • ORTHO-
PHENYLPHENOL • ORTHOXENOL • o-PHENYLPHENOL •
2-PHENYLPHENOL • PREVENTOL O EXTRA • REMOL TRF
• TETROSIN OE • TETROSIN OE-N • TORSITE • TUMESCAL
OPE • USAF EK-2219 • o-XENOL • RTECS No. DV5775000

EPA NAME: PHENYLSILATRANE
CAS: 2097-19-0
SYNONYMS: FENYLSILATRAN (Czech) • PHENYL-2,8,9-TRI-
OXA-5-AZA-1-SILABICYCLO(3,3,3)UNDECANE • RTECS No.
YJ9050000

EPA NAME: PHENYLTHIOUREA
CAS: 103-85-5
SYNONYMS: NCI-C02017 • PHENYLTHIOCARBAMIDE • N-
PHENYLTHIOUREA • α-PHENYLTHIOUREA • PHENYL-2-
THIOUREA • 1-PHENYLTHIOUREA • PTC • PTU • RCRA
No. P093 • RTECS No. YU1400000 • U6324 • USAF EK-1569

EPA NAME: PHENYTOIN
CAS: 57-41-0
SYNONYMS: AI3-52498 • ALEVIATIN • ANTISACER • AURAN-
ILE • CAUSOIN • CITRULLAMON • CITRULLIAMON • CO-
MITAL • COMITOINA • CONVUL • DANTEN • DANTINAL •
DANTOINAL • DANTOINAL KLINOS • DANTOINE • DENYL

• DIDAN TDC 250 • DIFENILHIDANTOINA (Spanish) • DIFENIN • DIFHYDAN • DIHYCON • DI-HYDAN • DIHYDANTOIN • DI-LAN • DILANTIN ACID • DILANTINE • DILLANTIN • DINTION • DIPHANTOIN • DIPHEDAL • DIPHENINE • DIPHENTOIN • DIPHENTYN • DIPHENYLAN • 5,5-DIPHENYLHYDANTOIN • DIPHENYLHYDANTOIN • 5,5-DIPHENYLIMIDAZOLIDIN-2,4-DIONE • 5,5-DIPHENYL-2,4-IMIDAZOLIDINEDIONE • DIPHENYLHYDANTOINE • DI-PHETINE • DITOINATE • DPH • EKKO • EKKO CAPSULES • ENKELFEL • ELEPSINDON • EPAMIN • EPANUTIN • EPASMIR 5 • EPDANTOINE SIMPLE • EPELIN • EPILAN • EPILANTIN • EPINAT • EPISED • EPTAL • EPTOIN • FENANTOIN • FENIDANTOIN S • FENITOINA • FENYLEPSIN • FENYTOINE • GEROT-EPILAN-D • HIDAN • HIDANTILO • HIDANTINA • HIDANTINA SENOSIAN • HIDANTINA VITORIA • HIDANTOMIN • HYDANTOIN • HYDANTOIN, 5,5-DIPHENYL- HYDANTOINAL • ICTALIS SIMPLE • IDANTOIN 2,4-IMIDAZOLIDINEDIONE, 5,5-DIPHENYL- • KESSODANTEN • LABOPAL • LEHYDAN • LEPITOIN • LEPSIN • MINETOIN • NCI-C55765 • NEOS-HIDANTOINA • NEOSIDANTOINA • NOVANTOINA • OM-HIDANTOINE SIMPLE • OM-HYDANTOINE • OXYLAN • PHANANTIN • PHANATINE • PHENATINE • PHENATOINE • PHENITOIN • RITMENAL • RCRA No. U098 • RTECS No. MU1050000 • SACERIL • SANEPIL • SILANTIN • SODANTHON • SODANTOIN • SOLANTOIN • SYLANTOIC • TACOSAL • THILOPHENYL • TOIN • TOIN UNICELLES • ZENTRONAL • ZENTROPIL

EPA NAME: PHORATE
CAS: 298-02-2
SYNONYMS: AASTAR • AC 3911 • AMERICAN CYANAMID 3,911 • O,O-DIAETHYL-S-(AETHYLTHIO-METHYL)-DITHIOPHOSPHAT (German) • O,O-DIETHYL S-ETHYLMERCAPTOMETHYL DITHIOPHOSPHONATE • O,O-DIETHYL-S-(ETHYLTHIO-METHYL)-DITHIOFOSFAAT (Dutch) • O,O-DIETHYL S-ETHYLTHIOMETHYLDITHIOPHOSPHONATE • O,O-DIETHYLETHYLTHIOMETHYL PHOSPHORODITHIOATE • O,O-DIETHYL S((ETHYLTHIO)METHY)PHOSPHORODITHIOATE • O,O-DIETHYL S-(ETHYLTHIO)METHYL-PHOSPHORODITHIOATE • O,O-DIETHYL S-ETHYLTHIOMETHYLTHIONOPHOSPHATE • O,O-DIETIL-S-(ETILTIO-METIL)-DITIOFOSFATO (Italian) • DITHIOPHOSPHATEDE O,O-DIETHYLE ET D'ETHYLTHIOMETHYLE (French) • EL 3911 • ENT 24,042 • EXPERIMENTAL INSECTICIDE 3911 • FORAAT (Dutch) • FORATO (Spanish) • GEOMET • GRAMTOX • GRANUTOX • L 11/6 • METHANETHIOL, (ETHYLTHIO)-,s-ESTER with O,O-DIETHYLPHOSPHORODITHIOATE • PHORAT (German) • PHORATE-10G • RAMPART • RCRA No. P094 • TERRATHION GRANULES • THEMET (R) • THIMET • TIMET (USSR) • VEGFRU • VERG-

FRU FORATOX • RTECS No. TD9450000 • UN 2783 (organophosphorus pesticides, solid, toxic) • UN 3018 (organophosphorus pesticides, liquid, toxic)

EPA NAME: PHOSACETIM
CAS: 4104-14-7
SYNONYMS: ACETIMIDOYLPHOSPHORAMIDOTHIOIC ACID O,O-BIS(P-CHLOROPHENYL)ESTER • BAY 33819 • BAYER 33819 • O,O-BIS(P-CHLOROPHENYL)ACETIMIDOYLPHOSPHORAMIDOTHIOATE • O,O-BIS(4-CHLOROPHENYL)(1-IMINOETHYL)PHOSPHORAMIDOTHIOATE • O,O-BIS(4-CHLOROPHENYL)N-ACETIMIDOYLPHOSPHORAMIDOTHIOATE • O,O-BIS(4-CHLOROPHENYL) (1-IMINOETHYL) PHOSPHORAMIDOTHIOIC ACID • (1-IMINOETHYL)PHOSPHORAMIDOTHIOIC ACID, O,O-BIS(4-CHLOROPHENYL) ESTER • DRC-714 • GOPHACIDE • PHOSAZETIM • PHOSPHONODITHIOIMIDOCARBONIC ACID, (1-IMINOETHYL)-O,O-BIS(P-CHLOROPHENYL) ESTER • PHOSPHONODITHIOIMIDOCARBONIC ACID, ACETIMIDOYL-, O,O-BIS(P-CHLOROPHENYL) ESTER • RTECS No. TB4725000 • UN 2783 (organophosphorus pesticides, solid, toxic) • UN 3018 (organophosphorus pesticides, liquid, toxic)

EPA NAME: PHOSFOLAN
CAS: 947-02-4
SYNONYMS: AC 47031 • AMERICAN CYANAMID 47031 • C.I. 47031 • CYCLIC ETHYLENE(DIETHOXYPHOSPHINOTHIOYL)DITHIOIMIDOCARBONATE • CYCLIC ETHYLENE P,P-DIETHYLPHOSPHONO DITHIOIMIDOCARBONATE • CYLAN • CYOLANE • CYOLANE INSECTICIDE • (DIETHOXYPHOSPHINYL)DITHIOIMIDOCARBONIC ACID CYCLIC ETHYLENE ESTER • 2-(DIETHOXYPHOSPHINYLIMINO)-1,3-DITHIOLAN • 2-(DIETHOXYPHOSPHINYLIMINO)-1,3-DITHIOLANE • P,P-DIETHYL CYCLIC ETHYLENE ESTER OF PHOSPHONODITHIOIMIDOCARBONATE • P,P-DIETHYL CYCLIC ETHYLENE ESTER OF PHOSPHONODITHIOIMIDOCARBONIC ACID • DIETHYL 1,3-DITHIOLAN-2-YLIDENEPHOSPHORAMIDATE • EI 47031 • ENT 25,830 • 1,2-ETHANEDITHIOL, CYCLIC ESTER with P,P-DIETHYL PHOSPHONODITHIOIMIDOCARBONATE • 1,2-ETHANEDITHIOL, CYCLIC ESTER with PHOSPHONODITHIOIMIDOCARBONIC ACID P,P-DIETHYL ESTER • IMIDOCARBONIC ACID, PHOSPHONODITHIO-, CYCLIC ETHYLENE P,P-DIETHYL ESTER • PHOSPHOROAMIDIC ACID, 1,3-DITHIOLAN-2-YLIDENE-, DIETHYL ESTER • RTECS No. NJ6475000 • UN 2783 (organophosphorus pesticides, solid, toxic) • UN 3018 (organophosphorus pesticides, liquid, toxic)

EPA NAME: PHOSGENE
CAS: 75-44-5
SYNONYMS: CARBONE (OXYCHLORURE de) (French) • CARBON DICHLORIDE OXIDE • CARBON OXYCHLORIDE • CARBONIC DICHLORIDE • CARBON OXYCHLORIDE •

CARBONYLCHLORID (German) ● CARBONYL CHLORIDE ● CARBONYL DICHLORIDE ● CG ● CHLOROFORMYL CHLORIDE ● CARBONIO (OSSICLORURO di) (Italian) ● DIPHOSGENE ● FOSGEEN (Dutch) ● FOSGEN (Polish) ● FOSGENE (Italian) ● FOSGENO (Spanish) ● KOOLSTOFOXYCHLORIDE (Dutch) ● NCI-C60219 ● PHOSGEN (German) ● RCRA No. P095 ● RTECS No. SY5600000 ● STCC 4920540 ● UN 1076

EPA NAME: PHOSMET
CAS: 732-11-6
SYNONYMS: APPA ● DECEMTHION ● DECEMTHION P-6 ● (O,O-DIMETHYL-PHTHALIMIDIOMETHYL-DITHIOPHOSPHATE) ● O,O-DIMETHYL S-(N-PHTHALIMIDOMETHYL)DITHIOPHOSPHATE ● O,O-DIMETHYL S-PHTHALIMIDOMETHYLPHOSPHORODITHIOATE ● ENT 25,705 ● FOSMET (Spanish) ● FTALOPHOS ● IMIDAN ● KEMOLATE ● n-(MERCAPTOMETHYL)PHTHALIMIDE S-(O,O-DIMETHYL PHOSPHORODITHIOATE) ● PERCOLATE ● PHOSPHORODITHIOIC ACID, S-((1,3-DIHYDRO-1,3-DIOXO-ISOINDOL-2-YL) METHYL) O,O-DIMETHYL ESTER ● PHOSPHORODITHIOIC ACID, O,O-DIMETHYL ESTER, S-ESTER WITH N-(MERCAPTOMETHYL)PHTHALIMIDE ● PHTHALIMIDE,N-(MERCAPTOMETHYL)-, S-ESTER WITH O,O-DIMETHYL PHOSPHORODITHIOATE ● PHTHALIMIDO O,O-DIMETHYL PHOSPHORODITHIOATE ● PHTHALIMIDOMETHYL O,O-DIMETHYL PHOSPHORODITHIOATE ● PHTHALOPHOS ● PMP ● PROLATE ● R 1504 ● SMIDAN ● STAUFFER R 1504 ● RTECS No. TE2275000 ● UN 2783 (organophosphorus pesticides, solid, toxic) ● UN 3018 (organophosphorus pesticides, liquid, toxic)

EPA NAME: PHOSPHAMIDON
CAS: 13171-21-6
SYNONYMS: APAMIDON ● C 570 ● (2-CHLOR-3-DIAETHYLAMINO-METHYL-3-OXO-PROP-1-EN-YL)-DIMETHYLPHOSPHAT (German) ● 2-CHLORO-2-DIETHYLCARBAMOYL-1-METHYL-VINYLDIMETHYLPHOSPHATE ● 1-CHLORO-DIETHYL-CARBAMOYL-1-PROPEN-2-YL DIMETHYL PHOSPHATE ● (2-CHLORO-3-DIETILAMINO-1-METIL-3-OXO-PROP-1-EN-IL)-DIMETIL-FOSFATO (Italian) ● 2-CHLORO-3-(DIETHYLAMINO)-1-METHYL-3-OXO-1-PROPENYLDIMETHYL PHOSPHATE ● C-570 ● CIBA 570 ● CROPHOSPHATE ● DIMECRON ● DIMECRON 100 ● DIMETHYL 2-CHLORO-2-DIETHYLCARBAMOYL-1-METHYLVINYLPHOSPHATE ● O,O-DIMETHYL O-(2-CHLORO-2-(N,N-DIETHYLCARBAMOYL)-1-METHYL-VINYL)PHOSPHATE ● DIMETHYL DIETHYLAMIDO-1-CHLOROCROTONYL (2)PHOSPHATE ● O,O-DIMETHYL-O-(1-METHYL-2-CHLOR-2-N,N-DIETHYL-CARBAMOYL) VINYL-PHOSPHAT (German) ● (O,O-DIMETHYL-O-(1-METHYL-2-CHLORO-2-DIETHYLCARBAMOYL-VINYL)-PHOSPHATE ● DIMETHYL PHOSPHATE ESTER WITH 2-CHLORO-N,N-DIETHYL-3-HYDROXYCROTONAMIDE ● DIMETHYL

PHOSPHATE of 2-CHLORO-N,N-DIETHYL-3-HYDROXYCRO-TONAMIDE • DIMONEX • DIXON • ENT 25,515 • FOSFAMI-DON (Spanish) • FOSFAMIDONE • FOSZFAMIDON • MER-KON PHOSPHAMIDONE • ML 97 • NCI-C00588 • OMS 1325 • OR 1191 • PHOSPHAMIDON • PHOSPHATE de DIMETHYLE et de (2-CHLORO-2-DIETHYLCARBAMOYL-1-METHYL-VI-NYLE) (French) • PHOSPHORIC ACID, 2-CHLORO-3-(DIETH-YLAMINO)-1-METHYL-3-OXO-1-PROPENYL DIMETHYL ES-TER • PHOSPHORIC ACID, DIMETHYL ESTER, WITH 2-CHLORO-N,N-DIETHYL-3-HYDROXYCROTONAMIDE • RTECS No. TC2800000 • UN 2783 (organophosphorus pesticides, solid, toxic) • UN 3018 (organophosphorus pesticides, liquid, toxic)

EPA NAME: PHOSPHINE
CAS: 7803-51-2
SYNONYMS: CELPHOS • DELICIA • DETIA GAS-EX-B • FOSFA-MIA (Spanish) • FOSFOROWODOR (Polish) • HYDROGEN PHOSPHIDE • PHOSPHOROUS TRIHYDRIDE • PHOSPHO-ROUS HYDRIDE • PHOSPHORATED HYDROGEN • PHOS-PHORWASSERSTOFF (German) • PHOSTOXIN • RCRA No. P096 • RTECS No. SY7525000 • STCC 4920160 • UN 2199

EPA NAME: PHOSPHONIC ACID, (2,2,2-TRICHLORO-1-HYDROXYETHYL)-,DIMETHYL ESTER
[see TRICHLORFON]
CAS: 52-68-6

EPA NAME: PHOSPHONOTHIOIC ACID, METHYL-,O-ETHYL O-(4-(METHYLTHIO)PHENYL)ESTER
CAS: 2703-13-1
SYNONYMS: BAYER 29952 • ENT 25,612 • METHYL-PHOSPHONOTHIOIC ACID-O-ETHYL O-(4-(METHYLTHIO) PHENYL)ESTER (9CI) • METHYLPHOSPHONOTHIOIC ACID-O-ETHYL O-(p-(METHYLTHIO)PHENYL)ESTER (9CI) • RTECS No. TB1160000

EPA NAME: PHOSPHONOTHIOIC ACID, METHYL-, S(2-(BIS (1-METHYLETHYL)AMINO)ETHYL), o-ETHYL ESTER
CAS: 50782-69-9
SYNONYMS: S-(2-DIISOPROPYLAMINOETHYL)-O-ETHYL METHYL PHOSPHONOTHIOLATE • ETHYL-S-DIMETHYL-AMINOETHYL METHYL PHOSPHONOTHIOLATE • ETHYL-S-DIIOSOPROPYLAMINOETHYLMETHYLTHIOPHOSPHO-NATE • O-ETHYL-S-DIISOPROPYLAMINOETHYL METHYLPHOSPHONOTHIOATE • O-ETHYL-S-[2-(BIS(1-METHYLETHYL)AMINO)ETHYL METHYLPHOSPHONO-THIOATE • METHYLPHOSPHONOTHIOIC ACID, S-(2-(BIS (METHYLETHYL)AMINO)ETHYL) o-ETHYL ESTER • METH-YLPHOSPHONOTHIOIC ACID, S-(2-BIS(1-METHYLETHYL) AMINO)ETHYL) o-ETHYL ESTER • VX • RTECS No. TB1090000

EPA NAME: PHOSPHONOTHIOIC ACID, METHYL-,O-(4-NITROPHENYL) O-PHENYL ESTER
CAS: 2665-30-7
SYNONYMS: COLEP ● CP 40294 ● ENT 25,787 ● ENT 25,613 ● METHYLPHOSPHONOTHIOIC ACID-O-(4-NITROPHENYL) O-PHENYL ESTER ● METHYLPHOSPHONOTHIOIC ACID-O-(p-NITROPHENYL) O-PHENYL ESTER ● MONSANTO CP-40294 ● O-(4-NITROPHENYL) O-PHENYLMETHYL PHOSPHONOTHIOATE ● RTECS No. TB1680000

EPA NAME: PHOSPHORIC ACID
CAS: 7664-38-2
SYNONYMS: ACIDE PHODPHORIQUE (French) ● ACIDO FOSFORICO (Italian, Spanish) ● FOSFORZUUROPLOSSINGEN (Dutch) ● DECON 4512 ● EINECS No. 231-633-2 ● EVITs ● ORTHOPHOSPHORIC ACID ● PHOSPHORSAEURELOESUNGEN (German) ● SONAC ● WC-REINIGER ● RTECS No. TB6300000 ● UN 1805

EPA NAME: PHOSPHORIC ACID, 2-CHLORO-1-(2,3,5-TRICHLOROPHENYL) ETHENYL DIMETHYL ESTER
[see TETRACHLORVINPHOS]
CAS: 961-11-5

EPA NAME: PHOSPHORIC ACID, 2-DICHLOROETHENYL DIMETHYL ESTER
[see DICHLORVOS]
CAS: 62-73-7

EPA NAME: PHOSPHORIC ACID, DIMETHYL 4-(METHYLTHIO)PHENYL ESTER
CAS: 3254-63-5
SYNONYMS: O,O-DIMETHYL O-(4-METHYLMERCAPTOPHENYL)PHOSPHATE ● DIMETHYL-p-(METHYLTHIO)PHENYL PHOSPHATE ● ENT 25,734 ● 4-METHYLTHIOPHENYLDIMETHYL PHOSPHATE ● PHOSPHORIC ACID, DIMETHYL p-(METHYLTHIO)PHENYL ESTER ● RTECS No. TC5075000

EPA NAME: PHOSPHORODITHIOIC ACID, O-ETHYL-S,S-DIPROPYL ESTER
[see ETHOPROP]
CAS: 13194-48-4

EPA NAME: PHOSPHOROUS TRICHLORIDE
[see PHOSPHORUS TRICHLORIDE]
CAS: 7719-12-2

EPA NAME: PHOSPHOROTHIOIC ACID, O,O-DIETHYL-O-(4-NITROPHENYL) ESTER
[see PARATHION]
CAS: 56-38-2

EPA NAME: PHOSPHOROTHIOIC ACID, O,O-DIMETHYL-5-(2-(METHYLTHIO)ETHYL)ESTER
CAS: 2587-90-8

SYNONYMS: CEBETOX • CYMETOX • DEMEPHION • ISONITOX • METHYL DEMETON METHYL • 2-(METHYLTHIO)-ETHANETHIOL-O,O-DIMETHYL PHOSPHOROTHIOATE • 2-(METHYLTHIO)-ETHANETHIOL-S-ESTER with O,O-DIMETHYL PHOSPHOROTHIOATE • PHOSPHOROTHIOIC ACID, O,O-DIMETHYL-S-(2-(METHYLTHIO)ETHYL) ESTER • TINOX • RTECS No. TF9450000

EPA NAME: PHOSPHORUS
CAS: 7723-14-0
SYNONYMS: BONIDE BLUE DEATH RAT KILLER • COMMON SENSE COCKROACH AND RAT PREPARATIONS • EXOLITE 405 • EXOLIT LPKN 275 • EXOLIT VPK-N 361 • FOSFORO BLANCO (Spanish) • FOSFORO BIANCO (Italian) • GELBER PHOSPHOR (German) • PHOSPHORE BLANC (French) • PHOSPHORUS ELEMENTAL, WHITE • PHOSPHOROUS YELLOW • PHOSPHORUS-31 • RAT-NIP • RED PHOSPHORUS • STCC 4916140 • TETRAFOSFOR (Dutch) • TETRAPHOSPHOR (German) • WEISS PHOSPHOR (German) • WHITE PHOSPHORUS • YELLOW PHOSPHORUS • YELLOW PHOSPHORUS • RTECS No. TH3500000 • UN 1381 • UN 2447 (molten)

EPA NAME: PHOSPHORUS OXYCHLORIDE
CAS: 10025-87-3
SYNONYMS: EINECS No. 233-046-7 • FOSFOROXYCHLORID • OXICLORURO de FOSFORO (Spanish) • OXYCHLORID FOSFORECNY • PHOSPHORIC CHLORIDE • PHOSPHORUS CHLORIDE OXIDE • PHOSPHORUS OXYTRICHLORIDE • PHOSPHORYL CHLORIDE • RTECS No. TH4897000 • STCC 4932325 • UN 1810

EPA NAME: PHOSPHORUS PENTACHLORIDE
CAS: 10026-13-8
SYNONYMS: FOSFORO (PENTACHLORURO di) (Italian) • FOSFORPENTACHLORIDE (Dutch) • PENTACLORURO de FOSFORO (Spanish) • PHOSPHORE (PENTACHLORURE de) (French) • PHOSPHORIC CHLORIDE • PHOSPHORPENTACHLORID (German) • PHOSPHORUS PERCHLORIDE • PIECIOCHLOREK FOSFORU (Polish) • RTECS No. TB6125000 • STCC 4932323 • UN 1806

EPA NAME: PHOSPHORUS PENTOXIDE
CAS: 1314-56-3
SYNONYMS: DIPHOSPHORUS PENTOXIDE • EINECS No. 215-236-1 • PENTOXIDO de FOSFORO (Spanish) • PHOSPHORIC ANHYDRIDE • PHOSPHORUS(V) OXIDE • PHOSPHORUS (5+) OXIDE • PHOSPHORUS PENTAOXIDE • PHOSPHORUS OXIDE • POX • RTECS No. TH3945000 • UN 1807

EPA NAME: PHOSPHORUS TRICHLORIDE
CAS: 7719-12-2
SYNONYMS: CHLORIDE of PHOSPHORUS • EINECS No. 231-749-3 • FOSFORO (TRICLORURO di) (Italian) • FOSFORTRICHLORIDE (Dutch) • PHOSPHORE (TRICHLORURE de)

(French) ● PHOSPHOROUS CHLORIDE ● PHOSPHORTRI-
CHLORID (German) ● PHOSPHORUS CHLORIDE ● RTECS
No. TH3675000 ● TRICHLOROPHOSPHINE ● TRICLORURO
de FOSFORO (Spanish) ● TROJCHLOREK FOSFORU (Polish) ●
UN 1809

EPA NAME: PHOSPHORYL CHLORIDE
[see PHOSPHOROUS OXYCHLORIDE]
CAS: 10025-87-3

EPA NAME: PHTHALIC ACID
CAS: 100-21-0
SYNONYMS: 1,2-BENZENEDICARBOXYLIC ACID, o-DICAR-
BOXYBENZENE (C6H6O4)

EPA NAME: PHTHALIC ANHYDRIDE
CAS: 85-44-9
SYNONYMS: ANHIDRIDO FTALICO (Spanish) ● ANHYDRIDE
PHTHALIQUE (French) ● ANIDRIDE FTALICA (Italian) ● AR-
ALDITE HT 901 ● 1,2-BENZENEDICARBOXYLIC ANHY-
DRIDE ● 1,2-BENZENEDICARBOXYLIC ACID ANHYDRIDE
● 1,2-DIOXOPHTHALAN PHTHALANDIONE ● 1,3-DIOXO-
PHTHALAN ● ESEN ● EINECS No. 201-607-5 ● FTAALZUUR-
ANHYDRIDE (Dutch) ● FTALOWY BEZWODNIK (Polish) ● HT
901 ● 1,3-ISOBENZOFURANDIONE ● NCI-C03601 ● PAN ●
PHTHALANDIONE ● 1,3-PHTHALANDIONE ● PHTHALAN-
HYDRIDE ● PHTHALIC ACID ANHYDRIDE ● PHTHAL-
SAEUREANHYDRID (German) ● RCRA No. U190 ● RETARD-
ER AK ● RETARDER ESEN ● RETARDER PD ● STCC 4934223
● TGL 6525 ● VULKALENT B/C ● RTECS No. TI3150000 ● UN
2214

EPA NAME: PHYSOSTIGMINE
CAS: 57-47-6
SYNONYMS: CALABARINE ● ERSERINE ● ESERINE ● ESERO-
LEIN ● FISOSTIGMINA (Spanish) ● METHYLCARBAMATE
(ESTER) ● METHYL-CARBAMIC ACID, ESTER with ESERO-
LINE ● PHYSOSTOL ● RCRA No. P204 ● RTECS No.
TJ2100000 ● UN 2757 (carbamate pesticides, solid, toxic) ● UN
2992 (carbamate pesticide, liquid, toxic)

EPA NAME: PHYSOSTIGMINE, SALICYLATE (1:1)
CAS: 57-64-7
SYNONYMS: CALABARINE SALICYLATE ● ESERINE SALICY-
LATE ● PHSOSTOL SALICYLATE SALICYLIC ACID with
PHYSOSTIGMINE (1:1) ● RCRA No. P188 ● RTECS No.
TJ2450000 ● SALICILATO de FISOSTIGMINA (Spanish) ● TL-
1380

EPA NAME: PICLORAM
CAS: 1918-02-1
SYNONYMS: AMDON ● AMDON GRAZON ● 4-AMINOTRI-
CHLOROPICOLINIC ACID ● 4-AMINO-3,5,6-TRICH LORO-2-
PICOLINIC ACID ● 4-AMINO-3,5,6-TRICHLOROPICOLINIC
ACID ● 4-AMINO-3,5,6-TRICHLORO-2-PYRIDINECARBOX-

YLIC ACID • 4-AMINO-3,5,6-TRICHLOROPYRIDINE-2-CARBOXYLIC ACID • 4-AMINO-3,5,6-TRICHLORPICOLINSAEURE (German) • ATCP • BOROLIN • CASWELL No. 039 • CHLORAMP (Russian) • EPA PESTICIDE CHEMICAL CODE 005101 • K-PIN • NCI-C00237 • NSC 233899 • PICOLINIC ACID, 4-AMINO-3,5,6-TRICHLORO- • 2-PYRIDINE CARBOXYLIC ACID, 4-AMINO-3,5,6-TRICHLORO- • RTECS No. TJ7520000 • TORDON • TORDON 10K • TORDON 22K • TORDON 101 MIXTURE • 3,5,6-TRICHLORO-4-AMINOPICOLINIC ACID

EPA NAME: 2-PICOLINE
[see 2-METHYLPYRIDINE]
CAS: 109-06-8

EPA NAME: PICRIC ACID
CAS: 88-89-1
SYNONYMS: ACIDE PICRIQUE (French) • ACIDO PICRICO (Italian, Spanish) • CARBAZOTIC ACID • C.I. 10305 • 2-HYDROXY-1,3,5-TRINITROBENZENE • KYSELINA PIKROVA • LYDDITE • MELINITE • NITROXANTHIC ACID • PA • PERTITE • PHENOL TRINITRATE • PHENOL, 2,4,6-TRINITRO- • PICRAL • PICRONITRIC ACID • PIKRINEZUUR (Dutch) • PIKRINSAEURE (German) • PIKRYNOWY KWAS (Polish) • SHIMOSE • TRINITROPHENOL • TRINITROFENOL (Spanish) • 2,4,6-TRINITROFENOL (Dutch) • 2,4,6-TRINITROFENOLO (Italian) • 1,3,5-TRINITROPHENOL • 2,4,6-TRINITOPHENOL • RTECS No. TJ7875000 • UN1344

EPA NAME: PICROTOXIN
CAS: 124-87-8
SYNONYMS: COCCULIN • COCCULUS • COQUES du LEVANT (French) • FISH BERRY • INDIAN BERRY • ORIENTAL BERRY • PICROTIN, compounded with PICROTOXININ (1:1) • PICROTOXINE • RTECS No. TJ9100000 • UN 1584

EPA NAME: N,N'-[1,4-PIPERAZINEDIYLBIS(2,2,2-TRICHLOROETHYLIDENE)] BISFORMAMIDE
[see TRIFORINE]
CAS: 26644-46-2

EPA NAME: PIPERIDINE
CAS: 110-89-4
SYNONYMS: AZACYCLOHEXANE • CYCLOPENTIMINE • CYPENTIL • EINECS No. 203-813-0 • HEXAHYDROPYRIDINE • HEXAZANE • PENTAMETHYLENEIMINE • PEPERIDIN (German) • RTECS No. TM3500000 • UN 2401

EPA NAME: PIPERONYL BUTOXIDE
CAS: 51-03-6
SYNONYMS: AI3-14250 • 1,3-BENZODIOXOLE, 5-((2-(2-BUTOXYETHOXY)ETHOXY)METHYL)-6-PROPYL- • BUTACIDE • BUTOCIDE • BUTOXIDE • BUTOXIDO de PIPERONILO (Spanish) • α-(2-(2-N-BUTOXYETHOXY)ETHOXY)-4,5-METH-

YLENEDIOXY-2-PROPYLTOLUENE ● α-(2-(2-BUTOXYETHOXY)ETHOXY)-4,5-METHYLENEDIOXY-2-PROPYLTOLUENE ● 5-((2-(2-BUTOXYETHOXY)ETHOXY)METHYL)-6-PROPYL-1,3-BENZODIOXOLE ● 2-(2-BUTOXYETHOXY) ETHYL 6-PROPYLPIPERONYL ETHER ● BUTYL CARBITOL 6-PROPYLPIPERONYL ETHER ● BUTYL-CARBITYL (6-PROPYLPIPERONYL) ETHER ● CASWELL No. 670 ● EINECS No. 200-076-7 ● ENT 14,250 ● EPA PESTICIDE CHEMICAL CODE 067501 ● ETHANOL BUTOXIDE ● FAC 5273 ● FMC 5273 ● 3,4-METHYLENDIOXY-6-PROPYLBENZYL-n-BUTYL-DIAETHYLENGLYKOLAETHER (German) ● (3,4-METHYLENEDIOXY-6-PROPYLBENZYL)(BUTYL)DIETHYLENE GLYCOL ETHER ● 3,4-METHYLENEDIOXY-6-PROPYLBENZYL N-BUTYL DIETHYLENEGLYCOL ETHER ● 4,5-METHYLENEDIOXY-2-PROPYLBENZYLDIETHYLENE GLYCOL BUTYL ETHER ● NCI-C02813 ● NIA 5273 ● NUSYN-NOXFISH ● PB ● PIPERONYL BUTOXYDE ● PRENTOX ● 6-(PROPYLPIPERONYL)-BUTYL CARBITYL ETHER ● 6-PROPYLPIPERONYL BUTYL DIETHYLENE GLYCOL ETHER ● 5-PROPYL-4-(2,5,8-TRIOXA-DODECYL)-1,3-BENZODIOXOL (German) ● PYBUTHRIN ● PYRENONE 606 ● SYNPREN-FISH ● TOLUENE, α-(2-(2-BUTOXYETHOXY)ETHOXY)-4,5-(METHYLENEDIOXY)-2-PROPYL- ● RTECS No. XS8050000

EPA NAME: PIRIMFOS-ETHYL
CAS: 23505-41-1
SYNONYMS: O-(2-(DIETHYLAMINO)-6-METHYL-4-PYRIMIDINYL)-O,O-DIETHYL PHOSPHOROTHIOATE ● O-O-DIETHYL-O-(2-DIETHYLAMINO-6-METHYL-4-PYRIMIDINYL)PHOSPHOROTHIOATE ● DIETHYL O-(2-DIETHYLAMINO-6-METHYL-4-PYRIMIDINYL)PHOSPHOROTHIOATE ● 2-DIETHYLAMINO-6-METHYLPYRIMIDIN-4-YL DIETHYLPHOSPHOROTHIONATE ● DIETHYL 2-DIMETHYLAMINO-4-METHYLPYRIMIDIN-6-YL PHOSPHOROTHIONATE ● ETHYL PIRIMIPHOS ● FERNEX ● PHOSPHOROTHIOIC ACID, O-(2-(DIETHYLAMINO)-6-METHYL-4-PYRIMIDINYL) O,O-DIETHYL ESTER ● PRIMIFOSETHYL ● PP 211 ● PRIMICID ● PRIMOTEC ● PRINICID ● R 42211 ● RTECS No. TF1610000 ● SOLGARD ● UN 2783 (organophosphorus pesticides, solid, toxic) ● UN 3018 (organophosphorus pesticides, liquid, toxic)

EPA NAME: PIRIMIPHOS METHYL
CAS: 29232-93-7
SYNONYMS: ACETELLIC ● ACTELLIFOG ● AI3-27699 ● BLEX ● CASWELL No. 334B ● O-(2-(DIETHYLAMINO)-6-METHYL-4-PYRIMIDINYL)-O,O-DIMETHYL PHOSPHOROTHIOATE ● O-(2-DIETHYLAMINO-6-METHYLPYRIMIDIN-4-YL)-O,O-DIMETHYL PHOSPHOROTHIOATE ● O-(2-(DIETHYLAMINO)-6-METHYL-4-PYRIMIDINYL)-O,O-DIMETHYL PHOSPHOROTHIOATE ● 2-DIETHYLAMINO-6-METHYLPYRIMIDIN-4-YL DIMETHYL PHOSPHOROTHIONATE ● O,O-DIMETHYL-

O-(2-(DIETHYLAMINO)-6-METHYL-4-PYRIMIDINYL) •
O,O-DIMETHYL-O-(2-DIETHYLAMINO-6-METHYL-4-PYRIM-
IDINYL) PHOSPHOROTHIOATE • ENT 27699GC • EPA PES-
TICIDE CHEMICAL CODE 108102 • METHYLPIRIMIPHOS •
METHYL PYRIMIPHOS • PHOSPHOROTHIOIC ACID, O-(2-
(DIETHYLAMINO)-6-METHYL-4-PYRIMIDINYL) O,O-DI-
METHYL ESTER • PIRIMIFOS METHYL • PLANT PROTEC-
TION PP511 • PP511 • PYRIDIMINE PHOSPHATE •
PYRIMIFOS • PYRIMIPHOS METHYL • RTECS No.
TF1410000 • UN 2783 (organophosphorus pesticides, solid, toxic)
• UN 3018 (organophosphorus pesticides, liquid, toxic)

EPA NAME: PLUMBANE, TETRAMETHYL-
[see TETRAMETHYL LEAD]
CAS: 75-74-1

EPA NAME: POLYBROMINATED BIPHENYLS
CAS: 36355-01-8
SYNONYMS: BIPHENYL, HEXABROMO- • HBB • HEXABRO-
MOBIPHENYL • NCI-C53634 • RTECS NO. DV5330000

EPA NAME: POLYCHLORINATED BIPHENYLS
CAS: 1336-36-3
SYNONYMS: AROCLOR • AROCLOR 1221 • AROCLOR 1232 •
AROCLOR 1242 • AROCLOR 1248 • AROCLOR 1254 • ARO-
CLOR 1260 • AROCLOR 1262 • AROCLOR 1268 • AROCLOR
2565 • AROCLOR 4465 • BIPHENYL, CHLORINATED • 1,1'-
BIPHENYL, CHLORO DERIVS. • BIPHENYL, POLYCHLORO-
• CHLOPHEN • CHLOREXTOL • CHLORINATED BIPHENYL
• CHLORINATED DIPHENYL • CHLORINATED DIPHENYL-
ENE • CHLORO BIPHENYL • CHLORO 1,1-BIPHENYL •
CLOPHEN • DYKANOL • DIPHENYL, CHLORINATED •
FENCLOR • INERTEEN • KANECHLOR • KANECHLOR 300
• KANECHLOR 400 • KANECHLOR 500 • MONTAR • NO-
FLAMOL • PCB • PCBs • PHENOCHLOR • PHENOCLOR •
POLYCHLOROBIPHENYL • PYRALENE • PYRANOL • SAN-
TOTHERM • SANTOTHERM FR • SOVOL • THERMINOL
FR-1 • TOXIC CHEMICAL CATEGORY CODE, N575 • RTECS
No. TQ1350000 • STCC 4861666 • UN 2315

**EPA NAME: POLYMERIC DIPHENYLMETHANE DIISOCYA-
NATE**
CAS: 9016-87-9
SYNONYMS: ISOCYANATE 580 • ISOCYANIC ACID, POLY-
METHYLENEPOLYPHENYLENE ESTER • ISONATE 390P •
KAISER NCO 20 • MILLIONATE MR • MIRIONATE MR •
MONDUR MR • MONDUR MRS • NCO 20 • NIAX AXPI •
PAPI • POLYMERIC MDI • POLY(METHYLENE PHENYL-
ENE ISOCYANATE) • POLYMETHYLENE POLYPHENYLENE
ISOCYANATE • POLYMETHYLENEPOLYPHENYLENE
POLYISOCYANATE • POLYMETHYLENE POLY(PHENYL
ISOCYANATE) • POLYMETHYLENE POLYPHENYL POLY-
ISOCYANATE • POLYMETHYL POLYPHENYL POLYISOCY-

ANATE • POLY(PHENYLENEMETHYLENEISOCYANATE) • POLYPHENYLENE POLYMETHYLENE POLYISOCYANATE • POLYPHENYLPOLYMETHYLENE POLYISOCYANATE • RUBINATE M • SUPRASEC DC • SYSTANAT MR • TEDIMON 31 • THANATE P 210 • THANATE P 220 • THANATE P 270 • RTECS No. TR0320000

EPA NAME: POTASSIUM ARSENATE
CAS: 7784-41-0
SYNONYMS: ARSENIC ACID, MONOPOTASSIUM SALT • ARSENIATO POTASICO (Spanish) • MACQUER'S SALT • MONOPOTASSIUM ARSENATE • MONOPOTASSIUM DIHYDROGEN ARSENATE • POTASSIUM ACID ARSENATE • POTASSIUM ARSENATE, MONOBASIC • POTASSIUM DIHYDROGEN ARSENATE • POTASSIUM HYDROGEN ARSENATE • RTECS No. CG1100000 • STCC 4923277 • UN 1677

EPA NAME: POTASSIUM ARSENITE
CAS: 10124-50-2
SYNONYMS: ARSENITO POTASICO (Spanish) • ARSENOUS ACID, POTASSIUM SALT • ARSENITE de POTASSIUM (French) • ARSONIC ACID, POTASSIUM SALT • KALIUMARSENIT (German) • NSC 3060 • POTASSIUM METAARSENITE • RTECS No. CG3800000 • STCC 4923278 • UN 1678

EPA NAME: POTASSIUM BICHROMATE
CAS: 7778-50-9
SYNONYMS: BICHROMATE OF POTASH • BICROMATO POTASICO (Spanish) • CHROMIC ACID, DIPOTASSIUM SALT • DICHROMIC ACID, DIPOTASSIUM SALT • DIPOTASSIUM DICHROMATE • EINECS No. 231-906-6 • IOPEZITE • KALIUMDICHROMAT (German) • POTASSIUM DICHROMATE • POTASSIUM DICHROMATE(VI) • POTASSIUM DICHROMATE(4+) • RED CHROMATE OF POTASH • RTECS No. HX7680000

EPA NAME: POTASSIUM BROMATE
CAS: 7758-01-2
SYNONYMS: BROMATO POTASICO (Spanish) • BROMIC ACID, POTASSIUM SALT • EEC No. 035-003-00-6 • EINECS No. 231-829-8 • NSC 215200 • RTECS No. EF8725000 • UN 1484

EPA NAME: POTASSIUM CHROMATE
CAS: 7789-00-6
SYNONYMS: BIPOTASSIUM CHROMATE • CHROMATE OF POTASSIUM • CHROMIC ACID, DIPOTASSIUM SALT • CHROMATE OF POTASSIUM • CROMATO POTASICO (Spanish) • DIPOTASSIUM CHROMATE • DIPOTASSIUM MONOCHROMATE • NEUTRAL POTASSIUM CHROMATE • POTASSIUM CHROMATE(VI) • POTASSIUM CHROMATE(6+) • RTECS No. GB2940000 • STCC 4963364 • TARAPACAITE • UN 9142

EPA NAME: POTASSIUM CYANIDE
CAS: 151-50-8

SYNONYMS: CIANURO POTASICO (Spanish) • CYANIDE OF POTASSIUM • CYANURE de POTASSIUM (French) • EINECS No. 205-793-3 • HYDROCYANIC ACID, POTASSIUM SALT • KALIUM-CYANID (German) • RCRA No. P098 • RTECS No. TS8750000 • STCC 4923225 (liquid) • STCC 4923226 (solid) • UN 1680

EPA NAME: POTASSIUM DIMETHYLDITHIOCARBAMATE
CAS: 128-03-0
SYNONYMS: CARBAMIC ACID, DIMETHYLDITHIO-, POTASSIUM SALT, HYDRATE • CARBAMODITHIOIC ACID, DIMETHYL-, POTASSIUM SALT • CASWELL No. 691 • DIMETILDITIOCARBAMATO POTASICO (Spanish) • EPA PESTICIDE CHEMICAL CODE 034803 • POTASSIUM DIMETHYLCARBAMODITHIOATE • RTECS No. FA0850000 • UN 2757 (carbamate pesticides, solid, toxic) • UN 2992 (carbamate pesticide, liquid, toxic)

EPA NAME: POTASSIUM HYDROXIDE
CAS: 1310-58-3
SYNONYMS: CAUSTIC POTASH • EINECS No. 215-181-3 • HIDROXIDO POTASICO (Spanish) • HYDROXIDE de POTASSIUM (French) • KALIUMHYDROXID (German) • KALIUMHYDROXYDE (Dutch) • KOH • LYE • POTASSA • POTASSE CAUSTIQUE (French) • POTASSIO (IDROSSIDO di) (Italian) • POTASSIUM HYDRATE • POTASSIUM (HYDRIXYDE de) (French) • RTECS No. TT2100000 • STCC 4935230 (solution) • STCC 4935225 (solid) • UN 1813 (solid) • UN 1814 (solution)

EPA NAME: POTASSIUM N-METHYLDITHIOCARBAMATE
CAS: 137-41-7
SYNONYMS: CARBAMIC ACID, N-METHYLDITHIO-, POTASSIUM SALT • CASWELL No. 696 • EPA PESTICIDE CHEMICAL CODE 039002 • POTASSIUM METHYLDITHIOCARBAMATE • RCRA No. U377 • UN 2757 (carbamate pesticides, solid, toxic) • UN 2992 (carbamate pesticide, liquid, toxic)

EPA NAME: POTASSIUM PERMANGANATE
CAS: 7722-64-7
SYNONYMS: CAIROX • CHAMELEON MINERAL • C.I. 77755 • CONDY'S CRYSTALS • EINECS No. 231-760-3 • KALIUMPERMANGANAAT (Dutch) • KALIUMPERMANGANAT (German) • PERMANGANIC ACID POTASSIUM SALT • PERMANGANATE de POTASSIUM (French) • PERMANGANATE of POTASH • PERMANGANATO POTASICO (Spanish) • POTASSIO (PERMANGANATO di) (Italian) • POTASSIUM (PERMANGANATE de) (French) • PURPLE SALT • RTECS No. SD6475000 • STCC 4918740 • UN 1490

EPA NAME: POTASSIUM SILVER CYANIDE
CAS: 506-61-6
SYNONYMS: CIANURO de PLATA y POTASIO (Spanish) • KYANOSSTRIBRNAN DRASELNY (Czech) • RCRA No. P099 • SILVER POTASSIUM CYANIDE • RTECS No. TT6000000

EPA NAME: PROFENOFOS
CAS: 41198-08-7
SYNONYMS: A13-29236 ● O-(4-BROMO-2-CHLOROPHENYL)-O-ETHYL-S-PROPYLPHOSPHOROTHIOATE ● CASWELL No. 266AA ● CGA 15,324 ● EPA PESTICIDE CHEMICAL CODE 111401 ● PHOSPHOROTHIOIC ACID, O-(4-BROMO-2-CHLOROPHENYL)-O-ETHYL-S-PROPYL ESTER ● RTECS No. TE9675000 ● UN 2783 (organophosphorus pesticides, solid, toxic) ● UN 3018 (organophosphorus pesticides, liquid, toxic)

EPA NAME: PROMECARB
CAS: 2631-37-0
SYNONYMS: CARBAMIC ACID, METHYL-, M-CYM-5-YL ESTER ● CARBAMIC ACID, (3-METHYL-5-(1-METHYLETHYL)PHENYL-, METHYL ESTER ● CARBAMIC ACID, N-METHYL-, 3-METHYL-5-ISOPROPROPYLPHENYL ESTER ● CARBAMULT ● CARBANILIC ACID, 3-ISOPROPYL-5-METHYL-, METHYL ESTER ● 3-ISOPROPYL-5-METHYLCARBAMIC ACID METHYL ESTER ● M-CYM-5-YL METHYLCARBAMATE ● ENT 27,300 ● ENT 27,300-A ● EP 316 ● 3-ISOPROPYL-5-METHYL-PHENYL-N-METHYLCARBAMATE ● 5-ISOPROPYL-M-TOLYL METHYL-CARBAMATE ● METHYLCARBAMIC ACID-m-CYM-5-YL ESTER ● 3-METHYL-5-ISOPROPYL-N-METHYL CARBAMATE ● 3-METHYL-5-(1-METHYLETHYL)PHENYL-CARBAMIC ACID METHYL ESTER ● 5-METHYL M-CUMENYL METHYLCARBAMATE ● 3-METHYL-5-ISOPROPYLPHENYL-N-METHYL CARBAMATE ● N-METHYLCARBAMIC ACID 3-METHYL-5-ISOPROPYLPHENYL ESTER ● (3-METHYL-5-ISOPROPYLPHENYL)-N-METHYLCARBAMAT (German) ● 3-METHYL-5-(1-METHYLETHYL)PHENOL METHYL-CARBAMATE ● MINACIDE ● MORTON EP-316 ● PHENOL, 3-METHYL-5-(1-METHYLETHYL)-, METHYLCARBAMATE ● RCRA No. P021 ● RTECS No. FB8050000 ● SCHERING 34615 ● UC 9880 ● UNION CARBIDE UC-9880 ● UN 2757 (carbamate pesticides, solid, toxic) ● UN 2992 (carbamate pesticide, liquid, toxic).

EPA NAME: PROMETHRYN
CAS: 7287-19-6
SYNONYMS: A-1114 ● A13-60366 ● 2,4-BIS(ISOPROPYLAMINO)-6-(METHYLMERCAPTO)-s-TRIAZINE ● 2,4-BIS(ISOPROPYL-AMINO)-6-(METHYLTHIO)-s-TRIAZINE ● 2,4-BIS(ISOPROPYLAMINO)-6-(METHYLTHIO)-1,3,5-TRIAZINE ● N,N′-BIS(1-METHYLETHYL)-6-METHYLTHIO-1,3,5-TRIAZINE-2,4-DIAMINE ● N,N′-BIS(1-METHYLETHYL)-6-(METHYLTHIO)-1,3,5-TRIAZINE-2,4-DIAMINE ● CAPAROL 80W ● CASWELL No. 097 ● N,N′-DI-ISOPROPYL-6-METHYLTHIO-1,3,5-TRIAZINE-2,4-DIAMINE ● N,N′-DI-ISOPROPYL-6-METHYLTHIO-1,3,5-TRIAZINE-2,4-DIYLDIAMINE ● EPA PESTICIDE CHEMICAL CODE 080805 ● G 34161 ● GESAGARD 50 ● GESAGARD 50 WP ● MERCAZIN ● MERKAZIN ● 2-(METHYLMERCAPTO)-4,6-BIS(ISOPROPYLAMINO)-s-TRIAZINE ● 2-(METHYL-

THIO)-4,6-BIS(ISOPROPYLAMINO)-s-TRIAZINE • NSC 163049 • POLISIN • PRIMATOL Q • PROMETRENE • PROMETREX • PROMETRIN • PROMETRYNE (USDA) • RTECS No. XY4390000 • SELECTIN • SELECTIN 50 • SELEKTIN • SESAGARD • s-TRIAZINE,4,6-BIS(ISOPROPYLAMINO)-2-(METHYLMERCAPTO)- • s-TRIAZINE,2,4-BIS(ISOPROPYLAMINO)-6-(METHYLTHIO)- • 1,3,5-TRIAZINE-2,4-DIAMINE, N,N'-BIS(1-METHYLETHYL)-6-(METHYLTHIO)- • UN 2998 (triazine pesticides, liquid, toxic) • UN 2763 (triazine pestices. solid, toxic) • UVON

EPA NAME: PRONAMIDE
CAS: 23950-58-5
SYNONYMS: BENZAMIDE, 3,5-DICHLORO-N-(1,1-DIMETHYL-2-PROPYNYL) • CAMPBELL'S RAPIER • CASWELL No. 306A • 3,5-DICHLORO-N-(1,1-DIMETHYL-2-PROPYNYL)BENZAMIDE • 3,5-DICHLORO-N-(1,1-DIMETHYLPROPYNYL)BENZAMIDE • 3,5-DICHLORO-N-(1,1-DIMETHYLPROP-2-YNYL)BENZAMIDE • N-(1,1-DIMETHYLPROPYNYL)-3,5-DICHLOROBENZAMIDE • EPA PESTICIDE CHEMICAL CODE 101701 • KERB • KERB 50W • KERB PROPYZAMIDE 50 • PROPYZAMIDE • RAPIER • RCRA No. U192 • RH 315 • RTECS No. CV3460000

EPA NAME: PROPACHLOR
CAS: 1918-16-7
SYNONYMS: ACETAMIDE, 2-CHLORO-N-(1-METHYLETHYL)-N-PHENYL- • ACETAMIDE, 2-CHLORO-N-ISOPROPYL- • ACLID • AI3-51503 • ALBRASS • α-CHLORO-N-ISOPROPYLACETANILIDE • BEXTON • BEXTON 4L • CASWELL No. 194 • CHLORESSIGSAEURE-N-ISOPROPYLANILID (German) • α-CHLORO-N-ISOPROPYLACETANILIDE • 2-CHLORO-N-ISOPROPYLACETANILIDE • 2-CHLORO-N-ISOPROPYL-N-PHENYLACETAMIDE • 2-CHLORO-N-(1-METHYLETHYL)-N-PHENYLACETAMIDE • CIPA • CP 31393 • EPA PESTICIDE CHEMICAL CODE 019101 • N-ISOPROPYL-α-CHLOROACETANILIDE • N-ISOPROPYL-2-CHLOROACETANILIDE • NITICID • PROPACHLORE • PROPACLORO (Spanish) • RAMROD • RAMROD 65 • SATECID • RTECS No. AE1575000

EPA NAME: 1,2-PROPADIENE
CAS: 463-49-0
SYNONYMS: ALLENE • PROPADIENE • PROPADIENO (Spanish) • RTECS No. BA0400000

EPA NAME: PROPADIENE
[see 1,2-PROPADIENE]
CAS: 463-49-0

EPA NAME: 2-PROPANAMINE
[see ISOPROPYLAMINE]
CAS: 75-31-0

EPA NAME: PROPANE
CAS: 74-98-6
SYNONYMS: DIMETHYLMETHANE ● PROPANO (Spanish) ● PROPYL HYDRIDE ● RTECS No. TX2275000 ● STCC 4905781 ● UN 1075 ● UN 1978

EPA NAME: PROPANE, 2-CHLORO-
[see ISOPROPYL CHLORIDE]
CAS: 75-29-6

EPA NAME: PROPANE, 1,2-DICHLORO-
[see 1,2-DICHLOROPROPANE]
CAS: 78-87-5

EPA NAME: PROPANE SULTONE
[see 1,3-PROPANE SULTONE]
CAS: 1120-71-4

EPA NAME: 1,3-PROPANE SULTONE
CAS: 1120-71-4
SYNONYMS: 3-HYDROXY-1-PROPANESULPHONIC ACID SULTONE ● 3-HYDROXY-1-PROPANESULPHONIC ACID γ-SULTONE ● 3-HYDROXY-1-PROPANESULPHONIC ACID SULFONE ● 1,2-OXATHROLANE 2,2-DIOXIDE ● 1-PROPANESULFONIC ACID-3-HYDROXY-γ-SULTONE ● PROPANE-SULTONE ● 1,2-OXATHIOLANE 2,2-DIOXIDE ● 1-PROPANESULFONIC ACID-3-HYDROXY-γ-SULFONE ● PROPANE SULTONE ● RCRA No. U193 ● RTECS No. RP5425000

EPA NAME: PROPANE, 2-CHLORO-
[see ISOPROPYL CHLORIDE]
CAS: 75-29-6

EPA NAME: PROPANE, 2,2-DIMETHYL-
[see 2,2-DIMETHYLPROPANE]
CAS: 463-82-1

EPA NAME: PROPANE, 2-METHYL-
[see ISOBUTANE]
CAS: 75-28-5

EPA NAME: PROPIONITRILE
CAS: 107-12-0
SYNONYMS: CYANOETHANE ● ETHER CYANATUS ● ETHYL CYANIDE ● HYDROCYANIC ETHER ● PROPANENITRILE ● PROPIONIC NITRILE ● PROPIONITRILO (Spanish) ● RCRA No. P101 ● RTECS No. UF9625000 ● UN 2402

EPA NAME: PROPANENITRILE, 2-METHYL-
[see ISOBUTYRONITRILE]
CAS: 78-82-0

EPA NAME: PROPANE SULTONE
[see 1,3-PROPANE SULTONE]
CAS: 1120-71-4

EPA NAME: 1,3-PROPANE SULTONE
CAS: 1120-71-4
SYNONYMS: 3-HYDROXY-1-PROPANESULFONIC ACID SULTONE • 3-HYDROXY-1-PROPANESULPHONIC ACID SULTONE • 3-HYDROXY-1-PROPANESULFONIC ACID SULFONE • 1,2-OXATHROLANE 2,2-DIOXIDE • 1-PROPANESULFONIC ACID-3-HYDROXY-γ-SULTONE • PROPANESULTONE • 1,2-OXATHIOLANE 2,2-DIOXIDE • 1-PROPANESULFONIC ACID, 3-HYDROXY-γ-SULFONE • PROPANE SULTONE • 1,3-PROPANE SULTONE • γ-PROPANE SULTONE • RCRA No. U1930000 • RTECS No. RP5425000

EPA NAME: PROPANIL
CAS: 709-98-8
SYNONYMS: AI3-31382 • BAY 30130 • CASWELL No. 325 • CHEM RICE • CRYSTAL PROPANIL-4 • DCPA • N-(3,4-DICHLOROPHENYL)PROPANAMIDE • 3′,4′-DICHLOROPHENYLPROPIONANILIDE • 3,4-DICHLOROPROPIONANILIDE • 3′,4′-DICHLOROPROPIONANILIDE • DICHLOROPROPIONANILIDE • DIPRAM • DPA • EPA PESTICIDE CHEMICAL CODE 028201 • FARMCO PROPANIL • FW-734 • HERBAX TECHNICAL • MONTROSE PROPANIL • NSC 31312 • PROPANAMIDE, N-(3,4-DICHLOROPHENYL)- • PROPANIDE • PROPIONANILIDE, 3′,4′-DICHLORO- • PROPIONIC ACID 3,4-DICHLOROANILIDE • ROGUE • STAM • STAM F-34 • STAM LV 10 • STAMPEDE 3E • STAM SUPERNOX • STREL • SURPUR • SYNPRAN N • VERTAC • RTECS No. UE4900000

EPA NAME: PROPARGITE
CAS: 2312-35-8
SYNONYMS: AI3-27226 • BPPS • 2-(P-T-BUTYLPHENOXY)CYCLOHEXYL PROPARGYL SULFITE • CASWELL No. 130I • COMITE • CYCLOSULFYNE • D 014 • 2-(4-(1,1-DIMETHYLETHYL)PHENOXY)CYCLOHEXYL 2-PROPYNYL SULFITE • 2-(4-(1,1-DIMETHYLETHYL)PHENOXY)CYCLOHEXYL 2-PROPYNYL SULFUROUS ACID • DO 14 • ENT 27,226 • EPA PESTICIDE CHEMICAL CODE 097601 • NAUGATUCK D-014 • OMAIT • OMITE • OMITE 57E • OMITE 85E • PROPARGIL • PROPARGITA (Spanish) • SULFUROUS ACID, 2-(4-(1,1-DIMETHYLETHYL)PHENOXY)CYCLOHEXYL 2-PROPYNYL ESTER • SULFUROUS ACID, 2-(P-tert-BUTYLPHENOXY)CYCLOHEXYL-2-PROPYNYL ESTER • 2-(P-tert-BUTYLPHENOXY)CYCLOHEXYL 2-PROPYNYL SULFITE • 2-(P-tert-BUTYLPHENOXY)CYCLOHEXYL PROPARGYL SULFITE • 2-(4-tert-BUTYLPHENOXY)CYCLOHEXYL PROP-2-YNYL SULFITE • UNIROYAL D-014 • UNIROYAL D0 14 • U.S. RUBBER D-014 • RTECS No. WT2900000 • STCC 49611665 • UN 2765

EPA NAME: PROPARGYL ALCOHOL
CAS: 107-19-7

SYNONYMS: AI3-24359 • ALCOHOL PROPARGILICO (Spanish) • ETHYNYLCARBINOL • ETHYNYL METHANOL • 1-HYDROXY-2-PROPYNE • 3-HYDROXY-1-PROPYNE • METHANOL, ETHYNYL- • PROPIOLIC ALCOHOL • 1-PROPYNE-3-OL • 3-PROPYNOL • 2-PROPYNOL • 2-PROPYN-1-OL • 1-PROPYN-3-OL • PROP-2-YN-1-OL • 2-PROPYNYL ALCOHOL • PROPYNYL ALCOHOL • RCRA No. P102 • RTECS No. UK5075000 • UN 1986

EPA NAME: PROPARGYL BROMIDE
CAS: 106-96-7
SYNONYMS: γ-BROMOALLYLENE • 3-BROMOPROPYNE • 3-BROMO-1-PROPYNE • BROMURO de PROPARGILO (Spanish) • RTECS No. UK4375000 • UN 2345

EPA NAME: 2-PROPENAL
[see ACROLEIN]
CAS: 107-02-8

EPA NAME: 2-PROPEN-1-AMINE
[see ALLYLAMINE]
CAS: 107-11-9

EPA NAME: PROPENE
[see PROPYLENE]
CAS: 115-07-1

EPA NAME: 1-PROPENE
[see PROPYLENE]
CAS: 115-07-1

EPA NAME: 1-PROPENE, 1-CHLORO-
[see 1-CHLOROPROPYLENE]
CAS: 590-21-6

EPA NAME: 1-PROPENE, 2-CHLORO-
[see 2-CHLOROPROPYLENE]
CAS: 557-98-2

EPA NAME: 1-PROPENE, 2-METHYL
[see 2-METHYLPROPENE]
CAS: 115-11-7

EPA NAME: 2-PROPENITRILE
[see ACRYLONITRILE]
CAS: 107-13-1

EPA NAME: 2-PROPENENITRILE, 2-METHYL-
[see METHACRYLONITRILE]
CAS: 126-98-7

EPA NAME: 2-PROPEN-1-OL
[see ALLYL ALCOHOL]
CAS: 107-18-6

EPA NAME: 2-PROPENOYL CHLORIDE
[see ACRYLYL CHLORIDE]
CAS: 814-68-6

EPA NAME: PROPETAMPHOS
CAS: 31218-83-4
SYNONYMS: BLOTIC ● 2-BUTENOIC ACID, 3-(((ETHYLAMINO) METHOXYPHOSPHINOTHIOYL)OXY)-, ISOPROPYLESTER, (E)- ● 2-BUTENOIC ACID, 3-(((ETHYLAMINO)METHOXY-PHOSPHINOTHIOYL)OXY)-,1-METHYLETHYL ESTER, (E)- ● CASWELL No. 706A ● CROTONIC ACID, 3-HYDROXY-, ISO-PROPYL ESTER, O-ESTER WITH O-METHYLETHYLPHOS-PHORAMIDOTHIOATE, (E)- ● ENT 27989 ● EPA PESTICIDE CHEMICAL CODE 113601 ● 3-(((ETHYLAMINO)METHOXY-PHOSPHINOTHIOYL)OXY)-2-BUTENOIC ACID, 1-METHYL-ETHYL ESTER ● (E)-O-2-ISOPROPOXYCARBONYL-1-METH-YLVINYL O-METHYLETHYLPHOSPHORAMIDOTHIOATE ● O-(1-ISOPROPOXYCARBONYL-1-PROPEN-2-YL)-O-METHYL-ETHYL-PHOSPHORAMIDOTHIONATE ● ISOPROPYL 3-(((ETHYLAMINO)METHOXYPHOSPHINOTHIOYL)OXY) CROTONATE ● ISOPROPYL 3-(ETHYLAMINO(METHOXY) PHOSPHINOTHIOYLOXY)ISOCROTONATE ● 1-METHYL-ETHYL(E)-3-(((ETHYLAMINO)METHOXYPHOSPHINO-THIOYL)OXY)-2-BUTENOATE ● (E)-1-METHYLETHYL 3-(((ETHYLAMINO)METHOXYPHOSPHINOTHIOYL)OXY)-2-BUTENOATE ● OVIDIP ● SAN 52 139 I ● SAN 52139 ● SANDOZ 52139 ● TSAR ● RTECS No. GQ4750000 ● Z-O-2-ISO-PROPOXYCARBONYL-1-METHYLVINYL o-METHYL ETHYL PHOSPHORAMIDOTHIOATE

EPA NAME: PROPHAM
CAS: 122-42-9
SYNONYMS: BAN-HOE ● BEET-KLEEN ● CARBANILIC ACID, ISOPROPYL ESTER ● CHEM-HOE ● IFC ● IPPC ● ISOPROPIL-N-FENIL-CARBAMMATO (Italian) ● ISOPROPYL CARBANIL-ATE ● ISOPROPYL CARBANILIC ACID ESTER ● ISOPROPYL-N-FENYL-CARBAMAAT (Dutch) ● ISOPROPYL-N-PHENYL-CARBAMAT (German) ● ISOPROPYL PHENYLCARBAMATE ● ISOPROPYL-N-PHENYLCARBAMATE ● o-ISOPROPYL-N-PHENYL CARBAMATE ● ISOPROPYL-N-PHENYL CARBA-MATE ● ISOPROPYL-N-PHENYURETHAN (German) ● OR-THO GRASS KILLER ● N-PHENYLCARBAMATE d'ISOPRO-PYLE (French) ● PHENYL CARBAMIC ACID-1-METHYL-ETHYL ESTER ● N-PHENYL ISOPROPYL CARBAMATE ● PREMALOX ● PROFAM ● PROPHAM ● RTECS No. FD9100000 ● TRIHERBIDE ● TRIHERBIDE-IPC ● TUBERIT ● TUBERITE ● UN 2757 (carbamate pesticides, solid, poisonous) ● UN 2992 (carbamate pesticides, liquid, poisonous) ● USAF D-9 ● Y-2

EPA NAME: PROPICONAZOLE
CAS: 60207-90-1

SYNONYMS: BANNER • CASWELL No. 323EE • CGA 64,250 • CGD 92710F • DESMEL • (±)-1-(2-(2,4-DICHLOROPHENYL)-4-PROPYL-1,3-DIOXOLAN-2-YLMETHYL)-1H-1,2,4-TRIAZOLE • 1-((2-(2,4-DICHLOROPHENYL)-4-PROPYL-1,3-DIOXOLAN-2-YL)METHYL)-1H-1,2,4-TRIAZOLE • 1-(2-(2,4-DICHLOROPHENYL)-4-PROPYL-1,3-DIOXOLAN-2-YL)-METHYL-1H-1,2,4,-TRIAZOLE • EPA PESTICIDE CHEMICAL CODE 122101 • ORBIT • PROCONAZOLE • PROPICONAZOL • RADAR • TILT • 1H-1,2,4-TRIAZOLE, 1-((2-(2,4-DICHLOROPHENYL)-4-PROPYL-1,3-DIOXOLAN-2-YL)METHYL)-

EPA NAME: beta-PROPIOLACTONE
CAS: 57-57-8
SYNONYMS: BETAPRONE • BPL • HYDRACRYLIC ACID, β-LACTONE • 3-HYDROXYPROPIONIC ACID LACTONE • NSC 21626 • 2-OXETANONE • PROPANOIC ACID, 3-HYDROXY-, β-LACTONE • PROPANOLIDE • 3-PROPANOLIDE • 1,3-PROPIOLACTONE • PROPIOLACTONE • 3-PROPIOLACTONE • β-PROPIONOLACTONE • PROPIONOLACTONE, β- • PROPIONOLACTONE, beta- • RTECS No. RQ7350000

EPA NAME: PROPIONALDEHYDE
CAS: 123-38-6
SYNONYMS: ALDEHYDE PROPIONIQUE (French) • FEMA No. 2923 • METHYLACETALDEHYDE • NCI-C61029 • PROPALDEHYDE • PROPANAL • n-PROPANAL • 1-PROPANAL • PROPANALDEHYDE • 1-PROPANONE • PROPIONAL • PROPIONIC ALDEHYDE • PROPYL ALDEHYDE • PROPYLIC ALDEHYDE • RTECS No. UE0350000 • UN 1275

EPA NAME: PROPIONIC ACID
CAS: 79-09-4
SYNONYMS: ACIDE PROPIONIQUE (French) • CARBONYETHANE • CARBOXYETHANE • EINECS No. 201-176-3 • ETHANECARBOXYLIC ACID • ETHYLFORMIC ACID • METACETONIC ACID • METHYLACETIC ACID • PROPANOIC ACID • PROPIONIC ACID GRAIN PRESERVER • PROZOIN • PSEUDOACETIC ACID • SENTRY GRAIN PRESERVER • TENOX P GRAIN PRESERVATIVE • RTECS No. AO6475000 • UN 1848

EPA NAME: PROPIONIC ANHYDRIDE
CAS: 123-62-6
SYNONYMS: METHYLACETIC ANHYDRIDE • PROPANOIC ANHYDRIDE • PROPIONIC ACID ANHYDRIDE • PROPIONYL OXIDE • RTECS No. UF9100000 • UN 2496

EPA NAME: PROPIONITRILE
CAS: 107-12-0
SYNONYMS: CIANURO de ETILO (Spanish) • CYANOETHANE • ETHER CYANATUS • ETHYL CYANIDE • HYDROCYANIC ETHER • PROPANENITRILE • PROPIONIC NITRILE • RCRA No. P101 • RTECS No. UF9625000 • UN 2404

EPA NAME: PROPIONITRILE, 3-CHLORO-
[see 3-CHLOROPROPIONITRILE]
CAS: 542-76-7

EPA NAME: PROPIOPHENONE, 4'-AMINO-
CAS: 70-69-9
SYNONYMS: p-AMINOPROPIOPHENONE ● 1-(4-AMINOPHE-NYL)-1-PROPANONE ● ETHYL-p-AMINOPHENYL KETONE ● PAPP ● PARAMINOPROPIOPHENONE ● USAF UCTL-1856 ● RTECS No. UG7350000

EPA NAME: PROPOXUR
CAS: 114-26-1
SYNONYMS: 58 12 315 ● ARPROCARB ● BAY 39007 ● BAY 5122 ● BAYER 39007 ● BAYER B 5122 ● BAYGON ● BLATTANEX ● BLATTOSEP ● BOLFO ● BORUHO ● BORUHO 50 ● BRYGOU ● CARBAMIC ACID, METHYL-, o-ISOPROPOXYPHENYL ESTER ● DALF DUST ● ENT 25,671 ● INVISI-GARD ● IPMC ● 2-ISOPROPOXYPHENYL N-METHYLCARBAMATE ● 2-ISO-PROPOXYPHENYL METHYLCARBAMATE ● O-ISOPRO-POXYPHENYL METHYLCARBAMATE ● O-(2-ISOPROPOXY-PHENYL) N-METHYLCARBAMATE ● O-ISOPROPOXY-PHENYL N-METHYLCARBAMATE ● 2-(1-METHYLETHOXY) PHENYL N-METHYLCARBAMATE ● MROWKOZOL ● OMS 33 ● PHC ● PHENOL, 2-(1-METHYLETHOXY)-, METHYL-CARBAMATE ● PROPOTOX ● PROPOXYLOR ● RCRA No. U411 ● RTECS No. FC3150000 ● SENDRAN ● SUNCIDE ● TENDEX ● UNDEN ● UN 2757 (carbamate pesticides, solid, toxic) ● UN 2992 (carbamate pesticide, liquid, toxic)

EPA NAME: n-PROPYLAMINE
CAS: 107-10-8
SYNONYMS: 1-AMINOPROPANE ● 1-IODOPROPANE ● MONO-n-PROPYLAMINE ● PROPANAMINE ● n-PROPILAMINA (Spanish) ● PROPYLAMINE ● RCRA No. U194 ● RTECS No. UH9100000 ● STCC 4908269 ● UN 1277

EPA NAME: PROPYL CHLOROFORMATE
CAS: 109-61-5
SYNONYMS: CARBONOCHLORIDIC ACID, PROPYL ESTER ● CHLOROFORMIC ACID PROPYL ESTER ● PROPYL CHLO-ROCARBONATE ● n-PROPYL CHLOROFORMATE ● RTECS No. LQ6830000 ● UN 2740

EPA NAME: PROPYLENE
CAS: 115-07-1
SYNONYMS: EINECS No. 204-062-1 ● ISOBUTYLENE ● METH-YLETHENE ● METHYLETHYLENE ● NCI-C50077 ● PROPENE ● 1-PROPENE ● PROPILENO (Spanish) ● 1-PROPYLENE ● R 1270 ● RTECS No. UD0890000 ● STCC 4905782 ● UN 1075 ● UN 1077

EPA NAME: PROPYLENEIMINE
CAS: 75-55-8

SYNONYMS: AZIRIDINA, 2-METIL (Spanish) • AZIRIDINE, 2-METHYL- (6CI, 8CI, 9CI) • 2-METHYLAZACLYCLOPROPANE • 2-METHYLAZIRIDINE • 2-METHYLETHYLENIMINE • 2-METHYLETHYLEN IMINE • PROPILENIMINA (Spanish) • PROPYLENE IMINE • 1,2-PROPYLENEIMINE • RCRA No. P067 • RTECS No. CM8050000 • STCC 4907040 • UN 1921 (inhibited)

EPA NAME: PROPYLENE OXIDE
CAS: 75-56-9
SYNONYMS: AD 6 • EINECS No. 200-879-2 • EPOXYPROPANE • 1,2-EPOXYPROPANE • 2,3-EPOXYPROPANE • METHYL ETHYLENE OXIDE • METHYL OXIRANE • NCIC50099 • OXIDO de PROPILENO (Spanish) • OXYDE de PROPYLENE (French) • OXIRANE, METHYL- • PROPANE, 1,2-EPOXY- • PROPENE OXIDE • PROPYLENE EPOXIDE • 1,2-PROPYLENE OXIDE • RTECS No. TZ2975000 • STCC 4906620 • UN 1280

EPA NAME: 1-PROPYNE
CAS: 74-99-7
SYNONYMS: ACETYLENE, METHYL- • ALLYLENE • METHYL ACETYLENE • PROPINE • PROPYNE • RTECS No. UK4250000

EPA NAME: PROPYNE
[see 1-PROPYNE]
CAS: 74-99-7

EPA NAME: PROTHOATE
CAS: 2275-18-5
SYNONYMS: AC 18682 • AMERICAN CYANAMID 18682 • O,O-DIETHYLDITHIOPHOSPHORYLACETIC ACID-N-MONOISOPROPYLAMIDE • O,O-DIETHYL-S-(N-ISOPROPYLCARBAMOYLMETHYL)DITHIOPHOSPHATE • O,O-DIETHYL-S-ISOPROPYLCARBAMOYLMETHYLPHOSPHORODITHIOATE • O,O-DIETHYL-S-(N-ISOPROPYLCARBAMOYLMETHYL) PHOSPHORODITHIOATE • ENT 24,652 • FAC • FAC 20 • FOSTION • ISOPROPYL DIETHYLDITHIOPHOSPHORYLACETAMIDE • N-ISOPROPYL-2-MERCAPTOACETAMIDE-S-ESTER with O,O-DIETHYL PHOSPHORODITHIOATE • L 343 • N-MONOISOPROPYLAMIDE of O,O-DIETHYLDITHIOPHOSPHORYLACETIC ACID • OLEOFAC • PHOSPHORODITHIOIC ACID O,O-DIETHYLESTERS-ESTER with N-ISOPROPYL-2-MERCAPTOACETAMIDE • PHOSPHORODITHIOIC ACID, O,O-DIETHYL S-(2-((1-METHYLETHYL)AMINO)-2-OXOETHYL)ESTER • PROTOAT (Hungarian) • TELEFOS • TRIMETHOATE • UN 2783 (organophosphorus pesticides, solid, toxic) • UN 3018 (organophosphorus pesticides, liquid, toxic)

EPA NAME: PYRENE
CAS: 129-00-0
SYNONYMS: BENZO(def)PHENANTHRENE • PIRENO (Spanish) • PYREN (German) • β-PYRENE • RTECS No. UR2450000

EPA NAME: PYRETHRINS
CAS: 121-21-1
SYNONYMS: CHRYSANTHEMUM MONOCARBOXYLIC ACID • PIRETRINA I (Spanish) • PYRETHROLONE ESTER • PYRETHRIN I • PYRETHROLONE, CHRYSANTHEMUM MONOCARBOXYLIC ACID ESTER • (+)-PYRETHRONYL (+)-trans-CHRYSANTHEMATE • PYRETRIN I • RCRA No. P008 • RTECS No. GZ1725000 • STCC 4963872 (liquid) • STCC 4963877 (solid)

EPA NAME: PYRETHRINS
CAS: 121-29-9
SYNONYMS: CHRYSANTHEMUMDICARBOXYLIC ACID • MONOMETHYL ESTER PYRETHROLONE ESTER • ENT 7,543 • PIRETRINA II (Spanish) • PYRETHRIN • PYRETHRIN II • PYRETHROLONE CHRYSANTHEMUM DICARBOXLIC ACID METHYL ESTER • PYRETHROLONE ESTER of CHRYSANTHEMUMDICARBOXYLIC ACID MONOMETHYL ESTER • (+)-PYRETHRONYL (+)-PYRETHRATE • PYRETRIN II • RTECS No. GZ2070000 • STCC 4963872 (liquid) • STCC 4963877 (solid)

EPA NAME: PYRETHRINS
CAS: 8003-34-7
SYNONYMS: BUHACH • CHRYSANTHEMUM CINERAREAEFOLIUM • CINERIN I • CINERIN II • DALMATION INSECT FLOWERS • FIRMOTOX • INSECT POWDER • JASMOLIN I • JASMOLIN II • PIRETRINA (Spanish) • PYRETHRIN I • PYRETHRIN II • PYRETHRUM (ACGIH) • PYRETHRUM INSECTICIDE • TRIESTE FLOWERS • RTECS No. UR4200000 • STCC 4963872 (liquid) • STCC 4963877 (solid)

EPA NAME: PYRIDINE
CAS: 110-86-1
SYNONYMS: AZABENZENE • AZINE • EINECS No. 203-809-9 • CP 32 • NCI-C55301 • PYRIDIN (German) • PRINDINA (Italian) • PIRYDYNA (Polish) • RCRA No. U196 • RCRA No. D038 • RTECS No. UR8400000 • STCC 4909277 • UN 1282

EPA NAME: PYRIDINE, 4-AMINO-
[see 4-AMINOPYRIDINE]
CAS: 504-24-5

EPA NAME: PYRIDINE, 3-(1-METHYL-2-PYRROLIDINYL)-, (S)
[see NICOTINE]
CAS: 54-11-5

EPA NAME: PYRIDINE, 2-METHYL-5-VINYL-
CAS: 140-76-1
SYNONYMS: 5-ETHENYL-2-METHYLPYRIDINE • 2-METHYL-5-VINYLPYRIDINE • 5-VINYL-2-PICOLINE • RTECS No. UT2975000

EPA NAME: PYRIDINE, 4-NITRO-, 1-OXIDE
CAS: 1124-33-0
SYNONYMS: 4-NITROPYRIDINE-1-OXIDE ● RTECS No. UT6380000

EPA NAME: 2,4-(1H,3H)-PYRIMIDINEDIONE, 5-BROMO-6-METHYL-3-(1-METHYLPROPYL), LITHIUM SALT
[see BROMACIL, LITHIUM SALT]
CAS: 53404-19-6

EPA NAME: PYRIMINIL
CAS: 53558-25-1
SYNONYMS: DPL-87 ● DLP 787 ● N-(4-NITROPHENYL)-N'-(3-PYRIDINYLMETHYL)UREA ● 1-(4-NITROPHENYL)-3-(3-PYRIDINYLMETHYL)UREA ● N-3-PYRIDYLMETHYL-N'-p-NITROPHENYLUREA ● PYRIDYLMETHYL-N'-PARA-NITROPHENYL UREA ● 1-(3-PYRIDYLMETHYL)-3-(4-NITROPHENYL)UREA ● PRIMINIL ● PYRINURON ● RH-787 ● RTECS No. UT9690000 ● UREA, N-(4-NITROPHENYL)-N'-(3-PYRIDINYLMETHYL)- ● VACOR

- Q -

EPA NAME: QUINOLINE
CAS: 91-22-5
SYNONYMS: 1-AZANAPHTHALENE ● B-500 ● 1-BENZAZINE ● 1-BENZINE ● BENZOPYRIDINE ● BENZO[b]PYRIDINE ● CHINOLEINE ● EINECS No. 202-051-6 ● LEUCOL ● LEUCOLINE ● LEUKOL ● QUINOLEINA (Spanish) ● QUINOLIN ● RTECS No. UA9275000 ● STCC 4963367 ● UN 2656 ● USAF EK-218 ● UN 2656

EPA NAME: QUINONE
CAS: 106-51-4
SYNONYMS: BENZO-CHINON (German) ● 1,4-BENZOQUINE ● p-BENZOQUINONA (Spanish) ● 1,4-BENZOQUINONE ● p-BENZOQUINONE ● BENZOQUINONE ● CHINON (Dutch) ● CHINON (German) ● p-CHINON (German) ● CHINONE ● CLYCLOHEXADEINEDIONE ● 1,4-CYCLOHEXADIENEDIONE ● 2,5-CYCLOHEXADIENE-1,4-DIONE ● 1,4-CYCLOHEXADIENE DIOXIDE ● 1,4-DIOSSIBENZENE (Italian) ● 1,4-DIOXYBENZENE ● 1,4-DIOXYBENZOL ● EEC No. 606-013-00-3 ● NCI-C55845 ● QUINONA (Spanish) ● p-QUINONE ● RCRA No. U197 ● RTECS No. DK2625000 ● USAF P-220 ● UN 2587

EPA NAME: QUINTOZENE
CAS: 82-68-8
SYNONYMS: AVICOL (PESTICIDE) ● BARTILEX ● BATRILEX ● BENZENE, PENTACHLORONITRO- ● BOTRILEX ● BRASSICOL ● BRASSICOL EARTHCIDE ● BRASSICOL 75 ● BRASSICOL SUPER ● CHINOZAN ● FARTOX ● FOLOSAN ● FOMAC 2 ● FUNGICHLOR ● GC 3944-3-4 ● KOBU ● KOBUTOL ● KP 2 ● MARISAN FORTE ● NCI-C00419 ● NITROPENTACHLOROBENZENE ● OLIPSAN ● OLPISAN ● PCNB ● PENTACHLORONITROBENZENE ● PENTACHLORNIRTOBENZOL (German) ● PENTAGEN ● PHOMASAN ● PKhNB ● QUINOSAN ● QUINTOCENE ● QUINTOCENO (Spanish) ● QUINTOZEN ● RCRA No. U185 ● RTECS No. DA6550000 ● RTU 1010 ● SANICLOR 30 ● TERRACHLOR ● TERRACLOR ● TERRACLOR 30 G ● TERRAFUN ● TILCAREX ● TRIPCNB ● TRITISAN

EPA NAME: QUIZALOFOP-ETHYL
CAS: 76578-14-8
SYNONYMS: ASSURE ● CASWELL No. 215D ● 2-(4-((6-CHLORO-2-QUINOXALINYL)OXY)PHENOXY)ETHYL PROPIONATE ● 2-(4-((6-CHLORO-2-QUINOXALINYL)OXY)PHENOXY)PROPANOIC ACID ETHYL ESTER ● DPX-Y 6202 ● EPA PESTICIDE CHEMICAL CODE 128201 ● ETHYL 2-(4-(6-CHLORO-2-QUINOXALINYLOXY)PHENOXY)PROPANOATE ● FBC 32197 ● NC 302 ● NCI-C99983 ● PILOT ● PROPANOIC ACID, 2-(4-((6-CHLORO-2-QUINOXALINYL)OXY)PHENOXY)-, ETH-

YL ESTER • QUINOFOP-ETHYL • TARGA • XYLOFOP-ETHYL • RTECS No. GW71910000 • UN 2765 (phenoxy pesticides, solid, toxic) • UN 3000 (phenoxy pesticides, liquid, toxic)

- R -

EPA NAME: RESPERINE
CAS: 50-55-5
SYNONYMS: ABESTA • ABICOL • ADELFAN • ADELPHANE • ADELPHIN • ADELPHIN-ESIDREX-K • ALKARAU • ALKASERP • ALSERIN • ANQUIL • APOPLON • APSICAL • ARCUM R-S • ASCOSERP • ASCOSERPINA • AUSTRAPINE • BANASIL • BANISIL • BENAZYL • BENDIGON • BIOSERPINE • BRINDERDIN • BRISERINE • BROSERPINE • BUTISERPAZIDE-25 • BUTISERPAZIDE-50 • BUTISERPINE • CARDIOSERPIN • CARDITIVO • CARRSERP • CRYSTOSERPINE • DAERBON • DESERPINE • DIUPRES • DIUTENSEN-R • DRENUSIL-R • DYPERTANE COMPOUND • EBERPINE • EBERSPINE • EBSERPINE • ELFANEX • ELERPINE • ENIPRESSER • ENT 50,146 • ESCASPERE • ESERPINE • ESKASERP • GAMASERPIN • GAMMASERPINE • GILUCARD • H 520 • HELFOSERPIN • HEXAPLIN • HIPOSERPIL • HISERPIA • HYDROMOX R • HYDROPRES • HYDROPRESKA • HYGROTON-RESERPINE • HYPERCAL B • HYPERTANE FORTE • HYPERTENSAN • IDOSERP • IDSOSERP • INTERPINA • KEY-SERPINE • KITENE • KLIMANOSID • 'L,' CARPSERP • LEMISERP • LOWESERP • MARNITENSION SIMPLE • MAVISERPIN • MAYSERPINE • MEPHASERPIN • METHYLRESERPATE-3,4,5-TRIMETHOXYBENZOIC ACID • METHYLRESERPATE-3,4,5-TRIMETHOXYBENZOIC ACID ESTER • MIO-PRESSIN • MODENOL • NAQUIVAL • NCI-C50157 • NEMBU-SERPIN • NEO-ANTITENSOL • NEOSERFIN • RAUSED • RAUWOLEAF • RCRA No. U200 • RECIPIN • REGROTON • RENESE R • R-E-S • RESALTEX • RESEDIN • RESEDREX • RESEDRIL • RESERPEX • RESERPOID • RTECS No. ZG0350000 • SERPASIL • SERPASIL APRESOLINE • SERPINE • 3,4,5-TRIMETHOXYBENZOYL METHYL RESERPATE • USAF CB-27 • YOHIMBAN-16-CARBOXYLIC ACID, 11,17-DIMETHOXY-18-(3,4,5-TRIMETHOXYBENXOYL)OXY-, METHYL ESTER • YOHIMBAN-16-CARBOXYLIC ACID, 11,17-DIMETHOXY-18-(3,4,5-TRIMETHOXYBENXOYL)OXY-, METHYL ESTER,(3β,16β,17α,18β,20α)- • YOHIMBAN-16-CARBOXYLIC ACID DERIVATIVE OF BENZ(g)INDOLO(2,3-a)QUINOLIZINE

EPA NAME: RESMETHRIN
CAS: 10453-86-8
SYNONYMS: AI3-27474 • BENZOFUROLINE • BENZYFUROLINE • 5-BENZYLFURFURYL CHRYSANTHEMATE • (5-BENZYL-3-FURYL)METHYL CHRYSANTHEMATE • 5-BENZYL-3-FURYLMETHYL (±)-cis-trans-CHRYSANTHEMATE • 5-BENZYL-3-FURYLMETHYL(1RS)-cis,trans-2,2-DIMETHYL-3-(2-METHYLPROP-1-ENYL)CYCLOPROPANECARBOXYLATE • 5-BENZYL-3-FURYLMETHYL(1RS)-(Z),(E)-2,2-DIMETHYL-

3-(2-METHYLPROP-1-ENYL)CYCLOPROPANECARBOXY-
LATE • 5-BENZYL-3-FURYLMETHYL(1RS,3RS • 1RS,3SR)-
2,2-DIMETHYL-3-(2-METHYLPROP-1-ENYL)CYCLOPRO-
PANECARBOXYLATE • (5-BENZYL-3-FURYL)METHYL 2,2-
DIMETHYL-3-(2-METHYLPROPENYL)CYCLOPROPANE-
CARBOXYLATE • BIORESMETHRIN (D-trans ISOMER) •
CASWELL No. 083E • CYCLOPROPANECARBOXYLIC ACID,
2,2-DIMETHYL-3-(2-METHYLPROPENYL)-, (4-(2-BENZYL)
FURYL) METHYL ESTER • CYCLOPROPANECARBOXYLIC
ACID, 2,2-DIMETHYL-3-(2-METHYLPROPENYL)-, (5-BEN-
ZYL-3-FURYL) METHYL ESTER • CYCLOPROPANECAR-
BOXYLIC ACID, 2,2-DIMETHYL-3-(2-METHYL-1-PROPE-
NYL)-, (5-(PHENYLMETHYL)-3-FURANYL)METHYL ESTER,
cis,trans-(+/-)- • CYCLOPROPANECARBOXYLIC ACID, 2,2-DI-
METHYL-3-(2-METHYL-1-PROPENYL)-, (5-(PHENYLMETH-
YL)-3-FURANYL)METHYL ESTER, (Z),(E)-(+/-)- • CYCLO-
PROPANECARBOXYLIC ACID, 2,2-DIMETHYL-3-(2-
METHYL-1-PROPENYL)-, (5-(PHENYLMETHYL)-3-
FURANYL)METHYL ESTER • DIMETHYL 3-(2-METHYL-1-
PROPENYL)CYCLOPROPANECARBOXYLATE • 2,2-DI-
METHYL-3-(2-METHYL-1-PROPENYL)CYCLOPROPANE-
CARBOXYLIC ACID • ENT 27474 • EPA PESTICIDE
CHEMICAL CODE 097801 • FMC 17370 • NIA 17370 • NSC
195022 • (5-(PHENYLMETHYL)-3-FURANYL)METHYL 2,2-DI-
METHYL-3-FURYLMETHYL-2,2-DIMETHYL-3-(2-METHYL-
PROPENYL) CYCLOPROPANECARBOXYLATE • (5-
(PHENYLMETHYL)-3-FURANYL) METHYL-2,2-DIMETHYL-
3-(2-METHYL-1-PROPENYL)CYCLOPROPANECAR-
BOXYLATE) • 5-(PHENYLMETHYL)-3-FURANYL)METHYL
2,2-DIMETHYL-3-(2-METHYL-1-PROPENYL)CYCLOPRO-
PANECARBOXYLATE • (5-(PHENYLMETHYL)-3-FURANYL)
METHYL ESTER • PYRETHERM • RESMETHRIN, (+/-)- •
RESMETHRIN, (+)-trans,cis- • RESMETHRIN, (+)-(E),(Z)- • S.B.
PENICK 1382 • SYNTHRIN

EPA NAME: RESORCINOL
CAS: 108-46-3
SYNONYMS: BENZENE, M-DIHYDROXY- • m-BENZENEDIOL •
1,3-BENZENEDIOL • C.I. 76505 • C.I. DEVELOPER 4 • C.I.
OXIDATION BASE 31 • DEVELOPER O • DEVELOPER R •
DEVELOPER RS • m-DIHYDROXYBENZENE • 1,3-DIHY-
DROXYBENZENE • m-DIOXYBENZENE • DURAFUR DE-
VELOPER G • EINECS No. 203-585-2 • FOURAMINE RS •
FOURRINE 79 • FOURRINE EW • m-HYDROQUINONE • 3-
HYDROXYCYCLOHEXADIEN-1-ONE • m-HYDROXYPHE-
NOL • 3-HYDROXYPHENOL • NAKO TGG • NCI-C05970 •
PELAGOL GREY RS • PELAGOL RS • PHENOL, M-HY-
DROXY- • RCRA No. U201 • RESORCIN • RESORCINA
(Spanish) • RESORCINE • RTECS No. VG9625000 • STCC
4966774 • UN 2876

- S -

EPA NAME: SACCHARIN (MANUFACTURING)
CAS: 81-07-2
SYNONYMS: ANHYDRO-o-SULFAMINEBENZOIC ACID ● 1,2-BENZISOTHIAZOLIN-3-ONE, 1,1-DIOXIDE, and SALTS ● 3-BENZISOTHIAZOLINONE 1,1-DIOXIDE ● 1,2-BENZISO-THIAZOL-3(2H)-ONE, 1,1-DIOXIDE ● o-BENZOIC ACID SULFIMIDE ● BENZOIC SULFIMIDE ● o-BENZOIC SULFI-MIDE ● BENZOICSULPHIMIDE ● o-BENZOIC SULPHIMIDE ● BENZOIC SULPHINIDE ● o-BENZOSULFIMIDE ● BENZO-SULPHIMIDE ● BENZO-2-SULPHIMIDE ● BENZO-SULPHI-MIDE ● o-BENZOYL SULFIMIDE ● 1,2-DIHYDRO-2-KETO-BENZISOSULFONAZOLE ● 1,2-DIHYDRO-2-KETOBENZ-ISOSULPHONAZOLE ● 2,3-DIHYDRO-3-OXOBENZISO-SULFONAZOLE ● 2,3-DIHYDRO-3-OXOBENZISOSUL-PHONAZOLE ● 1,1-DIOXIDE-1,2-BENZOISOTHIAZOL-3(2H)-ONE ● EINECS No. 220-120-9 ● GARANTOSE ● GLUCID ● GLUSIDE ● GLYCOPHENOL ● GLYCOSIN ● HERMESETAS ● 3-HYDROXYBENZISOTHIAZOLE-S,S-DIOXIDE ● KANDISET ● NATREEN ● NEOSACCARIN ● RCRA No. U202 ● RTECS No. DE4200000 ● SACARINA (Spanish) ● SACCHARIMIDE ● SAC-CHARINA ● SACCHARIN ACID ● 550 SACCHARINE ● SAC-CHARINOL ● SACCHARINOSE ● SACCHAROL ● SACCHA-ROSE ● SAXIN ● SUCRE EDULCOR ● SUCRETTE ● o-SULFOBENZIMIDE ● o-SULFOBENZOIC ACID IMIDE ● 2-SULPHOBENZOIC IMIDE ● SWEETA ● SYCORIN ● SYKOSE ● SYNCAL ● ZAHARINA

EPA NAME: SAFROLE
CAS: 94-59-7
SYNONYMS: 5-ALLYL-1,3-BENZODIOXOLE ● ALLYLCATE-CHOL METHYLENE ETHER ● ALLYLDIOXYBENZENE METHYLENE ETHER ● 1-ALLYL-3,4-METHYLENEDIOXY-BENZENE ● 4-ALLYL-1,2-(METHYLENEDIOXY)BENZENE ● M-ALLYLPYROCATECHINMETHYLENE ETHER ● ALLYL-PYROCATECHOL METHYLENE ETHER ● BENZENE, 4-AL-LYL-1,2-(METHYLENEDIOXY)- ● 1,3-BENZODIOXOLE, 5-(2-PROPENYL)- ● 3,4-METHYLENEDIOXY-ALLYLBENZENE ● METHYLENE ESTER OF ALLYL-PYROCATECHOL ● 3-(3,4-METHYLENEDIOXYPHENYL)PROP-1-ENE ● 5-(2-PROPE-NYL)-1,3-BENZODIOXOLE ● RCRA No. U203 ● RHYUNO OIL ● RTECS No. CY2800000 ● SAFRENE ● SAFROL (Spanish) ● SAFROLE MF ● SHIKIMOLE ● SHIKOMOL

EPA NAME: SALCOMINE
CAS: 14167-18-1

SYNONYMS: BIS(SALICYALDEHYDE)ETHYLENEDIIMINE COBALT(II) • N,N′-ETHYLENBIS(SALICYLIDENEIMINATO)COBALT(II) • SALCOMIN • SALCOMINE POWDER • SALICYLALDEHYDE ETHYLENEDIIMINE COBALT • RTECS No. GG0590000

EPA NAME: SARIN
CAS: 107-44-8
SYNONYMS: FLUOROISOPROPOXYMETHYLPHOSPHINE OXIDE • GB • IMPF • ISOPROPYHYL METHYLPHOSPHONOFLUORIDATE • ISOPROPOXYMETHYLPHORYL, FLUORIDE • ISOPROPYL METHYLFLUOROPHOSPHATE • ISOPROPYL METHYLPHOSPHONOFLUORIDATE • O-ISOPROPYL METHYLPHOSPHONOFLUORIDATE • ISOPROPYL-METHYL-PHOSPHORYL FLUORIDE • METHYLFLUOROPHOSPHORIC ACID,IOSPROPYL ESTER • METHYLPHOSPHONOFLUORIDIC ACID ISOPROPYL ESTER • METHYLPHOSPHONOFLUORIDIC ACID-1-METHYL-ETHYL ESTER • METHYLFLUORPHOSPHORSAEUREISOPROPYLESTER (German) • MFI • SARIN II • SARINA (Spanish) • T-144 • T-2106 • TL 1618 • TRILONE 46 • RTECS No. TA8400000

EPA NAME: SELENIOUS ACID
CAS: 7783-00-8
SYNONYMS: ACIDO SELENIOSO (Spanish) • RCRA No. U204 • RTECS No. VS7175000 • SELENIUM DIOXIDE • SELENOUS ACID • UN 3283 (selenium compound, n.o.s.)

EPA NAME: SELENIOUS ACID, DITHALLIUM(1+) SALT
CAS: 12039-52-0
SYNONYMS: RCRA No. P114 • THALLIUM MONOSELENIDE • THALLIUM SELENIDE • RCRA No. P114 • RTECS No. XG6300000 • SELENIOUS ACID, DITHALLIUM(I) SALT • UN 3283 (selenium compound, n.o.s.)

EPA NAME: SELENIUM
CAS: 7782-49-2
SYNONYMS: C.I. 77805 • COLLOIDAL SELENIUM • ELEMENTAL SELENIUM • RCRA No. D010 • RTECS No. VS7700000 • SELEN (Polish) • SELENATE • SELENIO (Spanish) • SELENIUM ALLOY • SELENIUM BASE • SELENIUM (COLLODIAL) • SELENIUM DUST • SELENIUM ELEMENT • SELENIUM HOMOPOLYMER • SELENIUM POWDER • TOXIC CHEMICAL CATEGORY CODE, N725 • UN 2654 (powder)

EPA NAME: SELENIUM DIOXIDE
CAS: 7446-08-4
SYNONYMS: DIOXIDO de SELENIO (Spanish) • EINECS No. 231-194-7 • RCRA No. U204 • RTECS No. VS8575000 • SELENIUM (IV) DIOXIDE (1:2) • SELENIOUS ACID ANHYDRIDE • SELENIOUS ANHYDRIDE • SELENIUM OXIDE • STCC 4923340 • UN 2811 • UN 3283 (selenium compound, n.o.s.)

EPA NAME: SELENIUM OXYCHLORIDE
CAS: 7791-23-3
SYNONYMS: SELENINYL CHLORIDE • SELENIUM CHLORIDE OXIDE • RTECS No. VS7000000 • UN 2879

EPA NAME: SELENIUM SULFIDE
CAS: 7488-56-4
SYNONYMS: EXSEL • RCRA No. U205 • SELENIUM DISULPHIDE • SELENIUM(IV) DISULFIDE (1:2) • RTECS No. VS8925000 • SULFURO de SELENIO • UN 3283 (selenium compound, n.o.s.)

EPA NAME: SELENIUM, TETRAKIS(DIMETHYLDITHIOCARBAMATE)
CAS: 144-34-3
SYNONYMS: METHYL SELENAC • RTECS No. VT0780000 • SELENIUM DIMETHYLDITHIOCARBAMATE • TETRAKIS(DIMETHYLCARBAMODITHIOATO-S,S′)SELENIUM • UN 2757 (carbamate pesticides, solid, poisonous) • UN 2992 (carbamate pesticides, liquid, poisonous)

EPA NAME: SELENOUREA
CAS: 630-10-4
SYNONYMS: CARBAMIMIDOSELENOIC ACID • RCRA No. P103 • RTECS No. YU1820000 • UREA, SELENO- • UN 3283 (selenium compound, n.o.s.)

EPA NAME: SEMICARBAZIDE HYDROCHLORIDE
CAS: 563-41-7
SYNONYMS: AMIDOUREA HYDROCHLORIDE • AMINOUREA HYDROCHLORIDE • CLORHIDRATO de SEMICARBAZIDE (Spanish) • CARBAMYLHYDRAZINE HYDROCHLORIDE • CH • HYDRAZINECARBOXAMIDE MONOHYDROCHLORIDE • RTECS No. VT3500000

EPA NAME: SETHOXYDIM
CAS: 74051-80-2
SYNONYMS: ALLOXOL S • ARD 34/02 • BAS 90520H • BASF 9052H • BASF 9052 • CASWELL No. 072A • CHECKMATE • 2-CYCLOHEXEN-1-ONE, 2-(1-(ETHOXYIMINO)BUTYL)-5-(2-(ETHYLTHIO)PROPYL)-3-HYDROXY- • 2-(1-(ETHOXYIMINO) BUTYL)-5-(2-(ETHYLTHIO)PROPYL)-3-HYDROXYL-2-CYCLOHEXEN-1-ONE • CYETHOXYDIM • EPA PESTICIDE CHEMICAL CODE 121001 • (±)-2-(1-(ETHOXYIMINO)BUTYL)-5-(2-(ETHYLTHIO)PROPYL)-3-HYDROXY-2-CYCLOHEXEN-1-ONE • 2-((1-ETHOXYIMINO)BUTYL)-5-((ETHYLTHIO)PROPYL)-3-HYDROXY-2-CYCLOHEXEN-1-ONE • 2-(1-(ETHOXYIMINO)BUTYL)-5-(2-(ETHYLTHIO)PROPYL)-3-HYDROXYL-2-CYCLOHEXEN-1-ONE • EXPAND • NABU • NP-55 • POAST • SETHOXYDIM CYCLOHEXANONE HERBICIDE • TRITEX-EXTRA • (±)-(ZE)-2-(1-ETHOXYIMINOBUTYL)-5-(2-(ETHYLTHIO)PROPYL)-3-HYDROXYCYCLOHEX-2-E NONE • RTECS No. GW7191000

EPA NAME: SILANE
CAS: 7803-62-5
SYNONYMS: MONOSILANE • SILANO (Spanish) • SILICANE • SILICON TETRAHYDRIDE • RTECS No. VV1400000 • UN 2203 (compressed)

EPA NAME: SILANE, (4-AMINOBUTYL)DIETHOXYMETHYL-
CAS: 3037-72-7
SYNONYMS: (4-AMINOBUTYL)DIETHYOXYMETHYLSILANE • δ-AMINOBUTYLMETHYLDIETHOXYSILANE • RTECS No. EO4200000

EPA NAME: SILANE, CHLOROTRIMETHYL-
[see TRIMETHYLCHLOROSILANE]
CAS: 75-77-4

EPA NAME: SILANE, DICHLORO-
[see DICHLOROSILANE]
CAS: 4109-96-0

EPA NAME: SILANE, DICHLORODIMETHYL-
[see DIMETHYLDICHLOROSILANE]
CAS: 75-78-5

EPA NAME: SILANE, TETRAMETHYL-
[see TETRAMETHYLSILANE]
CAS: 75-76-3

EPA NAME: SILANE, TRICHLORO-
[see TRICHLOROSILANE]
CAS: 10025-78-2

EPA NAME: SILANE, TRICHLOROMETHYL-
[see METHYLTRICHLOROSILANE]
CAS: 75-79-6

EPA NAME: SILVER
CAS: 7440-22-4
SYNONYMS: ALGAEDYN • ARGENTUM • C.I. 77820 • E 20 • L 3 • EINECS No. 231-131-3 • PLATA (Spanish) • RCRA No. D011 • SHELL SILVER • SILBER (German) • SILFLAFE 135 • SIL-POWDER 130 • SILVER ATOM • SILVER ELEMENT • SILVER METAL • SILVEST TCG 1 • SR 999 • TCG 1 • TCG 7R • TOXIC CHEMICAL CATEGORY CODE, N740 • UN 1250 • V 9 • RTECS No. VW3500000

EPA NAME: SILVER CYANIDE
CAS: 506-64-9
SYNONYMS: CIANURO de PLATA (Spanish) • CYANURE d'ARGENT (French) • KYANID STRIBRNY (Czech) • RCRA No. P104 • RTECS No. VW3850000 • UN 1684

EPA NAME: SILVER NITRATE
CAS: 7761-88-8

SYNONYMS: EINECS No. 231-853-9 • LUNAR CAUSTIC • NITRATE d'ARGENT (French) • NITRATO de PLATA (Spanish) • NITRIC ACID, SILVER(1+) SALT • NITRIC ACID, SILVER(I) SALT • SILBERNITRAT • SILVER(1+) NITRATE • SILVER(I) NITRATE • SILBERNITRAT • RTECS No. VW4725000 • STCC 4918742 • UN 1493

EPA NAME: SILVEX (2,4,5-TP)

CAS: 93-72-1

SYNONYMS: ACIDE, 2-(2,4,5-TRICHLORO-PHENOXY) PROPIONIQUE (French) • ACIDO 2-(2,4,5-TRICLOROFENOSSI)-PROPIONICO (Italian) • AMCHEN 2,4,5-TP • AQUA-VEX • COLOR-SET • DED-WEED • DOUBLR STRENGTH • FENOPROP • FENOMORE • FRUIT-O-NET • FRUITONE T • KURAN • KURON • KUROSAL • KUROSALG • MILLER NU SET • PROPON • RCRA No. U233 • SILVI-RHAP • STA-FAST • 2,4,5-TC • 2,4,5-TCPPA • 2,4,5-TP • 2(2,4,5-TRICHLOOR-FENOXY)-PROPIONZUUR (Dutch) • SILVEX HERBICIDE • 2-(2,4,5-TRICHLOROPHENOXY)PROPANOIC ACID • α-(2,4,5-TRICHLOROPHENOXY)PROPANOIC ACID • 2,4,5-TRICHLOROPHENOXY-α- • 2-(2,4,5-TRICHLOR-PHENOXY)PROPIONSAEURE (German) • 2,4,5-TP • UN 2765 (phenoxy pesticide, solid, toxic) • UN 3000 (phenoxy pesticide, liquid, toxic) • WEED-B-GONE

EPA NAME: SIMAZINE

CAS: 122-34-9

SYNONYMS: A 2079 • AI3-51142 • AKTINIT S • AQUAZINE • BATAZINA • 2,4-BIS(AETHYLAMINO)-6-CHLOR-1,3,5-TRIAZIN (German) • 2,4-BIS(ETHYLAMINO)-6-CHLORO-s-TRIAZINE • BITEMOL S-50 • BITEMOL • BITEMOL S 50 • CASWELL No. 740 • CAT (HERBICIDE) • CDT • CEKUSAN • CEKUZINA-S • CET • 2-CHLORO-4,6-BIS(ETHYLAMINO)-1,3,5-TRIAZINE • 1-CHLORO-3,5-BIS(ETHYLAMINO)-2,4,6-TRIAZINE • 2-CHLORO-4,6-BIS(ETHYLAMINO)-s-TRIAZINE • 6-CHLORO-N,N'-DIETHYL-1,3,5-TRIAZINE-2,4-DIAMINE • 6-CHLORO-N2,N4-DIETHYL-1,3,5-TRIAZINE-2,4-DIAMINE • 6-CHLORO-N,N'-DIETHYL-1,3,5-TRIAZINE-2,4-DIYLDIAMINE • EPA PESTICIDE CHEMICAL CODE 080807 • FRAMED • G 27692 • GEIGY 27692 • GESARAN • GESATOP • GESATOP-50 • H 1803 • HERBAZIN 50 • HERBEX • HERBOXY • HUNGAZIN DT • NSC 25999 • PREMAZINE • PRIMATEL S • PRIMATOL S • PRINCEP 80W • SIMADEX • SIMANEX • SIMAZINE 80W • SIMAZINA (Spanish) • TAFAZINE • TAFAZINE 50-W • TAPHAZINE • TRIAZINE A 384 • S-TRIAZINE, 2-CHLORO-4,6-BIS(ETHYLAMINO)- • 1,3,5-TRIAZINE-2,4-DIAMINE, 6-CHLORO-N,N'-DIETHYL- • W 6658 • WEEDEX • ZEAPUR • RTECS No. XY5250000 • UN 2763 (triazine pesticides, solid, toxic) • UN 2998 (triazine pesticides, liquid, toxic)

EPA NAME: SODIUM

CAS: 7440-23-5

SYNONYMS: EINECS No. 231-132-9 • ELEMENTAL SODIUM • NATRIUM • RTECS No. VY0686000 • SODIO (Spanish) • SODIUM ELEMENT • SODIUM, METAL LIQUID ALLOY • SODIUM METAL • STCC 4916456 • UN 1428

EPA NAME: SODIUM ARSENATE
CAS: 7631-89-2
SYNONYMS: ARSENIATO SODICO (Spanish) • ARSENIC ACID, SODIUM SALT • FATSCO ANT POISON • SODIUM ARSENATE DIBASIC • SODIUM METAARSENATE • SODIUM ORTHOARSENATE • STCC 4923290 • SWEENEY'S ANT-GO • RTECS No. CG1225000 • STCC 4923290 • UN 1685

EPA NAME: SODIUM ARSENITE
CAS: 7784-46-5
SYNONYMS: ARSENITO SODICO (Spanish) • ARSENOUS ACID, SODIUM SALT • ARSENITE de SODIUM (French) • ARSENOUS ACID, SODIUM SALT (9CI) • ATLAS A • CHEM PELS C • CHEM-SEN 56 • DISODIUM ARSENATE HEPTAHYDRATE • KILL-ALL • PENITE • PRODALUMNOL • SODANIT • SODIUM METAARSENITE • STCC 4923291 • RTECS No. CG3675000 • STCC 4923291 (aqueous solution) • STCC 4923291 (solid) • UN 1687 (aqueous solution) • UN 2027 (solid).

EPA NAME: SODIUM AZIDE (NA(N$_3$))
CAS: 26628-22-8
SYNONYMS: AI3-50436 • AXIUM • AZIDA SODICO (Spanish) • AZIDE • AZIUM • AZOTURE de SODIUM (French) • CASWELL No. 744A • DAZOE • EPA PESTICIDE CHEMICAL CODE 107701 • HYDRAZOIC ACID, SODIUM SALT • KAZOE • NATRIUMAZID (German) • NATRIUMMAZIDE (Dutch) • NCI-C06462 • NSC 3072 • RCRA No. P105 • RTECS No. VY8050000 • SMITE • SODIUM ARDE • SODIUM AZIDE, SALMONELLA TYHIMURIUM METABOLITE • SODIUM, AZOTURE de (French) • SODIUM AZOTURO (Italian) • STCC 4923465 • U-3886 • UN 1687

EPA NAME: SODIUM BICHROMATE
CAS: 10588-01-9
SYNONYMS: BICHROMATE de SODIUM (French) • BICHROMATE OF SODA • BICROMATO SODICO (Spanish) • CHROMIC ACID,DISODIUM SALT • CHROMIUM SODIUM OXIDE • DISODIUM DICHROMATE • EINECS No. 234-190-3 • NATRIUMBICHROMAAT (Dutch) • NATRIUMDICHROMAAT (Dutch) • NATRIUMDICHROMAT (German) • SODIO (DICROMATO di) (Italian) • SODIUM CHROMATE • SODIUM DICHROMATE • SODIUM DICHROMATE(VI) • SODIUM DICHROMATE(6+) • SODIUM(DICHROMATE de) (French) • RTECS No. HX7700000

EPA NAME: SODIUM BIFLUORIDE
CAS: 1333-83-1
SYNONYMS: BICROMATO SODICO (Spanish) • HYDROFLUORIC ACID, SODIUM SALT (2:1) • SODIUM ACID FLUORIDE • SODIUM DIFLUORIDE • SODIUM FLUORIDE (Na(HF2)) •

SODIUM HYDROGEN DIFLUORIDE • SODIUM HYDROGEN FLUORIDE • STCC 4932355 • RTECS No. WB4180000 • STCC 4932355 • UN 2439

EPA NAME: **SODIUM BISULFITE**
CAS: 7631-90-5
SYNONYMS: AMERSITE 2 • BISULFITE de SODIUM (French) • BISULFITO SODICO (Spanish) • EINECS No. 231-548-0 • HYDROGEN SULFITE SODIUM • NA2693 • RTECS No. VZ2000000 • SODIUM ACID SULFITE • SODIUM HYDROGEN SULFITE • SODIUM HYDROGEN SULFITE • SODIUM PYROSULFITE • SODIUM METABISULFITE • SODIUM SULHYDRATE • SULFUROUS ACID, MONOSODIUM SALT • STCC 4932376 (liquid) • STCC 4944155 (solid) • UN 2693 (solution)

EPA NAME: **SODIUM CACODYLATE**
CAS: 124-65-2
SYNONYMS: ALKARSODYL • ANSAR 160 • ARSECODILE • ARSYCODILE • BOLLS-EYE • CACODILATO SODICO (Spanish) • CACODYLATE de SODIUM (French) • CACODYLIC ACID SODIUM SALT • CHEMAID • DIMETHYLARSINIC ACID, SODIUM SALT • ((DIMETHYLARSINO)OXY)SODIUM-As-OXIDE • ((DIMETHYLARSINO)OXY)SODIUM-ARSENIC-OXIDE • Dutch-TREAT • EINECS No. 204-708-2 • HYDRODIMETHYLARSINE OXIDE, SODIUM SALT • KAKODYLAN DODNY • PHYTAR 560 • RAD-E-CATE • RAD-E-CATE 16 • RAD-E-CATE-25 • RAD-E-CATE-35 • RTECS No. CH7700000 • SILVISAR • SODIUM DIMETHYLARSINATE • SODIUM DIMETHYL ARSONATE • SODIUM SALT of CACODYLIC ACID • STCC 4960132 • UN 1688

EPA NAME: **SODIUM CHROMATE**
CAS: 7775-11-3
SYNONYMS: CHROMATE of SODA • CHROMIUM DISODIUM OXIDE • CHROMIUM SODIUM OXIDE • CROMATO SODICO (Spanish) • DISODIUM CHROMATE • EINECS No. 231-889-5 • NEUTRAL SODIUM CHROMATE • RTECS No. GB2955000 • SODIUM CHROMATE(VI) • STCC 4963369 • UN 9145

EPA NAME: **SODIUM CYANIDE (Na(CN))**
CAS: 143-33-9
SYNONYMS: CIANURO SODICO (Spanish) • CIANURO di SODIO (Italian) • CYANIDE of SODIUM • CYANOBRIK • CYANOGRAN • CYANURE de SODIUM (French) • CYMAG • EINECS No. 205-599-4 • HYDROCYANIC ACID, SODIUM SALT • KYANID SODNY (Czech) • PRUSSIATE of SODA • RCRA No. P106 • RTECS No. VZ7525000 • SODIUM CYANIDE, solid • SODIUM CYANIDE, solution • STCC 4923227 (liquid) • STCC 4923227 (solid) • UN1689

EPA NAME: **SODIUM DICAMBA**
CAS: 1982-69-0

SYNONYMS: O-ANISIC ACID, 3,6-DICHLORO-, SODIUM SALT • BENZOIC ACID, 3,6-DICHLORO-2-METHOXY-, SODIUM SALT • DICAMBA-SODIUM • DICAMBA SODIUM SALT • 3,6-DICHLORO-O-ANISIC ACID, SODIUM SALT • 3,6-DICHLORO-2-METHOXYBENZOIC ACID, SODIUM SALT • 2-METHOXY-3,6-DI CHLOROBENZOIC ACID SODIUM SALT • SODIUM 3,6-DICHLORO-O-ANISATE • SODIUM 3,6-DICHLORO-2-METHOXYBENZOATE • SODIUM 2-METHOXY-3,6-DICHLOROBENZOATE

EPA NAME: SODIUM DIMETHYLDITHIOCARBAMATE
CAS: 128-04-1
SYNONYMS: ACETO SDD 40 • AI3-14673 • ALCOBAM NM • BROGDEX 555 • CARBAMIC ACID, DIMETHYLDITHIO-, SODIUM SALT • CARBAMODITHIOIC ACID, DIMETHYL-, SODIUM SALT • CASWELL No. 762 • DDC • DIBAM • N,N-DIMETHYLDITHIOCARBAMATE SODIUM SALT • DIMETHYLDITHIOCARBAMATE SODIUM SALT • N,N-DIMETHYLDITHIOCARBAMIC ACID, SODIUM SALT • DIMETHYLDITHIOCARBAMIC ACID, SODIUM SALT • DIMETILDITIOCARBAMATO SODICO (Spanish) • DMDK • EINECS No. 204-876-7 • EPA PESTICIDE CHEMICAL CODE 034804 • METHYL NAMATE • MSL • NSC 85566 • SDDC • SHARSTOP 204 • SODIUM DIMETHYLAMINECARBODITHIOATE • SODIUM DIMETHYLAMINOCARBODITHIOATE • SODIUM DIMETHYLCARBAMODITHIOATE • SODIUM N,N-DIMETHYLDITHIOCARBAMATE • STA-FRESH 615 • STERISEAL LIQUID 40 • THIOSTOP N • UN 2992 (carbamate pesticides, liquid, toxic) • UN 2757 (carbamate pesticides, solid, toxic) • VULNOPOL NM • WING STOP B • RTECS No. FD3500000

EPA NAME: SODIUM DODECYLBENZENESULFONATE
CAS: 25155-30-0
SYNONYMS: AA-9 • ABESON NAM • BENZENE SULFONIC ACID, DODECLY-, SODIUM SALT • BIO-SOFT D-40 • BIO-SOFT D-60 • BIO-SOFT D-62 • BIO-SOFT D-35X • CALSOFT F-90 • CALSOFT L-40 • CALSOFT L-60 • CONCO AAS-35 • CONCO AAS-40 • CONCO AAS-65 • CONCO AAS-90 • CONOCO C-50 • CONOCO C-60 • CONOCO SD 40 • DETERGENT HD-90 • DODECILBENCENOSULFONATO SODICO (Spanish) • DODECYLBENZENE SODIUM SULFONATE • DODECYLBENZENESULPHONATE, SODIUM SALT • DODECYLBENZENSULFONANSODNY (Czech) • EINECS No. 246-680-4 • MERCOL 25 • MERCOL 30 • NACCANOL NR • NACCANOL SW • NACCONOL 40F • NACCONOL 90F • NACCONOL 35SL • NECCANOL SW • PILOT HD-90 • PILOT SF-40 • PILOT SF-60 • PILOT SF-96 • PILOT SF-40B • PILOT SF-40FG • PILOT SP-60 • RICHONATE 1850 • RICHONATE 45B • RICHONATE 60B • RTECS No. DB6825000 • SANTOMERSE 3 • SANTOMERSE No. 1 • SANTOMERSE NO.85 • SODIUM LAURYL BENZENE SULFONATE • SOLAR 40 • SOLAR 90 • SOL SODOWA KWASU LAURYLOBENZENOSULFONOWEGO (Polish) • SUL-

FAPOL • SULFAPOLU (Polish) • SULFRAMIN 85 • SULFRAMIN 40 FLAKES • SULFRAMIN 90 FLAKES • SULFRAMIN 40 GRANULAR • SULFRAMIN 40RA • SULFRAMIN 1238 SLURRY • SULFRAMIN 1250 SLURRY • P-1',1',4',4'-TETRAMETHYLOKTYLBENZENSULFONANSODNY (Czech) • ULTRAWET K • ULTRAWET 60K • ULTRAWET KX • ULTRAWET SK

EPA NAME: SODIUM FLUORIDE
CAS: 7681-49-4
SYNONYMS: ALCOA SODIUM FLUORIDE • ANTIBULIT • CAVTROL • CHECKMATE • CHEMIFLUOR • CREDO • DISODIUM DIFLUORIDE • EINECS No. 231-667-8 • FDA 0101 • F1-TABS • FLORIDINE • FLOROCID • FLOZENGES • FLUORAL • FLUORIDENT • FLUORID SODNY (Czech) • FLUORIGARD • FLUORINEED • FLUORINSE • FLUORITAB • FLUOR-O-KOTE • FLUORURE de SODIUM (French) • FLUORURO SODICO (Spanish) • FLURA-GEL • FLURCARE • FUNGOL B • GEL II • GELUTION • IRADICAV • KARIDIUM • KARIGEL • KARI-RINSE • LEA-COV • LEMOFLUR • LURIDE • NAFEEN • NATRIUM FLUORIDE • NCI C55221 • NUFLOUR • OSSALIN • OSSIN • PEDIAFLOR • PEDIDENT • PENNWHITE • PERGANTENE • PHOS-FLUR • POINT TWO • PRO-PORTION • RAFLUOR • RESCUE SQUAD • ROACH SALT • SODIUM HYDROFLUORIDE • SODIUM MONOFLUORIDE • SO-FLO • STAY-FLO • STCC 4944150 • STUDAFLOUR • SUPER-DENT • T-FLUORIDE • THERA-FLUR-N • TRISODIUM TRIFLUORIDE • VILLIAUMITE • RTECS No. WB0350000 • STCC 4944150 • UN 1690 • ZENDIUM

EPA NAME: SODIUM FLUOROACETATE
CAS: 62-74-8
SYNONYMS: 1080 • ACETIC ACID, FLUORO-, SODIUM SALT • AI3-08434 • CASWELL No. 770 • COMPOUND 1080 • EPA PESTICIDE CHEMICAL CODE 075003 • FLUORAKIL 3 • FLUOROACETIC ACID, SODIUM SALT • FLUOACETATO SODICO (Spanish) • FLUORACETATO di SODIO (Italian) • FLUORESSIGSAEURE (German) • FRATOL • FURATOL • MONOFLUORESSIGSAURE, NATRIUM (German) • NATRIUMFLUORACETAAT (Dutch) • NATRIUMFLUORACETAT (German) • NSC 77690 • RATBANE 1080 • RCRA No. P058 • SMFA • SODIO, FLUORACETATO di (Italian) • SODIUM FLUOACETATE • SODIUM FLUOACETIC ACID • SODIUM FLUORACETATE • SODIUM FLUORACETATE de (French) • SODIUM MONOFLUOROACETATE • TEN-EIGHTY • TL 869 • YASOKNOCK • RTECS No. AH9100000 • UN 2629

EPA NAME: SODIUM HYDROSULFIDE
CAS: 16721-80-5
SYNONYMS: HIDROSULFURO SODICO (Spanish) • SODIUM BISULFIDE • SODIUM HYDROGEN SULFIDE • SODIUM MERCAPTAN • SODIUM MERCAPTIDE • SODIUM SULFHYDRATE • STCC 4935268 (solution) • RTECS No. WE1900000 •

UN 1384 • UN 2923 (solid) • UN 2318 (with less than 25% water of crystallization) • NA 2922 (solution) • NA 2949 (with not less than 25% water of crystallization)

EPA NAME: **SODIUM HYDROXIDE**
CAS: 1310-73-2
SYNONYMS: CAUSTIC SODA • CAUSTIC SODA, BEAD • CAUSTIC SODA, DRY • CAUSTIC SODA, FLAKE • CAUSTIC SODA, GRANULAR • CAUSTIC SODA, SOLID • EINECS No. 215-185-5 • HIDROXIDO SODICO (Spanish) • HYDROXYDE of SODIUM (French) • LEWIS RED DEVIL LYE • LYE • LYE SOLUTION • NATRIUMHYDROXID (German) • NATRIUMHYDROXYDE (Dutch) • PELS • SODA LYE • SODIO(IDROSSIDO di) (Italian) • SODIUM HYDRATE • SODIUM HYDRATE • SODIUM HYDROXIDE, BEAD • SODIUM HYDROXIDE, DRY • SODIUM HYDROXIDE, FLAKE • SODIUM HYDROXIDE, GRANULAR • SODIUM HYDROXIDE, SOLID • SODIUM (HYDROXYDE de) (French) • SODIUM HYDROXIDE CAUSTIC SODA SOLUTION • SODA LYE • SODIUM HYDRATE SOLUTION • SODIUM HYDROXIDE LIQUID • SODIUM HYDROXIDE SOLUTION • STCC 4935235 • WHITE CAUSTIC • WHITE CAUSTIC, SOLUTION • RTECS No. WB4900000 • STCC 4935235 • UN 1823

EPA NAME: **SODIUM HYPOCHLORITE**
CAS: 7681-52-9
SYNONYMS: ANTIFORMIN • B-K LIQUID • CARREL-DAKIN SOLUTION • CHLORASOLE • CHLOROS • CHLOROX • CLOROX • DAKIN'S SOLUTION • DEOSAN • DOMESTOS • HIPOCLORITO SODICO (Spanish) • HYCLORITE • HYPOCHLOROUS ACID, SODIUM SALT • JAVEX • KLOROCIN • MILTON • NEO-CLEANER • NEOSEPTAL • PAROZONE • PURIN B • SODIUM CHLORIDE OXIDE • RTECS No. NH3486300 • SODIUM HYPOCHLORIDE • SURCHLOR • STCC 4944143 • UN 1791 • ZONITE

EPA NAME: **SODIUM METHYLATE**
CAS: 124-41-4
SYNONYMS: METHANOL, SODIUM SALT • METILATO SODICO (Spanish) • RTECS No. PC3570000 • SODIUM METHOXIDE • SODIUM METHYLATE, ALCOHOL MIXTURE • STCC 4916461 • UN1431 (dry) • UN1289 (alcohol mixture)

EPA NAME: **SODIUM METHYLDITHIOCARBAMATE**
[see METHAM SODIUM]
CAS: 137-42-8

EPA NAME: **SODIUM NITRITE**
CAS: 7632-00-0
SYNONYMS: ANTI-RUST • CASWELL No. 782 • DIAZOTIZING SALTS • DUSITAN SODNY (Czech) • EINECS No. 231-555-9 • EPA PESTICIDE CHEMICAL CODE 076204 • ERINITRIT • FILMERINE • NITRATO SODICO (Spnish) • NATRIUM NI-

TRIT (German) • NCI-C02084 • NITRITE de SODIUM (French) • NITROUS ACID, SODIUM SALT • NSC 77391 • RTECS No. RA1225000 • STCC 4918747 • SYNFAT 1004 • UN 1500

EPA NAME: SODIUM PENTACHLOROPHENATE
CAS: 131-52-2
SYNONYMS: AI3-16418 • CASWELL No. 784 • DOW DORMANT FUNGICIDE • DOWICIDE G • DOWICIDE G-ST • EPA PESTICIDE CHEMICAL CODE 063003 • GR 48-11PS • GR 48-32S • NAPCLOR-G • PCP-SODIUM • PCP SODIUM SALT • PENTACHLOROPHENATE SODIUM • PENTACHLOROPHENOL, SODIUM SALT • PENTACHLOROPHENOXY SODIUM • PENTACLOROFENATO SODICO (Spanish) • PENTAPHENATE • PHENOL, PENTACHLORO-, SODIUM SALT • PHENOL, PENTACHLORO-, SODIUM SALT, MONOHYDRATE • PKhFN • SANTOBRITE • SANTOBRITE D • SODIUM PCP • SODIUM PENTACHLOROPHENOL • SODIUM PENTACHLOROPHENOLATE • SODIUM PENTACHLOROPHENOXIDE • SODIUM, (PENTACHLOROPHENOXY)- • SODIUM PENTACHLORPHENATE • WEEDBEADS • UN 2567

EPA NAME: SODIUM o-PHENYLPHENOXIDE
CAS: 132-27-4
SYNONYMS: AI3-09076 • BACTROL • 2-BIPHENYLOL, SODIUM SALT • (1,1'-BIPHENYL)-2-OL, SODIUM SALT • CASWELL No. 787 • D.C.S. • DORVICIDE A • DOWICIDE • DOWICIDE A • DOWICIDE A & A FLAKES • DOWICIDE A FLAKES • DOWIZID A • EPA PESTICIDE CHEMICAL CODE 064104 • 2-HYDROXYBIPHENYL SODIUM SALT • 2-HYDROXYDIPHENYL SODIUM • 2-HYDROXYDIPHENYL, SODIUM SALT • MIL-DU-RID • MYSTOX WFA • NATRIPHENE • OPP-NA • OPP-SODIUM • ORPHENOL • PHENOL, o-PHENYL-, SODIUM DERIV. • o-PHENYLPHENOL SODIUM • 2-PHENYLPHENOL SODIUM SALT • o-PHENYLPHENOL, SODIUM SALT • PHENYLPHENOL, SODIUM SALT • PREVENTOL-ON • PREVENTOL ON EXTRA • PREVENTOL ON & ON EXTRA • RTECS No. DV7700000 • SODIUM 2-BIPHENYLATE • SODIUM 2-BIPHENYLOL • SODIUM 2-BIPHENYLOLATE • SODIUM (1,1'-BIPHENYL)-2-OLATE • SODIUM, (2-BIPHENYLYLOXY)- • SODIUM 2-HYDROXYDIPHENYL • SODIUM ORTHO-PHENYLPHENATE • SODIUM o-PHENYLPHENATE • SODIUM 2-PHENYLPHENATE • SODIUM o-PHENYLPHENOL • SODIUM o-PHENYLPHENOLATE • SODIUM 2-PHENYLPHENOLATE • SODIUM 2-PHENYLPHENOXIDE • SOPP • STOPMOLD B • TOPANE

EPA NAME: SODIUM PHOSPHATE, DIBASIC
CAS: 7558-79-4
SYNONYMS: DIBASIC SODIUM PHOSPHATE • DISODIUM HYDROGEN PHOSPHATE • DISODIUM MONOHYDROGEN PHOSPHATE • DISODIUM ORTHOPHOSPHATE • DISODIUM PHOSPHATE • DISODIUM PHOSPHORIC ACID • DSP • EINECS No. 231-448-7 • EXSICCATED SODIUM PHOSPHATE

• FOSFATO DIBASICO SODICO (Spanish) • NA 9147 (DOT) • NATRIUMPHOSPHAT(German) • SODA PHOSPHATE • SODIUM HYDROGEN PHOSPHATE • PHOSPHORIC ACID, DISODIUM SALT • RTECS No. WC4500000 • STCC 4966380 • UN 9147

EPA NAME: SODIUM PHOSPHATE, DIBASIC
CAS: 10039-32-4
SYNONYMS: FOSFATO DIBASICO SODICO (Spanish) • NA 9147 (DOT) • PHOSPHORIC ACID, DISODIUM SALT, DODECAHYDRATE • RTECS No. TC5725000 • STCC 4966380 • UN 9147

EPA NAME: SODIUM PHOSPHATE, DIBASIC
CAS: 10140-65-5
SYNONYMS: EINECS No. 231-448-7 • FOSFATO DIBASICO SODICO (Spanish) • NA 9147 (DOT) • SODIUM PHOSPHATE, DIBASIC MONOHYDRATE • STCC 4966380 • UN 9147

EPA NAME: SODIUM PHOSPHATE, TRIBASIC
CAS: 7601-54-9
SYNONYMS: DRI-TRI • EMULSIPHOS 440/660 • EINECS No. 231-509-8 • FOSFATO TRIBASICO SODICO (Spanish) • NUTRIFOS STP • OAKITE • RTECS No. TC9490000 • PHOSPHORIC ACID, TRISODIUM SALT • SODIUM PHOSPHATE • SODIUM PHOSPHATE, ANHYDROUS • STCC 4966380 • TRIBASIC SODIUM PHOSPHATE • TRINATRIUMPHOSPHAT (German) • TRISODIUM ORTHOPHOSPHATE • TRISODIUM PHOSPHATE, ANHYDROUS • TRISODIUM PHOSPHATE, TRIBASIC • TRISODIUM-O-PHOSPHATE • TROMETE • TSP • TSP-O • TSP-ORTHO • UN 9148

EPA NAME: SODIUM PHOSPHATE, TRIBASIC
CAS: 7758-29-4
SYNONYMS: FOSFATO TRIBASICO SODICO (Spanish) • RTECS No. YK4570000 • STCC 4966380 • TRIPHOSPHORIC ACID, PENTASODIUM SALT • UN 9148

EPA NAME: SODIUM PHOSPHATE, TRIBASIC
CAS: 7785-84-4
SYNONYMS: FOSFATO TRIBASICO SODICO (Spanish) • METAPHOSPHORIC ACID, TRISODIUM SALT • RTECS No. OY4025000 • SODIUM TRIMETAPHOSPHATE • STCC 4966380 • TRIMETAPHOSPHATE SODIUM • UN 9148

EPA NAME: SODIUM PHOSPHATE, TRIBASIC
CAS: 10101-89-0
SYNONYMS: EINECS No. 231-509-8 • FOSFATO TRIBASICO SODICO (Spanish) • PHOSPHORIC ACID, TRISODIUM SALT, DODECAHYDRATE • RTECS No. TC9575000 • SODIUM PHOSPHATE, TRIBASIC DODECAHYDRATE • STCC 4966380 • TRISODIUM PHOSPHATE, DODECAHYDRATE • TSP-12 • UN 9148

EPA NAME: SODIUM PHOSPHATE, TRIBASIC
CAS: 10124-56-8

SYNONYMS: CALGON • CHEMI-CHARL • FOSFATO TRIBASICO SODICO (Spanish) • HEXAMETAPHOSPHATE, SODIUM SALT • HMP • MEDI-CALGON • METAPHOSPHORIC ACID, HEXASODIUM SALT • PHOSPHATE, SODIUM HEXAMETA • SODIUM HEXAMETAPHOSPHATE • POLYPHOS • SHMP • RTECS No. OY3675000 • STCC 4966380 • UN 9148

EPA NAME: SODIUM PHOSPHATE, TRIBASIC
CAS: 10361-89-4
SYNONYMS: FOSFATO TRIBASICO SODICO (Spanish) • PHOSPHORIC ACID, TRISODIUM SALT, DECAHYDRATE • SODIUM PHOSPHATE, TRIBASIC, DECAHYDRATE • STCC 4966380 • UN 9148

EPA NAME: SODIUM SELENATE
CAS: 13410-01-0
SYNONYMS: DISODIUM SELENATE • NATRIUMSELENIAT (German) • P-40 • RTECS No. VS6650000 • SELENIATO SODICO (Spanish) • SEL-TOX SSO2 • SEL-TOX SS-20 • UN 3283 (selenium compound, n.o.s.)

EPA NAME: SODIUM SELENITE
CAS: 10102-18-8
SYNONYMS: DISODIUM SELENITE • NATRIUMSELENIT (German) • RTECS No. VS7350000 • SELENIOUS ACID, DISODIUM SALT • SELENITO SODICO (Spanish) • STCC 4923350 • UN 2630

EPA NAME: SODIUM TELLURITE
CAS: 10102-20-2
SYNONYMS: SODIUM TELLURATE(IV) • TELLUROUS ACID, DISODIUM SALT • TELURITO SODICO (Spanish)

EPA NAME: STANNANE, ACETOXYTRIPHENYL-
CAS: 900-95-8
SYNONYMS: ACETATE de TRIPHENYL-ETAIN (French) • ACETO di STAGNO TRIFENILE (Italian) • ACETOTRIPHENYLSTANNINE • ACETOXY-TRIPHENYL-STANNAN (German) • ACETOXYTRIPHENYLSTANNANE • ACETOXYTRIPHENYLTIN • (ACETYLOXY)TRIPHENYL-STANNANE (9CI) • BATASAN • BRESTAN • ENT 25,208 • FENOLOVO ACETATE • FENTIN ACETAAT (Dutch) • FENTIN ACETAT (German) • FENTIN ACETATE • FENTINE ACETATE (French) • FINTIN ACETATO (Italian) • GC 6936 • HOE-2824 • LIROMATIN • LIROSTANOL • PHENTIN ACETATE • PHENTINOACETATE • SUZI • TINESTAN • TINESTAN 60 WP • TIN TRIPHENYL ACETATE • TPTA • TPZA • TRIFENYLTINACETAAT (Dutch) • TRIPHENYLACETO STANNANE • TRIPHENYLTIN ACETATE • TRIPHENYL-ZINNACETAT (German) • TUBOTIN • UN 3146 (organotin compounds, solid, n.o.s.) • UN 3020 (organotin compounds, liquid, n.o.s.) • VP 19-40

EPA NAME: STREPTOZOTOCIN
[*see* d-GLUCOSE, 2-DEOXY-2((METHYL NITROSOAMINO)CARBONYL)AMINO-]
CAS: 1883-66-4

EPA NAME: STRONTIUM CHROMATE
CAS: 7789-06-2
SYNONYMS: CHROMIC ACID, STRONTIUM SALT (1:1) • C.I. PIGMENT YELLOW 32 • CROMATO de ESTRONICIO (Spanish) • DEEP LEMON YELLOW • STRONTIUM CHROMATE (1:1) • RTECS No. GB3240000 • STCC 4963377 • STRONTIUM CHROMATE 12170 • STRONTIUM CHROMATE A • STRONTIUM CHROMATE (VI) • STRONTIUM CHROMATE X-2396 • STRONTIUM YELLOW • UN 9149

EPA NAME: STRYCHNINE
CAS: 57-24-9
SYNONYMS: BOOMER-RID • CERTOX • DOLCO MOUSE CEREAL • ESTRICNINA (Spanish) • GOPHER BAIT • GOPHER-GITTER • HARE-RID • KWIK-KIL • MOLE DEATH • MOUSE-NOTS • MOUSE-RID • MOUSE-TOX • NUX VOMICA • PIED PIPER MOUSE SEED • RCRA No. P108 • RO-DEX • SANA-SEED • STCC 4921477 • STRICNINA (Italian) • STRYCHNIDIN-10-ONE • STRYCHNIN (German) • STRYCHNOS • TOXIC CHEMICAL CATEGORY CODE, N746 • UN 1692

EPA NAME: STRYCHNINE, SULFATE
CAS: 60-41-3
SYNONYMS: STRYCHININE SULFATE • STRYCHNINE SULFATE (2:1) • STRYCHNIDIN-10-ONE SULFATE (2:1) • UN 1692

EPA NAME: STYRENE
CAS: 100-42-5
SYNONYMS: ANNAMENE • BENZENE, ETHENYL- • BENZENE, VINYL- • CINNAMENE • CINNAMENOL • CINNAMOL • DIAREX HF 77 • ESTIRENO (Spanish) • ETHYLBENZENE • ETHYLENE, PHENYL- • NCI-C02200 • PHENETHYLENE • PHENYLETHENE • PHENYLETHYLENE • STCC 4907265 • STIROLO (Italian) • STYREEN (Dutch) • STYREN (Czech) • STYRENE MONOMER • STYRENE MONOMER, inhibited • STYROL (German) • STYROLE • STYROLENE • STYRON • STYROPOL • STYROPOL SO • STYROPOR • UN 2055 • VINYLBENZEN (Czech) • VINYLBENZENE • VINYLBENZOL • RTECS No. WL3675000 • UN 2055

EPA NAME: STYRENE OXIDE
CAS: 96-09-3
SYNONYMS: BENZENE, (EPOXYETHYL)- • EPOXYETHYLBENZENE • (EPOXYETHYL)BENZENE • 1,2-EPOXYETHYLBENZENE • EPOXYSTYRENE • α,β-EPOXYSTYRENE • ETHANE, 1,2-EPOXY-1-PHENYL- • OXIDO de ESTIRENO (Spanish) • OXIRANE, PHENYL- • PHENETHYLENE OXIDE • 1-PHENYL-1,2-EPOXYETHANE • PHENYLETHYLENE OXIDE • 2-PHENYLOXIRANE • PHENYLOXIRANE • STYRENE EPOXIDE • STYRENE 7,8-OXIDE • STYRYL OXIDE

EPA NAME: SULFALLATE
CAS: 95-06-7

SYNONYMS: CDEC • CHLORALLYL DIETHYLDITHIOCARBAMATE • 2-CHLORALLYL DIETHYLDITHIOCARBAMATE • 2-CHLORALLYL-N,N-DIETHYLDITHIOCARBAMATE • 2-CHLOROALLYL-N,N-DIETHYLDITHIOCARBAMATE • 2-CHLORO-2-PROPENE-1-THIOL DIETHYLDITHIOCARBAMATE • 2-CHLORO-2-PROPENYLDIETHYLCARBAMODITHIOATE • CP 4572 • DIETHYLCARBAMODITHIOIC ACID 2-CHLORO-2-PROPENYL ESTER • DIETHYLDITHIOCARBAMIC ACID-2-CHLOROALLYL ESTER • NCI-COO453 • RTECS No. EZ5075000 • THIOALLATE • UN 2757 (carbamate pesticides, solid, poisonous) • UN 2992 (carbamate pesticides, liquid, poisonous) • VEGADEX • VEGADEX SUPER

EPA NAME: SULFOTEP
CAS: 3689-24-5
SYNONYMS: ASP 47 • BAY E-393 • BAYER-E-393 • BIS-O,O-DIETHYLPHOSPHOROTHIONIC ANHYDRIDE • BLADAFUM • BLADAFUME • BLADAFUN • DITHIO • DITHIODIPHOSPHORIC ACID, TETRAETHYL ESTER • DITHIOFOS • DITHION • DITHIONE • DITHIOPHOS • DI(THIOPHOSPHORIC) ACID, TETRAETHYL ESTER • DITHIOPYROPHOSPHATE de TETRAETHYLE (French) • DITHIOTEP • E393 • ENT 16,273 • ETHYL THIOPYROPHOSPHATE • LETHALAIRE G-57 • PIROFOS • PLANT DITHIO AEROSOL • PLANTFUME 103 SMOKE GENERATOR • PYROPHOSPHORODITHIOIC ACID, TETRAETHYL ESTER • PYROPHOSPHORODITHIOIC ACID,O,O,O,O-TETRAETHYL ESTER • RCRA No. P109 • RTECS No. XN4375000 • SULFATEP • SULFOTEPP • STCC 4921480 (liquid) • STCC 4921481 (solid) • TEDP • TEDTP • O,O,O,O-TETRAETHYL-DITHIO-DIFOSFAAT (Dutch) • TETRAETHYLDITHIOPYROPHOSPHATE • O,O,O,O-TETRAETHYLDITHIOPYROPHOSPHATE • TETRAETHYL DITHIO PYROPHOSPHATE (DOT) • O,O,O,O-TETRAETIL-DI TIO-PIROFOSFATO (Italian) • THIOTEPP • UN 1704

EPA NAME: SULFOXIDE, 3-CHLOROPROPYL OCTYL
CAS: 3569-57-1
SYNONYMS: 3-CHLOROPROPYL-n-OCTYLSULFOXIDE • MKG REPELLENT 1,207

EPA NAME: SULFUR DIOXIDE
CAS: 7446-09-5
SYNONYMS: BISULFITE • DIOXIDO de AZUFE (Spanish) • EINECS No. 231-195-2 • FERMENICIDE • SCHWEFELDDIOXYD (German) • SIARKI DWUTLENEK (Polish) • STCC 4904290 • SULFUROUS ACID ANHYDRIDE • SULFUROUS ANHYDRIDE • SULFUROUS OXIDE • SULPHUR DIOXIDE • SULPHUROUS ANHYDRIDE • SULPHUROUS OXIDE • RTECS No. WS4550000 • UN 1079

EPA NAME: SULFUR FLUORIDE (SF$_4$), (T-4)-
CAS: 7783-60-0

SYNONYMS: SULFUR TETRAFLUORIDE • SULPHUR FLUORIDE • SULPHUR FLUORIDE • SULPHUR TETRAFLUORIDE • TETRAFLUROSULFURANE • RTECS No. WT4800000 • UN 2418

EPA NAME: SULFURIC ACID
CAS: 7664-93-9
SYNONYMS: ACIDO SLFURICO (Spanish) • ACIDE SULFURIQUE (French) • ACIDO SOLFORICO (Italian) • BOV • DIHYDROGEN SULFATE • DIPPING ACID • EINECS No. 231-639-5 • HYDROGEN SULFATE • HYDROOT • MATTING ACID • NORDHAUSEN ACID • OIL OF VITRIOL • SCHWEFELSAEURELOESUNGEN (German) • SPIRIT OF SULFUR • STCC 4930040 • SULPHURIC ACID • VITRIOL BROWN OIL • VITRIOL, OIL OF- • RTECS No. WS5600000 • ZWAVELZUUROPLOSSINGEN (Dutch) • NA 1830

EPA NAME: SULFURIC ACID (FUMING)
[see OLEUM (FUMING SULFURIC ACID)]
CAS: 8014-95-7

EPA NAME: SULFURIC ACID, MIXTURE WITH SULFUR TRIOXIDE
[see OLEUM (FUMING SULFURIC ACID)]
CAS: 8014-95-7

EPA NAME: SULFUR MONOCHLORIDE
CAS: 12771-08-3; 10025-67-9
SYNONYMS: CHLORIDE of SULFUR • CLORURO de AZUFRE (Spanish) • DISULFUR DICHLORIDE • MONOCLORURO de AZUFE (Spanish) • SIAKI CHLOREK (Polish) • SULFUR CHLORIDE (DI) • SULFUR SUBCHLORIDE • SULPHUR CHLORIDE (DI) • THIOSULFUROUS DICHLORIDE • UN 1828 (DOT) • RTECS No. WS4300000 • UN 1828

EPA NAME: SULFUR PHOSPHIDE
CAS: 1314-80-3
SYNONYMS: PENTASULFURE de PHOSPHORE (French) • PHOSPHORIC SULFIDE • PHOSPHORUS PENTASULFIDE • PHOSPHORUS PERSULFIDE • PHOSPHORUS SULFIDE • RCRA No. U189 • RTECS No. TH4375000 • SULPHUR PHOSPHIDE • SIRNIK FOSFORECNY (Czech) • THIOPHOSPHORIC ANHYDRIDE

EPA NAME: SULFUR TETRAFLUORIDE
[see SULFUR FLUORIDE (SF4), (T-4)-]
CAS: 7783-60-0

EPA NAME: SULFUR TRIOXIDE
CAS: 7446-11-9
SYNONYMS: SULFAN • SULFURIC ANHYDRIDE • SULFURIC OXIDE • SULFUR TRIOXIDE, STABILIZED • SULPHUR TRIOXIDE • TRIOXIDO de AZUFRE (Spanish) • RTECS No. WT4835000 • UN 1829

EPA NAME: SULFURYL FLUORIDE
CAS: 2699-79-8
SYNONYMS: CASWELL No. 816A ● EPA PESTICIDE CHEMICAL CODE 078003 ● FLUORURE de SULFURYLE (French) ● FLUORURO de SULFURILO (Spanish) ● RTECS No. WT5075000 ● SULFONYL FLUORIDE ● SULFUR DIFLUORIDE DIOXIDE ● SULFURIC OXYFLUORIDE ● SULPHURL FLUORIDE ● SULPHURYL DIFLUORIDE ● VIKANE ● VIKANE FUMIGANT ● UN 2191

EPA NAME: SULPROFOS
CAS: 35400-43-2
SYNONYMS: AI3-29149 ● BAYER NTN 9306 ● BAY-NTN-9306 ● BOLSTAR ● CASWELL No. 453AA ● EPA PESTICIDE CHEMICAL CODE 111501 ● O-ETHYL O-(4-(METHYLMERCAPTO)PHENYL)-S-N-PROPYLPHOSPHOROTHIONOTHIOLATE ● O-ETHYL O-(4-(METHYLTHIO)PHENYL)PHOSPHORODITHIOIC ACID S-PROPYL ESTER ● O-ETHYL O-(4-(METHYLTHIO)PHENYL)PHOSPHORODITHIOIC ACID S-PROPYL ESTER ● O-ETHYL O-(4-METHYLTHIOPHENYL)-S-PROPYL DITHIOPHOSPHATE ● O-ETHYL O-(4-(METHYLTHIO)PHENYL)-S-PROPYL PHOSPHORODITHIOATE ● HELOTHION ● MERCAPROFOS ● MERCAPROPHOS ● PHOSPHORODITHIOIC ACID, O-ETHYL O-(4-(METHYLTHIO)PHENYL) S-PROPYL ESTER ● PHOSPHOROTHIOIC ACID, O-ETHYL O-(4-(METHYLTHIO)PHENYL) S-PROPYL ESTER ● RTECS No. TE4165000 ● UN 2783 (organophosphorus pesticides, solid, toxic) ● UN 3018 (organophosphorus pesticides, liquid, toxic)

- T -

EPA NAME: 2,4,5-T ACID
CAS: 93-76-5
SYNONYMS: ACETIC ACID, (2,4,5-T)- • ACETIC ACID, (2,4,5-TRICHLOROPHENOXY)- • ACIDE 2,4,5-TRICHLOROPHE-NOXYACETIQUE (French) • ACIDO (2,4,5-TRICLORO-FEN-OSSI)-ACETICO (Italian) • ACIDO 2,4,5-TRICLOROFENOXI-ACETICO (Spanish) • AMINE • BCF-BUSHKILLER • BRUSH-OFF 445 LOW VOLATILE BRUSH KILLER • BRUSH RHAP • BRUSHTOX • DACAMINE • DEBROUSSAILLANT CONCEN-TRE • DEBROUSSAILLANT SUPER CONCENTRE • DECA-MINE 4T • DED-WEED BRUSH KILLER • DED-WEED LV-6 BRUSH KIL • T-5 BRUSH KIL • DINOXOL • ENVERT-T • ESTERCIDE T-2 AND T-245 • ESTERON • ESTERON 245 • ESTERON BRUSH KILLER • FENCE RIDER • FORRON • FORST U 46 • FORTEX • FRUITONE A • INVERTON 245 • LINE RIDER • PHORTOX • RCRA No. U232 • RTECS No. AJ8400000 • REDDON • REDDOX • SPONTOX • SUPER D WEEDONE • 2,4,5-T • TIPPON • T-NOX • TORMONA • TRANSAMINE • TRIBUTON • (2,4,5-TRICHLOOR-FENOXY)-AZIJNZUUR (Dutch) • 2,4,5-TRICHLOROPHENOXYACETIC ACID • (2,4,5-TRICHLOR-PHENOXY)-ESSIGSAEURE (German) • TRINOXOL • TRIOXON • TRIOXONE • TRIOXAL • U 232 • U 46 • VEON • VEON 245 • VERTON 2T • VISKO RHAP LOW VOLATILE ESTER • WEEDAR • WEEDONE • UN 2765 (phenoxy pesticides, solid, toxic) • UN 3000 (phenoxy pesticides, liquid, toxic)

EPA NAME: 2,4,5-T AMINES
CAS: 1319-72-8
SYNONYMS: ACETIC ACID, (2,4,5-T)- compd. WITH 1-AMINO-2-PROPANOL (1:1) • ACETIC ACID, (2,4,5-TRICHLOROPHEN-OXY)- COMPOUNDED WITH 1-AMINO-2-PROPANOL (1:1) • 2,4,5-T ACID AMINE • UN 2765 (phenoxy pesticides, solid, toxic) • UN 3000 (phenoxy pesticides, liquid, toxic)

EPA NAME: 2,4,5-T AMINES
CAS: 2008-46-0
SYNONYMS: ACETIC ACID, (2,4,5-T)- compd. WITH N,N-DIETH-YLETHANAMINE • ACETIC ACID, (2,4,5-TRICHLOROPHEN-OXY)- compd. WITH N,N-DIETHYLETHANAMINE • 1-AMI-NO-2-PROPANOL (1:1) • 2,4,5-T ACID AMINE • 2,4,5-TRI-CHLOROPHENOXYACETIC ACID, TRIETHYLAMINE SALT • TRIETHYLAMINE, 2,4,5-TRICHLOROPHENOXYACETACTE • UN 2765 (phenoxy pesticides, solid, toxic) • UN 3000 (phenoxy pesticides, liquid, toxic)

EPA NAME: 2,4,5-T AMINES
CAS: 3813-14-7

SYNONYMS: ACETIC ACID, (2,4,5-TRICHLOROPHENOXY)- compd. WITH 2,2′,2″-NITRITRIS(ETHANOL)(1:1) ● ACETIC ACID, (2,4,5-T)- compd. WITH 2,2′,2″-NITRITRIS(ETHANOL) (1:1) ● 2,4,5-T ACID AMINE ● UN 2765 (phenoxy pesticides, solid, toxic) ● UN 3000 (phenoxy pesticides, liquid, toxic)

EPA NAME: 2,4,5-T AMINES
CAS: 6369-96-6
SYNONYMS: ACETIC ACID, (2,4,5-TRICHLOROPHENOXY)- compd. WITH TRIMETHYLAMINE ● ACETIC ACID, (2,4,5-T)- compd. WITH TRIMETHYLAMINE ● 2,4,5-T ACID AMINE ● 2,4,5-T SODIUM ● 2,4,5-T SODIUM SALT ● UN 2765 (phenoxy pesticides, solid, toxic) ● UN 3000 (phenoxy pesticides, liquid, toxic)

EPA NAME: 2,4,5-T AMINES
CAS: 6369-97-7
SYNONYMS: ACETIC ACID, (2,4,5-T)- compd. WITH N-METHYL-METHANAMINE ● ACETIC ACID, (2,4,5-TRICHLOROPHEN-OXY)- compd. WITH N-METHYLMETHANAMINE ● 2,4,5-T ACID AMINE ● UN 2765 (phenoxy pesticides, solid, toxic) ● UN 3000 (phenoxy pesticides, liquid, toxic)

EPA NAME: 2,4,5-T ESTERS
CAS: 93-79-8
SYNONYMS: ACETIC ACID, (2,4,5-T)-, BUTYL ESTER ● ACETIC ACID, (2,4,5-TRICHLOROPHENOXY)-, BUTYL ESTER ● AR-BORCID ● BUTYL-2,4,5-T ● BUTYLATE-2,4,5-T ● N-BUTYL-ESTER KYSELINI-2,4,5-TRICHLORFENOXYOCTOVE (Czech) ● N-BUTYL(2,4,5-TRICHLOROPHENOXY)ACETATE ● FLO-MORE ● KILEX 3 ● KRZEWOTOKS ● 2,4,5-T-N-BUTYL ES-TER ● TORMONA ● 2,4,5-TRICHLOROPHENOXYACETIC ACID, BUTYL ESTER ● TRIOXONE ● U46KW ● RTECS No. AJ8485000 ● UN 2765 (phenoxy pesticides, solid, toxic) ● UN 3000 (phenoxy pesticides, liquid, toxic)

EPA NAME: 2,4,5-T ESTERS
CAS: 1928-47-8
SYNONYMS: ACETIC ACID, (2,4,5-T)-, 2-ETHYLHEXYL ESTER ● ACETIC ACID, (2,4,5-TRICHLOROPHENOXY)-, 2-ETHYL-HEXYL ESTER ● ETHYLHEXYL-2,4,5-T ● 2,4,5-T ETHYLHEX-YL ESTER ● UN 2765 (phenoxy pesticides, solid, toxic) ● UN 3000 (phenoxy pesticides, liquid, toxic)

EPA NAME: 2,4,5-T ESTERS
CAS: 2545-59-7
SYNONYMS: ACETIC ACID, (2,4,5-T)-, 2-BUTOXYETHYL ESTER ● ACETIC ACID, (2,4,5-TRICHLOROPHENOXY) 2-BUTOXY-ETHYL ESTER ● BLADEX H ● BUTOXYETHYL 2,4,5-T ● HORMOSLYR 500T ● 2,4,5-T BUTOXYETHANOL ESTER ● 2,4,5-T BUTOXYETHYL ESTER ● (2,4,5-TRICHLOROPHEN-OXY)ACETIC ACID 2-BUTOXYETHYL ESTER ● TRINOXOL ● RTECS No. AJ8420000 ● UN 2765 (phenoxy pesticides, solid, toxic) ● UN 3000 (phenoxy pesticides, liquid, toxic)

EPA NAME: 2,4,5-T ESTERS
CAS: 25168-15-4
SYNONYMS: ACETIC ACID, (2,4,5-T)-, ISOOCTYL ESTER ● ACETIC ACID, (2,4,5-TRICHLOROPHENOXY)-, ISOOCTYL ESTER ● 2,4,5-T, ISOOCTYL ESTER ● U 46T ● RTECS No. AJ8520000 ● UN 2765 (phenoxy pesticides, solid, toxic) ● UN 3000 (phenoxy pesticides, liquid, toxic)

EPA NAME: 2,4,5-T ESTERS
CAS: 61792-07-2
SYNONYMS: ACETIC ACID, (2,4,5-T)-, 1-METHYL PROPYL ESTER ● ACETIC ACID, (2,4,5-TRICHLOROPHENOXY)-, 1-METHYL PROPYL ESTER ● FLOMORE ● KILEX 3 ● KRZEWOTOKS ● KRZEWOTOX ● TORMONA ● TRIOXONE ● U46KW ● UN 2765 (phenoxy pesticides, solid, toxic) ● UN 3000 (phenoxy pesticides, liquid, toxic)

EPA NAME: 2,4,5-T SALTS
CAS: 13560-99-1
SYNONYMS: ACETIC ACID, (2,4,5-T)-, SODIUM SALT ● ACETIC ACID, (2,4,5-TRICHLOROPHENOXY)-, SODIUM SALT ● 2,4,5-T SODIUM ● 2,4,5-T SODIUM SALT ● (2,4,5-TRICHLOROPHENOXY)-, ACETIC ACID SODIUM SALT ● RTECS No. AJ8650000 ● UN 2765 (phenoxy pesticides, solid, toxic) ● UN 3000 (phenoxy pesticides, liquid, toxic)

EPA NAME: TABUN
CAS: 77-81-6
SYNONYMS: DIMETHYLAMIDOETHOXYPHOSPHOTYL CYANIDE ● DIMETHYLAMINOCYANPHOSPHORSAEUREAETHYLESTER (German) ● DIMETHYLPHOSPHORAMIDOCYANIDIC ACID, ETHYL ESTER ● ETHYL DIMETHYLAMIDOCYANOPHOSPHATE ● ETHYL N,N-DIMETHYLAMINOCYANOPHOSPHATE ● ETHYL DIMETHYLPHOSPHORAMIDOCYANIDATE ● ETHYL-N,N-DIMETHYLPHOSPHORAMIDOCYANIDATE ● GA ● GELAN 1 ● Le-100 ● MCE ● TABOON A ● T-2104 ● TL 1578 ● RTECS No. TB4550000

EPA NAME: TEBUTHIURON
CAS: 34014-18-1
SYNONYMS: BRULAN ● CASWELL No. 366AA ● N-(5-(1,1-DIMETHYLETHYL)-1,3,4-THIADIAZOL-2-YL)-N,N'-DIMETHYLUREA ● N-(5-(1,1-DIMETHYLETHYL)-1,3,4-THIADIAZOL-2-YL)-N,N'-DIMETHYLUREA ● E-103 ● EI-103 ● EL-103 ● EPA PESTICIDE CHEMICAL CODE 105501 ● GRASLAN ● PERFLAN ● SPIKE ● 1-(5-tert-BUTYL-1,3,4-THIADIAZOL-2-YL)-1,3-DIMETHYLUREA ● UREA, N-(5-(1,1-DIMETHYLETHYL)-1,3,4-THIADIAZOL-2-YL)-N,N'-DIMETHY L- ● UREA, 2-(5-tert-BUTYL-1,3,4-THIADIAZOL-2-YL)-1,3-DIMETHYL- ● UREA, 1-(5-tert-BUTYL-1,3,4-THIADIAZOL-2-YL)-1,3-DIMETHYL- ● RTECS No. YS4250000

EPA NAME: TELLURIUM
CAS: 13494-80-9

SYNONYMS: EINECS No. 236-813-4 • NCI-C60117 • RTECS No. WY2625000 • TELLOY • TELURIO (Spanish) • TELLURIUM ELEMENT • TELUR (Polish) • UN 3284

EPA NAME: TELLURIUM HEXAFLUORIDE
CAS: 7783-80-4
SYNONYMS: TELLURIUM FLUORIDE • RTECS No. WY2800000 • UN 2195

EPA NAME: TEMEPHOS
CAS: 3383-96-8
SYNONYMS: 27165 • ABAT • ABATE • ABATHION • AI3-27165 • AC 52160 • AMERICAN CYANAMID AC-52,160 • AMERICAN CYANAMID CL-52160 • AMERICAN CYANAMID E.I. 52,160 • BIOTHION • BIS-P-(O,O-DIMETHYL O-PHENYLPHOSPHO-ROTHIOATE)SULFIDE • BITHION • CASWELL No. 845 • CL 52160 • DIFENPHOS • DIFENTHOS • DIFOS • O,O-DIMETH-YLPHOSPHOROTHIOATE O,O-DIESTER with 4,4'-THIODI-PHENOL • DIPHOS • ECOPRO • ECOPRO 1707 • EI 52160 • ENT 27,165 • EPA PESTICIDE CHEMICAL CODE 059001 • EXPERIMENTAL INSECTICIDE 52,160 • NEPHIS • NEPHIS 1G • NIMITEX • NIMITOX • PHENOL,4,4'-THIODI-, O,O-DIESTER WITH O,O-DIMETHYL PHOSPHOROTHIOATE • PHOSPHOROTHIOIC ACID, O,O'-DIMETHYL ESTER, O,O-DIESTER WITH 4,4'-THIODIPHENOL • PHOSPHOROTHIOIC ACID, O,O'-(THIODI-4,1-PHENYLENE)O,O,O',O'-TETRA-METHYL ESTER • PHOSPHOROTHIOIC ACID, O,O'-(THIO-DI-p-PHENYLENE)O,O,O',O'-TETRAMETHYL ESTER • SWE-BATE • TEMEFOS (Spanish) • TEMOPHOS • TETRAFENPHOS • TETRAMETHYL-O,O'-THIODI-P-PHENYLENE PHOSPHO-ROTHIOATE • O,O,O',O'-TETRAMETHYL O,O'-THIODI-p-PHENYLENE BIS(PHOSPHOROTHIOATE) • O,O,O',O'-TET-RAMETHYL O,O'-THIODI-p-PHENYLENEPHOSPHORO-THIOATE • TETRAMETHYL-O,O'-THIODI-p-PHENYLENE-PHOSPHOROTHIOATE • O,O,O',O'-TETRAMETHYL O,O'-THIODI-p-PHENYLENE PHOSPHOROTHIOATE • O,O'-(THIODI-4,1-PHENYLENE)BIS(O,O-DIMETHYL PHOSPHO-ROTHIOATE) • O,O'-(THIODI-4,1-PHENYLENE)PHOS-PHOROTHIOIC ACID O,O,O',O'-TETRAMETHYL ESTER • O,O'-(THIODI-P-PHENYLENE)O,O,O',O'-TETRAMETHYLBIS (PHOSPHOROTHIOATE) • RTECS No. TF6890000 • UN 2783 (organophosphorus pesticides, solid, toxic) • UN 3018 (organo-phosphorus pesticides, liquid, toxic)

EPA NAME: TEPP
CAS: 107-49-3
SYNONYMS: BIS-O,O-DIETHYLPHOSPHORIC ANHYDRIDE • BLADAN • BLADON • DIPHOSPHORIC ACID, TETRAETHYL ESTER • ENT 18,771 • ETHYL PYROPHOSPHATE, TETRA- • FOSVEX • GRISOL • HEPT • HEXAMITE • KILLAX • KIL-MITE 40 • LETHALAIRE G-52 • LIROHEX • MORTOPAL • MOTOPAL • NIFOS • NIFOST • NIFROST • PHOSPHORIC ACID, TETRAETHYL ESTER • PYROPHOSPHATE de

TETRAETHYLE (French) • RCRA No. P111 • RTECS No.
UX6825000 • STCC 4921486 • TEP • O,O,O,O-TETRAAETH-
YL-DIPHOSPHAT, BIS(O,O-DIAETHYLPHOSPHORSAEURE)-
ANHYDRID (German) • O,O,O,O-TETRAETHYL-DIFOSFAAT
(Dutch) • O,O,O,O-TETRAETIL-PIROFOSFATO (Italian) •
TETRAETHYL PYROFOSFAAT (Belgian) • TETRAETHYL PY-
ROPHOSPHATE • TETRASTIGMINE • TETRON • TETRON-
100 • VAPOTONE • UN 2783 (organophosphorus pesticides, sol-
id, toxic) • UN 3018 (organophosphorus pesticides, liquid, toxic)

EPA NAME: TERBACIL
CAS: 5902-51-2
SYNONYMS: CASWELL No. 821A • 5-CHLORO-3-tert-BUTYL-6-
METHYLURACIL • 5-CHLORO-3-(1,1-DIMETHYLETHYL)-6-
METHYL-2,4(1H,3H)-PYRIMIDINEDIONE • COMPOUND 732
• DU PONT 732 • DU PONT HERBICIDE 732 • EPA PESTI-
CIDE CHEMICAL CODE 012701 • EXPERIMENTAL HERBI-
CIDE 732 • 2,4(1H,3H)-PYRIMIDINEDIONE, 5-CHLORO-3-
(1,1-DIMETHYL)-6-METHYL- • 2-t-BUTYL-5-CHLORO-6-
METHYLURACIL • 2-tert-BUTYL-5-CHLORO-6-METHYL-
URACIL • URACIL, 3-tert-BUTYL-5-CHLORO-6-METHY- •
RTECS No. YQ9360000 • SINBAR • TURBICIL • URACIL, 3-
tert-BUTYL-5-CHLORO-6-METHYL-

EPA NAME: TERBUFOS
CAS: 13071-79-9
SYNONYMS: AC 921000 • S-((tert-BUTYLTHIO)METHYL)-O,O-DI-
ETHYLPHOSPHORODITHIOATE • COUNTER • COUNTER
15G SOIL INSECTICIDE • COUNTER 15G SOIL INSECTICIDE-
NEMATICIDE • S-(((1,1-DIMETHYLETHYL)THIO)METHYL)-
O,O-DIETHYLPHOSPHORODITHIOATE • PHOSPHORODI-
THIOIC ACID S-((tert-BUTYLTHIO)METHYL)-O,O-DIETHYL-
ESTER • PHOSPHORODITHIOIC ACID S-(((1,1-DIMETHYL-
ETHYL)THIO)METHYL)-O,O-DIETHYL ESTER • RTECS No.
TD7200000 • UN 2783 (organophosphorus pesticides, solid, toxic)
• UN 3018 (organophosphorus pesticides, liquid, toxic)

EPA NAME: TETRABUTYLTHIURAM DISULSIDE
CAS: 1634-02-2
SYNONYMS: BIS-(DIBUTYLTHIOCARBAMOYL)DISULFIDE •
TBTD • TETRA-n-BUTYLTHIURAMDISULFIDE

EPA NAME: 1,2,4,5-TETRACHLOROBENZENE
CAS: 95-94-3
SYNONYMS: BENZENE, 1,2,4,5-TETRACHLORO- • RCRA No.
U207 • RTECS No. DB9450000 • 1,2,4,5-TETRACLOROBEN-
CENO (Spanish) • TETRACHLOROBENZENE

EPA NAME: 2,3,7,8-TETRACHLORODIBENZO-p-DIOXIN (TCDD)
CAS: 1746-01-6
SYNONYMS: 2,3,7,8-CZTEROCHLORODWUBENZO-p-DWUOK-
SYNY (Polish) • DIBENZO-p-DIOXIN, 2,3,7,8-TETRACHLO-
RO- • DIBENZO(b,e)-1,4-DIOXIN, 2,3,7,8-TETRACHLORO- •

DIOKSYNY (Polish) ● DIOKSYNY (Polish) ● DIOXIN (HERBI-
CIDE CONTAMINANT) ● DIOXINE ● NCI-CO3714 ● TCDBD ●
2,3,7,8-TCDD ● TETRACHLORODIBENZODIOXIN ● 2,3,6,7-
TETRACHLORODIBENZO-p-DIOXIN ● 2,3,7,8-TETRACHLO-
RODIBENZO(b,e)(1,4)DIOXAN ● 2,3,6,7-TETRACHLORODI-
BENZO-p-DIOXIN ● 2,3,7,8-TETRACHLORODIBENZO-p-
DIOXIN ● 2,3,7,8-TETRACHLORODIBENZO-1,4-DIOXIN ●
TETRADIOXIN ● RTECS No. HP3500000

EPA NAME: 1,1,2,2-TETRACHLOROETHANE
CAS: 79-34-5
SYNONYMS: ACETYLENE TETRACHLORIDE ● BONOFORM ●
CELLON ● 1,1,2,2-CZTEROCHLOROETAN (Polish) ● 1,1-DI-
CHLORO-2,2-DICHLOROETHANE ● ETHANE,1,1,2,2-TETRA-
CHLORO- ● NCI-C03554 ● RCRA NO U209 ● RTECS No.
KI8450000 ● STCC 4940354 ● TCE ● 1,1,2,2-TETRACHLOOR-
ETHAAN (Dutch) ● 1,1,2,2-TETRACHLORAETHAN (German) ●
TETRACHLORETHANE ● 1,1,2,2-TETRACHLORETHANE
(French) ● sym-TETRACHLOROETHANE ● 1,1,2,2-TETRA-
CHLORO- ● 1,1,2,2-TETRACLOROETANO (Italian, Spanish) ●
sim-TETRACLOROETANO (Spanish) ● TETRACHLORURE
d'ACETYLENE (French) ● WESTRON ● UN 1702

EPA NAME: 1,1,1,2-TETRACHLOROETHANE
CAS: 630-20-6
SYNONYMS: ETHANE, 1,1,1,2-TETRACHLORO- ● NCI-C52459 ●
RCRA No. U208 ● RTECS No. KI8450000 ● 1,1,1,2-TETRACLO-
ROETANO (Italian, Spanish) ● UN 1702

EPA NAME: TETRACHLOROETHYLENE
CAS: 127-18-4
SYNONYMS: ANKILOSTIN ● ANTISAL 1 ● CARBON BICHLO-
RIDE ● CARBON DICHLORIDE ● CZTEROCHLOROETYLEN
(Polish) ● DIDAKENE ● DILATIN PT ● DOWPER ● EINECS
No. 204-825-9 ● ENT 1,860 ● ETHENE, TETRACHLORO- ●
ETHYLENE TETRACHLORIDE ● ETHYLENE TETRACHLO-
RO- ● FEDAL-UN ● FREON 1110 ● NCI-C04580 ● NEMA ●
PER ● PERAWIN ● PERC ● PERCHLOORETHYLEEN, PER
(Dutch) ● PERCHLOR ● PERCHLORAETHYLEN, PER (Ger-
man) ● PERCHLORETHYLENE ● PERCHLORETHYLENE,
PER (French) ● PERCLENE ● PERCLOROETILENE (Italian) ●
PERCLOROETILENO (Spanish) ● PERCOSOLVE ● PERK ●
PERKLONE ● PERSEC ● RCRA No. U210 ● RTECS No.
KX3850000 ● STCC 4940355 ● TETLEN ● TETRACAP ● TET-
RACHLOORETHEEN (Dutch) ● TETRACHLORAETHEN (Ger-
man) ● 1,1,2,2-TETRACHLOROETHENE ● TETRACHLORO-
ETHENE ● TETRACHLOROETHYLENE ● 1,1,2,2,-TETRA-
CHLOROETHYLENE ● TETRACLOROETENE (Italian) ●
TETRACLOROETILENO (Spanish) ● TETRALENO ● TETRA-
LEX ● TETRAVEC ● TETROGUER ● TETROPIL ● UN 1897

EPA NAME: 1,1,2,2-TETRACHLORO-1-FLUOROETHANE
CAS: 354-14-3

334

SYNONYMS: ETHANE, 1,1,2,2-TETRACHLORO-1-FLUORO- • 1-FLUORO-1,1,2,2-TETRACHLOROETHANE • HCFC-121

EPA NAME: 1,1,2,2-TETRACHLORO-2-FLUOROETHANE
CAS: 354-11-0
SYNONYMS: ETHANE, 1,1,1,2-TETRACHLORO-1-FLUORO- • 1-FLUORO-1,1,1,2-TETRACHLOROETHANE • HCFC-121a

EPA NAME: 2,3,4,6-TETRACHLOROPHENOL
CAS: 58-90-2
SYNONYMS: DOWCIDE 6 • RCRA No. U212 • RTECS No. SM9275000 • 2,3,4,6-TETRACLOROFENOL • 2,3,4,6-TETRACHLOROPHENOL

EPA NAME: TETRACHLORVINPHOS
CAS: 961-11-5
SYNONYMS: BENZYL ALCOHOL, 2,4,5-TRICHLORO-α-(CHLOROMETHYLENE)-, DIMETHYL PHOSPHATE • 2-CHLORO-1-(2,4,5-TRICHLOROPHENYL)ETHENYL DIMETHYL PHOSPHATE • 2-CHLORO-1-(2,4,5-TRICHLOROPHENYL)VINYL DIMETHYL PHOSPHATE • 2-CHLORO-1-(2,4,5-TRICHLOROPHENYL)VINYL PHOSPHORIC ACID DIMETHYL ESTER • CVMP • O,O-DIMETHYL-O-2-CHLORO-1-(2,4,5-TRICHLOROPHENYL)VINYL PHOSPHATE • O,O-DIMETHYL-O-2-CHLOR-1-(2,4,5-TRICHLOROPHENYL)VINYL PHOSPHAT (German) • DIMETHYL-2,4,5-TRICHLORO-α-(CHLOROMETHYLENE)BENZYL PHOSPHATE • ENT 25841 • GARDONA • IPO 8 • NCI-C00168 • OMS 595 • PHOSPHORIC ACID, 2-CHLORO-1-(2,3,5-TRICHLOROPHENYL)ETHENYL DIMETHYL ESTER • PHOSPHORIC ACID, 2-CHLORO-1-(2,4,5-TRICHLOROPHENYL)VINYL DIMETHYL ESTER • PHOSPHORIC ACID, 2-CHLORO-1-(2,4,5-TRICHLOROPHENYL) ETHENYL DIMETHYL ESTER • PHOSPHORIC ACID, 2-CHLORO-1-(2,3,5-TRICHLOROPHENYL) ETHENYL DIMETHYL ESTER • RABON • RABOND • RTECS No. TB9100000 • STIFOROS • TETRACLORVINFOS (Spanish) • 2,4,5-TRICHLORO-α-(CHLOROMETHYLENE)BENZYL PHOSPHATE

EPA NAME: TETRACYCLINE HYDROCHLORIDE
CAS: 64-75-5
SYNONYMS: ACHRO • ACHROMYCIN • ACHROMYCIN HYDROCHLORIDE • ACHROMYCIN V • AI3-50120 • AMYCIN, HYDROCHLORIDE • ARTOMYCIN • BRISTACYCLINE • CEFRACYCLINE TABLETS • CHLORHYDRATE de TETRACYCLINE (French) • DIACYCINE • 4-(DIMETHYLAMINO)-1,4,4A,5,5a,6,11,12a-OCTAHYDRO-3,6,10,12,12a-PENTAHYDROXY-6-METHYL-1,11-DIOXO-2-NAPHTHACENECARBOXAMIDE MONOHYDROCHLORIDE • DUMOCYCIN • MEDAMYCIN • MEPHACYCLIN • 2-NAPHTHACENECARBOXAMIDE,4-(DIMETHYLAMINO)-1,4,4A,5,5A,6,11,12a-OCTAHYDRO-3,6,10,12,12a-PENTAHYDROXY-6-METHYL-1,11-DIOXO-, MONOHYDROCHLORIDE • 2-NAPHTHACENECARBOXAMIDE,4-(DIMETHYLAMINO)-1,4,4a,5,5a,6,11,12a-

OCTAHYDRO-3,6,10,12,12A-PENTAHYDROXY-6-METHYL-1,11-DIOXO-, MONOHYDROCHLORIDE, (4S-(4α,4Aα,5Aα,6β,12Aα))- ● NCI-C55561 ● NEOCYCLIN ● PALTET ● PANMYCIN HYDROCHLORIDE ● POLYCYCLINE HYDROCHLORIDE ● QIDTET ● QUADRACYCLINE ● REMICYCLIN ● RICYCLINE ● RO-CYCLINE ● SK-TETRACYCLINE ● STECLIN HYDROCHLORIDE ● STILCICLINA ● SUBAMYCIN ● SUPRAMYCIN ● SUSTAMYCIN ● T-250 CAPSULES ● TC HYDROCHLORIDE ● TEFILIN ● TELINE ● TELOTREX ● TET-CY ● TETRABAKAT ● TETRABLET ● TETRACAPS ● TETRACICLINA CLORIDRATO (Italian) ● TETRACHEL ● TETRACOMPREN ● TETRACYCLINE CHLORIDE ● TETRACYN HYDROCHLORIDE ● TETRA-D ● TETRALUTION ● TETRAMAVAN ● TETRAMYCIN ● TETRASURE ● TETRAWEDEL ● TETROSOL ● TOPICYCLINE ● TOTOMYCIN ● TRIPHACYCLIN ● U-5965 ● UNICIN ● UNIMYCIN ● VETQUAMYCIN-324

EPA NAME: TETRAETHYLDITHIONOPYROPHOSPHATE
[see SULFOTEP]
CAS: 3689-24-5

EPA NAME: TETRAETHYL LEAD
CAS: 78-00-2
SYNONYMS: CZTEROETHLEK OLOWIU (Polish) ● LEAD, TETRAETHYL- ● MOTOR FUEL ANTI-KNOCK COMPOUND ● NA 1649 ● NCI-C54988 ● NSC-22314 ● PIOMBO TETRA-ETILE ● PLUMBANE, TETRAETHYL- ● RCRA No. P110 ● RTECS No. TP4550000 ● STCC 4921484 ● TEL ● TETRAETHYLOLOVO ● TETRAETHYLPLUMBANE ● TETRAETHYLPLUMBIUM ● UN 1649

EPA NAME: TETRAETHYL PYROPHOSPHATE
[see TEPP]
CAS: 107-49-3

EPA NAME: TETRAETHYLTIN
CAS: 597-64-8
SYNONYMS: STANNANE, TETRAETHYL- ● TETRAETHYLSTANNANE ● TET ● TETRAETHYLTIN ● TIN, TETRAETHYL- ● RTECS No. WH8625000 ● UN 3146 (organotin compounds, solid, n.o.s.) ● UN 3020 (organotin compounds, liquid, n.o.s.)

EPA NAME: TETRAFLUOROETHYLENE
CAS: 116-14-3
SYNONYMS: ETHENE, TETRAFLUORO- ● ETHYLENE, TETRAFLUORO- (INHIBITED) ● FLUROPLAST 4 1,1,2,2- ● RTECS No. KX4010000 ● STCC 4905783 ● TETRAFLUOROETHYLENE ● TFE ● UN 1081 (inhibited)

EPA NAME: TETRAHYDRO-5,5-DIMETHYL-2-(1H)PYRIMIDI-NONE[3-[4-(TRIFLUOROM ETHYL)PHENYL]-1-[2-[4-(TRIFLUOROMETHYL)PHENYL]ETHENYL]-2-PROPEN-YLIDENE]HYDRAZONE
[see HYDRAMETHYLNON]
CAS: 67485-29-4

EPA NAME: TETRAHYDRO-3,5-DIMETHYL-2H-1,3,5-THIA-DIAZINE-2-THIONE
[see DAZOMET]
CAS: 533-74-4

EPA NAME: TETRAHYDRO-3,5-DIMETHYL-2H-1,3,5-THIA-DIAZINE-2-THIONE, ION(1-), SODIUM
[see DAZOMET, SODIUM SALT]
CAS: 53404-60-7

EPA NAME: TETRAMETHRIN
CAS: 7696-12-0
SYNONYMS: AI3-27339 • BIONEOPYNAMIN • CASWELL No. 844 • (1-CYCLOHEXANE-1,2-DICARBOXIMIDO)METHYL CHRYSANTHEMUMATE • CYCLOHEX-1-ENE-1,2-DICARBOXIMIDOMETHYL (±)-cis-trans-CHRYSANTHEMATE • 1-(CYCLOHEXENE-1,2-DICARBOXIMIDO)METHYL 2,2-DIMETHYL-3-(2-METHYLPROPENYL)CYCLOPROPANECARBOXYLATE • CYCLOPROPANECARBOXYLIC ACID, 2,2-DIMETHYL-3-(2-METHYL-1-PROPENYL)-,(1,3,4,5,6,7-HEXAHYDRO-1,3-DIOXO-2H-ISOI NDOL-2-YL)METHYL ESTER • 2,2-DIMETHYL-3-(2-METHYL-1-PROPENYL)CYCLOPROPANECARBOXYLIC ACID (1,3,4,5,6,7-HEXAHYDRO-1,3-DIOXO-2H-ISOINDOL-2-YL)METHYL ESTER • 1,3-DIOXO-2H-ISOINDOL-2-YL, METHYLESTER • ENT 27339 • EPA PESTICIDE CHEMICAL CODE 069003 • MULTICIDE • NEO-PYNAMIN • NEOPYNAMINE • NEOPYNAMIN FORTE • NIAGARA NIA-9260 • NSC 190939 • PHTHALTHRIN • d-PHTHALTHRIN • SUMITOMO SP-1103 • 2,3,4,5-TETRAHYDROPHTHALIMIDOMETHYLCHRYSANTHEMATE • 3,4,5,6-TETRAHYDROPHTHALIMIDOMETHYL (±)-cis-trans-CHRYSANTHEMATE • 3,4,5,6-TETRAHYDROPHTHALIMIDOMETHYL (±)-(Z)-(E)-CHRYSANTHEMATE • 3,4,5,6-TETRAHYDROPHTHALIMIDOMETHYL cis and trans dl-CHRYSANTHEMUMMONOCARBOXYLIC ACID • N-(3,4,5,6-TETRA HYDROPHTHALIMIDO)-METHYLDL-cis-trans-CHRYSANTHEMATE • N-(3,4,5,6-TETRA HYDROPHTHALIMIDO)-METHYLDL-cis,trans-CHRYSANTHEMATE • N-(3,4,5,6-TETRA HYDROPHTHALIMIDO)-METHYLDL-(Z),(E)-CHRYSANTHEMATE • TETRAMETHRIN, (+/-)- • TETRAMETHRINE • TETRAMETHRIN, RACEMIC • (±)-cis/trans-PHTHALTHRIN • RTECS No. GZ1730000

**EPA NAME: 2,2,3,3-TETRAMETHYLCYCLOPROPANE CAR-
BOXYLIC ACID CYANO(3-PHENOXYPHENYL)METHYL
ESTER**
[see FENPROPATHRIN]
CAS: 39515-41-8

EPA NAME: TETRAMETHYL LEAD
CAS: 75-74-1
SYNONYMS: MOTOR FUEL ANTI-KNOCK COMPOUND • LEAD TETRAMETHYL • PLUMBANE, TETRAMETHYL- • RTECS No. TP4725000 • TETRAMETILPLOMO (Spanish) • TETRA-METHYLPLUMBANE • TML

EPA NAME: TETRAMETHYLSILANE
CAS: 75-76-3
SYNONYMS: UN 2749 (DOT) • RTECS No. VV5705400 • SILANE, TETRAMETHYL- • TETRAMETILSILANO (Spanish)

EPA NAME: TETRANITROMETHANE
CAS: 509-14-8
SYNONYMS: METHANE, TETRANITRO- • NCI-C55947 • RCRA No. P112 • TETAN • TNM • RTECS No. PB4025000 • TET-RANITROMETANO (Spanish)

EPA NAME: THALLIC OXIDE
CAS: 1314-32-5
SYNONYMS: DITHALLIUM TRIOXIDE • OXIDO TALICO (Spanish) • RCRA No. P113 • RTECS No. XG2975000 • THALLIUM (3+) OXIDE • THALLIUM(III) OXIDE • THALLIUM OXIDE • THALLIUM PEROXIDE • THALLIUM SESQUIOXIDE

EPA NAME: THALLIUM
CAS: 7440-28-0
SYNONYMS: EINECS No. 231-138-1 • RAMOR • TALIO (Tl) (Spanish) • THALLIUM ELEMENT • RTECS No. XG3425000 • TOXIC CHEMICAL CATEGORY CODE, N750 • UN 1707

EPA NAME: THALLIUM(I) ACETATE
CAS: 563-68-8
SYNONYMS: ACETATO de TALIO (Spanish) • RCRA No. U214 • THALLIUM(1+) ACETATE • THALLIUM(I) ACETATE • THALLIUM MONOACETATE • THALLOUS ACETATE • RTECS No. AJ5425000 • UN 1707 (thallium compound, n.o.s.)

EPA NAME: THALLIUM(I) CARBONATE
CAS: 6533-73-9
SYNONYMS: CARBONATO de TALIO (Spanish) • CARBONIC ACID, DITHALLIUM(1+) SALT • CARBONIC ACID, DITHALLIUM(I) SALT • DITHALLIUM CARBONATE • RCRA No. U215 • RTECS No. XG4000000 • THALLIUM(1+) CARBONATE (2:1) • THALLIUM(I) CARBONATE (2:1) • THALLOUS CARBONATE • THIOCHOMAN-4-ONE, OXIME • UN 1707 (thallium compound, n.o.s.)

EPA NAME: THALLIUM CHLORIDE (TlCl)
CAS: 7791-12-0

SYNONYMS: CLORURO de TALIO (Spanish) • RCRA No. U216 • THALLIUM(1+) CHLORIDE • THALLIUM(I) CHLORIDE • THALLIUM MONOCHLORIDE • THALLOUS CHLORIDE • RCRA No. U216 • RTECS No. XG4200000 • UN 1707 (thallium compound, n.o.s.)

EPA NAME: THALLIUM(I) NITRATE
CAS: 10102-45-1
SYNONYMS: NITRATO de TALIO (Spanish) • NITRIC ACID, THALLIUM(1+) SALT • NITRIC ACID, THALLIUM(I) SALT • NITRIC ACID, THALLIUM(I) SALT • RCRA No. U217 • THALLIUM MONONITRATE • THALLIUM(1+) NITRATE (1:1) • THALLIUM(I) NITRATE (1:1) • THALLOUS NITRATE • RTECS No. XG5950000 • UN 2727

EPA NAME: THALLIUM(I) SULFATE
CAS: 7446-18-6
SYNONYMS: C.F.S • CFS-GIFTWEIZEN • DITHALLIUM SULFATE • DITHALLIUM(1+) SULFATE • DITHALLIUM(I) SULFATE • ECCOTHAL • M7-GIFTKOERNER • RATTENGIFTKONSERV • RCRA No. P115 • RTECS No. XG7800000 • STCC 4923297 • SULFATO de TALIO (Spanish) • SULFURIC ACID, DITHALLIUM (+1) SALT(8CI,9CI) • SULFURIC ACID, DITHALLIUM (I) SALT(8CI,9CI) • SULFURIC ACID, THALLIUM (1+) SALT(1:2) • THALLIUM(1+) SULFATE (2:1) • SULFURIC ACID, THALLIUM(I) SALT(1:2) • THALLIUM(1+) SULFATE (2:1) • THALLIUM(1+) SULFATE (2:1) • THALLIUM(I) SULFATE (2:1) • THALLOUS SULFATE • UN 1707 (solid)

EPA NAME: THALLIUM SULFATE
CAS: 10031-59-1
SYNONYMS: RATOX • SULFATO de TALIO (Spanish) • SULFURIC ACID, THALLIUM SALT • THALLIUM SULPHATE • ZELIO • RTECS No. XG660000 • STCC 4923297 • UN 1707 (solid)

EPA NAME: THALLOUS CARBONATE
[see THALLIUM(I) CARBONATE]
CAS: 6533-73-9

EPA NAME: THALLOUS CHLORIDE
[see THALLIUM CHLORIDE (TlCl)]
CAS: 7791-12-0

EPA NAME: THALLOUS MALONATE
CAS: 2757-18-8
SYNONYMS: FORMOMALENIC THALLIUM • MALONIC ACID, THALLIUM SALT (1:2) • PROPANEDIOIC ACID, DITHALLIUM SALT • THALLIUM MALONITE • RTECS No. OO1770000 • UN 1707 (thallium compound, n.o.s.)

EPA NAME: THALLOUS SULFATE
[see THALLIUM SULFATE]
CAS: 7446-18-6

EPA NAME: THIABENDAZOLE
CAS: 148-79-8
SYNONYMS: AI3-50598 ● APL-LUSTER ● ARBOTECT ● 1H-BENZIMIDAZOLE, 2-(4-THIAZOLYL)- ● BENZIMIDAZOLE, 2-(4-THIAZOLYL)- ● 4-(2-BENZIMIDAZOLYL)THIAZOLE ● BOVIZOLE ● CASWELL No. 849A ● EPA PESTICIDE CHEMICAL CODE 060101 ● EPROFIL ● EQUIZOLE ● EQUIVET TZ ● E-Z-EX ● LOMBRISTOP ● MERTEC ● MERTECT 160 ● METASOL TK-100 ● MINTEZOL ● MINZOLUM ● MK-360 ● MYCOZOL ● NEMAPAN ● NSC 525040 ● OMNIZOLE ● POLIVAL ● RPH ● RTECS No. DE0700000 ● TBDZ ● TBZ ● TBZ 6 ● TECTO ● TECTO 10P ● TECTO 40F ● TECTO RPH ● TESTO ● THIABEN ● THIABENDAZOL ● THIABENDAZOLUM ● THIABENZAZOLE ● THIABENZOLE ● 2-THIAZOLE-4-YLBENZIMIDAZOLE ● 2-(THIAZOL-4-YL)BENZIMIDAZOLE ● 2-(1,3-THIAZOL-4-YL)BENZIMIDAZOLE ● 2-(4′-THIAZOLYL)BENZIMIDAZOLE ● 2-(4-THIAZOLYL)BENZIMIDAZOLE ● 2-(4-THIAZOLYL)-1H-BENZIMIDAZOLE ● THIBENZOL ● THIBENZOLE ● THIBENZOLE 200 ● THIBENZOLE ATT ● TIABENDAZOL (Spanish) ● TIABENDAZOLE ● TOBAZ ● TOP FORM WORMER

EPA NAME: 2-(4-THIAZOLYL)-1H-BENZIMIDAZOLE
[see THIABENDAZOLE]
CAS: 148-79-8

EPA NAME: THIOACETAMIDE
CAS: 62-55-5
SYNONYMS: ACETAMIDE, THIO- (8CI) ● ACETIMIDIC ACID, THIO- (7CI) ● ACETOTHIOAMIDE ● ETHANETHIOAMIDE ● RCRA No. U218 ● RTECS No. AC8925000 ● TAA ● THIACETAMIDE ● TIOACETAMIDA (Spanish) ● USAF CB-21 ● USAF EK-1719

EPA NAME: THIOBENCARB
CAS: 28249-77-6
SYNONYMS: B-3015 ● BENTHIOCARB ● BOLERO ● CARBAMIC ACID, DIETHYL-,S-((4-CHLOROBENZYL)ESTER ● CARBAMIC ACID, DIETHYLTHIO-S-(P-CHLOROBENZYL) ESTER ● CARBAMOTHIOIC ACID, DIETHYL-,S-(CHLOROPHENYL) METHYL)ESTER ● CASWELL No. 207DA ● S-(P-CHLOROBENZYL)DIETHYLTHIOCARBAMATE ● S-4-CHLOROBENZYL DIETHYLTHIOCARBAMATE ● S-(4-CHLOROBENZYL)N,N-DIETHYLTHIOCARBAMATE ● S-((4-CHLOROPHENYL) METHYL)DIETHYLCARBAMOTHIOTE ● EPA PESTICIDE CHEMICAL CODE 108401 ● IMC 3950 ● RTECS No. EZ7260000 ● SATURN ● THIOBENCARBE ● UN 2992 (carbamate pesticides, liquid, toxic) ● UN 2757 (carbamate pesticides, solid, toxic)

EPA NAME: THIOCARBAZIDE
CAS: 2231-57-4

SYNONYMS: CARBONOTHIOIC DIHYDRAZINE ● HYDRAZINE CARBOHYDRAZONOTHIOIC ACID ● TCH ● THIOCARBAZIDE ● THIOCARBONIC DIHYDRAZIDE ● THIOCARBONOHYDRAZIDE ● USAF EK-7372 ● RTECS No. FF2975000

EPA NAME: THIOCYANIC ACID, METHYL ESTER
CAS: 556-64-9
SYNONYMS: METHYLRHODANID (German) ● METHYL SULFOCYANATE ● METHYL THIOCYANATE ● METHYLTHIOKYANAT ● RTECS No. XL1575000

EPA NAME: 4,4'-THIODIANILINE
CAS: 139-65-1
SYNONYMS: ANILINE, 4,4'-THIODI- ● BENZENAMINE, 4,4'-THIOBIS- ● BIS(4-AMINOPHENYL) SULFIDE ● BIS(4-AMINOPHENYL)SULFIDE ● BIS(p-AMINOPHENYL)SULFIDE ● BIS(4-AMINOPHENYL)SULPHIDE ● p,p'-DIAMINODIPHENYL SULFIDE ● 4,4'-DIAMINODIPHENYL SULFIDE ● 4,4'-DIAMINOPHENYL SULFIDE ● p,p'-DIAMINODIPHENYL SULPHIDE ● DI(p-AMINOPHENYL)SULFIDE ● DI(p-AMINOPHENYL)SULPHIDE ● NCI-CO1707 ● THIOANILINE ● 4,4-THIOANILINE ● 4,4'-THIOBIS(ANILINE) ● 4,4'-THIOBISBENZENAMINE ● p,p-THIODIANILINE ● THIODI-p-PHENYLENEDIAMINE ● RTECS No. BY9625000

EPA NAME: THIODICARB
CAS: 59669-26-0
SYNONYMS: AI3-29311 ● BISMETHOMYLTHIOETHER ● BIS-(O-1-METHYLTHIOETHYLIMINO)-N-METHYLCARBAMIC ACID)-N,N'-SULFIDE ● CASWELL No. 900AA ● CGA 45156 ● DICARBASULF ● DICARBOSULF ● DIMETHYL-N,N'-(THIOBIS(((METHYLIMINO)CARBONYL)OXY))BIS(ETHANIMIDOTHIOATE) ● DIMETHYL-N,N'-(THIOBIS((METHYLIMINO)CARBONYLOXY))BIS(THIOIMIDOACETATE) ● DIMETHYL-N,N'-(THIOBIS((METHYLIMINO)CARBONYLOXY))BIS(ETHANIMIDOTHIOATE) ● EPA PESTICIDE CHEMICAL CODE 114501 ● ETHANIMIDOTHIOIC ACID, N,N'-(THIOBIS((METHYLIMINO)CARBONYLOXY))BIS-,DIMETHYL ESTER ● LARVIN ● LEPICRON ● NIVRAL ● RCRA No. U410 ● RTECS No. KJ4301050 ● 3,7,9,13-TETRAMETHY L-5,11-DIOXA-2,8,14-TRITHIA-4,7,9,12-TETRA-AZAPENTADECA-3,12-DIENE-6,10-DIONE ● N,N'-(THIOBIS((METHYLIMINO)CARBONYLOXY)) BISETHANIMIDOTHIOIC ACID DIMETHYLESTER ● UC 51762 ● UN 2757

EPA NAME: THIOFANOX
CAS: 39196-18-4
SYNONYMS: DIAMOND SHAMROCK DS-15647 ● 3,3-DIMETHYL-1-(METHYLTHIO)-2-BUTANONE-o-((METHYLAMINO)CARBONYL)OXIME ● DS-15647 ● ENT 27,851 ● RCRA No. P045 ● RTECS No. EL8200000

EPA NAME: THIOMETHANOL
[see METHYL MERCAPTAN]
CAS: 74-93-1

EPA NAME: THIONAZIN
[see ZINOPHOS]
CAS: 297-97-2

EPA NAME: THIOPHANATE ETHYL
CAS: 23564-06-9
SYNONYMS: ALLOPHANIC ACID, 4,4'-O-PHENYLENEBIS(3-THIO-, DIETHYL ESTER ● 1,2-BIS(ETHOXYCARBONYL-THIOUREIDO)BENZENE ● 1,2-BIS(3-(ETHOXYCARBONYL)-2-THIOUREIDO)BENZENE ● 1,2-BIS(3-(ETHOXYCARBONYL)THIOUREIDO)BENZENE ● CARBAMIC ACID, (1,2-PHENYLENEBIS(IMINOCARBONOTHIOYL))BIS-, DIETHYL ESTER ● CASWELL No. 344A ● CLEARY 3336 ● 1,2-DI-(3-ETHOXYCARBONYL-2-THIOUREIDO)BENZENE ● DIETHYL (1,2-PHENYLENEBIS(IMINOCARBONOTHIOYL))BIS(CARBAMATE) ● DIETHYL 4,4'-(O-PHENYLENE)BIS(3-THIOALLOPHANATE) ● ENOVIT ● EPA PESTICIDE CHEMICAL CODE 103401 ● ETHYL THIOPHANATE ● NF 35 ● NSC 170810 ● PELT ● 4,4'-O-PHENYLENEBIS(ETHYL 3-THIOALLOPHANATE) ● (1,2-PHENYLENEBIS(IMINOCARBONOTHIOYL))BISCARBAMIC ACID DIETHYL ESTER ● RCRA No. U409 ● (1,2-PHENYLENEBIS(IMINOCARBONOTHIOYL))BISCARBAMIC ACID DIETHYL ESTER ● THIOFANATE ● THIOPHANATE ● THIOPHENITE ● TOPSIN ● 3336 TURF FUNGICIDE ● UN 2992 (carbamate pesticides, liquid, toxic) ● UN 2757 (carbamate pesticides, solid, toxic)

EPA NAME: THIOPHANATE-METHYL
CAS: 23564-05-8
SYNONYMS: AI3-27905 ● ALLOPHANIC ACID, 4,4'-O-PHENYLENEBIS(3-THIO-), DIMETHYL ESTER ● BAS 32500F ● O-BIS(3-METHOXYCARBONYL-2-THIOUREIDO)BENZENE ● 1,2-BIS(METHOXYCARBONYLTHIOUREIDO)BENZENE ● 1,2-BIS(3-(METHOXYCARBONYL)-2-THIOUREIDO)BENZENE ● BIS((3-METHOXYCARBONYL)-2-THIOUREIDO)BENZENE ● CARBAMIC ACID, (1,2-PHENYLENEBIS(IMINOCARBONOTHIOYL))BIS-, DIMETHYL ESTER ● CASWELL No. 375A ● CERCOBIN M ● CERCOBIN METHYL ● CYCOSIN ● 1,2-DI-(3-METHOXYCARBONYL-2-THIOUREIDO)BENZENE ● DIMETHYL ((1,2-PHENYLENE)BIS(IMINOCARBONOTHIOYL))BIS(CARBAMATE) ● DIMETHYL ((1,2-PHENYLENE)BIS(IMINO-CARBONOTHIOYL))BIS(CARBAMATE) ● DIMETHYL 4,4'-(O-PHENYLENE)BIS(3-THIOALLOPHANATE) ● DITEK ● ENOVIT METHYL ● ENOVIT-SUPPER ● EPA PESTICIDE CHEMICAL CODE 102001 ● FUNGO ● METHYLTHIOFANATE ● METHYL FRUMIDOR ● METHYLTHIOPHAMATE ● METHYLTHIOPHANATE ● METHYL TOPSIN ● MILDOTHANE ● NEOTOPSIN ● NF 44 ● NSC 170811 ● SIGMA ● SIPCAPLANT ● THIOPHANATE ● THIOPHANATE M ● TOPSIN-M ● TOPSIN METHYL ● TOPSIN-METHYL 70 WP ● TOPSIN NF-44 ● TOPSIN TURF AND ORNAMENTALS ● TOPSIN

WP METHYL • TREVIN • UN 2992 (carbamate pesticides, liquid, toxic) • UN 2757 (carbamate pesticides, solid, toxic) • ZYBAN

EPA NAME: THIOPHENOL
[see BENZENETHIOL]
CAS: 108-98-5

EPA NAME: THIOSEMICARBAZIDE
CAS: 79-19-6
SYNONYMS: AI3-16319 • AMINOTHIOUREA • N-AMINOTHIOUREA • 1-AMINO-2-THIOUREA • 1-AMINOTHIOUREA • N-AMINOTHIOUREA • HYDRAZINECARBOTHIOAMIDE • ISOTHIOSEMICARBAZIDE • RCRA No. P116 • SEMICARBAZIDE, 3-THIO- • SEMICARBAZIDE, THIO- • THIOCARBAMOYLHYDRAZINE • THIOCARBAMYLHYDRAZINE • 3-THIOSEMICARBAZIDE • 2-THIOSEMICARBAZIDE • TIOSEMICARBAZIDA (Spanish) • TSC • TSZ • USAF EK-1275 • RTECS No. VT4200000

EPA NAME: THIOUREA
CAS: 62-56-6
SYNONYMS: CARBAMIDE, THIO- • EINECS No. 200-543-5 • ISOTHIOUREA • PSEUDOTHIOUREA • PSEUDOUREA, 2-THIO- • RCRA No. U219 • SULFOUREA • SULOUREA • THIOCARBAMATE • THIOCARBAMIDE • β-THIOPSEUDOUREA • 2-THIOUREA • THU • TIOUREA (Spanish) • TSIZP 34 • UREA, THIO- • USAF EK-497 • RTECS No. YU2800000 • UN 2877

EPA NAME: THIOUREA, (2-CHLOROPHENYL)-
CAS: 5344-82-1
SYNONYMS: 2-CHLOROPHENYL THIOUREA • RCRA No. P026 • RTECS No. YS7100000 • 2-CLOROFENIL TIOUREA (Spanish)

EPA NAME: THIOUREA, (2-METHYLPHENYL)-
CAS: 614-78-8
SYNONYMS: 2-METHYLPHENYL THIOUREA • 2-METILFENOL TIOUREA (Spanish) • 1-o-TOLYL-2-THIOUREA • o-TOLYL THIOUREA • RTECS No. YU2975000

EPA NAME: THIOUREA, 1-NAPHTHALENYL-
[see ANTU]
CAS: 86-88-4

EPA NAME: THIRAM
CAS: 137-26-8
SYNONYMS: AAPIROL • AATACK • AATIRAM • ACCELERATOR T • ACCELERATOR THIURAM • ACCEL TMT • ACETO TETD • AI3-00987 • ANLES • ARASAN • ARASAN 42-S • ARASAN 42S • ARASAN 70 • ARASAN 70-S RED • ARASAN 75 • ARASAN-M • ARASAN-SF • ARASAN-SF-X • ATIRAM • ATTACK • AULES • BIS(DIETHYLTHIOCARBAMOYL) SULFIDE • BIS((DIMETHYLAMINO)CARBONOTHIOYL) DISULPHIDE • BIS((DIMETHYLAMINO)CARBONOTHIOYL) DISULFIDE • BIS(DIMETHYLTHIOCARBAMOYL) DISULFIDE

- BIS(DIMETHYLTHIOCARBAMOYL) DISULPHIDE • CASWELL No. 856 • CHIPCO THIRAM 75 • CUNITEX • CYURAM DS • DELSAN • DISULFIDE, BIS(DIMETHYLTHIOCARBAMOYL) • α,α′-DITHIOBIS(DIMETHYLTHIO)FORMAMIDE • N,N-(DITHIODICARBONOTHIOYL)BIS(N-METHYLMETHANAMINE) • EKAGOM TB • ENT 987 • EPA PESTICIDE CHEMICAL CODE 079801 • FALITIRAM • FERMIDE • FERMIDE 850 • FERNACOL • FERNASAN • FERNASAN A • FERNIDE • FLO PRO T SEED PROTECTANT • FMC 2070 • FORMALSOL • FORMAMIDE, 1,1′-DITHIOBIS(N,N-DIMETHYLTHIO- • HERMAL • HERMAT TMT • HERYL • HEXATHIR • HY-VIC • KREGASAN • MERCURAM • METHYL THIRAM • METHYLTHIURAM DISULFIDE • METHYL TUADS • METIURAC • NA2771 • NOBECUTAN • NOMERSAN • NORMERSAN • NSC 1771 • PANORAM 75 • POLYRAM ULTRA • POMARSOL • POMARSOL FORTE • POMASOL • PURALIN • REZIFILM • RCRA No. U244 • ROYAL TMTD • RTECS No. JO1400000 • SADOPLON • SPOTRETE • SPOTRETE-F • SQ 1489 • SRANAN-SF-X • STCC 4941187 • TERAMETHYLTHIURAM DISULFIDE • TERSAN • TERSAN 75 • TERSANTETRAMETHYL DIURANE SULFIDE • TETRAMETHYLDIURANE SULPHITE • TETRAMETHYLENETHIURAM DISULFIDE • TETRAMETHYLENETHIURAM DISULPHIDE • TETRAMETHYLTHIOCARBAMOYLDISULPHIDE • TETRAMETHYLTHIOPEROXYDICARBONIC DIAMIDE • TETRAMETHYLTHIURAM • TETRAMETHYLTHIURAM BISULFIDE • TETRAMETHYLTHIURAM BISULPHIDE • TETRAMETHYLTHIURAM DISULFIDE • N,N-TETRAMETHYLTHIURAM DISULFIDE • N,N,N′,N′-TETRAMETHYLTHIURAM DISULFIDE • TETRAMETHYLTHIURAM DISULPHIDE • TETRAMETHYLTHIURAN DISULPHIDE • TETRAMETHYLTHIURANE DISULFIDE • TETRAMETHYL THIURANE DISULPHIDE • TETRAMETHYLTHIURUM DISULFIDE • TETRAMETHYLTHIURUM DISULPHIDE • TETRAPOM • TETRASIPTON • TETRATHIURAM DISULFIDE • TETRATHIURAM DISULPHIDE • THIANOSAN • THILLATE • THIMAR • THIMER • THIOKNOCK • THIOPEROXYDICARBONIC DIAMIDE (((H2N)C(S))2S2), TETRAMETHYL- • THIOPEROXYDICARBONIC DIAMIDE, TETRAMETHYL- • THIOSAN • THIOSCABIN • THIOTEX • THIOTOX • THIRAM 75 • THIRAM 80 • THIRAMAD • THIRAM B • THIRAME (French) • THIRAMPA • THIRASAN • THIULIN • THIULIX • THIURAD • THIURAM • THIURAM D • THIURAMIN • THIURAMYL • THYLATE • TIRAM (Spanish) • TIRAMPA • TIURAM (Polish) • TIURAMYL • TMTD • TMTDS • TRAMETAN • TRIDIPAM • TRIPOMOL • TTD • TUADS • TUEX • TULISAN • UN 3006 (dithiocarbamate pesticides, liquid, toxic) • UN 2773 (dithiocarbamate pesticides, solid, toxic) • USAF B-30 • USAF EK-2089 • USAF P-5 • VANCIDA

TM-95 • VANCIDE TM • VUAGT-1-4 • VULCAFOR TMTD • VULKACIT MTIC • VULKACIT THIURAM • VULKACIT THIURAM/C

EPA NAME: THORIUM DIOXIDE
CAS: 1314-20-1
SYNONYMS: DIOXIDO de TORIO (Spanish) • THORIA • THORIUM(IV) OXIDE • THORIUM OXIDE (ThO2) • THOROTRAST • THORTRAST • UMBRATHOR • RTECS No. XO6950000

EPA NAME: TITANIUM CHLORIDE (TiCl$_4$) (T-4)-
[see TITANIUM TETRACHLORIDE]
CAS: 7550-45-0

EPA NAME: TITANIUM TETRACHLORIDE
CAS: 7550-45-0
SYNONYMS: TETROCHLORURE de TITANE (French) • TETRACHLOROTITANIUM • TITAANTETRACHLORID (Dutch) • TITANE (TETRACHLORURE de) (French) • TITANIO TETRACHLORURO di (Italian) • TETRACLORURO de TITANIO (Spanish) • TITANIUM CHLORIDE (TiCl4) (T-4)- • TITANTETRACHLORID (German) • TITANIUM(IV) CHLORIDE • RTECS No. XR1925000 • STCC 4932385 • UN 1838

EPA NAME: o-TOLIDINE
CAS: 119-93-7
[see 3,3'-DIMETHYLBENZIDINE]

EPA NAME: o-TOLIDINE DIHYDROCHLORIDE
CAS: 612-82-8
[see 3,3'-DIMETHYLBENZIDINE DIHYDROCHLORIDE]

EPA NAME: o-TOLIDINE DIHYDROFLUORIDE
[see 3,3-DIMETHYLBENZIDINE DIHYDROFLUORIDE]
CAS: 41766-75-0

EPA NAME: TOLUENE
CAS: 108-88-3
SYNONYMS: ANTISAL 1A • BENZENE, METHYL- • BLACK OUT BLACK • CP 25 • EINECS No. 203-625-9 • METHACIDE • METHANE, PHENYL- • METHYLBENZENE • METHYLBENZOL • NCI-C07272 • PHENYLMETHANE • RCRA No. U220 • TOLUEEN (Dutch) • TOLUEN (Czech) • TOLUENO (Spanish) • TOLUOL • TOLUOLO (Italian) • TOLU-SOL • RTECS No. XS5250000 • STCC 4909305 • UN 1294

EPA NAME: TOLUENEDIAMINE
[see DIAMINOTOLUENE (MIXED ISOMERS)]
CAS: 25376-45-8

EPA NAME: TOLUENE-2,4-DIISOCYANATE
CAS: 584-84-9
SYNONYMS: BENZENE,2,4-DIISOCYANATOMETHYL- • BENZENE, 2,4-DIISOCYANATO-1-METHYL- • BENZENE,2,4-DIISOCYANATO-1-METHYL- • CRESORCINOL DIISOCYANATE

• DESMODUR T80 • DI-ISOCYANATE de TOLUYLENE (French) • DI-ISO-CYANATOLUENE • 2,4-DIISOCYANATO-1-METHYLBENZENE (9CI) • 2,4-DIISOCYANATOTOLUENE • DIISOCYANAT-TOLUOL (German) • EEC No. 615-006-00-4 • EINECS No. 209-544-5 • HYLENE T • HYLENE TCPA • HYLENE TLC • HYLENE TM • HYLENE TM-65 • HYLENE TRF • ISOCYANIC ACID, METHYLPHENYLENE ESTER • ISOCYANIC ACID, 4-METHYL-m-PHENYLENE ESTER • 4-METHYL-PHENYLENE DIISOCYANATE • 4-METHYL-PHENYLENE ISOCYANATE • MONDUR TDS • NACCONATE 100 • NCI-C50533 • NIAX TDI • NIAX TDI-P • SCURANATE • STCC 4921575 • TDI • 2,4-TDI • TDI-80 • TOLUEEN-DIISOCYANAAT (Dutch) • TOLUEN-DISOCIANATO (Italian) • TOLUEN-2,4-DIISOCIATO (Spanish) • TOLUENE DI-ISOCYANATE • TOLUENE DIISOCYANATE • TOLUENE DIISOCYANATE • 2,4-TOLUENEDIISOCYANATE • TOLUILENODWUIZOCYJANIAN (Polish) • TOLUYLENE-2,4-DIISOCYANATE • TOLYENE 2,4-DIISOCYANATE • TOLYLENE-2,4-DIISOCYANATE 2,4-TOLYLENEDIISOCYANATE • 2,4-TOLYLENE DIISOCYANATE • TULUYLENE-2,4-DIISOCYANATE • TULUYLEN DIISOCYANAT (German) • RCRA No. U223 • RTECS No. CZ6300000 • VORANATE T-80 • VORANATE T-80, TYPE I • VORANATE T-80, TYPE II • UN 2078 • UN 2206 (isocyanates, toxic, n.o.s.) • UN 2207 (isocyanates and solutions, n.o.s., b.p. not less than 300°F) • UN 2478 (isocyanates, flammable, toxic, n.o.s.) • UN 3080 (isocyanate solutions, n.o.s., or isocyanate solutons, toxic, flammable, n.o.s., or isocyanates, n.o.s., isocyanates, toxic, flammable, n.o.s.)

EPA NAME: TOLUENE-2,6-DIISOCYANATE
CAS: 91-08-7
SYNONYMS: BENZENE, 1,3-DIISOCYANATO-2-METHYL- • 2,6-DIISOCYANATO-1-METHYLBENZENE • 2,6-DIISOCYANATOTOLUENE • HYLENE TM • ISOCYANIC ACID, 2-METHYL-m-PHENYLENE ESTER • 2-METHYL-m-PHENYLENE ESTER, ISOCYANIC ACID • 2-METHYL-m-PHENYLENE ISOCYANATE • NIAX TDI • RTECS No. CZ6310000 • 2,6-TDI • TOLUEN-2,6-DIISOCIATO (Spanish) • TOLYLENE 2,6-DIISOCYANATE • 2,6-TOLYLENE DIISOCYANATE • m-TOLYENE DIISOCYANATE • UN 2078

EPA NAME: TOLUENEDIISOCYANATE (MIXED ISOMERS)
CAS: 26471-62-5
SYNONYMS: BENZENE, 1,3-DIISOCYANATOMETHYL- • DESMODUR T100 • DIISOCYANATOMETHYLBENZENE • DIISOCYANATOTOLUENE • HYLENE-T • ISOCYANIC ACID, METHYLPHENYLENE ESTER • METHYL-m-PHENYLENE ISOCYANATE • METHYL-m-PHENYLENE DIISOCYANATE • METHYLPHENYLENE ISOCYANATE • MONDUR-TD • MONDUR-TD-80 • NACCONATE • NACCONATE-100 • NIAX ISOCYANATE TDI • RCRA No. U223 • RTECS No. CZ6300000 • RUBINATE TDI • RUBINATE TDI 80-20 • T-100 • TDI •

TDI-80 • TDI 80-20 • TOLUEN-1,3-DIISOCIATO (Spanish) • TOLUENE-1,3-DIISOCYANATE • TOLYENE DIISOCYANATE • TOLUENEDIISOCYANATE (UNSPECIFIED ISOMERS) • TOLYLENE ISOCYANATE UN 2078

EPA NAME: TOLUENEDIISOCYANATE (UNSPECIFIED ISOMERS)
[see TOLUENEDIISOCYANATE (MIXED ISOMERS)]
CAS: 26471-62-5

EPA NAME: o-TOLUIDINE
CAS: 95-53-4
SYNONYMS: 1-AMINO-2-METHYLBENZENE • 2-AMINO-1-METHYLBENZENE • o-AMINOTOLUENE • ortho-AMINOTOLUENE • 2-AMINOTOLUENE • ANILINE, 2-METHYL- • BENZENAMINE,2-METHYL- (9CI) • C.I. 37077 • 1-METHYL-2-AMINOBENZENE • 1-METHYL-1,2-AMINO-BENZENE • 2-METHYL-1-AMINOBENZENE • o-METHYLANILINE • 2-METHYLANILINE • o-METHYLBENZENAMINE • 2-METHYLBENZENAMINE • RCRA No. U328 • STCC 4913175 • RTECS No. XU2975000 • o-TOLUIDIN (Czech) • o-TOLUIDINA (Spanish) • 2-TOLUIDINE • TOLUIDINE, ortho- • o-TOLUIDYNA (Polish) • o-TOLYLAMINE • RTECS No. XU2975000 • STCC 4913175 • UN 1708

EPA NAME: p-TOLUIDINE
CAS: 106-49-0
SYNONYMS: 4-AMINO-1-METHYLBENZENE • 4-AMINOTOLUEN (Czech) • p-AMINOTOLUENE • 4-AMINOTOLUENE • C.I. 37107 • C.I. AZOIC COUPLING COMPONENET 107 • p-METHYLANILINE • 4-METHYLANILINE • p-METHYLBENZENAMINE • 4-METHYLBENZENAMINE • NAPHTOL AS-KG • NAPHTOL AS-KGLL • RCRA No. U353 • RTECS No. XU3150000 • STCC 4913175 • p-TOLUIDIN (Czech) • p-TOLUIDINA (Spanish) • 4-TOLUIDINE • TOLUIDINE, para- • TOLYLAMINE • p-TOLYLAMINE • UN 1708

EPA NAME: o-TOLUIDINE HYDROCHLORIDE
CAS: 636-21-5
SYNONYMS: 1-AMINO-2-METHYLBENZENE HYDROCHLORIDE • 2-AMINO-1-METHYLBENZENE HYDROCHLORIDE • 2-AMINOTOLUENE HYDROCHLORIDE • o-AMINOTOLUENE HYDROCHLORIDE • ortho-AMINOTOLUENE HYDROCHLORIDE • BENZENAMINE, 2-METHYL-, HYDROCHLORIDE • 2-METHYLANILINE HYDROCHLORIDE • o-METHYLANILINE HYDROCHLORIDE • ortho-METHYLANILINE HYDROCHLORIDE • 2-METHYLBENZENAMINE HYDROCHLORIDE • NCI-C02335 • RCRA No. U222 • RTECS No. XU7350000 • o-TOLUIDINIUM CHLORIDE • 2-TOLUIDINE HYDROCHLORIDE • ortho-TOLUIDINE HYDROCHLORIDE • o-TOLYAMINE HYDROCHLORIDE • ortho-TOLYAMINE HYDROCHLORIDE • TOLYAMINE HYDROCHLORIDE, ortho- • UN 1708

EPA NAME: TOXAPHENE
CAS: 8001-35-2
SYNONYMS: 8001-35-2 ● AGRICIDE MAGGOT KILLER (F) ● ALLTEX ● ALLTOX ● ANATOX ● ATTAC-2 ● ATTAC 6 ● ATTAC 6-3 ● CAMPHECHLOR ● CAMPHENE, OCTACHLORO- ● CAMPHOCHLOR ● CAMPHOCLOR ● CAMPHOFENE HUILEUX ● CANFECLOR ● CHEM-PHENE ● CHLORINATED CAMPHENE ● CHLOROCAMPHENE ● CLOR CHEM T-590 ● COMPOUND 3956 ● CRESTOXO ● CRISTOXO 90 ● ENT 9,735 ● ESTONOX ● FASCO-TERPENE ● GENIPHENE ● GY-PHENE ● HERCULES 3956 ● HERCULES TOXAPHENE ● KAMFOCHLOR ● M 5055 ● MELIPAX ● MOTOX ● NCI-C00259 ● OCTACHLOROCAMPHENE ● PCC ● PChK ● PENPHENE ● PHENACIDE ● PHENATOX ● POLYCHLORCAMPHENE ● POLYCHLORINATED CAMPHENE ● POLYCHLOROCAMPHENE ● RCRA No. P123 ● RTECS No. XW5250000 ● STCC 4941188 (liquid) ● 4941189 (solid) ● STROBANE T ● STROBANE T 90 ● SYNTHETIC 3956 ● TECHNICAL CHLORINATED CAMPHENE, 67-69% CHLORINE ● TOXADUST ● TOXAFEEN (Dutch) ● TOXAFENO (Spanish) ● TOXAKIL ● TOXAPHEN (German) ● TOXASPRAY ● TOXON 63 ● TOXYPHEN ● VERTAC 90% ● VERTAC TOXAPHENE 90 ● UN 2761

EPA NAME: 2,4,5-TP ESTERS
CAS: 32534-95-5
SYNONYMS: ACIDE 2-(2,4,5-TRICHLORO-PHENOXY)PROPIONIQUE (French) ● ACIDO 2-(2,4.5-TRICHLORO FENOSSI)-PROPIONICO (Italian) ● AMCHEM 2,4,5-TP ● AQUA-VEX ● COLOR-SET ● DED-WEED ● DOUBLE STRENGTH ● FENOPROP ● FENORMONE ● FRUITONE T ● HERBICIDES, SILVEX ● KURAN ● KURON ● KUROSAL ● KUROSAL G ● KUROSAL SL ● MILLER NU SET ● PROPON ● RCRA No. U233 ● SILVEX ● SILVI-RHAP ● STA-FAST ● 2,4,5-TC ● 2,4,5-TCPPA ● 2,4,5-TP ● 2-(2,4,5-TRICHLOOR-FENOXY)-PROPIONZUUR (Dutch) ● α-(2,4,5-TRICHLOROPHENOXY)PROPIONIC ACID ● 2,4,5-TRICHLOROPHENOXY-α-PROPIONIC ACID ● 2-(2,4,5-TRICHLOR-PHENOXY)-PROPIONSAEURE (German) ● UN 2765 (phenoxy pesticide, solid, toxic) ● UN 3000 (phenoxy pesticide, liquid, toxic) ● WEED-B-GON

EPA NAME: TRIADIMEFON
CAS: 43121-43-3
SYNONYMS: AMIRAL ● BAY 6681 F ● BAYLETON, BAY-MEB-6447 ● BAYER 6681 F ● BAYER MEB-6447 ● 2-BUTANONE, 1-(4-CHLOROPHENOXY)-3,3-DIMETHYL-1-(1-H-1,2,4-TRIAZOL-1-YL)- ● 2-BUTANONE, 1-(4-CHLOROPHENOXY)-3,3-DIMETHYL-1-(1,2,4-TRIAZOL-1-YL)- ● CASWELL No. 862AA ● 1-(4-CHLOROPHENOXY)-3,3-DIMETHYL-1-(1,2,4-TRIAZOL-1-YL)-BUTAN-2-ONE ● 1-(4-CHLOROPHENOXY)-3,3-DIMETHYL-1-(1H-1,2,4-TRIAZOL-1-YL)BUTANONE- ● 1-(4-CHLOROPHENOXY)-3,3-DIMETHYL-1-(1H-1,2,4-TRIAZOL-1-YL)-2-BUTANONE ● 1-(4-CHLOROPHENOXY)-3,3-DIMETHYL-1-

(1,2,4-TRIAZOL-1-YL)BUTANONE- • EPA PESTICIDE CHEMICAL CODE 109901 • NSC 303303 • TRIADIMEFON TRIAZOLE FUNGICIDE • TRIADIMEFONE • TRIADIME-FORM • 1H-1,2,4-TRIAZOLE, 1-((tert-BUTYLCARBONYL-4-CHLOROPHENOXY)METHYL)- • 1-(1,2,4-TRIAZOYL-1)-1-(4-CHLORO-PHENOXY)3,3-DIMETHYLBUTANONE • 1-((tert-BUTYLCARBONYL-4-CHLOROPHENOXY)METHYL)- • RTECS No. EL7100000 • UN 2765 (phenoxy pesticide, solid, toxic) • UN 3000 (phenoxy pesticide, liquid, toxic)

EPA NAME: TRIALLATE
CAS: 2303-17-5
SYNONYMS: AVADEX BW • CARBAMIC ACID, DIISOPROPYL-THIO-, S-(2,3,3-TRICHLOROALLYL) ESTER • BIS(1-METHYL-ETHYL)CARBAMOTHIOIC ACID S-(2,3,3-TRICHLORO-2-PROPENYL) ESTER • CARBAMOTHIOIC ACID, BIS(1-METH-YLETHYL)-, S-(2,3,3-TRICHLORO-2-PROPENYL) ESTER • CASWELL No. 870A • CP 23426 • N-DIISOPROPYLTHIOCAR-BAMIC ACID S-2,3,3-TRICHLORO-2-PROPENYL ESTER • DIISOPROPYLTRICHLOROALLYLTHIOCARBAMATE • DIP-THAL • EPA PESTICIDE CHEMICAL CODE 078802 • FAR-GO • NSC 379698 • 2-PROPENE-1-THIOL, 2,3,3-TRICHLORO-, DI-ISOPROPYLCARBAMATE • RCRA No. U389 • RTECS No. EZ8575000 • THIOCARBAMIC ACID, N-DIISOPROPYL-, S-2,3,3-TRICHLOROALLYL ESTER • TRI-ALLATE • TRIAL-LATE CARBAMATE HERBICIDE • 2,3,3-TRICHLOROALLYL N,N-DIISOPROPYLTHIOCARBAMATE • S-2,3,3-TRICHLORO-ALLYL N,N-DIISOPROPYLTHIOCARBAMATE • S-(2,3,3-TRI-CHLOROALLYL) DIISOPROPYLTHIOCARBAMATE • 2,3,3-TRICHLOROALLYL DIISOPROPYLTHIOCARBAMATE • S-(2,3,3-TRICHLORO-2-PROPENYL)BIS(1-METHYLETHYL) CARBAMOTHIOATE • UN 2757 (carbamate pesticides, solid, toxic) • UN 2992 (carbamate pesticides, liquid, toxic)

EPA NAME: TRIAMIPHOS
CAS: 1031-47-6
SYNONYMS: 5-AMINO-1-BIS(DIMETHYLAMIDE)PHOSPHORYL-3-PHENYL-1,2,4-TRIAZOLE • 5-AMINO-BIS(DIMETHYLAMI-DO)PHOSPHORYL-3-PHENYL-1,2,4-TRIAZOLE • 5-AMINO-1-(BIS(DIMETHYLAMINO)PHOSPHINYL)-3-PHENYL-1,2,4-TRIAZOLE • NO-15-AMINO-3-PHENYL-1,2,4-TRIAZOLE-1-YL-N,N,N',N'-TETRAMETHYLPHOSPHODIAMIDE • 5-AMI-NO-3-PHENYL-1,2,4-TRIAZOLYL-1-BIS(DIMETHYLAMIDO) PHEOSPHATE • 5-AMINO-3-PHENYL-1,2,4-TRIAZOLYL-N,N,N',N'-TETRAMETHYL-PHOSPHONAMIDE • p-(5-AMI-NO-3-PHENYL-1H-1,2-,4-TRIAZOL-1-YL)-N,N,N'-TETRA-METHYL-PHOSPHONIC DIAMIDE • p-(5-AMINO-3-PHENYL-1H-1,2-,4-TRIAZOL-1-YL)-N,N,N,N'-TETRAMETHYL PHOS-PHONODIAMIDATE • BIS(DIMETHYLAMINO)-3-AMINO-5-PHENYLTRIAZOLYL PHOSPHINE OXIDE • ENT 27,233 • NIAGRA 5943 • 3-PHENYL-5-AMINO-1,2,4-TRIAZOYL-(1)-(N,N'-TETRAMETHYL)DIAMIDOPHOSPHONATE • PHOS-

PHONIC DIAMIDE, P-(5-AMINO-3-PHENYL-1H-1,2,4-TRIA-
ZOL-1-YL)-N,N,N', N'-TETRAMETHYL- ● TRIAMIFOS
(German, Dutch, Italian) ● TRIAMPHOS ● WEPSIN ● WEPSYN
● WEPSYN 155 ● WP 155 ● RTECS No. TA1400000

EPA NAME: TRIAZIQUONE
CAS: 68-76-8
SYNONYMS: BAY 3231 ● BAYER 3231 ● p-BENZOQUINONE, 2,3,5-TRIS(1-AZIRIDINYL)- ● 2,5-CYCLOHEXADIENE-1,4-DIONE, 2,3,5-TRIS(1-AZIRIDINYL)- ● 1,1',1''-(3,6-DIOXO-1,4-CYCLOHEXADIENE-1,2,4-TRIYL)TRISAZIRIDINE ● 2,3,5-ETHYLENIMINE-1,4-BENZOQUINONE ● NSC-29215 ● ONCOREDOX ● PRENIMON ● RIKER 601 ● 10257 R.P. ● TEIB ● TRENIMON ● TRENINON ● TRIAZICHON (German) ● TRIAZIQUINONE ● TRIAZIQUONE ● TRIAZIQUINONUM ● TRIAZIQUON ● 2,3,5-TRI-(1-AZRIDINYL)-p-BENZOQUINONE ● 2,3,5-TRIETHYLENEIMINO-p-BENZOQUINONE ● TRIETHYLENEIMINOBENZOQUINONE ● TRIETHYLENIMINOBENZOQUINONE ● TRISAETHYLENIMINOBENZOCHINON (German) ● 2,3,5-TRIS(AZIRIDINO)-1,4-BENZOQUINONE ● 2,3,5-TRIS(AZIRIDINYL)-1,4-BENZOQUINONE ● TRIS(AZIRIDINYL)-p-BENZOQUINONE ● TRIS(1-AZIRIDINYL)-p-BENZOQUINONE ● 2,3,5-TRIS(1-AZIRIDINYL)-2,5-CYCLOHEXADIENE-1,4-DIONE ● 2,3,5-TRISETHYLENEIMINOBENZOQUINONE ● TRIS(ETHYLENEIMINO)BENZOQUINONE ● TRISETHYLENEIMINOQUINONE ● 2,3,5-TRIS(ETHYLENIMINO)-1,4-BENZOQUINONE ● 2,3,5-TRIS(ETHYLENIMINO)-p-BENZOQUINONE ● RTECS No. DK7175000

EPA NAME: TRIAZOFOS
CAS: 24017-47-8
SYNONYMS: O,O-DIETHYL O-(1-PHENYL-1H-1,2,4-TRIAZOL-3-YL)PHOSPHOROTHIOATE ● HOE 2960 OJ ● HOSTATHION ● HOSTATION ● 1-PHENYL-3-(O,O-DIETHYL-THIONOPHOPHORYL)-1,2,4-TRIAZOLE ● 1-PHENYL-1,2,4-TRIAZOLYL-3-(O,O-DIETHYLTHIONOPHOSPHATE) ● PHOSPHOROTHIOIC ACID, O,O-DIETHYL O-(1-PHENYL-1H-1,2,4-TRIAZOL-3-YL) ESTER ● RTECS No. TF5635000 ● TRIAZOPHOS ● UN 2998 ● UN 2783 (organophosphorus pesticides, solid, toxic) ● UN 3018 (organophosphorus pesticides, liquid, toxic)

EPA NAME: TRIBENURON METHYL
CAS: 101200-48-0
SYNONYMS: BENZOIC ACID, 2-(((((4-METHOXY-6-METHYL-1,3,5-TRIAZIN-2-YL)METHYLAMINO)CARBONYL)AMINO)SULFONYL)-, METHYL ESTER ● DPX-L 5300 ● EXPRESS ● EXPRESS 75 DF ● L 5300 ● MATRIX ● 2-(4-METHOXY-6-METHYL-1,3,5-TRIAZIN-2-YL)-METHYLAMINO)CARBONYL)AMINO)SULFONYL)-, METHYL ESTER ● SULFMETHMETON-METHYL

EPA NAME: TRIBROMOMETHANE
[see BROMOFORM]
CAS: 75-25-2

EPA NAME: TRIBUTYLTIN FLUORIDE
CAS: 1983-10-4
SYNONYMS: BIOMET ● CASWELL No. 867C ● EPA PESTICIDE CHEMICAL CODE 083112 ● FLUOROTRIBUTYLSTANNANE ● FLUOROTRIBUTYLTIN ● FLUORURO de TRIBUTILESTANO (Spanish) ● NSC 179737 ● NSC 195319 ● STANNANE, FLUOROTRIBUTYL- ● STANNANE, TRIBUTYLFLUORO- ● TIN, TRIBUTYL-, FLUORIDE ● TIN, TRIBUTYLFLUORO- ● TRIBUTYLFLUOROSTANNANE ● TRIBUTYLSTANNANE FLUORIDE ● TRI-N-BUTYLSTANNYL FLUORIDE ● RTECS No. WH8275000UN ● UN 2786 (organotin pesticides, solid, toxic) ● UN 3020 (organotin pesticides, liquid, toxic)

EPA NAME: TRIBUTYLTIN METHACRYLATE
CAS: 2155-70-6
SYNONYMS: CASWELL No. 867EF ● EPA PESTICIDE CHEMICAL CODE 083120 ● METACRILATO de TRIBUTILESTANO (Spanish) ● ((METHACRYLOYL)OXY)TRIBUTYLSTANNANE ● NSC 221239 ● RTECS No. WH8692000 ● STANNANE, ((METHACRYLOYL)OXY)TRIBUTYL- ● STANNANE, TRIBUTYL (METHACRYLOYLOXY)- ● STANNANE, TRIBUTYL((2-METHYL-1-OXO-2-PROPENYL)OXY)- ● TIN TRIBUTYL-METHACRYLATE ● TRIBUTYL(METHACRYLOXY)STANNANE ● TRIBUTYL(METHACRYLOYLOXY)STANNANE ● TRIBUTYL((2-METHYL-1-OXO-2-PROPENYL)OXY)STANNANE ● TRI-N-BUTYLSTANNYLMETHACRYLATE ● TRIBUTYLSTANNYL METHACRYLATE ● UN 2786 (organotin pesticides, solid, toxic) ● UN 3020 (organotin pesticides, liquid, toxic)

EPA NAME: S,S,S-TRIBUTYLTRITHIOPHOSPHATE
CAS: 78-48-8
SYNONYMS: A13-25812 ● B 1776 ● BITIFOS ● BITIPHOS ● BUTYL PHOSPHOROTRITHIOATE ● CASWELL No. 864 ● CHEMAGRO 1776 ● CHEMAGRO B-1776 ● DEF DEFOLIANT ● DE-GREEN ● EPA PESTICIDE CHEMICAL CODE 074801 ● E-Z-OFF D ● FOS-FALL A ● FOSFOROTRITIOATO de S,S,S-TRIBUTILO (Spanish) ● ORTHO PHOSPHATE DEFOLIANT ● PHOSPHOROTREITHIOIC ACID, S,S,S-TRIBUTYL ESTER ● TBTP ● TRIBUFOS ● S,S,S-TRIBUTYL PHOSPHOROTRITHIOATE ● S,S,S-TRIBUTYL TRITHIOPHOSPHATE ● RTECS No. TG5425000

EPA NAME: TRICHLORFON
CAS: 52-68-6
SYNONYMS: AEROL 1 (PESTICIDE) ● AGROFOROTOX ● ANTHON ● BAY 15922 ● BAYER 15922 ● BAYER L 13/59 ● BILARCIL ● BOVINOX ● BRITON ● BRITTEN ● CEKUFON ● CHLORAK ● CHLOROFOS ● CHLOROFTALM ● CHLOROPHOS ● CHLOROPHTHALM ● CHLOROXYPHOS ● CICLOSOM ● CLOROFOS (Russian) ● COMBOT ● COMBOT EQUINE ● DANEX ● DEP (PESTICIDE) ● DEPTHON ● DETF ● DIMETHOXY-2,2,2-TRICHLORO-1-HYDROXY-ETHYLPHOSPHINE OXIDE ● O,O-DIMETHYL (1-HYDROXY-2,2,2-TRICHLORA-

ETHYL)PHOSPHAT (German) ● O,O-DIMETHYL (1-HYDROXY-2,2,2-TRICHLORAETHYL)PHOSPHONSAEURE ESTER (German) ● O,O-DIMETHYL (1-HYDROXY-2,2,2-TRICHLOROETHYL)PHOSPHONATE ● DIMETHYL 1-HYDROXY-2,2,2-TRICHLOROETHYLPHOSPHONATE ● O,O-DIMETHYL (2,2,2-TRICHLORO-1-HYDROXYETHYL) PHOSPHONATE ● DIMETHYL (2,2,2-TRICHLORO-1-HYDROXYETHYL)PHOSPHONATE ● O,O-DIMETIL-(2,2,2-TRICLORO-1-IDROSSI-ETIL)-FOSFONATO (Italian) ● DIMETOX ● DIPTEREX ● DIPTEREX 50 ● DIPTEVUR ● DITRIFON ● DYLOX ● DYLOX-METASYSTOX-R ● DYREX ● DYVON ● ENT 19,763 ● EQUINO-ACID ● EQUINO-AID ● FLIBOL E ● FLIEGENTELLER ● FOROTOX ● FOSCHLOR ● FOSCHLOREM (Polish) ● FOSCHLOR R ● FOSCHLOR R-50 ● 1-HYDROXY-2,2,2-TRICHLOROETHYLPHOSPHONIC ACID DIMETHYL ESTER ● HYPODERMACID ● LEIVASOM ● LOISOL ● MASOTEN ● MAZOTEN ● METHYL CHLOROPHOS ● METIFONATE ● METRIFONATE ● METRIPHONATE ● NCI-C54831 ● NEGUVON ● NEGUVON A ● PHOSCHLOR ● PHOSCHLOR R50 ● PHOSPHONIC ACID, (2,2,2-TRICHLORO-1-HYDROXYETHYL)-, DIMETHYL ESTER ● POLFOSCHLOR ● PROXOL ● RICIFON ● RITSIFON ● RTECS No. TA0700000 ● SATOX 20WSC ● SOLDEP ● SOTIPOX ● STCC 4940376 ● TRICHLOROFON (Dutch) ● 2,2,2-TRICHLORO-1-HYDROXYETHYL-PHOSPHONATE, DIMETHYL ESTER ● (2,2,2-TRICHLORO-1-HYDROXYETHYL)PHOSPHONIC ACID DIMETHYL ESTER ● TRICHLOROPHENE ● TRICHLORPHON ● TRICHLORPHON FN ● TRINEX ● TUGON ● TUGON FLY BAIT ● TUGON STABLE SPRAY ● VERMICIDE BAYER 2349 ● VOLFARTOL ● VOTEXIT ● WEC 50 ● WOTEXIT ● UN 2783

EPA NAME: TRICHLOROACETYL CHLORIDE
CAS: 76-02-8
SYNONYMS: ACETYL CHLORIDE, TRICHLORO- ● CLORURO de TRICLOROACETILO (Spanish) ● NSC 190466 ● SUPERPALITE ● TRICHLOROACETIC ACID CHLORIDE ● TRICHLOROACETOCHLORIDE ● RTECS No. AO7140000 ● UN 2442

EPA NAME: 1,2,4-TRICHLOROBENZENE
CAS: 120-82-1
SYNONYMS: BENZENE, 1,2,4-TRICHLORO- ● EINECS No. 204-428-0 ● HOSTETEX L-PEC ● unsym-TRICHLOROBENZENE ● 1,2,5-TRICHLOROBENZENE ● 1,3,4-TRICHLOROBENZENE ● umsym-TRICHLOROBENZENE ● 1,2,4-TRICHLOROBENZOL ● 1,2,4-TRICLOROBENCENO (Spanish) ● TROJCHLOROBENZEN (Polish) ● RTECS No. DC2100000 ● UN 2321 (liquid)

EPA NAME: TRICHLORO(CHLOROMETHYL)SILANE
CAS: 1558-25-4
SYNONYMS: (CHLOROMETHYL)TRICHLOROSILANE ● CHLOROMETHYL(TRICHLORO)SILANE ● TRICHLORO (CHLOROMETHYL)SILANE (9CI) ● RTECS No. VV2200000

EPA NAME: TRICHLORO(DICHLOROPHENYL)SILANE
CAS: 27137-85-5
SYNONYMS: (DICHLOROPHENYL)TRICHLOROSILANE • DICHLOROPHENYL(TRICHLORO)SILANE • RTECS No. VV3540000

EPA NAME: 1,1,1-TRICHLOROETHANE
CAS: 71-55-6
SYNONYMS: AEROTHENE TT • CF 2 • CHLOROTENE • CHLOROTHANE NU • CHLOROTHENE • CHLOROTHENE NU • CHLOROTHENE SM • CHLOROTHENE VG • CHLORTEN • INHIBISOL • EINECS No. 201-166-9 • ETHANA NU • ETHANE, 1,1,1-TRICHLORO- • ICI-CF 2 • INHIBISOL • METHYL CHLOROFORM • METHYLTRICHLOROMETHANE • NCI-C04626 • RCRA No. U226 • RTECS No. KJ2975000 • SOLVENT 111 • STROBANE • α-T • 1,1,1-TCE • TAFCLEAN • 1,1,1-TRICHLOORETHAAN (Dutch) • 1,1,1-TRICHLORAETHAN (German) • 1,1,1-TRICLOROETANO (Spanish) • TRICHLORO-1,1,1-ETHANE (French) • 1,1,1-TRICHLORETHANE • TRICHLOROETHANE • α-TRICHLOROETHANE • TRICHLOROMETHYLMETHANE • 1,1,1-TRICLOROETANO (Italian) • TRI-ETHANE • UN 2831

EPA NAME: 1,1,2-TRICHLOROETHANE
CAS: 79-00-5
SYNONYMS: CEMENT-339 • ETHANE TRICHLORIDE • ETHANE, 1,1,2-TRICHLORO- • NCI-C04579 • RCRA No. U227 • RTECS No. KJ3150000 • β-T • β-TRICHLOROETHANE • 1,2,2-TRICHLOROETHANE • 1,1,2-TRICLOROETANO (Spanish) • TROJCHLOROETAN-(1,1,2) (Polish) • VINYL TRICHLORIDE

EPA NAME: TRICHLOROETHYLENE
CAS: 79-01-6
SYNONYMS: ACETYLENE TRICHLORIDE • ALGYLEN • ANAMENTH • BENZINOL • BLACOSOLV • CECOLENE • CHLORYLEA • CHLORILEN • CHORYLEN • CIRCOSOLV • CRAWHASPOL • DENSINFLUAT • DOW-TRI • DUKERON • EINECS No. 201-167-4 • ETHENE, TRICHLORO- • ETHINYL TRICHLORIDE • ETHYLENE TRICHLORIDE • ETHYLENE, TRICHLORO- • FLECK-FLIP • FLUATE • GERMALGENE • HALOCARBON 113 • LANADIN • LETHURIN • NARCOGEN • NARKOSOID • NCI-C04546 • NIALK • PERM-A-CHLOR • PETZINOL • RCRA No. U228 • TCE • THRETHYLEN • THRETHYLENE • TRETHYLENE • TRI • TRIAD • TRIASOL • TRICHLORAN • TRICHLOORETHEEN (Dutch) • TRICHLORAETHEN (German) • TRICHLOREN • TRICHLORORAN • TRICHLORETHENE (French) • TRICHLOROETHYLENE TRI (French) • TRICHLOROETHENE • TRI-CLENE • TRICHLORETHENE (Italian) • 1,1,2-TRICHLOROETHYLENE • TRICLOROETILENE (Italian) • TRICLOROETILENO (Spanish) • 1,1,2-TRICHLORO-1,2,2-TRIFLUOROETHANE • TRIELENE •

TRIELIN • TRIELINE • TRILENTRILENE • TRIMAR • TRIPLUS • TTE • VESTROL • VITRAN • WESTROSOL • RTECS No. KX4550000 • STCC 4941171 • UN 1710

EPA NAME: TRICHLOROETHYLSILANE
CAS: 115-21-9
SYNONYMS: EINECS No. 204-072-6 • ETHYL TRICHLOROETHYLSILANE • ETHYL SILICON TRICHLORIDE • ETHYL TRICHLOROSILANE • ETHYLTRICHLOROSILANE • RTECS No. VV4200000 • SILANE, TRICHLOROETHYL- • SILICANE, TRICHLOROETHYL- • TRICHLOROETHYLSILICANE • UN 1196

EPA NAME: TRICHLOROFLUOROMETHANE
CAS: 75-69-4
SYNONYMS: ALGOFRENE TYPE 1 • ARCTRON 9 • CASWELL No. 878 • CFC-11 • EINECS No. 200-892-3 • ELECTRO-CF 11 • ESKIMON 11 • F 11 • FC 11 • FLUOROCARBON 11 • FLUOROCHLOROFORM • FLUOROTRICHLOROMETHANE • FLUOROTROJCHLOROMETAN (Polish) • FREON 11 • FREON HE • FREON MF • FRIGEN 11 • GENETRON 11 • HALOCARBON 11 • ISCEON 131 • ISOTRON 11 • LEDON 11 • METHANE, FLUOROTRICHLORO • METHANE, TRICHLOROFLUORO- • MONOFLUROTRICHLOROMETHANE • NCI-C04637 • PROPELLANT 11 • R 11 • RCRA No. U121 • RTECS No. PB6125000 • REFRIGERANT 11 • TRICHLOROMONOFLUOROMETHANE • UCON FLUOROCARBON 11 • UCON REFRIGERANT 11

EPA NAME: TRICHLOROMETHYLSULFENYL CHLORIDE;
[see PERCHLOROMETHYL MERCAPTAN]
CAS: 594-42-3

EPA NAME: TRICHLOROMONOFLUOROMETHANE
[see TRICHLOROFLUOROMETHANE]
CAS: 75-69-4

EPA NAME: TRICHLORONATE
CAS: 327-98-0
SYNONYMS: O-AETHYL-O-(2,4,5-TRICHLORPHENYL)-AETHYLTHIONOPHOSPHONAT (German) • AGRISIL • AGRITOX • BAY 37289 • BAYER 37289 • BAYER S 4400 • CHEMAGRO 37289 • ENT 25,712 • O-ETHYL-O-2,4,5-TRICHLOROPHENYL ETHYLPHOSPHONOTHIOATE • ETHYL TRICHLOROPHENYLETHYLPHOSPHONOTHIOATE • FENOPHOSPHON • PHYTOSOL • STAUFFER N-3049 • TRICHLORONAT • 2,4,5-TRICHLOROPHENOL-O-ESTER with O-ETHYL ETHYLPHOSPHONOTHIOATE • WIRKSTOFF 37289

EPA NAME: TRICHLOROPHENOL
CAS: 25167-82-2
SYNONYMS: OMAL • PHENACHLOR • PHENOL, TRICHLORO- • TRICHLOROFENOL (Czech, Spanish) • TRICLOROFENOL • UN 2020 (solid) • UN 2021 (liquid)

EPA NAME: 2,3,4-TRICHLOROPHENOL
CAS: 15950-66-0
SYNONYMS: PHENOL, 2,3,4-TRICHLORO- • 2,3,4-TRICHLORO-FENOL (Czech, Spanish) • TRICHLOROPHENOL, 2,3,4- • UN 2020 (solid) • UN 2021 (liquid)

EPA NAME: 2,3,5-TRICHLOROPHENOL
CAS: 933-78-8
SYNONYMS: PHENOL, 2,3,5-TRICHLORO- • 2,3,5-TRICHLORO-FENOL (Czech, Spanish) • TRICHLOROPHENOL, 2,3,5- • UN 2020 (solid) • UN 2021 (liquid)

EPA NAME: 2,3,6-TRICHLOROPHENOL
CAS: 933-75-5
SYNONYMS: PHENOL, 2,3,6-TRICHLORO- • 2,3,6-TRICHLORO-FENOL (Czech, Spanish) • TRICHLOROPHENOL, 2,3,6- • RTECS No. SN1300000 • UN 2020 (solid) • UN 2021 (liquid)

EPA NAME: 2,4,5-TRICHLOROPHENOL
CAS: 95-95-4
SYNONYMS: COLLUNOSOL • DOWICIDE 2 • DOWSIDE B • NCI-C61187 • NURELLE • PHENOL, 2,4,5-TRICHLORO- • PREVENTOL I • RCRA No. U230 • TCP • 2,4,5-TRICHLORO-FENOL (Czech, Spanish) • TRICHLOROPHENOL, 2,4,5- • RTECS No. SN1400000 • STCC 4940325 • UN 2020 (solid) • UN 2021 (liquid)

EPA NAME: 2,4,6-TRICHLOROPHENOL
CAS: 88-06-2
SYNONYMS: DOWICIDE 2S • NCI-CO2904 • OMAL • PHENA-CHLOR • PHENOL, 2,4,6-TRICHLORO- • RCRA No. U231 • 2,4,6-TRICHLORFENOL (Czech, Spanish) • TRICHLOROPHE-NOL, 2,4,6- • 1,3,5-TRICHLORO-2-HYDROXYBENZENE • RTECS No. SN1575000 • UN 2020 (solid) • UN 2021 (liquid)

EPA NAME: 3,4,5-TRICHLOROPHENOL
CAS: 609-19-8
SYNONYMS: PHENOL, 3,4,5-TRICHLORO- • 3,4,5-TRICHLORO-FENOL (Czech, Spanish) • TRICHLOROPHENOL, 3,4,5- • RTECS No. SN1650000 • UN 2020 (solid) • UN 2021 (liquid)

EPA NAME: TRICHLOROPHENYLSILANE
CAS: 98-13-5
SYNONYMS: PHENYLSILICON TRICHLORIDE • PHENYL TRI-CHLOROSILANE • RTECS No. VV6650000 • SILICON PHE-NYL TRICHLORIDE • SILANE, TRICHLOROPHENYL- • TRI-CLOROFENILOSILANO (Spanish)

EPA NAME: 1,2,3-TRICHLOROPROPANE
CAS: 96-18-4
SYNONYMS: AI3-26040 • ALLYL TRICHLORIDE • GLYCEROL TRICHLOROHYDRIN • GLYCERYL TRICHLOROHYDRIN • NCI-C60220 • NSC 35403 • PROPANE, 1,2,3-TRICHLORO- • TRICHLOROHYDRIN • TRICHLOROPROPANE • 1,2,3-TRI-CLOROPROPANO (Spanish) • RTECS No. TZ9275000

EPA NAME: TRICHLOROSILANE
CAS: 10025-78-2
SYNONYMS: EINECS No. 233-042-5 • RTECS No. VV5950000 • SILANE, TRICHLORO- • SILICI-CHLOROFORME (French) • SILICIUMCHLOROFORM (German) • SILICOCHLOROFORM • STCC 4907675 • TRICHLOORSILAAN (Dutch) • TRICHLOROMONOSILANE • TRICHLORSILAN (German) • TRICLOROSILANO (Italian, Spanish) • UN 1295

EPA NAME: TRICLOPYR TRIETHYLAMMONIUM SALT
CAS: 57213-69-1
SYNONYMS: ACETIC ACID, ((3,5,6-TRICHLORO-2-PYRIDINYL)OXY)-, compd. WITH N,N-DIETHYLETHANAMINE (1:1) • CASWELL No. 882J • N,N-DIETHYLETHANAMINE compd. WITH ((3,5,6-TRICHLORO-2-PYRIDINYL)OXY)ACETIC ACID (1:1) • EPA PESTICIDE CHEMICAL CODE 116002 • GARLON 3A • M 3724 • (3,5,6-TRICHLORO-2-PYRIDINYL)OXYACETIC ACID, TRIETHYLAMINE SALT • ((3,5,6-TRICHLORO-2-PYRIDINYL)OXY)ACETIC ACID COMPOUNDED WITH N,N-DIETHYLETHANAMINE (1:1) • ((3,5,6-TRICHLORO-2-PYRIDYL)OXY)ACETIC ACID, COMPOUND WITH TRIETHYLAMINE (1:1) • TRICLOPYR TRIETHYLAMINE • TRICLOPYR TRIETHYLAMINE SALT • RTECS No. AJ8974000

EPA NAME: TRIETHANOLAMINE DODECYLBENZENE SULFONATE
CAS: 27323-41-7
SYNONYMS: BENZENESULFONIC ACID, DODECYL-, compounded with 2,2',2''-NITRILOTRIS[ETHANOL](1:1) • DODECYLBENZENESULFONIC ACID, TRIETHANOLAMINE SALT • 2-2',2''-NITRILOTRIS-DODECYLBENZENESULFONATE (SALT) • TRIETHANOLAMINE DODECYLBENZENE SULFONATE • RTECS No. DB6700000 • UN 9195

EPA NAME: TRIETHOXYSILANE
CAS: 998-30-1
SYNONYMS: RTECS No. VV6682000 • SILANE, TRIETHOXY- • TRIETOXISILANO (Spanish)

EPA NAME: TRIETHYLAMINE
CAS: 121-44-8
SYNONYMS: (DIETHYLAMINO)ETHANE • N,N-DIETHYLETHANEAMINE • ETHANAMINE,N,N-DIETHYL- • RCRA No. U404 • RTECS No. YE0175000 • TEA • TEN • TRIAETHYLAMIN (German) • TRIETILAMINA (Italian, Spanish) • STCC 4907877 • UN 1296

EPA NAME: TRIFLUOROCHLOROETHYLENE
CAS: 79-38-9
SYNONYMS: CHLOROTRIFLUOROETHYLENE • CTFE • DAIFLON • ETHENE, CHLOROTRIFLUORO- • FLUOROPLAST-3 • GENETRON 1113 • KEL F MONOMER • R-1113 • 1,1,2-TRIFLUORO-2-CHLOROETHYLENE • TRIFLUOROMONO-

CHLOROETHYLENE • TRIFLUOROVINYL CHLORIDE • TRITHENE • RTECS No. KV0525000 • STCC 4905785 • UN 1082

EPA NAME: 2-[4-[[5-(TRIFLUOROMETHYL)-2-PYRIDINYL]OXY]-PHENOXY]PROPANOIC ACID, BUTYL ESTER
[see FLUAZIFOP-BUTYL]
CAS: 69806-50-4

EPA NAME: TRIFLURALIN
CAS: 1582-09-8
SYNONYMS: AGREFLAN • AGRIFLAN 24 • AUTUMN KITE • BENZENAMINE, 2,6-DINITRO-N,N-DIPROPYL-4-(TRIFLUOROMETHYL-) • BENZENEAMINE, 2,6-DINITRO-N,N-DIPROPYL-4-(TRIFLUOROMETHYLANILINE) • CAMPBELL'S TRIFLURON • CHANDOR • CRISALIN • DEVRINOL T • DIGERMIN • 2,6-DINITRO-N,N-DIPROPYL-4-(TRIFLUOROMETHYL)BENZENAMINE • 2,6-DINITRO-N,N-DI-N-PROPYL-α,α,α-TRIFLURO-P-TOLUIDINE • 4-(DI-N-PROPYLAMINO)-3,5-DINITRO-1-TRIFLUOROMETHYLBENZENE • N,N-DI-N-PROPYL-2,6-DINITRO-4-TRIFLUOROMETHYLANILINE • 2,6-DINITRO-4-TRIFLUORMETHYL-N,N-DIPROPYLANILIN (German) • N,N-DIPROPYL-4-TRIFLUOROMETHYL-2,6-DINITROANILINE • ELANCOLAN • ETHANE, TRIFLUORO- • 2,6-DINITRO-N,N-DIPROPYL-4-(TRIFLUOROMETHYL)ANILINE • FLINT • IPERSAN • JANUS • L-36352 • LILLY 36,352 • LINNET • MARKSMAN • MARKSMAN 2, TRIGARD • M.T.F • NCI-C00442 • NITRAN • OLITREF • ONSLAUGHT • RCRA No. D019 • RTECS No. XU9275000 • SINFLOWAN • SOLO • STCC 4915185 • SU SEGURO CARPIDOR • SYNFLORAN • p-TOLUIDINE,α,α,α-TRIFLUORO-2,6-DINITRO-N,N-DIPROPYL- • TREFANOCIDE • TREFICON • TREFLAN • TREFLANOCIDE ELANCOLAN • TRIFARMON • a,a,a-TRIFLUORO-2,6-DINITRO-N,N-DIPROPYL-p-TOLUIDINE • α,α,α-TRIFLUORO-2,6-DINITRO-N,N-DIPROPYL-p-TOLUIDINE • TRIFLURALINA 600 • TRIFLURALINA (Spanish) • TRIFLURALINE • TRIFLUREX • TRIFUREX • TRIGARD • TRIKEPIN • TRILIN • TRILIN 10G • TRIM • TRIMARAN • TRIPART TRIFLURALIN 48 EC • TRISTAR

EPA NAME: TRIFORINE
CAS: 26644-46-2
SYNONYMS: ASEPTA FUNGINEX • BIFORMYCHLORAZIN • BIFORMYLCHLORAZIN • 1,4-BIS(1-FORMAMIDO-2,2,2-TRICHLOROETHYL)PIPERAZINE • N,N'-BIS(1-FORMAMIDO-2,2,2-TRICHLOROETHYL)PIPERAZINE • 1,4-BIS(2,2,2-TRICHLORO-1-FORMAMIDOETHYL)PIPERAZINE • CA 70203 • CASWELL No. 890AA • CELA • CELA W-524 • CME 74770 • COMPOUND W • CW 524 • DENARIN • 1,4-DI(2,2,2-TRICHLORO-1-FORMAMIDOETHYL)PIPERAZINE • EPA PESTICIDE CHEMICAL CODE 107901 • FORMAMIDE, N,N'-(1,4-PIPERAZINEDIYLBIS(2,2,2-TRICHLOROETHYLIDENE))BIS- •

FUNGINEX ● NSC 263493 ● PIPERAZINE, 1,4-BIS(1-FORMA-MIDO-2,2,2-TRICHLOROETHYL)- ● N,N'-(1,4-PIPER AZINE-DIYLBIS(2,2,2-TRICHLOROETHYLIDENE))BISFORMAMIDE ● N,N'-(PIPERAZINEDIYLBIS(2,2,2-TRICHLOROETHYLI-DENE)) BIS(FORMAMIDE) ● N,N'-(1,4-PIPERAZINEDIYLBIS (2,2,2-TRICHLOROETHYLIDENE)) BISFORMAMIDE ● N,N'-(PIPERAZINE-1,4-DIYLBIS((TRICHLOROMETHYL)METHYL-ENE))DIFORMAMIDE ● 1,1'-PIPERAZINE-1,4-DIYLDI-(N-(2,2,2-TRICHLOROETHYL)FORMAMIDE) ● RTECS No. TK9200000 ● SAPROL ● TRIFORIN ● W 524

EPA NAME: TRIMETHYLAMINE
CAS: 75-50-3
SYNONYMS: N,N-DIMETHYLMETHANAMINE ● METHAMINE, N,N-DIMETHYL- ● RTECS No. PA6350000 ● STCC 4905540 ● TMA ● UN 1083 (anhydrous) ● UN 1297 (aqueous solutions)

EPA NAME: 1,2,4-TRIMETHYLBENZENE
CAS: 95-63-6
SYNONYMS: ASYMMETRICAL TRIMETHYLBENZENE ● BENZENE, 1,2,4-TRIMETHYL- ● .psi.-CUMENE ● PSEUDOCUMENE ● PSEUDOCUMOL ● 1,3,4-TRIMETHYLBENZENE ● as-TRIMETHYLBENZENE ● asym-TRIMETHYLBENZENE ● 1,2,5-TRIMETHYLBENZENE ● TRIMETILBENCENO (Spanish)

EPA NAME: TRIMETHYLCHLOROSILANE
CAS: 75-77-4
SYNONYMS: CHLOROTRIMETHYLSILANE ● MONOCHLOROTRIMETHYLSILICON ● NSC 15750 ● RTECS No. VV2710000 ● SILANE, CHLOROTRIMETHYL- ● SILANE, TRIMETHYLCHLORO- ● SILICANE, CHLOROTRIMETHYL- ● SILYLIUM, TRIMETHYL-, CHLORIDE ● STCC 4907680 ● TL 1163 ● TRIMETHYLSILYL CHLORIDE ● TRIMETILCLOROSILANO (Spanish) ● UN 1298

EPA NAME: 2,2,4-TRIMETHYLHEXAMETHYLENE DIISOCYANATE
CAS: 16938-22-0
SYNONYMS: 1,6-DIISOCYANATO-2,2,4-TRIMETHYLHEXANE ● HEXANE, 1,6-DIISOCYANATO-2,2,4-TRIMETHYL- ● 2,2,4-TRIMETHYL-1, 6-DIISOCYANATOHEXANE ● 2,2,4-TRIMETHYLHEXA-1,6-DIYL DIISOCYANATE ● UN 2328

EPA NAME: 2,4,4-TRIMETHYLHEXAMETHYLENE DIISOCYANATE
CAS: 15646-96-5
SYNONYMS: 1,6-DIISOCYANATO-2,4,4-TRIMETHYLHEXANE ● HEXANE, 1,6-DIISOCYANATO-2,4,4-TRIMETHYL- ● 2,4,4-TRIMETHYL-1,6-DIISOCYANATOHEXANE ● 2,4,4-TRIMETHYLHEXA-1,6-DIYL DIISOCYANATE ● UN 2328

EPA NAME: TRIMETHYLOLPROPANE PHOSPHITE
CAS: 824-11-3

SYNONYMS: 4-AETHYL-PHOSPHA-2,6,7-TRIOXABICYCLO(2,2,2)OCTAN (German) • 4-ETHYL-PHOSPHA-2,6,7-TRIOXABICYCLO(2,2,2)OCTANE • 4-ETHYL-2,6,7-TRIOXA-1-PHOSPHABICYCLO(2,2,2)OCTANE • TRIMETILOLPROPANO (Spanish) • 1,1,1-TRISHYDROXYMETHYLPROPANE BICYCLIC PHOSPHITE • RTECS No. TY6650000

EPA NAME: 2,2,4-TRIMETHYLPENTANE
CAS: 540-84-1
SYNONYMS: ISOBUTYLTRIMETHYLMETHANE • ISOOCTANE • PENTANE, 2,2,4-TRIMETHYL- • RTECS No. SA3320000 • 2,2,4-TRIMETILPENTANO (Spanish)

EPA NAME: 2,3,5-TRIMETHYLPHENYL METHYLCARBAMATE
CAS: 2655-15-4
SYNONYMS: BROOT • 3,4,5- + 2,3,5 ISOMERS OF TRIMETHYLPHENYL METHYL CARBAMATE • LANDRIN • TRIMETHACARB • UN 2992 (carbamate pesticides, liquid, toxic) • UN 2757 (carbamate pesticides, solid, toxic) Note: CAS 2686-99-9 is also used in the literature

EPA NAME: TRIMETHYLTIN CHLORIDE
CAS: 1066-45-1
SYNONYMS: CHLOROTRIMETHYLTIN • TRIMETHYLCHLOROSTANNANE • TRIMETHYLCHLOROTIN • TRIMETHYLSTANNYL CHLORIDE • RTECS No. WH6850000 • UN 3146 (organotin compounds, solid, n.o.s.) • UN 3020 (organotin compounds, liquid, n.o.s.)

EPA NAME: 1,3,5-TRINITROBENZENE
CAS: 99-35-4
SYNONYMS: BENZENE, 1,3,5-TRINITRO- • RCRA No. U234 • RTECS No. DC3850000 • TNB • 1,3,5-TRINITROBENCENO (Spanish) • TRINITROBENZEEN (Dutch) • TRINITROBENZENE • TRINITROBENZENE, DRY • TRINITROBENZOL (German) • sym-TRINITROBENZENE • symmetrical-TRINITROBENZENE • UN 1354 (wetted with not less than 30% water)

EPA NAME: TRIPATE
CAS: 26419-73-8
SYNONYMS: CARBAMIC ACID, METHYL-,O-(((2,4-DIMETHYL-1,3-DITHIOLAN-2-YL)METHYLENE)AMINO)- • 2,4-DIMETHYL-1,3-DITHIOLANE-2-CARBOXALDEHYDE O-(METHYLCARBAMOYL)OXIME • 1,3-DITHOLANE-2-CARBOXYALDEHYDE, 2,4-DIMETHYL,O-(METHYLCARBAMOYL)OXIME • 2,4-DIMETHYL-1,3-DITHIOLANE-2-CARBOXALDEHYDE O-((METHYLAMINO)CARBONYL)OXIME • 2,4-DIMETHYL-2-FORMYL-2-FORMYL-1,3-DITHIOLANE-OXIME METHYLCARBAMATE • ENT 27696 • MBR 61686 • 3M MBR 6168 • METHYLCARBAMIC ACID, O((2,4-DIMETHYL-1,3-DITHIOLAN-2-YL)METHYLENE) AMINO) • MBR 61686 • RCRA No.

P185 • RTECS No. FC1050000 • TIRPATE • UN 2992 (carbamate pesticides, liquid, toxic) • UN 2757 (carbamate pesticides, solid, toxic)

EPA NAME: TRIPHENYLTIN CHLORIDE
CAS: 639-58-7
SYNONYMS: AI3-25207 • AQUATIN 20 EC • BRESTANOL • CASWELL No. 896D • CHLOROTRIPHENYLSTANNANE • CHLOROTRIPHENYLTIN • EPA PESTICIDE CHEMICAL CODE 496500 • FENTIN CHLORIDE • GC 8993 • GENERAL CHEMICALS 8993 • HOE 2872 • LS 4442 • NSC 43675 • PHENOSTAT-C • STANNANE, CHLOROTRIPHENYL- • TINMATE • TPTC • TRIPHENYLCHLOROSTANNANE • TRIPHENYLCHLOROTIN • RTECS No. WH6860000 • UN 2786 (organotin pesticides, solid, toxic) • UN 3020 (organotin pesticides, liquid, toxic)

EPA NAME: TRIPHENYLTIN HYDROXIDE
CAS: 76-87-9
SYNONYMS: AI3-28009 • BRESTAN H 47.5 WP FUNGICIDE • CASWELL No. 896E • DOWCO 186 • DUTER • DU-TER • DUTER EXTRA • DU-TER FUNGICIDE • DU-TER FUNGICIDE WETTABLE POWDER • DU-TER PB-47 FUNGICIDE • DU-TER W-50 • DU-TUR FLOWABLE-30 • ENT 28,009 • EPA PESTICIDE CHEMICAL CODE 083601 • FENTIN • FENTIN HYDROXIDE • FINTINE HYDROXYDE (French) • FINTIN HYDROXID (German) • FINTIN HYDROXYDE (Dutch) • FINTIN IDROSSIDO (Italian) • FLO TIN 4L • HAITIN • HAITIN WP 20 (FENTIN HYDROXIDE 20%) • HAITIN WP 60 (FENTIN HYDROXIDE 60%) • HYDROXYDE de TRIPHENYL-ETAIN (French) • HYDROXYTRIPHENYLSTANNANE • HYDROXYTRIPHENYLTIN • IDA, IMC FLO-TIN 4L • IDROSSIDO di STAGNO TRIFENILE (Italian) • K19 • NCI-C00260 • NSC 113243 • PHENOSTAT-H • STANNANE, HYDROXYTRIPHENYL- • STANNOL, TRIPHENYL- • SUPER TIN • SUPER TIN 4L GARDIAN FLOWABLE FUNGICIDE • SUZU H • TIN, HYDROXYTRIPHENYL- • TN IV • TPTH • TPTH TECHNICAL • TPTOH • TRIFENYL-TIN-HYDROXYDE (Dutch) • TRIPLE-TIN • TRIPHENYLSTANNANOL • TRIPHENYLSTANNIUM HYDROXIDE • TRIPHENYLTIN(IV) HYDROXIDE • TRIPHENYLTIN HYDROXIDE ORGANOTIN FUNGICIDE • TRIPHENYLTIN OXIDE • TRIPHENYL-ZINNHYDROXID (German) • TRIPLE TIN 4L • TUBOTIN • VANCIDE KS • VITO SPOT FUNGICIDE • WESLEY TECHNICAL TRIPHENYLTIN HYDROXIDE • RTECS No. WH8575000 • UN 2786 (organotin pesticides, solid, toxic) • UN 3020 (organotin pesticides, liquid, toxic)

EPA NAME: TRIS(2-CHLOROETHYL)AMINE
CAS: 555-77-1
SYNONYMS: TL 145 • TRICHLORMETHINE • TRI-(2-CHLOROETHYL)AMINE • 2,2′,2″-TRICHLOROTRIETHYLAMINE • TRIS(2-CHLOROETHYL)AMINE • TRIS(β-CHLOROETHYL)AMINE • TS160 • RTECS No. YE2625000

EPA NAME: TRIS(2,3-DIBROMOPROPYL) PHOSPHATE
CAS: 126-72-7
SYNONYMS: ANFRAM 3PB • APEX 462-5 • BROMKAL P 67-6HP • 2,3-DIBROMO-1-PROPANOL PHOSPHATE • ES 685 • FOSFATO de TRIS(2,3-DIBROMOPROPILO) (Spanish) • FIREMASTER LV-T 23P • FIREMASTER T 23 • FIREMASTER T 23P • FIREMASTER T 23P-LV • FLACAVON R • FLAMMEX AP • FLAMMEX LV-T 23P • FLAMMEX T 23P • FYROL HB 32 • NCI-C03270 • 3PBR • PHOSCON PE 60 • PHOSCON UF-S • PHOSPHORIC ACID TRIS(2,3-DIBROMOPROPYL)ESTER • 1-PROPANOL, 2,3-DIBROMO-, PHOSPHATE (3:1) • RCRA No. U235 • RTECS No. UB0350000 • T 23P • TDBP • TDBPP • TRIS • TRIS BP • TRIS (FLAME RETARDANT) • TRIS(DIBROMOPROPYL)PHOSPHATE • TRIS(2,3-DIBROMOPROPYL) PHOSPHORIC ACID ESTER • TRIS-2,3-DIBROMOPROPYL ESTER KYSELINY FOSFORENCNE (Czech) • USAF DO-41 • ZETOFEX ZN

EPA NAME: TRIS(DIMETHYLCARBAMODITHIOATO-S,S') IRON
[see FERBAM]
CAS: 14484-64-1

EPA NAME: TRYPAN BLUE
CAS: 72-57-1
SYNONYMS: AI3-26698 • AMANIL SKY BLUE • AMANIL SKY BLUE R • AMIDINE BLUE 4B • AZIDINBLAU 3B • AZIDINE BLUE 3B • AZIRDINBLAU 3B • AZURRO DIRETTO 3B • BENCIDAL BLUE 3B • BENZAMINBLAU 3B • BENZAMINE BLUE • BENZAMINE BLUE 3B • BENZANIL BLUE 3BN • BENZANIL BLUE R • BENZOBLAU 3B • BENZO BLUE • BENZO BLUE 3B • BENZO BLUE 3BS • BLEU DIAMINE • BLEU DIAZOLE N 3B • BLEU DIRECTE 3B • BLEUE DIRETTO 3B • BLEU TRYPANE N • BLUE 3B • BLUE EMB • BRASILAMINA BLUE 3B • BRASILAZINA BLUE 3B • CENTRALINE BLUE 3B • CHLORAMIBLAU 3B • CHLORAMINE BLUE • CHLORAMINE BLUE 3B • CHLORAZOL BLUE 3B • CHROME LEATHER BLUE 3B • C.I. 23850 • C.I. DIRECT BLUE 14 • C.I. DIRECT BLUE 14, TETRASODIUM SALT • CONGOBLAU 3B • CONGO BLUE • CONGO BLUE 3B • CRESOTINE BLUE 3B • DIAMINBLAU 3B • DIAMINEBLUE • DIAMINE BLUE 3B • DIAMININEBLUE • DIANILBLAU • DIANILBLAU H3G • DIANIL BLUE • DIANIL BLUE H3G • DIAPHTAMINE BLUE TH • DIAZINE BLUE 3B • DIAZOL BLUE 3B • 3,3'-((3,3'-DIMETHYL(1,1'-BIPHENYL)-4,4'-DIYL)BIS(AZO))BIS(5-AMINO-4-HYDROXYNA PHTHALENE-2,7-DISULPHONATE) • DIPHENYL BLUE 3B • DIRECTAKOL BLUE 3BL • DIRECTBLAU 3B • DIRECT BLUE 14 • DIRECT BLUE 3B • DIRECT BLUE D3B • DIRECT BLUE FFN • DIRECT BLUE H3G • DIRECT BLUE M3B • HISPAMIN BLUE 3B • NAPHTAMINE BLUE 2B • NAPHTAMINE BLUE 3B • 2,7-NAPHTHALENEDISULFONIC ACID, 3,3'-((3,3'-DIMETH-

YL-4,4'-BIPHENYLYLENE)BIS(AZO))BIS(5-AMINO-4-HYDROXY-, TETRASODIUM SALT ● 2,7-NAPHTHALENEDISULFONIC ACID, 3,3'-((3,3'-DIMETHYL(1,1'-BIPHENYL)-4,4'-DIYL)BIS(AZO))BIS(5-AMINO-4-HYDROXY-, TETRASODIUM SALT ● 2,7-NAPHTHALENEDISULFONIC ACID, 2-57-13,3'-((3,3'-DIMETHYL(1,1'-BIPHENYL)-4,4'-DIYL)BIS(AZO))BIS(5-AMINO-4-HYDROXY-, TETRASODIUM SALT ● NAPHTHAMINBLAU 3B ● NAPHTHAMINE BLUE 3B ● NAPHTHYLAMINE BLUE ● NCI C61289 ● NIAGARA BLUE ● NIAGARA BLUE 3B ● NSC 11247 ● ORION BLUE 3B ● PARAMINE BLUE 3B ● PARKIBLEU ● PARKIPAN ● PONTAMINE BLUE 3B ● PYRAZOL BLUE 3B ● PYROTROPBLAU ● RCRA No. U236 ● RENOLBLAU 3B ● RTECS No. QJ6475000 ● SODIUM DITOLYL-DIAZOBIS-8-AMINO-1-NAPHTHOL-3,6-DISULFONATE ● SODIUM DITOLYLDISAZOBIS-8-AMINO-1-NAPHTHOL-3,6-DISULPHONATE ● SODIUM DITOLYLDISAZOBIS-8-AMINO-1-NAPHTHOL-3,6-DISULFONATE ● TB ● TETRASODIUM ● TRIANOL DIRECT BLUE 3B ● TRIAZOLBLAU 3B ● TRYPAN BLUE ● TRYPAN BLUE BPC ● TRYPAN BLUE SODIUM SALT ● TRYPANE BLUE

- U -

EPA NAME: URACIL MUSTARD
CAS: 66-75-1
SYNONYMS: AMINOURACIL MUSTARD ● 5-(BIS(2-CHLORO-ETHYL)AMINO)-2,4(1H,3H)PYRIMIDINEDIONE ● 5-N,N-BIS (2-CHLOROETHYL)AMINOURACIL ● CB 4835 ● CHLORETH-AMINACIL ● DEMETHYLDOPAN ● DESMETHYLDOPAN ● 5-(DI-(β-CHLOROETHYL)AMINO)URACIL ● 5-(DI-2-CHLORO-ETHYL)AMINOURACIL ● 2,6-DIHYDROXY-5-BIS(2-CHLO-ROETHYL)AMINOPYRAMIDINE ● ENT 50,439 ● NCI-C04820 ● MOSTAZA de URACILO (Spanish) ● NORDOPAN ● NSC-34462 ● 2,4(1H,3H)-PYRIMIDINEDIONE, 5-(BIS(2-CHLORO-ETHYL)AMINO)- ● RCRA No. U237 ● SK-19849 ● U-8344 ● URACILLOST ● URACILMOSTAZA ● URAMUSTIN ● URA-MUSTINE

EPA NAME: URANYL ACETATE
CAS: 541-09-3
SYNONYMS: ACETATO de URANILO (Spanish) ● URANIUM ACETATE ● STCC 4927455 ● URANIUM BIS(ACETO-O)DI-OXO- ● URANIUM OXYACETATE ● UN 9180

EPA NAME: URANYL NITRATE
CAS: 10102-06-4
SYNONYMS: NITRATO de URANILO (Spanish) ● BIS(NITRATO-O,O')DIOXO URANIUM ● STCC 4926320 ● UN 2981 ● URANI-UM BIS(NITRATO-O)DIOXO-, (T-4) ● URANYL NITRATE, SOLID

EPA NAME: URANYL NITRATE
CAS: 36478-76-9
SYNONYMS: NITRATO de URANILO (Spanish) ● STCC 4926320 ● UN 2981 ● URANIUM, BIS(NITRATO-O,O')DIOXO-,(OC-6-11)-

EPA NAME: UREA, N,N-DIMETHYL-N'-[3-(TRIFLUORO-METHYL)PHENYL]-
[see FLUOMETURON]
CAS: 2164-17-2

EPA NAME: URETHANE
CAS: 51-79-6
SYNONYMS: A 11032 ● AETHYLCARBAMAT (German) ● AETH-YLURETHAN (German) ● CARBAMIC ACID, ETHYL ESTER ● CARBAMIC ACID, ETHYL ESTER ● CARBAMIDSAEURE-AETHYLESTER (German) ● EINECS 200-123-1 ● ESTANE 5703 ● ETHYL CARBAMATE ● ETHYLURETHAN ● ETHYL URE-THANE ● o-ETHYLURETHANE ● LEUCETHANE ● LEU-COTHANE ● NSC 746 ● PRACARBAMIN ● PRACARBAMINE ● RCRA No. U238 ● RTECS No. FA8400000 ● U-COMPOUND ● URETAN ETYLOWY (Polish) ● URETANO (Spanish) ● URE-THAN ● URETHANE

- V -

EPA NAME: VALINOMYCIN
CAS: 2001-95-8
SYNONYMS: ANTIBIOTIC N-329 B ● NSC 122023 ● RTECS No. YV9468000 ● VALINOMICIN

EPA NAME: VANADIUM (FUME OR DUST)
CAS: 7440-62-2
SYNONYMS: EINECS No. 231-171-1 ● VANADIO (Spanish) ● VANADIUM-51 ● VANADIUM, ELEMENTAL ● RTECS No. YW1355000 ● UN 3285 (compound, n.o.s.)

EPA NAME: VANADIUM PENTOXIDE
CAS: 1314-62-1
SYNONYMS: ANHYDRIDE VANADIQUE (French) ● C.I. 77938 ● DIVANADIUM PENTOXIDE ● EINECS No. 215-239-8 ● RCRA No. P120 ● RTECS No. YW2450000 ● STCC 4963385 ● UN 2862 ● VANADIC ACID ANHYDRIDE ● VANADIC ANHYDRIDE ● VANADIO PENTOSSIDO di (Italian) ● VANADIUM OXIDE ● VANADIUM(V) OXIDE ● VANADIUM(5+) OXIDE ● VANADIUM PENTOXIDE ● VANADIUMPENTOXID (German) ● VANADIUMPENTOXYDE (Dutch) ● VANADIUM, PENTOXYDE de (French) ● PENTOXIDO de VANADILO (Spanish) ● UN 2862 ● WANADU PIECIOTLENEK (Polish)

EPA NAME: VANADYL SULFATE
CAS: 27774-13-6
SYNONYMS: C.I. 77940 ● OXYSULFATOVANADIUM ● RTECS No. YW1925000 ● STCC 4963384 ● UN 2931 ● VANADIUM, OXYSULFATO (2-)- O- ● UN 3285

EPA NAME: VIKANE
[see SULFURYL FLUORIDE]
CAS: 2699-79-8

EPA NAME: VINCLOZOLIN
CAS: 50471-44-8
SYNONYMS: BAS 352 F ● BAS 35204F ● CASWELL No. 323C ● (RS)-3-(3,5-DICHLOROPHENYL)-5-ETHENYL-5-METHYL-2,4-OXAZOLIDINEDIONE ● 3-(3,5-DICHLOROPHENYL)-5-ETHENYL-5-METHYL-2,4-OXAZOLIDINEDIONE ● 3-(3,5-DICHLOROPHENYL)-5-ETHENYL-5-METHYL-2,4-OXAZOLIDINEDIONE ● (RS)-3-(3,5-DICHLOROPHENYL)-5-METHYL-5-VINYL-1,3-OXAZOLIDINE-2,4-DIONE ● N-3,5-DICHLOROPHENYL-5-METHYL-5-VINYL-1,3-OXAZOLIDINE-2,4-DIONE ● EPA PESTICIDE CHEMICAL CODE 113201 ● FUMITE RONALIN ● MASCOT CONTACT TURF FUNGICIDE ● 2,4-OXAZOLIDINEDIONE, 3-(3,5-DICHLOROPHENYL)-5-ETHENYL-5-METHYL- ● 2,4-OXAZOLIDINEDIONE, 3-(3,5-DICHLORO-

PHENYL)-5-METHYL-5-VINYL- • POWERDRIVE • RONILIN • RONILAN DF • RONALINE FL • VINCHLOZOLINE • VINCLOZOLINE • RTECS No. RP8530000

EPA NAME: VINYL ACETATE
CAS: 108-05-4
SYNONYMS: ACETATE de VINYLE (French) • ACETIC ACID, ETHENYL ESTER • ACETIC ACID, VINYL ESTER • ACETO de VINILO (Spanish) • 1-ACETOXYETHYLENE • EEC No. 607-023-00-0 • EINECS No. 203-545-4 • ETHENYL ACETATE • ETHENYL ETHANOATE • ETHENYLETHANOATE • ETHONIC ACID, ETHENYL ESTER • ETHENYL ACETATE • ETHENYL ETHANOATE • EVERFLEX 81L • OCTAN WINYLU (Polish) • PLYAMUL 40305-00 • RTECS No. AK0875000 • STCC 4907270 • UN 1301 • UNOCAL 76 RES 6206 • UNOCAL 76 RES S-55 • VAC • VAM • VINILE (ACETATO di) (Italian) • VINNAPAS A 50 • VINYLACETAAT (Dutch) • VINYLACETAT (German) • VINYL ACETATE H.Q. • VINYL ACETATE MONOMER • VINYL A MONOMER • VINYLE (ACETATE de) (French) • VINYL ETHANOATE • VyAc • ZESET T

EPA NAME: VINYL ACETATE MONOMER
[see VINYL ACETATE]
CAS: 108-05-4

EPA NAME: VINYL ACETYLENE
CAS: 689-97-4
SYNONYMS: 1-BUTEN-3-YNE • RTECS No. EN0950000 • VINILACETILENO (Spanish)

EPA NAME: VINYL BROMIDE
CAS: 593-60-2
SYNONYMS: BROMOETHENE • BROMOETHYLENE • BROMURE de VINYLE (French) • BROMURO de VINILO (Spanish) • ETHENE, BROMO- • ETHYLENE, BROMO- • RTECS No. KU8400000 • VINILE (BROMURO di) (Italian • UN 1085 • VINYLBROMID (German) • VINYLE (BROMURE de) (French)

EPA NAME: VINYL CHLORIDE
CAS: 75-01-4
SYNONYMS: CHLOROETHYLENE • CHLOROETHENE • CHLOROETHYLENE • CHLORURE de VINYLE (French) • CHLORO di VINYLE (Italian) • CLORURO de VINILO (Spanish) • EEC No. 602-023-00-7 • ETHENE, CHLORO- • ETHYLENE, CHLORO- • ETHYLENE MONOCHLORIDE • MONOCHLOROETHENE • MONOCHLOROETHYLENE • RCRA No. U043 • RTECS No. KU9625000 • STCC 4905792 • TROVIDUER • TROVIDUR • UN 1086 • VC • VCL • VCM • VINILE (CLORURO di) (Italian) • VINYLCHLORID (German) • VINYL CHLORIDE MONOMER • VINYL C MONOMER • VINYLE (CHLORURE de) (French) • WINYLU CHLORED (Polish)

EPA NAME: VINYL ETHYL ETHER
CAS: 109-92-2

SYNONYMS: DIVINYL ETHER • DIVINYL OXIDE • ETHENE, ETHOXY- • ETHENYLOXYETHENE • ETHER, VINYL ETHYL • ETOXYETHENE • ETHYL VINYL ETHER • EVE • ETHYL VINYL ETHER, INHIBITED • 1,1-OXYBISETHENE • RTECS No. KO0710000 • STCC 4907275 • UN 1302 • UN 1167 (inhibited) • VINAMAR • VINESTHENE • VINESTHESIN • VINETHEN • VINETHENE • VINETHER • VINIDYL • VINIL ETIL ETER (Spanish) • VINYDAN

EPA NAME: VINYL FLUORIDE
CAS: 75-02-5
SYNONYMS: ETHENE, FLUORO- • ETHYLENE FLUORO- (8CI) • FLUORURO de VINILO (Spanish) • FLUOROETHENE • FLUORETHYLENE • MONOFLUROETHYLENE • RTECS No. YZ7351000 • STCC 4905793 • UN 1860 (inhibited) • VINYL FLUORIDE MONOMER

EPA NAME: VINYLIDENE CHLORIDE
CAS: 75-35-4
SYNONYMS: CLORURE de VINYLIDENE (French) • CLORURO de VINILDENO (Spanish) • 1,1-DCE • 1,1-DICHLOROETHENE • 1,1-DICHLOROETHYLENE • unsym-DICHLOROETHYLENE • ETHENE, 1,1-DICHLORO- • ETHYLENE, 1,1-DICHLORO- • NCI-C54262 • RCRA No. U078 • RTECS No. KV9275000 • SCONATEX • STCC 4907280 • UN 1303 (inhibited) • VDC • VINYLIDENE CHLORIDE (II) • VINYLIDENE DICHLORIDE • VINYLIDINE CHLORIDE(II)

EPA NAME: VINYLIDENE FLUORIDE
CAS: 75-38-7
SYNONYMS: 1,1-DIFLUOROETHENE • 1,1-DIFLUOROETHYLENE (DOT) • ETHENE, 1,1-DIFLUORO- • FLUORURO de VINILIDENO (Spanish) • HALOCARBON 1132A • NCI-C60208 • R1132a • VDF • RTECS No. KW0560000 • UN 1959 • VINYLIDENE DIFLUORIDE

EPA NAME: VINYL METHYL ETHER
CAS: 107-25-5
SYNONYMS: EEC No. 603-021-00-9 • ETHENE, METHOXY- • METHYL VINYL ETHER • METHOXYETHENE • METHOXYETHYLENE • RTECS No. KO2300000 • STCC 4905795 • UN 1087 • VINIL METIL ETER (Spanish)

- W -

EPA NAME: WARFARIN
CAS: 81-81-2
SYNONYMS: 3-(α-ACETONYLBENZYL)-4-HYDROXYCOUMARIN • ARAB RAT DETH • ATROMBINE-K • 2h-1-BENZOPYRAN-2-ONE,4-HYDROXY-3-(3-OXO-1- PHENYLBUTYL)- • BRUMIN • COMPOUND 42 • d-CON • CO-RAX • COUMAFENE • COUMADIN • COUMARIN, 3-(α-ACETONYLBENZYL)-4-HYDROXY- • COUMAFENE • DETHMORE • EASTERN STATES DUOCIDE • GROVEX SEWER BAIT • 4-HYDROXY-3-(3-OXO-1-PHENYLBUTYL)COUMARIN • KILLGERM SEWARIN P • KILMOL • KUMANDER • LIQUA-TOX • KYPFARIN • MOUSE PAK • 3-(α-PHENYL-β-ACETYLETHYL)-4-HYDROXYCOUMARIN • 3-(1'-PHENYL-2'-ACETYLETHYL)-4-HYDROXYCOUMARIN • (PHENYL-1 ACETYL-2-ETHYL)-3-HYDROXY-4 COUMARINE (French) • PLUSBAIT • PROTHROMADIN • RAT-A-WAY • RAT-B-GON • RAT-O-CIDE • RAT-GARD • RAT & MICE BAIT • RATRON • RATS-NO-MORE • RAX • RCRA No. P001 • RCRA No. U248 • RCR SQUIRREL KILLER • RENTOKIL • RENTOKIL BIOTROL • RODEX BLOX • RODENTEX • RO-DETH • ROUGH & READY MOUSE MIX • RTECS No. GN4550000 • SAKARAT • SOLFARIN • SOREXA PLUS • SOREX CR1 • SEWARIN • SPRAY-TROL BRANCH RODEN-TROL • TOXIC CHEMICAL CATEGORY CODE, N874 • TWIN LIGHT RAT AWAY • UN 3027 (coumarin derivative pesticide, solid, poisonous) • UN 3026 (coumarin derivative pesticide, liquid, poisonous) • WARFARINE (French) • WARF COMPOUND • VAMPIRINIP • ZOOCOUMARIN • ZOOCOUMARING (Russian)

EPA NAME: WARFARIN SODIUM
CAS: 129-06-0
SYNONYMS: 3-(α-ACETONYLBENZYL)-4-HYDROXY-COUMARIN SODIUM SALT • ATHROMBIN • COUMADIN SODIUM • 4-HYDROXY-3-(3-OXO-1-PHENYLBUTYL)-2H-1-BENZOPYRAN-2-ONE SODIUM SALT (9CI) • MAREVAN (SODIUM SALT) • PANWARFIN • PROTHROMBIN • RATSUL SOLUBLE • RTECS No. GN4725000 • SODIUM COUMADIN • SODIUM WARFARIN • TINTORANE • UN 3027 (coumarin derivative pesticide, solid, poisonous) • UN 3026 (coumarin derivative pesticide, liquid, poisonous) • VARFINE • WARAN • WARCOUMIN • WARFILONE

- X -

EPA NAME: m-XYLENE
CAS: 108-38-3
SYNONYMS: BENZENE, 1,3-DIMETHYL- • BENZENE, m-DIMETHYL- • m-DIMETHYLBENZENE • 1,3-DIMETHYLBENZENE • m-METHYLTOLUENE • RTECS No. ZE2275000 • STCC 4909350 • UN 1307 • m-XILENO (Spanish) • meta-XYLENE • 1,3-XYLENE • XYLENE, meta- • m-XYLOL

EPA NAME: o-XYLENE
CAS: 95-47-6
SYNONYMS: BENZENE-1,2-DIMETHYL- • BENZENE-o-DIMETHYL • o-DIMETHYLBENZENE • 1,2-DIMETHYLBENZENE • o-METHYLTOLUENE • 1,2-METHYLTOLUENE • RCRA No. U239 • RTECS No. ZE2450000 • STCC 4909350 • UN 1307 • o-XILENO (Spanish) • 1,2-XYLENE • ortho-XYLENE • XYLENE, ortho- • o-XYLOL

EPA NAME: p-XYLENE
CAS: 106-42-3
SYNONYMS: BENZENE-1,4-DIMETHYL • BENZENE-p-DIMETHYL • CHROMAR • p-DIMETHYLBENZENE • 1,4-DIMETHYLBENZENE • 4-METHYLTOLUENE • p-METHYLTOLUENE • RCRA No. U239 • RTECS No. ZE2625000 • STCC 4909350 • UN 1307 • SCINTILLAR • p-XILENO (Spanish) • 1,4-XYLENE • para-XYLENE • XYLENE, para- • p-XYLOL

EPA NAME: XYLENE (MIXED ISOMERS)
CAS: 1330-20-7
SYNONYMS: BENZENE, DIMETHYL • DILAN • DIMETHYLBENZENE • KSYLEN (Polish) • METHYL TOLUENE • NCI-C55232 • RCRA No. U239 • RTECS No. ZE2100000 • UN 1307 • VIOLET 3 • XILENO (Spanish) • XILOLI (Italian) • XYLENE • XYLENEN (Dutch) • XYLOL • XYLOLE (German)

EPA NAME: XYLENOL
CAS: 1300-71-6
SYNONYMS: DIMETHYLPHENOL • PHENOL, DIMETHYL- • STERICOL • XILENOL (Spanish) • XILENOLI (Italian) • XYLENOLEN (Dutch) • RTECS No. ZE5425000 • STCC 4941193 • XYLENOLS (MIXED ISOMERS) • UN 2261

EPA NAME: 2,6-XYLIDINE
CAS: 87-62-7
SYNONYMS: 1-AMINO-2,6-DIMETHYLBENZENE • 2-AMINO-1,3-DIMETHYLBENZENE • 2-AMINO-m-XYLENE • 2-AMINO-1,3-XYLENE • BENZENAMINE, 2,6-DIMETHYL- • 2,6-DIMETHYLANILINE • 2,6-DIMETHYLBENZENAMINE • 2,6-DIMETHYLPHENYLAMINE • RTECS No. ZE9275000 • UN 1711 • 2,6-XILIDINA (Spanish) • o-XYLIDINE • 2,6-XYLYLAMINE

EPA NAME: XYLYLENE DICHLORIDE
CAS: 28347-13-9
SYNONYMS: BIS(CHLOROMETHYL)BENZENE ● DICHLOROXYLENE ● α,α′-DICHLOROXYLENE ● XYLYENE DICHLORIDE ● RTECS No. ZE4055000

- Z -

EPA NAME: ZINC
CAS: 7440-66-6
SYNONYMS: ASAREO L15 • BLUE POWDER • C.I. 77945 • C.I.PIGMENT BLACK 16 • C.I. PIGMENT METAL 6 • EINECS No. 231-175-3 • EMANAY ZINC DUST • JASAD • MERRILLITE • PASCO • RTECS No. ZG8600000 • TOXIC CHEMICAL CATEGORY CODE, N982 • UN 1435 (ashes) • UN 1436 (metal, powder, or dust) • ZINC DUST • ZINC POWDER

EPA NAME: ZINC ACETATE
CAS: 557-34-6
SYNONYMS: ACETATO de ZINC (Spanish) • ACETIC ACID, ZINC SALT • DICARBOMETHOXYZINC • RTECS No. AK1500000 • STCC 4963387 • UN 9153 • ZINC DIACETATE

EPA NAME: ZINC AMMONIUM CHLORIDE
CAS: 14639-97-5
SYNONYMS: CLORURO de ZINC y AMONIO (Spanish) • STCC 4966386 • UN 9154 • ZINCATE(2-), TETRACHLORO-, DIAMMONIUM, (T-4)-

EPA NAME: ZINC AMMONIUM CHLORIDE
CAS: 14639-98-6
SYNONYMS: CLORURO de ZINC y AMONIO (Spanish) • STCC 4966386 • UN 9154 • ZINCATE(3-), TETRACHLORO-, TRIAMMONIUM, (T-4)-

EPA NAME: ZINC AMMONIUM CHLORIDE
CAS: 52628-25-8
SYNONYMS: CLORURO de ZINC y AMONIO (Spanish) • STCC 4966386 • ZINCATE (2-), TETRACHLORO-, DIAMMONIUM SALT • UN 9154

EPA NAME: ZINC BORATE
CAS: 1332-07-6
SYNONYMS: BORATO de ZINC (Spanish) • BORAX 2335 • BORIC ACID, ZINC SALT • RTECS No. ED6040000 • STCC 4963389 • UN 9155 • ZB 112 • ZB 237 • ZINC BORATE 2335 • ZN 100

EPA NAME: ZINC BROMIDE
CAS: 7699-45-8
SYNONYMS: ANHYDROUS ZINC BROMIDE • BROMURO de ZINC (Spanish) • EINECS No. 231-781-4 • RTECS No. ZH1150000 • UN 9156 • ZINC BROMIDE, ANHYDROUS • ZINC DIBROMIDE

EPA NAME: ZINC CARBONATE
CAS: 3486-35-9
SYNONYMS: CARBANATO de ZINC (Spanish) • CARBONIC ACID, ZINC SALT (1:1) • EINECS No. 222-477-6 • RTECS No. FG3375000 • SMITHSONITE • STCC 4963890 • UN 9157

EPA NAME: ZINC CHLORIDE
CAS: 7646-85-7
SYNONYMS: BUTTER OF ZINC • CHLORURE de ZINC (French) • CLORURO de ZINC (Spanish) • EINECS No. 231-592-0 • RTECS No. ZH1400000 • STCC 4966790 • TINNING GLUX • UN 1840 (solution) • UN 2331 (anhydrous) • ZINC BUTTER • ZINC CHLORIDE, anhydrous • ZINC CHLORIDE FUME • ZINC (CHLORURE de) (French) • ZINC MURIATE • ZINCO (CLORURO di) (Italian) • ZINC DICHLORIDE • ZINKCHLORID (German) • ZINKCHLORIDE (Dutch)

EPA NAME: ZINC CYANIDE
CAS: 557-21-1
SYNONYMS: CIANURO de ZINC (Spanish) • CYANURE de ZINC (French) • RCRA No. P121 • RTECS No. ZH1575000 • STCC 4923495 • UN 1713 • ZINC DICYANIDE

EPA NAME: ZINC, DICHLORO(4,4-DIMETHYL-5((((METHYL-AMINO)CARBONYL)OXY)IMINO)PENTANENITRILE)-, (T-4)-
CAS: 58270-08-9
SYNONYMS: AC 85258 • ETHIENOCARB • RTECS No. ZH1930000

EPA NAME: ZINC FLUORIDE
CAS: 7783-49-5
SYNONYMS: EINECS No. 232-001-9 • FLUORURO de ZINC (Spanish) • RTECS No. ZH3500000 • STCC 4963895 • UN 9158 • ZINC FLUORURE (French)

EPA NAME: ZINC FORMATE
CAS: 557-41-5
SYNONYMS: FORMIATO de ZINC (Spanish) • FORMIC ACID, ZINC SALT • RTECS No. LR0550000 • STCC 4963392 • UN 9158 • ZINC DIFORMATE

EPA NAME: ZINC HYDROSULFITE
CAS: 7779-86-4
SYNONYMS: DITHIONOUS ACID, ZINC SALT (1:1) • HIDROSULFITO de ZINC (Spanish) • RTECS No. JP2105000 • STCC 4941195 • UN 1931 • ZINC DITHIONITE

EPA NAME: ZINC NITRATE
CAS: 7779-88-6
SYNONYMS: EINECS 231-943-8 • NITRATE de ZINC (French) • NITRATO de ZINC (Spanish) • NITRIC ACID, ZINC SALT • RTECS No. ZH4772000 • STCC 4918790 • UN 1514 • ZINC NITRATE, HEXAHYDRATE

EPA NAME: ZINC PHENOLSULFONATE
CAS: 127-82-2
SYNONYMS: BENZENESULFONIC ACID, 4-HYDROXY-, ZINC SALT (2:1) • BENZENESULFONIC ACID, p-HYDROXY-, ZINC SALT (2:1) • FENOLSULFONATO de ZINC (Spanish) • p-HYDROXYBENZENESULFONIC ACID, ZINC SALT • 1-PHENOL-4-SULFONIC ACID ZINC SALT • PHENOZIN • RTECS No.

DB7120000 • STCC 4966389 • UN 9160 • ZINC p-HYDROXY-BENZENESULFONATE • ZINC PHENOLSULFONATE (DOT) • ZINC PHENOLSULPHONATE (DOT) • ZINC p-PHENOL SULFONATE • ZINC SULFOCARBOLATE • ZINC SULFOPHENATE • ZINC SULPHOPHENATE

EPA NAME: ZINC PHOSPHIDE
CAS: 1314-84-7
SYNONYMS: BLUE-OX • FOSFURO de ZINC (Spanish) • KILRAT • MOUS-CON • PHOSPHURE de ZINC (French) • PHOSVIN • RATOL • RCRA No. P122 • RTECS No. ZH4900000 • RUMETAN • STCC 4923496 • UN 1714 • ZINC FOSFID • ZINKFOSFIDE (Dutch) • ZINCO(FOSFURO di) (Italian) • ZINC(PHOSPHURE de) (French) • ZINC-TOX • ZINKPHOSPHID (German) • ZP

EPA NAME: ZINC SILICOFLUORIDE
CAS: 16871-71-9
SYNONYMS: FLUOSILICATE de ZINC (French) • FUNGOL • FUNGONIT GF 2 • RTECS No. ZH3675000 • SILICATE(2-), HEXAFLUORO-, ZINC (1:1) • SILICOFLUORURO de ZINC (Spanish) • SILICON ZINC FLUORIDE • STCC 4966392 • UN 2855 • ZINC FLUOSILICATE • ZINC HEXAFLUOROSILICATE

EPA NAME: ZINC SULFATE
CAS: 7733-02-0
SYNONYMS: BONAZEN • BUFOPTO ZINC SULFATE • EINECS No. 231-793-3 • OP-THAL-ZIN • RTECS No. ZH5260000 • STCC 4963786 • SULFATE de ZINC (French) • SULFATO de ZINC (Spanish) • SULFURIC ACID, ZINC SALT (1:1) • UN 9161 • VERAZINC • WHITE COPPERAS • WHITE VITRIOL • ZINC SULPHATE • ZINC VITRIOL • ZINKOSITE

EPA NAME: ZINEB
CAS: 12122-67-7
SYNONYMS: ASPOR • ASPORUM • BERCEMA • BLIGHTOX • BLITEX • BLIZENE • CARBADINE • CARBAMODITHIOIC ACID, 1,2-ETHANEDIYLBIS-, ZINC COMPLEX • CHEM ZINEB • CINEB • CRITTOX • CYNKOTOX • DAISEN • DEVIZEB • DIPHER • DITHANE Z • DITHANE 7-78 • DITIAMINA • ENT 14,874 • 1,2-ETHANEDIYLBIS(CARBAMODITHIOATO) ZINC • (1,2-ETHANEDIYLBIS(CARBAMODITHIOATO))(2-) ZINC • 1,2-ETHANEDIYLBIS(CARBAMODITHIOATO)(2-)-S,S'-ZINC • 1,2-ETHANEDIYLBISCARBAMODITHIOIC ACID, ZINC COMPLEX • 1,2-ETHANEDIYLBISCARBAMOTHIOIC ACID, ZINC SALT • ETHYLENEBIS(DITHIOCARBAMATO) ZINC • ETHYLENEBIS(DITHIOCARBAMIC ACID),ZINC SALT • ETHYL ZIMATE • FBC PROTECTANT FUNGICIDE • HEXATHANE • KUPRATSIN • KYPZIN • LIROTAN • LONACOL • MICIDE • MILTOX • MILTOX SPECIAL • NOVOSIR N • NOVOZIN N 50 • NOVOZIR • NOVOZIR N • NOVOZIR 50 • PAMOSOL 2 FORTE • PARZATE • PARZATE ZINEB • PEROSIN • PEROSIN 75B • PEROZIN • PEROZINE • POLY-

RAM Z • POLYGRAM Z • RTECS No. ZH3325000 • SPERLOX-Z • THIODOW • TRITHAC • TURBAIR ZINEB • TIEZENE • TRIPART • TRIPART BLUE • TITOFTOROL • TRIMANZONE • TRITOFTOROL • TSINEB (Russian) • TURBAIR DICAMATE • Z-78 • ZEBENIDE • ZEBTOX • ZIDAN • ZIMATE • ZINC ETHYLENEBIS (DITHIOCARBAMATE) • ZINC ETHYLENE-1,2-BISDITHIOCARBAMATE • ZINC, (ETHYLENEBIS(DI-THIOCARBAMATO))- • ZINC, ETHYLENEBIS(DITHIOCAR-BAMATE) (POLYMERIC) • ZINK-(N,N'-AETHYLEN-BIS (DITHIOCARBAMAT)) (German) • ZINOSAN • ZEBTOX

EPA NAME: ZIRAM
CAS: 137-30-4
SYNONYMS: AAPROTECT • AAVOLEX • AAZIRA • ACCELERATOR L • ACETO ZDED • ACETO ZDMD • ALCOBAM ZM • AMYL ZIMATE • ANTRENE BIS(DIMETHYLCARBAMODI-THIOATO-S,S')ZINC • BIS(DIMETHYLDITHIOCARBAMATO) ZINC • BIS(DIMETHYLDITHIOCARBAMATE de ZINC) (French) • BIS(N,N-DIMETIL-DITIOCARBAMMATO) di ZINCO (Italian) • CARBAMIC ACID, DIMETHYLDITHIO-, ZINC SALT • CARBAZINC • CIRAM • CORONA COROZATE • COROZATE • CUMAN • CUMAN L • CYMATE • DIMETHYL-CARBAMODITHIOIC ACID, ZINC COMPLEX • DIMETHYL-CARBAMODITHIOIC ACID, ZINC SALT • DIMETHYLCAR-BAMATE, ZINC SALT • DIMETHYLCARBAMODITHIO-CARBAMIC ACID, ZINC SALT • DRUPINA 90 • ENT 988 • EPTAC 1 • FUCLASIN • FUCLASIN ULTRA • FUKLASIN • FUNGOSTOP • HERMAT ZDM • HEXAZIR • KARBAM WHITE • METHASAN • METHAZATE • METHYL ZIMAYE • METHYL ZINEB • METHYL ZIRAM • MEXENE • MEZENE • MILBAM • MILBAN • MOLURAME • MYCRONIL • NCI-C50442 • ORCHARD BRAND ZIRAM • POMARSOL Z FORTE • PRODARAM • RHODIACID • RTECS No. ZH0525000 • SOXINAL PZ • SOXINOL PZ • TRICARBAMIX Z • TSIMAT • TSIRAM (Russian) • UN 2757 (carbamate pesticides, solid, poisonous) • UN 2992 (carbamate pesticides, liquid, poisonous) • USAF P-2 • VANCIDE MZ-96 • ZERLATE • ZIMATE • ZIMATE METHYL • ZINC BIS(DIMETHYLDITHIOCARBAMATE) • ZINC BIS(DIMETHYLDITHIOCARBAMOYL)DISULPHIDE • ZINC DIMETHYLDITHIOCARBAMATE • ZINC N,N-DIMETHYLDITHIOCARBAMATE • ZINCMATE • ZINK-BIS (N,N-DIMETHYL-DITHIOCARBAMAAT) (Dutch) • ZINK-BIS (N,N-DIMETHYL-DITHIOCARBAMAT) (German) • ZINKCARBAMATE • ZIRAM • ZIRAMVIS • ZIRASAN • ZIRBERK • ZIREX 90 • ZIRIDE • ZIRTHANE • ZITOX

EPA NAME: ZINOPHOS
CAS: 297-97-2
SYNONYMS: AC 18133 • AMERICAN CYANAMID 18133 • CL 18133 • CYANOPHOS • CYNEM • O,O-DIAETHYL-O-PYRAZINYL ESTER PHOSPHOROTHIOIC ACID • O,O-DIAETHYL-O-(PYRAZIN-2YL)-MONOTHIOPHOSPHAT (German) • O,O-

DIAETHYL-O-(2-PYRAZIN-2YL)-MONOTHIOPHOSPHAT (German) ● O,O-DIETHYL-O-PARAZINYL PHOSPHOROTHIOATE ● O,O-DIETHYL-O,2-PYRAZINYL PHOSPHOROTHIOATE ● DIETHYL-O,2-PYRAZINYL PHOSPHOROTHIOATE ● O,O-DIETHYL-O-2-PYRAZINYL PHOSPHOROTHIOATE ● O,O-DIETHYL-O-PYRAZINYL THIOPHOSPHATE ● EN 18133 ● ENT 25,580 ● ETHYL PYRAZINYL PHOSPHOROTHIOATE ● EXPERIMENTAL NEMATOCIDE 18,133 ● NEMAFOS ● NEMAPHOS ● NEMATOCIDE GR ● PHOSPHOROTHIOIC ACID, O,O-DIETHYL O-PYRAZINYL ESTER ● PYRAZINOL-O-ESTER with O,O-DIETHYL PHOSPHOROTHIOATE ● RCRA No. P040 ● RTECS No. TF5775000 ● THIONAZIN ● Z-68 ● Z-70 ● Z-76 ● ZINOPHOS ● ZYNOPHOS

EPA NAME: ZIRCONIUM NITRATE
CAS: 13746-89-9
SYNONYMS: DUSICNAN ZIRKONICITY (Czech) ● NITRIC ACID, ZIRCONIUM(IV) SALT ● RTECS No. ZH8750000 ● STCC 4918791 ● UN 2728 ● ZIRCONIO, NITRATO de (Spanish)

EPA NAME: ZIRCONIUM POTASSIUM FLUORIDE
CAS: 16923-95-8
SYNONYMS: POTASSIUM FLUOZIRCONATE ● ZIRCONATE(2-), HEXAFLUORO-, DIPOTASSIUM, (OC-6-11)- ● RTECS No. TT0875000 ● STCC 4966395 ● UN 9162 ● ZIRCONATE(2-), HEXAFLUORO-, DIPOTASSIUM, (OC-6-11)- ● ZIRCONIO y POTASIO, FLUORURO de (Spanish)

EPA NAME: ZIRCONIUM SULFATE
CAS: 14644-61-2
SYNONYMS: DISULFATOZIRCONIC ACID ● SULFURIC ACID, ZIRCONIUM(4+) SALT(2:1) ● ZIRCONIUM(IV) SULFATE (1:2) ● ZIRCONYL SULFATE ● RTECS No. ZH9100000 ● STCC 4944185 ● UN 9163 ● ZIRCONIO, SULFATO de (Spanish)

EPA NAME: ZIRCONIUM TETRACHLORIDE
CAS: 10026-11-6
SYNONYMS: EINECS No. 233-058-2 ● ZIRCONIUM CHLORIDE ● ZIRCONIUM CHLORIDE (ZRCl4), (T-4)- ● ZIRCONIUM(IV) CHLORIDE (1:4) ● ZIRCONIUM(4+) CHLORIDE (1:4) ● ZIRCONIUM TETRACHLORIDE, SOLID (DOT) ● RTECS No. ZH7175000 ● STCC 4932395 ● UN 2503 ● ZIRCONIO, TETRACLORURO de (Spanish)

Chemical Substance/Trade Name—EPA Name Cross Reference Index

2M-4X *see* METHOXONE SODIUM SALT
40 SD *see* ISOFENPHOS
58 12 315 *see* PROPOXUR
60-CS-16 *see* CHLORMEQUAT CHLORIDE
75 SP *see* ACEPHATE
80W *see* DIPHENAMID
88-R *see* ARAMITE
197 ROSIN FLUX *see* ISOBUTYL ALCOHOL
550 SACCHARINE *see* SACCHARIN
777 ETCH *see* ACETIC ACID
777 ETCH *see* AMMONIUM FLUORIDE
1080 *see* SODIUM FLUOROACETATE
1695 RED *see* C.I. FOOD RED 5
10257 R.P. *see* TRIAZIQUONE
11411 RED *see* C.I. FOOD RED 15
13,057 R.P. *see* DAUNOMYCIN
27165 *see* TEMEPHOS
330541 *see* DIURON
A-1114 *see* PROMETHRYN
A-2 *see* ALUMINUM OXIDE
A-17 *see* BUTANE
A.F. GREEN B *see* C.I. ACID GREEN 3
A.F. GREEN No. 1 *see* C.I. ACID GREEN 3
A 1 (SORBENT) *see* ALUMINUM OXIDE
A 2079 *see* SIMAZINE
A 3322 *see* METHAPYRILENE
A 361 *see* ATRAZINE
AA *see* ALLYL ALCOHOL
AA 00 *see* ALUMINUM
AA-9 *see* SODIUM DODECYLBENZENESULFONATE
AA 1099 *see* ALUMINUM
AA 1199 *see* ALUMINUM
AA 95 *see* ALUMINUM
AA 99 *see* ALUMINUM
AA 995 *see* ALUMINUM
AA 999 *see* ALUMINUM
AAB *see* 4-AMINOAZOBENZENE
AACAPTAN *see* CAPTAN
AADIBROOM *see* 1,2-DIBROMOETHANE
2-AAF *see* 2-ACETYLAMINOFLUORENE
AAF *see* 2-ACETYLAMINOFLUORENE
AAFERTIS *see* FERBAM
AAHEPTA *see* HEPTACHLOR
AALINDAN *see* LINDANE
AAMANGAN *see* MANEB
AAPIROL *see* THIRAM
AAPROTECT *see* ZIRAM
AASTAR *see* PHORATE
AAT *see* C.I. SOLVENT YELLOW 3
AAT *see* PARATHION
o-AAT *see* C.I. SOLVENT YELLOW 3
AATACK *see* THIRAM
AATIRAM *see* THIRAM
AATOX *see* DINITROBUTYL PHENOL
AATP *see* PARATHION

AATRAM see ATRAZINE
AATREX 4L see ATRAZINE
AATREX 80W see ATRAZINE
AATREX HERBICIDE see ATRAZINE
AATREX NINE-O see ATRAZINE
AATREX see ATRAZINE
AAVOLEX see ZIRAM
AAZIRA see ZIRAM
2-AB see sec-BUTYLAMINE (13952-84-6)
ABAR see LEPTOPHOS
ABAT see TEMEPHOS
ABATE see TEMEPHOS
ABATHION see TEMEPHOS
ABC-TRIEB see AMMONIUM BICARBONATE
ABCO W.K-67 2,4-D WEED KILLER see 2,4-D BUTYL ESTER
ABCURE S-40-25 see BENZOYL PEROXIDE
ABESON NAM see SODIUM DODECYLBENZENESULFONATE
ABESTA see RESPIRINE
ABICOL see RESPIRINE
ABLUTON T-30 see CHLOROBENZENE
ABMINTHIC see DITHIAZANINE IODIDE
ABRAEX see ALUMINUM OXIDE
ABSTENSIL see DISULFIRAM
ABSTINYL see DISULFIRAM
AC 528 see DIOXATHION
AC 3422 see ETHION
AC 3911 see PHORATE
AC 5223 see DODINE
AC 12682 see DIMETHOATE
AC 18682 see PROTHOATE
AC 18737 see ENDOTHION
AC 21730 see HYDRAMETHYLON
AC 22234 see DIETHATYL ETHYL
AC 38023 see FAMPHUR
AC 38555 see CHLORMEQUAT CHLORIDE
AC 47031 see PHOSFOLAN
AC 47470 see MEPHOSFOLAN
AC 52160 see TEMEPHOS
AC 64475 see FOSTHIETAN
AC 92553 see PEDIMETHALIN N-(1-ETHYLPROPYL)-3,4-DIMETHYL-2,6-DINTROBENZENAMINE
AC 921000 see TERBUFOS
AC 85258 see ZINC, DICHLORO(4,4-DIMETHYL-5((((METHYLAMINO)CARBONYL)OXY)IMINO)PENTANENITRILE)-,(T-4)-
ACAR see CHLOROBENZILATE
ACARABEN 4E see CHLOROBENZILATE
ACARABEN see CHLOROBENZILATE
ACARAC see AMITRAZ
ACARIN see DICOFOL
ACARITHION see CARBOPHENOTHION
ACC 3422 see PARATHION
ACCEL 22 see ETHYLENE THIOUREA
ACCEL TMT see THIRAM
ACCELERATOR L see ZIRAM
ACCELERATOR M see 2-MERCAPTOBENZOTHIAZOLE
ACCELERATOR T see THIRAM
ACCELERATOR THIURAM see THIRAM
ACCONEM see FOSTHIETAN
ACCOTAB see PEDIMETHALIN N-(1-ETHYLPROPYL)-3,4-DIMETHYL-2,6-DINTROBENZENAMINE
ACCUSPIN ASX-10 SPIN-ON DOPANT see ARSENIC
ACEDE CRESYLIQUE (French) see CRESOL (MIXED ISOMERS)
ACEDOXIN see DIGITOXIN
ACEFATO (Spanish) see ACEPHATE

ACENAFTENO (Spanish) see ACENAPHTHENE
ACENAPHTHYLENE, 1,2-DIHYDRO- see ACENAPHTHENE
ACEPHAT (German) see ACEPHATE
ACEPHATE-MET see METHAMIDOPHOS
ACEPHATE TECHNICAL see ACEPHATE
ACET-p-PHENALIDE see PHENACETIN
ACET-p-PHENETIDIN see PHENACETIN
ACETALDEHIDO (Spanish) see ACETALDEHYDE
ACETALDEHYD (German) see ACETALDEHYDE
p-ACETALDEHYDE see PARALDEHYDE
ACETALDEHYDE, CHLORO- see CHLOROACETALDEHYDE
ACETALDEHYDE, TRICHLORO- (9CI) see ACETALDEHYDE, TRICHLORO-
ACETALDEHYDE, TRIMER see PARALDEHYDE
ACETAMIDA (Spanish) see ACETAMIDE
ACETAMIDE, N-(AMINOTHIOXOMETHYL)- see 1-ACETYL-2-THIOUREA
ACETAMIDE, 2-BIPHENYLYL-N-PYRIDYL- see DIPHENYLAMINE
ACETAMIDE, 2-CHLORO-N-(2,6-DIETHYLPHENYL)-N-(METHOXYME-THYL)- see ALACHLOR
ACETAMIDE, 2-CHLORO-N-ISOPROPYL- see PROPACHLOR
ACETAMIDE, 2-CHLORO-N-(1-METHYLETHYL)-N-PHENYL- see PROPACHLOR
ACETAMIDE, 2-CYANO-2,2-DIBROMO- see 2,2-DIBROMO-3-NITRILOPROPIONAMIDE
ACETAMIDE, 2,2-DIBROMO-2-CYANO- see 2,2-DIBROMO-3-NITRILOPROPIONAMIDE
ACETAMIDE, N,N-DIMETHYL-2,2-DIPHENYL- see DIPHENAMID
ACETAMIDE, N-(4-ETHOXYPHENYL)-(9CI) see PHENACETIN
ACETAMIDE, N-FLUOREN-2-YL- see 2-ACETYLAMINOFLUORENE
ACETAMIDE, N-9H-FLUOREN-2-YL see 2-ACETYLAMINOFLUORENE
ACETAMIDE, N-(4-((2-HYDROXY-5-METHYLPHENYL)AZO)PHENYL- see C.I. DISPERSE YELLOW 3
ACETAMIDE, THIO- (8CI) see THIOACETAMIDE
7-ACETAMIDO-6,7-DIHYDRO-1,2,3,10-TETRAMETHOXYBENZO(a)HEPTALEN-9-(5H)-ONE see COLCHICINE
2-ACETAMIDOFLUORENE see 2-ACETYLAMINOFLUORENE
ACETAMIDOPHOS see ACEPHATE
ACETAMINE DIAZO BLACK RD see 3,3'-DIMETHOXYBENZIDINE
ACETAMINE YELLOW CG see C.I. DISPERSE YELLOW 3
ACETANHYDRIDE see ACETIC ANHYDRIDE
ACETANILIDE see C.I. DISPERSE YELLOW 3
ACETANILIDE, 2-CHLORO-2',6'-DIETHYL-N-METHOXYMETHYL)- see ALACHLOR
ACETANILIDE, 4'-ETHOXY- see PHENACETIN
ACETATE d'AMYLE (French) see AMYL ACETATE
ACETATE de BUTYLE (French) see BUTYL ACETATE
ACETATE de BUTYLE SECONDAIRE (French) see sec-BUTYL ACETATE
ACETATE de CUIVRE (French) see CUPRIC ACETATE
ACETATE d'ISOBUTYLE (French) see iso-BUTYL ACETATE
ACETATE de PLOMB (French) see LEAD ACETATE
ACETATE de TRIPHENYL-ETAIN (French) see STANNANE, ACETOXYTRIPHENYL-
ACETATE FAST ORANGE R see 1-AMINO-2-METHYLANTHRAQUINONE
ACETATE FAST YELLOW G see C.I. DISPERSE YELLOW 3
ACETATE PHENYLMERCURIQUE (French) see PHENYLMERCURY ACETATE
ACETATO(2-METHOXYETHYL)MERCURY see METHOXYMETHYLMERCURIC ACETATE
ACETATO AMONICO (Spanish) see AMMONIA ACETATE
n-ACETATO de BUTILO (Spanish) see BUTYL ACETATE
ACETATO CROMICO (Spanish) see CHROMIC ACETATE
ACETATO de AMILO (Spanish) see AMYL ACETATE
ACETATO de sec-AMILO (Spanish) see sec-AMYL ACETATE
ACETATO de AMILO TERCIARIO (Spanish) see tert-AMYL ACETATE
ACETATO de BUTILO-sec (Spanish) see sec-BUTYL ACETATE

ACETATO de BUTILO (Spanish) *see* BUTYL ACETATE
ACETATO de terc-BUTILO (Spanish) *see* tert-BUTYL ACETATE
ACETATO de COBRE (Spanish) *see* CUPRIC ACETATE
ACETATO de ISOBUTILO (Spanish) *see* iso-BUTYL ACETATE
ACETATO de PLOMO (Spanish) *see* LEAD ACETATE
ACETATO de TALIO (Spanish) *see* THALLIUM(I) ACETATE
(ACETO)(TRIMRTAARSENITO)DICOPPER *see* CUPRIC ACETOARSENITE
ACETATO de URANILO (Spanish) *see* URANYL ACETATE
ACETATO de ZINC (Spanish) *see* ZINC ACETATE
ACETATO FENILMERCURIO (Spanish) *see* PHENYLMERCURY ACETATE
ACETEHYDE *see* ACETALDEHYDE
ACETELLIC *see* PRIMIPHOS METHYL
ACETENE *see* ETHYLENE
ACETIC ACID AMIDE *see* ACETAMIDE
ACETIC ACID, AMMONIUM SALT *see* AMMONIA ACETATE
ACETIC ACID, n-AMYL ESTER *see* AMYL ACETATE
ACETIC ACID, AMYL ESTER *see* AMYL ACETATE
ACETIC ACID, ANHYDRIDE (9CI) *see* ACETIC ANHYDRIDE
ACETIC ACID, ANHYDRIDE *see* ACETIC ANHYDRIDE
ACETIC ACID, 2-BUTOXY ESTER *see* sec-BUTYL ACETATE
ACETIC ACID, BUTYL ESTER *see* BUTYL ACETATE
ACETIC ACID, n-BUTYL ESTER *see* BUTYL ACETATE
ACETIC ACID-t-BUTYL ESTER *see* tert-BUTYL ACETATE
ACETIC ACID-tert-BUTYL ESTER *see* tert-BUTYL ACETATE
ACETIC ACID, CADMIUM SALT *see* CADMIUM ACETATE
ACETIC ACID CHLORIDE *see* ACETYL CHLORIDE
ACETIC ACID (4-CHLORO-2-METHYLPHENOXY)- *see* METHOXONE
ACETIC ACID, CHLORO- *see* CHLOROACETIC ACID
ACETIC ACID ((4-CHLORO-o-TOLYL)-OXY)- *see* METHOXONE
ACETIC ACID, (4-CHLORO-2-METHYLPHENOXY)-, SODIUM SALT *see* METHOXONE SODIUM SALT
ACETIC ACID, ((4-CHLORO-o-TOLYL)OXY)- SODIUM SALT *see* METHOXONE SODIUM SALT
ACETIC ACID, CHROMIUM(3+) SALT *see* CHROMIC ACETATE
ACETIC ACID, COPPER(2+) SALT *see* CUPRIC ACETATE
ACETIC ACID, COPPER(II) SALT *see* CUPRIC ACETATE
ACETIC ACID, CUPRIC SALT *see* CUPRIC ACETATE
ACETIC ACID, 2,4-DICHLOROPHENOXY-, BUTOXYPROPYL ESTER *see* 2,4-D PROPYLENE GLYCOL BUTYL ETHER ESTER
ACETIC ACID, (2,4-DICHLOROPHENOXY)- *see* 2,4-D
ACETIC ACID, (2,4-DICHLOROPHENOXY)-, 2-BUTOXYETHYL ESTER *see* 2,4-D ETHYLHEXYL ESTER
ACETIC ACID, (2,4-DICHLOROPHENOXY)-, BUTYL ESTER *see* 2,4-D BUTYL ESTER
ACETIC ACID, (2,4-DICHLOROPHENOXY)-, PROPYL ESTER *see* 2,4-D PROPYL ESTERS
ACETIC ACID, (2,4-DICHLOROPHENOXY)-, 1-METHYLETHYL ESTER *see* 2,4-D ISOPROPYL ESTER
ACETIC ACID, (2,4-DICHLOROPHENOXY)-, ISOOCTYL ESTER *see* 2,4-D ISOOCTYL ESTER
ACETIC ACID, (2,4-DICHLOROPHENOXY)-, METHYL ESTER *see* 2,4-D METHYL ESTER
ACETIC ACID, (2,4-DICHLOROPHENOXY)-, PROPYLENE GLYCOL BUTYL ESTER *see* 2,4-D PROPYLENE GLYCOL BUTYL ETHER ESTER
ACETIC ACID, (2,4-DICHLOROPHENOXY)-, SODIUM SALT *see* 2,4-D SODIUM SALT
ACETIC ACID, (2,4-DICHLOROPHENOXY)-, 4-CHLORO-2-BUTENYL ESTER *see* 2,4-D CHLOROCROTYL ESTER
ACETIC ACID, (2,4-DICHLOROPHENOXY)-, BUTOXYPROPYLENE deriv. *see* 2,4-D PROPYLENE GLYCOL BUTYL ETHER ESTER
ACETIC ACID, (2,4-DICHLOROPHENOXY)-, 2-ETHYL-4-METHYLPENTYL ESTER *see* 2,4-D 2-ETHYL-4-METHYL PENTYL ESTER
ACETIC ACID, (2,4-DICHLOROPHENOXY)-, ISOPROPYL ESTER *see* 2,4-D ISOPROPYL ESTER

ACETIC ACID, (2,4-DICHLOROPHENOXY), 1-METHYL PROPYL ESTER *see* 2,4-D sec-BUTYL ESTER
ACETIC ACID, (2,4-DICHLOROPHENOXY), sec-BUTYL ESTER *see* 2,4-D sec-BUTYL ESTER
ACETIC ACID, (2,4-DICHLOROPHENOXYL)-,BUTOXYETHYL ESTER *see* 2,4-D BUTOXYETHYL ESTER
ACETIC ACID, DIMETHYL- *see* iso-BUTYRIC ACID
ACETIC ACID, O,O-DIMETHYLDITHIOPHOSPHORYL-, N-MONOMETHYLAMIDE SALT *see* DIMETHOATE
ACETIC ACID, 1,1-DIMETHYLETHYL ESTER (9CI) *see* tert-BUTYL ACETATE
ACETIC ACID, ETHENYL ESTER *see* VINYL ACETATE
ACETIC ACID ETHYL ESTER *see* ETHYL ACETATE
ACETIC ACID (ETHYLENEDINITRILO)TETRA- *see* ETHYLENEDIAMINETETRAACETIC ACID (EDTA)
ACETIC ACID, FLUORO-, SODIUM SALT *see* SODIUM FLUOROACETATE
ACETIC ACID, GLACIAL *see* ACETIC ACID
ACETIC ACID, ISOBUTYL ESTER *see* iso-BUTYL ACETATE
ACETIC ACID, ISOPENTYL ESTER *see* iso-AMYL ACETATE
ACETIC ACID, LEAD (2+) SALT *see* LEAD ACETATE
ACETIC ACID, LEAD (II) SALT *see* LEAD ACETATE
ACETIC ACID, MERCURY(2+) SALT *see* MERCURIC ACETATE
ACETIC ACID, MERCURY(II) SALT *see* MERCURIC ACETATE
ACETIC ACID-2-METHYL-2-PROPENE-1,1-DIOL DIESTER *see* METHACROLEIN DIACETATE
ACETIC ACID, 2-METHYLPROPYL ESTER *see* iso-BUTYL ACETATE
ACETIC ACID, 1-METHYLPROPYL ESTER (9CI) *see* sec-BUTYL ACETATE
ACETIC ACID, NITRILOTRI- *see* NITRILOTRIACETIC ACID
ACETIC ACID, PENTYL ESTER *see* AMYL ACETATE
ACETIC ACID, 2-PENTYL ESTER *see* sec-AMYL ACETATE
ACETIC ACID, PHENYLMERCURY DERIVITIVE *see* PHENYLMERCURY ACETATE
ACETIC ACID, TERTIARY BUTYL ESTER- *see* tert-BUTYL ACETATE
ACETIC ACID, ((3,5,6-TRICHLORO-2-PYRIDINYL)OXY)-, comp. with N,N-DIETHYLETHANAMINE (1:1) *see* TRICLOPYR TRIETHYLAMMONIUM SALT
ACETIC ACID, (2,4,5-TRICHLOROPHENOXY)-, SODIUM SALT *see* 2,4,5-T SALTS
ACETIC ACID, (2,4,5-TRICHLOROPHENOXY)- comp. with N-METHYLMETHANAMINE *see* 2,4,5-T (6369-97-7)
ACETIC ACID, (2,4,5-TRICHLOROPHENOXY)-, 1-METHYL PROPYL ESTER *see* 2,4,5-T ESTERS (61792-07-2)
ACETIC ACID, (2,4,5-T)- *see* 2,4,5-T ACID
ACETIC ACID, (2,4,5-T)- comp. with 1-AMINO-2-PROPANOL (1:1) *see* 2,4,5-T AMINES (1319-72-8)
ACETIC ACID, (2,4,5-T)-, 2-BUTOXYETHYL ESTER *see* 2,4,5-T ESTERS (2545-59-7)
ACETIC ACID, (2,4,5-T)-, BUTYL ESTER *see* 2,4,5-T ESTERS (93-79-8)
ACETIC ACID, (2,4,5-T)- comp. with N,N-DIETHYLETHANAMINE *see* 2,4,5-T AMINES (2008-46-0)
ACETIC ACID, (2,4,5-T)-, 2-ETHYLHEXYL ESTER *see* 2,4,5-T ESTERS (1928-47-8)
ACETIC ACID, (2,4,5-T)-, ISOOCTYL ESTER *see* 2,4,5-T ESTERS (25168-15-4)
ACETIC ACID, (2,4,5-T)- comp. with 2,2',2''-NITRITRIS(ETHANOL)(1:1) *see* 2,4,5-T AMINES (3813-14-7)
ACETIC ACID, (2,4,5-T)- comp. with N-METHYLMETHANAMINE *see* 2,4,5-T (6369-97-7)
ACETIC ACID, (2,4,5-T)-, 1-METHYL PROPYL ESTER *see* 2,4,5-T ESTERS (61792-07-2)
ACETIC ACID, (2,4,5-T)-, SODIUM SALT *see* 2,4,5-T SALTS
ACETIC ACID, (2,4,5-T)- comp. with TRIMETHYLAMINE *see* 2,4,5-T AMINES (6369-96-6)
ACETIC ACID, (2,4,5-TRICHLOROPHENOXY)- *see* 2,4,5-T ACID
ACETIC ACID, (2,4,5-TRICHLOROPHENOXY)- comp. with 1-AMINO-2-PROPANOL (1:1) *see* 2,4,5-T AMINES (1319-72-8)

ACETIC ACID, (2,4,5-TRICHLOROPHENOXY) 2-BUTOXYETHYL ESTER *see* 2,4,5-T ESTERS (2545-59-7)
ACETIC ACID, (2,4,5-TRICHLOROPHENOXY)-, BUTYL ESTER *see* 2,4,5-T ESTERS (93-79-8)
ACETIC ACID, (2,4,5-TRICHLOROPHENOXY)- comp. with N,N-DIETHYLETHANAMINE *see* 2,4,5-T AMINES (2008-46-0)
ACETIC ACID, (2,4,5-TRICHLOROPHENOXY)-, 2-ETHYLHEXYL ESTER *see* 2,4,5-T ESTERS (1928-47-8)
ACETIC ACID, (2,4,5-TRICHLOROPHENOXY)-, ISOOCTYL ESTER *see* 2,4,5-T ESTERS (25168-15-4)
ACETIC ACID, (2,4,5-TRICHLOROPHENOXY)- comp. with 2,2′,2″-NITRITRIS(ETHANOL)(1:1) *see* 2,4,5-T AMINES (3813-14-7)
ACETIC ACID, (2,4,5-TRICHLOROPHENOXY)- comp. with TRIMETHYLAMINE *see* 2,4,5-T AMINES (6369-96-6)
ACETIC ACID, VINYL ESTER *see* VINYL ACETATE
ACETIC ACID, ZINC SALT *see* ZINC ACETATE
ACETIC ALDEHYDE *see* ACETALDEHYDE
ACETIC BROMIDE *see* ACETYL BROMIDE
ACETIC CHLORIDE *see* ACETYL CHLORIDE
ACETIC EHYDE *see* ACETALDEHYDE
ACETIC ETHER *see* ETHYL ACETATE
ACETIC OXIDE *see* ACETIC ANHYDRIDE
ACETIC PEROXIDE *see* PERACETIC ACID
ACETICO ACIDO (Spanish) *see* ACETIC ACID
ACETIDIN *see* ETHYL ACETATE
ACETILENO (Spanish) *see* ACETYLENE
ACETILO de BROMURA (Spanish) *see* ACETYL BROMIDE
ACETIMIDIC ACID *see* ACETAMIDE
ACETIMIDIC ACID, THIO- (7CI) *see* THIOACETAMIDE
ACETIMIDIC ACID, THIO-N-(METHYLCARBAMOYL)OXY-, METHYL ESTER *see* METHOMYL
ACETIMIDOTHIOIC ACID, METHYL-N-(METHYLCARBAMOYL) ESTER *see* METHOMYL
ACETIMIDOYLPHOSPHORAMIDOTHIOIC ACID O,O-BIS(P-CHLOROPHENYL)ESTER *see* PHOSACETIM
ACETO-p-PHENALIDE *see* PHENACETIN
ACETO-p-PHENETIDIDE *see* PHENACETIN
ACETO-4-PHENETIDINE *see* PHENACETIN
ACETO-para-PHENALIDE *see* PHENACETIN
ACETO-para-PHENETIDIDE *see* PHENACETIN
ACETO CADMIO (Spanish) *see* CADMIUM ACETATE
ACETO de 1,2-DICLOROETILO (Spanish) *see* ETHANOL, 1,2-DICHLORO-, ACETATE
ACETO de N-DODECILGUANIDINA (Spanish) *see* DODINE
ACETO de ETILO (Spanish) *see* ETHYL ACETATE
ACETO de ISOAMILO (Spanish) *see* iso-AMYL ACETATE
(ACEATO)PHENYLMERCURY *see* PHENYLMERCURY ACETATE
ACETO de VINILO (Spanish) *see* VINYL ACETATE
ACETO di STAGNO TRIFENILE (Italian) *see* STANNANE, ACETOXYTRIPHENYL-
ACETO SDD 40 *see* SODIUM DIMETHYLDITHIOCARBAMATE
ACETO TETD *see* THIRAM
ACETO TMTM *see* BIS(DIMETHYLTHIOCARBAMOYL) SULFIDE
ACETO ZDED *see* ZIRAM
ACETO ZDMD *see* ZIRAM
ACETOARSENITE de CUIVRE (French) *see* CUPRIC ACETOARSENITE
ACETOARSENITO de COBRE (Spanish) *see* CUPRIC ACETOARSENITE
ACETOFENONA (Spanish) *see* ACETOPHENONE
ACETOMINOFLUORINE *see* 2-ACETYLAMINOFLUORENE
ACETON (Dutch, German, Polish) *see* ACETONE
ACETONA (Spanish) *see* ACETONE
ACETONA, CIANHIDRINA de (Spanish) *see* 2-METHYLLACTONITRILE
ACETONCIANHIDRINEI (Roumanian) *see* 2-METHYLLACTONITRILE
ACETONCIANIDRINA (Italian) *see* 2-METHYLLACTONITRILE

ACETONCYAANHYDRINE (Dutch) see 2-METHYLLACTONITRILE
ACETONCYANHYDRIN (German) see 2-METHYLLACTONITRILE
ACETONE CYANOHYDRIN see 2-METHYLLACTONITRILE
ACETONECYANHYDRINE (French) see 2-METHYLLACTONITRILE
ACETONE, METHYL- see METHYL ETHYL KETONE
ACETONE OILS see ACETONE
ACETONITRIL (Dutch) see ACETONITRILE
ACETONITRIL (German) see ACETONITRILE
ACETONITRILE see ACETONITRILE
ACETONITRILO (Spanish) see ACETONITRILE
ACETONKYANHYDRIN (Czech) see 2-METHYLLACTONITRILE
3-(α-ACETONYLBENZYL)-4-HYDROXYCOUMARIN see WARFARIN
ACETONYL BROMIDE see BROMOACETONE
ACETOPHENETIDIN see PHENACETIN
ACETOPHENETIDINE see PHENACETIN
p-ACETOPHENETIDE see PHENACETIN
p-ACETOPHENETIDIDE see PHENACETIN
para-ACETOPHENETIDIDE see PHENACETIN
ACETOPHENETIN see PHENACETIN
p-ACETOPHENETIDINE see PHENACETIN
ACETOPHENONE, 2-CHLORO- see 2-CHLOROACETOPHENONE CHLORO-ALKYL ESTERS
ACETOQUINONE LIGHT ORANGE JL see 1-AMINO-2-METHYLANTHRA-QUINONE
ACETOQUINONE LIGHT YELLOW 4JLZ see C.I. DISPERSE YELLOW 3
ACETOTHIOAMIDE see THIOACETAMIDE
2-ACETOXYPENTANE see sec-AMYL ACETATE
ACETOXY-TRIPHENYL-STANNAN (German) see STANNANE, ACETOXYTRI-PHENYL-
1-ACETOXYETHYLENE see VINYL ACETATE
ACETOXYETHANE see ETHYL ACETATE
ACETOXYL see BENZOYL PEROXIDE
ACETOXYTRIPHENYLSTANNANE see STANNANE, ACETOXYTRIPHENYL-
ACETOXYTRIPHENYLTIN see STANNANE, ACETOXYTRIPHENYL-
ACETOTRIPHENYLSTANNINE see STANNANE, ACETOXYTRIPHENYL-
ACETPHENETIDIN see PHENACETIN
p-ACETPHENETIDIN see PHENACETIN
ACETYLADRIAMYCIN see DAUNOMYCIN
2-2-ACETYLAMIDOFLUORENE see 2-ACETYLAMINOFLUORENE
2-ACETYLAMINO-FLUOREN (German) see 2-ACETYLAMINOFLUORENE
2-ACETYLAMINOFLUORENE see 2-ACETYLAMINOFLUORENE
n-ACETYL-2-AMINOFLUORENE see 2-ACETYLAMINOFLUORENE
ACETYL ANHYDRIDE see ACETIC ANHYDRIDE
ACETYLBENZENE see ACETOPHENONE
ACETYL CHLORIDE, FLUORO- see FLUOROACETYL CHLORIDE
ACETYL CHLORIDE, TRICHLORO- see TRICHLOROACETYL CHLORIDE
ACETYLEN see ACETYLENE
ACETYLENE DICHLORIDE see 1,2-DICHLOROETHYLENE (540-59-0)
trans-ACETYLENE DICHLORIDE see 1,2-DICHLOROETHYLENE (156-60-5)
ACETYLENE, DISSOLVED see ACETYLENE
ACETYLENE, METHYL- see 1-PROPYNE
ACETYLENE TETRACHLORIDE see 1,1,2,2,-TETRACHLOROETHANE
ACETYLENE TRICHLORIDE see TRICHLOROETHYLENE
ACETYL ETHER see ACETIC ANHYDRIDE
ACETYL ETHYLENE see METHYL VINYL KETONE
ACETYL HYDROPEROXIDE see PERACETIC ACID
ACETYL METHYL BROMIDE see BROMOACETONE
ACETYL OXIDE see ACETIC ANHYDRIDE
(ACETYLOXY)TRIPHENYL-STANNANE (9CI) see STANNANE, ACETOXY-TRIPHENYL-
ACETYLPHENETIDIN see PHENACETIN
n-ACETYL-p-PHENETIDINE see PHENACETIN
ACETYLPHOSPHORAMIDOTHIOIC ACID ESTER see ACEPHATE

ACETYLPHOSPHORAMIDOTHIOIC ACID O,S-DIMETHYL ESTER *see* ACEPHATE
n-ACETYL-PHOSPHORAMIDOTHIOIC ACID O,O-DIMETHYL ESTER *see* ACEPHATE
ACETYL THIOUREA *see* 1-ACETYL-2-THIOUREA
n-ACETYL TRIMETHYLCOLCHICINIC ACID METHYLETHER *see* COLCHICINE
ACHRO *see* TETRACYCLINE HYDROCHLORIDE
ACHROCIDIN *see* PHENACETIN
ACHROMYCIN *see* TETRACYCLINE HYDROCHLORIDE
ACHROMYCIN HYDROCHLORIDE *see* TETRACYCLINE HYDROCHLORIDE
ACHROMYCIN V *see* TETRACYCLINE HYDROCHLORIDE
ACID AMMONIUM CARBONATE *see* AMMONIUM BICARBONATE
ACID AMMONIUM CARBONATE, MONOAMMONIUM SALT *see* AMMONIUM BICARBONATE
ACID AMMONIUM FLUORIDE *see* AMMONIUM BIFLUORIDE
ACID BRILLIANT PINK B *see* C.I. FOOD RED 15
ACID GREEN *see* C.I. ACID GREEN 3
ACID GREEN 2G *see* C.I. ACID GREEN 3
ACID GREEN 3 *see* C.I. ACID GREEN 3
ACID GREEN 3G *see* C.I. ACID GREEN 3
ACID GREEN B *see* C.I. ACID GREEN 3
ACID GREEN F *see* C.I. ACID GREEN 3
ACID GREEN S *see* C.I. ACID GREEN 3
ACID LEAD ARSENATE *see* LEAD ARSENATE (7784-40-9)
ACID LEAD ARSENATE *see* LEAD ARSENATE (10102-48-4)
ACID LEAD ARSENITE *see* LEAD ARSENATE (7784-40-9)
ACID LEAD ORTHOARSENATE *see* LEAD ARSENATE (7784-40-9)
ACID LEAD ORTHOARSENATE *see* LEAD ARSENATE (10102-48-4)
ACID LEATHER RED BG *see* C.I. ACID RED 114
ACID LEATHER RED KPR *see* C.I. FOOD RED 5
ACID LEATHER RED P 2R *see* C.I. FOOD RED 5
ACID LEATHER SCARLET IRW *see* C.I. FOOD RED 5
ACID OXALATE *see* AMITON OXYLATE
ACID PONCEAU 2RL *see* C.I. FOOD RED 5
ACID PONCEAU R *see* C.I. FOOD RED 5
ACID PONCEAU SPECIAL *see* C.I. FOOD RED 5
ACID RED 114 *see* C.I. ACID RED 114
ACID RED 26 *see* C.I. FOOD RED 5
ACID SCARLET *see* C.I. FOOD RED 5
ACID SCARLET 2B *see* C.I. FOOD RED 5
ACID SCARLET 2R *see* C.I. FOOD RED 5
ACID SCARLET 2RL *see* C.I. FOOD RED 5
ACIDAL GREEN G *see* C.I. ACID GREEN 3
ACIDAL PONCEAU G *see* C.I. FOOD RED 5
ACIDE ACETIQUE (French) *see* ACETIC ACID
ACIDE ARSENIEUX (French) *see* ARSENIC TRIOXIDE
ACIDE ARSENIQUE LIQUIDE (French) *see* ARSENIC ACID (7778-39-4)
ACIDE BENZOIQUE (French) *see* BENZOIC ACID
ACIDE CACODYLIQUE (French) *see* CACODYLIC ACID
ACIDE CARBOLIQUE (French) *see* PHENOL
ACIDE CHLORACETIQUE (French) *see* CHLOROACETIC ACID
ACIDE CHLORHYDRIQUE (French) *see* HYDROCHLORIC ACID
ACIDE 2-(4-CHLORO-2-METHYL-PHENOXY)PROPIONIQUE (French) *see* MECOPROP
ACIDE CHROMIQUE (French) *see* CHROMIC ACID (7738-94-5)
ACIDE CYANHYDRIQUE (French) *see* HYDROGEN CYANIDE
ACIDE 2,4-DICHLORO PHENOXYACETIQUE (French) *see* 2,4-D
ACIDE-2-(2,4-DICHLORO-PHENOXY)PROPIONIQUE (French) *see* 2,4-DP
ACIDE DIMETHYLARSINIQUE (French) *see* CACODYLIC ACID
ACIDE ETHYLENEDIAMINETETRACETIQUE (French) *see* ETHYLENEDIAMINE-TETRAACETIC ACID (EDTA)
ACIDE FORMIQUE (French) *see* FORMIC ACID
ACIDE MONOCHLORACETIQUE (French) *see* CHLOROACETIC ACID

ACIDE MONOFLUORACETIQUE (French) *see* FLUOROACETIC ACID
ACIDE NITRIQUE (French) *see* NITRIC ACID
ACIDE PERACETIQUE (French) *see* PERACETIC ACID
ACIDE PHODPHORIQUE (French) *see* PHOSPHORIC ACID
ACIDE PICRIQUE (French) *see* PICRIC ACID
ACIDE PROPIONIQUE (French) *see* PROPIONIC ACID
ACIDE SULFURIQUE (French) *see* SULFURIC ACID
ACIDE SULHYDRIQUE (French) *see* HYDROGEN SULFIDE
ACIDE 2,4,5-TRICHLOROPHENOXYACETIQUE (French) *see* 2,4,5-T ACID
ACIDE, 2-(2,4,5-TRICHLORO-PHENOXY)PROPIONIQUE (French) *see* 2,4,5-TP ESTERS
ACIDE, 2-(2,4,5-TRICHLORO-PHENOXY)PROPIONIQUE (French) *see* SILVEX (2,4,5-TP)
ACIDO ACETICO (Italian) *see* ACETIC ACID
ACIDO ACRILICO (Spanish) *see* ACRYLIC ACID
ACIDO ADIPICO (Spanish) *see* ADIPIC ACID
4-ACIDO AMINOPTEROILGLUTAMICO (Spanish) *see* AMINOPTERIN
ACIDO ARSENICO (Spanish) *see* ARSENIC ACID (1327-52-2)
ACIDO ARSENICO (Spanish) *see* ARSENIC ACID (7778-39-4)
ACIDO BENZOICO (Spanish) *see* BENZOIC ACID
ACIDO BUTIRICO (Spanish) *see* BUTYRIC ACID
ACIDO CACODILICO (Spanish) *see* CACODYLIC ACID
ACIDO CIANHIDRICO (Spanish) *see* HYDROGEN CYANIDE
ACIDO CIANIDRICO (Italian) *see* HYDROGEN CYANIDE
ACIDO CLORENDICO (Spanish) *see* CHLORENDIC ACID
ACIDO CLORHIDRICO (Spanish) *see* HYDROCHLORIC ACID
ACIDO CLORIDRICO (Italian) *see* HYDROCHLORIC ACID
ACIDO 2-(4-CLORO-2-METIL-FENOSSI)-PROPIONICO (Italian) *see* MECOPROP
ACIDO CLOROACETICO (Spanish) *see* CHLOROACETIC ACID
ACIDO CLOROSULFONICO (Spanish) *see* CHLOROSULFONIC ACID
ACIDO CROMICO (Spanish) *see* CHROMIC ACID (ESTER) (11115-74-5)
ACIDO CROMICO (Spanish) *see* CHROMIC ACID (7738-94-5)
ACIDO (3,6-DICHLORO-2-METOSSI)-BENZOICO (Italian) *see* DICAMBA
ACIDO-2-(2,4-DICLORO-FENOSSI)PROPIONICO (Italian) *see* 2,4-DP
ACIDO (2,4-DICLORO-FENOSSI)-ACETICO (Italian) *see* 2,4-D
ACIDO 2-(2,4-DICLOROFENOXI)PROPIONICO (Spanish) *see* 2,4-DP
ACIDO 2,4-DICLOROFENOXIACETICO (Spanish) *see* 2,4-D
ACIDO 2,4-DICLOROFENOXIBUTIRICO (Spanish) *see* 2,4-DB
ACIDO 2,2-DICLOROPROPIONICO (Spanish) *see* 2,2-DICHLOROPROPIONIC ACID
ACIDO DODECILBENCENOSULFONICO (Spanish) *see* DODECYLBENZENESULFONIC ACID
ACIDO ETILENDIAMINOTETRAACETICO (Spanish) *see* ETHYLENEDIAMINE-TETRAACETIC ACID (EDTA)
ACIDO FENILARSONICO (Spanish) *see* BENENEARSONIC ACID
ACIDO FLUORHIDRICO (Spanish) *see* HYDROGEN FLUORIDE
ACIDO FLUOROACETICO (Spanish) *see* FLUOROACETIC ACID
ACIDO FORMICO (Italian) *see* FORMIC ACID
ACIDO FORMICO (Spanish) *see* FORMIC ACID
ACIDO FOSFORICO (Italian, Spanish) *see* PHOSPHORIC ACID
ACIDO FUMARICO (Spanish) *see* FUMARIC ACID
ACIDO ISOBUTIRICO (Spanish) *see* iso-BUTYRIC ACID
ACIDO MALICO (Spanish) *see* MALEIC ANHYDRIDE
ACIDO 2-MERCAPTOBENZOTIAZOL (Spanish) *see* 2-MERCAPTOBENZOTHIAZOLE
ACIDOMONOCLOROACETICO (Italian) *see* CHLOROACETIC ACID
ACIDO MONOFLUOROACETIO (Italian) *see* FLUOROACETIC ACID
ACIDO NAFTALICO (Spanish) *see* NAPHTHENIC ACID
ACIDO NITRICO (Italian, Spanish) *see* NITRIC ACID
ACIDO NITRILOTRIACETICO (Spanish) *see* NITRILOTRIACETIC ACID
ACIDO PERACETICO (Spanish) *see* PERACETIC ACID
ACIDO PICRICO (Italian, Spanish) *see* PICRIC ACID
ACIDO SELENIOSO (Spanish) *see* SELENIOUS ACID

ACIDO SOLFORICO (Italian) *see* SULFURIC ACID
ACIDO SULFURICO (Spanish) *see* SULFURIC ACID
ACIDO 2-(2,4.5-TRICHLORO FENOSSI)-PROPIONICO (Italian) *see* 2,4,5-TP ESTERS
ACIDO (2,4,5-TRICLORO-FENOSSI) ACETICO (Italian) *see* 2,4,5-T ACID
ACIDO 2-(2,4,5-TRICLOROFENOSSI) PROPIONICO (Italian) *see* SILVEX (2,4,5-TP)
ACIDO 2,4,5-TRICLOROFENOXIACETICO (Spanish) *see* 2,4,5-T ACID
ACIFLOCTIN *see* ADIPIC ACID
ACIFLUORFEN *see* ACIFLUORFEN, SODIUM SALT
ACIFLUORFEN SODIUM *see* ACIFLUORFEN, SODIUM SALT
ACIFLUORFENO, SAL SODICA (Spanish) *see* ACIFLUORFEN, SODIUM SALT
ACIGENA *see* HEXACHLOROPHENE
ACINETTEN *see* ADIPIC ACID
ACLID *see* PROPACHLOR
ACME MCPA AMINE 4 *see* METHOXONE
ACNEGEL *see* BENZOYL PEROXIDE
ACNESTROL *see* DIETHYLSTILBESTROL
ACOCANTHERIN *see* OUABAIN
ACP-M-728 *see* CHLORAMBEN
ACQUINITE *see* ACROLEIN
ACQUINITE *see* CHLOROPICRIN
ACRACIDE *see* ARAMITE
ACRALDEHYDE *see* ACROLEIN
ACREHYDE *see* ACROLEIN
ACRILAMIDA (Spanish) *see* ACRYLAMIDE
ACRILATO de n-BUTILO (Spanish) *see* BUTYL ACRYLATE
ACRILATO de ETILO (Spanish) *see* ETHYL ACRYLATE
ACRILATO de METILO (Spanish) *see* METHYL ACRYLATE
ACRILONITRILO (Spanish) *see* ACRYLONITRILE
ACROLEIC ACID *see* ACRYLIC ACID
ACROLEINA (Italian, Spanish) *see* ACROLEIN
ACROLEINE (Dutch, French) *see* ACROLEIN
ACRYL BRILLIANT GREEN B *see* C.I. ACID GREEN 4
ACRYLALDEHYDE *see* ACROLEIN
ACRYLAMIDE, 30% *see* ACRYLAMIDE
ACRYLAMIDE, 50% *see* ACRYLAMIDE
ACRYLAMIDE MONOMER *see* ACRYLAMIDE
ACRYLAMIDE, N-(HYDROXYMETHYL)- *see* N-METHYLOLACRYLAMIDE
ACRYLATE d'ETHYLE (French) *see* ETHYL ACRYLATE
ACRYLATE de METHYLE (French) *see* METHYL ACRYLATE
ACRYLEHYD (German) *see* ACROLEIN
ACRYLEHYDE *see* ACROLEIN
ACRYLIC ACID AMIDE (30%) *see* ACRYLAMIDE
ACRYLIC ACID AMIDE (50%) *see* ACRYLAMIDE
ACRYLIC ACID, BUTYL ESTER *see* BUTYL ACRYLATE
ACRYLIC ACID n-BUTYL ESTER *see* BUTYL ACRYLATE
ACRYLIC ACID CHLORIDE *see* ACRYLYL CHLORIDE
ACRYLIC ACID, ETHYL ESTER *see* ETHYL ACRYLATE
ACRYLIC ACID, GLACIAL *see* ACRYLIC ACID
ACRYLIC ACID, INHIBITED *see* ACRYLIC ACID
ACRYLIC ACID, 2-METHYL-, METHYL ESTER *see* METHYL METHACRYLATE
ACRYLIC ACID METHYL ESTER *see* METHYL ACRYLATE
ACRYLIC ALDEHYDE *see* ACROLEIN
ACRYLIC AMIDE 30% *see* ACRYLAMIDE
ACRYLIC AMIDE 50% *see* ACRYLAMIDE
ACRYLIC AMIDE *see* ACRYLAMIDE
ACRYLIC EHYDE *see* ACROLEIN
ACRYLNITRIL (Dutch) *see* ACRYLONITRILE
ACRYLNITRIL (German) *see* ACRYLONITRILE
ACRYLON *see* ACRYLONITRILE
ACRYLONITRILE MONOMER *see* ACRYLONITRILE
ACRYLOYL CHLORIDE *see* ACRYLYL CHLORIDE

ACRYLSAEUREMETHYLESTER (German) *see* METHYL ACRYLATE
ACTEDRON *see* AMPHETAMINE
ACTELLIFOG *see* PRIMIPHOS METHYL
ACTI-ACID *see* CYCLOHEXIMIDE
ACTIDIONE *see* CYCLOHEXIMIDE
ACTIDIONE TGF *see* CYCLOHEXIMIDE
ACTIDONE *see* CYCLOHEXIMIDE
ACTINITE PK *see* ATRAZINE
ACTISPRAY *see* CYCLOHEXIMIDE
ACTIVATED ALUMINUM OXIDE *see* ALUMINUM OXIDE
ACTUAL DINOCAP *see* DINOCAP
AD 1 *see* ALUMINUM
AD 6 *see* PROPYLENE OXIDE
AD1M *see* ALUMINUM
ADC MALACHITE GREEN CRYSTALS *see* C.I. ACID GREEN 4
ADC RHODAMINE B *see* C.I. FOOD RED 15
ADD-F *see* FORMIC ACID
ADELFAN *see* RESPIRINE
ADELPHANE *see* RESPIRINE
ADELPHIN-ESIDREX-K *see* RESPIRINE
ADELPHIN *see* RESPIRINE
ADILAC-TETTEN *see* ADIPIC ACID
ADIMOL DO *see* BIS(2-ETHYLHEXYL)ADIPATE
ADIPAN *see* AMPHETAMINE
ADIPIC ACID BIS(2-ETHYLHEXYL) ESTER *see* BIS(2-ETHYLHEXYL)ADIPATE
ADIPIC ACID DINITRILE *see* ADIPONITRILE
ADIPIC ACID NITRILE *see* ADIPONITRILE
ADIPINIC ACID *see* ADIPIC ACID
ADIPODINITRILE *see* ADIPONITRILE
ADIPOL 2EH *see* BIS(2-ETHYLHEXYL)ADIPATE
ADIPONITRILO (Spanish) *see* ADIPONITRILE
ADNEPHRINE *see* EPINEPHRINE
ADO *see* ALUMINUM
ADRENAL *see* EPINEPHRINE
ADRENALIN *see* EPINEPHRINE
1-ADRENALIN *see* EPINEPHRINE
ADRENALIN-MEDIHALER *see* EPINEPHRINE
ADRENAMINE *see* EPINEPHRINE
ADRENAN *see* EPINEPHRINE
ADRENAPAX *see* EPINEPHRINE
ADRENASOL *see* EPINEPHRINE
ADRENATRATE *see* EPINEPHRINE
ADRENODIS *see* EPINEPHRINE
ADRENOHORMA *see* EPINEPHRINE
ADRENUTOL *see* EPINEPHRINE
ADRINE *see* EPINEPHRINE
ADRONAL *see* CYCLOHEXANOL
ADRUCIL *see* FLUOROURACIL
ADVANCE *see* BROMOXYNIL OCTANOATE
ADVANTAGE *see* CARBOSULFAN
AE *see* ALUMINUM
AENH (German) *see* N-NITROSO-N-ETHYLUREA
AERO-CYANAMID *see* CALCIUM CYANAMIDE
AERO-CYANAMID, SPECIAL GRADE *see* CALCIUM CYANAMIDE
AERO HCN *see* HYDROGEN CYANIDE
AEROL 1 (PESTICIDE) *see* TRICHLORFON
AEROTHENE MM *see* DICHLOROMETHANE
AEROTHENE TT *see* 1,1,1-TRICHLOROETHANE
AETHANETHIOL (German) *see* ETHYL MERCAPTAN
AETHALDIAMIN (German) *see* ETHYLENEDIAMINE
AETHER *see* ETHYL ETHER
AETHYLACETAT (German) *see* ETHYL ACETATE
AETHYLACRYLAT (German) *see* ETHYL ACRYLATE

AETHYLAMINE (German) *see* ETHANAMINE
2-AETHYLAMINO-4-CHLOR-6-ISOPROPYLAMINO-1,3,5-TRIANIN (German) *see* TRIAZINE
AETHYLBENZOL (German) *see* ETHYLBENZENE
AETHYLCARBAMAT (German) *see* URETHANE
AETHYLCHLORID (German) *see* CHLOROETHANE
s-AETHYL-N,N-DIPROPYLTHIOCARBAMAT (German) *see* ETHYL DIPROPYLTHIOCARBAMATE
AETHYLENBROMID (German) *see* 1,2-DIBROMOETHANE
AETHYLENCHLORID (German) *see* 1,2-DICHLOROETHANE
AETHYLENECHLORHYDRIN (German) *see* CHLOROETHANOL
AETHYLENEDIAMIN (German) *see* ETHYLENEDIAMINE
AETHYLENGLYKOL-MONOMETHYLAETHER (German) *see* 2-METHOXYETHANOL
AETHYLENIMIN (German) *see* ETHYLENEIMINE
AETHYLENOXID (German) *see* ETHYLENE OXIDE
AETHYLIDENCHLORID (German) *see* ETHYLIDENE DICHLORIDE
AETHYLIS CHLORIDUM *see* CHLOROETHANE
AETHYLIS *see* CHLOROETHANE
AETHYLMERCAPTAN (German) *see* ETHYL MERCAPTAN
AETHYLMETHYLKETON (German) *see* METHYL ETHYL KETONE
o-AETHYL-O-(3-METHYL-4-METHYLTHIOPHENYL)-ISOPROPYLAMIDO-PHOSPHORSAEURE ESTER (German) *see* FENAMIPHOS
o-AETHYL-O-N-(4-NITROPHENYL) PHENYLMONOTHIOPHOSPHONAT (German) *see* EPN
AETHYLNITROSO-HARNSTOFF (German) *see* N-NITROSO-N-ETHYLUREA
o-AETHYL-S-PHENYL-AETHYL-DITHIOPHOSPHONAT (German) *see* FONOFOS
4-AETHYL-PHOSPHA-2,6,7-TRIOXABICYCLO(2,2,2)OCTAN (German) *see* TRIMETHYLOLPROPANE PHOSPHITE
n-(1-AETHYLPROPYL)-2,6-DINITRO-3,4-XYLIDIN (German) *see* PEDIMETHALIN N-(1-ETHYLPROPYL)-3,4-DIMETHYL-2,6-DINTROBENZENAMINE
n-(AETHYLPROPYL)-3,4-DIMETHYL-2,6-DINITROANILIN (German) *see* PEDIMETHALIN N-(1-ETHYLPROPYL)-3,4-DIMETHYL-2,6-DINTROBENZENAMINE
AETHYLRHODANID (German) *see* ETHYLTHIOCYANATE
o-AETHYL-O-(2,4,5-TRICHLORPHENYL) AETHYLTHIONOPHOSPHONAT (German) *see* TRICHLORONATE
AETHYLURETHAN (German) *see* URETHANE
AF 101 *see* DIURON
AF RED No. 5 *see* C.I. SOLVENT ORANGE 7
AFALON INURON *see* LINURON
AFALON *see* LINURON
AFFIRM *see* ABAMECTIN
AFICIDE *see* LINDANE
AFL 1081 *see* FLUOROACETAMIDE
AFLIX *see* FORMOTHION
AFNOR *see* CHLOROPHACINONE
AFR 1021 *see* DECABROMODIPHENYL OXIDE
AG-500 *see* DIAZINON
AG 63 *see* 2-MERCAPTOBENZOTHIAZOLE
AGARIN *see* MUSCIMOL
AGENAP HMW-H *see* NAPHTHENIC ACID
AGENAP *see* NAPHTHENIC ACID
AGENT BLUE *see* CACODYLIC ACID
AGITENE 141/SUPER *see* NAPHTHALENE
AGOSTILBEN *see* DIETHYLSTILBESTROL
AGOXONE 3 *see* METHOXONE SODIUM SALT
AGREFLAN *see* TRIFLURALIN
AGRICHEM GREENFLY SPRAY *see* MALATHION
AGRICIDE MAGGOT KILLER (F) *see* TOXAPHENE
AGRIFLAN 24 *see* TRIFLURALIN
AGRION *see* 2,4-D SODIUM SALT

AGRISIL *see* TRICHLORONATE
AGRISOL G-20 *see* LINDANE
AGRITAN *see* DDT
AGRITOX *see* METHOXONE
AGRITOX *see* TRICHLORONATE
AGROCERES *see* HEPTACHLOR
AGROCIDE *see* LINDANE
AGROCIDE 2 *see* LINDANE
AGROCIDE 6G *see* LINDANE
AGROCIDE 7 *see* LINDANE
AGROCIDE III *see* LINDANE
AGROCIDE WP *see* LINDANE
AGROCIT *see* BENOMYL
AGROFOROTOX *see* TRICHLORFON
AGRONEXIT *see* LINDANE
AGROSAN GN 5 *see* PHENYLMERCURY ACETATE
AGROSAN *see* PHENYLMERCURY ACETATE
AGROSAND *see* PHENYLMERCURY ACETATE
AGROSOL S *see* CAPTAN
AGROSOL *see* METHYLMERCURIC DICYANAMIDE
AGROTECT *see* 2,4-D
A-GRO *see* METHYL PARATHION
AGROX 2-WAY and 3-WAY *see* CAPTAN
AGROXONE *see* METHOXONE
AH-42 *see* METHAPYRILENE
AH 501 *see* PARAQUAT DICHLORIDE
AHCO DIRECT BLACK GX *see* C.I. DIRECT BLACK 38
AHCOVAT PRINTING GOLDEN YELLOW GK *see* C.I. VAT YELLOW 4
AI-50 *see* DICHLORAN
AI-0109 P *see* ALUMINUM OXIDE
AI 329054 *see* DIFLUBENZURON
AI3-00781 *see* DIPHENYLAMINE
AI3-00790 *see* PHENANTHRENE
AI3-00867 *see* CHRYSENE
AI3-00985 *see* 2-MERCAPTOBENZOTHIAZOLE
AI3-00987 *see* THIRAM
AI3-01122 *see* DINITROBUTYL PHENOL
AI3-01455 *see* BIS(2-CHLOROETHOXY)METHANE
AI3-01557 *see* 5-NITRO-o-TOLUENE
AI3-02370 *see* DICHLOROPHENE
AI3-02372 *see* HEXACHLOROPHENE
AI3-03115 *see* PARALDEHYDE
AI3-03311 *see* DIMETHYLFORMAMIDE
AI3-03435 *see* DIHYDROSAFROLE
AI3-04473 *see* NABAM
AI3-08434 *see* SODIUM FLUOROACETATE
AI3-08524 *see* 2,6-DIMETHYLPHENOL
AI3-08686 *see* 2,4-D BUTYL ESTER
AI3-08870 *see* DICHLORAN
AI3-09076 *see* SODIUM O-PHENYLPHENOXIDE
AI3-09232 *see* α-HEXACHLOROCYCLOHEXANE
AI3-14250 *see* PIPERONYL-ETHYL
AI3-14673 *see* SODIUM DIMETHYLDITHIOCARBAMATE
AI3-14689 *see* FERBAM
AI3-14762 *see* DITHIOBIURET
AI3-14901 *see* 3-CHLORO-2-METHYL-1-PROPENE
AI3-15256 *see* METHYLBIS(PHENYLISOCYANATE)
AI3-15638-X *see* DIMETHYLAMINE
AI3-16319 *see* THIOSEMICARBAZIDE
AI3-16418 *see* SODIUM PENTACHLOROPHENATE
AI3-16667 *see* 2,4-D ISOPROPYL ESTER
AI3-17034 *see* MALATHION
AI3-17292 *see* METHYL PARATHION
AI3-17591 *see* DIPROPYL ISOCINCHOMERONATE

AI3-18996 *see* DIBENZ(a,h)ANTHRACINE
AI3-19244 *see* ISODRIN
AI3-19507 *see* DIAZINON
AI3-22046 *see* 3,3′-DICHLOROBENZIDINE DIHYDROCHLORIDE
AI3-22374 *see* MEVINPHOS
AI3-23116 *see* N-METHYL-2-PYROLIDONE
AI3-23214 *see* ALLYLAMINE
AI3-2409 *see* 2-METHYLPYRIDINE
AI3-24109 *see* 2-METHYLPYRIDINE
AI3-24237 *see* FORMIC ACID
AI3-24253 *see* n-HEXANE
AI3-24285 *see* MALONONITRILE
AI3-24343 *see* 1,2-PHENYLENEDIAMINE
AI3-24359 *see* PROPARGYL ALCOHOL
AI3-24650 *see* DIMETHOATE
AI3-24964 *see* OXYDEMETON METHYL
AI3-24979 *see* BIS(TRIBUTYLTIN)OXIDE
AI3-24988 *see* NALED
AI3-25207 *see* TRIPHENYLTIN CHLORIDE
AI3-25297 *see* FLUOROURACIL
AI3-25447 *see* N-METHYLOLACRYLAMIDE
AI3-25540 *see* FENTHION
AI3-25606 *see* CHINOMETHIONAT
AI3-25644 *see* FAMPHUR
AI3-25726 *see* METHIOCARB
AI3-25783 *see* MERPHOS
AI3-25812 *see* S,S,S-TRIBUTYLTRITHIOPHOSPHATE
AI3-26040 *see* 1,2,3-TRICHLOROPROPANE
AI3-26058 *see* ANILAZINE
AI3-26539 *see* FOLPET
AI3-26698 *see* TRYPAN BLUE
AI3-27093 *see* ALDICARB
AI3-27164 *see* CARBOFURAN
AI3-27165 *see* TEMEPHOS
AI3-27226 *see* PROPARGITE
AI3-27318 *see* ETHOPROP
AI3-27339 *see* TETRAMETHRIN
AI3-27474 *see* RESMETHRIN
AI3-27556 *see* DICAMBA
AI3-27695 *see* BENDIOCARB
AI3-27699 *see* PRIMIPHOS METHYL
AI3-27738 *see* FENBUTATIN OXIDE
AI3-27748 *see* ISOFENPHOS
AI3-27822 *see* ACEPHATE
AI3-27905 *see* THIOPHANATE-METHYL
AI3-27967 *see* AMITRAZ
AI3-28244 *see* ATRAZINE
AI3-28257 *see* METHYL ISOTHIOCYANATE
AI3-28285 *see* HEXAMETHYLENE-1,6-DIISOCYANATE
AI3-28286 *see* 1,3-PHENYLENE DIISOCYANATE
AI3-28526 *see* 3-CHLOROPROPIONITRILE
AI3-29062 *see* PHENOTHRIN
AI3-29149 *see* SULPROFOS
AI3-29158 *see* PERMETHRIN
AI3-29234 *see* FENPROPATHRIN
AI3-29235 *see* FENVALERATE
AI3-29236 *see* PROFENOFOS
AI3-29311 *see* THIODICARB
AI3-29349 *see* HYDRAMETHYLON
AI3-29426 *see* FLUVALINATE
AI3-29460 *see* FENOXYCARB
AI3-29604 *see* CYFLUTHRIN
AI3-31382 *see* PROPANIL
AI3-50120 *see* TETRACYCLINE HYDROCHLORIDE

AI3-50436 see SODIUM AZIDE
AI3-50460 see 7,12-DIMETHYLBENZ(a)ANTHRACENE
AI3-50519 see 1,2-PHENYLENEDIAMINE DIHYDROCHLORIDE
AI3-50598 see THIABENDAZOLE
AI3-50599 see BENZ(a)ANTHRACENE
AI3-51142 see SIMAZINE
AI3-51462 see DIMETHYLDICHLOROSILANE
AI3-51465 see METHYLTRICHLOROSILANE
AI3-51503 see PROPACHLOR
AI3-51506 see ALACHLOR
AI3-52332 see trans-1,4-DICHLORO-2-BUTENE
AI3-52399 see METHACRYLONITRILE
AI3-52494 see 3,3'-DIMETHOXYBENZIDINE-4,4'-DIISOCYANATE
AI3-52498 see PHENYTOIN
AI3-52607 see 1,3-PHENYLENEDIAMINE
AI3-60366 see PROMETHRYN
AI3-61438 see DIURON
AI3-61639 see 2-BROMO-2-NITROPROPANE-1,3-DIOL
AI3-61943 see PARAQUAT DICHLORIDE
AIMCO SYSTOX see OXYDEMETON METHYL
AIP see ALUMINUM PHOSPHIDE
AIREDALE BLACK ED see C.I. DIRECT BLACK 38
AIREDALE BLUE 2BD see C.I. DIRECT BLUE 6
AIZEN DIRECT BLUE 2BH see C.I. DIRECT BLUE 6
AIZEN DIRECT DEEP BLACK EH see C.I. DIRECT BLACK 38
AIZEN DIRECT DEEP BLACK RH see C.I. DIRECT BLACK 38
AIZEN DIRECT DEEP BLACK GH see C.I. DIRECT BLACK 38
AIZEN FOOD RED No. 5 see C.I. SOLVENT ORANGE 7
AIZEN MALACHITE GREEN see C.I. ACID GREEN 4
AIZEN MALACHITE GREEN CRYSTALS see C.I. ACID GREEN 4
AIZEN PONCEAU RH see C.I. FOOD RED 5
AIZEN PRIMULA BROWN BRLH see C.I. DIRECT BROWN 95
AIZEN PRIMULA BROWN PLH see C.I. DIRECT BROWN 95
AIZEN RHODAMINE 6GCP see C.I. BASIC RED 1
AIZEN RHODAMINE BHC see C.I. FOOD RED 15
AIZEN RHODAMINE BH see C.I. FOOD RED 15
AK-33X see MANGANESE TRICARBONYL METHYLCYCLOPENTADIENYL
AKAR 338 see CHLOROBENZILATE
AKARITHION see CARBOPHENOTHION
AKIRIKU RHODAMINE B see C.I. FOOD RED 15
AKROCHEM ETU-22 see ETHYLENE THIOUREA
AKROLEIN (Czech) see ACROLEIN
AKROLEINA (Polish) see ACROLEIN
AKRYLAMID (Czech) see ACRYLAMIDE
AKRYLONITRYL (Polish) see ACRYLONITRILE
AKTIKON see ATRAZINE
AKTIKON PK see ATRAZINE
AKTINIT A see ATRAZINE
AKTINIT PK see ATRAZINE
AKTINIT S see SIMAZINE
AKZO CHEMIE MANEB see MANEB
AL-PHOS see ALUMINUM PHOSPHIDE
ALACHLORE see ALACHLOR
ALANEX see ALACHLOR
ALANINE NITROGEN MUSTARD see MELPHALAN
ALANOX see ALACHLOR
ALATOX 480 see ALACHLOR
ALAUN (German) see ALUMINUM
ALBOCARBON see NAPHTHALENE
ALBONE see HYDROGEN PEROXIDE
ALBRASS see PROPACHLOR
ALCAN AA-100 see ALUMINUM OXIDE
ALCAN C-70 see ALUMINUM OXIDE
ALCAN C-71 see ALUMINUM OXIDE

ALCAN C-72 see ALUMINUM OXIDE
ALCAN C-73 see ALUMINUM OXIDE
ALCAN C-75 see ALUMINUM OXIDE
ALCIDE see CHLORINE DIOXIDE
ALCOA F1 see ALUMINUM OXIDE
ALCOA SODIUM FLUORIDE see SODIUM FLUORIDE
ALCOBAM NM see SODIUM DIMETHYLDITHIOCARBAMATE
ALCOBAM ZM see ZIRAM
ALCOHOL BUTILICO-n (Spanish) see n-BUTYL ALCOHOL
ALCOHOL terc-BUTILICO (Spanish) see tert-BUTYL ALCOHOL
ALCOHOL sec-BUTILICO (Spanish) see sec-BUTYL ALCOHOL
ALCOHOL ISOBUTILICO (Spanish) see ISOBUTYL ALCOHOL
ALCOHOL ISOPROPILICO (Spanish) see ISOPROPYL ALCOHOL
ALCOHOL METILICO (Spanish) see METHANOL
ALCOHOL PROPARGILICO (Spanish) see PROPARGYL ALCOHOL
ALCOJEL see ISOPROPYL ALCOHOL
ALCOOL ALLILCO (Italian) see ALLYL ALCOHOL
ALCOOL ALLYLIQUE (French) see ALLYL ALCOHOL
ALCOOL BUTYLIQUE (French) see n-BUTYL ALCOHOL
ALCOOL BUTYLIQUE SECONDAIRE (French) see sec-BUTYL ALCOHOL
ALCOOL BUTYLIQUE TERTIAIRE (French) see tert-BUTYL ALCOHOL
ALCOOL ISOBUTYLIQUE (French) see ISOBUTYL ALCOHOL
ALCOOL ISOPROPILICO (Italian) see ISOPROPYL ALCOHOL
ALCOOL ISOPROPYLIQUE (French) see ISOPROPYL ALCOHOL
ALCOOL METHYLIQUE (French) see METHANOL
ALCOOL METILICO (Italian) see METHANOL
ALCOPHOBIN see DISULFIRAM
ALCOSOLVE 2 see ISOPROPYL ALCOHOL
ALCOWIPE see ISOBUTYL ALCOHOL
ALCOWIPE see ISOPROPYL ALCOHOL
ALDACIDE see PARAFORMALDEHYDE
ALDECARB see ALDICARB
ALDECARBE (French) see ALDICARB
ALDEHIDO CROTONICO (Spanish) see CROTONALDEHYDE
ALDEHIDO CROTONICO, (E)- (Spanish) see CROTONALDEHYDE, (E)
ALDEHIDO de ENDRIN (Spanish) see ENDRIN ALDEHYDE
ALDEHYDE ACETIQUE (French) see ACETALDEHYDE
ALDEHYDE BUTYRIQUE (French) see BUTYRALDEHYDE
ALDEHYDE CROTONIQUE (French) see CROTONALDEHYDE
ALDEHYDE CROTONIQUE (E)- (French) see CROTONALDEHYDE, (E)
ALDEHYDE FORMIQUE (French) see FORMALDEHYDE
ALDEHYDE PROPIONIQUE (French) see PROPIONALDEHYDE
ALDEIDE ACETICA (Italian) see ACETALDEHYDE
ALDEIDE BUTIRRICA (Italian) see BUTYRALDEHYDE
ALDEIDE FORMICA (Italian) see FORMALDEHYDE
ALDIFEN see 2,4-DINITROPHENOL
ALDOCIT see ALDRIN
ALDREX-30 see ALDRIN
ALDREX-40 see ALDRIN
ALDREX see ALDRIN
ALDRICH AMMONIUM SULFATE see AMMONIUM SULFATE
ALDRIN y DIELDRIN (Spanish) see ALDRIN
ALDRINA (Spanish) see ALDRIN
ALDRINE (French) see ALDRIN
ALDRITE see ALDRIN
ALDROSOL see ALDRIN
d-trans-ALETRINA (Spanish) see d-trans-ALLETHRIN
ALEVIATIN see PHENYTOIN
ALEXITE see ALUMINUM OXIDE
ALFA-TOX see DIAZINON
ALFANAFTILAMINA (Italian) see α-NAPHTHYLAMINE
ALFANAFTYLOAMINA (Polish) see α-NAPHTHYLAMINE
ALFERRIC see ALUMINUM SULFATE
ALFRAX B301 see ALUMINUM OXIDE

ALGAEDYN see SILVER
ALGEON 22 see CHLORODIFLUOROMETHANE
ALGIMYCIN see PHENYLMERCURY ACETATE
ALGISTAT see DICHLONE
ALGOFRENE 22 see CHLORODIFLUOROMETHANE
ALGOFRENE TYPE 1 see TRICHLOROFLUOROMETHANE
ALGOFRENE TYPE 2 see DICHLORODIFLUOROMETHANE
ALGOFRENE TYPE 5 see DICHLOROFLUOROMETHANE
ALGOFRENE TYPE 6 see CHLORODIFLUOROMETHANE
ALGOFRENE TYPE 67 see DIFLUOROETHANE
ALGYLEN see TRICHLOROETHYLENE
ALIBI see LINURON
ALILAMINA (Spanish) see ALLYLAMINE
ALILICO ALCOHOL (Spanish) see ALLYL ALCOHOL
ALISTELL see LINURON
ALK-AUBS see DISULFIRAM
ALKARAU see RESPIRINE
ALKARSODYL see SODIUM CACODYLATE
ALKASERP see RESPIRINE
ALKERAN see MELPHALAN
ALKIRON see METHYLTHIOURACIL
ALKRON see PARATHION
ALL PURPOSE GARDEN INSECTICIDE see MALATHION
ALLBRI ALUMINUM PASTE AND POWDER see ALUMINUM
ALLBRI NATURAL COPPER see COPPER
ALLENE see 1,2-PROPADIENE
ALLERON see PARATHION
d-(E)-ALLETHRIN see d-trans-ALLETHRIN
ALLILE (CLORURO di) (Italian) see ALLYL CHLORIDE
ALLILOWY ALKOHOL (Polish) see ALLYL ALCOHOL
ALLODENE see AMPHETAMINE
ALLOMALEIC ACID see FUMARIC ACID
ALLOPHANIC ACID, 4,4'-O-PHENYLENEBIS(3-THIO-, DIETHYL ESTER see THIOPHANATE ETHYL
ALLOPHANIC ACID, 4,4'-O-PHENYLENEBIS(3-THIO-), DIMETHYL ESTER see THIOPHANATE-METHYL
ALLOXOL S see SETHOXYDIM
ALLOY 101 see COPPER
ALLOY 102 see COPPER
ALLOY 110 see COPPER
ALLOY 151 see COPPER
ALLOY 155 see COPPER
ALLOY 194 see COPPER
ALLOY 195 see COPPER
ALLOY 210 see COPPER
ALLOY 220 see COPPER
ALLOY 230 see COPPER
ALLOY 240 see COPPER
ALLOY 260 see COPPER
ALLOY 510 see COPPER
ALLOY 511 see COPPER
ALLOY 521 see COPPER
ALLOY 638 see COPPER
ALLOY 725 see COPPER
ALLOY 725 see NICKEL
ALLOY 732 see COPPER
ALLOY 732 see NICKEL
ALLOY 735 see COPPER
ALLOY 735 see NICKEL
ALLOY 762 see COPPER
ALLOY 762 see NICKEL
ALLOY 770 see COPPER
ALLOY 770 see NICKEL
ALLTEX see TOXAPHENE

ALLTOX *see* TOXAPHENE
ALLYL AL *see* ALLYL ALCOHOL
ALLYL ALCOHOL *see* ALLYL ALCOHOL
ALLYL ALDEHYDE *see* ACROLEIN
ALLYL CHLORIDE *see* ALLYL CHLORIDE
ALLYL EHYDE *see* ACROLEIN
ALLYLDIOXYBENZENE METHYLENE ETHER *see* SAFROLE
ALLYL-1-(2,4-DICHLOROPHENYL)-2-IMIDAZOL-1-YLETHYL ETHER *see* IMAZALIL
ALLYLALKOHOL (German) *see* ALLYL ALCOHOL
ALLYLCATECHOL METHYLENE ETHER *see* SAFROLE
ALLYLCHLORID (German) *see* ALLYL CHLORIDE
ALLYLE (CHLORURE d') (French) *see* ALLYL CHLORIDE
4-ALLYL-1,2-(METHYLENEDIOXY)BENZENE *see* SAFROLE
1-ALLYL-3,4-METHYLENEDIOXYBENZENE *see* SAFROLE
ALLYLIC ALCOHOL *see* ALLYL ALCOHOL
1-(2-(ALLYLOXY)-2-(2,4-DICHLOROPHENYL)ETHYL)-1H-IMIDAZOLE *see* IMAZALIL
dl-ALLYL-4-HYDROXY-3-METHYL-2-CYCLOPENTEN-1-0NE, d-trans-CHRYSANTHEMUMONOCARBOXYLIC ESTER *see* d-trans-ALLETHRIN
ALLYLPYROCATECHOL METHYLENE ETHER *see* SAFROLE
5-ALLYL-1,3-BENZODIOXOLE *see* SAFROLE
(±)-1-(β-(ALLYLOXY)-2,4-DICHLOROPHENETHYL)IMIDAZOLE *see* IMAZALIL
m-ALLYLPYROCATECHINMETHYLENE ETHER *see* SAFROLE
dl-ALLYL-4-HYDROXY-3-METHYL-2-CYCLOPENTEN-1-0NE, d-(E)-CHRYSANTHEMUMONOCARBOXYLIC ESTER *see* d-trans-ALLETHRIN
1-(β-ALLYLOX Y-2,4-DICHLOROPHENETHYL)IMIDAZOLE *see* IMAZALIL
ALLYLENE *see* 1-PROPYNE
ALLYL TRICHLORIDE *see* 1,2,3-TRICHLOROPROPANE
ALMEDERM *see* HEXACHLOROPHENE
ALMITE *see* ALUMINUM OXIDE
ALON C *see* ALUMINUM OXIDE
ALON *see* ALUMINUM OXIDE
ALOXITE *see* ALUMINUM OXIDE
α-BUTYL-α-(4-CHLOROPHENYL)-1H-1,2,4-TRIAZOLE-1-PROPANENITRILE *see* MYCLOBUTANIL
ALPHA 100 FLUX *see* ISOBUTYL ALCOHOL
ALPHA 850-33 FLUX *see* ISOBUTYL ALCOHOL
ALPHANAPHTHYL THIOUREA *see* ANTU
ALPHANAPHTYL THIOUREE (French) *see* ANTU
ALRATO *see* ANTU
ALSERIN *see* RESPIRINE
ALTOX *see* ALDRIN
ALUFRIT *see* ALUMINUM OXIDE
ALUM *see* ALUMINUM SULFATE
ALUMINA FIBRE *see* ALUMINUM
ALUMINA *see* ALUMINUM OXIDE
α-ALUMINA *see* ALUMINUM OXIDE
β-ALUMINA *see* ALUMINUM OXIDE
γ-ALUMINA *see* ALUMINUM OXIDE
ALUMINIO (Spanish) *see* ALUMINUM
ALUMINITE 37 *see* ALUMINUM OXIDE
ALUMINIUM *see* ALUMINUM
ALUMINIUM BRONZE *see* ALUMINUM
ALUMINIUM FLAKE *see* ALUMINUM
ALUMINOFERRIC *see* ALUMINUM SULFATE
ALUMINUM 27 *see* ALUMINUM
ALUMINUM ALUM *see* ALUMINUM SULFATE
ALUMINUM DEHYDRATED *see* ALUMINUM
ALUMINUM ETCH 16-1-1-2 *see* ACETIC ACID
ALUMINUM ETCH 16-1-1-2 *see* NITRIC ACID
ALUMINUM ETCH 82-3-15-0 *see* ACETIC ACID
ALUMINUM ETCH 82-3-15-0 *see* NITRIC ACID

ALUMINUM ETCH II *see* NITRIC ACID
ALUMINUM ETCH III *see* NITRIC ACID
ALUMINUM FOSFIDE (Dutch) *see* ALUMINUM PHOSPHIDE
ALUMINUM, METALLIC, POWDER *see* ALUMINUM
ALUMINUM MONOPHOSPHIDE *see* ALUMINUM PHOSPHIDE
ALUMINUM OXIDE (2:3) *see* ALUMINUM OXIDE
ALUMINUM OXIDE C *see* ALUMINUM OXIDE
α-ALUMINUM OXIDE *see* ALUMINUM OXIDE
β-ALUMINUM OXIDE *see* ALUMINUM OXIDE
γ-ALUMINUM OXIDE *see* ALUMINUM OXIDE
ALUMINUM PHOSPHIDE INSECTICIDE *see* ALUMINUM PHOSPHIDE
ALUMINUM PHOSPHITE *see* ALUMINUM PHOSPHIDE
ALUMINUM POWDER *see* ALUMINUM
ALUMINUM SESQUIOXIDE *see* ALUMINUM OXIDE
ALUMINUM SULFATE (2:3) *see* ALUMINUM SULFATE
ALUMINUM SULFATE, LIQUID *see* ALUMINUM SULFATE
ALUMINUM TRIOXIDE *see* ALUMINUM OXIDE
ALUMINUM TRISULFATE *see* ALUMINUM SULFATE
ALUMITE (OXIDE) *see* ALUMINUM OXIDE
ALUMITE *see* ALUMINUM OXIDE
ALUNDUM 600 *see* ALUMINUM OXIDE
ALUNDUM *see* ALUMINUM OXIDE
ALUNOGENITE *see* ALUMINUM SULFATE
ALVIT *see* DIELDRIN
ALZODEF *see* CALCIUM CYANAMIDE
AM-FOL *see* AMMONIA
AM SOLDER FLUX *see* AMMONIUM CHLORIDE
AMACEL DEVELOPED NAVY SD *see* 3,3′-DIMETHOXYBENZIDINE
AMACEL YELLOW G *see* C.I. DISPERSE YELLOW 3
AMACID LAKE SCARLET 2R *see* C.I. FOOD RED 5
AMACID MILLING RED PRS *see* C.I. ACID RED 114
AMANIL BLACK GL *see* C.I. DIRECT BLACK 38
AMANIL BLACK WD *see* C.I. DIRECT BLACK 38
AMANIL BLUE 2BX *see* C.I. DIRECT BLUE 6
AMANIL FAST BROWN BRL *see* C.I. DIRECT BROWN 95
AMANIL SKY BLUE *see* TRYPAN BLUE
AMANIL SKY BLUE R *see* TRYPAN BLUE
AMANIL SUPRA BLUE 9GL *see* C.I. DIRECT BLUE 218
AMANTHRENE GOLDEN YELLOW GK *see* C.I. VAT YELLOW 4
AMAREX *see* METIRAM
AMARTHOL FAST RED TR BASE *see* p-CHLORO-o-TOLUIDINE
AMARTHOL FAST RED TR BASE *see* 4-CHLORO-o-TOLUIDINE, HYDRO-CHLORIDE
AMARTHOL FAST RED TR SALT *see* 4-CHLORO-o-TOLUIDINE, HYDRO-CHLORIDE
AMARTHOL FAST SCARLET G BASE *see* 5-NITRO-o-TOLUENE
AMARTHOL FAST SCARLET G SALT *see* 5-NITRO-o-TOLUENE
AMASIL *see* FORMIC ACID
AMATIN *see* HEXACHLOROBENZENE
AMAZE *see* ISOFENPHOS
AMBEN *see* CHLORAMBEN
AMBIBEN *see* CHLORAMBEN
AMBOCHLORIN *see* CHLORAMBUCIL
AMBOCLORIN *see* CHLORAMBUCIL
AMBUSH *see* ALDICARB
AMBUSH *see* PERMETHRIN
AMBUSHFOG *see* PERMETHRIN
AMCHEM 2,4,5-TP *see* 2,4,5-TP ESTERS
AMCHEM WEED KILLER 650 *see* 2,4-D ISOPROPYL ESTER
AMCHEN 2,4,5-TP *see* SILVEX (2,4,5-TP)
AMCHLOR *see* AMMONIUM CHLORIDE
AMCHLORIDE *see* AMMONIUM CHLORIDE
AMCIDE *see* AMMONIUM SULFAMATE
AMDON GRAZON *see* PICLORAM

AMDON see PICLORAM
AMDRO see HYDRAMETHYLON
AMEBICIDE see EMETINE, DIHYDROCHLORIDE
AMEISENATOD see LINDANE
AMEISENMITTEL MERCK see LINDANE
AMEISENSAEURE (German) see FORMIC ACID
AMERCIDE see CAPTAN
AMERICAN CYANAMID 3422 see PARATHION
AMERICAN CYANAMID 3911 see PHORATE
AMERICAN CYANAMID 4049 see MALATHION
AMERICAN CYANAMID 5223 see DODINE
AMERICAN CYANAMID 12880 see DIMETHOATE
AMERICAN CYANAMID 18133 see ZINOPHOS
AMERICAN CYANAMID 18682 see PROTHOATE
AMERICAN CYANAMID 38023 see FAMPHUR
AMERICAN CYANAMID 47031 see PHOSFOLAN
AMERICAN CYANAMID AC-52,160 see TEMEPHOS
AMERICAN CYANAMID CL-38,023 see FAMPHUR
AMERICAN CYANAMID CL-52160 see TEMEPHOS
AMERICAN CYANAMID CL-47470 see MEPHOSFOLAN
AMERICAN CYANAMID E.I. 52,160 see TEMEPHOS
AMEROL see AMITROLE
AMERSITE 2 see SODIUM BISULFITE
AMERZINE see HYDRAZINE
AMETREX see AMETRYN
AMETYCIN see MITOMYCIN C
AMIANTHUS see ASBESTOS (FRIABLE)
AMIBEN see CHLORAMBEN
AMIBIN see CHLORAMBEN
AMICID GREEN B see C.I. ACID GREEN 3
AMICIDE see AMMONIUM SULFAMATE
AMID KYSELINY OCTOVE (Polish) see ACETAMIDE
AMIDEMONOHYDRATE see CYCLOPHOSPHAMIDE
AMIDINE BLUE 4B see TRYPAN BLUE
o-AMIDOAZOTOLULOL see C.I. SOLVENT YELLOW 3
AMIDOUREA HYDROCHLORIDE see SEMICARBAZIDE HYDROCHLORIDE
AMIDOX see 2,4-D
AMIGAN see AMETRYN
AMINE (9CI), O-METHOXYPHENYLAMINE see o-ANISIDINE
AMINE see 2,4,5-T ACID
AMINIC ACID see FORMIC ACID
AMINIL SUPRA BROWN LBL see C.I. DIRECT BROWN 95
2-AMINOANILINE see 1,2-PHENYLENEDIAMINE
3-AMINOANILINE see 1,3-PHENYLENEDIAMINE
4-AMINOANILINE see p-PHENYLENEDIAMINE
m-AMINOANILINE see 1,3-PHENYLENEDIAMINE
meta-AMINOANILINE see 1,3-PHENYLENEDIAMINE
p-AMINOANILINE see p-PHENYLENEDIAMINE
p-AMINOANILINE DIHYDROCHLORIDE see 1,4-PHENYLENEDIAMINE DIHYDROCHLORIDE
4-AMINOANILINE DIHYDROCHLORIDE see 1,4-PHENYLENEDIAMINE DIHYDROCHLORIDE
o-AMINOANISOLE see o-ANISIDINE
2-AMINOANISOLE see o-ANISIDINE
ortho-AMINOANISOLE see o-ANISIDINE
4-AMINOANISOLE see p-ANISIDINE
p-AMINOANISOLE see p-ANISIDINE
para-AMINOANISOLE see p-ANISIDINE
2-AMINO-9,10-ANTHRACENEDIONE see 2-AMINOANTHRAQUINONE
β-AMINOANTHRAQUINONE see 2-AMINOANTHRAQUINONE
2-AMINO-9,10-ANTHRAQUINONE see 2-AMINOANTHRAQUINONE
AMINOANTRAQUINONA (Spanish) see 2-AMINOANTHRAQUINONE
4-AMINOAZOBENCENO (Spanish) see 4-AMINOAZOBENZENE
p-AMINOAZOBENCENO (Spanish) see 4-AMINOAZOBENZENE

AMINOAZOBENZENE *see* 4-AMINOAZOBENZENE
p-AMINOAZOBENZENE *see* 4-AMINOAZOBENZENE
4-AMINOAZOBENZENE *see* 4-AMINOAZOBENZENE
4-AMINO-1,1'-AZOBENZENE *see* 4-AMINOAZOBENZENE
p-AMINOAZOBENZOL *see* 4-AMINOAZOBENZENE
4-AMINOAZOBENZOL *see* 4-AMINOAZOBENZENE
4'-AMINO-2:3'-AZOTOLUENE *see* C.I. SOLVENT YELLOW 3
o-AMINOAZOTOLUENE *see* C.I. SOLVENT YELLOW 3
4'-AMINO-2,3'-AZOTOLUENE *see* C.I. SOLVENT YELLOW 3
o-AMINOAZOTOLUENO (Spanish) *see* C.I. SOLVENT YELLOW 3
o-AMINOAZOTOLUOL *see* C.I. SOLVENT YELLOW 3
m-AMINOBENZAL FLUORIDE *see* BENZENEAMINE, 3-(TRIFLUOROMETH-YL)-
m-AMINOBENZALTRIFLUORIDE *see* BENZENEAMINE, 3-(TRIFLUORO-METHYL)-
AMINOBENZENE *see* ANILINE
m-AMINOBENZOTRIFLUORIDE *see* BENZENEAMINE, 3-(TRIFLUORO-METHYL)-
3-AMINOBENZOTRIFLUORIDE *see* BENZENEAMINE, 3-(TRIFLUOROMETH-YL)-
4-(4-AMINOBENZYL)ANILINE *see* 4,4'-METHYLENEDIANILINE
p-AMINOBIFENILO (Spanish) *see* 4-AMINOBIPHENYL
4-AMINOBIFENILO (Spanish) *see* 4-AMINOBIPHENYL
4-AMINOBIPHENYL *see* 4-AMINOBIPHENYL
p-AMINOBIPHENYL *see* 4-AMINOBIPHENYL
5-AMINO-1-BIS(DIMETHYLAMIDE)PHOSPHORYL-3-PHENYL-1,2,4-TRIA-ZOLE *see* TRIAMIPHOS
5-AMINO-BIS(DIMETHYLAMIDO)PHOSPHORYL-3-PHENYL-1,2,4-TRIAZOLE *see* TRIAMIPHOS
5-AMINO-1-(BIS(DIMETHYLAMINO)PHOSPHINYL)-3-PHENYL-1,2,4-TRIA-ZOLE *see* TRIAMIPHOS
1-AMINO-BUTAAN (Dutch) *see* BUTYLAMINE
1-AMINOBUTAN (German) *see* BUTYLAMINE
2-AMINOBUTANE BASE *see* sec-BUTYLAMINE (13952-84-6)
1-AMINOBUTANE *see* BUTYLAMINE
2-AMINOBUTANE *see* sec-BUTYLAMINE (13952-84-6)
4-AMINO-6-tert-BUTYL-3-METHYLTHIO-as-TRIAZIN-5-ONE *see* METRIBUZIN
4-AMINO-6-tert-BUTYL-3-(METHYLTHIO)-1,2,4-TRIAZIN-5-ONE *see* METRIBUZIN
(4-AMINOBUTYL)DIETHYOXYMETHYLSILANE *see* SILANE, (4-AMINOBU-TYL)DIETHOXYMETHYL-
δ-AMINOBUTYLMETHYLDIETHOXYSILANE *see* SILANE, (4-AMINOBU-TYL)DIETHOXYMETHYL-
AMINOCAPROIC LACTAM *see* CAPROLACTUM
2-((AMINOCARBONYL)OXY)-N,N,N-TRIMETHYLETHANAMINIUM CHLO-RIDE *see* CARBACHOL CHLORIDE
1-AMINO-4-CHLOROBENZENE *see* p-CHLOROANILINE
2-AMINO-5-CHLOROTOLUENE HYDROCHLORIDE *see* 4-CHLORO-o-TOLUI-DINE, HYDROCHLORIDE
2-AMINO-5-CHLOROTOLUENE *see* p-CHLORO-o-TOLUIDINE
3-AMINO-p-CRESOL METHYL ESTER *see* p-CRESIDINE
m-AMINO-p-CRESOL, METHYL ESTER *see* p-CRESIDINE
AMINOCYCLOHEXANE *see* CYCLOHEXYLAMINE
4-AMINO-4-DEOXYPTEROYLGLUTAMATE *see* AMINOPTERIN
3-AMINO-2,6-DICHLOROBENZOIC ACID *see* CHLORAMBEN
3-AMINO-2,5-DICHLOROBENZOIC ACID *see* CHLORAMBEN
4-AMINODIFENIL (Spanish) *see* 4-AMINOBIPHENYL
4-AMINO-2,3'-DIMETHYLAZOBENZENE *see* C.I. SOLVENT YELLOW 3
4-AMINO-2',3-DIMETHYLAZOBENZENE *see* C.I. SOLVENT YELLOW 3
2-AMINO-1,3-DIMETHYLBENZENE *see* 2,6-XYLIDINE
4-AMINO-6-(1,1-DIMETHYLETHYL)-3-(METHYLTHIO)-1,2,4-TRIAZIN-5-(4H)-ONE *see* METRIBUZIN
p-AMINODIPHENYL *see* 4-AMINOBIPHENYL

4-AMINODIPHENYL *see* 4-AMINOBIPHENYL
p-AMINODIPHEYNYINIDE *see* 4-AMINOAZOBENZENE
1-AMINOETHANE *see* ETHANAMINE
AMINOETHANE *see* ETHANAMINE
β-AMINOETHYLAMINE *see* ETHYLENEDIAMINE
AMINOETHYLENE *see* ETHYLENEIMINE
AMINOHEXAHYDROBENZENE *see* CYCLOHEXYLAMINE
6-AMINOHEXANOIC ACID CYCLIC LACTAM *see* CAPROLACTUM
2-AMINOISOBUTANE *see* tert-BUTYLAMINE
AMINOMESITYLENE *see* ANILINE, 2,4,6-TRIMETHYL-
2-AMINOMESITYLENE *see* ANILINE, 2,4,6-TRIMETHYL-
AMINOMETHANE *see* METHANAMINE
1-AMINO-2-METHOXY-5-METHYLBENZENE *see* p-CRESIDINE
2-AMINO-1-METHOXY-4-NITROBENZENE *see* 5-NITRO-o-ANISIDINE
1-AMINO-2-METHOXY-5-NITROBENZENE *see* 5-NITRO-o-ANISIDINE
3-AMINO-4-METHOXYANILINE *see* 2,4-DIAMINOSOLE
1-AMINO-4-METHOXYBENZENE *see* p-ANISIDINE
7-AMINO-9-α-METHOXYMITOSANE *see* MITOMYCIN C
7-AMINO-9-α-METHOXYMITOSANE *see* MITOMYCIN C
3-AMINO-4-METHOXYNITROBENZENE *see* 5-NITRO-o-ANISIDINE
3-AMINO-4-METHOXYTOLUENE *see* p-CRESIDINE
5-AMINOMETHYL-3-HYDROXYISOXAZOLE *see* MUSCIMOL
1-AMINO-2-METHYL-9,10-ANTHRACENEDIONE *see* 1-AMINO-2-METHYL-LANTHRAQUINONE
1-AMINO-2-METHYL-5-NITROB ENZENE *see* 5-NITRO-o-TOLUENE
5-(AMINOMETHYL)-3-ISOXAZOLOL *see* MUSCIMOL
5-(AMINOMETHYL)-3-(2H)ISOXAZOLONE *see* MUSCIMOL
2-AMINO-4-METHYLANISOLE *see* p-CRESIDINE
2-AMINO-1-METHYLBENZENE HYDROCHLORIDE *see* o-TOLUIDINE HYDROCHLORIDE
1-AMINO-2-METHYLBENZENE HYDROCHLORIDE *see* o-TOLUIDINE HYDROCHLORIDE
1-AMINO-2-METHYLBENZENE *see* o-TOLUIDINE
2-AMINO-1-METHYLBENZENE *see* o-TOLUIDINE
4-AMINO-1-METHYLBENZENE *see* p-TOLUIDINE
1-AMINO-2-METHYLPROPANE *see* iso-BUTYLAMINE
2-AMINO-2-METHYLPROPANE *see* tert-BUTYLAMINE
1-AMINO-2-METILANTRAQUINONA (Spanish) *see* 1-AMINO-2-METHYLAN-THRAQUINONE 1-AMINO-2-METHYLANTHRAQUINONE
1-AMINONAFTALEN (Czech) *see* α-NAPHTHYLAMINE
2-AMINONAPHTHALEN (Czech) *see* β-NAPHTHYLAMINE
1-AMINONAPHTHALENE *see* α-NAPHTHYLAMINE
2-AMINONAPHTHALENE *see* β-NAPHTHYLAMINE
2-AMINO-4-NITROANISOLE *see* 5-NITRO-o-ANISIDINE
1-AMINO-2-NITROBENZENE *see* o-NITROANILINE
para-AMINONITROBENZENE *see* p-NITROANILINE
1-AMINO-4-NITROBENZENE *see* p-NITROANILINE
p-AMINONITROBENZENE *see* p-NITROANILINE
2-AMINO-4-NITROTOLUENE *see* 5-NITRO-o-TOLUENE
2-AMINOPENTANE *see* DIETHYLAMINE
4-AMINO-PGA *see* AMINOPTERIN
AMINOPHEN *see* ANILINE ERIN
5-AMINO-3-PHENYL-1,2,4-TRIAZOLE-1-YL-N,N,N′,N′-TETRAMETHYLPHOS-PHODIAMIDE *see* TRIAMIPHOS NYL-
p-(5-AMINO-3-PHENYL-1H-1,2,-4-TRIAZOL-1-YL)-N,N,N′-TETRAMETHYL-PHOSPHONIC DIAMIDE *see* TRIAMIPHOS
p-(5-AMINO-3-PHENYL-1H-1,2,4-TRIAZOL-1-YL)-N,N,N, N′-TETRAMETHYL PHOSPHONODIAMIDATE *see* TRIAMIPHOS
5-AMINO-3-PHENYL-1,2,4-TRIAZOLYL-1-BIS(DIMETHYLAMIDO)PHEOSPHATE *see* TRIAMIPHOS
5-AMINO-3-PHENYL-1,2,4-TRIAZOLYL-N,N,N′,N′-TETRAMETHYL-PHOS-PHONAMIDE *see* TRIAMIPHOS
1-(4-AMINOPHENYL)-1-PROPANONE *see* PROPIOPHENONE, 4′-AMINO-
4-AMINOPHENYL ETHER *see* 4,4′-DIAMINOPHENYL ETHER

p-AMINOPHENYL ETHER see 4,4'-DIAMINOPHENYL ETHER
4-AMINOPIRIDINA (Spanish) see 4-AMINOPYRIDINE
2-AMINO-PROPAAN (Dutch) see ISOPROPYLAMINE
2-AMINOPROPANE see ISOPROPYLAMINE
1-AMINOPROPANE see n-PROPYLAMINE
2-AMINOPROPANO (Italian) see ISOPROPYLAMINE
1-AMINO-2-PROPANOL (1:1) see 2,4,5-T AMINES (2008-46-0)
3-AMINOPROPENE see ALLYLAMINE
3-AMINO-1-PROPENE see ALLYLAMINE
p-AMINOPROPIOPHENONE see PROPIOPHENONE, 4'-AMINO-
3-AMINOPROPYLENE see ALLYLAMINE
AMINOPTERIDINE see AMINOPTERIN
AMINOPTERINA (Spanish) see AMINOPTERIN
4-AMINOPTEROYLGLUTAMIC ACID see AMINOPTERIN
AMINO-4-PYRIDINE see 4-AMINOPYRIDINE
p-AMINOPYRIDINE see 4-AMINOPYRIDINE
γ-AMINOPYRIDINE see 4-AMINOPYRIDINE
AMINOTHIOUREA see THIOSEMICARBAZIDE
1-AMINOTHIOUREA see THIOSEMICARBAZIDE
n-AMINOTHIOUREA see THIOSEMICARBAZIDE
1-AMINO-2-THIOUREA see THIOSEMICARBAZIDE
n-AMINOTHIOUREA see THIOSEMICARBAZIDE
4-AMINOTOLUEN (Czech) see p-TOLUIDINE
2-AMINOTOLUENE see o-TOLUIDINE
4-AMINOTOLUENE see p-TOLUIDINE
o-AMINOTOLUENE see o-TOLUIDINE
ortho-AMINOTOLUENE see o-TOLUIDINE
p-AMINOTOLUENE see p-TOLUIDINE
2-AMINOTOLUENE HYDROCHLORIDE see o-TOLUIDINE HYDROCHLORIDE
o-AMINOTOLUENE HYDROCHLORIDE see o-TOLUIDINE HYDROCHLORIDE
ortho-AMINOTOLUENE HYDROCHLORIDE see o-TOLUIDINE HYDROCHLORIDE
5-AMINO-o-TOLUIDINE see 2,4-DIAMINOTOLUENE
3-AMINO-p-TOLUIDINE see 2,4-DIAMINOTOLUENE
AMINOTRIACETIC ACID see NITRILOTRIACETIC ACID
AMINOTRIAZOLE BAYER see AMITROLE
AMINOTRIAZOLE see AMITROLE
3-AMINOTRIAZOLE see AMITROLE
2-AMINOTRIAZOLE see AMITROLE
2-AMINO-1,3,4-TRIAZOLE see AMITROLE
3-AMINO-S-TRIAZOLE see AMITROLE
3-AMINO-1H-1,2,4-TRIAZOLE see AMITROLE
3-AMINO-1,2,4-TRIAZOLE see AMITROLE
AMINO TRIAZOLE WEEDKILLER 90 see AMITROLE
4-AMINO-3,5,6-TRICH LORO-2-PICOLINIC ACID see PICLORAM
4-AMINO-3,5,6-TRICHLORO-2-PYRIDINECARBOXYLIC ACID see PICLORAM
4-AMINO-3,5,6-TRICHLOROPICOLINIC ACID see PICLORAM
4-AMINOTRICHLOROPICOLINIC ACID see PICLORAM
4-AMINO-3,5,6-TRICHLOROPYRIDINE-2-CARBOXYLIC ACID see PICLORAM
4-AMINO-3,5,6-TRICHLORPICOLINSAEURE (German) see PICLORAM
1-AMINO-2,4,6-TRIMETHYLBENZEN (Czech) see ANILINE, 2,4,6-TRIMETHYL-
2-AMINO-1,3,5-TRIMETHYLBENZENE see ANILINE, 2,4,6-TRIMETHYL-
AMINOURACIL MUSTARD see URACIL MUSTARD
AMINOUREA HYDROCHLORIDE see SEMICARBAZIDE HYDROCHLORIDE
2-AMINO-m-XYLENE see 2,6-XYLIDINE
2-AMINO-1,3-XYLENE see 2,6-XYLIDINE
AMIRAL see TRIADIMEFON
AMISIA-MOTTENSCHUTZ see DICHLOROBENZENE (MIXED ISOMERS)
AMITOL see AMITROLE

AMITRAZ ESTRELLA see AMITRAZ
AMITRIL see AMITROLE
AMITROL-T see AMITROLE
AMITROL 90 see AMITROLE
AMITROLE see AMITROLE
AMIZOL DP NAU see AMITROLE
AMIZOL F see AMITROLE
AMIZOL see AMITROLE
AMMAT see AMMONIUM SULFAMATE
AMMATE HERBICIDE see AMMONIUM SULFAMATE
AMMATE see AMMONIUM SULFAMATE
AMMONERIC see AMMONIUM CHLORIDE
AMMONIA, ANHYDROUS see AMMONIA
AMMONIA AQUEOUS see AMMONIUM HYDROXIDE
AMMONIA GAS see AMMONIA
AMMONIA WATER see AMMONIUM HYDROXIDE
AMMONIAC (French) see AMMONIA
AMMONIACA (Italian) see AMMONIA
AMMONIALE (German) see AMMONIA
AMMONIUM ACID FLUORIDE see AMMONIUM BIFLUORIDE
AMMONIUM AMIDE see AMMONIA
AMMONIUM AMIDOSULFONATE see AMMONIUM SULFAMATE
AMMONIUM AMIDOSULPHATE see AMMONIUM SULFAMATE
AMMONIUM AMINOFORMATE see AMMONIUM CARBAMATE
AMMONIUM AMINOSULFONATE see AMMONIUM SULFAMATE
AMMONIUM BISULFIDE see AMMONIUM SULFIDE
AMMONIUM BOROFLUORIDE see AMMONIUM FLUOBORATE
AMMONIUM CARBAZOATE see AMMONIUM PICRATE
AMMONIUM,(9(o-CARBOXYPHENYL)-6-(DIETHYLAMINO)-3H-XANTHEN-3-YLIDENE)DIETHYL-,CHLORIDE see C.I. FOOD RED 15
AMMONIUM, (2-CHLOROETHYL)TRIMETHYL-, CHLORIDE 2-CHLORO-N,N,N-TRIMETHYLETHANAMINIUM CHLORIDE see CHLORMEQUAT CHLORIDE
AMMONIUM CITRATE see AMMONIUM CITRATE, DIBASIC
AMMONIUM CUPRIC SULFATE see CUPRIC SULFATE, AMMONIATED
AMMONIUM DICHROMATE(VI) see AMMONIUM BICHROMATE
AMMONIUM DICHROMATE see AMMONIUM BICHROMATE
AMMONIUM DISULFATONICKELATE (II) see NICKEL AMMONIUM SULFATE
AMMONIUM FERRIC CITRATE see FERRIC AMMONIUM CITRATE
AMMONIUM FERRIC OXALATE TRIHYDRATE see FERRIC AMMONIUM OXALATE (2944-67-4)
AMMONIUM FERRIC OXALATE see FERRIC AMMONIUM OXALATE (55488-87-4)
AMMONIUM FERRIOXALATE see FERRIC AMMONIUM OXALATE (2944-67-4)
AMMONIUM FERRIOXALATE see FERRIC AMMONIUM OXALATE (55488-87-4)
AMMONIUM FLUOROBORATE see AMMONIUM FLUOBORATE
AMMONIUM FLUOROSILICATE see AMMONIUM SILICOFLUORIDE
AMMONIUM FLUORURE (French) see AMMONIUM FLUORIDE
AMMONIUM HEXAFLUOROSILICATE see AMMONIUM SILICOFLUORIDE
AMMONIUM HYDROGEN SULFITE see AMMONIUM BISULFITE
AMMONIUM HYDROGEN SULFATE see AMMONIUM SULFATE
AMMONIUM HYDROGEN SULFIDE see AMMONIUM SULFIDE
AMMONIUM HYDROGEN CARBONATE see AMMONIUM BICARBONATE
AMMONIUM HYDROGEN SULFIDE SOLUTION see AMMONIUM SULFIDE
AMMONIUM HYDROGEN FLUORIDE see AMMONIUM BIFLUORIDE
AMMONIUM HYDROGEN DIFLUORIDE see AMMONIUM BIFLUORIDE
AMMONIUM HYDROSULFITE see AMMONIUM BISULFITE
AMMONIUM HYDROXIDE see AMMONIA
AMMONIUM IRON SULFATE see FERROUS AMMONIUM SULFATE
AMMONIUM IRON SULPHATE see FERROUS AMMONIUM SULFATE

AMMONIUM METAVANADATE see AMMONIUM VANADATE
AMMONIUM MONOSULFIDE see AMMONIUM SULFIDE
AMMONIUM MONOSULFITE see AMMONIUM BISULFITE
AMMONIUM MURIATE see AMMONIUM CHLORIDE
AMMONIUM NICKEL SULFATE see NICKEL AMMONIUM SULFATE
AMMONIUM(I) NITRATE(1:1) see AMMONIUM NITRATE (SOLUTION)
AMMONIUM-N-NITROSOPHENYLHYDROXYLAMINE see CUPFERRON
AMMONIUM OXALATE HYDRATE see AMMONIUM OXALATE (6009-70-7)
AMMONIUM OXALATE, MONOHYDRATE see AMMONIUM OXALATE (6009-70-7)
AMMONIUM PICRATE (YELLOW) see AMMONIUM PICRATE
AMMONIUM PICRATE, DRY see AMMONIUM PICRATE
AMMONIUM PICRATE, WET see AMMONIUM PICRATE
AMMONIUM PICRONITRATE see AMMONIUM PICRATE
AMMONIUM RHODANATE see AMMONIUM THIOCYANATE
AMMONIUM RHODANIDE see AMMONIUM THIOCYANATE
AMMONIUM SALTPETER see AMMONIUM NITRATE (SOLUTION)
AMMONIUM SALZ der AMIDOSULFONSAURE (German) see AMMONIUM SULFAMATE
AMMONIUM SILICON FLUORIDE see AMMONIUM SILICOFLUORIDE
AMMONIUM SULFATE (2:1) see AMMONIUM SULFATE
AMMONIUM SULFHYDRATE SOLUTION see AMMONIUM SULFIDE
AMMONIUM SULFIDE SOLUTION see AMMONIUM SULFIDE
AMMONIUM SULFOCYANATE see AMMONIUM THIOCYANATE
AMMONIUM SULFOCYANIDE see AMMONIUM THIOCYANATE
AMMONIUM SULPHAMATE see AMMONIUM SULFAMATE
AMMONIUM SULPHATE see AMMONIUM SULFATE
AMMONIUM TARTRATE see AMMONIUM TARTRATE (3164-29-2)
AMMONIUM-d-TARTRATE see AMMONIUM TARTRATE (3164-29-2)
AMMONIUM TETRAFLUOBORATE see AMMONIUM FLUOBORATE
AMMONIUM TETRAFLUOBORATE(1-) see AMMONIUM FLUOBORATE
AMMONIUM TRIOXALATOFERRATE(III) see FERRIC AMMONIUM OXALATE (2944-67-4)
AMMONIUM TRIOXALATOFERRATE(3+) see FERRIC AMMONIUM OXALATE (2944-67-4)
AMMONIUM TRIOXALATOFERRATE(III) see FERRIC AMMONIUM OXALATE (55488-87-4)
AMMONIUMCARBONAT (German) see AMMONIUM CARBONATE
AMOBEN see CHLORAMBEN
AMOCO 2,4-D WEED KILLER NO 6B see 2,4-D BUTYL ESTER
AMONIACO (Spanish) see AMMONIA
AMONIACO ANHIDRO (Spanish) see AMMONIA
AMONIAK (Polish) see AMMONIA
2-AMONOPROPAN (German) see ISOPROPYLAMINE
AMOSITE (OBS) see ASBESTOS (FRIABLE)
AMOXONE see 2,4-D
d-AMPHETAMINE see AMPHETAMINE
AMPHIBOLE see ASBESTOS (FRIABLE)
AMPROLENE see ETHYLENE OXIDE
AMS see AMMONIUM SULFAMATE
AMSPEC ANTIMONY see ANTIMONY
AMYAZETAT (German) see AMYL ACETATE
AMYCIN, HYDROCHLORIDE see TETRACYCLINE HYDROCHLORIDE
AMYL ACETATE, MIXED ISOMERS see AMYL ACETATE
AMYL ACETATE see iso-AMYL ACETATE
AMYL ACETATE see sec-AMYL ACETATE
n-AMYL ACETATE see AMYL ACETATE
AMYL ACETIC ESTER see AMYL ACETATE
AMYL ACETIC ETHER see AMYL ACETATE
α-n-AMYLENE see 1-PENTENE
β-AMYLENE-cis see 2-PENTENE, (Z)-
β-AMYLENE, (E) see 2-PENTENE, (E)-
β-AMYLENE-trans see 2-PENTENE, (E)-
β-AMYLENE, (Z) see 2-PENTENE, (Z)-

cis-β-AMYLENE *see* 2-PENTENE, (Z)-
trans-β-AMYLENE *see* 2-PENTENE, (E)-
AMYL HYDRIDE *see* PENTANE
AMYL ZIMATE *see* ZIRAM
AMYLACETIC ESTER *see* iso-AMYL ACETATE
AMYLACETIC ESTER *see* sec-AMYL ACETATE
AMYLENE *see* 1-PENTENE
2-AMYLESTER KYSELINY OCTOVE (Polish) *see* sec-AMYL ACETATE
AMYLESTER KYSELINY OCTOVE (Polish) *see* AMYL ACETATE
sek-AMYLESTER KYSELINY OCTOVE (Polish) *see* sec-AMYL ACETATE
AN *see* ACRYLONITRILE
ANAC 110 *see* COPPER
ANAC 110 *see* COPPER
ANAC 110 *see* COPPER
ANAESTHETIC ETHER *see* ETHYL ETHER
ANAETHAN *see* DISULFIRAM
ANAMENTH *see* TRICHLOROETHYLENE
ANAPAC *see* PHENACETIN
ANATOX *see* TOXAPHENE
ANCAMINE TL *see* 4,4'-METHYLENEDIANILINE
ANELMID *see* DITHIAZANINE IODIDE
ANESTHESIA ETHER *see* ETHYL ETHER
ANESTHETIC CHLORYL *see* CHLOROETHANE
ANESTHETIC ETHER *see* ETHYL ETHER
ANFETAMINA (Spanish) *see* AMPHETAMINE
ANGIBID *see* NITROGLYCERIN
ANGININE *see* NITROGLYCERIN
ANGIOLINGUAL *see* NITROGLYCERIN
ANGLISITE *see* LEAD SULFATE (7446-14-2)
ANGLISITE *see* LEAD SULFATE (15739-80-7)
ANGORIN *see* NITROGLYCERIN
ANGUIFUGAN *see* DITHIAZANINE IODIDE
ANHIDRIDO ACETICO (Spanish) *see* ACETIC ANHYDRIDE
ANHIDRIDO FTALICO (Spanish) *see* PHTHALIC ANHYDRIDE
ANHIDRIDO METACRILICO (Spanish) *see* METHACRYLIC ANHYDRIDE
ANHYDRID KYSELINY OCTOVE (Polish) *see* ACETIC ANHYDRIDE
ANHYDRIDE ACETIQUE (French) *see* ACETIC ANHYDRIDE
ANHYDRIDE ARSENIEUX (French) *see* ARSENIC TRIOXIDE
ANHYDRIDE ARSENIQUE (French) *see* ARSENIC PENTOXIDE
ANHYDRIDE of AMMONIUM CARBONATE *see* AMMONIUM CARBAMATE
ANHYDRIDE PHTHALIQUE (French) *see* PHTHALIC ANHYDRIDE
ANHYDRIDE VANADIQUE (French) *see* VANADIUM PENTOXIDE
ANHYDRO-o-SULFAMINEBENZOIC ACID *see* SACCHARIN
ANHYDROUS AMMONIA *see* AMMONIA
ANHYDROUS CHLORAL *see* ACETALDEHYDE, TRICHLORO-
ANHYDROUS FERRIC CHLORIDE *see* FERRIC CHLORIDE
ANHYDROUS HYDROFLUORIC ACID *see* HYDROGEN FLUORIDE
ANHYDROUS HYDROGEN CHLORIDE *see* HYDROCHLORIC ACID
ANHYDROUS HYDROGEN SELENIDE *see* HYDROGEN SELENIDE
ANICON KOMBI *see* METHOXONE
ANICON M *see* METHOXONE
ANIDRIDE ACETICA (Italian) *see* ACETIC ANHYDRIDE
ANIDRIDE FTALICA (Italian) *see* PHTHALIC ANHYDRIDE
ANILAZIN *see* ANILAZINE
ANILINA (Spanish) *see* ANILINE
ANILINE, 2,6-DICHLORO-4-NITRO- *see* DICHLORAN
ANILINE, N,N-DIMETHYL- *see* N,N-DIMETHYLANILINE
ANILINE, 3,4-DIMETHYL-2,6-DINITRO-N-(1-ETHYLPROPYL)- *see* PEDIMETHALIN N-(1-ETHYLPROPYL)-3,4-DIMETHYL-2,6-DINTROBENZENAMINE
ANILINE GREEN *see* C.I. ACID GREEN 4
ANILINE, HEXAHYDRO- *see* CYCLOHEXYLAMINE
ANILINE, 2-METHYL- *see* o-TOLUIDINE

ANILINE, 4,4'-METHYLENEBIS(2-CHLORO- *see* 4,4'-METHYLENEBIS(2-CHLOROANILINE)
ANILINE, 4,4'-METHYLENEBIS(N,N-DIMETHYL- *see* 4,4'-METHYLENE-BIS(N,N-DIMETHYL)BENZENAMINE
ANILINE, 4,4'-METHYLENEDI- *see* 4,4'-METHYLENEDIANILINE
ANILINE, p-NITRO- *see* p-NITROANILINE
ANILINE, 4-NITRO- *see* p-NITROANILINE
ANILINE OIL *see* ANILINE
ANILINE, 4,4'-OXYDI- *see* 4,4'-DIAMINOPHENYL ETHER
ANILINE, N-PHENYL- *see* DIPHENYLAMINE
ANILINE, 4,4'-THIODI- *see* 4,4'-THIODIANILINE
ANILINE YELLOW *see* 4-AMINOAZOBENZENE
ANILINOBENZENE *see* DIPHENYLAMINE
o-ANISIC ACID, 3,6-DICHLORO-, SODIUM SALT *see* SODIUM DICAMBA
o-ANISIC ACID, 3,6-DICHLORO- *see* DICAMBA
o-ANISIC ACID, 3,6-DICHLORO-, compd. with DIMETHYLAMINE (1:1) *see* DIMETHYLAMINE DICAMBA
p-ANISIDINA (Spanish) *see* p-ANISIDINE
o-ANISIDINA (Spanish) *see* o-ANISIDINE
2-ANISIDINE *see* o-ANISIDINE
4-ANISIDINE *see* p-ANISIDINE
ANISIDINE-ortho *see* o-ANISIDINE
ANISIDINE-para *see* p-ANISIDINE
o-ANISIDINE, 5-METHYL- *see* p-CRESIDINE
o-ANISIDINE NITRATE *see* 5-NITRO-o-ANISIDINE
o-ANISIDINE, 5-NITRO- *see* 5-NITRO-o-ANISIDINE
ANISOLE, 2,4-DIAMINO-, HYDROGEN SULFATE *see* 2,4-DIAMINOSOLE, SULFATE
ANISOLE, 2,4-DIAMINO-, SUFATE *see* 2,4-DIAMINOSOLE, SULFATE
o-ANISYLAMINE *see* o-ANISIDINE
ANKILOSTIN *see* TETRACHLOROETHYLENE
ANLES *see* THIRAM
ANNAMENE *see* STYRENE
(6) ANNULENE *see* BENZENE
ANODYNON *see* CHLOROETHANE
ANOFEX *see* DDT
ANOL *see* CYCLOHEXANOL
ANON *see* CYCLOHEXANONE
ANONE *see* CYCLOHEXANONE
ANOREXIDE *see* AMPHETAMINE
ANOZOL *see* DIETHYL PHTHALATE
ANPROLENE *see* ETHYLENE OXIDE
ANPROLINE *see* ETHYLENE OXIDE
ANQUIL *see* RESPIRINE
ANSAN *see* CACODYLIC ACID
ANSAR 160 *see* SODIUM CACODYLATE
ANSAR *see* CACODYLIC ACID
ANSAX *see* AMMONIUM NITRATE (SOLUTION)
ANTABUS *see* DISULFIRAM
ANTABUSE *see* DISULFIRAM
ANTADIX *see* DISULFIRAM
ANTAENYL *see* DISULFIRAM
ANTAETHYL *see* DISULFIRAM
ANTAETIL *see* DISULFIRAM
ANTALCOL *see* DISULFIRAM
ANTETAN *see* DISULFIRAM
ANTETHYL *see* DISULFIRAM
ANTHIO *see* FORMOTHION
ANTHIPHEN *see* DICHLOROPHENE
ANTHIUM DIOXCIDE *see* CHLORINE DIOXIDE
ANTHON *see* TRICHLORFON
ANTHRACEN (German) *see* ANTHRACENE
9,10-ANTHRACENEDIONE, 1-AMINO-2-METHYL- *see* 1-AMINO-2-METHYLANTHRAQUINONE

9,10-ANTHRACENEDIONE, 2-AMINO- see 2-AMINOANTHRAQUINONE
ANTHRACENE POLYCYCLIC AROMATIC COMPOUND see ANTHRACENE
ANTHRACIN see ANTHRACENE
ANTHRAPOLE 73 see 2-PHENYLPHENOL
ANTHRAQUINONE, 2-AMINO- see 2-AMINOANTHRAQUINONE
β-ANTHRAQUINONYLAMINE see 2-AMINOANTHRAQUINONE
ANTHRAVAT GOLDEN YELLOW GK see C.I. VAT YELLOW 4
ANTIBASON see METHYLTHIOURACIL
ANTIBORER 3768 see PERMETHRIN
ANTIBULIT see SODIUM FLUORIDE
ANTICARIE see HEXACHLOROBENZENE
ANTIFORMIN see SODIUM HYPOCHLORITE
ANTIGAL see DIAZINON
ANTIGESTIL see DIETHYLSTILBESTROL
ANTIKNOCK-33 see MANGANESE TRICARBONYL METHYLCYCLOPENTA-DIENYL
ANTIKOL see DISULFIRAM
ANTIMICINA A (Spanish) see ANTIMYCIN
ANTIMOINE (TRICHLORURE d') (French) see ANTIMONY TRICHLORIDE
ANTIMOINE FLUORURE (French) see ANTIMONY TRIFLUORIDE
ANTIMONATE (2-), BIS μ-2,3-DIHYDROXYBUTANEDIOATA (4-)-01,02:03,04DI-, DIPOTASSIUM, TRIHYDRATE, STEREOISOMER see ANTIMONY POTASSIUM TARTRATE
ANTIMONIC CHLORIDE see ANTIMONY PENTACHLORIDE
ANTIMONIO (PENTACLORURO di) (Italian) see ANTIMONY PENTACHLORIDE
ANTIMONIO (Spanish) see ANTIMONY
ANTIMONIO (TRICHLORURO di) (Italian) see ANTIMONY TRICHLORIDE
ANTIMONIUS CHLORIDE see ANTIMONY TRICHLORIDE
ANTIMONOUS BROMIDE see ANTIMONY TRIBROMIDE
ANTIMONOUS FLUORIDE see ANTIMONY TRIFLUORIDE
ANTIMONOUS OXIDE see ANTIMONY TRIOXIDE
ANTIMONPENTACHLORID (German) see ANTIMONY PENTACHLORIDE
ANTIMONY BLACK see ANTIMONY
ANTIMONY BROMIDE see ANTIMONY TRIBROMIDE
ANTIMONY BUTTER see ANTIMONY TRICHLORIDE
ANTIMONY(V) CHLORIDE, ANTIMONY PERCHLORIDE see ANTIMONY PENTACHLORIDE
ANTIMONY(III) CHLORIDE see ANTIMONY TRICHLORIDE
ANTIMONY(III) FLUORIDE (1:3) see ANTIMONY TRIFLUORIDE
ANTIMONY FLUORIDE see ANTIMONY PENTAFLUORIDE
ANTIMONY(5+) FLUORIDE see ANTIMONY PENTAFLUORIDE
ANTIMONY(V) FLUORIDE see ANTIMONY PENTAFLUORIDE
ANTIMONY(5+) PENTAFLUORIDE see ANTIMONY PENTAFLUORIDE
ANTIMONY(V) PENTAFLUORIDE see ANTIMONY PENTAFLUORIDE
ANTIMONY PEROXIDE see ANTIMONY TRIOXIDE
ANTIMONYL POTASSIUM TARTRATE see ANTIMONY POTASSIUM TARTRATE
ANTIMONY POWDER see ANTIMONY
ANTIMONY, REGULUS see ANTIMONY
ANTIMONY SESQUIOXIDE see ANTIMONY TRIOXIDE
ANTIMONY, WHITE see ANTIMONY TRIOXIDE
ANTIMOONPENTACHLORIDE (Dutch) see ANTIMONY PENTACHLORIDE
ANTIMOONTRICHLRIDE (Dutch) see ANTIMONY TRICHLORIDE
ANTIMUCIN WDR see PHENYLMERCURY ACETATE
ANTIMYCIN A see ANTIMYCIN
ANTI-N'-NITROSONORNICOTINE see N-NITROSONORNICOTINE
ANTINONIN see 4,6-DINITRO-o-CRESOL
ANTINONNIN see 4,6-DINITRO-o-CRESOL
ANTIO see FORMOTHION
ANTIPIRICULLIN see ANTIMYCIN
ANTI-RUST see SODIUM NITRITE
ANTISACER see PHENYTOIN
ANTISAL 1 see TETRACHLOROETHYLENE

ANTISAL 1A see TOLUENE
ANTISAL 2b see HYDROGEN FLUORIDE
ANTLAK see DIAZINON
ANTOR see DIETHATYL ETHYL
ANTRACENO (Spanish) see ANTHRACENE
ANTRENE see ZIRAM
ANTURAT see ANTU
ANTYMON (Polish) see ANTIMONY
ANTYWYLEGACZ see CHLORMEQUAT CHLORIDE
ANYVIM see ANILINE
AO A1 see ALUMINUM
4-AP see 4-AMINOPYRIDINE
AP 10 PROCESSOR see FERROUS CHLORIDE
APACHLOR see CHLORFENVINFOS
APADODINE see DODINE
APADRIN see MONOCROPTOPHOS
APAMIDON see PHOSPHAMIDON
APARASIN see LINDANE
APAVAP see DICHLORVOS
APAVINPHOS see MEVINPHOS
APC see PHENACETIN
APCO 2330 see 1,3-PHENYLENEDIAMINE
APEX 462-5 see TRIS(2,3-DIBROMOPROPYL) PHOSPHATE
APGA see AMINOPTERIN
APHAMITE see PARATHION
APHTIRIA see LINDANE
APL-LUSTER see THIABENDAZOLE
APLIDAL see LINDANE
APOMINE BLACK GX see C.I. DIRECT BLACK 38
APOPLON see RESPIRINE
APPA see PHOSMET
APSICAL see RESPIRINE
APTAL see p-CHLORO-m-CRESOL
APYONINE AURAMARINE BASE see C.I. SOLVENT YELLOW 34
AQUA-VEX see SILVEX (2,4,5-TP)
AQUA-VEX see 2,4,5-TP ESTERS
AQUA-SOL FLUX see ISOBUTYL ALCOHOL
AQUA-KLEEN see 2,4-D BUTOXYETHYL ESTER
AQUA AMMONIA see AMMONIA
AQUACAT see COBALT
AQUACIDE see DIQUAT (85-00-7)
AQUA FORTIS see NITRIC ACID
AQUALIN see ACROLEIN
AQUALINE see ACROLEIN
AQUA REGIA see NITRIC ACID
AQUATIN 20 EC see TRIPHENYLTIN CHLORIDE
AQUAZINE see SIMAZINE
AQUEOUS AMMONIA see AMMONIUM HYDROXIDE
AR2 see ALUMINUM
ARAB RAT DETH see WARFARIN
ARACIDE see ARAMITE
ARALDITE ERE 1359 see DIGLYCIDYL RESORCINOL ETHER
ARALDITE HARDENER 972 see 4,4'-METHYLENEDIANILINE
ARALDITE HT 901 see PHTHALIC ANHYDRIDE
ARALO see PARATHION
ARAMITE see ARAMITE
ARASAN see THIRAM
ARASAN 42-S see THIRAM
ARASAN 42S see THIRAM
ARASAN 70 see THIRAM
ARASAN 70-S RED see THIRAM
ARASAN 75 see THIRAM
ARASAN-M see THIRAM
ARASAN-SF see THIRAM

AN-SF-X see THIRAM
ATHANE see DINOCAP
ARATRON see ARAMITE
ARBINEX 30TN see HEPTACHLOR
ARBITEX see LINDANE
ARBORCID see 2,4,5-T ESTERS (93-79-8)
ARBOROL see 4,6-DINITRO-o-CRESOL
ARBOTECT see THIABENDAZOLE
ARC CLEANER see ACETONE
ARCTON 4 see CHLORODIFLUOROMETHANE
ARCTON 6 see DICHLORODIFLUOROMETHANE
ARCTRON 9 see TRICHLOROFLUOROMETHANE
ARCTON 114 see DICHLOROTETRAFLUOROETHANE
ARCTON 12 see DICHLORODIFLUOROMETHANE
ARCTON 22 see CHLORODIFLUOROMETHANE
ARCTON 33 see DICHLOROTETRAFLUOROETHANE
ARCTON 63 see FREON 113
ARCTUVIN see HYDROQUINONE
ARCUM R-S see RESPIRINE
ARD 34/02 see SETHOXYDIM
ARETIT see DINITROBUTYL PHENOL
ARGENTUM see SILVER
ARGEZIN see ATRAZINE
ARILAT see CARBARYL
ARILATE see BENOMYL
ARILATE see CARBARYL
ARISIL DIRECT YELLOW G see C.I. DISPERSE YELLOW 3
ARISIL YELLOW 2GN see C.I. DISPERSE YELLOW 3
ARISTOLINE(+) see ETHYLBENZENE
ARISTOLINE (+) see BUTYL ACETATE
ARKLONE P see FREON 113
ARKOTINE see DDT
ARLANTHRENE GOLDEN YELLOW GK see C.I. VAT YELLOW 4
ARMITEARARAMITE-15W see ARAMITE
ARNOLD'S BASE see 4,4'-METHYLENEBIS(N,N-DIMETHYL)BENZENAMINE
AROCLOR see POYLCHLORINATED BIPHENYLS
AROCHLOR 1016 see AROCLOR 1016
AROCHLOR 1221 see AROCLOR 1221
AROCHLOR 1232 see AROCLOR 1232
AROCHLOR 1242 see AROCLOR 1224
AROCHLOR 1248 see AROCLOR 1248
AROCHLOR 1254 see AROCLOR 1254
AROCHLOR 1260 see AROCLOR 1260
AROCLOR 1221 see POYLCHLORINATED BIPHENYLS
AROCLOR 1232 see POYLCHLORINATED BIPHENYLS
AROCLOR 1242 see POYLCHLORINATED BIPHENYLS
AROCLOR 1248 see POYLCHLORINATED BIPHENYLS
AROCLOR 1254 see POYLCHLORINATED BIPHENYLS
AROCLOR 1260 see POYLCHLORINATED BIPHENYLS
AROCLOR 1262 see POYLCHLORINATED BIPHENYLS
AROCLOR 1268 see POYLCHLORINATED BIPHENYLS
AROCLOR 2565 see POYLCHLORINATED BIPHENYLS
AROCLOR 4465 see POYLCHLORINATED BIPHENYLS
AROQUEST 75 see ETHYLENEDIAMINE-TETRAACETIC ACID (EDTA)
ARPROCARB see PROPOXUR
ARSECODILE see SODIUM CACODYLATE
ARSEN (German, Polish) see ARSENIC
ARSENATE see ARSENIC ACID (1327-52-2)
ARSENATE see ARSENIC ACID (7778-39-4)
ARSENATE de CALCIUM (French) see CALCIUM ARSENATE
ARSENATE of LEAD see LEAD ARSENATE (7784-40-9)
ARSENATE of LEAD see LEAD ARSENATE (10102-48-4)
ARSENIATE de PLOMB (French) see LEAD ARSENATE (7645-25-2)
ARSENIATO CALCICO (Spanish) see CALCIUM ARSENATE

ARSENIATO de PLOMO (Spanish) *see* LEAD ACETATE
ARSENIATO de PLOMO (Spanish) *see* LEAD ARSENATE (7645-25-2)
ARSENIATO de PLOMO (Spanish) *see* LEAD ARSENATE (7784-40-9)
ARSENIATO de PLOMO (Spanish) *see* LEAD ARSENATE (10102-48-4)
ARSENIATO POTASICO (Spanish) *see* POTASSIUM ARSENATE
ARSENIATO SODICO (Spanish) *see* SODIUM ARSENATE
ARSENIC-75 *see* ARSENIC
o-ARSENIC ACID *see* ARSENIC ACID (1327-52-2)
o-ARSENIC ACID *see* ARSENIC ACID (7778-39-4)
ARSENICALS *see* ARSENIC
ortho-ARSENIC ACID *see* ARSENIC ACID (1327-52-2)
ortho-ARSENIC ACID *see* ARSENIC ACID (7778-39-4)
ARSENIC(III) CHLORIDE *see* ARSENOUS TRICHLORIDE
ARSENIC(III) OXIDE *see* ARSENIC TRIOXIDE
ARSENIC(V) OXIDE *see* ARSENIC PENTOXIDE
ARSENIC ACID ANHYDRIDE *see* ARSENIC PENTOXIDE
ARSENIC ACID, CALCIUM SALT (2:3) *see* CALCIUM ARSENATE
ARSENIC ACID, LEAD(II) *see* LEAD ARSENATE (7784-40-9)
ARSENIC ACID, LEAD(2+) *see* LEAD ARSENATE (7784-40-9)
ARSENIC ACID, LEAD(2+) SALT *see* LEAD ARSENATE (10102-48-4)
ARSENIC ACID, LEAD SALT *see* LEAD ARSENATE (7645-25-2)
ARSENIC ACID, LEAD SALT *see* LEAD ARSENATE (7784-40-9)
ARSENIC ACID, MONOPOTASSIUM SALT *see* POTASSIUM ARSENATE
ARSENIC ACID, SODIUM SALT *see* SODIUM ARSENATE
ARSENIC ANHYDRIDE *see* ARSINE
ARSENIC ANHYDRIDE *see* ARSENIC PENTOXIDE
ARSENIC BLACK *see* ARSENIC
ARSENIC BLANC (French) *see* ARSENIC TRIOXIDE
ARSENIC BUTTER *see* ARSENOUS TRICHLORIDE
ARSENIC CHLORIDE *see* ARSENOUS TRICHLORIDE
ARSENIC, METALLIC *see* ARSENIC
ARSENIC OXIDE *see* ARSENIC PENTOXIDE
ARSENIC PENTAOXIDE *see* ARSENIC PENTOXIDE
ARSENIC PENTOXIDE *see* ARSENIC ACID (1327-52-2)
ARSENIC SESQUIOXIDE *see* ARSENIC TRIOXIDE
ARSENIC SESQUISULFIDE *see* ARSENIC TRISULFIDE
ARSENIC, SOLID *see* ARSENIC
ARSENIC SULFIDE *see* ARSENIC TRISULFIDE
ARSENIC SULFIDE YELLOW *see* ARSENIC TRISULFIDE
ARSENIC TERSULFIDE *see* ARSENIC TRISULFIDE
ARSENIC TRICHLORIDE *see* ARSENOUS TRICHLORIDE
ARSENIC TRIHYDRIDE *see* ARSINE
ARSENIC TRIOXIDE, SOLID *see* ARSENIC TRIOXIDE
ARSENIC YELLOW *see* ARSENIC TRISULFIDE
ARSENICO (Spanish) *see* ARSENIC
ARSENICUM ALBUM *see* ARSENIC TRIOXIDE
ARSENIGEN SAURE (German) *see* ARSENIC TRIOXIDE
ARSENIOUS ACID *see* ARSENIC TRIOXIDE
ARSENIOUS OXIDE *see* ARSENIC TRIOXIDE
ARSENIOUS TRIOXIDE *see* ARSENIC TRIOXIDE
ARSENITE de POTASSIUM (French) *see* POTASSIUM ARSENITE
ARSENITE de SODIUM (French) *see* SODIUM ARSENITE
ARSENITE *see* ARSENIC TRIOXIDE
ARSENITO CALCICO (Spanish) *see* CALCIUM ARSENITE
ARSENITO POTASICO (Spanish) *see* POTASSIUM ARSENITE
ARSENITO SODICO (Spanish) *see* SODIUM ARSENITE
ARSENIURETTED HYDROGEN *see* ARSINE
ARSENOLITE *see* ARSENIC TRIOXIDE
ARSENOUS ACID *see* ARSENIC TRIOXIDE
ARSENOSILICA FILM 0308 *see* ETHYL ACETATE
ARSENOUS ACID ANHYDRIDE *see* ARSENIC TRIOXIDE
ARSENOUS ACID, CALCIUM SALT *see* CALCIUM ARSENITE
ARSENOUS ACID, POTASSIUM SALT *see* POTASSIUM ARSENITE
ARSENOUS ACID, SODIUM SALT *see* SODIUM ARSENITE

ARSENOUS ACID, SODIUM SALT (9CI) *see* SODIUM ARSENITE
ARSENOUS ANHYDRIDE *see* ARSENIC TRIOXIDE
ARSENOUS CHLORIDE *see* ARSENOUS TRICHLORIDE
ARSENOUS HYDRIDE *see* ARSINE
ARSENOUS OXIDE ANHYDRIDE *see* ARSENIC TRIOXIDE
ARSENOUS OXIDE *see* ARSENIC TRIOXIDE
ARSENOUS SULFIDE *see* ARSENIC TRISULFIDE
ARSENOUS TRICHLORIDE *see* ARSENOUS TRICHLORIDE
ARSENOUS TRICHLORIDE (9CI) *see* ARSENOUS TRICHLORIDE
ARSENOWODOR (Polish) *see* ARSINE
ARSENTRIOXIDE *see* ARSENIC TRIOXIDE
ARSENWASSERSTOFF (German) *see* ARSINE
ARSINA (Spanish) *see* ARSINE
ARSINE, DICHLOROPHENYL- *see* DICHLOROPHENYLARSINE
ARSINE, DIETHYL- *see* DIETHYLARSINE
ARSINETTE *see* LEAD ARSENATE (7784-40-9)
ARSINETTE *see* LEAD ARSENATE (10102-48-4)
ARSINIC ACID, DIMETHYL-(9CI) *see* CACODYLIC ACID
ARSODENT *see* ARSENIC TRIOXIDE
ARSONIC ACID, CALCIUM SALT (1:1) *see* CALCIUM ARSENITE
ARSONIC ACID, POTASSIUM SALT *see* POTASSIUM ARSENITE
ARSONOUS DICHLORIDE, PHENYL- *see* DICHLOROPHENYLARSINE
ARSYCODILE *see* SODIUM CACODYLATE
d-ARTHIN *see* ERGOCALCIFEROL
ARTHODIBROM *see* NALED
ARTIC *see* CHLOROMETHANE
ARTIFICIAL ANT OIL *see* FURFURAL
ARTISIL ORANGE 3RP *see* 1-AMINO-2-METHYLANTHRAQUINONE
ARTOMYCIN *see* TETRACYCLINE HYDROCHLORIDE
ARUMEL *see* FLUOROURACIL
ARWOOD COPPER *see* COPPER
ARYLAM *see* CARBARYL
AS-1 *see* ETHYL ACETATE
AS-1 *see* ACETIC ACID
AS-18CZ10A *see* ACETIC ACID
AS-18CZ6E *see* ETHYL ACETATE
AS-120 *see* ARSENIC
AS-217 *see* ARSENIC
AS-1400 *see* ETHYL ACETATE
AS-18CZ6E *see* ACETIC ACID
AS-18CZ5E *see* ETHYL ACETATE
AS-CZ5E *see* ACETIC ACID
AS 1CE *see* ETHYL ACETATE
AS-ICE *see* ACETIC ACID
AS-5CE *see* ACETIC ACID
AS 5CE *see* ETHYL ACETATE
AS-18CZ10A *see* ETHYL ACETATE
AS-1400 *see* ACETIC ACID
ASA COMPOUND *see* PHENACETIN
ASAHIFRON 113 *see* FREON 113
ASBEST (German) *see* ASBESTOS (FRIABLE)
ASBESTO (Spanish) *see* ASBESTOS (FRIABLE)
ASBESTOS FIBER *see* ASBESTOS (FRIABLE)
ASBESTOSE (German) *see* ASBESTOS (FRIABLE)
ASCARITE *see* ASBESTOS (FRIABLE)
ASCOSERP *see* RESPIRINE
ASCOSERPINA *see* RESPIRINE
ASEPTA FUNGINEX *see* TRIFORINE
ASHCOCID FAST SCARLET R *see* C.I. FOOD RED 5
ASHLAND BUTYL BENZYL PHTHALATE *see* BUTYL BENZYL PHTHALATE
ASMATANE MIST *see* EPINEPHRINE
A,S'-METHYLENE-O,O,O',O'-TETRAETHYL ESTER PHOSPHORODITHIOIC ACID *see* ETHION
ASP 47 *see* SULFOTEP

ASPON-CHLORDANE *see* CHLORDANE
ASPORUM *see* ZINEB
ASSASSIN *see* MECOPROP
ASSET *see* BROMOXYNIL OCTANOATE
ASSOCIATED SALES 4-POUND 2,4-D ESTER WEED KILLER *see* 2,4-D BUTYL ESTER
ASSURE *see* QUIZALOFOP-ETHYL
ASTA B 518 *see* CYCLOPHOSPHAMIDE
ASTA *see* CYCLOPHOSPHAMIDE
ASTHENTHILO *see* DIGITOXIN
ASTHMA METER MIST *see* EPINEPHRINE
ASTHMAHALIN *see* EPINEPHRINE
ASTRA MALACHITE GREEN B *see* C.I. ACID GREEN 4
ASTRA MALACHITE GREEN *see* C.I. ACID GREEN 4
ASTROBAIN *see* OUABAIN
ASTROBOT *see* DICHLORVOS
ASTROL *see* BROMOXYNIL OCTANOATE
ASUNTOL *see* COUMAPHOS
ASYMMETRIC META-CHLORO-ORTHO-TOLUIDINE *see* p-CHLORO-o-TOLUIDINE
ASYMMETRICAL TRIMETHYLBENZENE *see* 1,2,4-TRIMETHYLBENZENE
AT *see* AMITROLE
o-AT *see* C.I. SOLVENT YELLOW 3
3-AT *see* AMITROLE
AT-7 *see* HEXACHLOROPHENE
AT-17 *see* HEXACHLOROPHENE
AT-90 *see* AMITROLE
AT-290 *see* MELPHALAN
AT LIQUID *see* AMITROLE
ATA *see* AMITROLE
ATAZINAX *see* ATRAZINE
ATCP *see* PICLORAM
ATGARD *see* DICHLORVOS
ATGARD V *see* DICHLORVOS
ATHROMBIN *see* WARFARIN SODIUM
ATHYL-GUSATHION *see* AZINPHOS-ETHYL
ATHYLEN (German) *see* ETHYLENE
ATHYLENGLYKOL-MONOATHYLATHER (German) *see* 2-ETHOXYETHANOL
ATHYLENGLYKOL (German) *see* ETHYLENE GLYCOL
ATIRAM *see* THIRAM
ATLANTIC BLACK EA *see* C.I. DIRECT BLACK 38
ATLANTIC BLACK BD *see* C.I. DIRECT BLACK 38
ATLANTIC BLACK C *see* C.I. DIRECT BLACK 38
ATLANTIC BLACK E *see* C.I. DIRECT BLACK 38
ATLANTIC BLACK GAC *see* C.I. DIRECT BLACK 38
ATLANTIC BLACK GG *see* C.I. DIRECT BLACK 38
ATLANTIC BLACK GXCW *see* C.I. DIRECT BLACK 38
ATLANTIC BLACK GXOO *see* C.I. DIRECT BLACK 38
ATLANTIC BLACK SD *see* C.I. DIRECT BLACK 38
ATLANTIC BLUE 2B *see* C.I. DIRECT BLUE 6
ATLANTIC FAST BROWN BRL *see* C.I. DIRECT BROWN 95
ATLANTIC MALACHITE GREEN *see* C.I. ACID GREEN 4
ATLANTIC RESIN FAST BROWN BRL *see* C.I. DIRECT BROWN 95
ATLAS A *see* SODIUM ARSENITE
ATLAS LIGNUM (FORMULATION) *see* 2,2-DICHLOROPROPIONIC ACID
ATLAS MINERVA *see* BROMOXYNIL OCTANOATE
ATLAZIN *see* AMITROLE
ATLAZINE FLOWABLE *see* AMITROLE
ATOCHEM ANTIMONY PENTAFLUORIDE *see* ANTIMONY PENTAFLUORIDE
ATOMERGIC ANTIMONY *see* ANTIMONY
ATOMERGIC ANTIMONY PENTAFLUORIDE *see* ANTIMONY PENTAFLUORIDE

ATOMERGIC ANTIMONY PENTACHLORIDE *see* ANTIMONY PENTACHLORIDE
ATRAFLOW PLUS *see* AMITROLE
ATRANEX *see* ATRAZINE
ATRASINE *see* ATRAZINE
ATRATOL A *see* ATRAZINE
ATRATOL *see* ATRAZINE
ATRAZIN 80 *see* ATRAZINE
ATRAZIN *see* ATRAZINE
ATRAZINA (Spanish) *see* ATRAZINE
ATRED *see* ATRAZINE
ATREX *see* ATRAZINE
ATROMBINE-K *see* WARFARIN
ATTAC-2 *see* TOXAPHENE
ATTAC 6-3 *see* TOXAPHENE
ATTAC 6 *see* TOXAPHENE
ATTACK *see* THIRAM
ATUL BLACK E *see* C.I. DIRECT BLACK 38
ATUL DIRECT BLUE 2B *see* C.I. DIRECT BLUE 6
ATUL ORANGE R *see* C.I. SOLVENT YELLOW 14
AU'ULTRAMICIN *see* CARBOFURAN
AULES *see* THIRAM
AURAMINA (Spanish) *see* C.I. SOLVENT YELLOW 34
AURAMINE BASE *see* C.I. SOLVENT YELLOW 34
AURAMINE N BASE *see* C.I. SOLVENT YELLOW 34
AURAMINE O BASE *see* C.I. SOLVENT YELLOW 34
AURAMINE OAF *see* C.I. SOLVENT YELLOW 34
AURAMINE *see* C.I. SOLVENT YELLOW 34
AURAMINE SS *see* C.I. SOLVENT YELLOW 34
AURANILE *see* PHENYTOIN
AURIPIGMENT *see* ARSENIC TRISULFIDE
AUROPAN *see* PENTOBARBITOL SODIUM
AUSTRAPINE *see* RESPIRINE
AUTUMN KITE *see* TRIFLURALIN
AV00 *see* ALUMINUM
AV000 *see* ALUMINUM
AVADEX BW *see* TRIALLATE
AVADEX *see* DIALLATE
AVANTIN *see* ISOPROPYL ALCOHOL
AVANTINE *see* ISOBUTYL ALCOHOL
AVANTINE *see* ISOPROPYL ALCOHOL
AVERMECTIN B(SUB1) *see* ABAMECTIN
AVERMECTIN B1 *see* ABAMECTIN
AVERZAN *see* DISULFIRAM
AVICOL (PESTICIDE) *see* QUINTOZINE
AVITROL *see* 4-AMINOPYRIDINE
AVLOTHANE *see* HEXACHLOROETHANE
AVOLIN *see* DIMETHYL PHTHALATE
AVOMEC *see* ABAMECTIN
AWPA No. 1 *see* CREOSOTE
AXIUM *see* SODIUM AZIDE
AZ 1310-SF(+) *see* BUTYL ACETATE
AZ 1312-SFD(+) *see* BUTYL ACETATE
AZ 1350J(+) *see* BUTYL ACETATE
AZ 1370-SF(+) *see* BUTYL ACETATE
AZ 1370(+) *see* BUTYL ACETATE
AZ 1375(+) *see* BUTYL ACETATE
AZ 1470(+) *see* ETHYLBENZENE
AZ 1470(+) *see* BUTYL ACETATE
AZ 4140(+) *see* BUTYL ACETATE
AZ 4210(+) *see* ETHYLBENZENE
AZ 4210(+) *see* BUTYL ACETATE
AZ 4330(+) *see* BUTYL ACETATE
AZ 4620(+) *see* BUTYL ACETATE

AZ THINNER see BUTYL ACETATE
12-AZABENZ(a)ANTHRACENE see BEN(a)ACRIDINE
2-AZACYCLOHEPTANONE see CAPROLACTUM
7-AZADIBENZ(a,h)ANTHRACINE see DIBENZ(a,h)ACRIDINE
7-AZADIBENZ(a,j)ANTHRACINE see DIBENZ(a,j)ACRIDINE
7-AZA-7H-DIBENZO(c,g)FLUORENE see 7H-DIBENZO(c,g)CARBAZOLE
l-AZANAPHTHALENE see QUINOLINE
l-AZASERINE see AZASERINE
AZACYCLOHEXANE see PIPERIDINE
AZACYCLOPROPANE see ETHYLENEIMINE
AZANIL RED SALT TRD see 4-CHLORO-o-TOLUIDINE, HYDROCHLORIDE
AZAPLANT see AMITROLE
AZAPLANT KOMBI see AMITROLE
AZASERIN see AZASERINE
1H-AZEPINE-1-CARBOTHIOIC ACID, HEXAHYDRO-S-ETHYL ESTER see MOLINATE
AZETYLAMINOFLUOREN see 2-ACETYLAMINOFLUORENE
AZIDA SODICO (Spanish) see SODIUM AZIDE
AZIDE see SODIUM AZIDE
AZIDINBLAU 3B (German) see TRYPAN BLUE
AZIDINE BLUE 3B see TRYPAN BLUE
AZIJNZUUR (Dutch) see ACETIC ACID
AZIJNZUURANHYDRIDE (Dutch) see ACETIC ANHYDRIDE
AZIMETHYLENE see DIAZOMETHANE
AZINE DEEP BLACK EW see C.I. DIRECT BLACK 38
AZINE DIRECT BLACK E see C.I. DIRECT BLACK 38
AZINE see PYRIDINE
AZINFOS-ETHYL (Dutch) see AZINPHOS-ETHYL
AZINFOS-METHYL (Dutch) see AZINPHOS-METHYL
AZINOS see AZINPHOS-ETHYL
AZINPHOS-AETHYL (German) see AZINPHOS-ETHYL
AZINPHOS-METHYL see AZINPHOS-METHYL
AZINPHOS-METHYL GUTHION see AZINPHOS-METHYL
AZINPHOS ETILE (Italian) see AZINPHOS-ETHYL
AZINPHOSMETILE (Italian) see AZINPHOS-METHYL
AZIRANE see ETHYLENEIMINE
AZIRDINBLAU 3B see TRYPAN BLUE
AZIRIDIN (German) see ETHYLENEIMINE
AZIRIDINA (Spanish) see ETHYLENEIMINE
AZIRIDINA, 2-METIL (Spanish) see PROPYLENEIMINE
AZIRIDINE, 2-METHYL- (6CI, 8CI, 9CI) see PROPYLENEIMINE
AZIRIDINE see ETHYLENEIMINE
AZIRINE see ETHYLENEIMINE
1H-AZIRINE,DIHYDRO- see ETHYLENEIMINEAZABENZENE PYRIDINE
AZIUM see SODIUM AZIDE
AZOAMINE RED ZH see p-NITROANILINE
AZOAMINE SCARLET K see 5-NITRO-o-ANISIDINE
AZOAMINE SCARLET see 5-NITRO-o-ANISIDINE
AZOCARD BLACK EW see C.I. DIRECT BLACK 38
AZOCARD BLUE 2B see C.I. DIRECT BLUE 6
AZODRIN see MONOCROPTOPHOS
AZOENE FAST ORANGE GR BASE see o-NITROANILINE
AZOENE FAST RED TR BASE see p-CHLORO-o-TOLUIDINE
AZOENE FAST RED TR SALT see 4-CHLORO-o-TOLUIDINE, HYDROCHLORIDE
AZOENE FAST SCARLET GC BASE see 5-NITRO-o-TOLUENE
AZOENE FAST SCARLET GC SALT see 5-NITRO-o-TOLUENE
AZOFIX BLUE B SALT see 3,3'-DIMETHOXYBENZIDINE
AZOFIX RED GG SALT see p-NITROANILINE
AZOFIX SCARLET G SALT see 5-NITRO-o-TOLUENE
AZOFOS see METHYL PARATHION
AZOGEN DEVELOPER H see 2,4-DIAMINOTOLUENE
AZOGENE ECARLATE R see 5-NITRO-o-ANISIDINE
AZOGENE FAST BLUE B see 3,3'-DIMETHOXYBENZIDINE

AZOGENE FAST BLUE BASE see 3,3′-DIMETHOXYBENZIDINE
AZOGENE FAST ORANGE GR see o-NITROANILINE
AZOGENE FAST RED TR see p-CHLORO-o-TOLUIDINE
AZOGENE FAST RED TR see 4-CHLORO-o-TOLUIDINE, HYDROCHLORIDE
AZOGENE FAST SCARLET G see 5-NITRO-o-TOLUENE
AZOIC DIAZO COMPONENT 6 see o-NITROANILINE
AZOIC DIAZO COMPONENT 11, BASE see p-CHLORO-o-TOLUIDINE
AZOIC DIAZO COMPONENT 37 see p-NITROANILINE
AZOIC DIAZO COMPONENT 11 BASE see 4-CHLORO-o-TOLUIDINE, HYDROCHLORIDE
AZOIC DIAZO COMPONENT 12 see 5-NITRO-o-TOLUENE
AZOIC DIAZO COMPONENT 13 BASE see 5-NITRO-o-ANISIDINE
AZOIC RED 36 see p-CRESIDINE
AZOLAN see AMITROLE
AZOLE see AMITROLE
AZOMINE BLACK EWO see C.I. DIRECT BLACK 38
AZOMINE BLUE 2B see C.I. DIRECT BLUE 6
AZOPHOS see METHYL PARATHION
AZOTE (French) see NITROGEN DIOXIDE (10102-44-0)
AZOTIC ACID see NITRIC ACID
AZOTO (Italian) see NITROGEN DIOXIDE (10102-44-0)
AZOTOWY KWAS (Polish) see NITRIC ACID
AZOTOX see DDT
AZOTURE de SODIUM (French) see SODIUM AZIDE
AZS see AZASERINE
AZTEC BENZOYL PEROXIDE 70 see BENZOYL PEROXIDE
AZTEC BENZOYL PEROXIDE 77 see BENZOYL PEROXIDE
AZTEC BPO-DRY see BENZOYL PEROXIDE
AZTEC BPO see BENZOYL PEROXIDE
AZUNTHOL see COUMAPHOS
AZURRO DIRETTO 3B see TRYPAN BLUE
B 32 see HEXACHLOROPHENE
B 404 see PARATHION
B-622 see ANILAZINE
B-500 see QUINOLINE
B 518 see CYCLOPHOSPHAMIDE
B 1776 see S,S,S-TRIBUTYLTRITHIOPHOSPHATE
B-3015 see THIOBENCARB
B 37344 see METHIOCARB
BA see BENZ(a)ANTHRACENE
BAAM see AMITRAZ
B(a)P see BENZO(a)PYRENE
BA 51-090462 see DIBENZO(a,l)PYRENE
Ba 2794 see 4-NITROBIPHENYL
BACILLOL see CRESOL (MIXED ISOMERS)
BACKLAP SLURRY see ALUMINUM OXIDE
BACTROL see SODIUM O-PHENYLPHENOXIDE
BAKER'S P and S LIQUID see PHENOL
BAKER'S P and S OINTMENT see PHENOL
BAKTOL see p-CHLORO-m-CRESOL
BAKTOLAN see p-CHLORO-m-CRESOL
BALAN see BENFLURALIN
BALFIN see BENFLURALIN
BALMADREN see EPINEPHRINE
BAN-MITE see MALATHION
BAN-HOE see PROPHAM
BANANA OIL see iso-AMYL ACETATE
BANASIL see RESPIRINE
BANEX see DICAMBA
BANEX see DIMETHYLAMINE DICAMBA
BANGTON see CAPTAN
BANISIL see RESPIRINE
BANLEN see DICAMBA
BANNER see PROPICONAZOLE

BANOCIDE *see* DIETHYLCARBAMAZINE CITRATE
BANTU *see* ANTU
BANVEL 2S *see* DIMETHYLAMINE DICAMBA
BANVEL 4S *see* DICAMBA
BANVEL 4S *see* DIMETHYLAMINE DICAMBA
BANVEL 4WS *see* DICAMBA
BANVEL B *see* BROMOXYNIL OCTANOATE
BANVEL BP *see* MECOPROP
BANVEL CST *see* DICAMBA
BANVEL HERBICIDE *see* DICAMBA
BANVEL II HERBICIDE *see* DICAMBA
BANVEL P *see* MECOPROP
BANVEL *see* DICAMBA
BAP *see* BENZO(a)PYRENE
BARBAN CARBAMATE HERBICIDE *see* BARBAN
BARBANE, CARBYNE *see* BARBAN
BARBER'S 2,4-D ESTER WEED KILLER *see* 2,4-D BUTYL ESTER
BARBER'S WEED KILLER (ESTER FORMULATION) *see* 2,4-D ISOPROPYL ESTER
BARBITURIC ACID, 5-ETHYL-5-sec-PENTYL-, SODIUM SALT *see* PENTO-BARBITOL SODIUM
BARBITURIC ACID, 5-ETHYL-5-(1-METHYLBUTYL)-, SODIUM SALT *see* PENTOBARBITOL SODIUM
BARCO WEED KILLER (ESTER FORMULATION) *see* 2,4-D BUTYL ESTER
BARIO (Spanish) *see* BARIUM
BARIUM, ELEMENTAL *see* BARIUM
BARIUM METAL *see* BARIUM
BARPENTAL *see* PENTOBARBITOL SODIUM
BARRAGE *see* 2,4-D
BARTILEX *see* QUINTOZINE
BAS 32500F *see* THIOPHANATE-METHYL
BAS 35204F *see* VINCLOZOLIN
BAS 90520H *see* SETHOXYDIM
BASAMID *see* DAZOMET
BASAMID-FLUID *see* METHAM SODIUM
BASAMID G *see* DAZOMET
BASANITE *see* DINITROBUTYL PHENOL
BASAPON B *see* 2,2-DICHLOROPROPIONIC ACID
BASAPON/BASAPON N *see* 2,2-DICHLOROPROPIONIC ACID
BASAPON *see* 2,2-DICHLOROPROPIONIC ACID
BASECIL *see* METHYLTHIOURACIL
BASETHYRIN *see* METHYLTHIOURACIL
BASF 9052 *see* SETHOXYDIM
BASF 9052H *see* SETHOXYDIM
BASF-MANEB SPRITZPULVER *see* MANEB
BASF URSOL D *see* p-PHENYLENEDIAMINE
BASIC GREEN 4 *see* C.I. ACID GREEN 4
BASIC LEAD ACETATE *see* LEAD SUBACETATE
BASIC VIOLET 10 *see* C.I. FOOD RED 15
BASILIN *see* HYDROCHLORIC ACID
BASIMID-GRANULAR *see* DAZOMET
BASIMID P *see* DAZOMET
BASIMID-PUDER *see* DAZOMET
BASINEX *see* 2,2-DICHLOROPROPIONIC ACID
BASLE GREEN *see* CUPRIC ACETOARSENITE
BASO YELLOW 124 *see* C.I. SOLVENT YELLOW 34
BASUDIN *see* DIAZINON
BASUDIN 10 G *see* DIAZINON
BASUDIN E *see* DIAZINON
BATASAN *see* STANNANE, ACETOXYTRIPHENYL-
BATAZINA *see* SIMAZINE
BATRILEX *see* QUINTOZINE
BAUXITE *see* ALUMINUM OXIDE
BAVISTIN M, COSMIC *see* MANEB

BAY 21/199 *see* COUMAPHOS
BAY 5024 *see* METHIOCARB
BAY 9026 *see* METHIOCARB
BAY 10756 *see* DEMETON
BAY 11405 *see* METHYL PARATHION
BAY 15922 *see* TRICHLORFON
BAY 16225 *see* AZINPHOS-ETHYL
BAY 18436 *see* DEMETON-s-METHYL
BAY 19149 *see* DICHLORVOS
BAY 19639 *see* DISULFOTON
BAY 21097 *see* OXYDEMETON METHYL
BAY 23323 *see* OXYDISULFOTON
BAY 25141 *see* FENSULFOTHION
BAY 25634 *see* COUMATETRALYL
BAY 29493 *see* FENTHION
BAY 30130 *see* PROPANIL
BAY 3231 *see* TRIAZIQUONE
BAY 33819 *see* PHOSACETIM
BAY 34727 *see* CYANOPHOS
BAY 36205 *see* CHINOMETHIONAT
BAY 37289 *see* TRICHLORONATE
BAY 37344 *see* METHIOCARB
BAY 39007 *see* PROPOXUR
BAY 5122 *see* PROPOXUR
BAY 61597 *see* METRIBUZIN
BAY 6681 F *see* TRIADIMEFON
BAY 68138 *see* FENAMIPHOS
BAY 70143 *see* CARBOFURAN
BAY 704143 *see* CARBOFURAN
BAY 71625 *see* METHAMIDOPHOS
BAY 78537 *see* CARBOFURAN
BAY 9027 *see* AZINPHOS-METHYL
BAY 92114 *see* ISOFENPHOS
BAYCID *see* FENTHION
BAYCOR *see* FUBERDIAZOLE
BAY DIC 1468 *see* METRIBUZIN
BAY E-605 *see* PARATHION
BAY E-601 *see* METHYL PARATHION
BAY E-393 *see* SULFOTEP
BAY ENE 11183B *see* COUMATETRALYL
BAY FCR 1272 *see* CYFLUTHRIN
BAY NTN-9306 *see* SULPROFOS
BAY NTN 6867 *see* DIETHATYL ETHYL
BAY SRA-12869 *see* ISOFENPHOS
BAY VL 1704 *see* CYFLUTHRIN
BAYER-E-393 *see* SULFOTEP
BAYER 21/199 *see* COUMAPHOS
BAYER 25/154 *see* DEMETON-s-METHYL
BAYER 3231 *see* TRIAZIQUONE
BAYER 8169 *see* DEMETON
BAYER 9007 *see* FENTHION
BAYER 10756 *see* DEMETON
BAYER 15922 *see* TRICHLORFON
BAYER 16259 *see* AZINPHOS-ETHYL
BAYER 17147 *see* AZINPHOS-METHYL
BAYER 18436 *see* DEMETON-s-METHYL
BAYER 19149 *see* DICHLORVOS
BAYER 19639 *see* DISULFOTON
BAYER 21097 *see* OXYDEMETON METHYL
BAYER 25141 *see* FENSULFOTHION
BAYER 25634 *see* COUMATETRALYL
BAYER 29493 *see* FENTHION
BAYER 29952 *see* PHOSPHONOTHIOIC ACID, METHYL-, O-ETHYL-O-(4-(METHYLTHIO)PHENYL)ESTER

BAYER 33172 *see* FUBERDIAZOLE
BAYER 33819 *see* PHOSACETIM
BAYER 34727 *see* CYANOPHOS
BAYER 36205 *see* CHINOMETHIONAT
BAYER 37289 *see* TRICHLORONATE
BAYER 37344 *see* METHIOCARB
BAYER 39007 *see* PROPOXUR
BAYER 4964 *see* CHINOMETHIONAT
BAYER 6159H *see* METRIBUZIN
BAYER 6443H *see* METRIBUZIN
BAYER 6681 F *see* TRIADIMEFON
BAYER 68138 *see* FENAMIPHOS
BAYER 71628 *see* METHAMIDOPHOS
BAYER 94337 *see* METRIBUZIN
BAYER B 5122 *see* PROPOXUR
BAYER E-605 *see* PARATHION
BAYER L 13/59 *see* TRICHLORFON
BAYER MEB-6447 *see* TRIADIMEFON
BAYER NTN 9306 *see* SULPROFOS
BAYER S-1752 *see* FENTHION
BAYER S 4400 *see* TRICHLORONATE
BAYER S767 *see* FENSULFOTHION
BAYER SS2074 *see* CHINOMETHIONAT
BAYERITE *see* ALUMINUM OXIDE
BAYGON *see* PROPOXUR
BAYLETON, BAY-MEB-6447 *see* TRIADIMEFON
BAYMIX *see* COUMAPHOS
BAYMIX 50 *see* COUMAPHOS
BAYTAN *see* FUBERDIAZOLE
BAYTAN IM *see* IMAZALIL
BAYTEX *see* FENTHION
BAYTHROID *see* CYFLUTHRIN
BAYTHROID H *see* CYFLUTHRIN
BAZUDEN *see* DIAZINON
BB CHLOROTHALONIL *see* CHLOROTHALONIL
BBC 12 *see* 1,2-DIBROMO-3-CHLOROPROPANE
BBC *see* BENOMYL
B&B FLEA KONTROLLER for DOGS ONLY *see* HEXACHLOROPHENE
B(b)F *see* BENZO(b)FLUORANTHENE
BBH *see* LINDANE
BBP *see* BUTYL BENZYL PHTHALATE
B(c)AC *see* BEN(a)ACRIDINE
BCEE *see* BIS(2-CHLOROETHYL)ETHER
BCF-BUSHKILLER *see* 2,4,5-T ACID
BCME *see* BIS(CHLOROMETHYL)ETHER
BCS COPPER FUNGICIDE *see* CUPRIC SULFATE
BDCM *see* DICHLOROBROMOMETHANE
BEAN SEED PROTECTANT *see* CAPTAN
BEET-KLEEN *see* PROPHAM
BEHA *see* BIS(2-ETHYLHEXYL)ADIPATE
BEHP *see* DI(2-ETHYLHEXYL)PHTHALATE
BELAMINE BLACK GX *see* C.I. DIRECT BLACK 38
BELAMINE BLUE 2B *see* C.I. DIRECT BLUE 6
BELAMINE FAST BROWN BRL *see* C.I. DIRECT BROWN 95
BELMARK *see* FENVALERATE
BELT *see* CHLORDANE
BEN-HEX *see* LINDANE
BENAZYL *see* RESPIRINE
BENCARBATE *see* BENDIOCARB
BENCENO (Spanish) *see* BENZENE
BENCIDAL BLACK E *see* C.I. DIRECT BLACK 38
BENCIDAL BLUE 2B *see* C.I. DIRECT BLUE 6
BENCIDAL BLUE 3B *see* TRYPAN BLUE
BENCIDINA (Spanish) *see* BENZIDINE

BENDEX see FENBUTATIN OXIDE
BENDIGON see RESPIRINE
BENDIOCARBE see BENDIOCARB
BENEFEX see BENFLURALIN
BENEFIN see BENFLURALIN
BENEX see BENOMYL
BENFLURALINE see BENFLURALIN
BENFOS see DICHLORVOS
BENLAT see BENOMYL
BENLATE 40 W see BENOMYL
BENLATE 50 see BENOMYL
BENLATE 50 W see BENOMYL
BENLATE see BENOMYL
BENOMILO (Spanish) see BENOMYL
BENOMYL (ISO) see BENOMYL
BENOX L-40V see BENZOYL PEROXIDE
BENOXYL see BENZOYL PEROXIDE
BENOXYL see BENZOYL PEROXIDE
BENSONITRILE, 3,5-DIBROMO-4-HYDROXY- see BROMOXYNIL
BENTHIOCARB see THIOBENCARB
BENTOX 10 see LINDANE
BENZAC see BENZOYL PEROXIDE
1,2-BENZACENAPHTHENE see FLUORANTHENE
3,4-BENZ(e)ACEPHENANTHRYLENE see BENZO(b)FLUORANTHENE
BENZ(e)ACEPHENANTHRYLENE see BENZO(b)FLUORANTHENE
7,8-BENZACRIDINE see BEN(a)ACRIDINE
3,4-BENZACRIDINE see BEN(a)ACRIDINE
BENZADONE GOLD YELLOW GK see C.I. VAT YELLOW 4
BENZAKNEW see BENZOYL PEROXIDE
BENZAL GREEN see C.I. ACID GREEN 4
BENZALDEHYDE, α-CHLORO- see BENZOYL CHLORIDE
BENZALDEHYDE GREEN see C.I. ACID GREEN 4
BENZAMIDA (Spanish) see BENZAMIDE
BENZAMIDE, 3,5-DICHLORO-N-(1,1-DIMETHYL-2-PROPYNYL) see PRO-
  NAMIDE
BENZAMIDE, N-(((4-CHLOROPHENYL)AMINO)CARBONYL)-2,6-DIFLUORO
  see DIFLUBENZURON
BENZAMIDE,5-(2-CHLORO-4-(TRIFLUOROMETHYL)PHENOXY)-N-(ME-
  THYLSULFONYL)-2-NITR O- see FOMESAFEN
BENZAMINBLAU 3B see TRYPAN BLUE
BENZAMINE BLUE 3B see TRYPAN BLUE
BENZAMINE BLUE see TRYPAN BLUE
BENZANIL BLACK E see C.I. DIRECT BLACK 38
BENZANIL BLUE 2B see C.I. DIRECT BLUE 6
BENZANIL BLUE 3BN see TRYPAN BLUE
BENZANIL BLUE R see TRYPAN BLUE
BENZANIL SUPRA BROWN BRLL see C.I. DIRECT BROWN 95
BENZANIL SUPRA BROWN BRLN see C.I. DIRECT BROWN 95
BENZ(a)ANTHRACENE, 7,12-DIMETHYL- see 7,12-DIMETHYL-
  BENZ(a)ANTHRACENE
BENZ(a)ANTHRACENE, 9,10-DIMETHYL- see 7,12-DIMETHYL-
  BENZ(a)ANTHRACENE
1,2-BENZANTHRACENE see BENZ(a)ANTHRACENE
BENZANTHRACENE see BENZ(a)ANTHRACENE
1,2:5,6-BENZANTHRACENE see DIBENZ(a,h)ANTHRACINE
1,2-BENZANTHRAZEN (German) see BENZ(a)ANTHRACENE
1,2-BENZANTHRENE see BENZ(a)ANTHRACENE
BENZANTHRENE see BENZ(a)ANTHRACENE
1,2-BENZ(a)ANTRHRACENE see BENZ(a)ANTHRACENE
1-BENZAZINE see QUINOLINE
d-BENZEDRINE see AMPHETAMINE
BENZ(k)FLUORANTHENE see BENZO(k)FLUORANTHENE
BENZ(j)FLUORANTHENE see BENZO(j)FLUPRANTHENE
BENZ(a)PHENANTHRENE see CHRYSENE

3,4-BENZ(a)PYRENE *see* BENZO(a)PYRENE
BENZEDRINE *see* AMPHETAMINE
BENZEEN (Dutch) *see* BENZENE
BENZELENE *see* BENZENE
BENZEN (Polish) *see* BENZENE
BENZENAMINE, N-BUTYL-N-ETHYL-2,6-DINITRO-4-(TRIFLUOROMETHYL)- *see* BENFLURALIN
BENZENAMINE, C.I. 37130 *see* 5-NITRO-o-ANISIDINE
BENZENAMINE, 2-CHLORO-4-ETHYLAMINO-6-ISOPROPYLAMINO-S-TRIAZINE ALDRIN BENZENAMINE, 4-CHLORO-2-METHYL *see* p-CHLORO-o-TOLUIDINE
BENZENAMINE, 2,6-DICHLORO-4-NITRO- *see* DICHLORAN
BENZENAMINE, N,N-DIETHYL- *see* N,N-DIETHYLANILINE
BENZENAMINE, N,N-DIMETHYL- *see* N,N-DIMETHYLANILINE
BENZENAMINE, 3,4-DIMETHYL-2,6-DINITRO-N-(1-ETHYLPROPYL)- *see* PEDIMETHALIN N-(1-ETHYLPROPYL)-3,4-DIMETHYL-2,6-DINTRO-BENZENAMINE
BENZENAMINE, 2,6-DIMETHYL- *see* 2,6-XYLIDINE
BENZENAMINE, N,N-DIMETHYL-4-(PHENYLAZO)- *see* 4-DIMETHYLAMINOAZOBENZENE
BENZENAMINE, 4-ETHOXY-N-(5-NITRO-2FURANYL)METHYLENE- *see* NITROFEN
BENZENAMINE, N-(1-ETHYLPROPYL)-3,4-DIMETHYL-2,6-DINITRO- *see* PEDIMETHALIN N-(1-ETHYLPROPYL)-3,4-DIMETHYL-2,6-DINTRO-BENZENAMINE
BENZENAMINE, 2-METHOXY-5-NITRO- *see* 5-NITRO-o-ANISIDINE
BENZENAMINE, 2-METHYL-4-((2-METHYLPHENYL)AZO)- *see* C.I. SOLVENT YELLOW 3
BENZENAMINE,2-METHYL- (9CI) *see* o-TOLUIDINE
BENZENAMINE, 2-METHYL-5-NITRO- *see* 5-NITRO-o-TOLUENE
BENZENAMINE, 2-METHYL-, HYDROCHLORIDE *see* o-TOLUIDINE HYDROCHLORIDE
BENZENAMINE, 4,4'-METHYLENEBIS- (ANILINE) *see* 4,4'-METHYLENEDIANILINE
BENZENAMINE, 4,4'-METHYLENEBIS- *see* 4,4'-METHYLENEDIANILINE
BENZENAMINE, 4,4'-METHYLENEBIS(2-CHLORO- *see* 4,4'-METHYLENE-BIS(2-CHLOROANILINE)
BENZENAMINE, 4,4'-METHYLENEBIS(N,N-DIMETHYL- *see* 4,4'-METHYLENEBIS(N,N-DIMETHYL)BENZENAMINE
BENZENAMINE, 2-NITRO- *see* o-NITROANILINE
BENZENAMINE, 4-NITRO- *see* p-NITROANILINE
BENZENAMINE, N-NITROSO-N-PHENYL- *see* N-NITRSOPHENYLAMINE
BENZENAMINE, 4-NITROSO-N-PHENYL- *see* p-NITROSODIPHENYLAMINE
BENZENAMINE, 4,4'-OXYBIS- *see* 4,4'-DIAMINOPHENYL ETHER
BENZENAMINE, N-PHENYL- *see* DIPHENYLAMINE
BENZENAMINE, 4-(PHENYLAZO)- *see* 4-AMINOAZOBENZENE
BENZENAMINE, 4,4'-THIOBIS- *see* 4,4'-THIODIANILINE
BENZENEACETAMIDE, N,N-DIMETHYL-α-PHENYL- *see* DIPHENAMID
BENZENEACETIC ACID, 4-CHLORO-α-(1-METHYLETHYL)-,CYANO(3-PHENOXYPHENYL)METHYL ESTER *see* FENVALERATE
BENZENEACETIC ACID, 4-CHLORO-α-(4-CHLOROPHENYL)-α-HYDROXY-,ETHYL ESTER *see* CHLOROBENZILATE
BENZENEACETONITRILE *see* BENZYL CYANIDE
BENZENE, (ACETOXYMERCURI)- *see* PHENYLMERCURY ACETATE
BENZENE, (ACETOXYMERCURIO) *see* PHENYLMERCURY ACETATE
BENZENE, 4-ALLYL-1,2-(METHYLENEDIOXY)- *see* SAFROLE
BENZENEAMINE, 2-METHOXY-5-METHYL- *see* p-CRESIDINE
BENZENEAMINE, 2,6-DINITRO-N,N-DIPROPYL-4-(TRIFLUOROMETHYLANILINE) *see* TRIFLURALIN
BENZENEAMINE, 4-CHLORO- *see* p-CHLOROANILINE
BENZENEAMINE, 4-CHLORO-2-METHYL-,HYDROCHLORIDE *see* 4-CHLORO-o-TOLUIDINE, HYDROCHLORIDE
BENZENEAMINE, 4,4'-CABONIMIDOYLBIS(N-DIMETHYL- *see* C.I. SOLVENT YELLOW 34

BENZENEAMINE see ANILINE
BENZENEAMINE, N-HYDROXY-N-NITROSO, AMMONIUM SALT see CUPFERRON
BENZENE, AMINO- see ANILINE
BENZENE, ANILINO- see DIPHENYLAMINE
BENZENEAZO-β-NAPHTHOL see C.I. SOLVENT YELLOW 14
BENZENE-1-AZO-2-NAPHTHOL see C.I. SOLVENT YELLOW 14
1-BENZENEAZO-2-NAPHTHOL see C.I. SOLVENT YELLOW 14
1-BENZENEAZO-2-NAPHTHOL see C.I. SOLVENT YELLOW 14
BENZENE, 1-BROMO-4-PHENOXY- see 4-BROMOPHENYL PHENYL ETHER
BENZENE, 2-BROMO-4-PHENOXY- see 4-BROMOPHENYL PHENYL ETHER
BENZENEBUTANOIC ACID, 4-(BIS(2-CHLOROETHYL)AMINO)- see CHLORAMBUCIL
BENZENECARBONYL CHLORIDE see BENZOYL CHLORIDE
BENZENECARBOXYLIC ACID see BENZOIC ACID
BENZENE CHLORIDE see CHLOROBENZENE
BENZENE, 2-CHLORO-1-(3-ETHOXY-4-NITROPHENOXY)-4-(TRIFLUOROMETHYL)- see OXYFLUOFEN
BENZENE, CHLORO- see CHLOROBENZENE
BENZENE, 1-CHLORO-4-PHENOXY- see 4-CHLOROPHENYL PHENYL ETHER
BENZENE, 1-CHLORO-4-ISOCYANATO- see p-CHLOROPHENOL ISOCYANATE
BENZENE, (CHLOROMETHYL)- see BENZYL CHLORIDE
BENZENE, CYANO- see BENZONITRILE
1,3-BENZENEDIAMINE, 2-METHYL- see DIAMINOTOLUENE (823-40-5)
1,3-BENZENEDIAMINE, 4-METHYL see 2,4-DIAMINOTOLUENE
1,3-BENZENEDIAMINE, 4-METHOXY- see 2,4-DIAMINOSOLE
BENZENEDIAMINE, AR-METHYL- see DIAMINOTOLUENE (MIXED ISOMERS)
1,4-BENZENEDIAMINE DIHYDROCHLORIDE see 1,4-PHENYLENEDIAMINE DIHYDROCHLORIDE
BENZENE-1,4-DIAMINE DIHYDROCHLORIDE see 1,4-PHENYLENEDIAMINE DIHYDROCHLORIDE
p-BENZENEDIAMINE DIHYDROCHLORIDE see 1,4-PHENYLENEDIAMINE DIHYDROCHLORIDE
1,4-BENZENEDIAMINE HYDROCHLORIDE see 1,4-PHENYLENEDIAMINE DIHYDROCHLORIDE
o-BENZENEDIAMINE see 1,2-PHENYLENEDIAMINE
1,2-BENZENEDIAMINE see 1,2-PHENYLENEDIAMINE
1,3-BENZENEDIAMINE see 1,3-PHENYLENEDIAMINE
meta-BENZENEDIAMINE see 1,3-PHENYLENEDIAMINE
m-BENZENEDIAMINE see 1,3-PHENYLENEDIAMINE
1,3-BENZENEDIAMINE see 2,4-DIAMINOSOLE, SULFATE
p-BENZENEDIAMINE see p-PHENYLENEDIAMINE
1,4-BENZENEDIAMINE see p-PHENYLENEDIAMINE
1,2-BENZENEDIAMINEDIHYDROCHLORIDE see 1,2-PHENYLENEDIAMINE DIHYDROCHLORIDE
BENZENE, 1,3-DIAMINO- see 1,3-PHENYLENEDIAMINE
1,3-BENZENEDICARBONITRILE,2,4,6,6-TETRACHLORO- see CHLOROTHALONIL
1,2-BENZENEDICARBOXYLIC ACID ANHYDRIDE see PHTHALIC ANHYDRIDE
1,2-BENZENEDICARBOXYLIC ACID, BUTYL PHENYLMETHYL ESTER see BUTYL BENZYL PHTHALATE
1,2-BENZENEDICARBOXYLIC ACID, BIS(2-ETHYLHEXYL) ESTER see DI(2-ETHYLHEXYL)PHTHALATE
1,2-BENZENEDICARBOXYLIC ACID, DIOCTYL ESTER see DI(2-ETHYLHEXYL)PHTHALATE
BENZENE-O-DICARBOXYLIC ACID DI-n-BUTYL ESTER see DIBUTYL PHTHALATE
1,2-BENZENEDICARBOXYLIC ACID, DIBUTYL ESTER see DIBUTYL PHTHALATE

1,2-BENZENEDICARBOXYLIC ACID, DI-N-OCTYL ESTER see DI-n-OCTYLPHTHALATE
o-BENZENEDICARBOXYLIC ACID, DIBUTYL ESTER see DIBUTYL PHTHALATE
1,2-BENZENEDICARBOXYLIC ACID, DIETHYL ESTER see DIETHYL PHTHALATE
o-BENZENEDICARBOXYLIC ACID DIETHYL ESTER see DIETHYL PHTHALATE
1,2-BENZENEDICARBOXYLIC ACID, DIMETHYL ESTER see DIMETHYL PHTHALATE
1,2-BENZENEDICARBOXYLIC ANHYDRIDE see PHTHALIC ANHYDRIDE
BENZENE, 1,3-DICHLORO- see 1,3-DICHLOROBENZENE
BENZENE, p-DICHLORO- see 1,4-DICHLOROBENZENE
BENZENE, DICHLORO- see DICHLOROBENZENE (MIXED ISOMERS)
BENZENE, 1,2-DICHLORO- see o-DICHLOROBENZENE
BENZENE, 1,4-DICHLORO- see 1,4-DICHLOROBENZENE
BENZENE, m-DICHLORO- see 1,3-DICHLOROBENZENE
BENZENE, 2,4-DICHLORO-1-(4-NITROPHENOXY)- see NITROFEN
BENZENE, DICHLORO METHYL- see BENZAL CHLORIDE
BENZENE, 1,1'-(DICHLOROETHENYLIDENE)BIS(4-CHLORO- see DDE (72-55-9)
BENZENE, 1,1'-(2,2-DICHLOROETHYLIDENE)BIS(4-CHLORO- see DDD
BENZENE, DIETHYLDIISOCYANATO- see DIETHYLDIISOCYANATOBENZENE
BENZENE, o-DIHYDROXY- see CATECHOL
BENZENE, M-DIHYDROXY- see RESORCINOL
BENZENE, p-DIHYDROXY- see HYDROQUINONE
BENZENE 1,3-DIISOCYANATE see 1,3-PHENYLENE DIISOCYANATE
BENZENE-1,3-DIISOCYANATE see 1,3-PHENYLENE DIISOCYANATE
BENZENE, 1,3-DIISOCYANATO- see 1,3-PHENYLENE DIISOCYANATE
BENZENE, 2,4-DIISOCYANATO-1-METHYL- see TOLUENE-2,4-DIISOCYANATE
BENZENE, 1,3-DIISOCYANATO-2-METHYL- see TOLUENE-2,6-DIISOCYANATE
BENZENE, m-DIISOCYANATO- see 1,3-PHENYLENE DIISOCYANATE
BENZENE,2,4-DIISOCYANATO-1-METHYL- see TOLUENE-2,4-DIISOCYANATE
BENZENE, 1,4-DIISOCYANATO- see 1,4-PHENYLENE DIISOCYANATE
BENZENE,2,4-DIISOCYANATOMETHYL- see TOLUENE-2,4-DIISOCYANATE
BENZENE, 1,3-DIISOCYANATOMETHYL- see TOLUENEDIISOCYANATE (MIXED ISOMERS)
BENZENE, m-DIMETHYL- see m-XYLENE
BENZENE-o-DIMETHYL see o-XYLENE
BENZENE-1,4-DIMETHYL see p-XYLENE
BENZENE-p-DIMETHYL see p-XYLENE
BENZENE, 1,2-DINITRO- see o-DINITROBENZENE
BENZENE, 1,4-DINITRO- see p-DINITROBENZENE
BENZENE, 1,3-DINITRO- see m-DINITROBENZENE
BENZENE, p-DINITRO- see p-DINITROBENZENE
BENZENE, o-DINITRO- see o-DINITROBENZENE
BENZENE, m-DINITRO- see m-DINITROBENZENE
1,2-BENZENEDIOL see CATECHOL
o-BENZENEDIOL see CATECHOL
p-BENZENEDIOL see HYDROQUINONE
1,4-BENZENEDIOL see HYDROQUINONE
1,3-BENZENEDIOL see RESORCINOL
m-BENZENEDIOL see RESORCINOL
BENZENE, 2,4-DNT see 2,4-DINITROTOLUENE
BENZENE, 2,6-DNT see 2,6-DINITROTOLUENE
BENZENE, 3,4-DNT see 3,4-DINITROTOLUENE
BENZENE, DNT see DINITROTOLUENE (MIXED ISOMERS)
BENZENE, (EPOXYETHYL)- see STYRENE OXIDE
BENZENE, ETHENYL- see STYRENE
BENZENE, ETHYL- see ETHYLBENZENE

BENZENEFORMIC ACID see BENZOIC ACID
α-BENZENEHEXACHLORIDE see α-HEXACHLOROCYCLOHEXANE
BENZENE HEXACHLORIDE-α-isomer see α-HEXACHLOROCYCLOHEXANE
BENZENE HEXACHLORIDE-GAMMA ISOMER see LINDANE
BENZENE-trans-HEXACHLORIDE see α-HEXACHLOROCYCLOHEXANE
β-BENZENEHEXACHLORIDE see β-HEXACHLOROCYCLOHEXANE
δ-BENZENEHEXACHLORIDE see δ-HEXACHLOROCYCLOHEXANE
BENZENE HEXACHLORIDE see LINDANE
γ-BENZENE HEXACHLORIDE see LINDANE
BENZENE, HEXACHLORO- see HEXACHLOROBENZENE
BENZENE, HEXAHYDRO see CYCLOHEXANE
BENZENE, 1,1'-HYDRAZOBIS- see 1,2-DIPHENYLHYDRAZINE
BENZENE,HYDROXY- see PHENOL
BENZENE, 1-ISOCYANATO-2-((4-ISOCYANATOPHENYL)THIO)- see 2,4'-DI-ISOCYANATODIPHENYL ETHER
BENZENE, 1-ISOCYANATO-2((4-ISOCYANATOPHENYL)THIO)- see 4-METHYLDIPHENYLMETHANE-3,4-DIISOCYANATE
BENZENE, 2-ISOCYANATO-4((4-ISOCYANATOPHENYL)METHYL)-1-METHYL-3,4'-DIISOCYANATO-4-METHYL DIPHENYLMETHANE see 4-METHYLDIPHENYLMETHANE-3,4-DIISOCYANATE
BENZENE ISOPROPYL see CUMENE
BENZENEMETHANAMINIUM, N-ETHYL-N-(4((4-(ETHYL(3-SULFOPHENYL)METHYL)AMAMINO)PHENYL)PHENYLMETHYLENE)-2, 5-CYCLOHEXADIEN-1-YLIDENE)-3-SULFO-,HYDROXIDE, INNER SALT see C.I. ACID GREEN 3
BENZENEMETHANOIC ACID see BENZOIC ACID
BENZENEMETHANOL, 4-CHLORO-α-(4-CHLOROPHENYL)-α-(TRICHLOROMETHYL)- see DICOFOL
BENZENE, 2-METHYL-1,3-DINITRO- see 2,6-DINITROTOLUENE
BENZENE, 2-METHYL- see o-CRESOL
BENZENE, 3-METHYL- see m-CRESOL
BENZENE, METHYL- see TOLUENE
BENZENE, 1-METHYL-2,4-DINITRO- see 2,4-DINITROTOLUENE
BENZENE, 1-METHYL-4-NITRO- see p-NITROTOLUENE
BENZENE, 1-METHYL-3,4-DINITRO- see 3,4-DINITROTOLUENE
BENZENE, 1-METHYL-2-NITRO- see o-NITROTOLUENE
BENZENE, 1-METHYL-3-NITRO- see m-NITROTOLUENE
BENZENE, 4-METHYL see p-CRESOL
BENZENE, METHYLDINITRO- see DINITROTOLUENE (MIXED ISOMERS)
BENZENE, 1,1'-METHYLENEBIS(4-ISOCYANATO- see METHYL-BIS(PHENYLISOCYANATE)
BENZENE, 1,1'-METHYLENEBIS(4-ISOCYANATO-3-METHYL- see 3,3'-DIMETHYLDIPHENYLMETHANE-4,4'-DIISOCYANTE
BENZENE, 1,2-(METHYLENEDIOXY)-4-PROPYL- see DIHYDROSAFROLE
BENZENE, 1,2-(METHYLENEDIOXY)-4-PROPENYL- see ISOSAFROLE
BENZENE, (1-METHYLETHYL-)- see CUMENE
BENZENE, METHYLNITRO- see NITROTOLUENE
BENZENENITRILE see BENZONITRILE
BENZENE, NITRO- see NITROBENZENE
BENZENE, 1,1'-OXYBIS(2,3,4,5,6-PENTABROMO- see DECABROMODIPHENYL OXIDE
BENZENE, 1,1'-OXYBIS(4-ISOCYANATO)- see 4,4'-DIISOCYANATODIPHENYL ETHER
BENZENE, PENTACHLORO- see PENTACHLOROBENZENE
BENZENE, PENTACHLORONITRO- see QUINTOZINE
BENZENE, (PHENYLAMINO)- see DIPHENYLAMINE
BENZENE SULFOCHLORIDE see BENZENESULFONYL CHLORIDE
BENZENESULFONAMIDE, 2-CHLORO-N-(((4-METHOXY-6-METHYL-1,3,5-TRIAZIN-2-YL)AMINO)CARBONYL) see CHLORSULFURON
BENZENESULFONAMIDE, 4-(DIPROPYLAMINO)-3,5-DINITRO- see ORYZALIN
BENZENE SULFONE-CHLORIDE see BENZENESULFONYL CHLORIDE
BENZENE SULFONECHLORIDE see BENZENESULFONYL CHLORIDE

BENZENESULFONIC (ACID) CHLORIDE see BENZENESULFONYL CHLORIDE
BENZENESULFONIC ACID CHLORIDE see BENZENESULFONYL CHLORIDE
BENZENE SULFONIC ACID, DODECYL ESTER see DODECYLBENZENESULFONIC ACID
BENZENE SULFONIC ACID, DODECLY-, SODIUM SALT see SODIUM DODECYLBENZENESULFONATE
BENZENE SULFONIC ACID, DODECYL-, compd. with 1-AMINO-2-PROPANOL (1:1) see ISOPROPANOLAMINE DODECYLBENZENE SULFONATE
BENZENESULFONIC ACID, DODECYL- see DODECYLBENZENESULFONIC ACID
BENZENESULFONIC ACID, DODECYL-, CALCIUM SALT see CALCIUM DODECYLBENZENESULFONATE
BENZENESULFONIC ACID, DODECYL-, comp. with 2,2′,2′′-NITRILOTRIS(ETHANOL)(1:1) see TRIETHANOLAMINE DODECYLBENZENE SULFONATE
BENZENESULFONIC ACID, p-HYDROXY-, ZINCirconium SALT (2:1) see ZINC PHENOLSULFONATE
BENZENESULFONYL CHLORIDE see BENZENESULFONYL CHLORIDE
BENZENE SULPHONIC ACID, DODECYL ESTER see DODECYLBENZENESULFONIC ACID
BENZENESULPHONIC ACID, DODECYL- see DODECYLBENZENESULFONIC ACID
BENZENE, 1,2,4,5-TETRACHLORO- see 1,2,4,5-TETRACHLOROBENZENE
BENZENE, 1,2,4-TRICHLORO- see 1,2,4-TRICHLOROBENZENE
BENZENE,1,1′-(2,2,2-TRICHLOROETHYLIDENE)BIS(4-METHOXY-) see METHOXYCHLOR
BENZENE, 1,1′-(2,2,2-TRICHLOROETHYLIDENE)BIS(4-CHLORO) see DDT
BENZENE, TRICHLOROMETHYL- see BENZOIC TRICHLORIDE
BENZENE, 1,2,4-TRIMETHYL- see 1,2,4-TRIMETHYLBENZENE
BENZENE, VINYL- see STYRENE
BENZENOL see PHENOL
BENZENOSULFOCHLOREK (Polish) see BENZENESULFONYL CHLORIDE
BENZENOSULPHOCHLORIDE see BENZENESULFONYL CHLORIDE
BENZENYL CHLORIDE see BENZOIC TRICHLORIDE
BENZENYL TRICHLORIDE see BENZOIC TRICHLORIDE
2,3-BENZFLUORANTHENE see BENZO(b)FLUORANTHENE
3,4-BENZFLUORANTHENE see BENZO(b)FLUORANTHENE
8,9-BENZFLUORANTHENE see BENZO(k)FLUORANTHENE
10,11-BENZFLUORANTHENE see BENZO(j)FLUPRANTHENE
2,3-BENZFLUORANTHRENE see BENZO(b)FLUORANTHENE
3,4-BENZFLUORANTHRENE see BENZO(b)FLUORANTHENE
BENZHYDROL, 4,4′-DICHLORO-α-(TRICHLOROMETHYL)- see DICOFOL
BENZIDIN (Czech) see BENZIDINE
BENZIDINA (Italian) see BENZIDINE
BENZIDINE, 3,3′-DIMETHYL- see 3,3′-DIMETHYLBENZIDINE
BENZIDINE, 3,3′-DIMETHYL-, DIHYDROCHLORIDE see 3,3′-DIMETHYLBENZIDINE DIHYDROCHLORIDE
BENZIDINE, 3,3′-DIMETHOXY- see 3,3′-DIMETHOXYBENZIDINE
BENZIDINE, 3,3′-DICHLORO- see 3,3′-DICHLOROBENZIDINE
BENZIDINE, 3,3′-DICHLORO-, DIHYDROCHLORIDE see 3,3′-DICHLOROBENZIDINE DIHYDROCHLORIDE
BENZIDINE, 3,3′-DIMETHOXY-, DIHYDROCHLORIDE see 3,3′-DIMETHOXYBENZIDINE DIHYDROCHLORIDE
BENZILAN see CHLOROBENZILATE
BENZILE (CLORURO di) (Italian) see BENZYL CHLORIDE
BENZILIC ACID, 4,4′-DICHLORO-, ETHYL ESTER see CHLOROBENZILATE
BENZILIC ACID, 4,4′-DICHLORO, ETHYL ESTER see CHLOROBENZILATE
2-BENZIMIDAZOLECARBAMIC ACID, 1-(BUTYLCARBAMOYL)-, METHYL ESTER see BENOMYL
BENZIMIDAZOLE, 2-(4-THIAZOLYL)- see THIABENDAZOLE
1H-BENZIMIDAZOLE, 2-(4-THIAZOLYL)- see THIABENDAZOLE
4-(2-BENZIMIDAZOLYL)THIAZOLE see THIABENDAZOLE

1-BENZINE see QUINOLINE
BENZINOFORM see CARBON TETRACHLORIDE
BENZINOL see TRICHLOROETHYLENE
1,2-BENZISOTHIAZOL-3(2H) ONE, 1,1-DIOXIDE see SACCHARIN
1,2-BENZISOTHIAZOLIN-3-ONE, 1,1-DIOXIDE, and SALTS see SACCHARIN
3-BENZISOTHIAZOLINONE 1,1-DIOXIDE see SACCHARIN
BENZO BLUE 3B see TRYPAN BLUE
BENZO BLUE 3BS see TRYPAN BLUE
BENZO BLUE BBA-CF see C.I. DIRECT BLUE 6
BENZO BLUE GS see C.I. DIRECT BLUE 6
BENZO BLUE see TRYPAN BLUE
BENZO LEATHER BLACK E see C.I. DIRECT BLACK 38
3,4-BENZOACRIDINE see BEN(a)ACRIDINE
1,2-BENZO(a)ANTHRACENE see BENZ(a)ANTHRACENE
BENZO(a)ANTHRACENE see BENZ(a)ANTHRACENE
BENZO(a)ANTHRENE see BENZ(a)ANTHRACENE
BENZOATE see BENZOIC ACID
BENZOATO AMONICO (Spanish) see AMMONIUM BENZOATE
BENZOBLAU 3B see TRYPAN BLUE
BENZO-CHINON (German) see QUINONE
BENZ-O-CHLOR see CHLOROBENZILATE
BENZO(d,e,f)CHRYSENE see BENZO(a)PYRENE
BENZO DEEP BLACK E see C.I. DIRECT BLACK 38
1,3-BENZODIOXOL-4-OL, 2,2-DIMETHYL-,METHYLCRBAMATE see BEN-DIOCARB
1,3-BENZODIOXOLE, 2,2-DIMETHYL-1,3-BENZODIOXOL-4-OL METHYL-CARBAMATE see BENDIOCARB
1,3-BENZODIOXOLE, 2,2-DIMETHYL-4-(N-METHYLCARBAMATO)- see BEN-DIOCARB
1,3-BENZODIOXOLE, 5-PROPYL- see DIHYDROSAFROLE
1,3-BENZODIOXOLE, 5-(2-PROPENYL)- see SAFROLE
1,3-BENZODIOXOLE, 5-((2-(2-BUTOXYETHOXY)ETHOXY)METHYL)-6-PROPYL- see PIPERONYL-ETHYL
BENZOEPIN see ENDOSULFAN
BENZOESAEURE (German) see BENZOIC ACID
1,2-BENZOFENANTRENO (Spanish) see CHRYSENE
11,12-BENZOFLOURANTHENE, 19,9-BENZOFLOURANTHENE see BENZO(k)FLUORANTHENE
10, 11-BENZOFLOURANTHENE see BENZO(j)FLUPRANTHENE
BENZO-12,13-FLOURANTHENE see BENZO(j)FLUPRANTHENE
11,12-BENZO(k)FLOURANTHENE see BENZO(k)FLUORANTHENE
7,8-BENZOFLOURANTHENE see BENZO(j)FLUPRANTHENE
BENZO(l)FLOURANTHENE see BENZO(j)FLUPRANTHENE
BENZO(e)FLUORANTHENE see BENZO(b)FLUORANTHENE
4,5-BENZOFLUORANTHENE see BENZO(b)FLUORANTHENE
3,4-BENZOFLUORANTHENE see BENZO(b)FLUORANTHENE
2,3-BENZOFLUORANTHENE see BENZO(b)FLUORANTHENE
BENZO(jk)FLUORENE see FLUORANTHENE
BENZOFORM BLACK BCN-CF see C.I. DIRECT BLACK 38
BENZOFUR D see p-PHENYLENEDIAMINE
BENZOFUR MT see 2,4-DIAMINOTOLUENE
7-BENZOFURANOL, 2,3-DIHYDRO-2,2-DIMETHYL-,METHYLCARBAMATE see CARBOFURAN
BENZOFUROLINE see RESMETHRIN
BENZOHYDROQUINONE see HYDROQUINONE
BENZOIC ACID,-5-(2-CHLORO-4-(TRIFLUOROMETHYL)PHENOXY)-2-NITRO-, SODIUM SALT see ACIFLUORFEN, SODIUM SALT
BENZOIC ACID, 2-(((((4-METHOXY-6-METHYL-1,3,5-TRIAZIN-2-YL)METHYLAMINO)CAR BONYL)AMINO)SULFONYL)-, METHYL ESTER see TRIBENURON METHYL
BENZOIC ACID, 2-((ETHOXY((1-METHYLETHYL)AMINO)PHOSPHINOTHIOYL)OXY)-, 1-METHYL ESTER see ISOFENPHOS

BENZOIC ACID, 2-(6(ETHYLAMINO)-3-(ETHYLIMINO)-2,7-DIMETHYL-3H-XANTHEN-9-YL)-, ETHYL ESTER, MONOHYDROCHLORIDE see C.I. BASIC RED 1
BENZOIC ACID, 2-((ETHOXY((1-METHYLE-THYL)AMINO)PHOSPHINOTHIOYL)OXY), 1-METHYLETHYL ESTER see ISOFENPHOS
BENZOIC ACID, 3-AMINO-2,5-DICHLORO- see CHLORAMBEN
BENZOIC ACID, 3-AMINO-2,5-DICHLORO- see CHLORAMBEN
BENZOIC ACID, 3,6-DICHLORO-2-METHOXY- see DICAMBA
BENZOIC ACID, 3,6-DICHLORO-2-METHOXY-, SODIUM SALT see SODIUM DICAMBA
BENZOIC ACID, 3,6-DICHLORO-2-METHOXY-, compd. with N-METHYLME-THANAMINE (1:1) see DIMETHYLAMINE DICAMBA
BENZOIC ACID, 5-(2-CHLORO-4-(TRIFLUOROMETHYL)PHENOXY)-2-NITRO-2-ETHOXY-1-METHYL-2-OXOETHYL ESTER see LACTOFEN
BENZOIC ACID AMIDE see BENZAMIDE
BENZOIC ACID, AMMONIUM SALT see AMMONIUM BENZOATE
BENZOIC ACID BENZOPEROXIDE see BENZOYL PEROXIDE
BENZOIC ACID, CHLORIDE see BENZOYL CHLORIDE
BENZOIC ACID NITRILE see BENZONITRILE
BENZOIC ACID, o-(6(ETHYLAMINO)-3-(ETHYLIMINO)-2,7-DIMETHYL-3H-XANTHEN-9-YL)-,ETHYL ESTER, MONOHYDROCHLORIDE see C.I. BASIC RED 1
BENZOIC ACID PEROXIDE see BENZOYL PEROXIDE
BENZOIC ACID see BENZOYL PEROXIDE
o-BENZOIC ACID SULFIMIDE see SACCHARIN
BENZOIC SULFIMIDE see SACCHARIN
o-BENZOIC SULFIMIDE see SACCHARIN
o-BENZOIC SULPHIMIDE see SACCHARIN
BENZOIC SULPHINIDE see SACCHARIN
BENZOICSULPHIMIDE see SACCHARIN
BENZOL see BENZENE
BENZOLE see BENZENE
BENZOLO (Italian) see BENZENE
BENZONITRILE, 2,6-DICHLORO- see DICHLOBENIL
BENZONITRILE, 3,5-DIBROMO-4-OCTANOYLOXY- see BROMOXYNIL OCTANOATE
BENZONITRILE, 3,5-DIBROMO-4-HYDROXY- see BROMOXYNIL
BENZONITRILO (Spanish) see BENZONITRILE
BENZO(rst)PENTAPHENE see DIBENZ(a,i)PYRENE
BENZOPEROXIDE see BENZOYL PEROXIDE
1,12-BENZOPERYLENE see BENZO(ghi)PERYLENE
2,3-BENZOPHENANTHRENE see BENZ(a)ANTHRACENE
BENZO(b)PHENANTHRENE see BENZ(a)ANTHRACENE
1,2-BENZOPHENANTHRENE see CHRYSENE
BENZO(a)PHENANTHRENE see CHRYSENE
BENZO(def)PHENANTHRENE see PYRENE
BENZOPHENONE, 4,4'-BIS(DIMETHYLAMINO)- see MICHLER'S KETONE
6,7-BENZOPIRENE (Italian) see BENZO(a)PYRENE
3,4-BENZOPIRENE (Italian) see BENZO(a)PYRENE
BENZOPIRENO (Spanish) see BENZO(a)PYRENE
2H-1-BENZOPYRAN-2-ONE,4-HYDROXY-3-(3-OXO-1- PHENYLBUTYL)- see WARFARIN
2H-1-BENZOPYRAN-2-ONE, 3-(3-(4'-BROMO(1,1'-BIPHENYL)-4-YL)-3-HYDROXY-1-PHENYLPROPYL)-4-HYDROXY- see BROMADIOLONE
2H-1-BENZOPYRAN-2-ONE, 4-HYDROXY-3-(1,2,3,4-TETRAHYDRO-1-NAPHTHALENYL)- see COUMATETRALYL
3,4-BENZOPYRENE see BENZO(a)PYRENE
6,7-BENZOPYRENE see BENZO(a)PYRENE
BENZOPYRENE see BENZO(a)PYRENE
BENZOPYRIDINE see QUINOLINE
BENZO(b)PYRIDINE see QUINOLINE
1,4-BENZOQUINE see QUINONE
BENZOQUINOL see HYDROQUINONE

p-BENZOQUINONA (Spanish) see QUINONE
p-BENZOQUINONE, 2,3,5-TRIS(1-AZIRIDINYL)- see TRIAZIQUONE
BENZOQUINONE see QUINONE
p-BENZOQUINONE see QUINONE
1,4-BENZOQUINONE see QUINONE
o-BENZOSULFIMIDE see SACCHARIN
BENZOSULPHIMIDE see SACCHARIN
BENZO-2-SULPHIMIDE see SACCHARIN
BENZOTHIAZOLE-2-THIOL see 2-MERCAPTOBENZOTHIAZOLE
BENZOTHIAZOLE-2-THIONE see 2-MERCAPTOBENZOTHIAZOLE
BENZOTHIAZOLE, MERCAPTO- see 2-MERCAPTOBENZOTHIAZOLE
2-BENZOTHIAZOLETHIOL see 2-MERCAPTOBENZOTHIAZOLE
BENZOTHIAZOLETHIOL see 2-MERCAPTOBENZOTHIAZOLE
2(3H)-BENZOTHIAZOLETHIONE see 2-MERCAPTOBENZOTHIAZOLE
2-BENZOTHIAZOLETHIONE see 2-MERCAPTOBENZOTHIAZOLE
2-BENZOTHIAZOLINETHIONE see 2-MERCAPTOBENZOTHIAZOLE
2-BENZOTHIAZOLYL MERCAPTAN see 2-MERCAPTOBENZOTHIAZOLE
BENZOTRIAZINE derivative of an ETHYL DITHIOPHOSPHATE see AZIN-PHOS-ETHYL
BENZOTRIAZINE derivative of a METHYL DITHIOPHOSPHATE see AZIN-PHOS-METHYL
BENZOTRIAZINEDITHIOPHOSPHORIC ACID DIMETHOXY ESTER see AZ-INPHOS-METHYL
BENZOTRICHLORIDE see BENZOIC TRICHLORIDE
BENZOTRICLORURO (Spanish) see BENZOIC TRICHLORIDE
BENZOYL METHIDE HYPNONE see ACETOPHENONE
BENZOYL METHIDE see ACETOPHENONE
o-BENZOYL SULFIMIDE see SACCHARIN
BENZOYL SUPEROXIDE see BENZOYL PEROXIDE
BENZOYLAMIDE see BENZAMIDE
BENZOYLPEROXID (German) see BENZOYL PEROXIDE
BENZOYLPEROXYDE (Dutch) see BENZOYL PEROXIDE
1,12-BENZPERYLENE see BENZO(ghi)PERYLENE
1,2-BENZPHENANTHRENE see CHRYSENE
2,3-BENZPHENANTHRENE see BENZ(a)ANTHRACENE
3,4-BENZPYREN (German) see BENZO(a)PYRENE
6,7-BENZPYREN (German) see BENZO(a)PYRENE
BENZYDYNA (Polish) see BENZIDINE
BENZYFUROLINE see RESMETHRIN
BENZYL ALCOHOL, 2,4,5-TRICHLORO-α-(CHLOROMETHYLENE)-, DI-METHYL PHOSPHATE see TETRACHLORVINPHOS
BENZYL ALCOHOL,2,4-DICHLORO-α-(CHLOROMETHYLENE)-, DIETHYL PHOSPHATE see CHLORFENVINFOS
n-BENZYL BUTYL PHTHALATE see BUTYL BENZYL PHTHALATE
BENZYL BUTYL PHTHALATE see BUTYL BENZYL PHTHALATE
BENZYLCHLORID (German) see BENZYL CHLORIDE
BENZYL DICHLORIDE see BENZAL CHLORIDE
BENZYLE (CHLORURE de) (French) see BENZYL CHLORIDE
BENZYLENE CHLORIDE see BENZAL CHLORIDE
BENZYL FAST RED BG see C.I. ACID RED 114
5-BENZYLFURFURYL CHRYSANTHEMATE see RESMETHRIN
(5-BENZYL-3-FURYL)METHYL 2,2-DIMETHYL-3-(2-METHYLPROPE-NYL)CYCLOPROPANECARBOXYLATE see RESMETHRIN
(5-BENZYL-3-FURYL)METHYL CHRYSANTHEMATE see RESMETHRIN
5-BENZYL-3-FURYLMETHYL(1RS)-(Z),(E)-2,2-DIMETHYL-3-(2-METHYL-PROP-1-ENYL)CYC LOPROPANECARBOXYLATE see RESMETHRIN
5-BENZYL-3-FURYLMETHYL(1RS)-cis,trans-2,2-DIMETHYL-3-(2-METHYL-PROP-1-ENYL)C YCLOPROPANECARBOXYLATE see RESMETHRIN
5-BENZYL-3-FURYLMETHYL(1RS,3RS see RESMETHRIN
5-BENZYL-3-FURYLMETHYL (±)-cis-trans-CHRYSANTHEMATE see RES-METHRIN
BENZYLIDENE CHLORIDE see BENZAL CHLORIDE
BENZYLIDYNECHLORIDE see BENZOIC TRICHLORIDE
BENZYLKYANID see BENZYL CYANIDE

BENZYL NITRILE *see* BENZYL CYANIDE
BENZYL RED BR *see* C.I. ACID RED 114
BENZYL TRICHLORIDE *see* BENZOIC TRICHLORIDE
3,4-BENZYPYRENE *see* BENZO(a)PYRENE
BEOSIT *see* ENDOSULFAN
BERCEMA *see* ZINEB
BERCEMA FERTAM 50 *see* FERBAM
BERCEMA NMC50 *see* CARBARYL
BERILIO (Spanish) *see* BERYLLIUM
BERKFLAM B 10E *see* DECABROMODIPHENYL OXIDE
BERNARENIN *see* EPINEPHRINE
BERTHOLITE *see* CHLORINE
BERYLLIUM-9 *see* BERYLLIUM
BERYLLIUM DICHLORIDE *see* BERYLLIUM CHLORIDE
BERYLLIUM DIFLUORIDE *see* BERYLLIUM FLUORIDE
BERYLLIUM DINITRATE *see* BERYLLIUM NITRATE
BERYLLIUM DUST *see* BERYLLIUM
BERYLLIUM METAL POWDER *see* BERYLLIUM
BERYLLIUM NITRATE (DOT) *see* BERYLLIUM NITRATE
BERYLLIUM NITRATE (HYDRATED) *see* BERYLLIUM NITRATE
BERYLLIUM NITRATE TRIHYDRATE *see* BERYLLIUM NITRATE
β-NAPHTHYLAMINE (DOT) *see* β-NAPHTHYLAMINE
BETAMIX *see* DESMEDIPHAM
BETANAL AM *see* DESMEDIPHAM
BETANEX *see* DESMEDIPHAM
BETAPRONE *see* beta-PROPIOLACTONE
B-ETCH *see* AMMONIUM FLUORIDE
BETHRODINE *see* BENFLURALIN
BEXOL *see* LINDANE
BEXTON 4L *see* PROPACHLOR
BEXTON *see* PROPACHLOR
B(j)F *see* BENZO(j)FLUPRANTHENE
BFPO *see* DIMEFOX
BFV *see* FORMALDEHYDE
BH 2,4-D *see* 2,4-D
BH 2,4-DP *see* 2,4-DP
BHC *see* LINDANE
BHC *see* HEXACHLOROCYCLOHEXANE (ALL ISOMERS)
α-BHC *see* α-HEXACHLOROCYCLOHEXANE
β-BHC *see* β-HEXACHLOROCYCLOHEXANE
δ-BHC *see* δ-HEXACHLOROCYCLOHEXANE
γ-BHC *see* LINDANE
BH DALAPON *see* 2,2-DICHLOROPROPIONIC ACID
BH DOCK KILLER *see* MALEIC HYDRAZIDE
BH MCPA *see* METHOXONE
BH MECOPROP *see* MECOPROP
BH RASINOX R (FORMULATION) *see* 2,2-DICHLOROPROPIONIC ACID
BH TOTAL (FORMULATION) *see* 2,2-DICHLOROPROPIONIC ACID
BI 58 *see* DIMETHOATE
4,4'-BIANILINE *see* BENZIDINE
N,N'-BIANILINE *see* 1,2-DIPHENYLHYDRAZINE
p,p-BIANILINE *see* BENZIDINE
4,4'-BI-o-ANISIDINE *see* 3,3'-DIMETHOXYBENZIDINE
BIANISIDINE *see* 3,3'-DIMETHYLBENZIDINE
BIBENZENE *see* BIPHENYL
BIBESOL *see* DICHLORVOS
BICAM ULV *see* BENDIOCARB
BICARBONATO AMONICO (Spanish) *see* AMMONIUM BICARBONATE
BICARBURET of HYDROGEN *see* BENZENE
BICARBURRETTED HYDROGEN *see* ETHYLENE
BICHLORIDE of MERCURY *see* MERCURIC CHLORIDE
1,2-BICHLOROETHANE *see* 1,2-DICHLOROETHANE
BICHLORURE d'ETHYLENE (French) *see* 1,2-DICHLOROETHANE
BICHLORURE de MERCURE (French) *see* MERCURIC CHLORIDE

BICHLORURE de PROPYLENE (French) see 1,2-DICHLOROPROPANE
BICHROMATE de SODIUM (French) see SODIUM BICHROMATE
BICHROMATE of POTASH see POTASSIUM BICHROMATE
BICHROMATE of SODA see SODIUM BICHROMATE
BICROMATO AMONICO (Spanish) see AMMONIUM BICHROMATE
BICROMATO POTASICO (Spanish) see POTASSIUM BICHROMATE
BICROMATO SODICO (Spanish) see SODIUM BIFLUORIDE
BICROMATO SODICO (Spanish) see SODIUM BICHROMATE
BICYCLO(2.2.1)HEPT-5-ENE-2,3-DICARBOXYLIC ACID, 1,4,5,6,7,7-HEXA-CHLORO- see CHLORENDIC ACID
BICYCLOPENTADIENE see DICYCLOPENTADIENE
BIDIRL see DICROTOPHOS
BIDRIN-R see DICROTOPHOS
BIDRIN (SHELL) see DICROTOPHOS
BIDRIN see DICROTOPHOS
1,1'-BI(ETHYLENE OXIDE) see DIEPOXYBUTANE
BIETHYLENE see 1,3-BUTADIENE
(1,1'-BIFENYL)-4,4'-DIAMINE see BENZIDINE
BIFLUORIDEN (Dutch) see FLUORINE
BIFLUORURO AMONICO (Spanish) see AMMONIUM BIFLUORIDE
BIFORMYCHLORAZIN see TRIFORINE
BIFORMYLCHLORAZIN see TRIFORINE
BIG DIPPER see DIPHENYLAMINE
BILARCIL see TRICHLORFON
BILEVON see HEXACHLOROPHENE
BILOBORN see MONOCROPTOPHOS
BILOBRAN see MONOCROPTOPHOS
BILORIN see FORMIC ACID
BIMETHYL see ETHANE
2,3,1',8'-BINAPHTHYLENE see BENZO(k)FLUORANTHENE
BIO-DES see DIETHYLSTILBESTROL
BIO-SOFT D-60 see SODIUM DODECYLBENZENESULFONATE
BIO-SOFT D-62 see SODIUM DODECYLBENZENESULFONATE
BIO-SOFT D-35X see SODIUM DODECYLBENZENESULFONATE
BIO-SOFT D-40 see SODIUM DODECYLBENZENESULFONATE
BIO 5,462 see ENDOSULFAN
BIOBAN BNPD-40 see 2-BROMO-2-NITROPROPANE-1,3-DIOL
BIOBAN see 2-BROMO-2-NITROPROPANE-1,3-DIOL
BIOCIDE see ACROLEIN
BIOFLEX DOA see BIS(2-ETHYLHEXYL)ADIPATE
BIOGAS see METHANE
BIOMET 66 see BIS(TRIBUTYLTIN)OXIDE
BIOMET see BIS(TRIBUTYLTIN)OXIDE
BIOMET see TRIBUTYLTIN FLUORIDE
BIOMET SRM see BIS(TRIBUTYLTIN)OXIDE
BIOMET TBTO see BIS(TRIBUTYLTIN)OXIDE
BIONEOPYNAMIN see TETRAMETHRIN
BIORENINE see EPINEPHRINE
BIORESMETHRIN (D-trans ISOMER) see RESMETHRIN
BIOSEDAN see PENTOBARBITOL SODIUM
BIOSERPINE see RESPIRINE
BIOTHION see TEMEPHOS
BIOXIRANE see DIEPOXYBUTANE
2,2'-BIOXIRANE see DIEPOXYBUTANE
BIOXYDE d'AZOTE (French) see NITRIC OXIDE
BIPHENTHRIN see BIFENTHRIN
(1,1-BIPHENYL)-4,4'-DIAMINE, 3,3'-DICHLORO-, SULFATE (1:2) see 3,3'-DICHLOROBENZIDINE SULFATE
(1,1'-BIPHENYL)-4,4'-DIAMINE, 3,3'-DICHLORO- see 3,3'-DICHLOROBENZIDINE
(1,1'-BIPHENYL)-4,4'-DIAMINE, 3,3'-DIMETHYL- see 3,3'-DIMETHYLBENZIDINE
(1,1'-BIPHENYL)-4,4'DIAMINE see BENZIDINE

(1,1-BIPHENYL)-4,4'-DIAMINE, 3,3'-DIMETHOXY-, DIHYDROCHLORIDE see 3,3'-DIMETHOXYBENZIDINE DIHYDROCHLORIDE
(1,1'BIPHENYL)-4,4'-DIAMINE, 3,3'-DICHLORO-, DIHYDROCHLORIDE see 3,3'-DICHLOROBENZIDINE DIHYDROCHLORIDE
(1,1'-BIPHENYL)-4,4'-DIAMINE, 3,3'-DIMETHOXY- see 3,3'-DIMETHOXYBENZIDINE
(1,1-BIPHENYL)-4,4'-DIAMINE, 3,3'-DIMETHOXY-,MONOHYDROCHLORIDE see 3,3'-DIMETHOXYBENZIDINE HYDROCHLORIDE
(1,1-BIPHENYL)-4-ACETIC ACID,2-FLUOROETHYL ESTER see FLUENETIL
(1,1'-BIPHENYL)-2,2'-DIYL OXIDE see DIBENZOFURAN
(1,1-BIPHENYL)-2-OL see 2-PHENYLPHENOL
(1,1-BIPHENYL)-4,4'-DIAMINE, 3,3'-DIMETHYL-, DIHYDROCHLORIDE see 3,3'-DIMETHYLBENZIDINE DIHYDROCHLORIDE
(1,1-BIPHENYL)-4,4'-DIAMINE (9CI) see BENZIDINE
(1,1-BIPHENYL)-4,4'-DIAMINE, 3,3-DIMETHOXY-, DIHYDROCHLORIDE see 3,3'-DIMETHOXYBENZIDINE DIHYDROCHLORIDE
(1,1'-BIPHENYL)-4-AMINE see 4-AMINOBIPHENYL
(1,1-BIPHENYL)-2-OL, SODIUM SALT see SODIUM O-PHENYLPHENOXIDE
1,1'-BIPHENYL, 4-NITRO- see 4-NITROBIPHENYL
BIPHENYL, 4-NITRO- see 4-NITROBIPHENYL
1,1'-BIPHENYL, 4,4'-DIISOCYANATO-3,3'-DIMETHOXY- see 3,3'-DIMETHOXYBENZIDINE-4,4'-DIISOCYANATE
BIPHENYL, 4,4'-DIAMINO- see BENZIDINE
BIPHENYL, CHLORINATED see POYLCHLORINATED BIPHENYLS
1,1'-BIPHENYL, CHLORO DERIVS. see POYLCHLORINATED BIPHENYLS
BIPHENYL, HEXABROM- see POLYBROMIATED BIPHENYLS
BIPHENYL, POLYCHLORO- see POYLCHLORINATED BIPHENYLS
1,1'-BIPHENYL see BIPHENYL
1,1'-BIPHENYL,4,4'-DIISOCYANATO-3,3'-DIMETHYL- see 3,3'-DIMETHYL-4,4'-DIPHENYLENE DIISOCYANATE
4-BIPHENYLACETIC ACID,2-FLUOROETHYL ESTER see FLUENETIL
4-BIPHENYLAMINE see 4-AMINOBIPHENYL
p-BIPHENYLAMINE see 4-AMINOBIPHENYL
4,4'-BIPHENYLDIAMINE see BENZIDINE
2,2'-BIPHENYLENE OXIDE see DIBENZOFURAN
4,4'-BIPHENYLENEDIAMINE see BENZIDINE
o-BIPHENYLENEMETHANE see FLUORENE
o-BIPHENYLOL see 2-PHENYLPHENOL
2-BIPHENYLOL see 2-PHENYLPHENOL
2-BIPHENYLOL, SODIUM SALT see SODIUM O-PHENYLPHENOXIDE
2-BIPHENYLYL-N-PYRIDYLACETAMIDE see DIPHENYLAMINE
2,2'-BIPHENYLYLEME OXIDE see DIBENZOFURAN
BIPOTASSIUM CHROMATE see POTASSIUM CHROMATE
4,4-BIPYRIDINIUM, 1,1'-DIMETHYL-, BIS(METHYL SULFATE) see PARAQUAT METHOSULFATE
BIPYRIDINIUM, 1,1'-DIMETHYL-4,4'-, DICHLORIDE see PARAQUAT DICHLORIDE
4,4'-BIPYRIDINIUM, 1,1'-DIMETHYL-, DICHLORIDE see PARAQUAT DICHLORIDE
BIRLANE LIQUID see CHLORFENVINFOS
BIRLANE see CHLORFENVINFOS
BIRNENOEL see AMYL ACETATE
BIS(ACETATO)TETRAHYDROXYTRILEAD see LEAD SUBACETATE
BIS(ACETO)DIHYDROXYTRILEAD see LEAD SUBACETATE
BIS(ACETOXY)CADMIUM see CADMIUM ACETATE
BIS(ACETYLOXY)MERCURY see MERCURIC ACETATE
s-(1,2-BIS(AETHOXY-CARBONYL)-AETHYL)-O,O-DIMETHYL-DITHIO-PHOSPHAT (German) see MALATHION
2,4-BIS(AETHYLAMINO)-6-CHLOR-1,3,5-TRIAZIN (German) see SIMAZINE
BIS AMINE see 4,4'-METHYLENEBIS(2-CHLOROANILINE)
BIS(4-AMINO-3-CHLOROPHENYL)METHANE see 4,4'-METHYLENEBIS(2-CHLOROANILINE)
BIS-p-AMINOFENYLMETHAN see 4,4'-METHYLENEDIANILINE
BIS(4-AMINOPHENYL) ETHER see 4,4'-DIAMINOPHENYL ETHER

BIS(p-AMINOPHENYL) ETHER see 4,4'-DIAMINOPHENYL ETHER
BIS(4-AMINOPHENYL) SULFIDE see 4,4'-THIODIANILINE
BIS(4-AMINOPHENYL)METHANE see 4,4'-METHYLENEDIANILINE
BIS(p-AMINOPHENYL)METHANE see 4,4'-METHYLENEDIANILINE
BIS(AMINOPHENYL)METHANE see 4,4'-METHYLENEDIANILINE
BIS(p-AMINOPHENYL)SULFIDE see 4,4'-THIODIANILINE
BIS(4-AMINOPHENYL)SULFIDE see 4,4'-THIODIANILINE
BIS(4-AMINOPHENYL)SULPHIDE see 4,4'-THIODIANILINE
2,2-BIS(p-ANISYL)-1,1,1-TRICHLOROETHANE see METHOXYCHLOR
BIS(BISDIMETHYLAMINO)PHOSPHONOUSANHYDRIDE see DIPHOSPHORAMIDE, OCTAMETHYL-
BIS(BISDIMETHYLAMINO)PHOSPHORIC ANHYDRIDE see DIPHOSPHORAMIDE, OCTAMETHYL-
BIS-BISDIMETHYLAMINOPHOSPHONOUS ANHYDRIDE see DIPHOSPHORAMIDE, OCTAMETHYL-
BIS(BISDIMETHYLAMINOPHOSPHONOUS)ANHYDRIDE see DIPHOSPHORAMIDE, OCTAMETHYL-
BIS-n-BUTYL PHTHALATE see DIBUTYL PHTHALATE
s-(1,2-BIS(CARBETHOXY)ETHYL) O,O-DIMETHYLDITHIOPHOSPHATE see MALATHION
N,N-BIS(CARBOXYMETHYL)GLYCINE see NITRILOTRIACETIC ACID
BIS(3-CHLORO-4-AMINOPHENYL)METHANE see 4,4'-METHYLENEBIS(2-CHLOROANILINE)
N,N-BIS-(β-CHLORAETHYL)-N', O-PROPYLEN-PHOSPHORSAEURE-ESTER-DIAMID (German) see CYCLOPHOSPHAMIDE
5-N,N-BIS(2-CHLOROETHYL)AMINOURACIL see URACIL MUSTARD
p-N-BIS(2-CHLOROETHYL)AMINO-L-PHENYLALANINE see MELPHALAN
(BIS(CHLORO-2-ETHYL)AMINO)-2-TETRAHYDRO-3,4,5,6-OXAZAPHOSPHORINE-1,3, 2-OXIDE-2 HYDRATE see CYCLOPHOSPHAMIDE
BIS(CHLORETHYL)FORMAL see BIS(2-CHLOROETHOXY)METHANE
BIS(β-CHLORETHYL)FORMAL see BIS(2-CHLOROETHOXY)METHANE
BIS(1-CHLORO-2-PROPYL) ETHER see BIS(2-CHLORO-1-METHYLETHYL)ETHER
BIS(5-CHLORO-2-HYDROXYPHENYL)METHANE see DICHLOROPHENE
N,N-BIS(β-CHLOROETHYL)-N', O-PROPYLENEPHOSPHORIC ACID ESTER
BIS(2-CHLOROETHYL)-β-NAPHTHYLAMINE see CHLORNAPHAZINE
N,N-BIS(β-CHLOROETHYL)-N', O-PROPYLENE PHOSPHORIC ACID ESTER DIAMIDEMONOHYDRATE see CYCLOPHOSPHAMIDE
N,N-BIS(β-CHLOROETHYL)-N', O-TRIM ETHYLENEPHOSPHORIC ACID ESTER DIAMIDE see CYCLOPHOSPHAMIDE
N,N-BIS(2-CHLOROETHYL)-2-NAPHTHYLAMINE see CHLORNAPHAZINE
N,N-BIS(2-CHLOROETHYL)-N'-(3-HYDROXYPROPYL)PHOSPHORODIAMIDIC ACID INTRAMOL ESTER HYDRATE see CYCLOPHOSPHAMIDE
N,N-BIS(2-CHLOROETHYL)-N',O-PROPYLENEPHOSPHORIC ACID ESTER DIAMIDE see CYCLOPHOSPHAMIDE
BIS(2-CHLOROETHYL) ETHER see BIS(2-CHLOROETHYL)ETHER
BIS(β-CHLOROETHYL) ETHER see BIS(2-CHLOROETHYL)ETHER
BIS(2-CHLOROETHYL) SULFIDE see MUSTARD GAS
BIS(β-CHLOROETHYL) SULFIDE see MUSTARD GAS
1-BIS(2-CHLOROETHYL)AMINO-1-OXO-2-AZA-5-OXAPHOSPHORIDINE MONOHYDRATE see CYCLOPHOSPHAMIDE
2-(BIS(2-CHLOROETHYL)AMINO)-1-OXA-3-AZA-2-PHOSPHOCYCLOHEXANE 2-OXIDE MONOHYDRATE see CYCLOPHOSPHAMIDE
5-(BIS(2-CHLOROETHYL)AMINO)-2,4(1H,3H)PYRIMIDINEDIONE see URACIL MUSTARD
2-(BIS(2-CHLOROETHYL)AMINO)-2H-1,3, 2-OXAAZAPHOSPHORINE 2-OXIDE see CYCLOPHOSPHAMIDE
4-(BIS(2-CHLOROETHYL)AMINO)-L-PHENYLALANINE see MELPHALAN
4-(BIS(2-CHLOROETHYL)AMINO)BENZENEBUTANOIC ACID see CHLORAMBUCIL
l-3-(p-(BIS(2-CHLOROETHYL)AMINO)PHENYL)ALANINE see MELPHALAN
3-(p-(p-(BIS(2-CHLOROETHYL)AMINO)PHENYL)-L-ALANINE see MELPHALAN

4-(p-(BIS(2-CHLOROETHYL)AMINO)PHENYL)BUTYRIC ACID *see* CHLOR-
AMBUCIL
2-(BIS(2-CHLOROETHYL)AMINO)TETRAHYDRO(2H)-1,3,2-OXAZAPHOS-
PHORINE 2-OXIDE MONOHYDRATE *see* CYCLOPHOSPHAMIDE
2-BIS(2-CHLOROETHYL)AMINONAPHTHALENE *see* CHLORNAPHAZINE
γ-(p-BIS(2-CHLOROETHYL)AMINOPHENYL)BUTYRIC ACID *see* CHLORAM-
BUCIL
4-(p-BIS(β-CHLOROETHYL)AMINOPHENYL)BUTYRIC ACID *see* CHLORAM-
BUCIL
N,N-BIS(2-CHLOROETHYL)METHYLAMINE *see* NITROGEN MUSTARD
N,N-BIS(2-CHLOROETHYL)METHYLAMINE *see* NITROGEN MUSTARD
BIS(2-CHLOROETHYL)METHYLAMINE *see* NITROGEN MUSTARD
BIS(β-CHLOROETHYL)METHYLAMINE *see* NITROGEN MUSTARD
BIS(2-CHLOROETHYL)PHOSPHORAMIDE-CYCLIC PROPANOLAMIDE ES-
TER *see* CYCLOPHOSPHAMIDE
BIS(2-CHLOROETHYL)PHOSPHORAMIDE CYCLIC PROPANOLAMIDE ES-
TER MONOHYDRATE *see* CYCLOPHOSPHAMIDE HOSP
N,N-BIS(2-CHLOROETHYL)TETRAHYDRO-2H-1,3,2-OXAPHOSPHORIN-2-
AMINE, 2-OXIDE MONOHYDRATE *see* CYCLOPHOSPHAMIDE
BIS(CHLOROHYDROXYPHENYL)METHANE *see* DICHLOROPHENE
BIS(β-CHLOROISOPROPYL)ETHER *see* BIS(2-CHLORO-1-METHYLE-
THYL)ETHER
BIS(CHLOROMETHYL) ETHER *see* BIS(2-CHLORO-1-METHYLE-
THYL)ETHER
BIS(2-CHLOROMETHYL)ETHER *see* BIS(CHLOROMETHYL)ETHER
3,3-BIS(CHLOROMETHYL)OXETANE *see* OXETANE, 3,3-
BIS(CHLOROMETHYL)-
1,1-BIS(p-CHLOROPHENYL)- *see* DDE (3547-04-4)
O,O-BIS(p-CHLOROPHENYL)ACETIMIDOYLPHOSPHORAMIDOTHIOATE
see PHOSACETIM
O,O-BIS(4-CHLOROPHENYL)N-ACETIMIDOYLPHOSPHORAMIDOTHIOATE
see PHOSACETIM
1,1-BIS(4-CHLOROPHENYL)-2,2-DICHLOROETHANE *see* DDD
1,1-BIS(p-CHLOROPHENYL)-2,2-DICHLOROETHANE *see* DDD
2,2-BIS(4-CHLOROPHENYL)-1,1-DICHLOROETHANE *see* DDD
2,2-BIS(p-CHLOROPHENYL)-1,1-DICHLOROETHANE *see* DDD
2,2-BIS(4-CHLOROPHENYL)-1,1-DICHLOROETHENE *see* DDE (72-55-9)
2,2-BIS(p-CHLOROPHENYL)-1,1-DICHLOROETHENE *see* DDE (72-55-9)
2,2-BIS(p-CHLOROPHENYL)-1,1-DICHLOROETHYLENE *see* DDE (72-55-9)
2,2-BIS(4-CHLOROPHENYL)-1,1-DICHLOROETHYLENE *see* DDE (72-55-9)
2,2-BIS(p-CHLOROPHENYL)ETHANE *see* DDE (3547-04-4)
O,O-BIS(4-CHLOROPHENYL) (1-IMINOETHYL)PHOSPHORAMIDOTHIOIC
ACID *see* PHOSACETIM
O,O-BIS(4-CHLOROPHENYL)(1-IMINOETHYL)PHOSPHORAMIDOTHIOATE
see PHOSACETIM
α,α-BIS(P-CHLOROPHENYL)-β,β,β-TRICHLORETHANE *see* DDT
1,1-BIS-(p-CHLOROPHENYL)-2,2,2-TRICHLOROETHANE *see* DDT
2,2-BIS(p-CHLOROPHENYL)-1,1,1-TRICHLOROETHANE *see* DDT
1,1-BIS(P-CHLOROPHENYL)-2,2,2-TRICHLOROETHANOL *see* DICOFOL
1,1-BIS(4-CHLOROPHENYL)-2,2,2-TRICHLOROETHANOL *see* DICOFOL
BIS(2-CLOROETIL)ETER (Spanish) *see* BIS(2-CHLOROETHYL)ETHER
BIS(2-CLOROETOXI)METANO (Spanish) *see* BIS(2-CHLOROETHOX-
Y)METHANE
BIS(2-CLOROMETIL)ETER (Spanish) *see* BIS(2-CHLORO-1-METHYLE-
THYL)ETHER
BIS(CLOROMETIL)ETER (Spanish) *see* BIS(CHLOROMETHYL)ETHER
BIS-CME *see* BIS(CHLOROMETHYL)ETHER
BISCOMATE *see* BITOSCANTE
BISCYCLOPENTADIENE *see* DICYCLOPENTADIENE
BIS(S-(DIETHOXYPHOSPHINOTHIOYL)MERCAPTO)METHANE *see* ETHION
(BIS(DIETHYLAMINO)THIOXOMETHYL) DISULFIDE *see* DISULFIRAM
(BIS(DIETHYLAMINO)THIOXOMETHYL) DISULPHIDE *see* DISULFIRAM
BIS-O,O-DIETHYLPHOSPHORIC ANHYDRIDE *see* TEPP
BIS-O,O-DIETHYLPHOSPHOROTHIONIC ANHYDRIDE *see* SULFOTEP

BIS(DIETHYLTHIOCARBAMOYL) SULFIDE see THIRAM
BIS(DIETHYLTHIOCARBAMOYL) DISULPHIDE see DISULFIRAM
BIS(DIETHYLTHIOCARBAMOYL) DISULFIDE see DISULFIRAM
BIS(DIMETHYLAMIDO)FLUOROPHOSPHATE see DIMEFOX
BIS(DIMETHYLAMIDO)FLUOROPHOSPHINE OXIDE see DIMEFOX
BIS(DIMETHYLAMIDO)PHOSPHORYL FLUORIDE see DIMEFOX
BIS(DIMETHYLAMINO)-3-AMINO-5-PHENYLTRIAZOLYL PHOSPHINE OXIDE see TRIAMIPHOS
4,4'-BIS(DIMETHYLAMINO)BENZOPHENONE see MICHLER'S KETONE
p,p'-BIS(DIMETHYLAMINO)BENZOPHENONE see MICHLER'S KETONE
BIS((DIMETHYLAMINO)CARBONOTHIOYL) DISULFIDE see THIRAM
BIS((DIMETHYLAMINO)CARBONOTHIOYL) DISULPHIDE see THIRAM
4,4'-BIS(DIMETHYLAMINO)DIPHENYLMETHANE see 4,4'-METHYLENE-BIS(N,N-DIMETHYL)BENZENAMINE
BIS(p-(N,N-DIMETHYLAMINO)PHENYL)KETONE see MICHLER'S KETONE
BIS(4-(N,N-DIMETHYLAMINO)PHENYL)METHANE see 4,4'-METHYLENE-BIS(N,N-DIMETHYL)BENZENAMINE
BIS(p-(DIMETHYLAMINO)PHENYL)METHANE see 4,4'-METHYLENE-BIS(N,N-DIMETHYL)BENZENAMINE
BIS(4-(DIMETHYLAMINO)PHENYL)METHANE see 4,4'-METHYLENE-BIS(N,N-DIMETHYL)BENZENAMINE
BIS(p-(N,N-DIMETHYLAMINO)PHENYL)METHANE see 4,4'-METHYLENE-BIS(N,N-DIMETHYL)BENZENAMINE
BISDIMETHYLAMINOFLUOROPHOSPHINE OXIDE see DIMEFOX
BIS(4-DIMETHYLAMINOPHENYL) KETONE see MICHLER'S KETONE
4,4'-BIS(DIMETHYLAMINOPHENYL)METHANE see 4,4'-METHYLENE-BIS(N,N-DIMETHYL)BENZENAMINE
BIS(DIMETHYLCARBAMODITHIOATO-S,S')ZINC see ZIRAM
p,p'-BIS(DIMETHYLAMINO)DIPHENYLMETHANE see 4,4'-METHYLENE-BIS(N,N-DIMETHYL)BENZENAMINE
BIS(DIMETHYLDITHIOCARBAMATE de ZINC) (French) see ZIRAM
BIS(DIMETHYLDITHIOCARBAMATO)ZINC see ZIRAM
BIS(DIMETHYLAMINO)FLUOROPHOSPHATE see DIMEFOX
BIS-p-(O,O-DIMETHYL-O-PHENYLPHOSPHOROTHIOATE)SULFIDE see TEMEPHOS
BIS(DIMETHYLTHIOCARBAMOYL) DISULFIDE see THIRAM
BIS(DIMETHYLTHIOCARBAMOYL) DISULPHIDE see THIRAM
BIS(DIMETHYLTHIOCARBAMOYL) MONOSULFIDE see BIS(DIMETHYLTHIOCARBAMOYL) SULFIDE
BIS(N,N-DIMETIL-DITIOCARBAMMATO) di ZINCO (Italian) see ZIRAM
BIS(DITHIOPHOSPATE de O,O-DIETHYLE) de S,S'-(1,4-DIOXANNE-2,3-DIYLE) (French) see DIOXATHION
BIS (DITHIOPHOSPHATEDE-O,O-DIETHYLE) de S,S'-METHYLENE (French) see ETHION
1,3-BIS(2,3-EPOXYPROPOXY)BENZENE see DIGLYCIDYL RESORCINOL ETHER
m-BIS(2,3-EPOXYPROPOXY)BENZENE see DIGLYCIDYL RESORCINOL ETHER
BIS(2-3-EPOXYPROPYL) ETHER see DIGLYCIDYL ETHER
BIS(2,3-EPOXYPROPYL)ETHER see DIGLYCIDYL ETHER
s-(1,2-BIS(ETHOXY-CARBONYL)-ETHYL)-O,O-DIMETHYL-DITHIOPHOSFAAT (Dutch) see MALATHION
1,2-BIS(3-(ETHOXYCARBONYL)-2-THIOUREIDO)BENZENE see THIOPHANATE ETHYL
s-1,2-BIS(ETHOXYCARBONYL)ETHYL-O,O-DIMETHYLTHIOPHOSPHATE see MALATHION
s-(1,2-BIS(ETHOXYCARBONYL)ETHYL)-O,O-DIMETHYL PHOSPHORODITHIOATE see MALATHION
1,2-BIS(3-(ETHOXYCARBONYL)THIOUREIDO)BENZENE see THIOPHANATE ETHYL
1,2-BIS(ETHOXYCARBONYLTHIOUREIDO)BENZENE see THIOPHANATE ETHYL
2,4-BIS(ETHYLAMINO)-6-CHLORO-s-TRIAZINE see SIMAZINE

BIS(2-ETHYLHEXYL)-1,2-BENZENEDICARBOXYLATE *see* DI(2-ETHYLHEXYL)PHTHALATE
BIS(2-ETHYLHEXYL)PHTHALATE *see* DI-n-OCTYLPHTHALATE
BIS(2-ETHYLHEXYL)PHTHALATE *see* DI(2-ETHYLHEXYL)PHTHALATE
BIS(2-ETILHEXIL)FTALATO (Spanish) *see* DI(2-ETHYLHEXYL)PHTHALATE
s-(1,2-BIS(ETOSSI-CARBONIL)-ETIL)-O,O-DIMETIL-DITIOFOSFATO (Italian) *see* MALATHION
BISFEROL A (German) *see* 4,4'-ISOPROPYLIDENEDIPHENOL
BIS(3-FLUOROSALICYLALDEHYDE)ETHYLENEDIIMINE-COBALT *see* COBALT, ((2,2'-(1,2-ETHANEDIYLBIS(NITRILOMETHYLIDYNE))BIS(6-FLUOROPHENOLATO))(2)-
N,N'-BIS(1-FORMAMIDO-2,2,2-TRICHLOROETHYL)PIPERAZINE *see* TRIFORINE
1,4-BIS(1-FORMAMIDO-2,2,2-TRICHLOROETHYL)PIPERAZINE *see* TRIFORINE
m-BIS(GLYCIDYLOXY)BENZENE *see* DIGLYCIDYL RESORCINOL ETHER
8014 BIS HC *see* DIMETHOATE
3,4-BIS(p-HYDROPHENYL)-3-HEXENE *see* DIETHYLSTILBESTROL
BIS(2-HYDROXY-5-CHLOROPHENYL)METHANE *see* DICHLOROPHENE
BIS(2-HYDROXY-3,5,6-TRICHLOROPHENYL)METHANE *see* HEXACHLOROPHENE
BIS(β-HYDROXYAETHYL)NITROSAMIN (German) *see* N-NITROSODIETHANOLAMINE
BIS(HYDROXYETHYL)AMINE *see* DIETHANOLAMINE
N,N-BIS(2-HYDROXYETHYL)AMINE *see* DIETHANOLAMINE
BIS(2-HYDROXYETHYL)AMINE *see* DIETHANOLAMINE
BIS(β-HYDROXYETHYL)NITROSAMINE *see* N-NITROSODIETHANOLAMINE
2,2-BIS-4'-HYDROXYFENYLPROPAN (Czech) *see* 4,4'-ISOPROPYLIDENEDIPHENOL
BIS(4-HYDROXYPHENYL)DIMETHYLMETHANE *see* 4,4'-ISOPROPYLIDENEDIPHENOL
2,2-BIS(p-HYDROXYPHENYL)PROPANE *see* 4,4'-ISOPROPYLIDENEDIPHENOL
BIS(p-HYDROXYPHENYL)PROPANE *see* 4,4'-ISOPROPYLIDENEDIPHENOL
β,β'-BIS(p-HYDROXYPHENYL)PROPANE *see* 4,4'-ISOPROPYLIDENEDIPHENOL
2,2-BIS(4-HYDROXYPHENYL)PROPANE *see* 4,4'-ISOPROPYLIDENEDIPHENOL
BIS(4-ISOCYANATO CYCLOHEXYL)METHANE *see* 1,1-METHYLENEBIS(4-ISOCYANATOCYCLOHEXANE)
1,4-BIS(ISOCYANATOMETHYL)CYCLOHEXANE *see* 1,4-BIS(METHYLISOCYANATE)CYCLOHEXANE
1,3-BIS(ISOCYANATOMETHYL)CYCLOHEXANE *see* 1,3-BIS(METHYLISOCYANATE)CYCLOHEXANE
BIS(1,4-ISOCYANATOPHENYL)METHANE *see* METHYLBIS(PHENYLISOCYANATE)
BIS(4-ISOCYANATOPHENYL)METHANE *see* METHYLBIS(PHENYLISOCYANATE)
BIS(p-ISOCYANATOPHENYL)METHANE *see* METHYLBIS(PHENYLISOCYANATE)
BIS(para-ISOCYANATOPHENYL)METHANE *see* METHYLBIS(PHENYLISOCYANATE)
2,4-BIS(ISOPROPYLAMINO)-6-(METHYLTHIO)-1,3,5-TRIAZINE *see* PROMETHRYN
2,4-BIS(ISOPROPYLAMINO)-6-(METHYLMERCAPTO)-s-TRIAZINE *see* PROMETHRYN
2,4-BIS(ISOPROPYLAMINO)-6-(METHYLTHIO)-s-TRIAZINE *see* PROMETHRYN
BISMETHOMYLTHIOETHER *see* THIODICARB
o-BIS(3-METHOXYCARBONYL-2-THIOUREIDO)BENZENE *see* THIOPHANATE-METHYL
1,2-BIS(3-(METHOXYCARBONYL)-2-THIOUREIDO)BENZENE *see* THIOPHANATE-METHYL

BIS((3-METHOXYCARBONYL)-2-THIOUREIDO)BENZENE see THIOPHA-NATE-METHYL
1,2-BIS(METHOXYCARBONYLTHIOUREIDO)BENZENE see THIOPHANATE-METHYL
2,2-BIS(p-METHOXYPHENYL)-1,1,1-TRICHLOROETHANE see METHOXYCHLOR
1,1-BIS(p-METHOXYPHENYL)-2,2,2-TRICHLOROETHANE see METHOXYCHLOR
N,N'-BIS(1-METHYLETHYL)-6-METHYLTHIO-1,3,5-TRIAZINE-2,4-DIAMINE see PROMETHRYN
N,N'-BIS(1-METHYLETHYL)-6-(METHYLTHIO)-1,3,5-TRIAZINE-2,4-DIAMINE see PROMETHRYN
BIS(1-METHYLETHYL) CARBAMOTHIOIC ACID, S-(2,3-DICHLORO-2-PROPENYL)ESTER see DIALLATE
BIS(1-METHYLETHYL)CARBAMOTHIOIC ACID S-(2,3,3-TRICHLORO-2-PROPENYL) ESTER see TRIALLATE
BIS-(O-1-METHYLTHIOETHYLIMINO)-N-METHYLCARBAMIC ACID)-N,N'-SULFIDE see THIODICARB
BIS(NITRATO-O,O')DIOXO URANIUM see URANYL NITRATE (10102-06-4)
BISOFLEX 81 see DI(2-ETHYLHEXYL)PHTHALATE
BISOFLEX 82 see DI(2-ETHYLHEXYL)PHTHALATE
BISOFLEX DOP see DI(2-ETHYLHEXYL)PHTHALATE
BIS(PENTABROMOPHENYL) ETHER see DECABROMODIPHENYL OXIDE
BISPHENOL A see 4,4'-ISOPROPYLIDENEDIPHENOL
p,p'-BISPHENOL A see 4,4'-ISOPROPYLIDENEDIPHENOL
BIS(PHENOXARSIN-10-YL)ETHER see PHENOXARSINE. 10,10'-OXYDI-
BIS(10-PHENOXARSINL)OXIDE see PHENOXARSINE. 10,10'-OXYDI-
BIS(10-PHENOXARSYL)OXIDE see PHENOXARSINE. 10,10'-OXYDI-
10,10'-BIS(PHENOXYARSINYL)OXIDE see PHENOXARSINE. 10,10'-OXYDI-
BIS(10-PHENOXYARSINYL)OXIDE see PHENOXARSINE. 10,10'-OXYDI-
BIS(SALICYLALDEHYDE)ETHYLENEDIIMINE COBALT(II) see SALCOMINE
BIS-N,N,N',N'-TETRAMETHYLPHOSPHORODIAMIDIC ANHYDRIDE see DIPHOSPHORAMIDE, OCTAMETHYL-
BIS(THYOCYANATO)- MERCURY see MERCURIC THIOCYANATE
BIS-(TRI-N-BUTYLCIN)OXID (Czech) see BIS(TRIBUTYLTIN)OXIDE
BIS(TRI-n-BUTYLTIN)OXIDE see BIS(TRIBUTYLTIN)OXIDE
BIS(TRI-n-BUTYLZINN OXYD (German) see BIS(TRIBUTYLTIN)OXIDE
BIS(TRIBUTYLOXIDE) of TIN see BIS(TRIBUTYLTIN)OXIDE
BIS(TRIBUTYLSTANNIUM) OXIDE see BIS(TRIBUTYLTIN)OXIDE
BIS(TRIBUTYLSTANNYL)OXIDE see BIS(TRIBUTYLTIN)OXIDE
BIS(TRIBUTYLTIN) of TIN see BIS(TRIBUTYLTIN)OXIDE
BIS-2,3,5-TRICHLOR-6-HYDROXYFENYLMETHAN (Czech) see HEXACHLOROPHENE
BIS(3,5,6-TRICHLOR O-2-HYDROXYPHENYL)METHANE see HEXACHLOROPHENE
1,4-BIS(2,2,2-TRICHLORO-1-FORMAMIDOETHYL)PIPERAZINE see TRIFORINE
BIS(TRINEOPHYLTIN) OXIDE see FENBUTATIN OXIDE
BIS(TRIS(β,β-DIMETHYLPHENETHYL)TIN)OXIDE see FENBUTATIN OXIDE
BIS(TRIS(2-METHYL-2-PHENYLPROPYL)TIN) OXIDE see FENBUTATIN OXIDE
BISULFITE de SODIUM (French) see SODIUM BISULFITE
BISULFITE see SULFUR DIOXIDE
BISULFITO AMONICO (Spanish) see AMMONIUM BISULFITE
BISULFITO SODICO (Spanish) see SODIUM BISULFITE
N,N-BIS(2,4-XYLYLIMINOMETHYL)METHYLAMINE see AMITRAZ
BLA see LEAD SUBACETATE
BITEMOL see SIMAZINE
BITEMOL S 50 see SIMAZINE
BITERTANOL, FUBERIDAZOLE see FUBERDIAZOLE
BITHION see TEMEPHOS
BITIFOS see S,S,S-TRIBUTYLTRITHIOPHOSPHATE
BITIPHOS see S,S,S-TRIBUTYLTRITHIOPHOSPHATE

4,4′-BI-O-TOLUIDINE DIHYDROCHLORIDE *see* 3,3′-DIMETHYLBENZIDINE DIHYDROCHLORIDE
4,4′-BI-o-TOLUIDINE *see* 3,3′-DIMETHYLBENZIDINE
3,3′-BITOLYLENE-4,4′-DIISOCYANATE *see* 3,3′-DIMETHYL-4,4′-DIPHENYLENE DIISOCYANATE
BITOLYLENE DIISOCYANATE *see* 3,3′-DIMETHYL-4,4′-DIPHENYLENE DIISOCYANATE
BIURET, 2,4-DITHIO- *see* DITHIOBIURET
BIURET, DITHIO- *see* DITHIOBIURET
BIVINYL *see* 1,3-BUTADIENE
B-K LIQUID *see* SODIUM HYPOCHLORITE
B-K POWDER *see* CALCIUM HYPOCHLORITE
BLACK AND WHITE BLEACHING CREAM *see* HYDROQUINONE
BLACK 2EMBL *see* C.I. DIRECT BLACK 38
BLACK 4EMBL *see* C.I. DIRECT BLACK 38
BLACK LEAF *see* NICOTINE
BLACK MARKING INK, 105E *see* LEAD ACETATE
BLACK OUT BLACK *see* TOLUENE
BLACOSOLV *see* TRICHLOROETHYLENE
BLADAFUM *see* SULFOTEP
BLADAFUME *see* SULFOTEP
BLADAFUN *see* SULFOTEP
BLADAN BASE *see* HEXAETHYL TETRAPHOSPHATE
BLADAN F *see* PARATHION
BLADAN M *see* METHYL PARATHION
BLADAN *see* ETHION
BLADAN *see* HEXAETHYL TETRAPHOSPHATE
BLADAN *see* TEPP
BLADEX *see* CYANAZINE
BLADEX 80WP *see* CYANAZINE
BLADEX H *see* 2,4,5-T ESTERS (2545-59-7)
BLADON *see* TEPP
BLASTING GELATIN *see* NITROGLYCERIN
BLASTING OIL *see* NITROGLYCERIN
BLATTANEX *see* PROPOXUR
BLATTOSEP *see* PROPOXUR
BLAUSAEURE (German) *see* HYDROGEN CYANIDE
BLAUZUUR (Dutch) *see* HYDROGEN CYANIDE
BLAZER 2S *see* ACIFLUORFEN, SODIUM SALT
BLAZER *see* ACIFLUORFEN, SODIUM SALT
BLEACHING POWDER *see* CALCIUM HYPOCHLORITE
BLEIACETAT (German) *see* LEAD ACETATE
BLEIPHOSPHAT (German) *see* LEAD PHOSPHATE
BLEISTEARAT (German) *see* LEAD STEARATE (1072-35-1)
BLEISTEARAT (German) *see* LEAD STEARATE (7428-48-0)
BLEISTEARAT (German) *see* LEAD STEARATE (52652-59-2)
BLEISTEARAT (German) *see* LEAD STEARATE (56189-09-4)
BLEISULFAT (German) *see* LEAD SULFATE (7446-14-2)
BLEISULFAT (German) *see* LEAD SULFATE (15739-80-7)
BLEU DIAMINE *see* TRYPAN BLUE
BLEU DIAZOLE N 3B *see* TRYPAN BLUE
BLEU DIRECTE 3B *see* TRYPAN BLUE
BLEU TRYPANE N *see* TRYPAN BLUE
BLEUE DIRETTO 3B *see* TRYPAN BLUE
BLEX *see* PRIMIPHOS METHYL
BLIGHTOX *see* ZINEB
BLITEX *see* ZINEB
BLIZENE *see* ZINEB
BLOC *see* FENARIMOL
BLOCKADE ANTI BACTERIAL FINISH *see* HEXACHLOROPHENE
BLOTIC *see* PROPETAMPHOS
BLUE 2B *see* C.I. DIRECT BLUE 6
BLUE 2B SALT *see* C.I. DIRECT BLUE 6
BLUE 3B *see* TRYPAN BLUE

BLUE BASE IRGA B *see* 3,3'-DIMETHOXYBENZIDINE
BLUE BASE NB *see* 3,3'-DIMETHOXYBENZIDINE
BLUE BN BASE *see* 3,3'-DIMETHOXYBENZIDINE
BLUE COPPER *see* CUPRIC SULFATE
BLUE EMB *see* TRYPAN BLUE
BLUE OIL *see* ANILINE
BLUE POWDER *see* ZINC
BLUE STONE *see* CUPRIC SULFATE
BLUE VITRIOL *see* CUPRIC SULFATE
BLULAN *see* BENFLURALIN
BM 10 *see* MALEIC ANHYDRIDE
BNM *see* BENOMYL
BNP 20 *see* DINITROBUTYL PHENOL
BNP 30 *see* DINITROBUTYL PHENOL
BO-ANA *see* FAMPHUR
BOE (BUFFERED OXIDE ETCH) *see* AMMONIUM FLUORIDE
BOE (BUFFERED OXIDE ETCH) *see* HYDROGEN FLUORIDE
BOEHMITE *see* ALUMINUM OXIDE
BOLERO *see* THIOBENCARB
BOLETIC ACID *see* FUMARIC ACID
BOLFO *see* PROPOXUR
BOLLS-EYE *see* SODIUM CACODYLATE
BOLLS-EYE *see* CACODYLIC ACID
BOLSTAR *see* SULPROFOS
BOMBARDIER *see* CHLOROTHALONIL
BONAZEN *see* ZINC ZULFATE
BONIBOL *see* DISULFIRAM
BONIDE BLUE DEATH RAT KILLER *see* PHOSPHORUS
BONOFORM *see* 1,1,2,2,-TETRACHLOROETHANE
BOOMER-RID *see* STRYCHNINE
BOOTS BTS 27419 *see* AMITRAZ
BORANE, TRICHLORO- *see* BORON TRICHLORIDE
BORANE, TRIFLUORO- *see* BORON TRIFLUORIDE
BORATE(1−), TETRAFLUORO-,LEAD(2+) *see* LEAD FLUOBORATE
BORAX 2335 *see* ZINC BORATE
BORDERMASTER *see* METHOXONE
BOREA *see* BROMACIL
BORER SOL *see* 1,2-DICHLOROETHANE
BORIC ACID, ZINC SALT *see* ZINC BORATE
BOROCIL EXTRA *see* BROMACIL
BOROETHANE *see* DIBORANE
BOROFLOW A/ATA *see* AMITROLE
BOROFLOW S/ATA *see* AMITROLE
BOROLIN *see* PICLORAM
BORON B-30 *see* ISOBUTYL ALCOHOL
BORON B-40 *see* ISOBUTYL ALCOHOL
BORON B-50 *see* ISOBUTYL ALCOHOL
BORON B-60 *see* ISOBUTYL ALCOHOL
BORON CHLORIDE *see* BORON TRICHLORIDE
BORON FLUORIDE *see* BORON TRIFLUORIDE
BORON HYDRIDE *see* DIBORANE
BORON HYDRIDE *see* DECABORANE(14)
BORON TRIFLUORIDE-DIMETHYL ETHER *see* BORON TRIFLUORIDE COMPOUND with METHYL ETHER (1:1)
BORON TRIFLUORIDE DIMETHYL ETHERATE *see* BORON TRIFLUORIDE COMPOUND with METHYL ETHER (1:1)
BORON, TRIFLUORO(OXYBIS(METHANE))-,(T-4)- *see* BORON TRIFLUORIDE COMPOUND with METHYL ETHER (1:1)
BORTRYSAN *see* ANILAZINE
BORUHO 50 *see* PROPOXUR
BORUHO *see* PROPOXUR
BOS MH *see* MALEIC HYDRAZIDE
BOSAN SUPRA *see* DDT
BOSMIN *see* EPINEPHRINE

BOTRAN see DICHLORAN
BOTRILEX see QUINTOZINE
BOV see SULFURIC ACID
BOVIDERMOL see DDT
BOVINOX see TRICHLORFON
BOVIZOLE see THIABENDAZOLE
BOYDES PTS DEVELOPER see HYDROQUINONE
BP see BENZO(a)PYRENE
3,4-BP see BENZO(a)PYRENE
BPF see DIMEFOX
BPL see beta-PROPIOLACTONE
BPPS see PROPARGITE
BPZ-250 see BENZOYL PEROXIDE
BR 55N see DECABROMODIPHENYL OXIDE
BRASILAMINA BLACK GN see C.I. DIRECT BLACK 38
BRASILAMINA BLUE 3B see TRYPAN BLUE
BRASILAMINE BLUE 2B see C.I. DIRECT BLUE 6
BRASILAZINA BLUE 3B see TRYPAN BLUE
BRASILAZINA OIL ORANGE see C.I. SOLVENT YELLOW 14
BRASILAZINA OIL SCARLET 6G see C.I. SOLVENT ORANGE 7
BRASILAZINA OIL YELLOW R see C.I. SOLVENT YELLOW 3
BRASILAZINA OIL YELLOW G see 4-AMINOAZOBENZENE
BRASIVOL see ALUMINUM OXIDE
BRASSICOL 75 see QUINTOZINE
BRASSICOL EARTHCIDE see QUINTOZINE
BRASSICOL see QUINTOZINE
BRASSICOL SUPER see QUINTOZINE
BRAVO-W-75 see CHLOROTHALONIL
BRAVO 500 see CHLOROTHALONIL
BRAVO 6F see CHLOROTHALONIL
BRAVO 6F see CHLOROTHALONIL
BRAVO see CHLOROTHALONIL
BRENTAMINE FAST BLUE B BASE see 3,3′-DIMETHOXYBENZIDINE
BRENTAMINE FAST ORANGE GR BASE see o-NITROANILINE
BRENTAMINE FAST RED TR BASE see p-CHLORO-o-TOLUIDINE
BRENTAMINE FAST RED TR SALT see 4-CHLORO-o-TOLUIDINE, HYDROCHLORIDE
BRESTAN H 47.5 WP FUNGICIDE see TRIPHENYLTIN HYDROXIDE
BRESTAN see STANNANE, ACETOXYTRIPHENYL-
BRESTANOL see TRIPHENYLTIN CHLORIDE
BREVINYL E 50 see DICHLORVOS
BREVINYL see DICHLORVOS
BREVIRENIN see EPINEPHRINE
BREVITY BLUE LIQUID SANITIZING SCOURING CREAM see HEXACHLOROPHENE
BREVITY BLUE LIQUID BACTERIOSTATIC SCOURING CREAM see HEXACHLOROPHENE
BRICK OIL see CREOSOTE
BRIDGEPORT SPOT WEED KILLER see 2,4-D ISOPROPYL ESTER
BRIFUR see CARBOFURAN
BRIGHTENER E-3 see ARSENIC
BRILLIANT CHROME LEATHER BLACK H see C.I. DIRECT BLACK 38
BRILLIANT FAST OIL YELLOW see 4-DIMETHYLAMINOAZOBENZENE
BRILLIANT FAST SPIRIT YELLOW see 4-DIMETHYLAMINOAZOBENZENE
BRILLIANT GREEN 3EMBL see C.I. ACID GREEN 3
BRILLIANT OIL ORANGE R see C.I. SOLVENT YELLOW 14
BRILLIANT OIL SCARLET B see C.I. SOLVENT ORANGE 7
BRILLIANT OIL YELLOW see C.I. SOLVENT YELLOW 34
BRILLIANT OIL YELLOW see 4-DIMETHYLAMINOAZOBENZENE
BRINDERDIN see RESPIRINE
BRISERINE see RESPIRINE
BRISTACYCLINE see TETRACYCLINE HYDROCHLORIDE
BRITON see TRICHLORFON
BRITTEN see TRICHLORFON

BRITTOX *see* BROMOXYNIL
BROADCIDE 20EC *see* LINURON
BROCIDE *see* 1,2-DICHLOROETHANE
BROCKMANN, ALUMINUM OXIDE *see* ALUMINUM OXIDE
BRODAN *see* CHLORPYRIFOS
BROGDEX 555 *see* SODIUM DIMETHYLDITHIOCARBAMATE
BROM-O-GAS *see* BROMOMETHANE
BROM-METHAN (German) *see* BROMOMETHANE
BROM (German) *see* BROMINE
BROMACIL 1.5 *see* BROMACIL
α-BROMACIL 80 WP *see* BROMACIL
BROMADIALONE *see* BROMADIOLONE
BROMATO POTASICO (Spanish) *see* POTASSIUM BROMATE
BROMAX *see* BROMACIL
BROMAZIL *see* BROMACIL
BROMAZIL *see* IMAZALIL
BROMCHLOPHOS *see* NALED
BROME (French) *see* BROMINE
BROMEX *see* NALED
BROMIC ACID, POTASSIUM SALT *see* POTASSIUM BROMATE
BROMINAL *see* BROMOXYNIL
BROMINAL M & PLUS *see* METHOXONE
BROMINAL ME4 *see* BROMOXYNIL
BROMINE CYANIDE *see* CYANOGEN BROMIDE
BROMINIL *see* BROMOXYNIL
BROMKAL 81 *see* DECABROMODIPHENYL OXIDE
BROMKAL 82-ODE *see* DECABROMODIPHENYL OXIDE
BROMKAL 83-1ODE *see* DECABROMODIPHENYL OXIDE
BROMKAL P 67-6HP *see* TRIS(2,3-DIBROMOPROPYL) PHOSPHATE
BROMO (Italian, Spanish) *see* BROMINE
BROMOACETONA (Spanish) *see* BROMOACETONE
γ-BROMOALLYLENE *see* PROPARGYL BROMIDE
3-(3-(4'-BROMO(1,1'-BIPHENYL)-4-YL)3-HYDROXY-1-PHENYLPROPYL)-4-HYDROXY-2H-1-BENZOPYRAN-2-ONE *see* BROMADIOLONE L)3-
3-(3-(4'-BROMOBIPHENYL)-4-YL)3-HYDROXY-1-PHENYLPROPYL)-4-HYDROXY-COUMARIN *see* BROMADIOLONE
2-BROMO-2-(BROMOMETHYL) GLUTARONITRILE *see* 1-BROMO-1-(BROMOMETHYL)-1,3-PROPANEDICARBONITRILE
2-BROMO-2(BROMOMETHYL)PENTANEDINITRILE *see* 1-BROMO-1-(BROMOMETHYL)-1,3-PROPANEDICARBONITRILE
5-BROMO-3-sec-BUTYL-6-METHYLPYRIMIDINE-2,4(1H,3H)-DIONE, LITHIUM SALT *see* BROMACIL, LITHIUM SALT
5-BROMO-3-sec-BUTYL-6-METHYLURACIL *see* BROMACIL
o-(4-BROMO-2-CHLOROPHENYL)-O-ETHYL-S-PROPYLPHOSPHOROTHIOATE *see* PROFENOFOS
BROMOCYAN *see* CYANOGEN BROMIDE
BROMOCYANOGEN *see* CYANOGEN BROMIDE
BROMODICHLOROMETHANE *see* DICHLOROBROMOMETHANE
o-(4-BROMO-2,5-DICHLOROPHENYL)O-METHYL PHENYLPHOSPHONOTHIOATE *see* LEPTOPHOS
BROMOETHENE *see* VINYL BROMIDE
BROMOETHYLENE *see* VINYL BROMIDE
BROMOFLUROFPRM *see* BROMOTRIFLUOROMETHANE
BROMOFORME (French) *see* BROMOFORM
BROMOFORMIO (Italian) *see* BROMOFORM
BROMOFORMO (Spanish) *see* BROMOFORM
BROMOFUME *see* 1,2-DIBROMOETHANE
BROMOMETANO (Italian, Spanish) *see* BROMOMETHANE
5-BROMO-6-METHYL-3-(1-METHYLPROPYL)-2,4(1H,3H)PYRIMIDINEDIONE *see* BROMACIL
5-BROMO-6-METHYL-3-(1-METHYLPROPYL)-2,4-(1H,3H)PYRIMIDINEDIONE *see* BROMACIL
BROMOMETHYL METHYL KETONE *see* BROMOACETONE

2-BROMO-2-NITRO-1,3-PROPANEDIOL *see* 2-BROMO-2-NITROPROPANE-1,3-DIOL
2-BROMO-2-NITROPROPANE-1,3-DIOL *see* 2-BROMO-2-NITROPROPANE-1,3-DIOL
β-BROMO-β-NITROTRIMETHYLENEGLYCOL *see* 2-BROMO-2-NITROPROPANE-1,3-DIOL THYL
3-(α-(P-(P-BROMOPHENYL)-β-HYDROXYPHENETHYL)BENZYL)-4-HYDROXY- COUMARIN *see* BROMADIOLONE
BROMOPROPANE *see* BROMOACETONE
BROMO-2-PROPANONE *see* BROMOACETONE
1-BROMO-2-PROPANONE *see* BROMOACETONE
3-BROMOPROPYNE *see* PROPARGYL BROMIDE
3-BROMO-1-PROPYNE *see* PROPARGYL BROMIDE
BROMO SELTZER *see* PHENACETIN
BROMOTRIFLUORETHENE *see* BROMOTRIFLUORETHYLENE
BROMOTRIFLUORETILENO (Spanish) *see* BROMOTRIFLUORETHYLENE
BROMOTRIFLUORMETANO (Spanish) *see* BROMOTRIFLUOROMETHANE
BROMOXYNIL NITRILE HERBICIDE *see* BROMOXYNIL
BROMOXYNIL OCTANOATE NITRILE HERBICIDE *see* BROMOXYNIL OCTANOATE
BROMURE de CYANOGEN (French) *see* CYANOGEN BROMIDE
BROMURE de METHYLE (French) *see* BROMOMETHANE
BROMURE de VINYLE (French) *see* VINYL BROMIDE
BROMURO de CADMIO (Spanish) *see* CADMIUM BROMIDE
BROMURO de CIANOGENO (Spanish) *see* CYANOGEN BROMIDE
BROMURO COBALTOSO (Spanish) *see* COBALTOUS BROMIDE
BROMURO di ETILE (Italian) *see* 1,2-DIBROMOETHANE
BROMURO di METILE (Italian) *see* BROMOMETHANE
BROMURO de METILENO (Spanish) *see* METHYLENE BROMIDE
BROMURO de PROPARGILO (Spanish) *see* PROPARGYL BROMIDE
BROMURO de VINILO (Spanish) *see* VINYL BROMIDE
BROMURO de ZINC (Spanish) *see* ZINC BROMIDE
BRONATE *see* BROMOXYNIL
BRONKAID MIST *see* EPINEPHRINE
BRONOCOT *see* 2-BROMO-2-NITROPROPANE-1,3-DIOL
BRONOPOL *see* 2-BROMO-2-NITROPROPANE-1,3-DIOL
BRONOSOL *see* 2-BROMO-2-NITROPROPANE-1,3-DIOL
BRONOX *see* LINURON
BRONZE GREEN TONER A-8002 *see* C.I. ACID GREEN 4
BRONZE POWDER *see* COPPER
BROOM (Dutch) *see* BROMINE
BROOMMETHAAN (Dutch) *see* BROMOMETHANE
BROOT *see* 2,3,5-TRIMETHYLPHENYL METHYLCARBAMATE
BROSERPINE *see* RESPIRINE
BROWN 4EMBL *see* C.I. DIRECT BROWN 95
BROXOLON *see* BROMOXYNIL OCTANOATE
BROXYNIL *see* BROMOXYNIL
BRP *see* NALED
BRUCIL *see* BROMOXYNIL
BRUCINA (Italian, Spanish) *see* BRUCINE
(−)BRUCINE *see* BRUCINE
(−)BRUCINE DIHYDRATE *see* BRUCINE
BRUCINE HYDRATE *see* BRUCINE
BRULAN *see* TEBUTHIURON
BRUMIN *see* WARFARIN
BRUSH BUSTER *see* DICAMBA
BRUSH KILLER 64 *see* 2,4-D BUTOXYETHYL ESTER
BRUSH RHAP *see* 2,4,5-T ACID
BRUSH-RHAP *see* 2,4-D
BRUSHKILLER *see* HEXAZINONE
BRUSH-OFF 445 LOW VOLATILE BRUSH KILLER *see* 2,4,5-T ACID
BRUSHTOX *see* 2,4,5-T ACID
BRUS KILLER 64 *see* 2,4-D BUTOXYETHYL ESTER
BRYGOU *see* PROPOXUR

BSC-REFINED D *see* BENZENESULFONYL CHLORIDE
B-SELEKTONON *see* 2,4-D
B-SELEKTONON M *see* METHOXONE
BTO *see* BIS(TRIBUTYLTIN)OXIDE
BTS 27,419 *see* AMITRAZ
BU-GAS *see* BUTANE
BUACID GUINEA GREEN BA *see* C.I. ACID GREEN 3
BUCTRIL INDUSTRIAL *see* BROMOXYNIL
BUCTRIL *see* BROMOXYNIL
BUCTRILIN *see* BROMOXYNIL OCTANOATE
BUFA *see* DIBUTYL PHTHALATE
BUFEN *see* PHENYLMERCURY ACETATE
BUFF-A-COMP *see* PHENACETIN
BUFOPTO ZINC SULFATE *see* ZINC ZULFATE
BUFTON *see* DIETHYLSTILBESTROL
BUHACH *see* PYRETHRINS (8003-34-7)
BUNT-CURE *see* HEXACHLOROBENZENE
BUNT-NO-MORE *see* HEXACHLOROBENZENE
BURMA GREEN B *see* C.I. ACID GREEN 4
BURMAR LAB CLEAN *see* AMMONIUM HYDROXIDE
BURMAR LAB CLEAN *see* ISOBUTYL ALCOHOL
BURMAR NOPHENOL-922 HB *see* CATECHOL
BURTOLIN *see* MALEIC HYDRAZIDE
BUSANAT 586 *see* DISODIUM CYANODITHIOMIDOCARBONATE
BUSH KILLER *see* 2,4-D
BUTA-1,3-DIEEN (Dutch) *see* 1,3-BUTADIENE
BUTA-1,3-DIEN (German) *see* 1,3-BUTADIENE
BUTA-1,3-DIENE *see* 1,3-BUTADIENE
BUTACIDE *see* PIPERONYL-ETHYL
BUTADIEEN (Dutch) *see* 1,3-BUTADIENE
BUTADIEN (Polish) *see* 1,3-BUTADIENE
BUTADIENDIOXYD (German) *see* DIEPOXYBUTANE
BUTADIENE *see* 1,3-BUTADIENE
α-γ-BUTADIENE *see* 1,3-BUTADIENE
1,3-BUTADIENE, 2-CHLORO- *see* CHLOROPRENE
BUTADIENE DIEPOXIDE *see* DIEPOXYBUTANE
1,3-BUTADIENE DIEPOXIDE *see* DIEPOXYBUTANE
BUTADIENE DIOXIDE *see* DIEPOXYBUTANE
BUTADIENE, HEXACHLORO- *see* HEXACHLORO-1,3-BUTADIENE
1,3-BUTADIENE, 1,1,2,3,4,4-HEXACHLORO- *see* HEXACHLORO-1,3-BUTADIENE
1,3-BUTADIENE, 2-METHYL *see* ISOPRENE
1,3-BUTADIENO (Spanish) *see* 1,3-BUTADIENE
BUTAFUME *see* sec-BUTYLAMINE (13952-84-6)
BUTAL *see* BUTYRALDEHYDE
BUTALDEHYDE *see* BUTYRALDEHYDE
BUTALYDE *see* BUTYRALDEHYDE
n-BUTANAL (Czech) *see* BUTYRALDEHYDE
BUTAN-2-OL *see* sec-BUTYL ALCOHOL
BUTAN-1-OL *see* n-BUTYL ALCOHOL
BUTANAL *see* BUTYRALDEHYDE
1-BUTANAMINE *see* BUTYLAMINE
2-BUTANAMINE *see* sec-BUTYLAMINE (13952-84-6)
1-BUTANAMINE, N-BUTYL-N-NITROSO- *see* N-NITROSODI-n-BUTYLAMINE
n-BUTANE *see* BUTANE
BUTANE, 1,2:3,4-DIEPOXY- *see* DIEPOXYBUTANE
BUTANE, 1,4-EPOXY- *see* FURAN, TETRAHYDRO-
BUTANE, 2-METHYL- *see* ISOPENTANE
1,4-BUTANEDICARBOXYLIC ACID *see* ADIPIC ACID
BUTANE DIEPOXIDE *see* DIEPOXYBUTANE
BUTANEDIOIC ACID, ((DIMETHOXYPHOSPHINOTHIOYL)THIO)-, DIETHYL ESTER *see* MALATHION

BUTANEDIOIC ACID, 2,3-DIHYDROXY-(R-(R,R))-, COPPER(2+)SALT (1:1) *see* CUPRIC TARTRATE
BUTANEDIOIC ACID,2,3-DIHYDROXY-(R-(R,R))-, DIAMMONIUM SALT *see* AMMONIUM TARTRATE (3164-29-2)
BUTANEN (Dutch) *see* BUTANE
BUTANI (Italian) *see* BUTANE
BUTANIC ACID *see* BUTYRIC ACID
BUTANO (Spanish) *see* BUTANE
BUTANOIC ACID *see* BUTYRIC ACID
n-BUTANOIC ACID *see* BUTYRIC ACID
BUTANOIC ACID, 4-(2,4-DICHLOROPHENOXY)- *see* 2,4-DB
1-BUTANOL *see* n-BUTYL ALCOHOL
2-BUTANOL *see* sec-BUTYL ALCOHOL
BUTANOL *see* n-BUTYL ALCOHOL
BUTANOL-2 *see* sec-BUTYL ALCOHOL
n-BUTANOL *see* n-BUTYL ALCOHOL
tert-BUTANOL *see* tert-BUTYL ALCOHOL
BUTANOL TERTIAIRE (French) *see* tert-BUTYL ALCOHOL
BUTANOLEN (Dutch) *see* n-BUTYL ALCOHOL
BUTANOLO (Italian) *see* n-BUTYL ALCOHOL
BUTANONE *see* METHYL ETHYL KETONE
BUTANONE 2 (French) *see* METHYL ETHYL KETONE
2-BUTANONE, 1-(4-CHLOROPHENOXY)-3,3-DIMETHYL-1-(1,2,4-TRIAZOL-1-YL)- *see* TRIADIMEFON
2-BUTANONE, 1-(4-CHLOROPHENOXY)-3,3-DIMETHYL-1-(1-H-1,2,4-TRIAZOL-1-YL)- *see* TRIADIMEFON
2-BUTANONE *see* METHYL ETHYL KETONE
3-BUTANONE *see* METHYL ETHYL KETONE
2-BUTANONE, PEROXIDE *see* METHYL ETHYL KETONE PEROXIDE
BUTAPHENE *see* DINITROBUTYL PHENOL
2-BUTENAL *see* CROTONALDEHYDE
2-BUTENAL, (E)- *see* CROTONALDEHYDE, (E)
(E)-2-BUTENAL *see* CROTONALDEHYDE, (E)
trans-2-BUTENAL *see* CROTONALDEHYDE, (E)
1-BUTENE *see* BUTENE
n-BUTENE *see* BUTENE
2-BUTENE, trans *see* 2-BUTENE, (E)-
2-BUTENE, (Z)- *see* 2-BUTENE-cis
cis-2-BUTENE *see* 2-BUTENE-cis
(E)-2-BUTENE *see* 2-BUTENE, (E)-
trans-2-BUTENE *see* 2-BUTENE, (E)-
(Z)-2-BUTENE *see* 2-BUTENE-cis
2-BUTENE, 1,4-DICHLORO- *see* 1,4-DICHLORO-2-BUTENE
2-BUTENE, 1,4-DICHLORO-, (E)- *see* trans-1,4-DICHLORO-2-BUTENE
2-BUTENE, 1,4-DICHLORO-, trans- *see* trans-1,4-DICHLORO-2-BUTENE
BUTENEDIOIC ACID, (E)- *see* FUMARIC ACID
2-BUTENEDIOIC ACID (E) *see* FUMARIC ACID
BUTENEDIOIC ACID, (Z)- *see* MALEIC ACID
cis-BUTENEDIOIC ACID, (Z)- *see* MALEIC ACID
(E)-BUTENEDIOIC ACID *see* FUMARIC ACID
trans-BUTENEDIOIC ACID *see* FUMARIC ACID
(Z) BUTENEDIOIC ACID *see* MALEIC ACID
cis-BUTENEDIOIC ANHYDRIDE *see* MALEIC ACID
1-BUTENE, 2-METHYL *see* 2-METHYL-1-BUTENE
1-BUTENE, 3-METHYL *see* 3-METHYL-1-BUTENE
3-BUTENE-2-ONE *see* METHYL VINYL KETONE
1-BUTENE OXIDE *see* 1,2-BUTYLENE OXIDE
BUTENO-1 (Spanish) *see* BUTENE
cis-BUTENO-2 (Spanish) *see* 2-BUTENE-cis
trans-BUTENO (Spanish) *see* 2-BUTENE, (E)-
2-BUTENOIC ACID, 3-((DIMETHOXYPHOSPHINYL)OXY)-, METHYL ESTER *see* MEVINPHOS

2-BUTENOIC ACID, 3-(((ETHYLAMI-
NO)METHOXYPHOSPHINOTHIOYL)OXY)-,1-METHYLETHYL ESTER, (E)-
see PROPETAMPHOS
2-BUTENOIC ACID, 3-(((ETHYLAMI-
NO)METHOXYPHOSPHINOTHIOYL)OXY)-, ISOPROPYLESTER, (E)- *see*
PROPETAMPHOS
2-BUTENOIC ACID, 4-ISOOCTYL-2,6-DINITROPHENYL ESTER *see* DINO-
CAP
2-BUTENOIC ACID, 2-ISOOCTYL-4,6-DINITROPHENYL ESTER *see* DINO-
CAP
2-BUTENOIC ACID 2-(1-METHYLHEPTYL)-4,6-DINITROPHENYL ESTER *see*
DINOCAP
2-BUTENOIC ACID, 2-METHYL-, 7-((2,3-DIHYDROXY-2-(1-METHOXYE-
THYL)-3-METHYL-1-OXOBUTOXY)METHYL)-2,3,5,7A-TET RAHYDRO-
1H-PYRROLIZIN-1-YL ESTER,(IS(1α(Z),7(2S,3R),7Aα)- *see* LASIOCARPINE
n-BUTILAMINA (Italian, Spanish) *see* BUTYLAMINE
sec-BUTILAMINA (Spanish) *see* sec-BUTYLAMINE (513-49-5)
BUTILAMINA-sec (Spanish) *see* sec-BUTYLAMINE (13952-84-6)
BUTILAMINA-terc (Spanish) *see* tert-BUTYLAMINE
BUTILCHLOROFOS *see* BROMOXYNIL
BUTILE (ACETATI di) (Italian) *see* BUTYL ACETATE
1-BUTINO (Spanish) *see* 1-BUTYNE
BUTINOX *see* BIS(TRIBUTYLTIN)OXIDE
BUTIRRALDEHIDO (Spanish) *see* BUTYRALDEHYDE
BUTISERPAZIDE-25 *see* RESPIRINE
BUTISERPAZIDE-50 *see* RESPIRINE
BUTISERPINE *see* RESPIRINE
BUTOCIDE *see* PIPERONYL-ETHYL
BUTOXIDE *see* PIPERONYL-ETHYL
BUTOXIDO de PIPERONILO (Spanish) *see* PIPERONYL-ETHYL
BUTOXONE AMINE *see* 2,4-DB
BUTOXONE ESTER *see* 2,4-DB
BUTOXONE *see* 2,4-DB
BUTOXY-D 3 *see* 2,4-D BUTOXYETHYL ESTER
BUTOXYETHANOL ESTER of 2,4-DICHLOROPHENOXYACETIC ACID *see*
2,4-D BUTOXYETHYL ESTER TER
α-(2-(2-N-BUTOXYETHOXY)ETHOXY)-4,5-METHYLENEDIOXY-2-PROPYL-
TOLUENE *see* PIPERONYL-ETHYL
α-(2-(2-BUTOXYETHOXY)ETHOXY)-4,5-METHYLENEDIOXY-2-PROPYLTO-
LUENE *see* PIPERONYL-ETHYL
5-((2-(2-BUTOXYETHOXY)ETHOXY)METHYL)-6-PROPYL-1,3-BENZODIOX-
OLE *see* PIPERONYL-ETHYL
2-(2-BUTOXYETHOXY)ETHYL 6-PROPYLPIPERONYL ETHER *see* PIPERO-
NYL-ETHYL
2-BUTOXYETHYL 2,4-DICHLOROPHENOXYACETATE *see* 2,4-D BUTOXY-
ETHYL ESTER
BUTOXYETHYL 2,4-DICHLOROPHENOXYACETATE *see* 2,4-D BUTOXY-
ETHYL ESTER
2-BUTOXYETHYL 2,4-DICHLOROPHENOXYACETATE *see* 2,4-D BUTOXY-
ETHYL ESTER
BUTOXYETHYL 2,4,5-T *see* 2,4,5-T ESTERS (2545-59-7)
tert-BUTOXYMETHANE *see* METHYL tert-BUTYL ETHER
BUTTER of ANTIMONY *see* ANTIMONY TRICHLORIDE
BUTTER of ANTIMONY *see* ANTIMONY PENTACHLORIDE
BUTTER of ARSENIC *see* ARSENIC
BUTTER of ARSENIC *see* ARSENOUS TRICHLORIDE
BUTTER YELLOW *see* C.I. SOLVENT YELLOW 3
BUTTER YELLOW *see* 4-DIMETHYLAMINOAZOBENZENE
BUTTERSAEURE (German) *see* BUTYRIC ACID
BUTYL 400 *see* 2,4-D BUTYL ESTER
BUTYLACETAT (German) *see* BUTYL ACETATE
1-BUTYL ACETATE *see* BUTYL ACETATE
n-BUTYL ACETATE *see* BUTYL ACETATE
sec-BUTYL ACETATE *see* sec-BUTYL ACETATE

s-BUTYL ACETATE *see* sec-BUTYL ACETATE
2-BUTYL ACETATE *see* sec-BUTYL ACETATE
t-BUTYL ACETATE *see* tert-BUTYL ACETATE
BUTYLACETATEN (Dutch) *see* BUTYL ACETATE
n-BUTYL ACRYLATE *see* BUTYL ACRYLATE
BUTYLACRYLATE, INHIBITED *see* BUTYL ACRYLATE
BUTYL ALCOHOL (DOT) *see* n-BUTYL ALCOHOL
sec-BUTYL ALCOHOL ACETATE *see* sec-BUTYL ACETATE
2-BUTYL ALCOHOL *see* sec-BUTYL ALCOHOL
n-BUTYL ALDEHYDE *see* BUTYRALDEHYDE
BUTYL ALDEHYDE *see* BUTYRALDEHYDE
n-BUTYLAMIN (German) *see* BUTYLAMINE
n-BUTYLAMINE (DOT) *see* BUTYLAMINE
sec-BUTYLAMINE, (S)- *see* sec-BUTYLAMINE (513-49-5)
BUTYLAMINE, N-NITROSODI- *see* N-NITROSODI-n-BUTYLAMINE
BUTYLAMINE, TERTIARY *see* tert-BUTYLAMINE
1-(BUTYLAMINO)CARBONYL-1H-BENZIMIDAZOL-2-YL-, METHYL ESTER
  see BENOMYL
BUTYLATE-2,4,5-T *see* 2,4,5-T ESTERS (93-79-8)
3-sek-BUTYL-5-BROM-6-METHYLURACIL (German) *see* BROMACIL
1-(n-BUTYLCARBAMOYL)-2-(METHOXY-CARBOXAMIDO)BENZIMIDAZOL
  (German) *see* BENOMYL
1-(BUTYLCARBAMOYL)-2-BENZIMIDAZOLEC ARBAMIC ACID, METHYL
  ESTER *see* BENOMYL
BUTYL CARBITOL 6-PROPYLPIPERONYL ETHER *see* PIPERONYL-ETHYL
BUTYL-CARBITYL (6-PROPYLPIPERONYL) ETHER *see* PIPERONYL-ETHYL
1-((tert-BUTYLCARBONYL-4-CHLOROPHENOXY)METHYL)- *see* TRIADIME-
  FON
2-tert-BUTYL-5-CHLORO-6-METHYLURACIL *see* TERBACIL
2-t-BUTYL-5-CHLORO-6-METHYLURACIL *see* TERBACIL
sec-BUTYL, 2,4-D ESTER *see* 2,4-D sec-BUTYL ESTER
BUTYL 2,4-D *see* 2,4-D BUTYL ESTER
sec-BUTYL, 2,4-D *see* 2,4-D sec-BUTYL ESTER
2-tert-BUTYL-4-(2,4-DICHLORO-5-ISOPROPOXYPHENYL)-DELTA2-1,3,4-OX-
  ADIAZOLIN-5- ONE *see* OXYDIAZON O-5-
2-tert-BUTYL-4-(2,4-DICHLORO-5-ISOPROPYLOXYPHENYL)-1,3,4-OXADIA-
  ZOLIN-5-ONE *see* OXYDIAZON
4-(5-tert-BUTYL-3-(2,4-DICHLORO-5-ISOPROPOXYPHENYL)-1,3,4-OXADIA-
  ZOL-2(3H)-ONE *see* OXYDIAZON
2-tert-BUTYL-4-(2,4-DICHLORO-5-ISOPROPOXYPHENYL)-δ^2-1,3,4-OXADIA
  ZOL IN-5-ONE *see* OXYDIAZON
BUTYL (2,4-DICHLOROPHENOXY)ACETATE *see* 2,4-D BUTYL ESTER
n-BUTYL 2,4-DICHLOROPHENOXY ACETATE *see* 2,4-D BUTYL ESTER
BUTYL DICHLOROPHENOXYACETATE *see* 2,4-D BUTYL ESTER
n-BUTYL-2,6-DINITRO-N-ETHYL-4-TRIFLUOROMETHYLANILINE *see* BEN-
  FLURALIN
2-sec-BUTYL-4,6-DINITROPHENOL *see* DINITROBUTYL PHENOL
o-tert-BUTYL-4,6-DINITROPHENOL *see* DINOTERB
BUTYLE (ACETATE de) (French) *see* BUTYL ACETATE
BUTYLENE (DOT) *see* 1-BUTENE
BUTYLENE (DOT) *see* BUTENE
2-BUTYLENE DICHLORIDE *see* trans-1,4-DICHLORO-2-BUTENE
BUTYLENE HYDRATE *see* sec-BUTYL ALCOHOL
BUTYLENE OXIDE *see* 1,2-BUTYLENE OXIDE
BUTYLENE OXIDE *see* FURAN, TETRAHYDRO-
BUTYLENE *see* 1-BUTENE
n-BUTYLENE *see* 1-BUTENE
α-BUTYLENE *see* 1-BUTENE
n-BUTYLENE *see* BUTENE
α-BUTYLENE *see* BUTENE
γ-BUYLENE *see* 2-METHYLPROPENE
BUTYL ESTER 2,4-D *see* 2,4-D BUTYL ESTER
n-BUTYLESTER KYSELINI-2,4,5-TRICHLORFENOXYOCTOVE (Czech) *see*
  2,4,5-T ESTERS (93-79-8)

n-BUTYL ESTER of ACETIC ACID see BUTYL ACETATE
BUTYL ETHANOATE see BUTYL ACETATE
n-BUTYL-N-ETHYL-2,6-DINITRO-4-TRIFLUOROMETHYLBENZENAMINE see BENFLURALIN
n-BUTYL-N-ETHYL-2,6-DINITRO-4-TRIFLUOROMETHYLANILINE see BENFLURALIN BENF
n-BUTYL-N-ETHYL-α,α,α-TRIFLUORO-2,6-DINITRO-p-TOLUIDINE see BENFLURALIN
n-BUTYL-N-ETHYL-2,6-DINITRO-4-(TRIFLUROMETHYL)BENZENEAMINE see BENFLURALIN
BUTYLETHYLTHIOCARBAMIC ACID S-PROPYL ESTER see PEBULATE
BUTYL HYDRIDE see BUTANE
BUTYL HYDROXIDE see n-BUTYL ALCOHOL
tert-BUTYL HYDROXIDE see tert-BUTYL ALCOHOL
t-BUTYL METHYL ETHER see METHYL tert-BUTYL ETHER
tert-BUTYL METHYL ETHER see METHYL tert-BUTYL ETHER
BUTYLMETHYL ETHYL MALONYL UREA SODIUM see PENTOBARBITOL SODIUM
BUTYL NAMATE see CARBAMODITHIOIC ACID, DIBUTYL-, SODIUM SALT
n-BUTYL-N-NITROSO-1-BUTAMINE see N-NITROSODI-n-BUTYLAMINE
BUTYLONE see PENTOBARBITOL SODIUM
BUTYLOWY ALKOHOL (Polish) see n-BUTYL ALCOHOL
2-(p-tert-BUTYLPHENOXY)-2-PROPANOL-2-CHLOROETHYL SULFITE see ARAMITE
2-(p-tert-BUTYLPHENOXY)-1-METHLYETHYL SULPHITE of 2-CHLOROETHANOL see ARAMITE
2-(p-tert-BUTYLPHENOXY)-1-METHLYETHYL 2-CHLOROETHYL SULFITE ESTER see ARAMITE
2-(p-tert-BUTYLPHENOXY)-1-METHYLETHYL 2-CHLOROETHYL ESTER of SULPHUROUS ACID see ARAMITE
2-(p-BUTYLPHENOXY)-1-METHLYETHYL 2-CHLOROETHYL SULFITE see ARAMITE
2-(p-tert-BUTYLPHENOXY)-1-METHLYETHYL 2'-CHLOROETHYL SULPHITE see ARAMITE
2-(p-tert-BUTYLPHENOXY)CYCLOHEXYL PROPARGYL SULFITE see PROPARGITE
2-(4-tert-BUTYLPHENOXY)CYCLOHEXYL PROP-2-YNYL SULFITE see PROPARGITE
2-(p-tert-BUTYLPHENOXY)CYCLOHEXYL 2-PROPYNYL SULFITE see PROPARGITE
2-(p-t-BUTYLPHENOXY)CYCLOHEXYL PROPARGYL SULFITE see PROPARGITE
2-(4-tert-BUTYLPHENOXY)ISOPROPYL 2-CHLOROETHYL SULFITE see ARAMITE
2-(p-tert-BUTYLPHENOXY)ISOPROPYL 2'-CHLOROETHYL SULFITE see ARAMITE
2-(p-BUTYLPHENOXY)ISOPROPYL 2-CHLOROETHYL SULFITE see ARAMITE
BUTYLPHENOXYISOPROPYLCHLOROETHYL SULFITE see ARAMITE
BUTYL PHOSPHOROTRITHIOATE see S,S,S-TRIBUTYLTRITHIOPHOSPHATE
BUTYL PHOSPHOROTRITHIOITE see MERPHOS
n-BUTYL PHTHALATE (DOT) see DIBUTYL PHTHALATE
BUTYL PHTHALATE see DIBUTYL PHTHALATE
BUTYL-2-PROPENOATE see BUTYL ACRYLATE
BUTYL-2,4,5-T see 2,4,5-T ESTERS (93-79-8)
1-(5-tert-BUTYL-1,3,4-THIADIAZOL-2-YL)-1,3-DIMETHYLUREA see TEBUTHIURON
s-((tert-BUTYLTHIO)METHYL)-O,O-DIETHYLPHOSPHORODITHIOATE see TERBUFOS
n-BUTYL(2,4,5-TRICHLOROPHENOXY)ACETATE see 2,4,5-T ESTERS (93-79-8)

(±)-BUTYL-2-(4-(((5-TRIFLUORO-METHYL)-2-PYRIDI-
   NYL)OXY)PHENOXY)PROPANOATE *see* FLUAZIFOP-BUTYL (5-T
BUTYL(RS)-2-(4-((5-(TRIFLUOROMETHYL)-2-PYRIDI-
   NYL)OXY)PHENOXY)PROPANOATE *see* FLUAZIFOP-BUTYL
BUTYL 2-(4-((5-(TRIFLUOROMETHYL)-2-PYRI-
   DYL)OXY)PHENOXY)PROPIONATE *see* FLUAZIFOP-BUTYL
BUTYRAC *see* 2,4-DB
BUTYRAC 118 *see* 2,4-DB
BUTYRAC 200 *see* 2,4-DB
BUTYRAC ESTER *see* 2,4-DB
BUTYRAL *see* BUTYRALDEHYDE
BUTYRALDEHYD (German) *see* BUTYRALDEHYDE
n-BUTYRALDEHYDE *see* BUTYRALDEHYDE
BUTYRIC ACID, 4-(2,4-DICHLOROPHENOXY)- *see* 2,4-DB
n-BUTYRIC ACID *see* BUTYRIC ACID
BUTYRIC ALCOHOL *see* n-BUTYL ALCOHOL
BUTYRIC ALDEHYDE *see* BUTYRALDEHYDE
BW-21-Z *see* PERMETHRIN
BZF-60 *see* BENZOYL PEROXIDE
C-1 *see* ALUMINUM OXIDE
C-46 *see* HEXACHLORO-1,3-BUTADIENE
C-56 *see* HEXACHLOROCYCLOPENTADIENE
C-570 *see* PHOSPHAMIDON
C-589 *see* ISOBUTYL ALCOHOL
C-709 *see* DICROTOPHOS
C-709 (CIBA-GEIGY) *see* DICROTOPHOS
C-1414 *see* MONOCROPTOPHOS
C-1983 *see* CHLOROXURON
C-2059 *see* FLUOMETURON
C-8949 *see* CHLORFENVINFOS
C-10015 *see* CHLORFENVINFOS
CA 70203 *see* TRIFORINE
CAB-O-GRIP *see* ALUMINUM OXIDE
CABACOLINA *see* CARBACHOL CHLORIDE
CACODILATO SODICO (Spanish) *see* SODIUM CACODYLATE
CACODYLATE de SODIUM (French) *see* SODIUM CACODYLATE
CACODYLIC ACID SODIUM SALT *see* SODIUM CACODYLATE
CADDY *see* CADMIUM CHLORIDE
CADET BPO-70W *see* BENZOYL PEROXIDE
CADET BPO-W40 *see* BENZOYL PEROXIDE
CADET *see* BENZOYL PEROXIDE
CADMIO (Spanish) *see* CADMIUM
CADMIUM DIACETATE *see* CADMIUM ACETATE
CADMIUM(II) ACETATE *see* CADMIUM ACETATE
CADMIUM DIBROMIDE *see* CADMIUM BROMIDE
CADMIUM DICHLORIDE *see* CADMIUM CHLORIDE
CADMIUM OXIDE BROWN *see* CADMIUM OXIDE
CADOX 40E *see* BENZOYL PEROXIDE
CADOX BENZOYL PEROXIDE-W40 *see* BENZOYL PEROXIDE
CADOX *see* BENZOYL PEROXIDE
CADOX BTW-50 *see* BENZOYL PEROXIDE
CAF *see* 2-CHLOROACETOPHENONE CHLOROALKYL ESTERS
CAID *see* CHLOROPHACINONE
CAIROX *see* POTASSIUM PERMANGANATE
CAKE ALUM *see* ALUMINUM SULFATE
CAKE ALUMINUM *see* ALUMINUM SULFATE
CALABARINE SALICYLATE *see* PHYSOSTIGMINE, SALICYLATE (1:1)
CALABARINE *see* PHYSOSTIGMINE
CALCID *see* CALCIUM CYANIDE
CALCIFEROL *see* ERGOCALCIFEROL
CALCIFERON *see* ERGOCALCIFEROL
CALCIUM CARBIMIDE *see* CALCIUM CYANAMIDE
CALCIUM CHLOROHYDROCHLORITE *see* CALCIUM HYPOCHLORITE
CALCIUM CHROMATE(VI) *see* CALCIUM CHROMATE

CALCIUM CHROME YELLOW see CALCIUM CHROMATE
CALCIUM CHROMIUM OXIDE see CALCIUM CHROMATE
CALCIUM CYANAMID see CALCIUM CYANAMIDE
CALCIUM HYPOCHLORIDE see CALCIUM HYPOCHLORITE
CALCIUM MONOCHROMATE see CALCIUM CHROMATE
CALCIUM n-DODECYLBENZENESULFONATE see CALCIUM DODECYL-BENZENESULFONATE
CALCIUM ORTHOARSENATE see CALCIUM ARSENATE
CALCIUM OXYCHLORIDE see CALCIUM HYPOCHLORITE
CALCIUMARSENAT (German) see CALCIUM ARSENATE
CALCO OIL ORANGE 7078 see C.I. SOLVENT YELLOW 14
CALCO OIL SCARLET BL see C.I. SOLVENT ORANGE 7
CALCOCID GREEN G see C.I. ACID GREEN 3
CALCOCID SCARLET 2R see C.I. FOOD RED 5
CALCOCID SCARLET 2R see C.I. FOOD RED 5
CALCODUR BROWN BRL see C.I. DIRECT BROWN 95
CALCOGAS ORANGE NC see C.I. SOLVENT YELLOW 14
CALCOLAKE SCARLET 2R see C.I. FOOD RED 5
CALCOLOID GOLDEN YELLOW GKWP see C.I. VAT YELLOW 4
CALCOMINE BLACK see C.I. DIRECT BLACK 38
CALCOMINE BLACK EXL see C.I. DIRECT BLACK 38
CALCOMINE BLUE 2B see C.I. DIRECT BLUE 6
CALCOSYN YELLOW GC see C.I. DISPERSE YELLOW 3
CALCOZINE GREEN V see C.I. ACID GREEN 4
CALCOZINE RED 6G see C.I. BASIC RED 1
CALCOZINE RED BX see C.I. FOOD RED 15
CALCOZINE RHODAMINE 6GX see C.I. BASIC RED 1
CALCOZINE RHODAMINE BXP see C.I. FOOD RED 15
CALCYAN see CALCIUM CYANIDE
CALCYANIDE see CALCIUM CYANIDE
CALDON see DINITROBUTYL PHENOL
CALEDON GOLDEN YELLOW GK see C.I. VAT YELLOW 4
CALEDON PRINTING YELLOW GK see C.I. VAT YELLOW 4
CALGON see SODIUM PHOSPHATE, TRIBASIC (10124-56-8)
CALMATHION see MALATHION
CALOCHLOR see MERCURIC CHLORIDE
CALSOFT F-90 see SODIUM DODECYLBENZENESULFONATE
CALSOFT L-40 see SODIUM DODECYLBENZENESULFONATE
CALSOFT L-60 see SODIUM DODECYLBENZENESULFONATE
CALSOFT LAS 99 see DODECYLBENZENESULFONIC ACID
CAMCOLIT see LITHIUM CARBONATE
CAMPAPRIM A 1544 see AMITROLE
CAMPBELL'S NABAM SOIL FUNGICIDE see NABAM
CAMPBELL'S NICO-SOAP see NICOTINE
CAMPBELL'S RAPIER see PRONAMIDE
CAMPBELL'S TRIFLURON see TRIFLURALIN
CAMPBELLINE OIL ORANGE see C.I. SOLVENT YELLOW 14
CAMPHECHLOR see TOXAPHENE
CAMPHENE, OCTACHLORO- see TOXAPHENE
CAMPHOCHLOR see TOXAPHENE
CAMPHOCLOR see TOXAPHENE
CAMPHOFENE HUILEUX see TOXAPHENE
CAMPHOR TAR see NAPHTHALENE
CAMPILIT see CYANOGEN BROMIDE
CANADIEN 2000 see BROMADIOLONE
CANDACAPS see ERGOCALCIFEROL
CANDAMIDE see LITHIUM CARBONATE
CANDASEPTIC see p-CHLORO-m-CRESOL
CANDEX see ATRAZINE
CANFECLOR see TOXAPHENE
CANGUARD 409 see 2-BROMO-2-NITROPROPANE-1,3-DIOL
CANOGARD see DICHLORVOS
CANTHARIDES CAMPHOR see CANTHARIDIN
CANTHARIDINE see CANTHARIDIN

CANTHARONE see CANTHARIDIN
CAP see 2-CHLOROACETOPHENONE CHLOROALKYL ESTERS
CAPAROL 80W see PROMETHRYN
CAPFOS see FONOFOS
CAPORIT see CALCIUM HYPOCHLORITE
CAPRANE see DINOCAP
6-CAPROLACTUM see CAPROLACTUM
n-ε-CAPROLACTAM see CAPROLACTUM
CAPROLACTAMA (Spanish) see CAPROLACTUM
CAPROLATTAME (French) see CAPROLACTUM
CAPROLIN see CARBARYL
CAPRYLDINITROPHENYL CROTONATE see DINOCAP
2-CAPRYL-4,6-DINITROPHENYL CROTONATE see DINOCAP
CAPTAF 85W see CAPTAN
CAPTAF see CAPTAN
CAPTAN 50W see CAPTAN
CAPTANCAPTENEET 26,538 see CAPTAN
CAPTANE see CAPTAN
CAPTAX see 2-MERCAPTOBENZOTHIAZOLE
CAPTEX see CAPTAN
CARADATE 30 see METHYLBIS(PHENYLISOCYANATE)
CARATHANE see DINOCAP
CARBACHOL see CARBACHOL CHLORIDE
CARBACHOLIN see CARBACHOL CHLORIDE
CARBACHOLINE CHLORIDE see CARBACHOL CHLORIDE
CARBACRYL see ACRYLONITRILE
CARBADINE see ZINEB
CARBAM see METHAM SODIUM
CARBAMATE,4-DIMETHYLAMINO-3,5-XYLYLN-METHYL- see MEXACARBATE
CARBAMATO AMONICO (Spanish) see AMMONIUM CARBAMATE
CARBAMIC ACID, AMMONIUM SALT see AMMONIUM CARBAMATE
CARBAMIC ACID, 1H-BENZIMIDAZOL-2-YL-, CARBATENE see METIRAM
CARBAMIC ACID, BUTYL-, 3-IODO-2-PROPYNYL ESTER see 3-IODO-2-PROPYNYL BUTYLCARBAMATE
CARBAMIC ACID, 1-(BUTYLAMINO)CARBONYL- 1H-BENZIMIDAZOL-2YL, METHYL ESTER see BENOMYL
CARBAMIC ACID, CYCLOHEXYLETHYTHIO-, S-ETHYL ESTER see CYCLOATE
CARBAMIC ACID, ((DIBUTYLAMINO)THIO)METHYL-, 2,3-DIHYDRO-2,2-DIMETHYL-7-BENZOFURANYL ESTER see CARBOSULFAN
CARBAMIC ACID, DIBUTYLDITHIO-, SODIUM SALT see CARBAMODITHIOIC ACID, DIBUTYL-, SODIUM SALT
CARBAMIC ACID, DIETHYL-,S-((4-CHLOROBENZYL)ESTER see THIOBENCARB
CARBAMIC ACID, DIETHYLDITHIO-, SODIUM SALT see CARBAMODITHIOIC ACID, DIETHYL-, SODIUM SALT
CARBAMIC ACID, DIETHYLTHIO-S-(P-CHLOROBENZYL) ESTER see THIOBENCARB
CARBAMIC ACID, DIISOPROPYLTHIO-, S-(2,3,3-TRICHLOROALLYL) ESTER see TRIALLATE
CARBAMIC ACID, DIMETHYL-, 1-((DIMETHYLAMINO)CARBONYL)-5-METHYL-1H-PYRAZOL-2-YL ESTER see DIMETILAN
CARBAMIC ACID, DIMETHYL-, ESTER with 3-HYDROXY-N,N-5-TRIMETHYLPYRAZOLE-1-CARBOXAMIDE see DIMETILAN
CARBAMIC ACID, DIMETHYLDITHIO-, ZINC SALT see ZIRAM
CARBAMIC ACID, DIMETHYLDITHIO-, IRON SALT see FERBAM
CARBAMIC ACID, DIMETHYLDITHIO-, ANHYDROSULFIDE see BIS(DIMETHYLTHIOCARBAMOYL) SULFIDE
CARBAMIC ACID, DIMETHYLDITHIO-, POTASSIUM SALT, HYDRATE see POTASSIUM DIMETHYLDITHIOCARBAMATE
CARBAMIC ACID, DIMETHYLDITHIO-, SODIUM SALT see SODIUM DIMETHYLDITHIOCARBAMATE

CARBAMIC ACID, DIPROPYLTHIO-, S-PROPYL ESTER see CARBAMOTHIOIC ACID, DIPROPYL-, S-PROPYL ESTER
CARBAMIC ACID, DIPROPYLTHIO-, S-ETHYL ESTER see ETHYL DIPROPYLTHIOCARBAMATE
CARBAMIC ACID, ESTER with CHOLINE CHLORIDE see CARBACHOL CHLORIDE
CARBAMIC ACID, ETHYL ESTER see URETHANE
CARBAMIC ACID, ETHYLENEBIS(DITHIO-, DISODIUM SALT see NABAM
CARBAMIC ACID, ETHYLENEBIS(DITHIO-), MANGANESE SALT see MANEB
CARBAMIC ACID, N-METHYLDITHIO-, SODIUM SALT see METHAM SODIUM
CARBAMIC ACID, METHYL-, 3,5-DIMETHYL-4-(METHYLTHIO)PHENYL ESTER see METHIOCARB
CARBAMIC ACID, METHYL-, 3-TOLYL ESTER see METOLCARB
CARBAMIC ACID, METHYL-, 2,3-(DIMETHYLMETHYLENEDIOXY)PHENYL see ESTER
CARBAMIC ACID, METHYL-, 2,3-(ISOPROPYLIDENEDIOXY)PHENYL ESTER see BENDIOCARB
CARBAMIC ACID, METHYL-, 2,2-DIMETHYL-2,3-DIHYDROBENZOFURAN-7-YL ESTER see CARBOFURAN
CARBAMIC ACID, METHYL-, 3-METHYLPHENYL ESTER see METOLCARB
CARBAMIC ACID, METHYL-, O-((2-METHYL-2-(METHYLTHIO)PROPYLIDENE)AMINO) DERIV. see ALDICARB
CARBAMIC ACID, N-METHYL-, 3-METHYL-5-ISOPROPROPYLPHENYL ESTER see PROMECARB
CARBAMIC ACID, N-METHYL-, 4-(METHYLTHIO)-3,5-XYLYL ESTER see METHIOCARB
CARBAMIC ACID, METHYL-, 4-(METHYLTHIO)-3,5-XYLYL ESTER see METHIOCARB
CARBAMIC ACID, METHYL-, O-(((2,4-DIMETHYL-1,3-DITHIOLAN-2-YL)METHYLENE)AMINO)- see TRIPATE
CARBAMIC ACID, METHYL-, METHYLCARBAMATE (ESTER) see MEXACARBATE
CARBAMIC ACID, (3-METHYL-5-(1-METHYLETHYL)PHENYL-, METHYL ESTER see PROMECARB
CARBAMIC ACID, METHYL-, o-ISOPROPOXYPHENYL ESTER see PROPOXUR
CARBAMIC ACID, METHYL-, m-CUMENYL ESTER see PHENOL, 3-(1-METHYLETHYL)-, METHYLCARBAMATE
CARBAMIC ACID, METHYL-, 4-(DIMETHYLAMINO)-3,5-XYLYL ESTER see MEXACARBATE
CARBAMIC ACID, METHYL-, 1-NAPHTHYL ESTER see CARBARYL
CARBAMIC ACID, METHYL-, M-CYM-5-YL ESTER see PROMECARB
CARBAMIC ACID, N-METHYLDITHIO-, POTASSIUM SALT see POTASSIUM N-METHYLDITHIOCARBAMATE
CARBAMIC ACID, METHYLDITHIO-, MONOSODIUM SALT see METHAM SODIUM
CARBAMIC ACID, MONOAMMONIUM SALT see AMMONIUM CARBAMATE
CARBAMIC ACID, (2-(4-PHENOXYPHENOXY)ETHYL)-, ETHYL ESTER see FENOXYCARB
CARBAMIC ACID, (3-(((PHENYLAMINO)CARBONYL)OXY)PHENYL)-,ETHYL ESTER see DESMEDIPHAM
CARBAMIC ACID, PHENYLCARBAMOYLOXYPHENYL-, ETHYL ESTER see DESMEDIPHAM
CARBAMIC ACID, (1,2-PHENYLENEBIS(IMINOCARBONOTHIOYL))BIS-, DIETHYL ESTER see THIOPHANATE ETHYL
CARBAMIC ACID, (1,2-PHENYLENEBIS(IMINOCARBONOTHIOYL))BIS-, DIMETHYL ESTER see THIOPHANATE-METHYL
CARBAMIC CHLORIDE, DIMETHYL- see DIMETHYLCARBAMOYL CHLORIDE
CARBAMIDE, THIO- see THIOUREA
CARBAMIDSAEURE-AETHYLESTER (German) see URETHANE

CARBAMIMIDOSELENOIC ACID see SELENOUREA
CARBAMINE see CARBARYL
CARBAMIOTIN see CARBACHOL CHLORIDE
CARBAMOTHIOIC ACID, BIS(1-METHYLETHYL)-S-(2,3-DICHLORO-2-PROPENYL) ESTER see DIALLATE
CARBAMOTHIOIC ACID, BIS(1-METHYLETHYL)-, S-(2,3,3-TRICHLORO-2-PROPENYL) ESTER see TRIALLATE
CARBAMODITHIOIC ACID, CYANO-, DISODIUM SALT see DISODIUM CYANODITHIOMIDOCARBONATE
CARBAMOTHIOIC ACID, CYCLOHEXYLETHYL-, S-ETHYL ESTER see CYCLOATE
CARBAMOTHIOIC ACID, DIETHYL-,S-(CHLOROPHENYL)METHYL)ESTER see THIOBENCARB
CARBAMODITHIOIC ACID, DIMETHYL-, SODIUM SALT see SODIUM DIMETHYLDITHIOCARBAMATE
CARBAMODITHIOIC ACID, DIMETHYL-, POTASSIUM SALT see POTASSIUM DIMETHYLDITHIOCARBAMATE
CARBAMOTHIOIC ACID, DIPROPYL-,S-ETHYL ESTER see ETHYL DIPROPYLTHIOCARBAMATE
CARBAMODITHIOIC ACID, 1,2-ETHANEDIYLBIS-, DISODIUM SALT see NABAM
CARBAMODITHIOIC ACID, 1,2-ETHANEDIYLBIS-, MANGANESE SALT see MANEB
CARBAMODITHIOIC ACID, 1,2-ETHANEDIYLBIS-, ZINC COMPLEX see ZINEB
CARBAMODITHIOIC ACID, METHYL-, MONOSODIUM SALT see METHAM SODIUM
CARBAMOYL CHLORIDE, N,N-DIMETHYLAMINOCARBONYL CHLORIDE see DIMETHYLCARBAMOYL CHLORIDE
CARBAMOYLCHOLINE CHLORIDE see CARBACHOL CHLORIDE
(CARBAMOYLMETHYL)PHOSPHORODITHIOATE see FORMOTHION
CARBAMULT see PROMECARB
CARBAMYL CHLORIDE, N,N-DIMETHYL- see DIMETHYLCARBAMOYL CHLORIDE
CARBAMYLCHOLINE CHLORIDE see CARBACHOL CHLORIDE
CARBAMYLHYDRAZINE HYDROCHLORIDE see SEMICARBAZIDE HYDROCHLORIDE
CARBANATO de ZINC (Spanish) see ZINC CARBONATE
CARBANILIC ACID, m-HYDROXY-, ETHYL ESTER, CARBANILATE (ESTER) see DESMEDIPHAM
CARBANILIC ACID, ISOPROPYL ESTER see PROPHAM
CARBANILIC ACID, 3-ISOPROPYL-5-METHYL-, METHYL ESTER see PROMECARB
CARBANOLATE see ALDICARB
CARBANTHRENE GOLDEN YELLOW GK see C.I. VAT YELLOW 4
CARBARIL (Italian) see CARBARYL
CARBARYL, NAC see CARBARYL
CARBATHIIN see CARBOXIN
CARBATHION see METHAM SODIUM
CARBATHIONE see METHAM SODIUM
CARBATION see METHAM SODIUM
CARBATOX 60 see CARBARYL
CARBATOX 75 see CARBARYL
CARBATOX see CARBARYL
CARBAVUR see CARBARYL
CARBAZINC see ZIRAM
CARBAZOTIC ACID see PICRIC ACID
CARBETHOXY MALATHION see MALATHION
CARBETOVUR see MALATHION
CARBETOX see MALATHION
CARBICRIN see DICROTOPHOS
CARBICRON see DICROTOPHOS
CARBIDE BLACK E see C.I. DIRECT BLACK 38
CARBINAMINE see METHANAMINE

CARBINOL *see* METHANOL
CARBOCHOL *see* CARBACHOL CHLORIDE
CARBOCHOLIN *see* CARBACHOL CHLORIDE
1'-(CARBOETHOXY)ETHYL-5-(2-CHLORO-4-(TRIFLUOROMETH-YL)PHENOXY)-2-NITROBENZOATE *see* LACTOFEN
CARBOFENOTHION (Dutch) *see* CARBOPHENOTHION
CARBOFLUORFEN *see* ACIFLUORFEN, SODIUM SALT
CARBOFOS (Russian) *see* MALATHION
CARBOFURANO (Spanish) *see* CARBOFURAN
CARBOLIC ACID *see* PHENOL
CARBOLITH *see* LITHIUM CARBONATE
CARBOLITHIUM *see* LITHIUM CARBONATE
CARBOLSAURE (German) *see* PHENOL
CARBOMATE *see* CARBARYL
α-2-CARBOMETHOXY-1-METHYLVINYL DIMETHYL PHOSPHATE *see* MEVINPHOS
2-CARBOMETHOXY-1-METHYLVINYL DIMETHYL PHOSPHATE *see* MEVINPHOS
2-CARBOMETHOXY-1-METHYLVINYL DIMETHYL PHOSOPHATE, (ALPHA ISOMER) *see* MEVINPHOS
(α-2-CARBOMETHOXY-1-METHYLVINYL) DIMETHYL PHOSPHATE *see* MEVINPHOS
2-CARBOMETHOXY-1-PROPEN-2-YL DIMETHYL PHOSPHATE *see* MEVINPHOS
CARBOMICRON *see* DICROTOPHOS
CARBON BICHLORIDE *see* TETRACHLOROETHYLENE
CARBON BISULFIDE *see* CARBON DISULFIDE
CARBON BISULPHIDE *see* CARBON DISULFIDE
CARBON CHLORIDE *see* CARBON TETRACHLORIDE
CARBON D *see* NABAM
CARBON DICHLORIDE *see* TETRACHLOROETHYLENE
CARBON DICHLORIDE OXIDE *see* PHOSGENE
CARBON DIFLUORIDE OXIDE *see* CARBONIC DIFLUORIDE
CARBON DISULPHIDE *see* CARBON DISULFIDE
CARBON FLUORIDE OXIDE *see* CARBONIC DIFLUORIDE
CARBON HEXACHLORIDE *see* HEXACHLOROETHANE
CARBON HYDRIDE NITRIDE *see* HYDROGEN CYANIDE
4,4'-CARBONIMIDOYLBIS(N,N-DIMETHYLBENZENAMINE) *see* C.I. SOLVENT YELLOW 34
CARBON MONOBROMIDE TRIFLUORIDE *see* BROMOTRIFLUOROMETHANE
CARBON MONOXIDE MONOSULFIDE *see* CARBONYL SULFIDE
CARBON NAPHTHA *see* BENZENE
CARBON NITRIDE ION (CN) *see* CYANIDE
CARBON NITRIDE *see* CYANOGEN
CARBON OIL *see* BENZENE
CARBON OXYCHLORIDE *see* PHOSGENE
CARBON OXYCHLORIDE *see* PHOSGENE
CARBON OXYFLUORIDE *see* CARBONIC DIFLUORIDE
CARBON OXYGEN SULFIDE *see* CARBONYL SULFIDE
CARBON OXYGEN SULPHIDE *see* CARBONYL SULFIDE
CARBON OXYSULFIDE *see* CARBONYL SULFIDE
CARBON OXYSULPHIDE *see* CARBONYL SULFIDE
CARBON SULFIDE *see* CARBON DISULFIDE
CARBON TET *see* CARBON TETRACHLORIDE
CARBONA *see* CARBON TETRACHLORIDE
CARBONATO AMONICO (Spanish) *see* AMMONIUM CARBONATE
CARBONATO de LITIO (Spanish) *see* LITHIUM CARBONATE
CARBONATO de TALIO (Spanish) *see* THALLIUM(I) CARBONATE
CARBONE (OXYCHLORURE de) (French) *see* PHOSGENE
CARBONE (SUFURE de) (French) *see* CARBON DISULFIDE
CARBONIC ACID, AMMONIUM SALT *see* AMMONIUM CARBONATE
CARBONIC ACID, DIAMMONIUM SALT *see* AMMONIUM CARBONATE
CARBONIC ACID, DILITHIUM SALT *see* LITHIUM CARBONATE

CARBONIC ACID, DITHALLIUM(I) SALT *see* THALLIUM(I) CARBONATE
CARBONIC ACID, DITHIO-, CYCLIC S,S-(6-METHYL-2,3-QUINOXALINE-DIYL)ESTER *see* CHINOMETHIONAT
CARBONIC ACID, DITHALLIUM(1+) SALT *see* THALLIUM(I) CARBONATE
CARBONIC ACID LITHIUM SALT *see* LITHIUM CARBONATE
CARBONIC ACID, MONOAMMONIUM SALT *see* AMMONIUM BICARBONATE
CARBONIC ACID, ZINC SALT (1:1) *see* ZINC CARBONATE
CARBONIC DICHLORIDE *see* PHOSGENE
CARBONIO (OSSICLORURO di) (Italian) *see* PHOSGENE
CARBONIO (SOLFURO di) (Italian) *see* CARBON DISULFIDE
CARBONOCHLORIDE ACID-1-METHYL ESTER *see* ISOPROPYL CHLOROFORMATE
CARBONOCHLORIDIC ACID, METHYLESTER *see* METHYL CHLOROCARBONATE
CARBONOCHLORIDIC ACID, PROPYL ESTER *see* PROPYL CHLOROFORMATE
CARBONOCHLORIDIC ACID-2-CHLOROETHYL ESTER *see* CHLOROETHYL CHLOROFORMATE
CARBONOCHLORIDIC ACID, ETHYL ESTER *see* ETHYL CHLOROFORMATE
CARBONOCHLORIDIC ACID, 1-METHYLETHYL ESTER *see* ISOPROPYL CHLOROFORMATE
CARBONOTHIOIC DIHYDRAZINE *see* THIOCARBAZIDE
CARBONYETHANE *see* PROPIONIC ACID
CARBONYL CHLORIDE *see* PHOSGENE
CARBONYL DICHLORIDE *see* PHOSGENE
CARBONYL DIFLUORIDE *see* CARBONIC DIFLUORIDE
CARBONYL FLUORIDE (DOT) *see* CARBONIC DIFLUORIDE
CARBONYL SULFIDE-(32)S *see* CARBONYL SULFIDE
CARBONYL SULPHIDE *see* CARBONYL SULFIDE
CARBONYLCHLORID (German) *see* PHOSGENE
CARBOPHOS (Russian) *see* MALATHION
CARBOSIP 5G *see* CARBOFURAN
CARBO-TECH AMMONIUM THIOCYANATE *see* AMMONIUM THIOCYANATE
CARBOTHIALDIN *see* DAZOMET
CARBOTHIALDINE *see* DAZOMET
CARBOTHION *see* METHAM SODIUM
5-CARBOXANILIDO-2,3-DIHYDRO-6-METHYL-1,4-OXATHIIN *see* CARBOXIN
CARBOXIN OXATHION PESTICIDE *see* CARBOXIN
CARBOXINE *see* CARBOXIN
CARBOXYBENZENE *see* BENZOIC ACID
CARBOXYETHANE *see* PROPIONIC ACID
CARBOXYLBENZENE *see* BENZOIC ACID
9-o-CARBOXYPHENYL-6-DIETHYLAMINO-3-ETHYLIMINO-3-ISOXANTHRENE, 3-ETHOCHLORIDE *see* C.I. FOOD RED 15-ETH
(9-(o-CARBOXYPHENYL)-6-(DIETHYLAMINO)-3-XANTHEN-3-YLIDENE)DIETHYLAMMONIUM CHLORIDE *see* C.I. FOOD RED 15
CARBRITAL *see* PENTOBARBITOL SODIUM
CARBYL *see* CARBACHOL CHLORIDE
CARCHOLIN *see* CARBACHOL CHLORIDE
CARDIDIGIN *see* DIGITOXIN
CARDIGIN *see* DIGITOXIN
CARDIOSERPIN *see* RESPIRINE
CARDITIVO *see* RESPIRINE
CARDITOXIN *see* DIGITOXIN
CARDMIST *see* NITROGLYCERIN
CARFENE *see* AZINPHOS-METHYL
CARICIDE *see* DIETHYLCARBAMAZINE CITRATE
CARITROL *see* DIETHYLCARBAMAZINE CITRATE
CARMINAPH *see* C.I. SOLVENT YELLOW 14
CARPENE *see* DODINE

CARPOLIN see CARBARYL
"L," CARPSERP see RESPIRINECARREL-DAKIN SOLUTION SODIUM HYPOCHLORITE
CARRO'S ACID see HYDROGEN PEROXIDE
CARRSERP see RESPIRINE
CARYLDERM see CARBARYL
CARYOLYSIN see NITROGEN MUSTARD
CARZOL SP see FORMETANATE HYDROCHLORIDE
CASORON see DICHLOBENIL
CASTRIX see CRIMIDINE
CASWELL No. 002A see ACEPHATE
CASWELL No. 011 see ALACHLOR
CASWELL No. 011A see ALDICARB
CASWELL No. 025A see d-trans-ALLETHRIN
CASWELL No. 031 see ALUMINUM PHOSPHIDE
CASWELL No. 039 see PICLORAM
CASWELL No. 040 see AMITROLE
CASWELL No. 041A see METIRAM
CASWELL No. 044 see MOLINATE
CASWELL No. 063 see ATRAZINE
CASWELL No. 067A see DIMETHYLAMINE DICAMBA
CASWELL No. 072A see SETHOXYDIM
CASWELL No. 077A see FENVALERATE
CASWELL No. 083E see RESMETHRIN
CASWELL No. 097 see PROMETHRYN
CASWELL No. 101 see BIS(TRIBUTYLTIN)OXIDE
CASWELL No. 111A see BROMACIL, LITHIUM SALT
CASWELL No. 112 see BROMINE
CASWELL No. 114G see 1-BROMO-1-(BROMOMETHYL)-1,3-PROPANEDICARBONITRILE
CASWELL No. 116A see 2-BROMO-2-NITROPROPANE-1,3-DIOL
CASWELL No. 119 see BROMOXYNIL
CASWELL No. 119A see BROMOXYNIL OCTANOATE
CASWELL No. 130 see BENFLURALIN
CASWELL No. 130I see PROPARGITE
CASWELL No. 160A see CARBOFURAN
CASWELL No. 160B see MEVINPHOS
CASWELL No. 165 A see CARBOXIN
CASWELL No. 179 see DIETHATYL ETHYL
CASWELL No. 181 see 1-(3-CHLORALLYL)-3,5,7-TRIAZA-1-AZONIAADAMANTANE CHLORIDE
CASWELL No. 188AAA see OXYFLUOFEN
CASWELL No. 188C see CYANAZINE
CASWELL No. 194AA see CHLORSULFURON
CASWELL No. 194 see PROPACHLOR
CASWELL No. 195AA see NORFLURAZON
CASWELL No. 207DA see THIOBENCARB
CASWELL No. 207AA see FENARIMOL
CASWELL No. 215D see QUIZALOFOP-ETHYL
CASWELL No. 216H see p-CHLORO-o-TOLUIDINE
CASWELL No. 217 see NITRAPYRIN
CASWELL No. 266E see CYFLUTHRIN
CASWELL No. 266AA see PROFENOFOS
CASWELL No. 271AA see HEXAZINONE
CASWELL No. 273H see FENPROPATHRIN
CASWELL No. 287AA see 2,2-DIBROMO-3-NITRILOPROPIONAMIDE
CASWELL No. 295 see DICAMBA
CASWELL No. 295B see DIMETHYLAMINE DICAMBA
CASWELL No. 302 see ANILAZINE
CASWELL No. 304 see DICHLORODIFLUOROMETHANE
CASWELL No. 306A see PRONAMIDE
CASWELL No. 311 see DICHLORAN
CASWELL No. 315AI see 2,4-D BUTOXYETHYL ESTER
CASWELL No. 315AL see 2,4-D BUTYL ESTER

CASWELL No. 315AS *see* 2,4-D ETHYLHEXYL ESTER
CASWELL No. 315AT *see* 2,4-D 2-ETHYL-4-METHYL PENTYL ESTER
CASWELL No. 315AV *see* 2,4-D ISOPROPYL ESTER
CASWELL No. 315D *see* 2,4-D SODIUM SALT
CASWELL No. 316 *see* 2,4-DB
CASWELL No. 319A *see* DICLOFOP METHYL
CASWELL No. 320 *see* 2,4-DP
CASWELL No. 323C *see* VINCLOZOLIN
CASWELL No. 323EE *see* PROPICONAZOLE
CASWELL No. 325 *see* PROPANIL
CASWELL No. 334B *see* PRIMIPHOS METHYL
CASWELL No. 342 *see* DIAZINON
CASWELL No. 344A *see* THIOPHANATE ETHYL
CASWELL No. 358 *see* DIMETHOATE
CASWELL No. 366 *see* DIMETHYLFORMAMIDE
CASWELL No. 366AA *see* TEBUTHIURON
CASWELL No. 372 *see* METHYL PARATHION
CASWELL No. 375A *see* THIOPHANATE-METHYL
CASWELL No. 391D *see* DINOCAP
CASWELL No. 392DD *see* DINITROBUTYL PHENOL
CASWELL No. 395 *see* DIPHENAMID
CASWELL No. 398 *see* DIPHENYLAMINE
CASWELL No. 400 *see* DIPROPYL ISOCINCHOMERONATE
CASWELL No. 402A *see* DISODIUM CYANODITHIOMIDOCARBONATE
CASWELL No. 410 *see* DIURON
CASWELL No. 419 *see* DODINE
CASWELL No. 431C *see* FENOXAPROP ETHYL-
CASWELL No. 432A *see* CYCLOATE
CASWELL No. 434C *see* ETHOPROP
CASWELL No. 435 *see* ETHYL DIPROPYLTHIOCARBAMATE
CASWELL No. 447AB *see* ISOFENPHOS
CASWELL No. 447AAA *see* DESMEDIPHAM
CASWELL No. 453AA *see* SULPROFOS
CASWELL No. 454BB *see* PEDIMETHALIN N-(1-ETHYLPROPYL)-3,4-DI-
  METHYL-2,6-DINTROBENZENAMINE
CASWELL No. 455 *see* OXYDEMETON METHYL
CASWELL No. 456F *see* FENTHION
CASWELL No. 456D *see* FAMPHUR
CASWELL No. 458 *see* FERBAM
CASWELL No. 460C *see* FLUAZIFOP-BUTYL
CASWELL No. 463F *see* BIFENTHRIN
CASWELL No. 464 *see* FOLPET
CASWELL No. 472AA *see* DIMETHIPIN
CASWELL No. 481DD *see* FENBUTATIN OXIDE
CASWELL No. 497AB *see* IMAZALIL
CASWELL No. 501A *see* 3-IODO-2-PROPYNYL BUTYLCARBAMATE
CASWELL No. 528 *see* LINURON
CASWELL No. 535 *see* MALATHION
CASWELL No. 541 *see* 2-MERCAPTOBENZOTHIAZOLE
CASWELL No. 549AA *see* METHAZOLE
CASWELL No. 557C *see* METHOXONE
CASWELL No. 557K *see* METHOXONE SODIUM SALT
CASWELL No. 563 *see* DICHLOROPHENE
CASWELL No. 566 *see* HEXACHLOROPHENE
CASWELL No. 573 *see* METHYL ISOTHIOCYANATE
CASWELL No. 576 *see* CHINOMETHIONAT
CASWELL No. 578B *see* METHIOCARB
CASWELL No. 583 *see* MONURON
CASWELL No. 585 *see* NABAM
CASWELL No. 586 *see* NALED
CASWELL No. 603 *see* p-NITROPHENOL
CASWELL No. 623A *see* ORYZALIN
CASWELL No. 624A *see* OXYDIAZON
CASWELL No. 625B *see* DIPOTASSIUM ENDOTHALL

CASWELL No. 634 *see* PARAQUAT DICHLORIDE
CASWELL No. 642AB *see* HYDRAMETHYLON
CASWELL No. 652C *see* FENOXYCARB
CASWELL No. 652BB *see* PERMETHRIN
CASWELL No. 652B *see* PHENOTHRIN
CASWELL No. 670 *see* PIPERONYL-ETHYL
CASWELL No. 691 *see* POTASSIUM DIMETHYLDITHIOCARBAMATE
CASWELL No. 696 *see* POTASSIUM N-METHYLDITHIOCARBAMATE
CASWELL No. 706A *see* PROPETAMPHOS
CASWELL No. 723K *see* MYCLOBUTANIL
CASWELL No. 740 *see* SIMAZINE
CASWELL No. 744A *see* SODIUM AZIDE
CASWELL No. 755D *see* ACIFLUORFEN, SODIUM SALT
CASWELL No. 762 *see* SODIUM DIMETHYLDITHIOCARBAMATE
CASWELL No. 770 *see* SODIUM FLUOROACETATE
CASWELL No. 782 *see* SODIUM NITRITE
CASWELL No. 784 *see* SODIUM PENTACHLOROPHENATE
CASWELL No. 787 *see* SODIUM O-PHENYLPHENOXIDE
CASWELL No. 816A *see* SULFURYL FLUORIDE
CASWELL No. 821A *see* TERBACIL
CASWELL No. 839A *see* HYDRAMETHYLON
CASWELL No. 840 *see* DAZOMET
CASWELL No. 844 *see* TETRAMETHRIN
CASWELL No. 845 *see* TEMEPHOS
CASWELL No. 849A *see* THIABENDAZOLE
CASWELL No. 856 *see* THIRAM
CASWELL No. 862AA *see* TRIADIMEFON
CASWELL No. 864 *see* S,S,S-TRIBUTYLTRITHIOPHOSPHATE
CASWELL No. 865 *see* MERPHOS
CASWELL No. 867EF *see* TRIBUTYLTIN METHACRYLATE
CASWELL No. 867C *see* TRIBUTYLTIN FLUORIDE
CASWELL No. 870A *see* TRIALLATE
CASWELL No. 878 *see* TRICHLOROFLUOROMETHANE
CASWELL No. 882J *see* TRICLOPYR TRIETHYLAMMONIUM SALT
CASWELL No. 890AA *see* TRIFORINE
CASWELL No. 896E *see* TRIPHENYLTIN HYDROXIDE
CASWELL No. 896D *see* TRIPHENYLTIN CHLORIDE
CASWELL No. 900AA *see* THIODICARB
CASWELL No. 934 *see* FLUVALINATE
CAT (HERBICIDE) *see* SIMAZINE
CATACOL (Spanish) *see* CATECHOL
CATAPAL S *see* ALUMINUM OXIDE
CATECHIN *see* CATECHOL
CATHYL CHLORIDE *see* ETHYL CHLOROFORMATE
CAUSOIN *see* PHENYTOIN
CAUSTIC ARSENIC CHLORIDE *see* ARSENOUS TRICHLORIDE
CAUSTIC POTASH *see* POTASSIUM HYDROXIDE
CAUSTIC SODA *see* SODIUM HYDROXIDE
CAUSTIC SODA, BEAD *see* SODIUM HYDROXIDE
CAUSTIC SODA, DRY *see* SODIUM HYDROXIDE
CAUSTIC SODA, FLAKE *see* SODIUM HYDROXIDE
CAUSTIC SODA, GRANULAR *see* SODIUM HYDROXIDE
CAUSTIC SODA, SOLID *see* SODIUM HYDROXIDE
CAV-TROL *see* SODIUM FLUORIDE
CB-4564 *see* CYCLOPHOSPHAMIDE
CB 1348 *see* CHLORAMBUCIL
CB 3025 *see* MELPHALAN
CB 4835 *see* URACIL MUSTARD
CCC *see* CALCIUM CYANAMIDE
CCC PLANT GROWTH REGULANT *see* CHLORMEQUAT CHLORIDE
CCH *see* CALCIUM HYPOCHLORITE
CCS 203 *see* n-BUTYL ALCOHOL
CCS 301 *see* sec-BUTYL ALCOHOL
CD 68 *see* CHLORDANE

CDA 101 *see* COPPER
CDA 102 *see* COPPER
CDA 110 *see* COPPER
CDA 122 *see* COPPER
CDA SIMFLOW PLUS *see* AMITROLE
CDBM *see* CHLORODIBROMOMETHANE
CDEC *see* SULFALLATE
CDNA *see* DICHLORAN
CDT *see* SIMAZINE
CE CE CE *see* CHLORMEQUAT CHLORIDE
CEA-100 MICRO-CHROME ETCHANT *see* ACETIC ACID
CEBETOX *see* PHOSPHOROTHIOIC ACID, O,O-DIMETHYL-S-(2-(METHYL-THIO)ETHYL)ESTER
CECOLENE *see* TRICHLOROETHYLENE
CEFRACYCLINE TABLETS *see* TETRACYCLINE HYDROCHLORIDE
CEGLUTION *see* LITHIUM CARBONATE
CEKIURON *see* DIURON
CEKU C.B. *see* HEXACHLOROBENZENE
CEKUFON *see* TRICHLORFON
CEKUMETHION *see* METHYL PARATHION
CEKUQUAT *see* PARAQUAT DICHLORIDE
CEKUSAN *see* DICHLORVOS
CEKUSAN *see* SIMAZINE
CEKUSIL *see* PHENYLMERCURY ACETATE
CEKUSIL UNIVERSAL A *see* METHOXYMETHYLMERCURIC ACETATE
CEKUTHOATE *see* DIMETHOATE
CEKUZINA-S *see* SIMAZINE
CEKUZINA-T *see* ALDRIN
CELA S-2957 *see* CHLORTHIOPHOS
CELA *see* TRIFORINE
CELA W-524 *see* TRIFORINE
CELAMERCK S-2957 *see* CHLORTHIOPHOS
CELANEX *see* LINDANE
CELATHION *see* CHLORTHIOPHOS
CELATOX-DP *see* 2,4-DP
CELLITAZOL B *see* 3,3'-DIMETHOXYBENZIDINE
CELLITAZOL R *see* 4-AMINOAZOBENZENE
CELLITON DISCHARGE YELLOW GL *see* C.I. DISPERSE YELLOW 3
CELLITON FAST YELLOW GA-CF *see* C.I. DISPERSE YELLOW 3
CELLITON FAST YELLOW G *see* C.I. DISPERSE YELLOW 3
CELLITON ORANGE R *see* 1-AMINO-2-METHYLANTHRAQUINONE
CELLON *see* 1,1,2,2,-TETRACHLOROETHANE
CELLOSOLVE *see* 2-ETHOXYETHANOL
CELLOSOLVE SOLVENT *see* 2-ETHOXYETHANOL
CELLUFLEX DPB *see* DIBUTYL PHTHALATE
CELLULEX DOP *see* DI-n-OCTYLPHTHALATE
CELMER *see* PHENYLMERCURY ACETATE
CELMIDE *see* 1,2-DIBROMOETHANE
CELON A *see* ETHYLENEDIAMINE-TETRAACETIC ACID (EDTA)
CELON ATH *see* ETHYLENEDIAMINE-TETRAACETIC ACID (EDTA)
CELPHOS (Indian) *see* ALUMINUM PHOSPHIDE
CELPHOS *see* PHOSPHINE
CELTHION (Indian) *see* MALATHION
CELUTATE YELLOW GH *see* C.I. DISPERSE YELLOW 3
CEM 388 *see* ETHYLBENZENE
CEM 420 *see* n-BUTYL ALCOHOL
CEMENT-339 *see* 1,1,2-TRICHLOROETHANE
CENTRALINE BLUE 3B *see* TRYPAN BLUE
CERASINE YELLOW GG *see* 4-DIMETHYLAMINOAZOBENZENE
CERCOBIN M *see* THIOPHANATE-METHYL
CERCOBIN METHYL *see* THIOPHANATE-METHYL
CERES ORANGE R *see* C.I. SOLVENT YELLOW 14
CERES ORANGE RR *see* C.I. SOLVENT ORANGE 7
CERES YELLOW R *see* 4-AMINOAZOBENZENE

CERESAN see PHENYLMERCURY ACETATE
CERESAN UNIVERSAL see PHENYLMERCURY ACETATE
CERESOL see PHENYLMERCURY ACETATE
CEREVAX EXTRA see IMAZALIL
CERIDOR see MECOPROP
CERISE TONER X 1127 see C.I. FOOD RED 15
CERISOL SCARLET G see C.I. SOLVENT ORANGE 7
CEROTIN ORANGE G see C.I. SOLVENT YELLOW 14
CEROTINSCHARLACH G see C.I. SOLVENT ORANGE 7
CERTICOL PONCEAU SPECIAL see C.I. FOOD RED 5
CERTOL-LIN ONIONS see LINURON
CERTOX see STRYCHNINE
CERTROL E see BROMOXYNIL OCTANOATE
CERUBIDIN see DAUNOMYCIN
CERVEN KYSELIA 114 see C.I. ACID RED 114
CES see ARAMITE
CET see SIMAZINE
CETONA de MICHLER (Spanish) see MICHLER'S KETONE
CF 2 see 1,1,1-TRICHLOROETHANE
CFC-11 see TRICHLOROFLUOROMETHANE
CFC-12 see DICHLORODIFLUOROMETHANE
CFC-13 see CHLOROTRIFLUOROMETHANE
CFC 22 see CHLORODIFLUOROMETHANE
CFC-114 see DICHLOROTETRAFLUOROETHANE
CFC-115 see MONOCHLOROPENTAFLUOROETHANE
CFC 142b see 1-CHLORO-1,1-DIFLUOROETHANE
CFS-GIFTWEIZEN see THALLIUM(I) SULFATE
C.F.S see THALLIUM(I) SULFATE
CFV see CHLORFENVINFOS
CG see PHOSGENE
CGA 15,324 see PROFENOFOS
CGA 26351 see CHLORFENVINFOS
CGA 45,156 see THIODICARB
CGA 64,250 see PROPICONAZOLE
CGD 92710F see PROPICONAZOLE
CH see SEMICARBAZIDE HYDROCHLORIDE
CHA see CYCLOHEXYLAMINE
CHAFER CURBISOL 580 see BROMOXYNIL OCTANOATE
CHAMELEON MINERAL see POTASSIUM PERMANGANATE
CHANDOR see TRIFLURALIN
1,4-CHDIC see 1,4-CYCLOHEXANE DIISOCYANATE
CHECKMATE see SETHOXYDIM
CHECKMATE see SODIUM FLUORIDE
CHEELOX see ETHYLENEDIAMINE-TETRAACETIC ACID (EDTA)
CHEL 300 see NITRILOTRIACETIC ACID
CHELAFRIN see EPINEPHRINE
CHELEN see CHLOROETHANE
CHEMAGRO 1776 see S,S,S-TRIBUTYLTRITHIOPHOSPHATE
CHEMAGRO 25141 see FENSULFOTHION
CHEMAGRO 37289 see TRICHLORONATE
CHEMAGRO B-1776 see MERPHOS
CHEMAGRO B-1776 see S,S,S-TRIBUTYLTRITHIOPHOSPHATE
CHEMAID see SODIUM CACODYLATE
CHEMATHION see MALATHION
CHEM-BAM see NABAM
CHEMCOLOX 340 see ETHYLENEDIAMINE-TETRAACETIC ACID (EDTA)
CHEMFORM see MALEIC HYDRAZIDE
CHEMFORM see METHOXYCHLOR
CHEM-HOE see PROPHAM
CHEMI-CHARL see SODIUM PHOSPHATE, TRIBASIC (10124-56-8)
CHEMICAL 109 see ANTU
CHEMICAL INSECTICIDE'S ISOPROPYL ESTER of 2,4-D LIQUID CONCENTRATE see 2,4-D ISOPROPYL ESTER

CHEMICAL MACE *see* 2-CHLOROACETOPHENONE CHLOROALKYL ESTERS
CHEMIFLOUR *see* SODIUM FLUORIDE
CHEM NEB *see* MANEB
CHEMOX *see* DINITROBUTYL PHENOL
CHEMOX GENERAL *see* DINITROBUTYL PHENOL
CHEMOX PE *see* 2,4-DINITROPHENOL
CHEMOX P.E. *see* DINITROBUTYL PHENOL
CHEM PELS C *see* SODIUM ARSENITE
CHEM-PHENE *see* TOXAPHENE
CHEM RICE *see* PROPANIL
CHEM-SEN 56 *see* SODIUM ARSENITE
CHEM-TOL *see* PENTACHLOROPHENOL
CHEMTRANIC FLUX STRIPPER *see* ISOBUTYL ALCOHOL
CHEM ZINEB *see* ZINEB
CHEVRON 9006 *see* METHAMIDOPHOS
CHEVRON ACETONE *see* ACETONE
CHEVRON ORTHO 9006 *see* METHAMIDOPHOS
CHEVRON RE 12,420 *see* ACEPHATE
CHEXMATE *see* CACODYLIC ACID
CHILTERN OLE *see* CHLOROTHALONIL
CHINA GREEN *see* C.I. ACID GREEN 4
CHINETRIN *see* PERMETHRIN
CHINOLEINE *see* QUINOLINE
CHINON (Dutch) *see* QUINONE
CHINON (German) *see* QUINONE
p-CHINON (German) *see* QUINONE
CHINONE *see* QUINONE
CHINORTA *see* DIETHYL-p-NITROPHENYL PHOSPHATE
CHINOZAN *see* QUINTOZINE
CHINUFUR *see* CARBOFURAN
CHIP-CAL *see* CALCIUM ARSENATE
CHIPCO *see* MECOPROP
CHIPCO BUCTRIL *see* BROMOXYNIL
CHIPCO CRAB-KLEEN *see* BROMOXYNIL
CHIPCO THIRAM 75 *see* THIRAM
CHIPCO TURF HERBICIDE 'D' *see* 2,4-D
CHIPCO TURF HERBICIDE MCPP *see* MECOPROP
CHIPMAN 2,4-D BUTYL ESTER 4E *see* 2,4-D BUTYL ESTER
CHIPMAN 2,4-D BUTYL ESTER 6E *see* 2,4-D BUTYL ESTER
CHIPMAN 2,4-D BUTYL ESTER 334E *see* 2,4-D BUTYL ESTER
CHIPMAN 6199 *see* AMITON OXYLATE
CHIPMAN 6200 *see* AMITON
CHIPMAN PATH WEEDKILLER *see* AMITROLE
CHIPMAN R-6, 199 *see* AMITON OXYLATE
CHIPTOX *see* METHOXONE
CHLOFLUOROCARBON 142b *see* 1-CHLORO-1,1-DIFLUOROETHANE
CHLON *see* PENTACHLOROPHENOL
CHLOOR (Dutch) *see* CHLORINE
CHLOORBENZEEN (Dutch) *see* CHLOROBENZENE
CHLOORDAAN (Dutch) *see* CHLORDANE
2-CHLOOR-1,3-BUTADIEEN (Dutch) *see* CHLOROPRENE
o-2-CHLOOR-1-(2,4-DICHLOOR-FENYL)-VINYL-O,O-DIETHYLFOSFAAT (Dutch) *see* CHLORFENVINFOS
2-CHLOOR-4-DIMETHYLAMINO-6-METHYL-PYRIMIDINE (Dutch) *see* CRIMIDINE
CHLOORETHAAN (Dutch) *see* CHLOROETHANE
2-CHLOORETHANOL (Dutch) *see* CHLOROETHANOL
CHLOOR-METHAAN (Dutch) *see* CHLOROMETHANE
CHLOORPIKRINE (Dutch) *see* CHLOROPICRIN
CHLOORWATERSTOF (Dutch) *see* HYDROCHLORIC ACID
CHLOPHEN *see* POYLCHLORINATED BIPHENYLS
CHLOR (German) *see* CHLORINE
CHLORACETIC ACID *see* CHLOROACETIC ACID

2-CHLORAETHYL-TRIMETHYLAMMONIUMCHLORID (German) see CHLORMEQUAT CHLORIDE
CHLORAK see TRICHLORFON
CHLORAL, ANHYDROUS, INHIBITED (DOT) see ACETALDEHYDE, TRICHLORO-
CHLORAL see ACETALDEHYDE, TRICHLORO-
2-CHLORALLYL-N,N-DIETHYLDITHIOCARBAMATE see SULFALLATE
2-CHLORALLYL CHLORIDE see 2,3-DICHLOROPRENE
CHLORALLYL DIETHYLDITHIOCARBAMATE see SULFALLATE
2-CHLORALLYL DIETHYLDITHIOCARBAMATE see SULFALLATE
CHLORALLYLENE see ALLYL CHLORIDE
CHLORAMBED see CHLORAMBEN
CHLORAMBEN, AROMATIC CARBOXYLIC ACID see CHLORAMBEN
CHLORAMBEN BENZOIC ACID HERBICIDE see CHLORAMBEN
CHLORAMBENE see CHLORAMBEN
CHLORAMEISENSAEURE METHYLESTER (German) see METHYL CHLOROCARBONATE
CHLORAMEISENSAEUREAETHYLESTER (German) see ETHYL CHLOROFORMATE
CHLORAMIBLAU 3B see TRYPAN BLUE
CHLORAMINE BLACK C see C.I. DIRECT BLACK 38
CHLORAMINE BLACK EC see C.I. DIRECT BLACK 38
CHLORAMINE BLACK ERT see C.I. DIRECT BLACK 38
CHLORAMINE BLACK EX see C.I. DIRECT BLACK 38
CHLORAMINE BLACK EXR see C.I. DIRECT BLACK 38
CHLORAMINE BLACK XO see C.I. DIRECT BLACK 38
CHLORAMINE BLUE 2B see C.I. DIRECT BLUE 6
CHLORAMINE BLUE 3B see TRYPAN BLUE
CHLORAMINE BLUE see TRYPAN BLUE
CHLORAMINE CARBON BLACK SJ see C.I. DIRECT BLACK 38
CHLORAMINE CARBON BLACK SN see C.I. DIRECT BLACK 38
CHLORAMINE CARBON BLACK S see C.I. DIRECT BLACK 38
CHLORAMINE FAST BROWN BRL see C.I. DIRECT BROWN 95
CHLORAMINE FAST CUTCH BROWN PL see C.I. DIRECT BROWN 95
CHLORAMINE see NITROGEN MUSTARD
CHLORAMINOPHENE see CHLORAMBUCIL
CHLORAMIZOL see IMAZALIL
CHLORAMP (Russian) see PICLORAM
4-CHLORANILINE (Czech) see p-CHLOROANILINE
4-CHLORANILINE see p-CHLOROANILINE
CHLORANTINE FAST BROWN BRLL see C.I. DIRECT BROWN 95
CHLORANTINE FAST BROWN PL see C.I. DIRECT BROWN 95
CHLORASOLE see SODIUM HYPOCHLORITE
CHLORAZOL BLACK EA see C.I. DIRECT BLACK 38
CHLORAZOL BLACK EN see C.I. DIRECT BLACK 38
CHLORAZOL BLUE 3B see TRYPAN BLUE
CHLORAZOL BLUE BP see C.I. DIRECT BLUE 6
CHLORAZOL LEATHER BLACK E see C.I. DIRECT BLACK 38
CHLORAZOL BURL BLACK E see C.I. DIRECT BLACK 38
CHLORAZOL LEATHER BLACK EC see C.I. DIRECT BLACK 38
CHLORAZOL LEATHER BLACK ENP see C.I. DIRECT BLACK 38
CHLORAZOL LEATHER BLACK EM see C.I. DIRECT BLACK 38
CHLORAZOL SILK BLACK G see C.I. DIRECT BLACK 38
CHLORBENZALATE see CHLOROBENZILATE
CHLORBENZEN see CHLOROBENZENE
CHLORBENZILAT see CHLOROBENZILATE
CHLORBISAN see PHENOL, 2,2'-THIOBIS(4-CHLORO-6-METHYL-
2-CHLOR-1,3-BUTADIEN (German) see CHLOROPRENE
1,3-CHLOR-2-BUTADIENE see CHLOROPRENE
CHLORCHOLINCHLORID see CHLORMEQUAT CHLORIDE
CHLORCHOLINE CHLORIDE see CHLORMEQUAT CHLORIDE
p-CHLOR-m-CRESOL see p-CHLORO-m-CRESOL
CHLORCYAN see CYANOGEN CHLORIDE
CHLORDAN see CHLORDANE

γ-CHLORDAN *see* CHLORDANE
CHLORDECONE *see* KEPONE
(2-CHLOR-3-DIAETHYLAMINO-METHYL-3-OXO-PROP-1-EN-YL)DIMETHYLPHOSPHAT (German) *see* PHOSPHAMIDON
o-2-CHLOR-1-(2,4-DICHLOR-PHENYL)VINYL-O,O-DIAETHYLPHOSPHAT (German) *see* CHLORFENVINFOS
CHLORDIMETHYLETHER (Czech) *see* CHLOROMETHYL METHYL ETHER
CHLORE (French) *see* CHLORINE
CHLORENE *see* CHLOROETHANE
1-CHLOR-2,3-EPOXY-PROPAN (German) *see* EPICHLOROHYDRIN
CHLORESENE *see* LINDANE
CHLORESSIGSAEURE-N-ISOPROPYLANILID (German) *see* PROPACHLOR
CHLORETHAMINACIL *see* URACIL MUSTARD
2-CHLORETHANOL (German) *see* CHLOROETHANOL
CHLORETHAZINE *see* NITROGEN MUSTARD
β-CHLORETHYL ALCOHOL *see* CHLOROETHANOL
CHLORETHYL *see* CHLOROETHANE
2-CHLORETHYL VINYL ETHER *see* 2-CHLOROETHYL VINYL ETHER
CHLOREX *see* BIS(2-CHLOROETHYL)ETHER
CHLOREXTOL *see* POYLCHLORINATED BIPHENYLS
CHLORFACINON (German) *see* CHLOROPHACINONE
CHLORFENIDIM *see* MONURON
CHLORFENVINPHOS *see* CHLORFENVINFOS
p-CHLORFENYLISOKYANAT (Czech) *see* p-CHLOROPHENOL ISOCYANATE
CHLORHYDRATE DE 4-CHLOROORTHOTOLUIDINE (French) *see* 4-CHLORO-o-TOLUIDINE, HYDROCHLORIDE
CHLORHYDRATE de TETRACYCLINE (French) *see* TETRACYCLINE HYDROCHLORIDE
CHLORID ANTIMONITY *see* ANTIMONY TRICHLORIDE
CHLORID KYSELINY DIMETHYLKARBAMINOVE *see* DIMETHYLCARBAMOYL CHLORIDE
CHLORID RTUTNATY (Czech) *see* MERCURIC CHLORIDE
CHLORIDE of LIME *see* CALCIUM HYPOCHLORITE
CHLORIDE of PHOSPHORUS *see* PHOSPHORUS TRICHLORIDE
CHLORIDE of SULFUR *see* SULFUR MONOCHLORIDE
CHLORIDEBENZENE, 1,3,5-TRINITRO- *see* 1,3,5-TRINITROBENZENE
CHLORIDUM *see* CHLOROETHANE
CHLORIERTE BIPHENYLE, CHLORGEHALT 21% (German) *see* AROCLOR 1221
CHLORIERTE BIPHENYLE, CHLORGEHALT 32% (German) *see* AROCLOR 1232
CHLORIERTE BIPHENYLE, CHLORGEHALT 42% (German) *see* AROCLOR 1224
CHLORIERTE BIPHENYLE, CHLORGEHALT 48% (German) *see* AROCLOR 1248
CHLORIERTE BIPHENYLE, CHLORGEHALT 54% (German) *see* AROCLOR 1254
CHLORIERTE BIPHENYLE, CHLORGEHALT 60% (German) *see* AROCLOR 1260
CHLORILEN *see* TRICHLOROETHYLENE
CHLORINATED BIPHENYL *see* POYLCHLORINATED BIPHENYLS
CHLORINATED CAMPHENE *see* TOXAPHENE
CHLORINATED DIPHENYL *see* POYLCHLORINATED BIPHENYLS
CHLORINATED DIPHENYLENE *see* POYLCHLORINATED BIPHENYLS
CHLORINATED HYDROCHLORIC ETHER *see* ETHYLIDENE DICHLORIDE
CHLORINATED LIME *see* CALCIUM HYPOCHLORITE
CHLORINDAN *see* CHLORDANE
CHLORINE(IV) OXIDE *see* CHLORINE DIOXIDE
CHLORINE CYANIDE *see* CYANOGEN CHLORIDE
CHLORINE MOLECULAR (Cl2) *see* CHLORINE
CHLORINE OXIDE (ClO2) *see* CHLORINE DIOXIDE
CHLORINE OXIDE *see* CHLORINE MONOXIDE
CHLORINE PEROXIDE *see* CHLORINE DIOXIDE
CHLOR KIL *see* CHLORDANE

CHLORMEQUAT see CHLORMEQUAT CHLORIDE
CHLOR-METHAN (German) see CHLOROMETHANE
CHLORMETHAZOLE see METHAZOLE
CHLORMETHINE see NITROGEN MUSTARD
3-CHLOR-2-METHYL-PROP-1-EN (German) see 3-CHLORO-2-METHYL-1-PROPENE
2-(4-CHLOR-2-METHYL-PHENOXY)-PROPIONSAEURE (German) see MECOPROP
CHLORNAFTINA see CHLORNAPHAZINE
CHLORNAPHAZIN see CHLORNAPHAZINE
CHLORNAPHTHIN see CHLORNAPHAZINE
CHLOROACETALDEHYDE (40% AQUEOUS) see CHLOROACETALDEHYDE
CHLOROACETALDEHYDE MONOMER see CHLOROACETALDEHYDE
2-CHLOROACETALDEHYDE see CHLOROACETALDEHYDE
CHLOROACETOPHENONE (DOT) see 2-CHLOROACETOPHENONE CHLOROALKYL ESTERS
1-CHLOROACETOPHENONE see 2-CHLOROACETOPHENONE CHLOROALKYL ESTERS
ε-CHLOROACETOPHENONE see 2-CHLOROACETOPHENONE CHLOROALKYL ESTERS
α-CHLOROACETOPHENONE see 2-CHLOROACETOPHENONE CHLOROALKYL ESTERS
n-(CHLOROACETYL)-N-(2,6-DIETHYLPHENYL)GLYCINE ETHYL ESTER see DIETHATYL ETHYL
2-CHLOROACRYLIC ACID, METHYL ESTER see METHYL 2-CHLOROACRYLATE
2-CHLOROALLYL-N,N-DIETHYLDITHIOCARBAMATE see SULFALLATE
n-(3-CHLOROALLYL)HEXAMINIUM CHLORIDE see 1-(3-CHLORALLYL)-3,5,7-TRIAZA-1-AZONIAADAMANTANE CHLORIDE
3-CHLOROALLYL CHLORIDE see 1,3-DICHLOROPROPYLENE
γ-CHLOROALLYL CHLORIDE see 1,3-DICHLOROPROPYLENE
CHLOROALLYL METHENAMINE CHLORIDE see 1-(3-CHLORALLYL)-3,5,7-TRIAZA-1-AZONIAADAMANTANE CHLORIDE
CHLOROAMBUCIL see CHLORAMBUCIL
p-CHLOROAMINOBENZENE see p-CHLOROANILINE
4-CHLORO-1-AMINOBENZENE see p-CHLOROANILINE
CHLOROAMINOPHEN see CHLORAMBUCIL
5-CHLORO-2-AMINOTOLUENE HYDROCHLORIDE see 4-CHLORO-o-TOLUIDINE, HYDROCHLORIDE
3-CHLORO-6-AMINOTOLUENE see p-CHLORO-o-TOLUIDINE
5-CHLORO-2-AMINOTOLUENE see p-CHLORO-o-TOLUIDINE
4-CHLOROANILINE see p-CHLOROANILINE
CHLOROBEN see o-DICHLOROBENZENE
CHLOROBENZAL see BENZAL CHLORIDE
α-CHLOROBENZALDEHYDE see BENZOYL CHLORIDE
CHLOROBENZEN (Polish) see CHLOROBENZENE
4-CHLOROBENZENAMINE see p-CHLOROANILINE
4-CHLOROBENZENEAMINE see p-CHLOROANILINE
CHLOROBENZOL see CHLOROBENZENE
2-(4-((6-CHLORO-2-BENZOXAZOLYLEN)OXY)PHENOXY)PROPANOIC ACID, ETHYL ESTER see FENOXAPROP ETHYL-
s-(4-CHLOROBENZYL)N,N-DIETHYLTHIOCARBAMATE see THIOBENCARB
s-(P-CHLOROBENZYL)DIETHYLTHIOCARBAMATE see THIOBENCARB
s-4-CHLOROBENZYL DIETHYLTHIOCARBAMATE see THIOBENCARB
CHLORO BIPHENYL see POYLCHLORINATED BIPHENYLS
CHLORO 1,1-BIPHENYL see POYLCHLORINATED BIPHENYLS
1-CHLORO-3,5-BIS(ETHYLAMINO)-2,4,6-TRIAZINE see SIMAZINE
2-CHLORO-4,6-BIS(ETHYLAMINO)-1,3,5-TRIAZINE see SIMAZINE
2-CHLORO-4,6-BIS(ETHYLAMINO)-s-TRIAZINE see SIMAZINE
CHLOROBLE M see MANEB
2-CHLOROBUTA-1,3-DIENE see CHLOROPRENE
2-CHLORO-1,3-BUTADIENE see CHLOROPRENE
2-CHLOROBUTADIENE see CHLOROPRENE
CHLOROBUTIN see CHLORAMBUCIL

CHLOROBUTINE see CHLORAMBUCIL
5-CHLORO-3-tert-BUTYL-6-METHYLURACIL see TERBACIL
4-CHLORO-2-BUTYNYL-(3-CHLOROPHENYL)CARBAMATE see BARBAN
CHLOROCAMPHENE see TOXAPHENE
CHLOROCARBONATE d'ETHYLE (French) see ETHYL CHLOROFORMATE
CHLOROCARBONATE de METHYLE (French) see METHYL CHLOROCARBONATE
CHLOROCARBONIC ACID ETHYL ESTER see ETHYL CHLOROFORMATE
CHLOROCARBONIC ACID, METHYL ESTER see METHYL CHLOROCARBONATE
3-CHLOROCHLORDENE see HEPTACHLOR
2-(4-((6-CHLORO-2-QUINOXALINYL)OXY)PHENOXY)PROPANOIC ACID ETHYL ESTER see QUIZALOFOP-ETHYL
1-CHLORO-2-(β-CHLOROETHOXY)ETHANE see BIS(2-CHLOROETHYL)ETHER
2-CHLORO-N-(2-CHLOROETHYL)-N-METHYLETHANAMINE see NITROGEN MUSTARD
1-CHLORO-2-(β-CHLOROETHYLTHIO)ETHANE see MUSTARD GAS
CHLORO(CHLOROMETHOXY)METHANE see BIS(CHLOROMETHYL)ETHER
4-CHLORO-α-(4-CHLOROPHENYL)-α-HYDROXYBENZENEACETIC ACID ETHYL ETHER see CHLOROBENZILATE
4-CHLORO-α-(4-CHLOROPHENYL)-α-(TRICHLOROMETHYL)BENZENE METHANOL see DICOFOL
CHLOROCHOLINE CHLORIDE see CHLORMEQUAT CHLORIDE
p-CHLOROCRESOL see p-CHLORO-m-CRESOL
4-CHLORO-m-CRESOL see p-CHLORO-m-CRESOL
6-CHLORO-m-CRESOL see p-CHLORO-m-CRESOL
CHLOROCRESOL see p-CHLORO-m-CRESOL
(4-CHLORO-o-CRESOXY)ACETIC ACID see METHOXONE
4-CHLORO-o-CRESOXYACETIC ACID see METHOXONE
CHLOROCROTYL ESTER of 2,4-D see 2,4-D CHLOROCROTYL ESTER
CHLOROCYAN see CYANOGEN CHLORIDE
CHLOROCYANIDE see CYANOGEN CHLORIDE
2-CHLORO-4-(1-CYANO-1-METHYLETHYLAMINO)-6-ETHYLAMINO-1,3,5-TRIAZINE see CYANAZINE
2-CHLORO-4-((1-CYANO-1-METHYLETHYL)AMINO)-6-(ETHYLAMINO)-s-TRIAZINE see CYANAZINE
endo-3-CHLORO-exo-6-CYANO-2-NORBORNANONE-o-(METHYLCARBOMOYL)OXIME see BICYCLO(2.2.1)HEPTANE-2-CARBONITRILE, 5-CHLORO-6-((((METHYAMINO)CARBONYL)OXY)IMINO)-,(1ST-(1-α,2-β,4-.alpha.,5-α,6e))-
2-exo-3-CHLORO-6-endo-CYANO-2-NORBORNANONE-o-(METHYLCARBOMOYL)OXIME2-CARBON ITRILE3-CHLORO-6-CYANONORBORNANONE-2-OXIME-o, N-METHYLCARBAMATE see BICYCLO(2.2.1)HEPTANE-2-CARBONITRILE, 5-CHLORO-6-((((METHYAMINO)CARBONYL)OXY)-IMINO)-, (1ST-(1-+
1-CHLORO-2-CYANOETHANE see 3-CHLOROPROPIONITRILE
CHLOROCYANOGEN see CYANOGEN CHLORIDE
CHLORODANE see CHLORDANE
CHLORODEN see o-DICHLOROBENZENE
1-CHLORO-2,3-DIBROMOPROPANE see 1,2-DIBROMO-3-CHLOROPROPANE
3-CHLORO-1,2-DIBROMOPROPANE see 1,2-DIBROMO-3-CHLOROPROPANE
2-CHLORO-N-(4,6-DICHLORO-1,3,5-TRIAZIN-2-YL)ANILINE see ANILAZINE
β-2-CHLORO-1-(2',4'-DICHLOROPHENYL) VINYL DIETHYLPHOSPHATE see CHLORFENVINFOS
2-CHLORO-1-(2,4-DICHLOROPHENYL)VINYL DIETHYL PHOSPHATE see CHLORFENVINFOS
n-(2-CHLORO-1-(DIETHOXYPHOSPHINPTHIOYLTHIO)ETHYL)PHTHALIMIDE see DIALIFOR
α-CHLORO-2',6'-DIETHYL-N-(METHOXYMETHYL)ACETANILIDE see ALACHLOR
6-CHLORO-N,N'-DIETHYL-1,3,5-TRIAZINE-2,4-DIAMINE see SIMAZINE
6-CHLORO-N2,N4-DIETHYL-1,3,5-TRIAZINE-2,4-DIAMINE see SIMAZINE
6-CHLORO-N,N'-DIETHYL-1,3,5-TRIAZINE-2,4-DIYLDIAMINE see SIMAZINE

2-CHLORO-3-(DIETHYLAMINO)-1-METHYL-3-OXO-1-PROPENYLDIMETHYL PHOSPHATE see PHOSPHAMIDON
2-CHLORO-2-DIETHYLCARBAMOYL-1-METHYLVINYLDIMETHYLPHOSPHATE see PHOSPHAMIDON
1-CHLORO-DIETHYLCARBAMOYL-1-PROPEN-2-YL DIMETHYL PHOSPHATE see PHOSPHAMIDON
2-CHLORO-N-(2,6-DIETHYLPHENYL)-N-(METHOXYMETHYL)ACETAMIDE see ALACHLOR
(2-CHLORO-3-DIETILAMINO-1-METIL-3-OXO-PROP-1-EN-IL)DIMETIL-FOSFATO (Italian) see PHOSPHAMIDON
CHLORODIFLUOROBROMOMETHANE see BROMOCHLORODIFLUOROMETHANE
CHLORODIFLUOROETHANE see 1-CHLORO-1,1-DIFLUOROETHANE
1,1,1-CHLORODIFLUOROETHANE see 1-CHLORO-1,1-DIFLUOROETHANE
CHLORODIFLUOROMONOBROMOMETHANE see BROMOCHLORODIFLUOROMETHANE CHLO
s-(2-CHLORO-1-(1,3-DIHYDRO-1,3-DIOXO-2H-ISOINDOL-2-YL)ETHYL)-O,O-DIETHYL PHOSPHORODITHIOATE see DIALIFOR
CHLORODIMETHOXYPHOSPHINE SULFIDE see DIMETHYL CHLOROTHIOPHOSPHATE
CHLORODIMETHYL ETHER see CHLOROMETHYL METHYL ETHER
5-CHLORO-3-(1,1-DIMETHYLETHYL)-6-METHYL-2,4(1H,3H)-PYRIMIDINEDIONE see TERBACIL
CHLORODIPHENYL (21% Cl) see AROCLOR 1221
CHLORODIPHENYL (32% Cl) see AROCLOR 1232
CHLORODIPHENYL (42% Cl) see AROCLOR 1224
CHLORODIPHENYL (48% Cl) see AROCLOR 1248
CHLORODIPHENYL (54% Cl) see AROCLOR 1254
CHLORODIPHENYL (60% Cl) see AROCLOR 1260
1-CHLORO-2,3-EPOSSIPROPANO (Italian) see EPICHLOROHYDRIN
1-CHLORO-2,3-EPOXYPROPANE see EPICHLOROHYDRIN
3-CHLORO-1,2-EPOXYPROPANE see EPICHLOROHYDRIN
2-CHLOROETHANAL see CHLOROACETALDEHYDE
2-CHLORO-1-ETHANAL see CHLOROACETALDEHYDE
β-CHLOROETHANESULFONYL CHLORIDE see ETHANESULFONYL CHLORIDE, 2-CHLORO-
2-CHLOROETHANESULFONYL CHLORIDE see ETHANESULFONYL CHLORIDE, 2-CHLORO-
CHLOROETHANOIC ACID see CHLOROACETIC ACID
2-CHLOROETHANOL see CHLOROETHANOL
β-CHLOROETHANOL see CHLOROETHANOL
δ-CHLOROETHANOL see CHLOROETHANOL
2-CHLOROETHANOL-2-(p-tert-BUTYLPHENOXY)-1-METHYLETHYL SULFITE see ARAMITE
2-CHLOROETHANOL ESTER with 2-(p-tert-BUTYLPHENOXY)-1-METHYLETHYL SULFITE see ARAMITE
CHLOROETHENE see VINYL CHLORIDE
(2-CHLOROETHENYL)ARSONOUS DICHLORIDE see LEWISITE
(2-CHLOROETHOXY)CARBONYL CHLORIDE see CHLOROETHYL CHLOROFORMATE
(2-CHLOROETHOXY)ETHENE see 2-CHLOROETHYL VINYL ETHER
2-CHLORO-1-(3-ETHOXY-4-NITROPHENOXY)-4-(TRIFLUOROMETHYL)BENZENE see OXYFLUOFEN
2-CHLOROETHYL ALCOHOL see CHLOROETHANOL
2-CHLORO-4-ETHYLAMINEISOPROPYLAMINE-S-TRIAZINE see ALDRIN LAMI
2-(4-CHLORO-6-ETHYLAMINO-1,3,5-TRIAZIN-2-YLAMINO)-2-METHYLPROPIONITRILE see CYANAZINE
1-CHLORO-3-ETHYLAMINO-5-ISOPROPYLAMINO-2,4,6-TRIAZINE see ALDRIN1-CHLORO-3-ETHYLAMINO-5-ISOPROPYLAMINO-S-TRIAZINE ALDRIN
2-CHLORO-4-ETHYLAMINO-6-(1-CYANO-1-METHYL)ETHYLAMINO-s-TRIAZINE see CYANAZINE

2-CHLORO-4-ETHYLAMINO-6-ISOPROPYLAMINO-1,3,5-TRIAZINE ALDRIN 2-((4-CHLORO-6-(ETHYLAMINO)-1,3,5-TRIAZIN-2-YL)AMINO)-2-METHYL-PROPANENITRIL E *see* CYANAZINE-(ET 2-((4-CHLORO-6-(ETHYLAMINO)-s-TRIAZIN-2-YL)AMINO)-2-METHYLPRO-PIONITRILE *see* CYANAZINE-6-(2-((4-CHLORO-6-(ETHYLAMINO)-s-TRIAZIN-2-YL)AMINO)-2-METHYLPRO-PANENITRILE *see* CYANAZINE
2-CHLORO-4-ETHYLAMONO-6-ISOPROPYLAMINO- *see* ATRAZINE
β-CHLOROETHYL-β-(p-tert-BUTYLPHENOXY)-α-METHYLETHYL SULPHITE *see* ARAMITE
β-CHLOROETHYL-β'-(p-tert-BUTYLPHENOXY)-α'-METHYLETHYL SULFITE *see* ARAMITE
2-CHLOROETHYL CHLOROCARBONATE *see* CHLOROETHYL CHLOROFORMATE
β-CHLOROETHYL CHLOROFORMATE *see* CHLOROETHYL CHLOROFORMATE
2-CHLOROETHYL CHLOROFORMATE *see* CHLOROETHYL CHLOROFORMATE
CHLOROETHYLENE *see* VINYL CHLORIDE
CHLOROETHYL ETHER (DOT) *see* BIS(2-CHLOROETHYL)ETHER
α-CHLOROETHYLIDENE FLUORIDE *see* 1-CHLORO-1,1-DIFLUOROETHANE
α-CHLOROETHYLIDENE FLUORIDE *see* 1-CHLORO-1,1-DIFLUOROETHANE
CHLOROETHYLIDENE FLUORIDE *see* 1-CHLORO-1,1-DIFLUOROETHANE
6-CHLORO-N-ETHYL-N-ISOPROPYL-1,3,5-TRIAZINEDIYL-2,4-DIAMINE ALDRIN 2-CHLOROETHYL 1-METHYL-2(p-tert-BUTYLPHENOXY)ETHYL SULPHITE *see* ARAMITE
6-CHLORO-N-ETHYL-N'-(1-METHYLETHYL)-1,3,5-TRIAZINE-2,4-DIAMINE ALDRIN CHLOROETHYLOWY ALKOHOL (Polish) *see* CHLOROETHANOL
2-CHLOROETHYLSULFONYL CHLORIDE *see* ETHANESULFONYL CHLORIDE, 2-CHLORO-
2-CHLOROETHYL SULFUROUS ACID-2-(4-(1,1-DIMETHYLE-THYL)PHENOXY)-1-METHYLETHYL ESTER *see* ARAMITE
2-CHLOROETHYL SULPHITE of 1-(p-tert- 2-CHLOROETHYL SULPHITE of 1-(p-tert-BUTYLPHENOXY)-2-PROPANOL *see* ARAMITE
(β-CHLOROETHYL)TRIMETHYLAMMONIUM CHLORIDE *see* CHLORMEQUAT CHLORIDE
(2-CHLOROETHYL)TRIMETHYLAMMONIUM CHLORIDE *see* CHLORMEQUAT CHLORIDE
2-CHLOROETHYL TRIMETHYLAMMONIUM CHLORIDE *see* CHLORMEQUAT CHLORIDE
2-CHLORO-N,N,N-ETHYL)TRIMETHYLETHANAMINIUM CHLORIDE *see* CHLORMEQUAT CHLORIDE
CHLOROFENVINPHOS *see* CHLORFENVINFOS
CHLOROFLUOROCARBON 22 *see* CHLORODIFLUOROMETHANE
CHLOROFLURAZOLE *see* BENZIMIDAZOLE, 4,5-DICHLORO-2-(TRIFLUO-ROMETHYL)-
CHLOROFORME (French) *see* CHLOROFORM
CHLOROFORMIC ACID-2-CHLOROETHYL ESTER *see* CHLOROETHYL CHLOROFORMATE
CHLOROFORMIC ACID ETHYL ESTER *see* ETHYL CHLOROFORMATE
CHLOROFORMIC ACID ISOPROPYL ESTER *see* ISOPROPYL CHLOROFORMATE
CHLOROFORMIC ACID, METHYL ESTER *see* METHYL CHLOROCARBONATE
CHLOROFORMIC ACID PROPYL ESTER *see* PROPYL CHLOROFORMATE
CHLOROFORMIC DIGITALIN *see* DIGOXIN
CHLOROFORMYL CHLORIDE *see* PHOSGENE
CHLOROFOS *see* TRICHLORFON
CHLOROFTALM *see* TRICHLORFON
CHLOROHYDRIC ACID *see* HYDROCHLORIC ACID
3-CHLORO-7-HYDROXY-4-METHYL-COUMARIN O,O-DIETHYL PHOSPHO-ROTHIOATE *see* COUMAPHOS
3-CHLORO-7-HYDROXY-4-METHYL-COUMARIN-O,O-DIETHYLPHOSPHO-ROTHIONATE *see* COUMAPHOS

3-CHLORO-7-HYDROXY-4-METHYL-COUMARIN O-ESTER with O,O-DIETHYLPHOSPHOROTHIOATE see COUMAPHOS
6-CHLORO-3-HYDROXYTOLUENE see p-CHLORO-m-CRESOL
2-CHLORO-HYDROXYTOLUENE see p-CHLORO-m-CRESOL
γ-CHLOROISOBUTYLENE see 3-CHLORO-2-METHYL-1-PROPENE
1-CHLORO-4-ISOCYANATOBENZENE see p-CHLOROPHENOL ISOCYANATE
4-CHLOROISOCYANATOBENZENE see p-CHLOROPHENOL ISOCYANATE
2-CHLORO-N-ISOPROPYL-N-PHENYLACETAMIDE see PROPACHLOR
2-CHLORO-N-ISOPROPYLACETANILIDE see PROPACHLOR
α-CHLORO-N-ISOPROPYLACETANILIDE see PROPACHLOR
2-(4-CHLORO-2-METHYLPHENOXY)PROPANOIC ACID see MECOPROP
2-CHLORO-N-((((4-METHOXY-6-METHYL-1,3,5-TRIAZIN-2-YL)AMINO)CARBONYL)BENZENESULFONAMIDE see CHLORSULFURON
2-CHLORO-N-(((4-METHOXY-6-METHYL-1,3,5-TRIAZIN-2-YL)AMINO)CARBONYL)BENZENESULFONAMIDE see CHLORSULFURON
CHLOROMETHOXYMETHANE see CHLOROMETHYL METHYL ETHER
5-CHLORO-6-((((METHYAMINO)CARBONYL)OXY)IMINO)BICYCLO(2.2.1)HEPTAN see BICYCLO(2.2.1)HEPTANE-2-CARBONITRILE, 5-CHLORO-6-((((METHYAMINO)CARBONYL)OXY)IMINO)-,(1ST-(1-α,2-β,4-.alp ha.,5-α,6e))-
4-CHLORO-5-METHYLAMINO-2-(3-TRIFLUOROMETHYLPHENYL)PYRIDAZIN-3-ONE see NORFLURAZON-MET
4-CHLORO-5-(METHYLAMINO)-2-(3-(TRIFLUOROMETHYL)PHENYL)-3(2H)-PYRIDAZINONE see NORFLURAZON
4-CHLORO-2-METHYLANILINE HYDROCHLORIDE see 4-CHLORO-o-TOLUIDINE, HYDROCHLORIDE
4-CHLORO-6-METHYLANILINE see p-CHLORO-o-TOLUIDINE
4-CHLORO-2-METHYLANILINE see p-CHLORO-o-TOLUIDINE
4-CHLORO-6-METHYLANILINE HYDROCHLORIDE see 4-CHLORO-o-TOLUIDINE, HYDROCHLORIDE
4-CHLORO-2-METHYLBENZENAMINE HYDROCHLORIDE see 4-CHLORO-o-TOLUIDINE, HYDROCHLORIDE
4-CHLORO-2-METHYLBENZENAMINE see p-CHLORO-o-TOLUIDINE
CHLOROMETHYLBENZENE see BENZYL CHLORIDE
3-CHLORO-4-METHYL-7-COUMARINYLDIETHYL PHOSPHOROTHIOATE see COUMAPHOS
3-CHLORO-4-METHYL-7-COUMARINYL O,O-DIETHYL PHOSPHOROTHIOATE see COUMAPHOS
s-(CHLOROMETHYL) O,O-DIETHYL ESTER PHOSPHORODITHIOIC ACID see CHLORMEPHOS
s-CHLOROMETHYL-O,O-DIETHYL PHOSPHORODITHIOATE see CHLORMEPHOS
s-(CHLOROMETHYL)-O,O-DIETHYL PHOSPHORODITHIOIC ACID see CHLORMEPHOS
s-CHLOROMETHYL-O,O-DIETHYL PHOSPHORODITHIOTHIOLOTHIONATE see CHLORMEPHOS
s-(CHLOROMETHYL)-O,O-DIETHYL PHOSPHORODITHIOATE see CHLORMEPHOS
2-CHLORO-4-METHYL-6-DIMETHYLAMINOPYRIMIDINE see CRIMIDINE
CHLOROMETHYL ETHER see BIS(CHLOROMETHYL)ETHER
2-CHLORO-N-(1-METHYLETHYL)-N-PHENYLACETAMIDE see PROPACHLOR
4-CHLORO-α-(1-METHYLETHYL)BENZENEACETIC ACID CYANO(3-PHENOXYPHENYL)METHYL ESTER see FENVALERATE
(2-CHLORO-1-METHYLETHYL)ETHER see BIS(2-CHLORO-1-METHYLETHYL)ETHER
(CHLOROMETHYL)ETHYLENE OXIDE see EPICHLOROHYDRIN
3-CHLORO-4-METHYL-7-HYDROXYCOUMARINDIETHYL THIOPHOSPHORIC ACID ESTER see COUMAPHOS
3-CHLORO-4-METHYLUMBELLIFERONEO-ESTER with O,O-DIETHYL PHOSPHOROTHIOATE see COUMAPHOS
2-(CHLOROMETHYL)OXIRANE see EPICHLOROHYDRIN

(CHLOROMETHYL)OXIRANE see EPICHLOROHYDRIN
CHLOROMETHYLOXIRANE see EPICHLOROHYDRIN
4-CHLORO-3-METHYLPHENOL see p-CHLORO-m-CRESOL
(4-CHLORO-2-METHYLPHENOXY) ACETATE SODIUM SALT see METHOXONE SODIUM SALT
4-CHLORO-2-METHYLPHENOXYACETIC ACID see METHOXONE
(4-CHLORO-2-METHYLPHENOXY)ACETIC ACID see METHOXONE
4-CHLORO-2-METHYLPHENOXYACETIC ACID SODIUM SALT see METHOXONE SODIUM SALT
α-(4-CHLORO-2-METHYLPHENOXY)PROPIONIC ACID see MECOPROP
2-(4-CHLORO-2-METHYLPHENOXY)PROPIONIC ACID see MECOPROP
(4-CHLORO-2-METHYLPHENOXY)PROPIONIC ACID see MECOPROP
4-CHLORO-2-METHYLPHENOXY-α-PROPIONIC ACID see MECOPROP
(+)-α-(4-CHLORO-2-METHYLPHENOXY) PROPIONIC ACID see MECOPROP
CHLOROMETHYL PHENYL KETONE see 2-CHLOROACETOPHENONE CHLOROALKYL ESTERS
3-CHLORO-2-METHYLPROP-1-ENE see 3-CHLORO-2-METHYL-1-PROPENE
3-CHLORO-2-METHYLPROPENE see 3-CHLORO-2-METHYL-1-PROPENE
3-CHLOROMETHYLPROPENE see 3-CHLORO-2-METHYL-1-PROPENE
1-CHLORO-2-METHYL-2-PROPENE see 3-CHLORO-2-METHYL-1-PROPENE
CHLOROMETHYL(TRICHLORO)SILANE see TRICHLORO(CHLOROMETHYL)SILANE
(CHLOROMETHYL)TRICHLOROSILANE see TRICHLORO(CHLOROMETHYL)SILANE
CHLORONAFTINA see CHLORNAPHAZINE
β-CHLORONAPHTHALENE see 2-CHLORONAPHTHALENE
CHLORONAPHTHINE see CHLORNAPHAZINE
α-CHLORO-p-NITROTOLUENE see BENZENE, 1-(CHLOROMETHYL)-4-NITRO-
(O-CHLOROANILINO)DICHLOROTRIAZINE see ANILAZINE
CHLOROPENTAFLUOROETHANE see MONOCHLOROPENTAFLUOROETHANE
1-CHLORO-1,1,2,2,2-PENTAFLUOROMETHANE see MONOCHLOROPENTAFLUOROETHANE
CHLOROPEROXYL see CHLORINE DIOXIDE
CHLOROPHEN see PENTACHLOROPHENOL
o-CHLOROPHENOL see 2-CHLOROPHENOL
CHLOROPHENOTHAN see DDT
CHLOROPHENOTHANE see DDT
α-CHLOROPHENOTHANE see DDT
CHLOROPHENOTOXUM see DDT
1-(4-CHLOROPHENOXY)-3,3-DIMETHYL-1-(1H-1,2,4-TRIAZOL-1-YL)BUTANONE- see TRIADIMEFON
1-(4-CHLOROPHENOXY)-3,3-DIMETHYL-1-(1,2,4-TRIAZOL-1-YL)BUTANONE- see TRIADIMEFON
1-(4-CHLOROPHENOXY)-3,3-DIMETHYL-1-(1,2,4-TRIAZOL-1-YL)-BUTAN-2-ONE see TRIADIMEFON
1-(4-CHLOROPHENOXY)-3,3-DIMETHYL-1-(1H-1,2,4-TRIAZOL-1-YL)-2-BUTANONE see TRIADIMEFON
2-(4-CHLOROPHENOXY-2-METHYL)PROPIONIC ACID see MECOPROP
N'-(4-(4-CHLOROPHENOXY)PHENYL-N,N-DIMETHYLUREA see CHLOROXURON
3-(4-(4-CHLOROPHENOXY)PHENYL-1,1-DIMETHYLUREA see CHLOROXURON
3-(p-(p-CHLOROPHENOXY)PHENYL-1,1-DIMETHYLUREA see CHLOROXURON
2-(α-p-CHLOROPHENYLACETYL)INDANE-1,3-DIONE see CHLOROPHACINONE
4-CHLOROPHENYLAMINE see p-CHLOROANILINE
n-(((4-CHLOROPHENYL)AMINO)CARBONYL)-2,6-DIFLUOROBENZAMIDE see DIFLUBENZURON
p-CHLOROPHENYL CHLORIDE see 1,4-DICHLOROBENZENE
1-(4-CHLOROPHENYL)-3-(2,6-DIFLUOROBENZOYL)UREA see DIFLUBENZURON

O-p-CYANOPHENYL O,O-DIMETHYL PHOSPHOROTHIOATE *see* CYANOPHOS
1-(4-CHLOROPHENYL)-3,3-DIMETHYLUREA *see* MONURON
1-(p-CHLOROPHENYL)-3,3-DIMETHYLUREA *see* MONURON
1-para-CHLOROPHENYL-3,3-DIMETHYLUREA *see* MONURON
3-(4-CHLOROPHENYL)-1,1-DIMETHYLUREA *see* MONURON
3-para-CHLOROPHENYL-1,1-DIMETHYLUREA *see* MONURON
3-(p-CHLOROPHENYL)-1,1-DIMETHYLUREA *see* MONURON
3'-(4'-CHLOROPHENYL)-1,1-DIMETHYLUREA *see* MONURON
4-CHLOROPHENYLDIMETHYLUREA *see* MONURON
N-(p-CHLOROPHENYL)-N',N'-DIMETHYLUREA *see* MONURON
N-para-CHLOROPHENYL-N',N'-DIMETHYLUREA *see* MONURON
N-(4-CHLOROPHENYL)-N',N'-DIMETHYLUREA *see* MONURON
N'-(4-CHLOROPHENYL)-N,N-DIMETHYLUREA *see* MONURON
2-CHLORO-1-PHENYLETHANONE *see* 2-CHLOROACETOPHENONE
CHLOROALKYL ESTERS
4-CHLOROPHENYL ISOCYANATE *see* p-CHLOROPHENOL ISOCYANATE
para-CHLOROPHENYL ISOCYANATE *see* p-CHLOROPHENOL ISOCYANATE
CHLOROPHENYLMETHANE *see* BENZYL CHLORIDE
s-((4-CHLOROPHENYL)METHYL)DIETHYLCARBAMOTHIOTE *see* THIOBENCARB
((4-CHLOROPHENYL)-1-PHENYL)-ACETYL-1,3-INDANDION (German) *see* CHLOROPHACINONE
2-((p-CHLOROPHENYL)PHENYLACETYL)-1,3-INDANDIONE *see* CHLOROPHACINONE
2((4-CHLOROPHENYL)PHENYLACETYL)-1H-INDENE-1,3(2H)-DIONE *see* CHLOROPHACINONE
2(2-(4-CHLOROPHENYL)-2-PHENYLACETYL)INDAN-1,3-DIONE *see* CHLOROPHACINONE
1-(CHLOROPHENYLSULFONYL)-3-(4-METHOXY-6-METHYL-1,3,5-TRIAZIN-2-YL)UREA *see* CHLRSULFURON ULFO
1-(2-CHLOROPHENYLSULFONYL)-3-(4-METHOXY-6-METHYL-1,3,5-TRIAZIN-2-YL)UREA *see* CHLORSULFURON
1-((o-CHLOROPHENYL)SULFONYL)-3-(4-METHOXY-6-METHYL-s-TRIAZIN-2-YL)UREA *see* CHLORSULFURON YL)S
1-(2-CHLOROPHENYLSULPHONYL)-3-(4-METHOXY-6-METHYL-1,3,5-TRIAZIN-2-YL)UREA *see* CHLORSULFURON
s-((p-CHLOROPHENYLTHIO)METHYL)-O,O-DIETHYL PHOSPHORODITHIOATE *see* CARBOPHENOTHION
s-(4-CHLOROPHENYLTHIOMETHYL)DIETHYL PHOSPHOROTHIOLOTHIONATE *see* CARBOPHENOTHION
2-CHLOROPHENYL THIOUREA *see* THIOUREA, (2-CHLOROPHENYL)-
2-p-CHLOROPHENYL-2-(1H-1,2,4-TRIAZOLE-1-YLMETHYL)HEXANENITRILE *see* MYCLOBUTANIL
2-(4-CHLOROPHENYL)-2-(1H-1,2,4-TRIAZOLE-1-YLMETHYL)HEXANENITRILE *see* MYCLOBUTANIL
CHLOROPHOS *see* TRICHLORFON
CHLOROPHOSPHORIC ACID DIETHYL ESTER *see* DIETHYL CHLOROPHOSPHATE
s-(2-CHLORO-1-PHTHALIMIDOETHYL)-O,O-DIETHYLPHOSPHORODITHIOATE *see* DIALIFOR
CHLOROPHTHALM *see* TRICHLORFON
CHLOR-O-PIC *see* CHLOROPICRIN
CHLOROPICRINE (French) *see* CHLOROPICRIN
CHLOROPREEN (Dutch) *see* CHLOROPRENE
CHLOROPREN (German, Polish) *see* CHLOROPRENE
CHLOROPRENE *see* 1-CHLOROPROPYLENE
1-CHLOROPRENE *see* 1-CHLOROPROPYLENE
3-CHLOROPRENE *see* ALLYL CHLORIDE
β-CHLOROPRENE *see* CHLOROPRENE
2-CHLOROPROPANE (DOT) *see* ISOPROPYL CHLORIDE
3-CHLOROPROPANENITRILE *see* 3-CHLOROPROPIONITRILE
3-CHLOROPROPANONITRILE *see* 3-CHLOROPROPIONITRILE

2-CHLORO-2-PROPENE-1-THIOL DIETHYLDITHIOCARBAMATE *see* SULFALLATE
3-CHLOROPROPENE-1,2-OXIDE *see* EPICHLOROHYDRIN
1-CHLORO PROPENE-2 *see* ALLYL CHLORIDE
3-CHLOROPROPENE-1 *see* ALLYL CHLORIDE
2-CHLOROPROPENE (DOT) *see* 2-CHLOROPROPYLENE
1-CHLORO-1-PROPENE *see* 1-CHLOROPROPYLENE
2-CHLORO-1-PROPENE *see* 2-CHLOROPROPYLENE
1-CHLORO-2-PROPENE *see* ALLYL CHLORIDE
3-CHLOROPROPENE *see* ALLYL CHLORIDE
3-CHLORO-1-PROPENE *see* ALLYL CHLORIDE
2-CHLORO-2-PROPENOIC ACID METHYL ESTER (9CI) *see* METHYL 2-CHLOROACRYLATE
1-(3-CHLORO-2-PROPENYL)-3,5,7-TRIAZA-1-AZONIATRICYCLO(3.3.1)DECANE CHLORIDE *see* 1-(3-CHLORALLYL)-3,5,7-TRIAZA-1-AZONIAADAMANTANE CHLORIDE
3-CHLOROPROPENYL CHLORIDE *see* 1,3-DICHLOROPROPYLENE
2-CHLORO-2-PROPENYLDIETHYLCARBAMODITHIOATE *see* SULFALLATE
3-CHLOROPROPIONITRILE *see* 3-CHLOROPROPIONITRILE
β-CHLOROPROPIONITRILE *see* 3-CHLOROPROPIONITRILE
3-CHLOROPROPYL-n-OCTYLSULFOXIDE *see* SULFOXIDE, 3-CHLOROPROPYL OCTYL
2-CHLORO-4-(2-PROPYLAMINO)-6-ETHYLAMINO-S-TRIAZINE *see* ATRAZINE
3-CHLOROPROPYLENE *see* ALLYL CHLORIDE
3-CHLORO-1-PROPYLENE *see* ALLYL CHLORIDE
α-CHLOROPROPYLENE *see* ALLYL CHLORIDE
3-CHLOROPROPYLENE OXIDE *see* EPICHLOROHYDRIN
3-CHLORO-1,2-PROPYLENE OXIDE *see* EPICHLOROHYDRIN
CHLOROPROPYLENE OXIDE *see* EPICHLOROHYDRIN
γ-CHLOROPROPYLENE OXIDE *see* EPICHLOROHYDRIN
2-(4-((6-CHLORO-2-QUINOXALINYL)OXY)PHENOXY)ETHYL PROPIONATE *see* QUIZALOFOP-ETHYL
CHLOROS *see* SODIUM HYPOCHLORITE
CHLOROSILANE *see* DICHLOROSILANE
CHLOROSULFURIC ACID *see* CHLOROSULFONIC ACID
CHLOROTENE *see* 1,1,1-TRICHLOROETHANE
1-CHLORO-1,1,2,2-TETRAFLUOROETHANE *see* CHLOROTETRAFLUOROETHANE
CHLOROTHALONIL *see* CHLOROTHALONIL
CHLOROTHANE NU *see* 1,1,1-TRICHLOROETHANE
CHLOROTHENE *see* 1,1,1-TRICHLOROETHANE
CHLOROTHENE NU *see* 1,1,1-TRICHLOROETHANE
CHLOROTHENE SM *see* 1,1,1-TRICHLOROETHANE
CHLOROTHENE SM SOLVENT *see* 1,4-DIOXANE
CHLOROTHENE VG *see* 1,1,1-TRICHLOROETHANE
(4-CHLORO-o-TOLOXY)ACETIC ACID *see* METHOXONE
4-CHLORO-o-TOLOXYACETIC ACID *see* METHOXONE
α-CHLOROTOLUENE *see* BENZYL CHLORIDE
ω-CHLOROTOLUENE *see* BENZYL CHLORIDE
4-CHLORO-o-TOLUIDINE, HYDROCHLORIDE *see* CHLOROSULFONIC ACID
4-CHLORO-2-TOLUIDINE HYDROCHLORIDE *see* 4-CHLORO-o-TOLUIDINE, HYDROCHLORIDE
para-CHLORO-ortho-TOLUIDINE HYDROCHLORIDE *see* CHLOROSULFONIC ACID
para-CHLORO-ortho-TOLUIDINE *see* p-CHLORO-o-TOLUIDINE
4-CHLORO-o-TOLUIDINE *see* p-CHLORO-o-TOLUIDINE
4-CHLORO-2-TOLUIDINE *see* p-CHLORO-o-TOLUIDINE
(4-CHLORO-o-TOLYL)OXY)ACETIC ACID *see* METHOXONE
2-(4-CHLORO-O-TOLYL)OXYLPROPIONIC ACID *see* MECOPROP
p-CHLORO-o-TOLYLOXY)ACETIC ACID SODIUM SALT *see* METHOXONE SODIUM SALT
2-(p-CHLORO-O-TOLYLOXY)PROPIONIC ACID *see* MECOPROP

2-CHLORO-6-(TRICHLOROMETHYL)PYRIDINE *see* NITRAPYRIN
2-CHLORO-6-TRICHLOROMETHYLPYRIDINE *see* NITRAPYRIN
4-CHLORO-6-(TRICHLOROMETHYL)PYRIDINE *see* NITRAPYRIN
2-CHLORO-1-(2,4,5-TRICHLOROPHENYL)ETHENYL DIMETHYL PHOSPHATE *see* TETRACHLORVINPHOS
2-CHLORO-1-(2,4,5-TRICHLOROPHENYL)VINYL DIMETHYL PHOSPHATE *see* TETRACHLORVINPHOS
2-CHLORO-1-(2,4,5-TRICHLOROPHENYL)VINYL PHOSPHORIC ACID DIMETHYL ESTER *see* TETRACHLORVINPHOS
2-CHLORO-α,α,α-TRIFLUORO-P-TOLYL-3-ETHOXY-4-NITROPHENYL ETHER *see* OXYFLUOFEN
5-(2-CHLORO-α,α, α-TRIFLUORO-p-TOLYLOXY)-N-METHYLSULFONYL-2-NITROBENZAMIDE *see* FOMESAFEN
n-(2-CHLORO-α, α,α-(TRIFLUORO-p-TOLYL)-DL-VALINEALPHA-CYANOPHENOXYBENZYL ESTER *see* FLUVALINATE
CHLOROTRIFLUOROETHANE (DOT) *see* 2-CHLORO-1,1,1-TRIFLUOROETHANE
1-CHLORO-2,2,2-TRIFLUOROETHANE *see* 2-CHLORO-1,1,1-TRIFLUOROETHANE
CHLORO-1,1,1-TRIFLUOROETHANE *see* 2-CHLORO-1,1,1-TRIFLUOROETHANE
CHLOROTRIFLUOROETHYLENE *see* TRIFLUOROCHLOROETHYLENE UORO
5-(2-CHLORO-4-(TRIFLUOROMETHYL)PHENOXY)-N-METHYLSULFONYL)-2-NITROBENZAMIDE *see* FOMESAFEN
5-(2-CHLORO-4-(TRIFLUOROMETHYL)PHENOXY)-2-NITROBENZOIC ACID 2-ETHOXY-1-METHYL-2-OXOETHYL ESTER *see* LACTOFEN
5-(2-CHLORO-4-(TRIFLUOROMETHYL)PHENOXY)-N-(METHYLSULPHONYL)-2-NITROBENZAMIDE *see* FOMESAFEN
5-(2-CHLORO-4-(TRIFLUOROMETHYL)PHENOXY)-2-NITROBENZOIC ACID SODIUM SALT *see* ACIFLUORFEN, SODIUM SALT
n-(2-CHLORO-4-(TRIFLUOROMETHYL)PHENYL)-DL-VALINECYANO(3-PHENOXYLPHENYL)METH YL ESTER) *see* FLUVALINATE
n-(2-CHLORO-4-(TRIFLUOROMETHYL)PHENYL)-DL-VALINE(±)-CYANO(3-PHENOXYLPHENYL)METHYL ESTER) *see* FLUVALINATE
1-CHLORO-3,3,3-TRIFLUOROPROPANE *see* 3-CHLORO-1,1,1-TRIFLUOROPROPANE-CHL
3-(CHLORO-3,3,3-TRIFLUORO-1-PROPENYL)-2,2-DIMETHYLCYCLOPROPANECARBOXYLIC ACID CYANO(3-PHENOXYPHENYL)METHYL ESTER *see* CYHALOTHRIN
2-CHLORO-N,N,N-TRIMETHYLAMMONIUM CHLORIDE *see* CHLORMEQUAT CHLORIDE
CHLOROTRIMETHYLSILANE *see* TRIMETHYLCHLOROSILANE
CHLOROTRIPHENYLSTANNANE *see* TRIPHENYLTIN CHLORIDE
CHLOROTRIPHENYLTIN *see* TRIPHENYLTIN CHLORIDE
(2-CHLOROVINYL)DICHLOROARSINE *see* LEWISITE
β-CHLOROVINYLBICHLOROARSINE *see* LEWISITE
2-CHLOROVINYLDICHLOROARSINE *see* LEWISITE
CHLORO di VINYLE (Italian) *see* VINYL CHLORIDE
CHLOROWODOR (Polish) *see* HYDROCHLORIC ACID
CHLOROX *see* SODIUM HYPOCHLORITE
CHLOROXIFENIDUM *see* CHLOROXURON
CHLOROXONE *see* 2,4-D
CHLOROXYPHOS *see* TRICHLORFON
CHLRPHACINON (Italian) *see* CHLOROPHACINONE
3-CHLORPROPEN (German) *see* ALLYL CHLORIDE
o-CHLORPHENOL (German) *see* 2-CHLOROPHENOL
1-(4-CHLORPHENYL)-1-PHENYL-ACETYL INDAN-1,3-DION (German) *see* CHLOROPHACINONE
CHLRPHENVINFOS *see* CHLORFENVINFOS
CHLRPHENVINPHOS *see* CHLORFENVINFOS
CHLRPIKRIN (German) *see* CHLOROPICRIN
α-CHLRPYRIFOS 48EC (α) *see* CHLORPYRIFOS
CHLORPYRIFOS-ETHYL *see* CHLORPYRIFOS

CHLORSULFON *see* CHLORSULFURON
2-CHLORSULFURON *see* CHLORSULFURON
CHLORTEN *see* 1,1,1-TRICHLOROETHANE
CHLORTHALONIL (German) *see* CHLOROTHALONIL
CHLORTHIEPIN *see* ENDOSULFAN
CHLORTHIOPHOS *see* CHLORTHIOPHOS
α-CHLORTOLUOL (German) *see* BENZYL CHLORIDE
CHLORURE d'ARSENIC (French) *see* ARSENOUS TRICHLORIDE
CHLORURE de BENZENYLE (French) *see* BENZOIC TRICHLORIDE
CHLORURE de BENZYLE (French) *see* BENZYL CHLORIDE
CHLORURE de BENZYLIDENE (French) *see* BENZAL CHLORIDE
CHLORURE de BORE (French) *see* BORON TRICHLORIDE
CHLORURE de CYANOGENE (French) *see* CYANOGEN CHLORIDE
CHLORURE d'ETHYLE (French) *see* CHLOROETHANE
CHLORURE d'ETHYLENE (French) *see* 1,2-DICHLOROETHANE
CHLORURE d'ETHYLIDENE (French) *see* ETHYLIDENE DICHLORIDE
CHLORURE MERCURIQUE (French) *see* MERCURIC CHLORIDE
CHLORURE de METHALLYLE (French) *see* 3-CHLORO-2-METHYL-1-PROPENE
CHLORURE de METHYLE (French) *see* CHLOROMETHANE
CHLORURE de METHYLENE (French) *see* DICHLOROMETHANE
CHLORURE PERRIQUE (French) *see* FERRIC CHLORIDE
CHLORURE de VINYLE (French) *see* VINYL CHLORIDE
CHLORURE de ZINC (French) *see* ZINC CHLORIDE
CHLORVINPHOS *see* DICHLORVOS
CHLORWASSERSTOFF (German) *see* HYDROCHLORIC ACID
CHLORYL ANESTHETIC *see* CHLOROETHANE
CHLORYL RADICAL: 'ClO2' *see* CHLORINE DIOXIDE
CHLORYL *see* CHLOROETHANE
CHLORYLEA *see* TRICHLOROETHYLENE
CHOLINE CARBAMATE CHLORIDE *see* CARBACHOL CHLORIDE
CHOLINE, CHLORINE CARBAMATE (ESTER) *see* CARBACHOL CHLORIDE
CHOLINE CHLORINE CARBAMATE *see* CARBACHOL CHLORIDE
CHOLINE DICHLORIDE *see* CHLORMEQUAT CHLORIDE
CHORYLEN *see* TRICHLOROETHYLENE
CHROMAR *see* p-XYLENE
CHROMATE of POTASSIUM *see* POTASSIUM CHROMATE
CHROMATE of POTASSIUM *see* POTASSIUM CHROMATE
CHROMATE of SODA *see* SODIUM CHROMATE
CHROMATO CALCICO (Spanish) *see* CALCIUM CHROMATE
CHROME ETCH KTI *see* NITRIC ACID
CHROME LEATHER BLACK G *see* C.I. DIRECT BLACK 38
CHROME LEATHER BLACK E *see* C.I. DIRECT BLACK 38
CHROME LEATHER BLACK EC *see* C.I. DIRECT BLACK 38
CHROME LEATHER BLACK EM *see* C.I. DIRECT BLACK 38
CHROME LEATHER BLUE 2B *see* C.I. DIRECT BLUE 6
CHROME LEATHER BLUE 3B *see* TRYPAN BLUE
CHROME LEATHER BRILLIANT BLACK ER *see* C.I. DIRECT BLACK 38
CHROME LEATHER BROWN BRSL *see* C.I. DIRECT BROWN 95
CHROME LEATHER BROWN BRLL *see* C.I. DIRECT BROWN 95
CHROMIC(IV) ACID *see* CHROMIC ACID (ESTER) (11115-74-5)
CHROMIC ACETATE(III) *see* CHROMIC ACETATE
CHROMIC ACID, CALCIUM SALT (1:1) *see* CALCIUM CHROMATE
CHROMIC ACID, DILITHIUM SALT *see* LITHIUM CHROMATE
CHROMIC ACID, DIPOTASSIUM SALT *see* POTASSIUM BICHROMATE
CHROMIC ACID, DIPOTASSIUM SALT *see* POTASSIUM CHROMATE
CHROMIC ACID, SOLID *see* CHROMIC ACID (ESTER) (11115-74-5)
CHROMIC ACID, SOLUTION, CHROMIC ANHYDRIDE *see* CHROMIC ACID (ESTER) (11115-74-5)
CHROMIC ACID, STRONTIUM SALT (1:1) *see* STRONTIUM CHROMATE
CHROMIC ACID,DISODIUM SALT *see* SODIUM BICHROMATE
CHROMIC ANHYDRIDE *see* CHROMIC ACID (7738-94-5)
CHROMIC SULPHATE *see* CHROMIC SULFATE
CHROMIC TRIOXIDE *see* CHROMIC ACID (ESTER) (11115-74-5)

CHROMIUM(3+) SULFATE *see* CHROMIC SULFATE
CHROMIUM(III) ACETATE *see* CHROMIC ACETATE
CHROMIUM(III) CHLORIDE (1:3) *see* CHROMIC CHLORIDE
CHROMIUM(III) SULFATE *see* CHROMIC SULFATE
CHROMIUM(IV) OXIDEMONOCHROMIUM OXIDE *see* CHROMIC ACID (ESTER) (11115-74-5)
CHROMIUM ACETATE *see* CHROMIC ACETATE
CHROMIUM ANHYDRIDE *see* CHROMIC ACID (7738-94-5)
CHROMIUM CHLORIDE *see* CHROMIC CHLORIDE
CHROMIUM CHLORIDE, ANHYDROUS *see* CHROMIC CHLORIDE
CHROMIUM CHLORIDE (III) ANHYDROUS *see* CHROMIC CHLORIDE
CHROMIUM DICHLORIDE *see* CHROMOUS CHLORIDE
CHROMIUM DISODIUM OXIDE *see* SODIUM CHROMATE
CHROMIUM, ELEMENT *see* CHROMIUM
CHROMIUM LITHIUM OXIDE *see* LITHIUM CHROMATE
CHROMIUM METAL *see* CHROMIUM
CHROMIUM OXIDE *see* CHROMIC ACID (ESTER) (11115-74-5)
CHROMIUM SESQUICHLORIDE *see* CHROMIC CHLORIDE
CHROMIUM SODIUM OXIDE *see* SODIUM BICHROMATE
CHROMIUM SODIUM OXIDE *see* SODIUM CHROMATE
CHROMIUM SULPHATE *see* CHROMIC SULFATE
CHROMIUM SULFATE (2:3) *see* CHROMIC SULFATE
CHROMIUM SULPHATE (2:3) *see* CHROMIC SULFATE
CHROMIUM TRIACETATE *see* CHROMIC ACETATE
CHROMIUM TRICHLORIDE *see* CHROMIC CHLORIDE
CHROMIUM TRIOXIDE *see* CHROMIC ACID (ESTER) (11115-74-5)
CHROMIUM TRIOXIDE *see* CHROMIC ACID (7738-94-5)
CHROMIUM TRIOXIDE, ANHYDROUS *see* CHROMIC ACID (ESTER) (11115-74-5)
CHROMOZIN *see* ATRAZINE
CHRYSANTHEMUM CINERAREAEFOLIUM *see* PYRETHRINS (8003-34-7)
CHRYSANTHEMUMDICARBOXYLIC ACID *see* PYRETHRINS (121-29-9)
CHRYSANTHEMUM MONOCARBOXYLIC ACID *see* PYRETHRINS (121-21-1)
d-(E)-CHRYSANTHEMIC ACID of ALLETHRONE *see* d-trans-ALLETHRIN
d-trans-CHRYSANTHEMIC ACID of ALLETHRONE *see* d-trans-ALLETHRIN
d-(E)-CHRYSANTHEMUMONOCARBOXYLIC ESTER *see* d-trans-ALLETHRIN
d-trans-CHRYSANTHEMUMONOCARBOXYLIC ESTER *see* d-trans-ALLETHRIN
CHRYSENE 5-METHYL- *see* METHOXONE SODIUM SALT
CHRYSENE, 5-METHYL- *see* 5-METHYLCHRYSENE
α-CHRYSIDINE *see* BEN(a)ACRIDINE
CHWASTOKS *see* METHOXONE SODIUM SALT
CHWASTOX 80 *see* METHOXONE SODIUM SALT
CHWASTOX *see* METHOXONE
CI-2 *see* MANGANESE TRICARBONYL METHYLCYCLOPENTADIENYL
CI-337 *see* AZASERINE
C.I. 10305 *see* PICRIC ACID
C.I. 10355 *see* DIPHENYLAMINE
C.I. 11000 *see* 4-AMINOAZOBENZENE
C.I. 11020 *see* 4-DIMETHYLAMINOAZOBENZENE
C.I. 11160 *see* C.I. SOLVENT YELLOW 3
C.I. 11160B *see* C.I. SOLVENT YELLOW 3
C.I. 11855 *see* C.I. DISPERSE YELLOW 3
C.I. 12055 *see* C.I. SOLVENT YELLOW 14
C.I. 12140 *see* C.I. SOLVENT ORANGE 7
C.I. 22610 *see* C.I. DIRECT BLUE 6
C.I. 23060 *see* 3,3'-DICHLOROBENZIDINE
C.I. 23635 *see* C.I. ACID RED 114
C.I. 23850 *see* TRYPAN BLUE
C.I. 24110 *see* 3,3'-DIMETHOXYBENZIDINE
C.I. 24401 *see* C.I. DIRECT BLUE 218
C.I. 30145 *see* C.I. DIRECT BROWN 95
C.I. 30235 *see* C.I. DIRECT BLACK 38

C.I. 37025 see o-NITROANILINE
C.I. 37035 see p-NITROANILINE
C.I. 37077 see o-TOLUIDINE
C.I. 37085 see 4-CHLORO-o-TOLUIDINE, HYDROCHLORIDE
C.I. 37105 see 5-NITRO-o-TOLUENE
C.I. 37107 see p-TOLUIDINE
C.I. 37115 see o-ANISIDINE HYDROCHLORIDE
C.I. 37130 see 5-NITRO-o-ANISIDINE
C.I. 37225 see BENZIDINE
C.I. 37230 see 3,3'-DIMETHYLBENZIDINE
C.I. 37270 see β-NAPHTHYLAMINE
C.I. 41000B see C.I. SOLVENT YELLOW 34
C.I. 42000 see C.I. ACID GREEN 4
C.I. 42085 see C.I. ACID GREEN 3
C.I. 45130 see C.I. BASIC RED 1
C.I. 45170 see C.I. FOOD RED 15
C.I. 47031 see PHOSFOLAN
C.I. 59100 see C.I. VAT YELLOW 4
C.I. 60700 see 1-AMINO-2-METHYLANTHRAQUINONE
C.I. 76000 see ANILINE
C.I. 76010 see 1,2-PHENYLENEDIAMINE
C.I. 76025 see 1,3-PHENYLENEDIAMINE
C.I. 76035 see 2,4-DIAMINOTOLUENE
C.I. 76050 see 2,4-DIAMINOSOLE
C.I. 76051 see 2,4-DIAMINOSOLE, SULFATE
C.I. 76060 see p-PHENYLENEDIAMINE
C.I. 76061 see 1,4-PHENYLENEDIAMINE DIHYDROCHLORIDE
C.I. 76500 see CATECHOL
C.I. 76505 see RESORCINOL
C.I. 77000 see ALUMINUM
C.I. 77050 see ANTIMONY
C.I. 77056 see ANTIMONY TRICHLORIDE
C.I. 77086 see ARSENIC TRISULFIDE
C.I. 77180 see CADMIUM
C.I. 77185 see CADMIUM ACETATE
C.I. 77223 see CALCIUM CHROMATE
C.I. 77295 see CHROMIC CHLORIDE
C.I. 77305 see CHROMIC SULFATE
C.I. 77320 see COBALT
C.I. 77400 see COPPER
C.I. 77410 see CUPRIC ACETOARSENITE
C.I. 77575 see LEAD
C.I. 77622 see LEAD PHOSPHATE
C.I. 77630 see LEAD SULFATE (7446-14-2)
C.I. 77640 see LEAD SULFIDE
C.I. 77755 see POTASSIUM PERMANGANATE
C.I. 77760 see MERCURIC OXIDE
C.I. 77775 see NICKEL
C.I. 77805 see SELENIUM
C.I. 77820 see SILVER
C.I. 77938 see VANADIUM PENTOXIDE
C.I. 77940 see VANADYL SULFATE
C.I. 77945 see ZINC
C.I. ACID GREEN 3, SODIUM SALT see C.I. ACID GREEN 3
C.I. ACID RED 114, DISODIUM SALT see C.I. ACID RED 114
C.I. AZOIC COUPLING COMPONENET 107 see p-TOLUIDINE
C.I. AZOIC DIAZO COMPONENT 6 see o-NITROANILINE
C.I. AZOIC DIAZO COMPONENT 11 see 4-CHLORO-o-TOLUIDINE, HYDROCHLORIDE
C.I. AZOIC DIAZO COMPONENT 12 see 5-NITRO-o-TOLUENE
C.I. AZOIC DIAZO COMPONENT 13 see 5-NITRO-o-ANISIDINE
C.I. AZOIC DIAZO COMPONENT 37 see p-NITROANILINE
C.I. AZOIC DIAZO COMPONENT 48 see 3,3'-DIMETHOXYBENZIDINE
C.I. AZOIC DIAZO COMPONENT 112 see BENZIDINE

C.I. AZOIC DIAZO COMPONENT 113 see 3,3'-DIMETHYLBENZIDINE
C.I. AZOIC DIAZO COMPONENT 114 see α-NAPHTHYLAMINE
C.I. AZOIC DIAZO see BENZIDINE
C.I. AZOIC RED 83 see p-CRESIDINE
C.I. BASIC GREEN 4 see C.I. ACID GREEN 4
C.I. BASIC VIOLET 10 see C.I. FOOD RED 15
C.I. BASIC YELLOW 2, FREE BASE see C.I. SOLVENT YELLOW 34
C.I. DEVELOPER 4 see RESORCINOL
C.I. DEVELOPER 11 see 1,3-PHENYLENEDIAMINE
C.I. DEVELOPER 13 see p-PHENYLENEDIAMINE
C.I. DEVELOPER 17 see p-NITROANILINE
C.I. DIRECT BLACK 38, DISODIUM SALT see C.I. DIRECT BLACK 38
C.I. DIRECT BLUE 14 see TRYPAN BLUE
C.I. DIRECT BLUE 14, TETRASODIUM SALT see TRYPAN BLUE
C.I. DISPERSE BLACK 6 see 3,3'-DIMETHOXYBENZIDINE
C.I. DISPERSE BLACK 6 DIHYDROCHLORIDE see 3,3'-DIMETHOXYBENZIDINE DIHYDROCHLORIDE
C.I. DISPERSE ORANGE 11 see 1-AMINO-2-METHYLANTHRAQUINONE
C.I. FOOD GREEN see C.I. ACID GREEN 3
C.I. OXIDATION BASE see 2,4-DIAMINOTOLUENE
C.I. OXIDATION BASE 10 see p-PHENYLENEDIAMINE
C.I. OXIDATION BASE 10A see 1,4-PHENYLENEDIAMINE DIHYDROCHLORIDE
C.I. OXIDATION BASE 12A see 2,4-DIAMINOSOLE, SULFATE
C.I. OXIDATION BASE 16 see 1,2-PHENYLENEDIAMINE
C.I. OXIDATION BASE 20 see 2,4-DIAMINOTOLUENE
C.I. OXIDATION BASE 26 see CATECHOL
C.I. OXIDATION BASE 31 see RESORCINOL
C.I. OXIDATION BASE 35 see 2,4-DIAMINOTOLUENE
C.I. OXIDATION BASE 200 see 2,4-DIAMINOTOLUENE
C.I. OXIDATION BASE 12 see 2,4-DIAMINOSOLE
C.I. PIGMENT BLACK 16 see ZINC
C.I. PIGMENT GREEN 21 (9CI) see CUPRIC ACETOARSENITE
C.I. PIGMENT METAL 2 see COPPER
C.I. PIGMENT METAL 4 see LEAD
C.I. PIGMENT METAL 6 see ZINC
C.I. PIGMENT WHITE 3 see LEAD SULFATE (7446-14-2)
C.I. PIGMENT YELLOW see ARSENIC TRISULFIDE
C.I. PIGMENT YELLOW 32 see STRONTIUM CHROMATE
C.I. PIGMENT YELLOW 33 see CALCIUM CHROMATE
C.I. SOLVENT ORANGE 7 see C.I. SOLVENT ORANGE 7
C.I. SOLVENT YELLOW 1 see 4-AMINOAZOBENZENE
C.I. SOLVENT YELLOW 3 see C.I. SOLVENT YELLOW 3
C.I. SOLVENT YELLOW 14 see C.I. SOLVENT YELLOW 14
C.I. SOLVENT YELLOW 77 see C.I. DISPERSE YELLOW 3
C.I. SOLVENT YELLOW 92 see C.I. DISPERSE YELLOW 3
C.I. SOLVENT YELLOW 99 see C.I. DISPERSE YELLOW 3
C.I. SOLVENT YELLOW 34 see C.I. SOLVENT YELLOW 34
C.I. SOLVENT YELLOW 2 see 4-DIMETHYLAMINOAZOBENZENE
C.I. SOLVENT YELLOW 34 see C.I. SOLVENT YELLOW 34
C.I. VAT YELLOW see C.I. VAT YELLOW 4
CIAFOS see CYANOPHOS
CIANAMIDA CALCICA (Spanish) see CALCIUM CYANAMIDE
CIANOFOS (Spanish) see CYANOPHOS
CIANURO (Spanish) see CYANIDE
CIANURO de BENCILO (Spanish) see BENZYL CYANIDE
CIANURO CALCICO (Spanish) see CALCIUM CYANIDE
CIANURO de COBRE (Spanish) see COPPER CYANIDE
CIANURO de ETILO (Spanish) see PROPIONITRILE
CIANURO de HIDROGENO (Spanish) see HYDROGEN CYANIDE
CIANURO MERCURICO (Spanish) see MERCURIC CYANIDE
CIANURO de NIQUEL (Spanish) see NICKEL CYANIDE
CIANURO de PLATA (Spanish) see SILVER CYANIDE

CIANURO de PLATA y POTASIO (Spanish) *see* POTASSIUM SILVER CYANIDE
CIANURO POTASICO (Spanish) *see* POTASSIUM CYANIDE
CIANURO di SODIO (Italian) *see* SODIUM CYANIDE
CIANURO SODICO (Spanish) *see* SODIUM CYANIDE
CIANURO di VINILE (Italian) *see* ACRYLONITRILE
CIANURO VINILICO (Spanish) *see* ACRYLONITRILE
CIANURO de ZINC (Spanish) *see* ZINC CYANIDE
CIBA 570 *see* PHOSPHAMIDON
CIBA 709 *see* DICROTOPHOS
CIBA 8514 *see* KEPONE
CIBA 1414 *see* MONOCROPTOPHOS
CIBA 1983 *see* CHLOROXURON
CIBA 2059 *see* FLUOMETURON
CIBACETE DIAZO NAVY BLUE 2B *see* 3,3′-DIMETHOXYBENZIDINE
CIBACET YELLOW 2GC *see* C.I. DISPERSE YELLOW 3
CIBACET YELLOW GBA *see* C.I. DISPERSE YELLOW 3
CIBACETE YELLOW GBA *see* C.I. DISPERSE YELLOW 3
CIBA-GEIGY GS 13005 *see* METHIDATHION
CIBANONE GOLDEN YELLOW FGK *see* C.I. VAT YELLOW 4
CIBANONE GOLDEN YELLOW GK *see* C.I. VAT YELLOW 4
4,4′-CICHLORBENZILSAEUREAETHYLESTER (German) *see* CHLOROBENZILATE
CICLOESANO (Italian) *see* CYCLOHEXANE
CICLOESANOLO (Italian) *see* CYCLOHEXANOL
CICLOESANONE (Italian) *see* CYCLOHEXANONE
CICLOHEXANO (Spanish) *see* CYCLOHEXANE
CICLOHEXANOL (Spanish) *see* CYCLOHEXANOL
CICLOHEXANONA (Spanish) *see* CYCLOHEXANONE
CICLOHEXILAMINA (Spanish) *see* CYCLOHEXYLAMINE
CICLOPROPANO (Spanish) *see* CYCLOPROPANE
CICLO-SOM *see* TRICHLORFON
CILLA FAST YELLOW G *see* C.I. DISPERSE YELLOW 3
CILLA ORANGE R *see* 1-AMINO-2-METHYLANTHRAQUINONE
CIMEXAN *see* MALATHION
CINARTC 200 *see* 1-(3-CHLORALLYL)-3,5,7-TRIAZA-1-AZONIAADAMANTANE CHLORIDE
CINEB *see* ZINEB
CINERIN I *see* PYRETHRINS (8003-34-7)
CINERIN II *see* PYRETHRINS (8003-34-7)
CINNAMENE *see* STYRENE
CINNAMENOL *see* STYRENE
CINNAMOL *see* STYRENE
CIPA *see* PROPACHLOR
CIRAM *see* ZIRAM
CIRCOSOLV *see* TRICHLOROETHYLENE
CISTANNOXANE, HEXABUTYL- *see* BIS(TRIBUTYLTIN)OXIDE
CITOX *see* DDT
CITRA-FORT *see* PHENACETIN
CITRAM *see* AMITON
CITRAM *see* AMITON OXYLATE
CITRATO AMONICO DIBASICO (Spanish) *see* AMMONIUM CITRATE, DIBASIC
CITRATO FERRICO AMONICO (Spanish) *see* FERRIC AMMONIUM CITRATE
CITRIC ACID, AMMONIUM SALT *see* AMMONIUM CITRATE, DIBASIC
CITRIC ACID, DIAMMONIUM SALT *see* AMMONIUM CITRATE, DIBASIC
CITRULLAMON *see* PHENYTOIN
CITRULLIAMON *see* PHENYTOIN
CITRUS FIX *see* 2,4-D
CL 377 *see* AZASERINE
CL 12,880 *see* DIMETHOATE
CL 18,133 *see* ZINOPHOS
CL 38,023 *see* FAMPHUR
CL 47,470 *see* MEPHOSFOLAN

CL 52,160 see TEMEPHOS
CL 64,475 see FOSTHIETAN
CL 217,300 see HYDRAMETHYLON
CLAFEN see CYCLOPHOSPHAMIDE
CLAIRSIT see PERCHLOROMETHYL MERCAPTAN
CLAPHENE (French) see CYCLOPHOSPHAMIDE
CLAR ION A410P see ALUMINUM SULFATE
CLAUDELITE see ARSENIC TRIOXIDE
CLAUDETITE see ARSENIC TRIOXIDE
CLEANACRES see MANEB
CLEANER, INK INDEPENDENT see ETHYL ACETATE
CLEANSWEEP see DIQUAT (85-00-7)
CLEAN TP see BROMOXYNIL OCTANOATE
CLEARASIL ACNE TREATMENT CREAM see BENZOYL PEROXIDE
CLEARASIL ANTIBACTERIAL ACNE LOTION see BENZOYL PEROXIDE
CLEARASIL BENZOYL PEROXIDE LOTION see BENZOYL PEROXIDE
CLEARASIL SUPER STRENGTH see BENZOYL PEROXIDE
CLEARVIEW GLASS CLEANER see AMMONIA
CLEARWAY see AMITROLE
CLEARY 3336 see THIOPHANATE ETHYL
CLEAVAL see MECOPROP
CLENECORN see MECOPROP
CLIMATERINE see DIETHYLSTILBESTROL
CLISTANOL see PHENACETIN
CLOFENOTANE see DDT
CLOFENVINFOS see CHLORFENVINFOS
1-CLOOR-2,3-EPOXY-PROPAAN (Dutch) see EPICHLOROHYDRIN
CLOORFACINON (Dutch) see CHLOROPHACINONE
2-(4-CLOOR-2-METHYL-FENOXY)PROPIONZUUR (Dutch) see MECOPROP
2(2-(4-CLOOR-FENYL-2-FENYL)ACETYL)INDAAN-1,3-DION (Dutch) see CHLOROPHACINONE
CLOPHEN see POYLCHLORINATED BIPHENYLS
CLOR CHEM T-590 see TOXAPHENE
CLORALIO see ACETALDEHYDE, TRICHLORO-
CLORAMBUCIL (Spanish) see CHLORAMBUCIL
CLORAMIN see NITROGEN MUSTARD
CLORDAN (Italian) see CHLORDANE
CLORDANO (Spanish) see CHLORDANE
CLORETILO see CHLOROETHANE
CLOREX see BIS(2-CHLOROETHYL)ETHER
CLORFENVINFOS (Spanish) see CHLORFENVINFOS
CLORHIDRATO de 4-CLORO-o-TOLUIDINA (Spanish) see 4-CHLORO-o-TOLUIDINE, HYDROCHLORIDE
CLORHIDRATO de o-ANISIDINA (Spanish) see o-ANISIDINE HYDROCHLORIDE
CLORHIDRATO de SEMICARBAZIDE (Spanish) see SEMICARBAZIDE HYDROCHLORIDE
CLORMECUATO de CLOROACETILO (Spanish) see CHLORMEQUAT CHLORIDE
CLORNAPHAZINE see CHLORNAPHAZINE
CLORO (Italian, Spanish) see CHLORINE
CLOROACETALDEHIDO (Spanish) see CHLOROACETALDEHYDE
a-CLOROACETOFENONA (Spanish) see 2-CHLOROACETOPHENONE CHLOROALKYL ESTERS
p-CLOROANILINA (Spanish) see p-CHLOROANILINE
CLOROBANCENO (Spanish) see CHLOROBENZENE
CLOROBEN see o-DICHLOROBENZENE
CLOROBENCENO (Spanish) see CHLOROBENZENE
2-CLORO-1,3-BUTADIENE (Italian) see CHLOROPRENE
CLORODIBROMOMETANO (Spanish) see CHLORODIBROMOMETHANE
o-2-CLORO-1-(2,4-DICLORO-FENIL)-VIN IL-O,O-DI ETILFOSFATO (Italian) see CHLORFENVINFOS
2-CLORO-4-DIMETILAMINO-6-METIL-PIRIMIDINA (Italian) see CRIMIDINE
CLOROETANO (Italian) see CHLOROETHANE

CLOROETANO (Spanish) *see* CHLOROETHANE
2-CLOROETANOL (Spanish) *see* CHLOROETHANOL
CLOROETANOL (Spanish) *see* CHLOROETHANOL
2-CLOROETILO VINIL ETER (Spanish) *see* 2-CHLOROETHYL VINYL ETHER
CLOROFACINONA (Spanish) *see* CHLOROPHACINONE
2-CLOROFENIL TIOUREA (Spanish) *see* THIOUREA, (2-CHLOROPHENYL)-
o-CLOROFENOL (Spanish) *see* 2-CHLOROPHENOL
CLOROFORMIATO de ETILO (Spanish) *see* ETHYL CHLOROFORMATE
CLOROFORMIATO de METILO (Spanish) *see* METHYL CHLOROCARBONATE
CLOROFORMIC ACID DIMETHYLAMIDE *see* DIMETHYLCARBAMOYL CHLORIDE
CLOROFORMIO (Italian) *see* CHLOROFORM
CLOROFORMO (Spanish) *see* CHLOROFORM
CLOROFOS (Russian) *see* TRICHLORFON
CLOROFOSFATO de DIETILO (Spanish) *see* DIETHYL CHLOROPHOSPHATE
CLOROMETANO (Italian, Spanish) *see* CHLOROMETHANE
3-CLORO-2-METIL-1-PROPENO (Spanish) *see* 3-CHLORO-2-METHYL-1-PROPENE
3-CLORO-2-METIL-PROP-1-ENE (Italian) *see* 3-CHLORO-2-METHYL-1-PROPENE
4-CLORO-3-METILFENOL (Spanish) *see* p-CHLORO-m-CRESOL
CLORONAFTALENO (Spanish) *see* 2-CHLORONAPHTHALENE
CLOROPRENE (Italian) *see* CHLOROPRENE
β-CLOROPRENO (Spanish) *see* CHLOROPRENE
CLOROTETRAFLUOROETANO (Spanish) *see* CHLOROTETRAFLUOROETHANE
4-CLORO-o-TOLUIDINA (Spanish) *see* p-CHLORO-o-TOLUIDINE
CLOROX *see* SODIUM HYPOCHLORITE
CLOROXURON (Spanish) *see* CHLOROXURON
CLORPHACINON (Italian) *see* CHLOROPHACINONE
CLORPICRINA (Italian, Spanish) *see* CHLOROPICRIN
CLORPIRIFOS (Spanish) *see* CHLORPYRIFOS
CLORPIRIFOS METIL (Spanish) *see* CHLORPYRIFOS METHYL-O,O-DIMETHYL-O-(3,5,6-TRICHLORO-2-PYRIDYL)PHOSPHOROTHIOATE CHLORPYRIFOS METHYL
CLORURE de VINYLIDENE (French) *see* VINYLIDENE CHLORIDE
CLORURO de ACETILO (Spanish) *see* ACETYL CHLORIDE
CLORURO de ACRILOILO (Spanish) *see* ACRYLYL CHLORIDE
CLORURO de ALILO (Spanish) *see* ALLYL CHLORIDE
CLORURO AMONICO (Spanish) *see* AMMONIUM CHLORIDE
CLORURO de AZUFRE (Spanish) *see* SULFUR MONOCHLORIDE
CLORURO de BENCILO (Spanish) *see* BENZYL CHLORIDE
CLORURO de BENZAL (Spanish) *see* BENZAL CHLORIDE
CLORURO de BENZOILO (Spanish) *see* BENZOYL CHLORIDE
CLORURO de BERILO (Spanish) *see* BERYLLIUM CHLORIDE
CLORURO de CADMIO (Spanish) *see* CADMIUM CHLORIDE
CLORURO de CIANOGENO (Spanish) *see* CYANOGEN CHLORIDE
CLORURO de COBRE (Spanish) *see* CUPRIC CHLORIDE
CLORURO CROMICO (Spanish) *see* CHROMIC CHLORIDE
CLORURO CROMOSO (Spanish) *see* CHROMOUS CHLORIDE
CLORURO de DIMETILCARBAMOLILO (Spanish) *see* DIMETHYLCARBAMOYL CHLORIDE
CLORURO de NIQUEL *see* NICKEL CHLORIDE
CLORURO di ETHENE (Italian) *see* 1,2-DICHLOROETHANE
CLORURO di ETILE (Italian) *see* CHLOROETHANE
CLORURO di ETILIDENE (Italian) *see* ETHYLIDENE DICHLORIDE
CLORURO FERRICO ANHIDRO (Spanish) *see* FERRIC CHLORIDE
CLORURO FERROSO (Spanish) *see* FERROUS CHLORIDE
CLORURO de ISOPROPILO (Spanish) *see* ISOPROPYL CHLOROFORMATE
CLORURO MERCURICO (Spanish) *see* MERCURIC CHLORIDE
CLORURO di MERCURIO (Italian) *see* MERCURIC CHLORIDE
CLORURO de METACRILOILO (Spanish) *see* METHACRYLOYL CHLORIDE
CLORURO di METALLILE (Italian) *see* 3-CHLORO-2-METHYL-1-PROPENE

CLORURO di METILE (Italian) see CHLOROMETHANE
CLORURO de METILENO (Spanish) see DICHLOROMETHANE
CLORURO de NIQUEL (Spanish) see NICKEL CHLORIDE (37211-05-5)
CLORURO de NIQUEL (Spanish) see NICKEL CHLORIDE (see 7718-54-9)
CLORURO de PLOMO (Spanish) see LEAD CHLORIDE
CLORURO de TALIO (Spanish) see THALLIUM CHLORIDE
CLORURO de TRICLOROACETILO (Spanish) see TRICHLOROACETYL CHLORIDE
CLORURO de VINILDENO (Spanish) see VINYLIDENE CHLORIDE
CLORURO de VINILO (Spanish) see VINYL CHLORIDE
CLORURO de ZINC (Spanish) see ZINC CHLORIDE
CLORURO de ZINC y AMONIO (Spanish) see ZINC AMMONIUM CHLORIDE (52628-25-8)
CLORURO de ZINC y AMONIO (Spanish) see ZINC AMMONIUM CHLORIDE (14639-98-6)
CLORURO de ZINC y AMONIO (Spanish) see ZINC AMMONIUM CHLORIDE (14639-97-5)
CLOVACORN EXTRA see LINURON
CLOVOTOX see MECOPROP
CLROHIDRATO de o-DIANISIDINA (Spanish) see 3,3'-DIMETHOXYBENZIDINE HYDROCHLORIDE
CLYCLOHEXADEINEDIONE see QUINONE
CMDP see MEVINPHOS
CME 74770 see TRIFORINE
CMME see CHLOROMETHYL METHYL ETHER
CMPP see MECOPROP
CM S 2957 see CHLORTHIOPHOS
CMU see MONURON
CMU WEEDKILLER see MONURON
CN-15,757 see AZASERINE
CN see 2-CHLOROACETOPHENONE CHLOROALKYL ESTERS
CNA see DICHLORAN
COAL NAPHTHA see BENZENE
COAL NAPHTHA, PHENYL HYDRIDE see BENZENE
COAL TAR CREOSOTE see CREOSOTE
COAL TAR DISTILLATE (DOT) see CREOSOTE
COAL TAR NAPHTHA see BENZENE
COAL TAR OIL see CREOSOTE
COAL TAR PITCH VOLATILES see PHENANTHRENE
COBALT-59 see COBALT
COBALT(2+) BROMIDE see COBALTOUS BROMIDE
COBALT(II) BROMIDE see COBALTOUS BROMIDE
COBALT(II), N,N'-ETHYLENEBIS(3-FLUOROSALICYLIDENEIMINATO)- see COBALT, ((2,2'-(1,2-ETHANEDIYLBIS(NITRILOMETHYLIDYNE))BIS(6-FLUOROPHENOLATO))(2)-
COBALT(2+) FORMATE see COBALTOUS FORMATE
COBALT(II) FORMATE see COBALTOUS FORMATE
COBALTO (Spanish) see COBALT
COBALT OCTACARBONYL see COBALT CARBONYL
COBALTO TETRACARBONILO (Spanish) see COBALT CARBONYL
COBALTOUS SULPHAMATE see COBALTOUS SULFAMATE
COBALT(2+) SULFAMATE see COBALTOUS SULFAMATE
COBALT(II) SULFAMATE see COBALTOUS SULFAMATE
COBALT(2+) SULPHAMATE see COBALTOUS SULFAMATE
COBALT(II) SULPHAMATE see COBALTOUS SULFAMATE
COBALT TETRACARBONYL see COBALT CARBONYL
COBALT TETRACARBONYL DIMER see COBALT CARBONYL
COBRA see LACTOFEN
COBRA HERBICIDE see LACTOFEN
COBRE (Spanish) see COPPER
COCCULIN see PICROTOXIN
COCCULUS see PICROTOXIN
CODECHINE see LINDANE
CODEMPIRAL see PHENACETIN

COIR DEEP BLACK F see C.I. DIRECT BLACK 38
7-a-H-COLCHICINE see COLCHICINE
COLCHINEOS see COLCHICINE
COLCHISOL see COLCHICINE
COLCIN see COLCHICINE
COLEP see PHOSPHONOTHIOIC ACID, METHYL-, O-(4-NITROPHENYL) O-PHENYL ESTER
COLETYL see CARBACHOL CHLORIDE
COLLO-BUEGLATT see FORMIC ACID
COLLO-DIDAX see FORMIC ACID
COLLOIDAL ARSENIC see ARSENIC
COLLOIDAL CADMIUM see CADMIUM
COLLOIDAL MANGANESE see MANGANESE
COLLOIDAL MERCURY see MERCURY
COLLOIDAL SELENIUM see SELENIUM
COLLUNOSOL see 2,4,5-TRICHLOROPHENOL
COLONIAL SPIRIT see METHANOL
COLOR-SET see 2,4,5-TP ESTERS
COLOR-SET see SILVEX (2,4,5-TP)
COLQUICINA (Spanish) see COLCHICINE
COLSALOID see COLCHICINE
COLUMBIAN SPIRIT see METHANOL
COMBAT see HYDRAMETHYLON
COMBI-SCHUTZ see ISOPROPYL ALCOHOL
COMBOT EQUINE see TRICHLORFON
COMBOT see TRICHLORFON
COMBUSTION IMPROVER-2 see MANGANESE TRICARBONYL METHYL-CYCLOPENTADIENYL
COMESTROL ESTROBENE see DIETHYLSTILBESTROL
COMESTROL see DIETHYLSTILBESTROL
COMITAL see PHENYTOIN
COMITE see PROPARGITE
COMITOINA see PHENYTOIN
COMMON SENSE COCKROACH AND RAT PREPARATIONS see PHOSPHORUS
COMMOTIONAL see PHENACETIN
COMPALOX see ALUMINUM OXIDE
COMPITOX EXTRA see MECOPROP
COMPLEXON I see NITRILOTRIACETIC ACID
COMPLEXON II see ETHYLENEDIAMINE-TETRAACETIC ACID (EDTA)
COMPONENT 112 see BENZIDINE
COMPONENT ORANGE see 2,4-D BUTYL ESTER
COMPOUND 42 see WARFARIN
COMPOUND 88R see ARAMITE
COMPOUND 118 see ALDRIN
COMPOUND 269 see ENDRIN
COMPOUND 338 see CHLOROBENZILATE
COMPOUND 497 see DIELDRIN
COMPOUND 604 see DICHLONE
COMPOUND 666 see HEXACHLOROCYCLOHEXANE (ALL ISOMERS)
COMPOUND 67019 see ORYZALIN
COMPOUND 711 see ISODRIN
COMPOUND 732 see TERBACIL
COMPOUND 889 see DI(2-ETHYLHEXYL)PHTHALATE
COMPOUND 1080 see SODIUM FLUOROACETATE
COMPOUND 1081 see FLUOROACETAMIDE
COMPOUND 10854 see PHENOL, 3-(1-METHYLETHYL)-, METHYLCARBAMATE
COMPOUND 1189 see KEPONE
COMPOUND 01748 see DITHIAZANINE IODIDE
COMPOUND 2046 see MEVINPHOS
COMPOUND 3422 see PARATHION
COMPOUND 3956 see TOXAPHENE
COMPOUND 4049 see MALATHION

COMPOUND 4072 *see* CHLORFENVINFOS
COMPOUND 7744 *see* CARBARYL
COMPOUND B DICAMBA *see* DICAMBA
COMPOUND G-11 *see* HEXACHLOROPHENE
COMPOUND S-6,999 *see* NORBORMIDE
COMPOUND UC-20047 A *see* BICYCLO(2.2.1)HEPTANE-2-CARBONITRILE, 5-CHLORO-6-((((METHYAMINO)CARBONYL)OXY)IMINO)-,(1ST-(1-α,2-β,4-.al pha.,5-α,6e))-
COMPOUND W *see* TRIFORINE
CONCO AAS-35 *see* SODIUM DODECYLBENZENESULFONATE
CONCO AAS-40 *see* SODIUM DODECYLBENZENESULFONATE
CONCO AAS-65 *see* SODIUM DODECYLBENZENESULFONATE
CONCO AAS-90 *see* SODIUM DODECYLBENZENESULFONATE
CONDOCAPS *see* ERGOCALCIFEROL
CONDOL *see* ERGOCALCIFEROL
CONDY'S CRYSTALS *see* POTASSIUM PERMANGANATE
CONDYLON *see* COLCHICINE
CONGO BLUE *see* TRYPAN BLUE
CONGO BLUE 3B *see* TRYPAN BLUE
CONGOBLAU 3B *see* TRYPAN BLUE
CONOCO C-50 *see* SODIUM DODECYLBENZENESULFONATE
CONOCO C-60 *see* SODIUM DODECYLBENZENESULFONATE
CONOCO SD 40 *see* SODIUM DODECYLBENZENESULFONATE
CONOPAL *see* ALUMINUM OXIDE
CONTACT 75 *see* CHLOROTHALONIL
CONTINAL *see* PENTOBARBITOL SODIUM
CONTRA CREME *see* PHENYLMERCURY ACETATE
CONTRAC *see* BROMADIOLONE
CONTRADOL *see* PHENACETIN
CONTRADOULEUR *see* PHENACETIN
CONTRALIN *see* DISULFIRAM
CONTRAPOT *see* DISULFIRAM
CONVUL *see* PHENYTOIN
CO-OP HEXA *see* HEXACHLOROBENZENE
COOPEX *see* PERMETHRIN
COPPER ACETATE *see* CUPRIC ACETATE
COPPER(2+) ACETATE *see* CUPRIC ACETATE
COPPER(II) ACETATE *see* CUPRIC ACETATE
COPPER ACETOARSENITE *see* CUPRIC ACETOARSENITE
COPPER AMMONIUM SULFATE *see* CUPRIC SULFATE, AMMONIATED
COPPERAS *see* FERROUS SULFATE (7782-63-0)
COPPERAS *see* FERROUS SULFATE (7720-78-7)
COPPER, BRASS BRITE DIP 1127 *see* ACETIC ACID
COPPER, BRASS BRITE DIP 1127 *see* NITRIC ACID
COPPER, BRASS BRITE DIP 127 *see* ACETIC ACID
COPPER, BRASS BRITE DIP 127 *see* NITRIC ACID
COPPER BRONZE *see* COPPER
COPPER(2+) CHLORIDE (1:2) *see* CUPRIC CHLORIDE
COPPER(II) CHLORIDE (1:2) *see* CUPRIC CHLORIDE
COPPER(1+) CYANIDE *see* COPPER CYANIDE
COPPER(I) CYANIDE *see* COPPER CYANIDE
COPPER DIACETATE *see* CUPRIC ACETATE
COPPER(2+) DIACETATE *see* CUPRIC ACETATE
COPPER(II) DIACETATE *see* CUPRIC ACETATE
COPPER, (DIHYDROGEN-5-((4'-((2,6-DIHYDROXY-3-((2-HYDROXY-5-SULFOPHENYL)AZO)PHENYL)AZO) -4-BIPHENYLYL)AZO)-2-HYDROXYBENZOATO(4-))- ,DISODIUM *see* C.I. DIRECT BROWN 95
COPPER DINITRATE *see* CUPRIC NITRATE
COPPERLITE RD-25 *see* NITRIC ACID
COPPER MONOSULFATE *see* CUPRIC SULFATE
COPPER(2+) NITRATE *see* CUPRIC NITRATE
COPPER(II) NITRATE *see* CUPRIC NITRATE
COPPER OXALATE *see* CUPRIC OXALATE
COPPER(2+) OXALATE *see* CUPRIC OXALATE

COPPER(II) OXALATE see CUPRIC OXALATE
COPPER 2 REAGENT see ISOBUTYL ALCOHOL
COPPER SULFATE (1:1) see CUPRIC SULFATE
COPPER(2+) SULFATE see CUPRIC SULFATE
COPPER(2+) SULFATE (1:1) see CUPRIC SULFATE
COPPER(II) SULFATE see CUPRIC SULFATE
COPPER(II) SULFATE (1:1) see CUPRIC SULFATE
COPPER SULFATE see CUPRIC SULFATE
COPPER(2+) TETRAAMINE-, SULFATE (1:1), MONOHYDRATE see CUPRIC SULFATE, AMMONIATED
COPPER, (μ-((TETRAHYDROGEN, 3,3'-((3,3'-DIHYDROXY-4,4'-BIPHENYL-ENE)BIS(AZO)BIS(5-AMINO-4-HYDROXY-2,7-NAPHT HALENEDISULFON-ATO))(8-)))DI-TETRASODIUM SALT see C.I. DIRECT BLUE 218
COQUES du LEVANT (French) see PICROTOXIN
CO-RAL see COUMAPHOS
CO-RAX see WARFARIN
CORICIDIN see PHENACETIN
CORIFORTE see PHENACETIN
CORISOL see EPINEPHRINE
CORNOX M see METHOXONE
CORNOX PLUS see MECOPROP
CORNOX RD see 2,4-DP
CORNOX RK see 2,4-DP
CORNOXYNIL see BROMOXYNIL OCTANOATE
CORODANE see CHLORDANE
CORONA COROZATE see ZIRAM
COROTHION see PARATHION
COROZATE see ZIRAM
CORROSIVE MERCURY CHLORIDE see MERCURIC CHLORIDE
CORTHION see PARATHION
CORTHIONE see PARATHION
CORTILAN-NEU see CHLORDANE
CORUNDUM see ALUMINUM OXIDE
CORYBAN-D see PHENACETIN
COSAN T see FOLPET
COSMETIC BRILLIANT PINK BLUISH D CONC. see C.I. FOOD RED 15
COTNION-ETHYL see AZINPHOS-ETHYL
COTNION METHYL see AZINPHOS-METHYL
COTOFILM see HEXACHLOROPHENE
COTORAN MULTI 50WP see FLUOMETURON
COTORAN see FLUOMETURON
COTTONAIDE HC see CACODYLIC ACID
COTTONEX see FLUOMETURON
COUMADIN see WARFARIN
COUMADIN SODIUM see WARFARIN SODIUM
COUMAFENE see WARFARIN
COUMAFOS see COUMAPHOS
COUMARIN, 3-(α-ACETONYLBENZYL)-4-HYDROXY- see WARFARIN
COUMARIN, 3-(α-(p-(p-BROMOPHENYL)-beta.-HYDROXYPHENE-THYL)BENZYL)-4-HYDROXY- see BROMADIOLONE
COUMARIN, 4-HYDROXY-3-(1,2,3,4-TETRAHYDRO-1-NAPHTHYL)- see COUMATETRALYL
COUNTER 15G SOIL INSECTICIDE see TERBUFOS
COUNTER 15G SOIL INSECTICIDE-NEMATICIDE see TERBUFOS
COUNTER see TERBUFOS
C-P 8 SOLUTION see HYDROGEN FLUORIDE
C-P 8 SOLUTION see NITRIC ACID
CP 14,957 see ISOBENZAN
CP 15,336 see DIALLATE
CP 15,467-61 see LITHIUM CARBONATE
CP 25 see TOLUENE
CP 32 see PYRIDINE
CP 4572 see SULFALLATE
CP 23426 see TRIALLATE

CP 290B ACTIVATOR *see* ISOBUTYL ALCOHOL
CP 31393 *see* PROPACHLOR
CP 40294 *see* PHOSPHONOTHIOIC ACID, METHYL-, O-(4-NITROPHENYL)-O-PHENYL ESTER
CP 53926 *see* FORMOTHION
CP *see* CYCLOPHOSPHAMIDE
CPA *see* CYCLOPHOSPHAMIDE
CP BASIC SULFATE *see* CUPRIC SULFATE
CPC *see* DINOCAP
CPCA *see* DICOFOL
CR 205 *see* MECOPROP
CR205 *see* BROMOXYNIL OCTANOATE
CR 409 *see* DIMEFOX
CR 1639 *see* DINOCAP
CR 3029 *see* MANEB
CRAG 85W *see* DAZOMET
CRAG *see* DAZOMET
CRAG FUNGICIDE 974 *see* DAZOMET
CRAG NEMACIDE *see* DAZOMET
CRAG SEVIN *see* CARBARYL
CRAWHASPOL *see* TRICHLOROETHYLENE
CREDO *see* SODIUM FLUORIDE
CREOSOTA de ALQUITRAN de HULLA (Spanish) *see* CREOSOTE
CREOSOTE, COAL TAR *see* CREOSOTE
CREOSOTE, from COAL TAR *see* CREOSOTE
CREOSOTE OIL *see* CREOSOTE
CREOSOTE P1 *see* CREOSOTE
CREOSOTUM *see* CREOSOTE
p-CRESIDINA (Spanish) *see* p-CRESIDINE
CRESIDINE *see* p-CRESIDINE
2-CRESOL *see* o-CRESOL
3-CRESOL *see* m-CRESOL
4-CRESOL *see* p-CRESOL
meta-CRESOL *see* m-CRESOL
ortho-CRESOL *see* o-CRESOL
para-CRESOL *see* p-CRESOL
o-CRESOL, 4,6-DINITRO- *see* 4,6-DINITRO-o-CRESOL
CRESOLI (Italian) *see* CRESOL (MIXED ISOMERS)
CRESOL ISOMERS *see* CRESOL (MIXED ISOMERS)
CRESOL-META *see* m-CRESOL
m-CRESOL, 4-(METHYLTHIO)-, O-ESTER with O,O-DIMETHYL PHOSPHOROTHIOATE *see* FENTHION
CRESOL-o- *see* o-CRESOL
CRESOL, ortho- *see* o-CRESOL
CRESOL-ortho *see* o-CRESOL
CRESOL-PARA *see* p-CRESOL
CRESOLS (ALL ISOMERS) *see* CRESOL (MIXED ISOMERS)
CRESOLS (o- *see* CRESOL (MIXED ISOMERS)
CRESOLS AND CRESYLIC ACIDS, MIXED *see* CRESOL (MIXED ISOMERS)
CRESORCINOL DIISOCYANATE *see* TOLUENE-2,4-DIISOCYANATE
CRESOTINE BLUE 2B *see* C.I. DIRECT BLUE 6
CRESOTINE BLUE 3B *see* TRYPAN BLUE
CRESTOXO *see* TOXAPHENE
m-CRESYL ESTER of N-METHYLCARBAMIC ACID *see* METOLCARB
CRESYLIC ACID *see* CRESOL (MIXED ISOMERS)
m-CRESYLIC ACID *see* m-CRESOL
meta-CRESYLIC ACID *see* m-CRESOL
o-CRESYLIC ACID *see* o-CRESOL
ortho-CRESYLIC ACID *see* o-CRESOL
p-CRESYLIC ACID *see* p-CRESOL
para-CRESYLIC ACID *see* p-CRESOL
CRESYLIC CREOSOTE *see* CREOSOTE
m-CRESYL METHYL CARBAMATE *see* METOLCARB
m-CRESYL METHYLCARBAMATE *see* METOLCARB

CRIMIDIN (German) *see* CRIMIDINE
CRIMIDINA (Italian) *see* CRIMIDINE
CRISALIN *see* TRIFLURALIN
CRISAPON *see* 2,2-DICHLOROPROPIONIC ACID
CRISATRINA *see* ATRAZINE
CRISAZINE *see* ATRAZINE
CRISENO (Spanish) *see* CHRYSENE
CRISFURAN *see* CARBOFURAN
CRISODIN *see* MONOCROPTOPHOS
CRISODRIN *see* MONOCROPTOPHOS
CRISQUAT *see* PARAQUAT DICHLORIDE
CRISTAPURAT *see* DIGITOXIN
CRISTOXO 90 *see* TOXAPHENE
CRISUFAN *see* ENDOSULFAN
CRISURON *see* DIURON
CRITTOX *see* ZINEB
CROMATO AMONICO (Spanish) *see* AMMONIUM CHROMATE
CROMATO de ESTRONICIO (Spanish) *see* STRONTIUM CHROMATE
CROMATO POTASICO (Spanish) *see* POTASSIUM CHROMATE
CROMATO SODICO (Spanish) *see* SODIUM CHROMATE
CROMO (Spanish) *see* CHROMIUM
CROMOCIDE *see* MALATHION
CRONAFLEX PDC DEVELOPER *see* HYDROQUINONE
CRONETAL *see* DISULFIRAM
CROP RIDER *see* 2,4-D
CROP RIDER *see* 2,4-D BUTYL ESTER
CROP RIDER 2.67D *see* 2,4-D BUTYL ESTER
CROP RIDER 3-34D-2 *see* 2,4-D ISOPROPYL ESTER
CROP RIDER 3.34D *see* 2,4-D ISOPROPYL ESTER
CROP RIDER 6D-OS WEED KILLER *see* 2,4-D BUTYL ESTER
CROP RIDER 6D WEED KILLER *see* 2,4-D BUTYL ESTER
CROP WEEDSTOP *see* LINURON
CROPHOSPHATE *see* PHOSPHAMIDON
CROPTEX ONYX *see* BROMACIL
CROTILIN *see* 2,4-D
CROTILINE *see* 2,4-D CHLOROCROTYL ESTER
CROTONAL *see* CROTONALDEHYDE, (E)
CROTONALDEHYDE *see* CROTONALDEHYDE, (E)
CROTONALDEHYDE, (E)- *see* CROTONALDEHYDE, (E)
CROTONALDEHYDE, trans- *see* CROTONALDEHYDE, (E)
CROTONAMIDE, 3-HYDROXY-N-N-DIMETHYL-, DIMETHYLPHOSPHATE, (E)- *see* DICROTOPHOS
CROTONAMIDE, 3-HYDROXY-N-METHYL-, DIMETHYLPHOSPHATE, (E)- *see* MONOCROPTOPHOS
CROTONAMIDE, 3-HYDROXY-N-METHYL-, DIMETHYLPHOSPHATE, cis- *see* MONOCROPTOPHOS
CROTONAMIDE, 3-HYDROXY-N-N-DIMETHYL-, DIMETHYLPHOSPHATE, cis- *see* DICROTOPHOS
CROTONAMIDE, 3-HYDROXY-N,N-DIMETHYL-, cis-, DIMETHYL PHOSPHATE *see* DICROTOPHOS
CROTONIC ACID, 2-(1-METHYLHEPTYL)-4,6-DINITROPHENYL ESTER *see* DINOCAP
CROTONIC ACID 2-(1-METHYLHEPTYL)-4,6-DINITROPHENYL ESTER *see* DINOCAP
CROTONIC ACID 2,4-DINITRO-6-(1-METHYLHEPTYL)PHENYL ESTER *see* DINOCAP
CROTONIC ACID 2,4-DINITRO-6-(2-OCTYL)PHENYL ESTER *see* DINOCAP
CROTONIC ACID, 3-HYDROXY-, ISOPROPYL ESTER, O-ESTER with O-METHYLETHYLPHOSPHORAMIDOTHIOATE, (E)- *see* PROPETAMPHOS
CROTONIC ACID, 3-HYDROXY-, METHYL ESTER, DIMETHYL PHOSPHATE, (E)- *see* MEVINPHOS
CROTONIC ACID, 3-HYDROXY-, METHYL ESTER, DIMETHYL PHOSPHATE *see* MEVINPHOS

CROTONIC ACID, 4)-(1-METHYLHEPTYL)-2,6)DINITROPHENYL ESTER *see* DINOCAP
CROTONIC ALDEHYDE *see* CROTONALDEHYDE
CROTONIC ALDEHYDE *see* CROTONALDEHYDE, (E)
CROTOTHANE *see* DINOCAP
CRTRON *see* ERGOCALCIFEROL
CRUDE ARSENIC *see* ARSENIC TRIOXIDE
CRUSADER *see* MECOPROP
CRUSADER 730 *see* BROMOXYNIL OCTANOATE
CRUSADER EF *see* BROMOXYNIL OCTANOATE
CRUSADER S *see* BROMOXYNIL OCTANOATE
CRYOFLUORAN *see* DICHLOROTETRAFLUOROETHANE
CRYOFLUORANE *see* DICHLOROTETRAFLUOROETHANE
CRYPTOGIL OL *see* PENTACHLOROPHENOL
CRYSTAL AMMONIA *see* AMMONIUM CARBONATE
CRYSTALLINA *see* ERGOCALCIFEROL
CRYSTALLINE DIGITALIN *see* DIGITOXIN
CRYSTALLIZED VERDIGRIS *see* CUPRIC ACETATE
CRYSTAL PROPANIL-4 *see* PROPANIL
CRYSTALS of VENUS *see* CUPRIC ACETATE
CRYSTHION 2L *see* AZINPHOS-METHYL
CRYSTHYON *see* AZINPHOS-METHYL
CRYSTODIGIN *see* DIGITOXIN
CRYSTOSERPINE *see* RESPIRINE
CSC 2-AMINOBUTANE *see* sec-BUTYLAMINE (13952-84-6)
C-Sn-9 *see* BIS(TRIBUTYLTIN)OXIDE
CTFE *see* TRIFLUOROCHLOROETHYLENE
CTX *see* CYCLOPHOSPHAMIDE
CUAMINE MT *see* 4,4'-METHYLENEBIS(2-CHLOROANILINE)
CUCUMBER DUST *see* CALCIUM ARSENATE
CUDGEL *see* FONOFOS
CUM *see* CUMENE
CUMAFOS (Dutch, Spanish) *see* COUMAPHOS
CUMAN *see* ZIRAM
CUMAN L *see* ZIRAM
CUMATETRALYL (German, Dutch) *see* COUMATETRALYL
CUMEEN (Dutch) *see* CUMENE
CUMEENHYDROPEROXYDE (Dutch) *see* CUMENE HYDROPEROXIDE
.psi.-CUMENE *see* 1,2,4-TRIMETHYLBENZENE
CUMENO (Spanish) *see* CUMENE
m-CUMENOL METHYLCARBAMATE *see* PHENOL, 3-(1-METHYLETHYL)-, METHYLCARBAMATE
CUMENT HYDROPEROXIDE *see* CUMENE HYDROPEROXIDE
CUMENYL HYDROPEROXIDE *see* CUMENE HYDROPEROXIDE
m-CUMENYL METHYLCARBAMATE *see* PHENOL, 3-(1-METHYLETHYL)-, METHYLCARBAMATE
CUMOL *see* CUMENE
CUMOLHYDROPEROXID (German) *see* CUMENE HYDROPEROXIDE
CUMYL HYDROPEROXIDE *see* CUMENE HYDROPEROXIDE
α-CUMYLHYDROPEROXIDE *see* CUMENE HYDROPEROXIDE
CUNITEX *see* THIRAM
CUPOSIT CP-74M ELECTROLESS COPPER *see* FORMALDEHYDE
CUPOSIT CP-74R COPPER REPLINISHER *see* FORMALDEHYDE
CUPRAL *see* CARBAMODITHIOIC ACID, DIETHYL-, SODIUM SALT
CUPRAMMONIUM SULFATE *see* CUPRIC SULFATE, AMMONIATED
CUPRATE(2-), (5-((4'-((2,6-DIHYDROXY-3-((2-HYDROXY-5-SULFOPHE-NYL)AZO)PHENYL)AZO)(1,1'-HYDRO XY-5-SULFOPHENYL)AZO)(1,1'-BI-PHENYL)-4-YL)AZO)-2-HYDROXYBANZOATO(4-))-,DISODIU M *see* C.I. DIRECT BROWN 95
CUPRATE(2-), (5(((4'-((2,6-DIHYDROXY-3-((2-HYDROXY-5-SULFOPHE-NYL)AZO)PHENYL)A ZO)-4-BIPHENYLYL)AZO)(1,1'-BIPHENYL)-4-YL)AZO)-2-HYDROXYBENZOATO(4-))-,DISODIU M *see* C.I. DIRECT BROWN 95

CUPRATE(4-),(MU-((3,3'-((3,3'-DIHYDROXY(1,1'-BIPHENYL)-4,4'-DIYL)BIS(AZO)BI S(5-AMINO-4-HYDROXY-2,7-NAPHTHALENEDISULFONATO))(8-)))DI-TETRASODIUM see C.I. DIRECT BLUE 218
CUPRIC AMINE SULFATE see CUPRIC SULFATE, AMMONIATED
CUPRIC CHLORIDE DIHYDRATE see CUPRIC CHLORIDE
CUPRIC DIACETATE see CUPRIC ACETATE
CUPRIC DINITRATE see CUPRIC NITRATE
CUPRIC SULPHATE see CUPRIC SULFATE
CUPRIC SULFATE ANHYDROUS see CUPRIC SULFATE
CUPRIC TARTRATE see CUPRIC TARTRATE
CUPRICIN see COPPER CYANIDE
CUPROFIX BROWN GL see C.I. DIRECT BROWN 95
CUPROUS CYANIDE see COPPER CYANIDE
CURALIN M see 4,4'-METHYLENEBIS(2-CHLOROANILINE)
CURATERR see CARBOFURAN
CURENE 442 see 4,4'-METHYLENEBIS(2-CHLOROANILINE)
CURETARD A see N-NITRSOPHENYLAMINE
CURITAN see DODINE
CURITHANE 103 see METHYL ACRYLATE
CURITHANE C 126 see 3,3'-DICHLOROBENZIDINE
CURITHANE see 4,4'-METHYLENEDIANILINE
CUTAVAL see MANGANESE
CUTICURA ACNE CREAM see BENZOYL PEROXIDE
CVMP see TETRACHLORVINPHOS
CVP see CHLORFENVINFOS
CW 524 see TRIFORINE
CY-L 500 see CALCIUM CYANAMIDE
CY see CYCLOPHOSPHAMIDE
CYAANWATERSTOF (Dutch) see HYDROGEN CYANIDE
CYANAMID GRANULAR see CALCIUM CYANAMIDE
CYANAMID see CALCIUM CYANAMIDE
CYANAMID SPECIAL GRADE see CALCIUM CYANAMIDE
CYANAMIDE CALCIQUE (French) see CALCIUM CYANAMIDE
CYANAMIDE, CALCIUM SALT (1:1) see CALCIUM CYANAMIDE
CYANAMIDE see CALCIUM CYANAMIDE
CYANASET see 4,4'-METHYLENEBIS(2-CHLOROANILINE)
CYANAZINE TRIAZINE PESTICIDE see CYANAZINE
CYANHYDRINE D'ACETONE (French) see 2-METHYLLACTONITRILE
CYANIDE ANION see CYANIDE
CYANIDE of POTASSIUM see POTASSIUM CYANIDE
CYANIDE of SODIUM see SODIUM CYANIDE
CYANOACETONITRILE see MALONONITRILE
α-CYANOACETONITRILE see MALONONITRILE
CYANOBENZENE see BENZONITRILE
(CYANOMETHYL) BENZENE see BENZYL CYANIDE
CYANOBRIK see SODIUM CYANIDE
CYANOBROMIDE see CYANOGEN BROMIDE
CYANODITHIOIMIDOCARBONIC ACID DISODIUM SALT see DISODIUM CYANODITHIOMIDOCARBONATE
CYANOETHANE see PROPIONITRILE
CYANOETHENE see ACRYLONITRILE
CYANOETHYLENE see ACRYLONITRILE
(RS)-α-CYANO-4-FLUORO-3-PHENOXYBENZYL(1RS)-cis-trans-3-(2,2-DICHLOROV INYL)-2,2-DIMETHYLCYCLOPROPANECARBOXYLATE see CYFLUTHRIN
(RS)-α-CYANO-4-FLUORO-3-PHENOXYBENZYL(1RS)-(Z),(E)-3-(2,2-DICHLOROVIN YL)-2,2-DIMETHYLCYCLOPROPANECARBOXYLATE see CYFLUTHRIN
α-CYANO-4-FLUORO-3-PHENOXYBENZYL 3-(2,2-DICHLOROVINYL)-2,2-DIMETHYLCYCLOPROPANECARBOXYLATE see CYFLUTHRIN
CYANO(4-FLUORO-3-PHENOXYPHENYL)METHYL-3-(2,2-DICHLORO-ETHENYL)-2,2-DIMETHYL -CYCLOPROPANECARBOXYLATE see CYFLUTHRIN
CYANOGAS see CALCIUM CYANIDE

CYANOGEN CHLORIDE ((CN)CL) *see* CYANOGEN CHLORIDE
CYANOGEN CHLORIDE, containing less than 0.9% water *see* CYANOGEN CHLORIDE
CYANOGEN GAS *see* CYANOGEN
CYANOGEN MONOBROMIDE *see* CYANOGEN BROMIDE
CYANOGENE (French) *see* CYANOGEN
CYANOGRAN *see* SODIUM CYANIDE
CYANOGUANIDINE METHYL MERCURY DERIV. *see* METHYLMERCURIC DICYANAMIDE
CYANOMETHANE *see* ACETONITRILE
CYANOMETHANOL *see* FORMALDEHYDE CYANOHYDRIN
CYANO(METHYLMERCURY)GUANIDINE *see* METHYLMERCURIC DI-CYANAMIDE
CYANO-3-PHENOXY BENZYL-2,2,3,3-TETRAMETHYLCYCLOPROPANECARBOXYLATE *see* FENPROPATHRIN
α-CYANO-3-PHENOXYBENZYL-2-(4-CHLOROPHENYL)-3-METHYBUTYRATE *see* FENVALERATE
CYANO-(3-PHENOXYBENZYL)METHYL 2-(4-CHLOROPHENYL)-3-METHYLBUTYRATE *see* FENVALERATE
(1RS)-α-CYANO-3-PHENOXYBENZYL (RS)-2-(4-CHLOROPHENYL)-3-METHYBUTYRATE *see* FENVALERATE
α-CYANO-3-PHENOXYBENZYL 2-(4-CHLOROPHENYL)ISOVALERATE *see* FENVALERATE
α-CYANO-3-PHENOXYBENZYL 2,2,3,3-TETRAMETHYL-1-CYCLOPROPANECARBOXYLATE *see* FENPROPATHRIN
α-CYANO-3-PHENOXYBENZYL 2,2,3,3-TETRAMETHYLCYCLOPROPANECARBOXYLATE *see* FENPROPATHRIN
α-CYANO-3-PHENOXYBENZYL 3-(2-CHLORO-3,3,3-TRIFLUOROPROP-1-ENYL)-2,2-DIMETHYLCYCLOPROPANECARBOXYLATE *see* CYHALOTHRIN
(RS)-α-(CYANO-3-PHENOXYBENZYL N-(2-CHLORO-α, α,α-TRIFLUORO-p-TOLYL)-D-VALINATE *see* FLUVALINATE
CYANO(3-PHENOXYPHENYL)METHYL N-(2-CHLORO-4-TRIFLUOROMETHYL)PHENYL))-D-VALINATE *see* FLUVALINATE
CYANO-(3-PHENOXYPHENYL)METHYL 4-CHLORO-α-(1-METHYLETHYL)-BENZENEACETATE *see* FENVALERATE
o-(4-CYANOPHENYL) O,O-DIMETHYL PHOSPHOROTHIOATE *see* CYANOPHOS
CYANOPHOS ORGANOPHOSPHATE COMPOUND *see* CYANOPHOS
CYANOPHOS *see* DICHLORVOS
CYANOPHOS *see* ZINOPHOS
2-CYANOPROPANE *see* ISOBUTYRONITRILE
2-CYANOPROPENE *see* METHACRYLONITRILE
2-CYANOPROPENE-1 *see* METHACRYLONITRILE
2-CYANO-1-PROPENE *see* METHACRYLONITRILE
2-CYANO-2-PROPONAL *see* 2-METHYLLACTONITRILE
α-CYANOTOLUENE *see* BENZYL CYANIDE
CYANOX *see* CYANOPHOS
CYANURE (French) *see* CYANIDE
CYANURE d'ARGENT (French) *see* SILVER CYANIDE
CYANURE de CALCIUM (French) *see* CALCIUM CYANIDE
CYANURE de MERCURE (French) *see* MERCURIC CYANIDE
CYANURE de METHYL (French) *see* ACETONITRILE
CYANURE de POTASSIUM (French) *see* POTASSIUM CYANIDE
CYANURE de SODIUM (French) *see* SODIUM CYANIDE
CYANURE de VINYLE (French) *see* ACRYLONITRILE
CYANURE de ZINC (French) *see* ZINC CYANIDE
CYANWASSERSTOFF (German) *see* HYDROGEN CYANIDE
CYAP *see* CYANOPHOS
CYAZIN *see* ATRAZINE
CYCLIC ETHYLENE(DIETHOXYPHOSPHINOTHIOYL)DITHIOIMIDOCARBONATE *see* PHOSFOLAN

CYCLIC ETHYLENE p,p-DIETHYLPHOSPHONO DITHIOIMIDOCARBONATE see PHOSFOLAN
CYCLIC N',O-PROPYLENE ESTER of N,N-BIS(2-CHLOROETHYL)PHOSPHORODIAMIDIC ACID MONOHYDRATE see CYCLOPHOSPHAMIDE
CYCLIC PROPYLENE(DIETHOXYPHOSPHINYL) DITHIOIMDOCARBONATE see MEPHOSFOLAN
CYCLOATE CARBAMATE HERBICIDE see CYCLOATE
CYCLOATE THIOCARBAMATE COMPOUND see CYCLOATE
CYCLOCEL see CHLORMEQUAT CHLORIDE
CYCLODAN see ENDOSULFAN
CYCLOHEXAAN (Dutch) see CYCLOHEXANE
2,5-CYCLOHEXADIENE-1,4-DIONE see QUINONE
2,5-CYCLOHEXADIENE -1,4-DIONE, 2,3,5-TRIS(1-AZIRIDINYL)- see TRIAZIQUONE
1,4-CYCLOHEXADIENEDIONE see QUINONE
1,4-CYCLOHEXADIENE DIOXIDE see QUINONE
CYCLOHEXAN (German) see CYCLOHEXANE
CYCLOHEXANAMINE see CYCLOHEXYLAMINE
CYCLOHEXANON (Dutch) see CYCLOHEXANONE
CYCLOHEXANONE ISO-OXIME see CAPROLACTUM
1-CYCLOHEXANOL see CYCLOHEXANOL
CYCLOHEXATRIENE see BENZENE
1-(CYCLOHEXENE-1,2-DICARBOXIMIDO)METHYL-2,2-DIMETHYL-3-(2-METHYLPROPENYL)CYCLOPROPANECARBOXYLATE see TETRAMETHRIN
4-CYCLOHEXENE-1,2-DICARBOXIMIDE,N-((TRICHLOROMETHYL)MERCAPTO see CAPTAN
CYCLOHEX-1-ENE-1,2-DICARBOXIMIDOMETHYL (±)-cis-trans-CHRYSANTHEMATE see TETRAMETHRIN
2-CYCLOHEXEN-1-ONE, 2-(1-(ETHOXYIMINO)BUTYL)-5-(2-(ETHYLTHIO)PROPYL)-3-HYDROXY- see SETHOXYDIM
2-CYCLOHEXEN-1-ONE,3,5,5-TRIMETHYL- see ISOPHORONE
CYCLOHEXYL ALCOHOL see CYCLOHEXANOL
3-CYCLOHEXYL-6-DIMETHYLAMINO-1-METHYL-1,2,3,4-TETRAHYDRO-1,3,5-TRIAZINE-2-, 4-DIONE see HEXAZINONE YLAM
3-CYCLOHEXYL-6-(DIMETHYLAMINO)-1-METHYL-1,3,5-TRIAZINE-2,4(1H,3H)DIONE see HEXAZINONE
3-CYCLOHEXYL-6-(DIMETHYLAMINO)-1-METHYL-S-TRIAZINE-2,4(1H,3H)DIONE see HEXAZINONE
6-CYCLOHEXYL-2,4-DINITROPHENOL see 2-CYCLOHEXYL-4,6-DINITROPHENOL
1,4-CYCLOHEXYLENEDIISOCYANATE see 1,4-CYCLOHEXANE DIISOCYANATE
CYCLOHEXYLETHYLCARBAMOTHIOIC ACID S-ETHYL ESTER see CYCLOATE
CYCLOHEXYL KETONE see CYCLOHEXANONE
3-CYCLOHEXYL-1-METHYL-6-(DIMETHYLAMINO)-S-TRAZINE-2,4(1H,3H)DIONE see HEXAZINONE
CYCLON see HYDROGEN CYANIDE
CYCLONE B see HYDROGEN CYANIDE
1,3-CYCLOPENTADIENE, 1,2,3,4,5,5-HEXACHLORO- see HEXACHLOROCYCLOPENTADIENE
1,3-CYCLOPENTADIENE, DIMER see DICYCLOPENTADIENE
CYCLOPENTA(de)NAPHTHALENE see ACENAPHTHYLENE
CYCLOPENTANE CARBOXYLIC ACID see NAPHTHENIC ACID
CYCLOPENTIMINE see PIPERIDINE
CYCLOPHOSPHAMID see CYCLOPHOSPHAMIDE
CYCLOPHOSPHAMIDE see CYCLOPHOSPHAMIDE
CYCLOPHOSPHAMIDUM see CYCLOPHOSPHAMIDE
CYCLOPHOSPHAN see CYCLOPHOSPHAMIDE
CYCLOPHOSPHANE see CYCLOPHOSPHAMIDE
CYCLOPHOSPHORAMIDE see CYCLOPHOSPHAMIDE
CYCLOPROPANE, LIQUIFIED see CYCLOPROPANE

CYCLOPROPANECAR BOXYLIC ACID, 3-(2,2-DICHLOROVINYL)-2,2-DIMETHYL-,3-PHENOXYBENZYL ESTER, (±)-, (cis,trans)- *see* PERMETHRIN

CYCLOPROPANECAR BOXYLIC ACID, 3-(2,2-DICHLOROETHENYL)-2,2-DIMETHYL-,(3-PHENOXYPHENYL)METHYL ESTER, cis,trans-(±)- *see* PERMETHRIN

CYCLOPROPANECAR BOXYLIC ACID, 2,2-DIMETHYL-3-(2-METHYLPROPENYL)-, (4-(2-BENZYL)FURYL) METHYL ESTER *see* RESMETHRIN

CYCLOPROPANECAR BOXYLIC ACID, 2-(2,2-DICHLOROVINYL)-3,3-DIMETHYL-, ESTER with (4-FLUORO-3-PHENOXYPHENYL)HYDROXYACETONITRILE *see* CYFLUTHRIN

CYCLOPROPANECARBOXYLIC ACID, 3-(2-CHLORO-3,3,3-TRIFLUORO-1-PROPENYL)-2,2-DIMETHYL-, CYANO(3-PHENOXYPHENYL)METHYL ESTER *see* CYHALOTHRIN

CYCLOPROPANECARBOXYLIC ACID, 3-(2-CHLORO-3,3,3-TRIFLUORO-1-PROPENYL)-2,2-DIMETHYL-,(2-METHYL(1,1'-BIPH ENYL)3-YL)METHYL ESTER,(Z)- *see* BIFENTHRIN

CYCLOPROPANECARBOXYLIC ACID, 3-(CHLORO-3,3,3-TRIFLUORO-1-PROPENYL)-2,2-DIMETHYL-, CYANO(3-PHENOXYPHENYL)METHYL ESTER *see* CYHALOTHRIN

CYCLOPROPANECARBOXYLIC ACID, 2,2-DIMETHYL-3-(2-METHYL-1-PROPENYL)-, (5-(PHENYLMETHYL)-3-FURANYL)METHYL ESTER, (Z),(E)-(±)- *see* RESMETHRIN

CYCLOPROPANECARBOXYLIC ACID, 2,2-DIMETHYL-3-(2-METHYL-1-PROPENYL)-,(1,3,4,5,6,7-HEXAHYDRO-1,3-DIOXO-2H-ISOI NDOL-2-YL)METHYL ESTER *see* TETRAMETHRIN

CYCLOPROPANECARBOXYLIC ACID, 2,2-DIMETHYL-3-(2-METHYL-1-PROPENYL)-, (5-(PHENYLMETHYL)-3-FURANYL)METHYL ESTER *see* RESMETHRIN

CYCLOPROPANECARBOXYLIC ACID, 2,2-DIMETHYL-3-(2-METHYLPROPENYL)-, m-PHENOXYBENZYL ESTER *see* PHENOTHRIN

CYCLOPROPANECARBOXYLIC ACID, 2,2-DIMETHYL-3-(2-METHYL-1-PROPENYL)-, (3-PHENOXYPHENYL) METHYL ESTER *see* PHENOTHRIN

CYCLOPROPANECARBOXYLIC ACID, 2,2-DIMETHYL-3-(2-METHYL-1-PROPENYL)-, (3-PHENOXYPHENYL)METHYL ESTER *see* PHENOTHRIN

CYCLOPROPANECARBOXYLIC ACID, 2,2-DIMETHYL-3-(2-METHYLPROPENYL)-, (5-BENZYL-3-FURYL) METHYL ESTER *see* RESMETHRIN

CYCLOPROPANECARBOXYLIC ACID, 2,2-DIMETHYL-3-(2-METHYL-1-PROPENYL)-, (5-(PHENYLMETHYL)-3-FURANYL)METHYL ESTER, cis,trans-(±)- *see* RESMETHRIN

CYCLOPROPANECARBOXYLIC ACID, 2,2,3,3-TETRAMETHYL-, CYANO(3-PHENOXYPHENYL)METHYL ESTER *see* FENPROPATHRIN

CYCLOPROPANECARBOXYLIC ACID, 3-(2,2-DICHLOROETHENYL)-2,2-DIMETHYL-, CYANO(4-FLUORO-3-PHENOXYPHENYL)METHYL ESTER *see* CYFLUTHRIN

CYCLOSULFYNE *see* PROPARGITE

CYCLOTETRAMETHYLENE OXIDE *see* FURAN, TETRAHYDRO-

CYCOCEL-EXTRA *see* CHLORMEQUAT CHLORIDE

CYCOCEL *see* CHLORMEQUAT CHLORIDE

CYCOGAN *see* CHLORMEQUAT CHLORIDE

CYCOGAN EXTRA *see* CHLORMEQUAT CHLORIDE

CYCOSIN *see* THIOPHANATE-METHYL

CYETHOXYDIM *see* SETHOXYDIM

CYFLEE *see* FAMPHUR

CYFLUTHIN *see* CYFLUTHRIN

CYFLUTHRINE *see* CYFLUTHRIN

CYFOXYLATE *see* CYFLUTHRIN

CYGON 2-E *see* DIMETHOATE

CYGON INSECTICIDE *see* DIMETHOATE

CYGON *see* DIMETHOATE

CYHALOTHRIN (3-(2-CHLORO-3,3,3-TRIFLUORO-1-PROPENYL)-2,2-DIMETHYLCYCLOPROPANECARBOXYLIC ACID CYANO(3-PHENOXYPHENYL)METHYL ESTER) *see* CYHALOTHRIN

CYHALOTHRINE *see* CYHALOTHRIN

CYJANOWODOR (Polish) *see* HYDROGEN CYANIDE

CYKLOHEKSAN (Polish) see CYCLOHEXANE
CYKLOHEKSANOL (Polish) see CYCLOHEXANOL
CYKLOHEKSANON (Polish) see CYCLOHEXANONE
CYLAN see PHOSFOLAN
CYMAG see SODIUM CYANIDE
CYMATE see ZIRAM
CYMETOX see PHOSPHOROTHIOIC ACID, O,O-DIMETHYL-S-(2-(METHYL-THIO)ETHYL)ESTER
CYMONIC ACID see FLUOROACETIC ACID
CYNEM see ZINOPHOS
m-CYM-5-YL METHYLCARBAMATE see PROMECARB
CYNKOTOX see ZINEB
CYNOGAN see BROMACIL
CYOCEL see CHLORMEQUAT CHLORIDE
CYOLANE INSECTICIDE see PHOSFOLAN
CYOLANE see PHOSFOLAN
CYPENTIL see PIPERIDINE
CYPONA see DICHLORVOS
CYPREX 65W see DODINE
CYPREX see DODINE
CYREN see DIETHYLSTILBESTROL
CYSTIC PREFIL F see ANTIMONY TRIOXIDE
CYTHION see MALATHION
CYTOPHOSPHAN see CYCLOPHOSPHAMIDE
CYTOXAN see CYCLOPHOSPHAMIDE
CYTROL AMITROLE-T see AMITROLE
CYTROL see AMITROLE
CYTROLANE see MEPHOSFOLAN
CYTROLE see AMITROLE
CYURAM DS see THIRAM
CZTEROCHLOREK WEGLA (Polish) see CARBON TETRACHLORIDE
CZTEROCHLOROETYLEN (Polish) see TETRACHLOROETHYLENE
2,3,7,8-CZTEROCHLORODWUBENZO-p-DWUOKSYNY (Polish) see 2,3,7,8-TETRACHLORODIBENZO-p-DIOXIN (TCDD)
1,1,2,2-CZTEROCHLOROETAN (Polish) see 1,1,2,2,-TETRACHLOROETHANE
CZTEROETHLEK OLOWIU (Polish) see TETRAETHYL LEAD
1,3-D see 1,3-DICHLOROPROPYLENE
D 50 see 2,4-D
D 014 see PROPARGITE
D-201 see ALUMINUM OXIDE
D-735 see CARBOXIN
D 1221 see CARBOFURAN
D 1991 see BENOMYL
D-1410 see OXAMYL
2,4-DAA see 2,4-DIAMINOSOLE
2,4-DAA SULFATE see 2,4-DIAMINOSOLE, SULFATE
DAB see 4-DIMETHYLAMINOAZOBENZENE
DAC 2787 see CHLOROTHALONIL
DACAMINE see 2,4-D
DACAMINE see 2,4,5-T ACID
2,4-D ACID see 2,4-D
DACITIN see ERGOCALCIFEROL
DACONIL 2787 FUNGICIDE see CHLOROTHALONIL
DACONIL 2787 W see CHLOROTHALONIL
DACONIL F see CHLOROTHALONIL
DACONIL M see CHLOROTHALONIL
DACONIL see CHLOROTHALONIL
DACONIL TURF see CHLOROTHALONIL
DACOSOIL see CHLOROTHALONIL
DACPM see 4,4'-METHYLENEBIS(2-CHLOROANILINE)
DADI see 3,3'-DIMETHOXYBENZIDINE-4,4'-DIISOCYANATE
DADPM see 4,4'-METHYLENEDIANILINE
DAERBON see RESPIRINE
DAF 68 see DI(2-ETHYLHEXYL)PHTHALATE

DAG 154 see 2-ETHOXYETHANOL
DAG 154 see ISOBUTYL ALCOHOL
DAG 154 see n-BUTYL ALCOHOL
DAGANIP see CARBOPHENOTHION
DAIFLON S 3 see FREON 113
DAIFLON see TRIFLUOROCHLOROETHYLENE
DAILON see DIURON
DAINICHI FAST SCARLET G BASE see 5-NITRO-o-TOLUENE
DAISEN see ZINEB
DAITO RED BASE TR see p-CHLORO-o-TOLUIDINE
DAITO RED SALT TR see 4-CHLORO-o-TOLUIDINE, HYDROCHLORIDE
DAITO SCARLET BASE G see 5-NITRO-o-TOLUENE
DAKIN'S SOLUTION see SODIUM HYPOCHLORITE
DALAPON (USDA) see 2,2-DICHLOROPROPIONIC ACID
DALAPON 85 see 2,2-DICHLOROPROPIONIC ACID
DALAPON ALIPHATIC ACID HERBICIDE see 2,2-DICHLOROPROPIONIC ACID
DALF DUST see PROPOXUR
DALF see FENTHION
DALF see METHYL PARATHION
DALMATION INSECT FLOWERS see PYRETHRINS (8003-34-7)
DANA see N-NITROSODIETHYLAMINE
DANEX see TRICHLORFON
DANTEN see PHENYTOIN
DANTHION see PARATHION
DANTINAL see PHENYTOIN
DANTOINAL KLINOS see PHENYTOIN
DANTOINAL see PHENYTOIN
DANTOINE see PHENYTOIN
DAPHENE see DIMETHOATE
DAPM see 4,4'-METHYLENEDIANILINE
DAPRISAL see PHENACETIN
DARAL see ERGOCALCIFEROL
DARVON COMPOUND see PHENACETIN
DARVON see PHENACETIN
DASANIT see FENSULFOTHION
DASIKON see PHENACETIN
DASIN CH see PHENACETIN
DASIN see PHENACETIN
DATC see DIALLATE
DAUNAMYCIN see DAUNOMYCIN
DAUNOMICINA (Spanish) see DAUNOMYCIN
DAUNORUBICIN see DAUNOMYCIN
DAUNORUBICINE see DAUNOMYCIN
DAVITAMON D see ERGOCALCIFEROL
DAWE'S DESTROL see DIETHYLSTILBESTROL
DAWSON 100 see BROMOMETHANE
DAXAD-32S see AMMONIA
DAZOE see SODIUM AZIDE
DAZOMET-POWDER BASF see DAZOMET
DAZOMET see DAZOMET
DAZZEL see DIAZINON
DAZZLENS CLEANER (LENS CLEANER M6015) see ACETONE
DAZZLENS CLEANER see ACETIC ACID
DAZZLENS CLEANER see ISOBUTYL ALCOHOL
2,4-DB see 2,4-D BUTYL ESTER
4(2,4-DB) see 2,4-DB
1,2,5,6-DBA see DIBENZ(a,h)ANTHRACINE
DBA see 7,12-DIMETHYLBENZ(a)ANTHRACENE
DBA see DIBENZ(a,h)ANTHRACINE
DB(a,h)AC see DIBENZ(a,h)ACRIDINE
DB(a,j)AC see DIBENZ(a,j)ACRIDINE
7H-DB(c,g)C see 7H-DIBENZO(c,g)CARBAZOLE
DBCP see 1,2-DIBROMO-3-CHLOROPROPANE

DBD *see* AZINPHOS-METHYL
DBE *see* 1,2-DIBROMOETHANE
2,4-DBE *see* 2,4-D BUTYL ESTER
2,4-D-BEE *see* 2,4-D BUTOXYETHYL ESTER
DBH *see* HEXACHLOROCYCLOHEXANE (ALL ISOMERS)
DBH *see* LINDANE
DBHMD *see* HEXAMETHYLENEDIAMINE, N,N'-DIBUTYL-
DBN *see* N-NITROSODI-n-BUTYLAMINE
2,6-DBN *see* DICHLOBENIL
DBNA *see* N-NITROSODI-n-BUTYLAMINE
DBNF *see* DINITROBUTYL PHENOL
DBNPA *see* 2,2-DIBROMO-3-NITRILOPROPIONAMIDE
DBP (ESTER) *see* DIBUTYL PHTHALATE
DBP *see* DIBUTYL PHTHALATE
DBSC *see* CARBOSULFAN
2,4-D BUTYRIC *see* 2,4-DB
2,4-D BUTYRIC ACID *see* 2,4-DB
2,4-D BUTOXYETHANOL ESTER *see* 2,4-D BUTOXYETHYL ESTER
2,4-D-(2-BUTOXYETHYL) *see* 2,4-D BUTOXYETHYL ESTER
2,4-D 2-BUTOXYETHYL ESTER *see* 2,4-D BUTOXYETHYL ESTER
2,4-D BUTOXYETHANOL ESTER of 2,4 DICHLOROPHENOXYACETIC ACID *see* 2,4-D BUTOXYETHYL ESTER
2,4-D-BUTYL *see* 2,4-D BUTYL ESTER
2,4-D CHLOROCROTYL ESTER *see* 2,4-D CHLOROCROTYL ESTER
DCB *see* 1,4-DICHLORO-2-BUTENE
DCB *see* 3,3'-DICHLOROBENZIDINE
DCB *see* DICHLOBENIL
DCB *see* DICHLOROBENZENE (MIXED ISOMERS)
DCB *see* o-DICHLOROBENZENE
1,4-DCB *see* 1,4-DICHLORO-2-BUTENE
2,3-DCDT *see* DIALLATE
1,1-DCE *see* VINYLIDENE CHLORIDE
DCEE *see* BIS(2-CHLOROETHYL)ETHER
2,4-D CHLOROCROTYL ESTER *see* 2,4-D CHLOROCROTYL ESTER
2,4-D α-CHLOROCROTYL ESTER *see* 2,4-D CHLOROCROTYL ESTER
DCIP (NEMATOCIDE) *see* BIS(2-CHLORO-1-METHYLETHYL)ETHER
DCM *see* DICHLOROMETHANE
DCMO *see* CARBOXIN
DCMU *see* DIURON
DCNA *see* DICHLORAN
D-CON *see* WARFARIN
DCP *see* 2,4-DICHLOROPHENOL
DCPA *see* PROPANIL
DCPD *see* DICYCLOPENTADIENE
DCR 736 *see* METHIOCARB
D.C.S. *see* SODIUM O-PHENYLPHENOXIDE
D and C RED No. 19 *see* C.I. FOOD RED 15
D and C RED No. 5 *see* C.I. FOOD RED 5
DDBSA *see* DODECYLBENZENESULFONIC ACID
DDC *see* CARBAMODITHIOIC ACID, DIETHYL-, SODIUM SALT
DDC *see* DIMETHYLCARBAMOYL CHLORIDE
DDC *see* SODIUM DIMETHYLDITHIOCARBAMATE
p,p'-DDD *see* DDD
DDDM *see* DICHLOROPHENE
p,p'-DDE *see* DDE (72-55-9)
4,4'-DDE *see* DDE (72-55-9)
DDM *see* 4,4'-METHYLENEDIANILINE
DDM *see* DICHLOROPHENE
D-D MIXTURE *see* DICHLOROPROPANE-DICHLOROPROPENE MIXTURE
D-D MIXTURE VIDDEN D *see* DICHLOROPROPANE-DICHLOROPROPENE MIXTURE
D-D SOIL FUMIGANT *see* DICHLOROPROPANE-DICHLOROPROPENE MIXTURE
p,p'-DDT *see* DDT

4,4′ DDT *see* DDT
DDT DEHYDROCHLORIDE *see* DDE (72-55-9)
DDVF *see* DICHLORVOS
DDVP (INSECTICIDE) *see* DICHLORVOS
DE 83 *see* DECABROMODIPHENYL OXIDE
DE 83R *see* DECABROMODIPHENYL OXIDE
DEA No. 2585 *see* PARALDEHYDE
DEA *see* DIETHANOLAMINE
DEA *see* N,N-DIETHYLANILINE
DEAD OIL *see* CREOSOTE
DEB *see* DIEPOXYBUTANE
DEB *see* DIETHYLSTILBESTROL
DEBROUSSAILLANT 600 *see* 2,4-D
DEBROUSSAILLANT CONCENTRE *see* 2,4,5-T ACID
DEBROUSSAILLANT SUPER CONCENTRE *see* 2,4,5-T ACID
DEBROXIDE *see* BENZOYL PEROXIDE
DECABANE *see* DICHLOBENIL
DECABORANE *see* DECABORANE(14)
DECABORANO (Spanish) *see* DECABORANE(14)
DECABROM *see* DECABROMODIPHENYL OXIDE
DECABROMOBIPHENYL ETHER *see* DECABROMODIPHENYL OXIDE
DECABROMODIPHENYL ETHER *see* DECABROMODIPHENYL OXIDE
DECABROMOPHENYL ETHER *see* DECABROMODIPHENYL OXIDE
DECABROMOBIPHENYL OXIDE *see* DECABROMODIPHENYL OXIDE
1,2,3,5,6,7,8,9,10,10-DECACHLORO(5.2.2.0$^{2.6}$.0$^{3.9}$.0$^{5.8}$)DECANO-4-ONE *see* KEPONE
DECACHLOROKETONE *see* KEPONE
DECACHLOROOCTAHYDRO-1,3,4-METHENO-2H-CYCLOBUTA(cd)-PENTALEN-2-ONE *see* KEPONE
DECACHLOROOCTAHYDROKEPONE-2-ONE *see* KEPONE
DECACHLOROOCTAHYDRO-1,3,4-METHENO-2H-CYCLOBUTA(cd)PENTALEN-2-ONE *see* KEPONE
1,1a,3,3a,4,5,5,5a,5b,6-DECACHLOROOCTAHYDRO-1,3,4-METHENO-2H-CYCLOBUTA(cd)PENTALEN-2-ONE *see* KEPONE
DECACHLOROTETRACYCLODECANONE *see* KEPONE
DECACHLOROTETRAHYDRO-4,7-METHANOINDENEONE *see* KEPONE
DECAMINE *see* 2,4-D
DECAMINE 4T *see* 2,4,5-T ACID
DECAPS *see* ERGOCALCIFEROL
DECARBORON TETRADECAHYDRIDE *see* DECABORANE(14)
DECCOSCALD 282 *see* DIPHENYLAMINE
DECCOTANE *see* sec-BUTYLAMINE (13952-84-6)
DECCOZIL *see* IMAZALIL
DECEMTHION *see* PHOSMET
DECEMTHION P-6 *see* PHOSMET
DECOFOL *see* DICOFOL
DECON 4512 *see* PHOSPHORIC ACID
DECOTANE *see* sec-BUTYLAMINE (13952-84-6)
DE-CUT *see* MALEIC HYDRAZIDE
DED-WEED *see* 2,4-D
DED-WEED *see* 2,2-DICHLOROPROPIONIC ACID
DED-WEED *see* SILVEX (2,4,5-TP)
DED-WEED *see* METHOXONE
DED-WEED *see* 2,4,5-TP ESTERS
DED-WEED BRUSH KILLER *see* 2,4,5-T ACID
DED-WEED LV-69 *see* 2,4-D
DED-WEED LV-6 BRUSH KIL *see* 2,4,5-T ACID
DED-WEED ME-4 *see* 2,4-D BUTYL ESTER
DEDC *see* CARBAMODITHIOIC ACID, DIETHYL-, SODIUM SALT
DEDELO *see* DDT
DEDEVAP *see* DICHLORVOS
DEDK *see* CARBAMODITHIOIC ACID, DIETHYL-, SODIUM SALT
DEE-OSTEROL *see* ERGOCALCIFEROL
DEEP LEMON YELLOW *see* STRONTIUM CHROMATE

DEE-RONAL see ERGOCALCIFEROL
DEE-RON see ERGOCALCIFEROL
DEE-ROUAL see ERGOCALCIFEROL
DEF DEFOLIANT see S,S,S-TRIBUTYLTRITHIOPHOSPHATE
DE-FEND see DIMETHOATE
DEGRADATION PRODUCT of PARATHION see p-NITROPHENOL
DEGRASSAN see 4,6-DINITRO-o-CRESOL
DE-GREEN see S,S,S-TRIBUTYLTRITHIOPHOSPHATE
DEGUSSA AMMONIUM THIOCYANATE see AMMONIUM THIOCYANATE
DEHA see BIS(2-ETHYLHEXYL)ADIPATE
DEHERBAN see 2,4-D
DEHP see DI(2-ETHYLHEXYL)PHTHALATE
DEIQUAT see DIQUAT (85-00-7)
DEJO see DITHIAZANINE IODIDE
DEKRYSIL see 4,6-DINITRO-o-CRESOL
DELAC J see N-NITRSOPHENYLAMINE
DELEAF DEFOLIANT see MERPHOS
DELICIA see ALUMINUM PHOSPHIDE
DELICIA see PHOSPHINE
DELICIA GASTOXIN (Dia-Chemie, Germany) see ALUMINUM PHOSPHIDE
DELNATEX see DIOXATHION
DELNAV see DIOXATHION
DELOXIL see BROMOXYNIL OCTANOATE
DELSAN see THIRAM
DELSANEX DAIRY FLY SPRAY see LINDANE
DELSENE M FLOWABLE see MANEB
DELTA see CHLOROPHACINONE
DELTALIN see ERGOCALCIFEROL
DELVEX see DITHIAZANINE IODIDE
DEMEPHION see PHOSPHOROTHIOIC ACID, O,O-DIMETHYL-5-(2-(METHYLTHIO)ETHYL)ESTER
DEMETHYLDOPAN see URACIL MUSTARD
DEMETON-O + DEMETON-S see DEMETON
DEMETON-METHYL SULPHOXIDE see OXYDEMETON METHYL
DEMETON-O-METHYL SULFOXIDE see OXYDEMETON METHYL
DEMETON-S METHYL SULFOXIDE see OXYDEMETON METHYL
DEMETON-S-METILE (Italian) see DEMETON-s-METHYL
DEMETONA (Spanish) see DEMETON
DEMOS-L40 see DIMETHOATE
DEMOX see DEMETON
DEN see DIETHYLAMINE
DEN see N-NITROSODIETHYLAMINE
DENA see N-NITROSODIETHYLAMINE
DENAPON see CARBARYL
DENARIN see TRIFORINE
DENOX see DEMETON
DENSINFLUAT see TRICHLOROETHYLENE
DENYL see PHENYTOIN
DEOSAN see SODIUM HYPOCHLORITE
DEOVAL see DDT
2-DEOXY-2-(3-METHYL-3-NITROSOUREIDO)-D-GLUCOPYRANOSE see D-GLUCOSE, 2-DEOXY-2-((METHYLNITROSOAMINO)CARBONYL)AMINO)-
2-DEOXY-2-(3-METHYL-3-NITROSOUREIDO)-α(and β)-D-GLUCOPYRANOSE see D-GLUCOSE, 2-DEOXY-2-((METHYLNITROSOAMINO)CARBONYL)AMINO)-
2-DEOXY-2-(((METHYLNITROSOAMINO)CARBONYL)AMINO) D-GLUCOPYRANOSE see D-GLUCOSE, 2-DEOXY-2-((METHYLNITROSOAMINO)CARBONYL)AMINO)-
DEOXYNOREPHEDRINE see AMPHETAMINE
racemic-DESOXYNOREPHEDRINE see AMPHETAMINE
DEP (PESTICIDE) see TRICHLORFON
DEP see DIETHYL PHTHALATE
DE-PESTER see 2,4-D BUTYL ESTER
DE-PESTER DED-WEED ME-5 see 2,4-D BUTYL ESTER

DE-PESTER DED-WEED ME-9 see 2,4-D BUTYL ESTER
DE-PESTER DED-WEED ME-6 see 2,4-D BUTYL ESTER
DEPON see FENOXAPROP ETHYL-
DEPTHON see TRICHLORFON
DERATOL see ERGOCALCIFEROL
DERIBAN see DICHLORVOS
DERMA FAST BROWN W-GL see C.I. DIRECT BROWN 95
DERMADEX see HEXACHLOROPHENE
DERMAFIX BROWN PL see C.I. DIRECT BROWN 95
DERMOXYL see BENZOYL PEROXIDE
DERRIBANTE see DICHLORVOS
DES see DICHLORVOS
DES see DIETHYL SULFATE
DES see DIETHYLSTILBESTROL
DES (SYNTHETIC ESTROGEN) see DIETHYLSTILBESTROL
DESERPINE see RESPIRINE
DESICCANT L-10 see ARSENIC ACID (7778-39-4)
DESMA see DIETHYLSTILBESTROL
DESMEDIPHAME see DESMEDIPHAM
DESMEL see PROPICONAZOLE
DESMETHYLDOPAN see URACIL MUSTARD
DESMODUR 44 see METHYLBIS(PHENYLISOCYANATE)
DESMODUR H see HEXAMETHYLENE-1,6-DIISOCYANATE
DESMODUR N see HEXAMETHYLENE-1,6-DIISOCYANATE
DESMODUR T100 see TOLUENEDIISOCYANATE (MIXED ISOMERS)
DESMODUR T80 see TOLUENE-2,4-DIISOCYANATE
DESORMONE see 2,4-DB
DESORMONE see 2,4-D
DESORMONE see 2,4-DP
DESOXON 1 see PERACETIC ACID
DESPROUT see MALEIC HYDRAZIDE
2,4-D ESTERS see 2,4-D ISOPROPYL ESTER
2,4-D ESTERS see 2,4-D CHLOROCROTYL ESTER
2,4-D ESTERS see 2,4-D METHYL ESTER
2,4-D ESTERS see 2,4-D PROPYL ESTERS
2,4-D ESTERS see 2,4-D PROPYLENE GLYCOL BUTYL ETHER ESTER
2,4-D ESTERS see 2,4-D BUTYL ESTER
2,4-D ESTERS see 2,4-D sec-BUTYL ESTER
2,4-D ESTERS see 2,4-D ISOOCTYL ESTER
2,4-D ESTERS see 2,4-D BUTOXYETHYL ESTER
2,4-D 2-ETHYLHEXYL ESTER see 2,4-D ETHYLHEXYL ESTER
DESTRAL see 2,2-DICHLOROPROPIONIC ACID
DESTROL see DIETHYLSTILBESTROL
DESTRUXOL BORER-SOL see 1,2-DICHLOROETHANE
DESTRUXOL ORCHARD SPRAY see NICOTINE
DETAL see 4,6-DINITRO-o-CRESOL
DETALUP see ERGOCALCIFEROL
DETERGENT HD-90 see SODIUM DODECYLBENZENESULFONATE
DETF see TRICHLORFON
DETHMORE see WARFARIN
DETIA see ALUMINUM PHOSPHIDE
DETIA EX-B see ALUMINUM PHOSPHIDE
DETIA-EX-B see ALUMINUM PHOSPHIDE
DETIA GAS-EX-B see PHOSPHINE
DETIA GAS EX-B see ALUMINUM PHOSPHIDE
DETIA GAS EX-T see ALUMINUM PHOSPHIDE
DETIA PHOSPHINE PELLETS see ALUMINUM PHOSPHIDE
DETMOL 96% see MALATHION
DETMOL-EXTRAKT see LINDANE
DETMOL MA see MALATHION
DETMOL MALATHION see MALATHION
DETMOL U.A. see CHLORPYRIFOS
DETOX 25 see LINDANE
DETOX see DDT

DETOXAN see DDT
DEVAL RED K see p-CHLORO-o-TOLUIDINE
DEVAL RED TR see p-CHLORO-o-TOLUIDINE
DEVELOPER 1002 see 2-ETHOXYETHANOL
DEVELOPER 11 see 1,3-PHENYLENEDIAMINE
DEVELOPER B see 2,4-DIAMINOTOLUENE
DEVELOPER C see 1,3-PHENYLENEDIAMINE
DEVELOPER DB see 2,4-DIAMINOTOLUENE
DEVELOPER DBJ see 2,4-DIAMINOTOLUENE
DEVELOPER H see 1,3-PHENYLENEDIAMINE
DEVELOPER H see 2,4-DIAMINOTOLUENE
DEVELOPER M see 1,3-PHENYLENEDIAMINE
DEVELOPER MC see 2,4-DIAMINOTOLUENE
DEVELOPER MT-CF see 2,4-DIAMINOTOLUENE
DEVELOPER MT see 2,4-DIAMINOTOLUENE
DEVELOPER MTD see 2,4-DIAMINOTOLUENE
DEVELOPER O see RESORCINOL
DEVELOPER P see p-NITROANILINE
DEVELOPER PF see p-PHENYLENEDIAMINE
DEVELOPER R see RESORCINOL
DEVELOPER RS see RESORCINOL
DEVELOPER T see 2,4-DIAMINOTOLUENE
DEVIGON see DIMETHOATE
DEVIKOL see DICHLORVOS
DEVIPON see 2,2-DICHLOROPROPIONIC ACID
DEVISULPHAN see ENDOSULFAN
DEVITHION see METHYL PARATHION
DEVIZEB see ZINEB
DEVOL ORANGE B see o-NITROANILINE
DEVOL RED GG see p-NITROANILINE
DEVOL RED K see 4-CHLORO-o-TOLUIDINE, HYDROCHLORIDE
DEVOL RED TA SALT see 4-CHLORO-o-TOLUIDINE, HYDROCHLORIDE
DEVOL RED TR see 4-CHLORO-o-TOLUIDINE, HYDROCHLORIDE
DEVOL SCARLET B see 5-NITRO-o-TOLUENE
DEVOL SCARLET G SALT see 5-NITRO-o-TOLUENE
DEVORAN see LINDANE
DEVRINOL T see TRIFLURALIN
DEXTRONE see DIQUAT (85-00-7)
DEXTRONE see PARAQUAT DICHLORIDE
DEXTRONE-X see PARAQUAT DICHLORIDE
DEZODORATOR see NAPHTHALENE
DFA see DIPHENYLAMINE
DGE see DIGLYCIDYL ETHER
DIABASE SCARLET G see 5-NITRO-o-TOLUENE
DIABASIC MALACHITE GREEN see C.I. ACID GREEN 4
DIABASIC RHODAMINE B see C.I. FOOD RED 15
DIABUTAL see PENTOBARBITOL SODIUM
DIACEL NAVY DC see 3,3'-DIMETHOXYBENZIDINE
DIACELLITON FAST GREY G see 3,3'-DIMETHOXYBENZIDINE
DIACELLITON FAST YELLOW G see C.I. DISPERSE YELLOW 3
DIACETATO de METACOLRINA (Spanish) see METHACROLEIN DIACETATE
DIACETOXYMERCURY see MERCURIC ACETATE
DIACOTTON BLUE BB see C.I. DIRECT BLUE 6
DIACOTTON DEEP BLACK see C.I. DIRECT BLACK 38
DIACOTTON DEEP BLACK RX see C.I. DIRECT BLACK 38
DIACTOL see ERGOCALCIFEROL
DIACYCINE see TETRACYCLINE HYDROCHLORIDE
DIAETHANOLAMIN (German) see DIETHANOLAMINE
DIAETHANOLNITROSAMIN (German) see N-NITROSODIETHANOLAMINE
O,O-DIAETHY-S-((4-CHLOR-PHENYL-THIO)-METHYL)DITHIOPHOSPHAT (German) see CARBOPHENOTHION
DIAETHYLAETHER (German) see ETHYL ETHER
O,O-DIAETHYL-S-(2-AETHYLTHIO-AETHYL)-DITHIOPHOSPHAT (German) see DISULFOTON

O,O-DIAETHYL-S-(AETHYLTHIO-METHYL)-DITHIOPHOSPHAT (German) *see* PHORATE
DIAETHYAMIN (German) *see* DIETHYLAMINE
DIAETHYANILIN (German) *see* N,N-DIETHYLANILINE
O,O-DIAETHYL-O-(3-CHLOR-4-METHYL-CUMARIN-7-YL)-MONOTHIO-PHOSPHAT (German) *see* COUMAPHOS
1,2-DIAETHYLHYDRAZIN (German) *see* HYDRAZINE, 1,2-DIETHYL-
O,O-DIAETHYL-O-(2-ISOPROPYL-4-METHYL-PYRIMIDIN-6-YL)MONOTHIOPHOSPHAT (German) *see* DIAZINON
O,O-DIAETHYL-O-(2-ISOPROPYL-4-METHYL-6-PYRIMI-DYL)THIONOPHOSPHAT (German) *see* DIAZINON
O,O-DIAETHYL-O-4-METHYLSULFINYL-PHENYL-MONOTHIOPHOSPHAT (German) *see* FENSULFOTHION
DIAETHYL-p-NITROPHENYLPHOSPHORSAEUREESTER (German) *see* DIETHYL-p-NITROPHENYL PHOSPHATE
DIAETHYLNITROSAMIN (German) *see* N-NITROSODIETHYLAMINE
O,O-DIAETHYL-O-(PYRAZIN-2YL)-MONOTHIOPHOSPHAT (German) *see* ZINOPHOS
O,O-DIAETHYL-O-(2-PYRAZIN-2YL)-MONOTHIOPHOSPHAT (German) *see* ZINOPHOS
O,O-DIAETHYL-O-PYRAZINYL ESTER PHOSPHOROTHIOIC ACID *see* ZINOPHOS
DIAETHYLSULFAT (German) *see* DIETHYL SULFATE
O,O-DIAETHYL-S-(3-THIA-PENTYL)-DITHIOPHOSPHAT (German) *see* DISULFOTON
O,O-DIAETHYL-O-3,5,6-TRICHLOR-2-PYRIDYLMONOTHIOPHOSPHAT (German) *see* CHLORPYRIFOS
DIAFLON 22 *see* CHLORODIFLUOROMETHANE
DIAK 5 *see* HYDROQUINONE
DIAKON *see* METHYL METHACRYLATE
DIALLAAT (Dutch) *see* DIALLATE
DIALLAT (German) *see* DIALLATE
DIALLATE CARBAMATE HERBICIDE *see* DIALLATE
DI-ALLATE *see* DIALLATE
DIALLYL ETHER DIOXIDE *see* DIGLYCIDYL ETHER
DIALUMINOUS BROWN BRS *see* C.I. DIRECT BROWN 95
DIALUMINUM SULFATE *see* ALUMINUM SULFATE
DIALUMINUM TRIOXIDE *see* ALUMINUM OXIDE
DIALUMINUM TRISULFATE *see* ALUMINUM SULFATE
DIAMET KH *see* 4,4'-METHYLENEBIS(2-CHLOROANILINE)
DIAMET *see* METHOXONE SODIUM SALT
DIAMIDE MONOHYDRATE *see* CYCLOPHOSPHAMIDE
DIAMIDE *see* HYDRAZINE
DIAMIDOGEN SULFATE *see* HYDRAZINE SULFATE
DIAMINBLAU 3B *see* TRYPAN BLUE
(4,4'-DIAMINE)-3,3'-DIMETHYL(1,1'-BIPHENYL) *see* 3,3'-DIMETHYLBENZIDINE
DIAMINE *see* HYDRAZINE
2,4-DIAMINEANISOLE *see* 2,4-DIAMINOSOLE
DIAMINEBLUE *see* TRYPAN BLUE
DIAMININEBLUE *see* TRYPAN BLUE
DIAMINE BLUE 3B *see* TRYPAN BLUE
DIAMINE BLUE BB *see* C.I. DIRECT BLUE 6
DIAMINE DEEP BLACK EC *see* C.I. DIRECT BLACK 38
DIAMINE DIRECT BLACK E *see* C.I. DIRECT BLACK 38
DIAMINE, HYDRAZINE BASE *see* HYDRAZINE
DIAMINE SULFATE *see* HYDRAZINE SULFATE
1,2-DIAMINOAETHAN (German) *see* ETHYLENEDIAMINE
2,4-DIAMINO-ANISOL SULPHATE *see* 2,4-DIAMINOSOLE, SULFATE
m-DIAMINOANISOLE *see* 2,4-DIAMINOSOLE
2,4-DIAMINOANISOLE *see* 2,4-DIAMINOSOLE
2,4-DIAMINOANISOLE SULFATE *see* 2,4-DIAMINOSOLE, SULFATE
2,4-DIAMINOANISOLE SULPHATE *see* 2,4-DIAMINOSOLE, SULFATE

1,4-DIAMINOBENZENE DIHYDROCHLORIDE see 1,4-PHENYLENEDIAMINE DIHYDROCHLORIDE
p-DIAMINOBENZENE DIHYDROCHLORIDE see 1,4-PHENYLENEDIAMINE DIHYDROCHLORIDE
1,2-DIAMINOBENZENE see 1,2-PHENYLENEDIAMINE
1,3-DIAMINOBENZENE see 1,3-PHENYLENEDIAMINE
1,4-DIAMINOBENZENE see p-PHENYLENEDIAMINE
o-DIAMINOBENZENE see 1,2-PHENYLENEDIAMINE
m-DIAMINOBENZENE see 1,3-PHENYLENEDIAMINE
meta-DIAMINOBENZENE see 1,3-PHENYLENEDIAMINE
p-DIAMINOBENZENE see p-PHENYLENEDIAMINE
1,4-DIAMINOBENZOL see p-PHENYLENEDIAMINE
4,4'-DIAMINOBIPHENYL see BENZIDINE
4,4'-DIAMINO-1,1'-BIPHENYL see BENZIDINE
p,p'-DIAMINOBIPHENYL see BENZIDINE
DI-(4-AMINO-3-CHLOROFENIL)METANO (Italian) see 4,4'-METHYLENEBIS(2-CHLOROANILINE)
DI-(4-AMINO-3-CHLOROPHENYL)METHANE see 4,4'-METHYLENEBIS(2-CHLOROANILINE)
4,4'-DIAMINO-3,3'-DICHLORODIPHENYL see 3,3'-DICHLOROBENZIDINE
4,4'-DIAMINO-3,3'-DICHLORODIPHENYLMETHANE see 4,4'-METHYLENE-BIS(2-CHLOROANILINE)
p,p'-DIAMINODIFENYLMETHAN see 4,4'-METHYLENEDIANILINE
4,4'-DIAMINO-3,3'-DIMETHOXY-1,1'-BIPHENYL see 3,3'-DIMETHOXYBEN-ZIDINE
4,4'-DIAMINO-3,3'-DIMETHYLBIPHENYL DIHYDROCHLORIDE see 3,3'-DI-METHYLBENZIDINE DIHYDROCHLORIDE
4,4'-DIAMINO-3,3'-DIMETHYLBIPHENYL see 3,3'-DIMETHYLBENZIDINE
4,4-DIAMINODIPHENYL ETHER see 4,4'-DIAMINOPHENYL ETHER
DIAMINODIPHENYL ETHER see 4,4'-DIAMINOPHENYL ETHER
p-DIAMINODIPHENYL see BENZIDINE
4,4'-DIAMINODIPHENYL see BENZIDINE
DIAMINODIPHENYLMETHANE see 4,4'-METHYLENEDIANILINE
4,4'-DIAMINODIPHENYL SULFIDE see 4,4'-THIODIANILINE
p,p'-DIAMINODIPHENYL SULFIDE see 4,4'-THIODIANILINE
p,p'-DIAMINODIPHENYL SULPHIDE see 4,4'-THIODIANILINE
p,p'-DIAMINODIPHENYLMETHANE see 4,4'-METHYLENEDIANILINE
4,4'-DIAMINODIPHENYLMETHANE see 4,4'-METHYLENEDIANILINE
DIAMINODITOLYL see 3,3'-DIMETHYLBENZIDINE
1,2-DIAMINO-ETHAAN (Dutch) see ETHYLENEDIAMINE
1,2-DIAMINOETHANE, ANHYDROUS see ETHYLENEDIAMINE
4,4'-DIAMINOFENOL ETER (Spanish) see 4,4'-DIAMINOPHENYL ETHER
1,3-DIAMINO-4-METHOXYBENZENE see 2,4-DIAMINOSOLE
2,4-DIAMINO-1-METHOXYBENZENE see 2,4-DIAMINOSOLE
1,3-DIAMINO-4-METHOXYBENZENE SULFATE see 2,4-DIAMINOSOLE, SULFATE
2,4-DIAMINO-1-METHOXYBENZENE SULFATE see 2,4-DIAMINOSOLE, SULFATE
1,3-DIAMINO-4-METHYLBENZENE see 2,4-DIAMINOTOLUENE
2,4-DIAMINO-1-METHYLBENZENE see 2,4-DIAMINOTOLUENE
DLP 787 see PYRIMINIL
DI-(4-AMINOPHENYL)METHANE see 4,4'-METHYLENEDIANILINE
DI(p-AMINOPHENYL) SULFIDE see 4,4'-THIODIANILINE
4,4'-DIAMINOPHENYL ETHER see 4,4'-DIAMINOPHENYL ETHER
2,4-DIAMINOPHENYL METHYL ETHER see 2,4-DIAMINOSOLE
4,4'-DIAMINOPHENYL SULFIDE see 4,4'-THIODIANILINE
2,4-DIAMINOSOLE SULPHATE see 2,4-DIAMINOSOLE, SULFATE
2,4-DIAMINOTOLUEN (Czech) see 2,4-DIAMINOTOLUENE
DIAMINOTOLUENE see 2,4-DIAMINOTOLUENE
DIAMINOTOLUENE see DIAMINOTOLUENE (MIXED ISOMERS)
2,4-DIAMINO-1-TOLUENE see 2,4-DIAMINOTOLUENE
2,6-DIAMINOTOLUENE see DIAMINOTOLUENE (823-40-5)
3,4-DIAMINOTOLUENE see DIAMINOTOLUENE (496-72-0)
DIAMINOTOLUENO (Spanish) see DIAMINOTOLUENE (MIXED ISOMERS)

2,6-DIAMINOTOLUENO (Spanish) see DIAMINOTOLUENE (823-40-5)
3,4-DIAMINOTOLUENO (Spanish) see DIAMINOTOLUENE (496-72-0)
2,4-DIAMINOTOLUENO (Spanish) see 2,4-DIAMINOTOLUENE
2,4-DIAMINOTOLUOL see 2,4-DIAMINOTOLUENE
DIAMMONIUM CARBONATE see AMMONIUM CARBONATE
DIAMMONIUM CHROMATE see AMMONIUM CHROMATE
DIAMMONIUM CITRATE see AMMONIUM CITRATE, DIBASIC
DIAMMONIUM FLUOSILICATE see AMMONIUM SILICOFLUORIDE
DIAMMONIUM OXALATE see AMMONIUM OXALATE (14258-49-2)
DIAMMONIUM OXALATE see AMMONIUM OXALATE (6009-70-7)
DIAMMONIUM SILICON HEXAFLUORIDE see AMMONIUM SILICOFLUORIDE
DIAMMONIUM SULFATE see AMMONIUM SULFATE
DIAMMONIUM SULFIDE SOLUTION see AMMONIUM SULFIDE
DIAMMONIUM TARTRATE see AMMONIUM TARTRATE (3164-29-2)
DIAMOND GREEN B see C.I. ACID GREEN 4
DIAMOND GREEN BX see C.I. ACID GREEN 4
DIAMOND GREEN P EXTRA see C.I. ACID GREEN 4
DIAMOND SHAMROCK BUTYL 4D see 2,4-D BUTYL ESTER
DIAMOND SHAMROCK BUTYL 6D WEED KILLER see 2,4-D BUTYL ESTER
DIAMOND SHAMROCK DS-15647 see THIOFANOX
DIAN see 4,4'-ISOPROPYLIDENEDIPHENOL
DIANAT (Russian) see DICAMBA
DIANATE see DICAMBA
DIANIL BLUE see TRYPAN BLUE
DIANIL BLUE H3G see TRYPAN BLUE
DIANILBLAU H3G see TRYPAN BLUE
DIANILBLAU see TRYPAN BLUE
p,p'-DIANILINE see BENZIDINE
DIANILINEMETHANE see 4,4'-METHYLENEDIANILINE
o-DIANISIDIN (Czech, German) see 3,3'-DIMETHOXYBENZIDINE
o-DIANISIDINA (Italian) see 3,3'-DIMETHOXYBENZIDINE
DIANISIDINA (Italian, Spanish) see 3,3'-DIMETHOXYBENZIDINE
DIANISIDINE see 3,3'-DIMETHOXYBENZIDINE
3,3'-DIANISIDINE see 3,3'-DIMETHOXYBENZIDINE
O,O'-DIANISIDINE see 3,3'-DIMETHOXYBENZIDINE
o-DIANISIDINE DIHYDROCHLORIDE see 3,3'-DIMETHOXYBENZIDINE DIHYDROCHLORIDE
DIANISIDINE DIISOCYANATE see 3,3'-DIMETHOXYBENZIDINE-4,4'-DIISOCYANATE
o-DIANISIDINE HYDROCHLORIDE see 3,3'-DIMETHOXYBENZIDINE HYDROCHLORIDE
o-DIANISIDINE see 3,3'-DIMETHOXYBENZIDINE
2,2-DI-p-ANISYL-1,1,1-TRICHLOROETHANE see METHOXYCHLOR
DIANISYLTRICHLORETHANE see METHOXYCHLOR
DIANO see 4,4'-ISOPROPYLIDENEDIPHENOL
DIANON see DIAZINON
DIANTIMONY TRIOXIDE see ANTIMONY TRIOXIDE
DIAPADRIN see DICROTOPHOS
DIAPHTAMINE BLACK V see C.I. DIRECT BLACK 38
DIAPHTAMINE BLUE BB see C.I. DIRECT BLUE 6
DIAPHTAMINE BLUE TH see TRYPAN BLUE
DIAPHTAMINE LIGHT BROWN BRLL see C.I. DIRECT BROWN 95
DIAREX HF 77 see STYRENE
DIARSENIC PENTOXIDE see ARSENIC PENTOXIDE
DIARSENIC TRIOXIDE see ARSENIC TRIOXIDE
DIARSENIC TRISULFIDE see ARSENIC TRISULFIDE
DIASPORE see ALUMINUM OXIDE
DIASPORE DIRUBIN see ALUMINUM OXIDE
DIASTYL see DIETHYLSTILBESTROL
DIATER see DIURON
DIATERR-FOS see DIAZINON
DIATO BLUE BASE B see 3,3'-DIMETHOXYBENZIDINE
DIATOMIC CHLORINE see CHLORINE

DIAZAJET *see* DIAZINON
3,6-DIAZAOCTANEDIOIC ACID, 3,6-BIS(CARBOXYMETHYL)- *see* ETHYLENEDIAMINE-TETRAACETIC ACID (EDTA)
DIAZATOL *see* DIAZINON
DIAZIDE *see* DIAZINON
DIAZINE BLACK E *see* C.I. DIRECT BLACK 38
DIAZINE BLUE 2B *see* C.I. DIRECT BLUE 6
DIAZINE BLUE 3B *see* TRYPAN BLUE
DIAZINE DIRECT BLACK G *see* C.I. DIRECT BLACK 38
DIAZINE FAST BROWN RSL *see* C.I. DIRECT BROWN 95
DIAZINON AG 500 *see* DIAZINON
DIAZINONE *see* DIAZINON
DIAZIRINE *see* DIAZOMETHANE
DIAZITOL *see* DIAZINON
DIAZOACETATE (ESTER)-1-SERINE *see* AZASERINE
1-DIAZOACETATE (ESTER)-1-SERINE *see* AZASERINE
DIAZO-ACETIC ACID ESTER with SERINE *see* AZASERINE
o-DIAZOACETYL-1-SERINE *see* AZASERINE
DIAZO FAST ORANGE GR *see* o-NITROANILINE
DIAZO FAST RED GG *see* p-NITROANILINE
DIAZO FAST RED TR *see* 4-CHLORO-o-TOLUIDINE, HYDROCHLORIDE
DIAZO FAST RED TRA *see* 4-CHLORO-o-TOLUIDINE, HYDROCHLORIDE
DIAZO FAST RED TRA *see* p-CHLORO-o-TOLUIDINE
DIAZO FAST SCARLET G *see* 5-NITRO-o-TOLUENE
DIAZOL *see* DIAZINON
DIAZOL BLACK 2V *see* C.I. DIRECT BLACK 38
DIAZOL BLUE 2B *see* C.I. DIRECT BLUE 6
DIAZOL BLUE 3B *see* TRYPAN BLUE
DIAZOL LIGHT BROWN BRN *see* C.I. DIRECT BROWN 95
DIAZOMETANO (Spanish) *see* DIAZOMETHANE
DIAZONIUM METHYLIDE *see* DIAZOMETHANE
DIAZOTIZING SALTS *see* SODIUM NITRITE
DIBAM *see* SODIUM DIMETHYLDITHIOCARBAMATE
DIBASIC LEAD ACETATE *see* LEAD ACETATE
DIBASIC LEAD ARSENATE *see* LEAD ARSENATE (7784-40-9)
DIBASIC LEAD ARSENATE *see* LEAD ARSENATE (10102-48-4)
DIBASIC SODIUM PHOSPHATE *see* SODIUM PHOSPHATE, DIBASIC (7558-79-4)
DIBENZ(a,d)ACRIDINE *see* DIBENZ(a,h)ACRIDINE
DIBENZ(a,e)ACEANTHRYLENE *see* DIBENZO(a,e)FLUORANTHENE
DIBENZ(a,j)ACRIDINA (Spanish) *see* DIBENZ(a,j)ACRIDINE
DIBENZ(a,f)ACRIDINE *see* DIBENZ(a,j)ACRIDINE
DIBENZ(a,h)ACRIDINA (Spanish) *see* DIBENZ(a,h)ACRIDINE
1,2:5,6-DIBENZ(a)ANTHRACENE *see* DIBENZ(a,h)ANTHRACINE
DIBENZ(a,h)ANTRACENO (Spanish) *see* DIBENZ(a,h)ANTHRACINE
DIBENZ(a,h)ANTRCENO (Spanish) *see* DIBENZ(a,h)ANTHRACINE
DIBENZ(a,i)PYRENE *see* DIBENZ(a,i)PYRENE
DIBENZACRIDINE *see* DIBENZ(a,j)ACRIDINE
1,2,5,6-DIBENZACRIDINE *see* DIBENZ(a,h)ACRIDINE
1,2:7,8-DIBENZACRIDINE *see* DIBENZ(a,j)ACRIDINE
1,2,7,8-DIBENZACRIDINE *see* DIBENZ(a,j)ACRIDINE
3,4,5,6-DIBENZACRIDINE *see* DIBENZ(a,j)ACRIDINE
DIBENZANTHRACENE *see* DIBENZ(a,h)ANTHRACINE
1,2,5,6-DIBENZANTHRACENE *see* DIBENZ(a,h)ANTHRACINE
1,2:5,6-DIBENZANTHRACENE *see* DIBENZ(a,h)ANTHRACINE
3,4,5,6-DIBENZCARBAZOL *see* 7H-DIBENZO(c,g)CARBAZOLE
3,4,5,6-DIBENZCARBAZOLE *see* 7H-DIBENZO(c,g)CARBAZOLE
3,4:5,6-DIBENZCARBAZOLE *see* 7H-DIBENZO(c,g)CARBAZOLE
DIBENZENE *see* BIPHENYL
DIBENZO(a,j)ACRIDINE *see* DIBENZ(a,j)ACRIDINE
1,2,5,6-DIBENZOACRIDINE *see* DIBENZ(a,h)ACRIDINE
1,2:5,6-DIBENZOANTHRACENE *see* DIBENZ(a,h)ANTHRACINE
DIBENZO(c,g)CARBAZOL (Spanish) *see* 7H-DIBENZO(c,g)CARBAZOLE
DIBENZO(c,g)CARBAZOLE *see* 7H-DIBENZO(c,g)CARBAZOLE

3,4,5,6-DIBENZOCARBAZOLE *see* 7H-DIBENZO(c,g)CARBAZOLE
DIBENZO(b,def)CHRYSENE-7,14-DIONE *see* C.I. VAT YELLOW 4
DIBENZO(b,def)CHRYSENE *see* DIBENZO(a,h)PYRENE
DIBENZO(d,e,f,p)CHRYSENE *see* DIBENZO(a,l)PYRENE
DIBENZO(def,p)CHRYSENE *see* DIBENZO(a,l)PYRENE
DIBENZO(b,e)-1,4-DIOXIN, 2,3,7,8-TETRACHLORO- *see* 2,3,7,8-TETRACHLO-RODIBENZO-p-DIOXIN (TCDD)
DIBENZO-p-DIOXIN, 2,3,7,8-TETRACHLORO- *see* 2,3,7,8-TETRACHLORODI-BENZO-p-DIOXIN (TCDD)
DIBENZO(a,e)FLUORANTENO (Spanish) *see* DIBENZO(a,e)FLUORANTHENE
2,3,5,6-DIBENZOFLUORANTHENE *see* DIBENZO(a,e)FLUORANTHENE
DIBENZO(a,jk)FLUORENE *see* BENZO(j)FLUPRANTHENE
DIBENZO(b,jk)FLUORINE *see* BENZO(k)FLUORANTHENE
DIBENZO(b,d)FURAN *see* DIBENZOFURAN
DIBENZOFURANO (Spanish) *see* DIBENZOFURAN
1,2,5,6-DIBENZONAPHTHALENE *see* CHRYSENE
DIBENZO(a,h)PIRENO (Spanish) *see* DIBENZO(a,h)PYRENE
DIBENZO(a,e)PIRENO (Spanish) *see* DIBENZO(a,e)PYRENE
DIBENZO(a,i)PIRENO (Spanish) *see* DIBENZ(a,i)PYRENE
DIBENZO(a,l)PIRENO (Spanish) *see* DIBENZO(a,l)PYRENE
2,3,7,8-DIBENZOPYRENE-1,6-QUINONE *see* C.I. VAT YELLOW 4
DIBENZO(a,b)PYRENE-7,14-DIONE *see* C.I. VAT YELLOW 4
1′,2′,6′,7′-DIBENZOPYRENE-7,14-QUINONE *see* C.I. VAT YELLOW 4
DIBENZO-3,4,5,9,10-PYRENE *see* DIBENZ(a,i)PYRENE
DIBENZO(b,h)PYRENE *see* DIBENZ(a,i)PYRENE
DIBENZO(a,i)PYRENE *see* DIBENZ(a,i)PYRENE
1,2,7,8-DIBENZOPYRENE *see* DIBENZ(a,i)PYRENE
3,4:9,10-DIBENZOPYRENE *see* DIBENZ(a,i)PYRENE
3,4,9,10-DIBENZOPYRENE *see* DIBENZ(a,i)PYRENE
DIBENZO(a,d)PYRENE *see* DIBENZO(a,l)PYRENE
1,2:3,4-DIBENZOPYRENE *see* DIBENZO(a,l)PYRENE
1,2,4,5-DIBENZOPYRENE *see* DIBENZO(a,e)PYRENE
1,2:4,5-DIBENZOPYRENE *see* DIBENZO(a,e)PYRENE
1,2,6,7-DIBENZOPYRENE *see* DIBENZO(a,h)PYRENE
2,3:4,5-DIBENZOPYRENE *see* DIBENZO(a,l)PYRENE
3,4:8,9-DIBENZOPYRENE *see* DIBENZO(a,h)PYRENE
3,4,8,9-DIBENZOPYRENE *see* DIBENZO(a,h)PYRENE
3,4:8,9-DIBENZOPYRENE *see* DIBENZO(a,h)PYRENE
4,5,6,7-DIBENZOPYRENE *see* DIBENZO(a,l)PYRENE
1,2,9,10-DIBENZOPYRENE *see* DIBENZO(a,l)PYRENE
DIBENZOYLPEROXID (German) *see* BENZOYL PEROXIDE
DIBENZOYL PEROXIDE *see* BENZOYL PEROXIDE
DIBENZPYRENE *see* DIBENZ(a,i)PYRENE
1,2,3,4-DIBENZPYRENE *see* DIBENZO(a,l)PYRENE
1,2:3,4-DIBENZPYRENE *see* DIBENZO(a,l)PYRENE
3,4:9,10-DIBENZPYRENE *see* DIBENZ(a,i)PYRENE
3,4,8,9-DIBENZPYRENE *see* DIBENZO(a,h)PYRENE
1,2:7,8-DIBENZPYRENE *see* DIBENZ(a,i)PYRENE
3,4,9,10-DIBENZPYRENE *see* DIBENZ(a,i)PYRENE
DIBENZPYRENEQUINONE *see* C.I. VAT YELLOW 4
DIBESTROL *see* DIETHYLSTILBESTROL
DIBORANE (6) *see* DIBORANE
DIBORANE HEXANHYDRIDE *see* DIBORANE
DIBORANO (Spanish) *see* DIBORANE
DIBORON HEXAHYDRIDE *see* DIBORANE
DIBOVAN *see* DDT
DIBROM *see* NALED
1,2-DIBROMAETHAN (German) *see* 1,2-DIBROMOETHANE
DIBROMCHLORPROPAN (German) *see* 1,2-DIBROMO-3-CHLOROPROPANE
1,2-DIBROM-3-CHLOR-PROPAN (German) *see* 1,2-DIBROMO-3-CHLOROPRO-PANE
o-(1,2-DIBROM-2,2-DICHLORAETHYL)-O,O-DIMETHYL-PHOSPHAT (German) *see* NALED

2,2-DIBROMO-2-CARBAMOYLACETONITRILE see 2,2-DIBROMO-3-NITRILOPROPIONAMIDE
DIBROMOCHLOROMETHANE see CHLORODIBROMOMETHANE
DIBROMOCHLOROPROPANE see 1,2-DIBROMO-3-CHLOROPROPANE
1,2-DIBROMO-3-CLORO-PROPANO (Italian) see 1,2-DIBROMO-3-CHLOROPROPANE
1,2-DIBROMO-3-CLOROPROPANO (Spanish) see 1,2-DIBROMO-3-CHLOROPROPANE
1,2-DIBROMO-3-CLOROPROPANO (Spanish) see 1,2-DIBROMO-3-CHLOROPROPANE
α, α-DIBROMO-α-CYANOACETAMIDE see 2,2-DIBROMO-3-NITRILOPROPIONAMIDE
DIBROMOCYANOACETAMIDE see 2,2-DIBROMO-3-NITRILOPROPIONAMIDE
2,2-DIBROMO-2-CYANOACETAMIDE see 2,2-DIBROMO-3-NITRILOPROPIONAMIDE
2,6-DIBROMO-4-CYANOPHENOL see BROMOXYNIL
2,6-DIBROMO-4-CYANOPHENYL OCTANOATE see BROMOXYNIL OCTANOATE
o-(1,2-DIBROMO-2,2-DICHLORO-ETIL)-O,O-DIMETIL FOSFATO (Italian) see NALED
1,2-DIBROMO-2,2-DICHLOROETHYLDIMETHYL PHOSPHATE see NALED
1,2-DIBROMOETANO (Italian, Spanish) see 1,2-DIBROMOETHANE
α,β-DIBROMOETHANE see 1,2-DIBROMOETHANE
sym-DIBROMOETHANE see 1,2-DIBROMOETHANE
DIBROMOETHANE see 1,2-DIBROMOETHANE
1,2-DIBROMOETHANE see 1,2-DIBROMOETHANE
2,6-DIBROMO-4-HYDROXYBENZONITRILE see BROMOXYNIL
3,5-DIBROMO-4-HYDROXYBENZONITRILE OCTANOATE see BROMOXYNIL OCTANOATE
3,5-DIBROMO-4-HYDROXYBENZONITRILE see BROMOXYNIL
3,5-DIBROMO-4-HYDROXYPHENYL CYANIDE see BROMOXYNIL
DIBROMOMETHANE see METHYLENE BROMIDE
α, α-DIBROMO-α-NITRILOPROPIONAMIDE see 2,2-DIBROMO-3-NITRILOPROPIONAMIDE
3,5-DIBROMO-4-OCTANOYLOXY-BENZONITRILE see BROMOXYNIL OCTANOATE
1,2-DIBROMOPERFLUOROETHANE see DIBROMOTETRAFLUOROETHANE
2,6-DIBROMO-4-PHENYLCYANIDE see BROMOXYNIL
2,3-DIBROMO-1-PROPANOL PHOSPHATE see TRIS(2,3-DIBROMOPROPYL) PHOSPHATE
sim-DIBROMOTETRAFLUOETANO (Spanish) see DIBROMOTETRAFLUOROETHANE
sym-DIBROMOTETRAFLUOROETHANE see DIBROMOTETRAFLUOROETHANE
1,2-DIBROMO-1,1,2,2-TETRAFLUOROETHANE see DIBROMOTETRAFLUOROETHANE
DIBROMURE d'ETHYLENE (French) see 1,2-DIBROMOETHANE
DIBROMURO de ETILENO (Spanish) see 1,2-DIBROMOETHANE
1,2-DIBROOM-3-CHLOORPROPAAN (Dutch) see 1,2-DIBROMO-3-CHLOROPROPANE
1,2-DIBROOMETHAAN (Dutch) see 1,2-DIBROMOETHANE
DIBUTYLAMINE, N-NITROSO- see N-NITROSODI-n-BUTYLAMINE
((DIBUTYLAMINO)THIO)METHYLCARBAMIC ACID 2,3-DIHYDRO-2,2-DIMETHYL-7-BENZOFURANYL ESTER see CARBOSULFAN
DIBUTYL 1,2-BENZENE DICARBOXYLATE see DIBUTYL PHTHALATE
DIBUTYL-1,2-BENZENEDICARBOXYLATE see DIBUTYL PHTHALATE
DI(n-BUTYL) 1,2-BENZENEDICARBOXYLATE see DIBUTYL PHTHALATE
DIBUTYLDITHIOCARBAMIC ACID SODIUM SALT see CARBAMODITHIOIC ACID, DIBUTYL-, SODIUM SALT
DIBUTYLHEXAMETHYLENEDIAMINE see HEXAMETHYLENEDIAMINE, N,N'-DIBUTYL-
N,N'-DIBUTYLHEXAMETHYLENEDIAMINE see HEXAMETHYLENEDIAMINE, N,N'-DIBUTYL-

N,N'-DIBUTYL-1,6-HEXANEDIAMINE *see* HEXAMETHYLENEDIAMINE, N,N'-DIBUTYL-
1,6-N,N'-DIBUTYLHEXANEDIAMINE *see* HEXAMETHYLENEDIAMINE, N,N'-DIBUTYL-
DI-n-BUTYLNITROSAMIN (German) *see* N-NITROSODI-n-BUTYLAMINE
N,N-DI-n-BUTYLNITROSAMINE *see* N-NITROSODI-n-BUTYLAMINE
DIBUTYLNITROSAMINE *see* N-NITROSODI-n-BUTYLAMINE
DI-n-BUTYLNITROSAMINE *see* N-NITROSODI-n-BUTYLAMINE
N,N-DIBUTYLNITROSOAMINE *see* N-NITROSODI-n-BUTYLAMINE
DIBUTYL O-PHTHALATE *see* DIBUTYL PHTHALATE
DI-n-BUTYL PHTHALATE *see* DIBUTYL PHTHALATE
DIC 1468 *see* METRIBUZIN
DICAMBA AMINE *see* DIMETHYLAMINE DICAMBA
DICAMBA BENZOIC ACID HERBICIDE *see* DICAMBA
DICAMBA DIMETHYLAMINE *see* DIMETHYLAMINE DICAMBA
DICAMBA DIMETHYLAMINE SALT *see* DIMETHYLAMINE DICAMBA
DICAMBA-DIMETHYLAMMONIUM *see* DIMETHYLAMINE DICAMBA
DICAMBA-SODIUM *see* SODIUM DICAMBA
DICAMBA SODIUM SALT *see* SODIUM DICAMBA
DICAMBRA *see* DICAMBA
DICARBAM *see* CARBARYL
DICARBASULF *see* THIODICARB
s-(1,2-DICARBETHOXYETHYL) O,O-DIMETHYLPHOSPHORODITHIOATE *see* MALATHION
DICARBOETHOXYETHYL O,O-DIMETHYL PHOSPHORODITHIOATE *see* MALATHION
DICARBOMETHOXYZINC *see* ZINC ACETATE
DI-µ-CARBONYLHEXACARBONYLDICOBALT *see* COBALT CARBONYL
DICARBOSULF *see* THIODICARB
DICARBURETTED HYDROGEN *see* ETHYLENE
DICAROCIDE *see* DIETHYLCARBAMAZINE CITRATE
DICARZOL *see* FORMETANATE HYDROCHLORIDE
DICHLOFOP-METHYL *see* DICLOFOP METHYL
DICHLOFOS *see* DICHLORVOS
1,1-DICHLOOR-2,2-BIS(p-CHLOOR-FENYL)ETHAAN (Dutch) *see* DDD
1,1-DICHLOORETHAAN (Dutch) *see* ETHYLIDENE DICHLORIDE
1,2-DICHLOORETHAAN (Dutch) *see* 1,2-DICHLOROETHANE
2,2'-DICHLOORETHYLETHER (Dutch) *see* BIS(2-CHLOROETHYL)ETHER
(2,4-DICHLOOR-FENOXY)-AZIJNZUUR (Dutch) *see* 2,4-D
2(2,4-DICHLOOR-FENOXY)PROPIONZUUR (Dutch) *see* 2,4-DP
3-(3,4-DICHLOOR-FENYL)-1-METHOXY-1-METHYLUREUM (Dutch) *see* LINURON
3-(3,4-DICHLOOR-FENYL)-1,1-DIMETHYLUREUM (Dutch) *see* DIURON
3,6-DICHLOOR-2-METHOXY-BENZOEIZUUR (Dutch) *see* DICAMBA
(2,2-DICHLOOR-VINYL)-DIMETHYL-FOSFAAT (Dutch) *see* DICHLORVOS
DICHLOORVO (Dutch) *see* DICHLORVOS
1,2-DICHLOR-AETHAN (German) *see* 1,2-DICHLOROETHANE
s-(2,3-DICHLOR-ALLYL)-N,N-DIISOPROPYL-MONOTHIOCARBAMAAT (Dutch) *see* DIALLATE
1,1-DICHLOR-2,2-BIS(4-CHLOR-PHENYL)-AETHAN (German) *see* DDD
2,2'-DICHLOR-DIAETHYLAETHER (German) *see* BIS(2-CHLOROETHYL)ETHER
3,6-DICHLOR-3-METHOXY-BENZOESAEURE (German) *see* DICAMBA
DI-CHLOR-MULSION *see* 1,2-DICHLOROETHANE
2,3-DICHLOR-1,4-NAPHTHOCHINON (German) *see* DICHLONE
(2,4-DICHLOR-PHENOXY)-ESSIGSAEURE (German) *see* 2,4-D
2-(2,4-DICHLOR-PHENOXY)-PROPIONSAEURE (German) *see* 2,4-DP
3-(3,4-DICHLOR-PHENYL)-1-METHOXY-1-METHYL-HARNSTOFF (German) *see* LINURON
3-(3,4-DICHLOR-PHENYL)-1,1-DIMETHYLHARNSTOFF (German) *see* DIURON
1,1-DICHLORAETHAN (German) *see* ETHYLIDENE DICHLORIDE
1,2-DICHLORAETHEN (German) *see* 1,2-DICHLOROETHYLENE (540-59-0)
DICHLORAMINE *see* NITROGEN MUSTARD

o-DICHLORBENZOL *see* o-DICHLOROBENZENE
DICHLORDIETHYLAETHER (German) *see* BIS(CHLOROMETHYL)ETHER
DICHLORDIPHENPROP *see* DICLOFOP METHYL
DICHLOREMULSION *see* 1,2-DICHLOROETHANE
DICHLOREN (German) *see* NITROGEN MUSTARD
2,2'-DICHLORETHYL ETHER (DOT) *see* BIS(2-CHLOROETHYL)ETHER
DICHLORFENIDIM *see* DIURON
DICHLORFOP-METHYL *see* DICLOFOP METHYL
DICHLORFOS (Polish) *see* DICHLORVOS
DI-CHLORICIDE *see* 1,4-DICHLOROBENZENE
DICHLORICIDE *see* o-DICHLOROBENZENE
DICHLORINE *see* CHLORINE
DICHLORINE OXIDE *see* CHLORINE MONOXIDE
DICHLORMAN *see* DICHLORVOS
2,3-DICHLORO- *see* DICHLONE
1,3-DICHLOROACETONE (DOT) *see* BIS(CHLOROMETHYL)KETONE
α,α'-DICHLOROACETONE *see* BIS(CHLOROMETHYL)KETONE
α, γ'-DICHLOROACETONE *see* BIS(CHLOROMETHYL)KETONE
s-(2,3-DICHLORO-ALLIL)-N,N-DIISOPROPIL-MONOTIOCARBAMMATO (Italian) *see* DIALLATE
s-(2,3-DICHLOROALLYL) DIISOPROPYLTHIOCARBAMATE) *see* DIALLATE
s-2,3-DICHLOROALLYL DI-ISOPROPYL(THIOCARBAMATE) *see* DIALLATE
s-2,3-DICHLOROALLYL DIISOPROPYLTHIOCARBAMATE *see* DIALLATE
2,3-DICHLOROALLYL-N,N-DIISOPROPYLTHIOLCARBAMATE *see* DIALLATE
s-2,3-DICHLOROALLYLDIISOPROPYLTHIOCARBAMATE *see* DIALLATE
DICHLOROALLYLDIISOPROPYLTHIOCARBAMATE *see* DIALLATE
2,5-DICHLORO-3-AMINOBENZOIC ACID *see* CHLORAMBEN
3,6-DICHLORO-O-ANISIC ACID, COMPOUND with DIMETHYLAMINE (1:1) *see* DIMETHYLAMINE DICAMBA
3,6-DICHLORO-o-ANISIC ACID *see* DICAMBA
3,6-DICHLORO-O-ANISIC ACID, SODIUM SALT *see* SODIUM DICAMBA
1,2-DICHLOROBENZENE *see* o-DICHLOROBENZENE
m-DICHLOROBENZENE *see* 1,3-DICHLOROBENZENE
o-DICHLOROBENZENE *see* o-DICHLOROBENZENE
p-DICHLOROBENZENE *see* 1,4-DICHLOROBENZENE
DICHLOROBENZENE (MIXED ISOMERS) *see* DICHLOROBENZENE (MIXED ISOMERS)
DICHLOROBENZENE, ORTHO *see* o-DICHLOROBENZENE
3,3'-DICHLOROBENZIDIN (Czech) *see* 3,3'-DICHLOROBENZIDINE
DICHLOROBENZIDINE *see* 3,3'-DICHLOROBENZIDINE
O,O'-DICHLOROBENZIDINE *see* 3,3'-DICHLOROBENZIDINE
3,3'-DICHLOROBENZIDINE DIHYDROGEN BIS(SULFATE) *see* 3,3'-DICHLOROBENZIDINE SULFATE
3,3'-DICHLOROBENZIDINE HYDROCHLORIDE *see* 3,3'-DICHLOROBENZIDINE DIHYDROCHLORIDE
3,3'-DICHLOROBENZIDINE SULPHATE *see* 3,3'-DICHLOROBENZIDINE SULFATE
4,4'-DICHLOROBENZILATE *see* CHLOROBENZILATE
4,4'-DICHLOROBENZILIC ACID ETHYL ESTER *see* CHLOROBENZILATE
m-DICHLOROBENZOL *see* 1,3-DICHLOROBENZENE
o-DICHLOROBENZOL *see* o-DICHLOROBENZENE
2,6-DICHLOROBENZONITRILE *see* DICHLOBENIL
3,3'-DICHLOROBIPHENYL-4,4'-DIAMINE *see* 3,3'-DICHLOROBENZIDINE
3,3'-DICHLORO-4,4'-BIPHENYLDIAMINE *see* 3,3'-DICHLOROBENZIDINE
3,3'-DICHLORO-(1,1'-BIPHENYL)-4,4'-DIAMINE DIHYDROCHLORIDE *see* 3,3'-DICHLOROBENZIDINE DIHYDROCHLORIDE
1,1-DICHLORO-2,2-BIS(4-CHLOROPHENYL)ETHANE *see* DDD
1,1-DICHLORO-2,2-BIS(p-CHLOROPHENYL)ETHANE *see* DDD
1,1-DICHLORO-2,2-BIS(p-CHLOROPHENYL)ETHYLENE *see* DDE (72-55-9)
1,1-DICHLORO-2,2-BIS(PARACHLOROPHENYL) ETHANE *see* DDD
o-(2,5-DICHLORO-4-BROMOPHENYL) O-METHYL PHENYLTHIOPHOSPHONATE *see* LEPTOPHOS
1,4-DICHLORO-2-BUTENE *see* 1,4-DICHLORO-2-BUTENE

1,4-DICHLOROBUTENE-2 see 1,4-DICHLORO-2-BUTENE
trans-2,3-DICHLOROBUT-2-ENE see trans-1,4-DICHLORO-2-BUTENE
1,4-DICHLOROBUTENE-2 (E)- see trans-1,4-DICHLORO-2-BUTENE
1,4-DICHLOROBUTENE-2, trans- see trans-1,4-DICHLORO-2-BUTENE
(E)-1,4-DICHLOROBUTENE see trans-1,4-DICHLORO-2-BUTENE
(E)-1,4-DICHLORO-2-BUTENE see trans-1,4-DICHLORO-2-BUTENE
trans-1,4-DICHLOROBUTENE see trans-1,4-DICHLORO-2-BUTENE
trans-1,4-DICHLORO-2-BUTENE see trans-1,4-DICHLORO-2-BUTENE
1,4-DICHLORO-trans-2-BUTENE see trans-1,4-DICHLORO-2-BUTENE
DICHLOROCHLORDENE see CHLORDANE
2,4-DICHLORO-6-(2-CHLOROANILINO)-1,3,5-TRIAZINE see ANILAZINE
2,4-DICHLORO-6-(O-CHLOROANILINO)-s-TRIAZINE see ANILAZINE
4,6-DICHLORO-N-(2-CHLOROPHENYL)-1,3,5-TRIAZIN-2-AMINE see ANILAZINE
DICHLORO(2-CHLOROVINYL)ARSINE see LEWISITE
2,6-DICHLOROCYANOBENZENE see DICHLOBENIL
3,3'-DICHLORO-4,4'-DIAMINO(1,1-BIPHENYL) see 3,3'-DICHLOROBENZIDINE
3,3'-DICHLORO-4,4'-DIAMINOBIPHENYL see 3,3'-DICHLOROBENZIDINE
3,3'-DICHLORO-4,4'-DIAMINODIFENILMETANO (Italian) see 4,4'-METHYLENEBIS(2-CHLOROANILINE)
3,3'-DICHLORO-4,4'-DIAMINODIPHENYLMETHANE see 4,4'-METHYLENEBIS(2-CHLOROANILINE)
3,3'-DICHLORO-4,4'-DIAMINODIPHENYLMETHAN (German) see 4,4'-METHYLENEBIS(2-CHLOROANILINE)
1,1-DICHLORO-2,2-DICHLOROETHANE see 1,1,2,2,-TETRACHLOROETHANE
2,2'-DICHLORO-DIETHYLETHER see BIS(2-CHLOROETHYL)ETHER
β, β-DICHLORODIETHYL ETHER see BIS(2-CHLOROETHYL)ETHER
β,β-DICHLORODIETHYL FORMAL see BIS(2-CHLOROETHOXY)METHANE
DICHLORODIETHYL FORMAL see BIS(2-CHLOROETHOXY)METHANE
DICHLORODIETHYL METHYLAL see BIS(2-CHLOROETHOXY)METHANE
β,β'-DICHLORODIETHYL-N-METHYLAMINE see NITROGEN MUSTARD
DICHLORO DIETHYL SULFIDE see MUSTARD GAS
β,β'-DICHLORODIETHYL SULFIDE see MUSTARD GAS
2,2'-DICHLORODIETHYL SULFIDE see MUSTARD GAS
1,2-DICHLORO-2,2-DIFLUOROETHANE see 1,2-DICHLORO-1,1-DIFLUOROETHANE
5,5'-DICHLORO-2,2'-DIHYDROXYDIPHENYLMETHANE see DICHLOROPHENE
DICHLORODIISOPROPYL ETHER (DOT) see BIS(2-CHLORO-1-METHYLETHYL)ETHER
β,β'-DICHLORODIISOPROPYL ETHER see BIS(2-CHLORO-1-METHYLETHYL)ETHER
3,5-DICHLORO-N-(1,1-DIMETHYL-2-PROPYNYL)BENZAMIDE see PRONAMIDE
α,α'-DICHLORODIMETHYL ETHER see BIS(CHLOROMETHYL)ETHER
sym-DICHLORODIMETHYL ETHER see BIS(CHLOROMETHYL)ETHER
DICHLORODIMETHYL ETHER see BIS(CHLOROMETHYL)ETHER
α,α-DICHLORODIMETHYL ETHER see CHLOROMETHYL METHYL ETHER
DICHLORODIMETHYL ETHER, SYMMETRICAL (DOT) see BIS(CHLOROMETHYL)ETHER
3,5-DICHLORO-N-(1,1-DIMETHYLPROPYNYL)BENZAMIDE see PRONAMIDE
3,5-DICHLORO-N-(1,1-DIMETHYLPROP-2-YNYL)BENZAMIDE see PRONAMIDE
DICHLORODIMETHYLSILANE see DIMETHYLDICHLOROSILANE
DICHLORODIMETHYLSILICONE see DIMETHYLDICHLOROSILANE
DICHLORODIPHENYL TRICHLOROETHANE 2,2-BIS(P-CHLOROPHENYL)-1,1,1-TRICHLOROETHANE see DDT
DICHLORODIPHENYLDICHLOROETHANE see DDD
p,p'-DICHLORODIPHENYLDICHLOROETHANE see DDD
DICHLORODIPHENYLDICHLOROETHYLENE see DDE (72-55-9)
p,p'-DICHLORODIPHENYLDICHLOROETHYLENE see DDE (72-55-9)
p,p'-DICHLORODIPHENYLETHANE see DDE (3547-04-4)

1,1-DICHLORO-2,2-DI(4-CHLOROPHENYL)ETHANE see DDD
DICHLORODIPHENYLTRICHLOROETHANE see DDT
4,4′-DICHLORODIPHENYLTRICHLOROETHANE see DDT
p,p′-DICHLORODIPHENYLTRICHLOROETHANE see DDT
1,1-DICHLOROETHANE (DOT) see ETHYLIDENE DICHLORIDE
1,2-DICHLOROETHANE see 1,2-DICHLOROETHANE
DICHLORO-1,2-ETHANE (French) see 1,2-DICHLOROETHANE
α, β-DICHLOROETHANE see 1,2-DICHLOROETHANE
as-DICHLOROETHANE see ETHYLIDENE DICHLORIDE
sym-DICHLOROETHANE see 1,2-DICHLOROETHANE
1,1-DICHLOROETHENE see VINYLIDENE CHLORIDE
1,2-DICHLOROETHENE see 1,2-DICHLOROETHYLENE (540-59-0)
2,2-DICHLOROETHENOL DIMETHYL PHOSPHATE see DICHLORVOS
3-(2,2-DICHLOROETHENYL)-2,2-DIMETHYLCYCLOPROPANE CARBOXYL-
   IC ACID, (3-PHENOXYPHENYL)METHYL ESTER see PERMETHRIN
3-(2,2-DICHLORO ETHENYL)-2,2-
   DIMETHYLCYCLOPROPANECARBOXYLIC ACID, CYANO(4-FLUORO-3-
   PHENOXYPHENYL)METHYL ESTER see CYFLUTHRIN
2,2-DICHLOROETHENYL DIMETHYL PHOSPHATE see DICHLORVOS
1,1′-(DICHLOROETHENYLIDENE)BIS(4-CHLORO-BENZENE) see DDE (72-55-
   9)
(1,1-DICHLOROETHENYLIDENE)BIS(4-CHLOROBENZENE) see DDE (72-55-
   9)
DICHLOROETHER see BIS(2-CHLOROETHYL)ETHER
1,2-DICHLOROETHYL ACETATE see ETHANOL, 1,2-DICHLORO-, ACETATE
p-N-DI(CHLOROETHYL)AMINOPHENYLALANINE see MELPHALAN
p-DI(2-CHLOROETHYL)AMINO-L-PHENYLALANINE see MELPHALAN
3-p-(DI(2-CHLOROETHYL)AMINO)-PHENYL-L-ALANINE see MELPHALAN
2-(DI(2-CHLOROETHYL)AMINO)-1-OXA-3-AZA-2-PHOSPHACYCLOHEXANE-
   2-OXIDE MONOHYDRATE see CYCLOPHOSPHAMIDE
2-(DI(2-CHLOROETHYL)AMINO)2-OXIDE, N,N-DI(2-CHLORO-
   ETHYL)AMINO-N,O-PROPYLENE PHOSPHORIC ACID ESTER γ(p-DI-(2-
   CHLOROETHYL)AMINOPHENYL)BUTYRIC ACID see CHLORAMBUCIL
5-(DI-(β-CHLOROETHYL)AMINO)URACIL see URACIL MUSTARD
p-(N,N-DI-2-CHLOROETHYL)AMINOPHENYL BUTYRIC ACID see CHLOR-
   AMBUCIL
N,N-DI-2-CHLOROETHYL-γ-p-AMINOPHENYLBUTYRIC ACID see CHLOR-
   AMBUCIL
5-(DI-2-CHLOROETHYL)AMINOURACIL see URACIL MUSTARD
DICHLOROETHYL ETHER see BIS(2-CHLOROETHYL)ETHER
sym-DICHLOROETHYL ETHER see BIS(2-CHLOROETHYL)ETHER
DICHLOROETHYL ETHER see BIS(2-CHLOROETHYL)ETHER
DI(β-CHLOROETHYL)ETHER see BIS(2-CHLOROETHYL)ETHER
β,β′-DICHLOROETHYL ETHER see BIS(2-CHLOROETHYL)ETHER
DICHLOROETHYL ETHER see BIS(2-CHLOROETHYL)ETHER
DI(2-CHLOROETHYL) ETHER see BIS(2-CHLOROETHYL)ETHER
2,2′-DICHLOROETHYL ETHER see BIS(2-CHLOROETHYL)ETHER
DICHLOROETHYL FORMAL see BIS(2-CHLOROETHOXY)METHANE
DI-2-CHLOROETHYL FORMAL see BIS(2-CHLOROETHOXY)METHANE
2,2-DICHLOROETHYL FORMAL see BIS(2-CHLOROETHOXY)METHANE
N,N-DI(CHLOROETHYL)METHYLAMINE see NITROGEN MUSTARD
DI(2-CHLOROETHYL)METHYLAMINE see NITROGEN MUSTARD
2-N,N-DI(2-CHLOROETHYL)NAPHTHLAMINE see CHLORNAPHAZINE
N,N-DI(2-CHLOROETHYL)-β-NAPHTHLAMINE see CHLORNAPHAZINE
DI(2-CHLOROETHYL)-β-NAPHTHLAMINE see CHLORNAPHAZINE
DICHLOROETHYL-β-NAPHTHYLAMINE see CHLORNAPHAZINE
DICHLOROETHYL OXIDE see BIS(2-CHLOROETHYL)ETHER
N,N-DI(2-CHLOROETHYL)-N,O-PROPYLENE-PHOSPHORIC ACID ESTER
   DIAMIDE see CYCLOPHOSPHAMIDE
DI-2-CHLOROETHYL SULFIDE see MUSTARD GAS
β,β′-DICHLOROETHYL SULFIDE see MUSTARD GAS
2,2′-DICHLOROETHYL SULFIDE see MUSTARD GAS
DICHLOROETHYLENE see 1,2-DICHLOROETHANE
1,1-DICHLOROETHYLENE see VINYLIDENE CHLORIDE

DICHLORO-1,2-ETHYLENE see 1,2-DICHLOROETHYLENE (540-59-0)
sym-DICHLOROETHYLENE see 1,2-DICHLOROETHYLENE (540-59-0)
trans-DICHLOROETHYLENE see 1,2-DICHLOROETHYLENE (156-60-5)
trans-1,2-DICHLOROETHYLENE see 1,2-DICHLOROETHYLENE (156-60-5)
unsym-DICHLOROETHYLENE see VINYLIDENE CHLORIDE
DICHLOROFEN see DICHLOROPHENE
3-(3,4-DICHLORO-FENIL)-1-METOSSI-1-METIL-UREA (Italian) see LINURON
2,6-DICHLOROFENOL (Czech) see 2,6-DICHLOROPHENOL
3,4-DICHLOROFENYLISOKYANAT see ISOCYANIC ACID-3,4-DICHLORO-PHENYL ESTER
1,3-DICHLORO-4-HYDROXYBENZENE see 2,4-DICHLOROPHENOL
DI(5-CHLORO-2-HYDROXYPHENYL)METHANE see DICHLOROPHENE
DICHLOROISOPROPYL ETHER (DOT) see BIS(2-CHLORO-1-METHYLE-THYL)ETHER
2,2'-DICHLOROISOPROPYL ETHER see BIS(2-CHLORO-1-METHYLE-THYL)ETHER
3-(2,4-DICHLORO-5-ISOPROPYLOXY-PHENYL)-DELTA^4-5-(tert-BUTYL)-1,3,4-OXA DIAZ OLINE-2-ONE see OXYDIAZON
DICHLOROKELTHANE see DICOFOL
DICHLOROMETHANE see DICHLOROMETHANE
2,5-DICHLORO-6-METHOXYBENZOIC ACID see DICAMBA
3,6-DICHLORO-2-METHOXYBENZOIC ACID, SODIUM SALT see SODIUM DICAMBA
3,6-DICHLORO-2-METHOXYBENZOIC ACID see DICAMBA
3,6-DICHLORO-2-METHOXYBENZOIC ACID compd. with N-METHYLMETH-ANAMINE (1:1) see DIMETHYLAMINE DICAMBA
DICHLOROMETHOXY ETHANE see BIS(2-CHLOROETHOXY)METHANE
(DICHLOROMETHYL)BENZENE see BENZAL CHLORIDE
sym-DICHLOROMETHYL ETHER see BIS(CHLOROMETHYL)ETHER
DICHLOROMETHYL ETHER see BIS(CHLOROMETHYL)ETHER
2,2'-DICHLORO-N-METHYLDIETHYLAMINE see NITROGEN MUSTARD
4,4'-DICHLORO-2,2'-METHYLENEDIPHENOL see DICHLOROPHENE
DICHLOROMETHYLETHANE see ETHYLIDENE DICHLORIDE
3-(2,4-DICHLORO-5-(1-METHYLETHOXY)PHENYL)-5-(1,1-DIMETHYLE-THYL)-1,3,4-OXADI AZOL-2(3H)-ONE see OXYDIAZON
3,3-DICHLOROMETHYLOXYCYCLOBUTANE see OXETANE, 3,3-BIS(CHLOROMETHYL)-
DICHLOROMETHYLPHENYLSILANE see DICHLOROMETHYLPHENYLSI-LANE
o-(DICHLORO(METHYLTHIO)PHENYL)O,O-DIETHYL PHOSPHOROTH-IOATE (3-ISOMERS) see CHLORTHIOPHOS
DICHLOROMONOBROMOMETHANE see DICHLOROBROMOMETHANE
DICHLOROMONOFLUOROMETHA NE see DICHLOROFLUOROMETHANE
2,3-DICHLORO-1,4-NAPHTHALENEDIONE see DICHLONE
DICHLORONAPHTHOQUINONE see DICHLONE
2,3-DICHLORONAPHTHOQUINONE see DICHLONE
2,3-DICHLORONAPHTHOQUINONE-1,4 see DICHLONE
2,3-DICHLORO-1,4-NAPHTHOQUINONE see DICHLONE
2,3-DICHLORO-α-NAPHTHOQUINONE see DICHLONE
2,6-DICHLORO-4-NITROANILINE see DICHLORAN
2,6-DICHLORO-4-NITROBENZENAMINE see DICHLORAN
2',4-DICHLORO-4'-NITRODIPHENYL ETHER see NITROFEN
2,4-DICHLORO-1-(4-NITROPHENOXY)BENZENE see NITROFEN
DICHLOROPAN see DICHLOROPROPANE
1,1-DICHLORO-2,2,3,3,3-PENTAFLUOROPROPANE see 3,3-DICHLORO-1,1,1,2,2-PENTAFLUOROPROPANE
2,2-DICHLORO-1,1,3,3,3-PENTAFLUOROPROPANE see 2,2-DICHLORO-1,1,1,3,3-PENTAFLUOROPROPANE
3,3-DICHLORO-1,1,2,2,3-PENTAFLUOROPROPANE see 1,1-DICHLORO-1,2,2,3,3-PENTAFLUOROPROPANE
DICHLOROPHEN see DICHLOROPHENE
DICHLOROPHEN B see DICHLOROPHENE
DICHLOROPHENE 10 see DICHLOROPHENE
4,6-DICHLOROPHENOL see 2,4-DICHLOROPHENOL

3-(3,4-DICHLOROPHENOL)-1,1-DIMETHYLUREA *see* DIURON
(2,4-DICHLOROPHENOXY)ACETIC ACID, 2-ETHYLHEXYL ESTER *see* 2,4-D ETHYLHEXYL ESTER
2,4-DICHLOROPHENOXYACETIC ACID, α-CHLOROCROTONYL ESTER *see* 2,4-D CHLOROCROTYL ESTER
2,4-DICHLOROPHENOXYACETIC ACID 2-BUTOXYETHYL ESTER *see* 2,4-D BUTOXYETHYL ESTER
(2,4-DICHLOROPHENOXY)ACETIC ACID 2-BUTOXYETHYL ESTER *see* 2,4-D BUTOXYETHYL ESTER
2,4-DICHLOROPHENOXYACETIC ACID, 4-CHLOROCROTONYL ESTER *see* 2,4-D CHLOROCROTYL ESTER
2,4-DICHLOROPHENOXYACETIC ACID BUTOXYETHANOL ESTER *see* 2,4-D BUTOXYETHYL ESTER
2,4-DICHLOROPHENOXYACETIC ACID BUTOXYETHYL ESTER *see* 2,4-D BUTOXYETHYL ESTER
2,4-DICHLOROPHENOXYACETIC ACID, BUTOXYETHYL ESTER *see* 2,4-D BUTOXYETHYL ESTER
(2,4-DICHLOROPHENOXY)ACETIC ACID BUTOXYETHYL ESTER *see* 2,4-D BUTOXYETHYL ESTER
2,4-DICHLOROPHENOXYACETIC ACID BUTOXYETHANOL ESTER *see* 2,4-D BUTOXYETHYL ESTER
2,4-DICHLOROPHENOXYACETIC ACID, BUTYL ESTER *see* 2,4-D BUTYL ESTER
(2,4-DICHLOROPHENOXY)ACETIC ACID BUTYL ESTER *see* 2,4-D BUTYL ESTER
2,4-DICHLOROPHENOXYACETIC ACID, CHLOROCROTONYL ESTER *see* 2,4-D CHLOROCROTYL ESTER
2,4-DICHLOROPHENOXYACETIC ACID ESTER *see* 2,4-D ESTERS
2,4-DICHLOROPHENOXYACETIC ACID ETHYLENE GLYCOL BUTYL ETHER ESTER *see* 2,4-D BUTOXYETHYL ESTER
2,4-DICHLOROPHENOXYACETIC ACID ETHYLENE GLYCOL BUTYL ESTER *see* 2,4-D BUTOXYETHYL ESTER
2,4-DICHLOROPHENOXYACETIC ACID ISOOCTYL(2-ETHYL-4-METHYL-PENTYL) ESTER *see* 2,4-D 2-ETHYL-4-METHYL PENTYL ESTER
(2,4-DICHLOROPHENOXY)ACETIC ACID ISOPROPYL ESTER *see* 2,4-D ISOPROPYL ESTER
2,4-DICHLOROPHENOXYACETIC ACID ISOPROPYL ESTER *see* 2,4-D ISOPROPYL ESTER
2,4-DICHLOROPHENOXYACETIC ACID, METHYL ESTER *see* 2,4-D METHYL ESTER
2,4-DICHLOROPHENOXYACETIC ACID N-BUTYL ESTER *see* 2,4-D BUTYL ESTER
2,4-DICHLOROPHENOXYACETIC ACID, PROPYL ESTER *see* 2,4-D PROPYL ESTER
2,4-DICHLOROPHENOXYACETIC ACID PROPYLENE GLYCOL BUTYL ETHER ESTER *see* 2,4-D PROPYLENE GLYCOL BUTYL ETHER ESTER
2,4-DICHLOROPHENOXYACETIC ACID, SALTS AND ESTERS *see* 2,4-D
2,4-DICHLOROPHENOXYACETIC ACID, sec-BUTYL ESTER *see* 2,4-D sec-BUTYL ESTER
DICHLOROPHENOXYACETIC ACID *see* 2,4-D
2,4-DICHLOROPHENOXYACETIC ACID, SODIUM SALT *see* 2,4-D SODIUM SALT
γ-(2,4-DICHLOROPHENOXY)BUTANOIC ACID *see* 2,4-DB
4-(2,4-DICHLOROPHENOXY)BUTANOIC ACID *see* 2,4-DB
2,4-DICHLOROPHENOXY, 2-BUTOXYMETHYLETHYL ESTER *see* 2,4-D PROPYLENE GLYCOL BUTYL ETHER ESTER
4-(2,4-DICHLOROPHENOXY)BUTYRIC ACID *see* 2,4-DB
(2,4-DICHLOROPHENOXY)BUTYRIC ACID *see* 2,4-DB
4-(2,4-DICHLOROPHENOXY)NITROBENZENE *see* NITROFEN
2-(4-(2,4-DICHLOROPHENOXY)PHENOXY)METHYL-PROPIONATE *see* DICLOFOP METHYL
2-(4-(2,4-DICHLOROPHENOXY)PHENOXY)PROPANOIC ACID, METHYL ESTER *see* DICLOFOP METHYL
(±)-2-(2,4-DICHLOROPHENOXY)PROPIONIC ACID *see* 2,4-DP

α-(2,4-DICHLOROPHENOXY)PROPIONIC ACID *see* 2,4-DP
2-(2,4-DICHLOROPHENOXY)PROPIONIC ACID *see* 2,4-DP
2,4-DICHLOROPHENOXYPROPIONIC ACID *see* 2,4-DP
2,4-DICHLOROPHENOXY-α-PROPIONIC ACID *see* 2,4-DP
3-(3,4-DICHLOROPHENYL)-1,1-DEMETHYLUREA *see* DIURON
n-(3,4-DICHLOROPHENYL)-N',N'-DIMETHYLUREA *see* DIURON
N'-(3,4-DICHLOROPHENYL)-N,N-DIMETHYLUREA *see* DIURON
1-(3,4-DICHLOROPHENYL)-3,3-DIMETHYLUREA *see* DIURON
1(3,4-DICHLOROPHENYL)-3,3-DIMETHYLUREE (French) *see* DIURON
(RS)-3-(3,5-DICHLOROPHENYL)-5-ETHENYL-5-METHYL-2,4-OXAZOLIDINE-DIONE *see* VINCLOZOLIN
3-(3,5-DICHLOROPHENYL)-5-ETHENYL-5-METHYL-2,4-OXAZOLIDINE-DIONE *see* VINCLOZOLIN
3-(3,5-DICHLOROPHENYL)-5-ETHENYL-5-METHYL-2,4-OXAZOLIDINE-DIONE *see* VINCLOZOLIN
DICHLOROPHENYL ISOCYANATE *see* ISOCYANIC ACID-3,4-DICHLOROPHENYL ESTER
3,4-DICHLOROPHENYL ISOCYANATE *see* ISOCYANIC ACID-3,4-DICHLOROPHENYL ESTER
3-(3,4-DICHLOROPHENYL)-1-METHOXY-1-METHYLUREA *see* LINURON
1-(3,4-DICHLOROPHENYL)-3-METHOXY-3-METHYLUREE (French) *see* LINURON
N'-(3,4-DICHLOROPHENYL)-N-METHOXY-N-METHYLUREA *see* LINURON
3-(3,4-DICHLOROPHENYL)-1-METHOXYMETHYLUREA *see* LINURON
2-(3,4-DICHLOROPHENYL)-4-METHYL-1,2,4-OXADIAZOLIDINEDIONE *see* METHAZOLE
2-(3,4-DICHLOROPHENYL)-4-METHYL-1,2,4-OXADIAZOLIDINE-3,5-DIONE *see* METHAZOLE
n-(3,4-DICHLOROPHENYL)-N'-METHYL-N'-METHOXYUREA *see* LINURON
N-3,5-DICHLOROPHENYL-5-METHYL-5-VINYL-1,3-OXAZOLIDINE-2,4-DIONE *see* VINCLOZOLIN
(RS)-3-(3,5-DICHLOROPHENYL)-5-METHYL-5-VINYL-1,3-OXAZOLIDINE-2,4-DIONE *see* VINCLOZOLIN
3-(3,4-DICHLOROPHENYL)-1-METOXY-1-METHYLUREA *see* LINURON
2,4-DICHLOROPHENYL-4-NIRTOPHENYLAETHER (German) *see* NITROFEN
2,4-DICHLOROPHENYL 4-NITROPHENYL ETHER *see* NITROFEN
2,4-DICHLOROPHENYL p-NITROPHENYL ETHER *see* NITROFEN
1,2-DICHLORO-4-PHENYL ISOCYANATE *see* ISOCYANIC ACID-3,4-DICHLOROPHENYL ESTER
n-(3,4-DICHLOROPHENYL)PROPANAMIDE *see* PROPANIL
1-(2-((2,4-DICHLOROPHENYL)-2-PROPENYLOXY)-ETHYL)-1H-IMIDAZOLE *see* IMAZALIL
1-(2-(2,4-DICHLOROPHENYL)-2-(2-PROPENYLOXY)ETHYL)-1H-IMIDAZOLE *see* IMAZALIL
3',4'-DICHLOROPHENYLPROPIONANILIDE *see* PROPANIL
(±)-1-(2-(2,4-DICHLOROPHENYL)-4-PROPYL-1,3-DIOXOLAN-2-YLMETHYL)-1H-1,2,4-T RIAZOLE *see* PROPICONAZOLE
1-(2-(2,4-DICHLOROPHENYL)-4-PROPYL-1,3-DIOXOLAN-2-YL)-METHYL-1H-1,2,4,-TRIA ZOLE *see* PROPICONAZOLE
(2,5-DICHLOROPHENYLTHIO)METHANETHIOL-S-ESTER with O,O-DIMETHYL PHOSPHORODITHIOATE *see* METHYL PHENKAPTON
s-(((2,5-DICHLOROPHENYL)THIO)METHYL)-O,O-DIMETHYL PHOSPHORODITHIOATE *see* METHYL PHENKAPTON
DICHLOROPHENYL(TRICHLORO)SILANE *see* TRICHLORO(DICHLOROPHENYL)SILANE
DI(p-CHLOROPHENYL)TRICHLOROMETHYL CARBINOL *see* DICOFOL
(DICHLOROPHENYL)TRICHLOROSILANE *see* TRICHLORO(DICHLOROPHENYL)SILANE
DICHLOROPROPIONANILIDE *see* PROPANIL
DICHLOROPROP *see* 2,4-DP
α,β-DICHLOROPROPANE *see* 1,2-DICHLOROPROPANE
1,3-DICHLOROPROPANE and 1,2-DICHLOROPROPENE mixture *see* DICHLOROPROPANE-DICHLOROPROPENE MIXTURE
1,3-DICHLORO-2-PROPANONE *see* BIS(CHLOROMETHYL)KETONE

1,3-DICHLOROPROPENE see 1,3-DICHLOROPROPYLENE
1,3-DICHLORO-1-PROPENE see 1,3-DICHLOROPROPYLENE
1,3-DICHLORO-2-PROPENE see 1,3-DICHLOROPROPYLENE
2,3-DICHLORO-1-PROPENE see 2,3-DICHLOROPRENE
(E)-1,3-DICHLORO-1-PROPENE see trans-1,3-DICHLOROPROPENE
(E)-1,3-DICHLOROPROPENE see trans-1,3-DICHLOROPROPENE
trans-1,3-DICHLORO-1-PROPENE see trans-1,3-DICHLOROPROPENE
2,3-DICHLORO-2-PROPENE-1-THIOL, IISOPROPYLCARBAMATE see DIALLATE
s-(2,3-DICHLORO-2-PROPENYL)BIS(1-METHYLETHTL)CARBAMOTHIOATE see DIALLATE
3,4-DICHLOROPROPIONANILIDE see PROPANIL
3',4'-DICHLOROPROPIONANILIDE see PROPANIL
α-DICHLOROPROPIONIC ACID see 2,2-DICHLOROPROPIONIC ACID
α,α-DICHLOROPROPIONIC ACID see 2,2-DICHLOROPROPIONIC ACID
α,γ-DICHLOROPROPYLENE see 1,3-DICHLOROPROPYLENE
DICHLOROPROPYLENE see DICHLOROPROPENE
2,3-DICHLOROPROPYLENE see 2,3-DICHLOROPRENE
trans-1,3-DICHLOROPROPYLENE see trans-1,3-DICHLOROPROPENE
1-((2-(2,4-DICHLOROPHENYL)-4-PROPYL-1,3-DIOXOLAN-2-YL)METHYL)-1H-1,2,4-TRIA ZOLE see PROPICONAZOLE
sym-DICHLOROTETRAFLUOROETHANE see DICHLOROTETRAFLUOROETHANE
1,2-DICHLORO-1,1,2,2-TETRAFLUOROETHANE see DICHLOROTETRAFLUOROETHANE
α,α-DICHLOROTOLUENE see BENZAL CHLORIDE
4,4'-DICHLORO-α- (TRICHLOROMETHYL)BENZHYDROL see DICOFOL
2,2'-DICHLOROTRIETHYLAMINE see ETHYLBIS(2-CHLOROETHYL)AMINE
1,1-DICHLORO-2,2,2-TRIFLUORO see 2,2-DICHLORO-1,1,1-TRIFLUOROETHANE
4,5-DICHLORO-2-TRIFLUOROMETHYLBENZIMIDAZOLE see BENZIMIDAZOLE, 4,5-DICHLORO-2-(TRIFLUOROMETHYL)-
1RS,3SR)-3-(2,2-DICHLOROVINYL)-2,2-DIMETHYLCYCLOPROPANECARBOXYLATE see PERMETHRIN
2,2-DICHLOROVINYL DIMETHYL PHOSPHATE see DICHLORVOS
DICHLOROVOS see DICHLORVOS
DICHLOROXYLENE see XYLIDINE DICHLORIDE
DICHLORPHEN see DICHLOROPHENE
2,4-DICHLORPHENOXYACETIC ACID see 2,4-D
3-(4,5-DICHLORPHENYL)-1-METHOXY-1-METHYLHARNSTOFF (German) see LINURON
DICHLORPROP see 2,4-DP
DICHLORPROPAN-DICHLORPROPEN GEMISCH (German) see DICHLOROPROPANE-DICHLOROPROPENE MIXTURE
(2,2-DICHLORVINYL)-DIMETHYL-PHOSPHAT (German) see DICHLORVOS
o-(2,2-DICHLORVINYL)-O,O-DIMETHYLPHOSPHAT (German) see DICHLORVOS
DICHROMIC ACID, DIPOTASSIUM SALT see POTASSIUM BICHROMATE
DICHROMIUM SULFATE see CHROMIC SULFATE
DICHROMIUM SULPHATE see CHROMIC SULFATE
DICHROMIUM TRISULFATE see CHROMIC SULFATE
DICHROMIUM TRISULPHATE see CHROMIC SULFATE
DICICLOPENTADIENO (Spanish) see DICYCLOPENTADIENE
DICID see DIAZINON
DICLONA (Spanish) see DICHLONE
DICLONE see DICHLONE
1,1-DICLOROPROPANO (Spanish) see 1,1-DICHLOROPROPANE
DICLOROBENCENO (Spanish) see DICHLOROBENZENE (MIXED ISOMERS)
1,2-DICLOROBENCENO (Spanish) see o-DICHLOROBENZENE
1,3-DICLOROBENCENO (Spanish) see 1,3-DICHLOROBENZENE
1,4-DICLOROBENCENO (Spanish) see 1,4-DICHLOROBENZENE
m-DICLOROBENCENO (Spanish) see 1,3-DICHLOROBENZENE
o-DICLOROBENCENO (Spanish) see o-DICHLOROBENZENE
p-DICLOROBENCENO (Spanish) see 1,4-DICHLOROBENZENE

3,3-DICLOROBENCIDINA (Spanish) *see* 3,3′-DICHLOROBENZIDINE
1,1-DICLORO-2,2-BIS(4-CLOROFENIL)-ETANO (Italian) *see* DDD
1,4-DICLORO-2-BUTANO (Spanish) *see* 1,4-DICHLORO-2-BUTENE
DICLORODIFENILDICLOROETILENO (Spanish) *see* DDE (72-55-9)
DICLORODIFENILETILENO (Spanish) *see* DDE (3547-04-4)
DICLORODIFENILTRICLOROETANO (Spanish) *see* DDT
DICLORODIFENILTRICLOROETANO (Spanish) *see* DDD
DICLORODIFLUOMETANO (Spanish) *see* DICHLORODIFLUOROMETHANE
1,1-DICLOROETANO (Italian) *see* ETHYLIDENE DICHLORIDE
1,2-DICLOROETANO (Italian, Spanish) *see* 1,2-DICHLOROETHANE
1,1-DICLOROETANO (Spanish) *see* ETHYLIDENE DICHLORIDE
trans-1,2-DICLOROETENO (Spanish) *see* 1,2-DICHLOROETHYLENE (156-60-5)
1,2-DICLOROETENO (Spanish) *see* 1,2-DICHLOROETHYLENE (540-59-0)
2,2′-DICLOROETILETERE (Italian) *see* BIS(2-CHLOROETHYL)ETHER
p-N,N-DI-(β-CHLOROETHYL)AMINOPHENYLBUTYRIC ACID *see* CHLORAMBUCIL
3-(3,4-DICLOROFENIL)-1,1-DIMETILUREA (Spanish) *see* DIURON
DICLOROFENILARSINA (Spanish) *see* DICHLOROPHENYLARSINE
DICLOROFENO (Spanish) *see* DICHLOROPHENE
2,4-DICLOROFENOL (Spanish) *see* 2,4-DICHLOROPHENOL
2,6-DICLOROFENOL (Spanish) *see* 2,6-DICHLOROPHENOL
2,4-DICLOROFENOXIACETATO SODICO (Spanish) *see* 2,4-D SODIUM SALT
3-(3,4-DICLORO-FENYL)-1,1-DIMETIL-UREA (Italian) *see* DIURON
DICLOROMETANO (Spanish) *see* DICHLOROMETHANE
DICLOROPROPANO (Spanish) *see* DICHLOROPROPANE
1,2-DICLOROPROPANO (Spanish) *see* 2,2-DICHLORO-1,1,1,3,3-PENTAFLUOROPROPANE
1,2-DICLOROPROPANO (Spanish) *see* 1,2-DICHLOROPROPANE
1,3-DICLOROPROPANO (Spanish) *see* 1,3-DICHLOROPROPANE
DICLOROPROPENO (Spanish) *see* DICHLOROPROPENE
(E)-1,3-DICLOROPROPENO (Spanish) *see* trans-1,3-DICHLOROPROPENE
trans-1,3-DICLOROPROPENO (Spanish) *see* trans-1,3-DICHLOROPROPENE
1,3-DICLOROPROPENO (Spanish) *see* 1,3-DICHLOROPROPYLENE
2,3-DICLOROPROPENO (Spanish) *see* 2,3-DICHLOROPRENE
DICLOROSILANO (Spanish) *see* DICHLOROSILANE
sim-DICLOROTETRAFLUOETANO (Spanish) *see* DICHLOROTETRAFLUOROETHANE
DICLOROTRIFLUOETANO (Spanish) *see* DICHLOROTRIFLUOROETHANE
DICLORO-1,1,2-TRIFLUOETANO (Spanish) *see* DICHLORO-1,2,2-TRIFLUOROETHANE
1,1-DICLORO-1,2,2-TRIFLUOETANO (Spanish) *see* 1,1-DICHLORO-1,2,2-TRIFLUOROETHANE
1,2-DICLORO-1,1,2-TRIFLUOETANO (Spanish) *see* 1,2-DICHLORO-1,1,2-TRIFLUOROETHANE
2,2-DICLORO-1,1,1-TRIFLUOETANO (Spanish) *see* 2,2-DICHLORO-1,1,1-TRIFLUOROETHANE
(2,2-DICLORO-VINIL)DIMETILFOSFATO (Italian) *see* DICHLORVOS
DICLORURO de METILFOSFONICO (Spanish) *see* METHYL PHOSPHONIC DICHLORIDE
DICOBALT CARBONYL *see* COBALT CARBONYL
DICOBALT OCTACARBONYL *see* COBALT CARBONYL
DICONITR D *see* 2,4-D SODIUM SALT
DICOPHANE *see* DDT
DICOPUR-M *see* METHOXONE
DICOPUR *see* 2,4-D
DICOREL BROWN LMR *see* C.I. DIRECT BROWN 95
DICORVIN *see* DIETHYLSTILBESTROL
DICOTEX 80 *see* METHOXONE SODIUM SALT
DICOTEX *see* METHOXONE
DICOTOX *see* 2,4-D
DICRESYL N-METHYLCARBAMATE *see* METOLCARB
DICRESYL *see* METOLCARB
DICROPTOPHOS *see* DICROTOPHOS
DICROTOFOS (Dutch) *see* DICROTOPHOS

DICTATOR T *see* BROMOXYNIL OCTANOATE
DICUPRAL *see* DISULFIRAM
DICYAN *see* CYANOGEN
DICYANMETHANE *see* MALONONITRILE
1,4-DICYANOBUTANE *see* ADIPONITRILE
DICYANOGEN *see* CYANOGEN
DICYANOMETHANE *see* MALONONITRILE
1,3-DICYANOTETRACHLOROBENZENE *see* CHLOROTHALONIL
DICYKLOPENTADIEN (Czech) *see* DICYCLOPENTADIENE
DID 47 *see* PHENOXARSINE, 10,10'-OXYDI-
DIDAKENE *see* TETRACHLOROETHYLENE
DIDAN TDC 250 *see* PHENYTOIN
DIDANDIN *see* DIPHACIONE
DIDIGAM *see* DDT
DIDIMAC *see* DDT
1,5-DI(2,4-DIMETHYLPHENYL)-3-METHYL-1,3,5-TRIAZAPENTA-1,4-DIENE *see* AMITRAZ
DIDRIN *see* DICROTOPHOS
DIDROXANE *see* DICHLOROPHENE
DIELDREX *see* DIELDRIN
DIELDRINA (Spanish) *see* DIELDRIN
DIELDRINE (French) *see* DIELDRIN
DIELDRITE *see* DIELDRIN
DI(2,3-EPOXY)PROPYL ETHER *see* DIGLYCIDYL ETHER
DI(EPOXYPROPYL) ETHER *see* DIGLYCIDYL ETHER
DIESTER of 2-ETHYLHEXYL ALCOHOL AND ADIPIC ACID *see* BIS(2-ETHYLHEXYL)ADIPATE
DIESTER of 2-ETHYLHEXYL ALCOHOL AND PHTHALIC ACID *see* DI(2-ETHYLHEXYL)PHTHALATE
DI-ESTRYL *see* DIETHYLSTILBESTROL
DIETANOLAMINA (Spanish) *see* DIETHANOLAMINE
DIETHAMINE *see* DIETHYLAMINE
DIETHANOLAMIN (Czech) *see* DIETHANOLAMINE
N,N-DIETHANOLAMINE *see* DIETHANOLAMINE
DIETHANOLNITROSOAMINE *see* N-NITROSODIETHANOLAMINE
DIETHION *see* ETHION
DIETHOXY THIOPHOSPHORIC ACID ESTER of 2-ETHYLMERCAPTOETHANOL *see* DEMETON
1,2-DI(3-ETHOXYCARBONYL-2-THIOUREIDO)BENZENE *see* THIOPHANATE ETHYL
(DIETHOXYPHOSPHINYL)DITHIOIMIDOCARBONIC ACID CYCLIC ETHYLENE ESTER *see* PHOSFOLAN
(DIETHOXYPHOSPHINYLIMINO)-1,3-DITHIETANE *see* FOSTHIETAN
2-(DIETHOXYPHOSPHINYLIMINO)-1,3-DITHIOLAN *see* PHOSFOLAN
2-(DIETHOXYPHOSPHINYLIMINO)-1,3-DITHIOLANE *see* PHOSFOLAN
DIETHOXYPHOSPHINYLIMINO-2-DITHIETANNE-1,3 (French) *see* FOSTHIETAN
2-(DIETHOXYPHOSPHINYLIMINO)-4-METHYL-1,3-DITHIOLANE *see* MELPHALAN
2-(DIETHOXYPHOSPHINYLIMINO)-4-METHYL-1,3-DITHIOLANE *see* MEPHOSFOLAN
DIETHOXYPHOSPHOROUS OXYCHLORIDE *see* DIETHYL CHLOROPHOSPHATE
DIETHYL *see* BUTANE
O,O-DIETHYL *see* CHLORPYRIFOS
DIETHYLAMINE, 2,2'-DICHLORO-N-METHYL-(8CI) *see* NITROGEN MUSTARD
DIETHYLAMINE, N-NITROSO- *see* N-NITROSODIETHYLAMINE
N,N-DIETHYLAMINE *see* DIETHYLAMINE
DIETHYLAMINO-2,6-ACETO XYLIDIDE *see* METHAM SODIUM
N,N-DIETHYLAMINOBENZENE *see* N,N-DIETHYLANILINE
(DIETHYLAMINO)ETHANE *see* TRIETHYLAMINE
s-(2-DIETHYLAMINOETHYL)-O,O-DIETHYLPHOSPHOROTHIOATE HYDROGEN OXALATE *see* AMITON OXYLATE

2-(2-DIETHYLAMINO)ETHYL)-O,O-DIETHYL ESTER, OXALATE (1:1) *see* AMITON OXYLATE

S-(2-DIETHYLAMINO)ETHYL)PHOSPHOROTHIOIC ACID-O,O-DIETHYL ESTER *see* AMITON

O-(2-(DIETHYLAMINO)-6-METHYL-4-PYRIMIDINYL)-O,O-DIMETHYL PHOSPHOROTHIOATE *see* PRIMIPHOS METHYL

O-(2-(DIETHYLAMINO)-6-METHYL-4-PYRIMIDINYL)-O,O-DIETHYL PHOSPHOROTHIOATE *see* PIRIMFOS-ETHYL

O-(2-(DIETHYLAMINO)-6-METHYL-4-PYRIMIDINYL)-O,O-DIMETHYL PHOSPHOROTHIOATE *see* PRIMIPHOS METHYL

o-(2-DIETHYLAMINO-6-METHYLPYRIMIDIN-4-YL) O,O-DIMETHYL PHOSPHOROTHIOATE *see* PRIMIPHOS METHYL

2-DIETHYLAMINO-6-METHYLPYRIMIDIN-4-YL DIMETHYL PHOSPHOROTHIONATE *see* PRIMIPHOS METHYL

2-DIETHYLAMINO-6-METHYLPYRIMIDIN-4-YL DIETHYLPHOSPHOROTHIONATE *see* PIRIMFOS-ETHYL

N,N-DIETHYLANILIN (Czech) *see* N,N-DIETHYLANILINE

DIETHYLANILINE *see* N,N-DIETHYLANILINE

N.N-DIETHYLBENZENAMINE *see* N,N-DIETHYLANILINE

DIETHYL 1,2-BENZENEDICARBOXYLATE *see* DIETHYL PHTHALATE

DIETHYLCARBAMAZINE ACID CITRATE *see* DIETHYLCARBAMAZINE CITRATE

DIETHYLCARBAMAZANE CITRATE *see* DIETHYLCARBAMAZINE CITRATE

DIETHYLCARBAMAZINE CITRATE *see* DIETHYLCARBAMAZINE CITRATE

DIETHYLCARBAMAZINE HYDROGEN CITRATE *see* DIETHYLCARBAMAZINE CITRATE

DIETHYLCARBAMODITHIOIC ACID, SODIUM SALT *see* CARBAMODITHIOIC ACID, DIETHYL-, SODIUM SALT

DIETHYLCARBAMODITHIOIC ACID 2-CHLORO-2-PROPENYL ESTER *see* SULFALLATE

1-DIETHYLCARBAMOYL-4-METHYLPIPERAZINE DIHYDROGEN CITRATE *see* DIETHYLCARBAMAZINE CITRATE

1-DIETHYLCARBAMOYL-4-METHYLPIPERAZINE *see* DIETHYLCARBAMAZINE CITRATE

O,O-DIETHYL-O-(3-CHLOOR-4-METHYL-CUMARIN-7-YL)MONOTHIOFOSFAAT (Dutch) *see* COUMAPHOS

O,O-DIETHY-S-((4-CHLOOR-FENYL-THIO)-METHYL)DITHIOFOSFAAT (Dutch) *see* CARBOPHENOTHION

O,O-DIETHYL-S-p-CHLORFENYLTHIOMETHYLESTER KYSELINY DITHIOFOSFORECNE (Czech) *see* CARBOPHENOTHION

O,O-DIETHYL-S-(2-CHLORO-1-PHTHALIMIDOETHYL)PHOSPHORODITHIOATE *see* DIALIFOR

O,O-DIETHYL3-CHLORO-4-METHYL-7-UMBELLIFERONE THIOPHOSPHATE *see* COUMAPHOS

DIETHYL 3-CHLORO-4-METHYLUMBELLIFERYL THIONOPHOSPHATE *see* COUMAPHOS

O,O-DIETHYL-p-CHLOROPHENYLMERCAPTOMETHYL DITHIOPHOSPHATE *see* CARBOPHENOTHION

O,O-DIETHYL-4-CHLOROPHENYLMERCAPTOMETHYL DITHIOPHOSPHATE *see* CARBOPHENOTHION

O,O-DIETHY-S-P-CHLOROPHENYLTHIOMETHYL DITHIOPHOSPHATE *see* CARBOPHENOTHION

O,O-DIETHY-S-(p-CHLOROPHENYLTHIOMETHYL)PHOSPHORODITHIOATE *see* CARBOPHENOTHION

p,p-DIETHYL CYCLIC ETHYLENE ESTER of PHOSPHONODITHIOIMIDOCARBONIC ACID *see* PHOSFOLAN

p,p-DIETHYL CYCLIC ETHYLENE ESTER of PHOSPHONODITHIOIMIDOCARBONATE *see* PHOSFOLAN

p,p-DIETHYL CYCLIC PROPYLENE ESTER of PHOSPHONODITHIOIMIDOCARBONIC ACID *see* MEPHOSFOLAN

O,O-(DIETHYL-O-2,4,5-DICHLORO(METHYLTHIO)PHENYL THIONOPHOSPHATE *see* CHLORTHIOPHOS

DIETHYL 1-(2,4-DICHLOROPHENYL)-2-CHLOROVINYL PHOSPHATE *see* CHLORFENVINFOS

trans-α, α'-DIETHYL-STILBENEDIOL see DIETHYLSTILBESTROL
DIETHYL O-(2-DIETHYLAMINO-6-METHYL-4-PYRIMIDIN-YL)PHOSPHOROTHIOATE see PIRIMFOS-ETHYL
O,O-DIETHYL-S-(β-DIETHYLAMINO)ETHYL PHOSPHOROTHIOLATE see AMITON
O,O-DIETHYL-S-(2-DIETHYLAMINO)ETHYLPHOSPHOROTHIOATE HYDROGEN OXALATE see AMITON OXYLATE
O,O-DIETHYL-S-(β-DIETHYLAMINO)ETHYLPHOSPHOROTHIOATE HYDROGEN OXALATE see AMITON OXYLATE
O,O-DIETHYL-S-DIETHYLAMINO ETHYL PHOSPHOROTHIOLATE see AMITON
O,O-DIETHYL-S-(2-DIETHYLAMINOETHYL) THIOPHOSPHATE see AMITON
O,O-DIETHYL-S-2 -DIETHYLAMINOETHYL PHOSPHOROTHIOLATE see AMITON
DIETHYL-S-2-DIETHYLAMINOETHYL PHOSPHOROTHIOATE see AMITON
O,O-DIETHYL-S-2-DIETHYLAMINOETHYL PHOSPHOROTHIOATE see AMITON
DIETHYL (DIMETHOXYPHOSPHINOTHIOYLTHIO)SUCCINATE see MALATHION
DIETHYL ((DIMETHOXYPHOSPHINOTHIOYL)THIO)BUTANEDIOATE see MALATHION
DIETHYL (DIMETHOXYTHIOPHOSPHORYLTHIO)SUCCINATE see MALATHION
O-DIETHYL-O-(2-DIETHYLAMINO-6-METHYL-4-PYRIMIDIN-YL)PHOSPHOROTHIOATE see PIRIMFOS-ETHYL
DIETHYL 2-DIMETHYLAMINO-4-METHYLPYRIMIDIN-6-YL PHOSPHOROTHIONATE see PIRIMFOS-ETHYL
DIETHYLDITHIOCARBAMATE SODIUM see CARBAMODITHIOIC ACID, DIETHYL-, SODIUM SALT
DIETHYLDITHIOCARBAMIC ACID SODIUM see CARBAMODITHIOIC ACID, DIETHYL-, SODIUM SALT
DIETHYLDITHIOCARBAMIC ACID, SODIUM SALT see CARBAMODITHIOIC ACID, DIETHYL-, SODIUM SALT
DIETHYLDITHIOCARBAMIC ACID-2-CHLOROALLYL ESTER see SULFALLATE
DIETHYL 1,3-DITHIOLAN-2-YLIDENEPHOSPHORAMIDATE see PHOSFOLAN
O,O-DIETHY-DITHIOPHOSPHORIC ACID, p-CHLOROPHENYLTHIOMETHYL ESTER see CARBOPHENOTHION
O,O-DIETHYLDITHIOPHOSPHORYLACETIC ACID-N-MONOISOPROPYLAMIDE see PROTHOATE
DIETHYLENE DIOXIDE see 1,4-DIOXANE
1,4-DIETHYLENE DIOXIDE see 1,4-DIOXANE
DIETHYLENE ETHER see 1,4-DIOXANE
DIETHYLENE OXIDE see 1,4-DIOXANE
DI(ETHYLENE OXIDE) see 1,4-DIOXANE
DIETHYLENE OXIDE see FURAN, TETRAHYDRO-
DIETHYLESTER KYSELINY SIROVE (Czech) see DIETHYL SULFATE
DIETHYL ESTER SULFURIC ACID see DIETHYL SULFATE
N,N-DIETHYLETHA NAMINE compd. with ((3,5,6-TRICHLORO-2-PYRIDINYL)OXY)ACETIC ACID (1:1) see TRICLOPYR TRIETHYLAMMONIUM SALT
N,N-DIETHYLETHANEAMINE see TRIETHYLAMINE
4,4'-(1,2-DIETHYL-1,2-ETHENEDIYL)BIS-PHENOL see DIETHYLSTILBESTROL
trans-4,4'-(1,2-DIETHYL-1,2-ETHENEDIYL)BISPHENOL see DIETHYLSTILBESTROL
DIETHYL ETHER see ETHYL ETHER
O,O-DIETHYL S-(2-ETHTHIOETHYL)PHOSPHORODITHIOATE see DISULFOTON
O,O-DIETHYL S-(2-ETHTHIOETHYL)THIOTHIONOPHOSPHATE see DISULFOTON

O,O-DIETHYL-S-(2-ETHYL-N,N-DIETHYLAMI-
NO)ETHYLPHOSPHOROTHIOATE HYDROGEN OXALATE see AMITON
OXYLATE

O,O-DIETHYL S-(2-ETHYLMERCAPTOETHYL)DITHIOPHOSPHATE see DI-
SULFOTON

O,O-DIETHYL-2-ETHYLMERCAPTOETHYL THIOPHOSPHATE, DIETHOXY-
THIOPHOSPHORIC ACID see DEMETON

O,O-DIETHYL S-ETHYLMERCAPTOMETHYL DITHIOPHOSPHONATE see
PHORATE

O,O-DIETHYL S-(2-(ETHYLSULFINYL)ETHYL)PHOSPHORODITHIOATE see
OXYDISULFOTON

O,O-DIETYL-S-((ETHYLSULFINYL)ETHYL)PHOSPHORODITHIOATE see
OXYDISULFOTON

O,O-DIETHYL-S-(2-ETHYLTHIO-ETHYL)DITHIOFOSFAAT (Dutch) see DI-
SULFOTON

O,O-DIETHYL S-2-(ETHYLTHIO)ETHYL PHOSPHOROTHIOATE mixed with
PHOSPHOROTHIOIC ACID,O,O-DIETHYL O-2-(ETHYLTHIO)ETHYL ES-
TER see DEMETON

O,O-DIETHYL-S-2-(ETHYLTHIO)ETHYLPHOSPHORODITHIOATE see DI-
SULFOTON

O,O-DIETHYL 2-ETHYLTHIOETHYLPHOSPHORODITHIOATE see DISUL-
FOTON

O,O-DIETHYL S((ETHYLTHIO)METHY)PHOSPHORODITHIOATE see PHO-
RATE

O,O-DIETHYL-S-(ETHYLTHIO-METHYL)-DITHIOFOSFAAT (Dutch) see PHO-
RATE

O,O-DIETHYLETHYLTHIOMETHYL PHOSPHORODITHIOATE see PHO-
RATE

O,O-DIETHYL-S-ETHYLTHIOMETHYLDITHIOPHOSPHONATE see PHO-
RATE

O,O-DIETHYL-S-(ETHYLTHIO)METHYLPHOSPHORODITHIOATE see PHO-
RATE

O,O-DIETHYL-S-ETHYLTHIOMETHYLTHIOTHIONOPHOSPHATE see PHO-
RATE

DI-2-ETHYLHEXYL ADIPATE see BIS(2-ETHYLHEXYL)ADIPATE

DI-(2-ETHYLHEXYL)ADIPATE see BIS(2-ETHYLHEXYL)ADIPATE

DI(2-ETHYLHEXYL)ORTHOPHTHALATE see DI(2-ETHYLHEX-
YL)PHTHALATE

DI(2-ETHYLHEXYL)PHTHALATE see DI(2-ETHYLHEXYL)PHTHALATE

DI-sec-(2-ETHYLHEXYL)PHTHALATE see DI-n-OCTYLPHTHALATE

1,2-DIETHYLHYDRAZINE see HYDRAZINE, 1,2-DIETHYL-

N,N'-DIETHYHYDRAZINE see HYDRAZINE, 1,2-DIETHYL-

sym-DIETHYLHYDRAZINE see HYDRAZINE, 1,2-DIETHYL-

O,O-DIETHYL-O-(2-ISOPROPYL-4-METHYL-PYRIMIDIN-6-YL)-MONOTHIO-
FOSPAAT (Dutch) see DIAZINON

O,O-DIETHYL-O-(2-ISOPROPYL-4-METHYL-6-PYRIMI-
DYL)PHOSPHOROTHIONATE see DIAZINON

O,O-DIETHYL-2-ISOPROPYL-4-METHYLPYRIMIDYL-6-THIOPHOSPHATE
see DIAZINON

O,O-DIETHYL-O-(2-ISOPROPYL-4-METHYL-6-PYRIMI-
DYL)THIONOPHOSPHATE see DIAZINON

DIETHYL-2-ISOPROPYL-4-METHYL-6-PYRIMIDYLTHIONOPHOSPHATE see
DIAZINON

DIETHYL-2-ISOPROPYL-4-METHYL-6-PYRIMIDINL PHOSPHOROTHION-
ATE see DIAZINON

O,O-DIETHYL-O-2-ISOPROPYL-6-METHYLPYRIMIDIN-4-YLPHOSPHORO-
THIONATE see DIAZINON

DIETHYL-4-(2-ISOPROPYL-6-METHYLPYRIMI-
DINL)PHOSPHOROTHIONATE see DIAZINON

O,O-DIETHYL-S-(N-ISOPROPYLCARBAMOYLMETHYL)DITHIOPHOSPHATE
see PROTHOATE

O,O-DIETHYL-S-
ISOPROPYLCARBAMOYLMETHYLPHOSPHORODITHIOATE see PROT-
HOATE

O,O-DIETHYL-S-(N-ISOPROPYLCARBAMOYLME-
THYL)PHOSPHORODITHIOATE see PROTHOATE
DIETHYL, LIQUIFIED PETROLEUM GAS see BUTANE
DIETHYL MERCAPTOSUCCINATE, O,O-DIMETHYL DITHIOPHOSPHATE,
S-ESTER see MALATHION
DIETHYL MERCAPTOSUCCINATE, O,O-DIMETHYL PHOSPHORODITH-
IOATE see MALATHION
DIETHYL MERCAPTOSUCCINATE, O,O-DIMETHYL THIOPHOSPHATE see
MALATHION
DIETHYL MERCAPTOSUCCINATE, S-ESTER with O,O-DIMETHYL PHOS-
PHORODITHIOATE see MALATHION
N,N-DIETHYL-4-METHYL-1-PIPERAZINECARBOXAMIDE-2-HYDROXY-
1,2,3-PROPANETRICARB OXYLATE see DIETHYLCARBAMAZINE CI-
TRATE
N,N-DIETHYL-4-METHYL-1-PIPERAZINE CARBOXAMIDE CITRATE see DI-
ETHYLCARBAMAZINE CITRATE
N,N-DIETHYL-4-METHYL-1-PIPERAZINECARBOXAMIDE DIHYDROGEN
CITRATE see DIETHYLCARBAMAZINE CITRATE
DIETHYL(4-METHYL-1,3-DITHIOLAN-2-YLIDENE)PHOSPHOROAMIDATE
see MEPHOSFOLAN
O,O-DIETHYL O-6-METHYL-2-ISOPROPYL-4-PYRIMIDINYL PHOSPHORTH-
IOATE see DIAZINON
O,O-DIETHYL O-(6-METHYL-2-(1-METHYLETHYL)-4-PYRIMIDINYL)
PHOSPHORTHIOATE see DIAZINON
O,O-DIETHYL-O-(p-(METHYLSULFINYL)PHENYL)PHOSPHOROTHIOATE
see FENSULFOTHION
O,O-DIETHYL-O-p-(METHYLSULFINYL)PHENYL)THIOPHOSPHATE see
FENSULFOTHION
DIETHYL -p-NITROFENYL ESTER KYSELINY FOSFORECNE (Czech) see
DIETHYL-p-NITROPHENYL PHOSPHATE
O,O-DIETHYL O-(4-NITROPHENYL) PHOSPHOROTHIOATE see PARATHI-
ON
O,O-DIETHYL O-(p-NITROPHENYL) PHOSPHOROTHIOATE see PARATHI-
ON
O,O-DIETHYL-P-NITROPHENYL PHOSPHATE see DIETHYL-p-NITROPHE-
NYL PHOSPHATE
O,O-DIETHYL O-P-NITROPHENYL PHOSPHATE see DIETHYL-p-NITRO-
PHENYL PHOSPHATE
O,O-DIETHYL-P-NITROPHENYL PHOSPHATE see DIETHYL-p-NITROPHE-
NYL PHOSPHATE
O,O-DIETHYL-O,P-NITROPHENYL PHOSPHOROTHIOATE see PARATHION
DIETHYL P-NITROPHENYL PHOSPHOROTHIONATE see PARATHION
DIETHYL 4-NITROPHENYL PHOSPHOROTHIONATE see PARATHION
DIETHYL P-NITROPHENYL THIONOPHOSPHATE see PARATHION
O,O-DIETHYL-O-P-NITROPHENYL THIOPHOSPHATE see PARATHION
O,O'-DIETHYL-P-NITROPHENYLPHOSPHAT (German) see DIETHYL-p-NI-
TROPHENYL PHOSPHATE
DIETHYLNITROSAMIDE see N-NITROSODIETHYLAMINE
DIETHYLNITROSAMINE see N-NITROSODIETHYLAMINE
DIETHYLNITROSOAMINE see N-NITROSODIETHYLAMINE
N,N-DIETHYLNITROSOAMINE see N-NITROSODIETHYLAMINE
O,O-DIETHYLO-(2-CHLORO-1-(2',4'-DICHLOROPHENYL)VINYL) PHOS-
PHATE see CHLORFENVINFOS
O,O-DIETHYLO-(3-CHLORO-4-METHYL-7-COUMARI-
NYL)PHOSPHOROTHIOATE see COUMAPHOS
O,O-DIETHYLO-(3-CHLORO-4-METHYLCOUMARINYL-7)THIOPHOSPHATE
see COUMAPHOS HYLO
O,O-DIETHYLO-(3-CHLORO-4-METHYL-2-OXO-2H-BENZOPYRAN-7-
YL)PHOSPHOROTHIOATE see COUMAPHOS
O,O-DIETHYLO-(3-CHLORO-4-METHYLUMBELLIFE-
RYL)PHOSPHOROTHIOATE see COUMAPHOS
DIETHYLOLAMINE see DIETHANOLAMINE
DIETHYL OXIDE see ETHYL ETHER

O,O-DIETHYL-S-((4-OXO-3H-1,2,3-BEZOTRIAZIN-3YL)METHYL)-DITHIOFOSFAAT (Dutch) see AZINPHOS-ETHYL
O,O-DIETHYL-S-(4-OXOBEZOTRIAZIN-3-METHYL)DITHIOPHOSPHAT (German) see AZINPHOS-ETHYL-(4-
O,O-DIETHYL-S-(4-OXO-3H-1,2,3-BEZOTRIAZINE-3-YL)METHYL)DITHIOPHOSPHATE see AZINPHOS-ETHYL OXO-
O,O-DIETHYL-S-((4-OXO-3H-1,2,3-BEZOTRIAZIN-3-YL)-METHYL)DITHIOPHOSPHAT (German) see AZINPHOS-ETHYL
O,O-DIETHYL-S-(4-OXOBEZOTRIAZINO-3-METHYL)-PHOSPHORODITHIOATE see AZINPHOS-ETHYL
DIETHYL PARAOXON see DIETHYL-p-NITROPHENYL PHOSPHATE
DIETHYL PARATHION see PARATHION
O,O-DIETHYL-O-PARAZINYL PHOSPHOROTHIOATE see ZINOPHOS
O,O-DIETHYL O-(1-PHENYL-1H-1,2,4-TRIAZOL-3-YL)PHOSPHOROTHIOATE see TRIAZOFOS
DIETHYLPHENYLAMINE see N,N-DIETHYLANILINE
α,α-DIMETHYL-β-PHENYLETHYLAMINE see BENZENEETHANAMINE, α,α-DIMETHY-
DIETHYL (1,2-PHENYLENE-BIS(IMINOCARBONOTHIOYL))BIS(CARBAMATE) see THIOPHANATE ETHYL
DIETHYL 4,4'-(O-PHENYLENE)BIS(3-THIOALLOPHANATE) see THIOPHANATE ETHYL
O,O-DIETHYLPHOSPHORIC ACID O-p-NITROPHENYL ESTER see DIETHYL-p-NITROPHENYL PHOSPHATE
O,O-DIETHYLPHOSPHORODITHIOATE-ESTER with 3-(MERCAPTOMETHYL)-1,2,3-BENZOTRIAZIN-4(3H)-ONE see AZINPHOS-ETHYL
O,O-DIETHYL PHOSPHORODITHIOATE S-ESTER with N-(2-CHLORO-1-MERCAPTOETHYL)PHTHALIMIDE see DIALIFOR
DIETHYL-p-PHTHALATE see DIETHYL PHTHALATE
O,O-DIETHYL-O,2-PYRAZINYL PHOSPHOROTHIOATE see ZINOPHOS
O,O-DIETHYL-O-2-PYRAZINYL PHOSPHOROTHIOATE see ZINOPHOS
DIETHYL-O,2-PYRAZINYL PHOSPHOROTHIOATE see ZINOPHOS
O,O-DIETHYL-O-PYRAZINYL THIOPHOSPHATE see ZINOPHOS
DIETHYL SODIUM DITHIOCARBAMATE see CARBAMODITHIOIC ACID, DIETHYL-, SODIUM SALT
α,α'-DIETHYLSTILBENEDIOL see DIETHYLSTILBESTROL
α,α'-DIETHYL-(E)-4,4'-STILBENEDIOL see DIETHYLSTILBESTROL
2,2'-DIETHYL-4,4'-STILBENEDIOL see DIETHYLSTILBESTROL
DIETHYLSTILBESTROL see DIETHYLSTILBESTROL
trans-DIETHYLSTILBESTROL see DIETHYLSTILBESTROL
DIETHYL SULPHATE see DIETHYL SULFATE
DIETHYL TETRAOXOSULFATE see DIETHYL SULFATE
DIETHYL TETRAOXOSULPHATE see DIETHYL SULFATE
DIETHYLTHIADICARBOCYANINE IODIDE see DITHIAZANINE IODIDE
3,3'-DIETHYLTHIADICARBOCYANINE IODIDE see DITHIAZANINE IODIDE
DIETHYLTHIOPHOSPHORIC ACID ESTER of 3-CHLORO-4-METHYL-7-HYDROXYCOUMARIN see COUMAPHOS
DIETILAMINA (Italian, Spanish) see DIETHYLAMINE
N,N-DIETILANILINA (Spanish) see N,N-DIETHYLANILINE
DIETILARSINA (Spanish) see DIETHYLARSINE
O,O-DIETIL-O-(3-CLORO-4-METIL-CUMARIN-7-IL-MONOTIOFOSFATO) (Italian) see COUMAPHOS
O,O-DIETIL-S-((4-CLOROFENIL-TIO)METILE)DITIOFOSFATO (Italian) see CARBOPHENOTHION
O,O-DIETIL-S-((p-CLOROFENIL-TIO)METILE)DITIOFOSFATO (Italian) see CARBOPHENOTHION
DIETILESTILBESTROL (Spanish) see DIETHYLSTILBESTROL
O,O-DIETIL-S-(2-ETILTIO-ETIL)DITIOFOSFATO (Italian) see DISULFOTON
O,O-DIETIL-S-(ETILTIO-METIL)DITIOFOSFATO (Italian) see PHORATE
1,2-DIETILHYDRAZINA (Spanish) see HYDRAZINE, 1,2-DIETHYL-
O,O-DIETIL-S-((4-OXO-3H-1,2,3-BEZOTRIAZIN-3IL)METIL)DITIOFOSFATO (Italian) see AZINPHOS-ETHYL
DIF 4 see DIPHENAMID

DIFENAMID (Spanish) see DIPHENAMID
DIFENILAMINA (Spanish) see DIPHENYLAMINE
DIFENILHIDANTOINA (Spanish) see PHENYTOIN
DIFENILHIDRACINA (Spanish) see DIPHENYLHYDRAZINE
1,2-DIFENILHIDRACINA (Spanish) see 1,2-DIPHENYLHYDRAZINE
N,N'-DIFENILHIDRACINA (Spanish) see 1,2-DIPHENYLHYDRAZINE
DIFENIN see PHENYTOIN
DIFENPHOS see TEMEPHOS
DIFENTHOS see TEMEPHOS
DIFFUSIL H see PERMETHRIN
DIFHYDAN see PHENYTOIN
DIFLUBENZURON (Spanish) see DIFLUBENZURON
1,1-DIFLUORETANO (Spanish) see DIFLUOROETHANE
DIFLUORO-1-CHLOROETHANE see 1-CHLORO-1,1-DIFLUOROETHANE
1,1-DIFLUORO-1-CHLOROETHANE see 1-CHLORO-1,1-DIFLUOROETHANE
DIFLUORO-1-CHLOROETHANE see 1-CHLORO-1,1-DIFLUOROETHANE
1,1,1-DIFLUOROCHLOROETHANE see 1-CHLORO-1,1-DIFLUOROETHANE
DIFLUOROCHLOROMETHANE see CHLORODIFLUOROMETHANE
DIFLUORODICHLOROMETHANE see DICHLORODIFLUOROMETHANE
1,1-DIFLUOROETHANE see DIFLUOROETHANE
1,1-DIFLUOROETHENE see VINYLIDENE FLUORIDE
1,1-DIFLUOROETHYLENE (DOT) see VINYLIDENE FLUORIDE
DIFLUOROFORMALDEHYDE see CARBONIC DIFLUORIDE
DIFLUOROMONOCHLOROETHANE see 1-CHLORO-1,1-DIFLUOROETHANE
DIFLUOROMONOCHLOROMETHANE see CHLORODIFLUOROMETHANE
DIFLUPYL see DIISOPROPYLFLUOROPHOSPHATE
1,1-DIFLUROETHANE see DIFLUOROETHANE
DIFLURON see DIFLUBENZURON
DIFLUROPHATE see DIISOPROPYLFLUOROPHOSPHATE
DIFO see DIMEFOX
DIFONATE see FONOFOS
DIFOS see TEMEPHOS
DIGACIN see DIGOXIN
DIGERMIN see TRIFLURALIN
DIGILONG see DIGITOXIN
DIGIMED see DIGITOXIN
DIGIMERCK see DIGITOXIN
DIGISIDIN see DIGOXIN
DIGITALIN see DIGITOXIN
DIGITALINE (French) see DIGITOXIN
DIGITALINE DIGITOPHYLLIN see DIGITOXIN
DIGITALIS GLYCOSIDE see DIGOXIN
DIGITOXIGENIN-TRIDIGITOXOSID (German) see DIGITOXIN
DIGITOXIGENIN TRIDIGITOXOSIDE see DIGITOXIN
DIGITOXINA (Spanish) see DIGITOXIN
1,3-DIGLYCIDYLOXYBENZENE see DIGLYCIDYL RESORCINOL ETHER
DIGOXIGENINTRIDIGITOXOSID (German) see DIGOXIN
DIGOXINA (Spanish) see DIGOXIN
DIGOXINE see DIGOXIN
DIHIDROSAFROL (Spanish) see DIHYDROSAFROLE
DIHYCON see PHENYTOIN
DI-HYDAN see PHENYTOIN
DIHYDANTOIN see PHENYTOIN
DIHYDRO-1H-AZIRINE see ETHYLENEIMINE
DIHYDROAZIRINE see ETHYLENEIMINE
2,3-DIHYDRO-5-CARBOXANILIDO-6-METHYL-1,4-OXATHIIN see CARBOX-IN
9,10-DIHYDRO-8A,10,-DIAZONIAPHENANTHRENE DIBROMIDE see DIQUAT (85-00-7)
9,10-DIHYDRO-8A,10A-DIAZONIAPHENANTHRENE(1,1'-ETHYLENE-2,2'-BIPYRIDYLIUM)DI BROMIDE see DIQUAT (85-00-7)
1,4-DIHYDRO-1,4-DIKETONAPHTHALENE see 1,4-NAPHTHOQUINONE
2,3-DIHYDRO-5,6-DIMETHYL-1,4-DITHIIN 1,1,4,4-TETRAOXIDE see DIMETHIPIN

2,3-DIHYDRO-5,6-DIMETHYL-1,4-DITHIIN 1,1,4,4-TETROXIDE see DIMETHIPIN
2,3,-DIHYDRO-5,6-DIMETHYL-1,4-DITHIIN 1,1,4,4-TETRAOXIDE see DIMETHIPIN
2,3-DIHYDRO-2,2-DIMETHYL-7-BENZOFURANYL ((DIBUTYLAMINO)THIO)METHYLCARBAMATE see CARBOSULFAN
2,3-DIHYDRO-2,2-DIMETHYL-7-BENZOFURANOLMETHYLCARBAMATE see CARBOFURAN
2,3-DIHYDRO-2,2-DIMETHYL-7-BENZOFURANOL-N-METHYLCARBAMATE see CARBOFURAN
2,3-DIHYDRO-2,2-DIMETHYLBENZOFURAN-7-YL-METHYLCARBAMATE see CARBOFURAN CARB
2,3-DIHYDRO-2,2-DIMETHYLBENZOFURAN-7-YL(DIBUTYLAMINOTHIO)METHYLCARBAMATE see CARBOSULFAN
2,3-DIHYDRO-2,2-DIMETHYLBENZOFURANYL-7-N-METHYLCARBAMATE see CARBOFURAN
2,3-DIHYDRO-2,2-DIMETHYLBENZOFURANYL-7-N-METHYLCARBAMATE see CARBOFURAN
DIHYDRO-2,5-DIOXOFURAN see MALEIC ANHYDRIDE
5,6-DIHYDRO-DIPYRIDO(1,2-A:2,1'-C)PYRAZINIUM DIBROMIDE see DIQUAT (85-00-7)
5,6-DIHYDRO-DIPYRIDO(1,2A,2,1C)PYRAZINIUM DIBROMIDE see DIQUAT (85-00-7)
2,5-DIHYDROFURAN-2,5-DIONE see MALEIC ANHYDRIDE
DIHYDROGEN DIOXIDE see HYDROGEN PEROXIDE
DIHYDROGEN MONOSULFIDE see HYDROGEN SULFIDE
DIHYDROGEN SULFATE see SULFURIC ACID
DIHYDROGEN SULFIDE see HYDROGEN SULFIDE
4,5-DIHYDROIMIDAZOLE-2(3H)-THIONE see ETHYLENE THIOUREA
DIHYDROISOSAFROLE see DIHYDROSAFROLE
1,2-DIHYDRO-2-KETOBENZISOSULFONAZOLE see SACCHARIN
1,2-DIHYDRO-2-KETOBENZISOSULPHONAZOLE see SACCHARIN
4,5-DIHYDRO-2-MERCAPTOIMIDAZOLE see ETHYLENE THIOUREA
s-(2,3-DIHYDRO-5-METHOXY-2-OXO-1,4,4-THIADIAZOL-3-METHYL) see METHIDATHION
2,3-DIHYDRO-6-METHYL-1,4-OXATHIIN-5-CARBOXANILIDE see CARBOXIN
5,6-DIHYDRO-2-METHYL-1,4-OXATHIIN-3-CARBOXANILIDE see CARBOXIN
2,3-DIHYDRO-6-METHYL-2-THIOXO-4(1H)-PYRIMIDINONE see METHYLTHIOURACIL
2,3-DIHYDRO-6-METHYL-5-PHENYLCARBAMOYL-1,4-OXATHIIN see CARBOXIN
1,2-DIHYDRO-3-METHYL-BENZ(j)ACEANTHRYLENE see 3-METHYLCHOLANTHRENE
5,6-DIHYDRO-2-METHYL-N-PHENYL-1,4-OXATHIIN-3-CARBOXAMIDE see CARBOXIN
DIHYDROOXIRENE see ETHYLENE OXIDE
3,4-DIHYDRO-4-OXO-3-BENZOTRIAZINYLMETHYL O,O-DIETHYL PHOSPHORODITHIOATE see AZINPHOS-ETHYL
2,3-DIHYDRO-3-OXOBENZISOSULFONAZOLE see SACCHARIN
2,3-DIHYDRO-3-OXOBENZISOSULPHONAZOLE see SACCHARIN
s-(3,4-DIHYDRO-4-OXOBENZO (a)(1,2,3)TRIAZIN-3-YLMETHYL)-O,O-DIMETHYL PHOSPHORODITHIOATE see AZINPHOS-METHYL
s-(3,4-DIHYDRO-4-OXOBENZOL (d) (1,2,3)TRIAZIN-3-YLMETHYL)-O,O-DIMETHYL PHOSPHORODITHIOATE see AZINPHOS-METHYL
DIHYDROPENTABORANE (9) see PENTABORANE
1,2-DIHYDRO-3,6-PYRADAZINEDIONE see MALEIC HYDRAZIDE
1,2-DIHYDROPYRIDAZINE-3,6-DIONE see MALEIC HYDRAZIDE
1,2-DIHYDRO-3,6-PYRIDAZINEDIONE see MALEIC HYDRAZIDE
6,7-DIHYDROPYRIDO(1,2-A:2',1'-C)PYRAZINEDIUM DIBROMIDE see DIQUAT (85-00-7)
6,7-DIHYDROPYRIDO (1,2-a:2',1'-C)PYRAZINEDIIUM ION see DIQUAT (2764-72-9)

6,7-DIHYDROPYRIDOL(1,2-A:2',1'-C)PYRAZINEDIUM DIBROMIDE see DIQUAT (85-00-7)
DIHYDROQUINONE see HYDROQUINONE
DIHYDROSAFROL see DIHYDROSAFROLE
2',3'-DIHYDROSAFROLE see DIHYDROSAFROLE
1,4-DIHYROXY-BENZEEN (Dutch) see HYDROQUINONE
1,4-DIHYDROXYBENZEN (Czech) see HYDROQUINONE
o-DIHYDROXYBENZENE see CATECHOL
1,2-DIHYDROXYBENZENE see CATECHOL
p-DIHYDROXYBENZENE see HYDROQUINONE
DIHYDROXYBENZENE see HYDROQUINONE
1,4-DIHYDROXYBENZENE see HYDROQUINONE
m-DIHYDROXYBENZENE see RESORCINOL
1,3-DIHYDROXYBENZENE see RESORCINOL
1,4-DIHYDROXY-BENZOL (German) see HYDROQUINONE
3,3'-((3,3'-DIHYDROXY-1,1'-BIPHENYL-4,4'-DIY)BIS(AZO)BIS(5-AMINO-2,7-NAPHTH ALENEDISULFONATO-(04,03)))DICOPPER,TETRASODIUM SALT see C.I. DIRECT BLUE 218
2,6-DIHYDROXY-5-BIS(2-CHLOROETHYL)AMINOPYRAMIDINE see URACIL MUSTARD
2,3-DIHYDROXY-BUTANEDIOIC ACID, DIAMMONIUM SALT (9CI) see AMMONIUM TARTRATE (3164-29-2)
((DIHYDROXYDICHLORO)DIPHENYL)METHANE see DICHLOROPHENE
2,2'-DIHYDROXY-5,5'-DICHLORODIPHENYLMETHANE see DICHLOROPHENE
2,2'-DIHYDROXYDIETHYLAMINE see DIETHANOLAMINE
4,4'-DIHYDROXYDIETHYLSTILBENE see DIETHYLSTILBESTROL
4,4'-DIHYDROXY-α,beta-DIETHYLSTILBENE see DIETHYLSTILBESTROL
2,2'-DIHYDROXY-3,3'-DIMETHYL-5,5'-DICHLORODIPHENYL SULFIDE see PHENOL, 2,2'-THIOBIS(4-CHLORO-6-METHYL-
4,4'-DIHYDROXYDIPHENYL-2,2-PROPANE see 4,4'-ISOPROPYLIDENEDIPHENOL
2,2-(4,4'-DIHYDROXYDIPHENYL)PROPANE see 4,4'-ISOPROPYLIDENEDIPHENOL
p,p'-DIHYDROXYDIPHENYLDIMETHYLMETHANE see 4,4'-ISOPROPYLIDENEDIPHENOL
4,4'-DIHYDROXYDIPHENYLDIMETHYLMETHANE see 4,4'-ISOPROPYLIDENEDIPHENOL
p,p'-DIHYDROXYDIPHENYLPROPANE see 4,4'-ISOPROPYLIDENEDIPHENOL
4,4'-DIHYDROXYDIPHENYLPROPANE see 4,4'-ISOPROPYLIDENEDIPHENOL
4,4'-DIHYDROXY-2,2-DIPHENYLPROPANE see 4,4'-ISOPROPYLIDENEDIPHENOL
1,2-DIHYDROXYETHANE see ETHYLENE GLYCOL
DI(2-HYDROXYETHYL)AMINE see DIETHANOLAMINE
2,2'-DIHYDROXY-3,5,6,3',5',6'-HEXACHLORODIPHENYLMETHANE see HEXACHLOROPHENE
2,2'-DIHYDROXY-3,3',5,5',6,6'-HEXACHLORODIPHENYLMETHANE see HEXACHLOROPHENE
3,4-DIHYDROXY-α-((METHYLAMINO)METHYL)BENZYL ALCOHOL see EPINEPHRINE
2,2'-DIHYDROXY-N-NITROSODIETHYLAMINE see N-NITROSODIETHANOLAMINE
3,4'(4,4'-DIHYDROXYPHENYL)HEX-3-ENE see DIETHYLSTILBESTROL
1-1-(3,4-DIHYDROXYPHENYL)-2-METHYLAMINOETHANOL see EPINEPHRINE
2,2-DI(4-HYDROXYPHENYL)PROPANE see 4,4'-ISOPROPYLIDENEDIPHENOL
β-DI-p-HYDROXYPHENYLPROPANE see 4,4'-ISOPROPYLIDENEDIPHENOL
1,2-DIBROMO-2,4-DICYANOBUTANE see 1-BROMO-1-(BROMOMETHYL)-1,3-PROPANEDICARBONITRILE
s-(3,4-DIHYDRO-4-OXO-1,2,3-BENZOTRIAZIN-3-YLMETHYL)-O,O-DIETHYL PHOSPHORODITHIOATE see AZINPHOS-ETHYL

s-(3,4-DIHYDRO-4-OXO-1,2,3-BENZOTRIAZIN-3-YLMETHYL)-O,O-DIMETHYL PHOSPHORODITHIOATE see AZINPHOS-METHYL
1,4-DIIDROBENZENE (Italian) see HYDROQUINONE
DIIRON TRISULFATE see FERRIC SULFATE
DI-ISO-CYANATOLUENE see TOLUENE-2,4-DIISOCYANATE
DIISOCIANATO de ISOFORONA (Spanish) see ISOPHORONE DIISOCYANATE
DIISOCIANTO de HEXAMETILENO (Spanish) see HEXAMETHYLENE-1,6-DIISOCYANATE
DIISOCIANATO de 1,5-NAFTALENO (Spanish) see 1,5-NAPHTHALENE DIISOCYANATE
DIISOCYANAT-TOLUOL (German) see TOLUENE-2,4-DIISOCYANATE
DI-ISOCYANATE de TOLUYLENE (French) see TOLUENE-2,4-DIISOCYANATE
1,3-DIISOCYANATOBENZENE see 1,3-PHENYLENE DIISOCYANATE
1,4-DIISOCYANATOBENZENE see 1,4-PHENYLENE DIISOCYANATE
4,4'-DIISOCYANATO-3,3'-BITOLYL see 3,3'-DIMETHYL-4,4'-DIPHENYLENE DIISOCYANATE
1,4-DIISOCYANATOCYCLOHEXANE see 1,4-CYCLOHEXANE DIISOCYANATE
4,4'-DIISOCYANATO-3,3'-DIMETHOXY-1,1'-BIPHENYL see 3,3'-DIMETHOXYBENZIDINE-4,4'-DIISOCYANATE
4,4'-DIISOCYANATO-3,3'-DIMETHYL-1,1'-BIPHENYL see 3,3'-DIMETHYL-4,4'-DIPHENYLENE DIISOCYANATE
4,4'-DIISOCYANATO-3,3'-DIMETHYLBIPHENYL see 3,3'-DIMETHYL-4,4'-DIPHENYLENE DIISOCYANATE
4,4'-DIISOCYANATO-3,3'-DIMETHYLDIPHENYLMETHANE see 3,3'-DIMETHYLDIPHENYLMETHANE-4,4'-DIISOCYANTE
4,4'-DIISOCYANATODIPHENYLMETHANE see METHYLBIS(PHENYLISOCYANATE)
1,6-DIISOCYANATOHEXANE see HEXAMETHYLENE-1,6-DIISOCYANATE
2,4-DIISOCYANATO-1-METHYLBENZENE (9CI) see TOLUENE-2,4-DIISOCYANATE
DIISOCYANATOMETHYLBENZENE see TOLUENEDIISOCYANATE (MIXED ISOMERS)
2,6-DIISOCYANATO-1-METHYLBENZENE see TOLUENE-2,6-DIISOCYANATE
1,5-DIISOCYANATONAPHTHALENE see 1,5-NAPHTHALENE DIISOCYANATE
DI-(4-ISOCYANATOPHENYL)METHANE see METHYLBIS(PHENYLISOCYANATE)
DIISOCYANATOTOLUENE see TOLUENEDIISOCYANATE (MIXED ISOMERS)
2,4-DIISOCYANATOTOLUENE see TOLUENE-2,4-DIISOCYANATE
2,6-DIISOCYANATOTOLUENE see TOLUENE-2,6-DIISOCYANATE
1,6-DIISOCYANATO-2,4,4-TRIMETHYLHEXANE see 2,4,4-TRIMETHYLHEXAMETHYLENE DIISOCYANATE
1,6-DIISOCYANATO-2,2,4-TRIMETHYLHEXANE see 2,2,4-TRIMETHYLHEXAMETHYLENE DIISOCYANATE
DIISOPROPOXYPHOSPHORYL FLUORIDE see DIISOPROPYLFLUOROPHOSPHATE
s-(2-DIISOPROPYLAMINOETHYL)-O-ETHYL METHYL PHOSPHONOTHIOLATE see PHOSPHONOTHIOIC ACID, METHYL-, S(2-(BIS(1-METHYLETHYL)AMINOETHYL) o-ETHYL ESTER
O,O-DIISOPROPYLFLUOROPHOSPHATE see DIISOPROPYLFLUOROPHOSPHATE
DIISOPROPYL FLUOROPHOSPHATE see DIISOPROPYLFLUOROPHOSPHATE
DIISOPROPYLFLUOROPHOSPHONATE see DIISOPROPYLFLUOROPHOSPHATE
DIISOPROPYLFLUOROPHOSPHORIC ACID ESTER see DIISOPROPYLFLUOROPHOSPHATE
DIISOPROPYLFLUORPHOSPHORSAEUREESTER (German) see DIISOPROPYLFLUOROPHOSPHATE

N,N′-DI-ISOPROPYL-6-METHYLTHIO-1,3,5-TRIAZINE-2,4-DIAMINE see PROMETHRYN
N,N′-DI-ISOPROPYL-6-METHYLTHIO-1,3,5-TRIAZINE-2,4-DIYLDIAMINE see PROMETHRYN
DIISOPROPYLPHOSPHOFLUORIDATE see DIISOPROPYLFLUOROPHOSPHATE
DIISOPROPYL PHOSPHOROFLUORIDATE see DIISOPROPYLFLUOROPHOSPHATE
O,O′-DIISOPROPYL PHOSPHORYL FLUORIDE see DIISOPROPYLFLUOROPHOSPHATE
DIISOPROPYLTHIOCARBAMIC ACID, -(2,3-DICHLOROALLYL) ESTER see DIALLATE
n-DIISOPROPYLTHIOCARBAMIC ACID S-2,3,3-TRICHLORO-2-PROPENYL ESTER see TRIALLATE
DI-ISOPROPYLTHIOLOCARBAMATE DES-(2,3-DICHLORO ALLYLE) (French) see DIALLATE
DIISOPROPYLTRICHLOROALLYLTHIOCARBAMATE see TRIALLATE
1,4-DIISOTHIOCYANATOBENZENE see BITOSCANTE
DIKONIRT D see 2,4-D SODIUM SALT
DIKOTEX 30 see METHOXONE SODIUM SALT
DI-LAN see PHENYTOIN
DILAN see XYLENE (MIXED ISOMERS)
DILLANTIN see PHENYTOIN
DILANTIN ACID see PHENYTOIN
DILANTIN DB see o-DICHLOROBENZENE
DILATIN DB see o-DICHLOROBENZENE
DILATIN DBI see DICHLOROBENZENE (MIXED ISOMERS)
DILANTINE see PHENYTOIN
DILATIN PT see TETRACHLOROETHYLENE
DILENE see DDD
DILIC see CACODYLIC ACID
DILITHIUM CARBONATE see LITHIUM CARBONATE
DILITHIUM CHROMATE see LITHIUM CHROMATE
DILLEX see 4,6-DINITRO-o-CRESOL
DILOMBRIN see DITHIAZANINE IODIDE
DIMATE 267 see DIMETHOATE
DIMAZ see DISULFOTON
DIMAZIN see 1,1-DIMETHYL HYDRAZINE
DIMAZINE see 1,1-DIMETHYL HYDRAZINE
DIMECRON see PHOSPHAMIDON
DIMECRON 100 see PHOSPHAMIDON
DIMER CYKLOPENTADIENU (Czech) see DICYCLOPENTADIENE
DIMET see DIMETHOATE
DIMETATE see DIMETHOATE
1,4:5,8-DIMETHANO NAPHTHALENE, 1,2,3,4,10,10-HEXACHLORO-1,4,4a,5,8,8a-HEXAHYDRO-, (1α,4α,4Aβ,5β,8β,8Aβ)- see ISODRIN
2,7:3,6-DIMETHANONAPHTH(2, 3-B)OXIRENE, 3,4,5,6,9,9-HEXACHLORO-1A,2,2A,3,6,6A,7,7A-OCTAHYDRO-,(Aα,2β,2A.bet a.,2Aβ,3α,6α,6Aβ,7β,7Aα)- see ENDRIN
1,4:5,8-DIMETHANO NAPHTHALENE, 1,2,3,4,10,10-HEXACHLORO-1,4,4a,5,8,8a-HEXAHYDRO-, endo, endo- see ISODRIN 2,7:3,6-DIMETHANO-NAPHTHA(2,3B)
1,4,5,8-DIMETHANONAPHTHALENE,1,2,3,4,10,10-HEXACHLORO-1,4,4a,5,8,8a-HEXAHYD RO-(1α,4α,4β,5α,8α,8β)- see ALDRIN
1,4:5,8-DIMETHANONAPHTHALENE,1,2,3,4,10,10-HEXACHLORO-1,4,4a,5,8,8a-HEXAHYD RO-, ENDO,EXO- see ALDRIN
DIMETHOAAT (Dutch) see DIMETHOATE
DIMETHOAT (German) see DIMETHOATE
DIMETHOAT TECH 95% see DIMETHOATE
DIMETHOAT TECHNISCH 95% (German) see DIMETHOATE
DIMETHOATE 30 EC see DIMETHOATE
DIMETHOATE-267 see DIMETHOATE
DIMETHOGEN see DIMETHOATE
3,3′-DIMETHOXYBENZYDIN (Czech) see 3,3′-DIMETHOXYBENZIDINE

3,3'-DIMETHOXYBENZIDINE-4,4'-DIIOCYANTE *see* 3,3'-DIMETHOXYBEN-ZIDINE-4,4'-DIISOCYANATE
3,3'-DIMETHOXYBEZIDINE *see* 3,3'-DIMETHOXYBENZIDINE
3,3'-DIMETHOXYBIPHENYL-4,4'-YLENE DIAMMONIUM DICHLORIDE *see* 3,3'-DIMETHOXYBENZIDINE DIHYDROCHLORIDE
3,3'-DIMETHOXY-(1,1-BIPHENYL)-4,4'-DIAMINE DIHYDROCHLORIDE *see* 3,3'-DIMETHOXYBENZIDINE DIHYDROCHLORIDE
3,3'-DIMETHOXY-4,4'-BIPHENYL DIISOCYANATE *see* 3,3'-DIMETHOXY-BENZIDINE-4,4'-DIISOCYANATE
3,3'-DIMETHOXY-4,4'-BIPHENYLENE DIISOCYANATE *see* 3,3'-DIMETHOX-YBENZIDINE-4,4'-DIISOCYANATE
3,3'-DIMETHOXY-4,4'-BIPHENYLYLENE ISOCYANIC ACID ESTER *see* 3,3'-DIMETHOXYBENZIDINE-4,4'-DIISOCYANATE
3,3'-DIMETHOXY-4,4 '-BIPHENYLYLENE ISOCYANATE *see* 3,3'-DIME-THOXYBENZIDINE-4,4'-DIISOCYANATE
1,2-DI-(3-METHOXYCARBONYL-2-THIOUREIDO)BENZENE *see* THIOPHA-NATE-METHYL
DIMETHOXY-DDT *see* METHOXYCHLOR
3,3'-DIMETHOXY-4,4'-DIAMINOBIPHENYL DIHYDROCHLORIDE *see* 3,3'-DIMETHOXYBENZIDINE DIHYDROCHLORIDE
3,3'-DIMETHOXY-4,4'-DIAMINODIPHENYL *see* 3,3'-DIMETHOXYBENZI-DINE
p,p'-DIMETHOXYDIPHENYLTRICHLOROETHANE *see* METHOXYCHLOR
3,3'-DIMETHOXY-4,4'-DIPHENYLYL ISOCYANATE *see* 3,3'-DIMETHOXY-BENZIDINE-4,4'-DIISOCYANATE
DIMETHOXY DT *see* METHOXYCHLOR
DI(p-METHOXYPHENYL)-TRICHLORO METHYL METHANE *see* METHOX-YCHLOR
2-DIMETHOXYPHOSPHI NOTHIOYLTHIO-N-METHYLACETAMIDE *see* DI-METHOATE
((DIMETHOXYPHOSPHINOTHIOYL)THIO)BUTANEDIOIC ACID DIETHYL ESTER *see* MALATHION
3-((DIMETHOXYPHOSPHINYL)OXY)-2-BUTENOIC ACID METHYL ESTER *see* MEVINPHOS
3-(DIMETHOXYPHOSPHINYLOXY)-N,N-DIMETHYL-cis-CROTONAMIDE *see* DICROTOPHOS
3-(DIMETHOXYPHOSPHINYLOXY)-N,N-DIMETHYLISOCROTONAMIDE *see* DICROTOPHOS
3-(DIMETHOXYPHOSPHINYLOXY)-N,N-DIMETHYL-(E)-CROTONAMIDE *see* DICROTOPHOS
3-(DIMETHOXYPHOSPHINYLOXY)N-METHYL-cis-CROTONAMIDE *see* MO-NOCROPTOPHOS
2,3-DIMETHOXYSTRICHNIDIN-10-ONE *see* BRUCINE
DIMETHOXY STRYCHNINE *see* BRUCINE
2,3-DIMETHOXYSTRYCHNINE *see* BRUCINE
10,11-DIMETHOXYSTRYCHNINE *see* BRUCINE
DIMETHOXYTHIOPHOSPHONYL CHLORIDE *see* DIMETHYL CHLORO-THIOPHOSPHATE
DIMETHOXY-2,2,2-TRICHLORO-1-HYDROXY-ETHYLPHOSPHINE OXIDE *see* TRICHLORFON
DIMETHYL *see* ETHANE
DIMETHYLACETIC ACID *see* iso-BUTYRIC ACID
DIMETHYLACETONITRILE *see* ISOBUTYRONITRILE
O,S-DIMETHYL ACETYLPHOSPHORAMIDOTHIOATE *see* ACEPHATE
O,O-DIMETHYL-S-(2-AETHTYL-THIO-AETHYL)MONOTHIOPHOSPHAT (German) *see* DEMETON-s-METHYL
O,O-DIMETHYL S-(2-AETHYLSULFINYL-AETHYL)THIOPHOSPHAT (German) *see* OXYDEMETON METHYL
DIMETHYLAMID KYSELINY CHLORMRAVENCI (Czech) *see* DIMETHYL-CARBAMOYL CHLORIDE
DIMETHYLAMIDOETHOXYPHOSPHOTYL CYANIDE *see* TABUN
DIMETHYLAMINE (ANHYDROUS) *see* DIMETHYLAMINE
DIMETHYLAMINE, in AQUEOUS SOLUTION *see* DIMETHYLAMINE
DIMETHYLAMINE SALT of DICAMBA *see* DIMETHYLAMINE DICAMBA

DIMETHYLAMINE-3,6-DICHLORO-O-ANISATE see DIMETHYLAMINE DICAMBA
DIMETHYLAMINE, N-NITROSO- see N-NITROSODIMETHYLAMINE
4-(DIMETHYLAMINE)-3,5-XYLYLN-METHYLCARBAMATE see MEXACARBATE
4-(N,N-DIMETHYLAMINO)AZOB ENZENE see 4-DIMETHYLAMINOAZOBENZENE
p-(DIMETHYLAMINO)AZOBENZENE see 4-DIMETHYLAMINOAZOBENZENE
DIMETHYLAMINOAZOBENZENE see 4-DIMETHYLAMINOAZOBENZENE
2′,3-DIMETHYL-4-AMINOAZOBENZENE see C.I. SOLVENT YELLOW 3
N,N-DIMETHYLAMINOBENZENE see N,N-DIMETHYLANILINE
(DIMETHYLAMINO)BENZENE see N,N-DIMETHYLANILINE
4,4′-DIMETHYLAMINOBENZOPHENONIMIDE see C.I. SOLVENT YELLOW 34
N,N-DIMETHYLAMINOCARBONYL CHLORIDE see DIMETHYLCARBAMOYL CHLORIDE
(DIMETHYLAMINO)CARBONYL CHLORIDE see DIMETHYLCARBAMOYL CHLORIDE
DIMETHYLAMINOCYANPHOSPHORSAEUREAETHYLESTER (German) see TABUN
4-(DIMETHYLAMINO)-3,5-DIMETHYLPHENOL METHYLCARBAMATE (ESTER) see MEXACARBATE
4-(DIMETHYLAMINO)-3,5-DIMETHYLPHENYL N-METHYLCARBAMATE see MEXACARBATE
2-((2-DIMETHYLAMINO)ETHYL)-2-THENYLAMINO)PYRIDINE see METHAPYRILENE
3-(DIMETHYLAMINO)-1-METHYL-3-OXO-1-PROPENYL DIMETHYL PHOSPHATE see DICROTOPHOS
2-(DIMETHYLAMINO)-N-(((METHYLAMINO)CARBONYL)OXY)2-OXOETHANIMIDOTHIOIC ACID METHYL ESTER see OXAMYL
2-DIMETHYLAMINO-1-(METHYLAMINO)GLYOXAL-o-METHYLCARBAMOYLMONOXIME see OXAMYL
3-DIMETHYLAMINOMETHYLENEAMINOPHENYL-N-METHYLCARBAMATE,HYDROCHLORIDE see FORMETANATE HYDROCHLORIDE
4-(DIMETHYLAMINO)-1,4,4A ,5,5a,6,11,12a-OCTAHYDRO-3,6,10,12,12a-PENTAHYDROXY-6-METHYL -1,11-DIOXO-2-NAPHTHACENECARBOXAMIDE MONOHYDROCHLORIDE see TETRACYCLINE HYDROCHLORIDE
o-(4-((DIMETHYLAMINO)SULFONYL)PHENYL) O,O-DIMETHYL PHOSPHOROTHIOATE see FAMPHUR
o-(4-((DIMETHYLAMINO)SULPHONYL)PHENYL) O,O-DIMETHYL THIOPHOSPHATE see FAMPHUR
4-(DIMETHYLAMINO)-3,5-XYLENOL, METHYLCARBAMATE (ESTER) see MEXACARBATE
4-DIMETHYLAMINO-3,5-XYLYL N-METHYLCARBAMATE see MEXACARBATE
4-(N,N-DIMETHYLAMINO)-3,5-XYLYL N-METHYLCARBAMATE see MEXACARBATE
4-DIMETHYLAMINO-3,5-XYLYLMETHYLCARBAMATE see MEXACARBATE
2,6-DIMETHYLANILINE see 2,6-XYLIDINE
DIMETHYLANILINE see N,N-DIMETHYLANILINE
n-DIMETHYL-ANILINE see N,N-DIMETHYLANILINE
DIMETHYLARSENIC ACID see CACODYLIC ACID
DIMETHYLARSINIC ACID see CACODYLIC ACID
DIMETHYLARSINIC ACID, SODIUM SALT see SODIUM CACODYLATE
DIMETHYLARSINIC ARSINIC ACID see CACODYLIC ACID
((DIMETHYLARSINO)OXY)SODIUM-ARSENIC-OXIDE see SODIUM CACODYLATE
((DIMETHYLARSINO)OXY)SODIUM-As-OXIDE see SODIUM CACODYLATE
DIMETHYLBENZANTHRACENE see 7,12-DIMETHYLBENZ(a)ANTHRACENE
DIMETHYLBENZ(a)ANTHRACENE see 7,12-DIMETHYLBENZ(a)ANTHRACENE
6,7-DIMETHYL-1,2-BENZANTHRACENE see 7,12-DIMETHYLBENZ(a)ANTHRACENE

7,12-DIMETHYLBENZANTHRACENE *see* 7,12-DIMETHYL-BENZ(a)ANTHRACENE
7,12-DIMETHYL-1,2-BENZANTHRACENE *see* 7,12-DIMETHYL-BENZ(a)ANTHRACENE
9,10-DIMETHYLBENZ(a)ANTHRACENE *see* 7,12-DIMETHYL-BENZ(a)ANTHRACENE
9,10-DIMETHYLBENZANTHRACENE *see* 7,12-DIMETHYL-BENZ(a)ANTHRACENE
9,10-DIMETHYL-1,2-BENZANTHRACENE *see* 7,12-DIMETHYL-BENZ(a)ANTHRACENE
9,10-DIMETHYLBENZ-1,2-BENZANTHRACENE *see* 7,12-DIMETHYL-BENZ(a)ANTHRACENE
9,10-DIMETHYLBENZ-1,2-BENZANTHRAZEN (German) *see* 7,12-DIMETHYL-BENZ(a)ANTHRACENE
2,6-DIMETHYLBENZENAMINE *see* 2,6-XYLIDINE
N,N-DIMETHYLBENZENAMINE *see* N,N-DIMETHYLANILINE
m-DIMETHYLBENZENE *see* m-XYLENE
1,3-DIMETHYLBENZENE *see* m-XYLENE
o-DIMETHYLBENZENE *see* o-XYLENE
1,2-DIMETHYLBENZENE *see* o-XYLENE
p-DIMETHYLBENZENE *see* p-XYLENE
1,4-DIMETHYLBENZENE *see* p-XYLENE
DIMETHYLBENZENE *see* XYLENE (MIXED ISOMERS)
DIMETHYL-1,2-BENZENEDICARBOXYLATE *see* DIMETHYL PHTHALATE
DIMETHYL BENZENEORTHODICARBOXYLATE *see* DIMETHYL PHTHALATE
3,3'-DIMETHYLBENZIDIN (German) *see* 3,3'-DIMETHYLBENZIDINE
3,3'-DIMETHYLBENZIDINE DIHYDROCHLORIDE *see* 3,3'-DIMETHYLBENZIDINE DIHYDROCHLORIDE
3,3-DIMETHYLBENZIDINE DIHYDROFLUORIDE *see* 3,3-DIMETHYLBENZIDINE DIHYDROFLUORIDE
3,3'-DIMETHYLBENZIDINE HYDROCHLORIDE *see* 3,3'-DIMETHYLBENZIDINE DIHYDROCHLORIDE
3,3'-DIMETHYLBENZIDINE *see* 3,3'-DIMETHYLBENZIDINE
2,2-DIMETHYLBENZO-1,3-BENZODIOXOL-4-YL-N-METHYLCARBAMATE *see* BENDIOCARB
2,2-DIMETHYLBENZO-1,3-DIOXOL-4-YL METHYLCARBAMATE *see* BENDIOCARB
7,12-DIMETHYLBENZO(a)ANTHRACENE *see* 7,12-DIMETHYL-BENZ(a)ANTHRACENE
2,2-DIMETHYL-1,3-BENZODIOXOL-4-YL-N-METHYLCARBAMATE *see* BENDIOCARB
O,O-DIMETHYL-S-(1,2,3-BENZOTRIAZINYL-4-KETO)METHYLPHOSPHORODITHIOATE *see* AZINPHOS-METHYL
1,4-DIMETHYL-2,3-BENZPHENANTHRENE *see* 7,12-DIMETHYL-BENZ(a)ANTHRACENE
1,4-DIMETHYL-2,3-BENZPHENANTHRENE *see* 7,12-DIMETHYL-BENZ(a)ANTHRACENE
α,α-DIMETHYLBENZYL HYDROPEROXIDE *see* CUMENE HYDROPEROXIDE
3,3'-((3,3'-DIMETHYL(1,1'-BIPHENYL)-4,4'-DIYL)BIS(AZO))BIS(5-AMINO-4-HYDROXYNAPHTHALENE-2,7-DISULPHONATE) *see* TRYPAN BLUE
3,3'-DIMETHYLBIPHENYL-4,4'-BIPHENYLDIAMINE DIHYDROCHLORIDE *see* 3,3'-DIMETHYLBENZIDINE DIHYDROCHLORIDE
3,3'-DIMETHYL-4,4'-BIPHENYLDIAMINE *see* 3,3'-DIMETHYLBENZIDINE
3,3'-DIMETHYL-4,4'-BIPHENYLENE DIISOCYANATE *see* 3,3'-DIMETHYL-4,4'-DIPHENYLENE DIISOCYANATE
3,3'-DIMETHYL-4,4'-BIPHENYLENE ISOCYANATE *see* 3,3'-DIMETHYL-4,4'-DIPHENYLENE DIISOCYANATE
3,3'-DIMETHYL-4,4'-BIPHENYLYLENE DIISOCYANATE *see* 3,3'-DIMETHYL-4,4'-DIPHENYLENE DIISOCYANATE
N,N'-DIMETHYL-4,4'-BIPYRIDINIUM DICHLORIDE *see* PARAQUAT DICHLORIDE

1,1'-DIMETHYL-4, 4'-BIPYRIDINIUM DICHLORIDE see PARAQUAT DICHLORIDE
N,N'-DIMETHYL-4, 4'-BIPYRIDYLIUM DICHLORIDE see PARAQUAT DICHLORIDE
1,1'-DIMETHYL-4,4'-BIPYRIDYNIUM DICHLORIDE see PARAQUAT DICHLORIDE
1,1'-DIMETHYL-4,4'-BIPYRIDYNIUMDIMETHYLSULFATE see PARAQUAT METHOSULFATE
2,3'-DIMETHYLBIPHENYL-4,4'-DIAMINE DIHYDROCHLORIDE see 3,3'-DIMETHYLBENZIDINE DIHYDROCHLORIDE
3,3'-DIMETHYL-(1,1'-BIPHENYL)-4,4'-DIAMINE see 3,3'-DIMETHYLBENZIDINE
3,3'-DIMETHYLBIPHENY L 4,4'-DIISOCYANATE see 3,3'-DIMETHYL-4,4'-DIPHENYLENE DIISOCYANATE
3,3'-DIMETHYLBIPHENYL-4,4'-DIYLDIISOCYANATE see 3,3'-DIMETHYL-4,4'-DIPHENYLENE DIISOCYANATE
DIMETHYL BIS(p-HYDROXYPHENYL)METHANE see 4,4'-ISOPROPYLIDENEDIPHENOL
DIMETHYLCARBAMATE-d'l-ISOPROPYL-3-METHYL-5-PYRAZOYLLE (French) see ISOPROPYLMETHYLPYRAZOYL DIMETHYLCARBAMATE
DIMETHYL CARBAMATE ESTER of 3-HYDROXY-N,N-5-TRIMETHYLPYRAZOLE-1-CARBOXAMIDE see DIMETILAN
DIMETHYLCARBAMATE, ZINC SALT see ZIRAM
DIMETHYLCARBAMIC ACID CHLORIDE see DIMETHYLCARBAMOYL CHLORIDE
N,N-DIMETHYLCARBAMIC ACID CHLORIDE see DIMETHYLCARBAMOYL CHLORIDE
DIMETHYLCARBAMIC ACID-1-((DIMETHYLAMINO)CARBONYL)-5-METHYL-1H-PYRAZOL-3-YL ESTER see DIMETILAN
DIMETHYLCARBAMIC ACID ESTER with 3-HYDROXY-N,N,5-TRIMETHYLPYRAZOLE-1-CARBOXAMIDE see DIMETILAN
DIMETHYLCARBAMIC ACID 3-METHYL-1-(1-METHYLETHYL)-1H-PYRAZOL-5-YL ESTER see ISOPROPYLMETHYLPYRAZOYL DIMETHYLCARBAMATE
DIMETHYLCARBAMIC ACID-5-METHYL-1H-CARBOXAMINE see DIMETILAN
DIMETHYLCARBAMIC ACID-5-METHYL-1H-PYRAZOL-3-YL ESTER see DIMETILAN
DIMETHYLCARBAMIC CHLORIDE see DIMETHYLCARBAMOYL CHLORIDE
N,N-DIMETHYLCARBAMIDOYL CHLORIDE see DIMETHYLCARBAMOYL CHLORIDE
DIMETHYLCARBAMIDOYL CHLORIDE see DIMETHYLCARBAMOYL CHLORIDE
DIMETHYLCARBAMODITHIOIC ACID, IRON COMPLEX see FERBAM
DIMETHYLCARBAMODITHIOCARBAMIC ACID, ZINC SALT see ZIRAM
DIMETHYLCARBAMODITHIOIC ACID, IRON(3+) SALT see FERBAM
DIMETHYLCARBAMODITHIOIC ACID, ZINC COMPLEX see ZIRAM
DIMETHYLCARBAMODITHIOIC ACID, ZINC SALT see ZIRAM
DIMETHYLCARBAMOYL-3-METHYL-5-PYRAZOLYLDIMETHYLCARBAMATE see DIMETILAN
1-DIMETHYLCARBAMOYL-5-METHYLPYRAZOL-3-YL DIMETHYLCARBAMATE see DIMETILAN
2-DIMETHYLCARBAMOYL-3-METHYLPYRAZOLYL-(5)-N,N-DIMETHYLCARBAMAT see DIMETILAN
cis-2-DIMETHYLCARBAMOYL-1-METHYLVINYL DIMETHYLPHOSPHATE see DICROTOPHOS
(E)-2-DIMETHYLCARBAMOYL-1-METHYLVINYL DIMETHYLPHOSPHATE see DICROTOPHOS
DIMETHYLCARBAMYL CHLORIDE see DIMETHYLCARBAMOYL CHLORIDE
DIMETHYLCARBAMOYL CHLORIDE see DIMETHYLCARBAMOYL CHLORIDE

N,N-DIMETHYLCARBAMOYL CHLORIDE see DIMETHYLCARBAMOYL CHLORIDE
N,N-DIMETHYLCARBAMYL CHLORIDE see DIMETHYLCARBAMOYL CHLORIDE
DIMETHYLCARBINOL see ISOPROPYL ALCOHOL
O,O-DIMETHYL 1-CARBOMETHOXY-1-PROPEN-2-YL PHOSPHATE see MEVINPHOS
DIMETHYL-1-CARBOMETHOXY-1-PROPEN-2-YL PHOSPHATE see MEVINPHOS
O,O-DIMETHYL-O-(2-CARBOMETHOXY-1-METHYLVINYL) PHOSPHATE see MEVINPHOS
O,O-DIMETHYL-O-2-CHLOR-1-(2,4,5-TRICHLOROPHENYL)VINYL PHOSPHAT (German) see TETRACHLORVINPHOS
DIMETHYL 2-CHLORO-2-DIETHYLCARBAMOYL-1-METHYLVINYLPHOSPHATE see PHOSPHAMIDON
O,O-DIMETHYL-O-(2-CHLORO-2-(N,N-DIETHYLCARBAMOYL)-1-METHYL-VINYL)PHOSPHATE see PHOSPHAMIDON
DIMETHYLCHLOROETHER see CHLOROMETHYL METHYL ETHER
DIMETHYLCHLOROFORMAMIDE see DIMETHYLCARBAMOYL CHLORIDE
1,1-DIMETHYL-3-(p-CHLOROPHENYL)THIOUREA see MONURON
N,N-DIMETHYL-N'-(4-CHLOROPHENYL)UREA see MONURON
n-DIMETHYL-N'-(4-CHLOROPHENYL)UREA see MONURON
1,1-DIMETHYL-3-(p-CHLOROPHENYL)UREA see MONURON
DIMETHYL CHLOROTHIONOPHOSPHATE see DIMETHYL CHLOROTHIOPHOSPHATE
O,O-DIMETHYL CHLOROTHIONOPHOSPHATE see DIMETHYL CHLOROTHIOPHOSPHATE
DIMETHYLCHLORTHIOFOSFAT (Czech) see DIMETHYL CHLOROTHIOPHOSPHATEO,O-DIMETHYL CHLOROTHIOPHOSPHATE DIMETHYL CHLOROTHIOPHOSPHATE
DIMETHYL CHLOROTHIOPHOSPHONATE see DIMETHYL CHLOROTHIOPHOSPHATE
O,O-DIMETHYL-O-2-CHLORO-1-(2,4,5-TRICHLOROPHENYL)VINYL PHOSPHATE see TETRACHLORVINPHOS
2,2-DIMETHYL-7-COUMARANYL N-METHYLCARBAMATE see CARBOFURAN
O,O-DIMETHYL-O-(4-CYANO-PHENYL)-MONOTHIOPHOSPHAT (German) see CYANOPHOS
O,O-DIMETHYL-O-4-CYANOPHENYL-PHOSPHOROTHIOATE see CYANOPHOS
O,O-DIMETHYL-O-p-CYANOPHENYL-PHOSPHOROTHIOATE see CYANOPHOS
3,3'-DIMETHYL-4,4'-DIAMINOBIPHENYL see 3,3'-DIMETHYLBENZIDINE
O,O-DIMETHYL-O-(1,2-DIBROMO-2,2-DICHLOROETHYL)PHOSPHATE see NALED
DIMETHYL 1,2-DIBROMO-2,2-DICHLOROETHYL PHOSPHATE see NALED
O,O-DIMETHYL S-(1,2-DICARBAETHOXYAETHYL)-DITHIOPHOSPHAT (German) see MALATHION
O,O-DIMETHYL S-(1,2-DICARBETHOXYETHYL) DITHIOPHOSPHATE see MALATHION
O,O-DIMETHYL S-(1,2-DICARBETHOXYETHYL)PHOSPHORODITHIOATE see MALATHION
O,O-DIMETHYL O-2,2-DICHLORO-1,2-DIBROMOETHYL PHOSPHATE see NALED
DIMETHYL 2,2-DICHLOROETHENYL PHOSPHATE see DICHLORVOS
1,1-DIMETHYL-3-(3,4-DICHLOROPHENYL)UREA see DIURON
O,O-DIMETHYL S-(2,5-DICHLOROPHENYLTHIO)METHYL PHOSPHORODITHIOATE see METHYL PHENKAPTON
O,O-DIMETHYL S-(2,5-DICHLOROPHENYLTHIO)METHYL PHOSPHORODITHIOATE see METHYL PHENKAPTON
DIMETHYL DICHLOROVINYL PHOSPHATE see DICHLORVOS
O,O-DIMETHYL 2,2-DICHLOROVINYL PHOSPHATE see DICHLORVOS
DIMETHYL 2,2-DICHLOROVINYL PHOSPHATE see DICHLORVOS

O,O-DIMETHYL S-1,2-DI(ETHOXYCARBAMYL)ETHYL PHOSPHORODITH-
IOATE see MALATHION
O,O-DIMETHYL-O-(2-DIETHYLAMINO-6-METHYL-4-PYRIMIDINYL) PHOS-
PHOROTHIOATE see PRIMIPHOS METHYL
O,O-DIMETHYL-O-(2-(DIETHYLAMINO)-6-METHYL-4-PYRIMIDINYL) see
PRIMIPHOS METHYL
DIMETHYL DIETHYLAMIDO-1-CHLOROCROTONYL (2)PHOSPHATE see
PHOSPHAMIDON
2,2-DIMETHYL-2,2-DIHYDROBENZOFURANYL-7 N-METHYLCARBAMATE
see CARBOFURAN
2,2-DIMETHYL-2,3-DIHYDRO-7-BENZOFURANYL-N-METHYLCARBAMATE
see CARBOFURAN
O,O-DIMETHYL-S-(3,4-DIHYDRO-4-KETO-1,2,3-BEZOTRIAZINYL-3-METH-
YL)DITHIOPHOSPHATE see AZINPHOS-METHYL
O,O-DIMETHYL S-1,2-DIKARBETOXYETHYLDITIOFOSFAT (Czech) see MA-
LATHION
O,O-DIMETHYLO-(N,N-DIMETHYLCARBAMOYL-1-METHYLVINYL) PHOS-
PHATE see DICROTOPHOS
O,O-DIMETHYL-O-(2-DIMETHYL-CARBAMOYL-1-METHYL-VI-
NYL)PHOSPHAT (German) see DICROTOPHOS
O,O-DIMETHYL-O-(1,4-DIMETHYL-3-OXO-4-AZA-PENT-1-ENYL)FOSFAAT
(Dutch) see DICROTOPHOS
O,O-DIMETHYL-O-(1,4-DIMETHYL-3-OXO-4-AZA-PENT-1-
ENYL)PHOSPHATE see DICROTOPHOS
O,O-DIMETHYL O-(P-(N,N-DIMETHYLSULFAMOYL)PHENYL) PHOSPHO-
ROTHIOATE see FAMPHUR
O,O-DIMETHYL O-(P-(DIMETHYLSULFAMOYL)PHENYL) PHOSPHOROTH-
IOATE see FAMPHUR
3,4-DIMETHYL-2,6-DINITRO-N-(1-ETHYLPROPYL)ANILINE see PEDIMETH-
ALINN-(1-ETHYLPROPYL)-3,4-DIMETHYL-2,6-DINTROBENZENAMINE
N,N-DIMETHYLDIPHENYLACETAMIDE see DIPHENAMID
N,N-DIMETHYL-2,2-DIPHENYLACETAMIDE see DIPHENAMID
N,N-DIMETHYL-α,α-DIPHENYLACETAMIDE see DIPHENAMID
3,3'-DIMETHYLDIPHENYL-4,4'-DIAMINE see 3,3'-DIMETHYLBENZIDINE
3,3'-DIMETHYL-4,4'-DIPHENYLDIAMINE see 3,3'-DIMETHYLBENZIDINE
1,1-DIMETHYL-4,4-DIPYRIDILIUM DICHLORIDE see PARAQUAT DICHLO-
RIDE
1,1'-DIMETHYL-4,4'-DIPYRIDYLIUM CHLORIDE see PARAQUAT DICHLO-
RIDE
4,4'-DIMETHYLDIPYRIDYL DICHLORIDE see PARAQUAT DICHLORIDE
N,N'-DIMETHYL-4, 4'-DIPYRIDYLIUM DICHLORIDE see PARAQUAT DI-
CHLORIDE
1,1'-DIMETHYL-4,4'-DIPYRIDYLIUM DICHLORIDE see PARAQUAT DI-
CHLORIDE
1,1'-DIMETHYL-4,4'-DIPYRIDYNIUM DI(METHYL SULFATE) see PARA-
QUAT METHOSULFATE
DIMETHYLDITHIOCARBAMATE SODIUM SALT see SODIUM DIMETHYL-
DITHIOCARBAMATE
N,N-DIMETHYLDITHIOCARBAMATE SODIUM SALT see SODIUM DIME-
THYLDITHIOCARBAMATE
DIMETHYLDITHIOCARBAMIC ACID, SODIUM SALT see SODIUM DIME-
THYLDITHIOCARBAMATE
N,N-DIMETHYLDITHIOCARBAMIC ACID, SODIUM SALT see SODIUM DI-
METHYLDITHIOCARBAMATE
DIMETHYLDITHIOCARBAMIC ACID, IRON SALT see FERBAM
DIMETHYLDITHIOCARBAMIC ACID, IRON(3+) SALT see FERBAM
2,4-DIMETHYL-1,3-DITHIOLANE-2-CARBOXALDEHYDE O-((METHYLAMI-
NO)CARBONYL)OXIME see TRIPATE
2,4-DIMETHYL-1,3-DITHIOLANE-2-CARBOXALDEHYDE O-(METHYLCAR-
BAMOYL)OXIME see TRIPATE
O,O-DIMETHYLDITHIOPHOSPHATE DIETHYLMERCAPTOSUCCINATE see
MALATHION
O,O-DIMETHYL DITHIOPHOSPHATE of DIETHYL MERCAPTOSUCCINATE
see MALATHION

DIMETHYLDITHIOPHOSPHORIC ACID N-METHYLBENZAZIMIDE ESTER *see* AZINPHOS-METHYL
O,O-DIMETHYLDITHIOPHOSPHORYLACETIC ACID-N-METHYL-N-FORMYLAMIDE *see* FORMOTHION
O,O-DIMETHYLDITHIOPHOSPHORYLACETIC ACID, N-MONOMETHYLAMIDE SALT *see* DIMETHOATE
O,O-DIMETHYL-DITHIOPHOSPHORYLESSIGSAEURE MONOMETHYLAMID (German) *see* DIMETHOATE
DIMETHYLENEDIAMINE *see* ETHYLENEDIAMINE
DIMETHYLENEIMINE *see* ETHYLENEIMINE
DIMETHYLENIMINE *see* ETHYLENEIMINE
DIMETHYLENE OXIDE *see* ETHYLENE OXIDE
O,O-DIMETHYLESTER KYSELINY CHLORTHIOFOSFORECNE (Czech) *see* DIMETHYL CHLOROTHIOPHOSPHATE
DIMETHYLESTER KYSELINY SIROVE (Czech) *see* DIMETHYL SULFATE
O,S-DIMETHYL ESTER of AMIDE of AMIDOTHIOATE *see* METHAMIDOPHOS
1,1-DIMETHYLETHANE *see* ISOBUTANE
1,1-DIMETHYLETHANOL *see* tert-BUTYL ALCOHOL
DIMETHYL ETHER *see* METHYL ETHER
O,O-DIMETHYL-S-(2-ETHTHIOETHYL)PHOSPHOROTHIOATE *see* DEMETON-s-METHYL
O,O-DIMETHYL-S-(2-(ETHTHIO)ETHYL)PHOSPHORTHIOATE *see* DEMETON-s-METHYL
DIMETHYL-S-(2-ETHTHIOETHYL)THIOPHOSPHATE *see* DEMETON-s-METHYL
1,1-DIMETHYLETHYLAMINE *see* tert-BUTYLAMINE
2-(1,1-DIMETHYLETHYL)-4,6-DINITROPHENOL *see* DINOTERB
O,O-DIMETHYL-S-ETHYLMERCAPTOETHYL THIOPHOSPHATE *see* DEMETON-s-METHYL
O,O-DIMETHYL-S-ETHYLMERCAPTOETHYL THIOPHOSPHATE, THIOLO ISOMER *see* DEMETON-s-METHYL
1,1-DIMETHYLETHYL METHYL ETHER *see* METHYL tert-BUTYL ETHER
2-(4-(1,1-DIMETHYLETHYL)PHENOXY)CYCLOHEXYL 2-PROPYNYL SULFITE *see* PROPARGITE
2-(4-(1,1-DIMETHYLETHYL)PHENOXY)CYCLOHEXYL 2-PROPYNYL SULFUROUS ACID *see* PROPARGITE
O,O-DIMETHYL S-(2-(ETHYLSULFINYL)ETHYL) O,O-DIMETHYL ESTER PHOSPHOROTHIOIC ACID *see* OXYDEMETON METHYL
O,O-DIMETHYL S-(2-(ETHYLSULFINYL)ETHYL)PHOSPHOROTHIOATE *see* OXYDEMETON METHYL
O,O-DIMETHYL S-(2-ETHYLSULFINYL)ETHYLTHIOPHOSPHATE *see* OXYDEMETON METHYL
O,O-DIMETHYL S-2-(ETHYL SULFINYLETHYL)PHOSPHOROTHIOATE *see* OXYDEMETON METHYL
O,O-DIMETHYL S-ETHYLSULPHINYLETHYLPHOSPHOROTHIOLATE *see* OXYDEMETON METHYL
n-(5-(1,1-DIMETHYLETHYL)-1,3,4-THIADIAZOL-2-YL)-N,N'-DIMETHYL-UREA *see* TEBUTHIURON
n-(5-(1,1-DIMETHYLETHYL)-1,3,4-THIADIAZOL-2-YL)-N,N'-DIMETHYL-UREA *see* TEBUTHIURON
O,O-DIMETHYL-S-(S-ETHYLTHIO-ETHYL)-MONOTHIOFOSFAAT (Dutch) *see* DEMETON-s-METHYL
s-((((1,1-DIMETHYLETHYL)THIO)METHYL)-O,O-DIETHYLPHOSPHORODITHIOATE *see* TERBUFOS
O,O-DIMETHYL S-(2-ETHTHIONYLETHYL) PHOSPHOROTHIOATE *see* OXYDEMETON METHYL
DIMETHYL S-(2-ETHTHIONYLETHYL) THIOPHOSPHATE *see* OXYDEMETON METHYL
DIMETHYLFORMALDEHYDE *see* ACETONE
DIMETHYLFORMAMID (German) *see* DIMETHYLFORMAMIDE
N,N-DIMETHYLFORMAMIDE *see* DIMETHYLFORMAMIDE
N-DIMETHYLFORMAMIDE *see* DIMETHYLFORMAMIDE
DIMETHYLFORMEHYDE *see* ACETONE

DIMETHYLFORMOCARBOTHIALDINE *see* DAZOMET
2,4-DIMETHYL-2-FORMYL-2-FORMYL-1,3-DITHIOLANE-OXIME METHYL-CARBAMATE *see* TRIPATE
O,O-DIMETHYL-S-(N-FORMYL-N-METHYLCARBAMOYLME-THYL)PHOSPHORODITHIOATE *see* FORMOTHION
1,2-DIMETHYLHYDRAZIN (German) *see* HYDRAZINE, 1,2-DIMETHYL-
DIMETHYLHYDRAZINE *see* 1,1-DIMETHYL HYDRAZINE
1,1-DIMETHYL HYDRAZINE *see* 1,1-DIMETHYL HYDRAZINE
1,2-DIMETHYLHYDRAZINE *see* HYDRAZINE, 1,2-DIMETHYL-
N,N-DIMETHYLHYDRAZINE *see* 1,1-DIMETHYL HYDRAZINE
N,N'-DIMETHYHYDRAZINE *see* HYDRAZINE, 1,2-DIMETHYL-
asym-DIMETHYLHYDRAZINE *see* 1,1-DIMETHYL HYDRAZINE
sym-DIMETHYLHYDRAZINE *see* HYDRAZINE, 1,2-DIMETHYL-
unsym-DIMETHYLHYDRAZINE *see* 1,1-DIMETHYL HYDRAZINE
O,O-DIMETHYL (1-HYDROXY-2,2,2-TRICHLORAETHYL)PHOSPHAT (German) *see* TRICHLORFON
O,O-DIMETHYL (1-HYDROXY-2,2,2-TRICHLORAETHYL)-PHOSPHONSAEURE ESTER (German) *see* TRICHLORFON
DIMETHYL 1-HYDROXY-2,2,2-TRICHLOROETHYLPHOSPHONATE *see* TRICHLORFON
O,O-DIMETHYL (1-HYDROXY-2,2,2-TRICHLOROETHYL)PHOSPHONATE *see* TRICHLORFON
DIMETHYLKARBAMOYLCHLORID (German) *see* DIMETHYLCARBAMOYL CHLORIDE
DIMETHYLKETAL *see* ACETONE
DIMETHYL KETONE *see* ACETONE
N,N-DIMETHYLMETHANAMIDE (DOT) *see* DIMETHYLFORMAMIDE
N,N-DIMETHYLMETHANAMINE *see* TRIMETHYLAMINE
DIMETHYLMETHANE *see* PROPANE
DIMETHYL (2-METHOXYCARBONYL-1-METHYLVINYL) PHOSPHATE *see* MEVINPHOS
DIMETHYL METHOXYCARBONYLPROPENYL PHOSPHATE *see* MEVINPHOS
DIMETHYL (1-METHOXYCARBOXYPROPEN-2-YL) PHOSPHATE *see* MEVINPHOS
O,O-DIMETHYL-S-(5-METHOXY-4-OXO-4H-PYRAN-2-YL)PHOSPHOROTHIOATE *see* ENDOTHION
O,O-DIMETHYL-S-((5-METHOXY-PYRON-2-YL)-METHYL)-THIOLPHOSPHAT (German) *see* ENDOTHION
O,O-DIMETHYL-S-(5-METHOXYPYRONYL-2-METHYL)THIOLPHOSPHATE *see* ENDOTHION
O,O-DIMETHYL-S-((2-METHOXY-1,3,4(4H)-THIADIAZOL-5-ON-4-YL)-METHYL)DITHIOFOS FAAT (Dutch) *see* METHIDATHION
O,O-DIMETHYL)-S-(2-METHOXY-1,4,4-THIADIAZOLE-5-(4H)-ONYL-(4)-METHYL)-DITHIO PHOSPHAT (German) *see* METHIDATHION
O,O-DIMETHYL)-S-(2-METHOXY-1,3,4-THIADIAZOLE-5(4H)-ONYL-(4)-METHYL)-PHOSPHO RODITHIOATE *see* METHIDATHION
O,O-DIMETHYL S-(2-(METHYLAMINO)-2-OXOETHYL) PHOSPHORODITHIOATE *see* DIMETHOATE
2,2-DIMETHYL-4-(N-METHYLAMINOCARBOXYLATO)- *see* BENDIOCARB
2,2-DIMETHYL-4-(N-METHYLAMINOCARBOXYLATO)-1,3-BENXODIOXOLE *see* BENDIOCARB
O,O-DIMETHYL-O-(2-N-METHYLCARBAMOYL-1-METHYL-VINYL)-FOSFAAT (Dutch) *see* MONOCROPTOPHOS
O,O-DIMETHYL-O-(2-N-METHYLCARBAMOYL-1-METHYL-VINYL) PHOSPHATE *see* MONOCROPTOPHOS
(O,O-DIMETHYL-S-(N-METHYLCARBAMOYL-METHYL)-CARBAMOYL-METHYL)-DITHIOPHOSPHAT) (German) *see* DIMETHOATE
O,O-DIMETHYL-S-(N-METHYLCARBAMOYL)-METHYL-DITHIOFOSFAAT (Dutch) *see* DIMETHOATE
O,O-DIMETHYL S-((METHYLCARBAMOYL)METHYL)PHOSPHORODITHIOATE *see* DIMETHOATE
N,N-DIMETHYL-N-((METHYLCARBAMOYL)OXY)-1-THI OOXAMIMIDIC ACID METHYL ESTER *see* OXAMYL

DIMETHYL 1-METHYL-2-(METHYLCARBAMOYL)VINYL PHOSPHATE, cis- *see* MONOCROPTOPHOS
O,O-DIMETHYL-O-(2-N-METHYLCARBAMOYL -1-METHYL)VINYL-PHOSPHAT (German) *see* MONOCROPTOPHOS
O,O-DIMETHYL S-(N-METHYLCARBAMOYLMETHYL) DITHIOPHOSPHATE *see* DIMETHOATE
O,O-DIMETHYL S-(N-METHYLCARBAMOYLMETHYL) PHOSPHORODITHIOATE *see* DIMETHOATE
O,O-DIMETHYL METHYLCARBAMOYLMETHYL PHOSPHORODITHIOATE *see* DIMETHOATE DIME
N,N-DIMETHYL-α-METHYLCARBAMOYLOXYIMINO-α-(METHYLTHIO)-ACETAMIDE *see* OXAMYL
O,O-DIMETHYL S-(N-METHYLCARBAMYLMETHYL) THIOTHIONOPHOSPHATE *see* DIMETHOATE
O,O-DIMETHYL O-(1-METHYL-2-CARBOXYVINYL) PHOSPHATE *see* MEVINPHOS MEV
O,O-DIMETHYL-O-(1-METHYL-2-CHLOR-2-N,N-DIETHYL-CARBAMOYL)VINYL-PHOSPHAT (German) *see* PHOSPHAMIDON
(O,O-DIMETHYL-O-(1-METHYL-2-CHLORO-2-DIETHYLCARBAMOYL-VINYL)PHOSPHATE *see* PHOSPHAMIDON
O,O-DIMETHYL-S-(3-METHYL-2,4-DIOXO-3-AZA-BUTYL)DITHIOPHOSPHAT (German) *see* FORMOTHION
O,O-DIMETHYL-S-(3-METHYL-2,4-DIOXO-3-AZABUTYL)DITHIOFOSFAAT (Dutch) *see* FORMOTHION
DIMETHYLMETHYLENE p,p'-DIPHENOL *see* 4,4'-ISOPROPYLIDENEDIPHENOL
O,O-DIMETHYL-S-(N-METHYL-N-FORMYL-CARBAMOYLMETHYL)-DITHIOPHOSPHAT (German) *see* FORMOTHION
O,O-DIMETHYL-S-(N-METHYL-N-FORMYL-CARBAMOYLMETHYL)-DITHIOPHOSPHATE *see* FORMOTHION
O,O-DIMETHYL-S-(N-METHYL-N-FORMYL-CARBAMOYLMETHYL)-PHOSPHORODITHIOATE *see* FORMOTHION
O,O-DIMETHYL O-4-(METHYLMERCAPTO)-3-METHYLPHENYL PHOSPHOROTHIOATE *see* FENTHION
O,O-DIMETHYL-O-4-(METHYLMERCAPTO)-3-METHYLPHENYL THIOPHOSPHATE *see* FENTHION
3,5-DIMETHYL-4-METHYLMERCAPTOPHENYL-N-METHYL-CARBAMATE *see* METHIOCARB
O,O-DIMETHYL O-(4-METHYLMERCAPTOPHENYL)PHOSPHATE *see* PHOSPHORIC ACID, DIMETHYL 4-(METHYLTHIO)PHENYL ESTER
(E)-DIMETHYL 1-METHYL-3-(METHYLAMINO)-3-OXO-1-PROPENYL PHOSPHATE *see* MONOCROPTOPHOS
O,O-DIMETHYL O-(3-METHYL-4-METHYLMERCAPTOPHENYL)PHOSPHOROTHIOATE *see* FENTHION
N,N-DIMETHYL-N'(2-METHYL-4(((METHYLAMINO)CARBONYL)OXY)-PHENYL)METHANIMIDAMID E *see* FORMPARANATE
(1RS,3SR)-2,2-DIMETHYL-3-(2-METHYLPROP-1-ENYL)-CYCLOPROPANECARBOXYLATE *see* RESMETHRIN
O,O-DIMETHYL O-(4-METHYLTHIO-3-METHYLPHENYL) THIOPHOSPHATE *see* FENTHION
O,O-DIMETHYL O-(4-METHYLTHIO-3-METHYLPHENYL) PHOSPHOROTHIOATE *see* FENTHION
O,O-DIMETHYL O-(3-METHYL-4-(METHYLTHIO) PHENYL) ESTER, PHOSPHOROTHIOIC ACID *see* FENTHION
O,O-DIMETHYL O-(3-METHYL-4-(METHYLTHIO)PHENYL)PHOSPHOROTHIOATE *see* FENTHION
DIMETHYL 3-(2-METHYL-1-PROPENYL)CYCLOPROPANECARBOXYLATE *see* RESMETHRIN
2,2-DIMETHYL-3-(2-METHYL-1-PROPENYL)CYCLOPROPANECARBOXYLIC ACID *see* RESMETHRIN
2,2-DIMETHYL-3-(2-METHYL-1-PROPENYL)CYCLOPROPANECARBOXYLIC ACID (1,3,4,5,6,7-HEXAHYDRO-1,3-DIOXO-2H-ISOINDOL-2-YL)METHYL ESTER *see* TETRAMETHRIN

2,2-DIMETHYL-3-(2-METHYL-1-PROPENYL)CYCLOPROPANECARBOXYLIC ACID (3-PHENOXYPHENYL)METHYL ESTER see PHENOTHRIN
3,3-DIMETHYL-1-(METHYLTHIO)-2-BUTANONE-o-((METHYLAMINO)CARBONYL)OXIME see THIOFANOX
O,O-DIMETHYL O-(4-(METHYLTHIO)-M-TOLYL)PHOSPHOROTHIOATE see FENTHION
3,5-DIMETHYL-4-(METHYLTHIO)PHENOL METHYLCARBAMATE see METHIOCARB
3,5-DIMETHYL-4-(METHYLTHIO)PHENYL METHYLCARBAMATE see METHIOCARB
DIMETHYL-p-(METHYLTHIO)PHENYL PHOSPHATE see PHOSPHORIC ACID, DIMETHYL 4-(METHYLTHIO)PHENYL ESTER
3,5-DIMETHYL-4-METHYLTHIOPHENYL N-METHYLCARBAMATE see METHIOCARB
O,O-DIMETHYL-S-(N-MONOMETHYL)-CARBAMYL METHYL DITHIOPHOSPHATE see DIMETHOATE
DIMETHYL MONOSULFATE see DIMETHYL SULFATE
O,O-DIMETHYL O-(4-NITROFENYL)-MONOTHIOFOSFAAT (Dutch) see METHYL PARATHION
O,O-DIMETHYL O-p-NITROFENYLESTER KYSELINY THIOFOSFORECNE (Czech) see METHYL PARATHION
DIMETHYLNITROMETHANE see 2-NITROPROPANE
O,O-DIMETHYL O-(4-NITROPHENYL)-MONOTHIOPHOSPHAT (German) see METHYL PARATHION
DIMETHYL p-NITROPHENYL MONOTHIOPHOSPHATE see METHYL PARATHION
DIMETHYL -p-NITROPHENYL MONOTHIOPHOSPHATE see METHYL PARATHION
O,O-DIMETHYL O-p-NITROPHENYL PHOSPHOROTHIOATE see METHYL PARATHION
O,O-DIMETHYL O-(p-NITROPHENYL) PHOSPHOROTHIOATE see METHYL PARATHION
O,O-DIMETHYL O-4-NITROPHENYL PHOSPHOROTHIOATE see METHYL PARATHION
O,O-DIMETHYL O-(4-NITROPHENYL)PHOSPHOROTHIOATE see METHYL PARATHION
DIMETHYL p-NITROPHENYL PHOSPHOROTHIONATE see METHYL PARATHION
DIMETHYL 4-NITROPHENYL PHOSPHOROTHIONATE see METHYL PARATHION
O,O-DIMETHYL O-(p-NITROPHENYL) THIONOPHOSPHATE see METHYL PARATHION
O,O-DIMETHYL O-p-NITROPHENYL THIOPHOSPHATE see METHYL PARATHION
O,O-DIMETHYL O-(p-NITROPHENYL) THIOPHOSPHATE see METHYL PARATHION
DIMETHYL p-NITROPHENYL THIOPHOSPHATE see METHYL PARATHION
DIMETHYLNITROSAMINE see N-NITROSODIMETHYLAMINE
N,N-DIMETHYLNITROSOAMINE see N-NITROSODIMETHYLAMINE
DIMETHYLNITROSAMIN (German) see N-NITROSODIMETHYLAMINE
2,3-DIMETHYL-7-OXABICYCLO(2,2,1)HEPTANE-2,3-DICARBOXYLIC ANHYDRIDE see CANTHARIDIN
O,O-DIMETHYL-S-(2-OXO-3-AZA-BUTYL)-DITHIOPHOSPHAT (German) see DIMETHOATE HYL-
O,O-DIMETHYL-S-((4-OXO-3H-1,2,3-BENZOTRIAZIN-3-YL)METHYL)DITHIOPHOSPHAT (German) see AZINPHOS-METHYL,2,3
O,O-DIMETHYL-S-OXO-1,2,3-BENZOTRIAZIN-3-(4H)-YL-METHYL)PHOSPHODITHIOATE see AZINPHOS-METHYL
O,O-DIMETHYL-S-(4-OXO-3H-1,2,3-BENZOTRIAZIN-3-YL)METHYL)DITHIOFOSFAAT (Dutch) see AZINPHOS-METHYL
O,O-DIMETHYL-S-(4-OXO-BENZOTRIAZINO-3-METHYL)PHOSPHORODITHIOATE see AZINPHOS-METHYL-(4-
O,O-DIMETHYL-S-(4-OXO-1,2,3-BENZOTRIAZINO(3)-METHYL)THIOPHOSPHORODITHIOATE see AZINPHOS-METHYL

O,O-DIMETHYL-S-(4-OXO-3H-1,2,3-BENZOTRIZIANE-3-METHYL) PHOSPHORODITHIOATE see AZINPHOS-METHYL

O,O-DIMETHYL-S-(4-OXO-1,2,3-BEZOTRIAZIN-3(4H)-YL METHYL)-PHOSPHORODITHIOATE see AZINPHOS-METHYL

3(2-(3,5-DIMETHYL-2-OXOCYCLOHEXYL)-2-HYDROXYETHYL)-GLUTARIMIDE see CYCLOHEXIMIDE

DIMETHYL PARATHION see METHYL PARATHION

3,5-DIMETHYLPERHYDRO-1,3,5-THIADIAZIN-2-THION (Czech, German) see DAZOMET

α,α-DIMETHYLPHENETHYLAMINE see BENZENEETHANAMINE, α,α-DIMETHY-

4,6-DIMETHYLPHENOL see 2,4-DIMETHYPHENOL

5-DIMETHYLPHENOL METHYLCARBAMATE ESTER see MEXACARBATE

2,6-DIMETHYLPHENYLAMINE see 2,6-XYLIDINE

N,N-DIMETHYLPHENYLAMINE see N,N-DIMETHYLANILINE

DIMETHYLPHENYLAMINE see N,N-DIMETHYLANILINE

N,N-DIMETHYL-P-(PHENYLAZ O)ANILINE see 4-DIMETHYLAMINOAZOBENZENE

1-((2,4-DIMETHYLPHENYL)AZO)-2-NAPHTHALENOL see C.I. SOLVENT ORANGE 7

(2,4-DIMETHYLPHENYLAZO)-2-HYDROXYNAPHTHALENE-3,6-DISULPHONATE, DISODIUM SALT see C.I. FOOD RED 5

4-((2,4-DIMETHYLPHENYL)AZO)-3-HYDROXY-2,7-NAPHTHALENEDISULFONIC ACID, DISODIUM SALT see C.I. FOOD RED 5

4-((2,4-DIMETHYLPHENYL)AZO)-3-HYDROXY-2,7-NAPHTHALENESULFONIC ACID, DISODIUM SALT see C.I. FOOD RED 5

N,N-DIMETHYL-4-PHENYLAZO ANILINE see 4-DIMETHYLAMINOAZOBENZENE

N,N-DIMETHYL-alpha.-PHENYLBENZENEACETAMIDE see DIPHENAMID

N,N-DIMETHYL-α-PHENYLBENZENEACETAMIDE see DIPHENAMID

N'-(2,4-DIMETHYLPHENYL)-N-(((2,4-DIMETHYLPHENYL)IMINO)METHYL)-N-METHYLMETHA NIMIDAMIDE see AMITRAZ

DIMETHYL 4,4'-(O-PHENYLENE)BIS(3-THIOALLOPHANATE) see THIOPHANATE-METHYL

DIMETHYL ((1,2-PHENYLENE)BIS(IMINO-CARBONO-THIOYL))BIS(CARBAMATE) see THIOPHANATE-METHYL

DIMETHYL ((1,2-PHENYLENE)BIS(IMINOCARBONOTHIOYL))BIS(CARBAMATE) see THIOPHANATE-METHYL

N,N-DIMETHYL-p-PHENYLENEDIAMINE see DIMETHYL-p-PHENYLENEDIAMINE

1,1-DIMETHYL-2-PHENYLETHANEAMINE see BENZENEETHANAMINE, α,α-DIMETHY-

N'-(2,4-DIMETHYLPHENYL)-3-METHYL-1,3,5-TRIAZAPENTA-1,4-DIENE see AMITRAZ

DIMETHYL PHOSPHATE of 2-CHLORO-N,N-DIETHYL-3-HYDROXYCROTONAMIDE see PHOSPHAMIDON

DIMETHYL PHOSPHATE ESTER with 2-CHLORO-N,N-DIETHYL-3-HYDROXYCROTONAMIDE see PHOSPHAMIDON

DIMETHYL PHOSPHATE ESTER of 3-HYDROXY-N-METHYL-cis-CROTONAMIDE see MONOCROPTOPHOS

DIMETHYL PHOSPHATE ESTER with 3-HYDROXY-N,N-DIMETHYL-cis-CROTONAMIDE see DICROTOPHOS

DIMETHYL PHOSPHATE of 3-HYDROXY-N,N-DIMETHYL-cis-CROTONAMIDE see DICROTOPHOS

DIMETHYL PHOSPHATE of 3-HYDROXY-N-METHYL-cis-CROTONAMINE see MONOCROPTOPHOS

DIMETHYL PHOSPHATE of METHYL-3-HYDROXY-cis-CROTONATE see MEVINPHOS

DIMETHYLPHOSPHORAMIDOCYANIDIC ACID, ETHYL ESTER see TABUN

O,S-DIMETHYLPHOSPHORAMIDOTHIOATE see METHAMIDOPHOS

DIMETHYL PHOSPHOROCHLORIDOTHIOATE see DIMETHYL CHLOROTHIOPHOSPHATE

DIMETHYL PHOSPHOROCHLOROTHIOATE see DIMETHYL CHLORO-
THIOPHOSPHATE
O,O-DIMETHYL PHOSPHOROCHLORIDOTHIOATE see DIMETHYL CHLO-
ROTHIOPHOSPHATE
O,O-DIMETHYL PHOSPHOROCHLOROTHIOATE see DIMETHYL CHLORO-
THIOPHOSPHATE
DIMETHYL PHOSPHOROCHLORIDOTHIONATE see DIMETHYL CHLORO-
THIOPHOSPHATE
O,O-DIMETHYLPHOSPHORODITHIOATE N-FORMYL-2-MERCAPTO-N-
METHYLACETAMIDE-S-ESTER see FORMOTHION
O,O-DIMETHYL PHOSPHORODITHIOATE S-ESTER with 2-MERCAPTO-N-
METHYLACETAMIDE see DIMETHOATE
O,O-DIMETHYL PHOSPHORODITHIOATE S-ESTER with 4-(MERCAPTOME-
THYL)2-METHOXY-δ-1,3,4-THIADIAZOLIN-5-ONE see METHIDATHION
O,O-DIMETHYL PHOSPHOROTHIOATE O-ESTER with p-HYDROXY-N,N-DI-
METHYLBENZENESULFONAMIDE see FAMPHUR
O,O-DIMETHYLPHOSPHOROTHIOATE O,O-DIESTER with 4,4′-THIODIPHE-
NOL see TEMEPHOS
O,O-DIMETHYL PHOSPHOROTHIONOCHLORIDATE see DIMETHYL
CHLOROTHIOPHOSPHATE
DIMETHYL O-PHTHALATE see DIMETHYL PHTHALATE
(O,O-DIMETHYL-PHTHALIMIDIOMETHYL-DITHIOPHOSPHATE) see PHOS-
MET
O,O-DIMETHYL S-(N-PHTHALIMIDOMETHYL)DITHIOPHOSPHATE see
PHOSMET
O,O-DIMETHYL S-PHTHALIMIDOMETHYLPHOSPHORODITHIOATE see
PHOSMET
n-(1,1-DIMETHYLPROPYNYL)-3,5-DICHLOROBENZAMIDE see PRONAMIDE
N,N-DIMETHYL-N′-2-PYRIDINYL-N′-(2-THIENYLMETHYL)-1,2-ETHANE-
DIAMIDE see METHAPYRILENE
N,-DIMETHYL-N′-PYRID-2-YL-N′-2-THENYLETHYLENEDIAMINE see ME-
THAPYRILENE
10,11-DIMETHYLSTRYCHNINE see BRUCINE
DIMETHYL SULFAAT (Dutch) see DIMETHYL SULFATE
O-4-DIMETHYLSULFAM OYLPHENYL O,O-DIMETHYL PHOSPHOROTH-
IOATE see FAMPHUR
O-4-DIMETHYLSULPHA MOYLPHENYL O,O-DIMETHYL PHOSPHOROTH-
IOATE see FAMPHUR
DIMETHYLSULFAT (Czech) see DIMETHYL SULFATE
DIMETHYL SULPHATE see DIMETHYL SULFATE
as-DIMETHYL SULFATE see METHYLMETHANESULFONATE
3,5-DIMETHYLTETRAHYDRO-1,3,5-THIADIAZINE-2-THIONE see DAZOMET
3,5-DIMETHYL-1,2,3,5-TETRAHYDRO-1,3,5-THIADIAZINETHIONE-2 see DA-
ZOMET
3,5-DIMETHYLTETRAHYDRO-1,3,5-2H-THIADIAZINE-2-THIONE see DAZO-
MET
3,5-DIMETHYL-1,3,5-THIADIAZINANE-2-THIONE see DAZOMET
O,O-DIMETHYL-S-(3-THIA-PENTYL)-MONOTHIOPHOSPHAT (German) see
DEMETON-s-METHYL
DIMETHYL N,N′-(THIOB-
IS((METHYLIMINO)CARBONYLOXY))BIS(ETHANIMIDOTHIOATE)) see
THIODICARB
DIMETHYL N,N′-(THIOB-
IS((METHYLIMINO)CARBONYLOXY))BIS(THIOIMIDOACETATE)) see
THIODICARB-(TH
DIMETHYL-N,N′-(THIOB-
IS(((METHYLIMINO)CARBONYL)OXY))BIS(ETHANIMIDOTHIOATE)) see
THIODICARB
DIMETHYLTHIONOCHLOROPHOSPHATE see DIMETHYL CHLOROTHIO-
PHOSPHATE
O,O-DIMETHYLTHIONOPHOSPHOROCHLORIDATE see DIMETHYL CHLO-
ROTHIOPHOSPHATE
DIMETHYL THIONOPHOSPHOROCHLORIDATE see DIMETHYL CHLORO-
THIOPHOSPHATE

O,O-DIMETHYL THIONOPHOSPHORYL CHLORIDE *see* DIMETHYL CHLOROTHIOPHOSPHATE

3,5-DIMETHYL-2-THIONOTETRAHYDRO-1,3,5-THIADIAZINE *see* DAZOMET

O,O-DIMETHYL THIOPHOSPHORIC ACID CHLORIDE *see* DIMETHYL CHLOROTHIOPHOSPHATE

DIMETHYL THIOPHOSPHOROCHLORIDATE *see* DIMETHYL CHLOROTHIOPHOSPHATE

DIMETHYL THIOPHOSPHORYL CHLORIDE *see* DIMETHYL CHLOROTHIOPHOSPHATE

O,O-DIMETHYL THIOPHOSPHORYL CHLORIDE *see* DIMETHYL CHLOROTHIOPHOSPHATE

DIMETHYL 2,4,5-TRICHLORO-α-(CHLOROMETHYLENE)BENZYL PHOSPHATE *see* TETRACHLORVINPHOS

O,O-DIMETHYL (2,2,2-TRICHLORO-1-HYDROXYETHYL)PHOSPHONATE *see* TRICHLORFON

DIMETHYL (2,2,2-TRICHLORO-1-HYDROXYETHYL)PHOSPHONATE *see* TRICHLORFON

O,O-DIMETHYL O-(3,5,6-TRICHLORO-2-PYRIDINYL)PHOSPHOROTHIOATE *see* CHLORPYRIFOS

O,O-DIMETHYL-O-3,5,6-TRICHLORO-2-PYRIDYL PHOSPHOROTHIOATE *see* CHLORPYRIFOS METHYL

N,N-DIMETHYL-N'-(3-(TRIFLUOROMETHYL)PHENYL)UREA *see* FLUOMETURON

1,1-DIMETHYL-3-(3-TRIFLUOROMETHYLPHENYL)UREA *see* FLUOMETURON

DIMETHYL VIOLGEN CHLORIDE *see* PARAQUAT DICHLORIDE

DIMETHYL VIOLOGEN CHLORIDE *see* PARAQUAT DICHLORIDE

DIMETHYL YELLOW *see* 4-DIMETHYLAMINOAZOBENZENE

O,O-DIMETIL-O-(1,4-DIMETIL-3-OXO-4-AZA-PENT-1-ENIL)-FOSFATO (Italian) *see* DICROTOPHOS

O,O-DIMETIL-S-(2-ETILITO-ETIL)-MONOTIOFOSFATO (Italian) *see* DEMETON-s-METHYL

DIMETIL-p-FENILENDIAMINA (Spanish) *see* DIMETHYL-p-PHENYLENEDIAMINE

O,O-DIMETIL-S-(N-METIL-CARBAMOIL-METIL)-DITIOFOSFATO (Italian) *see* DIMETHOATE

O,O-DIMETIL-O-(2-N-METILCARBAMOIL-1-METIL-VINIL)-FOSFATO (Italian) *see* MONOCROPTOPHOS

O,O-DIMETIL-S-((2-METOSSOI-1,3,4(4H)-THIADIAZAOL-5-ON-4-IL)METIL)DITIFOSF ATO (Italian) *see* METHIDATHION

O,O-DIMETIL-O-(4-NITRO-FENIL)-MONOTIOFOSFATO (Italian) *see* METHYL PARATHION

O,O-DIETIL-S-((4-OXO-3H-1,2,3-BENZOTRIAZIN-3-IL)METIL)-DITIOFOSFATO (Italian) *see* AZINPHOS-METHYL

3,5-DIMETIL-PERIDRO-1,3,5-THIADIAZIN-2-TIONE (Italian) *see* DAZOMET

O,O-DIMETIL-(2,2,2-TRICLORO-1-IDROSSI-ETIL)-FOSFONATO (Italian) *see* TRICHLORFON

DIMETILAMINA (Spanish) *see* DIMETHYLAMINE DICAMBA

DIMETILANE *see* DIMETILAN

N,N-DIMETILANILINA (Spanish) *see* N,N-DIMETHYLANILINE

7,12-DIMETILBENZ(a)ANTRACENO (Spanish) *see* 7,12-DIMETHYL-BENZ(a)ANTHRACENE

DIMETILCARBAMATO de 1-ISOPROPIL-3-METIL-5-PIRAZOLILO (Spanish) *see* ISOPROPYLMETHYLPYRAZOYL DIMETHYLCARBAMATE

DIMETILDICLOROSILANO (Spanish) *see* DIMETHYLDICHLOROSILANE

DIMETILDITIOCARBAMATO SODICO (Spanish) *see* SODIUM DIMETHYLDITHIOCARBAMATE

DIMETILDITIOCARBAMATO POTASICO (Spanish) *see* POTASSIUM DIMETHYLDITHIOCARBAMATE

2,4-DIMETILFENOL (Spanish) *see* 2,4-DIMETHYPHENOL

2,6-DIMETILFENOL (Spanish) *see* 2,6-DIMETHYLPHENOL

DIMETILFORMAMIDA (Spanish) *see* DIMETHYLFORMAMIDE

DIMETILFORMAMIDE (Italian) *see* DIMETHYLFORMAMIDE

1,2-DIMETILHIDRAZINA (Spanish) *see* HYDRAZINE, 1,2-DIMETHYL-
sim-DIMETILHIDRAZINA (Spanish) *see* HYDRAZINE, 1,2-DIMETHYL-
DIMETILSULFATO (Italian) *see* DIMETHYL SULFATE
3,3'-DIMETOSSIBENZODINA (Italian) *see* 3,3'-DIMETHOXYBENZIDINE
DIMETOX *see* TRICHLORFON
3,3'-DIMETOXIBENZIDINA (Spanish) *see* 3,3'-DIMETHOXYBENZIDINE
DIMETYLFORMAMIDU (Czech) *see* DIMETHYLFORMAMIDE
DIMEVUR *see* DIMETHOATE
DIMID *see* DIPHENAMID
DIMILIN *see* DIFLUBENZURON
DIMONEX *see* PHOSPHAMIDON
DIMPYLATE *see* DIAZINON
3,4,5,6-DINAPHTHACARBAZOLE *see* 7H-DIBENZO(c,g)CARBAZOLE
1,2,5,6-DINAPHTHACRIDINE *see* DIBENZ(a,h)ACRIDINE
3,4,6,7-DINAPHTHACRIDINE *see* DIBENZ(a,j)ACRIDINE
DINATRIUMAETHYLENBISDITHIOCARBAMAT (German) *see* NABAM
DINATRIUM-(N,N'-AETHYLEN-BIS(DITHIOCARBAMAT) (German) *see* NABAM
DINATRIUM-(N,N'-ETHYLEEN-BIS(DITHIOCARBAMAAT) (Dutch) *see* NABAM
DINEX *see* 2-CYCLOHEXYL-4,6-DINITROPHENOL
DINITRALL *see* DINITROBUTYL PHENOL
DINITRO *see* 4,6-DINITRO-o-CRESOL
DINITRO *see* DINITROBUTYL PHENOL
DINITROBENCENO (Spanish) *see* DINITROBENZENE (MIXED ISOMERS)
m-DINITROBENCENO (Spanish) *see* m-DINITROBENZENE
o-DINITROBENCENO (Spanish) *see* o-DINITROBENZENE
p-DINITROBENCENO (Spanish) *see* p-DINITROBENZENE
1,3-DINITROBENZENE *see* m-DINITROBENZENE
1,2-DINITROBENZENE *see* o-DINITROBENZENE
1,4-DINITROBENZENE *see* p-DINITROBENZENE
DINITROBENZINE, SOLID *see* DINITROBENZENE (MIXED ISOMERS)
DINITROBENZINE, SOLUTION *see* DINITROBENZENE (MIXED ISOMERS)
DINITROBENZOL, SOLID *see* DINITROBENZENE (MIXED ISOMERS)
DINITRO-3 *see* DINITROBUTYL PHENOL
4,6-DINITRO-2-sec-BUTYLFENOL (Czech) *see* DINITROBUTYL PHENOL
DINITROBUTYLPHENOL *see* DINITROBUTYL PHENOL
DINITRO-ortho-sec-BUTYLPHENOL *see* DINITROBUTYL PHENOL
2,4-DINITRO-6-sec-BUTYLPHENOL *see* DINITROBUTYL PHENOL
2,4-DINITRO-6-tert-BUTYLPHENOL *see* DINOTERB
2,4-DINITRO-6-sec-BUTYLPHENOL *see* DINITROBUTYL PHENOL
4,6-DINITRO-sec-BUTYLPHENOL *see* DINITROBUTYL PHENOL
4,6-DINITRO-2-sec-BUTYLPHENOL *see* DINITROBUTYL PHENOL
4,6-DINITRO-o-sec-BUTYLPHENOL *see* DINITROBUTYL PHENOL
4,6-DINITRO-2-(2-CAPRYL)PHENYL CROTONATE *see* DINOCAP
DINITROCAPRYLPHENYL CROTONATE *see* DINOCAP
4,6-DINITRO-2-CAPRYLPHENYL CROTONATE *see* DINOCAP
DINITRO-o-CRESOL (DOT) *see* 4,6-DINITRO-o-CRESOL
4,6-DINITRO-o-CRESOL and SALTS *see* 4,6-DINITRO-o-CRESOL
DINITRO-ortho-CRESOL *see* 4,6-DINITRO-o-CRESOL
DINITROCRESOL *see* 4,6-DINITRO-o-CRESOL
DINITROCRESOL *see* 4,6-DINITRO-o-CRESOL
3,5-DINITRO-o-CRESOL *see* 4,6-DINITRO-o-CRESOL
DINITRO-o-CYCLOHEXYLPHENOL *see* 2-CYCLOHEXYL-4,6-DINITROPHENOL
DINITROCYCLOHEXYLPHENOL *see* 2-CYCLOHEXYL-4,6-DINITROPHENOL
2,4-DINITRO-6-CYCLOHEXYLPHENOL *see* 2-CYCLOHEXYL-4,6-DINITROPHENOL
4,6-DINITRO-o-CYCLOHEXYLPHENOL *see* 2-CYCLOHEXYL-4,6-DINITROPHENOL
DINITRODENDTROXAL *see* 4,6-DINITRO-o-CRESOL
2,6-DINITRO-N,N-DIPROPYL-4-(TRIFLUOROMETHYL)ANILINE *see* TRIFLURALIN
2,6-DINITRO-N,N-DIPROPYL-4-(TRIFLUOROMETHYL-) *see* TRIFLURALIN

2,6-DINITRO-N,N-DIPROPYL-4-(TRIFLUOROMETHYL)BENZENAMINE see TRIFLURALIN
3,5-DINITRO-N4,N4-DIPROPYLSULFANILAMIDE see ORYZALIN
3,5-DINITRO-N4,N4-DIPROPYLSULFANILAMIDE see ORYZALIN
3,5-DINITRO-N4,N4-DIPROPYLSULPHANILAMIDE see ORYZALIN
2,5-DINITRO-N-(1-ETHYLPROPYL)-3,4-XYLIDINE see PEDIMETHALIN N-(1-ETHYLPROPYL)-3,4-DIMETHYL-2,6-DINTROBENZENAMINE
DINITROFENOL (Dutch, Spanish) see DINITROPHENOL
2,4-DINITROFENOL (Dutch, Spanish) see 2,4-DINITROPHENOL
2,5-DINITROFENOL (Dutch, Spanish) see 2,5-DINITROPHENOL
2,6-DINITROFENOL (Dutch, Spanish) see 2,6-DINITROPHENOL
DINITROFENOLO (Italian) see DINITROPHENOL
2,4-DINITROFENOLO (Italian) see 2,4-DINITROPHENOL
2,5-DINITROFENOLO (Italian) see 2,5-DINITROPHENOL
2,6-DINITROFENOLO (Italian) see 2,6-DINITROPHENOL
DINITROGEN DIOXIDE, DI- see NITROGEN DIOXIDE (10544-72-6)
DINITROGEN DIOXIDE see NITROGEN DIOXIDE (10544-72-6)
DINITROGEN TETROXIDE see NITROGEN DIOXIDE (10102-44-0)
DINITROGEN TETROXIDE see NITROGEN DIOXIDE (10544-72-6)
3,5-DINITRO-2-HYDROXYTOLUENE see 4,6-DINITRO-o-CRESOL
DINITROL see 4,6-DINITRO-o-CRESOL
4,6-DINITRO-2-(1-METHYL-N-PROPYL)PHENOL see DINITROBUTYL PHENOL
4,6-DINITRO-2-(1-METHYL-PROPYL)PHENOL see DINITROBUTYL PHENOL
DINITRO(1-METHYLHEPTYL)PHENYL CROTONATE see DINOCAP
2,4-DINITRO-6-(1-METHYLHEPTYL)PHENYL CROTONATE see DINOCAP
4,6-DINITRO-2-(1-METHYLHEPTYL)PHENYL CROTONATE see DINOCAP
DINITRO METHYLHEPTYPHENYL CROTONATE see DINOCAP
2,4-DINITRO-6-METHYLPHENOL see 4,6-DINITRO-o-CRESOL
4,6-DINITRO-2-METHYLPHENOL see 4,6-DINITRO-o-CRESOL
2,4-DINITRO-6-(1-METHYLPROPYL)PHENOL see DINITROBUTYL PHENOL
2,4-DINITRO-6-OCTYL-PHENYL CROTONATE see DINOCAP
2,6-DINITRO-4-OCTYL-PHENYL CROTONATE see DINOCAP
2,4-DINITRO-6-(2-OCTYL)PHENYL CROTONATE see DINOCAP
DINITROPHENOL (MIXED ISOMERS) see DINITROPHENOL
α-DINITROPHENOL see 2,4-DINITROPHENOL
β-DINITROPHENOL see 2,6-DINITROPHENOL
γ-DINITROPHENOL see 2,5-DINITROPHENOL
O-O-DINITROPHENOL see 2,6-DINITROPHENOL
DINITROPHENYLMETHANE see DINITROTOLUENE (MIXED ISOMERS) METH
2,6-DINITRO-N,N-DI-N-PROPYL-α,α,α-TRIFLURO-P-TOLUIDINE see TRIFLURALIN
DINITROTERB see DINOTERB
DINITROTOLUENO (Spanish) see DINITROTOLUENE (MIXED ISOMERS)
2,4-DINITROTOLUENO (Spanish) see 2,4-DINITROTOLUENE
2,6-DINITROTOLUENO (Spanish) see 2,6-DINITROTOLUENE
3,4-DINITROTOLUENO (Spanish) see 3,4-DINITROTOLUENE
2,6-DINITRO-4-TRIFLUORMETHYL-N,N-DIPROPYLANILIN (German) see TRIFLURALIN
DINOC see 4,6-DINITRO-o-CRESOL
DINOFAN 51285 see 2,4-DINITROPHENOL
DINOPOL NOP see DI-n-OCTYLPHTHALATE
DINOSEB see DINITROBUTYL PHENOL
DINOXOL see 2,4-D
DINOXOL see 2,4,5-T ACID
DINTION see PHENYTOIN
DINURANIA see 4,6-DINITRO-o-CRESOL
DIOCTYL ADIPATE see BIS(2-ETHYLHEXYL)ADIPATE
DIOCTYL PHTHALATE see DI(2-ETHYLHEXYL)PHTHALATE
DI-N-OCTYL PHTHALATE see DI-n-OCTYLPHTHALATE
DI-s-OCTYL PHTHALATE see DI(2-ETHYLHEXYL)PHTHALATE
DI-sec-OCTYL PHTHALATE (DEHP) see DI(2-ETHYLHEXYL)PHTHALATE
DI-sec-OCTYL PHTHALATE see DI-n-OCTYLPHTHALATE

DIOFORM see 1,2-DICHLOROETHYLENE (156-60-5)
DIOFORM see 1,2-DICHLOROETHYLENE (540-59-0)
DIOKAN see 1,4-DIOXANE
DIOKSAN (Polish) see 1,4-DIOXANE
DIOKSYNY (Polish) see 2,3,7,8-TETRACHLORODIBENZO-p-DIOXIN (TCDD)
DIOLAMINE see DIETHANOLAMINE
DIOLICE see COUMAPHOS
DI-ON see DIURON
DIOSSAOXAN (Czech) see 1,4-DIOXANE
1,4-DIOSSIBENZENE (Italian) see QUINONE
1,4-DIOXACYCLOHEXANE see 1,4-DIOXANE
DIOXAN see 1,4-DIOXANE
DIOXAN-1,4 (German) see 1,4-DIOXANE
1,4-DIOXAN (German) see 1,4-DIOXANE
DIOXANE see 1,4-DIOXANE
p-DIOXANE see 1,4-DIOXANE
1,4-DIOXANE see 1,4-DIOXANE
2,3-DIOXANEDITHIOL S,S-BIS(O,O-DIETHYLPHOSPHORODITHIOATE) see DIOXATHION
1,4-DIOXAN-2,3-DIYL S,S-DI(O,O-DIETHYL PHOSPHORODITHIOATE) see DIOXATHION
S,S'-para-DIOXANE-2,3-DIYL BIS(O,O-DIETHYLPHOSPHORODITHIOATE) see DIOXATHION
S,S'-1,4-DIOXANE-2,3-DIYL BIS(O,O-DIETHYL PHOSPHORODITHIOATE) see DIOXATHION
S,S1-1,4-DIOXANE-2,3-DIY1-0,0,0-TETRAETHYL ESTER see DIOXATHION
S,S'-(1,4-DIOXANE-2,3-DIYL)-O,O,O',O'-TETRAETHYL-BIS(PHOSPHORODITHIOATE) see DIOXATHION
DIOXANNE (French) see 1,4-DIOXANE
1,1-DIOXIDE-1,2-BENZOISOTHIAZOL-3(2H)-ONE see SACCHARIN
DIOXIDO de AZUFE (Spanish) see SULFUR DIOXIDE
DIOXIDO de CLORO (Spanish) see CHLORINE DIOXIDE
DIOXIDO de NITROGENO (Spanish) see NITROGEN DIOXIDE (10102-44-0)
DIOXIDO de NITROGENO (Spanish) see NITROGEN DIOXIDE (10544-72-6)
DIOXIDO de SELENIO (Spanish) see SELENIUM DIOXIDE
DIOXIDO de TORIO (Spanish) see THORIUM DIOXIDE
1,1',1''-(3,6-DIOXO-1,4-CYCLOHEXADIENE-1,2,4-TRIYL)TRISAZIRIDINE see TRIAZIQUONE
DIOXIN (HERBICIDE CONTAMINANT) see 2,3,7,8-TETRACHLORODIBENZO-p-DIOXIN (TCDD)
DIOXINE see 2,3,7,8-TETRACHLORODIBENZO-p-DIOXIN (TCDD)
1,4-DIOXIN, TETRAHYDRO- see 1,4-DIOXANE
p-DIOXOBENZENE see HYDROQUINONE
2,4-DIOXO-5-FLUOROPYRIMIDINE see FLUOROURACIL
1,3-DIOXO-2H-ISOINDOL-2-YL, METHYLESTER see TETRAMETHRIN
1,2-DIOXOPHTHALAN PHTHALANDIONE see PHTHALIC ANHYDRIDE
1,3-DIOXOPHTHALAN see PHTHALIC ANHYDRIDE
m-DIOXYBENZENE see RESORCINOL
o-DIOXYBENZENE see CATECHOL
p-DIOXYBENZENE see HYDROQUINONE
1,4-DIOXYBENZENE see QUINONE
1,4-DIOXYBENZOL see QUINONE
DIOXYBUTADIENE see DIEPOXYBUTANE
DIOXYETHYLENE ETHER see 1,4-DIOXANE
DIPAXIN see DIPHACIONE
DIPHACIN see DIPHACIONE
DIPHACINON see DIPHACIONE
DIPHANTOIN see PHENYTOIN
m-DIPHAR see MANEB
DIPHEDAL see PHENYTOIN
DIPHENACIN see DIPHACIONE
DIPHENADION see DIPHACIONE
DIPHENADIONE see DIPHACIONE
DIPHENAMIDE see DIPHENAMID

DIPHENINE see PHENYTOIN
o-DIPHENOL see CATECHOL
DIPHENPYRAMIDE see DIPHENYLAMINE
DIPHENTANE 70 see DICHLOROPHENE
DIPHENTHANE 70 see DICHLOROPHENE
DIPHENTOIN see PHENYTOIN
DIPHENTYN see PHENYTOIN
DIPHENYL see BIPHENYL
1,1'-DIPHENYL see BIPHENYL
2-DIPHENYLACETYL-1,3-DIKETOHYDRINDENE see DIPHACIONE
2-(DIPHENYLACETYL)INDAN-1,3-INDANDIONE see DIPHACIONE
2-(DIPHENYLACETYL)-1H-INDENE-1,3(2H)-DIONE see DIPHACIONE
DIPHENYLAMIDE see DIPHENAMID
DIPHENYLAMINE, 4-NITROSO- see p-NITROSODIPHENYLAMINE
DIPHENYLAMINE, N-NITROSOAMINE see N-NITRSOPHENYLAMINE
N,N-DIPHENYLAMINE see DIPHENYLAMINE
DIPHENYLAN see PHENYTOIN
DIPHENYL BLUE 2B see C.I. DIRECT BLUE 6
DIPHENYL BLUE 3B see TRYPAN BLUE
DIPHENYL BLUE KF see C.I. DIRECT BLUE 6
DIPHENYL BLUE M 2B see C.I. DIRECT BLUE 6
DIPHENYL, CHLORINATED see POYLCHLORINATED BIPHENYLS
DIPHENYL DEEP BLACK G see C.I. DIRECT BLACK 38
2,2-DIPHENYL-N,N-DIMETHYLACETAMIDE see DIPHENAMID
DIPHENYLENE OXIDE see DIBENZOFURAN
4,4'-DIPHENYLENEDIAMINE see BENZIDINE
DIPHENYLENEMETHANE see FLUORENE
α-DIPHENYLENEMETHANE see FLUORENE
DIPHENYL FAST BROWN BRL see C.I. DIRECT BROWN 95
DIPHENYLGLYOXAL PEROXIDE see BENZOYL PEROXIDE
DIPHENYLHYDANTOIN see PHENYTOIN
5,5-DIPHENYLHYDANTOIN see PHENYTOIN
DIPHENYLHYDANTOINE see PHENYTOIN
sym-DIPHENYLHYDRAZINE see 1,2-DIPHENYLHYDRAZINE
N,N'-DIPHENYLHYDRAZINE see 1,2-DIPHENYLHYDRAZINE
5,5-DIPHENYL-2,4-IMIDA ZOLIDINEDIONE see PHENYTOIN
5,5-DIPHENYLIMIDAZOLIDIN-2,4-DIONE see PHENYTOIN
4,4'-DIPHENYLMETHANEDIAMINE see 4,4'-METHYLENEDIANILINE
DIPHENYLMETHANE 4,4'-DIISOCYANATE see METHYL-BIS(PHENYLISOCYANATE)
para,para'-DIPHENYLMETHANE DIISOCYANATE see METHYL-BIS(PHENYLISOCYANATE)
DIPHENYLMETHANE DIISOCYANATE see METHYL-BIS(PHENYLISOCYANATE)
p,p'-DIPHENYLMETHANE DIISOCYANATE see METHYL-BIS(PHENYLISOCYANATE)
DIPHENYL METHANE DIISOCYANATE see METHYL-BIS(PHENYLISOCYANATE)
4,4'-DIPHENYLMETHANE DIISOCYANATE see METHYL-BIS(PHENYLISOCYANATE)
DIPHENYLMETHANE p,p'-DIISOCYANATE see METHYL-BIS(PHENYLISOCYANATE)
DIPHENYLNITROSAMIN (German) see N-NITRSOPHENYLAMINE
DIPHENYLNITROSAMINE see N-NITRSOPHENYLAMINE
N,N-DIPHENYLNITROSAMINE see N-NITRSOPHENYLAMINE
N,N-DIPHENYL-N-NITROSOAMINE see N-NITRSOPHENYLAMINE
2,2-DI(4-PHENYLOL)PROPANE see 4,4'-ISOPROPYLIDENEDIPHENOL
o-DIPHENYLOL see 2-PHENYLPHENOL
DIPHENYLOLPROPANE see 4,4'-ISOPROPYLIDENEDIPHENOL
DIPHENYLTRICHLOROETHANE see DDT
DIPHER see ZINEB
DI-PHETINE see PHENYTOIN
DIPHOS see TEMEPHOS
DIPHOSGENE see PHOSGENE

DIPHOSPHORAMIDE, OCTAMETHYL- see DIPHOSPHORAMIDE, OCTA-METHYL-
DIPHOSPHORIC ACID, TETRAETHYL ESTER see TEPP
DIPHOSPHORUS PENTOXIDE see PHOSPHORUS PENTOXIDE
DIPOFENE see DIAZINON
DIPOTASSIUM CHROMATE see POTASSIUM CHROMATE
DIPOTASSIUM DICHROMATE see POTASSIUM BICHROMATE
DIPOTASSIUM ENDOTHAL see DIPOTASSIUM ENDOTHALL
DIPOTASSIUM ENDOTHALL DIPOTASSIUM SALT see DIPOTASSIUM ENDOTHALL
DIPOTASSIUM MONOCHROMATE see POTASSIUM CHROMATE
DIPPING ACID see SULFURIC ACID
DIPRAM see PROPANIL
DI-n-PROPILAMINA (Spanish) see DIPROPYLAMINE
4-(DIPROPYLAMIN O)-3,5-DINITROBENZENESULFONAMIDE see ORYZALIN
n-DIPROPYLAMINE see DIPROPYLAMINE
DI-n-PROPYLAMINE see DIPROPYLAMINE
DIPROPYLAMINE, N-NITROSO- see N-NITROSODI-N-PROPYLAMINE
4-(DI-N-PROPYLAMINO)-3,5-DINITRO-1-TRIFLUOROMETHYLBENZENE see TRIFLURALIN
DIPROPYLCARBAMOTHIOIC ACID S-ETHYL ESTER see ETHYL DIPROPYLTHIOCARBAMATE
DIPROPYLCARBAMOTHIOIC ACID, S-PROPYL ESTER see CARBAMOTHIOIC ACID, DIPROPYL-, S-PROPYL ESTER
N,N-DI-N-PROPYL-2,6-DINITRO-4-TRIFLUOROMETHYLANILINE see TRIFLURALIN
DI-PROPYLISOCINCHOMERO NATE see DIPROPYL ISOCINCHOMERONATE
DI-N-PROPYL ISOCINCHOMERONATE see DIPROPYL ISOCINCHOMERONATE
DIPROPYLNITROSAMINE see N-NITROSODI-N-PROPYLAMINE
DI-n-PROPYLNITROSAMINE see N-NITROSODI-N-PROPYLAMINE
DIPROPYL PYRIDINE-2,5-DICARBOXYLATE see DIPROPYL ISOCINCHOMERONATE
DI-N-PROPYL 2,5-PYRIDINEDICARBOXYLATE see DIPROPYL ISOCINCHOMERONATE
DIPROPYL 2,5-PYRIDINEDICARBOXYLATE see DIPROPYL ISOCINCHOMERONATE
N,N-DIPROPYLTHIOCARBAMIC ACID S-ETHYL ESTER see ETHYL DIPROPYLTHIOCARBAMATE
DIPROPYLTHIOCARBAMIC ACID S-PROPYL ESTER see CARBAMOTHIOIC ACID, DIPROPYL-, S-PROPYL ESTER
N,N-DIPROPYL-4-TRIFLUOROMETHYL-2,6-DINITROANILINE see TRIFLURALIN
DIPTEREX see TRICHLORFON
DIPTEREX 50 see TRICHLORFON
DIPTEVUR see TRICHLORFON
DIPTHAL see TRIALLATE
DIPYRIDO(1,2-a:2',1'-C)PYRAZINEDIIUM, 6,7-DIHYDRO- see DIQUAT (2764-72-9)
DIPYRIDO(1,2-A:2',1'-C)PYRAZINEDIIUM, 6,7-DIHYDRO-, DIBROMIDE see DIQUAT (85-00-7)
DIQUAT DIBROMIDE see DIQUAT (85-00-7)
DIQUAT DIBROMIDE see DIQUAT (2764-72-9)
DIRAX see ANTU
DIRECTAKOL BLUE 3BL see TRYPAN BLUE
DIRECT BLACK A see C.I. DIRECT BLACK 38
DIRECT BLACK 38 see C.I. DIRECT BLACK 38
DIRECT BLACK BRN see C.I. DIRECT BLACK 38
DIRECT BLACK CX see C.I. DIRECT BLACK 38
DIRECT BLACK CXR see C.I. DIRECT BLACK 38
DIRECT BLACK E see C.I. DIRECT BLACK 38
DIRECT BLACK EW see C.I. DIRECT BLACK 38

DIRECT BLACK EX *see* C.I. DIRECT BLACK 38
DIRECT BLACK FR *see* C.I. DIRECT BLACK 38
DIRECT BLACK GAC *see* C.I. DIRECT BLACK 38
DIRECT BLACK GW *see* C.I. DIRECT BLACK 38
DIRECT BLACK GX *see* C.I. DIRECT BLACK 38
DIRECT BLACK GXR *see* C.I. DIRECT BLACK 38
DIRECT BLACK JET *see* C.I. DIRECT BLACK 38
DIRECT BLACK META *see* C.I. DIRECT BLACK 38
DIRECT BLACK METHYL *see* C.I. DIRECT BLACK 38
DIRECT BLACK N *see* C.I. DIRECT BLACK 38
DIRECT BLACK RX *see* C.I. DIRECT BLACK 38
DIRECT BLACK SD *see* C.I. DIRECT BLACK 38
DIRECT BLACK WS *see* C.I. DIRECT BLACK 38
DIRECT BLACK Z *see* C.I. DIRECT BLACK 38
DIRECT BLACK ZSH *see* C.I. DIRECT BLACK 38
DIRECTBLAU 3B (German) *see* TRYPAN BLUE
DIRECT BLUE 14 *see* TRYPAN BLUE
DIRECT BLUE 218 *see* C.I. DIRECT BLUE 218
DIRECT BLUE 2B *see* C.I. DIRECT BLUE 6
DIRECT BLUE 3B *see* TRYPAN BLUE
DIRECT BLUE A *see* C.I. DIRECT BLUE 6
DIRECT BLUE BB *see* C.I. DIRECT BLUE 6
DIRECT BLUE D3B *see* TRYPAN BLUE
DIRECT BLUE FFN *see* TRYPAN BLUE
DIRECT BLUE GS *see* C.I. DIRECT BLUE 6
DIRECT BLUE H3G *see* TRYPAN BLUE
DIRECT BLUE K *see* C.I. DIRECT BLUE 6
DIRECT BLUE M 2B *see* C.I. DIRECT BLUE 6
DIRECT BLUE M3B *see* TRYPAN BLUE
DIRECT BROWN BR *see* 1,3-PHENYLENEDIAMINE
DIRECT BROWN BRL *see* C.I. DIRECT BROWN 95
DIRECT BROWN GG *see* 1,3-PHENYLENEDIAMINE
DIRECT DEEP BLACK E *see* C.I. DIRECT BLACK 38
DIRECT DEEP BLACK EA-CF *see* C.I. DIRECT BLACK 38
DIRECT DEEP BLACK EAC *see* C.I. DIRECT BLACK 38
DIRECT DEEP BLACK E-EX *see* C.I. DIRECT BLACK 38
DIRECT DEEP BLACK E EXTRA *see* C.I. DIRECT BLACK 38
DIRECT DEEP BLACK EW *see* C.I. DIRECT BLACK 38
DIRECT DEEP BLACK EX *see* C.I. DIRECT BLACK 38
DIRECT DEEP BLACK WX *see* C.I. DIRECT BLACK 38
DIRECT FAST BROWN BRL *see* C.I. DIRECT BROWN 95
DIRECT FAST BROWN LMR *see* C.I. DIRECT BROWN 95
DIRECT LIGHT BROWN BRS *see* C.I. DIRECT BROWN 95
DIRECT LIGHTFAST BROWN M *see* C.I. DIRECT BROWN 95
DIRECT SKY BLUE K *see* C.I. DIRECT BLUE 6
DIRECT SUPRA LIGHT BROWN ML *see* C.I. DIRECT BROWN 95
DIREZ *see* ANILAZINE
DIRUBIN *see* ALUMINUM OXIDE
DISETIL *see* DISULFIRAM
DISODIUM ARSENATE HEPTAHYDRATE *see* SODIUM ARSENITE
DISODIUM CHROMATE *see* SODIUM CHROMATE
DISODIUM CYANODITHIOCARBAMATE *see* DISODIUM CYANODITHIOM-
   IDOCARBONATE
DISODIUM DICHROMATE *see* SODIUM BICHROMATE
DISODIUM DIFLUORIDE *see* SODIUM FLUORIDE
DISODIUM-8-((3,3'-DIMETHYL-4'-(4-(4-METHYLPHENYLSULPHONYLOX-
   Y)PHENYLAZO)(1,1'-BIPHENYL)- 4-YL)AZO)-7-HYDROXYNAPHTHAL-
   ENE-1,3-DISULPHONATE *see* C.I. ACID RED 114
DISODIUM(2,4-DIMETHYLPHENYLAZO)-2-HYDROXYNAPHTHALENE-3,6-
   DISULFONATE, DISODIUM SALT *see* C.I. FOOD RED 5
DISODIUM 1,2-ETHANEDIYLBIS(CARBAMODITHIOATE) *see* NABAM
DISODIUM ETHYLENE-1,2-BIS(DITHIOCARBAMATE) *see* NABAM
DISODIUM ETHYLENE BISDITHIOCARBAMATE *see* NABAM
DISODIUM ETHYLENEBIS(DITHIOCARBAMATE) *see* NABAM

DISODIUM HYDROGEN PHOSPHATE see SODIUM PHOSPHATE, DIBASIC (7558-79-4)
DISODIUM MONOHYDROGEN PHOSPHATE see SODIUM PHOSPHATE, DIBASIC (7558-79-4)
DISODIUM ORTHOPHOSPHATE see SODIUM PHOSPHATE, DIBASIC (7558-79-4)
DISODIUM PHOSPHATE see SODIUM PHOSPHATE, DIBASIC (7558-79-4)
DISODIUM PHOSPHORIC ACID see SODIUM PHOSPHATE, DIBASIC (7558-79-4)
DISODIUM SALT of 1-(2,4-XYLYLAZO)-2-NAPHTHOL-3,6-DISULFONIC ACID see C.I. FOOD RED 5
DISODIUM SALT of 1-(2,4-XYLYLAZO)-2-NAPHTHOL-3,6-DISULPHONIC ACID see C.I. FOOD RED 5
DISODIUM SELENATE see SODIUM SELENATE
DISODIUM SELENITE see SODIUM SELENATE
2,4-D-ISOPROPYL see 2,4-D ISOPROPYL ESTER
DISPAL see ALUMINUM OXIDE
DISPAL ALUMINA see ALUMINUM OXIDE
DISPAL M see ALUMINUM OXIDE
DISPERSE ORANGE see 1-AMINO-2-METHYLANTHRAQUINONE
DISPERSE YELLOW G see C.I. DISPERSE YELLOW 3
DISPERSOL FAST YELLOW G see C.I. DISPERSE YELLOW 3
DISPERSOL ORANGE I see C.I. SOLVENT YELLOW 14
DISPERSOL PRINTING YELLOW G see C.I. DISPERSE YELLOW 3
DISPERSOL YELLOW AG see C.I. DISPERSE YELLOW 3
DISPERSOL YELLOW PP see C.I. SOLVENT YELLOW 14
DISTANNOXANE, HEXAKIS(β,β-DIMETHYLPHENETHYL)- see FENBUTATIN OXIDE
DISTANNOXANE, HEXAKIS(2-METHYL-2-PHENYLPROPYL)- see FENBUTATIN OXIDE
DISTILBENE see DIETHYLSTILBESTROL
DISTILLEX DS5 see FREON 113
DISTODIN see HEXACHLOROPHENE
DISTOKAL see HEXACHLOROETHANE
DISTOPAN see HEXACHLOROETHANE
DISTOPIN see HEXACHLOROETHANE
DISULFAN see DISULFIRAM
DISULFATON see DISULFOTON
DISULFATOZIRCONIC ACID see ZIRCONIUM SULFATE
DISULFIDE, BIS(DIMETHYLTHIOCARBAMOYL) see THIRAM
DISULFOTON DISULFIDE see OXYDISULFOTON
DISULFOTON SULFOXIDE see OXYDISULFOTON
DISULFUR DICHLORIDE see SULFUR MONOCHLORIDE
DISULFURAM see DISULFIRAM
DISULFURO de ARSENICO (Spanish) see ARSENIC DISULFIDE
DISULFURO de CARBONO (Spanish) see CARBON DISULFIDE
DISULPHU-RAM see DISULFIRAM
DISULPHURIC ACID see OLEUM
DI-SYSTON see DISULFOTON
DISYSTON SULFOXIDE see OXYDISULFOTON
DISYSTOX see DISULFOTON
DITAVEN see DIGITOXIN
DITEK see THIOPHANATE-METHYL
DI-TETRAHYDRONICOTYRINE see NICOTINE
DITHALLIUM CARBONATE see THALLIUM(I) CARBONATE
DITHALLIUM SULFATE see THALLIUM(I) SULFATE
DITHALLIUM(1+) SULFATE see THALLIUM(I) SULFATE
DITHALLIUM(I) SULFATE see THALLIUM(I) SULFATE
DITHALLIUM TRIOXIDE see THALLIC OXIDE
DITHANE see NABAM
DITHANE 7-78 see ZINEB
DITHANE A-4 see p-DINITROBENZENE
DITHANE A-40 see NABAM
DITHANE D-14 see NABAM

DITHANE M 22 SPECIAL *see* MANEB
DITHANE Z *see* ZINEB
p-DITHIANE, 2,3-DEHYDRO-2,3-DIMETHYL-,TETROXIDE *see* DIMETHIPIN
DITHIAZANIN IODIDE *see* DITHIAZANINE IODIDE
DITHIAZININE *see* DITHIAZANINE IODIDE
DITHIAZANINE IODIDE *see* DITHIAZANINE IODIDE
1,3-DITHIETAN-2-YLIDENE PHOSPHORAMIDIC ACID DIETHYL ESTER *see* FOSTHIETAN
1,4-DITHIIN, 2,3-DIHYDRO-5,6-DIMETHYL-,1,1,4,4-TETRAOXIDE *see* DIMETHIPIN
DITHILOL(4,5-b)QUINOXALIN-2-ONE,6-METHYL- *see* CHINOMETHIONAT
1,3-DITHILOL(4,5-b)QUINOXALIN-2-ONE,6-METHYL- *see* CHINOMETHIONAT
DITHIO *see* SULFOTEP
α,α'-DITHIOBIS(DIMETHYLTHIO)FORMAMIDE *see* THIRAM
1,1'-DITHIOBIS(N,N-DIETHYLTHIOFORMAMIDE) *see* DISULFIRAM
DITHIOBIURET *see* DITHIOBIURET
2,4-DITHIOBIURET *see* DITHIOBIURET
DITHIOCARB *see* CARBAMODITHIOIC ACID, DIETHYL-, SODIUM SALT
DITHIOCARBAMATE *see* CARBAMODITHIOIC ACID, DIETHYL-, SODIUM SALT
DITHIOCARBONIC ANHYDRIDE *see* CARBON DISULFIDE
DITHIODEMETON *see* DISULFOTON
N,N-(DITHIODICARBONOTHIOYL)BIS(N-METHYLMETHANAMINE) *see* THIRAM
DITHIODIPHOSPHORIC ACID, TETRAETHYL ESTER *see* SULFOTEP
DITHIOFOS *see* SULFOTEP
1,3-DITHOLANE-2-CARBOXYALDEHYDE, 2,4-DIMETHYL,O-(METHYLCARBAMOYL)OXIME *see* TRIPATE
DITHION *see* SULFOTEP
DITHIONE *see* SULFOTEP
DITHIONIC ACID *see* OLEUM
DITHIOPHOS *see* SULFOTEP
DITHIOPHOSPHATE de O,O-DIETHYLE et de (4-CHLOROPHENYL) THIOMETHYLE (French) *see* CARBOPHENOTHION
DITHIOPHOSPHATE de O,O-DIETHYLE et de S-(2-ETHYLTHIO-ETHYLE) (French) *see* DISULFOTON
DITHIOPHOSPHATE de O,O-DIMETHYLE et de S-(1,2-DICARBOETHOXYETHYLE) (French) *see* MALATHION
DITHIOPHOSPHATE de O,O-DIMETYLE et de S(-N-METHYLCARBAMOYL-METHYLE (French) *see* DIMETHOATE
DITHIOPHOSPHATEDE O,O-DIETHYLE ET d'ETHYLTHIOMETHYLE (French) *see* PHORATE
DI(THIOPHOSPHORIC) ACID, TETRAETHYL ESTER *see* SULFOTEP
DITHIOPYROPHOSPHATE de TETRAETHYLE (French) *see* SULFOTEP
DITHIOQUINOX *see* CHINOMETHIONAT
DITHIOSYSTOX *see* DISULFOTON
DITHIOTEP *see* SULFOTEP
DITIAMINA *see* ZINEB
2,4-DITIOBIURET (Spanish) *see* DITHIOBIURET
DITOINATE *see* PHENYTOIN
4,4'-DI-o-TOLUIDINE *see* 3,3'-DIMETHYLBENZIDINE
DI-TRAPEX *see* METHYL ISOTHIOCYANATE
DI-TRAPEX *see* trans-1,3-DICHLOROPROPENE
DITRAZIN *see* DIETHYLCARBAMAZINE CITRATE
DITRAZIN CITRATE *see* DIETHYLCARBAMAZINE CITRATE
DITRAZINE *see* DIETHYLCARBAMAZINE CITRATE
DITRAZINE CITRATE *see* DIETHYLCARBAMAZINE CITRATE
DI(TRI-(2,2-DIMETHYL-2-PHENYLETHYL)TIN)OXIDE *see* FENBUTATIN OXIDE
1,4-DI(2,2,2-TRICHLORO-1-FORMAMIDOETHYL)PIPERAZINE *see* TRIFORINE
DITRIFON *see* TRICHLORFON
DITROSOL *see* 4,6-DINITRO-o-CRESOL

DIUPRES *see* RESPIRINE
DIUREX *see* DIURON
DIUROL *see* AMITROLE
DIUROL *see* DIURON
DIUROL 5030 *see* AMITROLE
DIURON 4L *see* DIURON
DIUTENSEN-R *see* RESPIRINE
DIVANADIUM PENTOXIDE *see* VANADIUM PENTOXIDE
DIVINYL ETHER *see* VINYL ETHYL ETHER
DIVINYL OXIDE *see* VINYL ETHYL ETHER
DIVINYL *see* 1,3-BUTADIENE
DIVINYLENE OXIDE *see* FURAN
DIVIPAN *see* DICHLORVOS
DIXON *see* PHOSPHAMIDON
α,α'-DICHLOROXYLENE *see* XYLIDINE DICHLORIDE
N,N-DI-(2,4-XYLYLIMINOMETHYL)METHYLAMINE *see* AMITRAZ
DIZENE *see* o-DICHLOROBENZENE
DIZIKTOL *see* DIAZINON
DIZINON *see* DIAZINON
DM *see* DAUNOMYCIN
2,4-DM *see* 2,4-DB
DMA-4 *see* 2,4-D
DMA *see* DIMETHYLAMINE
DMAA *see* CACODYLIC ACID
DMAB *see* 4-DIMETHYLAMINOAZOBENZENE
DMAP *see* ACEPHATE
DMBA *see* 7,12-DIMETHYLBENZ(a)ANTHRACENE
7,12-DMBA *see* 7,12-DIMETHYLBENZ(a)ANTHRACENE
DMCC *see* DIMETHYLCARBAMOYL CHLORIDE
DMDK *see* SODIUM DIMETHYLDITHIOCARBAMATE
DMDT *see* METHOXYCHLOR
p,p'-DMDT *see* METHOXYCHLOR
DMF (INSECT REPELLENT) *see* DIMETHYL PHTHALATE
DMF *see* DIMEFOX
DMF *see* DIMETHYLFORMAMIDE
DMFA *see* DIMETHYLFORMAMIDE
DMH *see* HYDRAZINE, 1,2-DIMETHYL-
DMN *see* N-NITROSODIMETHYLAMINE
DMNA *see* N-NITROSODIMETHYLAMINE
DMOC *see* CARBOXIN
DMP *see* DIMETHYL PHTHALATE
DMS *see* DIMETHYL SULFATE
DMSP *see* FENSULFOTHION
DMTP (Japan) *see* METHIDATHION
DMTP *see* FENTHION
DMTT *see* DAZOMET
DMU *see* DIURON
DN 289 *see* DINITROBUTYL PHENOL
2,4-D n-BUTYL ESTER *see* 2,4-D BUTYL ESTER
DN DRY MIX No. 1 *see* 2-CYCLOHEXYL-4,6-DINITROPHENOL
DN DUST No. 12 *see* 2-CYCLOHEXYL-4,6-DINITROPHENOL
DNB *see* m-DINITROBENZENE
1,2-DNB *see* o-DINITROBENZENE
1,3-DNB *see* m-DINITROBENZENE
1,4-DNB *see* p-DINITROBENZENE
DNBP *see* DINITROBUTYL PHENOL
DNOC *see* 4,6-DINITRO-o-CRESOL
DNOCHP *see* 2-CYCLOHEXYL-4,6-DINITROPHENOL
DNOCP *see* DINOCAP
DNOP *see* DI-n-OCTYLPHTHALATE
DNOPC *see* DINOCAP
DNOSBP *see* DINITROBUTYL PHENOL
2,4-DNP *see* 2,4-DINITROPHENOL
2,5-DNP *see* 2,5-DINITROPHENOL

2,6-DNP *see* 2,6-DINITROPHENOL
DNPB *see* DINITROBUTYL PHENOL
DNSBP *see* DINITROBUTYL PHENOL
DNT *see* DINITROTOLUENE (MIXED ISOMERS)
2,4-DNT *see* 2,4-DINITROTOLUENE
2,6-DNT *see* 2,6-DINITROTOLUENE
3,4-DNT *see* 3,4-DINITROTOLUENE
DNTBP *see* DINOTERB
DNTP *see* PARATHION
DO 14 *see* PROPARGITE
DOA *see* BIS(2-ETHYLHEXYL)ADIPATE
DOCHLORAN (AMINE FUNGICIDE) *see* DICHLORAN
DOCKLENE *see* MECOPROP
DODANIC ACID 83 *see* DODECYLBENZENESULFONIC ACID
DODAT *see* DDT
DODECILBENCENOSULFONATO SODICO (Spanish) *see* SODIUM DODECYL-BENZENESULFONATE
DODECYLBENZENE SODIUM SULFONATE *see* SODIUM DODECYLBEN-ZENESULFONATE
DODECYL BENZENESULFONATE *see* DODECYLBENZENESULFONIC ACID
n-DODECYL BENZENESULFONIC ACID *see* DODECYLBENZENESULFONIC ACID
DODECYLBENZENESULFONIC ACID, TRIETHANOLAMINE SALT *see* TRIETHANOLAMINE DODECYLBENZENE SULFONATE
DODECYL BENZENESULPHONATE *see* DODECYLBENZENESULFONIC ACID
DODECYLBENZENESULPHONATE, SODIUM SALT *see* SODIUM DODECYL-BENZENESULFONATE
DODECYLBENZENESULPHONIC ACID *see* DODECYLBENZENESULFONIC ACID
n-DODECYL BENZENESULPHONIC ACID *see* DODECYLBENZENESULFON-IC ACID
DODECYLBENZENSULFONANSODNY (Czech) *see* SODIUM DODECYLBEN-ZENESULFONATE
n-DODECYLGUANIDINEACETAT (German) *see* DODINE
DODECYLGUANIDINE ACETATE *see* DODINE
n-DODECYLGUANIDINE ACETATE *see* CHINOMETHIONAT
n-DODECYLGUANIDINE ACETATE *see* DODINE
DODECYLGUANIDINE MONOACETATE *see* DODINE
1-DODECYLGUANIDINIUM ACETATE *see* DODINE
DODGUADINE *see* DODINE
DODIN *see* DODINE
DODINE ACETATE *see* DODINE
DODINE, MIXTURE with GLYODIN *see* DODINE
DOF (Russian plasticizer) *see* DI(2-ETHYLHEXYL)PHTHALATE
DOF *see* DI(2-ETHYLHEXYL)PHTHALATE
DOGUADINE *see* DODINE
DOL GRANULE *see* LINDANE
DOLCO MOUSE CEREAL *see* STRYCHNINE
DOLEN-PUR *see* HEXACHLORO-1,3-BUTADIENE
DOLOSTOP *see* PHENACETIN
DOLVIRAN *see* PHENACETIN
DOMATOL 88 *see* AMITROLE
DOMATOL *see* AMITROLE
DOMESTOS *see* SODIUM HYPOCHLORITE
DOMESTROL *see* DIETHYLSTILBESTROL
DOP *see* DI-n-OCTYLPHTHALATE
DOP *see* DI(2-ETHYLHEXYL)PHTHALATE
DOPED POLY ETCH *see* HYDROGEN FLUORIDE
DOPED POLY ETCH *see* NITRIC ACID
DOQUADINE *see* DODINE
DORMIN *see* METHAPYRILENE
DORMONE *see* 2,4-D
DORVICIDE A *see* SODIUM O-PHENYLPHENOXIDE

DORYL (PHARMACEUTICAL) see CARBACHOL CHLORIDE
DOT No. NA9097 see CALCIUM DODECYLBENZENESULFONATE
DOTAN see CHLORMEPHOS
DOTAN see CHLORMEPHOS
DOTMENT 324 see ALUMINUM OXIDE
DOTMENT 358 see ALUMINUM OXIDE
DOUBLE DOWN see FONOFOS
DOUBLE STRENGTH see 2,4,5-TP ESTERS
DOUBLET see BROMOXYNIL OCTANOATE
DOUBLR STRENGTH see SILVEX (2,4,5-TP)
DOVIP see FAMPHUR
DOW-TRI see TRICHLOROETHYLENE
DOW DORMANT FUNGICIDE see SODIUM PENTACHLOROPHENATE
DOW GENERAL see DINITROBUTYL PHENOL
DOW GENERAL WEED KILLER see DINITROBUTYL PHENOL
DOW MCP AMINE WEED KILLER see METHOXONE
DOW PENTACHLOROPHENOL DP-2 ANTIMICROBIAL see PENTACHLORO-
   PHENOL
DOW SELECTIVE WEED KILLER see DINITROBUTYL PHENOL
DOWANOL E see 2-ETHOXYETHANOL
DOWANOL EE see 2-ETHOXYETHANOL
DOWANOL EM see 2-METHOXYETHANOL
DOWCHLOR see CHLORDANE
DOWCIDE 1 ANTIMICROBIAL see 2-PHENYLPHENOL
DOWCIDE 184 see 1-(3-CHLORALLYL)-3,5,7-TRIAZA-1-AZONIAADAMAN-
   TANE CHLORIDE
DOWCIDE 6 see 2,3,4,6-TETRACHLOROPHENOL
DOWCIDE 7 see PENTACHLOROPHENOL
DOWCO 139 see MEXACARBATE
DOWCO-163 see NITRAPYRIN
DOWCO 179 see CHLORPYRIFOS
DOWCO 184 see 1-(3-CHLORALLYL)-3,5,7-TRIAZA-1-AZONIAADAMANTANE
   CHLORIDE
DOWCO 186 see TRIPHENYLTIN HYDROXIDE
DOWCO 214 see CHLORPYRIFOS METHYL
DOWCO 217 see CHLORPYRIFOS METHYL
DOWFUME see BROMOMETHANE
DOWFUME 40 see 1,2-DIBROMOETHANE
DOWFUME EDB see 1,2-DIBROMOETHANE
DOWFUME MC-2 SOIL FUMIGANT see BROMOMETHANE
DOWFUME N see DICHLOROPROPANE-DICHLOROPROPENE MIXTURE
DOWFUME W-8 see 1,2-DIBROMOETHANE
DOWFUME W-85 see 1,2-DIBROMOETHANE
DOWICIDE see SODIUM O-PHENYLPHENOXIDE
DOWICIDE 1 see 2-PHENYLPHENOL
DOWICIDE 2 see 2,4,5-TRICHLOROPHENOL
DOWICIDE 2S see 2,4,6-TRICHLOROPHENOL
DOWICIDE 7 see PENTACHLOROPHENOL
DOWICIDE A & A FLAKES see SODIUM O-PHENYLPHENOXIDE
DOWICIDE A FLAKES see SODIUM O-PHENYLPHENOXIDE
DOWICIDE A see SODIUM O-PHENYLPHENOXIDE
DOWICIDE EC-7 see PENTACHLOROPHENOL
DOWICIDE G see PENTACHLOROPHENOL
DOWICIDE G-ST see SODIUM PENTACHLOROPHENATE
DOWICIDE G see SODIUM PENTACHLOROPHENATE
DOWICIDE Q see 1-(3-CHLORALLYL)-3,5,7-TRIAZA-1-AZONIAADAMAN-
   TANE CHLORIDE
DOWICIL 75 see 1-(3-CHLORALLYL)-3,5,7-TRIAZA-1-AZONIAADAMANTANE
   CHLORIDE
DOWICIL 100 see 1-(3-CHLORALLYL)-3,5,7-TRIAZA-1-AZONIAADAMAN-
   TANE CHLORIDE
DOWIZID A see SODIUM O-PHENYLPHENOXIDE
DOWPER see TETRACHLOROETHYLENE
DOWPON, DOWPON M see 2,2-DICHLOROPROPIONIC ACID

DOWSIDE B *see* 2,4,5-TRICHLOROPHENOL
DOWSPRAY 17 *see* 2-CYCLOHEXYL-4,6-DINITROPHENOL
DOWTHERM A *see* BIPHENYL
DOWTHERM E *see* o-DICHLOROBENZENE
DOWTHERM SR 1 *see* ETHYLENE GLYCOL
DOXCIDE 50 *see* CHLORINE DIOXIDE
2,4-DP *see* 2,4-DP
2-(2,4-DP) *see* 2,4-DP
DPA *see* DIPHENYLAMINE
DPA *see* PROPANIL
DPC *see* DINOCAP
DPF *see* DIISOPROPYLFLUOROPHOSPHATE
2,4-D PGEE *see* 2,4-D PROPYLENE GLYCOL BUTYL ETHER ESTER
DPH *see* PHENYTOIN
2,4-D PHENOXY PESTICIDE *see* 2,4-D
DPL-87 *see* PYRIMINIL
DPN *see* N-NITROSODI-N-PROPYLAMINE
DPNA *see* N-NITROSODI-N-PROPYLAMINE
DPP *see* PARATHION
DPX 1410 *see* OXAMYL
DPX 3674 *see* HEXAZINONE
DPX 4189 *see* CHLORSULFURON
DPX-L 5300 *see* TRIBENURON METHYL
DPX-Y 6202 *see* QUIZALOFOP-ETHYL
DQUIGARD *see* DICHLORVOS
DRACYCLIC ACID *see* BENZOIC ACID
DRAT *see* CHLOROPHACINONE
DRAZA *see* METHIOCARB
DRAZA G MICROPELLETS *see* METHIOCARB
DRC-714 *see* PHOSACETIM
DRC 3341 *see* METOLCARB
DRENAMIST *see* EPINEPHRINE
DRENUSIL-R *see* RESPIRINE
DREXEL *see* DIURON
DREXEL DIURON 4L *see* DIURON
DREXEL METHYL PARATHION 4E *see* METHYL PARATHION
DREXEL PARATHION 8E *see* PARATHION
DREXEL-SUPER P *see* MALEIC HYDRAZIDE
DRI-TRI *see* SODIUM PHOSPHATE, TRIBASIC (7601-54-9)
DRILLTOX-SPEZIAL AGLUKON *see* LINDANE
DRINOX *see* ALDRIN
DRINOX *see* HEPTACHLOR
6200 DRUM CLEANING SOLVENT *see* 1,4-DIOXANE
6500 DRUM CLEANING SOLVENT *see* 1,4-DIOXANE
DRUPINA 90 *see* ZIRAM
DRY MIX NO.1 *see* 2-CYCLOHEXYL-4,6-DINITROPHENOL
DS-15647 *see* THIOFANOX
DS *see* DIETHYL SULFATE
2,4-D, SALTS AND ESTERS *see* 2,4-D
DSDP *see* AMITON
DSE *see* NABAM
2,4-D, SODIUM SALT *see* 2,4-D SODIUM SALT
DSP *see* SODIUM PHOSPHATE, DIBASIC (7558-79-4)
DTB *see* DITHIOBIURET
DTMC *see* DICOFOL
DU-TER W-50 *see* TRIPHENYLTIN HYDROXIDE
DU-TER FUNGICIDE WETTABLE POWDER *see* TRIPHENYLTIN HYDROXIDE
DU-TUR FLOWABLE-30 *see* TRIPHENYLTIN HYDROXIDE
DU-TER *see* TRIPHENYLTIN HYDROXIDE
DU-TER PB-47 FUNGICIDE *see* TRIPHENYLTIN HYDROXIDE
DU-SPREX *see* DICHLOBENIL
DU-TER FUNGICIDE *see* TRIPHENYLTIN HYDROXIDE
DU 112307 *see* DIFLUBENZURON

DU PONT 326 *see* LINURON
DU PONT 732 *see* TERBACIL
DUPONT 1991 *see* BENOMYL
DUPONT HERBICIDE 326 *see* LINURON
DU PONT HERBICIDE 732 *see* TERBACIL
DUPONT HERBICIDE 976 *see* BROMACIL
DUPONT INSECTICIDE 1179 *see* METHOMYL
DuPONT LAWN WEEDER *see* 2,4-D PROPYLENE GLYCOL BUTYL ETHER ESTER
DUAL MURGANIC RPB SEED TREATMENT *see* LINDANE
DUBLOFIX *see* CHLOROETHANE
DUKERON *see* TRICHLOROETHYLENE
DUMOCYCIN *see* TETRACYCLINE HYDROCHLORIDE
DUNKELGELB (German) *see* C.I. SOLVENT YELLOW 14
DUO-KILL *see* DICHLORVOS
DUPHAR PH 60-40 *see* DIFLUBENZURON
DURAFUR BLACK R *see* p-PHENYLENEDIAMINE
DURAFUR BLACK RC *see* 1,4-PHENYLENEDIAMINE DIHYDROCHLORIDE
DURAFUR BROWN MN *see* 2,4-DIAMINOSOLE, SULFATE
DURAFUR DEVELOPER C *see* CATECHOL
DURAFUR DEVELOPER G *see* RESORCINOL
DURA TREET II *see* PENTACHLOROPHENOL
DURAL *see* ALUMINUM OXIDE
DURAMITEX *see* MALATHION
DURAN *see* DIURON
DURANOL ORANGE G *see* 1-AMINO-2-METHYLANTHRAQUINONE
DURAPHOS *see* MEVINPHOS
DURATOX *see* DEMETON-s-METHYL
DURAVOS *see* DICHLORVOS
DURAZOL BROWN BR *see* C.I. DIRECT BROWN 95
DURETTER *see* FERROUS SULFATE (7720-78-7)
DURGACET YELLOW G *see* C.I. DISPERSE YELLOW 3
DUROFAST BROWN BRL *see* C.I. DIRECT BROWN 95
DUROFERON *see* FERROUS SULFATE (7720-78-7)
DUROMINE *see* BENZENEETHANAMINE, α,α-DIMETHY-
DUROTOX *see* PENTACHLOROPHENOL
DURSBAN *see* CHLORPYRIFOS
DURSBAN 4 *see* CHLORPYRIFOS
DURSBAN 5G *see* CHLORPYRIFOS
DURSBAN F *see* CHLORPYRIFOS
DURSBAN METHYL *see* CHLORPYRIFOS METHYL
DUSITAN SODNY (Czech) *see* SODIUM NITRITE
DUTCH-TREAT *see* SODIUM CACODYLATE
DUTCH LIQUID *see* 1,2-DICHLOROETHANE
DUTCH OIL *see* 1,2-DICHLOROETHANE
DUTER *see* TRIPHENYLTIN HYDROXIDE
DUTER EXTRA *see* TRIPHENYLTIN HYDROXIDE
DW 3418 *see* CYANAZINE
DWUBROMOETAN (Polish) *see* 1,2-DIBROMOETHANE
DWUCHLORODWUETYLOWY ETER (Polish) *see* BIS(2-CHLOROETHYL)ETHER
2,4-DWUCHLOROFENOKSYOCTOWY KWAS (Polish) *see* 2,4-D
DWUCHLORODWUFLUOROMETAN (Polish) *see* DICHLORODIFLUOROMETHANE
DWUCHLOROPROPAN (Polish) *see* 1,2-DICHLOROPROPANE
DWUETYLOAMINA (Polish) *see* DIETHYLAMINE
DWUETYLOWYETER (Polish) *see* ETHYL ETHER
DWUMETYLOFORMAMID (Polish) *see* DIMETHYLFORMAMIDE
DWUMETYLOANILINA (Polish) *see* N,N-DIMETHYLANILINE
DWUMETYLOSULFOTLENKU (Polish) *see* MALONONITRILE
DWUMETYLOSIARCZAN (Polish) *see* DIMETHYL SULFATE
DYCARB *see* BENDIOCARB
DYCLOMEC *see* DICHLOBENIL
DYCRON *see* ALUMINUM OXIDE

DYESTROL see DIETHYLSTILBESTROL
DYFLOS see DIISOPROPYLFLUOROPHOSPHATE
DYFONATE see FONOFOS
DYKANOL see POYLCHLORINATED BIPHENYLS
DYKOL see DDT
DYLEPHRIN see EPINEPHRINE
DYLOX see TRICHLORFON
DYLOX-METASYSTOX-R see TRICHLORFON
DYMEL 22 see CHLORODIFLUOROMETHANE
DYMEX see ACETOPHENONE
DYMID see DIPHENAMID
DYNA-CARBYL see CARBARYL
DYNACIDE see PHENYLMERCURY ACETATE
DYNAMYTE see DINITROBUTYL PHENOL
DYNASOLVE 100 see DIMETHYLFORMAMIDE
DYNASOLVE 150 see FURAN, TETRAHYDRO-
DYNASOLVE MP-500 see 2-ETHOXYETHANOL
DYNASOLVE MP ALUMINIUM GRADE see 2-ETHOXYETHANOL
DYNEX see DIURON
DYNOFORM see FORMALDEHYDE
DYPERTANE COMPOUND see RESPIRINE
DYPHONATE see FONOFOS
DYRENE 50W see ANILAZINE
DYRENE see ANILAZINE
DYREX see TRICHLORFON
DYSPE-INHAL see EPINEPHRINE
DYTOP see DINITROBUTYL PHENOL
DYVON see TRICHLORFON
DYZOL see DIAZINON
E-1 see ETHYLENEIMINE
E 20 see SILVER
E-103 see TEBUTHIURON
E393 see SULFOTEP
E 600 see DIETHYL-p-NITROPHENYL PHOSPHATE
E 601 see METHYL PARATHION
E 605 see PARATHION
E 605F see PARATHION
E-1059 see DEMETON
E 3314 see HEPTACHLOR
E 7256 see DODECYLBENZENESULFONIC ACID
EA see ETHANAMINE
EASTERN STATES DUOCIDE see WARFARIN
EASTERON 99 CONCENTRATE see 2,4-D BUTOXYETHYL ESTER
EASTMAN 7663 see DITHIAZANINE IODIDE
EASTMAN INHIBITOR HPT see HEXAMETHYLPHOSPHORAMIDE
EASTONE YELLOW GN see C.I. DISPERSE YELLOW 3
EASY OFF-D see MERPHOS
EB see ETHYLBENZENE
EB 10FP see DECABROMODIPHENYL OXIDE
EBDC see MANEB
EBDC, DISODIUM SALT see NABAM
EBERPINE see RESPIRINE
EBERSPINE see RESPIRINE
EBR 700 see DECABROMODIPHENYL OXIDE
EBSERPINE see RESPIRINE
EC 300 see MALEIC HYDRAZIDE
ECATOX see PARATHION
ECB see CHLOROBENZILATE
ECCOTHAL see THALLIUM(I) SULFATE
ECF see ETHYL CHLOROFORMATE
ECH see EPICHLOROHYDRIN
ECOPRO see TEMEPHOS
ECOPRO 1707 see TEMEPHOS
ECORIL see CHLORAMBUCIL

ECTIBAN see PERMETHRIN
ECTIN see FENVALERATE
EDATHAMIL see ETHYLENEDIAMINE-TETRAACETIC ACID (EDTA)
EDB see 1,2-DIBROMOETHANE
EDB-85 see 1,2-DIBROMOETHANE
E-D-BEE see 1,2-DIBROMOETHANE
EDC see 1,2-DICHLOROETHANE
EDCO see BROMOMETHANE
EDETIC ACID see ETHYLENEDIAMINE-TETRAACETIC ACID (EDTA)
EDETIC see ETHYLENEDIAMINE-TETRAACETIC ACID (EDTA)
EDICOL PONCEAU RS see C.I. FOOD RED 5
EDICOL SUPRA PONCEAU R see C.I. FOOD RED 5
EDICOL SUPRA ROSE B see C.I. FOOD RED 15
EDICOL SUPRA ROSE BS see C.I. FOOD RED 15
EDRISAL see PHENACETIN
EDTA see ETHYLENEDIAMINE-TETRAACETIC ACID (EDTA)
EDTA ACID see ETHYLENEDIAMINE-TETRAACETIC ACID (EDTA)
2EE see 2-ETHOXYETHANOL
EEC No. 005-002-00-5 see BORON TRICHLORIDE
EEC No. 007-001-00-5 (anhydrous) see AMMONIA
EEC No. 007-001-01-2 see AMMONIUM HYDROXIDE
EEC No. 009-006-00-8 see AMMONIUM FLUORIDE
EEC No. 015-004-00-8 see ALUMINUM PHOSPHIDE
EEC No. 016-022-00-9 see ETHYL MERCAPTAN
EEC No. 017-014-00-8 see AMMONIUM CHLORIDE
EEC No. 024-003-00-1 see AMMONIUM BICHROMATE
EEC No. 033-002-00-5 see ARSENOUS TRICHLORIDE
EEC No. 033-003-00-0 see ARSENIC TRIOXIDE
EEC No. 035-003-00-6 see POTASSIUM BROMATE
EEC No. 051-003-00-9 see ANTIMONY TRIBROMIDE
EEC No. 051-022-00-3 see ANTIMONY PENTACHLORIDE
EEC No. 082-001-00-6 see LEAD ACETATE
EEC No. 601-006-00-1 see ISOPENTANE
EEC No. 601-014-00-5 see ISOPRENE
EEC No. 601-015-00-0 see ACETYLENE
EEC No. 601-020-00-8 see BENZENE
EEC No. 602-002-00-3 see BROMOMETHANE
EEC No. 602-023-00-7 see VINYL CHLORIDE
EEC No. 602-029-00-x see ALLYL CHLORIDE
EEC No. 602-058-00-8 see BENZAL CHLORIDE
EEC No. 603-015-00-6 see ALLYL ALCOHOL
EEC No. 603-021-00-9 see VINYL METHYL ETHER
EEC No. 605-001-00-5 see FORMALDEHYDE
EEC No. 605-003-00-6 see ACETALDEHYDE
EEC No. 605-008-00-3 see ACROLEIN
EEC No. 606-013-00-3 see QUINONE
EEC No. (85% in water) 607-002-00-6 see ACETIC ACID
EEC No. (100%) 607-002-01-3 see ACETIC ACID
EEC No. 607-008-00-9 see ACETIC ANHYDRIDE
EEC No. 607-011-00-5 see ACETYL CHLORIDE
EEC No. 607-023-00-0 see VINYL ACETATE
EEC No. 607-039-00-8 see 2,4-D
EEC No. 607-026-00-7 see iso-BUTYL ACETATE
EEC No. 607-061-00-8 see ACRYLIC ACID
EEC No. 607-130-00-2 see sec-AMYL ACETATE
EEC No. 607-130-00-2 see AMYL ACETATE
EEC No. 607-130-00-2 see tert-AMYL ACETATE
EEC No. 607-144-00-9 see ADIPIC ACID
EEC No. 608-001-00-3 see ACETONITRILE
EEC No. 608-004-00-X see 2-METHYLLACTONITRILE
EEC No. 608-012-00-3 see BENZONITRILE
EEC No. 608-003-00-4 see ACRYLONITRILE
EEC No. 612-010-00-8 see p-CHLOROANILINE
EEC No. 612-003-00-X see DIETHYLAMINE

EEC No. 612-008-00-7 *see* ANILINE
EEC No. 612-042-00-2 *see* BENZIDINE
EEC No. 613-001-00-1 *see* ETHYLENEIMINE
EEC No. 614-006-00-1 *see* BRUCINE
EEC No. 615-006-00-4 *see* TOLUENE-2,4-DIISOCYANATE
EEC No. 616-003-00-0 *see* ACRYLAMIDE
EEREX *see* BROMACIL
EEREX GRANULAR WEED KILLER *see* BROMACIL
EEREX WATER SOLUBLE GRANULAR WEED KILLER *see* BROMACIL
EF 121 *see* CHLORPYRIFOS
EFFEMOLL DOA *see* BIS(2-ETHYLHEXYL)ADIPATE
EFFLUDERM (free base) *see* FLUOROURACIL
EFFUSAN *see* 4,6-DINITRO-o-CRESOL
EFFUSAN 3436 *see* 4,6-DINITRO-o-CRESOL
EFMETHRIN *see* PERMETHRIN
EFUDEX *see* FLUOROURACIL
EFUDIX *see* FLUOROURACIL
EFURIX *see* FLUOROURACIL
EG *see* ETHYLENE GLYCOL
EGITOL *see* HEXACHLOROETHANE
EGM *see* 2-METHOXYETHANOL
EGME *see* 2-METHOXYETHANOL
EHYDE ACETIQUE (French) *see* ACETALDEHYDE
EHYDE ACRYLIQUE (French) *see* ACROLEIN
EI-103 *see* TEBUTHIURON
EI-47470 *see* MEPHOSFOLAN
EI 12880 *see* DIMETHOATE
EI 38555 *see* CHLORMEQUAT CHLORIDE
EI 47031 *see* PHOSFOLAN
EI 52160 *see* TEMEPHOS
EIDE ACETICA (Italian) *see* ACETALDEHYDE
EIDE ACRILICA (Italian) *see* ACROLEIN
EINECS No. 200-001-8 *see* PARAFORMALDEHYDE
EINECS No. 200-001-8 *see* FORMALDEHYDE
EINECS No. 200-076-7 *see* PIPERONYL-ETHYL
EINECS No. 200-123-1 *see* URETHANE
EINECS No. 200-262-8 *see* CARBON TETRACHLORIDE
EINECS No. 200-449-4 *see* ETHYLENEDIAMINE-TETRAACETIC ACID (EDTA)
EINECS No. 200-467-2 *see* ETHYL ETHER
EINECS No. 200-532-5 *see* PHENYLMERCURY ACETATE
EINECS No. 200-543-5 *see* THIOUREA
EINECS No. 200-579-1 *see* FORMIC ACID
EINECS No. 200-580-7 *see* ACETIC ACID
EINECS No. 200-618-2 *see* BENZOIC ACID
EINECS No. 200-661-7 *see* ISOPROPYL ALCOHOL
EINECS No. 200-662-2 *see* ACETONE
EINECS No. 200-663-8 *see* CHLOROFORM
EINECS No. 200-679-5 *see* DIMETHYLFORMAMIDE
EINECS No. 200-751-6 *see* n-BUTYL ALCOHOL
EINECS No. 200-753-7 *see* BENZENE
EINECS No. 200-819-5 *see* METHYL IODIDE
EINECS No. 200-835-2 *see* ACETONITRILE
EINECS No. 200-836-8 *see* ACETALDEHYDE
EINECS No. 200-838-9 *see* DICHLOROMETHANE
EINECS No. 200-843-6 *see* CARBON DISULFIDE
EINECS No. 200-849-9 *see* ETHYLENE OXIDE
EINECS No. 200-857-2 *see* ISOBUTANE
EINECS No. 200-865-6 *see* ACETYL CHLORIDE
EINECS No. 200-879-2 *see* PROPYLENE OXIDE
EINECS No. 200-892-3 *see* TRICHLOROFLUOROMETHANE
EINECS No. 200-936-1 *see* FREON 113
EINECS No. 201-126-0 *see* ISOPHORONE
EINECS No. 201-142-8 *see* ISOPENTANE

EINECS No. 201-148-0 *see* ISOBUTYL ALCOHOL
EINECS No. 201-152-2 *see* 1,2-DICHLOROPROPANE
EINECS No. 201-159-0 *see* METHYL ETHYL KETONE
EINECS No. 201-166-9 *see* 1,1,1-TRICHLOROETHANE
EINECS No. 201-167-4 *see* TRICHLOROETHYLENE
EINECS No. 201-176-3 *see* PROPIONIC ACID
EINECS No. 201-177-9 *see* ACRYLIC ACID
EINECS No. 201-195-7 *see* iso-BUTYRIC ACID
EINECS No. 201-209-1 *see* 2-NITROPROPANE
EINECS No. 201-245-8 *see* 4,4'-ISOPROPYLIDENEDIPHENOL
EINECS No. 201-297-1 *see* METHYL METHACRYLATE
EINECS No. 201-550-6 *see* DIETHYL PHTHALATE
EINECS No. 201-557-4 *see* DIBUTYL PHTHALATE
EINECS No. 201-607-5 *see* PHTHALIC ANHYDRIDE
EINECS No. 201-778-6 *see* PENTACHLOROPHENOL
EINECS No. 201-993-5 *see* 2-PHENYLPHENOL
EINECS No. 202-049-5 *see* NAPHTHALENE
EINECS No. 202-051-6 *see* QUINOLINE
EINECS No. 202-163-5 *see* BIPHENYL
EINECS No. 202-327-6 *see* BENZOYL PEROXIDE
EINECS No. 202-425-9 *see* o-DICHLOROBENZENE
EINECS No. 202-432-8 *see* o-CRESOL
EINECS No. 202-500-6 *see* METHYL ACRYLATE
EINECS No. 202-506-9 *see* ETHYLENE THIOUREA
EINECS No. 202-597-5 *see* ETHYL METHACRYLATE
EINECS No. 202-627-7 *see* FURFURAL
EINECS No. 202-708-7 *see* ACETOPHENONE
EINECS No. 202-810-1 *see* p-NITROANILINE
EINECS No. 202-855-7 *see* BENZONITRILE
EINECS No. 203-090-1 *see* BIS(2-ETHYLHEXYL)ADIPATE
EINECS No. 203-398-6 *see* p-CRESOL
EINECS No. 203-400-5 *see* 1,4-DICHLOROBENZENE
EINECS No. 203-404-7 *see* p-PHENYLENEDIAMINE
EINECS No. 203-448-7 *see* BUTANE
EINECS No. 203-466-5 *see* ACRYLONITRILE
EINECS No. 203-468-6 *see* ETHYLENEDIAMINE
EINECS No. 203-473-3 *see* ETHYLENE GLYCOL
EINECS No. 203-545-4 *see* VINYL ACETATE
EINECS No. 203-564-8 *see* ACETIC ANHYDRIDE
EINECS No. 203-571-6 *see* MALEIC ANHYDRIDE
EINECS No. 203-577-9 *see* m-CRESOL
EINECS No. 203-584-7 *see* 1,3-PHENYLENEDIAMINE
EINECS No. 203-585-2 *see* RESORCINOL
EINECS No. 203-625-9 *see* TOLUENE
EINECS No. 203-628-5 *see* CHLOROBENZENE
EINECS No. 203-629-0 *see* CYCLOHEXYLAMINE
EINECS No. 203-630-6 *see* CYCLOHEXANOL
EINECS No. 203-631-1 *see* CYCLOHEXANONE
EINECS No. 203-635-3 *see* BENZENETHIOL
EINECS No. 203-643-7 *see* 2-METHYLPYRIDINE
EINECS No. 203-692-4 *see* PENTANE
EINECS No. 203-699-2 *see* BUTYLAMINE
EINECS No. 203-716-3 *see* DIETHYLAMINE
EINECS No. 203-742-5 *see* MALEIC ACID
EINECS No. 203-745-1 *see* iso-BUTYL ACETATE
EINECS No. 203-806-2 *see* CYCLOHEXANE
EINECS No. 203-809-9 *see* PYRIDINE
EINECS No. 203-813-0 *see* PIPERIDINE
EINECS No. 203-868-0 *see* DIETHANOLAMINE
EINECS No. 204-062-1 *see* PROPYLENE
EINECS No. 204-065-8 *see* METHYL ETHER
EINECS No. 204-072-6 *see* TRICHLOROETHYLSILANE
EINECS No. 204-211-0 *see* DI(2-ETHYLHEXYL)PHTHALATE
EINECS No. 204-427-5 *see* CATECHOL

EINECS No. 204-428-0 see 1,2,4-TRICHLOROBENZENE
EINECS No. 204-493-5 see N,N-DIMETHYLANILINE
EINECS No. 204-617-8 see HYDROQUINONE
EINECS No. 204-646-6 see BUTYRALDEHYDE
EINECS No. 204-658-1 see BUTYL ACETATE
EINECS No. 204-673-3 see ADIPIC ACID
EINECS No. 204-708-2 see SODIUM CACODYLATE
EINECS No. 204-825-9 see TETRACHLOROETHYLENE
EINECS No. 204-876-7 see SODIUM DIMETHYLDITHIOCARBAMATE
EINECS No. 205-011-6 see DIMETHYL PHTHALATE
EINECS No. 205-355-7 see NITRILOTRIACETIC ACID
EINECS No. 205-480-7 see BUTYL ACRYLATE
EINECS No. 205-500-4 see ETHYL ACETATE
EINECS No. 205-553-3 see CUPRIC ACETATE
EINECS No. 205-599-4 see SODIUM CYANIDE
EINECS No. 205-736-8 see 2-MERCAPTOBENZOTHIAZOLE
EINECS No. 205-793-3 see POTASSIUM CYANIDE
EINECS No. 208-051-2 see CYANOGEN BROMIDE
EINECS No. 208-760-7 see tert-BUTYL ACETATE
EINECS No. 209-544-5 see TOLUENE-2,4-DIISOCYANATE
EINECS No. 211-162-9 see AMMONIA ACETATE
EINECS No. 213-714-2 see NITRIC ACID
EINECS No. 215-146-2 see CADMIUM OXIDE
EINECS No. 215-175-0 see ANTIMONY TRIOXIDE
EINECS No. 215-181-3 see POTASSIUM HYDROXIDE
EINECS No. 215-185-5 see SODIUM HYDROXIDE
EINECS No. 215-204-7 see MOLYBDENUM TRIOXIDE
EINECS No. 215-236-1 see PHOSPHORUS PENTOXIDE
EINECS No. 215-239-8 see VANADIUM PENTOXIDE
EINECS No. 215-481-4 see ARSENIC TRIOXIDE
EINECS No. 215-661-2 see METHYL ETHYL KETONE PEROXIDE
EINECS No. 215-691-6 see ALUMINUM OXIDE
EINECS No. 216-491-1 see MERCURIC ACETATE
EINECS No. 217-175-6 see AMMONIUM THIOCYANATE
EINECS No. 220-120-9 see SACCHARIN
EINECS No. 222-477-6 see ZINC CARBONATE
EINECS No. 231-072-3 see ALUMINUM
EINECS No. 231-100-4 see LEAD
EINECS No. 231-105-1 see MANGANESE
EINECS No. 231-106-7 see MERCURY
EINECS No. 231-111-4 see NICKEL
EINECS No. 231-131-3 see SILVER
EINECS No. 231-132-9 see SODIUM
EINECS No. 231-138-1 see THALLIUM
EINECS No. 231-146-5 see ANTIMONY
EINECS No. 231-149-1 see BARIUM
EINECS No. 231-150-7 see BERYLLIUM
EINECS No. 231-152-8 see CADMIUM
EINECS No. 231-157-5 see CHROMIUM
EINECS No. 231-158-0 see COBALT
EINECS No. 231-159-6 see COPPER
EINECS No. 231-171-1 see VANADIUM
EINECS No. 231-175-3 see ZINC
EINECS No. 231-194-7 see SELENIUM DIOXIDE
EINECS No. 231-195-2 see SULFUR DIOXIDE
EINECS No. 231-299-8 see MERCURIC CHLORIDE
EINECS No. 231-448-7 see SODIUM PHOSPHATE, DIBASIC (7558-79-4)
EINECS No. 231-448-7 see SODIUM PHOSPHATE, DIBASIC (10140-65-5)
EINECS No. 231-509-8 see SODIUM PHOSPHATE, TRIBASIC (7601-54-9)
EINECS No. 231-509-8 see SODIUM PHOSPHATE, TRIBASIC (10101-89-0)
EINECS No. 231-548-0 see SODIUM BISULFITE
EINECS No. 231-555-9 see SODIUM NITRITE
EINECS No. 231-592-0 see ZINC CHLORIDE
EINECS No. 231-595-7 see HYDROCHLORIC ACID

EINECS No. 231-601-8 see ANTIMONY PENTACHLORIDE
EINECS No. 231-633-2 see PHOSPHORIC ACID
EINECS No. 231-635-3 see AMMONIA
EINECS No. 231-639-5 see SULFURIC ACID
EINECS No. 231-667-8 see SODIUM FLUORIDE
EINECS No. 231-729-4 see FERRIC CHLORIDE
EINECS No. 231-749-3 see PHOSPHORUS TRICHLORIDE
EINECS No. 231-760-3 see POTASSIUM PERMANGANATE
EINECS No. 231-765-0 see HYDROGEN PEROXIDE
EINECS No. 231-778-1 see BROMINE
EINECS No. 231-781-4 see ZINC BROMIDE
EINECS No. 231-793-3 see ZINC ZULFATE
EINECS No. 231-829-8 see POTASSIUM BROMATE
EINECS No. 231-853-9 see SILVER NITRATE
EINECS No. 231-889-5 see SODIUM CHROMATE
EINECS No. 231-906-6 see POTASSIUM BICHROMATE
EINECS No. 231-908-7 see CALCIUM HYPOCHLORITE
EINECS No. 231-984-1 see AMMONIUM SULFATE
EINECS No. 232-001-9 see ZINC FLUORIDE
EINECS No. 232-021-8 see ANTIMONY PENTAFLUORIDE
EINECS No. 233-038-3 see CHROMIC CHLORIDE
EINECS No. 233-042-5 see TRICHLOROSILANE
EINECS No. 233-046-7 see PHOSPHORUS OXYCHLORIDE
EINECS No. 233-058-2 see ZIRCONIUM TETRACHLORIDE
EINECS No. 233-072-9 see FERRIC SULFATE
EINECS No. 233-110-4 see HYDRAZINE SULFATE
EINECS No. 233-658-4 see BORON TRICHLORIDE
EINECS No. 234-190-3 see SODIUM BICHROMATE
EINECS No. 235-186-4 see AMMONIUM CHLORIDE
EINECS No. 236-813-4 see TELLURIUM
EINECS No. 244-058-7 see OSMIUM TETROXIDE
EINECS No. 244-654-7 see MERCURIC OXIDE
EINECS No. 246-680-4 see SODIUM DODECYLBENZENESULFONATE
EINECS No. 248-289-4 see DODECYLBENZENSULFONIC ACID
EISEN(III)-TRIS(N,N-DIMETHYLDITHIOCARBAMAT) (German) see FERBAM
EISENDIMETHYLDITHIOCARBAMAT (German) see FERBAM
EKAGOM TB see THIRAM
EKAGOM TEDS see DISULFIRAM
EKATIN WF & WF ULV see PARATHION
EKATOX see PARATHION
EKKO see PHENYTOIN
EKKO CAPSULES see PHENYTOIN
EKTAFOS see DICROTOPHOS
EKTASOLVE EE see 2-ETHOXYETHANOL
EKTASOLVE EM see 2-METHOXYETHANOL
EKTOFOS see DICROTOPHOS
EL-110 see BENFLURALIN
EL-103 see TEBUTHIURON
EL-119 see ORYZALIN
EL 3911 see PHORATE
EL 4049 see MALATHION
ELALDEHYDE see PARALDEHYDE
ELANCOLAN see TRIFLURALIN
ELAOL see DIBUTYL PHTHALATE
ELASTONON see AMPHETAMINE
ELAYL see ETHYLENE
ELCACID MILLING FAST RED RS see C.I. ACID RED 114
ELCORIL see CHLORAMBUCIL
ELDOPAQUE see HYDROQUINONE
ELDOQUIN see HYDROQUINONE
ELECTRO-CF 11 see TRICHLOROFLUOROMETHANE
ELECTRO-CF 12 see DICHLORODIFLUOROMETHANE
ELECTRO-CF 22 see CHLORODIFLUOROMETHANE
ELECTRONIC E-2 see HYDROGEN SELENIDE

ELEMENTAL SELENIUM *see* SELENIUM
ELEMENTAL SODIUM *see* SODIUM
ELEPSINDON *see* PHENYTOIN
ELERPINE *see* RESPIRINE
ELFAN WA SULPHONIC ACID *see* DODECYLBENZENESULFONIC ACID
ELFANEX *see* RESPIRINE
ELGETOL *see* 4,6-DINITRO-o-CRESOL
ELGETOL 30 *see* 4,6-DINITRO-o-CRESOL
ELGETOL 318 *see* DINITROBUTYL PHENOL
ELIAMNA LIGHT BROWN BRL *see* C.I. DIRECT BROWN 95
ELIPOL *see* 4,6-DINITRO-o-CRESOL
ELJON PINK TONER *see* C.I. BASIC RED 1
ELLIOT'S LAWN SAND *see* FERRIC SULFATE
ELLIOT'S MOSS KILLER *see* FERRIC SULFATE
ELMASIL *see* AMITROLE
ELOXYL *see* BENZOYL PEROXIDE
EMANAY ATOMIZED ALUMINUM POWDER *see* ALUMINUM
EMANAY ZINC DUST *see* ZINC
EMBAFUME *see* BROMOMETHANE
EMBATHION *see* ETHION
EMBICHIN *see* NITROGEN MUSTARD
EMBLEM *see* BENFLURALIN
EMBUTAL *see* PENTOBARBITOL SODIUM
EMBUTOX *see* 2,4-DP
EMBUTOX KLEAN-UP *see* 2,4-DB
EMCEPAN *see* METHOXONE
EMERALD GREEN *see* CUPRIC ACETOARSENITE
EMERY *see* ALUMINUM OXIDE
(-)EMETINE, DIHYDROCHLORIDE *see* EMETINE, DIHYDROCHLORIDE
1-EMETINE, DIHYDROCHLORIDE *see* EMETINE, DIHYDROCHLORIDE
α-ENDOSULFAN *see* alpha-ENDOSULFAN
EMETINE, HYDROCHLORIDE *see* EMETINE, DIHYDROCHLORIDE
EMETIQUE (French) *see* ANTIMONY POTASSIUM TARTRATE
EMISOL *see* AMITROLE
EMISOL F *see* AMITROLE
EMKANOL *see* 2-ETHOXYETHANOL
EMMATOS EXTRA *see* MALATHION
EMMATOS *see* MALATHION
EMO-NIB *see* NICOTINE
EMPAL *see* METHOXONE
EMPIRAL *see* PHENACETIN
EMPIRIN COMPOUND *see* PHENACETIN
EMPRAZIL *see* PHENACETIN
EMPRAZIL-C *see* PHENACETIN
EMS *see* ETHYL METHANESULFONATE
EMULSAMINE BK *see* 2,4-D
EMULSAMINE E-3 *see* 2,4-D
EMULSIPHOS 440/660 *see* SODIUM PHOSPHATE, TRIBASIC (7601-54-9)
EN-VIRON D CONCENTRATED PHENOLIC DISINFECTANT *see* HEXA-CHLOROPHENE
EN 18133 *see* ZINOPHOS
ENDITCH PET SHAMPOO *see* HEXACHLOROPHENE
ENDOCEL *see* ENDOSULFAN
ENDOCID *see* ENDOTHION
ENDOCIDE *see* ENDOTHION
ENDOSOL *see* ENDOSULFAN
ENDOSULFAN, ALPHA *see* alpha-ENDOSULFAN
ENDOSULFAN CHLORINATED HYDROCARBON INSECTICIDE *see* ENDO-SULFAN
ENDOSULPHAN *see* ENDOSULFAN
ENDOTAL DISODICO (Spanish) *see* DIPOTASSIUM ENDOTHALL
ENDOTHAL-POTASSIUM *see* DIPOTASSIUM ENDOTHALL
ENDOTHALL DIPOTASSIUM SALT *see* DIPOTASSIUM ENDOTHALL
7-ENDOTHALL, DIPOTASSIUM SALT *see* DIPOTASSIUM ENDOTHALL

ENDOTIONA (Spanish) *see* ENDOTHION
ENDOX *see* COUMATETRALYL
ENDOX *see* ENDOSULFAN
ENDOXAN *see* CYCLOPHOSPHAMIDE
ENDOXANA *see* CYCLOPHOSPHAMIDE
ENDOXANAL *see* CYCLOPHOSPHAMIDE
ENDOXAN-ASTA *see* CYCLOPHOSPHAMIDE
ENDOXANE *see* CYCLOPHOSPHAMIDE
ENDOXAN R *see* CYCLOPHOSPHAMIDE
ENDRATE *see* ETHYLENEDIAMINE-TETRAACETIC ACID (EDTA)
ENDREX *see* ENDRIN
ENDRIN CHLORINATED HYDROCARBON INSECTICIDE *see* ENDRIN
ENDRINA (Spanish) *see* ENDRIN
ENDRINE (French) *see* ENDRIN
ENDROCID *see* COUMATETRALYL
ENDROCIDE *see* COUMATETRALYL
ENDUXAN *see* CYCLOPHOSPHAMIDE
ENDYL *see* CARBOPHENOTHION
ENE 11183 *see* COUMATETRALYL
ENIAL ORANGE I *see* C.I. SOLVENT YELLOW 14
ENIAL YELLOW 2G *see* 4-DIMETHYLAMINOAZOBENZENE
ENIANIL BLUE 2BN *see* C.I. DIRECT BLUE 6
ENIANIL LIGHT BROWN BRL *see* C.I. DIRECT BROWN 95
ENIDE *see* DIPHENAMID
ENIDE 50W *see* DIPHENAMID
ENILCONAZOLE *see* IMAZALIL
ENIPRESSER *see* RESPIRINE
ENKELFEL *see* PHENYTOIN
ENOVIT *see* THIOPHANATE ETHYL
ENOVIT METHYL *see* THIOPHANATE-METHYL
ENOVIT-SUPPER *see* THIOPHANATE-METHYL
ENPLATE NI-418B *see* AMMONIUM HYDROXIDE
ENSODULFAN (Spanish) *see* ENDOSULFAN
a-ENSODULFAN (Spanish) *see* alpha-ENDOSULFAN
ENSTRIP NP-1 *see* AMMONIUM HYDROXIDE
ENSURE *see* ENDOSULFAN
ENT 54 *see* ACRYLONITRILE
ENT 157 *see* 2-CYCLOHEXYL-4,6-DINITROPHENOL
ENT 262 *see* DIMETHYL PHTHALATE
ENT 884 *see* CUPRIC ACETOARSENITE
ENT 987 *see* THIRAM
ENT 988 *see* ZIRAM
ENT 1,122 *see* DINITROBUTYL PHENOL
ENT 1,506 *see* DDT
ENT 1,656 *see* 1,2-DICHLOROETHANE
ENT 1,716 *see* METHOXYCHLOR
ENT 1,814 *see* PHENOL
ENT 1,860 *see* TETRACHLOROETHYLENE
ENT 2,435 *see* NICOTINE SULFATE
ENT 3,424 *see* NICOTINE
ENT 3,776 *see* DICHLONE
ENT 4,225 *see* DDD
ENT 4,504 *see* BIS(2-CHLOROETHYL)ETHER
ENT 7,543 *see* PYRETHRINS (121-29-9)
ENT 7,796 *see* LINDANE
ENT 8,420 *see* DICHLOROPROPANE-DICHLOROPROPENE MIXTURE
ENT 8,538 *see* 2,4-D
ENT 8,601 *see* HEXACHLOROCYCLOHEXANE (ALL ISOMERS)
ENT 9,232 *see* α-HEXACHLOROCYCLOHEXANE
ENT 9,233 *see* β-HEXACHLOROCYCLOHEXANE
ENT 9,234 *see* δ-HEXACHLOROCYCLOHEXANE
ENT 9,735 *see* TOXAPHENE
ENT 9,932 *see* CHLORDANE
ENT 14,250 *see* PIPERONYL-ETHYL

ENT 14,689 *see* FERBAM
ENT 14,874 *see* ZINEB
ENT 14,875 *see* MANEB
ENT 15,108 *see* PARATHION
ENT 15,152 *see* HEPTACHLOR
ENT 15,349 *see* 1,2-DIBROMOETHANE
ENT 15,406 *see* 1,2-DICHLOROPROPANE
ENT 15,949 *see* ALDRIN
ENT 16,087 *see* DIETHYL-p-NITROPHENYL PHOSPHATE
ENT 16,225 *see* DIELDRIN
ENT 16,273 *see* SULFOTEP
ENT 16,391 *see* KEPONE
ENT 16,436 *see* DODINE
ENT 16,519 *see* ARAMITE
ENT 17,034 *see* MALATHION
ENT 17,251 *see* ENDRIN
ENT 17,291 *see* DIPHOSPHORAMIDE, OCTAMETHYL-
ENT 17,292 *see* METHYL PARATHION
ENT 17,295 *see* DEMETON
ENT 17,591 *see* DIPROPYL ISOCINCHOMERONATE
ENT 17,798 *see* EPN
ENT 17,957 *see* COUMAPHOS
ENT 18,596 *see* CHLOROBENZILATE
ENT 18,771 *see* TEPP
ENT 18,870 *see* MALEIC HYDRAZIDE
ENT 19,060 *see* ISOPROPYLMETHYLPYRAZOYL DIMETHYLCARBAMATE
ENT 19,109 *see* DIMEFOX
ENT 19,244 *see* ISODRIN
ENT 19,507 *see* DIAZINON
ENT 19,763 *see* TRICHLORFON
ENT 20,738 *see* DICHLORVOS
ENT 20,852 *see* BROMOXYNIL
ENT 20,993 *see* AMITON OXYLATE
ENT 22,014 *see* AZINPHOS-ETHYL
ENT 22,374 *see* MEVINPHOS
ENT 22,879 *see* DIOXATHION
ENT 22,897 *see* DIOXATHION
ENT 23,233 *see* AZINPHOS-METHYL
ENT 23,437 *see* DISULFOTON
ENT 23,648 *see* DICOFOL
ENT 23,708 *see* CARBOPHENOTHION
ENT 23,969 *see* CARBARYL
ENT 23,979 *see* ENDOSULFAN
ENT 24,042 *see* PHORATE
ENT 24,105 *see* ETHION
ENT 24,482 *see* DICROTOPHOS
ENT 24,650 *see* DIMETHOATE
ENT 24,652 *see* PROTHOATE
ENT 24,653 *see* ENDOTHION
ENT 24,727 *see* DINOCAP
ENT 24,945 *see* FENSULFOTHION
ENT 24,964 *see* OXYDEMETON METHYL
ENT 24,969 *see* CHLORFENVINFOS
ENT 24,979 *see* BIS(TRIBUTYLTIN)OXIDE
ENT 24,980- *see* AMITON
ENT 24,988 *see* NALED
ENT 25,208 *see* STANNANE, ACETOXYTRIPHENYL-
ENT 25,294 *see* NITROGEN MUSTARD
ENT 25,445 *see* AMITROLE
ENT 25,500 *see* PHENOL, 3-(1-METHYLETHYL)-, METHYLCARBAMATE
ENT 25,515 *see* PHOSPHAMIDON
ENT 25,540 *see* FENTHION
ENT 25,543 *see* PHENOL, 3-(1-METHYLETHYL)-, METHYLCARBAMATE
ENT 25,545-X *see* ISOBENZAN

ENT 25,545 *see* ISOBENZAN
ENT 25,552-X *see* CHLORDANE
ENT 25,554 *see* METHYL PHENKAPTON
ENT 25,580 *see* ZINOPHOS
ENT 25,584 *see* HEPTACHLOR EPOXIDE
ENT 25,595-X *see* DIMETILAN
ENT 25,606 *see* CHINOMETHIONAT
ENT 25,612 *see* PHOSPHONOTHIOIC ACID, METHYL-,O-ETHYL O-(4-(METHYLTHIO)PHENYL)ESTER
ENT 25,613 *see* PHOSPHONOTHIOIC ACID, METHYL-,O-(4-NITROPHENYL) O-PHENYL ESTER
ENT 25,644 *see* FAMPHUR
ENT 25,671 *see* PROPOXUR
ENT 25,675 *see* CYANOPHOS
ENT 25,705 *see* PHOSMET
ENT 25,712 *see* TRICHLORONATE
ENT 25,726 *see* METHIOCARB
ENT 25,734 *see* PHOSPHORIC ACID, DIMETHYL 4-(METHYLTHIO)PHENYL ESTER
ENT 25,766 *see* MEXACARBATE
ENT 25,787 *see* PHOSPHONOTHIOIC ACID, METHYL-, O-(4-NITROPHE-NYL)-O-PHENYL ESTER
ENT 25,796 *see* FONOFOS
ENT 25,830 *see* PHOSFOLAN
ENT 25,841 *see* TETRACHLORVINPHOS
ENT 25,922 *see* DIMETILAN
ENT 25,962 *see* BICYCLO(2.2.1)HEPTANE-2-CARBONITRILE, 5-CHLORO-6-((((METHYAMINO)CARBONYL)OXY)IMINO)-, (1ST-(1-α,2-β,4-α,5-α,6e))-
ENT 25,991 *see* MEPHOSFOLAN
ENT 26,058 *see* ANILAZINE
ENT 26,079 *see* AMINOPTERIN
ENT 26,263 *see* ETHYLENE OXIDE
ENT 26,396 *see* ETHYL METHANESULFONATE
ENT 26,538 *see* CAPTAN
ENT 26,539 *see* FOLPET
ENT 26,592 *see* DIEPOXYBUTANE
ENT 27,093 *see* ALDICARB
ENT 27,129 *see* MONOCROPTOPHOS
ENT 27,164 *see* CARBOFURAN
ENT 27,165 *see* TEMEPHOS
ENT 27,193 *see* METHIDATHION
ENT 27,226 *see* PROPARGITE
ENT 27,233 *see* TRIAMIPHOS
ENT 27,257 *see* FORMOTHION
ENT 27,300 *see* PROMECARB
ENT 27,300-A *see* PROMECARB
ENT 27,305 *see* FORMPARANATE
ENT 27,311 *see* CHLORPYRIFOS
ENT 27,318 *see* ETHOPROP
ENT 27,320 *see* DIALIFOR
ENT 27,339 *see* TETRAMETHRIN
ENT 27,341 *see* METHOMYL
ENT 27,396 *see* METHAMIDOPHOS
ENT 27,474 *see* RESMETHRIN
ENT 27,520 *see* CHLORPYRIFOS METHYL
ENT 27,566 *see* FORMETANATE HYDROCHLORIDE
ENT 27,572 *see* FENAMIPHOS
ENT 27,635 *see* CHLORTHIOPHOS
ENT 27,696 *see* TRIPATE
ENT 27,699GC *see* PRIMIPHOS METHYL
ENT 27,738 *see* FENBUTATIN OXIDE
ENT 27,822 *see* ACEPHATE
ENT 27,851 *see* THIOFANOX
ENT 27,967 *see* AMITRAZ

ENT 27,972 *see* PHENOTHRIN
ENT 27,989 *see* PROPETAMPHOS
ENT 28,009 *see* TRIPHENYLTIN HYDROXIDE
ENT 29,054 *see* DIFLUBENZURON
ENT 47,05 *see* CARBON TETRACHLORIDE
ENT 50,146 *see* RESPIRINE
ENT 50,324 *see* ETHYLENEIMINE
ENT 50,434 *see* ANTIMONY POTASSIUM TARTRATE
ENT 50,439 *see* URACIL MUSTARD
ENT 50,882 *see* HEXAMETHYLPHOSPHORAMIDE
ENT 51,762 *see* NORBORMIDE
ENTAC 349 BIOCIDE *see* ISOBUTYL ALCOHOL
ENTEC 327 SURFACTANT *see* ISOBUTYL ALCOHOL
ENTEX *see* FENTHION
ENTOMOXAN *see* LINDANE
ENTPHOSPHOROTHIOATE *see* FENSULFOTHION
ENU *see* N-NITROSO-N-ETHYLUREA
ENVERT-T *see* 2,4,5-T ACID
ENVERT 171 *see* 2,4-D
ENVERT DT *see* 2,4-D
E.O. *see* ETHYLENE OXIDE
EP 30 *see* PENTACHLOROPHENOL
EP-161E *see* METHYL ISOTHIOCYANATE
EP 316 *see* PROMECARB
EP-332 *see* FORMETANATE HYDROCHLORIDE
EP-475 *see* DESMEDIPHAM
1,4,5,6,7,8,8-EPTACLORO-3a, 4,7,7a-TETRAIDRO-4,7-endo-METANO-INDENE (Italian) *see* HEPTACHLOR
EPA PESTICIDE CHEMICAL CODE 004003 *see* d-trans-ALLETHRIN
EPA PESTICIDE CHEMICAL CODE 004401 *see* AMITROLE
EPA PESTICIDE CHEMICAL CODE 005101 *see* PICLORAM
EPA PESTICIDE CHEMICAL CODE 008701 *see* BROMINE
EPA PESTICIDE CHEMICAL CODE 012302 *see* BROMACIL, LITHIUM SALT
EPA PESTICIDE CHEMICAL CODE 012701 *see* TERBACIL
EPA PESTICIDE CHEMICAL CODE 014503 *see* NABAM
EPA PESTICIDE CHEMICAL CODE 014601 *see* METIRAM
EPA PESTICIDE CHEMICAL CODE 015801 *see* MEVINPHOS
EPA PESTICIDE CHEMICAL CODE 017901 *see* 1-(3-CHLORALLYL)-3,5,7-TRIAZA-1-AZONIAADAMANTANE CHLORIDE
EPA PESTICIDE CHEMICAL CODE 019101 *see* PROPACHLOR
EPA PESTICIDE CHEMICAL CODE 028201 *see* PROPANIL
EPA PESTICIDE CHEMICAL CODE 029801 *see* DICAMBA
EPA PESTICIDE CHEMICAL CODE 029802 *see* DIMETHYLAMINE DICAMBA
EPA PESTICIDE CHEMICAL CODE 030004 *see* 2,4-D SODIUM SALT
EPA PESTICIDE CHEMICAL CODE 030053 *see* 2,4-D BUTOXYETHYL ESTER
EPA PESTICIDE CHEMICAL CODE 030056 *see* 2,4-D BUTYL ESTER
EPA PESTICIDE CHEMICAL CODE 030063 *see* 2,4-D ETHYLHEXYL ESTER
EPA PESTICIDE CHEMICAL CODE 030064 *see* 2,4-D 2-ETHYL-4-METHYL PENTYL ESTER
EPA PESTICIDE CHEMICAL CODE 030501 *see* METHOXONE
EPA PESTICIDE CHEMICAL CODE 030502 *see* METHOXONE SODIUM SALT
EPA PESTICIDE CHEMICAL CODE 030801 *see* 2,4-DB
EPA PESTICIDE CHEMICAL CODE 031301 *see* DICHLORAN
EPA PESTICIDE CHEMICAL CODE 031401 *see* 2,4-DP
EPA PESTICIDE CHEMICAL CODE 034401 *see* NALED
EPA PESTICIDE CHEMICAL CODE 034801 *see* FERBAM
EPA PESTICIDE CHEMICAL CODE 034803 *see* POTASSIUM DIMETHYLDITHIOCARBAMATE
EPA PESTICIDE CHEMICAL CODE 034804 *see* SODIUM DIMETHYLDITHIOCARBAMATE
EPA PESTICIDE CHEMICAL CODE 035001 *see* DIMETHOATE
EPA PESTICIDE CHEMICAL CODE 035301 *see* BROMOXYNIL
EPA PESTICIDE CHEMICAL CODE 035302 *see* BROMOXYNIL OCTANOATE
EPA PESTICIDE CHEMICAL CODE 035501 *see* MONURON

EPA PESTICIDE CHEMICAL CODE 035505 *see* DIURON
EPA PESTICIDE CHEMICAL CODE 035506 *see* LINURON
EPA PESTICIDE CHEMICAL CODE 035602 *see* DAZOMET
EPA PESTICIDE CHEMICAL CODE 036001 *see* DINOCAP
EPA PESTICIDE CHEMICAL CODE 036601 *see* DIPHENAMID
EPA PESTICIDE CHEMICAL CODE 037505 *see* DINITROBUTYL PHENOL
EPA PESTICIDE CHEMICAL CODE 038501 *see* DIPHENYLAMINE
EPA PESTICIDE CHEMICAL CODE 038904 *see* DIPOTASSIUM ENDOTHALL
EPA PESTICIDE CHEMICAL CODE 039002 *see* POTASSIUM N-METHYLDI-THIOCARBAMATE
EPA PESTICIDE CHEMICAL CODE 041101 *see* ETHOPROP
EPA PESTICIDE CHEMICAL CODE 041301 *see* CYCLOATE
EPA PESTICIDE CHEMICAL CODE 041401 *see* ETHYL DIPROPYLTHIOCAR-BAMATE
EPA PESTICIDE CHEMICAL CODE 041402 *see* MOLINATE
EPA PESTICIDE CHEMICAL CODE 044301 *see* DODINE
EPA PESTICIDE CHEMICAL CODE 044901 *see* HEXACHLOROPHENE
EPA PESTICIDE CHEMICAL CODE 047201 *see* DIPROPYL ISOCINCHOME-RONATE
EPA PESTICIDE CHEMICAL CODE 051701 *see* 2-MERCAPTOBENZOTHIA-ZOLE
EPA PESTICIDE CHEMICAL CODE 053301 *see* FENTHION
EPA PESTICIDE CHEMICAL CODE 053501 *see* METHYL PARATHION
EPA PESTICIDE CHEMICAL CODE 054101 *see* CHINOMETHIONAT
EPA PESTICIDE CHEMICAL CODE 055001 *see* DICHLOROPHENE
EPA PESTICIDE CHEMICAL CODE 056301 *see* p-NITROPHENOL
EPA PESTICIDE CHEMICAL CODE 057701 *see* MALATHION
EPA PESTICIDE CHEMICAL CODE 057801 *see* DIAZINON
EPA PESTICIDE CHEMICAL CODE 058702 *see* OXYDEMETON METHYL
EPA PESTICIDE CHEMICAL CODE 059001 *see* TEMEPHOS
EPA PESTICIDE CHEMICAL CODE 059901 *see* FAMPHUR
EPA PESTICIDE CHEMICAL CODE 060101 *see* THIABENDAZOLE
EPA PESTICIDE CHEMICAL CODE 061601 *see* PARAQUAT DICHLORIDE
EPA PESTICIDE CHEMICAL CODE 063003 *see* SODIUM PENTACHLORO-PHENATE
EPA PESTICIDE CHEMICAL CODE 063301 *see* DISODIUM CYANODI-THIOMIDOCARBONATE
EPA PESTICIDE CHEMICAL CODE 064104 *see* SODIUM O-PHENYLPHE-NOXIDE
EPA PESTICIDE CHEMICAL CODE 066501 *see* ALUMINUM PHOSPHIDE
EPA PESTICIDE CHEMICAL CODE 067501 *see* PIPERONYL-ETHYL
EPA PESTICIDE CHEMICAL CODE 068103 *see* METHYL ISOTHIOCYANATE
EPA PESTICIDE CHEMICAL CODE 069003 *see* TETRAMETHRIN
EPA PESTICIDE CHEMICAL CODE 069005 *see* PHENOTHRIN
EPA PESTICIDE CHEMICAL CODE 069203 *see* NITRAPYRIN
EPA PESTICIDE CHEMICAL CODE 074801 *see* S,S,S-TRIBUTYLTRITHIO-PHOSPHATE
EPA PESTICIDE CHEMICAL CODE 074901 *see* MERPHOS
EPA PESTICIDE CHEMICAL CODE 075003 *see* SODIUM FLUOROACETATE
EPA PESTICIDE CHEMICAL CODE 076204 *see* SODIUM NITRITE
EPA PESTICIDE CHEMICAL CODE 078003 *see* SULFURYL FLUORIDE
EPA PESTICIDE CHEMICAL CODE 078802 *see* TRIALLATE
EPA PESTICIDE CHEMICAL CODE 079801 *see* THIRAM
EPA PESTICIDE CHEMICAL CODE 080803 *see* ATRAZINE
EPA PESTICIDE CHEMICAL CODE 080805 *see* PROMETHRYN
EPA PESTICIDE CHEMICAL CODE 080807 *see* SIMAZINE
EPA PESTICIDE CHEMICAL CODE 080811 *see* ANILAZINE
EPA PESTICIDE CHEMICAL CODE 081601 *see* FOLPET
EPA PESTICIDE CHEMICAL CODE 083001 *see* BIS(TRIBUTYLTIN)OXIDE
EPA PESTICIDE CHEMICAL CODE 083112 *see* TRIBUTYLTIN FLUORIDE
EPA PESTICIDE CHEMICAL CODE 083120 *see* TRIBUTYLTIN METHACRY-LATE
EPA PESTICIDE CHEMICAL CODE 083601 *see* TRIPHENYLTIN HYDROX-IDE

EPA PESTICIDE CHEMICAL CODE 084301 *see* BENFLURALIN
EPA PESTICIDE CHEMICAL CODE 090201 *see* CARBOXIN
EPA PESTICIDE CHEMICAL CODE 090501 *see* ALACHLOR
EPA PESTICIDE CHEMICAL CODE 090601 *see* CARBOFURAN
EPA PESTICIDE CHEMICAL CODE 097601 *see* PROPARGITE
EPA PESTICIDE CHEMICAL CODE 097801 *see* RESMETHRIN
EPA PESTICIDE CHEMICAL CODE 098301 *see* ALDICARB
EPA PESTICIDE CHEMICAL CODE 100101 *see* CYANAZINE
EPA PESTICIDE CHEMICAL CODE 100501 *see* METHIOCARB
EPA PESTICIDE CHEMICAL CODE 101701 *see* PRONAMIDE
EPA PESTICIDE CHEMICAL CODE 101801 *see* 2,2-DIBROMO-3-NITRILO-PROPIONAMIDE
EPA PESTICIDE CHEMICAL CODE 102001 *see* THIOPHANATE-METHYL
EPA PESTICIDE CHEMICAL CODE 103301 *see* ACEPHATE
EPA PESTICIDE CHEMICAL CODE 103401 *see* THIOPHANATE ETHYL
EPA PESTICIDE CHEMICAL CODE 104201 *see* ORYZALIN
EPA PESTICIDE CHEMICAL CODE 104601 *see* FENBUTATIN OXIDE
EPA PESTICIDE CHEMICAL CODE 104801 *see* DESMEDIPHAM
EPA PESTICIDE CHEMICAL CODE 105501 *see* TEBUTHIURON
EPA PESTICIDE CHEMICAL CODE 106001 *see* METHAZOLE
EPA PESTICIDE CHEMICAL CODE 106201 *see* AMITRAZ
EPA PESTICIDE CHEMICAL CODE 107201 *see* HEXAZINONE
EPA PESTICIDE CHEMICAL CODE 107701 *see* SODIUM AZIDE
EPA PESTICIDE CHEMICAL CODE 107801 *see* 3-IODO-2-PROPYNYL BU-TYLCARBAMATE
EPA PESTICIDE CHEMICAL CODE 107901 *see* TRIFORINE
EPA PESTICIDE CHEMICAL CODE 108102 *see* PRIMIPHOS METHYL
EPA PESTICIDE CHEMICAL CODE 108401 *see* THIOBENCARB
EPA PESTICIDE CHEMICAL CODE 108501 *see* PEDIMETHALIN N-(1-ETHYL-PROPYL)-3,4-DIMETHYL-2,6-DINTROBENZENAMINE
EPA PESTICIDE CHEMICAL CODE 109001 *see* OXYDIAZON
EPA RESTICIDE CHEMICAL CODE 109301 *see* FENVALERATE
EPA PESTICIDE CHEMICAL CODE 109301 *see* FLUVALINATE
EPA PESTICIDE CHEMICAL CODE 109401 *see* ISOFENPHOS
EPA PESTICIDE CHEMICAL CODE 109701 *see* PERMETHRIN
EPA PESTICIDE CHEMICAL CODE 109901 *see* TRIADIMEFON
EPA PESTICIDE CHEMICAL CODE 110902 *see* DICLOFOP METHYL
EPA PESTICIDE CHEMICAL CODE 111001 *see* 1-BROMO-1-(BROMO-METHYL)-1,3-PROPANEDICARBONITRILE
EPA PESTICIDE CHEMICAL CODE 111401 *see* PROFENOFOS
EPA PESTICIDE CHEMICAL CODE 111501 *see* SULPROFOS
EPA PESTICIDE CHEMICAL CODE 111601 *see* OXYFLUOFEN
EPA PESTICIDE CHEMICAL CODE 111901 *see* IMAZALIL
EPA PESTICIDE CHEMICAL CODE 113201 *see* VINCLOZOLIN
EPA PESTICIDE CHEMICAL CODE 113601 *see* PROPETAMPHOS
EPA PESTICIDE CHEMICAL CODE 114402 *see* ACIFLUORFEN, SODIUM SALT
EPA PESTICIDE CHEMICAL CODE 114501 *see* THIODICARB
EPA PESTICIDE CHEMICAL CODE 116002 *see* TRICLOPYR TRIETHYLAM-MONIUM SALT
EPA PESTICIDE CHEMICAL CODE 118401 *see* HYDRAMETHYLON
EPA PESTICIDE CHEMICAL CODE 118601 *see* CHLORSULFURON
EPA PESTICIDE CHEMICAL CODE 118901 *see* DIMETHIPIN
EPA PESTICIDE CHEMICAL CODE 121001 *see* SETHOXYDIM
EPA PESTICIDE CHEMICAL CODE 122101 *see* PROPICONAZOLE
EPA PESTICIDE CHEMICAL CODE 122805 *see* FLUAZIFOP-BUTYL
EPA PESTICIDE CHEMICAL CODE 125301 *see* FENOXYCARB
EPA PESTICIDE CHEMICAL CODE 127901 *see* FENPROPATHRIN
EPA PESTICIDE CHEMICAL CODE 128201 *see* QUIZALOFOP-ETHYL
EPA PESTICIDE CHEMICAL CODE 128701 *see* FENOXAPROP ETHYL-
EPA PESTICIDE CHEMICAL CODE 128825 *see* BIFENTHRIN
EPA PESTICIDE CHEMICAL CODE 128831 *see* CYFLUTHRIN
EPA PESTICIDE CHEMICAL CODE 128857 *see* MYCLOBUTANIL

EPA PESTICIDE CHEMICAL CODE 216400 see 2-BROMO-2-NITROPRO-
PANE-1,3-DIOL
EPA PESTICIDE CHEMICAL CODE 366200 see DIMETHYLFORMAMIDE
EPA PESTICIDE CHEMICAL CODE 496500 see TRIPHENYLTIN CHLORIDE
EPAMIN see PHENYTOIN
EPANUTIN see PHENYTOIN
EPASMIR 5 see PHENYTOIN
EPDANTOINE SIMPLE see PHENYTOIN
EPELIN see PHENYTOIN
EPF B20 FIXER see ACETIC ACID
EPHORRAN see DISULFIRAM
epi-CHLOROHYDRIN see EPICHLOROHYDRIN
EPICHLOORHYDRINE (Dutch) see EPICHLOROHYDRIN
EPICHLORHYDRIN (German) see EPICHLOROHYDRIN
α-EPICHLOROHYDRIN see EPICHLOROHYDRIN
(dl)-α-EPICHLOROHYDRIN see EPICHLOROHYDRIN
EPICHLORHYDRINE (French) see EPICHLOROHYDRIN
1-EPINEPHRINE (synthetic) see EPINEPHRINE
(R)-EPINEPHRINE see EPINEPHRINE
(-)-EPINEPHRINE see EPINEPHRINE
EPICHLOROHYDRYNA (Polish) see EPICHLOROHYDRIN
EPICLEAR see BENZOYL PEROXIDE
EPICLORHIDRINA (Spanish) see EPICHLOROHYDRIN
EPICLORIDRINA (Italian) see EPICHLOROHYDRIN
EPICURE DDM see 4,4'-METHYLENEDIANILINE
EPIFRIN see EPINEPHRINE
EPIHYDRINALDEHYDE see GLYCIDYLALDEHYDE
EPIHYDRINE ALDEHYDE see GLYCIDYLALDEHYDE
EPIKURE DDM see 4,4'-METHYLENEDIANILINE
EPILAN see PHENYTOIN
EPILANTIN see PHENYTOIN
EPINAT see PHENYTOIN
EPINEFRINA (Spanish) see EPINEPHRINE
EPINEPHRAN see EPINEPHRINE
1-EPINEPHRINE see EPINEPHRINE
EPIRENAMINE see EPINEPHRINE
EPIRENAN see EPINEPHRINE
EPISED see PHENYTOIN
EPITRATE see EPINEPHRINE
1,2-EPOXYAETHAN (German) see ETHYLENE OXIDE
EPOXY BUTANE see 1,2-BUTYLENE OXIDE
1,2-EPOXY BUTANE see 1,2-BUTYLENE OXIDE
1,4-EPOXYBUTANE see FURAN, TETRAHYDRO-
6-6 EPOXY CHEM RESIN FINISH, CLEAR CURING AGENT see BUTYL
ACETATE
6-6 EPOXY CHEM RESIN FINISH, CLEAR CURING AGENT see n-BUTYL
ALCOHOL
1,2-EPOXY-3-CHLOROPROPANE see EPICHLOROHYDRIN
EPOXY CURE AGENT see ISOBUTYL ALCOHOL
EPOXYETHANE see ETHYLENE OXIDE
1,2-EPOXYETHANE see ETHYLENE OXIDE
(EPOXYETHYL)BENZENE see STYRENE OXIDE
EPOXYETHYLBENZENE see STYRENE OXIDE
1,2-EPOXYETHYLBENZENE see STYRENE OXIDE
EPOXYHEPTACHLOR see HEPTACHLOR EPOXIDE
2,3-EPOXYPROPANAL see GLYCIDYLALDEHYDE
2,3-EPOXY-1-PROPANAL see GLYCIDYLALDEHYDE
EPOXYPROPANE see PROPYLENE OXIDE
1,2-EPOXYPROPANE see PROPYLENE OXIDE
2,3-EPOXYPROPANE see PROPYLENE OXIDE
2,3-EPOXYPROPIONALDEHYDE see GLYCIDYLALDEHYDE
2,3-EPOXYPROPYL CHLORIDE see EPICHLOROHYDRIN
2-EPOXYPROPYL ETHER see DIGLYCIDYL ETHER
EPOXY RESIN COMPONENT see EPICHLOROHYDRIN

EPOXY SOLVENT CURE AGENT see n-BUTYL ALCOHOL
α,β-EPOXYSTYRENE see STYRENE OXIDE
EPOXYSTYRENE see STYRENE OXIDE
EPRAGEN see PHENACETIN
EPROFIL see THIABENDAZOLE
EPSYLON KAPROLAKTAM (Czech, Polish) see CAPROLACTUM
EPTAC 1 see ZIRAM
EPTACLORO (Italian) see HEPTACHLOR
EPTAL see PHENYTOIN
EPTAM 6E see ETHYL DIPROPYLTHIOCARBAMATE
EPTAM see ETHYL DIPROPYLTHIOCARBAMATE
EPTC CARBAMTE HERBICIDE see ETHYL DIPROPYLTHIOCARBAMATE
EPTC see ETHYL DIPROPYLTHIOCARBAMATE
EPTOIN see PHENYTOIN
EQUIGARD see DICHLORVOS
EQUIGEL see DICHLORVOS
EQUINO-ACID see TRICHLORFON
EQUINO-AID see TRICHLORFON
EQUIVET TZ see THIABENDAZOLE
EQUIZOLE see THIABENDAZOLE
ERADE see CHINOMETHIONAT
ERADEX see CHLORPYRIFOS
ERADICANE EPTC see ETHYL DIPROPYLTHIOCARBAMATE
ERADICANE see ETHYL DIPROPYLTHIOCARBAMATE
ERASE see CACODYLIC ACID
ERCAL see ERGOTAMINE TARTRATE
ERE 1359 see DIGLYCIDYL RESORCINOL ETHER
ERGAM see ERGOTAMINE TARTRATE
ERGATE see ERGOTAMINE TARTRATE
ERGOMAR see ERGOTAMINE TARTRATE
ERGOPLAST AdDO see BIS(2-ETHYLHEXYL)ADIPATE
ERGOPLAST FDB see DIBUTYL PHTHALATE
ERGOPLAST FDO-S see DI(2-ETHYLHEXYL)PHTHALATE
ERGOPLAST FDO see DI(2-ETHYLHEXYL)PHTHALATE
ERGORONE see ERGOCALCIFEROL
ERGOSTAT see ERGOTAMINE TARTRATE
ERGOSTERO, ACTIVATED see ERGOCALCIFEROL
ERGOSTEROL, IRRADIATED see ERGOCALCIFEROL
ERGOTAMINE BITARTRATE see ERGOTAMINE TARTRATE
ERGOTARTRATE see ERGOTAMINE TARTRATE
ERIE BLACK BF see C.I. DIRECT BLACK 38
ERIE BLACK GXOO see C.I. DIRECT BLACK 38
ERIE BLACK JET see C.I. DIRECT BLACK 38
ERIE BLACK NUG see C.I. DIRECT BLACK 38
ERIE BLACK RXOO see C.I. DIRECT BLACK 38
ERIE BRILLIANT BLACK S see C.I. DIRECT BLACK 38
ERIE FIBRE BLACK VP see C.I. DIRECT BLACK 38
ERINITRIT see SODIUM NITRITE
ERIONYL RED RS see C.I. ACID RED 114
ERIOSIN RHODAMINE B see C.I. FOOD RED 15
ERSERINE see PHYSOSTIGMINE
ERTRON see ERGOCALCIFEROL
ERYSAN see CHLORNAPHAZINE
ERYTHRENE see 1,3-BUTADIENE
ERYTHRITOL ANHYDRIDE see DIEPOXYBUTANE
ES 685 see TRIS(2,3-DIBROMOPROPYL) PHOSPHATE
ESACHLOROBENZENE (Italian) see HEXACHLOROBENZENE
ESACLOROFENE see HEXACHLOROPHENE
ESCASPERE see RESPIRINE
ESEN see PHTHALIC ANHYDRIDE
ESERINE SALICYLATE see PHYSOSTIGMINE, SALICYLATE (1:1)
ESERINE see PHYSOSTIGMINE
ESEROLEIN see PHYSOSTIGMINE
ESERPINE see RESPIRINE

ESGRAM *see* PARAQUAT DICHLORIDE
ESKALITH *see* LITHIUM CARBONATE
ESKASERP *see* RESPIRINE
ESKIMON 11 *see* TRICHLOROFLUOROMETHANE
ESKIMON 12 *see* DICHLORODIFLUOROMETHANE
ESKIMON 22 *see* CHLORODIFLUOROMETHANE
ESPERAL *see* DISULFIRAM
ESPHYGMOGENINA *see* EPINEPHRINE
ESSENCE of MIRBANE *see* NITROBENZENE
ESSENCE of MYRBANE *see* NITROBENZENE
ESSIGESTER (German) *see* ETHYL ACETATE
ESSIGSAEURE (German) *see* ACETIC ACID
ESSIGSAEUREANHYDRID (German) *see* ACETIC ANHYDRIDE
ESSO FUNGICIDE 406 *see* CAPTAN
ESSO HERBICIDE 10 *see* 2,4-D BUTYL ESTER
ESTANE 5703 *see* URETHANE
ESTASOL *see* 2,4-D BUTOXYETHYL ESTER
ESTEARATO de CADMIO (Spanish) *see* CADMIUM STEARATE
ESTEARATO de PLOMO (Spanish) *see* LEAD STEARATE (7428-48-0)
ESTEARATO de PLOMO (Spanish) *see* LEAD STEARATE (52652-59-2)
ESTEARATO de PLOMO (Spanish) *see* LEAD STEARATE (56189-09-4)
ESTER BUTOXIETILO del ACIDO 2,4-DICLOROFENOXIACETICO (Spanish) *see* 2,4-D BUTOXYETHYL ESTER
ESTER 25 *see* DIETHYL-p-NITROPHENYL PHOSPHATE
ESTER BUTILICO del ACIDO 2,4-DICLOROFENOXIACETICO (Spanish) *see* 2,4-D BUTYL ESTER
ESTER BUTOXIETILO del ACIDO 2-ETIL-4-METIL FENIL (Spanish) *see* 2,4-D 2-ETHYL-4-METHYL PENTYL ESTER
ESTER BUTOXIETILO del ACIDO ETILHEXILO (Spanish) *see* 2,4-D ETHYL-HEXYL ESTER
o-ESTER-p-NITROPHENOL with O-ETHYLPHENYL PHOSPHONOTHIOATE *see* EPN
ESTER PROPILENGLICOLBUTILETER del ACIDO 2,4-DICLOROFENOXI-ACETICO (Spanish) *see* 2,4-D PROPYLENE GLYCOL BUTYL ETHER ESTER
ESTERCIDE T-2 AND T-245 *see* 2,4,5-T ACID
ESTERON *see* 2,4-D
ESTERON *see* 2,4,5-T ACID
ESTERON 245 *see* 2,4,5-T ACID
ESTERON 44 *see* 2,4-D ISOPROPYL ESTER
ESTERON 44 WEED KILLER *see* 2,4-D
ESTERON 76 BE *see* 2,4-D
ESTERON 99 CONCENTRATE *see* 2,4-D BUTYL ESTER
ESTERON 99 CONCENTRATE *see* 2,4-D
ESTERON 99 *see* 2,4-D
ESTERON 99 WEED KILLER *see* 2,4-D PROPYLENE GLYCOL BUTYL ETHER ESTER
ESTERON 99 WEED KILLER CONCENTRATE *see* 2,4-D PROPYLENE GLYCOL BUTYL ETHER ESTER
ESTERON BRUSH KILLER *see* 2,4-D
ESTERON BRUSH KILLER *see* 2,4,5-T ACID
ESTERON TEN-TEN *see* 2,4-D PROPYLENE GLYCOL BUTYL ETHER ESTER
ESTERONE FOUR *see* 2,4-D
ESTERQUINONE LIGHT YELLOW 4JL *see* C.I. DISPERSE YELLOW 3
ESTILBEN *see* DIETHYLSTILBESTROL
ESTIRENO (Spanish) *see* STYRENE
ESTOL 1550 *see* DIETHYL PHTHALATE
ESTONATE *see* DDT
ESTONE *see* 2,4-D
ESTONOX *see* TOXAPHENE
ESTOSTERIL *see* PERACETIC ACID
ESTRICNINA (Spanish) *see* STRYCHNINE
ESTRIL *see* DIETHYLSTILBESTROL
ESTROBENE *see* DIETHYLSTILBESTROL

ESTROGEN *see* DIETHYLSTILBESTROL
ESTROMENIN *see* DIETHYLSTILBESTROL
ESTROSEL *see* DICHLORVOS
ESTROSOL *see* DICHLORVOS
ESTROSYN *see* DIETHYLSTILBESTROL
ETABUS *see* DISULFIRAM
ETAMINAL SODIUM *see* PENTOBARBITOL SODIUM
ETANAMINA (Spanish) *see* ETHANAMINE
ETANO (Spanish) *see* ETHANE
ETANTIOLO (Italian) *see* ETHYL MERCAPTAN
E-TC *see* ETHYL DIPROPYLTHIOCARBAMATE
E TEKTAMER 38 A.D. *see* 1-BROMO-1-(BROMOMETHYL)-1,3-PROPANEDI-CARBONITRILE
ETENO (Spanish) *see* ETHYLENE
ETER DIGLICIDILICO de la RESORCINA (Spanish) *see* DIGLYCIDYL RESORCINOL ETHER
ETER ETILICO (Spanish) *see* ETHYL ETHER
ETER METILICO (Spanish) *see* METHYL ETHER
ETERATO de TRIFLUORURO de BORO (Spanish) *see* BORON TRIFLUORIDE COMPOUND with METHYL ETHER (1:1)
ETERE ETILICO (Italian) *see* ETHYL ETHER
ETG *see* ETHYLENE GLYCOL
ETHAANTHIOL (Dutch) *see* ETHYL MERCAPTAN
ETHAMINAL *see* PENTOBARBITOL SODIUM
ETHAMINAL SODIUM *see* PENTOBARBITOL SODIUM
ETHANA NU *see* 1,1,1-TRICHLOROETHANE
ETHANAL *see* ACETALDEHYDE
ETHANAL, TRICHLORO- *see* ACETALDEHYDE, TRICHLORO-
ETHANAMIDE *see* ACETAMIDE
ETHANAMINE, N-ETHYL-N-NITROSO- *see* N-NITROSODIETHYLAMINE
ETHANAMINE,2-CHLORO-N-(2-CHLOROETHYL)-N-METHYL-(9CI) *see* NITROGEN MUSTARD
ETHANAMINE,N,N-DIETHYL- *see* TRIETHYLAMINE
ETHANAMINIUM, 2-CHLORO-N,N,N-TRIMETHYL-, CHLORIDE (9CI) *see* CHLORMEQUAT CHLORIDE
ETHANAMINIUM-N-(9-(2-CARBOXYPHENYL)-6-(DIETHYLAMINO)-3H-XANTHERN-3-YLIDENE)-N-ETHYL-,CHLORI DE *see* C.I. FOOD RED 15
ETHANECARBOXYLIC ACID *see* PROPIONIC ACID
ETHANE, CHLORO- *see* CHLOROETHANE
ETHANE, 1-CHLORO-1,1-DIFLUORO- *see* 1-CHLORO-1,1-DIFLUOROETHANE
ETHANE, CHLOROPENTAFLUORO- *see* MONOCHLOROPENTAFLUOROETHANE
ETHANE, 2-CHLORO-1,1,2,2-TETRAFLUORO- *see* 1-CHLORO-1,1,2,2-TETRAFLUOROETHANE
ETHANE, 2-CHLORO-1,1,1,2-TETRAFLUORO- *see* 2-CHLORO-1,1,1,2-TETRAFLUOROETHANE
ETHANE, CHLOROTETRAFLUORO- *see* CHLOROTETRAFLUOROETHANE
ETHANE, 2-CHLORO-1,1,1-TRIFLUORO *see* 2-CHLORO-1,1,1-TRIFLUOROETHANE
1,2-ETHANEDIAMINE *see* ETHYLENEDIAMINE
ETHANE, 1,2-DIBROMO- *see* 1,2-DIBROMOETHANE
ETHANE, 1,2-DIBROMOTETRAFLUORO *see* DIBROMOTETRAFLUOROETHANE
1,2-ETHENEDICARBOXYLIC ACID, trans- *see* FUMARIC ACID
ETHANE DICHLORIDE *see* 1,2-DICHLOROETHANE
ETHANE, 1,1-DICHLORO- *see* ETHYLIDENE DICHLORIDE
ETHANE, 1,2-DICHLORO- *see* 1,2-DICHLOROETHANE
ETHANE, 1,2-DICHLORO-1,1-DIFLUORO- *see* 1,2-DICHLORO-1,1-DIFLUOROETHANE
ETHANE, 1,1-DICHLORO-1-FLUORO- *see* 1,1-DICHLORO-1-FLUOROETHANE
ETHANE, 1,2-DICHLORO-1,1,2,2-TETRAFLUORO- *see* DICHLOROTETRAFLUOROETHANE

ETHANE, 1,2-DICHLOROTETRAFLUORO- see DICHLOROTETRAFLUOROETHANE
ETHANE, 1,2-DICHLORO-1,1,2-TRIFLUORO- see 1,2-DICHLORO-1,1,2-TRIFLUOROETHANE
ETHANE, 2,2-DICHLORO-1,1,1-TRIFLUORO- see 2,2-DICHLORO-1,1,1-TRIFLUOROETHANE
ETHANE, DICHLORO-1,1,2-TRIFLUORO- see DICHLORO-1,2,2-TRIFLUOROETHANE
ETHANE, DICHLOROTRIFLUORO- see DICHLOROTRIFLUOROETHANE
ETHANE, 1,1-DICHLORO-1,2,2-TRIFLUORO see 1,1-DICHLORO-1,2,2-TRIFLUOROETHANE
ETHANE, 1,1-DIFLUORO- see DIFLUOROETHANE
ETHANEDINITRILE see CYANOGEN
ETHANEDIOIC ACID, AMMONIUM SALT see AMMONIUM OXALATE (14258-49-2)
ETHANEDIOIC ACID, AMMONIUM IRON(3+) SALT see FERRIC AMMONIUM OXALATE (2944-67-4)
ETHANEDIOIC ACID, AMMONIUM IRON(III) SALT see FERRIC AMMONIUM OXALATE (2944-67-4)
ETHANEDIOIC ACID, AMMONIUM SALT see FERRIC AMMONIUM OXALATE (55488-87-4)
ETHANEDIOIC ACID, DIAMMONIUM SALT, MONOHYDRATE see AMMONIUM OXALATE (6009-70-7)
ETHANEDIOIC ACID, MONOAMMONIUM SALT, MONOHYDRATE see AMMONIUM OXALATE (5972-73-6)
1,2-ETHANEDIOL see ETHYLENE GLYCOL
1,2-ETHANEDITHIOL, CYCLIC ESTER with PHOSPHONODITHIOIMIDOCARBONIC ACID p,p-DIETHYL ESTER see PHOSFOLAN
1,2-ETHANEDITHIOL, CYCLIC ESTER with p,p-DIETHYL PHOSPHONODITHIOIMIDOCARBONATE see PHOSFOLAN
1,2-ETHANEDIYLBIS(CARBAMODITHIOATO)(2-)-MANGANESE see MANEB
1,2-ETHANEDIYLBIS(CARBAMODITHIOATO)(2-)-S,S'-ZINC see ZINEB
1,2-ETHANEDIYLBIS(CARBAMODITHIOATO)ZINC see ZINEB
(1,2-ETHANEDIYLBIS(CARBAMODITHIOATO))(2-)ZINC see ZINEB
1,2-ETHANEDIYLBIS CARBAMODITHIOIC ACID DISODIUM SALT see NABAM
1,2-ETHANEDIYLBISCARBAMODITHIOIC ACID, MANGANESE(2+) SALT (1:1) see MANEB
1,2-ETHANEDIYLBISCARBAMODITHIOIC ACID, MANGANESE COMPLEX see MANEB
1,2-ETHANEDIYLBISCARBAMODITHIOIC ACID, ZINC COMPLEX see ZINEB
1,2-ETHANEDIYLBISCARBAMOTHIOIC ACID, ZINC SALT see ZINEB
1,2-ETHANEDIYLBISMANEB, MANGANESE (2+) SALT (1:1) see MANEB
ETHANE, 1,2-EPOXY-1-PHENYL- see STYRENE OXIDE
ETHANE HEXACHLORIDE see HEXACHLOROETHANE
ETHANE, HEXACHLORO- see HEXACHLOROETHANE
ETHANE, 1,1'-(METHYLENEBIS(OXY))BIS(2-CHLORO- see BIS(2-CHLOROETHOXY)METHANE
ETHANENITRILE see ACETONITRILE
ETHANE, 1,1'-OXYBIS- see ETHYL ETHER
ETHANE, 1,1'-OXYBIS 2-CHLORO- see BIS(2-CHLOROETHYL)ETHER
ETHANE PENTACHLORIDE see PENTACHLOROETHANE
ETHANE, PENTACHLORO- see PENTACHLOROETHANE
ETHANEPEROXOIC ACID see PERACETIC ACID
ETHANE, 1,1,1,2-TETRACHLORO- see 1,1,1,2-TETRACHLOROETHANE
ETHANE,1,1,2,2-TETRACHLORO- see 1,1,2,2,-TETRACHLOROETHANE
ETHANE, 1,1,1,2-TETRACHLORO-1-FLUORO- see 1,1,2,2-TETRACHLORO-2-FLUOROETHANE
ETHANE, 1,1,2,2-TETRACHLORO-1-FLUORO- see 1,1,2,2-TETRACHLORO-1-FLUOROETHANE
ETHANETHIOAMIDE see THIOACETAMIDE
ETHANE, 1,1'-THIOBIS(2-CHLORO- see MUSTARD GAS
ETHANETHIOL see ETHYL MERCAPTAN

ETHANETHIOL, 2-(ETHYLSULFINYL)-, S-ESTER with O,O-DIMETHYLPHOS-PHOROTHIOATE *see* OXYDEMETON METHYL
ETHANE TRICHLORIDE *see* 1,1,2-TRICHLOROETHANE
ETHANE, 1,1,1-TRICHLORO- *see* 1,1,1-TRICHLOROETHANE
ETHANE, 1,1,2-TRICHLORO- *see* 1,1,2-TRICHLOROETHANE
ETHANE, 1,1,1-TRICHLORO-2,2-BIS(p-CHLOROPHENYL)- *see* DDT
ETHANE, 1,1,2-TRICHLORO-1,2,2,-TRIFLUORO- *see* FREON 113
ETHANE, TRIFLUORO- *see* TRIFLURALIN
ETHANIMIDOTHIOIC ACID, 2-(DIMETHYLAMINO)-N-HYDROXY-2-OXO-, METHYL ESTER *see* A2213
ETHANIMIDOTHIC ACID, N-((METHYLAMINO)CARBONYL) *see* METHOMYL
ETHANIMIDOTHIOIC ACID, N,N'-(THIOBIS((METHYLIMINO)CARBONYLOXY))BIS-,DIMETHYL ESTER *see* THIODICARB
ETHANOIC ACID *see* ACETIC ACID
ETHANOIC ANHYDRATE *see* ACETIC ANHYDRIDE
ETHANOIC ANHYDRIDE *see* ACETIC ANHYDRIDE
ETHANOL BUTOXIDE *see* PIPERONYL-ETHYL
ETHANOL, 2-CHLORO- *see* CHLOROETHANOL
ETHANOL, 1,2-DIBROMO-2,2-DICHLORO-, DIMETHYL PHOSPHATE *see* NALED
ETHANOL, 2-ETHOXY- *see* 2-ETHOXYETHANOL
ETHANOL, 2,2'-IMINOBIS- *see* DIETHANOLAMINE
ETHANOL, 2,2'-IMINODI- *see* DIETHANOLAMINE
ETHANOL, 2-METHOXY- *see* 2-METHOXYETHANOL
ETHANOL, 2,2,2-TRICHLORO-1,1-BIS(4-CHLOROPHENYL)- *see* DICOFOL
ETHANONE, 2-CHLORO-1-PHENYL- *see* 2-CHLOROACETOPHENONE CHLOROALKYL ESTERS
ETHANOX *see* ETHION
ETHANOYL CHLORIDE *see* ACETYL CHLORIDE
ETHENAMINE, N-METHYL-N-NITROSO- *see* N-NITRSOMETHYLVINYLAMINE
ETHENE *see* ACETYLENE
ETHENE *see* ETHYLENE
ETHENE, BROMO- *see* VINYL BROMIDE
ETHENE, BROMOTRIFLUORO- *see* BROMOTRIFLUORETHYLENE
ETHENE, CHLORO- *see* VINYL CHLORIDE
ETHENE, CHLOROTRIFLUORO- *see* TRIFLUOROCHLOROETHYLENE
ETHENE, 1,1-DICHLORO- *see* VINYLIDENE CHLORIDE
ETHENE, 1,1-DIFLUORO- *see* VINYLIDENE FLUORIDE
ETHENE, 1,2-DICHLORO- *see* 1,2-DICHLOROETHYLENE (540-59-0)
ETHENE, 1,2-DICHLORO-, (E)- *see* 1,2-DICHLOROETHYLENE (156-60-5)
ETHENE, trans-1,2-DICHLORO- *see* 1,2-DICHLOROETHYLENE (156-60-5)
ETHENE, ETHOXY- *see* VINYL ETHYL ETHER
ETHENE, FLUORO- *see* VINYL FLUORIDE
ETHENE, METHOXY- *see* VINYL METHYL ETHER
ETHENE OXIDE *see* ETHYLENE OXIDE
ETHENE, TETRACHLORO- *see* TETRACHLOROETHYLENE
ETHENE, TETRAFLUORO- *see* TETRAFLUOROETHYLENE
ETHENE, TRICHLORO- *see* TRICHLOROETHYLENE
ETHENOL, 2,2-DICHLORO-, DIMETHYL PHOSPHATE *see* DICHLORVOS
ETHENYL ACETATE *see* VINYL ACETATE
ETHENYL ETHANOATE *see* VINYL ACETATE
ETHENYLETHANOATE *see* VINYL ACETATE
5-ETHENYL-2-METHYLPYRIDINE *see* PYRIDINE, 2-METHYL-5-VINYL
ETHENYLOXYETHENE *see* VINYL ETHYL ETHER
ETHER *see* ETHYL ETHER
ETHER, BIS(2-CHLORO-1-METHYLETHYL) *see* BIS(2-CHLORO-1-METHYLETHYL)ETHER
ETHER, BIS(CHLOROMETHYL) *see* BIS(CHLOROMETHYL)ETHER
ETHER, BIS(2,3-EPOXYPROPYL)- *see* DIGLYCIDYL ETHER
ETHER, BIS(2,3-EPOXYPROPYL) *see* DIGLYCIDYL ETHER
ETHER, BIS(PENTABROMOPHENYL) *see* DECABROMODIPHENYL OXIDE

ETHER, tert-BUTYL METHYL *see* METHYL tert-BUTYL ETHER
ETHER CHLORATUS *see* CHLOROETHANE
ETHER, 2-CHLORO-α,α,α-TRIFLUORO-P-TOLYL3-ETHOXY-4-NITRO PHENYL *see* OXYFLUOFEN
ETHER, CHLOROMETHYL METHYL *see* CHLOROMETHYL METHYL ETHER
ETHER CYANATUS *see* PROPIONITRILE
ETHER DICHLORE (French) *see* BIS(2-CHLOROETHYL)ETHER
ETHER, 2,4-DICHLOROPHENYL p-NITROPHENYL *see* NITROFEN
ETHER, DIGLYCIDYL *see* DIGLYCIDYL ETHER
ETHER, DIMETHYL CHLORO *see* CHLOROMETHYL METHYL ETHER
ETHER, ETHYL *see* ETHYL ETHER
ETHER ETHYLIQUE (French) *see* ETHYL ETHER
ETHER HYDROCHLORIC *see* CHLOROETHANE
ETHERIN *see* ETHYLENE
ETHER METHYLIQUE MONOCHLORE (French) *see* CHLOROMETHYL METHYL ETHER
ETHER MONOETHYLIQUE de l'ETHYLENE GLYCOL (French) *see* 2-ETHOXYETHANOL
ETHER MONOMETHYLIQUE de l'ETHYLENE-GLYCOL (French) *see* 2-METHOXYETHANOL
ETHER MURIATIC *see* CHLOROETHANE
ETHER, VINYL ETHYL *see* VINYL ETHYL ETHER
ETHIENOCARB *see* ZINC, DICHLORO(4,4-DIMETHYL-5((((METHYLAMINO)CARBONYL)OXY)IMINO)PENTANENITRILE)-,(T- 4)-
ETHINE *see* ACETYLENE
ETHINYL TRICHLORIDE *see* TRICHLOROETHYLENE
ETHIOL *see* ETHION
ETHIOLACAR *see* MALATHION
ETHLON *see* PARATHION
ETHODAN *see* ETHION
ETHODRYL CITRATE *see* DIETHYLCARBAMAZINE CITRATE
ETHONIC ACID, ETHENYL ESTER *see* VINYL ACETATE
ETHOPROPHOS *see* ETHOPROP
p-ETHOXYACETANILIDE *see* PHENACETIN
4'-ETHOXYACETANILIDE *see* PHENACETIN
4-ETHOXYACETANILIDE *see* PHENACETIN
3-((ETHOXYCARBONYL)AMINO)PHENYL PHENYLCARBAMATE *see* DESMEDIPHAM
ETHOXYCARBONYL CHLORIDE *see* ETHYL CHLOROFORMATE
ETHOXY CARBONYL ETHYLENE *see* ETHYL ACRYLATE
3-ETHOXYCARBONYLAMINOPHENYL PHENYLCARBAMATE *see* DESMEDIPHAM
3-ETHOXYCARBONYLAMINOPHENYL-N-PHENYLCARBAMATE *see* DESMEDIPHAM
ETHOXYETHANE *see* ETHYL ETHER
β-ETHOXYETHANOL *see* 2-ETHOXYETHANOL
2-ETHOXYETHANOL *see* 2-ETHOXYETHANOL
2-ETHOXYETHYL ALCOHOL *see* 2-ETHOXYETHANOL
2-(1-(ETHOXYIMINO) BUTYL)-5-(2-(ETHYLTHIO)PROPYL)-3-HYDROXYL-2-CYCLOHEXEN-1-ONE *see* SETHOXYDIM
(±)-2-(1-(ETHOXYIMINO)BUTYL)-5-(2-(ETHYLTHIO)PROPYL)-3-HYDROXY-2-CYCLOHEXEN N-1-ONE *see* SETHOXYDIM
2-((1-ETHOXYIMINO)BUTYL)-5-((ETHYLTHIO)PROPYL)-3-HYDROXY-2-CYCLOHEXEN-1-ONE *see* SETHOXYDIM
2-(1-(ETHOXYIMINO)BUTYL)-5-(2-(ETHYLTHIO)PROPYL)-3-HYDROXYL-2-CYCLOHEXEN-1- ONE *see* SETHOXYDIM
(±)-(ZE)-2-(1-ETHOXYIMINOBUTYL)-5-(2-(ETHYLTHIO)PROPYL)-3-HYDROXYCYCLOHEX- 2-ENONE *see* SETHOXYDIM
2-((ETHOXYL((1- METHYLETHYL)AMINO)PHOSPHINOTHIOYL)OXY) BENZOIC ACID 1-METHYL-
ETHYL ESTER *see* ISOFENPHOS
(±)-2-ETHOXY-1-METHYL-2-OXOETHYL-5-(2-CHLORO-4-(TRIFLUOROMETHYL)PHENOXY)-2 -NITROBENZOATE *see* LACTOFEN

2-((ETHOXY((1-METHYLETHYL)AMINO)PHOSPHINOTHIOYL)OXY)-
BENZOIC ACID 1-METHYLETHYL ESTER *see* ISOFENPHOS
ETHOXY-4-NITROPHENOXYPHENYLPHOSPHINE SULFIDE *see* EPN
N-(4-ETHOXYPHENYL)ACETAMIDE *see* PHENACETIN
n-para-ETHOXYPHENYLACETAMIDE *see* PHENACETIN
ETHYLACETAAT (Dutch) *see* ETHYL ACETATE
ETHYLACETIC ACID *see* BUTYRIC ACID
ETHYL ACETIC ESTER *see* ETHYL ACETATE
ETHYL ACETYLENE, INHIBITED (DOT) *see* 1-BUTYNE
ETHYLACRYLAAT (Dutch) *see* ETHYL ACRYLATE
ETHYLAKRYLAT (Czech) *see* ETHYL ACRYLATE
ETHYL ALDEHYDE *see* ACETALDEHYDE
ETHYLAMINE *see* ETHANAMINE
2-ETHYLAMINO-4-ISOPROPYLAMINO-6-CHLORO-s-TRIAZINE *see* ATRAZINE
3-((ETHYLAMINO)METHOXYPHOSPHINOTHIOYL)OXY)-2-BUTENOIC
ACID, 1-METHYLETHYL ESTER *see* PROPETAMPHOS
ETHYL-p-AMINOPHENYL KETONE *see* PROPIOPHENONE, 4'-AMINO-
s-ETHYL AZEPANE-1-CARBOTHIOATE *see* MOLINATE
ETHYL AZINPHOS *see* AZINPHOS-ETHYL
ETHYLBENZEEN (Dutch) *see* ETHYLBENZENE
ETHYLBENZENE *see* STYRENE
ETHYLBENZOL *see* ETHYLBENZENE
ETHYLBIS(β-CHLOROETHYL)AMINE *see* ETHYLBIS(2-CHLOROETHYL)AMINE
o-ETHYL-S-(2-(BIS(1-METHYLETHYL)AMINO)ETHYL METHYLPHOSPHONOTHIOATE *see* PHOSPHONOTHIOIC ACID, METHYL-, S(2-(BIS(1-METHYLETHYL)AMINOETHYL) o-ETHYL ESTER
ETHYL CARBAMATE *see* URETHANE
ETHYL CARBONOCHLORIDATE *see* ETHYL CHLOROFORMATE
ETHYL CELLOSOLVE *see* 2-ETHOXYETHANOL
ETHYLCHLOORFORMIAAT (Dutch) *see* ETHYL CHLOROFORMATE
ETHYL CHLORIDE (DOT) *see* CHLOROETHANE
ETHYL 4-CHLORO-α-(4-CHLOROPHENYL)-α-HYDROXYBENZENE ACETATE *see* CHLOROBENZILATE
ETHYL-2-((4-(6-CHLORO-2-BENZOXAZOLYLOXY))-PHENOXY)PROPIONATE *see* FENOXAPROP ETHYL-
ETHYL 2-(4-(6-CHLORO-2-QUINOXALINYLOXY)PHENOXY)PROPANOATE
see QUIZALOFOP-ETHYL
ETHYL-2-((((4-CHLORO-6-METHOXYPYRIMIDIN-2-YL)-CARBONYL)-AMINO)SULFONYL)BENZOATE *see* CHLORIMURON ETHYL
ETHYL N-(CHLOROACETYL)-N-(2,6-DIETHYLPHENYL)GLYCINATE *see*
DIETHATYL ETHYL
ETHYL CHLOROCARBONATE *see* ETHYL CHLOROFORMATE
ETHYL CYANIDE *see* PROPIONITRILE
s-ETHYL N-CYCLOHEXANECARBAMOTHIOATE *see* CYCLOATE
s-ETHYL N-CYCLOHEXYL-n-ETHYL(THIOCARBAMATE) *see* CYCLOATE
s-ETHYL CYCLOHEXYLETHYLCARBAMOTHIOATE *see* CYCLOATE
s-ETHYL CYCLOHEXYLETHYLTHIOCARBAMATE *see* CYCLOATE
s-ETHYL N-CYCLOHEXYLETHYLTHIOCARBAMATE *see* CYCLOATE
ETHYL N,N-DI-N-PROPYLTHIOLCARBAMATE *see* ETHYL DIPROPYLTHIOCARBAMATE
ETHYL DI-N-PROPYLTHIOLCARBAMATE *see* ETHYL DIPROPYLTHIOCARBAMATE
ETHYL 4,4'-DICHLOROBENZILATE *see* CHLOROBENZILATE
ETHYL-p,p'-DICHLOROBENZILATE *see* CHLOROBENZILATE
ETHYL-4,4'-DICHLORODIPHENYL GLYCOLLATE *see* CHLOROBENZILATE
ETHYL-4,4'-DICHLOROPHENYL GLYCOLLATE *see* CHLOROBENZILATE
ETHYL-S-DIIOSOPROPYLAMINOETHYLMETHYLTHIOPHOSPHONATE *see*
PHOSPHONOTHIOIC ACID, METHYL-, S(2-(BIS(1-METHYLETHYL)AMINOETHYL) o-ETHYL ESTER
o-ETHYL-S-DIISOPROPYLAMINOETHYL METHYLPHOSPHONOTHIOATE
see PHOSPHONOTHIOIC ACID, METHYL-, S(2-(BIS(1-METHYLETHYL)AMINOETHYL) o-ETHYL ESTER

ETHYL DIMETHYLAMIDOCYANOPHOSPHATE see TABUN
ETHYL N,N-DIMETHYLAMINOCYANOPHOSPHATE see TABUN
ETHYL-S-DIMETHYLAMINOETHYL METHYL PHOSPHONOTHIOLATE see PHOSPHONOTHIOIC ACID, METHYL-, S(2-(BIS(1-METHYL-ETHYL)AMINOETHYL) o-ETHYL ESTER
ETHYL DIMETHYL METHANE see ISOPENTANE
ETHYL-N,N-DIMETHYLPHOSPHORAMIDOCYANIDATE see TABUN
ETHYL DIMETHYLPHOSPHORAMIDOCYANIDATE see TABUN
s-ETHYL DIPROPYLCARBAMOTHIOATE see ETHYL DIPROPYLTHIOCARBAMATE
o-ETHYL S,S-DIPROPYL DITHIOPHOSPHATE see ETHOPROP
o-ETHYL S,S-DIPROPYL PHOSPHORODITHIOATE see ETHOPROP
ETHYL N,N-DIPROPYLTHIOLCARBAMATE see ETHYL DIPROPYLTHIOCARBAMATE
s-ETHYLDIPROPYLTHIOCARBAMATE see ETHYL DIPROPYLTHIOCARBAMATE
ETHYLE (ACETATE d') (French) see ETHYL ACETATE
ETHYLE CHLOROFORMIAT d' (French) see ETHYL CHLOROFORMATE
ETHYLEENDICHLORIDE (Dutch) see 1,2-DICHLOROETHANE
ETHYLEENIMINE (Dutch) see ETHYLENEIMINE
ETHYLEENOXIDE (Dutch) see ETHYLENE OXIDE
ETHYL EHYDE see ACETALDEHYDE
ETHYLENE ALCOHOL see ETHYLENE GLYCOL
ETHYLENE ALDEHYDE see ACROLEIN
1,1-ETHYLENE-2,2'-BIPYRIDYLIUM ION see DIQUAT (2764-72-9)
1,1'-ETHYLENE-2,2'-BIPYRIDYLIUMDIBROMIDE see DIQUAT (85-00-7)
N,N'-ETHYLENE BIS(3-FLUORO-SALICYLIDENEIMINATO)COBALT(II) see COBALT,((2,2'-(1,2-ETHANEDIYLBIS(NITRILOMETHYLIDYNE))BIS(6-FLUOROPHENOLATO))(2)-
ETHYLENEBIS(DITHI OCARBAMIC ACID), DISODIUM SALT see NABAM
N,N'-ETHYLENE BIS(DITHIOCARBAMATE MANGANEUX) (French) see MANEB
ETHYLENEBIS(DITHIOCARBAMATE), DISODIUM SALT see NABAM
ETHYLENEBIS(DITHIOCARBAMATO). MANGANESE see MANEB
ETHYLENEBIS(DITHIOCARBAMATO)ZINC see ZINEB
ETHYLENEBIS(DITHIOCARBAMIC ACID),ZINC SALT see ZINEB
ETHYLENEBIS(DITHIOCARBAMIC ACID) MANGANOUS SALT see MANEB
ETHYLENEBIS(DITHIOCARBAMIC ACID) see ETHYLENEBISDITHIOCARBAMIC ACID, SALTS and ESTERS
ETHYLENEBIS(DITHIOCARBAMIC ACID), MANGANESE SALT see MANEB
ETHYLENEBISDITHIOCARBAMATE MANGANESE see MANEB
N,N'-ETHYLENEBIS(SALICYLIDENEIMINATO)COBALT(II) see SALCOMINE
ETHYLENE BROMIDE see 1,2-DIBROMOETHANE
ETHYLENE, BROMO- see VINYL BROMIDE
ETHYLENECARBOXAMIDE see ACRYLAMIDE
ETHYLENECARBOXYLIC ACID see ACRYLIC ACID
ETHYLENE CHLORHYDRIN see CHLOROETHANOL
ETHYLENE CHLORIDE see 1,2-DICHLOROETHANE
ETHYLENE, CHLORO- see VINYL CHLORIDE
ETHYLENE CHLOROHYDRINE see CHLOROETHANOL
ETHYLENEDIAMINE-N,N,N',N'-TETRAACETIC ACID see ETHYLENEDIAMINE-TETRAACETIC ACID (EDTA)
1,2-ETHYLENEDIAMINE see ETHYLENEDIAMINE
ETHYLENEDIAMINETETRAACETATE see ETHYLENEDIAMINE-TETRAACETIC ACID (EDTA)
ETHYLENEDIAMINETETRAACETIC ACID see ETHYLENEDIAMINE-TETRAACETIC ACID (EDTA)
ETHYLENE DIBROMIDE (DOT) see 1,2-DIBROMOETHANE
1,2-ETHYLENE DIBROMIDE see 1,2-DIBROMOETHANE
1,2-ETHYLENEDICARBOXYLIC ACID, (Z) see MALEIC ACID
1,2-ETHYLENEDICARBOXYLIC ACID, (E) see FUMARIC ACID
trans-1,2-ETHYLENEDICARBOXYLIC ACID see FUMARIC ACID
trans-ETHYLENEDICARBOXYLIC ACID see FUMARIC ACID
cis-1,2-ETHYLENEDICARBOXYLIC ACID see MALEIC ACID

(Z)-1,2-ETHYLENEDICARBOXYLIC ACID *see* MALEIC ACID
cis-1,2-ETHYLENEDICARBOXYLIC ACID, TOXILIC ACID *see* MALEIC ACID
ETHYLENE DICHLORIDE *see* 1,2-DICHLOROETHANE
1,2-ETHYLENE DICHLORIDE *see* 1,2-DICHLOROETHANE
ETHYLENE, 1,1-DICHLORO- *see* VINYLIDENE CHLORIDE
ETHYLENE, 1,2-DICHLORO- *see* 1,2-DICHLOROETHYLENE (540-59-0)
ETHYLENE, 1,1-DICHLORO-2,2-BIS(p-CHLOROPHENYL)- *see* DDE (72-55-9)
ETHYLENE DIHYDRATE *see* ETHYLENE GLYCOL
ETHYLENEDINITRILOTETRAACETIC ACID *see* ETHYLENEDIAMINE-TETRAACETIC ACID (EDTA)
ETHYLENE DIPROPIONATE (8CI) *see* CROTONALDEHYDE, (E)
ETHYLENE DIPYRIDYLIUM DIBROMIDE *see* DIQUAT (85-00-7)
1,1-ETHYLENE 2,2-DIPYRIDYLIUM DIBROMIDE *see* DIQUAT (85-00-7)
1,1'-ETHYLENE-2,2'-DIPYRIDYLIUM DIBROMIDE *see* DIQUAT (85-00-7)
1,2-ETHYLENEDIYLBIS(CARBAMODITHIOATO)MANGANESE *see* MANEB
ETHYLENE EHYDE *see* ACROLEIN
ETHYLENE FLUORIDE *see* DIFLUOROETHANE
ETHYLENE FLUORO- (8CI) *see* VINYL FLUORIDE
ETHYLENE GLYCOL ETHYL ETHER *see* 2-ETHOXYETHANOL
ETHYLENE GLYCOL METHYL ETHER *see* 2-METHOXYETHANOL
ETHYLENE GLYCOL MONOETHYL ETHER *see* 2-ETHOXYETHANOL
ETHYLENE GLYCOL MONOMETHYL ETHER *see* 2-METHOXYETHANOL
ETHYLENE HEXACHLORIDE *see* HEXACHLOROETHANE
ETHYLENEIMINE *see* ETHYLENEIMINE
ETHYLENE, N-METHYL-N-NITROSO- *see* N-NITRSOMETHYLVINYLAMINE
ETHYLENE MONOCHLORIDE *see* VINYL CHLORIDE
ETHYLENE MONOCLINIC TABLETS CARBOXAMIDE *see* ACRYLAMIDE
1,8-ETHYLENENAPHTHALENE *see* ACENAPHTHENE
ETHYLENE OXIDE, ETHYL- *see* 1,2-BUTYLENE OXIDE
ETHYLENE (OXYDE d') (French) *see* ETHYLENE OXIDE
ETHYLENE, PHENYL- *see* STYRENE
ETHYLENE TETRACHLORIDE *see* TETRACHLOROETHYLENE
ETHYLENE TETRACHLORO- *see* TETRACHLOROETHYLENE
ETHYLENE, TETRAFLUORO- (INHIBITED) *see* TETRAFLUOROETHYLENE
N,N'-ETHYLENETHIOUREA *see* ETHYLENE THIOUREA
1,3-ETHYLENETHIOUREA *see* ETHYLENE THIOUREA
ETHYLENE TRICHLORIDE *see* TRICHLOROETHYLENE
ETHYLENE, TRICHLORO- *see* TRICHLOROETHYLENE
ETHYL ESTER of 4,4'-DICHLOROBENZILIC ACID *see* CHLOROBENZILATE
s-ETHYL ESTER HEXAHYDRO-1H-AZEPINE-1-CARBOTHIOIOATE *see* MOLINATE
ETHYLESTER KYSELINY DUSITE *see* ETHYL NITRITE
ETHYL ESTER of METHANESULFONIC ACID *see* ETHYL METHANESULFONATE
ETHYL ESTER of METHYLNITROSO-CARBAMIC ACID *see* N-NITROSO-N-METHYLURETHANE
ETHYL ESTER of METHYLSULFONIC ACID *see* ETHYL METHANESULFONATE
ETHYL ESTER of METHYLSULPHONIC ACID *see* ETHYL METHANESULFONATE
ETHYL ETHANOATE *see* ETHYL ACETATE
n-ETHYL ETHANAMINE *see* DIETHYLAMINE
3-ETHYL-2-(5-(3-ETHYL-2-BENZOTHIAZOLINYLIDENE)-1,3-PENTADIENYL)BENZOTHIAZOL IUM IODIDE *see* DITHIAZANINE IODIDE
ETHYL ETHYLENE OXIDE *see* 1,2-BUTYLENE OXIDE
ETHYLETHYLENE *see* BUTENE
O,O-ETHYL S-2(ETHYLTHIO)ETHYLPHOSPHORODITHIOATE *see* DISULFOTON
s-ETHYL N-ETHYLTHIOCYCLOHEXANECARBAMATE *see* CYCLOATE
ETHYLETHYNE *see* 1-BUTYNE
ETHYLFORMIC ACID *see* PROPIONIC ACID
ETHYL GUTHION *see* AZINPHOS-ETHYL
s-ETHYL HEXAHYDRO-1-CARBOTHIOIC *see* MOLINATE
s-ETHYL HEXAHYDRO-1H-AZEPINE-1-CARBOTHIOATE *see* MOLINATE

ETHYL 1-HEXAMETHYLENEIMINECARBOTHIOLATE see MOLINATE
s-ETHYL 1-HEXAMETHYLENEIMINOTHIOCARBAMATE see MOLINATE
s-ETHYL N-HEXAMETHYLENEIMINOTHIOCARBAMATE see MOLINATE
s-ETHYL N,N-HEXAMETHYLENEIMINOTHIOCARBAMATE see MOLINATE
ETHYLHEXYL-2,4,5-T see 2,4,5-T ESTERS (1928-47-8)
2-ETHYLHEXYL(2,4-DICHLOROPHENOXY)ACETATE see 2,4-D ETHYLHEXYL ESTER
ETHYLHEXYL PHTHALATE see DI(2-ETHYLHEXYL)PHTHALATE
2-ETHYLHEXYL PHTHALATE see DI(2-ETHYLHEXYL)PHTHALATE
ETHYL HYDRIDE see ETHANE
ETHYL HYDROSULFIDE see ETHYL MERCAPTAN
ETHYL 2-HYDROXY-2,2-BIS(4-CHLOROPHENYL)ACETATE see CHLOROBENZILATE
ETHYL m-HYDROXYCARBANILATE CARBANILATE (ESTER) see DESMEDIPHAM
ETHYLIC ACID see ACETIC ACID
ETHYLIDENE CHLORIDE see ETHYLIDENE DICHLORIDE
1,1-ETHYLIDENE CHLORIDE see ETHYLIDENE DICHLORIDE
ETHYLIDENE DICHLORIDE see ETHYLIDENE DICHLORIDE
1,2-ETHYLIDENE DICHLORIDE see ERGOCALCIFEROL
ETHYLIDENE DIFLUORIDE see DIFLUOROETHANE
ETHYLIDENE FLUORIDE see DIFLUOROETHANE
ETHYLIMINE see ETHYLENEIMINE
2,3,5-ETHYLENIMINE-1,4-BENZOQUINONE see TRIAZIQUONE
o-ETHYL see O-(2-ISOPROPOXYCARBONYL)PHENYL
ETHYLMERCAPTAAN (Dutch) see ETHYL MERCAPTAN
ETHYLMERKAPTAN (Czech) see ETHYL MERCAPTAN
ETHYL 1-2-METHACRYLATE see ETHYL METHACRYLATE
ETHYL METHANSULFONATE see ETHYL METHANESULFONATE
ETHYL METHANSULPHONATE see ETHYL METHANESULFONATE
ETHYL METHANSULPHONATE see ETHYL METHANESULFONATE
ETHYL-α-METHYLACRYLATE see ETHYL METHACRYLATE
5-ETHYL-5-(1-METHYLBUTYL)-2,4,6(1H,3H,5H)-PYRIMIDINETRIONE MONOSODIUM SALT see PENTOBARBITOL SODIUM
5-ETHYL-5-(1-METHYLBUTYL) BARBITURIC ACID SODIUM SALT see PENTOBARBITOL SODIUM
ETHYLMETHYL CARBINOL see sec-BUTYL ALCOHOL
ETHYL METHYL CETONE (French) see METHYL ETHYL KETONE
ETHYL METHYLENE PHOSPHORODITHIOATE see ETHION
n-ETHYL-N'-(1-METHYLETHYL)-6-(METHYLTHIOL)-1,3,5,-TRIAZINE-2,4-DIAMINE see AMETRYN
ETHYLMETHYLKETON (Dutch) see METHYL ETHYL KETONE
ETHYL METHYL KETONE see METHYL ETHYL KETONE
o-ETHYL-O-(4-(METHYLMERCAPTO)PHENYL)-S-N-PROPYLPHOSPHOROTHIONOTHIOLATE see SULPROFOS
ETHYL 4-(METHYLTHIO)-m-TOLYLISOPROPYLPHOSPHORAMIDATE see FENAMIPHOS
ETHYL 3-METHYL-4-(METHYLTHIO)PHENYL(1-METHYLETHYL)PHOSPHORAMIDATE see FENAMIPHOS
o-ETHYL O-(4-(METHYLTHIO)PHENYL) S-PROPYL PHOSPHORODITHIOATE see SULPROFOS
o-ETHYL O-(4-(METHYLTHIO)PHENYL)PHOSPHORODITHIOIC ACID S-PROPYL ESTER see SULPROFOS
o-ETHYL O-(4-(METHYLTHIO)PHENYL)PHOSPHORODITHIOIC ACID S-PROPYL ESTER see SULPROFOS
o-ETHYL O-(4-METHYLTHIOPHENYL) S-PROPYL DITHIOPHOSPHATE see SULPROFOS
ETHYL NITRIL see ACETONITRILE
ETHYL NITRILE see ACETONITRILE
ETHYL NITRITE see ETHYL NITRITE
o-ETHYL-O-((4-NITROFENYL)-FENYL)MONOTHIOFOSFONAAT (Dutch) see EPN
o-ETHYL-O-(4-NITROPHENYL)-BENZENETHIONOPHOSPHONATE see EPN
ETHYL-p-NITROPHENYL BENZENETHIOPHOSPHONATE see EPN

ETHYL-p-NITROPHENYL ETHYLPHOSPHATE see DIETHYL-p-NITROPHE-
  NYL PHOSPHATE
o-ETHYL-O-(4-NITROPHENYL PHENYL)PHENYLPHOSPHONOTHIOATE see
  EPN
o-ETHYL-O-p-NITROPHENYL PHENYLPHOSPHONOTHIOATE see EPN
ETHYL-p-NITROPHENYL PHENYLPHOSPHONOTHIOATE see EPN
ETHYL-p-NITROPHENYL THIONOBENZENEPHOSPHATE see EPN
ETHYL-p-NITROPHENYLBENZENETHIONOPHOSPHONATE see EPN
ETHYL-p-NITROPHENYLTHIONOBENZENEPHOSPHONATE see EPN
n-ETHYL-N-NITROSOCARBAMIDE see N-NITROSO-N-ETHYLUREA
n-ETHYL-N-NITROSOETHANAMINE see N-NITROSODIETHYLAMINE
ETHYLNITROSOUREA see N-NITROSO-N-ETHYLUREA
n-ETHYL-N-NITROSOUREA see N-NITROSO-N-ETHYLUREA
ETHYL-1-NITROSOUREA see N-NITROSO-N-ETHYLUREA
1-ETHYL-1-NITROSOUREA see N-NITROSO-N-ETHYLUREA
ETHYLOXIRANE see 1,2-BUTYLENE OXIDE
2-ETHYLOXIRANE see 1,2-BUTYLENE OXIDE
ETHYL PARAOXON see DIETHYL-p-NITROPHENYL PHOSPHATE
ETHYL PARATHION see PARATHION
s-ETHYL PERHYDROAZEPIN-1-CARBOTHIOATE see MOLINATE
s-ETHYL PERHYDROAZEPINE-1-THIOCARBOXYLATE see MOLINATE
ETHYL(2-(p-PHENOXYPHENOXY)ETHYL)CARBAMATE see FENOXYCARB
ETHYL (2-(4-PHENOXYPHENOXY)ETHYL)CARBAMATE see FENOXYCARB
ETHYL (3-(((PHENYLAMINO)CARBONYL)OXY)PHENYL)CARBAMATE see
  DESMEDIPHAM
ETHYL 3'-PHENYLCARBAMOYLOXYCARBANILATE see DESMEDIPHAM
ETHYL PHENYLCARBAMOYLOXYPHENYLCARBAMATE see DESMEDIP-
  HAM
ETHYL 3-PHENYLCARBAMOYLOXYPHENYLCARBAMATE see DESMEDIP-
  HAM
o-ETHYL-S-PHENYL ETHYLDITHIOPHOSPHONATE see FONOFOS
o-ETHYL-S-PHENYL ETHYLPHOSPHONODITHIOATE see FONOFOS
o-ETHYL-S-PHENYL(RS)-ETHYLPHOSPHONODITHIOATE see FONOFOS
o-ETHYL PHENYL-p-NITROPHENYLTHIOPHOSPHONATE see EPN
4-ETHYL-PHOSPHA-2,6,7-TRIOXABICYCLO(2,2,2)OCTANE see TRIMETHY-
  LOLPROPANE PHOSPHITE
ETHYL PHTHALATE see DIETHYL PHTHALATE
ETHYL PIRIMIPHOS see PIRIMFOS-ETHYL
ETHYL PROPENOATE see ETHYL ACRYLATE
ETHYL 2-PROPENOATE see ETHYL ACRYLATE
n-(1-ETHYLPROPYL)-2,6-DINITRO-3,4-XYLIDINE see PEDIMETHALIN N-(1-
  ETHYLPROPYL)-3,4-DIMETHYL-2,6-DINTROBENZENAMINE
n-(1-ETHYLPROPYL)-3,4-DIMETHYL-2,6-DINITROBENZENAMINE s-ETHYL-
  N,N-DI-N-PROPYLTHIOCARBAMATE see ETHYL DIPROPYLTHIOCARBA-
  MATE
ETHYL PYRAZINYL PHOSPHOROTHIOATE see ZINOPHOS
ETHYL PYROPHOSPHATE, TETRA- see TEPP
ETHYL RHODANATE see ETHYLTHIOCYANATE
ETHYL-S see ETHYLBIS(2-CHLOROETHYL)AMINE
ETHYL SILICON TRICHLORIDE see TRICHLOROETHYLSILANE
ETHYL SULFATE see DIETHYL SULFATE
ETHYL SULFHYDRATE see ETHYL MERCAPTAN
s-(2-(ETHYLSULFINYL)ETHYL) O,O-DIMETHYL ESTER PHOSPHORO-
  THIOIC ACID see OXYDEMETON METHYL
s-(2-(ETHYLSULFINYL)ETHYL) O,O-DIMETHYL PHOSPHOROTHIOATE see
  OXYDEMETON METHYL
s-2-ETHYLSULFINYLETHYL O,O-DIMETHYL PHOSPHOROTHIOATE see
  OXYDEMETON METHYL
s-(2-(ETHYLSULFINYL)ETHYL) MONOTHIOPHOSPHATE see OXYDEME-
  TON METHYL
ETHYL SULFOCYANATE see ETHYLTHIOCYANATE
ETHYL SULPHATE see DIETHYL SULFATE
s-2-ETHYLSULPHINYLETHYL-O,O-DIMETHYL PHOSPHOROTHIOATE see
  OXYDEMETON METHYL

ETHYL TETRAPHOSPHATE *see* HEXAETHYL TETRAPHOSPHATE
ETHYL TETRAPHOSPHATE, HEXA- *see* HEXAETHYL TETRAPHOSPHATE
ETHYL THIOALCOHOL *see* ETHYL MERCAPTAN
n-ETHYLTHIOCYCLOHEXANECARBAMIC ACID S-ETHYL ESTER *see* CYCLOATE
ETHYLTHIODEMETON *see* DISULFOTON
s-(2-(ETHYLTHIO)ETHYL)-O,O-DIMETHYL THIOPHOSPHATE *see* DEMETON-s-METHYL
s-(2-(ETHYLTHIO)ETHYL)-O,O-DIMETHYLPHOSPHOROTHIOATE *see* DEMETON-s-METHYL
s-(2-(ETHYLTHIO)ETHYL)DIMETHYL PHOSPHOROTHIOLATE *see* DEMETON-s-METHYL
s-2-(ETHYLTHIO)ETHYL O,O-DIETHYLESTER of PHOSPHORODITHIOIC ACID *see* DISULFOTON
ETHYLTHIOMELTON SULFOXIDE *see* OXYDISULFOTON
ETHYL THIOPHANATE *see* THIOPHANATE ETHYL
ETHYL THIOPYROPHOSPHATE *see* SULFOTEP
ETHYL TRICHLOROETHYLSILANE *see* TRICHLOROETHYLSILANE
o-ETHYL-O-2,4,5-TRICHLOROPHENYL ETHYLPHOSPHONOTHIOATE *see* TRICHLORONATE
ETHYL TRICHLOROPHENYLETHYLPHOSPHONOTHIOATE *see* TRICHLORONATE
ETHYLTRICHLOROSILANE *see* TRICHLOROETHYLSILANE
4-ETHYL-2,6,7-TRIOXA-1-PHOSPHABICYCLO(2,2,2)OCTANE *see* TRIMETHYLOLPROPANE PHOSPHITE
ETHYLTUADS *see* DISULFIRAM
ETHYL TUEX *see* DISULFIRAM
ETHYLURETHAN *see* URETHANE
ETHYL URETHANE *see* URETHANE
o-ETHYLURETHANE *see* URETHANE
ETHYL VINYL ETHER, INHIBITED *see* VINYL ETHYL ETHER
ETHYL VINYL ETHER *see* VINYL ETHYL ETHER
ETHYL ZIMATE *see* ZINEB
ETHYNE *see* ACETYLENE
ETHYNYL METHANOL *see* PROPARGYL ALCOHOL
ETHYNYLCARBINOL *see* PROPARGYL ALCOHOL
ETICOL *see* DIETHYL-p-NITROPHENYL PHOSPHATE
ETIL ACRILATO (Italian) *see* ETHYL ACRYLATE
ETIL AZINFOS (Spanish) *see* AZINPHOS-ETHYL
ETIL CLOROCARBONATO (Italian) *see* ETHYL CHLOROFORMATE
ETIL CLOROFORMIATO (Italian) *see* ETHYL CHLOROFORMATE
ETILACRILATULUI (RUMANIAN) *see* ETHYL ACRYLATE
ETILAMINA (Italian, Spanish) *see* ETHANAMINE
ETILBENCENO (Spanish) *see* ETHYLBENZENE
ETILBENZENE (Italian) *see* ETHYLBENZENE
ETILE (ACETATO di) (Italian) *see* ETHYL ACETATE
N,N'-ETILEN-BIS(DITIOCARBAMMATO) di SODIO (Italian) *see* NABAM
N,N'-ETILEN-BIS(DITIOCARBAMMATO) di MANGANESE (Italian) *see* MANEB
ETILENDIAMINA (Spanish) *see* ETHYLENEDIAMINE
ETILENE(OSSIDO di) (Italian) *see* ETHYLENE OXIDE
N,N'-ETILEN-BIS(DITIOCARBAMMATO) di SODIO (Italian) *see* NABAM
N,N'-ETILEN-BIS(DITIOCARBAMMATO) di MANGANESE (Italian) *see* MANEB
ETILENGLICOL (Spanish) *see* ETHYLENE GLYCOL
ETILENIMINA (Italian) *see* ETHYLENEIMINE
ETILENTIOUREA (Spanish) *see* ETHYLENE THIOUREA
ETILMERCAPTANO (Italian, Spanish) *see* ETHYL MERCAPTAN
ETILON *see* PARATHION
ETILTRIAZOTION *see* AZINPHOS-ETHYL
ETIN *see* ERGOTAMINE TARTRATE
ETIOL *see* MALATHION
ETION (Spanish) *see* ETHION
ETO *see* ETHYLENE OXIDE

ETOKSYETYLOWY ALKOHOL (Polish) see 2-ETHOXYETHANOL
ETOXYETHENE see VINYL ETHYL ETHER
2-ETOXIETANOL (Spanish) see 2-ETHOXYETHANOL
ETSAN see CYCLOATE
ETU see ETHYLENE THIOUREA
ETYLENU TLENEK (Polish) see ETHYLENE OXIDE
ETYLOAMINA (Polish) see ETHANAMINE
ETYLOBENZEN (Polish) see ETHYLBENZENE
ETYLU CHLOREK (Polish) see CHLOROETHANE
EUCANINE GB see 2,4-DIAMINOTOLUENE
EUREX see CYCLOATE
EUTHATAL see PENTOBARBITOL SODIUM
EUXYL K400 see 1-BROMO-1-(BROMOMETHYL)-1,3-PROPANEDICARBONI-TRILE
EVE see VINYL ETHYL ETHER
EVERCYN see HYDROGEN CYANIDE
EVERFLEX 81L see VINYL ACETATE
EVESHIELD CAPTAN/MALATHION see MALATHION
EVIPLAST 80 see DI(2-ETHYLHEXYL)PHTHALATE
EVIPLAST 81 see DI(2-ETHYLHEXYL)PHTHALATE
EVITs see PHOSPHORIC ACID
EVOLA see 1,4-DICHLOROBENZENE
EXADRIN see EPINEPHRINE
EXAGAMA see LINDANE
EXHORAN see DISULFIRAM
EXHORRAN see DISULFIRAM
EXITELITE see ANTIMONY TRIOXIDE
EXMIGRA see ERGOTAMINE TARTRATE
EXMIN see PERMETHRIN
EXO-1,2-cis-DIMETHYL-3,6-EPOXYHEXAHYDROPHTHALIC ANHYDRIDE see CANTHARIDIN
EXODIN see DIAZINON
EXOFENE see HEXACHLOROPHENE
EXOLIT LPKN 275 see PHOSPHORUS
EXOLIT VPK-N 361 see PHOSPHORUS
EXOLITE 405 see PHOSPHORUS
EXOLON XW 60 see ALUMINUM OXIDE
EXOTHERM see CHLOROTHALONIL
EXOTHERM TERMIL see CHLOROTHALONIL
EXOTHION see ENDOTHION
EXP 419 see MECOPROP
EXPAND see SETHOXYDIM
EXPERIMENTAL INSECTICIDE 711 see ISODRIN
EXPERIMENTAL HERBICIDE 732 see TERBACIL
EXPERIMENTAL INSECTICIDE 3911 see PHORATE
EXPERIMENTAL FUNGICIDE 5223 see DODINE
EXPERIMENTAL NEMATOCIDE 18133 see ZINOPHOS
EXPERIMENTAL INSECTICIDE 7744 see CARBARYL
EXPERIMENTAL INSECTICIDE 12880 see DIMETHOATE
EXPERIMENTAL INSECTICIDE 52160 see TEMEPHOS
EXPLOSIVE D see AMMONIUM PICRATE
EXPRESS see TRIBENURON METHYL
EXPRESS 75 DF see TRIBENURON METHYL
EXSEL see SELENIUM SULFIDE
EXSICCATED FERROUS SULFATE see FERROUS SULFATE (7720-78-7)
EXSICCATED FERROUS SULPHATE see FERROUS SULFATE (7720-78-7)
EXSICCATED SODIUM PHOSPHATE see SODIUM PHOSPHATE, DIBASIC (7558-79-4)
EXSMIN see PERMETHRIN
EXTERMATHION see MALATHION
EXTRACT D AND C RED No. 14 see C.I. SOLVENT ORANGE 7
EXTRAR see 4,6-DINITRO-o-CRESOL
EXXSOL HEXANE see n-HEXANE
EXXSOL ISOPENTANE see ISOPENTANE

E-Z-EX *see* THIABENDAZOLE
EZ FLOW *see* CHLORINE DIOXIDE
E-Z-OFF D *see* S,S,S-TRIBUTYLTRITHIOPHOSPHATE
F1-TABS *see* SODIUM FLUORIDE
F 10 *see* MANEB
F 11 *see* TRICHLOROFLUOROMETHANE
F 12 *see* DICHLORODIFLUOROMETHANE
F 13 *see* CHLOROTRIFLUOROMETHANE
F 21 *see* DICHLOROFLUOROMETHANE
F 22 *see* CHLORODIFLUOROMETHANE
F 113 *see* FREON 113
F 114 *see* DICHLOROTETRAFLUOROETHANE
F 114B2 *see* DIBROMOTETRAFLUOROETHANE
F-115 *see* MONOCHLOROPENTAFLUOROETHANE
F-124 *see* CHLOROTETRAFLUOROETHANE
F 13 B1 *see* BROMOTRIFLUOROMETHANE
F 360 (ALUMINA) *see* ALUMINUM OXIDE
F-735 *see* CARBOXIN
F 1991 *see* BENOMYL
F16339 *see* DAUNOMYCIN
FA *see* FORMALDEHYDE
FAA *see* 2-ACETYLAMINOFLUORENE
FAA *see* FLUOROACETIC ACID
FAA *see* FLUOROACETAMIDE
2-FAA *see* 2-ACETYLAMINOFLUORENE
FAC *see* PROTHOATE
FAC 20 *see* PROTHOATE
FAC 5273 *see* PIPERONYL-ETHYL
FAIR 30 *see* MALEIC HYDRAZIDE
FAIR PS *see* MALEIC HYDRAZIDE
FALITIRAM *see* THIRAM
FALKITOL *see* HEXACHLOROETHANE
FALTAN *see* FOLPET
FAMFOS *see* FAMPHUR
FAMFUR (Spanish) *see* FAMPHUR
FAMOPHOS *see* FAMPHUR
FAMOPHOS WARBEX *see* FAMPHUR
FAMPHOS *see* FAMPHUR
FANAL PINK B *see* C.I. BASIC RED 1
FANAL PINK GFK *see* C.I. BASIC RED 1
FANAL RED 25532 *see* C.I. BASIC RED 1
FANFOS *see* FAMPHUR
FANNOFORM *see* FORMALDEHYDE
FAR-GO *see* TRIALLATE
FARMCO *see* 2,4-D
FARMCO *see* AMITROLE
FARMCO ATRIZINE *see* ATRAZINE
FARMCO DIURON *see* DIURON
FARMCO PROPANIL *see* PROPANIL
FARMON PDQ *see* DIQUAT (85-00-7)
FARTOX *see* QUINTOZINE
FASCIOLIN *see* CARBON TETRACHLORIDE
FASCIOLIN *see* HEXACHLOROETHANE
FASCO-TERPENE *see* TOXAPHENE
FASERTON *see* ALUMINUM OXIDE
FASERTONERDE *see* ALUMINUM OXIDE
FASFATO de PLOMO (Spanish) *see* LEAD PHOSPHATE
FAST BLUE BASE B *see* 3,3'-DIMETHOXYBENZIDINE
FAST BLUE B BASE *see* 3,3'-DIMETHOXYBENZIDINE
FAST BLUE DSC BASE *see* 3,3'-DIMETHOXYBENZIDINE
FAST CORINTH BASE B *see* BENZIDINE
FAST CURE 45 EPOXY *see* ALUMINUM OXIDE
FAST DARK BLUE BASE R *see* 3,3'-DIMETHYLBENZIDINE
FAST GREEN *see* C.I. ACID GREEN 4

FAST OIL ORANGE FAST OIL ORANGE I *see* C.I. SOLVENT YELLOW 14
FAST OIL ORANGE II *see* C.I. SOLVENT ORANGE 7
FAST OIL YELLOW B *see* 4-DIMETHYLAMINOAZOBENZENE
FAST OIL YELLOW *see* C.I. SOLVENT YELLOW 3
FAST ORANGE *see* C.I. SOLVENT YELLOW 14
FAST ORANGE BASE GR *see* o-NITROANILINE
FAST ORANGE BASE JR *see* o-NITROANILINE
FAST ORANGE BASE O *see* o-NITROANILINE
FAST ORANGE GR BASE *see* o-NITROANILINE
FAST ORANGE JR BASE *see* o-NITROANILINE
FAST ORANGE O BASE *see* o-NITROANILINE
FAST RED 2G BASE *see* p-NITROANILINE
FAST RED 2G SALT *see* p-NITROANILINE
FAST RED 5CT BASE *see* p-CHLORO-o-TOLUIDINE
FAST RED 5CT SALT *see* 4-CHLORO-o-TOLUIDINE, HYDROCHLORIDE
FAST RED BASE *see* p-NITROANILINE
FAST RED BASE 2J *see* p-NITROANILINE
FAST RED BASE GG *see* p-NITROANILINE
FAST RED BASE TR *see* p-CHLORO-o-TOLUIDINE
FAST RED GG BASE *see* p-NITROANILINE
FAST RED GG SALT *see* p-NITROANILINE
FAST RED MP BASE *see* p-NITROANILINE
FAST RED P BASE *see* p-NITROANILINE
FAST RED P SALT *see* p-NITROANILINE
FAST RED SALT 2J *see* p-NITROANILINE
FAST RED SALT GG *see* p-NITROANILINE
FAST RED SALT TR *see* 4-CHLORO-o-TOLUIDINE, HYDROCHLORIDE
FAST RED SALT TRA *see* 4-CHLORO-o-TOLUIDINE, HYDROCHLORIDE
FAST RED SALT TRN *see* 4-CHLORO-o-TOLUIDINE, HYDROCHLORIDE
FAST RED SG BASE *see* 5-NITRO-o-TOLUENE
FAST RED TR BASE *see* p-CHLORO-o-TOLUIDINE
FAST RED TR SALT *see* 4-CHLORO-o-TOLUIDINE, HYDROCHLORIDE
FAST RED TR *see* p-CHLORO-o-TOLUIDINE
FAST RED TR11 *see* p-CHLORO-o-TOLUIDINE
FAST RED TRO BASE *see* p-CHLORO-o-TOLUIDINE
FAST SCARLET BASE B *see* β-NAPHTHYLAMINE
FAST SCARLET G *see* 5-NITRO-o-TOLUENE
FAST SCARLET G BASE *see* 5-NITRO-o-TOLUENE
FAST SCARLET GC BASE *see* 5-NITRO-o-TOLUENE
FAST SCARLET G SALT *see* 5-NITRO-o-TOLUENE
FAST SCARLET BASE G *see* 5-NITRO-o-TOLUENE
FAST SCARLET BASE J *see* 5-NITRO-o-TOLUENE
FAST SCARLET J SALT *see* 5-NITRO-o-TOLUENE
FAST SCARLET M 4NT BASE *see* 5-NITRO-o-TOLUENE
FAST SCARLET R *see* 5-NITRO-o-ANISIDINE
FAST SCARLET T BASE *see* 5-NITRO-o-TOLUENE
FAST SPIRIT YELLOW *see* 4-AMINOAZOBENZENE
FAST WHITE *see* LEAD SULFATE (7446-14-2)
FAST YELLOW AT *see* C.I. SOLVENT YELLOW 3
FAST YELLOW B *see* C.I. SOLVENT YELLOW 3
FASTOLITE BROWN BRL *see* C.I. DIRECT BROWN 95
FASTUSOL BLUE 9GLP *see* C.I. DIRECT BLUE 218
FASTUSOL BROWN LBRSA *see* C.I. DIRECT BROWN 95
FASTUSOL BROWN LBRSN *see* C.I. DIRECT BROWN 95
FAT ORANGE 4A *see* C.I. SOLVENT YELLOW 14
FAT ORANGE G *see* C.I. SOLVENT YELLOW 14
FAT ORANGE I *see* C.I. SOLVENT YELLOW 14
FAT ORANGE R *see* C.I. SOLVENT YELLOW 14
FAT ORANGE RS *see* C.I. SOLVENT YELLOW 14
FAT SCARLET 2G *see* C.I. SOLVENT ORANGE 7
FAT SOLUBLE ORANGE *see* C.I. SOLVENT YELLOW 14
FAT YELLOW A *see* 4-DIMETHYLAMINOAZOBENZENE
FAT YELLOW AAB *see* 4-AMINOAZOBENZENE
FAT YELLOW AD OO *see* 4-DIMETHYLAMINOAZOBENZENE

FAT YELLOW R see 4-DIMETHYLAMINOAZOBENZENE
FAT YELLOW ES see 4-DIMETHYLAMINOAZOBENZENE
FAT YELLOW ES EXTRA see 4-DIMETHYLAMINOAZOBENZENE
FAT YELLOW EXTRA CONC see 4-DIMETHYLAMINOAZOBENZENE
FAT YELLOW see 4-DIMETHYLAMINOAZOBENZENE
FATSCO ANT POISON see SODIUM ARSENATE
FB/2 see DIQUAT (85-00-7)
FBC 32197 see QUIZALOFOP-ETHYL
FBC PROTECTANT FUNGICIDE see ZINEB
FC 11 see TRICHLOROFLUOROMETHANE
FC 12 see DICHLORODIFLUOROMETHANE
FC 13 B1 see BROMOTRIFLUOROMETHANE
FC 21 see DICHLOROFLUOROMETHANE
FC 22 see CHLORODIFLUOROMETHANE
FC-95 see ISOBUTYL ALCOHOL
FC 113 see FREON 113
FC 114 see DICHLOROTETRAFLUOROETHANE
FC 114B2 see DIBROMOTETRAFLUOROETHANE
FC 115 see MONOCHLOROPENTAFLUOROETHANE
FC 123 see 2,2-DICHLORO-1,1,1-TRIFLUOROETHANE
FC 142b see 1-CHLORO-1,1-DIFLUOROETHANE
FC 152a see DIFLUOROETHANE
FCR 1272 see CYFLUTHRIN
FD AND C GREEN No. 1 see C.I. ACID GREEN 3
FD AND C RED No. 19 see C.I. FOOD RED 15
FD AND C RED No. 32 see C.I. SOLVENT ORANGE 7
FDA 0101 see SODIUM FLUORIDE
FDA 1541 see ETHYL DIPROPYLTHIOCARBAMATE
FDN see DIPHENAMID
FECAMA see DICHLORVOS
FEDAL-UN see TETRACHLOROETHYLENE
FEGLOX see DIQUAT (85-00-7)
FEKAMA see DICHLORVOS
FELAN see MOLINATE
FELCO BUTYL ESTER 600 2,4-D WEED KILLER see 2,4-D BUTYL ESTER
FELCO HV2 WEED KILLER see 2,4-D BUTYL ESTER
FELCO HV4 WEED KILLER see 2,4-D BUTYL ESTER
FEMA No. 2003 see ACETALDEHYDE
FEMA No. 2006 see ACETIC ACID
FEMA No. 2009 see ACETOPHENONE
FEMA No. 2011 see ADIPIC ACID
FEMA No. 2174 see BUTYL ACETATE
FEMA No. 2175 see iso-BUTYL ACETATE
FEMA No. 2178 see n-BUTYL ALCOHOL
FEMA No. 2179 see ISOBUTYL ALCOHOL
FEMA No. 2219 see BUTYRALDEHYDE
FEMA No. 2220 see ISOBUTYRALDEHYDE
FEMA No. 2221 see BUTYRIC ACID
FEMA No. 2222 see iso-BUTYRIC ACID
FEMA No. 2414 see ETHYL ACETATE
FEMA No. 2418 see ETHYL ACRYLATE
FEMA No. 2433 see ETHYLENE OXIDE
FEMA No. 2487 see FORMIC ACID
FEMA No. 2489 see FURFURAL
FEMA No. 2923 see PROPIONALDEHYDE
FEMA No. 3326 see ACETONE
FEMANTHREN GOLDEN YELLOW GK see C.I. VAT YELLOW 4
FEMERGIN see ERGOTAMINE TARTRATE
FEMMA see PHENYLMERCURY ACETATE
FENACET FAST YELLOW G see C.I. DISPERSE YELLOW 3
FENACETINA (Spanish) see PHENACETIN
FENAFOR RED PB see C.I. ACID RED 114
FENALUZ BROWN BRL see C.I. DIRECT BROWN 95
FENAM see DIPHENAMID

FENAMIN BLACK VF see C.I. DIRECT BLACK 38
FENAMIN BLUE 2B see C.I. DIRECT BLUE 6
FENAMIN see ATRAZINE
FENAMINE see AMITROLE
FENAMINE see ATRAZINE
FENAMINPHOS see FENAMIPHOS
FENAMIPHOS NEMATICIDE see FENAMIPHOS
FENANTOIN see PHENYTOIN
FENANTRENO (Spanish) see PHENANTHRENE
FENATROL see ATRAZINE
FENAVAR see AMITROLE
FENAZO GREEN L see C.I. ACID GREEN 3
FENAZO SCARLET 2R see C.I. FOOD RED 5
FENBUTATIN-OXYDE see FENBUTATIN OXIDE
FENCAL see CALCIUM ARSENATE
FENCE RIDER 4T BRUSH KILLER see 2,4-D BUTYL ESTER
FENCE RIDER 6T BRUSH KILLER see 2,4-D BUTYL ESTER
FENCE RIDER see 2,4,5-T ACID
FENCLOR see POYLCHLORINATED BIPHENYLS
FENIA see PHENACETIN
FENIDANTOIN S see PHENYTOIN
FENIDINA see PHENACETIN
FENILDICHOROARSINA (Italian) see DICHLOROPHENYLARSINE
m-FENILENDIAMINA (Spanish) see 1,3-PHENYLENEDIAMINE
o-FENILENDIAMINA (Spanish) see 1,2-PHENYLENEDIAMINE
p-FENILENDIAMINA (Spanish) see p-PHENYLENEDIAMINE
1,2-FENILENDIAMINA (Spanish) see 1,2-PHENYLENEDIAMINE
1,3-FENILENDIAMINA (Spanish) see 1,3-PHENYLENEDIAMINE
1,4-FENILENDIAMINA (Spanish) see p-PHENYLENEDIAMINE
m-FENILENDIISOCIANATO (Spanish) see 1,3-PHENYLENE DIISOCYANATE
p-FENILENDIISOCIANATO (Spanish) see 1,4-PHENYLENE DIISOCYANATE
1,3-FENILENDIISOCIANATO (Spanish) see 1,3-PHENYLENE DIISOCYANATE
1,4-FENILENDIISOCIANATO (Spanish) see 1,4-PHENYLENE DIISOCYANATE
o-FENILFENOL (Spanish) see 2-PHENYLPHENOL
2-FENILPROPANO (Italian) see CUMENE
FENINA see PHENACETIN
FENITOINA see PHENYTOIN
FENKILL see FENVALERATE
FENNOSAN B 100 see DAZOMET
FENOCIL see BROMACIL
FENOL (Dutch, Polish, Spanish) see PHENOL
FENOLO (Italian) see PHENOL
FENOLOVO ACETATE see STANNANE, ACETOXYTRIPHENYL-
FENOLSULFONATO de ZINC (Spanish) see ZINC PHENOLSULFONATE
FENOMORE see SILVEX (2,4,5-TP)
FENOPHOSPHON see TRICHLORONATE
FENOPROP see 2,4,5-TP ESTERS
FENOPROP see SILVEX (2,4,5-TP)
FENORMONE see 2,4,5-TP ESTERS
FENOTHRIN, (±)- see PHENOTHRIN
FENOTHRIN, (+)-trans,cis- see PHENOTHRIN
FENOTHRIN see PHENOTHRIN
(+)-trans,cis-FENOTHRIN see PHENOTHRIN
FENOTRINA (Spanish) see PHENOTHRIN
FENOXYL CARBON N see 2,4-DINITROPHENOL
FENPROPANATE see FENPROPATHRIN
FENSULFOTIONA (Spanish) see FENSULFOTHION
FENTHION 4E see FENTHION
FENTHIONON see FENTHION
FENTIN see TRIPHENYLTIN HYDROXIDE
FENTIN ACETAAT (Dutch) see STANNANE, ACETOXYTRIPHENYL-
FENTIN ACETAT (German) see STANNANE, ACETOXYTRIPHENYL-
FENTIN ACETATE see STANNANE, ACETOXYTRIPHENYL-
FENTIN CHLORIDE see TRIPHENYLTIN CHLORIDE

FENTIN HYDROXIDE *see* TRIPHENYLTIN HYDROXIDE
FENTINE ACETATE (French) *see* STANNANE, ACETOXYTRIPHENYL-
FENTIONA (Spanish) *see* FENTHION
FENVALERIATO (Spanish) *see* FENVALERATE
m-FENYLENDIAMIN (Czech) *see* 1,3-PHENYLENEDIAMINE
o-FENYLENDIAMIN (Czech) *see* 1,2-PHENYLENEDIAMINE
p-FENYLENDIAMIN (Czech) *see* p-PHENYLENEDIAMINE
FENYLBUTATIN OXIDE *see* FENBUTATIN OXIDE
m-FENYLENODWUAMINA (Polish) *see* 1,3-PHENYLENEDIAMINE
o-FENYLENODWUAMINA (Polish) *see* 1,2-PHENYLENEDIAMINE
p-FENYLENODWUAMINA (Polish) *see* p-PHENYLENEDIAMINE
FENYLEPSIN *see* PHENYTOIN
FENYLKYANID *see* BENZONITRILE
FENYLMERCURIACETAT (Czech) *see* PHENYLMERCURY ACETATE
2-FENYL-PROPAN (Dutch) *see* CUMENE
FENYLSILATRAN (Czech) *see* PHENYLSILATRANE
FENYTOINE *see* PHENYTOIN
FENZEN (Chech) *see* BENZENE
FEOSOL *see* FERROUS SULFATE (7782-63-0)
FEOSOL *see* FERROUS SULFATE (7720-78-7)
FEOSPAN *see* FERROUS SULFATE (7720-78-7)
FER-IN-SOL *see* FERROUS SULFATE (7720-78-7)
FER-IN-SOL *see* FERROUS SULFATE (7782-63-0)
FER PENTACARBONYLE (French) *see* IRON PENTACARBONYL
FERBAM 50 *see* FERBAM
FERBAM, IRON SALT *see* FERBAM
FERBECK *see* FERBAM
FERKETHION *see* DIMETHOATE
FERMATE FERBAM FUNGICIDE *see* FERBAM
FERMENICIDE *see* SULFUR DIOXIDE
FERMENTATION BUTYL ALCOHOL *see* ISOBUTYL ALCOHOL
FERMIDE 850 *see* THIRAM
FERMIDE *see* THIRAM
FERMINE *see* DIMETHYL PHTHALATE
FERMOCIDE *see* FERBAM
FERNACOL *see* THIRAM
FERNASAN A *see* THIRAM
FERNASAN *see* THIRAM
FERNESTA *see* 2,4-D
FERNEX *see* PIRIMFOS-ETHYL
FERNIDE *see* THIRAM
FERNIMINE *see* 2,4-D
FERNOXENE *see* 2,4-D SODIUM SALT
FERNOXONE *see* 2,4-D
FERNOXONE *see* 2,4-D SODIUM SALT
FERO-GRADUMET *see* FERROUS SULFATE (7782-63-0)
FERRADOUR *see* FERBAM
FERRADOW *see* FERBAM
FERRALYN *see* FERROUS SULFATE (7720-78-7)
FERRATE(3-), TRIS(ETHANEDIOATO(2-)-O,O')-, TRIAMMONIUM, (OC-6-11)-(9CI) *see* FERRIC AMMONIUM OXALATE (55488-87-4)
FERRATE(3-), TRIS(OXALATO)-,TRIAMMONIUM *see* FERRIC AMMONIUM OXALATE (55488-87-4)
FERRIC(3+) NITRATE *see* FERRIC NITRATE
FERRIC(III) NITRATE *see* FERRIC NITRATE
FERRIC AMMONIUM CITRATE, GREEN *see* FERRIC AMMONIUM CITRATE
FERRIC AMMONIUM CITRATE, BROWN *see* FERRIC AMMONIUM CITRATE
FERRIC DIMETHYL DITHIOCARBAMATE *see* FERBAM
FERRIC NITRATE, NONHYDRATE *see* FERRIC NITRATE
FERRO-GRADUMET *see* FERROUS SULFATE (7720-78-7)
FERRO-THERON *see* FERROUS SULFATE (7720-78-7)
FERROFLOC *see* FERROUS CHLORIDE

FERROSULFAT (German) *see* FERROUS SULFATE (7720-78-7)
FERROSULFATE *see* FERROUS SULFATE (7720-78-7)
FERROSULPHATE *see* FERROUS SULFATE (7720-78-7)
FERROUS AMMONIUM SULFATE HEXAHYDRATE *see* FERROUS AMMONIUM SULFATE
FERROUS AMMONIUM SULPHATE HEXAHYDRATE *see* FERROUS AMMONIUM SULFATE
FERROUS AMMONIUM SULPHATE *see* FERROUS AMMONIUM SULFATE
FERROUS SULFATE (FCC) *see* FERROUS SULFATE (7782-63-0)
FERROUS SULPHATE (1:1) *see* FERROUS SULFATE (7720-78-7)
FERSOLATE *see* FERROUS SULFATE (7720-78-7)
FERXONE *see* 2,4-D
FESIA-SIN *see* HEXACHLOROPHENE
FESOFOR *see* FERROUS SULFATE (7782-63-0)
FESOTYME *see* FERROUS SULFATE (7782-63-0)
FETTORANGE R (German) *see* C.I. SOLVENT YELLOW 14
FF4961 *see* IMAZALIL
FF6135' HERBICIDE 326 *see* LINURON
FIBEROUS GRUNERITE *see* ASBESTOS (FRIABLE)
FICAM 80W *see* BENDIOCARB
FICAM D *see* BENDIOCARB
FICAM *see* BENDIOCARB
FICAM ULV *see* BENDIOCARB
FICAM W *see* BENDIOCARB
FILM REMOVER *see* ISOBUTYL ALCOHOL
FILMERINE *see* SODIUM NITRITE
FILTER ALUM *see* ALUMINUM SULFATE
FINTIN ACETATO (Italian) *see* STANNANE, ACETOXYTRIPHENYL-
FINTIN HYDROXID (German) *see* TRIPHENYLTIN HYDROXIDE
FINTIN HYDROXYDE (Dutch) *see* TRIPHENYLTIN HYDROXIDE
FINTIN IDROSSIDO (Italian) *see* TRIPHENYLTIN HYDROXIDE
FINTINE HYDROXYDE (French) *see* TRIPHENYLTIN HYDROXIDE
FIORINAL *see* PHENACETIN
FIP *see* DIMETHOATE
FIRE DAMP *see* METHANE
FIREMASTER LV-T 23P *see* TRIS(2,3-DIBROMOPROPYL) PHOSPHATE
FIREMASTER T 23 *see* TRIS(2,3-DIBROMOPROPYL) PHOSPHATE
FIREMASTER T 23P-LV *see* TRIS(2,3-DIBROMOPROPYL) PHOSPHATE
FIREMASTER T 23P *see* TRIS(2,3-DIBROMOPROPYL) PHOSPHATE
FIRESHIELD H *see* ANTIMONY TRIOXIDE
FIRESHIELD HPM *see* ANTIMONY TRIOXIDE
FIRESHIELD L *see* ANTIMONY TRIOXIDE
FIRMOTOX *see* PYRETHRINS (8003-34-7)
FISH BERRY *see* PICROTOXIN
FISONS GREENFLY AND BLACKFLY KILLER *see* MALATHION
FISONS NC 2964 *see* METHIDATHION
FISOSTIGMINA (Spanish) *see* PHYSOSTIGMINE
FIXANOL BLACK E *see* C.I. DIRECT BLACK 38
FIXANOL BLUE 2B *see* C.I. DIRECT BLUE 6
FLAC *see* CALCIUM ARSENATE
FLACAVON R *see* TRIS(2,3-DIBROMOPROPYL) PHOSPHATE
FLAME GUARD *see* ALUMINUM OXIDE
FLAMMEX AP *see* TRIS(2,3-DIBROMOPROPYL) PHOSPHATE
FLAMMEX LV-T 23P *see* TRIS(2,3-DIBROMOPROPYL) PHOSPHATE
FLAMMEX T 23P *see* TRIS(2,3-DIBROMOPROPYL) PHOSPHATE
FLAVIN-SANDOZ *see* 4,6-DINITRO-o-CRESOL
FLECK-FLIP *see* TRICHLOROETHYLENE
FLEX *see* FOMESAFEN
FLEXCO RED 540 *see* C.I. FOOD RED 15
FLEXIMEL *see* DI(2-ETHYLHEXYL)PHTHALATE
FLEXO RED 482 *see* C.I. BASIC RED 1
FLEXOL A 26 *see* BIS(2-ETHYLHEXYL)ADIPATE
FLEXOL DOP *see* DI(2-ETHYLHEXYL)PHTHALATE
FLEXOL PLASTICIZER DOP *see* DI(2-ETHYLHEXYL)PHTHALATE

FLIBOL E see TRICHLORFON
FLIEGENTELLER see TRICHLORFON
FLINT see TRIFLURALIN
FLIT 406 see CAPTAN
FLOMORE see 2,4,5-T ESTERS (61792-07-2)
FLOMORE see 2,4,5-T ESTERS (93-79-8)
FLO-MORE see PARAFORMALDEHYDE
FLO PRO T SEED PROTECTANT see THIRAM
FLO PRO V SEED PROTECTANT see CARBOXIN
FLORATOX 428 4-POUND 2,4-D ESTER WEED KILLER see 2,4-D BUTYL ESTER
FLORES MARTIS see FERRIC CHLORIDE
FLORIDINE see SODIUM FLUORIDE
FLOROCID see SODIUM FLUORIDE
FLOROPRYL see DIISOPROPYLFLUOROPHOSPHATE
FLOROX see BENZOYL PEROXIDE
FLO TIN 4L see TRIPHENYLTIN HYDROXIDE
FLOUR-O-KOTE see SODIUM FLUORIDE
FLOWERS of ANTIMONY see ANTIMONY TRIOXIDE
FLOZENGES see SODIUM FLUORIDE
FLUATE see TRICHLOROETHYLENE
FLUAZIFOP-BUTYL see FLUAZIFOP-BUTYL
FLUENYL see FLUENETIL
FLUGENE 22 see CHLORODIFLUOROMETHANE
FLUGEX 12B1 see BROMOCHLORODIFLUOROMETHANE
FLUGEX 13 B1 see BROMOTRIFLUOROMETHANE
FLUKOIDS see CARBON TETRACHLORIDE
FLUOACETATO SODICO (Spanish) see SODIUM FLUOROACETATE
FLUOBORATO AMONICO (Spanish) see AMMONIUM FLUOBORATE
FLUOBORATO de PLOMO (Spanish) see LEAD FLUOBORATE
FLUOBRENE see DIBROMOTETRAFLUOROETHANE
2-FLUOETANOL (Spanish) see ETHYLENE FLUROHYDRIN
FLUOMETURON see FLUOMETURON
FLUOMINEL FLUOMINE DUST see COBALT, ((2,2'-(1,2-ETHANEDIYL-BIS(NITRILOMETHYLIDYNE))BIS(6-FLUOROPHENOLATO))(2)-
FLUOPHOSGENE see CARBONIC DIFLUORIDE
FLUOPHOSPHORIC ACID DI(DIMETHYLAMIDE) see DIMEFOX
FLUOPHOSPHORIC ACID, DIISOPROPYL ESTER see DIISOPROPYLFLUOROPHOSPHATE
FLUOR (Dutch, French, German, Polish, Spanish) see FLUORINE
FLUOR (Spanish) see FLUORINE
FLUORACETATO di SODIO (Italian) see SODIUM FLUOROACETATE
FLUORAKIL 100 see FLUOROACETAMIDE
FLUORAKIL 3 see SODIUM FLUOROACETATE
FLUORAL see SODIUM FLUORIDE
FLUORANE 114 see DICHLOROTETRAFLUOROETHANE
FLUORANTENO (Spanish) see FLUORANTHENE
9H-FLUORENE see FLUORENE
FLUORENO (Spanish) see FLUORENE
n-2-FLUORENYLACETAMIDE see 2-ACETYLAMINOFLUORENE
2-FLUORENYLACETAMIDE see 2-ACETYLAMINOFLUORENE
FLUORESSIGSAEURE (German) see SODIUM FLUOROACETATE
FLUORETHYLENE see VINYL FLUORIDE
FLUORHYDRIC ACID see HYDROGEN FLUORIDE
FLUORIC ACID see HYDROGEN FLUORIDE
FLUORID BORITY-DIMETHYLETHER (1:1) see BORON TRIFLUORIDE COMPOUND with METHYL ETHER (1:1)
FLUORID SODNY (Czech) see SODIUM FLUORIDE
FLUORIDENT see SODIUM FLUORIDE
FLUORIGARD see SODIUM FLUORIDE
FLUORINE-19 see FLUORINE
FLUORINEED see SODIUM FLUORIDE
FLUORINSE see SODIUM FLUORIDE
FLUORITAB see SODIUM FLUORIDE

FLUORO (Italian) see FLUORINE
2-FLUOROACETAMIDE see FLUOROACETAMIDE
FLUOROACETATE see FLUOROACETIC ACID
2-FLUOROACETIC ACID see FLUOROACETIC ACID
FLUOROACETIC ACID AMIDE see FLUOROACETAMIDE
FLUOROACETIC ACID, SODIUM SALT see SODIUM FLUOROACETATE
FLUOROBLASTIN see FLUOROURACIL
FLUOROCARBON 11 see TRICHLOROFLUOROMETHANE
FLUOROCARBON 12 see DICHLORODIFLUOROMETHANE
FLUOROCARBON-13 see CHLOROTRIFLUOROMETHANE
FLUOROCARBON 22 see CHLORODIFLUOROMETHANE
FLUOROCARBON 113 see FREON 113
FLUOROCARBON 114 see DICHLOROTETRAFLUOROETHANE
FLUOROCARBON 142b see 1-CHLORO-1,1-DIFLUOROETHANE
FLUOROCARBON 1211 see BROMOCHLORODIFLUOROMETHANE
FLUOROCARBON 1301 see BROMOTRIFLUOROMETHANE
FLUOROCARBON FC 142b see 1-CHLORO-1,1-DIFLUOROETHANE
FLUOROCHLOROFORM see TRICHLOROFLUOROMETHANE
FLUORODICHLOROMETHANE see DICHLOROFLUOROMETHANE
FLUORODIISOPROPYL PHOSPHATE see DIISOPROPYLFLUOROPHOSPHATE
FLUOROETHANOIC ACID see FLUOROACETIC ACID
β-FLUOROETHANOL see ETHYLENE FLUROHYDRIN
FLUOROETHENE see VINYL FLUORIDE
FLUOROFORMYL FLUORIDE see CARBONIC DIFLUORIDE
FLUOROISOPROPOXYMETHYLPHOSPHINE OXIDE see SARIN
FLUOROPHOSGENE see CARBONIC DIFLUORIDE
FLUOROPLAST-3 see TRIFLUOROCHLOROETHYLENE
FLUOROPLEX see FLUOROURACIL
FLUOROPRYL see DIISOPROPYLFLUOROPHOSPHATE
5-FLUOROPYRIMIDINE-2,4-DIONE see FLUOROURACIL
5-FLUORO-2,4(1H,3H)-PYRIMIDINEDIONE see FLUOROURACIL
5-FLUORO-2,4-PYRIMIDINEDIONE see FLUOROURACIL
FLUOROTRIBUTYLSTANNANE see TRIBUTYLTIN FLUORIDE
FLUOROTRIBUTYLTIN see TRIBUTYLTIN FLUORIDE
FLUOROTRICHLOROMETHANE see TRICHLOROFLUOROMETHANE
FLUOROTROJCHLOROMETAN (Polish) see TRICHLOROFLUOROMETHANE
5-FLUOROURACIL see FLUOROURACIL
FLUOROURACILE see FLUOROURACIL
FLUOROURACILO see FLUOROURACIL
FLUOROURACILUM see FLUOROURACIL
5-FLUORURACIL (German) see FLUOROURACIL
FLUORURE de BORE (French) see BORON TRIFLUORIDE
FLUORURE de N,N,N′,N′-TETRAMETHYLE PHOSPHORO-DIAMIDE (French) see DIMEFOX
FLUORURE de SODIUM (French) see SODIUM FLUORIDE
FLUORURE de SULFURYLE (French) see SULFURYL FLUORIDE
FLUORURES ACIDE (French) see FLUORINE
FLUORURI ACIDI (Italian) see FLUORINE
FLUORURO de BERILIO (Spanish) see BERYLLIUM FLUORIDE
FLUORURO de CARBONILO (Spanish) see CARBONIC DIFLUORIDE
FLUORURO CIANURICO (Spanish) see CYANURIC FLUORIDE
FLUORURO FERRICO (Spanish) see FERRIC FLUORIDE
FLUORURO de HIDROGENO (Spanish) see HYDROGEN FLUORIDE
FLUORURO de PLOMO (Spanish) see LEAD FLUORIDE
FLUORURO SODICO (Spanish) see SODIUM FLUORIDE
FLUORURO de SULFURILO (Spanish) see SULFURYL FLUORIDE
FLUORURO de TRIBUTILESTANO (Spanish) see TRIBUTYLTIN FLUORIDE
FLUORURO de VINILIDENO (Spanish) see VINYLIDENE FLUORIDE
FLUORURO de VINILO (Spanish) see VINYL FLUORIDE
FLUORURO de ZINC (Spanish) see ZINC FLUORIDE
FLUOSILICATE de AMMONIUM (French) see AMMONIUM SILICOFLUORIDE
FLUOSILICATE de ZINC (French) see ZINC SILICOFLUORIDE

FLUOSTIGMINE see DIISOPROPYLFLUOROPHOSPHATE
1-FLUORO-1,1,1,2-TETRACHLOROETHANE see 1,1,2,2-TETRACHLORO-2-FLUOROETHANE
1-FLUORO-1,1,2,2-TETRACHLOROETHANE see 1,1,2,2-TETRACHLORO-1-FLUOROETHANE
FLUOURO AMONICO (Spanish) see AMMONIUM FLUORIDE
FLURA-GEL see SODIUM FLUORIDE
FLURACILUM see FLUOROURACIL
FLURCARE see SODIUM FLUORIDE
FLURI see FLUOROURACIL
FLURIL see FLUOROURACIL
FLURO URACIL see FLUOROURACIL
FLUROCARBON 115 see MONOCHLOROPENTAFLUOROETHANE
2-FLUROETHANOL see ETHYLENE FLUROHYDRIN
FLUROPLAST 4 1,1,2,2- see TETRAFLUOROETHYLENE
FLUX MAAG see NICOTINE
4282 FLUX see ISOBUTYL ALCOHOL
n-FORMYL-N-METHYLCARBAMOYLMETHYL-O,O-DIMETHYLPHOSPHORODITHIOATE see FORMOTHION
s-(N-FORMYL-N-METHYLCARBAMOYLMETHYL)DIMETHYLPHOSPHORODITHIOLOTHIONATE see FORMOTHION
s-(N-FORMYL-N-METHYLCARBAMOYLMETHYL)-O,O-DIMETHYLPHOSPHORODITHIOATE see FORMOTHION
n-FORMYLDIMETHYLAMINE see DIMETHYLFORMAMIDE
s-(2-(FORMYLMETHYLAMINO)2-OXOETHYL)O,O-DIMETHYLPHOSPHORODITHIOATE see FORMOTHION
s-2539 FORTE see PHENOTHRIN
5-FU see FLUOROURACIL
2-FURALDEHYDE see FURFURAL
2-FURANALDEHYDE see FURFURAL
2-FURANCARBONAL see FURFURAL
2-FURANCARBOXALDEHYDE see FURFURAL
2,5-FURANDIONE see MALEIC ANHYDRIDE
2,5-FURANEDIONE see MALEIC ANHYDRIDE
2-(2-FURANYL)-1H-BENZIMIDAZOLE see FUBERDIAZOLE
α-FUROLE see FURFURAL
2-(2'-FURYL)-BENZIMIDAZOLE see FUBERDIAZOLE
2-(2-FURYL)BENZIMIDAZOLE see FUBERDIAZOLE
2-FURYL-METHANAL see FURFURAL
FLY-DIE see DICHLORVOS
FLY FIGHTER see DICHLORVOS
FM 1208 see NICKEL
FMA see PHENYLMERCURY ACETATE
FMC-1240 see ETHION
FMC 2070 see THIRAM
FMC 5273 see PIPERONYL-ETHYL
FMC5462 see ENDOSULFAN
FMC 10242 see CARBOFURAN
FMC 17370 see RESMETHRIN
FMC 33297 see PERMETHRIN
FMC 35001 see CARBOSULFAN
FMC 41655 see PERMETHRIN
FMC 54800 see BIFENTHRIN
FMC 58000 see BIFENTHRIN
FOG 3 see MALATHION
FOLAN RED B see C.I. ACID RED 114
FOLBEX see CHLOROBENZILATE
FOLBEX SMOKE STRIPS see CHLOROBENZILATE
FOLEX see MERPHOS
FOLIC ACID, 4-AMINO- see AMINOPTERIN
FOLIDOC see METHYL PARATHION
FOLIDOL see PARATHION
FOLIDOL-80 see METHYL PARATHION
FOLIDOL E see PARATHION

FOLIDOL E-605 *see* PARATHION
FOLIDOL E&E 605 *see* PARATHION
FOLIDOL M-40 *see* METHYL PARATHION
FOLIDOL M *see* METHYL PARATHION
FOLIDOL OIL *see* PARATHION
FOLLIDIENE *see* DIETHYLSTILBESTROL
FOLNIT *see* FOLPET
FOLOSAN *see* QUINTOZINE
FOLPAN *see* FOLPET
FOLPEL *see* FOLPET
FOLPEX *see* FOLPET
FOMAC *see* HEXACHLOROPHENE
FOMAC 2 *see* QUINTOZINE
FONATOL *see* DIETHYLSTILBESTROL
FONOPHOS *see* FONOFOS
FOOD RED 5 *see* C.I. FOOD RED 5
FOOD RED 101 *see* C.I. FOOD RED 5
FORAAT (Dutch) *see* PHORATE
FORANE 22 *see* CHLORODIFLUOROMETHANE
FORANE 22 B *see* CHLORODIFLUOROMETHANE
FORANE 113 *see* FREON 113
FORATO (Spanish) *see* PHORATE
FOREDEX 75 *see* 2,4-D
FORLIN *see* LINDANE
FORLIN *see* α-HEXACHLOROCYCLOHEXANE
FORMAGENE *see* PARAFORMALDEHYDE
FORMAL *see* MALATHION
FORMALDEHIDO (Spanish) *see* FORMALDEHYDE
FORMALDEHIDO CIANHIDRINA (Spanish) *see* FORMALDEHYDE CYANOHYDRIN
FORMALDEHYD (Czech, Polish) *see* FORMALDEHYDE
FORMALDEHYDE BIS(β-CHLOROETHYL)ACETAL *see* BIS(2-CHLOROETHOXY)METHANE
FORMALDEHYDE BIS(2-CHLOROETHYL)ACETAL *see* BIS(2-CHLOROETHOXY)METHANE
FORMALDEHYDE POLYMER *see* PARAFORMALDEHYDE
FORMALIN *see* FORMALDEHYDE
FORMALIN 40 *see* FORMALDEHYDE
FORMALIN-LOESUNGEN (German) *see* FORMALDEHYDE
FORMALINA (Italian, Spanish) *see* FORMALDEHYDE
FORMALINE (German) *see* FORMALDEHYDE
FORMALINE BLACK C *see* C.I. DIRECT BLACK 38
FORMALITH *see* FORMALDEHYDE
FORMALSOL *see* THIRAM
FORMAMIDE, 1,1'-DITHIOBIS(N,N-DIMETHYLTHIO- *see* THIRAM 1,1'-DITHIOBIS(N,N-DIMETHYLTHIO- THIRAM
FORMAMIDE, N,N-DIMETHYL- *see* DIMETHYLFORMAMIDE
FORMAMIDINE, N-METHYL-N'-2,4-XYLYL-N-(N-2,4-XYLYLFORMIMIDOYL)- *see* AMITRAZ
FORMAMIDE, N,N'-(1,4-PIPERAZINEDIYLBIS(2,2,2-TRICHLOROETHYLIDENE))BIS- *see* TRIFORINE
FORMETANATE HYDROCHLORIDE *see* FORMETANATE HYDROCHLORIDE
FORMIATE de METHYLE (French) *see* METHYL FORMATE
FORMIATO COBALTOSO (Spanish) *see* COBALTOUS FORMATE
FORMIATO de METILO (Spanish) *see* METHYL FORMATE
FORMIC ACID, AMIDE, N,N-DIMETHYL- *see* DIMETHYLFORMAMIDE
FORMIC ACID, CHLORO-, METHYL ESTER *see* METHYL CHLOROCARBONATE
FORMIC ACID, CHLORO-, ETHYL ESTER *see* ETHYL CHLOROFORMATE
FORMIC ACID, METHYL ESTER *see* METHYL FORMATE
FORMIC ACID, ZINC SALT *see* ZINC FORMATE
FORMIC ALDEHYDE *see* FORMALDEHYDE
FORMIC ANAMMONIDE *see* HYDROGEN CYANIDE

FORMIC BLACK C see C.I. DIRECT BLACK 38
FORMIC BLACK CW see C.I. DIRECT BLACK 38
FORMIC BLACK EA see C.I. DIRECT BLACK 38
FORMIC BLACK EF see C.I. DIRECT BLACK 38
FORMIC BLACK MTG see C.I. DIRECT BLACK 38
FORMIC BLACK TG see C.I. DIRECT BLACK 38
FORMISOTON see FORMIC ACID
FORMOL see FORMALDEHYDE
FORMOMALENIC THALLIUM see THALLOUS MALONATE
FORMONITRILE see HYDROGEN CYANIDE
FORMOTION (Spanish) see FORMOTHION
FORMULA 40 see 2,4-D
FORMYL TRICHLORIDE see CHLOROFORM
FORMYLIC ACID see FORMIC ACID
FOROTOX see TRICHLORFON
FORRON see 2,4,5-T ACID
FORST U 46 see 2,4,5-T ACID
FORTACYL see PHENACETIN
FORTEX see 2,4,5-T ACID
FORTHION see MALATHION
FORTION NM see DIMETHOATE
FORTODYL see ERGOCALCIFEROL
FORTROL see CYANAZINE
FORTURF see CHLOROTHALONIL
FOS-FALL A see S,S,S-TRIBUTYLTRITHIOPHOSPHATE
FOSCHLOR see TRICHLORFON
FOSCHLOR R see TRICHLORFON
FOSCHLOR R-50 see TRICHLORFON
FOSCHLOREM (Polish) see TRICHLORFON
FOSFAKOL see DIETHYL-p-NITROPHENYL PHOSPHATE
FOSFAM-ID see DIMETHOATE
FOSFAMIA (Spanish) see PHOSPHINE
FOSFAMIDON (Spanish) see PHOSPHAMIDON
FOSFAMIDONE see PHOSPHAMIDON
FOSFATOX R see DIMETHOATE
FOSFATO DIBASICO SODICO (Spanish) see SODIUM PHOSPHATE, DIBASIC (7558-79-4)
FOSFATO DIBASICO SODICO (Spanish) see SODIUM PHOSPHATE, DIBASIC (10039-32-4)
FOSFATO DIBASICO SODICO (Spanish) see SODIUM PHOSPHATE, DIBASIC (10140-65-5)
FOSFATO TRIBASICO SODICO (Spanish) see SODIUM PHOSPHATE, TRIBASIC (7601-54-9)
FOSFATO TRIBASICO SODICO (Spanish) see SODIUM PHOSPHATE, TRIBASIC (7758-29-4)
FOSFATO TRIBASICO SODICO (Spanish) see SODIUM PHOSPHATE, TRIBASIC (7758-84-4)
FOSFATO TRIBASICO SODICO (Spanish) see SODIUM PHOSPHATE, TRIBASIC (10101-89-0)
FOSFATO TRIBASICO SODICO (Spanish) see SODIUM PHOSPHATE, TRIBASIC (10124-56-8)
FOSFATO TRIBASICO SODICO (Spanish) see SODIUM PHOSPHATE, TRIBASIC (10361-89-4)
FOSFATO de TRIS(2,3-DIBROMOPROPILO) (Spanish) see TRIS(2,3-DIBROMOPROPYL) PHOSPHATE
FOSFERMO see PARATHION
FOSFERNO see PARATHION
FOSFERNO M 50 see METHYL PARATHION
FOSFEX see PARATHION
FOSFIVE see PARATHION
FOSFONO 50 see ETHION
FOSFORO BIANCO (Italian) see PHOSPHORUS
FOSFORO BLANCO (Spanish) see PHOSPHORUS

FOSFORO (PENTACHLORURO di) (Italian) *see* PHOSPHORUS PENTACHLORIDE
FOSFORO (TRICLORURO di) (Italian) *see* PHOSPHORUS TRICHLORIDE
FOSFOROTRITIOATO de S,S,S-TRIBUTILO (Spanish) *see* S,S,S-TRIBUTYL-TRITHIOPHOSPHATE
FOSFOROWODOR (Polish) *see* PHOSPHINE
FOSFOROXYCHLORID *see* PHOSPHORUS OXYCHLORIDE
FOSFORPENTACHLORIDE (Dutch) *see* PHOSPHORUS PENTACHLORIDE
FOSFORTRICHLORIDE (Dutch) *see* PHOSPHORUS TRICHLORIDE
FOSFORZUUROPLOSSINGEN (Dutch) *see* PHOSPHORIC ACID
FOSFOTHION *see* MALATHION
FOSFOTION *see* MALATHION
FOSFOTOX R 35 *see* DIMETHOATE
FOSFOTOX R *see* DIMETHOATE
FOSFURI di ALLUMINIO (Italian) *see* ALUMINUM PHOSPHIDE
FOSFURO ALUMINICO (Spanish) *see* ALUMINUM PHOSPHIDE
FOSFURO de ZINC (Spanish) *see* ZINC PHOSPHIDE
FOSGEEN (Dutch) *see* PHOSGENE
FOSGEN (Polish) *see* PHOSGENE
FOSGENE (Italian) *see* PHOSGENE
FOSGENO (Spanish) *see* PHOSGENE
FOSMET (Spanish) *see* PHOSMET
FOSOVA *see* PARATHION
FOSTERN *see* PARATHION
FOSTEX *see* BENZOYL PEROXIDE
FOSTION MM *see* DIMETHOATE
FOSTION *see* PROTHOATE
FOSTOX *see* PARATHION
FOSTRIL *see* HEXACHLOROPHENE
FOSVEL *see* LEPTOPHOS
FOSVEX *see* TEPP
FOSZFAMIDON *see* PHOSPHAMIDON
FOTOX *see* ARSENIC PENTOXIDE
FOURAMINE *see* 2,4-DIAMINOTOLUENE
FOURAMINE BA *see* 2,4-DIAMINOSOLE, SULFATE
FOURAMINE D *see* p-PHENYLENEDIAMINE
FOURAMINE J *see* 2,4-DIAMINOTOLUENE
FOURAMINE PCH *see* CATECHOL
FOURAMINE RS *see* RESORCINOL
FOURRINE 1 *see* p-PHENYLENEDIAMINE
FOURRINE 64 *see* 1,4-PHENYLENEDIAMINE DIHYDROCHLORIDE
FOURRINE 68 *see* CATECHOL
FOURRINE 76 *see* 2,4-DIAMINOSOLE, SULFATE
FOURRINE 79 *see* RESORCINOL
FOURRINE 94 *see* 2,4-DIAMINOTOLUENE
FOURRINE D *see* p-PHENYLENEDIAMINE
FOURRINE DS *see* 1,4-PHENYLENEDIAMINE DIHYDROCHLORIDE
FOURRINE EW *see* RESORCINOL
FOURRINE M *see* 2,4-DIAMINOTOLUENE
FOURRINE SLA *see* 2,4-DIAMINOSOLE, SULFATE
FR-PE *see* DECABROMODIPHENYL OXIDE
FR 300 *see* DECABROMODIPHENYL OXIDE
FR 300BA *see* DECABROMODIPHENYL OXIDE
FR1001 *see* BROMOXYNIL OCTANOATE
FRAM FLY KILL *see* METHOMYL
FRAMED *see* SIMAZINE
FRANOCIDE *see* DIETHYLCARBAMAZINE CITRATE
FRANOZAN *see* DIETHYLCARBAMAZINE CITRATE
FRATOL *see* SODIUM FLUOROACETATE
FRECKLE ETCH *see* ACETIC ACID
FRECKLE ETCH *see* HYDROGEN FLUORIDE
FRECKLE ETCH *see* NITRIC ACID
FREEMANS WHITE LEAD *see* LEAD SULFATE (7446-14-2)
FRENCH GREEN *see* CUPRIC ACETOARSENITE

FREON *see* CHLORODIFLUOROMETHANE
FREON 10 *see* CARBON TETRACHLORIDE
FREON 11 *see* TRICHLOROFLUOROMETHANE
FREON 12 *see* DICHLORODIFLUOROMETHANE
FREON 12B1 *see* BROMOCHLORODIFLUOROMETHANE
FREON-13 *see* CHLOROTRIFLUOROMETHANE
FREON 13 B1 *see* BROMOTRIFLUOROMETHANE
FREON 20 *see* CHLOROFORM
FREON 22 *see* CHLORODIFLUOROMETHANE
FREON 30 *see* DICHLOROMETHANE
FREON 40 *see* CHLOROMETHANE
FREON 113TR-T *see* FREON 113
FREON 114 *see* DICHLOROTETRAFLUOROETHANE
FREON 114B2 *see* DIBROMOTETRAFLUOROETHANE
FREON 115 *see* MONOCHLOROPENTAFLUOROETHANE
FREON 123 *see* 2,2-DICHLORO-1,1,1-TRIFLUOROETHANE
FREON 124 *see* 2-CHLORO-1,1,1,2-TETRAFLUOROETHANE
FREON 124a *see* 1-CHLORO-1,1,2,2-TETRAFLUOROETHANE
FREON 133a *see* 2-CHLORO-1,1,1-TRIFLUOROETHANE
FREON 141 *see* 1,1-DICHLORO-1-FLUOROETHANE
FREON 142 *see* 1-CHLORO-1,1-DIFLUOROETHANE
FREON 142b *see* 1-CHLORO-1,1-DIFLUOROETHANE
FREON 150 *see* 1,2-DICHLOROETHANE
FREON 152 *see* DIFLUOROETHANE
FREON 253fb *see* 3-CHLORO-1,1,1-TRIFLUOROPROPANE
FREON 1110 *see* TETRACHLOROETHYLENE
FREON F-12 *see* DICHLORODIFLUOROMETHANE
FREON F 21 *see* DICHLOROFLUOROMETHANE
FREON HE *see* TRICHLOROFLUOROMETHANE
FREON MF *see* TRICHLOROFLUOROMETHANE
FREON TF *see* FREON 113
FRESHGARD *see* IMAZALIL
FRIDEX *see* ETHYLENE GLYCOL
FRIGEN *see* CHLORODIFLUOROMETHANE
FRIGEN 11 *see* TRICHLOROFLUOROMETHANE
FRIGEN 12 *see* DICHLORODIFLUOROMETHANE
FRIGEN 13 *see* CHLOROTRIFLUOROMETHANE
FRIGEN 13 *see* CHLOROTRIFLUOROMETHANE
FRIGEN 22 *see* CHLORODIFLUOROMETHANE
FRIGEN 113 *see* FREON 113
FRIGEN 113A *see* FREON 113
FRIGEN 113TR *see* FREON 113
FRIGEN 113TR-N *see* FREON 113
FRIGEN 113TR-T *see* FREON 113
FRIGEN 114 *see* DICHLOROTETRAFLUOROETHANE
FRIGIDERM *see* DICHLOROTETRAFLUOROETHANE
FRP 53 *see* DECABROMODIPHENYL OXIDE
FRUCOTE *see* sec-BUTYLAMINE (13952-84-6)
FRUIT-O-NET *see* SILVEX (2,4,5-TP)
FRUITONE A *see* 2,4,5-T ACID
FRUITONE T *see* 2,4,5-TP ESTERS
FRUITONE T *see* SILVEX (2,4,5-TP)
FRUMIN-AL *see* DISULFOTON
FRUMIN G *see* DISULFOTON
FS ESTER 400 WEED KILLER *see* 2,4-D BUTYL ESTER
FT-207 *see* FLUOROURACIL
FTAALZUURANHYDRIDE (Dutch) *see* PHTHALIC ANHYDRIDE
FTALAN *see* FOLPET
FTALATO de BUTILBENCILO (Spanish) *see* BUTYL BENZYL PHTHALATE
FTALATO de n-BUTILO (Spanish) *see* DIBUTYL PHTHALATE
FTALATO de DIETILO (Spanish) *see* DIETHYL PHTHALATE
FTALATO de DIMETILO (Spanish) *see* DIMETHYL PHTHALATE
FTALATO de(2-ETILHEXILO) (Spanish) *see* DI(2-ETHYLHEXYL)PHTHALATE
FTALOPHOS *see* PHOSMET

FTALOWY BEZWODNIK (Polish) see PHTHALIC ANHYDRIDE
FU see FLUOROURACIL
FUAM see BENDIOCARB
FUBERIDATOL see FUBERDIAZOLE
FUBERISAZOL see FUBERDIAZOLE
FUBRIDAZOLE see FUBERDIAZOLE
FUCLASIN see ZIRAM
FUCLASIN ULTRA see ZIRAM
FUKLASIN see ZIRAM
FUKLASIN ULTRA see FERBAM
FULMINATE of MERCURY see MERCURY FULMINATE
FULMINATING MERCURY see MERCURY FULMINATE
FULMINATO de MERCURIO (Spanish) see MERCURY FULMINATE
FULMINIC ACID, MERCURY(II) SALT see MERCURY FULMINATE
FULMINIC ACID, MERCURY(2+) SALT see MERCURY FULMINATE
FUMAGONE see 1,2-DIBROMO-3-CHLOROPROPANE
FUMAZONE see 1,2-DIBROMO-3-CHLOROPROPANE
FUMETO-BAC see NICOTINE
FUMETTE see METHANESULFONYL FLUORIDE
FUMIGRAIN see ACRYLONITRILE
FUMING LIQUID ARSENIC see ARSENOUS TRICHLORIDE
FUMITE DICOFOL see DICOFOL
FUMITE RONALIN see VINCLOZOLIN
FUMITE TECNALIN SMOKE GENERATORS see LINDANE
FUMITOXIN see ALUMINUM PHOSPHIDE
FUMO-GAS see 1,2-DIBROMOETHANE
FUNDAZOL see BENOMYL
FUNGAFLOR see IMAZALIL
FUNGCHEX see MERCURIC CHLORIDE
FUNGICHLOR see QUINTOZINE
FUNGICIDE 406 see CAPTAN
FUNGICIDE 1991 see BENOMYL
FUNGICIDE 5223 see CHINOMETHIONAT
FUNGICIDE F see DICHLOROPHENE
FUNGICIDE GM see DICHLOROPHENE
FUNGICIDE M see DICHLOROPHENE
FUNGIFEN see PENTACHLOROPHENOL
FUNGINEX see TRIFORINE
FUNGITOX OR see PHENYLMERCURY ACETATE
FUNGITROL see FOLPET
FUNGITROL 11 see FOLPET
FUNGO see THIOPHANATE-METHYL
FUNGOL see ZINC SILICOFLUORIDE
FUNGOL B see SODIUM FLUORIDE
FUNGONIT GF 2 see ZINC SILICOFLUORIDE
FUNGOSTOP see ZIRAM
FUNGUS BAN TYPE II see CAPTAN
FUR BLACK 41867 see p-PHENYLENEDIAMINE
FUR BROWN 41866 see p-PHENYLENEDIAMINE
FUR YELLOW see p-PHENYLENEDIAMINE
FURADAN see CARBOFURAN
FURADAN 3G see CARBOFURAN
FURADAN 4F see CARBOFURAN
FURADAN 10G see CARBOFURAN
FURADAN G see CARBOFURAN
FURAL see FURFURAL
FURALE see FURFURAL
FURANIDINE see FURAN, TETRAHYDRO-
FURANO (Spanish) see FURAN
FURATOL see SODIUM FLUOROACETATE
FURFURALDEHYDE see FURFURAL
FURFURAN see FURAN
FURIDAZOL see FUBERDIAZOLE
FURIDAZOLE see FUBERDIAZOLE

FURODAN *see* CARBOFURAN
FUROLE *see* FURFURAL
FURRO D *see* p-PHENYLENEDIAMINE
FURRO L *see* 2,4-DIAMINOSOLE
FURRO SLA *see* 2,4-DIAMINOSOLE, SULFATE
FUSILADE *see* FLUAZIFOP-BUTYL
FUSSOL *see* FLUOROACETAMIDE
FUTRAMINE D *see* p-PHENYLENEDIAMINE
FW-734 *see* PROPANIL
FW 293 *see* DICOFOL
FW 925 *see* NITROFEN
FYDE *see* FORMALDEHYDE
FYDULAN (FORMULATION) *see* 2,2-DICHLOROPROPIONIC ACID
FYFANON (Denmark) *see* MALATHION
FYROL HB 32 *see* TRIS(2,3-DIBROMOPROPYL) PHOSPHATE
1721 GOLD *see* COPPER
1721 GOLD *see* COPPER
G2 (OXIDE) *see* ALUMINUM OXIDE
G 4 *see* DICHLOROPHENE
G-11 *see* HEXACHLOROPHENE
G 301 *see* DIAZINON
G 338 *see* CHLOROBENZILATE
G-24480 *see* DIAZINON
G 23992 *see* CHLOROBENZILATE
G 27692 *see* SIMAZINE
G30027 *see* ATRAZINE
G 34161 *see* PROMETHRYN
GA *see* TABUN
GALENA *see* LEAD SULFIDE
GALLIUM CHLORIDE *see* GALLIUM TRICHLORIDE
GALLIUM(3+) CHLORIDE *see* GALLIUM TRICHLORIDE
GALLIUM(III) CHLORIDE *see* GALLIUM TRICHLORIDE
GALLOGAMA *see* LINDANE
GALLOTOX *see* PHENYLMERCURY ACETATE
GAMACID *see* LINDANE
GAMAPHEX *see* α-HEXACHLOROCYCLOHEXANE
GAMAPHEX *see* LINDANE
GAMASERPIN *see* RESPIRINE
GAMENE *see* LINDANE
GAMIXEL *see* PARAQUAT DICHLORIDE
GAMMABENZENE HEXACHLOROCYCLOHEXANE (GAMMA ISOMER) *see* LINDANE
GAMMA-BHC *see* LINDANE
GAMMA-COL *see* LINDANE
GAMMAHEXA *see* LINDANE
GAMMAHEXANE *see* LINDANE
GAMMA-HCH *see* LINDANE
GAMMALEX *see* LINDANE
GAMMALIN *see* LINDANE
GAMMALIN 20 *see* LINDANE
GAMMAPHEX *see* LINDANE
GAMMASAN 30 *see* LINDANE
GAMMASERPINE *see* RESPIRINE
GAMMATERR *see* LINDANE
GAMMEX *see* LINDANE
GAMMEXANE *see* HEXACHLOROCYCLOHEXANE (ALL ISOMERS)
GAMMEXANE *see* LINDANE
GAMMEXENE *see* LINDANE
GAMMOPAZ *see* LINDANE
GAMONIL *see* CARBARYL
GAMOPHEN *see* HEXACHLOROPHENE
GAMOPHENE *see* HEXACHLOROPHENE
GARANTOSE *see* SACCHARIN
GARDENTOX *see* DIAZINON

GARDONA *see* TETRACHLORVINPHOS
GARLON 3A *see* TRICLOPYR TRIETHYLAMMONIUM SALT
GAROX *see* BENZOYL PEROXIDE
GARRATHION *see* CARBOPHENOTHION
GARVOX 3G *see* BENDIOCARB
GARVOX *see* BENDIOCARB
GAS MOSTAZA (Spanish) *see* MUSTARD GAS
GB *see* SARIN
GC-1189 *see* KEPONE
GC 3944-3-4 *see* QUINTOZINE
GC 4072 *see* CHLORFENVINFOS
GC 6936 *see* STANNANE, ACETOXYTRIPHENYL-
GC 8993 *see* TRIPHENYLTIN CHLORIDE
GEARPHOS *see* PARATHION
GEBUTOX *see* DINITROBUTYL PHENOL
GEFIR *see* DICHLOROPHENE
GEIGY 338 *see* CHLOROBENZILATE
GEIGY 13005 *see* METHIDATHION
GEIGY 22870 *see* DIMETILAN
GEIGY 24480 *see* DIAZINON
GEIGY 27692 *see* SIMAZINE
GEIGY 30027 *see* ATRAZINE
GEIGY 30494 *see* METHYL PHENKAPTON
GEIGY G-23611 *see* ISOPROPYLMETHYLPYRAZOYL DIMETHYLCARBAMATE
GEL II *see* SODIUM FLUORIDE
GELAN 1 *see* TABUN
GELBER PHOSPHOR (German) *see* PHOSPHORUS
GELBIN *see* CALCIUM CHROMATE
GELONIDA *see* PHENACETIN
GELTABS *see* ERGOCALCIFEROL
GELUTION *see* SODIUM FLUORIDE
GENEP EPTC *see* ETHYL DIPROPYLTHIOCARBAMATE
GENERAL CHEMICAL 2,4-D BUTYL ESTER WEED KILLER *see* 2,4-D BUTYL ESTER
GENERAL CHEMICAL 2,4-D 3.34 BUTYL ESTER WEED KILLER *see* 2,4-D BUTYL ESTER
GENERAL CHEMICAL 2,4-D 4-BUTYL ESTER WEED KILLER *see* 2,4-D BUTYL ESTER
GENERAL CHEMICAL 2,4-D 6.00 BUTYL ESTER WEED KILLER *see* 2,4-D BUTYL ESTER
GENERAL CHEMICALS 1189 *see* KEPONE
GENERAL CHEMICALS 8993 *see* TRIPHENYLTIN CHLORIDE
GENESOLV 404 AZEOTROPE *see* ACETONE
GENESOLV 404 AZEOTROPE *see* n-HEXANE
GENESOLV DFX *see* ACETONE
GENESOLV D SOLVENT *see* FREON 113
GENETRON 11 *see* TRICHLOROFLUOROMETHANE
GENETRON 12 *see* DICHLORODIFLUOROMETHANE
GENETRON 13 *see* CHLOROTRIFLUOROMETHANE
GENETRON 21 *see* DICHLOROFLUOROMETHANE
GENETRON 22 *see* CHLORODIFLUOROMETHANE
GENETRON 100 *see* DIFLUOROETHANE
GENETRON 101 *see* 1-CHLORO-1,1-DIFLUOROETHANE
GENETRON 113 *see* FREON 113
GENETRON 114 *see* DICHLOROTETRAFLUOROETHANE
GENETRON 115 *see* MONOCHLOROPENTAFLUOROETHANE
GENETRON 142b *see* 1-CHLORO-1,1-DIFLUOROETHANE
GENETRON 316 *see* DICHLOROTETRAFLUOROETHANE
GENETRON 1113 *see* TRIFLUOROCHLOROETHYLENE
GENIPHENE *see* TOXAPHENE
GENITHION *see* PARATHION
GENITOX *see* DDT
GENOPLAST B *see* DIBUTYL PHTHALATE

GENOXAL see CYCLOPHOSPHAMIDE
GENTRON 142B see 1-CHLORO-1,1-DIFLUOROETHANE
GEOFOS see FOSTHIETAN
GEOMET see PHORATE
GERMA-MEDICA see HEXACHLOROPHENE
GERMAIN'S see CARBARYL
GERMALGENE see TRICHLOROETHYLENE
GEROT-EPILAN-D see PHENYTOIN
GESAFID see DDT
GESAGARD 50 see PROMETHRYN
GESAGARD 50 WP see PROMETHRYN
GESAPON see DDT
GESAPRIM see ATRAZINE
GESAPRIM 50 see ATRAZINE
GESAPRIM 500L see ATRAZINE
GESARAN see SIMAZINE
GESAREX see DDT
GESAROL see DDT
GESATOP see SIMAZINE
GESATOP-50 see SIMAZINE
GESFID see MEVINPHOS
GESOPRIM see ATRAZINE
GESTID see MEVINPHOS
GETTYSOLVE-B see n-HEXANE
GEWODIN see PHENACETIN
GEXANE see LINDANE
GH see DICHLOROPHENE
GIBBSITE see ALUMINUM OXIDE
GIFBLAAR POISON see FLUOROACETIC ACID
GILUCARD see RESPIRINE
GK (OXIDE) see ALUMINUM OXIDE
GLACIAL ACETIC ACID see ACETIC ACID
GLACIAL ACRYLIC ACID see ACRYLIC ACID
GLASS ETCH see ACETIC ACID
GLASS ETCH see AMMONIUM FLUORIDE
GLAURAMINE see C.I. SOLVENT YELLOW 34
GLAZD PENTA see PENTACHLOROPHENOL
GLEAN 20DF see CHLORSULFURON
GLEAN see CHLORSULFURON
GLID-GUARD EPOXY SAFETY BLUE see ISOBUTYL ALCOHOL
GLOBAL CRAWLING INSECT BAIT see CHLORPYRIFOS
GLONOIN see NITROGLYCERIN
GLORE PHOS 36 see MONOCROPTOPHOS
GLOVER see LEAD
GLUCID see SACCHARIN
GLUCINIUM see BERYLLIUM
GLUCINUM see BERYLLIUM
GLUCODIGIN see DIGITOXIN
GLUCOR NITRO see NITROGLYCERIN
GLUSIDE see SACCHARIN
GLUTARONITRILE, 2-BROMO-2-(BROMOMETHYL)- see 1-BROMO-1-(BROMOMETHYL)-1,3-PROPANEDICARBONITRILE
GLYCERINTRINITRATE (Czech) see NITROGLYCERIN
GLYCEROL (TRINITRATE de) (French) see NITROGLYCERIN
GLYCEROL EPICHLOROHYDRIN see EPICHLOROHYDRIN
GLYCEROL, NITRIC ACID TRIESTER see NITROGLYCERIN
GLYCEROL TRICHLOROHYDRIN see 1,2,3-TRICHLOROPROPANE
GLYCEROLTRINITRAAT (Dutch) see NITROGLYCERIN
GLYCEROL TRINITRATE see NITROGLYCERIN
GLYCERYL NITRATE see NITROGLYCERIN
GLYCERYL TRICHLOROHYDRIN see 1,2,3-TRICHLOROPROPANE
GLYCERYL TRINITRATE see NITROGLYCERIN
GLYCIDAL see GLYCIDYLALDEHYDE
GLYCIDYL CHLORIDE see EPICHLOROHYDRIN

GLYCINE, N-(CHLOROACETYL)-N-(2,6-DIETHYLPHENYL)-, ETHYL ESTER *see* DIETHATYL ETHYL
GLYCINE, N,N-BIS(CARBOXYMETHYL)- *see* NITRILOTRIACETIC ACID
GLYCINE, N,N'-1,2-ETHANEDIYLBIS(N-(CARBOXYMETHYL)-9CI) *see* ETHYLENEDIAMINE-TETRAACETIC ACID (EDTA)
GLYCIRENAN *see* EPINEPHRINE
GLYCOL *see* ETHYLENE GLYCOL
GLYCOL ALCOHOL *see* ETHYLENE GLYCOL
GLYCOL BROMIDE *see* 1,2-DIBROMOETHANE
GLYCOL CHLOROHYDRIN *see* CHLOROETHANOL
GLYCOL DIBROMIDE *see* 1,2-DIBROMOETHANE
GLYCOL DICHLORIDE *see* 1,2-DICHLOROETHANE
GLYCOL ETHER EM *see* 2-METHOXYETHANOL
GLYCOL ETHYL ETHER *see* 2-ETHOXYETHANOL
GLYCOL ETHYLENE ETHER *see* 1,4-DIOXANE
GLYCOL METHYL ETHER *see* 2-METHOXYETHANOL
GLYCOL MONOCHLOROHYDRIN *see* CHLOROETHANOL
GLYCOL MONOETHYL ETHER *see* 2-ETHOXYETHANOL
GLYCOL MONOMETHYL ETHER *see* 2-METHOXYETHANOL
GLYCOLONITRILE GLYCONITRILE *see* FORMALDEHYDE CYANOHYDRIN
GLYCOPHENOL *see* SACCHARIN
GLYCOSIN *see* SACCHARIN
d-GLUCOSYL(2)-N'-NITROSOMETHYLHARSTOFF (German) *see* D-GLUCOSE, 2-DEOXY-2-((METHYLNITROSOAMINO)CARBONYL)AMINO)-
n-d-GLUCOSYL-(2)-N'-NITROSOMETHYLUREA *see* D-GLUCOSE, 2-DEOXY-2-((METHYLNITROSOAMINO)CARBONYL)AMINO)-
G-STROPHANTHIN *see* OUABAIN
GLYODEX 37-22 *see* CAPTAN
GLYPHOSATE ISOPROPYLAMINE SALT *see* ALACHLOR
GO (OXIDE) *see* ALUMINUM OXIDE
GOAL *see* OXYFLUOFEN
GO-GO-SAN *see* PEDIMETHALIN
GOLD BRONZE *see* COPPER
GOLDEN YELLOW *see* C.I. VAT YELLOW 4
GOLDEN YELLOW ZhKh *see* C.I. VAT YELLOW 4
GOLDQUAT 276 *see* PARAQUAT DICHLORIDE
GOOD-RITE GP-223 *see* BIS(2-ETHYLHEXYL)ADIPATE
GOOD-RITE GP 264 *see* DI(2-ETHYLHEXYL)PHTHALATE
GOODRITE NR-R *see* BUTYL ACETATE
GOPHACIDE *see* PHOSACETIM
GOPHER BAIT *see* STRYCHNINE
GOPHER-GITTER *see* STRYCHNINE
GOTAMINE TARTRATE *see* ERGOTAMINE TARTRATE
GOTHNION *see* AZINPHOS-METHYL
GP-40-66:120 *see* HEXACHLORO-1,3-BUTADIENE
GPKh *see* HEPTACHLOR
GR 48-32S *see* SODIUM PENTACHLOROPHENATE
GR 48-11PS *see* SODIUM PENTACHLOROPHENATE
GRAFESTROL *see* DIETHYLSTILBESTROL
GRAMEVIN *see* 2,2-DICHLOROPROPIONIC ACID
GRAMINON-PLUS *see* 2,4-DP
GRAMOXONE *see* PARAQUAT DICHLORIDE
GRAMOXONE D *see* PARAQUAT DICHLORIDE
GRAMOXONE DICHLORIDE *see* PARAQUAT DICHLORIDE
GRAMOXONE METHYL SULFATE *see* PARAQUAT METHOSULFATE
GRAMOXONE S *see* PARAQUAT DICHLORIDE
GRAMOXONE W *see* PARAQUAT DICHLORIDE
GRAMTOX *see* PHORATE
GRANOX NM *see* HEXACHLOROBENZENE
GRANUFORM *see* PARAFORMALDEHYDE
GRANUTOX *see* PHORATE
GRAPHLOX *see* HEXACHLOROCYCLOPENTADIENE
GRASAL BRILLIANT YELLOW *see* 4-DIMETHYLAMINOAZOBENZENE
GRASAN ORANGE *see* C.I. SOLVENT YELLOW 14

GRASAN ORANGE 3R *see* C.I. SOLVENT ORANGE 7
GRASAN ORANGE R *see* C.I. SOLVENT YELLOW 14
GRASEX *see* ACETALDEHYDE, TRICHLORO-
GRASLAM *see* MECOPROP
GRASLAN *see* TEBUTHIURON
GRATIBAIN *see* OUABAIN
GRATUS STROPHANTHIN *see* OUABAIN
GREEN-UP MOSSFREE *see* FERRIC SULFATE
GREEN CROSS WEED-NO-MORE *see* 2,4-D BUTYL ESTER
GREEN MX *see* C.I. ACID GREEN 4
GREEN OIL *see* ANTHRACENE
GREEN VITROL *see* FERROUS SULFATE (7782-63-0)
GREEN VITRIOL IRON MONOSULFATE *see* FERROUS SULFATE (7720-78-7)
GREENFLY AEROSOL SPRAY *see* MALATHION
GREENMASTER AUTUMN *see* FERRIC SULFATE
GRENOBLE GREEN *see* C.I. ACID GREEN 4
GREY ARSENIC *see* ARSENIC
GRIFFEX *see* ATRAZINE
GRIFFIN MANEX *see* MANEB
GRISOL *see* TEPP
GROUNDHOG SOLTAIR *see* DIQUAT (85-00-7)
GROUTICIDE 75 *see* CHLOROTHALONIL
GROVEX SEWER BAIT *see* WARFARIN
GRUNDIER ARBEZOL *see* PENTACHLOROPHENOL
GS-13005 *see* METHIDATHION
GS-13005 *see* METHAMIDOPHOS
GTN *see* NITROGLYCERIN
GUANIDINE, CYANO-, METHYLMERCURY DERIV. *see* METHYLMERCURIC DICYANAMIDE
GUANIDINE, DODECYL-, ACETATE *see* DODINE
GUANIDINE, DODECYL-, MONOACETATE *see* DODINE
GUESAROL *see* DDT
GUINEA GREEN *see* C.I. ACID GREEN 3
GUINEA GREEN b *see* C.I. ACID GREEN 3
GUINEA GREEN GB *see* C.I. ACID GREEN 3
GUSATHION *see* AZINPHOS-METHYL
GUSATHION A INSECTICIDE *see* AZINPHOS-ETHYL
GUSATHION A *see* AZINPHOS-ETHYL
GUSATHION ETHYL *see* AZINPHOS-ETHYL
GUSATHION INSECTICIDE *see* AZINPHOS-METHYL
GUSATHION M *see* AZINPHOS-METHYL
GUTHION ETHYL *see* AZINPHOS-ETHYL
GUTHION INSECTICIDE *see* AZINPHOS-ETHYL
GUTHION INSECTICIDE *see* AZINPHOS-METHYL
GUTHION *see* AZINPHOS-METHYL
GY-PHENE *see* TOXAPHENE
GYNERGEN *see* ERGOTAMINE TARTRATE
GYNOPHARM *see* DIETHYLSTILBESTROL
GYPSINE *see* LEAD ARSENATE (7784-40-9)
GYPSINE *see* LEAD ARSENATE (10102-48-4)
GYRON *see* DDT
GYYCOLIC NITRILE *see* FORMALDEHYDE CYANOHYDRIN
H 133 *see* DICHLOBENIL
H 1803 *see* SIMAZINE
H 321 *see* METHIOCARB
H 520 *see* RESPIRINE
H 5727 *see* PHENOL, 3-(1-METHYLETHYL)-, METHYLCARBAMATE
H 8757 *see* PHENOL, 3-(1-METHYLETHYL)-, METHYLCARBAMATE
HACHE UNO SUPER *see* FLUAZIFOP-BUTYL
HAEMOFORT *see* FERROUS SULFATE (7782-63-0)
HAEMOSTASIN *see* EPINEPHRINE
HAITIN *see* TRIPHENYLTIN HYDROXIDE
HAITIN WP 20 (FENTIN HYDROXIDE 20%) *see* TRIPHENYLTIN HYDROXIDE

HAITIN WP 60 (FENTIN HYDROXIDE 60%) *see* TRIPHENYLTIN HYDROXIDE
HALF-MYDERAN *see* ETHYL METHANESULFONATE
HALOCARBON 11 *see* TRICHLOROFLUOROMETHANE
HALOCARBON 113 *see* TRICHLOROETHYLENE
HALOCARBON 114 *see* DICHLOROTETRAFLUOROETHANE
HALOCARBON 115 *see* MONOCHLOROPENTAFLUOROETHANE
HALOCARBON 152a *see* DIFLUOROETHANE
HALOCARBON 1132A *see* VINYLIDENE FLUORIDE
HALOCARBON 12/UCON 12 *see* DICHLORODIFLUOROMETHANE
HALOCARBON 13/UCON 13 *see* CHLOROTRIFLUOROMETHANE
HALON *see* DICHLORODIFLUOROMETHANE
HALON 1001 *see* BROMOMETHANE
HALON 104 *see* CARBON TETRACHLORIDE
HALON 112 *see* DICHLOROFLUOROMETHANE
HALON 122 *see* DICHLORODIFLUOROMETHANE
HALON 241 *see* CHLOROTETRAFLUOROETHANE
HALON 242 *see* DICHLOROTETRAFLUOROETHANE
HALON 10001 *see* METHYL IODIDE
HALON 1211 *see* BROMOCHLORODIFLUOROMETHANE
HALON 1301 *see* BROMOTRIFLUOROMETHANE
HALON 2402 *see* DIBROMOTETRAFLUOROETHANE
HALOWAX 1014 *see* HEXACHLORONAPHTHALENE
HALOWAX 1051 *see* OCTACHLORONAPHTHALENE
HAMIDOP *see* METHAMIDOPHOS
HAMP-ENE ACID *see* ETHYLENEDIAMINE-TETRAACETIC ACID (EDTA)
HAMPSHIRE NTA ACID *see* NITRILOTRIACETIC ACID
HANANE *see* DIMEFOX
HARDNESS 2 TEST SOLUTION *see* ISOBUTYL ALCOHOL
HARE-RID *see* STRYCHNINE
HARNESS *see* BROMOXYNIL OCTANOATE
HARNESS *see* MECOPROP
HARO MIX CE-701 *see* LEAD
HARO MIX CK-711 *see* LEAD
HARO MIX MH-204 *see* LEAD
HARRIER *see* MECOPROP
HARTOSOL *see* ISOPROPYL ALCOHOL
HARTSHORN *see* AMMONIUM CARBONATE
HARVADE-5F *see* DIMETHIPIN
HATCOL DOP *see* DI(2-ETHYLHEXYL)PHTHALATE
HAVERO-EXTRA *see* DDT
HAVIDOTE *see* ETHYLENEDIAMINE-TETRAACETIC ACID (EDTA)
8056HC *see* METHYL PARATHION
HC 2072 *see* DIETHYL-p-NITROPHENYL PHOSPHATE
HCA 1 *see* NICKEL
HCB *see* HEXACHLOROBENZENE
HCBD *see* HEXACHLORO-1,3-BUTADIENE
HCCH *see* HEXACHLOROCYCLOHEXANE (ALL ISOMERS)
HCCH *see* LINDANE
HCCPD *see* HEXACHLOROCYCLOPENTADIENE
HCE *see* HEPTACHLOR EPOXIDE
HCE *see* HEPTACHLOR EPOXIDE
HCFC-225ea *see* 1,3-DICHLORO-1,1,2,3,3-PENTAFLUOROPROPANE
HCFC-225 eb *see* 1,1-DICHLORO-1,2,3,3,3-PENTAFLUOROPROPANE
HCFC-123 *see* 2,2-DICHLORO-1,1,1-TRIFLUOROETHANE
HCFC-123a *see* 1,2-DICHLORO-1,1,2-TRIFLUOROETHANE
HCFC-123b *see* 1,1-DICHLORO-1,2,2-TRIFLUOROETHANE
HCFC-225bb *see* 1,2-DICHLORO-1,1,2,3,3-PENTAFLUOROPROPANE
HCFC-253fb *see* 3-CHLORO-1,1,1-TRIFLUOROPROPANE
HCFC-115 *see* MONOCHLOROPENTAFLUOROETHANE
HCFC-225ca *see* 3,3-DICHLORO-1,1,1,2,2-PENTAFLUOROPROPANE
HCFC-121a *see* 1,1,2,2-TETRACHLORO-2-FLUOROETHANE
HCFC-121 *see* 1,1,2,2-TETRACHLORO-1-FLUOROETHANE
HCFC-133a *see* 2-CHLORO-1,1,1-TRIFLUOROETHANE

HCFC-225cc see 1,1-DICHLORO-1,2,2,3,3-PENTAFLUOROPROPANE
HCFC-225da see 1,2-DICHLORO-1,1,3,3,3-PENTAFLUOROPROPANE
HCFC-22 see CHLORODIFLUOROMETHANE
HCFC-132b see 1,2-DICHLORO-1,1-DIFLUOROETHANE
HCFC-124 see 2-CHLORO-1,1,1,2-TETRAFLUOROETHANE
HCFC-142b see 1-CHLORO-1,1-DIFLUOROETHANE
HCFC-141b see 1,1-DICHLORO-1-FLUOROETHANE
HCFC-225ba see 2,3-DICHLORO-1,1,1,2,3-PENTAFLUOROPROPANE
HCFC-21 see DICHLOROFLUOROMETHANE
HCFC-225aa see 2,2-DICHLORO-1,1,1,3,3-PENTAFLUOROPROPANE
HCFC-225cb see 1,3-DICHLORO-1,1,2,2,3-PENTAFLUOROPROPANE
HCFC-124a see 1-CHLORO-1,1,2,2-TETRAFLUOROETHANE
HCH BHC see LINDANE
HCH see LINDANE
α-HCH see α-HEXACHLOROCYCLOHEXANE
β-HCH see β-HEXACHLOROCYCLOHEXANE
δ-HCH see δ-HEXACHLOROCYCLOHEXANE
γ-HCH see LINDANE
HCP see HEXACHLOROPHENE
HCS 3260 see CHLORDANE
HDI see HEXAMETHYLENE-1,6-DIISOCYANATE
HE 5 see HYDROQUINONE
HEAVY CARBURETTED HYDROGEN see ETHYLENE
HEAVY OIL see CREOSOTE
HECLOTOX see LINDANE
HEDAPUR M 52 see METHOXONE
HEDAREX M see METHOXONE
HEDOLIT see 4,6-DINITRO-o-CRESOL
HEDOLITE see 4,6-DINITRO-o-CRESOL
HEDONAL (HERBICIDE) see 2,4-D
HEDONAL DP see 2,4-DP
HEDONAL M see METHOXONE
HEDONAL MCPP see MECOPROP
HEDONAL see 2,4-D
HEDONAL see 2,4-DP
HEKTALIN see EPINEPHRINE
HEL-FIRE see DINITROBUTYL PHENOL
HELANTHRENE YELLOW see C.I. VAT YELLOW 4
HELANTHRENE YELLOW GOK see C.I. VAT YELLOW 4
HELCO AMMONIUM SULFATE see AMMONIUM SULFATE
HELFOSERPIN see RESPIRINE
HELION BROWN BRSL see C.I. DIRECT BROWN 95
HELIOSTABLE BRILLIANT PINK B EXTRA see C.I. BASIC RED 1
HELIOTRIDINE ESTER with LASIOCARPUM and ANGELIC ACID see LASIO-CARPINE
HELOTHION see SULPROFOS
HELVAGIT see PHENACETIN
HEMISINE see EPINEPHRINE
HEMOSTASIN see EPINEPHRINE
HEMPA see HEXAMETHYLPHOSPHORAMIDE
HEOD see DIELDRIN
HEPACHLOOR-3a,4,7,7a-TETRAHYDRO-4,7-endo-METHANO-INDEEN (Dutch) see HEPTACHLOR
HEPT see TEPP
HEPTA see HEPTACHLOR
HEPTACHLORANE see HEPTACHLOR
HEPTACHLORE (French) see HEPTACHLOR
HEPTACHLORE see HEPTACHLOR
HEPTACHLOR EPOXIDE see HEPTACHLOR EPOXIDE
1,4,5,6,7,8,8-HEPTACHLOR-3a,4,7,7,7a-TETRAHYDRO-4,7-endo-METHANO INDEN (German) see HEPTACHLOR
HEPTACLOREPOXIDO (Spanish) see HEPTACHLOR EPOXIDE
HEPTACLORO (Spanish) see HEPTACHLOR
3,4,5,6,7,8,8-HEPTACHLORODICYCLOPENTADIENE see HEPTACHLOR

3,4,5,6,7,8,8a-HEPTACHLORODICYCLOPENTADIENE *see* HEPTACHLOR
1,4,5,6,7,8,8-HEPTACHLORO-2,3-EPOXY-2,3,3a,4,7,7a-HEXAHYDRO-4,7-METHANOINDE NE *see* HEPTACHLOR EPOXIDE O-2,
1,4,5,6,7,8,8-HEPTACHLORO-2,3-EPOXY-3a,4,7,7a-TETRAHYDRO-4,7-METHANOINDAN *see* HEPTACHLOR EPOXIDE
2,3,5,6,7,7-HEPTACHLORO-1a,1b,5,5a,6,6a-HEXAHYDRO-2,5-METHANO-2H-INDENO(1,2 -b)OXIRENE *see* HEPTACHLOR EPOXIDE
1,4,5,6,7,10,10-HEPTACHLORO-4,7,8,9-TETRAHYDRO-4,7-ENDOMETHYLENEINDENE *see* HEPTACHLOR
1,4,5,6,7,8,8-HEPTACHLORO-3a,4,7,7a-TETRAHYDRO-4,7-METHANO-1H-INDENE *see* HEPTACHLOR
1,4,5,6,7,8,8-HEPTACHLORO-3a,4,7,7a-TETRAHYDRO-4,7-METHANOINDENE *see* HEPTACHLOR
1,4,5,6,7,8,8a-HEPTACHLORO-3a,4,7,7a-TETRAHYDRO-4,7-METHANOINDENE *see* HEPTACHLOR,8,8
1(3a),4,5,6,7,8,8-HEPTACHLORO-3a(1),4,7,7a-TETRAHYDRO-4,7-METHANOINDENE *see* HEPTACHLOR
1,4,5,6,7,8,8-HEPTACHLORO-3a,4,7,7a-TETRAHYDRO-4,7-METHANOL-1H-INDENE *see* HEPTACHLOR
1,4,5,6,7,8,8-HEPTACHLORO-3a,4,7,7,7a-TETRAHYDRO-4,7-METHELENE INDENE *see* HEPTACHLOR
HEPTAGRAN *see* HEPTACHLOR
HEPTAMUL *see* HEPTACHLOR
HEPTOX *see* HEPTACHLOR
HERALD *see* FENPROPATHRIN
HERBADOX (FORMULATION) *see* PEDIMETHALIN N-(1-ETHYLPROPYL)-3,4-DIMETHYL-2,6-DINTROBENZENAMINE
HERBAX TECHNICAL *see* PROPANIL
HERBAZIN 50 *see* SIMAZINE
HERBAZIN PLUS SC *see* AMITROLE
HERBEX *see* SIMAZINE
HERBICIDE 976 *see* BROMACIL
HERBICIDE C-2059 *see* FLUOMETURON
HERBICIDE M *see* METHOXONE
HERBICIDE TOTAL *see* AMITROLE
HERBICIDES, MONURON *see* MONURON
HERBICIDES, SILVEX *see* 2,4,5-TP ESTERS
HERBIDAL *see* 2,4-D
HERBIZID DP *see* 2,4-DP
HERBIZOLE *see* AMITROLE
HERBOGIL *see* DINOTERB
HERBOXONE *see* PARAQUAT DICHLORIDE
HERBOXY *see* SIMAZINE
HERCOFLEX 260 *see* DI(2-ETHYLHEXYL)PHTHALATE
HERCO PRILLS *see* AMMONIUM NITRATE (SOLUTION)
HERCULES 37M6-8 *see* FORMALDEHYDE
HERCULES 3956 *see* TOXAPHENE
HERCULES 5727 *see* PHENOL, 3-(1-METHYLETHYL)-, METHYLCARBAMATE
HERCULES 14503 *see* DIALIFOR
HERCULES 22234 *see* DIETHATYL ETHYL
HERCULES AC528 *see* DIOXATHION
HERCULES AC 5727 *see* PHENOL, 3-(1-METHYLETHYL)-, METHYLCARBAMATE
HERCULES TOXAPHENE *see* TOXAPHENE
HERKAL *see* DICHLORVOS
HERMAL *see* THIRAM
HERMAT TMT *see* THIRAM
HERMAT ZDM *see* ZIRAM
HERMESETAS *see* SACCHARIN
HERRISOL *see* MECOPROP
HERYL *see* THIRAM
HET ACID *see* CHLORENDIC ACID
HET *see* HEXAETHYL TETRAPHOSPHATE

HETP *see* HEXAETHYL TETRAPHOSPHATE
HETRAZAN *see* DIETHYLCARBAMAZINE CITRATE
HEXA *see* HEXACHLOROCYCLOHEXANE (ALL ISOMERS)
HEXA *see* LINDANE
HEXABALM *see* HEXACHLOROPHENE
HEXABUTYLDISTANNOXANE *see* BIS(TRIBUTYLTIN)OXIDE
HEXABUTYLDITIN *see* BIS(TRIBUTYLTIN)OXIDE
HEXACAP *see* CAPTAN
HEXA C.B. *see* HEXACHLOROBENZENE
HEXACHLOR-1.3-BUTADIEN (Czech) *see* HEXACHLORO-1,3-BUTADIENE
1,2,3,4,5,6-HEXACHLOR-CYCLOHEXANE *see* LINDANE
HEXACHLORAETHAN (German) *see* HEXACHLOROETHANE
HEXACHLORAN *see* LINDANE
α-HEXACHLORAN *see* α-HEXACHLOROCYCLOHEXANE
γ-HEXACHLORAN *see* LINDANE
HEXACHLORANE *see* LINDANE
α-HEXACHLORANE *see* α-HEXACHLOROCYCLOHEXANE
γ-HEXACHLORANE *see* LINDANE
HEXACHLORBENZOL (German) *see* HEXACHLOROBENZENE
HEXACHLORCYCLOHEXAN (German) *see* α-HEXACHLOROCYCLOHEXANE
α-1,2,3,4,5,6-HEXACHLORCYCLOHEXANE *see* α-HEXACHLOROCYCLOHEXANE
HEXACHLORCYKLOPENTADIEN (Czech) *see* HEXACHLOROCYCLOPENTADIENE
HEXACHLORETHANE *see* HEXACHLOROETHANE
HEXACHLORNAFTALEN (Czech) *see* HEXACHLORONAPHTHALENE
γ-HEXACHLOROBENZENE *see* LINDANE
α,β-1,2,3,4,7,7-HEXACHLOROBICLO(2,2,1)HEPTEN-5,6-BIOXYMETHYLENESULFITE *see* ENDOSULFAN
1,2,3,4,7,7-HEXACHLOROBICLO(2,2,1)HEPTEN-5,6-BIOXYMETHYLENESULFITE *see* ENDOSULFAN
1,4,5,6,7,7-HEXACHLOROBICYCLO(2.2.1)-5-HEPTENE-2,3-DICARBOXYLIC ACID *see* CHLORENDIC ACID
HEXACHLOROBUTADIENE *see* HEXACHLORO-1,3-BUTADIENE
HEXACHLORO-1,3-BUTADIENE *see* HEXACHLORO-1,3-BUTADIENE
1,1,2,3,4,4-HEXACHLORO-1,3-BUTADIENE *see* HEXACHLORO-1,3-BUTADIENE
1,2,3,4,5,6-HEXACLOROCICLOHEXANO (Spanish) *see* α-HEXACHLOROCYCLOHEXANE
HEXACHLOROCYCLOHEXAN (German) *see* α-HEXACHLOROCYCLOHEXANE
1A,2A,3B,4A,5B,6B-HEXACHLOROCYCLOHEXANE *see* α-HEXACHLOROCYCLOHEXANE
HEXACHLOROCYCLOHEXANE (GAMMA ISOMER) *see* LINDANE
HEXACHLOROCYCLOHEXANE (MIXED ISOMERS) *see* HEXACHLOROCYCLOHEXANE (ALL ISOMERS)
HEXACHLOROCYCLOHEXANE, GAMMA ISOMER *see* LINDANE
1,2,3,4,5,6-HEXACHLOROCYCLOHEXANE, GAMMA ISOMER *see* LINDANE
HEXACHLOROCYCLOHEXANE ISOMERS *see* HEXACHLOROCYCLOHEXANE (ALL ISOMERS)
α-HEXACHLOROCYCLOHEXANE *see* α-HEXACHLOROCYCLOHEXANE
HEXACHLOROCYCLOHEXANE *see* α-HEXACHLOROCYCLOHEXANE HEXA
1-α,2α,3β,4α,5β,6β-HEXACHLOROCYCLOHEXANE *see* α-HEXACHLOROCYCLOHEXANE
1,2,3,4,5,6-HEXACHLOROCYCLOHEXANE *see* α-HEXACHLOROCYCLOHEXANE
β-1,2,3,4,5,6-HEXACHLOROCYCLOHEXANE *see* β-HEXACHLOROCYCLOHEXANE
β-HEXACHLOROCYCLOHEXANE *see* β-HEXACHLOROCYCLOHEXANE
1-α,2-β,3-α,4-β,5-α,6-β-HEXACHLOROCYCLOHEX ANE *see* β-HEXACHLOROCYCLOHEXANE
δ-HEXACHLOROCYCLOHEXANE *see* δ-HEXACHLOROCYCLOHEXANE
δ-1,2,3,4,5,6-HEXACHLOROCYCLOHEXANE *see* δ-HEXACHLOROCYCLOHEXANE

1-α,2-α,3-α,4-β,5-α,6-β-HEXACHLOROCYCLOHEXANE see δ-HEXACHLOROCYCLOHEXANE

HEXACHLOROCYCLOHEXANE see HEXACHLOROCYCLOHEXANE (ALL ISOMERS)

γ-HEXACHLOROCYCLOHEXANE see LINDANE

γ-1,2,3,4,5,6-HEXACHLOROCYCLOHEXANE see LINDANE

1-α,2-α,3-β,4-α,5-α,6-β-HEXACHLOROCYCLOHEXANE see LINDANE

HEXACHLORO-1,3-CYCLOPENTADIENE see HEXACHLOROCYCLOPENTADIENE

1,2,3,4,5,5-HEXACHLORO-1,3-CYCLOPENTADIENE see HEXACHLOROCYCLOPENTADIENE

2,2′,3,3′,5,5′-HEXACHLORO-6,6′-DIHYDROXYDIPHENYLMETHANE see HEXACHLOROPHENE

1,2,3,4,10,10-HEXACHLORO-6,7-EPOXY-1,4,4a,5,6,7,8,8A-OCTAHYDRO-1,4-endo,exo -5,8-DI-METHANONAPHTHALENE see DIELDRIN

1,2,3,4,10,10-HEXACHLORO-6,7-EPOXY-1,4,4a,5,6,7,8,8A-OCTAHYDRO-1,4-endo-end o-1,4,5,8-DIMETHANONAPHTHALENE see ENDRIN

HEXACHLOROEPOXYOCTAHYDRO-endo,exo-DIMETHANONAPHTHALENE see DIELDRIN

HEXACHLOROEPOXYOCTAHYDRO-endo,endo-DIMETHANONAPTHALENE see ENDRIN

1,1,1,2,2,2-HEXACHLOROETHANE see HEXACHLOROETHANE

HEXACHLOROETHYLENE see HEXACHLOROETHANE

HEXACHLOROFEN (Czech) see HEXACHLOROPHENE

1,2,3,4,10,10-HEXACHLORO-1,4,4a,5,8,8a -HEXAHYDRO-EXO-1,4-ENDO-5,8-DIMETHANONAPHTHALENE see ALDRIN

(1α,4α,4a β,5β,8β,8aβ)-1,2,3,4,10,10-HEXACHLORO-1,4,4a,-5,8,8a-HEXAH YDRO-1,4:5,8-DIMETHANONAPHTHALENE see ISODRIN

1,2,3,4,10,10-HEXACHLORO-1,4,4a,5,8,8a-HEXAHYDRO-1,4,5,8-DIMETHANONAPHTHALE NE see ALDRIN

1,2,3,4,10,10-HEXACHLORO-1,4,4a,5,8,8a-HEXAHYDRO-1,4-endo-exo-5,8-DIMETHANO NAPHTHALENE see ALDRIN

1,2,3,4,10,10-HEXACHLORO-1,4,4a,5,8,8a-HEXAHYDRO-1,4-endo,endo-5,8-DIMETHAN ON APHTHALENE see ISODRIN

1,2,3,4,10,10-HEXACHLORO-1,4,4a,5,8,8a-HEXAHYDRO-1,4:5,8-endo,endo-DIMETHAN ON APHTHALENE see ISODRIN

1,2,3,4,3A,10,10-HEXACHLORO-1,4,4A,5,8,8A-HEXAHYDRO-1,4,5,8-endo, exo-DIMETHANONAPHTHALENE see ALDRIN

HEXACHLOROHEXAHYDRO-endo-exo-DIMETHANONAPHTHALENE see ALDRIN

6,7,8,9,10,10-HEXACHLORO-1,5,5A,6,9,9A-HEXAHYDRO-6,9-METHANO-2,4,3-BENZODIO XATHIEPIN-3-OXIDE see ENDOSULFAN

HEXACHLOROHEXAHYDROMETHANO 2,4,3-BENZODIOXATHIEPIN-3-OXIDE see ENDOSULFAN

HEXACHLORO-endo-METHYLENETRAHYDROPHTHALIC ACID see CHLORENDIC ACID

1,4,5,6,7,7-HEXACHLORO-5-NORBORENE-2,3-DIMETHANOL CYCLIC SULFITE see ENDOSULFAN

1,4,5,6,7,7-HEXACHLORO-5-NORBORNENE-2,3-DICARBOXYLIC ACID see CHLORENDIC ACID

1,4,5,6,7,7-HEXACHLORO-5-NORBORNENE-2,3-DIMETHANOL, CYCLIC SULFITE see ENDOSULFAN SULFATE

3,4,5,6,9,9-HEXACHLORO-1a,2,2a,3,6,6a,7,7a-OCTAHYDRO-2,7:3,6-DIMETHANO see DIELDRIN

3,4,5,6,9,9-HEXACHLORO-1a, 2, 2a, 3, 6, 6a, 7, 7a-OCTAHYDRO-2,7:3,6-DIMETHANONAPHTH(2,3-b)OXIRENE see DIELDRIN

(1R, 4S, 4aS, SS, 7R, 8R, 8aR)-1,2,3,4,10-HEXACHLORO-1,4,4a,5,6,7,8,8a-OCTAHYDRO-6,7-EPOXY-1,4:5,8-DIMET HANO NAPHTHALENE see ENDRIN

(1R,4S,4AS,5R,6R,7S,8S,8AR)1,2,3,4,10,10-HEXACHLORO-1,4,4a,5,6,7,8,8a-OCTAH YDRO-6,7-EPOXY-1,4:5,8-DIMETHANONAPHTHALENE see DIELDRIN

HEXACHLOROPHANE see HEXACHLOROPHENE

HEXACHLOROPHEN see HEXACHLOROPHENE

HEXACHLOROPHENE *see* HEXACHLOROPHENE
1,1,2,3,3-HEXACHLOROPROPENE *see* HEXACHLOROPROPENE
HEXACHLOROPROPYLENE *see* HEXACHLOROPROPENE
1,4,5,6,7,7-HEXACHLORO-8,9,10-TRINOBORN-5-ENE-2,3-DICARBOXYLIC ACID *see* CHLORENDIC ACID
C,C′-(1,4,5,6,7,7-HEXACHLORO-8,9,10-TRINORBORN-5-EN-2,3-YL-ENE)(DIMETHYLSULP HITE) 6,7,8,9,10,10-HEEXACHLORO-1,5,5a,6,9,9a-HEXAHYDRO-6,9-METHANO-2,4,3-BENZODIOXA THIEPIN 3-OXIDE *see* ENDOSULFAN
HEXACLOROBENCENO (Spanish) *see* HEXACHLOROBENZENE
HEXACLOROBUTADIENO (Spanish) *see* HEXACHLORO-1,3-BUTADIENE
HEXACLOROCICLOHEXANO (Spanish) *see* HEXACHLOROCYCLOHEXANE (ALL ISOMERS)
HEXACLOROCICLOPENTADIENO (Spanish) *see* HEXACHLOROCYCLOPENTADIENE
HEXACLOROETANO (Spanish) *see* HEXACHLOROETHANE
HEXACLOROFENO (Spanish) *see* HEXACHLOROPHENE
HEXACLORONAFTALENO (Spanish) *see* HEXACHLORONAPHTHALENE
HEXACOL PONCEAU 2R *see* C.I. FOOD RED 5
HEXACOL PONCEAU MX *see* C.I. FOOD RED 5
HEXACOL RHODAMINE B EXTRA *see* C.I. FOOD RED 15
HEXADRIN *see* ENDRIN
HEXAETHYLETRAFOSFAT *see* HEXAETHYL TETRAPHOSPHATE
HEXAFEN *see* HEXACHLOROPHENE
HEXAFERB *see* FERBAM
HEXAFLOW *see* LINDANE
HEXAHYDRO-2-AZEPINONE *see* CAPROLACTUM
HEXAHYDRO-2H-AZEPIN-2-ONE *see* CAPROLACTUM
HEXAHYDRO-2H-AZEPINE-2-ONE *see* CAPROLACTUM
HEXAHYDROANILINE *see* CYCLOHEXYLAMINE
HEXAHYDROBENZENE *see* CYCLOHEXANE
HEXAHYDROBENZENAMINE *see* CYCLOHEXYLAMINE
HEXAHYDRO-3A,7A-DIMETHYL-4,7-EPOXYISOBENZOFURAN-1,3-DIONE *see* CANTHARIDIN
HEXAHYDRO-N-NITROSOPYRIDINE *see* N-NITROSOPIPERIDINE
HEXAHYDROPHENOL *see* CYCLOHEXANOL
HEXAHYDROPYRIDINE *see* PIPERIDINE
HEXAKIS(β,β-DIMETHYLPHENETHYL)-DISTANNOXANE *see* FENBUTATIN OXIDE
HEXAKIS(2-METHYL-2-PHENYLPROPYL)DISTANNOXANE *see* FENBUTATIN OXIDE
HEXALIN *see* CYCLOHEXANOL
HEXALIN *see* CYCLOHEXANONE
HEXAMETAPHOSPHATE, SODIUM SALT *see* SODIUM PHOSPHATE, TRIBASIC (10124-56-8)
HEXAMETAPOL *see* HEXAMETHYLPHOSPHORAMIDE
HEXAMETHYL-1,6-DIISOCYANATE *see* HEXAMETHYLENE-1,6-DIISOCYANATE
HEXAMETHYLENE *see* CYCLOHEXANE
HEXAMETHYLENE DIISOCYANATE *see* HEXAMETHYLENE-1,6-DIISOCYANATE
1,6-HEXAMETHYLENE DIISOCYANATE *see* HEXAMETHYLENE-1,6-DIISOCYANATE
HEXAMETHYLORTHOPHOSPHORIC TRIAMIDE *see* HEXAMETHYLPHOSPHORAMIDE
HEXAMETHYLPHOSPHORAMIDE *see* HEXAMETHYLPHOSPHORAMIDE
HEXAMETHYLPHOSPHORIC ACID TRIAMIDE *see* HEXAMETHYLPHOSPHORAMIDE
HEXAMETHYLPHOSPHORIC TRIAMIDE *see* HEXAMETHYLPHOSPHORAMIDE
N,N,N,N,N,N-HEXAMETHYLPHOSPHORIC TRIAMIDE *see* HEXAMETHYLPHOSPHORAMIDE
HEXAMETHYLPHOSPHOTRIAMIDE *see* HEXAMETHYLPHOSPHORAMIDE
HEXAMITE *see* TEPP

HEXANAPHTHENE see CYCLOHEXANE
HEXANE see n-HEXANE
1,6-HEXANEDIISOCYANATE see HEXAMETHYLENE-1,6-DIISOCYANATE
HEXANE, 1,6-DIISOCYANATO- see HEXAMETHYLENE-1,6-DIISOCYANATE
HEXANE, 1,6-DIISOCYANATO-2,2,4-TRIMETHYL- see 2,2,4-TRIMETHYL-HEXAMETHYLENE DIISOCYANATE
HEXANE, 1,6-DIISOCYANATO-2,4,4-TRIMETHYL- see 2,4,4-TRIMETHYL-HEXAMETHYLENE DIISOCYANATE
HEXANEDINITRILE see ADIPONITRILE
HEXANEDIOIC ACID see ADIPIC ACID
1,6-HEXANEDIOIC ACID see ADIPIC ACID
HEXANEDIOIC ACID, BIS (2-ETHYLHEXYL) ESTER see BIS(2-ETHYLHEXYL)ADIPATE
HEXANEDIOIC ACID, DINITRILE see ADIPONITRILE
HEXANEDIOIC ACID, DIOCTYL ESTER see BIS(2-ETHYLHEXYL)ADIPATE
1,6-HEXANEDIOL DIISOCYANATE see HEXAMETHYLENE-1,6-DIISOCYANATE
6-HEXANELACTUM see CAPROLACTUM
HEXANO (Spanish) see n-HEXANE
n-HEXANO (Spanish) see n-HEXANE
HEXANON see CYCLOHEXANONE
HEXANONE ISOXIME see CAPROLACTUM
HEXANONISOXIM (German) see CAPROLACTUM
HEXAPHENE-LV see HEXACHLOROPHENE
HEXAPLAS M/B see DIBUTYL PHTHALATE
HEXAPLIN see RESPIRINE
HEXATHANE see ZINEB
HEXATHIR see THIRAM
HEXATOX see LINDANE
HEXAVERM see LINDANE
HEXAVIN see CARBARYL
HEXAZANE see PIPERIDINE
HEXAZIR see ZIRAM
HEXHEXANE see HEXACHLOROCYCLOHEXANE (ALL ISOMERS)
HEXICIDE see LINDANE
HEXIDE see HEXACHLOROPHENE
1,6-HEXOLACTAM see CAPROLACTUM
HEXON (Czech) see METHYL ISOBUTYL KETONE
HEXONE see METHYL ISOBUTYL KETONE
HEXOPHENE see HEXACHLOROPHENE
HEXOSAN see HEXACHLOROPHENE
HEXYLAN see HEXACHLOROCYCLOHEXANE (ALL ISOMERS)
HEXYCLAN see LINDANE
1,6-HEXYLENE DIISOCYANATE see HEXAMETHYLENE-1,6-DIISOCYANATE
HEXYL HYDRIDE see n-HEXANE
HEXYLTHIOCARBAM see CYCLOATE
HFA see FLUOROACETIC ACID
HGI see LINDANE
HHDN see ALDRIN
HIBESTROL see DIETHYLSTILBESTROL
HIBROM see NALED
HICO CCC see CHLORMEQUAT CHLORIDE
HIDACID SCARLET 2R see C.I. FOOD RED 5
HIDACO MALACHITE GREEN BASE see C.I. ACID GREEN 4
HIDACO MALACHITE GREEN SC see C.I. ACID GREEN 4
HIDACO MALACHITE GREEN LC see C.I. ACID GREEN 4
HIDACO OIL ORANGE see C.I. SOLVENT YELLOW 14
HIDACO OIL YELLOW see C.I. SOLVENT YELLOW 3
HIDAN see PHENYTOIN
HIDANTILO see PHENYTOIN
HIDANTINA see PHENYTOIN
HIDANTINA SENOSIAN see PHENYTOIN
HIDANTINA VITORIA see PHENYTOIN
HIDANTOMIN see PHENYTOIN

HI-DERATOL see ERGOCALCIFEROL
HIDRAZINA (Spsnish) see HYDRAZINE
HIDROGENO (Spanish) see HYDROGEN
HIDROPEROXIDO de CUMENO (Spanish) see CUMENE HYDROPEROXIDE
HIDROQUINONA (Spanish) see HYDROQUINONE
m-HYDROQUINONE see RESORCINOL
o-HYDROQUINONE see CATECHOL
p-HYDROQUINONE see HYDROQUINONE
α-HYDROQUINONE see HYDROQUINONE
HIDROSULFITO de ZINC (Spanish) see ZINC HYDROSULFITE
HIDROSULFURO SODICO (Spanish) see SODIUM HYDROSULFIDE
HIDROXIDO AMONICO (Spanish) see AMMONIUM HYDROXIDE
HIDROXIDO NIQUEL (Spanish) see NICKEL HYDROXIDE
HIDROXIDO POTASICO (Spanish) see POTASSIUM HYDROXIDE
HIDROXIDO SODICO (Spanish) see SODIUM HYDROXIDE
HIERRO PENTACARBONILO (Spanish) see IRON PENTACARBONYL
HI-ESTER 2,4-D see 2,4-D BUTYL ESTER
HIGH GRADE 1086 see ISOBUTYL ALCOHOL
HIGH SPEED ENDURA-ETCH STARTER see AMMONIA
HILDAN see ENDOSULFAN
HILO CAT FLEA POWDER see HEXACHLOROPHENE
HILO FLEA POWDER see HEXACHLOROPHENE
HILO FLEA POWDER with ROTENONE AND DICHLOROPHRENE see HEXACHLOROPHENE
HILTHION (Indian) see MALATHION
HILTONIL FAST BLUE B BASE see 3,3'-DIMETHOXYBENZIDINE
HILTONIL FAST ORANGE GR BASE see o-NITROANILINE
HILTONIL FAST SCARLET G BASE see 5-NITRO-o-TOLUENE
HILTONIL FAST SCARLET G SALT see 5-NITRO-o-TOLUENE
HILTONIL FAST SCARLET GC BASE see 5-NITRO-o-TOLUENE
HILTOSAL FAST BLUE B SALT see 3,3'-DIMETHOXYBENZIDINE
HINDASOL BLUE B SALT see 3,3'-DIMETHOXYBENZIDINE
HINDASOL RED TR SALT see 4-CHLORO-o-TOLUIDINE, HYDROCHLORIDE
HIP see PHENOL, 3-(1-METHYLETHYL)-, METHYLCARBAMATE
HIPOCLORITO CALCICO (Spanish) see CALCIUM HYPOCHLORITE
HIPOCLORITO SODICO (Spanish) see SODIUM HYPOCHLORITE
HI-POINT 90 see METHYL ETHYL KETONE PEROXIDE
HIPOSERPIL see RESPIRINE
HISERPIA see RESPIRINE
HISPALUZ BROWN BRL see C.I. DIRECT BROWN 95
HISPAMIN BLACK EF see C.I. DIRECT BLACK 38
HISPAMIN BLUE 2B see C.I. DIRECT BLUE 6
HISPAMIN BLUE 3B see TRYPAN BLUE
HISTADYL see METHAPYRILENE
HI-YIELD DESICCANT H-10 see ARSENIC ACID (7778-39-4)
HIZAROCIN see CYCLOHEXIMIDE
HJORTON'S POWDER see PHENACETIN
HL-331 see PHENYLMERCURY ACETATE
HMDI see HEXAMETHYLENE-1,6-DIISOCYANATE
HMP see SODIUM PHOSPHATE, TRIBASIC (10124-56-8)
HMPA see HEXAMETHYLPHOSPHORAMIDE
HMPT see HEXAMETHYLPHOSPHORAMIDE
HMPTA see HEXAMETHYLPHOSPHORAMIDE
HN2 see NITROGEN MUSTARD
HNI see ETHYLBIS(2-CHLOROETHYL)AMINE
HOBANE see BROMOXYNIL
HOBANE see BROMOXYNIL OCTANOATE
HOCA see DISULFIRAM
HOCH see FORMALDEHYDE
HOCOPHEN see PHENACETIN
HOE-2824 see STANNANE, ACETOXYTRIPHENYL-
HOE 2671 see ENDOSULFAN
HOE 2872 see TRIPHENYLTIN CHLORIDE

HOE 2960 OJ *see* TRIAZOFOS
HOE 23408 *see* DICLOFOP METHYL
HOE-GRASS *see* DICLOFOP METHYL
HOELON *see* DICLOFOP METHYL
HOELON 3EC *see* DICLOFOP METHYL
HOKMATE *see* FERBAM
HOMOLLE'S DIGITALIN *see* DIGOXIN
HONG KIEN *see* PHENYLMERCURY ACETATE
HORBADOX (FORMULATION) *see* PEDIMETHALIN N-(1-ETHYLPROPYL)-3,4-DIMETHYL-2,6-DINTROBENZENAMINE
HORMATOX *see* 2,4-DP
HORMIT *see* 2,4-D SODIUM SALT
HORMOCEL-2CCC *see* CHLORMEQUAT CHLORIDE
HORMOSLYR 500T *see* 2,4,5-T ESTERS (2545-59-7)
HORNOTUHO *see* METHOXONE
HORTEX *see* LINDANE
HOSTAQUICK *see* PHENYLMERCURY ACETATE
HOSTATHION *see* TRIAZOFOS
HOSTATION *see* TRIAZOFOS
HOSTAVAT GOLDEN YELLOW GK *see* C.I. VAT YELLOW 4
HOSTETEX L-PEC *see* 1,2,4-TRICHLOROBENZENE
HOUSEHOLD AMMONIA *see* AMMONIUM HYDROXIDE
HPT *see* HEXAMETHYLPHOSPHORAMIDE
HRS 1655 *see* HEXACHLOROCYCLOPENTADIENE
HS *see* HYDRAZINE SULFATE
HT 901 *see* PHTHALIC ANHYDRIDE
HT 972 *see* 4,4'-METHYLENEDIANILINE
HTH *see* CALCIUM HYPOCHLORITE
HTP *see* HEXAETHYL TETRAPHOSPHATE
HUILE d' ANILINE (French) *see* ANILINE
HUNGAZIN *see* ATRAZINE
HUNGAZIN DT *see* SIMAZINE
HUNGAZIN PK *see* ATRAZINE
HW 920 *see* DIURON
HY-CHLOR *see* CALCIUM HYPOCHLORITE
HYCLORITE *see* SODIUM HYPOCHLORITE
HYDANTOIN *see* PHENYTOIN
HYDANTOIN, 5,5-DIPHENYL- *see* PHENYTOIN
HYDANTOINAL *see* PHENYTOIN
HYDON *see* BROMACIL
HYDRACRYLIC ACID, β-LACTONE *see* beta-PROPIOLACTONE
HYDRAGYRUM *see* MERCURY
HYDRALIN *see* CYCLOHEXANOL
HYDRALIN *see* CYCLOHEXANONE
HYDRAM *see* MOLINATE
HYDRANGEA COLOURANT *see* ALUMINUM SULFATE
HYDRAZID KYSELINY MALEINOVE (Czech) *see* MALEIC HYDRAZIDE
HYDRAZIDA MALEICA (Spanish) *see* MALEIC HYDRAZIDE
HYDRAZINE BASE *see* HYDRAZINE
HYDRAZINE CARBOHYDRAZONOTHIOIC ACID *see* THIOCARBAZIDE
HYDRAZINECARBOTHIOAMIDE *see* THIOSEMICARBAZIDE
HYDRAZINECARBOXAMIDE MONOHYDROCHLORIDE *see* SEMICARBAZIDE HYDROCHLORIDE
HYDRAZINE DIHYDROGEN SULFATE SALT *see* HYDRAZINE SULFATE
HYDRAZINE, 1,1-DIMETHYL- *see* 1,1-DIMETHYL HYDRAZINE
HYDRAZINE HYDROGEN SULFATE *see* HYDRAZINE SULFATE
HYDRAZINE, METHYL- *see* METHYL HYDRAZINE
HYDRAZINE MONOSULFATE *see* HYDRAZINE SULFATE
HYDRAZINE, SULFATE (1:1) *see* HYDRAZINE SULFATE
HYDRAZINIUM SULFATE *see* HYDRAZINE SULFATE
HYDRAZOBENZEN (Czech) *see* 1,2-DIPHENYLHYDRAZINE
HYDRAZOBENZENE *see* DIPHENYLHYDRAZINE
HYDRAZODIBENZENE *see* 1,2-DIPHENYLHYDRAZINE
HYDRAZOETHANE *see* HYDRAZINE, 1,2-DIETHYL-

HYDRAZOIC ACID, SODIUM SALT see SODIUM AZIDE
HYDRAZOMETHANE see METHYL HYDRAZINE
HYDRAZOMETHANE see HYDRAZINE, 1,2-DIMETHYL-
HYDRAZONIUM SULFATE see HYDRAZINE SULFATE
HYDRAZYNA (Polish) see HYDRAZINE
HYDROAZOETHANE see HYDRAZINE, 1,2-DIETHYL-
HYDROAZOMETHANE see HYDRAZINE, 1,2-DIMETHYL-
HYDROCHINON (Czech, Polish) see HYDROQUINONE
HYDROCHLORIC ACID, ANHYDROUS see HYDROCHLORIC ACID
HYDROCHLORIC ETHER see CHLOROETHANE
HYDROCHLORIDE see HYDROCHLORIC ACID
HYDROCHLOROFLUOROCARBON 22 see CHLORODIFLUOROMETHANE
HYDROCHLOROFLUOROCARBON 133a see 2-CHLORO-1,1,1-TRIFLUORO-ETHANE
HYDROCHLOROFLUOROCARBON 142b see 1-CHLORO-1,1-DIFLUORO-ETHANE
HYDROCYANIC ACID, POTASSIUM SALT see POTASSIUM CYANIDE
HYDROCYANIC ACID see HYDROGEN CYANIDE
HYDROCYANIC ACID, SODIUM SALT see SODIUM CYANIDE
HYDROCYANIC ETHER see PROPIONITRILE
HYDRODIMETHYLARSINE OXIDE, SODIUM SALT see SODIUM CACODY-LATE
HYDROFLUORIC ACID see HYDROGEN FLUORIDE
HYDROFLUORIC ACID GAS see HYDROGEN FLUORIDE
HYDROFLUORIC ACID, SODIUM SALT (2:1) see SODIUM BIFLUORIDE
HYDROFURAN see FURAN, TETRAHYDRO-
HYDROGEN ARSENIDE see ARSINE
HYDROGEN CARBOXYLIC ACID see FORMIC ACID
HYDROGEN CHLORIDE, ANHYDROUS see HYDROCHLORIC ACID
HYDROGEN CHLORIDE see HYDROCHLORIC ACID
HYDROGEN CHLORIDE GAS see HYDROCHLORIC ACID
HYDROGEN, COMPRESSED see HYDROGEN
HYDROGEN CYANIDE see HYDROGEN CYANIDE
HYDROGEN DIOXIDE see HYDROGEN PEROXIDE
HYDROGEN FLUORIDE, ANHYDROUS see HYDROGEN FLUORIDE
HYDROGEN NITRATE see NITRIC ACID
HYDROGEN OXALATE of AMITON see AMITON OXYLATE
HYDROGEN PEROXIDE and PEROXYACETIC ACID MIXTURE see PERA-CETIC ACID
HYDROGEN PHOSPHIDE see PHOSPHINE
HYDROGEN, REFRIGERATED LIQUID see HYDROGEN
HYDROGEN SULFATE see SULFURIC ACID
HYDROGEN SULFITE SODIUM see SODIUM BISULFITE
HYDROGEN SULFURIC ACID see HYDROGEN SULFIDE
HYDROGEN SULPHIDE see HYDROGEN SULFIDE
HYDROGENE SULFURE (French) see HYDROGEN SULFIDE
HYDROMOX R see RESPIRINE
HYDROOT see SULFURIC ACID
HYDROPEROXIDE, ACETYL see PERACETIC ACID
HYDROPEROXYDE de CUMENE (French) see CUMENE HYDROPEROXIDE
HYDROPEROXYDE de CUMYLE (French) see CUMENE HYDROPEROXIDE
HYDROPEROXIDE see HYDROGEN PEROXIDE
HYDROPEROXIDE, 1-METHYL-1-PHENYLETHYL- see CUMENE HYDRO-PEROXIDE
HYDROPHENOL see CYCLOHEXANOL
HYDROPRES see RESPIRINE
HYDROPRESKA see RESPIRINE
HYDROQUINOL see HYDROQUINONE
HYDROSULFURIC ACID see HYDROGEN SULFIDE
HYDROXIDE de POTASSIUM (French) see POTASSIUM HYDROXIDE
HYDROXYACETONITRILE see FORMALDEHYDE CYANOHYDRIN
2-HYDROXYACETONITRILE see FORMALDEHYDE CYANOHYDRIN
5-HYDROXY-5-AMINOMETHYLISOXAZOLE see MUSCIMOL
HYDROXYBENZENE see PHENOL

p-HYDROXYBENZENESULFONIC ACID, ZINC SALT *see* ZINC PHENOL-SULFONATE
3-HYDROXYBENZISOTHIAZOLE-S,S-DIOXIDE *see* SACCHARIN
2-HYDROXYBIFENYL (Czech) *see* 2-PHENYLPHENOL
o-HYDROXYBIPHENYL *see* 2-PHENYLPHENOL
2-HYDROXY-1,1'-BIPHENYL *see* 2-PHENYLPHENOL
2-HYDROXYBIPHENYL *see* 2-PHENYLPHENOL
2-HYDROXYBIPHENYL SODIUM SALT *see* SODIUM O-PHENYLPHENOXIDE
1-HYDROXYBUTANE *see* n-BUTYL ALCOHOL
2-HYDROXYBUTANE *see* sec-BUTYL ALCOHOL
m-HYDROXYCARBANILIC ACID, ETHYL ESTER, CARBANILATE (ESTER) *see* DESMEDIPHAM
(HYDROXY-4-COUMARINYL 3)-3 PHENYL-3(BROMO-4 BIPHENYL-4)-1 PROPANOL-1 (French) *see* BROMADIOLONE
3-HYDROXYCROTONIC ACID METHYL ESTER DIMETHYL PHOSPHATE *see* MEVINPHOS
3-HYDROXYCYCLOHEXADIEN-1-ONE *see* RESORCINOL
HYDROXYCYCLOHEXANE *see* CYCLOHEXANOL
HYDROXYDE de TRIPHENYL-ETAIN (French) *see* TRIPHENYLTIN HYDROXIDE
HYDROXYDE of SODIUM (French) *see* SODIUM HYDROXIDE
4-HYDROXY-3,5-DIBROMOBENZONITRILE *see* BROMOXYNIL
p-HYDROXY-N,N-DIME THYLBENZENESULFONAMIDE ESTER with PHOSPHOROTHIOIC ACID O,O-DIMETHYL ESTER *see* FAMPHUR
3-HYDROXY-N,N-DIMETHYL-cis-CROTONAMIDE DIMETHYL PHOSPHATE *see* DICROTOPHOS
3-HYDROXY-N,N-DIMETHYL-(E)-CROTONAMIDE DIMETHYL PHOSPHATE *see* DICROTOPHOS
3-HYDROXYDIMETHYL CROTONAMIDE DIMETHYL PHOSPHATE *see* DICROTOPHOS
HYDROXYDIMETHYLARSINE OXIDE *see* CACODYLIC ACID
1-HYDROXY-2,4-DIMETHYLBENZENE *see* 2,4-DIMETHYPHENOL
1-HYDROXY-2,6-DIMETHYLBENZENE *see* 2,6-DIMETHYLPHENOL
4-HYDROXY-1,3-DIMETHYLBENZENE *see* 2,4-DIMETHYPHENOL
HYDROXYDINITROBENZENE *see* DINITROPHENOL
3-HYDROXYNITROBENZENE *see* m-NITROPHENOL
m-HYDROXYNITROBENZENE *see* m-NITROPHENOL
1-HYDROXY-2,4-DINITROBENZENE *see* 2,4-DINITROPHENOL
1-HYDROXY-2,6-DINITROBENZENE *see* 2,6-DINITROPHENOL
1-HYDROXY-2,5-DINITROBENZENE *see* 2,5-DINITROPHENOL
2-HYDROXYDIPHENYL *see* 2-PHENYLPHENOL
o-HYDROXYDIPHENYL *see* 2-PHENYLPHENOL
2-HYDROXYDIPHENYL SODIUM *see* SODIUM O-PHENYLPHENOXIDE
2-HYDROXYDIPHENYL, SODIUM SALT *see* SODIUM O-PHENYLPHENOXIDE
2-HYDROXYETHANOL *see* ETHYLENE GLYCOL
HYDROXY ETHER *see* 2-ETHOXYETHANOL
2-((2-HYDROXYETHYL)AMIN O)ETHANOL *see* DIETHANOLAMINE
(2-HYDROXYETHYL)TRIMETHYLAMMONIUM CHLORIDE CARBAMATE *see* CARBACHOL CHLORIDE
HYDROXY ISOBUTYRO NITRITE *see* 2-METHYLLACTONITRILE
α-HYDROXY ISOBUTYRONITRILE *see* 2-METHYLLACTONITRILE
a-HYDROXY ISOBUTYRONITRILE *see* 2-METHYLLACTONITRILE
2-HYDROXYISOBUTYRONITRILE *see* 2-METHYLLACTONITRILE
HYDROXYLAMINE,N-NITROSO-N-PHENYL-,AMMONIUM SALT *see* CUPFERRON
1-HYDROXY-2-METHOXYETHANE *see* 2-METHOXYETHANOL
3-HYDROXY-N-METHYL-cis-CROTONAMIDE DIMETHYL PHOSPHATE *see* MONOCROPTOPHOS
n-(HYDROXYMETHYL)-2-PROPENAMIDE *see* N-METHYLOLACRYLAMIDE
n-(HYDROXYMETHYL)ACRYLAMIDE *see* N-METHYLOLACRYLAMIDE
(R)-4-(1-HYDROXY-2-(METHYLAMINO)ETHYL)-1,2-BENZENEDIOL(9CI) *see* EPINEPHRINE

1-HYDROXY-2-METHYLBENZENE see o-CRESOL
1-HYDROXY-3-METHYLBENZENE see m-CRESOL
1-HYDROXY-4-METHYLBENZENE see p-CRESOL
3-HYDROXY-N-METHYLCROTONAMIDE DIMETHYL PHOSPHATE see MONOCROPTOPHOS
HYDROXYMETHYLINITRILE see FORMALDEHYDE CYANOHYDRIN
1'-((2-HYDROXY-5-METHYLPHENYL)AZO)ACETANILIDE see C.I. DISPERSE YELLOW 3
N-(4-((2-HYDROXY-5-METHYLPHENYL)AZO)PHENYL) see C.I. DISPERSE YELLOW 3
1-HYDROXYMETHYLPROPANE see ISOBUTYL ALCOHOL
2-HYDROXY-2-METHYLPROPIONITRILE see 2-METHYLLACTONITRILE
2-HYDROXYNAPHTHYL-1-AZOBENZENE see C.I. SOLVENT YELLOW 14
2-HYDROXYNITROBENZENE see 2-NITROPHENOL
4-HYDROXYNITROBENZENE see p-NITROPHENOL
4-HYDROXY-3-(3-OXO-1-PHENYLBUTYL)-2H-1-BENZOPYRAN-2-ONE SODIUM SALT (9CI) see WARFARIN SODIUM
4-HYDROXY-3-(3-OXO-1-PHENYLBUTYL)COUMARIN see WARFARIN
1-HYDROXYPENTACHLOROBENZENE see PENTACHLOROPHENOL
2-HYDROXYPHENOL see CATECHOL
o-HYDROXYPHENOL see CATECHOL
p-HYDROXYPHENOL see HYDROQUINONE
4-HYDROXYPHENOL see HYDROQUINONE
3-HYDROXYPHENOL see RESORCINOL
m-HYDROXYPHENOL see RESORCINOL
2-HYDROXY-1-PHENYLAZONAPHTHALENE see C.I. SOLVENT YELLOW 14
2-HYDROXYPROPANE see ISOPROPYL ALCOHOL
3-HYDROXY-1-PROPANESULFONIC ACID SULFONE see 1,3-PROPANE SULTONE
3-HYDROXY-1-PROPANESULPHONIC ACID SULFONE see 1,3-PROPANE SULTONE
3-HYDROXY-1-PROPANESULPHONIC ACID γ-SULTONE see 1,3-PROPANE SULTONE
3-HYDROXYPROPENE see ALLYL ALCOHOL
3-HYDROXYPROPIONIC ACID LACTONE see beta-PROPIOLACTONE
2-HYDROXYPROPIONITRILE see LACTONITRILE
1-HYDROXY-2-PROPYNE see PROPARGYL ALCOHOL
3-HYDROXY-1-PROPYNE see PROPARGYL ALCOHOL
6-HYDROXY-3(2H)-PYRIDAZINONE see MALEIC HYDRAZIDE
5(α-HYDROXY-α-2-PYRIDYLBENZYL)-7-(α-2-PYRIDYLBENZYLIDENE) -5-NORBORENE-2,3-DICARBOXIDE see NORBORMIDE
4-HYDROXY-3-(1,2,3,4-TETRAHYDRO-1-NAFTYL)-4-CUMARINE (Dutch) see COUMATETRALYL
4-HYDROXY-3-(1,2,3,4-TETRAHYDRO-1-NAPTHALENYL)-2H-1-BENZOPYRAN-2-ONE (9CI) see COUMATETRALYL
4-HYDROXY-3-(1,2,3,4-TETRAHYDRO-1-NAPTHYL)CUMARIN see COUMATETRALYL
m-HYDROXYTOLUENE see m-CRESOL
meta-HYDROXYTOLUENE see m-CRESOL
3-HYDROXYTOLUENE see m-CRESOL
o-HYDROXYTOLUENE see o-CRESOL
ortho-HYDROXYTOLUENE see o-CRESOL
2-HYDROXYTOLUENE see o-CRESOL
p-HYDROXYTOLUENE see p-CRESOL
para-HYDROXYTOLUENE see p-CRESOL
4-HYDROXYTOLUENE see p-CRESOL
HYDROXYTOLUOLE (German) see CRESOL (MIXED ISOMERS)
4'-((6-HYDROXY-m-TOLYL)AZO)ACETANILIDE see C.I. DISPERSE YELLOW 3
1-HYDROXY-2,2,2-TRICHLOROETHYLPHOSPHONIC ACID DIMETHYL ESTER see TRICHLORFON
3-HYDROXY-N,N,5-TRIMETHYLPYRAZOLE-1-CARBOXAMIDEDIMETHYL-CARBAMATE (ESTER) see DIMETILAN
2-HYDROXY-1,3,5-TRINITROBENZENE see PICRIC ACID

HYDROXYTRIPHENYLSTANNANE see TRIPHENYLTIN HYDROXIDE
HYDROXYTRIPHENYLTIN see TRIPHENYLTIN HYDROXIDE
3-HYDROXY-4-(2,4-XYLYLAZO)-3,7-NAPHTHALENEDISULFONIC ACID, DISODIUM SALT see C.I. FOOD RED 5
3-HYDROXY-4-(2,4-XYLYLAZO)-3,7-NAPHTHALENEDISULPHONIC ACID, DISODIUM SALT see C.I. FOOD RED 5
HYDROZINE SULFATE see HYDRAZINE SULFATE
HYDRURE de LITHIUM (French) see LITHIUM HYDRIDE
HYDRURO de LITIO (Spanish) see LITHIUM HYDRIDE
HYGROTON-RESPERINE see RESPIRINE
HYLEMOX see ETHION
HYLENE M-50 see METHYLBIS(PHENYLISOCYANATE)
HYLENE T see TOLUENE-2,4-DIISOCYANATE
HYLENE-T see TOLUENEDIISOCYANATE (MIXED ISOMERS)
HYLENE TCPA see TOLUENE-2,4-DIISOCYANATE
HYLENE TLC see TOLUENE-2,4-DIISOCYANATE
HYLENE TM see TOLUENE-2,6-DIISOCYANATE
HYLENE TM see TOLUENE-2,4-DIISOCYANATE
HYLENE TM-65 see TOLUENE-2,4-DIISOCYANATE
HYLENE TRF see TOLUENE-2,4-DIISOCYANATE
HYMEC see MECOPROP
HYOSAN see DICHLOROPHENE
HYOXYL see HYDROGEN PEROXIDE
HYPALOX II see ALUMINUM OXIDE
HYPERCAL B see RESPIRINE
HYPERIZ see CUMENE HYDROPEROXIDE
HYPERNEPHRIN see EPINEPHRINE
HYPERTANE FORTE see RESPIRINE
HYPERTENSAN see RESPIRINE
HYPNONE see ACETOPHENONE
HYPNOREX see LITHIUM CARBONATE
HYPOCHLOROUS ACID, CALCIUM see CALCIUM HYPOCHLORITE
HYPOCHLOROUS ACID, SODIUM SALT see SODIUM HYPOCHLORITE
HYPODERMACID see TRICHLORFON
HYPORENIN see EPINEPHRINE
HYPORIT see CALCIUM HYPOCHLORITE
HYTANE EXTRA see MECOPROP
HYTROL O see CYCLOHEXANONE
HYVAR see BROMACIL
HYVAR X-7 see BROMACIL
HYVAR X BROMACIL see BROMACIL
HYVAREX see BROMACIL
HYVAR-EX see BROMACIL
HYVAR X-WS see BROMACIL
HYVAR X see BROMACIL
HYVAR X WEED KILLER see BROMACIL
HY-VIC see THIRAM
IBA see ISOBUTYL ALCOHOL
ICI 146814 see CYHALOTHRIN
ICI BAYTAN see FUBERDIAZOLE
ICI-CF 2 see 1,1,1-TRICHLOROETHANE
ICI-PP 557 see PERMETHRIN
ICI-PP 563 see CYHALOTHRIN
ICTALIS SIMPLE see PHENYTOIN
IDA, IMC FLO-TIN 4L see TRIPHENYLTIN HYDROXIDE
IDANTOIN 2,4-IMIDAZOLIDINEDIONE, 5,5-DIPHENYL- see PHENYTOIN
IDENO(1,2,3-cd)PYRENE see INDENO(1,2,3-cd)PYRENE
IDOSERP see RESPIRINE
IDRAZINA SOLFATO (Italian) see HYDRAZINE SULFATE
IDROCHINONE (Italian) see HYDROQUINONE
IDROESTRIL see DIETHYLSTILBESTROL
IDROGENO SOLFORATO (Italian) see HYDROGEN SULFIDE
IDROPEROSSIDO di CUMENE (Italian) see CUMENE HYDROPEROXIDE
IDROPEROSSIDO di CUMOLO (Italian) see CUMENE HYDROPEROXIDE

IDROSSIDO di STAGNO TRIFENILE (Italian) see TRIPHENYLTIN HYDROXIDE
IDRYL see FLUORANTHENE
IDSOSERP see RESPIRINE
IFC see PROPHAM
IKADA RHODAMINE B see C.I. FOOD RED 15
IKETON YELLOW EXTRA see 4-DIMETHYLAMINOAZOBENZENE
IKURIN see AMMONIUM SULFAMATE
ILEXAN E see ETHYLENE GLYCOL
ILLOXAN see DICLOFOP METHYL
ILLOXOL see DIELDRIN
ILOXAN see DICLOFOP METHYL
IMAHE ETCH see AMMONIUM FLUORIDE
IMAVEROL see IMAZALIL
IMC 3950 see THIOBENCARB
IMIDAN see PHOSMET
1H-IMIDAZOLE, 1-(2-(2,4-DICHLOROPHENYL)-2-(2-PROPENYLOXY)ETHYL)-, (±)- see IMAZALIL
1H-IMIDAZOLE, 1-(2-(2,4-DICHLOROPHENYL)-2-(2-PROPENYLOXY)ETHYL)- see IMAZALIL
IMIDAZOLIDINETHIONE see ETHYLENE THIOUREA
2-IMIDAZOLIDINETHIONE see ETHYLENE THIOUREA
2-IMIDAZOLINE-2-THIOL see ETHYLENE THIOUREA
IMIDAZOLINE-2-THIOL see ETHYLENE THIOUREA
IMIDAZOLINE-2(3H)-THIONE see ETHYLENE THIOUREA
IMIDOCARBONIC ACID, CYANODITHIO-, DISODIUM SALT see DISODIUM CYANODITHIOMIDOCARBONATE
IMIDOCARBONIC ACID, PHOSPHONODITHIO-, CYCLIC ETHYLENE p,p-DIETHYL ESTER see PHOSFOLAN
IMIDODICARBONIMIDOTHIOIC DIAMIDE see DITHIOBIURET
IMIDODICARBONODITHIOIC DIAMIDE see DITHIOBIURET
4,4-(IMIDOCARBONYL)BIS(N,N-DIMETHYLANILINE) see C.I. SOLVENT YELLOW 34
2,2'-IMINOBIS(ETHANOL) see DIETHANOLAMINE
IMINODIETHANOL see DIETHANOLAMINE
2,2'-IMINODI-N-NITROSOETHANOL see N-NITROSODIETHANOLAMINE
2,2'-IMINODI-1-ETHANOL see DIETHANOLAMINE
2,2'-IMINODIETHANOL see DIETHANOLAMINE
(1-IMINOETHYL)PHOSPHORAMIDOTHIOIC ACID, O,O-BIS(4-CHLOROPHENYL) ESTER see PHOSACETIM
1,3-INDANDIONE, 2-((P-CHLOROPHENYL)PHENYLACETYL)- see CHLOROPHACINONE
1H-INDENE-1,3(2H)-DIONE, 2-((4-CHLOROPHENYL)PHENYLACETYL)- see CHLOROPHACINONE
1-IODOPROPANE see n-PROPYLAMINE
IMPACT EXCEL see CHLOROTHALONIL
IMPERIAL GREEN see CUPRIC ACETOARSENITE
IMPF see SARIN
IMPLANTER FUMER see HYDROGEN FLUORIDE
IMPROVED BLUE MALRIN SUGAR BAIT see METHOMYL
IMPROVED GOLDEN MALRIN BAIT see METHOMYL
IMSOL A see ISOPROPYL ALCOHOL
INAKOR see ATRAZINE
INCIDOL see BENZOYL PEROXIDE
INCRACIDE E 51 see CUPRIC SULFATE
INCRECEL see CHLORMEQUAT CHLORIDE
INDANE see CHLORDANE
INDANTHREN GOLDEN YELLOW GK see C.I. VAT YELLOW 4
INDANTHRENE GOLDEN YELLOW GK see C.I. VAT YELLOW 4
INDANTHRENE PRINTING YELLOW GOK see C.I. VAT YELLOW 4
INDENE see HEPTACHLOR
INDENOPYRENE see INDENO(1,2,3-cd)PYRENE
INDIAN BERRY see PICROTOXIN
INDIGO BLUE 2B see C.I. DIRECT BLUE 6

INDOTHRIN see PERMETHRIN
INDUCLOR see CALCIUM HYPOCHLORITE
INERTEEN see POYLCHLORINATED BIPHENYLS
INERTON AW-DMCS see DIMETHYLDICHLOROSILANE
INERTON DW-DMC see DIMETHYLDICHLOROSILANE
INEXIT see LINDANE
INFERNO see AMITON
INFRON see ERGOCALCIFEROL
INHIBINE see HYDROGEN PEROXIDE
INHIBISOL see 1,1,1-TRICHLOROETHANE
INO-1,3,5-TRIAZIN (German) see ATRAZINE
INSECT POWDER see PYRETHRINS (8003-34-7)
INSECTICIDE-NEMACIDE 1410 see OXAMYL
INSECTICIDE 1,179 see METHOMYL
INSECTICIDE No. 4049 see MALATHION
INSECTIGAS D see DICHLORVOS
INSECTO see ENDOSULFAN
INSECTOPHENE see ENDOSULFAN
INTERCHEM ACETATE YELLOW G see C.I. DISPERSE YELLOW 3
INTERCHEM DIRECT BLACK Z see C.I. DIRECT BLACK 38
INTERCHEM HISPERSE YELLOW GH see C.I. DISPERSE YELLOW 3
INTERCIDE TMP see FOLPET
INTERPINA see RESPIRINE
INTRANEFRIN see EPINEPHRINE
INTRASPERSE YELLOW GBA EXTRA see C.I. DISPERSE YELLOW 3
INTRAZONE RED BR see C.I. ACID RED 114
INVALON OP see 2-PHENYLPHENOL
INVERTON 245 see 2,4,5-T ACID
INVISI-GARD see PROPOXUR
IODINE CYANIDE see CYANOGEN IODIDE
IODOMETANO (Italian) see METHYL IODIDE
IODOMETHANE see METHYL IODIDE
IODURE de METHYLE (French) see METHYL IODIDE
IONAMIN see BENZENEETHANAMINE, α,α-DIMETHY-
IOPEZITE see POTASSIUM BICHROMATE
IOTOX see MECOPROP
IP see INDENO(1,2,3-cd)PYRENE
IPA see ISOPROPYL ALCOHOL
I-PAM see MELPHALAN
IPANER see 2,4-D
IPDI see 1-(3-CHLORALLYL)-3,5,7-TRIAZA-1-AZONIAADAMANTANE CHLORIDE
IPDI see ISOPHORONE DIISOCYANATE
IPERSAN see TRIFLURALIN
IPITOX see PERMETHRIN
IPMC see PROPOXUR
IPO 8 see TETRACHLORVINPHOS
IPOGNOX 88 see 4,4'-ISOPROPYLIDENEDIPHENOL
IPPC see PROPHAM
IPRAL SODIUM see PENTOBARBITOL SODIUM
IPRIT see MUSTARD GAS
I.P.S. see ISOPROPYL ALCOHOL
IRADICAV see SODIUM FLUORIDE
IRINATE see FERROUS SULFATE (7782-63-0)
IRON AMMONIUM SULFATE see FERROUS AMMONIUM SULFATE
IRON AMMONIUM SULPHATE see FERROUS AMMONIUM SULFATE
IRON CARBONYL (FE(CO)5), (TB-5-11)- see IRON PENTACARBONYL
IRON CARBONYL see IRON PENTACARBONYL
IRON(2+) CHLORIDE (1:2) see FERROUS CHLORIDE
IRON(II) CHLORIDE (1:2) see FERROUS CHLORIDE
IRON(III) CHLORIDE see FERRIC CHLORIDE
IRON CHLORIDE see FERRIC CHLORIDE
IRON(3+) CHLORIDE see FERRIC CHLORIDE
IRON DICHLORIDE see FERROUS CHLORIDE

IRON(III) DIMETHYLDITHIOCARBAMATE see FERBAM
IRON DIMETHYLDITHIOCARBAMATE see FERBAM
IRON FLUORIDE see FERRIC FLUORIDE
IRON(3+) NITRATE, ANHYDROUS see FERRIC NITRATE
IRON(III) NITRATE, ANHYDROUS see FERRIC NITRATE
IRON NITRATE see FERRIC NITRATE
IRON PERSULFATE see FERRIC SULFATE
IRON PROTOCHLORIDE see FERROUS CHLORIDE
IRON PROTOSULFATE see FERROUS SULFATE (7782-63-0)
IRON PROTOSULFATE see FERROUS SULFATE (7720-78-7)
IRON PROTOSULPHATE see FERROUS SULFATE (7782-63-0)
IRON SESQUICHLORIDE see FERRIC CHLORIDE
IRON SESQUISULFATE see FERRIC SULFATE
IRON(2+) SULFATE(1:1) HEPTAHYDRATE see FERROUS SULFATE (7782-63-0)
IRON(II) SULFATE(1:1) HEPTAHYDRATE see FERROUS SULFATE (7782-63-0)
IRON SULFATE (1:1) see FERROUS SULFATE (7720-78-7)
IRON(2+) SULFATE (1:1) see FERROUS SULFATE (7720-78-7)
IRON SULFATE (2:3) see FERRIC SULFATE
IRON(2+) SULFATE HEPTAHYDRATE see FERROUS SULFATE (7782-63-0)
IRON (3+) SULFATE see FERRIC SULFATE
IRON(III) SULFATE see FERRIC SULFATE
IRON(2+) SULFATE see FERROUS SULFATE (7720-78-7)
IRON(II) SULFATE see FERROUS SULFATE (7720-78-7)
IRON(2+) SULPHATE HEPTAHYDRATE see FERROUS SULFATE (7782-63-0)
IRON(II) SULPHATE HEPTAHYDRATE see FERROUS SULFATE (7782-63-0)
IRON TERSULFATE see FERRIC SULFATE
IRON TRICHLORIDE see FERRIC CHLORIDE
IRON TRIFLUORIDE see FERRIC FLUORIDE
IRON TRINITRATE see FERRIC NITRATE
IRON TRIS(DIMETHYLCARBAMODITHIOATO-S,S'-)- see FERBAM
IRON TRIS(DIMETHYLCARBAMODITHIOATO-S,S')-, (OC-6-11)- see FERBAM
IRON TRIS(DIMETHYLTHIOCARBAMATE) see FERBAM
IRON TRIS(DIMETHYLDITHIOCARBAMATO)- see FERBAM
IRON VITRIOL see FERROUS SULFATE (7720-78-7)
IRON VITROL see FERROUS SULFATE (7782-63-0)
IROSPAN see FERROUS SULFATE (7720-78-7)
IROSUL see FERROUS SULFATE (7720-78-7)
IROSUL see FERROUS SULFATE (7782-63-0)
IRRADIATED ERGOSTA-5,7,22,-TRIEN-3-β-OL see ERGOCALCIFEROL
ISANOL see n-BUTYL ALCOHOL
ISCEON 22 see CHLORODIFLUOROMETHANE
ISCEON 113 see FREON 113
ISCEON 122 see DICHLORODIFLUOROMETHANE
ISCEON 131 see TRICHLOROFLUOROMETHANE
ISCOBROME D see 1,2-DIBROMOETHANE
ISCOBROME see BROMOMETHANE
ISCOTHANE see DINOCAP
ISCOVESCO see DIETHYLSTILBESTROL
ISOACETOPHORONE see ISOPHORONE
ISOAMYCIN see AMPHETAMINE
ISOAMYL ETHANOATE see iso-AMYL ACETATE
ISOAMYL ETHANOATE see sec-AMYL ACETATE
ISOAMYL HYDRIDE see ISOPENTANE
ISOBAC 20 see HEXACHLOROPHENE
ISOBAC see HEXACHLOROPHENE
ISOBARB see PENTOBARBITOL SODIUM
ISOBENZANO (Spanish) see ISOBENZAN
1,3-ISOBENZOFURANDIONE see PHTHALIC ANHYDRIDE
ISOBUTALDEHYDE see ISOBUTYRALDEHYDE
ISOBUTANAL see ISOBUTYRALDEHYDE
ISOBUTANO (Spanish) see ISOBUTANE
ISOBUTANOIC ACID see iso-BUTYRIC ACID

ISOBUTANOL *see* ISOBUTYL ALCOHOL
ISOBUTENE *see* 2-METHYLPROPENE
ISOBUTENYL CHLORIDE *see* 3-CHLORO-2-METHYL-1-PROPENE
ISOBUTILAMINA (Spanish) *see* iso-BUTYLAMINE
ISOBUTIRALDEHIDO (Spanish) *see* ISOBUTYRALDEHYDE
ISOBUTIRONITRILO (Spanish) *see* ISOBUTYRONITRILE
ISOBUTYALDEHYD (Czech) *see* ISOBUTYRALDEHYDE
ISOBUTYL ACETATE (DOT) *see* iso-BUTYL ACETATE
ISOBUTYL ALDEHYDE (DOT) *see* ISOBUTYRALDEHYDE
ISOBUTYL METHYL KETONE *see* METHYL ISOBUTYL KETONE
ISOBUTYLALKOHOL (Czech) *see* ISOBUTYL ALCOHOL
ISOBUTYLAMINE *see* iso-BUTYLAMINE
ISOBUTYLENE *see* 2-METHYLPROPENE
ISOBUTYLENE *see* PROPYLENE
ISOBUTYLESTER KYSELINY OCTOVE (Czech) *see* iso-BUTYL ACETATE
ISOBUTYRAL *see* ISOBUTYRALDEHYDE
ISOBUTYRIC ACID *see* iso-BUTYRIC ACID
ISOBUTYRIC ALDEHYDE *see* ISOBUTYRALDEHYDE
ISOCIANATO de METILO (Spanish) *see* METHYL ISOCYANATE
ISOCIANATO de p-CLOROFENILO (Spanish) *see* p-CHLOROPHENOL ISOCYANATE
ISOCINCHOMERONIC ACID, DIPROPYL ESTER *see* DIPROPYL ISOCINCHOMERONATE
ISOCINCHOMERONYL DIPROPYLESTER *see* DIPROPYL ISOCINCHOMERONATE
ISO-CORNOX *see* MECOPROP
ISO-CORNOX 64 *see* MECOPROP
ISOCOTHANE *see* DINOCAP
ISOCYANATE 580 *see* POLYMERIC DIPHENYLMETHANE DIISOCYANATE
ISOCYANATE METHANE *see* METHYL ISOCYANATE
ISOCYANATE de METHYLE (French) *see* METHYL ISOCYANATE
5-ISOCYANATO-1-(ISOCYANATOMETHYL)-1,3,3,-TRIMETHYLCYCLOHEXANE *see* 1-(3-CHLORALLYL)-3,5,7-TRIAZA-1-AZONIAADAMANTANE CHLORIDE
5-ISOCYANATO-1-(ISOCYANATOMETHYL)-1,3,3-TRIMETHYLCYCLOHEXANE *see* ISOPHORONE DIISOCYANATE
5-(p-ISOCYANATOBENZYL)-o-TOLYL SIOCYANATE *see* 4-METHYLDIPHENYLMETHANE-3,4-DIISOCYANATE
ISOCYANATOMETHANE *see* METHYL ISOCYANATE
3-ISOCYANATOMETHYL-3,5,5-TRIMETHYLCYCLOHEXYL ISOCYANATE *see* ISOPHORONE DIISOCYANATE
3-ISOCYANATOMETHYL-3,5,5-TRIMETHYLCYCLOHEXYLISOCYANATE *see* 1-(3-CHLORALLYL)-3,5,7-TRIAZA-1-AZONIAADAMANTANE CHLORIDE
o-((p-ISOCYANATOPHENYL)THIO)PHENYL ISOCYANATE *see* 2,4'-DIISOCYANATODIPHENYL ETHER
ISOCYANIC ACID, 1,5-NAPHTHYLENE ESTER *see* 1,5-NAPHTHALENE DIISOCYANATE
ISOCYANIC ACID, 2-METHYL-m-PHENYLENE ESTER *see* TOLUENE-2,6-DIISOCYANATE
ISOCYANIC ACID 3,3'-DIMETHOXY-4,4'-BIPHENYLENE ESTER *see* 3,3'-DIMETHOXYBENZIDINE-4,4'-DIISOCYANATE
ISOCYANIC ACID, 3,3'-DIMETHYL-4,4'-BIPHENYLENE ESTER *see* 3,3'-DIMETHYL-4,4'-DIPHENYLENE DIISOCYANATE
ISOCYANIC ACID, 3,3'-DIMETHYL-4,4'-BIPHENYLENE ESTER *see* 3,3'-DIMETHYL-4,4'-DIPHENYLENE DIISOCYANATE
ISOCYANIC ACID, p-CHLOROPHENYL ESTER *see* p-CHLOROPHENOL ISOCYANATE
ISOCYANIC ACID, DIESTER with 1,6-HEXANEDIOL *see* HEXAMETHYLENE-1,6-DIISOCYANATE
ISOCYANIC ACID, ESTER with DI-O-TOLUENEMETHANE *see* 3,3'-DIMETHYLDIPHENYLMETHANE-4,4'-DIISOCYANTE
ISOCYANIC ACID, ESTER with DIPHENYLMETHANE *see* METHYLBIS(PHENYLISOCYANATE)

ISOCYANIC ACID, ESTER with O,O'-DIMETHOXYBIPHENYL *see* 3,3'-DIMETHOXYBENZIDINE-4,4'-DIISOCYANATE
ISOCYANIC ACID, HEXAMETHYLENE ESTER *see* HEXAMETHYLENE-1,6-DIISOCYANATE
ISOCYANIC ACID, 4-METHYL-M-PHENYLENE ESTER *see* TOLUENE-2,4-DIISOCYANATE
ISOCYANIC ACID, METHYL ESTER *see* METHYL ISOCYANATE
ISOCYANIC ACID, METHYLENE-(3,5,5-TRIMETHYL-3,1-CYCLOHEXYLENE)ESTER *see* 1-(3-CHLORALLYL)-3,5,7-TRIAZA-1-AZONIAADAMANTANE CHLORIDE
ISOCYANIC ACID, METHYLENE(3,5,5-TRIMETHYL-3,1-CYCLOHEXYLENE) ESTER *see* ISOPHORONE DIISOCYANATE
ISOCYANIC ACID, METHYLENEBIS(2-METHYL-P-PHENYLENE) ESTER *see* 3,3'-DIMETHYLDIPHENYLMETHANE-4,4'-DIISOCYANTE
ISOCYANIC ACID, METHYLENEDI-4,1-CYCLOHEXYLENE ESTER *see* 1,1-METHYLENEBIS(4-ISOCYANATOCYCLOHEXANE)
ISOCYANIC ACID, METHYLENEDI-p-PHENYLENE ESTER *see* METHYLBIS(PHENYLISOCYANATE)
ISOCYANIC ACID, METHYLPHENYLENE ESTER *see* TOLUENEDIISOCYANATE (MIXED ISOMERS)
ISOCYANIC ACID, METHYLPHENYLENE ESTER *see* TOLUENE-2,4-DIISOCYANATE
ISOCYANIC ACID, m-PHENYLENE ESTER *see* 1,3-PHENYLENE DIISOCYANATE
ISOCYANIC ACID, p-PHENYLENE ESTER *see* 1,4-PHENYLENE DIISOCYANATE
ISOCYANIC ACID, POLYMETHYLENEPOLYPHENYLENE ESTER *see* POLYMERIC DIPHENYLMETHANE DIISOCYANATE
ISOCYANIDE *see* CYANIDE
β-ISOCYANOTOETHYLMETHACRYLATE *see* METHACRYLOYLOXYETHYL ISOCYANATE
2-ISOCYANOTOETHYLMETHACRYLATE *see* METHACRYLOYLOXYETHYL ISOCYANATE
ISODRINA (Spanish) *see* ISODRIN
ISOFLUOROPHATE *see* DIISOPROPYLFLUOROPHOSPHATE
ISOFLUORPHATE *see* DIISOPROPYLFLUOROPHOSPHATE
ISOFLURIPHATE *see* DIISOPROPYLFLUOROPHOSPHATE
ISOFORON *see* ISOPHORONE
ISOFORONA (Spanish) *see* ISOPHORONE
ISOFORONE (Italian) *see* ISOPHORONE
ISOHOL *see* ISOPROPYL ALCOHOL
1H-ISOINDOLE-1,3(2H)-DIONE, 2-((TRICHLOROMETHYL)THIO)- *see* FOLPET
1H-ISOINDOLE-1,3(2H)-DIONE,3a,4,7,7a-TETRAHYDRO-2-((TRICHLOROMETHYL)THIOL)- *see* CAPTAN
ISOLAN *see* ISOPROPYLMETHYLPYRAZOYL DIMETHYLCARBAMATE
ISOLANE (French) *see* ISOPROPYLMETHYLPYRAZOYL DIMETHYLCARBAMATE
3,4,5- + 2,3,5 ISOMERS of TRIMETHYLPHENYL METHYL CARBAMATE *see* 2,3,5-TRIMETHYLPHENYL METHYLCARBAMATE
ISOMETASYSTOX *see* DEMETON-s-METHYL
ISOMETHYLSYSTOX *see* DEMETON-s-METHYL
ISOMETHYLSYSTOX SULFOXIDE *see* OXYDEMETON METHYL
ISOMYN *see* AMPHETAMINE
ISONATE 125 MF *see* METHYLBIS(PHENYLISOCYANATE)
ISONATE 125M *see* METHYLBIS(PHENYLISOCYANATE)
ISONATE 390P *see* POLYMERIC DIPHENYLMETHANE DIISOCYANATE
ISONITOX *see* PHOSPHOROTHIOIC ACID, O,O-DIMETHYL-5-(2-(METHYLTHIO)ETHYL)ESTER
ISONITROPROPANE *see* 2-NITROPROPANE
ISOOCTANE *see* 2,2,4-TRIMETHYLPENTANE
ISOOCTYL ESTER of DICHLORO 2,4-CHLOROACETIC ACID *see* 2,4-D ISOOCTYL ESTER
ISOPENTANO (Spanish) *see* ISOPENTANE

ISOPENTENE see 3-METHYL-1-BUTENE
ISOPENTYL ACETATE see iso-AMYL ACETATE
ISOPENTYL ACETATE see sec-AMYL ACETATE
ISOPHORONE DIAMINE DIISOCYANATE see ISOPHORONE DIISOCYANATE
ISOPHORONE DIAMINE DIISOCYANATE see 1-(3-CHLORALLYL)-3,5,7-TRIAZA-1-AZONIAADAMANTANE CHLORIDE
ISOPHTHALONITRILE,TETRACHLORO see CHLOROTHALONIL
ISOPRENE RUBBER see ISOPRENE
ISOPRENO (Spanish) see ISOPRENE
ISOPROPANOL see ISOPROPYL ALCOHOL
ISOPROPENE CYANIDE see METHACRYLONITRILE
ISOPROPENYLNITRILE see METHACRYLONITRILE
ISOPROPILAMINA (Italian, Spanish) see ISOPROPYLAMINE
ISOPROPILBENZENE (Italian) see CUMENE
ISOPROPIL-N-FENIL-CARBAMMATO (Italian) see PROPHAM
p,p'-ISOPROPILIDENDIFENOL (Spanish) see 4,4'-ISOPROPYLIDENEDIPHENOL
(1-ISOPROPIL-3-METIL-1H-PIRAZOL-5-IL)-N,N-DIMETIL-CARBAMMATO (Italian) see ISOPROPYLMETHYLPYRAZOYL DIMETHYLCARBAMATE
(E)-O-2-ISOPROPOXYCARBONYL-1-METHYLVINYL-O-METHYLETHYLPHOSPHORAMIDOTHIOATE see PROPETAMPHOS
o-(1-ISOPROPOXYCARBONYL-1-PROPEN-2-YL)-O-METHYL-ETHYL-PHOSPHORAMIDOTHIONATE see PROPETAMPHOS
ISOPROPOXYMETHYLPHORYL, FLUORIDE see SARIN
o-(2-ISOPROPOXYPHENYL) N-METHYLCARBAMATE see PROPOXUR
2-ISOPROPOXYPHENYL METHYLCARBAMATE see PROPOXUR
o-ISOPROPOXYPHENYL METHYLCARBAMATE see PROPOXUR
2-ISOPROPOXYPHENYL N-METHYLCARBAMATE see PROPOXUR
o-ISOPROPOXYPHENYL N-METHYLCARBAMATE see PROPOXUR
ISOPROPYLACETONE see METHYL ISOBUTYL KETONE
ISOPROPYL ALDEHYDE see ISOBUTYRALDEHYDE
ISO-PROPYLALKOHOL (German) see ISOPROPYL ALCOHOL
ISOPROPYLAMINO-O-ETHYL-(4-METHYLMER CAPTO-3-METHYLPHENYL)PHOSPHATE see FENAMIPHOS
ISOPROPYLBENZEEN (Dutch) see CUMENE
ISOPROPYLBENZENE HYDROPEROXIDE see CUMENE HYDROPEROXIDE
ISOPROPYLBENZENE see CUMENE
ISOPROPYL-BENZOL (German) see CUMENE
ISOPROPYLBENZOL see CUMENE
ISOPROPYL CARBANILATE see PROPHAM
ISOPROPYL CARBANILIC ACID ESTER see PROPHAM
ISOPROPYLCARBINOL see ISOBUTYL ALCOHOL
ISOPROPYL CHLORIDE see PROPANE, 2-CHLORO-
n-ISOPROPYL-2-CHLOROACETANILIDE see PROPACHLOR
n-ISOPROPYL-α-CHLOROACETANILIDE see PROPACHLOR
ISOPROPYL CHLOROCARBONATE see ISOPROPYL CHLOROFORMATE
ISOPROPYL 2-CHLOROETHYL SULFITE see ARAMITE
ISOPROPYL CHLOROMETHANOATE see ISOPROPYL CHLOROFORMATE
ISOPROPYL CYANIDE see ISOBUTYRONITRILE
ISOPROPYL 2,4-D ESTER see 2,4-D ISOPROPYL ESTER
ISOPROPYL (2,4-DICHLOROPHENOXY)ACETATE see 2,4-D ISOPROPYL ESTER
ISOPROPYL 2,4-DICHLOROPHENOXYACETATE see 2,4-D ISOPROPYL ESTER
ISOPROPYL DIETHYLDITHIOPHOSPHORYLACETAMIDE see PROTHOATE
ISOPROPYL O-(ETHOXY-N-ISOPROPYLAMINO(THIOPHOSPHORYL))SALICYLATE see ISOFENPHOS
ISOPROPYL O-(ETHOXY(ISOPROPYLAMINO)PHOSPHINOTHIOYL)SALICYLATE see ISOFENPHOS
ISOPROPYL 3-(ETHYLAMINO(METHOXY)PHOSPHINOTHIOYLOXY)ISOCROTONATE see PROPETAMPHOS

ISOPROPYL 3-(((ETHYLAMI-
NO)METHOXYPHOSPHINOTHIOYL)OXY)CROTONATE see PROPETAM-
PHOS
ISOPROPYL-N-FENYL-CARBAMAAT (Dutch) see PROPHAM
ISOPROPYL FLUOPHOSPHATE see DIISOPROPYLFLUOROPHOSPHATE
ISOPROPYLFORMALDEHYDE see ISOBUTYRALDEHYDE
ISOPROPYLFORMIC ACID see iso-BUTYRIC ACID
ISOPROPYLIDENEBIS(4-HYDROXYBENZENE) see 4,4'-ISOPROPYLIDENE-
DIPHENOL
4,4'-ISOPROPYLIDENEBIS(PHENOL) see 4,4'-ISOPROPYLIDENEDIPHENOL
p,p'-ISOPROPYLIDENEBISPHENOL see 4,4'-ISOPROPYLIDENEDIPHENOL
p,p'-ISOPROPYLIDENEDIPHENOL see 4,4'-ISOPROPYLIDENEDIPHENOL
4,4-ISOPROPYLIDENEDIPHENOL see 4,4'-ISOPROPYLIDENEDIPHENOL
ISOPROPYLKYANID see ISOBUTYRONITRILE
2,3-ISOPROPYLIDENE-DIOXYPHENYL METHYLCARBAMATE see BENDIO-
CARB
n-ISOPROPYL-2-MERCAPTOACETAMIDE-S-ESTER with O,O-DIETHYL
PHOSPHORODITHIOATE see PROTHOATE
ISOPROPYL-METHYL-PHOSPHORYL FLUORIDE see SARIN
(1-ISOPROPYL-3-METHYL-1H-PYRAZOL-5-YL)-N,N-DIMETHYL CARBA-
MATE see ISOPROPYLMETHYLPYRAZOYL DIMETHYLCARBAMATE
(1-ISOPROPYL-3-METHYL-1H-PYRAZOL-5-YL)-N,N-DIMETHYL-CARBAMAT
(German) see ISOPROPYLMETHYLPYRAZOYL DIMETHYLCARBAMATE
1-ISOPROPYL-3-METHYL-5-PYRAZOLYL DIMETHYL CARBAMATE see ISO-
PROPYLMETHYLPYRAZOYL DIMETHYLCARBAMATE
3-ISOPROPYL-5-METHYLCARBAMIC ACID METHYL ESTER see PROME-
CARB
ISOPROPYL METHYLFLUOROPHOSPHATE see SARIN
3-ISOPROPYL-5-METHYLPHENYL-N-METHYLCARBAMATE see PROME-
CARB
ISOPROPYL METHYLPHOSPHONOFLUORIDATE see SARIN
ISOPROPYL METHYLPHOSPHONOFLUORIDATE see SARIN
o-ISOPROPYL METHYLPHOSPHONOFLUORIDATE see SARIN
ISOPROPYLMETHYLPYRAZOLDIMETHYLCARBAMATE see ISOPROPYL-
METHYLPYRAZOYL DIMETHYLCARBAMATE
1-ISOPROPYL-3-METHYLPYRAZOLYL-(5)-DIMETHYLCARBAMATE see ISO-
PROPYLMETHYLPYRAZOYL DIMETHYLCARBAMATE
ISOPROPYLMETHYLPYRIMIDYL DIETHYL THIOPHOSPHATE see DIAZI-
NON
o-2-ISOPROPYL-4-METHYLPYRIMYL-O,O-DIETHYL PHOSPHOROTHIOATE
see DIAZINON
ISOPROPYL NITRILE see ISOBUTYRONITRILE
m-ISOPROPYLPHENOL-N-METHYLCARBAMATE see PHENOL, 3-(1-
METHYLETHYL)-, METHYLCARBAMATE
3-ISOPROPYLPHENOL-N-METHYLCARBAMATE see PHENOL, 3-(1-
METHYLETHYL)-, METHYLCARBAMATE
m-ISOPROPYLPHENOL METHYLCARBAMATE see PHENOL, 3-(1-METHYL-
ETHYL)-, METHYLCARBAMATE
3-ISOPROPYLPHENOL METHYLCARBAMATE see PHENOL, 3-(1-METHYL-
ETHYL)-, METHYLCARBAMATE
ISOPROPYL-N-PHENYL-CARBAMAT (German) see PROPHAM
m-ISOPROPYLPHENYL-N-METHYLCARBAMATE see PHENOL, 3-(1-
METHYLETHYL)-, METHYLCARBAMATE
ISOPROPYL-N-PHENYL CARBAMATE see PROPHAM
o-ISOPROPYL-N-PHENYL CARBAMATE see PROPHAM
3-ISOPROPYLPHENYL METHYLCARBAMATE see PHENOL, 3-(1-METHYL-
ETHYL)-, METHYLCARBAMATE
ISOPROPYL-N-PHENYLCARBAMATE see PROPHAM
ISOPROPYL PHENYLCARBAMATE see PROPHAM
ISOPROPYL-N-PHENYURETHAN (German) see PROPHAM
ISOPROPYLPHOSPHORAMIDIC ACID ETHYL 4-(METHYLTHIO)-M-TOYL
ESTER see FENAMIPHOS
ISOPROPYLPHOSPHORAMIDOTHIOATE see ISOFENPHOS

ISOPROPYL SALICYLATE O-ESTER with O-ETHYL ISOPROPYLPHOSPHO-
RAMIDOTHIOATE *see* ISOFENPHOS
5-ISOPROPYL-M-TOLYL METHYL-CARBAMATE *see* PROMECARB
ISOPROYL PHOSPHOROFLUORIDATE *see* DIISOPROPYLFLUOROPHOS-
PHATE
ISOPTO CARBACHOL *see* CARBACHOL CHLORIDE
ISOPTO CARBACHOL *see* CAPTAN
(1-ISOPROPYL-3-METHYL-1H-PYRAZOL-5-YL)-N,N-DIMETHYL-CARBAM-
AAT (Dutch) *see* ISOPROPYLMETHYLPYRAZOYL DIMETHYLCARBA-
MATE
ISOSAFROL (Spanish) *see* ISOSAFROLE
ISOTHIOCYANATE de METHYLE (French) *see* METHYL ISOTHIOCYANATE
ISOTHIOCYANATOMETHANE *see* METHYL ISOTHIOCYANATE
ISOTHIOCYANIC ACID-p-PHENYLENE ESTER *see* BITOSCANTE
ISOTHIOCYANIC ACID, METHYL ESTER *see* METHYL ISOTHIOCYANATE
ISOTHIOSEMICARBAZIDE *see* THIOSEMICARBAZIDE
ISOTHIOUREA *see* THIOUREA
ISOTIOCIANATO di METILE (Italian) *see* METHYL ISOTHIOCYANATE
ISOTOX *see* α-HEXACHLOROCYCLOHEXANE
ISOTOX *see* LINDANE
ISOTOX SEED TREATER 'D' and 'F' *see* CAPTAN
ISOTRON 2 *see* DICHLORODIFLUOROMETHANE
ISOTRON 11 *see* TRICHLOROFLUOROMETHANE
ISOTRON 12 *see* DICHLORODIFLUOROMETHANE
ISOTRON 22 *see* CHLORODIFLUOROMETHANE
ITALCOR *see* ALUMINUM OXIDE
ITOPAZ *see* ETHION
IVALON *see* FORMALDEHYDE
IVORAN *see* DDT
IVOSIT *see* DINITROBUTYL PHENOL
IXODEX *see* DDT
IZOFORON (Polish) *see* ISOPHORONE
J100 *see* o-DICHLOROBENZENE
JACUTIN *see* HEXACHLOROCYCLOHEXANE (ALL ISOMERS)
JACUTIN *see* LINDANE
JALAN *see* MOLINATE
JANUS *see* LINURON
JANUS *see* TRIFLURALIN
JAPAN GREEN 1 *see* C.I. ACID GREEN 3
JAPAN RED 5 *see* C.I. SOLVENT ORANGE 7
JAPAN RED 213 *see* C.I. FOOD RED 15
JAPAN RED 505 *see* C.I. SOLVENT ORANGE 7
JAPAN RED No. 5 *see* C.I. SOLVENT ORANGE 7
JAPAN RED No. 213 *see* C.I. FOOD RED 15
JASAD *see* ZINC
JASMOLIN I *see* PYRETHRINS (8003-34-7)
JASMOLIN II *see* PYRETHRINS (8003-34-7)
JAVA PONCEAU 2R *see* C.I. FOOD RED 5
JAVEX *see* SODIUM HYPOCHLORITE
JAYFLEX DOA *see* BIS(2-ETHYLHEXYL)ADIPATE
JEFFAMINE AP-20 *see* 4,4'-METHYLENEDIANILINE
JEFFERSOL EE *see* 2-ETHOXYETHANOL
JEFFERSOL EM *see* 2-METHOXYETHANOL
JESTRYL *see* CARBACHOL CHLORIDE
JIS-G 1213 *see* MANGANESE
JISC 3108 *see* ALUMINUM
JISC 3110 *see* ALUMINUM
JMI SLOOP *see* LEAD
JOD-METHAN (German) *see* METHYL IODIDE
JODCYAN *see* CYANOGEN IODIDE
JOLT *see* ETHOPROP
JONIT *see* BITOSCANTE
JOODMETHAAN (Dutch) *see* METHYL IODIDE
JUBENON R *see* ALUMINUM OXIDE

JULIN'S CARBON CHLORIDE *see* HEXACHLOROBENZENE
JUPITAL *see* CHLOROTHALONIL
JUSTRITE THINNER AND CLEANER *see* 2-ETHOXYETHANOL
4K-2M *see* METHOXONE
K19 *see* TRIPHENYLTIN HYDROXIDE
K62-105 *see* LEPTOPHOS
K III *see* 4,6-DINITRO-o-CRESOL
K IV *see* 4,6-DINITRO-o-CRESOL
KA 101 *see* ALUMINUM OXIDE
KADMIUM (German) *see* CADMIUM
KADMIUMCHLORID(Germany) *see* CADMIUM CHLORIDE
KADMIUMSTEARAT (German) *see* CADMIUM STEARATE
KADMU (Polish) *see* CADMIUM
KADMU TLENEK (Polish) *see* CADMIUM OXIDE
KAFA *see* PHENACETIN
KAFAR COPPER *see* COPPER
KAFIL *see* PERMETHRIN
KAISER CHEMICALS 11 *see* FREON 113
KAISER NCO 20 *see* POLYMERIC DIPHENYLMETHANE DIISOCYANATE
KAKEN *see* CYCLOHEXIMIDE
KAKO BLUE B SALT *see* 3,3'-DIMETHOXYBENZIDINE
KAKO RED TR BASE *see* p-CHLORO-o-TOLUIDINE
KAKODYLAN DODNY *see* SODIUM CACODYLATE
KALEX ACIDS *see* ETHYLENEDIAMINE-TETRAACETIC ACID (EDTA)
KALIUM-CYANID (German) *see* POTASSIUM CYANIDE
KALIUMARSENIT (German) *see* POTASSIUM ARSENITE
KALIUMDICHROMAT (German) *see* POTASSIUM BICHROMATE
KALIUMHYDROXID (German) *see* POTASSIUM HYDROXIDE
KALIUMHYDROXYDE (Dutch) *see* POTASSIUM HYDROXIDE
KALIUMPERMANGANAAT (Dutch) *see* POTASSIUM PERMANGANATE
KALIUMPERMANGANAT (German) *see* POTASSIUM PERMANGANATE
KALMIN *see* PHENACETIN
KALO *see* CALCIUM ARSENATE
KALPHOS *see* PARATHION
KALZIUMARSENIAT (German) *see* CALCIUM ARSENATE
KAMBAMINE RED TR *see* p-CHLORO-o-TOLUIDINE
KAMFOCHLOR *see* TOXAPHENE
KAMPSTOFF LOST *see* MUSTARD GAS
KANDISET *see* SACCHARIN
KANECHLOR *see* POYLCHLORINATED BIPHENYLS
KANECHLOR 300 *see* POYLCHLORINATED BIPHENYLS
KANECHLOR 400 *see* POYLCHLORINATED BIPHENYLS
KANECHLOR 500 *see* POYLCHLORINATED BIPHENYLS
KANKEREX *see* MERCURIC OXIDE
ε-KAPROLAKTAM (Czech, Polish) *see* CAPROLACTUM
KAPTAN *see* CAPTAN
KAPTAX *see* 2-MERCAPTOBENZOTHIAZOLE
KARATHANE *see* DINOCAP
KARATHANE WD *see* DINOCAP
KARATHENE *see* DINOCAP
KARBAM BLACK *see* FERBAM
KARBAM CARBAMATE *see* FERBAM
KARBAM WHITE *see* ZIRAM
KARBARYL (Polish) *see* CARBARYL
KARBASPRAY *see* CARBARYL
KARBATION *see* METHAM SODIUM
KARBATOX *see* CARBARYL
KARBICRON *see* DICROTOPHOS
KARBOFOS *see* MALATHION
KARBOSEP *see* CARBARYL
KARIDIUM *see* SODIUM FLUORIDE
KARIGEL *see* SODIUM FLUORIDE
KARI-RINSE *see* SODIUM FLUORIDE
KARMEX *see* DIURON

KARMEX DIURON HERBICIDE *see* DIURON
KARMEX DW *see* DIURON
KARMEX MONURON HERBICIDE *see* MONURON
KARMEX W MONURON HERBICIDE *see* MONURON
KARPEN *see* DODINE
KARSAN *see* FORMALDEHYDE
KATHARIN *see* CARBON TETRACHLORIDE
KAVADEL *see* DIOXATHION
KAYAFUME *see* BROMOMETHANE
KAYAKU BLUE B BASE *see* 3,3'-DIMETHOXYBENZIDINE
KAYAKU DIRECT BLUE BB *see* C.I. DIRECT BLUE 6
KAYAKU DIRECT DEEP BLACK GX *see* C.I. DIRECT BLACK 38
KAYAKU DIRECT DEEP BLACK EX *see* C.I. DIRECT BLACK 38
KAYAKU DIRECT DEEP BLACK S *see* C.I. DIRECT BLACK 38
KAYAKU DIRECT DEEP BLACK EX *see* C.I. DIRECT BLACK 38
KAYAKU DIRECT SPECIAL BLACK AAX *see* C.I. DIRECT BLACK 38
KAYAKU SCARLET G BASE *see* 5-NITRO-o-TOLUENE
KAYALON FAST YELLOW G *see* C.I. DISPERSE YELLOW 3
KAYANOL MILLING RED RS *see* C.I. ACID RED 114
KAYARUS SUPRA BROWN BRS *see* C.I. DIRECT BROWN 95
KAYASET YELLOW G *see* C.I. DISPERSE YELLOW 3
KAYAZINON *see* DIAZINON
KAYAZOL *see* DIAZINON
KAZOE *see* SODIUM AZIDE
KCA ACETATE FAST YELLOW G *see* C.I. DISPERSE YELLOW 3
KCA LIGHT FAST BROWN BR *see* C.I. DIRECT BROWN 95
KECIMETON *see* FLUOROURACIL
KEL F MONOMER *see* TRIFLUOROCHLOROETHYLENE
KELENE *see* CHLOROETHANE
KELTANE *see* DICOFOL
KELTHANE *see* DICOFOL
p,p'-KELTHANE *see* DICOFOL
KELTHANE A *see* DICOFOL
KELTHANETHANOL *see* DICOFOL
KEMATE *see* ANILAZINE
KEMESTER DMP *see* DIMETHYL PHTHALATE
KEMOLATE *see* PHOSMET
KENAPON *see* 2,2-DICHLOROPROPIONIC ACID
KENOFURAN *see* CARBOFURAN
KERB 50W *see* PRONAMIDE
KERB PROPYZAMIDE 50 *see* PRONAMIDE
KERB *see* PRONAMIDE
KESSODANTEN *see* PHENYTOIN
KESTER 103 THINNER *see* ISOBUTYL ALCOHOL
KESTER 108 THINNER *see* ISOBUTYL ALCOHOL
KESTER 145 ROSIN FLUX *see* ISOBUTYL ALCOHOL
KESTER 185 ROSIN FLUX *see* ISOBUTYL ALCOHOL
KESTER 1585 ROSIN FLUX *see* ISOBUTYL ALCOHOL
KESTER 5612 PROTECTO *see* n-BUTYL ALCOHOL
KESTREL *see* PERMETHRIN
KETJEN B *see* ALUMINUM OXIDE
KETOHEXAMETHYLENE *see* CYCLOHEXANONE
2-KETOHEXAMETHYLENEIMINE *see* CAPROLACTUM
KETONE, DIMETHYL *see* ACETONE
KETONE, ETHYL METHYL *see* METHYL ETHYL KETONE
KETONE METHYL PHENYL *see* ACETOPHENONE
KETONE PROPANE *see* ACETONE
β-KETOPROPANE *see* ACETONE
KEY-SERPINE *see* RESPIRINE
KEYCIDE X-10 *see* BIS(TRIBUTYLTIN)OXIDE
KHALADON 22 *see* CHLORODIFLUOROMETHANE
KHLADON 22 *see* CHLORODIFLUOROMETHANE
KHLADON 113 *see* FREON 113
KHLADON 114B2 *see* DIBROMOTETRAFLUOROETHANE

KHP 2 *see* ALUMINUM OXIDE
KIDOLINE *see* EPINEPHRINE
KILDIP *see* 2,4-DP
KILEX 3 *see* 2,4,5-T ESTERS (93-79-8)
KILEX 3 *see* 2,4,5-T ESTERS (61792-07-2)
KILL-ALL *see* SODIUM ARSENITE
KILLAX *see* TEPP
KILLGERM DETHLAC INSECTICIDAL LAQUER *see* DIELDRIN
KILLGERM SEWARIN P *see* WARFARIN
KILL KANTZ *see* ANTU
KILMAG *see* CALCIUM ARSENATE
KILMITE 40 *see* TEPP
KILMOL *see* WARFARIN
KILOSEB *see* DINITROBUTYL PHENOL
KILPROP *see* MECOPROP
KILRAT *see* ZINC PHOSPHIDE
KILSEM *see* METHOXONE
KING'S GOLD *see* ARSENIC TRISULFIDE
KING'S GREEN *see* CUPRIC ACETOARSENITE
KING'S YELLOW *see* ARSENIC TRISULFIDE
KITENE *see* RESPIRINE
KITON GREEN F *see* C.I. ACID GREEN 3
KITON GREEN FC *see* C.I. ACID GREEN 3
KITON PONCEAU 2R *see* C.I. FOOD RED 5
KITON PONCEAU R *see* C.I. FOOD RED 5
KITON SCARLET 2RC *see* C.I. FOOD RED 5
KIWIYDIPHENYL *see* 2-PHENYLPHENOL
KLAVI KORDAL *see* NITROGLYCERIN
KLEER-LOT *see* AMITROLE
KLIMANOSID *see* RESPIRINE
KLOROCIN *see* SODIUM HYPOCHLORITE
KMH *see* MALEIC HYDRAZIDE
KNOCKMATE *see* FERBAM
KNOX-WEED *see* DINITROBUTYL PHENOL
KOBALT (German, Polish) *see* COBALT
KOBU *see* QUINTOZINE
KOBUTOL *see* QUINTOZINE
KODAFLEX DIBUTYL PHTHALATE (DBP) *see* DIBUTYL PHTHALATE
KODAFLEX DIOCTYL ADIPATE-DOA *see* BIS(2-ETHYLHEXYL)ADIPATE
KODAFLEX DMP *see* DIMETHYL PHTHALATE
KODAFLEX DOP *see* DI(2-ETHYLHEXYL)PHTHALATE
KODAGRAPH LIQUID DEVELOPER *see* HYDROQUINONE
KODAK 33 STOP BATH *see* ACETIC ACID
KODAK 55/66 DEVELOPER *see* HYDROQUINONE
KOH *see* POTASSIUM HYDROXIDE
KOHLENDISULFID (SCHWEFELKOHLENSTOFF) (German) *see* CARBON DI-SULFIDE
KOKOTINE *see* LINDANE
KOLTAR *see* OXYFLUOFEN
KOMPLEXON I *see* NITRILOTRIACETIC ACID
KOOLSTOFDISULFIDE (ZWAVELKOOLSTOF) (Dutch) *see* CARBON DISULFIDE
KOOLSTOFOXYCHLORIDE (Dutch) *see* PHOSGENE
KOP-THION *see* MALATHION
KOP-THIODAN *see* ENDOSULFAN
KOP MITE *see* CHLOROBENZILATE
KOPFUME *see* 1,2-DIBROMOETHANE
KOPSOL *see* DDT
KORIUM *see* DICHLOROPHENE
KOVAR BRIGHT DIP (412X) *see* NITRIC ACID
KOVAR BRIGHT DIP (412X) *see* ACETIC ACID
KOVAR BRIGHT DIP (RDX-555) *see* NITRIC ACID
KP 2 *see* QUINTOZINE
K-PIN *see* PICLORAM

KRECALVIN *see* DICHLORVOS
KREGASAN *see* THIRAM
KREOZAN *see* 4,6-DINITRO-o-CRESOL
KRESIDINE *see* p-CRESIDINE
KRESOL (German) *see* CRESOL (MIXED ISOMERS)
m-KRESOL (German) *see* m-CRESOL
p-KRESOL (German) *see* p-CRESOL
o-KRESOL (German) *see* o-CRESOL
KRESOLEN (Dutch) *see* CRESOL (MIXED ISOMERS)
KREZIDIN (German) *see* p-CRESIDINE
KREZIDINE *see* p-CRESIDINE
KREZOL (Polish) *see* CRESOL (MIXED ISOMERS)
KREZOTOL 50 *see* 4,6-DINITRO-o-CRESOL
KROMON GREEN B *see* 4-CHLORO-o-TOLUIDINE, HYDROCHLORIDE
KROTENAL *see* DISULFIRAM
KROTILINE *see* 2,4-D
KROTILINE *see* 2,4-D CHLOROCROTYL ESTER
KROTONALDEHYD (Czech) *see* CROTONALDEHYDE
KROVAR II *see* BROMACIL
KRYSID PI *see* ANTU
KRYSID *see* ANTU
KRZEWOTOKS *see* 2,4,5-T ESTERS (93-79-8)
KRZEWOTOKS *see* 2,4,5-T ESTERS (61792-07-2)
KRZEWOTOX *see* 2,4,5-T ESTERS (61792-07-2)
KS-4 *see* LEAD
K-STOFF *see* METHYL CHLOROCARBONATE
KSYLEN (Polish) *see* XYLENE (MIXED ISOMERS)
KTI 1300 THINNER *see* BUTYL ACETATE
KTI 1350 J (+) *see* BUTYL ACETATE
KTI 1350J(+) *see* ETHYLBENZENE
KTI 1370/1375 (+) *see* BUTYL ACETATE
KTI 1470(+) *see* ETHYL ACETATE
KTI 1470 (+) *see* BUTYL ACETATE
KTI ALUMINUM ETCH I *see* NITRIC ACID
KTI ALUMINUM ETCH I/II *see* ACETIC ACID
KTI BUFFERED OXIDE ETCH 6:1 *see* AMMONIUM FLUORIDE
KTI BUFFERED OXIDE ETCH 6:1 *see* HYDROGEN FLUORIDE
KTI BUFFERED OXIDE ETCH 50:1 *see* AMMONIUM FLUORIDE
KTI BUFFERED OXIDE ETCH 50:1 *see* HYDROGEN FLUORIDE
KTI CHROME ETCH *see* NITRIC ACID
KTI COP RINSE I/II *see* ISOBUTYL ALCOHOL
KTI II (+) *see* BUTYL ACETATE
KTI MASK PROTECTIVE COATING *see* ISOBUTYL ALCOHOL
KTI NMD-25(+) *see* ISOBUTYL ALCOHOL
KTI OXIDE ETCH 5:1 *see* HYDROGEN FLUORIDE
KTI OXIDE ETCH 10:1 *see* HYDROGEN FLUORIDE
KTI OXIDE ETCH 50:1 *see* HYDROGEN FLUORIDE
KTI PBR I CLEANING COMPOUND *see* ACETONE
KTI PBS RINSE *see* ISOBUTYL ALCOHOL
KTI PHOTORESIST STANDARD (-) *see* ETHYLBENZENE
KTI PMMA RINSE *see* ISOBUTYL ALCOHOL
KTI PMMA-STANDARD 496K/950K *see* CHLOROBENZENE
KUMANDER *see* WARFARIN
KUMIAI *see* METOLCARB
KUPFERRON *see* CUPFERRON
KUPPERSULFAT (German) *see* CUPRIC SULFATE
KUPRATSIN *see* ZINEB
KURAN *see* SILVEX (2,4,5-TP)
KURAN *see* 2,4,5-TP ESTERS
KURON *see* SILVEX (2,4,5-TP)
KURON *see* 2,4,5-TP ESTERS
KUROSAL *see* SILVEX (2,4,5-TP)
KUROSAL *see* 2,4,5-TP ESTERS
KUROSAL G *see* 2,4,5-TP ESTERS

KUROSAL SL see 2,4,5-TP ESTERS
KUROSALG see SILVEX (2,4,5-TP)
KWAS 2,4-DWUCHLOROFENOKSYOCTOWY see 2,4-D
KWASU 2,4-DWUCHLOROFENOKSOCTOWEGO see 2,4-D
KWELL see LINDANE
KWIK (Dutch) see MERCURY
KWIK-KIL see STRYCHNINE
KWIKSAN see PHENYLMERCURY ACETATE
KWIT see ETHION
KYANID SODNY (Czech) see SODIUM CYANIDE
KYANID STRIBRNY (Czech) see SILVER CYANIDE
KYANOSSTRIBRNAN DRASELNY (Czech) see POTASSIUM SILVER CYANIDE
KYPCHLOR see CHLORDANE
KYPFARIN see WARFARIN
KYPFOS see MALATHION
KYPMAN 80 see MANEB
KYPTHION see PARATHION
KYPZIN see ZINEB
KYSELINA-2,4-DICHLORFENOXYOCTOVA (Czech) see 2,4-D
KYSELINA-3,6-ENDOMETHYLEN-3,4,5,6,7,7-HEXACHLOR-δ'-TETRAHYDROFTALOVA (Czech) see CHLORENDIC ACID
KYSELINA ADIPOVA (Czech), MOLTEN ADIPIC ACID see ADIPIC ACID
KYSELINA BENZOOVA (Czech) see BENZOIC ACID
KYSELINA DUSICNE (Czech) see NITRIC ACID
KYSELINA FUMAROVA (Czech) see FUMARIC ACID
KYSELINA HET (Czech) see CHLORENDIC ACID
KYSELINA ISOMASELNA (Czech) see iso-BUTYRIC ACID
KYSELINA KAKODYLOVA (Czech) see CACODYLIC ACID
KYSELINA NITRILOTRIOCTOVA see NITRILOTRIACETIC ACID
KYSELINA PEROXYOCTOVA see PERACETIC ACID
KYSELINA PIKROVA see PICRIC ACID
KYSLICNIK TRI-N-BUTYLCINICITY (Czech) see BIS(TRIBUTYLTIN)OXIDE
L 3 see SILVER
L 11/6 see PHORATE
L16 see ALUMINUM
L-395 see DIMETHOATE
L 343 see PROTHOATE
L-01748 see DITHIAZANINE IODIDE
L 34314 see DIPHENAMID
L-36352 see TRIFLURALIN
L 5300 see TRIBENURON METHYL
LA 6 see ALUMINUM OXIDE
LABOPAL see PHENYTOIN
LABUCTRIL see BROMOXYNIL
LACQUER ORANGE VG see C.I. SOLVENT YELLOW 14
LACQUER ORANGE VR see C.I. SOLVENT ORANGE 7
LACTONITRILO (Spanish) see LACTONITRILE
LADOB see DINITROBUTYL PHENOL
LAKE BLUE B BASE see 3,3'-DIMETHOXYBENZIDINE
LAKE SCARLET G BASE see 5-NITRO-o-TOLUENE
LAKE SCARLET R see C.I. FOOD RED 5
LAKE SCARLET 2RBN see C.I. FOOD RED 5
LAMBROL see FLUENETIL
LANADIN see TRICHLOROETHYLENE
LANARKITE see LEAD SULFATE (7446-14-2)
LANATOXIN see DIGITOXIN
LANDISAN see METHOXYMETHYLMERCURIC ACETATE
LANDRIN see 2,3,5-TRIMETHYLPHENYL METHYLCARBAMATE
LANDSIDE see LINURON
LANEX see FLUOMETURON
LANICOR see DIGOXIN
LANNATE see METHOMYL
LANOX 90 see METHOMYL

LANOX 216 *see* METHOMYL
LANOXIN *see* DIGOXIN
LAPOTAN *see* ALUMINUM SULFATE
LARVACIDE 100 *see* CHLOROPICRIN
LARVAKIL *see* DIFLUBENZURON
LARVIN *see* THIODICARB
LASEB *see* DINITROBUTYL PHENOL
LASSAGRIN *see* ALACHLOR
LASSO *see* ALACHLOR
LASSO MICRO-TECH *see* ALACHLOR
LASTANOX F *see* BIS(TRIBUTYLTIN)OXIDE
LASTANOX Q *see* BIS(TRIBUTYLTIN)OXIDE
LASTANOX T *see* BIS(TRIBUTYLTIN)OXIDE
LASTANOX T 20 *see* BIS(TRIBUTYLTIN)OXIDE
LATKA-666 *see* HEXACHLOROCYCLOHEXANE (ALL ISOMERS)
LAURYL GUANIDINE ACETATE *see* CHINOMETHIONAT
LAURYLBENZENESULFONATE *see* DODECYLBENZENESULFONIC ACID
LAURYLBENZENESULFONIC ACID *see* DODECYLBENZENESULFONIC ACID
LAURYLBENZENESULPHONIC ACID *see* DODECYLBENZENESULFONIC ACID
LAURYLBENZENESULPHONATE *see* DODECYLBENZENESULFONIC ACID
LAURYLGUANIDINE ACETATE *see* DODINE
LAUXTOL A *see* PENTACHLOROPHENOL
LAUXTOL *see* PENTACHLOROPHENOL
LAWN-KEEP *see* 2,4-D
LAWRENCITE *see* FERROUS CHLORIDE
LAZO *see* ALACHLOR
LE 79-519 *see* PERMETHRIN
Le-100 *see* TABUN
LE CAPTANE (French) *see* CAPTAN
LEA-COV *see* SODIUM FLUORIDE
LEA RONAL NP-A/NP-B SOLDER STRIPPER *see* HYDROGEN PEROXIDE
LEADAC *see* LEAD ACETATE
LEAD ACETATE(II), TRIHYDRATE *see* LEAD ACETATE
LEAD ACETATE ACID *see* LEAD ARSENATE (7645-25-2)
LEAD ACETATE, BASIC *see* LEAD SUBACETATE
LEAD(2+) ACETATE *see* LEAD ACETATE
LEAD(II) ACETATE *see* LEAD ACETATE
LEAD ACETATE TRIHYDRATE *see* LEAD ACETATE
LEAD ACID ARSENATE *see* LEAD ARSENATE (7784-40-9)
LEAD, BIS(ACETATO-O)TETRAHYDROXYTRI- *see* LEAD SUBACETATE
LEAD, BIS(OCTADECANOATO)DIOXODI- *see* LEAD STEARATE (56189-09-4)
LEAD BOTTOMS *see* LEAD SULFATE (7446-14-2)
LEAD(2+) CHLORIDE *see* LEAD CHLORIDE
LEAD(II) CHLORIDE *see* LEAD CHLORIDE
LEAD DIACETATE *see* LEAD ACETATE
LEAD DICHLORIDE *see* LEAD CHLORIDE
LEAD DIFLUORIDE *see* LEAD FLUORIDE
LEAD DINITRATE *see* LEAD NITRATE
LEAD ELEMENT *see* LEAD
LEAD FLAKE *see* LEAD
LEAD(2+) FLUORIDE *see* LEAD FLUORIDE
LEAD(II) FLUORIDE *see* LEAD FLUORIDE
LEAD(2+) IODIDE *see* LEAD IODIDE
LEAD(II) IODIDE *see* LEAD IODIDE
LEAD MONOSUBACETATE *see* LEAD SUBACETATE
LEAD MONOSULFIDE *see* LEAD SULFIDE
LEADNI *see* LEAD NITRATE
LEAD(2+) NITRATE *see* LEAD NITRATE
LEAD(II) NITRATE *see* LEAD NITRATE
LEAD ORTHOPHOSPHATE *see* LEAD PHOSPHATE
LEAD PHOSPHATE (3:2) *see* LEAD PHOSPHATE
LEAD(2+) PHOSPHATE *see* LEAD PHOSPHATE

LEAD(II) PHOSPHATE *see* LEAD PHOSPHATE
LEAD S 2 *see* LEAD
LEAD STEARATE, DIBASIC *see* LEAD STEARATE (52652-59-2)
LEAD(2+) SULFATE (1:1) *see* LEAD SULFATE (7446-14-2)
LEAD(II) SULFATE (1:1) *see* LEAD SULFATE (7446-14-2)
LEAD(II) SULFATE (1:1) *see* LEAD SULFATE (15739-80-7)
LEAD SULFOCYANATE *see* LEAD THIOCYANATE
LEAD(2+) SULPHATE (1:1) *see* LEAD SULFATE (7446-14-2)
LEAD(II) SULPHATE (1:1) *see* LEAD SULFATE (7446-14-2)
LEAD SULPHATE *see* LEAD SULFATE (7446-14-2)
LEAD, TETRAETHYL- *see* TETRAETHYL LEAD
LEAD TETRAFLUOROBORATE *see* LEAD FLUOBORATE
LEAD TETRAMETHYL *see* TETRAMETHYL LEAD
LEAD(2+) THIOCYANATE *see* LEAD THIOCYANATE
LEAD(II) THIOCYANATE *see* LEAD THIOCYANATE
LEATHER FAST RED *see* C.I. ACID RED 114
LEATHER FAST RED B *see* C.I. ACID RED 114
LEATHER GREEN B *see* C.I. ACID GREEN 3
LEBAYCID *see* FENTHION
LEDON 11 *see* TRICHLOROFLUOROMETHANE
LEDON 12 *see* DICHLORODIFLUOROMETHANE
LEDON 113 *see* FREON 113
LEDON 114 *see* DICHLOROTETRAFLUOROETHANE
LEECURE B *see* BORON TRIFLUORIDE
LEECURE, B SERIES *see* BORON TRIFLUORIDE
LEGUMEX D *see* 2,4-DB
LEGUMEX DB *see* METHOXONE
LEHYDAN *see* PHENYTOIN
LEIVASOM *see* TRICHLORFON
LEMISERP *see* RESPIRINE
LEMOFLUR *see* SODIUM FLUORIDE
LEMONENE *see* BIPHENYL
LENDINE *see* LINDANE
LENITRAL *see* NITROGLYCERIN
LENS CLEANER M6015 *see* ACETIC ACID
LENS CLEANER M6015 *see* ISOBUTYL ALCOHOL
LENTIN *see* CARBACHOL CHLORIDE
LENTINE (French) *see* CARBACHOL CHLORIDE
LENTOX *see* LINDANE
LEPICRON *see* THIODICARB
LEPITOIN *see* PHENYTOIN
LEPSIN *see* PHENYTOIN
LETHA LAIRE G-59 *see* DIPHOSPHORAMIDE, OCTAMETHYL-
LETHALAIRE G-52 *see* TEPP
LETHALAIRE G-54 *see* PARATHION
LETHALAIRE G-57 *see* SULFOTEP
LETHOBARB *see* PENTOBARBITOL SODIUM
LETHOX *see* CARBOPHENOTHION
LETHURIN *see* TRICHLOROETHYLENE
LEUCETHANE *see* URETHANE
LEUCOL *see* QUINOLINE
LEUCOLINE *see* QUINOLINE
LEUCOSOL GOLDEN YELLOW GK *see* C.I. VAT YELLOW 4
LEUCOTHANE *see* URETHANE
LEUKAEMOMYCIN C *see* DAUNOMYCIN
LEUKERAN *see* CHLORAMBUCIL
LEUKERSAN *see* CHLORAMBUCIL
LEUKOL *see* QUINOLINE
LEUKORAN *see* CHLORAMBUCIL
LEUNA M *see* METHOXONE
LEVANOL RED GG *see* C.I. ACID RED 114
LEVISTA (Spanish) *see* LEWISITE
LEVORENIN *see* EPINEPHRINE
LEVOXINE *see* HYDRAZINE

LEWISITE (ARSENIC COMPOUND) *see* LEWISITE
LEWIS RED DEVIL LYE *see* SODIUM HYDROXIDE
LEXGARDBRONOPOL *see* 2-BROMO-2-NITROPROPANE-1,3-DIOL
LEXONE *see* METRIBUZIN
LEXONEEX *see* METRIBUZIN
LEYSPRAY *see* METHOXONE
LEYTOSAN *see* PHENYLMERCURY ACETATE
LICHENIC ACID *see* FUMARIC ACID
LIDENAL *see* LINDANE
LIGHT GREEN N *see* C.I. ACID GREEN 4
LIHOCIN *see* CHLORMEQUAT CHLORIDE
LILLY 34314 *see* DIPHENAMID
LILLY 36,352 *see* TRIFLURALIN
LIMAS *see* LITHIUM CARBONATE
LIME CHLORIDE *see* CALCIUM HYPOCHLORITE
LIME NITROGEN *see* CALCIUM CYANAMIDE
LINDAFOR *see* LINDANE
LINDAGAM *see* α-HEXACHLOROCYCLOHEXANE
LINDAGAM *see* LINDANE
LINDAGRAIN *see* LINDANE
LINDAGRAM *see* LINDANE
LINDAGRANOX *see* LINDANE
LINDAN *see* DICHLORVOS
LINDANE *see* LINDANE
α-LINDANE *see* α-HEXACHLOROCYCLOHEXANE
β-LINDANE *see* β-HEXACHLOROCYCLOHEXANE
δ-LINDANE *see* δ-HEXACHLOROCYCLOHEXANE
γ-LINDANE *see* LINDANE
LINDAPOUDRE *see* LINDANE
LINDATOX *see* LINDANE
LINDOSEP *see* LINDANE
LINE RIDER *see* 2,4,5-T ACID
LINE RIDER 4T *see* 2,4-D BUTYL ESTER
LINEX 4L *see* LINURON
LINFOLIZIN *see* CHLORAMBUCIL
LINFOLYSIN *see* CHLORAMBUCIL
LINGRAINE *see* ERGOTAMINE TARTRATE
LINGRAN *see* ERGOTAMINE TARTRATE
LINNET *see* LINURON
LINNET *see* TRIFLURALIN
LINORMONE *see* METHOXONE
LINOROX *see* LINURON
LINTOX *see* LINDANE
LINUREX *see* LINURON
LIPAN *see* 4,6-DINITRO-o-CRESOL
LIPHADIONE *see* CHLOROPHACINONE
LIPOPILL *see* BENZENEETHANAMINE, α,α-DIMETHYL-
LIQUA-TOX *see* WARFARIN
LIQUID AMMONIA *see* AMMONIA
LIQUID HYDROGEN *see* HYDROGEN
LIQUID PITCH OIL *see* CREOSOTE
LIQUID SILVER *see* MERCURY
LIQUIFIED PETROLEUM GAS *see* 2-METHYLPROPENE
LIQUIPHENE *see* PHENYLMERCURY ACETATE
LIRANOX *see* MECOPROP
LIRO DNBP *see* DINITROBUTYL PHENOL
LIROBETAREX *see* MONURON
LIROHEX *see* TEPP
LIROMATIN *see* STANNANE, ACETOXYTRIPHENYL-
LIRONOX *see* 2,4-D BUTYL ESTER
LIRONOX 326 *see* 2,4-D BUTYL ESTER
LIROPON *see* 2,2-DICHLOROPROPIONIC ACID
LIROPREM *see* PENTACHLOROPHENOL
LIROSTANOL *see* STANNANE, ACETOXYTRIPHENYL-

LIROTAN see ZINEB
LIROTHION see PARATHION
LISKONUM see LITHIUM CARBONATE
LITARD see LITHIUM CARBONATE
LITHANE see LITHIUM CARBONATE
LITHARGE see LEAD
LITHEA see LITHIUM CARBONATE
LITHICARB see LITHIUM CARBONATE
LITHINATE see LITHIUM CARBONATE
LITHIUM PHASAL see LITHIUM CARBONATE
LITHIZINE see LITHIUM CARBONATE
LITHO-CARB see LITHIUM CARBONATE
LITHOBID see LITHIUM CARBONATE
LITHONATE see LITHIUM CARBONATE
LITHOSOL ORANGE R BASE see 5-NITRO-o-TOLUENE
LITHOTABS see LITHIUM CARBONATE
LM-637 see BROMADIOLONE
LM 91 see CHLOROPHACINONE
LO-BAX see CALCIUM HYPOCHLORITE
LO-ESTASOL see 2,4-D BUTYL ESTER
LO-ESTASOL see 2,4-D BUTOXYETHYL ESTER
LOISOL see TRICHLORFON
LOMBRISTOP see THIABENDAZOLE
LONACOL see ZINEB
LONAMIN see BENZENEETHANAMINE, α,α-DIMETHY-
LONOCOL M see MANEB
LOREX see LINURON
LOREXANE see LINDANE
LOROX LINURON WEED KILLER see LINURON
LOROX see LINURON
LOROXIDE-HC LOTION see BENZOYL PEROXIDE
LORSBAN see CHLORPYRIFOS
LOSANTIN see CALCIUM HYPOCHLORITE
LOST see MUSTARD GAS
n-LOST (German) see NITROGEN MUSTARD
s-LOST see MUSTARD GAS
LOW DYE-FAST DRY INK see FORMALDEHYDE
LOWESERP see RESPIRINE
LOXURAN see DIETHYLCARBAMAZINE CITRATE
LPG ETHYL MERCAPTAN 1010 see ETHYL MERCAPTAN
L.S. 3394 see BIS(TRIBUTYLTIN)OXIDE
LS 4442 see TRIPHENYLTIN CHLORIDE
LS 80.1213 see ACIFLUORFEN, SODIUM SALT
L-SARCOLYSIN see MELPHALAN
LUCALOX see ALUMINUM OXIDE
LUCIDOL see BENZOYL PEROXIDE
LUCIDOL 75-FP see BENZOYL PEROXIDE
LUCIDOL-78 see BENZOYL PEROXIDE
LUCIDOL GS see BENZOYL PEROXIDE
LUCIPAL see BENZOYL PEROXIDE
LUDOX CL see ALUMINUM OXIDE
LULAMIN see METHAPYRILENE
LULLAMIN see METHAPYRILENE
LUNAR CAUSTIC see SILVER NITRATE
LUPERCO A see BENZOYL PEROXIDE
LUPERCO AA see BENZOYL PEROXIDE
LUPERCO AC see BENZOYL PEROXIDE
LUPERCO AFR-250 see BENZOYL PEROXIDE
LUPERCO AFR see BENZOYL PEROXIDE
LUPERCOL see BENZOYL PEROXIDE
LUPEROX FL see BENZOYL PEROXIDE
LUPERSOL see METHYL ETHYL KETONE PEROXIDE
LURAZOL BLACK BA see C.I. DIRECT BLACK 38
LURGO see DIMETHOATE

LURIDE *see* SODIUM FLUORIDE
LUTOSOL *see* ISOPROPYL ALCOHOL
LUTROL-9 *see* ETHYLENE GLYCOL
LYDDITE *see* PICRIC ACID
LYE *see* POTASSIUM HYDROXIDE
LYE *see* SODIUM HYDROXIDE
LYE SOLUTION *see* SODIUM HYDROXIDE
LYOPHRIN *see* EPINEPHRINE
LYSOFORM *see* FORMALDEHYDE
2M-4C *see* METHOXONE
2M-4CH *see* METHOXONE
M7-GIFTKOERNER *see* THALLIUM(I) SULFATE
M 40 *see* METHOXONE
M-74 *see* DISULFOTON
M 140 *see* CHLORDANE
M 3724 *see* TRICLOPYR TRIETHYLAMMONIUM SALT
M 410 *see* CHLORDANE
M 5055 *see* TOXAPHENE
2M-4CP *see* MECOPROP
2M-4KH *see* METHOXONE
2M-4KH SODIUM SALT *see* METHOXONE SODIUM SALT
2M-4KH, SODIUM SALT *see* METHOXONE SODIUM SALT
2M4KhP *see* MECOPROP
M2 COPPER *see* COPPER
MACE *see* 2-CHLOROACETOPHENONE CHLOROALKYL ESTERS
MACE (LACRIMATOR) *see* 2-CHLOROACETOPHENONE CHLOROALKYL ESTERS
MACH-NIC *see* NICOTINE
MACQUER'S SALT *see* POTASSIUM ARSENATE
MACROGOL 400 *see* ETHYLENE GLYCOL
MACROGOL 400 BPC *see* ETHYLENE GLYCOL
MACRONDRAY *see* 2,4-D
MAE ETCHANTS *see* ACETIC ACID
MAE ETCHANTS *see* HYDROGEN FLUORIDE
MAE ETCHANTS *see* NITRIC ACID
MAFTEC *see* ALUMINUM OXIDE
MAFTECMARTIPOL *see* ALUMINUM OXIDE
MAFU *see* DICHLORVOS
MAGIC GLASS CLEANER AND ANTIFOGGING FLUID *see* ISOBUTYL ALCOHOL
MAGNACIDE H *see* ACROLEIN
MAGNIFLOC 156C FLOCCULANT *see* FORMALDEHYDE
MAH *see* MALEIC HYDRAZIDE
MAINTAIN 3 *see* MALEIC HYDRAZIDE
MAKAROL *see* DIETHYLSTILBESTROL
MAKI *see* BROMADIOLONE
MALACHITE GREEN *see* C.I. ACID GREEN 4
MALACHITE GREEN A *see* C.I. ACID GREEN 4
MALACHITE GREEN AN *see* C.I. ACID GREEN 4
MALACHITE GREEN BPC *see* C.I. ACID GREEN 4
MALACHITE GREEN CHLORIDE *see* C.I. ACID GREEN 4
MALACHITE GREEN CP *see* C.I. ACID GREEN 4
MALACHITE GREEN CRYSTALS *see* C.I. ACID GREEN 4
MALACHITE GREEN J 3E *see* C.I. ACID GREEN 4
MALACHITE GREEN POWDER *see* C.I. ACID GREEN 4
MALACHITE GREEN WS *see* C.I. ACID GREEN 4
MALACHITE LAKE GREEN A *see* C.I. ACID GREEN 4
MALACIDE *see* MALATHION
MALAFOR *see* MALATHION
MALAGRAN *see* MALATHION
MALAKILL *see* MALATHION
MALAMAR *see* MALATHION
MALAMAR 50 *see* MALATHION
MALASOL *see* MALATHION

MALASPRAY see MALATHION
MALATAF see MALATHION
MALATHION 60 see MALATHION
MALATHION E50 see MALATHION
MALATHION LV CONCENTRATE see MALATHION
MALATHION ORGANOPHOSPHOROUS INSECTICIDE see MALATHION
MALATHON see MALATHION
MALATHYL see MALATHION
MALATION (Spanish) see MALATHION
MALATOL see MALATHION
MALATOX (Indian) see MALATHION
MALAZIDE see MALEIC HYDRAZIDE
MALDISON (Australia, New Zealand) see MALATHION
MALEIC HYDRAZINE see MALEIC HYDRAZIDE
MALEIC ACID ANHYDRIDE see MALEIC ANHYDRIDE
MALEIC HYDRAZIDE FUNGICIDE see MALEIC HYDRAZIDE
MALEIN 30 see MALEIC HYDRAZIDE
MALEINIC ACID see MALEIC ACID
MALEINSAUREHYDRAZID (German) see MALEIC HYDRAZIDE
MALENIC ACID see MALEIC ACID
N,N-MALEOYLHYDRAZINE see MALEIC HYDRAZIDE
MALEX see PHENACETIN
MALIPUR see CAPTAN
MALIX see ENDOSULFAN
MALMED see MALATHION
MALONIC ACID DINITRILE see MALONONITRILE
MALONIC ACID, THALLIUM SALT (1:2) see THALLOUS MALONATE
MALONIC DINITRILE see MALONONITRILE
MALONODINITRILE see MALONONITRILE
MALONONITRILO (Spanish) see MALONONITRILE
MALPHOS see MALATHION
MALZID see MALEIC HYDRAZIDE
MANAM see MANEB
MANEB 80 see MANEB
MANEBA see MANEB
MANEBE (French) see MANEB
MANEBE 80 see MANEB
MANEBGAN see MANEB
MANESAN see MANEB
MANEX see MANEB
MANGAAN (II)-(N,N'-ETHYLEEN-BIS(DITHIOCARBAMAAT)) (Dutch) see MANEB
MANGACAT see MANGANESE
MANGAN (Polish) see MANGANESE
MANGAN (II)-(N,N'-AETHYLEN-BIS(DITHIOCARBAMATE)) (German) see MANEB
MANGAN NITRIDOVANY (Czech) see MANGANESE
MANGANESE-55 see MANGANESE
MANGANESE, BIS(DIMETHYLCARBAMODITHIOATO-S,S')- see MANGANESE DIMETHYLDITHIOCARBAMATE
MANGANESE DIMETHYLDITHIOCARBAMATE see MANGANESE, BIS(DIMETHYLCARBAMODITHIOATO-S,S'
MANGANESE ELEMENT see MANGANESE
MANGANESE ETHYLENE-1,2-BISDITHIOCARBAMATE see MANEB
MANGANESE(II) ETHYLENE DI(DITHIOCARBAMATE) see MANEB
MANGANESE, (METHYLCYCLOPENTADIENYL)TRICARBONYL- see MANGANESE TRICARBONYL METHYLCYCLOPENTADIENYL
MANGANESO (Spanish) see MANGANESE
MANGANOUS ETHYLENEBIS(DITHIOCARBAMATE) see MANEB
MANIALITH see LITHIUM CARBONATE
MANNITOL MUSTARD see HYDRAZINE
MANOC see MANEB
MANZATE see MANEB
MANZATE D see MANEB

MANZATE MANEB FUNGICIDE *see* MANEB
MANZEB *see* MANEB
MANZIN *see* MANEB
MAREVAN (SODIUM SALT) *see* WARFARIN SODIUM
MARISAN FORTE *see* QUINTOZINE
MARKEM 320 CLEANER *see* ISOBUTYL ALCOHOL
MARKEM 320 CLEANER *see* ETHYL ACETATE
MARKSMAN *see* TRIFLURALIN
MARKSMAN 1 *see* LINURON
MARKSMAN 2, TRIGARD *see* TRIFLURALIN
MARLATE 50 *see* METHOXYCHLOR
MARLATE *see* METHOXYCHLOR
MARMER *see* DIURON
MARNITENSION SIMPLE *see* RESPIRINE
MAROXOL-50 *see* 2,4-DINITROPHENOL
MARSH GAS *see* METHANE
MARSHAL *see* CARBOSULFAN
MARSHALL *see* CARBOSULFAN
MARSTAN FLY SPRAY *see* LINDANE
MARTIPOL *see* ALUMINUM OXIDE
MARTISORB *see* ALUMINUM OXIDE
MARTOXIN *see* ALUMINUM OXIDE
MARVEX *see* DICHLORVOS
MASCOT CONTACT TURF FUNGICIDE *see* VINCLOZOLIN
MASCOT HIGHWAY *see* AMITROLE
MASOTEN *see* TRICHLORFON
MATANEPHRIN *see* EPINEPHRINE
MATOX *see* HYDRAMETHYLON
MATRIX *see* TRIBENURON METHYL
MATTING ACID *see* SULFURIC ACID
MAUX *see* ENDOSULFAN
MAVISERPIN *see* RESPIRINE
MAVRIK HR *see* FLUVALINATE
MAVRIK *see* FLUVALINATE
MAXICROP MOSS KILLER *see* FERRIC SULFATE
MAY & BAKER S-4084 *see* CYANOPHOS
MAYSERPINE *see* RESPIRINE
MAYVAT GOLDEN YELLOW GK *see* C.I. VAT YELLOW 4
MAZIDE *see* MALEIC HYDRAZIDE
MAZOTEN *see* TRICHLORFON
M&B 10064 *see* BROMOXYNIL
M&B 10731 *see* BROMOXYNIL
M&B 10731 *see* BROMOXYNIL OCTANOATE
MB 10064 *see* BROMOXYNIL
MB 10731 *see* BROMOXYNIL
MBA *see* NITROGEN MUSTARD
MBC *see* BENOMYL
MBCP *see* LEPTOPHOS
M-B-C FUMIGANT *see* BROMOMETHANE
MBOCA *see* 4,4′-METHYLENEBIS(2-CHLOROANILINE)
MBR 61686 *see* TRIPATE
MBT *see* 2-MERCAPTOBENZOTHIAZOLE
2-MBT *see* 2-MERCAPTOBENZOTHIAZOLE
MC *see* MERCURIC CHLORIDE
MC2188 *see* CHLORMEPHOS
MC 2188 *see* CHLORMEPHOS
MC 6897 *see* BENDIOCARB
MCA *see* CHLOROACETIC ACID
MC-A *see* METHOXONE SODIUM SALT
3-MCA *see* 3-METHYLCHOLANTHRENE
MCB *see* CHLOROBENZENE
MCE *see* TABUN
MCF *see* METHYL CHLOROCARBONATE
MCN 1025 *see* NORBORMIDE

MCP *see* METHOXONE
MCPA, Na SALT *see* METHOXONE SODIUM SALT
MCPA *see* METHOXONE
MCPA SODIUM SALT *see* METHOXONE SODIUM SALT
MCPP *see* MECOPROP
MCPP *see* MECOPROP
2-MCPP *see* MECOPROP
MCPP-D-4 *see* MECOPROP
MCPP 2,4-D *see* MECOPROP
MCPP K-4 *see* MECOPROP
MDA *see* 4,4'-METHYLENEDIANILINE
MDBA *see* DICAMBA
MDI *see* METHYLBIS(PHENYLISOCYANATE)
MDR *see* METHYLBIS(PHENYLISOCYANATE)
ME-1700 *see* DDD
ME4 BROMINAL *see* BROMOXYNIL
ME-PARATHION *see* METHYL PARATHION
MEADOW GREEN *see* CUPRIC ACETOARSENITE
MEB *see* MANEB
MEBETIZOLE *see* 2-MERCAPTOBENZOTHIAZOLE
MEBITHIZOL *see* 2-MERCAPTOBENZOTHIAZOLE
MEBR *see* BROMOMETHANE
MEBUBARBITAL *see* PENTOBARBITOL SODIUM
MEBUBARBITAL SODIUM *see* PENTOBARBITOL SODIUM
MEBUMAL NATRIUM *see* PENTOBARBITOL SODIUM
MEBUMAL SODIUM *see* PENTOBARBITOL SODIUM
MECHLORETHAMINE *see* NITROGEN MUSTARD
MECHLORPROP *see* MECOPROP
MECOBROM *see* BROMOXYNIL OCTANOATE
MECOBROM *see* MECOPROP
MECODRIN *see* AMPHETAMINE
MECOMEC *see* MECOPROP
MECOPEOP *see* MECOPROP
MECOPER *see* MECOPROP
MECOPEX *see* MECOPROP
MECOPROP *see* MECOPROP
MECOTURF *see* MECOPROP
MECS *see* 2-METHOXYETHANOL
MEDAMYCIN *see* TETRACYCLINE HYDROCHLORIDE
MEDI-CALGON *see* SODIUM PHOSPHATE, TRIBASIC (10124-56-8)
MEDIBEN *see* DICAMBA
MEDIHALER-EPI *see* EPINEPHRINE
MEDIHALER ERGOTAMINE *see* ERGOTAMINE TARTRATE
MEETCO *see* METHYL ETHYL KETONE
MEG *see* ETHYLENE GLYCOL
MEGATOX *see* FLUOROACETAMIDE
MEISEI TERYL DIAZO BLUE HR *see* 3,3'-DIMETHOXYBENZIDINE
MEK PEROXIDE *see* METHYL ETHYL KETONE PEROXIDE
MEK *see* METHYL ETHYL KETONE
MEKP *see* METHYL ETHYL KETONE PEROXIDE
MELABON *see* PHENACETIN
MELAFORTE *see* PHENACETIN
MELDANE *see* COUMAPHOS
MELDONE *see* COUMAPHOS
MELFALANO (Spanish) *see* MELPHALAN
MELINITE *see* PICRIC ACID
MELIPAX *see* TOXAPHENE
MELPREX 65 *see* DODINE
MELPREX *see* CHINOMETHIONAT
MELPREX *see* DODINE
MEMA *see* METHOXYMETHYLMERCURIC ACETATE
MEMA *see* METHYLMERCURIC DICYANAMIDE
MEMTA *see* HEXAMETHYLPHOSPHORAMIDE
MENAPHAM *see* CARBARYL

MENDRIN see ENDRIN
MENITE see MEVINPHOS
MENOSYILBEEN see DIETHYLSTILBESTROL
MESUROL see METHIOCARB
MEPHACYCLIN see TETRACYCLINE HYDROCHLORIDE
MEPHANAC see METHOXONE
MEPHASERPIN see RESPIRINE
MEPRO see MECOPROP
MEPTOX see METHYL PARATHION
MER see METHYL METHACRYLATE
MERANTINE GREEN G see C.I. ACID GREEN 3
MERCAPROFOS see SULPROFOS
MERCAPROPHOS see SULPROFOS
MERCAPTAN METHYLIQUE PERCHLORE (French) see PERCHLOROME-THYL MERCAPTAN
MERCAPTAN METHYLIQUE PERCHLORE (French) see PERCHLOROME-THYL MERCAPTAN
MERCAPTAN METHYLIQUE (French) see METHYL MERCAPTAN
MERCAPTOBENZENE see BENZENETHIOL
MERCAPTOBENZOTHIAZOL see 2-MERCAPTOBENZOTHIAZOLE
MERCAPTOBENZOTHIAZOLE see 2-MERCAPTOBENZOTHIAZOLE
2-MERCAPTOBENZOTHIAZOLE see 2-MERCAPTOBENZOTHIAZOLE
MERCAPTOBENZTHIAZOLE see 2-MERCAPTOBENZOTHIAZOLE
MERCAPTODIMETHUR see METHIOCARB
MERCAPTOETHANE see ETHYL MERCAPTAN
2-MERCAPTO-4-HYDROXY-6-,ETHYLPYRIMIDINONE see METHYL-THIOURACIL
2-MERCAPTO-4-HYDROXY-6-METHYLPYRIMIDINE see METHYLTHIOUR-ACIL
MERCAPTOIMIDAZOLINE see ETHYLENE THIOUREA
2-MERCAPTOIMIDAZOLINE see ETHYLENE THIOUREA
2-MERCAPTO-2-IMIDAZOLINE see ETHYLENE THIOUREA
MERCAPTOMETHANE see METHYL MERCAPTAN
2-MERCAPTO-6-METHYL-4-PYRIMIDONE see METHYLTHIOURACIL
3-(MERCAPTOMETHYL)-1,2,3-BENZOTRIAZIN-4(3H)-ONE-O,O-DIMETHYL PHOS- PHORODITHIOATE-S-ESTER see AZINPHOS-METHYL
3-(MERCAPTOMETHYL)-1,2,3-BENZOTRIAZIN-4(3H)-ONE-O,O-DIMETHYL PHOSPHORODITHIOATE see AZINPHOS-METHYL
n-(MERCAPTOMETHYL)PHTHALIMIDE S-(O,O-DIMETHYL PHOSPHORO-DITHIOATE) see PHOSMET
2-MERCAPTO-6-METHYLPYRIMID-4-ONE see METHYLTHIOURACIL
MERCAPTOPHOS see DEMETON
MERCAPTOPHOS see FENTHION
MERCAPTOSUCCINIC ACID DIETHYL ESTER see MALATHION
MERCAPTOTHION see MALATHION
MERCAZIN I see ETHYLENE THIOUREA
MERCAZIN see PROMETHRYN
MERCOL 25 see SODIUM DODECYLBENZENESULFONATE
MERCOL 30 see SODIUM DODECYLBENZENESULFONATE
MERCURAM see THIRAM
MERCURAN see METHOXYMETHYLMERCURIC ACETATE
MERCURE (French) see MERCURY
MERCURIACETATE see MERCURIC ACETATE
MERCURIALIN see METHANAMINE
MERCURIC BICHLORIDE see MERCURIC CHLORIDE
MERCURIC DIACETATE see MERCURIC ACETATE
MERCURIC OXIDE, RED see MERCURIC OXIDE
MERCURIC OXIDE, YELLOW see MERCURIC OXIDE
MERCURIC SULFO CYANATE, SOLID see MERCURIC THIOCYANATE
MERCURIC SULFOCYANIDE see MERCURIC THIOCYANATE
MERCURIC SULFOCYANATE see MERCURIC THIOCYANATE
MERCURIO (Italian) see MERCURY
MERCURIPHENYL ACETATE see PHENYLMERCURY ACETATE

MERCUROUS NITRATE, HYDRATED see MERCUROUS NITRATE (7782-86-7)
MERCUROUS NITRATE MONOHYDRATE see MERCUROUS NITRATE (7782-86-7)
MERCURY ACETATE see MERCURIC ACETATE
MERCURY(2+) ACETATE see MERCURIC ACETATE
MERCURY(II) ACETATE see MERCURIC ACETATE
MERCURY(II) ACETATE, PHENYL see PHENYLMERCURY ACETATE
MERCURY, ACETOXY(2-METHOXYETHYL)- see METHOXYMETHYLMERCURIC ACETATE
MERCURY, (ACETOXY)PHENYL- see PHENYLMERCURY ACETATE
MERCURY BICHLORIDE see MERCURIC CHLORIDE
MERCURY BISULFATE see MERCURIC SULFATE
MERCURY(2+) CHLORIDE see MERCURIC CHLORIDE
MERCURY(II) CHLORIDE see MERCURIC CHLORIDE
MERCURY(2+) CYANIDE see MERCURIC CYANIDE
MERCURY(II) CYANIDE see MERCURIC CYANIDE
MERCURY DIACETATE see MERCURIC ACETATE
MERCURY DITHIOCYANATE see MERCURIC THIOCYANATE
MERCURY(2+) FULMINATE see MERCURY FULMINATE
MERCURY(II) FULMINATE see MERCURY FULMINATE
MERCURYL ACETATE see MERCURIC ACETATE
MERCURY, METALLIC see MERCURY
MERCURY NITRATE see MERCURIC NITRATE
MERCURY(1+) NITRATE (1:1) see MERCUROUS NITRATE (10415-75-5)
MERCURY(I) NITRATE (1:1) see MERCUROUS NITRATE (10415-75-5)
MERCURY(2+) NITRATE (1:2) see MERCURIC NITRATE
MERCURY(II) NITRATE (1:2) see MERCURIC NITRATE
MERCURY OXIDE see MERCURIC OXIDE
MERCURY PERCHLORIDE see MERCURIC CHLORIDE
MERCURY PERNITRATE see MERCURIC NITRATE
MERCURY PERSULFATE see MERCURIC SULFATE
MERCURY PROTONITRATE see MERCUROUS NITRATE (7782-86-7)
MERCURY(2+) SULFATE (1:1) see MERCURIC SULFATE
MERCURY(II) SULFATE (1:1) see MERCURIC SULFATE
MERCURY THIOCYANATE see MERCURIC THIOCYANATE
MERCURY VICHLORIDE see MERCURIC CHLORIDE
MEREX see KEPONE
MERGAMMA see PHENYLMERCURY ACETATE
MERGAMMA 30 see LINDANE
2-MERKAPTOIMIDAZOLIN (Czech) see ETHYLENE THIOUREA
MERKAZIN see PROMETHRYN
MERKON PHOSPHAMIDONE see PHOSPHAMIDON
MERPAN see CAPTAN
MERPOL see ETHYLENE OXIDE
MERRILLITE see ZINC
MERSOLITE 8 see PHENYLMERCURY ACETATE
MERSOLITE see PHENYLMERCURY ACETATE
MERTAX see 2-MERCAPTOBENZOTHIAZOLE
MERTEC see THIABENDAZOLE
MERTECT 160 see THIABENDAZOLE
MESIDIN (Czech) see ANILINE, 2,4,6-TRIMETHYL-
MESITYAMINE see ANILINE, 2,4,6-TRIMETHYL-
MESOMILE see METHOMYL
MESUROL see METHIOCARB
MESYLATE see METHYLMETHANESULFONATE
META BLACK see C.I. DIRECT BLACK 38
META TOLUYLENE DIAMINE see 2,4-DIAMINOTOLUENE
METACETONIC ACID see PROPIONIC ACID
asym-METACHLOROORTHOTOLUIDINE see p-CHLORO-o-TOLUIDINE
METACHLOR see ALACHLOR
asym-META-CHLORO-ORTHO-TOLUIDINE see p-CHLORO-o-TOLUIDINE
METACID 50 see METHYL PARATHION

METACIDE 38 see 1-BROMO-1-(BROMOMETHYL)-1,3-PROPANEDICARBON-ITRILE
METHYLDIBROMO GLUTARONITRILE see 1-BROMO-1-(BROMOMETHYL)-1,3-PROPANEDICARBONITRILE
METACIDE see METHYL PARATHION
METACIL see METHYLTHIOURACIL
METACRATE see METOLCARB
METACRESOL see m-CRESOL
METACRILATO de ETILO (Spanish) see ETHYL METHACRYLATE
METACRILATO de METILO (Spanish) see METHYL METHACRYLATE
METACRILATO de TRIBUTILESTANO (Spanish) see TRIBUTYLTIN METHACRYLATE
METACRILONITRILO (Spanish) see METHACRYLONITRILE
METADEE see ERGOCALCIFEROL
METADICHLOROBENZENE see 1,3-DICHLOROBENZENE
METAFOS (PESTICIDE) see METHYL PARATHION
METAFUME see BROMOMETHANE
METAISOSEPTOX see DEMETON-s-METHYL
METAISOSYSTOX see DEMETON-s-METHYL
METAISOSYSTOX SULFOXIDE see OXYDEMETON METHYL
METAKRYLAN METYLU (Polish) see METHYL METHACRYLATE
METAL ETCH see ACETIC ACID
METALLIC ARSENIC see ARSENIC
METALLIC MERCURY see MERCURY
METALLIC NICKEL see NICKEL
METAM-FLUID BASF see METHAM SODIUM
METAMIDOFOS (Spanish) see METHAMIDOPHOS
METAMIDOFOS ESTRELLA see METHAMIDOPHOS
METAM SODIUM see METHAM SODIUM
METANA see ALUMINUM
METANA ALUMINUM PASTE see ALUMINUM
METANITROTOLUENE see m-NITROTOLUENE
METANO (Spanish) see METHANE
METANOL (Spanish) see METHANOL
METANOLO (Italian) see METHANOL
METANTIOLO (Italian) see METHYL MERCAPTAN
METAPHENYLENEDIAMINE see 1,3-PHENYLENEDIAMINE
METAPHOS see METHYL PARATHION
METAPHOSPHORIC ACID, HEXASODIUM SALT see SODIUM PHOSPHATE, TRIBASIC (10124-56-8)
METAPHOSPHORIC ACID, TRISODIUM SALT see SODIUM PHOSPHATE, TRIBASIC (7758-84-4)
METAPIRILENO (Spanish) see METHAPYRILENE
METAQUEST A see ETHYLENEDIAMINE-TETRAACETIC ACID (EDTA)
METASOL 30 see PHENYLMERCURY ACETATE
METASOL TK-100 see THIABENDAZOLE
METASYSTEMOX see OXYDEMETON METHYL
METASYSTEMOX R see OXYDEMETON METHYL
METASYSTOX FORTE see DEMETON-s-METHYL
METASYSTOX R see OXYDEMETON METHYL
METATETRACHLOROPHTHALODINITRILE see CHLOROTHALONIL
METAXON see METHOXONE
METHAANTHIOL (Dutch) see METHYL MERCAPTAN
METHACHLOR see ALACHLOR
METHACIDE see TOLUENE
METHACRYLATE de METHYLE (French) see METHYL METHACRYLATE
METHACRYL CHLORIDE see METHACRYLOYL CHLORIDE
METHACRYLYL CHLORIDE see METHACRYLOYL CHLORIDE
METHACRYLIC ACID ANHYDRIDE see METHACRYLIC ANHYDRIDE
METHACRYLIC ACID CHLORIDE see METHACRYLOYL CHLORIDE
1-2-METHACRYLIC ACID, ETHYL ESTER see ETHYL METHACRYLATE
METHACRYLIC ACID MET see METHYL METHACRYLATE
METHACRYLIC ACID, METHYL ESTER see METHYL METHACRYLATE
METHACRYLIC CHLORIDE see METHACRYLOYL CHLORIDE

α-METHACRYLONITRILE see METHACRYLONITRILE
((METHACRYLOYL)OXY)TRIBUTYLSTANNANE see TRIBUTYLTIN METHACRYLATE
METHACRYLOYL ANHYDRIDE see METHACRYLIC ANHYDRIDE
α-METHACRYLOYL CHLORIDE see METHACRYLOYL CHLORIDE
METHACRYLSAEUREMETHYL ESTER (German) see METHYL METHACRYLATE
METHALLYL CHLORIDE see 3-CHLORO-2-METHYL-1-PROPENE
2-METHALLYL CHLORIDE see 3-CHLORO-2-METHYL-1-PROPENE
β-METHALLYL CHLORIDE see 3-CHLORO-2-METHYL-1-PROPENE
METHAMINE, N,N-DIMETHYL- see TRIMETHYLAMINE
METHAN-SODIUM see METAM SODIUM
METHANAL see FORMALDEHYDE
METHANAMINE (9CI) see METHANAMINE
METHANAMINE, N-METHYL- see DIMETHYLAMINE
METHANAMINE, N-METHYL-N-NITROSO- see N-NITROSODIMETHYLAMINE
METHANAMINIUM, N-(4-((4-4(DIMETHYLAMINO)PHENYL)PHENYLMETHYLENE)-2,5-CYCLOHEXADIEN-1-YLIDENE)- N-METHYL-,CHLORIDE see C.I. ACID GREEN 4
METHANE, BIS(2-CHLOROETHOXY)- see BIS(2-CHLOROETHOXY)METHANE
METHANE, BIS(2,3,5-TRICHLORO-6-HYDROXYPHENYL) see HEXACHLOROPHENE
METHANE, BROMODICHLORO- see DICHLOROBROMOMETHANE
METHANE BROMOTRIFLUORO see BROMOTRIFLUOROMETHANE
METHANECARBONITRIL see ACETONITRILE
METHANECARBONITRILE see ACETONITRILE
METHANECARBOXAMIDE see ACETAMIDE
METHANE CARBOXYLIC ACID see ACETIC ACID
METHANE, CHLORO- see CHLOROMETHANE
METHANE, CHLORODIFLUORO- see CHLORODIFLUOROMETHANE
METHANE, CHLOROMETHOXY- see CHLOROMETHYL METHYL ETHER
METHANE, CHLOROTRIFLUORO- see CHLOROTRIFLUOROMETHANE
METHANE, CYANO- see ACETONITRILE
METHANE, DIAZO see DIAZOMETHANE
METHANE, DIBROMO- see METHYLENE BROMIDE
METHANE DICHLORIDE see DICHLOROMETHANE
METHANE, DICHLORO- see DICHLOROMETHANE
METHANE, DICHLORODIFLUORO- see DICHLORODIFLUOROMETHANE
METHANE, DICHLOROFLUORO- see DICHLOROFLUOROMETHANE
METHANE, DICYANO- see MALONONITRILE
METHANE, DIPHENYLENE see FLUORENE
METHANEDITHIOL, S,S-DIESTER with O,O-DIETHYL PHOSPHORODITHIOATE ACID see ETHION
METHANE, FLUOROTRICHLORO see TRICHLOROFLUOROMETHANE
METHANE, IODO see METHYL IODIDE
METHANE, ISOCYANATO- see METHYL ISOCYANATE
METHANE, ISOTHIOCYANATO- see METHYL ISOTHIOCYANATE
METHANE, MONOCHLOROTRIFLUORO- see CHLOROTRIFLUOROMETHANE
METHANE OXYBIS- see METHYL ETHER
METHANE OXYBIS(CHLORO- see BIS(CHLOROMETHYL)ETHER
METHANE, PHENYL- see TOLUENE
METHANESULFENIC ACID, TRICHLORO-, CHLORIDE see PERCHLOROMETHYL MERCAPTAN
METHANESULFENYL CHLORIDE, TRICHLORO- see PERCHLOROMETHYL MERCAPTAN
METHANESULFENYL CHLORIDE, TRICHLORO- see PERCHLOROMETHYL MERCAPTAN
METHANESULFONIC ACID, METHYL ESTER see METHYLMETHANESULFONATE
METHANESULPHONIC ACID ETHYL ESTER see ETHYL METHANESULFONATE

METHANESULPHONYL FLUORIDE see METHANESULFONYL FLUORIDE
METHANE TETRACHLORIDE see CARBON TETRACHLORIDE
METHANE, TETRACHLORO- see CARBON TETRACHLORIDE
METHANE, TETRANITRO- see TETRANITROMETHANE
METHANETHIOL, (ETHYLTHIO)-, s-ESTER with O,O-DIETHYLPHOSPHO-
RODITHIOATE see PHORATE
METHANETHIOL see METHYL MERCAPTAN
1-METHANETHIOL see METHYL MERCAPTAN
METHANE, TRIBROMO- see BROMOFORM
METHANE TRICHLORIDE see CHLOROFORM
METHANE, TRICHLORO- see CHLOROFORM
METHANE, TRICHLOROFLUORO- see TRICHLOROFLUOROMETHANE
METHANE, TRICHLORONITRO- see CHLOROPICRIN
6,9-METHANO-2,4,3-BENZODIOXATHIEPIN, 6,7,8,9,10,10-HEXACHLORO-
1,5,5A,6,9,9A-HEXAHYDRO-, 3-DIOXIDE see ENDOSULFAN SULFATE
6,9-METHANO-2,4,3-BENZODIOXATHIEPIN, 6,7,8,9,10,10-HEXACHLORO-
1,5,5A,6,9,9A-HEXAHYDRO-, 3-OXIDE see ENDOSULFAN
6,9-METHANO-2,4,3-BENZODIOXATHIEPIN, 6,7,8,9,10,10-HEXACHLORO-
1,5,5A,6,9,9A-HEXAHYDRO-, 3-OXIDE, (3α, 5Aβ,6α,9α,9Aβ)- see alpha-EN-
DOSULFAN
METHANOIC ACID see FORMIC ACID
4,7-METHANOINDAN, 1,2,3,4,5,6,7,8,8-OCTACHLORO-2,3,3a,4,7,7a-HEXAHY-
DRO- see CHLORDANE
4,7-METHANOINDAN, 1,2,4,5,6,8,8-OCTACHLORO 3a,4,7,7a-TETRAHYDRO
see CHLORDANE
4,7-METHANOINDENE, 1,4,5,6,7,8,8-HEPTACHLORO-3A,4,7,7A-TETRAHY-
DRO- see HEPTACHLOR
4,7-METHANO-1H-INDENE, 3a,4,7,7a-TETRAHYDRO- see DICYCLOPENTA-
DIENE
4,7-METHANO-1H-INDENE see DICYCLOPENTADIENE 4,7-
METHANO-1H-INDENE,1,2,4,5,6,7,8,8-OCTACHLORO-2,3,3A,4,7,7A-HEXAH-
YDRO- see CHLORDANE
METHANOL, ETHYNYL- see PROPARGYL ALCOHOL
METHANOL, SODIUM SALT see SODIUM METHYLATE
METHANOL, TRIMETHYL- see tert-BUTYL ALCOHOL
n-METHANOLACRYLAMIDE see N-METHYLOLACRYLAMIDE
METHANONE, BIS(4-(DIMETHYLAMINO)PHENYL)- see MICHLER'S KE-
TONE
METHANTHIOL (German) see METHYL MERCAPTAN
METHASAN see ZIRAM
METHAZATE see ZIRAM
METHENAMINE 3-CHLOROALLYLOCHLORIDE see 1-(3-CHLORALLYL)-
3,5,7-TRIAZA-1-AZONIAADAMANTANE CHLORIDE
1,3,4-METHENO-2H-CYCLOBUTA(cd)PENTALEN-2-ONE,1,1a,3,3a,4,5,5a,5b,6-
DECACHLO RO-OCTAHYDRO- see KEPONE
1,2,4-METHENOCYCLOPENTA(CD)PENTALENE-5-CARBOXALDEHYDE,
2,2A,3,3,4,7-HEXACHLORODECAHYDRO-,(1α,2β,2Aβ,4β,4Aβ,
5β,6Aβ,6Bβ,7R)- see ENDRIN ALDEHYDE
METHENYL TRIBROMIDE see BROMOFORM
METHENYL TRICHLORIDE see CHLOROFORM
METHIACIL see METHYLTHIOURACIL
METHIOCARBE see METHIOCARB
METHIOCIL see METHYLTHIOURACIL
METHOGAS see BROMOMETHANE
METH-O-GAS see BROMOMETHANE
METHOLCARB see METOLCARB
METHOMEX see METHOMYL
METHOXIDE see METHOXYCHLOR
METHOXO see METHOXYCHLOR
METHOXONE see MECOPROP
METHOXONE see METHOXONE SODIUM SALT
2-METHOXYAETHANOL (German) see 2-METHOXYETHANOL
1-METHOXY-2-AMINO-4-NITROBENZENE see 5-NITRO-o-ANISIDINE

2-METHOXYANILINE HYDROCHLORIDE see o-ANISIDINE HYDROCHLORIDE
o-METHOXYANILINE see o-ANISIDINE
2-METHOXYANILINE see o-ANISIDINE
p-METHOXYANILINE see p-ANISIDINE
4-METHOXYANILINE see p-ANISIDINE
2-METHOXYBENZENAMINE see o-ANISIDINE
4-METHOXYBENZENAMINE see p-ANISIDINE
4-METHOXYBENZENEAMINE see p-ANISIDINE
4-METHOXY-1,3-BENZENEDIAMINE see 2,4-DIAMINOSOLE
4-METHOXY-1,3-BENZENEDIAMINE SULFATE see 2,4-DIAMINOSOLE, SULFATE
4-METHOXY-1,3-BENZENEDIAMINE SULPHATE see 2,4-DIAMINOSOLE, SULFATE
(CIS-METHOXYCARBONYL-1-METHYLVINYL) DIMETHYL PHOSPHATE see MEVINPHOS
cis-2-METHOXYCARBONYL-1-METHYLVINYL DIMETHYLPHOSPHATE see MEVINPHOS
2-METHOXYCARBONYL-1-METHYLVINYL DIMETHYL PHOSPHATE see MEVINPHOS
1-METHOXYCARBONYL-1-PROPEN-2-YL DIMETHYL PHOSPHATE see MEVINPHOS
METHOXYCARBONYL CHLORIDE see METHYL CHLOROCARBONATE
METHOXYCARBONYLETHYLENE see METHYL ACRYLATE
p,p'-METHOXYCHLOR see METHOXYCHLOR
METHOXYCHLOROMETHANE see CHLOROMETHYL METHYL ETHER
METHOXY DDT see METHOXYCHLOR
2-METHOXY-3,6-DI CHLOROBENZOIC ACID SODIUM SALT see SODIUM DICAMBA
2-METHOXY-3,6-DICHLOROBENZOIC ACID see DICAMBA
5-METHOXY-2-(DIMETHOXYPHOSPHINYLTHIOMETHYL)PYRONE-4 see ENDOTHION
METHOXYDIURON see LINURON
β-METHOXYETHANOL see 2-METHOXYETHANOL
METHOXYETHANOL see 2-METHOXYETHANOL
2-METHOXYETHANOL see 2-METHOXYETHANOL
2-METHOXY-1-ETHANOL see 2-METHOXYETHANOL
METHOXYETHENE see VINYL METHYL ETHER
2-METHOXYETHYL ALCOHOL see 2-METHOXYETHANOL
METHOXYETHYLENE GLYCOL see 2-METHOXYETHANOL
METHOXYETHYLENE see VINYL METHYL ETHER
METHOXYETHYLMERCURY ACETATE see METHOXYMETHYLMERCURIC ACETATE
2-METHOXYETHYLMERKURIACETAT (German) see METHOXYMETHYLMERCURIC ACETATE
METHOXYHYDROXYETHANE see 2-METHOXYETHANOL
1-METHOXY-1-METHYL-3-(3,4-DICHLOROPHENYL)UREA see LINURON
2-METHOXY-5-METHYL-BENZENAMINE (9CI) see p-CRESIDINE
2-(4-METHOXY-6 -METHYL-1,3,5-TRIAZIN-2-YL)-METHYLAMINO)CARBONYL)AMINO)SULFONYL)-, METHYL ESTER see TRIBENURON METHYL
n-(METHOXYMETHYL)2,6-DIETHYLCHLOROACETAMIDE see ALACHLOR
METHOXYMETHYL CHLORIDE see CHLOROMETHYL METHYL ETHER
2-METHOXY-5-METHYLANILINE see p-CRESIDINE
2-METHOXY-2-METHYLPROPANE see METHYL tert-BUTYL ETHER
n-(METHOXY(METHYLTHIO)PHOSPHINOYL)ACETAMIDE see ACEPHATE
2-METHOXY-5-NITRO- see 5-NITRO-o-ANISIDINE
2-METHOXY-5-NITROANILINE see 5-NITRO-o-ANISIDINE
2-METHOXY-5-NITROBENZENAMINE see 5-NITRO-o-ANISIDINE
s-((5-METHOXY-2-OXO-1,3,4-THIADIAZOL-3(2H)-YL)METHYL)-O,O-DIMETHYL PHOSPHORDITHIOATE see METHIDATHION
s-5-METHOXY-4-OXOPYRAN-2-YLMETHYL DIMETHYL PHOSPHOROTHIOATE see ENDOTHION

2,2-(p-METHOXYPHENYL)-1,1,1-TRICHLOROETHANE *see* METHOXYCHLOR
o-METHOXYPHENYLAMINE *see* o-ANISIDINE
p-METHOXY-m-PHENYLENEDIAMINE *see* 2,4-DIAMINOSOLE
4-METHOXY-m-PHENYLENEDIAMINE *see* 2,4-DIAMINOSOLE
4-METHOXY-1,3-PHENYLENEDIAMINE *see* 2,4-DIAMINOSOLE
4-METHOXY-M-PHENYLENEDIAMINE SULFATE *see* 2,4-DIAMINOSOLE, SULFATE
4-METHOXY-M-PHENYLENEDIAMINE SULPHATE *see* 2,4-DIAMINOSOLE, SULFATE
s-((5-METHOXY-4H-PYRON-2-YL)-METHYL)-O,O-DIMETHYL-MONOTHIOFOSFAAT (Dutch) *see* ENDOTHION
s-((5-METHOXY-4H-PYRON-2-YL)-METHYL)-O,O-DIMETHYL-MONOTHIOPHOSPHAT (German) *see* ENDOTHION
s-(5-METHOXY-4-PYRON-2-YLMETHYL)DIMETHYLPHOSPHOROTHIOLATE *see* ENDOTHION
4-METHOXY-, SULFATE *see* 2,4-DIAMINOSOLE, SULFATE
4-METHOXY-m-TOLUIDINE *see* p-CRESIDINE
METHYLACETALDEHYDE *see* PROPIONALDEHYDE
METHYLACETIC ACID *see* PROPIONIC ACID
METHYLACETIC ANHYDRIDE *see* PROPIONIC ANHYDRIDE
METHYL ACETONE *see* METHYL ETHYL KETONE
METHYL ACETYLENE *see* 1-PROPYNE
β-METHYLACROLEIN *see* CROTONALDEHYDE
3-METHYLACROLEINE *see* CROTONALDEHYDE, (E)
METHYLACRYLAAT (Dutch) *see* METHYL ACRYLATE
METHYL-ACRYLAT (German) *see* METHYL ACRYLATE
METHYLACRYLATE *see* METHYL ACRYLATE
METHYL ACRYLONITRILE *see* METHACRYLONITRILE
2-METHYLACRYLONITRILE *see* METHACRYLONITRILE
2-METHYLACTONITRILE *see* 2-METHYLLACTONITRILE
α-METHYLACRYLONITRILE *see* METHACRYLONITRILE
METHYL ALCOHOL *see* METHANOL
METHYL ALDEHYDE *see* FORMALDEHYDE
METHYLALKOHOL (German) *see* METHANOL
2-METHYL-ALLYLCHLORID (German) *see* 3-CHLORO-2-METHYL-1-PROPENE
METHYLALLYL CHLORIDE (DOT) *see* 3-CHLORO-2-METHYL-1-PROPENE
2-METHYLALLYL CHLORIDE *see* 3-CHLORO-2-METHYL-1-PROPENE
α-METHYLALLYL CHLORIDE *see* 3-CHLORO-2-METHYL-1-PROPENE
β-METHYL ALLYL CHLORIDE *see* 3-CHLORO-2-METHYL-1-PROPENE
METHYLAMINE *see* METHANAMINE
METHYLAMINEN (Dutch) *see* METHANAMINE
4-METHYL-2-AMINOANISOLE *see* p-CRESIDINE
4-METHYL-2-AMINOANISOLE *see* p-CRESIDINE
1-METHYL-2-AMINOBENZENE *see* o-TOLUIDINE
2-METHYL-1-AMINOBENZENE *see* o-TOLUIDINE
1-METHYL-1,2-AMINO-BENZENE *see* o-TOLUIDINE
n-METHYLAMINODITHIOFORMIC ACID SODIUM SALT *see* METHAM SODIUM
n-METHYLAMINOMETHANETHIONOTHIOLIC ACID SODIUM SALT *see* METHAM SODIUM
m-(((DI-METHYLAMINO)METHYLENE)AMINO)PHENYLCARBAMATE,HYDROCHLORIDE *see* FORMETANATE HYDROCHLORIDE
2-METHYLANILINE *see* o-TOLUIDINE
o-METHYLANILINE *see* o-TOLUIDINE
4-METHYLANILINE *see* p-TOLUIDINE
p-METHYLANILINE *see* p-TOLUIDINE
2-METHYLANILINE HYDROCHLORIDE *see* o-TOLUIDINE HYDROCHLORIDE
o-METHYLANILINE HYDROCHLORIDE *see* o-TOLUIDINE HYDROCHLORIDE
ortho-METHYLANILINE HYDROCHLORIDE *see* o-TOLUIDINE HYDROCHLORIDE

5-METHYL-o-ANISIDINE *see* p-CRESIDINE
2-METHYL-1-ANTHRAQUINONYLAMINE *see* 1-AMINO-2-METHYLAN-
THRAQUINONE
METHYLARTERENOL *see* EPINEPHRINE
2-METHYLAZACLYCLOPROPANE *see* PROPYLENEIMINE
1-METHYLAZACYCLOPENTAN-2-ONE *see* N-METHYL-2-PYROLIDONE
METHYL AZINPHOS *see* AZINPHOS-METHYL
2-METHYLAZIRIDINE *see* PROPYLENEIMINE
n-METHYLBENZAZIMIDE, DIMETHYLDITHIOPHOSPHORIC ACID ESTER
see AZINPHOS-METHYL
2-METHYLBENZENAMINE *see* o-TOLUIDINE
o-METHYLBENZENAMINE *see* o-TOLUIDINE
4-METHYLBENZENAMINE *see* p-TOLUIDINE
p-METHYLBENZENAMINE *see* p-TOLUIDINE
METHYLBENZENE *see* TOLUENE
2-METHYL-1,2-BENZENEDIAMINE *see* DIAMINOTOLUENE (823-40-5)
4-METHYL-1,2-BENZENEDIAMINE *see* DIAMINOTOLUENE (496-72-0)
4-METHYL-1,3-BENZENEDIAMINE *see* 2,4-DIAMINOTOLUENE
α-METHYLBENZENEETHANEAMINE *see* AMPHETAMINE
d-α-METHYLBENZENEETHANEAMINE *see* AMPHETAMINE
2-METHYLBENZENAMINE HYDROCHLORIDE *see* o-TOLUIDINE HYDRO-
CHLORIDE
METHYLBENZOL *see* TOLUENE
n-METHYL-BIS-CHLORAETHYLAMIN (German) *see* NITROGEN MUSTARD
METHYLBIS(2-CHLOROETHYL)AMINE *see* NITROGEN MUSTARD
n-METHYL-BIS(2-CHLOROETHYL)AMINE *see* NITROGEN MUSTARD
METHYLBIS(β-CHLOROETHYL)AMINE *see* NITROGEN MUSTARD
n-METHYL-BIS(β-CHLOROETHYL)AMINE *see* NITROGEN MUSTARD
METHYLBISPHENYLISOCYANATE *see* METHYLBIS(PHENYLISOCYANATE)
n-METHYLBIS(2,4-XYLYLIMINOMETHYL)AMINE *see* AMITRAZ
β-METHYLBIVINYL *see* ISOPRENE
METHYLBROMID (German) *see* BROMOMETHANE
METHYL BROMIDE (DOT) *see* BROMOMETHANE
o-METHYL-O-(4-BROMO-2,5-DICHLOROPHENYL)PHENYL THIOPHOSPHO-
NATE *see* LEPTOPHOS
2-METHYLBUTADIENE *see* ISOPRENE
2-METHYL-1,3-BUTADIENE *see* ISOPRENE
2-METHYLBUTANE *see* ISOPENTANE
3-METHYL-1-BUTANOL ACETATE *see* iso-AMYL ACETATE
3-METHYL-1-BUTANOL ACETATE *see* sec-AMYL ACETATE
1-METHYLBUTYL ACETATE *see* sec-AMYL ACETATE
3-METHYL-1-BUTYL ACETATE *see* iso-AMYL ACETATE
3-METHYLBUTYL ESTER of ACETIC ACID *see* iso-AMYL ACETATE
METHYLBUTYL ETHANOATE *see* iso-AMYL ACETATE
1-METHYLBUTYL ETHANOATE *see* sec-AMYL ACETATE
3-METHYLBUTYL ETHANOATE *see* iso-AMYL ACETATE
METHYL 1-(BUTYLCARBAMOYL)-2-BENZIMIDAZOLYLCARBAMATE *see*
BENOMYL
n-METHYL-γ-BUTYROLACTAM *see* N-METHYL-2-PYROLIDONE
METHYLCARBAMATE (ESTER) *see* PHYSOSTIGMINE
METHYLCARBAMATE 1-NAPHTHALENOL *see* CARBARYL
n-METHYLCARBAMATE de 1-NAPHTYLE (French) *see* CARBARYL
METHYLCARBAMIC ACID M-CUMENYL ESTER *see* PHENOL, 3-(1-
METHYLETHYL)-, METHYLCARBAMATE
METHYLCARBAMIC ACID-m-CYM-5-YL ESTER *see* PROMECARB
METHYL CARBAMIC ACID 2,3-DIHYDRO-2,2-DIMETHYL-7-BENZOFURA-
NYL ESTER *see* CARBOFURAN
METHYLCARBAMIC ACID, O((2,4-DIMETHYL-1,3-DITHIOLAN-2-YL)-
METHYLENE) AMINO) *see* TRIPATE
METHYLCARBAMIC ACID, 4-(DIMETHYLAMINO)-3,5-XYLYL ESTER *see*
MEXACARBATE
METHYL-CARBAMIC ACID, ESTER with ESEROLINE *see* PHYSOSTIGMINE
METHYLCARBAMIC ACID 2,3-(ISOPROPYLIDENEDIOXY)PHENYL ESTER
see BENDIOCARB

n-METHYLCARBAMIC ACID 3-METHYL-5-ISOPROPYLPHENYL ESTER see PROMECARB
METHYL CARBAMIC ACID 4-(METHYLTHIO)-3,5-XYLYL ESTER see METHIOCARB
METHYLCARBAMIC ACID, 1-NAPHTHYL ESTER see CARBARYL
METHYLCARBAMIC ACID m-TOYL ESTER see METOLCARB
METHYLCARBAMODITHIOIC ACID SODIUM SALT see METHAM SODIUM
s-METHYLCARBAMOYLMETHYL-O,O-DIMETHYL PHOSPHORODITHIOATE see DIMETHOATE
METHYLCARBAMYL AMINE see METHYL ISOCYANATE
METHYL CARBONIMIDE see METHYL ISOCYANATE
METHYL CARBONOCHLORIDATE see METHYL CHLOROCARBONATE
METHYL CELLOSOLVE see 2-METHOXYETHANOL
METHYL CHLOORFORMIAT (Dutch) see METHYL CHLOROCARBONATE
METHYLCHLORID (German) see CHLOROMETHANE
METHYL CHLORIDE (DOT) see CHLOROMETHANE
METHYL-α-CHLOROACRYLATE see METHYL 2-CHLOROACRYLATE
2-METHYL-4-CHLOROANILINE see p-CHLORO-o-TOLUIDINE
2-METHYL-4-CHLOROANILINE HYDROCHLORIDE see 4-CHLORO-o-TOLUIDINE, HYDROCHLORIDE
METHYL CHLOROFORM see 1,1,1-TRICHLOROETHANE
METHYL CHLOROFORMATE see METHYL CHLOROCARBONATE
METHYL CHLOROMETHYL ETHER (DOT) see CHLOROMETHYL METHYL ETHER
3-METHYL-4-CHLOROPHENOL see p-CHLORO-m-CRESOL
(2-METHYL-4-CHLOROPHENOXY)ACETIC ACID see METHOXONE
(2-METHYL-4-CHLOROPHENOXY)ACETIC ACID, SODIUM SALT see METHOXONE SODIUM SALT
2-(2-METHYL-4-CHLOROPHENOXY)PROPANOIC ACID see MECOPROP
2-METHYL-4-CHLOROPHENOXY-α-PROPIONIC ACID see MECOPROP
2-(2′-METHYL-4′-CHLOROPHENOXY)PROPIONIC ACID see MECOPROP
α-(2-METHYL-4-CHLOROPHENOXY)PROPIONIC ACID see MECOPROP
METHYLCHLOROPHENOXYACETIC ACID see METHOXONE
2-METHYL-4-CHLOROPHENOXYACETIC ACID see METHOXONE
2-METHYL-4-CHLOROPHENOXYESSIGSAEURE (German) see METHOXONE
METHYL CHLOROPHOS see TRICHLORFON
METHYLCHLOROSILANE see METHYLTRICHLOROSILANE
METHYL CHLORPYRIFOS see CHLORPYRIFOS METHYL
METHYLCHOLANTHRENE see 3-METHYLCHOLANTHRENE
20-METHYLCHOLANTHRENE see 3-METHYLCHOLANTHRENE
5-METHYLCHRYSENE see C.I. FOOD RED 5
5-METHENYL M-CUMENYL METHYLCARBAMATE see PROMECARB
METHYL CYANIDE see ACETONITRILE
METHYLCYCLOPENTADIENYL MANGANESE TRICARBONYL see MANGANESE TRICARBONYL METHYLCYCLOPENTADIENYL
2-METHYLCYCLOPENTADIENYL MANGANESE TRICARBONYL see MANGANESE TRICARBONYL METHYLCYCLOPENTADIENYL
METHYLCYKLOPENTADIENTRIKARBONYLMANGANIUM (German) see MANGANESE TRICARBONYL METHYLCYCLOPENTADIENYL
METHYL DEMETON METHYL see PHOSPHOROTHIOIC ACID, O,O-DIMETHYL-S-(2-(METHYLTHIO)ETHYL)ESTER
METHYL DEMETON-O-SULFOXIDE see OXYDEMETON METHYL
METHYL DEMETON THIOESTER see DEMETON-s-METHYL
n-METHYL-2,2′-DICHLORODIETHYLAMINE see NITROGEN MUSTARD
METHYLDI(2-CHLOROETHYL)AMINE see NITROGEN MUSTARD
METHYL 2-(4-(2,4-DICHLOROPHENOXY)PHENOXY)PROPIONATE see DICLOFOP METHYL
1-METHYL-4-DIETHYLCARBAMOYLPIPERAZINE CITRATE see DIETHYLCARBAMAZINE CITRATE
METHYL 3-(DIMETHOXYPHOSPHINYLOXY)CROTONATE see MEVINPHOS
METHYL-3-((DIMETHOXYPHOSPHINYL)OXY)-2-BUTENOATE, (ALPHA ISOMER) see MEVINPHOS
METHYL 3-((DIMETHOXYPHOSPHINYL)OXY)-2-BUTENOATE see MEVINPHOS

METHYL-N,N′-DIMETHYL-N-((METHYLCARBAMOYL)OXY)-1-THIOOXAMIMIDATE see OXAMYL
METHYL-4-DIMETHYLAMINO-3,5-XYLYL ESTER of CARBAMIC ACID see MEXACARBATE
METHYL-4-DIMETHYLAMINO-3,5-XYLYLCARBAMATE see MEXACARBATE
METHYL-2-(DIMETHYLAMINO)-N-(((METHYLAMINO)CARBONYL)OXY)-2-OXOETHANIMIDOTHIO ATE see OXAMYL
s-METHYL-1-(DIMETHYLCARBAMOYL)-N-((METHYLCARBAMOYL)OXY)THIOFORMIMIDATE see OXAMYL
METHYL-1-(DIMETHYLCARBAMOYL)-N-(METHYLCARBAMOYLOXY)-THIOFORMIMIDATE see OXAMYL
METHYL 1,1-DIMETHYLETHYL ETHER see METHYL tert-BUTYL ETHER
1-METHYL-2,4-DINITOBENZENE see 2,4-DINITROTOLUENE
1-METHYL-2,6-DINITOBENZENE see 2,6-DINITROTOLUENE
1-METHYL-3,4-DINITOBENZENE see 3,4-DINITROTOLUENE
2-METHYL-1,3-DINITOBENZENE see 2,6-DINITROTOLUENE
METHYLDINITROBENZENE see DINITROTOLUENE (MIXED ISOMERS)
2-METHYL-4,6-DINITROPHENOL see 4,6-DINITRO-o-CRESOL
6-METHYL-2,4-DINITROPHENOL see 4,6-DINITRO-o-CRESOL
METHYLDITHIOCARBAMIC ACID, SODIUM SALT see METHAM SODIUM
(4-METHYL-1,3-DITHIOLAN-2-YLIDENE)PHOSPHORAMIDIC ACID, DIETHYL ESTER see MEPHOSFOLAN
6-METHYL-1,3-DITHIOLO(4,5-b)QUINOXALIN-2-ONE see CHINOMETHIONAT
6-METHYLDITHIOLO(4,5-b)QUINOXALIN-2-ONE see CHINOMETHIONAT
METHYL DURSBAN see CHLORPYRIFOS METHYL
2METHYL-1,3-DI(2,4-XYLYLIMINO)-2-AZAPROPANE see AMITRAZ
METHYL-E 605 see METHYL PARATHION
2-METHYLE-2-PROPENOIC ACID, ETHYL ESTER see ETHYL METHACRYLATE
METHYLE (FORMIATE de) (French) see METHYL FORMATE
METHYLEEN-S,S′-BIS(O,O-DIETHYL-DITH IOFOSFAAT) (Dutch) see ETHION
O,O-METHYLEEN-BIS(4-CHLOORFENOL) (Dutch) see DICHLOROPHENE
3,4-METHYLENDIOXY-6-PROPYLBENZYL-n-BUTYL-DIAETHYLENGLYKOLAETHER (German) see PIPERONYL-ETHYL
METHYLENE ACETONE see METHYL VINYL KETONE
METHYLENE BICHLORIDE see DICHLOROMETHANE
METHYLENEBIS(ANILINE) see 4,4′-METHYLENEDIANILINE
4,4′-METHYLENEBIS(ANILINE) see 4,4′-METHYLENEDIANILINE
4,4′-METHYLENEBIS(BENZENEAMINE) see 4,4′-METHYLENEDIANILINE
METHYLENEBIS(3-CHLORO-4-AMINOBENZENE) see 4,4′-METHYLENEBIS(2-CHLOROANILINE)
4,4′-METHYLENEBIS (2-CHLORO-BENZENEAMINE) see 4,4′-METHYLENEBIS(2-CHLOROANILINE)
p,p′-METHYLENEBIS(α-CHLOROANILINE) see 4,4′-METHYLENEBIS(2-CHLOROANILINE)
p,p′-METHYLENEBIS(o-CHLOROANILINE) see 4,4′-METHYLENEBIS(2-CHLOROANILINE)
METHYLENE-4,4′-BIS(o-CHLOROANILINE) see 4,4′-METHYLENEBIS(2-CHLOROANILINE)
4,4′-METHYLENEBIS(o-CHLOROANILINE) see 4,4′-METHYLENEBIS(2-CHLOROANILINE)
4,4′-METHYLENE(BIS)-CHLOROANILINE see 4,4′-METHYLENEBIS(2-CHLOROANILINE)
4,4′-METHYLENEBIS-2-CHLOROBENZENAMINE see 4,4′-METHYLENEBIS(2-CHLOROANILINE)
2,2′-METHYLENEBIS(4-CHLOROPHENOL) see DICHLOROPHENE
METHYLENE BIS(4-CYCLOHEXYLISOCYANATE) see 1,1-METHYLENEBIS(4-ISOCYANATOCYCLOHEXANE)
METHYLENE-S,S′-BIS(O,O-DIAETHYL-DITHIOPHOSPHAT) (German) see ETHION
4,4′-METHYLENE BIS(N, N-DIMETHYLANILINE) see 4,4′-METHYLENEBIS(N,N-DIMETHYL)BENZENAMINE

1,1'-METHYLENEBIS(4-ISOCYANATO-3-METHYLBENZENE) *see* 3,3'-DIMETHYLDIPHENYLMETHANE-4,4'-DIISOCYANTE
METHYLENEBIS(4-ISOCYANATOBENZENE) *see* METHYLBIS(PHENYLISOCYANATE)
1,1'-METHYLENEBIS(4-ISOCYANATOBENZENE) *see* METHYLBIS(PHENYLISOCYANATE)
1,1-METHYLENEBIS(4-ISOCYANATOBENZENE) *see* METHYLBIS(PHENYLISOCYANATE)
1,1'-METHYLENEBIS(4-ISOCYANATOCYCLOHEXANE) *see* 1,1-METHYLENEBIS(4-ISOCYANATOCYCLOHEXANE)
5,5'-METHYLENEBIS(2-ISOCYANATOTOLUENE) *see* 3,3'-DIMETHYLDIPHENYLMETHANE-4,4'-DIISOCYANTE
METHYLENE-BIS-ORTHOCHLOROANILINE *see* 4,4'-METHYLENEBIS(2-CHLOROANILINE)
1,1-(METHYLENEBIS(OXY))BIS(2-CHLOROETHANE) *see* BIS(2-CHLOROETHOXY)METHANE
METHYLENEBIS(p-PHENYLENE ISOCYANATE) *see* METHYLBIS(PHENYLISOCYANATE)
METHYLENEBIS(para-PHENYLENE ISOCYANATE) *see* METHYLBIS(PHENYLISOCYANATE)
METHYLENEBIS(4-PHENYLENE ISOCYANATE) *see* METHYLBIS(PHENYLISOCYANATE)
METHYLENEBIS(para-PHENYLISOCYANATE) *see* METHYLBIS(PHENYLISOCYANATE)
METHYLENEBIS(p-PHENYLISOCYANATE) *see* METHYLBIS(PHENYLISOCYANATE)
para,para'-METHYLENEBIS(PHENYLISOCYANATE) *see* METHYLBIS(PHENYLISOCYANATE)
p,p'-METHYLENEBIS(PHENYLISOCYANATE) *see* METHYLBIS(PHENYLISOCYANATE)
METHYLENE BIS(4-PHENYLISOCYANATE) *see* METHYLBIS(PHENYLISOCYANATE)
METHYLENEBIS(4-PHENYLISOCYANATE) *see* METHYLBIS(PHENYLISOCYANATE)
METHYLENEBIS(4-PHENYLISOCYANATE) *see* METHYLBIS(PHENYLISOCYANATE)
4,4'-METHYLENEBIS(PHENYLISOCYANATE) *see* METHYLBIS(PHENYLISOCYANATE)
METHYLENEBIS(4,4'-PHENYLISOCYANATE) *see* METHYLBIS(PHENYLISOCYANATE)
METHYLENE BISPHENYLISOCYANATE *see* METHYLBIS(PHENYLISOCYANATE)
2,2'-METHYLENEBIS(3,4,6-TRICHLOROPHENOL) *see* HEXACHLOROPHENE
2,2'-METHYLENEBIS(3,5,6-TRICHLOROPHENOL) *see* HEXACHLOROPHENE
2,2'-METHYLENEBIPHENYL *see* FLUORENE
METHYLENE CHLORIDE *see* DICHLOROMETHANE
METHYLENE CYANIDE *see* MALONONITRILE
METHYLENEDIANILINE *see* 4,4'-METHYLENEDIANILINE
p,p'-METHYLENEDIANILINE *see* 4,4'-METHYLENEDIANILINE
4,4'-METHYLENEDIBENZENAMINE *see* 4,4'-METHYLENEDIANILINE
METHYLENE DIBROMIDE *see* METHYLENE BROMIDE
METHYLENE DICHLORIDE *see* DICHLOROMETHANE
4,4'-METHYLENEDICYCLOHEXYL DIISOCYANATE *see* 1,1-METHYLENEBIS(4-ISOCYANATOCYCLOHEXANE)
METHYLENEDINITRILE *see* MALONONITRILE
4,5-METHYLENEDIOXY-2-PROPYLBENZYLDIETHYLENE GLYCOL BUTYL ETHER *see* PIPERONYL-ETHYL
(3,4-METHYLENEDIOXY-6-PROPYLBENZYL)(BUTYL)DIETHYLENE GLYCOL ETHER *see* PIPERONYL-ETHYL
3,4-METHYLENEDIOXY-6-PROPYLBENZYL N-BUTYL DIETHYLENEGLYCOL ETHER *see* PIPERONYL-ETHYL
3,4-METHYLENEDIOXY-ALLYLBENZENE *see* SAFROLE
3,4-(METHYLENEDIOXY)-1-PROPENYLBENZENE *see* ISOSAFROLE
(1,2-(METHYLENEDIOXY)-4-PROPYL)BENZENE *see* DIHYDROSAFROLE

1,2-(METHYLENEDIOXY)-4-PROPENYLBENZENE *see* ISOSAFROLE
3-(3,4-METHYLENEDIOXYPHENYL)PROP-1-ENE *see* SAFROLE
4,4'-METHYLENEDI(PHENYLDIISOCYANATE) *see* METHYL-BIS(PHENYLISOCYANATE)
METHYLENEDI-para-PHENYLENE DIISOCYANATE *see* METHYL-BIS(PHENYLISOCYANATE)
METHYLENEDI(p-PHENYLENE DIISOCYANATE) *see* METHYL-BIS(PHENYLISOCYANATE)
4,4'-METHYLENEDI-p-PHENYLENE DIISOCYANATE *see* METHYL-BIS(PHENYLISOCYANATE)
METHYLENEDI-para-PHENYLENE ISOCYANATE *see* METHYL-BIS(PHENYLISOCYANATE)
METHYLENE DI(PHENYLENE ISOCYANATE) *see* METHYL-BIS(PHENYLISOCYANATE)
METHYLENEDI(p-PHENYLENE ISOCYANATE) *see* METHYL-BIS(PHENYLISOCYANATE)
4,4'-METHYLENEDI(PHENYLENE ISOCYANATE) *see* METHYL-BIS(PHENYLISOCYANATE)
4,4'-METHYLENEDIPHENYLISOCYANATE *see* METHYL-BIS(PHENYLISOCYANATE)
METHYLENE ESTER of ALLYL-PYROCATECHOL *see* SAFROLE
METHYLENE GLYCOL *see* FORMALDEHYDE
METHYLENE OXIDE *see* FORMALDEHYDE
S,S'-METHYLENE O,O,O',O'-TETRAETHYL PHOSPHORODITHIOATE *see* ETHION
METHYL ESTER of ISOCYANIC ACID *see* METHYL ISOCYANATE
METHYL ESTER of MATHANESULFONIC ACID *see* METHYLMETHANE-SULFONATE
METHYL ESTER of METHACRYLIC ACID *see* METHYL METHACRYLATE
METHY ESTER of METHYL SULPHONIC ACID *see* METHYLMETHANESUL-FONATE
METHYLETHENE *see* PROPYLENE
METHYL ETHOXOL *see* 2-METHOXYETHANOL
2-(1-METHYLETHOXY)PHENYL N-METHYLCARBAMATE *see* PROPOXUR
1-METHYLETHYLAMINE *see* ISOPROPYLAMINE
1-METHYLETHYL BENZENE *see* CUMENE
METHYL ETHYL CARBINOL *see* sec-BUTYL ALCOHOL
2-METHYLETHYLEN IMINE *see* PROPYLENEIMINE
METHYL ETHYLENE OXIDE *see* PROPYLENE OXIDE
METHYLETHYLENE *see* PROPYLENE
2-METHYLETHYLENIMINE *see* PROPYLENEIMINE
1-METHYLETHYL-2 -((ETHOXY((1-METHYLE-THYL)AMINO)PHOSPHINOTHIOYL)OXY)BENZOATE *see* ISOFENPHOS
1-(METHYLETHYL)-ETHYL 3-METHYL-4-(METHYLTHI-O)PHENYLPHOSPHORAMIDATE *see* FENAMIPHOS
(E)-1-METHYLETHYL-3-(((ETHYLAMI-NO)METHOXYPHOSPHINOTHIOYL)OXY)-2-BUTENOATE *see* PROPE-TAMPHOS ATE
1-METHYLETHYL(E)-3-(((ETHYLAMI-NO)METHOXYPHOSPHINOTHIOYL)OXY)-2-BUTENOATE *see* PROPE-TAMPHOS
4,4'-(1-METHYLETHYLIDENE)BISPHENOL *see* 4,4'-ISOPROPYLIDENEDI-PHENOL
METHYLETHYLKETONHYDROPEROXIDE *see* METHYL ETHYL KETONE PEROXIDE
METHYLETHYLMETHANE *see* BUTANE
METHYL ETHYL METHANE *see* BUTANE
3-(1-METHYLETHYL)PHENOL METHYLCARBAMATE *see* PHENOL, 3-(1-METHYLETHYL)-, METHYLCARBAMATE
(1-METHYLETHYL) PHOSPHORAMIDIC ACID ETHYL 3-METHYL-4-(METH-YLTHIO)PHENYL ESTER *see* FENAMIPHOS
METHYLFLUORPHOSPHORSAEUREISOPROPYLESTER (German) *see* SARIN
METHYLFLUOROPHOSPHORIC ACID,IOSPROPYL ESTER *see* SARIN
METHYLFORMIAAT (Dutch) *see* METHYL FORMATE

METHYLFORMIAT (German) see METHYL FORMATE
METHYL FOSFERNO see METHYL PARATHION
METHYL FRUMIDOR see THIOPHANATE-METHYL
METHYL GLYCOL see 2-METHOXYETHANOL
METHYLGLYKOL (German) see 2-METHOXYETHANOL
METHYL GUTHION see AZINPHOS-METHYL
(6-(1-METHYL-HEPTYL)-2,4-DINITRO-FENYL)-CROTONAAT (Dutch) see DINOCAP
(6-(1-METHYL-HEPTYL)-2,3-DINITRO-PHENYL)-CROTONAT (German) see DINOCAP
2-(1-METHYLHEPTYL)-4,6-DINITROPHENYLCROTONATE see DINOCAP
METHYL HYDRIDE see METHANE
1-METHYL-HYDRAZINE see METHYL HYDRAZINE
n-METHYL HYDRAZINE see METHYL HYDRAZINE
METHYL HYDROXIDE see METHANOL
METHYL-3-HYDROXY-α-CROTONATE, DIMETHYL PHOSPHATE ESTER see MEVINPHOS
METHYL 3-HYDROXY-α-CROTONATE DIMETHYL PHOSPHATE see MEVINPHOS
METHYL 3-HYDROXYCROTONATE DIMETHYL PHOSPHATE ESTER see MEVINPHOS
N,N'-((METHYLIMINO)DIMETHYLIDYNE)BIS(2,4-XYLIDINE) see AMITRAZ
N,N'-((METHYLIMINO)DIMETHYLIDYNE)D-2,4-XYLIDINE see AMITRAZ
METHYL-ISOBUTYL-CETONE (French) see METHYL ISOBUTYL KETONE
METHYLISOBUTYLKETON (Dutch, German) see METHYL ISOBUTYL KETONE
METHYLISOCYANAAT (Dutch) see METHYL ISOCYANATE
METHYL ISOCYANAT (German) see METHYL ISOCYANATE
3-METHYL-5-ISOPROPYL-N-METHYL CARBAMATE see PROMECARB
5-METHYL-2-ISOPROPYL-3-PYRAZOLYL DIMETHYLCARBAMATE see ISOPROPYLMETHYLPYRAZOYL DIMETHYLCARBAMATE
3-METHYL-5-ISOPROPYLPHENYL-N-METHYL CARBAMATE see PROMECARB
(3-METHYL-5-ISOPROPYLPHENYL)-N-METHYLCARBAMAT (German) see PROMECARB
n-METHYL-m-ISOPROPYLPHENYL CARBAMATE see PHENOL, 3-(1-METHYLETHYL)-, METHYLCARBAMATE
n-METHYL-3-ISOPROPYLPHENYL CARBAMATE see PHENOL, 3-(1-METHYLETHYL)-, METHYLCARBAMATE
METHYL ISOSYSTOX see DEMETON-s-METHYL
METHYLISOTHIOCYANAAT (Dutch) see METHYL ISOTHIOCYANATE
METHYL-ISOTHIOCYANAT (German) see METHYL ISOTHIOCYANATE
METHYLJODID (German) see METHYL IODIDE
METHYLJODIDE (Dutch) see METHYL IODIDE
METHYL KETONE see ACETONE
METHYL KETONE see METHYL ETHYL KETONE
2-METHYLLACTONITRILE see 2-METHYLLACTONITRILE
n-METHYL-LOST see NITROGEN MUSTARD
METHYLMERCAPTAAN (Dutch) see METHYL MERCAPTAN
2-(METHYLMERCAPTO)-4,6-BIS(ISOPROPYLAMINO)-S-TRIAZINE see PROMETHRYN
4-METHYLMERCAPTO-3,5-DIMETHYLPHENYL N-METHYLCARBAMATE see METHIOCARB
4-METHYLMERCAPTO-3 -METHYLPHENYLDIMETHYLTHIOPHOSPHATE see FENTHION
METHYL-MERCAPTOFOS TEOLOVY see DEMETON-s-METHYL
4-METHYLMERCAPTO-3,5-XYLYL METHYLCARBAMATE see METHIOCARB
METHYLMERCURIC CYANOGUANIDINE see METHYLMERCURIC DICYANAMIDE
METHYLMERCURY DICYANANDIMIDE see METHYLMERCURIC DICYANAMIDE
METHYLMERCURY DICYANDIAMIDE see METHYLMERCURIC DICYANAMIDE

METHYLMERKURIDIKYANDIAMID (German) *see* METHYLMERCURIC DI-CYANAMIDE
METHYLMETHACRYLAAT (Dutch) *see* METHYL METHACRYLATE
METHYL-METHACRYLAT (German) *see* METHYL METHACRYLATE
METHYL METHACRYLATE MONOMER *see* METHYL METHACRYLATE
n-METHYLMETHANAMINE *see* DIMETHYLAMINE
METHYLMETHANE *see* ETHANE
METHYLMETHANESULPHONATE *see* METHYLMETHANESULFONATE
METHYL METHANOATE *see* METHYL FORMATE
METHYLMETHANSULFONAT (German) *see* METHYLMETHANESULFONATE
METHYL METHANSULFONATE *see* METHYLMETHANESULFONATE
METHYL METHANSULPHONATE *see* METHYLMETHANESULFONATE
2-METHYL-2-METHOXYPROPANE *see* METHYL tert-BUTYL ETHER
METHYL-α-METHYLACRYLATE *see* METHYL METHACRYLATE
METHYL-N-(METHYL(CARBAMOYL)OXY)THIOACETIMIDATE *see* METHOMYL
cis-1-METHYL-2-METHYL CARBAMOYL VINYL PHOSPHATE *see* MONOCROPTOPHOS
s-METHYL N-(METHYLCARBAMOYLOXY)THIOACETIMIDATE *see* METHOMYL
3-METHYL-5-(1-METHYLETHYL)PHENOL METHYLCARBAMATE *see* PROMECARB
3-METHYL-5-(1-METHYLETHYL)PHENYL-CARBAMIC ACID METHYL ESTER *see* PROMECARB
METHYL-2-METHYLPROPENOATE *see* METHYL METHACRYLATE
METHYL-2-METHYL-2-PROPENOATE *see* METHYL METHACRYLATE
2-METHYL-2-METHYLTHIO-PROPIONALDEHYD-O-(N-METHYL-CARBAMOYL)OXIM (German) *see* ALDICARB
2-METHYL-2-(METHYLTHIO)PROPANAL, o-((METHYLAMINO)CARBONYL)OXIME *see* ALDICARB
2-METHYL-2-(METHYLTHIO)PROPANALDEHYDE, o-(METHYLCARBAMOYL)OXIME *see* ALDICARB
METHYL MUSTARD *see* METHYL ISOTHIOCYANATE
METHYL MUSTARD OIL *see* METHYL ISOTHIOCYANATE
METHYL N-(METHYLAMINO(CARBONYL)OXY)ETHANIMIDO)THIOATE *see* METHOMYL
n-METHYL-1-NAFTYL-CARBAMAAT (Dutch) *see* CARBARYL
METHYL NAMATE *see* SODIUM DIMETHYLDITHIOCARBAMATE
n-METHYL-1-NAPHTHYL-CARBAMAT (German) *see* CARBARYL
n-METHYL-1-NAPHTHYL CARBAMATE *see* CARBARYL
n-METHYL-α-NAPHTHYLCARBAMATE *see* CARBARYL
n-METHYL-α-NAPHTHYLURETHAN *see* CARBARYL
METHYL NIRAN *see* METHYL PARATHION
3-METHYLNITROBENZENE *see* m-NITROTOLUENE
m-METHYLNITROBENZENE *see* m-NITROTOLUENE
2-METHYLNITROBENZENE *see* o-NITROTOLUENE
o-METHYLNITROBENZENE *see* o-NITROTOLUENE
4-METHYLNITROBENZENE *see* p-NITROTOLUENE
p-METHYLNITROBENZENE *see* p-NITROTOLUENE
2-METHYL-5-NITRO-BENZENEAMINE *see* 5-NITRO-o-TOLUENE
2-METHYL-5-NITROANILINE *see* 5-NITRO-o-TOLUENE
6-METHYL-3-NITROANILINE *see* 5-NITRO-o-TOLUENE
2-METHYL-5-NITROBENZENAMINE *see* 5-NITRO-o-TOLUENE
1-METHYL-3-NITRO-1-NITROSOGUANIDINE *see* GUANIDINE, N-METHYL-N'-NITRO-N-NITROSO-
METHYLNITRONITROSOGUANIDINE *see* GUANIDINE, N-METHYL-N'-NITRO-N-NITROSO-
n-METHYL-N'-NITRO-N-NITROSOGUANIDINE *see* GUANIDINE, N-METHYL-N'-NITRO-N-NITROSO-
1-METHYL-1-NITROSO-3-NITROGUANIDINE *see* GUANIDINE, N-METHYL-N'-NITRO-N-NITROSO-
METHYLNITROSO-HARNSTOFF (German) *see* N-NITROSO-N-METHYLUREA

n-METHYL-N-NITROSO-HARNSTOFF (German) *see* N-NITROSO-N-METHYLUREA
n-METHYL-N-NITROSO-N'-NITROGUANIDINE *see* GUANIDINE, N-METHYL-N'-NITRO-N-NITROSO-
n-METHYL-N-NITROSO-URETHANE *see* N-NITROSO-N-METHYLURETHANE
n-METHYL-N-NITROSOCARBAMIC ACID, ETHYL ESTER *see* N-NITROSO-N-METHYLURETHANE
n-METHYL-N-NITROSOETHYLCARBAMATE *see* N-NITROSO-N-METHYLURETHANE
METHYLNITROSOGUANIDINE *see* GUANIDINE, N-METHYL-N'-NITRO-N-NITROSO-
n-METHYL-N-NITROSOMETHAN AMINE *see* N-NITROSODIMETHYLAMINE
n-METHYL-N'-NITROSONITROGUANIDIN (German) *see* GUANIDINE, N-METHYL-N'-NITRO-N-NITROSO-
1-METHYL-1-NITROSOUREA *see* N-NITROSO-N-METHYLUREA
METHYLNITROSOUREA *see* N-NITROSO-N-METHYLUREA
n-METHYL-N-NITROSOUREA *see* N-NITROSO-N-METHYLUREA
METHYLNITROSOUREE (French) *see* N-NITROSO-N-METHYLUREA
METHYLNITROSOURETHAN (German) *see* N-NITROSO-N-METHYLURETHANE
METHYLNITROSOURETHANE *see* N-NITROSO-N-METHYLURETHANE
n-METHYL-N-NITROSOVINYLAMINE *see* N-NITRSOMETHYLVINYLAMINE
METHYLOL *see* METHANOL
METHYLOLACRYLAMIDE *see* N-METHYLOLACRYLAMIDE
METHYLOLPROPANE *see* n-BUTYL ALCOHOL
METHYL OXIRANE *see* PROPYLENE OXIDE
METHYL OXITOL *see* 2-METHOXYETHANOL
6-METHYL-2-OXO-1,3-DITHIO(4,5-b)QUINOXALINE *see* CHINOMETHIONAT
6-METHYL-2-OXO-1,3-DITHIOLO(4,5-b)QUINOXALIN *see* CHINOMETHIONAT
4-METHYL-2-OXOPENTANE *see* METHYL ISOBUTYL KETONE
METHYL OXYDEMETON S *see* OXYDEMETON METHYL
METHYL PCT *see* DIMETHYL CHLOROTHIOPHOSPHATE
2-METHYL-PENTAN-2-ON (Dutch, German) *see* METHYL ISOBUTYL KETONE
4-METHYL-2-PENTANON (Czech) *see* METHYL ISOBUTYL KETONE
2-METHYL-4-PENTANONE *see* METHYL ISOBUTYL KETONE
4-METHYL-2-PENTANONE *see* METHYL ISOBUTYL KETONE
METHYL PHENCAPTON *see* METHYL PHENKAPTON
METHYLPHENOL *see* CRESOL (MIXED ISOMERS)
m-METHYLPHENOL *see* m-CRESOL
meta-METHYLPHENOL *see* m-CRESOL
3-METHYLPHENOL *see* m-CRESOL
o-METHYLPHENOL *see* o-CRESOL
ortho-METHYLPHENOL *see* o-CRESOL
2-METHYLPHENOL *see* o-CRESOL
p-METHYLPHENOL *see* p-CRESOL
para-METHYLPHENOL *see* p-CRESOL
4-METHYLPHENOL *see* p-CRESOL
3,3'-METHYLPHENYL-4,4'-DIAMINE *see* 3,3'-DIMETHYLBENZIDINE
METHYLPHENYLDICHLOROSILANE *see* DICHLOROMETHYLPHENYLSILANE
METHYL-m-PHENYLENE DIISOCYANATE *see* TOLUENEDIISOCYANATE (MIXED ISOMERS)
4-METHYL-PHENYLENE DIISOCYANATE *see* TOLUENE-2,4-DIISOCYANATE
2-METHYL-m-PHENYLENE ESTER, ISOCYANIC ACID *see* TOLUENE-2,6-DIISOCYANATE
METHYL-m-PHENYLENE ISOCYANATE *see* TOLUENEDIISOCYANATE (MIXED ISOMERS)
METHYLPHENYLENE ISOCYANATE *see* TOLUENEDIISOCYANATE (MIXED ISOMERS)
4-METHYL-PHENYLENE ISOCYANATE *see* TOLUENE-2,4-DIISOCYANATE

2-METHYL-m-PHENYLENE ISOCYANATE see TOLUENE-2,6-DIISOCYANATE
4-METHYL-m-PHENYLENEDIAMINE see 2,4-DIAMINOTOLUENE
METHYLPHENYLENEDIAMINE see DIAMINOTOLUENE (MIXED ISOMERS)
METHYL PHENYL KETONE see ACETOPHENONE
3-METHYLPHENYL-N-METHYLCARBAMATE see METOLCARB
m-METHYLPHENYL METHYLCARBAMATE see METOLCARB
2-(METHYL-2-PHENYLPROPYL)DISTANNOXANE see FENBUTATIN OXIDE
2-METHYLPHENYL THIOUREA see THIOUREA, (2-METHYLPHENYL)-
METHYLPHOSPHONOFLUORIDIC ACID ISOPROPYL ESTER see SARIN
METHYLPHOSPHONOFLUORIDIC ACID-1-METHYLETHYL ESTER see SARIN
METHYLPHOSPHONOTHIOIC ACID, S-(2-BIS(1-METHYLETHYL)-AMINO)ETHYL) o-ETHYL ESTER see PHOSPHONOTHIOIC ACID, METHYL-, S(2-(BIS(1-METHYLETHYL)AMINOETHYL) o-ETHYL ESTER
METHYLPHOSPHONOTHIOIC ACID-O-ETHYL-O-(4-(METHYLTHIO)PHENYL)ESTER (9CI) see PHOSPHONOTHIOIC ACID, METHYL-, O-ETHYL O-(4-(METHYLTHIO)PHENYL)ESTER
METHYLPHOSPHONOTHIOIC ACID-O-ETHYL O-(p-(METHYLTHIO)PHENYL)ESTER (9CI) see PHOSPHONOTHIOIC ACI
METHYLPHOSPHONOTHIOIC ACID-O-(p-NITROPHENYL) O-PHENYL ESTER see PHOSPHONOTHIOIC ACID, METHYL-, O-(4-NITROPHENYL) O-PHENYL ESTER
METHYLPHOSPHONOTHIOIC ACID-O-(4-NITROPHENYL) O-PHENYL ESTER see PHOSPHONOTHIOIC ACID, METHYL-, O-(4-NITROPHENYL) O-PHENYL ESTER
METHYLPIRIMIPHOS see PRIMIPHOS METHYL
METHYLPROPANAL see ISOBUTYRALDEHYDE
2-(METHYL-1-PROPANAL see ISOBUTYRALDEHYDE
2-METHYLPROPANAL see ISOBUTYRALDEHYDE
2-METHYL-2-PROPANAMINE see tert-BUTYLAMINE
2-METHYLPROPANE see ISOBUTANE
α-METHYLPROPANENITRILE see ISOBUTYRONITRILE
2-METHYLPROPANENITRILE see ISOBUTYRONITRILE
α-METHYLPROPANOIC ACID see iso-BUTYRIC ACID
2-METHYLPROPANOIC ACID see iso-BUTYRIC ACID
2-METHYL-1-PROPANOL see ISOBUTYL ALCOHOL
2-METHYL-2-PROPANOL see tert-BUTYL ALCOHOL
METHYL PROPENATE see METHYL ACRYLATE
2-METHYL-2-PROPENE-1,1'-DIOL DIACETATE see METHACROLEIN DIACETATE
2-METHYL-2-PROPENENITRILE see METHACRYLONITRILE
2-METHYLPROPENENITRILE see METHACRYLONITRILE
METHYL PROPENOATE see METHYL ACRYLATE
METHYL-2-PROPENOATE see METHYL ACRYLATE
2-METHYL-2-PROPENOIC ACID ANHYDRIDE (9CI) see METHACRYLIC ANHYDRIDE
2-METHYLPROPENOIC ACID CHLORIDE see METHACRYLOYL CHLORIDE
2-METHYL PROPENOIC ACID, METHYL ESTER see METHYL METHACRYLATE
2-METHYL-2-PROPENOYL CHLORIDE see METHACRYLOYL CHLORIDE
2-METHYL-PROPENYL CHLORIDE see METHACRYLOYL CHLORIDE
2-METHYL-2-PROPENYL CHLORIDE see 3-CHLORO-2-METHYL-1-PROPENE
2-METHYLPROPIONALDEHYDE see ISOBUTYRALDEHYDE
α-METHYLPROPIONALDEHYDE see ISOBUTYRALDEHYDE
α-METHYLPROPIONIC ACID see iso-BUTYRIC ACID
2-METHYLPROPIONITRILE see ISOBUTYRONITRILE
α-METHYLPROPIONITRILE see ISOBUTYRONITRILE
6-(1-METHYL-PROPYL)-2,4-DINITROFENOL (Dutch) see DINITROBUTYL PHENOL
2-METHYL-1-PROPYL ACETATE see iso-BUTYL ACETATE
2-METHYLPROPYL ACETATE see iso-BUTYL ACETATE
1-METHYL PROPYL ACETATE see sec-BUTYL ACETATE
2-METHYLPROPYL ALCOHOL see ISOBUTYL ALCOHOL

1-METHYPROPYL ALCOHOL see sec-BUTYL ALCOHOL
2-METHYLPROPYLAMINE see iso-BUTYLAMINE
1-METHYLPROPYLAMINE see sec-BUTYLAMINE (13952-84-6)
1-METHYL PROPYL 2,4-D see 2,4-D sec-BUTYL ESTER
2-(1-METHYLPROPYL)-4,6-DINITROPHENOL see DINITROBUTYL PHENOL
β-METHYLPROPYL ETHANOATE see iso-BUTYL ACETATE
2-METHYLPROPYL METHYL KETONE see METHYL ISOBUTYL KETONE
5-METHYL-1H-PYRAZOL-3-YL DIMETHYLCARBAMATE see DIMETILAN
α-METHYLPYRIDINE see 2-METHYLPYRIDINE
1-1-METHYL-2-(3-PYRIDYL)-PYRROLIDINE SULFATE see NICOTINE SULFATE
1-METHYL-2-(3-PYRIDYL)PYRROLIDINE see NICOTINE
METHYL PYRIMIPHOS see PRIMIPHOS METHYL
1-METHYL-5-PYRROLIDINONE see N-METHYL-2-PYROLIDONE
1-METHYLPYRROLIDINONE see N-METHYL-2-PYROLIDONE
1-METHYL-2-PYRROLIDINONE see N-METHYL-2-PYROLIDONE
METHYL-5-PYRROLIDINONE see N-METHYL-2-PYROLIDONE
METHYL-2-PYRROLIDINONE see N-METHYL-2-PYROLIDONE
n-METHYL-2-PYRROLIDINONE see N-METHYL-2-PYROLIDONE
n-METHYLPYRROLIDINONE see N-METHYL-2-PYROLIDONE
n-METHYL-α-PYRROLIDINONE see N-METHYL-2-PYROLIDONE
3-(N-METHYLPYRROLIDINO)PYRIDINE see NICOTINE
(S)-3-(1-METHYL-2-PYRROLIDINYL)PYRIDINE SULFATE (2:1) see NICOTINE SULFATE
(S)-3-(1-METHYL-2-PYRROLIDINYL)PYRIDINE (9CI) see NICOTINE
1-3-(1-METHYL-2-PYRROLIDINYL)PYRIDINE SULFATE see NICOTINE SULFATE
3-(1-METHYL-2-PYRROLIDINYL)PYRIDINE see NICOTINE
METHYLPYRROLIDONE see N-METHYL-2-PYROLIDONE
1-METHYLPYRROLIDONE see N-METHYL-2-PYROLIDONE
n-METHYLPYRROLIDONE see N-METHYL-2-PYROLIDONE
1-METHYL-PYRROLIDONE-(2) see N-METHYL-2-PYROLIDONE
n-METHYL-α-PYRROLIDONE see N-METHYL-2-PYROLIDONE
1-METHYL-2-PYRROLIDONE see N-METHYL-2-PYROLIDONE
3-(1-METHYL-2-PYRROLIDYL) PYRIDINE see NICOTINE
(-)-3-(1-METHYL-2-PYRROLIDYL)PYRIDINE see NICOTINE
1-3-(1-METHYL-2-PYRROLIDYL)PYRIDINE see NICOTINE
6-METHYL-2,3-QUINOXALIN DITHIOCARBONATE see CHINOMETHIONAT
6-METHYL-QUINOXALINE-2,3-DITHIOCYCLICARBONATE see CHINOMETHIONAT
S,S-(6-METHYLQUINOXALINE-2,3-DIYL)DITHIOCARBONATE see CHINOMETHIONAT
6-METHYL-2,3-QUINOXALINEDITHIO CYCLIC DITHIOCARBONATE see CHINOMETHIONAT
6-METHYL-2,3-QUINOXALINEDITHIO CYCLIC S,S-DITHIOCARBONATE see CHINOMETHIONAT
6-METHYL-2,3-QUINOXALINEDITHIO CYCLIC CARBONATE see CHINOMETHIONAT
METHYLRESERPATE 3,4,5,-TRIMETHOXYBENZOIC ACID see RESPIRINE
METHYLRESERPATE 3,4,5,- TRIMETHOXYBENZOIC ACID ESTER see RESPIRINE
METHYLRHODANID (German) see THIOCYANIC ACID, METHYL ESTER
METHYL SELENAC see SELENIUM, TETRAKIS(DIMETHYLDITHIOCARBAMATE)
METHYLSENFOEL (German) see METHYL ISOTHIOCYANATE
METHYLSILICOCHLOROFORM see METHYLTRICHLOROSILANE
METHYLSILYL TRICHLORIDE see METHYLTRICHLOROSILANE
METHYL SULFATE see DIMETHYL SULFATE
METHYL SULFHYDRATE see METHYL MERCAPTAN
METHYL SULFOCYANATE see THIOCYANIC ACID, METHYL ESTER
METHYLSULFONIC ACID, ETHYL ESTER see ETHYL METHANESULFONATE
2-(METHYLTHIO)-4,6-BIS(ISOPROPYLAMINO)-S-TRIAZINE see PROMETHRYN

METHYL THIOCYANATE see THIOCYANIC ACID, METHYL ESTER
4-METHYLTHIO-3,5-DIMETHYLPHENYL METHYLCARBAMATE see METHIOCARB
2-(METHYLTHIO)-ETHANETHIOL-O,O-DIMETHYL PHOSPHOROTHIOATE see PHOSPHOROTHIOIC ACID, O,O-DIMETHYL-5-(2-(METHYLTHIO)ETHYL)ESTER
2-(METHYLTHIO)-ETHANETHIOL-S-ESTER with O,O-DIMETHYL PHOSPHOROTHIOATE see PHOSPHOROTHIOIC ACID, O,O-DIMETHYL-5-(2-(METHYLTHIO)ETHYL)ESTER
METHYLTHIOFANATE see THIOPHANATE-METHYL
METHYLTHIOKYANAT see THIOCYANIC ACID, METHYL ESTER
METHYLTHIOPHAMATE see THIOPHANATE-METHYL
4-METHYLTHIOPHENYLDIMETHYL PHOSPHATE see PHOSPHORIC ACID, DIMETHYL 4-(METHYLTHIO)PHENYL ESTER
METHYLTHIOPHOS see METHYL PARATHION
2-METHYLTHIO-PROPIONALDEHYD-O-(METHYLCARBAMOYL)OXIM (German) see METHOMYL
6-METHYL-2-THIO-2,4-(1H3H)PYRIMIDINEDIONE see METHYLTHIOURACIL
4-METHYL-2-THIOURACIL see METHYLTHIOURACIL
6-METHYL-2-THIOURACIL see METHYLTHIOURACIL
METHYLTHIOURACIL see METHYLTHIOURACIL
4-(METHYLTHIO)-3,5-XYLYL-N-METHYLCARBAMATE see METHIOCARB
4-(METHYLTHIO)-3,5-XYLYL METHYLCARBAMATE see METHIOCARB
METHYL THIRAM see THIRAM
METHYLTHIURAM DISULFIDE see THIRAM
α-METHYLTOLUENE see ETHYLBENZENE
m-METHYLTOLUENE see m-XYLENE
o-METHYLTOLUENE see o-XYLENE
1,2-METHYLTOLUENE see o-XYLENE
4-METHYLTOLUENE see p-XYLENE
p-METHYLTOLUENE see p-XYLENE
METHYL TOLUENE see XYLENE (MIXED ISOMERS)
2-METHYL-4-((o-TOLYL)AZO)ANILINE see C.I. SOLVENT YELLOW 3
METHYL TOPSIN see THIOPHANATE-METHYL
METHYL TRIBROMIDE see BROMOFORM
METHYL TRICHLORIDE see CHLOROFORM
METHYLTRICHLOROMETHANE see 1,1,1-TRICHLOROETHANE
METHYLTRICHLOROSILANE see METHYLTRICHLOROSILANE
METHYL-TRICHLORSILAN (Czech) see METHYLTRICHLOROSILANE
METHYL TUADS see THIRAM
4-METHYLURACIL see METHYLTHIOURACIL
METHYL-VINYL-CETONE (French) see METHYL VINYL KETONE
METHYL VINYL ETHER see VINYL METHYL ETHER
METHYLVINYLKETON (German) see METHYL VINYL KETONE
METHYLVINYLNITROSAMINE (German) see N-NITRSOMETHYLVINYLAMINE
METHYLVINYLNITROSAMINE see N-NITRSOMETHYLVINYLAMINE
2-METHYL-5-VINYLPYRIDINE see PYRIDINE, 2-METHYL-5-VINYL
METHYL VIOLOGEN (REDUCED) see PARAQUAT DICHLORIDE
METHYL VIOLOGEN CHLORIDE see PARAQUAT DICHLORIDE
METHYL VIOLOGEN DICHLORIDE see PARAQUAT DICHLORIDE
METHYL VIOLOGEN see PARAQUAT DICHLORIDE
METHYL YELLOW see 4-DIMETHYLAMINOAZOBENZENE
METHYL ZIMAYE see ZIRAM
METHYL ZINEB see ZIRAM
METHYL ZIRAM see ZIRAM
METIDATION (Spanish) see METHIDATHION
METIFONATE see TRICHLORFON
METILACRILATO (Italian) see METHYL ACRYLATE
METILAMINE (Italian) see METHANAMINE
METILATO SODICO (Spanish) see SODIUM METHYLATE
METIL AZINFOS (Spanish) see AZINPHOS-METHYL
2-METIL-1-BUTENO (Spanish) see 2-METHYL-1-BUTENE

3-METIL-1-BUTENO (Spanish) *see* 3-METHYL-1-BUTENE
METIL CELLOSOLVE (Italian) *see* 2-METHOXYETHANOL
METILCHLOROFORMIATO (Italian) *see* METHYL CHLOROCARBONATE
METILEN-S,S′-BIS(O,O-DIETIL-DITIOFOSFATO) (Italian) *see* ETHION
METILENBIS(FENILISOCIANATO) (Spanish) *see* METHYL-BIS(PHENYLISOCYANATE)
p,p′-METILENBIS(o-CLOROANILINA) (Spanish) *see* 4,4′-METHYLENEBIS(2-CHLOROANILINE)
4,4′-METILENDIANILINA (Spanish) *see* 4,4′-METHYLENEDIANILINE
4,4-METILENE-BIS-o-CLOROANILINA (Italian) *see* 4,4′-METHYLENEBIS(2-CHLOROANILINE)
(6-(1-METIL-EPITL)-2,4-DINITROFENIL)-CROTONATO (Italian) *see* DINOCAP
METIL ETIL CETONA (Spanish) *see* METHYL ETHYL KETONE
METILETILCHETONE (Italian) *see* METHYL ETHYL KETONE
2-METILFENOL TIOUREA (Spanish) *see* THIOUREA, (2-METHYLPHENYL)-
METIL (FORMIATO di) (Italian) *see* METHYL FORMATE
METILHIDRAZINA (Spanish) *see* METHYL HYDRAZINE
METIL ISOBUTIL CETONA (Spanish) *see* METHYL ISOBUTYL KETONE
METILISOBUTILCHETONE (Italian) *see* METHYL ISOBUTYL KETONE
METIL ISOCIANATO (Italian) *see* METHYL ISOCYANATE
METILMERCAPTANO (Italian, Spanish) *see* METHYL MERCAPTAN
METIL METACRILATO (Italian) *see* METHYL METHACRYLATE
n-METIL-1-NAFTIL-CARBAMMATO (Italian) *see* CARBARYL
METILOLACRILAMIDA (Spanish) *see* N-METHYLOLACRYLAMIDE
METILPARATION (Hungarian) *see* METHYL PARATHION
METILPARATIONA (Spanish) *see* METHYL PARATHION
4-METILPENTAN-2-ONE (Italian) *see* METHYL ISOBUTYL KETONE
METILPIRIDINA (Spanish) *see* 2-METHYLPYRIDINE
n-METIL-2-PIRROLIDONA (Spanish) *see* N-METHYL-2-PYROLIDONE
2-METILPROPENO (Spanish) *see* 2-METHYLPROPENE
6-(1-METIL-PROPIL)-2,4-DINITRNOLO (Italian) *see* DINITROBUTYL PHENOL
2-METIL-2-TIOMETIL-PROPIONALDEID- O-(N-METIL-CARBAMOIL)-OSSIMA (Italian) *see* ALDICARB
6-METIL-TIOURACILE (Italian) *see* METHYLTHIOURACIL
METILTRIAZOTION *see* AZINPHOS-METHYL
METILTRICLOROSILANO (Spanish) *see* METHYLTRICHLOROSILANE
METIL VINIL CETONA (Spanish) *see* METHYL VINYL KETONE
METIOCARB (Spanish) *see* METHIOCARB
METIURAC *see* THIRAM
METMERCAPTURON *see* METHIOCARB
METOKSYCHLOR (Polish) *see* METHOXYCHLOR
METOKSYETYLOWY ALKOHOL (Polish) *see* 2-METHOXYETHANOL
METOLCARB *see* METOLCARB
METOMIL (Italian) *see* METHOMYL
METOMILO (Spanish) *see* METHOMYL
2-METOSSIETANOLO (Italian) *see* 2-METHOXYETHANOL
METOX *see* METHOXYCHLOR
METOXICLORO (Spanish) *see* METHOXYCHLOR
2-(β-METOXIETOXI)ETANOL (Spanish) *see* 2-METHOXYETHANOL
METRAMAC *see* AMITON
METRAMAK *see* AMITON
METRIBUZINA (Spanish) *see* METRIBUZIN
METRIFONATE *see* TRICHLORFON
METRIPHONATE *see* TRICHLORFON
METRON *see* METHYL PARATHION
METURONE *see* FLUOMETURON
METYLENO-BIS-FENYLOIZOCYJANIAN *see* HEXAMETHYLENE-1,6-DIISOCYANATE
METYLENU CHLOREK (Polish) *see* DICHLOROMETHANE
METYLOAMINA (Polish) *see* METHANAMINE
METYLOETYLOKETON (Polish) *see* METHYL ETHYL KETONE
METYLOHYDRAZYNA (Polish) *see* METHYL HYDRAZINE
METYLOIZOBUTYLOKETON (Polish) *see* METHYL ISOBUTYL KETONE

n-METYLO-N'-NITRO-N-NITROZOGOUANIDYNY (Polish) see GUANIDINE, N-METHYL-N'-NITRO-N-NITROSO-
METYLOPARATION (Polish) see METHYL PARATHION
METYLOWY ALKOHOL (Polish) see METHANOL
METYLPARATION (Czech) see METHYL PARATHION
METYLU BROMEK (Polish) see BROMOMETHANE
METYLU CHLOREK (Polish) see CHLOROMETHANE
METYLU JODEK (Polish) see METHYL IODIDE
MEVINFOS (Spanish) see MEVINPHOS
MEXACARBATO (Spanish) see MEXACARBATE
MEXENE see ZIRAM
MEYHYLE (SULFATE de) (French) see DIMETHYL SULFATE
MEZCLA de DICLOROPROPENO y DICLOROPROPANO (Spanish) see DICHLOROPROPANE-DICHLOROPROPENE MIXTURE
MEZENE see ZIRAM
MEZIDINE see ANILINE, 2,4,6-TRIMETHYL-
MEZOTOX see NITROFEN
MFA 40% BUTYL ESTER WEED KILLER see 2,4-D BUTYL ESTER
MFA NO 4 WEED KILLER see 2,4-D BUTYL ESTER
MFA NO 6 WEED KILLER see 2,4-D BUTYL ESTER
MFA see FLUOROACETIC ACID
MFI see SARIN
MG 18370 see BENZENEETHANAMINE, α,α-DIMETHY-
MG 18570 see BENZENEETHANAMINE, α,α-DIMETHY-
MGK R-326 see DIPROPYL ISOCINCHOMERONATE
MGK REPELLENT-326 see DIPROPYL ISOCINCHOMERONATE
MH 30 see MALEIC HYDRAZIDE
MH 36 BAYER see MALEIC HYDRAZIDE
MH 40 see MALEIC HYDRAZIDE
MH see MALEIC HYDRAZIDE
MI (COPPER) see COPPER
MIBK see METHYL ISOBUTYL KETONE
MIC see METHYL ISOCYANATE
MIC see METHYL ISOTHIOCYANATE
MICHLER'S BASE see 4,4'-METHYLENEBIS(N,N-DIMETHYL)BENZENAMINE
MICHLER'S HYDRIDE see 4,4'-METHYLENEBIS(N,N-DIMETHYL)BENZENAMINE
p,p'-MICHLER'S KETONE see MICHLER'S KETONE
MICHLER'S METHANE see 4,4'-METHYLENEBIS(N,N-DIMETHYL)BENZENAMINE
MICIDE see ZINEB
MICO-FUME see DAZOMET
MICREST see DIETHYLSTILBESTROL
MICRO-CHECK 12 see CAPTAN
MICROCARB see CARBARYL
MICROEST see DIETHYLSTILBESTROL
MICROGRIT WCA see ALUMINUM OXIDE
MICROPOLISH ALUMINA see ALUMINUM OXIDE
MICROPOSIT 111S (+) see BUTYL ACETATE
MICROPOSIT 119 THINNER see BUTYL ACETATE
MICROPOSIT 119S (+) see BUTYL ACETATE
MICROPOSIT 1375 (+) see BUTYL ACETATE
MICROPOSIT 1400-33 (+) see BUTYL ACETATE
MICROPOSIT 1400S (+) see BUTYL ACETATE
MICROPOSIT 1470 (+) see BUTYL ACETATE
MICROPOSIT 6009 (+) see BUTYL ACETATE
MICROPOSIT NPE-210 SOLUTION see ISOBUTYL ALCOHOL
MICROPOSIT SAL 601-ER7 (+) see BUTYL ACETATE
MICROPOSIT XP-6012 (+) see BUTYL ACETATE
MICROSETILE ORANGE RA see 1-AMINO-2-METHYLANTHRAQUINONE
MICROSETILE YELLOW GR see C.I. DISPERSE YELLOW 3
MICROZUL see CHLOROPHACINONE
MIDLON RED PRS see C.I. ACID RED 114
MIERENZUR (Dutch) see FORMIC ACID

MIGHTY 150 see NAPHTHALENE
MIGRAINE DOLVIRAN see ERGOTAMINE TARTRATE
MIK see METHYL ISOBUTYL KETONE
MIKETHRENE GOLD YELLOW GK see C.I. VAT YELLOW 4
MIKETON FAST YELLOW G see C.I. DISPERSE YELLOW 3
MIL-DU-RID see SODIUM O-PHENYLPHENOXIDE
MILAS' REAGENT see OSMIUM TETROXIDE
MILBAM see ZIRAM
MILBAN see ZIRAM
MILBOL 49 see LINDANE
MILBOL see DICOFOL
MILDEX see DINOCAP
MILDOTHANE see THIOPHANATE-METHYL
MILESTROL see DIETHYLSTILBESTROL
MILK WHITE see LEAD SULFATE (7446-14-2)
MILLER'S 4 ESTER see 2,4-D BUTYL ESTER
MILLER'S 6 ESTER see 2,4-D BUTYL ESTER
MILLER'S FUMIGRAIN see ACRYLONITRILE
MILLER NU SET see 2,4,5-TP ESTERS
MILLER NU SET see SILVEX (2,4,5-TP)
MILLING FAST RED B see C.I. ACID RED 114
MILLING RED B see C.I. ACID RED 114
MILLING RED BB see C.I. ACID RED 114
MILLING RED SWB see C.I. ACID RED 114
MILLIONATE M see 4,4'-METHYLENEBIS(2-CHLOROANILINE)
MILLIONATE MR see POLYMERIC DIPHENYLMETHANE DIISOCYANATE
MILPREX see CHINOMETHIONAT
MILPREX see DODINE
MILTON see SODIUM HYPOCHLORITE
MILTOX see ZINEB
MILTOX SPECIAL see ZINEB
MINACIDE see PROMECARB
MINERAL GREEN see CUPRIC ACETOARSENITE
MINERAL NAPHTHA see BENZENE
MINETOIN see PHENYTOIN
MINTACO see DIETHYL-p-NITROPHENYL PHOSPHATE
MINTACOL see DIETHYL-p-NITROPHENYL PHOSPHATE
MINTAL see PENTOBARBITOL SODIUM
MINTEZOL see THIABENDAZOLE
MINZOLUM see THIABENDAZOLE
MIO-PRESSIN see RESPIRINE
MIOSTAT see CAPTAN
MIOSTAT see CARBACHOL CHLORIDE
MIOTISAL A see DIETHYL-p-NITROPHENYL PHOSPHATE
MIOTISAL see DIETHYL-p-NITROPHENYL PHOSPHATE
MIPAX see DIMETHYL PHTHALATE
MIRACLE see 2,4-D
MIRAPRONT see BENZENEETHANAMINE, α,α-DIMETHY-
MIRBANE OIL see NITROBENZENE
MIRIONATE MR see POLYMERIC DIPHENYLMETHANE DIISOCYANATE
MIST-O-MATIC LINDEX see LINDANE
MIST-O-MATIC LIQUID SEED TREATMENT see IMAZALIL
MISTURA C see CARBACHOL CHLORIDE
MIT-C see MITOMYCIN C
MIT see METHYL ISOTHIOCYANATE
MITAC see AMITRAZ
MITC see METHYL ISOTHIOCYANATE
MITIGAN see DICOFOL
MITIS GREEN see CUPRIC ACETOARSENITE
MITO-C see MITOMYCIN C
MITOCIN-C see MITOMYCIN C
MITOMYCIN-C see MITOMYCIN C
MITOMYCIN see MITOMYCIN C
MITOMYCINUM see MITOMYCIN C

MITOXAN see CYCLOPHOSPHAMIDE
MITSUBISHI DOP see DI(2-ETHYLHEXYL)PHTHALATE
MITSUI BLUE B BASE see 3,3'-DIMETHOXYBENZIDINE
MITSUI DIRECT BLACK EX see C.I. DIRECT BLACK 38
MITSUI DIRECT BLACK GX see C.I. DIRECT BLACK 38
MITSUI DIRECT BLUE 2 BN see C.I. DIRECT BLUE 6
MITSUI MALACHITE GREEN see C.I. ACID GREEN 4
MITSUI RED TR BASE see p-CHLORO-o-TOLUIDINE
MITSUI RHODAMINE 6GCP see C.I. BASIC RED 1
MITSUI RHODAMINE BX see C.I. FOOD RED 15
MITSUI SCARLET G BASE see 5-NITRO-o-TOLUENE
MIXED ACID ETCH (5-2-2) see ACETIC ACID
MIXED ACID ETCH (5-2-2) see NITRIC ACID
MIXED ACID ETCH (6-1-1) see ACETIC ACID
MIXED ACID ETCH (6-1-1) see NITRIC ACID
MIXED ACID ETCH see HYDROGEN FLUORIDE
mixo-NITROTOLUENE see NITROTOLUENE
MK-360 see THIABENDAZOLE
MK 936 see ABAMECTIN
MKG REPELLENT 1,207 see SULFOXIDE, 3-CHLOROPROPYL OCTYL
ML 97 see PHOSPHAMIDON
MMA see METHYL METHACRYLATE
3M MBR 6168 see TRIPATE
MMC see MITOMYCIN C
MMD see METHYLMERCURIC DICYANAMIDE
MMH see METHYL HYDRAZINE
4-MMPD see 2,4-DIAMINOSOLE
4-MMPD SULFATE see 2,4-DIAMINOSOLE, SULFATE
MMS see METHYLMETHANESULFONATE
MMT see MANGANESE TRICARBONYL METHYLCYCLOPENTADIENYL
MNEBD see MANEB
MNG see GUANIDINE, N-METHYL-N'-NITRO-N-NITROSO-
MNNG see GUANIDINE, N-METHYL-N'-NITRO-N-NITROSO-
MNT see m-NITROTOLUENE
MNU see N-NITROSO-N-METHYLURETHANE
MNU see N-NITROSO-N-METHYLUREA
MO 1202T see MOLYBDENUM TRIOXIDE
MOBIL V-C 9-104 see ETHOPROP
MOCA see 4,4'-METHYLENEBIS(2-CHLOROANILINE)
MOCAP 10G see ETHOPROP
MOCAP see ETHOPROP
MODENOL see RESPIRINE
MOHR'S SALT see FERROUS AMMONIUM SULFATE
MOL-IRON see FERROUS SULFATE (7782-63-0)
MOLE DEATH see STRYCHNINE
MOLECULAR CHLORINE see CHLORINE
MOLLANO see DI(2-ETHYLHEXYL)PHTHALATE
MOLURAME see ZIRAM
MOLYBDENA see MOLYBDENUM TRIOXIDE
MOLYBDENUM(VI) OXIDE see MOLYBDENUM TRIOXIDE
MOLYBDENUM(VI) OXIDE see MOLYBDENUM TRIOXIDE
MOLYBDENUM(VI) TRIOXIDE see MOLYBDENUM TRIOXIDE
MOLYBDENUM OXIDE (MOO3) see MOLYBDENUM TRIOXIDE
MOLYBDENUM OXIDE see MOLYBDENUM TRIOXIDE
MOLYBDIC ACID ANHYDRIDE see MOLYBDENUM TRIOXIDE
MOLYBDIC ANHYDRIDE see MOLYBDENUM TRIOXIDE
MONDUR-TD-80 see TOLUENEDIISOCYANATE (MIXED ISOMERS)
MONDUR-TD see TOLUENEDIISOCYANATE (MIXED ISOMERS)
MONDUR MR see POLYMERIC DIPHENYLMETHANE DIISOCYANATE
MONDUR MRS see POLYMERIC DIPHENYLMETHANE DIISOCYANATE
MONDUR TDS see TOLUENE-2,4-DIISOCYANATE
MONEX see BIS(DIMETHYLTHIOCARBAMOYL) SULFIDE
MONITOR see METHAMIDOPHOS
MONOALLYLAMINE see ALLYLAMINE

MONOAMMONIUM SALT of SULFAMIC ACID *see* AMMONIUM SULFAMATE
MONOAMMONIUM SULFAMATE *see* AMMONIUM SULFAMATE
MONOBASIC LEAD ACETATE *see* LEAD SUBACETATE
MONOBROMOACETONE *see* BROMOACETONE
MONOBROMODICHLOROMETHANE *see* DICHLOROBROMOMETHANE
MONOBROMOMETHANE *see* BROMOMETHANE
MONOBUTYLAMINE *see* BUTYLAMINE
MONO-n-BUTYLAMINE *see* BUTYLAMINE
MONOCALCIUM ARSENITE *see* CALCIUM ARSENITE
MONOCHLOORAZIJNZUUR (Dutch) *see* CHLOROACETIC ACID
MONOCHLOORBENZEEN (Dutch) *see* CHLOROBENZENE
MONOCHLORACETIC ACID *see* CHLOROACETIC ACID
MONOCHLORBENZOL (German) *see* CHLOROBENZENE
MONOCHLORESSIGSAEURE (German) *see* CHLOROACETIC ACID
MONOCHLORETHANE *see* CHLOROETHANE
MONOCHLORHYDRINE du GLYCOL (French) *see* CHLOROETHANOL
MONOCHLOROACETALDEHYDE *see* CHLOROACETALDEHYDE
MONOCHLOROACETIC ACID *see* CHLOROACETIC ACID
MONOCHLOROBENZENE *see* CHLOROBENZENE
MONOCHLORODIFLUOROMETHANE *see* CHLORODIFLUOROMETHANE
MONOCHLORODIMETHYL ETHER *see* CHLOROMETHYL METHYL ETHER
MONOCHLOROETHANE *see* CHLOROETHANE
MONOCHLOROETHANOIC ACID *see* CHLOROACETIC ACID
2-MONOCHLOROETHANOL *see* CHLOROETHANOL
MONOCHLOROETHENE *see* VINYL CHLORIDE
MONOCHLOROETHYLENE *see* VINYL CHLORIDE
MONOCHLOROMETHANE *see* CHLOROMETHANE
MONOCHLOROMETHYL ETHER *see* BIS(CHLOROMETHYL)ETHER
MONOCHLOROMETHYL METHYL ETHER *see* CHLOROMETHYL METHYL ETHER
MONOCHLOROSULFURIC ACID *see* CHLOROSULFONIC ACID
MONOCHLOROTETRAFLUOROETHANE *see* CHLOROTETRAFLUOROETHANE
MONOCHLOROTRIFLUOROMETHANE *see* CHLOROTRIFLUOROMETHANE
MONOCHLOROTRIMETHYLSILICON *see* TRIMETHYLCHLOROSILANE
MONOCHROMIUM TRIOXIDE *see* CHROMIC ACID (ESTER) (11115-74-5)
MONOCIDE *see* CACODYLIC ACID
MONOCITE METHACRYLATE MONOMER *see* METHYL METHACRYLATE
MONOCLOROPENTAFLUOETANO (Spanish) *see* MONOCHLOROPENTAFLUOROETHANE
MONOCLORURO de AZUFE (Spanish) *see* SULFUR MONOCHLORIDE
MONOCRON *see* MONOCROPTOPHOS
MONOCROTOFOS (Spanish) *see* MONOCROPTOPHOS
MONOCYANOGEN *see* CYANOGEN
MONODRIN *see* MONOCROPTOPHOS
MONOETHYLAMINE *see* ETHANAMINE
MONOETHYLENE GLYCOL *see* ETHYLENE GLYCOL
MONOFLUORAZIJNZUUR (Dutch) *see* FLUOROACETIC ACID
MONOFLUORESSIGSAEURE (German) *see* FLUOROACETIC ACID
MONOFLUORESSIGSAURE, NATRIUM (German) *see* SODIUM FLUOROACETATE
MONOFLUOROACETAMIDE *see* FLUOROACETAMIDE
MONOFLUOROACETATE *see* FLUOROACETIC ACID
MONOFLUOROACETIC ACID *see* FLUOROACETIC ACID
MONOFLUORODICHLOROMETHA NE *see* DICHLOROFLUOROMETHANE
MONOFLUROETHYLENE *see* VINYL FLUORIDE
MONOFLUROTRICHLOROMETHANE *see* TRICHLOROFLUOROMETHANE
MONOGLYCOCOARD *see* DIGITOXIN
MONOHYDROXYBENZENE *see* PHENOL
MONOHYDROXYMETHANE *see* METHANOL
MONOIODURO di METILE (Italian) *see* METHYL IODIDE
MONOISOBUTYLAMINE *see* iso-BUTYLAMINE

MONOISOPROPYLAMINE see ISOPROPYLAMINE
n-MONOISOPROPYLAMIDE of O,O-DIETHYLDITHIOPHOSPHORYLACETIC ACID see PROTHOATE
n-MONOMETHYLAMIDE of O,O-DIMETHYLDITHIOPHOSPHORYLACETIC ACID see DIMETHOATE
MONOMETHYLAMINE see METHANAMINE
MONOMETHYL ETHER of ETHYLENE GLYCOL see 2-METHOXYETHANOL
MONOMETHYL ESTER PYRETHROLONE ESTER see PYRETHRINS (121-29-9)
MONOMETHYLGLYCOL see 2-METHOXYETHANOL
MONOMETHYLHYDRAZINE see METHYL HYDRAZINE
MONOMETHYLOLACRYLAMIDE see N-METHYLOLACRYLAMIDE
MONOMETHYLTRICHLOROSILANE see METHYLTRICHLOROSILANE
MONOPERACETIC ACID see PERACETIC ACID
MONOPHENOL see PHENOL
MONOPLEX DIOCTYL ADIPATE see BIS(2-ETHYLHEXYL)ADIPATE
MONOPLEX DOA see BIS(2-ETHYLHEXYL)ADIPATE
MONOPOTASSIUM ARSENATE see POTASSIUM ARSENATE
MONOPOTASSIUM DIHYDROGEN ARSENATE see POTASSIUM ARSENATE
MONO-n-PROPYLAMINE see n-PROPYLAMINE
MONOSAN see 2,4-D
MONOSILANE see SILANE
MONOTHIURAD see BIS(DIMETHYLTHIOCARBAMOYL) SULFIDE
MONOTHIURAM see BIS(DIMETHYLTHIOCARBAMOYL) SULFIDE
MONOXIDO de CLORO (Spanish) see CHLORINE MONOXIDE
MONOXIDO de NITROGENO (Spanish) see NITRIC OXIDE
MONSANTO BUTYL BENZYL PHTHALATE see BUTYL BENZYL PHTHALATE
MONSANTO CP-40294 see PHOSPHONOTHIOIC ACID, METHYL-,O-(4-NITROPHENYL) O-PHENYL ESTER
MONSANTO 2,4-D BUTYL ESTER see 2,4-D BUTYL ESTER
MONSANTO 2,4-D BUTYL ESTER CONCENTRATE see 2,4-D BUTYL ESTER
MONSANTO 2,4-D ISOPROPYL ESTER see 2,4-D ISOPROPYL ESTER
MONTAR see CACODYLIC ACID
MONTAR see POYLCHLORINATED BIPHENYLS
MONTROSE PROPANIL see PROPANIL
MOPARI see DICHLORVOS
MORBICID see FORMALDEHYDE
MORESTAN 2 see CHINOMETHIONAT
MORFLEX-240 see DIBUTYL PHTHALATE
MORPHOLINE, 4-NITROSO- see N-NITROSOMORPHOLINE
MORSODREN see METHYLMERCURIC DICYANAMIDE
MORSTANE see CHINOMETHIONAT
MORTON EP-227 see METHYLMERCURIC DICYANAMIDE
MORTON EP-316 see PROMECARB
MORTON EP332 see FORMETANATE HYDROCHLORIDE
MORTON ORANGE Y see C.I. SOLVENT YELLOW 14
MORTON SOIL DRENCH see METHYLMERCURIC DICYANAMIDE
MORTON WP-161E see METHYL ISOTHIOCYANATE
MORTOPAL see TEPP
MORYL see CARBACHOL CHLORIDE
MOSCARDA see MALATHION
MOSS GREEN see CUPRIC ACETOARSENITE
MOSTAZA de NITROGENO (Spanish) see NITROGEN MUSTARD
MOSTAZA de URACILO (Spanish) see URACIL MUSTARD
MOTA MASKROS see 2,4-D
MOTH BALLS see NAPHTHALENE
MOTH FLAKES see NAPHTHALENE
MOTIORANGE R see C.I. SOLVENT YELLOW 14
MOTOPAL see TEPP
MOTOR BENZOL see BENZENE
MOTOR FUEL ANTI-KNOCK COMPOUND see TETRAETHYL LEAD
MOTOR FUEL ANTI-KNOCK COMPOUND see TETRAMETHYL LEAD
MOTOX see TOXAPHENE

MOTT-EX *see* DICHLOROBENZENE (MIXED ISOMERS)
MOTTENHEXE *see* HEXACHLOROETHANE
MOTTENSCHUTZMITTEL EVAU P *see* DICHLOROBENZENE (MIXED ISOMERS)
MOUNTAIN GREEN *see* CUPRIC ACETOARSENITE
MOUS-CON *see* ZINC PHOSPHIDE
MOUSE-NOTS *see* STRYCHNINE
MOUSE PAK *see* WARFARIN
MOUSE-RID *see* STRYCHNINE
MOUSE SEED *see* STRYCHNINE, SULFATE
MOUSE-TOX *see* STRYCHNINE
MOXIE *see* METHOXYCHLOR
MOXONE *see* 2,4-D
MP 79 *see* PERMETHRIN
MPP *see* FENTHION
MQD *see* CHINOMETHIONAT
MROWKOZOL *see* PROPOXUR
MS-114 CONFORMAL COATING STRIPPER *see* ACETONE
MS-180 FREON TF SOLVENT *see* FREON 113
MSC 379587 *see* CHINOMETHIONAT
3M SCOTCHKOTE ELECTRICAL COATING *see* ACETONE
MSF *see* METHANESULFONYL FLUORIDE
MSL *see* SODIUM DIMETHYLDITHIOCARBAMATE
MSS AMINOTRIAZOLE *see* AMITROLE
MSS SIMAZINE *see* AMITROLE
MSZYCOL *see* LINDANE
MTBE *see* METHYL tert-BUTYL ETHER
MTD 600 *see* METHAMIDOPHOS
MTD *see* 2,4-DIAMINOTOLUENE
MTD *see* METHAMIDOPHOS
M.T.F *see* TRIFLURALIN
MTMC *see* METOLCARB
MTU *see* METHYLTHIOURACIL
MUCIDRINA *see* EPINEPHRINE
MUGAN *see* CARBARYL
MULHOUSE WHITE *see* LEAD SULFATE (7446-14-2)
MULSIFEROL *see* ERGOCALCIFEROL
MULTAMAT *see* BENDIOCARB
MULTI-W, KASCADE *see* MANEB
MULTICIDE *see* TETRAMETHRIN
MULTILAYER DIELECTRIC INK HD *see* LEAD ACETATE
MULTIMET *see* BENDIOCARB
MURACIL *see* METHYLTHIOURACIL
MURFOS *see* PARATHION
MURIATIC ACID *see* HYDROCHLORIC ACID
MURIATIC ETHER *see* CHLOROETHANE
MURIOL *see* CHLOROPHACINONE
MURPHOS *see* PARATHION
MURPHY SUPER ROOT GUARD *see* CHLORPYRIFOS
MURVIN *see* CARBARYL
MURVIN 85 *see* CARBARYL
MUSCATOX *see* COUMAPHOS
MUSCIMOL *see* MUSCIMOL
MUSKETEET *see* MECOPROP
MUSTARGEN *see* NITROGEN MUSTARD
MUSTINE *see* NITROGEN MUSTARD
MUTAMYCIN *see* MITOMYCIN C
MUTOXIN *see* DDT
MVK *see* METHYL VINYL KETONE
MVNA *see* N-NITROSOMETHYLVINYLAMINE
MYACIDE *see* 2-BROMO-2-NITROPROPANE-1,3-DIOL
MYACIDE AS PLUS *see* 2-BROMO-2-NITROPROPANE-1,3-DIOL
MYACIDE AS *see* 2-BROMO-2-NITROPROPANE-1,3-DIOL
MYACIDE S-1 *see* 2-BROMO-2-NITROPROPANE-1,3-DIOL

MYACIDE S-2 see 2-BROMO-2-NITROPROPANE-1,3-DIOL
MYCOZOL see THIABENDAZOLE
MYCROLYSIN see CHLOROPICRIN
MYCRONIL see ZIRAM
MYKOSTIN see ERGOCALCIFEROL
MYLON (Czech) see DAZOMET
MYLONE see DAZOMET
MYLONE see MECOPROP
MYLONE 85 see DAZOMET
MYOCON see NITROGLYCERIN
MYODIGIN see DIGITOXIN
MYOGLYCERIN see NITROGLYCERIN
MYOSTHENINE see EPINEPHRINE
MYRMICYL see FORMIC ACID
MYSTOX WFA see SODIUM O-PHENYLPHENOXIDE
MYTOMYCIN see MITOMYCIN C
MYTRATE see EPINEPHRINE
N 252 see DIMETHIPIN
N 521 see DAZOMET
N-869 see METHAM SODIUM
N-2790 see FONOFOS
N.b. MECOPROP see MECOPROP
NA see β-NAPHTHYLAMINE
NA 22 see ETHYLENE THIOUREA
NA 1247 see METHYL METHACRYLATE
NA 1549 see ANTIMONY TRIBROMIDE
NA 1549 see ANTIMONY TRIFLUORIDE
NA 1649 see TETRAETHYL LEAD
NA 1760 (acid, n.o.s.) see NITRIC ACID
NA 1760 (solution) see ALUMINUM SULFATE
NA 1830 see SULFURIC ACID
NA 2212 (blue, brown) see ASBESTOS (FRIABLE)
NA 2584 (DOT) see DODECYLBENZENESULFONIC ACID
NA 2693 see SODIUM BISULFITE
NA 2761 see DDT
NA 2761 (DOT) see DIELDRIN
NA 2761 (DOT) NCI-C00566 see ENDOSULFAN
NA 2771 see THIRAM
NA 2783 (DOT) see DIAZINON
NA 2783 (DOT) see ETHION
NA 2811 (DOT) see LEAD IODIDE
NA 2922 (solution) see SODIUM HYDROSULFIDE
NA 2949 (with not less than 25% water of crystallization) see SODIUM HYDRO-SULFIDE
NA 9078 (solid) see ALUMINUM SULFATE
NA 9119 (DOT) see FERRIC AMMONIUM OXALATE (55488-87-4)
NA 9140 (DOT) see NICKEL HYDROXIDE
NA 9147 (DOT) see SODIUM PHOSPHATE, DIBASIC (7558-79-4)
NA 9147 (DOT) see SODIUM PHOSPHATE, DIBASIC (10039-32-4)
NA 9147 (DOT) see SODIUM PHOSPHATE, DIBASIC (10140-65-5)
NA 9188 (DOT) see DIETHYL PHTHALATE
NA 9206 see METHYL PHOSPHONIC DICHLORIDE
NABAC 25 EC see HEXACHLOROPHENE
NABAC see HEXACHLOROPHENE
NABAME (French) see NABAM
NABASAN see NABAM
NABU see SETHOXYDIM
NAC see CARBARYL
NACCANOL NR see SODIUM DODECYLBENZENESULFONATE
NACCANOL SW see SODIUM DODECYLBENZENESULFONATE
NACCONATE see TOLUENEDIISOCYANATE (MIXED ISOMERS)
NACCONATE 1OO see TOLUENE-2,4-DIISOCYANATE
NACCONATE-100 see TOLUENEDIISOCYANATE (MIXED ISOMERS)
NACCONATE 200 see 3,3'-DIMETHYL-4,4'-DIPHENYLENE DIISOCYANATE

NACCONATE 300 see METHYLBIS(PHENYLISOCYANATE)
NACCONATE 310 see 3,3'-DIMETHYLDIPHENYLMETHANE-4,4'-DIISOCYANTE
NACCONATE 400 see 1,3-PHENYLENE DIISOCYANATE
NACCONATE H 12 see 1,1-METHYLENEBIS(4-ISOCYANATOCYCLOHEXANE)
NACCONOL 35SL see SODIUM DODECYLBENZENESULFONATE
NACCONOL 40F see SODIUM DODECYLBENZENESULFONATE
NACCONOL 90F see SODIUM DODECYLBENZENESULFONATE
NACCONOL 98 SA see DODECYLBENZENESULFONIC ACID
NACELAN FAST YELLOW CG see C.I. DISPERSE YELLOW 3
NADONE see CYCLOHEXANONE
NAFEEN see SODIUM FLUORIDE
NAFTALEN (Polish) see NAPHTHALENE
NAFTALENO (Spanish) see NAPHTHALENE
1-NAFTILAMINA (Spanish) see α-NAPHTHYLAMINE
2-NAFTILAMINA (Spanish) see β-NAPHTHYLAMINE
a-NAFTILAMINA (Spanish) see α-NAPHTHYLAMINE
b-NAFTILAMINA (Spanish) see β-NAPHTHYLAMINE
β-NAFTILAMINA (Italian) see β-NAPHTHYLAMINE
1-NAFTIL-TIOUREA (Italian) see ANTU
NAFTOQUINONA (Spanish) see 1,4-NAPHTHOQUINONE
α-NAFTYLAMIN (Czech) see α-NAPHTHYLAMINE
β-NAFTYLAMIN (Czech) see β-NAPHTHYLAMINE
1-NAFTYLAMINE (Dutch) see α-NAPHTHYLAMINE
2-NAFTYLAMINE (Dutch) see β-NAPHTHYLAMINE
β-NAFTYLOAMINA (Polish) see β-NAPHTHYLAMINE
α-NAFTYL-N-METHYLKARBAMAT (Czech) see CARBARYL
1-NAFTYLTHIOUREUM (Dutch) see ANTU
NAFUN IPO see NABAM
NAKO H see p-PHENYLENEDIAMINE
NAKO TGG see RESORCINOL
NAKO TMT see 2,4-DIAMINOTOLUENE
NAKO TSA see 2,4-DIAMINOSOLE, SULFATE
NALCON 243 see DAZOMET
NALKIL see BROMACIL
NAMED REAGENTS AND SOLUTIONS, MILAS' see OSMIUM TETROXIDE
NANOSTRIP see HYDROGEN PEROXIDE
NANSA SSA see DODECYLBENZENESULFONIC ACID
NAPCLOR-G see SODIUM PENTACHLOROPHENATE
NAPENTAL see PENTOBARBITOL SODIUM
NAPHID see NAPHTHENIC ACID
NAPHTAMINE BLUE 2B see TRYPAN BLUE
NAPHTAMINE BLUE 2B see C.I. DIRECT BLUE 6
NAPHTAMINE BLUE 3B see TRYPAN BLUE
NAPHTHAANTHRACENE see BENZ(a)ANTHRACENE
2-NAPHTHACENECARBO XAMIDE, 4-(DIMETHYLAMINO)-1,4,4a,5,5a,6,11,12a-OCTAHYDRO-3,6, 10,12,12a-PENTAHYDROXY-6-METHYL-1,11-DIOXO-, MONOHYDROCHLORIDE, (4S-(4α,4Aα,5Aα,6β,12Aα))- see TETRACYCLINE HYDROCHLORIDE
2-NAPHTHACENECARBO XAMIDE, 4-(DIMETHYLAMINO)-1,4,4A,5,5A,6,11,12a-OCTAHYDRO-3,6,10,12,12a-PENTAHYD ROXY-6-METHYL-1,11-DIOXO-, MONOHYDROCHLORIDE see TETRACYCLINE HYDROCHLORIDE
α-NAPHTHACRIDINE see BEN(a)ACRIDINE
NAPHTHLAMINE MUSTARD see CHLORNAPHAZINE
1-NAPHTHALENAMINE see α-NAPHTHYLAMINE
2-NAPHTHALENAMINE see β-NAPHTHYLAMINE
2-NAPHTHALENAMINE, N,N-BIS(2-CHLOROETHYL)- see CHLORNAPHAZINE
2,7-NAPHTHALENEDISULFONIC ACID, 2-57-13,3'-((3,3'-DIMETHYL(1,1'-BIPHENYL)-4,4'-DIYL)BIS(AZO))BIS(5-AMINO-4-HYDROXY-, TETRASODIUM SALT see TRYPAN BLUE

NAPHTHALENE, 1,5-DIISOCYANATO- see 1,5-NAPHTHALENE DIISOCYANATE
1,4-NAPHTHALENEDIONE see 1,4-NAPHTHOQUINONE
1,4-NAPHTHALENEDIONE see DICHLONE
2,7-NAPHTHALENEDISULFONIC, 3,3'-((1,1'-BIPHENYL)-4,4'=DIYBIS(AZO)BIS(5-AMINO-4-HYDROXYTETRASODIUM SALT see C.I. DIRECT BLUE 6
2,7-NAPHTHALENEDISULFONIC ACID, 3,3'-((3,3'-DIMETHYL(1,1'-BIPHENYL)-4,4'-DIYL)BIS(AZO))BIS(5 -AMINO-4-HYDROXY-, TETRASODIUM SALT see TRYPAN BLUE
2,7-NAPHTHALENEDISULFONIC ACID, 3,3'-((3,3'-DIMETHYL-4,4'-BIPHENYLYLENE)BIS(AZO))BIS(5-AMINO-4-HYDROXY-, TETRASODIUM SALT see TRYPAN BLUE
2,7-NAPHTHALENEDISULFONIC ACID, 4-((2,4-DIMETHYLPHENYL)AZO)-3-HYDROXY-,DISODIUM SALT see C.I. FOOD RED 5
2,7-NAPHTHALENEDISULFONIC ACID, 4-AMINO-3-((4'-((2,4-DIAMINOPHENYL)AZO)(1,1'-BIPHENYL)-4-YL)AZO)-5-HYDROXY-6-(PHENYLAZO)-,DISODIUM SALT see C.I. DIRECT BLACK 38
2,7-NAPHTHALENEDISULFONIC ACID, 3,3'((3,3'-DIHYDROXY(1,1'-BIPHENYL)-4,4-DIYL)BIS(AZO)BIS(5-AMINO-4-HYDROX Y-),SODIUM SALT),COPPER COMPLEX see C.I. DIRECT BLUE 218
1,3-NAPHTHALENEDISULFONIC ACID, 8-((3,3'-DIMETHYL-4'-((4-(((4-METHYLPHENYL)SULFONYL)OXY)PHENYL)AZO)(1,1-B IPHENYL)-4-YL)AZO)-7-HYDROXY-, DISODIUM SALT see C.I. ACID RED 114
1,2-(1,8-NAPHTHALENEDIYL)BENZENE see FLUORANTHENE
NAPHTHALENEETHYLENE see ACENAPHTHENE
NAPHTHALENE GREEN G see C.I. ACID GREEN 3
NAPHTHALENE, HEXACHLORO- see HEXACHLORONAPHTHALENE
NAPHTHALENE LAKE GREEN G see C.I. ACID GREEN 3
NAPTHALENE LAKE SCARLET R see C.I. FOOD RED 5
NAPHTHALENE LEATHER GREEN G see C.I. ACID GREEN 3
NAPHTHALENE, 2-METHYL- see 2-METHYL NAPHTHALENE
NAPTHALENE, MOLETN see NAPHTHALENE
NAPHTHALENE, OCTACHLORO- see OCTACHLORONAPHTHALENE
NAPHTHALENE OIL see CREOSOTE
NAPHTHALENE SCARLET R see C.I. FOOD RED 5 ANGE 7
2-NAPHTHALENOL, 1-((2,4-DIMETHYLPHENYL)AZO)- see C.I. SOLVENT OR2-
1-NAPHTHALENOL, METHYLCARBAMATE see CARBARYL
NAPHTHALENOL, 1-(PHENYLAZO)- see C.I. SOLVENT YELLOW 14
NAPHTHALIDINE see α-NAPHTHYLAMINE
NAPHTHALINE see NAPHTHALENE
NAPTHALIN see NAPHTHALENE
β-NAPHTHAMIN (German) see β-NAPHTHYLAMINE
NAPHTHAMINBLAU 3B (German) see TRYPAN BLUE
NAPHTHAMINE BLUE 3B see TRYPAN BLUE
NAPHTHANIL BLUE B BASE see 3,3'-DIMETHOXYBENZIDINE
NAPHTHANIL SCARLET G BASE see 5-NITRO-o-TOLUENE
NAPHTHAZINE SCARLET 2R see C.I. FOOD RED 5
NAPTHENE see NAPHTHALENE
1-NAPHTHOL see CARBARYL
NAPHTHOL(1,2,3,4-def)CHRYSENE see DIBENZO(a,e)PYRENE
α-NAPHTHOQUINONE see 1,4-NAPHTHOQUINONE
α-NAPHTHOTHIOUREA see ANTU
1-NAPHTHYLAMIN (German) see α-NAPHTHYLAMINE
2-NAPHTHYLAMIN (German) see β-NAPHTHYLAMINE
NAPHTHYLAMINE see α-NAPHTHYLAMINE
2-NAPHTHYLAMINE see β-NAPHTHYLAMINE
6-NAPHTHYLAMINE see β-NAPHTHYLAMINE
NAPHTHYLAMINE-alpha see α-NAPHTHYLAMINE
NAPHTHYLAMINE, alpha- see α-NAPHTHYLAMINE
NAPHTHYLAMINE (beta) (DOT) see β-NAPHTHYLAMINE
NAPHTHYLAMINE BLUE see TRYPAN BLUE
α-NAPHTHYLAMINE see α-NAPHTHYLAMINE

2-NAPHTHYLAMINE MUSTARD see β-NAPHTHYLAMINE
2-NAPHTHL-BIS(β-CHLOROETHYL)AMINE see CHLORNAPHAZINE
β-NAPHTHL-BIS(β-CHLOROETHYL)AMINE see CHLORNAPHAZINE
β-NAPHTHL-DI(2-CHLOROETHYL)AMINE see CHLORNAPHAZINE
1,2-(1,8-NAPHTHYLENE)BENZENE see FLUORANTHENE
1-NAPHTHYL N-METHYL-CARBAMATE see CARBARYL
α-NAPHTHYL N-METHYLCARBAMATE see CARBARYL
1-NAPHTHYL N-METHYLCARBAMATE see CARBARYL
1-NAPHTHYLMETHYLCARBAMATE see CARBARYL
α-NAPHTHYLTHIOCARBAMIDE see ANTU
1-NAPHTHYL-THIOHARNSTOFF (German) see ANTU
α-NAPHTHYLTHIOUREA see ANTU
1-NAPHTHYL THIOUREA see ANTU
1-(1-NAPHTHYL)-2-THIOUREA see ANTU
n-(1-NAPHTHYL)-2-THIOUREA see ANTU
NAPTHALIDINE see α-NAPHTHYLAMINE
1-NAPHTHYL-THIOUREE (French) see ANTU
NAPHTOELAN FAST SCARLET G BASE see 5-NITRO-o-TOLUENE
NAPHTOELAN FAST SCARLET G SALT see 5-NITRO-o-TOLUENE
NAPHTOELAN RED GG BASE see p-NITROANILINE
NAPHTOL AS-KG see p-TOLUIDINE
NAPHTOL AS-KGLL see p-TOLUIDINE
NAPTHOL(1,2,3,4-def)CHRYSENE see DIBENZO(a,e)PYRENE
NAPHTOX see ANTU
NAQUIVAL see RESPIRINE
NARAMYCIN see CYCLOHEXIMIDE
NARCOGEN see TRICHLOROETHYLENE
NARCOTILE see CHLOROETHANE
NARCYLEN see ACETYLENE
NARKOSOID see TRICHLOROETHYLENE
NARKOTIL see DICHLOROMETHANE
NATASOL FAST RED TR SALT see 4-CHLORO-o-TOLUIDINE, HYDRO-CHLORIDE
NATREEN see SACCHARIN
NATRIPHENE see SODIUM O-PHENYLPHENOXIDE
NATRIUM see SODIUM
NATRIUMAZID (German) see SODIUM AZIDE
NATRIUMMAZIDE (Dutch) see SODIUM AZIDE
NATRIUMBICHROMAAT (Dutch) see SODIUM BICHROMATE
NATRIUMDICHROMAAT (Dutch) see SODIUM BICHROMATE
NATRIUMDICHROMAT (German) see SODIUM BICHROMATE
NATRIUM FLUORIDE see SODIUM FLUORIDE
NATRIUMFLUORACETAAT (Dutch) see SODIUM FLUOROACETATE
NATRIUMFLUORACETAT (German) see SODIUM FLUOROACETATE
NATRIUMHYDROXID (German) see SODIUM HYDROXIDE
NATRIUMHYDROXYDE (Dutch) see SODIUM HYDROXIDE
NATRIUM NITRIT (German) see SODIUM NITRITE
NATRIUMPHOSPHAT(German) see SODIUM PHOSPHATE, DIBASIC (7558-79-4)
NATRIUMSELENIAT (German) see SODIUM SELENATE
NATRIUMSELENIT (German) see SODIUM SELENITE
NATURAL GAS see METHANE
NATURAL LEAD SULFIDE see LEAD SULFIDE
NAUGARD TKB see p-NITROSODIPHENYLAMINE
NAUGATUCK D-014 see PROPARGITE
NAVADEL see DIOXATHION
NAVRON see FLUOROACETAMIDE
NAXOL see CYCLOHEXANOL
NC 262 see DIMETHOATE
NC 302 see QUIZALOFOP-ETHYL
NC 3363 see BENZIMIDAZOLE, 4,5-DICHLORO-2-(TRIFLUOROMETHYL)-
NC 6897 see BENDIOCARB
NCI see CYANOGEN IODIDE
NCI-C00044 see ALDRIN

NCI-C00055 *see* CHLORAMBEN
NCI-C00066 *see* AZINPHOS-METHYL
NCI-C0077 *see* CAPTAN
NCI-C00099 *see* CHLORDANE
NCI-C00102 *see* CHLOROTHALONIL
NCI-C00113 *see* DICHLORVOS
NCI-C00124 *see* DIELDRIN
NCI-C00135 *see* DIMETHOATE
NCI-C00157 *see* ENDRIN
NCI-C00168 *see* TETRACHLORVINPHOS
NCI-C00180 *see* HEPTACHLOR
NCI-C00191 *see* KEPONE
NCI-C00204 *see* LINDANE
NCI-C00215 *see* MALATHION
NCI-C00226 *see* PARATHION
NCI-C00237 *see* PICLORAM
NCI-C00259 *see* TOXAPHENE
NCI-C00260 *see* TRIPHENYLTIN HYDROXIDE
NCI-C00395 *see* DIOXATHION
NCI-C00408 *see* CHLOROBENZILATE
NCI-C00419 *see* QUINTOZINE
NCI-C00420 *see* NITROFEN
NCI-C00442 *see* TRIFLURALIN
NCI-COO453 *see* SULFALLATE
NCI-C00464 *see* DDT
NCI-C00475 *see* DDD
NCI-C00486 *see* DICOFOL
NCI-C00497 *see* METHOXYCHLOR
NCI-C00544 *see* MEXACARBATE
NCI-C00588 *see* PHOSPHAMIDON
NCI-C00920 *see* ETHYLENE GLYCOL
NCI-C01478 *see* LASIOCARPINE
NCI-C02006 *see* MICHLER'S KETONE
NCI-C02017 *see* PHENYLTHIOUREA
NCI-C02039 *see* p-CHLOROANILINE
NCI-C02084 *see* SODIUM NITRITE
NCI-C02108 *see* ACETAMIDE
NCI-C02200 *see* STYRENE
NCI-C02244 *see* p-NITROSODIPHENYLAMINE
NCI-C02335 *see* o-TOLUIDINE HYDROCHLORIDE
NCI-C02653 *see* HEXACHLOROPHENE
NCI-C02686 *see* CHLOROFORM
NCI-C02766 *see* NITRILOTRIACETIC ACID
NCI-C02799 *see* FORMALDEHYDE
NCI-C02813 *see* PIPERONYL-ETHYL
NCI-CO2835 *see* CARBAMODITHIOIC ACID, DIETHYL-, SODIUM SALT
NCI-C02846 *see* MONURON
NCI-C02880 *see* N-NITRSOPHENYLAMINE
NCI-C02937 *see* CALCIUM CYANAMIDE
NCI-C02959 *see* DISULFIRAM
NCI-C02960 *see* CHLORMEQUAT CHLORIDE
NCI-C02971 *see* METHYL PARATHION
NCI-C02982 *see* p-CRESIDINE
NCI-C03167 *see* D-GLUCOSE, 2-DEOXY-2-((METHYLNITROSOAMINO)CARBONYL)AMINO)-
NCI-C03258 *see* CUPFERRON
NCI-C03361 *see* BENZIDINE
NCI-C03372 *see* ETHYLENE THIOUREA
NCI-CO3485 *see* CHLORAMBUCIL
NCI-C03601 *see* PHTHALIC ANHYDRIDE
NCI-C03736 *see* ANILINE
NCI-C03747 *see* o-ANISIDINE HYDROCHLORIDE
NCI-C04535 *see* ETHYLIDENE DICHLORIDE
NCI-C04546 *see* TRICHLOROETHYLENE

NCI-C04580 *see* TETRACHLOROETHYLENE
NCI-C04591 *see* CARBON DISULFIDE
NCI-C04604 *see* HEXACHLOROETHANE
NCI-C04615 *see* ALLYL CHLORIDE
NCI-C04637 *see* TRICHLOROFLUOROMETHANE
NCI-C04693 *see* DAUNOMYCIN
NCI-C04706 *see* MITOMYCIN C
NCI-C04820 *see* URACIL MUSTARD
NCI-CO4853 *see* MELPHALAN
NCI-C04900 *see* CYCLOPHOSPHAMIDE
NCI-C05970 *see* RESORCINOL
NCI-C06224 *see* CHLOROETHANE
NCI-C06360 *see* BENZYL CHLORIDE
NCI-C06462 *see* SODIUM AZIDE
NCI-C07272 *see* TOLUENE
NCI-CO8640 *see* ALDICARB
NCI-C08651 *see* FENTHION
NCI-C08662 *see* COUMAPHOS
NCI-C08673 *see* DIAZINON
NCI-C08684 *see* ANILAZINE
NCI-C08695 *see* FLUOMETURON
NCI-C08991 *see* ASBESTOS (FRIABLE)
NCI-C01843 *see* 5-NITRO-o-TOLUENE
NCI-C01876 *see* 2-AMINOANTHRAQUINONE
NCI-C01901 *see* 1-AMINO-2-METHYLANTHRAQUINONE
NCI-C01934 *see* 5-NITRO-o-ANISIDINE
NCI-C02368 *see* 4-CHLORO-o-TOLUIDINE, HYDROCHLORIDE
NCI-C00500 *see* 1,2-DIBROMO-3-CHLOROPROPANE
NCI-C50077 *see* PROPYLENE
NCI-C50088 *see* ETHYLENE OXIDE
NCI-C50099 *see* PROPYLENE OXIDE
NCI-C50102 *see* DICHLOROMETHANE
NCI-C50124 *see* PHENOL
NCI-C50135 *see* CHLOROETHANOL
NCI-C50157 *see* RESPIRINE
NCI-C50384 *see* ETHYL ACRYLATE
NCI-C50442 *see* ZIRAM
NCI-C50533 *see* TOLUENE-2,4-DIISOCYANATE
NCI-C50646 *see* CAPROLACTUM
NCI-C50668 *see* METHYLBIS(PHENYLISOCYANATE)
NCI-C50680 *see* METHYL METHACRYLATE
NCI-C00511 *see* 1,2-DICHLOROETHANE
NCI-C00522 *see* 1,2-DIBROMOETHANE
NCI-C52904 *see* NAPHTHALENE
NCI-C53781 *see* C.I. DISPERSE YELLOW 3
NCI-C53894 *see* PENTACHLOROETHANE
NCI-C53929 *see* C.I. SOLVENT YELLOW 14
NCI-C54262 *see* VINYLIDENE CHLORIDE
NCI-C54375 *see* BUTYL BENZYL PHTHALATE
NCI-C54568 *see* C.I. DIRECT BROWN 95
NCI-C54831 *see* TRICHLORFON
NCI-C54886 *see* CHLOROBENZENE
NCI-C54933 *see* PENTACHLOROPHENOL
NCI-C54944 *see* o-DICHLOROBENZENE
NCI-C54966 *see* DIGLYCIDYL RESORCINOL ETHER
NCI-C54988 *see* TETRAETHYL LEAD
NCI-C55005 *see* CYCLOHEXANONE
NCI-C55072 *see* CHLORENDIC ACID
NCI-C55130 *see* BROMOFORM
NCI-C55152 *see* ANTIMONY TRIOXIDE
NCI-C55174 *see* DIETHANOLAMINE
NCI-C55221 *see* SODIUM FLUORIDE
NCI-C55232 *see* XYLENE (MIXED ISOMERS)
NCI-C55243 *see* DICHLOROBROMOMETHANE

NCI-C55254 *see* CHLORODIBROMOMETHANE
NCI-C55276 *see* BENZENE
NCI-C55301 *see* PYRIDINE
NCI-C55367 *see* tert-BUTYL ALCOHOL
NCI-C55378 *see* PENTACHLOROPHENOL
NCI-C55447 *see* METHYL ETHYL KETONE PEROXIDE
NCI-C55550 *see* METHAPYRILENE
NCI-C55561 *see* TETRACYCLINE HYDROCHLORIDE
NCI-C00555 *see* DDE (72-55-9)
NCI-C55583 *see* N-NITROSODIETHANOLAMINE
NCI-C55607 *see* HEXACHLOROCYCLOPENTADIENE
NCI-C55618 *see* ISOPHORONE
NCI-C55765 *see* PHENYTOIN
NCI-C55834 *see* HYDROQUINONE
NCI-C55845 *see* QUINONE
NCI-C55856 *see* CATECHOL
NCI-C55947 *see* TETRANITROMETHANE
NCI-C55992 *see* p-NITROPHENOL
NCI-C56177 *see* FURFURAL
NCI-C56202 *see* FURAN
NCI-C56279 *see* CROTONALDEHYDE, (E)
NCI-C56291 *see* BUTYRALDEHYDE
NCI-C56326 *see* ACETALDEHYDE
NCI-C56393 *see* ETHYLBENZENE
NCI-C56428 *see* N,N-DIMETHYLANILINE
NCI-C56655 *see* PENTACHLOROPHENOL
NCI-C60048 *see* DIETHYL PHTHALATE
NCI-C60082 *see* NITROBENZENE
NCI-C60117 *see* TELLURIUM
NCI-C60173 *see* MERCURIC CHLORIDE
NCI-C60208 *see* VINYLIDENE FLUORIDE
NCI-C60219 *see* PHOSGENE
NCI-C60231 *see* CHLOROACETIC ACID
NCI-C60311 *see* COBALT
NCI-C60333 *see* N-METHYLOLACRYLAMIDE
NCI-C60344 *see* NICKEL SULFATE
NCI-C60344 *see* NICKEL SULFATE
NCI-C60399 *see* MERCURY
NCI-C60402 *see* ETHYLENEDIAMINE
NCI-C60413 *see* CHLOROBENZILATE
NCI-C60537 *see* p-NITROTOLUENE
NCI-C60560 *see* FURAN, TETRAHYDRO-
NCI-C60571 *see* n-HEXANE
NCI-C60786 *see* p-NITROANILINE
NCI-C60822 *see* ACETONITRILE
NCI-C60877 *see* C.I. DIRECT BLUE 218
NCI-C60913 *see* DIMETHYLFORMAMIDE
NCI-C60968 *see* ISOBUTYRALDEHYDE
NCI-C61029 *see* PROPIONALDEHYDE
NCI-C61096 *see* C.I. ACID RED 114
NCI-C61289 *see* TRYPAN BLUE
NCI-C96683 *see* QUIZALOFOP-ETHYL
NCI-CO1707 *see* 4,4'-THIODIANILINE
NCI-CO1854 *see* 1,2-DIPHENYLHYDRAZINE
NCI-C01865 *see* 2,4-DINITROTOLUENE
NCI-C01989 *see* 2,4-DIAMINOSOLE, SULFATE
NCI-C01990 *see* 4,4'-METHYLENEBIS(N,N-DIMETHYL)BENZENAMINE
NCI-C02175 *see* 3,3'-DIMETHOXYBENZIDINE-4,4'-DIISOCYANATE
NCI-C02302 *see* 2,4-DIAMINOTOLUENE
NCI-C03270 *see* TRIS(2,3-DIBROMOPROPYL) PHOSPHATE
NCI-C03689 *see* 1,4-DIOXANE
NCI-C03930 *see* 1,4-PHENYLENEDIAMINE DIHYDROCHLORIDE
NCI-C50044 *see* BIS(2-CHLORO-1-METHYLETHYL)ETHER
NCI-C52733 *see* DI(2-ETHYLHEXYL)PHTHALATE

NCI-C54386 see BIS(2-ETHYLHEXYL)ADIPATE
NCI-C54820 see 3-CHLORO-2-METHYL-1-PROPENE
NCI-C54853 see 2-ETHOXYETHANOL
NCI-C55107 see 2-CHLOROACETOPHENONE CHLOROALKYL ESTERS
NCI-C56519 see 2-MERCAPTOBENZOTHIAZOLE
NCI-CO2904 see 2,4,6-TRICHLOROPHENOL
NCI-C03918 see 7,12-DIMETHYLBENZ(a)ANTHRACENE
NCI-C04579 see 1,1,2-TRICHLOROETHANE
NCI-C04626 see 1,1,1-TRICHLOROETHANE
NCI-C50146 see 4,4'-DIAMINOPHENYL ETHER
NCI-C50602 see 1,3-BUTADIENE
NCI-C50635 see 4,4'-ISOPROPYLIDENEDIPHENOL
NCI-C55141 see 1,2-DICHLOROPROPANE
NCI-C55527 see 1,2-BUTYLENE OXIDE
NCI-C56031 see 1,2-DICHLOROETHYLENE (540-59-0)
NCI-C03554 see 1,1,2,2,-TETRACHLOROETHANE
NCI-CO3714 see 2,3,7,8-TETRACHLORODIBENZO-p-DIOXIN (TCDD)
NCI-C60220 see 1,2,3-TRICHLOROPROPANE
NCI-C61187 see 2,4,5-TRICHLOROPHENOL
NCI-C52459 see 1,1,1,2-TETRACHLOROETHANE
NCO 20 see POLYMERIC DIPHENYLMETHANE DIISOCYANATE
NDBA see N-NITROSODI-n-BUTYLAMINE
NDEA see N-NITROSODIETHYLAMINE
NDELA see N-NITROSODIETHANOLAMINE
NDMA see N-NITROSODIMETHYLAMINE
NDPA see N-NITROSODI-N-PROPYLAMINE
NDPA see N-NITRSOPHENYLAMINE
NDPhA see N-NITRSOPHENYLAMINE
NDRC-143 see PERMETHRIN
NE 220 see 1,4-DIOXANE
NEANTINE see DIETHYL PHTHALATE
NECATORINA see CARBON TETRACHLORIDE
NECATORINE see CARBON TETRACHLORIDE
NECCANOL SW see SODIUM DODECYLBENZENESULFONATE
NECTRYL see 2-PHENYLPHENOL
NEFIS see 1,2-DIBROMOETHANE
NEFRAFOS see DICHLORVOS
NEGUVON A see TRICHLORFON
NEGUVON see TRICHLORFON
NEKACID RED RR see C.I. FOOD RED 5
NEM-A-TAK see FOSTHIETAN
NEMA see TETRACHLOROETHYLENE
NEMABROM see 1,2-DIBROMO-3-CHLOROPROPANE
NEMACUR see FAMPHUR
NEMACUR see FENAMIPHOS
NEMACURP see FENAMIPHOS
NEMAFENE see DICHLOROPROPANE–DICHLOROPROPENE MIXTURE
NEMAFOS see ZINOPHOS
NEMAFUME see 1,2-DIBROMO-3-CHLOROPROPANE
NEMAGON see 1,2-DIBROMO-3-CHLOROPROPANE
NEMAGON 20 see 1,2-DIBROMO-3-CHLOROPROPANE
NEMAGON 90 see 1,2-DIBROMO-3-CHLOROPROPANE
NEMAGON SOIL FUMIGANT see 1,2-DIBROMO-3-CHLOROPROPANE
NEMAGONE 20G see 1,2-DIBROMO-3-CHLOROPROPANE
NEMAGONE see 1,2-DIBROMO-3-CHLOROPROPANE
NEMAMORT see BIS(2-CHLORO-1-METHYLETHYL)ETHER
NEMANAX see 1,2-DIBROMO-3-CHLOROPROPANE
NEMAPAN see THIABENDAZOLE
NEMAPAZ see 1,2-DIBROMO-3-CHLOROPROPANE
NEMAPHOS see ZINOPHOS
NEMASET see 1,2-DIBROMO-3-CHLOROPROPANE
NEMATOCIDE see 1,2-DIBROMO-3-CHLOROPROPANE
NEMATOCIDE GR see ZINOPHOS
NEMATOX see 1,2-DIBROMO-3-CHLOROPROPANE

NEMAZON *see* 1,2-DIBROMO-3-CHLOROPROPANE
NEMBU-SERPIN *see* RESPIRINE
NEMBUTAL SODIUM *see* PENTOBARBITOL SODIUM
NEMINFEST *see* LINURON
NENDRIN *see* ENDRIN
NEO-ANTITENSOL *see* RESPIRINE
NEOCID *see* DDT
NEOCIDOL (OIL) *see* DIAZINON
NEOCIDOL *see* DIAZINON
NEO-CLEANER *see* SODIUM HYPOCHLORITE
NEOCYCLIN *see* TETRACYCLINE HYDROCHLORIDE
NEOCYCLOHEXIMIDE *see* CYCLOHEXIMIDE
NEO-ERGOTIN *see* ERGOTAMINE TARTRATE
NEOGLAUCIT *see* DIISOPROPYLFLUOROPHOSPHATE
NEO-OESTRANOL 1 *see* DIETHYLSTILBESTROL
NEOPENTANE *see* 2,2-DIMETHYLPROPANE
NEOPRENE (polymerized product) *see* CHLOROPRENE
NEO-PYNAMIN *see* TETRAMETHRIN
NEOPYNAMIN FORTE *see* TETRAMETHRIN
NEOPYNAMINE *see* TETRAMETHRIN
NEO-SCABICIDOL *see* LINDANE
NEOSACCARIN *see* SACCHARIN
NEOSEPTAL *see* SODIUM HYPOCHLORITE
NEOSEPT V *see* HEXACHLOROPHENE
NEOSERFIN *see* RESPIRINE
NEOS-HIDANTOINA *see* PHENYTOIN
NEOSIDANTOINA *see* PHENYTOIN
NEOTOPSIN *see* THIOPHANATE-METHYL
NEOVORONIT *see* FUBERDIAZOLE
NEPHIS 1G *see* TEMEPHOS
NEPHIS *see* 1,2-DIBROMOETHANE
NEPHIS *see* TEMEPHOS
NEPHOCARP *see* CARBOPHENOTHION
NEPHRIDINE *see* EPINEPHRINE
NERACID *see* CAPTAN
NERAN BRILLIANT GREEN G *see* C.I. ACID GREEN 3
NERICUR GEL 5 *see* BENZOYL PEROXIDE
NERKOL *see* DICHLORVOS
NERVANAID B ACID *see* ETHYLENEDIAMINE-TETRAACETIC ACID (EDTA)
NESPOR *see* MANEB
NETAGRONE 600 *see* 2,4-D
NETAGRONE *see* 2,4-D
NETOCYD *see* DITHIAZANINE IODIDE
NEU *see* N-NITROSO-N-ETHYLUREA
NEUDORFF DN 50 *see* 4,6-DINITRO-o-CRESOL
NEUROLEPSIN *see* LITHIUM CARBONATE
NEUTRAL AMMONIUM CHROMATE *see* AMMONIUM CHROMATE
NEUTRAL AMMONIUM FLUORIDE *see* AMMONIUM FLUORIDE
NEUTRAL LEAD ACETATE *see* LEAD ACETATE
NEUTRAL POTASSIUM CHROMATE *see* POTASSIUM CHROMATE
NEUTRAL SODIUM CHROMATE *see* SODIUM CHROMATE
NEUTRAL VERDIGRIS *see* CUPRIC ACETATE
NEUTROSEL NAVY BN *see* 3,3'-DIMETHOXYBENZIDINE
NEUTROSEL RED TRVA *see* 4-CHLORO-o-TOLUIDINE, HYDROCHLORIDE
NEUWIED GREEN *see* CUPRIC ACETOARSENITE
NEW CHLOREA *see* ATRAZINE
NEW GREEN *see* CUPRIC ACETOARSENITE
NEW PONCEAU 4R *see* C.I. FOOD RED 5
NEW VICTORIA GREEN EXTRA I *see* C.I. ACID GREEN 4
NEW VICTORIA GREEN EXTRA II *see* C.I. ACID GREEN 4
NEW VICTORIA GREEN EXTRA O *see* C.I. ACID GREEN 4
NEX *see* CARBOFURAN
NEXEN FB *see* LINDANE
NEXIT-STARK *see* LINDANE

NEXIT *see* LINDANE
NEXOL-E *see* LINDANE
NF 35 *see* THIOPHANATE ETHYL
NF 44 *see* THIOPHANATE-METHYL
NF SOLDER STRIPPER 3114-B *see* NITRIC ACID
NF SOLDER STRIPPER 3114B *see* AMMONIA
NG *see* NITROGLYCERIN
Ni *see* NICKEL
Ni 0901S (HARSHAW) *see* NICKEL
Ni 233 *see* NICKEL
Ni 270 *see* NICKEL
NIA 1240 *see* ETHION
Ni 4303T *see* NICKEL
NIA 5273 *see* PIPERONYL-ETHYL
NIA 5462 *see* ENDOSULFAN
NIA 5767 *see* ENDOTHION
NIA 5996 *see* DICHLOBENIL
NIA 9102 *see* METIRAM
NIA 10242 *see* CARBOFURAN
NIA 17370 *see* RESMETHRIN
NIA 33297 *see* PERMETHRIN
NIACIDE *see* FERBAM
NIAGARA 10242 *see* CARBOFURAN
NIAGARA 1240 *see* ETHION
NIAGARA BLUE 3B *see* TRYPAN BLUE
NIAGRA 10242 *see* CARBOFURAN
NIAGRA 5006 *see* DICHLOBENIL
NIAGRA 5462 *see* ENDOSULFAN
NIAGRA 5767 *see* ENDOTHION
NIAGRA 5943 *see* TRIAMIPHOS
NIAGARA BLUE *see* TRYPAN BLUE
NIAGRA BLUE 2B *see* C.I. DIRECT BLUE 6
NIAGRA ESTASOL *see* 2,4-D ISOPROPYL ESTER
NIAGARA NIA-9260 *see* TETRAMETHRIN
NIAGRA NIA-10242 *see* CARBOFURAN
NIAGRA P.A. DUST *see* NICOTINE
NIAGRAMITE *see* ARAMITE
NIALATE *see* ETHION
NIALK *see* TRICHLOROETHYLENE
NIAX AXPI *see* POLYMERIC DIPHENYLMETHANE DIISOCYANATE
NIAX ISOCYANATE TDI *see* TOLUENEDIISOCYANATE (MIXED ISOMERS)
NIAX TDI-P *see* TOLUENE-2,4-DIISOCYANATE
NIAX TDI *see* TOLUENE-2,4-DIISOCYANATE
NIAX TDI *see* TOLUENE-2,6-DIISOCYANATE
NICHEL TETRACARBONILE (Italian) *see* NICKEL CARBONYL
NICKEL 200 *see* NICKEL
NICKEL 201 *see* NICKEL
NICKEL 203 *see* NICKEL
NICKEL 204 *see* NICKEL
NICKEL 205 *see* NICKEL
NICKEL 211 *see* NICKEL
NICKEL 212 *see* NICKEL
NICKEL 213 *see* NICKEL
NICKEL 222 *see* NICKEL
NICKEL 223 *see* NICKEL
NICKEL 225 *see* NICKEL
NICKEL 229 *see* NICKEL
NICKEL 233 *see* NICKEL
NICKEL 270 *see* NICKEL
NICKEL 0901 S *see* NICKEL
NICKEL 4303 T *see* NICKEL
NICKEL AMMONIUM SULPHATE *see* NICKEL AMMONIUM SULFATE
NICKEL BLACK *see* NICKEL HYDROXIDE
NICKEL CARBONYLE (French) *see* NICKEL CARBONYL

NICKEL(2+) CHLORIDE (1:2) *see* NICKEL CHLORIDE (see 7718-54-9)
NICKEL(II) CHLORIDE (1:2) *see* NICKEL CHLORIDE (see 7718-54-9)
NICKEL CHLORIDE (OUS) *see* NICKEL CHLORIDE (see 7718-54-9)
NICKEL(2+) CHLORIDE *see* NICKEL CHLORIDE (see 7718-54-9)
NICKEL(II) CHLORIDE *see* NICKEL CHLORIDE (see 7718-54-9)
NICKEL(2+) CYANIDE *see* NICKEL CYANIDE
NICKEL(II) CYANIDE *see* NICKEL CYANIDE
NICKEL CYANIDE, SOLID *see* NICKEL CYANIDE
NICKEL, ELEMENTAL *see* NICKEL
NICKEL(2+) HYDROXIDE *see* NICKEL HYDROXIDE
NICKEL(II) HYDROXIDE *see* NICKEL HYDROXIDE
NICKELIC HYDROXIDE *see* NICKEL HYDROXIDE
NICKEL(2+) NITRATE (1:2) *see* NICKEL NITRATE (13138-45-9)
NICKEL(II) NITRATE (1:2) *see* NICKEL NITRATE (13138-45-9)
NICKEL NITRATE (OUS) *see* NICKEL NITRATE (13138-45-9)
NICKEL NITRATE HEXAHYDRIDE *see* NICKEL NITRATE (13138-45-9)
NICKELOUS CHLORIDE *see* NICKEL CHLORIDE (see 7718-54-9)
NICKELOUS HYDROXIDE *see* NICKEL HYDROXIDE
NICKELOUS NITRATE *see* NICKEL NITRATE (13138-45-9)
NICKELOUS SULFATE *see* NICKEL SULFATE
NICKEL SPONGE *see* NICKEL
NICKEL(2+) SULFATE(1:1) *see* NICKEL SULFATE
NICKEL(II) SULFATE *see* NICKEL SULFATE
NICKEL TETRACARBONYL *see* NICKEL CARBONYL
NICKEL TETRACARBONYLE (French) *see* NICKEL CARBONYL
NICLOFEN *see* NITROFEN
NICOCHLORAN *see* LINDANE
NICOCIDE *see* NICOTINE
NICODUST *see* NICOTINE
NICOFUME *see* NICOTINE
NICOTINA (Italian, Spanish) *see* NICOTINE
1-NICOTINE *see* NICOTINE
NICOTINE, 1'-DEMETHYL-1'-NITROSO- *see* N-NITROSONORNICOTINE
NICOTINE ALKALOID *see* NICOTINE
NICOTINE SULFATE (2:1) *see* NICOTINE SULFATE
NICOTINE SULPHATE *see* NICOTINE SULFATE
NICOTINE SULPHATE (2:1) *see* NICOTINE SULFATE
NIERALINE *see* EPINEPHRINE
NIFOS *see* TEPP
NIFOST *see* TEPP
NIFROST *see* TEPP
NIGLYCON *see* NITROGLYCERIN
NIHON KAGAKU SANGYO ANTIMONY TRIFLUORIDE *see* ANTIMONY TRIOXIDE
NIHONTHRENE GOLDEN YELLOW GK *see* C.I. VAT YELLOW 4
NIKKELTETRACARBONYL (Dutch) *see* NICKEL CARBONYL
NIKLAD 794-A *see* NICKEL
NIKOTIN (German) *see* NICOTINE
NIKOTINSULFAT (German) *see* NICOTINE SULFATE
NIKOTYNA (Polish) *see* NICOTINE
NIMITEX *see* TEMEPHOS
NIMITOX *see* TEMEPHOS
NIOMIL *see* BENDIOCARB
NIONG *see* NITROGLYCERIN
NIP *see* NITROFEN
NIPAR S-20 *see* 2-NITROPROPANE
NIPAR S-20 SOLVENT *see* 2-NITROPROPANE
NIPAR S-30 SOLVENT *see* 2-NITROPROPANE
NIPHEN *see* p-NITROPHENOL
NIPPON BLUE BB *see* C.I. DIRECT BLUE 6
NIPPON DEEP BLACK GX *see* C.I. DIRECT BLACK 38
NIPPON DEEP BLACK *see* C.I. DIRECT BLACK 38
NIPRO (ii) *see* AMMONIUM SULFATE
NIPRO *see* AMMONIUM SULFATE

NIPSAN see DIAZINON
NIQUEL CARBONILO (Spanish) see NICKEL CARBONYL
NIRAN see CHLORDANE
NIRAN see PARATHION
NITRAN see TRIFLURALIN
4-NITRANBINE see p-NITROANILINE
NIRAN E-4 see PARATHION
p-NITRANILINE see p-NITROANILINE
2-2′,2″-NITRILOTRIS-DODECYLBENZENESULFONATE (SALT) see TRIETHANOLAMINE DODECYLBENZENE SULFONATE
NITAL see NITRIC ACID
NITICID see PROPACHLOR
NITORA see NITROGLYCERIN
NITORANILINE-PARA see p-NITROANILINE
NITRALINE see NITRIC ACID
NITRAM see AMMONIUM NITRATE (SOLUTION)
NITRAPYRINE see NITRAPYRIN
NITRATE d'ARGENT (French) see SILVER NITRATE
NITRATE MERCUREUX (French) see MERCUROUS NITRATE (10415-75-5)
NITRATE MERCURIQUE (French) see MERCURIC NITRATE
NITRATE de PLOMB (French) see LEAD NITRATE
NITRATE de ZINC (French) see ZINC NITRATE
NITRATION BENZENE see BENZENE
NITRATO AMONICO (Spanish) see AMMONIUM NITRATE (SOLUTION)
NITRATO de BERILO (Spanish) see BERYLLIUM NITRATE
NITRATO de BERILO (Spanish) see BERYLLIUM NITRATE
NITRATO de COBRE (Spanish) see CUPRIC NITRATE
NITRATO FERRICO (Spanish) see FERRIC NITRATE
NITRATO HIDRATADO MERCURIOSO (Spanish) see MERCUROUS NITRATE (7782-86-7)
NITRATO MERCURICO (Spanish) see MERCURIC NITRATE
NITRATO MERCURIOSO (Spanish) see MERCUROUS NITRATE (10415-75-5)
NITRATO de NIQUEL (Spanish) see NICKEL NITRATE (14216-75-2)
NITRATO de PLATA (Spanish) see SILVER NITRATE
NITRATO SODICO (Spnish) see SODIUM NITRITE
NITRATO de TALIO (Spanish) see THALLIUM(I) NITRATE
NITRATO de URANILO (Spanish) see URANYL NITRATE (36478-76-9)
NITRATO de ZINC (Spanish) see ZINC NITRATE
NITRAZOL CF EXTRA see p-NITROANILINE
NITRIC ACID, AMMONIUM SALT see AMMONIUM NITRATE (SOLUTION)
NITRIC ACID, BERYLLIUM SALT, TRIHYDRATE see BERYLLIUM NITRATE
NITRIC ACID, BERYLLIUM SALT see BERYLLIUM NITRATE
NITRIC ACID, COPPER(II) SALT see CUPRIC NITRATE
NITRIC ACID, COPPER(2+) SALT see CUPRIC NITRATE
NITRIC ACID,IRON(3+) SALT see FERRIC NITRATE
NITRIC ACID,IRON(III) SALT see FERRIC NITRATE
NITRIC ACID, LEAD(2+) SALT see LEAD NITRATE
NITRIC ACID, LEAD(II) SALT see LEAD NITRATE
NITRIC ACID, MERCURY(II) SALT see MERCURIC NITRATE
NITRIC ACID, MERCURY(2+) SALT see MERCURIC NITRATE
NITRIC ACID, MERCURY(I) SALT see MERCUROUS NITRATE (10415-75-5)
NITRIC ACID, MERCURY(1+) SALT see MERCUROUS NITRATE (10415-75-5)
NITRIC ACID, NICKEL(II) SALT see NICKEL NITRATE (13138-45-9)
NITRIC ACID, NICKEL SALT see NICKEL NITRATE (14216-75-2)
NITRIC ACID, NICKEL(2+) SALT see NICKEL NITRATE (13138-45-9)
NITRIC ACID, RED FUMING see NITRIC ACID
NITRIC ACID, SILVER(I) SALT see SILVER NITRATE
NITRIC ACID, SILVER(1+) SALT see SILVER NITRATE
NITRIC ACID, THALLIUM(I) SALT see THALLIUM(I) NITRATE
NITRIC ACID, THALLIUM(1+) SALT see THALLIUM(I) NITRATE
NITRIC ACID TRIESTER of GLYCEROL see NITROGLYCERIN
NITRIC ACID, WHITE FUMING see NITRIC ACID

NITRIC ACID, ZINC SALT see ZINC NITRATE
NITRIC ACID, ZIRCONIUM(IV) SALT see ZIRCONIUM NITRATE
NITRIC OXIDE see NITRIC OXIDE
NITRIL KYSELINY MALONOVE (Czech) see MALONONITRILE
NITRILE ACRILICO (Italian) see ACRYLONITRILE
NITRILE ACRYLIQUE (French) see ACRYLONITRILE
NITRILE ADIPICO (Italian) see ADIPONITRILE
NITRILO-2,2',2''-TRIACETIC ACID see NITRILOTRIACETIC ACID
NITRILOACETONITRILE see CYANOGEN
NITRIN see NITROGLYCERIN
NITRINE-TDC see NITROGLYCERIN
NITRINE see NITROGLYCERIN
NITRITE de SODIUM (French) see SODIUM NITRITE
NITRITO de ETILO (Spanish) see ETHYL NITRITE
NITRITO see NITROGEN DIOXIDE (10102-44-0)
4-NITRO-2-AMINOTOLUENE see 5-NITRO-o-TOLUENE
p-NITROANILINA (Spanish) see p-NITROANILINE
4-NITROANILINE, 2,6-DICHLORO- see DICHLORAN
2-NITROANILINE see o-NITROANILINE
o-NITROANILINE see o-NITROANILINE
ortho-NITROANILINE see o-NITROANILINE
4-NITROANILINE see p-NITROANILINE
para-NITROANILINE see p-NITROANILINE
NITROBENCENO (Spanish) see NITROBENZENE
NITROBENZEEN (Dutch) see NITROBENZENE
NITROBENZEN (Polish) see NITROBENZENE
4-NITROBENZENAMINE see p-NITROANILINE
NITROBENZOL see NITROBENZENE
NITROBENZOL,L see NITROBENZENE
p-NITROBENZYL CHLORIDE see BENZENE, 1-(CHLOROMETHYL)-4-NITRO-
p-NITROBIPHENYL see 4-NITROBIPHENYL
2-NITRO-2-BROMO-1,3-PROPANEDIOL see 2-BROMO-2-NITROPROPANE-1,3-DIOL
NITROCHLOR see NITROFEN
NITROCHLOR see NITROFEN
NITROCHLOROFORM see CHLOROPICRIN
4-NITRO-2,6-DICHLOROANILINE see DICHLORAN
4-NITRO-2',4'-DICHLORODIPHENYL ETHER see NITROFEN
4'-NITRO-2,4-DICHLORODIPHENYL ETHER see NITROFEN
4-NITRODIPHENYL see 4-NITROBIPHENYL
p-NITRODIPHENYL see 4-NITROBIPHENYL
NITRO-DUR see NITROGLYCERIN
NITROFAN see 4,6-DINITRO-o-CRESOL
NITROFENE (French) see NITROFEN
p-NITROFENOL (Czech, Dutch, Spanish) see p-NITROPHENOL
4-NITROFENOL (Dutch, Spanish) see p-NITROPHENOL
NITROFENOL (Spanish) see NITROPHENOL (MIXED ISOMERS)
4-NITROFENOL (Spanish) see 4-NITROBIPHENYL
p-NITROFENOL (Spanish) see 4-NITROBIPHENYL
m-NITROFENOL (Spanish) see m-NITROPHENOL
o-NITROFENOL (Spanish) see 2-NITROPHENOL
o-p-NITROFENILFOSFATO de O,O-DIETILO (Spanish) see DIETHYL-p-NITROPHENYL PHOSPHATE
NITROGEN LIME see CALCIUM CYANAMIDE
NITROGEN MONOXIDE see NITRIC OXIDE
NITROGEN PEROXIDE see NITROGEN DIOXIDE (10102-44-0)
NITROGEN TETROXIDE see NITROGEN DIOXIDE (10102-44-0)
NITROGEN TETROXIDE see NITROGEN DIOXIDE (10544-72-6)
NITROGLICERINA (Italian, Spanish) see NITROGLYCERIN
NITROGLICERYNA (Polish) see NITROGLYCERIN
NITROGLYCERINE see NITROGLYCERIN
NITROGLYCEROL see NITROGLYCERIN
NITROGLYN see NITROGLYCERIN
NITROISOPROPANE see 2-NITROPROPANE

NITRO KLEENUP see 2,4-DINITROPHENOL
NITROL see NITROGLYCERIN
NITROLAN see NITROGLYCERIN
NITROLENT see NITROGLYCERIN
NITROLETTEN see NITROGLYCERIN
NITROLIME see CALCIUM CYANAMIDE
NITROLINGUAL see NITROGLYCERIN
NITRO, LIQUID see NITROBENZENE
NITROLOWE see NITROGLYCERIN
3-NITRO-6-METHOXYANILINE see 5-NITRO-o-ANISIDINE
5-NITRO-2-METHOXYANILINE see 5-NITRO-o-ANISIDINE
5-NITRO-2-METHOXYANILINE see 5-NITRO-o-ANISIDINE
3-NITRO-6-METHYLANILINE see 5-NITRO-o-TOLUENE
5-NITRO-2-METHYLANILINE see 5-NITRO-o-TOLUENE
NITRONET see NITROGLYCERIN
NITRONG see NITROGLYCERIN
N'-NITRO-N-NITROSO-N-METHYLGUANIDINE see GUANIDINE, N-METHYL-N'-NITRO-N-NITROSO-
NITROPENTACHLOROBENZENE see QUINTOZINE
NITROPHEN see NITROFEN
NITROPHENE see NITROFEN
NITROPHENOL (ALL ISOMERS) see NITROPHENOL (MIXED ISOMERS)
o-NITROPHENOL see 2-NITROPHENOL
3-NITROPHENOL see m-NITROPHENOL
4-NITROPHENOL see p-NITROPHENOL
NITROPHENOLS see NITROPHENOL (MIXED ISOMERS)
o-NITROPHENYLAMINE see o-NITROANILINE
p-NITROPHENYLAMINE see p-NITROANILINE
1-NITRO-4-PHENYLBENZENE see 4-NITROBIPHENYL
p-NITROPHENYL DIEYHYLPHOSPHATE see DIETHYL-p-NITROPHENYL PHOSPHATE
o-(4-NITROPHENYL) O-PHENYLMETHYL PHOSPHONOTHIOATE see PHOSPHONOTHIOIC ACID, METHYL-,O-(4-NITROPHENYL) O-PHENYL ESTER
1-(4-NITROPHENYL)-3-(3-PYRIDINYLMETHYL)UREA see PYRIMINIL
N-(4-NITROPHENYL)-N'-(3-PYRIDINYLMETHYL)UREA see PYRIMINIL
p-NITROPHENYLDIME THYLTHIONOPHOSPHATE see METHYL PARATHION
NITROPONE C see DINITROBUTYL PHENOL
β-NITROPROPANE see 2-NITROPROPANE
sec-NITROPROPANE see 2-NITROPROPANE
2-NITROPROPNO see 2-NITROPROPANE
3-NITROPYRENE see 1-NITROPYRENE
4-NITROPYRIDINE-1-OXIDE see PYRIDINE, 4-NITRO-, 1-OXIDE
NITRORECTAL see NITROGLYCERIN
NITRO-SIL see AMMONIA
n-NITROSOAMINODIETHANOL see N-NITROSODIETHANOLAMINE
n-NITROSOBIS(2-HYDROXYETHYL)AMINE see N-NITROSODIETHANOLAMINE
n-NITROSO-DI-n-BUTYLAMINE see N-NITROSODI-n-BUTYLAMINE
n-NITROSODI-n-BUTYLAMINE see N-NITROSODI-n-BUTYLAMINE
n-NITROSODIAETHANOLAMIN (German) see N-NITROSODIETHANOLAMINE
n-NITROSODIAETHYLAMIN (German) see N-NITROSODIETHYLAMINE
NITROSODIBUTYLAMINE see N-NITROSODI-n-BUTYLAMINE
n-NITROSO-N,N-DIETHYLAMINE see N-NITROSODIETHYLAMINE
NITROSODIETHYLAMINE see N-NITROSODIETHYLAMINE
n-NITROSODIETILAMINA (Spanish) see N-NITROSODIETHYLAMINE
p-NITROSODIFENILAMINA (Spanish) see p-NITROSODIPHENYLAMINE
n-NITROSODIFENILAMINA (Spanish) see N-NITRSOPHENYLAMINE
p-NITROSODIFENYLAMIN (Czech) see p-NITROSODIPHENYLAMINE
NITROSODIFENYLAMIN (Czech) see N-NITRSOPHENYLAMINE
n-NITROSO-N,N-DIMETHYLAMINE see N-NITROSODIMETHYLAMINE
NITROSODIMETHYLAMINE see N-NITROSODIMETHYLAMINE
n-NITROSODIMETILAMINA (Spanish) see N-NITROSODIMETHYLAMINE

n-NITROSO-N-DIPHENYLAMINE *see* N-NITRSOPHENYLAMINE
NITROSODIPHENYLAMINE *see* N-NITRSOPHENYLAMINE
4-NITROSODIPHENYLAMINE *see* p-NITROSODIPHENYLAMINE
n-NITROSO-N-DIPROPYLAMINE *see* N-NITROSODI-N-PROPYLAMINE
n-NITROSO-N-DIPROPYLAMINE *see* N-NITROSODI-N-PROPYLAMINE
n-NITROSODIPROPYLAMINE *see* N-NITROSODI-N-PROPYLAMINE
n-NITROSODIPROPYLAMINE *see* N-NITROSODI-N-PROPYLAMINE
NITROSODIPROPYLAMINE *see* N-NITROSODI-N-PROPYLAMINE
NITROSOETHYLUREA *see* N-NITROSO-N-ETHYLUREA
n-NITROSOFENYLHYDROXYLAMIN AMONNY (Czech) *see* CUPFERRON
NITROSOGUANIDINE *see* GUANIDINE, N-METHYL-N'-NITRO-N-NITROSO-
2,2'-(NITROSOIMINO)BISETHANOL *see* N-NITROSODIETHANOLAMINE
n-NITROSO-N-METHYL-HARNSTOFF (German) *see* N-NITROSO-N-METHYLUREA
n-NITROSO-N-METHYLCARBAMIDE *see* N-NITROSO-N-METHYLUREA
n-NITROSO-N-METHYLNITROGUANIDINE *see* GUANIDINE, N-METHYL-N'-NITRO-N-NITROSO-
1-NITROSO-1-METHYLUREA *see* N-NITROSO-N-METHYLUREA
NITROSOMETHYLUREA *see* N-NITROSO-N-METHYLUREA
NITROSOMETHYLURETHAN (German) *see* N-NITROSO-N-METHYLURETHANE
n-NITROSO-N-METHYLURETHANE *see* N-NITROSO-N-METHYLURETHANE
NITROSOMETHYLURETHANE *see* N-NITROSO-N-METHYLURETHANE
n-NITROSO-N-METHYLVINYL AMINE *see* N-NITRSOMETHYLVINYLAMINE
4-NITROSOMORPHOLIN (German) *see* N-NITROSOMORPHOLINE
4-NITROSOMORPHOLINE *see* N-NITROSOMORPHOLINE
NITROSOMORPHOLINE *see* N-NITROSOMORPHOLINE
1'-NITROSONORNICOTINE *see* N-NITROSONORNICOTINE
N'-NITROSONORNICOTINE *see* N-NITROSONORNICOTINE
NITROSONORNICOTINE *see* N-NITROSONORNICOTINE
n-NITROSO-N-PHENYLANILINE *see* N-NITRSOPHENYLAMINE
4-NITROSO-N-PHENYLANILINE *see* p-NITROSODIPHENYLAMINE
p-NITROSO-N-PHENYLANILINE *see* p-NITROSODIPHENYLAMINE
n-NITROSOPHENYLHYDROXYLAMIN AMMONIUM SALZ (German) *see* CUPFERRON
n-NITROSOPHENYLHYDROXYLAMINE AMMONIUM SALT *see* CUPFERRON
n-NITROSO-N-PHENYLHYDROXYLAMINE AMMONIUM SALT *see* CUPFERRON
NITROSOPIPERIDIN (German) *see* N-NITROSOPIPERIDINE
1-NITROSOPIPERIDINE *see* N-NITROSOPIPERIDINE
n-NITROSO-N-PROPYL-1-PROPANAMINE *see* N-NITROSODI-N-PROPYLAMINE
n-NITROSO-N-PROPYLPROPANAMINE *see* N-NITROSODI-N-PROPYLAMINE
n-NITROSOPYRROLIDIN (German) *see* NITROSOPYROLIDINE
1-NITROSOPYRROLIDINE *see* NITROSOPYROLIDINE
NITRO-SPAN *see* NITROGLYCERIN
NITROSTABILIN *see* NITROGLYCERIN
NITROSTAT *see* NITROGLYCERIN
NITROSTIGMIN (German) *see* PARATHION
NITROSTIGMINE *see* PARATHION
NITROSYL ETHOXIDE *see* ETHYL NITRITE
NITROTO de PLOMO (Spanish) *see* LEAD NITRATE
NITROTOLUENE, 2- *see* o-NITROTOLUENE
NITROTOLUENE, 3- *see* m-NITROTOLUENE
NITROTOLUENE, 4- *see* p-NITROTOLUENE
2-NITROTOLUENE *see* o-NITROTOLUENE
3-NITROTOLUENE *see* m-NITROTOLUENE
4-NITROTOLUENE *see* p-NITROTOLUENE
NITROTOLUENE (ALL ISOMERS) *see* NITROTOLUENE
NITROTOLUENE (MIXED ISOMERS) *see* NITROTOLUENE
NITROTOLUENO (Spanish) *see* NITROTOLUENE
m-NITROTOLUENO (Spanish) *see* m-NITROTOLUENE

o-NITROTOLUENO (Spanish) see o-NITROTOLUENE
p-NITROTOLUENO (Spanish) see p-NITROTOLUENE
p-NITRO-o-TOLUIDINA (Spanish) see 5-NITRO-o-TOLUENE
5-NITRO-2-TOLUIDINE see 5-NITRO-o-TOLUENE
p-NITRO-O-TOLUIDINE see 5-NITRO-o-TOLUENE
3-NITROTOLUOL see m-NITROTOLUENE
4-NITROTOLUOL see p-NITROTOLUENE
o-NITROTOLUOL see o-NITROTOLUENE
p-NITROTOLUOL see p-NITROTOLUENE
NITROTRICHLOROMETHANE see CHLOROPICRIN
NITROUS ACID ETHYL ESTER see ETHYL NITRITE
NITROUS ACID, SODIUM SALT see SODIUM NITRITE
NITROUS DIPHENYLAMIDE see N-NITRSOPHENYLAMINE
NITROUS ETHER see ETHYL NITRITE
NITROUS ETHYL ETHER see ETHYL NITRITE
NITROUS FUMES see NITRIC ACID
NITROUS VAPOR see NITROGEN DIOXIDE (10102-44-0)
NITROX 80 see METHYL PARATHION
NITROX see METHYL PARATHION
NITROXANTHIC ACID see PICRIC ACID
NITROZELL RETARD see NITROGLYCERIN
NITRYL HYDROXIDE see NITRIC ACID
NIUIF 100 see PARATHION
NIVRAL see THIODICARB
NIX see PERMETHRIN
NK-843 see NITROGLYCERIN
NK 136 see DITHIAZANINE IODIDE
NK 711 see LEPTOPHOS
NLA-10 see DIBUTYL PHTHALATE
NMC 50 see CARBARYL
NMH see N-NITROSO-N-METHYLUREA
NMM see N-NITROSO-N-METHYLUREA
NMOR see N-NITROSOMORPHOLINE
NMP see N-METHYL-2-PYROLIDONE
NMU see N-NITROSO-N-METHYLUREA
NMUM see N-NITROSO-N-METHYLURETHANE
NMUT see N-NITROSO-N-METHYLURETHANE
NMVA see N-NITRSOMETHYLVINYLAMINE
NO-PEST see DICHLORVOS
NO-PEST STRIP see DICHLORVOS
NO-PIP see N-NITROSOPIPERIDINE
NO-PYR see NITROSOPYROLIDINE
NO BUNT see HEXACHLOROBENZENE
NO BUNT 40 see HEXACHLOROBENZENE
NO BUNT 80 see HEXACHLOROBENZENE
NO BUNT LIQUID see HEXACHLOROBENZENE
NO SCALD DPA 283 see DIPHENYLAMINE
NOBECUTAN see THIRAM
NOCBIN see DISULFIRAM
NOCCELER 22 see ETHYLENE THIOUREA
NOFLAMOL see POYLCHLORINATED BIPHENYLS
NOGOS see DICHLORVOS
NOGOS 50 see DICHLORVOS
NOGOS G see DICHLORVOS
NOLTRAN see CHLORPYRIFOS METHYL
NOMERSAN see THIRAM
NOPCOCIDE see CHLOROTHALONIL
NOPCOCIDE 54DB see CHLOROTHALONIL
NOPOCIDE N-96-S see CHLOROTHALONIL
NOPOCIDE N-40-D see CHLOROTHALONIL
NOPOCIDE N-96 see CHLOROTHALONIL
NOR-AM EP 332 see FORMETANATE HYDROCHLORIDE
NORAL ALUMINUM see ALUMINUM
NORAL EXTRA FINE LINING GRADE see ALUMINUM

NORAL INK GRADE ALUMINUM see ALUMINUM
NORAL NON-LEAFING GRADE see ALUMINUM
5-NORBORNENE-2,3-DICARBOXYLIC ACID, 1,4,5,6,7,7-HEXACHLORO- see CHLORENDIC ACID
NORBORMIDA (Spanish) see NORBORMIDE
NORDHAUSEN ACID see SULFURIC ACID
NORDOPAN see URACIL MUSTARD
NOREPHEDRANE see AMPHETAMINE
NOREX see CHLOROXURON
NORFORMS see PHENYLMERCURY ACETATE
NORGESIC see PHENACETIN
NORKOOL see ETHYLENE GLYCOL
NORLEUCINE, 5-OXO-, DL- see N-METHYL-2-PYROLIDONE
NORMAL BUTYL ACETATE see BUTYL ACETATE
NORMAL BUTYL ACRYLATE see BUTYL ACRYLATE
NORMAL BUTYL ALCOHOL see n-BUTYL ALCOHOL
NORMAL BUTYL BENZYL PHTHALATE see BUTYL BENZYL PHTHALATE
NORMAL BUTYLAMINE see BUTYLAMINE
NORMAL BUTYRIC ACID see BUTYRIC ACID
NORMAL LEAD ACETATE see LEAD ACETATE
NORMAL LEAD ORTHOPHOSPHATE see LEAD PHOSPHATE
NORMAL PENTANE see PENTANE
NORMAL PRIMARY BUTYL ALCOHOL see n-BUTYL ALCOHOL
NORMERSAN see THIRAM
NORNICOTINE, N-NITROSO- see N-NITROSONORNICOTINE
NOROSAC see DICHLOBENIL
NOROX see BENZOYL PEROXIDE
NORTRON LEYCLENE see BROMOXYNIL OCTANOATE
NORVALAMINE see BUTYLAMINE
NORWAY SALTPETER see AMMONIUM NITRATE (SOLUTION)
NOURITHION see PARATHION
NOVA see MYCLOBUTANIL
NOVACORN see BROMOXYNIL OCTANOATE
NOVADELOX see BENZOYL PEROXIDE
NOVALON YELLOW 2GN see C.I. DISPERSE YELLOW 3
NOVANTOINA see PHENYTOIN
NOVIGAM see LINDANE
NOVOSIR N see ZINEB
NOVOTOX see DICHLORVOS
NOVOZIN N 50 see ZINEB
NOVOZIR see ZINEB
NOVOZIR N see ZINEB
NOVOZIR N 50 see ZINEB
NOVYDRINE see AMPHETAMINE
NOXAL see DISULFIRAM
NP 2 see NICKEL
NP-55 see SETHOXYDIM
2-NP see 2-NITROPROPANE
NPIP see N-NITROSOPIPERIDINE
NPYR see NITROSOPYROLIDINE
NSC-185 see CYCLOHEXIMIDE
NSC-739 see AMINOPTERIN
NSC-742 see AZASERINE
NSC-746 see URETHANE
NSC-757 see COLCHICINE
NSC-762 see NITROGEN MUSTARD
NSC-1771 see THIRAM
NSC-2752 see FUMARIC ACID
NSC-3060 see POTASSIUM ARSENITE
NSC-3070 see DIETHYLSTILBESTROL
NSC-3072 see SODIUM AZIDE
NSC-3088 see CHLORAMBUCIL
NSC-3769 see MALONONITRILE
NSC-4911 see HEXACHLOROPHENE

NSC-5356 *see* DIMETHYLFORMAMIDE
NSC-6738 *see* DICHLORVOS
NSC-7764 *see* LACTONITRILE
NSC-8028 *see* iso-BUTYLAMINE
NSC-8806 *see* MELPHALAN
NSC-8819 *see* ACROLEIN
NSC-9369 *see* GUANIDINE, N-METHYL-N'-NITRO-N-NITROSO-
NSC-9799 *see* PARALDEHYDE
NSC-10816 *see* PENTOBARBITOL SODIUM
NSC-11247 *see* TRYPAN BLUE
NSC-11687 *see* HEXAMETHYLENE-1,6-DIISOCYANATE
NSC-15750 *see* TRIMETHYLCHLOROSILANE
NSC-16895 *see* LITHIUM CARBONATE
NSC-19893 *see* FLUOROURACIL
NSC-21626 *see* beta-PROPIOLACTONE
NSC-21914 *see* BENZO(a)PYRENE
NSC-22231 *see* CHLORENDIC ACID
NSC-22314 *see* TETRAETHYL LEAD
NSC-22364 *see* DIPROPYL ISOCINCHOMERONATE
NSC-22433 *see* DIBENZ(a,h)ANTHRACINE
NSC-23909 *see* N-NITROSO-N-METHYLUREA
NSC-24145 *see* METHACRYLONITRILE
NSC-25999 *see* SIMAZINE
NSC-26256 *see* PHENANTHRENE
NSC-26271 *see* CYCLOPHOSPHAMIDE
NSC-26805 *see* ETHYL METHANESULFONATE
NSC-26980 *see* MITOMYCIN C
NSC-27720 *see* MERPHOS
NSC-27867 *see* DIHYDROSAFROLE
NSC-29215 *see* TRIAZIQUONE
NSC-30970 *see* BENZ(a)ANTHRACENE
NSC-31312 *see* PROPANIL
NSC-33669 *see* EMETINE, DIHYDROCHLORIDE
NSC-3409 *see* 2-METHYLPYRIDINE
NSC-34462 *see* URACIL MUSTARD
NSC-34809 *see* AMITROLE
NSC-38642 *see* DICHLOROPHENE
NSC-40486 *see* ETHYL DIPROPYLTHIOCARBAMATE
NSC-423 *see* 2,4-D
NSC-43675 *see* TRIPHENYLTIN CHLORIDE
NSC-45403 *see* N-NITROSO-N-ETHYLUREA
NSC-46470 *see* MEVINPHOS
NSC-50256 *see* METHYLMETHANESULFONATE
NSC-5212 *see* BIS(2-CHLOROETHOXY)METHANE
NSC-60282 *see* MECOPROP
NSC-60380 *see* CHLORPYRIFOS METHYL
NSC-62209 *see* CHLORNAPHAZINE
NSC-66404 *see* PERCHLOROMETHYL MERCAPTAN
NSC-68472 *see* n-HEXANE
NSC-76589 *see* p-CHLOROPHENOL ISOCYANATE
NSC-77069 *see* METHYLTRICHLOROSILANE
NSC-77070 *see* DIMETHYLDICHLOROSILANE
NSC-77391 *see* SODIUM NITRITE
NSC-77690 *see* SODIUM FLUOROACETATE
NSC-82151 *see* DAUNOMYCIN
NSC-85566 *see* SODIUM DIMETHYLDITHIOCARBAMATE
NSC-85598 *see* D-GLUCOSE, 2-DEOXY-2-((METHYLNITROSOAMI-NO)CARBONYL)AMINO)-
NSC-85998 *see* D-GLUCOSE, 2-DEOXY-2-((METHYLNITROSOAMI-NO)CARBONYL)AMINO)-
NSC-87521 *see* DIBENZ(a,i)PYRENE
NSC-88126 *see* PARAQUAT DICHLORIDE
NSC-89265 *see* BENZO(b)FLUORANTHENE
NSC-8947 *see* 5-NITRO-o-TOLUENE

NSC-90324 *see* DIBENZO(a,l)PYRENE
NSC-113243 *see* TRIPHENYLTIN HYDROXIDE
NSC-114903 *see* DIBENZ(a,j)ACRIDINE
NSC-122023 *see* VALINOMYCIN
NSC-132984 *see* DIMETHYL CHLOROTHIOPHOSPHATE
NSC-147803 *see* NABAM
NSC-150014 *see* HYDRAZINE SULFATE
NSC-1532 *see* 2,4-DINITROPHENOL
NSC-163044 *see* AMETRYN
NSC-163046 *see* ATRAZINE
NSC-163049 *see* PROMETHRYN
NSC-167822 *see* CARBOFURAN
NSC-170810 *see* THIOPHANATE ETHYL
NSC-170811 *see* THIOPHANATE-METHYL
NSC-179737 *see* TRIBUTYLTIN FLUORIDE
NSC-190466 *see* TRICHLOROACETYL CHLORIDE
NSC-190939 *see* TETRAMETHRIN
NSC-190987 *see* METHAMIDOPHOS
NSC-195022 *see* RESMETHRIN
NSC-195106 *see* FENAMIPHOS
NSC-195164 *see* CHLORTHIOPHOS
NSC-195319 *see* TRIBUTYLTIN FLUORIDE
NSC-202753 *see* DINITROBUTYL PHENOL
NSC-215200 *see* POTASSIUM BROMATE
NSC-215210 *see* DIPHENYLAMINE
NSC-221239 *see* TRIBUTYLTIN METHACRYLATE
NSC-233899 *see* PICLORAM
NSC-263492 *see* CARBOXIN
NSC-263493 *see* TRIFORINE
NSC-263500 *see* PARAQUAT DICHLORIDE
NSC-303303 *see* TRIADIMEFON
NSC-324552 *see* AMITRAZ
NSC-370785 *see* OXYDEMETON METHYL
NSC-379586 *see* ALDICARB
NSC-379698 *see* TRIALLATE
NSC-407620 *see* METHOXONE SODIUM SALT
NSC-525040 *see* THIABENDAZOLE
NSC-81340 *see* 1-NITROPYRENE
NSC-87519 *see* 7H-DIBENZO(c,g)CARBAZOLE
NSC-11223 *see* 3,3'-DIMETHYLBENZIDINE DIHYDROCHLORIDE
NSC-141021 *see* 2-BROMO-2-NITROPROPANE-1,3-DIOL
NSC-172971 *see* 1-(3-CHLORALLYL)-3,5,7-TRIAZA-1-AZONIAADAMANTANE CHLORIDE
NSC-39624 *see* 2,4-DP
NSC-407620 *see* 5-METHYLCHRYSENE
NSC-60520 *see* 2,3-DICHLOROPRENE
NSC-70337 *see* 2,4-DB
NSC-84203 *see* 3,3'-DIMETHYLDIPHENYLMETHANE-4,4'-DIISOCYANTE
NSC-94776 *see* 1,4-PHENYLENE DIISOCYANATE
NSC-98282 *see* 2,2-DIBROMO-3-NITRILOPROPIONAMIDE
NSC-112725 *see* 1,4-PHENYLENEDIAMINE DIHYDROCHLORIDE
NSC-240728 *see* 1,5-NAPHTHALENE DIISOCYANATE
NSC-35403 *see* 1,2,3-TRICHLOROPROPANE
NSC-40823 *see* 7,12-DIMETHYLBENZ(a)ANTHRACENE
NSC-409767 *see* 2,4-D BUTYL ESTER
NSC-511721 *see* 1,3-PHENYLENE DIISOCYANATE
NSV 54739 *see* DIGLYCIDYL ETHER
NTA *see* NITRILOTRIACETIC ACID
NTG *see* NITROGLYCERIN
NTM *see* DIMETHYL PHTHALATE
NTO *see* NITROGEN DIOXIDE (10102-44-0)
NU-BAIT II *see* METHOMYL
NU-LAWN *see* BROMOXYNIL OCTANOATE
NU-LAWN WEEDER *see* BROMOXYNIL

NUCIDOL see DIAZINON
NUDRIN see METHOMYL
NUFLOUR see SODIUM FLUORIDE
NULLAPON B ACID see ETHYLENEDIAMINE-TETRAACETIC ACID (EDTA)
NULLAPON BF ACID see ETHYLENEDIAMINE-TETRAACETIC ACID (EDTA)
NUOCIDE see CHLOROTHALONIL
NUODEB 84 see 2-MERCAPTOBENZOTHIAZOLE
NUOPLAZ DOP see DI(2-ETHYLHEXYL)PHTHALATE
NURELLE see 2,4,5-TRICHLOROPHENOL
NUSYN-NOXFISH see PIPERONYL-ETHYL
NUTRIFOS STP see SODIUM PHOSPHATE, TRIBASIC (7601-54-9)
NUVA see DICHLORVOS
NUVACRON see MONOCROPTOPHOS
NUVAN see DICHLORVOS
NUVAN 7 see DICHLORVOS
NUVAN 100EC see DICHLORVOS
NUX VOMICA see STRYCHNINE
NUZONE see IMAZALIL
NYANTHRENE GOLDEN YELLOW GK see C.I. VAT YELLOW 4
NYCO LIQUID RED GF see C.I. BASIC RED 1
NYLOQUINONE ORANGE JR see 1-AMINO-2-METHYLANTHRAQUINONE
NYLOQUINONE YELLOW 4J see C.I. DISPERSE YELLOW 3
NYMERATE see PHENYLMERCURY ACETATE
OAAT see C.I. SOLVENT YELLOW 3
OAKITE see SODIUM PHOSPHATE, TRIBASIC (7601-54-9)
OBELINE PICRATE see AMMONIUM PICRATE
OBPA see PHENOXARSINE. 10,10'-OXYDI-
OCTACARBONYLDICOBALT see COBALT CARBONYL CTAC
1,2,4,5,6,7,8,8-OCTACHLOOR-3A,4,7,7A-TETRAHYDRO-4,7-ENDO-METHANOINDAAN (Dutch) see CHLORDANE
OCTACHLOR see CHLORDANE
OCTACHLOROCAMPHENE see TOXAPHENE
OCTACHLORODIHYDRODICYCLOPENTADIENE see CHLORDANE YDRO
1,2,4,5,6,7,8,8-OCTACHLORO-2,3,3A,4,7,7A-HEXAHYDRO-4,7-METHANO-1H-INDENE see CHLORDANE
1,2,4,5,6,7,8,8-OCTACHLORO-2,3,3A,4,7,7A-HEXAHYDRO-4,7-METHANOINDENE see CHLORDANE
1,3,4,5,6,8,8-OCTOCHLORO-1,3,3a, 4,7,7a-HEXAHYDRO-4,7-METHANOISOBENZOFURAN see ISOBENZAN
1,2,4,5,6,7,8,8-OCTACHLORO- see 3A,4,7,7A-HEXAHYDRO-4,7-METHYLENE
1,2,4,5,6,7,8,8-OCTACHLORO-4,7-METHANO-3A,4,7,7A-TETRAHYDROINDANE see CHLORDANE
OCTACHLORO-4,7-METHANOHYDROINDANE see CHLORDANE
OCTACHLORO-4,7-METHANOTETRAHYDROINDANE see CHLORDANE TACH
1,3,4,5,6,7,10,10-OCTOCHLORO-4,7-endo-METHYLENE-4,7,8,9-TETRAHYDROPHTHALAN see ISOBENZAN
1,2,3,4,5,6,7,8-OCTACHLORONAPHTHALENE see OCTACHLORONAPHTHALENE RONA
1,3,4,5,6,7,8-OCTOCHLORO-2-OXA-3a,4,7,7a-TETRAHYDRO-4,7-METHANO-INDENE see ISOBENZAN
1,2,4,5,6,7,8,8-OCTACHLORO-3A,4,7,7A-TETRAHYDRO-4,7-METHANOINDAN see CHLORDANE
1,2,4,5,6,7,8,8-OCTACHLORO-3A,4,7,7A-TETRAHYDRO-4,7-METHANOINDANE see CHLORDANE
1,2,4,5,6,7,10,10-OCTACHLORO-4,7,8,9-TETRAHYDRO-4,7-METHYLENEINDANE see CHLORDANE
1,2,4,5,6,7,8,8-OCTACHLOR-3A,4,7,7A-TETRAHYDRO-4,7-ENDO-METHANO-INDAN (German) see CHLORDANE
OCTADECANOIC ACID, CADMIUM SALT see CADMIUM STEARATE
OCTADECANOIC ACID, LEAD SALT see LEAD STEARATE (1072-35-1)
OCTADECANOIC ACID, LEAD(2+) SALT see LEAD STEARATE (7428-48-0)
OCTADECANOIC ACID, LEAD(II) SALT see LEAD STEARATE (7428-48-0)

OCTADECANOIC ACID, LEAD SALT see LEAD STEARATE (7428-48-0)
OCTADECANOIC ACID, LEAD SALT see LEAD STEARATE (52652-59-2)
OCTADECANOIC ACID, LEAD SALT see LEAD STEARATE (56189-09-4)
OCTA-KLOR see CHLORDANE
OCTALENE see ALDRIN
OCTALOX see DIELDRIN
OCTAMETHYL-DIFORZUUR-TETRAMIDE (Dutch) see DIPHOSPHORAMIDE, OCTAMETHYL-
OCTAMETHYL-DIPHOSPHORSAEURE-TETRAMID (German) see DIPHOSPHORAMIDE, OCTAMETHYL-
OCTAMETHYL PYROPHOSPHORTETRAMIDE see DIPHOSPHORAMIDE, OCTAMETHYL-
OCTAMETHYLPYROPHOSPHORAMIDE see DIPHOSPHORAMIDE, OCTAMETHYL-
OCTAMETILPIROFOSFORAMIDA (Spanish) see DIPHOSPHORAMIDE, OCTAMETHYL-
OCTAMETHYL TETRAMIDO PYROPHOSPHATE see DIPHOSPHORAMIDE, OCTAMETHYL-
OCTAN AMYLU (Polish) see AMYL ACETATE
OCTAN n-BUTYLU (Polish) see BUTYL ACETATE
OCTAN ETYLU (Polish) see ETHYL ACETATE
OCTAN FENYLRTUTNATY (Czech) see PHENYLMERCURY ACETATE
OCTAN MEDNATY (Czech) see CUPRIC ACETATE
OCTAN WINYLU (Polish) see VINYL ACETATE
OCTANOIC ACID, 2,6-DIBROMO-4-CYANOPHENYL ESTER see BROMOXYNIL OCTANOATE
OCTANOIC ACID ESTER of 3,5-DIBROMO-4-HYDROXYBENZONITRILE see BROMOXYNIL OCTANOATE
OCTOCHLORO-HEXAHYDROMETHANOISOBENZOFURAN see ISOBENZAN
OCTOGUARD FR-10 see ANTIMONY TRIOXIDE
OCTOGUARD FR-15 see ANTIMONY TRIOXIDE
OCTOIL see DI(2-ETHYLHEXYL)PHTHALATE
OCTOWY BEZWODNIK (Polish) see ACETIC ANHYDRIDE
OCTOWY EHYD (Polish) see ACETALDEHYDE
OCTOWY KWAS (Polish) see ACETIC ACID
OCTYL PHTHALATE see DI-n-OCTYLPHTHALATE
OCTYL PHTHALATE see DI(2-ETHYLHEXYL)PHTHALATE
n-OCTYLPHTHALATE see DI-n-OCTYLPHTHALATE
OCTYL ADIPATE see BIS(2-ETHYLHEXYL)ADIPATE
OCTYL PHTHALATE, DI-sec see DI(2-ETHYLHEXYL)PHTHALATE
ODB see o-DICHLOROBENZENE
ODCB see o-DICHLOROBENZENE
ODIDO de ETILENO (Spanish) see ETHYLENE OXIDE
OEKOLP see DIETHYLSTILBESTROL
OESTROGENINE see DIETHYLSTILBESTROL
OESTROL see DIETHYLSTILBESTROL
OESTROMENIN see DIETHYLSTILBESTROL
OESTROMENSIL see DIETHYLSTILBESTROL
OESTROMENSYL see DIETHYLSTILBESTROL
OESTROMIENIN see DIETHYLSTILBESTROL
OESTROMON see DIETHYLSTILBESTROL
OFHC Cu see COPPER
OFNA-PERL SALT RRA see 4-CHLORO-o-TOLUIDINE, HYDROCHLORIDE
OIL of ANTS, ARTIFICIAL see FURFURAL
OIL of MIRBANE see NITROBENZENE
OIL of MYRBANE see NITROBENZENE
OIL of VITRIOL see SULFURIC ACID
OIL ORANGE see C.I. SOLVENT YELLOW 14
OIL ORANGE 2B see C.I. SOLVENT YELLOW 14
OIL ORANGE 2R see C.I. SOLVENT ORANGE 7
OIL ORANGE 31 see C.I. SOLVENT YELLOW 14
OIL ORANGE 2311 see C.I. SOLVENT YELLOW 14
OIL ORANGE 7078-V see C.I. SOLVENT YELLOW 14
OIL ORANGE E see C.I. SOLVENT YELLOW 14

OIL ORANGE N EXTRA *see* C.I. SOLVENT ORANGE 7
OIL ORANGE PEL *see* C.I. SOLVENT YELLOW 14
OIL ORANGE R *see* C.I. SOLVENT ORANGE 7
OIL ORANGE R *see* C.I. SOLVENT YELLOW 14
OIL ORANGE X *see* C.I. SOLVENT ORANGE 7
OIL ORANGE XO *see* C.I. SOLVENT ORANGE 7
OIL ORANGE Z-7078 *see* C.I. SOLVENT YELLOW 14
OIL RED XO *see* C.I. SOLVENT ORANGE 7
OIL SCARLET 371 *see* C.I. SOLVENT ORANGE 7
OIL SCARLET 6G *see* C.I. SOLVENT ORANGE 7
OIL SCARLET BL *see* C.I. SOLVENT ORANGE 7
OIL SCARLET YS *see* C.I. SOLVENT ORANGE 7
OIL SOLUBLE ANILING YELLOW *see* 4-AMINOAZOBENZENE
OIL YELLOW I *see* C.I. SOLVENT YELLOW 3
OIL YELLOW II *see* 4-DIMETHYLAMINOAZOBENZENE
OIL SOLUBLE ORANGE *see* C.I. SOLVENT YELLOW 14
OIL YELLOW 20 *see* 4-DIMETHYLAMINOAZOBENZENE
OIL YELLOW 21 *see* C.I. SOLVENT YELLOW 3
OIL YELLOW 2625 *see* 4-DIMETHYLAMINOAZOBENZENE
OIL YELLOW 2681 *see* C.I. SOLVENT YELLOW 3
OIL YELLOW 2G *see* 4-DIMETHYLAMINOAZOBENZENE
OIL YELLOW 2R *see* C.I. SOLVENT YELLOW 3
OIL YELLOW A *see* C.I. SOLVENT YELLOW 3
OIL YELLOW AAB *see* 4-AMINOAZOBENZENE
OIL YELLOW AB *see* 4-AMINOAZOBENZENE
OIL YELLOW AN *see* 4-AMINOAZOBENZENE
OIL YELLOW AT *see* C.I. SOLVENT YELLOW 3
OIL YELLOW B *see* 4-AMINOAZOBENZENE
OIL YELLOW BB *see* 4-DIMETHYLAMINOAZOBENZENE
OIL YELLOW C *see* C.I. SOLVENT YELLOW 3
OIL YELLOW D *see* 4-DIMETHYLAMINOAZOBENZENE
OIL YELLOW FN *see* 4-DIMETHYLAMINOAZOBENZENE
OIL YELLOW G *see* 4-DIMETHYLAMINOAZOBENZENE
OIL YELLOW GG *see* 4-DIMETHYLAMINOAZOBENZENE
OIL YELLOW GR *see* 4-DIMETHYLAMINOAZOBENZENE
OIL YELLOW N *see* 4-DIMETHYLAMINOAZOBENZENE
OIL YELLOW PEL *see* 4-DIMETHYLAMINOAZOBENZENE
OIL YELLOW S *see* 4-DIMETHYLAMINOAZOBENZENE
OIL YELLOW T *see* C.I. SOLVENT YELLOW 3
OJI MALACHITE GREEN *see* C.I. ACID GREEN 4
OK 622 *see* PARAQUAT DICHLORIDE
OKO *see* DICHLORVOS
OKTATERR *see* CHLORDANE
OKULTIN *see* METHOXONE
OLEAL ORANGE-R *see* C.I. SOLVENT YELLOW 14
OLEAL YELLOW 2G *see* 4-DIMETHYLAMINOAZOBENZENE
OLEFIANT GAS *see* ETHYLENE
OLEOAKARITHION *see* CARBOPHENOTHION
OLEODIAZINON *see* DIAZINON
OLEOFAC *see* PROTHOATE
OLEOFOS 20 *see* PARATHION
OLEOGESAPRIM *see* ATRAZINE
OLEOPARATHENE *see* PARATHION
OLEOPARATHION *see* PARATHION
OLEOPHOSPHOTHION *see* MALATHION
OLEOVITAMIN D *see* ERGOCALCIFEROL
OLEOVOFOTOX *see* METHYL PARATHION
OLIN BUTYL ESTER D4 WEED KILLER *see* 2,4-D BUTYL ESTER
OLIN BUTYL ESTER D6 WEED KILLER *see* 2,4-D BUTYL ESTER
OLIN BUTYL ESTER D267 WEED KILLER *see* 2,4-D BUTYL ESTER
OLIPSAN *see* QUINTOZINE
OLITREF *see* TRIFLURALIN
OLOW (Polish) *see* LEAD
OLPISAN *see* QUINTOZINE

OLTITOX *see* CARBARYL
OM-HYDANTOINE *see* PHENYTOIN
OM-HIDANTOINE SIMPLE *see* PHENYTOIN
OMAHA & GRANT *see* LEAD
OMAHA *see* LEAD
OMAIT *see* PROPARGITE
OMAL *see* 2,4,6-TRICHLOROPHENOL
OMAL *see* TRICHLOROPHENOL
OMEGA METER SOLUTION *see* ISOBUTYL ALCOHOL
OMITE 57E *see* PROPARGITE
OMITE 85E *see* PROPARGITE
OMITE *see* PROPARGITE
OMNIPASSIN *see* DITHIAZANINE IODIDE
OMNITOX *see* LINDANE
OMNIZOLE *see* THIABENDAZOLE
OMPA *see* DIPHOSPHORAMIDE, OCTAMETHYL-
OMPACIDE *see* DIPHOSPHORAMIDE, OCTAMETHYL-
OMPATOX *see* DIPHOSPHORAMIDE, OCTAMETHYL-
OMPAX *see* DIPHOSPHORAMIDE, OCTAMETHYL-
OMS 2 *see* FENTHION
OMS 14 *see* DICHLORVOS
OMS 15 *see* PHENOL, 3-(1-METHYLETHYL)-, METHYLCARBAMATE
OMS 16 *see* DDT
OMS 19 *see* PARATHION
OMS 29 *see* CARBARYL
OMS 33 *see* PROPOXUR
OMS 47 *see* MEXACARBATE
OMS 75 *see* NALED
OMS 93 *see* METHIOCARB
OMS 94 *see* DIMETHOATE
OMS 570 *see* ENDOSULFAN
OMS 595 *see* TETRACHLORVINPHOS
OMS 629 *see* CARBARYL
OMS 771 *see* ALDICARB
OMS 1155 *see* CHLORPYRIFOS METHYL
OMS 1325 *see* PHOSPHAMIDON
OMS 1328 *see* CHLORFENVINFOS
OMS 1342 *see* CHLORTHIOPHOS
OMS 1394 *see* BENDIOCARB
OMS 1437 *see* CHLORDANE
OMS 1804 *see* DIFLUBENZURON
OMTAN *see* ISOBENZAN
ONCOREDOX *see* TRIAZIQUONE
ONESIDE *see* FLUAZIFOP-BUTYL
ONSLAUGHT *see* LINURON
ONSLAUGHT *see* TRIFLURALIN
ONT *see* o-NITROTOLUENE
ONYXIDE 500 *see* 2-BROMO-2-NITROPROPANE-1,3-DIOL
O,O,O′,O′-TETRAMETHYL O,O′-THIODI-p-PHENYLENE BIS(PHOSPHOROTHIOATE) *see* TEMEPHOS
OP-THAL-ZIN *see* ZINC ZULFATE
OPDA *see* 1,2-PHENYLENEDIAMINE
OPLOSSINGEN (Dutch) *see* FORMALDEHYDE
OPP-NA *see* SODIUM O-PHENYLPHENOXIDE
OPP-SODIUM *see* SODIUM O-PHENYLPHENOXIDE
OPTI SKAN SCAN CLEANER *see* ISOBUTYL ALCOHOL
OR 1191 *see* PHOSPHAMIDON
ORAGULANT *see* DIPHACIONE
ORANGE 3RA SOLUBLE IN GREASE *see* C.I. SOLVENT YELLOW 14
ORANGE BASE CIBA II *see* o-NITROANILINE
ORANGE BASE IRGA II *see* o-NITROANILINE
ORANGE II COMPONENT *see* 2,4-D BUTYL ESTER
ORANGE INSOLUBLE OLG *see* C.I. SOLVENT YELLOW 14
ORANGE l'HUILE (French) *see* C.I. SOLVENT YELLOW 14

ORANGE PEL see C.I. SOLVENT YELLOW 14
ORANGE R FAT SOLUBLE see C.I. SOLVENT YELLOW 14
ORANGE RESENOLE No. 3 see C.I. SOLVENT YELLOW 14
ORANGE SALT CIBA II see o-NITROANILINE
ORANGE SALT IRGA II see o-NITROANILINE
ORANGE SOLUBLE A l'HUILE (French) see C.I. SOLVENT YELLOW 14
ORBIT see PROPICONAZOLE
ORCANON see METHYLTHIOURACIL
ORCHARD BRAND ZIRAM see ZIRAM
ORDRAM see MOLINATE
ORGA-414 see AMITROLE
ORGANO FLUX 3355-11 see ISOBUTYL ALCOHOL
ORGANOL ORANGE see C.I. SOLVENT YELLOW 14
ORGANOL YELLOW 25 see C.I. SOLVENT YELLOW 3
ORGANOL YELLOW 2A see 4-AMINOAZOBENZENE
ORGANOL YELLOW 2T see C.I. SOLVENT YELLOW 3
ORGANOL YELLOW ADM see 4-DIMETHYLAMINOAZOBENZENE
ORIENT OIL ORANGE PS see C.I. SOLVENT YELLOW 14
ORIENT OIL YELLOW GG see 4-DIMETHYLAMINOAZOBENZENE
ORIENTAL BERRY see PICROTOXIN
ORION BLUE 3B see TRYPAN BLUE
ORNAMENTAL WEEDER see CHLORAMBEN
ORPHENOL see SODIUM O-PHENYLPHENOXIDE
ORPIMENT see ARSENIC TRISULFIDE
ORSIN see p-PHENYLENEDIAMINE
ORTEDRINE see AMPHETAMINE
ORTHAMINE see 1,2-PHENYLENEDIAMINE
ORTHENE-755 see ACEPHATE
ORTHENE see ACEPHATE
ORTHO-MITE see ARAMITE
ORTHO-KLOR see CHLORDANE
ORTHO 4355 see NALED
ORTHO 9006 see METHAMIDOPHOS
ORTHO 12420 see ACEPHATE
ORTHO DIQUAT see DIQUAT (85-00-7)
ORTHO GRASS KILLER see PROPHAM
ORTHO L10 DUST see LEAD ARSENATE (7784-40-9)
ORTHO L10 DUST see LEAD ARSENATE (10102-48-4)
ORTHO L40 DUST see LEAD ARSENATE (7784-40-9)
ORTHO L40 DUST see LEAD ARSENATE (10102-48-4)
ORTHO MALATHION see MALATHION
ORTHO N-4 DUST see NICOTINE
ORTHO N-5 DUST see NICOTINE
ORTHO P-G BAIT see CUPRIC ACETOARSENITE
ORTHOARSENIC ACID see ARSENIC ACID (1327-52-2)
ORTHOARSENIC ACID see ARSENIC ACID (7778-39-4)
ORTHOCIDE see CAPTAN
ORTHOCIDE 7.5 see CAPTAN
ORTHOCIDE 50 see CAPTAN
ORTHOCIDE 75 see CAPTAN
ORTHOCIDE 83 see CAPTAN
ORTHOCIDE 406 see CAPTAN
ORTHOCRESOL see o-CRESOL
ORTHODIBROM see NALED
ORTHODIBROMO see NALED
ORTHODICHLOROBENZENE see o-DICHLOROBENZENE
ORTHODICHLOROBENZOL see o-DICHLOROBENZENE
ORTHONITROPHENOL see 2-NITROPHENOL
ORTHONITROTOLUENE see o-NITROTOLUENE
ORTHO PARAQUAT CL see PARAQUAT DICHLORIDE
ORTHOPHALTAN see FOLPET
ORTHOPHALTAN 50WP see FOLPET
ORTHOPHENYLPHENOL see 2-PHENYLPHENOL
ORTHOPHOS see PARATHION

ORTHO PHOSPHATE DEFOLIANT see S,S,S-TRIBUTYLTRITHIOPHOSPHATE
ORTHOPHOSPHORIC ACID see PHOSPHORIC ACID
ORTHOXENOL see 2-PHENYLPHENOL
ORTRAN see ACEPHATE
ORTRIL see ACEPHATE
ORVINYLCARBINOL see ALLYL ALCOHOL
OS 1897 see 1,2-DIBROMO-3-CHLOROPROPANE
OSBON AC see PERACETIC ACID
OSMIUM(IV) OXIDE see OSMIUM TETROXIDE
OSMIUM OXIDE OsO4 (T-4)- see OSMIUM TETROXIDE
OSOCIDE see CAPTAN
OSSALIN see SODIUM FLUORIDE
OSSIN see SODIUM FLUORIDE
OSTACET YELLOW P 2G see C.I. DISPERSE YELLOW 3
OSTELIN see ERGOCALCIFEROL
OTBE see BIS(TRIBUTYLTIN)OXIDE
OTTAFACT see p-CHLORO-m-CRESOL
1,2,4,5,6,7,8,8-OTTOCHLORO-3A,4,7,7A-TETRAIDRO-4,7-ENDO-METANO-INDANO see CHLORDANE
OTTOMETIL-PIROFOSFORAMMIDE (Italian) see DIPHOSPHORAMIDE, OCTAMETHYL-
OUABAGENIN-l-RHAMNOSID (German) see OUABAIN
OUABAINE see OUABAIN
OUBAIN see OUABAIN
OUTFLANK see PERMETHRIN
OUTFLANK-STOCKADE see PERMETHRIN
OVADZIAK see LINDANE
OVIDIP see PROPETAMPHOS
OWADZIAK see LINDANE
7-OXABICYCLO(2.2.1)HEPTANE-2,3-DICARBOXYLIC ACID, DIPOTASSIUM SALT see DIPOTASSIUM ENDOTHALL
OXACYCLOPENTADIENE see FURAN
OXACYCLOPENTANE see FURAN, TETRAHYDRO-
OXACYCLOPROPANE see ETHYLENE OXIDE
1,3,4-OXADIAZOL -2(3H)-ONE, 3-(2,4-DICHLORO-5-(1-METHYLETHOXY)PHENYL)-5-(1,1-DIMETHYLETHYL)- see OXYDIAZON
1,2,4-OXADIAZOLIDINE-3,5-DIONE, 2-(3,4-DICHLOROPHENYL)-4-METHYL- see METHAZOLE
δ^2-1,3,4-OXADIAZOLIN-5-ONE, 2-tert-BUTYL-4-(2,4-DICHLORO-5-ISOPROPYLOXYPHENYL)- see OXYDIAZON
δ^2-1,3,4-OXADIAZOLIN-5-ONE,2-tert-BUTYL-4-(2,4-DICHLORO-5-ISOPROPOXYPHENYL)- see OXYDIAZON
OXADIAZON see OXYDIAZON
OXADIAZONE see OXYDIAZON
6-OXA-5,7-DISTANNAUNDECANE,5,5,7,7-TETRABUTYL- see BIS(TRIBUTYLTIN)OXIDE
OXALATO AMONICO (Spanish) see AMMONIUM OXALATE (14258-49-2)
OXALATO AMONICO (Spanish) see AMMONIUM OXALATE (6009-70-7)
OXALATO AMONICO (Spanish) see AMMONIUM OXALATE (5972-73-6)
OXALATO FERRICO AMONICO (Spanish) see FERRIC AMMONIUM OXALATE (2944-67-4)
OXALATO FERRICO AMONICO (Spanish) see FERRIC AMMONIUM OXALATE (55488-87-4)
OXALIC ACID, AMMONIUM IRON(III) SALT (3:3:1) see FERRIC AMMONIUM OXALATE (2944-67-4)
OXALIC ACID, AMMONIUM IRON(3+) SALT (3:3:1) see FERRIC AMMONIUM OXALATE (2944-67-4)
OXALIC ACID, AMMONIUM SALT see AMMONIUM OXALATE (14258-49-2)
OXALIC ACID, COPPER(2+) SALT see CUPRIC OXALATE
OXALIC ACID, COPPER(II) SALT see CUPRIC OXALATE
OXALIC ACID, DIAMMONIUM SALT see AMMONIUM OXALATE (14258-49-2)
OXALIC ACID DINITRILE see CYANOGEN

OXALIC NITRILE see CYANOGEN
OXALONITRILE see CYANOGEN
OXALYL CYANIDE see CYANOGEN
OXAMYL CARBAMATE INSECTICIDE see OXAMYL
OXANE see ETHYLENE OXIDE
1,4-OXATHIIN-2,3-DIHYDRO-5-CARBOXANILIDO-6-METHYL- see CARBOXIN
1,4-OXATHIIN-3-CARBOXAMIDE,5,6-DIHYDRO-2-METHYL-N-PHENYL see CARBOXIN
1,4-OXATHIIN-3-CARBOXANILIDE,5,6-DIHYDRO-2-METHYL- see CARBOXIN
1,4-OXATHIIN-3-CARBOXANILIDE,5,6-DIHYDRO-2-METHYL see CARBOXIN
1,2-OXATHIOLANE 2,2-DIOXIDE see 1,3-PROPANE SULTONE
1,2-OXATHROLANE 2,2-DIOXIDE see 1,3-PROPANE SULTONE
2-H-1,3,2-OXAZAPHOSPHORINANE see CYCLOPHOSPHAMIDE
2H-1,3,2-OXAZAPHOSPHORIN-2-AMINE, N,N-BIS(2-CHLOROETHYL)TETRAHYDRO-, 2-OXIDE see CYCLOPHOSPHAMIDE
2H-1,3,2-OXAZAPHOSPHORINE,2-BIS(2-CHLOROETHYL)AINOTETRAHYDRO-2-OXIDE see CYCLOPHOSPHAMIDE
1,3,4-OXAZOL-2(3 H)-ONE, 3-(2,4-DICHLORO-5-(1-METHYLETHOXY)PHENYL)-5-(1,1-DIMETHYLETHYL)- see OXYDIAZON
2,4-OXAZOLIDINEDIONE, 3-(3,5-DICHLOROPHENYL)-5-ETHENYL-5-METHYL- see VINCLOZOLIN
2,4-OXAZOLIDINEDIONE, 3-(3,5-DICHLOROPHENYL)-5-METHYL-5-VINYL- see VINCLOZOLIN
2-OXETANONE see beta-PROPIOLACTONE
OXICLORURO de FOSFORO (Spanish) see PHOSPHORUS OXYCHLORIDE
OXIDATION BASE 10A see 1,4-PHENYLENEDIAMINE DIHYDROCHLORIDE
OXIDATION BASE 12A see 2,4-DIAMINOSOLE, SULFATE
OXIDIMETHIIN see DIMETHIPIN
α, β-OXIDOETHANE see ETHYLENE OXIDE
10-10'-OXIDIPHENOXARSINE see PHENOXARSINE, 10,10'-OXYDI-
OXIDO ALUMINICO (Spanish) see ALUMINUM OXIDE
OXIDO de 1,2-BUTILENO (Spanish) see 1,2-BUTYLENE OXIDE
OXIDO de CADMIO (Spanish) see CADMIUM OXIDE
OXIDO de ESTIRENO (Spanish) see STYRENE OXIDE
OXIDOETHANE see ETHYLENE OXIDE
OXIDO de PROPILENO (Spanish) see PROPYLENE OXIDE
OXIDO MERCURICO AMARILLO (Spanish) see MERCURIC OXIDE
OXIDO MERCURICO ROJO (Spanish) see MERCURIC OXIDE
OXIDO NITRICO (Spanish) see NITRIC OXIDE
OXIDO TALICO (Spanish) see THALLIC OXIDE
OXIRAAN (Dutch) see ETHYLENE OXIDE
OXIRANE see ETHYLENE OXIDE
OXIRANE-CARBOXALDEHYDE see GLYCIDYLALDEHYDE
OXIRANE, (CHLOROMETHYL)- see EPICHLOROHYDRIN
OXIRANE, 2,2'-OXYBIS (METHYLENE) BIS- see DIGLYCIDYL ETHER
OXIRANE, ETHYL- see 1,2-BUTYLENE OXIDE
OXIRANE, METHYL- see PROPYLENE OXIDE
OXIRANE, PHENYL- see STYRENE OXIDE
OXIRENE, DIHYDRO- see ETHYLENE OXIDE
OXIRENE,3,4,5,6,9,9-HEXACHLORO-1a,2,2a,3,6,6a,7,7a-OCTAHYDRO-(1A α,2β,2Aα,3β,6β,6Aα,7β,7A α) see DIELDRIN
OXITOL see 2-ETHOXYETHANOL
γ-OXO-α-BUTYLENE see METHYL VINYL KETONE
OXOCYCLOHEXANE see CYCLOHEXANONE
2-OXOHEXAMETHYLENEIMINE see CAPROLACTUM
OXOLANE see FURAN, TETRAHYDRO-
OXOLE see FURAN
OXOMETHANE see FORMALDEHYDE
OXRALOX see DIELDRIN
OXY-10 see BENZOYL PEROXIDE
OXY-5 ACNE PIMPLE MEDICATION see BENZOYL PEROXIDE

OXY DBCP see 1,2-DIBROMO-3-CHLOROPROPANE
OXY WASH ANTIBACTERIAL SKIN WASH see BENZOYL PEROXIDE
OXYBENZENE see PHENOL
1,1'-OXYBIS(2-CHLORO)ETHANE see BIS(2-CHLOROETHYL)ETHER
2,2'-OXYBIS(1-CHLOROPROPANE) see BIS(2-CHLORO-1-METHYL-ETHYL)ETHER
1,1'-OXYBIS(2,3,4,5,6-PENTABROMOBENZENE) (9CI) see DECABROMODI-PHENYL OXIDE
OXYBIS(4-AMINOBENZENE) see 4,4'-DIAMINOPHENYL ETHER
1,1'-OXYBIS(4-ISOCYANATOBENZENE) see 4,4'-DIISOCYANATODIPHENYL ETHER
4,4'-OXYBIS(ANILINE) see 4,4'-DIAMINOPHENYL ETHER
p,p'-OXYBIS(ANILINE) see 4,4'-DIAMINOPHENYL ETHER
OXYBIS(CHLOROMETHANE) see BIS(CHLOROMETHYL)ETHER
2,2'-OXYBIS(METHYLENE)BISOXIRANE see DIGLYCIDYL ETHER
OXYBIS(TRIBUTYLSTANNANE) see BIS(TRIBUTYLTIN)OXIDE
OXYBIS(TRIBUTYLTIN) see BIS(TRIBUTYLTIN)OXIDE
1,1-OXYBISETHENE see VINYL ETHYL ETHER
OXYBISMETHANE see METHYL ETHER
10-10'-OXYBISPHENOXYARSINE see PHENOXARSINE. 10,10'-OXYDI-
OXYCARBON SULFIDE see CARBONYL SULFIDE
OXYCARBON SULPHIDE see CARBONYL SULFIDE
OXYCHLORID FOSFORECNY see PHOSPHORUS OXYCHLORIDE
OXYDE D'ETHYLE (French) see ETHYL ETHER
OXYDE de CHLORETHYLE (French) see BIS(2-CHLOROETHYL)ETHER
OXYDE de MERCURE (French) see MERCURIC OXIDE
OXYDE de PROPYLENE (French) see PROPYLENE OXIDE
OXYDE de TRIBUTYLETAIN (French) see BIS(TRIBUTYLTIN)OXIDE
OXYDE NITRIQUE (French) see NITRIC OXIDE
OXYDEMETONMETHYL see OXYDEMETON METHYL
OXYDI-p-PHENYLENEDIAMINE see 4,4'-DIAMINOPHENYL ETHER
4,4'-OXYDIANILINE see 4,4'-DIAMINOPHENYL ETHER
p,p'-OXYDIANILINE see 4,4'-DIAMINOPHENYL ETHER
OXYDIAZOL see METHAZOLE
OXYDIMETHIIN see DIMETHIPIN
4,4'-OXYDIPHENYLAMINE see 4,4'-DIAMINOPHENYL ETHER
OXYDOL see HYDROGEN PEROXIDE
OXYFLUORFENE see OXYFLUOFEN
OXYFLUOROFEN see OXYFLUOFEN
OXYFUME 12 see ETHYLENE OXIDE
OXYFUME see ETHYLENE OXIDE
OXYGEN mol (O3) see OZONE
OXYLAN see PHENYTOIN
OXYLITE see BENZOYL PEROXIDE
OXYMASTER see PERACETIC ACID
OXYMETHYLENE see FORMALDEHYDE
OXYPARATHION see DIETHYL-p-NITROPHENYL PHOSPHATE
OXYPHENIC ACID see CATECHOL
OXYSULFATOVANADIUM see VANADYL SULFATE
OXYTHIOQUINOX see CHINOMETHIONAT
OXYTREAT 35 see HYDRAZINE
OXYTRIL CM see BROMOXYNIL OCTANOATE
OXYTRIL M see BROMOXYNIL
OZON (Polish) see OZONE
OZONO (Spanish) see OZONE
P-40 see SODIUM SELENATE
p-165 see AZASERINE
p-370 see CATECHOL
PA see PICRIC ACID
2,4-PA see 2,4-D
PABESTROL see DIETHYLSTILBESTROL
PAC see PARATHION
PACIFAN see PENTOBARBITOL SODIUM
PACOL see PARATHION

PAD ETCH *see* ACETIC ACID
PAD ETCH *see* AMMONIUM FLUORIDE
PAKHTARAN *see* FLUOMETURON
PALANIL YELLOW G *see* C.I. DISPERSE YELLOW 3
PALANTHRENE GOLDEN YELLOW GK *see* C.I. VAT YELLOW 4
PALAPENT *see* PENTOBARBITOL SODIUM
PALATINOL A *see* DIETHYL PHTHALATE
PALATINOL AH *see* DI(2-ETHYLHEXYL)PHTHALATE
PALATINOL BB *see* BUTYL BENZYL PHTHALATE
PALATINOL C *see* DIBUTYL PHTHALATE
PALATINOL DBP *see* DIBUTYL PHTHALATE
PALATINOL DIOCTYL ADIPATE *see* BIS(2-ETHYLHEXYL)ADIPATE
PALATINOL M *see* DIMETHYL PHTHALATE
PALESTROL *see* DIETHYLSTILBESTROL
PALTET *see* TETRACYCLINE HYDROCHLORIDE
PAMISAN *see* PHENYLMERCURY ACETATE
PAMOSOL 2 FORTE *see* ZINEB
PAMPRIN *see* PHENACETIN
PAN OXYL *see* BENZOYL PEROXIDE
PAN *see* PHTHALIC ANHYDRIDE
PANAM *see* CARBARYL
PANAPLATE *see* DICHLORVOS
PANDRINOX *see* METHYLMERCURIC DICYANAMIDE
PANMYCIN HYDROCHLORIDE *see* TETRACYCLINE HYDROCHLORIDE
PANO-DRENCH 4 *see* METHYLMERCURIC DICYANAMIDE
PANODRIN A-13 *see* METHYLMERCURIC DICYANAMIDE
PANOGEN *see* METHOXYMETHYLMERCURIC ACETATE
PANOGEN *see* METHYLMERCURIC DICYANAMIDE
PANOGEN M *see* METHOXYMETHYLMERCURIC ACETATE
PANOGEN 15 *see* METHYLMERCURIC DICYANAMIDE
PANOGEN 43 *see* METHYLMERCURIC DICYANAMIDE
PANOGEN METOX *see* METHOXYMETHYLMERCURIC ACETATE
PANOGEN PX *see* METHYLMERCURIC DICYANAMIDE
PANOGEN TURF FUNGICIDE *see* METHYLMERCURIC DICYANAMIDE
PANOGEN TURF SPRAY *see* METHYLMERCURIC DICYANAMIDE
PANORAM 75 *see* THIRAM
PANORAM D-31 *see* DIELDRIN
PANORAM *see* DIELDRIN
PANOSPRAY 30 *see* METHYLMERCURIC DICYANAMIDE
PANOXYL AQUAGEL *see* BENZOYL PEROXIDE
PANOXYL *see* BENZOYL PEROXIDE
PANOXYL WASH *see* BENZOYL PEROXIDE
PANTHION *see* PARATHION
PANWARFIN *see* WARFARIN SODIUM
PAP-1 *see* ALUMINUM
PAPER BLACK BA *see* C.I. DIRECT BLACK 38
PAPER BLACK T *see* C.I. DIRECT BLACK 38
PAPER DEEP BLACK C *see* C.I. DIRECT BLACK 38
PAPER MAKER'S ALUM *see* ALUMINUM SULFATE
PAPER RED HRR *see* C.I. FOOD RED 5
PAPI *see* POLYMERIC DIPHENYLMETHANE DIISOCYANATE
PAPP *see* PROPIOPHENONE, 4'-AMINO-
PARA-COL *see* PARAQUAT DICHLORIDE
PARA CRYSTALS *see* 1,4-DICHLOROBENZENE
PARA HYDROGEN *see* HYDROGEN
PARAACETALDEHYDE *see* PARALDEHYDE
PARABIS A *see* 4,4'-ISOPROPYLIDENEDIPHENOL
PARACETALDEHYDE *see* PARALDEHYDE
PARACETOPHENETIDIN *see* PHENACETIN
PARACHLOROCIDUM *see* DDT
PARACIDE *see* 1,4-DICHLOROBENZENE
PARACRESOL *see* p-CRESIDINE
PARADI *see* 1,4-DICHLOROBENZENE
PARADICHLOROBENZENE *see* 1,4-DICHLOROBENZENE

PARADONE GOLDEN YELLOW FGK see C.I. VAT YELLOW 4
PARADORMALENE see METHAPYRILENE
PARADOW see 1,4-DICHLOROBENZENE
PARADUST see PARATHION
PARAFORM see PARAFORMALDEHYDE
PARAFORM 3 see PARAFORMALDEHYDE
PARAFORMALDEHIDO (Spanish) see PARAFORMALDEHYDE
PARAL see PARALDEHYDE
PARALDEHYD (German) see PARALDEHYDE
PARALDEHIDO (Spanish) see PARALDEHYDE
PARALDEHYDE DRAUGHT see PARALDEHYDE
PARALDEHYDE ENEMA see PARALDEHYDE
PARALDEIDE (Italian) see PARALDEHYDE
PARAMAR 50 see PARATHION
PARAMAR see PARATHION
PARAMETTE see PHENACETIN
PARAMINE BLACK B see C.I. DIRECT BLACK 38
PARAMINE BLACK E see C.I. DIRECT BLACK 38
PARAMINE BLUE 2B see C.I. DIRECT BLUE 6
PARAMINE BLUE 3B see TRYPAN BLUE
PARAMINE BLUE BB see C.I. DIRECT BLUE 6
PARAMINOPROPIOPHENONE see PROPIOPHENONE, 4'-AMINO-
PARAMOTH see 1,4-DICHLOROBENZENE
PARANAPHTHALENE see ANTHRACENE
PARANEPHRIN see EPINEPHRINE
PARANITROFENOL (Dutch) see p-NITROPHENOL
PARANITROFENOLO (Italian) see p-NITROPHENOL
PARANITROPHENOL (French, German) see p-NITROPHENOL
PARANITROTOLUENE see p-NITROTOLUENE
PARANOL FAST BROWN BRL see C.I. DIRECT BROWN 95
PARANUGGETS see 1,4-DICHLOROBENZENE
PARAOXON see DIETHYL-p-NITROPHENYL PHOSPHATE
PARAOXONE see DIETHYL-p-NITROPHENYL PHOSPHATE
PARAPEST M-50 see METHYL PARATHION
PARAPHENOLAZO ANILINE see 4-AMINOAZOBENZENE
PARAPHOS see PARATHION
PARAQUAT see PARAQUAT DICHLORIDE
PARAQIAT I see PARAQUAT METHOSULFATE
PARAQUAT BIS(METHYL SULFATE) see PARAQUAT METHOSULFATE
PARAQUAT CHLORIDE see PARAQUAT DICHLORIDE
PARAQUAT CL see PARAQUAT DICHLORIDE
PARAQUAT DICHLORIDE BIPYRIDYLNIUM HERBICIDE see PARAQUAT DICHLORIDE
PARAQUAT DIMETHOSULFATE see PARAQUAT METHOSULFATE
PARAQUAT DIMETHYL SULPHATE see PARAQUAT METHOSULFATE
PARAQUAT DIMETHYL SULFATE see PARAQUAT METHOSULFATE
PARAQUAT METHOSULFATE BIPYRIDYLNIUM HERBICIDE see PARAQUAT METHOSULFATE
PARATHENE see PARATHION
m-PARATHION see METHYL PARATHION
PARATHION-ETHYL see PARATHION
PARATHION-METHYL see METHYL PARATHION
PARATHION METILE see METHYL PARATHION
PARATHION THIOPHOS see PARATHION
PARATIONA (Spanish) see PARATHION
PARATODOL see PHENACETIN
PARAWET see PARATHION
PARAZENE see 1,4-DICHLOROBENZENE
PARDNER see BROMOXYNIL
PARKIBLEU see TRYPAN BLUE
PARKIPAN see TRYPAN BLUE
PARMETOL see p-CHLORO-m-CRESOL
PAROXAN see DIETHYL-p-NITROPHENYL PHOSPHATE
PAROZONE see SODIUM HYPOCHLORITE

PARROT GREEN see CUPRIC ACETOARSENITE
PARSOL see p-CHLORO-m-CRESOL
PARSON'S 2,4-D WEED KILLER ISOPROPYL ESTER see 2,4-D ISOPROPYL ESTER
PARSON'S 2,4-D WEED KILLER BUTYL ESTER see 2,4-D BUTYL ESTER
PARTEL see DITHIAZANINE IODIDE
PARTRON M see METHYL PARATHION
PARZATE LIQUID see NABAM
PARZATE see ZINEB
PARZATE ZINEB see ZINEB
PASCO see ZINC
PASSIVATION SOLUTION see NITRIC ACID
PATCLIN 948 SOLDER STRIPPER see HYDROGEN PEROXIDE
PATCLIN 958 see NITRIC ACID
PATENT ALUM see ALUMINUM SULFATE
PATENT ALUMINUM see ALUMINUM SULFATE
PATENT GREEN see CUPRIC ACETOARSENITE
PATHCLEAR see DIQUAT (85-00-7)
PATHCLEAR see PARAQUAT DICHLORIDE
PATTERSON'S HI-TEST BUTYL ESTER 2,4-D WEED KILLER see 2,4-D BUTYL ESTER
PAY-OFF see PEDIMETHALIN N-(1-ETHYLPROPYL)-3,4-DIMETHYL-2,6-DINTROBENZENAMINE
PAYZE see CYANAZINE
Pb-S 100 see LEAD
PB see PIPERONYL-ETHYL
PBI CROP SAVER see MALATHION
PBI SLUG GARD see METHIOCARB
3PBR see TRIS(2,3-DIBROMOPROPYL) PHOSPHATE
PBS DEVELOPER see ISOBUTYL ALCOHOL
PBS RINCE see ISOBUTYL ALCOHOL
PC-96 SOLVENT SOLUBLE RESIST see ISOBUTYL ALCOHOL
PCB-1016 see AROCLOR 1016
PCB-1221 see AROCLOR 1221
PCB-1232 see AROCLOR 1232
PCB-1242 see AROCLOR 1224
PCB-1248 see AROCLOR 1248
PCB-1254 see AROCLOR 1254
PCB-1260 see AROCLOR 1260
PCB see POYLCHLORINATED BIPHENYLS
PCBs see POYLCHLORINATED BIPHENYLS
PCC see TOXAPHENE
PChK see TOXAPHENE
PCHO see PARALDEHYDE
PCL see HEXACHLOROCYCLOPENTADIENE
PCM see PERCHLOROMETHYL MERCAPTAN
PCMC see p-CHLORO-m-CRESOL
PCNB see QUINTOZINE
PCP-SODIUM see SODIUM PENTACHLOROPHENATE
PCP see PENTACHLOROPHENOL
PCP SODIUM SALT see SODIUM PENTACHLOROPHENATE
PCPI see p-CHLOROPHENOL ISOCYANATE
PD-86 DEVELOPER see HYDROQUINONE
PD 5 see MEVINPHOS
p-PDAHCL see 1,4-PHENYLENEDIAMINE DIHYDROCHLORIDE
PDB see 1,4-DICHLOROBENZENE
PDD 60401 see DIFLUBENZURON
PEAR OIL see AMYL ACETATE
PEAR OIL see iso-AMYL ACETATE
PEB1 see DDT
PEBC see PEBULATE
PEDIAFLOR see SODIUM FLUORIDE
PEDIDENT see SODIUM FLUORIDE
PEDIGREE DOG SHAMPOO BAR see HEXACHLOROPHENE

PEDINEX (French) *see* 2-CYCLOHEXYL-4,6-DINITROPHENOL
PEDRACZAK *see* LINDANE
PEERAMINE FAST BROWN BRL *see* C.I. DIRECT BROWN 95
PEERMINE BLACK E *see* C.I. DIRECT BLACK 38
PEERMINE BLACK GXOO *see* C.I. DIRECT BLACK 38
PEGALAN *see* METHYL METHACRYLATE
PEI 75 *see* DIMETHOATE
PELAGOL BA *see* 2,4-DIAMINOSOLE, SULFATE
PELAGOL CD *see* 1,4-PHENYLENEDIAMINE DIHYDROCHLORIDE
PELAGOL D *see* p-PHENYLENEDIAMINE
PELAGOL DA *see* 2,4-DIAMINOSOLE
PELAGOL DR *see* p-PHENYLENEDIAMINE
PELAGOL GREY *see* 2,4-DIAMINOSOLE, SULFATE
PELAGOL GREY C *see* CATECHOL
PELAGOL GREY CD *see* 1,4-PHENYLENEDIAMINE DIHYDROCHLORIDE
PELAGOL GREY D *see* p-PHENYLENEDIAMINE
PELAGOL GREY J *see* 2,4-DIAMINOTOLUENE
PELAGOL GREY L *see* 2,4-DIAMINOSOLE
PELAGOL GREY RS *see* RESORCINOL
PELAGOL GREY SLA *see* 2,4-DIAMINOSOLE, SULFATE
PELAGOL J *see* 2,4-DIAMINOTOLUENE
PELAGOL L *see* 2,4-DIAMINOSOLE
PELAGOL RS *see* RESORCINOL
PELAGOL SLA *see* 2,4-DIAMINOSOLE, SULFATE
PELS *see* SODIUM HYDROXIDE
PELT *see* THIOPHANATE ETHYL
PELTOL D *see* p-PHENYLENEDIAMINE
PENATROL *see* ATRAZINE
PENBAR *see* PENTOBARBITOL SODIUM
PENCAL *see* CALCIUM ARSENATE
PENCHLOROL *see* PENTACHLOROPHENOL
PENDIMETHALINE *see* PEDIMETHALIN N-(1-ETHYLPROPYL)-3,4-DIMETH-YL-2,6-DINTROBENZENAMINE
PENITE *see* SODIUM ARSENITE
PENNAC *see* CARBAMODITHIOIC ACID, DIBUTYL-, SODIUM SALT
PENNAC CRA *see* ETHYLENE THIOUREA
PENNAC MBT POWDER *see* 2-MERCAPTOBENZOTHIAZOLE
PENNAC MS *see* BIS(DIMETHYLTHIOCARBAMOYL) SULFIDE
PENNAMINE D *see* 2,4-D
PENNAMINE *see* 2,4-D
PENNCAP E *see* PARATHION
PENNCAP M *see* METHYL PARATHION
PENNCAP MLS *see* METHYL PARATHION
PENNWHITE *see* SODIUM FLUORIDE
PENOXALIN *see* PEDIMETHALIN N-(1-ETHYLPROPYL)-3,4-DIMETHYL-2,6-DINTROBENZENAMINE
PENOXALINE *see* PEDIMETHALIN N-(1-ETHYLPROPYL)-3,4-DIMETHYL-2,6-DINTROBENZENAMINE
PENOXALINE *see* PEDIMETHALIN N-(1-ETHYLPROPYL)-3,4-DIMETHYL-2,6-DINTROBENZENAMINE
PENPHENE *see* TOXAPHENE
PENT-ACETATE *see* AMYL ACETATE
PENTA *see* PENTACHLOROPHENOL
PENTA AMYL ACETATE *see* AMYL ACETATE
PENTABARBITAL SODIUM *see* PENTOBARBITOL SODIUM
PENTABORANE (9) *see* PENTABORANE
PENTABORANE UNDECAHYDRIDE *see* PENTABORANE
PENTABORANO (Spanish) *see* PENTABORANE
(9)-PENTABORON NONAHYDRIDE *see* PENTABORANE
PENTABORON NONAHYDRIDE *see* PENTABORANE
PENTABORON UNDECAHYDRIDE *see* PENTABORANE
PENTABROMOPHENYL ETHER *see* DECABROMODIPHENYL OXIDE
PENTACARBONYLIRON *see* IRON PENTACARBONYL
PENTACHLOORETHAAN (Dutch) *see* PENTACHLOROETHANE

PENTACHLOORFENOL (Dutch) *see* PENTACHLOROPHENOL
PENTACHLORAETHAN (German) *see* PENTACHLOROETHANE
PENTACHLORETHANE (French) *see* PENTACHLOROETHANE
PENTACHLORIN *see* DDT
PENTACHLORNIRTOBENZOL (German) *see* QUINTOZINE
PENTACHLOROANTIMONY *see* ANTIMONY PENTACHLORIDE
PENTACHLOROFENOL *see* PENTACHLOROPHENOL
PENTACHLORONITROBENZENE *see* QUINTOZINE
PENTACHLOROPHENATE *see* PENTACHLOROPHENOL
PENTACHLOROPHENATE SODIUM *see* SODIUM PENTACHLOROPHENATE
PENTACHLOROPHENOL, DOWICIDE EC-7 *see* PENTACHLOROPHENOL
PENTACHLOROPHENOL, DP-2 *see* PENTACHLOROPHENOL
2,3,4,5,6-PENTACHLOROPHENOL *see* PENTACHLOROPHENOL
PENTACHLOROPHENOL, SODIUM SALT *see* SODIUM PENTACHLOROPHENATE
PENTACHLOROPHENOL, TECHNICAL *see* PENTACHLOROPHENOL
PENTACHLOROPHENOXY SODIUM *see* SODIUM PENTACHLOROPHENATE
PENTACHLOROPHENYL CHLORIDE *see* HEXACHLOROBENZENE
PENTACHLORPHENOL (German) *see* PENTACHLOROPHENOL
PENTACLOROETANO (Italian, Spanish) *see* PENTACHLOROETHANE
PENTACLOROFENATO SODICO (Spanish) *see* SODIUM PENTACHLOROPHENATE
PENTACLOROFENOL (Spanish) *see* PENTACHLOROPHENOL
PENTACLOROFENOLO (Italian) *see* PENTACHLOROPHENOL
PENTACLORURO de ANTIMONIO (Spanish) *see* ANTIMONY PENTACHLORIDE
PENTACLORURO de FOSFORO (Spanish) *see* PHOSPHORUS PENTACHLORIDE
PENTACON *see* PENTACHLOROPHENOL
1-PENTADECANAMINE *see* PENTADECYLAMINE
1-PENTADECYLAMINE *see* PENTADECYLAMINE
n-PENTADECYLAMINE *see* PENTADECYLAMINE
1,3-PENTADIENE-trans *see* 1,3-PENTADIENE
(E)-1,3-PENTADIENE *see* 1,3-PENTADIENE
trans-1,3-PENTADIENE *see* 1,3-PENTADIENE
1,3-PENTADIENO (Spanish) *see* 1,3-PENTADIENE
1,1,1,3,3-PENTAFLUORO-2,2-DICHLOROPROPANE *see* 2,2-DICHLORO-1,1,1,3,3-PENTAFLUOROPROPANE
PENTAFLUOROANTIMONY *see* ANTIMONY PENTAFLUORIDE
PENTAFLUOROMONOCHLOROETHANE *see* MONOCHLOROPENTAFLUOROETHANE
PENTAFLUORURO de ANTIMONIO (Spanish) *see* ANTIMONY PENTAFLUORIDE
PENTAGEN *see* QUINTOZINE
PENTA-KIL *see* PENTACHLOROPHENOL
PENTAL *see* PENTOBARBITOL SODIUM
PENTALIN *see* PENTACHLOROETHANE
PENTAMETHYLENEIMINE *see* PIPERIDINE
PENTAN (Polish) *see* PENTANE
tert-PENTANE (DOT) *see* 2,2-DIMETHYLPROPANE
PENTANE, 2,2,4-TRIMETHYL- *see* 2,2,4-TRIMETHYLPENTANE
n-PENTANE *see* PENTANE
PENTANEDINITRILE, 2-BROMO-2-(BROMOMETHYL)- *see* 1-BROMO-1-(BROMOMETHYL)-1,3-PROPANEDICARBONITRILE
PENTANEN (Dutch) *see* PENTANE
PENTANI (Italian) *see* PENTANE
n-PENTANO (Spanish) *see* PENTANE
1-PENTANOL ACETATE *see* AMYL ACETATE
2-PENTANOL ACETATE *see* sec-AMYL ACETATE
2-PENTANONE, 4-METHYL- *see* METHYL ISOBUTYL KETONE
PENTAPHENATE *see* SODIUM PENTACHLOROPHENATE
PENTASOL *see* PENTACHLOROPHENOL
PENTASULFURE de PHOSPHORE (French) *see* SULFUR PHOSPHIDE

PENTECH see DDT
n-PENTENE see 1-PENTENE
1-PENTENO (Spanish) see 1-PENTENE
PENTINE ACID 5431 see DODECYLBENZENESULFONIC ACID
PENTOBARBITONE see PENTOBARBITOL SODIUM
PENTOBARBITONE SODIUM see PENTOBARBITOL SODIUM
PENTONAL see PENTOBARBITOL SODIUM
PENTOXIDO de FOSFORO (Spanish) see PHOSPHORUS PENTOXIDE
PENTOXIDO de VANADILO (Spanish) see VANADIUM PENTOXIDE
PENTYL ACETATE see AMYL ACETATE
n-(3-PENTYL)-3,4- DIMETHYL-2,6-DINITROANILINE see PEDIMETHALIN N-(1-ETHYLPROPYL)-3,4-DIMETHYL-2,6-DINTROBENZENAMINE
1-PENTYL ACETATE see AMYL ACETATE
2-PENTYL ACETATE see sec-AMYL ACETATE
2-PENTYLACETATE see sec-AMYL ACETATE
n-PENTYL ACETATE see AMYL ACETATE
tert-PENTYL ACETATE see tert-AMYL ACETATE
PENTYL ESTER of ACETIC ACID see AMYL ACETATE
PENTYL see PENTOBARBITOL SODIUM
PENWAR see PENTACHLOROPHENOL
PEPERIDIN (German) see PIPERIDINE
PER see TETRACHLOROETHYLENE
PERATOX see PENTACHLOROPHENOL
PERAWIN see TETRACHLOROETHYLENE
PERBULATE see CARBAMOTHIOIC ACID, DIPROPYL-, S-PROPYL ESTER
PERC see TETRACHLOROETHYLENE
PERCHLOORETHYLEEN, PER (Dutch) see TETRACHLOROETHYLENE
PERCHLOR see TETRACHLOROETHYLENE
PERCHLORAETHYLEN, PER (German) see TETRACHLOROETHYLENE
PERCHLORETHYLENE, PER (French) see TETRACHLOROETHYLENE
PERCHLORETHYLENE see TETRACHLOROETHYLENE
PERCHLORIDE of MERCURY see MERCURIC CHLORIDE
PERCHLORMETHYLMERKAPTAN (Czech) see PERCHLOROMETHYL MERCAPTAN
PERCHLOROBENZENE see HEXACHLOROBENZENE
PERCHLOROBUTADIENE see HEXACHLORO-1,3-BUTADIENE
PERCHLORO-1,3-BUTADIENE see HEXACHLORO-1,3-BUTADIENE
PERCHLOROCYCLOPENTADIENE see HEXACHLOROCYCLOPENTADIENE
PERCHLOROETHANE see HEXACHLOROETHANE
PERCHLOROMETHANE see CARBON TETRACHLORIDE
PERCHLOROMETHANETHIOL see PERCHLOROMETHYL MERCAPTAN
PERCHLOROMETHYLMERCAPTAN see PERCHLOROMETHYL MERCAPTAN
PERCHLORON see CALCIUM HYPOCHLORITE
PERCHLORONAPHTHALENE see OCTACHLORONAPHTHALENE
PERCHLORURE d'ANTIMOINE (French) see ANTIMONY PENTACHLORIDE
PERCHLORURE de FER (French) see FERRIC CHLORIDE
PERCLENE see TETRACHLOROETHYLENE
PERCLOROETILENE (Italian) see TETRACHLOROETHYLENE
PERCLOROETILENO (Spanish) see TETRACHLOROETHYLENE
PERCLOROMETILMERCAPTANO (Spanish) see PERCHLOROMETHYL MERCAPTAN
PERCOBARB see PHENACETIN
PERCOLATE see PHOSMET
PERCOSOLVE see TETRACHLOROETHYLENE
PERCUTATRINE OESTROGENIQUE ISCOVESCO see DIETHYLSTILBESTROL
PEREGIN W see PERMETHRIN
PERFECTHION see DIMETHOATE
PERFEKTHION see DIMETHOATE
PERFEKTION see DIMETHOATE
PERFLAN see TEBUTHIURON
PERGANTENE see SODIUM FLUORIDE
PERGLOTTAL see NITROGLYCERIN

2-PERHYDROAZEPINONE see CAPROLACTUM
PERHYDROL see HYDROGEN PEROXIDE
PERIETHYLENENAPHTHALENE see ACENAPHTHENE
PERIGEN W see PERMETHRIN
PERITON YELLOW G see C.I. DISPERSE YELLOW 3
PERK see TETRACHLOROETHYLENE
PERKLONE see TETRACHLOROETHYLENE
PERL ALUM see ALUMINUM SULFATE
PERLEX PASTE see LEAD PHOSPHATE
PERLITON ORANGE 3R see 1-AMINO-2-METHYLANTHRAQUINONE
PERLYGEL see BENZOYL PEROXIDE
PERM-A-CHLOR see TRICHLOROETHYLENE
PERMACIDE see PENTACHLOROPHENOL
PERMAGARD see PENTACHLOROPHENOL
PERMA KLEER 50 ACID see ETHYLENEDIAMINE-TETRAACETIC ACID (EDTA)
PERMANGANATE de POTASSIUM (French) see POTASSIUM PERMANGANATE
PERMANGANATE of POTASH see POTASSIUM PERMANGANATE
PERMANGANATO POTASICO (Spanish) see POTASSIUM PERMANGANATE
PERMANGANIC ACID POTASSIUM SALT see POTASSIUM PERMANGANATE
PERMASAN see PENTACHLOROPHENOL
PERMASECT see PERMETHRIN
PERMASECT-25EC see PERMETHRIN
PERMATOX DP-2 see PENTACHLOROPHENOL
PERMATOX PENTA see PENTACHLOROPHENOL
PERMETHRIN, (±)- see PERMETHRIN
PERMETHRIN see ALDICARB
PERMETHRINE see PERMETHRIN
PERMETHRIN, RACEMIC see PERMETHRIN
PERMETHRINUM see PERMETHRIN
PERMETRIN (Hungarian) see PERMETHRIN
PERMETRINA (Portugese, Spanish) see PERMETHRIN
PERMITE see PENTACHLOROPHENOL
PERMITRENE see PERMETHRIN
PERNA see OCTACHLORONAPHTHALENE
PERONE see HYDROGEN PEROXIDE
PEROSIN see ZINEB
PEROSIN 75B see ZINEB
PEROSSIDO di IDROGENO (Italian) see HYDROGEN PEROXIDE
PEROXAN see HYDROGEN PEROXIDE
PEROXIDE, DIBENZOYL see BENZOYL PEROXIDE
PEROXIDE see HYDROGEN PEROXIDE
PEROXIDO de ARSENICO (Spanish) see ARSENIC PENTOXIDE
PEROXIDO de BENZOILO (Spanish) see BENZOYL PEROXIDE
PEROXIDO de HIDROGENO (Spanish) see HYDROGEN PEROXIDE
PEROXIDO de METIL ETIL CETONA (Spanish) see METHYL ETHYL KETONE PEROXIDE
PEROXOACETIC ACID see PERACETIC ACID
PEROXYDE d'HYDROGENE (French) see HYDROGEN PEROXIDE
PEROXYDE de BENZOYLE (French) see BENZOYL PEROXIDE
PEROZIN see ZINEB
PEROZINE see ZINEB
PERSA-GEL see BENZOYL PEROXIDE
PERSADOX see BENZOYL PEROXIDE
PERSADOX CREAM LOTION see BENZOYL PEROXIDE
PERSADOX HP CREAM LOTION see BENZOYL PEROXIDE
PERSEC see TETRACHLOROETHYLENE
PERSIA-PERAZOL see 1,4-DICHLOROBENZENE
PERTITE see PICRIC ACID
PERTONAL see PHENACETIN
PESTMASTER EDB-85 see 1,2-DIBROMOETHANE
PESTMASTER see 1,2-DIBROMOETHANE

PESTOX see DIPHOSPHORAMIDE, OCTAMETHYL-
PESTOX 3 see DIPHOSPHORAMIDE, OCTAMETHYL-
PESTOX 14 see DIMEFOX
PESTOX 101 see DIETHYL-p-NITROPHENYL PHOSPHATE
PESTOX III see DIPHOSPHORAMIDE, OCTAMETHYL-
PESTOX IV see DIMEFOX
PESTOX XIV see DIMEFOX
PESTOX PLUS see PARATHION
PETCAT R-9 see ANTIMONY TRIOXIDE
PETHION see PARATHION
PETROHOL see ISOPROPYL ALCOHOL
PETROL ORANGE Y see C.I. SOLVENT YELLOW 14
PETROL YELLOW WT see 4-DIMETHYLAMINOAZOBENZENE
PETZINOL see TRICHLOROETHYLENE
PF-3 see DIISOPROPYLFLUOROPHOSPHATE
PF ETCHANT see FERRIC CHLORIDE
PFC see ACETIC ACID
PFL-LITHIUM see LITHIUM CARBONATE
PFLANZOL see LINDANE
PH 60-40 see DIFLUBENZURON
PHALTAN see FOLPET
PHALTAN 75 see FOLPET
PHANANTIN see PHENYTOIN
PHANATINE see PHENYTOIN
PHARMATHRENE GOLDEN YELLOW GK see C.I. VAT YELLOW 4
PHC see PROPOXUR
PHENACET see PHENACETIN
p-PHENACET see PHENACETIN
para-PHENACETIN see PHENACETIN
PHENACETINE see PHENACETIN
PHENACETINUM see PHENACETIN
PHENACHLOR see 2,4,6-TRICHLOROPHENOL
PHENACHLOR see TRICHLOROPHENOL
PHENACIDE see TOXAPHENE
PHENACITIN see PHENACETIN
PHENACON see PHENACETIN
PHENACYL CHLORIDE see 2-CHLOROACETOPHENONE CHLOROALKYL ESTERS
PHENADOR-X see BIPHENYL
PHENAMINE BLACK BCN-CF see C.I. DIRECT BLACK 38
PHENAMINE BLACK CLPHENAMINE BLACK E 200 see C.I. DIRECT BLACK 38
PHENAMINE BLACK E see C.I. DIRECT BLACK 38
PHENAMINE BLACK EP see C.I. DIRECT BLACK 38
PHENAMIPHOS see FENAMIPHOS
PHENANTHREN (German) see PHENANTHRENE
PHENANTHRENE see PHENANTHRENE
PHENANTHRIN see PHENANTHRENE
PHENANTRIN see PHENANTHRENE
PHENAPHEN PLUS see PHENACETIN
PHENAPHEN see PHENACETIN
PHENATINE see PHENYTOIN
PHENATOINE see PHENYTOIN
PHENATOX see TOXAPHENE
PHENAZETIN see PHENACETIN
PHENAZETINA see PHENACETIN
PHENE see BENZENE
PHENEDINA see PHENACETIN
PHENEDRINE see AMPHETAMINE
PHENETHYLENE OXIDE see STYRENE OXIDE
PHENETHYLENE see STYRENE
p-PHENETIDINE, N-ACETYL- see PHENACETIN
PHENIC ACID see PHENOL
PHENIDIN see PHENACETIN

PHENIN see PHENACETIN
PHENITOIN see PHENYTOIN
PHENMAD see PHENYLMERCURY ACETATE
PHENO BLACK EP see C.I. DIRECT BLACK 38
PHENO BLACK SGN see C.I. DIRECT BLACK 38
PHENO BLUE 2B see C.I. DIRECT BLUE 6
PHENOCHLOR see POYLCHLORINATED BIPHENYLS
PHENOCLOR see POYLCHLORINATED BIPHENYLS
PHENODYNE see PHENACETIN
PHENOHEP see HEXACHLOROETHANE
PHENOL-2-tert-BUTYL-4,6-DINITRO- see DINOTERB
PHENOL, 2-sec-BUTYL-4,6-DINITRO- see DINITROBUTYL PHENOL
PHENOL, 2-sec-BUTYL-4,6-DINITRO- see DINITROBUTYL PHENOL
PHENOL, 2-CHLORO- see 2-CHLOROPHENOL
PHENOL, o-CHLORO- see 2-CHLOROPHENOL
PHENOL, 2-CHLORO see 2-CHLOROPHENOL
PHENOL, o-CHLORO see 2-CHLOROPHENOL
PHENOL, 2,4-DICHLORO- see 2,4-DICHLOROPHENOL
PHENOL, 4,4'-(1,2-DIETHYL-1,2-ETHENEDIYL)BIS-, (E)- see DIETHYLSTILBESTROL
PHENOL, 2,4-DIMETHYL- see 2,4-DIMETHYPHENOL
PHENOL, 2,6-DIMETHYL- see 2,6-DIMETHYLPHENOL
PHENOL, DIMETHYL- see XYLENOL
PHENOL, 3,5-DIMETHYL-4-(METHYLTHIO)-, METHYLCARBAMATE see METHIOCARB
PHENOL, 4-(DIMETHYLAMINO)-3,5- DIMETHYL-METHYLCARBAMATE (ESTER) see MEXACARBATE
PHENOL, 2-(1,1-DIMETHYLETHYL)4,6-DINITRO- see DINOTERB
PHENOL, α-DINITRO- see 2,4-DINITROPHENOL
PHENOL, 2,4-DINITRO- see 2,4-DINITROPHENOL
PHENOL, 2,5-DINITRO- see 2,5-DINITROPHENOL
PHENOL, 2,6-DINITRO- see 2,6-DINITROPHENOL
PHENOL, DINITRO- see DINITROPHENOL
PHENOL, HEXAHYDRO- see CYCLOHEXANOL
PHENOL, M-HYDROXY- see RESORCINOL
PHENOL, 4,4'-ISOPROPYLIDENEDI- see 4,4'-ISOPROPYLIDENEDIPHENOL
PHENOL, METHYL- (9CI) see CRESOL (MIXED ISOMERS)
PHENOL, METHYL- see CRESOL (MIXED ISOMERS)
PHENOL, 3-METHYL- see m-CRESOL
PHENOL, 2-METHYL-4,6-DINITRO- see 4,6-DINITRO-o-CRESOL
PHENOL, 3-METHYL-5-(1-METHYLETHYL)-, METHYLCARBAMATE see PROMECARB
PHENOL, 2-METHYL see o-CRESOL
PHENOL, 4-METHYL see p-CRESOL
PHENOL, 2,2'-METHYLENEBIS(3,4,6-TRICHLORO)- see HEXACHLOROPHENE
PHENOL, 2,2'-METHYLENEBIS(3,5,6-TRICHLORO)- see HEXACHLOROPHENE
PHENOL, 2,2'-METHYLENEBIS(4-CHLORO- see DICHLOROPHENE
PHENOL, 2-(1-METHYLETHOXY)-, METHYLCARBAMATE see PROPOXUR
PHENOL, 4,4'-(1-METHYLETHYLIDENE)BIS- see 4,4'-ISOPROPYLIDENEDIPHENOL
PHENOL, 2-(1-METHYLHEPTYL)-4,6-DINITRO-, CROTONATE (ESTER) see DINOCAP
PHENOL, 2-(1-METHYLPROPYL)-4,6-DINITRO- see DINITROBUTYL PHENOL
PHENOL, p-NITRO-, O-ESTER with O,O-DIMETHYL PHOSPHOROTHIOATE see METHYL PARATHION
PHENOL, 2-NITRO- see 2-NITROPHENOL
PHENOL, o-NITRO- see 2-NITROPHENOL
PHENOL, 3-NITRO- see m-NITROPHENOL
PHENOL, 4-NITRO- see p-NITROPHENOL
PHENOL, P-NITRO see p-NITROPHENOL
PHENOL, PENTACHLORO- see PENTACHLOROPHENOL

PHENOL, PENTACHLORO-, SODIUM SALT, MONOHYDRATE *see* SODIUM PENTACHLOROPHENATE
PHENOL, PENTACHLORO-, SODIUM SALT *see* SODIUM PENTACHLOROPHENATE
PHENOL, o-PHENYL-, SODIUM DERIV. *see* SODIUM O-PHENYLPHENOXIDE
1-PHENOL-4-SULFONIC ACID ZINC SALT *see* ZINC PHENOLSULFONATE
PHENOL, THIO- *see* BENZENETHIOL
PHENOL, 2,2′-THIOBIS(4-CHLORO-6-METHYL- (9CI)- *see* PHENOL, 2,2′-THIOBIS(4-CHLORO-6-METHYL-
PHENOL,4,4′-THIODI-, O,O-DIESTER with O,O-DIMETHYL PHOSPHOROTHIOATE *see* TEMEPHOS
PHENOL, 2,3,4-TRICHLORO- *see* 2,3,4-TRICHLOROPHENOL
PHENOL, 2,3,5-TRICHLORO- *see* 2,3,5-TRICHLOROPHENOL
PHENOL, 2,3,6-TRICHLORO- *see* 2,3,6-TRICHLOROPHENOL
PHENOL, 2,4,5-TRICHLORO- *see* 2,4,5-TRICHLOROPHENOL
PHENOL, 2,4,6-TRICHLORO- *see* 2,4,6-TRICHLOROPHENOL
PHENOL, 3,4,5-TRICHLORO- *see* 3,4,5-TRICHLOROPHENOL
PHENOL, TRICHLORO- *see* TRICHLOROPHENOL
PHENOL TRINITRATE *see* PICRIC ACID
PHENOL, 2,4,6-TRINITRO-, AMMONIUM SALT (9CI) *see* AMMONIUM PICRATE
PHENOL, 2,4,6-TRINITRO- *see* PICRIC ACID
PHENOLE (German) *see* PHENOL
PHENOMERCURY ACETATE *see* PHENYLMERCURY ACETATE
PHENOSTAT-C *see* TRIPHENYLTIN CHLORIDE
PHENOSTAT-H *see* TRIPHENYLTIN HYDROXIDE
PHENOTAN *see* DINITROBUTYL PHENOL
d-PHENOTHRIN *see* PHENOTHRIN
(+)-cis,trans-PHENOTHRIN *see* PHENOTHRIN
PHENOX *see* 2,4-D
PHENOXAKSINE OXIDE *see* PHENOXARSINE. 10,10′-OXYDI-
PHENOXALIN *see* PEDIMETHALIN N-(1-ETHYLPROPYL)-3,4-DIMETHYL-2,6-DINTROBENZENAMINE
(±)-3-PHENOXYBENZYL-3-(2,2-DICHLOROVINYL)-2,2-DIMETHYLCYCLOPROPANECARBOXYL ATE *see* PERMETHRIN
3-PHENOXYBENZYL(1RS)-(Z),(E)-2,2-DIMETHYL-3-(2-METHYLPROP-1-ENYL)CYCLOPROPA NECARBOXYLATE *see* PHENOTHRIN
3-PHENOXYBENZYL(1RS)-cis,trans-2,2-DIMETHYL-3-(2-METHYLPROP-1-ENYL)CYCLOPRO PANECARBOXYLATE *see* PHENOTHRIN
3-PHENOXYBENZYL (±)-3-(2,2-DICHLOROVINYL)-2,2 DIMETHYLCYCLOPROPANECARBOXYLATE *see* PERMETHRIN
m-PHENOXYBENZYL (±)-3-(2,2-DICHLOROVINYL)-2,2-DIMETHYLCYCLOPROPANECARBOXYLATE *see* PERMETHRIN
3-PHENOXYBENZYL (±)-cis,trans-CHRYSANTHEMATE *see* PHENOTHRIN
3-PHENOXYBENZYL (1RS)-(Z)-(E)-3-(2,2-DICHLOROVINYL)-2,2-DIMETHYLCYCLOPROPANECARBOXYLATE *see* PERMETHRIN
3-PHENOXYBENZYL (1RS)-cis-trans-3-(2,2-DICHLOROVINYL)-2,2-DIMETHYLCYCLOPROPANECARBOXYLATE *see* PERMETHRIN
3-PHENOXYBENZYL (1RS)-cis,trans-CHRYSANTHEMATE *see* PHENOTHRIN
3-PHENOXYBENZYL (1RS,3RS;1RS,3SR)-2,2-DIMETHYL-3-(2-METHYLPROP-1-ENYL)CYCLOPROPANECARBOXYLATE *see* PHENOTHRIN
3-PHENOXYBENZYL (1RS,3RS *see* PERMETHRIN
3-PHENOXYBENZYL 2-DIMETHYL-3-(METHYLPROPENYL)CYCLOPROPANECARBOXYLATE *see* PHENOTHRIN
3-PHENOXYBENZYL 2,2-DIMETHYL-3-(2,2-DICHLOROVINYL)CYCLOPROPANECARBOXYLATE *see* PERMETHRIN
m-PHENOXYBENZYL 2,2-DIMETHYL-3-(2-METHYLPROPENYL)CYCLOPROPANECARBOXYLATE *see* PHENOTHRIN
3-PHENOXYBENZYL 3-(2,2-DICHLOROVINYL)-2,2-DIMETHYLCYCLOPROPANECARBOXYLATE *see* PERMETHRIN
m-PHENOXYBENZYL 3-(2,2-DICHLOROVINYL)-2,2-DIMETHYLCYCLOPROPANECARBOXYLATE *see* PERMETHRIN
3-PHENOXYBENZYL cis,trans-CHRYSANTHEMATE *see* PHENOTHRIN

3-PHENOXYBENZYL DL-cis/trans-3-(2,2-DICHLOROVINYL)-2,2-DIMETHYL-1-CYCLOPROPANECARBOXYLATE *see* PERMETHRIN
3-PHENOXYBENZYLD-cis, trans-CHRYSANTHEMATE *see* PHENOTHRIN
3-PHENOXYBENZYLD-Z/E CHRYSANTHEMATE *see* PHENOTHRIN
PHENOXYLENE 50 *see* METHOXONE
PHENOXYLENE PLUS *see* METHOXONE
PHENOXYLENE *see* METHOXONE SODIUM SALT
PHENOXYLENE SUPER *see* METHOXONE
(2-(4-PHENOXY-PHENOXY)-ETHYL)CARBAMIC ACID ETHYL ESTER *see* FENOXYCARB
(2-(4-PHENOXYPHENOXY)ETHYL)CARBAMIC ACID ETHYL ESTER *see* FENOXYCARB
n-(2-(P-PHENOXYPHENOXY)ETHYL)CARBAMIC ACID *see* FENOXYCARB
2-(4-PHENOXYPHENOXY)ETHYLCARBAMIC ACID ETHYL ESTER *see* FENOXYCARB
(3-PHENOXYPHENYL)METHYL-3-(2,2-DICHLOROETHENYL)-2,2-DIMETHYLCYCLOPROPANECARBOXYLATE *see* PERMETHRIN
PHENOXY RESIN COMPONENT *see* EPICHLOROHYDRIN
PHENOXYTHRIN *see* PHENOTHRIN
PHENOZIN *see* ZINC PHENOLSULFONATE
PHENTERMINE *see* BENZENEETHANAMINE, α,α-DIMETHY-
PHENTHION *see* FENTHION
PHENTIN ACETATE *see* STANNANE, ACETOXYTRIPHENYL-
PHENTINOACETATE *see* STANNANE, ACETOXYTRIPHENYL-
PHENVALERATE *see* FENVALERATE
2-PHENYLACETONITRILE *see* BENZYL CYANIDE
PHENYLACETONITRILE *see* BENZYL CYANIDE
(PHENYL-1 ACETYL-2-ETHYL)-3-HYDROXY-4 COUMARINE (French) *see* WARFARIN
PHENYL ACETYL NIRTILE *see* BENZYL CYANIDE
3-(1′-PHENYL-2′-ACETYLETHYL)-4-HYDROXYCOUMARIN *see* WARFARIN
3-(α-PHENYL-β-ACETYLETHYL)-4-HYDROXYCOUMARIN *see* WARFARIN
1-PHENYLALANINE NITROGEN MUSTARD *see* MELPHALAN
PHENYLALANINE NITROGEN MUSTARD *see* MELPHALAN
PHENYL ALCOHOL *see* PHENOL
PHENYLAMINE *see* ANILINE
3-PHENYL-5-AMINO-1,2,4-TRIAZOYL-(1)-(N,N′-TETRAMETHYL)DIAMIDOPHOSPHONATE *see* TRIAMIPHOS
3-(((PHENYLAMINO)CARBONYL)OXY)PHENYL)CARBAMIC ACID ETHYL ESTER *see* DESMEDIPHAM
p-PHENYLAMINONITROSOBENZENE *see* p-NITROSODIPHENYLAMINE
d-1-PHENYL-2-AMINOPROPANE *see* AMPHETAMINE
4-PHENYLANILINE *see* 4-AMINOBIPHENYL
p-PHENYLANILINE *see* 4-AMINOBIPHENYL
n-PHENYLANILINE *see* DIPHENYLAMINE
PHENYLANILINE *see* DIPHENYLAMINE
PHENYL ARSENIC ACID *see* BENENEARSONIC ACID
PHENYLARSINEDICHLORIDE *see* DICHLOROPHENYLARSINE
PHENYLARSONIC ACID *see* BENENEARSONIC ACID
PHENYLARSONOUS DICHLORIDE *see* DICHLOROPHENYLARSINE
α-PHENYLAZO-β-NAPHTHOL *see* C.I. SOLVENT YELLOW 14
1-PHENYLAZO-β-NAPHTHOL *see* C.I. SOLVENT YELLOW 14
1-PHENYLAZO-2-HYDROXYNAPHTHALENE *see* C.I. SOLVENT YELLOW 14
1-(PHENYLAZO)-2-NAPHTHAIENOL *see* C.I. SOLVENT YELLOW 14
1-(PHENYLAZO)-2-NAPHTHOL *see* C.I. SOLVENT YELLOW 14
4-(PHENYLAZO)-N,N-DIMETHYLANILINE *see* 4-DIMETHYLAMINOAZOBENZENE
p-(PHENYLAZO)ANILINE *see* 4-AMINOAZOBENZENE
4-PHENYLAZO ANILINE *see* 4-AMINOAZOBENZENE
4-(PHENYLAZO)BENZENAMINE *see* 4-AMINOAZOBENZENE
n-PHENYLBENZENAMINE *see* DIPHENYLAMINE
PHENYLBENZENE *see* BIPHENYL
n-PHENYLBENZENEAMINE *see* DIPHENYLAMINE
2-PHENYL-tert-BUTYLAMINE *see* BENZENEETHANAMINE, α,α-DIMETHY-

PHENYLBUYYRIC ACID NITROGEN MUSTARD see CHLORAMBUCIL
n-PHENYLCARBAMATE d'ISOPROPYLE (French) see PROPHAM
PHENYL CARBAMIC ACID-1-METHYLETHYL ESTER see PROPHAM
PHENYLCARBOXYAMIDE see BENZAMIDE
PHENYL CARBOXYLIC ACID see BENZOIC ACID
PHENYL CHLORIDE see CHLOROBENZENE
PHENYLCHLOROFORM see BENZOIC TRICHLORIDE
PHENYL CHLOROFORM see BENZOIC TRICHLORIDE
PHENYL CHLOROMETHYL KETONE see 2-CHLOROACETOPHENONE CHLOROALKYL ESTERS
2-(2-PHENYL-2-(4-CHLOROPHENYL)ACETYL)-1,3-INDANDIONE see CHLOROPHACINONE
PHENYL CYANIDE see BENZONITRILE
PHENYLDICHLOROARSINE see DICHLOROPHENYLARSINE
1-PHENYL-3-(O,O-DIETHYL-THIONOPHOPHORYL)-1,2,4-TRIAZOLE see TRIAZOFOS
4,4′-O-PHENYLENEBIS(ETHYL 3-THIOALLOPHANATE) see THIOPHANATE ETHYL
PHENYLENE-1,4-DIISOTHIOCYANATE see BITOSCANTE
1,10-(o-PHENYLENE)PYRENE see INDENO(1,2,3-cd)PYRENE
1,10-(ortho-PHENYLENE)PYRENE see INDENO(1,2,3-cd)PYRENE
1,10-(1,2-PHENYLENE)PYRENE see INDENO(1,2,3-cd)PYRENE
PHENYLENE DIAMINE, para- see p-PHENYLENEDIAMINE
m-PHENYLENE DICHLORO see 1,3-DICHLOROBENZENE
m-PHENYLENE DIISOCYANATE see 1,3-PHENYLENE DIISOCYANATE
p-PHENYLENE DIISOCYANATE see 1,4-PHENYLENE DIISOCYANATE
m-PHENYLENE ISOCYANATE see 1,3-PHENYLENE DIISOCYANATE
p-PHENYLENE ISOCYANATE see 1,4-PHENYLENE DIISOCYANATE
PHENYLENE THIOCYANATE see BITOSCANTE
(1,2-PHENYLENEBIS(IMINOCARBONOTHIOYL))BISCARBAMIC ACID DIETHYL ESTER see THIOPHANATE ETHYL
2,2′-(1,3-PHENYLENEBIS(OXYMETHYLENE))BISOXIRANE see DIGLYCIDYL RESORCINOL ETHER
3-PHENYLENEDIAMINE see 1,3-PHENYLENEDIAMINE
m-PHENYLENEDIAMINE see 1,3-PHENYLENEDIAMINE
o-PHENYLENEDIAMINE see 1,2-PHENYLENEDIAMINE
PHENYLENEDIAMINE, meta- see 1,3-PHENYLENEDIAMINE
PHENYLENEDIAMINE, ortho- see 1,2-PHENYLENEDIAMINE
PHENYLENEDIAMINE, PARA see p-PHENYLENEDIAMINE
PHENYLENEDIAMINE, para- see p-PHENYLENEDIAMINE
1,4-PHENYLENEDIAMINE see p-PHENYLENEDIAMINE
m-PHENYLENEDIAMINE, 4-METHOXY- see 2,4-DIAMINOSOLE
o-PHENYLENEDIAMINE DIHYDROCHLORIDE see 1,2-PHENYLENEDIAMINE DIHYDROCHLORIDE
p-PHENYLENEDIAMINE, DIHYDROCHLORIDE see 1,4-PHENYLENEDIAMINE DIHYDROCHLORIDE
PHENYLENEDIAMINE DIHYDROCHLORIDE see 1,4-PHENYLENEDIAMINE DIHYDROCHLORIDE
p-PHENYLENEDIAMINE HCL see 1,4-PHENYLENEDIAMINE DIHYDROCHLORIDE
1,4-PHENYLENEDIAMINE HYDROCHLORIDE see 1,4-PHENYLENEDIAMINE DIHYDROCHLORIDE
p-PHENYLENEDIAMINE HYDROCHLORIDE see 1,4-PHENYLENEDIAMINE DIHYDROCHLORIDE
o-PHENYLENEDIOL see CATECHOL
2,3-PHENYLENEPYRENE see INDENO(1,2,3-cd)PYRENE
2,3-o-PHENYLENEPYRENE see INDENO(1,2,3-cd)PYRENE
o-PHENYLENEPYRENE see INDENO(1,2,3-cd)PYRENE
1-PHENYL-1,2-EPOXYETHANE see STYRENE OXIDE
PHENYLETHANE see ETHYLBENZENE
1-PHENYLETHANONE see ACETOPHENONE
PHENYLETHENE see STYRENE
PHENYLETHYLENE see STYRENE
PHENYLETHYLENE OXIDE see STYRENE OXIDE

PHENYLFORMIC ACID see BENZOIC ACID
PHENYL HYDRATE see PHENOL
PHENYLHYDRAZIN HYDROCHLORID (German) see PHENYLHYDRAZINE HYDROCHLORIDE
PHENYLHYDRAZINE MONOHYDROCHLORIDE see PHENYLHYDRAZINE HYDROCHLORIDE
PHENYLHYDRAZINIUM CHLORIDE see PHENYLHYDRAZINE HYDROCHLORIDE
PHENYL HYDRIDE see BENZENE
PHENYL HYDROXIDE see PHENOL
PHENYLIC ACID see PHENOL
PHENYLIC ALCOHOL see PHENOL
n-PHENYL ISOPROPYL CARBAMATE see PROPHAM
PHENYL MERCAPTAN (DOT) see BENZENETHIOL
PHENYLMERCURIC ACETATE see PHENYLMERCURY ACETATE
PHENYLMETHANE see TOLUENE
(5-(PHENYLMETHYL)-3-FURANYL) METHYL 2,2-DIMETHYL-3-(2-METHYL-1-PROPENYL)CYCLOPROPANECARBOXYLATE) see RESMETHRIN
(5-(PHENYLMETHYL)-3-FURANYL)METHYL 2,2-DIMETHYL-3-FURYLMETHYL-2,2-DIMETHYL-3-(2-METHYLPROPENYL) CYCLOPROPANECARBOXYLATE see RESMETHRIN
5-(PHENYLMETHYL)-3-FURANYL)METHYL 2,2-DIMETHYL-3-(2-METHYL-1-PROPENYL)CYCLOPROPANECARBOXYLATE see RESMETHRIN
(5-(PHENYLMETHYL)-3-FURANYL)METHYL ESTER see RESMETHRIN
PHENYL METHYL KETONE see ACETOPHENONE
PHENYLMETHYLDICHLOROSILANE see DICHLOROMETHYLPHENYLSILANE
PHENYLMURCURIACETATE see PHENYLMERCURY ACETATE
4-PHENYLNITROBENZENE see 4-NITROBIPHENYL
p-PHENYLNITROBENZENE see 4-NITROBIPHENYL
n-PHENYL-p-NITROSOANILINE see p-NITROSODIPHENYLAMINE
2-PHENYLOXIRANE see STYRENE OXIDE
PHENYLOXIRANE see STYRENE OXIDE
2-PHENYLPHENOL see 2-PHENYLPHENOL
o-PHENYLPHENOL see 2-PHENYLPHENOL
2-PHENYLPHENOL SODIUM SALT see SODIUM O-PHENYLPHENOXIDE
o-PHENYLPHENOL, SODIUM SALT see SODIUM O-PHENYLPHENOXIDE
PHENYLPHENOL, SODIUM SALT see SODIUM O-PHENYLPHENOXIDE
o-PHENYLPHENOL SODIUM see SODIUM O-PHENYLPHENOXIDE
PHENYLPHOSPHONOTHIOIC ACID-O-(4-BROMO-2,5-BROMO-2,5-DICHLOROPHENYL)O-METHYL ESTER see LEPTOPHOS
2-PHENYLPROPANE see CUMENE
PHENYLQUECKSILBERACETAT (German) see PHENYLMERCURY ACETATE
PHENYLSILICON TRICHLORIDE see TRICHLOROPHENYLSILANE
PHENYLTHIOCARBAMIDE see PHENYLTHIOUREA
PHENYLTHIOL see BENZENETHIOL
α-PHENYLTHIOUREA see PHENYLTHIOUREA
1-PHENYLTHIOUREA see PHENYLTHIOUREA
n-PHENYLTHIOUREA see PHENYLTHIOUREA
PHENYL-2-THIOUREA see PHENYLTHIOUREA
1-PHENYL-1,2,4-TRIAZOLYL-3-(O,O-DIETHYLTHIONOPHOSPHATE) see TRIAZOFOS
PHENYLTRICHLOROMETHANE see BENZOIC TRICHLORIDE
PHENYL TRICHLOROSILANE see TRICHLOROPHENYLSILANE
PHENYL-2,8,9-TRIOXA-5-AZA-1-SILABICYCLO(3,3,3)UNDECANE see PHENYLSILATRANE
PHIAQUIN see HYDROQUINONE
PHILIPS-DUPHAR PH 60-40 see DIFLUBENZURON
PHILLIPS 66 ISOPENTANE see ISOPENTANE
PHISODAN see HEXACHLOROPHENE
PHISOHEX see HEXACHLOROPHENE
PHIX see PHENYLMERCURY ACETATE
PHOMASAN see QUINTOZINE

PHORAT (German) *see* PHORATE
PHORATE-10G *see* PHORATE
PHORTOX *see* 2,4,5-T ACID
cis-PHOSDRIN *see* MEVINPHOS
PHOS-FLUR *see* SODIUM FLUORIDE
PHOSAZETIM *see* PHOSACETIM
PHOSCHLOR R50 *see* TRICHLORFON
PHOSCHLOR *see* TRICHLORFON
PHOSCON PE 60 *see* TRIS(2,3-DIBROMOPROPYL) PHOSPHATE
PHOSCON UF-S *see* TRIS(2,3-DIBROMOPROPYL) PHOSPHATE
PHOSDRIN *see* MEVINPHOS
PHOSETHOPROP *see* ETHOPROP
PHOSFENE *see* MEVINPHOS
PHOSGEN (German) *see* PHOSGENE
PHOSKIL *see* PARATHION
PHOSPHACOL *see* DIETHYL-p-NITROPHENYL PHOSPHATE
PHOSPHAMID *see* DIMETHOATE
PHOSPHAMIDE *see* DIMETHOATE
PHOSPHAMIDON *see* PHOSPHAMIDON
PHOSPHATE 100 *see* ENDOTHION
PHOSPHATE de DIMETHYLE et de(2-CHLORO-2-DIETHYLCARBAMOYL-1-METHYL-VINYLE) (French) *see* PHOSPHAMIDON
PHOSPHATE de DIMETHYLE ET DE 2-METHYLCARBAMOYL 1-METHYL VINYLE (French) *see* MONOCROPTOPHOS
PHOSPHATE de DIMETHYLE et de 2,2-DICHLOROVINYLE (French) *see* DICHLORVOS
PHOSPHATE de O,O-DIMETHLE et de O-PHOSPHORIC ACID, 1,2-DIBROMO-2,2-DICHLOROETHYL DIMETHYL ESTER *see* NALED
PHOSPHATE DE O,O-DIETHYLE ETDEO-2-CHLORO-1-(2,4-DICHLOROPHENYL) VINYLE (French) *see* CHLORFENVINFOS
PHOSPHATE, SODIUM HEXAMETA *see* SODIUM PHOSPHATE, TRIBASIC (10124-56-8)
PHOSPHATEDE DIMETHYLE et de 2-DIMETHYLCARBAMOYL 1-METHYL VINYLE (French) *see* DICROTOPHOS
PHOSPHENE *see* MEVINPHOS
PHOSPHITEISOBUTYLTRIMETHYLMETHANE *see* 2,2,4-TRIMETHYLPENTANE
PHOSPHONIC ACID, (2,2,2-TRICHLORO-1-HYDROXYETHYL)-, DIMETHYL ESTER *see* TRICHLORFON
PHOSPHONIC DIAMIDE, P-(5-AMINO-3-PHENYL-1H-1,2,4-TRIAZOL-1-YL)-N,N,N', N'-TETRAMETHYL- *see* TRIAMIPHOS
PHOSPHONIC DICHLORIDE *see* METHYL PHOSPHONIC DICHLORIDE
PHOSPHONOTHIOIC ACID, CHLORO-, O,O-DIMETHYL ESTER *see* DIMETHYL CHLOROTHIOPHOSPHATE
PHOSPHONODITHIOIC ACID, ETHYL-O-ETHYL, S-PHENYL ESTER *see* FONOFOS
PHOSPHONOTHIOIC ACID, PHENYL-,O-(4-BROMO-2,5-DICHLOROPHENYL)O-METHYL ESTER *see* LEPTOPHOS
PHOSPHONODITHIOIMIDOCARBONIC ACID, ACETIMIDOYL-, O,O-BIS(P-CHLOROPHENYL) ESTER *see* PHOSACETIM
PHOSPHONODITHIOIMIDOCARBONIC ACID, (1-IMINOETHYL)-O,O-BIS(P-CHLOROPHENYL) ESTER *see* PHOSACETIM
PHOSPHOPYRON *see* ENDOTHION
PHOSPHOPYRONE *see* ENDOTHION
PHOSPHORAMIDOTHIOIC ACID, ACETYL-, O,S-DIMETHYL ESTER *see* ACEPHATE
PHOSPHORAMIDOTHIOIC ACID, N-ACETYL-, O,S-DIMETHYL *see* ACEPHATE
PHOSPHORAMIDIC ACID,ISOPROPYL-, ETHYL 4-(METHYLTHIO)-M-TOLYL ETHYL ESTER *see* FENAMIPHOS
PHOSPHORAMIDOTH IOIC ACID, ISOPROPYL-, O-ETHYL O-(2-ISOPROPOXYCARBONYLPHENYL) ESTER *see* ISOFENPHOS
PHOSPHORAMIDIC ACID, (1-METHYLETHYL)-, ETHYL(3-METHYL-4-(METHYLTHIO)PHENYL)ESTER *see* FENAMIPHOS

PHOSPHORAMIDIC ACID, (1-METHYLETHYL)-, ETHYL-3-METHYL-4-(ME-THYLTHIO)PHENYL ESTER see FENAMIPHOS
PHOSPHORATED HYDROGEN see PHOSPHINE
PHOSPHORE BLANC (French) see PHOSPHORUS
PHOSPHORE (PENTACHLORURE de) (French) see PHOSPHORUS PENTA-CHLORIDE
PHOSPHORE (TRICHLORURE de) (French) see PHOSPHORUS TRICHLO-RIDE
PHOSPHORIC ACID, 2-CHLORO-1-(2,3,5-TRICHLOROPHENYL)ETHENYL DIMETHYL ESTER see TETRACHLORVINPHOS
PHOSPHORIC ACID, 2-CHLORO-1-(2,3,5-TRICHLOROPHENYL) ETHENYL DIMETHYL ESTER see TETRACHLORVINPHOS
PHOSPHORIC ACID, 2-CHLORO-1-(2,4-DICHLOROPHE-NYL)ETHENYLDIETHYL ESTER see CHLORFENVINFOS
PHOSPHORIC ACID, 2-CHLORO-1-(2,4,5-TRICHLOROPHENYL)VINYL DI-METHYL ESTER see TETRACHLORVINPHOS
PHOSPHORIC ACID, 2-CHLORO-1-(2,4,5-TRICHLOROPHENYL) ETHENYL DIMETHYL ESTER see TETRACHLORVINPHOS
PHOSPHORIC ACID, 2-CHLORO-3-(DIETHYLAMINO)-1-METHYL-3-OXO-1-PROPENYL DIMETHYL ESTER see PHOSPHAMIDON
PHOSPHORIC ACID, 2-DICHLOROETHENYL DIMETHYL ESTER see DI-CHLORVOS
PHOSPHORIC ACID, 2,2-DICHLOROETHENYL DIMETHYL ESTER see DI-CHLORVOS
PHOSPHORIC ACID, 2,2-DICHLOROVINYL DIMETHYL ESTER see DI-CHLORVOS
PHOSPHORIC ACID, DIETHYL 4-NITROPHENYL ESTER see DIETHYL-p-NITROPHENYL PHOSPHATE
PHOSPHORIC ACID, O,O-DIETHYL-O-6-METHYL-2-(1-METHYLETHYL)-4-PYRIMIDINYL ESTER see DIAZINON
PHOSPHORIC ACID, DIETHYL p-NITROPHENYL ESTER see DIETHYL-p-NITROPHENYL PHOSPHATE
PHOSPHORIC ACID, DIMETHYL ESTER, ESTER with cis-3-HYDROXY-N,N-DIMETHYLCROTONAMIDE see DICROTOPHOS
PHOSPHORIC ACID, DIMETHYL ESTER, ESTER with cis-3-HYDROXY-N-METHYLCROTONAMIDE see MONOCROPTOPHOS
PHOSPHORIC ACID, DIMETHYL ESTER, ESTER with (E)-3-HYDROXY-N,N-DIMETHYLCROTONAMIDE see DICROTOPHOS
PHOSPHORIC ACID, DIMETHYL ESTER, ESTER with METHYL 3-HYDROX-YCROTONATE see MEVINPHOS
PHOSPHORIC ACID, DIMETHYL ESTER, with 2-CHLORO-N,N-DIETHYL-3-HYDROXYCROTONAMIDE see PHOSPHAMIDON
PHOSPHORIC ACID, DIMETHYL p-(METHYLTHIO)PHENYL ESTER see PHOSPHORIC ACID, DIMETHYL 4-(METHYLTHIO)PHENYL ESTER
PHOSPHORIC ACID, 3-(DIMETHYLAMINO)-1-METHYL-3-OXO-1-PROPE-NYL DIMETHYL ESTER, (E)- see DICROTOPHOS
PHOSPHORIC ACID, DISODIUM SALT, DODECAHYDRATE see SODIUM PHOSPHATE, DIBASIC (10039-32-4)
PHOSPHORIC ACID, DISODIUM SALT see SODIUM PHOSPHATE, DIBASIC (7558-79-4)
PHOSPHORIC ACID HEXAMETHYLTRIAMIDE see HEXAMETHYLPHOS-PHORAMIDE
PHOSPHORIC ACID, LEAD(2+) SALT (2:3) see LEAD PHOSPHATE
PHOSPHORIC ACID, LEAD SALT see LEAD PHOSPHATE
PHOSPHORIC ACID, (1-METHOXYCARBOXYPROPEN-2-YL) DIMETHYL ESTER see MEVINPHOS
PHOSPHORIC ACID, TETRAETHYL ESTER see TEPP
PHOSPHORIC ACID TRIS(2,3-DIBROMOPROPYL)ESTER see TRIS(2,3-DI-BROMOPROPYL) PHOSPHATE
PHOSPHORIC ACID, TRISODIUM SALT, DECAHYDRATE see SODIUM PHOSPHATE, TRIBASIC (10361-89-4)
PHOSPHORIC ACID, TRISODIUM SALT, DODECAHYDRATE see SODIUM PHOSPHATE, TRIBASIC (10101-89-0)

PHOSPHORIC ACID, TRISODIUM SALT see SODIUM PHOSPHATE, TRIBASIC (7601-54-9)
PHOSPHORIC ANHYDRIDE see PHOSPHORUS PENTOXIDE
PHOSPHORIC CHLORIDE see PHOSPHORUS OXYCHLORIDE
PHOSPHORIC CHLORIDE see PHOSPHORUS PENTACHLORIDE
PHOSPHORIC HEXAMETHYLTRIAMIDE see HEXAMETHYLPHOSPHORAMIDE
PHOSPHORIC SULFIDE see SULFUR PHOSPHIDE
PHOSPHORIC TRIAMIDE, HEXAMETHYL- see HEXAMETHYLPHOSPHORAMIDE
PHOSPHORIC TRIS(DIMETHYLAMIDE) see HEXAMETHYLPHOSPHORAMIDE
PHOSPHOROAMIDIC ACID, 1,3-DITHIOLAN-2-YLIDENE-, DIETHYL ESTER see PHOSFOLAN
PHOSPHOROCHLORID OTHIOIC ACID, O,O-DIMETHYL ESTER see DIMETHYL CHLOROTHIOPHOSPHATE
PHOSPHORODIAMIDIC ACID, N,N-BIS(2-CHLOROETHYL)-N'-(3-HYDROXYPROPYL)-, INTRAMOL. ESTER see CYCLOPHOSPHAMIDE
PHOSPHORODITHIOATE see PHOSMET
PHOSPHORODITHIOIC ACID S-((tert-BUTYLTHIO)METHYL)-O,O-DIETHYL ESTER see TERBUFOS
PHOSPHORODITHIOIC ACID-S-(2-CHLORO-1-(1,3-DIHYDRO-1,3-DIOXO-2H-ISOINDOL-2-YL)ETHYL-O,O-DIETHYL ESTER see DIALIFOR
PHOSPHORODITHIOIC ACID-S-(2-CHLORO-1-PHTHALIMIDOETHYL)-O,O-DIETHYL ESTER see DIALIFOR
PHOSPHORODITHIOIC ACID, S-(CHLOROMETHYL) O,O-DIETHYL ESTER see CHLORMEPHOS
PHOSPHORODITHIOIC ACID, O,O-DIETHYL ESTER, S,S-DIESTER with METHANEDITHIOL see ETHION
PHOSPHORODITHIOIC ACID, O,O-DIETHYL ESTER, S,S-DIESTER with p-DIOXANE-2,3-DITHIOL see DIOXATHION
PHOSPHORODITHIOIC ACID, O,O-DIETHYL S-(2-((1-METHYLETHYL)AMINO)-2-OXOETHYL)ESTER see PROTHOATE
PHOSPHORODITHIONIC ACID, O,O-DIETHYL S-2-(ETHYLTHIO)ETHYL)ESTER see DISULFOTON
PHOSPHORODITHIOC ACID, O,O-DIETHYL S-METHYL ESTER see O,O-DIETHYL S-METHYL DITHIOPHOSPHATE
PHOSPHORODITHIOIC ACID O,O-DIETHYLESTERS-ESTER with N-ISOPROPYL-2-MERCAPTOACETAMIDE see PROTHOATE
PHOSPHOROTHIOIC ACID, O,O-DIETHYLO-(P-(METHYL SULFINYL)PHENYL ESTER see FENSULFOTHION
PHOSPHORODITHIOIC ACID, S-((1,3-DIHYDRO-1,3-DIOXO-ISOINDOL-2-YL)METHYL) O,O-DIMETHYL ESTER see PHOSMET
PHOSPHORODITHIOIC ACID, O,O-DIMETHYL ESTER, ESTER with 2-MERCAPTO-N-METHYLACETAMIDE see DIMETHOATE
PHOSPHORODITHIOIC ACID, O,O-DIMETHYL ESTER, S-ESTER with 2-MERCAPTO-N-METHYLACETAMIDE see DIMETHOATE
PHOSPHORODITHIOIC ACID, O,O-DIMETHYL ESTER, S-ESTER with N-(MERCAPTOMETHYL)PHTHALIMIDE see PHOSMET
PHOSPHORODITHIOIC ACID, O,O-DIMETHYL S-(2-(METHYLAMINO)-2-OXOETHYL) ESTER see DIMETHOATE
PHOSPHORODITHIOIC ACID S-(((1,1-DIMETHYLETHYL)THIO)METHYL)-O,O-DIETHYL ESTER see TERBUFOS
PHOSPHORODITHIOIC ACID, S,S'-1,4-DIOXANE-2,3-DIYL-O,O,O',O'-TETRAETHYL ESTER see DIOXATHION
PHOSPHORODITHIOIC ACID-S,S'-1,4-DIOXANE-2,3-DIYL, O,O,O',O'-TETRAETHYL ESTER see DIOXATHION
PHOSPHORODITHIOIC ACID-S-5'-1,4-DIOXANE-2,3-DIYL, O,O,O',O'-TETRAETHYL ESTER see DIOXATHION
PHOSPHORODITHIOIC ACID-S,S'-para-DIOXANE-2,3-DIYL, O,O,O',O'-TETRAETHYL ESTER see DIOXATHION
PHOSPHORODITHIOIC ACID, O-ETHYL O-(4-(METHYLTHIO)PHENYL) S-PROPYL ESTER see SULPROFOS

PHOSPHORODITHIOIC ACID, O-ETHYL S,S-DIPROPYL ESTER see ETHO-PROP

PHOSPHORODITHIOIC ACID O-ETHYL S,S-DIPROPYL ESTER see ETHO-PROP

PHOSPHORODITHIONIC ACID,S-(2-(ETHYLTHIO)ETHYL-O,O-DIETHYLESTER see DISULFOTON

PHOSPHOROFLUORIDIC ACID, DIISOPROPYL ESTER see DIISOPROPYLFLUOROPHOSPHATE

PHOSPHOROTHIOATE see ENDOTHION

PHOSPHOROTHIOATE, O,O-DIETHYL O-6-(2-ISOPROPYL-4-METHYLPYRIMIDYL see DIAZINON

PHOSPHOROTHIOATE see CHLORPYRIFOS

PHOSPHOROTHIOIC ACID see AMITON OXYLATE

PHOSPHOROTHIOIC ACID, O-(4-BROMO-2-CHLOROPHENYL)-O-ETHYL-S-PROPYL ESTER see PROFENOFOS

PHOSPHOROTHIOIC ACID, O-(3-CHLORO-4-METHYL-2-OXO-2H-1-BENZOPYRAN-7-YL) O,O-DIETHYL ESTER see COUMAPHOS

PHOSPHOROTHIOIC ACID, o-(4-CYANOPHENYL)-9,9-DIMETHYL ESTER see CYANOPHOS

PHOSPHOROTHIOIC ACID, o-(4-CYANOPHENYL)-O,O-DIMETHYL ESTER see CYANOPHOS

PHOSPHOROTHIOIC ACID, O,O-DIETHYL-O-(4-NITROPHENYL) ESTER see PARATHION

PHOSPHOROTHIOIC ACID, O,O-DIETHYL ESTER, O-ESTER with 3-CHLORO-7-HYDROXY-4-METHYLCOUMARIN see COUMAPHOS

PHOSPHOROTHIOIC ACID, O,O-DIETHYL O-(1-PHENYL-1H-1,2,4-TRIAZOL-3-YL) ESTER see TRIAZOFOS

PHOSPHOROTHIOIC ACID, O,O-DIETHYL O-(2-ISOPROPYL-6-METHYL-4-PYRIMIDINL) ESTER see DIAZINON

PHOSPHOROTHIOIC ACID, O,O-DIETHYL O-(3,5,6-TRICHLORO-2-PYRIDINYL)ESTER see CHLORPYRIFOS

PHOSPHOROTHIOIC ACID, O,O-DIETHYL O-(6-METHYL-2-(1-METHYLETHYL)-4-PYRIMIDINYL) ESTER see DIAZINON

PHOSPHOROTHIOIC ACID, O,O-DIETHYL O-(ISOPROPYLMETHYLPYRIMIDYL) ESTER see DIAZINON

PHOSPHOROTHIOIC ACID, O,O-DIETHYL O-(p-NITROPHENYL) ESTER see PARATHION

PHOSPHOROTHIOIC ACID,O,O-DIETHYL O-2-(ETHYLTHIO)ETHYL ESTER, mixed with O,O-DIETHYL S-2-(ETHYLTHIO)ETHYL PHOSPHOROTHIOATE see DEMETON

PHOSPHOROTHIOIC ACID,O,O-DIETHYL O-PYRAZINYL ESTER see ZINOPHOS

PHOSPHOROTHIOIC ACID, O-(2-(DIETHYLAMINO)-6-METHYL-4-PYRIMIDINYL) O,O-DIMETHYL ESTER see PRIMIPHOS METHYL

PHOSPHOROTHIOIC ACID, O-(2-(DIETHYLAMINO)-6-METHYL-4-PYRIMIDINYL) O,O-DIETHYL ESTER see PIRIMFOS-ETHYL

PHOSPHOROTHIOIC ACID, O,O-DIETHYLO- see (P-(METHYLSULFINYL)PHENYL)

PHOSPHOROTHIOIC ACID, O,O-DIMETHYL-S-(2-(METHYLTHIO)ETHYL) ESTER see PHOSPHOROTHIOIC ACID, O,O-DIMETHYL-5-(2-(METHYLTHIO)ETHYL)ESTER

PHOSPHOROTHIOIC ACID, O,O-DIMETHYL ESTER, o-ESTER with p-HYDROXYBENZONITRILE see CYANOPHOS

PHOSPHOROTHIOIC ACID, O,O-DIMETHYL ESTER, O-ESTER with P-HYDROXY-N,N-DIMETHYLBENZENESULFONAMIDE see FAMPHUR

PHOSPHOROTHIOIC ACID, O,O'-DIMETHYL ESTER, O,O-DIESTER with 4,4'-THIODIPHENOL see TEMEPHOS

PHOSPHOROTHIOIC ACID, O,O-DIMETHYL O-(3-METHYL-4-(METHYLTHIO)PHENYL) ESTER see FENTHION

PHOSPHOROTHIOIC ACID, O,O-DIMETHYL O-(3,5,6-TRICHLORO-2-PYRIDINYL) ESTER see CHLORPYRIFOS METHYL

PHOSPHOROTHIOIC ACID, O,O-DIMETHYL O-(4-(METHYLTHIO)-M-TOLYL) ESTER see FENTHION

PHOSPHOROTHIOIC ACID, O,O-DIMETHYL O-(4-NITROPHENYL) ESTER see METHYL PARATHION
PHOSPHOROTHIOIC ACID, O,O-DIMETHYL O-(p-NITROPHENYL) ESTER see METHYL PARATHION
PHOSPHOROTHIOIC ACID, O,O-DIMETHYL S-(2-(ETHYLSULFINYL)ETHYL) ESTER see OXYDEMETON METHYL
PHOSPHOROTHIOIC ACID, O-(4-((DIMETHYLAMINO)SULFONYL)PHENYL) O,O-DIMETHYL ESTER see FAMPHUR
PHOSPHOROTHIOIC ACID, O-ETHYL O-(4-(METHYLTHIO)PHENYL) S-PROPYL ESTER see SULPROFOS
PHOSPHOROTHIOIC ACID, S-(2-(ETHYLSULFINYL)ETHYL) O,O-DIMETHYL ESTER see OXYDEMETON METHYL
PHOSPHOROTHIOIC ACID, O,O'-(THIODI-4,1-PHENYLENE)-O,O,O',O'-TETRAMETHYL ESTER see TEMEPHOS
PHOSPHOROTHIOIC ACID, O,O'-(THIODI-p-PHENYLENE)-O,O,O',O'-TETRAMETHYL ESTER see TEMEPHOS
PHOSPHOROTREITHIOIC ACID, S,S,S-TRIBUTYL ESTER see S,S,S-TRIBUTYLTRITHIOPHOSPHATE
PHOSPHOROTRITHIOUS ACID, TRIBUTYL ESTER see MERPHOS
PHOSPHOROTRITHIOUS ACID, S,S,S-TRIBUTYL ESTER see MERPHOS
PHOSPHOROUS CHLORIDE see PHOSPHORUS TRICHLORIDE
PHOSPHOROUS HYDRIDE see PHOSPHINE
PHOSPHOROUS TRIHYDRIDE see PHOSPHINE
PHOSPHOROUS YELLOW see PHOSPHORUS
PHOSPHORPENTACHLORID (German) see PHOSPHORUS PENTACHLORIDE
PHOSPHORSAEURELOESUNGEN (German) see PHOSPHORIC ACID
PHOSPHORTRICHLORID (German) see PHOSPHORUS TRICHLORIDE
PHOSPHORUS-31 see PHOSPHORUS
PHOSPHORUS CHLORIDE OXIDE see PHOSPHORUS OXYCHLORIDE
PHOSPHORUS ELEMENTAL, WHITE see PHOSPHORUS
PHOSPHORUS OXIDE see PHOSPHORUS PENTOXIDE
PHOSPHORUS(5+) OXIDE see PHOSPHORUS PENTOXIDE
PHOSPHORUS(V) OXIDE see PHOSPHORUS PENTOXIDE
PHOSPHORUS OXYTRICHLORIDE see PHOSPHORUS OXYCHLORIDE
PHOSPHORUS PENTAOXIDE see PHOSPHORUS PENTOXIDE
PHOSPHORUS PENTASULFIDE see SULFUR PHOSPHIDE
PHOSPHORUS PERCHLORIDE see PHOSPHORUS PENTACHLORIDE
PHOSPHORUS PERSULFIDE see SULFUR PHOSPHIDE
PHOSPHORUS SULFIDE see SULFUR PHOSPHIDE
PHOSPHORWASSERSTOFF (German) see PHOSPHINE
PHOSPHORYL CHLORIDE see PHOSPHORUS OXYCHLORIDE
PHOSPHORYL HEXAMETHYLTRIAMIDE see HEXAMETHYLPHOSPHORAMIDE
PHOSPHOSTIGMINE see PARATHION
PHOSPHOTHION see MALATHION
PHOSPHOTOX E see ETHION
PHOSPHURE de ZINC (French) see ZINC PHOSPHIDE
PHOSPHURE d'ALUMIUM (French) see ALUMINUM PHOSPHIDE
PHOSTOXIN A see ALUMINUM PHOSPHIDE
PHOSTOXIN see ALUMINUM PHOSPHIDE
PHOSTOXIN see PHOSPHINE
PHOSVEL see LEPTOPHOS
PHOSVIN see ZINC PHOSPHIDE
PHOSVIT see DICHLORVOS
PHPH see BIPHENYL
PHSOSTOL SALICYLATE SALICYLIC ACID with PHYSOSTIGMINE (1:1) see PHYSOSTIGMINE, SALICYLATE (1:1)
PHTHALANDIONE see PHTHALIC ANHYDRIDE
1,3-PHTHALANDIONE see PHTHALIC ANHYDRIDE
PHTHALANHYDRIDE see PHTHALIC ANHYDRIDE
PHTHALIC ACID ANHYDRIDE see PHTHALIC ANHYDRIDE
PHTHALIC ACID, DIBUTYL ESTER see DIBUTYL PHTHALATE
PHTHALIC ACID, DIETHYL ESTER see DIETHYL PHTHALATE

PHTHALIC ACID, DIMET *see* DIMETHYL PHTHALATE
PHTHALIC ACID, DIOCTYL ESTER *see* DI-n-OCTYLPHTHALATE
PHTHALIC ACID DIOCTYL ESTER *see* DI(2-ETHYLHEXYL)PHTHALATE
PHTHALIC ACID, METHYL ESTER *see* DIMETHYL PHTHALATE
PHTHALIMIDE, N-((TRICHLOROMETHYL)THIO)- *see* FOLPET
PHTHALIMIDE *see* FOLPET
PHTHALIMIDE,N-(MERCAPTOMETHYL)-, *see* S-ESTER with O,O-DIMETHYL
PHTHALIMIDO O,O-DIMETHYL PHOSPHORODITHIOATE *see* PHOSMET
PHTHALIMIDOMETHYL O,O-DIMETHYL PHOSPHORODITHIOATE *see* PHOSMET
PHTHALOL *see* DIETHYL PHTHALATE
PHTHALOPHOS *see* PHOSMET
PHTHALSAEUREANHYDRID (German) *see* PHTHALIC ANHYDRIDE
PHTHALSAEUREDIAETHYLESTER (German) *see* DIETHYL PHTHALATE
α-(2,4,5-TRICHLOROPHENOXY)PROPIONIC ACID *see* 2,4,5-TP ESTERS
PHTHALSAEUREDIMETHYLESTER (German) *see* DIMETHYL PHTHALATE
PHTHALTAN *see* FOLPET
PHTHALTHRIN *see* TETRAMETHRIN
(±)-cis/trans-PHTHALTHRIN *see* TETRAMETHRIN
d-PHTHALTHRIN *see* TETRAMETHRIN
PHYGON *see* DICHLONE
PHYGON SEED PROTECTANT *see* DICHLONE
PHYGON XL *see* DICHLONE
PHYLAR *see* CACODYLIC ACID
PHYSOSTOL *see* PHYSOSTIGMINE
PHYTAR 138 *see* CACODYLIC ACID
PHYTAR 560 *see* CACODYLIC ACID
PHYTAR 560 *see* SODIUM CACODYLATE
PHYTAR 600 *see* CACODYLIC ACID
PHYTOSOL *see* TRICHLORONATE
PIC-CHLOR *see* CHLOROPICRIN
PICFUME *see* CHLOROPICRIN
PICKEL ALUM *see* ALUMINUM SULFATE
PICKET *see* PERMETHRIN
PICOLINE *see* 2-METHYLPYRIDINE
PICOLINE, ALPHA *see* 2-METHYLPYRIDINE
PICOLINE, alpha- *see* 2-METHYLPYRIDINE
2-PICOLINE *see* 2-METHYLPYRIDINE
α-PICOLINE *see* 2-METHYLPYRIDINE
o-PICOLINE *see* 2-METHYLPYRIDINE
PICOLINIC ACID, 4-AMINO-3,5,6-TRICHLORO- *see* PICLORAM
PICRAL *see* PICRIC ACID
PICRATO AMONICO (Spanish) *see* AMMONIUM SILICOFLUORIDE
PICRATOL *see* AMMONIUM PICRATE
PICRIC ACID, AMMONIUM SALT *see* AMMONIUM PICRATE
PICRIDE *see* CHLOROPICRIN
PICRONITRIC ACID *see* PICRIC ACID
PICROTIN, compounded with PICROTOXININ (1:1) *see* PICROTOXIN
PICROTOXINE *see* PICROTOXIN
PICTAROL *see* AMMONIUM PICRATE
PID *see* DIPHACIONE
PIECIOCHLOREK FOSFORU (Polish) *see* PHOSPHORUS PENTACHLORIDE
PIED PIPER STRICNINA (Italian) *see* STRYCHNINE
PIELIK E *see* 2,4-D SODIUM SALT
PIELIK *see* 2,4-D
PIGMENT PONCEAU R *see* C.I. FOOD RED 5
PIKRINEZUUR (Dutch) *see* PICRIC ACID
PIKRINSAEURE (German) *see* PICRIC ACID
PIKRYNOWY KWAS (Polish) *see* PICRIC ACID
PILLARDIN *see* MONOCROPTOPHOS
PILLARFURAN *see* CARBOFURAN
PILLARON *see* METHAMIDOPHOS
PILLARQUAT *see* PARAQUAT DICHLORIDE
PILLARXONE *see* PARAQUAT DICHLORIDE

PILLARZO see ALACHLOR
PILOT HD-90 see SODIUM DODECYLBENZENESULFONATE
PILOT see QUIZALOFOP-ETHYL
PILOT SF-40 see SODIUM DODECYLBENZENESULFONATE
PILOT SF-40B see SODIUM DODECYLBENZENESULFONATE
PILOT SF-40FG see SODIUM DODECYLBENZENESULFONATE
PILOT SF-60 see SODIUM DODECYLBENZENESULFONATE
PILOT SF-96 see SODIUM DODECYLBENZENESULFONATE
PILOT SP-60 see SODIUM DODECYLBENZENESULFONATE
PIMELIC KETONE see CYCLOHEXANONE
PIMELIN KETONE see CYCLOHEXANONE
PIN see EPN
PIOMBO TETRA-ETILE see TETRAETHYL LEAD
N-N-PIP see N-NITROSOPIPERIDINE
PIPERAZINE, 1,4-BIS(1-FORMAMIDO-2,2,2-TRICHLOROETHYL)- see TRIFORINE
N,N'-(1,4-PIPERAZINEDIYLBIS(2,2,2-TRICHLOROETHYLIDENE)) BISFORMAMIDE see TRIFORINE
N,N'-(PIPERAZINEDIYLBIS(2,2,2-TRICHLOROETHYLIDENE)) BIS(FORMAMIDE) see TRIFORINE
1,1'-PIPERAZINE-1,4-DIYLDI-(N-(2,2,2-TRICHLOROETHYL)FORMAMIDE) see TRIFORINE
N,N'-(PIPERAZINE-1,4-DIYL-BIS((TRICHLOROMETHYL)METHYLENE))DIFORMAMIDE see TRIFORINE
2,6-PIPERIDINEDIONE, 4-(2-3,5-DIMETHYL-2-OXOCYCLOHEXYL)-2-HYDROXYETHYL-, (IS)-(1α(S),3α,5β)- see CYCLOHEXIMIDE
PIPERIDINE, 1-NITROSO see N-NITROSOPIPERIDINE
PIPERONYL BUTOXYDE see PIPERONYL-ETHYL
PIPERYLENE-trans see 1,3-PENTADIENE
(E)-PIPERYLENE see 1,3-PENTADIENE
trans-PIPERYLENE see 1,3-PENTADIENE
PIRANHA ETCH see HYDROGEN PEROXIDE
PIRENO (Spanish) see PYRENE
PIRETRINA (Spanish) see PYRETHRINS (8003-34-7)
PIRETRINA I (Spanish) see PYRETHRINS (121-21-1)
PIRETRINA II (Spanish) see PYRETHRINS (121-29-9)
PIRIMIFOS METHYL see PRIMIPHOS METHYL
PIROFOS see SULFOTEP
PIRYDYNA (Polish) see PYRIDINE
PITTABS see CALCIUM HYPOCHLORITE
PITTCHLOR see CALCIUM HYPOCHLORITE
PITTCIDE see CALCIUM HYPOCHLORITE
PITTSBURGH PX-138 see DI(2-ETHYLHEXYL)PHTHALATE
PKhFN see SODIUM PENTACHLOROPHENATE
PKhNB see QUINTOZINE
PLACIDOL E see DIETHYL PHTHALATE
PLANELON DB 100 see DECABROMODIPHENYL OXIDE
PLANOTOX see 2,4-D
PLANT DITHIO AEROSOL see SULFOTEP
PLANTDRIN see MONOCROPTOPHOS
PLANT EXTRACT, CORN GROWN IN ATRIZINE-TREATED SOIL see ATRAZINE
PLANT PROTECTION PP511 see PRIMIPHOS METHYL
PLANTFUME 103 SMOKE GENERATOR see SULFOTEP
PLANTGARD see 2,4-D
PLANTIFOG 160M see MANEB
PLASTHALL DIOCTYL ADIPATE see BIS(2-ETHYLHEXYL)ADIPATE
PLASTHALL DOP see DI(2-ETHYLHEXYL)PHTHALATE
PLASTICIZER 28P see DI(2-ETHYLHEXYL)PHTHALATE
PLASTOMOLL DIOCTYL ADIPATE see BIS(2-ETHYLHEXYL)ADIPATE
PLASTORESIN ORANGE F 4A see C.I. SOLVENT YELLOW 14
PLATA (Spanish) see SILVER
PLATH-LYSE see DICHLOROPHENE

PLATINOL AH *see* DI(2-ETHYLHEXYL)PHTHALATE
PLATINOL DOP *see* DI(2-ETHYLHEXYL)PHTHALATE
PLENUR *see* LITHIUM CARBONATE
PLEOPARAPHENE *see* PARATHION
PLOMB FLUORURE (French) *see* LEAD FLUORIDE
PLOMO (Spanish) *see* LEAD
PLUMBANE, TETRAETHYL- *see* TETRAETHYL LEAD
PLUMBANE, TETRAMETHYL- *see* TETRAMETHYL LEAD
PLUMBOUS ACETATE *see* LEAD ACETATE
PLUMBOUS ARSENATE *see* LEAD ARSENATE (7645-25-2)
PLUMBOUS ARSENATE *see* LEAD ARSENATE (7784-40-9)
PLUMBOUS CHLORIDE *see* LEAD CHLORIDE
PLUMBOUS FLUORIDE *see* LEAD FLUORIDE
PLUMBOUS PHOSPHATE *see* LEAD PHOSPHATE
PLUMBOUS SULFIDE *see* LEAD SULFIDE
PLURACOL 245 *see* 4,4'-ISOPROPYLIDENEDIPHENOL
PLUSBAIT *see* WARFARIN
PLYAMUL 40305-00 *see* VINYL ACETATE
PMA *see* PHENYLMERCURY ACETATE
PMAC *see* PHENYLMERCURY ACETATE
PMACETATE *see* PHENYLMERCURY ACETATE
PMAL *see* PHENYLMERCURY ACETATE
PMAS *see* PHENYLMERCURY ACETATE
PMM *see* PERCHLOROMETHYL MERCAPTAN
PMP *see* PHOSMET
PNA *see* p-NITROANILINE
PNB *see* 4-NITROBIPHENYL
PNEUMAX MBT *see* 2-MERCAPTOBENZOTHIAZOLE
PNOT *see* 5-NITRO-o-TOLUENE
PNP *see* p-NITROPHENOL
PNT *see* p-NITROTOLUENE
POAST *see* SETHOXYDIM
PODA *see* 1,2-PHENYLENEDIAMINE
POINT TWO *see* SODIUM FLUORIDE
POL NU *see* PENTACHLOROPHENOL
POLAR RED RS *see* C.I. ACID RED 114
POLFOSCHLOR *see* TRICHLORFON
POLISIN *see* PROMETHRYN
POLIVAL *see* THIABENDAZOLE
POLYCARBACIN *see* METIRAM
POLYCARBACINE *see* METIRAM
POLYCARBAZIN *see* METIRAM
POLYCARBAZINE *see* METIRAM
POLYCHLORCAMPHENE *see* TOXAPHENE
POLYCHLORINATED BIPHENYL (AROCLOR 1016) *see* AROCLOR 1016
POLYCHLORINATED BIPHENYL (AROCLOR 1221) *see* AROCLOR 1221
POLYCHLORINATED BIPHENYL (AROCLOR 1232) *see* AROCLOR 1232
POLYCHLORINATED BIPHENYL (AROCLOR 1242) *see* AROCLOR 1224
POLYCHLORINATED BIPHENYL (AROCLOR 1248) *see* AROCLOR 1248
POLYCHLORINATED BIPHENYL (AROCLOR 1254) *see* AROCLOR 1254
POLYCHLORINATED BIPHENYL (AROCLOR 1260) *see* AROCLOR 1260
POLYCHLORINATED CAMPHENE *see* TOXAPHENE
POLYCHLOROBIPHENYL *see* POYLCHLORINATED BIPHENYLS
POLYCHLOROCAMPHENE *see* TOXAPHENE
POLYCIZER 162 *see* DI(2-ETHYLHEXYL)PHTHALATE
POLYCIZER 332 *see* BIS(2-ETHYLHEXYL)ADIPATE
POLYCIZER DBP *see* DIBUTYL PHTHALATE
POLYCLENE *see* 2,4-DP
POLYCYCLINE HYDROCHLORIDE *see* TETRACYCLINE HYDROCHLORIDE
POLY(DIPHENYLAMINE) *see* DIPHENYLAMINE
POLY ETCH 95% *see* ACETIC ACID
POLY ETCH 95% *see* HYDROGEN FLUORIDE
POLY ETCH 95% *see* NITRIC ACID

POLYFORMALDEHYDE see PARAFORMALDEHYDE
POLYGRAM Z see ZINEB
POLY I GAS see CHLORINE
cis-1,4-POLYISOPRENE RUBBER see ISOPRENE
POLYMARCIN see METIRAM
POLYMARSIN see METIRAM
POLYMARZIN see METIRAM
POLYMARCINE see METIRAM
POLYMARZINE see METIRAM
POLYMERIC MDI see POLYMERIC DIPHENYLMETHANE DIISOCYANATE
POLYMERIZED FORMALDEHYDE see PARAFORMALDEHYDE
POLY(METHYLENE PHENYLENE ISOCYANATE) see POLYMERIC DIPHENYLMETHANE DIISOCYANATE
POLYMETHYLENE POLY(PHENYL ISOCYANATE) see POLYMERIC DIPHENYLMETHANE DIISOCYANATE
POLYMETHYLENE POLYPHENYLENE ISOCYANATE see POLYMERIC DIPHENYLMETHANE DIISOCYANATE
POLYMETHYLENE POLYPHENYL POLYISOCYANATE see POLYMERIC DIPHENYLMETHANE DIISOCYANATE
POLYMETHYLENEPOLYPHENYLENE POLYISOCYANATE see POLYMERIC DIPHENYLMETHANE DIISOCYANATE
POLYMONE see 2,4-DP
POLYMETHYL POLYPHENYL POLYISOCYANATE see POLYMERIC DIPHENYLMETHANE DIISOCYANATE
POLY(OXY-1,2-ETHANEDIYL), α-(2-(BIS(2-AMINOETHYL)METHYLAMMONIO)ETHYL)-omega-HYDROXY-, N,N′-DICOCOACYL DERIVATIVES, METHYL SULFATES see CYFLUTHRIN
POLY(OXY(METHYL)-1,2-ETHANEDIYL),α-(2,4-DICHLOROPHENOXY)ACETYL-.omega.-BUTOXY- see 2,4-D ESTERS
POLYOXYMETHYLENE GLYCOLS see FORMALDEHYDE
POLYOXYMETHYLENE GLYCOL see PARAFORMALDEHYDE
POLYOXYMETHYLENE see PARAFORMALDEHYDE
POLY(PHENYLENEMETHYLENEISOCYANATE) see POLYMERIC DIPHENYLMETHANE DIISOCYANATE
POLYPHENYLPOLYMETHYLENE POLYISOCYANATE see POLYMERIC DIPHENYLMETHANE DIISOCYANATE
POLYPHENYLENE POLYMETHYLENE POLYISOCYANATE see POLYMERIC DIPHENYLMETHANE DIISOCYANATE
POLYPHOS see SODIUM PHOSPHATE, TRIBASIC (10124-56-8)
POLYRAM see METIRAM
POLYRAM M see MANEB
POLYRAM 80 see METIRAM
POLYRAM 80WP see METIRAM
POLYRAM COMBI see METIRAM
POLYRAM ULTRA see THIRAM
POLYRAM Z see ZINEB
POLY SILICON ETCH see AMMONIUM FLUORIDE
POLY SILICON ETCH see AMMONIUM HYDROXIDE
POLY-SOLV E see 2-ETHOXYETHANOL
POLY-SOLV EE see 2-ETHOXYETHANOL
POLY-SOLV EM see 2-METHOXYETHANOL
POLYTOX see 2,4-DP
POMARSOL see THIRAM
POMARSOL FORTE see THIRAM
POMARSOL Z FORTE see ZIRAM
POMASOL see THIRAM
POMELIC ACETONE see CYCLOHEXANONE
POMEX see CARBARYL
PONCEAU 2R EXTRA A EXPORT see C.I. FOOD RED 5
PONCEAU BNA see C.I. FOOD RED 5
PONCEAU G see C.I. FOOD RED 5
PONCEAU MX see C.I. FOOD RED 5
PONCEAU PXM see C.I. FOOD RED 5
PONCEAU R see C.I. FOOD RED 5

PONCEAU 2R see C.I. FOOD RED 5
PONCEAU RED R see C.I. FOOD RED 5
PONCEAU 2RL see C.I. FOOD RED 5
PONCEAU RR see C.I. FOOD RED 5
PONCEAU RR TYPE 8019 see C.I. FOOD RED 5
PONCEAU RS see C.I. FOOD RED 5
PONCEAU 2RX see C.I. FOOD RED 5
PONTACYL GREEN B see C.I. ACID GREEN 3
PONTACYL GREEN 2B see C.I. ACID GREEN 3
PONTAMINE BLACK E see C.I. DIRECT BLACK 38
PONTAMINE BLACK EBN see C.I. DIRECT BLACK 38
PONTAMINE BLUE 3B see TRYPAN BLUE
PONTAMINE BLUE BB see C.I. DIRECT BLUE 6
PONTAMINE BOND BLUE B see C.I. DIRECT BLUE 218
PONTAMINE DEVELOPER TN see 2,4-DIAMINOTOLUENE
PONTAMINE FAST BLUE 7 GLN see C.I. DIRECT BLUE 218
PONTAMINE FAST BROWN BRL see C.I. DIRECT BROWN 95
PONTAMINE FAST BROWN NP see C.I. DIRECT BROWN 95
PORAL see PARALDEHYDE
PORAMINAR see ALUMINUM OXIDE
POSSE see CARBOSULFAN
POST-KITE see MECOPROP
POTASSA see POTASSIUM HYDROXIDE
POTASSE CAUSTIQUE (French) see POTASSIUM HYDROXIDE
POTASSIO (IDROSSIDO di) (Italian) see POTASSIUM HYDROXIDE
POTASSIO (PERMANGANATO di) (Italian) see POTASSIUM PERMANGANATE
POTASSIUM ACID ARSENATE see POTASSIUM ARSENATE
POTASSIUM ANTIMONY TARTRATE see ANTIMONY POTASSIUM TARTRATE
POTASSIUM ANTIMONYL TARTRATE see ANTIMONY POTASSIUM TARTRATE
POTASSIUM ANTIMONYL-d-TARTRATE see ANTIMONY POTASSIUM TARTRATE
POTASSIUM ARSENATE, MONOBASIC see POTASSIUM ARSENATE
POTASSIUM CHROMATE(6+) see POTASSIUM CHROMATE
POTASSIUM CHROMATE(VI) see POTASSIUM CHROMATE
POTASSIUM DICHROMATE(4+) see POTASSIUM BICHROMATE
POTASSIUM DICHROMATE(VI) see POTASSIUM BICHROMATE
POTASSIUM DICHROMATE see POTASSIUM BICHROMATE
POTASSIUM DIHYDROGEN ARSENATE see POTASSIUM ARSENATE
POTASSIUM DIMETHYLCARBAMODITHIOATE see POTASSIUM DIMETHYLDITHIOCARBAMATE
POTASSIUM HYDRATE see POTASSIUM HYDROXIDE
POTASSIUM (HYDRIXYDE de) (French) see POTASSIUM HYDROXIDE
POTASSIUM HYDROGEN ARSENATE see POTASSIUM ARSENATE
POTASSIUM METAARSENITE see POTASSIUM ARSENITE
POTASSIUM METHYLDITHIOCARBAMATE see POTASSIUM N-METHYLDITHIOCARBAMATE
POTASSIUM (PERMANGANATE de) (French) see POTASSIUM PERMANGANATE
POUNCE see PERMETHRIN
POWDER GREEN see CUPRIC ACETOARSENITE
POWER CHLOROTHALONIL 50 see CHLOROTHALONIL
POWER PHOSPHINE PELLETS see ALUMINUM PHOSPHIDE
POWERDRIVE see VINCLOZOLIN
POX see PHOSPHORUS PENTOXIDE
PP 009 see FLUAZIFOP-BUTYL
PP148 see PARAQUAT DICHLORIDE
PP 211 see PIRIMFOS-ETHYL
PP511 see PRIMIPHOS METHYL
PP 557 see PERMETHRIN
PP 563 see CYHALOTHRIN
PPD 5932 DEVELOPER see AMMONIUM HYDROXIDE

PPD *see* p-PHENYLENEDIAMINE
PPM *see* PERCHLOROMETHYL MERCAPTAN
PPO21 *see* FOMESAFEN
PPTC *see* CARBAMOTHIOIC ACID, DIPROPYL-, S-PROPYL ESTER
PRACARBAMIN *see* URETHANE
PRACARBAMINE *see* URETHANE
PRAMEX *see* PERMETHRIN
PRE-SPUTTER CLEAN *see* AMMONIUM FLUORIDE
PRE-METAL ETCH *see* AMMONIUM FLUORIDE
PRE-METAL ETCH *see* AMMONIUM HYDROXIDE
PRE-EMPT *see* LINURON
PRE-SPUTTER ETCH *see* AMMONIUM FLUORIDE
PREEGLONE *see* DIQUAT (85-00-7)
PREFIX D *see* DICHLOBENIL
PREMALOX *see* PROPHAM
PREMAZINE *see* SIMAZINE
PREMERGE 3 *see* DINITROBUTYL PHENOL
PREMERGE *see* DINITROBUTYL PHENOL
PRENIMON *see* TRIAZIQUONE
PRENTOX *see* PIPERONYL-ETHYL
PREPARATION 125 *see* NITROFEN
PRESERV-O-SOTE *see* CREOSOTE
PRESERVIT *see* DAZOMET
PRESFERSUL *see* FERROUS SULFATE (7782-63-0)
PRESTOCHLOR *see* CALCIUM HYPOCHLORITE
PREVENTAL *see* DICHLOROPHENE
PREVENTOL *see* DICHLOROPHENE
PREVENTOL CMK *see* p-CHLORO-m-CRESOL
PREVENTOL GD *see* DICHLOROPHENE
PREVENTOL GDC *see* DICHLOROPHENE
PREVENTOL I *see* 2,4,5-TRICHLOROPHENOL
PREVENTOL O EXTRA *see* 2-PHENYLPHENOL
PREVENTOL-ON *see* SODIUM O-PHENYLPHENOXIDE
PREVENTOL ON EXTRA *see* SODIUM O-PHENYLPHENOXIDE
PREVENTOL ON & ON EXTRA *see* SODIUM O-PHENYLPHENOXIDE
PREVENTOL P *see* PENTACHLOROPHENOL
PRIADEL *see* LITHIUM CARBONATE
PRILTOX *see* PENTACHLOROPHENOL
PRIMARY AMYL ACETATE *see* AMYL ACETATE
PRIMATEL S *see* SIMAZINE
PRIMATENE MIST *see* EPINEPHRINE
PRIMATOL *see* ATRAZINE
PRIMATOL A *see* ATRAZINE
PRIMATOL AD 85 WP *see* AMITROLE
PRIMATOL Q *see* PROMETHRYN
PRIMATOL S *see* SIMAZINE
PRIMATOL Z 80 *see* AMETRYN
PRIMATROL SE 500 FW *see* AMITROLE
PRIMAZE *see* ATRAZINE
PRIMER 910-S *see* ISOBUTYL ALCOHOL
PRIMICID *see* PIRIMFOS-ETHYL
PRIMIFOSETHYL *see* PIRIMFOS-ETHYL
PRIMIN *see* ISOPROPYLMETHYLPYRAZOYL DIMETHYLCARBAMATE
PRIMINIL *see* PYRIMINIL
PRIMOTEC *see* PIRIMFOS-ETHYL
PRINCEP 80W *see* SIMAZINE
PRINDINA (Italian) *see* PYRIDINE
PRINICID *see* PIRIMFOS-ETHYL
PRIODERM *see* MALATHION
PRIST *see* 2-METHOXYETHANOL
PRO-PORTION *see* SODIUM FLUORIDE
PRO 330 CLEAR THIN SPREAD *see* AMMONIA
PRO *see* ISOPROPYL ALCOHOL
PROBE *see* METHAZOLE

PROCESSOR FIXER CONCENTRATE see ACETIC ACID
PROCONAZOLE see PROPICONAZOLE
PROCYTOX see CYCLOPHOSPHAMIDE
PRODALUMNOL see SODIUM ARSENITE
PRODARAM see ZIRAM
PROFALON see LINURON
PROFAM see PROPHAM
PROFAMINA see AMPHETAMINE
PROFUME A see CHLOROPICRIN
PROKARBOL see 4,6-DINITRO-o-CRESOL
PROLATE see PHOSMET
PROMAR see DIPHACIONE
PROMETHRYN see PROMETHRYN
PROMETRENE see PROMETHRYN
PROMETREX see PROMETHRYN
PROMETRIN see PROMETHRYN
PROMETRYNE (USDA) see PROMETHRYN
PROP-2-EN-1-AL see ACROLEIN
PROP-2-YN-1-OL see PROPARGYL ALCOHOL
PROPACHLORE see PROPACHLOR
PROPACLORO (Spanish) see PROPACHLOR
PROPADIENE see 1,2-PROPADIENE
PROPADIENO (Spanish) see 1,2-PROPADIENE
PROPAL see MECOPROP
PROPALDEHYDE see PROPIONALDEHYDE
PROPAN-2-OL see ISOPROPYL ALCOHOL
n-PROPAN-2-OL see ISOPROPYL ALCOHOL
PROPANAL see PROPIONALDEHYDE
1-PROPANAL see PROPIONALDEHYDE
n-PROPANAL see PROPIONALDEHYDE
PROPANAL, 2-METHYL- see ISOBUTYRALDEHYDE
PROPANAL,2-METHYL-2-(METHYTHIO)-, O- ((METHYLAMI-NO)CARBONYL)OXIME see ALDICARB
PROPANALDEHYDE see PROPIONALDEHYDE
PROPANAMIDE, N-(3,4-DICHLOROPHENYL)- see PROPANIL
PROPANAMINE see n-PROPYLAMINE
2-PROPANAMINE see ISOPROPYLAMINE
1-PROPANAMINE, 2-METHYL- see iso-BUTYLAMINE
1-PROPANAMINE, N-NITROSO-N-PROPYL- see N-NITROSODI-N-PROPYL-AMINE
PROPANEACID see ACRYLIC ACID
1-PROPANECARBOXYLIC ACID see BUTYRIC ACID
PROPANE-2-CARBOXYLIC ACID see iso-BUTYRIC ACID
PROPANE, 2-CHLORO- see ISOPROPYL CHLORIDE
PROPANE, 1-CHLORO-2,3-EPOXY- see EPICHLOROHYDRIN
PROPANE, 3-CHLORO-1,1,1-TRIFLUORO- see 3-CHLORO-1,1,1-TRIFLUORO-PROPANE
2-PROPANE CYANOHYDRIN see 2-METHYLLACTONITRILE
PROPANE, 1,2-DIBROMO-3-CHLORO- see 1,2-DIBROMO-3-CHLOROPROPANE
PROPANE, 1,1-DICHLORO- see 1,1-DICHLOROPROPANE
PROPANE, 1,2-DICHLORO- see 1,2-DICHLOROPROPANE
PROPANE, DICHLORO- see DICHLOROPROPANE
PROPANE, 2,3-DICHLORO-1,1,1,2,3-PENTAFLUORO- see 2,3-DICHLORO-1,1,1,2,3-PENTAFLUOROPROPANE
PROPANE, 2,2-DICHLORO-1,1,1,3,3-PENTAFLUORO- see 2,2-DICHLORO-1,1,1,3,3-PENTAFLUOROPROPANE
PROPANE, 1,3-DICHLORO-1,1,2,2,3-PENTAFLUORO- see 1,3-DICHLORO-1,1,2,2,3-PENTAFLUOROPROPANE
PROPANE, 1,2-DICHLORO-1,1,2,3,3-PENTAFLUORO- see 1,2-DICHLORO-1,1,2,3,3-PENTAFLUOROPROPANE
PROPANE, 1,3-DICHLORO-1,1,2,3,3-PENTAFLUORO- see 1,3-DICHLORO-1,1,2,3,3-PENTAFLUOROPROPANE

PROPANE, 1,1-DICHLORO-1,2,2,3,3-PENTAFLUORO- *see* 1,1-DICHLORO-1,2,2,3,3-PENTAFLUOROPROPANE
PROPANE, 1,1-DICHLORO-1,2,3,3,3-PENTAFLUORO- *see* 1,1-DICHLORO-1,2,3,3,3-PENTAFLUOROPROPANE
PROPANE, DICHLOROPENTAFLUORO- *see* DICHLOROPENTAFLUOROPROPANE
PROPANE, 2,2-DIMETHYL- *see* 2,2-DIMETHYLPROPANE
PROPANEDINITRILE *see* MALONONITRILE
PROPANEDINITRITE *see* MALONONITRILE
PROPANEDIOIC ACID, DITHALLIUM SALT *see* THALLOUS MALONATE
1,3-PROPANEDIOL, 2-BROMO-2-NITRO- *see* 2-BROMO-2-NITROPROPANE-1,3-DIOL
PROPANE, 1,2-EPOXY- *see* PROPYLENE OXIDE
PROPANE, 2-METHYL *see* ISOBUTANE
PROPANE, 2-METHOXY-2-METHYL- *see* METHYL tert-BUTYL ETHER
PROPANENITRILE *see* PROPIONITRILE
PROPANENITRILE, 3-CHLORO- *see* 3-CHLOROPROPIONITRILE
PROPANENITRILE, 2-((4-CHLORO-6-(ETHYLAMINO)-s-TRIAZIN-2-YL)AMINO)-2-METHYL- *see* CYANAZINE
PROPANENITRILE, 2-((4-CHLORO-6-(ETHYLAMINO)-1,3,5-TRIAZIN-2-YL)AMINO)-2-METHYL- *see* CYANAZINE
PROPANENITRILE,2-HYDROXY-2-METHYL- *see* 2-METHYLLACTONITRILE
PROPANENITRILE, 2-METHYL- *see* ISOBUTYRONITRILE
PROPANE, 2-NITRO *see* 2-NITROPROPANE
PROPANE, 2,2′-OXYBIS(1-CHLORO-) *see* BIS(2-CHLORO-1-METHYL-ETHYL)ETHER
PROPANE,2,2′-OXYBIS(1-CHLORO)- *see* BIS(2-CHLORO-1-METHYL-ETHYL)ETHER
1-PROPANESULFONIC ACID, 3-HYDROXY-γ-SULFONE *see* 1,3-PROPANE SULTONE
1-PROPANESULFONIC ACID-3-HYDROXY-γ-SULTONE *see* 1,3-PROPANE SULTONE
γ-PROPANE SULTONE *see* 1,3-PROPANE SULTONE
1,3-PROPANE SULTONE *see* 1,3-PROPANE SULTONE
PROPANESULTONE *see* 1,3-PROPANE SULTONE
1,2,3-PROPANE TRICARBOXYLIC ACID, 2-HYDROXY-, AMMONIUM SALT *see* AMMONIUM CITRATE, DIBASIC
PROPANE, 1,2,3-TRICHLORO- *see* 1,2,3-TRICHLOROPROPANE
1,2,3-PROPANETRIYL NITRATE *see* NITROGLYCERIN
1,2,3-PROPANETROL, TRINITRATE *see* NITROGLYCERIN
PROPANIDE *see* PROPANIL
PROPANO (Spanish) *see* PROPANE
PROPANOIC ACID *see* PROPIONIC ACID
PROPANOIC ACID, 2-(4-CHLORO-2-METHYLPHENOXY)- *see* MECOPROP
PROPANOIC ACID, 2-(4-((6-CHLORO-2-QUINOXALINYL)OXY)PHENOXY)-, ETHYL ESTER *see* QUIZALOFOP-ETHYL
PROPANOIC ACID, 2-(2,4-DICHLOROPHENOXY)- *see* 2,4-DP
PROPANOIC ACID, 3-HYDROXY-, β-LACTONE *see* beta-PROPIOLACTONE
PROPANOIC ACID, 2-(4-((5-(TRIFLUOROMETHYL)-2-PYRIDI-NYL)OXY)PHENOXY)-,BUTYL ESTER *see* FLUAZIFOP-BUTYL
PROPANOIC ANHYDRIDE *see* PROPIONIC ANHYDRIDE
PROPANOLIDE *see* beta-PROPIOLACTONE
i-PROPANOL *see* ISOPROPYL ALCOHOL
2-PROPANOL *see* ISOPROPYL ALCOHOL
3-PROPANOLIDE *see* beta-PROPIOLACTONE
1-PROPANOL, 2-METHYL- *see* ISOBUTYL ALCOHOL
2-PROPANOL, 2-METHYL- *see* tert-BUTYL ALCOHOL
1-PROPANOL, 2,3-DIBROMO-, PHOSPHATE (3:1) *see* TRIS(2,3-DIBROMO-PROPYL) PHOSPHATE
PROPANONE *see* ACETONE
1-PROPANONE *see* PROPIONALDEHYDE
2-PROPANONE *see* ACETONE
PROPARGIL *see* PROPARGITE
PROPARGITA (Spanish) *see* PROPARGITE

PROPELLANT 11 see TRICHLOROFLUOROMETHANE
PROPELLANT 12 see DICHLORODIFLUOROMETHANE
PROPELLANT 13 see CHLOROTRIFLUOROMETHANE
PROPELLANT 22 see CHLORODIFLUOROMETHANE
PROPELLANT 114 see DICHLOROTETRAFLUOROETHANE
PROPELLENT 115 see MONOCHLOROPENTAFLUOROETHANE
PROPELLANT 124a see 1-CHLORO-1,1,2,2-TETRAFLUOROETHANE
PROPELLANT 142b see 1-CHLORO-1,1-DIFLUOROETHANE
PROPENAL see ACROLEIN
2-PROPENAL see ACROLEIN
PROPENAMIDE see ACRYLAMIDE
2-PROPENAMIDE, N-(HYDROXYMETHYL)- see N-METHYLOLACRYLAMIDE
2-PROPENAMIDE see ACRYLAMIDE
2-PROPENAMINE see ALLYLAMINE
2-PROPEN-1-AMINE see ALLYLAMINE
PROPENE see PROPYLENE
1-PROPENE see PROPYLENE
1-PROPENE, 1-CHLORO- see 1-CHLOROPROPYLENE
1-PROPENE, 2-CHLORO- see 2-CHLOROPROPYLENE
1-PROPENE, 3-CHLORO-2-METHYL- see 3-CHLORO-2-METHYL-1-PROPENE
PROPENE, 3-CHLORO-2-METHYL- see 3-CHLORO-2-METHYL-1-PROPENE
1-PROPENE, 3-CHLORO see ALLYL CHLORIDE
3-PROPENE, 3-CHLORO see ALLYL CHLORIDE
1-PROPENE, 1,3-DICHLORO-, (E)- see trans-1,3-DICHLOROPROPENE
PROPENE, 1,3-DICHLORO-, (E)- see trans-1,3-DICHLOROPROPENE
1-PROPENE, 1,3-DICHLORO- see 1,3-DICHLOROPROPYLENE
PROPENE, 1,3-DICHLORO- see 1,3-DICHLOROPROPYLENE
1-PROPENE, 2,3-DICHLORO- see 2,3-DICHLOROPRENE
1-PROPENE, DICHLORO- see DICHLOROPROPENE
1-PROPENE, 1,3-DICHLORO mixed with 1,2-DICHLOROPRPANE see DICHLOROPROPANE-DICHLOROPROPENE MIXTURE
PROPENE, 2,3-DICHLORO see 2,3-DICHLOROPRENE
1-PROPENE, 1,1,2,3,3-HEXACHLORO- see HEXACHLOROPROPENE
1-PROPENE, 2-METHYL see 2-METHYLPROPENE
PROPENENITRILE see ACRYLONITRILE
2-PROPENENITRILE see ACRYLONITRILE
2-PROPENENITRILE, 2-METHYL- see METHACRYLONITRILE
PROPENE OXIDE see PROPYLENE OXIDE
2-PROPENE-1-THIOL, 2,3-DICHLORO-,DIISOPROPYLCARBAMATE see DIALLATE
2-PROPENE-1-THIOL, 2,3,3-TRICHLORO-, DIISOPROPYLCARBAMATE see TRIALLATE
2-PROPENITRILE see ACRYLONITRILE
PROPENONITRILO (Spanish) see ACRYLONITRILE
PROPENOIC ACID see ACRYLIC ACID
2-PROPENOIC ACID see ACRYLIC ACID
2-PROPENOIC ACID, BUTYL ESTER see BUTYL ACRYLATE
2-PROPENOIC ACID, ETHYL ESTER see ETHYL ACRYLATE
PROPENOIC ACID METHYL ESTER see METHYL ACRYLATE
2-PROPENOIC ACID, 1-METHYL-, ETHYL ESTER see ETHYL METHACRYLATE
2-PROPENOIC ACID, METHYL ESTER see METHYL ACRYLATE
2-PROPENOIC ACID, 2-METHYL-, METHYL ESTER see METHYL METHACRYLATE
2-PROPENOL see ALLYL ALCOHOL
PROPEN-1-OL-3 see ALLYL ALCOHOL
PROPENOL see ALLYL ALCOHOL
1-PROPEN-3-OL see ALLYL ALCOHOL
2-PROPEN-1-OL see ALLYL ALCOHOL
2-PROPEN-1-ONE see ACROLEIN
2-PROPENOYL CHLORIDE see ACRYLYL CHLORIDE
PROPENYL ALCOHOL see ALLYL ALCOHOL
2-PROPENYL ALCOHOL see ALLYL ALCOHOL

2-PROPENYLAMINE *see* ALLYLAMINE
5-(1-PROPENYL)-1,3-BENZODIOXOLE *see* ISOSAFROLE
5-(2-PROPENYL)-1,3-BENZODIOXOLE *see* SAFROLE
PROPENYL CHLORIDE *see* 1-CHLOROPROPYLENE
2-PROPENYL CHLORIDE *see* 2-CHLOROPROPYLENE
3-PROPENYL CHLORIDE *see* ALLYL CHLORIDE
PROPHAM *see* PROPHAM
PROPICONAZOL *see* PROPICONAZOLE
n-PROPILAMINA (Spanish) *see* n-PROPYLAMINE
3-PROPIOLACTONE *see* beta-PROPIOLACTONE
1,3-PROPIOLACTONE *see* beta-PROPIOLACTONE
β-PROPIONOLACTONE *see* beta-PROPIOLACTONE
PROPILENIMINA (Spanish) *see* PROPYLENEIMINE
PROPILENO (Spanish) *see* PROPYLENE
PROPINE *see* 1-PROPYNE
PROPIOLACTONE *see* beta-PROPIOLACTONE
PROPIOLIC ALCOHOL *see* PROPARGYL ALCOHOL
PROPIONAL *see* PROPIONALDEHYDE
PROPIONALDEHYDE,2-METHYL-2-(METHYLTHIO)-,O-(METHYLCARBA-
    MOYL)OXIME *see* ALDICARB
PROPIONANILIDE, 3′,4′-DICHLORO- *see* PROPANIL
PROPIONIC ACID ANHYDRIDE *see* PROPIONIC ANHYDRIDE
PROPIONIC ACID, 2-(4-CHLORO-2-METHYLPHENOXY) *see* MECOPROP
PROPIONIC ACID, 2-((4-CHLORO-O-TOLYL)OXY)- *see* MECOPROP
PROPIONIC ACID 3,4-DICHLOROANILIDE *see* PROPANIL
PROPIONIC ACID, 2-(2,4-DICHLOROPHENOXY)- *see* 2,4-DP
PROPIONIC ACID, 2-(4-(2,4-DICHLOROPHENOXY)PHENOXY)-, METHYL
    ESTER *see* DICLOFOP METHYL
PROPIONIC ACID GRAIN PRESERVER *see* PROPIONIC ACID
PROPIONIC ACID, 2-METHYL- *see* iso-BUTYRIC ACID
PROPIONIC ACID, 2-(2-METHYL-4-CHLOROPHENOXY)- *see* MECOPROP
PROPIONIC ACID, 2-(P-((5-(TRIFLUOROMETHYL)-2-PYRI-
    DYL)OXY)PHENOXY)-, BUTYLESTER *see* FLUAZIFOP-BUTYL
PROPIONIC ALDEHYDE *see* PROPIONALDEHYDE
PROPIONIC NITRILE *see* PROPIONITRILE
PROPIONITRILE, 3-CHLORO- *see* 3-CHLOROPROPIONITRILE
PROPIONITRILE, 2-HYDROXY- *see* LACTONITRILE
PROPIONITRILO (Spanish) *see* PROPIONITRILE
PROPIONOLACTONE, β- *see* beta-PROPIOLACTONE
PROPIONOLACTONE, beta- *see* beta-PROPIOLACTONE
PROPIONYL OXIDE *see* PROPIONIC ANHYDRIDE
PROPISAMINE *see* AMPHETAMINE
PROPLIDENE DICHLORIDE *see* 1,1-DICHLOROPROPANE
PROPOL *see* ISOPROPYL ALCOHOL
PROPON *see* 2,4,5-TP ESTERS
PROPON *see* SILVEX (2,4,5-TP)
PROPONEX-PLUS *see* MECOPROP
PROPOTOX *see* PROPOXUR
PROPOXYLOR *see* PROPOXUR
PROPROP *see* 2,2-DICHLOROPROPIONIC ACID
s-PROPYL-N-AETHYL-N-BUTYL-THIOCARBAMAT (German) *see* PEBULATE
2-PROPYL ALCOHOL *see* ISOPROPYL ALCOHOL
sec-PROPYL ALCOHOL *see* ISOPROPYL ALCOHOL
PROPYL ALDEHYDE *see* PROPIONALDEHYDE
i-PROPYLALKOHOL (German) *see* ISOPROPYL ALCOHOL
PROPYLAMINE *see* n-PROPYLAMINE
2-PROPYLAMINE *see* ISOPROPYLAMINE
sec-PROPYLAMINE *see* ISOPROPYLAMINE
PROPYLAMINE, 1-METHYL *see* sec-BUTYLAMINE (13952-84-6)
5-PROPYL-1,3-BENZODIOXOLE *see* DIHYDROSAFROLE
PROPYL CARBINOL *see* n-BUTYL ALCOHOL
PROPYL CHLOROCARBONATE *see* PROPYL CHLOROFORMATE
n-PROPYL CHLOROFORMATE *see* PROPYL CHLOROFORMATE
PROPYL 2,4-D ESTER *see* 2,4-D PROPYL ESTERS

s-PROPYL DIPROPYL(THIOCARBAMATE) see CARBAMOTHIOIC ACID, DI-PROPYL-, S-PROPYL ESTER
PROPYL DIPROPYLCARBAMATE see CARBAMOTHIOIC ACID, DIPROPYL-, S-PROPYL ESTER
s-PROPYL DIPROPYLCARBAMOTHIOATE see CARBAMOTHIOIC ACID, DI-PROPYL-, S-PROPYL ESTER
s-PROPYL DIPROPYLTHIOCARBAMATE see CARBAMOTHIOIC ACID, DI-PROPYL-, S-PROPYL ESTER
1-PROPYLENE see PROPYLENE
PROPYLENE ALDEHYDE see CROTONALDEHYDE
PROPYLENE ALDEHYDE, (E)- see CROTONALDEHYDE, (E)
PROPYLENE ALDEHYDE-trans see CROTONALDEHYDE, (E)
PROPYLENE ALDEHYDE, trans- see CROTONALDEHYDE, (E)
PROPYLENE CHLORIDE see 1,2-DICHLOROPROPANE
PROPYLENE DICHLORIDE see DICHLOROPROPANE
α, β-PROPYLENE DICHLORIDE see 1,2-DICHLOROPROPANE
PROPYLENE DICHLORIDE see 1,2-DICHLOROPROPANE
PROPYLENE, 1,3-DICHLORO, (E)- see trans-1,3-DICHLOROPROPENE
PROPYLENE, 1,3-DICHLORO-(trans) see trans-1,3-DICHLOROPROPENE
PROPYLENE, 1,3-DICHLORO-, trans- see trans-1,3-DICHLOROPROPENE
PROPYLENE EPOXIDE see PROPYLENE OXIDE
PROPYLENE IMINE see PROPYLENEIMINE
1,2-PROPYLENEIMINE see PROPYLENEIMINE
1,2-PROPYLENE OXIDE see PROPYLENE OXIDE
PROPYL-N-ETHYL-N-BUTYLTHIOCARBAMATE see PEBULATE
PROPYL-ETHYL-N-BUTYLTHIOCARBAMATE see PEBULATE
n-PROPYL-N-ETHYL-N-(N-BUTYL)THIOCARBAMATE see PEBULATE
s-(N-PROPYL)-N-ETHYL-N-N-BUTYL)THIOCARBAMATE see PEBULATE
PROPYLETHYLBUTYLTHIOCARBAMATE see PEBULATE
PROPYL-ETHYLBUTYLTHIOCARBAMATE see PEBULATE
PROPYLETHYLENE see 1-PENTENE
PROPYLFORMIC ACID see BUTYRIC ACID
PROPYL HYDRIDE see PROPANE
PROPYLIC ALDEHYDE see PROPIONALDEHYDE
PROPYLIDENE CHLORIDE see 1,1-DICHLOROPROPANE
PROPYL METHANOL see n-BUTYL ALCOHOL
PROPYLMETHYLCARBINYLETHYL BARBITURIC ACID SODIUM SALT see PENTOBARBITOL SODIUM
4-PROPYL-1,2-(METHYLE NEDIOXY)BENZENE see DIHYDROSAFROLE
PROPYL OXIRANE see 1,2-BUTYLENE OXIDE
6-(PROPYLPIPERONYL)-BUTYL CARBITYL ETHER see PIPERONYL-ETHYL
6-PROPYLPIPERONYL BUTYL DIETHYLENE GLYCOL ETHER see PIPERO-NYL-ETHYL
n-PROPYL-1-PROPANAMINE see DIPROPYLAMINE
5-PROPYL-4-(2,5,8-TRIOXA-DODECYL)-1,3-BENZODIOXOL (German) see PI-PERONYL-ETHYL
1-PROPYN-3-OL see PROPARGYL ALCOHOL
2-PROPYN-1-OL see PROPARGYL ALCOHOL
PROPYNE see 1-PROPYNE
1-PROPYNE-3-OL see PROPARGYL ALCOHOL
2-PROPYNOL see PROPARGYL ALCOHOL
3-PROPYNOL see PROPARGYL ALCOHOL
2-PROPYNYL ALCOHOL see PROPARGYL ALCOHOL
PROPYNYL ALCOHOL see PROPARGYL ALCOHOL
PROPYZAMIDE see PRONAMIDE
PROSEVOR 85 see CARBARYL
PROSTRUMYL see METHYLTHIOURACIL
PROTECTO 5612 see n-BUTYL ALCOHOL
PROTECTONA see DIETHYLSTILBESTROL
PROTHROMADIN see WARFARIN
PROTHROMBIN see WARFARIN SODIUM
PROTOAT (Hungarian) see PROTHOATE
PROWL (FORMULATION) see PEDIMETHALIN N-(1-ETHYLPROPYL)-3,4-DI-METHYL-2,6-DINTROBENZENAMINE

PROXITANE 4002 *see* PERACETIC ACID
PROXITANE *see* PERACETIC ACID
PROXOL *see* TRICHLORFON
PROZOIN *see* PROPIONIC ACID
PRUSSIATE of SODA *see* SODIUM CYANIDE
PRUSSIC ACID *see* HYDROGEN CYANIDE
PRUSSITE *see* CYANOGEN
PS *see* CHLOROPICRIN
PS-1 (ALUMINA) *see* ALUMINUM OXIDE
PSEUDOACETIC ACID *see* PROPIONIC ACID
PSEUDOCUMENE *see* 1,2,4-TRIMETHYLBENZENE
PSEUDOCUMOL *see* 1,2,4-TRIMETHYLBENZENE
PSEUDOTHIOUREA *see* THIOUREA
PSEUDOUREA, 2-THIO- *see* THIOUREA
PSL *see* LEPTOPHOS
m-PSOPROPYLPHENYL METHYLCARBAMATE *see* PHENOL, 3-(1-METH-YLETHYL)-, METHYLCARBAMATE
PSYCHEDRINE *see* AMPHETAMINE
PTC *see* PHENYLTHIOUREA
PTU *see* PHENYLTHIOUREA
PULSAR *see* CALCIUM HYPOCHLORITE
PURALIN *see* THIRAM
PURASAN-SC-10 *see* PHENYLMERCURY ACETATE
PURATRONIC CHROMIUM CHLORIDE *see* CHROMIC CHLORIDE
PURATRONIC CHROMIUM TRIOXIDE *see* CHROMIC ACID (ESTER) (11115-74-5)
PURATURF 10 *see* PHENYLMERCURY ACETATE
PURDOX *see* ALUMINUM OXIDE
PURIN B *see* SODIUM HYPOCHLORITE
PURODIGIN *see* DIGITOXIN
PUROGENE *see* CHLORINE DIOXIDE
PUROSTROPHAN *see* OUABAIN
PURPLE COMPONENT *see* 2,4-D BUTYL ESTER
PURPLE SALT *see* POTASSIUM PERMANGANATE
PURPURID *see* DIGITOXIN
PX-138 *see* DI-n-OCTYLPHTHALATE
PX 138 *see* DI(2-ETHYLHEXYL)PHTHALATE
PX-238 *see* BIS(2-ETHYLHEXYL)ADIPATE
PX 104 *see* DIBUTYL PHTHALATE
PXO *see* PHENOXARSINE, 10,10'-OXYDI-
N-N-PYR *see* NITROSOPYROLIDINE
PYBUTHRIN *see* PIPERONYL-ETHYL
PYDRIN *see* FENVALERATE
PYRALENE *see* POYLCHLORINATED BIPHENYLS
PYRALIN PI 2563 *see* 2-ETHOXYETHANOL
PYRANOL *see* POYLCHLORINATED BIPHENYLS
PYRAPHEN *see* PHENACETIN
PYRATHYN *see* METHAPYRILENE
PYRAZINOL-O-ESTER with O,O-DIETHYL PHOSPHOROTHIOATE *see* ZINOPHOS
PYRAZOL BLUE 3B *see* TRYPAN BLUE
PYRAZOL FAST BROWN BRL *see* C.I. DIRECT BROWN 95
PYRAZOLINE BROWN BRL *see* C.I. DIRECT BROWN 95
PYREN (German) *see* PYRENE
β-PYRENE *see* PYRENE
PYRENE, 1-NITRO- *see* 1-NITROPYRENE
PYRENONE 606 *see* PIPERONYL-ETHYL
PYRETHRIN *see* PYRETHRINS (121-29-9)
PYRETHERM *see* RESMETHRIN
PYRETHRIN I *see* PYRETHRINS (121-21-1)
PYRETHRIN I *see* PYRETHRINS (8003-34-7)
PYRETHRIN II *see* PYRETHRINS (121-29-9)
PYRETHRIN II *see* PYRETHRINS (8003-34-7)
(+)-PYRETHRONYL (+)-PYRETHRATE *see* PYRETHRINS (121-29-9)

(+)-PYRETHRONYL (+)-trans-CHRYSANTHEMATE *see* PYRETHRINS (121-21-1)
PYRETHROLONE CHRYSANTHEMUM DICARBOXLIC ACID METHYL ESTER *see* PYRETHRINS (121-29-9)
PYRETHROLONE, CHRYSANTHEMUM MONOCARBOXYLIC ACID ESTER *see* PYRETHRINS (121-21-1)
PYRETHROLONE ESTER *see* PYRETHRINS (121-21-1)
PYRETHROLONE ESTER of CHRYSANTHEMUMDICARBOXYLIC ACID MONOMETHYL ESTER *see* PYRETHRINS (121-29-9)
PYRETHRUM (ACGIH) *see* PYRETHRINS (8003-34-7)
PYRETHRUM INSECTICIDE *see* PYRETHRINS (8003-34-7)
PYRETRIN I *see* PYRETHRINS (121-21-1)
PYRETRIN II *see* PYRETHRINS (121-29-9)
PYRIDIMINE PHOSPHATE *see* PRIMIPHOS METHYL
PYRIDIN (German) *see* PYRIDINE
4-PYRIDINAMINE *see* 4-AMINOPYRIDINE
PYRIDINE, 4-AMINO- *see* 4-AMINOPYRIDINE
2-PYRIDINE CARBOXYLIC ACID, 4-AMINO-3,5,6-TRICHLORO- *see* PICLORAM
PYRIDINE, 2-CHLORO-6-(TRICHLOROMETHYL)- *see* NITRAPYRIN
2,5-PYRIDINEDICAR BOXYLIC ACID, DIPROPYL ESTER *see* DIPROPYL ISOCINCHOMERONATE
PYRIDINE, 2-(2-(DIMETHYLAMINO)ETHYL)-2-THENYLAMINOL *see* METHAPYRILENE
PYRIDINE, 2-METHYL- *see* 2-METHYLPYRIDINE
PYRIDINE, (S)-3-(1-METHYL-2-PYRROLIDINYL)-AND SALTS *see* NICOTINE
PYRIDINE, 3-(1-METHYL-2-PYRROLIDINYL)-, (S)-, SULFATE (2:1) *see* NICOTINE SULFATE
PYRIDINE, 3-(1-METHYL-2-PYRROLIDINYL)- *see* NICOTINE
PYRIDINE, 3-(1-NITROSO-2-PYRROLIDINYL)-, (S)- *see* N-NITROSONORNICOTINE
PYRIDINE, 3-(TETRAHYDRO-1-METHYLPYRROL-2-YL) *see* NICOTINE
2-PYRIDINOL, *see* 3,5,6-TRICHLORO-,O-ESTER with O,O-DIETHYL
4-PYRIDYLAMINE *see* 4-AMINOPYRIDINE
PYRIDYL-BIPHENYLYL-ACETAMIDE *see* DIPHENYLAMINE
PYRIDYLMETHYL-N′-PARA-NITROPHENYL UREA *see* PYRIMINIL
β-PYRIDYL-α-N-METHYLPYRROLIDINE *see* NICOTINE
1-(3-PYRIDYLMETHYL)-3-(4-NITROPHENYL)UREA *see* PYRIMINIL
n-3-PYRIDYLMETHYL-N′-p-NITROPHENYLUREA *see* PYRIMINIL
n-(α-PYRIDYL)-N-(α-THENYL)-N′,N′-DIMETHYLETHYLENEDIAMINE *see* METHAPYRILENE
PYRIMIDINE, 2-CHLORO-4-(DIMETHYLAMINO)-6-METHYL- *see* CRIMIDINE
2,4,6(1H,3H,5H)-PYRIMIDINETRIONE, 5-ETHYL-5-(1-METHYLBUTYL)-, MONOSODIUM SALT *see* PENTOBARBITOL SODIUM
2,4(1H,3H)-PYRIMIDINEDIONE, 5-(BIS(2-CHLOROETHYL)AMINO)- *see* URACIL MUSTARD
2,4-(1H,3H)-PYRIMIDINEDIONE, 5-BROMO-6-METHYL-3-(1-METHYLPROPYL)-,LITHIUM SALT *see* BROMACIL, LITHIUM SALT
2,4(1H,3H)-PYRIMIDINEDIONE, 5-BROMO-6-METHYL-3-(1-METHYLPROPYL)- *see* BROMACIL
2,4(1H,3H)-PYRIMIDINEDIONE, 5-CHLORO-3-(1,1-DIMETHYL)-6-METHYL- *see* TERBACIL
2,4(1H,3H)-PYRIMIDINEDIONE, 5-FLUORO- *see* FLUOROURACIL
4-PYRIMIDINOL, 2-ISOPROPYL-6-METHYL-, O-ESTER with O,O-DIETHYL-PHOSPHOROTHIOATE *see* DIAZINON
PYRIMIDINONE *see* HYDRAMETHYLON
4(1H)-PYRIMIDIONE,2,3-DIHYDRO-6-METHYL-2-THIOXO- *see* METHYLTHIOURACIL
2(1H)-PYRIMIDINONE, TETRAHYDRO-5,5-DIMETHYL-,(3-(4-(TRIFLUOROMETHYL)PHENYL)-1-(2-(4-(TRIFLUOROMETH YL)PHENYL)ETHENYL)-2-PROPENYLIDENE)HYDRAZONE *see* HYDRAMETHYLON
PYRIMIFOS *see* PRIMIPHOS METHYL
PYRIMIPHOS METHYL *see* PRIMIPHOS METHYL

PYRINEX see CHLORPYRIFOS
PYRINISTAB see METHAPYRILENE
PYRINISTOL see METHAPYRILENE
PYRINURON see PYRIMINIL
PYRO-GLYCERINE see NITROGLYCERIN
PYROACETIC ACID see ACETONE
PYROACETIC ETHER see ACETONE
PYROBENZOL see BENZENE
PYROBENZOLE see BENZENE
PYROCATECHIN see CATECHOL
PYROCATECHINE see CATECHOL
PYROCATECHINIC ACID see CATECHOL
PYROCATECHOL see CATECHOL
PYROCATECHUIC ACID see CATECHOL
PYROGENTISIC ACID see HYDROQUINONE
m-PYROL see N-METHYL-2-PYROLIDONE
PYROMUCIC ALDEHYDE see FURFURAL
PYROPHOSPHATE de TETRAETHYLE (French) see TEPP
PYROPHOSPHORIC ACID OCTAMETHYLTERAAMIDE see DIPHOSPHO-
  RAMIDE, OCTAMETHYL-
PYROPHOSPHORODITHIOIC ACID,O,O,O,O-TETRAETHYL ESTER see SUL-
  FOTEP
PYROPHOSPHORODITHIOIC ACID, TETRAETHYL ESTER see SULFOTEP
PYROPHOSPHORYTETRAKISDIMETHYLAMIDE see DIPHOSPHORAMIDE,
  OCTAMETHYL-
PYROSULPHURIC ACID see OLEUM
PYROTROPBLAU see TRYPAN BLUE
PYROXYLIC SPIRIT see METHANOL
2-PYRROLIDINONE, 1-METHYL- see N-METHYL-2-PYROLIDONE
PYRROLIDINE, 1-METHYL-2-(3-PYRIDYL)-, SULFATE see NICOTINE SUL-
  FATE
PYRROLYLENE see 1,3-BUTADIENE
PYRROXATE see PHENACETIN
P.V. CARBACHOL see CARBACHOL CHLORIDE
PZEIDAN see DDT
QAMLIN see PERMETHRIN
QCB see PENTACHLOROBENZENE
QIDTET see TETRACYCLINE HYDROCHLORIDE
QO THF see FURAN, TETRAHYDRO-
Q-LOID A 30 see ALUMINUM OXIDE
QUABAGENIN-l-RHAMNOSIDE see OUABAIN
QUADRACYCLINE see TETRACYCLINE HYDROCHLORIDE
QUADRONAL see PHENACETIN
QUATERNIUM-15 see 1-(3-CHLORALLYL)-3,5,7-TRIAZA-1-AZONIAADAM-
  ANTANE CHLORIDE
QUECKSILBER (German) see MERCURY
QUECKSILBER CHLORID (German) see MERCURIC CHLORIDE
QUELETOX see FENTHION
QUELLADA see LINDANE
QUEROPLEX see FLUOROURACIL
QUESTRIC ACID 5286 see ETHYLENEDIAMINE-TETRAACETIC ACID
  (EDTA)
QUESTURAN see DODINE
QUICK see CHLOROPHACINONE
QUICKPHOS see ALUMINUM PHOSPHIDE
QUICKSAN see PHENYLMERCURY ACETATE
QUICKSET EXTRA see METHYL ETHYL KETONE PEROXIDE
QUICKSILVER see MERCURY
QUILAN see BENFLURALIN
QUILONORM see LITHIUM CARBONATE
QUILONUM RETARD see LITHIUM CARBONATE
QUINOFOP-ETHYL see QUIZALOFOP-ETHYL
QUINOL see HYDROQUINONE
β-QUINOL see HYDROQUINONE

QUINOLEINA (Spanish) *see* QUINOLINE
QUINOLIN *see* QUINOLINE
QUINOLOR COMPOUND *see* BENZOYL PEROXIDE
QUINOMETHIONATE *see* CHINOMETHIONAT
QUINONA (Spanish) *see* QUINONE
p-QUINONE *see* QUINONE
QUINOPHOS *see* METHYL PARATHION
QUINOSAN *see* QUINTOZINE
2,3-QUINOXALINEDITHIOL, 6-METHYL-, CYCLIC CARBONATE *see* CHINOMETHIONAT
2,3-QUINOXALINEDITHIOL,6-METHYL-, CYCLIC DITHIOCARBONATE (ESTER) *see* CHINOMETHIONAT
2,3-QUINOXALINEDITHIOL,6-METHYL-, CYCLIC DITHIOCARBONATE (ESTER) *see* CHINOMETHIONAT
QUINTAR *see* DICHLONE
QUINTAR 540F *see* DICHLONE
QUINTOCENE *see* QUINTOZINE
QUINTOCENO (Spanish) *see* QUINTOZINE
QUINTOX *see* DIELDRIN
QUINTOZEN *see* QUINTOZINE
QUODOROLE *see* 4,4′-METHYLENEBIS(2-CHLOROANILINE)
R 8 *see* METHYLMERCURIC DICYANAMIDE
R 8 FUNGICIDE *see* METHYLMERCURIC DICYANAMIDE
R 10 *see* CARBON TETRACHLORIDE
R 11 *see* TRICHLOROFLUOROMETHANE
R 12 *see* DICHLORODIFLUOROMETHANE
R12B1 *see* BROMOCHLORODIFLUOROMETHANE
R-13 *see* CHLOROTRIFLUOROMETHANE
R 13 B1 *see* BROMOTRIFLUOROMETHANE
R 20 REFRIGERANT *see* CHLOROFORM
R 21 (REFRIGERANT) *see* DICHLOROFLUOROMETHANE
R-22 *see* CHLORODIFLUOROMETHANE
R 30 *see* DICHLOROMETHANE
R 40 *see* CHLOROMETHANE
R 40B1 *see* BROMOMETHANE
R48 *see* CHLORNAPHAZINE
R 113 *see* FREON 113
R 114 *see* DICHLOROTETRAFLUOROETHANE
R 124a *see* 1-CHLORO-1,1,2,2-TETRAFLUOROETHANE
R 115 *see* MONOCHLOROPENTAFLUOROETHANE
R-124 *see* CHLOROTETRAFLUOROETHANE
R 152A *see* DIFLUOROETHANE
R-326 *see* DIPROPYL ISOCINCHOMERONATE
R 717 *see* AMMONIA
R-1113 *see* TRIFLUOROCHLOROETHYLENE
R1132a *see* VINYLIDENE FLUORIDE
R 114B2 *see* DIBROMOTETRAFLUOROETHANE
R 123 *see* 2,2-DICHLORO-1,1,1-TRIFLUOROETHANE
R 142B *see* 1-CHLORO-1,1-DIFLUOROETHANE
R 225AA *see* 2,2-DICHLORO-1,1,1,3,3-PENTAFLUOROPROPANE
R225ba *see* 1,2-DICHLORO-1,1,2,3,3-PENTAFLUOROPROPANE
R 225ca *see* 3,3-DICHLORO-1,1,1,2,2-PENTAFLUOROPROPANE
R 225cb *see* 1,3-DICHLORO-1,1,2,2,3-PENTAFLUOROPROPANE
R 225cc *see* 1,1-DICHLORO-1,2,2,3,3-PENTAFLUOROPROPANE
R 225da *see* 1,2-DICHLORO-1,1,3,3,3-PENTAFLUOROPROPANE
R 1270 *see* PROPYLENE
R-1303 *see* CARBOPHENOTHION
R 1504 *see* PHOSMET
R 1513 *see* AZINPHOS-ETHYL
R 1582 *see* AZINPHOS-METHYL
R-1607 *see* CARBAMOTHIOIC ACID, DIPROPYL-, S-PROPYL ESTER
R-1608 *see* ETHYL DIPROPYLTHIOCARBAMATE
R-2061 *see* PEBULATE
R 2063 *see* CYCLOATE

R 2170 *see* OXYDEMETON METHYL
R-4572 *see* MOLINATE
R-5158 *see* AMITON
R 6700 *see* ISOBENZAN
R 42211 *see* PIRIMFOS-ETHYL
RABON *see* TETRACHLORVINPHOS
RABOND *see* TETRACHLORVINPHOS
RACUMIN *see* COUMATETRALYL
RAD-E-CATE *see* SODIUM CACODYLATE
RAD-E-CATE-35 *see* SODIUM CACODYLATE
RAD-E-CATE-25 *see* SODIUM CACODYLATE
RAD-E-CATE 25 *see* CACODYLIC ACID
RAD-E-CATE 16 *see* SODIUM CACODYLATE
RADAPON *see* 2,2-DICHLOROPROPIONIC ACID
RADAR *see* PROPICONAZOLE
RADAZIN *see* ATRAZINE
RADIOSTOL *see* ERGOCALCIFEROL
RADIZINE *see* ATRAZINE
RADOSAN *see* METHOXYMETHYLMERCURIC ACETATE
RADOXONE TL *see* AMITROLE
RADSTERIN *see* ERGOCALCIFEROL
RAFEX 35 *see* 4,6-DINITRO-o-CRESOL
RAFEX *see* 4,6-DINITRO-o-CRESOL
RAFLUOR *see* SODIUM FLUORIDE
RALLY *see* MYCLOBUTANIL
RAMIK *see* DIPHACIONE
RAMIZOL *see* AMITROLE
RAMOR *see* THALLIUM
RAMP *see* ETHYLENE GLYCOL
RAMPART *see* PHORATE
RAMROD 65 *see* PROPACHLOR
RAMROD *see* PROPACHLOR
RAMUCIDE *see* CHLOROPHACINONE
RANAC *see* CHLOROPHACINONE
RANEY ALLOY *see* NICKEL
RANEY COPPER *see* COPPER
RANEY NICKEL *see* NICKEL
RANKOTEX *see* MECOPROP
RAPHATOX *see* 4,6-DINITRO-o-CRESOL
RAPHETAMINE *see* AMPHETAMINE
RAPID FILM FIX *see* ACETIC ACID
RAPIER *see* PRONAMIDE
RASAYANSULFAN *see* ENDOSULFAN
RASCHIT *see* p-CHLORO-m-CRESOL
RASEN-ANICON *see* p-CHLORO-m-CRESOL
RASSAPRON *see* AMITROLE
RAT-A-WAY *see* WARFARIN
RAT-B-GON *see* WARFARIN
RAT-GARD *see* WARFARIN
RAT-NIP *see* PHOSPHORUS
RAT-O-CIDE *see* WARFARIN
RAT-TU *see* ANTU
RAT & MICE BAIT *see* WARFARIN
RATBANE 1080 *see* SODIUM FLUOROACETATE
RATICATE *see* NORBORMIDE
RATIMUS *see* BROMADIOLONE
RATINDAN 1 *see* DIPHACIONE
RATOL *see* ZINC PHOSPHIDE
RATOMET *see* CHLOROPHACINONE
RATOX *see* THALLIUM SULFATE
RATRON *see* WARFARIN
RATS-NO-MORE *see* WARFARIN
RATSUL SOLUBLE *see* WARFARIN SODIUM
RATTENGIFTKONSERV *see* THALLIUM(I) SULFATE

RATTRACK see ANTU
RAU-SED see RESPIRINE
RAUCUMIN 57 see COUMATETRALYL
RAUWOLEAF see RESPIRINE
RAVIAC see CHLOROPHACINONE
RAVYON see CARBARYL
RAX see WARFARIN
RAZOL DOCK KILLER see METHOXONE
RB see PARATHION
RC 172DBM see ALUMINUM OXIDE
RC PLASTICIZER DBP see DIBUTYL PHTHALATE
RC PLASTICIZER DOP see DI(2-ETHYLHEXYL)PHTHALATE
RCA CLEAN (STEP 1) see AMMONIUM HYDROXIDE
RCA CLEAN (STEPS 1 AND 2) see HYDROGEN PEROXIDE
RCH 55/5 see NICKEL
RCR SQUIRREL KILLER see WARFARIN
RCRA No. DOO3 see ALUMINUM
RCRA No. D005 see BARIUM
RCRA No. D008 see LEAD
RCRA No. D010 see SELENIUM
RCRA No. D011 see SILVER
RCRA No. D019 see TRIFLURALIN
RCRA No. D031 see HEPTACHLOR EPOXIDE
RCRA No. D037 see PENTACHLOROPHENOL
RCRA No. D038 see PYRIDINE
RCRA No. F027 see PENTACHLOROPHENOL
RCRA No. P001 see WARFARIN
RCRA No. P002 see 1-ACETYL-2-THIOUREA
RCRA No. P003 see ACROLEIN
RCRA No. P004 see ALDRIN
RCRA No. P005 see ALLYL ALCOHOL
RCRA No. P006 see ALUMINUM PHOSPHIDE
RCRA No. P007 see MUSCIMOL
RCRA No. P008 see 4-AMINOPYRIDINE
RCRA No. P008 see PYRETHRINS (121-21-1)
RCRA No. P009 see AMMONIUM PICRATE
RCRA No. P010 see ARSENIC ACID (1327-52-2)
RCRA No. P011 see ARSENIC PENTOXIDE
RCRA No. P012 see ARSENIC TRIOXIDE
RCRA No. P014 see BENZENETHIOL
RCRA No. P015 see BERYLLIUM
RCRA No. P016 see BIS(CHLOROMETHYL)ETHER
RCRA No. P017 see BROMOACETONE
RCRA No. P018 see BRUCINE
RCRA No. P020 see DINITROBUTYL PHENOL
RCRA No. P021 see CALCIUM CYANIDE
RCRA No. P021 see PROMECARB
RCRA No. P022 see CARBON DISULFIDE
RCRA No. P023 see CHLOROACETALDEHYDE
RCRA No. P024 see p-CHLOROANILINE
RCRA No. P026 see THIOUREA, (2-CHLOROPHENYL)-
RCRA No. P028 see BENZYL CHLORIDE
RCRA No. P029 see COPPER CYANIDE
RCRA No. P030 see CYANIDE
RCRA No. P031 see CYANOGEN
RCRA No. P033 see CYANOGEN CHLORIDE
RCRA No. P034 see 2-CYCLOHEXYL-4,6-DINITROPHENOL
RCRA No. P036 see DICHLOROPHENYLARSINE
RCRA No. P037 see DIELDRIN
RCRA No. P039 see DISULFOTON
RCRA No. P040 see ZINOPHOS
RCRA No. P041 see DIETHYL-p-NITROPHENYL PHOSPHATE
RCRA No. P042 see EPINEPHRINE
RCRA No. P043 see DIISOPROPYLFLUOROPHOSPHATE

RCRA No. P044 *see* DIMETHOATE
RCRA No. P045 *see* THIOFANOX
RCRA No. P046 *see* BENZENEETHANAMINE, α,α-DIMETHY-
RCRA No. P047 *see* 4,6-DINITRO-o-CRESOL
RCRA No. P048 *see* 2,4-DINITROPHENOL
RCRA No. P049 *see* DITHIOBIURET
RCRA No. P050 *see* ENDOSULFAN
RCRA No. P051 *see* ENDRIN
RCRA No. P054 *see* ETHYLENEIMINE
RCRA No. P056 *see* FLUORINE
RCRA No. P056 *see* FLUORINE
RCRA No. P057 *see* FLUOROACETAMIDE
RCRA No. P058 *see* SODIUM FLUOROACETATE
RCRA No. P059 *see* HEPTACHLOR
RCRA No. P060 *see* ISODRIN
RCRA No. P062 *see* HEXAETHYL TETRAPHOSPHATE
RCRA No. P062 *see* HEXAETHYL TETRAPHOSPHATE
RCRA No. P063 *see* HYDROGEN CYANIDE
RCRA No. P064 *see* METHYL ISOCYANATE
RCRA No. P065 *see* MERCURY FULMINATE
RCRA No. P066 *see* METHOMYL
RCRA No. P066 *see* METHOMYL
RCRA No. P067 *see* PROPYLENEIMINE
RCRA No. P068 *see* METHYL HYDRAZINE
RCRA No. P069 *see* 2-METHYLLACTONITRILE
RCRA No. P070 *see* ALDICARB
RCRA No. P071 *see* METHYL PARATHION
RCRA No. P072 *see* ANTU
RCRA No. P073 *see* NICKEL CARBONYL
RCRA No. PO74 *see* NICKEL CYANIDE
RCRA No. P075 *see* NICOTINE
RCRA No. P076 *see* NITRIC OXIDE
RCRA No. P077 *see* p-NITROANILINE
RCRA No. P081 *see* NITROGLYCERIN
RCRA No. P082 *see* N-NITROSODIMETHYLAMINE
RCRA No. P084 *see* N-NITRSOMETHYLVINYLAMINE
RCRA No. P084 *see* N-NITRSOMETHYLVINYLAMINE
RCRA No. P085 *see* DIPHOSPHORAMIDE, OCTAMETHYL-
RCRA No. P087 *see* OSMIUM TETROXIDE
RCRA No. P089 *see* PARATHION
RCRA No. P092 *see* PHENYLMERCURY ACETATE
RCRA No. P093 *see* PHENYLTHIOUREA
RCRA No. P094 *see* PHORATE
RCRA No. P095 *see* PHOSGENE
RCRA No. P096 *see* PHOSPHINE
RCRA No. P097 *see* FAMPHUR
RCRA No. P098 *see* POTASSIUM CYANIDE
RCRA No. P099 *see* POTASSIUM SILVER CYANIDE
RCRA No. P101 *see* PROPIONITRILE
RCRA No. P102 *see* PROPARGYL ALCOHOL
RCRA No. P103 *see* SELENOUREA
RCRA No. P104 *see* SILVER CYANIDE
RCRA No. P105 *see* SODIUM AZIDE
RCRA No. P106 *see* SODIUM CYANIDE
RCRA No. P108 *see* STRYCHNINE, SULFATE
RCRA No. P109 *see* SULFOTEP
RCRA No. P110 *see* TETRAETHYL LEAD
RCRA No. P111 *see* TEPP
RCRA No. P112 *see* TETRANITROMETHANE
RCRA No. P113 *see* THALLIC OXIDE
RCRA No. P114 *see* SELENIOUS ACID, DITHALLIUM(1+) SALT
RCRA No. P114 *see* SELENIOUS ACID, DITHALLIUM(1+) SALT
RCRA No. P115 *see* THALLIUM(I) SULFATE
RCRA No. P116 *see* THIOSEMICARBAZIDE

RCRA No. P118 *see* PERCHLOROMETHYL MERCAPTAN
RCRA No. P119 *see* AMMONIUM VANADATE
RCRA No. P120 *see* VANADIUM PENTOXIDE
RCRA No. P121 *see* ZINC CYANIDE
RCRA No. P122 *see* ZINC PHOSPHIDE
RCRA No. P123 *see* TOXAPHENE
RCRA No. P128 *see* MEXACARBATE
RCRA No. P185 *see* TRIPATE
RCRA No. P188 *see* PHYSOSTIGMINE, SALICYLATE (1:1)
RCRA No. P190 *see* METOLCARB
RCRA No. P191 *see* DIMETILAN
RCRA No. P192 *see* ISOPROPYLMETHYLPYRAZOYL DIMETHYLCARBAMATE
RCRA No. P194 *see* OXAMYL
RCRA No. P196 *see* MANGANESE DIMETHYLDITHIOCARBAMATE
RCRA No. P197 *see* FORMPARANATE
RCRA No. P198 *see* FORMETANATE HYDROCHLORIDE
RCRA No. P199 *see* METHIOCARB
RCRA No. P204 *see* PHYSOSTIGMINE
RCRA No. U001 *see* ACETALDEHYDE
RCRA No. U002 *see* ACETONE
RCRA No. U003 *see* ACETONITRILE
RCRA No. U004 *see* ACETOPHENONE
RCRA No. U005 *see* 2-ACETYLAMINOFLUORENE
RCRA No. U006 *see* ACETYL CHLORIDE
RCRA No. U007 *see* ACRYLAMIDE
RCRA No. U008 *see* ACRYLIC ACID
RCRA No. U009 *see* ACRYLONITRILE
RCRA No. U010 *see* MITOMYCIN C
RCRA No. U011 *see* AMITROLE
RCRA No. U012 *see* ANILINE
RCRA No. U014 *see* C.I. SOLVENT YELLOW 34
RCRA No. U015 *see* AZASERINE
RCRA No. U016 *see* BEN(a)ACRIDINE
RCRA No. U017 *see* BENZAL CHLORIDE
RCRA No. U018 *see* BENZ(a)ANTHRACENE
RCRA No. U020 *see* BENZENESULFONYL CHLORIDE
RCRA No. U021 *see* BENZIDINE
RCRA No. U022 *see* BENZO(a)PYRENE
RCRA No. UO23 *see* BENZOIC TRICHLORIDE
RCRA No. U024 *see* BIS(2-CHLOROETHOXY)METHANE
RCRA No. U025 *see* BIS(2-CHLOROETHYL)ETHER
RCRA No. U026 *see* CHLORNAPHAZINE
RCRA No. U027 *see* BIS(2-CHLORO-1-METHYLETHYL)ETHER
RCRA No. U028 *see* DI(2-ETHYLHEXYL)PHTHALATE
RCRA No. U029 *see* BROMOMETHANE
RCRA No. U031 *see* n-BUTYL ALCOHOL
RCRA No. U032 *see* CALCIUM CHROMATE
RCRA No. U033 *see* CARBONIC DIFLUORIDE
RCRA No. U034 *see* ACETALDEHYDE, TRICHLORO-
RCRA No. U035 *see* CHLORAMBUCIL
RCRA No. U036 *see* CHLORDANE
RCRA No. U037 *see* CHLOROBENZENE
RCRA No. U038 *see* CHLOROBENZILATE
RCRA No. U039 *see* p-CHLORO-m-CRESOL
RCRA No. U041 *see* EPICHLOROHYDRIN
RCRA No. U042 *see* 2-CHLOROETHYL VINYL ETHER
RCRA No. U043 *see* VINYL CHLORIDE
RCRA No. U044 *see* CHLOROFORM
RCRA No. U045 *see* CHLOROMETHANE
RCRA No. U046 *see* CHLOROMETHYL METHYL ETHER
RCRA No. U047 *see* 2-CHLORONAPHTHALENE
RCRA No. U048 *see* 2-CHLOROPHENOL
RCRA No. U049 *see* 4-CHLORO-o-TOLUIDINE, HYDROCHLORIDE

RCRA No. U050 see CHRYSENE
RCRA No. U051 see CREOSOTE
RCRA No. U052 see CRESOL (MIXED ISOMERS)
RCRA No. U052 see m-CRESOL
RCRA No. U052 see o-CRESOL
RCRA No. U052 see p-CRESOL
RCRA No. U053 see CROTONALDEHYDE
RCRA No. U055 see CUMENE
RCRA No. U056 see CYCLOHEXANE
RCRA No. U057 see CYCLOHEXANONE
RCRA No. U058 see CYCLOPHOSPHAMIDE
RCRA No. U059 see DAUNOMYCIN
RCRA No. U060 see DDD
RCRA No. U061 see DDT
RCRA No. U062 see DIALLATE
RCRA No. U063 see DIBENZ(a,h)ANTHRACINE
RCRA No. U066 see 1,2-DIBROMO-3-CHLOROPROPANE
RCRA No. U067 see 1,2-DIBROMOETHANE
RCRA No. U068 see METHYLENE BROMIDE
RCRA No. U069 see DIBUTYL PHTHALATE
RCRA No. U070 see o-DICHLOROBENZENE
RCRA No. U071 see 1,3-DICHLOROBENZENE
RCRA No. U072 see 1,4-DICHLOROBENZENE
RCRA No. U073 see 3,3'-DICHLOROBENZIDINE
RCRA No. U074 see 1,4-DICHLORO-2-BUTENE
RCRA No. U075 see DICHLORODIFLUOROMETHANE
RCRA No. U076 see ETHYLIDENE DICHLORIDE
RCRA No. U077 see 1,2-DICHLOROETHANE
RCRA No. U078 see VINYLIDENE CHLORIDE
RCRA No. U079 see 1,2-DICHLOROETHYLENE (156-60-5)
RCRA No. U080 see DICHLOROMETHANE
RCRA No. U081 see 2,4-DICHLOROPHENOL
RCRA No. U082 see 2,6-DICHLOROPHENOL
RCRA No. U083 see 1,2-DICHLOROPROPANE
RCRA No. U084 see 1,3-DICHLOROPROPYLENE
RCRA No. U085 see DIEPOXYBUTANE
RCRA No. U086 see HYDRAZINE, 1,2-DIETHYL-
RCRA No. U087 see O,O-DIETHYL S-METHYL DITHIOPHOSPHATE
RCRA No. U088 see DIETHYL PHTHALATE
RCRA No. U089 see DIETHYLSTILBESTROL
RCRA No. U090 see DIHYDROSAFROLE
RCRA No. U091 see 3,3'-DIMETHOXYBENZIDINE
RCRA No. U092 see DIMETHYLAMINE
RCRA No. U094 see 7,12-DIMETHYLBENZ(a)ANTHRACENE
RCRA No. U095 see 3,3'-DIMETHYLBENZIDINE
RCRA No. U096 see CUMENE HYDROPEROXIDE
RCRA No. U097 see DIMETHYLCARBAMOYL CHLORIDE
RCRA No. U098 see PHENYTOIN
RCRA No. U099 see HYDRAZINE, 1,2-DIMETHYL-
RCRA No. U101 see 2,4-DIMETHYPHENOL
RCRA No. U102 see DIMETHYL PHTHALATE
RCRA No. U103 see DIMETHYL SULFATE
RCRA No. U105 see 2,4-DINITROTOLUENE
RCRA No. U106 see 2,6-DINITROTOLUENE
RCRA No. U107 see DI-n-OCTYLPHTHALATE
RCRA No. U108 see 1,4-DIOXANE
RCRA No. U109 see 1,2-DIPHENYLHYDRAZINE
RCRA No. U109 see BENZENE
RCRA No. U109 see DIPHENYLHYDRAZINE
RCRA No. U110 see DIPROPYLAMINE
RCRA No. U111 see N-NITROSODI-N-PROPYLAMINE
RCRA No. U112 see ETHYL ACETATE
RCRA No. U113 see ETHYL ACRYLATE

RCRA No. U114 *see* ETHYLENEBISDITHIOCARBAMIC ACID, SALTS and ESTERS
RCRA No. U114 *see* METIRAM
RCRA No. U115 *see* ETHYLENE OXIDE
RCRA No. U116 *see* ETHYLENE THIOUREA
RCRA No. U117 *see* ETHYL ETHER
RCRA No. U118 *see* ETHYL METHACRYLATE
RCRA No. U119 *see* ETHYL METHANESULFONATE
RCRA No. U120 *see* FLUORANTHENE
RCRA No. U121 *see* TRICHLOROFLUOROMETHANE
RCRA No. U122 *see* FORMALDEHYDE
RCRA No. U123 *see* FORMIC ACID
RCRA No. U124 *see* FURAN
RCRA No. U125 *see* FURFURAL
RCRA No. U126 *see* GLYCIDYLALDEHYDE
RCRA No. U127 *see* HEXACHLOROBENZENE
RCRA No. U128 *see* HEXACHLORO-1,3-BUTADIENE
RCRA No. U129 *see* LINDANE
RCRA No. U130 *see* HEXACHLOROCYCLOPENTADIENE
RCRA No. U131 *see* HEXACHLOROETHANE
RCRA No. U132 *see* HEXACHLOROPHENE
RCRA No. U133 *see* HYDRAZINE
RCRA No. U134 *see* HYDROGEN FLUORIDE
RCRA No. U135 *see* HYDROGEN SULFIDE
RCRA No. U135 *see* HYDROGEN SULFIDE
RCRA No. U136 *see* CACODYLIC ACID
RCRA No. U137 *see* INDENO(1,2,3-cd)PYRENE
RCRA No. U138 *see* METHYL IODIDE
RCRA No. U140 *see* ISOBUTYL ALCOHOL
RCRA No. U141 *see* ISOSAFROLE
RCRA No. U142 *see* KEPONE
RCRA No. U143 *see* LASIOCARPINE
RCRA No. U144 *see* LEAD ACETATE
RCRA No. U145 *see* LEAD PHOSPHATE
RCRA No. U145 *see* LEAD SULFATE (7446-14-2)
RCRA No. U146 *see* LEAD SUBACETATE
RCRA No. U147 *see* MALEIC ANHYDRIDE
RCRA No. U148 *see* MALEIC HYDRAZIDE
RCRA No. U149 *see* MALONONITRILE
RCRA No. U150 *see* MELPHALAN
RCRA No. U151 *see* MERCURY
RCRA No. U152 *see* METHACRYLONITRILE
RCRA No. U153 *see* METHYL MERCAPTAN
RCRA No. U154 *see* METHANOL
RCRA No. U155 *see* METHAPYRILENE
RCRA No. U156 *see* METHYL CHLOROCARBONATE
RCRA No. U157 *see* 3-METHYLCHOLANTHRENE
RCRA No. U158 *see* 4,4'-METHYLENEBIS(2-CHLOROANILINE)
RCRA No. U159 *see* METHYL ETHYL KETONE
RCRA No. U160 *see* METHYL ETHYL KETONE PEROXIDE
RCRA No. U161 *see* METHYL ISOBUTYL KETONE
RCRA No. U162 *see* METHYL METHACRYLATE
RCRA No. U163 *see* GUANIDINE, N-METHYL-N'-NITRO-N-NITROSO-
RCRA No. U164 *see* METHYLTHIOURACIL
RCRA No. U165 *see* NAPHTHALENE
RCRA No. U166 *see* 1,4-NAPHTHOQUINONE
RCRA No. UI67 *see* α-NAPHTHYLAMINE
RCRA No. U168 *see* β-NAPHTHYLAMINE
RCRA No. U169 *see* NITROBENZENE
RCRA No. U170 *see* p-NITROPHENOL
RCRA No. U171 *see* 2-NITROPROPANE
RCRA No. U172 *see* N-NITROSODI-n-BUTYLAMINE
RCRA No. U173 *see* N-NITROSODIETHANOLAMINE
RCRA No. U174 *see* N-NITROSODIETHYLAMINE

RCRA No. U176 *see* N-NITROSO-N-ETHYLUREA
RCRA No. U177 *see* N-NITROSO-N-METHYLUREA
RCRA No. U178 *see* N-NITROSO-N-METHYLURETHANE
RCRA No. U179 *see* N-NITROSOPIPERIDINE
RCRA No. U180 *see* NITROSOPYROLIDINE
RCRA No. U181 *see* 5-NITRO-o-TOLUENE
RCRA No. U182 *see* PARALDEHYDE
RCRA No. U183 *see* PENTACHLOROBENZENE
RCRA No. U184 *see* PENTACHLOROETHANE
RCRA No. U185 *see* QUINTOZINE
RCRA No. U186 *see* 1,3-PENTADIENE
RCRA No. U187 *see* PHENACETIN
RCRA No. U188 *see* PHENOL
RCRA No. U189 *see* SULFUR PHOSPHIDE
RCRA No. U190 *see* PHTHALIC ANHYDRIDE
RCRA No. U191 *see* 2-METHYLPYRIDINE
RCRA No. U192 *see* PRONAMIDE
RCRA No. U193 *see* 1,3-PROPANE SULTONE
RCRA No. U1930000 *see* 1,3-PROPANE SULTONE
RCRA No. U194 *see* n-PROPYLAMINE
RCRA No. U196 *see* PYRIDINE
RCRA No. U197 *see* QUINONE
RCRA No. U200 *see* RESPIRINE
RCRA No. U201 *see* RESORCINOL
RCRA No. U202 *see* SACCHARIN
RCRA No. U203 *see* SAFROLE
RCRA No. U204 *see* SELENIOUS ACID
RCRA No. U204 *see* SELENIUM DIOXIDE
RCRA No. U205 *see* SELENIUM SULFIDE
RCRA No. U206 *see* D-GLUCOSE, 2-DEOXY-2-((METHYLNITROSOAMI-NO)CARBONYL)AMINO)-
RCRA No. U207 *see* 1,2,4,5-TETRACHLOROBENZENE
RCRA No. U208 *see* 1,1,1,2-TETRACHLOROETHANE
RCRA No. U209 *see* 1,1,2,2,-TETRACHLOROETHANE
RCRA No. U210 *see* TETRACHLOROETHYLENE
RCRA No. U211 *see* CARBON TETRACHLORIDE
RCRA No. U212 *see* 2,3,4,6-TETRACHLOROPHENOL
RCRA No. U213 *see* FURAN, TETRAHYDRO-
RCRA No. U214 *see* THALLIUM(I) ACETATE
RCRA No. U215 *see* THALLIUM(I) CARBONATE
RCRA No. U216 *see* THALLIUM CHLORIDE
RCRA No. U217 *see* THALLIUM(I) NITRATE
RCRA No. U218 *see* THIOACETAMIDE
RCRA No. U219 *see* THIOUREA
RCRA No. U220 *see* TOLUENE
RCRA No. U221 *see* 2,4-DIAMINOTOLUENE
RCRA No. U221 *see* DIAMINOTOLUENE (MIXED ISOMERS)
RCRA No. U221 *see* DIAMINOTOLUENE (496-72-0)
RCRA No. U221 *see* DIAMINOTOLUENE (823-40-5)
RCRA No. U222 *see* o-TOLUIDINE HYDROCHLORIDE
RCRA No. U223 *see* TOLUENE-2,4-DIISOCYANATE
RCRA No. U223 *see* TOLUENEDIISOCYANATE (MIXED ISOMERS)
RCRA No. U225 *see* BROMOFORM
RCRA No. U226 *see* 1,1,1-TRICHLOROETHANE
RCRA No. U227 *see* 1,1,2-TRICHLOROETHANE
RCRA No. U228 *see* TRICHLOROETHYLENE
RCRA No. U230 *see* 2,4,5-TRICHLOROPHENOL
RCRA No. U231 *see* 2,4,6-TRICHLOROPHENOL
RCRA No. U232 *see* 2,4,5-T ACID
RCRA No. U233 *see* 2,4,5-TP ESTERS
RCRA No. U233 *see* SILVEX (2,4,5-TP)
RCRA No. U234 *see* 1,3,5-TRINITROBENZENE
RCRA No. U235 *see* TRIS(2,3-DIBROMOPROPYL) PHOSPHATE
RCRA No. U236 *see* TRYPAN BLUE

RCRA No. U237 *see* URACIL MUSTARD
RCRA No. U238 *see* METHYL ACRYLATE
RCRA No. U238 *see* URETHANE
RCRA No. U239 *see* o-XYLENE
RCRA No. U239 *see* p-XYLENE
RCRA No. U239 *see* XYLENE (MIXED ISOMERS)
RCRA No. U240 *see* 2,4-D 2-ETHYL-4-METHYL PENTYL ESTER
RCRA No. U240 *see* 2,4-D CHLOROCROTYL ESTER
RCRA No. U240 *see* 2,4-D BUTOXYETHYL ESTER
RCRA No. U240 *see* 2,4-D
RCRA No. U240 *see* 2,4-D ETHYLHEXYL ESTER
RCRA No. U240 *see* 2,4-D METHYL ESTER
RCRA No. U240 *see* 2,4-D ESTERS
RCRA No. U240 *see* 2,4-D SODIUM SALT
RCRA No. U240 *see* 2,4-D ISOPROPYL ESTER
RCRA No. U240 *see* 2,4-D PROPYLENE GLYCOL BUTYL ETHER ESTER
RCRA No. U240 *see* 2,4-D ISOOCTYL ESTER
RCRA No. U240 *see* 2,4-D sec-BUTYL ESTER
RCRA No. U240 *see* 2,4-D BUTYL ESTER
RCRA No. U240 *see* 2,4-D PROPYL ESTERS
RCRA No. U243 *see* HEXACHLOROPROPENE
RCRA No. U244 *see* THIRAM
RCRA No. U246 *see* CYANOGEN BROMIDE
RCRA No. U247 *see* METHOXYCHLOR
RCRA No. U248 *see* WARFARIN
RCRA No. U271 *see* BENOMYL
RCRA No. U278 *see* BENDIOCARB
RCRA No. U328 *see* o-TOLUIDINE
RCRA No. U353 *see* p-TOLUIDINE
RCRA No. U359 *see* 2-ETHOXYETHANOL
RCRA No. U364 *see* BENDIOCARB PHENOL
RCRA No. U365 *see* MOLINATE
RCRA No. U377 *see* POTASSIUM N-METHYLDITHIOCARBAMATE
RCRA No. U384 *see* METHAM SODIUM
RCRA No. U389 *see* TRIALLATE
RCRA No. U390 *see* ETHYL DIPROPYLTHIOCARBAMATE
RCRA No. U391 *see* PEBULATE
RCRA No. U394 *see* A2213
RCRA No. U396 *see* FERBAM
RCRA No. U404 *see* TRIETHYLAMINE
RCRA No. U409 *see* THIOPHANATE ETHYL
RCRA No. U410 *see* THIODICARB
RCRA No. U411 *see* PROPOXUR
RD 406 *see* 2,4-DP
RD 4593 *see* MECOPROP
R.D. 27419 *see* AMITRAZ
RDGE *see* DIGLYCIDYL RESORCINOL ETHER
RDH LIME SOLVENT *see* ACETIC ACID
RE 12420 *see* ACEPHATE
REALGAR *see* ARSENIC DISULFIDE
REALGAR *see* ARSENIC
REALOX *see* ALUMINUM OXIDE
RECIPIN *see* RESPIRINE
RED 2G BASE *see* p-NITROANILINE
RED 1695 *see* C.I. FOOD RED 5
RED 11411 *see* C.I. FOOD RED 15
RED ARSENIC GLASS *see* ARSENIC DISULFIDE
RED ARSENIC SULFIDE *see* ARSENIC DISULFIDE
RED BASE CIBA IX *see* p-CHLORO-o-TOLUIDINE
RED BASE CIBA IX *see* 4-CHLORO-o-TOLUIDINE, HYDROCHLORIDE
RED BASE IRGA IX *see* p-CHLORO-o-TOLUIDINE
RED BASE IRGA IX *see* 4-CHLORO-o-TOLUIDINE, HYDROCHLORIDE
RED BASE NTR *see* p-CHLORO-o-TOLUIDINE
RED CHROMATE of POTASH *see* POTASSIUM BICHROMATE

RED FUMING NITRIC ACID see NITRIC ACID
RED No. 213 see C.I. FOOD RED 15
RED No. 5 see C.I. SOLVENT ORANGE 7
RED ORPIMENT see ARSENIC DISULFIDE
RED OXIDE of MERCURY see MERCURIC OXIDE
RED PHOSPHORUS see PHOSPHORUS
RED PRECIPITATE see MERCURIC OXIDE
RED SALT CIBA IX see 4-CHLORO-o-TOLUIDINE, HYDROCHLORIDE
RED SALT IRGA IX see 4-CHLORO-o-TOLUIDINE, HYDROCHLORIDE
RED TR BASE see p-CHLORO-o-TOLUIDINE
RED TRS SALT see 4-CHLORO-o-TOLUIDINE, HYDROCHLORIDE
REDAX see N-NITRSOPHENYLAMINE
REDDON see 2,4,5-T ACID
REDDOX see 2,4,5-T ACID
REDUCED MICHLER'S KETONE see 4,4'-METHYLENEBIS(N,N-DIMETHYL)BENZENAMINE
REDUCER DTR602 see ACETONE
REFLEX see FOMESAFEN
REFORMIN see PHENACETIN
REFRIGERANT 11 see TRICHLOROFLUOROMETHANE
REFRIGERANT 12 see DICHLORODIFLUOROMETHANE
REFRIGERANT 13 see CHLOROTRIFLUOROMETHANE
REFRIGERANT 20 see CHLOROFORM
REFRIGERANT 21 see DICHLOROFLUOROMETHANE
REFRIGERANT 22 see CHLORODIFLUOROMETHANE
REFRIGERANT 40 see CHLOROMETHANE
REFRIGERANT 113 see FREON 113
REFRIGERANT 115 see MONOCHLOROPENTAFLUOROETHANE
REFRIGERANT 123 see 2,2-DICHLORO-1,1,1-TRIFLUOROETHANE
REFRIGERANT 124a see 1-CHLORO-1,1,2,2-TETRAFLUOROETHANE
REFRIGERANT 152a see DIFLUOROETHANE
REFRIGERANT 225AA see 2,2-DICHLORO-1,1,1,3,3-PENTAFLUOROPROPANE
REFRIGERANT 225ba see 1,2-DICHLORO-1,1,2,3,3-PENTAFLUOROPROPANE
REFRIGERANT 225ca see 3,3-DICHLORO-1,1,1,2,2-PENTAFLUOROPROPANE
REFRIGERANT 1301 see BROMOTRIFLUOROMETHANE
REFRIGERANT R 113 see FREON 113
REFUSAL see DISULFIRAM
REGLON see DIQUAT (85-00-7)
REGLONE see DIQUAT (85-00-7)
REGLONE see DIQUAT (2764-72-9)
REGLOX see DIQUAT (85-00-7)
REGROTON see RESPIRINE
REGULOX see MALEIC HYDRAZIDE
REGULOX 50W see MALEIC HYDRAZIDE
REGULOX W see MALEIC HYDRAZIDE
RELDAN see CHLORPYRIFOS METHYL
RELITON YELLOW C see C.I. DISPERSE YELLOW 3
REMASAN CHLOROBLE M see MANEB
REMICYCLIN see TETRACYCLINE HYDROCHLORIDE
REMOL TRF see 2-PHENYLPHENOL
RENAGLADIN see EPINEPHRINE
RENAL MD see 2,4-DIAMINOTOLUENE
RENAL PF see p-PHENYLENEDIAMINE
RENALEPTINE see EPINEPHRINE
RENALINA see EPINEPHRINE
RENESE R see RESPIRINE
RENOFORM see EPINEPHRINE
RENOLBLAU 3B see TRYPAN BLUE
RENOSTYPIN see EPINEPHRINE
RENOSTYPRICIN see EPINEPHRINE
RENTOKIL see WARFARIN
RENTOKIL BIOTROL see WARFARIN
RENTOKIL DEADLINE see BROMADIOLONE

RENTOKIL FRAM FLY BAIT *see* METHOMYL
RENTOKILL *see* METHOMYL
REOMOL D 79P *see* DI(2-ETHYLHEXYL)PHTHALATE
REOMOL DOA *see* BIS(2-ETHYLHEXYL)ADIPATE
REOMOL DOP *see* DI(2-ETHYLHEXYL)PHTHALATE
REPEFTAL *see* DIMETHYL PHTHALATE
REPPER 333 *see* DIPROPYL ISOCINCHOMERONATE
REPULSE *see* CHLOROTHALONIL
R-E-S *see* RESPIRINE
RESALTEX *see* RESPIRINE
RESCUE SQUAD *see* SODIUM FLUORIDE
RESEDIN *see* RESPIRINE
RESEDREX *see* RESPIRINE
RESEDRIL *see* RESPIRINE
RESERPEX *see* RESPIRINE
RESERPOID *see* RESPIRINE
RESIDOX *see* ATRAZINE
RESIN SCARLET 2R *see* C.I. SOLVENT ORANGE 7
RESINOL ORANGE R *see* C.I. SOLVENT YELLOW 14
RESINOL YELLOW GR *see* 4-DIMETHYLAMINOAZOBENZENE
RESIREN YELLOW TG *see* C.I. DISPERSE YELLOW 3
RESITOX *see* COUMAPHOS
RESMETHRIN, (±)- *see* RESMETHRIN
RESMETHRIN, (+)-(E),(Z)- *see* RESMETHRIN
RESMETHRIN, (+)-trans,cis- *see* RESMETHRIN
RESOFORM ORANGE G *see* C.I. SOLVENT YELLOW 14
RESOFORM ORANGE R *see* C.I. SOLVENT ORANGE 7
RESORCIN *see* RESORCINOL
RESORCINA (Spanish) *see* RESORCINOL
RESORCINE *see* RESORCINOL
RESORCINOL BIS(2,3-EPOXYPROPYL)ETHER *see* DIGLYCIDYL RESORCINOL ETHER
RESORCINOL DIGLYCIDYL ETHER *see* DIGLYCIDYL RESORCINOL ETHER
RESORCINYL DIGLYCIDYL ETHER *see* DIGLYCIDYL RESORCINOL ETHER
RESPONSAR *see* CYFLUTHRIN
REST-ON *see* METHAPYRILENE
RESTRYL *see* METHAPYRILENE
RETACEL *see* CHLORMEQUAT CHLORIDE
RETARD *see* MALEIC HYDRAZIDE
RETARDER AK *see* PHTHALIC ANHYDRIDE
RETARDER BA *see* BENZOIC ACID
RETARDER BAX *see* BENZOIC ACID
RETARDER ESEN *see* PHTHALIC ANHYDRIDE
RETARDER J *see* N-NITRSOPHENYLAMINE
RETARDER PD *see* PHTHALIC ANHYDRIDE
REVENGE *see* 2,2-DICHLOROPROPIONIC ACID
REWAGIT *see* ALUMINUM OXIDE
REZIFILM *see* THIRAM
RFNA *see* NITRIC ACID
RH-787 *see* PYRIMINIL
RH 315 *see* PRONAMIDE
RH 915 *see* OXYFLUOFEN
RH6201 *see* ACIFLUORFEN, SODIUM SALT
RHENOGRAN ETU *see* ETHYLENE THIOUREA
RHEONINE B *see* C.I. FOOD RED 15
RHODACAL ABSA *see* DODECYLBENZENESULFONIC ACID
RHODAMIN 6G *see* C.I. BASIC RED 1
RHODAMINE 4GD *see* C.I. BASIC RED 1
RHODAMINE 4GH *see* C.I. BASIC RED 1
RHODAMINE 590 CHLORIDE *see* C.I. BASIC RED 1
RHODAMINE 5GDN *see* C.I. BASIC RED 1
RHODAMINE 5GL *see* C.I. BASIC RED 1

RHODAMINE 6G see C.I. BASIC RED 1
RHODAMINE 6G CHLORIDE 6GCP see C.I. BASIC RED 1
RHODAMINE 6G EXTRA see C.I. BASIC RED 1
RHODAMINE 6G EXTRA BASE see C.I. BASIC RED 1
RHODAMINE 6GB see C.I. BASIC RED 1
RHODAMINE 6GBN see C.I. BASIC RED 1
RHODAMINE 6GD see C.I. BASIC RED 1
RHODAMINE 6GDN see C.I. BASIC RED 1
RHODAMINE 6GDN EXTRA see C.I. BASIC RED 1
RHODAMINE 6GEX ETHYL ESTER see C.I. BASIC RED 1
RHODAMINE 6GH see C.I. BASIC RED 1
RHODAMINE 6GO see C.I. BASIC RED 1
RHODAMINE 6GX see C.I. BASIC RED 1
RHODAMINE 6JH see C.I. BASIC RED 1
RHODAMINE 6ZH-DN see C.I. BASIC RED 1
RHODAMINE B 500 HYDROCHLORIDE see C.I. FOOD RED 15
RHODAMINE B 500 see C.I. FOOD RED 15
RHODAMINE B see C.I. FOOD RED 15
RHODAMINE B EXTRA see C.I. FOOD RED 15
RHODAMINE B EXTRA M 310 see C.I. FOOD RED 15
RHODAMINE B EXTRA S see C.I. FOOD RED 15
RHODAMINE BA see C.I. FOOD RED 15
RHODAMINE BA EXPORT see C.I. FOOD RED 15
RHODAMINE BN see C.I. FOOD RED 15
RHODAMINE BS see C.I. FOOD RED 15
RHODAMINE BX see C.I. FOOD RED 15
RHODAMINE BXL see C.I. FOOD RED 15
RHODAMINE BXP see C.I. FOOD RED 15
RHODAMINE F 5G see C.I. BASIC RED 1
RHODAMINE F 5GL see C.I. BASIC RED 1
RHODAMINE FB see C.I. FOOD RED 15
RHODAMINE GDN see C.I. BASIC RED 1
RHODAMINE LAKE RED B see C.I. FOOD RED 15
RHODAMINE O see C.I. FOOD RED 15
RHODAMINE S (RUSSIAN) see C.I. FOOD RED 15
RHODAMINE S see C.I. FOOD RED 15
RHODAMINE, TETRAETHYL- see C.I. FOOD RED 15
RHODAMINE Y 20-7425 see C.I. BASIC RED 1
RHODAMINE ZH see C.I. BASIC RED 1
RHODANIN S-62 (Czech) see ETHYLENE THIOUREA
RHODIA-6200 see AMITON
RHODIA 2,4-D BUTYL ESTER 6L see 2,4-D BUTYL ESTER
RHODIA see 2,4-D
RHODIACHLOR see HEPTACHLOR
RHODIACID see ZIRAM
RHODIACIDE see ETHION
RHODIANEHE see MANEB
RHODIASOL see PARATHION
RHODIATOX see PARATHION
RHODIATROX see PARATHION
RHODOCIDE see ETHION
RHONOX see METHOXONE
RHOPLEX AC-33 (ROHM & HAAS) see ETHYL METHACRYLATE
RHOPLEX see ETHYL METHACRYLATE
RHOTHANE D-3 see DDD
RHOTHANE see DDD
RHYUNO OIL see SAFROLE
RICHONATE 45B see SODIUM DODECYLBENZENESULFONATE
RICHONATE 60B see SODIUM DODECYLBENZENESULFONATE
RICHONATE 1850 see SODIUM DODECYLBENZENESULFONATE
RICHONIC ACID see DODECYLBENZENESULFONIC ACID
RICIFON see TRICHLORFON
RICYCLINE see TETRACYCLINE HYDROCHLORIDE
RIDECT see METHOMYL

RIDEON see DIPHENAMID
RIGETAMIN see ERGOTAMINE TARTRATE
RIKABANOL see 4,4'-ISOPROPYLIDENEDIPHENOL
RIKER 601 see TRIAZIQUONE
RITMENAL see PHENYTOIN
RITOSEPT see HEXACHLOROPHENE
RITSIFON see TRICHLORFON
RIVADORN see PENTOBARBITOL SODIUM
RN-10 E-BEAM NEGATIVE RESIST RINSE see ISOBUTYL ALCOHOL
RN-11 E-BEAM NEGATIVE RESIST RINSE see ISOBUTYL ALCOHOL
RN-11 DEVELOPER see ISOBUTYL ALCOHOL
RO 13-5223 see FENOXYCARB
RO 2-9757 see FLUOROURACIL
RO-CYCLINE see TETRACYCLINE HYDROCHLORIDE
RO-SULFIRAM see DISULFIRAM
RO-DEX see STRYCHNINE, SULFATE
RO-DETH see WARFARIN
RO-NEET see CYCLOATE
ROACH SALT see SODIUM FLUORIDE
ROBAXISAL-PH see PHENACETIN
RODENTEX see WARFARIN
RODENTIN see COUMATETRALYL
RODESCO INSECT POWDER see LINDANE
RODEX see FLUOROACETAMIDE
RODEX BLOX see WARFARIN
RODOCID see ETHION
RODY see FENPROPATHRIN
ROGODIAL see DIMETHOATE
ROGOR 20L see DIMETHOATE
ROGOR see DIMETHOATE
ROGUE see PROPANIL
ROKON see 2-MERCAPTOBENZOTHIAZOLE
ROMANTHRENE GOLDEN YELLOW GOK see C.I. VAT YELLOW 4
ROMANTRENE GOLDEN YELLOW FGK see C.I. VAT YELLOW 4
ROMAN VITRIOL see CUPRIC SULFATE
RONALINE FL see VINCLOZOLIN
RONILAN DF see VINCLOZOLIN
RONILIN see VINCLOZOLIN
RONIT see CYCLOATE
RONSTAR see OXYDIAZON
RONSTAR TX see OXYDIAZON
ROOT GUARD see DIAZINON
ROSIN FLUX KESTER 135/1544 MIL see ISOBUTYL ALCOHOL
ROSIN FLUX see ISOBUTYL ALCOHOL
ROTATE see BENDIOCARB
ROTAX see 2-MERCAPTOBENZOTHIAZOLE
ROT B (German) see C.I. SOLVENT ORANGE 7
ROT GG FETTLOESLICH (German) see C.I. SOLVENT ORANGE 7
ROTHANE see DDD
ROTILIN see LINURON
ROTOX see BROMOMETHANE
ROUGH & READY MOUSE MIX see WARFARIN
ROUGOXIN see DIGOXIN
ROXION see DIMETHOATE
ROXION U.A. see DIMETHOATE
ROYAL MBT see 2-MERCAPTOBENZOTHIAZOLE
ROYAL MH 30 see MALEIC HYDRAZIDE
ROYAL SLO-GRO see MALEIC HYDRAZIDE
ROYAL TMTD see THIRAM
ROZOL see CHLOROPHACINONE
RP-10 E-BEAM POSITIVE RESIST RINSE see ISOBUTYL ALCOHOL
RP 8167 see ETHION
RP 13057 see DAUNOMYCIN
RPH see THIABENDAZOLE

RT-2 STRIPPING SOLUTION *see* NITRIC ACID
RTEC (Polish) *see* MERCURY
RTECS No. AB1000000 *see* ACENAPHTHENE
RTECS No. AB1254000 *see* ACENAPHTHYLENE
RTECS No. AB1925000 *see* ACETALDEHYDE
RTECS No. AB2450000 *see* CHLOROACETALDEHYDE
RTECS No. AB4025000 *see* ACETAMIDE
RTECS No. AB8050000 *see* DIPHENAMID
RTECS No. AB9450000 *see* 2-ACETYLAMINOFLUORENE
RTECS No. AC1225000 *see* FLUOROACETAMIDE
RTECS No. AC3662000 *see* C.I. DISPERSE YELLOW 3
RTECS No. AC8925000 *see* THIOACETAMIDE
RTECS No. AE1225000 *see* ALACHLOR
RTECS No. AE1575000 *see* PROPACHLOR
RTECS No. AF1225000 *see* ACETIC ACID
RTECS No. AF3675000 *see* AMMONIA ACETATE
RTECS No. AF7350000 *see* BUTYL ACETATE
RTECS No. AF7380000 *see* sec-BUTYL ACETATE
RTECS No. AF7400000 *see* tert-BUTYL ACETATE
RTECS No. AF8575000 *see* CHLOROACETIC ACID
RTECS No. AG1575000 *see* METHOXONE
RTECS No. AG2975000 *see* CHROMIC ACETATE
RTECS No. AG3480000 *see* CUPRIC ACETATE
RTECS No. AG6825000 *see* 2,4-D
RTECS No. AG7300000 *see* 2,4-D BUTOXYETHYL ESTER
RTECS No. AG8050000 *see* 2,4-D BUTYL ESTER
RTECS No. AG8200000 *see* 2,4-D CHLOROCROTYL ESTER
RTECS No. AG8575000 *see* 2,4-D ISOOCTYL ESTER
RTECS No. AG8750000 *see* 2,4-D ISOPROPYL ESTER
RTECS No. AG8810000 *see* 2,4-D METHYL ESTER
RTECS No. AG8886000 *see* 2,4-D PROPYLENE GLYCOL BUTYL ETHER ESTER 2,4-D PROPYLENE GLYCOL BUTYL ETHER ESTER
RTECS No. AG8925000 *see* 2,4-D SODIUM SALT
RTECS No. AH4025000 *see* ETHYLENEDIAMINE-TETRAACETIC ACID (EDTA)
RTECS No. AH5425000 *see* ETHYL ACETATE
RTECS No. AH5950000 *see* FLUOROACETIC ACID
RTECS No. AH9100000 *see* SODIUM FLUOROACETATE
RTECS No. AI4025000 *see* iso-BUTYL ACETATE
RTECS No. AI5250000 *see* LEAD ACETATE
RTECS No. AI8575000 *see* MERCURIC ACETATE
RTECS No. AJ0175000 *see* NITRILOTRIACETIC ACID
RTECS No. AJ1925000 *see* AMYL ACETATE
RTECS No. AJ2100000 *see* sec-AMYL ACETATE
RTECS No. AJ5425000 *see* THALLIUM(I) ACETATE
RTECS No. AJ8400000 *see* 2,4,5-T ACID
RTECS No. AJ8420000 *see* 2,4,5-T ESTERS (2545-59-7)
RTECS No. AJ8485000 *see* 2,4,5-T ESTERS (93-79-8)
RTECS No. AJ8520000 *see* 2,4,5-T ESTERS (25168-15-4)
RTECS No. AJ8650000 *see* 2,4,5-T SALTS
RTECS No. AJ8974000 *see* TRICLOPYR TRIETHYLAMMONIUM SALT
RTECS No. AK0875000 *see* VINYL ACETATE
RTECS No. AK1500000 *see* ZINC ACETATE
RTECS No. AK1925000 *see* ACETIC ANHYDRIDE
RTECS No. AK2975000 *see* METHOMYL
RTECS No. AL3150000 *see* ACETONE
RTECS No. AL7350000 *see* ACETONE THIOSEMICARBAZIDE
RTECS No. AL7700000 *see* ACETONITRILE
RTECS No. AM0350000 *see* FORMALDEHYDE CYANOHYDRIN
RTECS No. AM1400000 *see* BENZYL CYANIDE
RTECS No. AM4375000 *see* PHENACETIN
RTECS No. AM5250000 *see* ACETOPHENONE
RTECS No. AM6300000 *see* 2-CHLOROACETOPHENONE CHLOROALKYL ESTERS

RTECS No. AO5955000 see ACETYL BROMIDE
RTECS No. AO6390000 see ACETYL CHLORIDE
RTECS No. AO6475000 see PROPIONIC ACID
RTECS No. AO6825000 see FLUOROACETYL CHLORIDE
RTECS No. AO7140000 see TRICHLOROACETYL CHLORIDE
RTECS No. AO9600000 see ACETYLENE
RTECS No. AS1050000 see ACROLEIN
RTECS No. AS3325000 see ACRYLAMIDE
RTECS No. AS3600000 see N-METHYLOLACRYLAMIDE
RTECS No. AS4375000 see ACRYLIC ACID
RTECS No. AS6380000 see METHYL 2-CHLOROACRYLATE
RTECS No. AT0700000 see ETHYL ACRYLATE
RTECS No. AT5250000 see ACRYLONITRILE
RTECS No. AT7350000 see ACRYLYL CHLORIDE
RTECS No. AU8400000 see ADIPIC ACID
RTECS No. AU9700000 see BIS(2-ETHYLHEXYL)ADIPATE
RTECS No. AV2625000 see ADIPONITRILE
RTECS No. AY3685000 see MELPHALAN
RTECS No. BA0400000 see 1,2-PROPADIENE
RTECS No. BA5075000 see ALLYL ALCOHOL
RTECS No. BA5425000 see ALLYLAMINE
RTECS No. BD0330000 see ALUMINUM
RTECS No. BD1200000 see ALUMINUM OXIDE
RTECS No. BD1400000 see ALUMINUM PHOSPHIDE
RTECS No. BD1700000 see ALUMINUM SULFATE
RTECS No. BO0875000 see AMMONIA
RTECS No. BO8600000 see AMMONIUM BICARBONATE
RTECS No. BP1925000 see AMMONIUM CARBONATE
RTECS No. BP3675000 see C.I. FOOD RED 15
RTECS No. BP4550000 see AMMONIUM CHLORIDE
RTECS No. BP5250000 see CHLORMEQUAT CHLORIDE
RTECS No. BQ1180000 see C.I. ACID GREEN 4
RTECS No. BQ4375000 see C.I. ACID GREEN 3
RTECS No. BQ6100000 see AMMONIUM FLUOBORATE
RTECS No. BQ6300000 see AMMONIUM FLUORIDE
RTECS No. BQ9200000 see AMMONIUM BIFLUORIDE
RTECS No. BQ9625000 see AMMONIUM HYDROXIDE
RTECS No. BR9050000 see AMMONIUM NITRATE (SOLUTION)
RTECS No. BS3856000 see AMMONIUM PICRATE
RTECS No. BS4500000 see AMMONIUM SULFATE
RTECS No. BS4920000 see AMMONIUM SULFIDE
RTECS No. BW6650000 see ANILINE
RTECS No. BX0700000 see p-CHLOROANILINE
RTECS No. BX2975000 see DICHLORAN
RTECS No. BX3400000 see N,N-DIETHYLANILINE
RTECS No. BX4725000 see N,N-DIMETHYLANILINE
RTECS No. BX5470000 see PEDIMETHALIN
RTECS No. BX7350000 see 4-DIMETHYLAMINOAZOBENZENE
RTECS No. BY350000 see C.I. SOLVENT YELLOW 34
RTECS No. BY5250000 see 4,4'-METHYLENEBIS(N,N-DIMETHYL)BENZENAMINE
RTECS No. BY5425000 see 4,4'-METHYLENEDIANILINE
RTECS No. BY7000000 see p-NITROANILINE
RTECS No. BY7900000 see 4,4'-DIAMINOPHENYL ETHER
RTECS No. BY8225000 see 4-AMINOAZOBENZENE
RTECS No. BY9625000 see 4,4'-THIODIANILINE
RTECS No. BZ0700000 see ANILINE, 2,4,6-TRIMETHYL-
RTECS No. BZ5410000 see o-ANISIDINE HYDROCHLORIDE
RTECS No. BZ5410000 see o-ANISIDINE
RTECS No. BZ5450000 see p-ANISIDINE
RTECS No. BZ6720000 see p-CRESIDINE
RTECS No. BZ7175000 see 5-NITRO-o-ANISIDINE
RTECS No. BZ8580500 see 2,4-DIAMINOSOLE
RTECS No. CA1350000 see ANTHRACENE

RTECS No. CA8370000 see BARIUM
RTECS No. CB5120000 see 2-AMINOANTHRAQUINONE
RTECS No. CB5740000 see 1-AMINO-2-METHYLANTHRAQUINONE
RTECS No. CC 6825000 see ANTIMONY POTASSIUM TARTRATE
RTECS No. CC4025000 see ANTIMONY
RTECS No. CC4400000 see ANTIMONY TRIBROMIDE
RTECS No. CC4900000 see ANTIMONY TRICHLORIDE
RTECS No. CC5075000 see ANTIMONY PENTACHLORIDE
RTECS No. CC5150000 see ANTIMONY TRIFLUORIDE
RTECS No. CC5650000 see ANTIMONY TRIOXIDE
RTECS No. CD0350000 see ANTIMYCIN
RTECS No. CG0525000 see ARSENIC
RTECS No. CG0700000 see ARSENIC ACID (1327-52-2)
RTECS No. CG0830000 see CALCIUM ARSENATE
RTECS No. CG0980000 see LEAD ARSENATE (10102-48-4)
RTECS No. CG1000000 see LEAD ARSENATE (7645-25-2)
RTECS No. CG1000000 see LEAD ARSENATE (7784-40-9)
RTECS No. CG1100000 see POTASSIUM ARSENATE
RTECS No. CG1225000 see SODIUM ARSENATE
RTECS No. CG1750000 see ARSENOUS TRICHLORIDE
RTECS No. CG2275000 see ARSENIC PENTOXIDE
RTECS No. CG2638000 see ARSENIC TRISULFIDE
RTECS No. CG3325000 see ARSENIC TRIOXIDE
RTECS No. CG3380000 see CALCIUM ARSENITE
RTECS No. CG3675000 see SODIUM ARSENITE
RTECS No. CG3800000 see POTASSIUM ARSENITE
RTECS No. CG6475000 see ARSINE
RTECS No. CH2975000 see LEWISITE
RTECS No. CH5425000 see DICHLOROPHENYLARSINE
RTECS No. CH7525000 see CACODYLIC ACID
RTECS No. CH7700000 see SODIUM CACODYLATE
RTECS No. CI6475000 see ASBESTOS (FRIABLE)
RTECS No. CL6475000 see CUPRIC ACETOARSENITE
RTECS No. CM2625000 see MOLINATE
RTECS No. CM3675000 see CAPROLACTUM
RTECS No. CM8050000 see PROPYLENEIMINE
RTECS No. CN0700000 see MITOMYCIN C
RTECS No. CQ5250000 see MEVINPHOS
RTECS No. CQ6125000 see PENTOBARBITOL SODIUM
RTECS No. CU2975000 see BEN(a)ACRIDINE
RTECS No. CU8700000 see BENZAMIDE
RTECS No. CV3460000 see PRONAMIDE
RTECS No. CV9275000 see BENZ(a)ANTHRACENE
RTECS No. CW3850000 see 7,12-DIMETHYLBENZ(a)ANTHRACENE
RTECS No. CY1050000 see 4,4′-METHYLENEBIS(2-CHLOROANILINE)
RTECS No. CY1400000 see BENZENE
RTECS No. CY1576300 see FENVALERATE
RTECS No. CY2800000 see SAFROLE
RTECS No. CY3150000 see BENENEARSONIC ACID
RTECS No. CZ01750000 see CHLOROBENZENE
RTECS No. CZ4430000 see DICHLOROBENZENE (MIXED ISOMERS)
RTECS No. CZ4499000 see 1,3-DICHLOROBENZENE
RTECS No. CZ4500000 see o-DICHLOROBENZENE
RTECS No. CZ4550000 see 1,4-DICHLOROBENZENE
RTECS No. CZ5075000 see BENZAL CHLORIDE
RTECS No. CZ6300000 see TOLUENE-2,4-DIISOCYANATE
RTECS No. CZ6300000 see TOLUENEDIISOCYANATE (MIXED ISOMERS)
RTECS No. CZ6310000 see TOLUENE-2,6-DIISOCYANATE
RTECS No. CZ7340000 see DINITROBENZENE (MIXED ISOMERS)
RTECS No. CZ7350000 see m-DINITROBENZENE
RTECS No. CZ7350000 see p-DINITROBENZENE
RTECS No. CZ7450000 see o-DINITROBENZENE
RTECS No. DA0700000 see ETHYLBENZENE
RTECS No. DA2975000 see HEXACHLOROBENZENE

RTECS No. DA5950000 see ISOSAFROLE
RTECS No. DA6125000 see DIHYDROSAFROLE
RTECS No. DA6475000 see NITROBENZENE
RTECS No. DA6550000 see QUINTOZINE
RTECS No. DA6640000 see PENTACHLOROBENZENE
RTECS No. DB6620000 see CALCIUM DODECYLBENZENESULFONATE
RTECS No. DB6700000 see TRIETHANOLAMINE DODECYLBENZENE SULFONATE
RTECS No. DB6825000 see SODIUM DODECYLBENZENESULFONATE
RTECS No. DB7120000 see ZINC PHENOLSULFONATE
RTECS No. DB8750000 see BENZENESULFONYL CHLORIDE
RTECS No. DB9450000 see 1,2,4,5-TETRACHLOROBENZENE
RTECS No. DC0525000 see BENZENETHIOL
RTECS No. DC2100000 see 1,2,4-TRICHLOROBENZENE
RTECS No. DC2100000 see 2,4-DICHLOROPHENOL
RTECS No. DC3850000 see 1,3,5-TRINITROBENZENE
RTECS No. DC9625000 see BENZIDINE
RTECS No. DD0525000 see 3,3'-DICHLOROBENZIDINE
RTECS No. DD0550000 see 3,3'-DICHLOROBENZIDINE DIHYDROCHLORIDE
RTECS No. DD0875000 see 3,3'-DIMETHOXYBENZIDINE
RTECS No. DD1050000 see 3,3'-DIMETHOXYBENZIDINE DIHYDROCHLORIDE
RTECS No. DD1225000 see 3,3'-DIMETHYLBENZIDINE
RTECS No. DD1226000 see 3,3'-DIMETHYLBENZIDINE DIHYDROCHLORIDE
RTECS No. DD2275000 see CHLOROBENZILATE
RTECS No. DD6475000 see BENOMYL
RTECS No. DD7350000 see BENZIMIDAZOLE, 4,5-DICHLORO-2-(TRIFLUOROMETHYL)-
RTECS No. DD9010000 see FUBERDIAZOLE
RTECS No. DE0700000 see THIABENDAZOLE
RTECS No. DE4200000 see SACCHARIN
RTECS No. DF6300000 see BENZO(j)FLUPRANTHENE
RTECS No. DF6350000 see BENZO(k)FLUORANTHENE
RTECS No. DF6350000 see BENZO(b)FLUORANTHENE
RTECS No. DG0875000 see BENZOIC ACID
RTECS No. DG1925000 see CHLORAMBEN
RTECS No. DG3378000 see AMMONIUM BENZOATE
RTECS No. DG7525000 see DICAMBA
RTECS No. DH0175000 see C.I. BASIC RED 1
RTECS No. DI2450000 see BENZONITRILE
RTECS No. DI3150000 see BROMOXYNIL
RTECS No. DI3325000 see BROMOXYNIL OCTANOATE
RTECS No. DI3500000 see DICHLOBENIL
RTECS No. DI5775000 see DIBENZ(a,i)PYRENE
RTECS No. DI6200500 see BENZO(ghi)PERYLENE
RTECS No. DJ0250000 see MICHLER'S KETONE
RTECS No. DJ3675000 see BENZO(a)PYRENE
RTECS No. DK2625000 see QUINONE
RTECS No. DK7175000 see TRIAZIQUONE
RTECS No. DL6475000 see 2-MERCAPTOBENZOTHIAZOLE
RTECS No. DL7060000 see DITHIAZANINE IODIDE
RTECS No. DM660000 see BENZOYL CHLORIDE
RTECS No. DM8575000 see BENZOYL PEROXIDE
RTECS No. DO2625000 see EPINEPHRINE
RTECS No. DS1750000 see BERYLLIUM
RTECS No. DS2625000 see BERYLLIUM CHLORIDE
RTECS No. DS2800000 see BERYLLIUM FLUORIDE
RTECS No. DS3675000 see BERYLLIUM NITRATE
RTECS No. DU8050000 see BIPHENYL
RTECS No. DU8335000 see FLUENETIL
RTECS No. DU8925000 see 4-AMINOBIPHENYL
RTECS No. DV4725000 see OXYFLUOFEN

RTECS No. DV533000 see BIPHENYL, HEXABROM-
RTECS No. DV5600000 see 4-NITROBIPHENYL
RTECS No. DV5775000 see 2-PHENYLPHENOL
RTECS No. DV7700000 see SODIUM O-PHENYLPHENOXIDE
RTECS No. DW2010000 see PARAQUAT METHOSULFATE
RTECS No. DW2275000 see PARAQUAT DICHLORIDE
RTECS No. EC1575000 see DITHIOBIURET
RTECS No. ED1925000 see BORON TRICHLORIDE
RTECS No. ED2275000 see BORON TRIFLUORIDE
RTECS No. ED2700000 see LEAD FLUOBORATE
RTECS No. ED6040000 see ZINC BORATE
RTECS No. ED8400000 see BORON TRIFLUORIDE COMPOUND with METHYL ETHER (1:1)
RTECS No. EF8725000 see POTASSIUM BROMATE
RTECS No. EF9100000 see BROMINE
RTECS No. EH8925000 see BRUCINE
RTECS No. EI9275000 see 1,3-BUTADIENE
RTECS No. EI9625000 see CHLOROPRENE
RTECS No. EJ0700000 see HEXACHLORO-1,3-BUTADIENE
RTECS No. EJ4025000 see N-NITROSODI-n-BUTYLAMINE
RTECS No. EJ4200000 see BUTANE
RTECS No. EJ8225000 see DIEPOXYBUTANE
RTECS No. EK3675000 see 1,2-BUTYLENE OXIDE
RTECS No. EK4430000 see ISOPENTANE
RTECS No. EL6475000 see METHYL ETHYL KETONE
RTECS No. EL7100000 see TRIADIMEFON
RTECS No. EL8200000 see THIOFANOX
RTECS No. EL9450000 see METHYL ETHYL KETONE PEROXIDE
RTECS No. EM2893000 see 1-BUTENE
RTECS No. EM2893000 see BUTENE
RTECS No. EM4900000 see 1,4-DICHLORO-2-BUTENE
RTECS No. EM4903000 see trans-1,4-DICHLORO-2-BUTENE
RTECS No. EM7550000 see 2-METHYL-1-BUTENE
RTECS No. EM7600000 see 3-METHYL-1-BUTENE
RTECS No. EN0950000 see VINYL ACETYLENE
RTECS No. EO1400000 see n-BUTYL ALCOHOL
RTECS No. EO1750000 see sec-BUTYL ALCOHOL
RTECS No. EO1925000 see tert-BUTYL ALCOHOL
RTECS No. EO2975000 see BUTYLAMINE
RTECS No. EO3327000 see sec-BUTYLAMINE (13952-84-6)
RTECS No. EO3327000 see sec-BUTYLAMINE (513-49-5)
RTECS No. EO3330000 see tert-BUTYLAMINE
RTECS No. EO4200000 see SILANE, (4-AMINOBUTYL)DIETHOXYMETHYL-
RTECS No. ER9553000 see 1-BUTYNE
RTECS No. ES2275000 see BUTYRALDEHYDE
RTECS No. ES5425000 see BUTYRIC ACID
RTECS No. ES7525000 see CHLORAMBUCIL
RTECS No. ES9100000 see 2,4-DB
RTECS No. EU9935000 see CADMIUM BROMIDE
RTECS No. EV0175000 see CADMIUM CHLORIDE
RTECS No. EV1930000 see CADMIUM OXIDE
RTECS No. EV9800000 see CADMIUM
RTECS No. EV98100000 see CADMIUM ACETATE
RTECS No. EW0700000 see CALCIUM CYANIDE
RTECS No. EY8587000 see AMMONIUM CARBAMATE
RTECS No. EZ0400000 see PEBULATE
RTECS No. EZ3880000 see CARBAMODITHIOIC ACID, DIBUTYL-, SODIUM SALT
RTECS No. EZ5075000 see SULFALLATE
RTECS No. EZ6475000 see CARBAMODITHIOIC ACID, DIETHYL-, SODIUM SALT
RTECS No. EZ7260000 see THIOBENCARB
RTECS No. EZ7525000 see BUTYLATE
RTECS No. EZ8225000 see DIALLATE

RTECS No. EZ8575000 *see* TRIALLATE
RTECS No. EZ9084000 *see* DIMETILAN
RTECS No. FA0850000 *see* POTASSIUM DIMETHYLDITHIOCARBAMATE
RTECS No. FA2100000 *see* ISOPROPYLMETHYLPYRAZOYL DIMETHYLCARBAMATE
RTECS No. FA4550000 *see* ETHYL DIPROPYLTHIOCARBAMATE
RTECS No. FA6825000 *see* NABAM
RTECS No. FB8050000 *see* PROMECARB
RTECS No. FA8400000 *see* URETHANE
RTECS No. FB7875000 *see* PHENOL, 3-(1-METHYLETHYL)-, METHYLCARBAMATE
RTECS No. FB9450000 *see* CARBOFURAN
RTECS No. FB9880000 *see* FORMPARANATE
RTECS No. FC0700000 *see* MEXACARBATE
RTECS No. FC1050000 *see* TRIPATE
RTECS No. FC1140000 *see* BENDIOCARB
RTECS No. FC2100000 *see* METHAM SODIUM
RTECS No. FC2800000 *see* FORMETANATE HYDROCHLORIDE
RTECS No. FC3150000 *see* PROPOXUR
RTECS No. FC5775000 *see* METHIOCARB
RTECS No. FC595000 *see* CARBARYL
RTECS No. FC6300000 *see* N-NITROSO-N-METHYLURETHANE
RTECS No. FC8050000 *see* METOLCARB
RTECS No. FD0425000 *see* DESMEDIPHAM
RTECS No. FD3500000 *see* SODIUM DIMETHYLDITHIOCARBAMATE
RTECS No. FD4200000 *see* DIMETHYLCARBAMOYL CHLORIDE
RTECS No. FD9100000 *see* PROPHAM
RTECS No. FF2975000 *see* THIOCARBAZIDE
RTECS No. FF6650000 *see* CARBON DISULFIDE
RTECS No. FG1400000 *see* CHINOMETHIONAT
RTECS No. FG3375000 *see* ZINC CARBONATE
RTECS No. FG3675000 *see* METHYL CHLOROCARBONATE
RTECS No. FG4900000 *see* CARBON TETRACHLORIDE
RTECS No. FG6125000 *see* CARBONIC DIFLUORIDE
RTECS No. FG6400000 *see* CARBONYL SULFIDE
RTECS No. FM7870000 *see* ACETALDEHYDE, TRICHLORO-
RTECS No. FO2100000 *see* CHLORINE
RTECS No. FO3000000 *see* CHLORINE DIOXIDE
RTECS No. FS9100000 *see* CHLOROFORM
RTECS No. FX5730000 *see* CHLOROSULFONIC ACID
RTECS No. FZ3675000 *see* 3-METHYLCHOLANTHRENE
RTECS No. GA0875000 *see* CARBACHOL CHLORIDE
RTECS No. GB2450000 *see* CHROMIC ACID (7738-94-5)
RTECS No. GB2750000 *see* CALCIUM CHROMATE
RTECS No. GB2880000 *see* AMMONIUM CHROMATE
RTECS No. GB2940000 *see* POTASSIUM CHROMATE
RTECS No. GB2955000 *see* SODIUM CHROMATE
RTECS No. GB3240000 *see* STRONTIUM CHROMATE
RTECS No. GB4200000 *see* CHROMIUM
RTECS No. GB5250000 *see* CHROMOUS CHLORIDE
RTECS No. GB5425000 *see* CHROMIC CHLORIDE
RTECS No. GB6650000 *see* CHROMIC ACID (ESTER) (11115-74-5)
RTECS No. GB7200000 *see* CHROMIC SULFATE
RTECS No. GC0700000 *see* CHRYSENE
RTECS No. GC1575000 *see* 5-METHYLCHRYSENE
RTECS No. GC1575000 *see* C.I. FOOD RED 5
RTECS No. GC1575000 *see* METHOXONE SODIUM SALT
RTECS No. GE7540000 *see* FERRIC AMMONIUM CITRATE
RTECS No. GE7573000 *see* AMMONIUM CITRATE, DIBASIC
RTECS No. GF8615000 *see* CREOSOTE
RTECS No. GF8750000 *see* COBALT
RTECS No. GF9595000 *see* COBALTOUS BROMIDE
RTECS No. GG0300000 *see* COBALT CARBONYL

RTECS No. GG0575000 see COBALT, ((2,2'-(1,2-ETHANEDIYL-BIS(NITRILOMETHYLIDYNE))BIS(6-FLUOROPHENOLATO))(2)-
RTECS No. GG0590000 see SALCOMINE
RTECS No. GH0700000 see COLCHICINE
RTECS No. GL5325000 see COPPER
RTECS No. GL7150000 see COPPER CYANIDE
RTECS No. GL7237000 see CUPRIC CHLORIDE
RTECS No. GL7375000 see C.I. DIRECT BROWN 95
RTECS No. GL8800000 see CUPRIC SULFATE
RTECS No. GN4550000 see WARFARIN
RTECS No. GN4725000 see WARFARIN SODIUM
RTECS No. GN493470000 see BROMADIOLONE
RTECS No. GN63000000 see COUMAPHOS
RTECS No. GO5950000 see CRESOL (MIXED ISOMERS)
RTECS No. GO6125000 see m-CRESOL
RTECS No. GO6300000 see o-CRESOL
RTECS No. GO6475000 see p-CRESOL
RTECS No. GO7100000 see p-CHLORO-m-CRESOL
RTECS No. GO9625000 see 4,6-DINITRO-o-CRESOL
RTECS No. GP3325000 see PHENOL, 2,2'-THIOBIS(4-CHLORO-6-METHYL-
RTECS No. GP9499000 see CROTONALDEHYDE, (E)
RTECS No. GP9625000 see CROTONALDEHYDE
RTECS No. GQ4750000 see PROPETAMPHOS
RTECS No. GQ9450000 see AMMONIUM SILICOFLUORIDE
RTECS No. GR8575000 see CUMENE
RTECS No. GS6000000 see CALCIUM CYANAMIDE
RTECS No. GS7175000 see CYANIDE
RTECS No. GT1925000 see CYANOGEN
RTECS No. GT2100000 see CYANOGEN BROMIDE
RTECS No. GT2275000 see CYANOGEN CHLORIDE
RTECS No. GU6300000 see CYCLOHEXANE
RTECS No. GU720000 see CYCLOATE
RTECS No. GV3500000 see α-HEXACHLOROCYCLOHEXANE
RTECS No. GV4375000 see β-HEXACHLOROCYCLOHEXANE
RTECS No. GV4550000 see β-HEXACHLOROCYCLOHEXANE
RTECS No. GV4900000 see LINDANE
RTECS No. GV6600000 see NITROCYCLOHEXANE
RTECS No. GV7875000 see CYCLOHEXANOL
RTECS No. GW1050000 see CYCLOHEXANONE
RTECS No. GW5075000 see CAPTAN
RTECS No. GW7191000 see SETHOXYDIM
RTECS No. GW71910000 see QUIZALOFOP-ETHYL
RTECS No. GW7700000 see ISOPHORONE
RTECS No. GX0700000 see CYCLOHEXYLAMINE
RTECS No. GY1225000 see HEXACHLOROCYCLOPENTADIENE
RTECS No. GZ0690000 see CYCLOPROPANE
RTECS No. GZ1725000 see PYRETHRINS (121-21-1)
RTECS No. GZ1730000 see TETRAMETHRIN
RTECS No. GZ2070000 see PYRETHRINS (121-29-9)
RTECS No. HB7875000 see DAUNOMYCIN
RTECS No. HD1400000 see DECABORANE(14)
RTECS No. HN0875000 see DIBENZ(a,h)ACRIDINE
RTECS No. HN1050000 see DIBENZ(a,j)ACRIDINE
RTECS No. HN2625000 see DIBENZ(a,h)ANTHRACINE
RTECS No. HO5600000 see 7H-DIBENZO(c,g)CARBAZOLE
RTECS No. HO5775000 see DIBENZO(a,h)PYRENE
RTECS No. HO6125000 see DIBENZO(a,l)PYRENE
RTECS No. HO7030000 see C.I. VAT YELLOW 4
RTECS No. HP3500000 see 2,3,7,8-TETRACHLORODIBENZO-p-DIOXIN (TCDD)
RTECS No. HP4430000 see DIBENZOFURAN
RTECS No. HQ9275000 see DIBORANE
RTECS No. HX7650000 see AMMONIUM BICHROMATE
RTECS No. HX7680000 see POTASSIUM BICHROMATE

RTECS No. HX7700000 see SODIUM BICHROMATE
RTECS No. HZ8750000 see DIETHYLAMINE
RTECS No. IA1750000 see NITROGEN MUSTARD
RTECS No. IA3500000 see N-NITROSODIETHYLAMINE
RTECS No. IH2275000 see DIGITOXIN
RTECS No. IH6125000 see DIGOXIN
RTECS No. IO1575000 see ENDRIN
RTECS No. IO1750000 see DIELDRIN
RTECS No. IO1925000 see ISODRIN
RTECS No. IO2100000 see ALDRIN
RTECS No. IP8750000 see DIMETHYLAMINE
RTECS No. IQ0525000 see N-NITROSODIMETHYLAMINE
RTECS No. JG8225000 see 1,4-DIOXANE
RTECS No. JJ7800000 see DIPHENYLAMINE
RTECS No. JJ9800000 see N-NITRSOPHENYLAMINE
RTECS No. JK0175000 see p-NITROSODIPHENYLAMINE
RTECS No. JL9200000 see DIPROPYLAMINE
RTECS No. JL9700000 see N-NITROSODI-N-PROPYLAMINE
RTECS No. JM5685000 see DIQUAT (2764-72-9)
RTECS No. JM5690000 see DIQUAT (85-00-7)
RTECS No. JN8750000 see BIS(TRIBUTYLTIN)OXIDE
RTECS No. JN8770000 see FENBUTATIN OXIDE
RTECS No. JO1225000 see DISULFIRAM
RTECS No. JO1400000 see THIRAM
RTECS No. JP1050000 see MEPHOSFOLAN
RTECS No. JP2105000 see ZINC HYDROSULFITE
RTECS No. JY5250000 see EMETINE, DIHYDROCHLORIDE
RTECS No. KE1050000 see ERGOCALCIFEROL
RTECS No. KE8225000 see ERGOTAMINE TARTRATE
RTECS No. KH2100000 see ETHANAMINE
RTECS No. KH3800000 see ETHANE
RTECS No. KH7525000 see CHLOROETHANE
RTECS No. KH7650000 see 1-CHLORO-1,1-DIFLUOROETHANE
RTECS No. KH7877500 see MONOCHLOROPENTAFLUOROETHANE
RTECS No. KH8000000 see CHLOROTETRAFLUOROETHANE
RTECS No. KH8008500 see 2-CHLORO-1,1,1-TRIFLUOROETHANE
RTECS No. KH8750000 see ETHYLENEDIAMINE
RTECS No. KH9275000 see 1,2-DIBROMOETHANE
RTECS No. KH9370000 see DIBROMOTETRAFLUOROETHANE
RTECS No. KI0525000 see 1,2-DICHLOROETHANE
RTECS No. KI0700000 see DDD
RTECS No. KI1101000 see DICHLOROTETRAFLUOROETHANE
RTECS No. KI1410000 see DIFLUOROETHANE
RTECS No. KI4025000 see HEXACHLOROETHANE
RTECS No. KI5775000 see ETHYL ETHER
RTECS No. KI6300000 see PENTACHLOROETHANE
RTECS No. KI8050000 see ETHANESULFONYL CHLORIDE, 2-CHLORO-
RTECS No. KI8450000 see 1,1,1,2-TETRACHLOROETHANE
RTECS No. KI8450000 see 1,1,2,2,-TETRACHLOROETHANE
RTECS No. KI9625000 see ETHYL MERCAPTAN
RTECS No. KJ2975000 see 1,1,1-TRICHLOROETHANE
RTECS No. KJ3150000 see 1,1,2-TRICHLOROETHANE
RTECS No. KJ3325000 see DDT
RTECS No. KJ3675000 see METHOXYCHLOR
RTECS No. KJ4000000 see FREON 113
RTECS No. KJ4301050 see THIODICARB
RTECS No. KK0875000 see CHLOROETHANOL
RTECS No. KK4200000 see ETHANOL, 1,2-DICHLORO-, ACETATE
RTECS No. KK8050000 see 2-ETHOXYETHANOL
RTECS No. KL1575000 see ETHYLENE FLUROHYDRIN
RTECS No. KL2975000 see DIETHANOLAMINE
RTECS No. KL5775000 see 2-METHOXYETHANOL
RTECS No. KL9550000 see N-NITROSODIETHANOLAMINE
RTECS No. KN0875000 see BIS(2-CHLOROETHYL)ETHER

RTECS No. KN1575000 see BIS(CHLOROMETHYL)ETHER
RTECS No. KN1750000 see BIS(2-CHLORO-1-METHYLETHYL)ETHER
RTECS No. KN2350000 see DIGLYCIDYL ETHER
RTECS No. KN3525000 see DECABROMODIPHENYL OXIDE
RTECS No. KN5250000 see METHYL tert-BUTYL ETHER
RTECS No. KN630000 see 2-CHLOROETHYL VINYL ETHER
RTECS No. KN6650000 see CHLOROMETHYL METHYL ETHER
RTECS No. KN8400000 see NITROFEN
RTECS No. KO0710000 see VINYL ETHYL ETHER
RTECS No. KO2300000 see VINYL METHYL ETHER
RTECS No. KU5340000 see ETHYLENE
RTECS No. KU8400000 see VINYL BROMIDE
RTECS No. KU8830000 see BROMOTRIFLUORETHYLENE
RTECS No. KU9625000 see VINYL CHLORIDE
RTECS No. KV0525000 see TRIFLUOROCHLOROETHYLENE
RTECS No. KV9275000 see ETHYLIDENE DICHLORIDE
RTECS No. KV9275000 see VINYLIDENE CHLORIDE
RTECS No. KV940000 see 1,2-DICHLOROETHYLENE (156-60-5)
RTECS No. KV9400000 see 1,2-DICHLOROETHYLENE (540-59-0)
RTECS No. KV9450000 see DDE (3547-04-4)
RTECS No. KW0560000 see VINYLIDENE FLUORIDE
RTECS No. KW2975000 see ETHYLENE GLYCOL
RTECS No. KX2450000 see ETHYLENE OXIDE
RTECS No. KX3850000 see TETRACHLOROETHYLENE
RTECS No. KX4010000 see TETRAFLUOROETHYLENE
RTECS No. KX4550000 see TRICHLOROETHYLENE
RTECS No. KX5075000 see ETHYLENEIMINE
RTECS No. LI8932000 see FERRIC AMMONIUM OXALATE (55488-87-4)
RTECS No. LJ9100000 see FERRIC CHLORIDE
RTECS No. LL4025000 see FLUORANTHENE
RTECS No. LM6475000 see FLUORINE
RTECS No. LP8925000 see FORMALDEHYDE
RTECS No. LQ2100000 see DIMETHYLFORMAMIDE
RTECS No. LQ4900000 see FORMIC ACID
RTECS No. LQ5950000 see CHLOROETHYL CHLOROFORMATE
RTECS No. LQ6125000 see ETHYL CHLOROFORMATE
RTECS No. LQ6475000 see ISOPROPYL CHLOROFORMATE
RTECS No. LQ6830000 see PROPYL CHLOROFORMATE
RTECS No. LQ7450000 see COBALTOUS FORMATE
RTECS No. LQ8925000 see METHYL FORMATE
RTECS No. LR0550000 see ZINC FORMATE
RTECS No. LS9625000 see FUMARIC ACID
RTECS No. LT7000000 see FURFURAL
RTECS No. LT8524000 see FURAN
RTECS No. LU5950000 see FURAN, TETRAHYDRO-
RTECS No. LW9100000 see GALLIUM TRICHLORIDE
RTECS No. LZ5775000 see D-GLUCOSE, 2-DEOXY-2-((METHYLNITROSOAMINO)CARBONYL)AMINO)-
RTECS No. MA1050000 see AMINOPTERIN
RTECS No. MA4375000 see CYCLOHEXIMIDE
RTECS No. MA5599000 see 1-BROMO-1-(BROMOMETHYL)-1,3-PROPANEDICARBONITRILE
RTECS No. MB3150000 see GLYCIDYLALDEHYDE
RTECS No. MB9200000 see DIETHATYL ETHYL
RTECS No. MF1750000 see DODINE
RTECS No. MF4200000 see GUANIDINE, N-METHYL-N'-NITRO-N-NITROSO-
RTECS No. MN9275000 see n-HEXANE
RTECS No. MO1250000 see HEXAMETHYLENEDIAMINE, N,N'-DIBUTYL-
RTECS No. MO1740000 see HEXAMETHYLENE-1,6-DIISOCYANATE
RTECS No. MU1050000 see PHENYTOIN
RTECS No. MU7175000 see HYDRAZINE
RTECS No. MV2450000 see 1,1-DIMETHYL HYDRAZINE
RTECS No. MV2625000 see HYDRAZINE, 1,2-DIMETHYL-
RTECS No. MV2775000 see HYDRAZINE, 1,2-DIETHYL-

RTECS No. MV5600000 see METHYL HYDRAZINE
RTECS No. MV9000000 see PHENYLHYDRAZINE HYDROCHLORIDE
RTECS No. MV9625000 see HYDRAZINE SULFATE
RTECS No. MW2625000 see 1,2-DIPHENYLHYDRAZINE
RTECS No. MW4025000 see HYDROCHLORIC ACID
RTECS No. MW6825000 see HYDROGEN CYANIDE
RTECS No. MW7890000 see HYDROGEN FLUORIDE
RTECS No. MW8900000 see HYDROGEN
RTECS No. MX0900000 see HYDROGEN PEROXIDE
RTECS No. MX1050000 see HYDROGEN SELENIDE
RTECS No. MX1225000 see HYDROGEN SULFIDE
RTECS No. MX2450000 see CUMENE HYDROPEROXIDE
RTECS No. MX3500000 see HYDROQUINONE
RTECS No. NC4725000 see CUPFERRON
RTECS No. NH3485000 see CALCIUM HYPOCHLORITE
RTECS No. NH3486300 see SODIUM HYPOCHLORITE
RTECS No. NI47760000 see IMAZALIL
RTECS No. NI9625000 see ETHYLENE THIOUREA
RTECS No. NJ6475000 see PHOSFOLAN
RTECS No. NJ6490000 see FOSTHIETAN
RTECS No. NK5335000 see CHLOROPHACINONE
RTECS No. NK5600000 see DIPHACIONE
RTECS No. NK9300000 see INDENO(1,2,3-cd)PYRENE
RTECS No. NN1750000 see CYANOGEN IODIDE
RTECS No. NO4900000 see IRON PENTACARBONYL
RTECS No. NO5400000 see FERROUS CHLORIDE
RTECS No. NO6865000 see FERRIC FLUORIDE
RTECS No. NO8500000 see FERROUS SULFATE (7720-78-7)
RTECS No. NO8505000 see FERRIC SULFATE
RTECS No. NO8510000 see FERROUS SULFATE (7782-63-0)
RTECS No. NO8750000 see FERBAM
RTECS No. NP9625000 see ISOBUTYL ALCOHOL
RTECS No. NP9900000 see iso-BUTYLAMINE
RTECS No. NQ4025000 see ISOBUTYRALDEHYDE
RTECS No. NQ8575000 see p-CHLOROPHENOL ISOCYANATE
RTECS No. NQ8760000 see ISOCYANIC ACID-3,4-DICHLOROPHENYL ESTER
RTECS No. NQ8800000 see 3,3'-DIMETHOXYBENZIDINE-4,4'-DIISOCYANATE
RTECS No. NQ9250000 see 1,1-METHYLENEBIS(4-ISOCYANATOCYCLOHEXANE)
RTECS No. NQ9350000 see METHYLBIS(PHENYLISOCYANATE)
RTECS No. NQ9370000 see 1-(3-CHLORALLYL)-3,5,7-TRIAZA-1-AZONIAADAMANTANE CHLORIDE
RTECS No. NQ9370000 see ISOPHORONE DIISOCYANATE
RTECS No. NQ9450000 see METHYL ISOCYANATE
RTECS No. NS9800000 see iso-AMYL ACETATE
RTECS No. NT2600000 see CHLOROTHALONIL
RTECS No. NT4037000 see ISOPRENE
RTECS No. NT8050000 see ISOPROPYL ALCOHOL
RTECS No. NT8400000 see ISOPROPYLAMINE
RTECS No. NX9150000 see BITOSCANTE
RTECS No. NY3325000 see MUSCIMOL
RTECS No. OD8225000 see LACTONITRILE
RTECS No. OD9275000 see 2-METHYLLACTONITRILE
RTECS No. OE7875000 see LASIOCARPINE
RTECS No. OF7525000 see LEAD
RTECS No. OF8750000 see LEAD SUBACETATE
RTECS No. OF9450000 see LEAD CHLORIDE
RTECS No. OG1225000 see LEAD FLUORIDE
RTECS No. OG1515000 see LEAD IODIDE
RTECS No. OG2100000 see LEAD NITRATE
RTECS No. OG3675000 see LEAD PHOSPHATE
RTECS No. OG4375000 see LEAD SULFATE (7446-14-2)

RTECS No. OG4550000 see LEAD SULFIDE
RTECS No. OJ5800000 see LITHIUM CARBONATE
RTECS No. OJ6300000 see LITHIUM HYDRIDE
RTECS No. OM9625000 see MALEIC ACID
RTECS No. ON3675000 see MALEIC ANHYDRIDE
RTECS No. OO1770000 see THALLOUS MALONATE
RTECS No. OO3150000 see MALONONITRILE
RTECS No. OO9275000 see MANGANESE
RTECS No. OO9720000 see MANGANESE TRICARBONYL METHYLCYCLOPENTADIENYL
RTECS No. OP0700000 see MANEB
RTECS No. OV4550000 see MERCURY
RTECS No. OV6300000 see METHOXYMETHYLMERCURIC ACETATE
RTECS No. OV6475000 see PHENYLMERCURY ACETATE
RTECS No. OV9100000 see MERCURIC CHLORIDE
RTECS No. OW1515000 see MERCURIC CYANIDE
RTECS No. OW1750000 see METHYLMERCURIC DICYANAMIDE
RTECS No. OW4050000 see MERCURY FULMINATE
RTECS No. OW8000000 see MERCUROUS NITRATE (10415-75-5)
RTECS No. OW8225000 see MERCURIC NITRATE
RTECS No. OW8750000 see MERCURIC OXIDE
RTECS No. OX0500000 see MERCURIC SULFATE
RTECS No. OX0525000 see NITRIC OXIDE
RTECS No. OY3675000 see SODIUM PHOSPHATE, TRIBASIC (10124-56-8)
RTECS No. OY4025000 see SODIUM PHOSPHATE, TRIBASIC (7758-84-4)
RTECS No. OZ4550000 see ETHYL METHACRYLATE
RTECS No. OZ4950000 see METHACRYLOYLOXYETHYL ISOCYANATE
RTECS No. OZ5075000 see METHYL METHACRYLATE
RTECS No. OZ5700000 see METHACRYLIC ANHYDRIDE
RTECS No. OZ5791000 see METHACRYLOYL CHLORIDE
RTECS No. PA1490000 see METHANE
RTECS No. PA3675000 see BIS(2-CHLOROETHOXY)METHANE
RTECS No. PA4900000 see BROMOMETHANE
RTECS No. PA5130000 see DICHLOROBROMOMETHANE
RTECS No. PA5270000 see BROMOCHLORODIFLUOROMETHANE
RTECS No. PA5425000 see BROMOTRIFLUOROMETHANE
RTECS No. PA6300000 see CHLOROMETHANE
RTECS No. PA6350000 see TRIMETHYLAMINE
RTECS No. PA6360000 see CHLORODIBROMOMETHANE
RTECS No. PA6390000 see CHLORODIFLUOROMETHANE
RTECS No. PA6410000 see CHLOROTRIFLUOROMETHANE
RTECS No. PA7000000 see DIAZOMETHANE
RTECS No. PA7350000 see METHYLENE BROMIDE
RTECS No. PA8050000 see DICHLOROMETHANE
RTECS No. PA8200000 see DICHLORODIFLUOROMETHANE
RTECS No. PA8400000 see DICHLOROFLUOROMETHANE
RTECS No. PA9450000 see METHYL IODIDE
RTECS No. PA9625000 see METHYL ISOTHIOCYANATE
RTECS No. PB0370000 see PERCHLOROMETHYL MERCAPTAN
RTECS No. PB2100000 see ETHYL METHANESULFONATE
RTECS No. PB2625000 see METHYLMETHANESULFONATE
RTECS No. PB2975000 see METHANESULFONYL FLUORIDE
RTECS No. PB4025000 see TETRANITROMETHANE
RTECS No. PB4375000 see METHYL MERCAPTAN
RTECS No. PB5600000 see BROMOFORM
RTECS No. PB6125000 see TRICHLOROFLUOROMETHANE
RTECS No. PB6300000 see CHLOROPICRIN
RTECS No. PB9450000 see HEPTACHLOR EPOXIDE
RTECS No. PB9800000 see CHLORDANE
RTECS No. PC0700000 see HEPTACHLOR
RTECS No. PC1050000 see DICYCLOPENTADIENE
RTECS No. PC1225000 see ISOBENZAN
RTECS No. PC1400000 see METHANOL
RTECS No. PC3570000 see SODIUM METHYLATE

RTECS No. PC8575000 see KEPONE
RTECS No. PF6300000 see METHANAMINE
RTECS No. PM4780000 see METHYL ETHER
RTECS No. QA4725000 see MOLYBDENUM TRIOXIDE
RTECS No. QE7525000 see N-NITROSOMORPHOLINE
RTECS No. QJ0525000 see NAPHTHALENE
RTECS No. QJ2275000 see 2-CHLORONAPHTHALENE
RTECS No. QJ6160000 see C.I. DIRECT BLACK 38
RTECS No. QJ6400000 see C.I. DIRECT BLUE 6
RTECS No. QJ6475000 see TRYPAN BLUE
RTECS No. QJ6475500 see C.I. ACID RED 114
RTECS No. QJ7350000 see HEXACHLORONAPHTHALENE
RTECS No. QK0250000 see OCTACHLORONAPHTHALENE
RTECS No. QK8750000 see NAPHTHENIC ACID
RTECS No. QL0175000 see DIBENZO(a,e)PYRENE
RTECS No. QL4900000 see C.I. SOLVENT YELLOW 14
RTECS No. QL5850000 see C.I. SOLVENT ORANGE 7
RTECS No. QL7525000 see DICHLONE
RTECS No. QL7750000 see 1,4-NAPHTHOQUINONE
RTECS No. QM1400000 see α-NAPHTHYLAMINE
RTECS No. QM2450000 see CHLORNAPHAZINE
RTECS No. QM2900000 see β-NAPHTHYLAMINE
RTECS No. QN9800000 see NITROGEN DIOXIDE (10102-44-0)
RTECS No. QR5950000 see NICKEL
RTECS No. QR6300000 see NICKEL CARBONYL
RTECS No. QR6475000 see NICKEL CHLORIDE (see 7718-54-9)
RTECS No. QR6495000 see NICKEL CYANIDE
RTECS No. QR7040000 see NICKEL HYDROXIDE
RTECS No. QR7200000 see NICKEL NITRATE (13138-45-9)
RTECS No. QR9400000 see NICKEL SULFATE
RTECS No. QS5250000 see NICOTINE
RTECS No. QS9625000 see NICOTINE SULFATE
RTECS No. QU5775000 see NITRIC ACID
RTECS No. QU7400000 see CUPRIC NITRATE
RTECS No. QU8915000 see FERRIC NITRATE
RTECS No. QX1575000 see NITROGEN DIOXIDE (10544-72-6)
RTECS No. QX2100000 see NITROGLYCERIN
RTECS No. RA0810000 see ETHYL NITRITE
RTECS No. RA1225000 see SODIUM NITRITE
RTECS No. RB7700000 see BICYCLO(2.2.1)HEPTANE-2-CARBONITRILE, 5-CHLORO-6-((((METHYAMINO)CARBONYL)OXY)IMINO)-,(1ST-(1-α,2-β,4-.alpha.,5-α,6e))-
RTECS No. RB8750000 see NORBORMIDE
RTECS No. RB9000000 see CHLORENDIC ACID
RTECS No. RB9150000 see ENDOSULFAN SULFATE
RTECS No. RB9275000 see ENDOSULFAN
RTECS No. RG1050000 see CADMIUM STEARATE
RTECS No. RN1140000 see OSMIUM TETROXIDE
RTECS No. RN3675000 see OUABAIN
RTECS No. RN8223400 see DIPOTASSIUM ENDOTHALL
RTECS No. RN8575000 see CANTHARIDIN
RTECS No. RO0874000 see OXYDIAZON
RTECS No. RO2670000 see CUPRIC OXALATE
RTECS No. RO2750000 see AMMONIUM OXALATE (14258-49-2)
RTECS No. RP2300000 see OXAMYL
RTECS No. RP4550000 see CARBOXIN
RTECS No. RP5425000 see 1,3-PROPANE SULTONE
RTECS No. RP5950000 see CYCLOPHOSPHAMIDE
RTECS No. RP8530000 see VINCLOZOLINACETATE de VINYLE (French) VINYL ACETATE
RTECS No. RQ6826000 see OXETANE, 3,3-BIS(CHLOROMETHYL)-
RTECS No. RQ7350000 see beta-PROPIOLACTONE
RTECS No. RS8225000 see OZONE
RTECS No. RTECS No. RO0835000 see METHAZOLE

RTECS No. RV0540000 see PARAFORMALDEHYDE
RTECS No. RY8925000 see PENTABORANE
RTECS No. RZ2120000 see PENTADECYLAMINE
RTECS No. RZ2464000 see 1,3-PENTADIENE
RTECS No. RZ9450000 see PENTANE
RTECS No. SA3320000 see 2,2,4-TRIMETHYLPENTANE
RTECS No. SA9275000 see METHYL ISOBUTYL KETONE
RTECS No. SD6475000 see POTASSIUM PERMANGANATE
RTECS No. SD8750000 see PERACETIC ACID
RTECS No. SF7175000 see PHENANTHRENE
RTECS No. SH4025000 see BENZENEETHANAMINE, α,α-DIMETHY-
RTECS No. SH9450000 see AMPHETAMINE
RTECS No. SJ3325000 see PHENOL
RTECS No. SJ9800000 see DINITROBUTYL PHENOL
RTECS No. SK0160000 see DINOTERB
RTECS No. SK2625000 see 2-CHLOROPHENOL
RTECS No. SK6650000 see 2-CYCLOHEXYL-4,6-DINITROPHENOL
RTECS No. SK8750000 see 2,6-DICHLOROPHENOL
RTECS No. SL2625000 see DINITROPHENOL
RTECS No. SL2800000 see 2,4-DINITROPHENOL
RTECS No. SL2900000 see 2,5-DINITROPHENOL
RTECS No. SL2975000 see 2,6-DINITROPHENOL
RTECS No. SL6300000 see 4,4'-ISOPROPYLIDENEDIPHENOL
RTECS No. SM0175000 see DICHLOROPHENE
RTECS No. SM0700000 see HEXACHLOROPHENE
RTECS No. SM1925000 see m-NITROPHENOL
RTECS No. SM2100000 see 2-NITROPHENOL
RTECS No. SM2275000 see p-NITROPHENOL
RTECS No. SM3000000 see PENTACHLOROPHENOL
RTECS No. SM9275000 see 2,3,4,6-TETRACHLOROPHENOL
RTECS No. SN1300000 see 2,3,6-TRICHLOROPHENOL
RTECS No. SN1400000 see 2,4,5-TRICHLOROPHENOL
RTECS No. SN1575000 see 2,4,6-TRICHLOROPHENOL
RTECS No. SN1650000 see 3,4,5-TRICHLOROPHENOL
RTECS No. SP6790000 see PHENOXARSINE. 10,10'-OXYDI-
RTECS No. SS7700000 see 1,3-PHENYLENEDIAMINE
RTECS No. SS7875000 see 1,2-PHENYLENEDIAMINE
RTECS No. SS8050000 see p-PHENYLENEDIAMINE
RTECS No. ST0874000 see DIMETHYL-p-PHENYLENEDIAMINE
RTECS No. ST2705000 see 2,4-DIAMINOSOLE, SULFATE
RTECS No. SY5600000 see PHOSGENE
RTECS No. SY7525000 see PHOSPHINE
RTECS No. TA0700000 see TRICHLORFON
RTECS No. TA1400000 see TRIAMIPHOS
RTECS No. TA1840000 see METHYL PHOSPHONIC DICHLORIDE
RTECS No. TA5950000 see FONOFOS
RTECS No. TA8400000 see SARIN
RTECS No. TB1090000 see PHOSPHONOTHIOIC ACID, METHYL-, S(2-(BIS(1-METHYLETHYL)AMINOETHYL) o-ETHYL ESTER
RTECS No. TB1160000 see PHOSPHONOTHIOIC ACID, METHYL-, O-ETHYL O-(4-(METHYLTHIO)PHENYL)ESTER
RTECS No. TB1680000 see PHOSPHONOTHIOIC ACID, METHYL-, O-(4-NI-TROPHENYL) O-PHENYL ESTER
RTECS No. TB1720000 see LEPTOPHOS
RTECS No. TB1925000 see EPN
RTECS No. TB3675000 see FENAMIPHOS
RTECS No. TB4550000 see TABUN
RTECS No. TB4725000 see PHOSACETIM
RTECS No. TB4760000 see ACEPHATE
RTECS No. TB4970000 see METHAMIDOPHOS
RTECS No. TB6125000 see PHOSPHORUS PENTACHLORIDE
RTECS No. TB6300000 see PHOSPHORIC ACID
RTECS No. TB8750000 see CHLORFENVINFOS
RTECS No. TB9100000 see TETRACHLORVINPHOS

RTECS No. TB9450000 *see* NALED
RTECS No. TC0350000 *see* DICHLORVOS
RTECS No. TC2275000 *see* DIETHYL-p-NITROPHENYL PHOSPHATE
RTECS No. TC2800000 *see* PHOSPHAMIDON
RTECS No. TC3850000 *see* DICROTOPHOS
RTECS No. TC4375000 *see* MONOCROPTOPHOS
RTECS No. TC5075000 *see* PHOSPHORIC ACID, DIMETHYL 4-(METHYL-THIO)PHENYL ESTER
RTECS No. TC5725000 *see* SODIUM PHOSPHATE, DIBASIC (10039-32-4)
RTECS No. TC9490000 *see* SODIUM PHOSPHATE, TRIBASIC (7601-54-9)
RTECS No. TC9575000 *see* SODIUM PHOSPHATE, TRIBASIC (10101-89-0)
RTECS No. TD0875000 *see* HEXAMETHYLPHOSPHORAMIDE
RTECS No. TD1400000 *see* DIETHYL CHLOROPHOSPHATE
RTECS No. TD1830000 *see* DIMETHYL CHLOROTHIOPHOSPHATE
RTECS No. TD4025000 *see* DIMEFOX
RTECS No. TD5165000 *see* DIALIFOR
RTECS No. TD5170000 *see* CHLORMEPHOS
RTECS No. TD5250000 *see* CARBOPHENOTHION
RTECS No. TD6125000 *see* METHYL PHENKAPTON
RTECS No. TD7200000 *see* TERBUFOS
RTECS No. TD8400000 *see* AZINPHOS-ETHYL
RTECS No. TD8600000 *see* OXYDISULFOTON
RTECS No. TD9275000 *see* DISULFOTON
RTECS No. TD9450000 *see* PHORATE
RTECS No. TE1050000 *see* FORMOTHION
RTECS No. TE1750000 *see* DIMETHOATE
RTECS No. TE1925000 *see* AZINPHOS-METHYL
RTECS No. TE2100000 *see* METHIDATHION
RTECS No. TE2275000 *see* PHOSMET
RTECS No. TE3350000 *see* DIOXATHION
RTECS No. TE4025000 *see* ETHOPROP
RTECS No. TE4165000 *see* SULPROFOS
RTECS No. TE4550000 *see* ETHION
RTECS No. TE5075000 *see* DIISOPROPYLFLUOROPHOSPHATE
RTECS No. TE9675000 *see* PROFENOFOS
RTECS No. TF0525000 *see* AMITON
RTECS No. TF1400000 *see* AMITON OXYLATE
RTECS No. TF1410000 *see* PRIMIPHOS METHYL
RTECS No. TF1590000 *see* CHLORTHIOPHOS
RTECS No. TF1610000 *see* PIRIMFOS-ETHYL
RTECS No. TF3150000 *see* DEMETON
RTECS No. TF33450000 *see* DIAZINON
RTECS No. TF3850000 *see* FENSULFOTHION
RTECS No. TF4550000 *see* PARATHION
RTECS No. TF5635000 *see* TRIAZOFOS
RTECS No. TF5775000 *see* ZINOPHOS
RTECS No. TF6300000 *see* CHLORPYRIFOS
RTECS No. TF6890000 *see* TEMEPHOS
RTECS No. TF7600000 *see* CYANOPHOS
RTECS No. TF7640000 *see* FAMPHUR
RTECS No. TF8225000 *see* ENDOTHION
RTECS No. TF9450000 *see* PHOSPHOROTHIOIC ACID, O,O-DIMETHYL-S-(2-(METHYLTHIO)ETHYL)ESTER
RTECS No. TF9625000 *see* FENTHION
RTECS No. TG0175000 *see* METHYL PARATHION
RTECS No. TG0700000 *see* CHLORPYRIFOS METHYL
RTECS No. TG1420000 *see* OXYDEMETON METHYL
RTECS No. TG1750000 *see* DEMETON-s-METHYL
RTECS No. TG5425000 *see* S,S,S-TRIBUTYLTRITHIOPHOSPHATE
RTECS No. TH3500000 *see* PHOSPHORUS
RTECS No. TH3675000 *see* PHOSPHORUS TRICHLORIDE
RTECS No. TH3945000 *see* PHOSPHORUS PENTOXIDE
RTECS No. TH4375000 *see* SULFUR PHOSPHIDE
RTECS No. TH4897000 *see* PHOSPHORUS OXYCHLORIDE

RTECS No. TH9990000 see BUTYL BENZYL PHTHALATE
RTECS No. TI0350000 see DI(2-ETHYLHEXYL)PHTHALATE
RTECS No. TI0875000 see DIBUTYL PHTHALATE
RTECS No. TI1050000 see DIETHYL PHTHALATE
RTECS No. TI1300000 see DI-n-OCTYLPHTHALATE
RTECS No. TI1575000 see DIMETHYL PHTHALATE
RTECS No. TI3150000 see PHTHALIC ANHYDRIDE
RTECS No. TI5685000 see FOLPET
RTECS No. TJ2100000 see PHYSOSTIGMINE
RTECS No. TJ2450000 see PHYSOSTIGMINE, SALICYLATE (1:1)
RTECS No. TJ4900000 see 2-METHYLPYRIDINE
RTECS No. TJ7520000 see PICLORAM
RTECS No. TJ7875000 see PICRIC ACID
RTECS No. TJ9100000 see PICROTOXIN
RTECS No. TK9200000 see TRIFORINE
RTECS No. TL1225000 see DIETHYLCARBAMAZINE CITRATE
RTECS No. TM3500000 see PIPERIDINE
RTECS No. TN2100000 see N-NITROSOPIPERIDINE
RTECS No. TP4550000 see TETRAETHYL LEAD
RTECS No. TP4725000 see TETRAMETHYL LEAD
RTECS No. TQ1350000 see POYLCHLORINATED BIPHENYLS
RTECS No. TQ1352000 see AROCLOR 1221
RTECS No. TQ1354000 see AROCLOR 1232
RTECS No. TQ1356000 see AROCLOR 1224
RTECS No. TQ13580000 see AROCLOR 1248
RTECS No. TQ1360000 see AROCLOR 1254
RTECS No. TQ13620000 see AROCLOR 1260
RTECS No. TR0320000 see POLYMERIC DIPHENYLMETHANE DIISOCYA-NATE
RTECS No. TS8750000 see POTASSIUM CYANIDE
RTECS No. TT0875000 see ZIRCONIUM POTASSIUM FLUORIDE
RTECS No. TT2100000 see POTASSIUM HYDROXIDE
RTECS No. TT6000000 see POTASSIUM SILVER CYANIDE
RTECS No. TX2275000 see PROPANE
RTECS No. TX4410000 see ISOPROPYL CHLORIDE
RTECS No. TX4900000 see EPICHLOROHYDRIN
RTECS No. TX8750000 see 1,2-DIBROMO-3-CHLOROPROPANE
RTECS No. TX9350000 see DICHLOROPROPANE
RTECS No. TX9450000 see 1,1-DICHLOROPROPANE
RTECS No. TX9625000 see 1,2-DICHLOROPROPANE
RTECS No. TX9660000 see 1,3-DICHLOROPROPANE
RTECS No. TX9800000 see DICHLOROPROPANE-DICHLOROPROPENE MIXTURE
RTECS No. TY1190000 see 2,2-DIMETHYLPROPANE
RTECS No. TY3385000 see 2-BROMO-2-NITROPROPANE-1,3-DIOL
RTECS No. TY6650000 see TRIMETHYLOLPROPANE
RTECS No. TZ2975000 see PROPYLENE OXIDE
RTECS No. TZ4300000 see ISOBUTANE
RTECS No. TZ4900000 see ISOBUTYRONITRILE
RTECS No. TZ5250000 see 2-NITROPROPANE
RTECS No. TZ9275000 see 1,2,3-TRICHLOROPROPANE
RTECS No. UA3000000 see FLUAZIFOP-BUTYL
RTECS No. UA9275000 see QUINOLINE
RTECS No. UB0350000 see TRIS(2,3-DIBROMOPROPYL) PHOSPHATE
RTECS No. UC0525000 see BROMOACETONE
RTECS No. UC1430000 see BIS(CHLOROMETHYL)KETONE
RTECS No. UC7175000 see 1-CHLOROPROPYLENE
RTECS No. UC7350000 see ALLYL CHLORIDE
RTECS No. UC8050000 see 3-CHLORO-2-METHYL-1-PROPENE
RTECS No. UC8280000 see DICHLOROPROPENE
RTECS No. UC8310000 see 1,3-DICHLOROPROPYLENE
RTECS No. UC8320000 see trans-1,3-DICHLOROPROPENE
RTECS No. UC8400000 see 2,3-DICHLOROPRENE
RTECS No. UC9800000 see METHACROLEIN DIACETATE

RTECS No. UD0175000 see HEXACHLOROPROPENE
RTECS No. UD0890000 see 2-METHYLPROPENE
RTECS No. UD0890000 see PROPYLENE
RTECS No. UD1400000 see METHACRYLONITRILE
RTECS No. UD3150000 see BUTYL ACRYLATE
RTECS No. UE0350000 see PROPIONALDEHYDE
RTECS No. UE2275000 see ALDICARB
RTECS No. UE4900000 see PROPANIL
RTECS No. UE9750000 see MECOPROP
RTECS No. UF0690000 see 2,2-DICHLOROPROPIONIC ACID
RTECS No. UF1180000 see DICLOFOP METHYL
RTECS No. UF9100000 see PROPIONIC ANHYDRIDE
RTECS No. UF9625000 see PROPIONITRILE
RTECS No. UG1400000 see 3-CHLOROPROPIONITRILE
RTECS No. UG7350000 see PROPIOPHENONE, 4'-AMINO-
RTECS No. UH9100000 see n-PROPYLAMINE
RTECS No. UK4250000 see 1-PROPYNE
RTECS No. UK4375000 see PROPARGYL BROMIDE
RTECS No. UK5075000 see PROPARGYL ALCOHOL
RTECS No. UR2450000 see PYRENE
RTECS No. UR2480000 see 1-NITROPYRENE
RTECS No. UR4200000 see PYRETHRINS (8003-34-7)
RTECS No. UR5950000 see MALEIC HYDRAZIDE
RTECS No. UR8400000 see PYRIDINE
RTECS No. US1750000 see 4-AMINOPYRIDINE
RTECS No. US7525000 see NITRAPYRIN
RTECS No. US8000000 see DIPROPYL ISOCINCHOMERONATE
RTECS No. UT1400000 see METHAPYRILENE
RTECS No. UT2975000 see PYRIDINE, 2-METHYL-5-VINYL
RTECS No. UT6380000 see PYRIDINE, 4-NITRO-, 1-OXIDE
RTECS No. UT9690000 see PYRIMINIL
RTECS No. UV8050000 see CRIMIDINE
RTECS No. UX10500000 see CATECHOL
RTECS No. UX5950000 see DIPHOSPHORAMIDE, OCTAMETHYL-
RTECS No. UX6825000 see TEPP
RTECS No. UY1575000 see NITROSOPYROLIDINE
RTECS No. UY5790000 see N-METHYL-2-PYROLIDONE
RTECS No. VG9625000 see RESORCINOL
RTECS No. VH1050000 see DIGLYCIDYL RESORCINOL ETHER
RTECS No. VO43955000 see ISOFENPHOS
RTECS No. VS6650000 see SODIUM SELENATE
RTECS No. VS7000000 see SELENIUM OXYCHLORIDE
RTECS No. VS7175000 see SELENIOUS ACID
RTECS No. VS7350000 see SODIUM SELENITE
RTECS No. VS7700000 see SELENIUM
RTECS No. VS8575000 see SELENIUM DIOXIDE
RTECS No. VS8925000 see SELENIUM SULFIDE
RTECS No. VT0780000 see SELENIUM, TETRAK-
   IS(DIMETHYLDITHIOCARBAMATE)
RTECS No. VT3500000 see SEMICARBAZIDE HYDROCHLORIDE
RTECS No. VT4200000 see THIOSEMICARBAZIDE
RTECS No. VT9625000 see AZASERINE
RTECS No. VV1400000 see SILANE
RTECS No. VV2200000 see TRICHLORO(CHLOROMETHYL)SILANE
RTECS No. VV2710000 see TRIMETHYLCHLOROSILANE
RTECS No. VV3040000 see DICHLOROSILANE
RTECS No. VV3150000 see DIMETHYLDICHLOROSILANE
RTECS No. VV3530000 see DICHLOROMETHYLPHENYLSILANE
RTECS No. VV3540000 see TRICHLORO(DICHLOROPHENYL)SILANE
RTECS No. VV4200000 see TRICHLOROETHYLSILANE
RTECS No. VV4550000 see METHYLTRICHLOROSILANE
RTECS No. VV5705400 see TETRAMETHYLSILANE
RTECS No. VV5950000 see TRICHLOROSILANE
RTECS No. VV6650000 see TRICHLOROPHENYLSILANE

RTECS No. VV6682000 see TRIETHOXYSILANE
RTECS No. VW3500000 see SILVER
RTECS No. VW3850000 see SILVER CYANIDE
RTECS No. VW4725000 see SILVER NITRATE
RTECS No. VY0686000 see SODIUM
RTECS No. VY8050000 see SODIUM AZIDE
RTECS No. VZ2000000 see SODIUM BISULFITE
RTECS No. VZ7525000 see SODIUM CYANIDE
RTECS No. WB0350000 see SODIUM FLUORIDE
RTECS No. WB4180000 see SODIUM BIFLUORIDE
RTECS No. WB4900000 see SODIUM HYDROXIDE
RTECS No. WC4500000 see SODIUM PHOSPHATE, DIBASIC (7558-79-4)
RTECS No. WE1900000 see SODIUM HYDROSULFIDE
RTECS No. WH6850000 see TRIMETHYLTIN CHLORIDE
RTECS No. WH6860000 see TRIPHENYLTIN CHLORIDE
RTECS No. WH8275000UN see TRIBUTYLTIN FLUORIDE
RTECS No. WH8575000 see TRIPHENYLTIN HYDROXIDE
RTECS No. WH8625000 see TETRAETHYLTIN
RTECS No. WH8692000 see TRIBUTYLTIN METHACRYLATE
RTECS No. WI4300000 see LEAD STEARATE (1072-35-1)
RTECS No. WI4300000 see LEAD STEARATE (7428-48-0)
RTECS No. WI4300000 see LEAD STEARATE (52652-59-2)
RTECS No. WI4300000 see LEAD STEARATE (56189-09-4)
RTECS No. WJ5600000 see DIETHYLSTILBESTROL
RTECS No. WL3675000 see STYRENE
RTECS No. WM8400000 see MALATHION
RTECS No. WO6125000 see AMMONIUM SULFAMATE
RTECS No. WO9350000 see ORYZALIN
RTECS No. WQ1750000 see BIS(DIMETHYLTHIOCARBAMOYL) SULFIDE
RTECS No. WS4300000 see SULFUR MONOCHLORIDE
RTECS No. WS4550000 see SULFUR DIOXIDE
RTECS No. WS5600000 see SULFURIC ACID
RTECS No. WS5605000 see OLEUM
RTECS No. WS5850000 see FERROUS AMMONIUM SULFATE
RTECS No. WS6050000 see NICKEL AMMONIUM SULFATE
RTECS No. WS7875000 see DIETHYL SULFATE
RTECS No. WS8225000 see DIMETHYL SULFATE
RTECS No. WT2900000 see PROPARGITE
RTECS No. WT3595000 see AMMONIUM BISULFITE
RTECS No. WT4800000 see SULFUR FLUORIDE (SF4), (T-4)-
RTECS No. WT4835000 see SULFUR TRIOXIDE
RTECS No. WT5075000 see SULFURYL FLUORIDE
RTECS No. WW8050000 see AMMONIUM TARTRATE (3164-29-2)
RTECS No. WY2625000 see TELLURIUM
RTECS No. WY2800000 see TELLURIUM HEXAFLUORIDE
RTECS No. XF1575000 see HEXAETHYL TETRAPHOSPHATE
RTECS No. XG2975000 see THALLIC OXIDE
RTECS No. XG3425000 see THALLIUM
RTECS No. XG4000000 see THALLIUM(I) CARBONATE
RTECS No. XG4200000 see THALLIUM CHLORIDE
RTECS No. XG5950000 see THALLIUM(I) NITRATE
RTECS No. XG6300000 see SELENIOUS ACID, DITHALLIUM(1+) SALT
RTECS No. XG6600000 see THALLIUM SULFATE
RTECS No. XG7800000 see THALLIUM(I) SULFATE
RTECS No. XI2800000 see DAZOMET
RTECS No. XK7875000 see AMMONIUM THIOCYANATE
RTECS No. XK9900000 see ETHYLTHIOCYANATE
RTECS No. XL1538000 see LEAD THIOCYANATE
RTECS No. XL1550000 see MERCURIC THIOCYANATE
RTECS No. XL1575000 see THIOCYANIC ACID, METHYL ESTER
RTECS No. XN4375000 see SULFOTEP
RTECS No. XO6950000 see THORIUM DIOXIDE
RTECS No. XR1925000 see TITANIUM TETRACHLORIDE
RTECS No. XS5250000 see TOLUENE

RTECS No. XS8050000 see PIPERONYL-ETHYL
RTECS No. XS8925000 see BENZYL CHLORIDE
RTECS No. XS9093000 see BENZENE, 1-(CHLOROMETHYL)-4-NITRO-
RTECS No. XS9445000 see DIAMINOTOLUENE (MIXED ISOMERS)
RTECS No. XS9625000 see 2,4-DIAMINOTOLUENE
RTECS No. XS9820000 see DIAMINOTOLUENE (496-72-0)
RTECS No. XT1300000 see DINITROTOLUENE (MIXED ISOMERS) DINITROTOLUENE (MIXED ISOMERS)
RTECS No. XT1575000 see 2,4-DINITROTOLUENE
RTECS No. XT1925000 see 2,6-DINITROTOLUENE
RTECS No. XT2100000 see 3,4-DINITROTOLUENE
RTECS No. XT2972000 see NITROTOLUENE
RTECS No. XT3150000 see m-NITROTOLUENE
RTECS No. XT3150000 see o-NITROTOLUENE
RTECS No. XT3325000 see p-NITROTOLUENE
RTECS No. XT9275000 see BENZOIC TRICHLORIDE
RTECS No. XU2975000 see o-TOLUIDINE
RTECS No. XU3150000 see p-TOLUIDINE
RTECS No. XU4550000 see BENFLURALIN
RTECS No. XU500000 see p-CHLORO-o-TOLUIDINE
RTECS No. XU5250000 see 4-CHLORO-o-TOLUIDINE, HYDROCHLORIDE
RTECS No. XU7350000 see o-TOLUIDINE HYDROCHLORIDE
RTECS No. XU8225000 see 5-NITRO-o-TOLUENE
RTECS No. XU8800000 see C.I. SOLVENT YELLOW 3
RTECS No. XU9180000 see BENZENEAMINE, 3-(TRIFLUOROMETHYL)-
RTECS No. XU9275000 see TRIFLURALIN
RTECS No. XW5250000 see TOXAPHENE
RTECS No. XY4390000 see PROMETHRYN
RTECS No. XY5250000 see SIMAZINE
RTECS No. XY5600000 see ATRAZINE
RTECS No. XY7175000 see ANILAZINE
RTECS No. XY7850000 see HEXAZINONE
RTECS No. XY9100000 see AMETRYN
RTECS No. XZ1750000 see CYANURIC FLUORIDE
RTECS No. XZ2990000 see METRIBUZIN
RTECS No. XZ3850000 see AMITROLE
RTECS No. YE0175000 see TRIETHYLAMINE
RTECS No. YE2625000 see TRIS(2-CHLOROETHYL)AMINEANFRAM 3PB TRIS(2,3-DIBROMOPROPYL) PHOSPHATE
RTECS No. YED1225000 see ETHYLBIS(2-CHLOROETHYL)AMINE
RTECS No. YJ9050000 see PHENYLSILATRANE
RTECS No. YK0525000 see PARALDEHYDE
RTECS No. YK4570000 see SODIUM PHOSPHATE, TRIBASIC (7758-29-4)
RTECS No. YQ9100000 see BROMACIL
RTECS No. YQ9360000 see TERBACIL
RTECS No. YR0350000 see FLUOROURACIL
RTECS No. YR0875000 see METHYLTHIOURACIL
RTECS No. YR77000000 see 1-ACETYL-2-THIOUREA
RTECS No. YS4250000 see TEBUTHIURON
RTECS No. YS6125000 see CHLOROXURON
RTECS No. YS6200000 see DIFLUBENZURON
RTECS No. YS6300000 see MONURON
RTECS No. YS7100000 see THIOUREA, (2-CHLOROPHENYL)-
RTECS No. YS8925000 see DIURON
RTECS No. YS9100000 see LINURON
RTECS No. YT1575000 see FLUOMETURON
RTECS No. YT3150000 see N-NITROSO-N-ETHYLUREA
RTECS No. YT7875000 see N-NITROSO-N-METHYLUREA
RTECS No. YT9275000 see ANTU
RTECS No. YU1400000 see PHENYLTHIOUREA
RTECS No. YU1820000 see SELENOUREA
RTECS No. YU2800000 see THIOUREA
RTECS No. YU2975000 see THIOUREA, (2-METHYLPHENYL)-
RTECS No. YV9397100 see FLUVALINATE

RTECS No. YV9468000 see VALINOMYCIN
RTECS No. YW0875000 see AMMONIUM VANADATE
RTECS No. YW1355000 see VANADIUM
RTECS No. YW1925000 see VANADYL SULFATE
RTECS No. YW2450000 see VANADIUM PENTOXIDE
RTECS No. YZ0875000 see N-NITRSOMETHYLVINYLAMINE
RTECS No. YZ7351000 see VINYL FLUORIDE
RTECS No. ZE2100000 see XYLENE (MIXED ISOMERS)
RTECS No. ZE2275000 see m-XYLENE
RTECS No. ZE2450000 see o-XYLENE
RTECS No. ZE2625000 see p-XYLENE
RTECS No. ZE4055000 see XYLIDINE DICHLORIDEASAREO L15 ZINC
RTECS No. ZE5425000 see XYLENOL
RTECS No. ZE5600000 see 2,4-DIMETHYPHENOL
RTECS No. ZE9275000 see 2,6-XYLIDINE
RTECS No. ZF0480000 see AMITRAZ
RTECS No. ZG0350000 see RESPIRINE
RTECS No. ZG8600000 see ZINC
RTECS No. ZH0525000 see ZIRAM
RTECS No. ZH1150000 see ZINC BROMIDE
RTECS No. ZH1400000 see ZINC CHLORIDE
RTECS No. ZH1575000 see ZINC CYANIDE
RTECS No. ZH1930000 see ZINC, DICHLORO(4,4-DIMETHYL-
   5((((METHYLAMINO)CARBONYL)OXY)IMINO)PENTANENITRILE)-,(T- 4)-
RTECS No. ZH3325000 see ZINEB
RTECS No. ZH3500000 see ZINC FLUORIDE
RTECS No. ZH3675000 see ZINC SILICOFLUORIDE
RTECS No. ZH4772000 see ZINC NITRATE
RTECS No. ZH4900000 see ZINC PHOSPHIDE
RTECS No. ZH5260000 see ZINC ZULFATE
RTECS No. ZH7175000 see ZIRCONIUM TETRACHLORIDE
RTECS No. ZH8750000 see ZIRCONIUM NITRATE
RTECS No. ZH9100000 see ZIRCONIUM SULFATE
RTU 1010 see QUINTOZINE
RUBIDOMYCIN see DAUNOMYCIN
RUBIDOMYCINE see DAUNOMYCIN
RUBIGINE see HYDROGEN FLUORIDE
RUBINATE 44 see METHYLBIS(PHENYLISOCYANATE)
RUBINATE M see POLYMERIC DIPHENYLMETHANE DIISOCYANATE
RUBINATE TDI 80-20 see TOLUENEDIISOCYANATE (MIXED ISOMERS)
RUBINATE TDI see TOLUENEDIISOCYANATE (MIXED ISOMERS)
RUBOMYCIN C 1 see DAUNOMYCIN
RUBOMYCIN C see DAUNOMYCIN
RUBY ARSENIC see ARSENIC DISULFIDE
RUBY ARSENIC see ARSENIC
RUCOFLEX PLASTICIZER DOA see BIS(2-ETHYLHEXYL)ADIPATE
RUKSEAM see DDT
RUMESTROL 2 see DIETHYLSTILBESTROL
RUMETAN see ZINC PHOSPHIDE
RUNCATEX see MECOPROP
S-201 see ALUMINUM OXIDE
S 276 see DISULFOTON
S 767 see FENSULFOTHION
S 1065 see METOLCARB
S 1752 see FENTHION
S-2539 see PHENOTHRIN
S-3151 see PERMETHRIN
S 2957 see CHLORTHIOPHOS
S 3206 see FENPROPATHRIN
S 4084 see CYANOPHOS
S 5602 see FENVALERATE
S 6900 see FORMOTHION
S-6,999 see NORBORMIDE
SA 546 see PHENOXARSINE, 10,10'-OXYDI-

SAATBENIZFUNGIZID (German) see HEXACHLOROBENZENE
SABET see CYCLOATE
SACARINA (Spanish) see SACCHARIN
SACCHARIMIDE see SACCHARIN
SACCHARINA see SACCHARIN
SACCHARIN ACID see SACCHARIN
SACCHARINOL see SACCHARIN
SACCHARINOSE see SACCHARIN
SACCHAROL see SACCHARIN
SACCHAROSE see SACCHARIN
SACERIL see PHENYTOIN
SADOFOS see MALATHION
SADOPHOS see MALATHION
SADOPLON see THIRAM
SAEURE FLUORIDE (German) see FLUORINE
SAFARITONE YELLOW G see C.I. DISPERSE YELLOW 3
SAFFIL see ALUMINUM OXIDE
SAFRENE see SAFROLE
SAFROL (Spanish) see SAFROLE
SAFROLE, DIHYDRO- see DIHYDROSAFROLE
SAFROLE MF see SAFROLE
SAGATAL see PENTOBARBITOL SODIUM
SAKARAT see WARFARIN
SAL AMMONIAC see AMMONIUM CHLORIDE
SAL VOLATILE see AMMONIUM CARBONATE
SALAMAC see AMMONIUM CHLORIDE
SALCOMIN see SALCOMINE
SALCOMINE POWDER see SALCOMINE
SALGYDAL see PHENACETIN
SALICILATO de FISOSTIGMINA (Spanish) see PHYSOSTIGMINE, SALICYLATE (1:1)
SALICYLALDEHYDE ETHYLENEDIIMINE COBALT see SALCOMINE
SALICYLIC ACID, ISOPROPYL ESTER, O-ESTER with O-ETHYL ISOPROPYLPHOSPHORAMIDOTHIOATE see ISOFENPHOS
SALMIAC see AMMONIUM CHLORIDE
SALPETERSAURE (German) see NITRIC ACID
SALPETERZUUROPLOSSINGEN (Dutch) see NITRIC ACID
SALT ARSENATE of LEAD see LEAD ARSENATE (7784-40-9)
SALT of SATURN see LEAD ACETATE
SALVO see 2,4-D
SALVO see BENZOIC ACID
SALVO see CACODYLIC ACID
SAN 244 I see FORMOTHION
SAN 52 139 I see PROPETAMPHOS
SAN 6913 I see FORMOTHION
SAN 52139 see PROPETAMPHOS
SAN 71071 see FORMOTHION
SANALGINE see PHENACETIN
SANASEED see STRYCHNINE, SULFATE
SANDOLAN RED N-RS see C.I. ACID RED 114
SANDOLIN see 4,6-DINITRO-o-CRESOL
SANDOLIN A see 4,6-DINITRO-o-CRESOL
SANDOPEL BLACK EX see C.I. DIRECT BLACK 38
SANDOTHRENE GOLDEN YELLOW NGK see C.I. VAT YELLOW 4
SANDOTHRENE PRINTING YELLOW NGK see C.I. VAT YELLOW 4
SANDOTHRENE PRINTING YELLOW NH see C.I. VAT YELLOW 4
SANDOZ 52139 see PROPETAMPHOS
SANEPIL see PHENYTOIN
SANG GAMMA see LINDANE
SANHYUUM see 1,2-DIBROMOETHANE
SANICLOR 30 see QUINTOZINE
SANMARTON see FENVALERATE
SANOCID see HEXACHLOROBENZENE
SANOCIDE see HEXACHLOROBENZENE

SANQUINON *see* DICHLONE
SANSEL ORANGE G *see* C.I. SOLVENT YELLOW 14
SANTAR *see* MERCURIC OXIDE
SANTICIZER 160 *see* BUTYL BENZYL PHTHALATE
SANTOBANE *see* DDT
SANTOBRITE D *see* SODIUM PENTACHLOROPHENATE
SANTOBRITE *see* PENTACHLOROPHENOL
SANTOBRITE *see* SODIUM PENTACHLOROPHENATE
SANTOCHLOR *see* 1,4-DICHLOROBENZENE
SANTOFLEX IC *see* p-PHENYLENEDIAMINE
SANTOMERSE 3 *see* SODIUM DODECYLBENZENESULFONATE
SANTOMERSE No. 1 *see* SODIUM DODECYLBENZENESULFONATE
SANTOMERSE NO.85 *see* SODIUM DODECYLBENZENESULFONATE
SANTOPHEN *see* PENTACHLOROPHENOL
SANTOPHEN 20 *see* PENTACHLOROPHENOL
SANTOTHERM *see* POYLCHLORINATED BIPHENYLS
SANTOTHERM FR *see* POYLCHLORINATED BIPHENYLS
SANTOX *see* EPN
SANYO FAST BLUE SALT B *see* 3,3'-DIMETHOXYBENZIDINE
SANYO FAST RED SALT TR *see* 4-CHLORO-o-TOLUIDINE, HYDROCHLORIDE
SANYO FAST RED TR BASE *see* p-CHLORO-o-TOLUIDINE
SAOLAN *see* ISOPROPYLMETHYLPYRAZOYL DIMETHYLCARBAMATE
SAPECRON *see* CHLORFENVINFOS
SAPECRON 10FGEC *see* CHLORFENVINFOS
SAPECRON 240 *see* CHLORFENVINFOS
SAPRECON C *see* CHLORFENVINFOS
SAPROL *see* TRIFORINE
SARCLEX *see* LINURON
p-I-SARCOLYSIN *see* MELPHALAN
SARIDON *see* PHENACETIN
SARIN II *see* SARIN
SARINA (Spanish) *see* SARIN
SAROLEX *see* DIAZINON
SASETONE *see* ACETONE
SASETONE *see* ISOPROPYL ALCOHOL
SATECID *see* PROPACHLOR
SATOX 20WSC *see* TRICHLORFON
SATURN *see* THIOBENCARB
SATURN BROWN LBR *see* C.I. DIRECT BROWN 95
SAXIN *see* SACCHARIN
SAYTEX 102 *see* DECABROMODIPHENYL OXIDE
SAYTEX 102E *see* DECABROMODIPHENYL OXIDE
S.B.A. *see* sec-BUTYL ALCOHOL
SBP-1513 *see* PERMETHRIN
S.B. PENICK 1382 *see* RESMETHRIN
SC 1317 *see* p-NITROPHENOL
SCALDIP *see* DIPHENYLAMINE
SCAN KLEEN *see* AMMONIUM HYDROXIDE
SCAN KLEEN *see* ISOBUTYL ALCOHOL
SCARLET 2R *see* C.I. FOOD RED 5
SCARLET 2RB *see* C.I. FOOD RED 5
SCARLET 2RL BLUISH *see* C.I. FOOD RED 5
SCARLET BASE CIBA II *see* 5-NITRO-o-TOLUENE
SCARLET BASE IRGA II *see* 5-NITRO-o-TOLUENE
SCARLET BASE NSP *see* 5-NITRO-o-TOLUENE
SCARLET G BASE *see* 5-NITRO-o-TOLUENE
SCARLET R *see* C.I. FOOD RED 5
SCARLET RAA *see* C.I. FOOD RED 5
SCAV-OX *see* HYDRAZINE
SCAV-OX 35% *see* HYDRAZINE
SCAV-OX II *see* HYDRAZINE
SCHARLACH B *see* C.I. SOLVENT YELLOW 14
SCHERING 34615 *see* PROMECARB

SCHERING 36056 *see* FORMETANATE HYDROCHLORIDE
SCHERING 36103 *see* FORMPARANATE
SCHERING 38107 *see* DESMEDIPHAM
SCHRADAN *see* DIPHOSPHORAMIDE, OCTAMETHYL-
SCHRADANE (French) *see* DIPHOSPHORAMIDE, OCTAMETHYL-
SCHULTENITE *see* LEAD ARSENATE (7784-40-9)
SCHULTENITE *see* LEAD ARSENATE (10102-48-4)
SCHWEFELDDIOXYD (German) *see* SULFUR DIOXIDE
SCHWEFELKOHLENSTOFF (German) *see* CARBON DISULFIDE
SCHWEFELSAEURELOESUNGEN (German) *see* SULFURIC ACID
SCHWEINFURT GREEN *see* CUPRIC ACETOARSENITE
SCHWEINFURTERGRUN (German) *see* CUPRIC ACETOARSENITE
SCIFLUORFEN *see* ACIFLUORFEN, SODIUM SALT
SCINTILLAR *see* p-XYLENE
SCO *see* CARBONYL SULFIDE
SCONATEX *see* VINYLIDENE CHLORIDE
SCOTLENE *see* MECOPROP
SCRUBBER-VAPOX *see* AMMONIUM HYDROXIDE
SCURANATE *see* TOLUENE-2,4-DIISOCYANATE
SCURENALINE *see* EPINEPHRINE
SD 440 *see* ISOBENZAN
SD 1750 *see* DICHLORVOS
SD 1897 *see* 1,2-DIBROMO-3-CHLOROPROPANE
SD 3562 *see* DICROTOPHOS
SD 4072 *see* CHLORFENVINFOS
SD 14999 *see* METHOMYL
SD 15418 *see* CYANAZINE
SD 43775 *see* FENVALERATE
SD 5532 *see* CHLORDANE
SD 7859 *see* CHLORFENVINFOS
SD 9129 *see* MONOCROPTOPHOS
SD 9228 *see* METHIOCARB
SDDC *see* SODIUM DIMETHYLDITHIOCARBAMATE
SDEH *see* HYDRAZINE, 1,2-DIETHYL-
SDMH *see* HYDRAZINE, 1,2-DIMETHYL-
SECAGYN *see* ERGOTAMINE TARTRATE
9,10-SECOERGOSTA-5,7,10(19),22-TETRAEN-3-β-OL *see* ERGOCALCIFEROL
SECONDARY BUTYL ACETATE *see* sec-BUTYL ACETATE
SECONDARY BUTYL ALCOHOL *see* sec-BUTYL ALCOHOL
SECONDARY BUTYL AMINE *see* sec-BUTYLAMINE (13952-84-6)
SECUPAN *see* ERGOTAMINE TARTRATE
SECURITY *see* CALCIUM ARSENATE
SECURITY *see* LEAD ARSENATE (7784-40-9)
SECURITY *see* LEAD ARSENATE (10102-48-4)
SEDESTRAN *see* DIETHYLSTILBESTROL
SEDRIN *see* ALDRIN
SEEDOX *see* BENDIOCARB
SEEDOX SC *see* BENDIOCARB
SEEDRIN *see* ALDRIN
SEFFEIN *see* CARBARYL
SEL-TOX SS-20 *see* SODIUM SELENATE
SEL-TOX SSO2 *see* SODIUM SELENATE
SEL-REX CIRCUITPREP SC REPLINISHER/MAKEUP *see* ETHYLENEDIAMINE
SEL-REX XR-170A PRETREATMENT *see* ETHYLENEDIAMINE
SEL-OXONE *see* MECOPROP
SELECTIN *see* PROMETHRYN
SELECTIN 50 *see* PROMETHRYN
SELEKTIN *see* PROMETHRYN
SELEN (Polish) *see* SELENIUM
SELENATE *see* SELENIUM
SELENIATO SODICO (Spanish) *see* SODIUM SELENATE
SELENINYL CHLORIDE *see* SELENIUM OXYCHLORIDE
SELENIO (Spanish) *see* SELENIUM

SELENIOUS ACID ANHYDRIDE see SELENIUM DIOXIDE
SELENIOUS ACID, DISODIUM SALT see SODIUM SELENITE
SELENIOUS ACID, DITHALLIUM(I) SALT see SELENIOUS ACID, DITHALLIUM(1+) SALT
SELENIOUS ANHYDRIDE see SELENIUM DIOXIDE
SELENITO SODICO (Spanish) see SODIUM SELENITE
SELENIUM ALLOY see SELENIUM
SELENIUM BASE see SELENIUM
SELENIUM CHLORIDE OXIDE see SELENIUM OXYCHLORIDE
SELENIUM (COLLODIAL) see SELENIUM
SELENIUM DIMETHYLDITHIOCARBAMATE see SELENIUM, TETRAKIS(DIMETHYLDITHIOCARBAMATE)
SELENIUM DIOXIDE see SELENIOUS ACID
SELENIUM(IV) DIOXIDE (1:2) see SELENIUM DIOXIDE
SELENIUM(IV) DISULFIDE (1:2) see SELENIUM SULFIDE
SELENIUM DISULPHIDE see SELENIUM SULFIDE
SELENIUM DUST see SELENIUM
SELENIUM ELEMENT see SELENIUM
SELENIUM HOMOPOLYMER see SELENIUM
SELENIUM HYDRIDE see HYDROGEN SELENIDE
SELENIUM OXIDE see SELENIUM DIOXIDE
SELENIUM POWDER see SELENIUM
SELENIURO de HIDROGENO (Spanish) see HYDROGEN SELENIDE
SELENOUS ACID see SELENIOUS ACID
SELEPHOS see PARATHION
SELEXSORB COS see ALUMINUM OXIDE
SELINON see 4,6-DINITRO-o-CRESOL
SELLA FAST RED RS see C.I. ACID RED 114
SELOXONE see MECOPROP
SEMDOXAN see CYCLOPHOSPHAMIDE
SEMICARBAZIDE, THIO- see THIOSEMICARBAZIDE
SEMICARBAZIDE, 3-THIO- see THIOSEMICARBAZIDE
SEMIKON see METHAPYRILENE
SENARMONTITE see ANTIMONY TRIOXIDE
SENCOR see METRIBUZIN
SENCORAL see METRIBUZIN
SENCORER see METRIBUZIN
SENCOREX see METRIBUZIN
SENDOXAN see CYCLOPHOSPHAMIDE
SENDRAN see PROPOXUR
SENDUXAN see CYCLOPHOSPHAMIDE
SENFGAS see MUSTARD GAS
SENTRY GRAIN PRESERVER see PROPIONIC ACID
SENTRY see CALCIUM HYPOCHLORITE
SEPPIC MMD see METHOXONE
SEPTENE see CARBARYL
SEPTISOL see HEXACHLOROPHENE
SEPTOFEN see HEXACHLOROPHENE
SEQ-100 see ETHYLENEDIAMINE-TETRAACETIC ACID (EDTA)
SEQUESTRENE AA see ETHYLENEDIAMINE-TETRAACETIC ACID (EDTA)
SEQUESTRIC ACID see ETHYLENEDIAMINE-TETRAACETIC ACID (EDTA)
SEQUESTROL see ETHYLENEDIAMINE-TETRAACETIC ACID (EDTA)
SERANEX see PHENACETIN
l-SERINE DIAZOACETATE (ESTER) see AZASERINE
l-SERINE DIAZOACETATE see AZASERINE
SERINYL HOSIERY YELLOW GD see C.I. DISPERSE YELLOW 3
SERIPLAS YELLOW GD see C.I. DISPERSE YELLOW 3
SERISOL FAST YELLOW GD see C.I. DISPERSE YELLOW 3
SERISOL ORANGE YL see 1-AMINO-2-METHYLANTHRAQUINONE
SERISTAN BLACK B see C.I. DIRECT BLACK 38
SERITOX 50 see 2,4-DP
SERPASIL see RESPIRINE
SERPASIL APRESOLINE see RESPIRINE
SERPENTINE see ASBESTOS (FRIABLE)

SERPINE see RESPIRINE
SERRAL see DIETHYLSTILBESTROL
n-SERVE see NITRAPYRIN
n-SERVE NITROGEN STABILIZER see NITRAPYRIN
SESAGARD see PROMETHRYN
SETACYL DIAZO NAVY R see 3,3'-DIMETHOXYBENZIDINE
SETACYL YELLOW G see C.I. DISPERSE YELLOW 3
SETACYL YELLOW P 2GL see C.I. DISPERSE YELLOW 3
SETACYL YELLOW 2GN see C.I. DISPERSE YELLOW 3
SETHOXYDIM CYCLOHEXANONE HERBICIDE see SETHOXYDIM
SEVIMOL see CARBARYL
SEVIN see CARBARYL
SEVIN 4 see CARBARYL
SEWARIN see WARFARIN
SEWER GAS see HYDROGEN SULFIDE
SEWIN see CARBARYL
SEXOCRETIN see DIETHYLSTILBESTROL
SEXTONE see CYCLOHEXANONE
SF 60 see MALATHION
SHARSTOP 204 see SODIUM DIMETHYLDITHIOCARBAMATE
SHELL 4072 see CHLORFENVINFOS
SHELL 4402 see ISOBENZAN
SHELL ATRAZINE HERBICIDE see ATRAZINE
SHELL MIBK see METHYL ISOBUTYL KETONE
SHELL SD-14114 see FENBUTATIN OXIDE
SHELL SD-3562 see DICROTOPHOS
SHELL SD-5532 see CHLORDANE
SHELL SD-9129 see MONOCROPTOPHOS
SHELL SILVER see SILVER
SHELL UNKRAUTTED A see ALLYL ALCOHOL
SHELL WL 1650 see ISOBENZAN
SHIKOMOL see SAFROLE
SHIKIMOLE see SAFROLE
SHIMOSE see PICRIC ACID
SHINNIPPON FAST RED GG BASE see p-NITROANILINE
SHMP see SODIUM PHOSPHATE, TRIBASIC (10124-56-8)
SHOCK-FEROL see ERGOCALCIFEROL
SHOWA DENCO AMMONIUM SULFATE see AMMONIUM SULFATE
SHOXIN see NORBORMIDE
SHWEFELWASSERSTOFF (German) see HYDROGEN SULFIDE
SIAKI CHLOREK (Polish) see SULFUR MONOCHLORIDE
SIARKI DWUTLENEK (Polish) see SULFUR DIOXIDE
SIBOL see DIETHYLSTILBESTROL
SIBUTOL see FUBERDIAZOLE
SIBUTROL see FUBERDIAZOLE
SICILIAN CERISE TONER A 7127 see C.I. FOOD RED 15
SICLOR see CHLOROTHALONIL
SICOL see BUTYL BENZYL PHTHALATE
SICOL 150 see DI(2-ETHYLHEXYL)PHTHALATE
SICOL 250 see BIS(2-ETHYLHEXYL)ADIPATE
SIGMA see THIOPHANATE-METHYL
SILANE, CHLOROTRIMETHYL- see TRIMETHYLCHLOROSILANE
SILANE, DICHLORO- see DICHLOROSILANE
SILANE, DICHLORODIMETHYL- see DIMETHYLDICHLOROSILANE
SILANE, DICHLOROMETHYLPHENYL- see DICHLOROMETHYLPHENYLSILANE
SILANE, METHYLTRICHLORO- see METHYLTRICHLOROSILANE
SILANE, TETRAMETHYL- see TETRAMETHYLSILANE
SILANE, TRICHLORO- see TRICHLOROSILANE
SILANE, TRICHLOROETHYL- see TRICHLOROETHYLSILANE
SILANE, TRICHLOROMETHYL- see METHYLTRICHLOROSILANE
SILANE, TRICHLOROPHENYL- see TRICHLOROPHENYLSILANE
SILANE, TRIETHOXY- see TRIETHOXYSILANE
SILANE, TRIMETHYLCHLORO- see TRIMETHYLCHLOROSILANE

SILANO (Spanish) see SILANE
SILANTIN see PHENYTOIN
SILBER (German) see SILVER
SILBERNITRAT see SILVER NITRATE
SILFLAFE 135 see SILVER
SILICANE, CHLOROTRIMETHYL- see TRIMETHYLCHLOROSILANE
SILICANE see SILANE
SILICANE, TRICHLOROETHYL- see TRICHLOROETHYLSILANE
SILICATE(2-), HEXAFLUORO-, ZINC (1:1) see ZINC SILICOFLUORIDE
SILICI-CHLOROFORME (French) see TRICHLOROSILANE
SILICIUMCHLOROFORM (German) see TRICHLOROSILANE
SILICOCHLOROFORM see TRICHLOROSILANE
SILICOFLUORURO de ZINC (Spanish) see ZINC SILICOFLUORIDE
SILICON CHLORIDE HYDRIDE see DICHLOROSILANE
SILICON ETCH SOLUTION see NITRIC ACID
SILICON ETCH SOLUTION see ACETIC ACID
SILICON ETCH SOLUTION see HYDROGEN FLUORIDE
SILICON PHENYL TRICHLORIDE see TRICHLOROPHENYLSILANE
SILICON TETRAHYDRIDE see SILANE
SILICON ZINC FLUORIDE see ZINC SILICOFLUORIDE
SILOSUPER PINK B see C.I. BASIC RED 1
SILOTRAS ORANGE TR see C.I. SOLVENT YELLOW 14
SILOTRAS YELLOW T 2G see 4-DIMETHYLAMINOAZOBENZENE
SILOTRAS YELLOW TSG see C.I. DISPERSE YELLOW 3
SILPOWDER 130 see SILVER
SILVANO L see LINDANE
SILVANO see α-HEXACHLOROCYCLOHEXANE
SILVANO see LINDANE
SILVAPROP 1 see 2,4-D BUTOXYETHYL ESTER
SILVER(1+) NITRATE see SILVER NITRATE
SILVER(I) NITRATE see SILVER NITRATE
SILVER ATOM see SILVER
SILVER ELEMENT see SILVER
SILVER GLO BP see ANTIMONY
SILVER GLO 33BP see ANTIMONY
SILVER GLO 3KBP see ANTIMONY
SILVER METAL see SILVER
SILVER POTASSIUM CYANIDE see POTASSIUM SILVER CYANIDE
SILVEST TCG 1 see SILVER
SILVEX HERBICIDE see SILVEX (2,4,5-TP)
SILVEX see 2,4,5-TP ESTERS
SILVI-RHAP see 2,4,5-TP ESTERS
SILVI-RHAP see SILVEX (2,4,5-TP)
SILVISAR 510 see CACODYLIC ACID
SILVISAR see SODIUM CACODYLATE
SILYLIUM, TRIMETHYL-, CHLORIDE see TRIMETHYLCHLOROSILANE
SIMADEX see SIMAZINE
SIMANEX see SIMAZINE
SIMAZINA (Spanish) see SIMAZINE
SIMAZINE 80W see SIMAZINE
SIMAZOL see AMITROLE
SIMFLOW PLUS see AMITROLE
SIMPATEDRIN see AMPHETAMINE
SINAFID M-48 see METHYL PARATHION
SINBAR see TERBACIL
SINDRENINA see EPINEPHRINE
SINEDAL see PHENACETIN
SINFLOWAN see TRIFLURALIN
SINITUHO see PENTACHLOROPHENOL
SINNOZON NCX 70 see CALCIUM DODECYLBENZENESULFONATE
SINORATOX see DIMETHOATE
SINOX see 4,6-DINITRO-o-CRESOL
SINOX GENERAL see DINITROBUTYL PHENOL
SINTESTROL see DIETHYLSTILBESTROL

SINUBID see PHENACETIN
SINUTAB see PHENACETIN
SIPAXOL see PEDIMETHALIN N-(1-ETHYLPROPYL)-3,4-DIMETHYL-2,6-DINTROBENZENAMINE
SIPCAM UK ROVER 5000 see CHLOROTHALONIL
SIPCAPLANT see THIOPHANATE-METHYL
SIPOMER-β-CEA see ACRYLIC ACID
SIPTOX I see MALATHION
SIRAN HYDRAZINU (Czech) see HYDRAZINE SULFATE
SIRIUS SUPRA BROWN BR see C.I. DIRECT BROWN 95
SIRIUS SUPRA BROWN BRS see C.I. DIRECT BROWN 95
SIRIUS SUPRA BROWN BRL see C.I. DIRECT BROWN 95
SIRNIK FOSFORECNY (Czech) see SULFUR PHOSPHIDE
SISTAN see METHAM SODIUM
SIXTY-THREE SPECIAL E.C. INSECTICIDE see METHYL PARATHION
SK-106N see NITROGLYCERIN
SK-15673 see MELPHALAN
SK-19849 see URACIL MUSTARD
SK-DIGOXIN see DIGOXIN
SKEKhG see EPICHLOROHYDRIN
SKELLYSOLVE-A see PENTANE
SKELLYSOLVE B see n-HEXANE
SK-TETRACYCLINE see TETRACYCLINE HYDROCHLORIDE
SL-236 see FLUAZIFOP-BUTYL
SLAGO see AMMONIUM CHLORIDE
SLAYMOR see BROMADIOLONE
SLEEPWELL see METHAPYRILENE
SLIMICIDE see ACROLEIN
SLO-GRO see MALEIC HYDRAZIDE
SLOW-FE see FERROUS SULFATE (7720-78-7)
SMDC see METHAM SODIUM
SMEESANA see ANTU
SMFA see SODIUM FLUOROACETATE
SMIDAN see PHOSMET
SMITE see SODIUM AZIDE
SMITHSONITE see ZINC CARBONATE
SMUT-GO see HEXACHLOROBENZENE
SN 46 see 2-CYCLOHEXYL-4,6-DINITROPHENOL
SN 475 see DESMEDIPHAM
SN 36056 see FORMETANATE HYDROCHLORIDE
SNG see NITROGLYCERIN
SNIECIOTOX see HEXACHLOROBENZENE
SNIP see DIMETILAN
SNIP FLY see DIMETILAN
SNIP FLY BANDS see DIMETILAN
SNP see PARATHION
SO-FLO see SODIUM FLUORIDE
SO see LEAD
SODA LYE see SODIUM HYDROXIDE
SODA PHOSPHATE see SODIUM PHOSPHATE, DIBASIC (7558-79-4)
SODANIT see SODIUM ARSENITE
SODANTHON see PHENYTOIN
SODANTOIN see PHENYTOIN
SODIO (Spanish) see SODIUM
SODIO (DICROMATO di) (Italian) see SODIUM BICHROMATE
SODIO(IDROSSIDO di) (Italian) see SODIUM HYDROXIDE
SODIO, FLUORACETATO di (Italian) see SODIUM FLUOROACETATE
SODITAL see PENTOBARBITOL SODIUM
SODIUM ACID FLUORIDE see SODIUM BIFLUORIDE
SODIUM ACID SULFITE see SODIUM BISULFITE
SODIUM ACIFLUORFEN see ACIFLUORFEN, SODIUM SALT
SODIUM ARDE see SODIUM AZIDE
SODIUM ARSENATE DIBASIC see SODIUM ARSENATE

SODIUM AZIDE, SALMONELLA TYHIMURIUM METABOLITE see SODIUM AZIDE
SODIUM, AZOTURE de (French) see SODIUM AZIDE
SODIUM AZOTURO (Italian) see SODIUM AZIDE
SODIUM (1,1'-BIPHENYL)-2-OLATE see SODIUM O-PHENYLPHENOXIDE
SODIUM 2-BIPHENYLATE see SODIUM O-PHENYLPHENOXIDE
SODIUM 2-BIPHENYLOL see SODIUM O-PHENYLPHENOXIDE
SODIUM 2-BIPHENYLOLATE see SODIUM O-PHENYLPHENOXIDE
SODIUM, (2-BIPHENYLYLOXY)- see SODIUM O-PHENYLPHENOXIDE
SODIUM BISULFIDE see SODIUM HYDROSULFIDE
SODIUM CHLORIDE OXIDE see SODIUM HYPOCHLORITE
SODIUM 5-((2,-CHLORO-α, α, α-TRIFLUORO-P-TOLYL)-2-NITROBENZOATE see ACIFLUORFEN, SODIUM SALT
SODIUM (4-CHLORO-2-METHYLPHENOXY)ACETATE see METHOXONE SODIUM SALT
SODIUM 5-((2,-CHLORO-4-TRIFLUOROMETHYL)PHENOXY)-2-NITROBENZOATE see ACIFLUORFEN, SODIUM SALT
SODIUM CHROMATE(VI) see SODIUM CHROMATE
SODIUM CHROMATE see SODIUM BICHROMATE
SODIUM COUMADIN see WARFARIN SODIUM
SODIUM CYANIDE, solid see SODIUM CYANIDE
SODIUM CYANIDE, solution see SODIUM CYANIDE
SODIUM, 2,4-D see 2,4-D SODIUM SALT
SODIUM DBDT see CARBAMODITHIOIC ACID, DIBUTYL-, SODIUM SALT
SODIUM DEDT see CARBAMODITHIOIC ACID, DIETHYL-, SODIUM SALT
SODIUM DIBUTYLDITHIOCARBAMATE see CARBAMODITHIOIC ACID, DIBUTYL-, SODIUM SALT
SODIUM 3,6-DICHLORO-2-METHOXYBENZOATE see SODIUM DICAMBA
SODIUM 3,6-DICHLORO-O-ANISATE see SODIUM DICAMBA
SODIUM-2,4-DICHLOROPHENOXYACETATE see 2,4-D SODIUM SALT
SODIUM DICHROMATE(6+) see SODIUM BICHROMATE
SODIUM DICHROMATE(VI) see SODIUM BICHROMATE
SODIUM(DICHROMATE de) (French) see SODIUM BICHROMATE
SODIUM DICHROMATE see SODIUM BICHROMATE
SODIUM DIETHYLDITHIOCARBAMATE see CARBAMODITHIOIC ACID, DIETHYL-, SODIUM SALT
SODIUM DIFLUORIDE see SODIUM BIFLUORIDE
SODIUM DIMETHYL ARSONATE see SODIUM CACODYLATE
SODIUM DIMETHYLAMINECARBODITHIOATE see SODIUM DIMETHYLDITHIOCARBAMATE
SODIUM DIMETHYLAMINOCARBODITHIOATE see SODIUM DIMETHYLDITHIOCARBAMATE
SODIUM DIMETHYLARSINATE see SODIUM CACODYLATE
SODIUM DIMETHYLCARBAMODITHIOATE see SODIUM DIMETHYLDITHIOCARBAMATE
SODIUM DIPHENYL-4,4'-BIS-AZO-2''-8''-AMINO-1''-NAPHTHOL-3'',6''DISULPHONATE see C.I. DIRECT BLUE 6
SODIUM DITOLYL-DIAZOBIS-8-AMINO-1-NAPHTHOL-3,6-DISULFONATE see TRYPAN BLUE
SODIUM DITOLYLDISAZOBIS-8-AMINO-1-NAPHTHOL-3,6-DISULFONATE see TRYPAN BLUE
SODIUM DITOLYLDISAZOBIS-8-AMINO-1-NAPHTHOL-3,6-DISULPHONATE see TRYPAN BLUE
SODIUM ELEMENT see SODIUM
SODIUM ETHAMINAL see PENTOBARBITOL SODIUM
SODIUM 5-ETHYL-5-(1-METHYLBUTYL)BARBITURATE see PENTOBARBITOL SODIUM
SODIUM ETHYLENEBIS(DITHIOCARBAMATE) see NABAM
SODIUM FLUOACETATE see SODIUM FLUOROACETATE
SODIUM FLUOACETIC ACID see SODIUM FLUOROACETATE
SODIUM FLUORACETATE de (French) see SODIUM FLUOROACETATE
SODIUM FLUORACETATE see SODIUM FLUOROACETATE
SODIUM FLUORIDE (Na(HF2)) see SODIUM BIFLUORIDE

SODIUM HEXAMETAPHOSPHATE *see* SODIUM PHOSPHATE, TRIBASIC (10124-56-8)
SODIUM HYDRATE *see* SODIUM HYDROXIDE
SODIUM HYDRATE SOLUTION *see* SODIUM HYDROXIDE
SODIUM HYDROFLUORIDE *see* SODIUM FLUORIDE
SODIUM HYDROGEN DIFLUORIDE *see* SODIUM BIFLUORIDE
SODIUM HYDROGEN FLUORIDE *see* SODIUM BIFLUORIDE
SODIUM HYDROGEN PHOSPHATE *see* SODIUM PHOSPHATE, DIBASIC (7558-79-4)
SODIUM HYDROGEN SULFIDE *see* SODIUM HYDROSULFIDE
SODIUM HYDROGEN SULFITE *see* SODIUM BISULFITE
SODIUM HYDROGEN SULFITE *see* SODIUM BISULFITE
SODIUM HYDROXIDE, BEAD *see* SODIUM HYDROXIDE
SODIUM HYDROXIDE CAUSTIC SODA SOLUTION *see* SODIUM HYDROXIDE
SODIUM HYDROXIDE, DRY *see* SODIUM HYDROXIDE
SODIUM HYDROXIDE, FLAKE *see* SODIUM HYDROXIDE
SODIUM HYDROXIDE, GRANULAR *see* SODIUM HYDROXIDE
SODIUM HYDROXIDE LIQUID *see* SODIUM HYDROXIDE
SODIUM HYDROXIDE, SOLID *see* SODIUM HYDROXIDE
SODIUM HYDROXIDE SOLUTION *see* SODIUM HYDROXIDE
SODIUM (HYDROXYDE de) (French) *see* SODIUM HYDROXIDE
SODIUM 2-HYDROXYDIPHENYL *see* SODIUM O-PHENYLPHENOXIDE
SODIUM HYPOCHLORIDE *see* SODIUM HYPOCHLORITE
SODIUM LAURYL BENZENE SULFONATE *see* SODIUM DODECYLBENZENESULFONATE
SODIUM MCPA *see* METHOXONE SODIUM SALT
SODIUM MERCAPTAN *see* SODIUM HYDROSULFIDE
SODIUM MERCAPTIDE *see* SODIUM HYDROSULFIDE
SODIUM METAARSENATE *see* SODIUM ARSENATE
SODIUM METAARSENITE *see* SODIUM ARSENITE
SODIUM METABISULFITE *see* SODIUM BISULFITE
SODIUM, METAL LIQUID ALLOY *see* SODIUM
SODIUM METAL *see* SODIUM
SODIUM METAM *see* METHAM SODIUM
SODIUM METHAM *see* METHAM SODIUM
SODIUM METHOXIDE *see* SODIUM METHYLATE
SODIUM 2-METHOXY-3,6-DICHLOROBENZOATE *see* SODIUM DICAMBA
SODIUM (2-METHYL-4-CHLOROPHENOXY)ACETATE *see* METHOXONE SODIUM SALT
SODIUM METHYLATE, ALCOHOL MIXTURE *see* SODIUM METHYLATE
SODIUM METHYLCARBAMODITHIOATE *see* METHAM SODIUM
SODIUM METHYLDITHIOCARBAMATE *see* METHAM SODIUM
SODIUM MONOFLUORIDE *see* SODIUM FLUORIDE
SODIUM MONOFLUOROACETATE *see* SODIUM FLUOROACETATE
SODIUM MONOMETHYLDITHIOCARBAMATE *see* METHAM SODIUM
SODIUM N-METHYLAMINODITHIOFORMATE *see* METHAM SODIUM
SODIUM N-METHYLAMINOMETHANETHIONOTHIOLATE *see* METHAM SODIUM
SODIUM N-METHYLDITHIOCARBAMATE *see* METHAM SODIUM
SODIUM NEMBUTAL *see* PENTOBARBITOL SODIUM
SODIUM-22 NEOPRENE ACCELERATOR *see* ETHYLENE THIOUREA
SODIUM N,N-DIMETHYLDITHIOCARBAMATE *see* SODIUM DIMETHYLDITHIOCARBAMATE
SODIUM N,N DIETHYLDITHIOCARBAMATE *see* CARBAMODITHIOIC ACID, DIETHYL-, SODIUM SALT
SODIUM o-PHENYLPHENATE *see* SODIUM O-PHENYLPHENOXIDE
SODIUM o-PHENYLPHENOL *see* SODIUM O-PHENYLPHENOXIDE
SODIUM o-PHENYLPHENOLATE *see* SODIUM O-PHENYLPHENOXIDE
SODIUM ORTHO-PHENYLPHENATE *see* SODIUM O-PHENYLPHENOXIDE
SODIUM ORTHOARSENATE *see* SODIUM ARSENATE
SODIUM PCP *see* SODIUM PENTACHLOROPHENATE
SODIUM-PENT *see* PENTOBARBITOL SODIUM
SODIUM PENTABARBITAL *see* PENTOBARBITOL SODIUM

SODIUM PENTABARBITONE *see* PENTOBARBITOL SODIUM
SODIUM PENTACHLOROPHENOL *see* SODIUM PENTACHLOROPHENATE
SODIUM PENTACHLOROPHENOLATE *see* SODIUM PENTACHLOROPHENATE
SODIUM PENTACHLOROPHENOXIDE *see* SODIUM PENTACHLOROPHENATE
SODIUM, (PENTACHLOROPHENOXY)- *see* SODIUM PENTACHLOROPHENATE
SODIUM PENTACHLORPHENATE *see* SODIUM PENTACHLOROPHENATE
SODIUM PENTOBARBITAL *see* PENTOBARBITOL SODIUM
SODIUM PENTOBARBITONE *see* PENTOBARBITOL SODIUM
SODIUM PENTOBARBITURATE *see* PENTOBARBITOL SODIUM
SODIUM 2-PHENYLPHENATE *see* SODIUM O-PHENYLPHENOXIDE
SODIUM 2-PHENYLPHENOLATE *see* SODIUM O-PHENYLPHENOXIDE
SODIUM 2-PHENYLPHENOXIDE *see* SODIUM O-PHENYLPHENOXIDE
SODIUM PHOSPHATE, ANHYDROUS *see* SODIUM PHOSPHATE, TRIBASIC (7601-54-9)
SODIUM PHOSPHATE, DIBASIC MONOHYDRATE *see* SODIUM PHOSPHATE, DIBASIC (10140-65-5)
SODIUM PHOSPHATE *see* SODIUM PHOSPHATE, TRIBASIC (7601-54-9)
SODIUM PHOSPHATE, TRIBASIC, DECAHYDRATE *see* SODIUM PHOSPHATE, TRIBASIC (10361-89-4)
SODIUM PHOSPHATE, TRIBASIC DODECAHYDRATE *see* SODIUM PHOSPHATE, TRIBASIC (10101-89-0)
SODIUM PYROSULFITE *see* SODIUM BISULFITE
SODIUM SALT of ACIFLUORFEN *see* ACIFLUORFEN, SODIUM SALT
SODIUM SALT of CACODYLIC ACID *see* SODIUM CACODYLATE
SODIUM SALT of N,NDIETHYLDITHIOCARBAMIC ACID *see* CARBAMODITHIOIC ACID, DIETHYL-, SODIUM SALT
SODIUM SULFHYDRATE *see* SODIUM HYDROSULFIDE
SODIUM SULHYDRATE *see* SODIUM BISULFITE
SODIUM TELLURATE(IV) *see* SODIUM TELLURITE
SODIUM TRIMETAPHOSPHATE *see* SODIUM PHOSPHATE, TRIBASIC (7758-84-4)
SODIUM WARFARIN *see* WARFARIN SODIUM
SOILBROM *see* 1,2-DIBROMOETHANE
SOILBROM-40 *see* 1,2-DIBROMOETHANE
SOILBROM-85 *see* 1,2-DIBROMOETHANE
SOILBROM-90EC *see* 1,2-DIBROMOETHANE
SOILBROME-85 *see* 1,2-DIBROMOETHANE
SOILFUME *see* 1,2-DIBROMOETHANE
SOIRIT YELLOW I *see* C.I. SOLVENT YELLOW 14
SOK *see* CARBARYL
SOL SODOWA KWASU LAURYLOBENZENOSULFONOWEGO (Polish) *see* SODIUM DODECYLBENZENESULFONATE
SOLADREN *see* EPINEPHRINE
SOLAESTHIN *see* DICHLOROMETHANE
SOLANTHRENE BRILLIANT YELLOW J *see* C.I. VAT YELLOW 4
SOLANTINE BLUE 10GL *see* C.I. DIRECT BLUE 218
SOLANTINE BROWN BRL *see* C.I. DIRECT BROWN 95
SOLANTOIN *see* PHENYTOIN
SOLAR 40 *see* SODIUM DODECYLBENZENESULFONATE
SOLAR 90 *see* SODIUM DODECYLBENZENESULFONATE
SOLAR BROWN PL *see* C.I. DIRECT BROWN 95
SOLASAN 500 *see* METHAM SODIUM
SOLDEP *see* TRICHLORFON
SOLDER FLUX *see* ISOBUTYL ALCOHOL
SOLDER FLUX 2163 ORGANIC *see* ISOBUTYL ALCOHOL
SOLDER FLUX THINNER *see* ISOBUTYL ALCOHOL
SOLDER STRIP NP-A *see* NITRIC ACID
SOLESAN 500 *see* METHAM SODIUM
SOLEX BROWN R *see* C.I. DIRECT BROWN 95
SOLFAC *see* CYFLUTHRIN
SOLFARIN *see* WARFARIN

SOLFO BLACK 2B SUPRA *see* 2,4-DINITROPHENOL
SOLFO BLACK B *see* 2,4-DINITROPHENOL
SOLFO BLACK BB *see* 2,4-DINITROPHENOL
SOLFO BLACK G *see* 2,4-DINITROPHENOL
SOLFO BLACK SB *see* 2,4-DINITROPHENOL
SOLFURO di CARBONIO (Italian) *see* CARBON DISULFIDE
SOLGARD *see* PIRIMFOS-ETHYL
SOLID GREEN CRYSTALS O *see* C.I. ACID GREEN 4
SOLID GREEN O *see* C.I. ACID GREEN 4
SOLIUS LIGHT BROWN BRLL *see* C.I. DIRECT BROWN 95
SOLIUS LIGHT BROWN BRS *see* C.I. DIRECT BROWN 95
SOLMETHINE *see* DICHLOROMETHANE
SOLO *see* TRIFLURALIN
SOLUBLE PENTOBARBITAL *see* PENTOBARBITOL SODIUM
SOLUGLACIT *see* DIETHYL-p-NITROPHENYL PHOSPHATE
SOLUT *see* DIMETHOATE
SOLUTION CNCENTREE T271 *see* AMITROLE
SOLVAN *see* DIPHACIONE
SOLVANOL *see* DIETHYL PHTHALATE
SOLVANOM *see* DIMETHYL PHTHALATE
SOLVARONE *see* DIMETHYL PHTHALATE
SOLVENT 111 *see* 1,1,1-TRICHLOROETHANE
SOLVENT 111 *see* 1,4-DIOXANE
SOLVENT ETHER *see* ETHYL ETHER
SOLVENT YELLOW 1 *see* 4-AMINOAZOBENZENE
SOLVENT YELLOW 14 *see* C.I. SOLVENT YELLOW 14
SOLVIREX *see* DISULFOTON
SOMA *see* PHENACETIN
SOMALIA ORANGE A2R *see* C.I. SOLVENT ORANGE 7
SOMALIA YELLOW 2G *see* 4-AMINOAZOBENZENE
SOMALIA YELLOW A *see* 4-DIMETHYLAMINOAZOBENZENE
SOMALIA ORANGE I *see* C.I. SOLVENT YELLOW 14
SOMALIA YELLOW R *see* C.I. SOLVENT YELLOW 3
SOMNOPENTYL *see* PENTOBARBITOL SODIUM
SOMONIL *see* METHIDATHION
SONAC *see* PHOSPHORIC ACID
SONTOBARBITAL NABITONE *see* PENTOBARBITOL SODIUM
SOPENTAL *see* PENTOBARBITOL SODIUM
SOPP *see* SODIUM O-PHENYLPHENOXIDE
SOPRABEL *see* LEAD ARSENATE (7784-40-9)
SOPRABEL *see* LEAD ARSENATE (10102-48-4)
SOPRANEBE *see* MANEB
SOPRATHION *see* ETHION
SOPRATHION *see* PARATHION
SOREX CR1 *see* WARFARIN
SOREX GOLDEN FLY BAIT *see* METHOMYL
SOREXA PLUS *see* WARFARIN
SOTIPOX *see* TRICHLORFON
SOTYL *see* PENTOBARBITOL SODIUM
SOUDAN I *see* C.I. SOLVENT YELLOW 14
SOUDAN II *see* C.I. SOLVENT ORANGE 7
SOUP *see* NITROGLYCERIN
SOVIET TECHNICAL HERBICIDE 2M-4C *see* METHOXONE
SOVOL *see* POYLCHLORINATED BIPHENYLS
SOWBUG & CUTWORM BAIT *see* CUPRIC ACETOARSENITE
SOXINAL PZ *see* ZIRAM
SOXINOL 22 *see* ETHYLENE THIOUREA
SOXINOL M *see* 2-MERCAPTOBENZOTHIAZOLE
SOXINOL PZ *see* ZIRAM
SPANNIT *see* CHLORPYRIFOS
SPARIC *see* DINITROBUTYL PHENOL
SPECIAL TERMITE FLUID *see* o-DICHLOROBENZENE
SPECTRACIDE 25EC *see* DIAZINON
SPECTRACIDE *see* DIAZINON

SPECTRAR see ISOPROPYL ALCOHOL
SPECTROLENE BLUE B see 3,3′-DIMETHOXYBENZIDINE
SPENCER S-6900 see FORMOTHION
SPERLOX-Z see ZINEB
SPHYGMOGENIN see EPINEPHRINE
SPIKE see TEBUTHIURON
SPINRITE ARSENIC see ARSENIC TRIOXIDE
SPIRIT of FORMIC ACID see FORMIC ACID
SPIRIT of GLONOIN see NITROGLYCERIN
SPIRIT of GLYCERYL TRINITRATE see NITROGLYCERIN
SPIRIT of HARTSHORN see AMMONIA
SPIRIT of SULFUR see SULFURIC ACID
SPIRIT of TRINITROGLYCERIN see NITROGLYCERIN
SPIRIT ORANGE see C.I. SOLVENT YELLOW 14
SPIRITS of SALT see HYDROCHLORIC ACID
SPOLACID see FOLPET
SPONTOX see 2,4,5-T ACID
SPOTRETE-F see THIRAM
SPOTRETE see THIRAM
SPOTTON see FENTHION
SPRACAL see CALCIUM ARSENATE
SPRAY CONCENTRATE see MALATHION
SPRAY-HORMITE see 2,4-D SODIUM SALT
SPRAYSET MEKP see METHYL ETHYL KETONE PEROXIDE
SPRAY-TROL BRANCH RODEN-TROL see WARFARIN
SPRING-BAK see NABAM
SPRITZ-HORMIN/2,4-D see 2,4-D
SPRITZ-HORMIT see 2,4-D SODIUM SALT
SPRITZ-HORMIT/2,4-D see 2,4-D
SPRITZ-RAPIDIN see LINDANE
SPROUT-STOP see MALEIC HYDRAZIDE
SPRUEHPFLANZOL see LINDANE
SPUR see FLUVALINATE
SPURGE see DINITROBUTYL PHENOL
SQ 1489 see THIRAM
SQUADRON AND QUADRANGLE MANEX see MANEB
SR-201 see HYDROQUINONE
SR406 see CAPTAN
SR 999 see SILVER
SRA 12869 see ISOFENPHOS
SRA 128691 see ISOFENPHOS
SRA 5172 see METHAMIDOPHOS
SRANAN-SF-X see THIRAM
SROLEX see DIAZINON
STA-FAST see SILVEX (2,4,5-TP)
STA-FAST see 2,4,5-TP ESTERS
STA-FRESH 615 see SODIUM DIMETHYLDITHIOCARBAMATE
STABILAN see CHLORMEQUAT CHLORIDE
STABLE PENTABORANE see PENTABORANE
STAFLEX DBP see DIBUTYL PHTHALATE
STAFLEX DOP see DI(2-ETHYLHEXYL)PHTHALATE
STAM F-34 see PROPANIL
STAM LV 10 see PROPANIL
STAM see PROPANIL
STAM SUPERNOX see PROPANIL
STAMPEDE 3E see PROPANIL
STANDARD LEAD ARSENATE see LEAD ARSENATE (7784-40-9)
STANDARD LEAD ARSENATE see LEAD ARSENATE (10102-48-4)
STANNANE, CHLOROTRIPHENYL- see TRIPHENYLTIN CHLORIDE
STANNANE, FLUOROTRIBUTYL- see TRIBUTYLTIN FLUORIDE
STANNANE, HYDROXYTRIPHENYL- see TRIPHENYLTIN HYDROXIDE
STANNANE, ((METHACRYLOYL)OXY)TRIBUTYL- see TRIBUTYLTIN METHACRYLATE
STANNANE, TETRAETHYL- see TETRAETHYLTIN

STANNANE, TRIBUTYLFLUORO- *see* TRIBUTYLTIN FLUORIDE
STANNANE, TRIBUTYL(METHACRYLOYLOXY)- *see* TRIBUTYLTIN METH-
  ACRYLATE
STANNANE, TRIBUTYL((2-METHYL-1-OXO-2-PROPENYL)OXY)- *see* TRIBU-
  TYLTIN METHACRYLATE
STANNICIDE A *see* BIS(TRIBUTYLTIN)OXIDE
STANNOL, TRIPHENYL- *see* TRIPHENYLTIN HYDROXIDE
STAPHENE O *see* HEXACHLOROPHENE
STATHION *see* PARATHION
STAUFFER CAPTAN *see* CAPTAN
STAUFFER FERBAM *see* FERBAM
STAUFFER N 521 *see* DAZOMET
STAUFFER N 2790 *see* FONOFOS
STAUFFER N 3049 *see* TRICHLORONATE
STAUFFER R 1,303 *see* CARBOPHENOTHION
STAUFFER R 2061 *see* PEBULATE
STAUFFER R 1504 *see* PHOSMET
STAUFFER R 1608 *see* ETHYL DIPROPYLTHIOCARBAMATE
STAUFFER R 4572 *see* MOLINATE
STAY-FLO *see* SODIUM FLUORIDE
STAY KLEEN *see* LINURON
STCC 4861666 *see* AROCLOR 1016
STCC 4861666 *see* AROCLOR 1221
STCC 4861666 *see* AROCLOR 1224
STCC 4861666 *see* AROCLOR 1232
STCC 4861666 *see* AROCLOR 1248
STCC 4861666 *see* AROCLOR 1254
STCC 4861666 *see* AROCLOR 1260
STCC 4861666 *see* POYLCHLORINATED BIPHENYLS
STCC 4904030 *see* FLUORINE
STCC 4904120 *see* CHLORINE
STCC 4904210 *see* AMMONIA
STCC 4904270 (anhydrous) *see* HYDROCHLORIC ACID
STCC 4904290 *see* SULFUR DIOXIDE
STCC 4904516 *see* DICHLORODIFLUOROMETHANE
STCC 4905410 *see* HYDROGEN SULFIDE
STCC 4905415 *see* HYDROGEN SELENIDE
STCC 4905425 *see* DIBORANE
STCC 4905510 *see* DIMETHYLAMINE
STCC 4905540 *see* TRIMETHYLAMINE
STCC 4905701 *see* ACETYLENE
STCC 4905704 *see* 1,3-BUTADIENE
STCC 4905706 *see* BUTANE
STCC 4905713 *see* CYCLOPROPANE
STCC 4905731 *see* ETHANE
STCC 4905732 *see* ETHYLENE
STCC 4905747 *see* ISOBUTANE
STCC 4905755 *see* METHANE
STCC 4905761 *see* CHLOROMETHANE
STCC 4905781 *see* PROPANE
STCC 4905782 *see* PROPYLENE
STCC 4905783 *see* TETRAFLUOROETHYLENE
STCC 4905785 *see* TRIFLUOROCHLOROETHYLENE
STCC 4905792 *see* VINYL CHLORIDE
STCC 4905793 *see* VINYL FLUORIDE
STCC 4905795 *see* VINYL METHYL ETHER
STCC 4906050 *see* NICKEL CARBONYL
STCC 4906060 *see* PENTABORANE
STCC 4906210 *see* 1,1-DIMETHYL HYDRAZINE
STCC 4906220 *see* ETHYLENEIMINE
STCC 4906225 *see* HYDRAZINE
STCC 4906230 *see* METHYL HYDRAZINE
STCC 4906410 *see* ACROLEIN
STCC 4906420 *see* ACRYLONITRILE

STCC 4906620 *see* PROPYLENE OXIDE
STCC 4907020 *see* ETHYL NITRITE
STCC 4907040 *see* PROPYLENEIMINE
STCC 4907210 *see* ACETALDEHYDE
STCC 4907215 *see* ETHYL ACRYLATE
STCC 4907219 *see* DICYCLOPENTADIENE
STCC 4907223 *see* CHLOROPRENE
STCC 4907230 *see* ISOPRENE
STCC 4907232 *see* ETHYL METHACRYLATE
STCC 4907245 *see* METHYL ACRYLATE
STCC 4907250 *see* METHYL METHACRYLATE
STCC 4907260 *see* METHYL VINYL KETONE
STCC 4907265 *see* STYRENE
STCC 4907270 *see* VINYL ACETATE
STCC 4907275 *see* VINYL ETHYL ETHER
STCC 4907280 *see* VINYLIDENE CHLORIDE
STCC 4907412 *see* ALLYL CHLORIDE
STCC 4907420 *see* EPICHLOROHYDRIN
STCC 4907425 *see* ALLYL ALCOHOL
STCC 4907429 *see* METHYL CHLOROCARBONATE
STCC 4907430 *see* CHLOROMETHYL METHYL ETHER
STCC 4907448 *see* METHYL ISOCYANATE
STCC 4907601 *see* ACETYL CHLORIDE
STCC 4907610 *see* DIMETHYLDICHLOROSILANE
STCC 4907617 *see* ETHYL CHLOROFORMATE
STCC 4907630 *see* METHYLTRICHLOROSILANE
STCC 4907675 *see* TRICHLOROSILANE
STCC 4907680 *see* TRIMETHYLCHLOROSILANE
STCC 4907815 *see* DIETHYLAMINE
STCC 4907877 *see* TRIETHYLAMINE
STCC 4908105 *see* ACETONE
STCC 4908108 *see* 1-PENTENE
STCC 4908110 *see* BENZENE
STCC 4908119 *see* BUTYRALDEHYDE
STCC 4908132 *see* CYCLOHEXANE
STCC 4908144 *see* 1,2-BUTYLENE OXIDE
STCC 4908162 *see* CHLOROETHANE
STCC 4908169 *see* ETHYL MERCAPTAN
STCC 4908183 *see* n-HEXANE
STCC 4908185 *see* ISOBUTYRALDEHYDE
STCC 4908186 *see* iso-BUTYLAMINE
STCC 4908192 *see* ISOPENTANE
STCC 4908225 *see* METHYL FORMATE
STCC 4908255 *see* PENTANE
STCC 4908269 *see* n-PROPYLAMINE
STCC 4909111 *see* AMYL ACETATE
STCC 4909128 *see* BUTYL ACETATE
STCC 4909128 *see* sec-BUTYL ACETATE
STCC 4909128 *see* tert-BUTYL ACETATE
STCC 4909131 *see* ISOBUTYL ALCOHOL
STCC 4909137 *see* CROTONALDEHYDE, (E)
STCC 4909137 *see* CROTONALDEHYDE
STCC 4909139 *see* CYCLOHEXYLAMINE
STCC 4909153 *see* CHLOROBENZENE
STCC 4909155 *see* 1,4-DIOXANE
STCC 4909157 *see* DIPROPYLAMINE
STCC 4909160 *see* ETHYL ACETATE
STCC 4909193 *see* 2-NITROPROPANE
STCC 4909202 *see* ACETONITRILE
STCC 4909207 *see* iso-BUTYL ACETATE
STCC 4909208 *see* ISOBUTYRONITRILE
STCC 4909230 *see* METHANOL
STCC 4909243 *see* METHYL ETHYL KETONE
STCC 4909245 *see* METHYL ISOBUTYL KETONE

STCC 4909255 *see* DICHLOROPROPENE
STCC 4909260 *see* PARALDEHYDE
STCC 4909277 *see* PYRIDINE
STCC 4909303 *see* AMMONIUM SULFIDE
STCC 4909305 *see* TOLUENE
STCC 4909320 *see* CHLORDANE
STCC 4909350 *see* m-XYLENE
STCC 4909350 *see* o-XYLENE
STCC 4909350 *see* p-XYLENE
STCC 4912215 *see* BUTYL ACRYLATE
STCC 4913125 *see* CUMENE
STCC 4913134 *see* BENZONITRILE
STCC 4913144 *see* FORMALDEHYDE
STCC 4913146 *see* FURFURAL
STCC 4913157 *see* DIMETHYLFORMAMIDE
STCC 4913175 *see* o-TOLUIDINE
STCC 4913175 *see* p-TOLUIDINE
STCC 4913179 *see* CYCLOHEXANONE
STCC 4915133 *see* CREOSOTE
STCC 4915185 *see* ADIPIC ACID
STCC 4915185 *see* ADIPONITRILE
STCC 4915185 *see* ACETOPHENONE
STCC 4915185 *see* TRIFLURALIN
STCC 4915278 *see* ISOPHORONE
STCC 4915518 *see* CYCLOHEXANOL
STCC 4916140 *see* PHOSPHORUS
STCC 4916424 *see* LITHIUM HYDRIDE
STCC 4916456 *see* SODIUM
STCC 4916461 *see* SODIUM METHYLATE
STCC 4916610 *see* DECABORANE(14)
STCC 4918312 *see* AMMONIUM NITRATE (SOLUTION)
STCC 4918335 *see* HYDROGEN PEROXIDE
STCC 4918510 *see* CHROMIC ACID (ESTER) (11115-74-5)
STCC 4918510 *see* CHROMIC ACID (7738-94-5)
STCC 4918528 *see* NITRIC ACID
STCC 4918715 *see* CALCIUM HYPOCHLORITE
STCC 4918725 *see* FERRIC NITRATE
STCC 4918726 *see* LEAD NITRATE
STCC 4918740 *see* POTASSIUM PERMANGANATE
STCC 4918742 *see* SILVER NITRATE
STCC 4918744 *see* CUPRIC NITRATE
STCC 4918747 *see* SODIUM NITRITE
STCC 4918752 *see* MERCUROUS NITRATE (7782-86-7)
STCC 4918752 *see* MERCUROUS NITRATE (10415-75-5)
STCC 4918759 *see* BERYLLIUM NITRATE
STCC 4918769 *see* MERCURIC NITRATE
STCC 4918789 *see* NICKEL NITRATE (13138-45-9)
STCC 4918789 *see* NICKEL NITRATE (14216-75-2)
STCC 4918790 *see* ZINC NITRATE
STCC 4918791 *see* ZIRCONIUM NITRATE
STCC 4919113 *see* BENZOYL PEROXIDE
STCC 4919525 *see* CUMENE HYDROPEROXIDE
STCC 4920125 *see* HYDROGEN CYANIDE
STCC 4920135 *see* ARSINE
STCC 4920160 *see* PHOSPHINE
STCC 4920330 *see* NITRIC OXIDE
STCC 4920506 *see* CYANOGEN CHLORIDE
STCC 4920540 *see* PHOSGENE
STCC 4921220 *see* PHENOL
STCC 4921401 *see* 2-METHYLLACTONITRILE
STCC 4921403 *see* ALDRIN
STCC 4921410 *see* ANILINE
STCC 4921411 *see* BRUCINE
STCC 4921414 *see* CHLOROPICRIN

STCC 4921421 (solid) *see* o-DINITROBENZENE
STCC 4921422 (liquid) *see* o-DINITROBENZENE
STCC 4921425 *see* DINITROPHENOL
STCC 4921440 *see* BROMOMETHANE
STCC 4921442 *see* METHYL PARATHION
STCC 4921449 *see* NICOTINE
STCC 4921451 (liquid) *see* NICOTINE SULFATE
STCC 4921452 (solid) *see* NICOTINE SULFATE
STCC 4921455 *see* NITROBENZENE
STCC 4921469 *see* PARATHION
STCC 4921473 *see* PERCHLOROMETHYL MERCAPTAN
STCC 4921477 *see* STRYCHNINE, SULFATE
STCC 4921480 (liquid) *see* SULFOTEP
STCC 4921481 (solid) *see* SULFOTEP
STCC 4921484 *see* TETRAETHYL LEAD
STCC 4921486 *see* TEPP
STCC 4921505 *see* COUMAPHOS
STCC 4921511 (liquid) *see* DISULFOTON
STCC 4921512 (solid) *see* DISULFOTON
STCC 4921513 *see* DISULFOTON
STCC 4921516 (liquid) *see* ENDOSULFAN
STCC 4921517 (SOLID) *see* ENDOSULFAN
STCC 4921521 (liquid) *see* ENDRIN
STCC 4921522 (solid) *see* ENDRIN
STCC 4921525 *see* CARBOFURAN
STCC 4921528 *see* AZINPHOS-METHYL
STCC 4921530 *see* p-NITROANILINE
STCC 4921534 (liquid) *see* DICHLORVOS
STCC 4921537 (solid) *see* DICHLORVOS
STCC 4921542 *see* MEXACARBATE
STCC 4921550 *see* BIS(2-CHLOROETHYL)ETHER
STCC 4921565 *see* ETHION
STCC 4921575 *see* TOLUENE-2,4-DIISOCYANATE
STCC 4923106 *see* ARSENIC ACID (1327-52-2)
STCC 4923106 *see* ARSENIC ACID (7778-39-4)
STCC 4923112 *see* ARSENIC PENTOXIDE
STCC 4923115 *see* ARSENIC TRIOXIDE
STCC 4923208 *see* ARSENIC DISULFIDE
STCC 4923209 *see* ARSENOUS TRICHLORIDE
STCC 4923217 *see* CALCIUM ARSENATE
STCC 4923219 *see* CALCIUM ARSENITE
STCC 4923222 *see* ARSENIC TRISULFIDE
STCC 4923223 *see* CALCIUM CYANIDE
STCC 4923224 *see* CYANIDE
STCC 4923225 (liquid) *see* POTASSIUM CYANIDE
STCC 4923226 (solid) *see* POTASSIUM CYANIDE
STCC 4923227 (liquid) *see* SODIUM CYANIDE
STCC 4923227 (solid) *see* SODIUM CYANIDE
STCC 4923229 *see* CYANOGEN BROMIDE
STCC 4923245 *see* MERCURIC CHLORIDE
STCC 4923246 *see* MERCURIC CYANIDE
STCC 4923251 *see* MERCURIC OXIDE
STCC 4923257 *see* MERCURIC SULFATE
STCC 4923258 *see* MERCURIC THIOCYANATE
STCC 4923275 *see* NICKEL CYANIDE
STCC 4923277 *see* POTASSIUM ARSENATE
STCC 4923278 *see* POTASSIUM ARSENITE
STCC 4923290 *see* SODIUM ARSENATE
STCC 4923290 *see* SODIUM ARSENATE
STCC 4923291 (aqueous solution) *see* SODIUM ARSENITE
STCC 4923291 (solid) *see* SODIUM ARSENITE
STCC 4923291 *see* SODIUM ARSENITE
STCC 4923297 *see* THALLIUM(I) SULFATE
STCC 4923297 *see* THALLIUM SULFATE

STCC 4923305 *see* BERYLLIUM CHLORIDE
STCC 4923310 *see* BERYLLIUM FLUORIDE
STCC 4923318 *see* LEAD ARSENATE (7645-25-2)
STCC 4923318 *see* LEAD ARSENATE (7784-40-9)
STCC 4923318 *see* LEAD ARSENATE (10102-48-4)
STCC 4923340 *see* SELENIUM DIOXIDE
STCC 4923350 *see* SODIUM SELENITE
STCC 4923418 *see* COPPER CYANIDE
STCC 4923465 *see* SODIUM AZIDE
STCC 4923495 *see* ZINC CYANIDE
STCC 4923496 *see* ZINC PHOSPHIDE
STCC 4926320 *see* URANYL NITRATE (10102-06-4)
STCC 4926320 *see* URANYL NITRATE (36478-76-9)
STCC 4927455 *see* URANYL ACETATE
STCC 4930022 *see* HYDROGEN FLUORIDE
STCC 4930024 (anhydrous) *see* HYDROGEN FLUORIDE
STCC 4930040 *see* SULFURIC ACID
STCC 4930204 *see* CHLOROSULFONIC ACID
STCC 4930228 *see* HYDROCHLORIC ACID
STCC 4931304 *see* ACETIC ANHYDRIDE
STCC 4931320 *see* FORMIC ACID
STCC 4931401 *see* ACETIC ACID
STCC 4931405 *see* ACRYLIC ACID
STCC 4931414 *see* BUTYRIC ACID
STCC 4931417 *see* CRESOL (MIXED ISOMERS)
STCC 4931426 *see* DODECYLBENZENESULFONIC ACID
STCC 4931438 *see* iso-BUTYRIC ACID
STCC 4931705 *see* ACETYL BROMIDE
STCC 4931725 *see* BENZOYL CHLORIDE
STCC 4932005 *see* ANTIMONY PENTAFLUORIDE
STCC 4932011 *see* BORON TRICHLORIDE
STCC 4932310 *see* ANTIMONY PENTACHLORIDE
STCC 4932316 *see* ANTIMONY TRICHLORIDE
STCC 4932319 *see* ANTIMONY TRIBROMIDE
STCC 4932323 *see* PHOSPHORUS PENTACHLORIDE
STCC 4932325 *see* PHOSPHORUS OXYCHLORIDE
STCC 4932329 (liquid) *see* FERROUS CHLORIDE
STCC 4932335 *see* ANTIMONY TRIFLUORIDE
STCC 4932342 (liquid) *see* FERRIC CHLORIDE
STCC 4932348 *see* AMMONIUM BISULFITE
STCC 4932355 *see* SODIUM BIFLUORIDE
STCC 4932355 *see* SODIUM BIFLUORIDE
STCC 4932376 (liquid) *see* SODIUM BISULFITE
STCC 4932385 *see* TITANIUM TETRACHLORIDE
STCC 4932395 *see* ZIRCONIUM TETRACHLORIDE
STCC 4933015 *see* HEXACHLOROCYCLOPENTADIENE
STCC 4933322 *see* DIMETHYL SULFATE
STCC 4934223 *see* PHTHALIC ANHYDRIDE
STCC 4935225 (solid) *see* POTASSIUM HYDROXIDE
STCC 4935230 (solution) *see* POTASSIUM HYDROXIDE
STCC 4935234 *see* AMMONIUM HYDROXIDE
STCC 4935235 *see* SODIUM HYDROXIDE
STCC 4935268 (solution) *see* SODIUM HYDROSULFIDE
STCC 4936012 *see* BENZYL CHLORIDE
STCC 4936110 *see* BROMINE
STCC 4940311 *see* CHLOROFORM
STCC 4940320 *see* CARBON TETRACHLORIDE
STCC 4940325 *see* 2,4,5-TRICHLOROPHENOL
STCC 4940350 *see* AMMONIUM OXALATE (5972-73-6)
STCC 4940350 *see* AMMONIUM OXALATE (6009-70-7)
STCC 4940350 *see* AMMONIUM OXALATE (14258-49-2)
STCC 4940354 *see* 1,1,2,2,-TETRACHLOROETHANE
STCC 4940355 *see* TETRACHLOROETHYLENE
STCC 4940361 *see* NAPHTHALENE

STCC 4940370 *see* DDD
STCC 4940376 *see* TRICHLORFON
STCC 4941114 *see* ANTIMONY POTASSIUM TARTRATE
STCC 4941121 (liquid) *see* CARBARYL
STCC 4941122 (solid) *see* CARBARYL
STCC 4941125 *see* CHLORPYRIFOS
STCC 4941126 *see* 2,4-D
STCC 4941127 *see* o-DICHLOROBENZENE
STCC 4941128 *see* 1,4-DICHLOROBENZENE
STCC 4941129 *see* DDT
STCC 4941131 (solid) *see* FERROUS CHLORIDE
STCC 4941132 *see* DICHLOROMETHANE
STCC 4941134 (liquid) *see* DIELDRIN
STCC 4941135 (solid) *see* DIELDRIN
STCC 4941140 *see* DIAZINON
STCC 4941141 *see* DIAZINON
STCC 4941143 *see* PARAFORMALDEHYDE
STCC 4941145 *see* AMMONIUM CARBAMATE
STCC 4941149 *see* AMMONIUM CARBONATE
STCC 4941152 *see* LINDANE
STCC 4941156 *see* MALATHION
STCC 4941161 *see* MALEIC ANHYDRIDE
STCC 4941171 *see* TRICHLOROETHYLENE
STCC 4941187 *see* THIRAM
STCC 4941188 (liquid) *see* TOXAPHENE
STCC 4941189 (solid) *see* TOXAPHENE
STCC 4941193 *see* XYLENOL
STCC 4941195 *see* ZINC HYDROSULFITE
STCC 4941225 *see* HEXACHLOROETHANE
STCC 4944105 *see* AMMONIUM FLUORIDE
STCC 4944125 *see* AMMONIUM FLUOBORATE
STCC 4944130 *see* LEAD CHLORIDE
STCC 4944133 *see* LEAD FLUOBORATE
STCC 4944135 *see* AMMONIUM SILICOFLUORIDE
STCC 4944138 (solid) *see* FERRIC CHLORIDE
STCC 4944140 *see* LEAD FLUORIDE
STCC 4944143 *see* SODIUM HYPOCHLORITE
STCC 4944150 *see* SODIUM FLUORIDE
STCC 4944155 (solid) *see* SODIUM BISULFITE
STCC 4944165 (liquid) *see* ALUMINUM SULFATE
STCC 4944185 *see* ZIRCONIUM SULFATE
STCC 4944325 *see* MERCURY
STCC 4945705 *see* ASBESTOS (FRIABLE)
STCC 4945706 (WHITE) *see* ASBESTOS (FRIABLE)
STCC 4960132 *see* DIBUTYL PHTHALATE
STCC 4960132 *see* PHENYLHYDRAZINE HYDROCHLORIDE
STCC 4960132 *see* SODIUM CACODYLATE
STCC 4960133 *see* ACRYLAMIDE
STCC 4960140 *see* KEPONE
STCC 4960616 (solid) *see* DICHLONE
STCC 4960617 (liquid) *see* DICHLONE
STCC 4960630 *see* HEPTACHLOR
STCC 4960646 *see* METHOXYCHLOR
STCC 4961164 (solid) *see* CAPTAN
STCC 49611665 *see* PROPARGITE
STCC 4961167 (solution) *see* CAPTAN
STCC 4961316 *see* CUPRIC SULFATE
STCC 4961380 *see* PENTACHLOROPHENOL
STCC 4961656 (liquid) *see* NALED
STCC 4961657 (solid) *see* NALED
STCC 4962112 *see* DIETHYL PHTHALATE
STCC 4962145 *see* METHIOCARB
STCC 4962303 *see* CADMIUM ACETATE
STCC 4962305 *see* CADMIUM BROMIDE

STCC 4962356 *see* NAPHTHENIC ACID
STCC 4962505 *see* CADMIUM CHLORIDE
STCC 4962622 *see* DIURON
STCC 4962626 *see* FERRIC FLUORIDE
STCC 4963115 (solid) *see* 2,4-DINITROTOLUENE
STCC 4963120 (solution) *see* 2,4-DINITROTOLUENE
STCC 4963131 *see* m-NITROTOLUENE
STCC 4963302 *see* AMMONIUM CHROMATE
STCC 4963303 (solid) *see* ALUMINUM SULFATE
STCC 4963307 *see* CALCIUM CHROMATE
STCC 4963312 *see* CHROMIC ACETATE
STCC 4963314 *see* CHROMIC SULFATE
STCC 4963322 *see* CHROMOUS CHLORIDE
STCC 4963334 (liquid) *see* DICAMBA
STCC 4963337 (solid) *see* DICAMBA
STCC 4963339 (solution) *see* DIQUAT (85-00-7)
STCC 4963344 (solid) *see* DIQUAT (85-00-7)
STCC 4963344 *see* DIQUAT (85-00-7)
STCC 4963349 *see* FERRIC AMMONIUM CITRATE
STCC 4963352 *see* FERRIC AMMONIUM OXALATE (2944-67-4)
STCC 4963352 *see* FERRIC AMMONIUM OXALATE (55488-87-4)
STCC 4963354 *see* FERROUS AMMONIUM SULFATE
STCC 4963364 *see* POTASSIUM CHROMATE
STCC 4963367 *see* QUINOLINE
STCC 4963369 *see* SODIUM CHROMATE
STCC 4963377 *see* STRONTIUM CHROMATE
STCC 4963384 *see* VANADYL SULFATE
STCC 4963385 *see* VANADIUM PENTOXIDE
STCC 4963387 *see* ZINC ACETATE
STCC 4963389 *see* ZINC BORATE
STCC 4963392 *see* ZINC FORMATE
STCC 4963394 *see* m-NITROPHENOL
STCC 4963720 *see* LITHIUM CHROMATE
STCC 4963786 *see* ZINC ZULFATE
STCC 4963809 (liquid) *see* DICHLOBENIL
STCC 4963814 (solid) *see* DICHLOBENIL
STCC 4963827 *see* FERRIC SULFATE
STCC 4963832 *see* FERROUS SULFATE (7720-78-7)
STCC 4963863 *see* NICKEL HYDROXIDE
STCC 4963872 (liquid) *see* PYRETHRINS (121-21-1)
STCC 4963872 (liquid) *see* PYRETHRINS (121-29-9)
STCC 4963872 (liquid) *see* PYRETHRINS (8003-34-7)
STCC 4963877 (solid) *see* PYRETHRINS (121-29-9)
STCC 4963877 (solid) *see* PYRETHRINS (121-21-1)
STCC 4963877 (solid) *see* PYRETHRINS (8003-34-7)
STCC 4963890 *see* ZINC CARBONATE
STCC 4963895 *see* ZINC FLUORIDE
STCC 4966304 *see* AMMONIUM BENZOATE
STCC 4966306 *see* BENZOIC ACID
STCC 4966308 *see* AMMONIUM BICARBONATE
STCC 4966316 *see* AMMONIUM CHLORIDE
STCC 4966320 *see* AMMONIUM CITRATE, DIBASIC
STCC 4966332 *see* AMMONIUM SULFITE
STCC 4966336 *see* AMMONIUM TARTRATE (3164-29-2)
STCC 4966336 *see* AMMONIUM TARTRATE (14307-43-8)
STCC 4966352 *see* FUMARIC ACID
STCC 4966360 *see* NICKEL AMMONIUM SULFATE
STCC 4966364 *see* NICKEL CHLORIDE (see 7718-54-9)
STCC 4966368 *see* NICKEL SULFATE
STCC 4966380 *see* SODIUM PHOSPHATE, DIBASIC (7558-79-4)
STCC 4966380 *see* SODIUM PHOSPHATE, TRIBASIC (7601-54-9)
STCC 4966380 *see* SODIUM PHOSPHATE, TRIBASIC (7758-84-4)
STCC 4966380 *see* SODIUM PHOSPHATE, TRIBASIC (7758-29-4)
STCC 4966380 *see* SODIUM PHOSPHATE, DIBASIC (10039-32-4)

STCC 4966380 *see* SODIUM PHOSPHATE, TRIBASIC (10101-89-0)
STCC 4966380 *see* SODIUM PHOSPHATE, TRIBASIC (10124-56-8)
STCC 4966380 *see* SODIUM PHOSPHATE, DIBASIC (10140-65-5)
STCC 4966380 *see* SODIUM PHOSPHATE, TRIBASIC (10361-89-4)
STCC 4966386 *see* ZINC AMMONIUM CHLORIDE (14639-98-6)
STCC 4966386 *see* ZINC AMMONIUM CHLORIDE (14639-97-5)
STCC 4966386 *see* ZINC AMMONIUM CHLORIDE (52628-25-8)
STCC 4966389 *see* ZINC PHENOLSULFONATE
STCC 4966392 *see* ZINC SILICOFLUORIDE
STCC 4966395 *see* ZIRCONIUM POTASSIUM FLUORIDE
STCC 4966640 *see* LEAD ACETATE
STCC 4966708 *see* AMMONIA ACETATE
STCC 4966735 *see* AMMONIUM SULFAMATE
STCC 4966738 (solid) *see* AMMONIUM THIOCYANATE
STCC 4966744 (solution) *see* AMMONIUM THIOCYANATE
STCC 4966774 *see* RESORCINOL
STCC 4966790 *see* ZINC CHLORIDE
STCC 4966905 *see* ANTIMONY TRIOXIDE
STCC 4966950 *see* LEAD IODIDE
STCC 4966960 *see* LEAD STEARATE (7428-48-0)
STCC 4966987 *see* LEAD SULFIDE
STCC 4999831 *see* ISOPROPYL ALCOHOL
STCC 54905745 *see* HYDROGEN
STEAR YELLOW JB *see* 4-DIMETHYLAMINOAZOBENZENE
STEARIC ACID, CADMIUM SALT *see* CADMIUM STEARATE
STEARIC ACID, LEAD(2+) SALT *see* LEAD STEARATE (7428-48-0)
STEARIC ACID, LEAD(II) SALT *see* LEAD STEARATE (7428-48-0)
STEARIC ACID, LEAD SALT *see* LEAD STEARATE (1072-35-1)
STEARIC ACID, LEAD SALT *see* LEAD STEARATE (7428-48-0)
STEARIC ACID, LEAD SALT *see* LEAD STEARATE (52652-59-2)
STEARIC ACID, LEAD SALT, DIBASIC *see* LEAD STEARATE (52652-59-2)
STEARIC ACID, LEAD SALT *see* LEAD STEARATE (56189-09-4)
STEARIX ORANGE *see* C.I. SOLVENT YELLOW 14
STECLIN HYDROCHLORIDE *see* TETRACYCLINE HYDROCHLORIDE
STELLACYL *see* PHENACETIN
STELLOS *see* CALCIUM HYPOCHLORITE
STELLOX 400 EC *see* BROMOXYNIL OCTANOATE
STERAL *see* HEXACHLOROPHENE
STERASKIN *see* HEXACHLOROPHENE
STERETS PRE-INJECTION SWABS *see* ISOBUTYL ALCOHOL
STERIC ACID, LEAD SALT *see* LEAD STEARATE (7428-48-0)
STERICOL *see* XYLENOL
STERIFORM *see* FORMALDEHYDE
STERILITE HOP DEFOLIANT *see* ANTHRACENE
STERILIZING GAS ETHYLENE OXIDE 100% *see* ETHYLENE OXIDE
STERISEAL LIQUID 40 *see* SODIUM DIMETHYLDITHIOCARBAMATE
STERISOL HAND DISINFECTANT *see* ISOPROPYL ALCOHOL
STEROGLY *see* ERGOCALCIFEROL
STIBILIUM *see* DIETHYLSTILBESTROL
STIBINE, TRIBROMO- *see* ANTIMONY TRIBROMIDE
STIBINE, TRICHLORO- *see* ANTIMONY TRICHLORIDE
STIBINE, TRIFLUORO- (9CI) *see* ANTIMONY TRIFLUORIDE
STIBIUM *see* ANTIMONY
STICKMONOXYD (German) *see* NITRIC OXIDE
STICKSTOFFDIOXID (German) *see* NITROGEN DIOXIDE (10102-44-0)
STIFOROS *see* TETRACHLORVINPHOS
STIKSTOFDIOXYDE (Dutch) *see* NITROGEN DIOXIDE (10102-44-0)
STIL *see* DIETHYLSTILBESTROL
STIL-ROL *see* DIETHYLSTILBESTROL
STILBESTROL *see* DIETHYLSTILBESTROL
STILBESTRONE *see* DIETHYLSTILBESTROL
STILBETIN *see* DIETHYLSTILBESTROL
STILBOEFRAL *see* DIETHYLSTILBESTROL
STILBOESTROFORM *see* DIETHYLSTILBESTROL

STILBOESTROL *see* DIETHYLSTILBESTROL
STILBOFOLLIN *see* DIETHYLSTILBESTROL
STILBOL *see* DIETHYLSTILBESTROL
STILCICLINA *see* TETRACYCLINE HYDROCHLORIDE
STILKAP *see* DIETHYLSTILBESTROL
STINK DAMP *see* HYDROGEN SULFIDE
STIROLO (Italian) *see* STYRENE
STOMOXIN P *see* PERMETHRIN
STOMP (FORMULATION) *see* PEDIMETHALIN
STOMP 330 (FORMULATION) *see* PEDIMETHALIN
STOMP 330D (FORMULATION) *see* PEDIMETHALIN
STOMP 330E (FORMULATION) *see* PEDIMETHALIN
STOMP H (FORMULATION) *see* PEDIMETHALIN
STOMP/IPU HERBICIDE (FORMULATION) *see* PEDIMETHALIN
STOPAETHYL *see* DISULFIRAM
STOPETHYL *see* DISULFIRAM
STOPETYL *see* DISULFIRAM
STOPMOLD B *see* SODIUM O-PHENYLPHENOXIDE
STR *see* D-GLUCOSE, 2-DEOXY-2-((METHYLNITROSOAMI-NO)CARBONYL)AMINO)-
STRAZINE *see* ATRAZINE
STREL *see* PROPANIL
STREPTOMYCES PEUCETIUS *see* DAUNOMYCIN
STREPTOZOCIN *see* D-GLUCOSE, 2-DEOXY-2-((METHYLNITROSOAMI-NO)CARBONYL)AMINO)-
STREPTOZOTICIN *see* D-GLUCOSE, 2-DEOXY-2-((METHYLNITROSOAMI-NO)CARBONYL)AMINO)-
STRESS RELIEF ETCH *see* NITRIC ACID
STRESS RELIEF ETCH *see* ACETIC ACID
STREUNEX *see* LINDANE
STROBANE *see* 1,1,1-TRICHLOROETHANE
STROBANE T 90 *see* TOXAPHENE
STROBANE T *see* TOXAPHENE
STRONTIUM CHROMATE (1:1) *see* STRONTIUM CHROMATE
STRONTIUM CHROMATE (VI) *see* STRONTIUM CHROMATE
STRONTIUM CHROMATE A *see* STRONTIUM CHROMATE
STRONTIUM CHROMATE X-2396 *see* STRONTIUM CHROMATE
STRONTIUM CHROMATE 12170 *see* STRONTIUM CHROMATE
STRONTIUM YELLOW *see* STRONTIUM CHROMATE
STROPHANTHIN G *see* OUABAIN
STROPHOPERM *see* OUABAIN
STRUMACIL *see* METHYLTHIOURACIL
STRYCHININE SULFATE *see* STRYCHNINE, SULFATE
STRYCHNIDIN-10-ONE *see* STRYCHNINE
STRYCHNIDIN-10-ONE, 2,3-DIMETHOXY-(9CI) *see* BRUCINE
STRYCHNIDIN-10-ONE SULFATE (2:1) *see* STRYCHNINE, SULFATE
STRYCHNIN (German) *see* STRYCHNINE
STRYCHNINE, 2,3-DIMETHOXY- *see* BRUCINE
STRYCHNINE SULFATE (2:1) *see* STRYCHNINE, SULFATE
STRYCHNOS *see* STRYCHNINE
STRYPTIRENAL *see* EPINEPHRINE
STRZ *see* D-GLUCOSE, 2-DEOXY-2-((METHYLNITROSOAMI-NO)CARBONYL)AMINO)-
STUDAFLUOR *see* SODIUM FLUORIDE
STUNTMAN *see* MALEIC HYDRAZIDE
STYREEN (Dutch) *see* STYRENE
STYREN (Czech) *see* STYRENE
STYRENE 7,8-OXIDE *see* STYRENE OXIDE
STYRENE EPOXIDE *see* STYRENE OXIDE
STYRENE MONOMER, inhibited *see* STYRENE
STYRENE MONOMER *see* STYRENE
STYROL (German) *see* STYRENE
STYROLE *see* STYRENE
STYROLENE *see* STYRENE

STYRON see STYRENE
STYROPOL see STYRENE
STYROPOL SO see STYRENE
STYROPOR see STYRENE
STYRYL OXIDE see STYRENE OXIDE
STZ see D-GLUCOSE, 2-DEOXY-2-((METHYLNITROSOAMI-NO)CARBONYL)AMINO)-
SU SEGURO CARPIDOR see TRIFLURALIN
SUBACETATE LEAD see LEAD SUBACETATE
SUBACETO de PLOMO (Spanish) see LEAD SUBACETATE
SUBAMYCIN see TETRACYCLINE HYDROCHLORIDE
SUBITEX see DINITROBUTYL PHENOL
SUBLIMAT (Czech) see MERCURIC CHLORIDE
SUCCINIC ACID, MERCAPTO-, DIETHYL ESTER, S-ESTER with O,O-DI-METHYL PHOSPHORODITHIOATE see MALATHION
SUCKER-STUFF see MALEIC HYDRAZIDE
SUCRE EDULCOR see SACCHARIN
SUCRETTE see SACCHARIN
SUDAN AX see C.I. SOLVENT ORANGE 7
SUDAN I see C.I. SOLVENT YELLOW 14
SUDAN II see C.I. SOLVENT ORANGE 7
SUDAN ORANGE see C.I. SOLVENT ORANGE 7
SUDAN ORANGE R see C.I. SOLVENT YELLOW 14
SUDAN ORANGE RA see C.I. SOLVENT YELLOW 14
SUDAN ORANGE RA NEW see C.I. SOLVENT YELLOW 14
SUDAN ORANGE RPA see C.I. SOLVENT ORANGE 7
SUDAN ORANGE RRA see C.I. SOLVENT ORANGE 7
SUDAN RED see C.I. SOLVENT ORANGE 7
SUDAN SCARLET 6G see C.I. SOLVENT ORANGE 7
SUDAN X see C.I. SOLVENT ORANGE 7
SUDAN YELLOW GG see 4-DIMETHYLAMINOAZOBENZENE
SUDAN YELLOW GGA see 4-DIMETHYLAMINOAZOBENZENE
SUDAN YELLOW R see 4-AMINOAZOBENZENE
SUDAN YELLOW RRA see C.I. SOLVENT YELLOW 3
SUGAI FAST SCARLET G BASE see 5-NITRO-o-TOLUENE
SUGAR of LEAD see LEAD ACETATE
SULEMA (Russian) see MERCURIC CHLORIDE
SULFACID BRILLIANT GREEN 1B see C.I. ACID GREEN 3
SULFADENE see 2-MERCAPTOBENZOTHIAZOLE
SULFAMATE see AMMONIUM SULFAMATE
SULFAMATO AMONICO (Spanish) see AMMONIUM SULFAMATE
SULFAMIC ACID, MONOAMMONIUM SALT see AMMONIUM SULFAMATE
SULFAMINSAURE (German) see AMMONIUM SULFAMATE
SULFAN see SULFUR TRIOXIDE
SULFANILAMIDE, 3,5-DINITRO-N4,N4-DIPROPYL- see ORYZALIN
SULFAPOL see SODIUM DODECYLBENZENESULFONATE
SULFAPOLU (Polish) see SODIUM DODECYLBENZENESULFONATE
SULFATE de CUIVRE (French) see CUPRIC SULFATE
SULFATE MERCURIQUE (French) see MERCURIC SULFATE
SULFATE DIMETHYLIQUE (French) see DIMETHYL SULFATE
SULFATE de METHYLE (French) see DIMETHYL SULFATE
SULFATE de NICOTINE (French) see NICOTINE SULFATE
SULFATEP see SULFOTEP
SULFATE de PLOMB (French) see LEAD SULFATE (7446-14-2)
SULFATE de PLOMB (French) see LEAD SULFATE (15739-80-7)
SULFATE de ZINC (French) see ZINC ZULFATE
SULFATO ALUMINICO (Spanish) see ALUMINUM SULFATE
SULFATO AMONICO (Spanish) see AMMONIUM SULFATE
SULFATO de COBRE AMONIACAL (Spanish) see CUPRIC SULFATE, AMMO-NIATED
SULFATO de COBRE see CUPRIC SULFATE
SULFATO CROMICO (Spanish) see CHROMIC SULFATE
SULFATO de 3,3-DICLOROBENZIDINA (Spanish) see 3,3'-DICHLOROBENZI-DINE SULFATE

SULFATO de DIETILO (Spanish) *see* DIETHYL SULFATE
SULFATO de DIMETILO (Spanish) *see* DIMETHYL SULFATE
SULFATO ENSODULFAN (Spanish) *see* ENDOSULFAN SULFATE
SULFERROUS *see* FERROUS SULFATE (7720-78-7)
SULFERROUS *see* FERROUS SULFATE (7782-63-0)
SULFATO de HIDRAZINA (Spanish) *see* HYDRAZINE SULFATE
SULFATO de NICOTINA (Spanish) *see* NICOTINE SULFATE
SULFATO de NIQUEL (Spanish) *see* NICKEL SULFATE
SULFATO de NIQUEL y AMONIO (Spanish) *see* NICKEL AMMONIUM SULFATE
SULFATO de PLOMO (Spanish) *see* LEAD SULFATE (7446-14-2)
SULFATO de PLOMO (Spanish) *see* LEAD SULFATE (15739-80-7)
SULFATO de TALIO (Spanish) *see* THALLIUM SULFATE
SULFATO de TALIO (Spanish) *see* THALLIUM(I) SULFATE
SULFATO de ZINC (Spanish) *see* ZINC ZULFATE
SULFATO FERRICO (Spanish) *see* FERRIC SULFATE
SULFATO FERROSO (Spanish) *see* FERROUS SULFATE (7720-78-7)
SULFATO FERROSO (Spanish) *see* FERROUS SULFATE (7782-63-0)
SULFATO FERROSO AMONICO (Spanish) *see* FERROUS AMMONIUM SULFATE
SULFATO MERCURICO (Spanish) *see* MERCURIC SULFATE
SULFIDE, BIS(2-CHLOROETHYL) *see* MUSTARD GAS
SULFITO AMONICO (Spanish) *see* AMMONIUM SULFITE
SULFMETHMETON-METHYL *see* TRIBENURON METHYL
o-SULFOBENZIMIDE *see* SACCHARIN
o-SULFOBENZOIC ACID IMIDE *see* SACCHARIN
2-SULPHOBENZOIC IMIDE *see* SACCHARIN
SULFONE ALDOXYCARB *see* ALDICARB
SULFONIC ACID, MONOCHLORIDE *see* CHLOROSULFONIC ACID
SULFONYL FLUORIDE *see* SULFURYL FLUORIDE
SULFOTEPP *see* SULFOTEP
SULFOUREA *see* THIOUREA
SULFOXYL LOTION *see* BENZOYL PEROXIDE
SULFRAMIN 40 FLAKES *see* SODIUM DODECYLBENZENESULFONATE
SULFRAMIN 40 GRANULAR *see* SODIUM DODECYLBENZENESULFONATE
SULFRAMIN 40RA *see* SODIUM DODECYLBENZENESULFONATE
SULFRAMIN 85 *see* SODIUM DODECYLBENZENESULFONATE
SULFRAMIN 90 FLAKES *see* SODIUM DODECYLBENZENESULFONATE
SULFRAMIN 1238 SLURRY *see* SODIUM DODECYLBENZENESULFONATE
SULFRAMIN 1250 SLURRY *see* SODIUM DODECYLBENZENESULFONATE
SULFRAMIN ACID 1298 *see* DODECYLBENZENESULFONIC ACID
SULFUR CHLORIDE (DI) *see* SULFUR MONOCHLORIDE
SULFUR DIFLUORIDE DIOXIDE *see* SULFURYL FLUORIDE
SULFUR HYDRIDE *see* HYDROGEN SULFIDE
SULFUR MUSTARD *see* MUSTARD GAS
SULFUR MUSTARD GAS *see* MUSTARD GAS
SULFUR SUBCHLORIDE *see* SULFUR MONOCHLORIDE
SULFUR TETRAFLUORIDE *see* SULFUR FLUORIDE (SF4), (T-4)-
SULFUR TRIOXIDE, STABILIZED *see* SULFUR TRIOXIDE
SULFURETED HYDROGEN *see* HYDROGEN SULFIDE
SULFURIC ACID (FUMING) *see* OLEUM
SULFURIC ACID, ALUMINUM SALT (3:2) *see* ALUMINUM SULFATE
SULFURIC ACID, AMMONIUM NICKEL(II) SALT (2:2:1) *see* NICKEL AMMONIUM SULFATE
SULFURIC ACID, AMMONIUM NICKEL(2+) SALT (2:2:1) *see* NICKEL AMMONIUM SULFATE
SULFURIC ACID, AMMONIUM IRON(2+), SALT (2:2:1) *see* FERROUS AMMONIUM SULFATE
SULFURIC ACID, CHROMIUM(3+) SALT (3:2) *see* CHROMIC SULFATE
SULFURIC ACID, COPPER(II) SALT (1:1) *see* CUPRIC SULFATE
SULFURIC ACID, COPPER(2+) SALT (1:1) *see* CUPRIC SULFATE
SULFURIC ACID, DIAMMONIUM SALT *see* AMMONIUM SULFATE
SULFURIC ACID, DIETHYL ESTER *see* DIETHYL SULFATE
SULFURIC ACID, DIMETHYL ESTER *see* DIMETHYL SULFATE

SULFURIC ACID, DITHALLIUM (I) SALT(8CI,9CI) *see* THALLIUM(I) SULFATE
SULFURIC ACID, DITHALLIUM (+1) SALT(8CI,9CI) *see* THALLIUM(I) SULFATE
SULFURIC ACID, IRON(3+) SALT (3:2) *see* FERRIC SULFATE
SULFURIC ACID, IRON(III) SALT (3:2) *see* FERRIC SULFATE
SULFURIC ACID IRON SALT (1:1) *see* FERROUS SULFATE (7720-78-7)
SULFURIC ACID, IRON(2+) SALT (1:1) *see* FERROUS SULFATE (7720-78-7)
SULFURIC ACID, IRON(II) SALT (1:1) *see* FERROUS SULFATE (7720-78-7)
SULFURIC ACID, LEAD(2+) SALT(1:1) *see* LEAD SULFATE (7446-14-2)
SULFURIC ACID, LEAD(II) SALT(1:1) *see* LEAD SULFATE (7446-14-2)
SULFURIC ACID, LEAD(II) SALT(1:1) *see* LEAD SULFATE (15739-80-7)
SULFURIC ACID, MERCURY(2+) SALT (1:1) *see* MERCURIC SULFATE
SULFURIC ACID, MERCURY(II) SALT (1:1) *see* MERCURIC SULFATE
SULFURIC ACID, MIXTURE with SULFUR TRIOXIDE *see* OLEUM
SULFURIC ACID, NICKEL(2+) SALT *see* NICKEL SULFATE
SULFURIC ACID, NICKEL(II) SALT *see* NICKEL SULFATE
SULFURIC ACID, THALLIUM SALT *see* THALLIUM SULFATE
SULFURIC ACID, THALLIUM(I) SALT(1:2) *see* THALLIUM(I) SULFATE
SULFURIC ACID, THALLIUM(1+) SALT(1:2) *see* THALLIUM(I) SULFATE
SULFURIC ACID, ZINC SALT (1:1) *see* ZINC ZULFATE
SULFURIC ACID, ZIRCONIUM(4+) SALT(2:1) *see* ZIRCONIUM SULFATE
SULFURIC ANHYDRIDE *see* SULFUR TRIOXIDE
SULFURIC CHLOROHYDRIN *see* CHLOROSULFONIC ACID
SULFURIC ETHER *see* ETHYL ETHER
SULFURIC OXIDE *see* SULFUR TRIOXIDE
SULFURIC OXYFLUORIDE *see* SULFURYL FLUORIDE
SULFURO AMONICO (Spanish) *see* AMMONIUM SULFIDE
SULFURO de CARBONILO (Spanish) *see* CARBONYL SULFIDE
SULFURO de HIDROGENO (Spanish) *see* HYDROGEN SULFIDE
SULFURO de PLOMO (Spanish) *see* LEAD SULFIDE
SULFURO de SELENIO *see* SELENIUM SULFIDE
SULFUROUS ACID, 2-(P-tert-BUTYLPHENOXY)CYCLOHEXYL-2-PROPYNYL ESTER *see* PROPARGITE
SULFUROUS ACID ANHYDRIDE *see* SULFUR DIOXIDE
SULFUROUS ACID, 2-CHLOROETHYL 2-(4-(1,1-DIMETHYLETHYL)PHENOXY)-1-METHYLETHYL ESTER *see* ARAMITE
SULFUROUS ACID, 2-(p-tert-BUTYLPHENOXY)-1-METHYLETHYL-2-CHLOROETHYL ESTER *see* ARAMITE
SULFUROUS ACID, 2-(4-(1,1-DIMETHYLETHYL)PHENOXY)CYCLOHEXYL 2-PROPYNYL ESTER *see* PROPARGITE
SULFUROUS ACID cyclic ester with 1,4,5,6,7,7-HEXACHLORO-5-NORBORENE-2,3-DIMETHANOL *see* ENDOSULFAN
SULFUROUS ACID, MONOSODIUM SALT *see* SODIUM BISULFITE
SULFUROUS ANHYDRIDE *see* SULFUR DIOXIDE
SULFUROUS OXIDE *see* SULFUR DIOXIDE
SULOUREA *see* THIOUREA
SULPHOCARBONIC ANHYDRIDE *see* CARBON DISULFIDE
SULPHONOL MILLING RED RS *see* C.I. ACID RED 114
SULPHOS *see* PARATHION
SULPHUR CHLORIDE (DI) *see* SULFUR MONOCHLORIDE
SULPHUR DIOXIDE *see* SULFUR DIOXIDE
SULPHUR FLUORIDE *see* SULFUR FLUORIDE (SF4), (T-4)-
SULPHUR PHOSPHIDE *see* SULFUR PHOSPHIDE
SULPHUR TETRAFLUORIDE *see* SULFUR FLUORIDE (SF4), (T-4)-
SULPHUR TRIOXIDE *see* SULFUR TRIOXIDE
SULPHURIC ACID *see* SULFURIC ACID
SULPHURL FLUORIDE *see* SULFURYL FLUORIDE
SULPHUROUS ANHYDRIDE *see* SULFUR DIOXIDE
SULPHUROUS OXIDE *see* SULFUR DIOXIDE
SULPHURYL DIFLUORIDE *see* SULFURYL FLUORIDE
SUMETHRIN *see* PHENOTHRIN
SUMICIDIN *see* FENVALERATE
SUMICIDINE *see* FENVALERATE

SUMICURE M *see* 4,4'-METHYLENEDIANILINE
SUMIFLEECE *see* FENVALERATE
SUMIFLY *see* FENVALERATE
SUMIKON EME 6300 *see* ANTIMONY TRIOXIDE
SUMIKON EME 6300H *see* ANTIMONY TRIOXIDE
SUMIKON EME 6300HC *see* ANTIMONY TRIOXIDE
SUMIKON EME 8150 *see* ANTIMONY TRIOXIDE
SUMIKON EME 9300H *see* ANTIMONY TRIOXIDE
SUMINOL MILLING RED RS *see* C.I. ACID RED 114
SUMIPLAST YELLOW FC *see* C.I. DISPERSE YELLOW 3
SUMIPOWER *see* FENVALERATE
SUMITHRIN *see* PHENOTHRIN
SUMITOMO S 4084 *see* CYANOPHOS
SUMITOMO SP-1103 *see* TETRAMETHRIN
SUMITOX *see* MALATHION
SUMLIGHT SUPRA BROWN BRS *see* C.I. DIRECT BROWN 95
SUNAPTIC ACID B *see* NAPHTHENIC ACID
SUNAPTIC ACID C *see* NAPHTHENIC ACID
SUNCIDE *see* PROPOXUR
SUNITOMO S 4084 *see* CYANOPHOS
SUNTOL *see* COUMAPHOS
SUPER ANAHIST *see* PHENACETIN
SUPER-CAID *see* BROMADIOLONE
SUPERCAID *see* BROMADIOLONE
SUPER COBALT *see* COBALT
SUPER D WEEDONE *see* 2,4-D
SUPER D WEEDONE *see* 2,4,5-T ACID
SUPER DE-SPROUT *see* MALEIC HYDRAZIDE
SUPER-DENT *see* SODIUM FLUORIDE
SUPER GREEN AND WEED *see* MECOPROP
SUPERLYSOFORM *see* FORMALDEHYDE
SUPERMAN MANEB F *see* MANEB
SUPER MOSSTOX *see* DICHLOROPHENE
SUPERORMONE CONCENTRE *see* 2,4-D
SUPEROXOL *see* HYDROGEN PEROXIDE
SUPERPALITE *see* TRICHLOROACETYL CHLORIDE
SUPER Q ETCH *see* AMMONIUM FLUORIDE
SUPER RODIATOX *see* PARATHION
SUPER-ROZOL *see* BROMADIOLONE
SUPER SOLDER STRIP 1805 *see* HYDROGEN PEROXIDE
SUPER SOLDER STRIP 1805 *see* AMMONIA
SUPER SPROUT STOP *see* MALEIC HYDRAZIDE
SUPER SUCKER STUFF HC *see* MALEIC HYDRAZIDE
SUPER SUCKER STUFF *see* MALEIC HYDRAZIDE
SUPER TIN 4L GARDIAN FLOWABLE FUNGICIDE *see* TRIPHENYLTIN HYDROXIDE
SUPER TIN *see* TRIPHENYLTIN HYDROXIDE
SUPOERTOX *see* MECOPROP
SUPONA *see* CHLORFENVINFOS
SUPONE *see* CHLORFENVINFOS
SUP'ORATS *see* BROMADIOLONE
SUP'R FLO *see* DIURON
SUP'R FLO *see* MANEB
SUP'R-FLO FERBAM FLOWABLE *see* FERBAM
SUPRACAPSULIN *see* EPINEPHRINE
SUPRACET FAST YELLOW G *see* C.I. DISPERSE YELLOW 3
SUPRACET ORANGE R *see* 1-AMINO-2-METHYLANTHRAQUINONE
SUPRACIDE *see* METHAMIDOPHOS
SUPRADIN *see* EPINEPHRINE
SUPRALGIN *see* PHENACETIN
SUPRAMYCIN *see* TETRACYCLINE HYDROCHLORIDE
SUPRANEPHRANE *see* EPINEPHRINE
SUPRANEPHRINE *see* EPINEPHRINE
SUPRANOL FAST RED GG *see* C.I. ACID RED 114

SUPRANOL FAST RED 3G *see* C.I. ACID RED 114
SUPRANOL RED PBX-CF *see* C.I. ACID RED 114
SUPRANOL RED R *see* C.I. ACID RED 114
SUPRANOL *see* EPINEPHRINE
SUPRARENIN *see* EPINEPHRINE
SUPRASEC DC *see* POLYMERIC DIPHENYLMETHANE DIISOCYANATE
SUPRAZO BROWN BRL *see* C.I. DIRECT BROWN 95
SUPREL *see* EPINEPHRINE
SUPREXCEL BROWN BRL *see* C.I. DIRECT BROWN 95
SURCHLOR *see* SODIUM HYPOCHLORITE
SURE DEATH 40% BUTYL ESTER TYPE WEEDKILLER *see* 2,4-D BUTYL ESTER
SURE DEATH No. 4 BUTYL ESTER WEED KILLER *see* 2,4-D BUTYL ESTER
SURE DEATH No. 6 BUTYL ESTER WEED KILLER *see* 2,4-D BUTYL ESTER
SURENINE *see* EPINEPHRINE
SURFYNOL 104PA SURFACTANT *see* ISOBUTYL ALCOHOL
SURGI-CEN *see* HEXACHLOROPHENE
SURGI-CIN *see* HEXACHLOROPHENE
SUROFENE *see* HEXACHLOROPHENE
SURPRACIDE *see* METHIDATHION
SURPUR *see* PROPANIL
SUSPHRINE *see* EPINEPHRINE
SUSTAMYCIN *see* TETRACYCLINE HYDROCHLORIDE
SUSVIN *see* MONOCROPTOPHOS
SUZI *see* STANNANE, ACETOXYTRIPHENYL-
SUZU H *see* TRIPHENYLTIN HYDROXIDE
SWEBATE *see* TEMEPHOS
SWEDISH GREEN *see* CUPRIC ACETOARSENITE
SWEENEY'S ANT-GO *see* SODIUM ARSENATE
SWEEP *see* CHLOROTHALONIL
SWEEP *see* PARAQUAT DICHLORIDE
SWEETA *see* SACCHARIN
SWIFT'S GOLD BEAR 44 ESTER *see* 2,4-D ISOPROPYL ESTER
SWIM CLEAR *see* CALCIUM HYPOCHLORITE
SWIPE 560 EC *see* BROMOXYNIL OCTANOATE
SWIPE 560 EC *see* MECOPROP
SYCORIN *see* SACCHARIN
SYKOSE *see* SACCHARIN
SYLANTOIC *see* PHENYTOIN
SYLLIT *see* CHINOMETHIONAT
SYLLIT *see* DODINE
SYLLIT 65 *see* DODINE
sym-DICHLOROACETONE *see* BIS(CHLOROMETHYL)KETONE
symetryczna- DWUMETYLOHYDRAZYNA (Polish) *see* HYDRAZINE, 1,2-DIMETHYL-
symmetrical-TRINITROBENZENE *see* 1,3,5-TRINITROBENZENE
SYMPAMINE *see* AMPHETAMINE
SYMPATEDRINE *see* AMPHETAMINE
SYMPATHIN I *see* EPINEPHRINE
SYMULEX MAGENTA F *see* C.I. FOOD RED 15
SYMULEX RHODAMINE B TONER F *see* C.I. FOOD RED 15
SYMULON SCARLET G BASE *see* 5-NITRO-o-TOLUENE
SYN-N'-NITROSONORNICOTINE *see* N-NITROSONORNICOTINE
SYNALGOS-DC *see* PHENACETIN
SYNALOGOS *see* PHENACETIN
SYNCAL *see* SACCHARIN
SYNCHEMICALS COUCH and GRASS KILLER *see* 2,2-DICHLOROPROPIONIC ACID
SYNCHEMICALS TOTAL WEED KILLER *see* AMITROLE
SYNESTRIN *see* DIETHYLSTILBESTROL
SYNFAT 1004 *see* SODIUM NITRITE
SYNFLORAN *see* TRIFLURALIN
SYNKLOR *see* CHLORDANE
SYNPRAN N *see* PROPANIL

SYNPREN-FISH see PIPERONYL-ETHYL
SYNTEN YELLOW 2G see C.I. DISPERSE YELLOW 3
SYNTHETIC 3956 see TOXAPHENE
SYNTHOESTRIN see DIETHYLSTILBESTROL
SYNTHOFOLIN see DIETHYLSTILBESTROL
SYNTHRIN see RESMETHRIN
SYNTOFOLIN see DIETHYLSTILBESTROL
SYNTOX TOTAL WEED KILLER see AMITROLE
SYS 67ME see METHOXONE SODIUM SALT
SYSTAM see DIPHOSPHORAMIDE, OCTAMETHYL-
SYSTANAT MR see POLYMERIC DIPHENYLMETHANE DIISOCYANATE
SYSTEMOX see DEMETON
SYSTHANE see MYCLOBUTANIL
SYSTOPHOS see DIPHOSPHORAMIDE, OCTAMETHYL-
SYSTOX see DEMETON
SYTAM see DIPHOSPHORAMIDE, OCTAMETHYL-
SZESCIOMETYLENODWUIZOCYJANIAN (Polish) see HEXAMETHYLENE-1,6-DIISOCYANATE
SZKLARNIAK see DICHLORVOS
T 23P see TRIS(2,3-DIBROMOPROPYL) PHOSPHATE
T-47 see PARATHION
T-64 see ALUMINUM OXIDE
T-100 see TOLUENEDIISOCYANATE (MIXED ISOMERS)
T-144 see SARIN
T-250 CAPSULES see TETRACYCLINE HYDROCHLORIDE
T-1061 see ALUMINUM OXIDE
T-2106 see SARIN
T-2002 see DIMEFOX
T-1703 see DIISOPROPYLFLUOROPHOSPHATE
T-2104 see TABUN
TAA see THIOACETAMIDE
TABOON A see TABUN
2,4,5-T see 2,4,5-T ACID
α-T see 1,1,1-TRICHLOROETHANE
β-T see 1,1,2-TRICHLOROETHANE
2,4,5-T ACID AMINE see 2,4,5-T AMINES (2008-46-0)
2,4,5-T ACID AMINE see 2,4,5-T AMINES (3813-14-7)
2,4,5-T ACID AMINE see 2,4,5-T (6369-97-7)
2,4,5-T ACID AMINE see 2,4,5-T AMINES (6369-96-6)
2,4,5-T ACID AMINE see 2,4,5-T AMINES (1319-72-8)
TACKLE see ACIFLUORFEN, SODIUM SALT
TACKLE 2AS see ACIFLUORFEN, SODIUM SALT
TACKLE 2S see ACIFLUORFEN, SODIUM SALT
TACOL see PHENACETIN
TACOSAL see PHENYTOIN
TACTIC see AMITRAZ
TAENIATOL see DICHLOROPHENE
TAFAZINE see SIMAZINE
TAFAZINE 50-W see SIMAZINE
TAFCLEAN see 1,1,1-TRICHLOROETHANE
TAG see PHENYLMERCURY ACETATE
TAG 331 see PHENYLMERCURY ACETATE
TAG FUNGICIDE see PHENYLMERCURY ACETATE
TAG HL 331 see PHENYLMERCURY ACETATE
TAHMABON see METHAMIDOPHOS
TAK see MALATHION
TAKAMINA see EPINEPHRINE
TAKAOKA RHODAMINE B see C.I. FOOD RED 15
TAKINEOCOL see ISOPROPYL ALCOHOL
TALBOT see LEAD ARSENATE (7784-40-9)
TALBOT see LEAD ARSENATE (10102-48-4)
TALCORD WL 43479 see PERMETHRIN
TALIO (Tl) (Spanish) see THALLIUM
TALON see CHLORPYRIFOS

TALSTAR see BIFENTHRIN
TALUNEX see ALUMINUM PHOSPHIDE
TAMARON see METHAMIDOPHOS
TAMPOVAGAN STILBOESTROL see DIETHYLSTILBESTROL
TANOL SECONDAIRE (French) see sec-BUTYL ALCOHOL
TAP 85 see LINDANE
TAPHAZINE see SIMAZINE
TAP 9VP see DICHLORVOS
TARAPACAITE see POTASSIUM CHROMATE
TAR CAMPHOR see NAPHTHALENE
TARDEX 100 see DECABROMODIPHENYL OXIDE
TARDIGAL see DIGITOXIN
TARGA see QUIZALOFOP-ETHYL
TAR OIL see CREOSOTE
TARSAN see BENOMYL
TARTAR EMETIC see ANTIMONY POTASSIUM TARTRATE
TARTARIC ACID, AMMONIUM SALT see AMMONIUM TARTRATE (3164-29-2)
TARTARIC ACID, ANTIMONY POTASSIUM SALT see ANTIMONY POTASSIUM TARTRATE
TARTARIC ACID, COPPER SALT see CUPRIC TARTRATE
TARTARIC ACID, DIAMMONIUM SALT see AMMONIUM TARTRATE (3164-29-2)
1-TARTARIC ACID, DIAMMONIUM SALT see AMMONIUM TARTRATE (3164-29-2)
TARTARIZED ANTIMONY see ANTIMONY POTASSIUM TARTRATE
TARTRATED ANTIMONY see ANTIMONY POTASSIUM TARTRATE
TARTRATO AMONICO (Spanish) see AMMONIUM TARTRATE (3164-29-2)
TARTRATO AMONICO (Spanish) see AMMONIUM TARTRATE (14307-43-8)
TARTRATO de ANTIMONIO y POTASIO (Spanish) see ANTIMONY POTASSIUM TARTRATE
TARTRATO de ERGOSTEROL (Spanish) see ERGOTAMINE TARTRATE
TASK see DICHLORVOS
TASK TABS see DICHLORVOS
TASTOX see ANTIMONY POTASSIUM TARTRATE
TAT see CHLORDANE
TAT CHLOR 4 see CHLORDANE
TATD see DISULFIRAM
TATTOO see BENDIOCARB
TB see TRYPAN BLUE
TBA see tert-BUTYL ALCOHOL
TBDZ see THIABENDAZOLE
TBOT see BIS(TRIBUTYLTIN)OXIDE
TBTO see BIS(TRIBUTYLTIN)OXIDE
TBTP see S,S,S-TRIBUTYLTRITHIOPHOSPHATE
2,4,5-T BUTOXYETHANOL ESTER see 2,4,5-T ESTERS (2545-59-7)
2,4,5-T BUTOXYETHYL ESTER see 2,4,5-T ESTERS (2545-59-7)
2,4,5-T-N-BUTYL ESTER see 2,4,5-T ESTERS (93-79-8)
TBZ 6 see THIABENDAZOLE
TBZ see THIABENDAZOLE
2,4,5-TC see 2,4,5-TP ESTERS
2,4,5-TC see SILVEX (2,4,5-TP)
TC HYDROCHLORIDE see TETRACYCLINE HYDROCHLORIDE
TCDBD see 2,3,7,8-TETRACHLORODIBENZO-p-DIOXIN (TCDD)
2,3,7,8-TCDD see 2,3,7,8-TETRACHLORODIBENZO-p-DIOXIN (TCDD)
TCE see TRICHLOROETHYLENE
TCE see 1,1,2,2,-TETRACHLOROETHANE
1,1,1-TCE see 1,1,1-TRICHLOROETHANE
TCG 1 see SILVER
TCG 7R see SILVER
TCH see THIOCARBAZIDE
TCM see CHLOROFORM
TCP see 2,4,5-TRICHLOROPHENOL
2,4,5-TCPPA see 2,4,5-TP ESTERS

2,4,5-TCPPA *see* SILVEX (2,4,5-TP)
TDA *see* 2,4-DIAMINOTOLUENE
TDBP *see* TRIS(2,3-DIBROMOPROPYL) PHOSPHATE
TDBPP *see* TRIS(2,3-DIBROMOPROPYL) PHOSPHATE
TDE *see* DDD
p,p'-TDE *see* DDD
TDI-80 *see* TOLUENE-2,4-DIISOCYANATE
TDI-80 *see* TOLUENEDIISOCYANATE (MIXED ISOMERS)
TDI 80-20 *see* TOLUENEDIISOCYANATE (MIXED ISOMERS)
TDI *see* TOLUENE-2,4-DIISOCYANATE
TDI *see* TOLUENEDIISOCYANATE (MIXED ISOMERS)
2,4-TDI *see* TOLUENE-2,4-DIISOCYANATE
2,6-TDI *see* TOLUENE-2,6-DIISOCYANATE
TEA *see* TRIETHYLAMINE
TEBOL-99 *see* n-BUTYL ALCOHOL
TEBOL-88 *see* n-BUTYL ALCOHOL
TECHNE 40% BUTYL ESTER TYPE WEED KILLER *see* 2,4-D BUTYL ESTER
TECHNE BUTYL ESTER WEED KILLER No. 4 *see* 2,4-D BUTYL ESTER
TECHNE BUTYL ESTER WEED KILLER No. 6 *see* 2,4-D BUTYL ESTER
TECHNICAL CHLORINATED CAMPHENE, 67-69% CHLORINE *see* TOXAPHENE
TECQUINOL *see* HYDROQUINONE
TECS No. AT2800000 *see* METHYL ACRYLATE
TECTO 10P *see* THIABENDAZOLE
TECTO 40F *see* THIABENDAZOLE
TECTO RPH *see* THIABENDAZOLE
TECTO *see* THIABENDAZOLE
TEDIMON 31 *see* POLYMERIC DIPHENYLMETHANE DIISOCYANATE
TEDP *see* SULFOTEP
TEDTP *see* SULFOTEP
TEFILIN *see* TETRACYCLINE HYDROCHLORIDE
TEIB *see* TRIAZIQUONE
TEKRESOL *see* CRESOL (MIXED ISOMERS)
TEKTAMER 38 *see* 1-BROMO-1-(BROMOMETHYL)-1,3-PROPANEDICARBONITRILE
TEKTAMER 38 L.V. *see* 1-BROMO-1-(BROMOMETHYL)-1,3-PROPANEDICARBONITRIL
TEL *see* TETRAETHYL LEAD
TELAR *see* CHLORSULFURON
TELEFOS *see* PROTHOATE
TELINE *see* TETRACYCLINE HYDROCHLORIDE
TELLOY *see* TELLURIUM
TELLURIUM ELEMENT *see* TELLURIUM
TELLURIUM FLUORIDE *see* TELLURIUM HEXAFLUORIDE
TELLUROUS ACID, DISODIUM SALT *see* SODIUM TELLURITE
TELMICID *see* DITHIAZANINE IODIDE
TELMID *see* DITHIAZANINE IODIDE
TELMIDE *see* DITHIAZANINE IODIDE
TELODRIN *see* ISOBENZAN
TELON FAST BLACK E *see* C.I. DIRECT BLACK 38
TELON FAST RED GG *see* C.I. ACID RED 114
TELONE II *see* 1,3-DICHLOROPROPYLENE
TELONE II *see* trans-1,3-DICHLOROPROPENE
TELONE *see* 1,3-DICHLOROPROPYLENE
TELONE *see* DICHLOROPROPANE-DICHLOROPROPENE MIXTURE
TELOTREX *see* TETRACYCLINE HYDROCHLORIDE
TELUR (Polish) *see* TELLURIUM
TELURIO (Spanish) *see* TELLURIUM
TELURITO SODICO (Spanish) *see* SODIUM TELLURITE
TELVAR DIURON WEED KILLER *see* DIURON
TELVAR MONURON WEEDKILLER *see* MONURON
TELVAR *see* DIURON
TELVAR *see* MONURON
TELVAR W MONURON WEEDKILLER *see* MONURON

TEMEFOS (Spanish) *see* TEMEPHOS
TEMIC *see* ALDICARB
TEMIK 10 G *see* ALDICARB
TEMIK G10 *see* ALDICARB
TEMIK *see* ALDICARB
TEMOPHOS *see* TEMEPHOS
TEMPO *see* CYFLUTHRIN
TEMPO *see* LINURON
TEMPONITRIN *see* NITROGLYCERIN
TEMUS *see* BROMADIOLONE
TEN-EIGHTY *see* SODIUM FLUOROACETATE
TEN *see* TRIETHYLAMINE
TENAC *see* DICHLORVOS
TENALIN *see* METHAPYRILENE
TENDEX *see* PROPOXUR
TENDIMETHALIN *see* PEDIMETHALIN
TENDUST *see* NICOTINE
TENIATHANE *see* DICHLOROPHENE
TENIATOL *see* DICHLOROPHENE
TENNPLAS *see* BENZOIC ACID
TENORAN *see* CHLOROXURON
TENOX HQ *see* HYDROQUINONE
TENOX P GRAIN PRESERVATIVE *see* PROPIONIC ACID
TENTACHLORURE d'ANTIMOINE (French) *see* ANTIMONY PENTACHLORIDE
TENURID *see* DISULFIRAM
TENUTEX *see* DISULFIRAM
TEP *see* TEPP
TEPIDONE RUBBER ACCELERATOR *see* CARBAMODITHIOIC ACID, DIBUTYL-, SODIUM SALT
TEPIDONE *see* CARBAMODITHIOIC ACID, DIBUTYL-, SODIUM SALT
TEQUINOL *see* HYDROQUINONE
TERABOL *see* BROMOMETHANE
TERAMETHYLTHIURAM DISULFIDE *see* THIRAM
TERASIL YELLOW 2GC *see* C.I. DISPERSE YELLOW 3
TERASIL YELLOW GBA EXTRA *see* C.I. DISPERSE YELLOW 3
TERCYL *see* CARBARYL
TERM-I-TROL *see* PENTACHLOROPHENOL
TER-MIL *see* CHLOROTHALONIL
TERMITKIL *see* o-DICHLOROBENZENE
TERRA-SYSTAM *see* DIMEFOX
TERRA-SYTAM *see* DIMEFOX
TERRACHLOR *see* QUINTOZINE
TERRACLOR 30 G *see* QUINTOZINE
TERRACLOR *see* QUINTOZINE
TERRACUR P *see* FENSULFOTHION
TERRACYDIN *see* PHENACETIN
TERRAFUN *see* QUINTOZINE
TERRAKLENE *see* PARAQUAT DICHLORIDE
TERRASYTUM *see* DIMEFOX
TERRATHION GRANULES *see* PHORATE
TERROGAS *see* BROMOMETHANE
TERR-O-GAS 100 *see* BROMOMETHANE
TERSAN *see* THIRAM
TERSAN-LSR *see* MANEB
TERSAN 1991 *see* BENOMYL
TERSAN 75 *see* THIRAM
TERSANTETRAMETHYL DIURANE SULFIDE *see* THIRAM
TERSASEPTIC *see* HEXACHLOROPHENE
TERSET *see* MECOPROP
TERSET *see* BROMOXYNIL OCTANOATE
TERTACID PONCEAU 2R *see* C.I. FOOD RED 5
TERTAMINE FAST BROWN BRDN EXTRA *see* C.I. DIRECT BROWN 95
TERTIARY BUTYL ALCOHOL *see* tert-BUTYL ALCOHOL

TERTODIRECT BLUE 2B see C.I. DIRECT BLUE 6
TERTRAL D see p-PHENYLENEDIAMINE
TERTRODIRECT BLACK EFD see C.I. DIRECT BLACK 38
TERTRODIRECT FAST BROWN BR see C.I. DIRECT BROWN 95
TERTROGRAS ORANGE SV see C.I. SOLVENT YELLOW 14
TERTROSULPHUR BLACK PB see 2,4-DINITROPHENOL
TERTROSULPHUR PBR see 2,4-DINITROPHENOL
TESCOL see ETHYLENE GLYCOL
TESTO see THIABENDAZOLE
TET-CY see TETRACYCLINE HYDROCHLORIDE
TET see TETRAETHYLTIN
TETAN see TETRANITROMETHANE
TETD see DISULFIRAM
2,4,5-T ETHYLHEXYL ESTER see 2,4,5-T ESTERS (1928-47-8)
TETIDIS see DISULFIRAM
TETLEN see TETRACHLOROETHYLENE
TETRAAMINE COPPER SULFATE see CUPRIC SULFATE, AMMONIATED
TETRABAKAT see TETRACYCLINE HYDROCHLORIDE
TETRABASE see 4,4'-METHYLENEBIS(N,N-DIMETHYL)BENZENAMINE
TETRABLET see TETRACYCLINE HYDROCHLORIDE
TETRACAP see TETRACHLOROETHYLENE
TETRACAPS see TETRACYCLINE HYDROCHLORIDE
TETRACARBONYL NICKEL see NICKEL CARBONYL
TETRACHEL see TETRACYCLINE HYDROCHLORIDE
1,1,2,2-TETRACHLOORETHAAN (Dutch) see 1,1,2,2,-TETRACHLOROETHANE
TETRACHLOORETHEEN (Dutch) see TETRACHLOROETHYLENE
TETRACHLOORKOOLSTOF (Dutch) see CARBON TETRACHLORIDE
TETRACHLOORMETAN see CARBON TETRACHLORIDE
1,1,2,2-TETRACHLORAETHAN (German) see 1,1,2,2,-TETRACHLOROETHANE
TETRACHLORAETHEN (German) see TETRACHLOROETHYLENE
1,1,2,2-TETRACHLORETHANE (French) see 1,1,2,2,-TETRACHLOROETHANE
TETRACHLORETHANE see 1,1,2,2,-TETRACHLOROETHANE
TETRACHLORKOHLENSTOFF, TETRA (German) see CARBON TETRACHLORIDE
TETRACHLORMETHAN (German) see CARBON TETRACHLORIDE
1,1,2,2-TETRACHLORO- see 1,1,2,2,-TETRACHLOROETHANE
TETRACHLOROBENZENE see 1,2,4,5-TETRACHLOROBENZENE
2,4,5,6-TETRACHLORO-1,3-BENZENEDICARBONITRILE see CHLOROTHALONIL
TETRACHLOROCARBON see CARBON TETRACHLORIDE
2,4,5,6-TETRACHLORO-1,3-DICYANOBENZENE see CHLOROTHALONIL
2,3,7,8-TETRACHLORODIBENZO-1,4-DIOXIN see 2,3,7,8-TETRACHLORODIBENZO-p-DIOXIN (TCDD)
2,3,6,7-TETRACHLORODIBENZO-p-DIOXIN see 2,3,7,8-TETRACHLORODIBENZO-p-DIOXIN (TCDD)
2,3,7,8-TETRACHLORODIBENZO-p-DIOXIN see 2,3,7,8-TETRACHLORODIBENZO-p-DIOXIN (TCDD)
2,3,7,8-TETRACHLORODIBENZO(b,e)(1,4)DIOXAN see 2,3,7,8-TETRACHLORODIBENZO-p-DIOXIN (TCDD)
TETRACHLORODIBENZODIOXIN see 2,3,7,8-TETRACHLORODIBENZO-p-DIOXIN (TCDD)
TETRACHLORODIPHENYLETHANE see DDD
sym-TETRACHLOROETHANE see 1,1,2,2,-TETRACHLOROETHANE
1,1,2,2-TETRACHLOROETHENE see TETRACHLOROETHYLENE
TETRACHLOROETHENE see TETRACHLOROETHYLENE
TETRACHLOROETHYLENE see TETRACHLOROETHYLENE
1,1,2,2,-TETRACHLOROETHYLENE see TETRACHLOROETHYLENE
TETRACHLOROISOPHTHALONITRILE see CHLOROTHALONIL
TETRACHLOROMETHANE see CARBON TETRACHLORIDE
2,3,4,6-TETRACHLOROPHENOL see 2,3,4,6-TETRACHLOROPHENOL
meta-TETRACHLOROPHTHALODINITRILE see CHLOROTHALONIL
TETRACHLOROPHTHALODINITRILE, meta- see CHLOROTHALONIL
TETRACHLOROTITANIUM see TITANIUM TETRACHLORIDE

TETRACHLORURE d'ACETYLENE (French) *see* 1,1,2,2,-TETRACHLOROETHANE
TETRACHLORURE de CARBONE (French) *see* CARBON TETRACHLORIDE
TETRACICLINA CLORIDRATO (Italian) *see* TETRACYCLINE HYDROCHLORIDE
TETRACID MILLING RED B *see* C.I. ACID RED 114
TETRACID MILLING RED G *see* C.I. ACID RED 114
1,2,4,5-TETRACLOROBENCENO (Spanish) *see* 1,2,4,5-TETRACHLOROBENZENE
1,1,1,2-TETRACLOROETANO (Italian, Spanish) *see* 1,1,1,2-TETRACHLOROETHANE
1,1,2,2-TETRACLOROETANO (Italian, Spanish) *see* 1,1,2,2,-TETRACHLOROETHANE
sim-TETRACLOROETANO (Spanish) *see* 1,1,2,2,-TETRACHLOROETHANE
TETRACLOROETENE (Italian) *see* TETRACHLOROETHYLENE
TETRACLOROETILENO (Spanish) *see* TETRACHLOROETHYLENE
2,3,4,6-TETRACLOROFENOL *see* 2,3,4,6-TETRACHLOROPHENOL
TETRACLOROMETANO (Italian) *see* CARBON TETRACHLORIDE
TETRACLORURO de CARBONO (Spanish) *see* CARBON TETRACHLORIDE
TETRACLORURO di CARBONIO (Italian) *see* CARBON TETRACHLORIDE
TETRACLORURO de TITANIO (Spanish) *see* TITANIUM TETRACHLORIDE
TETRACLORVINFOS (Spanish) *see* TETRACHLORVINPHOS
TETRACOMPREN *see* TETRACYCLINE HYDROCHLORIDE
TETRACYCLINE CHLORIDE *see* TETRACYCLINE HYDROCHLORIDE
TETRACYDIN *see* PHENACETIN
TETRACYN HYDROCHLORIDE *see* TETRACYCLINE HYDROCHLORIDE
TETRA-D *see* TETRACYCLINE HYDROCHLORIDE
TETRADIN *see* DISULFIRAM
TETRADINE *see* DISULFIRAM
TETRADIOXIN *see* 2,3,7,8-TETRACHLORODIBENZO-p-DIOXIN (TCDD)
O,O,O′,O′-TETRAAETHYL-BIS(DITHIOPHOSPHAT) (German) *see* ETHION
O,O,O,O-TETRAAETHYL-DIPHOSPHAT, BIS(O,O-DIAETHYLPHOSPHORSAEURE)-ANHYDRID (German) *see* TEPP
TETRAETHYLDIAMINO-o-CARBOXYPHENYL-XANTHENYL CHLORIDE *see* C.I. FOOD RED 15
O,O,O,O-TETRAETHYL-DIFOSFAAT (Dutch) *see* TEPP
O,O,O,O-TETRAETHYL-DITHIO-DIFOSFAAT (Dutch) *see* SULFOTEP
TETRAETHYL DITHIO PYROPHOSPHATE (DOT) *see* SULFOTEP
O,O,O,O-TETRAETHYLDITHIOPYROPHOSPHATE *see* SULFOTEP
TETRAETHYLDITHIOPYROPHOSPHATE *see* SULFOTEP
TETRAETHYL S,S′-METHYLENE BIS(PHOSPHOROTHIOLOTHIONATE) *see* ETHION
O,O,O′,O′-TETRAETHYL S,S′-METHYLENE DI(PHOSPHORODITHIOATE) *see* ETHION
O,O,O′,O′-TETRAETHYL S,S′-METHYLENEBIS(DITHIOPHOSPHATE) *see* ETHION
O,O,O′,O′-TETRAETHYL S,S′-METHYLENEBISPHOSPHORDITHIOATE *see* ETHION
TETRAETHYLOLOVO *see* TETRAETHYL LEAD
TETRAETHYLPLUMBANE *see* TETRAETHYL LEAD
TETRAETHYLPLUMBIUM *see* TETRAETHYL LEAD
TETRAETHYL PYROFOSFAAT (Belgian) *see* TEPP
TETRAETHYL PYROPHOSPHATE *see* TEPP
TETRAETHYLRHODAMINE *see* C.I. FOOD RED 15
TETRAETHYLSTANNANE *see* TETRAETHYLTIN
TETRAETHYLTHIOPEROXYDICARBONIC DIAMIDE *see* DISULFIRAM
TETRAETHYLTHIRAM DISULFIDE *see* DISULFIRAM
TETRAETHYLTHIURAM DISULFIDE *see* DISULFIRAM
N,N,N′,N′-TETRAETHYLTHIURAM DISULPHIDE *see* DISULFIRAM
TETRAETHYLTHIURAM DISULPHIDE *see* DISULFIRAM
TETRAETHYLTHIURAM *see* DISULFIRAM
TETRAETHYLTIN *see* TETRAETHYLTIN
TETRAETIL *see* DISULFIRAM
O,O,O,O-TETRAETIL-DI TIO-PIROFOSFATO (Italian) *see* SULFOTEP

O,O,O,O-TETRAETIL-PIROFOSFATO (Italian) *see* TEPP
TETRAFENPHOS *see* TEMEPHOS
TETRAFINOL *see* CARBON TETRACHLORIDE
TETRAFLUORO BORATE *see* LEAD FLUOBORATE
TETRAFLUORO BORATE(1-), LEAD(2+) *see* LEAD FLUOBORATE
1,1,1,2-TETRAFLUORO-2-CHLOROETHANE *see* 2-CHLORO-1,1,1,2-TETRAFLUOROETHANE
1,1,2,2-TETRAFLUORO-2-CHLOROETHANE *see* 1-CHLORO-1,1,2,2-TETRAFLUOROETHANE
1,1,2,2-TETRAFLUORO-1,2-DICHLOROETHANE *see* DICHLOROTETRAFLUOROETHANE
TETRAFLUOROETHYLENE *see* TETRAFLUOROETHYLENE
TETRAFLUROSULFURANE *see* SULFUR FLUORIDE (SF4), (T-4)-
TETRAFORM *see* CARBON TETRACHLORIDE
TETRAFOSFATO de HEXAETILO (Spanish) *see* HEXAETHYL TETRAPHOSPHATE
TETRAFOSFOR (Dutch) *see* PHOSPHORUS
TETRAHIDROFURANO (Spanish) *see* FURAN, TETRAHYDRO-
TETRAHYDRO-2H-3,5-DIMETHYL-1,3,5-THIADIAZINE-2-THIONE *see* DAZOMET
TETRAHYDRO-3,5-DIMETHYL-1,3,5-THIADIAZINE-2-THIONE *see* DAZOMET
TETRAHYDRO-5,5-DIMETHYL-2(1H)-PYRIMIDINONE(3-(4-(TRIFLUOROMETHYL)PHENYL)-1- (2-(4-(TRIFLUOROMETHYL)PHENYL)ETHENYL)-2-PROPENYLIDENE)HYDRAZONE *see* HYDRAMETHYLON
TETRAHYDRO-5,5-DIMETHYL-2(1H)-PYRIMIDINONE(1,5-BIS(α,α,α- TRIFLUORO-P-TOLYL)-1,4-PENTADIEN-3-ONE)HYDRAZONE *see* HYDRAMETHYLON
TETRAHYDRO-3,5-DIMETHYL-2H-1,3,5-THIADIAZINE-2-THIONE *see* DAZOMET
TETRAHYDRO-3,5-DIMETHYL-2H-1,3,5-THIADIAZINE-2-THIONE, ION(1-), SODIUM *see* DAZOMET, SODIUM SALT
TETRAHYDRO-p-DIOXIN *see* 1,4-DIOXANE
TETRAHYDRO-1,4-DIOXIN *see* 1,4-DIOXANE
1,2,3-TETRAHYDRO-3,6-DIOXOPYRIDAZINE *see* MALEIC HYDRAZIDE
TETRAHYDROFURAAN (Dutch) *see* FURAN, TETRAHYDRO-
TETRAHYDROFURAN *see* FURAN, TETRAHYDRO-
TETRAHYDROFURANNE (French) *see* FURAN, TETRAHYDRO-
TETRAHYDRO-2H-IMIDAZOLE-2-THIONE *see* ETHYLENE THIOUREA
3a,4,7,7a-TETRAHYDRO-4,7-METHANOINDENE *see* DICYCLOPENTADIENE
TETRAHYDRO-N-NITROSOPYRROLE *see* NITROSOPYROLIDINE
n-(3,4,5,6-TETRAHYDROPHTHALIMIDO)-METHYLDL-cis-trans-CHRYSANTHEMATE *see* TETRAMETHRIN
n-(3,4,5,6-TETRAHYDROPHTHALIMIDO)-METHYLDL-(Z),(E)-CHRYSANTHEMATE *see* TETRAMETHRIN
n-(3,4,5,6-TETRAHYDROPHTHALIMIDO)-METHYLDL-cis,trans-CHRYSANTHEMATE *see* TETRAMETHRIN
3,4,5,6-TETRAHYDROPHTHALIMIDOMETHYL (±)-cis-trans-CHRYSANTHEMATE *see* TETRAMETHRIN
3,4,5,6-TETRAHYDROPHTHALIMIDOMETHYL (±)-(Z)-(E)-CHRYSANTHEMATE *see* TETRAMETHRIN
3,4,5,6-TETRAHYDROPHTHALIMIDOMETHYL cis and trans DLCHRYSANTHEMUMMONOCARBOXYLIC ACID *see* TETRAMETHRIN
2,3,4,5-TETRAHYDRO PHTHALIMIDOMETHYLCHRYSANTHEMATE *see* TETRAMETHRIN
n-(5,6,7,9)-TETRAHYDRO-1,2,3,10- TETRAMETHOXY-9-OXOBENZO(α)HEPTALEN-7-YL)-ACETAMIDE *see* COLCHICINE
n-(5,6,7,9)-TETRAHYDRO-1,2,3,10- TETRAMETHOXY-9-OXOBENZO(a)HEPTALEN-7-YL)-ACETAMIDE *see* COLCHICINE
TETRAIDROFURANO (Italian) *see* FURAN, TETRAHYDRO-
TETRAKIS(DIMETHYLCARBAMODITHIOATO-S,S')SELENIUM *see* SELENIUM, TETRAKIS(DIMETHYLDITHIOCARBAMATE)
TETRAKISDIMETHYLAMINOPHOSPHONOUS ANHYDRIDE *see* DIPHOSPHORAMIDE, OCTAMETHYL-

TETRAKISDIMETHYLAMINOPHOSPHORIC ANHYDRIDE see DIPHOSPHO-
RAMIDE, OCTAMETHYL-
3-(α-TETRAL)-4-OXYCOUMARIN see COUMATETRALYL
TETRALEN-PLUS see MECOPROP
TETRALENO see TETRACHLOROETHYLENE
TETRALEX see TETRACHLOROETHYLENE
TETRAL G see 2,4-DIAMINOTOLUENE
TETRALUTION see TETRACYCLINE HYDROCHLORIDE
TETRAM see AMITON
TETRAM see AMITON OXYLATE
TETRAMAVAN see TETRACYCLINE HYDROCHLORIDE
TETRAMETHRIN, (±)- see TETRAMETHRIN
TETRAMETHRIN, RACEMIC see TETRAMETHRIN
TETRAMETHRINE see TETRAMETHRIN
2,2,3,3-TETRAMETHYLCYCLOPROPANE CARBOXYLIC ACID CYANO(3-
PHENOXYPHENYL)METHYL ESTER see FENPROPATHRIN
N,N,N',N'-TETRAMETHYL-DIAMIDO-FOSFORZUUR-FLUORIDE (Dutch) see
DIMEFOX
N,N,N',N'-TETRAMETHYL-DIAMIDO-PHOSPHORSAEURE-FLUORID (Ger-
man) see DIMEFOX
TETRAMETHYLDIAMIDOPHOSPHORIC FLUORIDE see DIMEFOX
N,N,N',N'-TETRAMETHYL-4,4'-DIAMINOBENZOPHENONE see MICHLER'S
KETONE
TETRAMETHYLDIAMINOBENZOPHENONE see MICHLER'S KETONE
TETRAMETHYLDIAMINODIPHENYLACETIMINE see C.I. SOLVENT YEL-
LOW 34
4,4'-TETRAMETHYLDIAMINODIPHENYLMETHANE see 4,4'-METHYLENE-
BIS(N,N-DIMETHYL)BENZENAMINE
N,N,N',N'-TETRAMETHYL-4,4'-DIAMINODIPHENYLMETHANE see 4,4'-ME-
THYLENEBIS(N,N-DIMETHYL)BENZENAMINE
N,N,N',N'-TETRAMETHYL-p,p'-DIAMINODIPHENYLMETHANE see 4,4'-ME-
THYLENEBIS(N,N-DIMETHYL)BENZENAMINE
p,p'-TETRAMETHYLDIAMINODIPHENYLMETHANE see 4,4'-METHYLENE-
BIS(N,N-DIMETHYL)BENZENAMINE
TETRAMETHYLDIAMINODIPHENYLMETHANE see 4,4'-METHYLENE-
BIS(N,N-DIMETHYL)BENZENAMINE
TETRAMETHYL DIAPARAAMIDO-TRIPHENYL CARBINOL see C.I. ACID
GREEN 4
3,7,9,13-TETRAMETHY L-5,11-DIOXA-2,8,14-TRITHIA-4,7,9,12-TETRA-AZA-
PENTADECA-3,12-DIENE-6,10-DIONE see THIODICARB
TETRAMETHYLDIURANE SULPHITE see THIRAM
TETRAMETHYLENE CYANIDE see ADIPONITRILE
TETRAMETHYLENE OXIDE see FURAN, TETRAHYDRO-
TETRAMETHYLENETHIURAM DISULFIDE see THIRAM
TETRAMETHYLENETHIURAM DISULPHIDE see THIRAM
p-1',1',4',4'-TETRAMETHYLOKTYLBENZENSULFONANSODNY (Czech) see
SODIUM DODECYLBENZENESULFONATE
N,N,N,N-TETRAMETHYLPHOSPHORODIAMIDIC FLUORIDE see DIMEFOX
TETRAMETHYLPHOSPHORODIAMIDIC FLUORIDE see DIMEFOX
TETRAMETHYLPLUMBANE see TETRAMETHYL LEAD
TETRAMETHYLTHIOCARBAMOYLDISULPHIDE see THIRAM
O,O,O',O'-TETRAMETHYL O,O'-THIODI-p-PHENYLENEPHOSPHOROTH-
IOATE see TEMEPHOS
TETRAMETHYL-O,O'-THIODI-p-PHENYLENEPHOSPHOROTHIOATE see
TEMEPHOS
TETRAMETHYL-O,O'-THIODI-P-PHENYLENE PHOSPHOROTHIOATE see
TEMEPHOS
TETRAMETHYLTHIOPEROXYDICARBONIC DIAMIDE see THIRAM
TETRAMETHYLTHIURAM BISULFIDE see THIRAM
TETRAMETHYLTHIURAM BISULPHIDE see THIRAM
N,N-TETRAMETHYLTHIURAM DISULFIDE see THIRAM
N,N,N',N'-TETRAMETHYLTHIURAM DISULFIDE see THIRAM
TETRAMETHYLTHIURAM DISULFIDE see THIRAM
TETRAMETHYLTHIURAM DISULPHIDE see THIRAM

TETRAMETHYLTHIURAM MONOSULFIDE see BIS(DIMETHYLTHIOCARBAMOYL) SULFIDE
TETRAMETHYLTHIURAM see THIRAM
TETRAMETHYLTHIURAM SULFIDE see BIS(DIMETHYLTHIOCARBAMOYL) SULFIDE
TETRAMETHYLTHIURAMMONIUM SULFIDE see BIS(DIMETHYLTHIOCARBAMOYL) SULFIDE
TETRAMETHYLTHIURAN DISULPHIDE see THIRAM
TETRAMETHYLTHIURANE DISULFIDE see THIRAM
TETRAMETHYL THIURANE DISULPHIDE see THIRAM
TETRAMETHYLTHIURUM DISULFIDE see THIRAM
TETRAMETHYLTHIURUM DISULPHIDE see THIRAM
TETRAMETHYLTRITHIO CARBAMIC ANHYDRIDE see BIS(DIMETHYLTHIOCARBAMOYL) SULFIDE
N,N,N',N'-TETRAMETIL-FOSFORODIAMMIDO-FLUORURO (Italian) see DIMEFOX
TETRAMETILPLOMO (Spanish) see TETRAMETHYL LEAD
TETRAMETILSILANO (Spanish) see TETRAMETHYLSILANE
TETRAMINE FAST BROWN BRP see C.I. DIRECT BROWN 95
TETRAMINE FAST BROWN BRS see C.I. DIRECT BROWN 95
TETRAM MONOOXALATE see AMITON OXYLATE
TETRAMYCIN see TETRACYCLINE HYDROCHLORIDE
TETRANITROMETANO (Spanish) see TETRANITROMETHANE
TETRA OLIVE N2G see ANTHRACENE
TETRAOXYMETHYLENE see FORMALDEHYDE
TETRAPHENE see BENZ(a)ANTHRACENE
TETRAPHOSPHATE HEXAETHYLIQUE (French) see HEXAETHYL TETRAPHOSPHATE
TETRAPHOSPHOR (German) see PHOSPHORUS
TETRAPOM see THIRAM
TETRASIPTON see THIRAM
TETRASODIUM(:- ((3,3'-((3,3'-DIHYDROXY(1,1'-BIPHENYL)4,4'DIYL)BIS(AZO)BIS(5 -AMINO-4-HYDROXYNAPHTHTHALENE-2,7-DISULPHONATO))(8-)))DICUPRATE(4-) see C.I. DIRECT BLUE 218
TETRASODIUM see TRYPAN BLUE
TETRASOL see CARBON TETRACHLORIDE
TETRASTIGMINE see TEPP
TETRASURE see TETRACYCLINE HYDROCHLORIDE
TETRA SYSTAM see DIMEFOX
TETRATHIIN see DIMETHIPIN
TETRATHIURAM DISULFIDE see THIRAM
TETRATHIURAM DISULPHIDE see THIRAM
TETRAVEC see TETRACHLOROETHYLENE
TETRAVOS see DICHLORVOS
TETRA-WEDEL see TETRACYCLINE HYDROCHLORIDE
3-(α-TETRAYL)-4-HYDROXYCOUMARIN see COUMATETRALYL
3-(d-TETRAYL)-4-HYDROXYCOUMARIN see COUMATETRALYL
TETRAZO DEEP BLACK G see C.I. DIRECT BLACK 38
TETRINE ACID see ETHYLENEDIAMINE-TETRAACETIC ACID (EDTA)
TETROCHLORURE de TITANE (French) see TITANIUM TETRACHLORIDE
TETROGUER see TETRACHLOROETHYLENE
TETROLE see FURAN
TETRON-100 see TEPP
TETRON see TEPP
TETRONE see BROMOXYNIL OCTANOATE
TETROPHENE GREEN M see C.I. ACID GREEN 4
TETROPIL see TETRACHLOROETHYLENE
TETROSIN OE-N see 2-PHENYLPHENOL
TETROSIN OE see 2-PHENYLPHENOL
TETROSOL see TETRACYCLINE HYDROCHLORIDE
TETROXIDO de OSMIO (Spanish) see OSMIUM TETROXIDE
TETURAM DISULFIDE see DISULFIRAM
TETURAM see DISULFIRAM
TETURAMIN see DISULFIRAM

TEXACO LEAD APPRECIATOR *see* tert-BUTYL ACETATE
TFE *see* TETRAFLUOROETHYLENE
T-FLUORIDE *see* SODIUM FLUORIDE
T-GAS *see* ETHYLENE OXIDE
TGL 6525 *see* PHTHALIC ANHYDRIDE
TH 6040 *see* DIFLUBENZURON
TH 60-40 *see* DIFLUBENZURON
THALLIUM(1+) ACETATE *see* THALLIUM(I) ACETATE
THALLIUM(I) ACETATE *see* THALLIUM(I) ACETATE
THALLIUM(1+) CARBONATE (2:1) *see* THALLIUM(I) CARBONATE
THALLIUM(I) CARBONATE (2:1) *see* THALLIUM(I) CARBONATE
THALLIUM(1+) CHLORIDE *see* THALLIUM CHLORIDE
THALLIUM(I) CHLORIDE *see* THALLIUM CHLORIDE
THALLIUM ELEMENT *see* THALLIUM
THALLIUM MALONITE *see* THALLOUS MALONATE
THALLIUM MONOACETATE *see* THALLIUM(I) ACETATE
THALLIUM MONOCHLORIDE *see* THALLIUM CHLORIDE
THALLIUM MONONITRATE *see* THALLIUM(I) NITRATE
THALLIUM MONOSELENIDE *see* SELENIOUS ACID, DITHALLIUM(1+) SALT
THALLIUM(1+) NITRATE (1:1) *see* THALLIUM(I) NITRATE
THALLIUM(I) NITRATE (1:1) *see* THALLIUM(I) NITRATE
THALLIUM(3+) OXIDE *see* THALLIC OXIDE
THALLIUM(III) OXIDE *see* THALLIC OXIDE
THALLIUM OXIDE *see* THALLIC OXIDE
THALLIUM PEROXIDE *see* THALLIC OXIDE
THALLIUM SELENIDE *see* SELENIOUS ACID, DITHALLIUM(1+) SALT
THALLIUM SESQUIOXIDE *see* THALLIC OXIDE
THALLIUM(1+) SULFATE (2:1) *see* THALLIUM(I) SULFATE
THALLIUM(I) SULFATE (2:1) *see* THALLIUM(I) SULFATE
THALLIUM SULPHATE *see* THALLIUM SULFATE
THALLOUS ACETATE *see* THALLIUM(I) ACETATE
THALLOUS CARBONATE *see* THALLIUM(I) CARBONATE
THALLOUS CHLORIDE *see* THALLIUM CHLORIDE
THALLOUS NITRATE *see* THALLIUM(I) NITRATE
THALLOUS SULFATE *see* THALLIUM(I) SULFATE
THALONIL *see* CHLOROTHALONIL
THANATE P 210 *see* POLYMERIC DIPHENYLMETHANE DIISOCYANATE
THANATE P 220 *see* POLYMERIC DIPHENYLMETHANE DIISOCYANATE
THANATE P 270 *see* POLYMERIC DIPHENYLMETHANE DIISOCYANATE
T-H DED-WEED ME-6 *see* 2,4-D BUTYL ESTER
T-H DED-WEED ME-9 *see* 2,4-D BUTYL ESTERT-5 BRUSH KIL 2,4,5-T ACID
THE CROP RIDER *see* 2,4-D BUTYL ESTER 2,4-D BUTYL ESTER
THEMET (R) *see* PHORATE
THENYLENE *see* METHAPYRILENE
THENYLPYRAMINE *see* METHAPYRILENE
THEPHORIN A-C *see* PHENACETIN
THERA-FLUR-N *see* SODIUM FLUORIDE
THERADERM *see* BENZOYL PEROXIDE
THERMACURE *see* METHYL ETHYL KETONE PEROXIDE
THERMINOL FR-1 *see* POYLCHLORINATED BIPHENYLS
THERMOGUARD CPA *see* ANTIMONY
THF *see* FURAN, TETRAHYDRO-
THIABEN *see* THIABENDAZOLE
THIABENDAZOL *see* THIABENDAZOLE
THIABENZAZOLE *see* THIABENDAZOLE
THIABENDAZOLUM *see* THIABENDAZOLE
THIABENZOLE *see* THIABENDAZOLE
3-THIABUTAN-2-ONE,O-(METHYLCARBAMOYL)OXIME *see* METHOMYL
THIACETAMIDE *see* THIOACETAMIDE
THIADIAZIN (PESTICIDE) *see* DAZOMET
2H-1,3,5-THIADIAZINE-2-THIONE, TETRAHYDRO-3,5-DIMETHYL-, ION(1-), SODIUM *see* DAZOMET, SODIUM SALT

2H-1,3,5-THIADIAZINE-2-THIONE, TETRAHYDRO-3,5-DIMETHYL- *see* DAZOMET
THIANOSAN *see* THIRAM
2-(THIAZOL-4-YL)BENZIMIDAZOLE *see* THIABENDAZOLE
2-(1,3-THIAZOL-4-YL)BENZIMIDAZOLE *see* THIABENDAZOLE
2-THIAZOLE-4-YLBENZIMIDAZOLE *see* THIABENDAZOLE
2-(4-THIAZOLYL)-1H-BENZIMIDAZOLE *see* THIABENDAZOLE
2-(4'-THIAZOLYL)BENZIMIDAZOLE *see* THIABENDAZOLE
2-(4-THIAZOLYL)BENZIMIDAZOLE *see* THIABENDAZOLE
THIBENZOL *see* THIABENDAZOLE
THIBENZOLE *see* THIABENDAZOLE
THIBENZOLE 200 *see* THIABENDAZOLE
THIBENZOLE ATT *see* THIABENDAZOLE
THIDAN *see* ENDOSULFAN
THIFOR *see* ENDOSULFAN
THILLATE *see* THIRAM
THILOPHENYL *see* PHENYTOIN
THIMAR *see* THIRAM
THIMECIL *see* METHYLTHIOURACIL
THIMER *see* THIRAM
THIMET *see* PHORATE
THIMUL *see* ENDOSULFAN
THINSEC *see* CARBARYL
THIOALLATE *see* SULFALLATE
4,4-THIOANILINE *see* 4,4'-THIODIANILINE
THIOANILINE *see* 4,4'-THIODIANILINE
THIOBENCARBE *see* THIOBENCARB
N,N'-(THIOBIS((METHYLIMINO)CARBONYLOXY))BISETHANIMIDOTHIOIC ACID DIMETHYLESTER *see* THIODICARB
1,1'-THIOBIS(2-CHLOROETHANE) *see* MUSTARD GAS
2,2'-THIOBIS(4-CHLORO-6-METHYLPHENOL *see* PHENOL, 2,2'-THIOBIS(4-CHLORO-6-METHYL-
4,4'-THIOBIS(ANILINE) *see* 4,4'-THIODIANILINE
1,1'-THIOBIS(N,N-DIMETHYLTHIO)FORMAMIDE *see* BIS(DIMETHYLTHIOCARBAMOYL) SULFIDE
4,4'-THIOBISBENZENAMINE *see* 4,4'-THIODIANILINE
THIOCARB *see* CARBAMODITHIOIC ACID, DIETHYL-, SODIUM SALT
THIOCARBAMATE *see* THIOUREA
THIOCARBAMIC ACID, N-DIISOPROPYL-, S-2,3,3-TRICHLOROALLYL ESTER *see* TRIALLATE
THIOCARBAMIDE *see* THIOUREA
THIOCARBAMOYLHYDRAZINE *see* THIOSEMICARBAZIDE
THIOCARBAMYLHYDRAZINE *see* THIOSEMICARBAZIDE
THIOCARBAZIDE *see* THIOCARBAZIDE
THIOCARBONIC DIHYDRAZIDE *see* THIOCARBAZIDE
THIOCARBONOHYDRAZIDE *see* THIOCARBAZIDE
THIOCARBONYL TETRACHLORIDE *see* PERCHLOROMETHYL MERCAPTAN
THIOCHOMAN-4-ONE, OXIME *see* THALLIUM(I) CARBONATE
THIOCYANATOETHANE *see* ETHYLTHIOCYANATE
THIOCYANIC ACID, AMMONIUM SALT *see* AMMONIUM THIOCYANATE
THIOCYANIC ACID, ETHYL ESTER *see* ETHYLTHIOCYANATE
THIODAN (R) *see* ENDOSULFAN
THIODAN 35 *see* ENDOSULFAN
THIODAN *see* ENDOSULFAN
THIODEMETON *see* DISULFOTON
THIODEMETRON *see* DISULFOTON
O,O'-(THIODI-4,1-PHENYLENE)PHOSPHOROTHIOIC ACID O,O,O',O'-TETRAMETHYL ESTER *see* TEMEPHOS
O,O'-(THIODI-4,1-PHENYLENE)BIS(O,O-DIMETHYL PHOSPHOROTHIOATE) *see* TEMEPHOS
THIODI-p-PHENYLENEDIAMINE *see* 4,4'-THIODIANILINE
O,O'-(THIODI-P-PHENYLENE)O,O,O',O'-TETRAMETHYL-BIS(PHOSPHOROTHIOATE) *see* TEMEPHOS

p,p-THIODIANILINE see 4,4'-THIODIANILINE
2-THIO-3,5-DIMETHYLTETRAHYDRO-1,3,5-THIADIAZINE see DAZOMET
THIODOW see ZINEB
THIOETHANOL see ETHYL MERCAPTAN
THIOETHYL ALCOHOL see ETHYL MERCAPTAN
THIOFANATE see THIOPHANATE ETHYL
THIOFOR see ENDOSULFAN
2-THIOIMIDAZOLIDINE see ETHYLENE THIOUREA
THIOIMIDODICARBONIC DIAMIDE see DITHIOBIURET
THIOKNOCK see THIRAM
2-THIOL-DIHYDROGLYOXALINE see ETHYLENE THIOUREA
THIOMECIL see METHYLTHIOURACIL
THIOMETHANOL see METHYL MERCAPTAN
2-THIO-6-METHYL-1,3-PYRIMIDIN-4-ONE see METHYLTHIOURACIL
THIOMETHYL ALCOHOL see METHYL MERCAPTAN
6-THIO-4-METHYLLURACIL see METHYLTHIOURACIL
THIOMEX see PARATHION
THIOMIDIL see METHYLTHIOURACIL
THIOMUL see ENDOSULFAN
THIONAZIN see ZINOPHOS
THIONEX RUBBER ACCELERATOR see BIS(DIMETHYLTHIOCARBAMOYL) SULFIDE
THIONEX see BIS(DIMETHYLTHIOCARBAMOYL) SULFIDE
THIONEX see ENDOSULFAN
THIONOBENZENEPHOSPHONIC ACID ETHYL-p-NITROPHENYL ESTER see EPN
2-THIONOIMIDAZOLIDINE see ETHYLENE THIOUREA
THIONYLAN see METHAPYRILENE
2-THIO-4-OXO-6-METHYL-1,3-PYRIMIDINE see METHYLTHIOURACIL
THIOPEROXYDICARBO NIC DIAMIDE, TETRAMETHYL- see THIRAM
THIOPEROXYDICARBONIC DIAMIDE (((H2N)C(S))2S2), TETRAMETHYL- see THIRAM
THIOPHAL see FOLPET
THIOPHAL see FOLPET
THIOPHANATE M see THIOPHANATE-METHYL
THIOPHANATE see THIOPHANATE ETHYL
THIOPHANATE see THIOPHANATE-METHYL
THIOPHENIT see METHYL PARATHION
THIOPHENITE see THIOPHANATE ETHYL
THIOPHENOL see BENZENETHIOL
THIOPHOS 3422 see PARATHION
THIOPHOS see PARATHION
THIOPHOSPHATE de O,O-DIETHYLE et de o-2-ISOPROPYL-4-METHYL 6-PYRIMIDYLE (French) see DIAZINON
THIOPHOSPHATE de O,O-DIETHYLE et de O-(3-CHLORO-4-METHYL-7-COUMARINYLE) (French) see COUMAPHOS
THIOPHOSPHATE de O,O-DIMETHYLE et de O-(3-METHYL-4-METHYL-THIOPHENYLE) (French) see FENTHION
THIOPHOSPHATE de O,O-DIMETHYLE et de S-((5-METHOXY-4-PYRONYL)-METHYLE) (French) see ENDOTHION
THIOPHOSPHATE de O,O-DIMETHYLE et de S-2-ETHYLTHIOETHYLE (French) see DEMETON-s-METHYL
THIOPHOSPHORIC ACID 2-ISOPROPYL-4-METHYL-6-PYRIMIDYL DIETHYL ESTER see DIAZINON
THIOPHOSPHORIC ANHYDRIDE see SULFUR PHOSPHIDE
THIOPHOSPHORSAEURE-O,S-DIMETHYLESTERAMID (German) see METHAMIDOPHOS
β-THIOPSEUDOUREA see THIOUREA
THIORYL see METHYLTHIOURACIL
THIOSAN see DISULFIRAM
THIOSAN see THIRAM
THIOSCABIN see DISULFIRAM
THIOSCABIN see THIRAM
2-THIOSEMICARBAZIDE see THIOSEMICARBAZIDE

3-THIOSEMICARBAZIDE see THIOSEMICARBAZIDE
THIOSEMICARBAZONE ACETONE see ACETONE THIOSEMICARBAZIDE
THIOSTOP N see SODIUM DIMETHYLDITHIOCARBAMATE
THIOSULFAN see ENDOSULFAN
THIOSULFAN THIONEL see ENDOSULFAN
THIOSULFUROUS DICHLORIDE see SULFUR MONOCHLORIDE
THIOTEPP see SULFOTEP
THIOTEX see THIRAM
THIO-1-(THIOCARBAMOYL)UREA see DITHIOBIURET
THIOTHYMIN see METHYLTHIOURACIL
THIOTHYRON see METHYLTHIOURACIL
THIOTOX see THIRAM
2-THIOUREA see THIOUREA
THIOUREA, N,N'-(1,2-ETHANEDIYL)- see ETHYLENE THIOUREA
THIOUREA, 1-NAPHTHALENYL- see ANTU
THIOXAMYL see OXAMYL
THIRAM 75 see THIRAM
THIRAM 80 see THIRAM
THIRAM B see THIRAM
THIRAMAD see THIRAM
THIRAME (French) see THIRAM
THIRAMPA see THIRAM
THIRASAN see THIRAM
THIRERANIDE see DISULFIRAM
THIULIN see THIRAM
THIULIX see THIRAM
THIURAD see THIRAM
THIURAM D see THIRAM
THIURAM E see DISULFIRAM
THIURAM see THIRAM
THIURAMIN see THIRAM
THIURAMYL see THIRAM
THIURANIDE see DISULFIRAM
THIURYL see METHYLTHIOURACIL
THOMPSON-HAYWARD 6040 see DIFLUBENZURON
THOMPSON'S WOOD FIX see PENTACHLOROPHENOL
THORIA see THORIUM DIOXIDE
THORIUM(IV) OXIDE see THORIUM DIOXIDE
THORIUM OXIDE (ThO2) see THORIUM DIOXIDE
THOROTRAST see THORIUM DIOXIDE
THORTRAST see THORIUM DIOXIDE
THRETHYLEN see TRICHLOROETHYLENE
THRETHYLENE see TRICHLOROETHYLENE
THU see THIOUREA
THYLATE see THIRAM
THYLPAR M-50 see METHYL PARATHION
THYREONORM see METHYLTHIOURACIL
THYREOSTAT see METHYLTHIOURACIL
THYRIL see METHYLTHIOURACIL
TIABENDAZOL (Spanish) see THIABENDAZOLE
TIABENDAZOLE see THIABENDAZOLE
TIAZON see DAZOMET
TIEZENE see ZINEB
TIGREX see DIURON
TIGUVON see FENTHION
TILCAREX see QUINTOZINE
TILLAM-6-E see PEBULATE
TILLAM (Russian) see PEBULATE
TILLRAM see DISULFIRAM
TILT see PROPICONAZOLE
TIMAZIN see FLUOROURACIL
TIMET (USSR) see PHORATE
TIN, BIS(TRIBUTYL)-, OXIDE see BIS(TRIBUTYLTIN)OXIDE
TINESTAN 60 WP see STANNANE, ACETOXYTRIPHENYL-

TINESTAN see STANNANE, ACETOXYTRIPHENYL-
TIN, HYDROXYTRIPHENYL- see TRIPHENYLTIN HYDROXIDE
TINMATE see TRIPHENYLTIN CHLORIDE
TINNING GLUX see ZINC CHLORIDE
TINON GOLDEN YELLOW GK see C.I. VAT YELLOW 4
TINOX see PHOSPHOROTHIOIC ACID, O,O-DIMETHYL-5-(2-(METHYL-THIO)ETHYL)ESTER
TIN, TETRAETHYL- see TETRAETHYLTIN
TIN, TRIBUTYL-, FLUORIDE see TRIBUTYLTIN FLUORIDE
TIN, TRIBUTYLFLUORO- see TRIBUTYLTIN FLUORIDE
TIN TRIBUTYLMETHACRYLATE see TRIBUTYLTIN METHACRYLATE
TIN TRIPHENYL ACETATE see STANNANE, ACETOXYTRIPHENYL-
TINTORANE see WARFARIN SODIUM
TIOACETAMIDA (Spanish) see THIOACETAMIDE
TIOCIANATO AMONICO (Spanish) see AMMONIUM THIOCYANATE
TIOCIANATO MERCURICO (Spanish) see MERCURIC THIOCYANATE
TIOFOS see PARATHION
TIOMERACIL see METHYLTHIOURACIL
TIORALE M see METHYLTHIOURACIL
TIOSEMICARBAZIDA (Spanish) see THIOSEMICARBAZIDE
TIOSEMICARBAZONA de la ACETONA (Spanish) see ACETONE THIOSEMI-CARBAZIDE
2,4,5-T, ISOOCTYL ESTER see 2,4,5-T ESTERS (25168-15-4)
TIOTIRON see METHYLTHIOURACIL
TIOUREA (Spanish) see THIOUREA
TIOVEL see ENDOSULFAN
TIPPON see 2,4,5-T ACID
TIRAM (Spanish) see THIRAM
TIRAMPA see THIRAM
TIRPATE see TRIPATE
TITAANTETRACHLORID (Dutch) see TITANIUM TETRACHLORIDE
TITANE (TETRACHLORURE de) (French) see TITANIUM TETRACHLORIDE
TITANIO TETRACHLORURO di (Italian) see TITANIUM TETRACHLORIDE
TITANIUM(IV) CHLORIDE see TITANIUM TETRACHLORIDE
TITANIUM CHLORIDE (TiCl4) (T-4)- see TITANIUM TETRACHLORIDE
TITANTETRACHLORID (German) see TITANIUM TETRACHLORIDE
TITOFTOROL see ZINEB
TITRIPLEX I see NITRILOTRIACETIC ACID
TITRIPLEX see ETHYLENEDIAMINE-TETRAACETIC ACID (EDTA)
TIURAM (Polish) see THIRAM
TIURAM see DISULFIRAM
TIURAMYL see THIRAM
TJB see N-NITRSOPHENYLAMINE
TKB see p-NITROSODIPHENYLAMINE
TL 69 see DICHLOROPHENYLARSINE
TL 78 see HEXAMETHYLENE-1,6-DIISOCYANATE
TL 145 see TRIS(2-CHLOROETHYL)AMINE
TL 146 see NITROGEN MUSTARD
TL 207 see CHLOROETHYL CHLOROFORMATE
TL 314 see ACRYLONITRILE
TL 329 see ETHYLBIS(2-CHLOROETHYL)AMINE
TL 337 see ETHYLENEIMINE
TL 432 see ETHYL CHLOROFORMATE
TL 438 see METHYL CHLOROCARBONATE
TL 457 see CARBACHOL CHLORIDE
TL 466 see DIISOPROPYLFLUOROPHOSPHATE
TL 670 see FLUOROACETYL CHLORIDE
TL 741 see ETHYLENE FLUROHYDRIN
TL 792 see DIMEFOX
TL 822 see CYANOGEN BROMIDE
TL 869 see SODIUM FLUOROACETATE
TL 898 see MERCURIC CHLORIDE
TL 1149 see ETHYLBIS(2-CHLOROETHYL)AMINE
TL 1163 see TRIMETHYLCHLOROSILANE

TL 1380 *see* PHYSOSTIGMINE, SALICYLATE (1:1)
TL 1450 *see* METHYL ISOCYANATE
TL 1578 *see* TABUN
TL 1618 *see* SARIN
TLA *see* tert-BUTYL ACETATE
TM-4049 *see* MALATHION
TMA *see* TRIMETHYLAMINE
TML *see* TETRAMETHYL LEAD
TMTD *see* THIRAM
TMTDS *see* THIRAM
TMTM *see* BIS(DIMETHYLTHIOCARBAMOYL) SULFIDE
TMTMS *see* BIS(DIMETHYLTHIOCARBAMOYL) SULFIDE
TN IV *see* TRIPHENYLTIN HYDROXIDE
TNB *see* 1,3,5-TRINITROBENZENE
TNCS 53 *see* CUPRIC SULFATE
TNG *see* NITROGLYCERIN
TNM *see* TETRANITROMETHANE
T-NOX *see* 2,4,5-T ACID
TOBAZ *see* THIABENDAZOLE
TOIN *see* PHENYTOIN
TOIN UNICELLES *see* PHENYTOIN
TOK *see* NITROFEN
TOK-2 *see* NITROFEN
TOKAMINA *see* EPINEPHRINE
TOK E *see* NITROFEN
TOK E 25 *see* NITROFEN
TOK E 40 *see* NITROFEN
TOK WP-50 *see* NITROFEN
TOKKOM *see* NITROFEN
TOKKORN *see* NITROFEN
TOKYO ANILINE MALACHITE GREEN *see* C.I. ACID GREEN 4
2,4-TOLAMINE *see* 2,4-DIAMINOTOLUENE
o-TOLIDIN (German) *see* 3,3′-DIMETHYLBENZIDINE
3-TOLIDIN (German) *see* 3,3′-DIMETHYLBENZIDINE
o-TOLIDINA (Italian, Spanish) *see* 3,3′-DIMETHYLBENZIDINE
2-TOLIDINA (Italian, Spanish) *see* 3,3′-DIMETHYLBENZIDINE
TOLIDINE *see* 3,3′-DIMETHYLBENZIDINE
2-TOLIDINE *see* 3,3′-DIMETHYLBENZIDINE
3,3′-TOLIDINE *see* 3,3′-DIMETHYLBENZIDINE
o-TOLIDINE *see* 3,3′-DIMETHYLBENZIDINE
O,O′-TOLIDINE *see* 3,3′-DIMETHYLBENZIDINE
o-TOLIDINE DIHYDROCHLORIDE *see* 3,3′-DIMETHYLBENZIDINE DIHYDROCHLORIDE
o-TOLIDINE DIHYDROFLUORIDE *see* 3,3-DIMETHYLBENZIDINE DIHYDROFLUORIDE
TOLL *see* METHYL PARATHION
TOLODEX *see* FENTHION
TOLU-SOL *see* TOLUENE
TOLUAZOTOLUIDINE *see* C.I. SOLVENT YELLOW 3
TOLUEEN-DIISOCYANAAT (Dutch) *see* TOLUENE-2,4-DIISOCYANATE
TOLUEEN (Dutch) *see* TOLUENE
TOLUEN (Czech) *see* TOLUENE
TOLUEN-1,3-DIISOCIATO (Spanish) *see* TOLUENEDIISOCYANATE (MIXED ISOMERS)
TOLUEN-2,6-DIISOCIATO (Spanish) *see* TOLUENE-2,6-DIISOCYANATE
TOLUEN-2,4-DIISOCIATO (Spanish) *see* TOLUENE-2,4-DIISOCYANATE
TOLUEN-DISOCIANATO (Italian) *see* TOLUENE-2,4-DIISOCYANATE
TOLUEN DIAMINA (Spanish) *see* DIAMINOTOLUENE (MIXED ISOMERS)
TOLUENE, α-(2-(2-BUTOXYETHOXY)ETHOXY)-4,5-(METHYLENEDIOXY)-2-PROPYL- *see* PIPERONYL-ETHYL
TOLUENE DI-ISOCYANATE *see* TOLUENE-2,4-DIISOCYANATE
m-TOLUENEDIAMINE *see* 2,4-TOLUENEDIAMINE
TOLUENE-2,4-DIAMINE *see* 2,4-DIAMINOTOLUENE
TOLUENE-AR,AR′-DIAMINE *see* DIAMINOTOLUENE (MIXED ISOMERS)

TOLUENE-AR,AR-DIAMINE *see* DIAMINOTOLUENE (MIXED ISOMERS)
TOLUENEDIAMINE *see* DIAMINOTOLUENE (MIXED ISOMERS)
2,6-TOLUENEDIAMINE *see* DIAMINOTOLUENE (823-40-5)
TOLUENE-2,6-DIAMINE *see* DIAMINOTOLUENE (823-40-5)
TOLUENE-3,4-DIAMINE *see* DIAMINOTOLUENE (496-72-0)
TOLUENE, α,α-DICHLORO- *see* BENZAL CHLORIDE
TOLUENEDIISOCYANATE (UNSPECIFIED ISOMERS) *see* TOLUENEDIISOCYANATE (MIXED ISOMERS)
TOLUENE-1,3-DIISOCYANATE *see* TOLUENEDIISOCYANATE (MIXED ISOMERS)
2,4-TOLUENEDIISOCYANATE *see* TOLUENE-2,4-DIISOCYANATE
TOLUENE DIISOCYANATE *see* TOLUENE-2,4-DIISOCYANATE
TOLUENE, 2,4-DINITRO- *see* 2,4-DINITROTOLUENE
TOLUENE, 2,6-DINITRO- *see* 2,6-DINITROTOLUENE
3,4-TOLUENE, 3,4-DINITRO- *see* 3,4-DINITROTOLUENE
TOLUENE, 3,4-DINITRO- *see* 3,4-DINITROTOLUENE
TOLUENE, ar, ar-DINITRO- *see* DINITROTOLUENE (MIXED ISOMERS)
TOLUENE, 5,5'-METHYLENEBIS(2-ISOCYANATO- *see* 3,3'-DIMETHYLDIPHENYLMETHANE-4,4'-DIISOCYANTE
TOLUENE, ar-NITRO- *see* NITROTOLUENE
0-TOLUENEAZO-o-TOLUIDINE *see* C.I. SOLVENT YELLOW 3
TOLUENE TRICHLORIDE *see* BENZOIC TRICHLORIDE
TOLUENO (Spanish) *see* TOLUENE
ar-TOLUENOL *see* CRESOL (MIXED ISOMERS)
o-TOLUIDIN (Czech) *see* o-TOLUIDINE
p-TOLUIDIN (Czech) *see* p-TOLUIDINE
p-TOLUIDINA (Spanish) *see* p-TOLUIDINE
o-TOLUIDINA (Spanish) *see* o-TOLUIDINE
2-TOLUIDINE *see* o-TOLUIDINE
4-TOLUIDINE *see* p-TOLUIDINE
TOLUIDINE, ortho- *see* o-TOLUIDINE
TOLUIDINE, para- *see* p-TOLUIDINE
p-TOLUIDINE,N-BUTYL-N-ETHYL-α,α,α-TRIFLUORO-2,6-DINITRO- *see* BENFLURALIN
o-TOLUIDINE, 4-CHLORO- *see* p-CHLORO-o-TOLUIDINE
ortho-TOLUIDINE HYDROCHLORIDE *see* o-TOLUIDINE HYDROCHLORIDE
2-TOLUIDINE HYDROCHLORIDE *see* o-TOLUIDINE HYDROCHLORIDE
o-TOLUIDINE, 5-NITRO- *see* 5-NITRO-o-TOLUENE ROCH
p-TOLUIDINE,α,α,α-TRIFLUORO-2,6-DINITRO-N,N-DIPROPYL- *see* TRIFLURALIN
o-TOLUIDINIUM CHLORIDE *see* o-TOLUIDINE HYDROCHLORIDE
o-TOLUIDYNA (Polish) *see* o-TOLUIDINE
TOLUILENODWUIZOCYJANIAN (Polish) *see* TOLUENE-2,4-DIISOCYANATE
α-TOLUNITRILE *see* BENZYL CYANIDE
o-TOLUOL-AZO-o-TOLUIDIN (German) *see* C.I. SOLVENT YELLOW 3
meta-TOLUOL *see* m-CRESOL
m-TOLUOL *see* m-CRESOL
ortho-TOLUOL *see* o-CRESOL
o-TOLUOL *see* o-CRESOL
para-TOLUOL *see* p-CRESOL
p-TOLUOL *see* p-CRESOL
m-TOLUYLEDIAMIN (Czech) *see* 2,4-DIAMINOTOLUENE
2,6-TOLUYLENEDIAMINE *see* DIAMINOTOLUENE (823-40-5)
3,4-TOLUYLENEDIAMINE *see* DIAMINOTOLUENE (496-72-0)
TOLUOL *see* TOLUENE
TOLUOLO (Italian) *see* TOLUENE
TOLUYLENE-2,4-DIISOCYANATE *see* TOLUENE-2,4-DIISOCYANATE
TOLYAMINE HYDROCHLORIDE, ortho- *see* o-TOLUIDINE HYDROCHLORIDE
o-TOLYAMINE HYDROCHLORIDE *see* o-TOLUIDINE HYDROCHLORIDE
ortho-TOLYAMINE HYDROCHLORIDE *see* o-TOLUIDINE HYDROCHLORIDE
o-TOLYLAMINE *see* o-TOLUIDINE
p-TOLYLAMINE *see* p-TOLUIDINE

5-(o-TOLYAZO)-2-AMINOTOLUENE see C.I. SOLVENT YELLOW 3
TOLYENE 2,4-DIISOCYANATE see TOLUENE-2,4-DIISOCYANATE
TOLYENE DIISOCYANATE see TOLUENEDIISOCYANATE (MIXED ISOMERS)
m-TOLYENE DIISOCYANATE see TOLUENE-2,6-DIISOCYANATE
m-TOLYESTER KYSELINY METHYL KARBAMINOVE see METOLCARB
3-TOLYL-N-METHYLCARBAMATE see METOLCARB
m-TOLYL-N-METHYLCARBAMATE see METOLCARB
TOLYL CHLORIDE see BENZYL CHLORIDE
o-TOLYL THIOUREA see THIOUREA, (2-METHYLPHENYL)-
1-o-TOLYL-2-THIOUREA see THIOUREA, (2-METHYLPHENYL)-
TOLYLAMINE see p-TOLUIDINE
4-(o-TOLYLAZO)-o-TOLUIDINE see C.I. SOLVENT YELLOW 3
4-m-TOLYLENEDIAMINE see 2,4-DIAMINOTOLUENE
TOLYLENE-2,4-DIISOCYANATE 2,4-TOLYLENEDIISOCYANAT E see TOLUENE-2,4-DIISOCYANATE
TOLYLENE 2,6-DIISOCYANATE see TOLUENE-2,6-DIISOCYANATE
2,4-TOLYLENE DIISOCYANATE see TOLUENE-2,4-DIISOCYANATE
2,6-TOLYLENE DIISOCYANATE see TOLUENE-2,6-DIISOCYANATE
TOLYLENE ISOCYANATE UN 2078 see TOLUENEDIISOCYANATE (MIXED ISOMERS)
2,4-TOLYLENEDIAMINE see 2,4-DIAMINOTOLUENE
m-TOLYLENEDIAMINE see 2,4-DIAMINOTOLUENE
TOLYLENEDIAMINE see DIAMINOTOLUENE (MIXED ISOMERS)
TONOGEN see EPINEPHRINE
TONOX see 4,4'-METHYLENEDIANILINE
TOP FORM WORMER see THIABENDAZOLE
TOPANE see SODIUM O-PHENYLPHENOXIDE
TOPENEL see CROTONALDEHYDE
TOPEX see BENZOYL PEROXIDE
TOPICHLOR 20 see CHLORDANE
TOPICLOR 20 see CHLORDANE
TOPICLOR see CHLORDANE
TOPICYCLINE see TETRACYCLINE HYDROCHLORIDE
TOPITOX see CHLOROPHACINONE
TOPPER 2+2 see BROMOXYNIL OCTANOATE
TOPSIN see THIOPHANATE ETHYL
TOPSIN-M see THIOPHANATE-METHYL
TOPSIN-METHYL 70 WP see THIOPHANATE-METHYL
TOPSIN METHYL see THIOPHANATE-METHYL
TOPSIN NF-44 see THIOPHANATE-METHYL
TOPSIN TURF AND ORNAMENTALS see THIOPHANATE-METHYL
TOPSIN WP METHYL see THIOPHANATE-METHYL
TORAK see DIALIFOR
TORAPRON see AMITROLE
TORBIN see ETHYL DIPROPYLTHIOCARBAMATE
TORCH see BROMOXYNIL
TORDON see PICLORAM
TORDON 10K see PICLORAM
TORDON 22K see PICLORAM
TORDON 101 MIXTURE see PICLORAM
TORMONA see 2,4,5-T ESTERS (61792-07-2)
TORMONA see 2,4,5-T ACID
TORMONA see 2,4,5-T ESTERS (93-79-8)
TORNADO see CARBARYL
TORQUE see FENBUTATIN OXIDE
TORSITE see 2-PHENYLPHENOL
TOTAMOTT see DICHLOROBENZENE (MIXED ISOMERS)
TOTOMYCIN see TETRACYCLINE HYDROCHLORIDE
TOX 47 see PARATHION
TOXADUST see TOXAPHENE
TOXAFEEN (Dutch) see TOXAPHENE
TOXAFENO (Spanish) see TOXAPHENE
TOXAKIL see TOXAPHENE

TOXAPHEN (German) *see* TOXAPHENE
TOXASPRAY *see* TOXAPHENE
TOXER TOTAL *see* PARAQUAT DICHLORIDE
TOXIC CHEMICAL CATEGORY CODE, N010 *see* ANTIMONY
TOXIC CHEMICAL CATEGORY CODE, N020 *see* ARSENIC
TOXIC CHEMICAL CATEGORY CODE, N040 *see* BARIUM
TOXIC CHEMICAL CATEGORY CODE: N050 *see* BERYLLIUM
TOXIC CHEMICAL CATEGORY CODE, N078 *see* CADMIUM
TOXIC CHEMICAL CATEGORY CODE, N090 *see* CHROMIUM
TOXIC CHEMICAL CATEGORY CODE, N096 *see* COBALT
TOXIC CHEMICAL CATEGORY CODE, N106 *see* CYANIDE
TOXIC CHEMICAL CATEGORY CODE, N171 *see* ETHYLENEBISDITHIO-CARBAMIC ACID, SALTS and ESTERS
TOXIC CHEMICAL CATEGORY CODE, N420 *see* LEAD
TOXIC CHEMICAL CATEGORY CODE, N450 *see* MANGANESE
TOXIC CHEMICAL CATEGORY CODE, N458 *see* MERCURY
TOXIC CHEMICAL CATEGORY CODE, N495 *see* NICKEL
TOXIC CHEMICAL CATEGORY CODE, N503 *see* NICOTINE
TOXIC CHEMICAL CATEGORY CODE, N575 *see* POYLCHLORINATED BIPHENYLS
TOXIC CHEMICAL CATEGORY CODE, N725 *see* SELENIUM
TOXIC CHEMICAL CATEGORY CODE, N740 *see* SILVER
TOXIC CHEMICAL CATEGORY CODE, N746 *see* STRYCHNINE
TOXIC CHEMICAL CATEGORY CODE, N750 *see* THALLIUM
TOXIC CHEMICAL CATEGORY CODE, N084 *see* 2-CHLOROPHENOL
TOXIC CHEMICAL CATEGORY CODE, N874 *see* WARFARIN
TOXIC CHEMICAL CATEGORY CODE, N982 *see* ZINC
TOXICHLOR *see* CHLORDANE
TOXILIC ACID *see* MALEIC ACID
TOXILIC ANHYDRIDE *see* MALEIC ANHYDRIDE
TOXOL (3) *see* PARATHION
TOXON 63 *see* TOXAPHENE
TOXYPHEN *see* TOXAPHENE
TOYO OIL ORANGE *see* C.I. SOLVENT YELLOW 14
TOYO OIL YELLOW G *see* 4-DIMETHYLAMINOAZOBENZENE
2,4,5-TP *see* 2,4,5-TP ESTERS
2,4,5-TP *see* SILVEX (2,4,5-TP)
TPN *see* CHLOROTHALONIL
TPN (PESTICIDE) *see* CHLOROTHALONIL
TPTA *see* STANNANE, ACETOXYTRIPHENYL-
TPTC *see* TRIPHENYLTIN CHLORIDE
TPTH *see* TRIPHENYLTIN HYDROXIDE
TPTH TECHNICAL *see* TRIPHENYLTIN HYDROXIDE
TPTOH *see* TRIPHENYLTIN HYDROXIDE
TPZA *see* STANNANE, ACETOXYTRIPHENYL-
TRAMETAN *see* THIRAM
TRANID *see* BICYCLO(2.2.1)HEPTANE-2-CARBONITRILE, 5-CHLORO-6-((((METHYAMINO)CARBONYL)OXY)IMINO)-,(1ST-(1-α,2-β,4-.alp ha.,5-α,6e))-
TRANSAMINE *see* 2,4-D
TRANSAMINE *see* 2,4,5-T ACID
TRANSETILE YELLOW P-GR *see* C.I. DISPERSE YELLOW 3
TRAPEX *see* METHAM SODIUM
TRAPEX *see* METHYL ISOTHIOCYANATE
TRAPEX-40 *see* METHYL ISOTHIOCYANATE
TRAPEXIDE *see* METHYL ISOTHIOCYANATE
TRASAN *see* METHOXONE
TREFANOCIDE *see* TRIFLURALIN
TREFICON *see* TRIFLURALIN
TREFLAN *see* TRIFLURALIN
TREFLANOCIDE ELANCOLAN *see* TRIFLURALIN
TRENINON *see* TRIAZIQUONE
TRETHYLENE *see* TRICHLOROETHYLENE
TREUPEL *see* PHENACETIN

TREVIN see THIOPHANATE-METHYL
TRI see TRICHLOROETHYLENE
TRI-6 see LINDANE
TRIACETALDEHYDE (French) see PARALDEHYDE
TRIAD see TRICHLOROETHYLENE
TRIADIMEFON TRIAZOLE FUNGICIDE see TRIADIMEFON
TRIADIMEFONE see TRIADIMEFON
TRIADIMEFORM see TRIADIMEFON
TRIAETHYLAMIN (German) see TRIETHYLAMINE
TRIALLATE CARBAMATE HERBICIDE see TRIALLATE
TRI-ALLATE see TRIALLATE
TRIAMIDA HEXAMETILFOSFORICA (Spanish) see HEXAMETHYLPHOS-PHORAMIDE
TRIAMIFOS (German, Dutch, Italian) see TRIAMIPHOS
TRIAMMONIUM TRIS-(ETHANEDIOATO(2-)-O,O′)FERRATE(3-1) see FERRIC AMMONIUM OXALATE (55488-87-4)
TRIAMPHOS see TRIAMIPHOS
TRIANGLE see CUPRIC SULFATE
TRIANOL DIRECT BLUE 3B see TRYPAN BLUE
TRIANTINE BROWN BRS see C.I. DIRECT BROWN 95
TRIANTINE FAST BROWN OR see C.I. DIRECT BROWN 95
TRIANTINE FAST BROWN OG see C.I. DIRECT BROWN 95
TRIANTINE LIGHT BROWN OG see C.I. DIRECT BROWN 95
TRIANTINE LIGHT BROWN BRS see C.I. DIRECT BROWN 95
TRIASOL see TRICHLOROETHYLENE
TRIATOMIC OXYGEN see OZONE
3,5,7-TRIAZA-1-AZONIATRICYCLO(3.3.1.13,7)DECANE, 1-(3-CHLORO-2-PROPENYL)-, CHLORIDE see 1-(3-CHLORALLYL)-3,5,7-TRIAZA-1-AZONIAADAMANTANE CHLORIDE
3,5,7-TRIAZA-1-AZONIATRICYCLO(3.3.1.1)DECANE, 1-(3-CHLORO-2-PROPENYL)- see 1-(3-CHLORALLYL)-3,5,7-TRIAZA-1-AZONIAADAMANTANE CHLORIDE
3,5,7-TRIAZA-1-AZONIATRICYCLO(3.3.1.1)-1-DECANE, 1-(3-CHLORO-2-PROPENYL)- see 1-(3-CHLORALLYL)-3,5,7-TRIAZA-1-AZONIAADAMANTANE CHLORIDE
3,5,7-TRIAZA-1-AZONIAADAMANTANE, 1-(3-CHLORALLYL)-, CHLORIDE see 1-(3-CHLORALLYL)-3,5,7-TRIAZA-1-AZONIAADAMANTANE CHLORIDE
TRIAZICHON (German) see TRIAZIQUONE
1,3,5-TRIAZIN-2-AMINE,4,6-DICHLORO-N-(2-CHLOROPHENYL)- see ANILAZINE
1,2,4-TRIAZIN-5-(4H)-ONE, 4-AMINO-6-(1,1-DIMETHYLETHYL)-3-(METHYLTHIO)- see METRIBUZIN
as-TRIAZIN-5(4H)-ONE,4-AMINO-6-tert-BUTYL-3-(METHYLTHIO)- see METRIBUZIN
TRIAZINE see ANILAZINE
TRIAZINE A 1294 see ATRAZINE
TRIAZINE A 384 see SIMAZINE
TRIAZINE (PESTICIDE) see ANILAZINE
s-TRIAZINE, 4,6-BIS(ISOPROPYLAMINO)-2-(METHYLMERCAPTO)- see PROMETHRYN
s-TRIAZINE, 2,4-BIS(ISOPROPYLAMINO)-6-(METHYLTHIO)- see PROMETHRYN
s-TRIAZINE, 2-CHLORO-4-ETHYLAMINO-6-(1-CYANO-1-METHYL)ETHYLAMINO- see CYANAZINE
s-TRIAZINE, 2-CHLORO-4-(ETHYLAMINO)-6-(ISOPROPYLAMINO)- see ATRAZINE
s-TRIAZINE, 2-CHLORO-4,6-BIS(ETHYLAMINO)- see SIMAZINE
1,3,5-TRIAZINE-2,4-DIAMINE, N,N′-BIS(1-METHYLETHYL)-6-(METHYLTHIO)- see PROMETHRYN
1,3,5-TRIAZINE-2,4-DIAMINE, 6-CHLORO-N,N′-DIETHYL- see SIMAZINE
1,3,5-TRIAZINE-2,4-DIAMINE,6-CHLORO-N-ETHYL-N′-(1-METHYLETHYL)- see ATRAZINE

1,3,5-TRIAZINE-2,4-DIAMINE,6-CHLORO-N-ETHYL-N′-(1-METHYLETHYL)- (9CI) see ATRAZINE
1,3,5-TRIAZINE-2,4-DIAMINE,N-ETHYL-N′-(1-METHYLETHYL)-6-(METHYL- THIO)- see AMETRYN
s-TRIAZINE,2,4-DICHLORO-6-(o-CHLOROANILINO)- see ANILAZINE
1,3,5-TRIAZINE-2,4(1H,3H)DIONE, 3-CYCLOHEXYL-6-(DIMETHYLAMINO)- 1-METHYL- see HEXAZINONE
s-TRIAZINE-2,4(1H,3H)DIONE, 3-CYCLOHEXYL-6-(DIMETHYLAMINO)-1- METHYL- see HEXAZINONE
s-TRIAZINE,2-ETHYLAMINO-4-ISOPROPYLAMINO-6-METHYLTHIO- see AMETRYN
s-TRIAZINE-2-(ETHYLAMINO)-4-(ISOPROPYLAMINO)-6-(METHYLTHIO)- see AMETRYN
s-TRIAZINE, ZEAZIN see ATRAZINE
TRIAZIQUINONE see TRIAZIQUONE
TRIAZIQUINONUM see TRIAZIQUONE
TRIAZIQUON see TRIAZIQUONE
TRIAZIQUONE see TRIAZIQUONE
1,2,4-TRIAZOL-3-AMINE see AMITROLE
1H-1,2,4-TRIAZOL-3-AMINE see AMITROLE
1H-1,2,4-TRIAZOL-3-YLAMINE see AMITROLE
TRIAZOLAMINE see AMITROLE
TRIAZOLBLAU 3B see TRYPAN BLUE IAZO
1H-1,2,4-TRIAZOLE-1-PROPNENITRILE,α-BUTYL-α-(4-CHLOROPHENYL) see MYCLOBUTANIL
1H-1,2,4-TRIAZOLE, 1-((2-(2,4-DICHLOROPHENYL)-4-PROPYL-1,3-DIOXO- LAN-2-YL)METHYL)- see PROPICONAZOLE
1H-1,2,4-TRIAZOLE, 1-((tert-BUTYLCARBONYL-4-CHLOROPHENOX- Y)METHYL)- see TRIADIMEFON
s-TRIAZOLE, 3-AMINO- see AMITROLE
δ-2-1,2,2,4-TRIAZOLINE, 5-IMINO- see AMITROLE
TRIAZOPHOS see TRIAZOFOS
TRIAZOTION (Russian) see AZINPHOS-ETHYL
1-(1,2,4-TRIAZOYL-1)-1-(4-CHLORO-PHENOXY)3,3-DIMETHYLBUTANONE see TRIADIMEFON
2,3,5-TRI-(1-AZRIDINYL)-p-BENZOQUINONE see TRIAZIQUONE
TRIBASIC SODIUM PHOSPHATE see SODIUM PHOSPHATE, TRIBASIC (7601-54-9)
TRIBROMMETHAAN (Dutch) see BROMOFORM
TRIBROMMETHAN (German) see BROMOFORM
TRIBROMO STIBINE see ANTIMONY TRIBROMIDE
TRIBROMOMETAN (Italian) see BROMOFORM
TRIBROMOMETHANE see BROMOFORM
TRIBROMURO de ANTIMONIO (Spanish) see ANTIMONY TRIBROMIDE
TRIBUFOS see S,S,S-TRIBUTYLTRITHIOPHOSPHATE
TRIBUTON see 2,4-D
TRIBUTON see 2,4,5-T ACID
TRIBUTYLFLUOROSTANNANE see TRIBUTYLTIN FLUORIDE
TRIBUTYL(METHACRYLOXY)STANNANE see TRIBUTYLTIN METHACRY- LATE
TRIBUTYL(METHACRYLOYLOXY)STANNANE see TRIBUTYLTIN METH- ACRYLATE
TRIBUTYL((2-METHYL-1-OXO-2-PROPENYL)OXY)STANNANE see TRIBU- TYLTIN METHACRYLATE
S,S,S-TRIBUTYL PHOSPHOROTRITHIOATE see S,S,S-TRIBUTYLTRITHIO- PHOSPHATE
S,S′,S-TRIBUTYL PHOSPHOROTRITHIOITE see MERPHOS
S,S,S-TRIBUTYL PHOSPHOROTRITHIOITE see MERPHOS
TRIBUTYL PHOSPHOROTRITHIOITE see MERPHOS
TRIBUTYLSTANNANE FLUORIDE see TRIBUTYLTIN FLUORIDE
TRI-n-BUTYL-STANNANE OXIDE see BIS(TRIBUTYLTIN)OXIDETRIBUTYLTIN
TRIBUTYLSTANNYL METHACRYLATE see TRIBUTYLTIN METHACRY- LATE

S,S,S-TRIBUTYL TRITHIOPHOSPHATE *see* S,S,S-TRIBUTYLTRITHIOPHOSPHATE
S,S,S-TRIBUTYL TRITHIOPHOSPHITE *see* MERPHOS
TRIBUTYL TRITHIOPHOSPHITE *see* MERPHOS
TRICALCIUM ARSENATE *see* CALCIUM ARSENATE
TRICALCIUMARSENAT (German) *see* CALCIUM ARSENATE
TRICARBAMIX Z *see* ZIRAM
TRICARBONYL(METHYLCYCLOPENTADIENYL)MANGANESE *see* MANGANESE TRICARBONYL METHYLCYCLOPENTADIENYL
TRI(CARBOXYMETHYL)AMINE *see* NITRILOTRIACETIC ACID
TRICARNAM *see* CARBARYL
1,1,1-TRICHLOOR-2,2-BIS(4-CHLOORFENYL)-ETHAAN (Dutch) *see* DDT
(2,4,5-TRICHLOOR-FENOXY)-AZIJNZUUR (Dutch) *see* 2,4,5-T ACID
2-(2,4,5-TRICHLOOR-FENOXY)-PROPIONZUUR (Dutch) *see* 2,4,5-TP ESTERS
2(2,4,5-TRICHLOOR-FENOXY)-PROPIONZUUR (Dutch) *see* SILVEX (2,4,5-TP)
1,1,1-TRICHLOORETHAAN (Dutch) *see* 1,1,1-TRICHLOROETHANE
TRICHLOORETHEEN (Dutch) *see* TRICHLOROETHYLENE
TRICHLOORMETHAAN (Dutch) *see* CHLOROFORM
TRICHLOORMETHYLBENZEEN (Dutch) *see* BENZOIC TRICHLORIDE
TRICHLOORSILAAN (Dutch) *see* TRICHLOROSILANE
TRICHLOR *see* CHLOROPICRIN
1,1,1-TRICHLOR-2,2-BIS(4-CHLOR-PHENYL)-AETHAN (German) *see* DDT
(2,4,5-TRICHLOR-PHENOXY)-ESSIGSAEURE (German) *see* 2,4,5-T ACID
2-(2,4,5-TRICHLOR-PHENOXY)-PROPIONSAEURE (German) *see* 2,4,5-TP ESTERS
2-(2,4,5-TRICHLOR-PHENOXY)PROPIONSAEURE (German) *see* SILVEX (2,4,5-TP)
1,1,1-TRICHLORAETHAN (German) *see* 1,1,1-TRICHLOROETHANE
TRICHLORAETHEN (German) *see* TRICHLOROETHYLENE
TRICHLORAN *see* TRICHLOROETHYLENE
TRICHLOREN *see* TRICHLOROETHYLENE
1,1,1-TRICHLORETHANE *see* 1,1,1-TRICHLOROETHANE
TRICHLORETHENE (French, Italian) *see* TRICHLOROETHYLENE
2,4,6-TRICHLORFENOL (Czech, Spanish) *see* 2,4,6-TRICHLOROPHENOL
TRICHLORMETHAN (Czech) *see* CHLOROFORM
TRICHLORMETHINE *see* TRIS(2-CHLOROETHYL)AMINE
TRICHLORMETHYLBENZOL (German) *see* BENZOIC TRICHLORIDE
n-(TRICHLORMETHYLTHIO)PHTHALIMIDE *see* FOLPET
TRICHLORMETHYL SULFUR CHLORIDE *see* PERCHLOROMETHYL MERCAPTAN
s-2,3,3-TRICHLOROALLYL N,N-DIISOPROPYLTHIOCARBAMATE *see* TRIALLATE
TRICHLORO-1,1,1-ETHANE (French) *see* 1,1,1-TRICHLOROETHANE
2,2,2-TRICHLOROACETALDEHYDE *see* ACETALDEHYDE, TRICHLORO-
TRICHLOROACETALDEHYDE *see* ACETALDEHYDE, TRICHLORO-
TRICHLOROACETIC ACID CHLORIDE *see* TRICHLOROACETYL CHLORIDE
TRICHLOROACETOCHLORIDE *see* TRICHLOROACETYL CHLORIDE
s-(2,3,3-TRICHLOROALLYL) DIISOPROPYLTHIOCARBAMATE *see* TRIALLATE
2,3,3-TRICHLOROALLYL DIISOPROPYLTHIOCARBAMATE *see* TRIALLATE
2,3,3-TRICHLOROALLYL N,N-DIISOPROPYLTHIOCARBAMATE *see* TRIALLATE
3,5,6-TRICHLORO-4-AMINOPICOLINIC ACID *see* PICLORAM
TRICHLOROARSINE *see* ARSENOUS TRICHLORIDE
1,2,5-TRICHLOROBENZENE *see* 1,2,4-TRICHLOROBENZENE
1,3,4-TRICHLOROBENZENE *see* 1,2,4-TRICHLOROBENZENE
unsym-TRICHLOROBENZENE *see* 1,2,4-TRICHLOROBENZENE
1,2,4-TRICHLOROBENZOL *see* 1,2,4-TRICHLOROBENZENE
TRICHLOROBIS(4-CHLOROPHENYL)ETHANE *see* DDT
2,2,2-TRICHLORO-1,1-BIS(4-CHLOROPHENYL)ETHANOL *see* DICOFOL
1,1,1-TRICHLORO-2,2-BIS(4-METHOXY-PHENYL)AETHANE (German) *see* METHOXYCHLOR
1,1,1-TRICHLORO-2,2-BIS(p-ANISYL)ETHANE *see* METHOXYCHLOR

1,1,1-TRICHLORO-2,2-BIS(p-CHLOROPHENYL)ETHANE see DDT
1,1,1-TRICHLORO-2,2-BIS(p-METHOXYPHENOL)ETHANOL see METHOXYCHLOR
1,1,1-TRICHLORO-2,2-BIS(p-METHOXYPHENYL)ETHANE see METHOXYCHLOR
2,2,2-TRICHLORO-1,1-BIS(P-CHLOROPHENYL)ETHANOL see DICOFOL
TRICHLORO(CHLOROMETHYL)SILANE (9CI) see TRICHLORO(CHLOROMETHYL)SILANE
2,4,5-TRICHLORO-α-(CHLOROMETHYLENE)BENZYL PHOSPHATE see TETRACHLORVINPHOS
TRICHLOROCHROMIUM see CHROMIC CHLORIDE
1,1,1-TRICHLORO-2,2-DI(4-CHLOROPHENYL)-ETHANE see DDT
2,2,2-TRICHLORO-1,1-DI(4-CHLOROPHENYL)ETHANOL see DICOFOL
1,1,1-TRICHLORO-2,2-DI(4-METHOXYPHENYL)ETHANE see METHOXYCHLOR
1,1,1-TRICHLORO-2,2-DI(p-METHOXYPHENYL)ETHANE see METHOXYCHLOR
TRICHLOROETHANAL see ACETALDEHYDE, TRICHLORO-
α-TRICHLOROETHANE see 1,1,1-TRICHLOROETHANE
TRICHLOROETHANE see 1,1,1-TRICHLOROETHANE
β-TRICHLOROETHANE see 1,1,2-TRICHLOROETHANE
1,2,2-TRICHLOROETHANE see 1,1,2-TRICHLOROETHANE
TRICHLOROETHENE see TRICHLOROETHYLENE
TRI-(2-CHLOROETHYL)AMINE see TRIS(2-CHLOROETHYL)AMINE
1,1,2-TRICHLOROETHYLENE see TRICHLOROETHYLENE
TRICHLOROETHYLENE TRI (French) see TRICHLOROETHYLENE
1,1-(2,2,2-TRICHLOROETHYLIDENE)BIS (4-METHOXYBENZENE) see METHOXYCHLOR
n-TRICHLOROMETHYLMERCAPTO-4-CYCLOHEXENE-1,2-DICARBOXIMIDE see CAPTAN
TRICHLOROETHYLSILICANE see TRICHLOROETHYLSILANE
TRICHLOROFENOL (Czech, Spanish) see TRICHLOROPHENOL
2,3,4-TRICHLOROFENOL (Czech, Spanish) see 2,3,4-TRICHLOROPHENOL
2,3,5-TRICHLOROFENOL (Czech, Spanish) see 2,3,5-TRICHLOROPHENOL
2,3,6-TRICHLOROFENOL (Czech, Spanish) see 2,3,6-TRICHLOROPHENOL
2,4,5-TRICHLOROFENOL (Czech, Spanish) see 2,4,5-TRICHLOROPHENOL
3,4,5-TRICHLOROFENOL (Czech, Spanish) see 3,4,5-TRICHLOROPHENOL
TRICHLORFON (Dutch) see TRICHLORFON
TRICHLOROFORM see CHLOROFORM
TRICHLOROHYDRIN see 1,2,3-TRICHLOROPROPANE
1,3,5-TRICHLORO-2-HYDROXYBENZENE see 2,4,6-TRICHLOROPHENOL
2,2,2-TRICHLORO-1-HYDROXYETHYL-PHOSPHONATE, DIMETHYL ESTER see TRICHLORFON
(2,2,2-TRICHLORO-1-HYDROXYETHYL)PHOSPHONIC ACID DIMETHYL ESTER see TRICHLORFON
(TRICHLOROMETHANE)SULFENYL CHLORIDE see PERCHLOROMETHYL MERCAPTAN
TRICHLOROMETHANE see CHLOROFORM
TRICHLOROMETHANESULFURYL CHLORIDE see PERCHLOROMETHYL MERCAPTAN
n-(TRICHLOROMETHANESULPHENYL)PHTHALIMIDE see FOLPET
TRICHLOROMETHANESULPHENYL CHLORIDE see PERCHLOROMETHYL MERCAPTAN
(TRICHLOROMETHYL) SULFENYL CHLORIDE see PERCHLOROMETHYL MERCAPTAN
1-(TRICHLOROMETHYL)BENZENE see BENZOIC TRICHLORIDE
TRICHLORO(METHYL)SILANE see METHYLTRICHLOROSILANE
n-((TRICHLOROMETHYL)THIO)-δ-4-TETRAHYDROPHTHALIMIDE see CAPTAN
2-((TRICHLOROMETHYL)THIO)-1H-ISOINDOLE-1,3(2H)-DIONE see FOLPET
n-((TRICHLOROMETHYL)THIO)-4-CYCLOHEXENE-1,2-DICARBOXIMIDE see CAPTAN
n-((TRICHLOROMETHYL)THIO)PHTHALIMIDE see FOLPET
n-((TRICHLOROMETHYL)THIO)TETRAHYDROPHTHALIMIDE see CAPTAN

TRICHLOROMETHYL SULFUR CHLORIDE see PERCHLOROMETHYL MERCAPTAN
TRICHLOROMETHYLBENZENE see BENZOIC TRICHLORIDE
n-(TRICHLOROMETHYLMERCAPTO)-δ⁴-TETRAHYDROPHTHALIMIDE see CAPTAN
n-(TRICHLOROMETHYLMERCAPTO)PHTHALIMIDE see FOLPET
TRICHLOROMETHYLMETHANE see 1,1,1-TRICHLOROETHANE
TRICHLOROMETHYLSILANE see METHYLTRICHLOROSILANE
TRICHLOROMETHYLSILICON see METHYLTRICHLOROSILANE
TRICHLOROMETHYLSULFENYL CHLORIDE see PERCHLOROMETHYL MERCAPTAN
TRICHLOROMETHYLSULFOCHLORIDE see PERCHLOROMETHYL MERCAPTAN
TRICHLOROMETHYLSULPHENYL CHLORIDE see PERCHLOROMETHYL MERCAPTAN
n-TRICHLOROMETHYLTHIO-3A,4,7,7A-TETRAHYDROPHTHALIMIDE see CAPTAN
n-TRICHLOROMETHYLTHIO-cis-δ⁴-CYCLOHEXENE-1,2-DICARBOXIMIDE see CAPTAN
n-TRICHLOROMETHYLTHIO-cis-delta⁴-CYCLOHEXENE-1,2-DICARBOXIMIDE see CAPTAN
n-(TRICHLOROMETHYLTHIO)PHTHALIMIDE see FOLPET
n-TRICHLOROMETHYLTHIOCYCLOHEX-4-ENE-1,2-DICARBOXIMIDE see CAPTAN
n-TRICHLOROMETHYLTHIOCYCLOHEX-4-ENE-1,2-DICARBOXIMIDE see CAPTAN
TRICHLOROMETHYLTHIOPHTHALIMIDE see FOLPET
TRICHLOROMONOFLUOROMETHANE see TRICHLOROFLUOROMETHANE
TRICHLOROMONOSILANE see TRICHLOROSILANE
TRICHLORONAT see TRICHLORONATE
TRICHLORONITROMETHANE see CHLOROPICRIN
TRICHLOROPHENE see HEXACHLOROPHENE
TRICHLOROPHENE see TRICHLORFON
TRICHLOROPHENOL, 2,3,4- see 2,3,4-TRICHLOROPHENOL
TRICHLOROPHENOL, 2,3,5- see 2,3,5-TRICHLOROPHENOL
TRICHLOROPHENOL, 2,3,6- see 2,3,6-TRICHLOROPHENOL
TRICHLOROPHENOL, 2,4,5- see 2,4,5-TRICHLOROPHENOL
TRICHLOROPHENOL, 2,4,6- see 2,4,6-TRICHLOROPHENOL
TRICHLOROPHENOL, 3,4,5- see 3,4,5-TRICHLOROPHENOL
2,4,5-TRICHLOROPHENOL-O-ESTER with O-ETHYL ETHYLPHOSPHONOTHIOATE see TRICHLORONATE
2,4,5-TRICHLOROPHENOXY-α- see SILVEX (2,4,5-TP)
(2,4,5-TRICHLOROPHENOXY)ACETIC ACID 2-BUTOXYETHYL ESTER see 2,4,5-T ESTERS (2545-59-7)
2,4,5-TRICHLOROPHENOXYACETIC ACID, BUTYL ESTER see 2,4,5-T ESTERS (93-79-8)
2,4,5-TRICHLOROPHENOXYACETIC ACID see 2,4,5-T ACID
(2,4,5-TRICHLOROPHENOXY)-, ACETIC ACID SODIUM SALT see 2,4,5-T SALTS
2,4,5-TRICHLOROPHENOXYACETIC ACID, TRIETHYLAMINE SALT see 2,4,5-T AMINES (2008-46-0)
α-(2,4,5-TRICHLOROPHENOXY)PROPANOIC ACID see SILVEX (2,4,5-TP)
2-(2,4,5-TRICHLOROPHENOXY)PROPANOIC ACID see SILVEX (2,4,5-TP)
2,4,5-TRICHLOROPHENOXY-α-PROPIONIC ACID see 2,4,5-TP ESTERS
TRICHLOROPHENYLMETHANE see BENZOIC TRICHLORIDE
TRICHLOROPHOSPHINE see PHOSPHORUS TRICHLORIDE
TRICHLOROPROPANE see 1,2,3-TRICHLOROPROPANE
s-(2,3,3-TRICHLORO-2-PROPENYL)BIS(1-METHYLETHYL)CARBAMOTHIOATE see TRIALLATE
((3,5,6-TRICHLORO-2-PYRIDINYL)OXY)ACETIC ACID COMPOUNDED with N,N-DIETHYLETHANAMINE (1:1) see TRICLOPYR TRIETHYLAMMONIUM SALT

(3,5,6-TRICHLORO-2-PYRIDINYL)OXYACETIC ACID, TRIETHYLAMINE SALT *see* TRICLOPYR TRIETHYLAMMONIUM SALT
((3,5,6-TRICHLORO-2-PYRIDYL)OXY)ACETIC ACID, COMPOUND with TRIETHYLAMINE (1:1) *see* TRICLOPYR TRIETHYLAMMONIUM SALT
o-3,5,6-TRICHLORO-2-PYRIDYLPHOSPHOROTHIOATE *see* CHLORPYRIFOS
TRICHLORORAN *see* TRICHLOROETHYLENE
TRICHLOROSTIBINE *see* ANTIMONY TRICHLORIDE
α, α, α-TRICHLOROTOLUENE *see* BENZOIC TRICHLORIDE
ω,ω,ω-TRICHLOROTOLUENE *see* BENZOIC TRICHLORIDE
2,2′,2″-TRICHLOROTRIETHYLAMINE *see* TRIS(2-CHLOROETHYL)AMINE
1,1,2-TRICHLOROTRIFLUOROETHANE *see* FREON 113
1,1,2-TRICHLORO-1,2,2-TRIFLUOROETHANE *see* FREON 113
1,1,2-TRICHLORO-1,2,2-TRIFLUOROETHANE *see* TRICHLOROETHYLENE
TRICHLORPHON *see* TRICHLORFON
TRICHLORPHON FN *see* TRICHLORFON
TRICHLORSILAN (German) *see* TRICHLOROSILANE
TRICHLORURE d′ ANTIMOINE (French) *see* ANTIMONY TRICHLORIDE
TRICHLORURE d′ARSENIC (French) *see* ARSENOUS TRICHLORIDE
TRI-CLENE *see* TRICHLOROETHYLENE
TRICLOPYR TRIETHYLAMINE *see* TRICLOPYR TRIETHYLAMMONIUM SALT
TRICLOPYR TRIETHYLAMINE SALT *see* TRICLOPYR TRIETHYLAMMONIUM SALT
1,1,1-TRICLORO-2,2-BIS(4-CLORO-FENIL)-ETANO (Italian) *see* DDT
TRICLOROACETALDEHIDO (Spanish) *see* ACETALDEHYDE, TRICHLORO-
1,2,4-TRICLOROBENCENO (Spanish) *see* 1,2,4-TRICHLOROBENZENE
1,1,1-TRICLOROETANO (Italian, Spanish) *see* 1,1,1-TRICHLOROETHANE
1,1,2-TRICLOROETANO (Spanish) *see* 1,1,2-TRICHLOROETHANE
TRICLOROETILENE (Italian) *see* TRICHLOROETHYLENE
TRICLOROETILENO (Spanish) *see* TRICHLOROETHYLENE
TRICLOROFENILOSILANO (Spanish) *see* TRICHLOROPHENYLSILANE
TRICLOROFENOL *see* TRICHLOROPHENOL
1,1,2-TRICLOROFLUOETANO (Spanish) *see* FREON 113
TRICLOROMETANO (Italian) *see* CHLOROFORM
TRICLOROMETILBENZENE (Italian) *see* BENZOIC TRICHLORIDE
1,2,3-TRICLOROPROPANO (Spanish) *see* 1,2,3-TRICHLOROPROPANE
TRICLOROSILANO (Italian, Spanish) *see* TRICHLOROSILANE
TRICLOROTOLUENE (Italian) *see* BENZOIC TRICHLORIDE
TRICLORURO de ANTIMONIO (Spanish) *see* ANTIMONY TRICHLORIDE
TRICLORURO de ARSENICO (Spanish) *see* ARSENOUS TRICHLORIDE
TRICLORURO de BORO (Spanish) *see* BORON TRICHLORIDE
TRICLORURO de FOSFORO (Spanish) *see* PHOSPHORUS TRICHLORIDE
TRICLORURO de GALIO (Spanish) *see* GALLIUM TRICHLORIDE
TRICON BW *see* ETHYLENEDIAMINE-TETRAACETIC ACID (EDTA)
TRICRESOL *see* CRESOL (MIXED ISOMERS)
TRI-DIGITOXOSIDE (German) *see* DIGITOXIN
TRIDIPAM *see* THIRAM
TRIELENE *see* TRICHLOROETHYLENE
TRIELIN *see* TRICHLOROETHYLENE
TRIELINE *see* TRICHLOROETHYLENE
TRIESTE FLOWERS *see* PYRETHRINS (8003-34-7)
TRI-ETHANE *see* 1,1,1-TRICHLOROETHANE
TRIETHANOLAMINE DODECYLBENZENE SULFONATE *see* TRIETHANOLAMINE DODECYLBENZENE SULFONATE
TRIETHYLAMINE, 2,4,5-TRICHLOROPHENOXYACETACTE *see* 2,4,5-T AMINES (2008-46-0)
2,3,5-TRIETHYLENEIMINO-p-BENZOQUINONE *see* TRIAZIQUONE
TRIETHYLENEIMINOBENZOQUINONE *see* TRIAZIQUONE
TRIETHYLENIMINOBENZOQUINONE *see* TRIAZIQUONE
TRIETILAMINA (Italian, Spanish) *see* TRIETHYLAMINE
TRIETOXISILANO (Spanish) *see* TRIETHOXYSILANE
TRIFARMON FL *see* LINURON
TRIFARMON *see* TRIFLURALIN
TRIFENYLTINACETAAT (Dutch) *see* STANNANE, ACETOXYTRIPHENYL-

TRIFENYL-TIN-HYDROXYDE (Dutch) see TRIPHENYLTIN HYDROXIDE
3-(5-TRIFLUORMETHYLPHENYL)-, DIMETHYLHARNSTOFF (German) see FLUOMETURON
TRIFLUORURO de ANTIMONIO (Spanish) see ANTIMONY TRIFLUORIDE
TRIFLUOROANTIMONY see ANTIMONY TRIFLUORIDE
TRIFLUOROANTIMONY, STIBINE, TRIFLUORO- see ANTIMONY TRI-FLUORIDE
TRIFLUOROBORANE see BORON TRIFLUORIDE
TRIFLUORURO de BORO (Spanish) see BORON TRIFLUORIDE
TRIFLUOROBORON see BORON TRIFLUORIDE
TRIFLUOROBROMOETHYLENE see BROMOTRIFLUORETHYLENE
TRIFLUOROBROMOMETHANE see BROMOTRIFLUOROMETHANE
1,1,1-TRIFLUORO-2-CHLOROETHANE see 2-CHLORO-1,1,1-TRIFLUOROETHANE
2,2,2-TRIFLUOROCHLOROETHANE see 2-CHLORO-1,1,1-TRIFLUOROETHANE
1,1,2-TRIFLUORO-2-CHLOROETHYLENE see TRIFLUOROCHLOROETHYLENE
TRIFLUOROCHLOROMETHANE see CHLOROTRIFLUOROMETHANE
1,1,1-TRIFLUORO-3-CHLOROPROPANE see 3-CHLORO-1,1,1-TRIFLUOROPROPANE
1,1,1-TRIFLUORO-2,2-DICHLOROETHANE see 2,2-DICHLORO-1,1,1-TRIFLUOROETHANE
1,1,2-TRIFLUORO-1,2-DICHLOROETHANE see 1,2-DICHLORO-1,1,2-TRIFLUOROETHANE E se
α,α,α-TRIFLUORO-2,6-DINITRO-N,N-ETHYLBUTYL-p-TOLUIDINE see BENFLURALIN
α,alpha.,α-TRIFLUORO-2,6-DINITRO-N,N-DIPROPYL-p-TOLUIDINE see TRIFLURALIN
a,a,a-TRIFLUORO-2,6-DINITRO-N,N-DIPROPYL-p-TOLUIDINE see TRIFLURALIN
1,1,1-TRIFLUOROETHYL CHLORIDE see 2-CHLORO-1,1,1-TRIFLUOROETHANE
3-(TRIFLUOROMETHYL)ANILINE see BENZENEAMINE, 3-(TRIFLUOROMETHYL)-
m-(TRIFLUOROMETHYL)ANILINE see BENZENEAMINE, 3-(TRIFLUOROMETHYL)-
3-(TRIFLUOROMETHYL)BENZENAMINE see BENZENEAMINE, 3-(TRIFLUOROMETHYL)-
m-(TRIFLUOROMETHYL)BENZENAMINE see BENZENEAMINE, 3-(TRIFLUOROMETHYL)-
TRIFLUOROMETHYL BROMIDE see BROMOTRIFLUOROMETHANE
TRIFLUOROMETHYL CHLORIDE see CHLOROTRIFLUOROMETHANE
3-(M-TRIFLUOROMETHYLPHENYL)-1,1-DIMETHYLUREA see FLUOMETURON
3-(3-TRIFLUOROMETHYLPHENYL)-1,1-DIMETHYLUREA see FLUOMETURON
n-(M-TRIFLUOROMETHYLPHENYL)-N',N'-DIMETHYLUREA see FLUOMETURON
n-(3-TRIFLUOROMETHYLPHENYL)-N',N'-DIMETHYLUREA see FLUOMETURON
2-(4-((5-(TRIFLUOROMETHYL)-2-PYRIDINYL)OXY)-PHENOXY)PROPANOIC ACID, BUTYL ESTER see FLUAZIFOP-BUTYL
(RS)-2-(4-(5-TRIFLUOROMETHYL-2-PYRIDYLOXY)-PHENOXY)PROPANOIC ACID, BUTYL ESTER see FLUAZIFOP-BUTYL
TRIFLUOROMONOBROMOMETHANE see BROMOTRIFLUOROMETHANE
TRIFLUOROMONOCHLOROETHYLENE see TRIFLUOROCHLOROETHYLENE
TRIFLUOROMONOCHLOROMETHANE see CHLOROTRIFLUOROMETHANE
TRIFLUOROSTIBINE see ANTIMONY TRIFLUORIDE
2,4,6-TRIFLUORO-s-TRIAZINE see CYANURIC FLUORIDE
1,1,2-TRIFLUOROTRICHLORO ETHANE see FREON 113
1,1,2-TRIFLUORO-1,2,2-TRICHLOROETHANE see FREON 113

TRIFLUOROVINYL CHLORIDE see TRIFLUOROCHLOROETHYLENE
TRIFLUOROVINYLBROMIDE see BROMOTRIFLUORETHYLENE
TRIFLURALINA (Spanish) see TRIFLURALIN
TRIFLURALINA 600 see TRIFLURALIN
TRIFLURALINE see TRIFLURALIN
TRIFLUREX see TRIFLURALIN
TRIFLURON see LINURON
TRIFORIN see TRIFORINE
TRIFORMOL see PARAFORMALDEHYDE
TRIFUNGOL see FERBAM
TRIFUREX see TRIFLURALIN
TRIGARD see TRIFLURALIN
TRIGLYCINE see NITRILOTRIACETIC ACID
TRIGLYCOLLAMIC ACID see NITRILOTRIACETIC ACID
TRIGOROX K 80 see CUMENE HYDROPEROXIDE
TRIGOSAN see PHENYLMERCURY ACETATE
TRIHERBIDE-IPC see PROPHAM
TRIHERBIDE see PROPHAM
TRIISOCYANATOISOCYANURATE of ISOPHORONEDIISOCYANATE see ISOPHORONE DIISOCYANATE
TRIKEPIN see TRIFLURALIN
TRILEAD PHOSPHATE see LEAD PHOSPHATE
TRILENTRILENE see TRICHLOROETHYLENE
TRILIN 10G see TRIFLURALIN
TRILIN see LINURON
TRILIN see TRIFLURALIN
TRILON A see NITRILOTRIACETIC ACID
TRILON B see ETHYLENEDIAMINE-TETRAACETIC ACID (EDTA)
TRILON BS see ETHYLENEDIAMINE-TETRAACETIC ACID (EDTA)
TRILON BW see ETHYLENEDIAMINE-TETRAACETIC ACID (EDTA)
TRILONE 46 see SARIN
TRIM see TRIFLURALIN
TRIMANGOL 80 see MANEB
TRIMANGOL see MANEB
TRIMANOC see MANEB
TRIMANZONE see ZINEB
TRIMAR see TRICHLOROETHYLENE
TRIMARAN see TRIFLURALIN
TRIMEGOL see CAPTAN
TRIMETAPHOSPHATE SODIUM see SODIUM PHOSPHATE, TRIBASIC (7758-84-4)
TRIMETHACARB see 2,3,5-TRIMETHYLPHENYL METHYLCARBAMATE
TRIMETHOATE see PROTHOATE
3,4,5-TRIMETHOXYBENZOYL METHYL RESERPATE see RESPIRINE
α,α',α''-TRIMETHYLAMINETRICARBOXYLIC ACID see NITRILOTRIACETIC ACID
TRIMETHYLAMINOMETHANE see tert-BUTYLAMINE
2,4,6-TRIMETHYLANILINE see ANILINE, 2,4,6-TRIMETHYL-
2,4,6-TRIMETHYLBENZENAMINE see ANILINE, 2,4,6-TRIMETHYL-
1,2,5-TRIMETHYLBENZENE see 1,2,4-TRIMETHYLBENZENE
1,3,4-TRIMETHYLBENZENE see 1,2,4-TRIMETHYLBENZENE
as-TRIMETHYLBENZENE see 1,2,4-TRIMETHYLBENZENE
asym-TRIMETHYLBENZENE see 1,2,4-TRIMETHYLBENZENE
TRIMETHYL CARBINOL see tert-BUTYL ALCOHOL
TRIMETHYLCARBINYLAMINE see tert-BUTYLAMINE
TRIMETHYL-β-CHLORETHYLAMMONIUMCHLORID see CHLORMEQUAT CHLORIDE
TRIMETHYL-β-CHLOROETHYL AMMONIUM CHLORIDE see CHLORMEQUAT CHLORIDE
TRIMETHYLCHLOROSTANNANE see TRIMETHYLTIN CHLORIDE
TRIMETHYLCHLOROTIN see TRIMETHYLTIN CHLORIDE
3,5,5-TRIMETHYL-2-CYCLOHEXEN-1-ONE (German) see ISOPHORONE
3,5,5-TRIMETHYL-2-CYCLOHEXENE-1- ONE see ISOPHORONE
1,1,3-TRIMETHYL-3-CYCLOHEXENE-5-ONE see ISOPHORONE

TRIMETHYLCYCLOHEXENONE see ISOPHORONE
2,2,4-TRIMETHYL-1, 6-DIISOCYANATOHEXANE see 2,2,4-TRIMETHYLHEX-
   AMETHYLENE DIISOCYANATE
2,4,4-TRIMETHYL-1,6-DIISOCYANATOHEXANE see 2,4,4-TRIMETHYLHEX-
   AMETHYLENE DIISOCYANATE
TRIMETHYLENE see CYCLOPROPANE
TRIMETHYLENE DICHLORIDE see 1,3-DICHLOROPROPANE
2,2,4-TRIMETHYLHEXA-1,6-DIYL DIISOCYANATE see 2,2,4-TRIMETHYL-
   HEXAMETHYLENE DIISOCYANATE
TRIMETHYLMETHANE see ISOBUTANE
TRIMETHYL METHANOL see tert-BUTYL ALCOHOL
TRIMETHYLSILYL CHLORIDE see TRIMETHYLCHLOROSILANE
TRIMETHYLSTANNYL CHLORIDE see TRIMETHYLTIN CHLORIDE
2,4,6-TRIMETHYL-1,3,5-TRIOXAAN (Dutch) see PARALDEHYDE
2,4,6-TRIMETHYL-1,3,5-TRIOXACYCLOHEXANE see PARALDEHYDE
1,3,5-TRIMETHYL-2,4,6-TRIOXANE see PARALDEHYDE
2,4,6-TRIMETHYL-s-TRIOXANE see PARALDEHYDE
2,4,6-TRIMETHYL-1,3,5-TRIOXANE see PARALDEHYDE
s-TRIMETHYLTRIOXYMETHYLENE see PARALDEHYDE
3,5,5-TRIMETIL-2-CICLOESEN-1-ONE (Italian) see ISOPHORONE
TRIMETILCLOROSILANO (Spanish) see TRIMETHYLCHLOROSILANE
TRIMETILOLPROPANO (Spanish) see TRIMETHYLOLPROPANE PHOSPHITE
2,2,4-TRIMETILPENTANO (Spanish) see 2,2,4-TRIMETHYLPENTANE
2,4,6-TRIMETIL-1,3,5-TRIOSSANO (Italian) see PARALDEHYDE
TRIMETILBENCENO (Spanish) see 1,2,4-TRIMETHYLBENZENE
TRIMETION see DIMETHOATE
TRI-N-BUTYLSTANNYL FLUORIDE see TRIBUTYLTIN FLUORIDE
TRI-N-BUTYLSTANNYLMETHACRYLATE see TRIBUTYLTIN METHACRY-
   LATE
TRINATOX D see AMETRYN
TRINATRIUMPHOSPHAT (German) see SODIUM PHOSPHATE, TRIBASIC
   (7601-54-9)
TRINEX see TRICHLORFON
TRINITRIN see NITROGLYCERIN
1,3,5-TRINITROBENCENO (Spanish) see 1,3,5-TRINITROBENZENE
TRINITROBENZEEN (Dutch) see 1,3,5-TRINITROBENZENE
TRINITROBENZENE, DRY see 1,3,5-TRINITROBENZENE
sym-TRINITROBENZENE see 1,3,5-TRINITROBENZENE
TRINITROBENZENE see 1,3,5-TRINITROBENZENE
TRINITROBENZOL (German) see 1,3,5-TRINITROBENZENE
2,4,6-TRINITROFENOL (Dutch) see PICRIC ACID
TRINITROFENOL (Spanish) see PICRIC ACID
2,4,6-TRINITROFENOLO (Italian) see PICRIC ACID
TRINITROGLYCERIN see NITROGLYCERIN
TRINITROGLYCEROL see NITROGLYCERIN
2,4,6-TRINITROPHENOL AMMONIUM SALT see AMMONIUM PICRATE
1,3,5-TRINITROPHENOL see PICRIC ACID
2,4,6-TRINITOPHENOL see PICRIC ACID
TRINITROPHENOL see PICRIC ACID
TRINOXOL see 2,4-D
TRINOXOL see 2,4,5-T ACID
TRINOXOL see 2,4,5-T ESTERS (2545-59-7)
TRIOXAL see 2,4,5-T ACID
TRIOXANE see FORMALDEHYDE
s-TRIOXANE,2,4,6-TRIMETHYL see PARALDEHYDE
TRIOXIDO de ANTIMONIO (Spanish) see ANTIMONY TRIOXIDE
TRIOXIDO de ARSENICO (Spanish) see ARSENIC TRIOXIDE
TRIOXIDO de AZUFRE (Spanish) see SULFUR TRIOXIDE
TRIOXIDO de MOLIBDENO (Spanish) see MOLYBDENUM TRIOXIDE
TRIOXON see 2,4,5-T ACID
TRIOXONE see 2,4,5-T ACID
TRIOXONE see 2,4,5-T ESTERS (61792-07-2)
TRIOXONE see 2,4,5-T ESTERS (93-79-8)
TRIOXYMETHYLENE see PARAFORMALDEHYDE

TRIPAN BLUE see TRYPAN BLUE
TRIPART see ZINEB
TRIPART ATRAZINE 50 SC see ATRAZINE
TRIPART BLUE see ZINEB
TRIPART FABER see CHLOROTHALONIL
TRIPART LIQUID MANGANESE see MANGANESE
TRIPART TRIFLURALIN 48 EC see TRIFLURALIN
TRIPART ULTRAFABER see CHLOROTHALONIL
TRIPCNB see QUINTOZINE
TRIPHACYCLIN see TETRACYCLINE HYDROCHLORIDE
TRIPHENYLACETO STANNANE see STANNANE, ACETOXYTRIPHENYL-
TRIPHENYLCHLOROSTANNANE see TRIPHENYLTIN CHLORIDE
TRIPHENYLCHLOROTIN see TRIPHENYLTIN CHLORIDE
TRIPHENYLSTANNANOL see TRIPHENYLTIN HYDROXIDE
TRIPHENYLSTANNIUM HYDROXIDE see TRIPHENYLTIN HYDROXIDE
TRIPHENYLTIN(IV) HYDROXIDE see TRIPHENYLTIN HYDROXIDE
TRIPHENYLTIN ACETATE see STANNANE, ACETOXYTRIPHENYL-
TRIPHENYLTIN HYDROXIDE ORGANOTIN FUNGICIDE see TRIPHENYL-TIN HYDROXIDE
TRIPHENYLTIN OXIDE see TRIPHENYLTIN HYDROXIDE
TRIPHENYL-ZINNACETAT (German) see STANNANE, ACETOXYTRIPHE-NYL-
TRIPHENYL-ZINNHYDROXID (German) see TRIPHENYLTIN HYDROXIDE
TRIPHOSPHORIC ACID, PENTASODIUM SALT see SODIUM PHOSPHATE, TRIBASIC (7758-29-4)
TRIPLE-TIN see TRIPHENYLTIN HYDROXIDE
TRIPLE TIN 4L see TRIPHENYLTIN HYDROXIDE
TRI-PLUS see TRICHLOROETHYLENE
TRIPOMOL see THIRAM
TRIS see TRIS(2,3-DIBROMOPROPYL) PHOSPHATE
TRISAETHYLENIMINOBENZOCHINON (German) see TRIAZIQUONE
TRIS(AMMINE(ETHYLENEBIS(DITHIOCARBAMATO)))ZINC(2+1)) (TETRA-HYDRO-1,2,4,7-DITHIADIAZOCINE-3,8-DITHIONE) POLYMER see METIR-AM
2,3,5-TRIS(AZIRIDINO)-1,4-BENZOQUINONE see TRIAZIQUONE
2,3,5-TRIS(AZIRIDINYL)-1,4-BENZOQUINONE see TRIAZIQUONE
2,3,5-TRIS(1-AZIRIDINYL)-2,5-CYCLOHEXADIENE-1,4-DIONE see TRIAZI-QUONE
TRIS(AZIRIDINYL)-p-BENZOQUINONE see TRIAZIQUONE
TRIS(1-AZIRIDINYL)-p-BENZOQUINONE see TRIAZIQUONE
TRIS BP see TRIS(2,3-DIBROMOPROPYL) PHOSPHATE
TRIS(β-CHLOROETHYL)AMINE see TRIS(2-CHLOROETHYL)AMINE
TRIS(2-CHLOROETHYL)AMINE see TRIS(2-CHLOROETHYL)AMINE
TRIS(2,3-DIBROMOPROPYL) PHOSPHORIC ACID ESTER see TRIS(2,3-DI-BROMOPROPYL) PHOSPHATE
TRIS(DIBROMOPROPYL)PHOSPHATE see TRIS(2,3-DIBROMOPROPYL) PHOSPHATE
TRIS-2,3-DIBROMOPROPYL ESTER KYSELINY FOSFORENCNE (Czech) see TRIS(2,3-DIBROMOPROPYL) PHOSPHATE
TRIS(DIMETHYAMINO)PHOSPHORUS OXIDE see HEXAMETHYLPHOS-PHORAMIDE
TRIS(DIMETHYLAMINO)PHOSPHINE OXIDE see HEXAMETHYLPHOSPHO-RAMIDE
(OC-6-11)-TRIS(DIMETHYLCARBAMODITHIOATO-S,S')IRON see FERBAM
TRIS(DIMETHYLCARBAMODITHIOATO-S,S')IRON see FERBAM
TRIS(DIMETHYLDITHIOCARBAMATO)IRON see FERBAM
TRIS(N,N-DIMETHYLDITHIOCARBAMATO)IRON(III) see FERBAM
TRIS(ETHYLENEIMINO)BENZOQUINONE see TRIAZIQUONE
2,3,5-TRIS-ETHYLENEIMINOBENZOQUINONE see TRIAZIQUONE
TRISETHYLENEIMINOQUINONE see TRIAZIQUONE
2,3,5-TRIS(ETHYLENIMINO)-1,4-BENZOQUINONE see TRIAZIQUONE
2,3,5-TRIS(ETHYLENIMINO)-p-BENZOQUINONE see TRIAZIQUONE
TRIS (FLAME RETARDANT) see TRIS(2,3-DIBROMOPROPYL) PHOSPHATE

1,1,1-TRISHYDROXYMETHYLPROPANE BICYCLIC PHOSPHITE *see* TRIMETHYLOLPROPANE PHOSPHITE
TRISODIUM'-O-PHOSPHATE *see* SODIUM PHOSPHATE, TRIBASIC (7601-54-9)
TRISODIUM ORTHOPHOSPHATE *see* SODIUM PHOSPHATE, TRIBASIC (7601-54-9)
TRISODIUM PHOSPHATE, ANHYDROUS *see* SODIUM PHOSPHATE, TRIBASIC (7601-54-9)
TRISODIUM PHOSPHATE, DODECAHYDRATE *see* SODIUM PHOSPHATE, TRIBASIC (10101-89-0)
TRISODIUM PHOSPHATE, TRIBASIC (7601-54-9) *see* SODIUM PHOSPHATE, TRIBASIC (7601-54-9)
TRISODIUM TRIFLUORIDE *see* SODIUM FLUORIDE
TRISTAR *see* TRIFLURALIN
TRISULFURO de ARSENICO (Spanish) *see* ARSENIC TRISULFIDE
TRITEX-EXTRA *see* SETHOXYDIM
TRITHAC *see* MANEB
TRITHAC *see* ZINEB
TRITHENE *see* TRIFLUOROCHLOROETHYLENE
TRITHION MITICIDE *see* CARBOPHENOTHION
TRITISAN *see* QUINTOZINE
TRITOFTOROL *see* ZINEB
TRIVEX *see* DICHLOROPHENE
TRIZILIN *see* NITROFEN
TROJCHLOREK FOSFORU (Polish) *see* PHOSPHORUS TRICHLORIDE
TROJCHLOROBENZEN (Polish) *see* 1,2,4-TRICHLOROBENZENE
TROJCHLOROETAN(1,1,2) (Polish) *see* 1,1,2-TRICHLOROETHANE
TROMETE *see* SODIUM PHOSPHATE, TRIBASIC (7601-54-9)
TRONA BORON TRICHLORIDE *see* BORON TRICHLORIDE
TRONAMAG *see* MANGANESE
TROVIDUER *see* VINYL CHLORIDE
TROVIDUR *see* VINYL CHLORIDE
TROYSAN 142 *see* DAZOMET
TROYSAN ANTI-MILDEW O *see* FOLPET
TROYSAN KK-108A *see* 3-IODO-2-PROPYNYL BUTYLCARBAMATE
TROYSAN POLYPHASE ANTI-MILDEW *see* 3-IODO-2-PROPYNYL BUTYLCARBAMATE
TRUE AMMONIUM SULFIDE *see* AMMONIUM SULFIDE
TRUE BLUE GLASS CLEANER *see* ISOBUTYL ALCOHOL
TRUFLEX DOA *see* BIS(2-ETHYLHEXYL)ADIPATE
TRUFLEX DOP *see* DI(2-ETHYLHEXYL)PHTHALATE
TRYPAN BLUE BPC *see* TRYPAN BLUE
TRYPAN BLUE SODIUM SALT *see* TRYPAN BLUE
TRYPANE BLUE *see* TRYPAN BLUE
TS 219 *see* DIETHYL-p-NITROPHENYL PHOSPHATE
TS160 *see* TRIS(2-CHLOROETHYL)AMINE
TSAR *see* PROPETAMPHOS
TSC *see* THIOSEMICARBAZIDE
TSIMAT *see* ZIRAM
TSINEB (Russian) *see* ZINEB
TSIRAM (Russian) *see* ZIRAM
TSITREX *see* CHINOMETHIONAT
TSITREX *see* DODINE
TSIZP 34 *see* THIOUREA
TSMR 8800 (+) *see* BUTYL ACETATE
TSMR 8800 BE *see* BUTYL ACETATE
TSP *see* SODIUM PHOSPHATE, TRIBASIC (7601-54-9)
TSP-12 *see* SODIUM PHOSPHATE, TRIBASIC (10101-89-0)
TSP-O *see* SODIUM PHOSPHATE, TRIBASIC (7601-54-9)
TSP-ORTHO *see* SODIUM PHOSPHATE, TRIBASIC (7601-54-9)
2,4,5-T SODIUM *see* 2,4,5-T AMINES (6369-96-6)
2,4,5-T SODIUM *see* 2,4,5-T SALTS
2,4,5-T SODIUM SALT *see* 2,4,5-T SALTS
2,4,5-T SODIUM SALT *see* 2,4,5-T AMINES (6369-96-6)

T-STUFF *see* HYDROGEN PEROXIDE
TSUMACIDE *see* METOLCARB
TSUMAUNKA *see* METOLCARB
TSZ *see* THIOSEMICARBAZIDE
TTD *see* DISULFIRAM
TTD *see* THIRAM
TTE *see* TRICHLOROETHYLENE
TTS *see* DISULFIRAM
TUADS *see* THIRAM
TUBERIT *see* PROPHAM
TUBERITE *see* PROPHAM
TUBOTHANE *see* MANEB
TUBOTIN *see* STANNANE, ACETOXYTRIPHENYL-
TUBOTIN *see* TRIPHENYLTIN HYDROXIDE
TUEX *see* THIRAM
TUGON FLY BAIT *see* TRICHLORFON
TUGON *see* TRICHLORFON
TUGON STABLE SPRAY *see* TRICHLORFON
TULABASE FAST RED TR *see* p-CHLORO-o-TOLUIDINE
TULISAN *see* THIRAM
TULUYLEN DIISOCYANAT (German) *see* TOLUENE-2,4-DIISOCYANATE
TULUYLENE-2,4-DIISOCYANATE *see* TOLUENE-2,4-DIISOCYANATE
TUMESCAL OPE *see* 2-PHENYLPHENOL
TUNIC *see* METHAZOLE
TUR *see* CHLORMEQUAT CHLORIDE
TURBAIR DICAMATE *see* ZINEB
TURBAIR ZINEB *see* ZINEB
TURBICIL *see* TERBACIL
TURCAM *see* BENDIOCARB
TURF-CAL *see* CALCIUM ARSENATE
3336 TURF FUNGICIDE *see* THIOPHANATE ETHYL
TURGEX *see* HEXACHLOROPHENE
TUTANE *see* sec-BUTYLAMINE (13952-84-6)
TWAWPIT *see* CARBON TETRACHLORIDE
TWIN-TAK *see* BROMOXYNIL OCTANOATE
TWIN LIGHT RAT AWAY *see* WARFARIN
TWINKLE STAINLESS STEEL CLEANER *see* BUTANE
TWINSPAN *see* CHLORPYRIFOS
TYLOSTERONE *see* DIETHYLSTILBESTROL
TYRIAN YELLOW I-GOK *see* C.I. VAT YELLOW 4
TYRION YELLOW *see* C.I. VAT YELLOW 4
U 46 *see* 2,4-DP
U 46 *see* 2,4-D
U 46 *see* 2,4,5-T ACID
U 46 *see* MECOPROP
U 46 *see* METHOXONE
U 46DP *see* 2,4-D
U46 DP-FLUID *see* 2,4-DP
U 46 KV-ESTER *see* MECOPROP
U 46 KV-FLUID *see* MECOPROP
U46KW *see* 2,4,5-T ESTERS (61792-07-2)
U46KW *see* 2,4,5-T ESTERS (93-79-8)
U 46 M-FLUID *see* METHOXONE
U 46T *see* 2,4,5-T ESTERS (25168-15-4)
U 232 *see* 2,4,5-T ACID
U-1149 *see* FUMARIC ACID
U 1363 *see* DIPHACIONE
U-2069 *see* DICHLORAN
U-3886 *see* SODIUM AZIDE
U-4224 *see* DIMETHYLFORMAMIDE
U 4513 *see* DIPHENAMID
U-45297 *see* CYCLOHEXIMIDE
U-5043 *see* 2,4-D
U-5227 *see* ANTU

U-5965 *see* TETRACYCLINE HYDROCHLORIDE
U 6324 *see* PHENYLTHIOUREA
U-8344 *see* URACIL MUSTARD
U-8953 *see* FLUOROURACIL
U-9889 *see* D-GLUCOSE, 2-DEOXY-2-((METHYLNITROSOAMI-NO)CARBONYL)AMINO)-
UBI-N 252 *see* DIMETHIPIN
UC 10854 *see* PHENOL, 3-(1-METHYLETHYL)-, METHYLCARBAMATE
UC 20047 *see* BICYCLO(2.2.1)HEPTANE-2-CARBONITRILE, 5-CHLORO-6-((((METHYAMINO)CARBONYL)OXY)IMINO)-,(1ST-(1-α,2-β,4-.alp ha.,5-α,6e))-
UC 20047 *see* BICYCLO(2.2.1)HEPTANE-2-CARBONITRILE, 5-CHLORO-6-((((METHYAMINO)CARBONYL)OXY)IMINO)-,(1ST-(1-α,2-β,4-.alp ha.,5-α,6e))-
UC 25074 *see* FORMPARANATE
UC 26089 *see* BICYCLO(2.2.1)HEPTANE-2-CARBONITRILE, 5-CHLORO-6-((((METHYAMINO)CARBONYL)OXY)IMINO)-,(1ST-(1-α,2-β,4-.alp ha.,5-α,6e))-
UC 51762 *see* THIODICARB
UC 7744 (UNION CARBIDE) *see* CARBARYL
UC 9880 *see* PROMECARB
UC 21149 (UNION CARBIDE) *see* ALDICARB
UCAR 17 *see* ETHYLENE GLYCOL
UCC 974 *see* DAZOMET
U-COMPOUND *see* URETHANE
UCON 12 *see* DICHLORODIFLUOROMETHANE
UCON 12/HALOCARBON 12 *see* DICHLORODIFLUOROMETHANE
UCON 13 *see* CHLOROTRIFLUOROMETHANE
UCON 13/HALOCARBON 13 *see* CHLOROTRIFLUOROMETHANE
UCON 22 *see* CHLORODIFLUOROMETHANE
UCON 22/HALOCARBON 22 *see* CHLORODIFLUOROMETHANE
UCON 114 *see* DICHLOROTETRAFLUOROETHANE
UCON FLUOROCARBON 11 *see* TRICHLOROFLUOROMETHANE
UCON REFRIGERANT 11 *see* TRICHLOROFLUOROMETHANE
U-DIMETHYLHYDRAZINE *see* 1,1-DIMETHYL HYDRAZINE
UDMH *see* 1,1-DIMETHYL HYDRAZINE
UL *see* DEMETON
ULTRA PURE *see* HYDRAZINE
ULTRACIDE *see* METHAMIDOPHOS
ULTRACIDE *see* METHIDATHION
ULTRAFINE II *see* ANTIMONY TRIOXIDE
ULTRAMAC 55 *see* 2-ETHOXYETHANOL
ULTRAMAC PR-1024 MB-628 RESIN *see* BUTYL ACETATE
ULTRAMAC S40 *see* o-DICHLOROBENZENE
ULTRAMAC SOLVENT EPA *see* BUTYL ACETATE
ULTRAWET K *see* SODIUM DODECYLBENZENESULFONATE
ULTRAWET 60K *see* SODIUM DODECYLBENZENESULFONATE
ULTRAWET KX *see* SODIUM DODECYLBENZENESULFONATE
ULTRAWET SK *see* SODIUM DODECYLBENZENESULFONATE
ULUP *see* FLUOROURACIL
ULVAIR *see* MONOCROPTOPHOS
UMBETHION *see* COUMAPHOS
UMBRATHOR *see* THORIUM DIOXIDE
umsym-TRICHLOROBENZENE *see* 1,2,4-TRICHLOROBENZENE
UN 0004 (dry or wetted with >10% water, by weight *see* AMMONIUM PICRATE
UN 0143 (desensitized) *see* NITROGLYCERIN
UN 0144 (solution in alcohol) *see* NITROGLYCERIN
UN 1001 *see* ACETYLENE
UN 1005 (anhydrous, anhydrous liquified or solutions with more than 50% ammonia) *see* AMMONIA
UN 1008 *see* BORON TRIFLUORIDE (1:1)
UN 1009 *see* BROMOTRIFLUOROMETHANE
UN 1010 (inhibited) *see* 1,3-BUTADIENE
UN 1011 *see* BUTANE

UN 1012 *see* 1-BUTENE
UN 1012 *see* BUTENE
UN 1017 *see* CHLORINE
UN 1021 *see* CHLOROTETRAFLUOROETHANE
UN 1022 *see* CHLOROTRIFLUOROMETHANE
UN 1026 *see* CYANOGEN
UN 1027 *see* CYCLOPROPANE
UN 1028 *see* DICHLORODIFLUOROMETHANE
UN 1029 *see* DICHLOROFLUOROMETHANE
UN 1030 *see* DIFLUOROETHANE
UN 1032 (anhydrous) *see* DIMETHYLAMINE
UN 1033 *see* METHYL ETHER
UN 1035 (compressed) *see* ETHANE
UN 1036 *see* ETHANAMINE
UN 1037 *see* CHLOROETHANE
UN 1038 (refrigerated liquid) *see* ETHYLENE
UN 1040 *see* ETHYLENE OXIDE
UN 1045 (compressed) *see* FLUORINE
UN 1049 *see* HYDROGEN
UN 1050 (hydrogen chloride, anhydrous) *see* HYDROCHLORIC ACID
UN 1051 (anhydrous, stabilized) *see* HYDROGEN CYANIDE
UN 1052 (anhydrous) *see* HYDROGEN FLUORIDE
UN 1053 *see* HYDROGEN SULFIDE
UN 1055 *see* 2-METHYLPROPENE
UN 1062 *see* BROMOMETHANE
UN 1063 *see* CHLOROMETHANE
UN 1064 *see* METHYL MERCAPTAN
UN 1067 *see* NITROGEN DIOXIDE (10102-44-0)
UN 1067 *see* NITROGEN DIOXIDE (10544-72-6)
UN 1075 *see* BUTANE
UN 1075 *see* PROPANE
UN 1075 *see* PROPYLENE
UN 1076 *see* PHOSGENE
UN 1077 *see* PROPYLENE
UN 1079 *see* SULFUR DIOXIDE
UN 1081 (inhibited) *see* TETRAFLUOROETHYLENE
UN 1082 *see* TRIFLUOROCHLOROETHYLENE
UN 1083 (anhydrous) *see* TRIMETHYLAMINE
UN 1085 *see* VINYL BROMIDE
UN 1086 *see* VINYL CHLORIDE
UN 1087 *see* VINYL METHYL ETHER
UN 1089 *see* ACETALDEHYDE
UN 1090 *see* ACETONE
UN 1092 (inhibited) *see* ACROLEIN
UN 1093 (inhibited) *see* ACRYLONITRILE
UN 1098 *see* ALLYL ALCOHOL
UN 1100 *see* ALLYL CHLORIDE
UN 1104 *see* AMYL ACETATE
UN 1104 *see* iso-AMYL ACETATE
UN 1104 *see* sec-AMYL ACETATE
UN 1104 *see* tert-AMYL ACETATE
UN 1108 *see* 1-PENTENE
UN 1108 *see* 2-PENTENE, (Z)-
UN 1108 *see* 2-PENTENE, (E)-
UN 1114 *see* BENZENE
UN 1120 (butyl alcohol) *see* ISOBUTYL ALCOHOL
UN 1120 *see* n-BUTYL ALCOHOL
UN 1123 *see* BUTYL ACETATE
UN 1123 *see* sec-BUTYL ACETATE
UN 1123 *see* tert-BUTYL ACETATE
UN 1125 *see* BUTYLAMINE
UN 1129 *see* BUTYRALDEHYDE
UN 1131 *see* CARBON DISULFIDE
UN 1134 *see* CHLOROBENZENE

UN 1137 *see* CREOSOTE
UN 1143 (inhibited or stabilized) *see* CROTONALDEHYDE
UN 1143 (stabilized) *see* CROTONALDEHYDE, (E)
UN 1145 *see* CYCLOHEXANE
UN 1150 *see* 1,2-DICHLOROETHYLENE (540-59-0)
UN 1150 *see* 1,2-DICHLOROETHYLENE (156-60-5)
UN 1154 *see* DIETHYLAMINE
UN 1155 *see* ETHYL ETHER
UN 1160 (aqueous solution) *see* DIMETHYLAMINE
UN 1162 *see* DIMETHYLDICHLOROSILANE
UN 1163 *see* 1,1-DIMETHYL HYDRAZINE
UN 1165 *see* 1,4-DIOXANE
UN 1167 (inhibited) *see* VINYL ETHYL ETHER
UN 1171 *see* 2-ETHOXYETHANOL
UN 1173 *see* ETHYL ACETATE
UN 1175 *see* ETHYLBENZENE
UN 1182 *see* ETHYL CHLOROFORMATE
UN 1184 *see* 1,2-DICHLOROETHANE
UN 1185 (inhibited) *see* ETHYLENEIMINE
UN 1188 *see* 2-METHOXYETHANOL
UN 1193 *see* METHYL ETHYL KETONE
UN 1194 (solution) *see* ETHYL NITRITE
UN 1196 *see* TRICHLOROETHYLSILANE
UN 1198 (solutions) *see* FORMALDEHYDE
UN 1199 *see* FURFURAL
UN 1204 *see* NITROGLYCERIN
UN 1208 *see* n-HEXANE
UN 1212 *see* ISOBUTYL ALCOHOL
UN 1213 *see* iso-BUTYL ACETATE
UN 1218 (inhibited) *see* ISOPRENE
UN 1219 *see* ISOPROPYL ALCOHOL
UN 1221 *see* ISOPROPYLAMINE
UN 1230 *see* METHANOL
UN 1235 (aqueous solution) *see* METHANAMINE
UN 1238 *see* METHYL CHLOROCARBONATE
UN 1239 *see* CHLOROMETHYL METHYL ETHER
UN 1243 *see* METHYL FORMATE
UN 1244 *see* METHYL HYDRAZINE
UN 1245 *see* METHYL ISOBUTYL KETONE
UN 1250 *see* METHYLTRICHLOROSILANE
UN 1250 *see* SILVER
UN 1251 *see* METHYL VINYL KETONE
UN 1259 *see* NICKEL CARBONYL
UN 1265 *see* ISOPENTANE
UN 1265 *see* PENTANE
UN 1275 *see* PROPIONALDEHYDE
UN 1277 *see* n-PROPYLAMINE
UN 1279 *see* 1,2-DICHLOROPROPANE
UN 1280 *see* PROPYLENE OXIDE
UN 1282 *see* PYRIDINE
UN 1294 *see* TOLUENE
UN 1295 *see* TRICHLOROSILANE
UN 1296 *see* TRIETHYLAMINE
UN 1297 (aqueous solutions) *see* TRIMETHYLAMINE
UN 1298 *see* TRIMETHYLCHLOROSILANE
UN 1301 *see* VINYL ACETATE
UN 1302 *see* VINYL ETHYL ETHER
UN 1303 (inhibited) *see* VINYLIDENE CHLORIDE
UN 1307 *see* m-XYLENE
UN 1307 *see* o-XYLENE
UN 1307 *see* p-XYLENE
UN 1307 *see* XYLENE (MIXED ISOMERS)
UN 1309 (powder, coated) *see* ALUMINUM
UN 1310 (wetted with <10% water, by weight) *see* AMMONIUM PICRATE

UN 1320 (wetted with not less than 15% water) *see* DINITROPHENOL
UN 1321 (dinitrophenolates, wetted with not less than 15% water) *see* 2,4-DINITROPHENOL
UN 1321 (dinitrophenolates, wetted with not less than 15% water) *see* 2,5-DINITROPHENOL
UN 1321 (dinitrophenolates, wetted with not less than 15% water) *see* 2,6-DINITROPHENOL
UN 1334 (crude or refined) *see* NAPHTHALENE
UN 1336 (nitroguanidine, wetted with not less than 20% water) *see* GUANIDINE, N-METHYL-N'-NITRO-N-NITROSO-
UN 1354 (wetted with not less than 30% water) *see* 1,3,5-TRINITROBENZENE
UN 1380 *see* PENTABORANE
UN 1381 *see* PHOSPHORUS
UN 1383 (pyrophoric metals or alloys, n.o.s.) *see* ALUMINUM
UN 1384 *see* SODIUM HYDROSULFIDE
UN 1396 (powder, uncoated) *see* ALUMINUM
UN 1397 *see* ALUMINUM PHOSPHIDE
UN 1400 *see* BARIUM
UN 1403 *see* CALCIUM CYANAMIDE
UN 1414 *see* LITHIUM HYDRIDE
UN 1428 *see* SODIUM
UN 1431 (dry) *see* SODIUM METHYLATE
UN 1435 (ashes) *see* ZINC
UN 1436 (metal, powder or dust) *see* ZINC
UN 1463 (solid or dry) *see* CHROMIC ACID (ESTER) (11115-74-5)
UN 1463 (solid or dry) *see* CHROMIC ACID (7738-94-5)
UN 1466 *see* FERRIC NITRATE
UN 1469 *see* LEAD NITRATE
UN 1484 *see* POTASSIUM BROMATE
UN 1490 *see* POTASSIUM PERMANGANATE
UN 1493 *see* SILVER NITRATE
UN 1500 *see* SODIUM NITRITE
UN 1514 *see* ZINC NITRATE
UN 1541 *see* 2-METHYLLACTONITRILE
UN 1547 *see* ANILINE
UN 1551 *see* ANTIMONY POTASSIUM TARTRATE
UN 1553 (liquid) *see* ARSENIC ACID (1327-52-2)
UN 1553 (liquid) *see* ARSENIC ACID (7778-39-4)
UN 1554 (solid) *see* ARSENIC ACID (1327-52-2)
UN 1554 (solid) *see* ARSENIC ACID (7778-39-4)
UN 1557 *see* ARSENIC DISULFIDE
UN 1557 *see* ARSENIC TRISULFIDE
UN 1558 *see* ARSENIC
UN 1559 *see* ARSENIC PENTOXIDE
UN 1560 *see* ARSENOUS TRICHLORIDE
UN 1561 *see* ARSENIC TRIOXIDE
UN 1566 (compounds, n.o.s.) *see* BERYLLIUM
UN 1566 *see* BERYLLIUM FLUORIDE
UN 1566 *see* BERYLLIUM CHLORIDE
UN 1567 (powder) *see* BERYLLIUM
UN 1569 *see* BROMOACETONE
UN 1570 *see* BRUCINE
UN 1572 *see* CACODYLIC ACID
UN 1573 *see* CALCIUM ARSENATE
UN 1574 *see* CALCIUM ARSENITE
UN 1575 *see* CALCIUM CYANIDE
UN 1579 *see* 4-CHLORO-o-TOLUIDINE, HYDROCHLORIDE
UN 1580 *see* CHLOROPICRIN
UN 1583 (absorbed) *see* CHLOROPICRIN
UN 1584 *see* PICROTOXIN
UN 1587 *see* COPPER CYANIDE
UN 1588 *see* CYANIDE
UN 1589 (inhibited) *see* CYANOGEN CHLORIDE
UN 1591 *see* o-DICHLOROBENZENE

UN 1592 *see* 1,4-DICHLOROBENZENE
UN 1593 *see* DICHLOROMETHANE
UN 1594 *see* DIETHYL SULFATE
UN 1595 *see* DIMETHYL SULFATE
UN 1596 (dinitroanilines) *see* PEDIMETHALIN N-(1-ETHYLPROPYL)-3,4-DI-METHYL-2,6-DINTROBENZENAMINE
UN 1597 *see* DINITROBENZENE (MIXED ISOMERS)
UN 1597 *see* m-DINITROBENZENE
UN 1597 *see* o-DINITROBENZENE
UN 1597 *see* p-DINITROBENZENE
UN 1598 *see* 4,6-DINITRO-o-CRESOL
UN 1599 (solution) *see* DINITROTOLUENE (MIXED ISOMERS)
UN 1599 (solution) *see* DINITROPHENOL
UN 1599 (solution) *see* 2,4-DINITROTOLUENE
UN 1599 (solution) *see* 2,6-DINITROTOLUENE
UN 1599 (solution) *see* 3,4-DINITROTOLUENE
UN 1600 (molten) *see* DINITROTOLUENE (MIXED ISOMERS)
UN 1600 (molten) *see* 2,4-DINITROTOLUENE
UN 1600 (molten) *see* 2,6-DINITROTOLUENE
UN 1600 (molten) *see* 3,4-DINITROTOLUENE
UN 1604 *see* ETHYLENEDIAMINE
UN 1605 *see* 1,2-DIBROMOETHANE
UN 1611 (solid) *see* HEXAETHYL TETRAPHOSPHATE
UN 1612 (mixture with compressed gas) *see* HEXAETHYL TETRAPHOSPHATE
UN 1613 (aqueous solution, with not more than 20% hydrogen cyanide) *see* HYDROGEN CYANIDE
UN 1614 (anhydrous, stabilized (absorbed)) *see* HYDROGEN CYANIDE
UN 1616 *see* LEAD ACETATE
UN 1616 *see* LEAD SUBACETATE
UN 1617 *see* LEAD ARSENATE (7645-25-2)
UN 1617 *see* LEAD ARSENATE (7784-40-9)
UN 1617 *see* LEAD ARSENATE (10102-48-4)
UN 1624 *see* MERCURIC CHLORIDE
UN 1625 *see* MERCURIC NITRATE
UN 1627 *see* MERCUROUS NITRATE (7782-86-7)
UN 1627 *see* MERCUROUS NITRATE (10415-75-5)
UN 1629 *see* MERCURIC ACETATE
UN 1636 *see* MERCURIC CYANIDE
UN 1641 *see* MERCURIC OXIDE
UN 1645 *see* MERCURIC SULFATE
UN 1646 *see* MERCURIC THIOCYANATE
UN 1648 *see* ACETONITRILE
UN 1649 *see* TETRAETHYL LEAD
UN 1650 *see* β-NAPHTHYLAMINE
UN 1651 *see* ANTU
UN 1653 *see* NICKEL CYANIDE
UN 1653 *see* p-PHENYLENEDIAMINE
UN 1654 *see* NICOTINE
UN 1655 (nicotine compound, solid, n.o.s.) *see* N-NITROSONORNICOTINE
UN 1658 *see* NICOTINE SULFATE
UN 1660 *see* NITRIC OXIDE
UN 1661 *see* o-NITROANILINE
UN 1661 *see* p-NITROANILINE
UN 1662 *see* NITROBENZENE
UN 1663 *see* 2-NITROPHENOL
UN 1663 *see* m-NITROPHENOL
UN 1663 *see* NITROPHENOL (MIXED ISOMERS)
UN 1663 *see* p-NITROPHENOL
UN 1664 *see* 5-NITRO-o-TOLUENE
UN 1664 *see* m-NITROTOLUENE
UN 1664 *see* NITROTOLUENE
UN 1664 *see* o-NITROTOLUENE
UN 1664 *see* p-NITROTOLUENE
UN 1670 *see* PERCHLOROMETHYL MERCAPTAN

UN 1671 (solid) *see* PHENOL
UN 1673 *see* 1,2-PHENYLENEDIAMINE DIHYDROCHLORIDE
UN 1673 *see* 1,2-PHENYLENEDIAMINE
UN 1673 *see* 1,3-PHENYLENEDIAMINE
UN 1673 *see* 1,4-PHENYLENEDIAMINE DIHYDROCHLORIDE
UN 1674 *see* PHENYLMERCURY ACETATE
UN 1677 *see* POTASSIUM ARSENATE
UN 1678 *see* POTASSIUM ARSENITE
UN 1680 *see* POTASSIUM CYANIDE
UN 1684 *see* SILVER CYANIDE
UN 1685 *see* SODIUM ARSENATE
UN 1687 (aqueous solution) *see* SODIUM ARSENITE
UN 1687 *see* SODIUM AZIDE
UN 1688 *see* SODIUM CACODYLATE
UN 1689 *see* SODIUM CYANIDE
UN 1690 *see* SODIUM FLUORIDE
UN 1692 *see* STRYCHNINE
UN 1692 *see* STRYCHNINE, SULFATE
UN 1697 *see* 2-CHLOROACETOPHENONE CHLOROALKYL ESTERS
UN 1702 *see* 1,1,1,2-TETRACHLOROETHANE
UN 1702 *see* 1,1,2,2,-TETRACHLOROETHANE
UN 1704 *see* SULFOTEP
UN 1707 (solid) *see* THALLIUM(I) SULFATE
UN 1707 (solid) *see* THALLIUM SULFATE
UN 1707 (thallium compound, n.o.s.) *see* THALLIUM(I) CARBONATE
UN 1707 (thallium compound, n.o.s.) *see* THALLOUS MALONATE
UN 1707 (thallium compound, n.o.s.) *see* THALLIUM(I) ACETATE
UN 1707 (thallium compound, n.o.s.) *see* THALLIUM CHLORIDE
UN 1707 *see* THALLIUM
UN 1708 *see* o-TOLUIDINE HYDROCHLORIDE
UN 1708 *see* o-TOLUIDINE
UN 1708 *see* p-TOLUIDINE
UN 1709 *see* DIAMINOTOLUENE (MIXED ISOMERS)
UN 1710 *see* TRICHLOROETHYLENE
UN 1711 *see* 2,6-XYLIDINE
UN 1713 *see* ZINC CYANIDE
UN 1714 *see* ZINC PHOSPHIDE
UN 1715 *see* ACETIC ANHYDRIDE
UN 1716 *see* ACETYL BROMIDE
UN 1717 *see* ACETYL CHLORIDE
UN 1727 (solid) *see* AMMONIUM BIFLUORIDE
UN 1730 (liquid) *see* ANTIMONY PENTACHLORIDE
UN 1731 (solutions) *see* ANTIMONY PENTACHLORIDE
UN 1732 *see* ANTIMONY PENTAFLUORIDE
UN 1733 *see* ANTIMONY TRICHLORIDE
UN 1736 *see* BENZOYL CHLORIDE
UN 1738 *see* BENZYL CHLORIDE
UN 1741 *see* BORON TRICHLORIDE
UN 1744 *see* BROMINE
UN 1748 *see* CALCIUM HYPOCHLORITE
UN 1750 (liquid) *see* CHLOROACETIC ACID
UN 1751 (solid) *see* CHLOROACETIC ACID
UN 1754 *see* CHLOROSULFONIC ACID
UN 1755 (solution) *see* CHROMIC ACID
UN 1755 (solution) *see* CHROMIC ACID (7738-94-5)
UN 1759 (solid) *see* FERROUS CHLORIDE
UN 1760 (solution) *see* ALUMINUM SULFATE
UN 1760 (solution) *see* FERROUS CHLORIDE
UN 1760 *see* 2,2-DICHLOROPROPIONIC ACID
UN 1773 *see* FERRIC CHLORIDE
UN 1779 *see* FORMIC ACID
UN 1789 *see* HYDROCHLORIC ACID
UN 1790 *see* HYDROGEN FLUORIDE
UN 1791 *see* SODIUM HYPOCHLORITE

UN 1794 (with more than 3% free acid) *see* LEAD SULFATE (7446-14-2)
UN 1794 (with more than 3% free acid) *see* LEAD SULFATE (15739-80-7)
UN 1805 *see* PHOSPHORIC ACID
UN 1806 *see* PHOSPHORUS PENTACHLORIDE
UN 1807 *see* PHOSPHORUS PENTOXIDE
UN 1809 *see* PHOSPHORUS TRICHLORIDE
UN 1810 *see* PHOSPHORUS OXYCHLORIDE
UN 1813 (solid) *see* POTASSIUM HYDROXIDE
UN 1814 (solution) *see* POTASSIUM HYDROXIDE
UN 1823 *see* SODIUM HYDROXIDE
UN 1828 (DOT) *see* SULFUR MONOCHLORIDE
UN 1828 *see* SULFUR MONOCHLORIDE
UN 1829 *see* SULFUR TRIOXIDE
UN 1831 *see* OLEUM
UN 1838 *see* TITANIUM TETRACHLORIDE
UN 1840 (solution) *see* ZINC CHLORIDE
UN 1846 *see* CARBON TETRACHLORIDE
UN 1848 *see* PROPIONIC ACID
UN 1860 (inhibited) *see* VINYL FLUORIDE
UN 1868 *see* DECABORANE(14)
UN 1885 *see* BENZIDINE
UN 1886 *see* BENZAL CHLORIDE
UN 1888 *see* CHLOROFORM
UN 1889 *see* CYANOGEN BROMIDE
UN 1897 *see* TETRACHLOROETHYLENE
UN 1911 *see* DIBORANE
UN 1915 *see* CYCLOHEXANONE
UN 1916 *see* BIS(2-CHLOROETHYL)ETHER
UN 1917 (inhibited) *see* ETHYL ACRYLATE
UN 1918 *see* CUMENE
UN 1919 *see* METHYL ACRYLATE
UN 1921 (inhibited) *see* PROPYLENEIMINE
UN 1931 *see* ZINC HYDROSULFITE
UN 1935 (solution, n.o.s.) *see* CYANIDE
UN 1942 (not >0.2% of combustible substances *see* AMMONIUM NITRATE (SOLUTION)
UN 1958 *see* DICHLOROTETRAFLUOROETHANE
UN 1959 *see* VINYLIDENE FLUORIDE
UN 1961 (refrigerated liquid) *see* ETHANE
UN 1962 (compressed) *see* ETHYLENE
UN 1966 (refrigerated liquid) *see* HYDROGEN
UN 1969 *see* ISOBUTANE
UN 1971 *see* METHANE
UN 1974 *see* BROMOCHLORODIFLUOROMETHANE
UN 1978 *see* PROPANE
UN 1983 *see* 2-CHLORO-1,1,1-TRIFLUOROETHANE
UN 1986 *see* PROPARGYL ALCOHOL
UN 1991 (inhibited) *see* CHLOROPRENE
UN 1993 *see* ISOPHORONE
UN 1994 *see* IRON PENTACARBONYL
UN 2014 (aqueous solution, with not less than 20% but not more than 60% hydrogen peroxide) *see* HYDROGEN PEROXIDE
UN 2015 (aqueous solution, stabilized, with more than 60% hydrogen peroxide) *see* HYDROGEN PEROXIDE
UN 2015 (stabilized) *see* HYDROGEN PEROXIDE
UN 2018 (solid) *see* p-CHLOROANILINE
UN 2019 (liquid) *see* p-CHLOROANILINE
UN 2020 (chlorophenols, solid) *see* PHENOL, 2,2'-THIOBIS(4-CHLORO-6-METHYL-
UN 2020 (solid) *see* TRICHLOROPHENOL
UN 2020 (solid) *see* 2,3,4-TRICHLOROPHENOL
UN 2020 (solid) *see* 2,3,5-TRICHLOROPHENOL
UN 2020 (solid) *see* 2,3,6-TRICHLOROPHENOL
UN 2020 (solid) *see* 2,4,5-TRICHLOROPHENOL

UN 2020 (solid) *see* 2,4,6-TRICHLOROPHENOL
UN 2020 (solid) *see* 3,4,5-TRICHLOROPHENOL
UN 2021 (chlorophenols, liquid) *see* PHENOL, 2,2'-THIOBIS(4-CHLORO-6-METHYL-
UN 2021 (liquid) *see* TRICHLOROPHENOL
UN 2021 (liquid) *see* 2-CHLOROPHENOL
UN 2021 (liquid) *see* 2,3,4-TRICHLOROPHENOL
UN 2021 (liquid) *see* 2,3,5-TRICHLOROPHENOL
UN 2021 (liquid) *see* 2,3,6-TRICHLOROPHENOL
UN 2021 (liquid) *see* 2,4,5-TRICHLOROPHENOL
UN 2021 (liquid) *see* 2,4,6-TRICHLOROPHENOL
UN 2021 (liquid) *see* 3,4,5-TRICHLOROPHENOL
UN 2023 *see* EPICHLOROHYDRIN
UN 2027 (solid) *see* SODIUM ARSENITE
UN 2029 (anhydrous) *see* HYDRAZINE
UN 2029 (aqueous solutions, with more than 64% hydrazine) *see* HYDRAZINE
UN 2030 (hydrate) *see* HYDRAZINE
UN 2030 (aqueous solutions, with not more than 64% hydrazine) *see* HYDRAZINE
UN 2030 (aqueous solution, with not less than 37% but not more than 64% hydrazine) *see* HYDRAZINE
UN 2031 (other than fuming, with more than 40% acid) *see* NITRIC ACID
UN 2032 (fuming or red fuming) *see* NITRIC ACID
UN 2038 (solid) *see* DINITROTOLUENE (MIXED ISOMERS)
UN 2038 (solid) *see* 2,4-DINITROTOLUENE
UN 2038 (solid) *see* 2,6-DINITROTOLUENE
UN 2038 (solid) *see* 3,4-DINITROTOLUENE
UN 2044 *see* 2,2-DIMETHYLPROPANE
UN 2045 *see* ISOBUTYRALDEHYDE
UN 2047 *see* 2,3-DICHLOROPRENE
UN 2047 *see* DICHLOROPROPENE
UN 2047 *see* trans-1,3-DICHLOROPROPENE
UN 2048 *see* DICYCLOPENTADIENE
UN 2055 *see* STYRENE
UN 2056 *see* FURAN, TETRAHYDRO-
UN 2073 (solutions with more than 35% but not more than 50% ammonia) *see* AMMONIA
UN 2074 *see* ACRYLAMIDE
UN 2075 (inhibited) *see* ACETALDEHYDE, TRICHLORO-
UN 2076 *see* CRESOL (MIXED ISOMERS)
UN 2076 *see* m-CRESOL
UN 2076 *see* o-CRESOL
UN 2076 *see* p-CRESOL
UN 2077 *see* α-NAPHTHYLAMINE
UN 2078 *see* TOLUENE-2,4-DIISOCYANATE
UN 2078 *see* TOLUENE-2,6-DIISOCYANATE
UN 2085 *see* BENZOYL PEROXIDE
UN 2087 *see* BENZOYL PEROXIDE
UN 2088 *see* BENZOYL PEROXIDE
UN 2089 *see* BENZOYL PEROXIDE
UN 2090 *see* BENZOYL PEROXIDE
UN 2116 *see* CUMENE HYDROPEROXIDE
UN 2131 (solution) *see* PERACETIC ACID
UN 2186 (hydrogen chloride, refrigerated liquid) *see* HYDROCHLORIC ACID
UN 2188 *see* ARSINE
UN 2189 *see* DICHLOROSILANE
UN 2191 *see* SULFURYL FLUORIDE
UN 2195 *see* TELLURIUM HEXAFLUORIDE
UN 2199 *see* PHOSPHINE
UN 2202 (anhydrous) *see* HYDROGEN SELENIDE
UN 2203 (compressed) *see* SILANE
UN 2204 *see* CARBONYL SULFIDE
UN 2205 *see* ADIPONITRILE
UN 2206 (isocyanates, toxic, n.o.s.) *see* TOLUENE-2,4-DIISOCYANATE

UN 2206 *see* ISOCYANIC ACID-3,4-DICHLOROPHENYL ESTER
UN 2207 (isocyanates and solutions, n.o.s., b.p. not less than 300°F/149°C) *see* TOLUENE-2,4-DIISOCYANATE
UN 2207 *see* ISOCYANIC ACID-3,4-DICHLOROPHENYL ESTER
UN 2208 *see* CALCIUM HYPOCHLORITE
UN 2209 (solutions, corrosive) *see* FORMALDEHYDE
UN 2210 *see* MANEB
UN 2213 *see* PARAFORMALDEHYDE
UN 2214 *see* PHTHALIC ANHYDRIDE
UN 2215 *see* MALEIC ANHYDRIDE
UN 2215 *see* MALEIC ACID
UN 2218 (inhibited) *see* ACRYLIC ACID
UN 2224 *see* BENZONITRILE
UN 2225 *see* BENZENESULFONYL CHLORIDE
UN 2232 *see* CHLOROACETALDEHYDE
UN 2239 *see* p-CHLORO-o-TOLUIDINE
UN 2249 *see* BIS(CHLOROMETHYL)ETHER
UN 2253 *see* N,N-DIMETHYLANILINE
UN 2261 *see* XYLENOL1-AMINO-2,6-DIMETHYLBENZENE 2,6-XYLIDINE
UN 2262 *see* DIMETHYLCARBAMOYL CHLORIDE
UN 2265 *see* DIMETHYLFORMAMIDE
UN 2267 *see* DIMETHYL CHLOROTHIOPHOSPHATE
UN 2270 (aqueous solution with not less than 50% but not more than 70% ethylamine) *see* ETHANAMINE
UN 2277 (inhibited) *see* ETHYL METHACRYLATE
UN 2284 *see* ISOBUTYRONITRILE
UN 2290 *see* ISOPHORONE DIISOCYANATE
UN 2291 *see* LEAD CHLORIDE
UN 2291 *see* LEAD FLUOBORATE
UN 2304 (molten) *see* NAPHTHALENE
UN 2315 *see* AROCLOR 1016
UN 2315 *see* AROCLOR 1221
UN 2315 *see* AROCLOR 1224
UN 2315 *see* AROCLOR 1232
UN 2315 *see* AROCLOR 1248
UN 2315 *see* AROCLOR 1254
UN 2315 *see* AROCLOR 1260
UN 2315 *see* POYLCHLORINATED BIPHENYLS
UN 2318 (with less than 25% water of crystallization) *see* SODIUM HYDROSULFIDE
UN 2321 (liquid) *see* 1,2,4-TRICHLOROBENZENE
UN 2328 *see* 2,2,4-TRIMETHYLHEXAMETHYLENE DIISOCYANATE
UN 2328 *see* 2,4,4-TRIMETHYLHEXAMETHYLENE DIISOCYANATE
UN 2331 (anhydrous) *see* ZINC CHLORIDE
UN 2334 *see* ALLYLAMINE
UN 2337 *see* BENZENETHIOL
UN 2345 *see* PROPARGYL BROMIDE
UN 2348 *see* BUTYL ACRYLATE
UN 2356 *see* ISOPROPYL CHLORIDE
UN 2357 *see* CYCLOHEXYLAMINE
UN 2362 *see* ETHYLIDENE DICHLORIDE
UN 2363 *see* ETHYL MERCAPTAN
UN 2382 *see* HYDRAZINE, 1,2-DIMETHYL-
UN 2383 *see* DIPROPYLAMINE
UN 2389 *see* FURAN
UN 2398 *see* METHYL tert-BUTYL ETHER
UN 2401 *see* PIPERIDINE
UN 2402 *see* PROPIONITRILE
UN 2404 *see* PROPIONITRILE
UN 2407 *see* ISOPROPYL CHLOROFORMATE
UN 2417 *see* CARBONIC DIFLUORIDE
UN 2418 *see* SULFUR FLUORIDE (SF4), (T-4)-
UN 2419 *see* BROMOTRIFLUORETHYLENE

UN 2426 liquid, hot concentrated solution *see* AMMONIUM NITRATE (SOLUTION)
UN 2431 *see* o-ANISIDINE HYDROCHLORIDE
UN 2431 *see* o-ANISIDINE
UN 2431 *see* p-ANISIDINE
UN 2432 *see* N,N-DIETHYLANILINE
UN 2437 *see* DICHLOROMETHYLPHENYLSILANE
UN 2439 *see* SODIUM BIFLUORIDE
UN 2442 *see* TRICHLOROACETYL CHLORIDE
UN 2447 (molten) *see* PHOSPHORUS
UN 2449 *see* AMMONIUM OXALATE
UN 2449 *see* AMMONIUM OXALATE (5972-73-6)
UN 2449 *see* AMMONIUM OXALATE (6009-70-7)
UN 2452 (inhibited) *see* 1-BUTYNE
UN 2456 *see* 2-CHLOROPROPYLENE
UN 2464 (DOT) *see* BERYLLIUM NITRATE
UN 2464 *see* BERYLLIUM NITRATE
UN 2470 *see* BENZYL CYANIDE
UN 2471 *see* OSMIUM TETROXIDE
UN 2477 *see* METHYL ISOTHIOCYANATE
UN 2478 (isocyanates, flammable, toxic, n.o.s.) *see* TOLUENE-2,4-DIISOCYANATE
UN 2478 *see* ISOCYANIC ACID-3,4-DICHLOROPHENYL ESTER
UN 2478 *see* p-CHLOROPHENOL ISOCYANATE
UN 2480 *see* METHYL ISOCYANATE
UN 2489 *see* METHYLBIS(PHENYLISOCYANATE)
UN 2490 *see* BIS(2-CHLORO-1-METHYLETHYL)ETHER
UN 2496 *see* PROPIONIC ANHYDRIDE
UN 2503 *see* ZIRCONIUM TETRACHLORIDE
UN 2505 *see* AMMONIUM FLUORIDE
UN 2515 *see* BROMOFORM
UN 2550 *see* METHYL ETHYL KETONE PEROXIDE
UN 2554 *see* 3-CHLORO-2-METHYL-1-PROPENE
UN 2567 *see* SODIUM PENTACHLOROPHENATE
UN 2570 (cadmium compound) *see* CADMIUM ACETATE
UN 2570 (cadmium compound) *see* CADMIUM BROMIDE
UN 2570 (cadmium compound) *see* CADMIUM CHLORIDE
UN 2570 (cadmium compound) *see* CADMIUM OXIDE
UN 2570 (cadmium compound) *see* CADMIUM STEARATE
UN 2582 (solution) *see* FERRIC CHLORIDE
UN 2584 *see* DODECYLBENZENESULFONIC ACID
UN 2587 *see* QUINONE
UN 2590 (white) *see* ASBESTOS (FRIABLE)
UN 2607 (dimer, stabilized) *see* ACROLEIN
UN 2608 *see* 2-NITROPROPANE
UN 2622 *see* GLYCIDYLALDEHYDE
UN 2629 *see* SODIUM FLUOROACETATE
UN 2630 *see* SODIUM SELENITE
UN 2642 *see* FLUOROACETIC ACID
UN 2644 *see* METHYL IODIDE
UN 2646 *see* HEXACHLOROCYCLOPENTADIENE
UN 2647 *see* MALONONITRILE
UN 2649 *see* BIS(CHLOROMETHYL)KETONE
UN 2651 *see* 4,4'-METHYLENEDIANILINE
UN 2654 (powder) *see* SELENIUM
UN 2656 *see* QUINOLINE
UN 2662 *see* HYDROQUINONE
UN 2664 *see* METHYLENE BROMIDE
UN 2669 (liquid) *see* p-CHLORO-m-CRESOL
UN 2669 (solid) *see* p-CHLORO-m-CRESOL
UN 2671 *see* 4-AMINOPYRIDINE
UN 2672 (solutions with more than 10% but not more than 35% ammonia) *see* AMMONIA
UN 2672 *see* AMMONIUM HYDROXIDE

UN 2683 (solution) *see* AMMONIUM SULFIDE
UN 2693 (solution) *see* SODIUM BISULFITE
UN 2693 *see* AMMONIUM BISULFITE
UN 2725 *see* NICKEL NITRATE (13138-45-9)
UN 2725 *see* NICKEL NITRATE (14216-75-2)
UN 2727 *see* THALLIUM(I) NITRATE
UN 2728 *see* ZIRCONIUM NITRATE
UN 2729 *see* HEXACHLOROBENZENE
UN 2734 (polyalkylamines, liquid, corrosive, flammable, n.o.s.) *see* sec-BUTYL-AMINE (513-49-5)
UN 2734 (polyalkylamines, liquid, corrsive, flammable, n.o.s.) *see* iso-BUTYL-AMINE
UN 2734 (polyalkylamines, liquid, corrosive, flammable, n.o.s.) *see* sec-BUTYL-AMINE (13952-84-6)
UN 2734 (polyalkylamines, liquid, corrsive, flammable, n.o.s.) *see* tert-BUTYL-AMINE
UN 2740 *see* PROPYL CHLOROFORMATE
UN 2742 (chloroformates, n.o.s.) *see* CHLOROETHYL CHLOROFORMATE
UN 2749 (DOT) *see* TETRAMETHYLSILANE
UN 2757 (carbamate pesticides, solid, toxic) *see* ALDICARB
UN 2757 (carbamate pesticides, solid, toxic) *see* BARBAN
UN 2757 (carbamate pesticides, solid, toxic, n.o.s.) *see* BENDIOCARB
UN 2757 (carbamate pesticides, solid, poisonous) *see* BIS(DIMETHYLTHIOCARBAMOYL) SULFIDE
UN 2757 (carbamate pesticides, solid, poisonous) *see* CARBAMODITHIOIC ACID, DIETHYL-, SODIUM SALT
UN 2757 (carbamate pesticides, solid, poisonous) *see* CARBAMODITHIOIC ACID, DIBUTYL-, SODIUM SALT
UN 2757 (carbamate pesticides, solid, poisonous) *see* CARBAMOTHIOIC ACID, DIPROPYL-, S-PROPYL ESTER
UN 2757 (carbamate pesticides, solid, toxic) *see* CARBARYL
UN 2757 (carbamate pesticides, solid, toxic) *see* CARBOFURAN
UN 2757 (carbamate pesticides, solid, poisonous) *see* CARBOSULFAN
UN 2757 (carbamate pesticides, solid, toxic) *see* CYCLOATE
UN 2757 (carbamate pesticides, solid, toxic) *see* DESMEDIPHAM
UN 2757 (carbamate pesticides, solid, toxic) *see* DIALLATE
UN 2757 (carbamate pesticides, solid, poisonous) *see* DISULFIRAM
UN 2757 (carbamate pesticides, solid, toxic) *see* ETHYL DIPROPYLTHIOCAR-BAMATE
UN 2757 (carbamate pesticide, solid, poisonous) *see* ISOPROPYLMETHYLPYRA-ZOYL DIMETHYLCARBAMATE
UN 2757 (solid) *see* METHIOCARB
UN 2757 (carbamate pesticides, solid, toxic) *see* METHOMYL
UN 2757 (carbamate pesticides, solid, toxic) *see* METIRAM
UN 2757 (carbamate pesticides, solid, toxic, n.o.s.) *see* OXAMYL
UN 2757 (carbamate pesticides, solid, toxic) *see* PEBULATE
UN 2757 (carbamate pesticides, solid, toxic) *see* PHENOL, 3-(1-METHYLE-THYL)-, METHYLCARBAMATE
UN 2757 (carbamate pesticides, solid, toxic) *see* PHYSOSTIGMINE
UN 2757 (carbamate pesticides, solid, toxic) *see* POTASSIUM DIMETHYLDI-THIOCARBAMATE
UN 2757 (carbamate pesticides, solid, toxic) *see* POTASSIUM N-METHYLDITHI-OCARBAMATE
UN 2757 (carbamate pesticides, solid, toxic) *see* PROMECARB
UN 2757 (carbamate pesticides, solid, poisonous) *see* PROPHAM
UN 2757 (carbamate pesticides, solid, toxic) *see* PROPOXUR
UN 2757 (carbamate pesticides, solid, poisonous) *see* SELENIUM, TETRAK-IS(DIMETHYLDITHIOCARBAMATE)
UN 2757 (carbamate pesticides, solid, toxic) *see* SODIUM DIMETHYLDITHIO-CARBAMATE
UN 2757 (carbamate pesticides, solid, poisonous) *see* SULFALLATE
UN 2757 (carbamate pesticides, solid, toxic) *see* THIOBENCARB
UN 2757 *see* THIODICARB
UN 2757 (carbamate pesticides, solid, toxic) *see* THIOPHANATE-METHYL

UN 2757 (carbamate pesticides, solid, toxic) *see* THIOPHANATE ETHYL
UN 2757 (carbamate pesticides, solid, toxic) *see* TRIALLATE
UN 2757 (carbamate pesticides, solid, toxic)CHLOROTRIMETHYLTIN *see* TRIMETHYLTIN CHLORIDE
UN 2757 (carbamate pesticides, solid, toxic) *see* TRIPATE
UN 2757 (carbamate pesticides, solid, poisonous) *see* ZIRAM
UN 2761 (organochlorine pesticide, solid, poisonous) *see* ENDRIN
UN 2761 (organochlorine pesticide, solid, poisonous) *see* ENDRIN ALDEHYDE
UN 2761 (organochlorine pesticide, solid, poisonous) *see* HEPTACHLOR
UN 2761 (organochlorine pesticide, solid, poisonous) *see* LINDANE
UN 2761 (solid) *see* ALDRIN
UN 2761 *see* DDD
UN 2761 *see* DDT
UN 2761 *see* DICHLONE
UN 2761 *see* DIELDRIN
UN 2761 *see* ENDOSULFAN
UN 2761 *see* TOXAPHENE
UN 2762 (liquid) *see* ALDRIN
UN 2765 (phenoxy pesticides, solid, toxic) *see* 2,4-D
UN 2765 (phenoxy pesticides, solid, toxic) *see* 2,4-D 2-ETHYL-4-METHYL PENTYL ESTER
UN 2765 (phenoxy pesticides, solid, toxic) *see* 2,4-D BUTOXYETHYL ESTER
UN 2765 (phenoxy pesticides, solid, toxic) *see* 2,4-D BUTYL ESTER
UN 2765 (phenoxy pesticides, solid, toxic) *see* 2,4-D CHLOROCROTYL ESTER
UN 2765 (phenoxy pesticides, solid, toxic) *see* 2,4-D ESTERS
UN 2765 (phenoxy pesticides, solid, toxic) *see* 2,4-D ETHYLHEXYL ESTER
UN 2765 (phenoxy pesticides, solid, toxic) *see* 2,4-D ISOOCTYL ESTER
UN 2765 (phenoxy pesticides, solid, toxic) *see* 2,4-D ISOPROPYL ESTER
UN 2765 (phenoxy pesticides, solid, toxic) *see* 2,4-D METHYL ESTER
UN 2765 (phenoxy pesticides, solid, toxic) *see* 2,4-D PROPYL ESTERS
UN 2765 (phenoxy pesticides, solid, toxic) *see* 2,4-D PROPYLENE GLYCOL BUTYL ETHER ESTER
UN 2765 (phenoxy pesticides, solid, toxic) *see* 2,4-D sec-BUTYL ESTER
UN 2765 (phenoxy pesticides, solid, toxic) *see* 2,4-D SODIUM SALT
UN 2765 (phenoxy pesticides, solid, toxic) *see* 2,4-DB
UN 2765 (phenoxy pesticides, solid, toxic) *see* 2,4-DP
UN 2765 (phenoxy pesticides, solid, toxic) *see* 2,4,5-T (6369-97-7)
UN 2765 (phenoxy pesticides, solid, toxic) *see* 2,4,5-T ACID
UN 2765 (phenoxy pesticides, solid, toxic) *see* 2,4,5-T AMINES (1319-72-8)
UN 2765 (phenoxy pesticides, solid, toxic) *see* 2,4,5-T AMINES (2008-46-0)
UN 2765 (phenoxy pesticides, solid, toxic) *see* 2,4,5-T AMINES (3813-14-7)
UN 2765 (phenoxy pesticides, solid, toxic) *see* 2,4,5-T AMINES (6369-96-6)
UN 2765 (phenoxy pesticides, solid, toxic) *see* 2,4,5-T ESTERS (1928-47-8)
UN 2765 (phenoxy pesticides, solid, toxic) *see* 2,4,5-T ESTERS (25168-15-4)
UN 2765 (phenoxy pesticides, solid, toxic) *see* 2,4,5-T ESTERS (2545-59-7)
UN 2765 (phenoxy pesticides, solid, toxic) *see* 2,4,5-T ESTERS (61792-07-2)
UN 2765 (phenoxy pesticides, solid, toxic) *see* 2,4,5-T ESTERS (93-79-8)
UN 2765 (phenoxy pesticides, solid, toxic) *see* 2,4,5-T SALTS
UN 2765 (phenoxy pesticide, solid, toxic) *see* 2,4,5-TP ESTERS
UN 2763 (triazine pesticide, solid, toxic, n.o.s.) *see* ANILAZINE
UN 2763 (triazine pesticide, solid, toxic, n.o.s.) *see* ATRAZINE
UN 2763 (triazine pesticides, solid, toxic) *see* CYANAZINE
UN 2765 (phenoxy pesticides, solid, toxic) *see* DICLOFOP METHYL
UN 2765 (phenoxy pesticides, solid, toxic) *see* FLUAZIFOP-BUTYL
UN 2765 (phenoxy pesticides, solid, toxic) *see* MECOPROP
UN 2765 (phenoxy pesticides, solid, toxic) *see* METHOXONE
UN 2763 (triazine pesticides, solid, toxic) *see* METRIBUZIN
UN 2765 (phenoxy pesticides, solid, toxic) *see* OXYFLUOFEN
UN 2763 (triazine pestices. solid, toxic) *see* PROMETHRYN
UN 2765 *see* PROPARGITE
UN 2765 (phenoxy pesticides, solid, toxic) *see* QUIZALOFOP-ETHYL
UN 2765 (phenoxy pesticide, solid, toxic) *see* SILVEX (2,4,5-TP)
UN 2763 (triazine pesticides, solid, toxic) *see* SIMAZINE
UN 2765 (phenoxy pesticides, solid, toxic) *see* TRIADIMEFON

UN 2767 (phenyl urea pesticides, solid, toxic) *see* LINURON
UN 2767 (solid) *see* DIURON
UN 2769 (benzoic derivative pesticides, solid, toxic) *see* CHLORAMBEN
UN 2769 (solid) *see* DICAMBA
UN 2769 (solid) *see* DICHLOBENIL
UN 2770 (liquid) *see* CHLORAMBEN
UN 2771 (dithiocarbamate pesticide, solid, toxic) *see* DISODIUM CYANODITHIOMIDOCARBONATE
UN 2773 (dithiocarbamate pesticides, solid, toxic) *see* THIRAM
UN 2781 (bipyridilium pesticide, solid, poisonous) *see* PARAQUAT DICHLORIDE
UN 2781 (bipyridilium pesticide, solid, poisonous) *see* PARAQUAT METHOSULFATE
UN 2781 (bipyridilium pesticide, solid, poisonous) *see* DIQUAT (85-00-7)
UN 2781 (bipyridilium pesticide, solid, poisonous) *see* DIQUAT (2764-72-9)
UN 2783 (organophosphorus pesticides, solid, toxic) *see* ACEPHATE
UN 2783 *see* AZINPHOS-METHYL
UN 2783 (organophosphate compound, solid) *see* CHLORMEPHOS
UN 2783 *see* CHLORPYRIFOS
UN 2783 *see* COUMAPHOS
UN 2783 (organophosphorus pesticide, solid, toxic) *see* DEMETON
UN 2783 (organophosphorus pesticide, solid, toxic) *see* DEMETON-s-METHYL
UN 2783 (organophosphorus pesticides, solid, toxic) *see* DIALIFOR
UN 2783 *see* DIAZINON
UN 2783 *see* DICHLORVOS
UN 2783 (organophosphorus pesticide, solid, toxic) *see* DIMETHOATE
UN 2783 (organophosphorus pesticides, solid, toxic) *see* DIOXATHION
UN 2783 *see* DISULFOTON
UN 2783 *see* ETHION
UN 2783 (organophosphorus pesticide, solid, poisonous) *see* FAMPHUR
UN 2783 (organophosphorus pesticide, solid, poisonous) *see* FENAMIPHOS
UN 2783 (organophosphorus pesticide, solid, toxic) *see* FONOFOS
UN 2783 (mixture, liquid) *see* HEXAETHYL TETRAPHOSPHATE
UN 2783 (organophosphorus pesticides, solid, toxic) *see* MALATHION
UN 2783 (organophosphorus pesticides, solid, toxic) *see* METHAMIDOPHOS
UN 2783 (dry or solid) *see* METHIDATHION
UN 2783 *see* METHYL PARATHION
UN 2783 (organophosphorus pesticides, solid, toxic) *see* MEVINPHOS
UN 2783 (organophosphorus pesticides, solid, toxic) *see* MONOCROPTOPHOS
UN 2783 (organophosphorus pesticides, solid, toxic) *see* NALED
UN 2783 (organophosphorus pesticides, solid, toxic) *see* O,O-DIETHYL S-METHYL DITHIOPHOSPHATE
UN 2783 (organophosphorus pesticide, solid, toxic) *see* OXYDEMETON METHYL
UN 2783 (organophosphorus pesticide, solid, toxic) *see* OXYDISULFOTON
UN 2783 (organophosphorus pesticides, solid, toxic) *see* PARATHION
UN 2783 (organophosphorus pesticides, solid, toxic) *see* PHORATE
UN 2783 (organophosphorus pesticides, solid, toxic) *see* PHOSACETIM
UN 2783 (organophosphorus pesticides, solid, toxic) *see* PHOSFOLAN
UN 2783 (organophosphorus pesticides, solid, toxic) *see* PHOSMET
UN 2783 (organophosphorus pesticides, solid, toxic) *see* PHOSPHAMIDON
UN 2783 (organophosphorus pesticides, solid, toxic) *see* PIRIMFOS-ETHYL
UN 2783 (organophosphorus pesticides, solid, toxic) *see* PRIMIPHOS METHYL
UN 2783 (organophosphorus pesticides, solid, toxic) *see* PROFENOFOS
UN 2783 (organophosphorus pesticides, solid, toxic) *see* PROTHOATE
UN 2783 (organophosphorus pesticides, solid, toxic) *see* SULPROFOS
UN 2783 (organophosphorus pesticides, solid, toxic) *see* TEMEPHOS
UN 2783 (organophosphorus pesticides, solid, toxic) *see* TEPP
UN 2783 (organophosphorus pesticides, solid, toxic) *see* TERBUFOS
UN 2783 (organophosphorus pesticides, solid, toxic) *see* TRIAZOFOS
UN 2783 *see* TRICHLORFON
UN 2786 (organotin pesticides, solid, toxic) *see* TRIBUTYLTIN FLUORIDE
UN 2786 (organotin pesticides, solid, toxic) *see* TRIBUTYLTIN METHACRYLATE

UN 2786 (organotin pesticides, solid, toxic) *see* TRIPHENYLTIN CHLORIDE
UN 2786 (organotin pesticides, solid, toxic) *see* TRIPHENYLTIN HYDROXIDE
UN 2789 (more than 80% acid) *see* ACETIC ACID
UN 2790 (10-80% acid) *see* ACETIC ACID
UN 2802 *see* CUPRIC CHLORIDE
UN 2805 (fused solid) *see* LITHIUM HYDRIDE
UN 2809 *see* MERCURY
UN 2811 *see* LEAD FLUORIDE
UN 2811 *see* SELENIUM DIOXIDE
UN 2812 (molten) *see* PHENOL
UN 2817 (solution) *see* AMMONIUM BIFLUORIDE
UN 2820 *see* BUTYRIC ACID
UN 2821 (liquid or solution) *see* PHENOL
UN 2831 *see* 1,1,1-TRICHLOROETHANE
UN 2854 *see* AMMONIUM SILICOFLUORIDE
UN 2855 *see* ZINC SILICOFLUORIDE
UN 2859 *see* AMMONIUM VANADATE
UN 2862 *see* VANADIUM PENTOXIDE
UN 2871 (powder) *see* ANTIMONY
UN 2872 *see* 1,2-DIBROMO-3-CHLOROPROPANE
UN 2875 *see* HEXACHLOROPHENE
UN 2876 *see* RESORCINOL
UN 2877 *see* THIOUREA
UN 2879 *see* SELENIUM OXYCHLORIDE
UN 2880 *see* CALCIUM HYPOCHLORITE
UN 2906 (triisocyanatoisocyanurate, 70% solution) *see* ISOPHORONE DIISOCYANATE
UN 2923 (solid) *see* SODIUM HYDROSULFIDE
UN 2931 *see* VANADYL SULFATE
UN 2965 *see* BORON TRIFLUORIDE COMPOUND with METHYL ETHER (1:1)
UN 2968 (stabilized) *see* MANEB
UN 2981 *see* URANYL NITRATE (10102-06-4)
UN 2981 *see* URANYL NITRATE (36478-76-9)
UN 2984 (aqueous solution, with not less than 8% but less than 20% hydrogen peroxide) *see* HYDROGEN PEROXIDE
UN 2991 (liquid, flammable) *see* METHIOCARB
UN 2992 (carbamate pesticides, liquid, poisonous) *see* SULFALLATE
UN 2992 (carbamate pesticides, liquid, poisonous) *see* CARBAMODITHIOIC ACID, DIETHYL-, SODIUM SALT
UN 2992 (carbamate pesticide, liquid, toxic) *see* PHYSOSTIGMINE
UN 2992 (carbamate pesticide, liquid, toxic) *see* POTASSIUM DIMETHYLDITHIOCARBAMATE
UN 2992 (carbamate pesticide, liquid, toxic) *see* POTASSIUM N-METHYLDITHIOCARBAMATE
UN 2992 (carbamate pesticide, liquid, toxic) *see* PROMECARB
UN 2992 (carbamate pesticides, liquid, toxic) *see* METHOMYL
UN 2992 (carbamate pesticides, liquid, toxic, n.o.s.) *see* OXAMYL
UN 2992 (carbamate pesticide, liquid, toxic). *see* PEBULATE
UN 2992 (carbamate pesticides, liquid, toxic) *see* TRIALLATE
UN 2992 (carbamate pesticide, liquid, toxic) *see* THIOBENCARB
UN 2992 (carbamate pesticides, liquid, toxic) *see* TRIPATE
UN 2992 (carbamate pesticides, liquid, toxic) *see* ETHYL DIPROPYLTHIOCARBAMATE
UN 2992 (carbamate pesticides, liquid, toxic) *see* THIOPHANATE-METHYL
UN 2992 (carbamate pesticides, liquid, toxic) *see* SODIUM DIMETHYLDITHIOCARBAMATE
UN 2992 (carbamate pesticide, liquid, toxic) *see* PROPOXUR
UN 2992 (carbamate pesticides, liquid, toxic) *see* THIOPHANATE ETHYL
UN 2992 (carbamate pesticides, liquid, toxic) *see* METIRAM
UN 2992 (carbamate pesticides, liquid, poisonous) *see* ISOPROPYLMETHYLPYRAZOYL DIMETHYLCARBAMATE
UN 2992 (carbamate pesticides, liquid, poisonous) *see* SELENIUM, TETRAKIS(DIMETHYLDITHIOCARBAMATE)

UN 2992 (carbamate pesticides, liquid, toxic) *see* CYCLOATE
UN 2992 (carbamate pesticides, liquid, poisonous) *see* ZIRAM
UN 2992 (carbamate pesticides, liquid, poisonous) *see* CARBAMOTHIOIC ACID, DIPROPYL-, S-PROPYL ESTER
UN 2992 (carbamate pesticides, liquid, poisonous) *see* DISULFIRAM
UN 2992 (carbamate pesticides, liquid, poisonous) *see* BIS(DIMETHYLTHIOCARBAMOYL) SULFIDE
UN 2992 (carbamate pesticides, liquid, poisonous) *see* PROPHAM
UN 2992 (carbamate pesticides, liquid, toxic) *see* ALDICARB
UN 2992 (carbamate pesticides, liquid, poisonous) *see* CARBAMODITHIOIC ACID, DIBUTYL-, SODIUM SALT
UN 2992 (carbamate pesticides, liquid, toxic) *see* DIALLATE
UN 2992 (carbamate pesticides, liquid, toxic) *see* BARBAN
UN 2992 (carbamate pesticides, liquid, toxic) *see* DESMEDIPHAM
UN 2992 (carbamate pesticides, liquid, poisonous) *see* CARBOSULFAN
UN 2992 (carbamate pesticides, liquid, toxic) *see* CARBARYL
UN 2992 (carbamate pesticides, liquid, toxic) *see* CARBOFURAN
UN 2992 (carbamate pesticide, liquid, toxic) *see* PHENOL, 3-(1-METHYLETHYL)-, METHYLCARBAMATE
UN 2992 (carbamate pesticides, liquid, toxic) *see* 2,3,5-TRIMETHYLPHENYL METHYLCARBAMATE
UN 2992 (liquid) *see* METHIOCARB
UN 2996 (organochlorine pesticide, liquid, poisonous) *see* ENDRIN ALDEHYDE
UN 2996 (organochlorine pesticide, liquid, poisonous) *see* ENDRIN
UN 2996 (organochlorine pesticide, liquid, poisonous) *see* HEPTACHLOR
UN 2996 (organochlorine pesticide, liquid, poisonous) *see* LINDANE
UN 2998 (triazine pesticides, liquid, toxic) *see* CYANAZINE
UN 2998 (triazine pesticides, liquid, toxic) *see* METRIBUZIN
UN 2998 (triazine pesticides, liquid, toxic) *see* PROMETHRYN
UN 2998 (triazine pesticides, liquid, toxic) *see* SIMAZINE
UN 2998 *see* TRIAZOFOS
UN 3000 (phenoxy pesticides, liquid, toxic) *see* 2,4-D
UN 3000 (phenoxy pesticides, liquid, toxic) *see* 2,4-D 2-ETHYL-4-METHYL PENTYL ESTER
UN 3000 (phenoxy pesticides, liquid, toxic) *see* 2,4-D BUTOXYETHYL ESTER
UN 3000 (phenoxy pesticides, liquid, toxic) *see* 2,4-D BUTYL ESTER
UN 3000 (phenoxy pesticides, liquid, toxic) *see* 2,4-D ESTERS
UN 3000 (phenoxy pesticides, liquid, toxic) *see* 2,4-D ETHYLHEXYL ESTER
UN 3000 (phenoxy pesticides, liquid, toxic) *see* 2,4-D ISOOCTYL ESTER
UN 3000 (phenoxy pesticides, liquid, toxic) *see* 2,4-D ISOPROPYL ESTER
UN 3000 (phenoxy pesticides, liquid, toxic) *see* 2,4-D METHYL ESTER
UN 3000 (phenoxy pesticides, liquid, toxic) *see* 2,4-D PROPYL ESTERS
UN 3000 (phenoxy pesticides, liquid, toxic) *see* 2,4-D PROPYLENE GLYCOL BUTYL ETHER ESTER
UN 3000 (phenoxy pesticides, liquid, toxic) *see* 2,4-D sec-BUTYL ESTER
UN 3000 (phenoxy pesticides, liquid, toxic) *see* 2,4-D SODIUM SALT
UN 3000 (phenoxy pesticides, liquid, toxic) *see* 2,4-DB
UN 3000 (phenoxy pesticides, liquid, toxic) *see* 2,4-DP
UN 3000 (phenoxy pesticides, liquid, toxic) *see* 2,4,5-T (6369-97-7)
UN 3000 (phenoxy pesticides, liquid, toxic) *see* 2,4,5-T ACID
UN 3000 (phenoxy pesticides, liquid, toxic) *see* 2,4,5-T AMINES (1319-72-8)
UN 3000 (phenoxy pesticides, liquid, toxic) *see* 2,4,5-T AMINES (2008-46-0)
UN 3000 (phenoxy pesticides, liquid, toxic) *see* 2,4,5-T AMINES (3813-14-7)
UN 3000 (phenoxy pesticides, liquid, toxic) *see* 2,4,5-T AMINES (6369-96-6)
UN 3000 (phenoxy pesticides, liquid, toxic) *see* 2,4,5-T ESTERS (1928-47-8)
UN 3000 (phenoxy pesticides, liquid, toxic) *see* 2,4,5-T ESTERS (25168-15-4)
UN 3000 (phenoxy pesticides, liquid, toxic) *see* 2,4,5-T ESTERS (2545-59-7)
UN 3000 (phenoxy pesticides, liquid, toxic) *see* 2,4,5-T ESTERS (61792-07-2)
UN 3000 (phenoxy pesticides, liquid, toxic) *see* 2,4,5-T ESTERS (93-79-8)
UN 3000 (phenoxy pesticides, liquid, toxic) *see* 2,4,5-T SALTS
UN 3000 (phenoxy pesticide, liquid, toxic) *see* 2,4,5-TP ESTERS
UN 3000 (phenoxy pesticides, liquid, toxic) *see* DICLOFOP METHYL
UN 3000 (phenoxy pesticides, liquid, toxic) *see* FLUAZIFOP-BUTYL
UN 3000 (phenoxy pesticides, liquid, toxic) *see* MECOPROP

UN 3000 (phenoxy pesticides, liquid, toxic) *see* METHOXONE
UN 3000 (phenoxy pesticides, liquid, toxic) *see* OXYFLUOFEN
UN 3000 (phenoxy pesticides, liquid, toxic) *see* QUIZALOFOP-ETHYL
UN 3000 (phenoxy pesticide, liquid, toxic) *see* SILVEX (2,4,5-TP)
UN 3000 (phenoxy pesticide, liquid, toxic) *see* TRIADIMEFON
UN 3002 (liquid) *see* DIURON
UN 3002 (phenyl urea pesticide, liquid, toxic) *see* DIURON
UN 3002 (phenyl urea pesticides, liquid, toxic) *see* DIFLUBENZURON
UN 3002 (phenyl urea pesticides, liquid, toxic) *see* LINURON
UN 3004 (liquid) *see* DICHLOBENIL
UN 3004 (liquid) *see* DICAMBA
UN 3006 (dithiocarbamate pesticide, liquid, toxic) *see* DISODIUM CYANODITHIOMIDOCARBONATE
UN 3006 (dithiocarbamate pesticides, liquid, toxic) *see* THIRAM
UN 3013 (substituted nitrophenol pesticides, liquid, toxic, flammable) *see* DINITROBUTYL PHENOL
UN 3016 (bipyridilium pesticides, liquid, toxic) *see* PARAQUAT DICHLORIDE
UN 3016 (bipyridilium pesticides, liquid, toxic) *see* PARAQUAT METHOSULFATE
UN 3016 (bipyridilium pesticide, liquid, poisonous) *see* DIQUAT (85-00-7)
UN 3016 (bipyridilium pesticide, liquid, poisonous) *see* DIQUAT (2764-72-9)
UN 3017 *see* DICROTOPHOS
UN 3018 (organophosphorus pesticides, liquid, toxic) *see* ACEPHATE
UN 3018 (organophorus pesticide, liquid, poisonous) *see* CHLORFENVINFOS
UN 3018 (organophosphorus pesticide, liquid, poisonous) *see* CYANOPHOS
UN 3018 (organophosphorus pesticides, liquid, toxic) *see* DEMETON-s-METHYL
UN 3018 (organophosphorus pesticides, liquid, toxic) *see* DIALIFOR
UN 3018 (organophosphorus pesticides, liquid, toxic) *see* DIMETHOATE
UN 3018 (organophosphorus pesticides, liquid, toxic) *see* DIOXATHION
UN 3018 (organophosphorus pesticides, liquid, toxic) *see* FONOFOS
UN 3018 (organophosphorus pesticides, liquid, toxic) *see* MALATHION
UN 3018 (organophosphorus pesticides, liquid, toxic) *see* METHAMIDOPHOS
UN 3018 (liquid) *see* METHYL PARATHION
UN 3018 (organophosphorus pesticides, liquid, toxic) *see* MEVINPHOS
UN 3018 (organophosphorus pesticides, liquid, toxic) *see* MONOCROPTOPHOS
UN 3018 (organophosphorus pesticides, liquid, toxic) *see* NALED
UN 3018 (organophosphorus pesticides, liquid, toxic) *see* O,O-DIETHYL S-METHYL DITHIOPHOSPHATE
UN 3018 (organophosphorus pesticide, liquid, toxic) *see* OXYDEMETON METHYL
UN 3018 (organophosphorus pesticide, liquid, toxic) *see* OXYDISULFOTON
UN 3018 (organophosphorus pesticides, liquid, toxic) *see* PARATHION
UN 3018 (organophosphorus pesticides, liquid, toxic) *see* PHORATE
UN 3018 (organophosphorus pesticides, liquid, toxic) *see* PHOSACETIM
UN 3018 (organophosphorus pesticides, liquid, toxic) *see* PHOSFOLAN
UN 3018 (organophosphorus pesticides, liquid, toxic) *see* PHOSMET
UN 3018 (organophosphorus pesticides, liquid, toxic) *see* PHOSPHAMIDON
UN 3018 (organophosphorus pesticides, liquid, toxic) *see* PIRIMFOS-ETHYL
UN 3018 (organophosphorus pesticides, liquid, toxic) *see* PRIMIPHOS METHYL
UN 3018 (organophosphorus pesticides, liquid, toxic) *see* PROFENOFOS
UN 3018 (organophosphorus pesticides, liquid, toxic) *see* PROTHOATE
UN 3018 (organophosphorus pesticides, liquid, toxic) *see* SULPROFOS
UN 3018 (organophosphorus pesticides, liquid, toxic) *see* TEMEPHOS
UN 3018 (organophosphorus pesticides, liquid, toxic) *see* TEPP
UN 3018 (organophosphorus pesticides, liquid, toxic) *see* TERBUFOS
UN 3018 (organophosphorus pesticides, liquid, toxic) *see* TRIAZOFOS
UN 3020 (organotin compounds, liquid, n.o.s.) *see* STANNANE, ACETOXYTRIPHENYL-
UN 3020 (organotin pesticides, liquid, toxic) *see* TRIPHENYLTIN HYDROXIDE
UN 3020 (organotin compounds, liquid, n.o.s.) *see* TRIMETHYLTIN
UN 3020 (organotin compounds, liquid, n.o.s.) *see* TETRAETHYLTIN
UN 3020 (organotin pesticides, liquid, toxic) *see* TRIBUTYLTIN FLUORIDE
UN 3020 (organotin pesticides, liquid, toxic) *see* TRIBUTYLTIN METHACRYLATE

UN 3020 (organotin pesticides, liquid, toxic) *see* TRIPHENYLTIN CHLORIDEAI3-28009 TRIPHENYLTIN HYDROXIDE
UN 3022 (stabilized) *see* 1,2-BUTYLENE OXIDE
UN 3026 (coumarin derivative pesticide, liquid, poisonous) *see* WARFARIN SODIUM
UN 3026 (coumarin derivative pesticide, liquid, poisonous) *see* WARFARIN
UN 3027 (coumarin derivative pesticide, solid, poisonous) *see* WARFARIN SODIUM
UN 3027 (coumarin derivative pesticide, solid, poisonous) *see* BROMADIOLONE
UN 3027 (coumarin derivative pesticide, solid, poisonous) *see* WARFARIN
UN 3027 (coumarin derivative pesticide, solid, poisonous) *see* COUMATETRALYL
UN 3048 (pesticide) *see* ALUMINUM PHOSPHIDE
UN 3064 (solution in alcohol, with more than 1% but not more than 5% nitroglycerin) *see* NITROGLYCERIN
UN 3077 *see* LEPTOPHOS
UN 3079 (inhibited) *see* METHACRYLONITRILE
UN 3080 (isocyanate solutions, n.o.s., or isocyanate solutons, toxic, flammable, n.o.s., or isocyanates, n.o.s., isocyanates, toxic, flammable, n.o.s.) *see* TOLUENE-2,4-DIISOCYANATE
UN 3080 *see* ISOCYANIC ACID-3,4-DICHLOROPHENYL ESTER
UN 3080 *see* p-CHLOROPHENOL ISOCYANATE
UN 3144 (nicotine compound, liquid, n.o.s.) *see* N-NITROSONORNICOTINE
UN 3146 (organotin compounds, solid, n.o.s.) *see* TETRAETHYLTIN
UN 3146 (organotin compounds, solid, n.o.s.) *see* STANNANE, ACETOXYTRIPHENYL-
UN 3146 (organotin compounds, solid, n.o.s.) *see* TRIMETHYLTIN CHLORIDE
UN 3155 *see* PENTACHLOROPHENOL
UN 3220 *see* PENTACHLOROETHANE
UN 3276 (nitriles, n.o.s.) *see* BROMOXYNIL OCTANOATE
UN 3276 (nitriles, n.o.s.) *see* BROMOXYNIL
UN 3283 (selenium compound, n.o.s.) *see* SODIUM SELENATE
UN 3283 (selenium compound, n.o.s.) *see* SELENOUREA
UN 3283 (selenium compound, n.o.s.) *see* SELENIUM DIOXIDE
UN 3283 (selenium compound, n.o.s.) *see* SELENIUM SULFIDE
UN 3283 (selenium compound, n.o.s.) *see* SELENIOUS ACID, DITHALLIUM(1+) SALT
UN 3283 (selenium compound, n.o.s.) *see* SELENIOUS ACID
UN 3284 *see* TELLURIUM
UN 3285 (compound, n.o.s.) *see* VANADIUM
UN 3285 *see* VANADYL SULFATEBAS 352 F VINCLOZOLIN
UN 3293 (aqueous solutions, with not more than 37% hydrazine) *see* HYDRAZINE
UN 3294 (solution in alcohol, with not more than 45% hydrogen cyanide) *see* HYDROGEN CYANIDE
UN 9037 *see* HEXACHLOROETHANE
UN 9077 *see* ADIPIC ACID
UN 9078 (solid) *see* ALUMINUM SULFATE
UN 9079 *see* AMMONIA ACETATE
UN 9080 *see* AMMONIUM BENZOATE
UN 9081 *see* AMMONIUM BICARBONATE
UN 9083 *see* AMMONIUM CARBAMATE
UN 9084 *see* AMMONIUM CARBONATE
UN 9085 *see* AMMONIUM CHLORIDE
UN 9086 *see* AMMONIUM BICHROMATE
UN 9086 *see* AMMONIUM CHROMATE
UN 9087 *see* AMMONIUM CITRATE, DIBASIC
UN 9088 *see* AMMONIUM FLUOBORATE
UN 9089 *see* AMMONIUM SULFAMATE
UN 9090 *see* AMMONIUM SULFITE
UN 9091 *see* AMMONIUM TARTRATE (3164-29-2)
UN 9091 *see* AMMONIUM TARTRATE (14307-43-8)
UN 9094 *see* BENZOIC ACID
UN 9095 *see* DIBUTYL PHTHALATE

UN 9096 *see* CALCIUM CHROMATE
UN 9100 *see* CHROMIC SULFATE
UN 9101 *see* CHROMIC ACETATE
UN 9102 *see* CHROMOUS CHLORIDE
UN 9103 *see* COBALTOUS BROMIDE
UN 9104 *see* COBALTOUS FORMATE
UN 9105 *see* COBALTOUS SULFAMATE
UN 9106 *see* CUPRIC ACETATE
UN 9109 *see* CUPRIC SULFATE
UN 9110 *see* CUPRIC SULFATE, AMMONIATED
UN 9111 *see* CUPRIC TARTRATE
UN 9117 *see* ETHYLENEDIAMINE-TETRAACETIC ACID (EDTA)
UN 9118 *see* FERRIC AMMONIUM CITRATE
UN 9119 *see* FERRIC AMMONIUM OXALATE (2944-67-4)
UN 9119 *see* FERRIC AMMONIUM OXALATE (55488-87-4)
UN 9120 *see* FERRIC FLUORIDE
UN 9121 *see* FERRIC SULFATE
UN 9122 *see* FERROUS AMMONIUM SULFATE
UN 9125 *see* FERROUS SULFATE (7720-78-7)
UN 9125 *see* FERROUS SULFATE (7782-63-0)
UN 9126 *see* FUMARIC ACID
UN 9134 *see* LITHIUM CHROMATE
UN 9137 *see* NAPHTHENIC ACID
UN 9138 *see* NICKEL AMMONIUM SULFATE
UN 9139 *see* NICKEL CHLORIDE (see 7718-54-9)
UN 9139 *see* NICKEL CHLORIDE (37211-05-5)
UN 9140 *see* NICKEL HYDROXIDE
UN 9141 *see* NICKEL SULFATE
UN 9142 *see* POTASSIUM CHROMATE
UN 9145 *see* SODIUM CHROMATE
UN 9147 *see* SODIUM PHOSPHATE, DIBASIC (7558-79-4)
UN 9147 *see* SODIUM PHOSPHATE, DIBASIC (10039-32-4)
UN 9147 *see* SODIUM PHOSPHATE, DIBASIC (10140-65-5)
UN 9148 *see* SODIUM PHOSPHATE, TRIBASIC (7601-54-9)
UN 9148 *see* SODIUM PHOSPHATE, TRIBASIC (7758-84-4)
UN 9148 *see* SODIUM PHOSPHATE, TRIBASIC (7758-29-4)
UN 9148 *see* SODIUM PHOSPHATE, TRIBASIC (10101-89-0)
UN 9148 *see* SODIUM PHOSPHATE, TRIBASIC (10124-56-8)
UN 9148 *see* SODIUM PHOSPHATE, TRIBASIC (10361-89-4)
UN 9149 *see* STRONTIUM CHROMATE
UN 9153 *see* ZINC ACETATE
UN 9154 *see* ZINC AMMONIUM CHLORIDE (14639-97-5)
UN 9154 *see* ZINC AMMONIUM CHLORIDE (14639-98-6)
UN 9154 *see* ZINC AMMONIUM CHLORIDE (52628-25-8)BORATO de ZINC (Spanish) ZINC BORATE
UN 9155 *see* ZINC BORATE
UN 9156 *see* ZINC BROMIDE
UN 9157 *see* ZINC CARBONATEBUTTER of ZINC ZINC CHLORIDE
UN 9158 *see* ZINC FORMATE
UN 9158 *see* ZINC FLUORIDE
UN 9160 *see* ZINC PHENOLSULFONATE
UN 9161 *see* ZINC ZULFATE
UN 9162 *see* ZIRCONIUM POTASSIUM FLUORIDE
UN 9163 *see* ZIRCONIUM SULFATE
UN 9180 *see* URANYL ACETATENITRATO de URANILO (Spanish) URANYL NITRATE (10102-06-4)
UN 9191 (hydrate, frozen) *see* CHLORINE DIOXIDE
UN 9192 (refrigerated liquid) *see* FLUORINE
UN 9195 *see* TRIETHANOLAMINE DODECYLBENZENE SULFONATE
UN 9201 *see* ANTIMONY TRIOXIDE
UN 9274 *see* 1,1-DICHLORO-1-FLUOROETHANE
UNADS *see* BIS(DIMETHYLTHIOCARBAMOYL) SULFIDE
UNDEN *see* PROPOXUR
UNICIN *see* TETRACYCLINE HYDROCHLORIDE

UNICO 2,4-D ESTER WEED KILLER *see* 2,4-D BUTYL ESTER
UNICROP DNBP *see* DINITROBUTYL PHENOL
UNICROP MANEB *see* MANEB
UNIDIGIN *see* DIGITOXIN
UNIFLEX DIOCTYL ADIPATE *see* BIS(2-ETHYLHEXYL)ADIPATE
UNIFOS (PESTICIDE) *see* DICHLORVOS
UNIFUME *see* 1,2-DIBROMOETHANE
UNIMOLL BB *see* BUTYL BENZYL PHTHALATE
UNIMOLL DA *see* DIETHYL PHTHALATE
UNIMOLL DM *see* DIMETHYL PHTHALATE
UNIMYCIN *see* TETRACYCLINE HYDROCHLORIDE
UNION BLACK EM *see* C.I. DIRECT BLACK 38
UNION CARBIDE 21149 *see* ALDICARB
UNION CARBIDE 7744 *see* CARBARYL
UNION CARBIDE UC-9880 *see* PROMECARB
UNION CARBIDE UC-21149 *see* ALDICARB
UNION CARBIDE UC 10854 *see* PHENOL, 3-(1-METHYLETHYL)-, METHYLCARBAMATE
UNION CARBIDE UC 20047 *see* BICYCLO(2.2.1)HEPTANE-2-CARBONITRILE, 5-CHLORO-6-((((METHYLAMINO)CARBONYL)OXY)IMINO)-,(1ST-(1-α,2-β,4-.alp ha.,5-α,6e))-
UNIPLEX 110 *see* DIMETHYL PHTHALATE
UNIPLEX 150 *see* DIBUTYL PHTHALATE
UNIPON *see* 2,2-DICHLOROPROPIONIC ACID
UNIROYAL 604 *see* DICHLONE
UNIROYAL D-014 *see* PROPARGITE
UNIROYAL D0 14 *see* PROPARGITE
UNITOX *see* CHLORFENVINFOS
UNITOX *see* DICHLORVOS
UNIVERM *see* CARBON TETRACHLORIDE
UNOCAL 76 RES 6206 *see* VINYL ACETATE
UNOCAL 76 RES S-55 *see* VINYL ACETATE
UPJOHN U-36059 *see* AMITRAZ
URACIL, 5-BROMO-3-sec-BUTYL-6-METHYL *see* BROMACIL
URACIL, 3-tert-BUTYL-5-CHLORO-6-METHY- *see* TERBACIL
URACIL, 3-tert-BUTYL-5-CHLORO-6-METHYL- *see* TERBACIL
URACIL, 5-FLUORO- *see* FLUOROURACIL
URACILLOST *see* URACIL MUSTARD
URACILMOSTAZA *see* URACIL MUSTARD
URAGAN *see* BROMACIL
URAGON *see* BROMACIL
URAMINE T 80 *see* N-METHYLOLACRYLAMIDE
URAMUSTIN *see* URACIL MUSTARD
URAMUSTINE *see* URACIL MUSTARD
URANIUM ACETATE *see* URANYL ACETATE
URANIUM BIS(ACETO-O)DIOXO- *see* URANYL ACETATE
URANIUM BIS(NITRATO-O)DIOXO-, (T-4) *see* URANYL NITRATE (10102-06-4)
URANIUM, BIS(NITRATO-O,O′)DIOXO-,(OC-6-11)- *see* URANYL NITRATE (36478-76-9)A 11032 URETHANE
URANYL NITRATE, SOLID *see* URANYL NITRATE (10102-06-4)
URANIUM OXYACETATE *see* URANYL ACETATE
UREA, 1-(5-tert-BUTYL-1,3,4-THIADIAZOL-2-YL)-1,3-DIMETHYL- *see* TEBUTHIURON
UREA, 2-(5-tert-BUTYL-1,3,4-THIADIAZOL-2-YL)-1,3-DIMETHYL- *see* TEBUTHIURON
UREA, 3-(p-(p-CHLOROPHENOXY)PHENYL)-1,1-DIMETHYL- *see* CHLOROXURON
UREA, N′-(4-(4-CHLOROPHENOXY)PHENYL)-N,N-DIMETHYL- *see* CHLOROXURON
UREA, 3-(p-CHLOROPHENYL)-1,1-DIMETHYL- *see* MONURON
UREA, 1-(p-CHLOROPHENYL)-3-(2,6-DIFLUOROBENZOYL)- *see* DIFLUBENZURON
UREA, N′-(4-CHLOROPHENYL)-N,N-DIMETHYL- *see* MONURON

UREA, 1-((o-CHLOROPHENYL)SULFONYL)-3-(4-METHOXY-6-METHYL-s-TRIAZIN-2-YL)- *see* CHLORSULFURON
UREA, 3-(3,4-DICHLOROPHENYL)-1-METHOXY-1-METHYL- *see* LINURON
UREA, 3-(3,4-DICHLOROPHENYL)-1,1-DIMETHYL- *see* DIURON
UREA, N'-(3,4-DICHLOROPHENYL)-N-METHOXY-N-METHYL- *see* LINURON
UREA, N'-(3,4-DICHLOROPHENYL)-N,N-DIMETHYL- *see* DIURON
UREA, 1,1-DIMETHYL-3-(α,α,α-TRIFLUORO-M-TOLYL)- *see* FLUOMETURON
UREA, N,N-DIMETHYL-N'-(3-(TRIFLUOROMETHYL)PHENYL)- *see* FLUOMETURON
UREA, N-(5-(1,1-DIMETHYLETHYL)-1,3,4-THIADIAZOL-2-YL)-N,N'-DIMETHY L- *see* TEBUTHIURON
UREA, 1-ETHYL-1-NITROSO- *see* N-NITROSO-N-ETHYLUREA
UREA, N-ETHYL-N-NITROSO- *see* N-NITROSO-N-ETHYLUREA
UREA, 1-METHYL-1-NITROSO- *see* N-NITROSO-N-METHYLUREA
UREA, N-METHYL-N-NITROSO- *see* N-NITROSO-N-METHYLUREA
UREA,1-(1-NAPHTHYL)-2-THIO- *see* ANTU
UREA, N-(4-NITROPHENYL)-N'-(3-PYRIDINYLMETHYL)- *see* PYRIMINIL
UREA, SELENO- *see* SELENOUREA
UREA, THIO- *see* THIOUREA
UREA, 2-THIO-1-(THIOCARBAMOYL)- *see* DITHIOBIURET
URETAN ETYLOWY (Polish) *see* URETHANE
URETANO (Spanish) *see* URETHANE
URETHAN *see* URETHANE
URETHANE *see* URETHANEANTIBIOTIC N-329 B VALINOMYCIN
UROX *see* BROMACIL
UROX-HX *see* BROMACIL
UROX B *see* BROMACIL
UROX B WATER SOLUBLE CONCENTRATE WEED KILLER *see* BROMACIL
UROX D *see* DIURON
UROX HX GRANULAR WEED KILLER *see* BROMACIL
URSOL D *see* p-PHENYLENEDIAMINE
URSOL SLA *see* 2,4-DIAMINOSOLE, SULFATE
USAF A-4600 *see* MALONONITRILE
USAF A-8565 *see* FORMALDEHYDE CYANOHYDRIN
USAF A-8798 *see* 3-CHLOROPROPIONITRILE
USAF B-30 *see* THIRAM
USAF B-32 *see* BIS(DIMETHYLTHIOCARBAMOYL) SULFIDE
USAF B-33 *see* DISULFIRAM
USAF B-35 *see* CARBAMODITHIOIC ACID, DIBUTYL-, SODIUM SALT
USAF B-44 *see* DITHIOBIURET
USAF CB-21 *see* THIOACETAMIDE
USAF CB-22 *see* β-NAPHTHYLAMINE
USAF CB-27 *see* RESPIRINE
USAF CY-2 *see* CALCIUM CYANAMIDE
USAF CY-10 *see* 1,4-NAPHTHOQUINONE
USAF D-9 *see* PROPHAM
USAF DO-41 *see* TRIS(2,3-DIBROMOPROPYL) PHOSPHATE
USAF EK-218 *see* QUINOLINE
USAF EK-356 *see* HYDROQUINONE
USAF EK-394 *see* p-PHENYLENEDIAMINE
USAF EK-488 *see* ACETONITRILE
USAF EK-4890 *see* 1-ACETYL-2-THIOUREA
USAF EK-496 *see* ACETOPHENONE
USAF EK-497 *see* THIOUREA
USAF EK-678 *see* 1,2-PHENYLENEDIAMINE DIHYDROCHLORIDE
USAF EK-1275 *see* THIOSEMICARBAZIDE
USAF EK-1375 *see* 4-AMINOAZOBENZENE
USAF EK-1569 *see* PHENYLTHIOUREA
USAF EK-1719 *see* THIOACETAMIDE
USAF EK-2089 *see* THIRAM
USAF EK-2219 *see* 2-PHENYLPHENOL
USAF EK-2596 *see* CARBAMODITHIOIC ACID, DIETHYL-, SODIUM SALT

USAF EK-6454 *see* METHYLTHIOURACIL
USAF EK-7372 *see* THIOCARBAZIDE
USAF EK-P-583 *see* FUMARIC ACID
USAF EK-P-5976 *see* ANTU
USAF EK-P-6255 *see* BIS(DIMETHYLTHIOCARBAMOYL) SULFIDE
USAF EK-P-6281 *see* DITHIOBIURET
USAF EL-62 *see* ETHYLENE THIOUREA
USAF GY-3 *see* 2-MERCAPTOBENZOTHIAZOLE
USAF KF-19 *see* MALONONITRILE
USAF KF-21 *see* BENZYL CYANIDE
USAF MA-4 *see* BENZENEAMINE, 3-(TRIFLUOROMETHYL)-
USAF P-2 *see* ZIRAM
USAF P-5 *see* THIRAM
USAF P-7 *see* DIURON
USAF P-220 *see* QUINONE
USAF RH-8 *see* 2-METHYLLACTONITRILE
USAF ST-40 *see* METHACRYLONITRILE
USAF UCTL-1856 *see* PROPIOPHENONE, 4'-AMINO-
USAF XR-19 *see* BENZENETHIOL
USAF XR-22 *see* AMITROLE
USAF XR-29 *see* 2-MERCAPTOBENZOTHIAZOLE
USAF XR-41 *see* MONURON
USAF XR-42 *see* DIURON
USR 604 *see* DICHLONE
U.S. RUBBER D-014 *see* PROPARGITE
U.S.RUBBER 604 *see* DICHLONE
UVEX PRIMER 910S *see* ISOBUTYL ALCOHOL
UVON *see* PROMETHRYN
V-C 9-104 *see* ETHOPROP
V-C CHEMICAL V-C 9-104 *see* ETHOPROP
V.C.S. *see* LEPTOPHOS
V 4X *see* CARBOXIN
V 9 *see* SILVER
VAC *see* VINYL ACETATE
VACATE *see* METHOXONE
VACOR *see* PYRIMINIL
VAGESTROL *see* DIETHYLSTILBESTROL
VALAMINE *see* iso-BUTYLAMINE
VALCATARD *see* N-NITRSOPHENYLAMINE
VALENTINITE *see* ANTIMONY TRIOXIDE
VALI FAST RED 1308 *see* C.I. BASIC RED 1
VALINE ALDEHYDE *see* ISOBUTYRALDEHYDE
dl-VALINE,N-(2-CHLORO-4-(TRIFLUOROMETHYL)PHENYL)-CYANO(3-PHE-NOXYLPHENYL)MET HYL ESTER *see* FLUVALINATE
VALINOMICIN *see* VALINOMYCIN
VAM *see* VINYL ACETATE
VAMPIRINIP *see* WARFARIN
VANADATE (VO31-), AMMONIUM *see* AMMONIUM VANADATE
VANADATO AMONICO (Spanish) *see* AMMONIUM VANADATE
VANADIC ACID, AMMONIUM SALT *see* AMMONIUM VANADATE
VANADIC ACID ANHYDRIDE *see* VANADIUM PENTOXIDE
VANADIC ANHYDRIDE *see* VANADIUM PENTOXIDE
VANADIO (Spanish) *see* VANADIUM
VANADIO PENTOSSIDO di (Italian) *see* VANADIUM PENTOXIDE
VANADIUM-51 *see* VANADIUM
VANADIUM, ELEMENTAL *see* VANADIUM
VANADIUM OXIDE *see* VANADIUM PENTOXIDE
VANADIUM(5+) OXIDE *see* VANADIUM PENTOXIDE
VANADIUM(V) OXIDE *see* VANADIUM PENTOXIDE
VANADIUM, OXYSULFATO (2-)- O- *see* VANADYL SULFATE
VANADIUMPENTOXID (German) *see* VANADIUM PENTOXIDE
VANADIUM PENTOXIDE *see* VANADIUM PENTOXIDE
VANADIUM, PENTOXYDE de (French) *see* VANADIUM PENTOXIDE
VANADIUMPENTOXYDE (Dutch) *see* VANADIUM PENTOXIDE

VANALATE see CARBAMOTHIOIC ACID, DIPROPYL-, S-PROPYL ESTER
VANCIDA TM-95 see THIRAM
VANCIDE 89 see CAPTAN
VANCIDE 89RE see CAPTAN
VANCIDE FE95 see FERBAM
VANCIDE KS see TRIPHENYLTIN HYDROXIDE
VANCIDE MANEB 80 see MANEB
VANCIDE MZ-96 see ZIRAM
VANCIDE P-75 see CAPTAN
VANCIDE see MANEB
VANCIDE TM see THIRAM
VANDALEX 124 see ISOBUTYL ALCOHOL
VANDALEX 20 see ISOBUTYL ALCOHOL
VANGARD K see CAPTAN
VANICIDE see CAPTAN
VANOXIDE-HC LOTION see BENZOYL PEROXIDE
VAPAM see METHAM SODIUM
VAPONA see DICHLORVOS
VAPONA INSECTICIDE see DICHLORVOS
VAPONEFRIN see EPINEPHRINE
VAPONITE see DICHLORVOS
VAPOPHOS see PARATHION
VAPOTONE see TEPP
VAPOX ETCH see AMMONIUM FLUORIDE
VARBEX see FAMPHUR
VARFINE see WARFARIN SODIUM
VARIOFORM I see AMMONIUM NITRATE (SOLUTION)
VASOCONSTRICTINE see EPINEPHRINE
VASOCONSTRICTOR see EPINEPHRINE
VASODRINE see EPINEPHRINE
VASOGLYN see NITROGLYCERIN
VASOPERIF see CARBACHOL CHLORIDE
VASOTON see EPINEPHRINE
VASOTONIN see EPINEPHRINE
VASSGRO MANEX see MANEB
VAT GOLDEN YELLOW ZhKhD see C.I. VAT YELLOW 4
VAT GOLDEN YELLOW ZhKh see C.I. VAT YELLOW 4
VC see VINYL CHLORIDE
VCL see VINYL CHLORIDE
VCM see VINYL CHLORIDE
VCN see ACRYLONITRILE
VCS-506 see LEPTOPHOS
VDC see VINYLIDENE CHLORIDE
VDF see VINYLIDENE FLUORIDE
VDM see METHAM SODIUM
VECTAL SC see ATRAZINE
VECTAL see ATRAZINE
VEGABEN see CHLORAMBEN
VEGADEX see SULFALLATE
VEGADEX SUPER see SULFALLATE
VEGANINE see PHENACETIN
VEGFRU see PHORATE
VEGFRU (Indian) see MALATHION
VEGFRU FOSMITE see ETHION
VEGIBEN see CHLORAMBEN
VEL 4284 see FORMOTHION
VELPAR see HEXAZINONE
VELPAR WEED KILLER see HEXAZINONE
VELSICOL 58-CS-11 see DICAMBA
VELSICOL 104 see HEPTACHLOR
VELSICOL 506 see LEPTOPHOS
VELSICOL 1068 UN 2762 see CHLORDANE
VELSICOL COMPOUND R see DICAMBA
VELSICOL VCS 506 see LEPTOPHOS

VENDEX see FENBUTATIN OXIDE
VENTOX see ACRYLONITRILE
VENTUROL see DODINE
VENTUROL VONODINE see CHINOMETHIONAT
VEON 245 see 2,4,5-T ACID
VEON see 2,4,5-T ACID
VERAZINC see ZINC ZULFATE
VERCIDON see DITHIAZANINE IODIDE
VERDICAN see DICHLORVOS
VERDIPOR see DICHLORVOS
VERDONE see MECOPROP
VERGEMASTER see 2,4-D
VERGFRU FORATOX see PHORATE
VERMICIDE BAYER 2349 see TRICHLORFON
VERMITHANA see DICHLOROPHENE
VERMOESTRICID see CARBON TETRACHLORIDE
VERNAM see CARBAMOTHIOIC ACID, DIPROPYL-, S-PROPYL ESTER
VERNOLATE see CARBAMOTHIOIC ACID, DIPROPYL-, S-PROPYL ESTER
VERONA BASIC GREEN M see C.I. ACID GREEN 4
VERSAL 150 see ALUMINUM OXIDE
VERSENE ACID see ETHYLENEDIAMINE-TETRAACETIC ACID (EDTA)
VERSENE NTA ACID see NITRILOTRIACETIC ACID
VERSENE see ETHYLENEDIAMINE-TETRAACETIC ACID (EDTA)
VERSNELLER NL 63/10 see N,N-DIMETHYLANILINE
VERTAC see PROPANIL
VERTAC 90% see TOXAPHENE
VERTAC DINITRO WEED KILLER see DINITROBUTYL PHENOL
VERTAC GENERAL WEED KILLER see DINITROBUTYL PHENOL
VERTAC METHYL PARATHION TECHNISCH 80% see METHYL PARATHION
VERTAC SELECTIVE WEED KILLER see DINITROBUTYL PHENOL
VERTAC TOXAPHENE 90 see TOXAPHENE
VERTON see 2,4-D
VERTON D see 2,4-D
VERTON 2D see 2,4-D
VERTON 2D see 2,4-D PROPYLENE GLYCOL BUTYL ETHER ESTER
VERTON 4D see 2,4-D PROPYLENE GLYCOL BUTYL ETHER ESTER
VERTON 2T see 2,4,5-T ACID
VERTRON 2D see 2,4-D
VESAKONTUHO see METHOXONE
VESTINOL AH see DI(2-ETHYLHEXYL)PHTHALATE
VESTINOL OA see BIS(2-ETHYLHEXYL)ADIPATE
VESTROL see TRICHLOROETHYLENE
VETAG see DIETHYLSTILBESTROL
VETBUTAL see PENTOBARBITOL SODIUM
VETIOL see MALATHION
VETQUAMYCIN-324 see TETRACYCLINE HYDROCHLORIDE
VI-PAR see MECOPROP
VI-PEX see MECOPROP
VI-CAD see CADMIUM CHLORIDE
VIC-m-XYLENOL see 2,6-DIMETHYLPHENOL
VICTORIA GREEN B see C.I. ACID GREEN 4
VICTORIA GREEN(BASIC DYE) see C.I. ACID GREEN 4
VICTORIA GREEN S see C.I. ACID GREEN 4
VICTORIA GREEN WB see C.I. ACID GREEN 4
VICTORIA GREEN WPS see C.I. ACID GREEN 4
VIDEN see PHENACETIN
VIDDEN D see DICHLOROPROPANE-DICHLOROPROPENE MIXTURE
VIDON 638 see 2,4-D
VIENNA GREEN see CUPRIC ACETOARSENITE
VIGANTOL see ERGOCALCIFEROL
VIKANE FUMIGANT see SULFURYL FLUORIDE
VIKANE see SULFURYL FLUORIDE
VIKOL AF-25 see BIS(TRIBUTYLTIN)OXIDE

VIKOL LO-25 see BIS(TRIBUTYLTIN)OXIDE
VILLIAUMITE see SODIUM FLUORIDE
VINADINE see PHENOXARSINE, 10,10′-OXYDI-
VINAMAR see VINYL ETHYL ETHER
VINCHLOZOLINE see VINCLOZOLIN
VINCLOZOLINE see VINCLOZOLIN
VINEGAR ACID see ACETIC ACID
VINEGAR NAPHTHA see ETHYL ACETATE
VINESTHENE see VINYL ETHYL ETHER
VINESTHESIN see VINYL ETHYL ETHER
VINETHEN see VINYL ETHYL ETHER
VINETHENE see VINYL ETHYL ETHER
VINETHER see VINYL ETHYL ETHER
VINICIZER 80 see DI(2-ETHYLHEXYL)PHTHALATE
VINICIZER-85 see DI-n-OCTYLPHTHALATE
VINICOLL see FOLPET
VINIDYL see VINYL ETHYL ETHER
VINILACETILENO (Spanish) see VINYL ACETYLENE
VINIL ETIL ETER (Spanish) see VINYL ETHYL ETHER
VINIL METIL ETER (Spanish) see VINYL METHYL ETHER
VINILE (ACETATO di) (Italian) see VINYL ACETATE
VINILE (BROMURO di) (Italian see VINYL BROMIDE
VINILE (CLORURO di) (Italian) see VINYL CHLORIDE
VINNAPAS A 50 see VINYL ACETATE
VINYDAN see VINYL ETHYL ETHER
VINYLACETAAT (Dutch) see VINYL ACETATE
VINYLACETAT (German) see VINYL ACETATE
VINYL ACETATE H.Q. see VINYL ACETATE
VINYL ACETATE MONOMER see VINYL ACETATE
VINYL AMIDE see ACRYLAMIDE
VINYLAMINE, N-METHYL-N-NITROSO- see N-NITRSOMETHYLVINYLAMINE
VINYL A MONOMER see VINYL ACETATE
VINYLBENZEN (Czech) see STYRENE
VINYLBENZENE see STYRENE
VINYLBENZOL see STYRENE
VINYLBROMID (German) see VINYL BROMIDE
VINYL CARBINOL see ALLYL ALCOHOL
VINYL CARBINOL,2-PROPENOL see ALLYL ALCOHOL
VINYLCHLORID (German) see VINYL CHLORIDE
VINYL CHLORIDE MONOMER see VINYL CHLORIDE
VINYL-2-CHLOROETHYL ETHER see 2-CHLOROETHYL VINYL ETHER
VINYL-β-CHLOROETHYL ETHER see 2-CHLOROETHYL VINYL ETHER
VINYL C MONOMER see VINYL CHLORIDE
VINYL CYANIDE, PROPENENITRILE see ACRYLONITRILE
VINYL CYANIDE see ACRYLONITRILE
VINYLE (ACETATE de) (French) see VINYL ACETATE
VINYLE (BROMURE de) (French) see VINYL BROMIDE
VINYLE (CHLORURE de) (French) see VINYL CHLORIDE
VINYL ETHANOATE see VINYL ACETATE
VINYLETHYLENE see 1,3-BUTADIENE
VINYL FLUORIDE MONOMER see VINYL FLUORIDE
VINYLFORMIC ACID see ACRYLIC ACID
VINYLIDENE CHLORIDE(II) see VINYLIDENE CHLORIDE
VINYLIDENE CHLORIDE see ETHYLIDENE DICHLORIDE
VINYLIDENE DICHLORIDE see VINYLIDENE CHLORIDE
VINYLIDENE DIFLUORIDE see VINYLIDENE FLUORIDE
VINYLIDINE CHLORIDE(II) see VINYLIDENE CHLORIDE
VINYL METHYL KETONE see METHYL VINYL KETONE
VINYLOFOS see DICHLORVOS
VINYLOPHOS see DICHLORVOS
VINYLPHARE see CHLORFENVINFOS
VINYLPHATE see CHLORFENVINFOS
5-VINYL-2-PICOLINE see PYRIDINE, 2-METHYL-5-VINYL

VINYL TRICHLORIDE see 1,1,2-TRICHLOROETHANE
VINYZENE see PHENOXARSINE. 10,10′-OXYDI-
VINYZENE (PESTICIDE) see PHENOXARSINE. 10,10′-OXYDI-
VINYZENE bp 5-2 see PHENOXARSINE. 10,10′-OXYDI-
VINYZENE bp 5 see PHENOXARSINE. 10,10′-OXYDI-
VINYZENE SB 1 see PHENOXARSINE. 10,10′-OXYDI-
VIOLET 3 see XYLENE (MIXED ISOMERS)
VIOLOGEN, METHYL- see PARAQUAT DICHLORIDE
VIOSTEROL see ERGOCALCIFEROL
VIOXAN see CARBARYL
VIPEX see MECOPROP
VIRGINIA-CAROLINA VC 9-104 see ETHOPROP
VIROSIN see ANTIMYCIN
VISKO-RHAP see 2,4-D
VISKO-RHAP see 2,4-DP
VISKO-RHAP LOW DRIFT HERBICIDES see 2,4-D
VISKO-RHAP LOW VOLATILE 4L see 2,4-D
VISKO RHAP LOW VOLATILE ESTER see 2,4,5-T ACID
VISKO see 2,4-D
VITAFLO see CARBOXIN
VITAMIN D2 see ERGOCALCIFEROL
VITAVAX see CARBOXIN
VITAVAX 75 PM see CARBOXIN
VITAVAX 75W see CARBOXIN
VITAVAX 100 see CARBOXIN
VITAVAX 735D see CARBOXIN
VITAVEL-D see ERGOCALCIFEROL
VITAX MICRO GRAN see FERRIC SULFATE
VITAX TURF TONIC see FERRIC SULFATE
VITO SPOT FUNGICIDE see TRIPHENYLTIN HYDROXIDE
VITON see LINDANE
VITRAN see TRICHLOROETHYLENE
VITREX see PARATHION
VITRIOL BROWN OIL see SULFURIC ACID
VITRIOL, OIL OF- see SULFURIC ACID
VLORURO de 1(3-CLOROALI)-3,5,7-TRIAZA-AZONIAADAMANTANO (Spanish) see 1-(3-CHLORALLYL)-3,5,7-TRIAZA-1-AZONIAADAMANTANE CHLORIDE
VMI 10-3 see 4-AMINOPYRIDINE
VOLFARTOL see TRICHLORFON
VOLUNTEERED see 2,2-DICHLOROPROPIONIC ACID
VONDACEL BLACK N see C.I. DIRECT BLACK 38
VONDACEL BLUE 2B see C.I. DIRECT BLUE 6
VONDACID GREEN L see C.I. ACID GREEN 3
VONDALDHYDE see MALEIC HYDRAZIDE
VONDAMOL FAST RED RS see C.I. ACID RED 114
VONDCAPTAN see CAPTAN
VONDODINE see DODINE
VONDRAX see MALEIC HYDRAZIDE
VONDURON see DIURON
VONTERYL YELLOW G see C.I. DISPERSE YELLOW 3
VORANATE T-80 see TOLUENE-2,4-DIISOCYANATE
VORANATE T-80, TYPE I see TOLUENE-2,4-DIISOCYANATE
VORANATE T-80, TYPE II see TOLUENE-2,4-DIISOCYANATE
VORLEX 201 see METHYL ISOTHIOCYANATE
VORLEX see METHYL ISOTHIOCYANATE
VORONIT see FUBERDIAZOLE
VORONITE see FUBERDIAZOLE
VOROX AS see AMITROLE
VOROX see AMITROLE
VORTEX see METHYL ISOTHIOCYANATE
VOTEXIT see TRICHLORFON
VP 19-40 see STANNANE, ACETOXYTRIPHENYL-
VPM (fungicide) see METHAM SODIUM

VUAGT-1-4 see THIRAM
VULCACURE see CARBAMODITHIOIC ACID, DIBUTYL-, SODIUM SALT
VULCAFOR TMTD see THIRAM
VULCALENT A see N-NITRSOPHENYLAMINE
VULCAN see BROMOXYNIL OCTANOATE
VULCATARD A see N-NITRSOPHENYLAMINE
VULKACIT M see 2-MERCAPTOBENZOTHIAZOLE
VULKACIT MERCAPTO see 2-MERCAPTOBENZOTHIAZOLE
VULKACIT MERCAPTO/C see 2-MERCAPTOBENZOTHIAZOLE
VULKACIT MTIC see THIRAM
VULKACIT NPV/C2 see ETHYLENE THIOUREA
VULKACIT THIURAM see THIRAM
VULKACIT THIURAM/C see THIRAM
VULKACIT THIURAM MS/CUN see BIS(DIMETHYLTHIOCARBAMOYL) SULFIDE
VULKALENT A (Czech) see N-NITRSOPHENYLAMINE
VULKALENT B/C see PHTHALIC ANHYDRIDE
VULKANOX 4020 see p-PHENYLENEDIAMINE
VULNOPOL NM see SODIUM DIMETHYLDITHIOCARBAMATE
VULTROL see N-NITRSOPHENYLAMINE
VUN 3018 (organophosphorus pesticide, liquid, toxic) see DEMETON
VWR GLASS CLEANER see ISOBUTYL ALCOHOL
VX see PHOSPHONOTHIOIC ACID, METHYL-, S(2-(BIS(1-METHYLETHYL)AMINOETHYL) o-ETHYL ESTER
VyAc see VINYL ACETATE
VYDATE 10G see OXAMYL
VYDATE INSECTICIDE/NEMATICIDE see OXAMYL
VYDATE L see OXAMYL
VYDATE OXAMYL INSECTICIDE/NEMATOCIDE see OXAMYL
VYDATE see OXAMYL
W 491 see CRIMIDINE
W 524 see TRIFORINE
W 6658 see SIMAZINE
W VII/117 see FUBERDIAZOLE
WACKER 14/10 see DIMEFOX
WANADU PIECIOTLENEK (Polish) see VANADIUM PENTOXIDE
WARAN see WARFARIN SODIUM
WARBEX see FAMPHUR
WARCOUMIN see WARFARIN SODIUM
WARECURE C see ETHYLENE THIOUREA
WARF COMPOUND see WARFARIN
WARFARINE (French) see WARFARIN
WARFILONE see WARFARIN SODIUMBENZENE, 1,3-DIMETHYL- m-XYLENE
WARKEELATE ACID see ETHYLENEDIAMINE-TETRAACETIC ACID (EDTA)
WARRIOR see LINURON
WASH OIL see CREOSOTE
WASSERSTOSSPEROXIDE (German) see HYDROGEN PEROXIDE
WATERSTOFPEROXYDE (Dutch) see HYDROGEN PEROXIDE
WAX-UP (FORMULATION) see PEDIMETHALIN
WAXAKOL ORANGE GL see C.I. SOLVENT YELLOW 14
WAXAKOL VERMILLION L see C.I. SOLVENT ORANGE 7
WAXAKOL YELLOW NL see C.I. SOLVENT YELLOW 3
WAXIVATION COMPOUND see ACETONE
WAXOLINE YELLOW ADS see 4-DIMETHYLAMINOAZOBENZENE
WAXOLINE YELLOW I see C.I. SOLVENT YELLOW 14
WAXOLINE YELLOW IM see C.I. SOLVENT YELLOW 14
WAXOLINE YELLOW IP see C.I. SOLVENT YELLOW 14
WAXOLINE YELLOW IS see C.I. SOLVENT YELLOW 14
WAXOLINE YELLOW O see C.I. SOLVENT YELLOW 34
WAYCOAT 28(−) see ETHYLBENZENE
WAYCOAT 43(−) see ETHYLBENZENE
WAYCOAT 59(−) see ETHYLBENZENE
WAYCOAT 204(−) see ETHYLBENZENE

WAYCOAT 204 (+) *see* BUTYL ACETATE
WAYCOAT 207(+) *see* ETHYLBENZENE
WAYCOAT DEVELOPER(−) *see* ETHYLBENZENE
WAYCOAT HNR 80(−) *see* ETHYLBENZENE
WAYCOAT HNR 120(−) *see* ETHYLBENZENE
WAYCOAT HPR 205 *see* ETHYLBENZENE
WAYCOAT HPR 205/207 (+) *see* BUTYL ACETATE
WAYCOAT HR 200(−) *see* ETHYLBENZENE
WAYCOAT RX 507(+) *see* ETHYLBENZENE
WAYCOAT RX 507 (+) *see* BUTYL ACETATE
WAYCOAT SC100(−) *see* ETHYLBENZENE
WAYCOAT SC100 CP(+) *see* ETHYLBENZENE
WAYCOAT SC180(−) *see* ETHYLBENZENE
WC-REINIGER *see* PHOSPHORIC ACID
WCD 10BL CORROSION INHIBITOR *see* HYDROGEN PEROXIDE
WEC 50 *see* TRICHLORFON
WECKAMINE *see* AMPHETAMINE
WEDER *see* BROMOXYNIL OCTANOATE
WEED-AG-BAR *see* 2,4-D
WEEDAR *see* 2,4-D
WEEDAR *see* 2,4,5-T ACID
WEEDAR *see* METHOXONE
WEEDAR-64 *see* 2,4-D
WEEDAR ADS *see* AMITROLE
WEEDAR AT *see* AMITROLE
WEEDAR MCPA CONCENTRATE *see* METHOXONE
WEEDAZIN ARGINIT *see* AMITROLE
WEEDAZIN *see* AMITROLE
WEEDAZOL GP2 *see* AMITROLE
WEEDAZOL *see* AMITROLE
WEEDAZOL SUPER *see* AMITROLE
WEEDAZOL T *see* AMITROLE
WEEDAZOL TL *see* AMITROLE
WEEDBEADS *see* SODIUM PENTACHLOROPHENATE
WEED-B-GON *see* 2,4-D
WEED-B-GONE *see* SILVEX (2,4,5-TP)
WEED-B-GON *see* 2,4,5-TP ESTERS
WEEDEX A *see* ATRAZINE
WEEDEX GRANULAT *see* AMITROLE
WEEDEX *see* ATRAZINE
WEEDEX *see* SIMAZINE
WEEDEZ WONDER BAR *see* 2,4-D
WEEDOCLOR *see* AMITROLE
WEEDOL (ICI) *see* DIQUAT (85-00-7)
WEEDOL *see* PARAQUAT DICHLORIDE
WEEDONE *see* 2,4-D
WEEDONE *see* 2,4,5-T ACID
WEEDONE *see* PENTACHLOROPHENOL
WEEDONE 100 EMULSIFIABLE *see* 2,4-D BUTOXYETHYL ESTER
WEEDONE 128 *see* 2,4-D ISOPROPYL ESTER
WEEDONE 170 *see* 2,4-DP
WEEDONE 636 *see* 2,4-D BUTOXYETHYL ESTER
WEEDONE 638 *see* 2,4-D BUTOXYETHYL ESTER
WEEDONE AERO-CONCENTRATE E *see* 2,4-D BUTYL ESTER
WEEDONE AERO CONCENTRATE *see* 2,4-D BUTYL ESTER
WEEDONE AERO CONCENTRATE 96 *see* 2,4-D BUTYL ESTER
WEEDONE DP *see* 2,4-DP
WEEDONE GARDEN WEEDER *see* CHLORAMBEN
WEEDONE LV-6 *see* 2,4-D BUTYL ESTER
WEEDONE LV-6 *see* 2,4-D BUTOXYETHYL ESTER
WEEDONE LV 4 *see* 2,4-D BUTOXYETHYL ESTER
WEEDONE LV4 *see* 2,4-D
WEEDONE LV4 *see* 2,4-D BUTYL ESTER
WEEDONE MCPA ESTER *see* METHOXONE

WEED-RHAP see 2,4-D
WEED-RHAP B-4D see 2,4-D BUTYL ESTER
WEED-RHAP B-2.67D see 2,4-D BUTYL ESTER
WEED-RHAP B-6D see 2,4-D BUTYL ESTER
WEED-RHAP LV-4D see 2,4-D BUTYL ESTER
WEED-RHAP LV-4D see 2,4-D BUTOXYETHYL ESTER
WEED DRENCH see ALLYL ALCOHOL
WEED RHAP see METHOXONE
WEEDTRINE-D see DIQUAT (85-00-7)
WEEDTROL see 2,4-D
WEED TOX see 2,4-D
WEEVILTOX see CARBON DISULFIDE
WEGLA DWUSIARCZEK (Polish) see CARBON DISULFIDE
WEISS PHOSPHOR (German) see PHOSPHORUS
WEISSPIESSGLANZ see ANTIMONY TRIOXIDE
WELDING GAS see ACETYLENE
WELD-ON P-70 PRIMER see DIMETHYLFORMAMIDE
WEPSIN see TRIAMIPHOS
WEPSYN 155 see TRIAMIPHOS
WEPSYN see TRIAMIPHOS
WESLEY TECHNICAL TRIPHENYLTIN HYDROXIDE see TRIPHENYLTIN HYDROXIDE
WESPURIL see DICHLOROPHENE
WESTRON see 1,1,2,2,-TETRACHLOROETHANE
WESTROSOL see TRICHLOROETHYLENE
WET K-ETCH see ACETIC ACID
WET K-ETCH see AMMONIUM FLUORIDE
WET K-ETCH see NITRIC ACID
WFNA see NITRIC ACID
WHIRLWIND GLASS CLEANER see ISOBUTYL ALCOHOL
WHITE ANTIMONY see ANTIMONY TRIOXIDE
WHITE ARSENIC see ARSENIC TRIOXIDE
WHITE CAUSTIC see SODIUM HYDROXIDE
WHITE CAUSTIC, SOLUTION see SODIUM HYDROXIDE
WHITE COPPERAS see ZINC ZULFATE
WHITE FUMING NITRIC ACID see NITRIC ACID
WHITE LEAD see LEAD SULFATE (7446-14-2)
WHITE PHOSPHORUS see PHOSPHORUS
WHITE TAR see NAPHTHALENE
WHITE VITRIOL see ZINC ZULFATE
WICKENOL 158 see BIS(2-ETHYLHEXYL)ADIPATE
WIGRAINE see PHENACETIN
WILPO see BENZENEETHANAMINE, α,α-DIMETHY-
WING STOP B see SODIUM DIMETHYLDITHIOCARBAMATE
WINTERWASH see 4,6-DINITRO-o-CRESOL
WINYLOPHOS see DICHLORVOS
WINYLU CHLORED (Polish) see VINYL CHLORIDE
WIRKSTOFF 37289 see TRICHLORONATE
WITAMOL 320 see BIS(2-ETHYLHEXYL)ADIPATE
WITCIZER 300 see DIBUTYL PHTHALATE
WITCIZER 312 see DI(2-ETHYLHEXYL)PHTHALATE
WITCO/ARGUS AMMONIUM THIOCYANATE see AMMONIUM THIOCYANATE
WITICIZER 412 see BIS(2-ETHYLHEXYL)ADIPATE
WL 1650 see ISOBENZAN
WL 18236 see METHOMYL
WL 19805 see CYANAZINE
WL 43775 see FENVALERATE
WN 12 see METHYL ISOTHIOCYANATE
WOFATOX 50 EC see METHYL PARATHION
WONUK see ATRAZINE
WOOD ALCOHOL see METHANOL
WOOD ETHER see METHYL ETHER
WOOD NAPHTHA see METHANOL

WOOD SPIRIT see METHANOL
WOODTREAT A see PENTACHLOROPHENOL
WOTEXIT see TRICHLORFON
WP 155 see TRIAMIPHOS
WQ9000000 see MUSTARD GAS
WRIGHT ETCH see ACETIC ACID
WRIGHT ETCH see HYDROGEN FLUORIDE
WRS 200S SOLUTION see ISOBUTYL ALCOHOL
X-ALL, liquid see AMITROLE
XANTHOCHROME (+) see BUTYL ACETATE
XANTHYLIUM, 9-(2-CARBOXYPHENYL)-3,6-BIS(DIETHYLAMINO)-,CHLO-
  RIDE see C.I. FOOD RED 15
XANTHYLIUM,9-(2-(ETHOXYCARBONYL)PHENYL)-3,6-BIS(ETHYLAMINO)-
  2,7-DIMETHYL-,C HLORIDE see C.I. BASIC RED 1
XARIL see PHENACETIN
XD-72871 ANTIMICROBIAL see 2,2-DIBROMO-3-NITRILOPROPIONAMIDE
XE-938 see FENPROPATHRIN
XENENE see BIPHENYL
o-XENOL see 2-PHENYLPHENOL
XENYLAMIN (Chech) see 4-AMINOBIPHENYL
XENYLAMINE see 4-AMINOBIPHENYL
p-XENYLAMINE see 4-AMINOBIPHENYL
XERAC see BENZOYL PEROXIDE
XEROX CLEANER, FORMULKA A see ISOBUTYL ALCOHOL
XEROX FILM REMOVER, TIP WIPES see ISOBUTYL ALCOHOL
XILENO (Spanish) see XYLENE (MIXED ISOMERS)
m-XILENO (Spanish) see m-XYLENE
o-XILENO (Spanish) see o-XYLENE
p-XILENO (Spanish) see p-XYLENE
XILENOL (Spanish) see XYLENOL
XILENOLI (Italian) see XYLENOL
2,6-XILIDINA (Spanish) see 2,6-XYLIDINE
XILOLI (Italian) see XYLENE (MIXED ISOMERS)
XIR-3000-T RESIN see BUTYL ACETATE
XL ALL INSECTICIDE see NICOTINE
XYLENE see XYLENE (MIXED ISOMERS)
XYLENE, meta- see m-XYLENE
XYLENE, ortho- see o-XYLENE
XYLENE, para- see p-XYLENE
1,2-XYLENE see o-XYLENE
1,3-XYLENE see m-XYLENE
1,4-XYLENE see p-XYLENE
meta-XYLENE see m-XYLENE
ortho-XYLENE see o-XYLENE
para-XYLENE see p-XYLENE
XYLENEN (Dutch) see XYLENE (MIXED ISOMERS)
m-XYLENOL see 2,4-DIMETHYPHENOL
XYLENOL 235 see 2,6-DIMETHYLPHENOL
2,4-XYLENOL see 2,4-DIMETHYPHENOL
2,6-XYLENOL see 2,6-DIMETHYLPHENOL
3,5-XYLENOL, 4-(DIMETHYLAMINO)-, METHYLCARBAMATE see MEXA-
  CARBATE
XYLENOLEN (Dutch) see XYLENOL
XYLENOLS (MIXED ISOMERS) see XYLENOL
3,4-XYLIDINE, 2,6-DINITRO-N-(1-ETHYLPROPYL)- see PEDIMETHALIN N-
  (1-ETHYLPROPYL)-3,4-DIMETHYL-2,6-DINTROBENZENAMINE
XYLIDINE PONCEAU 2R see C.I. FOOD RED 5
XYLIDINE PONCEAU see C.I. FOOD RED 5
XYLIDINE RED see C.I. FOOD RED 5
o-XYLIDINE see 2,6-XYLIDINE
2,4-XYLIDINE,N,N'-(METHYLIMINODIMETHYLIDYNE)BIS- see AMITRAZ
XYLOFOP-ETHYL see QUIZALOFOP-ETHYL
XYLOL see XYLENE (MIXED ISOMERS)
m-XYLOL see m-XYLENEBENZENE-1,2-DIMETHYL- o-XYLENE

o-XYLOL *see* o-XYLENE
p-XYLOL *see* p-XYLENEBENZENE, DIMETHYL XYLENE (MIXED ISOMERS)
2,6-XYLYLAMINE *see* 2,6-XYLIDINEBIS(CHLOROMETHYL)BENZENE XYLIDINE DICHLORIDE
1-XYLYLAZO-2-NAPHTHOL-3,6-DISULFONIC ACID, DISODIUM SALT *see* C.I. FOOD RED 5
1-XYLYLAZO-2-NAPHTHOL-3,6-DISULPHONIC ACID, DISODIUM SALT *see* C.I. FOOD RED 5
1-XYLYLAZO-2-NAPHTHOL *see* C.I. SOLVENT ORANGE 7
1-(2,4-XYLYLAZO)-2-NAPHTHOL *see* C.I. SOLVENT ORANGE 7
1-(o-XYLYLAZO)-2-NAPHTHOL *see* C.I. SOLVENT ORANGE 7
XYLOLE (German) *see* XYLENE (MIXED ISOMERS)DIMETHYLPHENOL XYLENOL
XYLYENE DICHLORIDE *see* XYLIDINE DICHLORIDE
Y-2 *see* PROPHAM
YALAN *see* MOLINATE
YALTOX *see* CARBOFURAN
YANOCK *see* FLUOROACETAMIDE
YASOKNOCK *see* SODIUM FLUOROACETATE
YELLOW ARSENIC SULFIDE *see* ARSENIC TRISULFIDE
YELLOW CROSS GAS *see* MUSTARD GAS
YELLOW CROSS LIQUID *see* MUSTARD GAS
YELLOW G SOLUBLE IN GREASE *see* 4-DIMETHYLAMINOAZOBENZENE
YELLOW GK BASE *see* C.I. VAT YELLOW 4
YELLOW MERCURIC OXIDE *see* MERCURIC OXIDE
YELLOW OXIDE of MERCURY *see* MERCURIC OXIDE
YELLOW PHOSPHORUS *see* PHOSPHORUS
YELLOW PRECIPITATE *see* MERCURIC OXIDE
YELLOW PYOCTANINE *see* C.I. SOLVENT YELLOW 34
YELLOW RELITON G *see* C.I. DISPERSE YELLOW 3
YELLOW ULTRAMARINE *see* CALCIUM CHROMATE
YELLOW Z *see* C.I. DISPERSE YELLOW 3
YODURO de CIANOGENO (Spanish) *see* CYANOGEN IODIDE
YODURO de METILO (Spanish) *see* METHYL IODIDE
YODURO de PLOMO (Spanish) *see* LEAD IODIDE
YOHIMBAN-16-CARBOXYLIC ACID DERIVATIVE of BENZ(g)INDOLO(2,3-a)QUINOLIZINE *see* RESPIRINE
YOHIMBAN-16-CARBOXYLIC ACID, 11,17-DIMETHOXY-18-(3,4,5-TRIMETHOXYBENXOYL)OXY-, METHYL ESTER *see* RESPIRINE
YOHIMBAN-16-CARBOXYLIC ACID, 11,17-DIMETHOXY-18-(3,4,5-TRIMETHOXYBENXOYL)OXY-, METHYL ESTER,(3β,16β,17α,18β,20α)- *see* RESPIRINE
YPERITE *see* MUSTARD GAS
s-YPERITE *see* MUSTARD GAS
YULAN *see* MOLINATE
Z-68 *see* ZINOPHOS
Z-70 *see* ZINOPHOS
Z-78 *see* ZINEB
Z-O-2-ISO-PROPOXYCARBONYL-1-METHYLVINYL o-METHYL ETHYL PHOSPHORAMIDOTHIOATE *see* PROPETAMPHOS
Z-876 *see* DIPHENYLAMINE
Z-76 *see* ZINOPHOS
ZACTIRIN COMPOUND *see* PHENACETIN
ZACTRAN *see* MEXACARBATE
ZAHARINA *see* SACCHARIN
ZANOSAR *see* D-GLUCOSE, 2-DEOXY-2-((METHYLNITROSOAMINO)CARBONYL)AMINO)-
ZAPRAWA NASIENNA PLYNNA (Polish) *see* METHYLMERCURIC DICYANAMIDE
ZAPRAWA NASIENNA SNECIOTOX *see* HEXACHLOROBENZENE
ZARUR *see* DIPHENAMID
ZB 112 *see* ZINC BORATE
ZB 237 *see* ZINC BORATE
ZEAPOS *see* ATRAZINE

ZEAPUR *see* SIMAZINE
ZEAZIN 50 *see* ATRAZINE
ZEAZIN *see* ATRAZINE
ZEAZINE *see* ATRAZINE
ZEBENIDE *see* ZINEB
ZEBTOX *see* ZINEB
ZEBTOX *see* ZINEBAC 18133 ZINOPHOS
ZECTANE *see* MEXACARBATE
ZECTRAN *see* MEXACARBATE
ZEIDANE *see* DDT
ZELAN *see* METHOXONE
ZELIO *see* THALLIUM SULFATE
ZENDIUM *see* SODIUM FLUORIDE
ZENTRONAL *see* PHENYTOIN
ZENTROPIL *see* PHENYTOIN
ZERDANE *see* DDT
ZEREX *see* ETHYLENE GLYCOL
ZERLATE *see* ZIRAM
ZEROX *see* HYDRAZINE
ZERTELL *see* CHLORPYRIFOS METHYL
ZESET T *see* VINYL ACETATE1-BUTEN-3-YNE VINYL ACETYLENE
ZETOFEX ZN *see* TRIS(2,3-DIBROMOPROPYL) PHOSPHATEAI3-26698 TRI-PAN BLUE
ZEXTRAN *see* MEXACARBATE
ZIARNIK *see* PHENYLMERCURY ACETATE
ZIDAN *see* ZINEB
ZIMATE METHYL *see* ZIRAM
ZIMATE *see* ZINEB
ZIMATE *see* ZIRAM
ZINC AMMONIATE ETHYLENEBIS(DITHIOCARBAMATE)-POLY(ETHYLENETHIURAM DISULFIDE) *see* METIRAM
ZINCATE(2-), TETRACHLORO-, DIAMMONIUM, (T-4)- *see* ZINC AMMONIUM CHLORIDE (14639-97-5)
ZINCATE(3-), TETRACHLORO-, TRIAMMONIUM, (T-4)- *see* ZINC AMMONIUM CHLORIDE (14639-98-6)
ZINCATE (2-), TETRACHLORO-, DIAMMONIUM SALT *see* ZINC AMMONIUM CHLORIDE (52628-25-8)
ZINC BIS(DIMETHYLDITHIOCARBAMOYL)DISULPHIDE *see* ZIRAM
ZINC BIS(DIMETHYLDITHIOCARBAMATE) *see* ZIRAM
ZINC BORATE 2335 *see* ZINC BORATE
ZINC BROMIDE, ANHYDROUS *see* ZINC BROMIDE
ZINC BUTTER *see* ZINC CHLORIDE
ZINC CHLORIDE, anhydrous *see* ZINC CHLORIDE
ZINC CHLORIDE FUME *see* ZINC CHLORIDE
ZINC (CHLORURE de) (French) *see* ZINC CHLORIDE
ZINC DIACETATE *see* ZINC ACETATE
ZINC DIBROMIDE *see* ZINC BROMIDE
ZINC DICHLORIDE *see* ZINC CHLORIDE
ZINC DICYANIDE *see* ZINC CYANIDE
ZINC DIFORMATE *see* ZINC FORMATEDITHIONOUS ACID, ZINC SALT (1:1) ZINC HYDROSULFITE
ZINC DIMETHYLDITHIOCARBAMATE *see* ZIRAM
ZINC DITHIONITE *see* ZINC HYDROSULFITEEINECS 231-943-8 ZINC NITRATE
ZINC DUST *see* ZINC
ZINC ETHYLENE-1,2-BISDITHIOCARBAMATE *see* ZINEB
ZINC, ETHYLENEBIS(DITHIOCARBAMATE) (POLYMERIC) *see* ZINEB
ZINC, (ETHYLENEBIS(DITHIOCARBAMATO))- *see* ZINEB
ZINC ETHYLENEBIS (DITHIOCARBAMATE) *see* ZINEB
ZINC FLUORURE (French) *see* ZINC FLUORIDEFORMIATO de ZINC (Spanish) ZINC FORMATE
ZINC FLUOSILICATE *see* ZINC SILICOFLUORIDE
ZINC FOSFID *see* ZINC PHOSPHIDE
ZINC HEXAFLUOROSILICATE *see* ZINC SILICOFLUORIDE

ZINCMATE see ZIRAM
ZINC METIRAM see METIRAM
ZINC MURIATE see ZINC CHLORIDE
ZINC NITRATE, HEXAHYDRATE see ZINC NITRATEBENZENESULFONIC ACID, 4-HYDROXY-, ZINC SALT (2:1) ZINC PHENOLSULFONATE
ZINC N,N-DIMETHYLDITHIOCARBAMATE see ZIRAM
ZINCO(FOSFURO di) (Italian) see ZINC PHOSPHIDE
ZINCO (CLORURO di) (Italian) see ZINC CHLORIDE
ZINC p-HYDROXYBENZENESULFONATE see ZINC PHENOLSULFONATE
ZINC p-PHENOL SULFONATE see ZINC PHENOLSULFONATE
ZINC PHENOLSULFONATE (DOT) see ZINC PHENOLSULFONATE
ZINC PHENOLSULPHONATE (DOT) see ZINC PHENOLSULFONATE
ZINC (PHOSPHURE de) (French) see ZINC PHOSPHIDE
ZINC POWDER see ZINC
ZINC SULFOCARBOLATE see ZINC PHENOLSULFONATE
ZINC SULFOPHENATE see ZINC PHENOLSULFONATE
ZINC SULPHATE see ZINC ZULFATE
ZINC SULPHOPHENATE see ZINC PHENOLSULFONATEBLUE-OX ZINC PHOSPHIDE
ZINC-TOX see ZINC PHOSPHIDE
ZINC VITRIOL see ZINC ZULFATE
ZINEB-ETHYLENE THIURAM DISULFIDE ADDUCT see METIRAM
ZINK-(N,N'-AETHYLEN-BIS(DITHIOCARBAMAT)) (German) see ZINEB
ZINK-BIS(N,N-DIMETHYL-DITHIOCARBAMAAT) (Dutch) see ZIRAM
ZINK-BIS(N,N-DIMETHYL-DITHIOCARBAMAT) (German) see ZIRAM
ZINKCARBAMATE see ZIRAM
ZINKCHLORID (German) see ZINC CHLORIDE
ZINKCHLORIDE (Dutch) see ZINC CHLORIDE
ZINKFOSFIDE (Dutch) see ZINC PHOSPHIDE
ZINKOSITE see ZINC ZULFATEASPOR ZINEB
ZINKPHOSPHID (German) see ZINC PHOSPHIDE
ZINOCHLOR see ANILAZINE
ZINOPHOS see ZINOPHOS
ZINOSAN see ZINEB
ZIRAM see ZIRAM
ZIRAMVIS see ZIRAM
ZIRASAN see ZIRAM
ZIRBERK see ZIRAM
ZIRCONATE(2-), HEXAFLUORO-, DIPOTASSIUM, (OC-6-11)- see ZIRCONIUM POTASSIUM FLUORIDE
ZIRCONIO, NITRATO de (Spanish) see ZIRCONIUM NITRATEPOTASSIUM FLUOZIRCONATE ZIRCONIUM POTASSIUM FLUORIDE
ZIRCONIO, SULFATO de (Spanish) see ZIRCONIUM SULFATE
ZIRCONIO, TETRACLORURO de (Spanish) see ZIRCONIUM TETRACHLORIDE
ZIRCONIO y POTASIO, FLUORURO de (Spanish) see ZIRCONIUM POTASSIUM FLUORIDE
ZIRCONIUM CHLORIDE see ZIRCONIUM TETRACHLORIDE
ZIRCONIUM CHLORIDE (ZRCl4), (T-4)- see ZIRCONIUM TETRACHLORIDE
ZIRCONIUM(4+) CHLORIDE (1:4) see ZIRCONIUM TETRACHLORIDE
ZIRCONIUM(IV) CHLORIDE (1:4) see ZIRCONIUM TETRACHLORIDE
ZIRCONIUM(IV) SULFATE (1:2) see ZIRCONIUM SULFATE
ZIRCONIUM TETRACHLORIDE, SOLID (DOT) see ZIRCONIUM TETRACHLORIDE
ZIRCONYL SULFATE see ZIRCONIUM SULFATE
ZIREX 90 see ZIRAM
ZIRIDE see ZIRAM
ZIRTHANE see ZIRAM
ZITHIOL see MALATHION
ZITOX see ZIRAM
ZN 100 see ZINC BORATEANHYDROUS ZINC BROMIDE ZINC BROMIDE
ZOBA BLACK D see p-PHENYLENEDIAMINE
ZOBA GKE see 2,4-DIAMINOTOLUENE
ZOBA SLE see 2,4-DIAMINOSOLE, SULFATE

ZOGEN DEVELOPER H see 2,4-DIAMINOTOLUENE
ZONITE see SODIUM HYPOCHLORITE
ZOOCOUMARIN see WARFARIN
ZOOCOUMARING (Russian) see WARFARIN3-(α-ACETONYLBENZYL)-4-HY-DROXY-COUMARIN SODIUM SALT WARFARIN SODIUM
ZOTOX CRAB GRASS KILLER see ARSENIC ACID (7778-39-4)
ZOTOX see ARSENIC ACID (1327-52-2)
ZOTOX see ARSENIC ACID (7778-39-4)
ZP see ZINC PHOSPHIDE
ZWAVELWATERSTOF (Dutch) see HYDROGEN SULFIDE
ZWAVELZUUROPLOSSINGEN (Dutch) see SULFURIC ACID
ZYBAN see THIOPHANATE-METHYL
ZYKLON see HYDROGEN CYANIDE
ZYKLOPHOSPHAMID (German) see CYCLOPHOSPHAMIDE
ZYNOPHOS see ZINOPHOSDUSICNAN ZIRKONICITY (Czech) ZIRCONIUM NITRATE
ZYTOX see BROMOMETHANE

CAS NUMBER INDEX

50-00-0 see FORMALDEHYDE
50-07-7 see MITOMYCIN C
50-14-6 see ERGOCALCIFEROL
50-18-0 see CYCLOPHOSPHAMIDE
50-29-3 see DDT
50-32-8 see BENZO(a)PYRENE
50-55-5 see RESPERINE
51-03-6 see PIPERONYL BUTOXIDE
51-21-8 see FLUOROURACIL
51-28-5 see 2,4-DINITROPHENOL
51-43-4 see EPINEPHRINE
51-75-2 see NITROGEN MUSTARD
51-79-6 see URETHANE
51-83-2 see CARBACHOL CHLORIDE
52-51-7 see 2-BROMO-2-NITROPROPANE-1,3-DIOL
52-85-7 see FAMPHUR
52-68-6 see TRICHLORFON
53-70-3 see DIBENZ(a,h)ANTHRACINE
53-96-3 see 2-ACETYLAMINOFLUORENE
54-11-5 see NICOTINE
54-62-6 see AMINOPTERIN
55-18-5 see N-NITROSODIETHYLAMINE
55-21-0 see BENZAMIDE
55-38-9 see FENTHION
55-63-0 see NITROGLYCERIN
55-91-4 see DIISOPROPYLFLUOROPHOSPHATE
56-04-2 see METHYLTHIOURACIL
56-23-5 see CARBON TETRACHLORIDE
56-25-7 see CANTHARIDIN
56-35-9 see BIS(TRIBUTYLTIN)OXIDE
56-38-2 see PARATHION
56-49-5 see 3-METHYLCHOLANTHRENE
56-53-1 see DIETHYLSTILBESTROL
56-55-3 see BENZ[a]ANTHRACENE
56-72-4 see COUMAPHOS
57-12-5 see CYANIDE
57-14-7 see 1,1-DIMETHYL HYDRAZINE
57-24-9 see STRYCHNINE
57-33-0 see PENTOBARBITOL SODIUM
57-41-0 see PHENYTOIN
57-47-6 see PHYSOSTIGMINE
57-57-8 see beta-PROPIOLACTONE
57-64-7 see PHYSOSTIGMINE, SALICYLATE (1:1)
57-74-9 see CHLORDANE
57-97-6 see 7,12-DIMETHYLBENZ(a)ANTHRACENE
58-36-6 see PHENOXARSINE, 10,10'-OXYDI-
58-89-9 see LINDANE
58-90-2 see 2,3,4,6-TETRACHLOROPHENOL
59-50-7 see p-CHLORO-m-CRESOL
59-88-1 see PHENYLHYDRAZINE HYDROCHLORIDE
59-89-2 see N-NITROSOMORPHOLINE
60-00-4 see ETHYLENEDIAMINE-TETRAACETIC ACID (EDTA)
60-09-3 see 4-AMINOAZOBENZENE

60-11-7 *see* 4-DIMETHYLAMINOAZOBENZENE
60-29-7 *see* ETHYL ETHER
60-34-4 *see* METHYL HYDRAZINE
60-35-5 *see* ACETAMIDE
60-41-3 *see* STRYCHNINE, SULFATE
60-51-5 *see* DIMETHOATE
60-57-1 *see* DIELDRIN
61-82-5 *see* AMITROLE
62-38-4 *see* PHENYLMERCURY ACETATE
62-44-2 *see* PHENACETIN
62-50-0 *see* ETHYL METHANESULFONATE
62-53-3 *see* ANILINE
62-55-5 *see* THIOACETAMIDE
62-56-6 *see* THIOUREA
62-73-7 *see* DICHLORVOS
62-74-8 *see* SODIUM FLUOROACETATE
62-75-9 *see* N-NITROSODIMETHYLAMINE
63-25-2 *see* CARBARYL
64-00-6 *see* PHENOL, 3-(1-METHYLETHYL)-, METHYLCARBAMATE
64-18-6 *see* FORMIC ACID
64-19-7 *see* ACETIC ACID
64-67-5 *see* DIETHYL SULFATE
64-75-5 *see* TETRACYCLINE HYDROCHLORIDE
64-86-8 *see* COLCHICINE
65-30-5 *see* NICOTINE SULFATE
65-85-0 *see* BENZOIC ACID
66-27-3 *see* METHYLMETHANESULFONATE
66-75-1 *see* URACIL MUSTARD
66-81-9 *see* CYCLOHEXIMIDE
67-56-1 *see* METHANOL
67-63-0 *see* ISOPROPYL ALCOHOL (MFG-STRONG ACID PROCESS)
67-64-1 *see* ACETONE
67-66-3 *see* CHLOROFORM
67-72-1 *see* HEXACHLOROETHANE
68-12-2 *see* DIMETHYLFORMAMIDE
68-76-8 *see* TRIAZIQUONE
70-25-7 *see* GUANIDINE, N-METHYL-N'-NITRO-N-NITROSO-
70-30-4 *see* HEXACHLOROPHENE
70-69-9 *see* PROPIOPHENONE, 4'-AMINO-
71-36-3 *see* n-BUTYL ALCOHOL
71-43-2 *see* BENZENE
71-55-6 *see* 1,1,1-TRICHLOROETHANE
71-63-6 *see* DIGITOXIN
72-20-8 *see* ENDRIN
72-43-5 *see* METHOXYCHLOR
72-54-8 *see* DDD
72-55-9 *see* DDE
72-57-1 *see* TRYPAN BLUE
74-82-8 *see* METHANE
74-83-9 *see* BROMOMETHANE
74-84-0 *see* ETHANE
74-85-1 *see* ETHYLENE
74-86-2 *see* ACETYLENE
74-87-3 *see* CHLOROMETHANE
74-88-4 *see* METHYL IODIDE
74-89-5 *see* METHANAMINE
74-90-8 *see* HYDROGEN CYANIDE

74-93-1 *see* METHYL MERCAPTAN
74-95-3 *see* METHYLENE BROMIDE
74-98-6 *see* PROPANE
74-99-7 *see* 1-PROPYNE
75-00-3 *see* CHLOROETHANE
75-01-4 *see* VINYL CHLORIDE
75-02-5 *see* VINYL FLUORIDE
75-04-7 *see* ETHANAMINE
75-05-8 *see* ACETONITRILE
75-07-0 *see* ACETALDEHYDE
75-08-1 *see* ETHYL MERCAPTAN
75-09-2 *see* DICHLOROMETHANE
75-15-0 *see* CARBON DISULFIDE
75-19-4 *see* CYCLOPROPANE
75-21-8 *see* ETHYLENE OXIDE
75-25-2 *see* BROMOFORM
75-27-4 *see* DICHLOROBROMOMETHANE
75-28-5 *see* ISOBUTANE
75-29-6 *see* ISOPROPYL CHLORIDE
75-31-0 *see* ISOPROPYLAMINE
75-34-3 *see* ETHYLIDENE DICHLORIDE
75-35-4 *see* VINYLIDENE CHLORIDE
75-36-5 *see* ACETYL CHLORIDE
75-37-6 *see* DIFLUOROETHANE
75-38-7 *see* VINYLIDENE FLUORIDE
75-43-4 *see* DICHLOROFLUOROMETHANE
75-44-5 *see* PHOSGENE
75-45-6 *see* CHLORODIFLUOROMETHANE
75-50-3 *see* TRIMETHYLAMINE
75-55-8 *see* PROPYLENEIMINE
75-56-9 *see* PROPYLENE OXIDE
75-60-5 *see* CACODYLIC ACID
75-63-8 *see* BROMOTRIFLUROMETHANE
75-64-9 *see* tert-BUTYLAMINE
75-65-0 *see* tert-BUTYL ALCOHOL
75-68-3 *see* 1-CHLORO-1,1-DIFLUOROETHANE
75-69-4 *see* TRICHLOROFLUOROMETHANE
75-71-8 *see* DICHLORODIFLUOROMETHANE
75-72-9 *see* CHLOROTRIFLUOROMETHANE
75-74-1 *see* TETRAMETHYL LEAD
75-76-3 *see* TETRAMETHYLSILANE
75-77-4 *see* TRIMETHYLCHLOROSILANE
75-78-5 *see* DIMETHYLDICHLOROSILANE
75-79-6 *see* METHYLTRICHLOROSILANE
75-86-5 *see* 2-METHYLLACTONITRILE
75-87-6 *see* ACETALDEHYDE, TRICHLORO-
75-88-7 *see* 2-CHLORO-1,1,1-TRIFLUOROETHANE
75-99-0 *see* 2,2-DICHLOROPROPIONIC ACID
76-01-7 *see* PENTACHLOROETHANE
76-02-8 *see* TRICHLOROACETYL CHLORIDE
76-06-2 *see* CHLOROPICRIN
76-13-1 *see* FREON 113
76-14-2 *see* DICHLOROTETRAFLUOROETHANE
76-15-3 *see* MONOCHLOROPENTAFLUOROETHANE
76-44-8 *see* HEPTACHLOR
76-87-9 *see* TRIPHENYLTIN HYDROXIDE
77-47-4 *see* HEXACHLOROCYCLOPENTADIENE

77-73-6 *see* DICYCLOPENTADIENE
77-78-1 *see* DIMETHYL SULFATE
77-81-6 *see* TABUN
78-00-2 *see* TETRAETHYL LEAD
78-34-2 *see* DIOXATHION
78-48-8 *see* S,S,S-TRIBUTYLTRITHIOPHOSPHATE
78-53-5 *see* AMITON
78-59-1 *see* ISOPHORONE
78-71-7 *see* OXETANE, 3,3-BIS(CHLOROMETHYL)-
78-78-4 *see* ISOPENTANE
78-79-5 *see* ISOPRENE
78-81-9 *see* iso-BUTYLAMINE
78-82-0 *see* ISOBUTYRONITRILE
78-83-1 *see* ISOBUTYL ALCOHOL
78-84-2 *see* ISOBUTYRALDEHYDE
78-87-5 *see* 1,2-DICHLOROPROPANE
78-88-6 *see* 2,3-DICHLOROPRENE
78-92-2 *see* sec-BUTYL ALCOHOL
78-93-3 *see* METHYL ETHYL KETONE
78-94-4 *see* METHYL VINYL KETONE
78-97-7 *see* LACTONITRILE
78-99-9 *see* 1,1-DICHLOROPROPANE
79-00-5 *see* 1,1,2-TRICHLOROETHANE
79-01-6 *see* TRICHLOROETHYLENE
79-06-1 *see* ACRYLAMIDE
79-09-4 *see* PROPIONIC ACID
79-10-7 *see* ACRYLIC ACID
79-11-8 *see* CHLOROACETIC ACID
79-19-6 *see* THIOSEMICARBAZIDE
79-21-0 *see* PERACETIC ACID
79-22-1 *see* METHYL CHLOROCARBONATE
79-31-2 *see* iso-BUTYRIC ACID
79-34-5 *see* 1,1,2,2-TETRACHLOROETHANE
79-38-9 *see* TRIFLUOROCHLOROETHYLENE
79-44-7 *see* DIMETHYLCARBAMOYL CHLORIDE
79-46-9 *see* 2-NITROPROPANE
80-05-7 *see* 4,4'-ISOPROPYLIDENEDIPHENOL
80-15-9 *see* CUMENE HYDROPEROXIDE
80-62-6 *see* METHYL METHACRYLATE
80-63-7 *see* METHYL 2-CHLOROACRYLATE
81-07-2 *see* SACCHARIN (MANUFACTURING)
81-81-2 *see* WARFARIN
81-88-9 *see* C.I. FOOD RED 15
82-28-0 *see* 1-AMINO-2-METHYLANTHRAQUINONE
82-66-6 *see* DIPHACIONE
82-68-8 *see* QUINTOZENE
83-32-3 *see* ACENAPHTHENE
84-66-2 *see* DIETHYL PHTHALATE
84-74-2 *see* DIBUTYL PHTHALATE
85-00-7 *see* DIQUAT
85-01-8 *see* PHENANTHRENE
85-44-9 *see* PHTHALIC ANHYDRIDE
85-68-7 *see* BUTYL BENZYL PHTHALATE
86-30-6 *see* N-NITROSODIPHENYLAMINE
86-50-0 *see* AZINPHOS-METHYL
86-73-7 *see* FLUORENE
86-88-4 *see* ANTU

87-62-7 *see* 2,6-XYLIDINE
87-65-0 *see* 2,6-DICHLOROPHENOL
87-68-3 *see* HEXACHLORO-1,3-BUTADIENE
87-86-5 *see* PENTACHLOROPHENOL
88-05-1 *see* ANILINE, 2,4,6-TRIMETHYL-
88-06-2 *see* 2,4,6-TRICHLOROPHENOL
88-72-2 *see* o-NITROTOLUENE
88-74-4 *see* o-NITROANILINE
88-75-5 *see* 2-NITROPHENOL
88-85-7 *see* DINITROBUTYL PHENOL
88-89-1 *see* PICRIC ACID
90-04-0 *see* o-ANISIDINE
90-43-7 *see* 2-PHENYLPHENOL
90-94-8 *see* MICHLER'S KETONE
91-08-7 *see* TOLUENE-2,6-DIISOCYANATE
91-20-3 *see* NAPHTHALENE
91-22-5 *see* QUINOLINE
91-57-6 *see* 2-METHYL NAPHTHALENE
91-58-7 *see* 2-CHLORONAPHTHALENE
91-59-8 *see* β-NAPHTHYLAMINE
91-66-7 *see* N,N-DIETHYLANILINE
91-80-5 *see* METHAPYRILENE
91-93-0 *see* 3,3'-DIMETHOXYBENZIDINE-4,4'-DIISOCYANATE
91-94-1 *see* 3,3'-DICHLOROBENZIDINE
91-97-4 *see* 3,3'-DIMETHYL-4,4'-DIPHENYLENE DIISOCYANATE
92-52-4 *see* BIPHENYL
92-67-1 *see* 4-AMINOBIPHENYL
92-87-5 *see* BENZIDINE
92-93-3 *see* 4-NITROBIPHENYL
93-65-2 *see* MECOPROP
93-72-1 *see* SILVEX (2,4,5-TP)
93-76-5 *see* 2,4,5-T ACID
93-79-8 *see* 2,4,5-T ESTERS
94-11-1 *see* 2,4-D ISOPROPYL ESTER
94-36-0 *see* BENZOYL PEROXIDE
94-58-6 *see* DIHYDROSAFROLE
94-59-7 *see* SAFROLE
94-74-6 *see* METHOXONE
94-75-7 *see* 2,4-D
94-79-1 *see* 2,4-D sec-BUTYL ESTER
94-80-4 *see* 2,4-D BUTYL ESTER
94-82-6 *see* 2,4-DB
95-06-7 *see* SULFALLATE
95-47-6 *see* o-XYLENE
95-48-7 *see* o-CRESOL
95-50-1 *see* o-DICHLOROBENZENE
95-53-4 *see* o-TOLUIDINE
95-54-5 *see* 1,2-PHENYLENEDIAMINE
95-57-8 *see* 2-CHLOROPHENOL
95-63-6 *see* 1,2,4-TRIMETHYLBENZENE
95-69-2 *see* p-CHLORO-o-TOLUIDINE
95-80-7 *see* 2,4-DIAMINOTOLUENE
95-94-3 *see* 1,2,4,5-TETRACHLOROBENZENE
95-95-4 *see* 2,4,5-TRICHLOROPHENOL
96-09-3 *see* STYRENE OXIDE
96-12-8 *see* 1,2-DIBROMO-3-CHLOROPROPANE
96-18-4 *see* 1,2,3-TRICHLOROPROPANE

96-33-3 *see* METHYL ACRYLATE
96-45-7 *see* ETHYLENE THIOUREA
97-23-4 *see* DICHLOROPHENE
97-56-3 *see* C.I. SOLVENT YELLOW 3
97-63-2 *see* ETHYL METHACRYLATE
97-74-5 *see* BIS(DIMETHYLTHIOCARBAMOYL) SULFIDE
97-77-8 *see* DISULFIRAM
98-01-1 *see* FURFURAL
98-05-5 *see* BENZENEARSONIC ACID
98-07-7 *see* BENZOIC TRICHLORIDE
98-09-9 *see* BENZENESULFONYL CHLORIDE
98-13-5 *see* TRICHLOROPHENYLSILANE
98-16-8 *see* BENZENEAMINE, 3-(TRIFLUOROMETHYL)-
98-82-8 *see* CUMENE
98-86-2 *see* ACETOPHENONE
98-87-3 *see* BENZAL CHLORIDE
98-88-4 *see* BENZOYL CHLORIDE
98-95-3 *see* NITROBENZENE
99-08-1 *see* m-NITROTOLUENE
99-30-9 *see* DICHLORAN
99-35-4 *see* 1,3,5-TRINITROBENZENE
99-55-8 *see* 5-NITRO-o-TOLUENE
99-59-2 *see* 5-NITRO-o-ANISIDINE
99-65-0 *see* m-DINITROBENZENE
99-98-9 *see* DIMETHYL-p-PHENYLENEDIAMINE
99-99-0 *see* p-NITROTOLUENE
100-01-6 *see* p-NITROANILINE
100-02-7 *see* p-NITROPHENOL
100-14-1 *see* BENZENE, 1-(CHLOROMETHYL)-4-NITRO-
100-25-4 *see* p-DINITROBENZENE
100-41-4 *see* ETHYLBENZENE
100-42-5 *see* STYRENE
100-44-7 *see* BENZYL CHLORIDE
100-47-0 *see* BENZONITRILE
100-75-4 *see* n-NITROSOPIPERIDINE
101-05-3 *see* ANILAZINE
101-14-4 *see* 4,4'-METHYLENEBIS(2-CHLOROANILINE)
101-27-9 *see* BARBAN
101-55-3 *see* 4-BROMOPHENYL PHENYL ETHER
101-61-1 *see* 4,4'-METHYLENEBIS(N,N-DIMETHYL)BENZENAMINE
101-68-8 *see* METHYLBIS(PHENYLISOCYANATE)
101-77-9 *see* 4,4'-METHYLENEDIANILINE
101-80-4 *see* 4,4'-DIAMINOPHENYL ETHER
101-90-6 *see* DIGLYCIDYL RESORCINOL ETHER
102-36-3 *see* ISOCYANIC ACID-3,4-DICHLOROPHENYL ESTER
103-23-1 *see* BIS(2-ETHYLHEXYL)ADIPATE
103-85-5 *see* PHENYLTHIOUREA
104-12-1 *see* p-CHLOROPHENYL ISOCYANATE
104-49-4 *see* 1,4-PHENYLENE DIISOCYANATE
104-94-9 *see* p-ANISIDINE
105-46-4 *see* sec-BUTYL ACETATE
105-60-2 *see* CAPROLACTUM
105-67-9 *see* 2,4-DIMETHYLPHENOL
106-42-3 *see* p-XYLENE
106-44-5 *see* p-CRESOL
106-46-7 *see* 1,4-DICHLOROBENZENE
106-47-8 *see* p-CHLOROANILINE

106-49-0 *see* p-TOLUIDINE
106-50-3 *see* p-PHENYLENEDIAMINE
106-51-4 *see* QUINONE
106-88-7 *see* 1,2-BUTYLENE OXIDE
106-89-8 *see* EPICHLOROHYDRIN
106-93-4 *see* 1,2-DIBROMOETHANE
106-96-7 *see* PROPARGYL BROMIDE
106-97-8 *see* BUTANE
106-98-9 *see* 1-BUTENE
106-99-0 *see* 1,3-BUTADIENE
107-00-6 *see* 1-BUTYNE
107-02-8 *see* ACROLEIN
107-05-1 *see* ALLYL CHLORIDE
107-06-2 *see* 1,2-DICHLOROETHANE
107-07-3 *see* CHLOROETHANOL
107-10-8 *see* n-PROPYLAMINE
107-11-9 *see* ALLYLAMINE
107-12-0 *see* PROPIONITRILE
107-13-1 *see* ACRYLONITRILE
107-15-3 *see* ETHYLENEDIAMINE
107-16-4 *see* FORMALDEHYDE CYANOHYDRIN
107-18-6 *see* ALLYL ALCOHOL
107-19-7 *see* PROPARGYL ALCOHOL
107-20-0 *see* CHLOROACETALDEHYDE
107-21-1 *see* ETHYLENE GLYCOL
107-25-5 *see* VINYL METHYL ETHER
107-30-2 *see* CHLOROMETHYL METHYL ETHER
107-31-3 *see* METHYL FORMATE
107-44-8 *see* SARIN
107-49-3 *see* TEPP
107-92-6 *see* BUTYRIC ACID
108-05-4 *see* VINYL ACETATE
108-10-1 *see* METHYL ISOBUTYL KETONE
108-23-6 *see* ISOPROPYL CHLOROFORMATE
108-24-7 *see* ACETIC ANHYDRIDE
108-31-6 *see* MALEIC ANHYDRIDE
108-38-3 *see* m-XYLENE
108-39-4 *see* m-CRESOL
108-45-2 *see* 1,3-PHENYLENEDIAMINE
108-46-3 *see* RESORCINOL
108-60-1 *see* BIS(2-CHLORO-1-METHYLETHYL)ETHER
108-88-3 *see* TOLUENE
108-90-7 *see* CHLOROBENZENE
108-91-8 *see* CYCLOHEXYLAMINE
108-93-0 *see* CYCLOHEXANOL
108-94-1 *see* CYCLOHEXANONE
108-95-2 *see* PHENOL
108-98-5 *see* BENZENETHIOL
109-06-8 *see* 2-METHYLPYRIDINE
109-61-5 *see* PROPYL CHLOROFORMATE
109-66-0 *see* PENTANE
109-67-1 *see* 1-PENTENE
109-73-9 *see* BUTYLAMINE
109-77-3 *see* MALONONITRILE
109-86-4 *see* 2-METHOXYETHANOL
109-89-7 *see* DIETHYLAMINE
109-92-2 *see* VINYL ETHYL ETHER

109-95-5 see ETHYL NITRITE
109-99-9 see FURAN, TETRAHYDRO-
110-00-9 see FURAN
110-16-7 see MALEIC ACID
110-17-8 see FUMARIC ACID
110-19-0 see iso-BUTYL ACETATE
110-54-3 see n-HEXANE
110-57-6 see trans-1,4-DICHLORO-2-BUTENE
110-75-8 see 2-CHLOROETHYL VINYL ETHER
110-80-5 see 2-ETHOXYETHANOL
110-82-7 see CYCLOHEXANE
110-86-1 see PYRIDINE
110-89-4 see PIPERIDINE
111-42-2 see DIETHANOLAMINE
111-44-4 see BIS(2-CHLOROETHYL)ETHER
111-54-6 see ETHYLENEBISDITHIOCARBAMIC ACID, SALTS and ESTERS
111-69-3 see ADIPONITRILE
111-91-1 see BIS(2-CHLOROETHOXY)METHANE
114-26-1 see PROPOXUR
115-02-6 see AZASERINE
115-07-1 see PROPYLENE
115-10-6 see METHYL ETHER
115-11-7 see 2-METHYLPROPENE
115-21-9 see TRICHLOROETHYLSILANE
115-26-4 see DIMEFOX
115-28-6 see CHLORENDIC ACID
115-29-7 see ENDOSULFAN
115-32-2 see DICOFOL
115-90-2 see FENSULFOTHION
116-06-3 see ALDICARB
116-14-3 see TETRAFLUOROETHYLENE
117-79-3 see 2-AMINOANTHRAQUINONE
117-80-6 see DICHLONE
117-81-7 see DI(2-ETHYLHEXYL)PHTHALATE
117-84-0 see DI-n-OCTYLPHTHALATE
118-74-1 see HEXACHLOROBENZENE
119-38-0 see ISOPROPYLMETHYLPYRAZOYL DIMETHYLCARBAMATE
119-90-4 see 3,3′-DIMETHOXYBENZIDINE
119-93-7 see 3,3′-DIMETHYLBENZIDINE
120-12-7 see ANTHRACENE
120-36-5 see 2,4-DP
120-58-1 see ISOSAFROLE
120-71-8 see p-CRESIDINE
120-80-9 see CATECHOL
120-82-1 see 1,2,4-TRICHLOROBENZENE
120-83-2 see 2,4-DICHLOROPHENOL
121-14-2 see 2,4-DINITROTOLUENE
121-21-1 see PYRETHRINS
121-29-9 see PYRETHRINS
121-44-8 see TRIETHYLAMINE
121-69-7 see N,N-DIMETHYLANILINE
121-75-5 see MALATHION
122-09-8 see BENZENEETHANAMINE,α,α-DIMETHYL-
122-34-9 see SIMAZINE
122-39-4 see DIPHENYLAMINE
122-42-9 see PROPHAM

122-66-7 *see* 1,2-DIPHENYLHYDRAZINE
123-31-9 *see* HYDROQUINONE
123-33-1 *see* MALEIC HYDRAZIDE
123-38-6 *see* PROPIONALDEHYDE
123-61-5 *see* 1,3-PHENYLENE DIISOCYANATE
123-62-6 *see* PROPIONIC ANHYDRIDE
123-63-7 *see* PARALDEHYDE
123-72-8 *see* BUTYRALDEHYDE
123-73-9 *see* CROTONALDEHYDE, (E)
123-86-4 *see* BUTYL ACETATE
123-91-1 *see* 1,4-DIOXANE
123-92-2 *see* iso-AMYL ACETATE
124-04-9 *see* ADIPIC ACID
124-40-3 *see* DIMETHYLAMINE
124-41-4 *see* SODIUM METHYLATE
124-48-1 *see* CHLORODIBROMOMETHANE
124-65-2 *see* SODIUM CACODYLATE
124-73-2 *see* DIBROMOTETRAFLUOROETHANE
124-87-8 *see* PICROTOXIN
126-72-7 *see* TRIS(2,3-DIBROMOPROPYL) PHOSPHATE
126-98-7 *see* METHACRYLONITRILE
126-99-8 *see* CHLOROPRENE
127-18-4 *see* TETRACHLOROETHYLENE
127-82-2 *see* ZINC PHENOLSULFONATE
128-03-0 *see* POTASSIUM DIMETHYLDITHIOCARBAMATE
128-04-1 *see* SODIUM DIMETHYLDITHIOCARBAMATE
128-66-5 *see* C.I. VAT YELLOW 4
129-00-0 *see* PYRENE
129-06-0 *see* WARFARIN SODIUM
130-15-4 *see* 1,4-NAPHTHOQUINONE
131-11-3 *see* DIMETHYL PHTHALATE
131-52-2 *see* SODIUM PENTACHLOROPHENATE
131-74-8 *see* AMMONIUM PICRATE
131-89-5 *see* 2-CYCLOHEXYL-4,6-DINITROPHENOL
132-27-4 *see* SODIUM O-PHENYLPHENOXIDE
132-64-9 *see* DIBENZOFURAN
133-06-2 *see* CAPTAN
133-07-3 *see* FOLPET
133-90-4 *see* CHLORAMBEN
134-29-2 *see* o-ANISIDINE HYDROCHLORIDE
134-32-7 *see* α-NAPHTHYLAMINE
135-20-6 *see* CUPFERRON
136-30-1 *see* CARBAMODITHIOIC ACID, DIBUTYL-, SODIUM SALT
136-45-8 *see* DIPROPYL ISOCINCHOMERONATE
137-26-8 *see* THIRAM
137-30-4 *see* ZIRAM
137-41-7 *see* POTASSIUM N-METHYLDITHIOCARBAMATE
137-42-8 *see* METHAM SODIUM
138-93-2 *see* DISODIUM CYANODITHIOIMIDOCARBONATE
139-13-9 *see* NITRILOTRIACETIC ACID
139-25-3 *see* 3,3'-DIMETHYLDIPHENYLMETHANE-4,4'-DIISOCYANATE
139-65-1 *see* 4,4'-THIODIANILINE
140-29-0 *see* BENZYL CYANIDE
140-57-8 *see* ARAMITE
140-76-1 *see* PYRIDINE, 2-METHYL-5-VINYL
140-88-5 *see* ETHYL ACRYLATE
141-32-2 *see* BUTYL ACRYLATE

141-66-2 *see* DICROTOPHOS
141-78-6 *see* ETHYL ACETATE
142-28-9 *see* 1,3-DICHLOROPROPANE
142-59-6 *see* NABAM
142-71-2 *see* CUPRIC ACETATE
142-84-7 *see* DIPROPYLAMINE
143-33-9 *see* SODIUM CYANIDE
143-50-0 *see* KEPONE
144-34-3 *see* SELENIUM, TETRAKIS(DIMETHYLDITHIOCARBAMATE)
144-49-0 *see* FLUOROACETIC ACID
148-18-5 *see* CARBAMODITHIOIC ACID, DIETHYL-, SODIUM SALT
148-79-8 *see* THIABENDAZOLE
148-82-3 *see* MELPHALAN
149-30-4 *see* 2-MERCAPTOBENZOTHIAZOLE
149-74-6 *see* DICHLOROMETHYLPHENYLSILANE
150-50-5 *see* MERPHOS
150-68-5 *see* MONURON
151-38-2 *see* METHOXYETHYLMERCURIC ACETATE
151-50-8 *see* POTASSIUM CYANIDE
151-56-4 *see* ETHYLENEIMINE
152-16-9 *see* DIPHOSPHORAMIDE, OCTAMETHYL-
156-10-5 *see* p-NITROSODIPHENYLAMINE
156-60-5 *see* 1,2-DICHLOROETHYLENE
156-62-7 *see* CALCIUM CYANAMIDE
189-55-9 *see* DIBENZ[a,i]PYRENE
189-64-0 *see* DIBENZO(a,h)PYRENE
191-24-2 *see* BENZO[ghi]PERYLENE
191-30-0 *see* DIBENZO(a,l)PYRENE
192-65-4 *see* DIBENZO(a,e)PYRENE
193-39-5 *see* INDENO[1,2,3-cd]PYRENE
194-59-2 *see* 7H-DIBENZO(c,g)CARBAZOLE
205-82-3 *see* BENZO[j]FLUORANTHENE
205-99-2 *see* BENZO[b]FLUORANTHENE
206-44-0 *see* FLUORANTHENE
207-08-9 *see* BENZO[k]FLUORANTHENE
208-96-8 *see* ACENAPHTHYLENE
218-01-9 *see* CHRYSENE
224-42-0 *see* DIBENZ(a,j)ACRIDINE
225-51-4 *see* BEN[c]ACRIDINE
226-36-8 *see* DIBENZ(a,h)ACRIDINE
297-78-9 *see* ISOBENZAN
297-97-2 *see* ZINOPHOS
298-00-0 *see* METHYL PARATHION
298-02-2 *see* PHORATE
298-04-4 *see* DISULFOTON
300-62-9 *see* AMPHETAMINE
300-76-5 *see* NALED
301-04-2 *see* LEAD ACETATE
301-12-2 *see* OXYDEMETON METHYL
302-01-2 *see* HYDRAZINE
303-34-4 *see* LASIOCARPINE
305-03-3 *see* CHLORAMBUCIL
306-83-2 *see* 2,2-DICHLORO-1,1,1-TRIFLUOROETHANE
309-00-2 *see* ALDRIN
311-45-5 *see* DIETHYL-p-NITROPHENYL PHOSPHATE
314-40-9 *see* BROMACIL
315-18-4 *see* MEXACARBATE

316-42-7 *see* EMETINE, DIHYDROCHLORIDE
319-84-6 *see* α-HEXACHLOROCYCLOHEXANE
319-85-7 *see* β-HEXACHLOROCYCLOHEXANE
319-86-8 *see* δ-HEXACHLOROCYCLOHEXANE
327-98-0 *see* TRICHLORONATE
329-71-5 *see* 2,5-DINITROPHENOL
330-54-1 *see* DIURON
330-55-2 *see* LINURON
333-41-5 *see* DIAZINON
334-88-3 *see* DIAZOMETHANE
353-42-4 *see* BORON TRIFLUORIDE COMPOUND with METHYL ETHER
353-50-4 *see* CARBONIC DIFLUORIDE
353-59-3 *see* BROMOCHLORODIFLUOROMETHANE
354-11-0 *see* 1,1,2,2-TETRACHLORO-2-FLUOROETHANE
354-14-3 *see* 1,1,2,2-TETRACHLORO-1-FLUOROETHANE
354-23-4 *see* 1,2-DICHLORO-1,1,2-TRIFLUOROETHANE
354-25-6 *see* 1-CHLORO-1,1,2,2-TETRAFLUOROETHANE
357-57-3 *see* BRUCINE
359-06-8 *see* FLUOROACETYL CHLORIDE
371-62-0 *see* ETHYLENE FLUOROHYDRIN
379-79-3 *see* ERGOTAMINE TARTRATE
422-44-6 *see* 1,2-DICHLORO-1,1,2,3,3-PENTAFLUOROPROPANE
422-48-0 *see* 2,3-DICHLORO-1,1,1,2,3-PENTAFLUOROPROPANE
422-56-0 *see* 3,3-DICHLORO-1,1,1,2,2-PENTAFLUOROPROPANE
431-86-7 *see* 1,2-DICHLORO-1,1,3,3,3-PENTAFLUOROPROPANE
460-19-5 *see* CYANOGEN
460-35-5 *see* 3-CHLORO-1,1,1-TRIFLUOROPROPANE
463-49-0 *see* 1,2-PROPADIENE
463-58-1 *see* CARBONYL SULFIDE
463-82-1 *see* 2,2-DIMETHYLPROPANE
465-73-6 *see* ISODRIN
470-90-6 *see* CHLORFENVINFOS
492-80-8 *see* C.I. SOLVENT YELLOW 34
494-03-1 *see* CHLORNAPHAZINE
496-72-0 *see* DIAMINOTOLUENE
502-39-6 *see* METHYLMERCURIC DICYANAMIDE
504-24-5 *see* 4-AMINOPYRIDINE
504-60-9 *see* 1,3-PENTADIENE
505-60-2 *see* MUSTARD GAS
506-61-6 *see* POTASSIUM SILVER CYANIDE
506-64-9 *see* SILVER CYANIDE
506-68-3 *see* CYANOGEN BROMIDE
506-77-4 *see* CYANOGEN CHLORIDE
506-78-5 *see* CYANOGEN IODIDE
506-87-6 *see* AMMONIUM CARBONATE
506-96-7 *see* ACETYL BROMIDE
507-55-1 *see* 1,3-DICHLORO-1,1,2,2,3-PENTAFLUOROPROPANE
509-14-8 *see* TETRANITROMETHANE
510-15-6 *see* CHLOROBENZILATE
513-49-5 *see* sec-BUTYLAMINE
514-73-8 *see* DITHIAZANINE IODIDE
528-29-0 *see* o-DINITROBENZENE
532-27-4 *see* 2-CHLOROACETOPHENONE CHLOROALKYL ESTERS
533-74-4 *see* DAZOMET
534-07-6 *see* BIS(CHLOROMETHYL)KETONE
534-52-1 *see* 4,6-DINITRO-o-CRESOL

535-89-7 *see* CRIMIDINE
538-07-8 *see* ETHYLBIS(2-CHLOROETHYL)AMINE
540-59-0 *see* 1,2-DICHLOROETHYLENE
540-73-8 *see* HYDRAZINE, 1,2-DIMETHYL-
540-84-1 *see* 2,2,4-TRIMETHYLPENTANE
540-88-5 *see* tert-BUTYL ACETATE
541-09-3 *see* URANYL ACETATE
541-25-3 *see* LEWISITE
541-41-3 *see* ETHYL CHLOROFORMATE
541-53-7 *see* DITHIOBIURET
541-73-1 *see* 1,3-DICHLOROBENZENE
542-75-6 *see* 1,3-DICHLOROPROPYLENE
542-76-7 *see* 3-CHLOROPROPIONITRILE
542-88-1 *see* BIS(CHLOROMETHYL)ETHER
542-90-5 *see* ETHYLTHIOCYANATE
543-90-8 *see* CADMIUM ACETATE
544-18-3 *see* COBALTOUS FORMATE
544-92-3 *see* COPPER CYANIDE
554-13-2 *see* LITHIUM CARBONATE
554-84-7 *see* m-NITROPHENOL
555-77-1 *see* TRIS(2-CHLOROETHYL)AMINE
556-61-6 *see* METHYL ISOTHIOCYANATE
556-64-9 *see* THIOCYANIC ACID, METHYL ESTER
557-19-7 *see* NICKEL CYANIDE
557-21-1 *see* ZINC CYANIDE
557-34-6 *see* ZINC ACETATE
557-41-5 *see* ZINC FORMATE
557-98-2 *see* 2-CHLOROPROPYLENE
558-25-8 *see* METHANESULFONYL FLUORIDE
563-12-2 *see* ETHION
563-41-7 *see* SEMICARBAZIDE HYDROCHLORIDE
563-45-1 *see* 3-METHYL-1-BUTENE
563-46-2 *see* 2-METHYL-1-BUTENE
563-47-3 *see* 3-CHLORO-2-METHYL-1-PROPENE
563-68-8 *see* THALLIUM(I) ACETATE
569-64-2 *see* C.I. BASIC GREEN 4
573-56-8 *see* 2,6-DINITROPHENOL
576-26-1 *see* 2,6-DIMETHYLPHENOL
584-84-9 *see* TOLUENE-2,4-DIISOCYANATE
590-18-1 *see* 2-BUTENE-cis
590-21-6 *see* 1-CHLOROPROPYLENE
591-08-2 *see* 1-ACETYL-2-THIOUREA
592-01-8 *see* CALCIUM CYANIDE
592-04-1 *see* MERCURIC CYANIDE
592-85-8 *see* MERCURIC THIOCYANATE
592-87-0 *see* LEAD THIOCYANATE
593-60-2 *see* VINYL BROMIDE
594-42-3 *see* PERCHLOROMETHYL MERCAPTAN
597-64-8 *see* TETRAETHYLTIN
598-31-2 *see* BROMOACETONE
598-73-2 *see* BROMOTRIFLUORETHYLENE
606-20-2 *see* 2,6-DINITROTOLUENE
608-73-1 *see* HEXACHLOROCYCLOHEXANE (ALL ISOMERS)
608-93-5 *see* PENTACHLOROBENZENE
609-19-8 *see* 3,4,5-TRICHLOROPHENOL
610-39-9 *see* 3,4-DINITROTOLUENE
612-82-8 *see* 3,3'-DIMETHYLBENZIDINE DIHYDROCHLORIDE

612-83-9 see 3,3'-DICHLOROBENZIDINE DIHYDROCHLORIDE
614-78-8 see THIOUREA, (2-METHYLPHENYL)-
615-05-4 see 2,4-DIAMINOSOLE
615-28-1 see 1,2-PHENYLENEDIAMINE DIHYDROCHLORIDE
615-53-2 see N-NITROSO-N-METHYLURETHANE
621-64-7 see N-NITROSODI-N-PROPYLAMINE
624-18-0 see 1,4-PHENYLENEDIAMINE DIHYDROCHLORIDE
624-64-6 see 2-BUTENE, (E)-
624-83-9 see METHYL ISOCYANATE
625-16-1 see tert-AMYL ACETATE
626-38-0 see sec-AMYL ACETATE
627-11-2 see CHLOROETHYL CHLOROFORMATE
627-20-3 see 2-PENTENE, (Z)-
628-63-7 see AMYL ACETATE
628-86-4 see MERCURY FULMINATE
630-10-4 see SELENOUREA
630-20-6 see 1,1,1,2-TETRACHLOROETHANE
630-60-4 see OUABAIN
631-61-8 see AMMONIUM ACETATE
636-21-5 see o-TOLUIDINE HYDROCHLORIDE
639-58-7 see TRIPHENYLTIN CHLORIDE
640-19-7 see FLUOROACETAMIDE
644-64-4 see DIMETILAN
646-04-8 see 2-PENTENE, (E)-
675-14-9 see CYANURIC FLUORIDE
676-97-1 see METHYL PHOSPHONIC DICHLORIDE
680-31-9 see HEXAMETHYLPHOSPHORAMIDE
684-93-5 see N-NITROSO-N-METHYLUREA
689-97-4 see VINYL ACETYLENE
692-42-2 see DIETHYLARSINE
696-28-6 see DICHLOROPHENYLARSINE
709-98-8 see PROPANIL
732-11-6 see PHOSMET
757-58-4 see HEXAETHYL TETRAPHOSPHATE
759-73-9 see N-NITROSO-N-ETHYLUREA
759-94-4 see ETHYL DIPROPYLTHIOCARBAMATE
760-93-0 see METHACRYLIC ANHYDRIDE
764-41-0 see 1,4-DICHLORO-2-BUTENE
765-34-4 see GLYCIDYLALDEHYDE
786-19-6 see CARBOPHENOTHION
812-04-4 see 1,1-DICHLORO-1,2,2-TRIFLUOROETHANE
814-49-3 see DIETHYL CHLOROPHOSPHATE
814-68-6 see ACRYLYL CHLORIDE
814-91-5 see CUPRIC OXALATE
815-82-7 see CUPRIC TARTRATE
822-06-0 see HEXAMETHYLENE-1,6-DIISOCYANATE
823-40-5 see DIAMINOTOLUENE
824-11-3 see TRIMETHYLOLPROPANE PHOSPHITE
834-12-8 see AMETRYN
842-07-9 see C.I. SOLVENT YELLOW 14
872-50-4 see N-METHYL-2-PYRROLIDONE
900-95-8 see STANNANE, ACETOXYTRIPHENYL-
919-86-8 see DEMETON-s-METHYL
920-46-7 see METHACRYLOYL CHLORIDE
924-16-3 see N-NITROSODI-n-BUTYLAMINE
924-42-5 see N-METHYLOLACRYLAMIDE
930-55-2 see N-NITROSOPYRROLIDINE

933-75-5 *see* 2,3,6-TRICHLOROPHENOL
933-78-8 *see* 2,3,5-TRICHLOROPHENOL
944-22-9 *see* FONOFOS
947-02-4 *see* PHOSFOLAN
950-10-7 *see* MEPHOSFOLAN
950-37-8 *see* METHIDATHION
957-51-7 *see* DIPHENAMID
959-98-8 *see* alpha-ENDOSULFAN
961-11-5 *see* TETRACHLORVINPHOS
989-38-8 *see* C.I. BASIC RED 1
991-42-4 *see* NORBORMIDE
998-30-1 *see* TRIETHOXYSILANE
999-81-5 *see* CHLORMEQUAT CHLORIDE
1024-57-3 *see* HEPTACHLOR EPOXIDE
1031-07-8 *see* ENDOSULFAN SULFATE
1031-47-6 *see* TRIAMIPHOS
1066-30-4 *see* CHROMIC ACETATE
1066-33-7 *see* AMMONIUM BICARBONATE
1066-45-1 *see* TRIMETHYLTIN CHLORIDE
1072-35-1 *see* LEAD STEARATE
1111-78-0 *see* AMMONIUM CARBAMATE
1114-71-2 *see* PEBULATE
1116-54-7 *see* N-NITROSODIETHANOLAMINE
1120-71-4 *see* 1,3-PROPANE SULTONE
1122-60-7 *see* NITROCYCLOHEXANE
1124-33-0 *see* PYRIDINE, 4-NITRO-, 1-OXIDE
1129-41-5 *see* METOLCARB
1134-23-2 *see* CYCLOATE
1163-19-5 *see* DECABROMODIPHENYL OXIDE
1185-57-5 *see* FERRIC AMMONIUM CITRATE
1194-65-6 *see* DICHLOBENIL
1300-71-6 *see* XYLENOL
1303-28-2 *see* ARSENIC PENTOXIDE
1303-32-8 *see* ARSENIC DISULFIDE
1303-33-9 *see* ARSENIC TRISULFIDE
1306-19-0 *see* CADMIUM OXIDE
1309-64-4 *see* ANTIMONY TRIOXIDE
1310-58-3 *see* POTASSIUM HYDROXIDE
1310-73-2 *see* SODIUM HYDROXIDE
1313-27-5 *see* MOLYBDENUM TRIOXIDE
1314-20-1 *see* THORIUM DIOXIDE
1314-32-5 *see* THALLIC OXIDE
1314-56-3 *see* PHOSPHORUS PENTOXIDE
1314-62-1 *see* VANADIUM PENTOXIDE
1314-80-3 *see* SULFUR PHOSPHIDE
1314-84-7 *see* ZINC PHOSPHIDE
1314-87-0 *see* LEAD SULFIDE
1319-72-8 *see* 2,4,5-T AMINES
1319-77-3 *see* CRESOL (MIXED ISOMERS)
1320-18-9 *see* 2,4-D PROPYLENE GLYCOL BUTYL ETHER ESTER
1321-12-6 *see* NITROTOLUENE
1327-52-2 *see* ARSENIC ACID
1327-53-3 *see* ARSENIC TRIOXIDE
1330-20-7 *see* XYLENE (MIXED ISOMERS)
1332-07-6 *see* ZINC BORATE
1332-21-4 *see* ASBESTOS (FRIABLE)
1333-74-0 *see* HYDROGEN

1333-83-1 *see* SODIUM BIFLUORIDE
1335-32-6 *see* LEAD SUBACETATE
1335-87-1 *see* HEXACHLORONAPHTHALENE
1336-21-6 *see* AMMONIUM HYDROXIDE
1336-36-3 *see* POLYCHLORINATED BIPHENYLS
1338-23-4 *see* METHYL ETHYL KETONE PEROXIDE
1338-24-5 *see* NAPHTHENIC ACID
1341-49-7 *see* AMMONIUM BIFLUORIDE
1344-28-1 *see* ALUMINUM OXIDE (FIBROUS FORMS)
1397-94-0 *see* ANTIMYCIN
1420-07-1 *see* DINOTERB
1464-53-5 *see* DIEPOXYBUTANE
1558-25-4 *see* TRICHLORO(CHLOROMETHYL)SILANE
1563-38-8 *see* CARBOFURAN PHENOL
1563-66-2 *see* CARBOFURAN
1582-09-8 *see* TRIFLURALIN
1600-27-7 *see* MERCURIC ACETATE
1615-80-1 *see* HYDRAZINE, 1,2-DIETHYL-
1622-32-8 *see* ETHANESULFONYL CHLORIDE, 2-CHLORO-
1634-02-2 *see* TETRABUTYL THIURAM DISULFIDE
1634-04-4 *see* METHYL tert-BUTYL ETHER
1642-54-2 *see* DIETHYLCARBAMAZINE CITRATE
1649-08-7 *see* 1,2-DICHLORO-1,1-DIFLUOROETHANE
1689-84-5 *see* BROMOXYNIL
1689-99-2 *see* BROMOXYNIL OCTANOATE
1717-00-6 *see* 1,1-DICHLORO-1-FLUOROETHANE
1746-01-6 *see* 2,3,7,8-TETRACHLORODIBENZO-p-DIOXIN (TCDD)
1752-30-3 *see* ACETONE THIOSEMICARBAZIDE
1762-95-4 *see* AMMONIUM THIOCYANATE
1836-75-5 *see* NITROFEN
1861-40-1 *see* BENFLURALIN
1863-63-4 *see* AMMONIUM BENZOATE
1888-71-7 *see* HEXACHLOROPROPENE
1897-45-6 *see* CHLOROTHALONIL
1910-42-5 *see* PARAQUAT DICHLORIDE
1912-24-9 *see* ATRAZINE
1918-00-9 *see* DICAMBA
1918-02-1 *see* PICLORAM
1918-16-7 *see* PROPACHLOR
1928-38-7 *see* 2,4-D METHYL ESTER
1928-43-4 *see* 2,4-D 2-ETHYLHEXYL ESTER
1928-47-8 *see* 2,4,5-T ESTERS
1928-61-6 *see* 2,4-D PROPYL ESTERS
1929-73-3 *see* 2,4-D BUTOXYETHYL ESTER
1929-77-7 *see* CARBAMOTHIOIC ACID, DIPROPYL-, S-PROPYL ESTER
1929-82-4 *see* NITRAPYRIN
1937-37-7 *see* C.I. DIRECT BLACK 38
1982-47-4 *see* CHLOROXURON
1982-69-0 *see* SODIUM DICAMBA
1983-10-4 *see* TRIBUTYLTIN FLUORIDE
2001-95-8 *see* VALINOMYCIN
2008-41-5 *see* BUTYLATE
2008-46-0 *see* 2,4,5-T AMINES
2032-65-7 *see* METHIOCARB
2074-50-2 *see* PARAQUAT METHSULFATE
2097-19-0 *see* PHENYLSILATRANE
2104-64-5 *see* EPN

2155-70-6 *see* TRIBUTYLTIN METHACRYLATE
2164-07-0 *see* DIPOTASSIUM ENDOTHALL
2164-17-2 *see* FLUOMETURON
2212-67-1 *see* MOLINATE
2223-93-0 *see* CADMIUM STEARATE
2231-57-4 *see* THIOCARBAZIDE
2234-13-1 *see* OCTACHLORONAPHTHALENE
2238-07-5 *see* DIGLYCIDYL ETHER
2275-18-5 *see* PROTHOATE
2300-66-5 *see* DIMETHYLAMINE DICAMBA
2303-16-4 *see* DIALLATE
2303-17-5 *see* TRIALLATE
2312-35-8 *see* PROPARGITE
2439-01-2 *see* CHINOMETHIONAT
2439-10-3 *see* DODINE
2497-07-6 *see* OXYDISULFOTON
2524-03-0 *see* DIMETHYL CHLOROTHIOPHOSPHATE
2540-82-1 *see* FORMOTHION
2545-59-7 *see* 2,4,5-T ESTERS
2556-36-7 *see* 1,4-CYCLOHEXANE DIISOCYANATE
2570-26-5 *see* PENTADECYLAMINE
2587-90-8 *see* PHOSPHOROTHIOIC ACID, O,O-DIMETHYL-S-(2-(METHYLTHIO)ETHYL)ESTER
2602-46-2 *see* C.I. DIRECT BLUE 6
2631-37-0 *see* PROMECARB
2636-26-2 *see* CYANOPHOS
2642-71-9 *see* AZINPHOS-ETHYL
2655-15-4 *see* 2,3,5-TRIMETHYLPHENYL METHYLCARBAMATE
2665-30-7 *see* PHOSPHONOTHIOIC ACID, METHYL-, O-(4-NITROPHENYL) O-PHENYL ESTER
2699-79-8 *see* SULFURYL FLUORIDE
2702-72-9 *see* 2,4-D SODIUM SALT
2703-13-1 *see* PHOSPHONOTHIOIC ACID, METHYL-, O-ETHYL O-(4-(METHYLTHIO)PHENYL)ESTER
2757-18-8 *see* THALLOUS MALONATE
2763-96-4 *see* MUSCIMOL
2764-72-9 *see* DIQUAT
2778-04-3 *see* ENDOTHION
2832-40-8 *see* C.I. DISPERSE YELLOW 3
2837-89-0 *see* 2-CHLORO-1,1,1,2-TETRAFLUOROETHANE
2921-88-2 *see* CHLORPYRIFOS
2944-67-4 *see* FERRIC AMMONIUM OXALATE
2971-38-2 *see* 2,4-D CHLOROCROTYL ESTER
3012-65-5 *see* AMMONIUM CITRATE, DIBASIC
3037-72-7 *see* SILANE, (4-AMINOBUTYL)DIETHOXYMETHYL-
3118-97-6 *see* C.I. SOLVENT ORANGE 7
3164-29-2 *see* AMMONIUM TARTRATE
3165-93-3 *see* 4-CHLORO-o-TOLUIDINE, HYDROCHLORIDE
3173-72-6 *see* 1,5-NAPHTHALENE DIISOCYANATE
3251-23-8 *see* CUPRIC NITRATE
3254-63-5 *see* PHOSPHORIC ACID, DIMETHYL 4-(METHYLTHIO)PHENYL ESTER
3288-58-2 *see* O,O-DIETHYL S-METHYL DITHIOPHOSPHATE
3383-96-8 *see* TEMEPHOS
3486-35-9 *see* ZINC CARBONATE
3547-04-4 *see* DDE
3569-57-1 *see* SULFOXIDE, 3-CHLOROPROPYL OCTYL

3615-21-2 *see* BENZIMIDAZOLE, 4,5-DICHLORO-2-(TRIFLUOROMETHYL)-CHLORFLURAZOLE
3653-48-3 *see* METHOXONE SODIUM SALT
3689-24-5 *see* SULFOTEP
3691-35-8 *see* CHLOROPHACIONONE
3697-24-3 *see* 5-METHYLCHRYSENE
3734-97-2 *see* AMITON OXALATE
3735-23-7 *see* METHYL PHENKAPTON
3761-53-3 *see* C.I. FOOD RED 5
3813-14-7 *see* 2,4,5-T AMINES
3878-19-1 *see* FUBERIDAZOLE
4044-65-9 *see* BITOSCANATE
4080-31-3 *see* 1-(3-CHLORALLYL)-3,5,7-TRIAZA-1-AZONIAADAMANTANE CHLORIDE
4098-71-9 *see* ISOPHORONE DIISOCYANATE
4104-14-7 *see* PHOSACETIM
4109-96-0 *see* DICHLOROSILANE
4128-73-8 *see* 4,4'-DIISOCYANATODIPHENYL ETHER
4170-30-3 *see* CROTONALDEHYDE
4301-50-2 *see* FLUENETIL
4418-66-0 *see* PHENOL, 2,2'-THIOBIS(4-CHLORO-6-METHYL-
4549-40-0 *see* N-NITROSOMETHYLVINYLAMINE
4680-78-8 *see* CHRYSENE
4835-11-4 *see* HEXAMETHYLENEDIAMINE, N,N'-DIBUTYL-
5124-30-1 *see* 1,1-METHYLENEBIS(4-ISOCYANATOCYCLOHEXANE)
5234-68-4 *see* CARBOXIN
5344-82-1 *see* THIOUREA, (2-CHLOROPHENYL)-
5385-75-1 *see* DIBENZO(a,e)FLUORANTHENE
5522-43-0 *see* 1-NITROPYRENE
5598-13-0 *see* CHLORPYRIFOS METHYL
5836-29-3 *see* COUMATETRALYL
5902-51-2 *see* TERBACIL
5972-73-6 *see* AMMONIUM OXALATE
6009-70-7 *see* AMMONIUM OXALATE
6369-96-6 *see* 2,4,5-T AMINES
6369-97-7 *see* 2,4,5-T AMINES
6459-94-5 *see* C.I. ACID RED 114
6484-52-2 *see* AMMONIUM NITRATE (SOLUTION)
6533-73-9 *see* THALLIUM(I) CARBONATE
6923-22-4 *see* MONOCROPTOPHOS
7005-72-3 *see* 4-CHLOROPHENYL PHENYL ETHER
7287-19-6 *see* PROMETHRYN
7421-93-4 *see* ENDRIN ALDEHYDE
7428-48-0 *see* LEAD STEARATE
7429-90-5 *see* ALUMINUM
7439-92-1 *see* LEAD
7439-96-5 *see* MANGANESE
7439-97-6 *see* MERCURY
7440-02-0 *see* NICKEL
7440-22-4 *see* SILVER
7440-23-5 *see* SODIUM
7440-28-0 *see* THALLIUM
7440-36-0 *see* ANTIMONY
7440-38-2 *see* ARSENIC
7440-39-3 *see* BARIUM
7440-41-7 *see* BERYLLIUM
7440-43-9 *see* CADMIUM

7440-47-3 *see* CHROMIUM
7440-48-4 *see* COBALT
7440-50-8 *see* COPPER
7440-62-2 *see* VANADIUM
7440-66-6 *see* ZINC
7446-08-4 *see* SELENIUM DIOXIDE
7446-09-5 *see* SULFUR DIOXIDE
7446-11-9 *see* SULFUR TRIOXIDE
7446-14-2 *see* LEAD SULFATE
7446-18-6 *see* THALLIUM(I) SULFATE
7446-27-7 *see* LEAD PHOSPHATE
7447-39-4 *see* CUPRIC CHLORIDE
7487-94-7 *see* MERCURIC CHLORIDE
7488-56-4 *see* SELENIUM SULFIDE
7550-45-0 *see* TITANIUM TETRACHLORIDE
7558-79-4 *see* SODIUM PHOSPHATE, DIBASIC
7580-67-8 *see* LITHIUM HYDRIDE
7601-54-9 *see* SODIUM PHOSPHATE, TRIBASIC (7601-54-9)
7631-89-2 *see* SODIUM ARSENATE
7631-90-5 *see* SODIUM BISULFITE
7632-00-0 *see* SODIUM NITRITE
7637-07-2 *see* BORON TRIFLUORIDE
7645-25-2 *see* LEAD ARSENATE
7646-85-7 *see* ZINC CHLORIDE
7647-01-0 *see* HYDROCHLORIC ACID
7647-18-9 *see* ANTIMONY PENTACHLORIDE
7664-38-2 *see* PHOSPHORIC ACID
7664-39-3 *see* HYDROGEN FLUORIDE
7664-41-7 *see* AMMONIA
7664-93-9 *see* SULFURIC ACID
7681-49-4 *see* SODIUM FLUORIDE
7681-52-9 *see* SODIUM HYPOCHLORITE
7696-12-0 *see* TETRAMETHRIN
7697-37-2 *see* NITRIC ACID
7699-45-8 *see* ZINC BROMIDE
7705-08-0 *see* FERRIC CHLORIDE
7718-54-9 *see* NICKEL CHLORIDE
7719-12-2 *see* PHOSPHORUS TRICHLORIDE
7720-78-7 *see* FERROUS SULFATE
7722-64-7 *see* POTASSIUM PERMANGANATE
7722-84-1 *see* HYDROGEN PEROXIDE (Conc. > 52%)
7723-14-0 *see* PHOSPHORUS
7726-95-6 *see* BROMINE
7733-02-0 *see* ZINC SULFATE
7738-94-5 *see* CHROMIC ACID
7758-01-2 *see* POTASSIUM BROMATE
7758-29-4 *see* SODIUM PHOSPHATE, TRIBASIC
7758-94-3 *see* FERROUS CHLORIDE
7758-95-4 *see* LEAD CHLORIDE
7758-98-7 *see* CUPRIC SULFATE
7761-88-8 *see* SILVER NITRATE
7773-06-0 *see* AMMONIUM SULFAMATE
7775-11-3 *see* SODIUM CHROMATE
7778-39-4 *see* ARSENIC ACID
7778-44-1 *see* CALCIUM ARSENATE
7778-50-9 *see* POTASSIUM BICHROMATE
7778-54-3 *see* CALCIUM HYPOCHLORITE

7779-86-4 *see* ZINC HYDROSULFITE
7779-88-6 *see* ZINC NITRATE
7782-41-4 *see* FLUORINE
7782-49-2 *see* SELENIUM
7782-50-5 *see* CHLORINE
7782-63-0 *see* FERROUS SULFATE
7782-86-7 *see* MERCUROUS NITRATE
7783-00-8 *see* SELENIOUS ACID
7783-06-4 *see* HYDROGEN SULFIDE
7783-07-5 *see* HYDROGEN SELENIDE
7783-20-2 *see* AMMONIUM SULFATE
7783-35-9 *see* MERCURIC SULFATE
7783-46-2 *see* LEAD FLUORIDE
7783-49-5 *see* ZINC FLUORIDE
7783-50-8 *see* FERRIC FLUORIDE
7783-56-4 *see* ANTIMONY TRIFLUORIDE
7783-60-0 *see* SULFUR FLUORIDE (SF4), (T-4)-
7783-70-2 *see* ANTIMONY PENTAFLUORIDE
7783-80-4 *see* TELLURIUM HEXAFLUORIDE
7784-34-1 *see* ARSENOUS TRICHLORIDE
7784-40-9 *see* LEAD ARSENATE
7784-41-0 *see* POTASSIUM ARSENATE
7784-42-1 *see* ARSINE
7784-46-5 *see* SODIUM ARSENITE
7785-84-4 *see* SODIUM PHOSPHATE, TRIBASIC
7786-34-7 *see* MEVINPHOS
7786-81-4 *see* NICKEL SULFATE
7787-47-5 *see* BERYLLIUM CHLORIDE
7787-49-7 *see* BERYLLIUM FLUORIDE
7787-55-5 *see* BERYLLIUM NITRATE
7788-98-9 *see* AMMONIUM CHROMATE
7789-00-6 *see* POTASSIUM CHROMATE
7789-06-2 *see* STRONTIUM CHROMATE
7789-09-5 *see* AMMONIUM BICHROMATE
7789-42-6 *see* CADMIUM BROMIDE
7789-43-7 *see* COBALTOUS BROMIDE
7789-61-9 *see* ANTIMONY TRIBROMIDE
7790-94-5 *see* CHLOROSULFONIC ACID
7791-12-0 *see* THALLIUM CHLORIDE (TlCl)
7791-21-1 *see* CHLORINE MONOXIDE
7791-23-3 *see* SELENIUM OXYCHLORIDE
7803-51-2 *see* PHOSPHINE
7803-55-6 *see* AMMONIUM VANADATE
7803-62-5 *see* SILANE
8001-35-2 *see* TOXAPHENE
8001-58-9 *see* CREOSOTE
8003-19-8 *see* DICHLOROPROPANE-DICHLOROPROPENE (MIXTURE)
8003-34-7 *see* PYRETHRINS
8014-95-7 *see* OLEUM (FUMING SULFURIC ACID)
8065-48-3 *see* DEMETON
9006-42-2 *see* METIRAM
9016-87-9 *see* POLYMERIC DIPHENYLMETHANE DIISOCYANATE
10025-67-9 *see* SULFUR MONOCHLORIDE
10025-73-7 *see* CHROMIC CHLORIDE
10025-78-2 *see* TRICHLOROSILANE
10025-87-3 *see* PHOSPHORUS OXYCHLORIDE
10025-91-9 *see* ANTIMONY TRICHLORIDE

10026-11-6 *see* ZIRCONIUM TETRACHLORIDE
10026-13-8 *see* PHOSPHORUS PENTACHLORIDE
10028-15-6 *see* OZONE
10028-22-5 *see* FERRIC SULFATE
10031-59-1 *see* THALLIUM SULFATE
10034-93-2 *see* HYDRAZINE SULFATE
10039-32-4 *see* SODIUM PHOSPHATE, DIBASIC
10043-01-3 *see* ALUMINUM SULFATE
10045-89-3 *see* FERROUS AMMONIUM SULFATE
10045-94-0 *see* MERCURIC NITRATE
10049-04-4 *see* CHLORINE DIOXIDE
10049-05-5 *see* CHROMOUS CHLORIDE
10061-02-6 *see* trans-1,3-DICHLOROPROPENE
10099-74-8 *see* LEAD NITRATE
10101-53-8 *see* CHROMIC SULFATE
10101-63-0 *see* LEAD IODIDE
10101-89-0 *see* SODIUM PHOSPHATE, TRIBASIC
10102-06-4 *see* URANYL NITRATE
10102-18-8 *see* SODIUM SELENITE
10102-20-2 *see* SODIUM TELLURITE
10102-43-9 *see* NITRIC OXIDE
10102-44-0 *see* NITROGEN DIOXIDE
10102-45-1 *see* THALLIUM(I) NITRATE
10102-48-4 *see* LEAD ARSENATE
10108-64-2 *see* CADMIUM CHLORIDE
10124-50-2 *see* POTASSIUM ARSENITE
10124-56-8 *see* SODIUM PHOSPHATE, TRIBASIC
10140-65-5 *see* SODIUM PHOSPHATE, DIBASIC
10140-87-1 *see* ETHANOL, 1,2-DICHLORO-, ACETATE
10192-30-0 *see* AMMONIUM BISULFITE
10196-04-0 *see* AMMONIUM SULFITE
10210-68-1 *see* COBALT CARBONYL
10222-01-2 *see* 2,2-DIBROMO-3-NITRILOPROPIONAMIDE
10265-92-6 *see* METHAMIDOPHOS
10294-34-5 *see* BORON TRICHLORIDE
10311-84-9 *see* DIALIFOR
10347-54-3 *see* 1,4-BIS(METHYLISOCYANATE)CYCLOHEXANE
10361-89-4 *see* SODIUM PHOSPHATE, TRIBASIC
10380-29-7 *see* CUPRIC SULFATE, AMMONIATED
10415-75-5 *see* MERCUROUS NITRATE
10421-48-4 *see* FERRIC NITRATE
10453-86-8 *see* RESMETHRIN
10476-95-6 *see* METHACROLEIN DIACETATE
10544-72-6 *see* NITROGEN DIOXIDE
10588-01-9 *see* SODIUM BICHROMATE
11096-82-5 *see* AROCLOR 1260
11097-69-1 *see* AROCLOR 1254
11104-28-2 *see* AROCLOR 1221
11115-74-5 *see* CHROMIC ACID
11141-16-5 *see* AROCLOR 1232
12002-03-8 *see* CUPRIC ACETOARSENITE
12039-52-0 *see* SELENIOUS ACID, DITHALLIUM(1+) SALT
12054-48-7 *see* NICKEL HYDROXIDE
12108-13-3 *see* MANGANESE TRICARBONYL METHYLCYCLOPENTA-
DIENYL
12122-67-7 *see* ZINEB
12125-01-8 *see* AMMONIUM FLUORIDE

12125-02-9 *see* AMMONIUM CHLORIDE
12135-76-1 *see* AMMONIUM SULFIDE
12427-38-2 *see* MANEB
12672-29-6 *see* AROCLOR 1248
12674-11-2 *see* AROCLOR 1016
12771-08-3 *see* SULFUR MONOCHLORIDE
13071-79-9 *see* TERBUFOS
13138-45-9 *see* NICKEL NITRATE
13171-21-6 *see* PHOSPHAMIDON
13194-48-4 *see* ETHOPROP
13356-08-6 *see* FENBUTATIN OXIDE
13410-01-0 *see* SODIUM SELENATE
13450-90-3 *see* GALLIUM TRICHLORIDE
13463-39-3 *see* NICKEL CARBONYL
13463-40-6 *see* IRON PENTACARBONYL
13474-88-9 *see* 1,1-DICHLORO-1,2,2,3,3-PENTAFLUOROPROPANE
13494-80-9 *see* TELLURIUM
13560-99-1 *see* 2,4,5-T SALTS
13597-99-4 *see* BERYLLIUM NITRATE
13684-56-5 *see* DESMEDIPHAM
13746-89-9 *see* ZIRCONIUM NITRATE
13765-19-0 *see* CALCIUM CHROMATE
13814-96-5 *see* LEAD FLUOBORATE
13826-83-0 *see* AMMONIUM FLUOBORATE
13952-84-6 *see* sec-BUTYLAMINE
14017-41-5 *see* COBALTOUS SULFAMATE
14167-18-1 *see* SALCOMINE
14216-75-2 *see* NICKEL NITRATE
14221-47-7 *see* FERRIC AMMONIUM OXALATE
14258-49-2 *see* AMMONIUM OXALATE
14307-35-8 *see* LITHIUM CHROMATE
14307-43-8 *see* AMMONIUM TARTRATE
14484-64-1 *see* FERBAM
14639-97-5 *see* ZINC AMMONIUM CHLORIDE
14639-98-6 *see* ZINC AMMONIUM CHLORIDE
14644-61-2 *see* ZIRCONIUM SULFATE
15271-41-7 *see* BICYCLO[2.2.1]HEPTANE-2-CARBONITRILE, 5-CHLORO-6-((((METHYAMINO)CARBONYL)OXY)IMINO)-, (1ST-(1-α,2-β,4-α,5-α,6e))-
15339-36-3 *see* MANGANESE, BIS(DIMETHYLCARBAMODITHIOATO-S,S'
15646-96-5 *see* 2,4,4-TRIMETHYLHEXAMETHYLENE DIISOCYANATE
15699-18-0 *see* NICKEL AMMONIUM SULFATE
15739-80-7 *see* LEAD SULFATE
15950-66-0 *see* 2,3,4-TRICHLOROPHENOL
15972-60-8 *see* ALACHLOR
16071-86-6 *see* C.I. DIRECT BROWN 95
16543-55-8 *see* N-NITROSONORNICOTINE
16721-80-5 *see* SODIUM HYDROSULFIDE
16752-77-5 *see* METHOMYL
16871-71-9 *see* ZINC SILICOFLUORIDE
16919-19-0 *see* AMMONIUM SILICOFLUORIDE
16923-95-8 *see* ZIRCONIUM POTASSIUM FLUORIDE
16938-22-0 *see* 2,2,4-TRIMETHYLHEXAMETHYLENE DIISOCYANATE
17702-41-9 *see* DECABORANE(14)
17702-57-7 *see* FORMPARANATE
17804-35-2 *see* BENOMYL

18883-66-4 *see* D-GLUCOSE, 2-DEOXY-2-((METHYLNITROSOAMINO)CARBONYL)AMINO)-
19044-88-3 *see* ORYZALIN
19287-45-7 *see* DIBORANE
19624-22-7 *see* PENTABORANE
19666-30-9 *see* OXYDIAZON
20325-40-0 *see* 3,3'-DIMETHOXYBENZIDINE DIHYDROCHLORIDE
20354-26-1 *see* METHAZOLE
20816-12-0 *see* OSMIUM TETROXIDE
20830-75-5 *see* DIGOXIN
20830-81-3 *see* DAUNOMYCIN
20859-73-8 *see* ALUMINUM PHOSPHIDE
21087-64-9 *see* METRIBUZIN
21548-32-3 *see* FOSTHIETAN
21609-90-5 *see* LEPTOPHOS
21725-46-2 *see* CYANAZINE
21908-53-2 *see* MERCURIC OXIDE
21923-23-9 *see* CHLORTHIOPHOS
22224-92-6 *see* FENAMIPHOS
22781-23-3 *see* BENDIOCARB
22961-82-6 *see* BENDIOCARB PHENOL
23135-22-0 *see* OXAMYL
23422-53-9 *see* FORMETANATE HYDROCHLORIDE
23505-41-1 *see* PIRIMFOS-ETHYL
23564-05-8 *see* THIOPHANATE-METHYL
23564-06-9 *see* THIOPHANATE ETHYL
23950-58-5 *see* PRONAMIDE
24017-47-8 *see* TRIAZOFOS
24934-91-6 *see* CHLORMEPHOS
25154-54-5 *see* DINITROBENZENE (MIXED ISOMERS)
25154-55-6 *see* NITROPHENOL (MIXED ISOMERS)
25155-30-0 *see* SODIUM DODECYLBENZENESULFONATE
25167-67-3 *see* BUTENE
25167-82-2 *see* TRICHLOROPHENOL
25168-15-4 *see* 2,4,5-T ESTERS
25168-26-7 *see* 2,4-D ISOOCTYL ESTER
25311-71-1 *see* ISOFENPHOS
25321-14-6 *see* DINITROTOLUENE (MIXED ISOMERS)
25321-22-6 *see* DICHLOROBENZENE (MIXED ISOMERS)
25376-45-8 *see* DIAMINOTOLUENE (MIXED ISOMERS)
25550-58-7 *see* DINITROPHENOL
26002-80-2 *see* PHENOTHRIN
26264-06-2 *see* CALCIUM DODECYLBENZENESULFONATE
26419-73-8 *see* TRIPATE
26471-62-5 *see* TOLUENEDIISOCYANATE (MIXED ISOMERS)
26628-22-8 *see* SODIUM AZIDE
26638-19-7 *see* DICHLOROPROPANE
26644-46-2 *see* TRIFORINE
26952-23-8 *see* DICHLOROPROPENE
27137-85-5 *see* TRICHLORO(DICHLOROPHENYL)SILANE
27176-87-0 *see* DODECYLBENZENESULFONIC ACID
27314-13-2 *see* NORFLURAZON
27323-41-7 *see* TRIETHANOLAMINE DODECYLBENZENE SULFONATE
27774-13-6 *see* VANADYL SULFATE
28057-48-9 *see* d-trans-ALLETHRIN
28249-77-6 *see* THIOBENCARB
28300-74-5 *see* ANTIMONY POTASSIUM TARTRATE

28347-13-9 *see* XYLYLENE DICHLORIDE
28407-37-6 *see* C.I. DIRECT BLUE 218
28772-56-7 *see* BROMADIOLONE
29232-93-7 *see* PIRIMIPHOS METHYL
30525-89-4 *see* PARAFORMALDEHYDE
30558-43-1 *see* A2213
30560-19-1 *see* ACEPHATE
30674-80-7 *see* METHACRYLOYLOXYETHYL ISOCYANATE
31218-83-4 *see* PROPETAMPHOS
32534-95-5 *see* 2,4,5-TP ESTERS
33089-61-1 *see* AMITRAZ
34014-18-1 *see* TEBUTHIURON
34077-87-7 *see* DICHLOROTRIFLUOROETHANE
35367-38-5 *see* DIFLUBENZURON
35400-43-2 *see* SULPROFOS
35554-44-0 *see* IMAZALIL
35691-65-7 *see* 1-BROMO-1-(BROMOMETHYL)-1,3-PROPANEDICARBONITRILE
36478-76-9 *see* URANYL NITRATE
37211-05-5 *see* NICKEL CHLORIDE
38661-72-2 *see* 1,3-BIS(METHYLISOCYANATE)CYCLOHEXANE
38727-55-8 *see* DIETHATYL ETHYL
39156-41-7 *see* 2,4-DIAMINOSOLE, SULFATE
39196-18-4 *see* THIOFANOX
39300-45-3 *see* DINOCAP
39515-41-8 *see* FENPROPATHRIN
40487-42-1 *see* 1-PENDIMETHALIN
41198-08-7 *see* PROFENOFOS
41766-75-0 *see* 3,3-DIMETHYLBENZIDINE DIHYDROFLUORIDE
42504-46-1 *see* ISOPROPANOLAMINE DODECYLBENZENE SULFONATE
42874-03-3 *see* OXYFLUORFEN
43121-43-3 *see* TRIADIMEFON
50471-44-8 *see* VINCLOZOLIN
50782-69-9 *see* PHOSPHONOTHIOIC ACID, METHYL-, S(2-(BIS(1-METHYLETHYL)AMINOETHYL) o-ETHYL ESTER
51235-04-2 *see* HEXAZINONE
51338-27-3 *see* DICLOFOP METHYL
51630-58-1 *see* FENVALERATE
52628-25-8 *see* ZINC AMMONIUM CHLORIDE
52645-53-1 *see* PERMETHRIN
52652-59-2 *see* LEAD STEARATE
52740-16-6 *see* CALCIUM ARSENITE
52888-80-9 *see* CARBAMOTHIOIC ACID, DIPROPYL-, S-(PHENYLMETHYL) ESTER
53404-19-6 *see* BROMACIL, LITHIUM SALT
53404-37-8 *see* 2,4-D 2-ETHYL-4-METHYL PENTYL ESTER
53404-60-7 *see* DAZOMET, SODIUM SALT
53467-11-1 *see* 2,4-D ESTERS
53469-21-9 *see* AROCLOR 1242
53558-25-1 *see* PYRIMINIL
55179-31-2 *see* FUBERIDAZOLE
55285-14-8 *see* CARBOSULFAN
55290-64-7 *see* DIMETHIPIN
55299-18-8 *see* DIPHENYLHYDRAZINE
55406-53-6 *see* 3-IODO-2-PROPYNYL BUTYLCARBAMATE
55488-87-4 *see* FERRIC AMMONIUM OXALATE

56189-09-4 *see* LEAD STEARATE
57213-69-1 *see* TRICLOPYR TRIETHYLAMMONIUM SALT
58270-08-9 *see* ZINC, DICHLORO(4,4-DIMETHYL-5((((METHYLAMINO)CARBONYL)OXY)IMINO)PENTANENITRILE)-,(T-4)-
59669-26-0 *see* THIODICARB
60168-88-9 *see* FENARIMOL
60207-90-1 *see* PROPICONAZOLE
61792-07-2 *see* 2,4,5-T ESTERS
62207-76-5 *see* COBALT, ((2,2'-(1,2-ETHANEDIYLBIS(NITRILOMETHYLIDYNE))BIS(6-FLUOROPHENOLATO))(2)-
62476-59-9 *see* ACIFLUORFEN, SODIUM SALT
63938-10-3 *see* CHLOROTETRAFLUOROETHANE
64902-72-3 *see* CHLORSULFURON
64969-34-2 *see* 3,3'-DICHLOROBENZIDINE SULFATE
66441-23-4 *see* FENOXAPROP ETHYL-
67485-29-4 *see* HYDRAMETHYLNON
68085-85-8 *see* CYHALOTHRIN
68359-37-5 *see* CYFLUTHRIN
69409-94-5 *see* FLUVALINATE
69806-50-4 *see* FLUAZIFOP-BUTYL
71751-41-2 *see* ABAMECTIN
72178-02-0 *see* FOMESAFEN
72490-01-8 *see* FENOXYCARB
74051-80-2 *see* SETHOXYDIM
75790-84-0 *see* 4-METHYLDIPHENYLMETHANE-3,4-DIISOCYANATE
75790-87-3 *see* 2,4'-DIISOCYANATODIPHENYL SULFIDE
76578-14-8 *see* QUIZALOFOP-ETHYL
77501-63-4 *see* LACTOFEN
82657-04-3 *see* BIFENTHRIN
88671-89-0 *see* MYCLOBUTANIL
90454-18-5 *see* DICHLORO-1,1,2-TRIFLUOROETHANE
90982-32-4 *see* CHLORIMURON ETHYL
101200-48-0 *see* TRIBENURON METHYL
111512-56-2 *see* 1,1-DICHLORO-1,2,3,3,3-PENTAFLUOROPROPANE
111984-09-9 *see* 3,3'-DIMETHOXYBENZIDINE HYDROCHLORIDE
127564-92-5 *see* DICHLOROPENTAFLUOROPROPANE
128903-21-9 *see* 2,2-DICHLORO-1,1,1,3,3-PENTAFLUOROPROPANE
134190-37-7 *see* DIETHYLDIISOCYANATOBENZENE
136013-79-1 *see* 1,3-DICHLORO-1,1,2,3,3-PENTAFLUOROPROPANE